9782012760455

SÆCULUM XII.

P. LOMBARDI

MAGISTRI SENTENTIARUM, PARISIENSIS EPISCOPI

OPERA OMNIA,

PRODEUNT MAGISTRI OPERA EXEGETICA EX EDITIONIBUS PARISIIS ANNO 1536 ET 1541 PRELO COMMISSIS, PRÆVIA DILIGENTISSIMA EMENDATIONE, EXPRESSA; SENTENTIARUM VERO LIBROS PRISTINO SUO NITORI VERE RESTITUTOS SUPPEDITAVIT EDITIO ANTUERPIENSIS, ANNO 1757 CURANTE J. ALEAUME PARISIENSI THEOLOGO DATA

ACCEDUNT

MAGISTRI BANDINI SENTENTIARUM LIBRI QUATUOR

ET

HUGONIS AMBIANENSIS

ROTHOMAGENSIS ARCHIEP.

OPUSCULA, DIPLOMATA, EPISTOLÆ

ACCURANTE J.-P. MIGNE

BIBLIOTHECÆ CLERI UNIVERSÆ

SIVE

CURSUUM COMPLETORUM IN SINGULOS SCIENTIÆ ECCLESIASTICÆ RAMOS EDITORE.

PATROLOGIAE LATINAE TOMUS 192

TURNHOLTI (BELGIUM)
TYPOGRAPHI BREPOLS EDITORES PONTIFICII

ELENCHUS

AUCTORUM ET OPERUM QUI IN HOC TOMO CXCII CONTINENTUR.

PETRUS LOMBARDUS MAGISTER SENTENTIARUM.

Collectaneorum in Epistolas S. Pauli continuatio . . . . col. 9
Sententiarum libri quatuor. 519

MAGISTER BANDINUS, THEOLOGUS.

Sententiarum libri quatuor. 965

HUGO AMBIANENSIS, ROTHOMAGENSIS ARCHIEPISCOPUS.

Epistolæ 1117
Dialogi 1137
Tractatus in Hexaemeron. 1247
Contra hæreticos 1255
De memoria 1299
De fide catholica et Oratione Dominica 1323
Vita S. Adjutoris. 1345

Original edition published by J.P. Migne, Paris 1855
Reprint by Brepols, Turnhout (Belgium) 1980

PETRI LOMBARDI
COLLECTANEORUM IN PAULUM
CONTINUATIO

IN EPISTOLAM II AD CORINTHIOS.

ARGUMENTUM.

Post actam a Corinthiis pœnitentiam, consolatoriam scribit eis Epistolam Apostolus a Troade per Titum. Et collaudans eos hortatur ad meliora, contristatos quidem eos, sed emendatos ostendens.

CAPUT PRIMUM.

VERS. 1-5. — *Paulus Apostolus Christi Jesu per voluntatem Dei, et Timotheus frater Ecclesiæ Dei quæ est Corinthi, cum omnibus sanctis qui sunt in universa Achaia; gratia vobis et pax a Deo Patre nostro et Domino Jesu Christo. Benedictus Deus et Pater Domini nostri Jesu Christi, Pater misericordiarum, et Deus totius consolationis, qui consolatur nos in omni tribulatione nostra, ut possimus et ipsi consolari eos qui in omni pressura sunt, per exhortationem qua exhortamur et ipsi a Deo; quoniam sicut abundant passiones Christi in nobis, ita et per Christum abundat consolatio nostra.*

Paulus, etc. Hanc item epistolam scribit Apostolus Corinthiis, quorum quidam per præcedentem Epistolam, etsi primo contristati, postea tamen emendati fuerant, et multa pro nomine Christi passi. Aliqui vero adhuc eorum pertinaciter Apostolum despiciebant, et ei pseudoapostolos præferebant. Quibusdam ergo Corinthiorum per primam Epistolam correctis, causa reliquorum scribit hanc Epistolam secundam, repellens pseudoapostolos ostendendo deceptionem, prædicationes eorum, et se multis modis commendans. Notat etiam illos in eleemosynis parcos. Præcipit quoque correctum fornicatorem recipi, quem Satanæ tradiderat. [Ambrosius] Et quia etiam boni ibi tribulabantur, se eis in exemplum patientiæ proponit, docens eos non debere ægre ferre, cum ipse pro aliorum salute periculis quotidie et morti subjaceat. Est ergo intentio ejus in hac Epistola incorrectos corrigere, et correctos ad ulteriora provocare, et pseudo sui commendatione deprimere. Modus tractandi talis est : More solito salutationem præmittit; deinde de bonis per gratiam collatis gratias Deo agit, loquens perfectis; post ad tolerantiam passionis suæ exemplo invitat; postea pseudoapostolos deprimendo redarguit, detegens versutias eorum, et se multis modis commendat; tandem subditur moralis admonitio cum iteratione benedictionis. Præmittens autem salutationem, contra pseudosuperbiam Paulum, et contra eorumdem præsumptionem Apostolum se nominat dicens : *Paulus Apostolus Jesu Christi*, non usurpative, sed *per voluntatem Dei*, non hominum, quia non ab hominibus fuit electus vel missus ; *et Timotheus frater*, qui ivit cum prima Epistola ad Corinthios, et renuntiavit Apostolo omnia quæ fiebant apud illos. Et ideo hic ponitur, ut sciant ea quæ faciunt, Apostolum non latere. Paulus, inquam, et Timotheus scribunt vel mandant hanc Epistolam *Ecclesiæ Dei, quæ est Corinthi cum omnibus sanctis*, id est et sanctis omnibus, scilicet presbyteris, vel sanctis omnibus, id est omnibus Spiritus sancti gratia renatis, *qui sunt in universa Achaia*, cujus metropolis est Corinthus. Et ante alia salutant in hunc modum : *Gratia sit vobis et pax*, id est remissio peccatorum et tranquillitas mentis, *a Deo Patre nostro, et Domino Jesu Christo*: sine quo Pater nihil dat. *Benedictus*. Post salutationem primum perfectis loquitur de tribulatione, proponens se exemplum patientiæ et consolationis a Deo acceptæ, ducens laudi, quod alii ignominiæ. Ait ergo : *Deus*, scilicet Creator omnium, *et Pater Domini nostri Jesu Christi sit benedictus*, et si in se gloria ejus nec potest augeri, nec minui, tamen sit benedictus, id est exaltatus in suis, in quibus per cognitionem et ipsorum provectum dicitur exaltari. Dico, Pater Christi, per quod et ipse est etiam nobis, qui Christi filii sumus. *Pater misericordiarum*, scilicet paterne dans nobis veniam peccatorum, et bona opera, et in tribulatione constantiam. Et ipse est *Deus*, dator *totius*, id est integræ et perfectæ *consolationis*, quantam decet Deum dare his qui pro Christo patiuntur. Bene ergo ait, Deus totius consolationis, id est perfectæ, quia non est minus tribulatione solatium. Et quod ipse sit Deus consolationis, ex hoc patet quia ipse est *qui consolatur nos*, **116** ministros, *in tribulatione nostra omni*, id est animæ et corporis. Adeo consolatur, *ut et nos ipsi* desolati, id est destituti humano auxilio, *possimus per exemplum consolationis nostræ consolari eos qui sunt in omni*, id est in qualibet *pressura*. Consolari dico, *per exhortationem*, id est per talem consolationem *quæ hortatur* nos ad graviora toleranda;

Unde subdit: *Quæ et nos ipsi exhortamur a Deo*, id est quam Deus dedit, non solum ut consolaretur nos, sed etiam exhortaretur ad majora, et ita nostra consolatio valet etiam alios exhortari. Et vere possumus consolari, *quoniam sicut passiones Christi*, id est quæ nomine Christi inferuntur, vel, passiones Christi, id est quas similitudinem Christi patimur, *abundant in nobis*, qui sumus quasi earum locus, ita non minus, *per Jesum Christum abundat consolatio nostra*, cum vel hic liberamur, vel pietatem paternam in flagellis intelligimus, quia flagellat omnem Filium quem recipit (*Hebr.* XII). Sed hoc totum pro vobis est. Unde subdit.

VERS. 6-11. — *Sive autem tribulamur pro vestra exhortatione et salute, sive consolamur pro vestra consolatione, sive exhortamur pro vestra exhortatione et salute, quæ operatur tolerantiam earumdem passionum quas et nos patimur, ut spes nostra firma sit pro vobis, scientes quoniam sicut socii passionum estis, sic eritis et consolationis. Non enim volumus ignorare vos, fratres, de tribulatione nostra quæ facta est in Asia, quoniam supra modum gravati sumus supra virtutem, ita ut tæderet nos etiam vivere. Sed ipsi in nobis ipsis responsum mortis habuimus, ut non simus fidentes in nobis, sed in Deo qui suscitat mortuos, qui de tantis periculis nos eripuit et eruit, in quem speramus, quoniam et adhuc eripiet adjuvantibus et vobis in oratione pro nobis, ut ex multarum personis facierum ejus quæ in nobis est donationis per multos gratiæ agantur pro nobis.*

Sive autem tribulamur, pro nostra exhortatione est et salute, quia nostro exemplo monet nos Deus pati. Unde salus æterna erit nobis; *sive consolamur* spe præmii, quia pietatem paternam intelligimus in flagellis. Hoc quoque *pro nostra consolatione est*, ut vos similem speretis; *sive exhortamur*, ad graviora: quod fit vel finitis malis, vel virtute patientiæ data nobis, et hoc *pro nostra exhortatione est, et salute*, scilicet ut vos ad majora animemini, et salutem speretis. Pro salute, dico, *quæ operatur*, id est intendit operari in vobis, id est nos intendimus quod operatur in vobis, *tolerantiam earumdem passionum quas et nos patimur*, quia debetis exemplo nostro pati eadem quæ et nos patimur. Adeo operatur, *ut spes nostra*, quam speramus vos passuros, *sit firma*. Patimur, dico, et hoc *pro vobis*, id est ad vestram utilitatem. Et vere, quia non sumus *scientes quoniam sicut modo estis socii passionum*, sic et in futuro *eritis socii consolationis* æternæ, quia æqua gloria labori nostro retribuetur. *Non enim*, hic exponit tribulationes suas, ut cum se ad magistri sui comparationem parva pati cognoverint, accepta consolatione dolere desistant. Quasi dicat: Bene dico quod patimur, *non enim volumus vos ignorare, fratres*, quia vobis proficit scire de tribulatione nostra. Pseudo de sua gloria glorientur, nos vero *de tribulatione quæ facta est nobis in Asia*. [Ambrosius] Quid de ea volo vos scire? *quoniam gravati sumus* pondere passionum, et hoc *supra modum*, præcedentium tribulationum, et nos, qui de malis solemus gaudere, *etiam vivere*, non solum loqui, et cætera facere. Et non solum tædebat vivere, *sed etiam nos ipsi*, non solum alii de nobis, *habuimus*, vel, accepimus *responsum*, id est certitudinem *mortis*, et hoc *in nobis ipsis*, quia vestra natura nil nisi mortem promittebat, vel defectum. Tantam insolentiam iniquitatis significat insurrexisse contra fidei prædicatores, ut mortem ante oculos haberent. Sic enim afflicti fuerant ut desperarent de præsenti vita. Ideo autem Deus permisit tamen nos affligi, *ut non simus fidentes in nobis*. Maledictus enim qui confidit in homine; *sed in Deo* tantum, in quo secure confidere possumus, quia ipse est *qui suscitat mortuos*, cui miraculo simile est, quod me de illis prædictis liberavit. Unde subdit: *Qui de tantis periculis nos eripuit*, id est ad salutem reduxit, *et quotidie nos eruit*, quia Deus præsidia sua non negat suis, in necessitate positis, *in quem*, Deum tondentes mentis desiderio, *speramus, quoniam et adhuc*, in posterum *eripiet nos, adjuvantibus* non solum nobis et aliis, sed etiam *vobis in oratione* facta *pro nobis, ut ex multarum*, quasi dicat: Dico quod adhuc eripiet, ad hoc utique, *ut ex personis multarum facierum*, id est a personis diversarum ætatum ad Deum per prædicationem nostram conversis, *gratiæ agantur Deo pro nobis*, id est pro nostra prædicatione qua conversæ sunt. Quod vero dixerat a personis multarum facierum, exponit subdens, scilicet *per multos* fideles, participes *ejusdem donationis, quæ in nobis est*, id est habentes eamdem donationem fidei, quæ in nobis est. Personas vero multarum facierum dicit infantes, pueros, et cæteras ætates utriusque sexus. Vel ita, orationes nostræ juvabunt nos, ut per multos fideles gratiæ agantur pro nobis Deo. Cujus rei gratiæ? Ecce: Ejus donationis quæ in nobis est, id est liberationis et cæterorum bonorum. Donationis dico, procedentis ex personis, id est ex honestis viris, ut vobis et aliis. Personis dico multarum facierum, id est discretionum, id est discretorum meritorum et diversarum virtutum, ut facies Job fuit patientia, facies David humilitas, facies Mosi mansuetudo. Vel secundum aliam litteram. Alia enim translatio ita habet: *Ut in multorum facie ejus quæ in nobis est, etc.*, quæ littera sic legitur: Quasi dicat: Ita orationes nostræ juvabunt nos, *ut per multos gratiæ agantur Deo pro nobis*. Gratiæ dico *ejus donationis, quæ est in nobis*. Hæc non mutantur. Agantur, dico, *in multorum facie*, inter multos, et coram multis. Hoc ideo dicit, quia gratia Dei consolatur apostolos causa multorum, id est omnium credentium, quorum causa etiam pressuræ ejus ingerebantur. Et ideo illi, id est omnes credentes, gratias Deo referant pro liberatione Apostoli.

VERS. 12-20. — *Nam gloria nostra hæc est, testimonium conscientiæ nostræ, quod in simplicitate cordis et sinceritate Dei, et non in sapientia carnali, sed in gratia Dei conversati sumus in hoc mundo, abundan-*

tius autem ad vos. Non enim alia scribimus vobis quam quæ legistis et cognovistis. Spero autem quod usque in finem cognoscetis, sicut et cognovistis nos ex parte, quia gloria vestra sumus sicut et vos nostra, in die Domini nostri Jesu Christi. Et hac confidentia volui prius venire ad vos, ut secundam gratiam haberetis; et per vos transire in Macedoniam, et iterum a Macedonia venire ad vos, et a vobis deduci in Judæam. Cum ego hoc voluissem, nunquid levitate usus sum? Aut quæ cogito, secundum carnem cogito, ut si apud me, est et non? Fidelis autem Deus, quia sermo noster qui fuit apud vos, non est in illo, est et non, sed est in illo, est. Dei enim Filius Jesus Christus, qui in vobis per nos prædicatus est, per me et Silvanum et Timotheum non fuit in illo, est et non, sed est in illo fuit. Quotquot enim promissiones Dei sunt, in illo est. Ideo et per ipsum Amen Deo ad gloriam vestram.

Nam gloria. Quasi dicat : Ideo et vos et alii debetis orare pro nobis, quia gloria, etc. Vel ita junge. Ideo orationes vestræ poterunt nos juvare, quia *gloria vestra hæc est*, id est illud unde gloriamur, tamen honestum est, scilicet *testimonium*, etc. Vel ita junge : Ideo non diffido de auxilio Dei, quia pura est conscientia, et inde glorior, quod ita ait, nam gloria nostra hæc est, id est illud unum gloriamur. Hoc est, scilicet *testimonium conscientiæ nostræ*, id est conscientia pura, ab omni simulatione non remordens nos, sed testificans quod *conversati sumus in hoc mundo*, ubi tot mala sunt, *in simplicitate*, scilicet non aliud in corde, et aliud in ore habentes, *et in sinceritate*, scilicet sinceram veritatem de Deo, non etiam legis observantiam prædicantes, quæ sinceritas et simplicitas est Dei, quia a Deo est. Hæc est gloria conscientiæ quam dixit, scilicet simplicitas et sinceritas. Sicut enim impiis est magna pœna conscientia, ita piis est gaudium, non quasi inde superbe gloriantibus, sed totam Deo dantibus. Ideo recte non ait : Gloria nostra est testimonium, alienæ malitiæ, vel minoris gratiæ, sed conscientiæ nostræ, quæ quia occulta est, non est subjecta alieno judicio. Et ideo nullus præsumat contra eam, vel proferre, vel cogitare sententiam. Sic, inquam, conversati sumus, et hoc fecimus, *non in sapientia carnali*, quæ est voluptates diligere, labores vitare, vel secundum naturas rerum, et non contra prædicare, ut pseudo prædicabant, quorum fucatam prædicationem redarguit, juxta humanum sensum aptatam. Non ita, inquam, conversati sumus, *sed in gratia Dei*, id est secundum quod Spiritus sanctus gratis mihi indicavit. *Abundantius autem.* Quasi dicat : Conversati sumus in hoc mundo simpliciter, *abundantius autem* simpliciter conversati sumus, *ad vos*, id est erga vos, vel apud vos, quibus cessimus de jure nostro, quia cum ab aliis acceperit, ab eis noluit accipere. *Non enim.* Quasi dicat : Vere ad vos abundantius servavi simplicitatem, quia nec in prima Epistola exegi aliquid, nec in hac. Et hoc est quod ait : *Non enim alia scribimus vobis* modo,

quam *quæ legistis*, in prima Epistola, *et cognovistis*, in experientia operum. *Spero autem.* Quasi dicat : Et sicut hucusque de me cognovistis, ita et deinceps cognoscetis. **117** Et hoc est quod ait, spero autem quod cognoscetis me in eodem usque *in finem* vitæ. Cognoscetis dico *sicut et cognovistis nos ex parte*, non ex toto, quia etsi scitis quod abstinui, non tamen scitis quanta dilectione hoc feci. [Ambrosius] Nota quod proficere illos sperat Apostolus ex eo quod jam cœperant meliores effici cognito Apostoli affectu circa sese, et gloriabantur in eo, velut filii in patre charissimo. *Quia gloria.* Quasi dicat : Vere cognoscetis, *quia sumus gloria vestra sicut et vos nostra*, id est per nos consequi gloriam æternam debetis ; et nos per vos bene instructos : quod non esset, si cum offendiculo a vobis acciperem. Quæ gloria apparebit *in die Domini nostri Jesu Christi*, id est tempore judicii quando omnia erunt aperta. Et ideo dicitur dies. *Et confidentia.* Quasi dicat : Abundantius servavi simplicitatem ad vos, *et hac confidentia*, id est in hoc confisus, *volui*, etc. Vel ita junge. Quasi dicat : Vos estis gloria nostra, et nos vestra, et hac confidentia, id est in hoc confisi, quod per alterutrum glorificari speramus, *volui*, etc. Vel ita junge. Quasi dicat : Jam quidam vestrum correcti sunt, et hac confidentia, scilicet quia munda est quorumdam vita, *volui prius venire ad vos*, quam irem Macedoniam, quia enim emendata quorumdam vita erat, voluit videre quos indignum erat ante videre : si ergo non ivit, cum voluerit, non fuit otiosum. Intelligi enim volebat aliquos inter eos esse, propter quos voluntatem suam non impleverit, qui operam adhibere debent, ut modo se purgent. Non enim culpa ejus est, sed illorum quod non ivit, et quia in priore Epistola promiserat se venturum, et non venerat, mendax et levis videbatur, quod modo excusat. Non enim hoc fecit nisi pro eorum culpa. Volui venire, dico, *ut qui per primam Epistolam habueratis gratiam rectæ fidei, haberetis* per meam præsentiam *secundam gratiam*, id est confirmationem qui prius fidem habueratis. Volui venire ad vos, dico, *et per vos*, id est vestro ductu, *transire in Macedoniam, et iterum a Macedonia venire ad vos*, ut vos multipliciter confirmarem, *et a vobis deduci in Judæam*, ut eleemosynam ferrem sanctis qui ibi erant.

Cum ergo. Quasi dicat : Ad hoc volui venire ad vos, non tamen veni. *Cum ergo hoc voluissem*, et non feci, *nunquid usus sum levitate*, ut quod proposuerim, non ratione, sed impetu animi eadem levitate dimiserim? *Aut quæ cogito* facienda vel dimittenda, *secundum carnem cogito*, ut pro carnali commodo proposuerim, et quia non erat, dimiserim, *ut per has causas sit apud me*, id est in intentione mea, *est et non*, id est affirmatio et negatio, de eodem, id est mendacium? [Augustinus] Est enim mendacium falsa significatio vocis, cum intentione fallendi. Duo imponebantur Apostolo, quod et levis erat, et gratia majoris commodi hoc iter dimiserat. [Ambrosius] Unde et mendax dicebatur, quod modo purgat, ostendens se non leviter, sed ex consilio fecisse, nec mentitum esse, quia non erat in intentione sua cum illud dixit aliter facere. Non est enim judicandus mendax qui dixit falsum quod putat verum, quantum in se est, non fallit, sed fallitur (1). Contra, mentitur ille qui dicit verum quod putat falsum: nec ille est liber a mendacio, qui ore nesciens loquitur verum, sciens autem non esse verum, voluntate mentitur. Vel ita, ut sit. Quasi dicat: Nunquid levitate usus sum? aut secundum carnem cogito? Ut sit apud me, est et non, id est ut præponam voluntatem utilitati. [Ambrosius] Quasi dicat: Non est apud me, est et non, id est non aliud egi quam scivi esse agendum, quia utilitas præponenda est voluntati. *Fidelis autem* vel *enim.* Quasi dicat: In hoc non sum mentiri credendus, quia in nullo alio sum vobis mentitus. Et hoc credi potest, quia *Deus* est *fidelis,* id est verax qui promisit doctores veritatis. Si ergo mendax essem qui sum doctor ejus, non esset ipse fidelis. Et quia fidelis est, per hoc patet, quia *in illo,* etc. Vel ita, quasi dicat: Videtur apud me esse, est et non, sed Deus qui fidelis est, id est verax in promissione, in hoc mihi testis est, quia in illo toto nostro sermone, qui noster sermo fuit apud vos, non est, est et non, id est mendacium, ut in sermone pseudoprædicatorum. Vel, non est in illo, est et non, id est non aliud egi quam scivi esse agendum, quia utilitas præponenda est voluntati. *Dei enim Filius.* Quasi dicat: Vere in nostro sermone non fuit, est et non, quia, in illo Dei Filio, id est in ejus prædicatione, *qui Dei Filius Jesus Christus est prædicatus in vobis per nos,* scilicet *per me et Sylvanum et Timotheum non fuit,* est et non id est mendacium, *sed est,* id est affirmatio veritatis tantum *fuit in illo.* Quod si mendaces essemus, tunc et ipse, quia quod docuit tantum prædicamus. Vel, in illo Dei Filio non fuit, est et non, id est nunquam aliud voluit quam quod utile est. *Sed est fuit in illo,* quia voluntas ejus semper fuit cum utilitate.

Quotquot enim.(2) Quasi dicat: Verax est Dei Filius et vere, quia *promissiones Dei quotquot sunt,* sunt *in illo est,* vel etiam, alia littera, id est veritas et completio, quia in illo exhibitæ et adimpletæ sunt. (3) Ideoque non sunt audiendi, qui non verum hominem Filium Dei suscepisse dicunt, neque natum de femina, sed falsam carnem et imaginem corporis simulatam ostendisse videntibus in quem errorem prorumpunt, quia timent quod fieri non potest, scilicet ne humana carne veritas et substantia Dei inquinetur, et ideo veritatem dicunt esse mentitam. Et tamen istum visibilem solem radios suos prædicant per omnes fæces et sordes spargere, et eos mundos et sinceros servare. Si ergo visibilia munda visibilibus immundis contingi possunt et non coinquinari, quanto magis invisibilis et incommutabilis

veritas per spiritum animam, et per animam corpus suspiciens totum hominem assumptum ab omnibus infirmitatibus sine sui contaminatione liberavit? Mentiuntur ergo illi, non mentitur veritas Christus, quia omnes promissiones Dei in illo sunt, scilicet est vel etiam, id est impletæ et firmatæ. Est et non credendum ut mendax sit ille per quem Pater verax apparuit. Et quia promissiones Dei per Christum impletæ sunt. *Et ideo* nos *per ipsum* dicimus *Deo Amen;* [Ambrosius] quod est verbum veritatis, id est dicimus Deum esse veracem, et quod Deus Pater et Christus sunt veraces, est *ad gloriam nostram,* per quos hic manifestatur, quia per hoc probamur vera prædicare.

Vers. 21-23. — *Qui autem confirmat nos vobiscum in Christo, et qui unxit nos Deus, et qui signavit nos et dedit pignus Spiritus in cordibus nostris. Ego autem testem Deum invoco in animam meam, quod parcens vobis non veni ultra Corinthum, non quia dominamur fidei vestræ, sed adjutores sumus gaudii vestri. Nam fide statis.*

Qui autem confirmat nos. Quasi gloriam nostram dico, non tamen nobis tribuo. Sed Deus est *qui confirmat nos,* Judæos, *vobiscum,* quia et gentes cum Judæis confirmatæ sunt. Confirmatæ dico, *in Christo,* id est in vera prædicatione Christi. Tunc si vos estis firmi in Christo, magis constat de nobis per quos firmi estis, et Deus est, *qui unxit nos* in reges et sacerdotes per Spiritum in baptismo datum. [Ambrosius] Unde Petrus ait: *Nos sumus genus electum, regale sacerdotium* (I Petr. II). *Et Deus est, qui signavit nos,* id est in libro vitæ scripsit. Vel signavit nos, id est discrevit ab aliis signo crucis, *et dedit pignus Spiritus in cordibus nostris,* id est Spiritum sanctum arrham futuræ gloriæ. Si enim adhuc mortalibus Spiritum suum credidit, non est dubium quin jam immortalibus addat gloriam. Vel, dedit pignus Spiritus sanctus, id est dona quæ sunt pignus quod Spiritus sanctus est in nobis. *Ego autem.* Hic aperit quare ad eos non ivit sicut dixerat, ne putent se contemptos ad quos ire distulit, ut tunc iret cum jam prope omnes emendatos inveniret. His enim loquitur nunc qui videbantur velle se corrigere, sed operam non dabant ut implerent; id quod pro levitate vel terreno commodo non dimisi, sed *parcens vobis,* et de hoc, *ego invoco Deum testem,* non solum contra corpus, sed et *in,* id est contra, *animam meam,* si mentior. De quo, scilicet quod *non veni Corinthum,* ultra primam vicem. Vel, ultra, id est postquam a vobis discessi; et hoc feci parcens vobis, scilicet ne contristarem multos aspere corripiendo, in quo pepercit eis, ne eo asperiore verterentur in seditionem. Vult ergo prius mitigari eos et emendari, et ideo non ex levitate vel ex carnali cogitatione non implevit quæ disposuit. Spiritualis enim tunc dispositum non implet, quando providentius aliquid ad salutem meditatur. Et ne

---

(1) Augustinus, in Enchiridion.
(2) Id., ad Faustum.

(3) Id., De agone Christianorum.

indignentur quasi de Domino, eo quod dixerat, parcens vobis non veni, subdit, *non*, ideo dico, parcens, *quia dominemur fidei vestræ*, id est quia dominium et coactionem patiatur fides vestra, quia voluntatis est non necessitatis ; sed ideo dico, quia *adjutores sumus*, si vultis cooperari, gaudii vestri æterni. Vel gaudii, id est emendationis vestræ. quia gaudebunt emendati. Bene dixi fidei vestræ. Nam *fide* quæ per dilectionem operatur, statis non dominio.

CAPUT II.

VERS. 1-11. — *Statui autem hoc ipsum apud me, ne iterum in tristitia venirem apud vos. Si enim ego contristo vos. et quis est qui me lætificet, nisi qui contristatur ex me? Et hoc ipsum scripsi vobis, ut non, cum venero, tristitiam super tristitiam habeam, de quibus oportuerat me gaudere, confidens in omnibus vobis quia meum gaudium omnium vestrum est. Nam ex multa tribulatione et angustia cordis scripsi vobis per multas lacrymas ; non ut contristemini, sed ut sciatis quam charitatem habeam abundantius in vobis. Si quis autem contristavit me, non me contristavit sed ex parte ut non onerem omnes vos. Sufficit illi qui ejusmodi est objurgatio hæc, quæ fit a pluribus:* **11** *ita ut econtrario magis donetis, et consolemini, ne forte abundantiori tristitia absorbeatur qui ejusmodi est. Propter quod obsecro vos ut confirmetis in illum charitatem. Ideo enim et scripsi vobis ut cognoscam experimentum vestrum, an in omnibus obedientes sitis. Cui autem aliquid donastis, et ego. Nam et ego quod donavi, si quid donavi. propter vos in persona Christi, ut non circumveniamur a Satana ; non enim ignoramus cogitationes ejus.*

Statui autem. Quasi dicat: Parcens non veni ad vos, sed *statui hoc ipsum*, id est hoc idem, *apud me* quod proposui cum primam misi Epistolam, scilicet *ne iterum venirem ad vos, in tristitia* venirem, id est vos contristans. [Ambrosius] Vel, ne iterum venirem ad vos in tribulatione mea, quæ iterum esset mihi, id est ita ut iterum esset mihi tristitia, sicut fuit ei auditis eorum peccatis. Et vere de peccatis vestris mihi est tristitia, quia de pœnitentia mihi est lætitia. Et vere. *Si enim ego contristo vos*, corrigendo, increpando quocumque modo, vel per Epistolam, vel per præsentiam. Et hic aliquid addendum est. Quasi dicat: Et si vos me contristatis, *quis est qui lætificat me, nisi qui contristatur ex me?* Quasi dicat. Nullus me lætificat, nisi qui contristatur ex me, id est secundum meam voluntatem, scilicet ut pœniteat, quod melius fit per Epistolam quam per præsentiam. *Et hoc ipsum*, scilicet quod nemo me lætificat, nisi qui contristatur ex me, *scripsi vobis* modo nunc, *non cum venero habeam*, de vobis *tristitiam*, quæ sit de incorrectione vestra, *super tristitiam*, quam habeo de peccatis, *de quibus*, scilicet vobis, *oportuerat me gaudere*, non solum nunc, sed et olim cum contristavistis, et sic graviter peccavistis. Gaudium autem Apostoli purificatio est populi, Scripsi dico, *confidens in omnibus vobis*, quod ultra non habebo tristitiam de vobis,

quia emendabimini. Videte ergo ne frustra confidam, quod non mecum gaudium erit, et vos debetis facere quod ad gaudium meum spectat, *quia meum gaudium est omnium vestrum*, id est quando gaudeo, vos gaudetis. *Nam*, etc. Quasi dicat: Dico quod tristitiam habui et vere, *nam ex multa tribulatione*, id est ex multis laboribus, scilicet vigilando pro vobis orando, et interiori *angustia cordis* scilicet cura et dolore *scripsi vobis* primam Epistolam, et hoc per multas lacrymas, quæ indicio sunt quid intra esset. Hoc tamen non ideo refero, *ut contristemini*, per memoriam eorum, *sed ut sciatis quam charitatem*, id est quod desiderium emendationis vestræ *habeo*, vel, habeam. Charitatem dico ostensam *in vobis abundantius* quam putaveritis, quia omnes ut seipsum diligebat Apostolus, et quos corripiebat. Ad hoc enim corripiebat ut ostenderet quo amore eos diligeret, quorum peccatis plus illis dolebat. Qui autem non hoc affectu corripit fratrem, contristat ; insultat enim qui condolet fratri. Vel, habeam, quam in aliis ostensam, in vobis, quibus de jure meo cessi.

Si quis autem. [Ambrosius] Hic præcipit fornicatorem illum quem Satanæ tradendum judicaverat, recipi, quia correctus erat. Quasi dicat: Per lacrymas scripsi vobis, sed tamen condonate illi, quod ita ait: *Si quis autem contristavit me* sicut utique fecit ille fornicator, *non me tantum contristavit, sed* etiam *vos ex parte*, id est non omnes. Hoc autem dico *ut non onerem vos omnes*, id est ut hoc onus omnibus non imponam: quod reprehensorie dicitur. Omnes enim tristes esse deberent. Vel ideo, dico, ex parte ut omnes onerem vos, illos tantum onerat qui non doluerunt de peccato, non illos qui doluerunt : quos significat, dicendo, ex parte, et quamvis me et vos contristaverit. *Sufficit tamen illi qui ejusmodi est*, id est qui tam graviter deliquit, *objurgatio hæc*, quia talis facile desperaret, si nimis aspere in eum animadverteretur qnam objurgatio, et si tentationis quantitate, vel alio modo non satis digna pœna videtur: in hoc tamen non est parva existimanda *quæ fit a pluribus*, quibus congregatis Satanæ traditus est, [Augustinus] Magnum itaque dolorem patiatur, si delictum suum plures videt horrere, ita sufficit quod objurgatus est a pluribus *ut econtrario magis donetis*, quia quanto a pluribus objurgatur, tanto magis donandum est ei ; *et consolemini* eum, [Ambrosius] ut per exemplum David, qui multum peccavit, et aliorum quibus indulta est venia, et per verba Domini per prophetam dicentis ; *Nolo mortem peccatoris, sed ut magis convertatur et vivat* (Ezech. XXXIII). Et item : *Quacunque hora ingemuerit peccator, omnium iniquitatum ejus non recordabor* (Ezech. XVIII). Et recte, homini pro peccato afflicto ignoscere et subvenire præcipit. quia pœnitentia si de vero animo est, id est si correctus statim in animo dolet, mox habet fructum. Hæc enim vera pœnitentia est cessare a peccato. Ideo condonetis et consolemini, *ne forte* qui ejusmodi est *abundantiore tristitia*, id est per nimis asperam pœnitentiam desperans, *absorbeatur*, a diabolo, ut velit uti sæculo; hoc est enim absorberi, scilicet desperantem converti ad admittenda peccata; *propter quod*, scilicet ne absorbeatur, *obsecro vos*, ego qui possem jubere, *ut charitatem* quam habuistis, ejiciendo eum, *confirmetis in illum*. condonando et, quod et debetis facere. *Ideo enim et scripsi vobis*, scilicet ut *cognoscam experimentum vestrum*, id est ut per experientiam cognoscam quo animo feceritis ut expertus sum in parte obedient.am vestram. Et cognoscam *an in omnibus sitis obedientes* mihi. Quasi dicat: Cum propter eum recipiendum scripserint. et propter hoc etiam scripsi, ut vos quos expertus sum mihi obedientes in ejectione, cognoscam an in omnibus obedientes sitis. *Cui autem*. Quasi dicat: Obsecro ut ei donetis, et donare debetis, autem, id est quia *cui aliquid donastis et ego*: Quod vero dico: *Nam et ego quod donavi, propter vos feci, si quid tamen donavi*. Hoc ideo dixi, quia non temere hoc factum est et passim. Si ergo magister petitione discipulorum donavit cui voluerunt peccatum, multo magis discipuli prece magistri idem facere debent. Et ut ratum et cui donavit ostenderet apud Deum subdit: Et hoc feci *in persona Christi*, id est ac si ipse Christus condonaret, quia nihil sine Dei spiritu agebat Apostolus. Hoc autem dicit ne irrita videatur hujusmodi condonatio, quæ fit propter amicos; *ut non*. Quasi dicat: Ideo debemus condonare, *ut non circumveniamur*, id est decipiamur *a satana*, ut cum faciat desperare per nimiam asperitatem. Sæpe enim propter asperiores animadversiones in desperationem infirmos præcipitat. Et merito ab illo hoc fleri metuo *Non enim ignoramus cogitationes*, id est astutias, *ejus* qui quos consentiendo nequit decipere, facit minis asperos.

Vers. 12-17. — *Cum autem venissem Troadem propter Evangelium Christi, et ostium mihi apertum esset in Domino. non habui requiem spiritui meo, eo quod non invenerim Titum fratrem meum ; sed valefaciens eis profectus sum in Macedoniam. Deo autem gratias qui semper triumphat nos in Christo Jesu, et odorem notitiæ suæ manifestat per nos in omni loco, quia Christi bonus odor sumus Deo, in his qui salvi fiunt, et in his qui pereunt. Aliis quidem odor mortis in mortem, aliis autem odor vitæ in vitam. Et ad hæc quis tam idoneus? Non enim sumus, sicut plurimi, adulterantes verbum Dei, sed ex sinceritate sicut ex Deo coram Deo in Christo loquimur.*

Cum autem venissem, etc. Post interpositionem de recipiendo fornicatore redit ad ipsos, ostendens quod sicut culpa eorum fuit quod non venit Corinthum, sic quod non profecit in Troade, dum apud eos impeditus moratur Titus, sine quo non poterant ibi proficere, quia forson lingua eorum Titus expres-

sius uti poterat. Quasi dicat parcens vobis non veni Corinthum. *Cum autem venissem Troadem propter Evangelium Christi* prædicandum, *et ostium mihi esset apertum*, id est corda parata ad recipiendum Evangelium, et hoc, *in Domino*, id est cooperante Deo, *non habui requiem spiritui meo*, id est non potui satisfacere voluntati meæ, *eo quod non invenerim Titum fratrem meum*, qui ibi necessarius erat; sed impeditus apud vos non venit illuc, sicut et ipse et ego condixeramus, [Ambrosius] Et ideo Apostolus non potuit satisfacere suo desiderio, ut eis, scilicet Evangelium plene traderet propter perstrepentes in eum et insurgentes, quia solus non poterat hæc duo implere. scilicet et fideles instruere, et perstrepentibus incredulis repugnare (4). Non habui requiem, dico, *sed valefaciens eis*, qui erant conversi, et in quibus ostium apertum erat, *profectus sum Macedoniam*, Deo *autem gratias*. Hactenus de tribulationibus egit ad earum tolerantiam illos invitans, et cujus culpa Corinthum non venerat, dixit: Hic incipit se commendare et pseudo deprimere. Quasi dicat: profectus sum Macedoniam, sed non inutiliter, quia ibi quasi triumphator exstiti. *Gratias autem ago Deo qui semper triumphat nos*, id est triumphare facit, *in Christo Jesu*, [Ambrosius] id est in prædicatione Christi qui corda præparat ad credendum, ut calcata perfidia tropæum habeat fides, dum ex perfidis fiunt fideles, *et manifestat per nos*, veros apostolos, non per pseudo, *odorem notitiæ suæ*, id est Christum qui velut odor procedens a Patre, notificat eum invisibilem, sicut aliqua res quæ non videtur, per odorem cognoscitur, et in quo loco sit intelligitur. Vel, odorem, notitiæ suæ, id est miracula vel doctrinæ verba quibus ad notitiam ejus venitur. *Manifestat per nos*, miracula operantes, et verba prædicantes, et hoc *in omni loco*, scilicet ubicunque prædicamus, id est in toto mundo. Et bene dixi per nos, quia nos sumus bonus odor Christi, et suavissimus Deo, etsi non ita vobis. Odor Christi dicuntur apostoli, quia in eorum vita prædicatione Christus ostenditur, non blasphematur: sicut de malis dicitur: *Nomen Dei blasphematur per nos inter gentes* (Rom. 11). Et nota quia suæ locutionis modum sumit Apostolus a veteri lege cum dicit, bonus odor Deo, quia ut olim hostia legalis dicebatur suavissimus odor Deo, ita modo prædicatio vera et sincera fama apostolorum

119 (5) Iste bonus odor significatur nominatis quibusdam aromatibus et unguentis. Dicit enim Dominica sponsa: *Post odorem unguentorum tuorum curremus* (6) (*Cant.* 1). Propter hunc odorem dicitur in Evangelio quod. fracto alabastro unguenti, domus impleta est odore (*Marc.* XIV), id est mundus impletus est bona fama et doctrina Christi et apostolorum. Odor iste vegetat diligentes, necat invidentes (7). Unde subdit, *In his qui*, etc., quasi

---

(4) Aug., De prædestinatione scientiæ.
(5) Id., in psal. XLII.

(6) Id., in ser. in natali mart.
(7) Id., super Joan.

dicat, bonus odor sumus Christi : utique, *Et in his qui salvi fiunt*, gratia ejus, *et in his qui pereunt*, judicio ejus; et (8) horum respectu qui inde salvantur, et horum qui contemnentes pereunt, quia bona intentione facimus, et veritatem prædicamus (9). Miro modo hoc fit, ut bono odore, et boni vivant, et mali moriantur. Quomodo tamen fiat, quantum Dominus inspirare dignabitur, vobis revelare non denegabo. Apostolus bene agens, bene vivens, justitiam verbo prædicabat, et opere demonstrabat, ac bonam famam quaquaeusque disseminabat, imitans doctorem veritatis Christum ; quidam autem diligebant, quidam invidebant. Illi qui invidebant famæ Christi vel Pauli, bono odore peribant, qui eam diligebant, bono odore vivebant. Noli ergo invidere, et non te occidit bonus odor. Bonus utique odor erat quo illi vivebant, et illi peribant. Si enim non esset claritudo sanctorum, invidia non resurgeret impiorum (10). Cœpit persecutionem pati odor sanctorum : sed si persequendo frangunt ampullam, odor unguenti amplius diffunditur.

Aliis quasi dicat Deo sumus bonus odor ; sed hominibus, *aliis quidem* sumus *odor mortis*, id est invidiæ et malæ opinionis ducentis eos *in mortem* æternam *aliis autem*, sumus, *odor vitæ* id est dilectionis et bonæ opinionis ducentis eos *in vitam* æternam ; quia de nostra prædicatione veritatis aliis procedit mors, [Augustinus] eum per incredulitatem auditur, et inde ruentibus in æternam damnationem ; aliis vita, cum per fidem suscipitur, inde in salutem æternam proficientibus. *Et ad hæc* Quasi hæc *:* Nos sumus odor Christi, et per nos Deus hæc operatur. *Et ad hæc*, agenda, *quis*, scilicet illorum pseudoapostolorum est *tam idoneus*, sicut nos veri apostoli ? Quasi dicat : Nullus. Et vere. *Non enim sumus adulterantes verbum Dei*, id est falsa admiscentes, et pro voluntate non pro prole prædicantes, *sicut plurimi* faciunt. Ilic pseudoapostolus tangit : qui corrupta doctrina veritatem violabant. De quibus Isaias ait : *Caupones tui vino aquam miscent (Isa.* 1). [Ambros.] *sed loquimur* verbum Dei *ex sinceritate*, id est ex sincera intentione, non pro quæstu, et sine admistione corruptionis, sicut didicimus, *ex Deo*, qui nos docuit. Et hoc facimus *coram Deo*, id est causa ejus solum, ut ei placeamus, et *in Christo*, nunquam eum excedentes, ut faciunt qui de lege agunt legalia prædicantes.

CAPUT III.

Vers. 1-3. — *Incipimus iterum nosmetipsos commendare ? Aut nunquid egemus sicut quidam commendatitiis epistolis ad vos, aut ex vobis ? Epistola nostra vos estis scripta in cordibus nostris quæ scitur et legitur ab omnibus hominibus : manifestati, quoniam epistola estis Christi ministrata a nobis, et scripta non atramento, sed spiritu Dei vivi, non in tabulis lapideis, sed in tabulis cordis carnalibus.*

Incipimus. Et sciebat Apostolus eos accipere sinistre suam commendationem, sicut etiam in prima Epistola fecerant, quasi suam gloriam quæreret : incipit contra opinionem eorum ostendere se, non suam gloriam, sed Dei quærere, dicens : *Incipimus*, quasi semper in hoc novi simus *iterum*, sicut in prima Epistola, *commendare* istis laudibus *nosmetipsos*, non Deum, quasi dicat, est aliquis qui hoc imponat nobis. Absit ut hoc faciamus, non utique vane nos commendantes, hoc dicimus, sed, ne ab aliis decipiamini, id cogimur memorare. Quod autem non nos commendare intendimus, ex hoc patet, quia nullius unquam commendatitias epistolas quærimus, nec eis egemus, et hoc est quod sub interrogatione subdit : *Aut, id est nunquid egemus*, id est putatis nos egere *commendatiis epistolis* missis ab aliis, *ad vos aut ex vobis* ad alios, *sicut quidam*, id est pseudoapostoli, quos nulla virtus commendat ? Utique non egemus, quia *Epistola nostra*, id est institutio nostra, *vos estis*, in quibus scientia et vita mea repræsentatur aliis, et ideo commendatitia epistola non egemus. Et hæc epistola *scripta in cordibus nostris*, quia semper habemus curam de vobis. Quæ epistola *scitur ab omnibus hominibus*, sciunt enim quia per nos instituti estis ; et *legitur*, ab eisdem, quia in vobis nos imitari discunt. *Epistola nostra estis*, et vos idem estis. *Manifestari omnibus quoniam estis Epistola Christi*, quia dum mihi similes in Christo. Vel, epistola Christi estis, quia Christus vos principaliter scripsit, id est instituit, non ego, quia eo auctore in vobis est fides. Et hæc epistola est *ministrata a nobis*, quia nostro ministerio Deus operatur in vobis, et est *scripta non atramento*, sed *Spiritu Dei vivi*, id est æterni. Quod autem vivus scribit, vivit, id est quod vos estis repræsentatio Christi, et mea : hoc firmiter scriptum in cordibus vestris non delebitur, ut quod atramento scribitur, facile doletur. Vel, scripta est, non atramento, id est non tetris notis hæreticæ pravitatis, ut pseudo faciunt, qui hæreses intererunt, sed spiritu Dei vivi (11), id est Spiritu sancto docente instructi estis, per quem diffunditur charitas in cordibus : qui in Evangelio digitus Dei dicitur *(Luc.* xi). Hoc digito scripta est lex vetus, sed distat, quia lex illa scripta est in tabulis lapideis ; nova autem lex diffusa est in cordibus. [Augustinus] Hæc lex est charitas Dei. Illa et lex operum, littera occidens prævaricatorem, ista est lex fidei vivificans dilectorem. Ibi ergo lex extrinsecus posita est qua injusti terrerentur ; hic intrinsecus posita, qua justificarentur. Ibi in tabulis lapideis digitus Dei operatus est, ut significaretur duritia cordium illius ; hic idem digitus in cordibus hominum operatus est, ut voluntas prompta et intelligentia capax significaretur. Unde subdit : Et hæc

---

(8) Aug., De prædestinat.
(9) Id., super Joannem.

(10) Id., De natali mart.
(11) Id., De bap. par.

Epistola scripta est, *non in tabulis lapideis*, id est non in duris cordibus habentibus notas, nec sentientibus ut vetus lex (12). Lapis enim non significat nisi durissimam voluntatem, et adversus Deum inflexibilem ; *sed in tabulis cordis*, id est in cordibus latis ex charitate, *et carnalibus*, id est mollibus, quia habent effectum implendi ; et sensum habentibus, quia intelligunt, non lapideis tanquam sint sine sensu.

VERS. 4-6. — *Fiduciam autem talem habemus per Christum ad Deum, non quod sufficientes simus cogitare aliquid a nobis, quasi ex nobis ; sed sufficientia nostra ex Deo est, qui et idoneos nos fecit ministros Novi Testamenti, non littera, sed spiritu. Littera enim occidit, spiritus autem vivificat.*

Fiduciam. Dixit se non egere epistolis, modo dicit quod non commendat se, sed Christum. Quasi dicat: Epistola Christi et nostra estis, sed *fiduciam talem*, id est dicendi talia, *habemus*, id est referimus, non ad nos, sed *ad Deum.* [Ambrosius] Hoc ideo dicit, ut ostendat veteres non hanc habuisse fiduciam ad Deum, quia minor fuit administratio. Et hanc fiduciam habemus *per Christum* per quem nobis hæc potestas data est. Fiduciam habemus, dico, et non ita dico nos habere fiduciam, *quod simus sufficientes cogitare,* saltem, *aliquid* boni quod sit *ex nobis*, id est ex nostra parte, scilicet nos defendens. Quasi dicat : Ex nobis procedat, *sed sufficientia nostra ex Deo est* (13). Attendant hoc, et verba ista perpendant qui putant ex nobis esse fidei cœptum, et ex Deo esse fidei supplementum. Commendans enim istam gratiam quæ non datur secundum aliqua merita, sed efficit omnia bona merita, inquit, nunquam sufficientes simus cogitare aliquid, etc. Quis enim non videat prius esse cogitare quam credere ? Nullus quippe credit aliquid nisi prius cogitaverit esse credendum, quanquam et ipsum credere nihil est aliud quam cum assensione cogitare. Si ergo cogitare bonum non est ex nobis, nec credere, sed sufficientia, qua credere incipimus, ex Deo est. [Ambrosius] Ecce præfert Deum apostolicæ dignitati. *Qui et idoneos.* Hic item commendatio est. Commendat enim se per dignitatem officii, scilicet Evangelii, præferens se non solum pseudoapostolis qui carnales observantias prædicabant, sed et ipsi Moysi ministro legis. Quasi dicat : Sufficientia nostra ex Deo est, *qui et fecit nos ministros Novi Testamenti*, pseudo sunt ministri Veteris, ministros dice perfectos scientia et vita, quales non sunt pseudo. Novi Testamenti dico non existentis *in littera*, tantum docente, sed *in spiritu* adjuvante, qui per nos, id est ministerio nostro datur. *Littera enim.* Quasi dicat : Ideo fecit nos Deus ministros Novi Testamenti per spiritum, non per litteram, quia *littera* sine spiritu *occidit*, dum facit scienter pec-

caro, et addit prævaricationem, et magis incitat, præsertim post adventum Christi ; *spiritus autem vivificat*, quia facit intelligere spiritualiter, et implere quod littera præcipit (14).

Adverte quam dicat litteram quæ occidit, cui velut econtrario spiritum vivificantem ingerit. Ea certe est Decalogus in illis duabus tabulis scriptus, quia lex subintravit, ut abundaret de delictum (*Rom.* v) (15). Porro autem præcepta ista tam sunt utilia facienti et salubria: ut nisi quis ea fecerit, vitam habere non possit. Non ergo dicitur littera occidens, eo quod lex mala sit, sed quia prohibens peccatum non vivificat hominem, sed auget concupiscentiam et peccatum, prævaricationem cumulat. nisi gratia liberet per legem fidei. Apparet igitur litteræ vetustatem, si desit, novitas spiritus, potius reos facere homines cognitione peccati quam liberare a peccato Unde subdit : *Qui apponit scientiam, apponit dolorem* (*Ecele.* i), non quia ipsa lex malum est, sed quia mandatum bonum habet tantum in littera demonstrante non in spiritu adjuvante, quod mandatum si fit timore pene non amore justitiæ, serviliter fit non liberaliter ; et ideo nec fit. Non enim fructus est bonus qui de charitatis radice non surgit. [Augustinus] Si vero adsit fides operans per dilectionem, fit delectatatio boni: quod non litteræ, sed spiritus donum est. Littera enim sine adjuvante spiritu occidit : Cum vero adest spiritus vivificans, hoc ipsum intus conscriptum facit diligi quod foris scriptum lex faciebat timeri (16-17). Vera sponsa Christi intelligit quid distaret inter litteram et spiritum quæ duo alio modo dicuntur lex et gratia ; nec reprehenditur lex cum dicitur; littera enim occidit, etc., sicut non reprehenditur scientia, cum dicitur : *Scientia inflat, charitas vero ædificat* (I *Cor.* VIII). Lex ergo bona est, sed cum gratia, ut cum charitate scientia prodest, sine ea occidit. Ita lex sine gratia occidit, cum sit virtus peccati, non tamen etiam sic, mala est. Multa enim sunt quibusdam noxia, quamvis non sint mala, sicut et lex licet sine gratia non vivificet, non tamen mala est (18). Quæ cum jubet quod sine gratia impleri non potest, indicat homini quod infirmus est, ut demonstrata infirmitate quærat gratiam. Lex ergo ducit ad fidem, fides impetrat spiritum largiorem, qui diffundit charitatem quæ implet legem. Sine spiritu non est voluntas hominis libera cum cupiditatibus vincatur (19). Liberum enim arbitrium, et ad bonum et ad malum faciendum, confitendum est nos habere; sed in malo faciendo, libera quidem est voluntas ; ab bonum autem non est libera, nisi liberata fuerit ab illo qui dixit : Si Filius *vos liberavit, vere liberi eritis* (*Joan.* VIII).

VERS. 7-11. — *Quod si ministratio mortis litteris deformata in lapidibus fuit in gloria, ita ut non pos-*

(12) August., De gratia et libero arb.
(13) Id. De prædestinatione sanct.
(14) Id. De bap. pa.
(15) Id., in eod.

(16-17) Id., contra Faust.
(18) Id., ad Anastasium.
(19) Id., De cor. et gratia.

sent intendere filii Israel in faciem Moysi propter gloriam vultus ejus, quæ evacuatur, quomodo non magis ministratio Spiritus erit in gloria? *Nam si ministratio damnationis in gloria est, multo magis abundat ministerium justitiæ in gloria. Nam nec glorificatum est, quod claruit in hac parte, propter excellentem gloriam. Si enim evacuatur per gloriam est, multo magis quod manet in gloria est.*

Quod si. Quasi dicat : Fecit nos Deus ministros Evangelii, et hæc ministratio erit nobis in gloria æterna. Quod probat per minus, id est per Vetus Testamentum. Quasi dicat : Vere erit in gloria; *quod*, id est quia, *ministratio mortis*, [Augustinus] id est veteris legis, quæ morte corporali puniebat peccantem, vel quæ prævaricatoribus intulit mortem, quos Dei gratia non adjuvit ad justitiam implendam. *Deformata*, id est turpiter formata, quia inhonesta secundum litteram præcipiebat. Vel, deformata, id est plene scripta, si quis spiritualiter caperet ; *in lapidibus*, id est in tabulis lapideis. Ad litteram, vel in cordibus duris, ad capiendum, vel amandum, *fuit in gloria Moysi ministro illius, ita ut filii Israel non possent intendere aciem visus sui, in faciem Moysi*, quia indigni erant. Tunc enim maculati peccato vultum Moysi descendentis de monte cum lege accepta in tabulis intueri non poterant, quia gloriosa facta erat facies ejus. Unde subdit : *Propter gloriam vultus ejus*, id est fulgorem vultus ejus, qui significabat eum clare videre, ad quod illi accedere non poterant, *quæ gloria evacuatur*, quia in Moyse statim transivit, et non modo in ministris legis veteris est. Vel mystice potest dici, ut per faciem Moysi intelligatur spiritualis intellectus legis ; per gloriam faciei intelligantur legales observantiæ, quæ erant figuræ veritatis. Quasi dicat : Ita fuit lex Moysi in gloria, ut filii Israel, id est Judæi, non possent intendere in faciem ejus, [Ambros.] id est capere spiritualem intelligentiam legis, quia Christum in lege non intelligebant : et hoc propter gloriam vultus ejus, id est legales cæremonias, quæ propter Christum significandum fiebant. Sed illi adhuc carnales in eis Christum non intelligebant quod significabat velamentum positum super faciem Moysi. [Augustinus] Quæ gloria Moysi evacuatur, quia finem figuræ habent revelata per Christum veritate. Et sic gloria Moysi evacuatur per legem spiritus, cum homines accepta remissione peccatorum facti justi aspicere possunt gloriam Dei, sicut Petrus et alii viderunt in monte (*Matth.* XVII). Gloria ergo Moysi evacuatur, quia figura est, non veritas. [Ambrosius] Gloria Moysi est quasi stellæ in vespere, quæ tunc gloriosæ sunt ; gloria Christi quasi sol qui oriens stellas obscurat (20). Gloria vultus Moysi figura erat veritatis quæ evacuatur, quia veniente imperatore imagines tolluntur de medio. Ibi imago spectatur, ubi imperator præsens non est. [Augustinus] Ubi autem est, imago removetur, fulget præsentia imperatoris. *Quomodo non magis*, etc. Quasi dicat : Ministratio veteris legis fuit Moysi in gloria, et si, hoc est, *quomodo ministratio spiritus*, id est Novi Testamenti in quo datur Spiritus, *non magis erit in gloria* æterna. Quasi dicat : Non potest hoc negari. *Nam si*. Quasi dicat : Vere in gloria æterna erit, quia dat justitiam spiritus qui in ea datur, quod a minori probat, *nam si ministratio damnationis*, id est Veteris Testamenti est in gloria Moysi, Vetus Testamentum dicitur ministratio damnationis, quia omnes prævaricatores constituit, non vivificans eos per gratiam, vel quia mortem temporalem inferebat peccantibus. Et si, hoc est, *multo magis. ministerium justitiæ*, id est Novum Testamentum per quod datur Spiritus, per quem est justitia et consummatio virtutum, *abundat in gloria*, id est dat abundantem gloriam ministris et observatoribus ejus. [Ambrosius] Vel, Deo magis est in gloria, id est in laude, quam Vetus Testamentum, quia magis gloria Dei in salute est quam in morte. Quamvis enim juste damnet quod agebatur sub lege, tamen ad laudem magis proficit, si indulget, ut possit reus se corrigere, quod in Novo Testamento per gratiam præstat. *Nam nec*. Quasi dicat : Vere abundat in gloria, quia adeo quod ad ejus comparationem illa vetus, nec est dicenda gloria. Et hoc est quod ait :*Nam quod claruit*, id est Moyses, *in hac parte*, prædicta, id est in facie, *non est clarificatum*. Vel, gloria propter excellentem gloriam, quæ est de Novo Testamento ubi puri vident gloriam Dei, id est comparatione hujus excellentis gloriæ, quia nulli profuit gloria vultus Moysi, sed obfuit, etsi culpa illorum non sua. Hæc autem gloria multo major est quæ abundat in gratia, ut per eam purificati gratia homines, abstersa caligine possint videre gloriam Dei. Vel ita lege : *Quod claruit non est gloria*, id est non est gloria, *in hac parte*, id est respectu hujus nostræ partis. Quare ? *Propter excellentem gloriam*, quæ est hic. Illa enim tanta erat gloria, quanta debuit credi servo. Hæc vero tanta quanta est Genitoris Christi, quia Christus in gloria est Patris, ut tantum intersit inter gloriam Moysi et Christi, quantum inter imaginem et veritatem. *Si enim quod evacuatur*, id est Vetus Testamentum, *per gloriam est*, id est fuit ministratum et receptum per gloriam Moysi, sine qua non commendaretur, *multo magis quod manet*, id est Novum Testamentum quod dicitur manens, quia Novo Testamento non succedet aliud, *est in gloria*, æterna nobis et quia nos ministri Novi Testamenti sumus, certi de tanta gloria.

VERS. 12-18.— *Habentes igitur tulem spem, multa fiducia utimur. Et non sicut Moyses ponebat velamen super faciem suam, ut non intenderent filii Israel in faciem ejus, quod evacuatur, sed obtusi sunt sensus eorum. Usque in hodiernum enim diem idipsum velamen in lectione Veteris Testamenti manet non revelatum, quoniam in Christo evacuatur. Sed usque in hodiernum diem, cum legitur Moyses, velamen positum est super cor eorum. Cum autem conversus fuerit ad*

---

(20) August., De verb. Dom.

Deum, auferetur velamen. Dominus autem Spiritus est. Ubi autem Spiritus Domini, ibi libertas. Nos vero omnes revelata facie gloriam Domini speculantes, in eamdem imaginem transformamur a claritate in claritatem, tanquam a Domini Spiritu.

Habentes igitur talem spem, scilicet videndi gloriam Dei, utimur multa fiducia, id est usu exercemus nos in bonis operibus, unde crescit nobis fiducia. Tantum enim videbimus quantum credimus, et quia aperta est gloria, non celamus sensum nostrum: *Sicut Moyses* qui *ponebat velamen* per figuras legales *super faciem suam*, id est clarum et spiritualem intellectum, sed nos aperte dicimus. [Ambrosius] Ideo ponebat, *ut filii Israel non intenderent in faciem ejus*, id est spiritualem intelligentiam legis, quia non poterant pati causa peccati, *quod* velamen per gratiam modo evacuatur, id est removetur nostris expositionibus, *sed sensus eorum obtusi sunt*, id est ratio eorum hebes est, nec potest penetrare quandiu non credunt. Obtusio enim hæc causa infidelitatis obvenit, ideo conversis ad fidem acuitur acies mentis, ut videant divini luminis splendorem, *usque in hodiernum*. Quasi dicat: Sensus Judæorum sunt obtusi. Et vere, quia non solum tunc, sed etiam usque in hodiernum diem, id est etiam hodie quando veritas claret, *manet idipsum velamen*, quia non aliter modo intelligunt quam ante adventum Christi. Manet dico, *in lectione Veteris Testamenti*, id est dum legitur eis Vetus Testamentum et in tantum manet quod *non est* eis etiam *revelatum*, esse velamen, id est nec hoc sciunt quod sit velamen, *quod evacuatur in Christo*, id est in fide Christi tantum. [Augustinus] Unde in Christi passione velum templi conscissum est, ut significaretur per Christi passionem revelari sacramenta legis et prophetiæ. Velamen enim dicit ad operationem prophetiæ, ut non intelligeretur. *Sed usque*. Quasi dicat: His qui sunt in Christo evacuatur velamen, sed *super cor eorum*, qui negant Christum, *velamen est positum*. Quasi dicat: Pondus, id est in cordibus eorum est cæcitas, deprimens rationem eorum. *Cum*, id est quamvis, *legitur*, id est **121** exponitur eis *Moyses*, id est Vetus Testamentum. Et ita duo obsunt eis cum non intelligant scilicet quia et velamen, id est obscuritas est in lectione; et cæcitas super corda. Et hoc usque in hodiernum diem, id est usque hodie.

Cum autem, Quasi dicat: Velamen est in lectione Veteris Testamenti et in corde eorum, sed cum aliquis eorum *conversus fuerit*, credendo, *ad Deum*, scilicet ad Christum, *velamen auferetur*, dato Spiritu sancto, ut in aqua vinum latere intelligatur. Omnis enim prophetia non intellecto Christo insipidum et fatuum quiddam est. *Dominus autem spiritus est*. Ordo verborum talis. Quasi dicat: Bene dixi, per Spiritum scilicet auferri velamen; autem, id est quia Spiritus sanctus est Dominus, id est potest operari quod vult: et per hoc quos vult illuminat,

(21) August., De Trinit.
(22) Id., De Trin. in lib. xv.

et quos vult in tenebris deserit (21). Nota quod Spiritus sanctus hic est dictus Dominus. Et ne quisquam arbitretur Filium significari nomine Domini, et Spiritum dici propter incorpoream substantiam, adjungit: *Ubi autem*. Quasi dicat: Spiritus est Dominus, ubicunque autem est, per gratiam inhabitantem, spiritus Domini, id est Filii per quem datur, *ibi est libertas*, intelligendi et faciendi; et ideo Judæi qui non habent spiritum, non possunt libere intelligere ut nos. Vel ita; ideo converso ad Dominum auferetur velamen, quia Dominus, scilicet Christus ad quem convertentur, est spiritus, id est spiritalis essentia. Et ideo dat legem spiritus per fidem in mente, et ita facit spiritaliter intelligere. Unde subdit: Ubi autem Spiritus Domini, [Ambrosius] id est lex spiritus quam Dominus dat, non litteris scriptam, sed per fidem animis intimatam, ibi est libertas. *Nos vero*, etc. Quasi dicat: Illi habent velamen super cor, *nos vero* credentes, *omnes*, etiam minores, *revelata facie*, id est expedita ratione, in qua Judæis est velamen, sumus *speculantes*, id est per speculum rationis videntes *gloriam Domini*, id est gloriosum Dominum (22).

Si quæritur qualis est hæc speculatio, et unde dicatur, illud occurrit quod in speculo non nisi imago cernitur. Ubi quippe speculum est, apparent imagines rerum. Specula vero est, de cujus altitudine longius aliquid intuemur. Speculantes ergo dicit a speculo, non a specula, quod in Græco non est ambiguum, unde in Latinum hæc scriptura translata est. Satisque apparet dixisse, speculantes, id est per speculum rationis quæ est imago Dei videntes, non de specula prospicientes. Hoc ergo conamur, ut per hanc imaginem, id est rationem quæ nos sumus, id est in qua creati sumus, videamus utcunque illum a quo facti sumus, tanquam per speculum. Quod vero subdit: *In eamdem imaginem transformamur*, utique imaginem Dei vult intelligi. Eamdem vero dicens, illam ipsam vult intelligi quam speculamur, quia eadem est imago Dei et gloria Dei, id est imaginem et gloriam Dei idem accipit. [Augustinus] id est Deum gloriosum, sicut supra de imagine creata loquens, pro eodem accepit imaginem et gloriam dicens: *Vir quidem imago Dei et gloria est*. (23) *Transformamur* autem, dixit, id est de forma in formam mutamur, et transimus de obscura forma in lucidam formam, quia et ipsa obscura imago Dei est. Hæc est imago in qua homines creati sunt, qua cæteris animalibus præsunt, quæ creatura in rebus creatis excellentissima cum a suo Creatore ab impietate justificatur, a deformi forma in formosam mutatur formam. Erat enim etiam inter vitia natura bona. Et ob hoc addit: *De gloria in gloriam*, scilicet de gloria creationis in gloriam justificationis. Vel, de gloria fidei, ubi filii Dei sumus, in gloriam speciei, ubi ei similes erimus, cum videbimus eum sicuti est. Et addit: *Tanquam a Domini*

(23) Id., in eodem.

Spiritu, per hoc ostendens a gratia Dei nobis conferri, tam optabilis transformationis bonum. Verum hujus imaginis quandoque futura est perfectio, ad quam consequendam nos erudit magister bonus, dicens : Nos omnes revelata facie speculantes, id est per speculum rationis intuentes, gloriam Domini, id est gloriosum Dominum, transformamur, id est de forma in formam transimus, [Augustinus] scilicet de obscura in lucidam tendentes in imaginem eamdem, quæ est gloria quam speculamur, quam speramus, ut Dei imago, [Ambrosius] id est dii sumus, id est ut similes gloriæ Christi simus in æternum ; sicut Joannes ait : *Scimus quia, cum apparuerit, similes ei erimus* (*I Joan.* III). [Augustinus] Nos dico euntes de gloria, vel *claritate* creationis, *in gloriam*, vel *claritatem* justificationis, vel de gloria fidei, in gloriam speciei. Transformamur, dico, tanquam a Spiritu Domini ducti, quia hoc beneficium habemus a gratia Dei (24). Cum autem hac transformatione ad perfectum fuerit hæc imago renovata, similes Deo erimus. [Ambrosius] Vel ita : Transformamur, dico, translati a gloria, vel a claritate Moysi, in claritatem, vel gloriam Christi, tanquam a Spiritu Domini, quasi quæ gloria est talis qualem decet dare Spiritum Dei. Tantum enim dabitur gloriæ, quantum dignum est dari per Spiritum sanctum. Ideo enim dixit : Tanquam a Domini Spiritu, ut ostenderet eamdem gloriam dari quæ sublimitati congruat dantis. Vel ita, ut per Dominum accipiatur Pater, et per imaginem intelligatur Filius : *Nos speculantes gloriam* Dei, id est Filium qui est gloria Patris, transformamur. Hoc non mutatur. Tendentes in imaginem ejus, scilicet Patris, eamdem, cum ipso, id est in Christum, qui dicitur imago Patris ; eadem est cum illo in quem tendimus, scilicet ut eum in essentia videamus. Nos dico, euntes a claritate in claritatem, id est ab una clara cognitione in aliam claram cognitionem, tanquam a Spiritu Domini, id est ut illi quos Spiritus Dei ducit.

CAPUT VI.

Vers. 1-4. — *Ideo habentes hanc administrationem, juxta quod misericordiam consecuti sumus, non deficimus; sed abdicamus occulta dedecoris, non ambulantes in astutia, neque adulterantes verbum Dei, sed in manifestatione veritatis, commendantes nosmetipsos ad omnem conscientiam hominum coram Deo. Quod si etiam opertum est Evangelium nostrum, in his qui pereunt est opertum, in quibus Deus hujus sæculi excæcavit mentes infidelium, ut non fulgeat illis illuminatio Evangelii gloriæ Christi, qui est imago Dei.*

Ideo, etc. Quasi dicat : Et quia tantam claritatem habemus a Spiritu, *ideo*, nos *habentes hanc administrationem*, id est hanc dignitatem ut spiritum aliis ministremus. Habentes dico, non meritis, sed *juxta quod misericordiam consecuti sumus*, id est per misericordiam Dei, *non deficimus*, pro aliquibus adversis, *sed abdicamus*, non solum aperta mala, sed *occulta dedecoris*, id est immundas cogitationes, id est omnia turpia et polluta, quæ fieri et cogitari possunt amovemus. Nos dico, *non ambulantes in astutia*, id est in hypocrisi, ut pseudo faciunt, qui videntur humiles ; *neque adulterantes verbum Dei*, per admistionem falsitatis, vel pro quæstu prædicantes; sed ambulamus *in manifestatione veritatis*, quia manifeste in nobis videtur veritas. Non dico, *commendantes*, id est commendabiles facientes, *nosmetipsos*, sine comparatione adversariorum adeo nos commendabiles facimus, ut veritatis nostræ laus transeat; [Ambrosius] non solum usque ad oculum sed etiam usque *ad omnem conscientiam hominum*, intentione mea manente, *coram Deo*, id est in beneplacito Dei. Vel hoc dico, coram Deo, ut teste Deo, cui nihil occultum est. (25) Testimonium Dei implorat, ut vel ipsi credatur quo auctore prædicat. Attende Apostolum implere quod Dominus ait : *Sic luceat lux vestra coram hominibus*, etc. (*Matth.* v). Et item : *Attendite ne justitiam vestram faciatis coram hominibus, ut videamini ab eis* (ibid.). [Augustinus] Voluit itaque nos bona facere in conspectu hominum, sed ad laudem Dei tantum, non nostram. Audi Apostolum utrumque facientem et docentem. Ait enim, commendantes nosmetipsos, ut ostendat se implere etiam illud : *Luceat lux vestra coram hominibus*. Et addit, coram Deo, ut ostendat se implere etiam illud : *Non ut videamini ab hominibus*. Non enim hæc facit ut videatur ab hominibus. *Quod si*. Quasi dicat : Dixi nos prædicare in manifestatione veritatis. Quod, id est, *sed si etiam opertum est Evangelium nostrum*, [Ambrosius] id est quod a nobis prædicatur, *opertum est etiam in his qui pereunt*, id est culpa eorum est qui perire meruerunt. Verum est enim quia increduli non vident splendorem veritatis, merito perfidiæ obcæcati. In his qui pereunt dico, *in quibus* pereuntibus vel verbis Evangelii, *Deus hujus sæculi*, id est Deus qui non solum bonos regit, [Augustinus] sed etiam malos pro merito præcipitat, *excæcavit*, a naturali ratione, *mentes infidelium*, (26) scilicet quod Christo non credunt, quos excæcavit dans eis quod volunt, id est sinens eos facere quod volunt, id est ut non credant : quod non facit malitia, sed justitia. (27) Vel talis potest esse ordo verborum : In quibus pereuntibus Deus verus et justus excæcavit mentes infidelium hujus sæculi. Vel ita : In quibus deus hujus sæculi, id est diabolus qui est princeps mundi, qui sæcularibus principatur. Vel deus sæculi, id est superbia, vel ingluvies ventris, excæcavit mentes infidelium, id est causa est quare excæcentur. Adeo excæcavit, *ut illuminatio Evangelii*, id est doctrina Evangelii illuminans, *non fulgeat*, id est non appareat eis. Quæ tamen lux est Evangelii, dico, *gloriæ Christi*, id est in quo

(24) Aug., de Trinit.
(25) Id., De verbis Evangelii.
(26) Id., ad Faust.
(27) Id., contra inimicum legis.

prædicatur gloria deitatis Christi, non solum infirmitas humanitatis, quod Christus imago est Dei Patris, quia de illo est, cui etiam æqualis est, secundum illud : *Qui videt me, videt et Patrem (Joan.* xiv). (28) Sciendum est quod imago et æqualitas et similitudo distinguenda est, quia ubi imago, continuo similitudo est, non continuo æqualitas ; ubi æqualitas, continuo et similitudo, non continuo imago ; ubi similitudo, non continuo imago, nec æqualitas. Verbi gratia, in speculo est imago et similitudo, non tamen æqualitas, quia multa desunt imagini quæ insunt illi rei, de qua expressa est. Potest etiam aliquando esse imago in qua sit æqualitas, ut in parentibus et filiis invenitur imago et similitudo et æqualitas, excepto tempore quo præcedunt parentes, quia de parente exprimit similitudo Filii, ut recte imago dicatur, et potest esse tanta ut recte dicatur æqualitas. Potest etiam aliquando esse similitudo et æqualitas quamvis non sit imago, ut in duobus ovis paribus. Christus autem ita dicitur imago Patris, ut nihil horum desit, ut non solum ejus imago sit, quia de illo est ; et similitudo, quia imago est ; sed etiam æqualitas tanta, ut nec temporis intervallum impedimento sit, quia non generavit Deus Filium in tempore.

Vers. 5-12. — *Non enim nosmetipsos prædicamus, sed Jesum Christum Dominum nostrum. Nos autem servos vestros per Jesum, quoniam Deus qui dixit de tenebris lucem splendescere, ipse illuxit in cordibus nostris ad illuminationem scientiæ claritatis Dei in facie Jesu Christi. Habemus autem thesaurum istum in vasis fictilibus, ut sublimitas sit virtutis Dei, et non ex nobis. In omnibus tribulationem patimur, sed non angustiamur ; aporiamur, sed non destituimur ; persecutionem patimur, sed non derelinquimur ; humiliamur, sed non confundimur ; dejicimur, sed non perimus. Semper mortificationem Jesu Christi in corpore nostro circumferentes, ut et vita Jesu manifestetur in corporibus nostris. Semper enim nos qui vivimus in mortem tradimur propter Jesum, ut et vita Jesu manifestetur in carne nostra mortali. Ergo mors in nobis operatur, vita autem in vobis.*

Non enim, etc. Quasi dicat : Bene dico gloriæ Christi, *non enim,* etc. Vel ita continet. Commendamus nos in manifestatione veritatis, et cætera talia facimus ; et hoc propter Christum. Non enim prædicamus nosmetipsos, sed Jesum Christum Dominum nostrum, id est prædicatio nostra non tendit ad gloriam nostram, vel ad lucra nostra, sed ad gloriam Christi, quem prædicamus Salvatorem et Dominum nostrum esse, illum prædicamus esse Dominum. *Nos autem* dominis esse, *servos,* id est ministros vestros. Et hoc, *per Jesum,* qui nobis hoc injunxit. Hoc autem facimus, *quoniam Deus ipse illuxit in cordibus nostris,* id est se qui est lumen, nobis infudit ; *qui dixit,* id est præcepto solo hoc fecit, *lucem splendescere de tenebris,* quod fuit in separatione elementorum. (29) Cœperunt enim ex quo confusa moles cœli et terræ cœpit esse, antequam lux facta esset qua illuminaretur, quod sine luce fuerat tenebrosum ; postea vero accedente luce, quod factum est, melius redditur, in quo proficientis hominis affectio significatur. Unde Apostolus loquens ad fideles ait : *Fuistis aliquando tenebræ, nunc autem lux in Domino (Ephes.* v). Ille hoc fecit, qui cum tenebræ essent super abyssum, dixit : *Fiat lux : et facta est lux (Gen.* 1). Hæc lux significat lucem, quæ modo nobis et per nos aliis datur. Ex quo non potest intelligi quod tenebræ sempiternæ fuerint, sicut quidam legis calumniatores imponunt ejusdem legis scriptori sensisse : qui potius ostendit eam cœpisse, cum dixit : *In principio fecit Deus cœlum,* etc. *Terra autem invisibilis erat et incomposita, et tenebræ erant super faciem abyssi (ibid.).* Illuxit dico, *ad illuminationem scientiæ et claritatis* (30). Vel, gloriæ Dei, id est ut illuminaret nos scientia, qua sciremus Deum esse lumen, quo tenebræ nostræ illuminantur. Scientia enim gloriæ Dei est, qua scimus ipsum lumen esse, quo tenebræ nostræ illuminantur. [Ambrosius] Vel ita, ad illuminationem scientiæ claritatis Dei, id est ut illuminemus alios per scientiam de claritate, id est de essentia Dei. Et hoc dedit nobis *in faciem Jesu Christi,* id est per Jesum Christum, qui est facies Patris, sine quo non cognoscitur. *Habemus autem.* Hactenus egit de altitudine scientiæ suæ, hic agit de fragilitate carnis quam refert ad gloriam suam, etsi contra videntur. Quasi dicat : Deus illuxit nobis ad illuminationem scientiæ, sed *istum thesaurum,* id est scientiam istam qua alios ditemus, *habemus in vasis fictilibus,* id est in corporibus fragilibus. Thesaurum dicit sacramentum Dei, quod fidelibus erogatur, perfidis absconditur. Et hoc ita, *ut sublimitas sit virtutis Dei, et non ex vobis,* id est, ut tota altitudo Dei esse videatur, et non nostra. *In omnibus,* etc. Quasi dicat : Vasa sunt fictilia. Et vere, quia *patimur tribulationem in omnibus,* quia nullus modus tribulandi abest : sed de thesauro bene conscii non angustiamur in animo. Deinde aperte quasdam tribulationes enumerat, dicens : *Aporiamur,* id est pauperes sumus adeo ut necessaria desint. Aporos enim Græce, et Latine pauper dicitur. *Sed non destituimur,* a thesauro nostro. Vel non destituimur omnino a Deo, quia Deus pascit nos. *Et patimur persecutionem,* de loco ad locum ; *sed non derelinquimur,* a Deo, quando thesaurum custodiat. *Humiliamur,* id est affligimur, *sed non confundimur,* id est non erubescimus. *Dejicimur* in mortis periculum, *sed non perimus,* id est a bono non cessamus. Qui per singula *semper* sumus *circumferentes,* id est aliis propinantes, et ostendentes *in corpore nostro,* non solum in animo, *mortificationem Jesu,* id est quam sustinemus pro Jesu, vel quam prius Jesus sustinuit. Et hoc ideo facimus, *ut sicut mors Christi in nobis* ap-

---

(28) August., in lib. LXXXII Q.
(29) Id., contra inimicos legis et prophetarum.

(30) Id., De bap. par

paret, *et vita Jesu*, id est gloria, *manifestetur*, etiam non tantum in animabus, sed etiam *in corporibus nostris. Semper enim.* Quasi dicat: Mortificationem Jesu circumferimus, et vere, quia nos qui vivimus, virtutibus, vel quibus licet vivere naturali vita, semper tradimur in mortem, id est in pericula mortis: et hoc sustinemus propter Jesum, id est pro amore Jesu, ut et vita Jesu, immortalis et impassibilis manifestetur in carne nostra, licet nunc mortali, et ideo videtur impossibile quid speramus. Ambrosius] Et est sensus: Non timemus mori pro Christo propter promissam resurrectionem. *Ergo mors.* Quasi dicat: Et quia hæc patimur, *ergo mors operatur in nobis; vita autem in vobis,* id est mors dominium exercet in nobis, sed vos ad voluptates vitæ tenditis. Vel ita, quia per mortem vitam Jesu consequemur, ergo mors, non est inutilis, sed operatur, magnum quid in nobis, sed vita, qua delectamini in terrenis, operatur in vobis, mortem æternam. Vel ita, ut legatur passive, operatur ergo, id est propter spem vitæ Jesu, mors operatur, id est a prædictis passionibus efficitur; in nobis, id est permittimus effici in nobis, sed per hoc vita efficitur in vobis, id est fides plantatur in vobis, per quam vivitis.

Vers. 13-18. — *Habentes autem eumdem spiritum fidei, sicut scriptum est: Credidi propter quod locutus sum, et nos credimus propter quod et loquimur, scientes quoniam qui suscitavit Jesum, et nos cum Jesu suscitabit, et constituet vobiscum. Omnia enim propter vos, ut gratia abundans per multos in gratiarum actione abundet in gloriam Dei. Propter quod non deficimus, sed licet is qui foris est noster homo corrumpatur, tamen is qui intus renovatur de die in diem. Id enim quod in præsenti est momentaneum, et leve tribulationis nostræ: supra modum in sublimitate æternum gloriæ pondus operatur in nobis, non contemplantibus nobis quæ videntur, sed quæ non videntur. Quæ enim videntur temporalia sunt, quæ autem non videntur æterna sunt.*

Habentes autem. Quasi dicat: Semper mors operatur in nobis. Et per hoc patet quod nos habemus *eumdem Spiritum sanctum*, quem prophetæ habuerunt, qui Spiritus est causa *fidei,* (31) quia Spiritus gratiæ facit ut habeamus fidem, ut per fidem impetramus orando, ut possimus facere quod jubemur. Cum autem dicit, eumdem spiritum fidei, ostendit quod in justis diversorum temporum, eadem est fides. (32) Ea enim fides, justos salvavit antiquos, quæ salvat et nos, id est mediatoris Dei et hominum. Tempora ergo variata sunt, sed non fides, quia illi venturum Christum, passurum, resurrecturum, et ascensurum crediderunt; nos autem credimus Christum venisse, passum esse, resurrexisse, in cœlum ascendisse. (33) Et quod antiquos justos fides salvaverit, ostendit, dicens, *sicut scriptum est.* Quasi dicat: Habemus eumdem Spiritum quem illi.

Habentes autem eumdem spiritum fidei, quem illi habuerunt. Bene dico quod habuerunt. Sicut scriptum est de illis patribus, in quorum persona dicit David: *Credidi* perfecte *propter quod locutus sum.* Aliter non perfecte crederet. [Augustinus]Non enim perfecte credunt qui quod credunt, loqui nolunt. Ideo ait, credidi propter quod locutus sum, sed propter hoc dicit se locutum esse, quia credidit; et ita duo fecit, quorum alterum alterius causa exstitit. Credidit, scilicet et locutus est, ne fides sine confessione esset inutilis. Habentes, inquam, *et nos,* ut illi *credimus* futuram vitam, *propter quod loquimur,* id est confitemur non timentes mala, quia sumus *scientes quoniam qui suscitavit Dominum Jesum a morte, et nos suscitabit,* ut simus in eadem gloria *cum Jesu.* [Ambrosius] Hoc dicit propter quosdam qui negabant resurrectionem, quos et in prima Epistola arguit, *et in eadem gloria constituet nos,* id est confirmabit, ut ultra, scilicet non moriamur, nec mors nobis dominetur. Constituet, dico, *vobiscum,* quia omnes unius fidei participes in una domo pacis erunt. In qua constituet, non dico nos nobiscum, sed nos vobiscum, ut non inferiores, sed pares nobis sitis, si volueritis. Et bene de vobis hoc assero. *Enim,* id est quia, *omnia* ista facimus *propter vos* instituendos nostro exemplo, ita omnia ad vos spectant, *ut gratias* Dei *abundans,* in nobis *abundet* et per vos in aliis, et *per vos multos* abundet in actione gratiarum, ut, scilicet vos et alibi gratias Deo agatis. Et hoc *in gloria Dei,* id est ad ostendendum Deum gloriosum, qui a munere suo nullum vult esse alienum. Ideo Apostolus omnia sustinet, et omnibus fideliter prædicat, ut non paucos ad cœnam perducat Dei, cujus contumelia est, si veniant pauci. Magna enim contumelia ejus est qui cœnam fecit opulentam, ac multos invitavit, si paucos habet. *Propter quod.* Quasi dicat: Omnia facimus ad instructionem vestram. *Propter quod,* scilicet ut nos imitemini, non dico pro vita Jesu tantum non deficimus in tribulationibus, *sed licet homo noster,* id est caro, *is qui foris est,* scilicet expositus malis corrumpatur, *tamen is qui intus est,* id est anima munita spe futuri, cui non accedit humanus furor, id est imago Dei, *renovatur,* in agnitione Dei *de die in diem,* id est assidue purior a vitiis efficitur per ignem tribulationis (34). Nota quod licet dicat is qui foris est, et is qui intus, non tamen duo sunt homines, sed unus quem totum Deus facit, id est et id quod interius est, et id quod exterius est. Interiorem porro hominem pro spiritu mentis, exteriorem vero in corpore, atque ista mortali vita vult intelligi, sed ad imaginem suam non fecit, nisi id quod interius est. Non ergo fecit hominem ad imaginem suam secundum hoc quod habet corpus, corporalemque vitam, sed secundum hoc quod habet rationalem mentem, qua cognoscat

---

(31) August., De gratia et lib. arb.
(32) Id., De na. et gratia.
(33) Id., super Joannem.
(34) Id., contra Faustum.

Deum, et omnibus rationalibus præponatur. Non ergo corpus tantum, sed quidquid etiam est commune pecori, exterior homo est. Totusque ille homo, scilicet secundum interiorem et exteriorem sui partem, inveteravit per peccatum, et pœnæ addictus est. Renovatur autem nunc secundum interiorem hominem: in resurrectione vero etiam exterior percipiet cœlestis habitudinis dignitatem, ut totum quod factum est recreetur, et quod factum est reficiatur (35). Nunc vero homo exterior, scilicet corpus, quanto est hæc vita diuturnior, magis magisque corrumpitur, vel ætate, vel morbo, vel aliis, modis. *Id enim,* quasi dicat: Merito non deficimus, quia *id tribulationis nostræ,* id est minimum, *quod in præsenti est,* ubi non est nisi desolatio, *et momentaneum* id est parem durans, *et leve,* ad ferendum, *operatur in nobis pondus gloriæ,* id est immensam gloriam. Nota quod singula singulis opponit. Ponit enim pondus contra leve, et gloriæ contra tribulationis. Pondus, dico, *æternum,* contra hoc quod dixit momentaneum, et *supra modum* tribulationum, contra hoc quod dixit, *id tribulationis* et *in sublimate,* id est in cœlo contra hoc quod dixit, in præsenti. Parvis enim laboribus magna reddetur merces; et pleni tribulatione supra modum sublimitas gloriæ pensabitur perpetuæ, in nobis dico, *non contemplantibus,* id est non appetentibus *ea quæ videntur, sed quæ non videntur.* Ac si diceret: Ideo operatur in nobis pondus gloriæ, quia non appetimus terrena, sed cœlestia. Ideo quæ non videntur appetimus; *enim,* id est quia, *quæ videntur temporalia sunt,* id est transitoria; *quæ autem non videntur, æterna sunt.*

CAPUT V.

VERS. 1-4. — *Scimus enim quoniam si terrestris domus nostra hujus habitationis dissolvatur, quod ædificationem ex Deo habemus, domum non manufactam, æternam in cœlis. Nam et in hoc ingemiscimus, habitationem nostram quæ de cœlo est superindui cupientes; si tamen vestiti et non nudi inveniamur. Nam et qui sumus in hoc tabernaculo ingemiscimus gravati, eo quod nolumus exspoliari, sed supervestiri ut absorbeatur quod mortale est a vita.*

Scimus enim. Quasi dicat: Vere operatur pondus gloriæ, quia etiam in corporibus, non tantum in animabus, et hoc est quod ait: Et est talis ordo litteræ. *Scimus enim, quod habemus* ne dicam habebimus, adeo certi sumus, quia jam habemus spe quod habituri sumus re. *Ædificationem,* id est corpus immortale, firmatum plene, *ex Deo,* tantum quia non ministerio hominum fiet. [Ambrosius] Habebimus, dico, *si domus nostra,* id est mortalis caro in qua habitat anima, *hujus habitationis,* ubi semper inquietatur anima. Domus, dico *terrestris,* id est de terra, et proclivis ad terrena, *dissolvatur,* id est destruatur, pro Christo. Et est sensus: Scimus quod habebimus corpus immortale, etsi hoc corpus mortale per tribulationes dissolvatur. Et ideo, quoniam, sic dissolvatur, ut conditio, et causa sit præmissa. Deinde quod dixerit ad ædificationem, exponit dicens scilicet *Domum* animæ id est corpus immortale in quo resurgentes semper erimus. Domum, dico, *non manufactam,* id est non complexione hominum factam, scilicet non humanæ generationis opere productam, nec humanis fomentis auctam, sed adeo ineffabiliter compactam, *et æternam,* quia ab æterno factam, id est Dei dispositione, id est ab æterno nobis præparatam. Et illam habebimus *in cœlis,* id est inter cœlestes, scilicet inter angelos; vel potius dicitur æterna, quia in ea sine fine manebitur. Per hoc dat fiduciam, ut non timeamus dissolvi de corpore violentia infidelium, quia præparata est habitatio in cœlis æterna, ut de temporali et terrena expulsi in perpetua domo recipiamur. *Nam et in hoc.* Quasi dicat: Dico quod habebimus domum non mannfactam. Et inde potest videri quod habebimus. *Nam* non solum pro præsenti habitatione, sed etiam *in hoc,* id est in consideratione hujus tantæ gloriæ, *ingemiscimus,* ex dilatione desiderii, quod non faceremus nisi certi. In cujus rei figura, Axa filia Caleph petiit a patre irriguum superius, et irriguum inferius (*Josue.* XV) ut nos lacrymas effundamus, non solum pro præsentis incolatus miseria, sed etiam pro dilatione supernæ gloriæ. Unde hic ait, et in hoc ingemiscimus. In quo? in hoc, scilicet *cupientes,* super virtutes animæ, *indui habitationem nostram,* id est ædificationem nostram, *quæ de cœlo est,* id est immortalis et impassibilis. Et est sensus: Ideo ingemiscimus, quia cupimus super innovationem animæ, quam jam accepimus, indui nos habitationem nostram, id est dari animæ vestimentum, non de terra corruptibile, sed de cœlo, id est immortale et impassibile, ad similitudinem cœlestium. *Si tamen.* Quasi dicat: Cupimus indui, quod utique fiet, tamen hac conditione, dico, si nos *inveniamur vestiti,* scilicet virtutibus, fide, et cæteris. Posito, id est deposito corpore, *et non inveniamur nudi,* virtutibus, id est si Christum vestiti fuerimus corpore deposito, et non nudi eo. Hoc dico, ne idem de nudis putaretur. Vel ita, cupimus indui corpore in resurrectionem, ita tamen si inveniamur vestiti gloria promissa, non nudi. Hoc enim desiderant sancti, ne resurgentes, recepto corpore, nudi, id est alieni a promissa gloria inveniantur. Hoc enim opus est, ut induti corpore superinduantur gloria, quæ immutatio in claritatem erit scilicet. *Nam et qui.* Quasi dicat: Nos perfectiores pro dilatione gemimus, quia etiam minus perfecti qui carnem fovent, inter quos Apostolus se connumerat, ne illi minus de se sentiant. Et hoc est quod ait:

Nam et, id est etiam nos minores *qui sumus in tabernaculo isto,* id est qui habitationem hujus corporis diligimus, de quo non esset curandum,

---

(35) Aug., De Trinitate.

cum non sit nisi tabernaculum ad tempus, *ingemiscimus*, desiderio cœlestis (36). Et nos dico, *gravati*, id est depressi, *eo*, scilicet corruptili corpore, quia aggravat nunc animam corpus corruptibile, et deprimit terrena inhabitatio sensum multa cogitantem (*Sap.* IX). Et quia gravationis causa est non natura et substantia corporis, sed ejus corruptio, nolumus corpore exspoliari, si fieri potest, sed etiam immortalitate vestiri. Et hoc est quod ait, *quod nolumus*. [Remigius] Quasi dicat : gravamur sarcina corporis, quod corpus tamen nolumus *exspoliari*, id est nollemus nobis per mortem tolli, si fieri posset. *Sed super*, id est adeo, *vestiri* stola immortalitatis, ita *ut quod mortale est absorbeatur vita*, id est ut vita immortalitatis destruat mortalitatem, non ut super eam veniat, etc. Sensus est (37) : Sic vellemus fieri immortales, si fieri posset, ut jam veniret ipsa immortalitas, et modo sicut sumus mutaret nos, quia etsi a malis ad bona transeamus, tamen ipse transitus amarus, et habet fel et acetum, id est acre quid tolerandum (38). Et si corpus gravat animam, et habet incitamenta vitiorum, et desideria vitiosa, non tamen omnia mala sunt ex eo, nec omnia vitæ iniquæ vitia tribuenda sunt carni, ne ab his omnibus purgemus diabolum, qui non habet carnem, nec fuit corruptio corporis, qua aggravat animam peccati primi causa, sed pœna ; nec caro corruptibilis animam peccatricem fecit, sed peccatrix anima carnem corruptibilem fecit (39). Qui ergo omnia mala animæ ex corpore putant accidisse, in errore sunt. Attende quod ingemiscere se dicit, et gravari sub sarcina corruptibilis carnis, et tamen ait : nolumus exspoliari (40). Ecce vox nec confessio pœnæ. Grave est corpus et onerosum atque corruptibile, gemitur sub illo, et tamen non libenter deseritur. Prius enim mentis ratione cupit dissolvi, et esse cum Christo ; sensu autem carnis refugit et recusat (41). Hoc habet humanus affectus, hoc ipsa anima nescio quomodo habet in voluntate, quoniam diligendo vitam, odit mortem, et quoniam carnem suam non odit, nec ipsi vult accidere quod odit ; et si fieri possit non vult exspoliari, sed supervestiri, sicut ait Apostolus, nolumus exspoliari, sed supervestiri (42). Quasi dicat : Sub terrena tunica gemo, ad cœlestem festino ; illam volo accipere, istam volo ponere. Quid, Apostole, dicis ? fiet injuria tanto illi cœlesti vestimento ut veniat tibi immortalitas super hos pannos mortalitatis et corruptionis, ut hoc sit inferius illud superius, hoc interius, illud exterius. Non sic, inquit, dico, non sic. Nolo itaque exspoliari, sed supervestiri, non tamen ita, ut sub incorruptione maneat corruptio, sed ut absorbeatur quod mortale est a vita in nobis, ut nusquam sit mortalitas, non infra, non supra, non intra, non extra. Absorpta est enim *mors in victoria*. Vel ita : Nam et qui. Quasi dicat : De illo gemimus, scilicet quia a beatitudine remoti sumus : et non mirum si de eo gemimus : nam de hoc etiam gemimus, quod minus est, scilicet, quod hoc corpore exuimur. Et hoc est quod ait, nam qui sumus in tabernaculo isto, id est in hac habitatione, quamvis gravati simus, eo, id est sarcina carnis, cum ingemiscimus eo, [Ambrosius] id est, ideo quod nolumus exspoliari corpore, sed supervestiri immortalitate, si hoc posset fieri, ita ut quod mortale est absorbeatur a vita, ne ultra possit mori.

VERS. 5-10. — *Qui autem efficit nos in hoc ipsum Deus, qui dedit nobis pignus spiritus. Audentes* **124** *igitur semper et scientes quoniam, dum sumus in corpore, peregrinamur a Domino. Per fidem enim ambulamus, et non per speciem. Audemus autem, et bonam voluntatem habemus magis peregrinari a corpore, et præsentes esse ad Dominum; et ideo contendimus, sive absentes, sive præsentes placere illi. Omnes enim nos manifestari oportet ante tribunal Christi, ut referat unusquisque propria corporis prout gessit, sive bonum sive malum.*

Qui autem. Quasi dicat : Ingemimus desiderio cœlestis. Deus autem est qui efficit nos in hoc ipsum, id est Deus hoc efficit in nobis. Vel ita continet : Nolumus exspoliari corpore, sed tamen Deus efficit hoc, ut immortalitatem cupiamus, quod ita ait, qui autem efficit nos in hoc ipsum, scilicet ut velimus immortalitatem, Deus est. Vel ita ab illo loco, *Nam et qui.* Quasi dicat : Dico nos superindui, si inveniamur vestiti virtutibus : quod utique oramus, ut perseverantes in fide, vestiti inveniamur Spiritu sancto. [Ambrosius] *Nam et qui sumus in tabernaculo isto, gravati* passionibus, *ingemiscimus*, orando, *eoque, ideo, quia nolumus exspoliari* Spiritu sancto, id est gemendo hoc oramus, ne spoliemur Spiritu sancto, et sic gloria induemur. Unde subdit, *sed* nolumus *supervestiri* gloria immortalitatis, ita *ut quod mortale est absorbeatur a vita*. Tunc enim superindui promissa gloria poterimus immortalitatis, si exuti corpore non dispoliati a Spiritu sancto fuerimus. Qui autem. Quasi dicat : Nolumus exspoliari, sed supervestiri. Qui autem efficit nos in hoc ipsum, id est qui hanc voluntatem in nobis perficit, *Deus est, qui dedit nobis pignus Spiritus*, id est dedit nobis Spiritum sanctum pignus hujus rei implendæ, quo pignore de immortalitate certi sumus ; quam tunc habebimus, quando sine hoste ullo, ineffabili ac sempiterna pace fruemur. *Audentes igitur* (43). Quasi dicat : Deus facit nos velle immortalitatem, facit etiam nos de ea certos per Spiritum sanctum. *Igitur*, id est ideo semper sumus, audentes, id est consueta audacia vertentes, et scientes hoc, quod utique confirmat nostram audaciam.

---

(36) Augustinus, De civit. Dei.
(37) Id., in psal. LXXXVIII.
(38) Id., De civit. Dei.
(39) Id., in ser. de nat. apostolorum.

(40) Id., in eodem.
(41) Id., De gratia nat.
(42) Id., De nat. apost.
(43) Id., De bap. par.

Quid sciunus? *quoniam dum sumus in* hoc corpore *mortali, peregrinamur a Domino,* id est remoti sumus a Domino specie, tamen in mente ipsum habentes per fidem. [Ambrosius] Quæritur cum alibi scriptum sit : *In ipso vivimus et movemur et sumus* (*Act.* XVII) ; quare hic dicat nos peregrinari a Domino? Si enim ubique est, quomodo ergo peregrinamur a Domino? Sine dubio ubique est, et in eo sunt omnia, et tamen dicimur hic peregrinari ab eo ; quia et si ubique Deus est, non tamen hic videtur sicut in cœlis. Peregrinamur ergo non fide, sed specie. Unde subdit ; *per fidem enim* invisibilium *ambulamus,* id est ad Deum tendimus, *et non per speciem,* id est non per præsentiam eorum. Qui peregrinatur et per fidem ambulat, non est in patria, sed jam est in via. (44) Qui autem non credit, nec in patria est, nec in via. Sic ergo ambulemus tanquam in via simus, quia ipse rex patriæ factus est via. Rex patriæ Christus est, et ibi veritas. Hic autem via est. Quo imus ? ad Christum : Qua imus? Per Christum Ipse enim ait : *Ego sum via, et veritas, et vita* (*Joan.* XIV). Est illuminatio per fidem, est et illuminatio per speciem ; modo per fidem tantum illuminamur, non per speciem (45). Homini enim vitam mortalem adhuc agenti non potest contingere, ut dimoto atque discusso omni nubilo phantasiarum corporalium, serenissima incommutabilis veritatis luce potiatur, et mente penitus a consuetudine vitæ hujus alienata, constanter et indeclinabiliter illi hæreat. Audemus autem. Quasi dicat : Sumus audentes et scientes hoc, audentes autem mente, audemus opere ; id est ab actu non quiescimus, etsi durum sit ; *et bonam voluntatem habemus,* quia non tristamur, non murmuramus in adversis. Nos dico cupientes, *magis peregrinari,* id est removeri *a corpore, et præsentes* ad Dominum, quam hic morari. *Et,* quia volumus illi hærere, *ideo,* omnibus modis *contendimus placere illi, sive absentes,* ut nunc est, *sive præsentes,* ut quando astabimus ei, id est elaboramus ut hic, et illic placeamus illi. Omnes enim. Quasi dicat : Contendimus placere, sic expedit. Omnes enim, etc. Vel ita continet, præsentes illi erimus. Et vere, quia *oportet nos omnes bonos et malos, manifestari ante tribunal Christi,* id est ante judicem Christum. Ad quod ? *Ut unusquisque,* scilicet bonus et malus, *referat,* a simili messorum, *propria corporis, prout gessit,* scilicet plus vel minus, *sive bonum, sive malum,* id est referat ea quæ gessit per corpus, id est per tempus corporis ; quia nullus meretur, nisi dum in corpore est. Quem sensum confirmat alia translatio quæ ita habet ; *ut referat unusquisque secundum ea quæ per corpus gessit* (46). Per corpus quippe dixit, non quod omnia gerantur motu corporis, sed per corpus, id est per tempus quo quis vixit in corpore (47). Hic enim omne meritum comparatur quo possit post hanc vitam quispiam relevari vel gravari Nam etiam ista quæ pro defunctis commendandis frequentat Ecclesia, non omnibus prosunt, et quare ? (48) Nonne pro differentia vitæ quam quisque gessit in corpore, quia etiam hoc meritum sibi quisque dum in corpore viveret comparavit, ut ei possint ista prodesse. Cum ergo sacrificia, vel altaris, vel quarumcunque eleemosynarum pro baptizatis defunctis omnibus offeruntur, pro valde bonis gratiarum actiones, pro non valde malis propitiationes sunt ; pro valde malis etiam si nulla sunt adjumenta mortuorum qualescunque vivorum consolationes sunt. Quibus autem prosunt vel ad hoc prosunt, ut sit plena remissio, vel certe ut tolerabilior fiat ipsa damnatio. Omnes ergo astabimus ante tribunal Christi (*Rom.* XIV), ut referat, a simili messorum, ea quæ gessit per corpus. Unusquisque, etiam pueri, qui si non per se, tamen per alios gesserunt, dum per eos vel crediderunt vel non crediderunt, quando baptizati vel non baptizati sunt ; secundum quod judicantur, non secundum quod gesturi erant, si diu viverent. Dicit enim, prout gesserit in corpore, non ut gesturus erat, si diu viveret (49). Frustra ergo sibi homo post hoc corpus promittit, quod in hoc corpore comparare neglexit. Et quia ante tribunal stabimus.

VERS. 11-15. — *Scientes ergo timorem Domini hominibus suademus, Deo autem manifestati sumus. Spero autem et in conscientiis vestris manifestos nos esse. Non iterum commendamus nos vobis ; sed occasionem damus vobis gloriandi pro nobis, ut habeatis ad eos qui in facie gloriantur et non in corde. Sive enim mente excedimus Deo, sive sobrii sumus, vobis. Charitas enim Christi urget nos, æstimantes hoc, quoniam si unus pro omnibus mortuus est, ergo omnes mortui sunt, et pro omnibus mortuus est Christus; ut et qui vivunt jam non sibi vivant, sed ei qui pro ipsis mortuus est et resurrexit.*

Scientes ergo timorem Domini, id est, quam caste timendus est Deus, *hominibus suademus,* ut timeant, et ut credant et provideant sibi ; quia quorumdam praviloquio dies Domini in dubium venit. [Ambrosius] In hoc autem sumus Deo manifesti, id est approbati, quod non sunt pseudo, hoc enim prædicabat Apostolus quod Deus jusserat. *Spero autem.* Quasi dicat : Deo sumus approbati, spero autem, quantum in me est, in quo non remanet, *nos esse manifestos,* id est approbatos, etiam *in conscientiis vestris,* et si non ore confiteamini. In his autem *non iterum commendamus nos vobis,* id est non arrogante, hoc dicimus, sicut nec prius cum diceremus ; *non sumus sicut plurimi,* etc. Sed talia dicendo, *damus vobis occasionem,* id est materiam *gloriandi* contra pseudo, qui per elationem gloriantur in se, dicentes se ab illis doctos qui cum Domino fuerunt. Gloriandi, dico, *pro nobis,* quia ego Paulus apostolus sum, sicut ii a quibus se didi-

---

(44) Aug., in psalmo CLXIII.
(45) Id., De consensu evangelist.
(46) Id., De civ. Dei.

(47) Id., in Enchirid.
(48) Id., in eodem.
(49) Id., in Sent. Prosp.

cisse jactant, quod vobis necesse est ad hoc, scilicet *ut habeatis*, quid possitis dicere, *ad eos*, reprimendos *qui gloriantur in facie*, id est in exterioribus, ut in circumcisione *et* aliis legalibus; *non in corde*, id est spiritualibus. Vel, gloriantur in facie, id est in conspectu hominum, ut hypocritæ faciunt; non in cordibus suis, ut superbiam reprimant per cordis humilitatem. *Sive enim*. Quasi dicat: De nobis utique potestis gloriari, quia quidquid agimus vel honor est Dei vel utilitatis proximi, et hoc est quod dicit: *Sive enim mente excedimus*, id est si nos commendamus, in quo putamur insensati, *Deo* est, id est ad honorem Dei est, qui nos sic exaltavit. Vel, Deo est dimittendum, non ab homine judicandum. Si enim superbe putatur locutus quod est quasi insania, dum se laudat verum dicens, dimittendum est Deo. Omnis enim superbia velut insania habetur. *Sive sobrii sumus*, ut non alta dicamus de nobis, *vobis* est, id est ad utilitatem vestram, quia si non jactanter, sed ad gloriam audientium intelligitur locutus, Corinthiis proficit. (50) Vel ita, sive enim. Excessum mentis dicit quod mente levatur ad intelligenda cœlestia. Exstasis verbum est Græcum, Latine autem uno verbo exponi potest, si dicatur excessus. In excessu vero mentis duo intelliguntur, vel pavor, vel intentio ad superna, ita ut quodammodo a memoria labantur inferiora. In hoc mentis excessu fuerunt omnes sancti, quibus arcana Dei mundum istum excedentia revelata sunt. De hoc mentis excessu loquitur hic Paulus, seipsum insinuans. Quasi dicat: Potestis de nobis gloriari. [Augustinus] Sive enim, id est contemplatione rationis, excedi omnia temporalia, Deo est, qui solus cognoscit excessum nostrum. Ille enim videt quid videmus in excessu mentis; non vobis est qui non potestis capere. (51) Ideo soli Deo se dicit excessisse. Excedens enim mente Apostolus omnem humanam fragilitatem, omnem sæculi temporalitatem, omnia quæcunque nascendo et occidendo vanescunt transeuntia, habitavit corde in quadam ineffabili contemplatione, ubi audivit ineffabilia verba, quæ non licet homini loqui; ubi, si semper permanere vellet, te non levaret qui sublimia videre non potes. Quid autem fecit? Descendit, et non ingratus ei a quo accepit altiora, propter infirmos non contempsit inferiora, sed eis se contemperavit. [Augustinus] Unde subdit: Sive sobrii sumus, condescendendo, vobis est, quia sic loquimur ut capere positis. Isti sunt angeli de quibus Dominus ait in Evangelio: *Videbitis cœlum apertum, et angelos ascendentes et descendentes super Filium hominis* (*Joan*. 1). Hos eosdem angelos vidit Jacob in scalis ascendentes et descendentes (*Gen*., xxviii).

Charitas enim. Quasi dicat: Pro vobis est totum. *Charitas enim Christi*, id est amor quem erga nos Christus exhibuit condescendens nobis, *urget nos*, ut omnia pro vobis faciamus, Nos dico, *existimantes hoc, quoniam si unus* tantum intus sine peccato, id est Christus *mortuus est pro omnibus; ergo omnes* alii sunt in peccato, ergo omnes *mortui sunt*. [Ambrosius]. Et est sensus: Hoc certissime æstimamus, quia si Christus charitate pro omnibus mortuus est, tunc constat omnes mortuos fuisse in Adam pro quibus mortuus est Christus, ut eos a morte liberaret. Quæ gratia ne inutilis sit hominibus, ut apostoli eos alliciant, necessario se laudant. Per gloriam enim et meritum apostolorum agnoscitur gratia et beneficium Christi. Vel ita : si unus, scilicet si solus sufficiens sine omnibus legalibus mortuus pro omnibus est, ergo omnes mortui sunt vetustati per eum, nec alio egent. Cesset ergo lex. [Augustinus] Vel ita : Si unus pro omnibus, id est si Christus. quantum ad se, pro omnibus mortuus est, etsi non omnibus profuit, ergo et omnes homines mortui sunt, id est mori debent pro honore illius. Et etiam pro omnibus mortuus est Christus, *ut et illi qui vivunt*, virtutibus per remissionem peccatorum, *jam non vivant sibi*, id est non sibi vitam virtutum attribuant, sed *ei qui pro ipsis mortuus est*, ut morerentur peccato, *et resurrexit*, ut in novitate vitæ ambulemus. Vel ita, ut de vita corporis agat. Quasi dicat: Ideo mortuus est, ut et qui vivunt, in corpore jam non vivant sibi, id est son suæ privatæ voluntati, sed ei, id est voluntati ejus, scilicet Christi, qui pro ipsis mortuus est et resurrexit, id est non in spe terrenorum, sed in spe resurrectionis vivant.

Vers. 16, 17. — *Itaque nos ex hoc neminem novimus secundum carnem. Et si cognovimus secundum carnem Christum; sed nunc jam non novimus. Si qua ergo in Christo nova creatura, vetera transierunt*.

Itaque, etc. Quasi dicat : Et quia hoc est. *Itaque nos ex hoc*, id est amodo adeo certi sumus de gloria æterna, quoniam *neminem novimus*, id est laudamus viventem secundum carnem, id est sua quærentem, non quæ Christi sunt, temporalia, non æterna ; nec hoc debet facere aliquis, quia, *etsi cognovimus Christum* esse *secundum carnem*, id est mortalem, per quod putavimus eum tantum esse hominem, *sed nunc jam non novimus* eum mortalem, id est etsi Christus fuit mortalis, per quod ego eum putavi esse tantum hominem, dum eram infidelis, tamen jam et immortalis, et ita securi sumus de præmio. Et est sensus : Ideo debent vivere Christo, non sibi, secundum carnem, quia, etsi Christus usque ad crucem fuit infirmus, id est injuriatus, qui pro nobis non dedignatus est homo passibilis fieri et mori, tamen post resurrectionem jam non est infirmus et mortalis, sed apparet quod non esse putabatur. Unde ipse ait: *Cum exaltaveritis Filium hominis, tunc cognoscetis quia ego sum* (*Joan*. VIII). Hoc memorat ideo ut ostendat qua devotione obsequendum est Christo, ut intelligentes

(50) Aug. in psal. xxx.

(51) Aug. in psal. cxviii.

quantum pro nobis fecerit, propensius illi serviant. Vicem ergo illi reddant quasi Deo, non homini solum, pro eis passo, et quia Christus jam non est secundum carnem. *Ergo, si qua creatura in Christo est nova,* id est si quis in Christo renatus est novus, *vetera transierunt* ei, et ecce facta sunt ei omnia nova, id est illi jam spe transiit mortalitas, et transibit resurrectio et dabitur nova immortalitas.

[Ambr.] Velita Itaque. Quasi dicat : Quia Christus resurrexit, *itaque nos ex hoc*, id est amodo, adeo certi sumus de eadem resurrectione, qui neminem fidelium novimus esse viventem, non dico in re sed in spe, secundum carnem, id est secundum carnis corruptionem. Carnem quippe hoc loco non ipsam corporis substantiam quam et Christus post resurrectionem habuit, et nos post resurrectionem nostram habituri sumus, sed corruptionem mortalitatemque carnis vult intelligi. (52) Suo quippe more vitam nostram futuram ita certa spe meditatur, tanquam jam adsit, præsensque teneatur, quæ in Christo resurgente jam impleta est. Quæ utique vita non erit secundum carnem, non quin in eadem carnis substantia, resurgamus, sed non in eadem qualitate corruptionis, quæ hic nomine carnis signatur. Quia ergo vitam resurgentium quasi præsentem meditatur, amodo inquit, neminem novimus secundum carnem, id est tam certam spem tenemus futuræ nostræ incorruptionis et immortalitatis, ut jam in ipsa notitia gaudeamus spe, quasi in re haberemus vitam, quæ erit sine corruptione, sicut et Christi vita jam non est secundum carnem. Unde subdit : Etsi cognovimus Christum secundum carnem, id est secundum carnis mortalitatem ante resurrectionem, sed tamen *nunc jam*, scilicet postquam resurrexit, non novi ipsum secundum carnem, id est secundum carnalem corruptionis qualitatem, quia *Christus resurgens a mortuis, jam non moritur*, etc. Ideoque in Evangelio ipse ait: *Ad Patrem vado, et jam non videbitis me* (Joan. XIV), id est nunquam ulterius videbitis secundum quod modo sum : non videbitis me humilem, sed excelsum : non mortalem, sed sempiternum : non judicandum, sed judicaturum. (53) Et item ait : *Nisi ego abiero, Paracletus non veniet ad vos* (Joan. XVI), id est non potestis capere Spiritum sanctum, scilicet quandiu secundum carnem me nosse persistitis. (54) Et quia sumus in Christo spe, etsi non re. Si qua ergo in Christo nova creatura est, sicut vere est, id est si quis populus innovatus est per fidem Christi, vetera transierunt ei, et ecce facta sunt omnia nova; quia innovatis fide, transit mortalitas spe, et adest novitas resurrectionis. [Augustinus] Vel ita : Itaque. Quasi dicat : Quia solus Christus sufficit ad justitiam et vitam sine omnibus legalibus, itaque nos ex hoc tempore gratiæ neminem novimus, id est approbamus viventem secundum carnem, id est qui secundum carnales observantias

(52) August., contra Faust.
(53) August., sup. Joan.

vivat, quia etsi cognovimus Christum secundum carnem, id est quamvis, dum infidelis eram, intellexerim Christum in lege promissum esse secundum carnem, scilicet ut legalia observaret, et servari præciperet, sed tamen nunc jam, scilicet post conversionem postquam veritas venit, non ita esse novimus, sed ut umbra cesset, et veritas manifestetur. Et quia umbra cessare debet, si qua ergo creatura in Christo nova facta est, vetera transierunt ei, [Augustinus] scilicet carnales observantiæ, et voluptas carnis, id est Vetus Testamentum et omnia ad veterem hominem pertinentia, in gentibus idololatria, in Judæis servitus legis.

VERS. 17-21. — *Et ecce facta sunt omnia nova. Omnia autem ex Deo qui nos reconciliavit sibi per Christum et dedit nobis ministerium reconciliationis. Quoniam quidem Deus erat in Christo mundum reconcilians sibi, non reputans illis delicta ipsorum, et posuit in nobis verbum reconciliationis. Pro Christo ergo legatione fungimur, tanquam Deo exhortante per nos. Obsecramus pro Christo reconciliamini Deo. Eum qui non noverat peccatum pro nobis peccatum fecit, ut nos efficeremur justitia Dei in ipso.*

Et ecce facta sunt omnia nova, id est nova venerunt, scilicet Novum Testamentum et omnia novi hominis, et veritas unius Dei successit. *Omnia autem*. Quasi dicat : Dixi in Christo, id est per Christum novam creaturam fieri, et vetera transire ; sed tamen omnia sunt ex Deo Patre, qui Pater *reconciliavit nos sibi per Christum*, id est per incarnatum Verbum ; *et dedit ministerium reconciliationis nobis* apostolis, vicariis Christi, quod non pseudo. Deus per Christum reconciliavit, quod utique per Christum fieri potuit ; *quoniam quidem Deus Pater*, qui nihil non potuit, *erat in Christo*. [Ambrosius] Ergo potuit Christus reconciliare, quia Pater erat in eo, sicut ipse ait: *Pater in me est, et ego in Patre* (Joan. XIV). Per hoc autem intelligitur Pater esse in Filio, et Filius in Patre, quia una est eorum substantia. Ibi est enim unitas, ubi nulla diversitas est, et ideo alter in altero est, quia et imago et similitudo eorum una est. Erat in Christo dico, *mundum*, id est electos de mundo *sibi reconcilians*. Qualiter ? hoc modo reconcilians, *non reputans illis*, id est non puniens æternaliter in illis *delicta ipsorum*, tam originalia quam actualia, *et posuit*. Quasi dicat : Hoc modo dedit nobis ministerium reconciliationis, quia *posuit in nobis verbum reconciliationis*, id est prædicationem fidei, per quam reconciliantur homines Deo. [Augustinus] Et quia posuit in nobis verbum, ergo *fungimur legatione Dei pro Christo*, id est vice Christi qui fuit legatus Dei. Vel, pro Christo, id est pro honore Christi. Et ideo *obsecramus* vos, tanquam Deo vero exhortante vos per nos, quia vere in nobis loquitur. Quid obsecramus ? Ecce *Reconciliamini Deo*, et hoc pro Christo, id est pro amore Christi. [Ambrosius] Vel, ego obsecro vos pro

(54) August., contra Faust.

Christo, id est vice Christi, et debetis vel potestis hoc facere, quia Deus Pater fecit pro nobis, *eum qui non noverat peccatum* per experientiam, et si per scientiam; eum, inquam, id est Christum, *fecit peccatum*, id est eum qui non peccaverat, fecit peccatum, id est hostiam pro peccato, et trahitur hæc locutio a veteri lege. (55) Usus est enim Veteris Testamenti peccata dici sacrificia pro peccatis. Vel peccatum dicitur similitudo carnis peccati. Unde dicitur alibi: *De peccato damnavit peccatum*, id est de similitudine carnis peccati, *quia misit Deus Filium suum in similitudine carnis peccati* (Rom. VIII). Et iterum dicitur: Mortuus est peccato, id est similitudini carnis peccati, quia moriendo carnis mortalitate exutus est. Et est sensus: Fecit eum peccatum; id est mortalem. Ita etiam maledictum accipitur pro morte, quæ de maledicto venit; ut vere dictum in lege intelligatur: *Maledictus omnis qui pendet in ligno* (Deut. XXI). Quid est maledictus es? id est *terra es, et in terram ibis*. Quid est quod dicit omnis? quia etiam ipse Christus, qui cum esset vita, mortuus **126** est vera morte, non ficta. Vel, fecit eum peccatum, id est peccatorem putari in pœna, et hoc utique fecit, *ut nos efficeremur non modo justi, sed etiam justitia*, per quos alii essent justi. Justitia dico *Dei*, non nostra, et hoc *in ipso*, scilicet Deo Christo, non per aliud. Vel, efficeremur justitia Dei, id est justificaremur a Deo; quia ex Deo tantum est omnis consummatio. Et hoc, in ipso, id est per ipsum Christum. Attende, quia sicut cum legitur: *Domini est salus* (Psal. III). non ea intelligitur qua Dominus salvus est, sed qua salvi sunt, quos ipse salvat: sic cum dicitur Dei justitia, non est illa intelligenda qua Deus justus est, sed qua justi sunt homines, quos gratia sua justificat.

CAPUT VI.

VERS. 1-7. — *Adjuvantes autem exhortamur ne in vacuum gratiam Dei recipiatis. Ait enim: Tempore accepto exaudivi te, et in die salutis adjuvi te. Ecce nunc tempus acceptabile, ecce nunc dies salutis. Nemini dantes ullam offensionem, ut non vituperetur ministerium nostrum. Sed in omnibus exhibeamus nosmetipsos sicut Dei ministros in multa patientia, in tribulationibus, in necessitatibus, in angustiis, in plagis, in carceribus, in seditionibus, in laboribus, in vigiliis, in jejuniis, in castitate, in scientia, in longanimitate, in suavitate, in Spiritu sancto, in charitate non ficta, in verbo veritatis, in virtute Dei, per arma justitiæ. o dextris et a sinistris.*

Adjuvantes autem. Quasi dicat: Christus redemit vos, et reconciliavit. *Nos autem* scilicet missi ab eo *adjuvantes* vos, vel Christum, *exhortamur* vos, *ne in vacuum gratiam Dei recipiatis*, id est ne in vacuum cedat vobis gratia quam jam suscepistis. Gratia Dei est remissio peccatorum: quam in vacuum recipit ille qui non post exercet se in bonis,

vel qui in legalibus confidit. Et quasi quis quæreret: Est ne gratia? Respondet: Est utique. *Ait enim* Dominus in Isaia: O homo, *exaudivi te* orantem pro peccatis *tempore* gratiæ *accepto* mihi vel hominibus, *et in die salutis*, scilicet quando lux nata est mundo, scilicet Christus auxiliatus sum tui vel *adjuvi te* de assecutione virtutum et perseverantia bonorum operum. Deinde exponit prophetiam dicens: *Ecce*. Quasi dicat: Ita dixit Dominus in prophetia de tempore gratiæ, et *ecce nunc* est *tempus acceptabile* quo morbis mortalibus salubris medicina infunditur. Et aliis verbis idem dicit: *Ecce nunc dies salutis*, qui non in lege veteri fuit. Vel ideo dicit nunc, quia statim in obitu fidelis salus datur, non cras, non post annum differtur. [Ambrosius] Exhortamur vos, vos dico, *nemini dantes*, adeo solliciti sumus circa salutem ægrorum, *ullam offensionem*, verbo vel exemplo. Et hoc facimus, *ut non vituperetur ministerium nostrum*, scilicet ministerium apostolatus: quod utique vituperaretur, si nos hoc faceremus, id est si quod verbo docemus, operis exemplo non exhiberemus, Vel ita: nemini. Quasi dicat: Dico ut caveatis ne in vacuum recipiatis gratiam: vos dico nemini dantes ullam offensionem verbo vel exemplo, ut non vituperetur per vos ministerium nostrum. *Sed in omnibus*. Quasi dicat: Neminem offendamus, sed potius vos ut ego, *exhibeamus*, id est offeramus Deo, *nosmetipsos* in omnibus, *sicut Dei ministros*, quia Dei ministri non adulantur hominibus, ut placeant Deo, sicut pseudo faciunt studentes lucro. *In multa*. Quasi dicat: Exhibeamus nos ministros in omnibus, scilicet in multa *patientia*, ut nec parum moveamur. Patientia, dico, habita *in tribulationibus*, id est afflictionibus. Deinde tribulationes per partes exsequitur, scilicet in *necessitatibus*, victus vel vestitus, *in angustiis*, id est in animi cura et timore, *in plagis* id est in verberibus, *in carceribus, in seditionibus*, id est commotionibus populi contra se, *in laboribus* operum, quia manibus suis operabatur, ne cui gravis esset, *in vigiliis*, scilicet nocte laborando etiam officio sibi delegato, *in jejuniis* coactis, vel spontaneis. Sed, cum his omnibus difficultatibus agitentur sancti, mirum videtur quibusdam quod Dominus ait: *Venite ad me, omnes qui laboratis et onerati estis, et ego reficiam vos. Tollite jugum meum, et invenietis requiem. Jugum enim meum suave est* (Matth. XI). Considerant enim eos qui jugum ipsum intrepida cervice subierunt, et qui sarcinam illam mansuetis humeris acceperunt, tam difficilia pericula pati, ut non a laboribus ad quietem, sed a quiete ad laborem vocari videantur. Ait ergo aliquis: [Augustinus] Quomodo jugum suave est et sarcina levis? Et quomodo dicitur: *Venite ad me, qui laboratis, et ego reficiam vos*; et non potius, venite, qui vacatis ut laboretis? Sed sciendum quod cum gravia et

---

(55) August., contra Max.

aspera sustineant sancti, adest profecto Spiritus sanctus, qui in exterioris hominis corruptione, interiorem renovat de die in diem, et gustata requie spirituali, spe futuræ beatitudinis omnia aspera relevat. et sic etiam in tot duris leve est etiam onus Christi, et requies est intus Spiritu sancto vivificante, et spe futuri omnia mitigante. Omnia enim sæva et immania, facilia et prope nulla facit amor. Item exhibeamus nos ut Dei ministros *in castitate* mentis et corporis, *in scientia* Scripturarum. Vel, ut sciamus quomodo inter iniquos conversandum sit. Vel ita, in castitate, habita in scientia, ut, scilicet caste sciant, nihil adulterinæ opinionis admisceant. *In longaminitate* exspectationis, in *suavitate*, ut blandi et affabiles simus. Suavitate, dico, habita in *Spiritu sancto*, quia omnia sincere facere debemus, ut secundum Deum suaves et affabiles simus; non ut illi qui per dulces sermones seducunt corda innocentium, *in charitate non ficta*, sicut pseudo simulant charitatem ut decipiant. [Ambrosius] Ficta vero charitas est in his qui in adversitate deserunt fratres. Item, exhibeamus nos ministros *in verbo veritatis*, prædicando vel loquendo. Item, *in virtute Dei*, scilicet non speremus in homine, vel in nobis si quid boni est, sed Deo attribuamus. Vel, in virtute Dei, id est in miraculis, ut ea faciamus ad utilitatem, non ad jactantiam, quia qui prædicta habet, miracula facit ad conversionem hominum, ut minister Dei. Item, exhibeamus nos ministros Dei, munitos *per arma justitiæ*, id est per justitiam, quæ loco armorum munit nos, *a dextris*, id est a prosperis ne elevemur, *et a sinistris*, id est adversis ne frangamur.

Vers. 8-13. — *Per gloriam et ignobilitatem, per infamiam et bonam famam, ut seductores, et veraces. sicut qui ignoti, et cogniti; quasi morientes, et ecce vivimus; ut castigati, et non mortificati; quasi tristes, semper autem gaudentes: sicut egentes, multos autem locupletantes; tanquam nihil habentes et omnia possidentes. Os nostrum patet ad vos, o Corinthii, cor nostrum dilatatum est. Non angustiamini in nobis, angustiamini autem in visceribus vestris. Eamdem autem habentes remunerationem, tanquam filiis dico, dilatamini et vos.*

Item, exhibeamus nos ministros Dei, *per gloriam et ignobilitatem*, id est gloriosi simus apud homines vel ignobiles et contempti, ut nec inde inflemur, nec inde succumbamus, vel doleamus. Nota quod gloria et ignobilitas partes sunt prosperorum vel adversorum. Vel, exhibeamus nos ministros per gloriam Evangelii, ut prædicemus ea quæ videntur esse gloriosa, et sunt, et ignobilitatem, ut non pudeat prædicare etiam ea verba Evangelii quæ quidam horrent. Eodem modo exhibeamus nos ministros, *per infamiam*, fidei vel alicujus alterius rei, *et per bonam famam*, id est si infamamur de aliquo scelere. Vel, bonam famam habemus de aliquo bono opere. Item, exhibeamus nos, habiti *ut*

(56) Aug. in psal. xxxviii.

seductores apud quosdam; quod utique falsum est. Et ideo non simpliciter dico, seductores, sed addo, *ut*. Et inde est infamia, et apud alios habiti, non dico ut *veraces*, sed simpliciter veraces sine *ut*. Quasi dicat: Quod verum est. Et inde est bona fama. In his autem, ita exhibeamus nos, dico, ut nec bona æstimatione superbiamus, nec mala doleamus. Item, nos sumus habiti *sicut qui ignoti* sunt Deo, id est a Deo reprobati sunt. Et vero sumus *cogniti*, id est a Deo probati. Item, habiti sumus apud alios *quasi morientes*, id est de vitio in vitium ruentes, *et ecce vivimus* bonis operibus apud opinionem aliorum, et in rei veritate. Vel de vita et morte corporali loquitur. habiti sumus a quibusdam quasi morientes et ecce vivimus. [Ambrosius] Inimici enim quotidie putabant eos non evadere minas iniquorum. Ipsi autem ope Dei tuti sunt a morte præsenti et futura. Item: Apud alios habiti sumus *ut castigati*, id est per verba a prædicatione coerciti, ita ut, scilicet putaremur cedere, apud alios non castigati habiti sumus, quod esset mortificatos esse. Ideoque et pro eo ponit, *et non* sumus *mortificati*, quia non vincebantur, nec cedebant. Mortificatur enim qui in fidei confessione non permanet. Vel de morte corporali potest intelligi, facti sumus ut castigati pressuris, quia permisit eos Deus pressuris exerceri, ut merito crescerent. Et non mortificati sumus, quia non permittebat Deus corporaliter occidi. Et si enim multi martyres occiduntur, non tamen moritur Ecclesia, sed adversis emendatur. [Aug.] Item, habiti sumus apud quosdam *quasi tristes*, de tribulatione. Ideo addit *quasi*, quia non vere tristes. *Semper autem vero gaudentes* eramus. quia hæc tristitia gaudium operatur. Et tales habiti sumus apud alios. Item, habiti *sicut egentes* veris bonis et spiritualibus; vel, eramus egestatem patientes in terrenis. Eramus *autem locupletantes* **127** *multos* spiritualibus divitiis, et ita sumus habiti apud alios. Item, habiti sumus non solum egentes, sed etiam *tanquam nihil* penitus boni spiritualis vel terreni *habentes*, quia sibi insufficientes putabatur, *et* sumus *possidentes omnia*, scilicet non solum spiritualia, sed etiam temporalia, quia timentibus Deum nihil deest. Hæc fuit gloria apostolorum, nihil omnino possidere, sine sollicitudine esse, et non tam res quam dominos earum possidere, quia omnia ad pedes apostolorum mittebantur, sicut in Actibus apostolorum legitur (*Act.* iv). Nota quibusdam addi vel *ut*, vel *quasi*, vel *sicut*, vel *tanquam*, quia hæc sicut in somniis transeunt, sed contraria ponuntur sine quasi, quia certa sunt. Tristitia vestra habet quasi, gaudium non habet quasi, Quare hæc? Quia gaudium certa res est: Tristitia vero sicut in somniis transit. Si quis enim somnum indicat, addit quasi, dicens: Quasi sedebam, quasi loquebar, quasi, equitabam, et hujusmodi. (56) Ubique dicit quasi, quia quod videbat dormiens, cum evigilavit non invenit.

Os nostrum, de sui ministerii dignitate, et Evangelii veritate, et personæ suæ commendatione, et multa, et vera, et ex charitate dixit, ideo addit os nostrum: Quasi dicat: Multa de nobis dixi, sed in omnibus prædictis, os nostrum, *o Corinthii*, patet apertione et multitudine et veritate dictorum *ad vos instruendos*, id est ad utilitatem vestram, quia illa omnia ample et diffuse dicta sunt ad vos corrigendos, o Corinthii, et non ad meam superbiam. Quasi dicat: Stulti estis qui me dimisistis. Nota quod hæc libere loquitur Apostolus, et ex pura conscientia. [Ambrosius] Male enim conscia mens loqui trepidat, sensum perdit, in verbis errat. Cor nostrum. Quasi dicat: Hoc ideo feci, quia cor nostrum dilatatum est, id est mens nostra plena est divitiis, nec erubescit dicere quæ in se habet. Et ideo *non angustiamini in nobis*, autem, id est sed *angustiamini in visceribus vestris*, id est si quas angustias et inopiam scientiæ vel boni operis habetis, non est hoc a nobis, ut vos putatis, qui nobis pseudo præfertis, sed a vobis, qui pura corda habetis ad intelligendum et complendum. *Eamdem autem*, quasi dicat: Angustias a vobis patimini, sed *dico*, vobis *tanquam filiis et vos*, ut nos *dilatamini*, abundantia scientiæ et virtutum, et spe futuri, vos dico, *habentes eamdem remunerationem*, quam et nos. Et, ut dilatemini,

VERS. 14-18. — *Nolite jugum ducere cum infidelibus. Quæ enim participatio justitiæ cum iniquitate? aut quæ societas luci ad tenebras? Quæ autem conventio Christi ad Belial? Aut quæ pars fideli cum infideli? Qui autem consensus templo Dei cum idolis? Vos enim estis templum Dei vivi, sicut dicit Deus: Quoniam inhabitabo in illis et inambulabo inter eos; et ero illorum Deus, et ipsi erunt mihi populus. Propter quod exite de medio eorum, et separamini, dicit Dominus, et immundum ne tetigeritis, et ego recipiam vos; et ero vobis in patrem, et vos eritis mihi in filios et filias, dicit Dominus omnipotens.*

Nolite ducere jugum cum infidelibus, id est nolite socii esse malorum in malis, id est nolite servi fieri libertate amissa, cum his infidelibus qui prædicant carnales observantias, si jam suscepistis jugum legis, nolite ultra ducere. *Quæ enim*. Quasi dicat: Ideo nolite, quia vos estis justi, illi iniqui, et ideo in nullo debetis communicare illis, *quæ enim participatio est justitiæ cum iniquitate*. Quasi dicat: Nulla. *Aut quæ*. Quasi dicat: Et ideo etiam nolite, quia vos estis lux per scientiam, et illi sunt tenebræ per ignorantiam. Et *quæ societas est luci ad tenebras?* nulla. *Quæ autem*. Quasi dicat: Ideo item nolite, quia vos estis membra Christi, illi membra diaboli, et Christus et diabolus non conveniunt. Quod ita dicit: *Quæ autem est conventio Christi ad Belial?* id est ad diabolum, qui se Deum esse mentitur. Belial interpretatur *apostata*, cum quo Christus non convenit, quia ille omnia male, Christus omnia bene agit. *Aut quæ*. Quasi dicat: Et ideo nolite, quia vos estis fideles, illi quasi infideles. Et *quæ pars est fideli cum infideli?* nulla. Ut enim Christus et Belial, non conveniunt, sic fidelis et quilibet infidelis. *Quis autem*. Item, ideo nolite, quia vos templum Dei, in quo est Spiritus sanctus, et ipsi sunt in quibus diabolus habitat. Et nil habet templum Dei cum idolis, quod ita dicit: *Quis autem consensus est templo Dei cum idolis?* nullus. [Ambrosius] Et *vos estis templum Dei*, et ideo non debetis communicare his qui templum sunt diaboli. In his verbis idola prohibet coli, quæ templo Dei sunt inimica, quia ab uno Deo separant His omnibus modis ostendit communitatem pseudo esse vitandam. Vos enim, quasi dicat: Ideo non debetis consentire, quia vos estis templum Dei *vivi*, qui vos vivere faciet. Sicut Dominus dicit, in Ezechiele (*Ezech.* XVIII), *quoniam* ego qui ubique sum per substantiam, *inhabitabo* per gratiam *in illis*, id est excolam eos et puros faciam, *et inter eos inambulabo*, id est in corde eorum deambulabo, quasi in lato per charitatem. Deambulat enim in nobis præsentia divinæ majestatis, si latitudinem invenerit charitatis, quam tamen in nobis non nisi Deus facit. Et est sensus: Inter eos inambulabo, id est promovebo eos, et perseveranter proficere faciam. *Et ero Deus illorum*, id est ita benefaciam illis ut videar Deus. *Et ipsi erunt mihi populus*, id est ita obedient mihi, ut videantur mei, et non mundi. Vel de corporali conversatione Christi inter homines agit; et dicit Christus, inhabitabo in illis, et inter eos inambulabo, id est corporaliter inter eos conversabor, dicit Christus. Unde Jeremias ait: *In terris visus est, et cum hominibus conversatus est (Baruch. III).* Et Joannes ait: *Verbum caro factum est, et habitavit in nobis (Joan. I).* Et hic Christus Dominus noster est, et Ecclesia est populus ejus. Unde subdit: *Et ero illorum Dominus, et ipsi erunt mihi populus.* Et ideo vult eos separari ab omni contaminatione, ut suscipiat eos in filios. Unde subdit: *Propter quod*, etc. Utitur hic verbis Isaiæ, quasi suis: hoc ad litteram dictum est Judæis habitantibus in Babylone, ne communicarent Babyloniis inter quos habitabant. Quod Apostolus spiritualiter ad nos refert. Quasi dicat: Propter quod, quia templum Dei estis, *exite* de medio eorum, quia estis in medio eorum nequitiæ. Exite autem, non corporaliter, sed spiritualiter, ut non taceatis, sed increpetis eorum scelera. (57) Tolerandi enim sunt mali pro pace, nec corporaliter ab eis recedendum sed spiritualiter. Exire vero est facere quod pertinet ad correctionem malorum, quantum licet, pro gradu cujusque salva pace. *Et exieritis, separamini* ab eis, ut nec consensum cum eis habeatis. Vel, separamini, id est seorsum sitis parati contra eos sicut prius pro eis eratis. Et hoc *dicit Dominus* vobis, quasi dicat: Non est hoc a me. *Et immundum*, id est carnales observantias, et quælibet alia illicita, *ne tetigeritis*. Quasi dicat: Nec etiam tactus sit, id est delectatio, quæ est primus motus mortalis peccati. Spiritualis recessio hic intelligenda est, simi

---

(57) August., De verb. Evang.

iter et de tactu cordis non corporis intelligendum est. (58) Displicere enim malum non tangere est. Non enim prophetæ qui hæc dicebant populum suum dimiserunt, sed inter eos habitabant, quos increpabant, unum templum cum eis intrabant, eadem sacramenta celebrabant. Hoc est ergo exire, ore non parcere, sed redarguere, corripere, monere; hoc est separari, contra eos ire; hoc est immundum non tangere, voluntate non consentire. Hæc omnia prophetæ fecerunt. Spiritualiter ergo non corporaliter recedere debemus, quia majus malum in separatione bonorum committimus, id est dum corporaliter separamus nos a bonis propter malos, quam fugimus in conjunctione malorum non remanentes, id est quam sit illud quod fugimus fugiendo communionem malorum. [Augustinus] Spiritualiter ergo quisque recedat a malis, tali non imputat Deus peccata sua, quia non fecit; aliena non, quia non approbavit; non negligentiam, quia non tacuit, non superbiam, quia in unitate permansit. Si autem corporaliter recedit, superbus est, et schismaticus. *Et ego*, quasi dicat : Ita facite ut dixi, *et ego recipiam* vos, *ante ejectos, et ero vobis*, receptis *in patrem*, meipsum dans vobis, *et vos eritis mihi*, scilicet ad gloriam et ad honorem meum, *in filios*, id est mihi similes, *et filias*. Hoc ponit, ut etiam debiliores includat. Et hoc *dicit Dominus omnipotens*, id est Christus qui potest omnia quæ Pater.

CAPUT VII.

VERS. 1-7. — *Has ergo habentes promissiones, charissimi, mundemus nos ab omni inquinamento carnis et spiritus, perficientes sanctificationem in timore Dei Capite nos. Neminem læsimus, neminem corrupimus, neminem circumvenimus. Non ad condemnationem vestram dico. Prædiximus enim, quod in cordibus nostris estis ad commoriendum et ad convivendum. Multa mihi fiducia est apud vos, multa mihi gloriatio pro vobis. Repletus sum consolatione, superabundo gaudio in omni tribulatione nostra. Nam et cum venissemus in Macedoniam, nullam requiem habuit caro nostra, sed omnem tribulationem passi sumus. Foris pugnæ, intus timores. Sed qui consolatur humiles, consolatus est nos Deus in adventu Titi. Non solum autem in adventu ejus sed etiam in consolatione qua consolatus est in vobis, referens nobis vestrum desiderium, vestrum fletum, vestram æmulationem pro me, ita ut magis gauderem.*

128 *Has igitur.* Quasi dicat : Et quia Dominus hoc præcipit, et bene promittit, igitur nos *habentes has promissiones, o charissimi*, scilicet quod Deus habitabit in nobis, et recipiet nos, *mundemus nos ab omni inquinamento carnis*, ut est luxuria, *et spiritus*, ut est ira. Inquinamentum carnis multifarie intelligitur. Ideoque dixit, ab omni, quia multa sunt vitia carnalia, ut omnia fugiamus. Nos dico *perficientes* bona operatione *sanctificationem*, in baptismo cœptam. Et hoc *in timore Dei*, ut Deum ve-

(56) August., De verb. Evang.

reamur qui solus facit. Vel ita lege, secundum aliam litteram, quæ non habet : *Et mundemus nos ab omni inquinamento carnis.* [Ambrosius] Hic distingue. Nos dico *perficientes sanctificationem spiritus*, id est mentis, quæ tunc fit, si sumus *in timore Dei*, id est si timorem Dei sequimur. Quia qui sine Deo hoc agit, sanctus mundi est et non Dei. Et ad hæc si forma exempli necessaria est, *capite nos*, id est habete nos exemplum, non illos pseudo. Vel ita lege, mundemus nos ab omni inquinamento carnis, id est carnalium observationum, et perficientes sanctificationem, quæ est Spiritus sancti, tamen, et hoc, in timore Dei. Capite nos in exemplum, quia nos *neminem vestri læsimus* in properando, ut pseudo faciunt. *Neminem corrupimus*, admistione falsitatis tanquam fermenti; *neminem circumvenimus* fraudulenta vestrorum ablatione, ut pseudo faciunt, tanquam vestra blande auferunt. Pseudo enim et nocebant illis corrumpentes sensum illorum, et gravabant sacculos eorum circumventione serpentinæ astutiæ. Hæc autem *non dico ad condemnationem vestram*, id est ut abjiciam vos qui in his peccavistis, sed ut corrigatis vos moneo. Diligo enim vos, sicut prædixi. Et hoc est quod subdit : *Prædixi enim quod vos estis in cordibus nostris*, secundum curam et dilectionem. Estis, dico, *ad commoriendum et ad convivendum*, id est ita diligo vos quod vestra mors in peccatis videtur mea, et similiter vita in virtutibus. Vel ita diligo vos, ad commoriendum et ad convivendum, id est ut mecum patiamini et mecum coronemini. Et ideo moneo vos, quia *multa fiducia est mihi apud vos*, id est dum considero quæ in vobis sunt, qui et per primam epistolam correcti erant, ideo pro eis gloriatur. Unde subdit : *Multa est mihi pro vobis gloriatio* ad alios. Videte ne sit vana ; est etiam mihi consolatio. Unde subdit : *Repletus sum consolatione*, audita correctione vestra. Per jam correctos invitat alios ad correctionem. Et *superabundo gaudio in omni tribulatione*, id est gaudium meum superat omnem tribulationem, quæ partim erat in animo pro peccatis vestris. Dum enim videt proficere eos pro quibus patitur, gaudet.

Nam et cum venissem. [Ambrosius] Memorat hic quæ patitur causa credentium ut eos provocet ad charitatem. Quasi dicat : Bene dixi in tribulatione, quæ vere magna est. Nam, cum venissemus Macedoniam, *nullam habuit requiem caro nostra*. Ideo dicit carnem non habuisse requiem et non animam, quia etiam in adversis anima, quæ in corpore patitur, spe futuri quiescit. Non habuit requiem, dico, *sed omnem tribulationem*, scilicet secundum corpus et secundum animam, *passi sumus*. Et hoc ideo, quia ibi Pythonem fugavit de ancilla (*Act.* XVI). Et vere omnem, quia *foris*, id est in corpore sunt *pugnæ*, id est tribulationes; et *intus*, id est in animo sunt *timores*, ne Ecclesiæ deficerent. Vel, foris, id est a perfidis quod sunt extra Ecclesiam, scilicet apertis inimicis sunt *pugnæ*, id est tribulationes

De his autem, scilicet de fidelibus qui sunt intus, id est in Ecclesia, sunt timores, ne moveantur. Vel de his qui sunt intus, id est in Ecclesia corpore non mente, nomine non numine, id est de falsis fratribus, sunt timores, quia difficilius tolerantur quam aperte mali. Nulla enim pestis efficacior quam familiaris inimicus, et inimici hominis domestici ejus (*Matth.* x). *Sed qui.* Quasi dicat: Ita graviter passi sumus, sed Deus, *qui consolatur humiles* spiritu, vel, humiles, id est afflictos, *consolatus est nos in adventu Titi,* quia coadjutorem recepi. *Non solum autem in adventu ejus,* quia scilicet desideratus advenit, consolatus est nos Deus, *sed etiam consolatione qua* Titus *consolatus est in vobis,* id est in vestra emendatione, quia vidi Titum consolatum in vobis, et ego consolatus sum, consolatus est Titus in vobis. Ipse dico, *referens nobis vestrum desiderium* de emendatione *et vestrum fletum* de commissis, et *vestram æmulationem,* id est indignationem contra pseudo habitam, *pro me,* id est pro mea defensione, referens, dico, *ita ut magis gauderem* de his quæ retulit, quam dolerem de tribulatione mea.

VERS. 8-12. — *Quoniam, etsi contristavi vos in Epistola, non me pœnitet. Et si pœniteret, videns quod Epistola illa etsi ad horam vos contristavit, nunc gaudeo, non quia contristati estis, sed quia contristati estis ad pœnitentiam. Contristati enim estis secundum Deum, ut in nullo detrimentum patiamini ex nobis. Quæ enim secundum Deum tristitia est, pœnitentiam in salutem stabilem operatur, sæculi autem tristitia mortem operatur. Ecce enim hoc ipsum secundum Deum contristari vos, quantam in vobis operatur sollicitudinem, sed defensionem, sed indignationem, sed timorem, sed desiderium, sed æmulationem, sed vindictam. In omnibus exhibuistis vos incontaminatos esse negotio. Igitur, etsi scripsi vobis, non propter eum qui fecit injuriam, nec propter eum qui passus est, sed ad manifestandam sollicitudinem nostram quam habemus pro vobis coram Deo. Ideo consolati sumus.*

Quoniam etsi contristavi vos. Quasi dicat: Inde probari potest quod gaudeo, quia jam non pœnitet me dure vos in prima Epistola corripuisse. Et hoc est, quod ait, quoniam etsi contristavi vos *in prima Epistola, non* modo *me pœnitet,* quia correcti estis; *etsi prius pœniteret,* dum indignati eratis. Hoc dicit, ne videatur inhumanus, qui de tristitia aliorum gaudet. *Videns quod epistola,* etc. Quasi dicat: Non me pœnitet, sed potius nunc gaudeo videns quod Epistola illa contristavit vos, id est quamvis videam quod Epistola illa *contristavit vos,* unde primum dolui, et me pœnituit. Contristavit dico, *etsi,* id est quamvis *ad horam,* id est parvo tempore. Unde bona spes est correctionis eorum, et ideo jam non pœnitet, sed gaudet. Et unde gaudeat determinat subdens, *non quia.* Quasi dicat: Dico qnod *gaudeo non tamen ideo quia contristati estis* contra me, *sed quia contristati estis ad pœnitentiam,* quia sic animadvertentes culpam, pœnituistis. [Ambrosius] Et ideo se gaudere dicit, quia contristati sunt, non cum ira quæ pejores efficit, sed cum pudore qui corripit. *Contristati enim.* Quasi dicat: De hac tristitia gaudeo, quia hæc tristitia est secundum Deum. Et hoc est quod ait: *Contristati enim estis secundum Deum,* id est secundum voluntatem Dei, et inspirationem, ita *ut in nullo,* nec etiam in asperis, *patiamini detrimentum ex nobis,* quia omnia nostra prosunt vobis, etiam quod corripimus, et contristamus vos. *Quæ enim.* Quasi dicat: Vere non damnum patimur; nam potius commodum, quia *tristitia quæ est secundum Deum,* scilicet dum peccator tristis est quia peccavit, dum dolet quia fecit quod Deus odit, *operatur pœnitentiam,* id est satisfactionem, quæ valet etiam *in salutem stabilem,* id est æternam. *Sæculi autem tristitia,* quæ non est ad correctionem, scilicet dum peccator dolet se detectum, *operatur mortem.* Et ideo ab ea cavete. *Ecce enim.* Quasi dicat: Vere tristitia secundum Deum facit pœnitere ad salutem, quia ea quæ ducunt ad salutem, id est sollicitudinem, etc., operatur. Et hoc est quod ait, ecce enim. Quasi dicat: In vobis experti estis quod dico, quia *hoc ipsum,* id est tam parvum quid, scilicet *vos contristari secundum Deum* de peccato, *quantam in vobis operatur sollicitudinem* emendandi quod deliquistis. Verum est, quia qui pœnitet sollicitus est ne denuo peccet, nec hoc solum operatur, *sed* etiam *defensionem,* ut etiam contra pseudo defendatis me. Vel operatur defensionem, quia qui pœnitet non excusat se, sed confitetur peccatum, quod, est defendere se a gehenna. Et non solum hoc operatur, *sed* etiam *indignationem* contra nos pro malis quæ gessistis; et non tantum hoc, *sed timorem,* ne in futuro tale quid contingat; et non tantum hoc, *sed desiderium* in melius provehi. Desiderat enim reformari qui se scit factum per peccatum deformem; et non tantum hoc, *sed æmulationem,* ut me vel alios bonos imitemini. Habet enim zelum bonorum operum perficiendorum qui pœnitet; *sed vindictam,* quia peccantem punitis, et etiam vosipsos. Qui enim pœnitet vindicat in se quod deliquit. Et, ut universaliter dicam vos contristari secundum Deum, *in omnibus exhibuistis vos,* duce fide, *incontaminatos esse,* id est ut sitis incontaminati, *in negotio* Christiano agendo, id est in omnibus officiis Christianæ conversationis agendis. Vel, exhibuistis, id est ostendistis puniendo illum qui incestum admiserat, vos esse incontaminatos a negotio, id est a gravi peccato illius quam uxorem patris habuit, cui consentiendo contaminati eratis. *Igitur,* etc. Quasi dicat: Et quia incontaminati estis, igitur apparet quod non propter illos principaliter, scripsi vobis, sed propter illum qui fecerat, et illum Qui sustinuerat injuriam. Quod ita dicit: *Igitur, etsi scripsi vobis,* pro illis tamen, *non tamen propter eum qui fecit injuriam,* ut est ille qui incestum fecit, qui uxorem patris rapuit, *nec propter eum,* scilicet patrem, *qui passus est* injuriam, id est cui rapta est uxor, *sed ad manifestan-*

dam sollicitudinem nostram quam habemus pro vobis omnibus emendandis, id est non pro illis tantum hoc feci, sed pro emendatione omnium vestrum, Vel illos tangit, quos superius in prima Epistola injurias et fraudes fratribus fecisse dicit. Et ostendit non magis causa eorum qui peccaverunt scripsisse remitti eis, quam causa Ecclesiae, quae uno contumeliam et fraudem faciente compatitur et indignatur. Et hoc est quod ait, igitur, etsi scripsi vobis, non tamen propter eum qui fecit injuriam, id est fraudem proximo suo, nec propter eum qui passus est fraudem, sed ad manifestandam sollicitudinem, quam habemus pro vobis. Totius populi sollicitudinem se habere ostendit, ut scilicet injusti emendentur, et polluti sanctificentur, et Ecclesiae reconcilientur. **120** Et hoc dico *coram Deo*, id est testo Deo. *Et ideo*. Quasi dicat : Et quia hoc intendi, et evenit, ideo *consolati sumus*, id est consolationem accepimus, dum correcti estis.

VERS. 13-16.— *In consolatione autem vestra abundantius magis gavisi sumus super gaudio Titi, quia refectus est spiritus ejus ab omnibus vobis. Et si quid apud illum de vobis gloriatus sum, non sum confusus : sed, sicut omnia vobis in veritate locuti sumus, ita et gloriatio nostra, quae fuit ad Titum, veritas facta est, et viscera ejus abundantius in vobis sunt, reminiscentis omnium vestrum obedientiam, quomodo cum timore et tremore excepistis illum. Gaudeo quod in omnibus confido in vobis.*

In consolatione autem vestra, quae est de correctione vestra, et gaudio Titi, *abundantia gavisi sumus*, quam doleremus de tribulatione, sed *magis super gaudio Titi*. Quasi dicat : De utroque, id est de correctione vestra et gaudio Titi abundantius sumus gavisi, quam tristaremur de tribulatione : sed magis abundantius de gaudio Titi, quia gaudebat non solum de correctis, sed etiam de aliis quos sperat corrigendos. *Quia refectus spiritus ejus est*, Titi. Jam enim sperat bonum de vobis. Refectus est dico *ab omnibus vobis*, non quia omnes essent correcti, sperat de reliquis. *Et si quid apud illum de vobis gloriatus sum*, commendando vos, *non sum confusus*, ideo non erubesco me falsum inveniri, *sed, sicut locuti sumus vobis omnia in veritate*, id est in corripiendo veritas apparet arguentis, dum qui arguuntur se emendant; dum enim correcti immutantur, testimonium perhibent arguenti. Veram ergo ostendens Apostolus praedicationem suam per efficaciam illorum ait, sicut in veritate locuti sumus vobis omnia, *ita et gloriatio nostra, quae de vobis fuit facta, ad Titum facta* est, id est apparuit ei *veritas*, id est vera : ideo *viscera*, id est intima charitas, *ejus sunt in vobis*, quia viri sancti affectus in omni bono est. Sunt dico *abundantius* quam ante, quia viderit profectum illorum. [Ambrosius] Vel, abundantius quam in aliis. Ejus, Titi dico, *reminiscentis obedientiam omnium vestrum*. Ostendit Titum laudasse eos, quia solliciti erant obedire ei. In Tito autem Apostolum reveriti sunt. Dico autem reminiscentis obedientiam, scilicet *quomodo*, quam accurate *recepistis eum cum timore* cordis, *et tremore* corporis. Et, quia sic in illo egistis, *gaudeo quod confido de vobis*, et hoc *in omnibus* rebus, non solum in bona voluntate, sed etiam in operibus bonis. *Notam autem*, hic ubi eos laudat, incidenter de eleemosynis faciendis in sanctos qui erant in Hierosolymis antemonet per exemplum Macedonum. Et congrue hic ubi de correctis agitur, mentio fit de collectis, quia ab aliis non quaerit, quibus dare sua vel suadere non prodest. Quasi dicat : Non habui requiem in Macedonia, cum in ea mihi magna data est gratia, quod notum facio vobis. Et hoc est quod ait :

CAPUT VIII.

VERS. 1-8.— *Notam autem facimus vobis, fratres, gratiam Dei quae data est in Ecclesiis Macedoniae; et quod in multo experimento tribulationis abundantia gaudii ipsorum fuit ; et altissima paupertas eorum, abundavit in divitias simplicitatis eorum. Quia secundum virtutem testimonium illis reddo, et supra virtutem voluntarii fuerunt, cum multa exhortatione obsecrantes nos gratiam et communicationem ministerii quod fit in sanctos. Et non sicut speravimus, sed semetipsos dederunt primum Domino; deinde nobis per voluntatem Dei, ita ut rogaremus Titum, ut quemadmodum coepit, ita et perficiat in vobis etiam gratiam istam. Sed, sicut in omnibus abundatis fide, et sermone, et scientia, et omni sollicitudine, insuper et charitate vestra in nos, ut et in hac gratia abundetis. Non quasi imperans dico, sed per aliorum sollicitudinem, etiam vestrae charitatis ingenium bonum comprobans.*

Notum autem facio vobis fratres, gratiam Dei, id est gratuitum donum Dei. Donum autem Dei vocat eleemosynam dare. Quae gratia data est mihi in Ecclesiis Macedoniae. Quae est illa ? hoc, scilicet *quod abundantia gaudii ipsorum fuit in multo experimento tribulationis*, quia non solum voluerunt pati, sed experti sunt : et inde gavisi sunt, et cum pauperes essent, abundanter dederunt. Unde subdit: *Et amplissima paupertas*, etc. Vel : Abundantia gaudii ipsorum fuit in multo experimento tribulationis, quia pro tribulatione Pauli et Sylae ibi facta non sunt scandalizati, [Ambrosius] sed devote et cum gaudio acceperunt verbum, ut probatos se horum passionibus demonstrarent. Et paupertas eorum amplissima, id est magna, vel nobilissima, benignitate mentis, *abundavit in divitias simplicitatis eorum*, id est major facta est, dum tendit divitias dare : Et hoc simplici animo, non ut homini placeant. Tenues qui erant in substantia facultatum, sed divites fuerunt in dando, quia priva conscientia operati sunt. Et inde *reddo illis testimonium*, quia nemine cogente *voluntarii fuerunt* ad dandum secundum virtutem, rerum suarum, *et supra virtutem*, ut etiam post egerent. Ipsi dico, *cum exhortatione multa obsecrantes nos*, cum timens eis non assentirem, ut eos permitteremus habere *gratiam et communicationem ministerii*, id est ministrationis, *quod* ministerium *fit in sanctos*, id est obsecrabant nos ut liceret eis sua dare, non quasi propria, sed quasi communia de quibus ministrarent aliis. *Et non dederunt sua, sicut*, id est ea intentione qua *speravimus*, id est putavimus, sed pro culpis redimendis. *Sed primum dederunt semetipsos Domino*, ut ei obedirent, quia emendantes errores pristinos ac morum vitia Deo se voverunt, deinde fratribus sua dederunt, vel obtulerunt. Aliter non erat accipiendum ab eis, quia munera excæcant oculos, et vim auctoritatis inclinant. Qui vero dant ut non arguantur, fructum dandi non habent. Isti vero non eo animo dederunt, ut redimentes vitia non arguerentur, sed prius dederunt semetipsos Domino, emendatione vitæ. Deinde, dederunt se nobis, obedientia, scilicet ut nobis obedirent. Et hoc *per voluntatem Dei*, qui vult homines subdi vicariis suis. Et *ita* institerunt nobis, *ut* exemplo eorum provocati, *rogaremus Titum ut quemadmodum cœpit*, in vobis benefacere, postquam correctos vos vidit, *ita et perficiat in vobis* non modo alia, sed *etiam gratiam istam* eleemosynarum in sanctos, ut scilicet gratia ista vobis non desit. Hoc dicit ut incitet eos ad dandum. Perficiat in vobis gratiam istam, dico, et non quoquomodo, sed ut abundetis etiam *in hac gratia* largitionis eleemosynarum, *sicut abundatis in omnibus* aliis, scilicet *in fide*, et *sermone*, et gratia loquendi, *et scientia* Scripturarum, *et omni sollicitudine*, quia in omnibus solliciti estis, *insuper et charitate vestra*, spirituali, habita *in nos. Non quasi*. Quasi dicat: Rogavi Titum ut perficeret hanc gratiam, sed non hoc dico quasi imperans, ne sitis transgressores. Vel ita legi potest, quasi dicat: Non solum rogavi Titum ut perficeret in vobis gratiam istam, sed etiam dico ego ipse, non quasi imperans ut abundetis in hac gratia sicut adundatis in omnibus, aliis scilicet in fide, etc. Quæ non mutantur. *Sed per aliorum*. Quasi dicat: Non imperans dico, sed potius hoc dico *comprobans*, id est comprobare volens *bonum ingenium vestræ* charitatis, id est suadere volens ut largi sitis, et ex discretione animi, non pro terreno commodo faciatis, et hoc volo comprobare, et suadere vobis non modo per alia, sed etiam per sollicitudinem aliorum, scilicet Macedonum, quibus similes sitis. Vel pauperum, de quibus solliciti esse debetis. *Scitis enim*. Quasi dicat: Pauperibus dare debetis, et vere, quia Christus sollicitus fuit de illis.

VERS. 9-15. — *Scitis enim gratiam Domini nostri Jesu Christi, quoniam propter vos egenus factus est, cum esset dives, ut illius inopia vos divites essetis. Et consilium in hoc do. Hoc enim vobis utile est, qui non solum facere, sed et velle cœpistis ab anno priore. Nunc vero et facto perficite, ut quemadmodum promptus est animus voluntatis, ita sit et perficiendi ex eo quod habetis. Si enim voluntas prompta est, secundum id quod habet accepta est, non secundum id quod non habet. Non enim ut aliis sit remissio, vobis autem tribulatio, sed ex æqualitate, in præsenti tempore vestra abundantia illorum inopiam suppleat, ut et illorum abundantia vestræ inopiæ sit supplementum, ut fiat æqualitas, sicut scriptum est: Qui multum habuit non abundavit, et qui modicum, non minoravit.*

Scitis enim gratiam, id est charitatem, *Domini nostri Jesu Christi*, cujus exemplo hortatur illos. Hanc, inquam, gratiam Christi scitis, *quoniam cum esset dives* Deus, in sua majestate, per quem et omnia facta sunt, *factus est propter nos egenus* in mundo. (59) Nota quod non ait pauper factus est, cum dives fuisset, sed cum dives esset. Paupertatem enim assumpsit, et divitias non amisit, intus dives, foris pauper ; latens Deus in divitiis, apparens homo in paupertate, *ut inopia illius vos essetis divites* in spiritualibus. Per illius enim paupertatem abjecimus pannos iniquitatis, ut indueremus stolam immortalitatis. Omnes ergo divites facti sunt, in pauperem Christum credentes. Nemo ergo se contemnat. Pauper in cella, dives in conscientia, securior dormit in terra, quam auro dives in purpura. Nunc ergo expavescas cum tua mendicitate ad illum accedere, qui indutus est nostra paupertate. Qui se pauperavit, nos ditavit. *Et in hoc*, id est in 130 consideratione hujus tanti beneficii Dei, *do vobis consilium*, ut pauperibus eleemosynas detis. [Augustinus] *Hoc enim est utile vobis*. Plus est enim utile facienti quam illi cui fit. Vobis dico, *qui cœpistis a primo anno*, id est a præterito anno, *non solum facere, sed etiam velle*, quod plus est quam facere. *Nunc vero et facto perficite*, ut non solum velitis, sed etiam opere perficiatis. Vel ita, ut secundum alios dicat eos cœpisse facere, et secundum alios velle. Quasi dicat: Vobis dico, qui cœpistis a primo anno non solum velle secundum quosdam, sed etiam facere secundum alios. Quidam enim voluerant, quidam cœperant, nunc vero uterque perficiunt opere : et hoc est quod subdit, nunc vero et facto perficite, *ut quemadmodum promptus est animus voluntatis*, id est sicut prompta est discretio voluntatis eorum, quia ex discretione volunt, *ita sit* promptus animus *perficiendi* [Ambrosius] Hoc dicit ut voluntas eorum in opere appareat, si vera est. Perficiendi dico, *ex eo*, id est secundum id *quod habetis*, sive plus, sive minus. *Si enim voluntas est prompta* dando *secundum id quod habet*, ut necessaria retineat, tantum *accepta est, non* tantum accepta est dando, *secundum id quod non habet*, id est ultra vires : ideo ex eo quod habetis vos dare moneo. *Non enim volo ut aliis sit remissio*, vel refrigerium, id est ut alii de vestris otiose vivant, *vobis autem* sit *tribulatio*, id est paupertas, non hoc ideo dixit, quin melius esset. Infirmis timet, quos sic dare monet ut egestatem non

---

(59) Aug., in serm. de Sal. verb.

patiantur, sed potius volo *ut vestra abundantia* terrenorum *suppleat inopiam illorum*, qui omnia mundi deserant. Suppleat dico *in præsenti tempore*, quod tam breve est, et hoc *ex æqualitate*. Hoc ideo dicit, ut quantum quis habet, dividat cum sanctis, quia non plus exigitur, quam sibi retinere debet, sicut et Zachæus dimidium dedit bonorum suorum pauperibus (*Luc.* xix). Vel, ex æqualitate suppleat vestra abundantia illorum inopiam, non utique hæc dico secundum paritatem, sed ut sustententur de vestris rebus, sicut et vos. Hæc est æqualitas, ut qui accipiunt spiritualia, tribuant carnalia. Ipsa est pax Jerusalem, ut opera misericordiæ corporalia jungantur operibus prædicationis spiritualibus, et fiat pax dando et accipiendo. Unde Apostolus : *Si spiritualia vobis seminavimus, magnum est si carnalia vestra metamus?* (*I Cor.* ix.) *Ut et illorum.* Quasi dicat : Vestra abundantia terrenorum suppleat inopiam illorum ; ut et econverso *abundantia* meritorum *illorum* spiritualium, qui divinis vacant, *sit supplementum vestræ inopiæ.* [Augustinus] Qui enim vivunt in hoc sæculo non habent merita ad vitam æternam sufficientia, nisi juventur per alios. Sed quia pauperes Christi, quorum est regnum cœlorum, amicos sibi et debitores fecerunt, per merita eorum consequentur quod per se non potuerunt mereri ; ut tunc fiat æqualitas, non quin differant in claritate, sed quia id omnes habebunt, et omnibus erit sufficientia ; *sicut scriptum est* de manna in signo hujus rei : *Qui multum*, scilicet collegit de manna, id est amplius *habuit* quam gomor, *non abundavit,* quia qui plus habuit dedit indigenti ; *et qui modicum*, scilicet collegit, id est minus quam gomor, *non minoravit*, id est non minus habuit quam gomor, quia recepit ab eo qui abundavit. In Exodo autem ita scriptum est : *Nec qui plus collegerat, habuit amplius ; nec qui minus paraverat, reperit minus* (*Exod.* xvi). In quo figurabatur quod qui majora habent merita, et qui minora, in æterno convivio eamdem habituri sunt refectionem [Ambrosius] Vel ita, ut fiat. Quasi dicat : Dico, ut abundantia vestra suppleat illorum inopiam, ut illorum abundantia vestræ inopiæ sit supplementum ; ut ita fiat æqualitas, scilicet ut, sicut ii ministrant sanctis, ita eis reddant vicem in futuro sancti, sicut scriptum est de manna in figura hujus rei : Qui multum, scilicet collegit, non abundavit, et qui modicum, non minoravit. Plus habent sancti in spe futuri, minus vero hi qui in tempore hoc sunt divites ; et cum ibi æquabuntur utrique, ut sicut hic divites inopiam sanctorum sustentant, ita ibi beneficio sanctorum sustententur, et divites fiant in æterno bono. Vel ita, ut fiat. Quasi dicat : Vestra abundantia suppleat illorum inopiam ; ita ut in voluntate fiat æqualitas, etsi non in opere ; et sic pariter recipietis, sicut scriptum est de manna in figura hujus rei, qui multum enim habuerit, et qui modicum, non minoravit : sic, qui multum dat ut dives, et qui parum ut pauper, si æqualis voluntas est, æqualem mercedem habebunt.

Vers. 16-24. — *Gratias autem ago Deo, qui dedit eamdem sollicitudinem pro vobis in corde Titi, quoniam exhortationem quidem suscepit ; sed, cum sollicitior esset, sua voluntate profectus est ad vos. Misimus etiam cum illo fratrem nostrum, cujus laus est in Evangelio per omnes Ecclesias. Non solum autem, sed et ordinatus est ab Ecclesiis comes peregrinationis nostræ in hanc gratiam, quæ ministratur a nobis ad Domini gloriam, et destinatam voluntatem nostram : devitantes hoc, ne quis nos vituperet in hac plenitudine quæ ministratur in Domini gloriam. Providemus enim bona, non solum coram Deo, sed etiam coram hominibus. Misimus autem cum illis et fratrem nostrum quem probavimus in multis sæpe sollicitum esse, nunc autem multo sollicitiorem ; confidentia multa in vos sive pro Tito qui est socius meus, et in vobis adjutor, sive fratres nostri apostoli Ecclesiarum gloriæ Christi. Ostensionem ergo, quæ est charitatis vestræ et nostræ gloriæ pro vobis, in illos ostendite in faciem Ecclesiarum.*

Gratias autem. Quasi dicat : Rogavi Titum ut perficeret gratiam istam, vel ego ipse hoc consulo vobis. *Deo autem ago gratias, qui dedit in corde Titi eamdem,* quam ego habeo, *sollicitudinem*, pro vobis exhortandis, ut abundetis in hac simplicitate eleemosynarum. Et vere habuit sollicitudinem, *quoniam quidem suscepit exhortationem vestram, sed, cum esset sollicitior sua voluntate,* quam in mea exhortatione, *profectus est ad vos.* Qui primum rogatus excusabat se propter vestra vitia. *Misimus etiam cum illo fratrem nostrum,* scilicet Lucam vel Barnabam, *cujus Lucæ laus est in Evangelio* scripto, vel, cujus Barnabæ laus est in Evangelio prædicato. Laus ejus dico *per omnes Ecclesias. Non solum autem* laus ejus in Evangelio, *sed etiam ordinatus est ab Ecclesiis Judææ comes nostræ peregrinationis,* id est prædicationis, qua mundum circuimus, et factus est comes, *in hanc gratiam,* id est in hanc largitionem eleemosynarum, *quæ ministratur a nobis,* id est cujus nos apostoli sumus ministri. Et hoc *ad Domini gloriam,* id est ut Deus inde glorificetur, *et ad voluntatem nostram,* quam volumus ut bene detis, complendam. Voluntatem dico *destinatam,* quæ destinata est et præordinata a Deo nobis ; adeo est necessaria. Vel ita, ordinatus est comes peregrinationis nostræ, id est prædicationis, scilicet in hanc gratiam, id est in prædicationem gentium, quæ ministratur a nobis, id est cujus minister sum ; et hoc, ad Domini gloriam, ut scilicet inde glorificetur Dominus. Et ordinatus est comes ad complendam nostram voluntatem destinatam, id est ad complendam prædicationem gentium cui destinatus sum. *Devitantes.* [Ambrosius] Quasi dicat : Hos prædictos misimus, devitantes *hoc, ne quis in hac plenitudine,* largitionis eleemosynarum, *vituperet nos,* dicens nos fraudare. Vel, *ne* quis in hac plenitudine, scilicet doctrinæ et miraculorum, vituperet nos, tanquam negligentes circa curam sanctorum; ut dicatur: Bene prædicat, sed non est memor sanctorum sicut alii apostoli, et sicut sibi præceptum est. Vituperatur ergo Apostolus, si negligenter ageret circa sanctos. Et ideo hoc præmonet ut sollicitudo ejus et providentia appareat. Quæ plenitudo largitionis vel doctrinæ *ministratur* a nobis, id est nostro ministerio fit, et hoc *ad Domini gloriam*, id est ut Deus glorificetur. *Providemus enim*. Quasi dicat: Bene dico devitantes, providemus enim ut opera nostra *bona* sint, *non solum, coram Deo*, scilicet ut Deo placeant, *sed et coram hominibus*, ut etiam hominibus bona videantur. Coram Deo providet Apostolus bona, dum facit circa ministerium sanctorum quod Deus jubet; coram hominibus providet bona, dum bonos mittit ad hoc opus exhortandum, qui probitate sua eos provocent ad dandum, non scandalum faciant, ne bona doctrina Apostoli per improvidos ministros in vituperationem caderet. (60) Nota quod recte Apostolus ait se providere bona coram Deo et hominibus. Propter nos enim conscientia nostra sufficit nobis, propter vos autem fama nostra non pollui, sed pollere debet in vobis. Duæ res sunt, conscientia et fama: conscientia tibi, fama proximo prodest. Cui conscientiæ fidens famam negligit, crudelis est. *Misimus autem cum illis fratrem nostrum*, Apollo: *quem probavimus in multis sæpe sollicitum esse de salute nostra. Nunc autem*, cum audivit vos correctos, *multo sollicitiorem* pro *confidentia multa* habita *in vos*, vel *in vobis*, sive *pro Tito qui* de vobis ei multa retulit, et ideo Apollo, qui prius rogatus ab Apostolo et aliis fratribus ire ad eos noluit, modo ivit, quia audivit eos correctos. *Qui*, scilicet Titus, *est socius meus, et in vobis*, id est in vestra conversatione, *adjutor. Sive*, Quasi dicat: Pro confidentia vestri ivit, et pro Tito et Luca; cum quibus libenter ibat, sive etiam pro illis aliis hæc fecit, *quæ sunt fratres nostri, et apostoli Ecclesiarum*, a quibus fuerat rogatus. Vel secundum aliam litteram, eodem sensu manente, scilicet *sive per fratres nostros apostolos Ecclesiarum, et qui ipsi sunt apostoli Ecclesiarum*. Hoc est *gloriæ Dei*, Christi, id est ad gloriam Christi; quia in eis non hominum, sed Christi gloria est. *Ostensionem ergo*, etc. Quasi dicat: Quia tales misimus ad vos, *ergo ostensionem quæ est charitatis vestræ et nostræ gloriæ, habitæ pro vobis*, id est charitatem vestram quam ostendistis aliis, et gloriam nostram similiter de vobis habitam, quam ostendistis esse veram, nunc *ostendite in illos*, quos misimus ad vos, bene eos recipiendo, ut bona quæ de vobis audierunt probent. [Ambrosius] Ostendite dico, et hæc *in facie Ecclesiarum*, ut scilicet cæteræ Ecclesiæ agnoscant vera esse bona quæ de vobis audierunt. Vel, in facie Ecclesiarum, scilicet ut alii a vobis accipiant exemplum. *Nam et*, quasi dicat: De receptione eorum moneo.

(60) Aug. in serm. De vita et morte.

131 CAPUT IX.

Vers. 1-7. — *Nam de ministerio quod fit in sanctos ex abundanti est mihi scribere vobis. Scio enim promptum animum vestrum, pro quo de vobis glorior apud Macedones. Quoniam et Achaia parata est ab anno præterito, et vestra æmulatio provocavit plurimos. Misimus autem fratres, ut, ne quod gloriamur de vobis evacuetur in hac parte, ut, quemadmodum dixi, paratisitis, ne cum venerint Macedones mecum, et invenerint vos imparatos, erubescamus nos, ut non dicamus vos in hac substantia. Necessarium ergo existimavi rogare fratres ut præveniant ad vos, et præparent repromissam benedictionem hanc paratam esse, sic quasi benedictionem non quasi avaritiam. Hoc autem dico: Qui parce seminat, parce et metet; et qui seminat in benedictionibus, de benedictionibus et metet. Unusquisque, prout destinavit in corde suo, non ex tristitia aut ex necessitate. Hilarem enim datorem diligit Deus.*

Nam de ministerio quod fit in sanctos ex abundanti, id est superfluum, *est mihi scribere vobis. Scio enim promptum animum vestrum, pro quo de vobis glorior apud Macedones*, dicens: *Quoniam et Achaia*, cujus metropolis est Corinthus, æmulatione Macedonum ducta, *parata est ab anno præterito, et vestra æmulatio*, id est amor et studium, *provocat plurimos*, ad eleemosynas dandas, [Ambrosius] quia æmulatione Corinthiorum aliæ Ecclesiæ, dum audiunt illos prius errorihus implicitos, postea bonæ voluntatis fuisse effectos, incitatæ sunt ad bonum. Quasi vero quis diceret: Cur ergo præmittis illos? ait, misimus autem fratres, ut vos ad hoc hortentur, sed *ut parati sitis, quemadmodum dixi* illis vos esse paratos. Parati sitis dico, ne hoc, scilicet *quod gloriamur de vobis* totum *evacuetur in hac parte*, scilicet si imparati fueritis. Ideo parati esse debetis, *ne cum venerint mecum Macedones, et invenerint* vos imparatos, *erubescamus nos*, qui de vobis gloriamur, *ut non dicamus vos erubescere*: quod magis est, id est esse debet. Si enim non fuerit hoc inventum quod testificatus est de iis, et ipse erubescet, et ipsi amplius confundentur. *In hac substantia*, id est in hac datione eleemosynarum, quæ pauperes sustentant. Ne ergo hoc sit, *necessarium existimavi rogare fratres*, scilicet Lucam, Titum, Apollo, *ut me præveniant ad vos, et præparent paratam* esse, quando veniemus, *hanc repromissam*, id est sæpe promissam, *benedictionem*, id est eleemosynam, quæ recte dicitur benedictio, quia causa est æternæ benedictionis. Paratam dico, *sic* utique, *quasi benedictionem* scilicet ut sit opus charitatis et magnam, non quasi avaritiam, ut doleant pro dato, et parum sit quod dant. Hoc autem, quasi dicat: Illi præparent, ego autem cur large detis, hoc dico, id est præscribo, quia *qui parce seminat*, id est dat, *parce et metet* retributionem. Non parce seminat ille qui parum habens parum largitur, si animus promptus sit dare plus si plus haberet. Nota quod non ait dat, sed seminat, quia dare eleemosynam non est amittere, sed seminare, scilicet ad tempus carere, ut plus habeatur in futuro. *Etqui seminat in benedictionibus*, ubi plus pensatur animus quam census, *de benedictionibus Dei et metet*, largam scilicet retributionem. Et ideo *unusquisque*, scilicet det, *prout destinavit*, id est praeordinavit, *in corde suo*, id est in consilio rationis, quia si inviti darent non prodesset eis. Quia qui invitus dat propter praesentem pudorem, non habet mercedem, et ideo quisque det, sicut proposuit in corde suo, se velle dare *non det ex tristitia, aut, ex necessitate*, id est tristis vel coactus, sed sponte. *Hilarem, enim datorem*, id est qui ex voluntate bona dat *diligit Deus*, id est approbat et remunerat, non tristem et murmurantem. Qui enim dat ut careat taedio interpellantis, non ut reficiat viscera indigentis, et rem et meritum perdit. (61) Quidquid ergo boni facis cum hilaritate fac, et tunc benefacis, si autem cum tristitia facis, sit de te, non tu facis.

VERS. 8-15. — *Potens est autem Deus omnem gratiam abundare facere in vobis, ut in omnibus semper omnem sufficientiam habentes, abundetis in omne opus bonum, sicut scriptum est: Dispersit, dedit pauperibus, justitia ejus manet in saeculum saeculi. Qui autem administrat semen seminanti, et panem ad manducandum praestabit, et multiplicabit semen vestrum, et augebit incrementa frugum justitiae vestrae: ut in omnibus locupletati, abundetis in omnem simplicitatem, quae operatur per nos gratiarum actionem Deo. Quoniam ministerium hujus officii non solum supplet ea quae desunt sanctis, sed etiam abundat per multas gratiarum actiones in Domino, per probationem ministerii hujus, glorificantes Deum in obedientia confessionis vestrae in Evangelio Christi, et simplicitate communicationis vestrae in illos et in omnes, et in ipsorum obsecratione pro vobis, desiderantium vos propter eminentem gratiam Dei in vobis. Gratias ago Deo super inenarrabili dono ejus.*

Potens est autem. Quasi dicat: Ego ita moneo vos, sed Deus potens est. Vel ita continet. Ego moneo vos ita, et nolite diffidere, quia Deus potens est *facere abundare in vobis*, vel in cordibus vestris, *omnem gratiam*, scilicet non solum hanc, sed hanc cum aliis, id est omnia dona Spiritus sancti. Ita *ut vos semper habentes*, id est habere reputantes, *omnem sufficientiam* in omnibus, id est in omni statu vestro, *abundetis in omne opus bonum*, id est in datione eleemosynarum, sicut in caeteris. [Ambrosius] Qui enim solam sufficientiam elegit, poterit in Dei opere abundare: licet enim exiguum sit quod parum habens tribuit, abundat tamen quia recto judicio fit: quia quaeritur de quanto, et quo animo detur. Et quasi aliquis quaereret: Estne hoc bonum, scilicet largitio eleemosynarum? Respondet: Est utique, *sicut scriptum est* in Psal. Justus, *dispersit*, non uni omnia conferens, sed pluribus dividens, et *dedit*, gratias *pauperibus*, non divitibus qui possent reddere

Et haec *justitia ejus*, id est merces justitiae ejus, *manet in saeculum* saeculi; vel in aeternum, id est sine fine. Justus est qui bona mundi fine aeterni praemii communia reputat. Et nota quod exemplo hoc ad largiendum sanctis invitat. Si enim hujus qui pauperibus largitur merces magna est, quanto magis ejus qui ministrat sanctis? Pauperes enim sunt et possunt dici etiam qui mali sunt. *Qui autem*. Quasi dicat: Non solum inde vita datur, sed etiam qui *administrat* seminanti, scilicet Deus, *semen*, unde eleemosyna fiat, *et panem,*, id est necessaria vitae, *praestabit ad manducandum*, non ad superfluitatem, et in tantum praestabit quod etiam *multiplicabit semen vestrum*, unde plures eleemosynas faciatis. Et ideo hoc timore nemo timeat dare, et augebit incrementa, id est facultatem et voluntatem dandi eleemosynas, incrementa dico, *frugum justitiae vestrae*, id est ex quibus procedit justitia et vita. Justitia est sanctitas et bona vita, *unde proveniunt fruges*, id est aeterna renumeratio. Incrementa sunt eleemosynae et voluntas dandi, pro quibus et hic virtutes et in futuro gloria augebitur. Ut in omnibus. Quasi dicat: In tantum augebit, et res et voluntatem dandi, *ut vos locupletati*, secundum vestram reputationem, *in omnibus*, id est in omni statu vestro, *abundetis in simplicitatem*, id est largitionem simplici animo factam. Simplicitatem, dico, *omnem*, id est perfectam, *quae largitio operatur per nos gratiarum actionem Deo*. Et ideo facienda est, id est ipsa largitio est causa quare aguntur gratiae Deo, cujus largitionis nos sumus ministri. *Quoniam*, etc. Quasi dicat: Ideo agentur gratiae Deo de dono largitionis, quia multa in hoc bona sunt. Et hoc est quod ait:

Quoniam ministerium nostrum hujus officii vestri *non solum supplet ea quae desunt sanctis, sed etiam abundat* in actione gratiarum, quae fit per multos, quia multi agunt inde gratias Deo. Et hoc *in Domino*, id est operatione Domini, qui eos movit ad agendas gratias, dico quod per multos agentur gratiae Deo. Et hoc *per probationem ministerii hujus*, id est quia laudant hanc ministrationem nostram. Per multos dico *glorificantes Deum*, non solum de vestra largitate, sed etiam inde accepta occasione, in, id est pro, vel de *obedientia confessionis vestrae*, id est de fide et confessione, et omni bono vestro. Obedientia, dico, habita *in Evangelio Christi*, quia obedistis Evangelio Christi in subjectione mentis, *et glorificantes Deum pro simplicitate communicationis*, id est vestra communia reputatio, et hoc simplici animo facitis. Vel pro simplicitate communicationis, id est quia alii exemplo vestro sua aliis communicant. Communicationis, dico, factae *in illos*, id est sanctos praedictos *et in* alios *omnes egentes, et ipsorum*, etc. Quasi dicat: Per multos dico etiam glorificantes Deum, *de obsecratione ipsorum* sanctorum, facta *pro vobis*, id est illi multi glorificant etiam Deum de

---

(61) Aug., in psal. XXXVIII.

hoc, quia et ipsi sancti obsecrant pro vobis. (62) *Ipsorum*, dico, *desiderantium vos videre in æterna beatitudine, vel etiam hic.* Et hoc *propter gratiam Dei*, id est charitatem eminentem *in vobis. Gratias Deo.* De æterna indigentia et de æterno supplemento indigentiæ provincialium Christi et militum Christi egit. Hinc de rebus carnalibus in **132** illos; inde autem de rebus spiritualibus in istos. Idcoque tanquam sanctorum gaudiorum sagina plenus eructans clamat : Gratias Deo. Quasi dicat : Et quia hinc tot bona sunt, gratias ago Deo *super dono inenarrabili*, id est de charitate quam suis donat, quæ non potest enarrari quantum utilis sit. Vel, enarrabili, id est quod debet enarrari.

CAPUT X.

VERS. 1-7.—*Ipse autem ego Paulus obsecro vos per mansuetudinem et modestiam Christi, qui in facie quidem humilis sum inter vos : absens autem confido in vobis. Rogo autem vos, ne præsens audeam per eam confidentiam qua existimor audere in quosdam, qui arbitrantur nos tanquam secundum carnem ambulemus. In carne enim ambulantes, non secundum carnem militamus. Nam arma militiæ nostræ non carnalia sunt, sed potentia Deo ad destructionem munitionum, consilia destruentes, et omnem altitudinem, extollentem se adversus scientiam Dei, et in captivitatem redigentes omnem intellectum in obsequium Christi, et in promptu habentes ulcisci omnem inobedientiam, cum impleta fuerit vestra obedientia. Quæ secundum faciem sunt videte. Si quis confidit sibi se esse, hoc cogitet iterum apud se, quia sicut ipse Christi est, ita et nos.*

Ipse autem. Postquam admonuit bonos de eleemosynis in sanctos faciendis, agit de incorrectis qui pseudo æquebantur, et eum ferocem putabant. Quasi dicat : Correctos et eleemosynas invito, *vos autem*, alios qui pseudo mihi præfertis, *obsecro ego Paulus.* Quasi dicat : Vere humilis non superbus ipse qui alios ad eleemosynas moneo, idem vobis qui illis. Obsecro, dico, *per mansuetudinem et modestiam Christi,* id est si vultis ut sim vobis lenis, et cum modo puniam vos, sicut Christus etiam provocatus lenem animum ostendit, et in correctionibus modum non excessit. Obsecro ego Paulus *qui in facie quidem,* id est exterius ut dicitis, *humilis sum inter vos,* scilicet dum præsens sum. *Absens autem.* Quasi dicat : Dum non timeo aliquid mali mihi fieri a vobis, *confido in vobis,* id est confidenter ago in vos, aspere vos redarguens. *Rogo autem.* Hic dicit unde obsecret eos. Quasi dicat : Non solum obsecro vos, sed etiam rogo *ne præsens,* scilicet cum venero, *audeam* in quosdam incorrectos, id est ne præsens audacter puniam eos, *per eam confidentiam qua existimor audere* absens, quia quantum putor absens confidere, tantum præsens faciam in re, nisi se emendaverint. Hoc ergo rogat ut tales illos inveniat, ne cogatur irasci et audere in eos, sed præmissa severi-

tate lætetur cum eis. Quosdam dico, *qui arbitrantur nos tanquam secundum carnem,* id est more carnalium, *ambulemus. In carne enim.* Quasi dicat : Putant nos secundum carnem ambulare, quod non facimus, quia licet simus *ambulantes in carne,* id est licet simus degentes in carne, quæ fragilis est, *non tamen secundum carnem,* id est pro carnali commodo *militamus.* Non enim militiam a Deo nobis datam exercemus secundum carnem, id est pro terreno commodo. Et vere *non secundum carnem militamus. Nam arma militiæ nostræ,* id est virtutes et miracula per quæ in prædicatione militamus, *non sunt carnalia* debilitate, *sed sunt potentia Deo,* id est per Deum, *ad destructionem munitionum,* id est ut destruant consilia hominum seu dæmonum diversis calliditatibus munita, *consilia destruentes.* Quasi dicat : Vere possim destruere. Nam destruimus. Et hoc est quod ait. Quasi dicat : Militamus non secundum carnem, nos, dico, destruentes consilia hominum et dæmonum, *et omnem altitudinem,* id est profunditatem intellectus, tam legis peritorum quam philosophorum. Altitudinem, dico, *extollentem se adversus scientiam Dei,* id est quæ de Deo est. Ut dum impugnant partum virginis et hujusmodi. [Ambrosius] *Et etiam in captivitatem redigentes omnem intellectum,* id est captivos ducimus omnes superbe agentes, vel intelligentes, dum Christo contradicentes vincimus. Ducentes eos usque *in obsequium Christi,* id est ut fidei Christi, cui ante repugnaverant, humiliter obediant. Nos, dico, *etiam in promptu habentes,* quia nihil nos remordet, quo minus audeamus, *ulcisci omnem inobedientiam.* Quod faciemus, *cum impleta fuerit vestra obedientia,* id est postquam recognovero omnes ex dilectione obedientes. Tunc enim vindicat inobedientiam, cum illam condemnat per obedientiam ; tunc illam destruens quando eos qui resistunt perducit ad fidem. Et hoc est digna ultio, ut perfidia ab his quibus defendebatur, damnetur, *quæ secundum faciem,* etc. Quasi dicat : Multa dixi quibus ostendi vobis potius debere nos sequi quam pseudo, et si vobis non sufficit quod dixi, quare me potius quam pseudo sequamini. *Videte,* hæc alia, *quæ sunt secundum faciem,* id est ita evidentia sicut ea quæ sunt subjecta oculis. Aperta enim sunt quæ dicet : Hæc scilicet, *si quis* illorum pseudo. Hoc enim de præsumentibus dicit, *confidit, per aliquid,* id est per fidem vel aliquid aliud, *se esse Christi,* id est quod ipse sit Christi. *Hoc iterum cogitet,* id est bene deliberet *apud se,* ut vim rationis non excedat, vel propter odium nostrum, vel propter honorem suum. Hoc, inquam, cogitet, quia *sicut ipse Christi est,* ita et nos, id est per quæcunque ipse est Christi per eadem et nos. Vel ita, quæ secundum. Quasi dicat : Vere nos apostoli tales sumus quales supra ostendi. Quæ autem sunt secundum faciem videte, id est diligenter opera eorum considerate, qui in vestro conspectu tantum bona agunt,

(62) August., De op. monach.

... forte vos, seducant, ut velitis eos præferre nobis. Quod non debetis, quia, si quis illorum præsumentium confidit per aliqua se esse Christi, *hoc iterum cogitet apud se,* quia sicut ipse est Christi, ita et nos, id est per quæcunque ipse est Christi, per eadem et nos. Contra superbos pseudo hoc dicit, qui de se præsumentes inflatione animi Apostolo se præponebant.

VERS. 8-13.—*Nam, etsi amplius aliquid gloriatus fuero de potestate nostra quam dedit nobis Dominus in ædificationem et non in destructionem vestram, non erubescam. Ut autem non existimer tanquam terrere vos per Epistolas (quoniam quidam Epistolæ, inquiunt, graves sunt et fortes, præsentia autem corporis infirma, et sermo contemptibilis): hoc cogitet qui ejusmodi est, quia quales sumus verbo per Epistolas absentes, tales et præsentes in facto. Non enim audemus inserere, aut comparare nos quibusdam qui seipsos commendant, sed ipsi in nobis nosmetipsos metientes, et comparantes nosmetipsos nobis. Nos autem non in immensum gloriabimur, sed secundum mensuram regulæ qua mensus est nobis Deus mensuram pertingendi usque ad vos.*

Nam, etsi. Quasi dicat: Vere ita sumus Christi sicut illi. Nam etiam excellentius nos sumus Christi per potestatem, quam illi non habent. Et hoc est quod ait: *nam, etsi amplius aliquid fuero gloriatus de nostra potestate,* scilicet apostolatus, *quam* Dominus *dedit nobis,* non illis *in ædificationem, et non in destructionem vestram,* id est ut nos in virtutibus ædificemus, non ut prava doctrina vel exemplo corrumpamus, ut pseudo faciunt, *non erubescam,* quia et verum est, et non ad gloriam meam, sed ad utilitatem vestram dicitur. *Ut autem,* etc. Hic dicit se, cum præsens fuerit, implere opere quod absens verbo minatur. Hoc autem dicit occasionem illius sententiæ quam ibi dixerat, parati ulcisci omnem inobedientiam, ne putarent eum absentem tantum minari, et præsentem nihil facere. Quasi dicat: Hanc potestatem dedit mihi Dominus in ædificationem et non in destructionem, sed tamen ulciscar. Videretur enim illis ideo debere blandiri, quia potestatem accepit in ædificationem, non in destructionem; sed ulcisci contra opinionem quorumdam se dicit. *Ut autem.* Quasi dicat: Promptus sum ulcisci, tamen hoc dicens, existimor *tanquam terrere vos per Epistolas.* Et vere existimor, *quoniam* revera *quidam, inquiunt, Epistolæ* quidem *graves sunt,* id est ponderosæ ad intelligendum, et fortes ad terrendum. *Præsentia autem corporis* est *infirma,* non audens exercere severitatem, *et sermo* est *contemptibilis,* quia ut idiota sine argumentis loquor, ut aiunt. Attende quod infirma dicit contra fortes, et contemptibilis contra graves. Ut autem non existimer a vobis tanquam terrere vos, et opere quod minor non implere, *hoc cogitet qui ejusmodi est,* scilicet qui ita de me opinatur. Et hoc idem sciatis vos, quia quod minor verbis, impleturus sum factis. Quod ita ait, *quia quales,* id est quam asperi *sumus in verbo per epi-*

stolas, dum sumus *absentes, tales* erimus *et præsentes in facto,* scilicet ulciscentes omnem inobedientiam, quia, si vitia vestra palparemus, tunc non ædificaremus, sed destrueremus. *Non enim.* Quasi dicat: Tales erimus facto quales sumus verbo, quia non sumus pseudo similes, qui usurpant sibi potestatem in diem, et vitia palpant. [Ambrosius] Et hoc est quod ait. Non inserimus nos quibusdam, id est pseudo, qui non missi a Deo, commendant seipsos, aliquibus artibus, non Deus eos, id est usurpant sibi potestatem indigni. Quod est dicere: Non ponimus nos in numero illorum, ut potestatem usurpemus, sed a Deo electi accepimus, nihil ultra concessum præsumentes. Illi autem non accepta potestate, sed usurpata, dominari volunt, nomini suo vindicantes auctoritatem. Aut non comparamus nos illis, ut nos sicut illi adulemur vobis et vitia vestra palpemus, quod posset facere aliquis etiam habens recte potestatem. Hoc non facimus, ideo quia *non audemus nos inserere aut comparare* eis, ne sicut illi ita et nos pereamus. Non hæc facimus, sed potius ipsi sumus *metientes,* id est metimur, *nosmetipsos in nobis,* id est in conscientiis nostris, an a Deo missi simus attendimus, et non aliud quam quod injunctum est usurpamus. Tanta enim potestate utimur, quanta concessa est ab auctore; nec mensuram nec modum egredimur. Et sumus comparantes **183**, id est comparamus etiam nosmetipsos nobis, quia secundum quod officium nostrum exigit, facimus quod illi non faciunt. Hæc autem nos agentes, non *gloriabimur,* id est non exercebimus potestatem *in immensam,* id est ultra mensuram nostram, quod illi faciunt qui ultra mensuram usurpando gloriantur, *sed* gloriabimur, *secundum mensuram regulæ,* id est secundum mensuram mihi a Deo populum, cujus ego sum regula ad dirigendum, sub qua mensura vos estis. Unde subdit: Mensuram, dico, *pertingendi* monitu Dei *usque ad vos.* [Ambrosius] Dei enim nutu Corinthiis evangelizare monitus est. Paratum enim erat unicuique ad quos in prædicatione dirigeretur, ut singuli aliquos populos haberent proprios, de quorum fide gloriarentur. Ad regulam autem Apostoli illi omnes pertinebant, quos in fide fundaverat, qui ad omnes missus erat a Deo. Unde addit *quam mensuram mensus est nobis Deus.* Qui ergo ei resistit, Deo mittenti resistit.

VERS. 14-18. — *Non enim quasi non pertingentes ad vos superextendimus nos. Usque ad vos enim pervenimus in Evangelio Christi, non in immensam gloriantes in alienis laboribus, spem autem habentes crescentis fidei vestræ, in vobis magnificari secundum regulam nostram in abundantia, etiam in illa quæ ultra vos sunt evangelizare, non in aliena regula in his quæ præparata sunt gloriari. Qui autem gloriatur, in Domino glorietur. Non enim qui seipsum commendat, ille probatus est, sed quem Deus commendat.*

Non enim. Quasi dicat: Vere Deus est mensus. *Non enim,* est superextensio. Et hoc est quod ait,

Non enim superextendimus nos, quasi non pertingentes ad vos. Superextendi est ultra extendi quam conceditur. Nos autem destinati sumus Deo mittente ad vos. Et vere non extendimus nos, quasi non pertingentes; pertingimus enim, quia *pervenimus usque ad vos in Evangelio Christi,* id est in prædicatione Evangelii Christi. [Ambrosius] Nos, dico, *non gloriantes in immensum id est in alienis laboribus,* scilicet ubi alius fundamentum fidei posuisset, quod esset ultra mensuram gloriari. Sed sumus habentes spem crescentis fidei vestræ, id est speramus per fidem vestram crescentem de virtute in virtutem. Qui *in vobis,* id est per vos, *magnificari* apud alios, quia per vos tales apostoli veri probamur. Et habemus spem *evangelizare secundum regulam nostram,* id est regnum nostrum, id est secundum quod a Deo nobis injunctum est. Evangelizare dico, *in abundantia,* scilicet non in paucis locis, imo et in alia loca quæ sunt ultra vos, non tamen sumus *habentes spem,* id est non speramus *gloriari in* aliqua *aliena regula.* Nec illi qui ultra eos sunt, de alieno regimine sunt. Deinde exponit quid dixerit in aliena regula, scilicet *in his quæ præparata sunt* ab aliis prædicatoribus, quia his prædicabat, quibus non erat annuntiatum, ut gloriam suo labore quæreret. *Qui autem.* Quasi dicat: Ego gloriabor in prædictis et in aliis, sed hoc totum unde gloriandum est, a Deo est. Et ideo : *Qui gloriatur,* juxta admonitionem Jeremiæ, *glorietur in Domino,* id est Domino attribuat gloriam et confidentiam suam, cujus gratia est quod non potest ille, qui non habet a Deo potestatem, quia suam gloriam quærit. Non enim, quasi dicat: Ideo in Domino gloriandum, quia ille non est probatus a Deo, vel ab hominibus, qui commendat seipsum, id est qui extra Deum gloriatur sibi tribuendo quod Dei est. Vel, *qui autem.* Quasi dicat: Ego non gloriabor in aliena regula, similiter autem, qui gloriatur, id est potestatem vult exercere, *glorietur in Domino,* id est potestatem exerceat in mensura sibi a Deo data, quod debet. Non enim ille probatus est a Deo vel ab hominibus, *qui seipsum commendat,* qui prædicat non missus, qui non est idoneus, sed præsumptor et reprobus : sed quem Deus commendat, id est idoneum et dignum ostendit miraculis et virtutibus.

CAPUT XI.

Vers. 1-3. — *Utinam sustineretis modicum quid insipientiæ meæ! Sed et supportate me. Æmulor enim vos Dei æmulatione, despondi enim vos uni viro virginem castam exhibere Christo. Timeo autem ne sicut serpens Evam seduxit astutia sua, ita corrumpantur sensus vestri, et excidant a simplicitate quæ est in Christo.*

Utinam, etc. Quasi dicat: Ego glorior de regimine quod videt insipientia, sed *utinam* sine indignatione *sustineretis modicum quid,* quia plus possem gloriari *insipientiæ meæ,* id est gloriationis de regimine quæ videtur vobis, et dicitur insipientia. Vel insipientiam hic dicit, gloriationem secundum carnem, quam facit, ne in eo videatur inferior illis, quam ipse non curat, sed prodest Corinthiis. [Ambrosius] Quasi dicat: Glorior de regimine, sed utinam sustineretis modicum quid insipientiæ meæ, id est gloriationis secundum carnem, quæ videtur insipientia. Quia dictum est: Non te laudent labia tua, sed proximi tui. Hæc autem gloriatio ad laudem ejus videtur pertinere. *Sed et,* etc. Quasi dicat: Opto ut sustineatis. *Sed et,* præcipio, *supportate me,* ut subjecti prælatum. [Augustinus] Quasi dicat: Etsi gravet vos, tamen patienter ferte, *æmulor enim,* id est diligo, *vos Dei æmulatione,* id est ad honorem Dei, non meum, non zelo sponsam Dei mei, sed Deo. Amicus enim sponsi sum. Sponsus igitur zelat sponsam ; amicus vero sponsi non sibi, sed sponso. Et nota quod æmulatio dupliciter accipitur. Æmulatio enim est propter alienum statum motus mentis, vel in malum, vel in bonum ; hic autem amoris est, non livoris, quia diligit eos Dei æmulatione, id est quæ ad honorem Dei est, et quam Deus Spiritu suo inspirat. Per hoc ostendit ea quæ dicet amore eorum se dicturum, ut non ad laudem ejus proficiant, sed ad horum profectum. *Despondi enim.* Quasi dicat : Et vere diligo vos, quia ergo, qui sum amicus sponsi, despondi vos annulo fidei, non multis, sed *uni,* non adultero, sed *viro legitimo,* scilicet Christo vero sponso. Vos, dico, existentes *virginem castam.* (63) Attende quod a plurali ad singularem descendit, volens intelligi totam Ecclesiam virginem esse, et in omnibus veris membris virginitatem mentis, etsi non integritatem corporis servare. (64) Virginitas carnis corpus est intactum, quæ virginitas paucorum est. Virginitas cordis fides est incorrupta, quæ virginitas omnium est fidelium. Unde in Apocalypsi : *Ili sunt qui cum mulieribus non sunt coinquinati, virgines enim sunt (Apoc. xiv).* In mulieribus errorem significavit, quia error per mulierem cœpit. Ideo ergo singulariter dixit virginem, quia omnes sunt una virgo propter unitatem integræ fidei, solidæ spei, sinceræ charitatis : Virgo sunt, quia a pravitate erroris et ab opere malo incontaminati, casta, quia non habent æstum malæ voluntatis. Despondi dico, *exhibere,* id est ut exhibeam vos Deo in die judicii. *Timeo autem.* Quasi dicat: Tales vos desponsavi, ut exhibeam vos Deo, sed *timeo ne, sicut serpens,* id est diabolus, per serpentem *seduxit Evam,* a paradiso eam ejiciens; seduxit, dico, *astutia sua,* scilicet promittendo falsa, *ita,* per similes deceptiones *corrumpantur sensus vestri,* id est intellectus vestri per similes deceptiones, *et excidantia simplicitate, quæ est in Christo,* id est a paradiso simplicis fidei Christi, quæ nil alienum recipit. Isti enim Corinthii similes sunt Evæ, pseudo similes serpenti, id est diabolo, qui per eos insidiatur. (65) Lux fidei similis est paradiso. Quo-

---

(63) Aug., in lib. quæs. 83.
(64) Id., in serm. quodam.
(65) Id., super Joannem.

rum ergo fides corrumpitur, a paradiso ejiciuntur, quia præponunt mendacium veritati. Qui ergo mendacium ædificant in hominibus, ab eis pellunt veritatem, et etiam immittunt diabolum, et ita excludunt Christum. Si quid enim dixeris contra fidem, intrat putredo de veneno serpentis, et nascuntur vermes mendaciorum, et nihil integrum remanet. (66) *Ideoque sicut patribus nostris adversus leonem opus erat patientia, sic nobis adversus draconem vigilantia. Tunc enim cogebat, nunc docet. Tunc ingerebat violentias, nunc insidias. Videbatur tunc fremens, nunc lubricus et oberrans difficile videtur.* Ideo timet Apostolus ne, sicut per serpentem seducta est Eva, ita per hæreticos corrumpatur Ecclesia a virginitate fidei quam gestat in corde. Modo ergo anima virginitatem tuam serva, postea fecundanda in amplexu sponsi tui. Sepite ergo, ut scriptum est, aures vestras spinis (*Eccli*. xxviii). Adhuc enim mussitat serpens et non tacet. Quod gestum est in illo paradiso, hoc geritur in Ecclesia. Nemo igitur vos seducat ab isto paradiso Ecclesiæ. Sufficiat quod illic lapsi sumus, vel experti corrigamur.

VERS. 4-9. — *Nam, si is qui venit alium Christum prædicat quem non prædicavimus, ut alium spiritum accipitis quem non accepistis, aut aliud Evangelium, quod non recepistis, recte pateremini. Existimo enim nihil me minus fecisse a magnis apostolis. Etsi imperitus sermone, sed non scientia. In omnibus autem manifestus sum vobis. Aut nunquid peccatum feci, meipsum humilians, ut vos exaltemini? Quoniam gratis Evangelium Dei evangelizavi vobis, alias Ecclesias exspoliavi accipiens stipendium ad ministerium vestrum; et cum essem apud vos et egerem, nulli onerosus fui. Nam quod mihi deerat, suppleverunt fratres qui venerunt a Macedonia, et in omnibus sine onere me vobis servavi et servabo.*

Nam, si is. Quasi dicat: Timeo ne per illos pseudo corrumpantur sensus vestri, sed non debetis eos pati, quia non aliud prædicant quam ego, et deterius quam ego. Cur ergo existimatis nos **134** inferiores illis? Et hoc est quod ait: *Nam, si is qui venit,* scilicet non missus. Vel, qui venit, id est venditur, quia pro quæstu temporali facit, *prædicat alium Christum, quem non prædicavimus,* id est, etsi prædicat alium Christum excellentiorem quam ego; quod esse non potest; aut si per eos *accepistis alium,* id est meliorem *spiritum quam non accepistis* per nos; quod utique non est, sed potius per nos, non per illos accepistis Spiritum; *aut si prædicat vobis aliud Evangelium* id est aliam de redemptione prædicationem, quæ esse non potest. Quod Evangelium *non recepistis* per nos, *recte pateremini.* [Ambrosius Quasi dicat: Si aliud majus fit vobis per eos quam per nos, tunc recte pateremini. Galatis autem anathema dicit, si aliud reciperent. Corinthiis autem rectum esse dicit recipere, si aliud prædicatum fuerit; sed aliud hic dicit quod sit potius et majus eo quod ab apostolis traditum fuerit. Galatis autem dicit ut non reciperent aliud, scilicet quod utique non majus esset, sed contrarium. *Existimo enim.* Supra egit de pseudoapostolis, nunc de veris prædicatoribus loquitur; quibus Paulus inferior videbatur, quia non fuerat cum Jesu. Quasi dicat: Si aliud prædicarent, recte pateremini; sed, quia hoc non est, non recte eos patimini. Et vere hoc non est. *Existimo enim me nihil minus fecisse* in his *a magnis apostolis,* id est quam magni apostoli. Et ita constat quod non minus illis pseudo feci, cum nec minus fecerim, quam magni apostoli. Magni apostoli videntur apud istos Petrus et alii, quia cum Domino fuerunt. Vel pro pseudoapostolis hoc dicit, quibus se non minus eis fecisse ostendit. Ecclesia enim Corinthiorum variis erroribus fluctuabat. Aliqui enim favebant apostolis qui cum Domino fuerunt in carne, Paulum deformantes, quia cum Domino non fuerit, de quo egimus. Alii favebant pseudoapostolis, a quibus compositis verbis eadem audiebant quæ ab Apostolo contra quos loquitur. Quasi dicat: Non alia prædicant vobis quam ego. Et quia posset dici, quod etsi eadem, melius tamen Paulo prædicarent, removet. Quasi dicat: Nec aliud prædicant, nec melius. Existimo enim me nihil minus fecisse, id est vobis me dico tunc remotum a magnis apostolis. Et vere non minus pseudo feci, vel veris apostolis.

Nam, *etsi sum imperitus sermone,* quia non orno verba, [Ambrosius] vel quia impeditæ linguæ sum, *sed tamen non sum imperitus scientia,* quia scio quidquid magni. Hoc autem quod ait, imperitus sermone, non ad apostolos pertinet, quia non erant eloquentes, sed ad pseudo qui componebant verba quos præferebant Corinthii causa accurati sermonis, cum in religione vis sermonis necessaria sit, non sonus vocis. Imperitus enim sermone non est reus apud Deum, sed qui non habet scientiam Dei maxime quæ pertinet ad salutem. *In omnibus autem prædictis manifestus sum vobis,* quia experti estis quæ per me fiunt. Ideo horum omnium prædicatorum vos mihi testes esse potestis et debetis. Et ideo pejus est quod hoc scientes me præponitis illis *Aut nunquid,* quasi dicat: Non minus illis feci; *aut si* minus feci, *nunquid peccatum feci,* id est nunquid peccavi in hoc? Quoniam gratis, id est sine sumptu, evangelizavi vel prædicavi vobis Evangelium Dei. Quasi dicat: Non. Et est sensus: Minus illis non feci vobis, sed plus, quia feci gratis. Unde mihi irascimini, et alios mihi præponitis, cum hoc non sit peccati sed gloriæ, gratis prædicavi vobis. Ego, dico, *meipsum humilians,* operando manibus meis, *ut ita vos exaltemini* a morte ad vitam, remotis a prædicatione pseudoapostolis, et quia non putatis vos emisse licentiam peccandi. His enim duabus ex causis sumptus debitos non accepit. Et quasi aliquis quæreret unde ergo vivebas? Respondet:

---

(66) August., in psal. xxxiii.

Alias ecclesias exspoliavi, non parva in eis se expendisse significat. Cum enim dicit, exspoliavi, multa accepta et data significat. Exspoliavi dico, *accipiens stipendium* ab aliis *ad ministerium vestrum,* id est ut possem vobis prædicare, et non accepi etiam ab aliquo vestrum nec etiam cum egerem. Et hoc est quod subdit: *Et cum essem apud vos et egerem, nulli fui onerosus,* aliquid accipiendo. Non fui onerosus, et si egerem et potui abstinere. *Nam quod mihi deerat,* post spolia ecclesiarum, *suppleverunt fratres qui venerunt a Macedonia.* Ab his bene correctis fuit accipiendum, ne bene seminantes amitterent fructum. quia si non acciperet illis forte in scandalum proficeret. *Et* universaliter dicam *in omnibus,* scilicet verbis et factis, non solum in stipendiis *servari me vobis sine onere,* quia non jactavi me de genere contra vos nec aliquid hujusmodi feci; et de cætero *servabo,* maxime abstinendo a stipendio debito.

Vers. 10-18. *Est veritas Christi in me, quoniam hæc gloriatio non infringetur in me in regionibus Achaiæ. Quare? Quia non diligo vos? Deus scit. Quod autem facio, et faciam, ut amputem occasionem eorum qui volunt occasionem, ut in quo glorientur, inveniantur sicut et nos. Nam ejusmodi pseudoapostoli sunt operarii subdoli, transfigurantes se in apostolos Christi. Et non mirum: ipse enim Satanas transfigurat se in angelum lucis. Non est ergo magnum, si ministri ejus transfigurentur velut ministri justitiæ, quorum finis erit secundum opera ipsorum. Iterum dico (ne quis me putet insipientem esse: alioquin velut insipientem accipite me, ut et ego modicum quid glorier) quod loquor, non loquor secundum Deum, sed quasi in insipientia, in hac substantia gloriæ. Quoniam multi gloriantur secundum carnem, et ego gloriabor.*

Et veritas Christi in me. Quasi dicat: Et vere servabo, *quia* verax Christus in me loquitur; hoc scilicet quoniam *hæc gloria* Christi scilicet quod gratis prædico, quod a licitis abstineo propter salutem vestram. *non infringetur in* omnibus *regionibus Achaiæ.* Et quare? putatis hoc fieri, *quia non diligo vos?* Scilicet putatis me facere odio quod dicunt pseudo? *Deus scit,* quod ego diligo vos, et quod pro odio non facio. [Ambrosius] Ut sibi credatur juramento firmat, dans testem Deum suæ dilectionis quam habebat erga eos, quia non ideo nolebat accipere, quia non illos diligebat, sed ideo magis, quia eos amabat. Unde subdit: *Quod autem,* etc. Quasi dicat: Non pro odio vestri illud facio, sed ideo facio ut amputem occasionem pseudo, id est quia diligo vos. Et hoc est quod ait, *quod autem facio* nunc *et faciam* semper, *ut* meo exemplo *amputem occasionem eorum qui* per me *volunt habere occasionem* sumendi vestra. Intentio enim et studium pseudoapostolorum erat in pecuniis accipiendis. Ideoque Apostolus accipere renuit, ne illis esset forma et occasio accipiendi. Sciebat enim quod si non acciperent, non diu prædicarent. Unde subdit: *Ut in*

quo. Quasi dicat: Ideo non accepi ut amputem occasionem, ut tales *inveniantur sicut et nos,* id est similes nobis. In quo, id est in esse similes nobis, *glorientur,* eruntne sit et nos? utique. *Nam ejusmodi,* etc. Vel ita, ut in quo glorientur, id est in accipiendo, inveniantur sicut et nos, id est similes nobis. Gloria enim eorum est in extorquenda pecunia, sed me non accipiente non accipient. Et vere non. Nam hujusmodi, etc. Vel ita: Ideo non accipio, ut in quo gloria, id est non accipiendo, inveniantur sicut et nos, id est non meliores nobis, et cur non accipiunt? ut videantur boni. *Nam ejusmodi pseudoapostoli* sunt *operarii subdoli,* scilicet callide sub specie religionis decipientes, *transfigurantes se in apostolos Christi,* id est exterius ostendentes se esse apostolos Christi. *Et non* est hoc *mirum ipse enim Satanas.* qui est caput eorum *transfigurat se in angelum lucis,* id est ostendit se quasi angelum Dei, scilicet Christum, vel aliquem cœlestem angelum, ut decipiat: quod et ad ærumnas hujus vitæ pertinet. Transfigurat enim se ad tentandum eos quos ita erudiri opus est, vel ad decipiendum aliquos, prout justum est. Ad quod magna Dei misericordia necessaria est, ne quisquam cum bonos angelos amicos habere se putat, habeat malos dæmones fictos amicos, eosque tanto nocentiores quanto astutiores ac fallaciores patitur inimicos; neque sancti et fideles unius veri Dei cultores ab eorum fallaciis et multiformi tentatione securi sunt, in his diebus malignis, ubi ista sollicitudo non inutilis (67) ne, cum Satanas se transfigurat, fallendo ad aliqua perniciosa seducat. Nam, quando sensus corporis fallit, mentem vero non movet a vera rectaque sententia, qua quisque vitam fidelem gerit, nullum est in religione periculum. Vel, cum se bonum fingens ea vel facit, vel dicit quæ bonis angelis congruunt, etiam si credatur, bonus non est error, periculosus aut morbidus. Cum vero per hæc aliena ad sua incipit ducere, ne quis post eum eat, opus est magna vigilantia; quod nemo sine Deo potest, et ipsa hujus difficultas ad hoc utilis est, ne sit spes sibi quisque, aut homo alter alteri, sed Deus tantum: quod nobis expedire prorsus piorum ambigit nemo. Et quia Satanas transfigurat se in angelum, *non est ergo magnum si ministri ejus transfigurentur velut* sint *ministri justitiæ, finis quorum,* scilicet ministrorum Christi et Satanæ, *erit secundum opera ipsorum. Iterum dico,* quasi dicat: Dixi, supportate me insipientem, nunc iterum dico aperte, *ne quis putet me insipientem,* in gloria spiritualium, quia pro bono facio. *Alioquin,* scilicet si in gloria illa spiritualium insipiens sum, tunc magis *accipite,* id est accipietis, *me insipientem,* in gloria carnis. Nec simpliciter dicit insipientem, sed ait *velut* insipientem, quia nec in hoc vere insipiens est, quia pro bono facit, nec ipse habet in gloria. *Accipite me,* dico, quasi insipientem in hoc, *ut*

---

(67) Augustinus, in Enchirid.

ego gloriar modicum quid, id est secundum carnem, qua gloriatio modica est. *Quod loquor.* Quasi dicat: Ideo velut insipiens sum, quia quod *in hac substantia gloriæ* id est in gloria carnis, quam quidam putant substantiam, id est ita **135** amant, ac si per ea credant se subsistere. *Non loquor,* quantum ad verborum speciem, *secundum Deum,* [Ambrosius] apud quem non surgit de carne gloria, quia apud Deum humilitas gloriosa, hæc autem ad carnis tumorem pertinere videntur, ubi insipientia est. *Sed quasi in insipientia.* Insipientia est aliquem laudare se; sed quia hoc Apostolus non propter se facit, sed propter Deum, ideo ait, quasi insipientia. *Quoniam multi,* etc. Quasi quis quæreret: Cur ergo facis? Respondet. Quia multi gloriantur, et quia suffertis eos. Quod ita ait: *Quoniam multi gloriantur secundum carnem,* id est secundum illa quæ pertinent ad carnem, ut est nobilitas et hujusmodi. Ideo *et ego gloriabor* etiam secundum carnem. Et non mirum si illi gloriantur.

VERS. 19-27. — *Libenter enim suffertis insipientes, cum sitis ipsi sapientes. Sustinetis enim si quis vos in servitutem redigit, si quis devorat, si quis accipit, si quis extollitur, si quis in faciem vos cædit. Secundum ignobilitatem dico, quasi nos infirmi fuerimus in hac parte. In quo quis audet (in insipientia dico) audeo et ego. Hebræi sunt, et ego. Israelitæ sunt, et ego. Semen Abrahæ sunt, et ego. Ministri Christi sunt, et ego. Ut minus sapiens dico, plus ego. In laboribus plurimis, in carceribus abundantius, in plagis supra modum, in mortibus frequenter. A Judæis quinquies quadragenas una minus accepi. Ter virgis cæsus sum, semel lapidatus sum, ter naufragium feci. Nocte et die in profundum maris fui. In itineribus sæpe, periculis fluminum, periculis latronum, periculis in solitudine, periculis ex gentibus, periculis in civitate, periculis in solitudine, periculis in mari, periculis in falsis fratribus, in labore et ærumna, in vigiliis multis, in fame et siti, in jejuniis multis, in frigore et nuditate.*

Libenter enim, id est voluntarie, *suffertis insipientes,* in hac gloria, quod non debetis, *cum ipsi sitis,* id est esse debeatis, *Sapientes,* sed non estis: quod inde hic probatur, quod tales suffertis. *Sustinetis enim* hanc injuriam, *si quis redigit vos,* [Ambrosius] ex libertate Christi quæ est in charitate, *in servitutem* logis, quæ ex timore servire facit; et *si quis,* de potestate præsumens, *devorat,* id est consumit vestra; et *si quis accipit,* id est decipit, laude ut devoret; et *si quis extollitur,* id est de nobilitate se jactat; et *si quis vos cædit,* id est despicit improperando vobis genus, et hoc *in faciem,* id est in præsentia. [Augustinus, Ambrosius] In faciem enim cæditur, in cujus os injuria irrogatur. Hoc autem *dico secundum ignobilitatem,* quam nobis objiciunt. Hoc faciebant quidam Judæi, qui eo quod essent de genere Abrahæ, detrahebant illis eo quod essent incircumcisi, et se præferebant nobilitatem carnis sibi vindicantes: quos Corinthii tolerabant, et Apostolo præferebant. *Quasi nos.* Quasi dicat: ita vos hos sustinetis, et nobis præfertis; *Quasi nos infirmi fuerimus in hac parte,* gloriæ. In hac utique non sumus infirmi, quia *in quo quis* illorum gloriari *audet,* id est temere se jactare, quia temeritas est quod faciunt, *et ego audeo,* id est audere possum, sine temeritate gloriari [Augustinus] In quo audet, dixi, *in insipientiam autem dico* illos audere, quia insipientia in quo gloriantur, quia ut magni videantur de carne se jactant. Apostolus autem si quid de se dicit, non pro sua jactantia facit, sed ut eos humiliet. *Hebræi,* etc. Dico quod in quo quis audet et ego, ita ut in his apparet. *Hebræi sunt* lingua et natione *et ego. Israelitæ sunt* secundum ritus, *et ego. Semen Abrahæ sunt,* quia non est de proselytis, sed de genere Abrahæ *et ego. Ministri Christi sunt,* per hoc decipiebant, *et ego* minister Christi sum. Et *plus ego* minister Christi. Hoc autem ut minus sapiens, quam deberem, quia non est hominis se laudare. Per hoc ostendit se coactum in laudem suam prorupisse. Nam qui sponte ea refert quæ ad laudem ejus proficiunt, imprudentem se non dicit. Deinde ostendit quomodo sit minister Christi plusquam illi, subdens: *In laboribus,* quasi dicat: Ego dico ostensus minister Christi *in laboribus plurimis,* quibus plusquam illi, imo et plusquam veri apostoli laboravi, Hoc ideo dicit, quia et illi pseudo aliquos habuerunt labores, ut viderentur apostoli; sed iste magis laboravit.]Ambrosius] Occasione autem inventa etiam veros apostolos tangit, quibus plus laboravit, ne in se videatur minor gratia. Deinde labores per partes ostendit, subdens: *In carceribus* ostensus sum minister Christi *abundantius* quam illi; et *in plagis,* id est in verberibus quæ fuerunt supra modum humanæ virtutis vel aliorum; *in mortibus,* id est in periculis mortis, *frequenter* fui. Frequentius enim pericula sustinuit quam cæteri. Deinde exponit plagas, subdens: *A Judæis quinquies,* id est quinque vicibus, *accepi quadragenas* percussiones *una minus,* ne immisericordes viderentur. Quinquies enim flagellatus a Judæis secundum legem Moysi, accipiens plagas xxxix, sicut scriptum est in Deuteronomio. Quod ergo per quinque vices factum est, hic summatim refert; *Ter virgis cæsus sum;* hæc a gentibus passus est. Item, *semel lapidatus sum,* in civitate Lycaonia; *ter naufragium feci,* id est pertuli; *nocte et die fui in profundo maris,* id est in alto mari fui dolentus tempestate. Vel ad litteram: *In itineribus sæpe* ostensus minister Christi, in *periculis fluminum,* in *periculis latronum,* quos diabolus cum in civitate cum occidere non posset, et excitabat in via, cum tamen nihil ferret quod latrones cuperent. In *periculis ex genere meo,* id est a Judæis procuratis: ideo, quia lege eorum deserta ad Evangelium me converti. In *periculis ex gentibus,* propter unius Dei prædicationem, Item probatus sum minister Christi in *periculis in civitate,* id est in commotionibus civium contra me. Item, in *periculis in solitudine,* quæ erant vel a serpentibus vel a penuria ciborum. Item in *periculis in mari*, quæ non erant ex mari, sed in mari, ut hoc diversum sit a superiori. Superius enim vocavit pericula quæ ex mari fuerunt. Item probatus sum minister *periculis in falsis fratribus*, id est quæ ab hæreticis sunt, qui sunt falsi fratres, ut illi qui dicunt Paulum legalia tenere, sed non facile aliis aperire. Unde alibi Apostolus ait : *Ego adhuc si circumcisionem prædico*, etc. (*Gal.* v). Item probatus sum minister Christi *in labore* manuum ; et *æterna* morborum et hujusmodi ; *in vigiliis*, quæ sunt pro opere vel pro aliis. Item probatus sum minister Christi, *in fame et siti, in jejuniis multis, in frigore et nuditate*. (68) Cum Apostolus se commemorat laborasse in fame et siti, ubi ergo est promissio Dei dicentis : *Primum quærite regnum Dei, et hæc omnia adjicientur vobis?* (*Matth.* vi). Videtur enim promissio Domini titubasse, cum Apostolus dicat se laborasse in fame et siti, in frigore et nuditate. (69) Sed novit ille medicus cui semel nos totos commisimus, et a quo promissionem vitæ præsentis ac futuræ habemus, hæc adjutoria quando apponat et quando detrahat, sicut nobis expedire judicat ad nos consolandos et exercendos in hac vita.

VERS. 28-33. *Præter illa, quæ extrinsecus sunt, instantia mea quotidiana, sollicitudo omnium Ecclesiarum. Quis infirmatur, et ego non infirmor? Quis scandalizatur, et ego non uror? Si gloriari oportet, quæ infirmitatis meæ sunt gloriabor. Deus et Pater Domini nostri Jesu Christi scit, qui est benedictus in sæcula, quod non mentior. Damasci præpositus gentis Aretæ regis custodiebat civitatem Damascenorum ut me comprehenderet, et per fenestram in sporta demissus sum per murum, et sic effugi manus ejus.*

Præter illa vero *quæ extrinsecus*, [Augustinus] id est in corpore, quæ a persecutoribus patior et aliis modis, angit me in animo *instantia mea quotidiana*, quæ nec una hora remittitur. Quæ est illa? scilicet *sollicitudo omnium Ecclesiarum*, quæ ex charitate provenit. (70) Quanto ergo major charitas est, tanto sunt majores plagæ de peccatis alienis. Unde: *Qui apponit scientiam, apponit dolorem* (*Eccle.* 1). Si ergo abundat vitæ charitas, magis dolebis peccantem. Et vide qualis est sollicitudo Apostoli, quam paterna, quam materna : quæ tanta est ut dicat ; *Quis de omnibus fidelibus infirmatur*, vel in fide, vel in aliqua virtute, *et ego non infirmor?* quia ita de illo sicut de me doleo. Et *quis scandalizatur* aliqua molestia tribulationum, *et ego non uror?* (71) igne charitatis qua ei compatior. Omnes enim, quia scandalum patiuntur, frixorium sunt habentium charitatem, id est ossium quæ ferunt carnes, id est perfectorum, quia portant et regunt carnales. Unde: *Et ossa mea sicut in frixorio confrixa sunt* (*Psal.* xxx). (72) Et nota quod ait, uror. Urunt quidem homines tribulationes, sed bonos non ad consumptionem, imo ad purgationem. [Augustinus] Tribulatio entm tanquam emplastrum mordax urit te, sed sanat te : maxime autem iste affectus quia hoc verbo uror exprimitur purgat, quia de charitate venit. Et cum hæc sunt, *si oportet gloriari*, sicut utique oportet pro vobis, ego *gloriabor*, non de potentia vel genere, ut pseudo faciunt; sed de his *quæ sunt infirmitatis meæ*, etsi in his videatur esse abjectio. Et ut vera esse ostendat quæ dixit vel dicturus est, juramento confirmat, subdens: *Deus*, qui novit omnia, *et pater Jesu Christi Domini nostri*, cujus, scilicet servus sum, et vos eidem servire debetis, *qui est benedictus*, id est laudatus per nos fideles *in sæcula, scit quod non mentior*, in supradictis, vel in hoc quod dicturus sum, scilicet quod mihi contigit. *Damasci*. Quid est illud? Ecce, *præpositus*, etc. Ecce iterum infirmitas commemoratur, quasi dicat : Hoc accidit mihi, *Damasci*, scilicet *præpositus gentis Aretæ regis*, qui sub Areta rege illi genti præerat, *custodiebat* admonitione Judæorum, *civitatem Damascenorum ut me comprehenderet*, ne amplius prædicarem. *Et per fenestram in sporta demissus sum*, a fratribus *per murum*. Hoc quidam indigne factum esse dicunt, quia non Dei auxilio liberatus est. Sed ante non est necessarium suffragium Dei, quam deficit humanum: nec debet aliquis exspectare divinum auxilium, dum habet quid faciat, ne videatur tentare Deum. Ideo et Apostolus a discipulis per fenestram in sporta demissus est unde effugeret. Unde subdit; *Et sic effugi manus ejus* præpositi. [Ambrosius] Videtur non fecisse sicut bonus pastor, sed ut mercenarius cui non est cura de ovibus, quas lupo veniente deserit. (73) Sed nunquid non fuit ei curæ de ovibus, quia fugit? Fuit plane. Eas enim Pastori in cœlo sedenti orationibus commendabat, et utilitati earum se fugiendo servabat. Quod ab ipso summo Pastore dictum audierat : *Si vos persecuti fuerint in una civitate, fugite in aliam* (*Matth.* x). (74) Quis autem credat hoc Dominum ita fieri voluisse, ut necessario ministro, sine quo vivere nequeunt, desererentur greges quos suo sanguine comparavit. Nec ipse Christus hoc fecit, quando partantibus parentibus in Ægyptum parvulus fugit, quia necdum Ecclesias congregaverat, quas ab eo desertas fuisse dicamus. Faciant ergo servi Christi ministri verbi quod præcepit vel permisit, sicut ipse Christus in Ægyptum, fugit. Fugiant omnino de civitate in civitatem, quando eorum quisque specialiter a persecutoribus quæritur, ut ab aliis qui non ita requiruntur non deseratur Ecclesia, sed præbeant cibaria conservis, quos aliter vivere non posse noverunt. Cum autem omnium, id est episcoporum et clericorum et laicorum, est commune periculum, hi qui aliis indi-

---

(68) August., De serm. in monte.
(69) Id., in eodem.
(70) Id., in psalmo xxviii.
(71) Id., in psalmo c.
(72) Id., in lib. contra Manicheos.
(73) Id., super Joannem.
(74) Id., ad ordinat. episcop.

CAPUT XII.

Vers. 1-4 — *Si gloriari oportet, non expedit quidem. Veniam autem ad visiones et revelationes Domini. Scio hominem in Christo ante annos quatuordecim sive in corpore, sive extra corpus, nescio, Deus scit, raptum hujusmodi usque ad tertium cœlum. Et scio hujusmodi hominem sive in corpore, sive extra corpus, nescio, Deus scit, quoniam raptus est in paradisum, et audivit arcana verba quæ non licet homini loqui.*

Item, *si præter prædicta gloriari oportet*, propter pseudo, *veniam* narrando, non ad ea quæ infirmitatis sunt, sed *ad visiones*, dico, si oportet gloriari, quod *quidem non expedit*, respectu ipsius gloriationis, sed propter vestram utilitatem et pseudo depressionem: et ideo cum multa dixerim de laboribus et infirmitatibus meis, nunc veniam, narrando ad visiones *et revelationes*, id est secreta quæ vidi et plene intellexi, non ut Pharao qui vidit et non intellexit. Quæ visiones sunt Domini, id est de Domino, vel quas Dominus aperuit. Et quæ sint illæ visiones aperit de se, quasi de alio loquens, *Scio hominem.* (75) Consuetudo eorum qui sacras litteras nobis ministrarunt, ut quando ab aliquo eorum narrabatur historia, cum ad seipsum veniret tanquam de illo loqueretur. Hoc enim Matthæus fecit, et Joannes, et Moyses : ita enim de seipsis locuti sunt tanquam de aliis. Inusitatus autem hoc fecit Apostolus, non in historia, ubi rerum gestarum suscipitur explicanda narratio ; sed in Epistola sic inserens se ordini narrationis suæ tanquam rerum gestarum scriptor, non tanquam sui ipsius prædicator. Nihil enim deperit veritati quando et res ipsa dicitur, et dicendi jactantia quodammodo vitatur. Hoc quippe narrabat quod ad laudem Dei pertinebat. De se ergo quasi de alio ait : *Scio hominem* manentem *in Christo*, id est conformem Christo, quia aliter non videret, *Raptum hujusmodi usque ad tertium cœlum.* Hoc autem accidit illi homini, *ante annos quatuordecim.* Quatuordecim enim anni jam erant transacti a tempore quo vidit visionem usque ad illud quo narravit. Modo ergo pro meritis major erat, et ex eo quod tandiu tacuit, constat non superbe, sed ex necessitate dici. Scio, inquam, hujusmodi hominem raptum, sed *nescio* qualiter sit raptus, scilicet *sive* anima remanente *in corpore, sive extra corpus*, eadem assumpta ; sed *Deus scit*, qui hoc facere potuit. (76) Hoc ignoravit Apostolus, utrum quando raptus est in corpore fuerit anima, an omnino de corpore exierit ut corpus mortuorum jaceret, donec peracta illa demonstratione membris mortuis anima redderetur, et mortuus omnino revivisceret. Et, quia ipsa a corpore alienato, utrum omnino mortuum corpus reliquerit, an secundum modum quemdam viventis corporis ubi anima fuerit, sed mens ejus ad videnda vel audienda ineffabilia illius visionis arrepta sit, hoc incertum erat.

Et ideo forsitan dixit, sive in corpore sive extra nescio, Deus scit. Hoc nescio, sed certissime *scio hujusmodi hominem raptum*, id est contra naturam elevatum, *usque ad tertium cœlum*, scilicet empyreum, quod statim factum angelis sanctis fuit repletum. [Ambrosius] Et dicitur empyreum, id est igneum a splendore, non a calore. Intelligitur vero ultra omnia sidera mundi fuisse raptus, et ideo magnificum, et mirabile est quod narrat. Primum cœlum aereum est, unde dicuntur aves cœli. Secundum firmamentum, unde in Genesi : *Fiat firmamentum, et vocavit firmamentum cœlum* (Gen. 1). Tertium cœlum spirituale, ubi angeli et sanctæ animæ fruuntur Dei contemplatione. Ad quod cum dicit se raptum, significat quod Deus ostendit ei vitam in qua videndus est in æternum. [Augustinus] Vel tres cœli intelliguntur tria genera visionum. Et est sensus : Scio hominem hujusmodi raptum, id est contra naturam elevatum, usque ad tertium cœlum, id est ad cognitionem deitatis. Nam primum est corporalis visio, cum quædam corporaliter videntur Dei munere quæ alii videre nequeunt, ut Eliseus vidit ignotos choros quando raptus est Elias. Et Balthasar vidit manum scribentem in pariete mane, thechel, phares. Secundum cœlum est imaginaria vel spiritualis visio, quando aliquis in exstasi vel in somno videt non corpora, sed imagines rerum Dei revelatione, ut Petrus vidit discum. Tertium cœlum est intellectualis visio, quando nec corpora nec imagines eorum videntur, sed incorporeis substantiis intuitus mentis mira Dei potentia figitur. Ad hunc raptus est Apostolus, ut ipsum Deum in se non in aliqua figura videret. Et hæc visio duabus aliis multo excellentior est. Quod ergo non per corpus videtur nec imaginabiliter, sed proprie, hoc ea visione videtur quæ omnes alias superat. (77) Occurrunt enim tria genera visionum, unum per oculos quibus ipse litteræ videntur ; alterum, per spiritum hominis, quo proxima et absentia cogitantur ; tertium, per contuitum mentis, quo ipsa dilectio intellecta conspicitur. In his tribus generibus illud primum manifestum est omnibus quo videtur cœlum et terra, et omnia oculis conspicua. Nec illud alterum, quod absentia corporalia cogitantur insinuare difficile. Cœlum enim et terram et quæ in eis videre possumus, etiam in eis constituti cogitamus. Et aliquando nihil videntes oculis corporis, animo tamen corporales imagines intuemur, vel veras sicut ipsa corpora vidimus et memoria retinemus, vel fictas sicut cogitatio formare potuerit. (78) Aliter enim cogitamus quod novimus, aliter quod non novimus. Tertium vero illud quo dilectio intellecta conspicitur, eas res

---

(75) Aug. super Joannem.
(76) Id., super Genesim ad litteram.

(77) Aug. in lib. super Gen.
(78) Id., in eod.

continet, quæ non habent imagines sui similes, quæ non sint quod ipsæ. Dilectio enim videtur præsens in specie qua est, et aliter absens in aliqua imagine sui simili, sed quantum mente cerni potest, ab alio magis, ab alio minus ipsa cernitur. Homo vero vel arbor et alia corporalia et præsentia videntur in suis formis et absentia cogitantur imaginibus animo impressis.

Hæc sunt tria genera visionum : Primum appellatur corporale, quia corporeis sensibus exhibetur ; secundum spirituale, quia quidquid corpus non est, et tamen substantia est, jam recte spiritus dicitur; tertium vero, intellectuale ab intellectu. Tria igitur ista genera visionum, scilicet corporale, spirituale, intellectuale, singillatim considerata sunt. Secundum primam visionem vidit Balthasar manum, continuoque per corporis sensum imago rei corporaliter factæ spiritui ejus impressa est ; atque in ipso viso facto et præterito illa in cogitatione permansit. Videbatur illud in spiritu et non intelligebatur ; nec tunc intellectum erat, cum corporaliter fieret et appareret. Jam tamen signum esse intelligebatur, et id ex mentis officio erat, sicut et ipsam inquisitionem qua requirebatur quod illud significaret, utique mens agebat : quo non comperto, Daniel accessit, et spiritu prophetico mente illustrata quid illo signo portenderetur aperuit. Melius dicendus propheta per hoc genus visionum, quod mentis est proprium, quam ille qui et signum factum corporaliter viderat, et transacti ejus imaginem in spiritu cogitando cernebat. Secundum visionem secundam vidit Petrus in exstasi discum plenum variis animalibus, et audivit vocem : *Macta et manduca* (*Act.* x). Redditus autem corporeis sensibus id ipsum quod visum in spiritu memoria tenuerat, in eodem spiritu cogitando cernebat : quæ omnia non corporalia, sed corporalium imagines erant, sive cum primum in exstasi visæ sunt, sive cum postea cogitatæ. Cum vero disceptabatur et requirebatur quid illa significarent, mentis erat actio conantis, sed deerat effectus donec mens divinitus adjuta intellexit quid illud significaret hac visione. Quæ dicitur intellectualis ea cernuntur, quæ nec cernuntur corporea, nec ullas gerunt formas similes corporum, velut ipsa mens et omnis animæ affectio bona. Quo enim alio modo ipse intellectus nisi intelligendo conspicitur ? Nullo. Ita et charitas, gaudium, pax, fides, **137** et hujusmodi, quibus propinquatur Deo, et ipse Deus, ex quo omnia, per quem omnia, in quo omnia. Et habent hæ tres visiones ordinem suum. Præstantior enim est visio secunda quam prima, et tertia quam secunda. Hac enim mens subvecta rapitur in illam quasi regionem intelligibilium, ubi sine omni imagine corporis videt perspicuam veritatem, nullis opinionum falsarum nebulis fucatam. Ibi virtutes animæ non sunt operosæ ac laboriosæ. Non enim opere temperantiæ libido frenatur, nec

opere fortitudinis adversa tolerantur, nec opere justitiæ iniqua puniuntur, nec opere prudentiæ mala vitantur. Una ibi et tota virtus est amare quod videas, et summa felicitas habere quod amas (79). Ibi beata vita in fonte suo bibitur : inde aliquid aspergitur humanæ vitæ, ut in tentationibus hujus sæculi, temperanter, fortiter, juste, prudenterque vivatur. Propter illam veritatis visionem ut in Sina, vel per spiritualem ut vidit Isaias, et Joannes in Apocalypsi, sed per speciem non in ænigmate omnis labor suscipitur.

Hoc modo visionis petivit Moyses videre Deum, id est in substantia qua Deus est, quem multis figuris viderat, et facie ad faciem ei locutus erat, quia ibi, id est in illa specie qua Deus est longa ineffabilius et præsentius, id est secretius videtur, et arcana dicit, id est revelat, ubi, id est in qua claritate speciei nemo vivens in istis sensibus Deum videt. Hoc est tertium cœlum, scilicet visio qua Deus videtur facie ad faciem ; et iste est paradisus, si dici potest, paradisorum. Nam et præsens Ecclesia paradisus dicitur, et paradisus dictus est ille in quo Adam corporaliter vixit. Ad illud tertium cœlum raptum se dicit Paulus, sed an in corpore an anima separata, se nescire dicit. Quasi dicat : Non humano sensu vidi, ut etsi in corpore anima existente viderit, non sit contra illud quod Dominus dicit Moysi : *Non videbit me homo et vivet* (*Exod.* xxxiii). Tunc enim Apostolus non vixit homo, id est secundum usum sensuum corporis, sed ablatus erat ei omnis sensus hominis. (80) Quia necesse est abstrahi ab hac vita mentem ipsam, quando in illius ineffabilem visionis lucem assumitur, et non sit incredibile quibusdam sanctis nondum ita defunctis, ut sepeliendà corpora remanerent etiam istam excellentiam revelationis fuisse concessam. (81) Cur ergo non credamus quod tanto Apostolo doctori gentium rapto usque ad istam excellentissimam visionem, voluit Deus demonstrare vitam, in qua post hanc videndus est in æternum. Et cur non dicatur iste paradisus quasi regio ubi animæ bene est, nisi scilicet ipsam Dei substantiam, Verbumque Dei ac Spiritum sanctum ineffabiliter videt. Unde subdit : *Et scio*, etc. Vel ita, ut per tres cœlos intelligantur tres ordines angelorum secundum Dionysium, qui tres ordines angelorum constituit, ternos in singulis ordinibus ponens. In primo ponit angelos, archangelos, virtutes ; in secundo, principatus, potestates, dominationes ; in tertio, thronos, cherubim et seraphim. Quorum tertius ordo vicinius Deum contemplatur. Ad quorum similitudinem Deum vidisse dicitur Apostolus. Et hoc est tertium cœlum, ad quod raptum se dicit Apostolus, ut scilicet sicut illi Deum viderent. Vel, primum cœlum est cognitio cœlestium corporum ; secundum, cognitio cœlestium spirituum ; tertium, cognitio Deitatis, ad quam raptus est Apostolus. Et nota quod similiter tertium

(79) Aug., in lib. super Gen.
(80) Id., ad Paulinam De videndo Deo.

(81) Id., super Genesim.

cœlum exposuimus in secunda sententia, sed primum et secundum aliter quam hic, et ideo distinguitur hæc sententia ab illa. Deinde quasi aperiens quid tertium cœlum dixerit, subdit : *Et scio hujusmodi hominem raptum.* Nota quod se bis raptum dicit, *sive in corpore, sive extra corpus,* ita scilicet quod de corpore exierit anima, *nescio, Deus scit,* sed hoc scio *quoniam raptus est in paradisum,* id est in eam tranquillitatem qua fruuntur illi qui sunt in cœlesti Jerusalem, et sic potuit videre quod nunquam corporeis sensibus impeditus videre posset. [Augustinus] Tunc enim facta est ab hujus vitæ sensibus quædam vehementissima intentionis aversio. *Et tunc audivit arcana verba,* id est percepit intimationem de secreta Dei essentia, quasi per verba, *quæ non licet homini loqui,* id est verbis explicare. (82) Dixit equidem quod posset hominibus dici, et tenuit apud se quod non posset dici. Ergo et audiatur ad quod possumus attingere, et credatur ad quod non possumus. Si diceremus illi, rogamus te, explica magnitudinem ipsius, nonne forte hoc responderet nobis : Non est valde magnus quem video, si a me potest explicari. [Ambrosius] Deinde, ne de se gloriose effari videretur, non sui, sed rei magnitudinem in se commendans, ait :

VERS. 5-9.—*Pro hujusmodi gloriabor, pro me autem nihil nisi in infirmitatibus meis. Nam, et si voluero gloriari, non ero insipiens. Veritatem enim dicam. Parco autem, ne quis me existimet supra id quod videt in me, aut audit aliquid ex me. Et, ne magnitudo revelationum extollat me, datus est mihi stimulus carnis meæ angelus Satanæ, ut me colaphizet. Propter quod ter Dominum rogavi ut discederet a me, et dixit mihi : Sufficit tibi gratia mea.*

Pro hujusmodi visione vel homine, *gloriabor,* id est commendabo me : *pro me autem,* fili Abrahæ, et hujusmodi, *nihil gloriabor nisi* forte *in infirmitatibus meis,* id est de tribulationibus quas patior. *Nam,* quasi dicat : Dico gloriabor, et recte, *nam, etsi voluero,* de revelatione vel infirmitate, *non ero insipiens,* etsi videar. Et vero non. *Veritatem enim dicam,* pro vestra utilitate : quod in sequenti ostendit, ubi ait : *Omnia autem propter vestram ædificationem. Parco autem.* Quasi dicat : Possem et de pluribus aliis gloriari, sed parco, id est parce refero vix pauca, dicens : *Ne quis infirmus existimet me esse supra id quod videt me esse, aut audit* ab aliis *ex me,* id est de me, cum non nisi infirmitas videatur in me, vel ab aliis qui vident, audiatur. Si ante magna referrem et plura, putarent forte infirmi me non esse infirmum, sed hominem immortalem vel angelum, et hujusmodi. Ideo ergo parce de se loquitur, ne quis existimet eum esse supra id quod videt vel audit, ut scilicet pro magnis illis non esse homo mortalis et fragilis videatur. Vel pro obtrectatoribus hoc dicit, pro quibus non magnifice gloriatur, ne dicant cum ex elatione non ex veritate id facere, [Ambrosius] Et est, parco autem, id est parce glorior, ne quis detractor existimet me tendere elationis tumore, supra id aliquid quod videt in me, aut audit ex me, id est ultra id quod limes meritorum meorum tendit, vel admittit. *Et ne,* etc. Quasi dicat : Parco multum gloriari, ne autem aliter putem, etiam *stimulus carnis,* id est stimulus pungens carnem, a Deo *datus est mihi,* id est ad meam utilitatem, scilicet *ne magnitudo revelationum extollat me* in superbiam. (83) Cætera enim vitia tantum in malefacto valent ; superbia vero sola in recte factis cavenda est. Cum enim quisque bene profecerit, superbia tentatur ut perdat totum profectum.)84) Non itaque mirum, si contra capitale vitium, oppositum sibi Apostolus dicit mordax epithima quo tumor curaretur. Quis ergo de se securus est? (85) Quomodo securus agnus egredietur, ubi aries sic periclitari metuit ? Ecquis est ille stimulus qui datus est ? *Angelus Satanæ,* id est angelus malignus missus a Deo : et propter aliud, a Satana missus venit. (86) Dominus enim ad conservationem humilitatis immisit. Diabolus autem venit ut ad effectum traheret. Deus autem ad hoc juste non parcebat, ut ejus virtutem in infirmitate perficeret, dans colaphizantem angelum. Diabolus enim non hoc agebat, ne magnitudine revelationum Paulus extolleretur, et ut virtus ejus perficeretur. [Ambrosius] Sed a Deo traditus erat justus colaphizandus angelo Satanæ.

Hoc ergo remedium datum est Apostolo a Deo, ut tentationibus pressus non extollatur. Unde subdit : *Ut me colaphizet.* Quasi dicat : Datus est mihi angelus Satanæ, ut vel *qui* me colaphizet, ut reprimat omnem motum superbiæ incutiendo tribulationes et dolores. (87) Nam et dolore quodam corporis trahitur vehementer agitatus, dolores autem corporum plerumque immittuntur ac angelis Satanæ, sed hoc non possunt nisi permissi. Sic et Job probatus est: permissus est ad eum probandum Satanas, et percussit eum vulnere. Immundus enim permittebatur, sed sanctus probabatur. Sic ergo angelus ille Satanæ permissus est, et quasi libenter venit colaphizare Apostolum, sed Apostolus curabatur. Vel ita, datus est angelus Satanæ qui me colaphizet, tentando per libidinem, ut quidam aiunt. Tentatio autem cui non consentitur, non est peccatum, sed materia exercendæ virtutis. Hoc intellige dictum de tentatione quæ fit ab hoste, non a carne : quæ peccatum est veniale, si non consentiatur. *Propter quod,* scilicet quia graviter colaphizabat, ego humane timens, *ter,* quasi dicat : Multoties *rogavi Dominum,* qui solus potest facere

---

(82) Aug., in psalmo cxxxiv.
(83) Id., De nat. et grat.
(84) Id., in psal. viii.

(85) Id., De verb. Apost.
(86) Id., contra Faust.
(86) Id., in psalmo cxxx.

ut stimulus *discederet a me.* (88) Quia gravis erat medicina infirmo, et ideo rogavit medicum, ut auferret quod apposuerat quia molestum erat : ut cum medicus apponit vulneribus aliquod forte epithima molestum et ardens quo curandus est illo cujus viscera tumebant, rogat ille medicum, cum illo medicamento cruciari cœperit, ut auferat ; medicus autem consolatur et monet patientiam, quia novit esse utile quod apposuit. Sic et Apostolus ait : rogavi Dominum ut discederet stimulus, id est rogavi medicum ut auferret molestum epithima quod mihi apposuerat, sed audivi vocem medici. Et Dominus melius mihi providens, *dixit mihi,* per inspirationem vel per angelum : O Paule, *sufficit tibi gratia mea,* scilicet quod dedi tibi in omnibus, scilicet quod feci te de infideli fidelem, de persecutore Apostolum, et plus omnibus laborantem et arcana videntem ; vires quoque stimulos tolerandi tibi **138** addidi. Et noli hoc orare, ut discedat stimulus.

VERS. 9-13. — *Nam virtus in infirmitate perficitur. Libenter igitur gloriabor in infirmitatibus meis, ut inhabitet in me virtus Christi. Propter quod placeo mihi in infirmitatibus meis, in contumeliis, in necessitatibus, in persecutionibus, in angustiis pro Christo. Cum enim infirmor, tunc potens sum. Factus sum insipiens, vos me coegistis. Ego enim a vobis debui commendari. Nihil enim minus feci ab his qui sunt supra modum apostoli. Tametsi nihil sum, signa tamen apostolatus mei facta sunt super vos in omni patientia, signis, et prodigiis, et virtutibus. Quid est enim quod minus habuistis præ cæteris Ecclesiis, nisi quod ego ipse non gravavi vos ? Donate mihi hanc injuriam.*

Nam, id est quia, *virtus perficitur in infirmitate,* id est perfectio virtutum est quæ habet infirmitatem contrariam, cum qua legitime certet, quia certando acquiritur victoria, et sic fit virtutis consummatio. [Augustinus] Nota quod exauditur diabolus petens Job tentandum, et non exauditur Apostolus, petens stimulum removendum. Exaudivit eum quem disposuerat damnare, et non audivit eum quem volebat sanare. Nam et æger petit multa a medico quæ medicus non dat ; non exaudit ad voluntatem, ut exaudiat ad sanitatem. Ita et Dominus non exaudivit Paulum ad voluntatem. Non est magnum a Deo exaudiri ad voluntatem, sed ad utilitatem. Aliquando Deus iratus dat quod petitis. Cum vero ea quæ Deus laudat et promittit ab illo petitis, securi petite. Illa enim propitio Deo conceduntur, quando autem petitis temporalia, cum modo petite, et cum timore illi committite, ut, si prosint, det, si scit obesse non det. Quid enim obsit vel prosit medicus novit, non ægrotus. *Libenter igitur.* Quasi dicat : Et quia virtus in infirmitate perficitur, igitur non invitus, sed libenter *gloriabor in infirmitatibus meis,* ad hoc datis, *ut virtus Christi inhabitet in me,* id est ut gratia Christi confirmetur in me. *Propter quod,* scilicet quia ad hoc datæ sunt infirmitates, non solum in his gloriabor ad alios, sed etiam *placeo mihi,* id est multum delector. *In infirmitatibus* et in quibus delectetur exponit : *In contumeliis* verborum ; *in necessitatibus,* id est in penuriis necessariorum ; *in persecutionibus* quæ fiunt de loco ad locum ; *in angustiis,* id est in anxietatibus animi illatis *pro Christo.* Et recte in his placeo. *Cum enim infirmor,* exterius, *tunc sum potens,* id est victor efficior. [Ambrosius] Verum est enim, quia tunc vincit Christianus cum perdere putatur ; et tunc perdit perfidia, cum se vicisse gratulatur. Plaudit ergo Christianus cum illi insultatur, et surgit cum premitur. In his autem omnibus commendationibus *factus sum insipiens,* id est videor factus insipiens sed vestra culpa, quia *vos me coegistis,* qui debuistis contra pseudo commendare me. Unde subdit : *Ego enim debui a vobis commendari* ; quod vos non fecistis. Et ideo coactus in laudem meam prorupi. Et vere debui.

Nihil enim minus feci vobis, *ab his,* scilicet Petro et Jacobo, et aliis, id est ad comparationem horum, vel ab his tunc remotus, *qui sunt apostoli supra modum* meum, id est digniores quam ego, sicut quibusdam videtur ; sed non est minor illis, nec in prædicatione, nec in signis faciendis ; non dignitate minor est, sed tempore. Si autem de tempore ei perscribendo putatur, ergo et Christo, quia ante cœpit Joannes prædicare, quam Christus, et non Christus Joannem, sed Joannes Christum baptizavit. Non ergo sic judicat Deus. *Tametsi.* Quasi dicat : Vere nihil minus vobis, quia *tametsi nihil sum,* id est nihil esse videor quibusdam, tamen *signa apostoli,* vel *apostolatus mei facta sunt in vobis,* id est a Deo qui est super vos. Vel, facta sunt super vos, id est plusquam digni sitis. Ac si diceret : Licet quibusdam nihil videar, tamen ea feci auctore Deo, quæ me Apostolum designant. Hæc autem sunt signa apostolatus mei, scilicet quod ego fui in omni patientia adversorum. [Ambrosius] Patientiam primam memorat quæ ad minores pertinet, quia diu illos portavit, quasi impatientes ægros, ut habita potestate signorum quasi medicina curaret vulnera erroris eorum. Unde subdit : *Et signis.* Quasi dicat : Et ostendi signa apostoli ; *in signis et prodigiis,* id est in minoribus et majoribus miraculis *et virtutibus* mentis, scilicet in castitate et aliis. Vel hæc tria ita distingue, ut intelligas quia virtus est genus signorum et prodigiorum, id est nomine virtutis omne miraculum accipias, signum vero quod in quocunque tempore aliquid significat, et est prodigii genus, prodigium est quod futuro significat. Vel signum et prodigium sunt in his quæ contra naturam fiunt. Virtus vero in his quæ non contra naturam fiunt, ut per impositionem manus et orationes a morbo homines liberare. *Quid enim.* Quasi dicat :

---

(88) Aug., in psalmo CXXX.

Vere non minus feci vobis, quia vos non habetis minus per me quam aliæ Ecclesiæ per illos; sed amplius, quia gratis prædicavi vobis, quod ita dicit: *Quid enim est quod minus habuistis præ cæteris Ecclesiis*, id est quid minus habuistis per me, quam cæteræ Ecclesiæ per illos, *nisi quod ego ipse non gravavi vos*, accipiendo vestra. Quod si putatis injuriam ut imperiti, *donate mihi hanc injuriam*. [Ambrosius] Quasi dicat: Non est hæc injuria, sed bonum opus. Unde laude dignus sum. Si ergo pro bono opere vos offendi, ignoscite mihi. Et, quia stultus boni accusator est, ut illos imperitos ostenderet, veniam ab eis postulat ejus facti, de quo laude dignus est.

VERS. 14-19. — *Ecce tertio hoc paratus sum venire ad vos, et non ero gravis vobis. Non enim quæro quæ vestra sunt, sed vos. Nec enim debent filii parentibus thesaurizare, sed parentes filiis. Ego autem libentissime impendam et superimpendar ipse pro animabus vestris, licet plus vos diligens, minus diligar. Sed esto. Ego vos non gravavi; sed cum essem astutus, dolo vos cepi. Nunquid per aliquem eorum quos misi ad vos, circumveni vos? Rogavi Titum, et misi cum illo fratrem. Nunquid Titus vos circumvenit? Nonne eodem spiritu ambulavimus? Nonne eisdem vestigiis? Olim putatis quod excusemus nos apud vos. Coram Deo in Christo loquimur.*

Ecce. Quasi dicat: Non gravavi vos, neque gravabo. Nam qui primo veni et secundo, me venire promisi et paravi. *Ecce tertio hoc paratus sum venire ad vos*. Non tertio venit, sed tertio venire paratus fuit. Paratus sum dico, et veniam quidem, *et tunc non ero gravis*, accipiendo vestra. Hoc dicit, ne videatur callide tunc non accepisse, ut nunc abundantius acciperet. [Ambrosius] Ideo contra obtrectatores ostendit se in ea voluntate manere. *Non enim.* Quasi dicat: Vere non ero gravis *non enim quæro quæ vestra sunt*, scilicet divitias in auro et argento, etc., *sed* quæro salvare *vos*, quod aliter non fieret nisi a sumptibus abstinerem. Ostendit ideo accipere nolle ab eis, ut eos lucraretur, ut intelligentes quia pecuniæ præponit eos, tandem cognoscerent affectum illius erga eos. (89) Non quærebat Apostolus datum, sed fructum, ne quasi venditor Evangelii putaretur. Est tamen vere mercator Domini sui, nam prorsus vendit. Dat enim spiritualia, et quærit non quidem carnalia, sed majus pretium, id est ipsos homines. Sicut Joseph frumenta vendens in Ægypto, non argentum quærebat, sed ipsos ementes servos regios faciebat, et sic frumenta quæ non vendidit, vendidit. Venditionem ergo istam intelligite gratuitam, et aliquis emit gratis. Unde dictum est: *Sitientes, venite ad aquam, et emite vobis sine argento* (Isa. LV). Quando emis, non argentum das, teipsum das, et ita emis. *Nec enim.* Quasi dicat: Ideo non quæro vestra, quia sicut carnales filii non thesaurizant parentibus carnalibus, ita: *Nec debent filii* spirituales *thesaurizare*, id est divitias congregare, etsi necessaria præbere, *parentibus* spiritualibus. Vos autem thesaurizatis pseudoapostolis, sed potius *parentes* spirituales debent *filiis* spiritualibus thesaurizare divitias vitæ æternæ, et etiam temporalia impendere, sicut carnales patres carnalibus filiis faciunt. [Ambrosius] Carnales utique patres filiis congregant; nam et spirituales dignum est ut a filiis sumptus accipiant ad sustentandam vitam. Hic autem probat se nolle accipere, ut transferat causam carnalis patris ad spiritualem, et dicit non solum se pro salute eorum velle impendere sua, sed etiam mori paratum. Unde subdit: *Ego autem*, vel enim, *libentissime*, non invitus *impendam*, vobis spiritualia et etiam temporalia ad usus vestros impendam, sicut supradixit. Alias Ecclesias exspoliavi accipiens ad ministerium vestrum, et post omnia meipsum impendam, si opus est. Unde subdit: *Et ego ipse superimpendar pro animabus vestris*. (90) Perfecta charitas hæc est, ut quis paratus sit pro fratribus mori. Sed nunquid mox ut nascitur jam prorsus perfecta est, imo ut perficiatur nascitur, cum fuerit nata nutritur, cum fuerit nutrita roboratur, cum fuerit roborata perficitur, cum ad perfectionem venerit, dicit: *Cupio dissolvi*, etc. (*Philipp.* I). *Licet.* Quasi dicat: Dico quod libenter superimpendar, *licet plus diligam vos*, diligens *minus diligar*, a vobis quam pseudo.

Sed esto. Quasi dicat: Forte conceditis quod ego gravavi vos. Per meipsum dixi, non gravavi. Sed objicitis, quod **130** *cum essem astutus dolo cœpi vos*, id est docepi, id est per alios extraxi multa, quoniam per me nil vel parum emungere poteram. Sed *nunquid per aliquem eorum quos misi ad vos*, vel *circumveni vos*: [Ambrosius] hoc dicit, quia forte suspicarentur ideo eum contempsisse, quia parva offerebantur ut majora consequeretur, et ideo illos misisse ut intimarent eis majora dare: *sed nunquid per aliquem illorum circumveni* illos, ut factum esset si dicerent, si vultis paratum habere Apostolum, qui parva respuit, digna date: quod compositum Apostoli, astutia intelligerent. Ideo Apostolus non tacens quæ ex adverso proponi possunt, se per omnia, quia nihil per circumventionem egit apud eos, sed in simplicitate. *Rogavi Titum.* Quasi dicat: Non feci hoc dolose, sed simpliciter. Rogavi Titum venire ad vos, *et misi cum illo fratrem* Barnabam vel Lucam. Et *nunquid Titus circumvenit vos? nonne eodem spiritu*, vel eadem voluntate, ego et ipse Titus *ambulavimus? Nonne eisdem vestigiis?* id est eisdem operationibus quæ dicuntur vestigia, quia per eas apparet voluntas, an bona sit, an mala: Unde: *A fructibus eorum cognoscetis eos* (Matth. VII.) *Olim*, quasi dicat: Jamdudum forsan *putatis quod excusamus nos apud vos*, id est quod causa excusationis quasi reus dicam, quod non gravavi vos. Sed *loqui-*

---

(89) Aug., in ser. de muliere forti.

(90) Id., super Epistolam.

mur *hoc coram Deo*: id est testo Deo, hoc dico, qui scit quod non circumveni vos: et non superbe hoc dico, sed in *Christo* amplificando in vobis.

VERS. 19-21. — *Omnia enim, charissimi, propter ædificationem vestram. Timeo enim ne forte, cum venero, non quales volo inveniam vos, et ego inveniar a vobis qualem non vultis, ne forte, contentiones, æmulationes, animositates, dissensiones, detractiones, susurrationes, inflationes, seditiones sint inter vos. Ne iterum, cum venero, humiliet me Deus apud vos, et lugeam multos ex his qui ante peccaverunt, et non egerunt pœnitentiam super immunditia et fornicatione et impudicitia quam gesserunt.*

Omnia autem, quasi dicat: Vera sunt quæ dico. *Omnia autem*, quæ dixi, et de revelatione, et de tribulatione, *propter vestram ædificationem* dixi: ut pseudo repellatis, omnia propter vos feci. *Timeo enim ne forte, cum venero ad vos, inveniam vos*, tales *quales non volo*, id est incorrectos. Ideo præparate vos ut tales inveniamini quales volo, *Et timeo ne ego inveniar a vobis qualem me non vultis*, id est contristans et puniens, sed timeo ne *forte sint inter vos contentiones* de meritis prælatorum, ut de baptistis, *æmulationes*, id est invidiæ in his qui minus habent, *animositates* in repetitione rerum et ultione, *dissensiones*, id est odia inde orta, *susurrationes*, cum latenter seminant discordias, *detractiones*, detrahit quis ei quem odit, *inflationes*, ut inflabantur illi qui majora dona habebant, *Seditiones*, tumultus ad pugnam. *Ne iterum*, quasi dicat: Ideo timeo ne tales vos inveniam, *ne iterum humiliet me Deus*, id est affligat me *apud vos, cum venero* ad vos, ita quod *et lugeam multos ex his* qui post baptismum *ante* epistolam primam *peccaverunt, et non egerunt pænitentiam*, non solum de prædictis, sed etiam *super immunditia*, scilicet luxuria contra naturam *et fornicatione*, quæ fit cum meretricibus vel conjugatis, *et impudicitia*, quæ fit cum liberis a viro. *Quam gesserunt*. Quasi dicat: Assidue fecerunt. Nota quod ait, non egerunt pœnitentiam (91). Ad pœnitentiam agendam non sufficit mores in melius commutare, et a factis malis recedere, nisi etiam de his quæ facta sunt satisfaciat Domino per pœnitentiæ dolorem, per humilitatis gemitum, per contriti cordis sacrificium, cooperantibus eleemosynis. [Augustinus] Intuere etiam quod agunt homines pœnitentiam ante baptismum de peccatis suis prioribus, ita tamen ut etiam baptizarentur, sicut Petrus ait in Actibus apostolorum: *Agite pænitentiam, et baptizetur unusquisque vestrum in nomine Domini*, etc. (*Act.* II). Agunt etiam homines pœnitentiam, si post baptismum ita peccaverint, ut excommunicari, et post reconciliari mereantur, sicut agunt in omnibus Ecclesiis illi qui proprie pœnitentes appellantur. Est etiam pœnitentia bonorum et humilium fidelium pene quotidiana, in qua pectora tundunt, dicentes: *Dimitte nobis debita*, etc. (*Matth.* VI). Non enim nobis ea dimitti petimus, quæ dimissa non dubitamus in baptismo, sed illa quæ humanæ fragilitati, quamvis parva, tamen crebra subrepunt: quæ si collecta contra nos fuerint, ita nos gravabunt et opprimunt sicut unum aliquod grande peccatum. Quid enim interest ad naufragium, an grandi fluctu navis operiatur et obruatur, an paulatim subrepens aqua insensim impleat navem atque submergat? Ideo jejunia, et eleemosynæ, et orationes invigilant, et quotidianam agere pœnitentiam non cessamus, humiliamus animas nostras dicentes: *dimitte*, etc.

CAPUT XIII.

VERS. 1-7— *Ecce tertio hoc venio ad vos, et in ore duorum vel trium testium stabit omne verbum. Prædixi ergo et prædico ut præsens vobis, et nunc absens his qui ante peccaverunt, et cæteris omnibus, quoniam si venero iterum, non parcam. An experimentum quæritis ejus qui in me loquitur Christus? Qui in vobis non infirmatur, sed potens est in vobis. Nam, etsi crucifixus est ex infirmitate, sed vivit ex virtute Dei. Nam et nos infirmi sumus in illo, sed vivimus cum eo ex virtute Dei in vobis. Vosmetipsos tentate, si estis in fide, ipsi vos probate. An non cognoscitis vosmetipsos, quia Christus Jesus in vobis est? Nisi forte reprobi estis. Spero autem quod cognoscitis quia nos non sumus reprobi. Oramus Deum, ut nihil mali faciatis, non ut nos probati appareamus, sed ut vos quod bonum est faciatis. Nos autem ut reprobi simus.*

Ecce tertio, etc. Quasi dicat: Timeo ne tales vos inveniam, et cavete, quia *ecce* certum vobis quod hoc *tertio* apparatu *venio ad vos*. Non ideo dicit tertio, quod jam bis venisset, sed quia bis paratus fuerat. Veniam dico, *et tunc in ore duorum vel trium testium stabit omne verbum*, accusatorum, id est duobus vel tribus testibus approbatis. Si quid quæretur ad judicandum aliquem, et si assertione testium culpam invenero, non parcam sicut prædixi bis, cum præsens fui, et modo prædico ut tunc bis prædixi. Et hoc quod subdit (92): *Prædixi enim et prædico*, quoniam si iterum invenero, *non parcam his qui ante* Epistolam *peccaverunt, et cæteris omnibus*, qui prius peccaverunt. Quidam codices non habent *qui*, sed subintelligitur. Ideo dicit se non parcere, quia post correctiones si non emendat, non debet parci eis. Hoc autem, *ut præsens bis prædixi*, ita *et nunc etiam absens prædico*. Et quasi quis quæreret, poterisne, subdit : *An quæritis experimentum ejus* Christi, *qui Christus loquitur in me*, et minas et omnia, id est vultis experiri sicut Christus potest, ut non dicam ego possum, sed Christus in me loquitur. [Ambrosius] Moris est divinæ Scripturæ personæ Dei tribuere quod in nobis facit, sicut Apostolus ipsam locutionem illi tribuit, cujus munere loquebatur in Christo, de quo subdit: *Qui in vobis*, inter vos, *non infirmatur, sed potens est in vobis* (93), id est non infirmus, sed potens apparuit ex his quæ inter eos fecit, cum dona dedit, quod

---

(91) August., De trinit.
(92) Id., in psalmo IV.
(93) Id., De Trinit.

experti non dubitent se ab eo posse puniri. Quia viderunt in nomine ejus mortuos suscitatos, dæmones fugatos, surdis auditum, mutis affatum, claudis gressum, cæcis visum esse redditum. Et vere potens est: *nam, etsi crucifixus est infirmatate* nostra. id est humanæ naturæ, *sed*, id est tamen, *vivit ex virtute Dei*, id est ex ea virtute qua Deus est. Illa est virtus divinitatis. Talis enim erat illa susceptio, quæ Deum hominem faceret, et hominem Deum, *Nam et nos.* [Ambrosius] Quasi dicat: Bene dico, quod vivit et prius infirmus fuerit, *nam et nos*, multo minores illo, *infirmi sumus in illo*, id est ad imitationem ejus multa patimur. *Sed* tamen, licet infirmi sumus, *vivemus in illo*, vel, *cum illo ex virtute Dei*, id est per eum habebimus potestatem a Deo *in vobis* judicandis, et hic, et in futuro. Vel ita infirmi sumus in illo, Hoc non mutatur. Sed vivit cum eo, id est in simili beatitudine cum eo. Et *hoc* ex virtute Dei, quod tale est in vobis, id est in conscientiis vestris. Huic sensui concordat alia littera quæ est *erga vos*, ubi habetur *in vobis*. Quasi dicat: Infirmi sumus in illo, id est multa patimur pro illo, vel ad imitationem ejus a perfidis, sed per hoc vivemus cum ipso ex virtute Dei, et ita infirmitas erga vos, credentes, id est penes vos. Quia, si a perfidis infirmabantur apud credentes, non erat hæc infirmitas, sed profectus, quia hinc potentiores fiunt fideles. Mors ergo illata a perfidis, vita est erga credentes, quia virtute Dei resurgent, ut vivant cum Christo. *Vosmetipsos.* Quasi dicat: Et quia ego non parcam, et puniendi potestatem habeo, ideo *tentate*, id est considerate per actus vosmetipsos, ut quisque seipsum consideret; considerate, inquam, *si estis in fide*, et si estis in fide, *ipsi probate vos*, an sitis in operibus bonis in quibus esse debent fideles. Deinde quasi se considerantibus ait, *an non*, etc. Quasi dicat: Ideo probate dico, quia *an non cognoscetis vosmetipsos*, scilicet *quia Christus Jesus*, ex priori institutione **140** est *in vobis*, per fidem et bona opera. Est utique, *nisi forte reprobi estis*, ab eo quod prius habuistis.

Spero autem. Quasi dicat: Cognoscetis Christum esse in vobis, *nisi reprobi estis*; sed, quidquid de vobis sit, *spero* quia ex vita, quam inter vos egi, *cognoscetis quia nos non sumus reprobi*, nec a fide, nec a potestate; sed tamen *oramus Deum*, sine quo nihil boni habetur, *ut nihil mali faciatis* : econtrario pseudo volunt et orant de vobis. Et *non oramus, ut nos pareamus probati*, id est potentes in vobis exercendo potestatem in ultionibus, *sed* potius oramus, *ut vos faciatis quod bonum est. Nos autem simus*, id est pareamus, *ut reprobi*. Quasi dicat: Sine potestate, non habentes quid vindicemus. Hoc orat Apostolus, ut his bene agentibus, in eis corripienda non inveniat, et sic reprobi appareant: probati enim videntur, dum judicant peccatores. Si ergo non sint quos judicent cessante auctoritate, quasi reprobi videntur. Attende quod ait oramus, ut nihil mali faciatis, sed boni. (94) Intelligenda enim est hæc gratia Dei, qua sola homines liberantur a malo, et sine qua nullum prorsus sive cogitando, sive volendo et amando, sive agendo faciunt bonum. non solum ut monstrante ipsa quid faciendum sit sciant, verum etiam ut præstante ipsa faciant cum dilectione quod sciunt, Hanc quippe inspirationem bonæ voluntatis et operis poscebat Apostolus Corinthiis, cum diceret: Oramus ne quid mali faciatis, etc. Quis hoc audiat et non fateatur a Domino Deo nobis esse ut declinemus a malo, et faciamus bonum? Non enim, ait Apostolus, monemus, docemus, sed oramus: quia sciebat hæc omnia non valere, quæ plantando et rigando faciebant in aperto, nisi pro illis exaudiret orantem qui dat incrementum in occulto. (95) Quidam vero dicunt nos non debere petere a sempiterna majestate, ut det nobis ambulare in via recta, et perseverare in mandatis, et placere illi in omni opere bono, et hujusmodi, quia, inquiunt, hoc totum in nostra potestate est constitutum, et ita benedictiones nostras quas super nos facimus fratres mei evacuant, exinaniunt, elidunt, et subscriptionem nostram quæ est amen. Quid dicis, o nove hæretice? dicis quia non peccare in potestate sic haberemus, ut hoc sine adjutorio divinæ gratiæ implere possimus? Plane inquit, liberum arbitrium ad hoc nobis sufficit. Quare ergo dixit Apostolus, oramus? poterat dicere. monemus, docemus, vel jubemus. Quod si diceret, certum diceret, quia et voluntas nostra agit aliquid. Non enim voluntas nostra nihil agit, sed sola non sufficit. Maluit tamen dicere, oramus, ut ipsam gratiam commendaret, ut intelligerent illi quando non faciunt aliquid mali, non solum sua voluntate se vitare malum, sed adjutorio Dei implere quod jussum est. Ergo, quando præcipitur, agnoscite voluntatis arbitrium, quando oratur quod præcipitur, agnoscite gratiæ beneficium. Utrumque enim in Scripturis habetur.

VERS. 8-13.—*Non enim possumus aliquid adversus veritatem, sed pro veritate. Gaudemus enim quoniam nos infirmi sumus, vos autem potentes estis, Hoc et oramus, vestram consummationem. Ideo hæc absens scribo. ut non præsens durius agam secundum potestatem quam Dominus dedit mihi in ædificationem et non in destructionem. De cætero, fratres, gaudete, perfecti estote, exhortamini, idipsum sapite. Pacem habete, et Deus pacis et dilectionis erit vobiscum. Salutate invicem in osculo sancto. Salutant vos omnes sancti Gratia Domini nostri Jesu Christi et charitas Dei et communicatio sancti Spitus sit cum omnibus vobis. Amen.*

Non enim. Quasi dicat, habemus potestatem, sed ne putetur etiam injuste damnari posse, subdit: *Non enim.* Quasi dicat: Non valemus injuste uti illa potestate. *Non enim possumus aliquid adversus veritatem.* [Ambrosius] hoc dicit quia non data est

(94) August., De cor. et grat.

(95) Id., contra Pelag.

potestas contra justitiam, scilicet ut arguat bene viventem, *sed pro veritate* tuenda, scilicet ut vindicent legis inimicum. *Gaudemus enim,* quasi dicat: Non possumus contra veritatem, et hoc effectus indicat. Gaudemus enim ; quasi dicat : Nos sumus infirmi, id est non exercentes potestatem, cum nihil puniendum. Vos autem potentes estis, scilicet non timentes judicium, quia bene agentes et vitia vincentes a vobis repellitis vindictam. Et non solum gaudemus, sed etiam *oramus hoc,* scilicet, *vestram consummationem,* id est ut in omnibus perfecti sitis; et quia hoc volo et oro, *ideo absens scribo* vobis *ut præsens non agam,* in vobis *durius,* quam volo : quod utique possem, si mala faceretis, *secundum potestatem* ligandi et solvendi, *quam Dominus dedit mihi. in ædificationem et non in destructionem* vestram, id est ut vos ædificemini, non destruamini. Nec Apostolus destruit, si quandoque arguit. Non enim destruuntur qui arguuntur ut corrigantur, sed correcti ædificantur. *De cætero.* Quasi dicat : De malefactis hucusque correxit vos, *de cætero* autem, *fratres, gaudete,* id est hoc agite unde gaudium sit, et ut gaudeatis, *estote perfecti* in fide, et vos majores *exhortamini,* ad idem minores ; et vos minores *idem sapite,* cum majoribus, et universi, scilicet major et minor simul, *pacem habete,* ne sit prior discordia inter vos. Et si hæc feceritis, *Deus dilectionis et pacis,* id est Christus, qui ait : *Pacem meam do vobis, pacem relinquo vobis* (Joan. xiii) ; et item : *Mandatum novum do vobis, ut, diligatis invicem* (Joan. xiii), *erit vobiscum,* id est adjuvans vos. Et, ut pax sit inter vos, *salutate vosipsos invicem in osculo sancto,* non doloso, et sic debetis facere, quia ita sancti omnes optant, et ego impero. Et hoc est quod subdit : *Salutant vos omnes sancti* desiderantes, et quasi mecum dicentes hoc, scilicet *gratia Domini nostri Jesu Christi,* id est Christus gratis condonans peccata, per quod justificamur et salvamur; *et charitas* Dei, id est Deus Pater charitatem dans vobis, [Ambrosius] cujus dilectio misit Christum, cujus gloria salvat ; *et communicatio* sancti Spiritus, id est Spiritus sanctus qui est communis Patri et Filio, amborumque unio, *sit cum omnibus vobis,* tam correctis ut perseverent, quam incorrectis ut corrigantur. Vel, communicatio sancti Spiritus cum omnibus vobis, id est Spiritus sanctus ita sit vobiscum, ut communicet et conferat vobis et gratiam Christi, et charitatem Dei. Ut enim possideamus gratiam salutis quam Christus donat, communicatio facit Spiritus sancti. Ille enim dilectos a Deo et salvatos gratia Christi tuetur. Trinitatis hic complexio est et unitas potestatis. Et est dicere : Tota Trinitas sit vobiscum dans gratiam de commissis et charitatem, ut trium perfectio consummatio sit hominis in salutem. Amen.

IN EPISTOLAM AD GALATAS

ARGUMENTUM.

Galatæ sunt Græci. Hi verbum veritatis primum ab Apostolo acceperunt : sed post discessum ejus tentati sunt a falsis apostolis, ut in l gem et circumcisionem verterentur. Hos Apostolus revocat ad fidem veritatis, scribens eis ab Epheso.

CAPUT PRIMUM

Vers. 1-9. — « Paulus Apostolus non ab homini-
« bus, neque per hominem, sed per Jesum Christum
« et Deum Patrem qui suscitavit eum a mortuis, et
« qui mecum sunt omnes fratres, Ecclesiis Galatiæ.
« Gratia vobis et pax a Deo Patre nostro et Domino
« Jesu Christo, qui dedit semetipsum pro peccatis
« nostris ut eriperet nos de præsenti sæculo nequam
« secundum voluntatem Dei et Patris nostri, cui est
« gloria in sæcula sæculorum. Amen. Miror quod
« sic tam cito transferimini ab eo qui vos vocavit
« in gratiam Christi in aliud Evangelium quod non
« est aliud, nisi sunt aliqui qui vos conturbant, et
« volunt convertere Evangelium Christi. Sed, licet
« nos aut angelus de cœlo evangelizet vobis præ-
« terquam quod evangelizavimus vobis, anathema
« sit. Sicut prædixi et nunc iterum dico, si quis
« vobis evangelizaverit præter id quod accepistis,
« anathema sit. »

Paulus Apostolus, etc. Hanc Epistolam scribit Apostolus Galatis. Galatæ autem sunt Græci. Galli enim in quamdam Græciæ provinciam olim venientes Græcis se miscuerunt. Unde illa provincia prius Gallogræcia, deinde Galatia appellata est. Unde, cum Græci acuti ingenii sint, illi tamen Galatæ stulti, et ad intelligendum tardiores erant, sicut et indociles Galli. Hi veritatem fidei et doctrinæ ab Apostolo acceperant, sed post, ut judaizarent, a pseudoapostolis tentati **141** sunt multis modis eis persuadentibus ut legem Evangelio adderent. [Ambrosius, Hieron.] Asserebant enim Christi fidem sine carnalibus observantiis non sufficere ad salutem, et Petrum et Jacobum et alios qui cum Domino fuerant legis observantias cum Evangelio miscuisse ; ipsum quoque Paulum aliud in Judæa facere, aliud in gentibus prædicare. His atque hujusmodi Galatas subverterunt, adeo ut eis assentientes in legis observantias transirent. Ideo hos Apostolus revocat ad veritatem fidei Christianæ, et doctrinæ evangelicæ, scribens eis ab Epheso de gratia de qua et Romanis scripsit, legem similiter venerantibus, [Hieron.] sed Romanis tanquam sapientibus, altiori sensu et profundioribus usus est argumentis ; istis vero velut minus sapientibus usus est moderato sermone :

quibus etiam dicit : *O insensati Galatæ*, ut sic eos revocaret. Est ergo intentio Apostoli in hac Epistola Galatas versutiis pseudoapostolorum circumventos, ad fidei religionem et Evangelii veritatem reducere. Modus talis : Salutationem præmittit, ubi contra detractores et de operibus legis gloriantes, de sua dignitate et Christi gratia breviter tangit, commendans personam suam quam pseudo deprimebant ; post salutationem, de levitate eos redarguit, post personam suam latius commendat ; deinde legem multis modis improbat, dicens eam non esse tenendam post Christum, quia non solum non proficit ad justitiam et salutem, sed etiam officit ; tandem commendat Evangelium et fidem Christi, quod sufficit ad salutem. [Ambrosius] Præmittens autem salutationem, prius commendat personam suam, dicens:

Paulus apostolus, non electus vel missus *ab hominibus*, scilicet ab Anania, ut quidam dicebant : vel ab aliis, ut quidam ab apostolis electi et missi fuerunt, et a Judæis pseudoapostoli ; *neque constitutus per hominem* purum, *sed per Jesum Christum et Dominum Patrem*, id est a Deo Patre constitutus est per Filium, qui est salvator et rex. Non ergo contrarius est Deo a quo per Filium electus est et missus, ut dicitur in destructionem legis. (1) Imponebatur enim illi quod contraria Deo prædicaret, eo quod legem a Deo datam desereret. Vel ita, neque constitutus per hominem Christum, id est per Christum ex parte hominem, id est mortalem ; sed per eum jam Jesum, id est ex omni parte immortalem jam suscitatum, qui non ut homo paulatim homines, sed totum simul eum per spiritum docuit : ut per hoc sit major, per quod videbatur esse minor. Cæteri autem apostoli videbantur esse majores, quia priores ; iste minimus, quia novissimus. Sed inde apparet dignior, quia priores constituti sunt per Christum adhuc ex parte hominem, id est mortalem ; novissimus vero Paulus per Christum jam totum Dominum, id est omni parte immortalem, et Dominum Patrem qui hoc fecit per Filium. [Augustinus] Atque ut aperiret cum dixerit, neque per hominem, subdit : *qui suscitavit eum a mortuis*. Et ita dignius constituit me per immortalem Christum, quam alios per mortalem : propter immortalitatem jam non homo dicitur Christus Deus ; propter substantiam vero naturæ humanæ, in qua ascendit in cœlum, etiam mediator Dei et hominum homo Christus Jesus dicitur. Paulus, inquam, *et fratres qui mecum sunt*, dolentes de vestra seductione. Testes veritatis meæ, quibus oportet vos credere. Et non pauci, sed *omnes*. Hoc ideo dicit, quia facile intelligit se errasse, qui a multis reprehenditur. Hi ergo omnes mecum mandant, *Ecclesiæ Galatiæ*, hoc scilicet : *gratia sit vobis*, id est remissio peccatorum, *et pax* mentis et reconciliatio ad Deum : et non aliunde, nisi *a Deo Patre et Domino nostro Jesu Christo*, qui non est minor Patre, quem injuriose æquatis legi,

dum ipsum sine lege ad salutem non sumcere asseritis, sicut nec legem sine eo. Sed ab ipso sine lege gratia est et pax, a quo secure quærenda est, quia ipse est *qui dedit*, id est sponte obtulit, quia non est alius qui posset aperire librum, nisi Leo de tribu Juda (*Apoc*. v), *semetipsum*, quia non erat digna hostia offerri *pro peccatis nostris* delendis, qui est initium salvationis. Quem ergo locum habet lex ? nullum penitus. Dedit etiam ad hoc, *ut eriperet*, quasi vi quadam *nos* peccatis irretitos, qui rei eramus sub lege, *de sæculo*, id est de conformitate mundi hujus qui nos allicit, id est malorum quæ in mundo committuntur : cujusmodi sunt insipientia, spurcitia, et infirmitas, a quibus nos eripit ille qui est sapientia, sanctitas, et fortitudo. [Hieron.] *Sæculo* dico *præsenti*, tanto plus capit nos dilectio, cum æterna non videantur, *et nequam*, quod scilicet ad nequitiam trahit. Attende quod præsens sæculum dicitur nequam, non ideo quod mundus iste, creatus a Deo, malus sit ; sed, quia in eo fiunt mala Ex hoc sensu dicitur : *Dies mali sunt, dies Jacob pessimi, mundus in maligno positus, tempora periculosa, saltus* quoque qui sunt *pleni latronibus*, et *gladius* quo cruor effunditur, et *calix* quo venenum temperatur, mala dicuntur, quia non solum tempora, sed etiam loca et instrumenta malorum traxerunt infamiam quæ in eis fiunt. Ita et sæculum dicitur nequam, a quo Christus nos eripit. Et ut sit firmus quod de Christo dicit, subdit : *Secundum voluntatem*. Quasi dicat : Quod Christus dedit se et eripit nos, non est pro meritis nostris factum ; sed *secundum voluntatem Dei Patris nostri*, id est secundum benevolentiam Dei qui creavit nos, et benevolus est. *Cui*, scilicet Christo et Deo Patri uni in essentia *est gloria* : de hac redemptione, *in sæcula sæculorum*, id est semper. Quasi dicat : Hoc testantur præsentes, et futuri testabuntur. *Amen*. Hoc confirmationis nota est. Attende quod in hac salutatione prælibavit Apostolus et commendationem sui, et quid possit gratia Dei, et quod lex nil confert.

Miror, etc. Hic de levitate eos reprehendit, quia ab Evangelio indiscrete transierunt ad legem. Et quia Galatia *translatio* dicitur, congrue ex ipso nomine, hujus reprehensionis occasionem sumit. Quasi dicat : Cum hæc prædicta bona ex Christo sint, miror quia prius bene instructi fuistis, *quod sic*, id est *tam* vehementer, et tam *cito*, id est tam brevi tempore, quasi insensati a pseudo *transferimini*, id est ultra Christum in legem ferimini. [Ambrosius] Unde miror ? quia mirum est de lætitia confugere ad exitia, cum paulatim proficiendum sit. A quo autem et in quid transferuntur, ostendit subdens : *Ab eo* scilicet Deo, id est a fide ejus, *qui vos aversos vocavit*, per prædicationem *in gratiam Christi*, id est in bona gratuita quæ Christus dat. Transferemini *in aliud Evangelium*, in legem quæ putatur Evangelium ; et est contra meam prædicationem, secundum quod

---

(1) Augustinus, in lib. Retract.

pseudo eam servari doceat ; tamen, secundum veritatem spiritualis intelligentiæ non est alia. Unde subdit : *quod tamen Evangelium*, id est lex, *non est aliud* secundum spiritualem intelligentiam, nec vobis aliud videretur, *nisi sint*, id est essent *aliqui qui vos conturbent*, id est conturbent purum fontem vestri sensus. [Augustinus] Hi erant pseudoapostoli qui dicebant aliud Evangelium esse legem Moysi quam Christi Evangelium : et hoc ad invidiam Apostoli. *Et* illi tales *volunt convertere*, id est ad hoc tendunt ut convertant *Evangelium Christi* penitus in legem, id est spiritualia convertere volunt in carnalia. *Sed licet*. Quasi dicat : Ipsi ad hoc tendunt. *Sed licet nos* apostoli, non dico de illis tamen, *aut angelus* malus, vel bonus, veniens *de cœlo*, ut credibilior sit, *evangelizet vobis*, id est annuntiet vobis aliquid quod putetur bonum : quod si non dico plus, sed *præter quam illud est quod evangelizavi vobis*, fide verum, usu honestum, fide commodum, *anathema sit*. Nota quod non ideo ait, nos, vel angelus, qui bonus potest intelligi, quod hoc contigerit unquam, sed adeo certus est de veritate Evangelii sui, quod etiam angelus si aliud nuntiaret, non crederet sed anathematizaret. Attendo etiam quod non ait plusquam accepistis, sed præter quam accepistis. Nam, si illud diceret, sibi ipse præjudicaret, qui cupiebat venire ad quosdam quibus scribebat, sicut ad Thessalonicenses, ut suppleret quæ illorum fidei deerant. Sed qui supplet, quod minus erat addit, non quod inerat tollit. Qui autem prætergreditur fidei regulam, non accedit in via, sed recedit a via. *Sicut*, etc, A majori infert. Quasi dicat : Quandoquidem vos vel angelum excommunicarem, magis pseudo excommunicandi sunt : et hoc est, *sicut* modo *prædixi*, de vobis vel angelo, *et nunc iterum dico* de istis, scilicet pseudoapostolis, scilicet quod *si quis* illorum, etc. Vel ita, et sicut olim præsens vobis prædixi, et nunc absens iterum dico, quod *si quis* generaliter quicunque sit *evangelizaverit vos præter id quod accepistis* a me, *anathema sit*. (2) Quare hoc ? Quia aliud evangelizans de privato vult pluere, non de medio : et hoc forte homo carnali nebula præpeditus, etiam a fonte communi ad propriam suam falsitatem reductus, possit facere, nunquam et angelus. Vere, si angelus de proprio fluens in paradiso non esset auditus, non præcipitaremur in mortem : media aqua posita erat omnibus præceptum Dei, aqua quodammodo publica erat, et sine fraude, sine labe, sine cœno fluebat. Sed venit angelus de cœlo lapsus, species factus, quia insidiose jam venenum spargere cupiebat, et emisit venenum de proprio : locutus de suo ; Gustate, et *eritis sicut dii* (*Gen.* III) : et illi appetentes quod non erant amiserunt quod acceperant. (3) Hic videndum est quomodo dicatur anathema. Hoc verbum pro maledicto ponitur, et vulgo dicitur devotatio. Nam devotare se quanquam nemo fere dicit nisi maledicens. Unde illud est : Et anathematizavit eum, et civitates ejus : et vocatum est nomen loci illius anathema. Hinc dictum est et anathema detestabile aliquid et abominabile videatur. Ut enim nil inde victor in usus suos auferret, sed totum in pœnam luendam vocaret, hoc erat anathematizare, quod vulgo dicitur devotare. Origo autem hujus verbi est in Græca lingua ab his rebus quæ votæ et persolutæ, id est promissæ et redditæ sursum ponebantur in templis ; et est dictum apo tou anathene, id est *sursum ponere*.

VERS. 10-14. — « Modo enim hominibus suadeo, « an Deo ? An quæro hominibus placere ? Si adhuc « hominibus placerem, Christi servus non essem. « Notum enim vobis facio, fratres, Evangelium quod « evangelizatum est a me, quia non est secundum « hominem. Neque enim ego ab homine accepi illud, « neque didici ; sed per revelationem Jesu Christi. « Audistis enim conversationem meam 142 ali« quando in judaismo, quoniam supra modum per« sequebar Ecclesiam Dei, et expugnabam illam, « et proficiebam in judaismo supra multos co« ætaneos meos in genere meo ; abundantius « æmulator existens paternarum mearum traditio« num.

Modo enim. Quasi dicat : Ideo dico ut sit anathema aliud evangelizans, quia *suadeo ego modo hominibus an Deo*, id est ad honorem hominum ante Dei, non hominum, sed Dei quæro honorem. Ideo dicit, modo, quia olim, dum duxit hominem ex lege justificari, hominis gloriam et inutilem Dei gratiam prædicavit. [Ambrosius] Hic etiam innuit hoc facere illos seductores, scilicet pseudo, ut laudarentur a Judæis, quos non timet offendere Paulus pro gloria Dei : quo veniente, cessat lex. Unde subdit : *Aut quæro hominibus placere*, sicut quando litteras a principibus sacerdotum ad occidendum Christianos accepi ? non; quia *si adhuc hominibus placerem*, id est placere vellem ut tunc volebam, *non essem servus Christi* : quod modo sum. Et ideo eos excommunico. (4) Attende quod ait, si hominibus placerem, etc. Ex his enim verbis quidam putant sibi in bene vivendo sufficere conscientiam, et quid de his existimet alius, non valde curant ; sed conscientia coram Deo est necessaria ; conversatio autem coram proximo. Quæ si negligentius agitur, lædit exemplo, ut verbi gratia, si quis bonæ conscientiæ coram infirmo in idolio comedat, quamvis recte credens hoc faciat, tamen perturbatur infirmi conscientia. Quid autem prodest si venter conscientiæ tuæ hausit aquam puram, et ille de tua negligenti conversatione bibit turbatam ? Alii aquam turbas, pascua conculcas, sed attende ne tibi aquam turbes negligentia conversationis tuæ. Unde alibi ait Apostolus : *Placete omnibus per omnia, sicut et ego omnibus per omnia placeo* (I *Cor.*, x). Item : *Sine offensione estote Judæis et gentibus et Ecclesiæ Dei* (*ibid.*). Item : *Providemus bona, non solum coram Deo, sed*

---

(2) August., in psal. CIII.
(r) Id., in lib. Quæst.

(4) Aug., in lib. De ovibus.

etiam *coram hominibus* (Rom., xii). Dicet ergo mihi aliquis: Expone mihi quomodo intelligam ista quæ diversa atque contraria videntur, videlicet quod hic ait Apostolus : *Si hominibus placerem* etc. ; et : *Placete hominibus,* etc. Si tranquillius audias,si tibi ipsi aquam tuæ mentis non perturbes, quantum potero, fortassis exponam. Sunt ergo homines temerarii judices, detractores,susurrones, murmuratores, quærentes suspicari quond non vident,quærentes etiam jactare quod non suspicantur. Contra tales sufficit testimonium conscientiæ nostræ,neque etiam in aliis quibus placere volumus,gloriam nostram quærimus vel quærere debemus ;sed illorum salutem, ut nos bene ambulantes imitando non errent : etenim non nos,sed Dominum laudent, qui nos tales fecit.Nunc ergo utilitatem vel gloriam nostram quærimus, cum placere hominibus volumus ; sed gaudemus eis placere, quod bonum est,propter illorum utilitatem,no npropter nostram dignitatem.

(5) Itaque Apostolus, et non se hominibus recte placere dicebat, quia in eo ipso ut Deo placeret intuebatur,et placendum esse hominibus recte præcipiebat,non ut hoc appeteretur tanquam merces recte factorum, sed quia Deo placere non posset,qui non se his quos salvos fieri vellet, imitandum præbet.

(6) Et sicut in Apostolo ista contraria videbantur, sic et in Evangelio illa contraria videntur. Dixit enim : *Luceant opera vestra coram hominibus,* etc. (Matth. v), Et item ; *Nolite facere justitiam vestram coram hominibus,* etc,(*ibid.*). Ubi illos arguit qui ita ventilant opera sua, ut finem bonorum operum suorum in laude hominum ponant ; eamdemque laudem,quasi pro mercede computant operum suorum. Ideo ait, *ut videamini ab eis* (*ibid.*). Quasi dicat : Nolite sic facere coram hominibus quidquid boni facitis, ut videamini ab eis, id est ut ipse sit finis boni vestri videri ab eis : nolite hic facere finem, ultra porrigite intentionem.

Notum enim, [Ambrosius] Quasi dicat : Ideo,non suasero, id est non placeo hominibus, sed hujusmodi excommunico, quia Evangelium quod prædico non est secundum hominem : quod ita ait : *Notum vobis facio, fratres, Evangelium quod evangelizatum est a me, non est secundum hominem,* docentem me, vel mittentem. Hoc dicit, ne forte dubitent. Et respicit hoc ad id quod supra dixit, suam personam commendans,scilicet non ab hominibus, neque per hominem. Et vere non est ab homine. *Neque ego accepi* illud *ab homine,*ut nemo me eligeret ad evangelizandum, vel mihi injungeret. *Neque didici* ab homine docente me : *sed per revelationem Christi Jesu,* id est per Christum Jesum, omnia clara esse ostendentem. *Audistis enim.* Quasi dicat : Vere non didici ab homine, quia neque ante conversionem, neque post : quod non ante, vos ipsi scitis ex factis illius temporis *Audistis enim conversationem meam aliquando,* scilicet dum infidelis eram, quam habui *in Judaismo,* scilicet dum Judaice vivebam, scilicet *quoniam supra modum* aliorum,*prosequebar,* fugando *Ecclesiam Dei,*id est Christianos, *et expugnavi illam,* id est fideles affligebam pœnis in corpore, *et proficiebam in Judaismo,* implendo legem et defendendo eam. Proficiebam dico *supra multos,*non dico senes, sed *coætaneos meos,* qui plus laborabant quam senes : et non dico supra multos proselytos, sed qui sunt *in genere meo,* scilicet Judæorum :et qui prius in illis legalibus tamen valui,jam illa reliqui :ideoque vos meo exemplo ab eisdem recedite. *Abundantius.* Quasi dicat : Proficiebam in Judaismo super alios ; ego dico etiam abundantius, aliis *existens* in exemplum,aliis *æmulator,*id est imitator *paternarum traditionum,* quas scilicet boni patres addiderunt, ut *mearum,* quia eas quasi proprias mihi feci, eis studiose serviens, in quo arbitrabatur obsequi Deo. Habebat enim Apostolus zelum Dei,sed non secundum scientiam. [Ambrosius] Et prævidit Deus ejus voluntatem, vel æmulationem, sed deesse scientiam : et prævidit eum idoneum,quia qui tam fidus erat in re minima, constantior esset in re maxima. Et ideo, scilicet ut constantior esset in re maxima, prævenit eum vocando per gratiam.

Vers. 15-19. — « Cum autem placuit ei qui me
« segregavit ex utero matris meæ, et vocavit per
« gratiam suam ut revelaret Filium suum in me,
« ut evangelizarem illum in gentibus,continuo non
« acquievi carni et sanguini. Neque veni Hieroso-
« lymam ad antecessores meos apostolos, sed abii
« in Arabiam ; et iterum reversus sum Damascum.
« Deinde post annos tres veni Hierosolymam videre
« Petrum, et mansi apud eum diebus quindecim.
« Alium autem apostolorum vidi neminem,nisi Ja-
« cobum fratrem Domini. »

Cum autem placuit. Quasi dicat : Ante conversionem apparet me non didicisse,sed nec post didici ab homine Evangelium, sed a Deo tantum. Et hoc est quod ait : *Cum autem placuit ei,* scilicet Deo, *qui* pro placito suo fecit, non pro meo merito, qui *me segregavit,* ad litteram, *de utero matris meæ,* ut *in me,* id est in mea conversione, *revelaret Filium suum,*id est ostenderet quantæ potentiæ et bonitatis esset Filius suus,Vel,revelaret Filium suum in me, id est in mea intelligentia, *vocavit* me de mala via in bonam,non per meum meritum, sed *per gratiam suam,* et ad hoc utique vocavit, *ut evangelizarem illum,* id est Filium, *in gentibus.* Et ipse utique qui me nasci fecit,ad hoc ducere me potuit. Ante enim quam aliquis nascatur, scit Deus quis futurus sit et qualis. Unde de Jeremia legitur : *Priusquam te formarem in utero, vocavi te* (Jer. i). Qui ergo præscit futuros antequam sint,cum vult nasci facit ut sint ; et jam natos quos vult per gratiam vocat, ut justi sint, sicut Paulum vocavit per gratiam ut annuntiaret Christum. Ut ergo totum ostenderet esse a Deo, scilicet quod est, et quod justus est, ait : se

---

(5) Aug., in lib. de serm. in monte.

Id., in lib. De ovibus.

gregavit et vocavit. Continuo, etc. Quasi dicat : Vocavit me, et revelavit Filium suum, et continuo prædicavi ut instructus a Deo : et ideo non aliud tenendum quam prædico, nec hominibus credendum, sed Deo qui me vocavit : et hoc est quod ait, *continuo non acquievi*, etc. Vel mystice potest intelligi illud, segregavit me de utero matris meæ. Mater enim intelligitur Synagoga ; uterus matris et secretarii, sunt Pharisæi, de numero quorum segregatus est. Et est : Cum autem placuit ei, qui me segregavit de utero matris meæ, id est de numero Pharisæorum, qui erant secretarii Synagogæ, ut revelaret Filium suum in me, vocavit me per gratiam suam ad hoc, ut evangelizarem illum in gentibus. Hoc non mutatur. Et ego continuo non acquievi : non ait, non continuo acquievi quasi non tunc, sed post acquieverit ; sed ait, continuo non acquievi *carni et sanguini*, id est vitiis : sed potius respui vitia. Vel per carnem et sanguinem accipit propinquos genere, scilicet Judæos, quibus non consensit in legis observationem et Christianorum persecutionem. *Nec veni Hierosolymam ad antecessores m. os apostolos*, id est qui ante me crediderunt : et ita constat, quod non ab eis didici Evangelium, cum ad eos non venerim, quia non erat opus electo a Deo. *Sed abii prædicare Evangelium, in Arabiam*, ubi nullus apostolorum prædicaverat. *Et iterum reversus sum Damascum*, ubi ipse adhuc rudis prædicaverat. *Deinde post annos tres veni Hierosolymam videre Petrum*, non discere aliquid ab eo, sed videre cum propter affectum apostolatus, et ut Petrus sciret me fore sibi coapostolum. *Et apud eum diebus quindecim mansi*, receptus ab eo ut verax et coapostolus. Per hoc ostendit se nullo modo dissentire ab aliis apostolis, ut susurrabant sui æmuli.

Alium autem apostolorum neminem vidi. Et ita constat quod nec ab aliis didici. Neminem vidi, dico, *nisi Jacobum fratrem Domini*. Hic est Jacobus minor, qui dictus est frater Domini, ideo quia hic Jacobus filius fuit Joseph, qui pater Jesu dictus est ; sed non est hoc ratum, cum Joseph virgo fuisse credatur. Alia ergo causa quærenda est quare frater Domini dictus sit, sicut Joseph, et Simon, et Judas. Unde et in Evangelio dicitur : *Ecce pater tuus et mater tua, et fratres tui*, etc. (*Matth.*, xii). (7) Ut ergo liqueat quare fratres dicantur, sciendum quod Maria mater Domini, Joachim et Annæ filia fuit, quæ nupsit Joseph : et ita Joseph fuit putativus pater Christi. Mortuo autem Joachim Cleophas frater Joseph eamdem Annam accepit uxorem, et genuit ex ea filiam quam vocavit Mariam, quæ nupsit Alphæo, qui genuit ex ea quatuor filios, scilicet Jacobum, Joseph, Simonem, Judam. Mortuo autem Cleopha, quidam Salome eamdem Annam duxit, et generavit ex ea filiam, nomine Mariam, quæ nupsit Zebedæo, et habuit ex ea filios, scilicet Jacobum, qui dictus est major, et Joannem evangelistam.

(7) Hieron., ad Elvidium.
(8) Id., contra Manich.

Tres igitur viros Anna habuit et tres filias. Nunc videndum est quare Jacobus Alphæi, et minor dictus sit, et frater Domini Minor dictus est ad differentiam Jacobi Zebedæi, qui major est dictus, non secundum tempus, sed quia prius secutus est Dominum. Itaque Jacobus Alphæi minor dictus est, quia eo posterius Christo adhæsit. Frater vero Domini dictus est, ut quibusdam placet, quia filius fuit materteræ Christi, [Beda.] vel propter similitudinem sanctitatis, vel potius quia nepos fuit patrui Christi, id est Cleophæ. Hebræi enim germana consanguinitate ex parte patrum conjunctos, fratres vocant. Unde Hieronymus (8) fratres Domini dicit intelligi hunc Jacobum, et fratres ejus, his verbis : Quidam sequentes deliramenta apocryphorum suspicantur fratres Domini foris stantes esse filios Joseph de quadam muliercula ; sed consobrinos fratris Salvatoris hic intelligere debemus, scilicet filios Alphæi et materteræ ejus matris Jacobi minoris, et Joseph, et Judæ. (9) Quatuor enim modis in Scripturis divinis fratres dicuntur, scilicet natura, gente, cognatione, affectu : natura, ut Esau et Jacob ; gente, ut omnes Judæi fratres dicuntur inter so. Unde in Deuteronomio : *Si enim is fratrem qui est Hebræus*, etc. (*Deut.* xv). Et item : *Constitue super te principem quem Dominus elegerit, eum qui sit de fratribus tuis* (*Deut.* xviii). Porro cognatione fratres vocantur qui sunt de una familia, cum ex una radice turba diffunditur ; secundum quod Abraham in Genesi fratrem appellaverat Lot, dicens : *Non sit rixa inter me et te, quia fratres sumus* (*Gen.* xiii) : et Jacob et Laban dicuntur fratres. Affectu etiam fratres dicuntur, secundum quod omnes Christiani fratres vocantur, ut ibi : *Ecce quam bonum et quam jucundum habitare fratres in unum* (*Psal.* cxxxii). Et Dominus ait : *Vade, et dic fratribus meis* (*Joan.* xx). [Augustinus] Porro in commune omnes homines fratres dicuntur, quia ab uno parente nati sunt. Illos ergo fratres Christi appellatos intelligo cognationis privilegio. Jacobus frater Domini, vel ex filiis Joseph de alia uxore, vel ex cognatione Mariæ matris ejus debet intelligi.

Vers. 20-24. — « Quæ autem scribo vobis, ecce
« coram Deo quia non mentior. Deinde veni in partes
« Syriæ et Ciliciæ. Eram autem ignotus facie Ec-
« clesiis Judææ quæ erant in Christo. Tantum autem
« auditu habebant, quoniam qui persequebatur nos
« aliquando, nunc evangelizat fidem quam ali-
« quando expugnabat, et in me clarificabant Deum. »

Quæ autem nunc *scribo vobis* de me, *ecce* omnibus patet *quia non mentior*. Et hoc dico *coram Deo*, id est teste Deo. Jurat Apostolus ut credatur quod dicit quod proficit istis. (10) Necessitate compulsus jurat, quia nisi hoc faceret, non crederent ei, quibus non expedit ut non credant, imo expedit ut credant. Et video quia plus est hoc quam, *est, est; non, non*; sed hoc *quod amplius est, a malo est*

(9) Hieron., ad Elvidium.
(10) Aug., super Epist. apost. Jacob.

(*Matth.* v) : et si non a malo jurantis, a malo est non credentis. Ideoque non ait, si quis amplius facit, malum est ; sed, quod amplius est, a malo est. *Deinde veni praedicare in partes Syriae, et Ciliciae. Eram autem ignotus facie,* id est praesentia corporis, *Ecclesiis Judaeae quae erant in Christo,* id est in fide Christi, per quod patet quod nec Ecclesiae Judaeae me docuerunt, quae scilicet erant per se, non ammistae Ecclesiis gentium. Tantum autem habebant auditum de me, id est quod de me audierant, memoriae mandaverant, hoc, scilicet *quoniam qui persequebatur nos aliquando,* scilicet dum infidelis erat, *nunc evangelizat fidem* Christi, *quam aliquando expugnabat.* [Augustinus] Et quia de re difficili magna nascitur admiratio, subdit : *Et in me,* id est in mea conversione *clarificabant,* vel magnificabant *Dominum,* id est magnificum praedicabant, qui gratia sua me convertit : vel clarificabant Deum in me, id est meo exemplo praedicantes, vel gratias agentes Deo, in quo eis profui.

CAPUT II.

Vers. 1-5. — « Deinde post annos quatuordecim
« iterum ascendi Hierosolymam cum Barnaba, as-
« sumpto et Tito. Ascendi autem secundum reve-
« lationem, et contuli cum illis Evangelium quod
« praedico in gentibus. Seorsum autem his qui vi-
« debantur aliquid esse, ne forte in vacuum curre-
« rem, aut cucurrissem. Sed neque Titus, qui me-
« cum erat, cum esset gentilis compulsus est cir-
« cumcidi ; sed propter subintroductos falsos fratres
« qui subintroierunt explorare libertatem nostram
« quam habemus in Christo Jesu, ut nos in servi-
« tutem redigerent. Quibus neque ad horam cessi-
« mus subjectioni. »

Deinde post annos quatuordecim a Christi passione, qui fuerunt post praedicationem Syriae et Ciliciae, cum quaestio esset de lege utrum tenenda esset an non, *iterum ascendi Hierosolymam,* non ait, ivi, sed ascendi, pro situ terrae. Ascendi, dico, *cum Barnaba,* qui de Judaeis erat. *Assumpto Tito, qui de gentibus.* Quasi dicat : Hinc inde testes habui, quibus patet falsum esse me aliud gentibus, aliud Judaeis praedicare. *Ascendi autem,* non solum mea dispositione, sed *secundum revelationem* Dei. Et non dico didici ab illis tanquam a majoribus, sed *contuli cum eis,* tanquam amicis et paribus *Evangelium* Christi, *quod praedico in gentibus.* Hic fecit pro assertione praedicationis, quia multis erat scrupulus in doctrina Apostoli, perturbantibus Judaeis. [Hieronymus] Per hoc ergo quod ait, et contuli cum illis, ostendit se non habuisse securitatem Evangelii, nisi auctoritate Petri esset et aliorum roboratum. (11) Apostolus enim Paulus post Christi ascensionem, de coelo vocatus, si non apostolis communicaret, et cum eis Evangelium conferret, quo ejusdem societatis esse appareret, Ecclesia illi omnino non crederet, sed cum cognovissent eum hoc annuntiantem quod

illi, et in eorum communione et unitate viventem, accedentibus etiam per eum talibus signis, qualia et illi operabantur, (12) ita eum Domino commendante auctoritatem meruit, ut verba illius sic audiantur in Ecclesia, tanquam in illo Christo verissime locutus audiatur ; sicut ipse dixit : *Non pro his,* inquit, *tantum rogo,* id est pro discipulis qui cum illo tunc erant, *sed et pro eis qui per verbum eorum credituri sunt in me* (Joan. xvii) : ubi omnes suos intelligi voluit, non solum qui tunc erant, sed etiam qui futuri erant ; quotquot enim postea crediderunt in eum, crediderunt per verbum eorum, scilicet apostolorum, id est per Evangelium. Quisquis enim in Christum credit, Evangelio credit : quod dictum est esse verbum eorum, quia ab eis est primitus ac praecipue praedicatum. Jam enim ab ipsis praedicabatur, quando per revelationem Christi ipsum verbum eorum Paulus accepit, et per hoc verbum, et si non per eos. Cum accepisset a Deo illud, credidit Paulus : unde et contulit cum illis Evangelium, et dextras accepit, quia illud verbum cum eis, etsi non per eos habuit. (13) Ipsa enim collatio unam doctrinae speciem excussa omni leprae varietate monstravit. Leprosi enim quos Dominus in Evangelio curasse legitur, et misisse ad sacerdotes ut se eis ostenderent, non absurde intelliguntur, qui scientiam verae fidei non habentes, varias doctrinas profitentur erroris. Nulla porro falsa doctrina est, quae non aliqua vera intermisceat.

Vera ergo falsis inordinate permista in una doctrina significant lepram, quae unius corporis colorem diversis locis variat atque maculat. (14) Ut ergo Apostoli praedicatio ab omni corruptionis lepra libera monstraretur, cum aliis apostolis contulit Evangelium. Aliter enim non crederet Ecclesia ei qui non fuerat cum Domino. *Seorsum autem.* Quasi dicat : Contuli cum illis Evangelium : *sed seorsum,* [Hieronymus] id est separatim. *Contuli cum his qui videbantur aliquid esse,* id est alicujus auctoritatis, non publice coram omnibus, ne fidelibus ex Judaea, qui putabant legem esse servandam, fidei scandalum nasceretur. [Augustinus] Seorsum etiam illis exposuit Evangelium, cum jam exposuisset coram omnibus : non ideo quod aliqua falsa dixerit, ut seorsum paucioribus vera diceret ; sed propter infirmos qui non possunt omnia capere, quibus aliqua tacuerat dicenda perfectis. Aliquando enim aliquid veri tacere licet. *Ne forte.* Quasi dicat : Contuli cum eis, *ne forte in vacuum currerem aut cucurrissem,* id est ne putarer praedicasse inutiliter. Praedicationis vero opus appellat cursum, pro torrenti eloquio : sed *neque.* Quasi dicat : Non solum in collatione probatus sum, *sed etiam Titus qui mecum erat, cum esset gentilis.* Neque *compulsus est,* rationibus eorum *circumcidi,* id est non potuit extorqueri a me ut circumcideretur, sed susceptus est ab apostolis in societate incircumcisus. Cur ergo

---

(11) August., contra Faust.
(12) Id., super Joannem.

(13) Id., in lib. Quaest. Evang.
(14) Id., contra Faust.

vultis, vos Galatæ, circumcidi? cur ultro a gratia recedentes ad legem transitis? *Sed propter*, etc. Quasi dicat : Non solum Titus non est compulsus circumcidi, sed *neque ad horam*, in aliquo, *cessimus*, quasi convicti de lege, *subjectioni* eorum, ut eis subjiciamur, qui legalia saluti necessaria prædicabant. Cum autem alibi cesserit, ut in circumcisione Timothei, cur non hic cessit? Respondet et ait : *Propter falsos fratres*, qui se fingunt amicos, *subintroductos*, [Ambrosius] id est in locum ubi erant apostoli, latenter introductos a Judæis. Quod enim infideles per se nou poterant, per falsos fratres moliebantur; quos sub specie religionis immiserunt, ut explorarent quæ libertas esset nobis in fide Christi. Unde subdit : *Qui*, scilicet falsi fratres, *subinroierunt*, id est sub habitu pacis et humilitatis introierunt; aliud quærendo, aliud fingendo, *explorare libertatem nostram*, ut scilicet accusarent libertatem nostram, *quam habemus in Christo Jesu*, id est in fide Christi, non ut eam tenerent, sed *ut aliqua contentione ab ea nos redigerent in servitutem legis*, id est in carnales observantias, a quibus liberati sumus per fidem Christi. Quod si esset, veritas Evangelii apud gentes non maneret, sed omnes **144** judaizarent. Et ideo hic ubi assertionem prædicationis suæ conferebat, nullatenus voluit cedere, ut veritas prædicationis monstraretur. Et nota quia in his omnibus se commendat, et legem non tenendam comprobat. Unde subdit :

VERS. 5, 6. — « Ut veritas Evangelii permaneat
« apud vos. Ab his autem qui videbantur esse ali-
« quid, quales aliquando fuerint nihil mea interest.
« Deus enim personam hominis non accipit. »

Ut veritas, etc. Quasi dicat : Ideo in nullo cessimus, *ut ita veritas Evangelii permaneret apud vos*. Veritas enim Evangelii, Christi est gratia. Ideo enim hic non cessit circumcidendo Titum, ne occasionem daret eis, qui sine illa circumcisione dicebant, credentes salvos esse non posse, et ad deceptionem gentium hoc etiam Paulum sentire jactabant. Ibi vero ubi non obfuit, circumcidit Timotheum pro scandalo Judæorum, ne Judæis sic videretur circumcisionem detestari, sicut idololatria detestada est : cum illam Deus fieri præceperit, hanc Satanas persuaserit. Ideo ergo non fecit in Tito quod in Timotheo, ut ostenderet illa sacramenta nec tanquam necessaria debere appeti, nec tanquam sacrilega debere damnari. Vel secundum aliam litteram. Quidam enim Latini codices non habent *neque*, secundum quod ita potest legi. Quasi dicat : Titus non est compulsus circumcidi, *sed alibi ad horam cessimus subjectioni*, ut in circumcisione Timothei. Reddit autem causam quare compulsus est facere quod nolebat, scilicet pro scandalo Judæorum, præveniens calumnias falsorum fratrum, qui parati erant commovere seditionem, si illum filium Judææ incircumcisum ordinaret episcopum : et hoc est quod ait, cessimus, dico, *propter falsos fratres qui subintroierunt* in locum ubi ego cum Timotheo et aliis eram, qui introierunt *explorare libertatem nostram, quam habemus in Christo Jesu*, id est *ut nos redigerent in servitutem* legis : quod cum facere nequirent, populum contra nos excitare moliebantur : et ideo cessimus subjectioni eorum, circumcidendo Timotheum ; ad horam cessimus, ita ut veritas Evangelii permaneret apud nos, quæ habet quod neque circumcisio aliquid confert, neque præputium, sed fides : hoc enim erat apud Judæos, quia credentes circumcidebant filios suos. Attende diligenter quod Ambrosius illam litteram improbat, qua dicitur nec ad horam cessisse, cum dicat se cessisse, nec ad horam, ita dicens : Titum supra dixit, non esse compulsum circumcidi. Et subjicit dicens : Sed propter subintroductos falsos fratres, etc., quibus verbis quid jam sonat nisi quia ad horam cessit propter illos? Si autem propter illos falsos fratres non cessit, sicut legitur in quibusdam codicibus, non voluntate non cessit ; nam cessurum se significavit, si illi non essent ; sed propter illos subintroductos falsos fratres non cessit. Si ergo cedendum non fuit, quare falsi fratres dicuntur, quorum beneficio non fecit quod faciendum non erat? Ergo si hoc est, beneficium præstiterunt Apostolo, quia horum causa non cessit, cum Ecclesiæ non deberet. Cur igitur exploratores dicti sunt, si hoc illum facere volebant quod facturus erat? sed propter istos non fecit. Sin autem non erat facturus, sine dubio propter istos fecit. Littera hic indicat quia cessit, et historia factum exclamat. Quomodo enim ad horam negaret se cessisse, cum probetur propter Judæos Timotheum circumcidisse? Ille enim posset defendere se nec ad horam cessisse, qui nunquam inveniretur cessisse. Nec ad horam enim cessit qui nunquam cessit : quod si aliquando cessit, quomodo nec ad horam? Cur etiam dicit se cessisse propter falsos fratres, si per se facturus erat? aut enim cessurus propter falsos fratres non cessit, aut non cessurus propter falsos fratres cessit. Unum enim ex his duobus restat intelligi. Cessit ergo invitus, non sponte, propter illos faciens quod per se non faceret, humilians se legi circumciso Timotheo, ut dolus et scandalum Judæorum cessaret, qui parati erant commovere tumultum et seditionem, si illum filium Judææ incircumcisum susciperet, et episcopum ordinaret. [Ambrosius] De filiis autem Græcorum non erat scandalum, quia epistola apostolorum inde data erat, ubi dicebatur non oportere eos circumcidi. Sed Judæi credentes circumcidebant filios suos, nec epistola apostolorum hoc vetabat, nec de his aliquid significaverat. Unde nec Titus est compulsus circumcidi, qui de Græcis vel gentilibus erat; sed Timotheus filius Judææ propter exploratores circumcisus est. Per hoc enim quod illum circumcidit, et non illum, ostenditur, quia illa legalia nec saluti necessaria sunt, nec sacrilega, ita ut veritas Evangelii maneat, scilicet quia in Christo neque præputium neque circumcisio aliquid valet, sed fides quæ per dilectionem operatur. *Ab his autem.* Quasi dicat : De collatione Evangelii refero ad commendationem meam. Sed *quales*, id est quam idiotæ *fuerint*, ad comparationem meam, *aliquando*, scilicet dum in lege erant, antequam essent apostoli illi *qui videbantur esse aliquid*, id est alicujus auctoritatis, quia cum Domino ambulaverunt, et transfigurationi ejus interfuerunt. [Augustinus] Videbantur, dico, ab his, scilicet falsis fratribus, quia qui videntur esse aliquid, carnalibus hominibus videntur esse aliquid. Nam ipsi non sunt aliquid, etsi boni ministri Dei sunt. Christus in illis est aliquid, non ipsi per se ; nam si ipsi per se essent aliquid, semper fuissent aliquid. Quales autem aliquando fuerunt, quia ipsi et peccatores, et idiotæ fuerunt, *nihil mea interest* referre, id est nil mihi prodest in hoc statu miseriæ, quia præterita nec prosunt nec obsunt. Innuit tamen se prævaluisse. Dicendo enim, quales aliquando fuerunt, indicat se in legalibus prævaluisse illis ; sed nil tamen iis profuisse, et ideo Galatis non sunt curanda legalia. *Deus*, etc. Quasi dicat : Ideo nil mea interest, quia Deus non accipit personam hominis, magnam vel parvam, id est sine personarum acceptione omnes ad salutem vocat, non reputans illis delicta eorum.

Vers. 7-13. — « Mihi enim qui videbantur esse
« aliquid, nihil contulerunt. Sed econtra cum vi-
« dissent quod creditum est mihi Evangelium præ-
« putii sicut et Petro circumcisionis (qui enim opo-
« ratus est Petro in apostolatum circumcisionis,
« operatus est et mihi inter gentes) et cum cogno-
« vissent gratiam quæ data est mihi, Jacobus et
« Cephas et Joannes qui videbantur columnæ esse,
« dextras dederunt mihi et Barnabæ societatis, ut
« nos in gentes, ipsi autem in circumcisionem, tan-
« tum ut pauperum memores essemus. Quod etiam
« sollicitus fui hoc ipsum facere. Cum autem ve-
« nisset Cephas Antiocham, in faciem ei restiti,
« quia reprehensibilis erat. Prius enim quam veni-
« rent quidam a Jacobo, cum gentibus edebat. Cum
« autem venissent, subtrahebat et segregabat se,
« timens eos qui ex circumcisione erant. Et simu-
« lationi ejus consenserunt cæteri Judæi, ita ut et
« Barnabas duceretur ab eis in illam simulatio-
« nem. »

Mihi enim, vel *autem*. Quasi dicat : Ideo ad priora non recurro, quia ea quæ modo sunt, sufficiunt mihi ad commendationem, scilicet quia illi *qui videbantur esse aliquid*, scilicet Petrus et alii qui fuerunt cum Domino, nil contulerunt, id est, addiderunt, *mihi*. [Augustinus] In quo patet quod non illis inferior sum, qui a Domino adeo perfectus sum, ut nil esset quod in collatione meæ perfectioni adderent. Qui enim illis imperitis tribuit sensum, dedit et mihi. Vel ita continua : Vere Deus non accipit personam hominis, qui si ita esset, ego Paulus, ante impius, cui tales nil conferret, non fuissem, sed fui. Mihi enim, etc. Vel ita junge, et legitur, autem. Quasi dicat : Illud nil mea interest referre, sed hoc dicam, quod qui videbantur esse aliquid,

nihil contulerunt mihi. Sed potius econtra, opinionem insidiantium, *cum vidissent quod Evangelium præputii, a Domino creditum est mihi*, ut fideli, ita principaliter, *sicut et Petro* Evangelium *circumcisionis*. Christus enim Paulo dedit ut ministraret gentibus, qui etiam Petro dederat ut ministraret Judæis. [Ambrosius] Ita tamen dispensatio distributa est illis, ut et Petrus gentibus prædicaret si causa fecisset, et Paulus Judæis. *Qui enim*. Quasi dicat : Per hoc viderunt, quia *qui operatus est Petro*, id est dedit quidquid habet, eligendo eum *in apostolatum circumcisionis*, id est Judæorum, *operatus est et mihi*, id est ad meum honorem, *inter gentes*. Cum vidissent, inquam, *et cum cognovissent gratiam quæ data est mihi* in gentes, [Augustinus] scilicet quot miracula feceram, quot gentes converteram, *Cephas*, id est Petrus, *et Jacobus et Joannes*, qui erant honoratiores in apostolis, quia semper in secretis cum Domino fuerunt, *qui videbantur columnæ esse*, id est sustentatio totius Ecclesiæ, quæ etiam ipsa columna et firmamentum dicitur veritatis (*I Tim.* III) : quam etiam sapientia ædificavit, et constituit in septem columnis (*Prov.* IX), quo numero vel universitas prædicatorum, quia solet poni pro universo, vel septenaria operatio Spiritus sancti insinuatur. Cum hoc, inquam, vidissent et cognovissent, *dederunt mihi et Barnabæ dextras* in signum *societatis*, id est consenserunt in societatem, et paruerunt voluntati Domini, consentientes ut ego essem primus in prædicatione gentium, sicut Petrus in circumcisione. Et sicut alii apostoli obedirent Petro, ita Barnabas Paulo. Non ergo inventi sunt in aliquo dissentire ab illo, ut cum ille perfectum Evangelium se accepisse diceret, illi negarent, et aliquid vellent tanquam imperfecto addere. *Ut nos*, quasi dicat : Dederunt nobis dextras, ad hoc utique, *ut nos iremus in gentes ; ipsi autem in circumcisionem tantum*. Hoc addiderunt : *Ut pauperum*, qui erant in Hierusalem, *memores essemus*, qui rerum suarum venditarum pretia ad pedes apostolorum ponerent. Memores, dico, ad opus illorum faciendo collectas. Ecce per hoc patet quod nobis egebant. *Quod etiam*. Quasi dicat : Ipsi monuerunt nos hoc facere. *Quod*, id est sed, ante admonitionem illorum ego *fui etiam sollicitus*, id est studui *hoc ipsum facere*, non minus diligenter quam illi præceperunt. Eo tempore cum venisset Petrus Antiocham, licet hoc in Actibus apostolorum non legatur, in faciem ei restitit Paulus. Unde subdit : *Cum autem*, etc. quasi dicat : Ipsi mihi nihil contulerunt, sed ego contuli Petro, quia *cum venisset Cephas Antiocham*, qui locus gentium erat, *ego restiti ei*, tanquam pari. Hoc enim non auderet facere, nisi sciret se non imparem fore. Restiti, dico, eundo *in faciem* ejus, scilicet quod non animadvertebat indicando ; et non in occulto, sed coram omnibus quibus nocebat. Et non temere hoc feci, *quia reprehensibilis erat*, id est dignus reprehensione, non pro se sed pro aliis. Et vere, quia hoc modo. [Augustinus] *Prius enim quam venirent quidam Judæi ab Jacobo,* Ecclesiæ Hierosolymitanæ episcopo, edebat Petrus *cum gentibus,* non habens discretionem in cibis. Illi qui a Jacobo venerant æmulatores legis erant, nomine Christiani, qui æquo jure Christum et legem venerabantur, quos timens non miscebatur gentibus, quod si solum esset, non esset reprehensibile, sicut et ipse Paulus pro scandalo aliquando cessit. [Ambrosius] Sed in hoc errabat quod gentes judaizare cogebat suo exemplo, dum a gentibus se dividens Judæis se adjungebat. Unde subdit : *Cum autem* illi *venissent* a Judæa, *subtrahebat* se Petrus, latenter per aliquas occasiones a cibis gentilium. *Et segregabat se,* id est per se gregem cum Judæis faciebat, *timens,* non cibos, sed *eos qui ex circumcisione erant,* id est de Judæa, quia erant infirmi, vel etiam si firmi essent, ne pro more suo scandalizarentur. Igitur ne scandalizarentur, sed paulatim in fide nutrirentur, factus est Judæis, tanquam Judæus, simulans cum infirmis idem sentire. *Et simulationi ejus cæteri Judæi,* qui erant Antiochiæ, *consenserunt,* tanquam discerneret cibos, *ita ut et Barnabas,* qui mecum erat doctor gentium, *ab eis duceretur* gentibus subtractus *in illam simulationem,* Judaicæ comestionis, ut quamvis recte crederet de legis in utroque populo abolitione, eadem tamen intentione qua Petrus, se a gentibus subtraheret, et cum infirmis idem sentire se simularet. Hæc autem simulatio gentibus inutilis erat, ideoque Paulus Petrum redarguit. Unde subdit :

Vers. 14. — « Sed cum vidissem quod non recte « ambularent ad veritatem Evangelii, dixi Cephæ « coram omnibus : Si tu cum Judæus sis, gentiliter « vivis et non Judaice, quomodo gentes cogis ju- « daizare ? »

Sed cum vidissem ego solus *quod non recte ambularent,* non quantum ad intentionem, sed *ad veritatem Evangelii,* quia per hoc peribat veritas, ut gentes judaizarent, *dixi Cephæ coram omnibus,* quia pro omnibus sanandis dictum est, ut omnes illius objurgatione sanarentur. Non enim utile erat errorem qui palam noceret, in secreto emendare. [Augustinus] Huc etiam accedit, quod firmitas et charitas Petri eui ter a Domino dictum est : *Pasce oves meas (Joan.* xxi) ; objurgationem talem posterioris pastoris pro salute gregis libentissime sustinebat, valebatque hoc ad magnum humilitatis exemplum, ut in eo qui primus est, discant cæteri mites esse et humiles. Ipse enim Petrus quod a Paulo fiebat utiliter libertate charitatis, sancte ac benigne pietate humilitatis accepit, atque ita exemplum posteris præbuit, tanto sanctius quanto ad imitandum difficilius, quo non dedignarentur majores sicubi forte recti tramitem reliquissent, etiam a posterioribus corrigi. Laus itaque justæ libertatis in Paulo, et sanctæ humilitatis in Petro eminuit. Dixi inquam, *si tu,* o Petre, *cum sis Judæus,* natione et genere, *gentiliter et non judaice vivis,* id est gentium, non Judæorum ritu vivis, quia sciebat illam dissertationem ciborum nihil conferre. Ecce qui ante fuit in ritu Judaico dimisit. Quid ergo debent facere qui non fuerunt ut Galatæ ? non utque debent recipere (15). Si, inquam, hoc est, *quomodo cogis gentes,* quæ omnia quæ vident in te putant esse necessaria saluti, *judaizare?* cogebat quidem non docentis imperio, sed conversationis exemplo, et de hoc objurgatus est. Hinc discant Galatæ Petri auctoritate non esse judaizandum, qui in hoc reprehensus est. De hac autem reprehensione dissentire videntur Hieronymus et Augustinus, sicut et de legalium post Christum observatione. Hieronymus enim ait Petrum non ideo observasse illa legalia, quod vellet ea post Christum servari etiam a Judæis, sicut vere nec debebant, sed invitum fecisse et dispensatorie simulasse, ne scilicet Judæos amitteret. ; nec in hoc peccabat, quia bona intentione id agebat, etsi illi peccarent, qui ejus quasi exemplo judaizabant. Nec fuit reprehensio vera, quia nil in eo reprehensibile erat, sed dispensatoria, ut per hoc scirent gentes non esse judaizandum, videntes tantum Apostolum in hoc reprehendi.

Augustinus vero dicit Petrum servasse illa legalia non dispensatorie, sed vere, quasi eis subjectum, sed non in eis spem ponentem, quæ ab omnibus Judæis erant servanda, et eum vere peccasse, non illa servando, sed alios suo exemplo judaizare cogendo, ut sit reprehensio vera non dispensatoria. Ait enim Hieron. (16). Ex hoc loco impius Porphyrius Petrum a Paulo reprehensum nobis objicit, volens et illi maculam erroris, et huic procacitatis incutere, et in commune ficti dogmatis accusare mendacium, dum inter se Ecclesiarum principes dissiderent. Quod utique facit non intelligens quo sensu Petrus reprehensibilis fuisse, vel ei apostolus Paulus in faciem restitisse dicatur. Nam uterque recte sentit legem non esse tenendam, et in omni gente quicunque timet Deum et operatur justitiam, acceptus est illi, sed uterque cauta simulatione dispensat, ille subtractionem, iste reprehensionem, ut et Judæis superbia, et gentibus desperatio tolleretur. Non igitur vel Paulo vel eis cum quibus ante edens se ab eis postea separabat, Petrus vere reprehensibilis erat, nec eis Paulus procaciter resistebat. Paulus enim in Petro hoc reprehendere non potuit, quod ipse fecit, nec arguere simulationem, cujus et ipse reus erat ; sed fuit hæc reprehensio non vera, sed dispensatoria ; nec Petrus peccavit, nec Paulus procaciter arguit. Petrus autem, sicut legitur in Actibus apostolorum, auctor fuit hujus decreti, legem post Evangelium non esse servandam, qui post visionem lintei, ubi erant diversi generis animalia, ad Cornelium intravit, et cum gentibus comedit : qui etiam quæstionem de hac re solvit. Cum enim Paulus et Barnabas jam conversis multis gentibus venissent

---

(15) August. ad Hieron.

(16) Hieron. ad August.

Antiochiam, quidam de Judæa descendentes dicebant: Sine lege Moysi nemo potest salvari. Tunc utrique srilicet Paulus et Barnabas et illi Judæi qui hoc dicebant, ascenderunt Jerusalem ad apostolos. Petrus vero ait: *Dedit Deus Spiritum illis sicut et nobis, et nihil discrevit inter nos et illos, fide purificans corda eorum. Quid ergo tentatis demum imponere jugum, quod neque nos neque patres nostri portare potuimus? sed per gratiam credimus salvari sicut et illi (Act. xv).* Petrus itaque bene sensit de abolitione legis, sed simulavit pro timore Judæorum ne occasione gentium a fide recederent, et sic perderet gregem suum. Simulavit autem Paulus pro simili metu, ut in circumcisione Timothei, et ipse qui comam ex voto nutrivit ut Nazaræi, in Cenchris ex lege caput totondit. Post multa etiam in Jerusalem consilio Jacobi et presbyterorum purificatus secundum legem in templum intravit, et hostiam obtulit. Ecce quomodo Judæis Judæus factus est. Non ergo officioso mendacio, sed honesta dispensatione et Petrum se a gentibus segregasse, et Paulum ei restitisse, ego imo alii ante me exposuerunt, ut et apostolorum prudentia demonstraretur, et blasphemantis Porphyrii imprudentia coerceretur (17).

Augustinus vero dicit credentes de gentibus onere legis liberatos esse; de Judæis vero credentes, legi subditos esse, nec peccare si circumcidunt et sacrificant, modo spem salutis in eis non constituant, nec peccat Petrus si judaizat, sed quia cogit gentes judaizare suo exemplo, in quo solo, Paulus reprehendit eum ut doctor gentium, ut sit reprehensio vera, nec dispensatoria. Alioquin mentitus est Paulus. Si enim hoc fecit Petrus quod facere debuit, mentitus est Paulus qui eum vidit non recte ambulantem ad veritatem Evangelii. Quisquis enim facit quod facere debet, recte utique facit, et ideo falsum de illo dicit, qui dicit eum non recte fecisse, quod novit eum facere debuisse. Si autem verum scripsit Paulus, verum est quod Petrus non recte ambulabat ad veritatem Evangelii: ego quidem illud Petrum sic egisse credo, ut gentes cogeret judaizare. Hoc enim lego scripsisse Paulum quem mentitum esse non credo, et ideo non recte agebat hic Petrus, quia erat contra Evangelii veritatem, ut putarent qui credebant in Christum, se sine illis legalibus salvos esse non posse. Hoc enim contendebant Antiochiæ qui ex circumcisione crediderant. Ipsum vero Paulum non ita egisse, quando Timotheum circumcidit, vel Cenchris votum persolvit, vel Hierosolymis a Jacobo monitus, legalia illa suscepit, ut putare videretur per illa legalia salutem posse dari, sed ne illa quæ in umbris futurorum Deus fieri jusserat, tanquam idololatriam gentium damnare crederetur. Hoc est enim quod Jacobus ait: *Vides,* inquit, *frater, quot millia sunt in Judæa qui crediderunt in Christo, et hi omnes æmulatores legis sunt. Audierunt enim de te quod discissionem* doceas a Moyse eorum qui per gentes sunt Judæorum, dicens non debere circumcidere filios suos, neque secundum consuetudinem legis ingredi. Quid ergo est? Utique oportet convenire multitudinem. Audierunt etenim supervenisse. Hoc ergo fac quod tibi dicimus. Sunt nobis viri quatuor, votum habentes super se: his assumptis, sanctifica te cum ipsis, et scient omnes falsa esse quæ de te audierant *(Act. xxi)*. [Augustinus] Non, ut opinor, obscurum est, et Jacobum hoc ideo monuisse, ut scirent falsa esse quæ de illo audierant hi, qui cum ex Judæis credidissent, tamen æmulatores erant legis, qui sic ea volebant observari, tanquam sine his in Evangelio salus credentibus esse non possit. Hi senserant Paulum vehementissimum gratiæ prædicatorem, et intentioni eorum maxime adversum. Ab æmulis enim novæ legis qui non intelligebant quo animo a Judæis fidelibus illa tunc observari deberent, scilicet propter commendandam auctoritatem divinam et sacramentorum illorum propheticam sanctitatem, non propter adipiscendam salutem, dicebatur Paulus gratiæ prædicator egregius damnare legem Moysi ut sacrilegam, nec Deo mandante scriptam, et ideo hujus falsæ criminationis invidiam diluere volens ipse judaizavit, ostendens non eam esse sacrilegam Judæis, nec idololatria gentibus, nec tamen esse necessariam saluti.

Porro apostoli decreverant Hierosolymis, ne quisquam tunc Judæos judaizare prohiberet, quamvis etiam ipsos Christiana doctrina non cogeret (18). Itaque si post hoc apostolorum decretum Petrus habuit illam in Antiochia simulationem qua gentes cogeret judaizare, non mirum si Paulus constringebat eum libere dehere asserere, quod cum cæteris apostolis se Hierosolymis decrevisse meminerat. Si autem hoc ante illud Hierosolymitanum concilium Petrus fecit, nec sic mirum est, quod eum volebat Paulus non timide hoc subtegere, sed fidenter asserere, quod cum pariter sentire jam noverat, vel quia cum eo contulerat Evangelium, vel quia in Cornelii vocatione etiam divinitus cum de hac re monitum acceperat, sive quia antequam illi venissent Antiochiam quos timuerat, cum gentibus eum convesci viderat. Non enim negamus Petrum in hac sententia fuisse in qua et Paulus fuit. Non igitur tunc eum quid in ea re verum esset docebat, sed ejus simulationem qua gentes cogebat judaizare, arguebat, quia sic illa omnia simulatorie gerebantur, quasi verum esset quod dicebant quidam, scilicet credentes sine lege non posse salvari, in cujus sententiæ non consensionem, sed simulationem timore Petrus inciderat, ut de illo vere Paulus scriberet, quod cum vidisset non recte ambulantem ad veritatem Evangelii, cique verissime diceret quod gentes judaizare cogebat, quod Paulus utique non faciebat: ob hoc illa vetera veraciter ubi opus erat observans, ut damnanda non esse monstraret, prædicans tamen instanter non eis, sed

---

(17) August. ad Hieron.

(18) August. ad Hieron.

gratia fidei salvos fieri fideles, ne ea velut necessaria quisquam susciperet, post passionem et resurrectionem, namque Domini jam revelata fide, amiserant tanquam vitam officii sui. Verumtamen sicut defuncta corpora deducenda erant quodammodo ad sepulturam, nec simulate, sed religiose, non erant deserenda continuo, vel inimicorum obtrectrationibus tanquam canum morsibus projicienda. Ideo nunc quisquis Christianorum quamvis sit ex Judæis ea celebrare voluerit, quasi sopitos cineres eruens non erit pius deductor vel bajulus corporis, sed impius sepulturæ violator. Nam processu temporis observationes illæ ab omnibus Christianis sunt deserendæ. Item ipsum apostolum Paulum interrogans, interpello et requiro in eo quod scripsit se vidisse Petrum non recte ambulare ad veritatem Evangelii, eique ideo restitisse, quod illa simulatione gentes judaizare cogebat : utrum verum scripserit an non, nescio qua dispensativa falsitate mentitus sit. Absit ! ut eum mendaciter fecisse credamus (19). Omnino enim tenendum est in doctrina religionis nullo modo esse mentiendum, et a scriptoribus sanctarum Scripturarum credendum est omnino abesse mendacium, ne dispensatores Christi sibi putent licere pro veritatis dispensatione mentiri. Fidelis igitur dispensator Paulus nobis exhibet procul dubio in scribendo fidem, quia veritatis dispensator erat, non falsitatis : et ideo verum scripsit, dicens se vidisse Petrum non recte ambulantem ad veritatem Evangelii, eique in faciem restitisse, quod cogeret gentes judaizare. Petri itaque et Barnabæ simulatio, merito reprehensa est et correpta, ne et tunc noceret, et ne posteris ad imitandum valeret.

Cui Hieronymus ita respondet : Scribis in epistola quod Paulus cum jam esset Christi Apostolus suscepit ea quæ in lege præcipiuntur celebranda, ut doceret non esse perniciosa his qui ea vellent sicut a parentibus per legem acceperant custodire, si tamen in eis non constituerent spem salutis. Estque summa sententiæ tuæ, credentes quidem de gentibus a legis onere liberos esse, sed credentes de Judæis bene facere, si sacrificent et circumcidunt. Sed si post Evangelium bene facit qui judaizat in sacrificiis et cæteris, in hæresim labimur Cerinthi et Ebionis, qui propter hoc sunt anathematizati quod Evangelio miscuerunt cultum legis, qui dum volunt Judæi esse et Christiani, neutrum sunt : et si tales suscipimus ut in Ecclesia Dei faciant quod fecerunt in synagoga Satanæ, non illi Christiani fient, sed nos Judæos facient. Dicis legis cæremonias his qui ex Judæis sunt non esse pestiferas ego contra pronuntio quod sunt utique cæremoniæ Judæorum omnibus mortiferæ fidelibus. *Finis enim legis Christus est (Rom.* x). Item : *Lex et prophetæ usque ad Joannem (Luc.* xvi). Item Jeremias: *Consummabo testamentum novum super domum,* vel *domui*

(19) Augustinus, contra Judam.
(20) Id., in psalmo cv.

Israel (Jer. xxxi). Non dicit populo gentium sed Judæis, ut non in vetustate litteræ vivant, sed in novitate spiritus, nec sunt illæ cæremoniæ res indifferentes inter bonum et malum ; si observandæ sunt, salutem afferunt, si vero salutem non afferunt, non sunt observandæ. Eas observare tu dicis bonum, ego assero malum, non modo eis qui ex gentili, sed etiam qui ex Judaico populo crediderunt.

Vers. 15-18. — « Nos natura Judæi, et non ex « gentibus peccatores. Scientes autem quod non « justificatur homo ex operibus legis, nisi per fidem « Jesu Christi, et nos in Christo Jesu credimus ut « justificemur ex fide Christi, et non ex operibus « legis. Propter quod ex operibus legis non justifi« cabitur omnis caro. Quod si quærentes justificari « in Christo, inventi sumus et ipsi peccatores, « nunquid Christus peccati minister est ? Absit ! « Si enim quæ destruxi iterum hæc reædifico, præ« varicatorem me constituo.

Nos natura, etc. Commendata auctoritate sua jam rationibus incipit agere, quod carnales observantiæ post Christum non sunt observandæ, ostendens justitiam, non ex lege, sed ex gratia fidei esse, primo, exemplo sui et apostolorum, et Abrahæ, qui ex fide justificati sunt, deinde Scripturarum attestatione, tandem humana consuetudine. De improbatione itaque legis incipit hic plene agere. Quasi dicat: Gentes non debent judaizare. Et vere, quia nos qui valuimus in lege, scimus eam non justificare, et ideo ea dimissa ad Christum confugimus, quod ita dicit : *Nos,* scilicet ego et alii apostoli, sumus *natura Judæi,* id est non proselyti, sed genere Judæi sumus, *et non* sumus peccatores *ex gentibus.* Quasi dicat: Peccatores quidem sumus, sed non ut gentes idololatræ et immundi (20). Attende quod sicut interest inter irridentes et irrisores, et inter scribentes et scriptores, et hujusmodi, ita Scriptura peccatores appellare consuevit valde iniquos, et gravibus peccatorum sarcinis oneratos, quod nomen gentibus imposuerunt Judæi ex vetusta superbia, tanquam ipsi justi essent, cum essent et ipsi peccatores. [Augustinus] Hoc nomen non est in Scripturis usitatum de illis qui cum juste et laudabiliter vivant, non sunt sine peccato. *Scientes autem.* Quasi dicat: Sumus natura Judæi, et non peccatores ex gentibus, sed tamen scimus *quod homo,* id est Judæus quantumcunque in lege sit, *non justificatur ex operibus legis,* id est per opera legalia, quæ sunt de sacrificiis et de aliis figurativis. Nullo denique modo justificatur, *nisi per fidem Christi Jesu,* id est qua creditur in Christum. Et quia hoc est, ergo *et nos* Judæi sicut et gentes, *credimus in Christo Jesu, ut justificemur ex fide Christi* (21). Non ideo dicit ex fide, quod opera bona frustrentur, cum Deus reddat unicuique secundum opera sua, sed quia opera sunt ex gratia, non ex operibus gratia, quia fides per dilectionem

(21) Id., ad Paulin. episc.

operans, nihil operaretur, nisi ipsa dilectio Dei diffunderetur in nobis per Spiritum sanctum, nec ipsa fides esset in nobis, nisi Deus eam daret (22). Ex fide ergo nos dicit justificari, quia ipsa prima est, ex qua impetrantur cætera. Ex fide justificemur, dico, *et non ex operibus legis* aliquo modo, sive ante fidem sive cum fide fiant.

Propter quod, scilicet quia Judæus non est justus ex lege, patet quod *ex operibus legis non justificatur omnis caro*, id est gentilis, quia si ex illis non justificatur Judæus, multo minus caro, id est peccator ex gentibus. Quod si, quasi dicat: Nos credimus in Christum ut per fidem justificemur. *Quod*, id est sed *si*, et nos *ipsi inventi sumus, peccatores*, ideo quia sumus, *quærentes justificari in Christo*, id est si dicitis, et si verum est nos peccasse eo quod legem dimisimus, et in Christo justitiam quærimus, tunc qui hoc præcipit, scilicet Christus, est minister peccati. Nunquid Christus est peccati minister? Quasi dicat: Mirum est si quis hoc dicat. Sed absit ut Christus peccaverit, qui legem destruxit, et deseri præcipit! *Si enim*. Quasi dicat: Vere Christus non peccavit hoc præcipiendo, quia nec ego peccavi deserendo, et destruendo, quia *si iterum hæc reædifico quæ destruxi*, scilicet superbiam gloriantem de operibus legis *prævaricatorem me esse constituo*. Videtur forte ex his verbis similiter posse objici quia, si fidem Christi quam ante oppugnabat nunc ædificet, prævaricatorem se constituat, sed illam non destruxit, quia destrui non potest. Hanc autem superbiam vere destruxerat, et destruebat, et ideo, si reædificaret, prævaricator fieret. **147** [Augustinus] Ille enim prævaricator est qui cum destruxerit rem falsam quæ destrui potest, eam rursum ædificat. Ille vero non est, qui rem veram cum conaretur destruere, et postea veram esse ac destrui non posse cognosceret, tenuit eam ut in ipsa ædificetur. Vel ita, quod si quæ. Quasi dicat: Dixi quod ex operibus legis non est justitia, et vere. Quod, id est quia etiam nos ipsi qui in lege majores inventi sumus, non opinione habiti, sed ratione probati fuisse peccatores in ea, scilicet dum ei subjecti serviebamus. Quod inde apparet, quia sumus quærentes, id est quærimus, justificari in Christo, quia cur in Christo quæreremus justificari, nisi quia in lege non eramus justi? Et si hoc est, id est si nos qui in ea perfecti eramus, fuimus ex ea peccatores, tunc lex ubicunque post Christi passionem servatur, ministrat peccatum, et si lex ministrat peccatum, tunc si Christus legem modo ministrat, et peccatum. Sed nunquid Christus est minister peccati? Absit! Non enim minister est peccati; ergo nec legis, quod forte videretur, quia eam adimplevit. Sed absit quod ipse sit minister, id est quod eam ministraverit, docens eam post suum passionem servandam. Et si Christus non est minister legis, cur vos, Galatæ, eam servaretis? Vel ita, quod si. Quasi dicat: Vere ex operibus legis non est justitia, quod, id est quia nos ipsi quærentes justitiam in Christo, [Berengar.] id est revera cognovimus nos non posse justificari, nisi transeuntes ad Christum, nos dico inventi peccatores in lege. Et si hoc est quod utique est, nunquid Christus minister peccati, id est nunquid patitur Christus, et concedit nos relabi ad id quod eramus? quod si pateretur, id est concederet, profecto nobis esset minister peccati, id est prioris status nostri sicut fuisset transeuntibus ad se minister justitiæ, sed absit! Si enim; quasi dicat: Vere Christus non est minister peccati vel legis, ego enim sequax ejus, destruxi legem rationabiliter vivendo et docendo. Et si, ego, iterum reædifico hæc quæ destruxi, id est legem, constituo me esse prævaricatorem, id est contra legem spiritualiter intellectam facio.

VERS. 19-21. — « Ego enim per legem legi mortuus sum, ut Deo vivam. Christo confixus sum cruci. Vivo autem jam non ego; vivit vero in me Christus. Quod autem nunc vivo in carne, in fide vivo Filii Dei, qui dilexit me et tradidit semetipsum pro me. Non abjicio gratiam Dei. Si enim per legem justitia, ergo gratis Christus mortuus est. »

Ego enim per legem, spiritualiter intellectam *mortuus sum legi*, ne carnaliter in ea vivam. [Augustinus] Vel per legem, id est per auctoritatem legis, ipsam dimisi, quasi ei mortuus, nullum carnalem sensum ejus habens; in qua scriptum est: *Prophetam suscitabit Dominus de fratribus vestris, ipsum tanquam me audietis* (Deut. XVIII). Et item: *Consummabo testamentum novum domui Israel* (Jer. XXXI). Et: *Holocausta, et pro peccato non postulasti*; tunc dixi : *Ecce venio* (Psal. XXXIX); et alia hujusmodi. Mortuus sum legi dico, *ut vivam*, non mihi, sed *Deo*, id est ad honorem Dei, quod etiam possum, quia *cum Christo confixus sum cruci*, id est crux Christi exstinxit in me ardorem peccati, ut jam ultra ad id non extendar timore Dei, quasi clavis habens carnes affixas. Unde : *Confige timore tuo carnes meas* (Psal. CXVIII). *Vivo autem* ; quasi dicat : Cum Christo crucifixus sum cruci, sed propter hoc vivo virtutibus, id est vigorem bene operandi habeo, *Vivo*, dico, *jam non ego*, secundum carnem, quia jam non sum ille peccator qui prius eram. *Vivit vero in me Christus*, id est novitas Christi apparet in me. Et est sensus (23): Non est in me justitia mea, sed Christi. Ad quid ergo lex necessaria est? *Quod autem*, illud quod dixerat, et quod est, et qualiter est, et per quid, exponit. Quasi dicat: Dico me vivere, *quod autem nunc vivo*, id est bene operari possum *in carne*, corruptibili in qua est incentivum vitiorum, id est quod in igne non uror, *in fide vivo*, id est per fidem est, non per laboriosa opera legis. Fide dico, *Filii Dei*, cujus fides valere potest cum sit Dei Filius. Ut autem ostenderet non esse meriti sui, sed

---

(22) August., ad Prosp. et Hilarium.

(23) Id., De sermone in Epist. Joan.

gratiæ Christi, quod in carne vivens vivit in fide, addit, *qui dilexit me*, et per hoc fides habet efficaciam, *et per dilectionem tradidit pro me*, non aliud sacrificium, sed *semetipsum*, solum, qui tantus est. Attende quod Filius se tradidit ut hic dicitur, et per eum tradidit ut alibi ait Apostolus : *Qui proprio Filio suo non pepercit, sed, pro nobis omnibus tradidit illum* (Rom. VIII). Si Pater tradidit Filium, et Filius tradidit seipsum, Judas quid fecit? Facta est traditio a Patre, facta est traditio a Filio, facta est traditio a Juda, una res facta est. Quid ergo discrevit Patrem tradentem Filium, et Filium tradentem se, et Judam tradentem Magistrum? Quia hoc fecit Pater et Filius in charitate ; Judas autem fecit in proditione. Videtis quia non quid faciat homo considerandum est, sed quo animo et voluntate faciat. In eodem facto invenimus Deum, in quo invenimus Judam ; Deum benedicimus, Judam detestamur ; benedicimus charitatem, detestamur iniquitatem. Deus cogitavit salutem nostram, qua redempti sumus; Judas cogitavit pretium quo vendidit Dominum ; Filius pretium quod dedit pro nobis. Diversa ego intentio, diversa facta facit, cum tamen sit una res, reparatio ex diversis. Eam si metiamur, unum coronandum alterum damnandum ; unum glorificandum, alterum detestandum invenimus. *Non abjicio;* quasi dicat : Quia Christus ex dilectione tradidit se et justificavit me ergo *non abjicio gratiam Dei*, id est non recipio legem, quod esset abjicere gratiam. [Augustinus] Vel secundum aliam litteram, quæ est : *Non sum ingratus gratiæ Dei, ut ei comparem aliud*, id est legem, ut dicam per legem esse justitiam. Nec debeo : *Si enim per legem*, id est per opera legis quibus Judæi confidebant, *justitia est, ergo Christus mortuus est gratis*, id est frustra, sine causa.

CAPUT III.

VERS. 1, 2, — « O insensati Galatæ, qui vos fasci-
« navit non obedire veritati? Ante quorum oculos
« Jesus Christus proscriptus est, et in vobis cruci-
« fixus. Hoc solum a vobis volo discere : Ex ope-
« ribus legis spiritum accepistis, an ex auditu fi-
« dei ? »

O insensati Galatæ. [Ambrosius] Increpat eos : verba enim sunt irascentis, et increpantis, qui per increpationem commonet eos, ut rationes sequentes attentius audiat. Quasi dicat : Non ex lege, sed ex fide justitia est, et Christus ex dilectione se pro nobis tradidit. Et cum hæc omnia constent, et in his instructi fuistis. O, dolendo dicit, vos Galatæ, *estis insensati*, quia nec se circumventos esse cognoscunt. Et cum prius recte instructi fueritis, *quis vos fascinavit, id est decepit, veritati non obedire ?* Veritas enim se ingerit vobis, et vos ei non creditis. Et quis vos ita fascinavit? Per simile hoc dicit; quasi dicat : Ut quod ante oculos est non videatis, sicut magicis ludificationibus aliter quædam oculis hominum ostenduntur quam sint, et dicuntur illæ fascinationes. [Hieron.] Dicitur etiam fascinus sive fascinatio vulgo quod nocet infantibus. Dicuntur enim quorumdam oculi visu urentes, et hic eorum actus fascinatio dicitur, et potest fieri ut huic peccato inserviant dæmones. Similiter invidia tanquam fascinus urit. Invidus enim non modo sibi nocet, cum aliena felicitate tabescit, sed etiam his in quibus aliqua bona esse incipiunt. Unde in libro qui Sapientia Salomonis inscribitur : *Fascinatio malignitatis obscurat bona (Sap. IV).* Sic factum est ut invidi tanquam fascinantes nocuerint Galatis nuper in Christo renatis, ut iidem Galatæ fidei stomacho nauseante cibum Spiritus sancti emovuerint. Quid autem ex hac fascinatione evenerit ostendit subdens : *Ante quorum oculos*, etc., [Ambrosius] quasi dicat : Vere fascinati estis *ante quorum oculos*, id est quorum reputatione *Christus*, tantum *proscriptus est*, id est damnatus. *Et in vobis*, et in vestris intellectibus falsis Christus *crucifixus* est, ut purus homo sine salute vestra. In oculis et sensibus prudentium Christus videtur damnasse mortem et diabolum, et infernum, secundum illud Osee : *Ero mors tua, o mors.* etc. (*Ose.* XIII). Hæc est virga Moysi quæ versa in serpentem devoravit serpentes magorum. Hic est summus sacerdos in lege, in cujus morte qui sanguinem proximi fuderant ignoranter, et ob id metuentes ad civitatem refugii se contulerant, absolvebantur, et securi fiebant a metu. Ita Christi morte damnato superbo salus nostra procurata est, quod in-inuabat ineffabile nomen Domini, scriptum in lamina aurea summi pontificis, quod erat tetragrammaton, id est quatuor litterarum, quæ sunt ioht, he, vau, eth, id est *principium passionis vitæ iste*; ac si diceretur : Ille cujus iste legalis sacerdos gerit personam, est nobis per passionem auctor, et reparator vitæ per Adam amissæ. Unde : *Qui ascendit super occasum Dominus nomen illi* (*Psal.* LXVII). Occasum enim mortis Christus ascendit, id est triumphavit, diabolum et mortem damnando. Sed oculis stultorum videtur damnatus tantum, et in eorum sensu crucifixus ut homo, in quo nulla spes salutis sit. In illis ergo vivit Christus, et in istis est mortuus. Vel ita : Ante quorum oculos Christus Jesus proscriptus est, id est proscriptio ejus ita vobis nota fuit, quasi ante vos fuisset facta, et in vobis est crucifixus, id est in intellectibus vestris fuit crucifixio, ut sciretis qualiter facta, et quid contulit. [Augustinus] Vel ita, vere fascinati estis, ante quorum oculos, id est in vestra præsentia vobis videntibus ille tantus qui est Christus Jesus, et pro vobis, crucifixus est, et proscriptus, id est exhæredatus, et hoc in vobis ; in aliis non deberetis pati, ut regnum et hæreditatem suam amitteret, nedum in nobis, sed in vobis etiam proscriptus est, id est hæreditatem suam amisit in vobis, id est in vos ipsos. [Berengar.[Quod ait, crucifixus, pondere pronuntiationis indiget cum dolore, quod addidit, ut hinc maxime moveret eos, cum considerarent quo pretio emerit possessionem quam in eis amittebat. Vel ita : Vere fascinati estis, ante quorum oculos Christus Jesus proscriptus est, id est dum per legem

Christum Jesum descritis, Christus est a vobis proscriptus, sicut a Pilato, id est ita peccatis, sicut peccavit Pilatus Jesus proscribendo eum, et dum insufficientem creditis, crucifixus est in vobis, id est a crucifixoribus, peccati quantitate non differtis.

Hoc solum volo. Postquam Galatas increpando commovit, commotis eis per increpationem probat quod lex non est observanda, quia non ex ea, sed ex fide veniunt omnia necessaria, scilicet spiritus, **148** justitia, benedictio ; quasi dicat : Quamvis sitis fascinati et stulti, tamen *hoc volo a vobis discere,* quia hoc adeo evidens est, ut et stulti docere queant ; et hoc solum volo a vobis scire, quia si nihil aliud esset, hoc solum ad probandum quod intendo sufficeret. Quid est illud ? Ecce constat quia *accepistis Spiritum* sanctum inhabitantem. Et cum hoc constet quod Spiritum accepistis, an *ex operibus legis,* ubi labor est, quæ nunquam habuistis, accepistis eum, *an ex auditu fidei* ? id est ex fide quæ auditus facilitate venit ?[Augustinus] Ex fide utique, non ex operibus legis. Ab apostolo enim prædicata est eis fides, in qua prædicatione adventum et præsentiam Spiritus sancti senserant. Sicut illo tempore in novitate vocationis ad fidem, etiam sensibilibus miraculis præsentia sancti Spiritus apparebat sicut in Actibus apostolorum legitur. Hoc autem factum erat apud Galatas, antequam isti ad eos pervertendos venissent. Hic ergo sensus est : Si in illis operibus legis esset salus vestra, non daretur vobis Spiritus sanctus, nisi circumcisis ; sed fuit datus vobis antequam opera legis haberetis. Et sciendum quod nunc de operibus maxime tractat quæ sunt in sacramentis, quæ non sunt necessaria, ubi jam gratia fidei est. Bipertita enim sunt opera legis. Nam partim in sacramentis, partim in moribus accipiuntur. Ad sacramenta pertinent circumcisio, Sabbatum, neomeniæ, sacrificia, et hujusmodi innumeræ observantiæ. Ad mores autem : *Non occides; non mœchaberis* (*Exod.* xx), et hujusmodi. In observantiis autem si non intelligantur, servitus sola est, qualis erat in populo Judæorum, et est usque adhuc. Si autem observantur illa et intelligantur, non modo nihil obsunt, sed etiam prosunt, si tempori congruant : sicut a Moyse et prophetis observata sunt congruentia illi populo, cui adhuc talis servitus utilis erat, ut sub timore custodiretur. Nihil enim tam præterret animum quam sacramentum non intellectum ; intellectum vero pium gaudium parit, et celebratur libere, si opus est tempori ; si vero non est opus, cum suavitate spirituali tamen legitur, et tractatur. Omne autem sacramentum, cum intelligitur, vel ad contemplationem veritatis, vel ad bonos mores refertur. Contemplatio veritatis in solius Dei dilectione et cognitione fundata est. Boni mores in dilectione Dei et proximi. In quibus duobus tota lex pendet et prophetæ.

Vers. 3-10. — « Sic stulti estis, ut cum spiritu « cœperitis, nunc carne consummamini ? Tanta « passi estis sine causa, si tamen sine causa ? Qui « ergo tribuit vobis spiritum, et operatur virtutes « in vobis, ex operibus legis, an ex auditu fidei? Sic- « ut scriptum est : Abraham credidit Deo, et re- « putatum est illi ad justitiam. Cognoscite ergo « quia qui ex fide sunt, hi sunt filii Abrahæ. Pro- « videns autem Scriptura quia ex fide justificat « gentes Deus, prænuntiavit Abrahæ, quia bene- « dicentur in te omnes gentes. Igitur qui ex fide « sunt, benedicentur cum fideli Abraham. Qui- « cunque enim ex operibus legis sunt, sub male- « dicto sunt.

Sic stulti. Item hic increpat eos ; quasi dicat : Et quia spiritus est ex fide, ergo vos *stulti estis* et *sic,* id est adeo, *ut cum cœperitis* instrui *Spiritu* sancto, id est cum initium habueritis a Spiritu sancto, nunc cum provectiores estis *consummamini,* id est quæritis consummari *carne,* id est per carnales observantias, a quibus nec initium justitiæ poterat, haberi, et ita ordinem confunditis.[Augustinus] Ordo enim est a carnalibus ad spiritualia surgere, non a spiritualibus ad carnalia cadere, sicut vobis accidit, quia quod bonum non est, non est Evangelium cum hoc annuntiatur. *Tanta,* etc., quasi dicat : Vos, quæritis consummari carnalibus observantiis, sed non consummamini, imo habita perditis. Et ideo *tanta passi estis sine causa,* id est sine utilitate ; vel hoc ideo dicit, quia multa jam pro fide toleraverant, et in ipsis passionibus charitate timorem vicerant, sine causa ergo tanta passi erant, qui a charitate quæ in eis tanta sustinuerat, ad legem labi volebant. [Ambrosius] *Si tamen ;* quasi dicat : Dico vos passos sine causa, non, tamen affirmo, quia in vobis, id est in potestate vestra est, si vultis, non erit sine causa, imo proderit. Sine causa enim factum dicitur superfluum, quod nec prodest, nec nocet. Hoc autem prodesse potest, si resipuerint. Hoc dicit ne desperent. Qui *ergo tribuit,* etc. Redit ad illam quam cœperat demonstrationem, ostendens quod sicut illi per opera legis quæ nunquam habuerunt, non acceperunt Spiritum sanctum, sed per fidem ; ita et ipse non per illa opera, sed per fidem hadet potestatem dandi Spiritum sanctum, et operandi miracula. Quasi dicat : Quia vos non ex operibus legis quæ nunquam habuistis, accepistis Spiritum, sed *ex fide, ergo qui tribuit vobis, Spiritum* sanctum, ministerio, non auctoritate, *et operatur virtutes,* id est miracula *in vobis,* id est inter vos, scilicet ego, facit hoc *ex operibus legis, an ex auditu fidei?* Non utique ex operibus legis, sed ex fide : et si mihi qui ibi valui non prosunt, cur vos ea quæritis? Quod autem mihi non prosint per exemplum vestri manifestatur ; per vos enim potestis videre quod ego qui habui opera legis, non tamen per ea, sed per fidem accepi potestatem dandi spiritum ministerio, non auctoritate, et operandi miracula. De eo quod sub lege fuerat, posset dubitari, sed per similitudinem istorum liquet. Deinde adhibet exemplum patris Abraham, cui ante circumcisiouem fides reputata est ad justitiam subdens:

Sicut, etc. Et ostendit hic justitiam esse ex fide: quasi dicat : Ita spiritus est ex fide sicut et justitia. Nam *scriptum est* in Genesi; *Abraham credidit Deo, et* ipsum credere, *reputatum est ei ad justitiam,* id est sufficiens causa fuit justitiæ Abrahæ, et est aliis. Et vocat hic justitiam peccatorum remissionem, et bonæ vitæ observantiam.*Cognoscite ;* quasi dicat : Quia Abraham justus est ex fide, *cognoscite ergo quia illi qui sunt ex fide,* id est quorum esse est ex fide, id est qui ex fide credunt se justificari et salvari *hi sunt filii Abrahæ,* imitatione, id est justi. *Providens autem.*[Augustinus] Ostendit superius ex fide esse spiritum et justitiam, hic ostendit ex eadem fide esse benedictionem ; quasi dicat:Non solum justitia est ex fide,sed etiam benedictio,quia Scriptura, inducens Deum loquentem Abrahæ, dicit : O Abraham, *omnes gentes,* non tantum Judæi, *benedicentur* æterna beatitudine *in te* (Gen. xxviii), id est quod est in fidei tuæ conformitate,quia imitatione fidei ejus qua justificatus est etiam ante circumcisionem, Judæi et gentes benedicentur. Vel in te, id est in tuo semine, scilicet in Christo. Et ne alio, id est ad alium sensum,vertas verba illa, dicit Moysen sic sensisse, addens : *Providens,* etc. ; quasi dicat : Scriptura, dicit providens, id est ostendens longe antequam fieret provisum esse hoc, scilicet *quia Deus justificat ex fide gentes,* non ex operibus legis.Et ideo *prænuntiavit Abrahæ,* id est ostendit prænuntiatum esse Abrahæ quod ex fide est benedictio dicens : *Quia in te,* id est tuæ fidei imitatione *benedicentur* æterna beatitudine *omnes gentes.* Et quia auctoritas Scripturæ hoc dicit *igitur qui ex fide sunt benedicentur* cum fideli Abraham, id est sicut Abraham per fidem benedictus est.*Quicunque enim.* Quasi dicat : Recte dico quod illi qui ex fide sunt benedicentur. Ex operibus enim non benedicuntur, sed mali sunt : quod ita dicit: *Quicunque enim ex operibus legis sunt,* sicut illi qui per ea putant se justificari, *sub maledicto* transgressionis *sunt,* ut nequeant evadere,et ideo illud quod dictum est Abrahæ, scilicet in te benedicentur omnes gentes, non est aliter intelligendum quam supra exposuit. Non enim sic intelligi debet, ut dicatur sicut Judæi volunt, in te benedicentur omnes gentes, id est in tuorum operum similitudine. Ex operibus enim legis non est benedictio, sed maledictio: quod intelligendum est non de operibus quæ ad mores pertinent, sed quæ in illis observationibus fiebant. Prodest enim lex scripta in tabulis, in quibus erant tria mandata pertinentia ad dilectionem Dei, et septem ad dilectionem proximi ; cætera vero sunt hominum quod legis auctoritate probat subdens :

VERS. 10-14. — « Scriptum est enim: Male-
« dictus omnis qui non permanserit in omnibus
« quæ scripta sunt in libro legis, ut facias ea.Quo-
« niam autem in lege nemojustificatur apud Deum,
« manifestum est quia justus ex fide vivit. Lex au-
« tem non est ex fide ; sed qui fecerit ea, vivet in
« illis. Christus nos redemit de maledicto legis,
« factus pro nobis maledictum, quia scriptum est:
« Maledictus omnis qui pendet in ligno, ut in gen-
« tibus benedictio Abrahæ fieret in Christo Jesu,
« ut pollicitationem spiritus accipiamus per fi-
« dem. »

Scriptum est enim ; quasi dicat: Illi qui ex operibus legis sunt maledicti sunt. Et vere, quia sic *scriptum est* in Deuteronomio : *Maledictus est omnis qui non permanserit,* non solum cognoverit, non in quibusdam tantum, sed *in omnibus præceptis, quæ scripta sunt in libro legis.* Permanserit dico, ita *ut faciat ea,* id est non modo velit, sed opere impleat, quod nullus potest facere. Unde Petrus ait : *Quid tentatis imponere nobis jugum, quod neque nos neque patres nostri portare potuimus ? (Act.* xv.) Et est sensus : quasi dicat: Deus per Moysen multa quidem præcepit quæ nullus implere poterit, sed homini data sunt in onus ad ejus domandam superbiam, qui dicebat :Non deest qui impleat,sed deest qui jubeat. Et ideo maledicti erant omnes qui sub lege erant,quia in omnibus erat reatus transgressionis, a quo absoluti erant qui in gratia confidebant, spiritualiter saltem legem implentes in quo innuit desiderandum esse Salvatorem, qui finem ponat his, et liberet non solum ab aliis peccatis, sed etiam a maledicto legis. Cur ergo Galatæ transeunt a gratia ad maledictionem ? Quasi dicat : Siulte faciunt. *Quoniam autem ;*quasi dicat :Ex lege est maledictio, qui autem non sit ex ea,justitia,per auctoritatem Habacuc ostenditur. Et hoc est quid dicit: *Quoniam autem nemo justificatur in lege,*id est per opera legis, *apud Deum,* etsi apud homines qui falluntur, *manifestum est,* ex verbis Habacuc. [Augustinus] Ille justificatur apud Deum, qui eum gratis colit, scilicet non cupiditate appetendi aliquid ab eo præter ipsum, vel timore amittendi. In ipso enim solo vera nostra beatitudo est. Manifestum est, dico, quod ait Habacuc: *Justus ex fide vivit.* Justus est aliquis ex fide, et per hoc vivit vita æterna. *Lex autem ;* quasi dicat: Ex fide est justitia et vita, sed *lex non est ex fide,* ut profuturis impleatur, *sed* timore. Posset enim videri quod opera legis ex fide fierent,ut pro eis sperarent æterna, de quibus fides est, quod utique non faciebant, sed ex timore pœnæ illa servabant.Unde subdit : *Sed qui fecerit ea, vivet in illis.* Non ait qui fecerit eam, vivet in ea, cum præmisisset, lex non est ex fide,ut intelligas legem in hoc loco pro ipsis operibus quæ in illis observationibus fiebant positam.Qui autem vivebant in his operibus, timebant utique, si ea non fecissent, lapidationem, vel crucem,vel aliquid hujusmodi pati. Ideo ait : *Qui fecerit ea,vivet in illis,*non apud Deum, id est habebit præmium, ne ista morte puniatur, aliter enim plecteretur.Qui autem ex fide vivit, cum hinc exierit, tunc magis habebit præsentissimum præmium. Non igitur ex fide vivit quisquis præsentia quæ uidentur, vel cupit,vel timet,quia fides Dei ad invisibilia pertinet [Ambrosius] Vel. lex non est ex fide,id est nil mandat credendum, sed faciendum. Alia non mutantur. *Christus autem ;* quasi dicat :Ex lege est maledictio non justitia ; sed Christus redemit nos Judæos *do maledicto legis*,sub quo eramus. Cur ergo, vos Galatæ,ad idem tenditis?*Factus*,etc. ; quasi dicat : Redemit nos de maledicto legis. Ipse dico *factus*, id est reputatus, *pro nobis*, non solum maledictus, sed etiam *maledictum*. Quo verbo secundum usum loquendi plusquam si diceretur maledictus, intelligitur, id est valde peccator, dum ut reus occidatur, et dum in ejus contumelia dicitur cæco illuminato : *Tu discipulus illius sis, nos discipuli Moysi erimus (Joan.* ix). *Quia scriptum ;* quasi dicat : Ideo reputatus est maledictum,quia suspensus est in cruce.*quia scriptum est* in Deuteronomio: *Maledictus omnis qui pendet in ligno*, pro suis videlicet sceleribus. [Hieron.] Non enim ideo est maledictus, quia crucifixus est, sed quia in talem inciderit reatum ut meruerit crucifigi, quod non Christus. Et ideo licet sit reputatus, tamen non fuit maledictus maledictione culpæ,etsi maledictione pœnæ. Maledictio enim gemina est, scilicet culpæ et pœnæ. Unde et maledictum duobus modis dicitur, scilicet active et passive, id est secundum culpam et secundum pœnam.

Ostenso igitur qualiter hic locus accipi possit de maledicto culpæ, et de maledicto pœnæ, prosequamur. *Factus est*, etc.,quasi dicat : Christus redemit nos a reatu prævaricationis, qui propter hoc *factus est pro nobis* rei veritate *maledictum*, id est mortalis. Mortalitas autem ex peccato est,ideoque et ipsa maledictio dicitur, et ex ea aliquid maledictum. Ne autem horreas quod dicit Christum esse maledictum, confirmat auctoritate prophetæ Moysi, subdens : *Quia*, etc. Quasi dicat :Vere factus est maledictum, *quia scriptum est*: *Maledictus est*,id est vere mortuus. Et vere satis est miser *omnis qui pendet in ligno.* Ad litteram hoc dixit Moyses de reis mortis, ut reo mortis hoc sufficeret si suspenderetur, quia hæc pœna cæteris abjectior et ignobilior erat. Ideo in Deuteronomio dictum est : *Ut qui suspensus fuerit, in vespera deponatur*, et ostendit quare, *quia maledictus omnis qui pendet in ligno (Deut.* xxi). [Ambrosius] Quasi dicat : Satis est vel sit ei ad pœnam quod suspensus moritur reus, et quod illic est usque ad vesperam,ut tunc deponatur et sepeliatur, ne si diutius ibi sit,majus sit opprobrium et macula generi ejus. Ab hoc ergo maledicto pœnæ ostenditur Christus non fuisse immunis hac auctoritate ; quia scriptum est :Maledictus omnis qui pendet in ligno. Maledictus, id est mortuus. Securus ergo ait Apostolus, *factus est pro nobis maledictum* (24), sicut non timuit de eodem dicere, *pro omnibus mortuus est.* Hoc enim est maledictus quod mortuus est, quia mors ipsa ex maledicto est, et maledictum est omne peccatum, sive ipsum quod fit ut sequatur supplicium, sive ipsum supplicium, quod et vocatur peccatum,quia ex peccato fit. Suscepit autem Christus sine reatu supplicium nostrum,ut inde solveret reatum nostrum, et finiret etiam supplicium nostrum. Unde alibi Apostolus ait : *Misit Deus Filium suum in similitudinem carnis peccati, ut de peccato damnaret peccatum in carne (Rom.* viii). Quod enim dixerat similitudinem carnis peccati,hoc etiam appellat peccatum, ubi ait, ut de peccato, etc. Quia enim de peccato mors est, illa autem caro ,quamvis ex Virgine, tamen mortalis fuit ; eo ipso quo mortalis erat similitudinem carnis peccati habebat. Cur ergo timeret Moyses dicere maledictum,quod Paulus non timuit dicere peccatum ?Plane hoc propheta dicere debuit et prædicare, nec in hoc quod maledictus appellatus est qui pendet in ligno,contumelia in Deo putanda est. Ex parte quippe mortali pependit in ligno.Mortalitas autem ex maledictione peccati primi hominis est. Si ergo diceret: Mors maledicta est, nemo exhorresceret. Item, si diceret : Peccatum maledictum est, nemo miraretur. Quid autem pependit in ligno nisi caro mortalis, cujus mortalitas ex peccato veteris hominis erat ? [Augustinus] In ejus peccati et mortis figura etiam Moyses exaltavit serpentem in eremo super lignum. In illa enim figura mors Domini pendebat in ligno.

(25) Nec in eo etiam major invidia est,quod addidit,Deo,ut diceret : Maledictus. Deo omnis qui pendet in ligno. [Hieron.] In Hebræis enim codicibus et nostris in Deuteronomio nunc habetur, maledictus est Deo.In antiquis tamen Hebræorum codicibus non habetur nomen Dei,et puto post passionem Domini ab aliquo positum esse,ut nos qui maledictum a Deo credimus Christum, infamaret (26),sed non est hoc in contumeliam Domini, qui ideo dicitur maledictus Deo, quia odit Deus peccatum et mortem nostram, cum ad delendum eam misit Filium suum. Quid ergo mirum si maledictus dicitur Deo qui in se habet quod Deus odit,id est quod reprobat et delet ? Addit proinde, omnis, etiam Christus,ne futuri hæretici negent ejus veram esse mortem. Prævidit enim Moyses hæreticos futuros, et veram Domini mortem negaturos. Et ideo volentes ab hoc maledicto Christum sejungere, ut a morte etiam veritate sejungerent. Ergo contra longe futuros hæreticos de longe clamat Moyses : Sine causa tergiversamini, o hæretici, quibus displicet veritas mortis Christi. Maledictus enim omnis qui pendet in ligno, non ille aut ille, sed omnis omnino,etiam Filius Dei semper vivus in justitia sua, mortuus autem propter delicta nostra, in carne suscepta ex pœna nostra. Sic et semper benedictus est in sua justitia, maledictus autem in morte suscepta ex pœna nostra. [Augustinus]Cum enim ex homine et pro homine mortem suscepit, ex illo et pro illo etiam maledictum quod mortem comitatur suscipere non

(24) August. contra Faust.
(25) Id., contra Faust.

(26) Id., in eod.

dedignatus est. Ideoque additum est, omnis, ne Christus ad veram mortem non pertinere diceretur, si a maledicto penitus separaretur, Insipiens quidem honorificentia Christum a maledicto quod morti conjunctum est separat. Et ita vere mortuum negat, dicens pependisse in ligno specie quadam falsæ carnis, et non veram mortem in cruce solvisse. Contra quod propheta vere mortuum clamat, cum ait maledictus omnis qui pendet in ligno, id est vere mortuus. Pœna enim peccati, vel ex benedictione venit, vel ex maledictione. Sed si ex benedictione venit, optare debes semper esse in pœna peccati. Si autem cupis inde liberari, crede per divinæ sententiæ justitiam ex maledictione venisse, qua dicitur : *Si tetigeris, morte moriemini. Et in gentibus;* quasi dicat : Ita nos Judæos redemit a maledicto legis, ut etiam, in gentibus, quæ non sub maledictione legis erant, *fieret benedictio Abrahæ* promissa. Et hoc in Christo Jesu, id est per Christum, fieret, dico, ita *ut,* tandem nos utrique scilicet Judæi et gentes, *accipiamus pollicitationem Spiritus* sancti, id est beatitudinem æternam, quam Spiritus sanctus in arrham datus promittit. Accipiamus, dico *per fidem,* non per opera legis.

VERS. 15-18. — « Fratres, secundum hominem di« co, tamen hominis confirmatum testamentum nemo « spernit aut superordinat. Abrahæ dictæ sunt pro« missiones et semini ejus. Non dicit et seminibus « quasi in multis, sed quasi in uno : Et semini tuo, « qui est Christus. Hoc autem, dico, testamentum « confirmatum a Deo, quæ post quadringentos et « triginta annos facta est lex, non irritum facit ad « evacuandam promissionem. Nam si ex lege hære« ditas, jam non ex promissione. Abrahæ autem per « promissionem donavit Deus. »

Fratres, secundum hominem dico. Ostendit hucusque justitiam, non ex lege, sed ex fide esse, exemplo sui et Abrahæ, et Scripturarum auctoritate. Nunc per humanam consuetudinem idem demonstrat; quasi dicat : Probavi per rationes et auctoritates quod per fidem non per legem datur spiritus, et justitia et beatitudo. Modo, o fratres, dico, id est probo illud idem secundum hominem, id est secundum humanam consuetudinem in qua, quamvis sæpe non sit firmitas, *tamen testamentum hominis,* id est ab homine factum, suis hæredibus firmum est, quia *nemo spernit,* ut dicat non valere, non benefactum esse, *aut superordinat,* ut aliter de rebus illis disponat, sed est in auctoritate omnium, maxime cum sit *confirmatum* testibus et morte testatoris, similiter testamentum, id est promissionem Dei, lex non facit irritum, quod subsequenter dicit Apostolus : Quod si solum subderetur, facilis esset intelligentia in aptatione similitudinis, sed ex eo aliquantulum obscuratur, quia antequam illud inferat, promittit cui factum sit testamentum a Deo, id est promissio, scilicet Abrahæ. Quod ideo facit, ut ex dantis et accipientis dignitate videatur incommutabilis sponsio. Et hoc est quod ait : *Abrahæ.* Quasi dicat : Sicut testamentum hominis firmum est, similiter promissiones Dei firmæ sunt, et quasi quis diceret : Fuerunt ante legem aliquæ promissiones factæ ? Respondet : Fuerunt utique, quia *Abrahæ,* quem non falleret Deus, *dictæ sunt promissiones* a Deo. Pluraliter dicit promissiones, quia frequenter idem, id est æterna beatitudo promissa est : *Et semini ejus,* Abrahæ, id est Christo. Non quod ad eum fieret promissio, sed ad eum pertinebat, quia per eum promittebatur **150** danda benedictio. Et quod semen illud Christus sit, non alius, notat ex verbis Scripturæ Genesis, quæ est : *In semine tuo benedicentur omnes gentes. Non dicit* Scriptura, *in seminibus, quasi in multis,* id est sicut faceret, si de multis vellet intelligi : sed dicit *in semine tuo, quasi in uno,* id est sicut quæ de uno vult intelligi, et illud unum *est* Christus. Unde subdit : *Qui est Christus.* Dicit enim Apostolus, non potest alius inveniri qui omnes gentes benedixerit.

Hoc autem. Quasi dicat : Hoc promisit Deus Abrahæ. *Hoc autem testamentum confirmatum a Deo,* per juramenta, dico, et affirmo quod lex non facit irritum, id est falsum ; quod faceret, si per eam daretur benedictio. Promissio enim illa non dixit quod per legem esset benedictio, sed per semen. Quod si per legem benedictio est, frustra promisit semen, et frustra ipsum semen venit. Non igitur per eam benedictio est, quia data est post multum tempus a promissione facta Abrahæ. Si ergo de ea esset benedictio, homines illius temporis, scilicet Abraham, Isaac, et Jacob non habuissent eam. Et addit : *Quæ* lex *facta est,* id est data, *post quadringentos et triginta annos,* a promissione facta. Si ergo lex justificat, non est justificatus, Abraham, qui multum ante legem fuit. Quod quia dicere non possunt, coguntur fateri non legis operibus justificari hominem, sed fide, simul etiam nos cogit intelligere omnes antiquos qui justificati sunt ex ipsa fide justificatos esse. Ergo lex *non facit irritum,* id est non infirmat lex promissionem, sed quod futura : et quando futura significat. *Ad evacuandam.* Quasi dicat : Lex non facit irritum quod jam valeret *ad evacuandam promissionem,* quia falsa esset promissio, et Deus mendax. *Nam si;* quasi dicat : Vere evacuaretur. *Nam si ex lege,* id est ex operibus legis, datur *hæreditas,* id est æterna beatitudo, tunc *jam non* est *ex promissione,* id est ex eo quod promissio dixit, et ita promissio excluditur, et frustratur Abraham ; deinde destruxit consequens dum subdit ; *Abrahæ autem;* quasi dicat : Si est ex lege non est promissione, sed est ex promissione quod in parte ostendit, quia Deus *donavit Abrahæ* de quo, non est dubium quin habeat, et constat quod sine lege fuit. Donavit, dico, per *repromissionem,* id est per fidem Christi sæpe promissi.

VERS. 19-20. — « Quid igitur lex? Propter trans« gressionem posita est, donec veniret semen cui « promiserat ordinata per angelos in manu Media

« toris. Mediator autem unius non est, Deus autem « unus est. »

Quid igitur lex? Fit hic quæstio satis necessaria. [Augustinus] Si enim fides justificat, et priores sancti apud Deum per eam justificati sunt, quid opus erat legem dari? quod sic intulit interrogans et dicens : Quid igitur (27)? Olim cum exponerem hoc capitulum, ita distinguendum putavi, ut interrogatio esset, quid igitur? ac deinde esset responsio : Lex propter trangressionem, etc, quod quidem non abhorret a vero, sed melior mihi videtur ista distinctio, ut interrogatio sit; Quid igitur lex? et inferatur responsio: Propter transgressum, etc. Quasi dicat: Quandoquidem non est lex ad justitiam vel ad beatitudinem. [Augustinus] Quid igitur lex? id est cur a Deo data est lex? quæ est ejus utilitas? (Ambrosius] Deinde ne frustra videatur data, cur data sit explanat, dicens : Lex *posita est* in medio, scilicet inter promissionem et semen cui facta est promissio, id est inter Abraham et Christum, *propter transgressionem* cohibendam, id est ut saltem timore cessarent homines transgredi, et quandoque idem facerent voluntate. Data est ergo ut populum Dei erudiret sub timore Dei, ut dignus fieret excipere promissionem quæ est Christus (28). Vel posita est propter transgressionem, id est ut homo superbe de suis viribus fidens acciperet præcepta, in quibus deficiens et factus prævaricator, liberatorem salvatoremque requireret. Data ergo est lex, ut superborum cervix quos faceret transgredi humiliaretur, ut medicus optaretur, qui sibi tantum tribuebant, et voluntati suæ tantum arrogabant, ut liberum arbitrium sibi putarent sufficere ad justitiam, dicentes; Nec deest qui impleat, sed deest qui jubeat (29). Data est ergo lex ad domandam eorum superbiam illorumque prodendam infirmitatem. Data est etiam duris in flagellum, data est etiam in signum futurorum, ut futura figuris attestaretur. Ecce habes quatuor datæ legis causas breviter distinctas, quæ in Epistola ad Romanos plenius explicantur, ubi dicitur; *Lex subintravit*, etc. (*Rom.* v). Posita est, dico, ut staret, *donec veniret semen*, id est Christus, et ideo jam lex non est tenenda, *cui* semini *promiserat* Deus, id est de quo promiserat quod per eum benedicerentur omnes gentes, contra quem facit qui legem reducit. [Ambrosius] Lex dico, *ordinata per angelos*, id est per Moysen, et alios ministros Dei ; vel per angelos, id est ministerio angelorum hominibus data. [Augustinus] In quibus angelis erat utique Pater et Filius et Spiritus sanctus; et aliquando Pater, aliquando Filius, aliquando Spiritus sanctus ; aliquando sine ulla distinctione personæ Deus per illos figurabatur. Et nota quod non ait data, sed ordinata ; quasi dicat : Ordinabiliter data, scilicet inter tempus naturalis legis, de qua convicti sunt quod juvare non poterat, et tempus gratiæ ante quam gratiam convincendi erat de lege. Magno utique consilio Dei factum est ut post hominis casum illico lex non daretur, vel Dei Filius mitteretur. Nisi enim hominis superbia prius vires suas experiretur, sui arbitrii libertati sufficientiam arrogaret, et legem superflue datam, et Dei Filium frustra venisse judicaret. Item, nisi lex scripta ei daretur, per quam quid posset probaret, Christi adventum superfluum judicaret.

Ne igitur detrahendi vel murmurandi occasionem haberet, reliquit eum Deus prius in libertate arbitrii in lege naturali, ut sic vires naturæ suæ cognosceret, ubi cum deficeret videns sibi liberum arbitrium non sufficere ad justitiam, nec tamen sic se humiliavit ad poscendam gratiam, sed superbe legem scriptam legi naturæ adjunctam sibi sufficere putans clamabat : non deest qui impleat, sed deest qui jubeat. Ut igitur et de ipsa convinceretur, antequam Filium mitteret, legem dedit, quæ peccati morbum detexit non consumpsit: qua data invaluit morbus, aucta est infirmitas, non legis sed naturæ vitio et diaboli instantia, ut ita cognita utriusque legis insufficientia et sua infirmitate clamaret ad medicum, et quæreret gratiæ auxilium, et ita factum est. Multiplicatis enim infirmitatibus postea acceleraverunt ad medicum, qui veniens in forma servi sanavit vulnera hominis languidi. Hic est Samaritanus ille qui ad vulneratum qui inciderat in latrones appropinquavit, atque vulnera ejus alligavit, quem sacerdos et levita viderant immisericorditer, id est lex vetus et sacerdotium, quia lex neminem ad perfectum duxit. Hic est etiam Eliseus ille qui misit baculum ad suscitandum filium Sunamitis, per quem cum ille resurgeret, tandem venit ipse Eliseus, et contraxit se atque coaptavit puero mortuo, et resurrexit mortuus. Hic etiam est angelus ille in cujus descensu movebatur aqua, et sanabatur unus. Hic est omnipotens sermo qui a regalibus sedibus venit, dum medium silentium tenerent omnia. Primum silentium fuit ante legem, secundum sub lege, tertium erit in gloria. Primum fuit ignorantia languoris, secundum desperatio curationis, tertium adeptio sanitatis. Ante legem namque homo morbum non agnoscebat suum, ideoque silebat, nec quærebat remedium. Ut autem lex subintravit et ostendit languidis vulnera sua, mox ruptum est silentium, et cœperunt ægri poscere remedium; sed opera legis, ubi non est salus sanari volentes, quod quærebant, invenire nequibant. Tandem igitur considerans homo neminem per legem justificari, quasi per diuturnos clamores fatigatus, et desperans rursum loqui cessavit, subsecutum est secundum silentium. Tunc igitur omnipotens Sermo Patris a regalibus sedibus forma servi indutus in mundum venit. Samaritanus ad vulneratum appropiavit, Angelus magni consilii in piscinam descendit, Eliseus ad suscitandum mortuum accessit, id est summi regis Filius, de concessu Patris ad tolerandam mortem passionis, de

---

(27) Aug. in lib. Retract.

(28) Id., in lib. De profectione justitiæ hominis.

(29) Id., in ser. de verb. Apost.

æqualitate majestatis ad patibulum crucis, de sede regali ad officinam peccati, de lumine cœli ad tenebras mundi vel inferni venit. Et veniens locutus est pacem, dedit gratiam, proposuit misericordiam, promisit veniam, et ita rupto silentio cœperunt ægri pura fide ac vera confessione, quasi magnis clamoribus flagitare remedium, et accelerare ad medicum, per quem vulnera sanarentur, morbus curaretur. Recepta vero sanitate, et donata venturæ immortalitatis felicitate, nihil ultra restabit petendum : et tunc erit tertium beatum silentium. Ordinabiliter igitur et sapienti consilio lex data est per angelos, in quibus Deus loquebatur. Qui ergo nunc eam reducit, contra ordinem angelorum facit. Lex dico, posita *in manu Mediatoris*, id est potestate Christi, ut staret dum vellet, vel cessaret cum vellet. Ergo contra cum facit is qui eam destruxit, id est contra Christum, qui cum sit Deus et homo, inter Deum et homines mediat, dum eos qui a Deo recesserant per se reconciliat (30). Medius enim non est nisi inter duos. Recesseramus a majestate Dei, et peccato nostro offenderamus eum, missus est Dei Filius mediator, qui sanguine suo solveret peccata nostra quibus a Deo separabamur, et interpositus redimeret nos et reconciliaret ei, a quo aversi peccatis nostris et delictis tenebamur. Ipse est caput nostrum; ipse est Deus æqualis Patri ; sed Deus, ut crearemur ; homo, ut recrearemur ; Deus ut faceret, homo ut reficeret. *Mediator autem;* quasi dicat : Lex quam habet mediator, Judæorum tantum est ; sed tamen ipse mediator *non est unius* populi tantum, id est Judæorum qui legem habuerunt, sed etiam gentium, id est non solum Judæos, sed etiam gentiles reconciliat Deo. Et ideo non quæratis legem ut habeatis mediatorem. *Deus autem* ; quasi dicat : Mediator non est unius, sed tamen *est unus*, id est sufficiens ad omnes reconciliandos Deo, quia ipse est Deus, et ideo aliud non adjungatis ei. [Ambrosius] Vel ita, lex posita est in manu Mediatoris, id est in potestate **151** Christi qui est arbiter duorum populorum, scilicet judaici et gentilis. [Ambrosius] Mediator autem ; quasi dicat : Lex quam habet Mediator unius populi est, sed ipse non est Mediator. Unius, id est non est arbiter unius populi, sed duorum inter se : quia duos populos discordes pacificavit in se lapide angulari. Hinc numerum deorum, et famulatum elementorum, inde ritus legis auferens, per quæ discordabant, et sic facti sunt pacifici. *Ipse enim est pax nostra qui fecit utraque unum* (*Ephes.* II), duos populos condens in se. Sed secundum istos Christus non est arbiter duorum, qui inducti in legem de duobus fecerunt unum populum, et unius populi nullus est Mediator. Deus autem ; quasi dicat: Christus est Mediator, non Pater vel Spiritus sanctus, sed tamen unus Deus est, non plures. Hoc dicit, ne prædicando Christum esse Deum, qui secundum quod homo Mediator est, uni Deo contrarium prædicare videretur, quia ipse homo juxta quod Deus est : cum Pater unus est Deus, Pater enim et Filius unus est Deus. Deus enim naturæ nomen est, et potestatis, quam in Patre et Filio individuam manere ratio docet. Vel aliter dici potest, lex posita est in manu Mediatoris. Mediator autem non est unius, quasi inter aliquos vel aliqua medius est. Mediator autem esse non potest inter Deum et Deum, quia unus est Deus ; sed inter Deum et hominem, quasi inter duo extrema. Sed Mediator est in quantum homo (31). Nam in quantum Deus, non mediator, sed æqualis Patri est, hoc idem quod Pater, cum Patre unus Deus. Deus enim supra nos est, et nos infra illum, et multa interjacent spatia, maxime peccati intervallum longe nos distinguit atque abjicit. In hac tanta distantia ut esset nobis via qua veniremus ad Deum, accedit homo ad Deum, et fit una persona. ut non sit semideus, quasi parte Dei Deus ; et parte hominis homo, sed totus Deus, et totus homo. Et quia Mediator est inter duo extrema, videretur, vel quod Christus non esset Deus, vel quod duo dii essent. Ad quod respondet : Etsi Mediator non est unius, sed duarum extremitatum, tamen est Deus et unus cum Deo Patre per divinam naturam, cui mediat per humanam. [Augustinus] Nam si Filius Dei in naturali æqualitate Patris maneret, nec se exinaniret formam servi accipiens, non esset mediator Dei et hominum, quia ipsa Trinitas unus Deus est, eadem in tribus, scilicet in Patre et Filio et Spiritu sancto deitatis æternitate, et æqualitate consistente. Si ergo Christus secundum vos, o hæretici, unam tantum naturam habet, ostendite unde sit medius inter nos et illam : unde enim medius erit, si utramque non habuit ? quia nisi talem dederis inter Deum et homines, qui ita sit medius ut Deus sit propter divinitatis, et homo propter humanitatis naturam, quomodo humana reconcilientur divinis, non ostendis. Nam ipse veniens, prius in seipso humana divinis sociavit, per utriusque naturæ communionem in una eademque persona. Deinde omnes fideles Patri reconciliavit Deo, dum sanati sunt ab impietate superbiæ, quicunque humilitatem Christi credendo dilexerunt, et diligendo imitati sunt.

Vers. 21-24. — « Lex ergo adversus promissa
« Dei ? Absit ! Si enim data esset lex quæ posset
« vivificare, vere ex lege esset justitia. Sed con-
« clusit Scriptura omnia sub peccato, ut promissio
« ex fide Jesu Christi daretur credentibus. Prius au-
« tem quam veniret fides sub lege custodiebamur,
« conclusi in eam fidem quæ revelanda erat. Itaque
« lex pædagogus noster fuit in Christo, ut ex fide
« justificemur. »

Lex ergo : quasi dicat : Quandoquidem lex est posita propter transgressionem. Est *ergo lex adversus promissa Dei* ? Ut per eam impleatur aliter quam

---

(30) Aug. in psalmo XC.

(31) Aug., in ser. de nativit. Joan.

promissum est? *Absit!* [Hieron.] non est inimica promissionis, sed confirmat eam. *Si enim lex* posset præstare vitam, et id quod repromissio spoponderat exhibere, vel promissio per legem putaretur exclusa. *Si enim;* quasi dicat: Vere non est contra promissa, quia ex lege non est vita, id est æterna beatitudo, quia si inde esset vita, tunc et justitia. Quod ita dicit: *Si enim data esset lex quæ posset vivificare,* id est vitam conferre, *vere,* non solum opinione *ex lege esset justitia.* Sed non est ex ea justitia, quia potius condemnat, et sub peccato concludit. Et hoc est quod dicit: *Sed conclusit Scriptura,* id est lex ipsa, *omnia sub peccato.* Lex dicitur Scriptura, qui manens est, et scripta, vel ideo quia non dat spiritum vivificantem, sed tantum est Scriptura. Et hoc conclusit omnia sub peccato, id est Judæos omnino clausit sub peccato dominio (32). Victi enim concupiscentia, et ipsius mandati transgressione rei facti sunt. Vel, conclusit omnia sub peccato, id est ostendit omnes homines clausos esse sub peccato. Non est enim lex data ut peccatum auferret, sed ut peccato omnia conclusa ostenderet, [Augustinus] Data est lex ut ægrum de morbo convinceret, qui sibi sanus videbatur, ut peccata demonstrarentur, non ut auferrentur (33). Data est ut inveniret se homo, non ut morbus sanaretur, sed ut prævaricatione morbo crescente, medicus quæreretur. Qui ergo negat ægritudinem suam, superfluum judicat Salvatorem. Ergo et in natura nostra Creatorem laudemus; et propter vitium quod nobis inflictum est Salvatorem quæramus. [Augustinus] Et nota quod idem dicit hic quod in Epistola ad Romanos: *Conclusit Deus, omnia in incredulitate ut omnium misereatur (Rom.* XI). [Ambrosius] Notis enim peccatis per legem conclusi sunt, ut se excusare non possint, sed quærant misericordiam. Et quasi quis quæreret, replicans superiorem quæstionem: Cur ergo data est lex? Respondet: *Ut promissio daretur credentibus ex fide Jesu Christi.* Quasi dicat: Ideo sic Deus disposuit, ut homines vota sua et legis infirmitate accelerarent ad gratiam, et credendo promissa consequerentur (34).

Lex ergo data est ut gratia quæreretur, gratia data est ut lex impleretur. Nec enim suo vitio non implebatur lex, sed vitio prudentiæ carnis; Quod vitium per legem demonstrandum, et per gratiam fuit sanandum. *Prius autem,* vel, *enim,* de Judæis specialiter agit ostendens quam utilitatem exibuerit eis lex; quasi dicat: Lex conclusit omnia sub peccato, sed tamen fuit utilis, quia priusquam fides veniret, quasi spontanea, quam nullum meritum advocavit, *custodiebamur,* non liberi, sed servi, *sub lege,* id est sub onere legis. [Augustinus] Vel, custodiebamur sub lege, quasi inviti. Custodiebamur dico, *conclusi,* quasi in ergastulis servire coacti. Conclusio eorum erat timor unius Dei et cognitio prævaricationis, et quod prævaricatores ipsius legis inventi sunt, non ad perniciem, sed ad utilitatem valuit eis qui crediderunt. Cognitio enim majoris ægritudinis et desiderari medicum vehementius fecit, et diligi ardentius. Custodiebamur, dico, ut sic assueti duceremur *in eam,* scilicet tam bonam *fidem quæ,* tempore Christi *revelanda erat,* ubi multa aperta sunt quæ prius obscura erant, quia occulta fuit fides in antiquis, quæ fides donum est Dei, sicut et gratia (35). In quo enim nostrum prius erat fides, quam veniret gratia? Nemo penitus glorietur se fidem ex proprio sensu genuisse, per quem posset credere Deo, sed agnoscat per gratiam a Deo unicuique revelatam. [Augustinus] Et si ante revelationem fidei, hanc perscriptam utilitatem lex tantum habuit, quid ergo utilitatis post fidem habuit? Nihil. *Itaque;* quasi dicat: Et quia lex custodiebat ad fidem, *Itaque lex fuit pedagogus noster,* nos quasi pueros ab illicitis comprimens, et ad recta dirigens timore pœnarum. [Hieron.] Pedagogus enim parvulis assignatur, ut lasciviens refrenetur ætas, et prona in vitia teneantur corda, dum tenera studiis eruditur infantia, et metu pœnæ coercita, præparatur ad majora. Et hoc ipsum nomen pædagogi sonat compositum ab eo quod pueros agat, id est ductet. Lex ergo populo lascivienti ad instar pædagogi apposita est ut custodiret eos, et futuræ fidei præpararet. Ecce honor legis, quia custodivit ut pædagogus: sed hoc non est magnum, quia puerorum est non adultorum. Pædagogus fuit noster, dico, et hoc *in Christo,* id est in institutione Christi, qui ideo instituit, ut sic venientes ad fidem quasi pueri ad perfectionem, ex ipsa fide non ex lege justificemur. Vel, fuit pædagogus noster in Christo, id est in exsequendis præceptis Christi, *ut sic ex fide justificemur.* Quasi dicat: Quandiu f imus rudes, lex erat nobis pædagogus.

VERS. 25-29. — « At ubi venit fides, jam non su-« mus sub pædagogo. Omnes enim filii Dei estis per « fidem, quæ est in Christo Jesu. Quicunque enim « in Christo baptizati estis, Christum induistis. Non « est Judæus neque Græcus, non est servus neque « liber, non est masculus neque femina. Omnes « enim vos unum estis in Christo Jesu. Si autem « vos Christi, ergo Abrahæ semen estis, secundum « promissionem hæredes. »

At ubit venit fides, id est postquam revelata est fides quæ prius occulta fuerat in antiquis, *jam id* est mox, *non sumus pædagogo,* id est sub coactione quæ non est necessaria liberis. Vel, jam, id est in hac vita hoc bonum habemus, quod non sumus sub pædagogo, et majus in futnro habebimus. *Omnes enim;* quasi dicat: Ideo nos Judæi tempore fidei pedagogum deseruimus, quia *omnes,* vos gentiles qui non habuistis legem, *estis filii Dei.* Quod ergo vestro exemplo deseruimus, vos accipitis. Quasi di-

---

(32) Aug., in psalmo XXXIII.
(33) Id., De verb. Apost.
(34) Aug., De spiritu et lit.

(35) August., ad Amanthum discipulum Manichæi.

cat : Non debetis hoc facere, filii Dei estis. Vos dico, *entes, per fidem in Christo Jesu*, id est unum et idem cum Deo, non utique natura, sed charitatis copula. *Quicunque enim ;* quasi dicat : Vere per fidem estis in Christo. Nam *quicunque*, id est cujusque conditionis vel sexus, *baptizati estis in Christo*, id est institutione Christi ad similitudinem mortis ejus, *Christum induistis*, id est conformes ei facti estis, quod est vobis honor, et contra æstus protectio. [Hieron.] Quod autem Christus indumentum sit, alibi Aposto'us aperit, dicens : *Induite vos Dominum nostrum* (Rom. xiii), id est Christum (36). Induunt autem homines Christum, aliquando usque ad perceptionem sacramenti, aliquando etiam usque ad vitæ sanctificationem. Et illud primum bonis et malis est commune ; hoc **152** alterum vero proprium est bonorum, in quo Christo, id est in cujus Christi fide, *non est Judæus, neque Græcus, non est servus, neque liber, non est masculus neque femina*, id est propter nihil horum aliquis dignior est in fide Christi. Et ideo nemo judaizet, quasi per hoc sit dignior. *Omnes enim* ; quasi dicat : Vere nihil horum est per quod aliquis dignior sit in Christo, quia *omnes* vos gentiles *unum estis*, scilicet non differentes in aliquo. Unum dico, *in Christo Jesu*, id est in fide Christi. *Si autem ;* quasi dicat : Vos estis in Christo. Sed *si vos Christi estis, ergo semen Abrahæ*, id est justi per fidem sicut fuit Abraham. Et si semen Abrahæ estis, quid ergo plus Judæis est? Nihil. Dico quod semen estis Abrahæ. Et ideo estis *hæredes* regni. Et hoc *secundum promissionem*, id est secundum fidem Christi repromissi, non secundum carnales observantias. [Hieron.] Nota quod supra semen Abrahæ dictus est Christus, ubi legitur quod promissiones dictæ sunt Abrahæ, et semini ejus. Hic autem semen Abrahæ dicti sunt filii Christi, id est omnes credentes. Verum quoties Christus nominatur semen Abrahæ, corporaliter sentiendum est quod ex ejus stirpe generetur ; quoties autem nos qui credimus in cum dicimur semen Abrahæ, tunc spiritualiter semen fidei accipere debemus.

CAPUT IV.

Vers. 1-5. — « Dico autem, quanto tempore hæ« res parvulus est nihil differt a servo, cum sit do« minus omnium ; sed sub tutoribus et actoribus « est usque ad præfinitum tempus a patre. Ita et « nos, cum essemus parvuli, sub elementis mundi « hujus eramus servientes. At ubi venit plenitudo « temporis, misit Deus Filium suum factum ex mu« liere, factum sub lege, ut eos qui sub lege erant « redimeret, ut adoptionem filiorum reciperemus. »

Dico autem, quod lex debet cessare. Primum probat humanæ consuetudinis similitudine, deinde ipsius legis auctoritate. Quasi dicat : Modo nos gentiles et nos Judæi sumus Christi et semen Abrahæ et hæredes, sed olim nos Judæi lege eramus, dum parvuli fuimus, sicut hæres futurus, et a patro sub-

(36) Aug., in lib. De bapt. parv.

stitutus, dum parvulus est sub tutoribus et actoribus est non differens a servo. Ecce iterum quare lex non est tenenda. Et hoc est quod ait, dico autem, quasi dicat : Non solum prædictis modis ostenditur lex non esse tenenda, sed etiam hac similitudine, quam dico, id est vobis propono, sed quod *quanto tempore hæres parvulus est*, ætate et scientia, *nihil differt a servo*, quia cogitur, et nullam habet potestatem rerum suarum, *cum*, id est quamvis, *sit futurus, dominus omnium* rerum suarum, *sed potius sub tutoribus*, qui eum contra hostes defendant, *et actoribus est*, qui pro eo causas agant, et mores ejus informent. Et hoc *usque ad tempus a patre præfinitum*, id est determinatum, in quo libertas sui et suorum sibi datur. Postquam enim adultus est, libertatem sui et suorum habet, alioquin jure exhæredatur. Verum est enim quia patres ejus ordinaverunt, et usque ad quam ætatem subjectus debeat esse, et in qua adultus emancipetur statuerunt, ita ut quandiu parvulus est, libertate sua uti non valeat, nec dominari quasi hæres, sed similis prope servis est in conditione procuratorum et actorum. [Hieron.] Hoc exemplo probat eos qui sub lege fuerunt parvulos fuisse circa meritum, nec libertatem habuisse causa peccati, unde hanc illis comparationem adaptans, subdit : *Ita et nos*, Judæi, *cum essemus parvuli* cognitione Dei, et viribus resistendi peccato, *eramus servientes*, [Augustinus] tum territi nimis, tum blanditiis capti, *sub elementis*, id est sub lege quæ per elementa intelligitur (37), quia ipsa est prima institutio ad fidem et justitiam, sicut ab elementis principium discendi assumunt parvuli. *Elementis*, dico, *mundi*, bene lex dicitur elementa mundi, quia lex non cœlestia et æterna, sed terrena promittebat, vel transitoria, ut est mundus. Vel in elementis significantur neomeniæ, id est lunares dies et Sabbatum, quæ Judæi observabant. Si itaque Judæi sub elementis mundi erant, quid differunt a paganis? [Ambrosius]. Pagani non sub elementis serviunt, sed ipsis elementis. Colunt enim astra, solem, lunam, aquam, terram, et hujusmodi ; Judæi vero sub elementis Deo serviebant, quia hæc ipse mandata dederat, ut observarent neomenias, et Sabbata, et hujusmodi. In elementis ergo neomenias, id est lunares dies significat et Sabbata, quæ observabant Judæi, non quod in elementis sperarent, ut pagani, sed in his Deum venerabantur, dum parvuli erant, et ad tempus plenitudinis non pervenerant. Sicut ergo parvulus sub pædagogo est et actore et tutore, antequam sit adultus, ita Judæis adhuc parvulis lex fuit pædagogus, quia timore compressit, et præceptis Dei servire coegit. Fuit etiam tutor et actor Judæis quos Deus hæredes instituit, dum parvuli erant cognitione Dei, et viribus resistendi peccatis : quo tempore erant etiam quasi servi, legalibus, scilicet pœnis a malis territi, et promissionibus temporalium ad bona incitati ; nec sui dominabantur, sed vitia ; nec suorum, id est

(37) Aug. in lib. Quæst. Novi et Veteris Test.

hæreditatis æternæ, cum essent horum domini a Deo instituti.

His igitur fuit lex tutoris loco dum contra malignorum spirituum impugnationes et gentilium persuasiones, qui ad idololatriam traherent, illos defendebat admonendo, increpando, aliquando puniendo, et sic æterna bona illis conservavit, quoniam ex illis Christus multos ab inferno liberavit. Fuit eis et actor, quia causam eorum apud Deum bene egit, dum per sacrificia et expiationes Deum eis placavit, et hoc usque ad tempus præfinitum, id est usque ad adventum Christi, in quo constituit Deus ut perfecti et liberi fierent, et hæreditatem obtinerent : alioquin exhæredarentur. De quo tempore subdit : *At ubi venit;* quasi dicat : Cum essemus parvuli sub elementis mundi serviebamus, *at ubi,* id est non fatali necessitate, sed sola Dei voluntate *venit plenitudo temporis,* id est postquam tempus præcedens adimpletum est. Plenitudo enim temporis est completum tempus quod præfinitum fuit a Deo Patre quando mitteret Filium. Vel, plenitudo temporis dicitur tempus gratiæ, ideo quia in eo plene dantur dona Spiritus sancti, et quæ prædicta fuerant de Christo implentur. Ubi, inquam, venit illud tempus, *misit Deus Filium suum,* id est visibilem fecit hominibus. Attende quod ait, ubi venit plenitudo temporis misit Deus Filium suum : cui simile est illud quod Joannes evangelista ait : *Nemo misit in illum manus, quia nondum venit hora ejus* (*Joan.* VII). Hoc est, quia nolebat (38). Non enim Dominus sub fato natus est : hoc nec de te credendum est, nedum de illo per quem factus es. Non est enim hora ejus vel nostra, nisi voluntas ejus. Non ergo horam dixit qua cogeretur mori, sed qua dignaretur occidi. Tempus enim exspectabat quo moreretur, quia tempus exspectavit quo nasceretur. Ideo multi dicunt : Quare non ante venit Christus ? Quibus respondendum est quia nondum venerat plenitudo temporis, moderante illo per quem facta sunt tempora. Sciebat enim quando venire deberet, vel etiam pati, et cætera facere. Ante tamen longa series præconum præmittenda erat. Non enim aliquis parvus venturus erat, diu fuerat prædicandus, semper tenendus : quanto major judex veniebat, tanto præconum series longior præcedere debebat. Ideo ait, ubi venit plenitudo temporis misit Deus Pater Filium suum *factum est muliere.* Nota quod eum qui erat increatus factum dicit. Fecit ergo eum Pater ex muliere sub lege. Cum igitur ait, misit Deus Filium suum factum ex muliere, satis ostendit eo ipso missum Filium quo factus est ex muliere (39). Quid est enim nativitas Filii de Virgine Maria ? Certe assumptio formæ servi. Nam quid est aliud nasci Filio quam accipere formam servi in utero Virginis ? Hoc autem fecit Pater, fecit et Filius : Filius quidem, non Pater natus est de virgine Maria, sed nativitatem Filii de Maria et Pater et Filius operatus est. Similiter non est passus Pater, sed Filius ; passionem tamen Filii et Pater et Filius operatus est. Tradidit enim Pater Filium, et tradidit Filius seipsum. Passio hæc uni facta est, sed ab utroque facta est. Sicut ergo nativitatem, ita et passionem Christi, nec Pater fecit sine Filio, nec Filius sine Patre. Judas autem quid fecit nisi peccatum ? Veniamus ad resurrectionem : non resurrexit Pater, sed Filius : resurrectionem tamen Filii operatus est Pater et Filius. Ecce quid est missum esse Filium.

(40) Sed quæritur unde et quo missus est Filius. *Ego,* inquit, *exivi a Patre et veni in hunc mundum* (*Joan.* XVI) : hoc est mitti. De illo tamen evangelista dicit : *In mundo erat, et mundus per eum factus est, et mundus eum non cognovit* (*Joan.* I). Deinde conjungit : *In propria venit.* Illuc autem missus est quo venit, et si in hunc mundum missus est, quia exivit a Patre, et venit in hunc mundum, et in hoc mundo erat, illuc ergo missus est ubi erat. Unde et illud in propheta dicit : *Cœlum et terra ego impleo* (*Jer.* XXIII). Quod si de Patre dictum accipiatur, ubi potuit esse sine Verbo suo, sine sapientia sua, quæ *pertendit a fine usque ad finem fortiter et disponit omnia suaviter* (*Sap.* VIII) : sed neque sine Spiritu suo usque esse potuit. Itaque si ubique Deus est, ubique etiam est Spiritus ejus. Illuc ergo et Spiritus sanctus missus est ubi erat. Quærendum ergo est diligenter quomodo intelligatur ista missio sive Filii sive Spiritus sancti. Quod quia in Epistola ad Romanos pertractatum est juxta humanæ capacitatis valetudinem, hic perstringimus ad alia festinantes. Si tamen sobrie de Dei Filio quæ digna sunt opinemur, ideo missum intelligere debemus, quia ex illo incomprehensibili inenarrabilique secreto majestatis profundæ, dedit se comprehendendum mentibus nostris Dei Verbum ; non solum cum se exinaniret, sed etiam cum habitaret in nobis, sicut scriptum est : *Quoniam inhabitabo in illis* (*II Cor.* XVI). Solent enim obtendere minorem Patre esse Filium, quia missus est. Constat autem eo non minorem esse, quia missus est. Considera enim, quia Dominus Christus in Isaia a Spiritu sancto dicit se esse missum. Nunquid ergo Spiritu minor est Filius, quia a Spiritu missus est ? Habes enim scriptum, quod Filius a Patre et Spiritu ejus dicat se esse missum. Vides ergo quod simplicitas sermonis, non injuria sit missionis. Misit ergo Deus 153 Filium suum factum ex muliere, forte hoc movet quod dicit ex muliere, non ait ex virgine, sed non moveat (41). Utrumque enim de Scriptura dicitur, et ex virgine, et ex muliere. Ex virgine, ut ibi : *Ecce virgo concipiet,* etc. (*Isa.* VII.) Ex muliere autem, ut hic, quod non est contrarium. [Augustinus] Mulierem enim pro femina posuit more locutionis Hebræorum. Usus enim Hebrææ locutionis mulieres dicit, non virginitate corruptas, sed feminas, sicut legitur de Eva, quando ipsa facta est : *Formavit,*

(38) Ambrosius, super Joan.
(39) Aug. in ser. De Trinit.

(40) Aug., in lib. De Trinit.
(41) Id., in eod.

eam mulierem (Gen. II), nec adhuc passa erat concubitum viri. (41*) Item, non te offendat quod ait, factum cum confiteamur natum. Factum enim non confitemur nisi hominem. Deus autem semper faciens est, fieri nescit ut sit, sed fit ut aliquid alicui sit, sicut dicit : *Domine, refugium factus es nobis* (Psal. LXXXIX), quando factus est qui nunquam factus est. Dominus autem Christus homo factus est, ut esset homo, scilicet ut qui creator semper erat, creatura esset. [Augustinus] (42) Manens enim Deus factus est homo, ut fieret quod non erat, non ut periret quod erat. Factum ergo dicit propter susceptionem creaturæ. Et addit : *Factum sub lege* [Ambrosius]. Salvator fieri debebat sub lege ut circumcisus appareat, quasi filius Abrahæ cui promissus erat, signum habens ejus cui promissus fuerat, in quo impleta est circumcisio, et ideo jam signum cessat. Credidit enim Abraham se habiturum filium in quo benedicentur omnes gentes, quod jam factum credimus. Factum ergo sub lege, dixit, quia et circumcisus est, et hostia legalis pro illo oblata. Nec mirum si et illa legis opera sustinuit ex quibus liberaret eos qui eis serviliter tenebantur ; qui etiam mortem sustinuit, ut ex illa alios liberaret. Factus est ergo sub lege, id est sub onere legis, sicut sub aliis pœnis. Unde subdit : *Ut eos qui sub lege erant pressi et rei, redimeret* a diabolo, a perditione, a peccatis. (42*) Et nota quod duo proposuit, scilicet factum ex muliere, factum sub lege, sed mutato ordine, illis alia duo respondent. Ad id enim quod dixit factum sub lege, illud retulit, ut eos qui sub lege erant redimeret. Ad illud quod dixit factum ex muliere, hoc aliud refert, *ut adoptionem*, quasi dicat : Ideo factus est de muliere, *ut adoptionem filiorum reciperemus*, id est bona quæ per gratiam dantur, per quæ sunt filii. Vel, reciperemus adoptionem filiorum, id est participes essemus divinæ gloriæ. Sicut enim participat nostra natura, ita ad suam videndam nos adoptat. [Augustinus] Hinc enim adoptionem recipimus, quod ille unicus Dei Filius non dedignatus est participationem naturæ nostræ factus ex muliere, ut non solum Unigenitus Dei esset, ubi fratres non habet, sed etiam primogenitus in multis fratribus fieret. Adoptionem autem dicit, ut distincte intelligatur unicum Dei Filium, nos enim beneficio et dignatione filii Dei sumus ; ille natura est filius qui hoc est quod Pater. (43) Unicum enim Filium Deus habuit quem genuit de sua substantia, nos autem non de sua substantia genuit. Creatura enim sumus quam non genuit, sed fecit ; et ideo ut fratres Christi secundum nostrum modum faceret, adoptavit. Iste itaque modus quo nos Deus, cum jam essemus ab ipso non nati, sed conditi et instituti, verbo suo et gratia sua genuit, ut filii ejus essemus, [Augustinus] adoptio vocatur. Unde : *Dedit eis potestatem filios Dei fieri*, etc.

(41*) Aug., in serm. De Trinit.
(42) Id., in serm. De eod.
(42*) Id., in psalmo XXXI.

PATROL. CXCII.

(Joan. I.) Nec dixit acciperemus, sed reciperemus, ut significaret hoc amisisse in Adam, ex quo mortales sumus.

VERS. 6-8. — « Quoniam autem estis filii Dei, « misit Deus Spiritum Filii sui in corda vestra cla- « mantem : Abba, Pater. Itaque jam non est servus, « sed filius : quod si filius, et hæres per Deum. Sed « tunc quidem ignorantes Deum his qui natura non « sunt dii serviebatis. »

Quoniam autem. Quasi dicat : Non solum nos Judæi qui credimus, filii Dei sumus, sed etiam, vos gentiles, *estis filii Dei.* Quod probat effectus. *Quoniam misit Deus Pater Spiritum filii sui*, quem etiam Filius mittit *in corda nostra*, tam Judæorum, scilicet quam gentium, qui Spiritus probat nos esse filios. [Ambrosius] Ut enim probaremur adoptati esse a Deo in filios, Spiritum suum dedit nobis, qui signum Patris ostendat in filios, ut quia nos non hoc auderemus dicere, scilicet pro infirmitate et indignitate nostra, suggerat ut audeamus dicere. Unde subdit : *Clamantem*, quasi dicat : Spiritum, dico, clamantem, id est qui facit nos clamare. [Augustinus] Quod nunquam præsumeremus, nisi Spiritus doceret. Quid ? *Abba* quod est *Pater*. [Ambrosius] Abba Hebraicum est, idipsum significans quod et pater. Et hanc consuetudinem in pluribus locis Scriptura servat, ut Hebraicum verbum cum interpretatione sua ponat. [Augustinus] Duo namque sunt verba quæ posuit, ut posteriore interpretaretur primum. Nam hoc est abba quod pater. Eleganter autem intelligitur non frustra duarum linguarum verba potuisse, idem significantia, propter universum populum qui de Judæis et gentibus in unitatem fidei vocatus est, ut Hebræum verbum ad Judæos, Græcum ad gentes pertineat. [Hieron.] Utriusque autem verbi eadem significatio, ad ejusdem fidei spiritusque unitatem. (44) Notandum quia quam clamor in Scripturis non magnæ vocis emissio, sed scientiæ intelligatur et intentionis magnitudo. Nos ergo clamamus ; sed ille clamare dictus est qui efficit ut clamemus.

Misit ergo Spiritum Filii sui clamantem Abba, Pater, id est nos clamare facientem. Et nota Spiritum etiam esse Filii, et nota hic Trinitatem. (45) Sed aliquis forsan quærit utrum et a Filio procedat Spiritus sanctus. Filius enim solius est Patris Filius, et Pater est solius Filii Pater. Spiritus autem sanctus non est unus eorum spiritus, sed amborum. Unde Dominus ait : *Spiritus Patris vestri qui loquitur in vobis* (Matth. X). Et Apostolus ait : Misit Deus Spiritum *Filii sui* et multa alia sunt testimonia, quibus evidenter ostendit et Patris, et Filii esse Spiritum, qui in Trinitate dicitur Spiritus sanctus. Nec ob aliud æstimo ipsum proprie vocari Spiritum sanctum, cum etiam si de singulis interrogemur, non possumus Patrem et Filium dicere,

(43) Id., contra Faust.
(44*) Id., De cor. et grat.
(45) Id., super Joannem.

nisi Spiritum, quoniam Spiritus est Deus. Quod ergo communiter vocantur et singuli, hoc proprie vocari oportuit eum, qui non est unius eorum, sed in quo communitas apparet amborum. Cur ergo non credamus quod etiam de Filio procedat Spiritus sanctus, cum Filii quoque ipse sit Spiritus? Si enim ab eo non procederet, non post resurrectionem se repræsentans discipulis insufflasset eis, dicens : *Accipite Spiritum sanctum* (*Joan.* xx). Quid enim aliud significavit illa insufflatio, nisi quod procedat Spiritus sanctus de ipso ? Ad hoc etiam pertinet illud quod ait de muliere fluxum sanguinis patiente : *Tetigit me aliquis. Ego enim sensi virtutem de me exisse* (*Luc.* viii), nam virtutis nomine appellari Spiritum sanctum, ex eo clarum est quod Mariæ angelus dixit : *Spiritus sanctus superveniet in te, et virtus Altissimi obumbrabit tibi* (*Luc.* i). Et Dominus eum promittens discipulis, ait : *Sedete in civitate, quousque induamini virtute ex alto* (*Luc.* xxiv). Hæc est ergo virtus de qua dicit Evangelista : *Virtus de illo exibat, et sanabat omnes* (*Luc.* vi). (46) Cum autem de Patre et Filio procedat Spiritus sanctus, dicit tamen ipse Filius illum a Patre procedere, quia ad eum solet referre, et quod ipsius est de quo etiam ipse est; sicut alibi ait : *Mea doctrina non est mea, sed ejus qui me misit* (*Joan.* vii). Si hic intelligitur ejus doctrina quam tamen dicit non suam esse, sed Patris, quanto magis illic intelligendus est et de ipso procedere Spiritus sanctus, ubi dicit eum de Patre procedere? A quo enim habet Filius ut sit Deus, est enim de Deo, Deus ab illo habet ut etiam ab illo procedat Spiritus sanctus, Christus dicens : *Quem ego mittam vobis a Patre* (*Joan.* xv), et alibi, quem mittet Pater in nomine meo (*Joan.* xvi), non dicens a me, ostendit quam totius divinitatis, vel si melius dicitur, deitatis principium Pater est.

Itaque. Quasi dicat : Quia Spiritus clamat in nobis, Pater. *Itaque jam*, id est a tempore gratiæ, *non est*, aliquis nostrum qui credimus in Christum, *servus*, scilicet timore serviens, *sed filius*, scilicet ex dilectione serviens. Quod *si filius* est, *et hæres* erit in futuro : Et hoc *per Deum*, id est per operationem et misericordiam Dei. Vel hoc juro per Deum. *Sed tunc,* etc. Quasi dicat : Modo servies illi, modo dicitis, Pater, sed tunc quidem, quando infideles eratis *ignorantes Deum*, et ita erit vobis aliqua excusatio, *serviebatis eis qui non sunt dii in natura* sui, sed opinione hominum [Ambrosius] dicendo, qui in natura non sunt dii, unam Dei veri ostendit esse naturam, scilicet Patris, et Filii, et Spiritus sancti. Quid autem est natura Deum esse, nisi verum Deum esse? Unde alibi apostolis ait : *Conversi estis servire Deo vivo et vero* (*II Thess.* i). Natura enim vivus et verus est Deus. Verus ergo Deus est qui naturaliter Deus est. (47) Veri ergo dii esse non poterant, quibus hoc naturaliter minime suppetebat. Igitur Salvator verus Deus est, qui secundum essentiam Deus est. (48) Sed dicunt hæretici non natura esse ipsum Filium, sed creatum. Quibus respondendum, quia si natura Deus non est Filius, sed creatura, nec colendus est omnino, nec ut Deus adorandus, dicente Apostolo : *Coluerunt e: servierunt potius creaturæ quam Creatori* (*Rom.* i). Sed illi ad hæc replicabunt et dicent : Quid est quod carnem ejus quam creaturam esse non negas simul cum divinitate adoras, et ei non minus quam divinitati deservis ? Ego Dominicam carnem, imo perfectam in Christo humanitatem, ideo adoro quod a divinitate suscepta et deitati unita est, ut non alium et alium, sed unum eumdemque Deum et hominem Dei Filium esse confitear. Denique si hominem separaveris a Deo, ut Photinus vel Paulus Samosatenus, illi nunquam servio nec credo, velut si quis purpuram vel diadema regale jacens inveniat, nunquid ea conabitur adorare ? Cum vero ea rex fuerit indutus, periculum mortis incurrit, si ea cum rege adorare quis contempserit. Ita etiam in Christo Domino humanitatem non solam vel nudam, sed divinitati unitam, scilicet unum Filium, Deum verum, et hominem verum, si quis adorare contempserit, æternaliter morietur.

Vers. 9-15. — « Nunc autem cum cognoveritis
« Deum, imo cogniti sitis a Deo, quomodo conver-
« timini iterum ad infirma et egena elementa, qui-
« bus denuo servire vultis? Dies observatis, et men-
« ses, et tempora, et annos. Timeo vos ne forte sine
« causa laboraverim in vobis. Estote sicut ego, quia
« et ego sicut vos. Fratres, obsecro vos, nihil me
« læsistis. Scitis autem quia per infirmitatem carnis
« evangelizavi vobis jampridem, et tentationem ve-
« stram in carne mea non sprevistis neque respui-
« stis ; sed sicut angelum Dei accepistis me, sicut
« Christum Jesum. Ubi est ergo beatitudo vestra? »
154 *Nunc autem.* Quasi dicat : Olim serviebatis falsis diis, cum ignorabatis verum Deum ? Sed et nunc, cum aperta est veritas, *cum cognoveritis*, vel, *cognoscitis Deum*, et ita gravius peccatis quam olim, *quomodo iterum*, etc. Hic est ordo litteræ, sed interponit : *Imo cogniti*, etc. Quasi dicat : Dico, cognoveritis Deum : quod non est a vobis, sed potius quia gratia Dei approbati estis et amati. Et hoc est imo cogniti estis a Deo, id est suo munere cognitores suos nos fecit. Hoc genere locutionis frequenter utitur Scriptura. (49) Unde in Psalmo ait vir propheticus : *Sic in sancto apparui tibi, ut viderem virtutem tuam* (*Psal.* lxii). Non dixit : Apparui tibi ut videres, sed ut viderem. Simile est hoc quod ait Apostolus, nunc autem cum cognoveritis Deum, imo cogniti estis a Deo. (50) Correxit eum quod dixerat, cum ait, imo cogniti estis a Deo, ut per hoc intelligamus, nec hoc quidem nobis esse tri-

---

(46) Id., in lib. iii De Trinit.
(47) Id., in eod.
(48) Didymus in lib. De Spiritu sancto.

(49) Aug. in psalmo lxii.
(50) Id., De gratia nov. Test.

buendum quod noscimus Deum, sed illius misericordiæ tribuamus. Cum dicitur, cognoscit nos Deus, sic intelligendum est, id est cognitionem sui nobis præstat. (51) Non enim a nobis est quod novimus eum, sed ab eo. Ab æterno quidem novit quos tunc Apostolus cognitos dicit : sed tunc cognoscere dicitur, quando ut cognoscatur facit, sicut dicitur quiescere cum ejus munere requiescimus. (52) Non enim tunc cognoverat eos Deus, præcognitos videlicet ante constitutionem mundi, sed tunc ipsi eum illius munere non suo merito vel sua facultate cognoverunt : et ideo maluit topice loqui, ut tunc ab illo cognitos diceret, cum eis cognoscendum se præstitit, et verbum corrigere, quasi hoc minus recte dixerit quod proprie dixerat ; quam sinere ut hoc sibi arrogarent se potuisse quod eis posse ille donaverat. Cum, inquam, cognoveritis Deum, *quomodo convertimini* a fide *ad elementa*, id est ad legem initialem, ad cultum Dei. [Hieron.] Elementa Dei *infirma et egena*. Lex dicitur infirma, quia perfecte non justificat ; egena quia, quantum juvat, non per se, sed respectu gratiæ facit. Convertimini, dico *iterum*, ut ante conversionem ; sed nunquid ante conversionem Galatæ isti legem servaverant ? Non utique, quia gentiles erant, et superstitiosæ idolatriæ deservierant. Ideo dicit, iterum, quia legis observantia, cui tunc dediti erant, erat peccatum pene par servituti idolorum, cui vacaverant ante conversionem. Unde subdit : *quibus*, etc., [Augustinus] quasi dicat : Quomodo convertimini ad elementa *quibus denuo servire vultis ?* Ideo dicit denuo, ut ostendat quod non distat modo lex post Christum ab antiqua idololatria.

Dies. Quasi dicat : Vultis servire elementis. [Hieron.] Et vere, quia jam *observatis dies*, Judaico ritu, ut Sabbata et decimum mensis primi usque ad quartam decimam, qua agnus immolabatur, et a quartadecima usque ad vigesimam primam ejusdem mensis, quando azyma comedebantur ; septem etiam septimanas, quas ritu Judaico post azyma computant. Dies Israelitici Pentecostes servant, nec non et clangorem tubarum, primo die mensis septimi, decima etiam ejusdem mensis expiationem et jejunium, et in quinta decima scenopegiam. *Et menses* observatis, ut neomenias. Menses etiam custodiunt, quia primum et septimum mensem observant ; *et tempora*, ut tempus egressionis de Ægypto : tempora etiam colebant qui per annos singulos Hierosolymam veniebant, putantes se implere Domini præceptum, dicentis : *Tribus temporibus anni, diem festum agetis mihi, et apparebit masculinum tuum in conspectu Dei tui* (*Deut.*, XVI). *Et annos* septimos. Puto equidem hoc de septimo remissionis anno dici, et de quinquagesimo qui ab illis jubileus dicitur, quem Judæi aliquando suo ordine servare nequiverunt captivitate pressi, qua soluta pro eo septimum annum septimæ decadis coluerunt, qui potest intelligi vel sexagesimus unus annus quo indulta est eis a Cyro et Dario licentia redeundi de Babylonia, unde completis annis septuaginta redierunt. Vel potius septuagesimus unus, quem reversi in Hierusalem pro quinquagesimo qui jubileus dicitur observarunt. *Timeo*. Quasi dicat : Hoc jam facitis, pejus autem timeo, scilicet *ne forte laboraverim in vobis sine causa*, id est inutiliter, quod est si legem plene suscipitis. Ac si dicat : Vestram levitatem timeo, non aliud. Vel ita : quomodo iterum, ut hoc de errore gentilium intelligamus ; in eo enim quod dicit, convertimini iterum ad infirma et egena elementa, non circumcisis, sed gentibus loquitur, quibus hanc scribit Epistolam. Nec ad circumcisionem vel legem dicit eos reverti, in qua nunquam fuerant, sed ad infirma et egena elementa, quibus rursus ut antea servire volunt : quod de gentibus intelligere cogimur. [Augustinus] Vulgatissimus enim est error iste gentilium, ut vel in agendis rebus, vel in exspectandis vitæ et negotiorum suorum, ab astrologis et Chaldæis notatos dies, et menses, et annos, et tempora observent. Quos redarguit, dicens : Nunc autem cum cognoveritis Deum, quomodo iterum convertimini ad infirma et egena elementa quibus denuo vultis servire, id est ad superstitiosas temporum observationes. Manifestum est eum volumina temporum per elementa hujus mundi, hoc est cœlum et terram, et motus, atque ordinem siderum administrari. Quæ infirma appellat, ex eo quod infirma et instabili specie variantur, egena vero, eo quod egent summa et stabili specie Creatoris ut possint esse quomodo sunt. [Ambrosius] Vel, egena elementa dicit, eo quod sui invicem egent ad regendum mundum. Dies, quasi dicat : Vere servire vultis, quia dies observatis et menses, et tempora, et annos. Dies observant, ut qui dicunt hoc die non est aliquid incipiendum, menses autem colunt, qui cursus lunæ perscrutantes dicunt : Tali luna non est aliquid inchoandum. Tempora vero cum dicunt, modo est initium veris. Annos autem cum dicunt, novus annus est. Calendæ sunt Januarii, non licet hoc vel illud facere. Sed nulla debet esse suspicio harum rerum, quia prospere potest cedere quidquid simpliciter sub Dei devotione fit. [Augustinus]. Et nota quod dupliciter erant subversi Galatæ, ut ad legem et ad pristinos errores converterentur. Ergo eligat lector utram volet sententiam, dummodo intelligat ad tantum periculum animæ pertinere superstitiosas temporum observantias, ut huic loco subjecerit Apostolus : Timeo, etc., quasi dicat : Hoc jam facitis, sed deterius timeo, scilicet *ne forte sine causa laboraverim in vobis*. (53) Sunt quædam quæ levissima putarentur nisi in Scripturis demonstrarentur opinione graviora. Quis enim dicentem fatue fratri suo, reum gehennæ putaret, nisi Veritas hoc diceret (*Matth.*, V) ? Similiter dies observare et tempora non putaretur adeo

---

(51) Aug., De civit. Dei.
(52) Id., super Genesim ad litteram.

(53) Aug., in Enchirid.

grave, nisi Apostolus diceret : Timeo ne forte sine causa laboraverim in vobis. Hæc autem observant qui certis diebus vel mensibus vel annis volunt vel nolunt aliquid inchoare,quasi fausta et infausta sint tempora. Non itaque ista observemus, ne ab Apostolo ista audiamus : Timeo, etc.(54) Eos enim culpat qui constellationes sequuntur, dicentes : Non proficiscar, quia luna sic fertur, vel proficiscar ut prospera cedant,quia ita se habet positio siderum; agam hoc mense commercium, quia ista stella agit mensem ; non plantabo hoc anno vineam,quia bissextus est. Tales culpantur,non quia naturales elementorum effectus in siderum ordinatissima conversione noverunt, ut scilicet tempestate non navigent, autumno seminent :de quibus cum conderentur dictum est in Genesi : *Et sint in signis, et temporibus, et diebus, et mensibus* (Gen., 1).

Estote, quasi dicat : Timeo ne sine causa laboraverim in vobis, sed *estote sicut ego* sum qui legem dimisi. Et debetis esse, *quia ego* fui olim in lege, *sicut vos* modo vultis esse, et dimisi non sine ratione. [Ambrosius] Vel ita, estote sicut ego, quia et ego sicut vos, homo sum qui de errore correctus sum, ita et vos potestis corrigi. Vel ita,estote sicut et ego, quia ego qui legem habui, sum modo sine lege sicut vos.[Augustinus]Cum enim Judæus natus sim, jam illa carnalia spiritali dijudicatione contemno. Fratres, aspere correctos Galatas recreat Apostolus pro bene gesta, apponens post aspera suavia more salutaris medici. Quasi dicat : Et debetis esse sicut ego, quia, *o fratres*,ego *obsecro vos*, dico, obsecro et secure obsecrare possum, ut quos merito diligo, quia *nihil me læsistis*, et ita non penes vos inimicitiarum mearum est causa. Hoc dicendo excusat se, quia pseudo dixerant Paulum Galatis inimicum, nec voluisse eos docere quæ in uliis Ecclesiis prædicabat.Hanc calumniam diluens Apostolus inimicitiæ causam submovet, cum ait,nihil me læsistis, *Scitis autem*, quasi dicat : Non me læsistis, sed potius honorifice me recepistis cum causam spernendi habuistis. Et hoc est quod ait, *scitis autem quod per infirmitatem carnis meæ*, quia caro mea afflicta erat, *evangelizavi vobis jampridem*, et pro tanto tempore non sprevistis me. Unde subdit, *et non sprevistis tentatinonem vestram in carne mea*, id est me tribulatum per quod vos diabolus tentabat, ne crederetis. [Ambrosius] Tentati enim sunt cum tribulationem secundum carnem pateretur Apostolus,utrum timore desererent eum, an charitate amplecterentur. Opportune ergo ac decenter facit eos recolere charitatem suam,ne tanquam inimicum illum deputent, dicens, scitis autem quod per infirmitatem carnis, id est cum pateret persecutionem evangelizavi vobis jampridem, et tentationem vestram in carne mea, id est tribulationem quam patior in carne,qua videtur quales estis,non sprevistis, tanquam inutilem vel vilem. *Neque res-*

puistis, ut non susciperetis communionem periculi. Distingue inter illa duo,non sprevistis,scilicet post conversionem, ut inde vilior essem ;neque respuistis, ante conversionem, ut ob hoc converti abhorreretis.*Sed excepistis sicut angelum Dei*, id est ac si angelus Dei venisset, vel me angelum Dei esse credidistis : imo plus dicam, *sicut Christum Jesum*, ac si ipse Christus venisset qui in Apostolo loquebatur, et ideo venerat ad illos. *Ubi est ergo ?* [Augustinus] Admirans opus eorum spirituale commendat ut hoc intuentes in timorem carnalem non decidant : et quia mutati erant in deterius increpat eos. (55) Et si enim receperunt eum sicut angelum,non ideo tamen parcit secare vel urere, quia non quærit sua, sed quæ Christi sunt : non quærit lac et lanam de ovibus, id est commodum supplendæ necessitatis et favorem honoris, sed salutem ovium. Quasi dicat : Et quia ita tunc fecistis, *ubi est ergo beatitudo vestra*, qua dicebamini beati bonis initiis, et quasi proficiendi gradibus ferventes. Quasi dicat : Pudeat vos esse mutatos.Mirum est enim quod a bona decidistis.

VERS. 15-21. — « Testimonium enim perhibeo vo« bis, quia si fieri posset, oculos vestros eruissetis, « et dedissetis mihi.Ergo inimicus vobis factus sum, « verum dicens vobis ? Æmulantur vos non bene ; « sed excludere vos volunt, ut illos æmulemini. « Bonum autem æmulamini in bono semper,et non « tantum cum præsens sum apud vos. Filioli mei, « quos iterum parturio, donec formetur Christus in « vobis. Vellem autem esse apud vos modo, et mu« tare vocem meam, quoniam confundor in vobis. « Dicite mihi qui sub lege vultis esse, legem non « legistis ? »

Testimonium enim,quasi dicat :Vere beati fuistis, vel sicut angelum, vel Christum me excepistis. *Testimonium enim per hibco de vobis quia si posset fieri*, ad utilitatem Ecclesiæ,*eruissetis oculos vestros :* quod inter omnia charius est vobis, *et dedissetis mihi*, scilicet ad utilitatem meæ prædicationis. Et ideo plus de vobis dolendum est. (56) Nota quod ait, si fieri potuisset,nonne illud fieri potuisset quod ait Apostolus, non potest fieri quod juste non fit. Sic et Job, *utinam possem me occidere (Job. x)*, et Dominus ad Loth :*Non poteram quidquam facere, donec illuc introeas (Gen.xix)*. (57) Non posse se dixit quod sine dubio poterat per potentiam, sed non poterat per justitiam. *Ergo*, quasi dicat : Et cum hoc sit, est ergo credibile quod factus sum inimicus, verum dicens vobis. Quasi dicat : Per hoc videor inimicus,quia verum dico, sed si fallerem, putarer amicus, quia nemo se argui vult errantem,ideo vobis inimicus videor juste vos reprehendens. *Æmulantur*. [Ambrosius] Quasi dicat : Ego non sum vobis inimicus,sed illi *æmulantur*,id est diligunt, *vos non bene*,id est, non utiliter. Æmulantur enim verbum, quia non tam cupiunt eos esse meliores quam ipsos volunt facere pejores, et retrorsum tra-

(54) Aug., in lib. ad Januarium.
(55) Id., De pastoralibus.

(56) Id., contra epist. Gaudentii.
(57) Id., De potentia Dei.

here æmulatione perversa. Unde subdit: *sed volunt vos excludere*, a fide ad legem, vel a dilectione mea, *ut illos æmulemini*, id est intuemini in legalibus. *Bonum autem.* Quasi dicat: Illi volunt ut ipsos æmulemini, sed vos æmulamini, id est diligite et imitamini, *bonum* hominem, me scilicet et hujusmodi. Et hoc *in bono*, id est propter hoc diligite, quia in eo est virtus et bona operatio, non pro alia re. Et hoc facite semper, ut perseveranti gradu ad finem boni operis perveniatis. Vult enim ut semper ipsum imitentur. Unde subdit: *et non tantum*. [Hieron.] Quasi dicat: Æmulamini bonum, scilicet me, et hujusmodi, *et non tantum cum præsens sum apud vos*, sed perseverate in acceptis, magis æmulando me, cum absens sum. *Filioli*, hic iterum incipit ostendere ex ipsa lege quare non sit tenenda. Quasi dicat: Me imitamini, et debetis, quia vos estis *mei*, non dico filii, sed *filioli*, quia diminuti estis, et perfectionis gradibus indigetis. *Quos iterum* sicut prius, *parturio,* donec cum labore et dolore ad lucem fidei genero, *donec Christus*, quem deformatis, *formetur in vobis*, ut scilicet recipiatis similitudinem ejus quam vestro vitio perdidistis. (58) Perpaucorum est pensare quam labor sit in prædicationibus patrum, quantisve doloribus animas in fide, et conversatione recta parturiunt. (59) Unde Apostolus ex persona matris loquens ait, quos iterum parturio. Primum per fidem illos genuerat in baptismo, sed postea deformati sunt per pseudo, et infirmi facti, nunc cum dolore reformat eos. Unde addit: donec Christus in vobis reformetur. Concipientes enim fidem et sensum fidei non advertentes, formatum Christum in animis suis nugantur habere. Formatur enim Christus in corde credentium, cum illis sacramenta græce panduntur, et ea quæ obscura videbantur perspicua fiunt. Vel ita, donec formetur Christus in vobis, id est formosus aliis per vos appareat. Et hoc est gravius dictum, quam si diceret eos reformari in Christo, quia nescio quo pacto terribilius insonat audientium auribus.

Vellem autem. Quasi dicat: Blandis modo verbis usus sum, dicens fratres et filios, sed *vellem esse apud vos modo*, ut duplici generatione confunderentur, et de errore suo et de rubore Apostoli. Ideo ait, vellem esse apud vos, *et mutare vocem meam*, id est vituperationem, ut digna vobis dicerem quæ nolo scribere, ne permaneant apud vos. Ideo vellem mutare *cum confundor in vobis*, id est apud alios erubesco pro vobis. Sciens Apostolus majorem vim habere sermonem cum ad præsentes fit, cupit vocem apostolicam, vocem litteris comprehensam in præsentiam commutare. Scriptura enim divina ædificat lecta, sed multo plus prodest si de litteris mutatur in vocem; magnam siquidem vim habet vox viva, vox de auctoris sui ore resonans, quæ ea pronuntiatione profertur et distinguitur, qua in hominis corde generata est. [Hieron.] Est itaque sensus;

quia confundor in vobis, vellem litterarum vocem præsens de meo ore proferre, ut vos solito severior ipse corriperem, quia Epistola non potest vocem objurgantis exprimere, non valet irascentis resonare clamorem, et dolorem pectoris apicibus explicare: non habeo quippe fructus quos solent de discipulis habere doctores, et sine causa semen jactum est doctrinæ, ita ut cum Jeremia dicam: *nec profui nec profuit mihi quisquam (Jer. xv).* Ut autem non patiar vos perire et errare perpetuo, ex charitate vobis loquar. *Dicite mihi*, etc. Vel aliter potest legi hæc littera, eodem manente sensu. *Filioli*, quasi dicat: Non solum ex supradictis probatur lex esse dimittenda, sed etiam auctoritas ipsius legis hoc ostendit. *O filioli mei, dicite*, id est respondete mihi. Usque huc enim pendet sententia, et interponitur illud *quos iterum paturio, donec formetur Christus in vobis. Vellem autem esse apud vos modo, et mutare vocem meam, quoniam confundor in vobis*; non mutatur sensus horum verborum. Vos, iuquam, o filioli, *qui vultis esse carnaliter sub lege dicite mihi*, id est respondete mihi: Legem legistis, an non? Quidquid eligant, probantur stulti; si non legerunt, non debent recipere quod nesciunt; si legerunt, ipsa probat se dimittendam. Quod si non intelligunt, stulti sunt. Ideo eos interrogat, dicens: *legem non legistis?* Quasi dicat: Legistis quidem, sed non intellexistis.

VERS. 22-24. — « Scriptum est enim, quoniam « Abraham duos filios habuit, unum de ancilla, et « unum de libera. Sed qui de ancilla, secundum « carnem natus est; qui autem de libera, per re-« promissionem. Quæ sunt per allegoriam dicta. « Hæc enim sunt duo Testamenta. Unum quidem in « monte Sina in servitutem generans, quæ est Agar.»

Scriptum est enim quoniam Abraham Quasi dicat: Ideo quæro an legeritis legem, quia in ea quiddam scriptum est: Quod si attenderitis, nunquam ad eam recurreretis. *Scriptum est enim* in Genesi, *quoniam Abraham habuit duos filios*, Ismael et Isaac: *unum de ancilla* Agar, scilicet Ismael, *et unum de libera*, Sara, scilicet Isaac. *Sed qui de ancilla* fuit, *secundum carnem natus est*, id est per nullum miraculum, sed lege naturæ natus est. *Qui autem de libera, per repromissionem*, id est mirabiliter natus est. Attende quod ait, scriptum est quoniam Abraham duos filios habuit, cum plures habuerit. [Augustinus] Post mortem enim Saræ, de alia uxore, scilicet Cethura, alios genuit, qui non pertinent ad hanc significationem. Et ideo multi legentes Apostolum, librum autem Geneseos ignorantes, putant solos duos filios habuisse Abraham. Sed hos solos commemorat Apostolus, quia de his duobus Scriptura specialiter singula exsequitur, innuens aliquid egregium in his præfigurari. Item attende quod subdit. unum de ancilla, et unum de libera. (60) Non enim hoc frustra distinxit. Uterque quidem de Abraham natus

(58) Hier., super Ezechielem.
(59) August., in Moralibus.

(60) August., De civ. Dei.

est, sed diversa operatione, quia qui de ancilla secundum carnis naturam natus est, quia juvencula de sene solet concipere. Qui autem de libera, non secundum vim carnis, ut vetula et sterilis de vetulo conciperet, sed per operationem Dei qui promisit. Illum ergo genuit demonstrans consuetudo naturam, illum vero dedit promissio, significans gratiam. Ibi humanus usus ostenditur, hic divinum beneficium commendatur. Natus est ergo Ismael sicut nascuntur homines permistione utriusque sexus usitata lege naturæ. Ideo dictum est secundum carnem, non quia ista beneficia Dei non sint, aut non ista operetur Deus, cujus opifex *sapientia attingit*, sicut scriptum est, *a fine usque ad finem fortiter et disponit omnia suaviter (Sap.* VIII). Sed ubi significandum fuerat Dei donum, quod indebitum hominibus gratis gratia largiretur, sic oportuit dari filium quemadmodum naturæ non debebatur ex cursibus. Hæc autem quamvis ad litteram ita fuerint, tamen quia secundum litteram ad superiorem demonstrationem non valent, subdit:

Quæ sunt dicta per allegoriam, id est per alium intellectum. (61) Allegoria enim dicitur, cum aliquid aliud videtur sonare in verbis, et aliud in intellectu significari, sicut hic. Abraham enim est Deus Pater, qui est pater multarum gentium. Sic enim interpretatur hoc nomen Abraham. Abba enim *pater*, ham *multarum*, subauditur gentium, qno intelligitur Deus Pater; *r* interponitur causa euphoniæ. Inde dicitur Abraham quasi Ababam, id est pater multarum gentium quo intelligitur Deus Pater. Libera autem et ancilla significant duo Testamenta. Unde subdit: *hæc enim*, id est ancilla et libera *sunt*, id est significant *duo Testamenta;* libera, significat novum Testamentum, dans omnibus per Christum novam gratiam; Agar, vetus Testamentum. [Ambrosius] In utroque Testamento genuit Deus sibi filios qui servirent. sed in veteri Testamento generati sunt Judæi servi, quia timore pœnæ et promissione temporalium serviebant. Et hoc est quod ait, *qui de ancilla* fuit, scilicet Judæi et omnes servi peccati, *natus est secundum carnem*, quæ et pœnas abhorret, et dulcia amat, quia illi metu pœnæ et amore temporalium serviebant. Gratia vero novi Testamenti parit liberas qui ex dilectione serviant, non in carnis, sed opere Dei. Et hoc est quod ait, qui autem de libera natus est, id est liber Christianus populus gratia novi Testamenti generatus, *per repromissionem* natus est, id est per virtutem et gratiam promittentis sub figura veritatem. Quis enim impossibilia secundum naturam crederet, et quis suavia sunt in præsenti contemneret, et non visa speraret, nisi virtus Dei hoc in eo operaretur! Taliter generantur Christiani quorum typus præcessit in Isaac. Ismael enim Judæorum significat nativitatem, vel eorum qui servi peccati sunt. Isaac vero Christianorum, quia in libertatem nascuntur. Liber enim fit qui accipit remissionem peccatorum. Ecce expositum est evidenter quid significent illa verba legis. Unde ostenditur lex non esse tenenda quæ in servitutem generabat, sed nova quæ in libertatem parit. Unde addit: *Unum quidem*, quasi dicat: Ancilla et libera signant duo Testamenta. Et *unum quidem* datum est *in monte Sina*, quod interpretatur *mandatum;* quod in tali loco datum est, id est in monte eminenti, significat quod Judæi contra alias gentes essent superbi de mandato. vel ipsi essent superbi et tumidi contra ipsum mandatum. Illud Testamentum, dico, *generans* homines *in servitutem*, quia pro timore serviebant Judæi, vel servi peccati erant. Quod Testamentum *est Agar*, id est significatur per Agar. Et recte: Agar enim interpretatur *alienatio.* Quod bene convenit, quia illud testamentum alienat homines ab æterna hæreditate.

VERS. 25–31. « Sina enim mons est in Arabia
« qui conjunctus est ei quæ nunc est Jerusalem,
« et servit cum filiis suis. Illa autem quæ sursum
« est Jerusalem libera est, quæ est mater nostra.
« Scriptum est enim: Lætare, sterilis quæ non pa-
« ris; erumpe et clama, quæ non parturis, quia
« multi filii desertæ magis quam ejus quæ habet
« virum. Nos autem, fratres, secundum Isaac, pro-
« missionis filii sumus. Sed quomodo tunc is qui
« secundum carnem natus fuerat, persequebatur
« eum qui secundum spiritum, ita et nunc. Sed quid
« dicit Scriptura? Ejice ancillam et filium ejus. Non
« enim hæres erit filius ancillæ cum filio liberæ.
« Itaque, fratres, non sumus ancillæ filii sed liberæ,
« qua libertate Christus nos liberavit. »

Sina enim. Quasi dicat: Vere Testamentum vetus generat in servitutem, quia *Sina mons*, id est vetus Testamentum datum in monte Sina, *est in Arabia*, id est in humilitate vel in afflictione, quia affligebat homines sub carnalibus observationibus. Arabia enim interpretatur *humilitas* vel *afflictio*. Et bene dicitur vetus Testamentum datum esse in Arabia, non in terra promissionis, ubi Judæi quasi filii fuerunt, sed in Arabia ubi quasi servi et alieni fuerunt, quia vetus Testamentum non filios sed servos et alienos pariebat. Deinde vetus Testamentum populo cui datum est comparat, dicens *qui*, mons per omnia *conjunctus est*, et similis, id est vetus Testamentum in illo monte datum, per omnia conjunctum est, et simile *ei Jerusalem quæ nunc est*, id est Judaico populo, qui nunc est, id est qui terrena diligit, et pro temporalibus *servit.* Vel, servit, sub peccato *cum filiis suis.* Hæc est synagoga quæ sub peccato generat filios, totus quidem populus mater est, singuli autem sunt filii vel filii sunt proselyti, qui omnes timore pœnæ serviunt. Et ideo vetus Testamentum dicitur esse conjunctum et simile illi populo, quia sicut vetus Testamentum pœnas minabatur, et temporalia promittebat: ita ille populus timore pœnæ, et amore temporalium serviebat. Ecce per

(61) Aug., in psalmo CIII.

hæc omnia patet quod vetus lex non est tenenda, sed nova quæ sursum est, quæ libera est, id est ad superiora nos mittit, et liberos facit : quæ data est Ecclesia quæ sursum est, et libera. Unde subdit, *Illa autem*. Quasi dicat : Hæc, id est synagoga, timore vel sub peccato servit. [Hieron.] Sed *illa Jerusalem quæ sursum est*, id est Ecclesia de gentibus congregata, quæ cum Domino gaudet in spe, libera est, quia diligit, et ex amore servit. Quæ *est mater nostra*, id est credentium, quia singuli verbo ejus et exemplo instructi, ex charitate serviunt. Quód autem libera sit et mater, auctoritate Isaiæ probat, subdens : *Scriptum est enim*. Quasi dicat : Vere libera est et mater, quia *scriptum est*, in Isaia, *Lætare, sterilis quæ non paris, erumpe et clama, quæ non parturis, quia multi filii*, etc. Ex his verbis et libera monstratur et mater. Lætari enim, et erumpere, et clamare pertinent ad libertatem ; quia multi filii, hoc pertinet ad matrem. Isaias aspiciens tempus Christi, Ecclesiam gentium ante sterilem nunc fetosam alloquitur, dicens : O Ecclesia gentium sterilis quæ, tempore legis, non virtute miraculi paris, quia illo tempore quasi nullos genuit ; quæ etiam non parturis, quia neque tunc conatus habuit, lætare in corde, erumpe, id est lætitiam mentis extra ostende, et clama, id est gaudium tuum aliis prædica, *quia magis multi*, id est plures sunt *filii* tui, olim *desertæ*, partu quidem non dilectione sponsi, *quam ejus*, id est synagogæ *quæ habet virum*, id est legem, ad generandum, id est quæ carnaliter generat sub lege. Virum quippe habuit Synagoga, scilicet legem, et fetosa quondam fuit in liberis. Sterilis vero Ecclesia sine viro Christo, sine ullo sponsi sermonis alloquio, diu jacuit in deserto. Sed postquam accepit illa librum repudii, et omnia ornamenta viri, in idoli vertit ornamenta, tunc maritus priore cingulo putrescente, alium lumbis suis balteum, alium de gentibus lumbare contexuit : quæ statim ut est viro conjuncta, concepit et peperit. Unde in Isaia Dominus exclamat, *Dilata locum tabernaculi tui, et protende funiculos tuos*. etc. (*Isa*. LIV). Item, si est gens nata simul.

Synagoga ergo quæ habet virum, id est legem, deserta vero et vaga, et sine ulla legis potestate vivens, gentium multitudo est, quæ et sterilis erat nullius legitimi verbi proferens germen. (62) Sterilis enim erat in omnibus gentibus Ecclesia, antequam iste fetus quem cernimus oriretur. Hoc autem quidam judaizantes ad antiquam Saram referunt. Hoc autem de antiqua Sara superflue diceret Isaias, quæ multo ante tempore obierat. Vel per Jerusalem intelligitur hic superna civitas, cœlestis curia. Superna est enim sanctorum civitas licet, in quibusdam quos hic parit, adhuc peregrinatur, donec regni ejus tempus adveniat, quando congregatura est omnes in suis corporibus resurgentes. De hac ergo dicit : Illa autem Jerusalem, quæ sursum est, id est cum Domino gaudet, libera est a peccato et pœna peccati, quæ est mater nostra. Civitas cœlestis mater nostra dicitur, quia ad eam vocamur. Et ideo cœlestis dicitur, quia cœlum sedes ejus est ; et quos generat, ibi erunt cum ea. Vere mater est, scriptum est enim : Lætare sterilis, quæ non paris, erumpe et clama, quæ non parturis. [Ambrosius] Cœlestis Jerusalem sterilis dicitur, quia non parit, secundum carnem ; nec parturit, id est nec dolores patitur, sed generat spiritualiter sine passione, clamans in lætitia quia plures habet filios quam quæ habet virum, id est synagoga quæ carnaliter generat. Unde subdit quia magis multi sunt filii tui desertæ. A quo? Ab Adam, qui deserta vita secutus est mortem, quam ejus quæ habet virum, id est synagoga. Multo enim plures sunt Christiani Judæis, quia Christiani supergressi sunt numerum Judæorum (63). Sterilis ergo dicta est, quia virgo est quæ non carnaliter generat filios, sed per solam fidem spiritualiter quæ nec parturire dicitur. Quæ enim parturit, dolores patitur. Hæc exclamat in lætitia salutis humanæ. Jerusalem vero terrena ideo virum habuisse dicta est, quia carnaliter generabat. Parit autem cives terrenæ civitatis peccato vitiata natura ; cœlestis vero civitatis cives parit a peccato, naturam liberans gratia, quod significatum est in duobus filiis Abrahæ, quorum unus de ancilla secundum carnem natus est ; alter de libera, non secundum naturam, sed per repromissionem. Negat enim natura filios tali commissione qualis esse poterat Abrahæ et Saræ in illa ætate, etiam mulieris accedente sterilitate, quæ nec tunc parere potuit, quando non ætas fecunditati, sed ætati fecunditas defuit, (64) Quod vero nec sic affectæ fructus posteritatis non debebatur, significat quod natura humani generis peccato vitiata, et ideo jure damnata, nihil vere felicitatis in posterum merebatur. Isaac per repromissionem natus, non per generationem, significat filios gratiæ, cives civitatis liberæ, socios pacis æternæ. Et quia hoc non per generationem sed per regenerationem futurum erat, ideo tunc imperata est circumcisio, quando de Sara promissus est filius. Circumcisio igitur significat naturam exuta vetustate novatam. Et quod omnes filios et servos vernaculos et emptitios circumcidi jubet, ad omnes istam gratiam pertinere testatur. Octavus autem dies et Christum significat, qui post Sabbatum resurrexit, parentum mutantur et nomina. Omnia resonant novitatem, et in veteri Testamento obumbratur novum, et in novo revelatur vetus Testamentum.

Nos autem. Quasi dicat : Duo sunt filii Abrahæ, alter secundum carnem, alter per repromissionem natus) Nos autem, fratres, sumus filii promissionis, id est per gratiam geniti secundum Isaac, id est, ad similitudinem Isaac. Isaac interpretatur *risus*, quo significantur illi qui in lætitia serviunt ; non ex

(62) August., De civit. Dei.
(63) Id., in Quæst. LIV nov. et vet. Test.

(64) Id., De civit. Dei.

tristitia vel ex necessitate. *Sed quomodo.* Quasi dicat : Nos sumus filii secundum Isaac. *Sed quomodo tunc is qui secundum carnem natus erat, persequebatur eum qui secundum Spiritum* sanctum natus erat, (65) id est Ismael persequebatur Isaac, vel etiam Esau Jacob. *Ita et nunc,* scilicet qui secundum carnem nati sunt persequuntur eos qui secundum Spiritum nati sunt. Qui sunt secundum carnem nati? dilectores mundi, amatores sæculi. Qui sunt secundum Spiritum nati ? [Orig.] amatores regni cœlorum, dilectores Christi, desiderantes vitam æternam, gratis colentes Deum. Judæi etiam sunt secundum carnem nati, qui persequuntur nos qui sumus secundum spiritum, quia legem secundum spiritum, non secundum carnem custodimus. Per hoc quod patimur, probamur filii promissionis. *Sed quod dicit Scriptura.* Quasi dicat : Patimur ab illis sicut Isaac ab Ismaele, sed non est curandum. [Hieron.] Quid enim dicit, id est refert Scriptura dixisse Saram : Ecco : *Ejice ancillam et filium ejus.* Non puto nos invenire posse ubi Ismael persecutus fuerit Isaac ; sed tantum illud quod cum filius Ægyptiæ luderet cum Isaac indignata sit Sara, vidit pueros simul ludentes ; et dixit : ejice, etc. (66) Quid est hoc ? Quid enim mali fecerat Ismael puero Isaac, quia ludebat cum illo ? Sed illa lusio illusio erat, illa lusio deceptionem significabat ; illum lusum Sara intellexit, et Apostolus vocavit persecutionem. (67) Quia lusus majoris ad minorem illusio est et deceptio, quia sciens se habere alia negotia quæ intendit, simulat quædam puero, id est infirmo ludens cum illo et fraudes facit. (68) Sic et modo plus persequuntur qui nos illudendo seducunt. Et sicut Sara intellexit lusum illum, ita et Ecclesia intelligit lusum istum persecutionem. Sed quid dixit Sara ? Ejice ancillam et filium ejus ; ita qui pertinent ad Agar et Ismael, id est lex et Judæi ejecti sunt ab Ecclesia et a gratia Patris, necnon et hæretici et filii eorum. (69) Omnes etiam qui in Ecclesia terrenam felicitatem quærunt a Domino, adhuc ad Ismaelem pertinent. Ipsi sunt qui contradicunt spiritualibus proficientibus, et detrahunt illis, et habent labia iniqua, et linguas subdolas. Ergo Isaac cum Ismaele vivebat, id est qui pertinent ad Isaac inter eos vivunt, qui pertinent ad Ismael. Isti sursum nolunt ascendere, illi deorsum volunt trahere. (70) Isti volare ad Deum volunt, illi conantur pennas evellere. Et sicut isti pertinent ad Ismael et ad vetus Testamentum, ita et antiqui veteris Testamenti ministri gratiam quærentes, filii sunt promissionis pertinentes ad novum Testamentum. Sed hoc quod dicit, Ejice, quando erit ? hoc erit cum **157** arca cœperit ventilari. Unde subdit : *Non enim hæres erit filius ancillæ cum filio liberæ,* id est mali cum bonis, Judæi cum Christianis. [Augustinus] Sicut enim nunc in conversatione sunt dissimiles, ita erunt et in futura retributione. *Itaque.* Quasi dicat : Quia patimur a Judæis, et ab aliis malis, sicut Isaac ab Ismaele, *Itaque fratres mei, non sumus filii ancillæ,* [Ambrosius] quia non sumus servi peccati vel legis, *sed liberæ,* scilicet cælestis Jerusalem, qui est populus novus regni cœlorum, et non alio modo sumus filii liberæ, sed per eam libertatem. *Qua libertate,* id est per quam libertatem *Christus nos liberavit,* qui immunis a peccato, ex dilectione obediens fuit. Libertas ergo qua liberati sumus a Christo, est remissio peccatorum, et fidei per dilectionem operantis justificatio.

CAPUT V.

VERS. 1-4. — « State, et nolite iterum jugo ser-
« vitutis contineri. Ecce ego Paulus dico vobis :
« Quoniam, si circumcidamini. Christus vobis nihil
« proderit. Testificor autem rursus omni homini
« circumcidenti se, quoniam debitor est universæ
« legis faciendæ. Evacuati estis a Christo, qui in
« lege justificamini a gratia excidistis. »

State. Ergó quod lex debet cessare hucusque ostendit, et similitudine consuetudinis humanæ, et legis ipsius auctoritate, nunc Galatas hortatur ne se jugo legis velint subjicere, et terret periculi comminatione. Quasi dicat : Et quia per Christum liberi estis, ergo state, in firma fide, fixo pede permanente in libertate. *Et nolite contineri jugo servitutis,* id est lege quæ in servitutem generat. Et addit, *iterum,* non quia prius Galatæ legem custodierint, sed dum circumcisionis et legalium observationum jugo se subjiciebant, quasi ad eosdem revertebantur cultus, quibus in idololatria ante serviebant, quia non est lævior hæc legis servitus, quam idololatriæ. Ecclesiæ. Quasi dicat : Nolite contineri jugo servitutis, nec saltem circumcisione, quia *ecce ego Paulus.* qui sum notæ auctoritatis, *dico vobis : Quoniam si circumcidamini Christus nihil vobis proderit.* (71) Decepit ergo Timotheum, et fecit ut nihil ei prodesset Christus. Eis itaque dictum est hoc, qui ideo volebant circumcidi, quod aliter putabant in Christo se salvari non posse. Hoc enim animo, hac voluntate, ista intentione quisquis tunc circumcidebatur. Christus ei nihil proderat. Illos igitur arguit qui se in lege justificari credebant, non qui legitima illa in ejus honorem a quo mandata sunt observabant, intelligentes et qua prænuntiandæ veritatis ratione sint mandata, et quousque debeant perdurare. Illa enim quæ significationis causa præcepta sunt, quæ gratiæ revelatione latius innotescente necesse fuerat aboleri, justificare neminem poterant : non ideo tamen fuerant tanquam diabolica gentium sacrilegia fugienda, etiam cum ipsa gratia jam cœperat revelari quæ umbris talibus fuerat prænuntiata. (72) Inde est quod Timotheum Judæ matre et Græco patre

---

(65) Augus., super Joannem.
(66) Id., ibid.
(67) Id., in serm. de Agar et Ismael.
(68) Id., super Joannem.

(69) Id., in psal. CXIX.
(70) Id., contra Pelag.
(71) Id., ad Hieron.
(72) Id., contra Faust.

natum circumcidit Apostolus, et ipse morem hujusmodi custodivit, non simulatione fallaci, sed consilio prudenti. Circumcisio enim et cætera legalia ita natis et institutis non erant noxia, licet jam significandis futuris necessaria non essent, magis noxium erat ea quasi noxia prohibere in his hominibus, usque ad quos durare debuerant. Gentiles vero ex diverso veluti parieti ad eumdem lapidem angularem venientes, non erant ad talia cogendi. Si qui vero his qui ex circumcisione venerant talibus sacramentis adhuc dediti erant ultro vellent sicut Timotheus conferre congruentiam, non erant prohibendi; sed si in his confidebant, erant perditi sicut et Judæi. Unde est illud Apostoli : Dico vobis quia, si circumcidamini, ut spem salutis in circumcisione habeatis, Christus nihil proderit vobis. Licebat ergo his quos fides quæ revelata est eis, jam imbutos invenerat, illa tenere, ne videantur improbata potius quam terminata. Gentibus vero non sunt imponenda, ne videantur aut non causa promittendi Christi instituta, aut adhuc promittere, sed cessando jam appareant signa futuri fuisse, quæ cum honore paulatim deserendo erant sepelienda, non ut sacrilegia gentium fugienda. Postea vero tanquam cum honore sepulta sint, a Christianis omnibus irreparabiliter deserenda. (73) Hieronymus autem ista legalia post Christi passionem sive in eis spes ponatur sive non, observantibus noxia esse dicit, nisi dispensatorie custodiantur; et secundum hoc ita hic locus exponitur. Si circumcidamini Christus nihil proderit vobis, quia circumcisio jam non solum non prodest, sed etiam obest. Antequam nova inciperet prædicatio oportuit circumcidi, nunc autem lege fidei succedente nihil proderit fideli addita circumcisio, sed oberit ; majus enim malum est ex libero fieri servum quam nasci.

Testificor. Quasi dicat : Si circumcidamini nihil vobis proderit Christus, nec hoc solum malum vobis erit, sed etiam *testificor rursum*, sicut olim ante fidem, *omni homini*, Judæo vel gentili *circumcidenti se*, pro habenda justitia, *quoniam debitor est universæ legis faciendæ*, [Ambrosius] id est ex debito omnia legalia debet implere, quod exigit circumcisio. Ut enim baptismus suam, sic circumcisio suam exigit justificationem. Hoc ideo ait, ut vel terrore tam innumerabilium observationum quæ in lege scriptæ sunt, ne omnes implere cogerentur, quod nec ipsi Judæi, nec patres eorum implere potuerunt, sicut Petrus ait, abstinerent ab his quibus eos aliqui subjicere cupiebant. *Evacuati.* Quasi dicat : Vere Christus non proderit vobis, quia vos qui gratia Christi prius eratis pleni, *evacuati estis a Christo*, [Augustinus] id est virtutibus Christi. Vos dico *in lege justificamini*, id est creditis justificari. Aliter enim non noceret circumcisio. Evacuati estis, dico, *et excidistis a gratia* futura, [Ambrosius] id est indigni estis beatitudine æterna. Vel, excidistis a gratia, jam habita, id est gratiam amisistis. Qui enim in lege justificari vult post fidem, amittit gratiam, quia ad hoc venit donum Dei et gratia, ut cessante onere legis justificet credentes : Quod qui reducit, hanc perdit.

Vers. 5-10. — « Nos enim spiritu ex fide spem « justitiæ exspectamus. Nam in Christo Jesu neque « circumcisio aliquid valet, neque præputium, sed « fides quæ per charitatem operatur. Currebatis « bene. Quis vos impedivit veritati non obedire ? « Nemini consenseritis. Persuasio hæc non est ex eo « qui vocavit vos. Modicum fermentum totam massam « corrumpit. Ego confido in vobis in Domino « quod nihil aliud sapietis. Qui autem conturbat « vos, portabit judicium quicunque est ille. »

Nos enim. Quasi dicat : Qui in lege confidit amittit gratiam, quod e contrario potest videri, quia *nos exspectamus ex fide spem justitiæ*, id est justitiam et spem, id est æternam beatitudinem. (74) Vel, spem justitiæ, id est qua speratur ipsa justitia. [Augustinus] Fides enim esuriens et sitiens justitiam sperat in ea renovari et proficere. Vel, spes justitiæ, Christus est, ex quo speratur ipsa justitia. Exspectamus dico, et hoc facimus *spiritu*, id est per Spiritum sanctum qui non fallit. [Hieronymus] Hoc dicit ne putaremur falli. *Nam in Christo*, etc. Quasi dicat : Recte dico ex fide esse justitiam, quia non est ex alio, *nam in his qui sunt in Christo Jesu neque circumcisio aliquid valet neque præputium* ; æquatur præputio circumcisio. His enim qui in Christo volunt vivere virtutes appetendæ sunt, et vitia fugienda ; (75) media vero, quæ inter virtutes et vitia sunt, nec fugienda sunt, nec appetenda, ut circumcisio et præputium quæ nihil valent in Christo, sed fides, non utique otiosa, quia *fides sine operibus mortua est*, id est non salvat, sed quæ operatur per charitatem Dei et proximi. Opus fidei, ipsa dilectio ; sine dilectione inanis est fides ; cum dilectione, Christiani est. (77) Alia, id est fides sine dilectione, dæmonis. Nam et *dæmones credunt et contremiscunt* (Jac. II) : qui autem non credunt, tardiores sunt et pejores quam dæmones. Sed multum interest utrum quis credat ipsum Christum esse, an credat in Christum. Nam ipsum esse Christum, dæmones crediderunt. Ille enim credit in Christum, qui sperat in Christum, et diligit Christum. *Currebatis.* Hic laudat Galatas, et eos per quos inducti sunt, ut judaizare vellent, vituperat ; et ne illis consentiant monet. Quasi dicat : Fides operans per dilectionem valet, et hæc olim fuit in vobis, quia olim currebatis per opera fidei proficiendo, et hoc bene, quia ex dilectione faciebatis. [Ambrosius] Ergo *quis vos fascinavit vel impedivit nos obedire veritati*, quæ ultro se ingerit ? Exercitium illorum in opera fidei bonum fuisse testatur, sed nequitia malorum impeditos, ne cursum suum efficacia perseverante consummarent. Unde ut nulli eorum credant hortatur, subdens,

---

(75) August., ad Hieron.
(76) Id., De spiritu et litt.

(75) Id., super Epist. Joan.
(76) Id., De verb. Dom.

sed vos *nemini* illorum, deinceps *consenseritis,* saltem eos audiendo qui opera legis servanda suadent, evangelicæ veritati obedire non sinentes.
Persuasio enim. Quasi dicat : Ideone consenseritis, quia persuasio *hæc* qua volunt vos mittere sub jugum legis, *non est ex eo,* scilicet Deo, *qui vocavit vos,* ad vitam, sed ex diabolo. [Augustinus] Ideo etiam ne consenseritis quia *modicum fermentum,* id est illi pauci et acidi qui ad illos veniebant ut ista suaderent, Vel, modicum fermentum, id est hæc persuasio ; vel modicum fermentum, id est hæc circumcisio, et pauca legis *corrumpit totam massam,* id est congregationem fidelium vel virtutem. Sensus itaque iste est : Ne putetis paucorum hominum insidias contemnendas. Ut enim scintilla res parva est, et pene, dum cernitur, non videtur, sed si fomitem comprehenderit, et nutrimenta sui invenerit, mœnia, urbes latissimas, saltus, regionesque consumit ; et sicut fermentum res modica videtur et nihili, sed cum farina conspersum totam massam suo vigore corruperit, in illius vim transit omne quod mistum est, ita et doctrina perversa ab uno incipiens, vix duos aut tres, primum in exordio, reperit auditores, sed paulatim ut cancer serpit in corpore, et juxta vulgare proverbium : Unius pecudis scabies totum commaculat gregem. Igitur et scintilla cum apparuerit, exstinguenda, et fermentum a massa vicina semovendum, et scabiosum animal a caulis ovium removendum. Hæc hortor vos, *Et ego confido in vobis,* quod olim boni fuistis, nec simpliciter dico in vobis sed addo *in Domino,* Deo scilicet operante, confido, inquam, *quod nihil aliud sapietis* quam docui. Ideo dicit se confidere de his, quia non sponte, sed circumventi errabant, et ideo ostensa modo vera via, facile credit eos reverti. *Qui autem.* Quasi dicat : Confido in vobis, sed ille *qui conturbat vos.* Quasi dicat : Purum fontem intellectus vestri, ut scilicet mutato ordine de spiritualibus sitis carnales. *portabit judicium,* [Ambrosius] id est sustinebit damnationem, *quicunque est ille ;* etiam si carne sit filius Abrahæ, pro nullo parcetur ei. [Hieronymus] Occulte, inquiunt, Petrum lacerat, cui supra in faciem se restitisse scripsit, quod non recto pede incesserit ad Evangelii veritatem ; sed nec Paulus tam procaci maledicto de Ecclesiæ principe loqueretur, nec Petrus dignus erat ut portaret judicium Ecclesiæ conturbatæ, ex quo arbitrandum est de aliquo dici, qui vel cum apostolis fuerat, vel de Judæa venerat, vel ex Pharisæis crediderat, vel certe magnus sit apud Galatas æstimatus, ut portet judicium Ecclesiæ conturbatæ. [Ambrosius] Sicut enim qui errantem converti facit remunerandus est, ita et qui rectum incedentem iter flectit in devium, damnationem consequitur.

Vers. 11-16. — « Ego autem, fratres, si circum« cisionem adhuc prædico, quid adhuc persecutionem « patior ? Ergo evacuatum est scandalum crucis. « Utinam et abscindantur qui vos conturbant. Vos « enim in libertatem vocati estis, fratres, tantum ne « libertatem in occasionem detis carnis, sed per « charitatem spiritus, servite invicem. Omnis enim « lex in uno sermone impletur : Diliges proximum « tuum sicut teipsum. Quod si invicem mordetis et « comeditis, videte ne ab invicem consumamini, « Dico autem in Christo : Spiritu ambulate, et de« sideria carnis non perficietis. »

Ego autem. Quasi dicat : Ille portabit judicium qui conturbat vos. *Ego autem* non conturbo vos, o *fratres,* prædicando legalia, quia *si circumcisionem prædico adhuc,* ut olim feci, et ut mihi imponitur. [Augustinus] Intelligendum est enim quod imponebatur ei a pseudo istam servitutem Galatis persuadere volentibus, quod alibi circumcisionem prædicaret, sed non eis facile aperire sententiam suam vellet. Si, inquam, hoc ago, *quid autem persecutiones patior ?* Quasi dicat : Nulla alia causa patior a Judæis [Ambrosius] Persecutiones enim creberrimas sustinuit a Judæis, eo quod doceret credentes de gentibus non debere circumcidi. [Hieronymus] Et si eam prædico, *ergo evacuatum est scandalum crucis,* non irascuntur Judæi de cruce, si assero circumcisionem justificare. Scandalum erat Judæis prædicatio crucis, quia Sabbatum et circumcisionem evacuabat ; si vero admitteret circumcisionem, non esse scandalum, et pacifici essent ei.

Utinam. Quasi dicat : Ipsi vos conturbant. Et *utinam abscindantur qui vos conturbant !* hæc non tam furoris in adversarios quam dilectionis in Ecclesiam verba sunt. Non enim tam maledixit eis quam oravit pro eis. [Augustinus] Sub specie namque maledictionis eleganti ambiguo usus est, bonum eis optat, cum ait : utinam abscindantur, qui vos conturbant ! Non tantum circumcidantur, sed abscindantur, ut sint spadones propter regnum cœlorum, et desinant carnalia seminare. Sunt enim quidam spadones propter regnum cœlorum. Vel ita, ipsi vos conturbant, sed utinam qui vos conturbant abscindantur, non carnaliter, sed vim generandi perdant, ut in vobis vel aliis nihil proficiant, non solum circumcisi sed etiam abscisi, ut nullam omnino potentiam generandi habeant. Et merito hoc opto ne vos redigant in servitutem legis. [Ambrosius] *Vos enim, fratres, vocati estis* a Deo *in libertatem,* ut non timore, sed amore serviatis, et qui prius peccatis obnoxii eratis, gratiam Dei accipientes liberi sitis. [Augustinus] Et cum hoc sit, hoc *tantum* necessarium est : *ne detis libertatem in occasionem carnis,* id est ne libertate abutamini, ut quia liberi estis et metus legis vobis non incumbit, ideo desideria carnis sequamini, quia tunc eritis servi. Et est sensus : Cavete ne audito nomine libertatis, impune vobis peccandum esse arbitremini. *Sed per charitatem spiritus,* id est quæ procedit de Spiritu sancto, *servite invicem,* quia tunc liberi eritis. Nota quia non per affectum carnis charitas est habenda, sed per spiritum, ut subjecti sint invicem.

Omnis enim. Quasi dicat : Ideo charitas est habenda, quia *omnis lex impletur in uno sermone,* id est in uno præcepto charitatis, quia qui illud præceptum servat, nec mala agit, et quantum potest bona facit. In quo præcepto impletur? In isto : *Diliges proximum tuum sicut teipsum* : Hoc scriptum est in Levitico.[Ambrosius, Augustinus] In quo recte dicit impleri legem universam, cum tamen duo sint præcepta charitatis in quibus tota lex pendet et prophetæ, quia dilectioDei in dilectione proximi continetur, et ideo in hoc præcepto perfectio salutis est, quia sine proximo non diligiturDeus.*Qui enim non diligit proximum suum quem videt. Deum quem non videt quomodo potest diligere?* (I Joan. IV.) Item, diligere proximum, id est omnem hominem tanquam seipsum quis potest nisi Deum diligat, cujus præcepto et dono dilectionem proximi possit implere? Cum ergo utrumque præceptum ita sit, ut neutrum possit teneri sine altero, unum eorum commemorare sufficit. Et nota quod ait : sicut teipsum. Sicut non potest proximum diligere, qui non diligit se. Se autem non diligit qui diligit iniquitatem. *Qui enim diligit iniquitatem odit animam suam* (Psal. x.) Nota etiam quod ait, omnis lex ; nam et illa quæ ad bonos mores pertinent, et illa quæ in sacramentis sunt, cum bene a liberis intelligantur, nec carnaliter abservantur a servis, ad charitatem referantur necesse est. *Quod si.* Quasi dicat : In dilectione proximi lex impletur. *Quod si invicem mordetis*, id est in aliquo detrahitis, *et comeditis*, id est totum devoratis omnia vituperando ex invidia. [Ambrosius] Vel, criminamini, crimina vobis imponentes, *Videte ne ab invicem consumamini*, scissa Chistianæ religionis per vanam gloriam vanamque victoriam unitate. Occasione charitatis hoc vitium eorum tetigit, quia dissensio inimica est dilectionis. Hoc enim maxime vitio contentionis et invidiæ, perniciosa inter eos jurgia nutriebantur, quibus consumitur societas et vita. *Dico autem.* Postquam a lege factorum eos prohibuit, in qua sunt præcepta carnalia, nunc ut vitiis carnis se contineant, præcipit, et ostendit quam sufficiens est fides Christi sine lege, quia per eam vincunt carnem et ejus opera, et sequuntur spiritum. Quasi dicat : Ne detis libertatem in occasionem carnis, sed per charitatem spiritus servite. Hoc autem dico posse esse vobis *in Christo*, id est per fidem Christi, et nunquam aliter. In qua fide *ambulate*, id est proficite bene operando, et hoc *spiritu*, id est ratione vel potius Spiritu sancto. Non enim hoc potest spiritus hominis per se. Et tunc *desideria carnis* id est delectationes, quas caro suggerit, *non perficietis*. Non ait : Non feceritis, vel non habueritis, quia ea non habere non poterant ; sed non perficietis, (77) id est non opera eorum consensu voluntatis implebitis.

VERS. 17-21. — « Caro enim concupiscit adver-
« sus spiritum, spiritus autem adversus carnem.
« Hæc enim sibi invicem adversantur, ut non quæ-
« cumque vultis illa faciatis. Quod si spiritu duci-
« mini, non estis sub lege. Manifesta sunt autem
« opera carnis, quæ sunt fornicatio, immunditia,
« impudicitia, luxuria, idolorum servitus, veneficia,
« inimicitiæ, contentiones, æmulationes, rixæ, dis-
« sensiones, sectæ, invidiæ, homicidia, ebrietates,
« comessationes, et his similia quæ prædico vobis
« sicut prædixi, quoniam qui talia agunt, regnum
« Dei non consequentur. »

Caro enim, vel *autem*. Quasi dicat : Dico non perficietis, sed hoc grave est, quia *caro concupiscit*. Vel ita continua, ideo ita agite, quia gravis pugna est.Et hoc est quod ait. *Caro enim concupiscit.*Quasi dicat : Semper nova in hoc existens, *adversus spiritum*, hoc in bonis manifestum est in quibus est spiritus Dei. *Spiritus autem*. Quasi dicat : Sed non est diffidendum, quia spiritus, id est ratio gratia Dei adjuta concupiscit *adversus carnem* (78) Videte quale bellum proposuit, qualem rixam, hoc intra teipsum sentis. Nec enim nullum est vitium, cum caro concupiscit adversus spiritum : cui vitio contraria virtus est, cum spiritus concupiscit adversus carnem. (79) Caro autem dicta est concupiscere, quia hoc secundum ipsam agit anima, sicut auris dicitur audire et oculus videre, cum potius anima et per aurem audiat et per oculum videat. Caro enim nihil ubi per animam concupiscit, sed concupiscere dicitur, cum anima carnali concupiscentia spiritui reluctatur. (80) Carnem igitur concupiscentem dicit carnalem delectationem, quam de carne et a carne spiritus habet, adversus delectationem quam solus habet. Ipsius autem carnalis concupiscentiæ causa non est in anima sola, nec in carne sola. Ex utroque enim fit, quia sine utroque delectatio nulla sentitur. *Hæc enim.* Quasi dicat : Hæc contra se concupiscunt, quia usque adeo, *hæc sibi invicem adversantur, ut non quæcunque* bona vel mala *vultis illa facietis*, id est facere permittamini, et meliori in hac pugna concedendum est, id est spirituí, quo volumus bona, et si omnia non perficiamus. (81) Volumus enim ut nullæ sint concupiscentiæ, sed hoc non perficimus. *Quod si spiritu*. Quasi dicat : Hæc duo pugnant. *Quod si Spiritu sancto* gubernatore, rectore spiritus vestri, *ducimini*, hoc dicit ne desides sint in pugna. [Ambrosius] Si, inquam, hoc est, *non estis sub lege*, quæ errantibus et male agentibus posita est ; qui autem ducem habet Spiritum sanctum non errat. [Hieronymus] Attende quod ait, si spiritu ducimini, etc. Ex quo apparet eum Spiritum sanctum non habere qui sub lege est non dispensative, sed vere, ut tu intelligis. (82) Magna mihi videtur quæstio quid sit esse sub lege sic, quemadmodum Apostolus culpat : hos damnabiliter dicit esse sub lege quos lex facit reos, non Implentes legem, dum nescientes gratiam superba elatione de se præsumunt. Sub lege est qui timore supplicii quod lex minatur, non amore justitiæ, a

---

(77) Aug., Contra Julianum.
(78) Id., De verbis Apostoli.
(79) Id., in sermone De cont.

(80) Id., super Genesim.
(81) Id., De verb. Apost.
(82) Id., ad Hieron.

malo opere cessat, reus voluntate, nondum liber nec alienus a voluntate peccandi : quia vellet, si fieri posset, non esse quod timeat, ut libere faceret quod occulte desiderat. (83) Et est sensus : Si spiritu ducimini hoc commodi jam habetis, quod *non estis sub lege,* quæ timorem incutit, non amorem tribuit. Et ideo hæc pars jam eligenda est, qua liberamur a lege.

Manifesta sunt. Opera carnis incipit enumerare, ut intelligant se, si ad operandum ista desideriis carnis consenserint, tunc duci carne, non spiritu, quasi dicat : Hæc sibi adversantur, *opera autem carnis manifesta sunt,* id est per se apparent mala, *quæ sunt fornicatio, opus* scilicet luxuriæ, *immunditia,* etsi non opere impleatur ; vel quæ est contra naturam *impudicitia,* non pudice vivere. *Luxuria* quælibet superfluitas ; *idolorum servitus, veneficia, inimicitiæ* perseverantes ; *contentiones* in verbis ; *æmulationes,* quando duo tendunt ad idem ; *ira,* scilicet subita tempestas animi ; *rixa,* quando ex ira invicem se percutiunt ; *dissensiones,* quando partes faciunt in Ecclesia ; *sectæ,* quæ Græce dicuntur hæreses ; *invidiæ,* de alienis bonis ; *homicidia, ebrietates* assiduæ ; *commessationes* superfluæ, et his similia. (84) Attende quod non hæc omnia quæ enumerata sunt in operibus carnis quæ manifesta esse dixit, ad voluptatem carnis pertinent ; sed vitia sunt animi, ut inimititiæ, iræ. Credere etiam omnia mala accidere animæ ex carne, error est. Non enim omnia vitæ iniquæ vitia tribuenda sunt carni, ne ab his omnibus mundemus diabolum qui carnem non habet. Sed carnis nomine totum hominem signavit, qui vivendo secundum se, id est secundum carnem in hæc cadit. Non enim habendo carnem, sed vivendo secundum se, id est secundum hominem, factus est homo similis diabolo, quia et ille secundum se vivere voluit, quando in veritate non stetit. Ut autem ab his pœnæ comminatione deterreat, addit : *Quæ nunc prædico vobis* ante judicium. dum licet pœnitere, *sicut prædixi,* etiam ante hanc epistolam, *quoniam qui talia agunt regnum Dei non consequentur,* vel possidebunt : (85) non ait, qui hæc omnia fecerint, aut simul habuerint, sed qui talia agunt, quia etiam singula regnum Dei tollunt. Hæc autem apostolica sententia falsa est si tales post quantalibet tempora liberati, regnum Dei possidebunt, sed quia falsa non est, profecto regnum Dei non possidebunt. Et si in regno Dei nunquam erunt, æterno supplicio tenebuntur, quia uullus medius locus est, ubi non sit in supplicio, qui illo non fuerit restitutus in regno.

Vers. 22-26. — « Fructus autem spiritus est chari« tas, gaudium, pax, patientia, longanimitas, bonitas, « benignitas, mansuetudo, fides, modestia, continen« tia, castitas. Adversus hujusmodi non est lex. Qui « autem sunt Christi, carnem suam crucifixerunt « cum vitiis et concupiscentiis. Si vivimus spiritu, « spiritu et ambulemus. Non efficiamur inanis gloriæ « cupidi, invicem provocantes, invicem invidentes »

Fructus autem. Quasi dicat : Hæc quæ enumeravi sunt opera carnis, sed ista sunt opera spiritus, quæ sequuntur, quæ tamen non nominat opera, sed fructus, quia propter se appetenda sunt. Eh hoc est quod ait : *Fructus autem spiritus,* id est Spiritus sancti vel gratia rationis illuminatæ, *est charitas,* quæ de terra ad cœlum evocat, *gaudium,* scilicet puritas conscientiæ et elatio animi super his quæ digna sunt exsultantis. De quo legitur : Non est impiis gaudere, dicit Dominus. *Pax,* quando se non inquietant, *patientia* adversariorum, *longanimitas* exspectationis ; *bonitas,* id est dulcedo animi ; *benignitas,* id est largitas rerum ; *mansuetudo,* quod non intractabilis, sed potius tractabilis est quis ; *fides,* de invisibilibus certitudo ; *modestia,* quod modum in dictis vel in factis servat, *continentia,* quod etiam a licitis se abstinet. *Castitas,* quando recte utitur licito. Attende quod in enumeratione fructuum spiritus, caput virtutum præmisit, id est charitatem. Quæ enim alia inter fructus spiritus debuit tenere primatum nisi charitas, sine qua virtutes cæteræ non reputabuntur esse virtutes, et ex qua nascuntur universa bona ? (86) Deinde sequuntur membra ex isto capite exorta et religata, scilicet gaudium et pax, etc., quæ sine ea non possunt prodesse. Non enim bene gaudet, qui non diligit bonum unde gaudet ; non habet pacem veram cum aliquo, nisi eum diligat ; non est longanimis perseveranter exspectando, nisi ferveat diligendo ; non est benignus nisi diligat cui opitulatur ; non est bonus, nisi diligendo ; non est fidelis salubriter, nisi ea fide quæ per dilectionem operatur ; non est mansuetus, cui dilectio non moderatur ; non continet se quis ab eo unde turpatur, nisi diligat unde honestatur. Merito igitur charitatem sic sæpe commendat quasi sola sit præcipienda, quæ non potest haberi sine cæteris quibus homo efficitur bonus.

Adversus hujusmodi. Quasi dicat : Quid per singula dicam ? *Lex,* quæ justis non est posita, sed injustis, *non est adversus hujusmodi,* sed contra mala. *Qui autem.* Quasi dicat : Contra malos posita est lex ; bonis autem imposita est crux, quod ita ait : *Qui autem sunt Christi,* quos necesse est sequi spiritum, *crucifixerunt,* id est maceraverunt, *carnem suam,* pugnantes, *cum vitiis* operum, *concupiscentiis* desideriorum. (87) Congruit enim nostræ devotioni, ut qui Domini nostri crucifixi passionem celebramus, reprimendarum carnalium voluptatem crucem nobis faciamus. In hac quidem cruce semper in hac vita debet pendere Christianus, ut sit fixus clavis, id est præceptis justitiæ, ut Christus in cruce clavis confixus fuit. *Si vivimus spiritu, spiritu et ambulemus.* Quod communiter supradixit, ad istos quibus scribit retorquet, et se eis connumerat, per hoc os-

(83) Id., De nat. et grat.
(84) Id., De civit. Dei.
(85) Id., in eodem.

(86) Aug., super Joannem.
(87) Id., in serm. de Quadrag.

tendens se non dicere eis quod ipse non velit servare. Quasi dicat : Illi qui sunt Christi ita agunt ut dixi ; et nos qui sumus Christi, ambulemus, Spiritu sancto duce et auctore libertatis nostræ. Si, id est quia spiritu vivimus, id est Spiritu sancto ad hanc vitam gratiæ venimus. Quomodo autem spiritu ambulemus docet subdens: *Non efficiamur cupidi inanis,* id est sæcularis *gloriæ.* Inanis gloria est velle vincere ubi præmium non est : nos dico, *invicem provocantes,* alios ad contentionem, vel litem et alia illicita, et *invicem invidentes,* si non audemus provocare. Hæc mala facit inanis gloria. Et sciendum quod cum per omnem vitium antiqui hostis virus humano cordi infundatur, in zelo invidiæ tota sua viscera serpens concutit, et in hac imprimenda malitia quasi pestem movet. [Cyprianus] Zelus iste modum non habet, permanens jugiter sine fine, cum alia scelera finiantur ; quantoque ille cui invidetur successu meliore profecerit, tanto invidus in majus incendium livoris ignibus inardescit. Hinc est vultus minax, torvus aspectus, pallor in facie, in labiis tremor stridor in dentibus, verba rabida et effrenata convitia, manus ad violentiam prompta, et si gladio interim vacua, odio tamen furiatæ mentis est armata.

CAPUT VI.

Vers. 1-4. — « Fratres, et si præoccupatus fuerit
« homo in aliquo delicto, vos qui spirituales estis
« hujusmodi instruite in spiritu lenitatis, conside-
« rans teipsum, ne et tu tenteris. Alter alterius onera
« portate, et sic adimplebitis legem Christi. Nam si
« quis existimat se aliquid esse, cum nihil sit,
« ipse se seducit. Opus autem suum probet unus-
« quisque, et sic in semetipso tantum gloriam ha-
« bebit, et non in altero. »

Fratres, et si præoccupatus fuerit, etc. [Ambrosius] Hactenus toti Ecclesiæ Galatiæ, imo et universæ Ecclesiæ locutus est, improbando legem, et commendando gratiam ; modo ad prælatos loquitur specialiter, docens quomodo tractent subditos, scilicet leniter, quia fratres sunt, et si sunt superiores. [Augustinus,] Ideo hos alloquitur qui firmiores erant, ne inflatione bonæ vitæ eum qui peccato circumventus est spernendum putent, et abjiciendum. Quasi dicat: Non hoc faciatis quod dixi, sed *et si aliquis præoccupatus fuerit,* id est imprudenter lapsus ut nequeat vitare; nec mirum quia est homo, scilicet infirmus, præoccupatus : dico non in multis, sed *in aliquo delicto,* quasi non usu quotidiano peccans, Si hoc, inquam, fuerit, *vos qui spirituales estis,* non ideo despiciatis eum, sed *instruite hominem,* non per singula peccata diffluentem, et si aliquando labatur, *in spiritu lænitatis,* id est rationabiliter et leniter, ne si aliter feceritis, non patiotur se argui, sed defendere se incipiat, ne turpis videatur. Ideo leniter instruite, quia fratres estis, etsi superiores. (88) Attende quod proprie dicatur delictum, et quod sit præoccupatio, quia dicit præoccupatus in aliquo delicto, ut his intellectis intelligas fratri præoccupato in delicto indulgendum. Delictum igitur fortasse est declinare a bono. Peccatum est facere malum, vel sicut in laudabili, vita, aliud est declinare a malo, aliud facere bonum, quod admonemur, dicente Scriptura: *Declina a malo et fac bonum (Psal.* xxxvi) ; ita in damnabili aliud si declinare a bono, aliud facere malum ; et illud delictum, hoc peccatum sit. [Augustinus] Peccatum ergo est perpetratio mali. Delictum desertio boni, quod et ipsum nomen ostendit. Quid enim aliud sonat delictum, nisi derelictum, et quid derelinquit qui delinquit, nisi bonum ? Vel potest videri illud esse delictum quod ignoranter fit ; peccatum quod a sciente committitur, indifferenter tamen plerumque ponuntur, ut et peccatum nomine delicti, et delictum nomine peccati appellatur. (89) Præoccupatio autem est, dum vel ad horam non videtur quid agendum sit, vel qui viderint vincuntur, ut scilicet malum fiat, cum latet veritas, vel cum compellit infirmitas.

Considerans. Quasi dicat : Ita fac ut dixi, tu quisquis *considerans teipsum,* quod et tu fragilis es, *ne et tu tenteris,* id est ne, Deo permittente, in simile cadas. [Augustinus] Nihil enim ad misericordiam sic inclinat quam proprii periculi cogitatio, ita eos nec deesse voluit fratrum correctioni, nec studere certamini. Ideoque ne sibi videatur quisque intruere, etiam cum proterve exagitet, irridetque peccantem, aut superbe tanquam insanabilem detestatur, in spiritu, inquit, mansuetudinis instruite illum considerans teipsum ne et tu tenteris. *Alter.* Quasi dicat : Dico, leviter instruite, et etiam *portate onera; alter* portet *alterius* infirmitates. Onera id est subvenite vobis invicem orationibus, et aliis hujusmodi, quasi sit sarcina vestra. *Et sic adimplebitis legem Christi,* id est charitatem. Ex charitate eaim Christus peccata nostra tulit, qui etiam præcepit ut nos invicem diligamus. *Nam,* etc. Quasi dicat : Ita facite, ut dixi ; nam si quis aliter fecerit, seipsum seducit. Et hoc est quod dicit: *Nam si quis existimat* id est in mente sua superbe judicat *se esse aliquid,* magnum comparatione peccantis, *cum tamen nihil sit ex se,* vel nihil sit comparatione spiritualis qui totum dat gratiæ *ipse se seducit,* id est dividit a veritate ; non eum seducunt laudatores ejus sed ipse potius, quia cum ipse sibi sit præsentior quam illi, mavult se in illis quære quam in seipso. Ideo subdit : *Opus autem.* Quasi dicat : Non ita putet aliquis sed potius *unusquisque probet,* id est diligenter inspiciat, *opus suum,* non peccatum alterius, ut Pharisæus qui dicebat : *Non sum sicut cæteri hominum,* qui non re, sed fallaciter justus erat. Probet opus suum, dico *et sic,* [Ambrosius] id est si actus suos consideret, sciens si quid boni habet, se a Deo accepisse ; et si quid mali est, a se fore, *habebit gloriam in semetipso,* id est gloriabitur in Deo quem habet in se portans oleum secum, (90)

(88) Aug., in lib. Quæst. Levit.
(89) Id., in lib. contra mend.
(90) Id., super Joan.

et non in altero, sic enim fiet, ut Deus qui est in eo sit gloria ejus, et nihil aliud. Vel, in seipso, id est intus in conscientia sua pura, habebit gloriam, id est gloriabitur et haudebit. *Et non in altero*, id est in alterius laude, scilicet cum alter eum laudat. [Augustinus, Hieron.] Qui enim conscientiam boni operis habet, non debet de hoc apud alium gloriari, et laudem suam foras fundere, sed in semetipso humiliter gloriari. [Ambrosius] Vel ita, et sic, id est si actus suos consideret, sciens neminem debere gloriari se mundum habere cor, in seipso habebit gloriam et non in altero, id est in sui, non in alterius consideratione gloriabitur. Nulli enim se anteponit, nec quemquam judicat ut vere sit justus. Qui enim vere justus est, alterum sibi praeponit, quia plus sua mala scit quam alterius, quorum cognitio sibi gloria est. Gaudet enim dum cognoscit morbum suum quam sanare desiderat.

VERS. 5-8. — « Unusquisque enim onus suum « portabit: Communicet autem is qui catechizatur « verbo ei qui se catebizat in omnibus bonis. Nolite « errare; Deus non irridetur. Quae enim seminaverit « homo, haec et metet. Quoniam qui seminat in « carne sua, de carne et metet corruptionem; qui « autem seminat in spiritu, de spiritu metet vitam « aeternam. »

Unusquisque. Quasi dicat: Dico quod unusquisque probet opus suum, quod et debet, nam de suo judicabitur. *Unusquisque enim onus suum*, id est peccatum, *portabit* in poena. Quod hic dicitur, contrarium videtur praecedentibus, ubi ait, alter alterius onus suum portabit : quod non est, quia nomen oneris diversis modis accipitur. (91) Multa enim sunt verba quae diversis locis congruenter posita varie intelliguntur, sicut hic ; nisi enim oneris nomen sub diversis significationibus acceperis, procul dubio putabis eumdem sibi in loquendo esse contrarium, et hoc tam vicine positis verbis : qui cum paulo ante diceret, alterius onera portabit, hic dicit, unusquisque onus suum portabit. (92) Sed alia sunt onera participandae infirmitatis, de quibus supra egit; alia reddendae Deo rationis de actibus nostris, de quibus hic agit. Illa cum fratribus sustentanda communicantur; haec propria ab unoquoque portantur. Haec onera peccata sunt: alia ergo sunt in quibus quisque proprium portat, nec portat cum alio, nec projicit in alterum; alia quae cum aliis et pro aliis portantur. Item, propter diversos homines haec dicit. Contra eos enim qui putant homidem alienis inquinari peccatis, dicit, unusquisque onus sum portabit. Alieno quidem peccato nullus inquinatur, nisi consentiendo vel imitando fecerit suum. Item, contra negligentes qui nullum curant, corrigere securi, quod alienis non contaminentur peccatis, dicit, invicem onera portate. Onera infirmitatis invicem portamus, dum lenitate iram alterius sustineamus, et dum ei qui laesit, si petit indulgemus, et hujusmodi. [Hieron.] Vel per onus intelligitur bonum opus. In Scripturis enim onus et in bonam et in malam partem accipitur. Et est, nnusquisque onus suum portabit, id est offeret Deo in die judicii manipulos operum. Unde : *Venientes autem venient cum exsultatione portantes manipulos suos (Psal.* CXXV). Et accipitur hoc de bonis tantum. Vel de bonis et malis ita potest dici. Unusquisque, bonus vel malus, portabit onus suum, id est mercedem operum suorum referet.

Communicet autem. Superius spiritualibus praelatis dixit qualiter debeant se habere erga subditos, hic ad subditos loquitur, docens quo se debeant habere erga magistros. Quasi dicat : Praelati ita se habeant, ut dixi. *Is autem qui catechizatur*, id est instruitur, etsi solo *verbo*, non exemplo. *communicet ei in omnibus bonis* quae ille dicit, non in malis si ea agit, ut lex sit tibi dux non homo, id est qui verbum audiens est, communem se doctori exhibeat recipiendo et opere implendo quae ille dixerit. Et ne quis dicat : Non debeo agere, nisi quod in illo video, subdit : *Nolite errare*, quia error est hoc dicere. Et si inde vos excusatis apud homines, *Deus* tamen *non irridetur*, id est non potest falli. [Ambrosius] Certum est enim Deo imposturam fieri non posse, sed ab eo quisque capit quod meretur. Et vere non fallitur, quia reddet singulis pro meritis. *Quae* etiam *seminaverit*. Vel aliter potest dici ut moneat subditos largiri temporalia praelatis a quibus accipiunt spiritualia. Discipulos igitur ad magistorum refrigeria hortatur dicens : Is autem qui catechizatur, id est instruitur, verbo communicet ei qui se, catechizat in omnibus bonis suis, id est omnia bona sua faciat ei communia. Usitatum enim praeceptum est, ut praedicatori verbi Dei praebeat necessaria ille cui praedicatur, quae bona appellatione recte significavit, sicut et Dominus in Evangelio ad discipulis loquens ait : *Cum mali sitis, nostis bona data dare filiis vestris (Luc.* XI.) [Hieron.] Bis potissimum consulendum est qui pro locorum et temporum, vel quarumlibet rerum opportunitatibus constrictius tibi junguntur. Praevidens autem quosdam obtendere paupertatem, et praeceptum velle eludere, addit, nolite errare, Deus non irridetur. Quasi dicat : Nemo vane se excuset, quia Deus non potest falli. Scit enim corda nostra, non ignorat facultates. Excusatio versimilis hominem potest placare, Deum non potest fallere. [Ambrosius, Augustinus, Hieron.] Et vere non : *Quae enim seminaverit homo*, praesentis aitae labore, *haec et metet*, id est horum mercedem rocipiet. Et vere, *quoniam qui seminat in carne sua*, ut de carne, id est qui seminat carnalia vitia et fovet, et qui omnia quae facit, etsi qua bona videantur, ideo facit ut carnaliter ei bene sit, et qui de lege carnaliter sentit, *de carne et metet* convenientem messem scilicet *corruptionem*. Nihil enim melius convenit carni quam

---

(91) August., De cons. Evan.

(92) Id., De verb. Apost.

corruptio. *Qui autem seminat in spiritu*, [Ambrosius] id est qui spiritui dat assensum ex fide cum charitate serviendo justitiæ et legem spiritualiter intelligendo, *de spiritu et metet*, convenienter messem scilicet *vitam æternam*. [Augustinus] Nota quod homo constat ex spiritu et carne. Ideo seminat in spiritu et carne. Porro homo etiam Christianus ad comparationem Spiritus sancti caro est. Illud etiam observandum,quod cum dicit,qui seminat in carne, addit, sua, cum vero dicit in spiritu, non addit suo; quia semen carnale ex homine est, semen vero spirituale ex Spiritu Dei est. Messis vero hæc in fine promittitur. Ideo quod in seminando perseverantia opus est. Unde addit :

Vers. 9-13. — « Bonum autem facientes, non « deficiamus : tempore enim suo metemus, non « deficientes. Ergo,dum tempus habemus,operemur « bonum ad omnes, maxime autem ad domesticos « fidei. Videte qualibus litteris scripsi vobis mea « manu. Quicunque enim volunt placere in carne, « hi cogunt vos circumcidi, tantum ut crucis « Christi persecutionem non patiantur. Neque enim « qui circumciduntur legem custodiunt, sed volunt « vos circumcidi, ut in carne vestra glorientur. »

Bonum autem. Quasi dicat : Ita se habeant prælati erga subditos, et subditi erga prælatos, ut dixi. Utrique autem, scilicet prælati et subditi, *non deficiamus, facientes bonum*, quia non debet deficere operando qui non deficiet in metendo. Si homo non imposuerit finem operi, nec Deus imponet remunerationi. Quantum perseveraverimus in operibus, tantum metemus in fructibus ; et quantum aviditas inquirentis se dilataverit,tantum se aperiet ad præmium manus retribuentis, quia sic recipiet quisque, quomodo facit, quia qui fortis erit ad seminandum, fortis erit ad metendum. Unde subdit: *Tempore enim suo*, id est conveniente, *metemus, non deficientes*. Nota quod ait, suo tempore, non utique Deus statim facit quidquid ad salutem oratur ; nec ideo denegat quia differt, sed tempore suo, id est congruo præstat. Et quia metemus indeficientes,*ergo, dum habemus*,in hac vita tempus seminandi, *operemur bonum*. [Hieron.] Tempus seminandi est præsens vita qua currimus ; in hac licet nobis quod volumus seminare. Cum vero transierit, operandi tempus auferetur. Unde : *Operamini, dum dies est* ; *veniet nox quando jam nullus poterit operari* (Joan. ix). Operemur bonum, dico *ad omnes*, ut sit perfecta dilectio, *maxime autem ad domesticos fidei*, id est ad eos qui sunt de familia nostra per fidem, id est ad Christianos. Omnibus enim pari dilectione vita æterna optanda est, etsi non omnibus eadem possint exhiberi dilectionis officia ; quæ fratribus maxime exibenda, quia faciliores et propensiores in bono circa fratres esse debemus, quia sumus invicem membra. Si enim in cunctos libertatis frena laxantur, maxime in domesticos, id est in Christia-nos,qui habent eumdem Patrem, ejusdemque magistri appellatione censentur.(93) Omnibus igitur impendenda est misericordia, in quo præponendi sunt justi qui sunt ex fide. Quia autem omnibus etiam inimicis nostris qui scelerati sunt, et persequentibus Ecclesiam benefaciendum sit, testis est Deus qui dicit : *Benefacite his qui oderunt vos, diligite inimicos vestros (Matth.* v). Ubi manifeste ostendit viscera misericordiæ peccatoribus non esse claudenda, nec etiam si adversum nos hostilem animum gerant; quia et ipsi homines sunt. Et hoc exemplo Dei Patris astruitur, *qui solem suum facit oriri super bonos et malos, et pluit super justos et injustos (ibid.).*

Sunt tamen qui æstimant eleemosynas tantum justis esse præbendas, peccatoribus autem nihil dari oportere, ne contra Deum conemur, si eis volumus subvenire quos ipse vult punire. Adhibent etiam testimonia sanctæ Scripturæ. Dicit enim Scriptura : *Da misericordiam, et ne suscipias peccatorem, et impiis et peccatoribus redde vindictam. Benefac humili et ne dederis impio, quia et Altissimus odio habet peccatores, et impiis reddet vindictam (Eccli.* xii). Hæc verba quomodo accipienda sint non intelligentes, detestabili crudelitate induuntur. Unde nos oportet hæc charitati vestræ explanare qualiter intelligenda sint. Illa ergo ob hoc dicta sunt, ne cuiquam peccatori ideo benefacias quia peccator est ; sed quia homo est,ut non sis ad judicandum remissus,nec ad subveniendum inhumanus. Ita utrumque præceptum tenebis ; odias etiam in illo quod Deus odit, id est quod malus est, et corripe et persequere, ut perimas quod homo fecit, et conserva quod homo est. Peccatum quippe homo fecit, hominem vero Deus ; et non suscipias peccatorem, ut velis salvum esse in eo quod malus est, sed quia homo, ut nulli homini claudatur misericordia, nulli peccatori relaxetur impunitas. Persequamur ergo in malis propriam iniquitatem, misereamur in eisdem communem conditionem.

Videte, etc. [Ambrosius] Postquam ad meliora opera hortatus est eos, redit ad illud unde prius agebatur, ne scilicet legales observantiæ teneantur ; [Hieron.] nequis autem sub nomine ejus fallat incautos cavet, finem Epistolæ manus suæ adnotatione complens.Ab hoc enim loco,manu sua usque ad finem scripsit. Quasi dicat : Ut firmius prædicta teneatis, *videte qualibus scripturis scripsi vobis mea manu*, ut sciatis hanc Epistolam a me missam, et per hoc magis obediatis. *Quicunque enim*. Quasi dicat: Opus fuit ut scriberem, quia pseudo instant. Et hoc est: *Quicunque enim volunt placere*, Judæis infidelibus, *in carne*, id est in carnalibus observantiis, *hi cogunt vos circumcidi*, improbitate non ratione ducuntur.Et id propter hoc *tantum* faciunt, *ut non patiantur*, ab infidelibus Judæis, *persecutionem Christi*, id est quæ pro cruce Christi infertur. [Ambrosius] Isti erant pseudo qui sic Christum prædicabant, ut etiam le-

---

(93) Aug., in psalmo cxi.

gem servandam docerent, crucem prædicabant, ut a fidelibus quæstum acciperent: legem, ut Judæis placerent [Hieron.] Vel forte hoc ideo dicit, quia Romani, scilicet Caius Cæsar et Octavianus Augustus leges promulgaverunt, ut Judæi, ubicunque essent, proprio ritu viverent et patriis cæremoniis deservirent. Quicunque igitur circumcisus erat, licet in Christum crederet, quasi Judæus habebatur in gentibus; qui vero incircumcisus se non esse Judæum præputio præferebat, persecutionibus tam gentilium quam Judæorum flebat obnoxius. Has igitur persecutiones hi qui Galatas depravaverant declinare cupientes, circumcisionem pro defensione discipulis persuadebant. Nam nec Judæi persequi eos poterant nec gentiles quos videbant et proselytos circumcidere, et ipsos legalia observare. *Neque enim qui circumciduntur.* Quasi dicat: Vere ideo tantum faciunt, ut vitent persecutionem; non enim pro amore legis hoc faciunt; neque enim qui circumciduntur, *legem custodiunt.* [Augustinus] Illam dicit custoditionem legis, scilicet non occidere, non mœchari, et alia hujusmodi, ad bonos mores pertinentia: quæ nisi charitate et spe æternorum bonorum, quæ per fidem accipiuntur, impleri non possunt, ut jam dictum est, *sed volunt vos circumcidi ut in carne vestra* [Ambrosius], id est de carnali circumcisione in qua dolor est vobis, *glorientur* apud Judeos, eo quod tam multos proselytos faciunt.

VERS. 14-18. — « Mihi autem absit gloriari nisi « in cruce Domini nostri Jesu Christi, per quem mi- « hi mundus crucifixus est et ego mundo! In « Christo enim Jesu neque circumcisio aliquid va- « let neque præputium, sed nova creatura. Et qui- « cunque hanc regulam secuti fuerint, pax super « illos et misericordia et super Israel Dei. De cætero « nemo mihi molestus sit. Ego enim stigmata Do- « mini Jesu in corpore meo porto. Gratia Domini « nostri Jesu Christi, cum spiritu vestro, fratres, « Amen. »

Mihi autem absit. (94) Quasi dicat: Illi in carne gloriantur, *mihi autem absit gloriari, nisi in cruce Domini nostri Jesu Christi.* Ecce ubi mundi philosophus erubuit, ibi Apostolus thesaurum reperit: quod illi visum est stultitia, Apostolo factum est sapientia et gloria. (95) Noli ergo erubescere de cruce Christi, recole frontem tuam, ne linguam expavescas alienam: de qua cruce ut non erubesceremus, eam in ipsa fronte, id est pudoris domicilio locavimus. Ideo enim crux in fronte credentium, ubi sedes est verecundiæ figitur, ut de nomine ejus fides non erubescat, et magis Dei gloriam quam hominum diligat. (96) Signum veteris Testamenti circumcisio in latenti carne, signum novi Testamenti crux in libera fronte, Ibi enim occultatio, hic revelatio est: ibi sub velamine, hic revelata facie. (97) Crucem autem ut in ea gloriemur Dominus suo gestans humero, pro virga regni nobis commendavit: quod

(94) August., De verb. Apost.
(95) Id., in serm. de Passione Christi.

est grande ludibrium impiis, grande mysterium piis. Hic ergo opprobrium et deformitatem Christi non erubescamus, sed veneremur. Deformitas enim Christi te format; nisi deformis ille esse voluisset, tu formam quam perdidisti non recepisses. Pendebat enim in cruce deformis, sed deformitas illius pulchritudo nostra erat. In hac ergo deformitate gloriemur, cujus signum in fronte portamus. De hac deformitate non erubescamus, sed gaudeamus cum Apostolo, qui dicit se gloriari in Christi cruce. Poterat dicere, in sapientia, in potestate, in majestate: et verum diceret. Sed est magnum in sapientia Dei vel majestate vel potestate Dei gloriari, sed majus in cruce. Unde impius insultat, irridetque philosophus. Et quasi quis diceret: Cur gloriaris in cruce? quid enim prodest? [Augustinus] Ecce quid: *Per quem*, id est Christum crucifixum, *mihi mundus crucifixus est*, ut me non teneat, *et ego mundo*, ut eum non teneam. Quia nec ego in mundo aliquid cupio, nec ipse aliquid suum in me cognoscit, sicut Dominus ait: *Venit princeps mundi hujus et in me non habet quidquam* (Joan. xiv). Et est sensus: Per crucem Christi mundi concupiscentiæ non habent in me dominium, nec mundus jam se mihi ingerit, et ego contra eum sum fortis.

Et nota quia non sine causa utrumque dixit, scilicet et sibi mundum crucifixum et se mundo. Plerumque enim contingit ut homo mundum mente non teneat, sed tamen mundus eum suis cupiditatibus vel occupationibus astringit. Et mortuus est homo mundo, et mundus eum quasi vivus concupiscit, dum alio intentum in suis actibus rapere contendit. Sed nec Paulus mundum cupit nec mundus eum, ut in duobus mortuis neuter neutrum videt. Quia ergo nec Paulus mundi gloriam quærebat, nec a mundi gloria ipse quærebatur, ideo et se mundo et sibi mundum crucifixum esse gloriabatur. *In Christo enim.* Quasi dicat: Ideo solum in Christo glorior, quia *in Christo Jesu neque circumcisio aliquid valet, neque præputium.* Quasi dicat: Æqualia sunt Deo præputium et circumcisio, *sed nova creatura*, id est regeneratio et nova vita. Novam enim creaturam dicit novam vitam per fidem Christi. Ego in cruce glorior; *et quicunque* fuerint secuti hanc regulam, id est rectitudinem gloriandi, *pax*, id est tranquillitas mentis, *et misericordia*, de peccatis, id est peccatorum remissio, erit a Deo *super eos gentiles, et* etiam *super Israel*, id est Judæos, non utique carnales sed qui sunt *Dei*, id est spirituales. [Ambrosius] Duas enim partes hic significavit super quas manet pax et misericordia Dei, scilicet gentilium fidelium et Judæorum credentium. Et *de cætero*, id est amodo. Vel, de cætero, ita ut sint duæ dictiones, id est de alio præter fidem, scilicet de legalibus, *nemo sit molestus*, ut iterum cogar scribere de eodem. Unde dicit Ambrosius: Non vult per turbulentas contentiones tædium sibi fieri

(96) Id., super Joan.
(97) Id., de verb. Apost.

de re quæ tum satis erat exposita. Vel sicut in Græco legitur : *De cætero nemo laborem mihi exhibeat*, vel *præstet*, scilicet ut rursus in vobis necessitatem habeam laborandi. Laborem enim **162** præstat magistro qui aliter sensit quam docuit. Dico ut nemo sit molestus mihi, cui utique non est facienda molestia. *Ego enim porto in corpore meo*, pro fidelibus *stigmata Domini Jesu*, id est signa militiæ Christi, quæ me comprobant esse militem, scilicet passiones, tribulationes, etc., quod non pseudo faciunt. Quasi dicat : quod vos non attenditis. Stigmata ergo appellavit quasi notas pœnarum de persecutionibus quas patiebatur. Stigma enim dicitur punctum vel nota aliquo ferro facta. Et est sensus : ideo non debet fieri mihi molestia, quia ego habeo alios conflictus, et certamina quæ in persecutionibus quas patior mecum dimicant. *Gratia*. Ecce conclusio Epistolæ, quasi subscriptio, qua et in nonnullis aliis Epistolis utitur; quasi dicat : Ut prædicta teneatis, gratia, non dissensio, non legis servitus, non rixa, non jurgium, sed gratia *Domini Jesu Christi, o fratres, sit cum spiritu vestro*, id est cum ratione vestra, ut veritatem semper intelligatis. *Amen*. Per hoc verbum Hebræum vera esse quæ locutus est ostendit.

IN EPISTOLAM AD EPHESIOS

ARGUMENTUM.

Ephesii sunt Asiani. Hi accepto verbo veritatis, perstiterunt in fide. Hos collaudat Apostolus, scribens a Roma de carcere per Tychicum diaconem.

CAPUT PRIMUM.

VERS. 1-4. — « Paulus apostolus Christi Jesu « per voluntatem Dei, omnibus sanctis qui sunt « Ephesi et fidelibus in Christo Jesu, gratia vobis et « pax a Deo Patre nostro, et Domino Jesu Christo. « Benedictus Deus et Pater Domini nostri Jesu « Christi, qui benedixit nos in omni benedictione « spirituali in cœlestibus in Christo, sicut elegit nos « in ipso ante mundi constitutionem, ut essemus « sancti et immaculati in conspectu ejus in charitate. »

Paulus apostolus. Hanc Epistolam scribit Apostolus Ephesiis. Ephesii autem sunt Asiani : hi per Paulum non fundati, sed confirmati fuerant in fide. Eos enim non fundavit Apostolus in fide, sed confirmavit, multa pro eis passus a perfidis, qui post confirmationem firmiter steterant in fide et in bonis operibus. His scribit Apostolus a Roma de carcere per Tychicum confortatoriam Epistolam, cum ulterius non esset eos visurus : et sciens eos esse bonos, non arguit de culpa, sed ne relabantur timendum erat. Qui enim stat cadere potest, et quia nullus adeo perfectus est qui crescere non possit, eos ad ulteriora hortatur; et ne recedant a fide pro suis tribulationibus, scilicet Apostoli, teneantque suas ordinationes, et præsertim ne perfectio erigat eos in tumorem, ostendit de quo statu ad quem dignum vocati sunt, dicens, omnia beneficia eis vel apostolis ipsis, vel toti humano generi per solam Dei gratiam collata fore. Est igitur intentio Apostoli in hac Epistola Ephesios in bonis habitis confirmare, et ad ulteriora provocare, nec non et ad humilitatem actionemque gratiarum informare. Modus tractandi talis est : De more suo salutationem præmittit. Deinde gratias agit Deo, exponens prius beneficia humano generi præstita, post ipsis apostolis specialiter indulta, deinde Ephesiis ipsis ostendens a quo et ad quid vocati sint. Deinde Christi dignitatem et prælationem ostendit, postea ad patientiam et charitatem eos invitat, unitatem fidei et Ecclesiæ commendans et dona gratiæ connumerans. Tandem ad certamen exhortans contra principes tenebrarum, militiæ Christianæ armaturam describit. Prius ergo salutans, et se noto nomine significans, ait : *Paulus apostolus Christi Jesu*, non meis meritis, sed *per voluntatem Dei*, ita et vos per eam habetis quidquid boni est vobis. Paulus, inquam, scribit vel mandat, vel ego Paulus scribo sive mando *omnibus qui sunt Ephesi sanctis* exercitio virtutum, *et fidelibus* fide recta quæ est in *Christo Jesu*. Recte illa duo posuit : tunc enim prodest ac creditur bona vita, si fides est in Christo Jesu ; tunc vere sancti sunt, si fideles sunt in Christo. Vel distingue inter sanctos et fideles, ut sanctos intelligas majores et perfectiores, fideles minus perfectos. Scribit ergo sanctis, id est perfectis, et non solum eis, sed etiam fidelibus, qui, si non sancti sunt, vel in fide sani. Et quod sancti sunt et fideles, hoc est in Christo Jesu, id est opere Christi, non meritis suis. Et in scribendo ante alia salutat dicens : *Gratia* justificationis, *et pax*, [Ambrosius] id est tranquillitas mentis, et reconciliatio ad Deum, sit *vobis*, a Deo, *Patre nostro*, per quem omnia condita sunt et restaurata, et *Domino Jesu Christo*, sine quo nulla bona dantur vobis. [Haimo] *Benedictus*, præmissa salutatione incipit a gratiarum actione innuens esse a Deo. [Ambrosius] quia aliter benedicitur Deus ab homine, aliter homo a Deo : unum quidem benedictionis verbum est, sed pro congruentia personæ varie debet intelligi, sicut et facere dicitur Deus et homo, sed Deus nutu solo impossibiliter facit, homo vero conatu et labore ; ita Deus benedicitur ab homine cum laudibus dignis extollitur, homo autem a Deo, cum Deus ei gratiæ suæ dona impertit, non meritis ejus, sed misericordia sua. Ait ergo, *Deus* sit benedictus corde, ore, opere, et a me et a vobis, et a bonis : Deus dico, qui est *Pater* generatione *Domini nostri Jesu Christi*, pro quo nobis benefacit. *Qui benedixit nos.* Post actionem gratiarum enumerat beneficia quæ a Deo per Christum toti humano generi sunt data, et distinguit duas Dei præordinationes, et earum effectus, quarum altera est de præsenti ad justitiam, altera de futuro ad coronam : nec dicuntur duæ, quin una Dei sit prædestinatio quæ est ipse Deus, sed quia de duobus est ipsa Dei æterna præordinatio, scilicet de præsenti in justitia, et de gloria in futuro. Deus enim ante mundi constitutionem, cum nullus quidquam meruerat, præordinavit quod in tempore gratiæ aliquos a perditis separaret, et justos et immaculatos faceret; præordinavit etiam quod et illos justos ad æternam beatitudinem perduceret. Harum præordinationum alteram hic implet, id est quia justos facit; alteram in futuro implebit, quæ erit omnium perfectio, a qua consummatione omnium incipit, ostendens effectum ejus, et utens præterito pro futuro pro rei certitudine, cum ait : *Qui Deus benedixit*, id est benedicet, *nos*, nostris meritis maledictos, id est in futuro exaltabit, dando immortalitatem. Unde subdit : *In omni benedictione spirituali*, id est exaltabit omnimoda exaltatione, et perfecta, quæ tota erit spiritualis etiam in corporibus, quæ tunc habebunt naturam spiritus, quia erunt agilia et habilia, cibo non egentia, quæ spiritui naturalia sunt. Benedictione dico habita *in cœlestibus*, id est in cœlo. Et hoc fiet, *in Christo*, id est operante Christo. *Sicut*. Posuit effectum secundæ præordinationis, scilicet quæ erit de futuro, hic ponit primam præordinationem quæ est de præsenti, tangens effectum ejus ; quasi dicat : Benedicet nos in futuro ; quod etsi videtur ex meritis, ita tamen gratis erit, sicut et prima præordinatio gratuita est, quia merita quæ præcedunt futuram vitam ex gratia sunt, et dona Dei sunt. Coronat enim in nobis Deus dona sua, non quæ ex nobis sint merito. Et hoc est quod ait : Ita gratis hoc faciet, sicut gratis nos elegit, prædestinando, et hoc *in ipso*, id est per ipsum Christum. Elegit dico, *ante mundi constitutionem*, id est antequam essemus. Ne quis ergo putet animas cum Deo fuisse æternas, et tunc aliquid meruisse, juxta errorem illorum qui ante hæc visibilia dicunt fuisse quasdam animas sanctas, et ideo tunc fuisse electas ; sed aperte ostendit hoc falsum esse dicens : Elegit nos ante constitutionem (1). Quomodo autem eligoret eos qui nondum erant nisi prædestinando ? Elegit ergo prædestinans nos : et sicut non elegit eo quod tunc sancti essemus, ita nec ideo quia sancti futuri essemus. Sed potius elegit nos ad hoc, *ut* in tempore gratiæ *essemus sancti*, per bona opera. Non ergo quia futuri eramus elegit, sed ut essemus sancti. Ideo quippe tales futuri eramus, quia elegit ipse prædestinans ut tales per gratiam ejus essemus. Sed Pelagianus veritati resultans ait : Præsciebat Deus qui essent futuri sancti et immaculati per liberæ voluntatis arbitrium ; et ideo eos in sua præscientia quales futuros esse præscivit elegit. Elegit, inquit, antequam essent, prædestinans filios quos futuros sanctos præscivit : nec fecit, nec se facturum, sed ipsos facturos esse prævidit. Quem confutat Apostolus dicens : ut essemus sancti virtutibus, *et immaculati*, a malis, a crimine ; et hoc *in conspectu ejus*, non hominum, id est intus ubi ipse conspicit, non extra ubi homines vident. Vel, in conspectu ejus, id est ut eum conspiciamus, et hoc non fecit ipse meritis nostris, sed in charitate sua. Amor enim Dei hoc fecit. [Haimo.] Vel ita dico, ut essemus sancti et immaculati, et hoc *in charitate*, id est per charitatem nostram qua diligimus Deum. [Ambrosius] Potest enim intelligi vel de charitate Dei qua diligit homines, vel de charitate ipsorum hominum qua diligunt Deum.

VERS. 5-10. — « Qui prædestinavit nos in adop« tionem filiorum per Jesum Christum in ipsum : « secundum propositum voluntatis suæ in laudem « gloriæ gratiæ suæ : in qua gratificavit nos in di« lecto Filio suo, in quo habemus redemptionem « per sanguinem ejus, remissionem **168** pecca« rum secundum divitias gratiæ ejus, quæ supera« bundavit in nobis in omni sapientia et prudentia, « ut notum faceret nobis sacramentum voluntatis « suæ, secundum beneplacitum ejus quod propo« suit in eo, in dispensatione plenitudinis temporum « instaurare omnia in Christo quæ in cœlis et quæ « in terra sunt in ipso. »

Qui prædestinavit. Posita prædestinatione quæ pertinet ad justitiam et sanctitatem vitæ præsentis, ponitur hic alia prædestinatio pertinens ad vitam æternam, cujus effectum supra notavit. Quasi dicat : Elegit nos ut hic essemus sancti : ipse utique *qui prædestinavit nos*, id est gratia sola præelegit, id est voluntate gratuita, *in adoptionem filiorum*, id est ad bona quæ filii habituri sunt. Filii autem sunt credentes in eum ; et hoc est quod subdit : *Per Jesum*. Quasi dicat : quod ipsi filii sunt, hoc non est per merita, sed *per Jesum Christum*. Prædestinavit nos dico venturos, *in idipsum*, id est eadem habituros cum Christo. Prædestinavit dico, non nostro placito, sed *secundum propositum voluntatis suæ*, id est secundum bonam voluntatem, longe antequam impleretur in nobis prædestinatio, habitam, vel omnibus palam propositam et ostensam. Prædestinavit nos dico et sanctificavit : et hoc *in laudem gloriæ gratiæ suæ*, id est ut laudemus gloriosam gratiam ; quasi dicat : Gloria gratiarum est æterna adoptatio, *in qua* gratia *gratificavit nos*, id est gratos nos sibi fecit. Hic notatur effectus primæ præordinationis quæ pertinet ad justitiam. Gratificavit, dico, *in dilecto Filio suo*, pro quo nos diligit. Diligens enim

---

(1) August. De prædest. sanct.

suum Unigenitum, etiam illis quos diligit, et quibus vult Filius divina dona largitur, *in quo*. Ecce hic ostendit per quem facti sumus grati, dicens : *In quo, Filio habemus redemptionem*, ut possimus reverti a captivitate qua serviebamus diabolo venundati sub peccato ; habemus, inquam, *per sanguinem ejus*, qui nostræ redemptionis est pretium : *Et* habemus *remissionem* peccatorum, in baptismo ; duplicem gratiam ostendit, quia et redemit, et peccata nostra non imputavit. Et hoc præstitit nobis, *secundum divitias gratiæ ejus*, id est secundum divitem et copiosam gratiam suam, quia omnia dimittit, et totum jus inimici destruit. *Quæ superabundavit*. Hactenus egit de his quæ toti humano generi collata sunt, modo agit de his quæ singulariter apostolis dedit ; quasi dicat : Dico divitias gratiæ ; quæ gratia cum omnibus abundasset fidelibus, *in nobis* apostolis *superabundavit*, id est plusquam in aliis abundavit, ut verbi gratia in hoc, scilicet *in omni sapientia*, id est in omni de divinis notitia, et prudentia, id est providentia temporalium. In omni dico, ita *ut notum faceret nobis sacramentum voluntatis suæ*. Voluntatem suam secretam aliis, id est illud quod secreta voluntate facere volebat. Et quid illud sit supponit, scilicet instaurare omnia, et hoc non meritis nostris, sed *secundum bonum placitum ejus*, id est secundum bonam voluntatem suam ut bona fieret subveniret. (2) *Quod* bonum placitum vel sacramentum *proposuit*, id est longe antequam fieret posuit, vel omnibus palam obtulit. Illud dico implendum *in eo*, Filio, scilicet non in alio, id est in Christo, et non in alio tempore implendum, sed *in dispensatione plenitudinis* temporum, id est in plenitudine temporis dispensata a Deo, id est in tempore gratiæ, quo implere quæ cæteris temporibus promissa et figurata sunt, divina providentia rationabiliter dispensavit. Si enim ignari penitus essent homines, non prædocti, non reciperent Christum ; et nisi prius de naturali et doctrinali lege essent convicti, superbi parvipenderent Christi adventum. (3) Ne ergo quæratur cur in hoc tempore potius quam in alio voluerit implere secretum suæ voluntatis, scilicet *instaurare*, id est ad primum statum reducere, *omnia*, per peccatum destructa, et *quæ in cœlis sunt*, id est angelos, *et quæ in terris* sunt, id est homines : non quod pro angelis mortuus est Christus, sed ideo etiam pro angelis fit quidquid hominum per ejus mortem redimitur et liberatur a malo, quia cum eis quodammodo reditur in gratiam post inimicitias quas inter homines et sanctos angelos peccata fecerunt ; et ex ipsa hominum redemptione ruinæ illius angelicæ damnum reparatur ; et utique noverunt angeli sancti docti de Deo, cujus veritatis æterna contemplatione beati sunt, quanti numeri supplementum de genere humano integritas illius civitatis exspectet. Instaurantur autem quæ in cœlis sunt, cum id quod inde cecidit in angelis redditur ex hominibus. Instaurantur etiam quæ in terris sunt, cum ipsi homines qui prædestinati sunt in æternam veritatem, a corruptionis vetustate renovantur. Et est sensus : Voluit instaurare, id est supplere, quæ in cœlis sunt, id est numerum angelorum diminutum implere, et quæ in terris sunt, id est homines qui per peccatum depravati erant renovare. Vel, quæ in cœlis sunt, id est animas sanctorum quæ jam in cœlis, et quæ in terra, id est sanctos qui adhuc in terra sunt. Et hoc in Christo, id est per ipsum Christum. Christi enim adventus salus est, et sanctis qui jam cum Christo sunt, et illis qui adhuc futuri sunt.

VERS. 11-14. — « In quo etiam nos sorte vocati « sumus, prædestinati secundum propositum ejus « qui operatur omnia secundum consilium volun- « tatis suæ, ut simus in laudem gloriæ ejus nos « qui ante speravimus in Christo. In quo et vos, « cum audissetis verbum veritatis, Evangelium sa- « lutis vestræ, in quo et credentes signati estis « Spiritu promissionis sancto, qui est pignus hæ- « reditatis nostræ in redemptionem acquisitionis « in laudem gloriæ ipsius. »

In quo, etc. Ne apostoli in quibus superabundat gratia viderentur meruisse aliis, ostendit eos ita gratis vocatos non meritis, sicut fuerunt alii, dicens : *In quo* Christo, id est per quem Christum *etiam nos*, apostoli ut vos alii, *sumus vocati*, per interiorem gratiam : et hoc non meritis, sed *sorte*, id est divina electione. (4) Sors enim dicitur Dei gratia, qua salvi facti sumus : quæ bene dicitur sors, quia hominis non est electio, sed voluntatis Dei, qui nulla nostra merita invenit, sed sorte voluntatis suæ nos ad salutem vocavit, quia voluit, non quia digni fuimus. [Augustinus] Hæc est sors unde illa tunica Domini desupertexta, quæ charitatem significat, sorte super eam missa provenit, quia Dei gratia charitas inspiratur, non meritis vocati sumus. Nos dico prius prædestinati, id est per gratiam præparati et electi : et hoc non secundum merita, sed *secundum propositum ejus, qui*, etiam in apostolis, *operatur omnia*, etiam velle bonum. (5) Ipse ergo ut credere incipiamus operatur. Non enim quia credimus, sed ut credamus elegit nos et operatur omnia. Et hoc *secundum consilium voluntatis suæ*, id est secundum voluntatem suam, quæ est ex ratione. Quasi dicat : Quare nos magis elegit ad officium prædicationis et apostolatus nescimus, sed tamen consilio fecit, non temere. [Augustinus] Et ad hoc vos elegit, *ut simus in laudem gloriæ ejus*, id est ut per nos alii laudent gloriam ejus, ut exemplo nostro nemo jam glorietur in homine. [Ambrosius] Verum est enim quod ait : *Non vos me elegistis, sed ego elegi vos* (Joan. xv). Laus autem gloriæ Dei est, cum multi acquiruntur ad fidem, sicut gloria medici est cum multos curat. Simus, inquam, in laudem ejus nos apostoli, *qui ante* omnes alios quibus Christus prædicavit, et qui per eum conversi sunt, *speravimus in Christo*, et

---

(2) August. De prædest. sanct.
(3) Id., in Enchir.

(4) Aug. in psalmo cxxx.
(5) Id., De prædest. sanct.

ideo tales esse debemus, per quos alii laudent. *In quo*, etc. Expositis his quæ apostolis collata sunt, modo venit ad ea quæ dedit Ephesiis. Quasi dicat : Speravimus in Christo, in quo Christo, id est in cujus fide, *et vos*, Ephesii, estis, *cum audivisseiis*, id est per hoc quod audivistis ; et postquam audivistis, non ante. Cum enim et causam notat hic et tempus. Cum audivissetis, dico, *verbum veritatis*, scilicet Evangelium salutis vestræ, quod salutem annuntiat, et ad salutem vocat. *In quo* Christo, id est in cujus operatione, *et vos*, credentes, *signati estis*, id est divisi a grege diaboli. [Hieronymus] Vel, signati estis, imagine Dei reformata in vobis. Unde : signatum est super *nos lumen vultus tui, Domine* (Psal. IV). Et hoc, *Spiritu sancto promissionis*, id est per Spiritum sanctum qui promissus erat, vel qui promisit hæreditatem, et est arrha ejus. (6) Unde subdit : *Qui est pignus hæreditatis nostræ. Diffusa est* enim *charitas in corda nostra per Spiritum sanctum* (Rom. V). Quid est enim, si diffusa est charitas ? Ecce jam ex quali locunque pignore deambulat Deus in nobis, et sic pignus accepimus. Quidam tamen codices melius habent *arrham*; eamdem quippe rem interpretes dicere voluerunt. Interest tamen aliquid in loquendi usu inter arrham et pignus. Pignus enim quando datur, soluto eo pro quo ponitur, aufertur ; arrha vero est cum de ipso datur aliquid quod non est auferendum, sed complendum. Si ergo charitatem modo Deus tanquam pignus dedit nobis per spiritum, qui datus est re promissa reddita, auferendum est a nobis pignus ? Absit ! sed hoc quod dedit implebit. Ideo melius habetur arrha quam pignus. Dedit nobis spiritum, ad hoc utique, scilicet *in redemptionem acquisitionis*, id est ad hoc ut sanguine ejus redempti a jure inimici, et ultra non dominetur nobis inimicus. Acquiramus Deum, vel acquiramur a Deo. Ad hoc enim redemit ut habeat, non ut perdat nos. *Et in laudem gloriæ ipsius*. Quasi dicat : Et ad hoc dedit nobis Spiritum, ut laudetur ipse Deus.

VERS. 15-23. — « Propterea et ego audiens fidem
« vestram quæ est in Christo Jesu, et dilectionem
« in omnes sanctos, non cesso gratias agens pro vo-
« bis, memoriam vestri faciens in orationibus meis,
« ut Deus Domini nostri Jesu Christi, Pater gloriæ,
« det vobis spiritum sapientiæ et revelationis in
« agnitionem ejus, illuminatos oculos cordis vestri,
« ut sciatis quæ sit spes vocationis ejus, et quæ divi-
« tiæ gloriæ hæreditatis ejus in sanctis, et quæ sit su-
« pereminens magnitudo virtutis ejus in nos, qui
« credimus secundum operationem potentiæ virtutis
« ejus, quam operatus 164 est in Christo, suscitans
« illum a mortuis, et constituens ad dexteram suam
« in cœlestibus supra omnem principatum et pote-
« statem et virtutem et dominationem, et omne no-
« men quod nominatur, non solum in hoc sæculo,
« sed etiam in futuro. Et omnia subjecit sub pedi-
« bus ejus, et ipsum dedit caput supra omnem Ec-

(6) Augustinus, in serm. De visione Dei.
(7) Id., ad Vitalem.

« clesiam quæ est corpus ipsius, et plenitudo ejus
« qui omnia in omnibus adimpletur. »

Propterea. Enumeratis beneficiis humano generi vel apostolis vel Ephesiis collatis, quid de beneficiis Ephesiis datis sentiat Apostolus subdit, scilicet quod gratias agit, et rogat superaddi, ne illi superbiant, sed ultra tendant ; quasi dicat : Cum audivissetis Evangelium, credidistis. *Propterea ego audiens fidem vestram, quæ est in Christo Jesu*, id est qua in Christum creditis sine admissione legis, *et dilectionem* vestram, id est opera charitatis ostensu, *in omnes sanctos, non cesso agens pro vobis gratias* Deo ; quasi dicat : Bene novi quales estis. Et inde non vos, sed Deum laudo qui hoc fecit. Ei enim qui fecit aguntur gratiæ. Ideo ait : Non cesso pro vobis gratias agens, scilicet de habitis bonis : ego etiam *faciens memoriam vestri in orationibus meis*, in quibus oro Deum ulteriora vobis implorans. Unde congrue pro jam datis præmittitur gratiarum actio. (7) Qui enim orandus est ut faciat, illi est gratiarum actio reddenda cum fecerit. Hoc autem in orationibus meis peto, *ut Deus Domini nostri Jesu Christi et Pater gloriæ*, id est Christi, *det*, etc. [Haimo] Distingue, Deus Pater, et Deus Christi est et Pater ; sed Deus Christi est secundum humanitatem, quia Christus est homo et natus ex femina. Unde in psalmo dicit : *De ventre matris meæ Deus meus es tu* (Psal. XXI). (8) Ostendens Patrem esse Deum suum, quia homo factus est : homo enim de ventre matris natus, et secundum hominem de virgine natus est Deus, ut non solum Pater illi esset qui eum de seipso genuit, sed etiam ejus Deus esset quem de ventre matris hominem creavit. Qui ergo Pater est Filio ex utero suo, de ventre matris Deus ejus est, non de suo. Unde ipse Dominus ait : *Ascendo ad Patrem meum et Patrem vestrum, Deum meum et Deum vestrum* (Joan. XX). Hoc igitur dico, ut Deus Christi et Pater det vobis ea quæ sequuntur. Quasi dicat : Ad impetrandum illa non obtendo merita, sed quod Deus et Pater Christi est. Hoc, inquam, precor, *ut det vobis*, et si jam sapientes estis, *spiritum sapientiæ et revelationis in agnitione ejus*, id est Spiritum sanctum qui det vobis sapientiam de cœlestibus plenius quam modo habeatis ; ita ut non obscure, sed clare et sine velo eum agnoscatis, scilicet det, id est faciat, *illuminatos oculos cordis vestri*, id est rationis, quæ est imago Dei, in qua renovatis in agnitione Dei. In imagine ergo sua cognosce auctorem ejus qui corporali sensu non attingitur. Ne ergo putetis corporeo sensu Deum attingi, sed oculis mentis ipsum cognoscito, et auribus mentis ipsum audite. In corpore enim diversa membra sunt. Alibi audis, alibi vides ; in corde autem tuo, ubi diversa membra non inveniuntur, ibi audis ubi vides.

Ad hoc illuminet oculos, *ut sciatis*, plenius quam modo, *quæ*, id est quanta, *sit spes vocationis ejus*, id

(8) Id., contra Max.

est res sperata ad quam vocat credentes. Hoc dicit *promissum est. Simili enim modo extollentur supra cœlos cum Christo; sicut ipse dicit: *Pater volo ut propensiores sint, quia, cum plene scierint quis ubi ego fuero, et hi mecum sint (Joan xvii). Quia et fructus credentium, propensiores fient circa exco- corpus ejus, quod est Ecclesia, in ipsa dextera, id lendam religionem.[Ambrosius]Deinde quod nomine est in ipsa beatitudine, erit. Quamvis enim corpus spei intellexerit, aperit subdens: *Et*, sciatis, *quæ* nostrum non sit sit, tamen ipsus nostra jam ibi sint, *divitiæ*, etc. Hæc est spes. Spes enim accipit est. Ideo et Dominus post resurrectionem jussit rem speratam. Vel ita ut spes propria accipitur, etc. discipulis suis piscantibus ut in dexteram partem Ut sciatis *quæ sit spes vocationis ejus*, id est quan- mitterent retia, qui etiam dixit agnos ad dexteram, tum valet spes vitæ æternæ ad quam vocat; et scia- hædos ad sinistram se positurum.
tis quæ sit adimpletio ejus spei: quod ita ait, et Vel ita: constituens, id est stabiliter statuens, quæ sint divitiæ gloriæ ejus, hæreditatis, id est illum hominem, Christum, ad dexteram suam, id gloriosæ hæreditatis, scilicet æternæ beatitudi- est in sede judiciaria, in potestate judicandi. Quia nis, quæ dicitur hæreditas, quia firmiter habe- enim *omne judicium Pater* dedit Filio (*Joan.* v),ideo bitur quæ erit in omnibus sanctis communiter. ad dexteram Dei sedere dicitur quasi judex. Unde *Et sciatis etiam quæ sit supereminens magnitudo* ait Judæis: *Amodo videbitis Filium hominis sedere gloriæ futuræ in nos* apostolos, id est quod nos *ad dexteram* Dei, etc. (*Matth.* xxvi). Et constituens apostoli præ aliis habebimus gloriam, non ut stelis illum *in cælestibus et supra omnem principatum et* et habeatis, sed tendatis ad illud majus quod *potestatem et virtutem et dominationem*, id est supra habebimus. Quoddam enim incrementum glo- dignitatem horum ordinum angelicorum, et non riæ habebunt summi doctores ultra illud quod solum super hos quatuor, sed etiam super *omne communiter omnes habebunt.Habebunt enim omnes nomen quod nominatur non solum in hoc sæculo, sed* eumdem denarium, sed differet stella a stella in *etiam in futuro*, id est super omne nominabile quod claritate, et erunt diversæ mansiones in domo vel jam scitur vel in futuro scietur. Hoc dicit propter Patris: et inter alios clarius fulgentes, apostoli incarnationem Filii Dei, ut etiam homo factus su- altius sedebunt. Unde in tabernaculo Domini su- per omnes cœlos esse dicatur, et super omnem per mensam facta est corona in terra simul alta creaturam, habens nomen Dei per naturam, non digitis quatuor et operiens totam mensam, et per adoptionem. Et ne videretur præesse onmi super eam altera corona aureola. Per coronam creaturæ dignitate tantum, et non potestate, subdit altam digitis quatuor quæ mensam operiebat, glo- *et omnia*. Quasi dicat: Non solum præest omni- ria vitæ æternæ signatur, qua omnes electi fruen- bus dignitate, sed et sub ea sunt. *Et*, id est tur, quæ in quatuor libris Evangelii digito Dei, quia *omnia subjecit* Deus Pater *sub pedibus ejus*, id est Spiritu sancto, scriptis annuntiatur: et et subjecit ei plene, ut per pedes plena subjectio erat in terra simul pro diversitate meritorum. Co- notetur: quæ omnia merito sunt ei subjecta, quia rona aureola, super illam, est perfectio remunera- per eum facta sunt. Vel, sub pedibus ejus, id est tionis eorum qui in doctoribus excellunt. Ideo Apo- sub humanitate ejus, quæ significatur per pedes. stolus ait, quæ sit supereminens magnitudo gloriæ Quia sicut pes est inferior pars corporis, ita in in nos. Quæ magnitudo est *virtutis ejus*, id est in Christo inferior natura est humanitas, quam etiam virtute Dei danda nobis, *qui credidimus* de illa bea- angeli adorant, et ipsi homini Christo omnia sub- titudine *secundum operationem potentiæ virtutis ejus.* sunt. *Et ipsum*. Postquam commemoravit dignita- *quam operatus est in Christo*, id est secundum quod tatem Christi, redit ad nos, ostendens dignitatem potenter operatus est in Christo cujus membra su- ejus ad nos pertinere. Quasi dicat: Ita exaltavit mus, et ideo eamdem cum illo nos habituros credi- Deus Christum, et hæc ejus exaltatio ad nos pertinet, mus. Operatus; inquam, in Christo, ita, scilicet quia ipse talis est caput, et nos corpus ejus, et *suscitans illum a mortuis, et constituens illum ad* hoc est quod ait; quasi dicat: Hoc quod dixi de *dexteram suam*, in æterna beatitudine. (9) Non eos Christo ad nos pertinet. *Et*, id est quia, *ipsum*. qui audiamus qui negant ad dexteram Patris sedere adeo altus est *dedit* Deus *caput*, in quo sunt Filium, dicentes: Nunquid Deus Pater habet latus omnes spirituales sensus Ecclesiæ, scilicet dona dexterum, vel sinistrum, sicut corpora? Nec nos gratiæ: Illum, inquam, dedit esse caput, *supra omnem* hoc de Deo sentimus. Nulla enim forma corporis *Ecclesiam*, quæ in cœlo, et quæ in terra est, dum Deus finitur et concluditur. Sed dextera Dei est bea- confitentur hunc esse per quem facti sunt. Subji- titudo æterna quæ sanctis datur, sicut sinistra ciuntur enim illi quasi capiti, ex quo trahunt ori- ejus dicitur miseria perpetua quæ impiis datur. ginem. Ab ipso enim facti sunt secundum deitatem, Et est, *constituens illum ad dexteram suam*, id et ita secundum deitatem caput est Ecclesiæ, secun- est ostendens hominem Christum æternaliter bea- dum quam dedit ei esse caput, illum ante omnia tum, *in cælestibus*, id est in cœlo. Exemplum au- gignendo. Est etiam et proprie dicitur caput se- tem gloriæ sanctorum consistit in resurrectione cundum humanitatem, secundum quam conjungitur Salvatoris, ut in ea cognoscant fideles quid eis

(9) Augustinus, De agone Christianorum.

ei Ecclesia, et natura et gratia. Nam in eo plenitudo gratiæ fuit, de cujus plenitudine nos accepimus (10). Nullumque majus donum præstare Deus posset hominibus, quam ut Verbum per quod condidit omnia, faceret illis caput, et illos ei tanquam membra coaptaret, ut esset Filius Dei et filius hominis, unus, Deus cum Patre, unus homo cum hominibus. *Quæ*, Ecclesia, *est corpus illius*, id est unita ei gratia et natura, *et plenitudo ejus*, id est implens eum ut habeat membra omnia. Et vere est plenitudo ejus quia ipse est *qui adimpletur* per eos. Cum enim regressi ad confessionem flectunt genu Christo adimpletur, quia recedentibus evacuari videtur. Per eos adimpletur dico, tamen ens *omnia in omnibus*, hic vel in futuro, quia membra nihil ei conferunt, sed ipse omnia membris. Quod ideo dicitur esse omnia in omnibus, quia omnia ab ipso sunt in eis, cujus virtute sunt quod sunt.

CAPUT II.

Vers. 1-3. — « Et vos convivificavit cum essetis « mortui delictis et peccatis vestris, in quibus ali- « quando ambulastis secundum sæculum mundi « hujus, secundum principem potestatis aeris hu- « jus; spiritus qui nunc operatur in filios diffiden- « tiæ, in quibus et nos omnes aliquando conver- « sati sumus in desideriis carnis nostræ, facientes « voluntatem carnis et cogitationum : et eramus « natura filii iræ, sicut cæteri. »

165 *Et vos.* Hic commemorat priora, scilicet quales fuerint ante fidem, et quid modo per gratiam facti sunt, ut in bonis quæ nunc habent humilientur, et certum sit quod, si inimicis hæc data sunt, magis amicis dabuntur ea quæ Apostolus optat eis, scilicet quod Christus est caput omnis Ecclesiæ et nostrum, quia nos *convivificavit cum*, id est quamvis, *essetis mortui delictis et peccatis*, etc. Vel ita continua, ut a superiori sumas verbum quod subintelligitur, quasi dicat: Nos qui credidimus habemus spem hæreditatis, et vos, scilicet credidistis, Deus autem convivificavit nos cum, id est quamvis, prius essetis mortui. [Ambrosius] Vel ita continua : Deus suscitavit Jesum, et vos, id est suscitabit, cum, id est quamvis, essetis, olim ante fidem mortui, scilicet nec etiam sentientes mala nostra. Mortui dico, delictis, scilicet dimittendo quæ jubentur, et peccatis vestris, scilicet agendo prohibita *in quibus* delictis et peccatis *aliquando*, scilicet ante fidem, longo usu, *ambulastis*, de alio ad aliud declinantes. Ambulastis dico, *secundum sæculum*, id est conversionem et speciem, *hujus mundi*, cujus species nos allicit, et *secundum principem spiritus*, id est spirituum. Ponitur enim singularis genitivus pro plurali. Ille est Beelzebub qui est princeps malignorum spirituum. Vel intransitive secundum aliam litteram, quæ est *secundum principem spirituum*. Principem dico, *potestatis aeris hujus*, id est qui habet potestatem in hoc aere caliginoso, non cum hominibus in mundo, qui ad ista caliginosa de apparatu supernorum angelorum cum angelis apostatis lapsus est tanquam ad carcerem. Caliginosus enim aer infernus est dæmonum usque ad judicium. Unde in canonica Epistola dicitur : Carceribus caliginis inferni retrusus in judicio servaretur perimendus. Spiritum ergo erroris dicit principem aeris, quia in hoc aere sub dominatur. Hanc enim partem sibi usurpavit ad exercendam dominationem ; et quia ita vicini sunt nobis et spiritus invisibiles sunt, magis sunt timendi. *Qui principes nunc* etiam adhuc *operantur*, quantum Deus sinit, *in filiis diffidentiæ*, id est in eis qui diffidunt de æternis, vel de quorum salute nos diffidimus, et ideo erepti ei sint grati ereptori Christo. (11) Qui intravit in domum fortis in suo dominatu genus humanum habentis, et prius ipsum alligavit, id est ejus coercuit et cohibuit potestatem, potestatis suæ fortioribus vinculis, et sic eripuit vasa ejus quæcunque prædestinavit eripere. Arbitrium eorum ab ejus liberans potestate, ut illo non impediente credant in istum libera voluntate. Proinde hoc opus est gratiæ quam attulit secundus Adam. non naturæ quam corrupit primus Adam. Filios autem diffidentiæ regit princeps iste, id est diabolus, ad arbitrium suum, quod nec ipsum habet liberum ad faciendum. sed in maximam malevolentiam suis sceleribus obduratum. Unde nemo sanæ fidei credit vel dicit hos apostatas angelos ad pristinam pietatem correcta aliquando voluntate converti. Quid autem operatur hic princeps in filios diffidentiæ, nisi opera sua mala? et in primis maximeque ipsam diffidentiam et infidelitatem qua sint inimici fidei, per quam scit eos posse mundari?(12) In quam ergo obstinationem cum Deus plerumque facere dicitur non instigando et inspirando, sed deserendo facit, ut illi, id est spiritus maligni, operentur in filiis diffidentiæ: quod Deus debite justeque permittit, *in quibus*, peccatis, *et nos omnes* Judæi. scilicet ut gentes, *aliquando conversati sumus*, agentes vitam nostram *in desideriis carnis nostræ*, id est in malis concupiscentiis quæ ex carne sunt, et etiam facientes actu voluntates carnis, id est ea in quibus caro delectatur, ut est luxuria, et hujusmodi. et voluntatem *cogitationum*, vel mentium, id est ea in quibus caro non delectatur, sed anima cogitat, ut sunt hæreticæ pravitates, et alia hujusmodi. *Et eramus*, nos Judæi, *sicut et cæteri*, id est gentiles, *filii iræ*, id est debitores æternæ pœnæ, et hoc *natura*, id est per patres, Adam scilicet et Evam, id est per peccatum originale ab eis traductum. (13) Cæcitas enim in primo homine per peccatum contigit, de quo omnes originem duximus, non solum mortis, sed etiam iniquitatis. Ideo Apostolus ait: Eramus natura filii iræ, id est filii vindictæ, filii pœnæ, filii gehennæ. Quomodo natura? quia peccante primo homine vitium pro na-

---

(10) August. in psal. LXXXV.
(11) Id., ad Vitalem.

(12) August., in psalmo LXXVI.
(13) Hier., super Joan. de cæco nato.

tura inolevit. (14) Tenebatur enim justa damnatione genus humanum, et erant omnes filii iræ, de qua ira Dominus dicit : *Qui non credit in Filium, non habet vitam, sed ira Dei manet super eum (Joan.* III). Non ait venit, sed manet. Cum hac quippe ira omnis næscitur. (15) Ipsa est enim illa ira cum qua omnes nati sumus, cui nascendo hæsimus, ira de propagine iniquitatis, de macula peccati. Et nota quod ipsa vere ac proprie natura hominis dicitur, qualis sine vitio primitus condita est. Translatitio autem verbo utimur ut naturam dicamus etiam quali nascitur homo; secundum quam locutionem dicitur hic: eramus natura filii iræ, sicut et cæteri. Ac si dicat : Cum hæc prædicta fuerint in nobis sicut in gentibus, non desperet gentilis quin par Judæis fiat, quia nos sicut illi eramus filii iræ. In hac ira cum essent homines per originale peccatum, tanto gravius et perniciosius, quanto majora vel plura insuper addiderant, necessarius erat mediator, id est reconciliator qui hanc iram singularis sacrificii oblatione placaret. Unde subdit :

VERS. 4-10. — « Deus autem qui dives est in mi« sericordia propter nimiam charitatem suam qua « dilexit nos, et cum essemus mortui peccatis, con« vivificavit nos in Christo, cujus gratia estis sal« vati, et conresuscitavit et consedere fecit in cœ« lestibus in Christo Jesu, ut ostenderet in sæculis « supervenientibus abundantes divitias gratiæ suæ « in bonitate super nos in Christo Jesu. Gratia enim « estis salvati per fidem, et hoc non ex vobis. Dei « enim donum est, non ex operibus, ut ne quis glo« rietur. Ipsius enim sumus factura creati in Christo « Jesu in operibus bonis, quæ præparavit Deus ut in « illis ambulemus. »

Deus autem; quasi dicat : Quamvis essetis mortui, Deus tamen convivificavit nos, Deus autem, et non alius, et hoc est, *Deus autem qui dives est in misericordia*, qui actualia et originalia dimittit : ipse, inquam, non propter meritum, sed *propter nimiam charitatem suam, qua dilexit nos,* id est Judæos et gentes non modo postquam justi fuimus, sed etiam cum essemus mortui peccatis convivificavit nos in Christo, id est a simili Christi, quia sicut Christum a vetustate pœnæ, ita et nos a vetustate culpæ mundavit. [Augustinus] Vel secundum aliam litteram, *convivificavit nos,* scilicet Judæos, et hoc in Christo, id est per gratiam Christi. Et secundum hoc ita cum superioribus jungit litteram, ibi : *Deus autem,* quasi dicat : Nos aliquando male conversati sumus, sed Deus qui dives, etc., convivificavit nos, Judæos, in Christo, id est per gratiam Christi. Et sicut nos, similiter et vos gentiles convivificavit. Et hoc est quod subdit : *Cujus* Christi *gratia,* et vos gentiles, *estis salvati,* sicut nos Judæi ; et utrosque conresuscitavit, id est cum Christo jam suscitavit. (16) Spe tanquam perfectam enuntiat quod futurum est, quia spe certa quod futurum est, jam tenemus : ideo jam velut per-

(14) August. in Enchir.
(15) Id., in psalmo CI.

sectum esset, sic loquitur. Unde etiam subdit : *Et consedere fecit,* ut judices, nos et vos, *in cœlestibus,* non inaniter, sed fideliter jam computat factum quod futurum esse non dubitat. [Augustinus] Certe enim in cœlestibus Christus jam sedet, nondum autem nos, sed spe certa tenemus. Fecit dico, per hoc quod sumus in Christo Jesu, id est in fide Christi, ut, etc.; quasi dicat : Ita hæc in spe fecit, ut in re compleret in die judicii. Quod ita dicit *ut ostenderet,* in re, *In sæculis supervenientibus,* id est in die judicii, *abundantes divitias gratiæ suæ,* id est abundantia dona gratiæ. [Ambrosius] In futuro enim sæculo apparebit donum Dei in remuneratione credentium, quod oculus non vidit, nec auris audivit. Et hæ sunt abundantes divitiæ, non tantum quantum mens investigare non potest. Vel ita, ut de præsenti accipiatur, sic quasi dicat : Ideo convivificavit nos prius mortuos ut ostenderet in sæculis supervenientibus, id est posteris nostris, abundantes divitias gratiæ suæ. id est abundantia dona gratiæ quæ hic largitur. Deinde utramque sententiam progredere simul, quasi dicat : Divitias, dico, datas vobis hic vel in futuro, non meritis nostris, sed *in bonitate* Dei. Divitias dico, existentes *super nos,* id est super intellectus nostros, quia plene capere nequimus. Datas dico, *in Christo Jesu,* id est per Christum. Et bene dixi in bonitate, *gratia enim,* præcunte, id est gratuita Dei voluntate, *salvati estis per fidem,* quia cooperatur fides bona Dei voluntate. [Augustinus] Et hoc, id est fides, *non est ex vobis,* id est ex vi naturæ vestræ, quia *donum Dei est* pure ; *non* partim *ex operibus,* ita *ut ne quis,* id est nemo *glorietur,* id est extollatur de operibus.

Non hoc ideo fecit quod opera bona pia cogitatione facta frustrentur, cum Deus reddat cuique secundum opera ejus, sitque gloria operanti bonum: sed quia opera ex gratia, non ex operibus gratia. Bonum est igitur homini ut de viribus liberi arbitrii sui non præsumat, quia ille qui putavit sine ejus adjutorio se posse custodire quod dedit, profectus in longinquam, et vivens prodige cuncta consumpsit, et miseria attritus, et in se reversus dixit : *Surgam et ibo ad patrem meum* (*Luc.* XVIII). Quam cogitationem bonam non habet, nisi et ipsam illi in occulto Pater misericordissimus inspirasset. Ideo recte ait : Et hoc non ex vobis, sed Dei donum est, non ex operibus, ne forte dicas : Promerui, et ideo accepi. (17) Non putes te promerendo accepisse qui non promereris, nisi accepisses. Gratia præcessit meritum tuum, non gratia ex merito, sed meritum ex gratia ; nam si gratia ex merito emistis, non gratis accepistis : omnia merita præcedit gratia, ut dona Dei consequantur merita mea. [Augustinus] Et ne quis aliter intelligeret, propter arrogantes, et suam justitiam constituere volentes, planius aperit subdens : *Ipsius enim* ; quasi dicat : Nemo debet de se gloriari, quia nos *creati in Christo Jesu,* id est in fide

(16) August. contra Faust.
(17) Id. in serm. de ver. Apost.

Christi, et *in operibus* **166** *bonis simus facturæ ipsius*, id est opus Dei. Vel ita : Nos sumus creati factura, id est per facturam ipsius, id est per operationem Dei, in Christo Jesu, id est in fide Christi, et in operibus bonis. Vel ita : Nos snmus factura ipsius. Nos dico, creati in Christo Jesu, id est per Christum Jesum, in operibus bonis. [Haimo.] Non utique illa creatura qua homines facti sumus, sed ea de qua ille dicebat, qui jam utique homo erat : *Cor mundum crea in me Deus,* etc. *(Psal.* L.) (18) Hac creatione formamur et creamur, in operibus bonis, *qnæ Deus præparavit,* antequam ad ea surgere possetis. Præparavit dico, *ut in illis ambulemus,* proficiendo, non ut confisi gratiæ, deinde otiosi simus. [Haimo] In his verbis aperte monstrat Apostolus ipsam Dei prædestinationem, ejusdemque effectum, id est gratiam quæ apponitur. (19) Ait enim, creati sumus in Christo et in operibus, hoc est gratia. Quod autem sequitur, quæ præparavit, hoc est prædestinatio, quia prædestinatio est gratiæ præparatio. Gratia vero est ipsa donatio, quæ est ipsius prædestinationis effectus, quæ prædestinatio sine præscientia non potest esse ; potest autem esse sine prædestinatione præscientia, prædestinatione quippe Deus ea præscivit quæ fuerat ipse facturus ; præscire autem potens est etiam quæ ipse non facit, sicut quæcunque peccata, quia etsi sint quædam ita peccata ut sint etiam pœnæ peccatorum, unde dictum est : *Tradidit eos Deus in reprobum sensum (Rom.* 1) : non ibi peccatum Dei est, sed judicium. Prædestinatio igitur Dei in bono est, ejusque effectus bonus est. Ille itaque operatur hominem bonum et custodit qui incommutabiliter bonus est, semperque ab illo fieri et perfici debemus ei inhærentes.

VERS. 11-18. — « Propter quod memores estote
« quod aliquando vos qui gentes eratis in carne, qui
« dicebamini præputium ab ea quæ dicitur circum-
« cisio in carne manufacta, qui eratis illo in tem-
« pore sine Christo alienati a conversatione Israel,
« et hospites testamentorum, promissionis spem
« non habentes, et sine Deo in hoc mundo. Nunc
« autem in Christo Jesu vos qui aliquando eratis
« longe, facti estis prope in sanguine Christi. Ipse
« enim est pax nostra, qui fecit utraque unum, et
« medium parietem maceriæ solvens inimicitias in
« carne sua, legem mandatorum decretis evacuans,
« ut duos condat in semetipso, in uno novo homine
« faciens pacem, ut reconciliet ambos in uno tem-
« pore duo per crucem interficiens inimicitias in
« semetipso, et veniens evangelizavit pacem vobis
« qui longe fuistis, et pacem his qui prope, quo-
« niam per ipsum habemus accessum ambo in uno
« spiritu ad Patrem »

Propter quod. Contulerat supra Judæos et gentes, ostendens quod utrique essent sub peccato, nunc ostendit gentes fuisse indigniores, et improperia Judæorum perpessas, ut modo æquales Ju-

(18) August. De grat. et lib. arb.
(19) Id., De prædestinatione sanct.

dæis magis sint obnoxii gratiæ Dei, quasi dicat : Prædicta bona habetis a Deo, *propter quod,* id est quia hæc habetis, et ut sciatia omnia esse a gratia Dei, *memoree estote.* ut magis grati sitis, *quod vos,* Ephesii, *aliquando,* id est ante conversionem, *eratis gentes,* id est quales gentes, scilicet veteres peccatores degentes *in carne,* id est in carnalibus, *qui dicebamini præputium,* id est immunditia. Et hoc *ab ea* circumcisione *quæ* non vere est, sed *dicitur* circumcisio, quia *facta* est *manu* humana, non a Deo in carne, non in spiritu, et memores estote quod vos, *qui* nunc tales ostis *eratis illo tempore malo,* scilicet *sine Christo,* id est sine promissione Christi, quæ tunc fiebat Judæis. *Eratis* etiam *alienati a conversatione Israel,* quibus gentibus, (Ambrosius) scilicet non coutebantur Judæi. Et si aliquando legem et prophetas accepistis dicebamini, vel eratis *hospites testamentorum,* id est adventitii. (Haimo) Hospes quasi hostii pes, eo quod, cum suscipiebatur in domo ponebat dominus domus, et qui suscipiebatur pedem super ostium, et datis dextris, jurabat quod pacificus ejus esset ingressus. Eratis etiam *non habentes spem promissionis* factæ filiis Abrahæ, ut de æterna hæreditate. *Et sine Deo,* id est sine dei notitia, eratis. *in hoc mundo,* tam malo. *Nunc autem,* scilicet in hoc tempore gratiæ, vos qui aliquando eratis longe, non loco, sed merito, et a Deo, et ab Israel qualitate conversationis, quamvis essetis longe, tamen *facti estis prope* Deo, et non carnalibus, sed spiritualibus Judæis, et hoc *in Chaisto Jesu,* id est per Christum, et non quoquo modo per Christum, sed *in sanguine Christi,* in est per sanguinem ejus. In quibusdam codicibus reperitur esse scriptum *Qui,* ibi, *vos qui gentes eratis,* et secundum hoc suspensive legitur, usque ibi : *Nunc autem,* eodem tamen manente sensu, hoc modo : *Memores estote quod vos qui aliquando gentes,* etc. : *Qui dicebamini, qui eratis,* etc. *Nunc vos qui aliquando eratis longe, facti estis prope,* non per vos, sed *in Christo Jesu,* id est per Christum, et per ipsum : non quoquo modo, sed *in sanguine Christi,* et recte dico, in Christo. *Ipse enim est pax nostra,* inter nos ipsos, scilicet Judæos et gentes, et ad Deum qui et duos populos inter se pacificavit, et ideo reconciliavit. Unde subdit : *Qui fecit utraque,* scilicet utrumque populum, unum in fide et moribus (20). Ipse enim est lapis angularis, id quo duo populi tanquam parietes de diverso angulo venientes sibimet quasi in pacis osculo copulantur, quos per hoc univit, quod sequitur : *Et,* id est quia, est *solvens medium parietem maceriæ,* id est obstaculum quod erat inter illos duos populos, hinc ex lege, inde ex idololatria solvit, removens legem a Judæis, et idololatriam a gentibus : qui paries dicitur maceriæ, quia non erat stabilis neque robustus. Est enim maceria congeries lapidum sine cæmento, ut fit

(20) Aug., in lib. Retract.

circa hortos. Paries vero maceriæ est qui facile destrueretur veniente gratia, quæ et legem amovit, et corda gentium ab idololatria convertit. Medius autem erat ut neuter populus alteri concordaret. Stante autem hoc pariete erant inimicitiæ, ira, invidiæque inter eos, quæ abolitæ sunt destructo pariete. Ude subdit : Et per hoc est *solvens inimicitias in carne sua*, assumpta vel immolata. *Legem*. Hic exponit parietem quantum ad partem Judæorum ; [Haimo] quasi dicat : Ipse dico, *evacuans legem mandatorum*, id est evacuans legem veterem, quantum ad ea quæ mandabat, id est ad carnales observantias, non quantum ad veritatem quam præsignabat. Evacuans dico, *decretis*, id est præceptis Evangelii quæ ex ratione sunt, ideo evacuavit *ut duos* populos prius divisos per legem, *condat in semetipso*, id est conjungat in fide ejus. [Ambrosius] Ipse dico, *faciens pacem*, destructis inimicitiis. Faciens dico, *in uno novo homine*, id est in se solo a quo non aliunde est novitas. Et item ideo evacuat *ut reconciliet ambos* Deo positos *in uno corpore*, Ecclesiæ ;[Haimo] quasi dicat Sublata inimicitia, et lege evacuata, facit pacem inter ipsos et ambos reconciliat Deo Patri. [Ambrosius] Per hoc autem reconciliat Deo quod pro peccatis se obtulit, et per Evangelium illuminavit : quæ duo consequenter ostendit, subdens : Ipse dico, *interficiens in semetipso inimicitiam*, quæ erat inter Deum et homines, id est peccata dimisit ; in se vero non aliter interfecit inimicitiam, quam *per crucem*, id est per mortem. Omnibus enim profecit mors Salvatoris. *Et veniens*, id est per assumptam humanitatem apparens, *evangelizavit*, et si non in sua persona, sed in apostolis, *vobis*, gentilibus, *pacem* ad Deum fieri per se. Vobis dico, *qui longe fuistis* a Deo, qui idololatræ et sine lege erant. Non enim regione a Deo longe est quisque, sed affectu. Amas Deum, prope es. Odisti Deum, longe es. Et eamdem pacem annuntiavit *his qui prope* erant, id est Judæis qui unum Deum colebant, et legem a Deo acceperant.

VERS. 19-22. — « Ergo jam non estis hospites et « advenæ, sed estis sives sanctorum et domestici « Dei, superædificati super fundamentum aposto- « lorum et prophetarum ipse summo angulari la- « pide Christo Jesu, in quo omnis ædificatio con- « structa crescit in templum sanctum in Domino. « In quo et vos coædificamini in tabernaculum Dei « in Spiritu sancto. »

Ergo jam non estis, etc., quasi dicat : Annuntiavit pacem, et etiam fecit, et quod fecerit, effectus indicat. Quoniam ambo habemus accessum, id est facultatem accedendi ad Patrem, et hoc in uno spiritu, id est per eumdem spiritum qui per Christum omnibus datur, et quia gentes accessum habent ad Patrem. *Ergo*, o vos gentiles, *jam*, id est a tempore fidei, *non estis hospites*, id est indigniores in fide Judæis, sicut olim recepti in lege, *et advenæ*, id est extranei a Deo. *Sed estis cives sanctorum*, non carnalis Israel, id est ejusdem juris et dignitatis in domo Dei cum sanctis *et domestici*, id est familiares, *Dei*,quibus scilicet arcana relevat,quasi de Babylonia translati estis ad Jerusalem.(31)Duos quippe civitates in toto mundo faciunt duo amores, Jerusalem facit amor Dei, Babylonia amor sæculi. Interroget ergo se quisque quid amet, et inveniet unde sit civis. [Haimo] Nos dico, *superædificati*, id est innixi, et de bono in melius provecti, *super fundamentum apostolorum et prophetarum*, id est super Christum qui est fundamentum,præter quod nemo potest aliud ponere. Dicuntur tamen et apostoli et prophetæ fundamentum.Unde ait Propheta in psalmo LXXXVI : *Fundamenta ejus in montibus sanctis*. Sed Christus est primum et maximum fundamentum : qui sicut aperte dicitur Sanctus sanctorum, sic figurate Fundamentum fundamentorum. Sic ergo sacramenta cogites, Christus est Sanctus sanctorum ; si gregem subditum cogites, Christus est Pastor pastorum ; si fabricam cogites, Christus est Fundamentum fundamentorum. [Ambrosius] Vel, super fundamentum, id est doctrinam, apostolorum et prophetarum, id est super novum Testamentum. Et vere, quia quod apostoli prædicaverunt,prophetæ futurum prædixerunt. [Augustinus] Et ne apostoli vel prophetæ in quibus fundata est civitas Dei tenerent se in se, subdit : *Ipso summo angulari* existente *Christo Jesu*. In Christo enim totum innititur primo fundamento, in quo omnis ista compages incumbit, ut nusquam cadat:quod fundamentum in summo est et non in imo,ut fabricator porca [*f.* parcat] : ergo fundamentum et lapis angularis Christus est,et ab imo surgens summitatem tenet, qui dicitur lapis propter firmitatem, quia firmitatem sustinet, et summus, quia consummat, et angularis, quia duos parietes de diverso venientes, Judæorum scilicet, et gentium compaginat. [Augustinus] Unde subdit : *In quo Christo*, id est per quem Christum, *omnis ædificatio*, tam de Judæis quam gentibus, *constructa* in fide, *crescit* per augmentum virtutum. Nemo enim tam perfectus est qui non possit esse perfectior. Crescit dico, *in templum*, id est usquequo sit templum Dei, factum, remotione vitiorum, *in Domino*, id est, in operatione Domini. *In quo*, id est per quem Christum, et vos Ephesi, ut alii *coædificamini*, id est ad similitudinem aliorum ædificamini,*in tabernaculum Dei*,ut sitis habitaculum Dei, et hoc *in Spiritu* operante.

CAPUT III.

VERS. 1-12 — « Hujus rei gratia ego Paulus vin- « ctus Christi Jesu pro vobis gentibus, si tamen « audistis dispensationem gratiæ Dei quæ data est « mihi in vobis, quoniam secundum revelationem « notum mihi factum est sacramentum,sicut supra

---

(21) Aug., in lib. Sententiarium.

« scripsi in brevi, prout potestis legentes intelligere « prudentiam meam in ministerio Christi, quod aliis « generationibus non est agnitum filiis hominum, « sicuti non revelatum est sanctis apostolis ejus « et prophetis in spiritu, esse gentes cohæredes, et « concorporales, et comparticipes promissionis in « Christo Jesu per Evangelium, cujus factus sum « ego minister secundum donum gratiæ Dei quæ « data est mihi secundum operationem virtutis ejus. « Mihi enim omnium sanctorum minimo data est « gratia hæc in gentibus evangelizare investigabiles « divitias Christi, et illuminare omnes quæ sit dis- « pensatio sacramenti absconditi a sæculis in Deo « qui omnia creavit, ut innotescat principatibus et « potestatibus in cælestibus per Ecclesiam multi- « formis sapientia Dei, secundum præfinitionem « sæculorum quam fecit in Christo Jesu Domino » nostro, in quo habemus fiduciam et accessum in « confidentia per fidem ejus. »

Hujus rei gratia. Ostenso quod per Christum facta est pax et reconciliatio, hic ponit per quem ipsi sint coædificati, quia Deus scilicet revelavit Paulo salutem ad gentes pertinere, et misi prædicare, et facit pati pro eis ut magis sint Deo grati. Ab ultimo autem incipit, dicens : *Hujus rei gratia,* id est pro hac re mihi grata ut vos coædificemini, vel pro gratia Dei implenda in hac re, *ego Paulus,* [Haimo] qui tantus sum, sum modo Romæ, *vinctus Christi Jesu,* id est pro Christo Jesu, et *pro vobis gentibus,* scilicet quia gentibus prædicavi verbum salutis. Pro vobis dico, *si tamen audistis,* id est intellexistis, *dispensationem gratiæ Dei.* Quasi dicat: Mihi in vobis, id est apostolatum dispensatum mihi a Deo, qui scit quare me ad hoc officium elegit. Per hoc vult eos scire, quia Dei judicio a Christo missus est prædicare gentibus mysterium gratiæ Dei. Vel, si autem dispensationem gratiæ *quæ data est mihi in vobis,* id est apostolatum quem diversis diversa pensamus, Quasi dicat : Patet me pro vobis vinctum esse, si scitis me esse Apostolum vestrum quod nemo ignorat, et cum pro apostolatu vinctus sim, tamen id est maxime pro vobis, *quoniam* ;quasi dicat : Data est mihi dispensatio in vos, quia mihi intimatum est divinum occultum. Et hoc est *quoniam secundum revelationem,* id est non obscure, sed aperte *notum factum est mihi* a Deo *sacramentum,* id est occultum Dei, *sicut supra scripsi in brevi,* id est in brevitate ubi dixit, *Ipse est pax nostra.* [Hieron.] Ibi namque mysteriorum sibi revelatorum summam permodico sermone perstrinxit, non tam totum quod noverat proferens quam ostendens ex modico quid taceret. Unde subdit : *Prout* ;quasi dicat : Et si breviter scripsi, tamen aperte *prout potestis attente legentes intelligere.* Quid, scilicet *prudentiam meam,* id est scientiam, *in agnoscendo mysterio Christi,* id est in cognoscendo hoc occulto, quo gentes salvandæ sunt per Christum. *Quod* mysterium *non est agnitum aliis generationibus* præteritis, scilicet quibuslibet *filiis hominum,* id est rationabilium: ita plene *sicuti nunc.* Vel ita . aliis generationibus, id est aliis temporibus non est agnitum filiis hominum, ita plene sicuti, id est quam plene, nunc, cum impleri videtur, *revelatum est in Spiritu,* id est per Spiritum, *sanctis apostolis ejus et prophetis,* novis qui interpretantur Scripturas, qui explanant legem. Priores quidem prophetæ præscierunt olim de gentibus quod vocandæ essent et futuræ participes dono Dei. Hoc enim significaverunt in multis Scripturæ locis ; sed hoc latuit eos quod sine lege per fidem Christi esset illis, scilicet sine circumcisione, et Sabbatis nomeniis, et hujusmodi. Hoc est autem mysterium quod revelatum est, scilicet *gentes esse cohæredes,* in futuro, in patria cœlesti, [Haimo] *et cancorporales,* modo in Ecclesia cum Judæis *et comparticipes promissionum ejus,* Dei, quia ad eos pertinet ut ad Judæos promissio a Deo facta Abrahæ, de hæreditate et concorporatione. Et hoc totum factum est *in Christo,* id est per Christum, id est per incarnationem Christi, et *per Evangelium,* id est per meam prædicationem. Non enim prodest incarnatio nisi prædicetur. *Cujus,* Evangelii ego *sum factus minister* ;non enim est meum, sed Dei. Et ita mihi nulli gratiæ reddendæ, sed Deo. Factus sum minister, dico, non meis meritis, sed *secundum donum gratiæ Dei quæ data est mihi secundum operationem virtutis ejus.* Magna enim virtus ejus est, qua fecit quod persecutor sit apostolus. Hoc enim est ut quodlibet miraculum. Vel ita : hoc est occultum Dei, scilicet gentes esse cohæredes, et concorporales, et comparticipes promissionis ejus, scilicet Dei Patris:quod donum Deus dedit in gentibus in Christo, id est per Christum. Et hoc secundum operationem virtutis ejus, id est per hoc quod potenter operatus est suscitando Christum a morte : quod cognitum est per Evangelium, id est post meam prædicationem, cujus factus sum, etc., quæ non mutantur. [Ambrosius]Per prædicationem asserit cognitum esse donum Dei quod Deus dat gentibus, juxta operationem virtutis. [Augustinus Operatio virtutis ejus est, quia suscitavit Jesum Christum a mortuis, devicta morte, in quo omnes salvi facti sunt sine operibus legis.

[Ambrosius] Hujus autem gratiæ magnitudinem cum sua comparans parvitate repetit: *Mihi,* inquam *omnium sanctorum minimo,* humiliat se cum se minimum dicit, sciens humilitatem profectum habere. Non ergo de potestate minimum dicit, sed pro prioribus humilior est. Nam tantam gratiam sibi datam dicit, ut donum præteritis sæculis ignotum asserat sibi concessum manifestare gentibus. Mihi, inquam, minimo *data est hæc* id est tam magna, *gratia,* scilicet *in gentibus,* id est inter gentes, *evangelizare investigabiles,* vel inæstimabiles, *divitias,* id est multa dona Christi quæ prorsus intelligi vel investigari non possunt. *Et illuminare* per prædicationem et miracula, [Haimo] quasi quadam declaratione *omnes* credere volentes de hac re, scilicet ut intelligant *quæ sit dispensatio sacramenti,* id est quam mirabilis, et ex quanta dilectione sit facta adimpletio arcanæ redemptionis. Hæ sunt divitiæ investigabiles. Idem enim appellat sacramentum quod supra divitias. Sed si investigabiles sunt illæ divitiæ, quomodo Apostolus eas evangelizavit? nam investigabilis res est quæ non potest comprehendi. Ad quod dicitur, quia in sui natura investigabiles sunt; sed per gratiam et revelationem sancti Spiritus investigabiles [non] sunt fidelibus. Mysterii dico, *absconditi a sæculis*, id est celati ab omnium sæculorum creaturis, et existentis *in Deo*, id est in sola notitia Dei. *Qui omnia creavit ut innotescat.* Quasi dicat : Datum est mihi evangelizare et illuminare. Et videte quantum hoc est, quia per hoc aliquid accrevit angelis qui multa secreta in his didicerunt. Et hoc est quod ait : Evangelizare, dico, ita ut *multiformis sapientia Dei*, de reparatione hominum *innotescat*, per Ecclesiam, quæ dona Dei recipit, id est per apostolos in Ecclesia prædicantes, *principibus et potestatibus*, id est diversis ordiuibus angelorum, qui sunt *in cœlestibus*, id est in cœlo, ubi et nos erimus. Dicit namque beatus Hieronymus angelicas dignitates supramemoratum mysterium ad purum non intellexisse, donec completa passio Christi, et apostolorum prædicatio per gentes dilatata. Unde in Isaia, angeli admirantes dixerunt: *Quis est iste qui venit de Edom?* (*Isa.* LXIII.) Et in Psalmo : *Quis est iste Rex gloriæ?* (*Psal.* XXIII). [Hieron.] Non solum ergo patriarchis et prophetis, sed principatibus et potestatibus in cœlestibus multiformis sapientia per Ecclesiam est revelata. [Haimo] Quæ recte dicta est multiformis, et in Græco multivaria, scilicet non solum varia, sed multa varietate distincta. (Hieron.) Videamus quomodo sit multiformis. Immensus est Christus, sed concipitur ; vagit infans præsepio, sed ab angelis laudatur in cœlo ; Herodes persequitur, sed magi adorant; ignorant Pharisæi, sed stella demonstrat; baptizatur a servo, sed vox tonantis Patris auditur; timet pati, sed sponte ad passionem venit; vult transferri calicem, sed Petrum qui calicem timebat accusat. Quid hac veritate districtius? Multiformis ergo dicitur Dei sapientia, quasi multiplex multas species et formas 168 habens, quam principes et potestates per Ecclesiam agnoverunt. Vel ita : quæ sit dispensatio sacramenti Dei, hoc non mutatur. Sacramenti dico, absconditi a sæculis, non in sæculis, sed in Deo, *qui omnia creavit.* (22) Habet enim Deus in seipso absconditas quorumdam factorum causas, quas rebus conditis non inseruit, easque implet non illo opere providentiæ quo natura substituit ut sint, sed eo quo illas administrat ubi voluerit, quas ut voluit condidit, ibi est et gratia per quam salvi facti sunt peccatores. Non enim per naturam vitio depravatam, sed per Dei gratiam restauratæ.

Propterea mysterium gratia absconditum dixit, non in mundo in quo absconditæ sunt rationales causæ omnium rerum quæ naturaliter fiunt, sicut absconditus erat Levi in lumbis Abrahæ, quando decimatus est ; sed in Deo in quo absconditæ sunt causæ eorum quæ per gratiam fiunt, sive eorum quæ ad hæc significanda mirabiliter non naturaliter fiunt, ut quod de osse viri dormientis mulier facta est, et in locum costæ non costa, sed caro suppleta est. Non habuit hoc prima rerum conditio ut feminas ex eo sic fieret, sed tantum hoc habuit, quia sic fieri posset, ne contra causas quas voluntate instituit, mutabili voluntate aliquid faceret. Ideoque absconditum erat in Deo quod fieret. [Augustinus] Sic causæ omnium quæ ad ipsius Christi adventum prænuntiandum in rerum natura præter usitatum naturæ cursum mirabiliter facta sunt in Deo quæ administrantibus angelis facta esse creduntur. Unde subdit : *Ut innotescat* dico, absconditi a sæculis in Deo, ita tamen *ut* sapientia Dei *innotescat* a sæculis, scilicet a principio sæculorum, principibus et potestatibus, quæ sunt *in cœlestibus*. Non sane indiget Deus nuntiis propter inferiorum scientiam, scilicet ut hæc inferiora ab eis discat qui stabiliter et incommutabiliter novit omnia. Habet autem nuntios propter nos et propter ipsos, quia eis bonum est Deo assistere ut eum de inferioribus consulant, et jussis ejus obediant. Non latuit eos mysterium regni cœlorum quod opportuno tempore revelatum est pro salute nostra, quo ex hac peregrinatione liberati eorum cœtui conjungamur. Sic ergo absconditum fuit hoc a sæculis in Deo, ut tamen innotescat principatibus et potestatibus in cœlestibus et sapientia Dei, quia ibi primitus Ecclesia fuit : quo post resurrectionem et ista ecclesia congreganda est, ut simus æquales angelis Dei. Illis ergo a sæculis innotuit, quia omnis creatura non ante sæcula, sed a sæculis. Ab ipsa enim exorta sunt sæcula, et ipsa a sæculis, quia cum eis cœpit. Filius vero ante sæcula, per quem facta sunt sæcula. Unde in persona Sapientiæ: *Ante sæcula fundavit me* (*Eccli.* XXIV). Additur *Per ecclesiam multiformis*, et est ordo verborum, data est mihi gratia, scilicet illuminare omnes per Ecclesiam, id est in Ecclesia, de hac re quæ sit dispensatio sacramenti a sæculis in Deo, quod omnia creavit. Absconditi dico, ita tamen ut sapientia Dei innotescat principibus et potestatibus in cœlestibus, quæ *sapientia* est *multiformis*, non in sui natura, sed *secumdum præfinitionem sæculorum*. Quæ enim in sui natura simplex est secundum ea quæ aguntur in sæculo quæ Deus præfinivit, id est præordinavit, est multiformis, eum varientur multiformiter. (Haimo) Et ne videantur sibi contradicere in prædictis sententiis sacræ paginæ doctores, ita potest determinari quod dictum est, ut illis qui majoris dignitatis sunt, et per quorum mysterium illa nuntiata sunt, cognita fuerint ex parte, utpote familiaribus nuntiis, illis vero qui minoris dignitatis sunt, incognita essent. *Quam præfinitionem fecit*

---

(22) Aug., super Genesim.

Deus Pater, id est præordinavit complendam in Christo, vel, fecit, id est complevit, in Christo, id est *Domino nostro* id est per Christum, *in quo*, Christo, cum per eum Pater impleverit, *habemus* fiduciam contra tribulationes, vel, fiduciam, id est certitudinem futuræ hæreditatis, *et accessum* in re ipsa ad Patrem, Et hoc *in confidentia*, id est merito confidentiæ habitæ *per fidem ejus*.

VERS. 13-21. — « Propter quod peto ne deficiatis
« in tribulationibus meis pro vobis, quæ est gloria
« vestra. Hujus rei gratia flecto genua mea ad Pa-
« trem Domini nostri Jesu Christi, ex quo omnis
« paternitas in cœlis et in terra nominatur, ut det
« vobis secundum divitias gloriæ suæ virtutem cor-
« roborari per Spiritum ejus in interiori homine
« Christum habitare per fidem in cordibus vestris
« in charitate radicati et fundati, ut possitis com-
« prehendere cum omnibus sanctis quæ sit latitu-
« do, et longitudo, et sublimitas, et profundum.
« Scire etiam supereminentem scientiæ charitatem
« Christi, ut impleamini in omnem plenitudinem
« Dei. Ei autem qui potens est omnia facere super-
« abundanter quam petimus, aut intelligimus se-
« cundum virtutem quæ operatur in nobis, ipsi
« gloria in Ecclesia et in Christo Jesu in omnes ge-
« nerationes sæculi sæculorum. Amen. »

Propter quod, id est quia habetis necessum et alia bona, quæ supradicta sunt, *peto ne deficiatis*, a fide et bona operatione, *in tribulationibus meis*, id est propter tribulationes meas, quæ sunt *pro vobis*, probandis, *quæ est gloria vestra*, si vos statis in eis et non deficitis (24). *Hujus rei gratia*. Quasi dicat: Vos peto ut non deficiatis, et ideo supplico Deo Patri ut gratia cooperetur nobis. Et hoc est quod ait, hujus rei gratia, scilicet ne deficiatis a fide, *flecto genua mea*, etc. [Haimo] Attende quod dicens, peto ne deficiatis, ostendit eos habere propriæ voluntatis arbitrium, sed ne illud sufficere putent, addit, hujus rei gratia flecto genua mea, id est humilio sensum mentis meæ. [Ambrosius] Vel exteriora corporis genua flecto, *ad Patrem Domini nostri Jesu Christi*. In Græco habetur tantum, ad Patrem. [Haimo] Quod autem in Latinis codicibus additum est, Domini nostri Jesu Christi, bene convenit, quia orabat ut merito ejus obtineamus. cui proprie et naturaliter est Pater, nobis autem adoptive. *Ex quo Deo Patre omnis paternitas in cœlis et in terra nominatur*, id est ex cujus dispositione sunt nobis patres, et in cœlis angeli nobis providentes, et in terra prælati. Et nota quod non ait, est paternitas, sed nominatur, quia nec homo, nec angelus vere est pater, ut Deus qui est Pater omnium creatione, et fidelium recreatione, quos adoptavit in filios. Sicut enim Deus qui solus vere est, et solas vere bonus essentiæ et bonitatis suæ nomen cæteris impartit, ut ipsa quoque esse et bona dicantur, ita et ipse qui solus Pater est omnium rerum creatione et fidelium regeneratione,

(23) Aug., in serm. de verb. Apost.
(24) Id., super Joan.

paternitatis nomen cæcis dedit. Vel nominatur, id est nominabilis est, Ab illo enim qui est Pater omnium, et angeli in cœlo, et homines in terra acceperunt, ut patres aliorum vocarentur. Et nota quod ipse etiam Christus Dei Unigenitus per naturam, adoptionis beneficio Patrem se significat, dicens: *Fili, dimittuntur tibi peccata tua* (Matth. IX). Et item: *Filioli mei, adhuc modicum vobiscum sum* (Joan. XV). Similiter et Spiritus sanctus per quem justi adoptantur in filios. Homo autem dicitur pater, vel natura, vel auctoritate exempli, vel ratione beneficii. Ad Patrem igitur Christi flecto genua mea, *ut det vobis secundum divitias gloriæ suæ*, id est secundum copiam majestatis suæ, *virtutem*, id est constantiam, id est det vobis ut non deficiatis. Inde enim, id est ex virtute erit non deficere, scilicet det vobis *corroborari in interiori homine*, id est det vobis virtutem qua sitis roborati in interiori homine, qui ab hostibus non potest contingi. Et hoc *per spiritum ejus*, id est per Spiritum sanctum. Et prius det *Christum per fidem habitare in cordibus vestris*, quod ad hoc proficit ut securi de auxilio ejus sitis, dum per fidem habitat in vobis, ut cum fidem habemus ipsum habere videamur. (24) Fides enim in nobis, Christus est in nobis. Fides tua de Christo, Christus est in corde tuo. Non sine causa cum dixerit, det vobis virtutem, addit, et det Christum habitare in vobis. Sunt enim aliquando fortes hæretici, in quibus Christus non habitat. *In charitate*. Ordo verborum talis est: Oro etiam ut *in charitate radicati*, id est firmiter plantati, ad similitudinem arboris, quæ quanto plus terræ figitur, tanto plus trahit humorem et crescit, et uberius fructum reddit, *et fundati*, ad similitudinem domus, quia in eis Spiritus sanctus habitat, *possitis comprehendere*, id est perfecte intelligere, *cum omnibus sanctis*, id est sicut omnes sancti.

(25) Hæc est communio divinæ cœlestisque reipublicæ. Hi non sua quærunt, sed quæ Christi sunt, id est non commoda privata sectantur, sed in commune ubi salus omnium est consultant. Quid possitis comprehendere? *Quæ sit*, id est quanta esse debet *latitudo* charitatis, quæ debet usque ad inimicos extendi, et cum hilaritate bene operari, quia qui tristis dat, perdit quod dat. (26) Opus ergo est latitudine charitatis, ne pereat quidquid boni facis, sed quia abundante iniquitate refrigescit charitas, opus est longitudine. Unde subdit, *et quæ sit longitudo* charitatis. Hæc est perseverandi longanimitas, ubi quodammodo stando perseveratur. Unde: *Qui perseveraverit usque in finem, salvus erit* (Matth. X). Et quæ sit *sublimitas* charitatis. [Augustinus] Hæc est quæ sursum cor dirigit, ut Deus in præmium exspectetur. Nam si bene operaris etiam ad inimicos ethilariter tribuis, habes latitudinem; et si in his usque in finem perseveras, habes longitudinem. Sed si omnia hæc non propter mercedem superiorem vel

(25) August., de gratia nov. Test.
(26) Id., de verb. Apost.

supernam facis, altitudinem non habes ; et illa jam nec latitudo erit, nec longitudo. Nam altitudinem habere, est cogitare Deum, amare Deum, et gratis amare ipsum adjutorem, ipsum conatorem : postremo ipsum præmium deputare, non aliud ab ipso quam ipsum exspectare ; si amas, gratias amas ; si vere amas, ipse sit merces quem amas, *Et* quid sit *profundum* charitatis, id est possitis intelligere occultum judicium Dei esse, quare isti dat, illi non. De profundo enim judiciorum Dei quæ perscrutari contemplarique nequimus, procedit omne quod possumus. Quod possum video, unde possum non video, nisi quia novi esse a Deo. Quare illi et non illi det, multum est a me : abyssus, et profundum est. Nunc ergo ipsa charitas in bonis operibus exercetur ad subveniendum **169** aliis, et usque ad inimicos porrigitur ; et hæc latitudo est. (27)Nunc longanimitate adversa tolerat ; et in eo quod veraciter tenuit, perseverat : et hæc longitudo est. Hoc autem totum propter adipiscendam vitam æternam, facit quæ illi promittitur in excelso : et hæc altitudo est. Existit vero ex occulto ista charitas : et hoc est profundum. Profundum enim est voluntas Dei, cui causæ non investigantur, cujus gratia sumus salvi facti, non ex operibus justitiæ quæ fecimus nos, sed secundum ejus misericordiam. Voluntarie quippe genuit nos verbo veritatis, et hæc voluntas est in abdito, cujus secreti profunditatem quodammodo Apostolus expavescens clamat : *O altitudo sapientiæ et scientiæ Dei (Rom.* xi)! hoc est profundum. Altitudo enim commune nomen est excelso et profundo ; sed cum in excelso dicitur, sublimitatis eminentia commendatur ; cum autem in profundo, difficultas investigationis et cognitionis.

Et sciendum quia in his verbis figura et mysterium crucis ostenditur. Qui enim quia voluit mortuus est, quomodo voluit mortuus est. Non frustra igitur mortis tale genus elegit, in quo latitudinis hujus, et longitudinis, et altitudinis, et profunditatis magister tibi existeret. Qui dixit : *Tolle crucem tuam et sequere me (Matth.* xvi). (28) Tollitur crux, cum spiritu facta carnis mortificantur ; quandiu autem evacuatur corpus peccati, quandiu exterior homo corrumpitur, ut interior renovetur de die in diem, tempus est crucis. (28*) In cujus ergo potestate erat mori vel non mori, et sic vel sic mori, non frustra crucem elegit, ubi te huic mundo crucifigeret. Nam latitudo est in cruce transversum lignum, ubi figuntur manus, quod ad bona opera pertinet, quia ibi extenduntur manus. Longitudo est in ea parte ligni quæ ab ipso transverso ad terram tendit, et ab ipso ligno usque ad terram conspicua est : ibi corpus crucifigitur, et quodammodo stat, et ipsa statio perseverantiam significat. Altitudo autem in illo ligno est, quod ab eodem transverso sursum versus ad caput eminet : per quod significatur superiorum exspectatio. Profundum vero est in ea parte ligni, quæ non apparet, quæ fixa turræ occultatur, unde illud surgit, quod profunditatem significat gratuitæ gratiæ, in qua multorum ingenia conteruntur id vestigare conantia. (29) Hæc ergo verba Apostoli sic intelligere soleo, oro ut possitis intelligere quæ sit latitudo charitatis, longitudo, etc., id est quod sit mysterium crucis. Sacramento enim crucis, horum verborum intellectus coaptatur : ut sit sensus : Quæ sit latitudo, in operibus charitatis, quæ extenditur usque ad inimicos diligendos, sicut Christus fecit, qui oravit pro inimicis, quod ostensum in cruce sua fuit, quæ in latum tensa est a dextra in sinistram, ubi manus fixæ per quas opera signantur, quæ in hilaritate decet esse, et quæ longitudo charitatis, scilicet quod usque in finem durare debet. Unde dicitur de Christo : *Cum dilexisset suos, usque in finem dilexit illos (Joan.* xii). Quod significatum est per longitudinem crucis, a sursum usque deorsum. Et quæ sublimitas, charitatis, id est quo tendat charitas, scilicet ad æternam beatitudinem, quæ notatur per partem crucis superpositam ; et quod profundum, charitatis quod totum portat, ut pars crucis fixa in terra, scilicet in abscondito, quod non videtur, id est misericordia Dei, quæ occulto Dei judicio provenit, per quam charitas in nobis longa, lata est, scilicet et alta (29*). Ex occulta enim Dei voluntate vocatur homo ad participationem tantæ gratiæ, alius sic, alius autem sic. Vel profundum charitatis sunt ecclesiastica sacramenta quæ sunt profunda et investigabilia, et sunt fundamentum charitatis, sine quibus non valet charitas. Intelligentes igitur per mysterium crucis mundo crucifigamur, extendentes manus in latitudine bonorum operum, et in longitudine usque in finem perseverantes, atque habentes cor sursum ubi Christus est, totumque hoc non nobis, sed illius misericordiæ tribuentes, cujus profunda judicia omnem scrutatorem fatigant. *Scire.* Quasi dicat : Oro ut possitis etiam *scire*, ex parte ut imitemini *charitatem Christi*, qua nos dilexit, quæ nostram superat, *supereminentem scientiæ* humanæ, id est quæ supereminet, et excedit scientiam humanam, quia plene sciri non potest quanta charitate dilexerit. Vel ita, scire charitatem Christi, id est quæ habetur cum scientia Christi esse supereminens intelligitur, scilicet alii charitati. Charitas enim scientiæ, id est quæ habetur cum plena scientia supereminet alii charitati, quia quanto melius intelligitur Deus, tanto plus diligitur : ideo oro vos scire ista, ut per has scientias *impleamini*, bono, eundo *in omnem plenitudinem Dei*, ut hic virtutum, postea beatitudinis habeatis plenitudinem. Hanc plenitudinem Dei quidam in his verbis sic intellexerunt, ut putarent nos hoc idem futuros quod Deus est, dicentes : Si aliquid

(27) August. de gratia nov. Test.
(28) Id., ad Januarium.
(28*) Id., in ser. quodam.

(29) August. ad Paulinum de videndo Deo.
(29*) Id., ibid.

minus quam Deus habebimus et minores erimus, quomodo implebimur in omnem plenitudinem Dei? Sed quoniam implebimur, profecto erimus Deo æquales. Detestandus est error iste. Non enim sic implebuntur ut sint et ipsi plenus Deus, sed ut perfecti sint pleni Deo. Vel ita, oro, ut possitis comprehendere quæ sit latitudo, longitudo, et sublimitas et profundum Dei, id est immensum et inæstimabilem cognoscere Deum, omnia excedentem majestate virtutis suæ. [Ambrosius] Cum autem hoc dicit, significat quod sicut in sphæra tanta longitudo quanta latitudo, et tanta altitudo quantum et profundum, ita et in Deo omnia æqualia sunt immensitate infinitatis, imo unum et idem prorsus. Et est sensus : *Quæ sit latitudo*, etc., id est et quæ sit immensitas Dei omnia excedens et implens, non in eis clausa, sed omnia intra se habens, ut solus ineffabilis et infinitus habeatur. Scire, etc., post immensitatem Patris vult eos scire charitatem Christi esse super scientiam hominum. Et hoc, ut possitis etiam scire charitatem Christi, esse supereminentem scientiæ humanæ. Nemo enim potest charitatis ejus magnitudinem colligere, scilicet quod Deus factus est homo, quod justus pro impiis, Dominus pro servis, Creator pro creatura moritur, etc. hujusmodi : ideo volo vos scire ista, *ut impleamini in omnem plenitudinem Dei*, id est ut confessione et gratiarum actione, sicut Patri ita et Filio honorem exhibeatis, ut sit plena divinitatis professio in vobis, quia tunc nihil deest Christiano cum Patrem et Filium sic cognoscit : aliter non est integra professio deitatis, quia fides, nec in solo Patre integra est, nec in solo Filio perfecta. *Ei autem*. Quasi dicat : Hoc oro vobis, ei autem sit gloria qui potest facere. Et hoc est quod ait, *ei autem qui potest omnia facere*, id est complere in vobis, *superabundanter quam petimus aut intelligimus*, id est plusquam nos petere sciamus aut præsumamus. [Haimo] Ideo dicit : Petimus aut intelligimus, quia plus intelligimus quam petamus. Potest hoc in nobis dico, *secundum virtutem quæ operatur in nobis* id est ita potest hic in vobis sicut jam fecit in nobis apostolis. Ei, inquam, *ipsi*, id est soli, non homini qui nihil ex se potest, *sit gloria*, pro his quæ fecit *in Ecclesia et in Christo Jesu*, id est pro his gloriosus appareat, non solum in præsenti, sed etiam *in omnes generationes sæculi sæculorum*. Vel ita lege litteram : Ei autem qui potest omnia, ista quæ peto facere, id est complere. Potens est, dico, secundum virtutem quæ operatur in nobis, hominibus bona operatur, dico superabundanter quam petimus aut intelligimus. Potens enim est Deus hæc facere, secundum virtutem quæ operatur, in qua sunt quædam quæ nemo peteret vel intelligeret, ut scilicet Deus homo fieret, et pro hominibus moreretur, et hujusmodi alia. Ei, inquam, ipsi sit gloria in Ecclesiis et in Christo Jesu : hoc non mutatur.

Sit gloria, dico, in omnes generationes sæculi sæculorum, id est sæculi omnia continentis. Amen.

CAPUT IV.

VERS. 1-6. — « Obsecro itaque vos ego vin-
« ctus in Domino, ut digne ambuletis vocatione
« qua vocati estis, cum omni humilitate et mansue-
« tudine, cum patientia supportantes invicem in
« charitate. Solliciti servare unitatem spiritus in
« vinculo pacis. Unum corpus et unus spiritus,
« sicut vocati estis in una spe vocationis vestræ.
« Unus Dominus, una fides, unum baptisma. Unus
« Deus et Pater omnium, qui super omnes, et per
« omnia, et in omnibus nobis. »

Obsecro itaque. Hactenus ostendit omnia gratiæ Dei tribuenda : hinc de moribus admonet, usque ad finem, et prius communiter omnes, postque singulos ordines. Quasi dicat : Quia Deus potest omnia facere, vel ut ei sit a vobis gloria, *itaque obsecro vos ego Paulus vinctus*, cui compatiendum est : vinctus, dico, *in Domino*, id est propter Dominum, *ut ambuletis*, de bono in melius proficiendo, *digne vocatione qua vocati estis*, id est ita ambuletis ut conveniat meæ prædicationi ambulatio vestra, [Haimo] ita, scilicet *cum omni humilitate*, id est interiori et exteriori, *et cum mansuetudine*, ut tractabiles sitis, et *cum patientia* adversorum, *supportantes* vos *invicem*, ut a fratre oritur molestia : vel alter alterius onera portate. (30) Et hoc non ficte, non pro terreno commodo, sed *in charitate*. Ipsa est enim actio recti itineris, quæ oculos semper ad Deum habet. Talis actio nec frangitur negotio, nec frigida est, nec turbulenta est ; nec marcida, nec audax, nec fugax, nec præceps, nec jacens. Ita ergo ambulate, et sitis *solliciti*, id est studiosi, cauti, attenti, *servare*, ut sacrosanctum, *unitatem spiritus*, id est unitatem ecclesiasticam, quam facit Spiritus sanctus, scilicet ut unum corpus sitis opere Spiritus sancti. Vos, dico, degentes *in vinculo pacis*, id est pacem servantes : quæ dicitur vinculum, quia pax ista est nutrimentum spiritualis unitatis. Hæc autem pax est, si bona nostra invicem diligamus, si peccata quæ sine damno tritici, aut cum spe salutis corrigendorum eradicari non possunt, usque ad messem ultimam toleramus ; si etiam perfectionis opera quæ cum fieri et non fieri licet, ne infirmi scandalizentur, non facere dispensamus, et hujusmodi. *Unum*, Quasi dicat : Debetis servare unitatem spiritus, ita ut sitis *unum corpus*, subveniendo proximo, *et unus spiritus*, cum Deo idem volendo. 170 Vel, unus spiritus, cum fratribus cum quibus idem velle et idem nolle debetis. Vel ita, debetis servare unitatem spiritus, quia unum corpus esse debetis multorum adunatione membrorum : potestis, quia unus spiritus scilicet habitat in vobis, quo unum corpus efficimur. [Haimo] Unum corpus enim efficimur propter societatem quam facit Spi-

---

(30) August. ad Eudoxium.

ritus sanctus, non sine Patre et Filio. (30*) Ecclesia utique accepit hoc donum, ut in Spiritu sancto fiat remissio peccatorum, quam remissionem cum Trinitas faciat, proprie tamen ad Spiritum sanctum intelligitur pertinere. (31) Ipse est enim Spiritus adoptionis filiorum, ipse Patris et Filii amor et connexio. Ad ipsum ergo pertinet societas, qua efficimur unum corpus unici Filii Dei. Sicut enim unum corpus hominis ex multis constat membris, et vegetat omnia membra una anima, faciens in oculo ut videat, in aure ut audiat, et sic in cæteris, ita Spiritus sanctus membra corporis Christi quod est Ecclesia, continet et vegetat. Et sicut humani corporis membrum præcisum formam quidem qua cognoscitur, retinet, sed nequaquam spiritus sequitur quo præter unitatem vivat, sic quicunque a prædictæ pacis unitate divisus est, sacramentum quidem tanquam formam retinet, sed spiritu præter unitatem non vivit. (31*) Frustra ergo foris de forma gloriatur, nisi intus spiritu vegetatur. Propter hanc societatem illi in quos primitus venit Spiritus sanctus, linguis omnium gentium sunt locuti, quia per linguas consocietas humani generis constat, et sic per linguas gentium figurabatur ista societas membrorum Christi futura in omnibus gentibus, ut quemadmodum tunc ille apparebat accepisse Spiritum sanctum qui loquebatur linguis omnium gentium, ita nunc ille se cognoscat accepisse Spiritum sanctum qui in unitate Ecclesiæ consistit, quæ linguis omnium loquitur.

Sicut vos., etc., quasi dicat: Ita debetis esse unum corpus, *sicut vocati estis*. Addidit, scilicet *in unam spem vocationis vestræ*, id est ad unam rem speratam, quæ est effectus vocationis *unus Dominus*. Quasi dicat: Debetis servare unitatem, quia vobis unus Dominus non tres pro quorum diversis voluntatibus vos oporteat discordare. Et *una fides* de Deo. Recole quia fides dicitur, et id quod creditur, et id quo creditur. Si ergo fides hic accipitur pro eo quod creditur, hic est sensus: Una est fides, id est idem jubemini credere, et eodem modo operari, quia unum et idem est quod creditur a cunctis fidelibus. Unde fides catholica dicitur universalis. (32) Vel accipitur hic fides qua creditur. Aliud enim sunt ea quæ creduntur, aliud fides qua creditur. Illa quippe in rebus sunt, quæ vel esse, vel fuisse, vel futura esse creduntur. Hæc autem in animo credentis ei tantum conspicua cujus est, quamvis sit et in aliis, non ipsa, sed similis. Una est ergo fides, non numero, sed genere, quia similis in omnibus: quemadmodum duorum idem volentium dicitur voluntas una, et duorum simillimorum facies una. Et *unum baptisma*, id est æquale a quocunque detur, nec potest iterari, et vobis est *unus Deus*, id est creator *omnium et Pater*, procurando et gubernando: et ideo nemo potest se alteri

præferre, quia unum habemus creatorem et recreatorem. *Qui Deus est super omnes* creaturas, id est præcedit omnes creaturas; quasi dicat: Cujus dignitas vos invitat. *Et per omnia* diffusus, quia ubique est: et ideo timendus cum nusquam possit evitari. *Et in omnibus nobis*. per gratiam, qui unitatem servamus. Et nota non singulariter de aliqua persona, sed communiter de omnibus, id est de Trinitate hæc accipi, juxta illam quæ præcessit expositionem. [Haimo] Vel potest hoc legi ita ut fiat distinctio personarum. Qui, etc. quasi dicat: Unus est Deus et Pater, cum sint tamen tres personæ, Pater, et Filius, et Spiritus sanctus, et hoc est: Qui, scilicet Pater, est super omnes, quia nulli debet quod est, et omnes creaturas excellit, et Filius est per omnia, per quem reparatorem omnia opera nostra sunt, et per ipsum omnia facta; et Spiritus sanctus est in omnibus nobis fidelibus per gratiam, et in omnibus creaturis per essentiam. Unde: *Spiritus Domini replevit orbem terrrrum* (Sap. 1.)

Vers. 7-10. — « Unicuique autem nostrum data « est gratia secundum mensuram donationis Chri- « sti. Propter quod dicit: Ascendens in altum « captivam duxit captivitatem, dedit dona homini- « bus. Quod autem ascendit quid est, nisi quia et « descendit primum in inferiores partes terræ? « Qui descendit, ipse est et qui ascendit super « omnes cœlos, ut adimpleret omnia. »

Unicuique autem. Monuit servare unitatem qua omnes dicimur unum corpus, et ne unitas tollat subjectionem, subdit diversa esse dona in hominibus, quod non est contrarium prædictæ unitati. [Ambrosius] Quod enim diversa dona sunt in hominibus (32*) non sicut unitati, sed facit quasi unum corpus esse debemus. *Unicuique autem nostrum diversa data est gratia*, id est gratuitum donum, *secundum mensuram donationis Christi*, id est secundum quod dator Christus mensurat, alii hoc, alii illud. Christus, cui ad mensuram non dedit Deus, quia gratia plenus est, ad mensuram dat hominibus, Mensuram est divisio quædam divinorum. Aliud enim habet ille, aliud iste: et quod habet iste, non habet ille. *Propter quod*, scilicet ad probandum quod Christus homo dat diversa dona, *dicit* Spiritus sanctus in Psalmo: *Ascendens*. (33) Quasi dicat: Vere Christus secundum hominem dat dona. Nam Propheta dicit, quod Christus *ascendens in altum* loco et dignitate, *captivam duxit captivitatem*, id est eos quos diabolus captivaverat a paradiso, et proprios mundi et inferni fecerat. Iterum captivos fecit Christus, dum ad cœlum reducuntur. Ipsos itaque homines appellavit captivitatem, quia captivi tenebantur sub diabolo, sicut militia cum dicitur, intelliguntur qui militant. Eamdem captivitatem a Christo captivam dicit, ut sit captivitas felix. Possunt

---

(30) August., de blasp. S. S.
(31) Id., in ser. de Pentecoste.
(31*) Id., De blasp. S. S.

(32) Id., in lib. De Trinit.
(32*) Hic aliquid deesse videtur.
(33) Aug. in psalmo. LXXVII.

enim homines ad bonum capi. Unde Petro dictum est: *Ex hoc jam eris homines capiens* (*Luc.* v). Captivitati ergo dicuntur quia capti, quia subjugati, sub leve jugum missi, liberati a peccato, servi facti justitiæ. Et *dedit hominibus* rationalibus *dona*, id est Spiritum sanctum. (33*) Notissimum est Dominum Jesum, cum post resurrectionem ascendisset in cœlum, dedisse Spiritum sanctum, quo impleti credentes loquebantur omnibus linguis. In Psalmo tamen ita legitur: *Accepisti dona in hominibus* (*Psal.* LXVII). [Augustinus] Sic enim plures codices habent, et maxime Græci; et ex Hebræo sic interpretatum habemus. Dona autem dixit Apostolus sicut Propheta, non donum. Sed cum Propheta dixerit, accepisti in hominibus, Paulus apostolica auctoritate maluit dicere, dedit hominibus, ut ex utroque verbo, uno prophetico, altero apostolico, quia in utroque est divini sermonis auctoritas, sensus plenissimus redderetur. Utrumque enim verum est, et quia dedit hominibus, et quia accepit in hominibus: dedit hominibus tanquam caput membris suis, accepit in hominibus idem ipse utique in membris suis. Ipse ergo Christus et dedit de cœlo, et accepit in terra, dedit quia Deus cum Patre, secundum quod ait, accepit, quia ipse in suis est in Ecclesia, in qua accipit. Hoc est in hominibus accipere. Nec moveat quod ait dona non donum, cui etiam concordat Propheta, procul dubio Spiritus sanctus donum Dei est: de quo Dominus ait Samaritanæ: *Si scires donum Dei*, etc. (*Joan.* IV). Sed ideo pluraliter dona ambo dixerunt, quia per donum quod est Spiritus sanctus, multa dona quæ quibusque sint propria, dividuntur. Non enim singuli quique habent omnia, sed hi illa, alii alia, quamvis ipsum donum a quo unicuique propria dividentur, idem habent, id est Spiritus sanctum. Unde alibi: *Omnia hæc*, inquit, *operatur unus et idem Spiritus dividens singulis prout vult* (*I Cor.* x), ut una anima in omnibus membris agit omnia.

Quod autem, prosequitur superiorem probationem, scilicet quod Christus secundum hominem dat, quia Propheta dicit quod ascendens dedit, dixit Propheta ascendens. Sed *quid est* hoc *quod ascendit*, id est quod ascendisse dicitur, *nisi quia et primum descendit*, respectu cujus dixit ascendit. [Haimo.] Descendit dico, *in inferiores partes terræ*, id est ad inferos, cujus probatio præmissa, quia duxit captivitatem quam inde traxit. [Ambrosius] Ex sententia enim tenebantur apud inferos, quæ sententia Salvatorem tenere non potuit, quia sine peccato fuit. Et est ordo probationis talis: Propheta dicit quod ascendens dedit, et ascendere dixit respectu descensionis, et ita innuit quod et descendens dedit. [Haimo] Et constat quod secundum humanitatem Christus descendit, et ascendit, ergo secundum humanitatem dedit. Secundum deitatem qui ubique

est, non ascendit loco nec descendit, sed secundum animam ad inferos descendit, secundum corpus et animam ad cœlos ascendit; et ita secundum humanitatem dedit. Cave quomodo intelligas Christum secundum humanitatem dedisse, ne sit contrarium prædictæ auctoritati, ubi dicitur quia secundum quod Deus dat. Ita ergo distingue: Dat Christus secundum humanitatem, id est homo ipse Christus dat, non tamen ex eo, quia homo, sed quia Deus *qui descendit*. Quasi dicat: Et quia ita innuunt verba Prophetæ, ergo *ipse* qui *descendit*, *est et qui ascendit*, id est idem est qui descendit ad inferos, et qui ascendit super omnes cœlos. Vel ita ab illo loco. Quod autem. Quasi dicat: Christus ascendens, quod est secundum humanitatem, dedit dona. Sed quid est quod humanitas ascendit, id est quomodo humanitas ascendere poterat? Nisi quia, et deitas primum descendit in partes terræ, quæ sunt inferiores aere, ut humanæ naturæ uniretur. Descendit quidem divinitas non localiter, sed per inexanitionem: et quia dixerat humanitas ascendit, et deitas descendit, ne ideo viderentur duo, subdit: Qui descendit, id est Deus, et qui ascendit *super omnes cœlos*, id est homo, *ipse Christus est*, id est una et eadem persona est. Unde Dominus: *Nemo ascendit in cœlum, nisi qui descendit de cœlo*, etc. (*Joan.* III). [Ambrosius] Ascendit, dico, *ut adimpleret omnia*, quæ de se in lege et prophetis erant prædicta. [Haimo] Vel implentur omnia donis suis, et ita implevit omnia.

VERS. 11-14. — « Et ipse dedit quosdam quidem
« apostolos, quosdam autem prophetas: alios vero
« evangelistas, alios autem pastores et doctores ad
« consummationem sanctorum in opus ministerii
« in ædificationem corporis Christi, donec occur-
« ramus omnes in unitatem fidei et agnitionis Filii
« Dei in virum perfectum, in mensuram ætatis ple-
« nitudinis **171** Christi, ut jam non simus parvuli
« fluctuantes, et circumferamur omni vento doctrinæ
« in nequitia hominum, in astutia ad circumventio-
« nem erroris.

Et ipse dedit quosdam quidem apostolos, scilicet vicarios prædicationis suæ, *quosdam prophetas*, qui de futuris prophetarunt, vel potius Scripturarum interpretes [Ambrosius] In Novo enim Testamento prophetæ dicuntur explanatores Scripturarum; tamen fuerunt quidam primordio fidei futura prædicentes, sicut Agabus septemque filiæ Philippi. [Haimo] Alios vero evangelistas, ut fuerunt Marcus, et Lucas, et septem diaconi sub apostolis. Evangelistæ enim diaconi sunt, quia et si non sint sacerdotes, tamen evangelizare possunt. *Alios autem pastores et doctores*, ut episcopos, qui verbo etiam et exemplo docere debent, et ideo conjunxit: quos tanquam unum aliquid duobus nominibus complexus est, ut intelligerent pastores ad officium suum pertinere doctrinam. (34) Pastor enim non est nisi habeat

---

(33*) Aug., in lib. xv, De Trinit.

(34) Id., ad Paulinam.

doctrinam, qua pascat gregem. Ecce quomodo alii plus, alii minus dedit. Hominibus dat ad mensuram; ipse vero non ad mensuram accipit. Hos autem omnes dedit *in opus ministerii*, scilicet ut quisque posset plene facere opus ministrationis sibi creditæ. Si enim unus omnia non perfecte ageret singula, et hoc ministerium erat necessarium *ad consummationem sanctorum*, id est ut consumment qui jam sancti sunt, et *in ædificationem corporis Christi*, id est ut ædificent eos in corpus Christi qui adhuc alieni sunt. *Donec omnes*, etc. Quasi dicat : Tandiu durabit ista prælatio et ordinatio, donec in die judicii nos *omnes*, qui sumus *in unitate fidei*, id est in una, et non discrepanti fide, *et* unitate *agnitionis Filii Dei*, id est in una et non differenti agnitione Filii Dei. Vel, in unitate agnitionis Filii Dei, id est virtutibus quibus agnoscitur Filius Dei esse in nobis, vel quibus agnoscemus eum in futuro, donec, inquam, nos omnes occurramus nobis invicem de diversis partibus mundi, vel ipsi capiti Christo. Quasi dicat, desiderio currentes ad gaudium. Et donec idem fiat, durabit prælatio, non post, et ideo non est graviter ferenda. Nos dico, proficienter et crescentes *in virum perfectum et in mensuram plenitudinis Christi*, id est vestram, crescentes, ut unusquisque sit perfectus vir. Omnes autem dicit provehendos in virum non sexu, sed perfectione virtutis. Hi enim parvuli sunt viribus corporis et animi. Et sit unusquisque habens ætatem eamdem, in qua ætate Christus plenitudinem annorum et corporis habuit, in qua de hoc mundo exivit ; quæ est mensura et meta ætatis, ultra quam nec accrescit naturaliter aliquid homini. [Haimo.] Omnes enim in eadem ætate resurgent in qua Christus mortuus est et resurrexit, cujuscumque ætatis mortui fuerint. Et nomine viri comprehenduntur mulieres, cum ait *in virum perfectum.*

(55) Et quia in eadem ætate omnes resurgent qua Christus mortuus est, ideo convenienter non ait, in mensuram corporis staturæ, sed ætatis, quia unusquisque recipiet suam mensuram corporis, vel quam habuit in juventute etiam, si senex obiit, vel habuit, vel fuerat habiturus, si ante fuerat mortuus. Ætas vero erit illa ad quam pervenit ipse Christus, id est juvenis, ut circa xxx annos. Non est autem fas dicere quod in resurrectione accedat corpori magnitudo quam non habuit, nec majora corpora redigenda sunt ad modum Dominici corporis. Periret enim multum de illis corporibus cum nec periturus sit capillus, sicut Dominus ait : *Nec capillus de capite vestro peribit* (*Luc.* xxi.) (36) Nihil enim detractum quolibet modo de corpore humano periturum est, ita enim modificabitur illa in unoquoque corpore materies, ut aliquid ex ea non pereat, et quod alicui defuerit, ille suppleat qui de nihilo fecit quod voluit ; et si quid in parte aliqua enormiter abundavit, per totum spargetur. Indecorum quippe ibi nihil erit, sed quidquid futurum erit, hoc decebit. Resurgent sanctorum igitur corpora sine ullo vitio, sine ulla deformitate neque illa terrena materies, quæ discedente anima fit cadaver, ita resurrectione reparabitur, ut ea quæ dilabuntur, quamvis ad corpus redeant unde dilapsa sunt, ad easdem quoque corporis partes ubi fuerunt, redire necesse sit. Alioquin capillis et unguibus immoderata et indecens magnitudo redderetur. Vel ita potest intelligi, virum perfectum appellat Christum cum omni corpore suo, quod non erit perfectum quousque omnes electi compleantur. Completo autem numero electorum fiet, quod hic dicitur, donec occurramus, capiti Christo in virum perfectum, id est ita quod nos omnes, scilicet, caput et membra simus unus perfectus vir cui nihil desit, et nihil plus addendum sit. Ideo perfectus, quia tunc proficiemus in mensuram *ætatis* plenitudinis Christi, id est quia erit mensura et meta ætatis : meta, ut nihil prius addatur numero vel viribus ; mensura, quia tunc erit plenius Christus omnes habens quomodo per singulos omnes scit, et omnes in eo erunt immortales, et beati cum eo, et tunc non erit necessaria prælatio. Sed usque ad illud tempus hos prædictos ministros dedit : ad hoc utique, *ut jam*, sicut olim, *non simus parvuli* sensu et fluctuantes, id est titubantes vestra debilitate, *et non circumferamur*, alio urgente *omni vento doctrinæ*, id est prava doctrina. Doctrina pravorum est quasi ventus et tempestas. [Ambrosius] Doctrinæ dico, factæ *in nequitia hominum*, pro qua creati sunt. Et factæ *in astutia*, id est per homines malignos in se, et ad supplicum deceptionem astutos, quorum doctrina fit *ad circumventionem erroris*, ut sub prætextu veritatis magis decipiat trahens ad errorem.

VERS. 15-22. — « Veritatem autem facientes in
« charitate crescamus in illo per omnia qui est ca-
« put Christus, ex quo totum corpus compactum
« et connexum per omnem juncturam subministra-
« tionis secundum operationem in mensuram
« uniuscujusque membri augmentum corporis fa-
« cit, in ædificationem sui in charitate. Hoc igitur
« dico et testificor in Domino, ut jam non ambule-
« tis sicut et gentes ambulant in vanitate sensus
« sui, tenebris obscuratum habentes intellectum,
« alienati a vita Dei per ignorantiam quæ est in illis
« propter cæcitatem cordis ipsorum, qui desperan-
« tes semetipsos tradiderunt impudicitiæ in opera-
« tionem immunditiæ omnis, in avaritiam. Vos au-
« tem non ita didicistis Christum, si tamen illum
« audistis, et in ipso edocti estis sicut est veritas in
« Jesu. Deponite vos secundum pristinam conversa-
« tionem veterem hominem qui corrumpitur se-
« cundum desideria erroris. »

Veritatem autem. Quasi dicat : Non tales simus, sed potius *facientes* actu, *veritatem*, id est bona secundum doctrinam et hoc *in charitate*, id est non

---

(35) August., De civit. Dei.

(36) Id., in Enchir.

ficto, vel ex timore, *crescamus*, assertione fidei, per omnia, id est in omni spirituali dono. Et hoc *in illo*, id est illo operante, *qui est caput* nostrum, id est nobis prævidens, et Christus, id est regere potens. Christus enim dicitur *unctus*, et in veteri testamento reges ungebantur. Dico, in illo, et bene, *ex quo*, id est per quem, *totum corpus*, id est Ecclesia, est *compactum*, per fidem, et *connexum*, vinculo charitatis. Unde subdit: *Per omnem juncturam.* Quasi dicat: Compactum est et connexum. Et hoc *per omnem juncturam subministrationis*, id est per fidem et charitatem quæ conjungant et faciant sibi invicem membra ministrare. Subministrationis dico, exhibitæ, non solum voluntate, sed etiam *secundum operationem factæ, in*, id est juxta, *mensuram uniuscujusque membri*, scilicet quod unum quodque membrum potest operari per gratiam sibi datam. Et vere, per Christum corpus est compactum et connexum, quia ipse *facit augmentum corporis*, id est augmentat illos qui jam sunt corpus. Ipse dico, tantum Dominus *in ædificationem sui*, quia illos qui non sunt corpus, ædificat in suam civitatem vel societatem, et hoc totum facit *in charitate*, id est ex dilectione. Quo peracto erit mensura ætatis. *Hoc.* Hic admonet Ephesios ut caveant sibi a consuetudine antiquæ gentilitatis. Quasi dicat: Quia Deus tot auxilia dedit ad custodiem unitatis, et quia crescere potestis et ei occurretis, *ergo dico*, non obsecro, ut superius, sed dico, *et testificor in Domino*, id est præcipio sub testimonio Domini, hoc scilicet *ut jam*, scilicet a tempore fidei, *non ambuletis*, id est vivatis, *sicut gentes ambulant*, quæ scilicet ambulant *in vanitate sensus sui*, quia transitoria amant: quæ sensualitas suggerit.

Habentes intellectum naturalem *obscuratum* a *tenebris*, id est non parum obscurum. Et ideo minus mirum est si in vanitate ambulant, quam de vobis qui estis illuminati, et spiritum vitæ habetis. (37) Omnis qui intelligit quædam luce interiore, illustratur. Est ergo quædam lux intus, quam non habent qui non intelligunt. Gentiles, dico, *alienati a fide Dei*, id est sine spe immortalitatis. Vel a vita Dei, id est et a Deo qui est animæ vita, quia Deus deserit eos. (38) Duæ quippe sunt vitæ, una corporis, altera animæ: et sicut vita corporis est anima, sic animæ vita est Deus; et quomodo si anima deserat, moritur corpus; sic anima moritur si deserat Deus. Anima recedens a luce justitiæ quanto magis quærit quid inveniat contra justitiam, tanto plus repellitur a lumine veritatis, et in tenebrosa demergitur. [Ambrosius] Alienati dico, *per ignorantiam*, id est quia ignorant vitam Dei *quæ ignorantia est permanens in illis, propter cæcitatem* vel duritiam *cordis ipsorum*, quia prædicationi oculos cordis clauserunt, qui etiam pro sua turpitudine desperantes de futura vita. Vel, *indolorii*, alia littera quæ ex Græco trahitur, id est ex peccato non dolentes se-

metipsos tradiderunt per voluntatem, ad malitiam liberam, *impudicitiæ*, id est fornicationi. Et deinde *tradiderunt se in operationem immunditiæ omnis*, ut nihil omnino quod immundum sit, prætermiserunt. [Hieronymus.] Et hoc in avaritia, id est vehementi et insatiabili desiderio, quia nunquam luxuriando, satiantur, quorum voluptas termino caret, ut etiam ultra concessos nuptiarum fines turpitudinem operentur, Vel, sicut alii dicunt, et *avaritiæ*, vel *in avaritia*, et accipitur per se de alio vitio, ut sit sensus: Tradiderunt semetipsos in operationem omnis immunditiæ, **172** et tradiderunt se avaritiæ. Vel ita: Ipsi dico degentes in avaritia, *vos autem*. Quasi dicat: Gentes ita ambulant, *vos autem non didicistis Christum ita esse imitandum*: sed *tamen illud audistis*, id est ejus prædicationem intellexistis, vel cum interius loquentem audistis, *et in illo docti estis*, id est si illum ita audistis quod in illo veritatem edocti esti vel sitis, *sicut veritas est in Jesu*. [Ambrosius] Hoc ideo dicit, quia sunt quidam in Ecclesia qui sub nomine Christi non sequuntur veritatem Christi quam docuit, scilicet hanc *deponere*, id est ut deponatis *vos*, etc. Vel secundum aliam litteram. Quasi dicat: Hæc est veritas quam docuit ut deponatis vos. Et ideo deponite vos, non secundum substantiam corporis vel animæ, sed *secundum pristinam conversationem*, scilicet deponite *veterem hominem qui corrumpitur*, et si delectetur. Corrumpitur, dico, *secundum desideria*, non solum secundum opera. Et ideo deponite etiam desideria quæ sunt *erroris*, id est ab errore veniunt, vel ad errorem ducunt. Nonnulli putant quod vetus homo corpus sit, et novus anima. Sed corpus, exterior homo est: anima, interior, et interiori agitur hæc novitas et vetustas. Cum ergo dicit, deponite vos, etc., non hoc jubet ut corpus deponatur, sed ut vita in melius commutetur. Homo itaque si vitia pristina sequitur, vetus dicitur: si autem in novitate vitæ ambulat alienus a sæculi errore, novus dicitur: eo igitur qui corrumpitur, veterascit. Ideo ait, deponite veterem hominem, id est vetustatem, quia hoc interior fit vetus et corrumpitur. Unde addit, quia et si delectetur, tamen corrumpitur secundum interiorem, per desideria erroris, hæc est vetustas. Hanc igitur vetustatem quatenus vobis datur deponito.

Vers. 23-27: — « Renovamini autem spiritu « mentis vestræ, et induite novum hominem qui se- « cundum Deum creatus est in justitia et sanctitate « veritatis. Propter quod deponentes mendacium, « loquimini veritatem unusquisque cum proximo « suo, quoniam sumus invicem membra. Irascimini « et nolite peccare. Sol non occidat super iracun- « diam vestram. Nolite locum dare diabolo. »

Renovamini autem quotidie *spiritu mentis vestræ*, [Haimo.] id est per Spiritum sanctum qui ducit ad rationem. Vel, per spiritum, id est mente vestra,

---

(37) Aug., in psalmo LXI.

(38) Id., in lib. Sentent.

id est in mente spirituali. Vel, per spiritum mentis vestræ, id est spiritu qui est mens, vel ratio, vel intelligentia, vel si quo alio vocabulo commodius appellatur. (39) Imago Dei est qua præest homo cæteris animalibus, quæ creata in agnitione Dei, postquam peccato desipuit in eadem renovatur, ut incipiat illa imago ab illo reformari, a quo formata est. (30) Non enim reformare seipsam potest, sicut potuit deformare : quæ in ipsa agnitione Dei creata est antequam delicto veterasceret, sed post lapsum peccati in eadem reformatur. (41)Satis ergo ostenditur ubi homo sit creatus ad imaginem Dei, scilicet non in corporis lineamentis, sed forma quadam intelligibili mentis illuminatæ. (42) Cum ergo dicit, spiritu mentis vestræ, non ibi duas res intelligi voluit, quasi aliud sit mens, aliud spiritus mentis, sed quia mens spiritus est. Simile dictum est in exspoliatione corporis carnis, id est carnis quæ corpus est. *Et induite opere novum hominem.* [Haimo.] id est assumite similitudinem novi hominis, id est Christi, de quo alibi : *Induimini Jesum Christum* (*Rom.*, XIII). [Ambrosius] Quo vere induitur quicunque mentis informatione ei conformatur. Christo enim induitur qui per fidem in Christo renascitur, vitæ æmulus quam tradidit Christus. *Qui*, novus homo, scilicet Christus, *est creatus secundum Deum*, id est non humana natura, sed Dei potentia.[Haimo.] Conceptus enim in utero virginali opere Spiritus sancti de semine mulieris, sine semine viri. Hoc novum fuit. Unde Jeremias : *Novum faciet Dominus super terram. Mulier circuindabit virum* gremio uteri sui (*Jer.*, XXXI). Creatus est, dico, *in justitia*, scilicet in communi operatione *et sanctitate* perfecta, *veritatis*, ut hypocrisis, sed quia justus est, communiter omnibus bona præstanda. Et vere sanctus ut sit etiam ipsa sanctitas, sicut justitia et veritas. Vel ita, qui secundum *Deum*, quasi dicat : Renovamini spiritu, qui spiritus creatus est secundum Deum, id est ad imaginem Dei, in justitia scilicet, et veritatis ; sed peccando justitiam et sanctitatem veritatis amisit. *Propter quod* hæc imago deformis et decolor facta est, sed formam recipit cum formatur et renovatur. Propter quod, exsequitur per partes veteris et novi hominis. [Augustinus] Propter quod, quia scilicet vetus homo deponendus et novus induendus, vos *deponentes mendacium*, quod est pars vetustatis, *loquimini veritatem*, quæ est pars novitatis, *unusquisque cum proximo suo*, id est cum quovis homine, etiam cum gentili vel Judæo ; quia omnis homo proximus conditione primæ nativitatis, vel spe conversionis omnis homo antequam sit Christianus debet putari proximus. Si enim nosti qualis sit futurus apud Deum, forte qui modo Judæus est, vel paganus, vel hæreticus, per misericordiam Dei ita convertetur ad Deum, ut inter sanctos recumbat. *Quoniam sumus*, etc. Quasi dicat : Decet loqui veritatem, quoniam sumus membra, alter alterius *invicem*, subserviendo. Deinde multas veteris hominis a quibus dehortatur, et econtrario multas novi ad quas hortatur, partes enumerat, dicens : *Irascimini et nolite peccare.* Quasi dicat : Invitus tolero quod vitari non potest, scilicet de ira ne veniatis ad actum peccandi. Si ergo surgit motus animi qui jam propter pœnam peccati non est in potestate nostra, saltem ei non consentiat ratio. Permittit quidem Apostolus irasci quod est humana tentatio, sed prohibet iram ad effectum deducere. [Haimo.] Vel ita, irascimini, contra peccantes, quod est naturalis motus animi qui solet ad profectum pertinere delinquentium. Ideo irascendum esse dicit, ostendens hanc iram esse bonam, sed monet ne modum excedendo peccent, subdens : *Nolite peccare*, asperius arguendo et onerando peccantem. Unde Salomon : *Noli nimis justus esse, quia est qui perit in justitia sua* (*Eccle.* VII). Temperanda est ergo justitia ut imitemur Deum qui suffert iniquos, ut aliqui ex eis corrigantur. Et *sol non occidat super iracundiam vestram*, id est ipsa ira non duret ad occasum solis. Intelligitur quidem simpliciter et secundum tempus, quia si ex ipsa infirmitate quam portamus subrepit ira Christiano, non debet diu teneri et fieri pridiana : ejicienda est de corde antequam occidat lux ista invisibilis. [Ambrosius] Vult ergo Apostolus ut ira non duret, quia si durat, datur occasio diabolo. Iratus enim male cogitat, et sic diabolus se inserit ut mala peragat. Unde subdit : *Nolite locum.* Vel ita melius, sol, id est splendor rationis ; vel, Christus, non occidat super iracundiam vestram, id est non per iram, quasi per montem interpositum obscuretur vobis. Noster sol justitiæ et veritatis Christus est, cujus veritate anima illustratur cum in homine habitat per fidem. Ideo ait, sol non occidat super iracundiam vestram, id est cavete ne Christus, qui est sol justitiæ, per iracundiam mentem vestram deserat, qui cum ira nunquam habitat. Et si quis etiam vos irritat, quod est tentatio diaboli, *nolite locum dare diabolo*, perseverando in ira. [Augustinus] Vel ita, ut et de bona ira intelligatur. Irascimini vobismetipsis de præteritis peccatis quod est pœnitentiæ, et nolite peccare, id est ulterius peccare desinite. Quasi dicat : Volo vos irasci ut non peccetis. Ut autem non peccetis quibus habetis irasci, nisi vobis ? Quid est enim homo pœnitens, nisi homo sibi ut accipiat veniam, de seipso exigit pœnam ? Et est sensus : Irascimini et nolite peccare, id est indignamini vobisipsis tanta vehementia ut peccare desistatis, quia super hanc iram non occidit sol justitiæ, sed potius illi irradiat. Unde subdit : Sol non occidat super iracundiam vestram, id est sol non occidet super iracundiam vestram, et nolite locum, etiam intrandi ad vos, dare diabolo, per malam cupiditatem, vel timorem. (43) Duæ

(39) Aug. super Genesim.
(40) Id., De civit. Dei.
(41) Id., super Genesim.

(42) Id., De Trinit,
(43) Aug., in psalmo CLXI,

enim sunt portæ per quas diabolus intrat, scilicet cupiditas et timor. Si cupis aliquid terrenum, hac intrat diabolus; si times aliquid terrenum, et hac intrat: eisdem in contrario versis, Deus intrat. Si enim cupis regnum cœlorum, et times ignem gehennæ, aperis valvas Christo, et intrat Christus. Illi ergo sunt claudendæ, isti aperiendæ.

VERS. 28-32. — «Qui furabatur jam non furetur, « magis autem laboret operando manibus suis quod « bonum est, ut habeat unde tribuat necessitatem « patienti. Omnis sermo malus ex ore vestro non « procedat, sed si quis bonus ad ædificationem fi-« dei, ut det gratiam audientibus. Et nolite contri-« stare Spiritum sanctum Dei, in quo signati estis « in die redemptionis. Omnis amaritudo, et ira, et « indignatio, et clamor, et blasphemia tollatur a vo-« bis, cum omni malitia. Estote autem invicem « benigni, misericordes, donantes invicem, sicut et « Deus in Christo donavit vobis. »

Qui furabatur, quod item pars est veteris hominis, *jam non furetur*, id est non aliquo dolo quid auferat: *magis autem* laboret unusquisque *operando*, non solum per servos, sed etiam *manibus suis*. Operando dico, non prava opera lucri, sed *quod bonum est, ut habeat*, non tantum unde juvet, sed etiam *unde tribuat necessitatem patienti*. *Omnis sermo malus non procedat de ore vestro*, etsi fuerit corde conceptus. In Dei namque servo omnia bona debent videri, nec ex aliqua parte puritas ejus debet maculari. *Sed si quis*. Quasi dicat: Malus sermo non debet procedere de ore, sed nec etiam sermo bonus inutiliter dicendus est, et hoc est quod ait, *sed si quis sermo bonus* est valens *ad ædificationem fidei*, ita optime et circumscripte procedat *ut det gratiam*, id est ut sit gratus *audientibus*. *Et nolite contristare* per inobedientiam *Spiritum sanctum Dei*, id est prædicatorem veritatis, quod est Spiritum sanctum contristare, quantum ad vos. (44) Nam Spiritus sancti substantia qua est quidquid ipse est, non potest contristari cum ipsa sit æterna et incommutabilis beatitudo; sed quodam locutionis *TRS* tropo usus est Apostolus, quo ea quæ non accidunt Deo tanquam illi accidant, loquimur, figurantes eum facere ut nobis accidant. Non ergo tenendum est aliquid tale accidere Spiritui sancto, qui in se immutabilis est, sed in sanctis habitat, ut eos impleat charitate, qua facit eos gaudere de profectibus aliorum, et contristari de lapsibus vel peccatis eorum; de quorum fide et pietate gaudebant: quæ tristitia laudabilis, quia venit ex charitate, quam infundit Spiritus sanctus. Et ideo dicitur contristari, quia hoc facit in suis, cujus dono tam boni sunt ut eos mœstificent mali, et hi maxime quos bonos fuisse vel noverunt, vel crediderunt. Hoc locutionis modo dicitur Deus scire, quando nos scire facit, et quiescere ab operibus, quæ valde fecerat bona, quia nos facit requiescere cum bona feceri-

mus. Vel ita, nolite contristare Spiritum sanctum Dei, id est a vobis per mala opera fugare: Cum bene agimus gaudet in nobis Spiritus sanctus, datus nobis, videns monita sua proficere utilitatibus nostris. Gaudet ergo, id est habitator manet in nobis, si de eo proficimus. Aliter tristatur, id est deserit nos. Non enim sic tristatur ut patiatur, cum impassibilis sit, sed tristari dicitur, quia a nobis recedit. Sicut contristatur homo cum de propria domo expellitur quam sibi ædificavit, ita Spiritus sanctus contristari dicitur cum de homine quem sibi mundavit in baptismo, per prava opera ejicitur, *in quo*. Quasi dicat: Nolite contristare Spiritum sanctum, quod non debetis, quia ipse est *in quo*, id est cujus gratia vos, *estis signati*, quasi dicat: Cera in sigillo ejus imagine vobis relicta, id est forma novitatis impressa vobis. [Haimo, Ambrosius] Vel, estis signati. id est discreti a malis. Et hoc in *die redemptionis*, id est baptismi. (45) *Omnis* etiam *amaritudo*, in dictis vel in factis mordacibus, *et ira*, id est subitus furor, *et indignatio*, quæ est si minor sublimatur: hæc de ira venit, *et clamor*, id est contentio, quæ venit de indignatione, et est vox quasi insani: *et blasphemia*, quæ fit in Deum vel in sanctos: blasphemia est per quam de Deo falsa dicuntur. Hæc, inquam, omnia *tollantur a vobis*, quia perniciem possunt præstare, nisi amoveantur. Hæc etiam, si fiant accidentibus causis, tamen temperanda sunt. Et quia illis pressis poterat malum in corde retineri, addit, tollantur *cum omni malitia cordis*. *Estote*. Item partem novi hominis hic ostendit. Quasi dicat: Illa tollantur a vobis, *estote invicem benigni*, id est largi de facultatibus vestris, *et misericordes*, affectu et compassione mentis. Etsi non est quod detur, *et donantes invicem*, in vos commissa, scilicet si alter in alterum peccet condonate, alioquin Deus repetit remissa. Si enim in his contemptus fuerit, sine dubio revocabit sententiam, per quam misericordiam dederat, sicut in Evangelio de nequam servo legitur, qui in conservum suum impius deprehensus est.

CAPUT V.

VERS. 1-6. — « Estote ergo imitatores Dei sicut « filii charissimi, et ambulate in dilectione sicut et « Christus, dilexit nos, et tradidit semetipsum pro « nobis oblationem et hostiam Deo in odorem sua-« vitatis. Fornicatio autem et omnis immunditia aut « avaritia nec nominetur in vobis, sicut decet san-« ctos, aut turpitudo, aut stultiloquium, aut scur-« rilitas quæ ad rem non pertinet, sed magis gra-« tiarum actio. Hoc enim scitote intelligentes, quod « omnis fornicator, aut immundus, aut avarus, quod « est idolorum servitus, non habet hæreditatem in « regno Christi et Dei. Nemo vos seducat inanibus « verbis; propter hæc enim venit ira Dei in filios « diffidentiæ.

Estote ergo, donantes invicem dico, sicut et Deus

---

(44) Aug., super Genesim.

(45) Aug., in lib. contra mendacium.

in Christo, id est per Christum, donavit : nobis et quia donavit, estote igitur *imitatores Dei*, invicem vobis donando. Et tunc eritis *sicut filii charissimi*. Et non solum condonate, sed etiam *ambulate*, operum exhibitione, *in dilectione*, ponentes animas pro fratribus, si opus est. Et hoc ita sincere, *sicut Christus dilexit nos, et tradidit semetipsum pro nobis oblationem Deo*, dum injuriatus est sputis, colaphis et hujusmodi ; *et hostiam*, dum occisus est in cruce. Et illa hostia non figuraliter sicut legalia sacrificia, sed vere est *Deo in odorem suavitatis*. Verbo legis alludit, quia hic est de quo dicebatur in lege. Non enim propter se illæ hostiæ dicebantur offerri in odorem suavitatis, sed quia illum significabant, qui vere offertur in odorem suavitatis, quia pro justitia est occisus quam exsequebatur, et usque ad mortem conservavit. [Ambrosius] Sed si mors Christi Deo fuit odor suavis, ergo mortem ejus libenter accepit. Sed non est ita, quia injuste justum occiderunt, qui in Patris et sua voluntate occisus oblatus est, (46) sicut et Judas quid habet nisi peccatum in tradendo Christum ? nisi tamen se traderet Christus, nec eum traderet Judas. Tradidit Judas Christum, tradidit se Christus, sed ille agebat negotium suæ venditionis, iste nostræ redemptionis. Ideo ille impie deliquit, hic misericorditer egit. *Fornicatio autem*, quæ est cum liberis a viro, *et omnis immunditia*, scilicet incontinentia pertinens ad libidinem quocunque modo fiat, *aut avaritia*, id est immoderata cupiditas habendi, *nec nominetur in vobis*, id est nec etiam suspicio sit de vobis probabilis, *sicut decet sanctos, aut turpitudo*, ut in osculis et in amplexibus, *aut stultiloquium*, ut plana verba, *aut scurrilitas*, quæ a stultis curialitas dicitur, id est jocularitas quæ solet risum movere, *quæ ad rem*, id est ad utilitatem, *non pertinet*, quamvis magno labore agatur. *Sed magis* nominetur in vobis *actio gratiarum*. Nec debent illa nominari. Hoc enim scitote mentis ratione, et etiam *intelligentes* quod Scripturæ inde dicuntur, *quod omnis fornicator, aut immundus, aut avarus non habet hæreditatem in regno Christi et Dei*, id est in regno cœlorum quod est Patris et Filii. Sed attende quod dicens, *avarus*, adjunxit, *quod est idolorum servitus*, æquans avaritiam idolatriæ, quia illum avarum significat, cujus Deus nummus. Vel ideo avaritia æquata est idololatriæ, quia sicut idololatra Dei honorificentiam usurpat et sibi vindicat, ita avarus res Dei quas vult servari indigentibus, usurpat sibi et recondit. Vel avarus hic accipitur adulter qui sibi res alienas usurpat, id est alienam uxorem. *Nemo*, quasi dicat : Dico quod tales non habebunt regnum Dei, et contra hoc quod doceo, nemo vos seducat. promittens impunitatem ex misericordia Dei, vel prædicans naturalia *Seducat* dico *inanibus verbis*, omnes eorum rationes sunt inania verba. [Haimo.] *Propter hoc*, vel propter hæc, scilicet fornicationem et alia prædicta vitia, *venit ira Dei in filios diffidentiæ*, id est diaboli de quibus diffidimus. Vel quia diffiditur de vita æterna.

Vers. 7-17. — « Nolite ergo effici participes eo-
« rum. Eratis enim aliquando tenebræ, nunc autem
« lux in Domino. Ut filii lucis ambulate. Fructus
« enim lucis est in omni bonitate et justitia et ve-
« ritate, probantes quod sit beneplacitum Deo. Et
« nolite communicare operibus infructuosis tene-
« brarum, magis autem redarguite. Quæ enim in
« occulto fiunt ab ipsis, turpe est et dicere. Omnia
« autem quæ arguuntur, a lumine manifestantur.
« Omne enim quod manifestatur lumen est. Propter
« quod dicit : Surge, qui dormis, et exsurge a mor-
« tuis, et illuminabit te Christus. Videte itaque fra-
« tres quod caute ambuletis, non quasi insipientes,
« sed ut sapientes, redimentes tempus, quoniam
« dies mali sunt. Propterea nolite fieri imprudentes,
« sed intelligentes quæ sit voluntas Dei. »

Nolite ergo effici participes, id est similes eorum, scilicet imitando opera illorum, quia si fueritis socii in opere, eritis et in pœna. Nec debetis esse. *Eratis enim aliquando tenebræ*, id est per ignorantiam peccantes, et filii diaboli, principis tenebrarum, et ideo non mirum, si tunc in nobis hæc mala erant. *Nunc autem estis lux*, id est ex discretione bene operantes et justificati per fidem et baptismum. Et filii Dei, per adoptionem, qui est lux vera. Et hoc, *in Domino*, in vobis. Tenebræ quidem fuistis in vobis, lux autem estis in Domino, *qui illuminat omnem hominem venientem in hunc mundum* (Joan. 1). Ideo non addidit in Domino, cum ait fuistis tenebræ, sed cum ait, nunc autem lux et quia lux estis in Domino, ideo *ambulate* bono operum gressu, *ut filii lucis*, id est vivite ut filii Dei, scilicet sancte et immaculate. Hic enim fructus lucis est, id est hæc sunt opera lucis, scilicet vivere, *in omni bonitate*, ut boni in vobis sitis *et justitia*, ut proximis quod justum est faciatis, *et veritate*, ut vera loquamini. Vel bonitatem per partes exponit. Justitia enim et veritas sunt partes bonitatis. Et est sensus, in omni bonitate, et per idem, justitia et veritate, scilicet juste vivatis et vera loquamini, *probantes*, quasi dicat : Ambulate dico, prius probantes, et ratione discernentes *quod* vel quid *sit beneplacitum Deo*. Quasi dicat : Omnia opera vestra ita sint circumspecta, ut beneplaceant Deo. *Nolite*, quasi dicat : Ut filii lucis ambulate. *Et nolite communicare operibus infructuosis tenebrarum* scilicet malorum hominum, id est a malis corde semper disjungamini. (47) Ad tempus cavete, copulamini corpore, tolerate paleam in tritura, tolerate in area : quod enim toleretis in horreo non habebitis, veniet ventilator qui dividet bonos a malis, eritque corporalis separatio, quam debet spiritualis præcedere. Ideo ait, nolite communicare operibus infructuosis, id est malis ut cum bonis sit pars malorum. *Magis autem redarguite*, id est non sitis

(46) Aug., super Joannem.

(47) August., De verb. Apost.

negligentes in corrigendis vestris, ad curam scilicet vestram, quoquomodo pertinentibus, tamen leni animo, ut ait alibi Apostolus, hoc agite ut foris terribiliter personet interpretatio, et intus lenitatis teneatur dilectio. Attende quod duo conjungit, ut scilicet non communicent consentiendo, et redarguant. (48) His enim duobus modis non te maculat malus, scilicet si non consenseris et redarguis, utrumque complexus apostolus dicit: Nolite communicare, id est nolite consentire, laudare et approbare, et quia **174** parum est non consentire, addit, magis autem redarguite, id est reprehendite, corripite, coercete. [Ambrosius] Et est sensus : Non sitis consentientes malis approbando, neque negligentes non arguendo, neque superbientes insultanter arrogando. *Quæ autem*, vel *enim*. Quasi dicat : Dico non communicate, neque debetis, autem, id est, quia turpe est non solum facere, sed etiam dicere, *quæ ab eis fiunt in occulto* loco, id est non palam, sed occulte, et in hoc apparet quod turpia sunt. Vel, in occulto, id est in cogitatione. *Omnia autem*, vel *enim*, quasi dicat : Turpe est dicere quæ faciunt, sed tamen redarguenda sunt, quia sic manifestantur sæpe per confessionem, et hoc est, *omnia autem qui arguuntur a lumine*, id est a bonis et sanctis hominibus qui sunt filii lucis, sæpe *manifestantur* per confessionem et pœnitentiam, et ideo redarguendum est. *Omne enim malum quod sic manifestatur*, id est per confessionem et pœnitentiam, *lumen est*, id est in lumen vertitur, quia bonum est ut peccatum per confessionem et pœnitentiam manifestetur. [Haimo.] Vel, lumen est, id est non est ambiguum, nec potest excusari quod palam dictum est. Vel ita : Omnia enim, quasi dicat: Ideo arguite, omnia enim quæ arguuntur a sanctis, id est illi mali cum arguuntur a sanctis, manifestantur, sibiipsis qui mali sunt. [Ambrosius] Tunc enim videntur sibi et aliis peccatores cum objurgantur, et ideo arguendi sunt, quia sic incipiunt esse lumen. Unde subdit : omne autem vel enim, quod manifestatur, id est malus, cum sibi innotescat esse malus, lumen est, id est per pœnitentiam incipit converti ab bonum. [Haimo, Augustinus] *Propter quod*, scilicet quia sit lumen, dicit Spiritus sanctus per me: O tu, *qui dormis*, id est qui torpes in peccato jacendo, et nescis te esse in peccatis oblitus Dei, *surge*, per confessionem, *et exsurge*, per satisfactionem *a mortuis*, id est a futura damnatione, *et illuminabit te*, hic per fidem et spem, et in futuro per speciem, Christus, qui est sol justitiæ. Et quia prodest redarguere,
Videte itaque, fratres, quomodo, id est quodam moderamine, *caute ambuletis*, vivendo et redarguendo, *non quasi insipientes*, id est indiscreti, *sed ut sapientes*, scilicet omnibus providentes. Vos dico *redimentes tempus*, id est præparantes vobis opportunitatem serviendi Deo et vacandi divinis : quod necesse est, *quia dies mali sunt*, id est hodie sunt mali homines. (49) Dies mali dicuntur pro duabus rebus, scilicet pro malitia et miseria hominum Cæterum dies isti, quantum pertinet ad spatia horarum ordinati sunt. Ducunt enim vices, agunt tempora. Oritur enim sol et occidit, transeunt tempora, cui molesta sunt tempora si homines sibi non sunt molestiæ. Dies ergo dicuntur mali, ut dixi, propter malitiam hominum et miseriam ; sed miseria hominis communis est, non debet malitia esse communis. Ex quo enim lapsus Adam de paradiso expulsus, nunquam dies nisi mali : quod ostendit puer qui nascitur, quia a ploratu incipit, nec ridere potest : statim natus plorat, propheta scilicet suæ calamitatis : lacrymæ enim testes sunt miseriæ; nondum loquitur, et jam prophetizat. Quid? in labore se futurum, vel timere etiam, si justus fuerit, in mediis certe tribulationibus positus semper timebit. Redimamus ergo tempus. Quid est tempus redimere ? Redimit ille tempus qui perdit, id est dat de suo ut vacet Deo non litibus, quasi det nummum pro vitio. Das enim nummum et emis panem vel vinum, vel aliquid aliud ; das et accipis, aliquid amittis et aliquid acquiris. Sicut ergo perdis nummos ut emas tibi aliquid ; sic perdas de tuo, ut emas tibi quietem, hoc est tempus redimere. Unde Dominus ait: *Si quis vult judicio tecum contendere, et tunicam tollere, dimitte ei et pallium*, ut habeas quietum cor, ne perdas tempus vacandi Deo tuo, a quo vult te avocare damno et litibus. Vel ita sitis redimentes tempus, id est quod minus fecisti in uno tempore, restituite in alio, dimidiantes dies quos impii non dimidiant. Alia enim dimidiant, alii implent dies, alii nec incipiunt, id est alii moriuntur in Ægypto, alii in terra sancta, nec mirum si minus fecistis, *quoniam dies mali sunt*, id est, in hac vita multa occurrunt impedimenta, nec possunt agi pro libito. *Propterea*, scilicet, quia mali sunt dies, *nolite fieri imprudentes*, id est considerantes, *sed potius estote, intelligentes quæ sit voluntas Dei*, id est quod Deo placeat. Quærite cui placet, ut omnia provide et cum modestia agantur, nihil pertubate et cum strepitu. Et vos qui huic prudentiæ operam datis,

VERS. 18-28. — « Et nolite inebriari vino, in quo
« est luxuria, sed implemini Spiritu sancto, loquen-
« tes vobismetipsis in psalmis, hymnis et canticis
« spiritalibus, cantantes et psallentes in cordibus
« vestris Domino, gratias agentes semper pro om-
« nibus in nomine Domini nostri Jesu Christi Deo
« et Patri. Subjecti invicem in timore Christi. Mu-
« lieres viris suis subditæ sint sicut Domino, quo-
« niam vir caput est mulieris, sicut Christus caput
« est Ecclesiæ, ipse salvator corporis ejus. Sed sic-
« ut Ecclesia subjecta est Christo, et mulieres vi-
« ris suis in omnibus. Viri, diligite uxores vestras
« sicut et Christus dilexit Ecclesiam, et seipsum
« tradidit pro ea, ut illam sanctificaret, mundans
« eam lavacro aquæ in verbo vitæ, ut exhiberet

---

(48) August., de verb. Evang.

(49) August., in serm. de verb. Evangelii.

« ipse sibi gloriosam Ecclesiam non habentem ma- « culam aut rugam aut aliquid hujusmodi; sed ut « sit sancta etimmaculata. Ita et viri debent diligere « uxores suas, ut corpora sua. Qui suam uxorem « diligit, seipsum diligit. »

Nolite inebriari vino. Nihil enim est quo minus conveniat alios arguendi quam inebriari vino, [Ambrosius.] *in quo est luxuria,* id est ex quo procedit malus motus, unde tollitur auctoritas arguendi, Sobrii enim possunt habere fiduciam arguendi, quia bona conversatio terrorem incutit delinquenti. Ideo temperandum est a vino in quo est luxuria, et ebrietas cavenda, quia venter æstuans vino cito despumat in libidinem. [Hierony.] *Sed implemini Spiritu sancto,* id est donis Spiritus sancti, loquentes- Quasi dicat: Hoc modo poteritis impleri Spiritu sancto, si vos estis loquentes *vobismetipsis,* id est si vos intelligitis, et si vos intus instruitis de his quæ dicitis, *in psalmis,* qui ad bonam operationem commonent, *et hymnis,* quæ de Dei laudibus dicunt, *et canticis spiritualibus,* quæ de æterno gaudio sunt. Et ideo spiritualiter intelligenda sunt, quia spiritualia sunt quæ docent, et implenda sunt opere. Unde subdit: *Cantantes.* Quasi dicat: Debetis loqui vobis, id est instruere vos de his. Et post locutionem horum, estote ipso actu, *cantantes,* id est Deum laudantes, et de æternis exsultantes, sicut hymnus et canticum docent, *et psallentes,* bono opere, ut psalmus docet: et hoc, *in cordibus vestris,* id est spontanea voluntate. Et hoc totum facite Domino, id est ad honorem Domini. [Ambrosius.] Et estote *gratias semper agentes pro omnibus* donis, vel pro omnibus, scilicet prosperis et adversis *Deo et Patris* id est Deo, quia Deus creando, et quia Pater est Christi natura, nobis adoptionis gratia: et hoc, exsultando *in nomine Domini nostri Jesu Christi,* per quem nos adoptavit, id est filius ejus proprius, per quem cognovimus eum. [Haimo.] Et estote *subjecti invicem,* non solum auditores prælatis, sed etiam prælati subditis, in charitate eis serviendo, et humiliter curam gerendo; nam et si dignitas major, administratoria tamen est. Unde Apostolus: *Omnium me servum feci (1 Cor.* IX). Est ergo majorum salva tamen dignitate servire, sicut minorum est obedire. Hæc autem tam minorum quam majorum ordinata subjectio debet esse in casto *timore Christi,* qui humilitatem mandavit. *Mulieres.* [Ambrosius.] Hucusque communiter de omnibus egit, nunc singulis ordinibus suadet. Quasi dicat: Hucusque communiter monui, et præter communia specialiter dico, ut *mulieres viris suis sint subditæ, sicut Domino,* id est ea simplicitate qua Domino subjectæ sunt, sicut Sara subdita erat viro, quæ dominum vocabat Abraham. Et bene utique debent esse subjectæ, *quoniam vir caput mulieris,* id est rector et auctor, a quo mulier sumpsit initium, *sicut Christus caput Ecclesiæ,* qui est rector et auctor Ecclesiæ: quod plus est, *ipse* Christus etiam *est salvator corporis ejus* Christi, id est Ecclesiæ, quod non est

vir mulieris. *Sed ut,* quasi dicat: Christus est Salvator Ecclesiæ. quod non vir est mulieris: *Sed tamen ut Ecclesia subjecta est Christo, ita et mulieres* subjectæ sint *viris suis in omnibus,* quæ non sunt contra Deum: Vos autem *viri, diligite uxores vestras,* quarum caput estis, *sicut et Christus dilexit Ecclesiam,* cujus caput est: *et* adeo dilexit, quod *tradidit semetipsum pro ea,* ita et vos pro uxoribus vestris facite, si sit opus. Tradidit dico *ut sanctificaret illam,* justitia bonæ vitæ, prius *mundans eam* a peccatis; [Haimo.] et hoc, *lavacro aquæ* sanctificatæ *in verbo vitæ* id est quo datur vita: quo accedente ad elementum, fit sacramentum, quo sanctificatus homo accipit vitam æternam. Quod utique fecit Christus *ut ipse* per hoc *exhiberet sibi* in futuro *Ecclesiam gloriosam* id est in animo et corpore, rutilantem gemina stola decoram. Ecclesiam dico *non habentem,* vel nunc vel tunc, *maculam,* id est aliquod criminale peccatum, *neque rugam,* id est peccatum mortale intus latens sicut est dolus. [Ambrosius] Duplicitas enim ruga dicitur, et est sensus: Non habens maculam neque rugam, id est mundam et simplicem. Vel, non habens maculam neque rugam, quia per actionem bonam munda est a macula, et per spem tensa ad superiora. Proinde vestis ejus in monte tanquam nix dealbata effulsit, quæ significabat Ecclesiam omni macula peccati mundatam, quæ per Christi in ligno crucis extensionem extensa est a ruga, et desiderio ad cœlestia. *Aut,* non habentem, *aliquid hujusmodi,* id est peccatum aliquod pro quo sit damnabilis. *Sed ut,* quasi dicat: Dico exhiberet sibi Ecclesiam non habentem maculam neque rugam, *sed,* potius talem, *ut sit sancta,* hic per bona opera, *et immaculata,* id est abstinentia mali. Vel de futuro. ut tunc sit sancta 175 per gloriam fruetur, et immaculata, per corruptionis remotionem. Sicut ergo Christus fudit sanguinem ut lavaret maculam Ecclesiæ, et extendit se in cruce, ut tolleret rugam, sic et viri, si opus est, debent mori pro salvandis uxoribus, et verbo vitæ eas instruere, ut exhibeant eas Deo. Item, *ita* etiam *debent viri diligere uxores suas, ut corpora sua,* id est seipsos, quia ambo una caro sunt, et mulier portio corporis viri est. Bene dixi, ut diligant uxores sicut sua corpora, quia *qui diligit uxorem suam, diligit seipsum,* quia uxor corpus viri est, et vir caput uxoris.

VERS. 29 23. — « Nemo enim unquam carnem « suam odio habuit, sed nutrit et fovet eam sicut « et Christus Ecclesiam, quia membra sumus cor« poris ejus de carne ejus et de ossibus ejus. Pro« pter hoc relinquet homo patrem et matrem suam, « et adhærebit uxori suæ, et erunt duo in carne una. « Sacramentum hoc magnum est. Ego autem dico, « in Christo et in Ecclesia. Verumtamen, et vos « singuli, unusquisque uxorem suam sicut seipsum « diligat; uxor autem timeat virum suum. »

Nemo enim. Quasi dicat: Vere debet diligere uxorem suam quia caro sua est. *Nemo enim unquam carnem suam odio habuit* quia et si sanctus macerat carnem non eam odit, sed peccatum quod in ea est. Qui ergo mavult esse sine corpore, non corpus, sed corruptiones ejus et pondus odit (50). Non itaque nullum corpus, sed incorruptum et celeberrimum corpus vult habere. Qui ergo continentia quadam et laboribus persequitur corpus suum, non id agit ut non habeat, sed subjugatum et paratum ad opera necessaria. Nemo odit carnem suam dico *sed nutrit eam*, cibo et potu, *et fovet* indumentis : [Ambrosius] ita et uxorem suam non debet vir odio habere sed fovere, quia caro ejus est, et de corpore suo facta. *Sicut.* Quasi dicat : Ita diligat et nutriat vir uxorem suam, *sicut et Christus* nutrit et diligit *Ecclesiam*, ut carnem suam. Et est sensus: Ita debet vir facere de uxore, quæ caro ejus est, quia sic Christus nutrit Ecclesiam ut carnem suam cibo corporis sui, et fovet eam spiritualibus indumentis præceptorum, virtutum, bonorum operum [Haimo, Augustinus] : et bene Christus diligit et nutrit Ecclesiam ut carnem suam, *quia corpus ejus est. et hujus corporis sumus membra omnes*, fideles et alii *de carne ejus*, id est infirmi qui indigent sustentari fortibus ut caro sustentatur ossibus, et alii : *de ossibus ejus*, id est perfecti et fortes. In cujus rei figura Adam qui erat forma futuri.cum de costa suam factam mulierem vidisset, in Genesi dixit: *Hoc os de ossibus meis*, et *caro de carne mea* (*Gen.* II). Sicut enim Eva ab Adam facta traxit ab eo carnem et ossa, ita nos a Christo instituti, alii sumus ut ossa, scilicet robusti, alii ut caro, scilicet infirmi. Et ideo ait, ex carne ejus, id est infirmi sumus a simili infirmitatis ejus quam habuit in homine. *Propter hoc* ostendendum, scilicet quantum Christus dilexit Ecclesiam, est scriptum in Genesi: *Relinquet* Christus *homo patrem*, formam servi accipiendo (51). Non enim ideo hæc dicit quia Christus deseruerit, et recesserit a Patre, sed quia non in ea forma apparuit hominibus in qua æqualis est Patri; *et matrem suam*, id est Synagogam, de qua secundum carnem natus est, *et adhærebit uxori*, id est sociabit se Ecclesiæ, *et duo*, scilicet Christus et Ecclesia *erunt in carne una*, id est una voluntate (52). Et una utique caro sunt Christus et Ecclesia, quia qui Deus erat apud Patrem, a quo et facti sumus, factus est per carnem particeps nostri, ut illius capitis corpus essemus (53). Et utique, si caput est, habet corpus; corpus ejus est sancta Ecclesia quæ conjux ejus est, cui dicit Apostolus: *Vos autem estis corpus Christi et membra* (*I Cor*, XII).

(54) Totus itaque Christus est caput et corpus tanquam integer vir, quia et femina de viro facta est, et ad virum pertinet, ita Christus ut essemus unum cum illo caput nostrum esse voluit accipiendo carnem ex nobis, in qua moreretur pro nobis (55). Dormit Adam ut fiat Eva, moritur Christus ut fiat Ecclesia. Dormiendo Adam fit Eva de latere, mortuo Christo lancea percutitur latus ut profluant sacramenta quibus formetur Ecclesia (56). Reliquit ergo, Christus Patrem, quia non in eadem dignitate apparuit hominibus in qua est apud Patrem (57). Et sciendum quia hæc primi hominis fuisse scriptura Genesis testatur. Christus vero in Evangelio Dei verba declarat esse dicens : *Num legistis, quia qui fecit ab initio masculum et feminam fecit eos. et dixit, propter hoc relinquet homo*, etc. (*Matth.* XIX). Ut scias per exstasim soporis qui præcessit in Adam, in qua angelice interfuit, ingressus in sanctuarium Dei ut intelligeret in novissima, hoc eum divinitus tanquam prophetam dicere potuisse. Et ut ostenderet quid in his verbis quæreremus, ut non conjecturis nostris aliquid ausi dicere videamur, subdit et exponit: *Sacramentum hoc magnum est*. Et ne aliquis putaret in viro esse et uxore secundum utriusque naturalis sexus copulationem, corporalemque misturam, addit : *Ego dico, in Christo et Ecclesia*. [Augustinus] Secundum hoc ergo quod in Christo et Ecclesia accipitur quod dictum est, non jam duo sed una caro sunt ; et quomodo sponsus et sponsa dicuntur, sic caput et corpus. Sive ergo dicam caput et corpus, sive sponsus et sponsa. unum intelligite (58). Fit enim ex duobus quasi una quædam persona, scilicet ex capite et corpore, ex sponso et sponsa · quam unitatem miram et excellentem commendat Isaias, in quo Christus loquens ait: *Sicut sponso alligavit mihi mitram, et sicut sponsam ornavit me ornamento* (*Isa* LXI). Hujus spiritualis unitatis sacramentum fuit illud quod in Genesi de unione conjugii, ad litteram dicitur [Haimo]. Unde et quod hic ad litteram dicitur, ad litteram potest accipi, sic, quasi dicat : Quia diligit vir uxorem suam, propter hoc, id est propter hanc dilectionem, relinquet homo patrem et matrem, et adhærebit uxori suæ. Ita ad litteram sæpe fit, et erunt duo in carne una, id est carnali commercio, scilicet quando simul miscentur carnali conjunctione. Hoc Moyses ad litteram de unione conjugii dixit quod est signum magnæ rei, scilicet signum conjunctionis Christi, et Ecclesiæ, Unde subdit, sacramentum hoc magnum est, ego dico in Christo et in Ecclesia, id est conjugalis copula signum spiritualis unitatis Christi et Ecclesiæ. *Verumtamen*. Quasi dicat : Etsi hoc non solum ad litteram dicitur, sed est signum alterius rei, *verumtamen et vos singuli*, scilicet unusquisque *vir*. secundum litteram, *diligat uxorem suam sicut seipsum* sequens moralitatem historiæ. *Uxor autem*, non solum diligat, sed etiam *timeat eirum*, id est subdita sit viro.

(50) August., De doct. Chr.
(51) Id., super Joan.
(52) Id., contra Faust.
(53) Id., in psal. CXXXVIII.
(54) Id., De verb. Evangelii.

(55) Id., super Joan.
(56) Id., contra Manich.
(57) Id., super Genesim.
(58) Id., in psalm. XXX.

CAPUT VI

VERS. 1-15. — « Filii, obedite parentibus vestris
« in Domino: hoc enim justum est. Honora patrem
« tuum et matrem tuam, quod est mandatum pri-
« mum in promissione, ut bene sit tibi, et sis lon-
« gævus super terram. Et vos, patres, nolite ad ira-
« cundiam provocare filios vestros, sed educate il-
« los in disciplina et correptione Domini. Servi,
« obedite dominis carnalibus cum timore et treme-
« re, in simplicitate cordis vestri sicut Christo, non
« ad oculum servientes quasi hominibus placentes,
« sed ut servi Christi facientes voluntatem Dei ex
« animo cum bona voluntate, servientes sicut Domi-
« no, et non hominibus, scientes quoniam unusquis-
« que quodcunque fecerit bonum, hoc recipiet a Do-
« mino, sive servus sive liber. Et vos domini, eadem
« facite illis, remittentes minas, scientes quia et illo-
« rum vester Dominus est in cœlis et personarum
« acceptio non est apud Deum. De cætero, fratres,
« confortamini Domino, et in potentia virtutis ejus,
« Induite vos armaturam Dei, ut possitis stare ad-
« versus insidias diaboli, quoniam non est nobis
« colluctatio adversus carnem et sanguinem, sed
« adversus principes et potestates, adversus mundi
« rectores tenebrarum harum, contra spiritualia ne-
« quitiæ in cœlestibus. Propterea accipite armatu-
« ram Dei, ut possitis resistere in die malo, et in
« omnibus perfecti stare. State ergo succincti lum-
« bos vestros in veritate, et induti loricam justitiæ,
« et calceati pedes in præparationem Evangelii pa-
« cis. »

Vos autem filii, obedite. tanquam subjecti *parentibus vestris* carnalibus : et hoc, *in Domino,* id est
secundum fidem Domini et justitiam. Et debetis hoc
facere. *Hoc enim justum est,* quia præceptum legis est
in qua Dominus hoc præcipit dicens: *Honora patrem
tuum, et matrem tuam.* Honorare patrem est ei reverentiam exhibere, et necessaria subministrare.
Quod mandatum est primum, inter mandata quæ ad
hominem pertinentia scripta sunt in secunda tabula. (59) Ad duo namque præcepta charitatis, scilicet dilectionis Dei et proximi pertinet Decalogus.
Ad primum præceptum, scilicet dilectionis Dei tres
chordæ pertinent, id est tria mandata, quia Deus
trinitas est. Ad alterum vero præceptum, scilicet
proximi, septem chordæ, id est septem mandata, et
illa tria mandata ad Deum pertinentia in prima, et
alia septem ad proximum, in secunda scripta erant,
inter quæ hoc merito primum est, quia sicut Deus
principaliter principium est hominis, sic pater se-
cundario cujus mandati additur promissio, quod
non est in aliis. Unde subdit, et hoc mandatum est
in promissione, hac scilicet *ut* in præsenti *bene sit
tibi,* in carnalibus et spiritualibus. Et sis longævus,
in vita æterna fundatus, super terram viventium.
Et vos patres nolite provocare filios ad iracundiam,
quia sic legem non custodient. In ira enim agno-

scit 179 quid sit utile. *Sed educate illos,* dum
pueri sunt, ne legem contemnant, *in disciplina* verborum et *correctione* verberum, ut proficiant in rebus Domini. Vos autem *servi, obedite dominis,* non
solum spiritualibus et bonis, sed etiam *carnalibus.*
Servitus cœpit ex peccato ; prima enim servitutis
causa peccatum est, ut homo homini vinculis conditionis subderetur: quod non fuit nisi Deo judicante,
apud quem non est iniquitas ; et novit diversas pœnas meritis distribuere delinquentium. (60) Obedite
inquam, *cum timore,* id est cum reverentia : quod
faciunt filii ; *et tremore,* quod servorum. Et hoc *in
simplicitate cordis vestri,* ut sicut ostenditis extra,
sic sit in voluntate vestra, ut si non potestis a domino liberi fieri, libero serviatis, liberam enim
quodammodo facit servitutem qui servit non timore
subdolo, sed fideli dilectione, donec transeat iniquitas, et omnis evacuetur potestas. Ita simpliciter
obedite, *sicut* obedire debetis *Christo,* quia ipse hoc
præcipit ad conservationem humilitatis, obedite
dico, *non servientes ad oculum,* scilicet dum vide-
mini, *quasi hominibus placentes,* sicut illi faciunt qui
quærunt hominibus placere, *sed ut servi Christi.*
Cum enim Christo jubente servis. non tantum scilicet homini servis, sed Christo. *Facientes voluntatem Dei ex animo,* ita scilicet vos dico *cum bona voluntate servientes* dominis vestris, sicut *Domino,* id
est ita ut in eo putetis vos servire Deo *et non hominibus.* Tantum vos dico *scientes quos unusquisque,
quodcunque bonum fecerit, hoc percipiet a Domino,
sive liber sit, sive servus,* non enim minus recipiet
servus, quam liber. *Et vos Domini, facite illis,* servis
vestris, *eadem,* id est similia in bona voluntate, *remittentes illis,* si quando peccant, non solum verbera, sed etiam *minas,* scientes quod *Dominus illorum et vester est in cœlis,* et quia *personarum acceptio non est apud Deum;* Dominus enim justus judex causas discernit, non personas. Ideo in qua
mensura quis mensuraverit, remetietur illi.

De cætero. Post specialia præcepta quibus admonuit singulos ordines in communi admonet omnes.
[Ambrosius] Quasi dicat : Hucusque juvi vos in
verbo et opere ; et jam *de cætero,* id est deinceps
in futuro, in reliquo tempore, *o fratres,* in fide et
dilectione, *confortamini,* contra bellum diaboli, *in
Domino,* id est in auxilio Domini, *et in potentia virtutis ejus,* quia ipse dat potentem virtutem pugnare
volentibus : et utique ita debetis confortari. *Induite
vos armaturam* Dei, id est virtutes, *ut possitis stare*
firmi *adversus insidias diaboli,* quia ex occulto molitur mala. [Haimo.] Et necesse est ut stetis, *quoniam est nobis colluctatio,* quasi vicinum est bellum,
et de prope, et *non est adversus carnem* et sanguinem tantum, id est non contra hostes qui visibiles
sunt et fragiles, vel contra vitia tantum quæ sunt
ex carne et sanguine, *sed adversus principes,* id est
dæmones, qui principantur aliis, *et potestates,* id

---

(59) August., De decem chord.

(60) Id., De civ, Dei.

est contra eos, qui etiam super hos possunt, qui aliis præsunt. Certum est enim quia exitia famulis Dei a diabolo irrogantur, sive per se sive per ministros, cujus altitudo grandis est. Dico quod colluctatio est vobis adversus dæmones, qui itaque timendi sunt, quia mundanos regunt. (61) Unde exponendo quod dixerat, subdit, scilicet : *Adversus rectores mundi*, id est adversus diabolum et angelos ejus quos rectores mundi dicit, quia ipsi regunt dilectores mundi. Non enim regunt mundum qui constat ex cœlo et terra, sed mundum peccatores dicit. De quo alibi : *Et mundus eum non cognovit* (*Joan.* I). Talem mundum illi regunt contra quos habemus perpetuas inimicitias, quia et qui patiuntur homines importunos, illi faciunt ; instigant enim et inflammant homines, et tanquam vasa sua movent, et velut organa tangunt, contra eos habemus occultam luctam, ad quam nos armat Apostolus. Et ne putarentur hunc mundum visibilem regere, subdit, quid mundi nomine intellexit, scilicet *tenebrarum rectores*, id est peccatorum, *harum*, scilicet tam malarum, id est rectores sunt eorum quos præcipitant in tenebrosa opera. Quasi dicat : Non dominantur dæmones mundo qui constat ex cœlo et terra, sed peccatoribus. Et adhuc specialius determinat, scilicet *contra spiritualia nequitiæ*, id est contra spirituales et nequam hostes. Quare timendi sunt hostes, contra quos bellum habemus, quia spirituales et invisibiles ; et quia nequam, et non pro parva re pugnant nobiscum, sed *in cœlestibus*, id est pro cœlestibus, scilicet pro cœlesti hæreditate tollenda. Vel cœlestia dicit virtutes in quibus pugnam patimur dæmonum. Et est : Lucta est nobis contra nequam spiritus, quorum certamen patimur in cœlestibus, id est in virtutibus. Vel cœlestia dicit hunc caliginosum aerem. [Augustinus, Ambrosius] Et est sensus : Est nobis colluctatio contra spiritus nequam, id est contra dæmones nequam, qui spiritus nequam sunt in cœlestibus, id est in hoc inferiori aere, unde dicitur, aves cœli. Adversus tales nobis est lucta qui sunt rectores, quia quomodo eos qui sunt lux Christus gubernat et regit, sic eos qui tenebræ sunt ad omne malum diabolus præcipitat et instigat. (62) Hoc ergo nos hortatur Apostolus, ut non contra hominem malum, imo pro illo, sed contra diabolum qui cum illo operatur et in illo, oremus ; et quidquid possumus faciamus, ut diabolus expellatur et angeli ejus, et homines liberentur. Ipsi enim dæmones quasi equites pugnant in suis equis, hominibus, scilicet. (63) Equites ergo occidamus et equos possideamus. Ergo bellum gerimus adversus rectores tenebrarum, id est infidelium, hoc unum prælium est. [Haimo.] Alterum autem cuique in seipso est, et hoc grave bellum et molestius, in quo quisquis victor exstiterit, illos quos videt inimicos, id est principes mundi continuo superabit ; et si illos vicerimus qui sunt principes malitiæ, et quorum instinctu vitia carnis contra nos sæviunt, tunc facile superare poterimus omnes ministros illorum. Superato enim principe exercitus facile fugatur, sicut ex libro Judith ostenditur, ubi narratur quod Holopherne principe militiæ interempto, multitudo exercituum in fugam versa [est], et a Judæis facile superata. Ut autem vincere valeamus, spiritualis armatura assumenda est. *Propterea*, etc., quasi dicat : Quia tales hostes habemus et de tanta re, *propterea accipite* contra eos *armaturam Dei*, id est, qua Deus suos armat, et ideo accipite, *ut possitis resistere* malis et spiritualibus nequitiis *in die malo*, id est in hac vita, ubi est tentatio. Aliter enim non possetis resistere, nisi habita armatura virtutum, *et ut perfecti* virtutibus possitis *stare in omnibus*, scilicet prosperis et adversis, et quia armatura Dei necessaria est. *State* ergo viriliter, quoties provocamini, *succincti lumbos vestros*, id est carnales concupiscentias, cingulo castitatis, succingentes vel frenantes, et hoc non in simulatione, sed *in veritate*, ut vere propter Christum luxuriam refrenetis, quæ in lumbis maxime viget. Vel, in charitate, hoc facite, id est per charitatem. *Et estote induti lorica justitiæ*, id est justitia sit vobis lorica cuique secundum jus faciendo, ne pateat locus hosti : *et estote calceati pedes*, id est affectiones vestræ sint munitæ virtutibus, ne a vitiis pungantur : et hoc, *in præparatione Evangelii*, ut sitis ita præparati ad prædicandum Evangelium vel ad complendum præcepta Evangelii. Evangelii dico, pacis, scilicet quod nuntiat pacem inter Deum et homines. Calceamenta hæc virtutum debent habere prædicatores, ne ille qui prædicat pede mentis terram tangat, id est pro terrenis faciat. (64) Hac significatione Marcus dicit, sandaliis vel soleis calceari, ut neque pes sit tectus neque nudus ad terram, id est nec occultetur Evangelium, nec terrenis innitatur.

VERS. 16-24. — « In omnibus sumentes scutum
« fidei, in quo possitis omnia tela nequissimi ignea
« exstinguere : et galeam salutis assumite, et gla-
« dium spiritus quod est verbum Dei, per omnem
« orationem et obsecrationem orantes omni tem-
« pore in spiritu, et in ipso vigilantes in omni
« instantia et obsecratione pro omnibus sanctis, et
« pro me ut detur mihi sermo in apertione oris mei
« cum fiducia notum facere mysterium Evangelii,
« pro quo legatione fungor in catena ista ; ita ut in
« ipso audeam, prout oportet, me loqui. Ut autem
« et vos sciatis quæ circa me sunt, quid agam omnia
« vobis nota faciet Tychicus charissimus frater et
« fidelis minister in Domino, quem misi ad vos in
« hoc ipsum ut cognoscatis quæ circa nos sunt, et
« consoletur corda vestra. Pax fratribus, et chari-
« tas cum fide a Deo Patre nostro, et Domino Jesu
« Christo. Gratia cum omnibus qui diligunt Dominum
« nostrum Jesum Christum in incorruptione. Amen. »

Vos dico, *in omnibus* præliis *sumentes scutum*

---

(61) August., in psal. LXXVI.
(62) Id., De verb. Apost.
(63) Id., in psalmo CLXIII.
(64) Id., De consensu evang.

fidei, id est fidem rerum, quas non vidimus, quæ excipit inimicorum tela, et repellit tanquam scutum. Fides enim scutum est, sub qua vel quo justitia quæ interiora transfigi non sinit, tuta est, sicut sub munimine omnium virtutum quod protenditur ante omnia arma, quod prius impugnat diabolus. Unde, prima petit campum dubia sub sorte duelli, pugnaturo fides. Hanc igitur sumite ut scutum, *in quo possitis exstinguere omnia tela*, id est assultus, nequissimi, diaboli. Tela, dico, ignea, quia de vitio in vitium incendunt. *Et assumite galeam salutis*, spe supernæ salutis gaudentes. Galea enim est salus æterna, cujus memoria et species mentem obvolvit, ne deficiat, et talibus armis splendidissimis, id est spiritualibus et insuperabilibus armari, hosti non ceditis. Ad ipsum enim hostem feriendum et fugandum assumite etiam *gladium spiritus*, id est quem dat Spiritus sanctus. (65) Quod verbum Dei est. Est enim verbum Dei gladius bis acutus, docens de temporalibus et de æternis : illorum consolationem in Veteri, istorum in Novo Testamento promittens. **177** Quod enim temporaliter nobis promissum est, ad unam partem gladii ; quod vero in sempiternum, ad alteram partem gladii pertinet. Nam et ideo duo testamenta dicuntur, quia vetus terrena promittit, novum æterna. De hoc gladio Dominus ait : *Non veni mittere pacem, sed gladium* (*Matth.* x). Iste gladius vere acutus est, quia eum quem ferit a mundo dividit. Et quia armatura hæc non est nisi a gratia, subdit. *Per omnem*, etc. Quasi dicat : State in bello, et in eo sitis orantes *per omnem orationem et obsecrationem*, id est per omnia quæ oranda sunt, sine adjuratione, et per omnia quæ cum adjuratione petenda sunt. Orantes dico, non horarie, sed omni tempore, et non verbo tenus, sed *in spiritu*, id est in mente. [Ambrosius] In spiritu orat, qui munda conscientia et integra fide orat. In carne enim orat qui polluta mente precatur, iterum peccaturus non casu, non subreptione, sed de proposito. Et *in ipso* spiritu sitis *vigilantes*, id est solliciti, et non remisse, sed *in omni instantia*, ut scilicet omnibus virtutibus instent, et sitis vigilantes *in obsecratione* facta *pro omnibus sanctis et pro me*, scilicet *ut detur mihi sermo a* Deo, quem tribulatio non obtundat. Detur, inquam, *in apertione oris mei*, id est verbi mei, id est ut aperto valeam reserare mysterium Evangelii, id est secreta incarnationis et passionis, ne pressura tribulationum ipsa formidine acumen doctrinæ obtundat, ita, ut *cum fiducia*, scilicet libere absque impedimento possim *notum facere* illud *mysterium Evangelii*, pro quo mysterio Evangelii, *fungor legatione*, nunc Romæ etiam *in catena* positus, quia non pro catenis cesso a legatione. Dico possim cum fiducia notum facere Evangelium, et cum fiducia, ut in ipso Evangelio prædicando, *audeam loqui*, inter mala omnia, *prout oportet me loqui*. Et ne auditis tribulationibus moverentur, dicit Tychicum omnia eis notificare, subdens : *Ut autem et vos sciatis ea quæ circa me sunt*. Hoc, quia multæ ei erant tribulationes quæ quasi eum circumdabant, vel ideo dicit circa, quia interiora non tangebant, ut, inquam, illa sciatis, et *quid agam*, id est, quam constans sim inter illa omnia, *omnia nota vobis faciet Tychicus frater meus in fide charissimus*, ut libenter et bene audiant verba Tychici hunc commendat. Unde etiam subdit : *Et est fidelis minister in Domino*, id est in his quæ sunt Domini, et ideo audite eum, *quem misi ad vos, in hoc ipsum*, id est propter hoc ipsum *ut cognoscatis per eum quæ circa nos sunt, et consoletur corda vestra*. Et ut prædicta sicut docui fiant, *pax sit fratribus et charitas cum fide*. Pacem optat eis quæ est janua dilectionis, quia per pacem manebunt in charitate quæ est in fide. Et hoc, a Deo Patre nostro et Domino Jesu Christo, et gratia sit vobis, *cum omnibus*, id est et omnibus, qui diligunt Dominum nostrum, id est Christum. Diligunt dico, *in incorruptione*. id est in integritate fidei, ad similitudinem sponsæ quæ non admittit corruptorem, Vel, *gratia* sit vobis in incorruptione, id est in vita æterna, *cum*, id est et omnibus, *qui diligunt Dominum nostrum*, id est Christum.

(65) August., in psal. cxix.

IN EPISTOLAM AD PHILIPPENSES

ARGUMENTUM.

Philippenses sunt Macedones. Hi accepto verbo veritatis perstiterunt in fide, nec receperunt falsos apostolos. Hos collaudat Apostolus, scribens eis a Roma de carcere per Epaphroditum.

CAPUT PRIMUM.

VERS. 1-6. — « Paulus et Timotheus servi Jesu « Christi, omnibus sanctis in Christo Jesu, qui sunt « Philippis cum episcopis et diaconibus. Gratia « vobis et pax a Deo Patre nostro et Domino Jesu « Christo. Gratias ago Deo meo in omni memoria « vestri semper in cunctis orationibus meis pro « omnibus vobis cum gaudio deprecationem faciens « super communicatione vestra in Evangelio Christi « a prima die usque nunc, confidens hoc ipsum, « quia qui cœpit in vobis opus bonum, perficiet « usque in diem Christi Jesu. »

Paulus et Timotheus. Hanc Epistolam scribit Apostolus Philippensibus. Philippenses autem sunt

Macedones, qui accepto verbo prædicationis ab Apostolo firmi in fide fuerunt, nec pseudoapostolos receperunt. Unde eos laudat Apostolus. [Ambrosius] Hi Paulo per Epaphroditum aliquam substantiam Romam miserant : quem cum hac remisit Epistola, in qua, cum præsens non potest, munit eos contra duplex bellum, scilicet tribulatorum et pseudoprædicatorum, ut omnia adversa pro Christo sustineant, et cum humilitate, sicut et Christus fecit et legalia a pseudoapostolis nunquam recipiant. Is nec se Apostolum nominat, quia nunquam de eo minus vel contra eum senserant. Ideo ergo dignitatem supprimit, quia de eo recte sentiebant. Et est intentio Apostoli in hac Epistola cohortari Philippenses ad patientiam contra tribulationes, et ad constantiam contra pseudoprædicatores. Modus talis : More solito salutationem præmittit, deinde gratias agit Deo pro eis, implorans eis majora bona, ut virtutibus crescentes ad perfectionem perveniant. Deinde ad patientiam tribulationum monet exemplo suo et Christi, et postea ut sibi caveant a versutiis pseudoapostolorum, tandem moralem admonitionem interserit, et prope finem de gratia quam sibi Romam per Epaphroditum miserant gaudere se dicit. Præmittens ergo salutationem ait : *Paulus et Timotheus.* Timotheum apponit, quia hunc erat ad eos missurus, per hoc eum quodammodo commendans, ut eadem quæ scribit ab eo bene accipiant. *Servi Jesu Christi.* Nomen dignitatis tacet quod est Apostolus, quia non erat opus auctoritate cum de illo recte sentirent. Conditionem fatetur, quia casto timore Christo subditi vere liberi sunt. (1) Sicut enim duo sunt timores qui faciunt duo genera timentium, sic duæ servitutes quæ faciunt duo genera servorum. Est enim timor quem perfecta charitas foras mittit. Est etiam servitus simul cum eo foras mittenda. Et alius timor castus permanens in sæculum sæculi : cui adjuncta est alia servitus, qua miro et ineffabili modo, sed tamen vero sic servi sumus, ut liberi simus servi, scilicet timore casto, ad quem pertinet servitus intrans in gaudium Domini sui, non servi, timorem foras mittendo, ad quem pertinet servitus, non manens in æternum in domo. Servos igitur dixit, ut et ipsi quibus scribit pro Domino ferant dura, Christi, ut contra pseudo stent. Scribit hanc Epistolam *omnibus sanctis,* id est in baptismate sanctificatis, *qui sunt Philippis,* quæ est civitas Græciæ quam ædificavit Philippus pater Alexandri adoptivus, vocans eam Philippis a nomine suo. Sanctis dico, *in Christo Jesu,* id est operante Christo Jesu, vel fundatis in Christo, id est in fide Christi, scilicet qui credunt etiam hominem esse. Scribunt sanctis dico, *cum id est et episcopis et diaconibus.* Episcopos etiam presbyteros dicit. Non enim plures episcopi in una civitate essent, neque presbyteros intermitteret, ut ad diaconos descenderet ; et significat per episcopos et diaconos majores, per sanctos minores. Et est sensus :

(1) Aug., super Joannem.

Scribunt sanctis et episcopis, et diaconibus, id est minoribus et majoribus. Quia præmittit minores, ad humilitatem invitat ; et quia hos subnectit, ostendit non esse aliquem a Deo perfectum qui non indigeat hac admonitione. Vel Paulus scribit et Timotheus, omnibus sanctis, qui sunt Philippis, scribit dico, cum episcopis et diaconibus, quia eorum bonum pariter optabant, et in scribendo præmittitur salutatio, in hunc modum. *Gratia,* scilicet remissio peccatorum sit *vobis et pax,* scilicet tranquillitas mentis et reconciliatio ad Deum, *a Deo Patre nostro et Domino Jesu Christo.*

Gratias, etc.

Primum agit gratias Deo cujus nutu omnia bona omnibus accidunt. Quasi dicat : Agite quæ agitis quia talia sunt. Unde : *Gratias ago Deo omnium meo,* privato beneficio, id est inde laudo Deum qui mihi facit quod in vobis volo, ago dico, *in omni memoria vestri,* id est quoties memor vestri fio. Quod utique sum, *in omnibus orationibus meis,* habitis *semper,* congruis temporibus. Gratias dico, *pro omnibus vobis,* scilicet prælatis et subditis. Et hoc *cum gaudio,* non tristis de culpa vera, ego dico, *faciens deprecationem,* id est deprecans ut stetis. Gaudio dico habito *super,* id est de *communione vestra,* quæ est *in evangelio Christi,* id est quia vos communicastis in fide et operibus Evangelii. Vel vestra communia fecistis in Evangelio exaltando, et hoc *a primo die* conversionis vestræ *usque nunc.* Et, ideo amodo magis standum est, *confidens.* Quasi dicat : Deprecor ut stetis, et sum confidens, id est confido *hoc ipsum* fieri a vobis quod precor, et non aliud, videte ne frustra. Confido dico, non in vobis, sed in Deo, quia Deus operans *cœpit in vobis opus bonum,* cooperans *perficiet.* Cooperando enim, id est cum Deus in nobis perficit : Quod operando incipit, quia ipse ut velimus operatur incipiens, qui volentibus cooperatur perficiens. Ut ergo velimus, operatur : cum inde volumus, et sic volumus ut faciamus, nobis cooperatur : tamen sine illo vel operante ut velimus, vel cooperante cum volumus, ad bona pietatis opera nihil valemus. Perficiet dico, *usque in diem Christi Jesu,* id est usque ad finem quo Deus videbitur. Vel, perficiet in nobis, per successionem, usque in diem Jesu Christi, id est usque ad communem judicii diem.

178 Vers. 7-11. — « Sicut est mihi justum hoc « sentire pro omnibus vobis, eo quod habeam vos « in corde et in vinculis meis et in defensione et « confirmatione Evangelii, socios gaudii mei omnes « vos esse. Testis enim mihi est Deus quomodo cu- « piam omnes vos esse in visceribus Jesu Christi. « Et hoc oro, ut charitas vestra magis ac magis ab- « undet in omni scientia, et in omni sensu, ut pro- « betis potiora, ut sitis sinceri et sine offensa in « diem Christi, repleti fructu justitiæ per Jesum « Christum in gloriam et laudem Dei. »

Sicut, e. c. Quasi dicat : Ita gratias ago et deprecor, et confido de vobis, *sicut est mihi justum hoc sentire pro omnibus vobis,* id est sicut justum est me ita velle de vobis. Aliud enim non debui sentire de tam bonis. Et exponit causam, *eo quod habeam vos,* non in solis labiis, sed *in corde,* id est in intimo affectu charitatis, qua desidero *vos omnes,* etiam minores, in futuro esse *socios,* id est ut in futuro sitis socii *gaudii mei,* id est remunerationis vitæ æternæ. Et hoc desidero, dum laboro, *in vinculis meis et in defensione Evangelii,* contra impugnatores *et confirmatione* infirmorum in doctrina Evangelii. Et est sensus : Memor vestri sum, et bonum vobis desidero, sive sum vinctus, sciens quoque vos esse vinctos ; sive sim defendens Evangelium, quod et vos facitis ; sive confirmen infirmos in Evangelio.

Testis enim mihi est Deus, etc. Ideo pro omnibus precor, quia cupio vos omnes esse in visceribus Christi, scilicet ut a Christo diligamini quasi ejus viscera. Et inde testis est mihi Deus. Et hoc est quod ait : testis enim mihi est Deus *quomodo,* id est quanto affectu, *cupiam vos omnes esse in visceribus Christi,* id est in intimo Christi amore, ut ab eo perfecte diligamini. Vel eo affectu diligatis Deum et proximum quo Christus, qui animam suam pro fratribus posuit. Vel refertur ad illud quod supradixit, cum dixit se desiderare illos esse socios gaudii sui, et determinat hic quomodo desiderat, scilicet non humana cupiditate, non carnis affectu, sed Christi amore. Et hoc est quod ait : Testis enim mihi est Deus quomodo vos omnes esse participes gaudii æterni. Cupiam, dico, non carnali affectu, sed in visceribus Christi, id est in amore Christi, dicit se desiderare amore Christi non humano, ut eos participes habeat in Domino. *Et hoc etiam oro, ut charitas vestra magis ac magis abundet,* id est crescat, et hoc *in scientia et in omni sensu,* scilicet ut sciant in quibus Deum et proximum diligere debeant, et cum scierint habeant sensum et memoriam et adversionem in omnibus rebus, ita ut abundet, id est in tantum crescat charitas vestra in scientia, *ut probetis,* id est ut probare et discernere sciatis non solum quæ sunt bona et quæ mala, sed etiam inter bona quæ sunt *potiora, ut* post probationem et discretionem, *sitis sinceri* in vobis, id est sine operibus corruptionis ; *et,* quantum ad proximum, *sine offensa :* et hoc perseveranter, usque *in diem Christi,* id est usque ad finem vitæ. Et quia non sufficit abstinere a malo nisi fiat quod bonum est, addit : *repleti.* Quasi dicat : Non solum sitis sine malis, sed etiam sitis *repleti fructu justitiæ,* id est bonis operibus quæ sunt fructus, quæ est habitus animi. Repleti dico non viribus vestris, sed *per Jesum Christum.* Vos dico per hoc transituri *in gloriam et laudem Dei,* id est gloriam æternam unde laudetis Deum. Vel ita, repleti, quasi dicat : Oro ut abundet charitas vestra et sinceritas, ut per hæc sitis repleti hic et in futuro, fructu, id est mercede justitiæ : et hoc per Jesum Christum. Et adeo sitis repleti ut sitis in gloriam et laudem Dei, id est ut sitis gloria et laus Dei, ut pro vobis, scilicet dicatur : *Mirabilis Deus in sanctis suis (Psal.* LXVII.)

VERS. 12-18. — « Scire autem volo vos, fratres, « quia quæ circa me sunt, magis ad profectum ve-« nerunt Evangelii, ita ut vincula mea manifesta « fierent in Christo in omni prætorio et in cæteris « omnibus, ut plures e fratribus in Domino confi-« dentes in vinculis meis, abundantius auderent « sine timore verbum Dei loqui. Quidam quidem et « propter invidiam et contentionem ; quidam autem « et propter bonam voluntatem Christum prædicant; « quidam ex charitate, scientes quoniam in defen-« sione Evangelii positus sum. Quidam autem ex « contentione Christum annuntiant, non sincere, « existimantes pressuram se suscitare vinculis meis. « Quid enim ? Dum omnimodo sive per occasionem « sive per veritatem Christus annuntietur, et in hoc « gaudeo, sed et gaudebo. »

Scire autem. Hactenus communiter locutus est ostendens suam erga illos charitatem, inde specialiter ea quæ tolerantiam suadent. [Ambrosius] Et quia superius dixit se cupere hos fore participes gaudii sui, ideo quod profecerit superædificatio ejus insinuat eis quasi charis, et gratias agens, precatur hoc eis confideus : *Vos autem, fratres, volo scire,* quia dixi vos socios gaudii mei, hoc scilicet quia *ea quæ circa me sunt,* id est exterior undique me circumdans abundantia passionum. Vel ideo ait circa me, quia non ad interiora pertinguut, *magis venerunt ad profectum Evangelii,* quam ad detrimentum ut mali intenderunt ad profectum. Venerunt dico *ita ut vincula mea fierent manifesta in Christo,* id est utilitas vinculorum appareret in Christo, qui propter vincula plus annuntiatur. [Haimo.] Vel vincula mea fierent in Christo, id est manifestum fieret quod vincula ipsa mihi essent in Christo, id est pro Christo, id est quod propter eum vinctus essem non pro aliquo crimine, quia namque patienter quælibet mala sustineo, patet non esse scelus falsitatis, quod in me justa vindicta procellat ; sed quandam veritatem, quam sustinendi fortitudo magnificat [Hieron.] Manifesta fierent dico *in omni prætorio,* quo majores conveniunt ; *et in cæteris omnibus* locis. Cum enim Apostolus Romæ vinctus retrusus esset in carcere in domo imperatoris, et doceret Evangelium, et infirmos curaret, multaque miracula patraret, et multi per eum crederent, in tantum ut domum persecutoris Ecclesiam faceret redemptoris ; et tunc manifestum est in prætorio et in omnibus locis, id est imperatori et omnibus consulibus et principibus et minoribus, propter Christum talia sustinere. Ita pro Evangelio ea sustineo *ut plures e fratribus,* non in se, sed in *Domino confidentes vinculis meis,* id est in consideratione vinculorum meorum, *abundantius* quam ante *auderent* contra pugnantes *loqui verbum Dei sine timore.* Quasi dicat : Meo exemplo audent confidenter prædicare ita dicentes : Si vinctus loquitur, cur non potius nos? Constantia enim ejus multos animavit, ut non timerent evangelizare. Alii autem, *quidam* diversi a prioribus quia mali sunt, *prædicant quidem Christum. Et hoc faciunt, propter invidiam et contentionem,* id est quia invident mei apostolatus gloriæ, et contendunt habere. *Quidam autem,* ab his diversi quia cum boni sint prædicant Christum, et hoc *propter bonam voluntatem,* scilicet ut alios salvent, id est pro dilectioneDei et proximi, et exemplo meæ bonæ voluntatis. *Quidam* non diversi ab his, quia et hi boni sunt, *prædicant Christum.* Et hoc *ex charitate* privata ad Apostolorum,ut vicem ejus vincti supplerent, *scientes quoniam positus sum* in vinculis *in defensione,*id est pro defensione *Evangelii.* Vel positus, id est firmus et stabilis sum in defensione Evangelii.*Quidam autem,* ab his diversi quia mali,*annuntiant Christum ex contentione,* id est ex privato odio,quia aliquando mecum contenderunt et confutati sunt. Et ne viderentur corrécti,addit,*non sincere,* id est non puro animo, sed *existimantes suscitare pressuram vinculis meis,* id est existimantes hoc, ut si quis de prædicatione eos accuset in me auctorem ejus vindicent. Astutia ergo simulationis isti Christum annutiabant, ut possent seditiones excitare Apostolo, quasi auctori,qui multos aggregaverat suo collegio. (Augustinus) Ecce quator species doctorum distinxit, duas bonorum, et duas malorum, qui omnes annuntiant Christum, sed non eodem animo. Mali autem non simplici nec veraci unimo Christum annuntiabant, boni vero puro animo et fide sincera : omnes tamen Evangelio proficiebant. Unde malos tolerandos dicit, subdens : *Quid enim.* Quasi dicat : Non solum ergo et alii veri doctores laboramus ad profectum Evangelii, sed etiam mali. Qui non bono animo prædicant sunt ad profectum, et ideo tolerandi. Quid enim refert qua intentione prædicent, dum omnimodo, *sive per occasionem* terrenam, *sive per veritatem,* id est vero animo ut boni faciunt, *Christus,* id est veritas Christi, non falsitas, *annuntietur,* Veritatem quippe annuntiabant quidam etiam si non veritate, id est non vero animo. (2) Terrenis enim cupiditatibus consulentes regem cœlorum annuntiabant, habentes in lingua veritatem, sed non in pectore castitatem,qui sunt utiles eis quos instruit Dominus. (3) Unde ait : *Quæ dicunt facite, quæ autem faciunt nolite facere* (*Matth.* XXIII.) Ex occasione enim evangelizant quærentes ab hominibus sua commoda, vel pecuniarum, vel honoris, vel laudis humanæ, quoslibet volentes accipere munera, non tam salutem ejus quærentes cui annuntiatur commodum suum. Qui vero audit salutem, si in illum crediderit quem illi annuntiant, qui annuntiat habebit detrimentum,cui annuntiatur habebit lucrum,quia annuntiat Evangelium, scilicet rectam fidem, sed non recte. Et ideo non est rectus: quod annuntiatur rectum est, sed qui annuntiat non est rectus. Quare ? quia aliud quærit in Ecclesia quam Deum : si Deum quæreret, esset castus. Quisquis a Deo præter Deum aliquid quærit, non caste Deum quærit. Tres invenimus personas, si verba Evangelii diligenter investigamus, pastoris, mercenarii, furis. Pastor veritate, veritatem annuntiat) Mercenarius vero occasione veritatem annuntiat, aliud quærens, et tamen ille Christum annuntiat. Et ille fur et latro, veritatem negat et tollit. Diligendus est ergo pastor, tolerandus est mercenarius, cavendus **179** latro. Ideo Apostolus non prohibet mercenarios, sed permittit, quia et ipsi utiles ad aliqua. Et *in hoc gaudeo,* nunc quod Christus annuntiatur per occasionem, non solum per veritatem, id est de hoc nunc gaudeo quod veritas Christi prædicatur, quæcumque sit prædicantium intentio. Et non solum nunc, sed *et post gaudebo,* scilicet in futuro. Vel ita : Supra dixit tribulationes suas esse ad profectum Evangelii,hic dicit sibi esse ad gaudium. Quasi dicat : Non solum aliis est profectus de malis, sed et mihi est gaudium. Et hoc est quod ait ; Et in hoc gaudeo, scilicet quod tribulationes sustineo pro Christo, sed et gaudeo. Ideo de malis meis gaudeo, vel pro profectu Evangelii, quia inde mihi salus. Et hoc est quod ait :

VERS. 19-30. — « Scio enim quia hoc mihi pro« veniet ad salutem, per vestram orationem et sub« ministrationem spiritus Jesu Christi secundum « exspectationem et spem meam, quia in nullo « confundar, sed in omni fiducia sicut semper et « nunc magnificabitur Christus in corpore meo, « sive per vitam, sive per mortem. Mihi enim vivere « Christus est, et mori lucrum. Quia si vivere in « carne, hic mihi fructus operis est, et quid eligam « ignoro, coarctor autem e duobus desiderium ha« bens dissolvi et esse cum Christo, multo magis « melius permanere autem in carne, necessarium « propter vos. Et hoc confidens scio quia manebo « et permanebo omnibus vobis ad profectum ve« strum et gaudium fidei, ut gratulatio vestra abun« det in Christo Jesu in me, per meum adventum « iterum ad vos. Tantum digne Evangelio Christi « conversamini, ut sive cum venero et videro vos, « sive absens audiam de vobis, quia statis in uno « spiritu unanimes, collaborantes fidei Evangelii : « et in nullo terreamini ab adversariis quæ est « illis causa perditionis, vobis autem salutis. Et hoc « a Deo, quia vobis donatum est pro Christo non « solum ut in eum credatis, sed ut etiam pro illo « patiamini, idem certamen habentes quale et vi« distis in me, et nunc audistis de me. »

Scio enim quia hoc, (Ambrosius) scilicet pati pro Christo vel Evangelii ex mea predicatione profectus, *veniet mihi* in futuro in salutem æternam,quod illi putant ad mortem.Proveniet dico nonsolum meomerito, sed etiam *per vestram orationem,* id est adjuvante me vestra oratione, *et per subministrationem spiritus Jesu Christi,* (Haimo.) id est per Spiritum sanctum qui sua me quasi ruiturum columna fulcit, id est auxilium præbente et subministrante mihi Spiritu san-

---

(2) Aug., in psalm. xc.

(3) Id., De verbis Evang.

cto. Proveniet mihi, dico, *in salutem* quæ salus erit, secundum *exspectationem et spem meam*, id est erit tanta quantam salutem exspecto, et in præsenti spero. Et hoc firmiter spero, *quia in nullo statu*, scilicet prosperis et adversis *confundar*, ut aliquo modo cedam a prædicatione. [Ambrosius] In nullo dicit se confundi, quia et spes promissionis magna est, et res vera et honesta. Non confundar dico, *sed in omni fiducia*, quæ *sicut semper* a tempore conversionis fuit, ita et nunc est, dum in vinculis laboro, *Christus*, id est fama et gloria Christi, *magnificabitur* apud gentes, et *in corpore meo*; quod fragilius est. Magnificabitur dico, *sive per vitam*, qua mihi concessa eum prædicabo, *sive per mortem*, qua perseverandi in eo, et pro eo moriendi famam dabo. Et est sensus: Magnificabo Christum, si vixero, docendo; si moriar, exemplum relinquendo. *Mihi enim*. Quasi dicat: Recte per vitam magnificabo, quia Christus est mihi vivere, quia causa ejus vivo, ut eum magnificem non ob aliud, per mortem meam magnificabitur: et recte, quia *mori* est mihi *lucrum*, quia Christus mortis meæ præmium est. Vel, ipsum mori, est mihi lucrum, quia per mortem ab his miseriis liberatur, et ad beatitudinem transit, et per mortem multos lucratur Deo.

Quod si. Quasi dicat: Christus est mihi vivere ut eum magnificem. *Quia si vivere*, hic mihi fructus operis, id est tam dignus fructus de meo opere, scilicet magnificare Christum, quod opus facio dum mihi datur *vivere in carne*: si, inquam, hoc est, ecce *ignoro*, id est nescio quid eligam nedum appetam, scilicet mori an vivere. Quasi dicat: Nisi hic fructus esset, non est dubium quin mori eligerem, nisi Christum haberem præmium, et ideo ne dubitetis, Philippenses, mori pro Christo. Vel ita, mihi vivere. Quasi dicat: Merito magnifico Christum, sive vita sive morte, quia Christus est mihi vivere, id est mihi vita hic et in futuro : hic per fidem et spem, in futuro per speciem: pro hac vita mortale corpus tradit, ut recipiat ipsum immortale in æternum. Unde subdit : Mori pro Christo est mihi lucrum. Quia si. Quasi dicat: Christus est mihi vita hic et in futuro: quod utique est per bona opera. Quia, id est sed, si vivere, id est bene operari *in carne*: quod mirum videtur, cum in carne non habitet nisi peccatum, *est mihi fructus operis*, id est mihi tam fructuosum opus, per quod scilicet Christus sit mihi vita hic et in futuro. Ecce *ignoro quid eligam*, mori scilicet an vivere. *Coarctor enim* vel *autem*. Quasi dicat: Non solum ignoro quid eligam de duobus, sed etiam coarctor de duobus. Vel ita junge : Ideo ignoro, quia coarctor de duobus, id est ex desiderio dissolvendi et necessitate vivendi. (4) Non enim ita distinguendum ut dicatur, coarctor, et postea sequatur, *e duobus desiderium habens*, scilicet dissolvendi et in carne manendi, quia ex ipso sermonis textu dijudicatur, quoniam sequitur *dissolvi et esse*

(4) August., De doctr. Christ.
(5) Id., super Joannem.

cum Christo multo melius est. Apparet enim cum ejus quod optimum est dicere se habere concupiscentiam, ut cum e duobus compellatur, alterius tantum hoc habeat concupiscentiam, alterius necessitatem. Sic ergo distinguendum est : Coarctor vel compellor e duobus. Deinde sequitur, ego dico, desiderium habens, vel concupiscentiam dissolvendi, ab his miseriis quibus quasi compedibus vinctus sum et cum Christo esse præsentialiter. Et quasi quis quæret : Quare hujus rei potius habeat concupiscentiam? subdit: quia multo melius est quantum ad me. Et quasi iterum diceretur : Cur ergo e duobus compelleris? subdit, quia est manendi necessitas, dicens : *Permanere autem in carne necessarium est propter vos*, non propter me. Quasi dicat : Illud est mihi melius, hoc necessarium vobis. Ideo illud cupio, hoc non recuso. (5) Sunt quidam homines imperfecti, qui cum patientia moriuntur ; et sunt quidam perfecti, qui cum patientia vivunt. Qui adhuc desiderat vitam istam, cum illi venerit dies mortis, patienter tolerat mortem. Luctatur adversum se ut sequatur voluntatem Dei, et hoc potius agit animo quod elegit Deus, non quod elegit voluntas humana, et ex desiderio vitæ præsentis fit lucta cum morte, et adhibet patientiam et fortitudinem ut æquo animo moriatur, iste patienter moritur. Qui vero desiderat sicut Apostolus dissolvi et esse cum Christo, non patienter moritur, sed patienter vivit, delectabiliter moritur. Vide Apostolum patienter viventem, id est cum patientia: hic non amare vitam, sed tolerare. Unde ait : Cupio dissolvi, et esse cum Christo multo melius est. (6) Tædium enim illi erat manere in carne, et ex duobus patiebatur angorem. Alterum optimum ducebat, unde passioni appropinquans vehementius glorificabatur, dicens : *Bonum certamen certavi, de reliquo reposita est mihi corona*, etc. (II Tim. IV).

Vel ita potest distingui: Quid eligam ignoro: coarctor enim desiderium habens e duobus, id est dissolvendi et in carne manendi, et hoc est habens desiderium, etc., id est quia desiderium et esse cum Christo multo melius est, sed manere in carne necessarium est propter vos. Et ego confidens in hoc, scilicet quia necessarium est me manere propter vos, scio quod manebo, etc. [Ambrosius] Ecce sciens melius esse et esse cum Christo, sed necessarium esse ut maneret in carne propter instructionem credentium et profectum fidelium, non quod sibi tutius est elegit, sed quod multis expedit, ostendens quantum affectum habeat circa eos, hoc secutus quod proficeret per charitatem quam anteposuit omnibus. Vel ita, et ego scio, non dubie, sed confidens in misericordia Dei, hoc scilicet quia manebo, id est non parum quidem, sed diu *permanebo omnibus vobis* minoribus et majoribus, scilicet *ad profectum vestrum*, ut crescatis per bona et *ad gaudium fidei*, ut scilicet de fide vestra gaudeamus, vel ut

(6) Id., in psal. XCIII.

vos de fide gaudeatis in ea proficientes, quæ non est nisi ubi munda est conscientia. [Haimo.] Et ita gaudeatis ut proficiatis, *ut gratulatio vestra abundet in Christo Jesu*, qui benefecit vobis, qui me vobis incolumem reddidit et liberatum a vinculis, id est ut abundanter agatis gratias Christo cum gaudio. *In me*, id est pro me liberato et servato vobis, scilicet *per meum adventum iterum* futurum *ad vos* confirmandos, et veniam utique ad vos, si tantummodo digne conversamini Evangelio Christi, id est disciplina Dominica, quia secundum meritum vestrum dabitur mihi vita ad opus vestrum. Et ita digne *ut sive cum venero et videro vos, sive cum absens fuero audiam de vobis* hoc, scilicet *quod statis* in fide et devotione contra adversarios, et hoc *in uno Spiritu* sancto, cui non hæret contrarius spiritus, et sicut ipse unus ita et vos unanimes esse debetis. Unde subdit: Vos dico *unanimes* voluntate, *et collaborantes*, actu *fidei Evangelii*, id est totis viribus laborantes ad implendu ea quæ fides Christi exigit. Omnis enim pugna unanimiter aggressa victoriam parit. Et post hæc, *in nullo terreamini ab adversariis* qui vos terrent per aspera *quæ est illis causa perditionis* æternæ, *vobis autem* causa salutis æternæ. *Et hoc* etiam *quod patimini* non a vobis est, sed *a Deo*, quia pro merito Christi qui Patri obedivit hæc inter alias gratias data est vobis. Unde subdit: *quia donatum est vobis* quasi præmium, *pro Christo* quem diligitis. Quid? hoc scilicet, *non solum ut in eum credatis, sed pro illo patiamini.* (7) Unde major gloria erit. Utrumque ergo ad Dei gratiam pertinet,et fides credentium et tolerantia patientium, quia utrumque dixit esse donatum.Vos dico *habentes idem certamen*, contra hostes *quale et vidistis in me*, dum apud vos præsens fui, quando verberatus sum nudus pro muliere pythonissa, a qua spiritum malignum exclusi quæ magnum quæstum præbebat, vel stabat dominis suis; *quale nunc audistis de me*, dum absens sum vobis. Quasi dicat: Non hortor vos ad id quod ipse horream, sed quod in me impleo.

180 CAPUT II.

VERS. 1-8. — « Si qua ergo consolatio in Christo,
« si quod solatium charitatis, si qua societas spiri-
« tus, si qua viscera miserationis, implete gaudium
« meum, ut idem sapiatis, eamdem charitatem ha-
« bentes, unanimes, idipsum sentientes. Nihil per
« contentionem neque per inanem gloriam, sed in
« humanitate superiores sibi invicem arbitrantes,
« non quæ suæ sunt singuli considerantes, sed ea
« quæ aliorum. Hoc enim sentite in vobis quod et
« in Christo Jesu, qui cum in forma Dei esset, non
« rapinam arbitratus est esse se æqualem Deo, sed
« semetipsum exinanivit formam servi accipiens in
« similitudinem hominum factus,et habitu inventus
« ut homo; humiliavit semetipsum factus obediens
« usque ad mortem, mortem autem crucis. »

Si qua ergo. A prædictis infert. Quasi dicat: Et quia pati est donum Dei, et quia patior et quia utile est, ut supradictum est, ergo qui jam me fecistis gaudere de communione vestra in Evangelio Christi, implete gaudium meum addita sustinentia tribulationis et cæteris quæ sequuntur, et hoc est quod ait: *Si qua ergo consolatio* est in vobis *in Christo*, id est si vultis habere consolationem in rebus Christi, id est remissione peccatorum, et in aliis donis, vel si consolari me vultis,*si quod solatium charitatis*, id est si vultis ut charitas Ecclesiarum quæ orant et bona agunt pro fratribus si vobis solatium et confortatio in adversitatibus vestris; (8) et *si qua societas Spiritus* sancti est vobis, id est si vultis habere unionem quam facit Spiritus sanctus : in omnibus fidelibus, propter hanc societatem illi in quos venit primitus Spiritus sanctus linguis omnium gentium loquebantur; et *si qua viscera miserationis* sunt in vobis, id est si pius affectus est in vobis de quo procedat miseratio, *implete gaudium meum*. Gavisus quidem de fide vestra, et implete gaudium ut constanter patiamini. [Ambrosius] Vel, secundum aliam litteram, *si qua ergo exhortatio* est *in Christo*, id est si vera exhortatio spei in Christo apud vos qua nos invicem consolamur : et *si quod solatium charitatis* communis est vobis ; et *si qua societas spiritus sancti est* vobis per quam jungimur in uno novo corpore ; et *si qua sunt viscera miserationis*, id est affectus pietatis erga me, id est si in animo vestro sum, sicut vos in meo ; *implete gaudium*. Tunc illa vera sunt si hoc fit : Hæc quæ supra numeravit, tunc vera probando significant, si ista quæ subter mandat fuerint servata : in quibus non videntur probati, si non sit quod subdit scilicet non impleant gaudium et cætera servent. Implete gaudium dico, ita ut non modo patiamini, sed *ut idem sapiatis*, non diversa in fide. *Habentes eamdem charitatem* ad omnes, *unanimes*, unius voluntatis, *idipsum sentientes*, ut mala cujusque sint omnium, *nihil per contentionem* agentes, ut alius alii contendant præponi. Nota quosdam contentiosos fuisse inter eos. Vel, nihil per contentionem, ut bona dicant, non contentiosis verbis loquantur ; ut nihil agentes, *per inanem gloriam*, id est propter famam sæculi quæ inanis est. Sic eos constringit, ut si hæc non custodiant, nec in prædictis probati videantur, quia in illis nolent se improbatos videri, ista quoque servent ut perfecti sint. Sine dubio enim aliqui erant inter eos dissentientes, inquieti, inanis gloriæ causa contendentes, pacem Ecclesiæ rumpentes. *Sed in humilitate* sitis degentes, ut de vobis humilia sentiatis. Et sint *arbitrantes*,id est in cordibus suis dijudicantes alios,*sibi esse superiores*, id est digniores apud Deum, et hoc, *invicem*, alter scilicet alterum reputet digniorem.Non ita hoc debemus æstimare ut nos æstimare fingamus,sed vere existimemus posse aliquid esse occultum in alio, quo nobis superior sit, etsi bonum nostrum quo

---

(7) August., De gratia et libero arbitrio.

(8) August., De blasp. S. Spir.

illo videmur superiores esse, non sit occultum.
Non quæ sua. (9) Hic docet quomodo vitent contentionem, et inanem gloriam, et quomodo arbitrentur alios superiores, scilicet si consideraverint non sua bona, *sed aliorum.* Quasi dicat : Ut hæc prædicta faciant, *non sint considerantes,* singuli *quam sua sunt* bona vel mala,*sed quæ aliorum* sunt. Illa enim prædicta possunt illi facere qui non sua tantum attendunt, sed quæ aliorum sunt, ut Christus qui pro aliis tanta tulit ; neque ulla res officiosum istud obsequium facit libenter impendi, nisi cum cogitamus quanta pro nobis tulerit Dominus. Unde admonens subdit : *Hoc enim sentite in vobis.* Quasi dicat:Ad patientiam et humilitatem vos invito, et ut quæratis quæ aliorum sunt, non vestra, et ut hoc servetis, exemplum Christi assumite. *Hoc enim sentite in vobis,* id est debetis sentire in vobis, *quod et in Christo Jesu* fuit, (10) ut sicut Christus non attendit quæ sua sunt,sed vestra,in eo quod carnem assumpsit,et sine peccato cum esset,peccata nostra suscepit, ita et nos ad ejus imitationem invicem onera nostra portemus. *Qui cum in,* etc. Hic ostendit in quo Christum imitari debemus, scilicet in humilitate ;sed antequam humilitatem Christi ostendat,præmittit alta de Christo,ut hi in quibus locus est abjectionis non dedignentur humiliari, cum Christus adeo altus tantum sit humiliatus.Cujus altitudinem ostendit dicens : Qui Christus *cum,* non dico accepisset, sed *esse in forma Dei* Patris, id est in plena essentia et æqualitate Patris, *arbitratus est,* id est certissime scivit, *se esse æqualem Deo* Patri, non faciens *rapinam,* id est non usurpando quod non suum esset, ut diabolus fecit, et primus homo. (11) Sed Christus non usurpavit æqualitatem Dei, quia vere erat æqualis per naturam. In ea erat æqualitate, in qua natus erat. (12) Erat enim Christus æqualis Patri, natus,non factus. Ideo non erat illa rapina, quia natura erat illi æqualis a quo genitus est. Vel, non est arbitratus esse se æqualem Deo, secundum humanitatem, scilicet quod esset facere rapinam, id est non suum præsumere. *Sed semetipsum.* Ostensa altitudine subditde humilitate. Quasi dicat : Æqualis erat Deo Patri, *sed,* quamvis esset in forma Patris, manens utique quod erat *exinanivit semetipsum.* Quomodo ? non substantiam evacuans, non formam deitatis mutans, sed *formam servi accipiens,* non formam Dei amittens.(13) Forma servi accessit, non forma Dei discessit. Exinanivisse se ergo ab invisibilitatis suæ magnitudine,se visibilem demonstrasse,per formam servi susceptam,quasi enim dignitate se exuit, dum formam servi sibi univit forma Dei. Et ne putares formam servi in eo, scilicet Christo, fieri immortalem addit : *Factus est,* secundum formam servi qui erat infectus secundum formam Dei, *factus,* inquam, *in similitudinem hominis,*id est mortalis et passibilis ut alii homines. (14) Per hoc ergo quod homo factus est,et in similitudinem hominum se exinanivit, ipse est Christus, et factor et factus. (15) Vide factorem ; *omnia per ipsum facta sunt (Joan.* 1).Vide factum, in similitudinem hominum factus.

Videmus ergo Christum Jesum, et Deum et hominem, et factorem rerum, et factum in rebus ; et Creatorem hominis, et creatum hominem. Deus Christus æqualis est Patri,tantus est quantus ille ; talis est qualis ille : hoc est quod ille, non hic est qui ille :quia ille Pater, hic Filius. Sed hoc est quod ille, quia ille Deus et ille ; ille omnipotens, et ille ; illo immutabilis,et ille. Ideo non rapina erat æqualis Deo, quia natura erat natus et semper natus, sicut est natus et semper natus: et sicut semper natus, ita semper æqualis. Non itaque inæqualem genuit, vel æqualitatem jam nato addidit, sed gignendo eam dedit, quia æqualem, non imparem genuit. (16) Non igitur immerito Scriptura utrumque dicit, scilicet et æqualem Patri Filium, et Patrem majorem Filio,illud propter formam Dei, hoc propter formam servi. Propter quam non tantum Patre, sed etiam seipso et Spiritu sancto minor factus est, et etiam minoratus est paulo minus ab angelis *(Hebr.* II). Ergo et homo factus est et permanens Deus.Homo enim assumptus est a Deo,non in homine consumptus est Deus.Ideo valide rationabiliter, et Patre minor est homo Christus, et Patri æqualis est idem ipse Deus Christus. (17) Christus enim Dei Filius et Deus est homo :Deus ab æterno, homo in sæculo : Deus, quia Dei Verbum ; homo, quia in unitate personæ accessit Verbo anima rationalis et caro. Cum enim esset unicus Dei Filius, non gratia,sed natura, ut esset etiam plenus gratia factus est et hominis filius, unus Dei Filius, idemque hominis filius :non duo filii Dei,Deus et homo, sed unus Dei Filius : Deus sine initio, homo a certo initio. Sicut enim non augetur numerus personarum cum caro accedit animæ, ut sit unus homo, sic non augetur numerus personarum cum homo accedit Verbo ut sit unus Christus. Legitur itaque Deus homo, ut intelligamus hujus personæ singularitatem,non ut suspicemur in carnem mutatam divinitatem. (18) Non enim in illa susceptione alterum eorum in alterum conversum et mutatum est ; nec divinitas quippe in creaturam mutata est, ut desisteret esse divinitas, nec creatura in divinitatem mutata est, ut desisteret esse creatura. *Et habitu.*Quasi dicat :Factus est in similitudinem hominum, *et* etiam suo *habitu,* id est sua conversatione *inventus est* alicui volenti experiri, ut alius homo, quia comedit, bibit, sedit, etc. Vel ita : Ha-

---

(9) August.. De 83 Quæst.
(10) Id., in eodem.
(11) Id., super Joannem.
(12) Id., in psalmo cxxx.
(13) Id., super Joan.

(14) Id., in serm. quod.
(15) Id., De verb. Evang.
(16) Id., De Trinit.
(17) Id., in Enchir.
(18) Id., De Trinit.

habitus in ea re dicitur, quæ ut habeatur accedit vel accidit. Verumtamen hoc interest, quia quædam eorum quæ accidunt ut habitum faciant non mutantur, sed ipsa mutant in se integra et inconcussa manentia, sicut sapientia accidens homini, non ipsa mutatur, sed hominem mutat, quem de stulto sapientem facit. Quædam vero sic accidunt ut mutent et mutentur, ut cibus qui amittens suam speciem in corpus vertitur, et exilitatem atque languorem in robur atque valentiam commutat. Tertium genus est cum ea quæ accidunt nec mutant ea quibus accidunt nec ab eis ipsa mutantur, sicut annulus in digito positus, quod genus rarissime invenitur. Quartum genus cum ea quæ accidunt mutantur non a sua natura, sed quodammodo formantur, et aliam speciem et formam accipiunt, ut est vestis quæ dejecta atque deposita non habet eam formam quam sumit induta. Induta enim membris accipit formam, quum non habet exuta. Quod genus congruit huic operationi. Deus enim Filius semetipsum exinanivit, non formam suam mutans, sed formam servi accipiens : neque conversus aut transmutatus in hominem, amissa incommutabili stabilitate, et in similitudinem **181** hominum factus est ipse susceptor verum hominem suscipiendo [Haimo] Hic enim similitudo veritatem exprimit.

Et habitu inventus *ut homo*, id est habendo hominem, inventus est ut homo eis quibus in homine apparuit. Quod dicit ut homo, tale est, quale et illud, *quasi Unigeniti a Patre*. (Joan. 1.) Veritatem enim exprimit. Habitus autem iste non est ex primo genere [Augustinus.] Non enim manens in se natura hominis, naturam Dei mutavit, nec ex secundo. Non enim mutavit homo Deum, et mutatus est ab illo, nec ex tertio. Non enim sic assumptus est homo, ut nec ipse mutaret Deum, nec ac ipso mutaretur; sed potius ex quarto. Sic enim assumptus est, ut commutaretur ineffabiliter et excellentius atque conjunctius, quam vestis cum ab homine induitur. Nomine ergo habitus satis significavit qualiter dixit, in similitudinem hominum factus, quia non transmigratione in hominem, sed habitu factus est, cum indutus est hominem, quem sibi uniens quodammodo atque conformans immortalitati æternitatique consociaret. (19) Non ergo oportet intelligi Verbum mutatum esse susceptione hominis, sicut nec membra veste induta mutantur, quamvis susceptio illa ineffabiliter susceptum suscipienti copularet. Habitus ergo est susceptio hominis, quasi vestis quæ non mutat, quod vestitur ad commendationem majoris humilitatis, et ait : et *humiliavit semetipsum*, tam altum, *factus obediens* Patri, non solum sustinendo convicia et opprobria, sed etiam *usque ad mortem*.(20) Quanta humilitas ! humiliavit se Christus usque ad incarnationem, usque ad mortalitatis humanæ participationem, usque ad diaboli tentationem, usque ad populi irrisionem, usque ad sputa et vincula, et alapas, flagella, usque ad mortem. Et si parum est hoc, aliquid de genere mortis addendum est. Mortem autem, non quamlibet, sed crucis, quæ ignominiosior est. [Augustinus] Ecce habemus humilitatis exemplum, superbiæ medicamentum. Quid ergo intumescis, homo ?O pellis morticina, quid tenderis? O sanies fetida, quid inflaris ? Princeps tuus humilis, et tu superbus ? Caput est humile, et membrum superbum ? Absit !*Propter quod*. Ostendit humilitatem Christi quæ maxime in passione apparuit, nunc incipit de claritate ejus secundum hominem quæ ab ejus resurrectione sumpsit exordium. Ut enim Christus resurrectione clarificaretur, prius humiliatus est passione ; humilitas, claritatis est meritum ; claritas, humilitatis est præmium ; sed hoc totum factum est in forma servi. In forma enim Dei semper fuit, et erit claritas. [Ambrosius] Quid ergo in quantum humilitas mereatur, ostendit hic ut magis hanc appeteremus calcata jactantia.

Vers. 9-11. — « Propter quod et Deus exaltavit
« illum, et donavit illi nomen quod est super omne
« nomen, ut in nomine Jesu omne genu flectatur
« cœlestium, terrrestrium et infernorum, et omnis
« lingua confiteatur quia Dominus Jesus Christus
« in gloria est Dei Patris. »

Propter quod, scilicet quia tam humiliter Christus passus est moriendo, *et Deus Pater* exaltavit illum, donando immortalitatem, impassibilitatem. Exaltavit ergo secundum humanam naturam, qu gloriosior facta est in resurrectione, in quo et natura divina potest dici exaltata secundum ostensionem, quia cœpit sciri quod erat. Sicut in assumptione infirmitatis dicitur exinanita, quia non apparuit quod erat. [Augustinus] *Et donavit*, per gratiam *illi*, homini Christo *nomen quod est super omne nomen*, id est honorificentiam, scilicet quod vocatur Deus. Hoc et ante resurrectionem habuit, sed post resurrectionem quod erat, in evidenti positum est ut scirent homines et dæmones ; et tunc res dicitur fieri quando innotescit. Quod ergo a conceptione acceperat, dicitur ei donatum post resurrectionem propter manifestationem. Sed quæritur cui donaverit, utrum homini, an Deo. Homini donavit nomen quod est super omne nomen, non Deo, neque enim cum in forma Dei esset, non excelsus erat ; aut non ei genua flectebant, cœlestia, terrena et inferna, Sed cum dicitur propter quod illum exaltavit, satis apparet propter quid exaltaverit, id est propter obedientiam usque ad mortem crucis. In qua ergo forma Christus crucifixus est, ipsa exaltata est ; ipsi donatum est nomen quod est super omne nomen, ut cum ipsa forma servi, nominetur unigenitus Dei Filius. Hoc ergo illi datum est ut homini secundum quem factus est Filius obediens usque ad mortem, quod jam habebat idem ipse Dei Filius, Deus de Deo natus æqualis Patri. Nunquid enim antequam resurgeret, imo etiam **antequam**

---

(19) August., De Trinit.

(20) Id., in serm. quodam.

homo fieret, non erat altus Dei Filius,Dei Verbum, Deus apud Deum?[Augustinus] Donavit ergo secundum hominem Christo, secundum carnem mortuo, resurgenti, ascendenti : Ut *in nomine Jesu omne genu flectatur, cœlestium, terrestrium, et infernorum*, id est ut imperio ejus subjici fateantur Angeli et homines et dæmones. Sedet enim Christus ad dexteram Patris post resurrectionem et ascensionem. Factum est hoc jam, nec videmus, sed credimus et legimus. Unde et eo ipso quo erat filius David Christus,factus est Dominus David. Illud enim quod natum est ex David,ita honoratum est ut esset Dominus David. Ergo in carne quam accepit in qua mortuus est, in qua et ascendit, et sedet ad dexteram Patris ; in eadem ipsa sic honorata, sic clarificata, et in cœlestem habitum mutata ; et Filius est David, et Dominus David,qui est Dominus cœlestium, terrestrium et infernorum. [Ambrosius]

Vel ita quibusdam videtur,homini datum est nomen quod est super omne nomen,quod nullo genere, nulla ratione convenit. Hoc est enim donum Patris, scilicet esse Filium ; et nomen ejus super omne nomen, hoc est esse Deum, quod non per solam appellationem, sed per naturam est super omne nomen :Hoc nomen non est datum homini. Si enim secundum quod homo erat hoc accepit, tunc ipse Dei Filius Deus sibi dedit hoc nomen. Quare ergo Pater dicitur dedisse quod divinitas Filii poterat homini præstare ? Sed forte dicetur quia a Deo Patre sunt omnia, ideo ipse dicitur dedisse. Si ergo a Patre omnia, quare non dicatur cuncta Filio suo per generationem dedisse, cum sibi æqualem genuit? Item donatum illi significat qui se exinanivit, qui formam servi accepit.Sed nunquid poterat se exinanisse homo res infirma ? [Augustinus]Nunquid in forma Dei erat ante incarnationem ? Quod si non erat, non accepit formam servi, nec se exinanivit ; quia qui erat in forma Dei, se exinanivit formam servi accipiens.Ergo homini non est donatum nomen Dei, sed ei qui æqualis est Patri qui se exinanivit, cujus suntomnia a Patre. Illi donavit Deus Pater nomen quod est super omne nomen,id est esse Deum per naturam,quando ab eo plenus Deus natus est. Quomodo ergo dicit Apostolus, propter quod exaltavit et donavit illi nomen, quia post crucem manifestatur quid a Patre cum generaretur accepit.Cum autem a creatura cœpit sciri illius majestas, illius divinitas post crucem,passionem,et resurrectionem revelata est hominibus.Ut in nomine Jesu omne genu flectatur, cœlestium, terrestrium et infernorum. Hic aperit cui datum sit nomen Dei. Cui omnis creatura flectit genua,id est Deo. Sed forte dicitur quod homo adoptione Deus esset, et sic Christus ex parte verus Deus, et ex parte adoptivus erit. Adoptivo autem Deo non flectit genua creatura, sed Deo vero causa creaturæ. Constat autem Christum verum Deum esse,cui flectitur genu, non adoptivum. Tandem in fine ;*omnis lingua* bonorum et malorum confiteatur sponte vel invite, *quia Dominus* noster *Jesus Christus in gloria* Dei *Patris*, id est æqualis Patri, quod hic quidam negant. Quomodo potest fieri ut homo sit in gloria Dei Patris, etiam si adoptivus Deus sit,homo in gloria Dei Patris non potest esse : Nam hoc ei competit qui natus est de Deo, quia in gloria Dei Patris esse,est nihil defferre ab eo, ut una gloria sit Patris et Filii per naturam, per communem substantiam et virtutem. Cave qualiter intelligas virorum illustrium,Ambrosii et Augustini verba præmissa, ne sibi contraire putentur. Scitote ergo quia est donatio naturalis et est donatio gratuita. Naturali donatione dedit Pater nomen quod est super omne nomen Deo filio non homini, id est Christo, secundum quod Deus, non secundum quod homo; nec fuit aliud dare, quam sibi æqualem generare. Gratuita vero donatione dedit homini Christo, non Deo :quia Christus non in quantum Deus,sed in quantum homo per gratiam accepit nomen Dei,nec per gratiam adoptionis,sed per gratiam unionis,ut non sit adoptivus Deus, sed verus Deus cui flectitur omne genu.

Vers. 12-18. — « Itaque, charissimi mei, sicut
« semper obedistis, non in præsentia mea tantum,
« sed multo magis nunc in absentia mea cum metu,
« et tremore vestram salutem operamini. Deus est
« enim qui operatur in vobis et velle et perficere
« pro bona voluntate.Omnia autem facite sine mur-
« murationibus et hæsitationibus,ut sitis sine que-
« rela, et simplices filii Dei sine reprehensione in
« medio nationis pravæ et perversæ, inter quos lu-
« cetis sicut luminaria in mundo verbum vitæ con-
« tinentes ad gloriam meam in die Christi,quia non
« in vacuum cucurri,neque in vacuum laboravi.Sed
« et si immolor supra sacrificium et obsequium fidei
« vestræ,gaudeo et congratulor omnibus vobis. Id-
«psum autem et vos gaudete,et congratulamini mihi.»

Itaque, etc. [Haimo.] Quasi dicat : Quia Christus humilis,ita per obedientiam exaltatus est.*Itaque, fratres mei*,in fide et dilectione,*sicut semper obedistis* Domino et mihi,ita nunc obedito, *non in præsentia mea tantum servientes, sed multo magis nunc in absentia mea*,quia minus subvenio vobis, et *operamini*,id est operibus mereamini,et præparate *vestram salutem*,id est vitam 182 æternam. Et hoc *cum metu* animi et tremore corporis,id est magno et manifesto timore, non præsumptione. Vel cum metu, id est cum humilitate non superbe, quia qui timet semper humilis est ne cadat, *et tremore* manifesto. *Deus enim*. Quasi dicat : Ideo timendum est, quia non vos sed Deus operatur. Et hoc, *Deus enim est qui operatur in vobis, et velle* bonum, *et perficere* bonum quod vultis. Et hoc *pro bona voluntate* sua, non pro meritis nostris. (21) Nos ergo volumus, sed Deus operatur in nobis et velle ; nos operamur, sed Deus in nobis operatur et operari : hoc nos expedit et credere et dicere, quia pium est et verum, ut sit hu-

---

(21) Aug. De bono persev.

milis confessio,et totum detur Deo.(22)Per proprium enim arbitrium nisi Dei gratia adjuvetur, nec ipsa bona voluntas in homine esse potest.*Omnia autem.* Adjungit hic patientiam humilitati. Quasi dicat: Non solum cum metu operamini, sed etiam *omnia facite sine murmuratione,* id est non negligenter et indevote; *et sine hæsitationibus,* ut non hæsitetis pati pro Christo, sed prompti sitis.Ita omnia facite *ut sitis sine querela,* quantum ad proximum, ut scilicet proximus de vobis non possit conqueri; *et* quantum ad vos, sitis *simplices,* non duplices ut qui duobus dominis servire volunt. Contra quod dictum est: *Non potestis Deo servire et mammonæ (Matth.* VI). Simplices, dico, sicut *filii Dei.* [Haimo] Sicut Deus simplex est, ita et filii ejus puro ac simplici animo debent incedere; *et* etiam quantum ad exteros estote *sine reprehensione,*ut non sit in vobis quod pateat reprehensioni. Et hoc ideo hortor,quia estis *in medio pravæ nationis,* per opera *et perversæ* per diversas sectas, id est malorum,qui rectum ordinem depravant et pervertunt: qui dicuntur natio,quia non sunt renati ex aqua et Spiritu sancto. *Inter quas lucetis,* id est lucere debetis doctrina et vita, id est ad hoc estis constituti ut luceatis. Et ideo decet vos esse sine reprehensione. Lucetis, dico. *Sicut luminaria* fixa in cœlo lucet *in mundo,* sic et vos sol mundi estis quos illuminat lux vera. Et hoc ideo quia estis *continentes verbum vitæ,* id est quia estis vasa Evangelii, sicut illa dicuntur continere rationem vitæ animalis. Luminaribus bene sanctos comparat. Sicut enim stellas cœli non exstinguit nox, sic mentes fidelium adhærentes cœlo sacræ Scripturæ non obscurat mundana iniquitas. (23) Et sicut illa quidquid agatur in terra etiam si quid mentiantur de ipsis, suos tamen in cœlo cursus non obliquant nec tardant: ita sancti, quorum conversatio in cœlis est (*Philipp.* III), propter mala mundi quæ despiciunt; vel falsa quæ confingantur in ipsos, lucem verbi et vitæ exemplum nullo modo interpolant. Ita facite ut dixi, quod utique erit *ad gloriam meam,* nedum vestram futuram, *in die Christi,* id est quando videbitur Christus.Et vere gloriam habeo, *quia non in vanum,* id est sine fructu, *cucurri,* in facile conversis; *neque in vanum laboravi,* in difficile conversis. Et non solum tunc habebo gloriam, sed etiam modo *gaudebo intus,* in mente, quia certa me manet merces; *et congratulor,* id est gratias ago *vobis omnibus,* etiam *si immolor super sacrificium et obsequium fidei vestræ.* Quasi dicat: Jam obtuli Deo fidem et opera vestra, sed etiam si ipse pro vobis offeror, gaudeo, ita et vos, si pro me immolamini gaudete. Et hoc est quod subdit: Propter *idipsum autem et vos gaudete et congratulamini,* id est gratias agite *mihi,* sicut ego vobis, si immolor pro vobis.

VERS. 19-30. — « Spero autem in Domino Jesu « Timotheum me cito mittere ad vos, ut et ego bono « animo sim cognitis quæ circa vos sunt.Neminem « enim habeo tam unanimem qui sincera affectione « pro vobis sollicitus sit.Omnes enim quæ sua sunt « quærunt, non quæ Jesu Christi. Experimentum « autem ejus cognoscite, quoniam sicut patri filius « mecum servivit in Evangelio. Hunc igitur spero « me mittere ad vos, mox ut videro quæ circa me « sunt. Confido autem in Domino, quoniam et ipse « veniam ad vos cito. Necessarium autem existi« mavi Epaphroditum, fratrem et cooperatorem et « commilitonem meum,vestrum autem apostolum, « et ministrum necessitatis meæ, mittere ad vos, « quoniam quidem omnes vos desiderabat, et mœ« stus erat, propterea quod audieratis illum infir« matum. Nam et infirmatus est usque ad mortem, « sed Deus misertus est ejus. Non solum autem « ejus, verumetiam et mei, ne tristitiam super tri« stitiam haberem. Festinantius ergo misi illum, « ut viso illo iterum gaudeatis, et ego sine tristitia « sim. Excipite itaque illum cum omni gaudio in « Domino, et ejusmodi cum honore habetote, « quoniam propter opus Christi usque ad mortem « accessit, tradens animam suam, ut impleret id « quod ex vobis deerat erga meum obsequium. »

Spero autem. Quasi dicat: Non solum litteris hoc moneo, sed etiam spero *in Domino Jesu,* id est per misericordiam Domini Jesu *Timotheum me mittere ad vos.* Et hoc *cito,* adeo necessarium est ut veniat. Et adeo attentus est erga vos. Mittere, dico, *ut et ego bono animo sim,* his *cognitis quæ circa vos sunt,* sicut vos eritis bono animo cognitis his quæ circa me sunt. Ideo illum et non alium volo mittere. Etenim, id est quia *neminem habeo* nunc *tam unanimem,* id est qui ita concordet meæ voluntati in hoc negotio, *qui,* ita sincera affectione pro vobis *sollicitus sit.* Hoc enim tempore multi cum Apostolo mercenarii erant; filii vero vel pastores nulli, nisi Timotheus. Et vere. *Omnes enim quærunt* in vobis *quæ sua sunt,non quæ sunt Jesu Christi.*[Ambrosius] Negligentes enim erant de disciplina et conversatione fratrum.Non enim devoto animo prædicabant, sed propter propria lucra. Hi sunt mercenarii qui sunt tolerandi, quia eadem habent in ore quæ et pastores, qui utique sunt diligendi.Fures vero et latrones qui occidunt, sunt cavendi. *Experimentum autem.* Quasi dicat: Hunc mittam ad vos, vos *autem cognoscite* in vita et doctrina, *experimentum ejus,* id est ipsum quem nos experti sumus et bonum cognovimus, *quoniam,* ipse obediens mihi *sicut filius patri mecum servivit* Deo in *Evangelio* in quo potui experiri eum. Et quia expertus sum,*hunc igitur spero me mittere ad vos,mox ut videro* quem exitum sint habitura *quæ circa me sunt. Confido autem in Domino, quoniam et ipse cito venium ad vos.* [Haimo] Hæc manifesta sunt,aperta perstringamus ut in obscuris immoremur. Interim *autem existimavi necessarium* fore *mittere ad vos*

---

(22) August., ad Julianum.

(23) Id., ex lib. Sentent. Prosperi.

Epaphroditum fratrem meum in fide, *et cooperatorem in prædicatione, et commilitonem in adversis, vestrum autem apostolum,* id est doctorem, *et ministrum necessitatis meæ,* qui mihi necessaria ministravit, et ideo mittere volui. Sunt etiam aliæ causæ, scilicet *quoniam quidem desiderabat vos omnes videre, et mæstus erat,* non de se, sed de vobis pro eo dolentibus. Et hoc est quod subdit : *Propterea quod audieratis eum infirmatum,* id est verberatum ministratione, unde dolebatis. *Nam,* etc. Quasi quis diceret : Cur mœstus erat quia audierant illum infirmatum,scilicet cum possent decipi? Respondetur. Quia non solum fama, sed etiam in ipsa re infirmatus est, et ita confirmaretur auditus eorum magis ac magis, et dolor augeretur,nisi cito ad eos veniret. Et hoc est quod subdit : *Nam et infirmatus est,* non utique ex verberatione, sed ex ægritudine. Et hoc *usque ad mortem,* id est ad mortis periculum. *Sed Deus misertus est ejus,* sanando eum, *non solum autem ejus, verumetiam et mei* vel nostri quibus eum servavit. [Ambrosius] In hoc misertus est mei ne haberem *tristitiam* de morte *super tristitiam* de infirmitate, quæ nocebat vobis. Et quia Deus misertus est ejus et nostri, *ergo festinantius* quam esset propositum *misi illum ad vos, ut viso illo iterum gaudeatis,* pro cujus absentia tristari vos novi, *et ego sine tristitia* sim, quam habebam de vobis tristibus. Et quia misi eum, *itaque excipite illum* cum gratia, ut per bona opera ostendatis vos gaudere de eo. Gaudio, dico, quod fit *in Domino,* id est quod sit spirituale, et, quia ejusmodi est, *cum omni honore habetote.* Absoluta sunt hæc, nec egent interpretatione. Et debetis, *quoniam propter opus Christi,* id est ut faceret opus quod Christus docuit et fecit qui venit ministrare et non ministrari, *accessit usque ad mortem,* id est periculo mortis ; non coactus, sed ex voluntaria deliberatione, *tradens animam,* id est vitam suam *ut impleret id quod ex vobis deerat erga meum officium.* Rem quippe dedistis, sed qui mihi ferret de vobis, non erat.

CAPUT III.

Vers. 1-6. — « De cætero, fratres mei, gaudete
« in Domino. Eadem vos scribere mihi quidem non
« pigrum, vobis autem necessarium. Videte canes,
« videte malos operarios, videte concisionem. Nos
« enim sumus circumcisio qui spiritu servimus
« Deo, et gloriamur in Christo Jesu et non in carne
« fiduciam habentes, quamquam et ego habeam con-
« fidentiam in carne. Si quis alius videtur confi-
« dere in carne, ego magis circumcisus octava die
« ex genere Israel de tribu Benjamini, Hebræus ex
« Hebræis, secundum legem Pharisæus, secun-
« dum æmulationem persequens Ecclesiam Dei,
« secundum justitiam quæ in lege est conversatus
« sine querela. »

De cætero. Hucusque contra tritulationes maxime exhortatus est eos, de cætero contra pseudoapostolos monet ne legalia ab eis recipiant, sed fidem Christi solam sufficere credant. Et incipit hic agere de sinceritate fidei quasi de tolerantia et quibusdam aliis. Hucusque monui. **183** *De cætero,* id est deinceps, o *fratres mei,* in fide, dico, *gaudete in Domino,* id est gaudium omnis boni habeatis in Domino, non in carnalibus observantiis. Hoc quidem præsens dixi vobis, sed *eadem scribere vobis,* quæ præsens dixi, scilicet ut in Domino tantum gaudeatis, *mihi* absenti *quidem non est pigrum vobis autem necessarium* est, contra instantes pseudo. Ideo dicit necessarium scribere quæ præsens dixerat, quia scriptura diutius manet quam prolatio (24) *Videte,* et ut in Domino gaudeatis, videte, id est cognoscite illos esse *canes,* non ratione, sed consuetudine contra insolitam veritatem latrantes. (25) Hæc est enim canum natura ut cum quibus habent consuetudinem, sive boni, sive mali sint, non ad eos latrent ; insolitorum autem personis visis etiam innocentibus irritentur. Bene ergo comparat canibus, quia sicut canes magis sequuntur consuetudinem quam rationem, ita pseudoapostoli consuetudinem legis tenent, et contra veritatem irrationabiliter latrant et mordent. Et *videte,* id est cognoscite illos esse *malos operarios.* Mali operarii sunt qui zizania errorum superserunt generoso semini Evangelii, quibus frumenta enecant. *Videte,* id est cognoscite illos esse, non dico circumcisionem, sed *concisionem,* concisi sunt, quia a Christo cæsi sunt : et alios cædunt, id est separant. *Nos enim.* Quasi dicat : Bene hos nomino concisionem et non circumcisionem, *nos enim,* fideles tantum *sumus,* vere circumcisio. Credentes enim circumcidunt cor suum, et amputata erroris nebula aspiciunt et cognoscant Deum creatorem. Nos, inquam, *qui,* scilicet ea servitute quæ græce Latria dicitur, *servimus Deo,* et hoc non in carne, sed *spiritu,* id est ratione ab omnibus expedita, quia spiritus regit, caro domatur. Carne enim servit Deo, qui de rebus carnalibus sperat placere Deo. [Augustinus] Cum vero caro ipsa ad bona opera spiritui subditur, spiritu servimus Deo qui carnem domamus ut spiritus obtemperet Deo. Spiritus enim regit, caro regitur ; nec spiritus bene regit, si non regatur. In nonnullis codicibus invenimus scriptum ita, *qui Spiritui Deo servimus.* Per hoc notat Spiritum sanctum esse cui latria exhibetur, scilicet servitus soli Creatori exhibenda. Alia est servitus qua per charitatem jubemur servire invicem, quæ Græce dicitur dulia. (26) In pluribus etiam codicibus Latinis, in Græcis vero omnibus vel pene omnibus, reperitur ita scriptum, qui spiritui Dei servimus. Attende etiam cum non dixerit, nos habemus circumcisionem, sed *nos sumus circumcisio,* sic accipi. Hoc voluit significare Apostolus : Nos sumus justitia ; circumcisio enim justitia est. Magis autem commendat quod

(24) August., De grat. nov. Test.
(25) Id., De Trinit.

(26) Id., in serm. quodam.

dicit, dicendo nos esse circumcisionem, id est justitiam, quod dicendo nos esse circumcisos, id est justos : sic tamen ut cum justitiam dicit, esse, justos esse intelligamus.

[Haimo.] *Et gloriamur in Christo Jesu*, maxime, quia nostra gloria tantum Christus est. *Et nos sumus habentes fiduciam*, id est spem salutis, *in carne*, id est in carnali circumcisione, vel in genere. (27) Respexit quosdam in carne fidentes. Ipsi erant qui de circumcisione carnis et aliis carnalibus observantiis, nec non etiam de genere gloriabantur. Et ne videatur Apostolus non posse fidere in carne et contemnere quod non habet, subdit : *Quanquam ego habeam*, id est habere possim *confidentiam in carne*, si qua esset. Et vere possim, quia plus aliis, et hoc est quam subdit: *Si quis alius* a me qui vos decipit, *videtur confidere in carne*, quasi inde justus sit, *ego magis* videor, debere confidere quam illi pseudo, quia ego sum *circumcisus octava die*, a nativitate mea. Quasi dicat : Non major circumcisus sum, sed habeo circumcisionem octava die, ut lex Moysi præcipit hominem, scilicet octava die circumcidi cultello petrino. Innuens quod post tempus, vii dierum in octavo, id est æterno die a Christo petra perfecte circumcidemur ab omni corruptione pœnæ et culpæ. Et sum *ex genere Israel*, id est non proselytus, non advena ad populum Dei, sed a parentibus natus Judæis ; et sum non de minori tribu, sed *de tribu Benjamin*, quæ non fuit de concubinis, quæ tribus adhæsit non recedens a templo quando facta est separatio in servo Salomonis. Tunc enim tribus Juda quæ erat regia, et tribus Benjamin, et tribus Levi quæ erat sacerdotalis remanserunt simul non recedentes a Jerusalem et a templo ; et ego natus *ex hebræis* parentibus sum *Hebræus*. Quasi dicat : Non deviavi a gente mea. Nota quod Hebræi dicuntur pro Abrahæi mutata littera ab Abraham, unde origo trahitur, non ab Heber. Hoc autem Augustinus retractat ita, dicens : Quod dixi ex Abraham cœpisse gentem eorum, est quidem et hoc credibile, ut Hebræi velut Abrahæi dicti esse videantur. Sed ex illo verius intelligantur appellari qui vocabatur Heber, tanquam Hebræi. Et sum *secundum legem* ; in qua egregius fui. *Pharisæus*, id est non contemptibili plebi admistus, sed nobilitate ab aliis segregatus atque primarius. Primarii enim quidam, et quasi ad nobilitatem Judaicam segregati erant, non contemptibili plebi misti, qui dicebantur Pharisæi. Nam dicitur hoc verbum quasi *segregationem* interpretari: qui sicut Latine *egregius* dicitur, quasi a grege separatus. Et fui *secundum æmulationem*, id est dilectionem legis, *persequens Ecclesiam Dei*. Quidquid enim erat quod legi meæ adversarium videretur impatienter ferebam, acriter insequebar. Hæc apud Judæos erat nobilitas, sed apud Christum quæritur humilitas. Ideo ibi iste Saulus dicebatur. a Saule cujus erat procera statura hic autem Paulus, id est modicus dicitur. *Et secundum justitiam*, non veram, sed *quæ in lege est*, quæ manus comprimit, non animum, quæ timore, non amore servire facit. *Conversatus* sum *sine querela*, id est sine clamore de me facto. [Augustinus] Nota quod dicit se secundum justitiam legis conversatum : idem tamen alibi ait : *In quibus et nos ambulavimus aliquando in desideriis carnis, facientes voluntatem carnis, et eramus natura filii iræ* (*Ephes.* II). Talis justus erat secundum legem. Malum erat talem justitiam sectari, quia quod in eo fuit sine querela ; hoc de illo magnam faciebat querelam.

VERS, 7 12. — « Sed quæ mihi fuerant lucra, hæc
« arbitratus sum propter Christum detrimenta. Ve-
« rumtamen existimo omnia detrimentum esse pro-
« pter eminentem scientiam Jesu Christi Domini
« mei, propter quem omnia detrimenta feci, et
« arbitror ut stercora ut Christum lucrifaciam,
« et inveniar in illo non habens meam justitiam
« quæ ex lege est, sed illam quæ ex fide est Christi
« Jesu, quæ ex Deo est justitia in fide ad cogno-
« scendum illum, et virtutem resurrectionis ejus,
« et societatem passionis illius, configuratus morti
« ejus, si quo modo occurram ad resurrectionem
« quæ est ex mortuis, non quod jam acceperim,
« aut jam perfectus sim. »

Sed quæ mihi, etc. Hæc omnia prædicta habui, *sed quæ mihi fuerunt*, ante Christum, *lucra* ut signa veritatis, *hæc sum arbitratus*, si post veritatem sequerer, esse *detrimenta*, scilicet quidquid boni est deterentia. [Ambbrosius] Et hoc *propter Christum*, scilicet ne adventum Christi ostenderem, vel nondum factum esse, vel superfluum. Inania enim erant hæc omnia et impedimenta ne accederetur ad gratiam. *Verumtamen*. Quasi dicat : Non solum propter Christum habendum, ita arbitratus sum, *verumtamen*, id est sed etiam si ipsum non possem assequi, *æstimo omnia detrimentum esse propter* hoc solum, scilicet propter *scientiam Domini nostri Jesu Christi*, id est quam de Christo habemus *eminentem*, cæteris scientiis, vel quæ eminet in eo plusquam in aliis. Vel ad eumdem sensum potest hæc littera jungi, cum priori versu. Quasi dicat: hæc omnia prædicta legis habeo, verumtamen. id est sed tamen non partim, sed omnia existimo esse detrimenta, et hoc, propter eminentem scientiam id est Christi Domini. Hoc non mutatur, *Propter quem*, Christum, honorandum, in est propter Jesu Christi dilectionem et honorem, non solum æstimo ea detrimenta, sed etiam *feci*, docendo et spiritualiier vivendo, ut aliis appareret *omnia* esse *detrimentum* : et quod plus est, *arbitror* illa legalia non tantum esse detrimenta bonorum, sed etiam *ut stercora*, quia inquinant jam observantem. Et hoc ideo *ut* in futuro *Christum lucrifacerem*, id est Christum habeam præmium : Et hic *inveniar*, rationabiliter attendenti membrum *in illo capite*, id est sim membrum illius ei charitate

(27) August., in serm. quod.

copulatus: quod aliter nequit fieri, nisi illa existimament ut stercora. Quomodo autem potest in illo esse ut membrum, subdit, inveniar, dico, *non habens meam justitiam*, quæ ex lege est. Illa est justitia qua quis pœnas timet, non amat justitiam. Quisquis enim timuerit, et suis viribus legem implere putaverit, et fecerit quod jubet lex non amando justitiam, sed timendo pœnam, fit quidem secundum justitiam, quæ ex lege est justus. De qua justitia alibi dicitur: *Suam volentes justitiam constituere, justitiæ Dei, id est gratiæ non sunt subjecti* (Rom. VIII). Sed si ex lege justitia est, quomodo est tua? Nunquid tu tibi imposuisti legem? [Haimo.] Deus legem dedit et imposuit, Deus te legi suæ obtemperare præcepit. [Augustinus] Sed et tua est, quia de lege præsumis tua voluntate te legem posse implere, existimans quia illa legalia manibus operaris. Von habens meam, dico, *sed illam justitiam quæ est ex fide Christi*, quæ impetrat a Deo, quæ tollit timorem et dat amorem, quam Deus solus operatur in nobis. Melius est enim justum esse quam hominem esse. Si ergo hominem te fecit Deus, et justum te facit quod melius est; non tu te, sed sine te fecit te? non enim adhibuisti aliquem sensum ut te faceret. Qui ergo fecit te sine te, non te justificat sine te. Fecit te nescientem, volentem justificat; et cum justitia vera sit ex fide, quid ergo opus est lege? Omnino tollenda est secundum verbum legalium figuratum, *Quæ justitia ex fide est ex Deo*, non est ex nobis. Et si fides nostra sit et justitia, hæc scilicet ens in fide. Sicut enim ex fide nata est, ita existere non habet nisi in fide.

Deinde subdit commendatiouem fidei per multa quæ facit. Facit enim et in alia vita cognoscere Deum perfecte qui hic fide creditur, et habere resurrectionem, quæ nostra resurrectio est virtus et efficacia resurrectionis Christi, et in hac vita habere societatem Christi in patiendo; nisi enim per fidem nemo tanta pateretur. Et configurationem mortis ejus ut, scilicet moriatur pro Christo, si opus fuerit, sicut ipse pro nobis. Et hoc est quod ait, *fide*, dico, valente *ad cognoscendum illum* perfecte in futuro. Hoc videtur dicere de fide non habente tempus operandi, quæ tantum ad hoc valet. Et valente *ad virtutem resurrectionis ejus*, id est ad veram resurrectionis efficientiam, quæ est virtus et effectus resurrectionis Christi. Et in hac vita valet *ad societatem passionum ejus*, id est ad hoc ut socii simus Christi in patiendo. Quæ societas est ex charitate, hoc dicit de fide habente tempus operandi. Inveniar dico in illo, ego dico *configuratus morti ejus*, ut scilicet moriar pro illo, si opus sit, imitator mortis ejus et passionis. Vel ita, in fide ad cognoscendum. Quasi dicat: Qui in lege putat se justificari, non agnoscit Christum, sed ego volo justificari in justitia quæ ex fide est, quæ ex Deo est, quæ est in fide. Ad quid? Ad cognoscendum illum, id est ut ego agnoscam illum, scilicet cur natus, cur passus. Et ad cognoscendum virtutem resurrectionis ejus, id est ut agnoscam quæ est virtus resurrectionis suæ, scilicet justificatio credentium. Ex illius enim resurrectione justificamur, tanquam enim a petra circumcidamur. Resurrexit enim Christus, propter justificationem nostram, id est ut justos nos faciat. Et agnoscam socios passionis ejus, id est fructum qu venit ex societate passionum ejus. Illam ergo bene noscit, qui per eam ad cœli gaudia pervenire credit. Ego dico, *configuratus morti ejus*. Hoc non mutatur. *Si quomodo*. Quasi dicat: quæro justificari ex fide, et configurari morti ejus Christi. Ego, dico, tentans, *si quomodo*, hoc ideo dicit, quia difficile est, *occurram Deo*, retribuens ei quod mihi retribuit, scilicet calicem passionis. Unde propheta: *Quid retribuam Domino pro omnibus*, etc. (*Psal.* cxv). Ego, dico, pro hoc venturus *ad resurrectionem*, veram et gloriosam. Vel tentans, si quomodo, etc. In aera Christo, in judicio quod tantum sanctorum est prius veniens ad resurrectionem veram *quæ est*, non inter mortuos, sed longe *ex mortuis*. Qui autem licet omnes resurgant in die judicii, soli tamen justi gloriose mutabuntur, et occurrent Domino in aera deportati ab angelis, Impii vero manebunt in terra, quousque percipiant terribilem sententiam judicis. Et ne videatur superfluum Apostolum tot pati, cum fidem et alia bona habeat, subdit: *Non quod*, quasi dicat: Merito jam pro illa gloria tantum laboro, quia non dico *quod jam acceperim* aliquid gloriæ, quia si aliquid gloriæ accepi, nihil est ad comparationem futuræ, *aut si quid jam* accepi de cognitione Christi, non dico quod in illa jam *perfectus sim*, et si ita est de me, quid de aliis? Hoc dicit de se, ne illi quos in hac Epistola laudat et in quorum fide et devotione se gaudere testatur, ab homines inflatione extollantur; sed laborent addere ut ipse facit, qui tantus est. Si enim ipse qui tanta præditus est dignitate adhuc deesse sibi ad perfectionem confitetur, quanto magis hi elaborandum esse sibi intelligere debent, ut justificationum merita et perfectionis metam adipiscantur. Nemo ergo fidelium, etsi profecerit, dicat: Sufficit mihi. (28) Qui enim hoc dixit, hæsit in via ante finem, quem currens intuebatur Apostolus, et de sua imperfectione confitebatur, aliud in se intuens, aliud alibi quærens. Per fidem enim ambulat, non per speciem. Vel ita quasi dicat: Ideo tento, si quomodo occurram ad resurrectionem, quia non est verum quod acceperim jam virtutem resurrectionis, aut quod jam perfectus sim in, in cognitione Dei.

VERS. 12-14. — « Sequor autem, si quo modo
« comprehendam in quo et comprehensus sum a
« Christo Jesu. Fratres ego me non arbitror comprehendisse. Unum autem, quæ quidem retro sunt
« obliviscens; ad ea vero quæ sunt priora extendens meipsum ad destinatum persequor ad bra-

---

(28) Aug., ex lib. Sentent. Prosperi.

« vium supernæ vocationis Dei in Christo Jesu. »

Sequor autem. Quasi dicat : Non accepi, nec perfectus sum, sed sequor, non passibus corporis, sed mentis affectibus et vitæ moribus, ut possim esse perfectus justitiæ possessor, qui, recto itinere de die in diem spirituali renovatione proficiens, jam perfectus sum factus ejusdem justitiæ viator; perfectus enim erat viator, sed nondum ipsius itineris perfectione perventor. Ideo ait : sequor, proficiendo, tentans *si quomodo comprehendam,* id est si aliquo modo potero perfecte cognoscere Christum qui est summa beatitudo. Ecce quanta est fides quæ tam grande petit. Comprehendam, dico, in eo modo cognitionis *in quo deprehensus sum a Christo Jesu,* ut scilicet videam eum sicut est, sicut ipse me videt sicut sum. [Ambrosius] Vel ita; Comprehendam, dico, non merito meo, sed in eo *in quo comprehensus sum a Domino,* id est per misericordiam Dei per quam a præscientia Dei requisitus inventus sum. Vel ita. Quasi dicat : Comprehendam, dico, in eo modo videndi, in quo, etiam nunc comprehensus sum a Domino Jesu, ut scilicet videam eum in ea claritate in qua mihi apparuit in via, quando me comprehendit. *Fratres,* etc. Illud quod dixerat, evidentius aperit. Et quid illud sit quod nondum comprehendit, sed sequitur ut comprehendat, determinat. Et quasi mirantibus illis quid dicat, cum ait, non accepi, nondum perfectus sum, ait, *fratres.* Quasi dicat : Recte dico, sequor ut comprehendam, quia *ego,* qui melius novi quam vos, vel alii, non arbitror *me comprehendisse,* quidquid alii putent de me. [Augustinus] Ego non arbitror de me comprehendisse, unum scilicet multa quidem habeo, unum autem nondum habeo, hoc unum. Una etiam dicitur in psalmo : *Unam petii a Domino* (Psal. xxvi). Et quasi diceretur : Quid ergo agis, Apostole? nondum apprehendisti? nondum perfectus es? Quid ergo agis? Quid mihi imitandum proponis? inquit · *Quæ quidem retro sunt.* Vel ita, non arbitror me comprehendisse. Hic distingue, non comprehendi. Unum autem de me vobis assero, quod *ego obliviscens ea quidem quæ retro sunt, ad ea vero quæ priora sunt me extendens, et persequor,* etc. Vel ita, ab illo loco; fratres. Quasi dicat: Non comprehendi. Et vere, quia, o fratres, nec arbitror me comprehendisse, sed persequor, non utique tria vel duo, sed unum, summum bonum : quod vere est unum, in quo sunt omnia bona. Hoc est illud unum de quo Philippus ait, *Domine, ostende nobis Patrem, et sufficit nobis (Joan.* xiv).

Persequor, dico, qualiter? hoc modo, obliviscens quidem, id est dans oblivioni, *quæ retro sunt,* id est terrena quæ reliqui *ad ea vero quæ priora sunt,* id est ad cœlestia quæ terrenis priora sunt, *extendens me,* tota intentione et desiderio nondum habitæ rei. Extendebat enim se ad cœlestia secundum intentionem, non secundum perventionem, non secundum apprehensionem. Sic et nos non relaba-mur unde jam transilivimus, nec remaneamus in illis in quæ jam venimus; curramus, intendamus. In via enim sumus, non respiciamus retro; sed in anteriora extendamus intentione et desiderio. (29) Vita enim Christiani boni, secundum desiderium est. Quod autem desideras, nondum vides; sed desiderando capax efficiaris, ut cum venerit quod desideras, implearis. Sicut enim si velles implere aliquem sinum, et nosti quam magnum est quod dabitur, extendes sinum vel sacci, vel utris, vel alicujus rei, et extendendo facis capaciorem : sic Deus differendo rem, extendit desiderium ; desiderando, extendit animum; extendendo, facit capacem. Desideremus ergo quia implendi sumus. Hæc est vita nostra ut desiderando exerceamur : tantum autem nos exercet desiderium sanctum, quantum desideria nostra amputabimus ab amore sæculi. (30) Ideo dicit, obliviscens quæ retro sunt, id est cuncta temporalia, et extendens meipsum ad ea quæ sunt priora appetens æterna. Extensio enim illa est appetitio terrenorum. [Ambrosius] Vel ita, obliviscens quæ retro sunt, id est merita jam præterita priora, scilicet acta, non quia mala sint, sed quia parva ad meritum collocandum, sed ad potiora extensus est, ut semper proficiat in melius. [Augustinus] Unde subdit : Ad ea vero quæ sunt priora meipsum extendens, id est priora mala; ad ea vero quæ sunt priora meipsum extendens, id est ad promissa bona. Præterita enim mala post tergum oportet ponere, ut in ea quæ nobis promittuntur intendamus. Ergo nec ex præterita vita, nec ex præsenti delectari debemus: revocandus est animus a recordandis cum quadam delectatione præteritis malis, et cum quadam concupiscentia fruendi ne redeamus corde in Ægyptum. Vitam igitur præteritam malam obliviscere, si te delectavit aliquando vanitas, non modo te delectet. *Persequor,* dico, eo usque donec veniam *ad destinatum* præmium, scilicet *ad bravium,* id est ad præmium quod est mihi destinatum et promissum a Deo, vel ad quod proposui me currere. Bravium, dico, *supernæ vocationis Dei, in Christo Jesu,* id est æternæ vitæ, ad quam in supernis dandam vocat me Deus per Filium suum Jesum Christum et ideo digna est res et certa.

VERS. 15-16. — « Quicunque ergo perfecti su-
« mus hoc sentiamus, et si quid aliter sapitis, et
« hoc vobis Deus revelabit. Verumtamen ad quod
« pervenimus, ut idem sapiamus, et in eadem per-
« maneamus regula. »

Quicunque ergo. Quasi dicat : Et quia ego ita curro, et ita de me sentio, scilicet quod adhuc perfectus sum ; ergo, et vos Philippenses, hoc sentite, sed se nos enumerat, dicens : *Quicunque ergo sumus perfecti,* (31) cursores vel viatores comparatione aliorum, *hoc sentiamus.* Quasi dicat : Non loquor imperfectis, quibus non valeo loqui sapientiam, qui adhuc lacte potantur, non solido cibo pascun-

---

(29) August., in lib. Conf.
(30) Id., in psalmo LXXX.

(31) August., in psal, CXXX.

tur; **185** sed illis dico, qui jam dicuntur esse perfecti; qui manducant solidum cibum, quia intelligunt æqualitatem Verbi cum Patre : sed non sic vident adhuc, quomodo videndum est facie ad faciem. Certa enim fides utcumque inchoat cognitionem. Cognitio enim perfecta non perficitur, nisi post hanc vitam, cum videbimus facie ad faciem. Hoc ergo sapiamus ut noverimus tutiorem esse affectum vera quærendi, quam incognita pro cognitis præsumendi. (32) Sic ergo quæramus tanquam inventuri, et sic inveniamus tanquam quæsituri. De credendis, nulla infidelitate dubitemus ; de intelligendis, nulla temeritate affirmemus. In illis auctoritas tenenda est, in his veritas exsquirenda. Et sciendum quod justitia qua justus ea fide vivit, nunc vera justitia est. (33) Quæ licet non immmerito in aliquibus justis pro hujus vitæ capacitate perfecta dicatur, tamen est parva ad illam magnam quam ceperit æqualitas angelorum. Quam qui nondum habebat, et propter illam quæ jam inerat, perfectum ; et propter istam quæ adhuc deerat, imperfectum se esse dicebat ; minor ista justitia facit meritum. major illa, præmium. Ideo qui istam non sequitur, illam non assequitur. (34) Unde ait : Quicumque perfecti sumus, id est perfecti currimus. *Hoc sentite*, quod nondum perfecti sumus ut illic perficiamur, quo perfecte adhuc currimus, ut, cum venerit quod perfectum est, destruatur quod ex parte est (*I Cor.*, xiii,) id est jam non ex parte sit, sed ex toto, quia fidei et spei res ipsa quæ videatur succedet. Charitas vero quæ in his tribus major est non auferetur, sed augebitur et implebitur. In qua plenitudine, illum præceptum charitatis implebitur : *Diliges Dominum Deum tuum ex toto corde tuo, et ex tota anima tua*, etc. (*Matth.*, xxii.) Nam cum est adhuc aliquid carnalis concupiscentiæ, non omnino ex tota anima diligitur Deus. Caro autem non dicitur concupiscere, nisi quia carnaliter anima cuscupiscit. Tunc vero erit intus sine omni peccato, quia ulla lex erit in membris repugnans legi mentis. Tunc prorsus toto corde, tota anima, tota mente diliget Deum, quod est summum præceptum. Cur ergo non præcipitur homini ista perfectio, quamvis eam in hac vita nemo habeat ? Non enim recte currit, in quo currendum est nesciatur. Quomodo autem sciretur, in nullis præceptis ostenderetur ?

Et si quid. Quasi dicat : Ita sentite sicut dixi ; et si hoc feceritis, hoc vobis dabit Deus. Quod *si quid modo atiter sapitis* quam sapiendum sit, in futuro, quia modo per speculum videtis. *Et hoc revelabit vobis Deus*, quia clare faciet cognoscere, et se et alia omnia quæ obscure modo videtis. Vel ita, quasi dicat, ita sentite ut dixi, et si quid aliter sapitis, id est imperfecte de Deo et aliis. Et hoc, quod modo aliter sapitis, et de Deo, et de omnibus, id est etiam hanc imperfectam cognitionem vobis Deus, per Spiritum sanctum revelavit. Vel ita, quasi dicat : Ita

(32) August., de Trinit.
(33) Id.. in lib. Sentent. Prosperi.

A sentite, ut dixi, et si quid aliter sapitis quam sapiendum sit, ut parvuli sensu, id est si perfectam cognitionem de Christo vos habere putatis, si subrepit vobis quod aliquid magni sitis : et hoc idem male vos sapere per misericordiam suam vobis revelabit Deus, similiter et de aliis erroribus. (35) Probata vita vos liberabit, non statim æternum bravium dabit. Hoc, inquam, faciet, si humiliter sapietis, et de vobis senseritis, qui enim in pace Catholica manet. Et si quid aliter sapitis quam oportet, Deus humili revelabit. Si autem illud superbus defendit et partinaciter astruit contra pacem Ecclesiæ, Deus abjicit, quia superbis resistit Deus, humilibus dat gratiam (*I Petr.* v.) *Verumtamen*, modo. Quasi dicat : Imperfecti sumus, aliter sapimus modo ; sed

B tamen, necesse est *ut omnes de illo idem sapiamus*, credendo *ad quod pervenimus* fide et scientia, et etiam opere compleamus. Unde subdit : *Ut in eadem regula*, id est rectitudine vivendi *permaneamus*, et sic revelabit Deus quod aliter sapimus. [Ambrosius] Vel ita, ab, illo loco, et si quid, quasi dicat : Ita sentite, ut dixi. Et si quid aliter sapitis, id est si quid melius ad cultum Dei excogitaveritis, et hoc donum Dei esse sciatis, quia hæc revelabit Deus vobis. Sed ne qua præsumptio inde oriretur subdit : Verumtamen. Quasi dicat: Et si aliter sapitis, verumtamen, teneamus id ad quod pervenimus, ut scilicet idem sapiamus, et in eadem regula fidei, et doctrinæ et vitæ permaneamus. Hoc est non extra regulam disciplinæ sapere, sed quod commune sit et modestum in evangelica veritate, et in his, scilicet fide et re-

C gula vivendi.

VERS. 17-21. — « Imitatores mihi estote, fra-
« tres et observate eos qui ita ambulant sicut ha-
« betis formam nostram. Multi enim ambulant quos
« sæpe dicebam vobis, nunc autem et flens dico,
« inimicos crucis Christi, quorum finis interitus,
« quorum Deus venter est, et gloria in confusione
« ipsorum qui terrena sapiunt. Nostra autem conversatio in cœlis est. Unde etiam salvatorem ex-
« spectamus Dominum nostrum Jesum Christum,
« qui reformabit corpus humilitatis nostræ configu-
« ratum corpori claritatis suæ, secundum operatio-
« nem virtutis suæ qua etiam possit subjicere sibi
« omnia. »

D *Estote imitatores*, o *fratres*, [Haimo] et fide et dilectione, ut, sicut ego credo, operor et doceo, ita et vos faciatis. Et si me præsentem non habetis, *observate*, id est diligenter inspicite et imitamini *eos qui ita ambulant sicut habetis formam nostram*, id est imaginem vitæ nostræ, scilicet qui ita credunt, vivunt, docent. Sicut ego, id est mihi similes imitamini. [Ambrosius] Vult illos esse sollicitos, ne pravorum hominum subtilitate capiantur. Et notent quemcunque qualiter conversetur et doceat, ut his jungantur in quibus sensus magistri sui agnoverunt

(34) Id., De perfecta jutitia hominis
(35) Id., in psalmo cxxx.

Multi enim, etc. Quasi dicat : Dico ut eos observetis qui ita ambulant. *Multi enim* sunt, qui aliter *ambulant,* non sentientes nobiscum de legis abolitione, sed legem cum Evangelio tenendam esse prædicantes, *quos sæpe,* dum præsens eram apud vos, *dicebam inimicos crucis Christi. Nunc* autem idem *dico et flens,* tum pro illorum perditione, tum pro simplicium subversione. Illos inimicos crucis esse dicit, quia qui carnales observantias inducunt, crucem superfluam asserunt. *Quorum finis* est æternus *interitus,* id est in fine eorum, erit eis æterna pœna, *quorum deus est ipse venter* eorum. Quidquid faciunt, pro ventre faciunt, quasi ipsum ventrem colentes. (36) Hoc enim ab homine colitur, quod cæteris plus diligitur. Unde quia Deus major est in omnibus rebus et melior, plus omnibus diligendus est ut colatur. [Ambrosius] Illi autem ventrem Deum faciunt, qui ita laborant de edendis, quasi in esca eis sit salus, vel venter Deus sit. *Et gloria* alia littera est, *in pudendis ipsorum,* id est ipsi gloriantur in pudendis circumcisis. Qui tales sapiunt. Hoc est enim terrena sapere, scilicet in talibus gloriari. Qui autem spiritualia sapit, in fide, et spe et charitate gloriatur. Vel ita, quorum deus venter est, id est escas quæ ventri sunt, deum faciunt, dum eas justificare homines dicunt ; et *gloria* eorum est *in confusione ipsorum,* id est in talibus, unde confundi et erubescere possunt, dum per animalia se justificari credunt. Vel, gloria eorum, temporalis est in confusione ipsorum, [Haimo] id est perducet eos ad confusionem æternam, *qui terrena sapiunt,* quia in terrenis nil nisi quod vident intelligunt, legalia, non spiritualiter, sed terrena intelligentes. *Nostra autem conversatio.* [Ambrosius] Quasi dicat : Illi ita prave ambulant, sed nostra conversatio, et si adhuc simus in terra, *est in cœlis,* ubi est spes vera, id est vivendo et intelligendo similes angelis. Propter quod præter commoda quæ jam habemus, Deum exspectamus. Et hoc est quod subdit : *Unde etiam Dominum nostrum Jesum Christum salvatorem,* animarum jam, et quandoque corporum *exspectamus venturum. Qui,* cum venerit, *reformabit.* Quasi dicat : Hoc de eo exspectamus, quod sicut jam reformavit animas, ita reformabit *corpus humilitatis,* [Haimo] id est dejectionis *nostræ,* quod per mortem in pulverem et vermes humiliamur. Reformabit, dico, ita quod erit *configuratum corpori claritatis ejus,* id est assimilabitur corpori ipsius in claritate quam habuit in transfiguratione, vel in resurrectione. Quod utique facere potest *secundum operationem,* id est potentiam operandi *qua posssit,* non solum corpus reformare, sed etiam *subjicere sibi omnia,* id est hoc potest facere secundum potentiam operandi, qua sibi subjecit omnia, et quia reformabit corpus nostrum.

CAPUT IV.

VERS. 1-7. — « Itaque, fratres mei charissimi et « desideratissimi, gaudium meum et corona mea, « sic state in Domino charissimi. Euchodiam rogo « et Synticen deprecor idipsum sapere in Domino. « Etiam rogo et te, Germane compar, adjuva illas « quæ mecum laboraverunt in Evangelio cum Clemente, et cæteris adjutoribus meis, quorum nomina sunt in libro vitæ. Gaudete in Domino semper, iterum dico gaudete. Modestia vestra nota sit « omnibus hominibus. Dominus enim prope est. « Nihil solliciti sitis, sed in omni oratione et obsecratione cum gratiarum actione petitiones vestræ « innotescant apud Deum. Et pax Dei quæ exsuperat omnem sensum, custodiat corda vestra et in « telligentias vestras in Christo Jesu. »

186 *Itaque, fratres mei charissimi et desideratissimi* id est quos videre multum desidero. Vel, desideratis, id est qui me valde videre desideratis, qui estis *gaudium meum,* scilicet de quorum fide et opere gaudeo, et *corona mea,* in futuro, id est per quos etiam, in præsenti lætificor, et in futuro coronabor. [Ambrosius] Discipulus enim in agone victoribus, dignus erit corona magisiri. *Sic state in Domino,* sicut me et mihi similes stare scitis, vel sicut estis modo, et tunc eritis, charissimi. *Euchodiam,* etc. Quasi dicat : Omnes moneo, sed specialiter *Euchodiam rogo et Syntichem deprecor,* quia plus de ea timeo, *sapere idipsum* quod dico, non aliud. Quia illud quod dico est *in Domino,* id est secundum Dominum. Has etiam mulieres specialiter rogat, quia hæ religiosæ prædicatores suscipere solebant. Et, o *Germane,* proprium nomen, qui es *compar,* id est coadjutor meus in Evangelio prædicando, *etiam te ergo,* adjuva, confortando illas præmemoratas mulieres, ne deficiant. *Quæ in Evangelio mecum laboraverunt,* mihi ministrando necessaria. Et etiam *cum Clemente et cæteris* coadjutoribus meis laboraverunt ministrando etiam eis necessaria. *Quorum nomina,* id est merita et præmia qui veritatem tenent, *sunt scripta in libro vitæ,* id est in prædestinatione Dei, quia si discreti sunt meritis, diversas mansiones habebunt in æterna domo pro diversitate meritorum. Unde : *In domo Patris mei mansiones multæ sunt* (Joan. XIV.) Liber vitæ est prædestinatio Dei, in quo omnes salvandi præscripti sunt. [Haimo] Et est sensus, nolite, o Philippenses, graviter ferre quod omnes vos in Epistola singulatim non nominavi, quia etsi in ea non estis scripti, in libro tamen vitæ continemini, *Gaudete in Domino semper.* Lætatus in fide et in operibus eorum Apostolus, ut alacriores sint, optat eos in hoc studio proficientes, gaudere in Domino semper. Et ideo iterat ut se in eis vera affectione gaudere ostendat. Quasi dicat : Nomina eorum sunt in libro vitæ. [Augustinus] Et ut idem esse vobis certissime credatur, gaudete, non ad horam, sed *semper,* non in sæculo, sed *in Domino,* id est omne unde gaudendum est, statuite in Domino, non extra. (37) Sicut enim homo non potest duobus

---

(36) Aug., in lib. Sentent. Prosperi.

(37) Id., de verb. Evang.

dominis servire, sic nemo potest in sæculo gaudere et in Domino. Amicus enim hujus mundi, inimicus Dei reputabitur. Multum inter se hæc duo genera differunt gaudiorum : suntque omnino contraria nec simul in eodem esse possunt. Vincat ergo gaudium in Domino, donec finiatur gaudium in sæculo. Illud semper augeatur, hoc semper minuatur, donec finiatur. Quid est sæculi gaudium? breviter dico, sæculi lætitia est impunita nequitia, scilicet luxuriari, in spectaculis nugari; ebriositate ingurgitari, turpitudine fetere, nihil mali pati. Ecce gaudium sæculi, nec castigari fame, vel belli timore, vel morbo, vel aliqua adversitate; sed omnia in rerum abundantia, in pace carnis, in securitate mentis malæ agere. Ecce gaudium sæculi. Magnæ ergo misericordiæ est, nequitiam impunitam non relinquere, ne gaudium sit in sæculo; et ne cogatur in extremo gehennæ damnare, modo flagello dignatur castigare : bonum est nobis ut subveniat castigando. Ergo gaudete in Domino, non in sæculo, id est in veritate, non iniquitate, in spe æternitatis, non in flore vanitatis. Et hoc adeo nobis est necessarium, quod *iterum dico ; gaudete* in Domino, non ut quædam alia semel.

Ideo hoc facite, quia hæc est *modestia*, et rectus modus ut in Domino sit omne gaudium. Et hæc modestia sit *vestra*, et per vos *sit nota omnibus hominibus*, ut per vos alii discant hoc. [Ambrosius] Vel ita, gaudete, dico, et vestra modestia, morum, id est rationabilis conversatio sit omnibus hominibus, scilicet fidelibus et infidelibus ; fidelibus, ut imitentur ; infidelibus, ne possint reprehendere et aliqui convertantur. Exemplo eorum vult alios acquiri. Cum enim lucebunt opera illorum, non deerunt qui imitentur bonum illorum ; et debetis facere quod monui, quia *Dominus prope est*, id est paratus dare quidquid opus est in spiritualibus vel temporalibus. Et ideo *nihil*, id est de nulla re *solliciti sitis*, id est timidi, id est seposita mundi sollicitudine, promissa Dei præ oculis habete. *Sed in omni oratione et obsecratione*, id est in prece quæ communiter fit pro quibuslibet hominibus, et de quibuslibet rebus, vel simpliciter, vel cum adjuratione, *petitiones vestræ*, de rebus necessariis quas vultis impetrare, facite *cum gratiarum actione*. Qui enim vult aliquid impetrare, gratus debet esse de præteritis. Et illæ, inquam, petitiones *innotescant apud Deum*, id est ita sint vehementes, non tepidæ, ut ad Deum perveniant, id est compleantur. Distingue. Oratio et obsecratio communiter fiunt ab aliquibus pro se vel aliis, et de quibuslibet rebus. Petitio est de rebus nominatis necessariis. Vel ita, petitiones vestræ innotescant, vobis esse *apud Deum*, per tolerantiam, non apud homines per jactantiam. (38) Non enim sic est accipiendum tanquam Deo innotescant esse apud Deum. Hæc notitia fit assiduitate orationis et vigiliæ. Vel, innotescant, angelis qui sunt apud Deum, ut quodammodo eas offerant Deo, et de his consulatur, et quod Deo jubente implendum esse cognoverint, hoc nobis vel evidenter, vel latenter reportent. Unde et angelus loquens hominibus, ait: *Cum oraretis, orationem vestram obtuli Deo* (*Tob.* XII). Ad omnia quippe scienda sufficit Deo sua perfectio. Habet tamen nuntios, id est angelos, non qui ei quod nescit annuntient; non enim sunt ulla quæ nesciat, sed bonum eorum est de operibus suis ejus consulere voluntatem. Et hoc est quod dicuntur nonnulla nuntiare, non ut ipso ab eis discat, sed ut ab illo hic per verbum ejus sine corporali sono nuntient, etiam quod voluerint ab eo missi ad quos voluerit, (39) totum ab illo per illud verbum ejus audientes, id est in ejus veritate invenientes quid sibi faciendum, quid, quibus, et quando nuntiandum sit. (40) Non ergo dicitur angelus orationes istas nostras offerre Deo, quasi Deus tunc noverit quid velimus, vel quo indigeamus, qui omnia antequam fiant, sicut et postquam facta sunt novit. Sed quia necesse habet rationabilis creatura obtemperans Deo, temporales causas ad æternam veritatem referre, sive petendo quid erga se fiat, sive consulendo quid faciat : in quo et contestatur quod non sibi ipsa sit bonum quo beata fiat, sed incommutabile, cujus participatione etiam sapiens efficitur. *Et pax Dei*. Quasi dicat : Vos moneo ut petatis et Dominum, sine quo humanus labor inutilis est, oratio ut præstet effectum, et hoc est quod ait : *Et pax Dei quæ exsuperat omnem sensum*, id est intellectum, et utique nostrum, non eorum qui semper vident faciem Patris, id est angelorum. Vel si nec ipsos excepisse intelligitur angelos, ita dictum esse accepimus, quia pacem Dei qua ipse Deus pacatus est, sicut eam Deus novit, nec nos sic eam possumus nosse, nec ulli angeli, superat enim omnem intellectum præter suum. (41) Et est sensus : Pax Dei quæ exsuperat omnem sensum, id est Deus qui est summa pax, quæ nec cogitari potest, et ideo extra cum nullo opus est. *Custodiat corda vestra, et intelligentias vestras in Christo Jesu*, id est voluntates et intellectus vestros, ita ut extra ipsum nihil intelligatis vel appetatis. Nota quod præmisit de assiduitate et vigilantia orationis. Et post subdit de custodia pacis, quia adhibita assiduitate orationis, tunc demum pax custodit corda in Christo. Hoc ideo dicit, qui cum Deo habent pacem, non timent mentem adversam.

VERS. 8-14. — « De cætero, fratres, quæcunque
« sunt vera, quæcunque pudica, quæcunque justa,
« quæcunque sancta, quæcunque amabilia, quæ-
« cunque bonæ famæ; si qua virtus, si qua laus
« disciplinæ hæc cogitate, quæ et didicistis, et ac
« cepistis, et audistis, et vidistis in me. Hæc agi-
« te, et Deus pacis erit vobiscum. Gavisus sum au-
« tem in Domino vehementer, quoniam tandem ali-
« quando refloruistis pro me sentire, sicut et sentie-

---

(38) Augustinus, ad Probam, in lib. De orando Deo.
(39) Id., in eodem.

(40) Id., De grat. nov. Test.
(41) Id., in Enchir.

« batis. Occupati autem eratis. Non quasi propter
« penuriam dico. Ego enim didici in quibus sum suf-
« ficiens esse. Scio et humiliari, scio et abundare.
« Ubique et in omnibus institutus sum, et satiari,
« et esurire, et abundare, et penuriam pati. Omnia
« possum, in eo qui me confortat. Verumtamen bene
« fecistis, communicantes tribulationi meæ. »

De cætero. Hactenus contra persecutores, et pseudopraedicatores monuit. In conclusione quæ ad perfectionem sunt exponit. Qu si dicat: Hucusque monui ad tolerantiam et ad cautelam. *De cætero* autem, o *fratres*, moneo vos ad hoc. *Cogitate*, id est in memoria versate, hæc, quæ ad perfectionem pertinent, scilicet *quæcunque* sunt *vera, quæcunque pudica, id est quæcunque* ad veram sunt fidem, tum quia in eis est veritas, tum quia per ea pudicitia cum Deo servatur; *quæcunque*, sunt *justa*, ad proximum; *quæcunque* sunt *sancta*, in propria vita, et ut minus dicatur *quæcunque* sunt *amabilia*, id est digna amari, ut modestus incessus, humilis sermo, et hujusmodi; et *quæcunque* sunt *bonæ famæ*, quia ita docet illos sanctos esse et justos; et ut de eis non habeatur mala opinio, sed bona, ut prosint aliis. (42) Nobis enim nostra vita necessaria est, aliis fama nostra. Proinde quisquis a criminibus flagitiorum vitam suam custodit, sibi bene facit. Quisquis autem etiam famam in alios, misericors est. Quæ bonæ famæ sunt, dico, *si qua* tamen *virtus* est in eis, vel *si qua laus* disciplinæ Christianæ. Non enim curanda est bona fama de viribus, vel de scientia mundi, vel de aliis sæcularibus. Vel ita distingue, ut hoc, *si qua laus* referatur ad famam; et hoc, *si qua* virtus referatur ad alia prædicta, hoc modo: Cogitate quæcunque sunt vera, etc., si qua virtus est in eis, et cogitate quæcunque bonæ famæ, si qua laus disciplinæ est in eis: hoc, inquam, cogitate *quæ* omnia *didicistis*, me vos docente, *et accepistis*, ut digna teneri. Item hæc ideo cogitanda sunt, quia *et audistis*, ab aliis, **187** et audistis per vos esse in me.

Hoc igitur agite, non solum cogitate, sed actu implete. Deus dator pacis erit vobiscum, id est adjuvans vos hæc facere. Gavisus autem, hic commemorat quod sibi sæpe necessaria miserunt. [Ambrosius] Unde alacritatem suam propensiorem factam ostendit, quia in quo negligentes facti fuerant inhibita solertia iteraverunt, ut memores facti apostoli sui fructus ei mitterent in horreo coelesti condendos. Quasi dicat: Ad futura vos hortor. De præteritis autem *gavisus sum vehementer*, et hoc *in Domino*, non in dono propter donum. Unde; *Quoniam tandem* post scilicet post multa tempora, *Aliquando* scilicet in aliquo tempore, quia non omni potuerant, *refloruistis*, id est iterum sicut olim floruistis ministrando mihi necessaria: quæ ministratio dicitur flos, qui in fructus æternæ vitæ evenit. Vel, repullulastis, a simili arborum, quia sterilitate aruerant, et quia marcuerant. Refloruistis, dico, ita ut ostenderetis vos sentire, misericordi compassione, quod pungebat me, *sicut et* olim *sentiebatis*. Sentire, dico, *pro me*, id est ad meam humilitatem, quia mihi prodest nostra compassio. Hæc commemorare valet ad incitationem. Ne autem viderentur aliqua mala causa intermisisse, addit: *Occupati autem*. Quasi dicat: Modo refloruistis, sed ante *eratis occupati*, id est impediti aliquibus adversis. Quod autem gavisus sum, *non quasi* dico *propter penuriam*, id est quasi pro rebus meam penuriam consolantibus, scilicet ut de penuria tristis, de ipsius gaudeam supplemento. Ostendit quod non sui causa in hoc opere eorum gaudet, sed propter profectum eorum. Nam de hujusmodi nec tristari solet, nec gaudere. Unde subdit: *Ego enim didici*, id est in consuetudine habui, *sufficiens* esse semper, id est contentus his *in quibus sum*, quia *scio humiliari*, quia inde non frangor; *et abundare*, quia inde non erigor. Et institutus sum a Deo, non per me, qualiter debeam me habere. *Ubique*, id est in omni loco coram principibus, vel quibuslibet, *et in omnibus*, id est in omni genere rerum; id est institutus sum satiatus, ita ut non noceat satietas, *et esurire*, ita ne deficiam, *et penuriam pati*, quia nec de penuria contristor, nec de abundantia exsulto, sciens quia abundantia frequenter extollit, et penuria tolerata divitias coelestes acquirit. *Omnia*, etc. Quasi dicat: Non solum scio ista, sed etiam possum exsequi eo confortante qui me docuit. Et hoc est quod ait: *omnia possum facere in eo*, id est per ejus auxilium, *qui me confortat*, id est in Christo qui mihi possibilitatem tribuit. *verumtamen*. Quasi dicat: Pro rebus datis non gaudeo quibus carere possem. (43) Veruntamen bene fecistis, quantum ad vos, quidquid justum est facitis; *et communicantes* vestra bona *tribulationi meæ*. Inde gaudet, inde pascitur, quia illi bene fecerunt, non quia ejus angustia relaxata est.

Vers. 15-20. — « Scitis autem, et vos Philip-
« penses, quod in principio Evangelii quando pro-
« fectus sum a Macedonia, nulla mihi Ecclesia com-
« municavit in ratione dati et accepti, nisi vos soli,
« quia et Thessalonicam semel et bis in unum mihi
« misistis. Non quia quæro datum, sed requiro
« fructum abundantem in ratione vestra. Habeo
« autem omnia et abundo. Repletus sum acceptis
« ab Epaphrodito, quæ misistis in odorem suavita-
« tis, hostiam acceptam, placentem Deo. Deus au-
« tem meus impleat omne desiderium vestrum se-
« cundum divitias suas in gloria in Christo Jesu.
« Deo autem et Patri nostro, gloria in sæcula sæcu-
« lorum. Amen. Salutate omnem sanctum in Christo
« Jesu. Salutant vos qui mecum sunt fratres. Salu-
« tant vos omnes sancti, maxime autem qui de Cæ-
« saris domo sunt. Gratia Domini nostri Jesu Chris-
« ti cum spiritu vestro. Amen.

Scitis autem, vos mihi communicavistis, sed alii

---

(42) Aug., ad Julianum.

(43) Id., in lib. Confess.

non. Et hoc est quod ait : *Scitis autem, et vos Philippenses, quod in principio Evangelii quando profectus sum in Macedoniam nulla mihi Ecclesia communicavit* temporalia, nisi vos soli. [Ambrosius] Hæc memorat ut talibus operibus, quasi laude dignis magis studeant. Non communicavit, dico, *in ratione dati et accepti*, ut scilicet rationabiliter consideraret quod deberent dare carnalia qui accipiebant spiritualia, *nisi vos soli*, dico, qui non solum quando vobis prædicavi mihi communicavistis ; sed etiam Thessalonicam mihi semel et bis misistis necessaria in usum, præter quem nihil quærendum est. *Non quia*. Quasi dicat : Dico vos bene fecisse, non ut ego implear, sed ut vos inanes non sitis. (44) Et hoc est quod ait : Non ideo dico hoc, quia *quæro datum*, id est ut explear datis rebus, *sed requiro fructum*, id est bonam et rectam voluntatem bonæ operationi adjunctam. Non enim tam gaudet subventum esse suæ necessitati, quam illorum gratulatur fecunditati. (45) Discerne inter datum et fructum : datum est res ipsa quæ datur, ut nummus, potus, cibus et hujusmodi. Fructus autem, opera bona et recta voluntas datoris. Unde Dominus in Evangelio non ait simpliciter : *Qui recipit justum vel prophetam* ; sed addit, *in nomine justi vel prophetæ* (Matth. x), suscipere prophetam vel justum, datum est in nomine justi, vel prophetæ ; hoc facere, fructus est. Eliam pavisse leguntur corvus et vidua ; sed per corvum qui non in nomine justi, dato pascebatur ; per viduam fructu, quæ sciebat quod hominem Dei pasceret et propter hoc pasceret. Non igitur quæro datum, sed fructum donationis, *abundantem in ratione vestra*, ut scilicet pro opere misericordiæ, ratio vestra habeat gratiam Spiritus sancti. Abundantem, vero dicit, quia hoc est bonum, unde bona proveniunt. Vel ita, requiro fructum abundantem

(44) Aug., De Pastoribus.

in ratione vestra, id est ut fructus justitiæ vestræ abundans sit, cum rationem Deo reddetis de factis vestris. *Habeo autem*, quasi dicat : Non quæro datum, sed *tamen* habeo *omnia*, quæ misistis, *et abundo*, non in uno ut alio egeam, sed *repletus sum acceptis Epaphrodito* muneribus, *quæ misistis mihi in odorem suavi'atis*, quia ista quæ misistis placent Deo, ut odor suavissimus. Comparatur enim orationi, quæ est incensum Dei. Unde dicitur, Date eleemosynam, et ipsa orabit pro vobis ad Dominum. Misistis illa, dico, scilicet *hostiam acceptam, placentem Deo*, quia hæc est hostia, qua datur vobis vincere hostes, quam acceptt Deus placide. [Ambrosius] *Deus autem*, quasi dicat : Vos me replevistis ; *Deus autem meus impleat omne desiderium vestrum*. Quasi dicat : Ut mihi fecistis, ita sit vobis. Impleat, dico, *secundum divitias suas*, id est secundum quod dives est ; et plus potest dare, quam quis mereatur. Impleat, dico, non in terrenis, sed *in gloria* æterna, et hoc *in Christo Jesu*, per quem omnia. Vel ita, impleat, dico, quod est in gloria, quæ est in Christo Jesu, id est in gloria Christi. Gloria enim Christi est implere desideria suorum. Deo autem, quasi dicat, Deus impleat. Inde autem ei gratiæ agantur. Et hoc est quod ait : *Deo autem et Patri nostro, sit gloria*, usque *in sæcula sæculorum. Amen. Salutate omnem sanctum*. Sanctum, dico, *in Christo Jesu*. Quasi dicat : Quod sanctum est a Christo Jesu. *Salutant vos qui mecum sunt fratres, salutant omnes sancti, maxime autem qui de domo Cæsaris sunt*. Omnes significat propensiorem affectum habere circa illos. Gratia *Domini nostri Jesu Christi* sit *cum spiritu vestro*, id est cum ratione vestra, ut sana sit semper, et in spiritualibus abundet. Amen.

(45) Id., in lib. Confess.

IN EPISTOLAM AD COLOSSENSES

ARGUMENTUM.

Colossenses, et hi sicut Laodicenses sunt Asiani, et ipsi præventi erant a pseudoapostolis. Nec ad hos accessit ipse Apostolus, sed et hos per Epistolam corrigit. Audierant enim verbum ab Archippo, qui et ministerium in eos accepit. Ergo Apostolus jam ligatus scribit eis ab Epheso per Tychicum diaconem, et Onesimum acolythum.

CAPUT PRIMUM.

Vers. 1. — « Paulus apostolus Jesu Christi per « voluntatem Dei, et Timotheus frater, his qui sunt « Colossis, sanctis et fidelibus fratribus in Christo « Jesu : Gratia vobis et pax a Deo Patre nostro. « Gratias agimus Deo et Patri Domini nostri Jesu « Christi semper pro vobis orantes, audientes fidem « vestram in Christo Jesu, et dilectionem quam ha« betis in sanctos omnes propter spem quæ repo« sita est vobis in cœlis, quam audistis in verbo « veritatis Evangelii quod pervenit ad vos sicut et « in universo mundo est, et fructificat et crescit, « sicut in vobis ex ea die qua audistis et cognovis« tis gratiam Dei in veritate, sicut didicistis ab Epa« phra charissimo conservo nostro, qui est fidelis « pro vobis 188 minister Christi Jesu. Qui etiam « manifestavit nobis dilectionem vestram in spiritu. »

Paulus apostolus. Hanc Epistolam scribit apostolus Colossensibus. Colossenses autem sunt Asiani, quibus non ipse Apostolus prædicavit, sed ejus discipuli Archippus et Epaphras. Archippus vero in eos ministerium acceperat ; Epaphras autem ab eis oriundus ab Apostolo instructus, doctrinam Archippi confirmaverat. Archippo ergo prædicante, et prædicationem ejus Epaphra confirmante, gratiam Christi didicerant. [Ambrosius] Supervenerunt autem pseudoapostoli qui eos evertere nitebantur, carnales observantias prædicantes et philosophicis disputationibus simplicitatem eorum irretire conantes. His igitur supervenientibus, et carnales observantias prædicantibus, in dubium illis venerat, quibus potius credendum esset. Unde Paulus, cujus auctoritas celebris erat, quasi medius judicat quæ potius sint tenenda, scribens eis ab Epheso. Describit autem Christum et ejus beneficia, ostendens quomodo sufficiens est ad omnia. Carnalia vero prorsus improbat, ut deinceps sincere fidem Christi teneant. Instruit etiam illos moraliter, confirmans quidquid illi, scilicet Archippus et Epaphras docuerant. Et est intentio ejus in hac Epistola confirmare Colossenses in eadem fide et doctrina, quam a discipulis ejus acceperant, et non in aliquo præter Christum spem ponendum esse docere. Modus tractandi talis est : Solito more salutationem præmittit : qua præmissa, de bonis eorum gratias agit, et fidem et dilectionem eorum commendans, orat ut perficiantur in Christo, cujus beneficia et primatum secundum utramque naturam commendat. Deinde sui ministerii dignitatem commemorans, monet ne per philosophiam vel legis cærimonias seducti, a Christo recedant. Tandem et omnes simul et separatim secundum ætates, et sexus et conditiones moraliter instruit. In fine Archippum commonet, sollicitum fore suscepti ministerii. Præmittens autem salutationem, ait : *Paulus*, cognito omnibus nomine, *apostolus Jesu Christi* : Nota omnibus dignitate. Recte hic Apostolum se nominat, quia etiam his Apostolus erat, quibus per discipulos suos prædicaverat. Ecce auctoritas dicendorum. Apostolus dico, non per iram, sed *per voluntatem Dei*, quod non pseudo sunt. *Et Timotheus frater*, qui est vir magnæ auctoritatis hæc scripsit, *his fratribus qui sunt Colossis, et sanctis, et fidelibus*, id est et majoribus et minoribus. Et quod ipsi sunt sancti et fideles, hoc est *in Christo Jesu*, id est per gratiam Christi, non vi legis. Et in scribendo prius salutat, hoc modo, *gratia sit vobis*, id est remissio peccatorum, *et pax* mentis et reconciliatio ad Deum. *A Deo Patre nostro. Gratias*, etc. Ostendit bona esse quæ receperunt dum gratias pro eis agit, dicens : *Gratias agimus Deo Patri*, quia enim Deus et Pater est, et potest, et vult. Patri, dico, *Domini nostri Jesu Christi*, per quem nobis omnia bona præstantur. Nos, dico, etiam *semper orantes pro vobis*, ut crescatis in melius, *audientes*. Ecce hic ostendit unde gratias agit. Et est ordo. Gratias agimus audientes *fidem vestram* esse *in Christo Jesu*, qua creditis Christum Deum et hominem esse ; *et audientes dilectionem quam habetis*, non utique otiosam, sed operis exhibitione provenientis ex ea ostensam *in omnes sanctos*, et hoc non pro humana laude, vel pro terreno emolumento, sed *propter spem*, id est rem speratam, *quæ*, tamen modo non apparet, sed *reposita est vobis*, ab æterno reddenda *in cœlis*. Et quasi quæreretur : Quomodo ergo tam latens speratur ? subdit, *Quam*, ut certam haberetis, *in verbo audistis*, quod utique tenendum est, quia est verbum *veritatis Evangelii*, id est et plene verum, et bonum nuntium. Ne ergo alibi illam spem quæratis, quam prius intellexistis : *Quod* Evangelium, non vos primi habuistis, sed per alios *pervenit ad vos*, nec soli habetis. Unde subdit, *Sicut*, etc. Quasi dicat : Pervenit ad vos, dico, ita pure et vere *sicut* per me et alios venit in universum mundum, *et adhuc est manens in universo mundo*. Quasi dicat non est vobis minus factum, quam aliis Ecclesiis. *Et*, cum sit in mundo Evangelium, *fructificat* ibi, id est homines fructificare facit per bona opera, *et crescit*, id est excrescere facit augmento scientiæ, et numero fidelium, et non id facit per hoc quod alii plus habeant quam vos, sed ita hoc facit *sicut est in vobis*, et ideo nil debetis superaddere. Est in vobis, dico, *ex ea die*, qua primum per Archippum *audistis*, credendo, *et cognovistis*, discernendo ; quasi dicat. Non supervenientes, scilicet pseudo audistis et cognovistis ; sed per primos, scilicet per Archippum et Epaphram. Quid audistis ? scilicet *gratiam Dei in veritate*, id est quod totum sit vere ex Deo. *Sicut*, etc. quasi dicat : Ita a prima die audistis veritatem ab Archippo, *sicut postea didicistis* veritatem esse ab Epaphra, prædicationem Archippi confirmante, ut in ore duorum vel trium, etc. (*Deut.* XIX.) Epaphra, dico, *charissimo conservo* nostro, quia nobiscum prædicator est. *Qui est fidelis minister Christi Jesu*, id est a Christo electus, vel qui dona Christi ministrat, vel Christo offert bonorum operum vestrorum sacrificia. Et hoc non pro rebus vestris, sed *pro vobis*, id est pro salute vestra ; quia salutem vestram desiderans, cœpit adjuvare Archippum. *Qui etiam manifestavit nobis dilectionem vestram*, habitam ad Deum et ad proximum, fundatam esse *in spiritu*, non in carne, quia pro spiritualibus non pro carnalibus diligitis.

VERS. 9-12. — « Ideo et nos ex qua die audivimus, « non cessamus pro vobis orantes, et postulantes ut « impleamini agnitione voluntatis ejus in omni sa- « pientia et intellectu spiritali, ut ambuletis digne « Deo per omnia placentes, in omni opere bono fruc- « tificantes et crescentes in scientia Dei, in omni « virtute confortati secundum potentiam claritatis « ejus, in omni patientia et longanimitate cum gau- « dio gratias agentes Deo et Patri, qui dignos nos « fecit in partem sortis sanctorum in lumine. »

Ideo et nos. Supra dixit se orare pro illis. Ecce hic ostendit quid orat. Quasi dicat : Quia tales estis, *ideo et nos ex qua die audivimus*, hoc de vobis *non cessamus pro vobis orantes et postulantes*, quasi pro meritis quæ pro vobis exhibemus, *ut impleamini in agnitione voluntatis ejus*, id est plene cognoscatis quid Deus velit, et quid non, et hoc per partes exsequitur, scilicet impleamini *in omni sapientia* rerum quæ sunt activæ vitæ, *et intellectu spirituali*, id est cognitione spiritualium rerum quæ sunt contemplativæ vitæ. Et magnum est utique plene scire quid Deus velit in omnibus rebus activæ vel contemplativæ vitæ. Impleamini, dico, ita *ut postea ambuletis* bene operando, id est agatis opera bona, *digne Deo* id est ita ut istis digni eo præmio, ita, scilicet ambuletis *per omnia* negotia activæ vitæ, et contemplativæ, *placentes Deo*, et *in omni bono opere fructificantes*, in majus ; *et per hanc vitæ puritatem crescentes in scientia Dei* ; id est in cognitione deitatis [Ambrosius] Incrementum operum eorum cum scientia fieri vult ut non ignorent fidei suæ spem, id est rem speratam quam crederent. Tunc enim firmi et stabiles erunt, si advertant quæ pro fide promissa sunt. *In omni*, etc. Oramus ut ita impleamini et promoveamini. et post hanc promotionem oramus ne relabamini. Vos dico, *confortati* a Deo *in omni virtute*, id est in castitate et cæteris. Confortati, dico *secundum potentiam claritatis ejus*, id est ab eo qui vos illuminare potuit. Vel ita, confortati, dico, *secundum potentiam claritatis ejus*, id est secundum quod ille bene potest vos confortare qui est claritas Patris, id est Filius ; vel secundum, quod vobis claram cognitionem dedit. Vos, dico, manentes *in omni patientia*, contra adversa habita, *et in longanimitate* diutini laboris. Et hoc non ex tristitia, vel ex necessitate, sed *cum gaudio gratias*, etc. Hactenus dixit unde gratias egit, et quid orat eis. Hic jam incipit ostendere quod lex non prodest, sed nocet, et Christus sufficit ad omnia bona ; quod possunt scire ex eo, quia ipse et alii apostoli qui in legalibus fuerant, eis dimissis ad Christum confugerant, quasi dicat: Pro vobis oramus. Vos, dico, *gratias agentes Deo et Patri*, qui solus potest recreare, quia Deus ; et vult, quia Pater ; quia etiam vos, gentiles, sicut nos Judæos *fecit dignos in partem sortis sanctorum*, id est in participationem hæreditatis, quæ sorte datur sanctis, id est divina voluntate(1) Voluntas enim Dei in humano genere sors est, apud quem non est iniquitas, sed omnia facit per justitiam, etsi occultam : per quam hæreditas æterna datur, quibus vult. Unde et ipsa hæreditas sors dicitur, quæ non meritis, sed electione divina datur sanctis, scilicet patriarchis et prophetis, et ideo per gratiam non per legem quærenda est. [Ambrosius] Per gratiam enim dignatus est advocare et inducere gentes in promissionem Judæorum. Dico quod nos fecit dignos ; et hoc non in lege, sed *in lumine*, id est per eum qui est lumen de lumine, cujus gratia illuminantur quod lex non potuit præstare. Vel, dignos nos fecit, ponendo nos in lumine, in clara cognitione, a qua devians cadit in tenebras.

Vers. 13-20. — « Qui eripuit nos de potestate
« tenebrarum, et transtulit in regnum filii dilec-
« tionis suæ, in quo habemus redemptionem et re-
« missionem peccatorum. Qui est imago Dei invisi-
« bilis, primogenitus omnis creaturæ : quoniam in
« ipso condita sunt universa in cœlis, et in terra
« visibilia et invisibilia. Sive throni, sive domina-
« tiones, sive principatus, sive potestates, omnia
« per ipsum et in ipso constant. Et ipse **189** est
« ante omnes, et omnia in ipso constant. Et ipse
« est caput corporis Ecclesiæ qui est principium
« primogenitus ex mortuis, ut si in omnibus ipse
« primatum tenens. Quia in ipso complacuit omnem
« plenitudinem inhabitare, et per eum reconciliari
« omnia in ipsum, pacificans per sanguinem crucis
« ejus, sive quæ in terris, sive quæ in cœlis sunt.

Qui eripuit nos, etc. Quasi dicat : *Qui* ita dignos nos fecit, quod in baptismo *eripuit nos*, similiter et vos, *de potestate tenebrarum*, id est ignorantiæ peccatorum, dæmonum qui vere dominabantur nobis. Diabolus enim et angeli ejus captivaverant prædestinatos ad Dei gloriam, a Redemptore autem nostro foras missi qui dominari infidelibus solebant intrinsecus, fideles oppugnant extrinsecus, sed non expugnant.(2) *Et transtulit* nos de mundo *in regnum Filii*, id est ut essemus regnum filii, De quo ipse dicit : *Regnum meum non est de hoc mundo* (*Joan*. xviii.) Non ait non est hic. sed non est hinc, quia peregrinatur quidem in mundo ; sed est in mundo. Regno enim suo dicit : *De mundo non estis* (*Joan*. viii), *sed ego elegi vos de mundo* (*Joan*. xv). Erant de mundo quando ad mundi principem pertinebant.(3) Vel ita: Eripuit nos de potestate tenebrarum, id est de inferno in quo tenebamur a diabolo tam ex proprio quam ex delicto Adæ ; et transtulit nos *in regnum*, scilicet quando attollens nos de imo tartari, induxit in cœlum cum vero Filio suo. Jam enim credentes qui fixa mente devoti sunt exeunt de sæculo, duce dextræ Patris angelo, inducuntur in cœlum. *Filii*. dico, *dilectionis suæ*, quos scilicet diligit. Ita et nos per eum diliget : sine eo odiosi erimus. (4) Attende diligenter quod dicit, filii charitatis suæ. Si charitas qua Pater diligit Filium, et Patrem diligit Filius. ineffabiliter communionem demonstrat amborum, quid convenientius, quam ut ille proprie dicatur charitas, qui spiritus est communis ambobus ? Alioquin si in illa Trinitate solus Spiritus est charitas, profecto et Filius non solius Patris, sed etiam Spiritus sancti Filius invenitur. Non enim dixit Filii sui, quod si diceret verissime diceret. Sed ait, filii charitatis suæ. Filius ergo est etiam Spiritus sancti, si non est in illa Trinitate charitas Dei, nisi Spiritus sanctus : quod cum sit absurdissimum, restat ut non solum ibi sit charitas Spiritus sanctus, sed propter illa de quibus satis disserui, proprie sic vocetur. Quod vero dictum est, filii charitatis suæ, nihil aliud intelligatur quam Filii sui dilecti, quam Filii substantiæ suæ. Charitas enim Patris ejus natura atque substantia est, ut sæpe diximus. Et ideo Filius charitatis ejus, nullus est alius quam qui de substantia ejus est genitus. *In quo habemus*,

(1) August., in psal. xxx.
(2) Id., in psal. v.

(3) Id., super Joannem.
(4) Id., in l. xv De civit. Dei.

etc. Quasi dicat : Transtulit nos in regnum Filii per quem et redemit nos. Et hoc est quod ait : *in quo Filio nos Judæi habemus redemptionem*. Aliter non iremus in cœlum. Redemptio est, destructa potestate diaboli, facultas libertatis, quæ vobis est data fuso illius sanguine qui nullum habuit peccatum. (5) Ut, quia dabolus illos merito tenebat quos peccati reos conditione mortis obstrinxit, hos per cum merito dimitteret, quem nullius peccati reum immerito pœna mortis affecit. Hac justitia victus, et hoc vinculo vinctus est fortis. Et ideo non est opus aliis hostiis, quia per eum, *habemus redemptionem et remissionem peccatorum*. Quotidie si peccamus, et non est opus aliis, ot bene hæc per eum fuit, quia ipse est, *qui est imago*, Dei Patris, id est plene similis Patri, et de Patre. (6) Imago ergo Patris est, quia de ipso est, et nihil distat ab ipso. Non ita homo est imago Dei. Homo enim est imago Domini imitando, sed non qualis imago est Filius. Aliter enim est imago Dei in filio, aliter in homine ; sicut aliter est imago regis in nummo, aliter in Filio. Nos sumus nummus, in quibus imago Dei est; Christus est Filius, qui hoc est quod Pater. Nulla imago Dei coli debet, nisi ille quæ hoc est quod ille ; nec illa pro illo, sed cum illo. (7) Imago Dei, dico, *invisibilis*, id est incomprehensibilis, nec cœpit cum creatura. imo ipse *primogenitus omnis creaturæ*, id est ipse solus, et ante omnem creaturam est genitus. Alia sunt creatura ante quæ omnia ipse est genitus. Hic ostenditur coœternus Patri. Et vere genitus est ante omnem creaturam, *quia in ipso*, id est per ipsum, *universa condita sunt*. Ecce hic ostenditur coomnipotens Patri, et ita in nullo Filius minor est Patre. Universa dico, quæ sunt *in cælis et in terra visibilia*, ut sol et luna, *et invisibilia*, ut angeli et animæ. *Sive throni, sive dominationes sive principatus, sive potestates*. Etiam hæc altissima, per eum facta sunt. *Omnia prorsus per eum creata sunt*, quia etiam elementa. Unde omnia, *et in ipso* sunt, id est ipso auctore vivunt. Vel, omnia per ipsum creata sunt, et ita per ipsum, quod ante erant vita in ipso. Vel ita per ipsum omnia creata sunt et omnia in ipso sunt, id est eum non excedunt, quia immensus est, et ideo extra substantiam ejus esse non possunt. *Et ipse*, non modo æternitate et potentia, sed etiam dignitate, *est ante omnes*, nullus est ei æqualis etiam secundum quod homo est.

Et sicut omnia creavit, ita *et ipso constant omnia* qui omnibus secundum divinitatem infusus omnia sustinet et regit. *Et* cum talis sit *ipse* secundum etiam hominis naturam, *est caput corporis* sui, scilicet Ecclesiæ quæ unita est Christo gratia et natura ut capiti. Dum igitur dicitur caput corporis, id est Ecclesiæ, quia ita se habet ad Ecclesiam, sicut caput ad corpus. (8) Providet enim Ecclesiæ, et regit eam, et in ipso sunt omnes spirituales sensus Ecclesiæ, uti in capite omnes sensus corporis. Sicut enim anima totum corpus nostrum animat et vivificat, sed in capite omnibus sentit, ideoque capiti cuncta subjecta sunt ad operandum,; illud autem supra locatum est ad consulendum, quia ipsius animæ quæ consulit corpori, quodammodo personam gerit caput. Ibi enim omnis sensus apparet, sic in universo populo omnium sanctorum, tanquam uni corpori, caput est homo Christus, quos omnes ab Abel usque ad ultimum justum Sapientia Dei illuminat, quæ plenius fuit in Christo. Aliter enim cæteri sapientes sunt, aliter homo Christus; qui ipsius Sapientiæ per quam fiunt sapientes quicunque homines, non solum beneficium habet, sed etiam personam gerit, veritate ipsius et gratia plenus ! et ideo omnium qui de plenitudine ejus accipiunt, caput est. Ex quo apparet quod Sapientia Dei, id est Verbum non sic assumpsit illum hominem ut cæteros, sed multo excellentius, multoque sublimius, quomodo ipsum solum assumi oportuit, in quo Sapientia hominibus appareret, sicut eam visibiliter decebat ostendi. De cæteris enim sapientibus recte dici, quod habeant in se verbum Dei per quod facta sunt omnia ; sed de nullo eorum recte dici potest, *Verbum caro factum est (Joan.* I). Homo ergo excellentius assumptus, quasi personam Sapientiæ Dei gerit, ut caput, in quo omnes sensus, personam animæ quæ totum corpus vivificat. Sed cum Ecclesia ab Abel cœperit, quomodo homo Christus caput est eorum qui tunc fuerunt? Bene, quia ipse *qui est principium* Ecclesiæ, secundum divinitatem, id est fundator Ecclesiæ, quia omnes justos qui ab Abel usque ad ultimum justum generantur virtute divinitatis et misericordiæ suæ dono illuminavit. Secundum humanitatem etiam potest dici principium Ecclesiæ, quia super fidem humanitatis ejus fundata est. Et bene. Ipse est caput et principium, id est rector et fundator, quia ipse est *primogenitus ex mortuis*, primus mortuorum ad immortalitatem resurgens. [Ambrosius] Sicut enim natus est ante omnia de Deo, ut omnia crearet, sic iterum de virgine natus homo primus resurrexit, ut quod creaverat restauraret, ut semper sit primus et princeps. Unde subdit : *Ut per hoc sit ipse in omnibus*. tam prioribus quam sequentibus, *tenens primatum*, id est dominium, quia potest alios suscitare. Et bene primatum habet, non solum quia primogenitus est, sed etiam *quia complacuit* Trinitati *omnem plenitudinem inhabitare, et per eum reconciliari omnia*, id est placuit Trinitati, quod in ipso omnis plenitudo scientiæ et virtutum non modo esset, sed habitaret. Et reconciliaret omnia, id est Judæos et gentes. Attende quod plenitudo recte dicitur in ipso esse et manere, quia omnia potest per se, ut nihil exceptum, sit quod per eum non possit præstari. Unde ait : *Sicut Pater vitam habet in se, sic dedit et Filio vitam habere in semetipso (Joan. v). Sicut enim suscitat mortuos et vivificat sic et Filius quos vult vivificat (ibid.)* et sic ostenditur perfectus Deus esse

(5) August., de Trinit.
(6) Id., De decem chordis.

(7) Id., ad Januarium.
(8) Id., De agone Christianorum.

Omnia, dico, tendentia *in ipsum*, qui est lumen verum et æternum, id est æterna veritas. Vel reconciliari in ipso, oblato Deo placuit per ipsum reconciliari omnia. Et ipse est, *pacificns*, id est pacificavit non gratis, non per aliam hostiam, sed *per sanguinem crucis ejus*, id est per mortem crucis ejus quæ est turpior mors. Pacificavit dico, *sive quæ in cœlis, sive in terris sunt*, id est cælestia et terrestria, quia patet homini introitus in cœlum. Vel, quæ in cœlis sunt, id est sanctos, qui jam sunt in cœlo ; et quæ in terris, id est sanctos, qui adhuc in ista vita sunt.

VERS. 21-29. — « Et vos cum essetis aliquando
« alienati, et inimici sensu in operibus malis, nunc
« autem reconciliavit in corpore carnis ejus per
« mortem, exhibere vos sanctos et immaculatos et
« irreprehensibiles coram ipso, si tamen permanetis
« in fide fundati et stabiles et immobiles a spe Evan-
« gelii quod audistis, quod prædicatum est in uni-
« versa creatura quæ sub cœlo est, cujus factus sum
« ego Paulus minister, qui nunc gaudeo in posses-
« sionibus pro vobis, et adimpleo ea quæ desunt
« passionum Christi in carne mea pro corpore ejus
« quod est Ecclesia; cujus factus sum ego minister
« secundum dispensationem Dei, quæ data est mihi
« in vobis, ut impleam verbum Dei : mysterium quod
« absconditum fuit a sœculis et generationibus, nunc
« autem manifestatum **190** est sanctis ejus, quibus
« voluit Deus notas facere divitias gloriæ sacramenti
« hujus in gentibus, quod est Christus in vobis spes
« gloriæ, quem nos annuntiavimus corripientes om-
« nem hominem, et docentes in omni sapientia ut
« exhibeamus omnem hominem perfectum in Christo
« Jesu : in quo laboro certando secundum operatio-
« nem ejus, quam operatur in me in virtute. »

Et vos cum, etc. Quasi dicat: Et ut specialiter loquar, *et vos*, o Colossenses, pacificavit et reconciliavit Deo, *cum*, id est quamvis, *essetis aliquando alienati a Deo*, id est nihil cum Deo habentes, *et inimici*, contradicendo. Et hoc *sensu*, quia putabatis bene agere. Vel secundum aliam litteram potest legi, quod idem valet. *Cum essetis aliquando et inimici, sensus*, id est consilii ejus, quia non receperunt ejus per Moysen mandavit Deus devotis idolis suis, vos, dico, degentes actu *in operibus malis*. *Nunc autem*. Quasi dicat: Aliquando tales eratis, *nunc autem*, et in hoc tempore gratiæ, non in alio, *reconciliavit vos remissione peccatorum, in corpore carnis ejus*, id est fragilitatis ejus, id est in corpore suo passibili et mortali. Et hoc, *per mortem* ejus. Reconciliavit dico, *exhibere vos*, ad hoc, id est tandem exhibeat, id est repræsentet vos *sanctos* virtutibus, *et immaculatos* a peccatis, et usque adeo quod *irreprehensibiles*, quia tunc nihil mali erat in eis. Irreprehensibiles dico, *coram ipso*, quia omnia videt. Vel repræsentet, coram ipso, qui tunc ei præsentes eritis, videntes eum sicuti est facie ad faciem, de

quo diffidendum non est. Si enim mortalis et mortuus potest reconciliare, jam immortalis potest omnia facere. *Si tamen*, etc. Hic monet quod in fide Christi et spe perseverent. Ideo enim tot et tanta dixerat de Christo, ut ponant spem in eo solo, in quo omnia bona sunt, non alicui elementorum, vel angelorum se subjiciendos putent. Hic enim solus colendus, et ad hunc non est æstimandus quisquam. Quasi dicat: Exhibeat vos dico, tamen hac conditione, *si permanetis in fide fundati*, id est firmi, non fluctuantes, *et stabiles*, ut per vos non recedatis ; *et immobiles*, alio impellente a spe Evangelii, id est si estis stabiles in spe præmii, et ab ea immobiles, quæ promittitur in Evangelio. Si hæc fecerint, exhibebunt eos Deo. Aliter enim non prodest eis Christus. [Ambrosius.] Quod Evangelium tenere debetis, quia *audistis*, id est intellexistis. Et prius est reverti. Melius est viam veritatis non agnoscere, quam post agnitam retroire. Quod Evangelium *prædicatum est*, et manet. *in universa creatura quæ sub cœlo est*, id est in universis hominibus qui sunt nova creatura, quotquot ubicunque sunt. Vel ita, prædicatum est in universa creatura nova. Hoc non mutatur. Quæ tamen nova creatura modo *est sub cœlo*, adhuc peregrina, sed tandem perveniet ad gloriam. *Cujus*, Evangelii prædicandi, *ego Paulus factus sum minister*. Et ita potestis scire quod verum est; *Qui nunc* Ephesi positus in carcere pro Evangelio, *gaudeo in passionibus*, quia non credentes proficiunt. Quas sustineo, *pro vobis*, confirmandis in veritate Evangelii, *et adimpleo ea passionum Christi quæ desunt*. Suas passiones dicit esse Christi ; quia nostræ passiones, qui sumus Christi membra, Christi sunt, Quasi enim unus homo una persona est caput cum corpore, id est salvator cum salvandis. Si ergo in membris Christi es, quidquid pateris ab eis qui non sunt in membris Christi, deerat passionibus Christi (9). Ideo additur, quia deerat, mensuram implens, non superfundens. Tantum pateris, quantum ex passionibus tuis inferendum erat universæ passioni Christi, qui passus est in capite nostro, et patitur in membris suis.

Ad communem hanc quasi rempublicam nostram quisquis pro modulo suo exsolvit quod debet, et pro possessione virium nostrarum quasi canonem passionum inferimus paratoria plenaria nostra passionum non erit, nisi cum sæculum finitum erit, Vel, ea passionum Christi, id est quæ Christus sustinuit, vel quæ me sustinere præcepit. Quæ adhuc, desunt adimpleo, id est paratus sum pati. Et hoc non in meis, sed *in carne mea*. Vel, desunt non in carne ipsius Christi, sed in carne mea. Et hæc patior, *pro corpore ejus*, multiplicando, *quod est Ecclesia*. Quasi dicat: Non de alio corpore dico nisi de illo quod est Ecclesia, *cujus* corporis *ego factus sum minister*, ut ei ministrem spiritualia. Minister dico, *secundum dispensationem Dei, quæ data est mihi in vobis*, id est

---

(9) August., in psal. LXI.

ad hoc factus sum minister, ut ei demum dispensem actu per gratiam apostolatus mihi crediti a Deo in vobis. Vel ita, cujus Evangelii ego factus sum minister, secundum dispensationem Dei, id est secundum gratiam apostolatus mihi a Deo dispensati. *Quæ data est mihi in vobis.* Tantum est enim quod a meis discipulis prædicatum est vobis, quantum si a me ipso. Ministrum Evangelii inter gentes, a Deo per Christum factum se esse dicit. Ad quid autem? Ostendit, scilicet *ut mysterium,* a Deo susceptum per idoneum servitium, *impleatur,* quod ignotum cum a sæculis fuit, scilicet mysterium nativitatis ex Deo, et nativitatis ex Maria, et salvationis gentium et totius operis Christi. Unde subdit, *ut impleatur.* Quasi dicat: Data est mihi dispensatio ad hoc, ut impleatur. Et impletum ostendam, *verbum,* id est dispositionem vel ordinationem *Dei,* id est quod Deus præordinavit de vobis gentibus, vos scilicet per Christi incarnationem salvari. Hoc dicit, ne videatur salus non esse promissa gentibus. Quod verbum est mysterium, id est occultum. (10) Quia si erat notum: *In principio erat Verbum (Joan.* 1), nusquam erat lectum: *Verbum caro factum est,* etc. *(Ibid.).* Quæ ad sacramentum incarnationis pertinent. Unde: *Abscondisti hæc a sapientibus et revelasti ea parvulis (Matth.* xi). Quosdam enim Platonicorum libros ex Græca lingua in Latinam versos vidi, et ibi legi, non quidem his verbis, sed hæc quidem omnino multis et multiplicibus suaderi rationibus, quod *in principio erat Verbum, et Verbum erat apud Deum;* sed quod *Verbum caro factum est,* non legi. Indagavi quippe in libris varie dictum, quod Filius sit in forma Patris; sed quod exinanivit se, non habetur in illis. Recte ergo illud verbum dicitur mysterium, id est occultum. *Quod absconditum fuit a sœculis,* id est a principio sæculorum: *et absconditum fuit generationibus* omnibus non cuidam parti tantum, nisi cui per Spiritum sanctum revelavit. *Nunc autem,* id est in tempore gratiæ, *manifestatum est,* non omnibus, *sed anctis ejus,* humilitate parvulis. Nec his omnibus plene innotuit, sed his tantum, *quibus voluit Deus, ex sola gratia notas facere divitias gloriæ sacramenti hujus,* id est copiosam gloriam tam digni sacramenti, in quo sunt multa, scilicet fides, remissio, justitia, dona Spiritus sancti, futura beatitudo. Et ideo dicit divitias, sacramenti dico, existentis; *in gentib us: quod,* sacramentum *est Christus in vobis,* gentibus, id est illud sacramentum est Christi incarnatio per quam salvantur gentes. Ita est in vobis, ut sit *spes gloriæ,* id est ut per eum speretis gloriam sine lege. *Quem,* id est qualem Christum, *nos* apostoli *annuntiamus,* quod sine lege salvat gentes. Nos dico, *corripientes,* id est arguentes, non solum vos, sed *omnem hominem,* qui deviat a veritate quam novit, Et docentes omnem hominem, scilicet eos qui ignorant veritatem. Vel contradicentes corripimus et convincimus, et obedientes docemus. Docentes dico, *in omni supientia,* non sumus cæci ut pseudo, sed docemus, in omni sapientia. Vera sapientia est in disciplina Dominica, scilicet cum Christus agnoscitur: quod Apostolus magna cum diligentia agere testatur, ut erudiens hominem in hac sapientia, consummatum exhibeat eum Deo. Unde subdit: *Ut exhibeamus,* id est offeramus Deo in sacrificium, *omnem hominem,* tam Judæum quam Gentilem, *perfectum* non in lege, sed *in Christo Jesu,* id est in intellectu mysterii Christi, *in quo,* id est in qua re, scilicet ut omnis sit perfectus in Christo, *et laboro certando* contra rebelles, *secundum operationem ejus, quam operatur in me virtute,* miraculorum, id est certo contra perfidos adjuvantibus me signis virtutum, per quæ vita infidelitatis comprimitur, ut qui verbis contradicunt, virtuti cedant. Quasi dicat: Labori meo adjungit Deus miracula ad confirmationem.

CAPUT II.

VERS, 1-3. — « Volo enim vos scire qualem sol« licitudinem habeam pro vobis, et pro his qui sunt « Laodiciæ, et quicunque non viderunt faciem meam « in carne, ut consolentur corda ipsorum, instructi « in charitate, et in omnes divitias plenitudinis in« tellectus in agnitione mysterii Dei Patris et Chri« sti Jesu, in quo sunt omnes thesauri sapientiæ et « scientiæ absconditi. »

Volo enim. Quasi dicat: Ideo hoc refero de me vobis, quia *volo vos scire qualem sollicitudinem habeam pro vobis,* ut ea intellecta quæratis in Christo perfecti fieri Et recte ait, pro vobis. Non enim minus pro his quos non vidit sollicitus erat, quam pro his quibus præsens prædicavit; nec minori affectu diligebat quos non viderat, quam cæteros apud quos erat. Et non solum pro vobis, sed etiam *pro his qui sunt Laodiciæ,* quia et hi a pseudoapostolis præventi erant. Et pro his adjacentibus vobis, *quicunque non viderunt faciem meam in carne,* etsi scientiam audierunt. Et ad hoc intendo *ut,* ipsi vobiscum *consolentur corda* sua. Ipsi, dico, *instructi in charitate,* quam Deus ad nos habuit, qui pro nobis Filium tradidit. Hoc si quis attendit, potest se in hac miseria consolari, quia perpendit calcata superbia, per humilitatem, ad patriam posse reverti. (11) Vitiorum namque omnium, superbia causa est. Ad hanc convincendam atque auferendam talis medicina cœlitus venit; ad elatum hominem per superbiam Deus humilis descendit per misericordiam, gratiam claram manifestamque commendans in ipso homine. Quem tanta præ participibus suis charitate suscepit. Neque enim ipse ita verbo Dei conjunctus, ut ipsa conjunctione unus Filius Dei, et idem ipse unus Filius hominis fieret, præcedentibus suæ voluntatis meritis fecit. Unum enim illum esse oportebat; essent autem plures, si hoc fieri posset, non per Dei proprium donum, sed per hominis liberum arbitrium Hoc ergo præcipue ad humilitatem nobis commendatur.

---

(10) August., in lib. Confess.

(11) August., De spir. et litt.

Et instructi *in agnitione Dei.* Instructi dico, per hoc tentando, *in omnes divitias plenitudinis et intellectus,* id est in omnes copias intellectus plenitudinis, ut perfecte de divinis et humanis intellectum habeant, ut de anima, et de supernis spiritibus. Aliter enim ad cognitionem Dei nemo ascendit. Ideo dicit, divitias, ut de omnibus intellectum plene habeant. Dico, instructi in agnitione Dei, non dico quantum ad opera, sed in agnitione *mysterii* Dei, ut sciatis, scilicet quod est secretum a paucis cognitum, de essentia Dei. Dei, dico, *Patris Christi Jesu,* ut sciatis, scilicet quod alia persona est Pater a Filio, quamvis unum et idem sit in substantia cum illo. Ad quam cognitionem si tenditis, ad Christum tantum recurrite, quia ipse est *in quo sunt omnes thesauri,* id est omnes copiæ, *Sapientiæ* de divinis, *et scientiæ,* de humanis. Sed *absconditi.* Et ideo ne miremini si in Christo estis, et eas nondum invenistis, quia non omnibus patent, nisi his qui petunt et pulsant. Vel aliis non mutatis, ita potest legi illud : Consolentur corda sua, dico, instructi in *charitate, et in omnibus divitiis,* alia littera, *pleni, intellectus.* Ad quid? *ad cognoscendum, Christi,* quia est in Christo. (12) Alia littera id est Verbum caro factum, per quod humiliatum superbi redimuntur et cum lego, *Verbum caro factum est* (Joan. I). In Verbo intelligo verum Dei Filium, in carne agnosco verum hominis Filium, et utrumque simul Deum et hominem unam personam ineffabilis gratiæ largitate conjunctum : (13) et ideo Verbum caro factum, quod est Christus Jesus, habet thesauros sapientiæ et scientiæ. Unde subdit, in quo sunt omnes thesauri sapientiæ et scientiæ absconditi.

Hæc duo inter se ita distant ut sapientia de divinis, scientia de humanis accipiatur. Utrumque in Christo agnosco. Et sapientiam in eo quod Verbum est apud Deum, et scientiam in eo quod nobiscum homo est. Omnia enim quæ pro nobis Verbum caro factum temporaliter fecit et pertulit, ad scientiam pertinent quod autem Verbum est sine tempore et loco, Patri coæternum, et ubique totum, ad sapientiam refertur. Scientia ergo nostra Christus est ; sapientia nostra, idem Christus est. Unde : *Plenum gratiæ et veritatis.* (*Ibid.*) Aliter totum secundum aliam litteram, quæ est. *Ut consolationem accipiant corda eorum, cum fuerint instructi in charitate in omnes divitias plenitudinis intellectus, ad agnitionem mysterii Dei in Christo Jesu. In quo,* etc. Vult Apostolus animos eorum fovere in charitate, et ut prompti fierent per Epistolam agnitionem recipere sacramenti Dei, in Christo advertentes has esse sapientiæ et scientiæ divitias, si agnoscatur Christus, in deitatis suæ plenitudine adorandus. Et est ordo : Ad hoc tendo, ut corda ipsorum consolationem accipiant : quod erit, cum fuerint instructi in charitate Dei et proximi ; et cum fuerint instructi, ad cognitionem mysterii Dei in Christo, id est in agnitionem Christi, in quo est omne mysterium. Omne enim mysterium sacramenti Dei in Christo est, ut qui eum cognoscit, omnium notitiam etiam habere videatur. Unde addit : Ipsi dico per hoc tendentes, in omnes divitias plenitudinis intellectus. Divitiæ enim sapientiæ et scientiæ sunt, si Christus agnoscatur, quia omnium potentiarum virtus in eo est. Ex eo enim habent omnes, quare et caput omnium dicitur, ut per ipsum omnes subsistere videantur. Unde recte subditur, in quo sunt omnes thesauri sapientiæ et scientiæ absconditi. Omnis enim ratio scientiæ totius creaturæ supernæ vel terrenæ in eo est qui caput et auctor omnium cœlestium et terrestrium, ut qui hunc novit, nihil ultra quærat, nec sapientiam nec virtutem, quia agnovit eum in quo perfecta virtus est, perfectaque sapientia. Quidquid alibi quæritur, hic perfecte invenitur. Nam quid sapientius Salomone, quid prudentius Daniele, quibus ideo præ cæteris Deus sapientiam dedit, ut in Daniele et Salomone ostenderet infidelibus, se auctorem esse sapientiæ totius? Quod infideles non putant, quia non legunt in evangeliis et prophetis astrologiam, geometriam, et hujusmodi. Quæ ideo despecta sunt a nostris, quia nihil ad salutem pertinent, sed magis mittunt in errorem, et a Deo avocant, ut dum his student disputationum ratiocinationibus curam animæ suæ non agant. Qui vero Christum novit, thesaurum sapientiæ et scientiæ invenit, quia id novit quod utile est.

Vers. 4, 8. — « Hoc autem dico, ut nemo vos « decipiat in sublimitate sermonum. Nam etsi cor- « pore absens sum, sed spiritu vobiscum sum « gaudens et videns ordinem vestrum, et firmamen- « tum ejus quæ in Christo est fidei vestræ. Sicut « ergo accepistis Jesum Christum Dominum no- « strum, in ipso ambulate, radicati et superædifi- « cati in ipso, et confirmati in fide, sicut et didi- « cistis, abundantes in illo in gratiarum actione. « Videte ne quis vos decipiat per philosophiam et « inanem fallaciam secundum traditionem homi- « num, secundum elementa mundi, et non secun- « dum Christum. »

Hoc autem, etc. Commendata sui mysterii dignitate, monet eos ne malorum colloquiis et astutia iniquitatis sensus eorum recederet a Christo; quasi dicat: Volo ut sitis instructi, *hoc autem dico* ut non solum tendatis ad ea quæ nondum habetis, sed *ut nemo,* quantumcunque sapiens, *vos decipiat, in sublimitate,* ut videatur : quæ subtilitas vel sublimitas non est, nisi *sermonum,* id est nisi in verbis. Quia sapientes mundi arte quadam, minutiis disputationum irretire gestiunt animas simplicium, ut traditione mundanarum rerum abstrahant eos a spe quæ est in Christo. Nam etsi, quasi dicat : *Ne decipiat,* dico, et recte : video enim spiritu, quod apud vos geritur. [Ambrosius] Et hoc est quod ait : Nam

---

(12) August., de Trinit.   (13) Id., De homine assumpto.

etsi, a vobis *corpore absens sum, sed* tamen, *vobiscum sum spiritu*, sicut et spiritus Elisei fuit cum Giezi in via cunctis ad Naaman Syrum, ut acciperet sub nomine quæ ipse non mandaverat. Quanto magis Apostolus ea quæ dixit poterat videre in spiritu! Major enim gratia fuit in apostolis quam in prophetis. Ideo ait, spiritu vobiscum sum. Sanctis enim datum est in spiritu videre remota. Ergo si caveant illi quorum actus magistrum non latent. Vobiscum sum dico, *gaudens et videns*, id est quia video, *ordinem vestrum*, id est quoniam unusquisque vestrum secundum ordinem suum, vivit. *Et videns firmamentum*, id est stabilitatem *ejus fidei vestræ quæ in Christo* est, non in lege. Per hoc promptiores eos facit circa Evangelium, quia gaudere se dicit in dispositione conversationis illorum et fidei stabilitate, ut scientes unde placeatur Deo, in eo flerent firmiores. Et quandoquidem bene statis, *sicut ergo* fidei fundamento *accepistis*, bona enim fuit acceptio, accepistis, inquam, *Jesum Christum Dominum nostrum*, ita *ambulate*, id est proficite non extra eum, sed in *ipso ambulate*, dico, vos minores, *radicati* in activa vita, ut arborum ad fructificandum; *et vos majores* qui in contemplatione estis, *super alios, ædificati* et hoc *in ipso*, id est in templo Dei. Unde, scilicet aliis loquatur, et ambulate, *in actione gratiarum confirmati in fide*, ambulate, dico, sicut et didicistis, id est sicut accepistis, non aliter, et didicistis, cognitione, et habetis materiam gratiarum.

Vos dico, abundantes, donis *in illo*, qui solus dat incrementum. Et in hac ambulatione, *videte ne quis vos decipiat per philosophiam* [Ambrosius] terrenam, per quam solent seduci, qui cupiunt prudentes judicari in mundo. Et eamdem significationem subdens, *per inanem fallaciam*. Terrena enim philosophia argutiis et subtilitate minutiarum componitur, et decipit, dum verisimilibus causis et commentitiis rebus nil tam verum æstimant quam quod conspicitur, et intelligitur in elementis, quæ terrena philosophia, *secundum traditiomem homimum*, (14) agentium *secundum elementa mundi, et non secundum Christum*, in aliqua parte, id est non est a Deo ordinata, sed ab homibus tradita. Tradiderunt enim philosophi, quos homines vocat, Deum non posse fieri creaturam, hominem non posse nasci de Virgine, vel mortuum revivere considerentes elementa, id est has creaturas visibiles, in quibus ex commistione seminis animalia generantur, et quod moritur non iterum vivit. Ideo monet traditionem istam cavere velut inanem, et fallacem. Philosophiam dicit non a Deo ordinatam, sed ab imbecillitate ratiocinationis humanæ quæ potentiam Dei intra conscientiam suam coarctat, non aliter credens facere vel posse quam carnalis ratio suadet, quæ omnino cavenda est, quia mundi cultrix est non Dei, et a Christo retrahit in quo perfectio divinitatis est, quia omnia habet quæ

(14) Aug., in serm. quodam.
(15) Id., ad Dardanum.

Pater. Vel dum ait, secundum elementa, illos tangit, qui quasi prudentius exponunt idola dicentes : Juno est aer, Neptunus est mare. Ideo cum diceret, secundum philosophiam, et inanem fallaciam, addit, secundum elementa mundi, quasi admonens non qualescunque adoratores simulacrorum, sed quasi doctioros interpretatores signorum, cavendos esse. Vel fallaciam appellat quod de lege dicunt pseudoprædicatores, et illa dicitur inanis, quia in hac falsitate nulla est utilitas ; quod solet esse aliquando in falsis. Philosophiam dicit ea quibus hoc probare volunt, quod asserunt. Et est sensus Videte ne quis vos decipiat, tradendo ad legis observantias, per prophetiam, id est per rationes conquisitas ad probandum vel improbandum : quod de lege dicitur ; et per inanem fallaciam, scilicet per illud quod probatur. Ne quis decipiat dico, agens secundum traditiones hominum, id est legalia ; post exhibitam 192 enim veritatem, lex non est traditio Dei sed hominum, et agens secundum elementa mundi, id est secundum litteralem sensum, qui et de mundanis est, et non secundum Christum.

VERS. 9-14. — « Quia in ipso inhabitat omnis « plenitudo divinitatis corporaliter, et estis in illo « repleti qui est caput omnis principatus et potes- « tatis. In quo et circumcisi estis circumcisione « non manufacta in exspoliatione corporis carnis, « sed in circumcisione Christi, consepulti ei in « baptismo, ib quo et resurrexistis per fidem ope- « rationis Dei qui suscitavit illum a mortuis. Et « vos cum mortui essetis in delictis et præputio « carnis vestræ convivificavit cum illo, donans vo- « bis omnia delicta, delens quod adversus nos erat « chirographum decreti, quod erat contrarium « nobis. »

Quia in ipso, Christo, *inhabitat plenitudo divinitatis omnis* id est omnino inhabitandi, ut etiam personaliter sit ei unitus quod non est in aliqua creatura. (15) Deus quidem ubique præsens est, et ubique totus præsens, nec tamen ubique habitans, sed in templo suo tantum et capitur habitans ab aliis amplius ab aliis minus, sed de solo capite nostro dicitur : quia in ipso inhabitat plenitudo divinitatis, et hoc, corporaliter, non hoc ideo dicit, quia corporeus sit Deus, sed verbo translato usus est quia in templo manufacto olim non corporaliter, sed umbratiliter habitavit, id est præfigurantibus signis. Omnes autem illæ observantiæ umbræ fuerunt futurorum. (16) Non ergo quia divinitas corpus sit, sed propter umbrarum comparationem legalium, dixit corporaliter, id est completive, quia in illo implentur omnia, ut quodammodo sit corpus et impletio umbrarum legis, id est significationum illarum ipse sit veritas. Sicut ergo ipsæ figuræ translative non proprie dictæ sunt umbræ ; ita cum ait plenitudinem divinitatis in Christo habitare corporaliter, translato verbo usus est. Qui ergo dicit carnales obser-

(16) Id., super Genesim.

vantias necessarias, dicit Christum non esse corpus umbrarum, nec Deum ad omnia sufficientem. Vel certe ideo dicit, corporaliter, quia in Christi corpore quod sumpsit de Virgine tanquam in templo habitat Deus. (17) Quid ergo interest inter caput et membra caetera, quae etiam templum ejus sunt, quia in capite nostro habitat omnis plenitudo divinitatis, ita quod omni gratia plenus est, sed non ita habitat in sanctis, sicut et in nostro corpore inest sensus singulis membris, sed non quantum in capite. Ibi enim auditus, visus est, et olfactus, et gustus, et tactus, in caeteris autem solus est tactus. Ita in Christo habitat omnis plenitudo divinitatis, quia ille est caput, in quo sunt sensus, in sanctis vero quasi solus tactus est, quibus datus Spiritus ad mensuram. Praeterea est aliud quo intersit plane inter illud caput, et cujuslibet membri excellentiam, quia singulari quadam susceptione hominis factus est homo ille una persona cum Verbo. De nullo enim sanctorum dici potuit vel potest, vel poterit : *Verbum caro factum est (Joan.* 1). Nullus sanctorum qualibet praesentia gratiae Unigeniti nomen accepit (*ibid.*). Ut quod est ipsum Verbum ante secula, hoc simul cum assumpto homine diceretur, et est summa omnis intelligentiae talis : In ipso inhabitat omnis plenitudo divinitatis corporaliter, id est veraciter et solide.

Et estis. Quasi dicat : In eo habitat divinitatis plenitudo. *Et in illo* qui ita plenus est, *vos estis repleti*, donis Spiritus sancti, quod non sunt elementa. In credentibus enim Spiritus sanctus habitat, quod elementis concedi non potuit, quia indignum erat invisibilem et incorporeum habitare in substantia visibili et invisibili. Audiant ergo et veniant cultores elementorum et credant in Christum ut fiant majores eorum quos nunc colunt. Ideo ait, in illo repleti estis, qui creditis in Christo omnem plenitudinem habitare : quod negantes contra Christum sunt. *Qui* Christus est caput, non modo hominum, sed etiam *principatus et potestatis* angelicae. Et vos ergo replere potest, qui supernos cives replet. *In quo.* Monuit ne per prophetiam a Christo recedant, nunc monet ne a pseudoapostolis seducti caeremonias legis recipiant. Quasi dicat, Estis repleti in illo, *in quo*, non solum donis repleti estis, sed etiam *estis circumcisi*, id est purificati ab errore et mundo. Circumcisi, dico, *circumcisione non manufacta*, id est opere humano : vos dico manentes, *in exspoliatione corporis carnis* id est exspoliati a corpore secundum quod erat carnis, id est carni subjectum, carnis serviens desideriis ; sed modo secundumque spiritus, spiritale, spiritui *serviendo*, id est in spiritu estis servientes non in carne, a terrenis ad coelestia, ab humanis ad divina, ab errore ad divinitatem conversi. Vel ita : Estis circumcisi, circumcisione non manufacta, sicut fiebat legalis circumcisio scilicet non facta, in exspoliatione cutis, alia littera, carnis, quia ibi, scilicet in carnali circumcisione nihil fit nisi quod cutis aufertur. In eodem sensu potest legi littera nostra sic, non manufacta ; in exspoliatione corporis carnis, id est corporis quod est caro. (18) Non igitur duas res intelligi voluit, quasi aliud sit caro, aliud corpus carnis ; sed quia corpus multarum rerum nomen est, quarum nulla caro est, quia non omne corpus caro est. Non inquam tali circumcisione circumcisi estis, *sed in circumcisione* Jesu *Christi*, id est, circumcisione spirituali, ubi omnia vitia amputata sunt, quia solus Christus facit. *Consepulti*. Item ; hoc in Christo consecuti estis, quia estis consepulti in baptismo, id est ad similitudinem sepulturae ejus, baptizati scilicet ut jam non videantur quod fuerunt, scilicet veteres peccatores, sed novi justi ; sicut Christus in sepulcro positus non videbatur. *In quo* Christo *et resurrexistis*, in novitate vitae ambulando. Et hoc non per aliud, sed *per fidem operationis Dei*, id est quam Deus operatur in eis. Vel, per fidem operationis Dei, id est per fidem Dei, de quo credunt quod exemplo Christi, suscitabit illos. Unde subdit, *qui suscitavit illum*, id est Christum, *a mortuis*. Hoc praemittit ad probandum quod resurgent illi etiam immortales. Unde subdit : *Et*, per hoc *vos* etiam Gentiles, jam certitudine spei, *convivificavit*, id est secundum corpus et animam vivificavit, *cum illo*, Christo, id est ad similitudinem ejus. Convivificavit dico, *cum*, id est quamvis prius, *essetis mortui* in *delictis*, non sentientes mala vestra. Delicta dicit, quod reliquerunt legem naturae. Et mortui, *in praeputio carnis vestrae*, id est in originali peccato ; quod significat praeputium. Vel, praeputium vocat delicta carnalia, et ponit praeputium pro eo quod significat, id est delicta carnalia a quibus exspoliandi sumus. [Augustinus] Mortuos *vivificavit* dico, *condonans vobis*, gratis *omnia delicta*, et originalia et superaddita ; quod signum est quod et poenam tollet. Et non solum vobis gentibus donavit delicta, sed etiam nobis Judaeis praevaricationem, quae fuit ex lege, dimisit. Et hoc est, ipse dico, *delens chirographum decreti*, scilicet legis, id est memoriam transgressionis quae erat ex decreto, id est ex lege, *quod*, chirographum *erat adversum nos*, et conscientia enim nostra, et diabolus ad accusandum non erat memor transgressionis illius, et ita haec memoria erat adversum nos scilicet nocens nobis, et nos crucians. Sed et hoc in baptismo abluto et deleto, nec conscientia nostra timet, nec diabolus quod objiciat habet. Et non solum chirographum decreti erat adversum nos, sed etiam ipsum decretum id est vetus lex. Unde subdit, *quod erat*. Quasi dicat chirographum decreti, dico quod, etiam decretum, id est lex *erat contrarium nobis*, cum non adjuvaret, sed amplius reos faceret.

Vers. 14-17. — « Et ipsum tulit de medio affi-
« gens illud cruci, et exspolians principatus et potes-

---

(17) August., ad Dardanum.

(18) Id., De Trinit.

« tates, traduxit confidenter palam triumphans illos
« in seipso. Nemo ergo vos judicet in cibo aut in
« potu, aut in parte diei festi aut neomeniæ, aut
« Sabbatorum quæ sunt umbra futurorum, corpus
« autem Christi. »

Et ipsum chirographum, vel decretum, *tulit de medio* omnium, id est de communi, ut nullus credentium vel chirographum timeret, vel ultra legem observaret. Tulit dico, *affigens illud* decretum *cruci*, ut jam cesset cum omnia sacrificia legis carnalia in oblatione veri Agni sunt adimpleta. Quis ergo illud restituit? quasi dicat: Nullus debet illud restituere, et sicut nos a lege et a legis prævaricatione liberavit, sic et patres antiquos ab inferno liberavit, ne quis putet eos per legem salvatos. *Et hoc est* quod subdit, et ipse *exspolians principatus*, infernales. *Et potestates*, auferendo Abraham, Isaac et cæteros justos, *traduxit*, suos, id est longe ab hoc regno ad cœlos duxit; ipse dico, prius *confidenter*, id est cum magna fiducia, cum spe victoriæ, ut Deus homo sine peccato, *triumphans*, id est expugnans *illos* in cruce, scilicet infernales principes, quod non est in abscondito, sed *palam*. Si quis enim perfectionem Ecclesiæ respicit, aperte videtur antiquus hostis victus. Triumphans, dico *in semetipso* oblato, non alio sacrificio. (19) Morte sua quippe uno verissimo sacrificio pro nobis oblato, quidquid culparum, unde nos principatus et potestates ad luenda supplicia jure detinebant, exstinxit. Unde ergo accepit diabolus exterius potestatem Dominicæ carnis occidendæ, inde interior qua nos tenebat potestas ejus occisa est. Vel ita, ab illo loco, *Delens*, etc., quasi dicat: Vobis gentibus condonavit omnia delicta, ipse dico, delens, etiam *chirographum decreti* quod erat adversus nos. Decretum Dei fuit quod Adæ præcepit, scilicet: *De ligno scientiæ boni et mali ne comedas* (*Gen.* II). Hujus decreti violati chirographum, id est memoriam, delevit Deus quando peccatum primi parentis per sanguinem abluit, et illa memoria erat contraria nobis, sed ipsam tulit de medio affigens cruci. Vel chirographum dicit peccatum Adæ, quod quasi cautionem contra nos tenebat diabolus. Decretum est sententia omnibus hominibus adversa, qua scilicet dictum est: *Morte Moriemini* (*ibid.*). Sed illud chirographum Dominus tulit. Et hoc est, condonavit nobis omnia delicta. Ipse, dico, delens chirographum quod erat contrarium nobis id est peccatum Adæ, cujus rei eramus. Chirographum dico, *decreti* quod erat contrarium nobis id est de quo data est sententia cunctis hominibus contraria. Et ipsum chirographum tulit de medio affigens illud cruci, non solum alia. Nisi hoc et alia tolleret, non liberaremur a morte, vel inferno. Dum innocens occiditur, peccatum crucifigitur, id est mortificatur. Crux enim non Salvatoris mors est, sed peccati. Innocens enim dum occiditur, reos illos facit a quibus occiditur; sed peccatum humani generis occidit, per quod et principatus et potestates exspoliat. Unde subdit: *Et exspolians principatus et potestates* animabus quas tenebant captivas, quibus eos exspoliavit illarum abluendo peccata. Et exspolians, inquam, traduxit, principatus et potestates, id est ab Ecclesia exterminavit, ne fidelibus nocere possent, ut ante. Ipse dico post crucis triumphum, confidenter et palam, scilicet cum angelicis legionibus ad inferna descendens. Et triumphans, id est vincens, illos, scilicet principes inferni, in semetipso id est præsentia suæ majestatis. (20) Vel secundum litteram: Exuens se carne, principatus et potestates exemplavit fiducialiter triumphans eos in semetipso. Nomine carnis hoc loco mortalitas intelligitur, juxta illud, *caro et sanguis non possidebunt regnum Dei* (*I Cor.* xv). Per hanc mortalitatem nobis invidæ potestates dominabant.

Hac igitur mortalitate Christus in resurrectione se exuens, diabolicas potestates quæ per hanc mortalitatem dominabantur dicitur exemplasse, quia in seipso capite nostro præbuit exemplum, quod in toto corpore ejus, id est Ecclesia ex diaboli potestate liberanda, in ultima resurrectione complectitur. (21) In ipso quoque vincuntur diabolicæ nobis invisibiles potestates, ubi vincuntur invisibiles cupiditates. Fuso enim sanguine sine culpa, omnium culparum chirographa deleta sunt, quibus debitores qui in eum credunt a diabolo antea tenebantur. (22) Unde: *Qui pro multis effundetur.* Et quia hæc omnia in Christo nobis donata sunt, ergo deinceps *nemo vos judicet*, id est damnabiles faciat *in cibo aut in potu*, sumpto vel non sumpto ritu Judæorum, *aut in parte diei festi*, non celebrata cum lex præcipiat celebrari, id est nemo vos damnet, de hoc quod nullam partem diei festi observetis, verbi gratia, scilicet *aut neomeniæ aut sabbatorum*, *quæ* omnia *sunt*, *umbra futurorum*, id est aliqua signa a re pendentia, quæ in figura futurorum tunc fiebant, et erat peccatum non observare quæ præcipiebantur, et unum solum non observatum tunc damnabat. (23) Nunc autem non est peccatum, quia tunc erant præcepta, nunc testimonia. Illud enim erat tempus significandi; hoc, manifestandi. Ergo ipsa Scriptura quæ tunc fuit exactrix operum significantium, nunc testis est rerum significatarum: et quæ tunc observabatur ad prænuntiationem, nunc recitatur ad confirmationem. Ergo non manducare azymum per statutos VII dies, tempore illo peccatum fuit; tempore autem isto, non est peccatum; sic et de cæteris. Tunc enim fuerunt ista præcepta, nunc autem, testimonia et confirmatio veritatis. Hæc omnia fuerunt umbra. *Corpus autem*, id est veritas hujus umbræ, est *Christi*, id est ad Christum pertinet, quia per eum impleta. Vel ista omnia sunt corpus Christi, id est significant cor-

(19) August., De Trinitate.
(20) Id., contra Faust.
(21) Id., De agone Christianorum.

(22) Id., De baptism. parv.
(23) Id., contra Faust.

pus Christi, vel quod sumpsit de Virgine, vel quod est Ecclesia. Et quia sunt umbra.

Vers. 18-23. — « Nemo vos seducat volens in hu-
« militate et religione angelorum quæ non vidit,
« ambulans frustra inflatus sensu carnis suæ, et
« non tenens caput ex quo totem corpus per nexus
« et conjunctiones subministratum et constructum
« crescit in augmentum Dei. Si ergo mortui estis
« cum Christo ab elementis hujus mundi, quid ad-
« huc tanquam viventes mundo decernitis! Ne teti-
« geritis, neque gustaveritis, neque contrectaveri-
« tis : quæ sunt omnia in interitu ipso usu secun-
« dum præcepta et doctrinas hominum, quæ sunt
« rationem quidem habentia sapientiæ in supersti-
« tione et humilitate, et non ad parcendum corpori,
« non in honore aliquo ad saturitatem carnis. »

Nemo vos seducat volens, id est amans suadere vobis ea *quæ non vidit*, id est quæ non intellexit, scilicet legis cæremonias, quarum rationem ignorat. Seducat, dico *in humilitate et religione angelorum*, quia videntur quasi nuntii Dei per speciem et humilitatem religionis. Et hæc sunt quibus possunt homines facile seduci. Et ille qui hoc facit, est *ambulans frustra*, quia quidquid agit perdit, quia sine Christo rectore est. Ipse dico, *inflatus*, id est superbus *sensu* non rationis, sed *carnis suæ*, id est sensualitatis, quia non intelligit aliud quod sensualitas capit. Unde erubescendum est, non tumendum. *Et est, non tenens* Christum veritate et gratia plenum omnium Scripturarum, *caput*, contra quod dicunt qui legem prædicant. *Ex quo*, capite, id est de cujus plenitudine accipienda, *totum corpus*, id est Ecclesia, *per nexus* charitatis, *et per conjunctiones* fidei, spei et operum, in quibus fideles conjuncti sunt, et similes, *subministratum* est, *et constructum*. Distingue, et reddo singula singulis, Constructum in unum per conjunctiones, scilicet quia idem credunt, et eadem operantur, et subministratum, in subserviendo: per nexus, id est per charitatem sine qua membra non cohærent, non invicem serviunt nec vivunt. Et sicut *crescit* virtutibus et membris. Et hoc, *in augmentum Dei*, id est quantum Deus providit. [Ambrosius] Vel, in augmentum Dei dicit, quia quasi augetur Deus, hominibus ab errore redeuntibus, sicut minuebatur deserentibus. Qui enim per errorem deseruerant Deum, minuebant copias divitiarum ejus negando se esse ejus. Cum vero redeunt, incrementum faciunt Deo, quia ex perditis acquiruntur. *Si ergo*, vel *autem*. Hactenus monuit stantes ne seducerentur a pseudo ; nunc aggreditur illos qui aliqua de lege servabant, sub increpationis forma dehortans eos a lege, quasi dicat: Vos stantes videte ne seducamini, sed vos alii qui legalia recepistis, dicite, quare legem servatis? Et hoc est quod ait : *Si ante mortui estis*, non misera a Christo, sed felici morte *ab elementis mundi*, id est separati a lege, quæ est institutio puerorum qui mundana petunt, mortui dico, per hoc quod estis cum Christo, quid adhuc, scilicet veritate nota et recepta, *tanquam viventes in mundo*, id est ut Judæi qui mundo vivunt, et non Deo, *decernitis*, servanda legalia. Decernitis dico, dicentes alii aliis, ista *ne tetigeritis*, etc. Vel ita, si ergo. Elementa dicit creaturas hujus mundi, quasi dicat: Quia Christus omnia delicta delevit, ergo per hoc quod vos estis cum Christo, id est quia fidem Christi accepistis, mortui estis, id est ex toto separati a peccato, et ab elementis mundi, id est ab omni superstitione et abstinentia creaturarum mundi.

Vel ita potest accipi, cum Christo, id est sicut Christus ; ut sit sensus : Si, inquit mortui estis a peccato, et ab elementis cum Christo, id est sicut Christus, quid adhuc tanquam viventes mundo decernitis, a quibusdam superstitiose abstinendum! quia si prius dum eratis ignari hoc faciebatis, cur veritate propalata idem facitis? [Ambrosius.] Decernitis dico, dicentes, ista ne tetigeritis, ut cadaver, vel locum in quo sederit mulier menstruata ; *neque gustaveritis*, ut porcum, vel pisces non habentes squamas ; *neque contrectaveritis*, quodam studio, et delectatione, quasi dicat non debetis hoc decernere. *Quæ omnia sunt* ducentia *in interitum*, id est ducunt in mortem ; *in ipso usu*, id est si quis utatur eis judaice, ut ab his abstineat, illis utatur, credens inde justificari. Ista dico jam existentia, *secundum præcepta et doctrinas hominum*, non Dei. Postquam enim Veritas venit, jam non præcipit Deus hæc servari, sed Pharisæi et auctoritate hæc præcipiunt, et rationibus docent. Non ergo ideo dicuntur esse in interitum, quod verum sit ea esse mala, secundum quod a Deo præcepta sunt; sed ideo usus illorum et cultura interimit, quia sunt præcepta et doctrinæ hominum, non Dei exhibita veritate. *Quæ sunt* quid *habentia rationem*, id est speciem sapientiæ, quia prætendunt superstitionem et humilitatem. Unde subdit, *in superstitione*. Quasi dicat Per hoc habent speciem sapientiæ, quia sunt in superstitione, id est in religione quæ supramodum est, et quia sunt *in humilitate*, quia humiles se ostendunt qui illa observant. *Et quia sunt non ad parcendum corpori*, quia dicunt se non parcere corpori, *et* sunt *non in honore aliquo*, quia dicunt se non curare de honore humano. Et quia non sunt *ad saturitatem carnis*, quia multa sibi subtrahunt, alios gulosos dicunt. [Hieron.] Vel ita, quæ sunt quidem habentia sapientiæ rationem. Hæc legalia habent rationem sapientiæ, non in veritate, sed in superstitione, id est in falsitate quæ est superabundans ubi nulla utilitas est, scilicet per mundanam sapientiam. Et sunt in humilitate, non illa quæ virtus est, sed sicut ex Græco intelligitur, quia mens sentit humilia, id est vilia et terrena, id est in dilectione animæ sunt. Et sunt non ad parcendum corpori, quia et in illis observationibus multus labor est, qui est inanis. Et non sunt in aliquo honore, Dei scilicet cujus consilium irritum dicitur, nec sanctorum, quorum fides destruitur. Et non sunt *ad saturitatem carnis*, quia multa eis subtrahuntur. Vel ita ; quæ sunt quidem habentia rationem sapientiæ, id est putant se habere rationem sapientiæ qui illa tradunt. Ideo, quia illa traditione sunt; in superstitione, id est in simulata religione, quia traditioni humanæ nomen religionis applicant, ut religio appelletur, **194** cum sit sacrilegium, quia quod contra auctorem est, sacrilega mento inventum est. Simulata ergo ibi est religio ut videantur vera quæ falsa sunt. Et illa traditio vel religio est in humilitate, quia mentes in terra humiliat, ne erigantur ad superna. Et est non ad parcendum corpori, id est obest corpori, cujus caput est Christus, id est Ecclesiæ. Et non est in honore aliquo illis quia truncati sunt a capite Christo toto se dantes mundo, et explentes sensum carnis. Unde subdit : et est ad saturitatem carnis. Sagina enim carnalis sensus est, traditio humana quæ hoc dicit sufficere quod carnis tradit prudentia.

CAPUT III.

VERS. 1-2. — «Igitur si consurrexistis cum Chri-
« sto, quæ sursum sunt quærite, ubi Christus est
« in dextera Dei sedens, quæ sursum sunt sapite,
« non quæ super terram. Mortui enim estis, tunc et
« vita vestra abscondita est cum Christo in Deo. Cum
« autem Christus apparuerit vita vestra, tunc et
« vos apparebitis cum ipso in gloria. Mortificate
« ergo membra vestra quæ sunt super terram, for-
« nicationem, immunditiam, libidinem, concupi-
« centiam malam, et avaritiam, quæ, est simula-
« crorum servitus. »

Igitur, etc., quasi dicat : Quia mortui estis ab elementis, et qui hæc non valent *igitur si*, jam *consurrexistis*, id est animo et corpore resurrexistis : animo, in re ; corpore, in spe, et hoc, *cum Christo*, id est a simili Christi. *Quærite*, et cogitate, non carnalia ; quæ signantur per carnales observantias, sed *quæ sursum sunt*, non loco sed merito excellentiæ suæ (24). ne in hujus mundi parte figamus animum, quo universo nos exuere debemus, ideo dicit, quærite quæ sursum sunt, scilicet spiritualia quæ sunt, vel gloria æterna, vel quæ ad eam ducunt, quæ sursum sunt dico, *ubi Christus est sedens in dextera Dei*, id est regnans in æqualitate Patris, et ita, in summa est excellentia, et pro hoc certum est, quod per eum ad excelsa pervenire potestis. Quærite dico, quæ sursum sunt ; inventa autem jucunda habete. Et hoc est quod subdit : *Sapite* intelligentia et charitate quæ *sursum sunt*; *non quæ super terram* sunt, id est non quæ fundantur in terra, quia ab his mortui estis. Unde subdit : *Mortui enim* quasi dicat : Ideo quæ sursum sunt quærite non quæ supra terram, quia *Mortui estis*, mundanis et caducis. *Et vita vestra* modo *abscondita est* omnibus hic peregrinantibus, sed maxime carnalibus, atque terrenis, et ideo quæranda est. [Ambrosius] Abscondita est dico, *cum Christo*, qui est vita vestra, quæ vita est, *in Deo*, Patre, cum quo Christus idem est. *Cum autem Christus*, qui est *vita nostra apparuerit*, id est revelabitur vobis, ut eumdem cum Patre Deum videatis, *tunc et vos*, vobis et aliis *apparebitis stantes cum ipso in gloria*. Attende in his verbis Apostoli explicari illa duo quæ in Evangelio Dominus ait, Tempus amatorum mundi, dicens, semper esse paratum, tempus vero suum et suorum mondum esse paratum. (25) Tempus autem gloriæ nostræ nondum venit, quia nondum venit æstas, id est Christi adventus, ubi discernantur arbores fructuosæ a sterilibus ; sed gloria amatorum mundi semper est parata. Ideo apostolus ait vita vestra abscondita est, hoc est, tempus vestrum nondum advenit, sed tempus terrena amantium semper est paratum. Et addit, cum autem Christus apparuerit. Ac si diceret : Hoc est tempus vestrum. Cum ergo nobis insultant amatores sæculi, dicamus, quod Christus dixit, quia propter nos et ipse dignatus est hoc dicere : *Tempus vestrum semper est paratum, tempus meum nondum advenit* (Joan. VII). *Mortificate*. Post rationes de plenitudine Christi ostensas, generalis exhortatio ad omnes de moribus subditur, nbi monet ne ad priorem consuetudinem redeant. Quasi dicat : Apparebitis cum Christo in gloria. Ut hoc sit : *Ergo mortificate membra vestra*, id est partes veteris hominis, scilicet peccata. Omnia peccata simul sunt quasi unum corpus ; singula, sunt membra. [Ambrosius] Vel membra, id est membrorum concupiscentias, *quæ sunt super terram*, id est terrenis et carnalibus dominantur, scilicet, *fornicationem*, etc. Describit delicta, quæ membra appellat, ut post acceptam veritatis rationem bonæ vitæ operam darent. Multum enim obest scire rationem veri, et non eam factis exsequi. Qui enim scit vdluntatem domini sui, et non facit, vapulabit multis. Fornicatio est omnis concubitus præter legitimum connubium : *immunditiam*, quæ est contra naturam ; *libidinem*, scilicet ardosem, per qualisbet turpitudines discurrentem ; *concupiscentiam malam* de aliena uxore, vel de alia re ; *et avaritiam*, quæ si non corpus, tamen animam contaminat, *quæ est idolorum servitus*, id est tam fugienda sicut idololatria, cui simile et par vitium est, quia rebus etiam pro Deo servit. Sub uno autem nomine duo pessima et impia vitia prohibet, idololatriam et avaritiam. Et recte idololatriæ comparat avaritiam, quæ non est dispar malitia, quia radix est omnium malorum, et pene uno explentur opere ; quia sicut idololatria uni Deo nititur auferre gloriam, nec solus nomen deitatis habeat, ita avarus non Deo ; id res se extendit, ut solus usurpet quæ Deus omnibus fecit. Utraque igitur Deo inimica sunt, quia negant Deo quæ ejus sunt.

VERS. 6-17. — «Propter quæ venit ira Dei super
« filios incredulitatis, in quibus ambulastis ali-
« quando, cum viveretis in illis. Nunc autem depo-
« nite et vos omnia, iram, indignationem, mali-
« tiam, blasphemiam, turpem sermonem de ore ve-
« stro. Nolite mentiri invicem, exspoliantes vos

---

(24) August., De 83 quæst.   (25) Id., per Joannem.

« veterem hominem cum actibus suis, et induentes
« novum eum qui renovatur in agnitionem Dei se-
« cundum imaginem ejus qui creavit eum, ubi non
« est gentilis et Judæus, circumcisio et præputium,
« Barbarus et Scytha, servus et liber, sed omnia et
« in omnibus Christus. Induite vos ergo sicut electi
« Dei sancti et dilecti viscera misericordiæ, beni-
« gnitatem, humilitatem, modestiam, patientiam,
« supportantes invicem et donantes vobismetipsis
« si quis adversus aliquem habet querelam, sicut
« et Dominus donavit vobis, ita et vos. Super om-
« nia autem hæc, charitatem habete quod est vin-
« culum perfectionis, et pax Christi exsultet in cor-
« dibus vestris, in qua et vocati estis in uno cor-
« pore, et grati estote. Verbum Christi habitet in
« vobis abundanter : in omni sapientia docentes et
« commonentes vosmetipsos in psalmis et hymnis
« et canticis spiritualibus in gratia cantantes in cor-
« dibus vestris Deo. Omne quodcunque facitis in
« verbo aut in opere, omnia in nomine Domini no-
« stri Jesu Christi, gratias agentes Deo et Patri per
« ipsum. »

Propter quæ, scilicet prædicta mala, venit ira Dei in filios diffidentiæ, id est incredulitatis. Quid ergo erit de eis quos ignorantia non excusat ? quasi dicat : Gravius punientur ; *in quibus*, vitiis, et *vos aliquando*, ut alii *ambulastis*, et ideo turpius est, si modo reditis ad eadem. [Ambrosius] Ambulastis dico, *cum viveretis*, id est cum vitam esse putaretis, *in illis*. Hæc memorat ut se evasisse gaudeant, et de cætero sibi caveant. Unde subdit : *Nunc autem*, quasi dicat : Olim ambulastis in illis, *nunc autem*, cum Christum recepistis *et vos*, ut omnes alii fideles, deponite, non solum supradicta grandia vitia, sed etiam *omnia* alia, scilicet *iram*, quæ est subitus animi motus. Post majora, prohibet minora, ne videantur hæc non esse periculosa ; addit, *indignationem*, de alio sublimato ; *malitiam*, effectum iræ, scilicet indignationis. Malitia autem est qua quis molitur damnum alicui, *blasphemiam*, in fratrem vel Deum ; *turpem sermonem* vel turpiloquium, deponite *de ore vestro*, etsi in corde sit conceptus. Quid per singula ? *Nolite mentiri invicem*, scilicet alii aliis. Sunt qui non habent consuetudinem ebrietatis, qui tamen aliquando inebriantur ; sicut sunt qui non habent consuetudinem mentiendi, et tamen aliquando mentiuntur, sic et in aliis fit. Prohibet ergo aliquando mentiri, et præcipue mentiri assidue.(26) Dico, nolite mentiri :vos dico, *exspoliantes vos veterem hominem*, id est habitum peccatorum, *cum actibus suis*, ut nec actus peccati interdum adsit. Homo enim vetus nihil est aliud quam vita vetus, quæ est in peccato, in quo secundum Adam vivitur. *Et induentes* habitu virtutum, qui non caret actibus, *novum hominem*, id est rationalem mentem. *Qui* novus homo *renovatur in agnitione Dei*, magis et magis crescit et acquirit cognitionem Dei et illa renovatio fit *secundum imaginem*, id est in imagine illius, id est in ratione quæ est imago Dei, *qui creavit eum*, scilicet novum hominem in agnitionem sui.(27) Satis ostendit ubi homo sit creatus ad imaginem Dei, quia non corporeis lineamentis, sed forma quadam intelligibilis mentis. Sicut enim post lapsum peccati homo in agnitionem Dei renovatur secundum imaginem ejus qui creavit eum ; ita in ipsa agnitione creatus est, antequam delicto veterasceret. Unde rursus in eadem agnitione renovatur. Unde supra renovamini spiritu mentis vestræ. Si ergo spiritu mentis renovamur, et ipse est novus homo qui renovatur in agnitione Dei, nulli dubium est, non secundum corpus, nec secundum quamlibet partem animi, sed secundum rationalem mentem, ubi est agnitio Dei, hominem esse imaginem Dei, vel factum ad imaginem Dei. Ista autem renovatio reformatioque mentis dicitur fieri, vel secundum Deum, vel secundum imaginem Dei ; sed ideo dicitur secundum Deum, sicut in Epistola **195** ad Ephesios legitur, ne secundum aliam creaturam putetur fieri, secundum imaginem Dei, ideo, ut in ea re intelligatur fieri.

Hæc renovatio ubi est imago Dei, id est in mente non quod sit alia imago secundum quam sit, alia quæ renovatur, sed ipsa, sicut dicimus aliquem fidelem qui de corpore abscedit, mortuum esse secundum corpus non secundum spiritum, quia corpore vel in corpore mortuus est, non anima vel in anima. Sic aliquis dicitur pulcher vel fortis secundum corpus, non secundum animam. Et nota quod alia est imago ista quæ renovatur in agnitionem Dei, alia est imago illa, ad quam factus est primus homo non mulier. Unde supra ad Corinthios : *Vir est imago Dei et gloria, mulier autem gloria viri* (*I Cor*. xi). Illa imago, scilicet est, ut quomodo ex uno Deo omnia, ita ex uno homine omnes homines essent. Hæc autem imago quam de agnitione Dei dicit creari, et in femina est sicut in viro. Vel ita, secundum imaginem. Quasi dicat : Dico ut exspolietis veterem hominem, et induatis novum, et hoc quod dico, est secundum imaginem ejus, qui creavit eum, scilicet novum hominem, id est secundum rationem, quæ est imago Dei. Quasi dicat : Aliud non moneo vos nisi quod ratio vestra suadet. Hæc est imago ad quam Deus creavit hominem, scilicet ut rationalis esset, et cœlestia semper diligeret. Ubi, scilicet in quo novo homine. [Augustinus] Non est mas et femina, id est discretio masculi et feminæ. Secundum corpus enim sunt masculi et feminæ, sed secundum spiritum mentis, non in quo renovamur, secundum imaginem Creatoris, et in eo *non est gentilis, et Judæus*, id est exceptio vel acceptio gentilis vel Judæi. Nullus enim ut indignus excipitur, nec aliquibus offeit vel proficit apud Deum, quod de his vel illis nati sunt. Neque ibi est, *circumcisio et præputium*, id est non aliqui ibi sunt di-

---

(26) August, contra Faust.

(27) Id., super Genesim.

gniores eo quod ipsi hæc habeant, vel eo minus digni quia non habent. Et ibi *non est barbarus et Scytha, servus, et liber*, id est non propter ista aliquis ibi dignior est, vel minus dignus. Et est sensus: in novo homine nulla exterior diversitas alicui præjudicat, scilicet nec sexuum, nec nationum, nec observationum, nec linguarum, nec conditionum; sed Christus est *omnia*, id est omnes partes novi hominis, suut opera Christi, et, ipse Christus est *in omnibus* fidelibus, qui per eum novi sunt. *Induite ergo*. Quasi dicat : Et quia Christus est omnia et in omnibus, vos ergo, o Colossenses qui estis *sicut*, id est vere, *electi Dei*, scilicet quos Deus ab æterno elegit, *et sancti*, sacramentorum participatione, *et dilecti* a Deo, id est quia jam sancti estis, et quia dilexit Deus vos, induite *viscera misericordiæ*, id est affectum pietatis, erga omnes. Deinde subditur exsecutio misericordiæ cum additur, *benignitatem* animi ad benefaciendum parati, et *humilitatem*, ut sitis, humiles corde et habitu, et *modestiam*, ut in omnibus modum servetis, et *patientiam* in adversis tolerandis, *supportantes invicem*, ut alter alterius onera portet, *et donantes vobismetipsis, si quis adversus aliquem habet quærelam*, id est si alter alterum offendit, non solum non judicet, sed et donet. *Sicut et Dominus donabit vobis, ita* integre et pure *et vos* condonate aliis (28). In cujus rei sacramento lavit Christus pedes discipulorum, et dixit : *Exemplum dedi vobis ut et vos similiter faciatis (Joan.* XIII). Invicem itaque nobis delicta donemus, et pro nostris delictis invicem oremus, atque ita quodammodo invicem pedes nostros lavemus. [Ambrosius] Et nota quia ut lucrum possint habere ad hæc eos facienda monet, quia meritum collocant apud Deum. Ab illicitis abstinere facit timor ; veretur enim ne mala faciens pœnis subdatur. Hæc quæ nunc facienda monet ad profectum meritorum pertinent : ex voluntate enim fluut non ex necessitate. Qui ergo ab illicitis abstinet, laudem habet : qui vero a licitis se temperat, laudem habet et præmium.

Super omnia autem. Quasi dicat : Hæc omnia servate. *Super omnia autem hæc charitatem habete*, id est studiosius omnibus aliis petite charitatem. Magis enim est studendum ei virtuti, quæ major omnibus est. Vel, habete charitatem, quæ est super omnia hæc. Ipsa est enim eminentior via quæ supereminet scientiæ et omnibus præceptis (29). Hæc est vestis Domini inconsutilis desuper contexta. Inconsutilis, ne aliquando dissuatur quæ ad unum pervenit, quia charitas, in unum omnes colligit. Habete charitatem dico, *quod donum*, scilicet charitas, *est vinculum perfectionis*. Cætera enim perfectum faciunt, charitas etiam omnia ligat, ne abeant. *Et pax Christi*, id est quam Christus habuit in se, et haberi præcepit, vel quam inter Deum et hominem fecit, *exsultet in cordibus vestris*, id est sit in cordibus vestris causa exsultationis, quod utique erit, si habeatur charitas, quæ veram habet pacem, quam puro corde custodit. [Ambrosius] Pax enim dici potest, etsi non habet charitatem. Charitas vero semper secum habet pacem, quam facit ; *in qua pace vocati estis*, per eam positi *in uno corpore* Ecclesiæ. Pax enim necessaria est ad unitatem corporis quam facit charitas. Et de his omnibus *grati estote* Deo docentes, et vos et alios quem ignoratis per vos. *Et commonentes vosmetipsos* de scitis, ut doctrina fiat illis qui nesciunt, et commonitio illis qui sciunt, sed pigri sunt. *Docentes*, dico, *et commonentes de* his quæ continentur *in psalmis* qui de moribus agunt, *et in hymnis,* qui de laudibus Dei agunt, *et canticis spiritualibus,* qui sunt de æterno bono, et his docti et commoniti, estote *cantantes Domino*, id est ad honorem Domini. Et hoc non solum labiis, sed *in cordibus vestris*, id est cum intellectu, vel attente. Et hoc, *in gratia*, id est in consideratione beneficiorum Dei. Per quid autem hæc possint, in serie præmisit, dicens : *Verbum*, etc. Quasi dicat : Ut prudenter doceatis, et commoneatis, *verbum Christi habitet in vobis abundanter*, scilicet *in omni sapientia*, scilicet ut omnium Scripturarum intellectum habeatis. *Omne*, etc. Quia præcepit supra Deum laudari et verbis nunc et factis nomen Dei laudari et exaltari hortatur, ut sic verba nostra et opera careant reprehensione, ut magnificetur Dominus, cujus magisterio invituperabiles sunt discipuli. Quasi dicat : Docete et commonete. Et præterea, *omne quodcunque facitis in verbo aut in opere facite, in nomine Domini nostri Jesu Christi*, id est ad gloriam Christi, non vestram : et non solum quæ facitis verbo vel opere, sed etiam omnia sint ad gloriam Christi, id est etiam cogitationes, et si alia aliqua sint. Vel ita, quodcunque facitis in verbo aut in opere, facite. Omne, id est perfectum, Deo, attribuendo, et hoc est quod aperit subdens, facientes, omnia in nomine Domini Jesu Christi, id est ad gloriam Christi, vos dico tunc vere agentes *gratias*, non legi, sed *Deo et Patri per ipsum*, Christum, per quem dedit Deus omnia. Tunc enim agimus gratias Deo per Christum, si modum præceptorum ejus custodiamus.

VERS. 8-25. — « Mulieres, subditæ estote viris
« sicut oportet in Domino. Viri diligite uxores ve-
« stras, et nolite amari esse ad illas. Filii, obedite
« parentibus per omnia, hoc enim placitum est in
« Domino. Patres, nolite ad indignationem provo-
« care filios vestros, ut non pusillo animo fiant.
« Servi, obedite per omnia dominis carnalibus, non
« ad oculum servientes, quasi hominibus placentes,
« sed in simplicitate cordis timentes Deum. Quod-
« cunque facitis, ex animo operamini, sicut Do-
« mino et non hominibus, scientes quod a Domino
« accipietis retributionem hæreditatis. Domino
« Christo servite. Qui enim injuriam facit, recipiet

---

(28) Augustinus, super Joannem.

(29) Id., ibid.

« id quod inique gessit, et non est personarum ac« ceptio apud Deum. »

Mulieres. De moribus omnes monuit hucusque communiter, nunc transit ad singularia præcepta monens diversos separatim, ut invicem sibi serviant, non solum obediendo ut mulieres viris, et filii parentibus, et servi dominis, sed etiam consulendo ut viri mulieribus, patres filiis, Domini servis (30). Hæc est pax domestica, et cohabitantium ordinata a Deo concordia, et clara justitia, ut scilicet qui excellunt ratione, excellant dominatione (31). Hanc concordiam docet dicens : *Mulieres subditæ estote viris, sicut oportet,* id est tam perfecte sicut Deus mandavit, et hoc *in Domino,* non contra Dominum. [Ambrosius] *Et vos viri, diligite uxores vestras, et nolite esse amari,* id est acerbi, *ad illas.* Per hoc rigorem dominii emollit, ut potestate qua prævalet quis in dominatu uxoris, non nimis severe utatur. Et vos *filii, obedite parentibus per omnia; hoc enim placitum est,* id est placet Deo si per omnia obeditis, ita tamen, si in Domino obeditis. Et vos, *patres nolite provocare filios vestros ad indignationem* contra vos. Vel, *ad iracundiam,* alia littera : ut non pusillo animo vel pusillanimes fiant, scilicet non potentes diutius pati. Modestos præcipit patres filiis, ne coarctati ab illis delinquant in illos, et Deum offendant (32). Ira enim inconsiderata res est, ita ut aliquando nec sibi parcat qui irascitur. Et vos, *servi, obedite per omnia,* sed non contra Dominum, *dominis,* non dico spiritualibus tantum, sed etiam *carnalibus,* qui secundum carnem dominantur. Vos dico, *non ad oculum servientes, quasi hominibus,* non Deo placentes, id est placere nolentes ; sed servite, *in simplicitate cordis,* id est pura intentione, ut quales estis in corde, tales extra sitis. Vos dico, *timentes Deum,* quem non potestis fallere. *Et quodcunque facitis, operamini,* non quasi timentes pœnam ex Deo, sed *ex animo,* id est ex voluntate, sicut Domino, serviretis et non hominibus. Eam enim Deus innocentiam probat, qua homo non metu pœnæ fit innocens, sed amore justitiæ. Nam qui tantum timore non peccat, quamvis non noceat aliis, sibi tamen plurimum nocet ; simulata innocentia, non est innocentia ; simulata æquitas non est æquitas : sed duplicatum peccatum, in quo est et iniquitas et simulatio. Operamini, dico, *scientes* quod pro hac humiliatione *recipietis a Domino retributionem hæreditatis* æternæ, et propter alios dominos **196** Domino dominantium, scilicet *Christo servite,* in his quæ jubet. *Qui enim.* Quasi dicat : Ita est serviendum ut dixi, non pro crudelitate dominorum dimittendum; quia *qui facit injuriam,* sive dominus sit, sive servus, *recipiet id quod inique gessit.* Et hoc ideo, *quia non est personarum acceptio apud Deum,* nulli parcetur pro majoritate sua.

CAPUT IV.

Vers. 1-18. — « Domini, quod justum est et

(30) August., in lib. Sentent. Prosperi.
(31) Id., super Genesim.

« æquum servis præstate, scientes quia et vos Do« minum habetis in cœlo. Orationi instate vigilan« tes in ea, in gratiarum actione orantes simul et « pro nobis, ut Deus aperiat nobis ostium sermo« nis ad loquendum mysterium Christi, propter « quod etiam vinctus sum, ut manifestem illud ita « ut oportet me loqui. In sapientia ambulate ad eos « qui foris sunt, tempus redimentes. Sermo vester « semper in gratia sale sit conditus, ut sciatis quo« modo oporteat vos unicuique respondere. Quæ « circa me sunt omnia vobis nota faciet Tychicus « charissimus frater, et fidelis minister, et conser« vus in Domino, quem misi ad vos ad hoc ipsum, « ut cognoscat quæ circa vos sunt, et consoletur « corda vestra cum Onesimo charissimo et fideli « fratre, qui ex vobis est, qui omnia quæ hic agun« tur nota facient vobis. Salutat vos Aristarchus « concaptivus meus, et Marcus consobrinus Bar« nabæ, de quo accepistis mandata. Si venerit ad « vos, suscipite illum. Et Jesus qui dicitur Justus, « qui sunt ex circumcisione. Hi soli sunt adjutores « mei in regno Dei, qui mihi fuerunt solatio. Sa« lutat vos Epaphras, qui ex vobis est servus Jesu « Christi, semper sollicitus pro vobis in orationi« bus, ut stetis perfecti et pleni in omni voluntate « Dei. Testimonium enim illi perhibeo qui habet « multum laborem pro vobis, et pro his qui sunt « Laodiciæ, et qui Hierapoli. Salutat vos Lucas « medicus charissimus, et Demas. Salutate fratres « qui sunt Laodiciæ et Nympham, et quæ in domo « ejus est Ecclesiam. Et cum lecta fuerit apud vos « Epistola hæc, facite ut et in Laodicensium Ecclesia « legatur, et ea quæ Laodicensium est, vobis legatur. « Et dicite Archippo : Vide ministerium quod accepisti « in Domino, ut illud impleas. Salutatio mea manu « Pauli. Memores estote vinculorum meorum. Gratia « Domini nostri Jesu Christi vobiscum. Amen. »

Domini, quod justum, etc. Quasi dicat : Et vos domini, *præstate servis quod justum est,* pro servitio, *et æquum* per naturam, ut scilicet homines reputetis, *scientes quoniam et vos Dominum habetis in cœlo,* quasi non impotentem, et ideo talia exigite qualia vultis a vobis exigi, ita faciunt viri justi (33). Boni enim ex fide viventes, etiam adhuc ab illa civitate peregrinantes, qui imperant, serviunt eis, quibus videntur imperare, quia non cupiditate imperant dominandi, sed officio consulendi, et beneficia providendi. *Orationi.* Quasi dicat : Singulatim diversos monui, communiter autem omnes vos moneo, *instate orationi vigilantes in ea.* Quasi dicat : Etiam nocte instate, vel vigilantes, id est non pigri, in ea oratione facta de futuris. Vos dico manentes *in actione gratiarum* de præteritis; *instate,* dico, orantes simul et *pro nobis, ut Deus aperiat nobis ostium sermonis,* id est os meum faciat apertum quod ad hoc datum est ut inde prodeat verbum. Os autem apertum est, quoniam multa et magna

(32) Id., in lib. Sent. Prosp.
(33) Id., De verb. Evang.

dicit. Et ad quid velit sibi aperiri os, ostendit dicens : scilicet *ad loquendum mysterium Christi*, id est ad exponendum illud, quod est secretum de Christo, id est nativitatem, passionem, etc. *Propter quod opus*, scilicet quia Christi secreta expono, *vinctus sum.* Dico aperiat mihi os ad loquendum mysterium, et ita loquendum *ut manifestem*, aperte *illud* quod absconditum est infidelibus *ita*, constanter et discrete, *ut oportet me*, qui Apostolus sum, *loqui*. Vos etiam ipsi, *in sapientia Dei*, quam habetis, *ambulate*, id est proficite usque *ad eos* illuminandos, *qui sunt foris*, id est extra Ecclesiam. Caute conversandum est inter perfidos ne scandalizentur, ne flat eis occasio blasphemandi, et ne incitentur ad persequendum. Sapienter *ambulate* dico. non impedientes, sed *redimentes tempus*, id est aliquibus modis præparantes opportunitatem prædicandi eis : et habito tempore, *sermo vester semper sit in gratia*, id est talis ut gratus sit auditoribus. Vel, in gratia, prædicanda, non in lege, et sit *conditus sale* sapientiæ, ita, *ut sciatis quomodo oporteat vos respondere unicuique*, quia aliter idiotæ, aliter litterato, et aliis personis aliter et aliter respondendum est. *Omnia autem quæ circa me sunt*, id est tribulationes quæ undique sunt, vel quæ non pertingunt usque ad animam, *nota faciet*, et ideo non fuerit opus scribi, *Tychicus* (per hunc creditur misisse Epistolam) *charissimus frater*, in fide, *et fidelis minister*, *in prædicatione*, *et conservus* in adversis, et hoc, *in Domino*, id est propter Dominum. *Quem ego misi ad vos ad hoc ipsum*, id est ad simile aliquid, scilicet *ut cognoscat quæ circa vos sunt.* [Ambrosius] Cavete ergo vobis, magis sibi cavere debet quum se vidit cognosci. Misi dico, *cum Onesimo charissimo nostro et fideli fratre qui est ex vobis*, qui scilicet, et Tychicus, *omnia nota facient vobis quæ hic aguntur. Salutat vos Aristarchus concaptivus meus*, id est particeps, et socius laborum meorum ; *et Marcus consobrinus Barnabæ, de quo*, Marco vel Barnaba, *accepistis mandata*, ista, scilicet quod discessisset a me, et ideo non reciperetis illum ; sed *si modo venerit ad vos, excipite illum*. Vel, accepistis mandata, scilicet quod rediit ad me et ideo, si venerit ad vos excipite illum. *Et Jesus salutat vos, qui dicitur Justus; qui*, scilicet isti prædicti, *sunt ex circumcisione*, et idem tamen mecum asserunt de gratia.

Hi soli de Judæis, *sunt* modo *adjutores mei in regno Dei* prædicando, *qui mihi*, posito in tribulatione, *sunt solatio*, vicem meam supplendo. *Salutat vos Epaphras qui ex vobis est servus Christi Jesu*, non legis, *semper sollicitus pro vobis in orationibus*, in quibus pro vobis orat, *ut stetis*, id est perseveretis, *perfecti et pleni in omni voluntate Dei*, scilicet velitis omnia quæ Deus vult, et nihil adjungatis præter ea quæ Deus vult. Et vere sollicitus est pro vobis. *Testimonium enim illi perhibeo, quod habet multum laborem pro vobis*, non solum orando, sed etiam aliis modis. Estote ergo et vos pro nobis solliciti, et non solum pro nobis, sed etiam *pro his qui sunt Laodiciæ, et qui* sunt *Hierapoli. Salutat vos Lucas*, evangelista, *medicus charissimus, et Demas. Salutate fratres qui sunt Laodiciæ*, et specialiter *Nympham, quæ* prædicatores recipit et sustentat, *et quæ in domo ejus est Ecclesiam*, id est familiam. *Et cum fuerit lecta apud vos hæc Epistola, facite ut et in Laodicensium Ecclesia legatur*, et vobis legatur ea, vel *vos legatis eam quæ Laodicensium est*, id est quam ego illis misi, vel quam ipsi mihi miserunt, ut videatis hic esse responsum quæstionibus illis. Ex hoc loco intelligimus quod generales sunt instructiones Apostoli, et ad hominum profectum scriptæ sunt Epistolæ. *Et*, ipsi vos qui spiritu errastis olim, *dicite Archippo : Vide ministerium*, id est esto sollicitus circa ministerium, *quod accepisti in Domino*, id est in his rebus quæ sunt Domini, *ut illud impleas*, ut sicut per inobedientiam istorum cessavit, ita per correctionem accingatur. Et nota quod præpositum eorum per eos ipsos commonet, ut qui regendam Ecclesiam eorum accepit sit sollicitus de eis, et quia plebis causa scribitur Epistola, ideo non ad rectorem destinatur, sed ad Ecclesiam. *Salutatio.* Quasi dicat : Ut sciatis a me missam Epistolam, *salutatio mea manu Pauli* scripta est. Et antequam salutationem ponat, præmittit exhortationem dicens : *Memores estote vinculorum meorum*, id est in mente habete qua causa patiar, scilicet quia solam fidem prædico. Hoc dicit ut tales se præbeant, pro quibus non ægre ferat se pati injurias, ut simpliciter patiantur, vel ut pro eo orent ut necessaria ministrent. Quæ autem sit salutatio, ostendit addens : *Gratia Domini Jesu sit vobiscum. Amen.*

IN EPISTOLAM I AD THESSALONICENSES

197 ARGUMENTUM.

Thessalonicenses sunt Macedones, qui accepto verbo veritatis perstiterunt in fide, etiam in persecutione civium suorum. Præterea nec receperunt falsos apostolos, nec ea quæ a falsis apostolis dicebantur. Hos collaudat Apostolus scribens eis ab Athenis, per Tychicum diaconem, et Onesimum acolythum.

CAPUT PRIMUM.

Vers. 1-3. — « Paulus et Silvanus, et Timotheus,
« Ecclesiæ Thessalonicensium in Deo Patre nostro
« et Domino nostro Jesu Christo, gratia vobis et

« pax. Gratias agimus Deo semper pro omnibus
« vobis, memoriam vestri facientes in orationibus
« nostris sine intermissione, memores operis fidei
« vestræ, et laboris, et charitatis, et sustinentiæ
« spei Domini nostri Jesu Christi, ante Deum et
« Patrem nostrum. »

Paulus et Silvanus, etc. [Haimo.] Hanc Epistolam scribit Apostolus Thessalonicensibus. Thessalonica metropolis est Macedoniæ, quæ est provincia Græcorum. Thessalonicenses ergo sunt Macedones, qui facile ab Apostolo conversi, nec per tribulationes, nec per pseudoprædicatores potuerunt moveri a fidei veritate. [Ambrosius.] Hos collaudat Apostolus, eo quod in accepta gratia permanentes ad profectum præmii virtutibus aucti sunt meliora sectando. Tantæ enim fidei imbiberant spiritum, ut spe futurorum etiam a civibus suis non credentibus, pericula devoto animo pro nomine Christi sustinerent. Erant tamen inter eos aliqui otiosi et curiosi; aliqui etiam de resurrectione minus sentientes, et ideo nimis temere de morte amicorum dolentes ; aliqui etiam eorum erant fornicatores. Hos ergo in hac Epistola corrigit Apostolus, et perfectos monet non cedere adversis pseudoapostolis, et ut alios corrigant. [Haimo.] Scripsit autem ab Athenis. Et est intentio Apostoli in hac Epistola pravos et incorrectos corrigere, et bonos ad perseverantiam aliorumque correctionem cohortari. Modus talis est : De more suo salutationem præmittit : qua præmissa de bonis eorum gratias agit, commemorans non solum fidem et opera, sed etiam conversionis modum et malorum sustinentiam. Et ut ad perseverandum magis eos provocet, de suis quoque laboribus, et Evangelii veritate, et prudenti inter eos conversatione, et quanto affectu eos desideret videre, interserit. Deinde pravos, ut a luxuria, et otio et curiositate contineant, obsecrat ; et mortuos resurrecturos confirmat. Circa finem moralis est instructio. Præmittit autem salutationem, dicens : *Paulus, et Silvanus, et Timotheus*. Hi coadjutores fuerunt Apostoli in illis instruendis, et in profectu illorum pariter gaudebant. Et ideo nominibus illorum præscribitur salutatio, sed sensus et verba Epistolæ solius Apostoli sunt. Hi, inquam, scribunt *Ecclesiæ Thessalonicensium*, congregatæ *in Deo Patre et Domino Jesu Christo*. Quasi dicat : Quod est Ecclesia in unitate fidei congregata est, Deo Patre operante, et Christo ejus Filio. Et ante alia salutant in hunc modum ; *Gratia sit vobis et pax*. Exposita ne exponas, ne actum agas. [Ambrosius.] Post salutationem primum confirmat bonos, de profectu illorum referens gratias Deo a quo sunt omnia bona, hoc modo : *Gratias agimus Deo semper pro omnibus vobis*, quia sunt bona quæ in vobis sunt, et a Deo sunt. Nos dico, *facientes memoriam vestri in orationibus nostris*, ut perstetis in bono. Orationibus, dico, habitis *sine intermissione* certarum horarum. Unde autem gratias agat, ostendit, subdens : Nos, dico, *memores operis*, id est confessionis, *fidei vestræ*, proprium enim opus fidei est confessio, *et laboris* vestri quem habuerunt pro se et pro proximis, *et charitatis* habitæ in Deum et proximum, *et sustinentiæ* habitæ contra mala, quæ sustinentia est *spei*, quia eam facit spes gloriæ. Non enim tanta mala possent sustinere, nisi spes eos confirmaret quæ spes non frustratur, quia est *Domini nostri Jesu Christi*, qui bene potest et vult implere ; spei, dico, existentis *ante Deum et Patrem nostrum*, quia ita certi estis, ac si jam videatis eum, et ita eos animat. Vel, ante Deum existit, quia ei bene placet, non ad aspectum hominum, et eo auctore est.

Vers. 4-10. — « Scientes, fratres dilecti a Deo,
« electionem vestram, quia Evangelium nostrum
« non fuit ad vos in sermone tantum, sed et in vir-
« tute et Spiritu sancto, et in plenitudine multa,
« sicut scitis quales fuerimus in vobis propter vos.
« Et vos imitatores nostri facti estis et Domini,
« excipientes verbum in tribulatione multa cum
« gaudio Spiritus sancti, ita ut facti sitis forma
« omnibus credentibus in Macedonia et in Achaia.
« A vobis enim diffamatus est sermo Domini, non
« solum in Macedonia et in Achaia, sed et in omni
« loco fides vestra quæ est ad Deum profecta est,
« ita ut non sit nobis necesse quidquam loqui. Ipsi
« enim de nobis annuntiant qualem introitum ha-
« buerimus ad vos, et quomodo conversi estis ad
« Deum a simulacris servire Deo vivo et vero, ex-
« spectare Filium ejus de cœlis quem suscitavit ex
« mortuis Jesum, qui eripuit nos ab ira ventura. »

Scientes. Quasi dicat : De his agimus gratias Deo, quia scimus quod dilexit vos, et elegit sola gratia. Et hoc est quod ait : Agimus gratias Deo, *scientes*, o *fratres dilecti a Deo, electionem vestram*, id est quod dilecti et electi estis a Deo : quod per hoc scimus, *quia Evangelium nostrum non fuit ad vos in sermone tantum*, [Haimo.] id est in ostensione verborum, *sed in virtute* miraculorum, quia multa fecit apud eos miracula, doctrinam ejus confirmantia, *et in Spiritu sancto*, quia per me recepistis dona Spiritus sancti : *Et* non parce, sed *in plenitudine multa*. Hoc ideo dicit ut in nullo videantur sibi minores Ecclesiis Judæorum, et gaudeant in dono Dei qui participes illos facere dignatus est promissionis Abrahæ. *Sicut*, etc. Quasi dicat : Ita istud divinum scimus, scilicet quod estis a Deo electi, *sicut* vos *scitis*, istud visibile, scilicet *quales*, id est quam afflicti *fuerimus in vobis*, id est inter vos, et hoc *propter vos*, id est pro vestra salute. Quasi dicat : Per hoc etiam quod non passi sumus ; in exemplum vobis patet quod Deus et vos dilexit et elegit. [Ambrosius.] *Et vos*. Quasi dicat : Nos passi sumus in exemplum vobis, *et vos facti estis imitatores nostri et Domini*, qui sustinuit crucem. Probra enim et injurias a civibus suis tolerarunt spe futurorum. Unde æmuli dicuntur apostolorum et ipsius Domini, quia et Dominus eadem a Judæis passus est, et Apostoli Dominum sequentes persecutiones passi sunt gaudentes, quia habiti sunt digni pro nomine Domini contumelias pati. Vos, dico, *excipientes verbum in tribulatione multa nostra*, scilicet et vestra, quia tribulatio non fecit vos dimittere verbum. [Haimo.] Excipientes, dico, *cum gaudio Spiritus sancti*, quod, scilicet fecit in vobis Spiritus sanctus, imitatores nostri facti estis, *ita ut sitis facti forma*, id est exemplum confessionis et doctrinæ *omnibus credentibus*, qui sunt *in Macedonia et Achaia*, qui exemplo vestro non timent confiteri. Et vere forma facti estis omnibus. *A vobis enim diffamatus*, id est divulgatus est, *sermo Domini*, id est ab exemplo patientiæ vestræ hoc processit, quod alii verbum Dei aperte prædicant. [Ambrosius]. Divulgatus est, dico, quia *non solum in Macedonia et in Achaia, sed in omni loco*, adjacenti vobis et vicino, non solum sermo, sed *fides vestra*, id est profectio fidei, *profecta est*, id est processit, *quæ fides est, ad Deum* tantum ut est in martyribus quod non est fides, est minus perfectorum qui et quæ mundi sunt, cogitant. Processit, dico, *ita ut non necesse sit—nobis quidquam loqui* de vobis ad alios incitandos. *Ipsi enim de vobis*, id est omnes alii *annuntiant qualem introitum habuerimus ad vos*, id est quam afflicti fuerimus quando venimus ad vos ; *et tamen quomodo*, id est quam vehementer *conversi estis*, licet nos afflicti fuerimus, dico, *ad Deum a simulacris*, ad veritatem a simulatione, ad unum a multis. Conversi estis, dico, *servire Deo vivo et vero, et* serviendo *exspectare Filium ejus venturum de cœlis*, id est a Deo conversi estis ut serviatis Deo ita pure, ut convenit servire vivo et vero, qui in veritate est Deus, et vivit æternaliter, et in hac servitute exspectetis videre Filium Dei quando veniet, et non aliud desideretis dari vobis quam videre Christum secundum divinitatem quem mali non videbunt. Unde dicit Scriptura : Tollatur impius, ne videat Filium Dei. *Quem* Filium *suscitavit* Pater *ex mortuis*. Ipsum, dico, per hoc factum suis Dominum *Jesum*, id est regem et salvatorem suorum. *Qui*, Filius, *eripuit nos ab ira ventura*, quia et in baptismo dimittit peccatum, et in futuro liberabit a pœna.

198 CAPUT II.

Vers. 1-8. — « Nam et ipsi scitis, fratres, introi-
« tum nostrum ad vos, quia non inanis fuit, sed
« ante passi multa et contumeliis affecti, sicut sci-
« tis in Philippis, fiduciam habuimus in Deo nostro
« loqui ad vos Evangelium Dei in multa sollicitu-
« dine. Exhortatio enim nostra non de errore, ne-
« que de immunditia, neque in dolo ; sed sicut pro-
« bati sumus a Deo ut crederetur nobis Evangelium
« ita loquimur, non quasi hominibus placentes, sed
« Deo qui probat corda nostra. Neque enim ali-
« quando fuimus in sermone adulationis sicut sci-
« tis, neque in occasione avaritiæ, Deus testis est :
« nec quærentes ab hominibus gloriam, neque a
« vobis, neque ab aliis, cum possemus vobis oneri
« esse ut Christi Apostoli. Sed facti sumus parvuli
« in medio vestrum, tanquam si nutrix foveat filios
« suos, ita desiderantes vos cupide, volebamus tra-
« dere vobis, non solum Evangelium Dei, sed etiam
« animas nostras, quoniam charissimi nobis facti
« estis. »

Nam ipsi. Hic de laboribus suis commemorat. Quasi dicat : Ideo dico qualem introitum habuerimus, et ejus qualitatem non expono, quia non est necesse. *Nam vos ipsi, o fratres, scitis introitum nostrum ad vos*, hoc de illo scitis *quia non fuit inanis*, id est facilis, id est non fuit in prosperitate sæculari, quæ inanis est ; *sed fuit in multa sollicitudine* pro adversis quæ sustinuimus. Et propterea *habuimus fiduciam*, non in adversis qui fragiles sumus, sed *in Deo nostro loqui ad vos Evangelium Dei*, sic et vos facite. Confidite, scilicet in Deo non in vobis. Nos dico, *antequam*, ad vos veniremus *passi* multa, *et contumeliis affecti in Philippis sicut scitis*. Ecce antequam veniremus ad vos et post passi sumus, ut non liceret confidere in nobis, et ita esset labor noster inanis. [Ambrosius] Hanc pressuram quam nunc memorat passus est in Philippis propter spiritum pythonem quem a puella dejecerat. Vel ita : Hoc de introitu modo scitis, quia non fuit inanis, id est propter nulla mala cessavi loqui verbum Dei, quod est signum devoti et fidelis prædicatoris, scilicet ne in pressura loqui verbum Dei timeat. Inanis enim est ille qui terrore præsenti, formidinem patitur prædicandi. Non fuit inanis, dico, sed, licet ante, ossemus passi et contumeliis affecti in Philippis, sicut scitis, et apud vos in multa sollicitudine, id est multum solliciti : nec tamen extimuimus, sed habuimus fiduciam *in Deo nostro loqui ad vos Evangelium Dei*. Per hæc de se relata, et per illorum bene cœpta monet illos permanere in patientia. *Exhortatio enim.* Hic contra pseudoapostolos videtur incipere, commemorans de Evangelii veritate. [Haimo.] Deinde de sua inter eos prudenti conversatione. Quasi dicat : Merito habuimus fiduciam in Domino, quia *exhortatio nostra*, id est prædicatio qua exhortamur alios, *non est de errore*, id est de mendacio, sed de veritate, *neque de immunditia* sicut sunt carnales observantiæ post Christum, vel usus mulierum, et quorumdam aliorum : quæ quidam prædicabant; *neque in dolo*, id est in fraude, et astuta hypocrisi : etiam veritas est quandoque in dolo, quando, scilicet non amore veritatis et utilitate auditorum prædicatur, sed ut gloria vel quod lucrum acquiratur. Non in dolo, dico, sed potius *ita* vere et pura intentione *loquimur, sicut probati et electi sumus a Deo*, ad hoc *ut crederetur nobis*, sicut fidelibus, *Evangelium*.

(1) Loquimur, dico, *non quasi hominibus placentes*, id est placere quærentes, quia nec speciem placentis habemus, *sed* placentes *Deo, quod probat* corda nostra, id est probata facit, ut sibi non hominibus placeamus, quod nisi ipse operetur in nobis, vitare

---

(1) Aug., in lib. Sentent. Prosperi.

nequimus. Quas enim vires nocendi haberet humanæ gloriæ amor non sentit, nisi qui ei bellum indixerit, quia et si cuique facile est laudem non cupere, dum negatur, difficile est tamen ea non delectari cum offertur, et vere non quæro hominibus placere. Nec enim aliquando fuimus in sermone adulationis, per quod alii placent hominibus, *sicut scitis*. Et vere non est in dolo prædicatio nostra, quia *neque in occasione avaritiæ*, non dico in avaritia, sed nec feci, nec dixi etiam in quo esset occasio avaritiæ. Et inde *Deus testis est* mihi qui novit corda. Hoc enim non ita patet. Avaritiam non sectamur, nec gloriam, et hoc est, *neque* etiam sumus *quærentes gloriam ab hominibus, neque a vobis, neque ab aliis*, sed a Deo tantum. [Ambrosius] In hoc tangit pseudoapostolos, qui se potius quam doctrinam Domini commendari volebant. Apostolus autem qui gloriam non ad præsens, sed in futuro quærebat, se humilem faciebat, ut Dei prædicatio exaltaretur. *Cum possemus*. Quasi dicat: Dico quod non in occasione avaritiæ prædicavimus, *cum*, id est qaamvis *possemus*, quod non pseudo, *esse vobis oneri*, ut nobis ministraretis necessaria. Possemus, dico, *ut Christi apostoli*. [Ambrosius] In tantum gravat pseudo causam, ut se abnuere dicat, cum liceret illi subsidia requirere ad comprimendum illos, quibus non facultas erat, nec pudor poscendi. Apostolicæ autem potestatis debitum vocat onus, propter pseudoapostolos, qui illud indebite usurpantes importune a plebibus exigebat *Sed facti*. Quasi dicat: Nihil horum quærimus, *sed* potius *facti sumus parvuli*, id est humiles, *in medio vestrum*, id est communiter ad omnes vos. [Haimo.] Et hoc pro bono; et ita sollicite fecimus *tanquam si nutrix foveat filios suos*, non alienos. Alienos enim quandoque nutrit mulier pro mercede, non ex amore; proprios vero ex dilectione. Ideo congrue ait, tanquam si nutrix foveat filios suos. In hoc enim notatur labor, et humiliatio, et dilectio, quia non pro mercede fit. Hoc autem ad intelligendam charitatem suam erga eos se dixisse significat, dicens: *ita* nos in toto labore nostro *desiderantes*, non vestra, sed *vos*, id est vestram salutem cupide volebamus tradere vobis non solum Evangelium Dei, sed et etiam animas nostras, pro assertione Evangelii. Et hoc ideo *quoniam charissimi nobis facti estis*, fidem Dei recipiendo, et vos bene nobis applicando. Et recte dico quod facti sumus parvuli, sicut nutrix.

VERS. 9-20. — « Memores enim facti estis, fra-
« tres, laboris nostri et fatigationis, nocte et die
« operantes, ne quem vestrum gravaremus, prædi-
« cavimus in vobis Evangelium Dei. Vos testes estis
« et Deus, quam sancte et juste et sine querela vobis
« qui credidistis affuimus, sicut scitis qualiter
« unumquemque vestrum sicut pater filios suos de-
« precantes vos et consolantes, testificati sumus ut
« ambularetis digne Deo qui vocavit vos in suum
« regnum et gloriam. Ideo et nos gratias agimus
« Deo sine intermissione, quoniam cum accepisse-
« tis a nobis verbum auditus Dei, accepistis illud
« non ut verbum hominum, sed sicut est vere ver-
« bum Dei, qui operatur in vobis qui credidistis.
« Vos enim imitatores facti estis, fratres, Ecclesia-
« rum Dei quæ sunt in Judæa in Christo Jesu, quia
« eadem passi estis, et vos a contribulibus vestris,
« sicut et ipsi a Judæis qui et Dominum occiderunt
« Jesum et prophetas, et nos persecuti sunt, et
« Deo non placent, et omnibus hominibus adversa-
« tur, prohibentes nos gentibus loqui ut salvi fiant,
« ut impleant peccata sua semper. Pervenit enim
« ira Dei super illos usque in finem. Nos autem,
« fratres, desolati a vobis ad tempus horæ, aspectu
« non corde abundantius festinavimus faciem ve-
« stram videre cum multo desiderio, quoniam vo-
« luimus venire ad vos, ego quidem Paulus et semel
« et iterum, sed impedivit nos Satanas. Quæ est
« enim nostra spes, aut gaudium, aut corona glo-
« riæ? Nonne vos ante Dominum nostrum Jesum
« Christum estis in adventu ejus? Vos enim estis
« gloria nostra et gaudium. »

Memores enim estis, o fratres, laboris nostri et fatigationis. Hoc addidit, quia est labor sine fatigatione. Et recte dixi fatigationis et laboris, quia *prædicavimus vobis Evangelium Dei operantes* manibus nostris *nocte et die, ne quem vestrum gravaremus*, accipiendo aliquid ab eo. Hoc etiam faciebat ut pseudo repelleret a prædicatione. *Vos enim*. Quasi dicat: Ita ante conversionem nos habuimus erga vos sicut et post conversionem. *Vos estis enim, et testis est Deus quam sancte*, quantum ad vos, *et juste*, quantum ad proximum, faciendo debita, *et sine querela*, scilicet non faciendo indebita, *affuimus vobis qui credidistis*, quando adhuc erant educandi. Et ita hoc scitis *sicut scitis* hoc aliud, scilicet qualiter *vos deprecantes unumquemque vestrum*, deprecantes, dico, *tanquam pater filios suos*, id est tanto affectu, quanto pater filios, *et consolantes vos*, si quis vestrum de peccato, vel de alio sollicitus erat. *Testificati sumus*, id est sub testimonio ipsorum sanctorum adjuravimus, *ut ambularetis*, proficiendo, *digne Deo*, sequentes in operibus voluntatem ejus. Quod utique debetis, quia ipse est *qui vocavit*, vocatione quæ est secundum propositum. [Augustinus] *Vos*, cum essetis adversi *in suum regnum et gloriam*, scilicet ut essetis de regno suo quos hic regeret, et post in gloria coronaret.

199 *Ideo*, scilicet quia vocavit nos, *et nos*, non solum vos, *agimus gratias Deo*, quia hoc fecit Deus, agimus, dico, *sine intermissione*. Vocavit, dico, quia vos cito et firmiter recepistis. Quod ita ait: *Quoniam cum accepissetis a nobis verbum auditus* Dei, id est cum accepissetis solo auditu verbum quod, de Deo est. Vel, verbum auditus Dei, id est quod audivimus a Deo loquente in nobis, vel, in quo auditur Deus. Cum, inquam, *accepistis illud, non ut verbum hominum*, scilicet puasi a sapientibus esset, *sed sicut verbum Dei, u vere est*. [Ambrosius] Tanta enim devotione susceperunt verbum ut probarent se intellexisse Dei esse doctrinam. *Qui* Deus *operatur in vobis*, quotidie opera bona, *qui credidistis*, venturi per fidem in idipsum, quod credidistis. *Vos enim.* Multa dixit contra pseudo : hic jam monet ne pro sua vel apostolorum tribulatione moveantur. Quasi dicat: In vobis operatur, et hoc effectus indicat: *vos enim, o fratres, facti estis imitatores Ecclesiarum Dei quæ sunt in Judæa,* ædificatæ *in Christo Jesu,* id est in fide et institutione ipsius Christi, imitatores facti estis in hoc utique *quia eadem passi estis, et vos a contribulibus vestris, sicut et ipsi,* qui in Judæa sunt, passi sunt *a Judæis, qui,* Judæi adeo asperi fuerunt, quod et *Christum Dominum occiderunt, et prophetas; et nos* apostolos Christi *persecuti sunt.* Nos dico, in quo putant, se obsequi et placere Deo. *Et tamen Deo non placent, et omnibus, hominibus,* id est saluti omnium hominum *adversantur prohibentes nos loqui gentibus, ut salvæ fiant.* Ideo hoc faciunt ut semper *impleant peccata sua,* id est ut in peccatis permanendo ipsa peccata sua et parentum consumment, secundum illud : *Qui in sordibus est, sordescat adhuc (Apoc* XXII), et vindictam peccatis suis et parentum debitam in se provocent.

Quadraginta quidem annos post passionem Domini dedit Deus Judæis ad pœnitentiam. Illis transactis cum nollent credere, completa sunt peccata eorum. Unde dixit eis Dominus: *Implete mensuram patrum vestrorum (Matth.* XXIII). Quando autem hæc dixit Apostolus, Jerusalem necdum erant impleta peccata, sed completa sunt venientibus Romanis. Unde subdit: *Pervenit enim,* quasi dicat: Quod impleverunt peccata, effectus indicat, quia *pervenit ira Dei,* id est vindicta Dei, *super illos,* scilicet opprimens illos *usque in finem.* Ira Dei est adventus Romanorum, quando perditi sunt gladio, fame, pestilentia, captivitate, quæ ira durat eis usque in finem sæculi, quia semper erunt captivi. Vel sicut quidam codices habent, *prævenit ira Dei,* id est vindicta Dei ante venit in hoc sæculo *super illos,* quæ durabit *usque in finem,* quæ ideo dicitur prævenire, quia vindictam futuri judicii in qua illi æternaliter puniantur, prævenit hæc temporalis pœna, et post sequitur æterna. Vel de vindicta interiori agit, qua Deus punivit eos excæcando. Quasi dicat: Ideo implent, id est consummant peccata, quia pervenit ira, id est vindicta cæcitatis super illos opprimens illos ut excæcentur: et hoc usque in finem, id est usque in æternam pœnam, vel, usque in finem sæculi, quia in fine sæculi convertentur Judæi, quando Abraham revertetur ad pueros exspectantes cum asino. *Nos autem.* Hic commemorat quanto affectu eos videre desideraverit. Quasi dicat: Vos multa passi estis. *Nos autem, o fratres desolati a vobis,* id est causa vestra, non nostra, *ad tempus,* id est antequam sciremus constantiam vestram. Nos dico, remoti a vobis, ore, id est sermone, *aspectu,* id est præsentia corporis; *non corde,* id est dilectionis affectu. Quasi dicat : Os et aspectus cessant, quia vos alloqui non possum, nec videre; sed cordis affectus et sollicitudo nunquam cessat. Nos, dico, desolati *abundantius,* quam si nihil pateremini, *festinavimus,* et ideo state, *videre faciem vestram,* propter majorem instructionem, ut plene vos instruam, in quo vobis mala fierent. Festinavimus videre, dico, *cum multo desiderio,* exhortandi vos. Et vere festinavimus, *quoniam* quidem, nos omnes *voluimus venire ad vos. Ego quidem Paulus,* qui plus aliis curo, *et semel et iterum,* volui venire, *sed Satanas,* qui saluti adversatur, *impedivit nos.* Ideo magis cavete et timete, quod Deus permisit Apostolum impediri, ne veniret ad eos. Ad majorem istorum est, si steterint eo absente. *Quæ enim.* Quasi dicat: Ideo venire volui, vel ideo Satanas impedivit, quia *quæ est spes nostra,* hic in præsenti, *aut* in futuro quod erat, *gaudium,* scilicet præmium, quod erit commune omnium bonorum, *aut corona gloriæ,* scilicet præmium quod tantum erit victorum? *Nonne vos, si steteritis ante Dominum nostrum Jesum Christum.* id est in beneplacito Dei. Vel quia vos *estis ante Dominum nostrum,* bene firmati. Nonne, inquam, estis, id est eritis, corona nostra *in adventu ejus,* id est quando Dominus venerit. Quasi dicat: Eritis. Manifestum enim est quod perfectio discipulorum gaudium et corona est magistrorum. [Ambrosius] Hi sunt enim qui labores fructuum suorum edituri sunt. Fructus enim magistri est obedientia discipuli, cujus bona conversatio, coronam dat magistro judice Christo. Et vere tunc eritis corona nostra. *Enim,* id est quia et modo *vos estis gloria nostra,* apud alias Ecclesias, et estis *gaudium* nostrum apud nos. Et si modo gloria nobis estis, quid eritis nobis apud verum judicem?

CAPUT III.

VERS. 1-13. — « Propter quod non sustinentes
« amplius, placuit nobis remanere Athenis solis, et
« misimus Timotheum fratrem nostrum et minis-
« trum Dei in Evangelio Christi, ad confirmandos
« vos et exhortandos pro fide vestra, ut nemo mo-
« veatur in tribulationibus istis. Ipsi enim scitis
« quod in hoc positi sumus. Nam et cum apud vos
« essemus, prædicebamus vobis passuros nos tribu-
« lationes, sicut et factum est, et scitis. Propterea
« et ego amplius non sustinens nisi ad cognoscen-
« dum fidem vestram. ne forte tentaverit vobis qui
« tentat, et inanis fiat labor noster. Nunc autem
« veniente Timotheo ad nos a vobis, et annuntiante
« nobis fidem et charitatem vestram ; et quia me-
« moriam nostri habetis bonam, semper desideran-
« tes nos videre, sicut et nos quoque vos : ideo
« consolati sumus, fratres, in vobis, in omni ne-
« cessitate et tribulatione nostra per fidem vestram,
« quoniam nunc vivimus, si vos estis in Domino.
« Quam enim gratiarum actionem possumus Deo
« retribuere pro vobis in omni gaudio quo gaudemus
« propter vos ante Deum nostrum, nocte ac die
« abundantius orantes, ut videamus faciem vestram,

« et compleamus ea quæ desunt fidei vestræ? Ipse « autem Deus, et Pater noster, et Dominus Jesus « Christus dirigat viam nostram ad vos. Vos autem « Dominus multiplicet et abundare faciat charita- « tem vestram in invicem et in omnes, quemadmo- « dum et nos in vobis ad confirmanda corda vestra « sine querela in sanctitate ante Deum, et Patrem « nostrum in adventu Domini nostri Jesu Christi « cum omnibus sanctis ejus. Amen. »

Propter quod, scilicet quia estis gloria nostra, vel quia sumus desolati pro vobis, *non sustinentes amplius*, ignorare statum vestrum, quia quasi pondus erat, dum nescirem de constantia vestra, *placuit nobis solis*, scilicet mihi et Silvano *remanere Athenis et misimus Timotheum fratrem nostrum et ministrum Dei in Evangelio Christi*, prædicando, *ad confirmandos vos* addendo, si quid deerat vobis, *et exhortandos vos*, ut in quibus eratis bonis, staretis, et hoc *pro fide vestra*, defendenda, *ut nemo vestrum moveatur* ab integritate fidei *in tribulationibus istis* transitoriis. *Ipsi enim*. Quasi dicat : Nemo debet mori propter tribulationes, quia ad hoc destinati sumus, quod ita ait : *Ipsi enim scitis quod in hoc*, id est in ferendis tribulationibus *positi sumus*, a Christo, id est destinati. Vel, in hoc, id est in tribulationibus positi, stabiles estis : et vere in hoc positi sumus, *nam cum quod apud vos essemus, prædicebamus vobis nos passuros tribulationes, sicut* patet, *et factum est et scitis*, si nos præscivimus et non fugimus, tunc et vos patimini qui hæc scitis. [Ambrosius] *Propterea*, scilicet quia et nos passi sumus, ne pro nobis terreamini, non solum propter alia quæ supra dixi, *et ego amplius non sustinens* nescire quid agreretur apud vos, misi Timotheum, creatum ab apostolo episcopum *ad cognoscendum fidem vestram, ne forte is qui tentat*, id est cujus officium est tentare, scilicet diabolus *tentet vos*, id est deceperit : hoc de infirmis timendum erat ; *et ne inanis fiat labor vester* id est quidquid boni hucusque fecistis. *Nunc autem*, quasi dicat : Misi Timotheum ad cognoscendum fidem vestram. *Nunc autem veniente Timotheo a vobis ad nos, et annuntiante nobis fidem et charitatem vestram*, in adversis, scilicet quod non pro vestris nec pro meis tribulationibus moti estis a fide et charitate Dei, *et quia habetis bonam*, id est vobis utilem, *memoriam nostri*, scilicet quod pro tribulationibus non viluimus. Vos dico, *semper desiderantes videre nos* pro exemplo, et ut de vobis gratulemur, *sicut nos quoque*, desideramus videre vos. *Ideo*, scilicet quia annuntiavit hæc non pro præsentia ejus, nos qui prius eramus desolati, *consolati sumus*, id est consolationem accepimus, o *fratres in vobis*, id est pro vobis, *in omni necessitate*, id est penuria, *et tribulatione nostra*, et quomodo dixerit pro vobis, exponit, subdens, scilicet per *fidem vestram* quam audivimus firmam. Vel, per fidem vestram, juro, consolati sumus, dico, et vere, *quoniam nunc* in hac miseri *vivimus*, quasi in cœlo essemus. *Si vos statis*, recti et firmi *in Domino*, id est **200** in fide Domini. *Quam enim*. Quasi dicat : Vere consolati sumus ; nam adeo, quod non dignas grates agere possumus, et hoc est quod ait, *quam enim gratiarum actionem possumus Deo retribuere pro vobis*? Nihil enim est tam dignum quod sufficere possit ad compensationem acquisitæ salutis gentium. Nos, dico, positi *in omni gaudio quo gaudemus*, quasi dicat : Quod non cito transit. *Propter vos*, stantes *ante Deum nostrum*, id est in beneplacito Dei. Nos, dico, *nocte et die orantes, ut videamus faciem vestram, et compleamus ea quæ desunt fidei vestræ*, quæ olim non potuimus docere vos, quia eratis parvuli. Orantes, dico, *abundantius* quam antea, quia modo plus posset addere eis. Nos oramus videre vos. *Ipse autem Deus*, qui potest, *et Pater vester*, qui vult bonum, *et Dominus Jesus Christus*, per quem omnia facit Pater, *dirigat*, id est faciat directam, et ab impedimentis liberam *viam nostram ad vos*. Sive *autem*, venerimus sive non, *Dominus multiplicet vos* in numero fidelium et virtutum, *et abundare faciat charitatem*, vel veritatem *vestram invicem*, inter vos, *et in omnes* etiam inimicos, ita perfecte, *quemadmodum et nos in vobis*, abundamus charitate. Dico ut faciam charitatem vestram abundare, ad hoc, scilicet *ad confirmanda corda vestra.*, ita ut sitis *sine querela*, scilicet ne vos de malis conqueramini. Vel ita, innocentes sitis, ne quis de vobis possit conqueri, et ut sitis *in sanctitate*, id est in virtutum consummatione. Per hoc existentes *ante Deum et Patrem nostrum*, id est in beneplacito Dei, non ad aspectum hominum. Vos, dico, positi mente *in adventu Domini nostri Jesu Christi cum omnibus sanctis*, id est sicut faciunt omnes sancti. Vel existentes ante Dominum nostrum, id est in beneplacito Dei, usque *in adventu Domini nostri Jesu Christi*, qui erit *cum omnibus sanctis*, id est cum quibus veniet ad judicium. *Amen*. Quasi dicat : Hoc vere erit.

CAPUT IV.

VERS. 1-11. — « De cætero ergo, fratres rogamus « vos et obsecramus in Domino Jesu, ut quemad- « modum accepistis a nobis quomodo oporteat vos « ambulare et placere Deo ; sic et ambuletis, ut « abundetis magis. Scitis enim quæ præcepta « dederim vobis per Dominum Jesum. Hæc est « enim voluntas Dei sanctificatio vestra, ut ab- « stineatis vos a fornicatione, ut sciat unus- « quisque vestrum vas suum possidere in sanctifica- « tione et honore, non in passione desiderii, sicut « et gentes quæ ignorant Deum. Et ne quis super- « grediatur neque circumveniat in negotio fratrem « suum, quoniam vindex est Dominus de his om- « nibus, sicut prædiximus vobis, et testificati su- « mus. Non enim vocavit nos Deus in immundi- « tiam, sed in sanctificationem. Itaque qui hæc « spernit, non hominem spernit ; sed Deum, qui « etiam dedit Spiritum suum sanctum in nobis. De « charitate autem fraternitatis, non necesse ha- « buimus scribere vobis. Ipsi enim vos a Deo di-

« dicistis, ut diligatis, invicem. Etenim illud facitis
« in omnes fratres, in universa Macedonia. Roga-
« mus autem vos, fratres, ut abundetis magis, et
« operam detis ut quieti sitis, et ut vestrum nego-
« tium agatis, et operemini manibus vestris sicut
« præcepimus vobis, et ut honeste ambuletis ad
« eos qui foris sunt, et nullius aliquid desideretis. »

De cætero ergo. Hactenus patientiam perfectis in sua vel illorum tribulatione suasit, nunc de munditia minoribus suadet, exhortans eos ad continentiam. [Haimo] Quasi dicat : Quia abundamus charitate in vobis, *de cætero ergo*, o *fratres rogamus et obsecramus*. Consuetudo est Apostoli ut verba duplicet vel triplicet unum habentia intellectum, sicut hic, Rogamus, dico, *in Domino Jesu*, id est si cum amatis, *ut*, scilicet, *ambuletis*, perseverando in bono, *ut etiam abundetis magis*, id est magis ac magis crescatis in fide et bonis operibus. Ambuletis, dico, *sic*, utique, *quemadmodum accepistis a nobis quomodo oporteat vos ambulare*, id est vivere, et hujus vitæ cursum perducere, in his sine quibus non est salus, *et placere Deo*, in his quæ consilio perfectionis adduntur. Ille enim placet Deo qui fidem rectam, quam exsecutione virtutum et perfectæ operationis decorat. [Ambrosius, Haimo] Vel secundum aliam litteram quæ est, *sicut et ambulatis ut abundetis magis*. Et est ordo : Rogamus ut ambuletis ; subaudi, quemodmodum accepistis, audiendo et intelligendo, a nobis, id est a me, et a Silvano, quomodo oporteat eos ambulare et placere Deo, sicut et ambulatis, recte conversando : et rogamus ut abundetis magis. Hoc non mutatur. *Scitis enim.* Quasi dicat : Ideo moneo vos abundare et placere Deo, quia scitis *quæ præcepta*, id est quam honesta et quam utilia *dederint vobis*. Illa, dico hominibus ostensa per *Dominum Jesum*. Auctor ipse commendat ea, et vere bona sunt. Hæc est enim voluntas Dei, hoc est præceptum Dei, hoc est quod Deus vult, quia vobis prodest, non ipsi, scilicet *sanctificatio vestra*, id est ut vos sanctificetis bene operando, et *ut abstineatis*, quasi dicat : Longe remoti, vos, qui Christi estis, *a fornicatione* omni, scilicet carnali et spirituali : ita abstineatis, *ut sciat unusquisque vestrum suum vas*, scilicet corpus suum, quod est vas animæ, *possidere*, coercendo, *in sanctificatione* virtutum, *et honore*, ne inhonoretur aliqua turpitudine ; sed sicut studet officiorum suorum vasa munda servare, ita membrorum suorum officinas studeat per continentiam honorabiles exhibere. Vel ita : *ut sciat.* Quasi dicat : Ita ab illicito abstinete, ut nec licito abutamini : sed sciat unusquisque vestrum possidere vas, id est uxorem dominando ei : et hoc, in sanctificatione, scilicet abstinendo a coitu, et honore, scilicet non turpiter abutendo. Ea possideat in sanctificatione, dico, *et non in passione desiderii*, ut nec saltem desiderium sit quod est passio et læsio animæ ; *sicut et gentes* faciunt, quibus non debetis esse similes ; quia ipsæ sunt *quæ ignorant Deum*. Et hæc præcepta dedi *ne quis*, violentia *supergrediatur neque* dolo *circumveniat fratrem suum in negotio* privato uxoris, vel in quolibet negotio. Ideo abstinete ab his, *quoniam vindex est Dominus de his omnibus*, id est de fornicatione, desiderio, adulterio, vel fraude. Vindex est, dico, *sicut prædiximus vobis, et testificati sumus*, id est sub testimonio Scripturarum probavimus. *Non enim*, quasi dicat : Ideo ab istis abstinendum est, quia *non vocavit nos Deus in immunditiam*, scilicet ut immunditiæ serviamus, *sed in sanctificationem*, id est ut sancte vivamus. Et quia Deus vocavit non in immunditiam, *itaque qui hæc spernit*, quæ prædiximus, *non hominem* solum *spernit sed Deum* : cujus præcepta sunt, *qui loquitur per os meum*. qui etiam ad hæc peragenda, *dedit Spiritum suum sanctum in nobis*. [Ambrosius] Ne ergo tantum auditorem spernatis, qui in corpora subdito peccatis non habitat. Vel : dedit Spiritum suum sanctum in nobis, apostolis, ut major esset nobis auctoritas arguendi : contra cujus auctoritatem agi, non est tutum. *De charitate autem.* Quasi dicat : De his prædictis fuit opus ut scriberem vobis ; sed de charitate *fraternitatis*, qua fratres diligatis, *non habuimus necesse scribere vobis.* Ideo non fuit necesse scribere *enim* id est quia, *vos ipsi didicistis a Deo*, id est præcepto ipsius Christi, dicentis, *mandatum novum do vobis* (Joan. XIII), *ut diligatis invicem*. Vel : didicistis a Deo, per inspirationem, vel per effectum, quia ipse misertus est nobis. Et, ideo etiam non fuit necesse, *enim*, id est quia vos *facitis illud*, scilicet opus dilectionis *in omnes fratres*, qui sunt *im universa Macedonia*. *Rogamus autem.* Quasi dicat : facitis opus dilectionis, sed tamen *rogamus vos*, o *fratres, ut magis abundetis*, in charitate, et *operam detis, ut quieti sitis* a curiositate. Et nota quod ait, *operam detis.* Quasi dicat : Difficile est dimittere consuetudinem ; sed cogite vos etiam *ut vestrum negotium agatis*, dimissis alienis, quod nobis utile est in emendatione vitæ vestræ. *Et operemini manibus vestris*, quod adjuvat vos quietos esse, illud enim malum ex otio venit. Et hæc faciatis ita, *sicut præcipimus vobis*, et ideo operemini manibus, *ut honeste ambuletis ad eos qui foris sunt ; et nullius aliquid desideretis*. Quasi dicat : Ideo opus est agendum non otiandum, quia et honestum est, ei quasi lux ad infideles. Et non desiderabilis rem alterius, nedum rogetis vel tollatis aliquid.

VERS. 12-17. — « Nolumus autem vos ignorare,
« fratres, de dormientibus, ut non contristemini
« sicut de cæteri qui spem non habent. Si enim cre-
« dimus quod Jesus mortuus est et resurrexit, ita
« et Deus eos qui dormierunt per Jesum adducet
« cum eo. Hoc enim vobis dicimus in verbo Domi-
« ni quia nos qui vivimus. qui residui sumus in
« adventu Domini non præveniemus eos qui dor-
« mierunt. Quoniam ipse Dominus in jussu et in
« voce archangeli, et in tuba Dei descendet de
« cœlo, et mortui qui in Christo sunt, resurgent

« primi. Deinde nos qui vivimus, qui relinquimur, « simul rapiemur cum illis in nubibus obviam « Christo in aera, et sic semper cum Domino erimus. Itaque consolamini invicem in verbis istis.»

201 *Nolumus autem vos*, etc. Post exhortationem de continentia, et post correctionem a curiositate mortuos resurrecturos confirmat, et per Christi resurrectionem, et sua auctoritate. Quasi dicat : Non solum hæc prædicta volumus vos scire, sed etiam *nolumus vos ignorare* jam *de dormientibus*, id est de mortuis, quia resurrecturi sunt. [Haimo] Unde et mortuos recte dormientes appellat, quia quasi dormientes integri, et cito de somno mortis resurgent, *ut non contristemini*, inconsolabiliter de morte amicorum, *sicut et cæteri*, id est infideles, *qui spem non habent*, resurrectionis et incorruptionis æternæ. Admonet nos Apostolus, ut de mortuis charissimis nostris non contristemur, sicut et cæteri qui spem non habent. Non ait tantum, ut non contristemini, sed addit, sicut et cæteri qui spem non habent, id est resurrectionis. Necesse est enim ut contristeris, sed ubi contristaris, consoletur te spes ; non ideo et dormientes eos appellat Scripturæ consuetudo verissima, ut cum dormientes audimus, evigilaturos minime desperemus. Est ergo de mortuis eis qui diliguntur quædam tristitia quodammodo naturalis. Mortem quippe horret natura, nec mors homini accideret, nisi ex culpa præcedenti. Hinc igitur necesse est ut tristes simus, quando nos morientes deserunt quos amamus. Quia et si in æternum novimus eos non relinquere nos mansuros, sed aliquantulum præcedere secuturos, tamen mors ipsa quam natura refugit cum occupat dilectum, contristat in nobis ipsius dilectionis affectum. Contristamur ergo in nostrorum mortibus necessitate amittendi, sed cum spe recipiendi. Inde angimur, hinc consolamur ; inde infirmitas animum afficit, hinc fides reficit ; inde dolet humana conditio, hinc sanat divina promissio. Movere autem potest quomodo Dominus flebat mortuum, continuo eo jubente victurum ; non mortuum flebat quam ipse suscitavit, sed mortem quam homo peccando contraxit. Si enim peccatum non præcessisset, sine dubio mors non subsecuta fuisset. Secuta est ergo et mors corporis, quam præcessit mors animæ. Mors animæ præcessit deserendo Deum, et mors corporis secuta est deserente anima. Hac deseruit Deum volens, hac coacta est deserere corpus nolens. Ac si illi diceretur : recessisti ab eo quem diligere debuisti, recede ab eo quod dilexisti. Quis enim vult mori prorsus ? Nemo, et ita nemo ut Petro diceretur : *Alius te cinget, et ducet quo tu non vis* (Joan. xxi.) Si nulla esset mortis amaritudo, nulla esset martyrum fortitudo. Ideo non ait tantum, ut non contristemini, sed addidit, sicut et cæteri qui spem non habent.

Proinde pompa funeris, agmina exsequiarum, sumptuosa diligentia sepulturæ, monumentorum opulenta constructio vivorum sunt qualiacunque solatia, non adjutoria mortuorum. Orationibus vero sanctæ Ecclesiæ, et sacrificio salutari, et eleemosynis quæ pro eorum spiritibus erogantur, non est dubitandum mortuos juvari, ut cum eis misericordius agatur a Domino quam meruerunt eorum peccata. Hoc enim a Patribus traditum universa observat Ecclesia, ut pro eis qui in oratione corporis et sanguinis Domini defuncti sunt, cum ad ipsum sacrificium loco suo commemorantur oretur, ac pro illis quoque id offerri commemoretur. Cum vero eorum commendandarum causa opera misericordiæ celebrentur, quis eis dubitet suffragari, pro quibus orationes Deo non inaniter erogantur? Non est ambigendum ista prodesse defunctis, sed talibus qui ita vixerunt ante mortem, ut possint eis hæc utilia esse post mortem. Nam qui sine fide operante per dilectionem, ejusque sacramentis de corporibus exierunt, frustra illis a suis hujusmodi pietatis impenduntur officia, cujus dum hic essent fidei pignore caruerunt, non misericordiam sibi thesaurizantes, sed iram. Non ergo mortuis nova merita comparantur, cum pro eis boni aliquid operantur sui, sed eorum præcedentibus meritis consequentia ista redduntur. Non enim actum est, nisi cum vivere hic destitissent : et ideo istam finiens quisque vitam, nisi quod meruerit in ipsa, non poterit habere post ipsam. Permittantur itaque pia corda de suorum charorum mortibus contristari dolore sanabili, et consolabiles lacrymas fundant conditione mortali, quas tamen reprimat fidei gaudium, qua creduntur fideles quando moriuntur, aliquando tandem a nobis abire, et ad meliora transire. Sit pro viribus cura sepeliendi et sepulcra construendi, qui hæc in Scripturis inter opera bona deputata sunt : nec solum in corporibus patriarcharum et aliorum sanctorum, sed etiam in ipsius Domini corpore laudati sunt qui ista fecerunt. Impleant igitur hæc homines erga suos officia postremi muneris, et sui humani lenimenta mœroris. Verum illa quæ adjuvant spiritus defunctorum, scilicet oblationes, erogationes eleemosynarum multo pro eis observantius abundantiusque impendant. (2) Poterat enim Deus hæc donare credentibus, ut nec istius experirentur corporis mortem : sed si hoc fecisset, carni quædam felicitas adderetur, minueretur autem fidei fortitudo. Sic enim homines mortem istam timerent, ut non ob aliud felices dicerent esse Christianos, nisi quod omnino mori non possunt. Ac per hoc nemo propter vitam futuram ad Christi gloriam festinaret, sed propter mortis molestiam removendam : et sic delicate quodammodo crederetur in Christum. Plus ergo gratiæ præstitit fidelibus suis. Quid enim magnum esset videndo non mori eos qui crederent, credere et se non moriturum ? Quanto majus est, quanto fortius, quanto laudabilius ita credere, ut s

---

(2) August., in lib. De bapt. parv.

speret moriturum, quia sine fine victurum? Unde et chari ejus superstites consolari queunt in tristitia mortis amici.(3) Qnid enim mirum si contristaris,ubi corpus quod vivit ex anima, fit examine discedente anima? Qui ambulabat, jacet; qui loquebatur, tacet; clausi oculi, lucem non capiunt; aures nulla voce patescunt; omnia membrorum officia conquieverunt; non est qui moveat gressus ad ambulandum,manus ad operandum,sensus ad percipiendum.Nonne ista est domus quam nescio quis invisibilis habitator ornabat? Discessit qui non videtur, remansit quod cum dolore videatur; ista est causa tristitiæ, sed hujus tristitiæ sit consolatio, quod sequitur :

Si enim, etc. Quasi dicat : Non inconsolabiliter debetis contristari,enim id est quia *credimus quod Jesus mortuus est*.Hoc videtur obesse resurrectioni, sed attende quod sequitur : *Et resurrexit*.Et si hoc est, debemus credere quod sicut Christus mortuus est et resurrexit, *ita et Deus eos qui dormierunt morte, per Jesum adducet*, id est in fide Jesu. Vel, per Jesum, semper euntes, id est qui eum sequendo venerunt ad somnum mortis. Quasi dicat : Non solum illos qui vivi invenientur, sed etiam mortuos de quibus dubitatis,non solum suscitabit, sed etiam adducet : et si incinerati sunt, tamen adducet, ut sint *cum eo*, immortales, et in eadem beatitudine. [Haimo] Miram rem ait Apostolus, Christum enim qui jam vivit, et resurgens a mortuis, jam non moritur, dicit mortuum ; et electos mortuos dicit dormientes. Christum ergo appellat mortuum, ut dum audimus illum mortuum fuisse, et resurrexisse,nes quoque speremus resurrecturos per virtutem divinitatis ejus. Electos autem ideo dicit dormientes, quia nemo tam facile potest socium excitare a somno, quam facile omnes excitabuntur a somno mortis. *Hoc enim*.Quasi dicat : Et vere adducet,nam hoc ordine quod vivi reperti, non prævenient mortuos, et si illos magis putatis cum Jesu abducendos : et hoc est quod ait, *hos enim dicimus vobis in verbo Domini*, quia hoc Deus nos docuit, *quia nos qui vivimus et qui residui sumus in adventu Domini non præveniemus*, resurgendo, *eos qui dormierunt* longo tempore, id est illi de nobis qui vivi invenientur, et qui omnibus præcedentibus sanctis, vel qui erunt residui tormentis Antichristi, unde sunt dignissimi, non prævenient mortuos : adeo erit festinata resurrectio mortuorum. Et nota quod ait:nos qui vivimus. Sic enim videntur hæc verba Apostoli sonare, quasi Apostolus suo tempore demonstraverit diem judicii venturum. Quocirca et Thessalonicenses legentes hanc Epistolam,putaverunt tempore Apostoli diem judicii venturum. Unde et alia scribitur Epistola,ubi hortatur eos ne terreantur,quasi instet dies Domini. In persona ergo electorum loquitur qui vivi in corpore, inveniendi sunt in adventu Domini ; et se illis ultimis ideo commemorat,quia cum eis unum corpus est et Apostoli illis ultimis similes sunt in passionibus. Et vere viri reperti non prævenient mortuos in resurrectione,quin potius *mortui qui in Christo sunt*, id est qui in Christo iterum quiescunt, *primi resurgent*, quod poterit Christus facere, *quoniam ipse Dominus est*, et ipse *descendet*, in propria persona *de cœlo*, localiter, vel de cœlo, id est de occulto. Descendet, dico, non humilis, ut prius, sed *in jussu*, id est imperio, id est jubens ut Dominus, *et in voce*, qua dicet : *Surgite mortui*. Voce, dico, *archangeli*, scilicet sui ipsius archangeli, vel angelorum, quæ faciet resurgere mortuos : de qua voce addit, *et in tuba*, tuba namque erit magna vox angelorum quæ dicitur tubæ,quia manifesta erit ; vel ideo in tuba dicitur descendere,quia manifeste veniet. Unde : *Videbit omnis caro salutare Dei* (*Luc.* III). [Ambrosius] Vel ideo ait, in tuba, quia quasi ad bellum veniet sicut tuba in bellis sonat, quia tunc inimicos debellabit ; et sicut tuba infestis sonat, sic amicos ad solemnitatem æternæ gloriæ invitabit.

Vox ergo illa erit quasi tubæ suos excitans, et malos terrens : quæ tuba erit *Dei*, id est Christi. Vel Dei erit, quia ei Deus dabit efficaciam. Dico quod mortui resurgent primi,*deinde nos qui vivimus*, *et qui relinquimur*, id est illi qui de nobis vivi erunt, et residui Antichristo, *rapiemur* 202 ab angelis *simul cum illis*, [Haimo] qui nos præcesserunt ad requiem *in nubibus*, quia nubes suscipient eos, vel nos ut Christum in ascensione nubes suscepit. [Ambrosius]Unde alius interpres dicit,rapiemur bajulis nubibus. Rapiemur, dico, *obviam Christo in aera*, in ipso autem raptu mors erit eorum et resurrectio,ut quasi anima per soporem egressa de corpore, eidem in momento reddatur. [Augustinus] Videtur tamen Apostolus, quantum ad verba pertinet, asserere quosdam in fine sæculi adveniente Christo cum futura est resurrectio mortuorum, non esse morituros, sed vivos repertos in immortalitate repente mutandos ; sed vellem de his verbis potius audire doctiores. (4) Quæri enim solet utrum illi quos vivos inveniet Christus, nunquam omnino morituri sint, an ipso temporis puncto quo rapientur obviam Christo ad immortalitatem mira celeritate sint transituri. Non enim dicendum est fieri non posse ut super aera in sublime portentur iu illo spatio,et moriantur et reviviscant.(5) Ad hunc autem sensum quo æstimamus illos quos hic vivos inventurus est Dominus in ipso parvo spatio, et passuros mortem,et accepturos immortalitatem, Apostolus nos urgere videtur, ubi dicit : *In Christo omnes vivificabimur* (I *Cor.* xv). Et alibi : *Quod seminas non vivificatur, nisi prius moriatur* (*ibid*). Cur autem nobis incredibile videatur illam multitudinem corporum in aere quodammodo seminare,atque ibi protinus immortaliter

(3) August., in serm, de verb. Apost.
(4) Id., De civit. Dei.

(5) Id., in eod.

et incorruptibiliter reviviscere, cum credamus in ictu oculi futuram resurrectionem, et in membra sine fine victura tanta subtilitate, tanquam inaestimabili velocitate rediturum antiquissimorum cadaverum pulverem? Nec ab illa sententia illos arbitramur futuros immunes qua dictum est, *terra es, et in terram ibis* (Gen. III), id est in hoc ibis amissa vita, quod eras antequam sumeres vitam. Hoc eris exanimatus. quod eras antequam esses animatus. Nos ergo electi, *rapiemur obviam Christo in aera et sic*, id est immortales facti, *semper cum Domino erimus*. Quod enim ait, et sic semper cum Domino erimus, non ita accipiendum est, quasi in aere nos dixerit, cum Domino semper mansuros, quia nec ipse ibi manebit; sed ita, et sic, id est habentes corpora sempiterna, semper erimus cum Domino, ubicunque cum illo fuerimus. (6) Habent autem omnes animae, cum de saeculo exierint, diversas receptiones; habent gaudium bonae, tormenta malae; sed cum facta fuerit resurrectio, et bonorum gaudium amplius erit, et malorum tormenta graviora, quando cum corpore torquebuntur. *Itaque*, etc. Quasi dicat: Quia omnes resurgemus, et cum Christo erimus. *Itaque consolamini*, de morte amicorum, *invicem*, alter alterum *in verbis istis* tantae spei. Pereat contristatio, ubi est tanta consolatio. Detergatur luctus ex animo, fides expellat dolorem. In tanta spe non decet esse triste templum Dei; ibi habitat bonus consolator, ibi qui non fallit promissor. Quid enim mortuum diu plangimus? inquies, quia mors amara est, sed per illam transivit et Dominus. Consolemur ergo nos. Sed dices: Potest non condolere cor humanum, defuncto charissimo? Imo melius cum dolet, sanatur cor humanum, quam non dolendo sit inhumanum. Maria enim Dominum quaerebat, et mortuum fratrem dolebat.

CAPUT V.

Vers. 1-11. — « De temporibus autem et momentis, fratres, non indigetis ut scribamus vobis. « Ipsi enim diligenter scitis quia dies Domini sicut « fur in nocte ita veniet. Cum enim dixerint: pax « et securitas, tunc repentinus eis superveniet interitus, sicut dolor in utero habentis, et non effugient. Vos autem, fratres, non estis in tenebris, « ut vos dies ille tanquam fur comprehendat. Omnes enim vos filii lucis estis, et filii diei. Non sumus noctis neque tenebrarum. Igitur non dormiamus sicut et caeteri, sed vigilemus et sobrii simus. Qui enim dormiunt, nocte dormiunt; et qui « ebrii sunt, nocte ebrii sunt. Nos autem qui diei « sumus, sobrii simus; induti loricam fidei et charitatis; et galeam spem salutis, quoniam non posuit nos Deus in iram, sed in acquisitione salutis per Dominum nostrum Jesum Christum qui mortuus est pro nobis, ut sive vigilemus, sive « dormiamus, simul cum illo vivamus. Propter quod « consolamini invicem, et aedificate alterutrum, sic« ut et facitis. »

(7) August., super Joannem.

De temporibus autem. [Haimo] Quasi dicat: De resurrectione indiguistis ut scriberem vobis, sed de temporibus, id est adventus Domini, id est an aestate, vel hieme, an die, vel nocte, *et de momentis*, scilicet qua hora diei vel noctis venturus sit Christus, *non indigetis, o fratres, ut scribam vobis*, quia nihil scriberem, nisi quod scitis. scilicet clam venturum. Et hoc est quod ait: Vos *enim ipsi, diligenter*, inquirendo Scripturas, *scitis quia dies Domini*, id est tempus adventus Domini, quod dicitur dies, non pro tempore diei, sed quia tunc omnia aperta erunt; et dicitur Domini, quia hic est dies hominum pro libitu suo agentium, sed tunc erit Dei in virtute judicantis. Dies, inquam, ille ita improvisus *veniet*, malis: tunc. quod etiam in obitu cujusque fit, *sicut fur*, venit: non dico die, sed *in nocte*, cum latentius venit, et homines dormiunt: tunc omnia subripit, ut qui divitem se putabat dormiens, evigilans nihil inveniat. (7) Ita multi bene securi, nihil boni se habere tunc invenient. Propter hoc coepit agere de temporibus ut moneret cavere sibi ne ita deprehendantur. Non ergo post quantum temporis hoc futurum sit, sed quomodo futurum sit, opus est scire, ut curent filii lucis esse, et parato corde vigilare, qui nolunt ab illa hora sicut a nocturno fure comprehendi. Nam si ad cavendum hoc malum, id est ne hora Domini tanquam fur inveniat imparatum, opus esset nosse temporum spatia, non diceret Apostolus non esse opus ut hoc scriberet, sed hoc potius scribendum esse judicaret. Nunc autem non illis esse opus monstravit, quibus sufficiebat ut scirent imparatis atque dormientibus horam Domini sicut furem esse venturam, atque hoc sciendo vigilarent, *Cum enim*, (Augustinus) quasi dicat: Vere sicut fur venit, quia incautus veniet: et hoc est quod ait, *cum enim*, carnales, non crescentes prae timore et exspectatione, sed madescentes prae libidine, *dixerint, pax* est nobis, nunc in praesenti, *et securitas* de futuro, *tunc repentinus eis superveniet interitus*, id est subitanea perditio diei judicii. Nam, sicut in verbis prophetae Danielis invenitur, regnabit Antichristus et ministri ejus tribus annis et dimidio, et interficientur ab illo Elias et Enoch, sicut in Apocalypsi habetur. Tunc erit talis tribulatio, qualis ante non fuit, nec post erit; et postea interficietur Antichristus a Michaele, et maxima pars suorum. Post mortem vero Antichristi, quadraginta dies concedentur bonis ad poenitentiam qui titubaverunt in persecutione illa. Ministri autem Antichristi gaudebunt illis diebus ducentes uxores, et convivia celebrantes, et joca diversi generis exercentes ac dicentes: Licet princeps noster mortuus sit, modo habemus pacem et securitatem. Et cum talia dixerint, superveniet eis interitus ita gravis et subitus, *sicut* est *dolor* mulieris, vel mulieri *habentis*, vel *habenti in utero*. Puer tamen evadit, sed illi non effugient poenam aeternam.

Vos autem. (Ambrosius) Quasi dicat: Illis eritim-

(7) August., in epist. ad Hesychium.

providus dies Domini, sed vobis non, quia *vos*, o *fratres, non estis in tenebris* ignorantiæ et infidelitatis, ut vos dies illa tanquam fur comprehendat, ad mortem æternam. (Haimo) Et vero non estis in tenebris, *omnes enim vos estis filii lucis*, id est fidei, *et filii Dei*, id est virtutum. Fides est lux quæ facit diem, id est habitum virtutum: contra, tenebræ sunt infidelitatis; nox est habitus vitiorum. Unde subdit: *Et non estis filii noctis neque tenebrarum*. Hoc addidit, ne quis putet partim posse esse dei, et partim noctis. *Nemo enim duobus dominis servire potest (Matth.* vi). (Ambrosius) *Igitur non dormiamus*, etc. Commonet ne, securi de nomine Salvatoris, negligenter agamus. Ideoque tribus nos propugnaculis, id est fidei, et spei et charitatis munit. Quasi dicat: Et quando non sumus filii mortis, *igitur non dormiamus*, id est in præsentibus torpeamus, *sicut cæteri*, carnalibus dediti: *sed vigilemus et sobrii simus*, id est vigilet mens nostra attendens hæc caduca, et sobrie eis utamur, non quasi bonis nostris, sed ad sustentationem datis *Qui enim*, quasi dicat: Vere nos, qui non sumus filii noctis, non debemus dormire, quia illi *qui dormiunt* carnis torpore, *nocte*, id est per noctem, *dormiunt*, id est vitia et peccata sua traxeruut eos ad hoc, ut obliti vitæ æternæ in istis quiescant. *Et qui ebrii sunt*, his temporibus immoderate utendo, *nocte ebrii sunt*, id est ex nocte vitiorum hæc habent, illi per noctem hæc habent. *Nos autem qui diei sumus*, id est virtutibus lucentes, non solum vigilemus, sed *sobrii simus*, moderate his utentes, et ad pugnam contra hostes parati. Per hoc simus sobrii, quia sumus *induti loricam fidei et charitatis, et galeam spem salutis*. Recte loricæ fidem comparat et charitatem, et galeæ spem. Sicut enim lorica munit vitalia, ita fides et charitas vos muniunt contra appetitum terrenorum. Si enim attendimus quod Christus pro nobis passus est, et resurrexit, et nobis vitam paravit, qui sunt quasi coherentes hami fidei; si et charitati insistimus, nunquam mentes nostras vincet temporalis appetitus; sed etiam spes æternæ salutis ad superna tendens ut galea mentem obvolvit, non lædetur **203** temporali appetitu. *Quoniam non*, quasi dicat: Vere per spem veniemus ad salutem, *quoniam non posuit nos Deus in iram, sed in acquisitionem salutis*, id est non posuit nos Deus in fide et spe, ut habeamus iram, id est pœnam æternam, sed ut acquiramus salutem bene operando. Non enim otiosis dabitur salus, et hoc *per Dominum nostrum Jesum Christum*, sine quo, nec spes, nec salus, nec aliud nos juvaret, (Haimo) Qui Christus *mortuus est pro nobis, ut sive dormiamus*, id est si mortui fuerimus, *sive vigilemus*, in carne vivamus, *simul cum illo*, id est ad similitudinem ejus juncti *vivamus. Propter quod*, id est quia hæc spes est nobis, *consolamini* vos in hac miseria *invicem*, alii alios de morte suorum dolentes, *et ædificate* nescientes al-*terutrum*, scilicet alius alium, *sicut et facitis*, ut non minus post, quam modo faciatis.

Verr. 12-22. — « Rogamus autem vos, fratres, ut
« noveritis eis qui laborant inter vos, et præsunt
« vobis in Domino, et monent vos, ut habeatis illos
« abundantius in charitate propter opus illorum, et
« pacem habete cum eis. Rogamus autem vos, fra-
« tres, corripite inquietos, consolamini pusillani-
» mes, suscipite infirmos, patientes estote ad omnes
« Videte ne quis malum pro malo alicui reddat, sed
« semper quod bonum est, sectamini in invicem, et
« in omnes. Semper gaudete, sine intermissione
« orate, in omnibus gratias agite. Hæc est enim vo-
« luntas Dei in Christo Jesu in omnibus vobis. Spi-
« ritum nolite exstinguere, prophetias nolite sper-
« nere. Omnia autem probate, quod bonum est te-
« nete, ab omni specie mala abstinete vos. »

Rogamus autem. Hucusque communiter ad omnes locutus est, nunc ad subditos specialiter, moraliter eos instruens de honorificentia prælatis exhibenda. [Haimo] Quasi dicat: Omnes hoc facite quod dixi, *vos autem*, minores. *fratres*, etsi subditi sitis, *rogamus ut noveritis*, id est ostendatis vos nosse *eos qui laborant inter vos*, id est in regimine vestro et doctrina, *et præsunt vobis* dignitate : et hoc *in Domino*, id est ordinatione Domini, *et* sui officii debito *monent vos*, ut pares ad recta ita noveritis eos, *ut habeatis illos in charitate abundantius* cæteris. Vult ut ex charitate honorent presbyteros necessaria eis ministrando, et reverentiam dignitati exhibendo. [Ambrosius] Quid enim prodest honorem sine fructu habere? Sicut divitiæ negligentiam pariunt salutis, ita egestas, dum saturari quærit, a justitia declinat. Ideo in alia Epistola præcipit presbyteros duplici honore esse honorandos. *Et*, si quandoque graviter increpant, vel puniunt, *habete pacem cum eis propter opus illorum*, id est scientes opus illorum hoc exigere quod faciunt. *Rogamus*. Hic admonet prælatos ut subjectorum improbitatem et impatientiam patienter ferant, dum in aliquo contra eos murmurant. Quasi dicat: Hæc minores debent majoribus facere, *vos autem*, prælatos et majores tamen *fratres rogamus*, hoc: *Inquietos*, id est curiosos, et gyrovagos, *corripite. A quo* qui cessat, ne perdat quod illi dare solebant, mercenarius est. Et *consolamini pusillanimes*, contra adversa, vel desperantes pro peccatis; *et infirmos* in fide *suscipite*, ut medici ad salvandum. Et si in hoc officio aliquid vobis infertur, *patientes estote ad omnes*, et non solum patiamini, sed etiam *videte ne quis malum pro malo alicui reddat*. Quasi dicat: Nec bonum pro malo subtrahatis, ut negligatis corripere. (8) Tunc enim malum pro malo redditur, si corripiendus non corripitur, sed prava disimulatione negligitur. *Sed semper*, scilicet in prosperis et in adversis, *sectamini quod bonum est*, id est utile. Sectamini, dico, *inter vos invicem et in omnes*, etiam non credentes; et non modo patiami-

---

(8) Augustinus, De cor. et grat.

ni, sed etiam *semper gaudete*, quidquid flat vobis. Unde alibi : *In tribulatione gaudentes* (*Rom.* xii). Vel hoc ad omnes generaliter dicit :*Semper gaudete* spe, et *sine intermissione* certarum horarum *orate*, etiam pro persequentibus. [Haimo] Vel, sine intermissione orate,id est semper juste vivite,et æterna desiderate.Justus enim nunquam desinit orare,nisi desinat justus esse. (9) Semper orat, qui semper bene agit. Ipsum enim desiderium bonum, oratio est ; et si continuum est desiderium,continua est et oratio. Et *in omnibus*, etiam in adversis *gratias agite* Deo. *Hæc enim* omnia facere *est voluntas Dei*, id est placet Deo. Voluntas dico, ostensa *in Christo Jesu*, quia hoc docuit Deus per Christum. Vel in Christo est ostensa hæc voluntas Dei, quia hæc fuerunt in Christo Jesu,in quo nihil displicuit per Jesum Christum. Non tantum hic est ostensum, sed etiam factum, *in omnibus vobis*, scilicet majoribus et minoribus. Et quia voluntas Dei est facere hæc omnia, ideo,vos majores,qui per Spiritum sanctum habetis donum intelligentiæ, *nolite exstinguere spiritum*, id est donum abscondere Spiritus sancti quo merito et vos illud perderetis. Huic sensui concordat alia littera, scilicet *gratiam nolite celare*. Et vos subditi, *nolite spernere* illorum *prophetias*. Ecce quid dixit, Spiritum. [Ambrosius] Vel, spiritum nolite exstinguere, id est sicut Spiritus sanctus ad horam qua revelat, nolite prohibere loqui quod sentit,[Haimo] quia Deus qui os asinæ aperuit,revelat sæpe minori quod melius est. [Augustinus] Vel, Spiritum sanctum nolite exstinguere,id est malis operibus a vobis excludere. (10) Non hoc ideo dicit, quod Spiritus sanctus, qui unius substantiæ est cum Patre et Filio exstingui possit, sed quantum in ipsis est,exstinctores ejus merito vocantur qui sic agunt ut exstinctum velint. Spiritum ergo sanctum qui datus est nobis, non quantum in se est, sed in nobis exstinguimus,dum peccando a nobis fugamus.Et prophetias nolite spernere,[Haimo] id est si quis dicta prophetarum explanat,et ad ædificationem prædicat, nolite cum despicere, neque contemnere :non tamen omnia indiscrete recipiatis. Sed *probate*, id est ratione discutite *omnia probanda* ; sed certa enim non egent discussione, et *quod bonum est*,id est quod bonum esse invenitur, *tenete, et abstinete vos ab omni specie mala*, id est ab omni re quæ speciem mali prætendit,ut a prava expositione·Quasi dicat : Si quis speciem mali prætendit, atsi non sit malum, nolite præcipitanter agere. [Ambrosius] Solet enim spiritus mundi fallaciter dicere bona, et inter hæc subinducere prava, ut per hæc quæ bona sunt, accipiantur et mala. Ideo monet omnia probare, et quidquid sobrie et bene dictum fuerit retinere.

Vers. 23 28. — « Ipse autem Deus pacis sancti-
« ficet vos per omnia, ut integer spiritus vester et
« anima et corpus sine querela in adventu Domini

« nostri Jesu Christi servetur.Fidelis est qui voca-
« vit vos,qui etiam faciet. Fratres, orate pro nobis.
« Salutate fratres omnes in osculo sancto. Adjuro
« vos per Dominum ut legatur Epistola hæc omni-
« bus sanctis fratribus. Gratia Domini nostri Jesu
« Christi vobiscum. Amen. »

Ipse autem.Quasi dicat : Ego prælatos et subditos ita moneo,*ipse autem Deus*,dator *pacis*,[Haimo]quasi dicat :Qui potest inquietudinem removere,*sanctificet vos per omnia*, quæ docui, ita,scilicet *ut spiritus vester*, de quo alibi : *Renovamini spiritu mentis vestræ* (*Ephes* iv), qui scilicet est mens quæ servit legi Dei, *servetur integer*, id est ratio vestra servetur integra, non consentiendo carni : et hoc usque *in adventum Domini nostri Jesu Christi*, id est usque ad finem vitæ vestræ. *Et anima*, id est sensualitas servetur integra, serviendo rationi, et *corpus* servetur *sine querela*, ut,scilicet nihil agatis ejus ministerio, unde aliquis conqueratur. [Ambrosius] Hæc tria ideo posuit,ut totus homo sit perfectus. Aliquando enim inquinatur anima per cogitationem malam,et est mundum totum corpus :ideoque spiritum in homine mundum dicit esse debere ; si autem mala vita vel cogitatio intercedat, non erit integer spiritus. (11) Et nota quod ait, sine querela, non sine peccato. Aliud est enim esse sine peccato, quod de solo in hac vita Unigenito dictum est ;aliud esse sine querela,quod de multis justis etiam in hac vita dici potuit, quia est quidam modus bonæ vitæ, de quo etiam in ista conversatione justa querela esse non possit. Quis enim queritur juste de homine qui nemini malum vult, et quibus fidenter consulit ? nec contra cujusquam injurias tenet libidinem vindicandi ? ut veraciter dicat : *Dimitte nobis,sicut et nos dimittimus debitoribus nostris* (*Matth.* vi). (12) Et tamen eo ipso quod hic dicit, sine peccato se non esse declamat.*In multis enim offendimus omnes* (*Jac.* iii). Item, nota quod tria possit quibus homo constat, id est spiritum, animam et corpus, scilicet illud quo intelligimus, et illud quo vivimus, et illud quo visibiles et contractabiles sumus : quæ rursus duo dicuntur, quia sæpe anima cum spiritu nominatur. [Haimo] Vel spiritus ponitur hic pro donis Spiritus sancti. Et est sensus : Ita sanctificet vos, ut spiritus vester sit integer, id est ut gratia Spiritus sancti, quæ data est vobis in baptismo, servetur integra et incorrupta,ne vestro vitio et immunditia corrumpatur, vel minuatur, vel fugetur. [Ambrosius] Nam dum agit homo quæ odit Spiritus sanctus, recedit ab eo ejus gratia penitus, vel minuitur. Et anima servetur munda, et corpus sine querela usque in adventum Domini nostri Jesu Christi fidelis. Quasi dicat : Oro ut sanctificet, et sanctificatos servet ;nec inde dubitandum est quia Deus est *fidelis*, id est verus in promissis, *qui vocavit vos* ad vitam, *qui etiam faciet* in vobis, id est perficiet opus gratiæ implendo promissa. *Fratres, orate pro*

(9) August., in psal. xxxiii.
(10) Id., ad Bonif.

(11) Id. in lib. De perfect.
(12) Id., in serm. symboli.

nobis. Salute ex nostra parte *fratres omnes in osculo sancto,* non simulato, sed sancto, quod est signum dilectionis. Salutate, dico, et Epistolam ostendite. Et inde *adjuro vos per Dominum* scilicet *ut legatur Epistola hæc omnibus fratribus sanctis,* id est in baptismate sanctificatis. Vel, sanctis, id est perfectis, ut inde proficiant,et ut in bonis operibus proficiatis. *Gratia Domini nostri Jesu Christi* sit *vobiscum. Amen.*

---

204 IN EPISTOLAM II AD THESSALONICENSES

ARGUMENTUM.

Ad Thessalonicenses secundam scribit Epistolam Apostolus, et notum facit eis de temporibus novissimis et de adversarii dejectione. Scribit hanc Epistolam ab Athenis per Titum diaconem et Onesimum acolythum.

CAPUT PRIMUM.

VERS. 1-12. — « Paulus,et Silvanus,et Timotheus, « Ecclesiæ Thessalonicensium in Deo Patre nostro et « Domino Jesu Christo, gratia vobis et pax a Deo « Patre nostro et Domino Jesu Christo. Gratias « agere debemus semper Deo pro vobis, fratres,ita « ut dignum est,quoniam supercrescit fides vestra, « et abundat charitas uniuscujusque vestrum in « invicem, ita ut et nos ipsi in vobis gloriemur in « Ecclesiis Dei pro patientia vestra, et fide, et in « operibus, et persecutionibus vestris, et tribula« tionibus quas sustinetis in exemplum justi judicii « Dei, ut digne habeamini in regno Dei pro quo et « patimini, si tamen justum est apud Deum retri« buere retributionem his qui vos tribulant, et vo« bis qui tribulamini requiem nobiscum in revela« tione Domini Jesu de cœlo cum angelis virtutis « ejus in flamma ignis,dantis vindictam his qui non « noverunt Deum, et qui non obediunt Evangelio « Domini nostri Jesu Christi. Qui pœnas dabunt in « interitu æternas a facie Domini, et a gloria virtu« tis ejus, cum venerit glorificari in sanctis suis, et « admirabilis fieri in omnibus qui crediderunt,quia « creditum est testimonium nostrum super vos in die « illo. In quo etiam oramus semper pro vobis ut « dignetur vos vocatione sua Deus, et impleat om« nem voluntatem bonitatis suæ, et opus fidei in « virtute, ut clarificetur nomen Domini nostri Jesu « Christi in vobis, et vos in illo, secundum gratiam « Dei nostri et Domini Jesu Christi. »

*Paulus et Silvanus,*etc. Hanc epistolam item scribit Apostolus Thessalonicensibus. Orta enim apud Græcos graviori tribulatione item monet eos ad patientiam, ostendens justum Dei judicium et boni gloriam consequantur, et mali pœnam.[Ambrosius] Et quia in prima epistola quædam dixit de adventu Domini, de resurrectione mortuorum, unde putabatur dies Domini instare, nunc aliam scribit epistolam in qua idem significat, licet obscure. Nec enim aperte potest de abolitione Romani regni, et de Antichristi apparentia et damnatione, et de quorumdam fratrum inquietudine. Scribit etiam non instare diem Domini, sicut occasione prioris Epistolæ videbatur.[Haimo] Cum enim Thessalonicenses priorem Epistolam legendo pervenissent ad illum locum, ubi dicit Apostolus : *Mortui in Christo in adventu ejus resurgent primi ; deinde nos qui vivimus, qui resuscitati sumus, simul rapiemur cum illis,* conturbati sunt nimiumque perterriti,putantes vicinam esse diem Domini,et timentes ne damnarentur cum diabolo, eo quod tarde ad fidem venientes imperfecti essent. Ideoque hoc comperto scripsit eis non imminere diem judicii suo tempore,ne Apostolus in hoc mentitus per omnia reprobaretur, vel ne diabolus hoc exspectantibus aliqua fraude illuderet. Corrigit etiam asperius inquietos. Et est intentio Apostoli in hac Epistola bonos et quietos ad patientiam monere, et inquietos corrigere,et quæ obscura in præcedenti Epistola dixerat hic aliquatenus aperire. Modus talis: primum salutat, deinde gratias agit de bonis eorum, postea monet ad patientiam et ad constantiam. Inde asserit quod adventum Christi Antichristus prævenit, et aliqua adventus Christi signa licet obscura denuntiat, agens de abolitione Romani regni et de interfectione Antichristi ; circa finem vero ut curiosos atque otiosos corripiant obsecrat. Præmittit autem salutationem dicens :*Paulus, et Silvanus, et Timotheus.* [Ambrosius] Isti tres sunt quorum nomine scribitur hæc et prima epistola, scribunt *Ecclesiæ Thessalonicensium,* existenti *in Deo Patre et Domino Jesu Christo.* Et ante alia salutat more solito : *Gratia sit vobis et pax a Deo Patre nostro et Domino Jesu Christo.* Hæc supra exposita sunt. (1) *Gratias.* Hic agit gratias Deo de bonis eorum, ne forte de tanto bono eorum quod ex Deo habebant, extollerentur, tanquam a seipsis habentes. Quasi dicat : Quod tenetis tenete, quia bonum est ; de quo debemus semper gratias agere Deo, et nunquam solvere possumus ut dignum est. Et hoc est quod ait : *Fratres, semper debemus pro vobis gratias agere Deo,* a quo hæc bona sunt, non a vobis. Agere dico, *ita ut dignum est,*quia pro magnis bonis magnæ gratiæ agendæ sunt. Inde debemus gratias agere Deo, *quoniam fides vestra supercrescit,* id est

(1) August., De grat. et lib. arbit.

super hoc quod olim fuit crescit magis ac magis, non decrescit in tribulationibus. *Et charitas uniuscujusque vestrum abundat in* vos *invicem*, ut, scilicet et qui diligitur diligat alios, et mutuis obsequiis charitatem ostendat. Crescit, dico, et *ita*, id est in tantum crescit, *ut nosipi* apostoli qui non de parvo gloriaremur, *in*, id est de *vobis gloriemur in Ecclesiis Dei*, quibus de vobis damus exemplum. Vide ne sitis exempla defectus. De vobis gloriamur, dico, et maxime *pro patientia vestra et fide*, servata *in omnibus persecutionibus*, quæ sunt de loco ad locum, *et tribulationibus*, id est tormentis, *quas* tribulationes et persecutiones *sustinetis in exemplum justi judicii Dei*, id est quæ tribulationes ostendunt, qui in judicio futuro patientibus et inferentibus sit dandum. Si enim tam severe punit Deus peccata in pœnitentibus, quid faciet induratis ? (2) Ideo dicit pressuras justorum exemplum esse justi judicii Dei, ut intelligatur quod non parcet impiis tanquam sarmentis præcisis ad combustionem, qui non parcit justis propter perficiendam purgationem. Unde Petrus ait : *Si initium a nobis, quis finis erit eis qui non credent? Et si justus vix salvabitur, peccator et impius ubi parebunt?* (I *Petr.* IV.)

Sustinetis, dico, ideo *ut digni habeamini*, id est inter alios gloriosi in regno Dei, id est æterna beatitudine, vel in Ecclesia præsenti quam hic regit. [Haimo] Et ideo dicitur regnum Dei, *pro quo*, scilicet ut digni sitis, non solum operamini bona, sed etiam *patimini* mala. Justi judicii, dico, *si tamen justum est*, etc., quod constat esse. [Ambrosius] Non enim ponitur hic, si tamen pro dubitatione, sed pro affirmatione. Quasi dicat: Quoniam justum est. Unde alius interpres ait : *Si quidem justum est*. Quasi dicat: Bene dico justi judicii, *si quidem justum est apud Deum*, id est in simplici et pura natura justitiæ Dei, hoc scilicet *retribuere tribulationem his qui vos tribulant et vobis qui tribulamini cum nobis requiem*, id est æqualem nobis. Quid enim justius quam ut qui in sæculo bonos deprimunt et persecutionibus affligunt, in futuro patiantur eadem quæ faciunt? Illi autem sint in requie, qui magnam tribulationem passi sunt pro regno æterno? Vel ita : quas sustinetis, et agit de judicio præsenti, quo sinit Deus malos affligere bonos et prosperari ; bonos vero facit adversa pati. Quasi dicat: Gloriamur pro patientia tribulationum quas sustinetis in exemplum justi judicii Dei, id est ideo gloriamur, quia sustinetis ita ut sitis exemplum et documentum aliis, quod juste judicat Deus, dum suos permittit affligi et malos prosperari. Vident enim vos ex malis in melius proficere, illos ex prosperis deteriores esse ; et ita estis eis exemplum ne fatigentur, dum corripiuntur a Deo qui flagellat omnem filium quem recipit (*Hebr.* XII) apud quem est justum ut incipiat a domo ejus judicium. Unde Petrus ait : *Tempus est ut incipiat judicium a domo Dei* (*ibid*), ut digni habeamini in regno Dei pro quo et patimini. Hoc non mutatur. Si tamen, quasi dicat : Justi judicii dico, quod et respectu præsentium videri potest, dum boni meliores, mali deteriores efficiuntur : tamen hac conditione, dico, justi judicii. Si tamen justum est apud Deum retribuere tribulationem his qui vos tribulant, et vobis qui tribulamini requiem *nobiscum*. Quasi dicat: Justum apparet judicium quo in præsenti judicat Deus, si attendatur judicium futurum, ubi manifeste omnibus patet justitia Dei, dum reddet singulis secundum merita, per quod et præsentia justa esse probantur finaliter, scilicet si justum est dari his pœnam, vobis requiem. Si quis enim finem hunc attendit, non injustum dicit esse bonos purgari, malos sordescere, sicut utrique ex vita sua meruere. Simile huic dicit David : *Existimabam ut cognoscerem hoc, labor est ante me donec intrem in sanctuarium Dei, et intelligam in novissimis eorum* (*Psal.* LXXII), sed tamen ex præsentibus videri potest. Unde subdit : *Verumtamen propter dolos posuisti eis, dejecisti eos dum allevarentur* (*ibid.*).

In revelatione. Hic incipit ostendere quam horribilis tribulatio illis, et quam jocunda requies istis futura sit. [Haimo] Quasi dicat : Justum est illis dare pœnam, vobis requiem : quod utique fiet *in revelatione*, id est in manifestatione *Domini Jesu venientis de cœlo ad judicium cum angelis virtutis ejus*, id est quorum ministerio virtus Dei apparebit, dum bonos eligent, malos foras mittent ; et tunc gloria his et terror illis erit. Domini Jesu, dico, venientis *in flamma ignis*, non quod sit flamma circumdatus, sed per effectum; quia inimicos **205** exuret. Vel ideo dicit, in flamma ignis, quia ignis erit in mundo qui præcedet eum tantum spatium aeris occupans, quantum occupavit aqua in diluvio : qui ardebit terram et crassitudinem ejus et purgabit electos.

Domini Jesu, dico, *dantis*, id est inferentis vindictam, *his qui non noverunt Deum*, id est qui fidem non receperunt, ut pagani, *et his qui non obediunt Evangelio:* cui esset obediendum, quia est *Domini nostri Jesu Christi*, id est his qui non exsequuntur quæ receperunt, ut hæretici, et falsi Christiani. [Haimo] Alii enim sunt qui nesciunt legem, alii qui sciunt. Deinde aggravat pœnas eorum, subdens: *Qui*, utrique scilicet scientes et nescientes, *dabunt pœnas*, id est sustinebunt. Dare enim ponitur aliquando pro sustinere, ita et hoc, et congrue. Qui enim patitur dat ei quem offendit pœnas quasi gratas. Dabunt pœnas, dico, non corporis et animæ dissolutione terminabiles, sed *æternas* in interitu, quia semper sentient pœnas, non tamen penitus deficient. Ipsi dico tunc remoti, *a facie Domini et a gloria virtutis ejus*, ne scilicet videant eum et gloriam, quam scilicet virtus sua dabit sanctis. Et hæc prædicta fient; *cum venerit* Christus *glorificari in sanctis suis*, ita enim eos glorificabit quod gloriosus in eis apparebit. Ecce quæ est gloria sanctorum. *Et* cum venerit *admirabilis*

---

(2) August., contra Faust.

fieri in omnibus, etiam minoribus, *qui crediderunt*, etsi tempus operandi non habuerunt. Ipse enim clarus et mirabilis videtur in credentibus ; severus autem apparebit in incredulos, cum eos pœnis æternis coarctabit. Et est horum verborum brevis sensus. Veniet punire malos, et glorificare bonos, *quia creditum*. Quasi dicat : Ideo vobis tribulatis dabit requiem nobiscum, *quia testimonium nostrum in die*, id est *de die illo* revelationis Domini *creditum est*, id est quidquid diximus credidistis de illo die judicii, et gloria bonorum. et pœna malorum. [Haimo] Vel, testimonium nostrum creditum in die illo, id est propter illum diem, ut tunc liberemini. Creditum est dico, *super vos*, id quamvis super humanum sensum esset. Vel creditum est ita, quod erat super vos, id est vobis dominans, non quærentibus rationem. *In quo etiam*. Ordo verborum talis est : in quo die, *ut dignetur vos vocatione sua Deus* noster, id est ut dignos vos judicet Deus quos vocet ad regnum per gratiam. *Oramus etiam semper pro vobis*. Vel ita : in quo, id est pro cujus diei periculo vitando, etiam oramus semper pro vobis, pro vitando enim periculo illius diei semper est orandum, et oramus, *ut dignetur vos vocatione sua Deus* noster. Hoc non mutatur. *Et* etiam oramus *ut* hic interim *impleat omnem voluntatem bonitatis*, id est ut plene faciat vos velle omne bonum : et impleat in vobis *opus fidei*, id est confessionem quæ proprie est opus fidei. Impleat in vobis dico, et hoc *in virtute* constantiæ, *ut* scilicet det constantiam, qua habita a confessione nullo modo flecti possunt. Vel, opus fidei, est omne bonum quod fides exigit. Et est, impleat opus fidei, id est omnia bona sine quibus fides mortua est. Et hoc, in virtute, perseverantiæ, ut scilicet det vobis perseverantiam usque in finem. Ita impleatur, *ut clarificetur in vobis*, in hac vita, *nomen Domini Jesu Christi*, celebri fama et honore, *et vos* in futuro clarificemini *in illo*, et hoc non secundum merita vestra, sed *secundum gratiam Domini nostri Jesu Christi*, id est plus quam digni, vel sicut homo Christus clarificatus.

CAPUT II.

Vers. 1-5. — « Rogamus autem vos, fratres, per
« adventum Domini nostri Jesu Christi, et nostræ
« congregationis in ipsum, ut non cito moveamini
« a vestro sensu, neque terreamini neque per spiri-
« tum neque per sermonem, neque per Epistolam
« tanquam per nos missam, quasi instet dies Do-
« mini. Ne quis vos seducat ullo modo. Quoniam
« nisi venerit dissensio primum, et revelatus fuerit
« homo peccati filius perditionis, qui adversatur et
« extollitur supra omne quod dicitur Deus, aut
« quod colitur, ita ut in templo Dei, sedeat, osten-
« dens se tanquam sit Deus. Non retinetis quod cum
« adhuc essem apud vos, hæc dicebam vobis. »

Rogamus autem vos. [Ambrosius] Hucusque dixit se pro eis gratias agere et orare : hic determinat de die judicii, obsecrans eos ne leviter et facile de adventu Domini quasi imminenti opinionem recipiant, vel terreantur. [Haime] Quasi dicat : Non solum pro vobis oramus, sed etiam rogamus vos, o *fratres, per adventum Domini nostri Jesu Christi*, ad judicium, id est si vultis ut vobis prosit adventus Christi venturus ; *et per adventum nostræ congregationis*, scilicet omnium sanctorum, id est si vultis esse in nostra congregatione. Congregationis dico, venturæ vel tendentis *in idipsum*, id est ad Christum, ut ad corpus congregentur aquilæ. Vel, in idipsum, id est in identitatem, ut mente et corpore uniamur qui modo in diversum tendimus. Quid rogamus ? *ut non cito moveamini a vestro sensu*, id est a puro intellectu, quasi dicat : Nec parum etiam titubetis. Si enim moveamini cito, est quia nihil vobis, infertur quod diu duret, quia tempus prope est. *Neque terreamini*. Quasi dicat : Pro vicino periculo, id est quasi instet dies Domini. Non terreamini dico, *neque per spiritum* malignum, scilicet si malignus spiritus quasi angelus lucis apparens in visione hoc vobis persuadeat, vel si quis dicat se per Spiritum sanctum revelantem hoc cognovisse quod dies judicii immineat, nolite credere, *neque* terreamini, *per sermonem* alicujus pseudoapostoli qui hoc exponat de Scripturis, *neque per Epistolam tanquam per nos missam*, id est sub nomine meo missam. [Ambrosius] Solent enim tergiversatores, ut fallant, sub nomine alicujus clari viri Epistolam fingere, ut auctoritas nominis possit commendare quod per seipsum recipi non posset. Quid per singula ? *Ne quis vos seducat ullo modo*, alio etiam a prædictis terrefaciens vos, *quasi instet dies Domini*. (2*) Non quin velit illos esse paratos, ut habeant succinctos lumbos, et lucernas ardentes in manibus, expectantes quando revertatur Dominus a nuptiis. In quo enim quemque invenerit suus novissimus dies, in hoc eum comprehendet mundi novissimus dies, quia qualis in die isto quisque moritur, talis in die illo judicabitur. Et ideo vigilare debet omnis Christianus ne imparatum eum inveniat Domini adventus. Imparatum autem inveniet dies ille, quem imparatum inveniet vitæ hujus dies ultimus. [Ambrosius] Et ideo non ait, ne terreamini, vel seducemini, sed addit, quasi instet dies Domini. Hoc dicit, ne ipsa perturbatione dum incauti invenirentur currant ad orandum diabolum : qui hæc ideo agebat, ut sub Christi nomine apparens, faceret se adorari, quod ut non possit facere impudentissimus Satanas. Tempus et signa adventus Domini Apostolus rescribit, quia non prius veniet *Dominus* quam regni Romani defectio fiat, et appareat Antichristus. [Augustinus] Et hoc est quod subdit :

Quoniam nisi. Quasi dicat : Quidam volunt vos seducere quasi instet dies Domini, sed non instat dies Domini. [Haimo] *Quoniam* non veniet Dominus ad judicium, *nisi primum venerit discessio*, id est

---

(2*) Augustinus ad Hesychium.

nisi prius gens a Romano discedat imperio : non quod statim post veniat Dominus. Occulte loquitur de destructione Romani imperii, ne forte si aperte hoc diceret, incitaret eos ad persecutionem Ecclesiæ. Vel hoc dicit de spirituali imperio Romanæ Ecclesiæ. (3) Vel de discessione a fide. Et est sensus : Non veniet Dominus ad judicium, nisi prius venerit discessio Ecclesiarum a spirituali obedientia Romanæ Ecclesiæ, vel hominum a fide, [Haimo] Quidam codices habent : Nisi venerit refuga primum, quod nulli dubium est de Antichristo cum dixisse quem refugam vocat utique a Domino Deo. Si enim hoc de omnibus impiis merito dici potest, quanto magis de isto, quem etiam describens subdit : et, nisi *revelatus*, id est manifestatus, *fuerit*, cujus spes jam præcedit *homo*, non Deus totus, *peccati*, servus, auctor et fons, id est Antichristus qui est *filius perditionis*, id est diaboli qui perdit homines, per quem perditio venit in mundum, cujus filius dicitur Antichristus ; non per naturam, sed per imitationem. Vel, filius perditionis dicitur quia ipse perdendus est, et alios perdens. *Qui adversatur* Christo et membris ejus ; unde Antichristus dicitur ; et *extollitur*. id est effert se, *super omne quod dicitur Deus*, vel falsa opinione, ut dii gentium ; vel beneficii gratia, ut sancti. *Aut quod colitur*, ut Deus Trinitas. Extollitur dico, ita, *ut sedeat in templo Dei*, id est in Ecclesia. Vel, in templo, a Romanis destructo, quod Judæi tunc reædificabunt. Nascetur quidem Antichristus in Babylone de tribu Dan, juxta quod Jacob ait : *Fiat Dan coluber in via, et cerastes in semita* (Gen. XLIX) : et cum venerit Jerosolymam, circumcidet se dicens Judæis : Ego sum Christus promissus. Tunc confluent ad eum omnes Judæi, et reædificabunt templum a Romanis destructum, sedebitque ibi dicens se esse Deum. Vel ita : Nonnulli non ipsum principem tantum, sed universum corpus ejus, id est ad eum pertinentem hominum multitudinem simul cum ipso principe suo, hoc loco intelligi volunt : rectiusque dici putant, sicut et in Græco est non in templo, sed in templum Dei sedeat, id est quasi ipse cum suis sit templum Dei quod est Ecclesia, sicut dicitur, sedet in amicum, id est ut amicus. Sedeat dico, *ostendens se tanquam* ipse *sit Deus*. Nam sicut in Christo omnis plenitudo divinitatis habitavit, ita in Antichristo plenitudo malitiæ et omnis iniquitas habitabit, quia in ipso erit caput omnium malorum, scilicet diabolus, qui est rex super omnes filios superbiæ (*Job*. XLI).

VERS. 6, 7. — « Et nunc quid detineat scitis ut re« veletur in suo tempore. Nam mysterium jam ope« ratur iniquitatis, tantum ut qui tenet nunc te« neat, donec de medio fiat. »

206 Nonne, etc. Quasi dicat : Ita debetis credere ut scribo vobis, quia olim vobis idem dixi. Et hoc est quod dicit sub interrogatione, nonne retinetis ? quod hæc eadem quæ nunc vobis in Epistola scribo, cum adhuc essem apud vos, præsenti sermone, dicebam vobis de adventu Antichristi, et de die judicii. *Et quid*. Quasi dicat : hæc retinetis : *Et etiam quid nunc detineat* Antechristum, id est quid sit in mora ejus, quæ sit causa dilationis ejus, quare nondum veniat, *scitis*, scilicet quia nondum est discessio. Detinent, dico, ita tamen *ut reveletur*, id est ut manifestus fiat *in tempore suo*, id est sibi congruo, et a Deo disposito, scilicet postquam facta fuerit discessio. [Haimo] Et ideo recte ait, suo tempore. [Berengar.] Completa enim accessione ad Romanum imperium, et ad Romanæ Ecclesiæ obedientiam aderit discessio ab utroque imperio, qua impleta aderit iniquus, id est Antichristus. Similiter impleto tempore misericordiæ, quo plenitudo gentium intrat ad fidem, revelabitur discessio a fide quando refrigescet charitas multorum et abundahit iniquitas, et tunc veniet Antichristus, et sic instabit dies Domini. *Nam mysterium*. Quasi dicat ; Vero revelabitur in suo tempore, quia jam in non suo *mysterium iniquitatis*, id est secreta iniquitas *operatur*, id est mali et ficti qui sunt in Ecclesia. [Augustinus] Quasi dicat : Jam in ipsis initiis accessionis inveniuntur iniquitas, sed mystica, id est pietatis nomine palliata, ut velint haberi ministri Christi, cum sint pseudo. Vel ita : Vere revelabitur. Nam, diabolus jam operatur mysterium iniquitatis. [Haimo] Mysterium Græce, Latine dicitur *occultum et secretum* [Augustinus] Mysterium ergo iniquitatis appellat interfectionem sanctorum et persecutionem, quam inferebat Nero et princeps ejus fidelibus Christi, quorum jam factum quasi Antichristus videbatur. [Haimo] Quod ideo appellatur mysterium, quia jam tunc diabolus occulte per Neronem et alios operabatur occidendo martyres, sicut tunc aperte operaturus est per Antichristum interficiendo Eliam et Enoch aliosque plurimos [Ambrosius] Istud mystericum iniquitatis cœptum est a Nerone, qui instigante patre suo diabolo, zelo idolorum interfecit apostolos. Et sunt Nero et alii umbra futuri, scilicet Antichristi, sicut Abel et David fuerunt figura Christi.

Tantum ut qui tenet, etc. (4) Quia illos scire dixit quid detineat, aperte non exponit. Et ideo nos qui nescimus quod illi sciebant, pervenire cum labore ad id quod senserat Apostolus, cupimus nec valemus, præsertim quia et illa quæ addidit hunc sensum faciunt obscuriorem. Quid enim est : *Jam mysterium operatur iniquitatis tantum, ut qui tenet nunc teneat, donec de medio fiat ?* Ergo prorsus quid dixerit me fateor ignorare ; suspiciones tamen hominum quas legere vel audire potui non tacebo, Quidam suspicantur hoc de imperio dictum fuisse Romano, et ideo Apostolum non id aperte scribere voluisse, ne calumniam, scilicet incurret quod Romano imperio male optaverit, cum speraretur æternum, ut hoc quod dicit, jam enim mysterium operatur iniquitatis, Neronem voluit intelligi, cujus

---

(3) August., De civit. Dei.

(4) Id., de civit. Dei.

jam facta velut Antichristi videbantur. Unde nonnulli ipsum resurrecturum et futurum Antichristum suspicantur. Alii vero non occisum putant, sed potius subtractum, ut putaretur occisus, et vivum occultari, in vigore ipsius ætatis in qua fuit cum crederetur exstinctus, donec tempore suo reveletur et restituatur in regnum. Sed multum mira mihi est hæc opinantium tanta præsumptio. Illud tamen quod ait, ut qui tenet, etc., non absurde de Romano imperio creditur dictum donec tollatur, ut sit sensus : Tantum hoc restat antequam reveletur iniquus ille, ut qui tenet nunc Romanum imperium teneat, id est qui modo imperat imperet, donec de medio fiat, id est de medio mundi tollatur illa potestas, quia omnes undique Romam quasi ad caput confluebant. Vel ita, tantum hoc restat, ut qui tenet nunc, fidem teneat, donec ipsa de medio fiat, id est donec ipsa refrigescat. Vel ita, tantum hoc restat, ut qui nunc tenet, id detinet illum, scilicet accessio ad fidem teneat, id est detineat, donec de medio fiat, id est donec ipsa tollatur de medio. Vel ita, tantum hoc restat, ut qui tenet nunc, id est detinet illum, scilicet iniquitas quæ nunc occulta est, teneat, id est detineat, donec iniquitas quæ modo est mystica fiat de medio, id est aliquid de communibus, ut non erubescat homo adulterari, furari, et alia hujusmodi facere, sicut nec ambulare, nec loqui. (2) Vel ita : Quidam putant hoc esse dictum de malis et fictis qui sunt in Ecclesia, tandiu donec perveniant ad tantum numerum qui Antichristo magnum faciant populum. Et hoc dictum esse mysterium iniquitatis, quia videtur occultum, et de hoc dictum esse, quid detineat scitis, etc., ait, ut qui tenet non teneat. Dicunt Apostolum hortari fideles ut in fide quam tenent tenaciter perseverent, donec exeat de medio Ecclesiæ mysterium iniquitatis, quod nunc occultum est. Et est sensus : Tantum hoc superest agendum, ut qui tenet nunc fidem teneat, id est firmiter in ea perseveret, donec mysterium iniquitatis de medio fiat, id est donec qui modo in Ecclesia ficti sunt ab eadem manifeste recedant. De qualibus Jesus ait : *De nobis exierunt, sed ex nobis non erant* (1 Joan. II.) Dicit ergo ante fidem exierunt multi hæretici de medio Ecclesiæ, ita nunc aperte inde exibunt omnes qui non ad Chritum, sed ad illum Antichristum novissimum pertinebunt. Vel ita, tantum hoc restat, ut qui tenet nunc, id est detinet illum, scilicet discessio quæ nondum facta est, teneat id est detineat, donec ipsa discessio fiat de medio, id est manifeste appareat.

VERS. 8-16. — « Et nunc revelabitur ille iniquus, « quem Dominus Jesus interficiet spiritu oris sui, « destruet illustratione adventus sui, eum cujus est « adventus secundum operationem Satanæ in omni « virtute, et signis, et prodigiis mendacibus, et in « omni seductione iniquitatis his qui pereunt, eo « quod charitatem veritatis non receperunt ut salvi « fierent. Ideo mittet illis Deus operationem erroris « ut credant mendacia, ut judicentur omnes qui non « crediderunt veritati, sed consenserunt iniquitati. « Nos autem debemus gratias agere Deo semper « pro vobis, fratres dilecti a Deo, quod elegerit nos « Deus primitias in salutem in sanctificatione spi« ritus et in fide veritatis, in qua et vocavit vos per « Evangelium nostrum in acquisitione gloriæ Do« mini nostri Jesu Christi. Itaque, fratres, state, et « tenete traditiones quas didicistis, sive per sermo« nem, sive per Epistolam nostram. Ipse autem Do« minus noster Jesus Christus et Deus et Pater no« ster qui dilexit nos, et dedit consolationem æter« nam et spem bonam in gratia, exhortetur corda « vestra, et confirmet in omni opere et sermone « bono. »

Et tunc, scilicet jam revelata discessione a Deo vero, et refrigerata multorum charitate, ex abundantia iniquitatis quasi parata sibi sede, *revelabitur*, id est manifestabitur, *ille iniquus*, scilicet Antichristus, qui nec modo nec tunc est timendus, quia sequitur : *Quem Dominus Jesus interficiet spiritu oris sui* id est virtute Spiritus sancti qui dicitur spiritus oris sui quia ab eo procedit. Vel, interficiet eum spiritu oris sui id est præcepto et virtute, scilicet potentia jussionis suæ, sive per se occideret eum sive per Michaelem. [Haimo] Occidetur antem ut doctores tradunt in monte Oliveti in papilione, et in solio suo, in illo loco contra quem Dominus ascendit ad cœlos. Illo autem interjecto non statim veniet Christus, sed ut ex libro Danielis intelligitur, concedentur electis ad pœnitentiam dies XLV quantum Dominus post futurus sit penitus ignoratur. Et quomodo tenebræ solis fugantur præsentia, ita et Dominus, *destruet* eum scilicet Antichristum cum omnibus membris suis dicens : *Ite, maledicti, in ignem æternum* (Matth. XXIV.) Destruet dico, *illustratione adventus sui*, id est in claro adventu suo, *cujus* Antichristi adventus est, *secundum operationem Satanæ*. Quia diabolo instigante et cooperante qui illud possidebit totum faciet, non tamen sine sensu ut phrænetici qui culpam non habent de malis, ita, si vexaretur a diabolo tanquam phræneticus non ei imputaretur quidquid ageret. Et illius adventus erit *in omni virtute* humanæ potestatis et divitiarum. *Et signis* minoribus, *et prodigiis* majoribus, sed *mendacibus*. Quia per magicam artem non veram faciet illa, et per phantasiam delubet homines, sicut Simon Magus delusit illum qui putans eum occidere arietem decollavit pro eo. (6) Et ideo etiam mendacia dicuntur, quia mendacia confirmant, scilicet illum esse Deum. Ambigi ergo solet utrum vel ideo dicta sint mendacia, quia non vera ut videntur sed phantastica erunt, id est quia mortales sensus per phantasmata decepturus est, ut quod non facit, facere videatur ; vel ideo, quia et si vera sint Dei permissione, ad mendacium trahent. [Augustinus] Tunc

(5) August., in cod.

(6) Id. De civit. Dei.

enim solvetur Satanas, et per illum Antichristus in omni sua virtute mirabiliter quidem, sed mendaciter operabitur. *Et erit adventus illius in omni seductione iniquitatis his qui pereunt,* quia minis, blanditiis, et omnibus aliis modis seducet eos qui perditioni dediti sunt.

Eo, id est ideo, *quod non receperunt charitatem veritatis,* id est Christi, in quo implentur promissa omnia id est ideo quia non receperunt Christum, qui charitatem omnibus ostendit, et veritatem implevit. [Haimo] Non receperunt charitatem dico, *ut salvi fierent,* id est qua salvarentur recepta.

[Augustinus] *Et ideo,* scilicet quia non receperunt veritatem., *mittet illis Deus,* id est permittet venire ad eos, *operationem erroris,* id est eum qui est ipsa malitia, quia est pater omnis militiæ et iniquitatis, *ut credant mendacio,* scilicet quod Antichristus sit Deus; *ut omnes qui non crediderunt veritati,* id est Christo qui vere Deus est, *sed consenserunt iniquitati,* Antichristi tandem aperte, judicentur, qui interim occulte judicantur. Unde ait, 207 mittet illis Deus, etc. Quia Deus diabolum ista facere permittit, justo ipse judicio, quamvis faciat ille iniquo et maligno consilio, proinde judicati so ducentur, et seducti judicabuntur ; sed judicati judicio Dei occulte justo et juste occulto, seducentur. Seducti autem jdiciabuntur novissimo manifestoque judicio per Christum justissime judicaturum et justissime judicatum. *Nos autem.* Quasi dicat : De illis ita fiet : vos autem venietis ad salutem, quia recepistis veritatem. Unde gratias agimus Deo. Et hoc est quod ait : *Nos autem fratres dilecti a Deo debemus agere gratias Deo semper pro vobis eo quod ab æterno Deus elegit nos et vos primitias fidei,* ut scilicet non in periculoso tempore ultimo, sed in primitiva Ecclesia crederemus in Christum atque fidem confiteremur. [Haimo] Elegit dico *in salutem* æternam. Vel, elegit nos apostolos, primitias omnium credentium, quia apostoli primum crediderunt. Et hoc, *in salutem* omnium gentium. Nos et vos dico positos, *in sanctificatione Spiritus* sancti, quia Spiritus sanctus in baptismo sanctificat, *et in fide veritatis,* id est Christi, per quid autem ad fidem venerint, subdit dicens : *In quam* fidem, sicut gratis elegit nos ab æterno, ita et gratis, *vocavit,* nos aversos, *per Evangelium nostrum.* Vocavit dico, *in acquisitionem Domini nostri Jesu Christi,* id est ut per fidem acquiratis gloriam quam habet Christus. Vel, in acquisitionem Domini nostri Jesu Christi, id est ut sitis acquisitio in qua Christus glorificetur. *Itaque,* quasi dicat : Qui hæc bona sunt nobis, et non instat dies Domini *itaque fratres, state* immobiles in fide. *Et ut stetis tenete traditiones quas a nobis didicistis* usque ad intellectum, *sive per sermonem præsentem, sive per epistolam nostram. Ipse autem,* quasi dicat : Ego moneo vos. Sed *ipse Deus noster Jesus Christus et Deus Pater,* ejus et *noster,* qui dicitur Deus, potentia qua Creator est universorum ; et Pater, affectu, id est dulcedine charitatis,

qui dilexit nos dando filium suum pro nobis. Unde subdit : *Et dedit consolationem æternam,* id est Christum, qui est consolatio nobis contra miseriam hujus sæculi, et in futuro. Vel, dedit consolationem æternam promittendo regnum cœlorum. *Et dedit spem bonam,* scilicet quod de isto exsilio ad patriam veniemus. Et hoc, *in gratia,* id est per gratiam, quam dedit, speramus. Vel hæc omnia dedit non merito nostro, sed in gratia sua. Ipse inquam qui jam tot fecit, *exhortetur corda vestra,* id est voluntates, *et affirmet,* contra impugnatores *in omni opere bono et sermone bono.*

CAPUT III.

Vers. 1-18. — « De cætero, fratres, orate pro « nobis ut sermo Dei currat, et clarificetur sicut et « apud vos, et ut liberemur ab importunis et malis « hominibus. Non enim omnium est fides. Fidelis « autem Dominus est, qui confirmabit vos et custo- « diet a malo. Confidimus autem de vobis, fratres « in Domino, quoniam quæcunque præcipimus et « facitis, et facietis. Dominus autem dirigat corda « vestra in charitate Dei et patientia Christi. Denun- « tiamus autem vobis, fratres, in nomine Domini « nostri Jesu Christi, ut subtrahatis vos ab omni « fratre ambulante inordinate, et non secundum « traditionem quam acceperunt a nobis. Ipse enim « scitis quemadmodum oporteat imitari nos, quo- « niam non inquieti fuimus inter vos, neque gratis « panem manducavimus ab aliquo, sed in labore et « fatigatione nocte et die operantes, ne quem ve- « strum gravaremus. Non quasi non habuerimus « potestatem, sed ut nosmetipsos formam daremus « vobis ad imitandum nos. Nam et cum essemus « apud vos hoc denuntiabamus vobis, quoniam si « quis non vult operari, nec manducet. Audivimus « enim inter vos quosdam ambulantes inquiete, ni- « hil operantes, sed curiose agentes. His autem qui « ejusmodi sunt denuntiamus et obsecramus in Do- « mino Jesu Christo, ut cum silentio operantes, « suum panem manducent. Vos autem, fratres, no- « lite deficere benefacientes. Quod si quis non obe- « dierit verbo nostro per Epistolam, hunc notate, « et non commisceamini cum illo ut confundatur. « Et nolite quasi inimicum existimare, sed corripite, « ut fratrem. Ipse autem Deus pacis det vobis pa- « cem sempiternam in omni loco. Dominus sit cum « omnibus vobis. Salutatio mea manu Pauli, quod « est signum in omni Epistola. Ita scribo. Gratia « Domini nostri Jesu Christi cum omnibus vobis. « Amen. »

De cætero, fratres orate pro nobis, ut sermo Dei, id est Evangelium quod dedit Deus nobis, vel quod de Deo agit, *currat,* sine impedimento ad omnes gentes ut multi velociter convertantur, *et clarificetur,* id est clarus et intelligibilis fit hominibus. Curat dico, *sicut et apud vos,* cucurrit. [Ambrosius] Orandum esse hortatur ut dignetur Deus doctrinam suam infatigabili cursu dirigere et transfundere per ora apostolorum in aures audientium. [Haimo] et ab auribus in corda ut compesceret et sedaret seditiones malorum hominum. Unde subdit : *Et ut liberemur ab hominibus,* scilicet a pseudo ne nos seducant, vel, nobis insidias tendant. *Importunis,* id est improbis, in disputando, *et malis,* quia falsa prædicant. Vel, ut liberemur ab importunis hominibus, id est infidelibus, qui resistunt verbo veritatis, nec stant in portu quietis, et malis scilicet qui persequuntur fideles. Ideo dico liberemur, *enim,* id est quia *non omnium est fides,* id est nondum acceperunt omnes fidem per me qui accepturi sunt. Vel ita, vere importuni sunt et mali. Non enim omnium illorum est fides, id est omnis importuni non habent fidem, quia eorum nullus fidem habet, sed est error quod tenent, sed vos qui habetis fidem confirmabit Deus. Unde subdit : *Fidelis autem.* (7) Vel ita, non enim quasi dicat : Ideo hortor vos orare ut sermo Dei currat et clarificetur, quia nec, etiam vobis orantibus, omnium est fides, id est non omnes sunt credituri, sed tantum præordinati in vitam æternam, prædestinati in adoptionem filiorum. Ideo autem Deus per orationes credentium, nondum credentes credere facit, ut ostendat quia ipse facit. Nemo est enim tam imperitus, tam ingenio tardus, qui non videat Deum quod rogari se præcipit, ut faciat. (8) Et sciendum quia posse habere fidem sicut posse habere charitatem natura est hominum; habere autem fidem sicut charitatem, gratia est fidelium. Sed cum voluntas credendi aliis præparatur a Deo, discernendum est quid veniat de misericordia ejus et quid de judicio. Universæ viæ dicuntur misericordia et veritas. *(Psal.* XXIV). Investigabiles igitur sunt, et misericordia, qua gratis liberat, et veritas, qua juste judicat. Fidelis autem, quasi dicat : Orate ut liberemur. Deus autem qui fidelis est, id est verus in promissis, *confirmabit vos,* ne importuni decipiant, *et a malo custodiet vos. Confidimus autem.* Quasi dicat : Hæc omnia vobis diximus non puto frustra, sed confidimus de vobis, o fratres, *in Domino,* qui in vobis operabitur, *quoniam quæcunque præcipimus vobis, facitis et facietis.* Ut autem hoc sit, *Dominus dirigat corda vestra,* id est voluntates, id est si quid turpitudinis in vobis est, auferat. Voluntates dico dirigat, ut existant *in charitate* Dei, scilicet quam Deus dat, vel ut Deum diligatis, et *patientia Christi,* scilicet ut patientes sitis sicut et Christus fuit.

Denuntiamus autem. Incipit hic de curiosis et otiosis, monens bonos ut eos corripiant. Quasi dicat : Quod præcipimus facietis, sed qui noluerit facere excommunicetur. Et hoc est quod dicit ; *Denuntiamus autem vobis, o fratres in nomine Domini nostri Jesu Christi,* id est per Jesu Christi auctoritatem præcipimus, vel in honore Christi, quia honor Christi est si morbida ovis excluditur, *ut subtrahatis vos ab omni fratre ambulante inordinate,* id est non communicetis eis qui ambulant inordinate,

(7) August. ad Vitalem.
(8) Id., in lib. Sentent. Prosperi.

id est aliter quam ordo naturæ exigit, et ambulante *non secundum traditionem quam acceperunt a nobis,* id est non secundum doctrinam qua tradidimus eis. *Ipsi enim* Quasi dicat : Ideo debetis vos subtrahere, quia *vos ipsi scitis quemadmodum,* id est in quibus *oporteat imitari nos* , et cum illi hæc non faciant, debetis vitare eos. Et vere oportet imitari nos, quia boni sumus : quod ita ait : *Quoniam non inquieti fuimus inter vos neque gratis,* id est sine labore proprio, *manducavimus panem* sumptum *ab aliquo.* Vel ita, *ipsi enim scitis.* Quasi dicat : Vere non ambulant secundum traditionem nostram. Ipsi enim scitis quemadmodum oporteat imitari nos, id est quomodo me habui in quo imitandus sum, quod in illis non videtis. Quasi dicat : Non est ut exponam vobis eam traditionem, quia eam scitis, scilicet quoniam, id est quod non inquietus fui inter vos, ut illi qui aliena negotia curant vagantes hac et illac. Nec gratis panem manducavimus sumptum ab aliquo : sed fuimus in *labore* contra gratis *et fatigatione.* Quasi dicat : Ille labor fuit usque ad fatigationem. Nos dico, *nocte et die operantes,,* contra hoc quod supra dixit ab aliquo. Operantes dico, *ne quem vestrum gruvaremus,* et ne quis diceret eum ideo non accepisse, quia non haberet potestatem, subdit : *Non ideo* non accepimus, *quasi non habuimus potestatem* accipiendi, cum isti multo magis debent vivere de labore suo qui non habent hanc potestatem. Non ideo, inquam, non accepimus, sed, ipeo *ut daremus nosmetipsos formam vobis ad imitandum nos,* id est ut imitaremini nos, et otium dimitteritis. Ecce pro *alia* 208 causa hic, quam apud Corinthios abstinuit. Hic enim pro exemplo dando abstinuit, ibi pro repellendis pseudo.

[Ambrosius] Et notandum quia non solum verbis docebat, sed hortabatur et factis. Idonei enim magistri est ea quæ verbis docet operibus implere. Et si enim manifesta vera esse non ignorantur quæ docentur, tamen si negligi cœperint a magistro, non facile proficient audientibus. Magis enim opera suadent quam verba : ideoque magnis præconiis remunerandi sunt qui negligentibus magistris de solis verbis proficiunt. Apostolus ergo forma erat his qui tenues erant substantia in plebe, ut discerent libertatem suam non amittere. Unde et Salomon : *Raro,* inquit, *inferes pedem ad amicum tuum, ne satiatus tui oderit te (Prov.* XXV). Qui enim frequenter ad alienam mensam convenerit otio deditus, aduletur necesse est pascenti se, cum religio nostra ad libertatem homines advocet. Unde subdit: *Nam,* etc. Quasi dicat : Operabar inter vos ad exemplum vestrum. Et vere, sic enim faciendum docebam. Et hoc est quod ait: *Nam et cum essemus apud vos, hæc denuntiabamus vobis : Quoniam si quis non vult operari, non manducet.* (9) Dicunt quidam de operibus spiritualibus hoc Apostolum præcepisse. Alioquin si de corporali opere hoc diceret, in quo

(9) Id. de operi monac.

vel agricolæ vel opifices laborant, videretur sentire adversus Dominum qui in Evangelio ait : *Nolite solliciti esse, quid manducetis* (*Matth.* vi). Sed superflue conantur et sibi et cæteris caliginem obducere, ut quod utiliter charitas monet, non solum facere nolint, sed nec intelligere : cum multis aliis locis epistolarum suarum quid hinc sentiat Apostolus apertissime doceat. Vult enim servos Dei corporaliter operari, unde vivant, ut non compellantur egestate necessaria petere, nec est contra illud quod prædictum est : Nolite solliciti esse quid manducetis. Non enim hoc ideo dictum est ut ista non procurent quantum necessitati sat est, unde honeste potuerint, sed ut non ista intueantur, et non propter ista faciant quidquid in Evangelii præconio facere jubentur. *Audivimus enim.* Hic ostenditur ratio, cur laboris sui mentionem fecerit. Quasi dicat : Hoc ideo præcipio, quia audivimus *enim inter vos quosdam ambulantes inquiete, nihil operantes, sed* de alienis, *curiose agentes.* Hoc modo merentur pasci, quod factum abhorret disciplina Dominica. [Ambrosius] Eorum enim Deus venter est qui fœda cura necessaria sibi providet. [Augustinus] *His autem qui ejusmodi sunt denuntiamus, et obsecramus in Domino Jesu Christo, ut cum silentio,* scilicet non rumorosi, *operantes manducent panem suum,* id est proprii laboris ; ne autem hac occasione ministrare cessarent pauperibus, addidit : *vos autem, fratres, nolite deficere benefacientes* pauperibus quia et si operentur, possunt tamen nonnullis indigere. Et ideo monet ne illi qui habebant unde servis Dei necessaria præberent, hac occasione pigrescerent. Non enim in reprehensionem venit qui humanus est in largiendo, sed hic qui cum possit laborem ferre, otiose vult vitam agere. *Quod si quis.* Quasi dicat : Præcipimus ut operentur, etc. *Quod,* id est sed, *si quis non obedierit,* huic *verbo nostro,* mandato vobis, *per Epistolam hunc notate,* id est qui sit mihi significate. Vel, notate, id est reprehendite. Vel ita : si quis non obedierit verbo nostro per Epistolam vestram, hunc notate nobis, et nos aspere increpabimus illum, *et non commisceamini cum illo ut confundatur,* id est erubescat abjectus ab omnibus, ut sic se subjiciat præceptis Apostoli. *Et tamen nolite æstimare* eum, *quasi inimicum,* ut odio habeatis eum, *sed ex dilectione corripite* eum *ut fratrem.* [Haimo] *Ipse autem Deus pacis det vobis,* hic et in futuro, *pacem sempiternam in omni loco,* scilicet et apud domesticos et apud extraneos. Et ut pacem habeatis, *Deus* sit *cum omnibus vobis! Salutatio mea manu Pauli,* scripta est, *quod est signum in omni epistola* [Ambrosius] Ita scribo, quomodo ? *Gratia Domini nostri Jesu Christi* sit *cum omnibus vobis. Amen.* Propter adulteratores Scripturarum manu sua in fine omnium Epistolarum salutationem se subscribere testatur, ut sub nomine ejus Epistola nulla accipiatur, quæ non fuerit manu ejus subscripta.

IN EPISTOLAM I AD TIMOTHÆUM

ARGUMENTUM.

Timotheum instruit et docet de ordinatione episcopatus et diaconii et omnis ecclesiasticæ disciplinæ : scribens ei a Laodicia per Tychicum diaconem.

CAPUT PRIMUM.

VERS. 1-5. — « Paulus apostolus Jesu Christi
« secundum imperium Dei Salvatoris nostri, et
« Christi Jesu spei nostræ, Timotheo dilecto filio
« in fide, gratia et misericordia et pax a Deo Patre
« et Jesu Christo Domino nostro. Sicut rogavi te ut
« remaneres Ephesi cum irem in Macedoniam, ut
« denuntiares quibusdam ne aliter docerent, neque
« intenderent fabulis et genealogiis interminatis
« quæ quæstiones præstant magis quam ædificatio-
« nem Dei quæ est in fide. Finis autem præcepti
« est charitas de corde puro et conscientia bona, et
« fide non ficta. »

Paulus, etc. [Hieron.] Hanc Epistolam scribit Apostolus Timotheo. Timotheus autem iste fuit filius mulieris fidelis, patre gentili procreatus : et cum non esset circumcisus, et esset ipse gentilis, huic dabant bonum testimonium fratres qui erant Lystris et Iconii. Hunc voluit Paulus proficisci secum, et ideo circumcidit propter Judæos qui erant in illis locis. [Haimo] Eratque eruditus tam divinis Scripturis quam liberalibus artibus. [Ambrosius] Hunc Apostolus creavit episcopum, et ideo eum commonet ut sollicitus sit in ecclesiastica ordinatione. Timotheo enim in Asia relicto episcopo scribit Paulus de episcopali officio, scilicet quomodo pseudoapostolis resistat, et quomodo Ecclesiam instruat, quales presbyteros et diacones ordinet, quales viduas honoret, quomodo in Ecclesia se habeat, vel quomodo eam regat. Et est intentio Apostoli in hac Epistola instruere Timotheum de episcopalis dignitatis officio. Modus talis : Primo salutat eum, deinde monet, ut pseudoapostolis resistat, postea instruit de episcopali officio docens quales debeat ordinare presbyteros et diacones, et quales debeant esse mulieres eorum ; deinde quales viduas recipere debeat ; postea de modo correctionis instruit eum. In fine autem monet ut vitet profanas novitates, præmittit vero salutationem dicens : *Paulus Apostolus Christi Jesu.* Nomen dignitatis præponit, ut hac auctoritate Timotheus munitus, resistat pseudoapostolis. [Haimo] Apostolus dico, *secunndum imperium* id est secundum jussionem et voluntatem *Dei Patris Salvatoris nostri et Jesu Christi, et spei nostræ*, scilicet per quem speramus gloriam. Qui ergo Apostolo resisitit, imperio Dei Patris qui salvat, et Christo ex quo est spes gloriæ, repugnat. Salutem autem refert ad Patrem et spem nostram ad Christum; ideo quia Pater dedit nobis salutem per Filium suum, quem dignatus est mittere nobis, et per Spiritum sanctum quem nobis tribuit in baptismo et aliis sacramentis. Per Christum vero habemus spem, id est exspectationem futurorum bonorum: quia sicut ille resurrexit a mortuis, et ascendit ad cœlos, ita per ipsum speramus resurrectionem, et ad gloriam æternæ beatitudinis ascensionem. Paulus, inquam scribit *Timotheo dilecto filio suo in fide*, et ante alia salutat in hunc modum: *Gratia et misericordia et pax* sit tibi *a Deo Patre et Christo Jesu Domino nostro*. Attende quod in hac salutatione tria ponit quæ ei optat, cum in aliis tantum duo posuerit. Misericordia hic accipitur quod in aliis Epistolis dicitur gratia, id est remissio peccatorum. Pax est tranquilitas animi et prælibatio æternæ pacis. Hanc communiter omnibus optare solet; gratia vero quam hic addit episcopis optatur, id est donatio Spiritus sancti, quo ministri Dei armantur.

Sicut rogavi te. Post salutationem prius de pseudo repellendis incipit hic, legem adhuc tenendam docentibus. [Ambrosius] Quasi dicat: O Timothee, ita, scilicet fac *sicut rogavi te*, quasi comparem, non dico præcepti quasi minori: quod facit Apostolus propter affectum charitatis, et ut formam humilitatis illi ostenderet. Ita ergo et non minus quam rogavi facito. Quid rogavi? *ut remaneres Ephesi*, ad ordinandam Ecclesiam. [Haimo] Ephesus est civitas metropolis Asiæ. *Cum irem in Macedoniam*, ideo rogavi te ibi remanere, *ut denuntiares quibusdam* discretis a Catholica fide, tam doctoribus quam minoribus *ne doctores aliter docerent quam* nos: *neque* subditi *intenderent fabulis* Judæorum, qui dicunt duas mulieres fuisse 209 primo homini. Evam et alteram ex qua dicunt multos filios esse natos, quod nunquam sacra pegina narrant. Vel fabulas hic dicit doctrinam illorum qui legem cum gratia prædicant esse necessariam. Quod enim dicunt de lege fabula est, non res. [Ambrosius] Ideo episcopus coepiscopum suorum obsecrat, ne pateretur Judæos judaizantes aliter docere populum quam jure tradiderat; nec subditos, intendere fabulis eorum *et genealogiis*, quibus narrant se esse de genere Abrahæ et David, quasi eis salus debeatur; vel quibus narrant Christum non esse de David. Genealogiis dico, *interminatis*, id est quæ sine termino sunt, vel prohibitis a Deo. [Augustinus] Hæreticus quidem inimicus legis et prophetarum, existimat Apostolum hoc loco divina eloquia fabulas appellasse, sicut et alibi cum ait:

Profanas et aniles fabulas devita (*1 Tim.* IV). Quis ita nisi hæreticus multum cæcus erraret! Cur ergo ipse idem fecit, si hæc esse aniles fabulas indicavit? Cur dicit: *Abraham duos filios habuit* (*Gal.* IV), et alia hujusmodi? Sed melius dicitur quod Judæi, præter legitimas Scripturas, habent traditiones suas non scriptas, quas memoriter tenent, et alter in alterum loquendo transfundit, quas Deuterosin vocant, ubi dicunt duas uxores Deum primo homini creasse, ex quibus texunt genealogias infinitas, parientes infructuosissimas quæstiones. [Haimo] Illas autem dicit fabulas, id est fictiones et excogitationes, ad quas etiam pertinebant illa de quibus Dominus ait: *Irritum fecistis præceptum Dei, ut traditionem vestram servetis* (*Marc.* VII), [Augustinus] ubi arguit Judæos quod de parentibus non honorandis impietatem docerent filios suos. Moses autem dicit: *Honora patrem tuum, et matrem tuam. Vos autem dicitis: Si dixerit homo patri vel matri corban, quod est donum quodcunque est ex me tibi profuerit, et ultra non dimittitis eum quidquam facere patri suo vel matri, rescindentes verbum* Dei per *traditionem vestram, et hujusmodi multa facitis* (*ibid.*). Ubi evidenter Christus ostendit et illam Dei esse legem quam profanus iste blasphemat, et Judæos habere suas traditiones a libris propheticis et legitimis alienas, quas appellasse Apostolum fabulas profanas et genealogias interminatas non hæreticus, sed Catholicus lector intelligit. *Quæ fabulæ, magis parant quæstiones*, id est lites. *quam ædificationem* justitiæ *Dei*, id est non ædificant homines in justitia Dei, *quæ ædificatio justitiæ est in fide. Finis autem*, vel, enim. Quasi dicat: Vere est in fide ædificatio justitiæ Dei, quia ex fide est spes, id est charitas, quæ est adimpletio legis. Et hoc est quod dicit, finis enim, etc., vel ita, finis autem, quasi dicat: Docent et intendunt fabulis et genealogiis, sed finis et adimpletio legis est charitas. Quare non est opus aliis. Et hoc est quod dicit, *finis autem præcepti*, id est impletio et consummatio, *est charitas*. Finis dicitur terminus. Finis etiam dicitur consumptio. [Haimo] Finis quoque dicitur impletio et consummatio. Aliter enim dicitur, finitur panis, aliter finitur tunica, aliter finitur hic vel ibi ager. Finitur panis manducando, finitur tunica texendo, et ibi sonat finis et illic; sed panis finitur ut consumatur, et tunica ut consummetur; panis finitur ut non sit, tunica ut perfecta sit.

Sic ergo charitas est finis, id est perfectio præcepti, id est præceptorum omnium, quorum impletio est dilectio, et ea gemina est, scilicet Dei et proximi. (1) Totam enim magnitudinem et amplitudinem divinorum eloquiorum secura possidet charitas, qua Deum proximumque diligimus, quæ radix est omnium bonorum. Unde: *In his duobus mandatis tota lex pendet et prophetæ* (*Matth.* XXII). Si ergo non vacat omnes paginas sanctas perscru-

---

(1) August., De doct. Christ.

tari, omnia involucra sermonum evolvere, omnia Scripturarum secreta penetrare, tene charitatem ubi pendent omnia, quia finis omnium est dilectio Dei et proximi, nullum rerum diligendarum genus in his duobus præceptis prætermissum est. Cum enim præcurrat dilectio Dei, et sequatur dilectio proximi, de dilectione tua nihil dictum videtur. Sed cum dictum est: *Diliges proximum tuum sicut teipsum* (*ibid.*). simul et tui abs te dilectio prætermissa non est. Ille autem sancte et juste vivit qui ordinatam habet dilectionem, ne aut diligat quod non est diligendum, aut non diligat quod est diligendum: aut æque diligat quod minus vel amplius diligendum est, aut minus vel amplius diligat quod æque diligendum est. Omnis homo in quantum peccator est, non diligendus; in quantum vero homo est, diligendus propter Deum est. Deus vero propter seipsum, et Deum quisque amplius debet diligere quam seipsum. Item amplius alius homo diligendus est quam corpus nostrum, quia propter Deum omnia ista diligenda sunt; sed cum omnibus prodesse non possis, his potissimum consulendum est, qui pro locorum et temporum vel quarumlibet rerum opportunitatibus constrictius tibi quasi quadam sorte junguntur. Omnium igitur hæc summa est ut intelligatur legis et omnium divinarum Scripturarum plenitudo, esse dilectio rei qua fruendum est, et rei quæ nobiscum ea re frui potest, id est Dei et proximi. Præcipitur enim Deus diligi et proximus, ut autem quisque se diligat alio speciali præcepto non est opus. Charitas ista amor Dei et proximi est. (2) Amor hujus sæculi cupiditas dicitur, minuitur cupiditas charitate crescente; cupiditas ergo refrenetur, charitas excitetur. Quia charitas est finis præcepti, id est ad charitatem refertur omne præceptum, quod vero timore pœnæ, vel aliqua intentione carnali fit, ut non habeat ad charitatem, nondum fit quemadmodum fieri oportet, quamvis fieri videatur. Tunc ergo et præcepta et consilia recte fiunt cum referuntur ad diligendum Deum, et proximum propter Deum. *De corde*, etc. Hic definit charitatem et non alibi, ut, nec ubique nec nusquam definita sit, Quasi dicat: Charitas est finis præcepti. Qualis charitas? procedens *de corde puro*, id est de puro intellectu, ut nihil nisi Deus diligatur. *Et de conscientia*, id est spe, *bona*. Conscientia hic ponitur pro spe. Ille enim se ad id quod diligit perventurum esse desperat, cui malæ conscientiæ scrupulus inest. Ille enim sperat qui bonam conscientiam gerit, quem vero pungit mala conscientia retrahit se a spe. Addit: *Et de fide non ficta*, id est simulata, in qua scilicet quis non sibi quælibet fingit, sed Catholica. Vel, fide non ficta, id est flotili et fragili, sed contra adversa forti (3).

Vers. 6-17. — « A quibus quidam aberrantes « conversi sunt in vaniloquium volentes esse legis « doctores, non intelligentes neque quæ loquuntur, « neque de quibus affirmant. Scimus autem quia « bona est lex, si quis ea legitime utatur, sciens « hoc quia lex justo non est posita, sed injustis, et « non subditis, impiis et peccatoribus, sceleratis, « et contaminatis, parricidis et matricidis, homici- « dis, fornicariis, masculorum concubitoribus, pla- « giariis, mendacibus, et perjuris, et si quid aliud « sanæ doctrinæ adversatur, quæ est secundum « Evangelium gloriæ beati Dei quod creditum est « mihi. Gratias ago ei qui me confortavit in Christo « Jesu Domino nostro, quia fidelem me existimavit « ponens in ministerio. Qui prius blasphemus fui « et persecutor et contumeliosus, sed misericor- « diam Dei consecutus sum, quia ignorans feci in « incredulitate. Superabundavit autem gratia Do- « mini nostri cum fide et dilectione, quæ est in « Christo Jesu. Fidelis sermo, et omni acceptione « dignus, quia Christus Jesus venit in hunc mundum « peccatores salvos facere, quorum primus ego « sum. Sed ideo misericordiam consecutus sum, ut « in me primo ostenderet Christus Jesus omnem « patientiam ad informationem eorum qui credituri « sunt illi in vitam æternam. Regi autem sæculo- « rum immortali, invisibili, soli Deo bono et gloria « in sæcula sæculorum. Amen. »

A quibus. Improbat hic adversarios qui legalia tradebant dicens: *A quibus*, scilicet fide, spe et charitate, *quidam aberrantes conversi sunt in vaniloquium* de legalibus putantes ea servari debere post Christum, nescientes mysterium legis et prophetarum, scilicet quod usque ad Christum servari debent. Illi, dico, *volentes esse doctores legis*, quod deterius est. *Non intelligentes neque ea quæ loquuntur*, id est quæ affirmant, *neque ea de quibus*, id est per quæ affirmant, ut sint testimonia prophetarum, (4) Vel econverso, scilicet non intelligentes neque quæ loquuntur, ad probandum quæ intendunt, neque de quibus ea affirmant, id est quæ probare intendunt. Si quando enim de prava et falsa opinione sua reprehendi et convinci cœperint, ad defendendum id quod levissima temeritate et apertissima falsitate dixerunt, de sanctis libris multa verba pronuntiant volentes esse legis doctores, cum tamen non intelligant quæ loquuntur, vel de quibus. Et ne videretur legem incusare, addit, *scimus autem.* Quasi dicat: Illi non intelligunt, *nos autem* intelligimus, nam ut hoc in aliquo ostendatur, *scimus quia lex bona est*; secundum eos vero qui carnaliter tantum intelligunt non est bona, quia bona tantum est, *si quis*, justus vel injustus, *utatur ea legitime*, id est spiritualiter sicut ipsa docet, ut, scilicet per eam agnoscat morbum, et quærat medicum. [Ambrosius] Legitime etiam utitur, qui scit eam ad tempus datam, et sub Christo deseri. Nam justis per remissionem non est opus lege a qua liberi sunt per Christum. Et ne iterum videatur eam inducere subdit inde: *Scientes* etiam *hoc*, quod non

---

(2) Aug., in psalmo XXXI.
(3) Id., in psal. XXXI.
(4) Aug., super Genesim.

illi sciunt, scilicet *quod justo non est lex posita*, id est imposita, ut supra cum sit; ut ei dominetur. In illa enim potius quam sub ipsa et cum ipsa, quia amicus justitiæ est, cujus inimicus est qui pœnæ timore non peccat, Amicus vero qui ejus amore non peccat, et tunc vero timet peccare. **210** Vel, non est lex posita justo, id est data pro justo, quia non ex ea justus est sed ex fide, et cum justus sit ex fide, quid ei est necessaria lex? sed ideo data est, vel ut reum puniret, vel peccare volentem coerceret; justus tamen et si ea non egeret, utitur, ut sic esset in auctoritate aliis, et futura attestaretur factis. (5) Quomodo autem bona est lex, si non justo est posita? Sed sciendum quia jam justus non eget pædagogo, sed injustus ut fiat justus. Et lege legitime utendi multiplex est modus, ut secundum aliud justus, et secundum aliud injustus recte dicatur legitime uti lege. Injustus enim lege legitime utitur cum intelligens quare sit data, ejus comminatio ne tanquam prædagogo perducitur ad gratiam per quam justus fiat. Justus vero etiam ea legitime ntitur, cum eam tenendo imponit injustis, ut cum in ipsis cœpit inolitæ concupiscentiæ morbus incentivo prohibitionis, et cumulo prævaricationis augeri, confugiant ad justificantem gratiam, et per eam suavitate justitiæ delectati pœnam litteræ minantis evadant. Ita non sunt contraria nec inter se repugnant hæc duo, scilicet quod lex bona est eaque legitime utitur justus, et tamen justo posita non est, quia non ex ea justificatus est, sed ex lege fidei. Lex non est imposita justo, dico, *sed injustis*, qui contra legem naturæ agunt, *et non subditis* Deo, cum bene monerentur a ratione. Qui autem sint injusti et non subditi, per partes exponit dicens, scilicet *impiis*, contra Deum, *et peccatoribus*, in se et in proximum, *et sceleratis*, quibus scelus per se placet, *et contaminatis*, qui vel favore aliquo vel timore consentiunt. Vel, peccatoribus in se, sceleratis et contaminatis, in proximum; parricidis et matricidis, quia lex naturæ in his obsoleverat, litteris est reformata eis coercendis, et *homicidis*, et *fornicariis*, et *masculorum concubitoribus*, *plagiariis*, qui plagas cujuslibet generis inferunt proximis, *mendacibus, perjuris, et si quid aliud est, quod adversatur sanæ doctrinæ*, scilicet morali et legi naturali. *Quæ sana doctrina est* non contra sed *secundum Evangelium*. Omnis enim veritas concordat Evangelio. Evangelium, dico, *gloriæ beati Dei*, id est quod prædicat, vel dat gloriam. *Quod* Evangelium *creditum est mihi*, ut fideli.

Gratias ago. Hic ostendit mala sibi fuisse in lege, bona vero ea dimissa, scilicet quod fidelis est, et positus est in ministerio. Unde fortis est. Quasi dicat: Creditum est mihi Evangelium. Unde: *Gratias ago ei qui me confortavit*, id est qui mentem meam roboravit quæ prius impossibile putabat esse quod de Domini potestate et gemina nativitate et

(5) Augustinus, De sp. et lit.
(6) Aug. in psalmo L.

resurrectione et spe prædicabatur: sed corroboravit me adeo ut hæc credam, et ut nec mors nec vita separet me a Christo. Confortavit, dico, *in Christo Jesu Domino nostro.* Inde gratias ago quia certa præscientia, *existimavit*, id est prævidit, *me fidelem* in ipso, cum sub lege fuissem infidelis. Ipse, dico, *ponens me in ministerio* prædicandi Evangelium. Sed utrum hæc fuerunt mihi per legem? non, quia ego sum, *qui prius*, scilicet dum essem sub lege, *fui blasphemus in* Deum, *et persecutor* sanctorum, *et contumeliosus* comprehensis inferens contumeliam. *Sed consecutus sum misericordiam Dei*, id est remissionem per Dei misericordiam, non per merita mea de eo, scilicet *quod ignorans feci*, id est de peccato quod ignoranter commisi. (6) Vel ita ut causa notetur. Quasi dicat: Misericordiam consecutus sum, eo facilius quia ignorans feci. Consequuntur misericordiam Dei et qui scienter peccant ut David, et qui ignoranter quod facilius ignoscitur. Ego dico degens, *in incredulitate*, dum sub lege eram Sub lege enim ignorantia erat, et ideo incredulitas, modo contra, scilicet fides et cognitio veritatis. Ecce patet quia non ex levitate dimisit priora. *Superabundavit autem*, quasi dicat: Non solum misericordiam remissionis consecutus sum, sed fidem et dilectionem et gratiam diversorum donorum. Et hoc est quod dicit: *Superabundavit autem gratia Domini nostri Jesu Christi*, qua dona diversa dedit, *cum fide et dilectione*, id est cum perfectione fidei et dilectionis. Non enim sine fide et dilectione misericordiam consecutus est, quia nulli datur remissi peccatorum sine fide et dilectione. Superabundavit autem dicit, quia majora bona fuerunt quæ olim mala. Vel ita, superabundavit gratia Domini nostri Jesu Christi, cum, id est *in fide et dilectione quæ est in Christo Jesu*, non in lege; id est quia non solum peccata dimisit, sed etiam fidem et dilectionem dedit de quibus nulli est ambiguum, *quia Christus Jesus venit in hunc mundum*, tam miserum, quasi passibilis cum aliis. (7) Ad quid? *Salvos facere peccatores* quoscunque, etiam parvulos, quia etsi a baptizatis nati sunt, carne tamen nati sunt non spiritu, eo quod renovatur. Nulla causa veniendi fuit Christo Domino, nisi peccatores salvos facere. Tolle morbos, tolle vulnera, et nulla causa est medicinæ. Si venit de cœlo magnus medicus, magnus per totum orbem terræ jacebat ægrotus. Ipse ægrotus genus humanum est, quod totum perierat, ex quo peccavit unus, in quo erat totum; sed venit unus sine peccato, qui salvos faceret a peccato. *Venit enim filius hominis quærere et salvare quod perierat* (Luc. XIX). Venit per quod homo erat. Nam per quod Deus erat semper hic erat, qui dixit: *Cœlum et terram ego impleo* (Jer. XXIII). Ergo et in mundo erat et venit. Hic erat per divinam majestatem, venit per humanam infirmitatem. Quare venit? peccatores salvos facere. Non eum de cœlo

(7) August. De verbo Apost.

ad terram merita nostra. sed peccata traxerunt. Unde: *Et vocabis nomen ejus Jesum* (*Matth.* 1). Quare? Audi: *Ipse enim salvabit populum suum* (*ibid.*). Unde? *a·peccatis eorum* (*ibid.*). Nunquid ad istum populum pertinent parvuli? pertinent plane. Sic credite cum ista fide parvulos ad gratiam Cnristi portare. Quid mihi dicis: sanus est; non habet vitium; quare cum illo curris ad medicum, si non habet vitium? Si sanus esset non clamaret Jesus: *Sinite parvulos venire ad me* (*Marc.* x), qui venit peccatores salvos facere.

Et sermo iste est fidelis, id est verus, *et dignus acceptione,* id est acceptabilis, quia utilis est : et non una tantum, *sed omni,* quia hic et in futuro salvat corpus et animam; sed corpus in futuro, animam hic et in futuro. (8) Vel *sermo,* iste est *humanus,* alia littera, ut non dicam divinus, quia si homo qui hospitio suscipit hominem humanus dicitur, quanto magis humanus est qui in seipso suscipit hominem. Et ideo sacramenti hujus sermo quamvis sit divinus, recte tamen dicitur esse humanus. Fidelis, inquam, vel humanus sermo est iste, scilicet quia Jesus venit in hunc mundum tam miserum. peccatores salvos facere, *quorum,* id est inter quos, *ego,* qui in lege fueram, *sum primus,* id est maximus, pejor enim omnibus sum, quia persecutor quo non erat pejor. Nemo enim acrior inter persecutores. Ergo nemo pejor inter peccatores. Primus ergo erat non ordine temporis, sed magnitudine iniquitatis. *Sed ideo misericordiam consecutus sum ut Jesus ostenderet in me primo,* id est maximo peccatore. Vel, primum, id est maxime ostenderet in me. Vel, primum, id est ante ostenderet in me quam in aliis persecutoribus. Quid? *Omnem,* id est perfectam, *patientiam,* qua sustinuit tantum, et in posterum nullam reservat iram, sicut impiis quos diu patitur. Ostenderet, dico, *ad informationem eorum qui credituri sunt illi,* id est ut mei exempli forma præbita, nullus desperet de immanitate sceleris qui credit illi, Quid enim faciet amico, qui hoc fecit inimico? Credituri sunt dico, tendentes *in vitam æternam,* id est ut habeant vitam æternam. *Regi autem sæculorum.* Quasi dicat : Prædicta fecit nobis Deus, sed pro prædictis sit honor a creaturis, *et gloria,* in essentia. Cui? (9) Regi sæculorum, id est Trinitati, *immortali,* id est immutabili, *invisibili,* id est incomprehensibili, *soli Deo,* id est qui solus est Deus natura, et solus creat, quod de ipsa Trinitate intelligitur, non de solo Patre, ut quidam volunt, quia non ait, soli Patri; sed soli Deo. Unus enim et solus Deus nobis prædicatur, ipsa Trinitas et Unigenitus: quippe secundum quod est Deus apud Deum, et Spiritus sanctus in sua natura est immortalis et invisibilis. Et nota quia de solo Deo qui est ipsa Trinitas, non est dictum soli invisibili, cum sint etiam quædam creaturæ invisibiles. Sed invisibili sali Deo, quia sunt dii falsi

(8) Augustin., De verbo Apost.
(9) Id., contra Maximinum.

invisibiles. Et ideo dictum est invisibili Deo. (10) Est enim quædam creatura invisibilis, non tamen Deus est nobis: et ideo dictum est, invisibili soli Deo, ut sit ordo : sit *honor et gloria* soli Deo *invisibili,* id est qui solus Deus est invisibilis. non qui solus est invisibilis, Invisibilis ab hominibus est Deus in natura, secundum illud : *Deum nemo vidit unquam*: quod de ipsa substantia summa summeque divina et incommutabili ubi Pater et Filius et Spiritus sanctus unus et solus Deus est, per sanam fidem intelligitur. Visiones autem illæ Patribus exhibitæ per creaturam commutabilem, Deo immutabili subditam factæ sunt non propriæ sicut est, sed significativæ, sicut pro rerum causis et temporibus oportuit. Videtur enim Deus cum vult et sicut vult, non sicut est, sed quali specie vult apparere, In futuro autem videbunt eum sicut est, id est sanctam Trinitatem quæ est unus verusque Deus immortalis, invisibilis in sua substantia. Pater igitur et Filius et Spiritus sanctus unus Deus est, et Rex sæculorum omnium, scilicet præteritorum, præsentium et futurorum, homo vero assumptus a verbo ex eo tempore rex est futurorum ex quo assumptus est a verbo; nam præteritorum sæculorum non fuerat rex ille homo quia non erat. Sit honor, inquam, et gloria *in sæcula sæculorum. Amen.*

VERS. 18-20. — « Hoc præceptum commendo « tibi, fili Timothee, secundum præcedentes in te « prophetias, ut milites in illis bonam militiam, « habens fidem et bonam conscientiam quam qui- « dam repellentes circa fidem naufragaverunt, ex « quibus est Hymenæus et Alexander, quos tradidi « Satanæ, ut discant non blasphemare. »

211 *Hoc præceptum.* Postquam demonstravit quæ et quanta sint beneficia Dei Patris et Christi erga peccatores, quomodo populum imbuat disciplina ecclesiastica ostendit. Quasi dicat: Quia omnis salus est a Christo, non ex lege, ideo, *o Timothee, tibi,* quasi ituro ad bellum, *hæc præceptum commendo,* quasi non licet tibi dissimulare, commendo dico *secundum præcedentes in te prophetias,* id est secundum scientiam Prophetarum quæ in te fuit antequam ordinatus episcopus esses. Vel secundum quod Spiritus sanctus ostendit mihi de te. Quid præcipio? *ut milites,* actu, id est *in illis,* prophetiis exponendis et opere implendis, *bonam,* id est utilem multis, *militiam,* id est consuetudinem docendo te et alios, et perficiendo opere quod prædicas ore, qui bene potes hoc facere. Tu dico, *habens fidem* rectam, *et bonam conscientiam,* ne docens erubescat malæ vitæ conscius. Erubescibile enim est aliud agere, et aliud prædicare. *Quam,* conscientiam bonam, *quidam* flagitiis, *repellentes naufragaverunt,* alios, et secum jungentes *circa fidem,* scilicet prope, sed non intra, id est etiam fidem perdiderunt. [Haimo] Naufragium dicitur navis

(10) Id., De Trinit.

fractio. Et sicut ille substantiam suam perdit qui naufragium patitur, et insuper ipse perit, ita, qui bonam conscientiam repellunt, fidei veritatem perdunt, et insuper pereunt æternaliter. *Ex quibus,* scilicet pseudodoctoribus qui fidem perdiderunt, *est Hymenæus et Alexander.* Nomina propria ponit ut ambiguum secet. *Quos tradidi Satanæ,* id est utrumque excommunicavi, sic et tu excommunica. Et nota quod ait tradidi Satanæ, quia illo ad corruptionem hominum utebatur illa potestas apostolica. Prævaricatores enim angeli cum principe suo diabolo recte dicuntur procuratores vel actores divinæ providentiæ. Et diabolus magistratus hujus mundi dicitur, sed magistratus sub tanto imperatore non facit, nisi quantum illi permittitur; et procuratores actoresque hujus mundi nihil faciunt nisi quantum Dominus sinit. Ideo ait: Tradidi Satanæ vexandos, quia nihil potest Satanas, nisi permissus qui vexat sibi datos, Tantæ autem potestatis erat Apostolus, tantamque gratiam habebat, ut recedentes a fide solo verbo traderet diabolo. Traditio autem hæc est, quia commotus Apostolus blasphemiis eorum, sententiam protulit in eos. Diabolus autem qui ad hoc paratus est, ut aversos a Deo accipiat in potestatem, audita sententia corripit eos. Quod ideo fecit Apostolus, non ut pereant, sed *ut sic,* correcti, *discant non blasphemare,* et intelligant se ideo pœnis astringi, quia blasphemaverunt. Unde in Evangelio Dominus dicit inter cætera, *jam noli peccare ne deterius tibi contingat* (*Joan.* x), ostendens causam peccati, aliquando infirmitates inferri corporibus, et quia ministro diabolo fiunt. declaravit Dominus dicens inter multa: *Hæc autem cum sit filia Abrahæ quam alligavit Satanas decem et octo annis, nonne oportuit solvi a vinculo die Sabbati?* (*Luc.* xiii) Ideo Apostolus ait; quos tradidi Satanæ, ut, per hoc, discant non blasphemare, ut hoc modo excludatur a Satana regnum Satanæ. [Augustinus] Nulla enim creatura est, sive quæ in veritate manet dans gloriam Deo, sive quæ in veritate non stetit quærens gloriam suam, quæ velit nolit, divinæ providentiæ non serviat; sed volens, facit cum ea quod bonum est. De illa vero quæ hoc non vult, fit quod justum est, nec tamen ei rependitur quod de ipsa juste fit, sed quo animo ipsa facit, quia neque liberam voluntatem rationali creaturæ Deus negavit, et tamen potestatem qua injustos juste ordinat, sibi retinuit.

CAPUT II.

VERS. 1, 2. — « Obsecro igitur primum omnium
« fieri obsecrationes, orationes, postulationes, gra-
« tiarum actiones pro omnibus hominibus, pro re-
« gibus et omnibus qui in sublimate constituti
« sunt, ut quietam et tranquillam vitam agamus
« in omni pietate et castitate. »

Obsecro igitur. [Haimo] Hactenus egit de pseudoapostolis, hic de orationibus, atque Timotheo hæc verba dirigens in illo omni Ecclesiæ formam tradidit, quomodo debeat missarum solemnia celebrare, et pro omnibus supplicare. Quasi dicat: Quia Christus venit salvare peccatores, et quia in hoc militare debes, igitur doce orare ut impetretur quod faciendum est. [Ambrosius] Et hoc est quod ait: *Obsecro igitur;* [Augustinus] vel exhortor primo omnium, id est ante omnia, *fieri obsecrationes,* vel precationes, *orationes, postulationes,* vel interpellationes, *gratiarum actiones.* Ordo missæ hic ostenditur, quod est speciale genus orationis. Obsecrationes vel precationes sunt omnia illa quæ fiunt juxta et ante consecrationem, [Haimo id est quidquid præcedit in missarum solemniis usque ad illum locum ubi incipit sacerdos consecrare mysteria corporis et sanguinis Domini. (11) Obsecrationes igitur vel precationes accipimus quas facimus in celebratione sacramentorum, antequam illud quod est in Domini mensa incipiat benedici. [Haimo] Orationes sunt quas fundit sacerdos in ipsa consecratione Eucharistiæ, id est cum benedicitur et sanctificatur quod est in Domini mensa. [Augustinus] Postulationes vel interpellationes sunt; cum populus benedicitur ab episcopo, qui super eum invocat nomen Domini: quod tractum est ex Veteri Testamento. Per Moysen enim dicit Dominus sacerdotibus: *Invocabitis nomen meum super filios Israel, et ego benedicam eis* (*Num.* vi). Vel postulationes sunt, quando quasi debito aliquid postulatur, ut quod hic geritur in æterna vita perficiatur. Gratiarum actio est de peractis, quæ totum concludit quasi totum sit a Deo, ut: *Benedicamus Domino.* Vel obsecrationes sunt adjurationes pro rebus dificilibus, ut pro conversione impii et pro removendis malis. Orationes sunt, ut quando jam conversis virtutes et bona orantur. Gratiarum actiones sunt de omnibus. Hæc, inquam, fieri obsecro *pro omnibus,* generaliter ut sequamur clementiam Dei, quæ vult, id est consulit, et hortatur omnes salvos fieri, et si secundum justitiam quosdam reprobat. Unde Hieronymus ait: In his qui pereunt ostendit judicium, ut salvatis misericordiam. Vel pro omnibus hominibus, id est pro hominibus omnis generis, et specialiter pro *regibus,* et si mali sint, *et pro omnibus qui constituti sunt in sublimitate,* ut ducibus et comitibus, et si mali sint, quia ex omni genere hominum colligenda est Ecclesia, et de his qui fastu et superbia sæculari a fide et humilitate videntur oberrare. Quare autem pro regibus et sublimibus orare velit, reddit causam subdens: *Ut quietam.* Quasi dicat: Ideo pro principibus etiam malis volo fieri orationes, quia hoc etiam nobis proderit, ad hoc, *ut agamus vitam quietam,* a persecutione: *et tranquillam,* id est sine inquietatione aliqua quod prodest teneris in Ecclesia. Agamus dico, *in omni pietate,* id est in cultu et religione divina: *et casti-*

---

(11) August., ad Paulinum.

tate, id est in integritate fidei. Ad hoc enim nobis necessaria est pax illorum.(12)Utimur et pace Babylonis quandiu permistæ sunt ambæ civitates, scilicet Jerusalem et Babylonia, ex qua ita per fidem populus Dei liberatur, ut apud eam interim peregrinetur. Ideo Apostolus admonuit Ecclesiam orare pro regibus et omnibus sublimitus eodem Spiritu sancto afflatus, quo et Jeremias qui misit Epistolam Judæis qui erant in Babylone, ut orarent pro vita regis Nabuchodonosor filiorumque ejus, et pro pace civitatis, inquiens : *quia in pace illorum erit pax vestra (Jer.* xxix). (13) Hoc autem figurate significabat Ecclesiam in omnibus sanctis ejus qui sunt cives cœlestis Jerusalem servituram sub legibus sæculi hujus. [Augustinus] Ideoque Apostolus eam monet pro eis orare ut quietam vitam agant. In pace enim principum quies et regimen servatur Ecclesiarum. Nam in bellis tranquillitas dissipatur, tepescit pietas, districtio solvitur : qua soluta, infirmorum castitas violatur.(14)In pace Babylonis pax nostra est, utique temporalis quæ bonis et malis communis est, dum inter Babylonios tenemur captivi, quibus et servire jubemur et tributa reddere, sicut filii Israel sub Babyloniæ regibus serviebant. Pax autem nostra propria, et hoc est cum Deo per fidem,et in æternum erit cum illo per speciem. Et ne quis putaret hæc non esse facienda pro his per quos patitur Ecclesia, addit :

Vers. 3-15. — « Hoc enim bonum est et acce-
« ptum coram Salvatore nostro Deo,qui omnes ho-
« mines vult salvos fieri,et ad agnitionem veritatis
« venire. Unus enim Deus, unus et mediator Dei et
« hominum homo Christus Jesus, qui dedit redem-
« ptionem semetipsum pro omnibus. Cujus testi-
« monium temporibus suis confirmatum est, in
« quo positus sum ego prædicator et Apostolus. Ve-
« ritatem dico, non mentior, doctor gentium in fide
« et veritate. Volo ergo viros orare in omni loco,
« levantes puras manus sine ira et disceptatione.
« Similiter et mulieres in habitu ornato, cum ve-
« recundia et sobrietate ornantes se, et non in tor-
« tis crinibus, aut auro, aut margaritis, vel veste
« pretiosa, sed, quod decet mulieres, promittentes
« pietatem per opera bona. 212 Mulier in silentio
« discat cum omni subjectione. Docere autem mu-
« lieri non permitto, neque dominari in virum, sed
« esse in silentio. Adam enim primus formatus est,
« deinde Eva, et Adam non est seductus ; mulier
« autem seducta in prævaricatione fuit. Salvabitur
« autem per filiorum generationem, si permanserit
« in fide et dilectione et sanctificatione cum so-
« brietate. »

Hoc enim bonum est, etc. Quasi dicat : Ideo moneo orare pro illis omnibus, quia *hoc* scilicet pro omnibus orare, *est bonum*, id est utile Ecclesiæ, et *acceptum*, id est gratum, *coram Deo*, cum membra Christi ex omni genere hominum sint colligenda. Et ut tolleret disparationem, addidit, *Salvatore nostro, qui vult omnes homines*, sicut et nos, *salvos fieri, et venire ad agnitionem veritatis*, id est Christi qui est via, veritas, et vita *(Joan.* xiv). [Ambrosius] Si Deus qui omnipotens dicitur omnes homines vult salvos fieri, cur non impletur hæc ejus voluntas ? sed in hac locutione sensus et conditio latet. Unde Petrus ait : *Omnis scriptura indiget interpretatione*. Vult ergo Deus omnes salvos fieri, si accedant ad eum. Non enim sic vult ut nolentes salventur, sed vult eos salvari, si et ipsi velint. Aliter non ullum excepit a salute et cognitione.(15)Vel ita, cum legitur quod vult omnes homines salvos fieri, quamvis certum sit nobis non omnes salvos fieri : non tamen ideo debemus omnipotentissimæ Dei voluntati aliquid derogare. Non est enim credendus Omnipotens aliquid voluisse fieri quod factum non sit. Sed ita intelligere debemus quod scriptum est. Vult omnes homines salvos fieri, id est nullus sit salvus, nisi quem vult, non quod nullus hominum sit nisi quem salvum fieri velit, sed quod nullus salvus fiat nisi quem velit : et ideo rogandus ut velit,quia necesse est fieri, si ipse voluerit. Sic etiam intelligimus et illud : *Qui illuminat omnes homines (Joan.* I), non quod omnes illuminet, sed quia nullus illuminatur nisi a Deo. Et illud similiter intelligitur : *Omnes in Christo vivificantur (I Cor.* xv), quia sine eo nulli vivificantur. Vel ita, qui vult omnes salvos fieri, non quod nullus hominum esset quem salvum fieri nollet, qui virtutes miraculorum facere noluit, apud eos quos dicit acturos fuisse pœnitentiam, si fecisset, sed ut omnes homines omne genus hominum intelligamus,per quascunque differentias distributum. Et est sensus : Vult omnes homines salvos fieri, id est de omni genere hominum, quia Judæos, gentes, reges, privatos, divites, pauperes, doctos, indoctos, et si quid aliud differentiarum est in hominibus colligit Ecclesia. Isto locutionis modo Dominus usus est, ubi ait Pharisæis : *Decimatis mentham, et rutam, et anethum et omne olus (Luc.*xi), id est omne olerum genus. (16) Potest etiam sic intelligi : vult omnes salvos fieri, id est facit omnes velle, et quocunque alio modo intelligi potest, dum modo credere non cogamur aliquid omnipotentem voluisse fieri,(17) factumque non esse, quia omnipotens velle inaniter non potest, quodcunque voluerit essentiæ suæ voluntate. (18) Vel ita, vult per misericordiam, id est consulit, hortatur et jubet, omnes homines salvos fieri, et si reprobet quosdam per justitiam. Et ne quis putaret bonam vitam et cultum unius Dei esse salutem sine participatione corporis et sanguinis Christi :

Unus, inquit, *Deus unus mediator*, etc. Ut omnes

---

(12) Id., De civit. Dei.
(13) Id., De catechizandis rudibus.
(14) Id., De civit. Dei.
(15) August. in Enchirid.

(16) Id., De cor. et grat.
(17) Id., in Ench.
(18) Id., Ad Paulinum.

homines salvari nunquam fiat, nisi per mediatorem, non Deum Verbum quod semper erat, sed carnem factum. Insiste litteræ, et junge sic : *unus Deus* enim. Quasi dicat : Vere omnes homines vult salvos fieri, quia unus est Deus, creator omnium scilicet sancta Trinitas ; et *unus* est *mediator Dei et hominum*, id est ad componendam pacem quasi medius arbiter, scilicet *Christus Jesus*, pro omnibus factus homo, ut sic esset mediator. Non enim aliter quam per hominem mediat. Hic est arbiter ille quem Job desiderat dicens, uter esset nobis arbiter. Mediator autem inter Deum et homines oportebat ut haberet aliquid simile Deo, et aliquid simile hominibus, ne per omina hominibus similis, longe esset a Deo, aut per omnia Deo similis longe esset ab hominibus, atque ita mediator non esset. (19) Verax itaque mediator Christus inter mortales peccatores et immortalem justum apparuit mortalis cum hominibus, justus cum Deo : et ideo Christus mediator Dei et hominis dictus est, quia inter Deum immortalem et hominem mortalem est Deus homo reconcilians hominem Deo, in tantum mediator in quantum homo est. In quantum autem Verbum non medius est, quia æqualis Deo, et Deus apud Deum, et similis unus Deus. Unde dicit Augustinus : Hujus medii beata mortalitas interveniendo perducat, quem neque non fieri mortalem oportebat neque permanere mortalem. Mortalis quippe factus est non infirmata Verbi divinitate, sed carnis suscepta infirmitate. Boni autem angeli inter miseros mortales et beatum immortalem medii esse non possunt, quia ita sunt ipsi beati et immortales cum Deo, ut non sint mortales vel miseri cum hominibus. Mali autem angeli quodam modo medii sunt, quia immortales sunt cum Deo, miseri cum hominibus ; sed non veri et boni medii, quia ad hoc se interponit malus angelus medius immortalis et miser, ut ad beatam immortalitatem transire non sinat. Cui contrarius est bonus Mediator, qui et mortalis ad tempus esse voluit, et beatus in æternitate persistere potuit, qui non se interposuit ut ad beatam immortalitatem transire non sineret, sed ad hoc se interposuit mortalis et beatus, ut, mortalitate transacta, ex mortuis immortales, et ex miseris beatos faceret. Alius est ergo medius malus qui separat amicos, alius bonus qui reconciliat inimicos, id est Christus, *qui dedit semetipsum redemptionem*, in hoc indicatur omnes velle salvare. Dedit, dico, *pro omnibus*, nullum excepit qui velit. *Cujus* rei *testimonium temporibus suis confirmatam est ;* id est hæc res testibus approbata est, scilicet angelis et apostolis. Vel ita, cujus rei, testimonium temporibus suis confirmatum est, id est cujus rei et testes præcesserunt, scilicet prophetæ, et congruo tempore totum completum est. *In quo*, id est in qua re prædicanda, *positus sum ego* a Deo *prædicator et apostolus ;* quod plus est. Prædicator enim nomen est actus ; apostolus autem nomen dignitatis. Et in his, scilicet quod Christus dedit se, et quod ego sum apostolus, *veritatem dico*, et *non mentior*, in aliqua parte cui credi oportet, quia sum *doctor gentium in fide et veritate*, præceptorum Dei, quia fidem docebat, et præcepta Dei vera. (20) Vel in veritate futura, quæ est res et merces fidei. Quæris mercedem ? fides præcedat. Credimus enim ut cognoscamus, non cognoscimus ut credamus. Quid est enim fides nisi credere quod non vides ? Fides ergo est quod non vides credere, veritas quod credidisti videre.

Volo. Quasi dicat : Quia sum doctor gratiam, vel quia bonum est orare, *ergo volo viros orare in omni loco*, scilicet ubicunque sint, non solum in ecclesia non deprimentes ad terrena, sed *levantes* ad æterna *puras manus*, id est bonum affectum cordis qui Deum amat. Et hoc, *sine ira*, id est odio alicujus, *et disceptatione*, id est hæsitatione. Ubi est enim tempestas iræ vel hæsitatio, non placet Deo. Distingue : ira est ad proximum : disceptatio ad Deum. Similiter et mulieres, volo ut orent et manus levent sine ira et disceptatione existentes, *in habitu ornato*, scilicet religionem earum ornante. Eas mulieres dico, *ornantes se*, aliis virtutibus *cum verecundia* vultus, ut non sint attritæ frontis ut meretrices ; *et sobrietate* mentis ; *et non* ornantes se, *in crinibus tortis*, id est crispis, et non ornantes se *aut auro aut margaritis, vel veste pretiosa*. Vel ita, non ornantes se, in crinibus tortis aut auro, aut margaritis, ut crinibus hæc intorta sint. Vel non ornantes se, veste pretiosa, ut his omnibus ultra personæ suæ modulum et mores, occasione movendæ concupiscentiæ studeant : *sed*, potius *per omnia bona opera*, sint *promittentes* et indicantes extra, *pietatem* animi, *quod decet mulieres*. [Ambrosius] Vel ita, sed sint ornantes se per omnia bona, quia decet mulieres, promittentes pietatem. Quæ enim vult audiri inclinare se debet amota a se pompa, ut misericordiam Dei provocet. Habitus enim superbus nec impetrat, nec recta de se facit credi. *Mulier*, etc, Orandi officium dixit convenire omnibus et exposuit, et qualiter, et pro quibus, et quare, et quod ubique orandum sit ; nunc dicit quod docendi efficium solis viris conveniat, et quales ad illud debeant ordinari, determinat. Quasi dicat : Orare cum viris est commune mulieribus, sed non loqui: potius *mulier in silentio*, scilicet nil interrogans *discat* quod ignorat, *cum omni subjectione*, id est non erecta, et hujusmodi. *Docere autem virum in Ecclesia, mulierem non permitto*. Si enim loquitur magis irritat ad luxuriam, et irritatur. Neque permitto mulieri *dominari* aliqua prælatione spirituali *in virum*, etsi in suo sexu, *sed esse silentio*, ut non confabuletur cum vicina. Ecce non solum habitum humilem et honestum habere mulierem docuit, verum etiam docendi auctoritatem ei negavit, et subjiciendam viro præcepit ut tam habitu quam

---

(19) Aug. in lib. Confess.

(20) Aug. super Joannem.

obsequiis sub potestate sit viri, ex quo trahit originem. *Adam enim.* Cur mulier subjecta sit causam reddit, quia scilicet posterior est facta, et prior fuit in culpa. Quasi dicat: Non permitto mulieri dominari in virum, sed præcipio subjici. Et hoc ordo creationis ostendit, scilicet quod mulier viro subsit. *Adam enim primum formatus est, deinde Eva, et Adam non est seductus,* prior scilicet et eo modo quo Eva : *mulier autem seducta* viro consensu fuit in prævaricatione, id est fecit virum prævaricari actu. (21) Hæc si dominaretur, facilius seduceretur. Nota quod ait Adam non est seductus cum eum prævaricatorem Apostolus dicat in similitudinem prævaricationis Adæ, seductum tamen negat. Unde et interrogatus non ait: mulier seduxit me, sed *dedit mihi et comedi (Gen.* III). Mulier vero ait : *serpens seduxit me (ibid.).* Hanc autem seductionem proprie appellavit Aapostolus, per quam id quod suadebatur cum falsum esset verum putatum est, scilicet quod Deus lignum illud ideo tangere prohibuerit quod sciebat eos si tetigissent, sicut deos futuros, **213** tanquam eis divinitatem invideret qui eos homines fecerat ; sed etiam si virum propter aliquam mentis elationem quæ Deum internorum scrutatorem latere non poterat, sollicitavit aliqua experiendi cupiditas, cum mulierem videret accepta illa esca non esse mortuam : non tamen eum arbitror si jam spirituali mente præditus erat, ullo modo credidisse quod diabolus suggerebat. Ideo ait, Adam non est seductus prior, scilicet nec in eo in quo mulier, ut scilicet illud crederet esse verum : *Eritis sicut dii* (*ibid.*), sed putavit utrumque posse fieri, ut et uxori morem gereret, et per pœnitentiam veniam haberet. Minus ergo peccavit qui de pœnitentia et misericordia Dei cogitavit. Postquam enim mulier seducta manducavit, eique dedit ut simul ederent, noluit eam contristare, quam credebat sine suo solatio contabescere, et a se alienatam omnino interire. Non quidem carnali victus concupiscentia quam nondum senserat, sed amicali quadam benevolentia, qua plerumque fit ut offendatur Deus, ne offendatur amicus : quod eum facere non debuisse divinæ sententiæ justus exitus indicavit : Ergo alio quodammodo etiam ipse deceptus est. Inexpertus enim divinæ severitatis in eo falli potuit, ut veniale crederet esse commissum ; sed dolo illo serpentino quo mulier seducta est, nullo modo illum arbitror potuisse seduci.

Salvabitur autem. Quasi dicat : In Ecclesia non debet mulier docere ; sed tamen *salvabitur per filiorum generationem, si permanserint in fide,* [Haimo] id est augmentum salutis habet, si filios generat Deo quotidie instruendo, ut maneant in fide *et dilectione* Dei et proximi ; *et sanctificatione,* quam in baptismo perceperunt, *cum sobrietate,* id est temperantia contra æstum vitiorum. Vel ita, salvabitur autem. Quasi dicat : Et si mulier fuerit causa peccati, tamen salvabitur, non solum virgo et continens, sed etiam nupta, et si nunquam ab opere nuptiarum cessans, sed per generationem filiorum, incedens, ab hoc mundo exierit. Salvabitur, dico, si, tamen permanserit in fide et dilectione et sanctificatione, ut præter proprium virum alterum non cognoscat, cum sobrietate, id est temperantia, ut proprio viro etiam temperate utatur. Vel ita, salvabitur autem, etc. (22) Videtur autem ex his verbis obesse mulieri, si vel filios non habuerit ; vel si quos habuerit, et in bonis moribus permanere voluerint : sed alibi dicit Apostolus : Beatior erit, sive virgo, sive vidua, si sic permanserit (*I Cor.* VII). Unde potest intelligi, cum ait, salvabitur mulier per generationem filiorum, occulte rei mysterium figurasse ; sed filii mulieris sunt opera carnis, quæ maxime in officiis misericordiæ frequentari solent ; opera vero misericordiæ nihil prosunt, sive paganis, sive Judæis qui Christo non credunt, sive quibuscunque hæreticis vel schismaticis, ubi fides, et dilectio et sobria sanctificatio non invenitur. Et ideo addit, si permanserint. Alioquin si ad litteram accipiatur, quasi inane est quod ait, salvabitur mulier per generationem filiorum. Nonne magis et continens ? Nonne magis virgo Dei ? (23) Sed mulier typus est carnis, Adam rationis, quæ pennis virtutum volat ad Deum, ut passer ad domum. Unde Propheta : *Passer invenit sibi domum et turtur nidum, ubi reponat pullos suos (Psal.* LXXXIII). [Augustinus] Passer est ratio, turtur est caro, quæ generat filios, id est opera bona, quæ tamen non prosunt paganis, et hujusmodi, non tantum in fide et dilectione. Hæc est turtur quæ pullos reponit in nido, non abjicit eos ubicunque, id est opera bona facit ; sed in nido, id est unitate Ecclesiæ in fide catholica. Hæc est quæ prima seducitur, et seducit virum, quasi per carnem seducitur ratio, sicut per Evam seductus est Adam. Sed, tamen salvabitur caro per spiritualem generationem filiorum, id est bonorum operum, si, tamen, filii, id est opera, permanserint in fide, et dilectione, et sanctificatione cum sobrietate.

CAPUT III.

VERS. 1-4. — « Fidelis sermo : Si quis episcopatum desiderat, bonum opus desiderat. Oportet enim episcopum irreprehensibilem esse, unius uxoris virum, sobrium, ornatum, prudentem, pudicum, hospitalem, doctorem, non vinolentum, non percussorem, sed modestum, non litigiosum, non cupidum, sed suæ domui bene præpositum, filios habentem subditos cum omni castitate. »

Fidelis, id est verus, *sermo* est iste quem dixi, et quem dicturus sum : *Si quis,* etc. Dixit quod vir potest præesse et determinat quis, scilicet qui desiderat operari et prodesse multis, non superbe dominari, sed qui sit irreprehensibilis. Et hoc est quod ait : *Si quis desiderat episcopatum, bonum opus desiderat,* [Hieronymus] opus vere, non dignitatem ;

---

(21) Aug. super Genesim.
(22) August., De civit. Dei.
(23) Id., in psal. XXXIV.

laborem, non delicias ; non crescere fastigio, sed humilitate decrescere ; ut fiat servus et minister hominum propter Christum, ut etiam intermissa Rachele decora facie, sed non relicta cum Jacob intret ad Liam, oculis lippam, et de monte cum Moyse descendat ad campos, id est de otio contemplationis ad laborem actionis. (24) Non enim sic esse debet quisque otiosus, ut in eodem otio utilitatem non cogitet proximi ; nec sic actuosus, ut contemplationem non requirat Dei. In otio non iners vocatio delectare debet, sed vel inquisitio, vel inventio veritatis, ut in ea quisque proficiat, et quod invenerit alteri non invideat. In actione vero non amandus est honor in hac vita sive potentia, quia omnia vana sunt sub sole, sed opus ipsum quod per eumdem honorem vel potentiam fit, si recte et utiliter fit, scilicet ut valeat ad salutem subditorum. Ideo ait, si quis episcopatum desiderat, bonum opus desiderat. (25) Exponere voluit quid sit episcopatus, quia nomen est operis non honoris. Græcum enim est, et inde ductum vocabulum : quod ille qui præficitur illis quibus præficitur superintendit curam eorum scilicet gerens. Scopos enim intentio est, inde episcopus Latine *superintendens* dicitur, ut intelligat se non esse episcopum qui præesse dilexerit, non prodesse. Episcopatus enim est super suam et aliorum vitam intentio. Itaque a studio cognoscendæ veritatis nemo prohibetur quod ad laudabile pertinet otium. Locus vero superior sine quo regi populus non potest, et si ita teneatur et administretur ut decet, tamen indecenter appetitur. Ideo otium sanctum quærit charitas veritatis, negotium justum suscepit necessitas charitatis, quam sarcinam si nullus imponit, percipiendæ atque intuendæ vacandum est veritati ; si autem imponitur, suscipienda est propter charitatis necessitatem ; sed nec sic deserenda est delectatio veritatis, ne subtrahatur ipsa suavitas, et opprimat ista necessitas. [Augustinus] Qualis autem episcopus debeat esse, describit subdens : *Oportet.* Quasi dicat : Opus est quod quis in episcopatu desiderat, ut autem bene operari possit, oportet episcopum, id est eum qui eligitur ordinandus, *irreprehensibilem esse.* Idem est quod ad Titum dicit, *sine crimine esse.* [Hieron]. Res pene contra naturam est, ut aliquis sit sine peccato ; sed hoc ita vult intelligi, irreprehensibilem, id est non obnoxium reprehensioni, ut talis eligatur cujus comparatione cæteri grex dicantur. *Unius uxoris virum,* id est monogamum post baptismum, si enim et ante baptismum conjugem habuit quæ obierit, non ei imputatur cui prorsus novo nec stupra, nec aliqua quæ ante fuerunt obsunt. *Sobrium.* Nam ei ministri templi prohibentur vinum et siceram bibere, ne ebrietate graventur corda eorum. Et ut sensus vigeat semper et tenuis sit. *Prudentem* in omnibus agendis. Hoc dicit contra eos qui sub nomine simplicitatis excusant stultitiam sacerdotum. *Ornatum* virtutibus, vel motu, et incessu, et habitu, et sermone communi. *Pudicum,* id est verecundum. *Hospitalem,* scilicet qui in hoc ante consuevit. *Doctorem,* scilicet qui habet gratiam docendi, quia innocens absque sermone conversatio quantum exemplo prodest, tantum silentio nocet ; nam latratu canum et baculo, lupi arcendi sunt. Unde : Maledictus canis non valens latrare. *Non vinolentum,* qui hoc frequenter agat, quia venter æstuans mero cito despumat in libidinem. Noe ebrietate nudavit femora sua, Lot quem Sodoma non vicit, vina vicerunt. *Non percussorem,* id est ita irascibilem et perturbati sensus, ut percutiat qui debet esse patiens, ut eum sequatur qui posuit dorsum ad flagella, id est Christum. *Sed modestum,* qui modum animi servet. *Non litigiosum,* scilicet qui hoc soleat facere. Nihil enim impudentius est arrogantia rusticorum, qui garrulitatem auctoritatem putant, et parati ad lites in subjectos tumide intonant. *Non cupidum,* ut apostoli qui præter victum et vestitum nihil quærebant. [Haimo] Morbo cupiditatis pene omnes laborant, ideo præcipit episcopum non esse cupidum, quia facile a justo deviaret. *Domui suæ,* id est familiæ, *bene præpositum,* non ut opes augeat, vel hujusmodi alia faciat, sed ut quod populis præcepturus est : prius autem domesticis exigat sic, scilicet *filios habentem subditos in omni castitate,* ne imitentur filios Heli qui in vestibulo templi cum mulieribus dormiebant, et religionem prædam putantes quod in hostiis erat, in suas delicias convertebant.

VERS. 5, 6. — « Si quis autem domui suæ præ-
« esse nescit, quomodo Ecclesiæ Dei diligentiam
« habebit ? Non neophytum, ne in superbiam ela-
« tus, in judicium excidat diaboli. Oportet autem et
« illum testimonium habere bonum ab his qui foris
« sunt, ut non in opprobrium incidat, et in laqueum
« diaboli. Diacones similiter pudicos, non bilingues,
« non multo vino deditos, non turpe lucrum se-
« ctantes : habentes mysterium fidei in conscientia
« pura. Et hi autem probentur primum, et sic mi-
« nistrent, nullum crimen habentes. Mulieres simi-
« liter pudicas, non detrahentes, sobrias, fideles in
« **214** omnibus. Diacones sint unius uxoris viri,
« qui filiis suis bene præsint, et suis domibus. Qui
« enim bene ministraverint, gradum bonum sibi ac-
« quirent, et multam fiduciam in fide quæ est in
« Christo Jesu. Hæc tibi scribo, fili Timothee, spe-
« rans me ad te venire cito. Si autem tardavero,
« ut scias quomodo oporteat te in domo Dei con-
« versari, quæ est Ecclesia Dei vivi, columna et
« firmamentum veritatis. Et manifeste magnum est
« pietatis sacramentum, quod manifestatum est in
« carne justificatum est in spiritu, apparuit ange-
« lis, prædicatum est gentibus, creditum est in
« mundo, assumptum est in gloria. »

Si quis autem. Quasi dicat : Oportet domui suæ

---

(24) August. de civ. Dei.

(25) Id., in Enchir.

esse bene præpositum. *Si quis autem præesse nescit domui suæ minori, de qua et familior cura sit,quomodo habebit diligentiam Ecclesiæ Dei*, quæ major est ubi tot et alieni sunt ? nullo modo,[Haimo] *Non neophytum*, id est rudem noviter renatum, noviter conversum.Hoc tam manifestum testimonium pauci custodiunt.[Hieron.] Nam heri cathecumenus, hodie pontifex est : heri in theatro,hodie in Ecclesia; vespere in circo,hodie in altari ; dudum fautor histrionum, nunc consecrator virginum,[Ambrosius] Quare autem non neophytum, supponit. *Ne elatus in superbiam*,præ cœteris dignorem se putans novitate potestatis inflatus,quasi eo indigeat religio, *incidat in judicium diaboli*, id est ruat per arrogantiam sicut diabolus.][Hieron.] Nescit enim momentaneus sacerdos humilitatem et modos personarum, vel seipsum continere : non jejunavit, non flevit, non se correxit,non pauperibus erogavit. In arrogantiam quæ est ruina diaboli incidunt, qui puncto horæ necdum discipuli fiunt magistri.*Oportet autem illum testimonium habere*,non solum a fidelibus, sed etiam *ab his qui foris sunt*,id est ab infidelibus.Hæc clausula congruit principio,scilicet irreprehensibilem eum esse oportet,non solum a domesticis, sed etiam ab alienis scilicet Judæis, gentilibus, hæreticis, ut qui religioni detrahunt,ejus vitæ detrahere non audeant. Qualis ergo descriptus est oportet episcopum esse,*ut non incidat in opprobrium*, id est in contemptum apud infideles vel fideles,*et,sic incidat in laqueum diaboli*, id est in odium,et in alios diaboli laqueos.*Diacones*, etc. Hic describit quales debeant esse diacones. De presbyteris tacere videtur, sed nomine episcopi eos comprehendit.[Haimo]Nisi enim episcopos pro presbyteris acciperet, non de eis dimitteret, descendens ad diacones, de quibus ait : *Diacones oportet esse pudicos non bilingues*, ut qui seminant discordias, *non multo vino deditos*, id est ebriosos, *non turpe lucrum sectantes*, ut qui frequenter hoc agunt. [Ambrosius] Turpe lucrum est emere, et pluris vendere.Turpe est huic professioni quæstibus studere. *Habentes mysterium fidei*, scilicet ut sciant quod de fide aliis est occultum. Illos, dico,*manentes in conscientia pura Et hi autem probentur primum*,quia non simpliciter ait hi,sed ait, et hi. In hoc innuit episcopos probandos esse. *Et sic*, id est tales inventi, scilicet *nullum crimen habentes ministrent*. Mulieres, loquens de diaconis interserit de mulieribus ordinandorum, docens quales debeant esse. Ait ergo : *Mulieres* ordinandorum, *similiter* oportet esse *pudicas*,mente et corpore, *non detrahentes*,ut sæpe faciunt mulieres, *sobrias, fideles in omnibus* dictis et factis, quia si malæ sunt, viri eis regendis necessarii non sunt tollendi. Et nota quod cum sanctum præcepit creari episcopum et diaconum, utique plebem non vult disparem esse,juxta id quod Dominus ait : *Sancti estote, quoniam ego sanctus sum* (Lev. XI). Ideoque etiam mulieres quæ in infimo gradu sunt, vult esse sine crimine ut munda sit Ecclesia. Sed Cataphrygæ occasione horum verborum, quia scilicet ubi de diaconis agit, de mulieribus loquitur, dicunt diaconas debere ordinari : quod contra auctoritatem est. Diacones, post interpositionem de mulieribus, iterum de diaconis dicit : *Diacones sint viri unius uxoris*, quam Deus decrevit homini, cum qua benedicitur, non cum secunda.*Qui bene præsent filiis suis et domibus suis*, id est familiis,quia tales bene ministrabunt in Ecclesia, quod utique magnum est. *Qui enim bene ministraverent acquirent sibi gradum* excellentiorem, scilicet ut episcopi fiant, *bonum*,scilicet utilem sibi et aliis hominibus,*et multam fiduciam*, æternæ gloriæ. Et hoc *in fide*,id est per fidem,*quæ est in Christo Jesu.* Hæc tibi scribo, fili Timothee, sperans me cito venire ad te. Tamen hæc quæ scribo adeo sunt necessaria. *Si autem tardavero*, scribo hæc, *ut scias quomodo oporteat te conversari*,secundum diversitates singulorum,*in domo Dei*, ideo caute in ea agendum est, quia domus Dei est, *quæ est Ecclesia*, scilicet multorum convocatio ad unius Dei cultum : tanto cautius in ea agendum est,quia ubi multi sunt. Ecclesia, dico, *Dei vivi*,et ita in illis est vita,quæ est *columna veritatis*,scilicet in se bene sustinens veritatem ne corruat, licet tribuletur, *et firmamentum*, id est fulcimentum jam nutentibus et ruituris.[Haimo]Quod patet, qui pro Christo tot sustinet. Et in Ecclesia *sacramentum*, id est Christus secundum deitatem occultus. Sacramentum enim dicitur res occulta, id est mysterium. Sacramentum ergo hic appellatur Verbum Patris, quod in natura divinitatis in qua Patri est æquale invisibile manet.Et hoc sacramentum est causa *pietatis*,id est totius sanctæ religionis, et veræ culturæ:et ideo cautius servanda est Ecclesia. Et hoc sacramentum *est magnum*,quia magnitudinis ejus non est finis,*et manifeste* magnum, quia apparuit per prædicationem,et per multa miracula. *Quod* sacramentum, etsi invisibile in se, *manifestum est* Ecclesiæ. [Ambrosius] Ne ergo sis ei negligens pro qua tantum fecit. Manifestatum, dico, *in carne* assumpta. Sacramentum quod est Christus in carne, dicit manifestatum. Natus enim homo Filius Dei, qui in secreto erat apud Deum, opere et prædicatione declaravit se creaturæ. Et est sensus : Manifestum est in carne, id est operibus et virtute in carne, ostensis claruit quis esset qui erat in carne, et *justificatum est Spiritus*, id est sanctus et justus ostensus est, quia de Spiritu sancto conceptus est. Quod etiam *apparuit angelis*, qui ex eo profecerunt,quod hic factum est.(26)Non enim in Deo tantum innotescit angelis quod absconditum est, verum etiam hic eis apparet cum efficitur atque propalatur. [Ambrosius] Ideo dicitur apparuisse angelis homo Christus,non jam in forma humilitatis, sed in potestate ;qui enim prius humilis visus est per carnem,devicta morte in majestate

---

(26) August., super Genesim.

apparuit, qui natus ut homo non erat tantum homo, ut agnoscentes angeli mysterium quod prius latuit declaratum in carne, genu illi flectentes, quasi gratias agant, quia veritatem didicerunt. *Prædicatum est gentibus.* Ecce item magum. Et *creditum est,* manens *in mundo,* ut perfidia mundi veniam erroris mereri non possit, sicut Dominus dicit de Judæis : *Si non venissem et locutus eis fuissem, peccatum non haberent : nunc autem excusationem non habent de peccatis* (Joan. xv). Et *assumptum est,* de hac mortalitate *in gloria,* ut sit super omnem creaturam habens nomen quod est super omne nomen, cui flectitur omne genu (*Philipp.* II).

CAPUT IV.

VERS. 1-8. — « Spiritus autem manifeste dicit,
« quia in novissimis temporibus discedent quidam
« a fide, attendentes spiritibus erroris et doctrinis
« dæmoniorum in hypocrisi, loquentium mendacium
« et cauteriatam habentium suam conscientiam,
« prohibentium nubere, abstinere a cibis quos Deus
« creavit ad percipiendum cum gratiarum actione
« fidelibus, et his qui cognoverunt veritatem. Quia
« omnis creatura Dei bona est, et nihil rejiciendum
« quod cum gratiarum actione percipitur. Sancti-
« ficatur enim per verbum Dei et orationem. Hæc
« proponens fratribus, bonus eris minister Christi
« Jesu, enutritus verbis fidei et bonæ doctrinæ quam
« assecutus es. Ineptas autem et aniles fabulas de-
« vita. Exerce autem teipsum ad pietatem. Nam
« corporalis exercitatio ad modicum utilis est. Pie-
« tas autem ad omnia utilis est, promissionem ha-
« bens vitæ quæ nunc est, et futuræ. »

Spiritus autem. [Ambrosius] Quæ sibi Spiritus sanctus revelaverit ad instructionem et cautelam Ecclesiæ non tacet, dicens futuros pestiferæ doctrinæ viros ut præmonita Ecclesia sit sollicita ne ab hujusmodi hominibus circumveniatur. Quasi dicat: Ita digna est domus Dei, sed Spiritus sanctus *manifeste dicit,* mihi in corde : *Quia in novissimis temporibus,* contra quæ modo amplius vigilandum est, *quidam,* scilicet notabiles, *discedent a fide,* unde supra : *nisi venerit discessio primum,* et ideo curam domus Dei ne deponas, cum adeo sit sublimis, ut supra dictum est. [Haimo] Discedent quidam, dico, *attendentes,* quasi cupide, *spiritibus erroris,* quia in illis magni spiritus loquuntur, *et doctrinis,* non quidem hominum, sed dæmoniorum, ie est hominum dæmonia habentium. *Hominum,* dico, *loquentium mendacium in hypocrisi,* id est in simulata religione ut magis decipiant, *et habentium suam conscientiam cauteriatam,* id est corruptam prava cogitatione, et adustam igne malæ concupiscentiæ, et signo mendacii aperte notabilem, ut omnes caveant. **215** Est enim cauterium vel cautere, ferrum, a cavando dictum, quo corrumpitur et uritur cutis. Et ut de multis mendaciis quæ in hypocrisi locuturi sunt, aliqua exempli causa ponantur, subdit :

Prohibentium. Quasi dicat : Loquentium mendacium, dico, ut hoc, scilicet prohibentium *nubere,* id est nuptias celebrare, quasi dicunt esse institutas a malo auctore, *et præcipientium abstinere a cibis,* quasi immundis : non causa castigationis corporum, sed ut videantur abstinentes et boni. (27) *Quos* cibos, non ut illi mentiuntur principes tenebrarum cavere, sed *Deus creavit.* Hæc doctrina Dei est, illa dæmonorium est. Creavit, dico, *ad percipiendum cum gratiarum actione,* id est ut homo propter quem omnia creata sunt, perciperet, et inde gratias ageret. Creavit *ad percipiendum,* dico, *fidelibus et his qui noverunt veritatem,* id est, his qui bene credunt de cibis, et qui quod credunt intelligunt, quod non omnes. Veritatem, dico, hanc scilicet *quia omnis creatura Dei bona est,* in sui natura *et nihil rejiciendum est quod percipitur,* id est quod solet percipi, *cum actione gratiarum.* Testamento Veteri ubi cibi quidam carnium prohibentur, non est contraria ista sententia. Ibi enim quædam animalia dicta fuerunt immunda, non natura, sed significatione, ut verbi gratia, si de porco et agno requiratur, utrumque natura mundum est, quia omnis creatura Dei bona est. Omnia quippe quæ naturalia sunt in ordine suo bona sunt ; quadam tamen significatione agnus mundus, et porcus immundus dicitur.

Et vere nihil rejiciendum est. *Sanctificatur enim* cibus, ne diabolus per eum noceat, id est sanctus sit cibus et salubris, non noxius animæ vel corpori. *per verbum Dei,* id est per Filium, per quem creavit Pater, *et orationem.* Verbum enim sanctificat, et oratio impetrat. Diabolus vero per cibum tentat. *Hæc,* quæ dixi de creaturis et de nuptiis, *præponens,* id est anteponens. Vel præponens; id est publice ponens, *fratribus, bonus eris,* re et opinione *minister Christi Jesu,* qui bene potes hoc facere. Tu, dico, *enutritus* ab aliis *verbis fidei et bonæ doctrinæ,* in moribus *quam* etiam tuo studio assecutus es ab infantia. Hæc præpone. *Ineptas autem fabulas,* [Haimo] ubi nec aptitudo est, *et inanes,* scilicet quæ sunt sine fructu, et si ibi videatur esse ratio ut in legalibus. Vel, *aniles,* scilicet quas solent anus narrare juvenculis, *devita.* Et quia non sufficit illa vitare, nisi vera confirmet, addit : *Exerce autem.* Quasi dicat : Illa præpone fratribus, sed exerce *teipsum ad pietatem,* id est ad cultum et ad religionem omnipotentis, et ad opera misericordiæ. *Nam,* etc. Quasi dicat: ideo de pietate moneo, quia *corporalis exercitatio,* in qua te fatigas, jejunando, vigilando, abstinendo, quæ sunt frena carnis, *ad modicum est utilis,* nisi huic addatur pietas. [Ambrosius] Ad hoc enim tantum valet, ut quædam faciat vitari vitia, quibus vitatis careat pœna illis debita sed non omni. Pietas autem quæ operatur bona fratribus, valet ad promerendum Deum. Omnis enim summa disciplinæ Christianæ in pietate et misericordia est, quam aliquis sequens si lubri-

---

(27) August., contra Faust.

cum carnis patitur, sine dubio vapulabit, sed non tamen peribit. Si quis autem solum exercitum corporis habuerit, perennes pœnas patietur. Nota quia ex his verbis datur intelligi quod vigiliis, jejuniis, et operationibus, Timotheus exercebat se, non adeo intentus operibus misericordiæ. *Pietas autem.* Quasi dicat : Exercitio corporis parum utilis est, sed pietas, qua scilicet aliquis salutis omnium studet, *est utilis ad omnia*, in hoc scilicet quem, *habens*, id est quia habet pietas, *promissionem vitæ quæ nunc est*, ut hic bonis abundet spiritualibus, et temporalium sufficientiam habeat, *et futuræ*, ut in futuro vitam habeat æternam. (28). Unde Dominus in Evangelio ait : *Accipient in hoc sæculo septies tantum*, id est multiplicationem divitiarum, et gloriæ, *et in futuro sæculo vitam æternam* (Matth. xix). Non enim nos deserit etiam in temporalibus necessariis, sicut ipse ait : *Primum quærite regnum Dei : et hæc omnia adjicientur vobis* (Matth. vi). Ideo ait, habens promissionem vitæ, quæ nunc est, et futuræ, scilicet habens hic divitias et gloriam, et in futuro vitam æternam. Unde Salomon in Canticis : *Læva ejus sub capite meo, et dextera illius amplexabitur me* (Cant. ii). Unde etiam alibi de ipsa Sapientia idem ait : *In dextera ejus anni vitæ, et in sinistra ejus divitiæ et honor* (Prov. iii).

Vers. 9-16. — « Fidelis sermo et omni acceptione « dignus. In hoc enim laboramus et maledicimur, « quia speramus in Deum vivum qui est Salvator « omnium hominum, maxime fidelium. Præcipe « hæc et doce. Nemo adolescentiam tuam contem« nat; sed exemplum esto fidelium in verbo, in « conversione, in charitate, in fide, in castitate. « Dum venio, attende lectioni, exhortationi, et do« ctrinæ. Noli negligere gratiam quæ in te est, quæ « data est tibi per prophetiam cum impositione « manuum presbyterii. Hæc meditare, in his esto, « ut profectus tuus manifestus sit omnibus. Attende « enim tibi et doctrinæ, insta in illis. Hoc enim « faciens, et teipsum salvum facies, et eos qui te « audiunt. »

Fidelis. Quasi dicat : Pietas habet promissionem vitæ hujus et futuræ, et iste *sermo*, de pietate, est *fidelis*, id est verax, *et omni acceptione dignus*, quia utilis est quod in me ostendo. *In hoc enim*, vel, autem, intendentes quod pietas habet promissionem vitæ hujus et futuræ, *laboramus et maledicimur*, in est opprobria patimur, scilicet *quia speramus in Deum vivum*, id est sicut Deus promisit qui dat vitam, *qui est Salvator omnium hominum;* cum jumentis enim salvat carnales corporali salute, qui solem suum facit oriri super bonos et malos (*Matth.* v). Salvator est omnium, dico, et *maxime fidelium*, quos salvat hic, et in futuro secundum corpus et animam. *Præcipe.* Quasi dicat : Fabulas devita, exerce te ad pietatem, et præcipe scientibus *hæc* eadem, scilicet ut fabulas vitent, et se exer-

ceant. *Et doce*, nescientes ut similiter faciant, et hæc ita mature fac, quod *nemo contemnat odolescentiam tuam, sed esto exemplum fidelium*, ut videntes tuam conversationem exemplo tui proficiant. Esto exemplum, dico, *in verbo*, ut tuo exemplo caute loquantur, et *in conversatione* honesta inter alios *in charitate* Dei et proximi, *in fide et castitate*, mentis et corporis. [Ambrosius] Monet eum ut profectus ejus per omnia exemplum esset aliis, ut in adolescente mirabilis videretur et gravis disciplina, ut actus ejus excusarent ætatem, et non quasi juvenis, sed quasi senior haberetur, et erubescerent majores natu, si non se exhiberent juxta formam hujus conversatione et moribus graves. Ut autem hæc possis servare, *dum venio, attende lectioni*, ut Scripturas intelligas, *et*, post lectionem attende *exhortationi* jam volentium, *et doctrinæ* nescientium. [Haimo] Quod debes, quia ad hoc constitutus es. Et *noli negligere gratiam*, episcopatus, *quæ in te, quæ tibi data est per prophetiam*, id est sanctorum electione, in qua ex præteritis videntur dicere qualis futurus sit [Ambrosius] Prophetia ergo est qua eligitur quasi doctor futurus idoneus. Ne ergo facias eam irritam, ne inobediens sis his quibus caput inclinasti [Haimo] Vel prophetiam hic vocat inspirationem Spiritus sancti, per quam præsciebat quid de hoc et de cæteris esset acturus. Ideo ait : quæ data est tibi per prophetiam, quia prophetiæ spiritu revelante cognovit Apostolus Timotheum esse dignum episcopali honore. Data est per prophetiam, dico, *cum impositione manuum presbyterii*, pro, presbyterorum. Singulare pro plurali posuit, quia minus tribus esse non possunt, et vocat presbyterum episcopum. Vel ideo singulariter dicit presbyterii, quia unus imponit manum, cæteris assentientibus. Manus autem impositiones sunt quibus adduntur verba mystica, quibus confirmatur ad hoc opus electus auctoritatem accipiens, teste conscientia sua, ut audeat vice Domini sacrificia Deo offerre. Vel secundum aliam litteram, *cum impositione manuum presbyterii*, quia presbyterium est causa cur manus imponant. Vel quia impositio manuum dat presbyterium ordinato. Et hæc prædicta ad officium tuum pertinentia *meditare*, quia ad hæc electus es, *in his esto*, id est hæc exsequere assiduo actu, ita, scilicet *ut profectus tuus manifestus sit omnibus*, id est ut nullus ignoret te omnibus proficere. Et ut proficias, *attende*, non dico doctrinæ et tibi, sed *tibi et doctrinæ*, id est primum, qualiter vivas, et deinde qualiter doceas. Et *insta in illis*, quæ tibi et aliis valent. *Hæc enim faciens et teipsum salvum facies, et eos qui te audiunt.*

CAPUT V.

Vers. 1-10. — « Seniorem ne increpaveris, sed « obsecra ut patrem, juvenes ut fratres, anus ut « matres, juvenculas ut sorores in omni castitate. « Viduas honora, quæ veræ viduæ sunt. Si qua au-

---

(28) Aug. in psalmo CLXIV

« tem vidua filios aut nepotes habet, discat primo
« domum suam regere, et mutuam vicem reddere
« parentibus. Hoc enim acceptum est coram Deo.
« Quæ autem vere vidua est et desolata speret in
« Deum, et instet obsecrationibus, et orationibus
« nocte et die. Nam quæ in deliciis est, vivens
« mortua est. Et hoc præcipe ut irreprehensibiles
« sint. Si quis autem suorum et maxime domesti-
« corum curam non habet, fidem negavit, et est
« infideli deterior. Vidua eligatur non minus sexa-
« ginta annorum, quæ fuerit unius viri uxor, in
« operibus bonis testimonium habens, si filios
« educavit, **219** si hospitio recepit, si sanctorum
« pddes lavit, si tribulationem patientibus submi-
« nistravit, si omne opus bonum subsecuta est. »

Seniorem. Quasi dicat : Et si instandum sit, tamen cum discretione. Et qualiter seniorem? scilicet ætate vel moribus. *Ne increpaveris* proprietatis honorem, ne indigne ferens se a juniore correctum magis exasperatur, quam proficiat. *Sed obsecra ut patrem,* [Ambrosius] ut facilius suscipiat admonitionem. [Haimo] Potest enim commonitus veteri ne postea corripiatur : quod turpe est seniori. Senior tamen stultus, ut ait beatus Gregorius, vehementer est increpandus. [Ambrosius] *Juvenes* obsecra *ut fratres,* scilicet cum affectu dilectionis, ut videntes amoris causa se commoneri, facilius se corrigant; *anus ut matres,* ut cum miti sermone doceantur, et sic honorifice proficiant; *juvenculas ut sorores,* ut prompte possint bonæ conversationis suscipere diciplinam. Et hæc fac *in omni castitate,* ut nec nutus contra eas fiat. In alloquio juvenculorum recte juvenis de castitate monetur. *Viduas quæ* tamen *veræ viduæ sunt,* id est sicut a viro ita a mundi amore destitutæ, *honora,* sumptibus Ecclesiæ sustentando, et solatiis fovendo. *Si qua autem.* Quasi dicat : Veras viduas honora, non tamen omnes veras, sed potius *si qua vera vidua habet filios aut nepotes, primum discat regere domum suam,* in quo probabitur, ut tunc demum digna sit vidua Ecclesiæ nuncupari. Præire enim debent merita, ut debitus honor tribui videatur. *Et mutuam vicem reddere parentibus,* qui eam aluerunt. Et debet hoc facere, id est quia *hoc,* scilicet parvulos regere, non solum in Ecclesia servire, *acceptum est coram Deo. Quæ autem.* Quasi dicat : Quæ habet filios, eos regat. *Quæ autem vera vidua est et desolata,* id est non est habens domum, *speret,* id est sperare debet, *in Deo,* id est recipi debet in Ecclesia. *Et instet,* id est instare debet *obsecrationibus,* quæ sunt pro remotione totius mali, *et orationibus,* quæ sunt pro adeptione bonorum, *nocte ac die.* Nam si aliter facit, mortua est. Unde subdit : *Nam,* etc. Et debet esse irreprehensibilis tantum, et addidit, *et hoc præcipe,* etc. Vel ita, *quæ autem.* Viduam filios vel nepotes habentem non facile admittendam ad stipendia Ecclesiæ docuit, quia et si pie et sollicite domum suam

gubernaverit, justum est et necesse ut propinqui sui ei necessaria ministrent. Si vero desolata est et vera vidua, suscipi debet in Ecclesia. Quæ autem vera vidua sit describit, et hæc est diffinitio veræ viduæ. Quasi dicat : Veram viduam recipe, hæc autem, vera est, quæ vere vidua est et desolata sperat in Deum, et instat obsecrationibus et orationibus nocte et die. Vere vidua et desolata, vel a suis contempta sperat in Deo. Videns enim se ex nulla parte habere suffragium toto animo devota Deo, de quo solo sperat auxilium vitæ et salutis. *Nam,* etc. Quasi dicat : Illa quæ sperat et instat, vera vidua est, nam alia non. Et hoc est quod ait, *Nam quæ in deliciis,* hujus mundi *est, vivens,* communi vita *mortua, est* in anima. Viduam talem esse debere significat, ut ostendat se ideo secundas nuptias contempsisse ut instaret disciplinæ Dominicæ. Si enim sub nomine viduæ deliciis vel luxuriæ vacet, vivens mortua habenda est, quia genus imposturæ est honorem viduæ habere velle, et non obsequi Deo, et aliud agere, et aliud profiteri, cum profiteatur religionem.

Et his viduis *præcipe,* hoc ut non sint in deliciis, et *ut sint irreprehensibiles,* quia non est eis occasio mundi tantam diligentiam actuum vel morum. Viduam vult habere, ut reprehendi non possit. Amota enim a spe mundanæ conversationis et corporis curandi officio, ad Deum se contulit, et probabium agat vitam. Sublatis enim occasionibus mundi quæ aditus solent aperire peccatis, potest bona conversatio incolumis permanere. *Si quis autem.* Quasi dicat : Vera vidua, si domum habet, eam regat; si autem hoc negligit, infideli deterior est : et hoc est quod ait : *Si quis autem non habet curam suorum et maxime domesticorum,* ut sunt patres, et fratres, et hujusmodi, *fidem denegavit,* operibus, et si non verbis, quia proximum non diligit, *et est deterior infideli,* quia hic nondum veritatem novit vel promisit (29). Et nota quod ait, domesticorum, qui tam domestici cuique sunt ut parentes filiis, vel parentibus filii. Ideo ipse magister sanctorum insinuans quod a piis filiis cura impendenda est parentibus, de seipso exemplum constituit, quando de cruce matrem Joanni commendavit, et alterum pro se quodammodo filium ei providit (*Joan.* XIX). *Vidua* ut jam dictum est vera et desolata, *eligatur,* quæ Ecclesiæ pascatur alimoniis. Et si hujus ætatis sit, scilicet *non minus quam sexaginta annarum,* in qua ætate exstinctus est fomes libinis, et *quæ fuerit uxor unius viri,* propter supradictum sacramentum *in operibus bonis testimonium habens, si filios educavit* fideliter, *si hospitio recepit* pauperes, *si lavit pedes sanctorum* prædicatorum, quos tunc suscipere periculosum erat. Faciamus hoc invicem humiles, quod humiliter fecit Excelsus. Magna est in hoc commendatio humilitatis. Et faciunt hoc sibi invicem fratres etiam in ipso opere visibili : et qui manu non faciunt, corde faciunt, multo etiam melius est

---

(29) Aug., super Joannem.

ut etiam manibus fiat, nec dedignetur quod fecit Christus facere Christianus. Qui enim ad pedes fratrum inclinatur, ei in corde vel excitatur, vel si jam inerat confirmatur humilitatis affectus. Et *si subministravit patientibus tribulationem* in carcere, vel hujusmodi. Quid per singula? *Si omne opus bonum subsecuta est* humiliter.

Vers. 11-48. — « Adolescentiores autem viduas « devita. Cum enim luxuriatæ fuerint, in Christo « nubere volunt, habentes damnationem, quia pri- « mam fidem irritam fecerunt. Simul autem et « otiosæ discunt circuire domos; non solum otiosæ, « sed et verbosæ et curiosæ, loquentes quæ non « oportet. Volo autem juniores nubere, filios pro- « creare, matres familias esse, nullam occasionem « dare adversario maledicti gratia. Jam enim quæ- « dam conversæ sunt retro post Satanam. Si quis « fidelis habet viduas, subministret illis, ut non gra- « vetur Ecclesia, ut his quæ veræ viduæ sunt suffi- « ciat. Qui bene præsunt præsbyteri duplici honore «digni habeantur, maxime qui laborant in verbo et do- « ctrina. Dicit enim Scriptura: Non alligabis os bovi « trituranti. Et dignus est operarius mercede sua. »

Adolescentiores autem viduas, quarum sanguis fervet, *devita*, id est nota castitates earum, non usque adeo cures ut eas Ecclesiæ alimoniis sustentandas suscipias. [Ambrosius] Prohibet adolescentulas viduas in hac suscipi professione: lubricæ enim ætati facile credi non debet. *Cum enim*. Quasi dicat: Ideo devita, quia hoc sæpe contingit, quod *cum luxuriatæ fuerint*, id est cum post votum continentiæ luxuriosæ vixerint in cibis et in aliis, id est cum in deliciis egerint vitam, *in Christo*, non dico, nubunt, sed *nubere volunt*. Quasi dicat: Tunc non sit peccatum nubere. Ipse dico, *habentes damnationem*, pro fracta fide voti. [Augustinus] Unde subdit: *Quia primam fidem*, id est votum, vel in voto violato baptismi fidem, scilicet quam in baptismo professæ sunt, *irritam fecerunt* volendo etiam nubere. (30) In conjugali quippe vinculo, si pudicitia servatur, damnatio non timetur; sed in viduali continentia et virginali excellentia virtus muneris amplioris expetitur: qua expetita, et electa, et voto oblata, jam non solum capessere nuptias, sed etiam si non nubat, nubere velle damnabile est. Voventibus enim virginitatem vel viduitatem, non solum nubere sed etiam velle damnabile est. Quod ut demonstraret Apostolus, non ait, cum luxuriatæ fuerint in Christo nubunt, seu nubere volunt. Habentes, inquit, damnationem; et quare, subdit, quia primam fidem irritam fecerunt, et si non nubendo, tamen volendo ut voluntatem quæ a proposito cecidit appareat esse damnatam, sive sequantur nuptiæ, sive desint. Damnatur enim propositi fraus, damnatur fracta voti fides; damnantur tales, quia continentiæ primam fidem irritam fecerunt, et omnis hujusmodi similes sunt uxori Lot, quæ retro aspexit. *Simul autem*. Quasi dicat: Non solum retro respiciunt,

(30) Aug., contra Julianum, *De sancta viduitate*.

sed simul cum prædictis malis, *et otiosæ discunt circuire domos, non solum otiosæ, sed et verbosæ et curiosæ, loquentes quæ non oportet*, scilicet turpia, religioni nocentia. Ne ergo hæc mala contingant, *volo juniores* viduas *nubere; quod bonum est, et filios procreare*; et hoc item bonum est: *et matres familias esse*; et hoc item bonum est. [Ambrosius] Et quare hoc dixerit, pandit, subdens: et sic *nullam occasionem maledicti*, id est maledicendi, *dare adversario*, id est infideli, quod est ei in *gratia*, id est quod adversario gratum est. Ei enim gratum est de nobis male loqui, et non sine causa volo ita. (31) *Jam enim quædam*, tales post votum continentiæ, *conversæ sunt retro post Satanam*, id est ab excellenti illo viduali vel virginalis castitatis proposito, in posteriora respiciendo ceciderunt, et interierunt, et ideo hujusmodi non sunt recipiendæ. Sed *ei quis fidelis habet viduas* juvenes in domo sua, *subministret illis* quæ necessaria sunt, *ut non gravetur Ecclesia*. Quasi dicat: Si aliunde non haberent, Ecclesia daret eis, non tamen reciperentur in Ecclesia. Non gravetur, dico, Ecclesia, *ut his qui veræ viduæ sunt sufficiat* illud quod habet Ecclesia. *Qui bene*, de honore preabyterorum hic agit. Quasi dicat: Illud quod dixi de viduis, observa, et hoc etiam præcipere de presbyteris, ut presbyteri *qui bene præsunt vita et doctrina, digni habeantur* a subditis, *duplici honore*, ut scilicet spiritualiter eis obediant, et exteriora ministrent. [Ambrosius] Boni enim dispensatores et fideles, non solum honore sublimi præveniri debent, sed et terreno, ut non contristentur indigentia sumptuum, et gaudeant obedientia spiritualium. Instantior enim fit **217** si non humilietur inopia, et crescit in illo auctoritas, cum videt se etiam in præsenti laboris sui fructum percipere; non ut abundet sed ut non deficiat. Tanta enim merces debet esse evangelizanti regnum Dei, ut non contristetur, nec extollatur. Necessitatis ergo est accipere unde vivitur, charitatis est præbere: non tamen venale est Evangelium ut pro his prædicetur. Si enim sic vendunt, magnam rem vilipendunt. Accipiant ergo sustentationem necessitatis a populo, mercedem dispensationis a Domino. Non enim a populo redditur quasi merces illis qui sibi in in charitate Evangelii serviunt, sed tanquam stipendium datur: quo ut possint laborare, pascantur, et ille duplex honor exhibendus est quidem omnibus presbyteris, sed *maxime* his *qui laborant in verbo*, id est in exhortatione scientium, *et doctrina* nescientium. Deinde de exteriori honore probat auctoritate Scripturæ, subdens: *Dicit enim Scriptura: Non alligabis os*, vel infrenabis *bovi trituranti*, sbilicet prædicatoribus, id est prohibebis prædicatoribus sumere necessaria. Et, ut Dominus in Evangelio dicit: *Dignus est operarius mercede sua (I Tim. v)*. Unde vires reparet in labore.

Vers. 19-25. — « Adversus presbyterum accusa- « tionem noli recipere, nisi sub duobus aut tribus

(31) Aug., ad Julianum.

« testibus. Peccantes coram omnibus argue, ut et
« cæteri timorem habeant. Testor coram Deo et
« Christo Jesu et electis angelis, ut hæc custodias
« sine præjudicio, nihil faciens in alteram partem
« declinando. Manus cito nemini imposueris, neque
« communicaveris peccatis alienis. Teipsum castum
« custodi. Noli adhuc aquam bibere, sed modico vino
« utere propter stomachum tuum, et frequentes tuas
« infirmitates. Quorundam hominum peccata mani-
« festa sunt præcedentia adjudicationem, quosdam au-
« tem subsequuntur. Similiter et facta bona manifesta
« sunt, et quæ aliter se habent, abscondi non possunt. »

Adversus autem. Quia solet qui corripit non amari, et ideo habita occasione facile accusatur, contra hoc monet dicens : *Aeversus* autem *presbyterum noli accipere accusationem, nisi sub duobus aut tribus testibus.* Duo sufficiunt, si a Deo probata sunt. Hoc ideo dicit, quia non facile est accusanda persona tam alti ordinis, ut sit vice Christi. *Peccantes* autem, id est hoc testimonio, scilicet duorum vel trium convictos peccasse. Vel, peccantes, qui manifesti sunt, *argue coram omnibus ut cæteri*, scilicet presbyteri vel subditi *timorem habeant.* (32) Christum Dominum, et Paulum servum ejus audiamus. Dominus dicit in Evangelio : *Si peccaverit in te frater tuus, corripe illum inter te et ipsum solum (Matth.* xviii). Apostolus dicit : *Peccantes, coram omnibus argue.* Controversia hic videtur. Apostolo suo contrarium locutus esse videtur Dominus, sed non est, quia et in illo ipse locutus est. Christus ergo utrumque dixit, unum ore suo alterum ore sui præconis. Verum ergo est aliquando illud esse faciendum, aliquando illud. Sed discernere debemus quando illud, et quando illud. Aliquando enim debes corripere peccantem inter te et ipsum solum, ut Dominus in Evangelio ait; aliquando coram omnibus, ut cæteri timeant illud. Et si aliquando illud, aliquando illud fecerimus concordiam Scripturarum tenebimus, atque in faciendo non errabimus. Sed dicit mihi aliquis : Quando faciam illud, quando illud ? Intendite et videte quid quando facere debeamus, sed utinam facere pigri non simus : quando in te peccaverit, corripe eum inter te et ipsum solum. Quare ? quia in te peccavit. Quid est in te peccavit ? Tu scis quod peccavit. Quando ergo in te peccavit, id est quando tu scis quod peccavit, tunc secreto argue, ne si publice argueris, non sis corrector, sed proditor, ut justus Joseph de Maria fecit solus suscipans adulterium. Quando autem palam peccatur, palam arguendum est ut autem presbyter non accusetur. *Testor coram Deo, Patre et Christo Jesu, qui judicabit et angelis* ejus *electis*, ad hoc ut separent bonos a malis, *ut hæc custodias* quæ præcepi. et quæ sequuntur ; *et sine præjudicio*, id est præ examinatione *nihil facias* a justitia declinando in aliam partem. Quasi dicat : Antequam aliquid facias præexamina, et ab examinatione non declines in aliud qua examinatio invenit, et post hæc omnia, *manus nemini cito imposueris*, id est non cito ordines, sed sæpe proba, et si sapiens, et si religiosus videatur, et si inconsiderate ordinas. *Neque communicaveris* consensu *peccatis alienis*, quæ post ordinationem facit. Firmissima veritas hoc habet quod non nisi consensione intelligenda est communio peccatorum quam vetat Apostolus, qua quis peccatis communicat, si ea palpat, et cum possit corrigere et corripere negligit. Et *teipsum*, qui alios judicas, *castum custodi. Noli*, quia de castitate monuit hac occasione immoderatam abstinentiam prohibet quam ipse inierat, quasi dicat : Dico, ut te castum custodias, tamen *noli adhuc* sicut prius *aquam bibere, sed utere modico vino ;* sic enim non nocet castitati. Utere, dico, *propter tuum stomachum*, ubi sedes ægritudinis, *et frequentes infirmitates* scilicet ipsos accessus. Nunc speciale ei consilium dat, ut eum salubri doctrina regat. [Ambrosius] Prudenter enim Deus sibi serviri vult, non ut nimietate debiles fiant, et post medicorum suffragia requirant. Temperandum est enim, ut si fieri potest cœptum obsequium gradatim provehatur, potius quam per inconsiderantiam minuatur. *Quorumdam hominum.* Quia dixerat ; sine præjudicio nihil facias, determinat ubi præjudicium sit necessarium, et ubi non, dividens bona et mala in manifesta et occulta ; quasi dicat : Ideo opus est examinatione, quia sicut sunt quædam manifesta quæ non oportet examinari, ita quædam sunt occulta, de quibus sine præexaminatione non potest fieri judicium. Et hoc est quod ait, quorumdam hominum, etc. Vel ita continua : Ideo bibe vinum, quia et si non mox claruerit tua bona intentio, non tamen poterit abscondi, sicut et in malis. (33) Nam quorumdam hominum *peccata manifesta sunt.* Manifesta dicit ea, de quibus claram est quo animo fiant. Et hæc sunt *præcedentia ad judicium*, quia si ista sequitur, judicium non est temerarium. Quorumdam autem peccata, *et subsequuntur.* [Augustinus] Vel, subsequuntur ad judicium. Subsequuntur illa quæ occulta sunt, quia nec ipsa latebunt suo tempore, sed palam fient in die judicii, sic et de bonis factis intelligendum est. Unde subjungit : *Similiter et facta bona* quædam *manifesta sunt*, et non est opus probari, *et* illa bona *quæ aliter se habent*, id est non sunt nota, *non possunt abscondi* suo tempore. De manifestis ergo judicemus. Occulta vero Dei judicio relinquamus, quia et ipsa abscondi non possunt, sive bona, sive mala sint, cum tempus advenerit quo manifestentur, Vel ita : Et agit tantum de præsenti judicio hominum quod dicitur discussio. Quasi dicat : Ideo opus est examinatione, quia sicut quædam facta sunt manifesta, ita quædam occulta ; et hoc est quod dicit, quorumdam hominum peccata manifesta sunt, et hi non sunt probandi præcedentia ad judicium, id est ante nota quam veniant ad discussionem ; quorumdam autem peccata, specie religionis tecta sunt. Et subsequuntur judicium, quia per

---

(32) Aug. in serm. Evang.

(33) Aug. in lib. De ser. Dei.

discussionam apparent. Similiter autem et facta bona, quædam manifesta sunt, et non est opus probari. Et illa bona quæ aliter se habent, id est non sunt nota, abscondi non possunt in discussione et hæc probanda sunt.

CAPUT VI.

Vers. 1-10. — « Quicunque sunt sub jugo servi « dominos suos omni honore dignos arbitrentur, ne « nomen Domini et doctrina blasphemetur. Qui au-« tem fideles habent dominos, non contemnant, quia « fratres sunt, sed magis serviant, quia fideles sunt « et dilecti, quia beneficii participes suut. Hæc doce, « et exhortare. Si quis aliter docet, et non acquie-« scit sanis sermonibus Domini nostri Jesu Christi, « et ei quæ secundum pietatem est doctrinæ, super-« bus est nihil sciens, sed languens circa qurstio-« nes et pugnas verborum, ex quibus oriuntur in-« vidiæ, contentiones, blasphemiæ, suspiciones ma-« læ, conflictationes hominum mente corruptorum, « et qui veritate privati sunt, existimantium quæ-« stum esse pietatem. Est autem quæstus magnus, « pietas cum sufficientia. Nihil enim intulimns in « hunc mundum ; haud dubium quia nec auferre « quid possumus. Habentes autem alimenta et qui-« bus tegamur, his contenti simus. Nam qui volunt « divites fieri, incidunt in tentationem et in laqueum « diaboli, et desideria multa inutilia et nociva, quæ « mergunt homines in interitum et perditionem. « Radix enim omnium malorum est cupiditas: Quam « quidam appetentes erraverunt a fide, et inserue-« runt se doloribus multis. »

218 *Quicunque.* Monet servos non contemnere, sed revereri dominos suos, dicens : Et *quicunque, et si sint justi, et si sapientes sint, servi sub jugo infidelium, quibus videntur superiores, arbitrentur dominos dignos omni honore*, bene serviendo eis-(34) Sciendum est quosdam prædicasse communem omnibus in Christo esse libertatem, quod de spirituali libertate utique verum est, non de carnali, ut illi intelligebant : ideo contra eos loquitur hic Apostolus jubens servos dominis esse subditos. Non ergo exigant servi Christiani quod de Hebræis dicitur : *Sex annis serviaut, et gratis dimittantur liberi (Exod.* xxi), quod mysticum est. Et quare hoc præcipiat Apostolus, subdit : *Ne blasphemetur nomen Domini*, quasi aliena invadentis, *et doctrina* Christiana, quasi injusta, et contra leges prædicet, sed potius per obsequia servorum fidelium Domini infideles convertantur. *Qui autem habent fideles dominos non contemnant eos*, ideo *quia fratres sunt*, id est in Christo pares. *sed magis serviant, quia fideles sunt et dilecti* Deo, *qui domini sunt participes* beneficii servorum præsentis vel futuri. *Hæc de* servis *doce* nescientes, *et exhortare* scientes. *Si quis autem aliter docet*, scilicet ut omnes sint liberi, *et non acquiescit sanis sermonibus Domini nostri Jesu Christi*, dum ei objicitur Christum dixisse : *Reddite Cæsari quæ sunt Cæsaris (Matth.* xxi). Et item :

(34) Aug. in lib. Quæst. Exodi.

Discite a me, quia mitis sum et humilis corde (Matth. xi). *Et* non acquiescit *ei doctrinæ* nostræ, *quæ est secundum pietatem*, scilicet quæ non facit odiosam Christianitatem, iste talis *est superbus*, superbia non ratio ducit eum. Et ideo elatus est non patiens se vinci, quippe cum ad favorem quærendum in conflictum prorumpit, quod a mansuetis et bonis vitatur. Et est *nihil sciens*, de his quæ veritas habet, et non est efficax, *sed languens circa quæstiones et pugnas verborum*, id est inexpeditus ad solvendum, sed semper circa. Unde recte ait, languens : non enim recusando finem penitus moritur, nec ad veritatis scientiam convalescit, sed quasi repetitis accessionibus languet circa quæstiones et pugnas verborum. Quæstio enim erat an aliquis esset servus, cum omnes ex eisdem patribus sint orti, et omnes Christus redemit. Item, verborum pugnæ videbantur, quia Dominus dicit : *Si filius vos liberavit, vere liberi eritis (Joan.* viii). Hæc enim verba videntur repugnare verbis Apostoli, sed sensus concordat.

Ex quibus, scilicet pugnis et quæstionibus, *oriuntur invidiæ et contentiones*, quia qui servos habent, invident et contendunt : et *blusphemiæ* in Deum, quia aliena tollit sibi ; *et suspiciones malæ*, quasi hanc libertatem finxerimus ad lucrum, et *conflictiones* pseudoprædicatorum contra alios, scilicet *hominum mente corruptorum*, quorum, scilicet ratio corrupta est, *et qui privati sunt a veritate*, id est a vera rerum cognitione, et Scripturarum intelligentia. Hominum, dico, *existimantium quæstum esse pietatem*, [Haimo] id est qui ideo opus pietatis faciunt, id est prædicant ut lucrum temporale ab auditoribus accipiant, quia pro quæstu prædicant, non pro futuris. *Est autem.* Quasi dicat : Putant quod pietas sit quæstus, sed pietas est longe alius quæstus, quia *est quæstus magnus*, scilicet æternus, *pietas cum sufficientia*, quam habet ille cui sua parva sufficiunt, quando homo plus non desiderat habere quam necesse est: quod decet. *Nihil enim* nascendo *intulimus in hunc mundum, haud* id est nec *dubium est, quia nec* moriendo *possumus auferre quid*, id est aliquid de mundo. Unde Job : *Nudus exivi de utero matris meæ, nudus revertar*, etc. *(Job.* i), *Habentes.* [Ambrosius] Quasi dicat : Et si nihil intulerimus, vel ablaturi simus, non tamen omnino abjicienda sunt hæc temporalia, sed *habentes alimenta et indumenta quibus tegamur his contenti simus*, quia qui ultra tendit, malum invenit. Unde subdit : *Nam qui volunt divites fieri*, [Augustinus] Non, dico, qui sunt divites, sed qui volunt esse, *incidunt in tentationem et in laqueum diaboli*, ipso actu. Non est enim genus mali quod non ex cupiditate aliquando proveniat, quia radix est omnium malorum. (35) Et nota quod hoc dicitur his qui volunt divites esse, et non sunt. Illis autem qui jam divites sunt, aliud dicitur in sequenti, scilicet non superbe sapere, sed dare pauperibus, et addit : Et incidunt *in desideria multa*, quæ divitiæ nutriunt,

(35) Aug. in psalmo cxxxvi.

inutilia et nociva : quod pejus est. Et quomodo nocent ostendit subdens, : *Quæ desideria mergunt homines in interitum* corporum, *et perditionem* animarum. (36) *Radix enim* generalis *omnium malorum est cupiditas* plus habendi quam oportet. Hac et diabolus cecidit, et primi homines. Aliqui libri habent: *Radix omnium malorum est avaritia,* quæ proprie est amor pecuniæi. Unde et in Græco habetur philargia. Si ergo avaritia habetur in libro, quæ proprie est pecuniæ amor, cum radix omnium malorum dicatur, species ponitur pro genere quod est cupiditas. Et alibi dicit Scriptura quod superbia est radix omnium malorum (*Eccli.* x). Quæ non videntur convenire. Sciendum vero utrumque vere dictum esse, si peccatorum genera attendantur. Nullum enim genus peccati est quod aliquando non proveniat ex superbia, nullum quod aliquando non proveniat ex cupiditate. Et est utique aliquis homo qui ex cupiditate sit superbus, et aliquis est qui ex superbia sit cupidus. [Augustinus] Est enim homo qui non esset amator pecuniæ, nisi per hoc putaret se excellentiorem esse : et est qui non amaret excellere, nisi putaret per hoc majores divitias habere. *Quam* cupiditatem *quidam appetentes,* qui enim pecuniam appetit, cupere appetit, *erraverunt a fide,* omnino Christum deserentes, *et inseruerunt se doloribus multis.* Hoc constat in avaris qui tanto plures sollicitudinum cruciatus sustinent, quanto amplius desiderant, vel quæ habitu transeunt, vel quæ habere non possunt.

VERS. 11-16. — « Tu autem, o homo Dei, hæc
« fuge. Sectare vero justitiam, pietatem, fidem,
« charitatem, patientiam, mansuetudinem. Certa
« bonum certamen fidei, apprehende vitam æternam,
« in qua vocatus es et confessus bonam confessio-
« nem coram multis testibus. Præcipio tibi coram
« Deo qui vivificat omnia et Christo Jesu, qui testi-
« monium reddidit sub Pontio Pilato bonam con-
« fessionem, ut serves mandatum sine macula,
« irreprehensibile usque in adventum Domini nostri
« Jesu Christi, quem suis temporibus ostendet
« beatus et solus potens Rex regum, et Dominus
« dominantium, qui solus habet immortalitatem, et
« lucem habitat inaccessibilem, quem nullus homi-
« num vidit, sed nec videre potest. Cui honor et
« imperium sempiternum. Amen. »

Tu autem, o Timothee, quia *homo es,* id est rationalis, et quia *Dei* es, *fuge hæc.* [Ambrosius] Nihil enim tam asperum, tamque perniciosum, quam si vir ecclesiasticus, maxime qui sublimem tenet locum, divitiis hujus sæculi studeat ; quia non solum sibi ipsi, sed et cæteris obest, quibus contrariam dat formam. *Sectare vero justitiam,* faciendo unicuique quod jus exigit quod non cupidus facit ; *pietatem,* ut egenti condescendas, quod non cupidus ; *fidem,* veram. Qui veram fidem de Deo habet, non cupit in miseriis fieri dives, nec pluris est ei mundus quam Deus. *Charitatem* Dei et proximi qua penitus caret cupidus ; *patientiam,* mansuetudinem, quibus caret cupidus, quia nec patienter fert adversa, nec alii est mansuetus. *Certa.* Quasi dicat : Hæc in te habe pro aliis, ante *certa certamen,* quasi dicat : Assidue certa. Certamen, dico, *bonum,* scilicet quod prodest aliis, quasi dicat : Certamen tale certa, ut prosit aliis cum discretione factum. Certamen, dico, *fidei,* scilicet quod pro fide fit, et pro his omnibus. *Apprehende vitam æternam,* id est non quæras nisi vitam æternam : quod debes, quia in eam vocatus es, et non in aliud. Et hoc est quod subdit : *In quam habendam vocatus es, et,* etiam ideo debes, quia *confessus es* jam *coram multis testibus,* vel in ordinatione, vel in prædicatione, *bonam confessionem,* id est illud quod fides exigit. *Præcipio tibi.* Præcepta dat rectori Ecclesiæ magna vigilantia atque providentia. [Haimo] In Timotheo enim omnibus successoribus prospector loquitur, quasi dicat: Non solum exhortor, sed etiam præcipio tibi *coram Deo Patre, qui vivificavit omnia,* in quibus vita est, ita et te, *et coram Jesu Christo,* ut eum imiteris, *qui* cum esset *sub Pontio Pilato reddidit testimonium,* scilicet *bonam confessionem,* id est imminente morte non negavit veritatem, sed quod dixerat affirmavit, scilicet se consilium Dei, quæ fuit bona et honesta confessio. Præcipio, inquam, *ut serves mandatum,* id est illud quod Deus et ego tibi mandavimus, quod est *sine macula et irreprehensibile,* quia lex Domini est immaculata, nec etiam habilis est reprehendi. Serves, dico, *usque in adventum Domini nostri Jesu Christi,* id est donec tibi adveniat Christus in morte. *Quem* adventum Christi, suis, id est congruis, *temporibus ostendet,* sanctis quibuscunque *beatus et solus potens ;* (37) hoc non de Patre tantum intelligendum est, sed de Deo qui est ipsa Trinitas, quæcunque Pater facit hæc et Filius, similiter facit, et Spiritus sanctus. Deus ergo trinus intelligitur, cum ait ; beatus et solus potens, solus enim ipse beatus est et potens in se, qui etiam suos faciet bonos et potentes, et reges sui et dominos imperiorum. Unde subdit : *Rex regum et Dominus dominantium, qui solus* per naturam *habet immortalitatem,* id est immutabilitatem, et dabit suis per gratiam ; *et habitat lucem.* Per simile hoc dicit, id est ipse est lux cujus sui participes erunt. Lucem, dico, *inaccessabilem,* quia nullus eam accedet ex se, sed cui datur dono ejus : quod intelligebat Propheta, dicens : *Accedite ad eum et illuminabit* (*Ephes.* v). Et ita inaccessibilis est lux illa, quia ipse est *quem nemo hominum vidit* ex se, sed Deus factus videt, cum de luce ageret. Nunc de ipso Deo loquitur, quia idem est ipse et lux ; sed nec videre potest homo in hac vita ; post autem videbit. (38) Nihil hic dictum est quod non conveniat

---

(36) Id., super Genesim.
(37) Augustinus, contra Maximinum.

(38) Id., ibid.

Trinitati, quia secundum veritatem Trinitas unus Deus est. Beatus est solus potens rex regum et Dominus dominantium qui solus habet immortalitatem, quia solus per naturam est immutabilis, quia nec cujusquam gratia, sed natura sua nec potuit, nec potest aliqua conversatione mutari, nec potuit, nec poterit aliqua mutatione peccare. Cuicunque vero creaturæ rationali præstatur ut peccare non possit, non est hoc propriæ naturæ, sed Dei gratiæ. (39) Solus ergo Deus habet immortalitatem, et lucem habitat incessabilem, quam nec homo videt, nec videre potest, nec inde separatum Filium oportet intelligi, quia Filius vita æterna est cum Patre. [Augustinus] Et ideo recte intelligitur quem secundum naturam qua Deus est nemo vidit, nec videre potest, sed poterit aliquando, si de illis est de quibus dicitur: *Beati mundo corde, quoniam ipsi Deum videbant (Matth.* v). *Cui* Deo, id est Patri, et Filio, et Spiritui sancto est honor, a creaturis, et gloria in se, *et imperium*, quia omnia potest, et hæc etiam suis dabit : et hoc in sempiternum. Amen.

VERS. 17-21. — « Divitibus hujus sæculi præcipe
« non sublime sapere, neque sperare in incerto di-
« vitiarum, sed in Deo vivo qui præstat nobis om-
« nia abunde ad fruendum, bene agere, divites fieri
« in bonis operibus, facile tribuere, communicare,
« thesaurizare sibi fundamentum bonum in futu-
« rum, ut apprehendant veram vitam. O Timothee,
« depositum custodi, devitans profanas vocum no-
« vitates, et oppositiones falsi nominis scientiæ :
« quam quidam promittentes circa fidem excide-
« runt. Gratia tecum. Amen. »

Divitibus. Supra egit de his qui volunt divites fieri, dicens eos incidere in tentationem et laqueum diaboli. Hic agit de his qui divites sunt, monens non sperare in divitiis ; et quia dixit mala venire ex cupiditate, et contra suasit, ne viderentur divites omnino abjecti determinat ; quasi dicat : Licet cupidi incidant in laqueum diaboli, tamen non sunt penitus abjiciendi divites, sed potius *præcipe divitibus hujus sæculi*, quia sunt et spirituales divites id est his qui in hoc sæculo abundant pecunia. Quid?non divites non esse, sed *non sublime sapere, nec sperare in incerto divitiarum*, id est non inde superbire, et in eis spem non habere, quia incertæ sunt. Et ideo non est superbiendum inde, sed timendum. (40) Nota quod non expavit Apostolus divitias, sed morbum divitiarum, id est superbiam, quæ est vermis divitum. Grandis animus est qui inter divitias isto morbo non tentatur, magnus est qui non se ideo magnum putat quia dives est. Qui autem ideo se magnum putat, superbus et egenus est, in carne crepat, in corde mendicat, inflatus est non plenus. Et ne spem perdidisse arbitrentur, quia dixerat, neque sperare, in incerto divitiarum, adjecit : *Sed, præcipe sperare in Deo vivo qui præstat nobis omnia abunde*, scilicet sine diminutione, *ad fruendum* in æternitate, non modo ad utendum in hac vita. [Augustinus] Temporalia enim dat ad utendum, æterna ad fruendum : illa, unde bona faciamus ; ista unde boni efficiamur. Si vero quid faciant de suis divitiis quærant, præcipe divites *bene agere*, et *divites fieri in operibus bonis*, id est præcipe illos bene operari, ita ut divites sint in operibus. Et præcipe illis *tribuere* sua : et hoc *facile* etiam, vel ita, et ad hoc sint faciles. Et præcipe illis *communicare*, id est communia putare quæ habent, et *thesaurizare sibi fundamentum bonum*, id est virtutes firmas, non tantum opera : et hoc *in futurum*, id est in opus, non alicujus præsentis, sed futuri boni, ad quod divitiæ præmittuntur, non perduntur : ita hæc præcipe facere, *ut*, id est cum, *apprehendant veram vitam*, scilicet æternam, quæ non est fugitiva et vana ut hæc vita. Quid plura ? *O Timothee*, per nomen admonet proprium reddens eum attentum, *custodi depositum*, scilicet quod Deus et ego tibi commendavimus, *devitans*, ut possis illud custodire *novitates vocum*, non omnes, sed profanas. quæ sunt contra religionem, ut est hypostasis, quæ vox habet se ad personam et ad substantiam. Unde et hæretici sub hujus vocis multiplicitate inducere volebant tres esse substantias. Aliæ vero novitates non sunt vitandæ. (41) Sunt enim doctrinæ religionis congruentes verborum quædam novitates, sicut ipsum nomen Christianum quod quando dici cœperit scriptum est. In Antiochia enim primum post Ascensionem Domini appellati sunt Christiani, sicut legitur in Actibus apostolorum. (42) Adversus etiam impietatem Arianorum novum nomen patres homousion condiderunt, sed non rem novam tali nomine significaverunt. Hoc enim vocatur homousion, quod est unius ejusdemque substantiæ. Nam si omnis novitas profana esset, non a Domino diceretur: *Mandatum novum do vobis (Joan.* XIII), ut testamentum appellatur novum, nec cantaret universa Ecclesia canticum novum. *Et* devitans etiam *oppositiones scientiæ falsi nominis*, id est quæ falso nomine scientia dicitur. Quam scientiam *quidam promittentes*, qui fidem quasi imperitiam rident, *exciderunt* a fide, semper manentes *circa fidem*, et nunquam intus. (43) Nihil enim sic amant isti quam scientiam promittere, et fidem rerum verarum quam parvuli credere præcipiuntur, velut imperitiam deridere. Et ut hæc custodias, gratia sit tecum. Amen.

---

(39) Aug., de Trinit.
(40) Id., in serm. De verbis Evang.
(41) Id., super Joannem.

(42) Id., in eod.
(43) Id., in eod.

IN EPISTOLAM II AD TIMOTHEUM

ARGUMENTUM.

Item Timotheo scribit de exhortatione martyrii, et omni regula veritatis, et quid futurum sit temporibus novissimis, et de sua passione, scribens ei ab urbe Roma.

CAPUT PRIMUM.

VERS. 1-5. — « Paulus apostolus Jesu Christi
« per voluntatem Dei secundum promissionem vitæ
« quæ est in Christo Jesu, Timotheo charissimo
« filio, gratia et misericordia, et pax a Deo Patre
« nostro et Christo Jesu Domino nostro. Gratias
« ago Deo meo, cui servio a progenitoribus meis in
« conscientia pura, quod sine intermissione habeam
« tui memoriam in orationibus meis nocte ac die,
« desiderans te videre, memor lacrymarum tuarum
« ut gaudio implear, recordationem accipiens ejus
« fidei quæ est in te non ficta, quæ et habitavit
« primum in avia tua Loide et matre tua Euticie :
« certus sum autem quod et in te. »

Paulus apostolus. Paulus jam a mundo transiturus hanc secundam Epistolam item scribit a Roma de carcere Timotheo infirmitatibus et adversitatibus jam fatigato, ut constanter laboret in Dei gratia sibi credita, exhortans eum ad martyrium multis modis, et ut perseveret in officio rectæ prædicationis et sancta operatione, et prædicens quod futurum sit novissimis temporibus, et de suo obitu. [Haimo] Et est intentio Apostoli in hac Epistola exhortari Timotheum ad sui officii diligentem exsecutionem, et ad palmam martyrii, et quædam adhuc addere de episcopali officio. Modus talis : Primo salutat deinde gratias agit de bono quod habet ubi suum videndi eum desiderium ostendit. Postea monet eum ad prædicandum, et ad patientiam martyrii, suo et aliis modis. Inde dicit, quales futuri sunt in novissimis diebus, tandem de tempore resolutionis suæ instanti. Præmittit autem salutationem, dicens : *Paulus apostolus Christi Jesu*, cujus officii tu es particeps. Perfice ergo debitum officii opus. Apostolus, dico, *per voluntatem Dei*, non meis meritis. Quasi dicat : Et tu similiter gratis missus es, et ideo prædicandæ gratiæ magis es obnoxius. Apostolus sum, dico, nec sine spe præmii, imo *secundum promissionem vitæ*, non hujus, sed *quæ est in Jesu*, pro hac promissione legitime certo. Hanc meis sequacibus promitto. Paulus, inquam, scribit Epistolam *Timotheo charissimo filio*, et ante alia salutat in hunc modum : *gratia*, scilicet donatio Spiritus sancti qua ministri armantur, *et misericordia*, scilicet remissio peccatorum ; *et pax*, scilicet tranquilitas mentis, et prælibatio æternæ vitæ, sit tibi *a Deo Patre et Jesu Christo Domino nostro. Gratias ago*. Agit gratias de bono ejus, commendans fidei gratiam quæ in ipso est. Ait ergo. Gratias ago Deo meo, de hoc *quod sine intermissione habeo memoriam tui in orationibus meis*, scilicet orans tibi majora dona, id est de hoc gratias ago quod tam bonus fuisti cujus semper sim memor. Hæc est sapiens exhortatio ad ulteriora. Deo meo, dico, *cui servio*, quem et tu sequere. Servio, dico, edoctus *a progenitoribus meis*, id est ab antiquis patribus, scilicet Abraham, Isaac, et Jacob, et aliis qui unum Deum vera fide coluerunt, quia una fides est utrorumque, scilicet antiquorum et modernorum justorum. Servio, dico, *in conscientia pura*, sic sit et tua. Ego, dico, *nocte ac die desiderans videre te*, quia meus visus esset tua confirmatio, et sic qui gaudeo de te bono, implerer gaudio de te perfecto. Unde subdit : *Ut gaudio*, quasi dicat : Ideo desidero te videre, *ut implear gaudio*, de tua perfectione, et ideo quia *memor* sum *lacrymarum tuarum*. Flevit enim Timotheus a Paulo dimissus, paratus cum eo ire ad omnia pericula. Quod ergo præsens habuit, absens teneat. Ego, dico, *accipiens*, id est etiam habens *recordationem ejus fidei quæ est in te non ficta*, id est non inventitia vel fragilis, quæ etiam commoneat te, cum etiam in feminis fuerit firma. Unde sequitur : *quæ fides et habitavit primum in avia tua Loide, et matre tua Euticie*. [Ambrosius] Parentum ejus sinceritatem fidei memorat, ut fortiorem homo faceret. [Haimo] *Certus sum autem quod et in te* habitat eadem fides, et ideo ferveat.

VERS. 6-18. — « Propter quam causam admoneo
« te ut resuscites gratiam Dei quæ est in te per impositionem manuum mearum. Non enim dedit nobis Deus spiritum timoris, sed virtutis, et dilectionis, et sobrietatis. Noli itaque erubescere testimonium Domini nostri, neque me vinctum ejus,
« sed collabora Evangelio secundum virtutem Dei
« qui nos liberavit et vocavit vocatione sua sancta,
« non secundum opera nostra, sed secundum propositum suum et gratiam, quæ data est nobis in
« Christo Jesu ante temporalia sæcula. Manifestata
« est autem nunc per illuminationem Salvatoris nostri Jesu Christi, qui destruxit quidem mortem,
« illuminavit autem vitam et incorruptionem per
« Evangelium, in quo positus sum ego prædicator,
« et Apostolus, et magister gentium. Ob quam causam etiam hæc patior, sed non confundor. Scio
« enim cui credidi, et certus sum quia potens est
« depositum meum servare in illum diem, formam
« habens sanorum verborum quæ me audisti in fide
« et dilectione in Christo Jesu. Bonum depositum
« custodi per Spiritum sanctum, qui habitat in nobis.
« Scis enim hoc quod aversi sunt a me omnes qui
« in Asia sunt, ex quibus et Phyletus et Hermoge-

« nes. Det misericordiam Dominus Onesiphori do-
« mui, quia sæpe me refrigeravit, et catenam meam
« non erubuit, sed cum Romam venisset sollicite
« me quæsivit, et invenit. Det illi Dominus invenire
« misericordiam a Deo in illa die. Et quanta Ephesi
« ministravit mihi, tu melius nosti. »

Propter quam causam. Commendata fide illius, ad eam sine timore et erubescentia prædicandam exhortatur. Quasi dicat : Propter quam causam, scilicet quia fidem habes, et fuisti talis, et tam boni parentes tui fuerunt, *admoneo te ut resuscites gratiam Dei*, scilicet gratiam episcopalem timore quasi sopitam a Deo tibi collatam, *quæ est in te per impositionem manuum mearum*, quæ te mihi admonet obedire. *Non enim.* Quasi dicat : Moneo ut resuscites gratiam Dei, quod utique potes. Dedit enim nobis Deus spiritum virtutis et dilectionis. (1) Et hoc est quod ait, *non enim dedit nobis*, tibi ut mihi, *spiritum timoris*, quo turbatus Petrus negavit Christum. Hunc enim potius auferri voluit a nobis, cum dixit : *Nolite timere eos qui occidunt corpus* (Matth. x). Hujus timoris non accepimus spiritum, sed illius de quo Dominus ait : *Eum timete qui potest corpus et animam perdere in gehennam* (*ibid.*). Spiritus enim sanctus dat timorem, non mundi, sed Dei qui potest perdere in gehennam. Non dedit, inquam, spiritum timoris, *sed virtutis*, id est fortitudinis contra adversa, quæ timorem pellat, quæ venit ex dilectione Dei et proximi, de qua addit, *et dilectionis*, quam sobrietas præcedit, de qua subdit, *et sobrietatis*, id est discretionis. Ecce a summo dono, id est a dilectione, ad unum descendit, id est ad sobrietatem. *Noli itaque.* Prius monuit non timere, ad quod valet virtus. Hic monet non erubescere, ad quod valet dilectio et discretio. Quasi dicat : Quia dedit spiritum dilectionis et discretionis, *noli itaque erubescere testimonium Domini nostri*, id est non erubescas testari hominibus Dominum esse crucifixum, quia surrexit. [Ambrosius] Constantiam habendam docet, nec erubescendum esse in professione. Non est enim unde erubescatur in ea, quia si visus est homo Christus, gestis tamen apparuit Deus, et si crucifixus est, resurrexit tamen a mortuis, et multis videntibus suscipiente eum nube, in cœlum ascendit. Ubi ergo putatur imbecillitas, ibi apparet potentia. *Neque*, erubescas, *me vinctum*, pro prædicatione Evangelii *ejus*, quia nec in hoc rubor est, *sed collabora* mihi in prædicando *Evangelio* crucis. [Haimo] Vel, collabora mecum Evangelio, id est ad honorem Evangelii, quod potes *secundum virtutem Dei*; et debes, quia ipse *qui liberavit nos*, pretio sanguinis sui. [Ambrosius] Vicem ergo reddere liberanti convenit, cujus beneficiis cum digne respondere non valeamus, vel legationem ejus fideliter et instanter agamus. *Et vocavit* nos *vocatione* interiori *sua*, id est sibi soli convenienti ; et *sancta*, quia ad sancta vocat. Vocavit, dico, *non secundum opera nostra*,

sed secundum propositum suum et gratiam, id est secundum quod per gratiam quidem præviderat. *Quæ* gratia *data est nobis in Christo Jesu*, id est prævisa est dari nobis per Christum, *ante tempora sæcularia. Manifestata est autem nunc* id completione *per illuminationem Salvatoris nostri Jesu Christi*, id est per prædicationem Christi illuminantem auditores. Quæ vero sit illa gratia aperit, subdens : *Qui* Christus *destruxit quidem mortem*, utramque, animæ et corporis. Hæc est illa gratia, scilicet destructio mortis. Et ideo mors non est timenda pro fide Christi. *Illuminavit autem*, id est in luce posuit, *vitam et incorruptionem*, id est vitam incorruptibilem. Et hoc *per Evangelium*, id est per prædicationem Evangelii. Ecce quam necessarium est Evangelium, *in quo*, scilicet Evangelio, *ego positus sum*, quasi immobilis *prædicator*, nomen actus, *et apostolus*, habens potestatem apostolicam, *et magister gentium*, scilicet quotidie docens gentes. *Ob quam causam*, scilicet quia prædico, et *hæc patior*, quæ modo Romæ sustineo, *sed non confundor*, id est deficio vel erubesco. Securus quia pro tribulationibus magna ei promissa merces est, non confunditur sed gloriatur in pressuris. Quo autem hæc spectent, ibi aperit: *Formam habens*, etc.

Scio enim. [Haimo] Quasi dicat : Ideo non confundor, quia *scio* quod Deus est ille *cui credidi.* [Augustinus] Vel, scio cui credidi, id est cui mea commisi, scilicet Christo. *Et certus sum quia potens est servare depositum meum*, id est salutem meam quam ei commendavi, scilicet in spe et fide illius collocavi. [Ambrosius] *In illo die*, scilicet judicii. Spe et magnificentia Salvatoris securus est, quia quod commendat illi, id tuto est. Illi autem commendat salutem suam, ut hic pro illo patiens, salutem inveniat penes illum cum cœperit judicare, ut puniens infideles istum dignum æterna vita pronuntiet. Vel, potens est servare depositum meum, id est Evangelium quod mihi commendavit, vel quod ei commisi servandum usque in illum diem, decessus mei. *Formam.* Hic ostendit quo de se prædicta spectent. Quasi dicat : Ita laboro et insto officio mihi credito, similiter et tu *habens formam sanorum verborum quæ a me*, non a quocunque, *audisti*, habens, dico, *in fide et dilectione*, id est habens bona verba cum fide et dilectione, quæ est *in Christo Jesu*, id est sicut Christus instituit. Hæc, inquam, habens per quæ potes custodire. *Custodi* diligenti exsecutione. *Bonum depositum*, id est officium tibi commissum, quod potes *per Spiritum sanctum qui habitat in nobis*, scilicet in te ut in me. [Haimo] Quidam libri habent, *formam habe.* Secundum hoc sic continuo litteram, quasi dicat : Collabora Evangelio, quod ut recte facias, habe formam sanorum verborum, etc., non mutatur sententia. Et custodi bonum depositum, nec hic mutatur sensus. *Scis enim hoc* : Quasi dicat : Ideo opus est ut custodias, quia,

---

(1) August., De grat. et lib. arb.

tu *scis hoc quod omnes illi qui aversi sunt* a me, id est qui recesserunt a me, modo *sunt in Asia*, ex *quibus est Phyletus et Hermogenes*, a quibus tibi maxime cavendum est. [Ambrosius] Hi quos memorat simulatione pleni erant, simulate enim fuerant cum Apostolo, ut addiscerent unde calumniam illi facerent, sed postquam viderunt se manifestatos, recesserunt ab eo. *Det.* etc. Quasi dicat : Illi recesserunt a me, sed *det Dominus misericordiam domui*, id est familiæ, *Onesiphori*, Asiani, *quia sæpe me refrigeravit*, ministrando mihi necessaria. Hunc imitare tu. *Et catenam meam non erubuit*, sicut hi qui recesserunt a me, *sed cum venisset Romam sollicite me quæsivit, ut ei liceret ad me ingredi, et invenit* me, et ideo *det illi Deus* Pater *invenire misericordiam a Domino*, id est a Filio, *in* 221 *illo die* judicii ; et non solum Romæ, sed etiam *Ephesi*, multa *ministravit* mihi, *et quanta tu* qui aderas, *nosti melius*, aliis pluribus. Vel, melius quam hæc.

CAPUT II.

Vers. 1-9. — « Tu ergo, fili mi, confortare in gra-
« tia quæ est in Christo Jesu, et quæ audisti a me
« per multos testes, hæc commenda fidelibus homi-
« nibus, qui idonei erunt et alios docere. Labora
« sicut bonus miles Christi Jesu. Nemo militans
« Deo implicat se negotiis sæcularibus, ut ei placeat
« cui se probavit. Nam et qui certat in agone, non
« coronabitur, nisi legitime certaverit. Laborantem
« agricolam oportet primum de fructibus accipere.
« Intellige quæ dico : dabit enim tibi Dominus in
« omnibus intellectum. Memor esto Dominum Je-
« sum Christum resurrexisse a mortuis, ex semine
« David, secundum Evangelium meum in quo la-
« boro usque ad vincula, quasi male operans, sed
« verbum Dei non est alligatum. »

Tu ergo Quasi dicat : Quia illi sunt aversi, et exemplum habes illius Onesiphori, *tu ergo, fili mi, confortare*, et magis exemplo Onesiphori, *in gratia* fidei et sapientiæ in te servanda, et aliis annuntianda, *quæ data est in Christo Jesu*, et etiam coadjutores constitue. Unde subdit : *Et quæ audisti a me* confirmata *per multos testes*, scilicet per prophetas, hæc commenda hominibus fidelibus, id est sanæ fidei, *qui idonei erunt*, vita et scientia et facundia, *et alios docere*. Illis enim debet committi prædicatio Dei qui apti sunt illi officio. Et tu ipse, *labora* in prædicando Evangelio contra hostes fidei, sicut bonus miles Christi. Si autem bonus miles esse vis, non implices te sæcularibus negotiis, quia *nemo* in spiritualibus *militans Deo*, qui non potest dividi duobus contrariis servis, sicut nemo potest servire duobus dominis, *implicat se sæcularibus negotiis* quibuslibet. Vel specialiter negotium sæculare appellat, ut quasi mercatum faciens quis de spiritualibus carnalia quærens. Et est hæc diffinitio boni militis : ut ergo sit bonus miles non implicet se sæcularibus negotiis. (2) Hoc ideo dicit Apostolus scri- bens Timotheo, ne forte cum indigeret Timotheus, et nollet victu quotidiano ab eis sustentari quibus Evangelium ministrabat, nec in opere corporali laborare posset, aliqua negotia sibi quæreret quibus animi ejus implicarentur. Nam et illa negotia sunt sæcularia, cum animus occupatur colligendæ cura pecuniæ sine labore corporis, ut faciunt negotiatores, et hujusmodi. Cura enim non manibus operantur, ideoque ipsum animum suum occupant habendi sollicitudine. Quod ne iste jaceret, quia infirmus laborare non poterat, prohibet, dicens, nemo militans Deo implicat se negotiis sæcularibus, *ut placeat ei*, scilicet Deo. *Cui se probavit*, id est devovit, et per præterita in electione probabilem ostendit. *Nam et qui*. Quasi dicat : Ideo labora sicut bonus miles, vel ideo nemo se implicet sæcularibus negotiis, quia aliter non datur corona nisi legitime militet, ut in agone sit. *Nam et ille qui certat in agone* quolibet, *non coronabitur, nisi legitime certaverit*, id est prout expetit lex agonis, quod nemo potest nisi ab omnibus quæ illum agonem impedire possunt abstineat. Et quasi ille quæreret : Unde ergo vivam, cum fodere non possim, et mendicare confundar ? subdit : *Laborantem agricolam*. Quasi dicat : Etsi non implices te negotiis, est tamen unde potes vivere, quia *oportet laborantem agricolam*. Vel ita continua : dico, labora, et quamvis ita moneam te laborare, non tamen vivas de opere tuo, quia infirmus es, et minus sufficiens verbo Dei, quia oportet laborantem agricolam, [Haimo] scilicet prædicatorem qui in agro Ecclesiæ ligone verbi Dei excolit corda auditorum, *primum percipere*, id est sumere, *de fructibus*, id est necessaria ab auditoribus, quia *dignus est operarius mercede sua* (*Luc.* x). Ut agricola vel vinitor primos fructus laboris sui degustat, ita Apostolus prius jubet eum sumere qui primus est, et sic cæteris distribuere. [Ambrosius] Primum enim debet ille suam necessitatem implere ex his quæ accipit, et post aliis de his quæ supersunt ministrare. [Haimo] Castum itaque evangelistam non ad hoc evangelizantem, ut Evangelium vendat, securum facit ; et vult ut intelligat quod necessaria sibi sumere ab eis in quibus Deo militat, (3) et quos tanquam cultor vineam exercet, vel tanquam gregem pascit, non est mendicitas, sed potestas. Timotheus autem tantæ abstinentiæ fuit, quod etiam a licitis se temperans volebat de labore manuum vivere, cum Dominus decreverit ut qui Evangelium annuntiat de Evangelio vivat. *Intellige*. Quasi dicat : Dico ut accipias necessaria a subditis. Et in hoc si videor contraria, in contra hoc quod ipse ego facio, dicere, *intellige quæ dico*, id est discerne quid quare dicitur. Ideo enim dico, ut accipias, quia tu infirmus es. Ideo ego abstineo quia mihi de acceptione scandalum est. Intellige dico quod potes. *Dabit enim tibi Deus in omnibus intellectum*, non solum in his. *Memor*

---

(2) Aug., in lib. De op. mon.

(3) Aug., in eod.

[Haimo.] Quasi dicat : Certans legitime coronabitur, et ut legitime certes, *memor esto Dominum nostrum Jesum Christum resurrexisse a mortuis*, natum *ex semine David*, id est de progenie David. [Ambrosius] Et hoc, *secundum evangelium meum*, id est secundum prædicationem meam, etsi perversi negent. Hæc non propter Timotheum memorat, sed propter hæreticos quos prævidit futuros et ista negaturos, *in quo* Evangelio prædicando, *laboro usque ad vincula*, sic et tu facias : ego dico habitus, *quasi male operans*. Hic contumeliam notat quæ ei ingerebatur. *Sed verbum Dei non est alligatum* in me, etsi corpus, id est licet ego sim alligatus corpore, tamen verbum Dei non est alligatum, quia et sermone præsentes et litteris absentes docere non cesso.

VERS. 10-18. — « Ideo omnia sustineo propter « electos, ut et ipsi salutem consequantur, quæ est « in Christo Jesu cum gloria cœlesti. Fidelis sermo. « Nam si commortui sumus, et convivemus ; si « sustinebimus, et conregnabimus ; si negaverimus, « et ille negabit nos ; si non credimus, ille fidelis « permanet ; negare seipsum non potest. Hæc com« mone testificans coram Deo. Noli contendere ver« bis, ad nihil enim utile est, nisi ad subversionem « audientium. Sollicite autem cura teipsum proba« bilem exhibere Deo operarium, inconfusibilem, « recte tractantem verbum veritatis. Profana autem « et inaniloquia devita. Multum enim proficiunt ad « impietatem, et sermo eorum ut cancer serpit. Ex « quibus est Hymenæus et Philetus, qui a veritate « exciderunt, dicentes resurrectionem esse jam fa« ctam, et subverterunt quorumdam fidem. »

Et ideo, id est pro Evangelio, vel quia memor sum Christum resurrexisse, *sustineo omnia*, incommoda maxime, *propter electos*, et ob omnibus non prosim, *ut et ipsi* mecum *consequantur*, hic *salutem* animæ *quæ est in Christo Jesu*, id est per Christum patratur. Et hoc, *cum gloria cœlesti*, quæ post hanc vitam gloria dabitur. Quasi dicat : Hic consequantur salutem justificationis et post hanc vitam gloriam cœlestem. Et *fidelis*, id est verus, *sermo*, est iste, scilicet quia consequentur electi salutem et gloriam, et vere : nam et mortui mundo sicut Christus veteri homini, et sustinentes, id est martyres, consequentur salutem. Et hoc est quod ait : *Nam si nos sumus commortui*, id est si nos sumus mortui mundo vel peccatis in baptismo, sicut Christus veteri homini, utique *et convivemus*, id est cum illo vivemus in æterna vita. *Et si sustinemus* pro Christo tribulationes et passiones, *et conregnabimus* cum illo in æterna beatitudine. Vel ita : Fidelis sermo, nam si, ita ordina litteram et continua, quia ut sustineas memor esto Christum resurrexisse, nam si commortui sumus Christo in ipsa morte, *et convivemus et si sustinemus*, in ipsa passione, *et conregnabimus*, in gloria cum eo. Et iste sermo fidelis est. Et *si negaverimus* eum coram hominibus, *et ipse negabit vos*, coram Patre dicens : *Nescio vos* (*Matth.* XXIV). Hoc est contrarium illi quod ipse ait : *Qui me confessus fuerit coram hominibus, confitebor et ego eum coram Patre meo* (*Matth.* x). Et si nos *non credimus* quod puniat malos, stulte confisi de misericordia ejus, *ille* tamen, scilicet Christus, *permanet fidelis* in dictis suis et in eo etiam quod dixit : *Qui non crediderit condemnabitur*. Et vere fidelis est, quia *non potest negare seipsum*, qui est veritas, quod faceret si dicta sua non impleret. Hoc autem quod seipsum negare non potest laus est divinæ voluntatis, sic quod quidam non possunt credere culpa est voluntatis humanæ. (4) *Hæc* autem, prædicta, scilicet ut patiaris, etc., *commoneo testificans*. Vel secundum aliam litteram, *hæc commone*, alios tibi commissos *testificans coram Deo*, id est testem Deum invocans. *Noli*. Quasi dicat : Hoc fac, sed *noli contendere verbis*. *Ad nihil enim utile est nisi ad subversionem audientium*, quia contentio nil potest nisi subvertere audientes, dum verbosus par vel superior videtur Catholico. Contentio minus stabilitis sæpe generat scrupulum. Solent enim in contentione talia opponi elimato malevolentiæ argumento, ut moveant animos insipientium fratrum. Nec potest esse quin contentio extorqueat aliquid quod dicatur contra conscientiam, ut intus, in animo perdat, et foris victor accedat. Nemo enim patitur se vinci, licet sciat vera esse quæ audit. Collatio ergo inter Dei servos esse debet, non altercatio. *Sollicite autem cura exhibere teipsum Deo*, hoc propter te, *probabilem*, id est probatum et laudabilem in conspectu tuorum, hoc propter proximum, *operarium*, in operibus vitæ agendis, *inconfusibilem*, scilicet qui non erubescat Evangelium, vel non deficiat, *recte tractantem verbum veritatis*, scilicet secundum competentiam singulorum, ut altis spiritualia, lac distribuat parvulis, *profana*, quæ verba ut hæreses, *et inaniloquia*, scilicet quæ sine fructu sunt, et si non ita mala sint, *devita*, quia aliquibus nocent. Unde subdit : *Multum enim proficiunt*, id est efficacia sunt, *ad impietatem*, id est contra cultum Dei. *Et sermo eorum*, id est hæreticorum, *ut cancer serpit*, id est a parvo usque ad majus paulatim tendit, quæ sana sunt corrumpendo, et ita ad impietatem trahendo. *Ex quibus est Hymenæus et Philetus*. Horum prodit nomina ut ab his specialiter caveat ; quos et profanos et impios designat, et errantes a veritate. Unde subdit : *Qui exciderunt a veritate*, in qua olim fuerunt ; ideo adhuc eis creditur : unde etiam magis noxii sunt ; sed ab ea exciderunt, *dicentes resurrectionem corporum jam factam esse*, ut non speretur alia : quod dicebant occasione verborum illorum quæ in Evangelio continentur : scilicet, *multa corpora sanctorum qui dormierant surrexerunt* (*Matth.* XXVII). Et negabant resurrectionem generalem quæ adhuc futura est. Vel ita, ut de resurrectione ani-

---

(4) August., super Joannem.

mæ accipiatur. Duæ enim sunt resurrectiones, prima est quæ fit in anima, quæ per fidem et baptismum vivificatur. Unde : *Qui crediderit in me transibit de morte ad vitam*. Altera erit corporum, quæ erit in die judicii. De illa resurrectione quæ fit in anima per fidem loquitur hic Apostolus cum ait : *Dicentes resurrectionem mentium, jam esse factam*, in baptismo et fide, et nullam corporum resurrectionem futuram. (5) Omnes enim sectæ quæ aliquam religionem promittunt concedunt resurrectionem mentium in fide. Aliter enim non videntur audiendi. Volentes ergo credi sibi, omnes etiam qui instituerunt alicujus falsæ religionis sectam negare istam resurrectionem mentium non potuerunt, omnes de illa consenserunt ; sed corporum resurrectionem multi negaverunt, sicut isti quos nominat Apostolus. *Et subverterunt fidem quorumdam*, et ideo magis vitandi sunt.

Vers. 19-20. — « Sed firmum fundamentum Dei « stat habens signaculum hoc. Cognovit Dominus « qui sunt ejus, et discedat ab iniquitate omnis « qui invocat nomen Domini. In magna autem « domo non solum sunt vasa aurea et argentea, sed « et lignea et fictilia, et quædam quidem in hono- « rem quædam autem in contumeliam. »

Sed, ideo non pro eis desperandum est, quia *firmum stat fundamentum Dei*, id est illi quos elegit Deus et immobiliter in fide fundavit ; qui perit, inde non erat. Fundamentum, dico, *habens hoc signaculum*, id est habens *hoc* in signum amicis et inimicis. Amicis, ut accedant ; inimicis, ut territi fugiant. Vel, habens hoc signaculum, id est hoc habet menti impressum, scilicet quod *novit Dominus qui sunt ejus*, id est amat et defendit præscitos suos ; in quo præscientia notatur, qua quos præscivit futuros esse conformes imaginis Filii sui, prædestinavit, vocavit, justificavit, glorificavit. (6) Numerus talium est hortus conclusus, fons signatus, puteus aquæ vivæ, paradisus cum pomorum fructibus. Et hoc numero quidam spiritualiter vivunt, et supereminentem viam charitatis ingrediuntur. Quidam vero adhuc carnales suos provectus instanter exercent ; et ut ad cibos spiritualium fiant idonei, sanctorum mysticorum lacte nutriuntur ; et quæ in pravis moribus populari etiam judicio manifesta sunt, in Dei timore vitant ; et regulam fidei diligenter inquisitam firmiter tenent, et si ab ea devient, cito auctoritate catholica corriguntur, quamvis in ejus verbis pro sensu carnali variis adhuc phantasmatum concursibus fluctuent. Sunt etiam ex eo numero quidam qui adhuc nequiter vivunt, aut etiam in hæresibus vel in gentilium superstitionibus jacent, et tamen etiam illic novit Dominus qui sunt ejus. Nam in illa ineffabili præscientia Dei multi qui foris videntur, intus sunt, et multi qui intus videntur, foris sunt. (7) Ex illis ergo omnibus qui, ut ita dicam, intrinsecus et in occulto intus sunt, id est quos novit Dominus, nemo in æternam damnationem seducitur, quia novit Deus qui sunt ejus, nondum apparuit judicium, sed jam factum est in notitia Dei. Novit enim qui permaneant ad coronam, et qui ad flammam novit triticum et paleam. Deinde alteram partem signaculi ponit de libro Isaiæ subdens : *discedat ab iniquitate*, et si non ab iniquis hominibus quibus admistus est in corpore. *Omnis qui vere nominat vel invocat nomen Domini*. Nota quod ait discedat. Isaias enim videns in homine liberum arbitrium, ita admonet discedere ab iniquitate dicens : Discedat, etc., et per hæc dico, scilicet quod homo libero arbitrio discedit ab iniquitate, et quod Deus præscitum munit, apparet hostibus et amicis quod ipse sit Dei, hoc est signaculum.

In magna autem. Quasi dicat : Quidam sunt subversi, quidam sunt signati : et non mirum, quia *in magna domo*, id est in Ecclesia *sunt* simul modo, *non solum vasa aurea et argentea*, scilicet boni Dei dispensatores recipientes, *sed et lignea et fictilia*, id est mali : qui etsi ad contumeliam sint, utilia tamen sunt honestis ad purgationem. Unde subdit : *Et quædam quidem* sunt *in honorem*, scilicet boni qui purgantur per malos ; *quæ autem in contumeliam*, id est mali qui sunt purgatorium bonorum. Sicut enim vasa lignea et fictilia valent, ut purgentur argentea et aurea ; sic mali prosunt ad profectum bonorum. (8) Magna ergo domus est Ecclesia in quo sunt vasa aurea et argentea, id est boni et fideles et sancti Dei servi ubique dispersi et spirituali unitate devincti, in eadem communione sacramentorum degentes ; et vasa lignea et fictilia, id est illi qui ita sunt in domo, ut non sint in compage domus, nec in societate pacifica, et tamen adhuc corpore simul sunt cum bonis. Nam ante tempus ultimæ separationis nullo modo propter commistionem malorum recedendum est ab unitate Ecclesiæ, ut ante ventilationem areæ simul sint triticum et zizania, grana et palea, quia non concessit Dominus apostolis zizania a tritico separare. [Haimo.] Quis ergo hæc audeat ? Ecce per vasa aurea et argentea boni et electi et ipsi idem sunt. Vasa in honorem, quia ad honorem et ad gloriam patriæ cœlestis sublevantur per vasa lignea, et sic intelliguntur ficti et reprobi, et ipsi idem sunt. Vasa in contumeliam, quia demerguntur in supplicium damnationis. Vel per vasa aurea et argentea intelliguntur omnes boni, sive perseverantes per vasa lignea, et sic intelliguntur omnes mali, sive qui ad tempus mali sunt sive pertinaces, et de utrisque *quædam* sunt *in honorem*, quia de bonis et malis quidam electi sunt ad gloriam, et similiter de utrisque *quædam* sunt *in contumeliam*, quia et de bonis et de malis quidam sunt reprobi.

Vers. 21-26. — « Si quis ergo emundaverit se ab istis, erit vas in honorem sanctificatum, et utile

---

(5) Aug., super Joannem.
(6) Id., De baptismo.

(7) August., De civ. Dei.
(8) Id., De baptismo.

« Domino ad omne opus bonum paratum Juveni« lia autem desideria fuge, sectare vero justitiam, « fidem, spem, et charitatem, et pacem cum his qui « invocant Dominum de corde puro. Stultas autem « et sine disciplina quæstiones devita, sciens quia « generant lites. Servum autem Domini non opor« tet litigare, sed mansuetum esse ad omnes, do« cibilem, patientem, cum modestia corripientem « eos qui resistunt veritati : ne quando Deus det « illis pœnitentiam ad cognoscendam veritatem, « et resipiscant a diaboli laqueis, a quo captivi te« nentur ad ipsius voluntatem. »

Si quis ergo. Quasi dicat : quædam sunt in honorem, quædam in contumeliam : et quia alterum horum est, *si quis ergo ab istis,* qui sunt in contumeliam, *emundavit se,* recedendo ab iniquitate eorum, non ab eis, *erit vas in honorem sanctificatum* fide et operibus ; vel sanctificatum, id est mundum, *et utile,* acquirendo alios. *Domino et ad omne opus bonum paratum.* Quasi dicat : Non perit propter hoc quod cum illis est corpore. *Juvenilia autem.* Quasi dicat : Aliorum profana et inaniloquia devita, in te autem *juvenilia desideria fuge,* luxuriam et immunditiam, et alia hujusmodi. *Sectare vero justitiam,* in judicio, *fidem* veram, *charitatem,* Dei et proximi : vel castitatem, *pacem,* id est quietem *cum his qui invocant Dominum de corde puro,* id est cum fidelibus. Vel ita, cum his, quasi dicat : Hæc omnia sectare, cum his, id est sicut hi, qui invocant Dominum de corde puro, id est pura conscientia. Hæc sectare. *Stultas autem quæstiones,* id est inutiles, et quæ *sine disciplina sunt,* id est in quibus non est proventus scientiæ, etsi non stultæ sint, *devita.* Non omnes quæstiones vitandæ sunt, sed inutiles. Et sine disciplina. Devita dico, *sciens quia generant lites, non ædificationem. Servum autem Domini non oportet litigare.* id est tempus litibus expendere. Satis obstrepunt contradicentes. Ne ergo servus Dei sibi obstrepat studio altercandi, et contendendi ait : *Servum Domini non oportet litigare, sed mansuetum esse* : id est tractabilem ad omnes, etiam ad malos, ut attrahat eos ; *docibilem,* scilicet qui facile doceat vel doceatur si opus est in aliquo ; *patientem* quælibet adversa *cum modestia,* id est mentis lenitate ; *corripientem eos qui resistunt veritati,* quia non est cessandum a correctione erroris alterius. (9) Ecce patet quia nec deesse voluit nos factum correctioni, nec studere certamini. Multi enim homines cum a somno excitantur, litigare volunt, aut rursus dormire cum litigare prohibentur. *Corripientem* dico, quia ad hoc correctio utique, *nequando,* id est ut aliquando, det, etc., vel tunc valet correctio. *Nequando,* id est si aliquando, *Deus det illis pœnitentiam* (10), aliter non prodest correctio, nisi supernus medicus respiciat, id est nisi faciat ut peccati sui quemque pœniteat, quæ pœnitentia pudore et timore displicendi aliis interdum impeditur, dum plus de-

lectat hominem aliorum existimatio quam justitia, qua se quisque humiliat pœnitendo. Ideoque non solum cum agitur pœnitentia, **223** verum etiam ut agatur Dei misericordia necessaria est, ut enim Petrus amare fleret, respexit eum Dominus (*Luc.,* XXII). [Haimo] Et ideo Apostolus hic dicit : det illis Deus pœnitentiam ad *cognoscendam veritatem,* quam modo impugnant, et ea cognita *resipiscant a laqueis diaboli,* id est recedant ab erroribus diaboli quibus illaqueati tenentur, et redeant ad bonum ut sapiant veritatem. [Augustinus] Nam resipere est quasi re sapere. *A quo,* scilicet diabolo, non modo ligantur. sed etiam captivi *tenentur,* quasi extra patriam *ad ipsius voluntatem* exsequendam.

CAPUT III.

Vers. 1-9. — « Hoc autem scito, quia in novissi« mis diebus instabunt tempora periculosa, et erunt « homines seipsos amantes, cupidi, elati, superbi, « blasphemi, parentibus non obedientes, ingrati, « scelesti, sine affectione, sine pace, criminatores, « incontinentes, immites, sine benignitate, prodito« res, protervi, tumidi, et voluptatum amatores « magis quam Dei, habentes speciem quidem pietatis, « virtutem autem ejus abnegantes. Et hos devita. « Ex his enim sunt qui penetrant domos, et capti« vas ducunt mulierculas oneratas peccatis, quæ « ducuntur variis desideriis, semper discentes, et « nunquam ad scientiam veritatis pervenientes. « Quemadmodum autem Jannes et Mambres resti« terunt Moysi, ita et hi resistunt veritati, homines « corrupti mente, reprobi circa fidem, sed ultra « non proficient. »

Hoc autem. Quasi dicat : Dixi : profana et stulta devita : ad ipsa autem vitanda, *scito quoniam in novissimis diebus instabunt* sanctis *tempora periculosa,* vel sæva. [Augustinus] Hæc est autem causa periculi, *et,* id est quia *erunt homines amantes seipsos,* non Deum, ut Petrus qui ter interrogatus a Domino, ter confessus est se eum diligere, dicens : *Tu scis quia amo te* (*Joan.* XXI). Unde et Dominus oves ei pascendas tradidit, quia in pascendis ovibus vera monstratur dilectio si quis ibi non quærit sua, sed quæ Jesu Christi sunt. Ex eo autem quod seipsos, non Deum amant, quasi ex radice hæc quæ sequuntur mala oriuntur, [Haimo, Augustinus] scilicet quod erunt *cupidi* pecuniæ ; *elati* ad Dominum ; *superbi* de honoribus sibi impensis a subditis ; *blasphemi* in Deum per hæreses ; *non obedientes* parentibus, carnalibus vel spiritualibus ; *ingrati* de bonis, ut qui corrigentibus mala pro bonis reddunt ; *scelesti,* in gravibus perpetrandis, ut quando modum peccandi transcendunt, scilicet suas vel aliorum animas interficientes ; *sine affectione* ad aliquem, sine qua sunt non compatiendo infirmis ; *sine pace,* id est inquietantes alios ; *criminatores,* id est crimina aliis imponentes, vel detractores famam sanctorum maculare conantes ; *incontinentes* gulæ vel libidinis,

(9) Aug., De serm. in monte.

(10) August., De cor. et grat.

non refrenando malas cupiditates ; *immites*, id est crudeles, exercendo lites ;*sine benignitate*, id est largitate, dum nesciunt subvenire aliis ; *proditores secretorum alterius*, dum indicant inimicis piorum quæ occultanda noverunt ;*protervi* vel procaces,habitu vel verbis pudorem non servantes, sed humanam verecundiam inverecunde agitantes ;*tumidi* inflato corde ; (11) cæci, *non intelligentes quæ loquuntur, neque de quibus agunt. Voluptatum* quarumlibet *amatores magis quam Dei*, id est carnales lætitias spiritualibus præponentes, *habentes quidem speciem pietatis*, id est religionis, quia eadem sacramenta habent cum piis, et ideo periculosi sunt. *Virtutem autem ejus*, pietatis, id est charitatem, *abnegantes* factis. Virtus pietatis est charitas de corde puro et conscientia bona,et de fide non ficta,hæc est virtus quam nihil vincit, nullus ignis,nulli fluctus sæculi, nulla flumina tentationis eam exstinguunt. (12) De hac dicitur : *Fortis est ut mors dilectio* (Cant. VIII). Sicut enim mors quando venit ei resisti non potest, sic contra violentiam charitatis nihil potest mundus. Econtrario data est similitudo.Quomodo enim mors ad auferendum violentissima est, sic charitas ad salvandum violenta est. Vel secundum aliam litteram, veritatem autem ejus, id est rem pietatis, abnegant, idem sensus. *Et hos* tales *devita*. Ecce quare incœpit de novissimis temporibus.

Ex his enim. Quasi dicat : Bene dico ut tales devites, quia jam horum prænuntii quidam sunt;plures autem in fine futuri sunt. [Haimo] Et hoc est quod ait : *Ex his enim sunt qui penetrant domos.* Ad litteram. Ingrediebantur enim in domos mulierum, et decipiebant eas.Unde subdit : *Et captivas ducunt*, [Ambrosius] id est subdolis et versutis verbis seducunt, *mulierculas* prius, et per eas viros earum, ut diabolus prius Evam seduxit,et per eam Adam. Vel, *penetrant domos*, id est rimantur proprietatem cujusque, et quod idoneos inveniunt ducunt captivos, Unde subdit : Et mulierculas ducunt captivas, id est viros seductiles, quasi mulieres seducunt. Mulierculas,dico, *oneratas peccatis*,et ideo erant dignæ seduci. Unde subdit : *Quæ seducuntur variis desideriis*, quia semper nova desideriis sunt. *Semper discentes et nunquam ad scientiam veritatis pervenientes*, quia semper ambulant et nunquam ad eam viam perveniunt. (13) Nos autem semper ambulemus in via donec eo veniamus quo ducit via ; nusquam in illa remaneamus, donec perducat ubi maneamus, atque ita et quærendo tendimus, et inveniendo ad aliquid pervenimus. *Quemadmodum autem.* Quasi dicat : Tales seducunt : veritati autem semper resistunt. Et hoc est quod ait : *Quemadmodum autem Jannes et Mambres restiterunt Moysi, ita et hi resistunt veritati.* Jannes et Mambres duo fratres fuerunt magi Pharaonis ; horum nomina non invenit Apostolus in divinis libris, sed in apocryphis de quibus hoc sumitur.Hi autem restiterunt Moysi usque ad tertium signum,in quo defecerunt dicentes : *Digitus Dei est hic.* Et sicut illi restiterunt Moysi, ita et hi, scilicet hæretici, restiterunt veritati, *homines corrupti mente*, id est corruptæ rationis, et *reprobi*, operibus semper existentes, *circa fidem*, et nunquam in fide, *sed ultra*, scilicet post hæc præsentia, *non proficient*, seducendo, quia in brevi deficient superati a Catholicis.

VERS. 9-17. — « Insipientia enim eorum mani-
« festa erit omnibus, sicut et illorum fuit. Tu au-
« tem assecutus es meam doctrinam,institutionem,
« propositum, fidem, longanimitatem, dilectionem,
« patientiam, persecutiones, passiones,qualia mihi
« facta sunt Antiochiæ, Iconii, Lystris, quales per-
« secutiones sustinui,et ex omnibus eripuit me Do-
« minus. Et omnes qui pie volunt vivere in Christo
« Jesu, persecutionem patientur.Mali autem homi-
« nes et seductores proficient in pejus, errantes et
« in errorem mittentes.Tu vero permane in his quæ
« didicisti, et credita sunt tibi, sciens a quo didice-
« ris, et quia ab infantia tua sacras litteras nosti,
« quæ te possunt instruere ad salutem per fidem
« quæ est in Christo Jesu. Omnis enim Scriptura
« divinitus inspirata, utilis est ad docendum, ad ar-
« guendum, ad corripiendum, ad erudiendum, in
« justitia, ut perfectus sit homo Dei ad omne opus
« bonum instructus. »

Insipientia enim eorum, quæ modo putatur sapientia, *omnibus erit manifesta*, per bonos, præsertim per Joannem apostolum, per quem in Asia destruendos hæreticos prædicit hic. Manifesta erit, dico, *sicut et* in præsenti *itlorum* magorum fuit iniquitas manifesta per Moysen.(14)Nota quod animositas hæreticorum semper inquieta est, quos magorum Pharaonis habere conatum declarat hic Apostolus comparans eos magis Pharaonis. (15) Quos Jeremias perdici insipienti aviculæ comparat dicens: *Clamavit perdix, congregavit quæ non peperit, fecit divitias, non cum judicio :in medio dierum ejus derelinquent eam, et in novissimis suis erit insipiens* (Jer. XVII). Perdix contentiosum animal est : similiter et hæretici sunt contentiosi qui non amant disputare, sed quoquomodo superare impudentissima pervicacia. Et sicut perdix clamat, et congregat quæ non peperit, ita et hæreticus Christianos jam per Christi Evangelium natos invenit, et illos divitias suas facit,non sano cum judicio, sed cum temeritate inconsiderata. Non enim intelligit ibi esse veram et salubrem et quodammodo germanam atque radicalem Christianam societatem. Unde istos separavit quos ad suas divitias congregavit ; sed postea derelinquitur, et est insipiens,quia qui primo per pollicitationem et ostentationem excellentis sapientiæ seducebat,erit insipiens, id est apparebit insipiens. Eis enim quibus primo sapiens erat, tunc erit insi-

(11) Aug., contra Faust.
(12) Id., in psalmo XLVI.
(13) Id., super Joannem.

(14) Aug. ad Januarium,
(15) Id., contra Faust.

plens, cum apparebit, quia dementia ejus nota erit omnibus, ut hic dicitur. Sed ultra non proficient. Insipientia enim eorum manifesta erit omnibus. *Tu autem*. Quasi dicat: Illi contradicunt veritati. *Tu autem assecutus es meam doctrinam*, id est habes scientiam per meam doctrinam. Et ideo potes illis resistere; et *institutionem* bonorum operum, et *propositum meum* quia tendis quo ego; et *fidem* invisibilium, et *longanimitatem*, in exspectatione promissorum, et *dilectionem* Dei et proximi, et *patientiam* de adversis, et *persecutionem* de loco ad locum, et *passiones* tormentorum. *Qualia.* Quasi dicat: tales tibi illatæ sunt passiones et persecutiones, *qualia tormenta mihi facta sunt Antiochiæ, Iconio, Lystris, et quales persecutiones sustinui, et ex omnibus*. Quasi dicat: Ego sustinui persecutiones et tribulationes; *et ex omnibus eripuit me Dominus*, sic et te eruet. Nec solus ego patior, sed *et omnes qui volunt pie*, id est religiose ac juste, *vivere in Christo*, **224** qui venit pati, *patientur* in corde vel corpore a diabolo, [Augustinus] vel a malis hominibus vel a suis concupiscentiis, vel pro dolore peccantium, *persecutionem*. [Haimo] Hoc semper fit, sed maxime primo tempore Ecclesiæ: et sicut omnes qui pie volunt vivere persecutionem patiuntur, ita necesse est, et tibi si pie vivere vis. (16) Pie vivit ille in Christo qui dicit: *Quis infirmatur, et ego non infirmor? Quis scandalizatur, et ego non uror? (II Cor.* xi.) Aliorum infirmitates et scandala sunt illi persecutiones. (17) Quid enim sic persequitur vitam bonorum quam vita iniquorum? non modo cum cogit imitari quod displicet, sed etiam cum cogit dolere quod videt, quia coram pio vivens impie, et si non obligat consentientem, cruciat tamen sentientem. Unde : *Vidi prævaricantes, et tabescebam (Psal.* cxviii). Hæc est persecutio quam patiuntur omnes pii secundum apostolicam sententiam.

Mali autem homines. Quasi dicat: Boni patiuntur, sed *homines mali* in se, *et seductores* aliorum. Quasi dicat: Qui hujus officii sunt, *proficient in pejus*, ita scilicet ipsi dico, *errantes* a bono, et alios *in errorem mittentes*, ipso actu. (18) Quales sunt illi qui timentes hos lædere coram quibus loquuntur, non solum non præparant se ad imminentes tentationes, sed etiam promittunt felicitatem hujus sæculi quam Deus in sæculo non promisit. Ille prædicit labores super labores usque in finem venturos ipsi sæculo, tu prospera; ille ad confortandum cor tuum venit pati, mori, sputis illini, spinis coronari, opprobria bibere, ligno configi. Omnia hæc ille tulit pro te, tu nihil pro illo; sed pro te ille confortans infirmum ut, cum crediderit, non speret prospera hujus sæculi ait: *Fili, accedens ad servitutem sta in justitia et timore et præpara animam tuam ad tentationem. Tu vero*. Quasi dicat: Mali errant et in errorem mittunt, *tu vero permane* firmus *in his quæ didicisti*

---

a Deo vel a me; *et credita sunt tibi*, ut fideli dispensatori, ut aliis annunties ; permanens, dico, *sciens*, id est memoriter retinens, *a quo*, id est a qua, vero doctore, scilicet a me, *didiceris*. Et ideo non debent tibi venire in dubium. Et ideo etiam permane, quia *ab infantia tua nosti sacras litteras* legis et prophetarum. Ecce facultas. *Quæ* litteræ spiritualiter intellectæ possunt *te instruere* ad salutem obtinendam, *per fidem*, quam ipsæ docent, *quæ fides est in Christo Jesu*, multum significat prodesse Veteris Testamenti habere notitiam, ubi Christi persona et incarnatio insinuatur, quæ ad salutem hominum valet. *Omnis enim*. Quasi dicat: Vere Scripturæ valent ad salutem quia valent ad causas salutis. *Omnis enim Scriptura*, cujus auctor Deus est, *inspirata* alicui divinitus id est per Spiritum sanctum, *utilis est ad docendum* nescientes, *ad arguendum*, id est ad convincendum de malo negligentes, *ad corripiendum*, id est ad increpandum duriter in malo persistentes, *ad erudiendum* dico, et hoc, *ad justitiam vel in justitia*, id est ut justum faciat, ita ut homo Dei *instructus ad omne bonum opus sit perfectus*. Et quia sic potes,

CAPUT IV.

Vers. 1-6. — « Testificor coram Deo et Jesu « Christo qui judicaturus est vivos et mortuos, et « per adventum ipsius et regnum ejus, prædica ver- « bum, insta opportune importune, argue, obsecra, « increpa in omni patientia et doctrina. Erit enim « tempus cum sanam doctrinam non sustinebunt, « sed ad sua desideria coacervabunt sibi magistros « prurientes auribus, et a veritate quidem auditum « avertent; ad fabulas autem convertentur. Tu vero « vigila, in omnibus labora, opus fac evangelistæ, « ministerium tuum imple, sobrius esto. Ego enim « jam delibor, et tempus resolutionis meæ instat. »

Testificor, id est adjuro, *te coram Deo*, id est teste Deo Patre, *et Christo Jesu qui judicaturus est vivos*, id est illos qui vivi reperientur qui residui erunt tormentis Antichristi, *et mortuos*, scilicet eos qui mortui reperientur. Vel, vivos, id est justos, et mortuos, id est malos. Et per *ipsius adventum*, priorem cui debes grates agere, vel futurum qui timendus est; *et per regnum ejus* æternum, id est ut tu conregnes æternaliter, *prædica verbum, et insta*, (19) id est instanter prædica ita, scilicet *opportune*, quantum ad eos quibus placet, *et importune* nolentibus : tu opportune quidem agis, sed importunus videris ei qui libenter non audit, quod tamen aliquando ei prodest. [Haimo] Tu ergo sciens hoc illi esse opportunum, quod ei videtur importunum, dilectionem curamque sanitatis ejus animo teneas mansueto et modesto. (20) Multi enim quamvis per turbationes a me dico videntur abscedere, paulatim tamen verbi vigore per medullas penetrante sanati sunt, cum Scriptura dicat: *In multiloquio non effugies peccatum (Prov.* x), non est dicendum istum

---

(16) August., in psalmo LIV.
(17) Id., ad Sebastianum.
(18) Id., De pastoribus.

(19) August., super Epist. ad Galatas.
(20) Id., De Trinit.

multum esse locutum, et si Apostolus dicat, insta opportune importune. In tantiloquio enim non est multum quod est necessarium. Et *argue*, de peccatis negligentes. Vel ita potest distingui. Ista opportune importune argue. Deinde cætera contexuntur. *Obsecra*, id est adjura volentes, *increpa*, asperis verbis persistentes, et hoc, *in omni patientia* repugnantium *et doctrina* accipientium, ita ut patienter sustineas repugnantes, et doceas accipientes. [Haimo] Et nota quod huic acriori persuadet Apostolus patientiam, Tito nimis patienti persuadet imperium. *Erit enim.* Quasi dicat : Modo est hoc necesse, scilicet ut prædices, *erit enim tempus, cum* multi *non sustinebunt sanam doctrinam*, non ferent saltem audire quasi onus sit eis ; *sed coacervabunt sibi* multos, *magistros secundum desideria sua*, id est qui ea doceant quæ volunt. [Ambrosius] Prophetia est Apostoli, qui præscius futurorum in doctrina præcipit esse instandum, ut contra hoc quod futurum erat præpararetur Ecclesia. Tales enim dicit futuros, qui pro desideriis suis doceri velint, ut a magistris constantibus et veracibus ad hos convertantur qui illos doceant quæ libenter audeant ; quia veritas illis aspera videbitur, ut relicta vera doctrina fabulis vacent. Ipsi dico, *prurientes auribus*, desiderio audiendi non tamen bona, *et a veritate quidem*, quæ est eis aspera, *auditum avertent, ad fabulas autem convertentur*, quas docent magistri quos sibi coacervant.

(21) Hos magistros Salomon vult intelligi per mulierem de qua ait : *Mulier insipiens et audax inops panis convocat prætereuntes, dicens : Panes occultos libenter attingite, et aquæ furtivæ dulcedinem* (Prov. IX). Hæc enim mulier vanitas est impiorum, quæ cum sit inops panis promittit panes, id est cum sit ignara veritatis promittit scientiam veritatis, quam ipsa occultatione contendat, et quasi condit ut libentius audiatur, cujus prohibitam furantur seducti audientiam. Hæc enim occultatio facit quasi pruritum in auribus spiritualiter fornicantibus, sicut pruritu libidinis corrumpitur in carne integritas castitatis. Nefarii enim doctores ipsa occultatione condiunt sua venena curiosis, ut ideo existimant eos dicere aliquid magnum, quia habent secretum, et suavius hauriant insipientiam quam putant scientiam, dulciusque audiunt quæ palam in Ecclesia dici credique prohibentur. Mulier illa propter illicita atque punienda secreta non solum insipiens, verum etiam audax nuncupatur. Sub Christiano enim vocabulo multas scelestas hæreses condidit, nefandas fabulas finxit, et utinam tales quales in theatris cantantur, sive rhythmica scurrilitate ridentur, et non tales quales adversus Deum fingere potuisse illam dolemus insipientiam, et miramur audaciam. *Tu vero*. Quasi dicat : Ita futurum est ut dixi. *Tu vero*, dum tempus habes, *vigila* in disciplina ecclesiastica in Scripturis explanandis, et *in omnibus*, id est in omnis modi hominibus docendis, *labora et opus fac evangelistæ*, id est quod ore prædicas hoc opere testare, ut retorqueatur os turturis ad axellas, et sint mala punica et tintinnabula in extremis oris hyacinthinæ tunicæ. Opus fac dico in tantum ut impleas ministerium. Unde addit : *Ministerium tuum*, episcopatus scilicet, imple, scientia, vita et doctrina. Et ut impleas, *sobrius esto*, id est in omnibus modum serva per quod implere poteris, quia hæc virtus temperat omnes alias. Hæc ideo maxime dicit, ne se nimis affligeret propter prædictum præceptum. *Ego enim*, quasi dicat : Vigila, labora, et sic te oportet facere, ideo quia *ego jam delibor*, id est incipio Deo offerri, grata hostia. [Haimo] Libare dicimus degustare, vel fundere, vel immolare. [Ambrosius] Inde componitur delibare, quod hic ponitur pro ipsa immolatione. Passionem enim suam delibationem appellat. Deo enim immolatur qui pro justitia ejus patitur. Unde subdit : *Et tempus meæ resolutionis*, id est mortis, *instat*, id est prope est. Et quasi aliquis quæreret : Unde hoc scis? respondet : Ecce quia gratia Dei præveniente,

VERS. 7-13. — « Bonum certamen certavi, cursum consummavi, fidem servavi. In reliquo reposita est mihi corona justitiæ, quam reddet mihi Dominus in illa die justus judex. Non solum autem mihi, sed et his qui diligunt adventum ejus. Festina ad me venire cito. Demas enim me reliquit diligens hoc sæculum, et abiit Thessalonicam, Crescens in Galatiam, Titus in Dalmatiam, Lucas est mecum solus. Marcum assume et adduc tecum, est enim mihi utilis in ministerio. Tychicum autem misi Ephesum. Penulam quam reliqui Troade apud Carpum veniens affer tecum, et libros, maxime autem membranas. »

Bonum certamen certavi, hactenus, id est explevi quod debui. *Et cursum consummavi*, id est firmiter locavi. Vel ita continua : quasi dicat : In proximo sum migraturus, sed bonum certamen certavi, 225 contra rebelles, quasi dicat : Hoc exemplum tibi relinquo. Et *cursum*, meæ prædicationis qua cucurri, ubi facilis transitus erat, *consummavi*, firmiter locata Ecclesia, et in omnibus adversis *fidem*, quæ est caput Christianæ religionis, *servavi*, quæ non potest haberi nisi Deo miserante, quia donum Dei est. Unde alibi ait : *misericordiam consecutus sum* (*I Tim*. I); *non quia fidelis eram, sed ut fidelis essem*. (22) Apostolum ergo invenimus sine ullis meritis bonis, imo cum multis meritis malis Dei gratiam consecutum, reddentis bona pro malis qui sua jam propinquante passione bona merita sua commemorat : post quæ consequitur coronam, qui post mala merita consecutus est gratiam, quæ nisi prius gratuito donaretur, corona debita non redderetur. Ergo non merita ipsius tanquam ipsius sunt, id est ex ipso ei comparata, sed dona Dei sunt. [Augustinus]

---

(21) August., super Joannem.

(22) August., De grat et lib. arb.

Attende quod ait : Certamen certavi, cursum consummavi. Quomodo hoc dicere potuit cui adhuc restabat ipsius passionis quam sibi impendere dixerat tam magna conflictatio, tam molestum certamen, ad cujus consummandum cursum, adhuc illud deerat ubi erat futurus acrior et crudelior inimicus? Sed hoc dicit non re plena, sed spe firma, quia de victoria futuri certaminis, et cursus consummatione certum eum securumque jam fecerat, qui sibi passionem jam imminere revelaverat, et ideo quod futurum esset præsumpsit, tanquam factum fuerit indicavit. Hoc igitur totum nos dicimus tunc fuisse adhuc perficiendum, quia de Dei promissione præsumens totum ita dicebat tanquam fuisset effectum. Unde et de præmio securus adjungit :

Et in reliquo id est in futuro, *corona justitiæ reposita est mihi,* quam scilicet nullus auferat, idem tibi sperare potes. *Quam reddet mihi Dominus in illa die,* quia ipse est *justus judex,* (23) utique justus retribuendo bona pro bonis, quia prius misericors retribuendo bona pro malis ; et ipsa tamen justitia qua retribuuntur bona pro bonis non est sine misericordia. Et nota quod ait reddet. (24) Si enim fides gratia est et vita æterna, quasi merces est fidei. Videtur quidem Deus vitam æternam tanquam debitam reddere, cui debitam ? fideli, quia promeruit illam per fidem, sed quia fides gratia est et vita æterna est gratia pro gratia. *Reddet mihi, dico, non solum autem mihi, sed et his qui diligunt adventum ejus.* Mali timent adventum ejus, quia ibi damnandi sunt ; boni vero diligunt, quia ibi salvandi sunt. *Festina.* Quasi dicat: Quia tempus resolutionis instat, festina cito venire ad me, et etiam ideo quia quos mecum habere solebam modo non habeo *Demas enim* proerium nomen, *me dereliquit,* tempore adversitatis, *diligens hoc sæculum et abiit Thessalonicam ; Crescens* abiit *in Dalmatiam,* missus a me in ministerium. *Et Titus* abiit *in Galatiam* missus a me. *Lucas est mecum solus. Marcum assume et adduc tecum. Est enim mihi utilis in ministerium. Tychicum autem misi Ephesum, penulam quam reliqui Troade apud Carpum veniens affer tecum et libros, quos ibi dimisi, maxime autem membranas,* ut ibi scribam Epistolas meas. Hæc penula secundum Aimonem data fuit patri Pauli in insigne a Romanis quando susceptus est in socium et civem Romanum. Unde et Paulus se civem Romanum appellat. Penula enim erat vestis consularis qua induebantur consules Romani ingredientes in curiam. De qua si quæritur unde Apostolo acciderit, respondeo Romanos hanc habuisse consuetudinem quando monarchiam totius orbis sibi acquirebant, nt quæcunque gens cum pace et coronis eis occurrisset, darent eis libertatem, in tantum ut fratres illorum dicerentur civesque Romani appellarentur, dabantque potestatem ædificandi curiam et habendi consules, sicut et ipsi habebant. Pater igitur Pauli de Giscalo oppido Judææ ubi natus fuerat translatus in Tharsum Ciliciæ, quodam tempore venientibus Romanis per Ciliciam occurrit eis ipse cum aliis Tharsensibus, utpote nobilis, exceperuntque eos cum pace. Tunc Romani concesserunt eis qrædicta, ibique pater Pauli penulam accepit, post cujus mortem ob recordationem ejus hanc vestem sibi Paulus retinuit. Vel penula hic dicitur volumen legis. Unde Hieronymus ait : « Volumen Hebræorum replico, quod Paulus, juxta quosdam, penulam vocat. »

VERS. 14-22. — « Alexander ærarius multa mala « mihi ostendit. Reddet illis Dominus secundum « opera ejus, quem et tu devita. Valde enim resti- « tit verbis nostris. In prima mea defensione nemo « mihi adfuit, sed omnes me dereliquerunt, non il- « lis imputetur. Dominus autem mihi astitit, et con- « fortavit me, ut per me prædicatio impleatur, et « audiant omnes gentes quia liberatus sum de ore « leonis. Liberavit me Dominus ab omni opere « malo, et salvum faciet in regnum suum cœleste, « cui gloria in sæcula sæculorum. Amen. Saluta « Priscillam et Aquilam et Onesiphori domum. « Erastus remansit Corinthi, Trophimum autem « reliqui infirmum Mileti. Festina ante hiemem ve- « nire. Salutant te Eubolus et Pudens, et Linus, « et Claudia, et fratres omnes. Dominus Jesus « Christus cum spiritu tuo. Gratia vobiscum. « Amen. »

Alexander. Quasi dicat : Illi reliquerunt me. *Alexander autem ærarius,* id est faber vel custos ærarii, *multa mala mihi ostendit,* id est fecit Athenis. Iste Alexander quem supra dixit reversum ad apostasiam, qui fabricabat ædes Dianæ apud Athenas, et omnes contra Apostolum commovit. Unde subdit. *Reddet ei Dominus secundum opera ejus,* non ait reddat, sed reddet, quod verbum prænuntiantis est, ncn imprecantis. Indicat enim. non optat. *Quem et tu devita, valde enim restitit verbis meis, et in prima mea defensione,* id est quando primo cœpi defendere Evangelium contra illum, *nemo mihi adfuit adjutor.* [Ambrosius) Per hoc quod dicit, in prima, innuit se sæpe congressum contra illum ; vel pressuram et tribulationem sibi illatam defensionem appellat. Tribulatio enim Christianis defensio est, quia defendit eos in die judicii. Nemo mihi adfuit dico, *sed omnes* mei *dereliquerunt me. Non illis imputetur,* quia hominis est timere. Nota quod non orat pro Alexandro qui invidentia fraternitatem impugnando peccaverat, sed pro his qui non abruperant amorem, scilicet timore succuberant, orat ut eis ignoscatur. (25) Multum enim interest qui hoc modo, et eos qui illo modo peccant. *Dominus autem astitit mihi, et confortavit me,* quanto plus ab hominibus relictus sum. Confortavit me dico, *ut per me prædicatio impleatur et audiant omnes gentes quoi liberatus sum de-*

---

(23) Aug., in psal. CXXVIII.
(24) Id., super Joannem.

(25) August., De serm in monte.

ore leonis, id est Neronis, de cujus manibus liberatus est a Domino, quando venit Romam, adductus ab his qui præerant Judææ, ob hoc quia Cæsarem appellavit. Nam cum venisset Romam duobus annis mansit in libera custodia, et post etiam transivit ad nationes quæ erant in circuitu Romæ. [Haimo] Vel de manu leonis, id est diaboli, qui, sicut ait Petrus, *tanquam rugiens circuit quærens quem devoret (I Petr.* v, 8.) Qui cum non potest a justitia removere Apostolum, vel de vita vult tollere ne aliis prodesset. Quod quia non potest insultat ei Apostolus, dicens : *Liberavit me etiam Dominus ab omni opere malo, et salvum me faciet, ducens in regnum suum cæleste,* idem tibi sperare licet, *cui est gloria in sæcula sæculorum. Amen.* [Ambrosius] *Saluta Priscam et Aquilam.* Aquila erat vir Priscæ : apud istos hospitabatur Apostolus. *Et Onesiphori domum,* id est familiam, *Arastus remansit Corinthi ; Trophimum autem reliqui infirmum Mileti,* id est ideo hos nominat ut veniens per eos visitet. *Festina ante hiemem venire propter imbres* et frigora, commonet ut autumno veniret. *Salutant te Eubolus, et Pudens, et Linus, et Claudia fratres omnes.* Post salutationem fratrum ipse salutat, quasi subscribens hoc modo : *Dominus Jesus sit cum spiritu tuo,* et cave ne admonitus irascaris, sed potius gratia sit *vobiscum,* id est maneat nostra dilectio. *Amen,* id est fiat, vel vera sunt quæ hactenus dixi.

IN EPISTOLAM AD TITUM

226 ARGUMENTUM.

Titum commonefacit et instruit de constitutione presbyterii, et de spirituali conversatione, et de hæreticis vitandis, qui traditionibus Judaicis credunt, scribens ei a Nicopoli.

CAPUT PRIMUM.

Vers. 1-4. — « Paulus servus Dei, apostolus autem Jesu Christi secundum fidem electorum Dei
« et agnitionem veritatis quæ secundum pietatem
« est in spem vitæ æternæ, quam promisit qui non
« mentitur Deus ante tempora sæcularia ; manifestavit autem temporibus suis Verbum suum in
« prædicatione quæ credita est mihi secundum
« præceptum Salvatoris nostri Dei, Tito dilecto filio secundum communem fidem. Gratia et pax a
« Deo Patre et Christo Jesu Salvatore nostro. »

Paulus servus Christi, etc. [Ambrosius] Hanc Epistolam scribit Apostolus Tito, quem creavit episcopum, commonens eum fore sollicitum in ecclesiastica disciplina. Tito enim relicto Cretæ episcopo ex humilitate et simplicitate nimis patienti, a Nicopoli scribit de episcopali officio imperiose et potestative, tractando præscripta ei sua auctoritate utili. Debet enim pontifex habere maternam pietatem et patris severitatem, ut sit fortis superbis, et suavis modestis : ut non habens timoris angulum, nec elationis supercilium, urat et luceat. Unde in veste legali pontificis erat coccus byssinus, qui habet speciem ignis. Ignis autem duo facit, urit et lucet, ita et pontifex gladio prædicationis, scilicet ignito eloquio, urere debet mordaci increpatione et metuenda minatione, et lucere blandis fovendo, et delectabilia promittendo. Ideo de manna dicitur quod indurabatur ad ignem, et liquescebat ad solem. Et baculus pontificalis ab inferiori pungit, et a summo in anteriora extenditur, in se rediens, quia ecclesiasticus doctor gladio verbi pungere debet, id est aspere redarguere peccantes : quod est ex inferiori natura, et correctos in anteriora dirigere, ita tamen ut ad propriam conscientiam sui consideratione redeat, si forte in se habeat quæ aliis annuntiat. Est igitur intentio Apostoli instruere Titum de episcopali officio atque monere ut id imperiose tractet, et hæreticos vitet. Modus talis : primo salutat ; deinde instruit eum de episcopali officio, docens eum quid agere debeat, et quales episcopos per civitates constituere ; deinde qualiter diversos vel sexu vel ætate, vel conditione instituere debeat. Postea monet eum de vitandis hæreticis. Præmittit autem salutationem dicens : *Paulus* nomine, *servus* conditione, non tamen peccati misera servitute, sed *Dei,* quadam nobilitate, qualiter Moyses et David servi sunt appellati, et Maria ancilla. *Apostolus autem Christi Jesu.* Quasi dicat : Humilitatis non tollit potestatem et dignitatem. Apostolus, dico, *secundum fidem electorum* Dei, tenens et prædicans fidem quam tenent, vel qua salvantur electi Dei, et ideo pro ea laborandum est, et secundum *agnitionem veritatis, quæ* veritas *est secundum pietatem,* id est Christi religionem. Hoc ideo dicit quia est veritas, et in liberalibus artibus, sed quæ nihil pertinet ad Christianam religionem. Apostolus Christi sum dico, et hoc *in spem vitæ æternæ,* id est per hoc sperans vitam æternam. Hæc est res, hic est fructus apostolici officii. Per hoc commendat apostolicum officium non tepidius esse agendum. *Quam,* vitam æternam, *Deus ante tempora sæcularia,* vel æterna, quod idem est, id est ante omnia tempora, *promisit.* Quomodo ? (1) Promisit, cum nondum essent homines quibus promitteret, quia

(1) Augustinus, De civit. Dei.

in ejus æternitate, et in ipso Verbo ejus eidem coæterno jam prædestinatione fixum erat. Promisit ergo ante tempora quia in se æterno sic fixum erat antequam tempus esset quod cum creaturis cœpit. (2) Non ergo possumus dicere fuisse aliquod tempus quoniam Deus nondum aliquid fecerat. Ideo ait: Quam promisit Deus ante tempora sæcularia. Quasi dicat: Non est recens promissio, sed ante tempora omnium sæculorum, addit; *Qui non mentitur*, id est quia verax est: per quod certa ostenditur promissio vitæ, quæ quanto certior est tanto minister debet sollicitior esse. Ut autem certius sit. *manifestavit suis temporibus*, id est congruis, scilicet *Verbum suum*, id est Filium, hæc est vita æterna. Manifestavit dico, non solum rei effectu, sed etiam *in prædicatione quæ credita est mihi* ut fideli, cui tu, o Tite, comparticipas. Credita est mihi prædicatio dico, et hoc, *secundum præceptum Salvatoris nostri Dei*, cui in salute homine minus obediens, si quomodo remittitur. Paulus, inquam, scribit hanc epistolam *Tito dilecto filio suo secundum communem*, id est catholicam, *fidem*, non privatam alicujus. Catholicon enim Græce, Latine dicitur *commune*, vel *universale*. Et in scribendo, primum salutat in hunc modum: *gratia sit tibi et pax a Deo Patre et Christo Jesu Salvatore nostro*. Manifesta sunt hæc.

VERS. 5-9. — « Hujus rei gratia reliqui te Cretæ, « ut ea quæ desunt corrigas, et constituas per civi- « tates presbyteros sicut et ego disposui tibi, si « quis sine crimine est, unius uxoris vir, filios ha- « bens fideles, non in accusatione luxuriæ, aut non « subditos. Oportet enim episcopum sine crimine « esse, sicut Dei dispensatorem, non superbum, « non iracundum, non vinolentum, non percusso- « rem, non turpis lucri cupidum, sed hospitalem, « benignum, sobrium, justum, sanctum, continen- »tem, amplectentem eum qui secundum doctrinam « est fidelem sermonem, ut potens sit exhortari in « doctrina sana, et eos qui contradicunt arguere.»

Hujus rei. Primo dicit quid agere debeat et quales ordinare præsbyteros, ita incipiens: *Hujus rei gratia reliqui te Cretæ*, cum inde recederem, *ut corrigas* mala in peccantibus addendo bonis, *ea quæ desunt* ad perfectionem. Et nota quod, dum hæc recolit Apostolus, sicut ei disposuerat monet exsequi. *Et ideo reliqui te, ut constituas* per singulas *civitates presbyteros*, id est episcopos, ut pastoralis curæ onus facilius sustineatur per multos divisum. Constituas dico, *sicut ego tibi disposui*, id est quales constituendos docui, scilicet *si quis est*, non dico sine peccato, sed *sine crimine*, id est, sine peccato criminali, vel infamia criminali. Si dixisset sine peccato, nullus in Ecclesia recte posset ordinari minister. (2) Multi enim baptizati fideles sunt sine crimine. Sine peccato vero in hac vita neminem dixerim, non quia peccati aliquid remaneat quod in baptismate non dimittatur, sed quia in nobis in hujus vitæ infirmitate manentibus quotidie fieri non quiescunt, quæ fideliter orantibus quotidie remittantur. (3) Quamlibet valde justum discutias in hac vita, quamvis jam sit dignus justi vocabulo, non est tamen sine peccato. Unde Joannes: *Si dixerimus quia peccatum non habemus, nos ipsi seducimus et veritas in nobis non est (I Joan.* 1). Sed plane multi justi dicti sunt sine querela, quod intelligitur sine crimine. Nulla enim querela justa est de his qui non habent crimen. Crimen ergo est grave peccatum accusatione et damnatione dignissimum, ut homicidium, adulterium, aliqua immunditia fornicationis, furtum, fraus, et cætera hujusmodi: quæ cum cœperit homo non habere, incipit caput ejus erigere in libertatem, sed ista inchoata est non perfecta libertas. *Unius uxoris vir*, post baptismum, quando novo homini nec stupra nec aliqua quæ ante fuerant obsunt. Huic sententiæ Augustinus contradicit his verbis: (3°) Acutius intelligunt qui nec eum qui catechumenus vel paganus habuit alteram, ordinandum esse censuerunt, quia de sacramento agitur non de peccato: nam in baptismo omnia peccata dimittuntur. Et qui dixit: *Si nupserit virgo non peccat (I Cor.* vii), satis declaravit nuptias non esse peccatum; propter sacramenti autem sanctitatem, sicut femina etiam si catechumena vitiata fuerit non potest post baptismum inter Dei virgines consecrari, ita non absurde visum est bigamum non peccasse, sed formam quamdam sacramenti amisisse, non ad vitæ bonæ meritum, sed ad ordinis ecclesiastici signaculum necessarium. Et sicut plures antiquorum Patrum uxores significaverunt futuras ex omnibus gentibus Ecclesias, uni viro subditas, id est Christo, ita noster antistes, id est episcopus, unius uxoris vir significat ex omnibus gentibus unitatem uni viro subditam, id est Christo. Itaque sicut duobus pluribusve dominis servire, sic ab uno viro in alterius transire connubium non licet, quia apostatare ab uno Deo, et ire in alterius adulterinam superstitionem semper est malum. Et ideo ait: unius uxoris vir, in quo spes continentiæ est et sacramentum. *Filios habens fideles*, id est sanæ fidei, *non in accusatione luxuriæ, aut non subditos*, id est nec saltem de luxuria accusatos, vel sibi non subditos alioquin nec spes est in eo corrigendi alios, nec frontem habet ad alios talium cohabitator, *oportet enim*. Quasi dicat: Talis debet constitui episcopus. *Oportet enim*, id est necesse est ad tractationem officii, *episcopum esse sine crimine*, id est irreprehensibilem, *sicut Dei dispensatorem*, cum dicit 227 episcopum, aperte ostendit presbyterorum nomine episcopos supra fuisse designatos. *Non superbum, non iracundum, non percussorem*, id est non aliorum mentes aliter quam oportet loquendo percutientem. Vel ad litteram, non ferocem, non crudelem, *non cupidum turpis lucri*, id est sæcularis, *sed hospitalem, benignum, sobrium, justum proximo*,

(2) August., contra Manich.
(2) Id., ad Bonifac.

(3) August., super Joannem.
(3°) Id., De conjug.

sanctum Deo, *continentem* se ab allicitis, id est ab ira, superbia, et cæteris, *amplectentem* amore *eum sermonem qui est secundum doctrinam fidelem,* id est veracem. Ita hæc habeat, *ut potens* sit vita et scientia *exhortari* scientes *in doctrina sana.* et *redarguere eos qui contradicunt,* veritati obloquendo, vel male vivendo. (4) Contradicentes enim non uno modo intelligendi sunt. Paucissimi quippe nobis contradicunt loquendo, sed multi male vivendo. Quis enim audet apertissime loquendo contradicere veritati? Non contradicunt multi lingua, sed vita: quos redarguere magnum opus est, grandis sarcina. clivus arduus.

VERS. 10-16. — « Sunt enim multi etiam inobe-
« dientes, vaniloqui, et seductores, maxime qui de
« circumcisione sunt, quos oportet redargui : qui
« universas domos subvertunt, docentes quæ non
« oportet turpis lucri gratia. Dixit quidam ex illis
« proprius ipsorum propheta: Cretenses semper
« mendaces, malæ bestiæ, ventres pigri. Testimo-
« nium hoc verum est. Quam ob causam increpa
« illos dure, ut sani sint in fide, non intendentes
« Judaicis fabulis et mandatis hominum aversan-
« tium se a veritate. Omnia munda mundis, coin-
« quinatis autem et infidelibus nihil est mun-
« dum, sed inquinatæ sunt eorum et mens et
« conscientia. Confitentur se nosse Deum, factis au-
« tem negant, cum sint abominati et incredibiles et
« ad omne opus bonum reprobi. »

Sunt enim. Quasi dicat: Bene dixit, eos qui contradicunt. *Sunt enim incerti multi et inobedientes,* in se, et *vaniloqui* ad altos, *et seductores* circumventionibus, et cujuscunque generis fraudibus, et *maxime qui de circumcisione sunt,* id est de Judæis qui sub nomine Christi judaizare docebant. Renati enim in Christo non puri erant Christiani, quia partim legem, partim Christum venerari volebant. De quibus subdit: *Quos oportet redargui:* Ideo, quia ipsi sunt *qui subvertunt universas domos,* id est totam familiam, *docentes quæ non oportet.* Et hoc faciunt, *gratia turpis lucri,* scilicet terrenæ rei, id est pro terrenis acquirendis. Vel, gratia turpis lucri, id est ut proselytos faciant, sicut Dominus dicit Pharisæis et Scribis: *Circuitis mare et aridam ut facia-tis unum proselytum (Matth.* XXIII). *Dixit.* Quasi dicat: Vere tales sunt, sicut dixit *quidam ex illis,* qui eos noverat. [Augustinus] Iste fuit Pigmenides Cretensis in cujus libris hoc invenitur, qui homo inter prophetas Dei non invenitur, nec ejus prophetia ad illa eloquia Dei pertinet quæ Judæis sunt credita. Et ideo nomen ejus non commemoravit Apostolus, sicut solet commemorare prophetas Dei, dicens, sicut et David dicit, vel Isaias; vel tacitis nominibus illorum dicit, sicut scriptum est, et ea Scriptura intelligitur in qua est auctoritas Dei. Homo autem ineruditus, canis rabiosus, ausus est dicere istum de prophetis Judæorum fuisse, de quo

ait Apostolus: Dixit quidam ex illis proprius, qnia verum dixit, etsi poeta esset. Propheta dico, *illorum,* non Dei, *et proprius* illorum, quia eorum naturam bene aperuit. Quod utique ad hoc dictum est, ne Dei propheta putaretur. Non ergo Judæorum sed Cretensium proprius erat propheta, qui dixit: *Cretenses semper* sunt *mendaces et malæ bestiæ,* id est sanguinem sitientes, *et ventres pigri,* id est gulosi, et ideo pigri. Et ne minus credas ei quia gentilis erat, ejus verba commendat Apostolus dicens: *Testimonium hoc verum est.* Sciendum quod, licet divinæ auctoritati unde voluerit quod verum invenerit testimonium sumere, sicut et Paulus, ut legitur in Actibus apostolorum, cum loqueretur Atheniensibus ait de Deo : *In illo vivimus, movemur, et sumus, sicut et quidam secundum vos dixerunt (Act.* XVII). Et de Atheniensis aræ inscriptione ait : *Iveni aram in qua subscriptumm est: Ignoto Deo (ibid.).* Ita divina auctoritas undecunque sumit quod necessarium invenit, sed non ideo omnia ibi quæ inscripta sunt accipienda confirmat. Unde in lege præceptum est Judæis, ut si mancipium gentile emerent, ejus pili raderentur, et unguium incrementa abscinderentur, deinde ad usus domesticos assumeretur: ita vanis atque superfluis gentilium superstitionum et poeticarum sententiis abrasis et decisis, quod purum repertum fuerit ad ministerium domus Dei assumendum est. Sequitur:

Quam ob causam docent. Quasi dicat: Quod non oportet. *Quam ob causam increpa illos,* non ut soles molliter, sed *dure,* ideo *ut sani sint in fide,* id est ut recte credant, *non intendentes Judaicis fabulis* litteralis observantiæ, in qua nemo justificatur apud Deum; *et mandatis hominum,* quia mandata legis post manifestam veritatem, jam hominum, et non Dei mandata sunt. Hominum dico, *adversantium* vel avertentium *se a veritate,* spiritualis intelligentiæ. Quidquid enim adversus veritatem opponitur, humana intentio est. [Ambrosius] Ideo mandata hominum, et fabulas appellat quæ narrant, quia nescientes Scripturarum et interiora verborum legum, colorem sequuntur, non saporem. Putant enim nunquam recedendum esse ab his quæ Moyses tradidit, ut puta de escarum differentia. Unde subdit: *Omnia enim.* Quasi dicat: Vere avertunt se a *veritate,* quia *omnia* humanis usibus concessa, *munda* sunt *mundis,* scilicet illis qui fide bona sumunt et justi sunt; (4*) quod ipsi negant ideo, quia in lege quædam Moyses prohibuit, et ab immundis munda discernit. Hoc autem non secundum naturas quas Deus creavit intelligi voluit, sed secundum significationes. Omnia ergo munda sunt mundis secundum naturam, in qua creata sunt. Unde in Genesi: *Vidit Deus cuncta quæ fecerat, et erant valde bona (Gen.* I). Secundum significationes tamen quædam immunda sunt Judæis, nec omnia nobis apta sunt, vel propter salutem corporum, vel propter consue-

---

(4) August., De verb. Apost.

(4*) August., contra Faust.

tudinem humanæ societatis. Cum ergo sua cuique redduntur, et naturalem ordinem servant. Omnia sunt munda mundis, *contaminatis autem* per peccata, *et infidelibus*, scilicet qui non credunt in Deum vel Deo, *nihil mundum*, quia non sunt digni donis Dei; *sed et mens*, id est intellectus, *et conscientia eorum inquinatæ sunt*. Quasi dicat: Non ex cibo est inquinatio eorum, sed ex malo intellectu et conscientia peccatorum. Et vere mens est conscientia eorum inquinatæ sunt,quia *confitentur* quidem verbis *se nosse Deum, factis autem negant*. Ut enim Joannes ait : *Qui dicit se nosse Deum, et mandata ejus non custodit mendax est (I Joan.* ii). (5) Si negatio non tantum lingua sit sed et factis, certe multos invenimus Antichristos, qui ore confitentur Christum, et moribus dissentiunt ab eo. Quisquis factis negat Christum, Antichristus est. Tales sunt omnes mali Catholici,qui non verbis sed factis negant.Nolite ergo esse tanquam de fide securi,adjungite fidei rectæ vitam rectam, ut Christum confiteamini, et verbis vera dicendo,et factis bene vivendo. Nam et si confitemini verbis, et non factis, fides talium morum prope fides est dæmoniorum. *Cum sint*. Quasi dicat : Confitentur se nosse Deum, *cum tamen sint abominabiles*, id est Deo odibiles, *et incredibiles*, id est nec habiles credere,*ad omne opus bonum reprobi*, id est a Deo reprobati, ut non habeant gratiam ad bene operandum.*Tu autem*.Quasi dicat : Illi docent quod non oportet.

CAPUT II.

Vers. 1-8. — « Tu autem loquere quæ decent
« sanam doctrinam. Senes ut sobrii sint, pudici,
« prudentes, sani in fide, in dilectione,in patientia.
« Anus similiter in habitu sancto, non criminatri‑
« ces, non multo vino servientes, bene docentes ut
« prudentiam doceant. Adolescentulas, ut viros
« suos ament,filios suos diligant,prudentes, castas,
« sobrias, domus curam habentes,benignas, subdi‑
« tas viris suis, ut non blasphemetur verbum Dei.
« Juvenes similiter hortare ut sobrii sint. In omni‑
« bus teipsum præbe exemplum bonorum operum,
« in doctrina, in integritate, in gravitate. Ver‑
« bum sanum irreprehensibile, ut his qui ex ad‑
« verso est vereatur, nihil habens malum dicere de
« nobis. »

Tu autem loquere ea quæ decent sanam doctrinam, id est doctrinam sanæ fidei.Hæc sunt quæ ad bonos mores pertinent, scilicet hortare *senes ut sobrii sint pudici*, ne luxurient, *prudentes*, providentes fidei necessaria,*sani in fide*,scilicet ut habeant integram fidem similiter, ut sint sani *in dilectione Dei*, et proximi,in ordine ipso charitatis,et sint sani *in patientia* tentationum et tribulationum.Hortare etiam *anus similiter* esse *in habitu sancto*,ut scilicet earum incessus, motus vultus, sermo præferant sanctitatem;*non criminatrices*,id est crimina aliis imponentes : quod solent facere adolescentulis ; *non multo*

vino servientes.Solent enim esse quædam quæ corporis frigescente luxuria vino se pro libidine dederunt.*Bene docentes*,**228** non quidem publice viros,sed private *adolescentulas*, ita tamen *ut doceant* ipsas adolescentulas, *prudentiam*,scilicet ut ament viros suos. Vel ita distingue: Bene docentes,ita ut prudentiam doceant. Hic distingue. Deinde sequitur. *Adolescentulas* hortare,*ut viros suos*, quos carnali affectu naturaliter diligunt, *ament*, etiam pudica dilectione, ut scilicet cum pudore viris debitum potius reddant quam exigant, *et filios suos diligant* non modo carnali, sed etiam spirituali amore. Doceant etiam eas esse *prudentes* mentis intelligentia, *castas* corporis continentia, *sobrias* in cibo et potu, *domus suæ curam habentes, benignas, subjectas viris suis*, ut non divitiis vel nobilitate perflatæ, viris suis imperare desiderent. [Hieronymus] Subjectæ sint viris suis dico, ita *ut verbum Dei*, id est doctrina evangelica, *non blasphemetur*,si habent viros infidelibus quibus propensius propter timorem Dei obsequi debent, et congaudere,ut hoc videntes non blasphement nomen Domini. [Ambrosius] Vel potest hoc referri ad senes et ad omnia superiora. Quasi dicat : Hortare senes et anus et adolescentulas, ut ita se habeant ut dixi. Quod debent facere, ideo ut non blasphemetur nomen Domini:quod fit si male habeant. *Juvenes similiter hortare ut sobrii sint*, quia juventus solet modum egredi, imo promptior solet esse ad lapsum : ideo salubrius ritinaculis contineri jubetur, ut infrenata divinis legibus gubernetur. Quod ut facilius sit magistrum jubet esse, formam subdens : *et in omnibus præbe teipsum exemplum bonorum operum*, ut scilicet quod docet verbis, ostendat factis,ut hi qui profani sunt et inimici Dei, erubescant,videntes quia quæ docet vera esse probat factis. Aliter pastor occidit oves quantum in se est,et si illæ vivunt mali enim pastores non parcunt ovibus, qui non modo languentes et errantes non curant, sed etiam fortes et pingues necant quantum in ipsis est: et si illæ vivunt,de misericordia Dei vivunt, tamen, quantum ad pastores malos pertinet,occidunt. Quomodo ? male vivendo,malum exemplum præbendo. Attendens enim ovis præpositum suum male viventem, oculos a regulis Dei declinantem et in hominem intendentem,incipit dicere apud se: Si præpositus meus sic vivit, ego quis sum qui non faciam quod ille facit?Omnis ergo qui male vivit in conspectu eorum quibus præpositus est, quantum in ipso est, occidit eos. Ideo servo Dei eminenti in membris summi pastori dictum est : In omnibus præbe teipsum exemplum bonorum operum, scilicet *in doctrina*, recta, *in integritate*, vitæ et corporis,*in gravitate*, ne levis sis, sed authenticus. Et *verbum tuum sit sanum et irreprehensibile*, quod non valet reprehendi loco dictum et tempore,*ut his qui ex adverso est*, id est qui vobis contrarius, *vincatur* vel *vereatur nihil habens malum dicere de vobis*.

---

(5) August., super Joannem.

Vers. 9-15. — « Servos dominis suis subditos « esse, in omnibus placentes, non contradicentes, « non fraudentes, sed in omnibus fidem bonam « ostendentes ut doctrinam Salvatoris nostri Dei « ornent in omnibus. Apparuit enim gratia Salvato- « ris Dei nostri omnibus hominibus, erudiens nos « ut abnegantes impietatem et sæcularia desideria, « sobrie et juste et pie vivamus in hoc sæculo exs- « pectantes beatam spem et adventum gloriæ ma- « gni Dei et Salvatoris nostri Jesu Christi, qui de- « dit semetipsum pro nobis, ut nos redimeret ab « omni iniquitate, et mundaret sibi populum acce- « ptabilem, sectatorem bonorum operum. Hæc lo- « quere et exhortare, et argue cum omni imperio. « Nemo te contemnat. »

Servos etiam hortare *subditos esse dominis suis*, quibuslibet tam bonis quam malis. Subditos dico *in omnibus* quæ non sunt contra Deum, *et placentes*. Vel ita distingue : *in omnibus placentes non contradicentes*. Hoc modo poterunt placere, scilicet si non mussitaverint cum domini aliquid de jusserint, *non fraudantes* aliquid de debito servitutis, *sed in omnibus*, etiam in minimis, *fidem bonam ostendentes ut doctrinam*, hoc referent ad omnia prædicta, scilicet ad senes et anus, et servos, etc. Quasi dicat : Hortare omnes prædictos, ut ita se habeant ut præscriptum est, *ut ita ornent in omnibus* actionibus suis *doctrinam Salvatoris Domini nostri* bonis operibus et fide doctrinam dicit ornari Dominicam. Ornamentum enim doctoris vel pastoris est honesta vita discipuli. *Apparuit enim.* Quasi dicat : Omnes monendi sunt, ut ornent, quia omnibus natus est Christus, nullum excludit. Et hoc est quod ait : *Apparuit enim*, per carnem, *gratia Dei et Salvatoris nostri Dei*, id est Deus et Salvator noster, scilicet Deus Filius, et si invisibilis sit in forma Dei, tamen per gratiam apparuit in forma servi, Et hoc, *omnibus hominibus*, id est ad utilitatem omnis generis hominum sine quo non profuisset nobis nasci, *erudiens* nos exemplo vitæ et doctrinæ, in quo eum sequi debea, scilicet ut erudias. Erudiens non dico ad hoc, ut nos *abnegantes*, id est fugientes, *impietatem*, vanæ culturæ et ignorantiam *et desideria sæcularium*, quæ a mundi hujus principe suggeruntur, *sobrie* in nobis, *et juste* ad proximum, *et pie* ad Deum *vivamus in hoc sæculo* tam fragili. Nos dico exspectantes, ut certi et solliciti, *beatam spem*, id est gloriam æternam, *et adventum*, vel manifestationem *gloriæ magni Dei et Salvatoris nostri Jesu Christi*, qui non in infirmitate ut prius, sed in gloria et potestate veniet, præmia daturus secundum merita, *qui* in primo adventu adeo humilis fuit. Quod non solum erudivit, sed *dedit*, id est tradidit morti, *semetipsum pro nobis*, per hoc securi sumus de spe. Dedit dico, ad hoc, *ut redimeret nos per sanguinem ab omni iniquitate*, tam originali quam actuali, *et mundaret*, in baptismo a culpa et pœna, *populum sibi acceptabilem*, vel peculiarem, id est proprium, *sectatorem bonorum omnium*. Ad hoc redemit nos Christus, ut puram vitam sectantes, et repleti operibus bonis regni Dei hæredes esse possimus. *Hæc loquere* nescientibus, *et exhortare*, scientes, *et argue* negligentes vel rebelles : et hoc, *cum omni imperio*, id est potestate, qui jam non aspere hoc accipitur, cum pro salute fieri sciatur ita cum imperio. ut *nemo contemnat* pro simplicitate.

CAPUT III.

Vers. 1-15. — « Admone illos principibus et po- « testatibus subditos esse, dicto obedire, ad omne « opus bonum paratos esse, neminem blasphemare, « non litigiosos esse, sed modestos, omnem ostendentes mansuetudinem ad omnes homines. Era- « mus enim aliquando et non insipientes, increduli, « errantes, servientes desideriis et voluptatibus va- « riis, in malitia et invidia agentes, odibiles, odien- « tes invicem. Cum autem benignitas et humanitas « apparuit Salvatoris nostri Dei, non ex operibus « justitiæ quæ fecimus nos, sed secundum suam « misericordiam salvos nos fecit, per lavacrum « regenerationis et renovationis Spiritus sancti, « quem effudit in nos abunde per Jesum Christum « Salvatorem nostrum, ut justificati gratia ipsius « hæredes simus secundum spem vitæ æternæ. Fi- « delis sermo est, et de his volo te confirmare, ut « curent nobis operibus præesse qui credunt Deo. « Hæc sunt bona et utilia hominibus. Stultas autem « quæstiones et genealogias, et contentiones, et pu- « gnas legis devita. Sunt enim inutiles et vanæ. « Hæreticum hominem post unam et secundam cor- « reptionem devita, sciens quia subversus est qui « ejusmodi est, et deliquit, cum sit proprio judicio « condemnatus. Cum misero ad te Artemam, aut « Tychicum, festina ad me venire Nicopolim. Ibi « enim statui hiemare. Zenan legisperitum, et « Apollo sollicite præmitte, ut nihil illis desit. Di- « cant autem et vestri bonis operibus præesse « ad usus necessarios, ut non sint infructuosi. Sa- « lutant te qui mecum sunt omnes. Saluta eos qui « nos amant in fide. Gratia Dei cum omnibus vobis. « Amen. »

Admone. Quasi dicat : Etsi tu habes imperium spirituale, tamen *admone illos subditos esse principibus*, scilicet regibus et ducibus, *et potestatibus* minoribus, *et obedire dicto* illorum, non quidem ad malum, sed admone, *paratos esse ad omne opus bonum*, id est obedire illis in Domino. Et admone *neminem blasphemare*, et si premuntur ab illis. [Ambrosius] Quasi dicat : Admone ut ad malum tardi sint et ad bonum parati, scientes quid singulis persolvi oporteat, quia singulis paratur merces. *Non litigiosos esse, sed modestos omnem mansuetudinem ostendentes ad omnes homines* : bonos vel malos Christianos omnibus hominibus bonos vult videri. Sic enim possunt perfidi ad futuram spem vocari. *Eramus enim.* Quasi dicat : Hoc ideo debemus, quia et nos aliquando fuimus quod ipsi, sic et poterunt esse quod nos sumus per eamdem gratiam. Et hoc est quod ait : *Eramus enim et nos aliquando insipien-*

tes, etsi philosophi essent quidam vestrum, vera tamen sapientia carebant. Et *eramus incrudeli errantes* per mala, *et servientes desideriis* animi, et *voluptatibus* carnis *variis agentes* vitam nostram *in malitia*, id est in mala nocendi voluntate, *invidia*, de aliorum successibus, et si nocere non licuit, *odibiles* Deo, vel aliis hominibus, et *invicem odientes* alios. *Cum autem benignitas et humanitas Salvatoris nostri Dei*, id est cum benignus et humanus Deus salvator noster, *apparuit* mundo per carnem, vel nobis per fidem, *non ex operibus*, etc. Vel ita : Cum benignitas et humanitas, id est larga misericordia et clementia Dei Salvatoris nostri apparuit, id est illuxit hominibus, *salvos nos fecit*, jam spe futuræ salutis, *non ex operibus justitiæ quæ fecimus nos*, [Augustinus] quia nulla bona feceramus, *sed secundum suam magnam misericordiam*, ita forsitan et illis faciet qui adhuc increduli sunt. Salvos fecit, dico, *per lavacrum regenerationis*, id est per baptismum in quo deposito veteri homine generatur novus, *et renovationis Spiritus sancti*, quia quotidie magis ac magis renovamur per Spiritum in baptismo datum. Quem spiritum, scilicet *effudit in nos abunde*, scilicet ad remissionem omnium peccatorum, et copiam virtutum, et hoc *per Jesum Christum Salvatorem nostrum* : ad hoc *ut justificati gratia ipsius hæredes simus*, interim in præsenti vitæ æternæ, et hoc *secundum spem*, etsi nondum secundum rem.

Et iste *sermo*, scilicet quod Christus salvavit et hæredes fecit, *est fidelis*, id est verax. *Et de his prædictis volo te confirmare alios ut curent in operibus bonis præesse* aliis multis *qui credunt Deo*. Vel ita : volo te confirmare, scilicet eos qui credunt Deo et curent in operibus bonis præesse, aliis multis vel sibi ipsis. Ideo volo te de prædictis confirmare alios, quia *hæc* prædicta *sunt bona* in se, *et utilia* aliis *hominibus. Stultas autem*. Quasi dicat : De his confirma : *Stultas autem quæstiones*, ubi nec salus, nec utilis scientia, *et genealogias*, id est originum enumerationes, *et contentiones*, quas de lege faciunt, ut de cibis quos alii asserunt discernendos, alii non, *et pugnas legis*, ut quando in emendata Scriptura de annis Matussalæ, et de hujusmodi aliis contraria, vel impossibilia sentire videtur, *devita*.

Sunt enim inutiles, id est sine fructu, *et vanæ*, id est falsæ. Et non solum hæc devita, sed etiam *hæreticum hominem post primam et secundam correctionem*, id est postquam bis feceris correctionem, *devita*. Hæretici sunt qui verba legis legem impugnant. [Hmbrosins] Proprium enim sensum astruunt verbis legum, ut pravitatem mentis suæ legis auctoritate confirment; qui vitandi sunt, quia frequentius correcti exercitatiores essent ad malum. Devita, dico, cur ? Ecce, *sciens qnia qui hujusmodi est*, id est incorrigibilis, *subversus est*, id est perditus, *et delinquit*, quia scienter peccat, *proprio judicio condemnatus*. Proprio judicio se condemnat, qui errorem laudat, et veritatem vituperat. *Cum misero ad te Artemam vel Tychicum*, qui interim provideat Cretensibus, dum ad me veneris, *festina venire ad me Nicopolim, ibi enim statui hiemare*. Ideo dicit ut festinet post Epistolam datam venire, quia vult eum videre causa affectus, et ut plenius confirmet in ecclesiastica disciplina. *Zenam legisperitum*. Ideo hoc dicit, non quia peritior sit Apollo, sed quia hujus professionis fuerat in Synagoga, *et Apollo*, quia perfectus erat in Scriptura, *sollicite præmitte*, ita sollicite, *ut nihil desit illis*, id est ut quæ ad viaticum necessaria sunt illis, habeant apud suos, ne quærent aliena. Et quasi quis quæreret : Unde autem res erit illis ? Unde habet Titus quod eis ad viaticum largiatur ? respondet : *Discant autem et vestri*, id est Cretenses, ut alii *præesse* sibi ipsis in bonis operibus dando ministris. Non dico ad quælibet, sed *ad usus necessarios*, et hoc ideo. *ut non sint infructuosi*, et juxta parabolam arboris quæ non facit fructum bonum. excidatur et in ignem mittatur. Ideo jubet illis sumptus necessarios dari, quia dignum erat ut qui spiritualia tradebant, non illis deessent carnalia. Apollo episcopus fuit Corinthiorum qui propter seditionem concitatam, adversum se a pseudoapostolis discesserat, cum Zena socio suo ad Titum Cretensem episcopum, sed Corinthiis jam sedatis per Epistolas Pauli, mandat Tito ut priusquam veniat Nicopolim, præmittat eos ita sollicite ut nihil in viatico illis desit. *Salutant te omnes qui mecum sunt* ; propter compendium simul omnes consalutatores significat. *Saluta eos qui nos amant*, non ficte, sed *in fide*, id est fideli affectu. Deinde generaliter omnes salutat, dicens : *Gratia* Dei *sit cum omnibus vobis. Amen*.

IN EPISTOLAM AD PHILEMONEM

ARGUMENTUM.

Philemoni familiares litteras facit pro Onesimo servo ejus, scribens ei ab urbe Roma de carcere per suprascriptum Onesimum.

CAPUT UNICUM.

VERS. 1-6. — « Paulus vinctus Christi Jesu, et « Timotheus frater Philemoni dilecto adjutori no- « stro, et App   ori charissimæ, et Archippe

« commilitoni nostro, et Ecclesiæ quæ in domo tua « est, gratia vobis et pax a Deo Patre nostro, et « Domino Jesu Christo. Gratias ago Deo meo, sem- « per memoriam tui faciens in orationibus meis, « audiens charitatem tuam et fidem quam habes in « Domino Jesu, et in omnes sanctos, ut commu- « nicatio fidei tuæ evidens fiat in agnitione omnis « operis boni in Christo Jesu. »

Paulus vinctus, etc. [Ambrosius.] Hanc Epistolam scribit Apostolus Philemoni Colossensi, qui nulla ecclesiasticæ ministrationis præditus erat dignitate, sed vir laudabilis in plebe, cui familiares litteras mittit pro Onesimo servo suo, qui cum damno ejus fugerat; sed ab Apostolo audito Evangelio baptizatus est, cui et veniam deprecatur Apostolus, scribens ei a Roma de carcere. Et est intentio Apostoli implorare veniam Onesimo apud Philemonem. Modus talis : Prius salutat illum cum uxore et filio. Deinde agit gratias Deo de bonis eorum, commendans fidem et charitatem eorum. Postea Philemonem obsecrat, cum ei imperare posset, ut Onesimo parcat, et gratias Deo agat, quia talem illum recipit, ut non servum æstimet, sed dilectissimum fratrem. Deinde dicit ut paret sibi hospitium speranti ad ipsum venire. Præmittit vero salutationem, dicens : *Paulus vinctus Jesu Christi*, id est pro Christo Jesu. Non dicit apostolus, quod est nomen dignitatis, sed vinctus, quod est nomen humilitatis, quia non imperat, sed orat. Est enim hic intercessio pro Onesimo, ideo quæ humilitatis sunt, commemorat incipiens ab injuria sua ut dignitatem suæ Epistolæ faceret. Sicut enim peccati causa vinciri opprobrium est, sic contra pro Christo custodiæ vinaula sustinere maxima gloria est. Eo enim tempore in custodia erat, ideo ait, *Paulus vinctus Jesu Christi*. Quasi dicat : Cujus debes misereri, non esse causa doloris : quod eris si immisericors filium cruciaveris. *Et Timotheus frater*, etc. Cujus etiam causa debes misereri, scribunt hanc Epistolam *Philemoni dilecto*, proventu virtutum. [Hieronymus] Vel sicut in Græco habetur, *diligibili*, qui scilicet diligi meretur ; *et adjutori nostro* ministerio prædicationis, *et Appiæ* uxori ejus cui scribit ut hæc virum exoret, *charissimæ sorori*, in fide non ficta, *et Archippo* filio ejus Colossensium ministro, ut et hic patrem exoret, *commilitoni nostro* qui mecum laborat in eadem militia, *et Ecclesiæ quæ in domo tua*, vel, *ejus est*, id est toti familiæ ejus, ut et hi orent eum. Et ante alia salutat in hunc modum : *Gratia sit vobis*; id est remissio peccatorum, *et pax* mentis et reconciliatio ad Deum *a Deo Patre nostro et Domino Jesu Christo*. *Gratias*. Post salutationem gratias de bonis agit, commendans fidem et charitatem ejus : quæ ideo commemorat, ut memorata bonitas moveat eum ad veniam. Ait ergo : *Gratias ago Deo meo semper memoriam tui faciens in orationibus meis*. Unde autem gratias agat, aperit, subdens : *Audiens charitatem tuam et fidem*, id est commendationem fidei et charitatis tuæ. *Quam fidem et charitatem habes in Domino Jesu, et in omnes sanctos*, vel in omnibus sanctis, quia in Christum credebat et eligebat, et sanctis credebat et diligebat, et per opera fidei et charitatis Christo serviebat et sanctis, *ut communicatio*. Quasi dicat : Fidem habes et charitatem in Christo et in sanctis, ita *ut communicatio fidei tuæ evidens fiat*, id est ut fides tua communicans fidei nostræ, vel quod aliis ex fide tua communicas evidens sit. Et hoc in *agnitione omnis boni in Christo Jesu*, id est ita evidens sit ut hoc merito cognoscatur 230 omne bonum esse in te per Christum, id est omnium bonorum sufficientia. Vel ita : memoriam faciens tui, et gratias ago in orationibus habitis de hoc, ut omnes fidei tuæ, id est operatio fidei qua servis Christo et sanctis, evidens fiat. In agnitione omnis boni, quod est in Christo Jesu, id est cum cognitione boni æterni, ut illud expeteretur in præmium. [Ambrosius] Hoc enim orat Apostolus ut operatio illius cum cognitione fiat bonitatis, id est ut tali mente operetur, ut in futurum exspectet præmium ipsum Christum, non retritionem temporalium.

VERS. 7-25. — « Gaudium enim magnum habui, « et consolationem in charitate tua, quia viscera « sanctorum roquieverunt per te, frater. Propter « quod multam fiduciam habens in Christo Jesu im- « perandi tibi quod ad rem pertinet, propter chari- « tatem magis obsecro, cum sis talis ut Paulus se- « nex, nunc autem et vinctus Jesu Christi, obsecro « te pro meo filio quem genui in vinculis Onesimo, « qui tibi aliquando inutilis fuit, nunc autem et « mihi et tibi utilis, quem remisi tibi. Tu autem il- « lum ut mea viscera suscipe. Quem ego volueram « mecum detinere, ut pro te mihi ministraret in vin- « culis Evangelii. Sine consilio autem tuo nihil vo- « lui facere, uti ne velut ex necessitate bonum tuum « esset, sed voluntarium. Forsitan enim ideo dis- « cessit ad horam a te, ut in æternum illum recipe- « res jam non ut servum, sed pro servo charissi- « mum fratrem maxime mihi. Quanto autem magis « tibi et in carne, et in Domino? Si ergo habes me « socium, suscipe illum sicut me. Si autem aliquid « nocuit tibi aut debet, hoc mihi imputa. Ego Pau- « lus scripsi mea manu. Ego reddam, ut non dicam « tibi quod et te ipsum mihi debes. Ita, frater, ego « te fruar in Domino, reficere viscera mea in Christo. « Confidens in obedientia tua scripsi tibi, sciens « quoniam et super id quod dico facies. Simul au- « tem para mihi hospitium, nam spero per oratio- « nes vestras donari me vobis. Salutat te Epaphras « concaptivus meus in Christo Jesu, Marcus, Ari- « starchus, Demas et Lucas auditores mei. Gratia « Domini nostri Jesu Christi cum spiritu vestro. « Amen. »

Gaudium enim. [Ambrosius] Quasi dicat : Jam hoc oro, quia *gaudium magnum habui* in corde, *et consolationem* in adversis *in charitate tua*, quæ non solo virtutis habitu in corde viguit, sed etiam extra in opere manifestata est, hac scilicet *quia in sancta sanctorum*, id est filii sanctorum charissimi, vel erga te propensi sanctorum affectus interni, o *frater per te* digne illos recipientem a suis laboribus quodammodo respirantes *requieverunt*, quia sanctorum necessitatibus utensilia ministravit, et ita sanctorum affectus erga illum propensius eo consolante quievit, et refrigeratus est. *Propter quod*, scilicet quia servis aliis et ad benefaciendum promptus es, multo magis mihi servire debes. Ego *multam habens fiduciam*, non dico potestatem, *in Christo Jesu*, id est per Christum Jesum, *imperandi tibi quod pertinet ab rem*, id est ad tuam utilitatem. Non dico contra licita, quasi dicat, fiduciam habeo imperandi quod est utile tibi et mihi. Non dico me habere potestatem imperandi tibi contra hoc quod licet tibi. Habens, inquam, fiduciam imperandi *propter charitatem* meam, vel tuam, *magis obsecro cum sis talis*, vita et ætate : *ut ego Paulus* qui *senex* sum, et ideo non impero tibi, sed obsecro. Unde supra : *Seniorem ne increpaveris, sed obsecra ut patrem* (*I Tim.* v.) *Nunc autem*. Quasi dicat : Senex sum, dico, non solum autem senex, sed et *nunc vinctus Christi Jesu*, per quod magis debes moveri. *Obsecro*, inquam, *te de meo filio Onesimo*. Magnum est et laudabile, non de humili viro, sed de sublimi viro, si se inclinat et obsecrat. Filio meo, *quem genui in* fide, cum essem *in vinculis*. Et ideo tenerius eum diligo, *qui tibi aliquando*, dum infidelis erat, *fuit inutilis*, tua tollendo, *nunc autem utilis est et tibi et mihi*, serviendo scilicet mihi et per me tibi, cujus est quidquid tuus servus mihi fecit, *quem remisi tibi. Tu autem suscipe*, id est recipe, *illum ut mea viscera*, id est meum charissimum filium. Vel, ut mea viscera, id est meum in eo recipe affectum. Onesimum profugum decurrentem ad divinum axilium, cum esset in custodia baptizavit Apostolus, videns in illo utilitatis spem, quem sic commendat ut suum animum in illo significet recipi. *Quem ego volueram mecum retinere, ut pro te mihi ministraret in vinculis Evangelii. Sine consilio autem*, id est consensu, *tuo nihil volui facere, ut bonum tuum*, scilicet quod tuus mihi servit, *ne*, id est non, *esset velut ex necessitate*, id est contra velle tuum, *sed voluntarium*, (1) ut tamen velit Deus facit, qui operatur in nobis velle et operari pro bona voluntate. *Forsitan enim*. Quasi dicat : Ideo suscipe illum, quia utilis fuit fuga ejus. *Forsitan enim ideo discessit ad horam a te, ut reciperes illum in æternum*, scilicet hic et in futuro. Dicendo forsitan, sententiam temperat. Hoc ideo dicit, quia omnia humana sunt dubia, et potuit alia causa esse quare Deus sic fieri disposuerit, sive permiserit. Recipe-

res illum, dico, *jam non tantum ut servum, sed pro* servo, quod ante erat, *fratrem charissimum*. Vel secundum aliam litteram, reciperes illum, dico, *jam non tantum ut servum, sed ut fratrem charissimum* plus servo. Fratres enim plusquam servi chari sunt Illum, dico, *maxime mihi* charum. *Quanto autem magis*, quam ante, vel quam mihi, *tibi* charus esse debet, et *in carne*, scilicet quia servus tuus est, *et in Domino*, quia fidelis frater est. Vel ita frater est, et maxime mihi magistro tuo frater est. Onesimo enim offenso proprio domino confugit ad Apostolum, ad hoc ut obliteratis peccatis utilis reverteretur, in tantum ut non domino suo æqualis fieret meritis, sed ipsi magistro suo frater. [Ambrosius] Et ne Philemon, quia dominus erat, contra servum suum inflaretur, humiliat eum, dicens illum ei fratrem, et in carne, quia ex uno Adam sumus omnes, et in Domino per fidem, et hoc est quod subdit, quanto autem magis quam ante tibi, frater est, et in carne, per conditionem primæ nativitatis, et in Domino per fidem quæ omnem superbiam amputat. Et quia ita est, *ergo*, id est ideo, *si habes*, id est si habere vis, *me socium suscipe illum sicut me;* si enim non suscipis, non es socius. *Si autem aliquid nocuit tibi aut debet, hoc mihi imputa*. Nunc excusationem omnem convellit, cum sibi imputandum esse dicit, si vel læsit, vel debet aliquid. Et ut magis creadatur quod dicit, addit *Ego Paulus scripsi manu mea, ego reddam* tibi, vel hic vel in futuro. Reddam tibi, dico : *Ut non dicam tibi quod*, non modo tua, sed etiam *teipsum debes mihi*, ad serviendum. Quasi dicat : Minus exigo a te quam debes. Deinde supponitur adjuratio, cum ait : *Ita, o frater, ego fruar te in Domino*, id est gaudebo de te in regno Dei, si feceris quod rogo. Quid est illud ? Ecce : *refice viscera mea*, id est filium vel affectum meum *in Domino*, id est propter Dominum. Deinde blanditur ei, dicens : *Ego confidens in obedientia tua scripsi, sciens quod facies supra in quod dico*. Provocat eum sic blandiendo, ut amplius faciat quam postulatur ab eo. Solet enim fieri ut qui de se videt bene sentiri, meliorem se præbeat. Deinde ut sollicitiorem eum faciat, et ad obediendum promptiorem, venturum se ad illum significat, subdens : *Simul autem et para mihi hospitium*, vel hoc potest eum movere ad veniam. Ideo, dico, para, *nam spero per orationes vestras me donari vobis*. Hoc dicit ut magis obediant. Solent enim absentes contemni. *Salutat te Epaphras et captivus meus in Christo Jesu, et Marcus, Et Aristarchus, Demas et Lucas adjutores. Gratia Domini nostri Jesu Christi* sit *cum spiritu tuo. Amen.*

---

(1) August., De perfect. justitiæ hominis.

IN EPISTOLAM AD HEBRÆOS

ARGUMENTUM.

231 In primis dicendum est cur apostolus Paulus in hac Epistola scribenda non servaverit morem suum, ut vel vocabulum nominis sui, vel ordinis describeret dignitatem. Hæc causa est, quod ad eos scribens qui ex circumcisione crediderant, quasi gentium Apostolus et non Hebræorum: sciens quoque eorum superbiam, suamque humilitatem ipse demonstrans, meritum officii sui noluit anteferre. Nam simili modo etiam Joannes apostolus propter humilitatem in Epistola sua nomen suum eadem ratione non prætulit. Hanc ergo Epistolam fertur Apostolus ad Hebræos conscriptam Hebraica lingua misisse: cujus sensum et ordinem retinens Lucas evangelista post excessum apostoli Pauli Græco sermone composuit.

CAPUT PRIMUM

VERS. 1-7. — *Multifariam multisque modis olim Deus loquens patribus in prophetis, novissime diebus istis locutus est nobis in Filio, quem constituit hæredem universorum, per quem fecit et sæcula. Qui cum sit splendor gloriæ et figura substantiæ ejus, portansque omnia verbo virtutis suæ, purgationem peccatorum faciens, sedet ad dexteram majestatis in excelsis: tanto melior angelis effecto, quanto differentius præ illis nomen hæreditavit. Cui enim dixit aliquando angelorum: Filius meus es tu, ego hodie genui te? Et rursum: Ego ero illi in patrem, et ipse erit mihi in filium. Et cum iterum introducit Primogenitum in orbem terræ dicit: Et adorent eum omnes angeli Dei. Et ad angelos quidem dicit: Qui facit angelos suos spiritus, et ministros suos flammam ignis.*

Multifariam, vel *multifarie*, etc. Paulus doctor egregius, gentium Apostolus, ministerium suum volens honorificare juxta quod in Epistola ad Romanos ait: *Quandiu sum Apostolus gentium, honorificabo ministerium meum, tentans si quomodo ad æmulandum provocem carnem meam* (Rom. XI,) Hebræis hanc Epistolam scripsit, agens de eminentia Christi secundum utramque naturam, et legis Mosaicæ inutilitate, astruens multis modis finem Jesu Christi absque legalibus fieri ad justitiam et salutem, legalia vero post passionem non modo non proficere, verum etiam officere. Quorumdam Hebræorum superstitiosam traditionem excludens, qui Christum confitentes legales observantias tenendas putabant, et in hunc errorem quosdam etiam qui de gentilitate venerant ad Christum sua auctoritate induxerant. Ideo Apostolus providens gentibus ne deinceps in hunc errorem Hebræorum auctoritate trahantur, Judæos quoque ad æmulandum provocans, quod est honor ministerii sui, gratiam Dei hic commendat per Christum verum pontificem, hoc tempore fidelibus factam legem ostendens reprobatam. Ad ultimum etiam de moribus instruit [Chrysost.] Præsentis igitur temporis eminentiam ostendit, dicens Dominum unigenitum suum nobis misisse, et in eo nobis locutum ut auditorum mentes erigeret, id est fidelium quibus scribit Judæorum, ne quis multis quæ illis acciderant valde afflicti et contriti erant, putarent ex hoc se inferiores cæteris ac miseriores existere. Ideoque ut eos consoletur atque erigat, majori gratia præditos in initio Epistolæ suæ declarat, quia antiquis quidem prophetæ missi sunt, nobis autem Filius, et illis servi et conservi locuti sunt, nobis autem Dominus. Quidam tamen veritatis calumniatores hanc Epistolam non esse Pauli dicere ausi sunt, eo quod nomen ejus in titulo non habeat, et longe splendidiore et facundiore stylo quam aliæ resplendeat; sed aut Barnabæ, aut Lucæ, vel Clementis, vel Tertulliani; quibus in promptu nobis est respondere. Si enim ideo non est dicenda Pauli, quia nomine ejus prætitulata non est, ergo nec alicujus illorum, imo nullius omnino, cum nullius nomen habeat in titulo. Ideo autem nomen suum huic Epistolæ sicut et cæteris non præponit, quia Hebræis odiosus erat, quibus legum destructor videbatur. Quia ergo non eorum, sed gentium Apostolus erat, nomen suum odiosum eis tacuit, ne præscripti nominis invidia sequentis utilitatem excluderet lectionis. [Hieron.] Sciens quoque eorum superbiam, suamque humilitatem ipse demonstrans, suis ordinis dignitatem voluit anteferre nominando se Apostolum, sed meritum sui officii tacens, superbis ipse humilis, non se Apostolum nominavit, ne superbi indignarentur. Quod vero hæc Epistola majore relucet facundia quam aliæ, sane mirandum non est, cum naturale sit unicuique plus in sua quam in aliena valere lingua. Cæteras enim Epistolas Apostolus peregrino, id est Græco, sermone composuit. Hanc autem scripsit Hebraica lingua, cujus sensum et ordinem retinens Lucas post excessum ejus Græco sermone composuit. Non ergo est mirum si in hac tanto doctrinæ fulget eloquio.

Propulsatis igitur calumniis adversantium veritati, nullatenus ambigendum est et hanc Pauli fore Epistolam, in qua intendit Christi eminentiam, et fidei sufficientiam, nec non legis insufficientiam et inutilitatem ostendere. Modus tractandi talis est: Primo proponit audienda esse verba Christi, sicut prophetarum; et amplius conferendo eum prophetis, et præferendo, quia in eo locutus est Deus, ut in prophetis, et major est in eis. Deinde commendat eum alternatim secundum utramque naturam, humanam scilicet et divinam. Postea comparat eum angelis et præfert, multa interserens de ejus excellentia secundum utramque naturam. Deinde comparat eum Moysi, et præfert; deinde multis rationibus et auctoritatibus gratiam fidei umbræ legis præferendam declarat, et sacerdotium Christi Levitico sacerdotio, et Testamentum Novum Veteri, ejusque sacrificium unum multis illius sacrificiis præponendum ostendit, quasi ibi umbra, hic veritas; tandem ponit fidei descriptionem, eam multis testimoniis commendans. Circa finem vero moralem subdit instructionem. Primo igitur comparans eum prophetis, ait : *Olim Deus loquens patribus in prophetis multifaria, vel multifarie, novissime diebus istis locutus est nobis in Filio*. Attende singula, et confer invicem; dicendo : Olim, ostendit quod non est novum quod Deus loquitur. Olim, ergo non noviter, Deus, qui est invariabilis, et tunc et nunc loquens, jungit præsens cum præterito, quia quod tunc locutus est et nunc loquitur, patribus antiquis qui in carne et cultu Dei patres sunt nobis, et hoc in prophetis. Non enim ipsi ex se loquebantur, sed Deus in eis. Non enim ex intellectu proprio loquebantur, nec humano ingenio reperiebant, dum ait patribus in prophetis, ostendit eum locutum servis per servos, scilicet per prophetas tempore promissionis. (1) Tempus enim constituit Dominus promissis suis, et tempus eis quæ promisit implendis, promissionum tempora habuerunt prophetas afflatos et impletos Verbo Dei usque ad Joannem. Ab illo autem usque in finem, tempus est implendi quæ promissa sunt. Unicus Dei Filius venturus erat ad homines, assumpturus hominem, et per id futurus homo, moriturus, resurrecturus, ascensurus, sessurus ad dexteram Patris, impleturus in gentibus promissa. Hoc ergo totum fuit prophetandum de illo, prænuntiandum fuit eum venturum, ut non subito veniens horreretur, sed creditus exspectaretur. Loquens, dico, multifariam, id est multoties, id est multis locutionibus, scilicet Abrahæ, Isaac, Jacob, et cæteris eisdem sæpe. *Multisque modis*, id est multis qualitatibus, quia modo per somnia ut Danieli; modo aperta voce, ut Moysi; modo interiori inspiratione, ut David. Unde alibi dictum est : Ego visiones multiplicavi, et in manibus prophetarum assimilatus sum. Vel multifarie, id est multo et diverso genere locutionis, ut per somnia vel per inspirationes, vel per apertas voces. Multisque modis, id est rerum diversis mysteriis futura significans. Deus, inquam, loquens olim, novissime, id est in fine temporum. Vel, novissime, quia post hanc locutionem non sequitur alia locutio in diebus istis. Quasi dicat : Adhuc supersunt qui audierunt et viderunt. Locutus est : loquens de præsenti utitur præterito, quia idem ipse modo loquitur qui olim locutus est. [Chrysost.] Item attende quod dicendo olim et novissime, aliud quiddam nobis insinuat, quoniam multo in medium tempore percurrente, quando jam proximi eramus ad pœnam, quando omnia charismata quieverant, tunc ampliores exstitimus et digniores, **232** quod prudenter astruit, dicens : Novissime locutus Deus nobis filiis illorum patrum, ne aliud putetur nobis locutus quam illis quod poterat videri, si alii loqueretur genti. Locutus est, inquam, in Filio, id est per filium unicum, qui major est prophetis. Est enim Dominus prophetarum impletor et sanctificator prophetarum. Sicut enim propheta Christus est et Dominus prophetarum, sic et angelus est et Dominus angelorum. Nam et dictus est magni consilii Angelus, et Moysi dictum est de Deo : *Suscitabo eum prophetam similem tui* (*Deut*. xviii), si Christus nihil annuntiaret, angelus non diceretur; si nihil prophetaret, propheta non diceretur. (2) Ex eo quod præsens annuntiavit, angelus erat; ex eo quod futurum prædixit, propheta erat; ex eo quod Verbum Dei caro factum est, et angelorum, et prophetarum Dominus. Unde et eum secundum utramque naturam commendat, subdens:

Quem constituit. Hic commendat eum secundum humanam naturam, quia quamvis cum Patre secundum divinitatem omnia possideat, tamen secundum humanitatem recte dicitur hæres constitutus; secundum illud : *Dabo tibi gentes hæreditatem tuam* (*Psal*. ii). Et hoc est quod ait : *Quem* Christum Deus Pater *constituit*, jam immutabilem *hæredem universorum*, id est possessorem omnis creaturæ. Non jam portio Domini tantum Jacob et pars ejus Israel, sed omnes prorsus nationes mundi. [Chrysost.] Hæredis autem utitur nomine, ut duo quædam per hoc astruat et ostendat, scilicet quod proprius sit Filius, et quod donationis illi nulla contingat amissio. Deinde ergo hæredem notat quia Filius est, et nunquam perdit quidquam de omni dato Patris; in hoc etiam quod dixit hæredem, humilitatis demonstravit edictum. Deinde ad superiorem gradum altioremque transcendit, subdens : *Per quem*, ut per Verbum Patri cœternum, *fecit*, non solum, æterna, id est invisibilia et immutabilia quæ minus nobis sunt nota, sed etiam *sæcula*, id est visibilia et mutabilia. Attende qualiter his duas rectas vias ingreditur, una quidem revocans nos a nefando errore Sabellii, alia ab arianicæ impietatis errore, ne putetur Pater vel unicum non habere, vel extraneus a Patre subsistere. Sunt enim quidam qui eum extraneum esse delirent : quod male visum est Ario, alii qui non alterum Patrem, alterum Filium suppingere moliuntur, sed eumdem aliquando Patrem, aliquando Filium. Integra ergo commonet ratione, et quia Dei Filius est, et quod non ab eo alienus existat.

Qui cum sit splendor. Hic secundum divinam naturam commendat Christum ostendens eum cœternum et coæqualem Patri, ejusdemque cum eo

---

(1) Aug., super Joannem.

(2) Aug., super Joannem.

substantiæ, sed alter in persona. Hoc autem cum religiositate accipere debemus, et si quid absurdum fortasse occurrerit, ab acie mentis abigere, ubique siquidem religioso nobis opus est intellectu: maxime vero ubi de Deo vel loquimur aliquid, vel audimus, quia nec ad loquendum de igne, de Deo, lingua sufficit, nec ad percipiendum prævalet intellectus. Multa enim de Deo intelligimus quæ loqui penitus non valemus. Multa item loquimur, quæ intelligere non sumus idonei. Verbi gratia : Quod ubique Deus est scimus et dicimus. Quomodo autem ubique sit intellectu non sapimus. Item quod est incorporea quædam virtus, quæ omnium est causa bonorum, scimus : quomodo autem vel quæ ista sit penitus ignoramus. Sunt etiam quædam quæ dici non possunt quamvis mente capiantur, ut etiam ipsum Paulum videamus in quibusdam talibus quasi infirmari, et non integra proponentem exempla, sicut hic, cum ait, qui cum sit splendor, etc., utens impropriis nominibus, quia proprio reperire non poterat, et rerum temporalium similitudine ad ostendendum veritatem æternorum, id est Patris et Filii coæternitatem, quamvis temporalia integra collatione æternis comparari non possint. In æternitate enim stabilitas est, in tempore autem varietas; in æternitate omnia stant, in tempore alia accedunt, alia succedunt. Quid enim possumus in creatura invenire coæternum, cum in ea nihil inveniamus æternum? Invenis Patrem æternum in creatura, et invenio coæternum Filium : si autem invenis æternum in creatura, sufficit ad similitudinem nt inveniamus coævum. Aliud est enim coæternum, aliud coævum. Coævos dicimus eos qui eamdem habent mensuram temporum, non alter ab altero tempore præceditur : ambos tamen esse cœpisse dicimus. Et si poterimus in creaturis invenire aliqua coæva, non tamen generans et generatum, sicut in Trinitate generante coæternum Unigenitum. In creaturis enim non ex eo tempore incipit generatum, ex quo generans ; in Creatore vero non præcessit genitor genitum. Non possunt ergo comparari temporalis æternis integra collatione, sed tamen possunt ex aliqua tenui et parva similitudine coæva coæternis comparari. Inveniamus itaque coæva, nam de Scripturis monemur ad has similitudines. Legimus enim scriptum de ipsa Sapientia : *Candor est lucis æternæ* (Sap. VII). Item, speculum est sine macula Dei majestatis. Ecce ipsa sapientia dicta est candor lucis æternæ, id est imago Patris et speculum. Hinc accipiamus similitudinem, ut inveniamus coæva, ex quibus intelligamus coæterna, quia coæva in creaturis inveniri poterunt. Utens nominibus rerum temporalium, dixit, candor est lucis æternæ. Et hoc ait, *splendor gloriæ*. Coæternus est enim Patri Filius, ut coævus est splendor igni, ex quo et est. Ignis enim lucem fundit, lux ab igne funditur. Quid enim a quo existat si quæ-ramus, scilicet fulgor ab igne, vel ignis a fulgore, omnis anima mihi respondet. Voluit enim Deus inseminare omni animæ initia intellectus et sapientiæ. Omnis ergo anima respondet, et nemo dubitat quod splendor igne existit, non ignis de splendore.

Ponamus ergo ignem velut Patrem, splendorem tanquam Filium, quia jam prælocuti sumus nos coæva quærere in creaturis, per quæ coæterna in Creatore astruamus. Si lucernam accendere cupio, nondum est ibi ignis nec splendor ; mox autem ut accendero, simul cum igne et splendor existit. Da mihi ignem sine splendore, et credo tibi Patrem fuisse sine Filio ; dicta est a vobis ut potuit tanta res dici, illa tamen ineffabilia sint. Potest ergo semper esse generans, et semper cum illo quod de illo est natum : ergo Filius Dei secundum hoc dicitur splendor gloriæ, quod ei semper Pater est, quod habet de quo sit, non secundum hoc quod prius esset Pater, et postea Filius; semper enim Pater, semper Filius de Patre est; semper igitur Filius natus, semper Pater est, semper de illo imago. Ecce non potuisti coæterna invenire in creaturis, et invenisti coæva. Quare proportione intelligis coæternum Filium æterno gignenti : quod enim est temporali coævum, hoc est æterno coæternum. Sed attende quod, scilicet cum in his, scilicet in igne et splendore, sit coævitas, non tamen est ibi omnimodo æqualitas, quia splendor qui funditur de igne minus lucet quam ipse ignis. Habent ergo ista similitudinem, sed non omnimodam æqualitatem. Ideo dicit aliquis : Talis est omnino Filius ad Patrem, qualis ad ignem splendor, non omnino, sed æqualitas omnimoda est hic. Ex aliorum enim proportione temporalium quorum alterum est ex altero, etsi non coævum, tamen consubstantiale Filius Patri consubstantialis ostenditur. Nascitur enim homo de homine, et equus de equo. Nec est homo alter alteri coævus, qui natus ab eo de quo natus est tempore præceditur, sed tamen et ille homo, et iste homo; et ille equus, et iste equus, id est ejusdem quæ substantiæ sunt, diversa sunt tempore, non diversa natura. (3) Similiter et de Deo Patre, Deus Filius natus est. Et cum sit ei coæternus, est etiam ejusdem naturæ, non minor eo, quia est Deus de Deo, ut homo ex homine natus, ejusdem substantiæ est, et equus ex equo. Ecce aliud similitudinis genus est adductum, quid hic invenitur? quid laudatur? Certe æqualitas substantiæ hic laudatur. Quin autem deesse? æqualitas temporis. In illo autem genere similitudinis quod dedimus de splendore ignis æqualitatem naturæ non invenis, sed coævitatem. Quid ibi laudatur? Coævitas. Quid deesse? Æqualitas naturæ. Conjuge quæ laudas. In creaturis enim deesse aliquid quod laudas in Creatore nihil deesse potest, quia quod invenis in creatura a Creatore artifice processit. In primo genere

---

(3) Aug., in cod.

similitudinis, id est in coævis, invenis et laudas coævitatem, pro coævitate tribue Deo coæternitatem, ut coæternus sit natus ei a quo natus. De alio autem similitudinis genere tribus Deo æqualitatem naturæ, id est æqualitatem naturæ quam laudas in homine, crede esse in eo qui fecit hominem, quod de homine natum est, homo est, et quod de Deo natum est, non id erit quod ille de quo natum est? Totum ergo quod laudabile est in creaturis quibus aliquid deesse simul est in Creatore, cui nihil deesse; ibi tamen quæ invenimus, id est homo et homo, duo homines sunt. Hic vero Pater et Filius unus Deus. Ideo Apostolus ait: Qui Filius est splendor gloriæ, scilicet Patris, id est ex Patre natus est ei coæternus, quia est lumen de lumine Patrem revelans, et ejusdem est cum eo gloriæ, id est essentiæ, quia unum et idem cum Patre est. [Ambrosius] Pater enim est gloria, et Filius idem cum eo, et eum notificans homo factus, ut radius solem. Per splendorem enim et propinquitatem declaravit essentiæ, et ostendit quod nobis Patrem insinuat, et quod animas nostras illuminat. *Et est figura*, vel character *substantiæ ejus*, [Chrysost.] scilicet Patris, id est plena ostensio essentiæ Patris, id est consimilis per omnia consubstantialis, et in persona alius. Per hoc enim quod dicit figura substantiæ, aperte ostendit quia Filius personaliter alter est quam Pater, et figura ab eo cujus est figura diversa est; sed Filius æqualis est Patri, quia nec Pater dissimilis, sicut ipse ait: *Pater in me est (Joan.* x); *qui videt me, videt et Patrem (Joan.* xiv). Attende quod hæc nomina, scilicet lumen et gloria, quandoque ad divinam naturam referuntur, quandoque ad personam. Et quando ad personam referuntur, modo ad Patrem, modo ad Filium referuntur. Dicimus enim : Pater est lumen, Filius est lumen; similiter Pater est gloria, Filius est gloria. Et hi duo una gloria, unum lumen, non duo : et dicitur Filius gloria de gloria, sicut lumen de lumine, et principium de principio, et Deus de Deo, non tamen duo Dii, sed unus; non duo principia, sed unum. Splendor autem et figura, sicut et imago, proprie ad personam Filii referuntur et relative dicuntur.

[Chrysost.] *Portansque*. Supra dictum est quia per ipsum fecit omnia. Hic **233** ei nunc summam auctoritatis attribuit, ex eo quod cum auctoritate cuncta gubernat. Et continua : Sicut enim ab eo creata sunt omnia, ita per eum immutabilem conservantur. (4) Creatoris autem omnipotentia causa est subsistendi omni creaturæ : quæ virtus si ab eis quæ condidit regendis aliquando cessaret, simul omnium rerum species et natura concideret. Ideoque Dominus ait : *Pater meus usque nunc operatur, et ego operor (Joan.* v), per illud continuationem quamdam operis ejus qui simul omnia continet atque administrat, ostendens in quo opere etiam sapientia ipsius perseveret. De qua dicitur ; *Pertingit a fine usque ad finem fortiter et disponit omnia suaviter (Sap.* viii). (5) Deus ergo omnipotens incommutabili æternitate, veritate, voluntate, semper idem, movet per tempus creaturam spiritualem; movet etiam per tempus et locum creaturam corporalem, ut eo motu naturas quas condidit administret. Cum ergo aliquid tale agit, non debemus opinari ejus substantiam quæ Deus est temporibus locisque mutabilem, sive per tempora et loca mobilem, cum sit ipse et interior omni re, quia ipse est super omnia; et exterior omni re, quia ipse est super omnia; et antiquior omnibus, quia ipse est ante omnia; et novior omnibus, quia idem ipse est post omnia, scilicet post omnium initia. Ideoque ejus potestatem commendans Apostolus, ait : Et ipse filius est *portans*, id est continens et gubernans, *omnia verbo*, id est solo imperio, *virtutis suæ*, id est potentiæ et bonitatis suæ quæ non minor apparet gubernando quam creando; omnia enim continet bonitate et majestate sua. [Chrysost.] Et nota per simile dictum esse portans omnia verbo ubi scilicet hoc dicendo facilitatem continendi voluit designare, per metaphoram illorum qui sine ullo labore verbo vel digito movent aliquid vel efficiunt, ita Christus molem creaturæ magnitudinemque sine labore continet et gubernat. Item, attende quod cum hic dicat Apostolus Christum omnia continere, supra dixit Patrem per eum omnia fecisse, ubi ait, *per quem fecit*, tanquam facere ipse non posset. Si enim porrexisset Pater dexteram, vel tanquam aliquod instrumentum fuerit Patris operantis; sed si ab eo gubernantur omnia, nonne ab ipso facta sunt? Non ergo ut tu, hæretice, suspicaris inaniter, tanquam aliquod instrumentum existit: neque per eum Pater dicitur fecisse, tanquam ipse facere non posset, sed sicut dicitur Pater judicare per Filium, quia judicem genuit, sic etiam dicitur operari per Filium, quia eum constat opificem genuisse. Si enim causa ejus Pater est, secundum quod Pater est, multo amplius eorum causa est quæ per Filium facta declarantur.

Purgationem peccatorum faciens, et cætera. Postquam ostendit ejus excellentiam qua cuncta creavit et gubernat, humilitatis ejus benignitatem hic commendat. Commonet enim nos crucis, mox et resurrectionis et ascensionis, ubi ait : *sedet*, etc. Hoc autem quod hic dicit jam ad nos pertinet quos a peccato purgat. Quasi dicat : Christus est splendor gloriæ et figura substantiæ, qui cum talis et tantus sit, est etiam per humanitatem faciens purgationem peccatorum, id est secundum humanitatem, crucis passionem et mortem pertulit, per quam a peccatis nos purgavit, etc. Sedet : postquam per naturam, et potestatem, et benignitatem Christum commendavit, commendat eum per dignitatem. Quasi dicat : Crucem sustinuit, ut nos a peccatis purgaret, et ipse qui ita humiliatus est, sedet, id est

---

(4) Aug., in lib. Sentent. Prosperi.

(5) Id., super Genesim.

quiescit et regnat sublimatus *ad dexteram majestatis ejus,* id est ad æqualitatem Patris, et locatus non in paradiso. unde Adam excidit, sed *in excelsis,* id est super omnia loco et dignitate. In excelsis enim dicens, non in loco concludit Deum, sed ostendit hominem Christum omnibus altiorem et omnibus eminentiorem, sicut et per dexteram non Dominum deformavit, sed similitudinem honoris demonstravit. Confessus enim nihil demonstrat aliud, nisi honoris æqualitatem. Contemplare sapientiam Pauli, imo non sapientiam Pauli, sed Spiritus sancti mirare gratiam. Non enim suam intelligentiam mente propria procreavit, sed Spiritus sancti infudit. Attende ergo per quales apostolica sapientia eos sublevat gradus, et qualiter eos ad ipsum apicem pietatis adducit, ubi item antequam deficerent et eos obscuritas occuparet, vide quomodo eos ad inferiora revocavit. Quandoque enim quæ sunt humilitatis eloquitur, quandoque vero altiora insonat, nec semper in humilibus romanet, nec in excelsis perdurat, sed veluti quibusdam gradibus nunc ad altiora fastigia sublevatur, nunc ad inferiora declinatur. Sicut enim qui infantulum quempiam ad excellentiora vult paulatim sensimque subrigere, gradatim hoc facit ab inferioribus ad superiora conscendens, deinde cum sursum pervenerit, obscuritatibus ac defectionibus eum fatigari videns, post alta deponit eum ad inferiora quo respirare atque recreare animum valeat; post item cum refectus fuerit, ad alia alta sustollit: ita circa Hebræos beatus facit Paulus, quos paulatim ad notitiam Dei erigit, inter alta memorans humilia, ubique magistri sui vestigia sequens: nam et ipse sic faciebat. Aliquando quidem in altiora discipulos suos sublevabat, aliquando eos ad inferiora, imbecillitatis eorum gratia revocabat, nequaquam eos prolixo, tempore in altera parte permanere permittens: ita in hac tota serie facit Apostolus. Prius enim alta, commemorat, dicens, in Filio, ubi proprius intelligitur Filius, qui est superior et excellentior universis. Deinde descendit ad humilia, subdens, quem constituit hæredem. Deinde ad alta redit, dicens, per quem; postea ad altiorem omnibus gradum venit, dicens, qui cum sit splendor. Deinde humilia loquitur, purgationem peccatorum faciens; inde ad alta narrando revertitur, sedet ad dexteram majestatis.

Tanto melior. Hic comparat Christum angelis, et præfert eis. In Psalmo tamen ait: *Paulo minus minoratus est ab angelis (Psal.* VIII*.)*. [Chrysost.] Hic eisdem melior dicitur, et sicut illud secundum humanam naturam, ita et hoc secundum divinam dictum esse posset intelligi, nisi adderetur effectus, per quod aperitur quod hic loquitur de eo secundum carnem. Nam secundum hoc quod Patris substantiæ consubstantialis agnoscitur, non est factus, sed natus. De eo ergo sermo versatur secundum humanam naturam, secundum quam et minor fuit angelis passione,

et major ac melior etiam gratiæ plenitudine, de qua etiam ipsi angeli ad mensuram accipiunt. Ideo ait et ipse Christus: *Tanto melior,* id est dignior, *angelis* est *effectus,* id est evidenter secundum hominem factus, *quanto differentius nomen,* id est differentiorem honorificentiam quam ante scilicet *hæreditavit,* id est firmiter habuit, quando resurrexit et ascendit, et quia hoc posset habere, et non præ illis. Addit *præ illis.* Nam dum mortalis fuit differens nomen habuit, quia angeli ministrabant ei, postquam immortalis magis differens, quia honorabilior atque præclarior illis per omnia exstitit. Ideoque addit, præ illis, vel, hæreditavit, id est habuit nomen differentiæ. Et hoc præ illis, id est nomen valde differens a nomine angelorum, hoc est nomen quod super omne nomen, scilicet Deus, sive Filius Dei. Quod revera dignius est illo quo illi dicuntur angeli, id est nuntii. Filii enim nomen proprietatem ostendit, non adoptionem, quia nisi esset proprius Filius, non posset ex hoc Apostolus amplitudinem honoris asserere. Proprius autem Filius est de ipso Patre genitus. Si autem adoptionis gratia esset Filius, non solum Patre, sed etiam angelis minor esset. *Cui enim.* Quasi dicat: Vere præ angelis nomen habuit, *cui enim angelorum,* utique nec etiam majoribus, *dixit aliquando,* nec etiam postquam confirmati sunt quidam aliis cadentibus, hoc, scilicet *Filius,* ecce nomen, *meus,* id est consubstantialis non adoptivus, *es tu,* et vere, quia *ego hodie,* id est æternaliter, *genui te.* Genui dicit, ne novum putetur, scilicet ne modo videretur incipere. (6) Hodie dicit, ne præterita generatio videretur, quanquam enim possit etiam ille dies intelligi quo Christus secundum hominem natus est, tamen quia hodie præsentiam significat, atque in æternitate, nec præteritum quidquam quasi esse desierit, nec futurum quasi nondum sit, sed præsens tantum, quia quidquid æternum est semper est. Divinius accipitur de sempiterna generatione Sapientiæ Dei, quam fides sincerrima et catholica prædicat. [Chrysost.] Ex his ergo verbis nihil aliud manifestat, nisi quia ex ipsa essentia Patris genitus est. Et rursus, de eodem Isaias ait ex persona Patris: *Ego ero illi,* id est ad honorem illius, *in patrem, et ipse erit mihi,* id est ad honorem meum, *in Filium.* Hoc et semper est. Sed ideo dicitur erit, quia ab omnibus id scietur in die judicii. Quodam enim modo locutionis dicit Scriptura rem esse vel fieri, cum innotescit. Potest tamen et secundum carnem hoc accipi dictum. Etenim caro communicat altioribus, sicut et divinitas humilibus communicare dignata est. [Ambrosius.] De incarnatione igitur Filii hoc dicitur quod ostenditur, ex eo quod dicit, ero, significans futurum esse. Dicit ergo Deus Pater per prophetam: Ego ero illi, scilicet homini de Virgine nascituro, in Patrem; et ipse qui nascetur erit mihi in Filium. Unde angelus ad Mariam: *Quod nascetur ex te san-*

---

(6) Id., in psal. II.

ctum vocabitur Filius Dei (Luc. I.) *Et cum iterum introduxit.* [Chrysost.] Adhuc auctoritate Scripturæ aperit Filium digniorem angelis. Et nota quod Christus adventum suum carnalem exitum vocat, dicens: *Exiit qui seminat* etc. *(Matth.* XIII.) Et item : *Ego a Patre exivi, et veni in muudum (Joan.* XVI). Paulus vero introitum vocat adventum Christi, dicens: Cum introducit. Assumptio ergo carnis exitus et introitus appellatur ; recte'utique. Foris enim eramus a Deo, sicut qui sunt extra regales aulas in vinculis colligati, et qui habent apud regem pro culpis aliquibus offensam. Qui autem noluerit istis veniam impetrare, non primum ipsos in aulam regis inducit, sed ipse foras egreditur, ibique cum eis loquitur usquedum eos correctos reddat et dignos efficiat quo regis vultui præsentari mereantur ; sic etiam Christus effecit. Egressus quippe ad nos, id est carnem sumens, et collocutus nobis, cum præcepta regis innotuit. Et sic nos a peccatis emundans, et ad Deum convertens in aulam regalem velut Mediator **234** optimus introducit. Ideo excitus et introitus vocatur carnis suæ adventus, de quo dicit : *Et iterum introducit,* Scriptura scilicet iterum introducendum dicit. Ideo ait, iterum, quia sæpe dicit introducendum. Introducit, inquam, *Primogenitum* Patris, id est ante omnes creaturas genitum de Patre secundum deitatem, *in orbem terræ* quasi hæredem in possessionem. Et cum introducit, dicit, Vel ita, et ipse Pater. Iterum introducit primogenitum in orbem terræ, id est visibilem carne assumpta fecit apparere in mundo, qui ante invisibilis erat in muudo, et ideo ait iterum, quæ assumptio carnis dicitur exitus a Patre, et introductio in hæreditatem ut videtur adorari. Unde addit, et cum introducit, *dicit*: Et adorent. Vel ita, et iterum dicit, Pater de eodem Filio. Cum introducit primogenitum in orbem terræ, id est cum ostendit Filium suum, scilicet usque ad corda hominum ducendum per fidem. [Chrysost.] Qui dicit ? *Et adorent eum.* Qui passus est et mortuus. Non enim de Deo Verbo ista dicuntur, sed de homine suscepto. Adorent, inquam *omnes angeli Dei,* secundum humanitatem jubentur angeli adorare Christum, ex quo eum tanto meliorem angeli demonstrat, quanto servis dominum constat esse meliorem : ideo Christum secundum carmen jussit a cunctis angelis adorari, dicens: Adorent eum omnes angeli Dei, quod jussioni ejus obtemperant. *Et iterum dicit,* Pater de Filio, hoc *quidem ad angelos,* pertinens : *qui,* Filius, *facit spiritus,* cœlestes angelos, id est legatos *suos,* et etiam *flammam ignis,* id est Seraphin qui sunt de ordine superiorum. Facit ministros suos. (9) Quamvis enim non videamus apparitionem angelorum, abscondita est enim ab oculis nostris, et est in quadam republica magna imperatoris Dei, tamen esse angelos novimus ex fide, et multis apparuisse legimus et tenemus. Spiritus autem sunt angeli,

nec eo spiritus sunt quo angeli, cum mittuntur, fiunt angeli. Angelus enim officii nomen est non naturæ :nomen naturæ spiritus est:ex eo quod est, spiritus est ; ex eo quod agit, angelus est : sic nomen naturæ est homo, nomen officii miles. Homo ergo fit miles, non miles homo : sic eos qui erant spiritus conditi a Creatore Deo facit angelos mittendo nuntiare quod jusserit, (8) Et utitur omnibus ad incommutabile arbitrium sententiæ suæ, sive bonis per ejus gratiam, sive malis per propriam voluntatem. Ac per hoc voluntas Dei est prima et summa causa omnium corporalium specierum atque motionum. Nihil enim visibiliter fit et sensibiliter, quod non de interiore invisibili atque intelligibili aula summi imperatoris, aut jubeatur, aut promittatur secundum ineffabilem justitiam. [Ambrosius] Vel ita distingue, ut angeli dicantur quando levia nuntiare mittantur, quando vero mittuntur ad vindictam, dicuntur ignis ardens, id est seraphin, et hoc est quod ait, *facit spiritus angelos suos,* cum læta et lævia nuntiant, *et ministros suos,* sicut *flammam ignis,* dum ad exercitium vindictæ mittit, ut in Sodoma, et in aliis pluribus locis. Et sicut secundum litteram fit in creaturis, sic in Ecclesia figurate fit : ubi spiritus, id est spirituales facit angelos suos, id est nuntios verbi sui, et ministros suos flammam ignis, quia ministri Ecclesiæ etiam ignis sunt, dum spiritu fervent, et vitia nostra urunt [Augustinus] Fenum etiam tuum intendunt, id est vitia tua curant ministri Dei qui prædicant verbum Dei.

VERS. 8-12. — *Ad filium autem : Thronus tuus, Deus, in sæculum sæculi, virga regni æquitatis, virga regni tui. Dilexisti justitiam et odisti iniquitatem propterea unxit te Deus, Deus tuus, oleo exsultationis præ participibus tuis. Et tu in principio, Domine, terram fundasti, et opera mannum tuarum sunt cœli. Ipsi peribunt, tu autem permanebis, et omnes ut vestimentum veterascent. Et velut amictum mutabis eos, et mutabuntur.*

Ad filium autem. Hic per dignitatem simul et potestatem commendat Christum. Quasi dicat : Illud pertinens ad angelos dixit. Hoc autem, pertinens ad Filium, ait Dominus per prophetam : O Deus, Fili, thronus tuus, id est regnum vel judicium : de quo in Evangelio : *Omne judicium dedit Pater Filio (Joan.* v), id est regia dignitas, vel judiciario sedes, *permanet in sæculum sæculi,* [Ambrosius] quia et semper regnabit, et novissimum judicium semper stabit. Unde in Evangelio : *Ibunt hi in ignem æternum et illi in vitam æternam (Matth.* XXX, et merito permanet thronus tuus. Et, id est quia. *virga regni tui,* id est regimen et discipliua, qua bonos regis, et malos percutis, vel conteris cum *virga æquitatis,* id est regula directa et inflexibili, quæ alibi dicitur virga ferrea per quam pravitate distortus, si ei hærere velit dirigitur.

(7) August., in psalmo CIII.

(8) Id. in lib. De Trinit.

Dilexisti. Quasi dicat : Item ideo merito permanet thronus tuus, quia *dilexisti*, ex amore, *justitiam*, id est omne bonum, *et*, contra, *odisti iniquitatem*, id est omne malum; non simul utraque tibi sunt, sed alterum diligis et amplecteris, alterum vero odis et persequeris. Et *propterea*, scilicet ut hæc tibi essent, id est ut diligeres justitiam et odires iniquitatem, *unxit te*, vel propterea, scilicet quia dilexisti justitiam et odisti iniquitatem. Hoc præmium inde datum est, scilicet *Deus, Deus tuus* scilicet Pater, per se, non per ministros unxit te secundum hominem, quia deitas nullo indiguit. Nota quod repetitur Deus ex magna dilectione, vel secundum Augustinum, alter casus est vocatrix, alter nominatrix, ut sic dicatur : O tu Deus, Fili, unxit te Deus tuus, scilicet Pater. In Latino putatur idem casus nominis repetitus, sed in Græco evidentissima distinctio est, qua alter nominatrix, alter vocatrix intelligitur. O tu Deus, unxit te Deus ungitur Deus a Deo. Qui est ergo Deus unctus a Deo? Christum intellige. Christus enim dicitur a chrismate. Chrisma enim Græce, Latine dicitur unctio. Hoc nomen Christus unctionis est, nec ungebantur alibi reges et sacerdotes, nisi in illo regno Judæorum. Per hoc ergo quod dicit eum esse unctum regem, et sacerdotem significat. Unctus ergo est Deus a Deo, et ipse Deus ut ungeretur, homo erat. Ita homo erat ut Deus esset, ita Deus erat ut homo esse non dedignaretur. [Augustinus] Deus ergo unctus est, quia homo Deus. Sed quo oleo, non nisi spirituali ? Unde subdit : Unxit, dico, oleo lætitiæ, vel exsultationis, quia immunis fuit a peccato. Unde et conscientia hilaris fuit ei.(9) Unxit ergo eum Deus Pater, non visibili et corporali oleo, sed Spiritu sancto, quem Scriptura nomine olei exsultationis figurata, ut solet, locutione significat. Hac unctione Filius qui sic homo factus est ut maneret Deus, plenus erat Spiritu sancto, ut in Evangelio legitur : *Jesus autem plenus Spiritu sancto reversus est a Jordane* (Luc. iv.) Ideo addit : *Præ participibus*, id est præ omnibus sanctis. (10) Participes enim ejus sunt omnes sancti, sed ille singulariter Sanctus sanctorum, singulariter unctus, singulariter unde omnes Christiani unguntur. *Et tu in principio.* [Ambrosius] Post humanitatis excellentiam iterum reddit ad æternitatem Filii ostendendam, utens auctoritate Prophetæ, qui de Filio et ad Filium ait ita : Et *tu o Domine* filii Dei, *in principio* rerum, id est antequam res essent, *fundasti terram* ad litteram. Ideo dicit in principio, quia Creator ante creaturam existit sine ullo initio. Quasi dicat : Novi æternitatem tuam qua præcedis omnia quæ fecisti, qui dixisti : *Ego sum qui sum (Exod.* iii): *Cœli* simul cum terra, *sunt opera manuum tuarum.* Hoc ita dicit, quasi specialiter in eis operatus sit. Manus autem est virtus jussionis, id est potentia voluntatis, qua ut vo-

luit, facta sunt opera. *Ipsi autem*, cœli, scilicet aerei, *peribunt*, ab eo quod sunt, dum immutabuntur creaturæ in melius. Novissimi enim cœli qui per diluvium perierunt, sicut Petrus ait, igne peribunt *(II Petr.* iii); exercuit enim aqua, et totam istam capacitatem ubi aves volitant occupavit, ac sic utique cœli perierunt propinqui terris. De cœlis ergo unde dicitur aves cœli, non est dubium quin diluvio perierint, et igne perituri sint. De superioribus autem cœlis cœlorum. utrum et ipsi peaituri sint igne, quæstio est et disceptatio scrupulosior inter doctos, et erit incendium mundi non incendens sanctos Dei. Quod enim fuit caminus ignis tribus pueris, hoc erit ardens mundus justis Trinitate signatis. *Tu autem.* Quasi dicat : Cœli mutabuntur, *tu autem permanebis*, hoc dicit : ut sicut æternus esse ostenditur quia est ante omnia, si ostendatur quia permanet idem post mutata. *Et omnes*, sive cœli aerii, sive terra, *veterascent ut vestimentum*, id est sicut humana corpora longævitate veterascunt. Corpus enim humanum quasi vestimentum animæ est. Veterascere autem dicitur illud quod more vestis paulatim consumitur, sicut caro humana quæ tamen in melius immutabitur, sic cœli meliorem formam recipient. *Et mutabis eos*, scilicet cœlos, *velut amictum*: per hoc significat mutationem cœli. Unde Joannes in Apocalypsi: *Vidi novum cœlum et novam terram (Apoc.* xxi). Et recte cœlos amictui comparat, quia terram cingunt. Tam facile enim mutat Deus cœlos, sicut amictus extenditur et plicatur ; et post mutationem, sic manebunt cœli. Unde subdit : *Et mutabuntur*, id est mutata sic permanebunt, quia facta Dei jam sub æternitate stabunt, nec ad corruptionem revertentur.

VERS. 12-14. — *Tu autem idem ipse es; et anni tui non deficient. Ad quem autem angelorum dixit aliquando: Sede a dextris meis, donec ponam inimicos tuos, scabellum pedum tuorum? Nonne omnes sunt administratorii spiritus in ministerium missi propter eos qui hæreditatem capiunt salutis?*

Tu autem, o Filii Dei, *idem ipse es*, id est immutabilis es, contra hoc quod supra dixit veterascunt. *Et anni tui non deficient*, id est æternitas tua non deficiet, contra hoc quod dixit peribunt. Et est sensus :Tu non mutaris nec deficis, quod ad Filium dictum est, ac per hoc etiam Deo Filio convenit dicere : *Ego sum qui sum (Exod.* iii). Et item : *Ego Dominus et non mutor (Malach.* iii). Quod tu, hæretice, ideo soli Patri assignasti ut Filius in substantia tua crederetur esse mutabilis, tanquam ita susceperit hominem ut in hominem verteretur. Hanc tantam blasphemiam non emendabis, nisi credideris in assumptione hominis accessisse Filio quod non erat, et non decessisse vel defecisse quod erat. Vel mystice totum potest legi, et diriguntur verba ad Patrem, ubi tamen et Filius commen-

(9) August., contra Maximum.

(10) August., super Joannem.

datur. Quasi dicat : Unxisti, Pater, Filium, et tu, o **A** Domine Pater, a quo unctus est Filius, in principio, id est per Filium tuum qui est principium de principio, secundum quod ipse ait in Evangelio : *Ego principium qui et loquor vobis (Joan.*VIII*).* Fundasti terram, id est stabilisti Ecclesiam populorum, scilicet minores in Ecclesia. Et cœli, id est majores ut apostoli, sunt opera manuum tuarum, quia in eis quasi specialiter operatus est, plura eis conferendo. Et ipsi cœli peribunt, id est morte destruentur, et quidquid ex se destruetur. Tu autem in illis permanebis, id est justitia tua, et quæ in eis operaris permanebunt. Et omnes, scilicet majores et minores, veterascent, id est paulatim corrumpentur, sicut vestimentum, id est secundum vestimentum, id est secundum corpus quod animam quasi vestimentum **B** circumdat. Et mutabis eos velut amictum, id est secundum corpus quod mutabis immortalitate, non tale erit quale fuit. [Augustinus] Ita peribunt cœli et mutabuntur secundum corpora, et non tantum secundum corpus, sed etiam secundum animas mutabuntur, quæ tunc gloriosiores erunt. Tu autem idem ipse es in eis per Filium tuum, id est immutabili specie eris in eis per hoc quod Filio crediderunt. *Et anni tui non deficient* in eis, id est æternitas tua. *Ad quem autem*, iterum de gloria humanitatis agit. [Ambrosius] Quasi dicat : Non solum per præmissa ostenditur Christus major angelis, sed etiam per hoc, quia Pater *dixit* ei : *Sede*, id est victor quiesce et judicia, *a dextris meis*, id est in potioribus meis, et mihi secundum divinitatem æqualis. Ecce victori Filio consessus offertur a Patre. Sede, dico, *quoadusque inimicos tuos ponam*, quod fit quotidie dum aliqui convertuntur. Hoc et si paulatim agitur, indesinenter tamen agitur, *scabellum pedum tuorum*, id est plene tibi subjectos. Per hoc enim quod ait scabellum pedum plenam subjectionem significat. Vel per pedes intelligitur humanitas Christi quæ inferior natura est in illo. Et est sensus : Donec ponam inimicos tuos scabellum pedum tuorum, id est sub humanitate tua, ut ipsam revereantur et super se sentiant. Vel, sede quoadusque ponam, id est æternaliter, sicut æternaliter ponam inimicos tuos scabellum pedum tuorum, id est subjectos potentiæ divinitatis. Per pedes enim stabilitas æterna significatur, quæ quasi vestigiis positis virtute omnipotentiæ consistit. Ad quem autem **D** angelorum dixit hoc aliquando, nulli hoc dixit, quia o*mnes spiritus sunt*, ex officio *administratorii Filii*, *missi* actualiter *in ministerium* quocunque placet Filio, tamen semper assistunt ei qui ubique est. Missi, dico, *propter eos qui capient hæreditatem salutis,* id est propter homines quibus promittitur hæreditas æternæ vitæ, quibus licet minoribus imperio Christi serviunt. Et nonne ita est? Est utique. [Chrysost.] Intellige igitur quantus honor nobis existit, ut ad nos sicut ad amicos ministros angelos suos destinet Deus. Quamvis enim multum intersit inter angelos et homines, propinquos tamen eos nobis fecit, quia nostræ saluti student, propter nos discurrunt, nobis suo funguntur officio. Hoc est opus angelicum, angelicæ functionis officium, ut omnia fiant pro salute proximorum. Magis autem hoc est opus Christi, quia angelis nobis superioribus præcepit ad nostram salutem suum exhibere ministerium.

CAPUT II.

VERS. 1-5. — *Propterea abundantius oportet observare nos ea quæ audivimus, ne forte pereffluamus. Si enim qui per angelos dictus est sermo, factus est firmus, et omnis prævaricatio et inobedientia accepit justam mercedis retributionem: quomodo nos effugiemus, si tantam neglexerimus salutem? Quæ cum initium accepisset enarrari per Dominum ab eis qui audierunt, in nos confirmata est, contestante Deo signis et portentis et variis virtutibus, et Spiritus sancti distributionibus, secundum suam voluntatem. Non enim angelis subjecit Deus orbem terræ futurum, de quo loquimur.*

Propterea. [Chrysost.] Postquam locutus est de Filio Dei multa quæ ad ejus commendationem valent, hortatur eos quibus scribit ut diligenter animadvertant et custodiant ea quæ per illum annuntiata sunt eis. Et ad hoc tendunt omnia præmissa, quasi dicat : Quia Christus major est prophetis et angelis, *propterea oportet nos abundantius observare ea quæ audivimus* a Filio dicta in Evangelio, quam quæ de lege, vel de aliis a prophetis, vel angelis dicta sunt, qui ministri legum fuerunt. Nomen tamen legis obticuit, quia in astructione sua quam in prætoribus facit, manifestum hoc facit. Et quasi quis quæreret : Quare magis oportet? subdit : *Ne forte pereffluamus*, id est æternaliter puniamur. Fluimus per pœnas mortalis naturæ, effluimus peccata addendo, pereffluimus in æternam damnationem. Hinc suadet verba Christi audienda per pœnam quæ erit negligentibus. *Si enim*: quod puniemur, si non observamus verba Christi, probat per minus, scilicet per verba quæ dicta sunt ab angelis, quæ sunt minus digna quam verba Christi. Quasi dicat : Dico ne forte pereffluamus quod utique erit. *Enim*, id est quia, *sermo Dei* qui per angelos dictus est ad Moysen et ad cæteros, *factus est firmus*, id est verus, ut lex per miracula et minis et promissis confirmata est, in qua tamen non erat salus, *et omnis prævaricatio*, quod est contra vetita facere, *et inobedientia*, quod est præcepta dimittere, *accepit justam retributionem*, scilicet quantum meruit, id est secundum quod meruit, mercedis, ut pro qualitate factorum sit qualitas pœnæ. Attende singula verba : omnis prævaricatio dicit, ut ostendat quod pro singulis peccatis sit reddenda pœna. Ac si diceret : Non solum omnis prævaricator punietur qui multorum peccatorum reus est, sed pro omni prævaricatione vel inobedientia suam recipiet pœnam. Justam dicit, ne putetur perire justitia per misericordiam. [Chrysost.] Quod vero ait retributionem, hoc ad pœnæ quantitatem refertur, quæ æqualis peccato erit ; quia secundum quod majus vel minus est peccatum, major vel minor erit pœna. Quod vero ait mercedis, hoc ad qualitatem pœnæ refertur, ut qui libidinis igne perierit, igne crucietur. *Quomodo.* Quasi dicat : Et si sermo angelorum factus est firmus, et si omnis prævaricatio punitur, *quomodo nos,* quibus Filius Dei ipse gratia per quam salus est, locutus est, *effugiemus* gehennam, *si neglexerimus,* saltem quod minus est quam prævaricari, *tantam,* id est indeficientem, *salutem* in Evangelio factam? Non tanta erat in Veteri Testamento : ibi enim sermo, hic vero salus est. *Quæ cum,* etc. Ostendit hic inexcusabiles esse illos qui contemnunt salutem, id est Christi sermonem qui est causa salutis. Quasi dicat : Non effugiemus, si neglexerimus salutem.

Quæ salus *cum accepisset initium, non* constitutionis, quia ab æterno erat, sed enarrandi, [Chrysost.] et hoc *per Dominum* angelorum, scilicet Christum, unde alia editio sic habet, scilicet per Christum, non longe post initium narrationis, ab eis, scilicet apostolis *qui audierunt,* ab ipso ore Christi, *confirmata est in nos,* scilicet Judæos. Quomodo? *Deo contestante,* auctoritati apostolorum; per quæ ? Signis minoribus, ut est morbos depellere, quod medici possunt; *et portentis* majoribus quæ contra naturam fiunt ; *et variis virtutibus,* quæ non fiunt præter naturam. Vel de virtutibus animi dicit, scilicet quod casti sunt et humiles illi qui prædicant, et cætera hujusmodi habent ; *et Spiritus sancti distributionibus,* quia aliis genera linguarum, aliis alia dona dabat. Per hæc affluentiam significat gratiarum quæ non erat apud antiquos, neque tanta signa, neque tam diversa prodigia. Per quod ostenditur quod non simpliciter est eis creditum, sed per signa et prodigia. Ideoque, dum credimus, non illis, sed Deo nos credere declaratur. Distributionibus, dico, factis, non secundum meritum hominum, sed *secundum suam,* ipsius Spiritus sancti, *voluntatem,* id est secundum placitum suæ misericordiæ. Unde alibi : *Hæc omnia operatur unus atque idem Spiritus, dividens singula prout vult* (*I Cor.* xii). Non enim dixit negligentes dignos esse pœna qui contemnunt gratiam per apostolos, et miracula, et dona confirmatam. Hic dicit Christum esse potentem vindicare, et suos per passionem mortis salvare. Quasi dicat: Vere non effugiemus, si neglexerimus salutem Christi, cum pro sermone angelorum non observato puniti sunt Judæi, quia Filio *subjecit Deus orbem terræ,* quod *non* fecit *angelis,* quorum ministerio, etsi multa fiunt in orbe, omnia tamen spectant ad imperium. Sed hoc, scilicet ut subjiciatur, *futurum est ei de quo* loquimur, scilicet Christo. Et hoc est quod ait, orbem, dico, futurum subjectum ei de quo loquimur, scilicet Christo. Vel ita : Deus subjecit, non angelis, sed Filio, orbem terræ futurum. Ita hic dicit futurum, sicut alibi dixit : Qui cum forma futuri (*Rom.* v) : de Adam et Christo loquens, et respectu temporum Adæ futurum secundum carnem Christum dicit, sic etiam nunc futurum orbem dicit quantum ad Christum. Futurus quippe erat or-

bis quantum ad Filium Dei qui semper erat, et ne de altero orbe disputare intelligeretur, addit de quo orbe loquimur. Hoc addit ne mentem auditoris errare relinqueret, dum alius quæreretur orbis. Hunc ergo orbem futurum non angelis, sed Christo subditum dicit, quod comprobat auctoritate David, qui futura quasi præterita refert, utpote admissus divinis consiliis ubi omnia etiam futura sunt facta, secundum illud Isaiæ : Qui fecit quæ futura sunt. Sed præstat ut de Christi humilitate, ne per ea dubitetur de exaltatione : et non tantum de humilitate Christi, verum etiam et totius generis humani, ostendens hominem per se miserum et abjectum, sed per Dei gratiam exaltatum. Unde subdit :

236 Vers. 6-8. — *Testatus est autem in quodam loco quis dicens : Quid est homo, quod memor es ejus? aut filius hominis, quoniam visitas eum ? Minuisti eum paulo minus ab angelis, gloria et honore coronasti eum, et constituisti eum super opera manuum tuarum. Omnia subjecisti sub pedibus ejus. In eo enim quod omnia ei subjecit, nihil dimisit non subjectum ei. Nunc autem necdum videmus omnia subjecta ei.*

Testatus est autem. Quasi dicat : Non solum ego hoc dico, sed etiam hoc idem *testatus est quis,* scilicet notus, egregius, prophetarum excellentissimus, scilicet David, *in quodam,* scilicet noto nobis non abscondito, *loco* Scripturæ sacræ, in psalmo scilicet viii, dicens : *Quid est homo,* cum despectu legendum est, *quod memor es ejus, aut filius hominis,* etc. Distat inter hominem et filium hominis quod innuit disjunctio. Omnis enim filius hominis homo, sed non omnis homo filius hominis potest intelligi. Adam enim homo fuit, sed non filius hominis. Sic homines dicuntur qui portant ejus imaginem : qui autem portant imaginem Christi, filii hominum potius appellantur, et ille vetus homo dicitur, et iste novus. Homo igitur hoc loco terrenus est, filius autem hominis cœlestis est, et ille longe sejunctus est a Deo, hic autem præsens est Deo, et ideo illius memor est tanquam in longinquo positi, hunc visitat quem vultu suo, id est gratiæ suæ præsentia, illustrat. Despective itaque homo, scilicet peccator terrenus. [Augustinus] Quid est, quantum ad hoc, quod ejus, quasi longe positi, memor es, temporalem præbendo salutem qua salvas homines cum jumentis? Aut filius hominis, id est homo spiritualis et cœlestis. Quid est, quantum ad hoc, *quoniam* eum, quasi infirmum *visitas,* præsentia gratiæ, et non solum hominis filius indiguit visitari, sed etiam Dei Filius, quia *minuisti,* scilicet Dei Filium. Vel ita, per hominem intelligantur boni, præcipue qui ante adventum Christi fuerunt, per filium hominis Christus. Et legitur item cum despectu hoc modo : Homo bonus ac justus. Quid est. Quasi dicat : Despectus, fragilis, peccator, quantum ad hoc quod memor ejus es. [Ambrosius] Memor est Deus hominis, quando peccata dimittit, aut Filius hominis jam surgit, id est a membris ad caput ascendit, cum ait,

Filius hominis, id est Christus, qui non ex duobus hominibus,sed de Virgine natus est.Filius,inquam, hominis quid est quantum ad hoc,quoniam visitas eum, id est hominem per ipsum Filium hominis, quasi per medicum infirmum?

Nota verborum proprietates : supra dixit,memor, ubi agit de justis qui fuerunt ante Christi adventum, quorum quasi memor fuit, quando patriarchis de cœlo misertus.Hic autem ponit, visitas, ubi agit de incarnatione, cum Verbum caro factum est, cum medicus ad infernos venit *Minuisti*. Quasi dicat : Per filium hominis, id est Christum, visitas hominem, et *eum* tamen, id est Christum, minuisti. Vel ita ut per hominem et filium hominis intelligatur Christus homo,cujus fuit Deus memor in conceptione donando immunitatem peccati,et visitavit in resurrectione dando gloriam immortalitatis,et legitur admirative hoc modo, homo, Christus. Quid est,scilicet quam magnum quid et dignum per hoc quod memor es ejus, faciendo eum immucem a peccato. Aut,id est et Filius hominis,scilicet idem ipse Christus qui est homo de homine, ut Deus de Deo.Quid est,scilicet secundum quam excellentissimum.Quid per hoc, quoniam visitas eum, resuscitando ? Minuisti.Quasi dicat : Visitasti Christum hominem.Et per hoc indiguit visitari, quia tu minuisti eum per passibilem naturam.Minoratus enim est dum se exinanivit formam servi accipiens : ergo propter ipsam infirmitatem carnis quam Dei sapientia gestare dignata est. Et passionis humilitatem recte dicitur, minuisti *ab angelis*, quia mortalis et passibilis, sed *paulo minus*, quia etsi passibilis, tamen imperabat angelis, et quia sine peccato erat; sed post ad similitudinem triumphantis, *coronasti eum*, id est undique circumdedisti, *gloria*, in resurrectione et ascensione. Et honore, id est in consessu Patris. Vel gloria, id est claritate immortalitatis, *et honore*, quod sibi flectitur omne genu, *et constituisti eum*, ut stabilem, *super opera;* sed addit, *manuum tuarum*, id est super digniora etiam opera, id est super homines et angelos quæ per excellentiam dicuntur opera manuum. Et non solum constitutus est super opera ut dignior, sed etiam *omnia subjecisti sub pedibus ejus*, id est potestati ejus et dominio, ut adorent illum et vereantur. Posset enim superior esse,et tamen omnibus donari.Ideo ait : *Subjecisti omnia sub pedibus ejus*. Nulla enim creatura erit non subjecta,cui primates ut ita dicam spiritus subjiciuntur. In eo enim, vel autem, exponit sensum David prophetæ quem in prædictis verbis habuit,quasi dicat : David ait : Omnia subjecisti.*In eo autem quod* Scriptura *subjecit ei omnia*,id est subjecta ei ostendit omnia.Nihil dimisit non subjectum ei, id est nihil excepit de omnibus. Dum enim dicit omnia, nec terrena excipit, nec cœlestia. Vel ita continua secundum litteram quam habet. *Enim*. Quasi dicat : Bene dico orbem terræ futurum subjectum Christo,quia in eo quod Scriptura dicit : *Ei omnia subjecit*, id est dicit ei subjecta esse omnia. *Nihil dimisit non subjectum*.Non mutatur sententia : Quam eamdem sententiam alia etiam littera confirmat quæ est,in eo enim quod dicit omnia subjecit, nihil dimisit ei non subjectum.*Nunc autem*Quasi dicat : Scriptura dicit,omnia subjecisti,sed tamen nondum omnia subjecta sunt ei.Et ideo congrue supra dixit orbem futurum subjectum. Et hoc est quod ait, nunc autem.Etsi Scriptura dicat omnia, *tamen necdum videmus omnia subjecta ei* voluntate quæ subjicienda sunt.Quotidie enim aliqui subjiciuntur ei,sed non omnes qui subjiciendi sunt subjicientur, donec in judicio. Distingue cum ait, nihil dimisit non subjectum. Hic universalem subjectionem, scilicet sive voluntariam sive necessariam,designat. Cum vero ait, necdum videmus, etc., hic tantum voluntariam fideliter credentium in eum.

Vers.9-11. — *Eum autem qui modico quam angeli minoratus est, videmus Jesum propter passionem mortis gloria et honore coronatum, ut gratia Dei pro omnibus gustaret mortem. Decebat enim eum propter quem omnia, et per quem omnia, qui multos filios in gloriam adduxerat,auctorem salutis eorum per passionem consummare.Qui enim sanctificat et qui sanctificantur, ex uno omnes*.

Eum autem. Quasi dicat : Necdum videmus subjecta ei, sed tamen pars prophetiæ jam impleta est, quia *videmus eum*,etc.,in quo constat quod complebitur alia, et ideo nec doleatis de adversis, *Eum*, inquam,*qui modico minoratus est quam angeli*,videmus jam Jesum, id est Salvatorem, et *coronatum gloria et honore*. Hoc utique merito,scilicet *propter passionem*, non quamlibet,sed *mortis*.Hic jam incipit ostendere, non pro potentia tantum vel ultione verba Christi esse audienda, sed pro dilectione qua dilexit nos ut pro nobis moreretur.Unde addit : *Ut gratia Dei*, etc. Vel ita lege : Videmus eum jam Jesum, et coronatum gloria et honore, qui modico quam angeli minoratus est, non secundum naturam humanæ mentis,sed propter passionem mortis. (11) Majores quidem angeli possunt dici homine,quia majores sunt hominis corpore,majores sunt et animo ; sed in eo tantum quod peccati originalis merito corruptibile corpus aggravat ipsum animum.Natura vero humanæ mentis qualem Christus assumpsit, quæ nullo peccato potuit depravari,solus major est Deus.Propter quid ergo modico quam angeli minorarus dicatur aperuit, cum ait, propter passionem mortis. Minor ergo angelis fuit,non propter naturam hominis, sed propter passionem mortis.Natura vero homnis quæ mente rationabili et intellectuali creaturns cæteras antecedit,Deus solus est major. Minor ergo angelis fuit corpore, non mente. Quod autem videtur tibi nihil magnum de Deo Patre dici, si forma servi majorem qua majores videntur angeli, non recte cogitas, nec attendis quem locum habeat

(11) Aug., contra Maximum.

in rebus humana natura quæ condita est ad imaginem Dei, cui tamen injuria facta non est. [Augustinus] Cum Christus dicebat : Pater major me est, qui non carni suæ solum, sed etiam menti quam gerebat humanæ Deum Patrem præferebat. Quæ tota sine dubio forma agnoscitur servi, quoniam servit tota creatura Creatori. *Ut gratia Dei.* Quasi dicat : Minoratus est ab angelis. Et hoc ideo ut gratia Dei, id est ipse qui est gratia Dei, quia gratis dat, vel quia gratis datus est nobis, *gustaret mortem.* Vel ita, ut sit ablativi casus hoc modo : ut gratia Dei, id est per gratiam Dei qua homo non meruit, ipse gustaret, proprie dixit gustaret, quia amara est mors, vel quia cito transiit. [Chrysost.] Breve namque intervallum in illa faciens confestim surrexit, sicut qui gustat breviter experitur. Gustaret, dico, *pro omnibus,* scilicet prædestinatis qui per ejus mortem redempti sunt et salvati. Vel pro omnibus hominibus, generaliter mortuus est, quia omnibus pretium suffecit. Ideo proprie dixit pro omnibus, quia non pro fidelibus tantum, sed pro mundo universo mortuus est. Et si enim omnes non credunt, ipse tamen quod suum est implevit.

Decebat enim. Quasi dicat : Minoratus est Christus ut gustaret mortem, quod convenientissimum erat. Decebat *enim eum,* scilicet Deum Patrem, *propter quem* glorificandum *omnia facta sunt, et per quem* auctorem *omnia facta sunt, qui multos filios* adoptivos *adduxerat,* id est adducendos præviderat, *in gloria* æterna decebat *consummare,* id est perficere in gloria beatitudinis, quod incœpit in resurrectione, quando immortalitatis gloria sublimatus est, et auctum est in ascensione, quando ascendit ad dexteram Patris ; et perficietur in judicio quando et omnia subjicientur, et erit omnia in omnibus. Decebat, inquam, eum consummare *auctorem salutis eorum* filiorum, id est Christum qui est Filius per naturam, cujus cohæredes erimus, qui sumus adoptione filii. Vide quantum est in medio nostrum, et ille Filius est, et nos filii sumus, sed distat, quia ille salvat, nos salvamur ; ille sanctificat, nos sanctificamur. Modo conjungit nos Scriptura, modo disjungit. *Multos,* inquit, *filios,* hic conjunxit ; *auctorem salutis eorum,* hic discrevit. Consummare, dico, et hoc *per passionem* 237 mortis, quæ mors sanandæ nostræ miseriæ convenientissima fuit, ac valde necessaria, quia aliter nisi Christus moreretur, scilicet homo non redimeretur, et non redemptus periret. Quod si esset, frustra facta essent omnia. Cætera enim homini serviunt, homo Deo, nec in aliquibus Deus glorificaretur, cum ad hæc omnia facta sint, falsa esset etiam ejus prædicatio de filiis adducendis. *Qui enim.* Probat quod pro nostra liberatione decuit Christus pati. Videtur enim indecens quod auctor salutis pateretur, sed non dedecet, quia ex Deo pendet, et idem ei subjectus ut alii homines, et ideo convenit ei pati opus est, et quod opus fuerit postea dicit ibi, *Quia ergo,* etc. [Chrysost.] Quas dicat : Decebat Patrem consummare Christum per passionem, nec dedecebat Christum pati. *Qui enim sanctificat* prædestinatos, id est Christus, *et sanctificantur per eum,* id est nos omnes, æque *ex uno* pendent et sunt. Ecce iterum quomodo conjungit dicens esse ex uno, item, intuere quantum interest, ille quidem sanctificat, nos sanctificamur. Licet ergo ex uno simus, verumtamen multum interest. Ille enim est ex Patre secundum deitatem ut proprius Filius, id est ex ejus essentia genitus, nos autem adoptivi.

VERS. 11-18.— *Propter quam causam non confunditur fratres eos vocare, dicens : Nuntiabo nomen tuum fratribus meis, in medio Ecclesiæ laudabo te. Et iterum : Ego ero fidens in eum. Et iterum : Ecce ego et pueri mei, quos dedit mihi Deus. Quia ergo pueri communicaverunt carni et sanguini, et ipse similiter participavit eisdem, ut per mortem destrueret eum qui habebat mortis imperium, id est diabolum, et liberaret eos qui timore mortis per totam vitam obnoxii erant servituti. Nusquam enim angelos apprehendit, sed semen Abrahæ apprehendit. Unde debuit per omnia fratribus similari, ut misericors fieret et fidelis pontifex ad Deum, ut repropitiaret delicta populi. In eo enim in quo passus est ipse et tentatus, potens est et eis qui tentatur auxiliari.*

Propter quam. Probat quod ex uno sunt omnes dicens : *Propter quam causam,* id est quia utrique, scilicet caput et membra, sunt ex eodem, *non confuditur,* vel erubescit Christus licet a peccato immunis. *Vocare eos fratres,* qui peccando facti sunt degeneres, dicens in psalmo : O Pater : *Nuntiabo,* vel narrabo post resurrectionem, *nomen tuum,* id est famam et gloriam Deitatis, *fratribus meis. Et ego positus in medio Ecclesiæ,* ut columna, *laudabo te.* Vel in medio Ecclesiæ, id est in toto orbe, circumcumquaque laudabo te. Attende quod cum dicit, non erubescit fratres vocare, ostendit quod non ejus naturæ est fraternitas nostra, sed misericordiæ et humilitatis. Quod autem fratres simus probat per prophetam, ne putetur novum. *Et iterum :* Auctoritate Isaiæ se ex Deo esse et pendere ostendit, ego Christus ut verus homo, *ero fidens* secundum humanitatem, *in eum,* scilicet Deum Patrem, quod non faceret nisi a Deo esset. Et iterum : Eamdem subjectionem ad Deum et humanæ naturæ communitatem nobiscum demonstrat, dicens : *Ecce ego,* præsto sum servire, *et pueri mei,* scilicet apostoli et alii fideles, *quos mihi,* tanquam capiti membra in unitate naturæ et gratiæ, *dedit Dominus.* Et in hoc patet quod ex Deo sunt, *quia ego et pueri communicaverunt carni et sanguini.* Et ipse similiter participavit eisdem : probavit quod decuerit Christum pati, si opus esset, Quod autem opus fuerit hic demonstrat, quia pueri communicaverunt carni et sanguini. Quasi dicat : Constat quod ex Deo est ipse Christus sanctificans et sanctificati, et ita non dedecet eum pati, si sit opus ; sed quid fuit opus pati ? Ecce, quia pueri communicaverunt. Et hoc est quod ait, quasi dicat : Ex uno Deo est ipse cum sanctificatis, et quia pueri, qui sanctificandi erant, communicaverunt carni et sanguini, id est animæ, id est homines erant corruptibiles constantes ex corpore et anima, quæ per sanguinem accipitur. Ergo, id est ideo, *et ipse* Christus *prrticipavit eisdem*, id est pueris, quia factus est puer constans ex anima et carne, vel, participavit eisdem, id est carne et sanguine, scilicet anima. Et hoc similiter, id est ita quod fuit homo passibilis et mortalis ut posset mori. Ecce vera in Christo fraternitas, et non ficta humanitas, *ut per mortem suam destrueret eum qui habeat mortis imperium, id est diabolum*, auctorem mortis, quia peccati, ex quo processit mors. (12) Hoc enim testimonio satis monstratur etiam mortem istam corporis principe atque auctore diabolo, id est ex peccato quod ille persuasit, accidisse. Nec enim ob aliud potestatem habere mortis verissime diceretur. Unde ille qui sine ullo peccato vel originali vel proprio moriebatur, dixit : *Ecce venit princeps mundi hujus*, id est diabolus qui habet potestatem mortis, *et in me nihil inveniet* (Joan. xiv), scilicet peccati, propter quod homines mori fecit ; nihil ergo invenit diabolus in Christo ut moreretur, sed pro voluntate Patris mori Christus voluit, non habens mortis causam de peccato sub auctore peccati, sed de obedientia et justitia factus obediens usque ad mortem, per quam nos redemit a servitute diaboli. Incideramus enim in principem hujus sæculi qui seduxit Adam et servum fecit, et cœpit nos tanquam vernaculos possidere. Sed venit Redemptor et victus est deceptor. Et quid fecit Redemptor captivatori nostro ? Tetendit muscipulam, crucem suam posuit ibi quasi escam, sanguinem suum. Ille autem sanguinem fudit non debitoris, per quod jussus est reddere debitores. Fudit sanguinem innocentis, et jussus est reddere a nocentibus. Ille quippe sanguinem suum fudit, ut peccata nostra deleret. Unde ergo diabolus nos tenebat deletum est sanguine Redemptoris. Non enim tenebat nisi vinculis peccatorum nostrorum : istæ erant catenæ captivorum. Venit ille, alligavit fortem vinculis Passionis, intravit in domum ejus, id est in corda eorum, ubi ipse habitabat, et vasa ejus eripuit. Nos sumus vasa ista [quæ] impleverat ille amaritudine sua, quam nostro Redemptori in felle propinavit. Salvator autem noster eripiens vasa ejus, et sua faciens, fudit amaritudinem et implevit dulcedine. Participavit ergo pueris, id est factus est homo passibilis et mortalis, ut sic vinceret diabolum. Nisi enim homo esset qui diabolum vinceret, non juste, sed violenter homo ei tolli videretur, qui se illi sponte subjecit ; sed si eum homo vincit, jure hominem perdit : et ut homo vincat, necesse est ut Deus in eo sit, qui faciat eum sine peccatis esse. Si enim per se homo esset vel angelus in homine facile peccaret, cum utramque naturam per se constet cecidisse. Factus est homo Dei Filius, hominis filius passibilis et mortalis, ut per mortem destrueret diabolum, deletis peccatis, per quæ sub illo captivi eramus ; et per eamdem mortem *liberaret eos, qui timore mortis* corporalis *per totam* hanc *vitam erant obnoxii*, id est subditi, *servituti* diaboli et peccati. Hic quiddam mirabile demonstrat, quia per quod potestatem habebat diabolus, per hoc victus est, et quæ fuerant arma illi forti adversum mundum, per ea illum Christus percussit, in quo magnitudinem virtutis ejus et solertiæ insinuat. Mors enim erat arma per quæ vincebat diabolus, et per eam victus est a Christo. Unde : *Ero mors tua, o mors* (Ose. xiii). Et per eam liberavit obnoxios servituti. Intuere quantum bonum operatur mors Christi. Liberavit eos qui timore mortis obnoxii erant servituti. Servi siquidem erant qui mortem timebant, et omnia patiebantur ne morerentur. Nunc autem sancti per Christum ad regnum transituri irrident eam. Unde Apostolus : *Cupio dissolvi et esse cum Christo* (Philipp. i). Unde et beatus Job ait : *Pellem pro pelle, et omnia quæ habet homo dabit pro anima sua* (Job. ii). Et est victoria fidei, quæ utique defuisset, si credentes immortalitas mox consecuta esset. Poterat quidem hoc Deus dare credentibus ut nec istius experirentur corporis mortem ; sed si hoc fecisset carni quædam felicitas adderetur, minueretur autem fidei fortitudo. Sic enim homines mortem istam timent, ut non ob aliud felices dicerent Christianos, nisi quod mori omnino non possent, ac per hoc nemo propter illam beatam vitam quæ futura est ad Christi gratiam festinaret ; sed propter renovandam mortis molestiam delicatius crederetur in Christum, essetque fides enervis et debilis. Quid magnum esset credere videndo non mori eos qui crederent ? Credens enim omnino non moriturus. Quanto fortius ita credere, ut se speret moriturus sine fine victurum, exemplo Christi qui post mortem resurrexit in gloria, et beata sine fine vita vivit. Desideremus ergo vitam Christi, quia tenemus pignus mortem Christi. Quomvdo non dabit nobis bona sua qui passus est mala nostra ? In terris istis, in sæculo isto maligno, quid abundat nisi nasci laborare et mori ? Hæc sunt mercimonia regionis nostræ. Ad tales merces mercator ille descendit, et quia omnis mercator dat et accipit, dat quod habet et accipit quod non habet, etiam Christus in ista mercatura dedit et accepit. Sed quid accepit ? Quid hic abundabat, nisi nasci, laborari et mori ? Et quid dedit ? Renasci, resurgere et in æternum regnare. O bone mercator, gratias agimus, quia emisti nos, sanguinem tuum bibimus, Evangelium legimus, instrumentum nostrum ; servi tui sumus, creatura tua sumus ; fecisti nos, redemisti nos. Emere potest quis servum suum, creare non potest ; Dominus autem Christus et servos suos creavit ut essent, et redemit per mortem, ne semper captivi essent, sicut et mortem gustavit, ut timorem mortis fideles vincerent.

---

(12) August., De bapt. parv.

Ut enim medicus non habens necessitatem ex cibius qui ægroto præparantur gustare, sed ille consulens ei vel consolans eum, primum de cibis illius degustat ut persuadeat ægroto promptius illos cibos accipere : sic etiam Dominus, cum omnes homines mortem timerent, persuadens eis, ut fiducialiter ad mortem accederent, et ipse gustavit mortem, nullam mortis habens necessitatem. Vel **238** ita, et liberaret : Et agit de timore pœnæ, quo Judæi sub lege serviebant, quos evacuata lege per gratiam a legis onere et servili timore liberavit. Quasi dicat : Factus est Christus homo, ut per mortem destrueret diabolum, et per eamdem mortem legem evacuaret, et ea evacuata, liberaret eos, id est Judæos liberos faceret per gratiam.

Qui timore mortis, corporis vel animæ, *per totam vitam obnoxii erant servituti* legis, id est timore pœnarum servi erant legis, quia timore pœnarum corporis vel animæ servabant legem, quos Christus liberavit vel ab inferno vel a jugo legis. *Nunquam enim.* Quasi dicat : Participavit eis, ut homines sanctificaret et liberaret, et recte hæc causa apponitur, quia si non esset eos liberaturus, non eis participaret : quod in angelis apparet, quia *nusquam apprehendit angelos,* id est in nulla Scriptura legitur apprehendisse angelicam naturam, ut angelos redimeret. Sed hoc legitur quod *semen Abrahæ,* id est carnem de Abraham, ut filios ejus salvaret, [Chrysost.] non dico assumpsit, sed *apprehendit.* Quasi dicat : Longe fugientem consequens, in quo humanæ naturæ dignitas intelligi potest et misericordia et gratia qua hoc facit, et cura quam de nobis habuit, fugientem quippe ante ipsum humanam naturam et longe fugientem. Longe enim eramus, insecutus apprehendit. Non angelicæ naturæ data est hæc dignitas, ut Deus ei in unam personam jungeretur, et revera magnum et mirabile et stupore plenum est carnem nostram sursum sedere et adorari ab angelis et archangelis. Hoc ergo sæpius in mense versans excessum patior magna de genere humano imaginans. *Unde,* scilicet quia semen Abrahæ apprehendit, *debuit similari per omnia fratribus,* ut scilicet passibilis, ut mortalis esset et cætera hujusmodi, in quibus simulatus est fratribus, scilicet quod natus, quod educatus, quod crevit, quod passus est et mortuus ; qui supra paternæ substantiæ figura dictus est debuit similari Deo, ideo *ut fieret* actu miserendi *misericors,* quod erat in natura, *et fidelis,* scilicet nullum fallens, pontifex, id est mediator et pons *ad Deum,* seipsum offerens ei sacrificium ut *repropitiaret,* id est prope vocatus removeret, *delicta populi.* Qui bene potest hoc facere. *In eo enim in quo passus est ipse,* id est in inferiori substantia, scilicet in carne in qua passus est a Pilato, *et tentatus* a diabolo, [Ambrosius] vel *expertus,* alia littera, *potens est eis qui tentantur auxiliari.* De incarnato hoc dicit, quia in carne quam suscepit multa sæva passus est, novitque per experimentum quæ est ista tribulatio et tentatio patientium, non sicut Deus solum novit passiones nostras, sed etiam sicut homo cognovit per experimentum, per hoc scilicet quod tentatus et passus multa novit compati, licet quidem impassibilis sit secundum quod Deus. Et est sensus: Potens est eis auxiliari qui tentantur, id est cum multa alacritate protendit manum ad compatiendum tentatis, perfecteque novit id facere. Nota quod ait tentatus. Tentat quidem Deus, tentat homo, tentat diabolus. Tentat Deus ut probet : diabolus, ut decipiat ; homo, ut sciat quod nescit.

CAPUT III.

VERS. 1-11. — *Unde, fratres sancti, vocationis cœlestis participes, considerate apostolum et pontificem confessionis nostræ Jesum, qui fidelis est ei qui fecit illum, sicut et Moyses in omni domo ejus. Amplioris enim gloriæ iste præ Moyse dignus est habitus; quanto ampliorem honorem habet domus qui fabricavit illam. Omnis namque domus fabricatur ab aliquo. Qui autem omnia creavit Deus est. Et Moyses quidem fidelis erat in tota domo ejus tanquam famulus in testimonium eorum quæ dicenda erant. Christus vero tanquam filius in domo sua. Quæ domus sumus nos, si fiduciam et gloriam spei usque ad finem firmam retineamus. Quapropter, sicut dicit Spiritus sanctus : Hodie si vocem ejus audieritis, nolite obdurare corda vestra, sicut in exacerbatione secundum diem tentationis in deserto, ubi tentaverunt ad patres vestri, probaverunt et viderunt opera mea quadraginta annis. Propter quod infensus fui generationi huic, et dixi: Semper hi errant corde. Ipsi autem non cognoverunt vias meas, quibus juravi in ira mea, si introibunt in requiem meam.*

Unde, etc. Ex omnibus superioribus infert, id est quia potens, et quia pro nobis passus, et quia potest auxiliari. *Unde, o vos, fratres sancti participes vocationis cœlestis,* id est vocati ad cœlestia, id est ad cœlestem hæreditatem habendam cum Christo, *considerate,* diligendo, et quæ præcipit operando, *Jesum Christum.* Alio enim non egemus. *Apostolum,* scilicet quem nobis Deus misit, *et pontificem,* scilicet per quem itur ad Deum. Idem est enim pontifex qui mediator. Pontifex, dico, *confessionis nostræ,* scilicet quem nos confitemur ; vel confessionis, id est fidei, scilicet in quem credimus. *Qui fidelis,* etc. Hic incipit comparare Christum Moysi, sicut supra comparavit eum prophetis et angelis. Moysi vero ita comparat, ut sit præ Moyse fidelis, quia non suam, sed Patris gloriam quæsivivit, non ejus mandata abscondit. Moysi ergo eum conferens, ait : *Qui,* Christus, *fidelis est* secundum hominem *ei,* scilicet Deo Patri, *qui fecit eum,* ex semine David secundum carnem. Fidelis est dico, *sicut et Moyses* fidelis fuit *in omni,* id est in tota domo Judæorum, quæ domus est *ejus,* scilicet Patris, vel Christi ; non Moysi, quia Moyses minister fuit, non dominus. Vel ita : Qui Christus Jesus fidelis est ei qui fecit illum, scilicet Deo Patri, non tantum in quadam, sed in omni domo Judæorum, scilicet et gentium, sicut et Moyses fidelis fuit in una. Et in omni domo dico, ejus, scilicet Patris, vel Christi. *Amplioris enim.* Quasi dicat : Quia Christus fidelis fuit effectus, indicat quia *iste*, scilicet Christus, *habitus est dignus gloriæ*, ut Moyses, quia etiam habitus est dignus *amplioris* gloriæ *præ Moyse,*, id est quam Moyses. Vel, habitus est dignus amplioris quam Moyses. Ipse, dico, ens præ Moyse, in merendo, quia plus meruit quam Moyses, et tanto amplioris gloriæ dignus est, *quanto habet ampliorem honorem domus*, id est in domo vel de domo facta, ille *qui fabricavit illam*, ut Dominus, quam qui dispensat in ea ut famulus. Quod de spirituali domo intelligendum est, scilicet non de templo vel tabernaculo, sed de populo. Et nota quod non dixit quidem Moyses est servus, Christus vero est Dominus, sed latenter hoc significavit. Si enim domus erat populus, ipse autem erat de populo. Igitur erat de domo : et nobis usus est dicere de servo, ille est de domo illius.

Omnia namque. Quasi dicat : Fabricavit dico. Et recte : per se enim non potest fieri, sed ab aliquo. *Omnis namque domus fabricatur ab aliquo.* An ideo a Christo? vere, quia Deus est qui omnia creavit. Et si omnia, ergo et domum. Et hoc est quod ait, *Qui autem.* Quasi dicat : Domus fit ab aliquo, *qui autem et domum et omnia creavit, Deus est.* Utriusque enim domus, scilicet quam rexit Moyses et Christus factor est Deus quem constat præ omnibus esse, ita Christus quia Deus est et Creator præ Moyse est. Et Moyses ostendit Christum dignum ampliori gloria quam Moyses, quia Christus fabricator est domus, non Moyses. Hic alia ratione idem ostendit quia Christus filius. Moyses famulus est qui et carnalia carnalibus tradebat, Christus vero spiritualia. Quasi dicat : Ideo etiam amplioris gloriæ vel gratiæ dignus est. *Et*, id est quia, *Moyses quidem fidelis erat in tota domo*, non sua, sed *ejus*, scilicet Dei Patris vel Christi, *tanquam famulus*, qui non adeo diligit domum sicut ille cujus est propria. Et hoc ut non gratiam daret, sed *in testimonium eorum quæ dicenda erant*, id est ut testaretur ea quæ conveniebant dici carnalibus qui nondum spiritualia capere poterant, *Christus vero* fidelis est, *tanquam Fitius*, qui hæres est, *in domo*, cum ipso Patre, *quæ domus* Christi, *sumus nos* renati, *si fiduciam* spei, id est spem cum fiducia, scilicet non dubiam, *et gloriosam spem*, scilicet quæ est de cœlesti jucunditate, *retineamus* firmam, id est perdurantem *usque ad finem* vitæ quando habebitur quod modo speratur. *Quapropter*, sicut supra, cum præ angelis et prophetis Christum commendasset in multis, subintulit nos oportere servare quæ ab illo audivimus, ita nunc commendato etiam ipso præ Moyse. Hic incipit terrere ne sint increduli Christo per patrum similitudinem, et post ne amittant requiem, blanditur etiam per opportunitatem temporis. Quasi dicat : Nos sumus domus Dei. *Quapropter*

(13) Aug., in psalmo CXLIV.

scilicet quia hoc modo sumus Christi, videte, fratres, ne forte, etc. Hucusque verborum ordo dirigitur. Vel talis potest esse verborum ordo : Quapropter, scilicet quia sumus Christi, *nolite obdurare corda vestra*. Et ita hoc dico, *sicut dicit Spiritus sanctus* in David. *Hodie*, id est in tempore gratiæ, quod præsens erat David in spiritu, *si vocem ejus*, scilicet Christi per se loquentis, *audieritis :* quod vere erit. *Nolite obdurare corda vestra*. Aliquando enim audistis vocem illius per Moysen, et obdurastis corda vestra. Per præconem locutus est, quando obdurastis corda; per se nunc loquitur. Mollescant ergo corda vestra, qui præcones ante se mittebat ipse venire dignatus est; ore suo hic loquitur, qui loquebatur per ora prophetarum. Si ergo tunc duri fuistis, modo estote molles. Nolite obdurare corda vestra dico, agentes sicut patres vestri fecerunt *in exacerbatione* facta *secundum diem*, id est in die *tentationis* factæ *in deserto*, id est sicut patres vestri obdurati sunt in die tentationis, hoc est una die de exacerbationibus, quæ tentatio facta est in deserto, ubi magis eguerunt auxilio; ita et vos in deserto hujus mundi cavete ne tentetis Deum, ne pereatis, sicut ibi in deserto qui Deum tentaverunt.

(13) Recolitis certe, fratres, quod ille populus tentaverit Deum, et acceperit disciplinam, et rectus sit in deserto tanquam ab optimo sessore frenis legum et præceptorum, non desistente etiam emendationis virga qua percussi sunt pro amaricatione. Historia est satis nota de eo quod miserunt exploratores videre terram, et cum audirent ex eis ibi esse inexpugnabiles, et giganteæ staturæ viros, obliti virtutis Dei toties probatæ, dixerunt : Redeamus in Ægyptum ad ollas carnium. Unde juravit Dominus quod non intrarent in terram promissionis quæ esset eis requies laborum et sic omnes perierunt præter duos, scilicet Caleph et Josue. Et sciendum quod in hac serie tres requies commemorat, duas significantes, et tertiam significatam, unam Sabbati quo requievit Dominus; secunda, in Palæstina; tertiam veram, quæ in cœlo est, de qua hic dicit, loquens ad veros Israelitas dicens fidelibus qui Christum loquentem erant audituri : Nolite esse duri Christo loquenti sicut Spiritus præmonuit loquens in David, ne similia patribus vestris patiamini, qui per Moysen vocem Domini tunc audierunt. Vos autem modo per ipsum Christum ; et hoc est quod ait : Nolite obdurare corda vestra sicut in exacerbatione secundum diem tentationis in deserto, *ubi*, id est in quo deserto, *tentaverunt* me, Spiritum sanctum, scilicet qui in David loquebatur, *patres vestri*, secundum carnem, videte ne secundum spiritum : patres vestri erant secundum carnem ; sed si non imitati fueritis, patres vestri secundum spiritum non erunt. *Et probaverunt me*, id est probabilem invenerunt, *et*, id est quia, *viderunt*, etc. Vel, probaverunt, id est curio-

sitatis causa exquisierunt an possem, et viderunt oculis *opera mea*, magnæ virtutis. *Quadraginta annis*, in quibus me omnia posse experti sunt, *propter quod*, scilicet quia tentaverunt, *fuit offensus*, vel *inoffensus, id est* valde et implacabiliter iratus. Vel, *proximus*, adhibendo correctionis flagella, *generationi huic*, tamen malæ. *Et dixi* de illis : *Semper errant corde*, id est ex propria deliberatione, quia serio peccant. *Ipsi vero*. Quasi dicat : Ego sic monebam per prophetam, sed sicut sic monerem, tamen *ipsi non cognoverunt vias meas*, id est noluerunt cognoscere opera mea. Et ideo, *si introibunt in requiem meam*, scilicet terræ promissionis. Aposiopesis, id est non intrabunt. Hoc dico, *sicut juravi*, id est firmiter statui, *in ira mea*, id est quando iratus fui. Jurat enim quandoque non iratus. Irasci tamen dicitur per figuram quæ dicitur antropospatos.

VERS. 12-19. — *Videte, fratres, ne forte sit in aliquo vestrum cor malum incredulitatis discedendi a Deo vivo. Sed adhortamini vasmetipsos per singulos dies, donec hodie cognominatur, ut non obduretur quis ex vobis fallacia peccati. Participes enim Christi effecti sumus, si tamen initium substantiæ ejus usque ad finem firmum retineamus, dum dicitur : Hodie si vocem ejus audieritis, nolite obdurare corda vestra, quemadmodum in illa exacerbatione. Quidam enim audientes exacerbaverunt, sed non universi qui profecti sunt ab Ægypto per Moysen. Quibus autem infensus est quadraginta annis? Nonne illis qui peccaverunt, quorum cadavera prostrata sunt in deserto? Quibus autem juravit non introire in requiem ipsius, nisi illis qui increduli fuerunt? Et videmus quia non potuerunt introire in requiem ipsius propter incredulitatem.*

Videte, etc. Quasi dicat : Quia propter incredulitatem patribus vestris requies negata est, ergo *videte, o fratres, ne forte*. Quasi dicat : Quod facile potest contingere, *sit in aliquo vestrum*. In aliquo dicit quia de multis non dubitat quin perfecti sint inter eos. Sit, inquam, *cor incredulitatis*, id est cor incredulum, ut putetis Christum non suffocere sine lege quod est malum, quia sic ruit homo in multa peccata [Chrysost]. Infidelitas enim malignam vitam procreat, sic anima in profundum malorum veniens contemnit, nec hoc leve est, quia hoc est discedere a Deo. Et hoc est Christum tentare. Unde subdit : Hoc est cor *discedendi a Deo vivo*. Quasi dicat : A quo qui discedit vitam perdit, quia in eo solo vita est : contra, qui accedit vitam invenit. *Sed potius adhortamini*, deincremento virtutum, *vosmetipsos*, alii alios, vel unusquisque seipsum, *per singulos dies, donec*, id est quandiu, *cognominatur hodie*, id est tempus gratiæ de quo agebat propheta superius in psalmo, quia non minus modo patratur credentibus gratiæ ad salutem quam ipso præsente Christo. Si quis enim peccat, usquequo est hodie potest reverti. Nemo ergo desperet dum vivit.

Adhortamini dico, ut non obduretur quis ex vobis fallacia diaboli, ente causa *peccati*. Scìatis enim quod diabolus fallit eum qui obduratur. Unde post cadit in peccatum. *Participes enim*. Quasi dicat : Debetis hortari vos et non esse duri, quia non eramus facti sumus per gratiam. [Ambrosius.] Et hoc est quod ait : *Participes enim Christi*, id est habentes partem cum ipso Christo in hæreditate, *effecti sumus* per gratiam, qua uniti sumus ei ut membra capiti. Ipse enim est caput nostrum, et nos membra ejus facti sumus. Participes dico, tamen hac conditione, *Si nos usque ad finem vitæ retineamus firmum*, ut nunquam deseramus, *initium substantiæ ejus*, [Remigius] id est fidem quæ est initium bonorum, per quam in nobis existit Deus, per quam deificamur et divinæ substantiæ participamus. Retineamus usque ad finem, dico, *dum*, id est quandiu *dicitur* nobis : *Hodie si vocem ejus audieritis, nolite obdurare corda vestra, quemadmodum* sua, scilicet obduraverunt *patres*, in *illa exacerbatione*, hoc scilicet de patribus addidit, ut per patres eorum deterreat eos. *Quidam enim*. Quasi dicat : Nolite obdurare ut patres in exacerbatione. Et bene hoc dico quia *quidam illorum audientes* vocem Dei in deserto de requie in terra Palæstina futura, *exacerbaverunt* Deum, id est increduli et duri fuerunt. Et ideo perierunt Hoc ideo dicit, ne quis putet satis esse audire de requie, quia et illi omnes audierunt, sed non omnes pervenerunt, sed quidam qui non exacerbaverunt; de quibus subdit : *sed non universi*, id est non omnes exacerbaverunt, ut Caleph et Josue, et his similes. Non omnes dico, *qui profecti sunt ab Ægypto per Moysen*, ita vos a tenebris vitiorum et ignorantiæ profecti estis per Christum. *Quibus autem* horum supradictorum, scilicet vel vel exacerbantibus, vel *non infensus est quadraginta annis* : hunc numerum annorum iterum commemorat, quia hoc numero notatur tota vita nostra. Quadragenarius enim indicat integritatem sæculorum.

Infensus ergo dicitur illis quadraginta annis, quia irascitur vitæ suæ usque in finem peccantibus. Deinde subdit respondens suæ interrogationi : *Nonne* infensus est *illis qui peccaverunt*? Quasi dicat : Non est dubium, *quorum cadavera* sine sepultura *prostrata sunt* bestiis et avibus *in deserto*. Quasi dicat : In hoc apparet ira Dei. Et ideo vobis impunitatem non promittatis, si increduli fueritis *Quibus autem*. Quasi dicat : Non solum prostravit incredulos, sed etiam juravit quod non intrarent in requiem. Et hoc est quod dicit sub interrogatione : *Quibus autem juravit non introire*, vel *ut non introirent in requiem ipsius* æternam, quæ significabatur per terram promissionis, *nisi illis qui increduli fuerunt* Domini promittenti, illis utique et non aliis. *Et videmus*. Quasi dicat : Juravit Dominus non introire in requiem, et ita *videmus*, id est aperte scimus evenisse *quia non potuerunt illi introire in requiem* æternam, sicut nec et in terram promissionis,

Et hoc, *propter incredulitatem*. Et quia illi perdiderunt requiem propter incredulitatem.

CAPUT IV.

Vers. 1-5.—*Timeamus ergo ne forte relicta pollicitatione introeundi in requiem ejus, existimetur aliquis ex nobis deesse. Etenim et nobis nuntiatum est quemadmodum et illis; sed non profuit illis sermo auditus, non admistus fidei ex his quæ audiverunt. Ingrediemur enim in requiem qui credidimus, quemadmodum dixit : Sicut juravi in ira mea : Si introibunt in requiem meam. Et quidem operibus ab institutione mundi perfectis. Dixit enim in quodam loco de septima sic : Et requievit Deus die septima ab omnibus operibus suis. Et in isto rursum : Si introibunt in requiem meam.*

Timeamus ergo. Quasi dicat Si non amore vel timore hoc faciamus, *timeamus*, inquam, *ne forte aliquis ex nobis existimetur*, vero judicio et si impudenter præsumat deesse a requie. Et hoc, *relicta pollicitatione introeundi in requiem ejus* veram, quam terram promissionis significavit, id est per hoc quod relinquatur et contemnatur promissio Dei qua promisit intrare in requiem cœlestem, vel quam in baptismo Deo facimus : quæ servata facit nos intrare in requiem. *Etenim* quasi dicat : Dico timeamus et merito, quia non possumus nos excusare, quasi de non dicta re. *Etenim*, etc. Vel ita continua. Quasi dicat : Dico, timeamus, ne quis ex nobis quasi ad nos pertineat, et recte pertinet enim ad nos, *etenim et nobis*, tempore gratiæ, *nuntiatum est de æterna requie,* per Filium *quemadmodum* per famulum nuntiatum est de terra et cœlesti per figuram terræ promissionis, et ingrediemur credendo, sicut illi perdiderunt non credendo. Unde subdit : *Sed non*, etc. Quasi dicat : Illis nuntiatum est, *sed non profuit, illis sermo* promissus de requie. *Auditus* tantum quia, *non fuit admistus fidei*, id est quia non fuit creditus ut sermo et fides simul jungerentur. Non fuit creditus, dicto *ex his*, id est propter hæc quæ audierunt ab exploratoribus, qui mala retulerunt non crediderunt. Egressi enim de Ægypto cum multam viam perambulassent, et multa judicia virtutis Dei accepissent in Ægypto, in mari **240** Rubro. In eremo consilium fecerunt mandare speculatores qui deberent inspicere naturam terræ. Illi vero cum perrexissent reversi sunt, provinciam quidem magnorum fructuum et virorum inexpugnabilium et fortium procreatricem esse dicentes. Quibus auditis obstupuerunt, qui eos miserant, non credentes veram Dei promissionem. Vel ita, non profuit illis sermo non admistus fidei sumptæ ex his quæ auditus a Domino per Moysen, promittentem eis terram promissionis. *Ingrediemur enim.* Quasi dicat : Vobis annuntiatum est de requie. Et hoc indicat effectus. Ingrediemur enim. Vel ita continua ; Vere illis qui non crediderunt non profuit sermo, quia nobis qui credimus prodest. *Ingrediemur enim* nos *qui credidimus in requiem* veram. Nos qui credidimus ingrediemur, *quemadmodum* ex opposito *dixit* Spiritus sanctus in psalmo de incredulis per quod patet quod qui credunt intrabunt. Quid dixit? hoc scilicet : *Si introibunt in requiem meam*. Aposiopesis, id est non intrabunt. *Sicut juravit in ira*: Illi enim nec Palæstinam, nec in veram requiem introierunt. Nos autem introibimus in veram requiem.

Et quidem. Quia dixerat nuntiatum esse de requie, dicit, quando, scilicet et ante legem post perfectionem operum, scilicet sex dierum, per requiem Sabbati. Et sub lege quando per terram promissionis designabatur, et in tempore gratiæ Spiritu sancto dicente in David. *Hodie*, etc. Quasi dicat : Nuntiatum est de requie illa. Et sic quidem, in illius requiei designatione : *Dixit* Spiritus sanctus, quando nondum erat complectio illius veræ requiei et significatæ, quia ea nullus adhuc potitus erat, *in quodam*, scilicet egregio, *loco* Scripturæ *de die Septima*, per quam significatur æterna requies : *Et requievit Deus a* nova operatione cessando *die septima ab omnibus operibus suis,* ut jam non nova crearet opera, secundum speciem vel materiam, sed de materia tunc facta et ad similitudinem tunc factorum operaretur. Requievit dico, *operibus perfectis*, post quod poterat requiescere quæ fecit inchoando, *ab institutione mundi*, id est ex quo mundus cœpit institui, quia ipse omnia fecit. [Remigius.] Notandum quod dicit operibus perfectis, quod fuit facto homine pro quo omnia facta sunt, et ipse ad Deum glorificandum factus est. Requievit Deus die septima. Sex enim diebus fecit Deus omnia in materia vel similitudine, ut postea nihil fieret, nisi de materia ibi facta, vel ad similitudinem factorum. Septima quievit, quæ significat veram requiem, sic et ætate homo Christus natus est in mundo ad laborem. Et sexta die et sexta hora diei passus est. Septima vero die in sepulcro quievit, sic et nos dum sub operibus sex dierum vivimus operamur; inde exeuntes quiescemus. Vel eodem verborum sensu manente ita potest legi, ut sit ibi enim, dixit enim, et subintelligitur nuntiatum est hoc modo : Et quidem. Quasi dicat : nuntiatum est de illa requie. Dixit enim Spiritus sanctus in quodam loco die septima sic : Et requievit de die septima ab omnibus operibus suis. Non mutantur hæc. Et attende quod hic agit de prima requie quæ significat. *Et in isto*. Quasi dicat : Ibi tangit Spiritus sanctus de vera requie per signum et figuram. Septima die. *Et in isto rursum* loco dicit Spiritus sanctus de eadem vera requie per signum et figuram requiei terræ promissionis : *Si introibunt*, id est non introibunt, *in requiem meam*, scilicet in terra promissionis, quæ significat veram requiem quam Moyses promiserat sub figura. Et nota quod hic agit de secunda requie quæ significat. *Quoniam ergo*, diligenter attende prædicta et ordinem sequentium. Ecce his, scilicet per diem septimam et per terram promissionis requies cœlestis signata est et promissa. Et quia hoc est ergo *iterum* vel *rursum*, id est sub ejusdem requiei designatione *terminat*

Spiritus sanctus, et distinguit, *diem quemdam,* quo prænuntiata impleantur,id est tempus gratiæ egregium, scilicet in adventu Christi *dicendo in David, hodie,* quia David futuris tempore gratiæ repræsentat verba patribus dicta, et hoc *post tantum temporis* ex quo illa patribus dicta sunt in deserto.Unde patet non de terra promissionis agi, quæ jam dudum habetur. In hoc enim patet quod hæc est alia requies de qua dicit David, hodie,quam illa ad quam Josue dixit. Sicut jam, etc. Quasi dicat : Quod terminat diem quamdam dicendo hodie *sicut* jam *supra dictum est : Hodie,* id est tempore gratiæ, *si vocem ejus audieritis,* sicut vero audieritis, *nolite obdurare corda vestra,* quemadmodum fecerunt patres in illa acerbatione. Et nota quod dicendo, diem quamdam et hodie, agit de tertia requie significata, et quando datur, quamvis obscure quæ per Christum credentibus promissa est dari. Ideo terminat diem intrationis.

VER. 6-12.—*Quoniam ergo superest introire quosdam in illam,et hi quibus prioribus annuntiatum est non introierunt propter incredulitatem,iterum terminat diem quemdam. Hodie, in David dicendo post tantum temporis,sicut supra dictum est:Hodie si vocem ejus audieritis, nolite obdurare corda vestra. Nam si eis Jesus requiem præstitisset, nunquam de alia loqueretur posthac die. Itaque relinquitur sabbatismus populo Dei. Qui enim ingressus est in requiem ejus, etiam ipse requievit ab operibus suis, sicut et a suis Deus. Festinemus ergo ingredi in illam requiem, ut ne in idipsum quis incidat incredulitatis exemplum. Vivus enim est sermo Dei, et efficax, et penetrabilior omni gladio ancipiti, et pertingens usbue ad divisionem animæ ac spiritus.*

Quoniam superest, id est restat post promissionem *quosdam,* scilicet egregios, *introite in illam,* scilicet requiem æternam,quæ significatur per terram promissionis et,nisi videret intraturos quosdam,non terminaret diem. David, nempe licet esset sub lege, mente tamen positus in tempore gratiæ dicens, hodie, tertio nuntiat requiem illo tempore consummandam. Et quasi aliquis quæreret quid opus erat illis dicere, nolite obdurare corda vestra respondet subdens : Valde opus erat. *Et,* id est quia, *hi quibus prioribus nuntiatum est, non introierunt* in veram requiem, quam terra promissionis designabat,ad quam etiam non pervenerunt. Et hoc *propter incredulitatem* suam, scilicet, vel alio verborum ordine potest legi hæc littera. Quoniam ergo Quasi dicat : Et hoc et illo modo promissa et signata requies cœlestis Ergo superest, quosdam introire. Et quoniam, hoc est et quia hoc non sufficit ad inferendum quod illaturus est addit aliud, scilicet et hi, et., ut ex his duobus tertium necessario inferatur hoc modo. Quasi dicat : Et quia hoc est, scilicet quoniam superest quosdam intrare, et quia hi quibus prioribus nuntiatum est non introierunt propter incredulitatem,ideo *determinat diem quemdam,* quia necessarium erat, *dicendo in David, hodie, post tantum temporis,* ex quo illa dicta sunt patribus et filii Israel in terram promissionis intraverant. Unde patet quod hæc est alia requies. *Sicut,* etc. Quæ non mutantur. *Nam si.* Quasi dicat : Vere hæc est alia requies quam illa ad quam duxit Josue. Nam si illa esset, non loqueretur David et alia, sed locutus est. Ergo certum est esse aliam ad quam Christus duxit,quæ per illam in Palæstina signabatur. Et hoc est quod ait : *Nam si eis,* etc. Vel ita continua : Vere superest quosdam introire, sicut David terminat. *Nam si eis,* id est filiis Israel, *Jesus* id est Josue qui duxit in terram promissionis, *præstitisset,* id est si ipse præparans ut dux dedisset, *requiem* veram, *nunquam,* nullo tempore, *posthac,* id est in præsenti tempore, *loqueretur* Spiritus sanctus in David, *de alia die,*id est de tempore gratiæ. Quasi dicat : Quo deberet dari. Vel nunquam post loqueretur de alia, scilicet requie præter terram promissionis, dicendo, hac die,qui supradixit hodie; sed locutus est de alia. *Itaque relinquitur,* id est reservatur a Deo promittente, *populo Dei futuro sabbatismus,* id est plenæ quietis feriatio et jucunditas significata per Sabbatum quo requievit Dominus, et in lege observabatur. (14) Tunc ergo enim perfecte vacabimus gratia majore referti et Deo pleni. Et sciemus perfecte quia ipse est Deus; ibi vacabimus et videbimus, videbimus et amabimus, amabimus et laudabimus. Ecce quid erit in fine sine fine ; nam quis alius noster est finis, nisi pervenire ad regnum cujus non est finis? et vere requies perfecta est quam Dominus promittit, quæ et per requiem Sabbati figurata est. *Qui enim ingressus est in requiem ejus* Dei, id est quam Deus promittit, et dat suis,*ipse requievit ab operibus suis,* quibus hic laboravit; ita perfecte, *sicut Deus,* ab operibus suis. Et quia hoc, et vera requies,*festinemus ergo ingredi,* per fidem et bona opera, *in illam requiem, ut ne quis,*id est ut non aliquis nostrum,*incidat in idipsum exemplum incredulitatis,* id est in eamdem incredulitatem in qua patres fuerunt, quæ est vobis exemplum ; unde pejus est nisi caveatis. Vel, incidat in idipsum incredulitatis exemplum in pœnam talem qualem illi per incredulitatem meruerunt.Exemplum autem dicit, ut mentem nostram illic habeamus, ne similiter excidamus. Et ut magis terreat addit : *Vivus enim est.* Quasi dicat : Debemus festinare in illam requiem et cavere nobis a pœna incredulorum, quia *sermo Dei,* id est Filius Dei qui a regalibus sedibus venit, *est vivus,* quem infideles mortuum putant : sed vere vivus est, et ita in eo vivetis, id est qui illos judicavit vobis judex est, scilicet Filius Dei: cui qui obedit, mortem non videbit in æternum. Iste est efficax,id est potens omne quod vult facere salvando vel damnando; et cum sit potens, est etiam sapiens. *Et,* id est quia, est *penetrabilior,*

---

(14) August., de civit. Dei.

id est perspicacior, *omni gladio ancipiti*, id est omni ingenio quod circumspicit carnalia et spiritualia, id est in omni ingenio carnali vel spirituali. Et est *pertingens*, id est tota consideratione perveniens, id est pertingit sermo Dei cognitione insuperabili. **241** *usque ad divisionem*, id est separationem et discretionem, *animæ*, id est sensualitatis; *ac spiritus*, id est rationabilitatis, quia cognoscit Dei Filius quomodo dividatur sensualitas a ratione, et ipsa eadem a se, dum plus dedita infimis rebus inferior est, et ab his revocata dignior : sicut etiam videt quomodo spiritus a se dividatur, dum vel in Deum inhiat de divina usia cogitans vel inferius cœlestia considerat, vel in terra inferius de mundanis recte agendis pertractat, vel etiam quomodo spiritus, id est ratio a sensualitate secernitur, dum quod in se, id est in ratione inferius est, superat quod in illa alterius est.

VERS. 12-16. — *Compagum quoque ac medullarum, et discretor cogitationum et intentionum cordis. Et non est ulla creatura invisibilis in conspectu ejus; omnia autem nuda et aperta sunt oculis ejus, ad quem nobis sermo. Habentes ergo pontificem magnum qui penetravit cœlos Jesum Filium Dei, teneamus spei nostræ confessionem. Non enim habemus pontificem qui non possit compati infirmitatibus nostris, tentatum autem per omnia pro similitudine absque peccato. Adeamus ergo cum fiducia ad thronum gratiæ ejus, ut misericordiam consequamur, et gratiam inveniamus in auxilio opportuno.*

Compagum quoque. Quasi dicat : Et ipse est pertingens etiam usque ad discretionem *compagum quoque et medullarum*. Compagesque dicitur junctura ipsius sensualitatis et rationis, quam videt Filius Dei, scilicet quomodo inter se cohæreant in aliquo, vel quomodo hæc et illa, id est ratio et sensualitas in suis differentiis conveniant, dum superior differentia sensualitatis consentiendo convenit cum differentiis rationis quæ sunt tres, ut jam ostensum est. Vel inferior differentia rationis pressa et captiva aliquando consentit inferiori differentiæ sensualitatis. Medulla vero quæ interior est dicitur quidquid interius vel subtilius est in anima vel spiritu, quod etiam videt Filius Dei. Et universaliter dico, non in parte, ipse est *discretor cogitationum et intentionum cordis*, id est etiam discrevit cogitationes cordis, scilicet quæ diversi diversa cogitant. Discrevit etiam intentiones earum cogitationum, scilicet quo singulæ tendant an ad bonum an ad malum. Et, ut amplius dicam, non est ulla creatura, terrena vel cœlestis. *Invisibilis in conspectu ejus*, id est in præsentia deitatis. Vel ita ab illo loco, et pertingens est sermo Dei usque ad divisionem animæ ac spiritus, id est ad discretionem carnalium et spiritualium peccatorum. Anima enim vivimus cum bestiis, spiritu intelligimus cum angelis : ideoque per animam intelliguntur carnalia peccata, id est quæ actu fiunt corporis, ut luxuria; per spiritum spiritualia, id est quæ mentis sunt ut superbia. Discernit sermo Dei inter carnalia peccata et spiritualia,

id est discernit quid quis agit, et etiam quo animo. Unde subdit, compagum quoque et medullarum et discretor cogitationum, etc. Vel, ita, ut per animam accipiantur carnales cogitationes, et malæ; per spiritum, spirituales cogitationes. Et bonæ, et est sensus : Pertingens usque ad discretionem animæ ac spiritus, id est usque ad discretionem carnalium et spiritualium cogitationum, compagum quoque. Et est ordo verborum talis : Et ipse est discretor cogitationum et intentionum. Quod ipse apertius dicit subdens, scilicet cogitationum et intentionum cordis. Compages enim dicit conjunctiones cogitationum, id est cogitationes quæ sibi junguntur, quando altera alteram sequitur. Medullas dicit subtiles intentiones earum. Si enim cogitatio cogitationi conjungitur, ipse novit quæ fit secundum Deum, et quæ secundum sæculum. Novit quoque quo se vergat intentio earum. *Et non est ulla creatura invisibilis in conspectu ejus*. Hoc non mutatur. Omnia autem. Quasi dicat : Dico quod nulla creatura est invisibilis, sed potius *omnia*, scilicet cœlestia et terrena, *sunt nuda*, id est discooperta et revelata, et etiam aperta, id est manifesta, quæ ex omni parte plenæ visa *oculis*, id est visioni *ejus*, scilicet Filii Dei. Et quasi aliquis diceret : Quid ad vos de his omnibus? subdit : *Ad quem* Dei Filium nobis est *sermo*, id est cui oportet nos reddere rationem de operibus et cogitationibus et intentionibus vestris.

Habentes ergo. Hic incipit agere de pontifice Christo, ostendens quod sit sufficiens ad omnia, et quomodo dignior veteri sacerdote quem et immutat, et legem quæ sub illo est, per meliorem legem suam, et quomodo necessarius nobis sit ad justitiam et salutem. Quasi dicat : Quia talis sermo Dei est, ergo *teneamus confessionem*, id est fidem cordis cum confessione oris, ut fides sit etiam in ore : quæ fides et confessio est causa *spei nostræ*, id est futuræ beatitudinis quam speramus. Et merito tenere debemus, quia idem ipsæ sunt : imo Dei pontifex nobis est qui obtulit se secundum quod homo, et hoc est quod ait, nos dico, habentes *pontificem magnum*, scilicet qui est super omnes pontifices, *qui penetravit*, id est penitus intravit ut sequi possimus, non dico Sancta sanctorum templi, sed *cœlos*, quem scilicet Jesum Filium Dei. Quasi dicat : qui est etiam Salvator et Filius Dei. *Non enim*. Quasi dicat : Dico teneamus et tenere debemus, quia cum sit potens, est etiam misericors nostram expertus infirmitatem. Et hoc est quod ait tenere debemus, quia *non habemus pontificem qui non possit*, id est qui non novit, *compati*, id est condescendere, per simile hoc dicit, sicut medicus infirmo, *infirmitatibus*, id est fragilitatibus, *nostris*. Hoc dicit ne pro prioribus desperent quæ ad ejus pertinent altitudinem. Et si enim ita sit altus tamen potest compati. Hoc dicit ne ideo quia altus est, videatur eos abjicere. *Tentatum autem*. Quasi dicat : Non habemus talem qui non possit compati, sed potius, tentatum a diabolo, et hominibus, quia irrisus et crucifixus fuit, et ideo potest compati. Tentatum dico *per omnia* genera tentationum : et hoc *pro similitudine* carnis peccati, id est quia similis adhuc erat hominibus secundum, vel pro similis, id est ut exemplum daret aliis similia sustinendi, ens tamen *absque peccato*. Et ideo potest liberare. Ex eo enim quod tentatus est, scit compati; ex eo vero quod sine peccato est, potens est liberare. Impossibile est enim scire afflictorum afflictionem homini qui afflictionis experimentum non habuit, et sensibiliter omnia non sustinuit. Christus vero scit non solum per hoc quod Deus secundum quod omnia novit, sed per hoc quod homo et similia sustinuit.

Adeamus ergo. Et quia habemus pontificem qui potest compati nobis, ergo adeamus fide intentione et opere *cum fiducia*, id est fiducialiter, licet peccatores simus, quia compatiens est, non dico ad tribunal judicii, sed *ad thronum gratiæ ejus*, id est Christum in quo regnat gratia, *ut per eum consequamur misericordiam*, id est remissionem peccatorum præcedentium, *et de reliquo inveniamus gratiam in auxilio opportuno*, id est inveniamus gratiam per quam auxiliemur, ne recedamus vel recidamus in hac vita. Nunc enim tempus auxilii, nunc est tempus donorum, cum post baptismum peccantes per gratiam invenire pœnitentiam possunt. Cum autem thalamus fuerit clausus, cum intraverit rex videre recumbentes, cum ad sinum patriarchæ venerint qui eo facti fuerint digni, tunc malis erit desperationis tempus. Nunc autem, dum adhuc agon permanet et palma pendet, non est desperandum, sed cum fiducia, id est sine dubitatione accedendum, ut per gratiam inveniatur auxilium opportunum. Est enim auxilium quod non congruit.

CAPUT V.

Vers. 1-7. — *Omnis namque pontifex ex hominibus assumptus pro hominibus constituitur in his quæ ad Deum, ut offerat dona et sacrificia pro peccatis. Qui condolere possit his qui ignorant et errant, quoniam et ipse circumdatus est infirmitate, et propterea debet, quemadmodum pro populo, ita etiam et pro semetipso offerre pro peccatis. Nec quisquam sumit sibi honorem, sed qui vocatur a Deo, tanquam Aaron : sic et Christus non semetipsum clarificavit, ut pontifex fieret, sed qui locutus est ad eum : Filius meus es tu : ego hodie genui te. Quemadmodum et in alio loco dicit : Tu es sacerdos in æternum, secundum ordinem Melchisedech. Qui in diebus carnis suæ preces supplicationesque ad eum qui possit illum salvum facere a morte, cum clamore valido et lacrymis offerens, exauditus est pro sua reverentia.*

Omnis namque. [Chrysost.] Vult ostendere jam Apostolus quod multo melius Testamentum Novum quam Vetus. Hoc autem facit longius a superioribus instruens, et præseminans quasdam ratiocinationes, [Ambrosius] et quia spiritualia non sic introducunt infirmos ut corporalia, ideo de his incipit agere, volens ostendere Novum Testamentum esse melius Veteri, et ponit quædam communia Christo cum sacerdotibus veteris legis, quædam vero altiora pertinentia soli Christo, quædam humiliora illis tantum sacerdotibus convenientia, quasi per eum omnia possimus consequi gratiam et misericordiam, quod a minori ostenditur. *Omnis namque pontifex*, secundum legem, *ex hominibus*, id est ex numero heminum, *assumptus* ad aliquod dignius per quod valet alios juvare, *pro hominibus constituitur*, ut per eum impetrent a Domino misericordiam. Constituitur, dico, *in his quæ* sunt *ad Deum* offerendis, scilicet in muneribus, hostiis, precibus, quæ ducunt ad Deum, id est *ut offerat Deo dona*, scilicet primitias et hujusmodi, *et sacrificia* de animalibus *pro peccatis* dimittendis. *Qui condolere.* Quasi dicat : Ex hominibus sumitur, et talis qui possit consueta bonitate *condolere his qui ignorant*, id est ex ignorantia peccant; *et his qui errant*, id est scienter peccant. Et merito condolere debet, *quomodo et ipse* ut illi, *circumdatus est infirmitate*, peccati, non ita Christus. Et ideo plus potest juvare quam legalis sacerdos, qui circumdatus est infirmitate. *Et propterea*, scilicet quia infirmus est, ut alii, *quemadmodum*, id est qua necessitate. Et *pro semetipso*, simili aliis *debet offerre*. Et quæ sit illa necessitas aperit subdens, scilicet *pro peccatis* suis, et aliorum. Quasi dicat : Non solum debet offerre, ut justus servetur, sed ut et ipse et alii peccatores recipiantur; hoc non convenit Christo. Christus enim non nisi pro suis membris obtulit. *Nec quisquam*. Quasi dicat : Per hoc iterum potest ille pontifex prodesse, sic etiam et Christus : quia *Quisquam non sumit sibi honorem*, ut sibi imputandum sit, sed Deo qui vocat; *sed ille recte fit pontifex, qui vocatur a Deo*, id est qui recte eligitur a Deo vocatur, *tanquam Aaron*, qui indicio virgæ et incendio æmulorum electus est, et monstratus placere Deo. In his verbis percutit cupidos qui non vocantur, sed ingerunt se. *Ita et Christus* homo *non clarificavit* per suas virtutes *semetipsum*, ut sibi sumeret, id est sibi tribueret. Non clarificavit, dico, ita ut pontifex fieret, sicut ipse ait : *Ego non glorifico meipsum (Joan.* VIII), sed ille clarificavit eum in baptismo et pontificem constituit. Qui alibi locutus est ad eum, dicens in Psalmo : *Filius meus es tu*. Quod idem dicturus erat ei in baptismo et in transfiguratione. Et addit : *Ego hodie genui te*, mihi consubstantialem, quia idem est cum Patre in substantia. Clarificatus est enim Filius a Patre cum dixit : *Hic est Filius meus dilectus in quo mihi bene complacui (Matth.* III). [Ambrosius] Quæ clarificatio longe ante per Prophetam prædicta in Psalmo, ubi ait : *Filius meus es tu, ego hodie genui te (Psal.* II), per quod videtur dignus esse Christus, in quo psalmo ostenditur rex et sacerdos. *Quemadmodum*. Quasi dicat : Sic illud locutus est Pater de generosa Christi nativitate, *quemadmodum in alio* loco de pontificatu ejus, dicit Pater : *Tu, tam dignus es sacerdos* id est docens et orans, et offerens. Et hoc, *in æternum*, non ad tempus ut Aaron. Et hoc, *secundum ordinem Melchisedech*, id est secundum dignitatem et ritum ordinis, id est sacerdotii Melchisedech, qui non temporalis fuit, Scriptura subjiciente initium et finem vitæ ejus, in figura Christi qui caret initio et fine. Et sicut ille obtulit in pane et vino, et semel, sic et Christus sub specie panis et vini corpus et sanguinem suum discipulis tradidit. (15) Sacerdos autem Christus est non secundum id quod natus est de Patre Deus apud Deum, cœternus gignenti, sed propter carnem assumptam, propter victimam quam pro nobis obtulit. Et quasi quis quærat : Quid egit pontifex? Subdit : Ecce, *qui* Christus *in diebus carnis*, id est mortalitatis suæ, obtulit *preces, supplicationesque ad eum*, scilicet Deum, *qui posset salvum facere illum*, qui precabatur, *a morte*, id est eum resuscitare, et quia hoc tempore mortalitatis fecit, quid ergo post faciet? multo magis. Has autem preces et supplicationes obtulit Christus imminente passione quando oravit prolixius, et totum fecit pro nobis non pro se, quia non timore mortis necessario, sed causa nostræ salutis oravit. Obtulit preces dico, *cum clamore valido*, id est cum intentione efficacissima, ut quando prolixius orabat, *et lacrymis*. Hoc non in Evangelio legitur, credendum tamen est esse factum. Et ista offerens exauditus est, quia quod quæsivit accepit in resurrectione et ascensione. Et hoc, *pro sua reverentia*, id est sicut sua religio meruit, quia amplius omnibus Deum reveritus est. Hoc ideo dicit ut certi simus nos consecuturos misericordiam per eum. Per hoc enim patet quod per eum possumus consequi misericordiam, cum sit jam ad dexteram Ptris. Vel preces et supplicationes Christi dicit actionem et vitam Christi, cujus omnis actio fidelium institutio et ad Deum oratio. Quidquid enim egit Christus, preces supplicationesque fuerunt pro hominibus sanguinis effusio ; clamor fuit validus, in quo auditus est pro reverentia ejusdem passionis, reverentia ejus, quod sine peccato passus est pro sola charitate. Per hoc ergo illum curam de nobis habere asserit, et excellentiam charitatis ejus ostendit.

VERS. 8-14. — *Et quidem cum esset Filius Dei didicit ex his quæ passus est obedientiam, et consummatus factus est omnibus obtemperantibus sibi causa salutis æternæ, appellatus a Deo pontifex juxta ordinem Melchisedech. De quo nobis grandis sermo et in interpretabilis ad dicendum, quoniam imbecilles facti estis ad audiendum. Etenim cum deberetis magistri esse propter tempus, rursum indigetis ut vos doceamini quæ sint elementa exordii sermonum Dei, et facti estis quibus lacte opus sit, non solido cibo. Omnis enim qui lactis est particeps, expers est sermonis justitiæ. Parvulus enim est. Perfectorum autem est solidus cibus, eorum qui pro ipsa consuetudine exercitatos habent sensus, ad discretionem boni ac mali.*

(15) Aug., in psal. CIX.

Et quidem. Quasi dicat : Exauditus est, et merito quidem, quia *cum*, id est quamvis *esset Filius Dei*, natura deitatis unus Deus cum Patre, tamen secundum quod homo, *didicit*, id est expertus est, *obedientiam ex eis*, id est per ea *quæ passus est.* Vel, didicit, id est voluntariæ suscepit obedientiam. Ex, id est in his quæ passus est, usque ad mortem. Quasi dicat : Non solum preces et supplicationes obtulit, sed etiam obedivit Patri usque ad mortem : et quia obedivit exauditus, quod notat subdens : *Et ideo consummatus* est, id est ad perfectionem ductus quando in dextera Dei collocatus est ; et ipse qui consummatus est per obedientiam passionis, *factus est* sufficiens *causa salutis æternæ*, id est gloriæ æternæ *omnibus obtemperantibus sibi* ; tantum enim valet ejus passio quod omnibus sufficit ad salutem. Quæ salus bene potest per eum esse, quia ipse *appellatus* est *a Deo*, qui realiter hoc ostendit, non mentitur, *pontifex juxta ordinem Melchisedech. De quo*, id est de qua re, scilicet quomodo secundum ordinem Melchisedech sit sacerdos, et non secunm ordinem Aaron faciendus est *sermo grandis*, id est profundus et subtilis, *et ininterpretabilis*, id est non habilis ad interpretandum, *ad dicendum*, id est ad exponendum vobis : sermo enim de incarnato Filio difficilis ad interpretandum. Vel, *interpretabilis*, quia multa sunt in eo sacramenta exponenda de personæ, scilicet dignitate et æternitate, et de ritus, et etiam tribus mutatione, et de sacrificii ejus et testamenti excellentia et novitate, et de legis atque sacrificiorum illius temporis reprobatione, et de aliis multis, de quibus, ut dictum est nobis, grandis est sermo et ininterpretabilis ad dicendum, id est non habilis ad interpretandum vobis. Non ideo hoc dico quin ego hoc possim interpretari, sed *quoniam vos facti estis imbecilles*, id est debiles sensu *ad audiendum*, id est intelligendum profunda mysteria. Vel ita continua, jam dico grandis, quoniam vos imbecilles facti estis ad audiendum, id est ad intelligendum. *Etenim.* Interserit hic increpationem de infirmitate eorum, ut alta de Christo laborent intelligere. Quasi dicat : Vere imbecilles facti estis. *Etenim*, id est quia, *cum deberetis esse magistri* aliorum *propter tempus*, quia prius vobis annuntiatum est de Christo, et quia exercitati estis in lege et prophetis ab antiquo, *indigetis rursus*, scilicet ut a principio catechizationis vestræ, *ut vos doceamini*, sicut pueri quibus prima elementa litterarum dantur ad legendum, *quæ sunt elementa exordii sermonum Dei.* Exordium sermonum Dei est simplex doctrina, id est symbolum fidei elementa ejus sunt materia quam continet, ut nativitas, passio. *Et facti estis*, id est ad hoc redacti, *quibus opus sit lacte*, ad similitudinem infantium, id est humili sermone, *non etiam solido cibo*, qui consumat cor, id est doctrina quæ deest arcanis Dei. *Omnis enim.* Quasi dicat : Ideo non est vobis opus solido cibo, quia estis participes lactis, id est simplicis doctrinæ : *Omnis enim qui est particeps lactis*, quod estis vos, id est cujus pars est lac, id est qui lacte nutritur, *expers est sermonis justitiæ*, id est illius qui justis et perfectis convenit. Et hoc ideo, *enim*, id est quia, *parvulus est*, ut vos in fide tenelli estis, et est apta comparatio. Ut enim parvulus non discernit cibos, et perit sumendo noxio, sic indoctus qui nec etiam minorum nedum majorum valet apprehendere rationem, qui enim non capit, *Verbum caro factum est*, quomodo capiet, *in principio erat Verbum?* Mente adhuc parvulis et lacte nutriendis percipere talia non valentibus, omnis de hac re sermo quo agitur, ut non solum credatur, verum etiam intelligatur, sciatur quod dicitur, onerosus est. Facilius illos premit quam pascit. Ex quo fit ut spirituales ista carnalibus non omnino taceant, propter Catholicam fidem, quæ omnibus est prædicanda. Nec tamen sic differant, ut valentes eam perducere ad intelligentiam non capacem, facilius fastidii faciant in veritate sermonem quam in sermone percipi veritatem. *Perfectorum*. (16) Quasi dicat : Parvulus est particeps lactis, sed *perfectorum* sensu et opere est *solidus cibus*. De quo alibi ait : *Sapientiam loquimur inter perfectos (I Cor.* II). Quos autem perfectos hic intelligi velit, declarat subdens, scilicet *eorum qui habent sensus*, id est intellectus, non modo naturaliter auctos, sed etiam *exercitatos* pro consuetudine, id est quia consueti sunt studio et lectione Scripturarum exercitatos *ad discretionem boni ac mali* inter se. Vel, boni a minus bono, et mali a minus malo. Ecce hic ostendit quid sit solidus cibus, est separare bonum a malo ; quod perfectorum est, qui habent sensus exercitatos. Qui autem invalida et inexercitata mente hoc non possunt perfecto nisi fidei quodam lacte teneantur, ut et invisibilia quæ non vident et intelligibilia quæ nondum intelligunt, credant, facile ad vanas et sacrilegas fabulas promissione scientiæ seducuntur, ut etiam bonum et malum non nisi corporalibus imaginibus cogitent, et ipsum Deum non nisi corpus aliquod esse existiment, et malum nisi substantiam putare non possint, cum sit potius ab immutabili substantia mutabilium substantiarum quidam defectus, quas fecit ex nihilo ipsa immutabilis et summa substantia quæ est Deus. Quod profecto quisquis non solum credit, verum etiam exercitatis in exterioribus animi sensibus intelligit, percipit, novit. Non est jam metuendum ne seducatur ab eis qui malum putando esse substantiam quam non fecit Deus, mutabilem substantiam faciunt ipsum Deum, sicut Manichæi, vel si quæ aliæ pestes ita decipiunt.

CAPUT VI.

VERS. 1-3. — *Quapropter intermittentes inchoationis Christi sermonem, ad perfectionem feramur, non rursum jacientes fundamentum pœnitentiæ ab operibus mortuis, et fidei ad Deum, baptismatum doctrinæ impositionis quoque manuum, ac resurrectionis mortuorum, et judicii æterni. Et hoc faciemus, si quidem permiserit Deus.*

Quapropter. [Chrysost.] Duriter eis increpatis et culpatis eo quod velint semper eadem ipsa discere, iterum blanditur seipsum eis connumerando, hortans eos ad perfectionem. *Quapropter*, scilicet quia perfectorum est solidus cibus, nos a modo *intermittentes*, vel remittentes, id est dimittentes cum jam aliquid sumus, etsi nondum perfecti, *sermonem inchoationis Christi*, id est quo Christus inchoat esse in nobis, scilicet de initio fidei, quo rudes catechizandi sunt, ut est symbolum fidei, et Dominica oratio, *feramur*, nos docendo, vos audiendo, ideo dico feramur, me vobis annumerando, quia vestrum portari mecum reputo. Feramur, dico, *ad perfectionem* Christi, secundum intelligentiam et opera bona. *Non rursum jacientes,* etc. Quasi dicat : Feramur ad perfectionem, *jacientes fundamentum*. Quod prius dixit sermonem inchoationis, hic appellat fundamentum, eo quod ad religionem Christianam venientibus prius proponitur et super hoc quod perfectionis est ædificatur. Hoc autem fundamentum dividit in sex, quæ sunt inchoatio, scilicet pœnitentia, fides, baptismus, doctrina, et impositio manuum, et resurrectio, et judicium. Quasi dicat : Vos, dico, jacientes fundamentum *pœnitentiæ*, id est jacientes pœnitentiam. Quasi dicat : Lapidem in fundamento quæ pœnitentia, *ab*, id est de *operibus mortuis*, id est de peccatis, vel de hoc, quia priora bona opera peccando fecerunt irrita. Mortua enim opera dicit peccata, quia occidunt animas. Unde in lege prohibebatur tangere mortuum. Tangit enim mortuum qui facit peccatum, vel priora bona, persequens malum, mortua. Pœnitere autem ab his est fundamentum quo nihil boni ædificabitur. (17) Quid est autem a mortuis operibus pœnitere, nisi ab his quæ oportet mortificari ut vivamus ? *Et jacientes fundamentum fidei*, quæ sit *ad Deum*, ut scilicet omnes partes fidei habeant, et non aliunde putent esse justitiam. Contra hanc fecerunt qui in lege justitiam quærunt ; et fundamentum etiam *doctrinæ baptismatum*, pluraliter dicit, quia est baptismus in aqua, in pœnitentia, in sanguine, quia sic mundatur homo a peccatis per pœnitentiam vel sanguinis effusionem, sicut per lavacrum baptismi. Unum tamen dicitur esse baptisma, qua una forma nec iterari potest : una enim est trium personarum operatio. Non ergo ideo dicitur baptismus fieri in pœnitentia, vel in sanguine : quod sacramentum baptismi celebratur, nisi in aqua accedente verbo ; sed quia vicem baptismi supplet effusio sanguinis, pro nomine Christi, etiam fides et pœnitentia ibi duntaxat, ubi articulus necessitatis non contemptus religionis sacramentum baptismi excludit. Ideoque sic intelligendum illud est : *Nisi quis renatus fuerit ex aqua et Spiritu sancto non intrabit*

---

(16) Aug., super Joannem.

(17) Id., De fide et per.

in regnum cœlorum (Joan. III), id est quæ non fuerit renatus ea regeneratione qua renascuntur illi qui renascuntur ex aqua et Spiritu sancto, non salvabitur. Ea vero renascuntur homines diversis modis: Alii per pœnitentiam, alii per effusionem sanguinis, alii per baptismum. Ideo pluraliter dixit baptismatum. Fundamentum quoque, *impositionis manuum,* quia nisi quis credat quod per manus impositionem detur Spiritus sanctus ad remissionem et corroborationem, non est fundatus; ac fundamentum etiam *resurrectionis mortuorum,* quia nisi qui credat quod resurrectio Christi facit resurrectionem mortuorum, non habet quod superædificet, *et fundamentum judicii æterni,* quia quidquid ibi statuet in æternum durabit. Quod judicium qui non credit, non habet fundamentum. Hæc illi quos supra arguit Apostolus non integre credebant. Si enim scirent omnia in baptismate dimitti, et per impositionem manuum Spiritus sanctum dari, lex superflueret, nec præter Christum aliquid quærerent, si scirent per eum resurrecturos mortuos, et vivificandos et judicandos. Et nota hæc sex recte dici fundamentum. Sicut enim eum qui ad doctrinam litterarum inducitur elementa oportet primum audire, sic Christianum hæc scire integre, et nil dubitare de istis sine quibus vita non aderit integra. Ideoque quicunque aliquos ad fidem convertit, prius facit pœnitere, in Deum credere, baptizari in remissionem peccatorum, confirmari per impositionem manuum, ac resurrectionem et diem judicii præstolari. (18) Hæc igitur omnia pertinent ad initia neophytorum. Hæc omnia nisi præcesserint in fundamento, nemo potest bene operari. Et quia hæc omnia illis necessaria sunt, dicit, feramur ad perfectionem. *Jacientes,* dico, non rursus, id est non sicut olim, id est non ita negligenter ut olim, ut sicut prius ceciderunt, sic iterum cadant. Vel ita feramur ad perfectionem. *Non rursus,* id est non amplius, nisi modo, jacientes fundamentum pœnitentiæ, etc., id est ita modo jaciamus, ut amplius jacere non sit opus. Ecce in istis non solum vitam, sed etiam aliud culpat veluti commotis et opus habentibus fundamentum constituere. Cætera non mutantur. *Et hoc.* Quasi dicat : Feramur dico ad perfectionem, et hoc *faciamus,* id est ad perfectionem feramur, *siquidem permiserit Deus,* id est si in hac vita spatium pœnitendi dederit. Ne vero quis existimet secundum vel tertium baptismum post peccatum posse fieri, et lapsos post perceptionem sacramentorum posse per baptismum renovari, subdit :

VERS. 4-15. — *Impossibile enim est eos qui semel sunt illuminati, gustaverunt etiam donum cœleste, et participes facti sunt Spiritus sancti, gustaverunt nihilominus bonum Dei verbum virtutesque sæculi venturi, et prolapsi sunt, rursus renovari ad pœnitentiam, rursum crucifigentes semetipsis Filium Dei et ostentui habentes. Terra enim sæpe venientem super se bibens imbrem, et germinans herbam opportunam illis a quibus colitur, accipit benedictionem a Deo; proferens autem spinas ac tribulos reproba est, et maledicto proxima, cujus consummatio in combustione. Confidimus autem de vobis, dilectissimi, meliora et viciniora saluti, tametsi ita loquimur. Non enim injustus Deus qui obliviscatur operis vestri et dilectionis quam ostendistis in nomine ipsius, qui ministratis sanctis et ministratis. Cupimus autem unumquemque vestrum eadem ostentare sollicitudinem ad expletionem spei usque in finem, ut non segnes efficiamini, verum imitatores eorum qui fide et patientia hæreditabunt promissiones. Abrahæ namque promittens Deus, quoniam neminem habuit per quem juraret majorem, juravit per semetipsum, dicens : Nisi benedicens benedicam tibi, et multiplicans multiplicabo te. Et sic longanimiter ferens, adeptus est repromissionem.*

Impossibile est. Quasi dicat : Dico feramur ad perfectionem, sed nemo putet post lapsum peccati per baptismum secundo vel tertio posse renovari. *Impossibile est enim* : non tantum difficile, ne quis in hoc diffideret, impossibile est, inquam, *eos qui semel sunt illuminati,* per fidem et baptismum et per Spiritum sanctum, *et per ipsam fidem gustaverunt,* id est quasi suavem gustum et jucundum perceperunt, *donum cœleste,* id est remissionem peccatorum in baptismo, *et qui etiam participes facti sunt Spiritus sancti,* habentes genera linguarum et alia dona, *et gustaverunt bonum Dei verbum,* id est divinitatem Christi, vel evangelicam doctrinam *nihilominus* quam vos, vel, nihilominus qui facti sunt participes Spiritus sancti, *virtutesque sæculi futuri,* scilicet gustaverunt, id est qui impassibilitatem et immortalitatem futuram spe gustaverunt. Et post hæc omnia *prolapsi sunt,* id est graviter peccando lapsi sunt, eos inquam, qui etiam hæc bona habuerunt, nedum penitus malos impossibile est, *rursus* justitia recuperata, *renovari,* per baptismum motos, scilicet *ad pœnitentiam.* [Remigius] Negat hic Apostolus iterationem baptismi, sed non excludit pœnitentiam. Et est sensus : Impossibile est eos motos ad pœnitentiam qui hoc acceperunt semel, rursus renovari, id est baptizari, id est ut baptizentur post pœnitentiam. Renovari enim est novum fieri. Novum autem facere lavacri est. Unde *Renovabitur sicut aquila juventus tua*)Psal. CII). Hoc fit in baptismo, cujus virtus in cruce Christi constat. Unde subdit; *Rursus crucifigentes.* Quasi dicat: Illos dico, si rebaptizentur, *rursus crucifigentes Filium Dei, et ostentui habentes,* id est irrisioni. Et hoc, *sibimetipsis,* id est quantum ad seipsos. [Hieronym]. Non enim in re crucifigunt Christum, sed similes sunt irrisoribus et crucifixoribus, quia una mors Christi unum baptisma consecravit : Quod sufficit contra omnia peccata etiam sequentia, si

---

(18) Aug., De fide et oper.

pœnitentia de eis agatur, sicut illa mors sufficit ad omnia peccata tollenda. Qui vero iterat baptismum, quasi illa una mors, et unum ex ea baptisma non sufficiat, iterat et mortem, et ut ex ea iterata fiat iterata remissio, quod impossibile est. Sicut enim impossibile est secundo crucifigere Christum, ita secundo per baptismum mori peccatis. Facti enim sumus per baptismum conformes similitudini mortis ejus, et consepulti ei sumus per baptismum. Proinde quia in baptismo sumus conformes morti ejus et sepulturæ, qui putat secundo baptizari, secundo, quantum ad se, Christum crucifigit; quod est eum habere ostentui. Ut enim semel mortuus est in carne, ita nos in baptismo semel peccatis morimur, non secundo vel tertio. Baptismus enim nihil aliud est quam interitus ejus qui baptizatur et resurrectio. Vel ita: Rursus crucifigentes. Et refertur ad hoc quod prædixit, *prolapsi sunt*. Quasi dicat: Impossibile est eos qui post baptismum graviter lapsi sunt rebaptizari. Propter quod debent sibi cavere, ne prolabantur et in peccatis jacentes sunt, rursus crucifigentes et ostentui habentes Filium Dei, cujus gratio contemnitur. Et hoc, sibimetipsis, id est quantum ad se. In se enim crucifigunt Filium Dei, et contumeliæ habent qui gratiam ejus vilipendentes in peccatis jacent. Et ostenditur hic ratio cur non debeant prima fide relicta in peccatum cadere. Non enim ultra possunt rebaptizari in remissionem peccatorum, et insuper contemnunt et ostentui habent Dei Filium. *Terra enim*, Quasi dicat: Impossibile est post lapsum aliquem rebaptizari, quia imbrem bibere potest, id est Christi doctrinam qua per pœnitentiam tantum fructificet, Et hoc est quod ait, terra enim, etc. Potest etiam aliter hoc capitulum intelligi, ut dicatur impossibile fore eos qui peccaverunt per pœnitentiam renovari post hanc vitam. Quasi dicat: Dico quod feremur ad perfectionem, si Deus dederit nobis spatium pœnitendi in hac vita. Et hoc recte dixi; nam in alia impossibile est per pœnitentiam renovari. Et hoc est quod ait: impossibile enim eos qui semel illuminati, et hæc quæ sequuntur, bona habuerunt, et post hæc omnia, prolapsi sunt, rursus, scilicet post hanc vitam, renovari ad, id est per pœnitentiam, quia licet hic, non ibi, ideo impossibile est eos renovari in alia vita per pœnitentiam quia impossibile est eos, rursus esse crucifigentes semetipsis Filium Dei et ostentui habentes, id est quia non possunt efficere ut valeat sibi iterum crucifixio Christi, si carnem suam crucifigerent cum vitiis et concupiscentiis; quod hic licet, non ibi; neque possunt habere Christum ostensioni, ut eum imitentur in novitate vitæ. *Terra enim*. Quasi dicat: Vere in alia vita impossibile est renovari, quia hic tantum ubi bibit imbrem. Terra enim. Vel ita continua. Dixerat supra feramur ad perfectionem, subdens, et hoc faciemus, nunc addit, et justum est hoc facere, quia terra, id est mens auditorum, scilicet proficiens anima, *bibens*, a simili aridæ terræ

imbrem, id est doctrinam sanctam, rorem cœlorum, quod sitienti terræ, pluunt cœli, id est prædicatores verbi veritas. Imbrem dico, *supervenientem* a Deo, *super se*, sæpe venit, quia si rara est non sufficit; si assidua, vilescit. Et imbre irrigata *generans herbam*, scilicet fidem et bona opera *opportunam*, id est congruam, non solum facientibus, sed etiam *illis quibus colitur*, id est prædicatoribus illorum qui glorificabuntur, inde qui sunt cultores terræ, quia vomere spirituali arbuta criminis conscindunt, et falce verbi Dei noxia præcidunt. Vel, illis a quibus colitur, id est ipsis eisdem qui se colunt in bonis operibus imitando majores, secundum illud: *Et fecerunt fructum nativitatis (Psal.* CVI), quia partes suos qui ipsos in fide genuerunt imitantur. Terra, inquam, bibens imbrem et generans herbam, *accipit benedictionem a Deo*, hic augmentum virtutum, et in futuro præmium. Aliter nisi benedictionem a Deo perciperet, non generaret lætum fructum. Et nota quia in his verbis significat illos Apostolus quibus scribit sæpe bibisse per legem et prophetas verbum cœlestis doctrinæ, et nec sic fuerunt prompti germina fidei proferre. *Proferens autem*. Quasi dicat: Terra bona accipit benedictionem. Terra autem proferens in apertum, ut videantur, *spinas*, id est peccata quæ pungunt, *ac tribulos*, id est graviora peccata quæ acutius pungunt, id est mens vitio suo ad mala fecunda, *reproba*, id est reprobata *est a Deo*, *maledicto*, id est damnationi *proxima*. Nondum incidit in maledictionem, sed etiam proxima est et adhuc licet reverti. *Cujus consummatio*, id est finis, si perseverat, *in combustione* æterni judicii vel incendii. *Confidimus autem*, Quasi dicat: Duriter vos increpui et terrui, sed, o *dilectissimi*, confidimus *de vobis*, quia talis affectionis estis, *meliora* quam combustionem, *et viciniora saluti* quam sint spinæ et tribuli, *tametsi ita loquamur* dure, terrendo et increpando, quasi non dicimus hæc putando vos esse tales, scilicet spinis plenos, sed timendo ne tales sitis. Terreo verbis ne ipsa re doleatis. Et nota quod ait, confidimus de vobis, quia enim de præsenti non habet unde laudet; de spe futurorum eos attollit, ad quam per præterita allicit et recreat animos eorum, et confortat antiqua eis in mentem revocans; et facit eos non existimare Deum oblitum bonorum quæ fecerunt. Unde subdit: *Non enim*. Quasi dicat: Ideo de vobis confidimus quia olim multa bona operati estis, pro quibus, si pœnitetis, de malis benefaciet Deus vobis. Sicut enim priora bona persequentia mala mortua fuerunt, et irrita facta, ita ipsa eadem per pœnitentiam, et alia bona sequentia mala reviviscent. Et hoc est quod ait: *Non enim injustus est Deus ut obliviscatur vestri operis* boni et *dilectionis quam ostendistis*, scilicet ex qua bona opera illa fecistis. Et hæc omnia fecistis, *in nomine ipsius*, id est ad honorem Dei. [Chrysost.] Et recte dixi operis, quia *ministrastis* olim adhuc *ministratis sanctis*, hoc est opus quod dixi magna testificatus est. Tria enim bona commendat in eis, scilicet quod omnia sua fecerunt communia sanctis, ecce opus; et hoc ex dilectione fecerunt quæ informat actiones, ecce alacritas; et hoc ad gloriam Dei, ecce recta et pura intentio. Ecce triplex bonum, *Cupimus autem.* Quasi dicat: Per præterita vos laudo. De futuro autem bonum vobis cupio. Et hoc est, *cupimus autem unumquemque vestrum ostentare,* id est frequenter ostendere, *usque in finem* vitæ vestræ *eamdem sollicitudinem,* ministrandi sanctis. Et hoc *ad expletionem spei,* id est ut in futuro compleatur in vobis quod modo speratis. Multam dilectionem erga illos ostendit, et eamdem circa singulos curam demonstrat, et majorum enim et minorum curam similiter gerit, et omnes diligit. Ita cupimus vos ostentare sollicitudinem. *Ut non segnes efficiamini* in hac sollicitudine, *verum imitatores eorum,* scilicet sanctorum, qui non per genus, sed *per fidem et patientiam,* id est merito fidei et patientiæ, *hæreditabunt,* id est hæreditate possidebunt *promissiones,* id est promissam sæpe beatitudinem. Et quasi aliquis quæreret: An sunt factæ promissiones? Respondet. Et factas esse, et quæ sint, dicens: *Abrabæ namque,* etc. Sciebat placere Judæis promissiones patrum memorari. Unde modo his laudibus extollit eos quos supra obduratorum exemplo terruit, In hoc maxime Abraham elegit, cujus filii sunt, si credunt. [Hieron.] Quasi dicat: Et vere facta est promissio, *Abrabæ namque promittens* Deus *juravit per semetipsum,* ideo per se, *quoniam neminem habuit majorem se per quem* juraret. Juravit, inquam, dicens, o Abraham, *nisi hic benedicens benedicam te,* incremento virtutum, *et multiplicans multiplicabo te,* in futura beatitudine magnitudine gloriæ, aposiopesis est hic, defectio. Quasi dicat: Si hoc non fecero, non mihi credatur de aliquo. Vel ita distingue, benedicens benedicam te, scilicet assidue in his qui sunt stellæ, et multiplicans multiplicabo te, sine fine, in his qui sunt arena. *Et sic* Abraham certus, *longanimiter ferens,* id est inter multa adversa diu patienter exspectans, tandem *adeptus est repromissionem,* id est sæpe promissam benedictionem, id est æternam beatitudinem. Ecce hic tria dicuntur, scilicet promissio facta Abrabæ, et per juramentum firmata, et in Abraham jam impleta.

VERS. 16-20.—*Homines enim per majorem sui jurant, et omnis controversiæ eorum finis ad confirmationem, est juramentum. In quo abundantius volens Deus ostendere pollicitationis hæredibus immobilitatem consilii sui, interposuit jusjurandum, ut per duas res immobiles quibus impossibile est mentiri Deum, fortissimum solatium habeamus qui confugimus ad tenendam propositam spem, quam sicut anchoram habemus animæ tutam ac firmam, et incedentem usque ad interiora velaminis, ubi præcursor pro nobis introiit Jesus secundum ordinem Melchisedech pontifex factus in æternum.*

Homines enim. Quasi dicat: Ideo juravit Deus quia *homines jurant,* jurando enim humanæ condescendit infirmitati, et ideo per se cum majorem non habuit, quia homines per majorem jurant. Et hoc est quod ait; Ideo juravit Dominus per se quia homines *jurant per majores sui,* id est per Deum qui solus verax est ex se. *Et finis omnis controversiæ,* id est altercationis, *eorum est juramentum,* valens *ad confirmationem* alterius partis. Si autem homini qui mendax est per juramentum creditur, quanto magis Deo credendum est, qui mentiri non potest? *In quo,* id est propter quod scilicet quia sic inter homines est, *deus volens ostendere abundantius hæredibus pollicitationis suæ,* id est his qui liberaturi erant quod promittebatur *immobilitatem consilii sui,* quod erat de salvandis per gratiam suam electis: quod recte dicitur consilium Dei, quia vix aliquis novit per fidem Christi salvari homines. Volens, inquam. Hoc *interposuit,* inter promissionem et impletionem, *jusjurandum* condescendens consuetudini hominum, ut certos faceret. Et nota quod ait, abundantius, abundanter enim ostendit per promissionem immobilitatem consilii sui, scilicet abundantius per juramentum interposuit. Juramentum, dico, *ut per duas res immobiles,* id est per promissionem et juramentum, in *quibus impossibile est Deum mentiri habeamus,* in procellis tentationum, *fortissimum solatium,* scilicet quod in omni adversitate nos faciat fortes, volentes ad horam pati ut in æternum regnemus. Qui in adversis confugimus *ad tenendam spem,* non pro adversis deferendam. [Ambrosius] Fugit ille ad spem qui spe beatitudinis tribulationes spernit. Spem dico, jam *propositam* nobis in Abraham et impletam. Vel, proprio, id est omnibus oblatam, *quam spem habemus sicut anchoram animæ* Sicut enim anchora navem, sic spes tenet animam: non emergatur in salo hujus mundi consentiendo iniquitati. (19) Si ergo videris fluctuare in mari isto, noli abrumpi ab anchora, antequam intres in portum. Fluctuat navis in anchoris, sed non longe a terra projicitur, nec in æternum fluctuabit, etsi ad tempus fluctuet. Anchora ergo animæ spes est. Unde ait: Quam habemus sicut anchoram animæ *tutam,* quæ tribulationum impulsu non destruatur, *ac firmam,* quæ nec etiam titubet, *et incedentem* id est nos incedere facientem, quia introducit nos in rem, id est *usque ad interiora velaminis,* id est ad interiorem et velatam beatitudinem quam nemo vidit, sicut est in hac vita. *Ubi,* id est in quæ interiora, *præcursor Jesus introivit pro nobis* introducendis: et ita patet nos posse sequi. Ad hoc enim ipse præcurrit ut nos sequamur qui benedicitur cursor, quia nulla culpa eum impedivit, secundum illud: *Exsultavit ut gigas ad currendam viam* (Psal. XVIII). Et alibi: *In via peccatorum non stetit* (Psal. I). Et præcursor, quia ante nos, et pro nobis cucurrit

---

(19) August., in psalmo CIII.

Ipse, dico, *factus pontifex in æternum secundum ordinem Melchisedech*, non secundum ordinem Aaron Unde oportet Christianos, quorum est pontifex, superiores esse Judæis, quantum distat inter Christum et Aaron, et melius sacrificium habere, scilicet rationabile obsequium quod ducit in cœlum; non pecudes, vel boves; non sanguinem et adipem, quæ secundum earnem offeruntur, sed pro eis introducendum et rationabile obsequium. Quid autem est rationale obsequium? Quod per animam et spiritum offertur, ut sunt virtutes. *Spiritus enim Deus est, et eos qui adorant eum in spiritu et veritate adorare oportet (Joan.* IV). Ecce qualiter sacrificiis placatur Deus, hæc igitur offeramus; illa quidem divitiarum sunt et divitum, hæc autem virtutes; illa extrinsecus, ista intrinsecus: illa quilibet operari potest, hæc autem pauci. Quanto enim melior est pecore homo, tanto hoc sacrificium illis. Hic enim animam tuam in sacrificium offers, ibi pecora offerebantur.

CAPUT VII.

VERS. 1-3. — *Hic enim Melchisedech, rex Salem sacerdos Dei summi, qui obviavit Abrabæ regresso a cæde regum, et benedixit ei. Cui et decimas omnium divisit Abraham: primum quidem qui interpretatur rex justitiæ, deinde autem et rex Salem quod est rex pacis, sine patre, sine matre, sine genealogia, neque initium dierum, neque finem vitæ habens, assimilatus autem Filio Dei, manet sacerdos in perpetuum.*

Hic autem, etc. Interpositis multis de correctione eorum illum grandem sermonem de sacrificio Christi, quem superius teligit, jam hic incipit exsequi, ostendens quomodo Jesus sucerdos sit secundum ordinem Melchisedech, usque ibi: *assimilatus autem Filio*. Quasi dicat: Benedico quod Christus est sacerdos secundum ordinem Melchisedech. Hic enim Melchisedech fuit rex Salem et sacerdos Dei summi, scilicet qui non per hominem, sed per Deum constitutus est, *qui obviavit Abrahæ, regresso a cæde regum*. Sicut in Genesi legitur, quatuor reges adversus quinque pugnaverunt, eosque vicerunt: sub quinque degebat Lot, et captus a quatuor. Quod cum audisset Abraham cum CCCXVIII vernaculis persecutus est eos atque percussit, reduxit Lot et omnem substantiam quam ceperant. Huic igitur Abrabæ redeunti occurrit Melchisedech, *et benedixit ei* Abrabæ. *Cui Melchisedech et Abraham decimas omnium*, non dico, dedit, sed *divisit*, quia de præcipuis donavit. [Hieronymus] Tradunt Hebræi istum Melchisedech fuisse Sem filium Noe. Et quando Abraham natus est, CCC nonaginta annos habuisse, et Abrabæ ut nepoti obviasse, et panem in refectionem ejus et suorum protulisse, et ut sacerdotem Dei decimas accepisse. Salem plerique dicunt fuisse Jerusalem, sed fuit oppidum regionis Sichem, quod et hodie Salem dicitur, ubi ex magnitudine ruinarum palatium Melchisedech ostenditur. Unde in Evangelio: *Erat Joannes baptizans in Ennon, juxta Salem (Joan.* III). Et iste *quidem primum, dictus* est Melchisedech, *quod interpretatur rex jnstitiæ*. Melchos enim vel Melchi, dicitur *rex*; Sedech, *justus* vel *justitia*; inde Melchisedech, id est rex justitiæ. *Deinde autem* dictus est *rex Salem quod est rex pacis*, Salem enim interpretatur pax. Ipse, dico, ens sine patre et sine matre: non quod non habuit, sed quia Scriptura provide non memorat in figura Christi: *Sine genealogia*, id est non habens prolem, *neque habens initium dierum*, quod Scriptura dicat, *neque finem vitæ*, Scriptura in figura Christi subticente. [Chrysostum.] Ideo ergo hoc dicitur non habere, quia non est scriptum illa habuisse. In omnibus autem his præmissis *assimilatus est Filio Dei*. Et quomodo? Attendamus. [Remigius] Dictus est Melchisedech, Melchisedech dicitur rex justitiæ. Hic est Christus qui filios per justitiam regit inter procellas sæculi, similiter rex Salem, id est pacis, Christus est, quia quos hic in justitia regit, in pace æterna regere non desinit. Ipse etiam est sacerdos Dei summi qui se in ara crucis obtulit. Ipse etiam obviavit Abrabæ regresso a cæde regum, id est obviat et occurrit dando gratiam cuique fideli. Post cædem quatuor principalium vitiorum quatuor virtutibus oppositorum, quæ per quinque sensus subintrant et dominantur, sicut quatuor reges per quinque victos vinctum Lot tenebant, et benedicit ei, scilicet fideli dando incrementum fidei et boni operis. Dat etiam panem et vinum, id est corpus et sanguinem suum quo pasti a præteritis mundantur et in futurum confortantur. Cui Abraham, id est fidelis dat decimas omnium, id est omnem perfectionem suam ei attribuit. Item diligenter attende quæ sequuntur quomodo Christo conveniat. [Chrysost.] Primum, quidem dictus est Melchisedech, id est rex justitiæ. Hoc vere Christus qui justos facit et regit. Deinde autem rex Salem, id est rex pacis. Et hoc vere Christus qui pacificavit quæ in cœlo et quæ in terra sunt. Quis homo est rex justitiæ et pacis, nisi Christus? Nullus. Item, nota prius dicturus rex justitiæ post rex pacis, quia Christus regit prius suos hic in justitia; post in futuro reget eos in pace æterna. Ipse est etiam sine patre secundum carnem, et sine matre secundum deitatem; et sine genealogia, quia filios carnis non habuit, neque habens initium, neque finem; et in his omnibus similitudo est hujus et illius. [Ambrosius] Et si ergo omnes patriarchæ et prophetæ fuerunt figura Christi, Melchisedech tamen specialius, quia non de genere Judæorum, ut quidam dicunt, præcessit in typum srcerdotii Christi qui dicitur sacerdos secundum ordinem Melchisedech multis modis, quia solus rex et sacerdos fuit, et ante circumcisionem functus sacerdotio, ut non gentes a Judæis, sed Judæi a gentibus sacerdotium acciperent. Et non fuit unctus oleo visibili, ut Moyses instituit, sed oleo exsultationis et puritate fidei, nec animalia immolavit, sed pane et vino Christi sacerdotium dedicavit. Non vere sine patre et matre cum Christus, secundum duas naturas, et Patrem habuit et matrem, sed quia in Genesi inducitur subito occurrisse Abrabæ, et nec ante nec post genealogia ejus invenitur vel nomen : hujus autem exemplo affirmat Apostolus quod sacerdotium Aaron et principium habuit et finem, sed Ecclesiæ sacerdotium, et in præteritum, et in futurum sit æternum, quia nec alius præcessit ante Melchisedech, nec post Christum succedet, vel post Christum, nec olim successit, nec in futuro succedet alius. In omnibus autem assimilatus est Filio Dei, *manet sacerdos in æternum* vel in perpetuum, quia Scriptura obticet quod alius ei successisset. Vel mystice per eum loquitur de sacerdotio Christi. Manet ergo sacerdos in æternum, non in so, sed in Christo, id est sacerdotium ejus in Christo et in Ecclesia durat in æternum, quia non alius ei succedit ut Levitico.

VERS. 4-10. — *Intuemini autem quantus sit hic, cui et decimas dedit de præcipuis Abraham patriarcha. Et quidem de filiis Levi sacerdotium accipientes, mandatum habent decimas sumere a populo secundum legem, id est a fratribus suis, quanquam et ipsi exierint de lumbis Abrahæ. Cujus autem generatio non annumeratur in eis, decimas sumpsit ab Abraham: Et hunc qui habebat repromissiones, benedixit. Sine ulla autem contradictione, quod minus est a meliore benedicitur. Et hic quidem decimas morientes homines accipiunt: ibi autem contestatur, quia vivit. Et ut ita dictum sit, per Abraham et Levi qui decimas accepit, decimatus est. Adhuc enim in lumbis patris erat, quando obviavit ei Melchisedech.*

Intuemini autem. Commemoratis quibusdam quibus assimilatur Melchisedech Dei Filio, id est Christo, adhuc immoratur in commendenda dignitate ipsius et excellentia sacerdotii ejus, præferens eum ipsi Abrahæ patri omnium et omnibus Levitis. Quasi dicat : Talis fuit Melchisedech. Intuemini autem, etiam ex factis *quantus sit hic,* id est Melchisedech, *cui Abraham patriarcha,* id est princeps patrum nostrorum *decimas* **246** *dedit,* tanquam minor majori. Et hoc *de præcipuis* suis, hoc est propter quod superius dixit divisit. [Ambrosius] Ecce hic Melchisedech præfertur Abrahæ quem Judæi extollunt, de quo gloriantur quem Christo Judæi præponere voluerunt, dicentes : *Nunquid tu major es patre nostro Abraham,* etc. (Joan. VIII). Et quidem hic præfert cum Levitis. Quasi dicat : Hoc modo intuemini quantus sit. *Et,* id est quia, aliqui *quidem de filiis Levi accipientes sacerdotium.* Aliter enim non auderent sumere, non dico sumunt decimas, sed *habent mandatum* in lege, sine cujus auctoritate nunquam præsumerent *sumere decimas,* non ab aliquo summo viro vel alieno, sed *a populo* humili, sibi carnis conjunctione conjuncto, *id est a fratribus suis,* in quibus melius licet confidere, sumere, dico, nec absoluta licentia, sed *secundum legem,* id est non aliter quam præcepit lex. Hic autem secundum nullam legem accepit a patriarcha, cum esset alienigena et in hoc dignior. Quanquam. Quasi dicat : In hoc quod sumunt decimas præsunt *Quanquam et ipsi exierunt de lumbis Abrahæ,* id est pares sint in genere. [Chrysost.] Tanta est quippe

(20) Aug., super Joannem

sacerdotii excellentia, ut etiam similes genere et eumdem habentes progenitorem, multo amplius digniores sint fratribus suis. Unde Abraham patriarcha incircumciso alienigenæ decimas non dedisset, nisi excellentior esset. In quo et isti Levitici sacerdotes decimas non dedisset solvere, quia decimati sunt in eo. *Cujus autem.* Quasi dicat : Filii Levi a fratribus accipiunt, sed Melchisedech, *cujus generatio non annumeratur in eis,* id est in Judæis, Quasi dicat : Qui erat alienigena absque mandato, sua auctoritate *sumpsit decimas,* quasi excellentior *ab Abraham,* patriarcha, *et benedixit hunc,* scilicet Abraham tam magnum *qui habebat,* id est cui factæ sunt *repromissiones* gentium in suo semine benedicandarum. Quasi dicat : Benedixit eum etiam tempore majoris dignitatis. Benedixit, dico, *sine ulla jam contradictione.* Quod minus est *benedicitur a majori.* Proinde typus Christi melior est promissiones habente, quia hoc videtur minus quod benedicitur ab aliquo ex communi omnium judicio, et sine ulla contradictione. Etsi ergo in acceptione decimarum contradicitur, quod non ideo sit major quia filii Levi accipiunt a fratribus, hic tamen non potest contradici.

Et hic. Quasi dicat : Hoc etiam modo intuemini dignitatem in Melchisedech. *Et,* id est quia, *hic quidem,* id est in sacerdotio Levitico, *homines morientes accipiunt decimas.* Ibi autem, ubi agitur de Melchisedech, Scriptura contestatur, id est mecum testatur. Vel, contestatur, id est idem in multis locis testatur, scilicet quia vivit, quia de morte ejus nihil dicit in figura Christi. Gerebat enim typum pontificis nostri cujus excellentia potestatis per illius similitudinem ostenditur. Per Melchisedech enim in quo rei futuræ figura præcessit decernitur sacerdotium Christi a sacerdotio Levi, in cujus Christi figura dicitur quod Melchisedech vivit. (20). Unde dicitur Christus *sacerdos in æternum secundum ordinem Melchisedech* (Psal. CIX), qui seipsum obtulit, non ex aliqua necessitate, sed ex voluntate propriæ potestatis. *Et ut ita :* [Ambrosius] Quasi dicat : Hoc etiam modo dignior est Melchisedech quam Levi Etiam, id est quia *Levi,* id est Leviticus ordo, *qui* a fratribus *decimas accipit decimatus est,* id est decimas dedit Melchisedech. Et hoc per Abraham, quasi per materialem causam, *ut dictum sit,* per quemdam, scilicet tropum, id est figuram loquendi, non enim proprie in sua persona Levi decimas dedit scilicet circumcisus sacerdos incircumciso. *Adhuc enim.* Quasi dicat : Benedixi per Abraham. *Adhuc enim,* scilicet quando Abraham decimas dedit, *erat Levi in lumbis patris,* scilicet Abrahæ, *quando Melchisedech occurrit,* vel *obviavit ei,* scilicet patri Levi, id est Abrahæ, et ideo in eo decimatus. Sicut enim Adam peccante qui in lumbis ejus erant decimati sunt, sed hoc non sequitur in Christo, licet in lumbis Adæ et Abrahæ fuerit, quia non secundum concupiscentiam carnis inde descendit. Cum ergo Levi et Christus secundum carnem essent, in lumbis Abrahæ, quando decimatus est, ideo pariter decimati non sunt, quia secundum aliquem modum non erat ibi Christus quo erat ibi Levi, secundum rationem quippe illam seminalem ibi fuit Levi. Qua ratione per concubitum venturus erat in matrem secundum quam rationem non ibi erat corpus Christi, quamvis secundum ipsam ibi fuerit Mariæ caro, Levi secundum concupiscentiam carnalem, Christus autem secundum substantiam corporalem inde venturus erat. Cum enim sit in semine, et visibilis corpulentia, et insensibilis ratio utrumque cucurrit ex Abraham, vel etiam ex ipso Adam usque ad corpus Mariæ, quia et ipsum eo modo conceptum est et exortum est: Christus autem visibilem carnis substantiam in carne Virginis sumpsit. Ratio vero conceptionis ejus non a semine virili, sed longe aliter ac desuper venit. Proinde secundum hoc quod de matre accepit, etiam in lumbis Abrahæ fuit. Ille est ergo decimatus in Abraham qui sic fuit in lumbis ejus, sicut in lumbis sui patris etiam ipse Abraham fuit, id est qui sic est natus de patre Abraham, sicut de suo patre natus est Abraham per legem, scilicet in membris repugnantem legi mentis et invisibilem concupiscentiam, quamvis eam casta et bona jura nuptiarum non sinant valere, nisi quantum ex ea possunt generi substituendo prospicere. Ille autem non ibi decimatus est cujus caro inde non fervorem vulneris, sed materiam medicaminis traxit. Nam cum ipsa decimatio ad præsignandum medicinam pertinuerit, illud in Abrahæ carne decimabitur, quod curabatur, non illud unde curabatur. Eadem enim caro Abrahæ vel ipsius primi hominis simul habebat, et vulnus prævaricationis, et medicamentum vulneris. Vulnus prævaricationis in lege membrorum repugnante legi mentis quæ per omnem inde propagatam carnem seminali ratione quasi transcribitur. Medicamentum autem vulneris in eo quod inde opere concupiscentiali in sola materia corporali per divinam conceptionis fornicationisque rationem de Virgine assumptus est.

VERS. 11-17—*Si ergo consummatio per sacerdotium Leviticum erat (populus enim sub ipso legem accepit), quid adhuc necessarium fuit secundum ordinem Melchisedech alium surgere sacerdotem, et non secundum ordinem Aaron dici? Translato enim sacerdotio, necesse est ut et legis translatio fiat. In quo enim hæc dicuntur de alia tribu est, de qua nullus altario præsto fuit. Manifestum est enim quod ex Juda ortus sit Dominus noster, in qua tribu nihil de sacerdotibus Moyses locutus est. Et amplius adhuc manifestum est, si secundum similitudinem Melchisedech, exsurgat alius sacerdos, qui non secundum legem mandati carnalis factus est, sed secundum virtutem vitæ insolubilis. Contestatur enim, quoniam tu es sacerdos in æternum secundum ordinem Melchisedech.*

Si ergo, etc. Prætulit hactenus sacerdotium Christi, quod est secundum ordinem Melchisedech, Levitico nunc addit, scilicet quod sacerdotium Christi Leviticum destruit, quo destructo necessario etiam destruitur lex, quia sub illo data est. Quasi dicat : Quia Christus est sacerdos secundum ordinem Melchisedech. Et hoc sacerdotium præest Levitico. Ergo, si potes, o Judæe, solve hoc *si consummatio*, id est perfectio, *erat per sacerdotium Leviticum*, quia Aaron de Levi fuit. Quid adhuc, postquam consummaret *necessarium fuit*, dici a David propheta alium, secundum ritum et secundum tribum, *sacerdotem*, qui a peccato liberaret, quod non isti, *surgere secundum ordinem Melchisedech.* Hoc non diceretur, si illud melius esset, et *non dicit secundum ordinem Aaron,* in aliquo? hoc addidit ne utrumque tenere putes. Quasi dicat : Si leviticum sacerdotium consummabit, frustra surgeret alius secundum ordinem Melchisedech, sed surgit alius quod ibi notatur : *translato enim sacerdotio.* Et quod alius surgat subsequenter probat, et per tribum, et per ritum, per tribum ibi : *In quo enim hæc dicuntur;* per ritum ibi : *Et amplius adhuc manifestum est,* et sic constat alium surgere. Ergo illud non consummabat. Insiste litteræ, *translato.* Quasi dicat : Si Leviticum sacerdotium consummaret, frustra alius surgeret sacerdos. Sed surgit alius, transfertur enim sacerdotium. Et *translato sacerdotio necesse est ut legis translatio fiat*, quia enim simul ad eodem, et sub eadem sponsione utraque data sunt, quod de uno dicitur, necesse ut de altero intelligatur, et merito translato sacerdotio transfertur lex. Populus enim accepit legem sub ipso sacerdotio, quia in manu sacerdotis est lex, et per eum impletur lex quæ dicitur consummare. Vel ita potest legi. Si ergo. [Chrysost.] De Melchisedech ostendit quanto melior esset Abraham, et multam differentiam prædicavit. [Ambrosius] His jam incipit Veteris et Novi Testamenti differentias dare, quia illud imperfectum est, hoc autem perfectum et recta via progreditur, ostendens quia melius est sacerdotium secundum ordinem Melchisedech Levitico [Chrys.] Quasi dicat : Quia Christus est secundum ordinem Melchisedech, ergo, responde, o Judæe, si consummatio, id est perfectio, est per sacerdotium Leviticum, quod utique deberet esse. Populus enim sub ipso accepit legem, quidem adhuc necessarium, fuit dici a propheta alium surgere secundum ordinem Melchisedech, et non secundum ordinem Aaron. [Ambrosius] Quasi dicat : Non fuit necessarium. Translato enim. Quasi dicat : Dico quod populus sub sacerdotio legem accepit. [Chrysost.] Si ergo translatio est sacerdotii necessario legis, non potest enim sacerdos sine testamento, et lege, et præceptis esse. Transeundum ergo est a lege ad Evangelium. Et hoc est quod ait : Translato enim. Quasi dicat : Ideo dico legem sub sacerdotio datam, quia sic noto, quod translato sacerdotio, id est destructo, necesse est ut et legis fiat translatio, id est ut lex destruatur, quæ non nisi sub eo. [Hieron.] Hæc translatio sacerdotii præfigurata fuit in Samuele, qui

247 cum non esset de tribu Levitica, sed de tribu Ephraim, electus est sacerdos a Domino, reprobatis filii Heli, Domino dicente : Qui honoraverit, me honorabo eum ; et qui me inhonoraverit, inhonorus erit. *In quo enim*, etc. Quasi dicat : Vere transfertur sacerdotium, surgit alius, quod idem est dicere, quia et per ritum et per Tribum. Primum de tribu ostendit, postea de ritu. Quasi dicat : Vere secundum cibum aliud surgit. Christus enim in quo, id est in cujus consideratione *hæc dicuntur*, scilicet. Tu es sacerdos in æternum, etc. De alia tribu est, non de tribu Levi. De qua alia nullus præsto fuit altario, id est accessit ad ministerium altaris. Et vere de alia *manifestum est enim quod Dominus noster*, scilicet Christus *ortus sit ex Juda*, de tribu ad tribum. Translatum est sacerdotium de sacerdotali ad regalem, ut eadem sit sacerdotalis et regalis, ut fuit Melchisedech rex et sacerdos. Et intuere mysterium. [Chrysost.] Primum fuit regalis, postea sacerdotalis facta est, sic Christus rex erat semper. Sacerdos autem factus est quando carnem suscepit, quando sacrificium obtulit. *In qua tribu nihil de sacerdotibus Moyses locutus est*, ut de ea aliquis esset sacerdos. Et amplius quam per tribum *adhuc manifestatum* est, quod transfertur sacerdotium, et surgit alius. Hæc est enim firmior probatio per ritum, quia si tribus in Samuele mutata erat, non tamen ritus. Et vere manifestum est, *si*, id est quia, *alius sacerdos exsurgit secundum similitudinem* id est ritum *Melchisedech*. Ut enim ille panem et vinum obtulit Abrahæ, ita hic discipulis in eisdem speciebus carnem et sanguinem dedit. Exsurgit alius, dico, *qui*, alius non est factus, sacerdos *secundum legem carnalis mandati*, id est secundum præceptum legis, quæ lex solummodo mandabat, et promittebat carnalia *secundum virtutem vitæ insolubilis*, id est secundum deitatem quæ in eo est per quam dat vitam æternam suis, sicut placuit deitati. Vel ita : non est factus sacerdos secundum legem carnalis mandati, id est secundum carnalem intellectum legis, ut faceret secundum carnales observantias, sed secundum virtutem vitæ insolubilis, id est secundum spiritualem intellectum inpsius legis, quæ exsequentes vitam habent æternam. [Ambrosius] Ecce distat inter sacerdotium et sacerdotium : illud carnale, hoc spirituale ; illud temporale, hoc æternum. *Contestatur autem*, quod secundum ordinem Melchisedech sit sacerdos, probat auctoritas. Constestatur enim, David mecum, vel cum aliis multis Scripturis quod Christus est sacerdos secundum ordinem Melchisedech, sed fidelius ponit ipsa verba David, dicens : *Quoniam tu es*. Quasi dicat : Vere contestatur, *quoniam*, dicit, *tu es sacerdos in æternum secundum ordinem Melchisedech*. Vel ita benedixi secundum virtutem vitæ insolubilis. Contestatur enim, Deus pater jurejurando de filio, quoniam dicit de eo : Tu es sacerdos in æternum secundum ordinem Melchisedech.

(21) August., in epista ad Hieron

VERS. 18.-27. — *Reprobatio quidem fit præcedentis mandati propter infirmitatem ejus et inutilitatem. Nihil enim ad perfectum adduxit lex. Introductio vero melioris spei per quam proximamus ad Deum. Et quantum est, non sine jurejurando. Alii quidem sine jurejurando sacerdotes facti sunt. hic autem cum jurejurando, per eum qui dixit ad illum : Juravit Dominus et non pœnitebit. Tu es sacerdos in æternum. In tantum melioris testamenti sponsor factus est Jesus. Et alii quidem plures facti sunt sacerdotes : idcirco quod morte prohiberentur permanere. Hic autem eo quod maneat in æternum sempiternum habet sacerdotium. Unde et salvare in perpetuum potest accedens per semetipsum ad Deum, semper vivens ad interpellandum pro nobis. Talis enim decebat ut nobis esset pontifex, sanctus, innocens, impollutus, segregatus a peccatoribus, et excelsior cœlis, factus. Qui non habet necessitatem quotidie, quemadmodum sacerdotes prius pro suis delictis hostias offerre, deinde pro populi. Hoc enim fecit semet se offerendo*.

Reprobatio quidem Ostendit sacerdotium esse translatum ex tribu et ritu, pro quo constat legem quoque esse translatam. Sed quia forte ad transferendæ legis demonstrationem sacerdotii translatio sufficere non videretur, supponit hic causam, quæ omnium hominum animis satisfacit, si causam alicujus rei cognoverint. Ostendit enim quare Vetus Testamentum sit destructum, cum Deus illud dederit, et novum substitutum ; quia ; scilicet tempore sui status, illud fuit infirmum, et nunc prorsus inutile. Hoc autem perficit quod valet ad laudem novi sacerdotis. Ait itaque sic : *Reprobatio quidem fit*, ut sit locus gratiæ, *precedentis mandati*, id est veteris logis. Et bene ait præcedentis, quia aliud debet sequi. Reprobatio fit, dico et non dico propter malignitatem ejus, nec propter malitiam, sicut hæretici insurgentes mihi imponunt ; sed *propter infirmatem ejus* quam habuit dum stetit, quia etsi aliquid tunc fecit, non plene justificavit ; *et inutilitatem.* quam modo habet. Non solum enim infirma, sed etiam damnata est. Nec si tenetur, [Augustinus] quia post adventum Christi inutile erat fieri ea quæ olim fiebant, ut hæc prædicerent. (21) Circumcisio enim, etc., hujusmodi priori populo per Testamentum Vetus divinitus data sunt ad significationem futurorum, quæ per Christum oportebat impleri, quibus advenientibus remanserunt illa Christianis tantum legenda ad intelligentiam præmissæ prophetiæ, non autem necessario facienda. Quasi dicat : Adhuc exspectandum esset ut veniret relatio Dei quæ his significabatur esse ventura. Proinde nunc quisquis Christianorum similiter ea celebrare voluerit, quasi sopitos cineres eruens, non erit pius deductor, vel bajulus corporis, sed impius sepulturæ violator. *Nihil enim*. Quasi dicat : Vere infirmata fuit lex, Tunc *nihil ad perfectum adduxit lex*, id est neminem in justificatione perfecit, et si enim tunc aliqui perfecti fuerunt, non tamen ex ea, vel per eam, sed per fidem venturi. *Introductio vero.* Quasi dicat : Illa reprobatur. *Introductio vero* fit per prædictum pontificem, *melioris spei* id est melioris legis per quam speratur gloria æterna. Ibi enim sperabantur temporalia, hic cœlum. *Per quam* spem *proximamus ad Deum.* Et quantum est hoc? pertinet ad commendationem novi sacerdotis, decus ordinationis qualitate hic agitur. Quasi dicat : per multa eum commendavimus. Et adhuc aliud dico. Et quantum est hoc, scilicet quod *non sine jurejurando,* Jesus factus est sacerdos? *Alii quidem,* id est Levitici. Quasi dicat : Quandoque mutandi *sine jejurando facti sunt sacerdotes. Hic autem,* id est Jesus factus est sacerdos, *cum jurejurando* facto *per eum,* scilicet per Deum Patrem, *qui dixit ad illum,* scilicet Jesum, hoc, scilicet dixit : Tu *es sacerdos in æternum.* Et quod in æternum, *juravit Dominus.* Hoc dixit propheta, id est inconcussa veritate firmavit. *Et non pœnitebit eum.* Et hoc item dixit, id est non mutabit factum. *In tantum,* etc. Ex laude sacerdotis infert commendationem legis, dicens : *In tantum,* id est per hæc quæ tanta sunt, scilicet quod cum jurando factus est sacerdos, et quod per eum approximamus ad Deum. Certum est quod Jesus factus est sponsor, id est assertor *melioris Testamenti* quam sit vetus. Ut enim sacerdotium Christi præest Levitico, ita et lex ejus præest veteri. Melius est ergo Novum Testamentum quam Vetus, quia meliora, id est lex ejus præest Veteri. Melius est ergo novum Testamentum quam Vetus, quia meliora, id est æterna promittit, Vetus temporalia.

Et alii. Hoc iterum modo dignior est Jesus. *Et,* id est quia, *alii quidem,* id est Levitici, *plures facti sunt sacerdotes* secundum legem, *idcirco quod morte prohiberentur permanere,* in vita. *Hic autem* id est Jesus, *eo quod permaneat in æternum sempiternum habet sacerdotium;* [Ambrosius] et sicut ille permanet, ita et lex quam attulit, in qua est vera remissio et perpetua gratia. Quod quia vetus lex non potuit, exclusa est ; quod autem permanet in æternum, ostendit ex pontifice ; quia unus est quod non esset, nisi esset immortalis ; sicut in lege multi erant, quia mortales. *Unde* scilicet quia manens sempiternum habet sacerdotium, et *salvare in perpetuum potest accedens,* vel accedentes. Ostenso quod per sacerdotium Christi, vetus sacerdotium destruitur et lex, commendat actum ipsius deprimendo per contrariam operationem veteris sacrificii. Quasi dicat : Salvare potest in perpetuum. Ipse, dico, *accedens ad Deum,* non per alium pontificem, nec per alienas hostias, [Chrysost.] sed *per semetipsum* sacerdotem et hostiam. Jesus ipse accedit ad Deum per se vivam hostiam, vel secundum aliam litteram, potest salvare quos? Accedentes ad Deum, non per alium, sed *per semetipsum* secundum quod ipse ait : *Nemo venit ad Patrem, nisi per me (Joan.* XIV *:)* ideo potest salvare, quia est semper vivens, quod non alii ad interpellandum pro nobis repræsentatione sui. Ex ea natura qua pontifex est, in humana quam cœlis intulit, interpellat pro nobis *Talis enim.* Quasi dicat : Dico quod per se est accedens ad Deum, et merito. Est enim *sanctus* interius positione virtutum et mente, *innocens* manibus quantum ad proximum, et *impollutus* corpore per remotionem malorum, et non modo est impollutus, sed etiam *segregatus a peccatoribus,* id est immunis ab omni peccato, quia semper sine peccato. Vel segregatus a peccatoribus, id est a prioribus sacerdotibus, quibus dissimilis est, et *factus est excelsior cœlis,* id est in omni cœlesti creatura, quia eum omnes angeli adorant, et *decebat ut talis pontifex esset nobis,* filiis ; servi alios pontifices habuerunt. *Qui,* cum talis sit, non habet *quotidie necessitatem,* non quod aliquando egerat, sed hoc dicit ut removeat, quod legalibus sacerdotibus convenit. Non habet necessitatem, dico, *prius pro suis delictis hostias offerre, deinde pro populi, quemadmodum* facit Levitici qui tantum istius figura fuerunt, qui non hanc habuit necessitatem sacerdos incommutabilis. *Hoc enim,* 248 Quasi dicat : Vere non habet necessitatem hanc. *Hoc enim,* id est offerre *fecit,* offerendo seipsum non pro suis, sed pro populi delictis. Et hoc *semel,* quia sufficit omnibus una oblatio, et non est opus iterari. [Ambrosius.] Adeo enim magnum est sacrificium, quod licet unum et semel oblatum sit, tamen sufficit ad æternitatem.

CAPUT VIII.

VERS. 1-7. — *Lex enim homines constituit sacerdotes infirmitatem habentes, sermo autem jurisjurandi qui post legem est, Filium in æternum perfectum, Capitulum autem super ea quæ dicuntur. Talem habemus pontificem, qui consedit in dextera sedis magnitudinis in cœlis, sanctorum minister, et tabernaculi veri, quod fixit Deus, et non homo. Omnis enim pontifex ad offerendum munera, et hostias constituitur. Unde necesse est hunc habere aliquid quod offerat. Si ergo esset super terram, nec esset sacerdos, cum essent qui offerrent secundum legem munera, qui exemplari et umbræ deserviunt cœlestium, sicut responsum est Moysi cum consummaret tabernaculum. Vide, inquit, omnia facito secundum exemplar, quod tibi ostensum est in monte. Nunc autem melius sortitus est ministerium quanto et melioris Testamenti mediator est, quod in melioribus repromissionibus sancitum est. Nam si illud prius culpa vacasset, non utique secundi locus inquireretur.*

Lex enim. Quasi dicat : Levitici sacerdotes habent necessitatem quotidie et non Christus. Et recte, quia illi infirmi, hic autem semel sufficit, quia Filius perfectus. Et hoc est : *Lex enim constituit* homines *sacerdotes habentes infirmitatem* peccandi et moriendi, et ideo pro se offerebant. *Sermo autem jurisjurandi qui post legem* dictus *est* per David, constituit sacerdotem duraturum *in æternum* ipsum *Filium,* gratia et veritate perfectum. *Capitulum.* [Remigius]

Cum pauca dixisset de hujus pontificis dignitate breviter complectitur dignitatem ejus supra quam prius dixit. Capitulum est brevis multorum complexio sic dicta, eo quod breviter totam summam capiat. Quasi dicat : Multa de eo dixi, sed modo facio *capitulum super ea quæ dicuntur*, id est dignius laudem Christi continens quam prædicta. Talem. Ecce hic incipit capitulum, et finit ibi : *Deus et non homo*. Faciens ergo capitulum ait : *talem habemus pontificem qui*, non dico sedit, sed *consedit*, quia Deus est qui homo gigas geminæ substantiæ in quo duæ naturæ unitæ sunt. Consedit. Quasi dicat : Jam diu est quod quiescit et regnat secundum naturam divinitatis, *in dextera sedis magnitudinis*, id est in æqualitate sedentis deitatis, scilicet Dei Patris qui quiescit et judicat, et secundum humanam naturam, locatus *in cœlis*, scilicet vel super materiales cœlos, vel super thronos et dominationes. Et ibi est *minister sanctorum*, quia sanctis ministrat ibi vitam æternam, et his qui sunt hic alia bona inde ministrat. [Chrysost.] Sanctorum, dico, *et*, pro id est, *tabernrculi veri*. Quasi dicat : Non est minister umbratilium sanctorum, sed tabernaculi veri, quod est animæ sanctorum quibus dat gaudia æterna in cælo, et hic gratiæ munera. Minister ergo est sanctorum hic vel in futuro. *Quod* tabernaculum, id est cœlestem Ecclesiam et præsentem, *fixit Deus, et non homo*. Et nota quod ait, in dextera sedis magnitudinis : hoc enim potestatis et majestatis divinæ indicium est. Item nota quod ait, minister sanctorum, hoc misericordiæ multæ et amoris quem nobis impendit. Per hæc ergo duo, et potens, et misericors ostenditur. Vel ita, consedit in dextera sedis magnitudinis. Hoc non mutatur. Ipse, dico, existens in cœlis minister sanctorum, quia ibi ministrat gloriam per Sancta sanctorum significatam, et minister veri tabernaculi, id est veritatis quam tabernaculum præsignabat, scilicet justitiam in præsenti Ecclesia, et gloriam in futura, quæ utraque est verum Dei tabernaculum. Qnod, verum tabernaculum fixit Deus, ut in æternum permaneat. Umbratile vero erat non fixum; sed portabile. Et non homo. Hoc addidit, quia et vetus posuit Deus, sed per ministrum hominem. *Omnis enim pontifex constituitur ad offerenda munera*, ut panes, et thus, et hujusmodi, *et hostias de animalibus. Unde*, scilicet quia omnis constituitur ad offerendum, *necesse est et hunc*, scilicet Christum, *habere aliquid quod offerat*, scilicet carnem ex nobis quam prius non habuit. *Si ergo*, etc. Hujus capituli littera minus continens est et decisa, ideoque caliginem ingerit. Quasi dicat : Dico quod necesse est Christum aliquid habere quod offerat, et cum necesse sit eum habere aliquid ad offerendum, ergo illud, vel erit super terram vel cœleste. Super terram est quidquid in carnalibus, vel pro carnalibus offertur, sed non est super terram, quia si hoc esset, id est si esset super terram quod Jesus offerret, id est carnale aliquid, nec esset Christus srcerdos, nedum pontifex. Non esset sacerdos, dico, *cum essent* multi *qui offerent munera secundum legem*, id est super terram. Et ita superflue carnalia offerret Christus ; sed nec videretur Jesus eadem dignius offerre, addit : *Qui deserviunt exemplari et umbræ coelestium*, id est plene omnia implent, sicut dictum est Moysi, et ita frustra hoc sacerdotium assumeret Jesus quo carnale aliquid offerret. Ergo cœleste est quod offert. (22) Quid enim tam congruenter pro hominibus offertur, quam humana caro ? Et quid tam aptum immolationi, quam caro mortalis ? Et quid tam mundum pro mundandis vitiis mortalium, quam sine ulla contagione carnalis concupiscentiæ caro nata in utero, et ex utero virginali ? Et quid tam grate offerri et suscipi posset, quam caro sacrificii vestri ? Ut quia quatuor considerantur in omni sacrificio, scilicet cui offeratur, a quo offeratur, quid offeratur, pro quibus offeratur : idem ipse unus verusque Mediator per sacrificium pacis reconciliavit nos Deo, unum cum illo maneret cui offerebat, et quod offerebat. [Lanfrancus] Vel ita : Si ergo ; quasi dicat : Et quia omnis sacerdos offert, ergo si esset aliquis super terram, id est si esset aliquis terrenus sacerdos qui posset mundare humanum genus, nec esset aliquis sacerdos secundum ordinem Melchisedech, cum satis essent qui offerent munus secundum legem, id est qui offerrent legalia. Sed quia illi mortales erant et peccatores, et ideo mundare humanum genus non valentes, venit Christns qui sufficeret. Vel ita : Si ergo ; quasi dicat : Et quia Christus constituitur ad offerendum, ergo vel est terrenus, vel cœlestis sacerdos ; sed terrenus non, quia si esset super terram, id est si terrenus esset pontifex ut Aaron, nec esset utique sacerdos in æternum secundum ordinem Melchisedech, nec necesse foret, cum esset, etc. Sed Christus est sacerdos in æternum, non Aaron. Aaron enim quia mortuus est, non est sacerdos. Christus vero qui vivit, sempiternus est sacerdos, non talis quales sunt umbratile sacerdotium gerentes. Vel ita : Si ergo. Ratio hic ostenditur cur Christus se obtulerit. Quasi dicat : Necesse est Christum aliquid offerre. Ergo seipsum. Et vere necesse est ut offerat, quia et si esset super terram, quod pro peccato totius mundi digne posset offerri, non esset tamen sacerdos offerre dignus, cum, id est quamvis essent qui offerrent munera, etc. Ideo mundus se obtulit mundum. Hoc verum enim sacrificium non rite posset offerri, nisi per justum et sanctum. (23) Quis autem tam justus et sanctus sacerdos, quam unicus Dei Filius ? qui non opus haberet per sacrificium sua purgare peccata, nec originalia, nec super addita ? Vel ita : Si ergo ; quasi dicat : Et quia omnis sacerdos constituitur ad offerendum, ergo, et Christus obtulit, cujus rei merito et in cœlum ascendit.

---

(12) August., De Trinit.

(23) August., De Trinit.

Et sic oportebat fieri, quia si esset super terram, id est si nondum introisset in Sancta sanctorum, id est interiora cœli, nec esset sacerdos, id est sui sacerdotii ritus non celebraretur, cum adhuc superesset sacerdos secundum Aaron. [Lanfrancus] Unde subdit, cum essent qui offerrent munera secundum legem, Restat ergo ut ipse se offerat, et sic introeat in interiora cœli. *Qui*, etc., essent qui offerent munera, dico, quid tales *deserviunt*, id est plene serviunt, *exemplari*, id est figuræ, *et*, pro id est, *umbræ cœlestium* mysteriorum. Cœlestia dicit Ecclesiam, cujus pars in cœlis regnans, pars secutura peregrinatur in terris. Exemplar autem et umbras dicit figuras quæ exemplar sunt, et exemplum respectu diversarum rerum. [Remigius] Exemplar est ad cujus similitudinem aliquid fit. Exemplum quod inde trahitur. Deus in monte veritatem Moysi ostendit, id est ordinem cœlestis curiæ, quomodo, scilicet angeli Deo obediant, laudent, et diligant, seque invicem et nos diligant, nostrisque profectibus studeant, et alia hujusmodi. In quibus a nobis imitandi sunt. Sed quia carnalis propter veritatem capere non posset, præcepit Deus Moysi ut figuris eam imaginaretur, in quibus puerilis populus enutritus aliquando veniret ad veritatem : et ita res prius ostensa, dicitur exemplar figurarum juxta se factarum. Item, figuræ dicuntur exemplar veritatis, quæ postea impletæ sunt, sicut ille figuræ præsignaverunt. Secundum hoc dicit, deserviunt exemplari, id est figuris veritatem futuram præsignantibus et quoniam exemplar aliquando est veritas non figura, addit, et umbræ, quia illa non erant nisi umbra veritatis leviter abitura veniente. Deserviunt, dico, *sicut responsum est Moysi a Domino, cum consummaret tabernaculum*; non cum inciperet, sed cum consummasset, quia jam multa figuris expresserat; sed cum per se non posset consummare, consuluit Dominum, qui et de figuris sicut de veritate eum docuit. Quid est ei responsum ? Ecce : *Vide*, inquit Dominus, *facito omnia*. Omnia dicit et de constructione tabernaculi, et de sacrificiis quæ in eo oblaturi essent. Facito, inquam, *secundum hoc exemplar*, id est veritatem, 249 *quod tibi ostensum est in monte*, quia ostendit et Deus visu in monte quid esset facturus. *Nunc autem*. Quasi dicat : Illi deserviunt exemplari et umbræ, sed Jesus melius habet ministerium, quia et in spiritualibus ministrat; et spiritualia dat. Quod nunc patet, quasi dicat, cum ostensum sit non offerre super terram. Et hoc est quod ait : *Nunc autem*, scilicet in hac novissima ætate, Jesus *sortitus est melius ministerium*, sacerdotii quam fuit in veteri lege. Et tanto utique melius, quanto est melior lex ejus veteri. Et hoc est quod dicit, tanto melius ministerium, *quanto et melioris testamenti*, quia æterna promittit, *mediator*, id est dator medius inter Deum et hominem. [Chrysost.] Ecce jam a sacerdotio et sacrificio transit ad differentiam testamentorum, veteri præferens novum. *Quod* Testamentum Novum *sancitum est*, id est confirmatum est ut duret *in melioribus repromissionibus*. quam essent promissiones Veteris Testamenti. (24) Si enim discernimus duo Testamenta, Vetus et Novum, non sunt eadem sacramenta in utroque, nec eadem promissa, eadem tamen pleraque præcepta : discussa enim præcepta omnia fere eadem inveniuntur in Evangelio, moralia utique eadem, ut : *Non occides*, et cætera hujusmodi. Cæremonialia vero non eadem ; sacramenta non eadem, quia illa promittebant, hæc dant salutem. Similiter promissa non eadem : ibi promittebantur terrena, hic cœlestia. *Nam si*, etc. [Remigius] Probat quod Testamentum Christi melius est Veteri, quia illud non vacat culpa, hoc vacat. *Si enim illud vacasset a culpa*, non daretur secundum ; sed datur, et ita apparet illud fuisse imperfectum, hoc perfectum. Et hoc est quod ait : *Nam si illud prius* testamentum *vacasset a culpa*, id est perfecte mundaret hominem, id est si inculpabiles essent ejus observatores. *Non utique secundi locus*, id est opportunitas, *inquireretur* a Deo qui prius paulatim instruxit per legem, et ædificavit per prophetas, ut post daret perfectum testamentum quod consummaret. Et nota quod ait, si vacasset a culpa. Ita enim hoc dicit quasi ipsum habeat culpam quod videtur, dum præcipit sine gratia et prævaricatores constituit. Si quæratur a nobis cur non eo ritu colamus Deum quo coluerunt eum Hebræi patres, (25) respondemus : Aliud Deum nobis præcepisse per patres Novi Testamenti, neque hoc contra Vetus Testamentum est, cum et in illo idem sit ante prædictum, sic enim prænuntiatum est per prophetam Jeremiam. Unde sequitur :

VERS. 8-10. — *Vituperans enim eos dicit* : *Ecce dies venient dicit Dominus, et consummabo super domum Israel, et super domum Juda testamentum novum, non secundum testamentum quod feci patribus eorum in die qua apprehendi manum eorum ut educerem illos de terra Ægypti, quoniam ipsi non permanserunt in testamento meo, et ego neglexi eos dicit Dominus. Quia hoc est testamentum quod disponam domui Israel post dies illos dicit Dominus, dando leges meas in mente eorum, et in corde eorum supesscribam eas, et ero eis in Deum, et ipsi erunt mihi in populum.*

Vituperans enim. Quasi dicat : Si illud vacasset a culpa, non inquireretur locus secundi, sed inquiritur. Jeremias *enim vituperans eos*, qui in lege erant, dicit : *Ecce enim veniunt*, id est paulatim appropinquant, tempus Christi dies vocat, quia pulsis tenebris lux quæ illuminat omnem hominem venientem in hunc mundum (*Joan.* 1), mundo apparuit. Dicit Dominus : *Et consummabo*, id est consummans, dabo et implebo testamentum novum, in quo fiet quod promissum est Abrahæ. Consummabo, inquam, *super domum Israel, et super domum Juda*, id

---

(24) August., in psal. LXXXIII.

(25) Id., contra Faust.

est super Judæos qui in duo regna divisi fuerunt post Salomonem, super quos dicit se consummaturum Novum Testamentum, scilicet ut dominetur eis, et ipsi ei obediant. *Non secundum*, quasi dicat : Consummabo testamentum novum, dico, quod *non*, sit *secundum testamentum quod fecit patribus eorum*, [Remigius] id est quod non sit de terrenis, sicut illud vetus, scilicet lex data in monte Sina, et quia quibusdam patrum spirituale testamentum fecerat, ut Abraham, determinat, dicens : *In die quando apprehendi illorum manum*. Quasi dicat : Per se de lecto surgere non valentium, vel quasi nutrix parvulorum, *ut educerem eos de terra Ægypti*, id est non erit secundum legem quæ post exitum de Ægypto data est. Quod enim ante legem Abrahæ dixit, scilicet : *In semine tuo benedicentur omnes gentes* (Gen. xxii), illud complevit in Evangelio. Illa enim spiritualis promissio fuit pertinens ad gratiam.(25*) Ecce hic prophetatur non perseveraturum Vetus Testamentum, sed futurum Novum. (26) Cumque multis locis hoc idem significetur et prænuntietur, non ita tamen ipsum Novum legitur expressum. Nempe in veteribus libris, aut nusquam, ant difficile præter hunc propheticum locum legitur facta commemoratio Testamenti Novi, ut ipso nomine appellaretur. Considera igitur diligenter differentiam inter duo Testamenta, id est Vetus et Novum. Ibi est littera quæ sola occidit; hic est spiritus qui vivificat. Illud Vetus, quia a vetustate peccati non liberat; hoc Novum, quia innovat. (27) Si autem a nobis fuerit quæsitum cur illius testamenti auctoritatem teneamus, cujus ritum non observamus? Ad hoc respondemus quod eam legi et accipi oportet, ne prophetias exstinguamus, quia in umbra facta sunt omnia illa futurorum, sicut ait Apostolus : *Hæc in figura contingebant illis*, etc. (I Cor. x).

Cur ergo aliquid tale legitur in instrumento Veteris Testamenti quale a nobis observari, vel jussum non est in Novo Testamento, vel etiam prohibitum? Quid significet quærendum est, non reprehendendum, quia eo ipso quo jam non observatur non damnatur, sed impletum probatur. Sed quoniam. Quasi dicat: Apprehendi manum eorum quasi parvulorum. Sed *quoniam ipsi non permanserunt in testamento*, in eo, id est in lege data in Synagoga, quia *fecerunt vitulum in Horeb, et adoraverunt sculptile* (Psal. cv). Ecce quomodo vituperaverunt eos ; Ideo, inquam, quia non permanserunt. *Et ego neglexi eos.* (28) Et ne indignemini, si dico vos neglectos, quia *Dominus dicit, in me.* Patenter vitio eorum deputat quod non permanserunt in testamento Dei, ne lex quam tunc acceperunt culpanda judicetur. Ipsa enim est quam non venit Christus solvere, sed implere, non tamen ea justificat, sed gratia. Hoc quippe agit vivificans spiritus, sine quo littera occidit. Unde igitur illud Vetus Testamentum,

(25*) August., contra Faust.
(26) Id., De bapt. parv.
(27) Id., contra Faust.

hoc Novum dicitur? cum lex impleatur per Testamentum Novum pro veteris hominis noxa, quæ per litteram jubentem et minantem non salvatur. Dicitur illud Vetus, hoc autem dicitur Novum propter novitatem spiritus qui hominem sanat a vitio vetustatis. Quod evideter aperit, subdens : *Quia hoc est.* Quasi dicat : Vere testamentum novum dabo, et non secundum illud, scilicet vetus, quia hoc est testamentum *quod disponam*, id est ordinabiliter *domui Israel*, id est omnium videntium Deum, non utique, sed *post dies illos*, a me præfinitos ; et credite hoc, quia *Dominus dicit*, per Spiritum sanctum in me loquentem: *dando, vel dabo.* Quasi dicat : Hoc est testamentum quod consummabo, scilicet dabo per Spiritum sanctum *leges meas.* Ecce testamentum. Vel ita secundum aliam litteram, *disponam testamentum*, dico, ita, scilicet dando leges meas. Ecce testamentum, *in mentes*, id est intelligentias illorum. Non in tabulis lapideis sicut vetus in lapide scriptum fuit. *Et etiam in corda eorum*, id est in voluntates, quia intelligent, et voluntate servabunt, *superscribam eas.* Scribam, ut scilicet in æternum maneant; *super*, quasi dicat : Quod superesset debet eisque dominari.(29)Istam hic commendat distantiam quod leges suas daturus esset Deus in mentes eorum quæ pertinent ad Novum Testamentum, et in eorum cordibus eas Scripturas non utique atramento, ut alibi ait Apostolus ; sed Spiritu Dei vivi, (30) id est ipsa præsentia sancti Spiritus qui est digitus Dei, quo præsente diffunditur charitas in cordibus quæ est plenitudo legis et finis præcepti. Nam quia promissa Veteris Testamenti terrena sunt, nunc ipsius cordis bonum promittitur, scilicet mentis bonum, spiritus bonum, id est intelligibile bonum, cum dicitur : Dabo leges meas in mentem illorum, et in corda eorum superscribam eas, per quos significavit eos non forinsecus terrentem legem formidaturos ; sed intrinsecus habitantem ipsam legis justitiam dilecturos. Unde et hæc merces additur : *Et ero ;* quasi dicat: Scribam legem meam in mentibus eorum. *Et sic ero illis in Deum, et ipsi erunt mihi in populum*, quia dicetur : Vere Deus in istis est, et isti sunt populus Dei, hoc est vivent ex me et mihi, et hoc quidam in hoc mundo.

Vers. 11-13.—*Et non docebit unusquisque proximum suum, et unusquisque fratrem suum, dicens : Cognosce Dominum, quoniam omnes scient me a minore usque ad majorem eorum, quia propitius ero iniquitatibus eorum, et peccatorum eorum jam non memorabor. Dicendo autem novum veteravit prius. Quod autem antiquatur et senescit, prope interitum est.*

Et in futuro *non docebit unusquisque proximum suum* quem amat, *et unusquisque fratrem suum* quem plus diligit, *dicens* ita : *Cognosce Dominum*, Ideo alter alterum non docebit, quia *omnes* in futuro *scient*

(28) Id., De bapt. parv.
(29) Id., De spiritu et lit.
(30) Id., De bapt. parv.

id est videbunt *me*, sicut sum quod est perfectio, ut alter, **250** scilicet alterum non doceat. (31) Scient, dico, *a minore usque ad majorem eorum.* Non interest si dicatur e converso, scilicet a majore usque ad minorem, sicut dictum est, a minore usque ad majorem. Quod intelligi diversis modis potest, ut majores dicantur, vel tempore, vel dignitate, id est tempore priores, vel intelligentia digniores. Majores ergo intelliguntur, vel priores qui non posteriores exspectaverunt in denario accipiendo, vel scientia, vel virtute. Qui scilicet intelligere valuerunt lumen incorporeum atque incommutabile quantum in hac vita potest, quod minores tantummodo credere potuerunt. Cum ergo venerit quod perfectum est et evacuatum fuerit quod ex parte est (*I Cor.* xiii), tunc qui assumpta carne carni apparuit, ostendet seipsum dilectoribus, tunc omnes scient eum a minore usque ad majorem, quia etiam minimus tunc perfecte sciet eum per se non a majore instructus. [Augustinus] Hæc est ergo distantia Veteris et Novi Testamenti, quod illud in lapide scriptum est, hoc in corde, ibi merces terra, hic visio Dei. Vel ita ab illo loco, præcedentibus non mutatis; et non docebit. Quasi dicat: Ergo ero illis Deus, et ipsi mihi populus. [Chrysost.] Et istud novum factum existet quod in Veteri Testamento non legitur factum, scilicet non docebit unusquisque proximum suum, et unusquisque fratrem suum, quia non latebat in littera, et discebat populus per traditiones magistrorum, hoc Spiritus adveniens repente docuit apostolos. Et hoc est quos propheta dicit, non docebit unusquisque proximum suum, et unusquisque fratrem suum, *dicens: Cognosce Dominum.* Quare non? quia omnes scient a minore usque ad majorem eorum, sicut in Evangelio legitur: *Tunc aperuit illis sensum, ut intelligerent Scripturas* (*Luc.* xxiv). Et ideo hæc omnia in utraque vita faciam eis, quia *propitius ero iniquitatibus eorum, et peccatorum illorum jam non memorabor,* ad pœnam æternam. Distingue. Iniquitates dicit peccata quæ faciunt homines contra proximos, et peccata quæ in seipsis. Vel idem est id est pro eodem accipitur hic iniquitatis et peccatum, sed distinguitur inter, propitius ero, et memorabor, quia propitius est, dum hic non punit, et in futuro jam non memorabit quando non puniet. Sciendum vero quod in quibusdam libris ubi scribimus peccatorum, invenitur scriptum peccatum, et tunc de originali accipitur. Quare autem hanc de Jeremia auctoritatem adduxerit, aperit, subdens: *Dicendo autem.* Quasi dicat: Propheta dixit novum. Dicendo autem novum *veteravit* id est vetus ostendit *prius.* Vel veteravit, id est vetus factum est prius testamentum, et si vetus, ergo finiendum. Unde subdit: *Quod autem antiquatur*, ut est in inanimatis, *et senescit*, quod fit animatis, *prope interitum est,* antiquatio enim et senectus sunt prænuntii mortis.

(31) August., De spiritu et littera.

CAPUT IX.

Vers. 1, 2. — *Habuit quidem et prius justificationes culturæ, et sanctum sæculare. Tabernaculum enim factum est primum, in quo erant candelabra, et mensa, et propositio panum quæ dicitur sancta.*

Habuit quidem. Hucusque differentiam Testamentorum ostendit, et quod Veteri Novum supereminet, et illud immutat. [Chrysost.] Nunc idem ostendit ex ipso tabernaculi schemate. Quasi dicat: Vetus Testamentum est prope interitum, tamen *habuit* olim quidem *prius* testamentum *justificationes,* non veras et spirituales, sed pro modo *culturæ* carnales, et habuit *sanctum,* non spirituale, sed *sæculare,* id est mutabile et putativum, quod putabantur ab hominibus sanctum. Et vere habuit sanctum sæculare, quia *tabernaculum primum* et secundum. Tabernaculum *factum est* primum, etc., usque ibi: *Quæ parabola est instantis temporis.* Quia de tabernaculo loquendi locus se obtulit de eo quædam sub compendio videnda sunt. Sciendum est igitur tabernaculum triginta cubitos habuisse in longitudine, et decem in latitudine, totidem in altitudine. (32) Velum autem habebat ex quatuor pretiosis coloribus contextum, et quatuor deauratis columnis appensum, quod separabat in viginti et decem cubitos, id est inter sancta quæ forinsecus erant, et Sancta sanctorum interius posita. Habet enim sanctum exterius viginti cubitos longitudinis, et sanctum interius, id est Sanctum sancti, x. Et vocat Apostolus illud primum tabernaculum, hoc autem secundum tabernaculum. In primo autem tabernaculo erat candelabrum aureum, sed Apostolus dicit candelabra pluraliter, quia licet unum esset, septem habebat brachia. Erat enim in medio hastile per quatuor loca, scyphos, sphæras, et lilia. A quo procedebant brachia, tria a dextera parte, et tria a sinistra habentia per tria loca scyphos, sphæras, et lilia. In eodem etiam erat mensa quadrata, ut altare, et habebat quatuor pedes, et erat post introitum tabernaculi quæ erat de lignis Setim et inaurata auro purissimo, quæ habebat labium aureum per circuitum, ac desuper coronam auream interrasilem altam digitis quatuor, et super illam alteram coronam auream habebat etiam per singulos angelos circulos aureos, quibus immittebantur vectes, ut posset portari, qui erant de lignis Setim, et auro circumdati, et super mensam erant duodecim panes Deo propositi, qui erant de similia, et singulis Sabbatis omnes mutabantur. Si vero ante Sabbatum aliquis erat necessarius, non poterat sumi, nisi alius statim loco ejus substitueretur. Et super panes erat patena aurea, et pugillus lucidissimi thuris. In eodem quoque tabernaculo erat altare incensi, ubi scilicet adolebatur incensum super cineres calentes, qui illuc deferebantur ab altari sacrificiorum, quod erat extra tabernaculum in atrio sub divo. Et erat quadratum quinque cubitis latum, et toti-

(32) Aug. in lib. Quæst.

dem longum. Primum tabernaculum dicitur sancta pro veneratione illius temporis, et quia significat præsentem Ecclesiam quæ est sancta. Secundum vero dicitur Sancta sanctorum, quia in majori veneratione habebatur, et quia significat supercœlestem Ecclesiam, ubi nihil peccati est. In quo erat thuribulum aureum, et arca testamenti intus et foris auro operta, in qua erant tria, scilicet urna aurea habens manna, et virga Aaron, quæ fronduerat, et tabulæ in quibus lex scripta fuit, et super arcam erat propitiatorium, scilicet tabula ejusdem longitudinis et latitudinis cujus arca. Et erat tabula de purissimo auro quæ dicebatur propitiatorium sive oraculum, quia ibi angelus Dei Moysi apparuit, loquens quando propitiaturus erat Deus filiis Israel, et super propitiatorium erant duo cherubim, sive seraphim, id est imagines gloriosissime decorata, ac sese contuentia versis vultibus in propitiatorium. Arca autem erat de lignis Setim habens cubitos duos, et dimidium in longitudine, unum et dimidium in latitudine, tantumdem in altitudine, et in unoquoque angelo aureo annulum, duos a dextris, et duos a sinistris, in quibus assidue erant ad portandum vectes de lignis Setim auro purissimo deaurati; propitiatorium erat tabula super arcam ejusdem longitudinis et beatitudinis, super quam stabant cherubim, in quem semper aspiciebant.

(33) Ad hoc Sanctum sanctorum nisi summo sacerdoti non licebat intrare cum sanguine semel in anno. Et si forte aliquando exigebat necessitas pro peccato sacerdotis vel universæ Synagogæ in priori autem tabernaculo quotidie intrabant sacerdotes ritum sacrificiorum explentes. Hoc autem totum parabola est et umbra cœlestium. Primum enim tabernaculum præsens Ecclesia est, quæ recte dicitur tabernaculum, quia in ea militatur Deo, antequam veniatur ad cœlum. Tabernaculum namque proprie belligerantium est, in qua est candelabrum aureum, id est Christus fulgens virtute et sapientia in medio fidelium, quia et ipsi candelabra aurea sunt, quia sapientia lucent. Aurum enim sapientia significat. Ipse Christus stipes est qui portat tria brachia a dextris, et tria a sinistris, quia ipse est vitis vera, in qua fundati sunt tres ordines palmitum, id est fidelium. Illi qui tempore gratiæ sunt, dextri sunt, id est digniores, qui vero ante gratiam quasi sinistri fuerunt, hi tres ordines fidelium significati sunt in tribus viris quos Ezechiel salvandos vidit, scilicet Noe, Daniel et Job, id est rectores, continentes, conjugati. Isti etiam sunt qui secundum Evangelium dicuntur esse, et in agro, et in lecto, et in mola (*Matth.* xxiv). Legitur enim ibi: *Et erunt duo in agro, unus assumetur, et alter relinquetur. Et duo in lecto, unus assumetur, et alter relinquetur; et : duo molentes in mola, unus assumetur, et alter relinquetur.* Per illos qui sunt in agro, significantur rectores, sicut et per Noe; per illos qui sunt in lecto, con-

timentes sicut et per Daniel, per eos vero qui sunt in mola conjugati, sicut et per Job. Prima pars hastilium erat quasi calami aurei, post erant scyphi, inde sphærulæ aureæ, tandem lilia. Calami sunt sancti qui in humidis divini fontis nutriti sunt, et sunt concavi ad recipiendum et ad transfundendum liquorem gratiæ aliis, ipsi sunt etiam scyphi, dum aliis propinant quod biberunt, sapientiam, scilicet et scientiam Dei, inde sphærulæ, id est rotundi, et perfecti, et volubiles contra adversa et prospera, per quos nihil detineat, donec veniant ad lilia æternæ jucunditatis qui non habent timoris angulum, nec elationis supercilium. Super his ponebantur septem lucernæ, id est septem dona sancti Spiritus quæ in Christo plenissime manserunt, et fidelibus secundum voluntatem ejus distributa sunt. Mensa ad hostium divina Scriptura est, quæ permanet, quæque intrantibus proponitur. [Beda] Quæ dum æterna gaudia, et quomodo ad ipsa perveniatur ostendit, cibum vitæ suggerit, In ea panes mundi erant, id est duodecim apostoli 251 et eorum vicarii qui thus orationis Deo offerunt: quorum si quis moritur, statim loco ejus aliis substituendus est, sed in septima ætate omnes auferentur. Secundum post velum est Ecclesia cœlestis quæ volatur quandiu hic vivimus, thuribulum Christus igne charitatis plenus, interpellans semper pro nobis; arca Christus, in quo omnes thesauri sapientiæ et scientiæ ex omni parte aurea, quia in cogitatione et sermone et opere ejus, non nisi pura veritas; longitudo, perseverantia doctrinæ quæ per cubitum unum, et operationis quæ per cubitum alterum designatur, ad cujus perfectionem humanus intellectus imperfectus est quod signat dimidius; latitudo, perfectio charitatis, altitudo perfectio spei, ad quam nos dimidii, id est imperfecti sumus quatuor annuli. Quatuor evangelistæ perfecti, per quos Christus portatur per quatuor mundi partes, quibus semper adhærent vectes aurei, id est prædicatores sapientia fulgentes semper parati contra hostes. In arca, urna habens manna, id est anima Christi continens plenam sapientiam qua reficiuntur et angeli. Virga sacerdotalem potestatem Christi significat. Tabulæ, quod ipse est dator legis; propitiatorium Christus qui propitiatur nobis; duo cherubim, omnes ordines cœli qui in eo consistunt, qui invicem dilectione connexi sunt: quæ etsi sapientes, tamen eum obrumbant quantum in se est. In primo autem tabernaculo quotidie introibant sacerdotes sacrificium intus consummantes, quia in præsenti Ecclesia quotidie debent se offerre fideles, carnem suam cum vitiis et concupiscentiis mortificantes. In secundo autem introibat summus pontifex cum sanguine semel in anno, benignitatis offuso sanguine in remissionem peccatorum; in interiora cœli introivit januam paradisi ante clausam fidelibus patulam faciens. Hic decursis insiste litteræ. Tabernaculum enim, ostendit quam

---

(33) Aug., in lib. Quæs. Exod.

necessarius erat Christus, cum per omnia illa legalia nullus introiret in cœlum. Quasi dicat : Prius testamentum habebat sanctum sæculare. Et vere quia tabernaculum primum et secundum. *Factum est enim primum tabernaculum*, id est sanctum quod exstrinsecus erat, quod intus habuit altare incensi ante fores sub divo altare holocaustorum quod dicitur tabernaculum, quia ad tempus duravit quod fuit factum in figura hujus sæculi, id est Ecclesiæ præsentis, in qua quotidie ministrant sacerdotes ascendentes lumen doctrinæ, et pascentes populum pane Dei qui super mensam est sacræ Scripturæ, a Sabbato spei usque ad Sabbatum spei. *In quo erant candelabra et mensa, et propositio panum, quod dicitur sancta*, pro veneratione illius temporis, et maxime quia significabat præsentem Ecclesiam, in qua sunt cadelabra, id est Christus et ejus fideles luce virtutis et sapientiæ fulgentes, et mensa sacræ Scripturæ, cui studio inhærent duodecim apostoli eorumque vicarii ; vel candelabra sunt dona sancti Spiritus quæ in Ecclesia lucent. Panis super mensam, id est verbum sacræ Scripturæ præsto est Sabbato spei, ubi in Christo a turbine sæculi tuti sumus usque ad Sabbatum plenæ quietis, ubi spes implebitur.

Vers. 3-8.—(34) *Post velamentum autem secundum tabernaculum, quod dicitur Sancta sanctorum ; aureum habens thuribulum, et arcam testamenti circumtectam ex omni parte auro, in qua urna aurea habens manna, et virga Aaron quæ fronduerat, et tabulæ testamenti. Superque eam erant cherubim gloriæ obumbrantia propitiatorium. De quibus non est modo dicendum per singula. His vero ita compositis, in priori quidem tabernaculo semper introibant sacerdotes sacrificiorum officia consummantes, in secundo autem semel in anno solus pontifex, non sine sanguine, quem offerret pro sua et populi ignorantia : hoc significante Spiritu sancto, nondum propalatam esse sanctorum viam, adhuc priore tabernaculo habente statum.*

Post velamentum autem erat *secundum tabernaculum*, quia velo interposito dividitur primum a secundo. Tabernaculum vero secundum significat cœlum, intra quod Christus sacerdos noster intravit non sine sanguine. Vel tabernaculum quod foris erat significavit Vetus Testamentum. Et est figura figuræ, quia figura est Veteris Testamenti. Tabernaculum vero quod intus erat significabat Novum Testamentum, et erat figura veritatis, quia Novi Testamenti. Hanc autem allegoriam non persequimur secundum seriem litteræ sed præcedentem. *Quod dicitur Sancta sanctorum*, pro majori veneratione illius temporis, vel quia significat cœlestem Ecclesiam. *Habens thuribulum aureum,* quo significatur Christus igne charitatis plenus, id est quo offeruntur orationes sanctorum; *et arcam testamenti,* id est quæ continebat testamentum, *circumtectam auro ex omni parte,* id est in circuitu, non extra tantum,

(34) Aug., in lib. Quæst. Exod.

sed etiam intus, quæ significat Christus, in cujus cogitatione, et sermone et opere, non nisi pura veritas fuit. *In qua,* arca erat *urna aurea,* scilicet gomor *habens manna*, in memoriam antiqui beneficii, qua figuratur anima Christi plenam habens sapientiam qua reficiuntur et angeli: *et virga Aaron quæ fronduerat;* per quam significatur sacerdotalis potestas Christi ; *et tabulæ testamenti,* in quibus lex scripta fuit : quibus significetur quod Christus dator legis est. Vel per arcam ipsa caro Christi intelligitur, in qua manna est divinitatis, et tabulæ duorum Testamentorum, quorum Christus auctor est, et virga pro sacerdotio. Urna est populus in quo est Christus, panis qui de cœlo descendit. Solus enim populus pane cœli pascitur, qui in Christo continetur. *Superque eam,* arcam, *erant Cherubim gloriæ,* id est gloriose decorata, scilicet duo angeli gloriosi et decori. *Obumbrantia,* aliis connexis, *propitiatorium,* id est tabulam quæ super arcam erat. Duo cherubim angelos cœli significat, qui charitate connexi sunt et scientia pleni. [Ambrosius] Cherubim enim interpretatur *plenitudo scientiæ*. Propitiatorium super arcam Christus est, quia ipsi Christo specialiter a Deo Patre datum est, ut esset propitiatio pro peccatis nostris. (35) Potest et aliter hoc intelligi. Magnum etenim hic sacramentum est ; aurum quippe significat sapientiam, arca significat secretum Dei. In arca jussa sunt poni lex, et manna, et virga Aaron. In lege, præcepta sunt ; in virga, potestas significatur, in manna gratia ; quia non nisi cum gratia potestas est faciendi præcepta. Verum quia lex a quovis proficiente non ex omni parte impletur, desuper est propitiatorium. Ad hoc enim opus est ut Deus sit propitius, et ideo superponitur, quia *superexaltat misericordia judicio (Jac.* II). Duo cherubim propitiatorium pennis obumbrant, id est velando honorant, quoniam mysteria ista sunt, et invicem se attendunt, quia consonant. Hæc enim sunt duo Testamenta, quia cherubim in tempore, plenitudo scientiæ, quam continent duo Testamenta quæ obumbrant propitiatorium, quia misericordiam Dei, in qua spes vel conciliant, vel commendant. [Augustinus] Vel per duo cherubim, quæ interpretatione multitudinem scientiæ habent, rationalis creatura significatur, scilicet angelica. Ideo duo sunt ut societatem charitatis commendent, ideo pennis propitiatorium obumbrant, quia Deo non sibi tribuunt pennas, id est Deum honorant virtutibus quibus præibant, et vultus eorum non sunt nisi in propitiatorium, quia non est eis spes, nisi in Dei misericordia. *De quibus.* Quasi dicat: Vetus Testamentum habuit ea qua numerata sunt, et hujusmodi alia. *De quibus,* scilicet his, et hujusmodi, *non est modo dicendum per singula,* quia pauciora sufficiunt ad exsecutionem nostræ demonstrationis.

His vero. Quasi dicat : De illis non est dicendum

(35) Aug., sup. Exodum.

per singula ; sed hoc dicendum est quod sequitur. *Illis* tabernaculis, *ita compositis, in priori quidem tabernaculo*, quod minus erat, id est minoris venerationis, et significabat præsentem Ecclesiam, semper quotidie *introibant sacerdotes* consummantes sacrificiorum officia, scilicet intus incensum ponentes, et extra sacrificia. Ecce quod supra dixit sanctum sæculare, scilicet sæcularia sacrificia quæ non ducunt ad perfectionem. *In secundo autem* tabernaculo *semel in anno solus pontifex*, introibat ; *non sine sanguine*, sæpe quidem sine sanguine introibat, sed cum sanguine, non nisi semel. Iste ex parte significat Christum, qui semel ingressus est in cœlum, quem non mox sequimur : quod singulis annis intrabatur, significabat nondum venisse perfectionem. Non sine sanguine dico, *quem offerret pro sua et populi ignorantia*, Christus autem pro populo obtulit, pro se vero non nisi in membris suis. Unde ipse ait : *Verba delictorum meorum*, id est delictorum sui corporis (*Psal*. xxi). Delicta enim nostra sua dicit, quia ea suscepit, non ad habendum, sed ad delendum. Attende quod ait : In priori tabernaculo semper introibant sacerdotes, quia hic quotidie debent se fideles sacrificare. Aliter enim ad cœlestem patriam non poterunt pervenire. Pontifex qui semel in anno cum sanguine introibat, Christus est, qui anno benignitatis semel in cœlum intravit per sanguinem suum quem pro peccatis hominum fudit. *Hoc significante*. Quasi dicat : Illa prædicta fiebant in Veteri Testamento, *hoc significante* in istis *Spiritu sancto*, qui ita fieri instituit, scilicet *viam sanctorum* secundorum, *nondum* scilicet donec Christus venit, *esse propalatam*, id est nondum licere ad cœlestia introire quousque Christus venit, post cujus adventum et cœlum adhuc inaccessibile est mortalibus secundum corporis conditionem. Ante vero etiam secundum animas, sed patienter exspectanda est resurrectio, in qua etiam corporibus per Christum patebit in cœlum accessus. Vel, nondum esse propalatam viam sanctorum secundorum, id est Christum, vel spiritualem intelligentiam. Via enim sanctorum Christus est, qui ducit in cœlum ; vel spiritualis intelligentia per quam ascendit in interiora cœli. *Adhuc*. Quasi dicat : Hoc significabat Spiritus sanctus. *Priore tabernaculo adhuc habente statum*, id est carnalibus observantiis adhuc statum habentibus. Quod autem hæc de sacrificiis consummandis, vel in primo, vel in secundo tabernaculo secundum significationem dicta sunt, aperit, subdens :

252 Vers. 9-14. — *Quæ parabola est temporis instantis, juxta quam munera et hostiæ offeruntur, quæ non possunt juxta conscientiam perfectum facere servientem, solummodo in cibis et in potibus, et in variis baptismatibus, et justitiis carnis, usque ad tempus correctionis impositis. Christus autem assistens pontifex futurorum bonorum per amplius et perfectius tabernaculum non manufactum, id est non hujus creationis, neque per sanguinem hircorum aut vitulo-* *rum, sed per proprium sanguinem introivit semel in sancta, æterna redemptione inventa. Si enim sanguis hircorum et taurorum, et cinis vitulæ aspersus inquinatos sanctificat ad emundationem carnis, quanto magis sanguis Christi qui per Spiritum sanctum semetipsum obtulit immaculatum Deo, emundabit conscientiam nostram ab operibus mortuis ad serviendum Deo viventi ?*

Quæ est parabola, id est mystica similitudo *instantis temporis*, id est temporis gratiæ quod nunc est, *juxta quam* parabolam *munera et hostiæ offeruntur* a sacerdotibus figurativis. Distingue inter hostias et munera. Hostiæ sunt de animalibus munera de aliis, scilicet de thure, de simila, de panibus. Et hæc juxta parabolam offeruntur, quia et hæc aliquid designant in instanti tempore. *Quæ*, scilicet munera et hostiæ, *non possunt facere servientem, Deo perfectum*, id est plene mundatum, et hoc *juxta conscientiam*, id est in conscientia intus, et si ad visus hominum extra. Vel, juxta conscientiam, id est teste conscientia. Servientem Deo, dico, *solummodo in cibis et in potibus* discernendis, *et variis baptismatibus*, id est ablutionibus, *et in aliis justitiis carnis*, non spiritus. His omnibus, dico, *impositis*, quasi in onus ad refrenandas transgressiones *usque ad tempus correctionis*, id est usque ad tempus gratiæ quo in melius corrigendi erant, qui usque huc sub pædagogo fuerant, et ideo non poterant illa perfectum facere. Non tamen eo tempore debebant cessare. *Christus autem*. De sufficientia unius et veri sacrificii Novi Testamenti pleno hic tractat, per quod et remissionem peccatorum, quam in verbis Jeremiæ supra totigit, præstari dicit, et salutem, quasi dicat : Hæc prædicta legalia non possunt facere perfectum, sed *Christus assistens pontifex* Patri ad interpellandum pro nobis, vel fidelibus ad auxiliandum dator, *bonorum*, non præsentium, vel carnalium, sed *futurorum*, id est præsentis justitiæ, et æternæ beatitudinis, quæ tempore legis futura erant. Christus, inquam, *introivit tabernaculum*, id est cœlum, nomine nempe significantis, id est tabernaculi, designat significatum, id est cœlum. *Per amplius*, quia plures capit quam illud terrenum ; *et perfectius*, quia ibi est æterna beatitudo. *Tabernaculum non manufactum*, non dico non factum operatione Dei, sed hominis. Unde exponendo subditur : *Id est non hujus creationis*, cujus fuit illud in eremo, id est humanæ, sicut fuit illud vetus quod fixit homo, sed longe aliter a Deo factum est. Introivit, dico, *neque per sanguinem taurorum hircorum, aut vitulorum*, effusum, ut in Veteri Testamento fiebat ; *sed per proprium sanguinem introivit in sancta*, id est in cœleste tabernaculum, scilicet in Sancta sanctorum, id est cœlestia. Introivit, dico, *semel* per sanguinem, dico, fusum semel, quia non est opus iterari, quia perfectum est. Vel ita, ut per tabernaculum accipiatur Christi caro quam pro nobis obtulit, in qua et diabolum expugnavit.

(36) Est enim Christus rex et sacerdos : rex pugnavit pro nobis, sacerdos obtulit se pro nobis. Quando pro nobis pugnavit, quasi victus est, imo vero tunc vicit ; crucifixus est enim, et de cruce in qua erat fixus, diabolum occidit : et inde rex noster. Sacerdos autem quid pro nobis obtulit? nihil mundum invenit in hominibus quod offerret, pro eis seipsum obtulit. Ecce munda, et felix et vera victima. Carnem vero de utero Virginis accepit ut mundam offerret pro immundis. Hanc vocat tabernaculum, dicens : Christus pontifex, dator futurorum bonorum, introivit semel in sancta, neque per sanguinem taurorum, hircorum aut vitulorum, sed per proprium sanguinem. Ipse, dico, perfectius tabernaculum et per amplius, non manufactum, id est *non hujus creationis*, id est per carnem quæ plura bona confert et perficit, quæ et sine semine viri concepta est et formata. Assistens Patri ad interpellandum. Dico quod introivit in sancta per proprium sanguinem, per hoc *inventa*, a nobis vel a Christo nobis *æterna redemptione*, quia redempti sunt æterni, quæ redemptio non potuit inveniri in illis legalibus sacrificiis. *Si enim*. Quod per Christum potuerit esse redemptio, a minori probat, quia per illa legalia fiebat mundatio corporalis. Quasi dicat : Vere per Christum potest esse redemptio, *enim*, id est quia, *sanguis hircorum et taurorum, et cinis vitulæ aspersus*, [Augustinus] qui significat memoriam passionis Christi, *inquinatos* contactu mortuorum *sanctificat*, id est a peccato mundat, id est a pœna. Unde subdit : *Valens ad emundationem*, non animæ, sed *carnis*, quia a pœna legis liberat. Omnis enim anima hominis qui mortuum tetigerat, immunda erat septem diebus; purificabatur autem die tertio et die septimo, et mundus erat. Et hic nihil aliud intelligendum video esse inquinationem, nisi contactum mortui hominis. Vel, sanctificat inquinatos, scilicet a corporali macula lepræ, valens ad emundationem carnis, id est ut caro emundata sit propter legis præceptum, sed in Christo est perfectio. Unde subdit : *Quanto magis*. Quasi dicat : Etsi hoc est, *quanto magis sanguis Christi qui obtulit Deo semetipsum immaculatum*, alius sanguis non est immaculatus. Obtulit, dico, *per Spiritum sanctum*, omnia ei dictantem. Vel immaculatum, dico, per Spiritum sanctum, de quo conceptus et immunis a peccato fuit. *Emundabit*, non carnem tantum, sed etiam interiorem *conscientiam nostram ab operibus mortuis*, id est a peccatis, quæ qui tangit consentiendo inquinatur, sicut qui tangebat mortuum coinquinabatur, nec intrat iste in cœlum, sicut nec ille in templum emundabit a peccatis. Dico, *ad serviendum*, deinceps per justitiam, *Deo viventi?* Quasi dicat : Multo magis. Et nota quod duo efficit sanguis Christi a peccato scilicet mundat, et restituta libertate facit servire Deo qui dat vivere, qui est a vita ex se vivens. Nemo ergo potest ei servire qui mortua opera habet, vel fecit. Hoc merito Christus præstat, in cujus figura illa legalia præcesserunt. Hircus enim significat Christum propter similitudinem carnis peccati ; et taurus quia a duorum Testamentorum cornibus ventilat inimicos.

(37) De juvenca autem rufa, cujus cinerem ad aquam aspersionis eorumque mundationem quia mortuum tetigerat perficere lex mandavit, non est tacendum. Evidentissimum enim in ea signum Novi Testamenti præfiguratur. De hac legitur in libro Numeri Dominus dixisse Moysi : *Loquere filiis Israel ; Et accipiant a te juvencam rufam sine vitio, quæ nec habet in se vitium, et non est impositum super eam jugum, et dabis eam ad Eleazar sacerdotem, et ejicient eam extra castra in locum mundum, et occident eam in conspectu ejus, et accipiet Eleazar sanguinem ejus, et asperget contra faciem testimonii septies, et cremabunt in conspectu ejus, et ejus pellis cum carne, et sanguis cum stercore ejus comburetur, et accipiet sacerdos lignum cedrinum, et hyssopum, et coccinum, et mittet in medium combustionis juvencæ, et congregabit homo mundus cinerem juvencæ, et ponet extra castra in locum mundum, et erit filiis Israel, et proselytis legitimum sempiternum (Num.* xix), ex isto cinere fiebat aqua aspersionis, unde mundabantur a contactu mortuorum. Ait enim : *Omnis enim anima hominis qui tetigerit mortuum, immunda erit septem diebus (ibid.).* Hic purificabitur die tertio et septimo, et mundus erit ; si vero non purificatus fuit, non erit mundus. Omnis qui tetigerit mortuum, et mortuus fuerit non purificatus, tabernaculum Domini polluit, et exercetur anima illa ex Israel. Item ait : *Et accipiens hyssopum tinget in aqua vir mundus, et asperget super domum, et super vasa, et super animas (ibid.).* (38) Vitula rufa est caro Christi infirma. Femineus enim sexus positus est propter infirmitatem carnalem. Rufa est, quia passione caro Christi cruentata est. Hanc accipiunt a Moyse qui est figura legis, quia secundum legem sibi visi sunt occidere Christum, qui secundum ipsos Sabbatum solvebat, et observationes legitimas profanabat. Sine vitio est juvenca, quia immunis a peccato caro Christi. Ad confirmationem autem repetit, dicens : Quæ non habet in se vitium, vel ad determinationem, scilicet quod et si in aliis qui sunt membra ejus habeat vitium, in se tamen non habet, et non est positum super eam jugum, quia non est subjugata iniquitati, imo ei subjugatos inveniens liberavit, et eorum vincula dirupit, et potestatem ponendi animam, et iterum sumendi habuit. Non ad Aaron, sed ad Eleazar data dicitur, quia non ad tempus quod tunc erat, sed ad posteros illius sacerdotii Domini passio erat proventura. Ejecta est extra castra, sic et Dominus extra civitatem ejectus est ; et ejecta est in locum mundum, quia Dominus non

(36) Aug., super Exodum.
(37) Id., in lib. Quæst. Num.

(38) Id., in Exodum.

habuit causam malam. Occisa est in conspectu Eleazar, sic occisa est caro Christi in conspectu eorum qui futuri in Novo Testamento Domini sacerdotes. Ejus sanguinem aspersit contra faciem testimonii septies, quia Christus secundum Scripturas fudit sanguinem in remissionem peccatorum : ideo contra faciem testimonii, quia non aliter declaratum est, quam fuerat divino testimonio prænuntiatum. Ideo septies, quia ipse numerus ad munditiam pertinet spiritualem. Extra castra jussa est cremari, puto, quia continuatio signum est resurrectionis. Natura enim ignis ut in superna moveatur, et in eum convertitur quod crematur, et ipsum verbum, cremare, de Græco in Latinum ductum; secundum Græcum a suspensione dicitur. In conspectu Eleazar cremata dicitur, quia illis apparuit resurrectio Christi, qui futuri erant regale sacerdotium. Pellis ejus cum carne, et sanguinis cum stercore combusta dicuntur, quia non solum substantia mortalis corporis Christi, quæ pelle, carnibus et sanguine intimata est, sed etiam contumelia et abjectio plebis, quæ nomine stercoris significatur, conversa est in gloriam, quam combustionis flamma significat. In medium combustionis mittit sacerdos lignum cedrinum, hyssopum, et coccinum. Lignum cedrinum est spes quæ in supernis firmiter habitat; hyssopus fides, quæ cum sit humilis radicibus hæret in petra. Coccinum est charitas quia fervorem spiritus igneo colore testatur. Hæc tria debent mitti in medium combustionis, id est in resurrectionem Christi, ut cum illo abscondita sit vita vestra. Cinis autem, id est reliquiæ combustionis et interfectionis fama est quæ secuta est post passionem et resurrectionem Christi. Hunc cinerem homo mundus congregabat, et in locum mundum extra castra reponebat, quia hæc fama apud eos maxime claruit, qui non erant de consortio Judæorum, et erant mundi ab interfectione Christi, et extra celebrationem Judaicæ consuetudinis. Ex isto cinere fiebat aqua aspersionis, per quam significatur baptismus qua mundabantur homines a contactu mortuorum, quia ab iniquitate hujus moribundæ vel morticinæ vitæ per baptismum Christi mundamur. Illa aqua tam proselyti quam Judæi mundabantur, quia baptismus Judæis et gentibus prodest. Hyssopo quæ fidem significat aqua illa aspergebatur, quia fide mundantur corda, et sine fide non prodest baptismus. A viro mundo hoc fiebat, quia vere mundi debent esse ministri Ecclesiæ, qui personam Domini portant.

VERS. 15-22. — *Et ideo Novi Testamenti mediator est, ut morte intercedente in redemptionem earum prævaricationum quæ erant sub priori testamento repromissionem accipiant qui vocati sunt æternæ hæreditatis. Ubi enim testamentum, mors necesse est intercedat testatoris. Testamentum enim in mortuis confirmatum. Alioquin nondum valet,*

(39) Aug., in lib. De sacrificio vespertino.

dum vivit qui testatus est. Unde nec primum quidem sine sanguine dedicatum est. Lecto enim omni mandato legis a Moyse universo populo, accipiens sanguinem vitulorum et hircorum cum aqua, et lana coccinea et hyssopo, ipsum quoque librum, et omnem populum aspersit dicens : Hic sanguis testamenti, quod mandavit ad vos Deus. Etiam tabernaculum, et omnia vasa ministerii, sanguine similiter aspersit. Et omnia pene in sanguine secundum legem mundantur, et sine sanguinis effusione non fit remissio.

Et ideo, quasi obtulit Christus semetipsum, et *mediator est*, id est medius inter Deum et homines dator est *novi testamenti*. Quasi dicat : Pontifex nobis est et dator novæ legis, sine qua nec sciremus quæ Deus vellet nos operari, nec quæ speraremus. Novi Testamenti dator est dico, ideo ut qui a Deo, *vocati sunt*, id est ab æterno electi, *accipiant repromissionem æternæ hæreditatis*, id est hæreditatem æternam frequenter promissam. Et hoc, *morte* Christi sine qua lex non juvaret *intercedente*, id est interveniente inter dispositionem et completionem ; quæ mors erat necessaria. *In redemptionem*, non modo gentilium, sed etiam *earum prævaricationum quæ erant sub priori testamento*, id est quas faciebat lex, non solvebat, tantum utique fuit peccatum nostrum, ut salvari non possemus ubi Unigenitus Dei pro nobis moreretur debitoribus mortis ; sed sic dignos nos fecit testamenti et promissæ hæreditatis, et ita testamentum factum firmum sicut subsequenter ostenditur. Ecce patens inter Testamenta diversitas. Inter Vetus enim Testamentum et Novum in quibus non solum sacramenta sunt diversa, sed et promissa, distinctio est passio Christi, in cujus morte constat non terrena, sed æterna promitti. (39) In morte enim Unigeniti necesse est magna sperari. Ubi enim dixit quod Christus est dator Novi Testamenti morte intercedente, nunc quod per confirmationem ejusdem oportuerit cum mori, probat consuetudinem humanæ legis. Poterant enim infirmi ex eo quod Christus mortuus est non credere promissiones. Et ideo hoc probat humana consuetudine. Quasi dicat : Recte dixi morte intercedente, quia *ubicunque est testamentum, necesse est ut mors testatoris intercedat*, id est interveniat ante confirmationem. Et vere, *testamentum enim semper confirmatum est in mortuis* per mortem testatoris, sic et Novum Testamentum, id est promissio æternæ vitæ et doctrina evangelica. Utrumque enim Novum Testamentum dicitur ; Christi morte confirmatum est. Sicut ergo testamentum morte testatoris confirmatur, sic et tempus in assertione eorum quæ testabatur se daturum voluit mori, ne quis de eis dubitaret, nec aliter poterat nobis esse vita, morte etiam Evangelium in nobis confirmavit, ut quia pro nobis mortuus est, præcepta ejus diligamus et in auctoritate habeamus, et per mortem gratiam nobis impetravit qua complere possimus. *Alioquin.* Quasi dicat : Morte confirmatur testamentum ; dum, id est quandiu, *vivit* ille *qui testatus est* ; potest enim mutare si vult. *Unde*, scilicet quia testamentum morte firmatur, *nec primum quidem*, testamentum *dedicatum est,* id est firmatum, roboratum, *sine sanguine.* Et hoc in figura futuri, quod sanguine Christi confirmatum est, et vere non sine sanguine Vetus Testamentum confirmatum est. *Lecto enim* prius *a Moyse universo populo omni mandato legis* ut totum confirmaret. Lecto, inquam, *accipiens* ipse Moyses *sanguinem hircorum et vitulorum* mistum, *cum aqua*, quae significat mundationem futurorum per aquam baptismi. [Chrysost.] Simul enim aquam et sanguinem accepit, quia nostrum baptisma ibi figuratum est, et passio Christi quae simul sunt ; alterum enim sine altero non valet. *Accipiens*, inquam, *cum aqua, et* cum *lana coccinea, et* cum *hyssopo,* de quibus aspersorium fecit, *ipsum quoque legis [librum] et omnem populum aspersit,* dicens : *Hic est sanguis* confirmator *testamenti,* id est fusus ad confirmandum testamentum, *quod mandavit ad vos Deus.* Ecce quam proprie praedixit Moyses verba quibus postea Christus usus est in coena, quando corpus et sanguinem suum discipulis suis tradidit. *Et etiam tabernaculum*, sicut librum, *et omnia vasa ministerii,* id est quae pertinebant ad ministerium tabernaculi, *sanguine similiter aspersit.* Ideo sanguine, et id est quia, *secundum legem omnia pene mundantur in sanguine.* Pene dicit, quia quaedam vasa sola aqua baptizabantur, sed in nobis sine sanguine Christi nihil mundatur interius. Et quidquid de aliis sit, *remissio peccati non fit* in veteri lege *sine effusione sanguinis*, facta in sacrificio aliquo. Haec determinatio ideo apponitur, quia per aquam aspersionis quae fiebat de cinere vitulae rufae fiebat remissio peccatorum aliquando, quando non effundebatur sanguis, sed tamen effusus erat in immolatione vitulae. (40) In illis autem sacrificiis quamvis magis ea perverso populo fuerint congruenter imposita quam Deo desideranti oblata, figurae tamen veritatis fuerunt quae Christus est, cujus sanguine redempti. et mundati sumus, quia nostra emundatio et Dei propitiatio nobis sine sanguine nulla est. Sicut ergo Moyses sanguinem praedictorum animalium accepit, ut eo aspergeret et mundaret praedicta, sic videtur Moyses, scilicet Christus data nova lege suum sanguinem, qui vitulus dictus est propter virtutem crucis, cujus cornibus impios ventilavit, et hircus pro similitudine carnis peccati, et quia hostia pro peccato est, congressum cum aqua de suo latere, ad hoc opus accepit per aquam, scilicet baptismum significans pretio sanguinis nos redimens. Lana coccinea quae ignei coloris est, significat ignem dilectionis Christi. Charitas enim Christi nobis est lana de qua vestem faciamus, id est qua induamus. Hyssopus qui valet contra tumorem pulmonis humilitatem Christi significat, qui per fervorem dilectionis et humilitatem pro nostra redemptione sanguinem suum fudit, eo sanguine librum, id est Evangelium sanctificavit, id est confirmavit, et populum fidelium abluit dicens : *Hic est sanguis Novi Testamenti* confirmator, *quod mandavit ad vos Deus.* Aspersit tabernaculum, id est Ecclesiam de qua dicit Apostolus : *Templum Dei sanctum est quod estis vos (I Cor.* III). Et aspersit omnia vasa ministerii, id est habentes officia in Ecclesia, quia omnes doctiores Ecclesiae in quibus continentur mysteria sua et sanguine redemit, et redemptis sapientiae, et scientiae spiritum tribuit, et omnia mundantur per sanguinem Christi, et sine eo nullius fit peccati remissio. Potest etiam per praedicta populus Dei significari. Ipse est enim liber et tabernaculum et vasa pro quo effusus est sanguis pretiosus. Inquit enim : *Quo pro multis effundetur* (Matth. XXVI). Hi sunt populus Dei, id est electi qui spiritualiter mundantur fuso sanguine in remissionem peccatorum, alia non mutantur.

VERS. 23-28. — *Necesse est ergo exemplaria quidem coelestium his mundari ; ipsa autem coelestia melioribus hostiis quam istis. Non enim in manufacta sancta Jesus introivit, exemplaria verorum, sed in ipsum coelum, ut appareat nunc vultu Dei pro nobis. Neque ut saepe offerat semetipsum, quemadmodum pontifex intrat in sancta per singulos annos in sanguine alieno. Alioquin oportebat eum frequenter pati ab origine mundi. Nunc autem semel in consummatione saeculorum, ad destitutionem peccati per hostiam suam apparuit. Et quemadmodum statutum est hominibus semel mori, post hoc autem judicium, sic et Christus semel oblatus est, ad multorum exhaurienda peccata ; secundo sine peccato apparebit omnibus exspectantibus se, in salutem.*

254 *Necesse est.* Quasi dicat : Quandoquidem Moyses ita fecit, et lex ita praecipit, *ergo necesse est exemplaria quidem*, id est figuras *coelestium*, id est Ecclesiae quae ad coelum ducitur, id est sanctorum de quibus dicitur : *Vestra conversatio in coelis est* (Philipp. XIII). *Mundari,* corporaliter *his* praedictis. *Ipsa autem coelestia*, id est significata per illa, scilicet Ecclesiam quae, licet sit in terra tamen coelestis est. Necesse est mundari *melioribus hostiis quam istis,* id est hostia Christi. Pluraliter tamen dicit, hostiis, quia Christus est omnes illae hostiae, quia in omnibus significatus est. [Hieron.] Christus ergo qui in illis significatus est, non indiguit mundari, sed omnes sui, sed tamen signa ejus, quia in tabernaculo usum ministrationis praestabant, sanguine mundata sunt. *Non enim.* [Remigius] Probat quod Christus mundavit coelestia, id est homines suo sanguine mundatos fecit coelestes, id est coelestium participes. Nam ipse per hostiam suam, introivit in coelum. *Non enim introivit Jesus in manufactis sanctis*, vel sanctorum. Cur non ? quia illa non sunt

---

(40) Aug., contra F

vera sancta, sed tantum, sunt *exemplaria*, id est figuræ verorum sanctorum; et verus sacerdos non in umbratilia, sed iu vera intrare debuit. Unde addit; **Sed,** introivit *in ipsum cœlum,* per illa significatum : ad quid ? *ut* nunc, scilicet post consummationem, *appareat vultui,* id est præsentiæ *Dei pro nobis* , id est ut pro nobis interpellat, ibi, ut præsentia Dei videatur sicut est, et post se trahat nos ad eamdem videndam. Ecce aperte in his verbis exponit Apostolus meliores hostias, quæ est una, id est Christus, et nota quia usus loquendi sic vellet et approbaret scriptum esse hic, scilicet in manufactis sanctis exemplaribus verorum, vel *in manufacta sancta exemplara verorum*, qualiter et in codicibus Græcis reperitur. *Neque ut sæpe* probavit, quia Christus per hostiam suam cœlestia mundavit, modo probat quod melioribus hostiis, id est quod sua hostia fuerit dignior et efficacior omnibus aliis, quia illæ hostiæ sæpe iteratæ sunt, sine consummatione. Hæc semel oblata ad patriam reducit, quasi nunc apparet vultui Dei. *Neque vero ita ut sæpe offerat semetipsum,* id est sæpe patiatur in cruce, quia sufficit omnibus semel oblatus, et non est opus per singulas generationes iterari. Quod si his non sufficeret, neque antiquis qui similiter erant redimendi quod subsequenter ostendit :

Quemadmodum. Quasi dicat : Non apparet ut sæpe se offerat, *quemadmodum pontifex legis intra Sancta sanctorum per singulos annos in sanguine alieno:* Christus autem semel in cœlo, in sanguine suo. Intuere quantæ differentiæ sunt inter Vetus et Novum Testamentum : pro exemplari, id est templo quod ibi erat, est hic cœlum. Differt etiam magnus sacerdos quia consistit vultui Dei semper vivus ad interpellandum pro nobis. Ibi sæpe offerebat, hic semel, ibi in sanguine alieno, hic in proprio. Idem ergo est sacerdos et hostia. *Alioquin.* Quasi dicat : Non sæpe offert dico, *alioquin,* id est si oporteret eum sæpe se offerre, *oportebat eum frequenter pati incipiendo, ab origine mundi,* quod utique non fuit opus, quia sufficit una ejus oblatio. [Ambrosius] Si enim semel oblatus, non sufficeret omnium credentium in se peccata exhaurire, oportuisset eum pati sæpius *ab origine mundi* ; quod ne fieret, semel passus est in consummationem sæculorum. Unde subdit ; *Nunc autem,* per inconveniens prædictum constat quod *apparuit* Patri *per hostiam suam,* non sæpe, sed *semel* oblatam *ad destitutionem peccati,* scilicet ut reatus dimittatur, ut vitium jam non dominetur in nobis : quod nulla alia hostia facere potuit. *In consummationem sæculorum,* in ultima ætate sæculi, in qua erant omnia adimpleta quæ ante erant imperfecta, et ideo non opus fuit ut inciperet pati ab origine mundi. *Et quemadmodum.* Item per hoc probatur quod nisi semel pati debuit, quia lex naturæ hoc omnibus hominibus statuit. Quasi dicat : Lex etiam naturalis ostendit quod per inconveniens probatum est. *Etiam,* id est quia *quemadmodum statutum est hominibus* lege naturæ, *semel*

mori, post hoc autem, id est post semel mori restat *judiclum,* in quo accipient secundum quod meruerunt, id est ut judicentur secundum merita, non restat ut iterum surgant, et iterum moriantur, *sic et Christus* eadem necessitate et jure naturæ, *oblatus est,* non *semel*, sed sæpe, aliter esset miserabilior omnibus hominibus. Non est intelligendum, quod aliqua peccati sui necessitate oblatus sit, etiam semel imo sola voluntate. Verum ut homo semel moritur necessitate et jure naturæ amplius non moritur, sic et Christus eodem jure semel oblatus non potest amplius mori, sed nec indigemus quia illa una oblatio sufficit, *ad exhaurienda peccata.* Non dico omnium, *sed multorum,* quia non omnes credunt. Secundo, autem adventu, veniens ad judicium *apparebit expectantibus se in salutem* eorum, quia non necessitate, sed voluntate pro peccatis mortuus est. Apparebit dico, *sine peccato,* scilicet sine similitudine carnis peccati, sed potius in carne gloriosa. Vel apparebit sine peccato id est ita quod tunc non erit hostia pro peccato, sed justitia in remunerando vel damnando, et si nec in die iræ hostia erit multo minus in aliis temporibus.

CAPUT X.

Vers. 1 6. — *Umbram enim habens lex futurorum bonorum, non ipsam imaginem rerum, per singulos annos eisdem ipsis hostiis quas offerunt indesinenter, nunquam potest accedentes perfectos facere, Alioquin cessassent offerri ; ideo qvod nullam haberent ultra conscientiam peccati, cultores semel mundati; Sed in ipsis commemoratio peccatorum per singulos annos fit. Impossibile enim est sanguine taurorum et hircorum auferri peccata. Ideo ingrediens mundum dicit : Hostiam et oblationem noluisti; corpus autem aptasti mihi ; holocautomata et pro peccato non tibi placuerunt.*

Umbram enim. Probavit quod semel mortuus est Christus, sed *quare* vel semel, quia lex non poterat perfectos facere : ideo Agnus sine macula erat offerendus. [Chrysost.] Quasi dicat : Oblatus est Christus ad exhaurienda peccata, et ita opus erat, quia *lex habens umbram futurorum bonorum,* id est extraneam similitudinem eorum bonorum quæ futura erant, *non ipsam imaginem rerum,* quæ melius exprimit rem quam umbra, id est non ipsam veritatem, ut in pictura usquequo ponat quis colores, umbra quædam est, subtractio enim umbra quædam non imago, cum vero flores ipsos colorum quis imposuerit, tunc imago efficitur. Lex ergo umbram habens, non imaginem, *nunquam potest facere perfectos* virtutibus, et beatos pontifices accedentes, *per singulos annos,* in Sancta sanctorum, cum *iisdem hostiis,* quas lex præcipit, *quas offerunt indeficienter* id est licet indesinenter offerrent et semper facerent. *Alioquin* id est si perfecti fierent, *cessassent illæ hostiæ offerri, Ideo* utique *quod cultores semel,* id est perfecte una hostia *mundati nullam conscientiam peccati,* sed illis semper oblatis semper habent. Una autem hostia Christi perfectos facit, etiam si millies peccant, non indigent alia, quia sufficit ad omnia et omnem conscientiam a peccato lavat : quod non vetus Si enim hoc faceret vetus non esset opus iterari. Sicut medicamentum cum fuerit forte, et salutis efficax, et valens cunctam valetudinem replere semel impositum totum operatur ; si vero semper apponitur manifestum judicium est non contulisse : sic, quia illis sacrificiis nemo curabatur frequenter offerebantur, quia enim prima hostia nil valebat, ideo etiam secundo offerebatur quæ quia nil proficiebat offerebatur et alia. Erat enim hostiarum frequentatio non culparum consumptio. *Sed potius in ipsis* hostiis *per singulos annos* oblatis, *fit commemoratio peccatorum*, quia pro eis offeruntur. Et ita constat habere peccatum offerentes illas hostias in quibus est commemoratio peccatorum, non absolutio infirmitatis ; accusatio non virtutis ostensio. Propter infirmitatem ergo ostendendam, et ut memoria peccatorum fieret, imperavit Deus illa semper offerri. Quid ergo nos ? Nonne per singulos dies offerimus ? offerimus quidem. [Chrysost.] Cæterum, et si nos quotidie offeramus ad recordationem mortis ejus faciamus ; et una hæc hostia est, non multæ, quia semel tantum oblata est [Ambrosius] Hoc autem sacrificium exemplum est illius, in idipsum semper offerimus, nec a multis hominibus multi Christi offeruntur, sed unus ubique est Christus. Et hic plenus existens, et illic plenus. Ubique unum est corpus quod offertur, ita et unum sacrificium non multa, pontifex noster hostiam mundantem, nos obtulit ; ipsam nos offerimus, et nunc et tunc oblata nunquam consumi potest. Quod nos agimus, recordatio sacrificii est. Nec causa suæ infirmitatis repetitur, quia perficit hominem, sed nostræ, quia quotidie peccamus. In legalibus ergo hostiis erat commemoratio non abolitio. Hic autem peccatorum deletio et virtutis consummatio, et infirmitatis nostræ ostensio. Et celebratur duabus de causis, scilicet et pro nostra infirmitate, ut dictum est, et ut major Christi dilectio nostris infigatur mentibus, cum recolimus quanta pro nobis gessit.

Impossibile est. Quasi dicat : In ipsis commemoramus nos esse in peccato ; nam *impossibile sanguine taurorum et hircorum auferri peccata. Ideo*, etc. Quasi dicat : Quia Christi hostia sufficit, et Vetus Testamentum perfectum non facit, *ideo*, ad confirmandum nos Deus *ingrediens mundum*, id est homo factus per quod visibilis in mundo adparuit, *dicit*, verbis vel rebus loquens Patri sic : O Pater, hostiam de animalibus, et oblationem de aliis *noluisti*, a tempore passionis, *corpus autem*, quod præ omnibus sacrificiis est, *aptasti mihi*, id est aptum et idoneum corpus mihi dedisti, quia sine peccato ; et passibile et mortale, quod valeat offerri in redemptionem omnium. Ablata ergo sunt signa quia exhibita est veritas tunc cum tempus fuit, ut illa auferrentur, et veritas veniret. Nec unquam in odoribus illis delectatus est **255** Dominus, nisi in fide et desiderio offerentis. Præcepit tamen hæc sibi offerri potius quam offerentur idolis, imposuitque in servitutem nec in justificationem, et ut figura essent futuri, de quorum reprobatione adhuc addit, dicens : *Holocautomata, quæ aliis sacrificiis digniora* videbantur quæ tota comburebantur, *et pro peccato*, fiebant. Quædam enim non pro peccato fiebant. Illa, inquam, quæ cæteris erant digniora, *non tibi placuerunt, ex quo veritas venit.* [Hieron.] A tempore enim passionis, in qua consummatio omnium hostiarum, cœperunt illa displicere. (41) Ante nunquam ea destruxit, sed illis subditus fuit, dum in templo cum hostiis fuit præsentatus. In figuris illis veritas prænuntiabatur. Celebrabaut figuras futuræ rei, multi scientes, sed plures ignorantes, quæ cessare debebant re exhibita.

VERS. 7-17.— *Tunc dixi : Ecce venio. In capite libri scriptum est de me : Ut faciam, Deus, voluntatem tuam.* Superius dicens : *Quia hostias et oblationes et holocautomata et pro peccato noluisti, nec placita sunt tibi quæ secundum legem offeruntur, tunc dixi : Ecce venio, ut faciam, Deus, voluntatem tuam ; aufert primum, ut sequens statuat. In qua voluntate sanctificati sumus, per oblationem corporis Jesu Christi semel. Et omnis quidem sacerdos præsto est quotidie ministrans, et easdem sæpe offerens hostias, quæ non possunt auferre peccata. Hic autem unam pro peccatis offerens hostiam in sempiternum sedet in dextera Dei, de cætero exspectans, donec ponantur inimici ejus scabellum pedum ejus. Una enim oblatione, consummavit in sempiternum sanctificatos. Contestatur autem nos et Spiritus sanctus. Postquam enim dixit ; hoc autem testamentum quod testabor ad illos, post dies illos, dicit Dominus : dando leges meas in cordibus eorum, et in mentibus eorum superscribam eas ; et peccatorum et iniquitatum eorum jam non recordabor amplius.*

Tunc, scilicet quando vidi omnia illa tibi displicere, et corpus idoneum ad hoc mihi datum, *dixi : Ecce*, sine aliqua retardatione *venio* ad me offerendum, ipse offerens ; ipse oblatio est. Cujus rei sacramentum quotidianum voluit esse Ecclesiæ sacrificium ; hujus veri sacrificii multiplicia variaque signa erant sacrificia prisca. Per illa multa sacrificia hoc unum significabatur, quasi multis verbis una res diceretur, ut sine fastidio multum commendaretur. Huic summo veroque sacrificio cuncta sacrificia cesserunt, ut in ipso sacerdote ac sacrificio fieret peccatorum remissio, id est per hominem Christum. Unde ait : Venio ad me offerendum, *ut faciam*, et compleam, *voluntatem tuam*, scilicet ut quod lex non potuit per me compleatur, quia tu es Deus meus, in quantum homo sum. Ideo venio ad implendam voluntatem tuam. Quia ita *scriptum est*, id est præfinitum, *de me in capite libri*, id est con-

---

(41) August., in psal. xxx.

silio deitatis quæ est meum caput, qui sum liber humani generis, in quo legant omnia sibi necessaria : et ideo non est opus lege. Vel scriptum est in capite libri,id est in primo psalmo, *Beatus vir :* Qui caput Psalterii dicitur. *Superius dicens.* Qui sentiat de illa Scriptura, Apostolus aperit hic. Quasi dicat: Non solum notat veteres hostias hæc auctoritas non fecisse perfectos, sed solam hostiam Christi etiam abolitionem Veteris Testamenti et constitutionem Novi,si diligenter notantur verba,quia *superius* Propheta, dicens : *Oblationes et holocausta et pro peccato* jam *noluisti,* et si prius, *nec placita sunt tibi quæ tamen offerentur secundum legem.* Hoc dicit, ne viderentur ideo displicere, quia non secundum legem offerentur. Hæc, inquam,dicens addit : *Tunc dixi : Ecce venio ut faciam, Deus, voluntatem tuam.* Et hæc dicens, *aufert primum* sacrificium et cum eo Vetus Testamentum quod per Moysen datum est, *ut statuat,* quasi stabile, *sequens,* id est novum sacrificium, et cum eo Novum Testamentum,id est Evangelium.*In qua voluntate,* id est in sui oblatione secundum voluntatem Dei facta, *sanctificati sumus,* id est peccatorum purgatione facta reconciliati Deo, scilicet *per oblationem corporis Jesu Christi semel* factam. Et ideo hoc statuto primum cadit, quia hoc non potuit præstare. *Et omnis.* Amplius exponit virtutem hujus hostiæ. Et ne videretur sanguis per pontifices semel in anno oblatus minus profuisse, *et* sacrificia *quotidie* facta per sacerdotes perfectos facere, hoc addit. Quasi dicat : Pontifex per singulos annos offerens non pervenit ad consummationem ,sicut etiam *omnis quidem sacerdos* legis,*præsto est,* ut spontaneus, *quotidie ministrans* orationes et munera multa, *et easdem hostias* de animalibus *sæpe offerens,* quia non integre mundent.Unde subdit : *Quæ nunquam,* id est nullo tempore quantumcunque fiant,*possunt auferre peccata,* a conscientia. Nota quod ministrare est famulorum, sedere est dominorum. Ideo illos famulos ostendit Apostolus, Christum vero Dominum, quem subsequenter dicit sedere, subdens :

Hic autem, scilicet Christus, cujus hostia sufficiens est,*pro peccatis* omnium *offerens* unam *hostiam* quæ salvare potest peracta obedientia, *sedet,* id est quiescit et regnat,*in sempiternum in dextera Dei,* id est in potioribus bonis, non enim iterum laborare, et iterum offerre eget.Bene ergo potest consummare qui sic meruit exaltari. Sedet, dico, *de cætero,* id est de eo quod restat,scilicet de gloria bonorum et pœna malorum, *exspectans,* non ita ut aliquid pro sua vel suorum imperfectione patiatur,sed sine sui passione differt et tolerat, *donec ponantur inimici ejus scabellum pedum ejus,* id est plene subjiciantur et appareant, subjecti ei. Hoc et modo potest facere ; sed patitur usque ad commune judicium,nisi inimici vere scabellum ejus erunt, quia et si modo repugnant ei, et non videantur subjici tunc omnibus apparebunt ei subjecti cujus imperio suberunt pœnis.*Una enim.*Ideo unam tantum obtulit hostiam, quia una oblatio est,et a peccato sanctificavit electos. *Et sanctificatos* in omnibus virtutibus *consummavit.* Et hoc *in sempiternum,* scilicet quandiu durabit hoc sæculum. *Contestatur autem.* Quasi dicat : Non solum ego hoc affirmo, sed etiam *sanctus Spiritus contestatur nobis,* id est verba nostra confirmat de sanctificatione. *Postquam enim.* Quasi dicat : Vere testatur; vera enim quæ promittit, et non nisi justa præcipit, id est Novum Testamentum *postquam dixit* Spiritus sanctus in Jeremia : *Hoc autem* est Testamentum Novum, scilicet *quod testabor ad illos : Post dies illos,* mihi prænuntiatum, *dicit Dominus,* addidit : *Dando.* Quasi dicat : Postquam illud dixit, scilicet quod non valet ad probationem nostram,adjecit hæc alias quæ corroborant utrumque quod diximus,scilicet : *Dando leges meas* quod pertinet ad consummationem. Et iterum : *Peccatorum eorum jam non recordabor amplius;* quod pertinet ad sanctificationem. Et ita per auctoritatem Jeremiæ, confirmat utrumque quod dixerat. Litteram sic prosequere : Testabor,dico,dando leges meas, non sicut patribus dedi in tabulis lapideis, sed *in cordibus,* id est intellectibus illorum, *et in mentibus,*id est in voluntatibus *eorum superscribam eas,* scilicet præcepta mea, non dicit scribam, sed superscribam, quia leges illæ super vires hominis sunt,in quarum scilicet completione nullus sufficeret, nisi ope gratiæ. Ecce in his dicitur quod consummat virtutibus,deinde subdit de sanctificatione dicens et peccatorum quæ in se, *iniquitatum eorum,* quæ contra proximum fiunt, jam, id est post tempus gratiæ,non recordabor ad æternam pœnam, amplius, scilicet nec in futuro. Ecce hic dicitur quod sanctificat.Vel ita distingue litteram, eadem manente sententia. Postquam dixit hoc est testamentum quod testabor ad illos. Post dies illos, dicit Dominus : Testabor, dico, dabo leges meas in cordibus eorum, et in mentibus eorum superscribam eas, subintulit, et peccatorum et iniquitatum eorum jam non recordabor amplius. Et ideo jam non est necessaria hostia. Quod aperit subdens :

VERS. 18-33.— *Ubi autem horum remissio, jam non est oblatio pro peccato.Habentes itaque, fratres, fiduciam in introitu sanctorum in sanguine Christi, quam initiavit nobis viam novam,et viventem per velamen, id est carnem suam, et sacerdotem magnum super domum Dei;accedamus cum vero corde in plenitudine fidei, aspersi corda a conscientia mala, et abluti corpus aqua munda, teneamus spei nostræ confessionem indeclinabilem, fidelis enim est qui repromisit. Et consideremus invicem in provocationem charitatis et bonorum operum, non deserentes collectionem nostram, sicut consuetudinis est quibusdam, sed consolantes, et tanto magis, quanto videritis appropinquantem diem. Voluntarie enim peccantibus nobis,post acceptam notitiam veritatis, jam non relinquitur pro peccatis hostia ; terribilis autem quædam exspectatio judicii,et ignis æmulatio, quæ consumptura est adversarios. Irritam quis faciens legem*

Moysi, sine ulla miseratione duobus vel tribus testibus moritur: quanto magis putatis deteriora mereri supplicia, qui Filium Dei conculcaverit, et sanguinem Testamenti pollutum duxerit, in quo sanctificatus est et spiritui gratiæ contumeliam fecerit? Scimus enim qui dixit: Mihi vindictam, et ego retribuam. Et iterum: Quia judicabit Dominus populum suum. Horrendum est incidere in manus Dei viventis. Rememoramini autem pristinos dies, in quibus illuminati, magnum certamen sustinuistis passionum: et in altero quidem opprobriis et tribulationibus spectaculum facti, in altero autem socii taliter conversantium effecti.

256 *Ubi autem* Hic ostendit quod non solum ex hac autoritate videre potest, quod Jesus sanctificat et consummat, sed etiam quod oblatio jam post tempus gratiæ non est facienda pro peccato, quia facta est remissio. Quasi dicat: Ecce hic dicitur remissio peccatorum facta, *ubi autem horum jam remissio, non est* facienda *oblatio* pro peccato, id est cessat oblatio legalis. *Habentes itaque.* Finito grandi sermone de pontifice magno, ejusque nova lege et sacrificio, quæ veteribus prætulit, subditur moralis instructio, in qua eos hortatur ad multa, sed maxime ad fidem, patientiam, pacem, munditiam, et fraternitatis charitatem et infert ex omnibus superioribus. Quasi dicat: Quia una hostia consummat, et quia nobis est, scilicet or. m. (*sic*) et quia ostensa est tanta distantia, quod illa minora hæc majora sunt. [Chrysost.] Itaque, o fratres, habemus *fiduciam in introitu sanctorum in sanguine Christi*, id est certi sumus quod intrabimus in Sancta sanctorum cœlestia per sanguinem Christi, *quam*, viam id est quem introitum, initiavit *nobis* Christus, qui primus ascendit, et per hoc certi sumus de nobis, *viam dico novam*, quia nullus ante illum intravit, *et viventem*, id est permanentem, perviam, quia postea nulli fidelium clausa fuit, et illam viam aperuit, et per viam conservavit. *Per velamen,* id est per *carnem suam.*

Quæ dicitur velamen, quia ipsa caro velabat et celabat deitatem. Vel ideo dicitur velamen, quia sub velamine fidei sumitur a fidelibus. Quasi dicat: Per hoc permanet via illa pervia, quia sumunt fideles, ut viaticum carnem Christi velatam omni sensui. Videtur enim panis, et tamen vere est caro Christi: Quod fit ut augeatur fidei meritum, quia non habet fides meritum, cui humana ratio, id est humanus sensus præbet experimentum. Per velamen ergo, id est carnem quæ velata sumitur, permanet via pervia, et per hoc quod ille sacerdos semper interpellat pro nobis. Unde subdit: *Et per sacerdotem*, scilicet Christum præ omnibus, *magnum super domum*, id est populum *Dei*, et hanc habentes fiduciam, accedamus. Vel ita: et sacerdotem magnum. Quasi dicat: Habemus hanc fiduciam, et hanc habentes, et habentes sacerdotem magnum super donum Dei, scilicet qui semper vivit ad interpellandum pro nobis, *accedamus* ad introitum sanctorum, *cum vero orde*, id est cum vero intellectu et non simulato. Et si hoc non potest esse, saltem accedamus *in pleni-* *tudine fidei*, id est in plena fide. Quia nihil horum jam est visibile, nec sacerdos, nec hostia, quod et debemus et possumus, quia sumus *aspersi* corda, id est spirituali aspersione habemus *corda* mundata *a conscientia mala*, id est a conscientia pravitatis. Illi vero corpora tantum habent abluta, *et abluti sumus corpus aqua munda*, id est peccatum corporale scilicet originale quod per carnis concupiscentiam trahitur, ablutum est aqua baptismi. Per hoc ostenditur quod non fides sola, sed bona vita cum virtutibus quæritur. Inde hortatur ad ea quæ conveniunt fidei, subdens:

Teneamus. [Ambrosius] Quasi dicat: Et quidquid occurrerit, *teneamus indeclinabilem*, ut non ad terrena declinemus, *confessionem spei nostræ*, quæ est de æternis, id est teneamus confessionem et spem quæ est causa ejus, quæ spes non est vacua, non confundit. *Fidelis enim est*, id est verax in promissis Deus *qui repromisit* ea quæ speramus: et sicut Deus fidelis est in promissis, ita nos vult fideles esse in promissis nostris. Teneamus dico, *et consideremus invicem*, alter, scilicet alterum, non ut invideat et insidietur, sed *in provocatione charitatis* quæ in animo est, *et bonorum operum*, scilicet ut alter alterius exemplo, provocetur ad dilectionem, et bene operandum. Et est sensus: Fidem et confessionem habeamus quantum ad nos, et consideremus invicem, scilicet perfecti minores eos hortando et minores perfectos imitando eos. Consideremus nos invicem dico, *non deserentes* tempore persecutionis, *collectionem nostram*, id est collectos in fide nobiscum, *sicut est consuetudinis quibusdam* vestrum, qui vel timore persecutionis cedunt, vel propria præsumptione a peccatoribus vel imperfectis, ut justi videantur recedunt. Culpat ergo scindentes unitatem charitatis, quasi inter alios non possent habitare causa sanctitatis suæ, qui potius suo exemplo debuerunt consolari alios. Unde subdit: *Sed potius consolantes* eos. Consolatur laborantem qui pariter in labore consistit, quia sublevatio laboris est visio collaborantis, ut in itinere fit. Et *tanto magis* consolemur, *quanto* magis *videritis diem* retributionis per passionem *appropinquantem*. Quasi dicat: Quo propiores estis fini et præmio retributionis, aut tanto magis instate, ne quis culpa vestra desit. *Voluntarie enim.* Quasi dicat: Charitas utique tenenda est, et a malis cessandum. *Voluntarie enim peccantibus nobis*, id est nobis in voluntate peccandi manentibus, *non relinquitur hostia pro peccatis*, id est non prodest Christus, qui est hostia, pro peccatis. Non relinquitur, dico, *jam*, scilicet in hoc præsenti; per quod constat quod nec in futuro. Non relinquitur jam dico, *post acceptam notitiam veritatis*, id est postquam venissemus ad fidem per quam quidam securi sunt, quasi nunquam perituri sint. Et attende quod non ait volentibus peccare, sed *voluntarie peccantibus*, quia voluntarius est qui in aliquo assiduus est, volens qui ad tempus; per hoc ergo significat perseverantes usque in finem [Chrysost.] Vel ita, jam non relinquitur hostia pro peccatis, id est non iterum immolabitur Christus, qui est hostia pro peccatis, id est non relinquitur locus secundæ hostiæ, sicut in veteri lege datum est sæpius offerri hostias pro peccato. Non enim Christus iterum immolandus est pro peccato : quod semel factum est, et secundo non est opus, sed magis opus est manere in fide et veritate. Quod si non facis, judicium damnationis te exspectat, nisi per pœnitentiam renovaris. Et ideo subdit :

Terribilis autem. Sed sciendum quod hic quidam exsurgunt, horum verborum occasione pœnitentiam auferentes, quasi per pœnitentiam non valet peccator post lapsum surgere secundo et tertio, et deinceps. Verum in hoc pœnitentiam non excludit, nec propitiationem quæ fit per pœnitentiam. Non enim inimicus est ita salutis nostræ, sed secundum excludit baptismum; non emin dicit: Non est ultra pœnitentia vel remissio, sed hostia, id est crux secunda quæ una suffecit, volens ne ultra hoc exspectemus, sed pœniteamus. *Terribilis autem.* Quasi dicat : Non relinquitur hostia pro peccatis, sed relinquitur quædam *terribilis exspectatio judicii;* hæc pœna interim est, *et ignis æmulatio,* id est infestatio, id est ignis infestans *quæ consumptura est adversarios* Christi. Quod probat per minus. Nam *quis faciens irritam,* id est prævaricans legem Moysi, *duobus vel tribus testibus* convictus, *sine ulla miseratione moritur,* morte quam lex præcipit. [Hieron.] Quid ergo illi facient contra quos perhibebunt angeli testimonium et sancti et propria conscientia : Quasi dicat: Multo gravius punientur? Unde subdit. *Quanto ergo magis* illum *putatis deteriora mereri supplicia qui Filium Dei conculcaverit,* id est vilipenderit, si non sufficere credat ad salutem, sed animalia, *et sanguinem Christi* confirmatorem Novi Testamenti, *pollutum duxerit,* id est peccatum purgare non valentem. *In quo* tamen *sanctificatus est,* id est remissionem accepit, et ita contra eum graviter peccat. Pollutum enim sanguinem Christi ducit, qui per carnales observantias credit peccata dimitti, a quibus retrahit nos sanguis Christi : ita pollutus est, et nos polluit, si ab eo unde est remissio nos retrahit. *Et spiritui gratiæ,* id est Spiritui sancto gratis dato, vel qui dat gratiam, *contumeliam facit.* Spiritui contumeliam facit, qui remissionem quam ipse Spiritus facit, ascribit carnalibus observantiis, vel qui eum male vivendo a se abjicit. Vel conculcat ille Christum, qui libere recedit absque timore et pœnitentia; et qui eo indigne participat, sanguinem pollutum ducit, si ab eo mundatus ad vomitum redit et pœnitere negligit. Spiritui est injurius qui ejus beneficium grate non suscipit. *Scimus enim.* Quasi dicat: Vere talis punietur, *scimus enim* illum, id est quam verus et potens est ille, *qui dixit* : *Mihi servate vindictam* injuriarum vestrarum, *et ego reddam.* Si alienas vindicat injurias et suas, iterum Scriptura dicit, *quia Dominus judicabit* purgando, separando a malis *populum suum;* quanto magis puniet inimicos. *Horrendum.* Quasi dicat : Dominus puniet inimicos, et non leniter. Et ideo *horrendum est incidere in manus Dei,* id est, incidit illi qui non providet, sed subito deprehenditur. Dei dico *viventis,* scilicet qui semper est efficax et potens facere quod vult. *Rememoramini,* sicut optimi medicorum cum alios secuerint, et per incisionem doloris augmentum fecerint, solatium mitioribus medicaminibus afferunt et remedium ; illi loco, ubi dolor inest, et perturbatam refovent animam : sic Apostolus facit, postquam concussit animas eorum et terruit, refovet eos per laudem priorum, scilicet rememorando priora eorum bona, ut facilius excitet ad cætera. Quasi dicat : Ut autem non incidatis in manus Dei, rememoramini *pristinos dies.* Quasi dicat : Diu est quod credidistis, et ideo magis assueti estis, *in quibus* diebus vos *illuminati* fide pro qua venit tribulatio, *sustinuistis magnum certamen passionum.* Passiones enim quasi contra eos certabant ut patientiam et fidem extorquerent. Si autem rudes sustinuerunt, turpe est, si modo deficiunt. Passiones autem erant eis, tum ex propriis doloribus, tum ex doloribus aliorum quibus compatiebantur. Unde subdit : *Et in altero.* Quasi dicat: Sustinuistis magnum certamen, et ita magnum certamen, *et,* est quia, *in altero quidem,* id est in altera parte certaminis, scilicet *in opprobriis et tribulationibus* propriis, vos ipsi patientes *facti estis spectaculum* omnibus, quod gravissimum est. Grave enim est opprobrium, sed gravius est cum spectaculum omnibus fit, et non secreto exprobratur. *In altero autem,* id est in altera parte certaminis, scilicet in dolore quem habetis pro aliis, estis *effecti socii taliter conversantium,* id est assidue patientium, quo exemplo pati debetis, id est assidue patientium, quo exemplo pati debetis, id est compassi estis apostolis et aliis hujusmodi. Et est sensus : Certamen passionis sustinetis, et in propriis passionibus, et in compassionibus 257 aliorum. Et hæ sunt duæ partes certantium contra vos passionum, et vere socii facti estis.

Vers. 34-39. — *Nam et vinctis compassi estis, et rapinam bonorum vestrorum cum gaudio suscepistis, cognoscentes vos habere meliorem et manentem substantiam, Nolite itaque amittere confidentiam vestram, quæ magnam habet remunerationem. Patientia enim vobis necessaria est, ut voluntatem Dei facientes reportetis promissionem. Adhuc enim modicum aliquantulum, qui venturus est veniet, et non tardabit ; Justus autem meus ex fide vivit. Quod si subtraxerit se, non placebit animæ meæ. Nos autem non sumus subtractionis filii in perditionem, sed fidei in acquisitionem animæ.*

Nam et vinctis, qui non poterant sibi necessaria quærere, *compassi estis,* subministrando necessaria pro qua causa vestris vobis ablatis compassi estis. Et hoc est quod subdit : *Et rapinam bonorum vestrorum suscepistis.* Quasi dicat : Donum Dei. Et hoc, *cum gaudio,* quia sperastis meliora, scilicet æterna. Unde subdit, vos dico, *cognoscentes vos habere meliorem, et manentem substantiam,* id est vitam æternam. *Nolite.* Quasi dicat : Quia sic passi estis et confisi de substantia meliori et manente. *Nolite,* dico, *amittere* per impatientiam *confidentiam vestram, quæ* non modo in futuro habebit, sed etiam jam *habet,* dum sperat, *magnam remuncracionem.* Et ideo non est levis ejus amissio. Ad hoc autem ut non amittatis, hoc unum vobis opus est, scilicet patientia. *Patientia enim nobis est necessaria.* Hic ostendit quomodo jam non amittatur confidentia, scilicet si patientia habeatur. *In patientia* enim, inquit, Dominus, *possidebitis animas vestras.* (*Luc.* XXI). Ideo ait patientia nobis necessaria est, ideo *ut* per eam *voluntatem Dei facientes, reportetis* in futuro, qui hic seminatis *promissionem,* id est vitam promissam.

Adhuc enim. Quasi dicat : Tenenda est patientia, nam nec longa est, tribulatio vero vehemens. Et hoc est quod ait, *adhuc enim modicum,* id est parvo tempore, *et aliquantulum,* id est non vehementer patiendum est et mox, *qui venturus* quandoque *veniet* retributor, *et non tardabit,* quia in martyribus post mortem statim gloria datur in quibus nihil purgandum est, per quod differantur a gloria. *Justus autem.* Hic dicit quod per solam fidem, si patiendi necessitas non ingruat, salus datur, ad quod confirmandum inducit verba Dei loquentis per prophetam Habacuc. Quasi dicat : Non solum ille qui patitur sed etiam qui solam fidem habet si non imminet passio salvabitur, quia ita dicit Dominus per prophetam : *Justus meus,* id est apud me aliquis, *ex fide,* per hoc *vivit,* id est vivet in futuro, vita æterna quam meretur fide. Ecce quantum valet fides quæ sola salvat ; et quod ex fide vivat per contrarium ostendit, quia si subtrahit se a fide non vivit. Unde subdit : *Quod si se subtraxerit.* Vel ita : Justus autem. Quasi dicat : Veniet Dominus : et non tardabit. Interim autem dicit Dominus : Justus meus, scilicet qui per me est justus, non per carnales observantias. Vivit ex fide, non per speciem. Et ideo huc ne quærat coronam, sed ferat laborem. *Quod si.* Quasi dicat : Vere ex fide est vita, quia acquisitio est animæ, et vere. Quod, id est quia *si subtraxerit se* aliquis, *non placebit animæ meæ,* id est voluntati Dei. *Nos autem.* Quasi dicat : Ille qui subtrahit se a fide non vivet. Nos autem *non sumus filii subtractionis in perditionem,* id est apostasiæ, per quam perditur anima, quia nondum prorsus apostataverant, sed fide geniti erant. Unde subdit : *Sed sumus filii fidei, quæ valet in acquisitionem :* et ideo nunc non debent se subtrahere a fide. Vel, non sumus filii subtractionis, in perditionem, id est paganorum infidelium qui perdendi sunt, sed fidei in acquisitionem animæ, id est filii prophetarum fidelium, quorum fides est in acquisitione animæ.

CAPUT XI.

VERS. 1. — *Est autem fides sperandarum substantia rerum, argumentum non apparentium.*

Est autem fides. Quia de fide cœpit agere, ejus dignitatem et usum ipsius fidei assignatione et plurima exemplorum luce ostendit, et est hic laus et commendatio fidei, cujus descriptionem ponit : in qua tria notat, scilicet quid efficiat in nobis, et quod fundamentum est omnium bonorum, et quod de non apparentibus est ; de qua in Epistola ad Romanos plene dixeramus. Et ideo hoc breviter perstringamus. Quasi dicat : Justus ex fide vivit : *est autem fides substantia rerum sperandarum,* id est causa quæ res sperandas faciet quandoque subsistere in nobis. Quod est dicere : Faciet nos consequi futura bona. Et proprie dicitur fides substantia, quia sperandis substat, et facit ea esse in credente in alia vita. Et quia fundamentum est omnium bonorum quod nemo mutare potest sine quo non est bona ædificatio. Vel, fides est substantia rerum sperandarum, id est speranda jam etiam in hac vita facit esse in corde credentis. [Chrysost]. Per eam enim futura bona quasi jam sunt in nobis, quia facit subsistere in anima nostra ea quæ non videntur de quibus proprie fides est. De visis enim non est fides, sed agnitio. Hæc est laus fidei, si quod creditur non videtur. Nam et Thomas cui dictum est : *Quia vidisti, credidisti* (*Joan.* XX) : non hoc credidit quod vidit, sed aliud vidit et aliud credidit. Vidit enim hominem, credidit Deum. Cernebat quippe et tangebat carnem viventem quam viderat morientem, et credebat Deum ipsa carne latentem. Credebat ergo mente quod non videbat, per hoc quod sensibus corporis apparebat. Si autem dicuntur credi quæ videntur, sicut dicit unusquisque oculis suis credidisse, non ipsa est quæ in nobis ædificatur fides, sed ex rebus quæ videntur agitur in nobis, ut ea credantur quæ non videntur. Et est argumentum vel convictio non apparentium, id est præmonstratio et certitudo et probatio rerum quæ non apparent ; quia si quis de eis dubitat per fidem probantur, ut adhuc probatur futura resurrectio, quia ita crediderunt patriarchæ, apostoli, et alii sancti. Probatio ergo rerum quæ nondum sunt, fides est, quia si quis consideret Abraham et alios quid merito fidei acceperunt, idem de se potest credere et sperare.

VERS. 2-4. — *In hac enim testimonium consecuti sunt senes. Fide intelligimus aptata esse sæcula verbo Dei, ut ex invisibilibus visibilia fierent. Fide plurimam hostiam Abel quam Cain obtulit Deo, per quam testimonium consecutus est esse justus, testimonium perhibente muneribus ejus Deo, et per illam defunctus adhuc loquitue.*

In hac enim. Quasi dicat : Vere fides est causa rerum sperandarum, quia est causa justitiæ per quam sunt speranda : et hoc est quod ait : *In hac enim,* id est propter hanc fidem, *senes,* id est antiqui patres *sunt consecuti* a Deo vel ab hominibus *testimonium* justitiæ, quia propter fidem Deus testatus est esse justos. Senes dicit, non quia senes essent ætate, sed quia antecessores horum. Et sic constat fidem non esse novam cum antiqui tenuerunt eam. *Fide intelligimus.* Exemplis utitur ad commendationem, et ad ostendendum quod non de apparentibus sit fides. Quasi dicat : Fides est argumentum non apparentium, id est credere debemus quæ non apparent. Sicut fide tantum intelligimus *sæcula esse aptata*, id est sapienter disposita *verbo Dei*, id est præcepto Dei, ita utique *ut ex invisibilibus*, id est ex informibus elementis, *visibilia formata fierent*. Ante enim quam Deus rerum omnium formas locis, et sedibus suis ordinata distinctione disponeret, tenebræ erant, et erant invisibilia elementa, sed in eorum separatione nata est lux. Prima ergo materia facta est confusa et informis' unde omnia fierent quæ distincta et formata sunt quam credo a Græcis chaos appellari (42). Et ideo recte Deus creditur omnia de nihilo fecisse, quia etiam si omnia formata de ista materia facta sunt, hæc ipsa tamen materia de nihilo facta est quam Moyses significavit dicens : *In principio fecit Deus cœlum et terram*, etc. *(Gen.* 1). Informem enim materiam et confusam quæ chaos dicta est, unde omnia facta sunt, nominibus cœli et terræ, qui inde futura erant significavit, id est nominibus visibilium rerum, propter infirmitatem parvulorum qui minus idonei sunt invisibilia apprehendere, et tunc erant tenebræ, id est lucis absentia. Non enim tenebræ aliquid sunt, sed ipsa lucis absentia, sicut silentium non aliqua res est, sicut in corpore ubi tegumentum non est nuditas dicitur, sicut et inanitas non est aliquid, sed locus ubi corpus non est, inanis dicitur. Hæc eadem informis materia etiam terra invisibilis et incomposita appellata est; terra ideo, quia inter omnia elementa mundi terra minus speciosa est quam cætera; invisibilis autem, propter obscuritatem, eadem materia informis etiam aqua dicta super quam ferebatur Spiritus Domini, sicut superfertur fabricandis rebus voluntas artificis. Ideo vero aqua dicta illa materia, quia omnia quæ in terra nascuntur sive animalia sive arbores vel herbæ et similia ab humore incipiunt formari atque nutriri. Eadem etiam materia dicta est abyssus, quia confusa erat et commista specie carens. Hæc ergo omnia cœlum et terra; terra invisibilis et incomposita **258** et abyssus cum tenebris et aqua super quam ferebatur spiritus, illa informis materia vocata est; ut res ignota notis vocabulis infirmaretur imperitioribus et non uno. Nam si in uno, hoc esse putaretur quod consueverant homines in illo vocabulo intelligere. Sub his ergo omnibus nominibus significata est materia illa invisa, et informis quæ nulla specie cerni atque tractari poterat de qua Deus condidit mundum, quem significat Apostolus dicens: visibilia. Ipsa vero informem naturam significat dicens : ex invisibilibus. Vel per invisibilia, significatur mundus invisibilis qui erat in Dei sapientia, ad cujus similitudinem factus est hic visibilis mundus. (43) Hæc utique visibilia, antequam fierent, non erant. Quomodo ergo Deo nota erant quæ non erant? Et rursus quomodo ea faceret quæ sibi nota non erant? Non enim quidquam fecit ignorans. Nota ergo fecit, non facta cognovit. Proinde antequam fierent et erant et non erant. Erant in Dei scientia, non erant in sua natura. Ipsi autem Deo non audeo dicere alio modo innotuisse, cum ea fecisset quam illo quo ea noverat ut faceret. *Apud quem non est transmutatio nec vicissitudinis adumbratio (Jac.* 1). Ideo ait, ut ex invisibilibus, id est ex intelligibili mundo qui erat in sapientia Dei; hæc est Dei dispositio qua disposuit omnia, visibilia ista fierent, id est juxta invisibile exemplar quod erat in mente Dei, fierent hæc. *Fidem plurimam*, vel plurima, quia patres antiqui per fidem sint consecuti testimonium justitiæ ostendit, ponens aliud exemplum ad commendationem fidei. Quasi dicat: Senes per fidem consecuti sunt testimonium justitiæ, sicut apparet in hoc : *Abel fide*, id est per fidem invisibilium *obtulit Deo hostiam plurimam*, id est acceptabiliorem et pluris pretii *quam Cain*. Vel, Abel obtulit Deo hostiam plurima fide, id est per plurimam fidem quam Cain, quia Abel per fidem justus erat. Unde subdit : *Per quam fidem meruit, esse justus*, et hujus *rei consecutus est testimonium*. Unde etiam ipse Jesus, ait : *A sanguine Abel justi*, etc. *(Matth.* xxiii). Consecutus est, dico, Deo, *etiam perhibente testimonium muneribus ejus*, quia ea recepit, id est approbavit quod apparuit, cum a cœlesti igne consumpsit. *Et per illam*, fidem *defunctus loquitur adhuc*, id est materia est nobis loquendi, ut de ejus fide exemplum demus. Non enim mors exstinxit famam fidei; tanta fuit fides quod eam mors non exstinxit. Ex fide et patientia præcedentium patrum consolatur istas. Ideo dicit quod Abel adhuc loquitur, quia alios suo exemplo admonet ut justi sint. Interemit eum quidem mors, sed non cum eo interemit ejus gloriam et memoriam.

VERS. 5-12. — *Fide Enoch translatus est, ne videret mortem, et non inveniebatur, quia transtulit illum Dominus. Ante translationem enim, testimonium habuit placuisse Deo. Sine fide autem impossibile est placere Deo. Credere enim oportet accedentem ad Deum, quia est, et inquirentibus se remunerator sit. Fide Noe responso accepto de his quæ adhuc non videbantur, metuens aptavit arcam in salutem domus suæ, per quam damnavit mundum; et justitiæ quæ per fidem est, hæres est institutus. Fide qui vocatur Abraham obedivit in locum exire, quem accepturus erat in hæreditatem, et exiit nesciens quo iret. Fide demoratus est in terra repromissionis tanquam in aliena, in casulis habitando cum Isaac et Jacob cohæredibus repromissionis ejusdem. Exspectabat enim fundamenta habentem civitatem, cujus artifex et conditor Deus. Fide et ipsa Sara sterilis, virtutum in conceptione seminis accepit etiam præter tempus ætatis, quoniam fidelem credidit esse eum qui repromise-*

---

(42) August., contra Manich.

(43) August., super Genesim.

rat. Propter quod et ab uno orti sunt, et hoc emortuo, tanquam sidera cœli in multitudinem, et sicut arena quæ est ad oram maris innumerabilis.

Fide. Hic ponit aliud exemplum ad commendationem fidei dicens : *Fide,* id est fidei merito, *Enoch translatus est* in paradisum, unde ejectus est Adam, *ne videret,* non dico ne sentiret, sed nec etiam quasi de longe videret in aliis, mortem, *et non inveniebatur.* Usquam hoc dicit, ne putaretur esse in aliqua parte mundi, ideo non inveniebatur, quia *transtulit illum Deus,* qui ab omnium aspectu poterat cum abscondere. *Ante,* etc. Quasi dicat : Vere per fidem translatus est, quia per fidem justus fuit. Et vere quia per fidem placuit Deo. Et hoc est quod ait : *Ante translationem enim habuit testimonium,* id est justi testabantur eum, *placuisse Deo.* Et vere per fidem placuit Deo. *Sine fide enim impossibile est* aliquem *placere Deo.* A Deo est fides necessaria, quod sine ea quisquam non placet Deo. Et vere sine fide aliquis non potest placere, quia nec potest accedere. *Credere enim oportet* quemlibet *accedentem ad Deum,* hoc, scilicet oportet credere, quia Deus unus *est* esse proprie Deo convenit quia immutabiliter est, et quod *remunerator sit inquirentibus se.* Quid ergo ei lex? Et notandum quod sine hac fide nemo unquam potuit salvari. Hæc tamen fides non sufficit ad salutem. *Fide.* Aliud exemplum ponit de Noe ad commendationem fidei dicens : *Noe responso accepto a Deo, de his quæ adhuc non videbantur* metuens, *aptavit arcam in salutem domus suæ.* Et hoc, fide, id est per fidem, quia credidit Deo dicenti, finis est omnis carnis, et si nulla signa videret diluvii. Adeo enim credebat quod non videbat, quod metuens fabricavit arcam *per quam,* scilicet fidem vel arcam, *damnavit,* id est damnabilem ostendit *mundum,* quia dum videret cam fabricari, non credidit. *Et ipse Noe est institutus hæres justitiæ quæ per fidem est,* id est fuit justus ex fide, sicut patres sui. Nisi enim justus esset, hoc ei Dominus non præcepisset. *Fide,* etc. Hic ad patres Judæorum descendit, ostendens in eis, et in prioribus omnem justitiam ex fide habuisse originem, et ponit exemplum de Abraham dicens ita : *Fide,* id est per fidem ille, *qui vocatur* nunc *Abraham,* cum prius vocaretur Abram, *obedivit exire in locum, quem accepturus erat in hæreditatem et exiit nesciens quo iret.* [Augustinus] Adeo credebat Deo cui obedivit, dicenti : *Exi de terra et de cognatione,* etc. (*Gen.* xii). Hoc autem jam fecerat. Hoc enim dictum ei jam egresso de terra Chaldæorum, et jam constituto in Mesopotania. Non autem Dominus ait ut corpus ejiceret a terra sua, sed ut animum evelleret, ne vellet reverti. Non enim exierat in animo, si redeundi tenebatur desiderio : quod desiderium Deo jubente ac juvante et illo obediente fuerat amputandum. *Fide melioris terræ,* id est vitæ æternæ, *demoratus est* Abraham *in terra promissionis,* et in ea quanquam sibi promissa erat, *tanquam in aliena, et in casulis.* Unde subdit demo-*ratus est,* dico, in casulis, *habitando cum Isaac et Jacob cohæredibus ejusdem repromissionis,* id est sicut Isaac et Jacob habitaverunt ibi. Non enim eodem tempore cohabitaverunt. *Exspectabat enim.* Quasi dicat : Cur ita habitavit ibi Abraham, quia *exspectabat civitatem cœlestem habentem fundamenta,* quia stabilis est et firma; cujus civitatis *artifex et conditor Deus* est. *Fide,* id est per fidem, *et ipsa Sara sterilis,* in propria persona, non in vicaria, *accepit virtutem,* id est fecunditatem, *in conceptione seminis,* etiam cum esset *præter tempus ætatis,* scilicet cum esset sterilis et in senio; hac utique fide, *quoniam credidit eum fidelem qui repromiserat.* Prius quidem risit, et si ex gaudio non tamen plena fide, sed post verbis angeli in fide solidata est; riserat autem Abraham quando ei promissus est, sed risus ille admirationis fuit et gaudii, non dubitationis. *Propter quod,* scilicet quia fidelem credidit Deum, *orti sunt ab uno,* utero Saræ, vel, ab uno patre Abraham, *et hoc,* scilicet utero vel Abraham, *emortuo,* emortuum dicit ad opus concipiendi Saræ uterum quantum ad virum seniorem. Vel ipsum Abraham ad opus generandi emortuum dicit quantum ad seniorem feminam. Ambo enim seniores erant, sed illa etiam sterilis erat, et cruore menstrui jam destituta; propter quod jam parere non posset, etiam si sterilis non fuisset. Senior enim femina, etiam si adhuc fluant illi solita mulierum, de seniore parere non potest, de juvene potest. Senior vero gignere potest. sed de adolescentula, sicut Abraham post mortem Saræ de Cethura quæ juvenis erat potuit generare, quia vividam invenit ejus ætatem. Ad hoc ergo dicit Abrahæ fuisse jam corpus emortuum, quia non ex omni femina cui adhuc esset tempus pariendi generare ipsum in illa ætate adhuc posset. Ad aliquid ergo erat emortuum corpus ejus, et non ad omnia. Ab uno, inquam, tot orti sunt, qui sunt *tanquam sidera cœli in multitudine.* Hoc dicit quantum ad bonos qui luce virtutum et multitudine comparantur sideribus, *et sicut arena innumerabilis quæ est ad oram,* id est littus, *maris.* Hoc dicit quantum ad malos, qui instabilitate et numero comparantur arenæ. Mare est gentilitas; ora maris, ritus gentilitatis. Tibi propinqui facti sunt aliqui Judæi, non tamen in gentilitate omnino fuerunt.

VERS. 13-20. — *Juxta fidem defuncti sunt omnes isti, non acceptis repromissionibus, sed a longe eas aspicientes et salutantes, et confitentes quia peregrini et hospites sunt super terram. Qui enim hoc dicunt, significant se patriam inquirere. Et si quidem ipsius meminissent de qua exierunt, habebant utique tempus revertendi. Nunc autem meliorem appetunt id est cœlestem. Ideo non confunditur Deus vocari Deus eorum. Paravit* ❦ *enim illis civitatem. Fide obtulit Abraham Isaac, cum tentaretur, et Unigenitum offerebat, in quo susceperat repromissiones, ad quem dictum est : Quia in Isaac vocabitur tibi semen, ar-*

bitrans quia et a mortuis suscitare potens est Deus. Unde eum et in parabolam accepit. *Fide et de futuris bendixit Isaac, Jacob, et Esau.*
Juxta fidem. Quasi dicat : Qnorumdam proposui exempla ad commendationem fidei. Et recte utique: nam *omnes isti*, præter Enoch translatum, *defuncti sunt juxta fidem*, id est adhærentes fidei, *non acceptis* plenarie in hac vita *repromissionibus*. Vel ita: Omnes isti sunt defuncti non acceptis in terra repromissionibus. Et hoc juxta fidem illorum. Sperabant enim promitti sibi cœlestia, non terrena, non acceperunt hic. Repromissionibus dico, *sed* potius erunt *aspicientes eos, a longe* implendas, scilicet post mortem id aventu Christi, *et salutantes* eas, id est promissionibus applaudentes, licet essent remotæ. Utitur verbo translato a navigantibus qui longe prospiciunt desideratas civitates, quas antequam ingrediantur salutatione præveniunt, ex metaphora namque navigantium dicit : *Et salutantes eas*. id est gaudentes et desiderantes eas, ut faciunt nautæ longe visis civitatibus, *et ideo erant confitentes*, id est confitebantur, *quia peregrini et hospites sunt*, morantes *super terram* peregrini sunt qui in aliena patria nihil habent ; hospites. qui de patria non sunt. Et isti confitebantur se non esse de hoc mundo, neque aliquid se habere in mundo : ideo confitebantur. *Qui enim dicunt hoc*, scilicet quia peregrini sunt, et hospites, *significant se inquirere patriam*, id est dant intelligi quod aliam quærunt patriam quod ipsi significare valebant. Et ne putaret quis quod illam quærerent de qua exierant, subdit : *Et siquidem meminissent illius* patriæ *de qua exierunt, habebant utique tempus revertendi. Nunc autem*, patet per hoc quod nolebant reverti, quod *meliorem appetunt*, id est cœlestem patriam, et quia hanc petunt, *ideo non confunditur*, id est non erubescit, *Deus vocari Deus eorum*, scilicet Abraham, Isaac et Jacob, qui dicitur Deus angelorum. (44) In istis honoratur sicut per malos blasphematur. Et ideo Deus eorum dici voluit tanquam illorum solorum esset Deus, qui est Deus universæ creaturæ. Non frustra utique tantum eis tribuit honorem, sed quia in eis novit sinceram et præcipuam charitatem, et quia in eis tribus patribus consummavit magnum et mirabile sacramentum futuri populi sui ; per liberas enim genuerunt et in libertatem, ut Abraham per Saram, Isaac per Rebeccam, Jacob per Liam et Rachel ; et in servitutem, sicut ab Isaac per Rebeccam genitus est Esau, cui dictum est : *Servus eris fratris tui* (Gen. xxvii). Et per ancillas genuerunt non solum in servitutem, ut Abraham per Agar Ismaelem, sed etiam in libertatem, nt Jacob. per Balaan genuit Dan et Neptalim, et per Zelpham Gad et Aser. Ita et in populo Dei per spirituales et bonos nascuntur boni et liberi, sicut per Paulum illi quibus ipse dicit : *Imitatores mei estote sicut et ego Christi* (I Cor. iv) ; et mali servi, ut per Philippum Simon magus natus est. Et per carnales servos nascuntur non solum mali in damnabilem servitutem qui eos imitantur; sed etiam in laudabilem libertatem quibus dicitur: *Quæ dicunt facite, quæ autem faciunt nolite facere* (Matth. xxiii). Hoc autem sacramentum quisquis in populo Dei prudenter agnoscit, unitatem spiritus et vinculo pacis usque in finem quibusdam cohærendo quosdam tolerando custodit. *Paravit enim*. Quasi dicat: Non frustra impetunt cœlum, vel merito non erubescit vocari Deus eorum, quia *paravit illis civitatem*, in qua erunt sui concives. *Fide* etiam invisibilium *obtulit Abraham*, non ira, sed voluntate, *Isaac, cum tentaretur a Deo*, id est cum Deus ostenderet qualis esset ad exemplum aliorum. Non enim tentavit Deus Abraham, quasi qui fidem ejus ignoraret, sed ut ipse Abraham et mundus fidei ejus unitatem et firmitatem cognosceret, et Unigenitum offerebat, qui *susceperat*, id est *in quo* factæ erant *repromissiones ad quem dictum est: Quia in Isaac vocabitur tibi semen*. Quasi aliis quæreret : Quomodo ergo Deum veracem credebant ? subit : *Arbitrans quia potens est Deus et a mortuis suscitare illum*, sicut et de nihilo facere. [Ambrosius] Non trepidavit Abraham credere quando promittebatur, non trepidavit offerre quando exigebatur. Ejus dextera erigitur ad sacrificium, ut moreretur cujus cor erectum est ad fidem, ut nasceretur. Nec fuit religio credentis contraria devotioni obtemperantis. Promissionem enim pius Pater fideliter tenens quam per hunc oportebai impleri quem Deus jubebat occidi, non hæsitavit quod sibi reddi poterat immolatus, qui dari potuit non speratus ; non sibi fecit quæstionem quasi de contrariis, et sibi adversantibus verbis Dei promittentis filium nasciturum, et postea dicentis : Occide mihi filium tuum. Sed erat in corde ejus fides inconcussa et non deficiens qua credidit Deum qui dedit, ut ille de sensibus nasceretur posse, etiam de morte reparare. [Augustinus] *Unde*, scilicet quia tantam habuit fidem, *et accepit eum in parabolam*, id est non solum in re, sed etiam in significatione. Intellexit enim Christum significari, cujus deitas non moritur, sed aries hærens cornibus inter vepres, id est caro Christi laborans inter Judæos in cornibus crucis potuit Deo offerrri spinis Judaicis ante coronationem. *Fide et de futuris*, quæ non videbantur habita, *bendixit Isaac, Jacob et Esau.* Isaac enim fidem habuit qua credidit, non solum quod benedictus est melior, sed etiam quod Christianus populus supplantaret benedictionem Judæis.

Vers. 21-31. — *Fide Jacob moriens singulos filiorum Josseph benedixit, et adoravit fastigium virgæ ejus. Fide Joseph moriens de profectione filiorum Israel memoratus est et de ossibus suis mandavit. Fide Moyses natus, occultatus est mensibus tribus a parentibus suis, eo quod vidissent elegantem infantem, et non timuerunt regis edictum. Fide Moyses grandis*

---

(44) Aug., contra Jul.

factus, negavit se esse filium filiæ Pharaonis magis eligens affligi cum populo Dei, quam temporalis peccati habere jucunditatem, majores divitias æstimans thesauro Ægyptiorum improperium Christi. Aspiciebat enim in remunerationem. Fide reliquit Ægyptum non veritus animositatem regis. Invisibilem enim tanquam videns sustinuit. Fide celebravit Pascha et sanguinis effusionem, ne qui vastabat primitiva tangeret eos. Fide transierunt mare Rubrum tanquam per aridam terram, quod experti Ægyptii devorati sunt. Fide muri Jericho corruerunt circuitu dierum septem. Fide Raab meretrix non periit cum incredulis, excipiens exploratores cum pace.

Item, *Jacob moriens,* fide habita de his quæ non videbantur, *benedixit singulos* filiorum Joseph, scilicet Ephraim et Manasse, quia singulis cancellatis manibus propriam benedictionem dedit, et dextera super Ephraim posita, læva autem super Manassem minorem majori præposuit. *Et adoravit fastigium,* vel super fastigium, *virgæ ejus.* Quid est quod adoravit super cacumen virgæ Joseph, forte tulerat a filio virgam quando ei idem filius jurabat, et dum eam tenet post verba jurantis nondum illa reddita mox adoravit Deum. Non enim pudebat eum ferre tantisper insigne potestatis filii sui, ubi virga magnæ rei futuræ præsignabatur, id est regni Christi futuri in gentibus. Et est sensus: Et adoravit Deum, scilicet erectus et incumbens, super fastigium, id est cacumen, virgæ ejus. Vel mystice sine, super, adoravit fastigium ejus, id est Christum per quem in Ægyptum dominum et disciplinæ virgam habuit. Vel, adoravit super fastigium virgæ ejus, id est super regnum Christi, id est pro regno Christi futuro in gentibus, quem in illo significabatur, oravit. Item *Joseph moriens fide* habita de futuris, *memoratus est de profectione filiorum Israel* de Ægypto, ubi significabatur fidelium redemptio a peccatis, et fide futuræ resurrectionis. *De ossibus suis mandavit,* adjurans filios Israel, ut asportarent ea in terram promissionis et reconderent ea in sepulcro patrum suorum, scilicet in spelunca duplici, in qua sepulti sunt Abraham, Isaac, et Jacob, et cæteri patres, ubi Adam et Eva quiescebant: quod ideo voluerunt, quia in ea terra præviderunt nasciturum Christum, ut cum eo resurgerent. Item *Moyses* ex quo *natus est occultatus est a parentibus suis mensibus tribus,* et hoc *fide,* id est per fidem ipsorum parentum qui credebant Deum esse facturum aliquid magnum per eum, cum esset adeo elegantis formæ. Unde subdit: *Eo qnod vidissent elegantem infantem,* quia ab ortu fuit illi infusa magna gratia venustatis, non natura, sed dono Dei. *Et propter hoc non timuerunt* parentes ejus *edictum regis,* qui omnes masculos Hebræorum filios necari præceperat. Item *Moyses grandis factus* fide, id est per fidem invisibilium, *negavit se esse filium filiæ Pharaonis,* magis eligens affligi cum populo Dei, *quam habere jucunditatem* carnalem *temporalis,* id est transitorii *peccati.* Peccatum enim esse putavit, se lætari

in aula regis, dum fratres sui affligerentur: maximæ vero fidei est, spernere jucunditatem. Ipsi, dico **260** æstimans improperium Christi esse majores divitias thesauro Ægyptiorum, id est majus æstimavit esse ferre improperium Christi, quam affluere divitiis Ægyptiorum. [Chrysost.] Improperium Christi dicit, vel illud quod pateretur pro Christo, vel quod significabat in propria Christi figura, vel quod Moyses sustinuit a suis fratribus quos liberare volebat, sicut Christus a snis quos redimere venerat. Illi enim dixerunt Christo: *Dæmonium habes* (Joan. VIII). Isti Moysi, vis nos interficere, sicut interfecisti Ægyptum? quod tamen patienter sustinuit, sicut Christus. *Aspiciebat enim,* in æternum patienter sustinentium *remunerationem,* vel renumeratorem, ad quam ibat, *Fide etiam Moyses reliquit Ægyptum,* educens filios Israel, *non veritus animositatem regis.* Cui contrarium videtur, quod mortuo Ægyptio discessit inde in terram Madian. Sed quod prius fugit in terram Madian, non fuit metus, sed fides, quia credebat se a Deo liberari. Noluit ibi manere: ne esset causa jactantiæ, si in apertum periculum se præcipitaret, et sic Deum tentaret, quod diabolicum est. Sancti enim quandiu habent quid faciant, non debent Deum tentare, sed cedere, ut et Dominus locum dedit, qui etiam suis præcepit, dicens: *Si vos persecuti fuerint in una civitate, fugite in aliam* (Matth. X). *Invisibilem enim.* Quasi dicat: Ideo non fuit veritus, quia invisibilem, id est Deum quem non videbat, *tanquam videns,* id est ac si videret, *sustinuit,* et in eo confidit exspectans quod promiserat, et ideo non. Item, *Moyses fide,* id est per fidem. *celebravit Pascha,* quod causa transitus fuit. Hac utique fide, quia sic credidit populum salvandum, scilicet, et illos a Pharaone, et nos a diabolo, Et celebravit *effusionem sanguinis,* quo linierunt utrosque postes, et superliminare domus, *ne angelus percutiens, qui vastaret primitiva,* vel primogenita Ægyptiorum, *tangeret eos,* sanguine exterritus; quod utique factum est in figura liberandorum per sanguinem Christi. Item, *fide,* id est per fidem qua credebant Deo promittenti, *transierunt per mare Rubrum tanquam per aridam terram,* et ne videretur hoc casu factum esse, non fide, vel ne videretur phantasia fuisse, addit: *Quod experti Ægyptii devorati sunt.* Sic et per baptismum fideles transierunt remissis peccatis, tanquam Ægyptiis cum diabolo principe tenebrarum submersis. *Fide,* etiam quam filii Israel habebant, *muri Jericho corruerunt,* completo a Levitis arcam Domini portantibus, et æneis tubis clangentibus, *circuitu septem dierum,* sicut hujus mundi obstacula cadunt ad voces prædicantium, dum in hoc tempore Ecclesia novatur, vel movetur Christo duce tanquam Josue circuiens orbem terrarum. Item, *Raab,* licet esset, *meretrix non periit in incredulis.* Et hoc fide, id est per fidem hanc, scilicet, quia credidit terram a Deo Judæis tradendam, et ideo excepit exploratores eorum. Unde subdit: *Excipiens exploratores cum* *pace.* Quid ergo vos facere debetis qui prophetas et Christum audistis? Utique debetis duo testamenta per apostolos tanquam exploratores a Christo missos credendo excipere. Et ita cum infidelibus non peribitis.

Vers. 32-35. — *Et quid adhu cdicam? Deficiet enim me tempus enarrantem de Gedeon, Baruch, Samson, Jephte, David, Samuel et prophetis, qui per fidem vicerunt regna, operati sunt justitiam, adepti sunt repromissiones. Obturaverunt ora leonum, exstinxerunt impetum ignis, effugarunt aciem gladii, convaluerunt de infirmitate, fortes facti sunt in bello, castra verterunt exterorum, acceperunt mulieres de resurrectione mortuos suos.*

Et quid. Quasi dicat : Multa fidei facta dixi, et plura credentium exempla posui. *Et quid adhuc dicam?* Si volo singula prosequi quæ fide facta sunt. Quasi dicat : Infinita sunt. *Deficiet enim me tempus* epistolæ hujus, vel tempus vitæ, enarrantem de *Gedeon*, qualiter accepto signo velleris a Domino ivit contra Madianitas cum 300 viris, expugnavitque eos noctu ; et de *Barach*, de quo in libro Judicum legitur quod, Jabin rege Chanaan affligente filios Israel, Debora prophetissa, quæ judicabat Israel tempore illo, præcipit Barach filio Abynoen ut assumeret decem millia pugnatorum : fecit ; et iret contra Sisaram principem exercitus Jabin, qui dixit se ire, si ipsa cum eo iret. Itaque et ivit ipsa cum eo. Dominus autem exterruit exercitum Jabin quem congregaverat Sisara ad torrentem Cison. Fugitque Sisara ad tentoria Jabel uxoris Abercinei, ubi cum absconditus dormisset Jabel, clavum tabernaculi percussum cum malleo defixit in cerebrum ejus usque ad terram, et mortuus est. Et ecce Barach sequens Sisaram veniebat, egressaque Jabel in occursum ejus, dixit ei : *Veni et ostendam tibi virum quem quæris. Quæ cum introisset, vidit Sisaram jacentem mortuum* (*Jud.* iv). Humiliavit ergo Deus die illo Jabin regem Chanaan coram filiis Israel. Et de *Samson*, qui ut legitur in libro Judicum afflixit vehementer Philisthæos. Et de *Jephte*, qui cum iret ad pugnam contra hostes vovit Domino, quoniam si triumphum de hostibus daret, vel assequeretur, rediens quod primo occurreret offerret Domino, occurritque ei filia quam immolavit : nec laudatur Jephte quod filiam occidit, sed quod per fidem Deo juvante hostes superavit. (14*) Abraham vero non solum non culpatur crudelitatis crimine, verum etiam laudatur pietatis nomine quod filium non scelerate, sed obedienter voluit occidere. Et merito quæritur utrum pro jussu Dei sit habendum quod Jephte filiam sibi occurrentem occidit, cum id se vovisset Deo immolaturum quod ei redeunti de prælio victori primitus occurrisset. Nec Samson aliter excusatur quod ipsum cum hostibus ruina domus oppressit, nisi quia Spiritus latenter hoc jusserat, qui per illum mirabilia faciebat. Et de *David*, et de *Samuel*, et de aliis prophetis qui per fidem devicerunt

(44*) Augustinus, De civit. Dei.

regna, et operati sunt justitiam, Id est æquum judicium. [Chrysost.] Et si recusabat dicere quæ singulis fecerunt, dicit tamen quæ quidam fide operati sunt. Sapienter historiarum commemorationem vitat, ne sermonem suum protelet, breviter quædam tangens ; nec enim omnino tacuit, nec dicens molestus effectus est. Fugit densitatem, longitudinem, ne fatigaret auditorem.

Et *adepti sunt*, fide, *repromissiones*, id est ea quæ repromittebantur, ut victoriam et alia. Promissiones multæ factæ sunt, ut David. Abrahæ et aliis. *Obturaverunt.* Quasi dicat : Non tantum homines vicerunt, sed etiam bestias, quia obturaverunt *ora leonum*, ut Daniel. Pluralem numerum pro singulari, sicut in sequenti, ubi ait : *Secti sunt.* Solus enim Daniel significatur ora leonum clausisse, et solus Isaias sectus est ; sicut et in Psalmo etiam pluralis numerus pro singulari ponitur, ubi dicitur : *Astiterunt reges terræ, et principes convenerunt in unum* (*Psal.* ii). Nam reges dixit pro Herode, et principes pro Pilato. *Exstinxerunt impetum ignis*, ut tres pueri missi a Nabuchodonosor in fornacem ignis, et *effugarunt aciem gladii*, id est exercitum accinctum gladio, ut Josue, David, et alii multi ; et *convaluerunt de infirmitate*, ut Ezechias, et Job ; et *fortes facti sunt in bello*, id est in prælio, ut Josue, et Judas Machabæus, et alii ; *et castra exterorum*, id est inimicorum sæpe *verterunt* in fugam. *Mulieres* etiam *acceperunt mortuos suos* venientes *de resurrectione*, id est resuscitatos, ut per Eliam, et per Eliseum factum est. (45) Attendendum est quod in Veteri Testamento sæpe patribus in his quæ dicta sunt, et aliis hujusmodi temporalis feliciter monstratur exhibita ; in Novo Testamento, non est tempus talium rerum : ante dedit Deus talia ad veterem hominem pertinentia ut præter eum intelligatur alius largiter etiam terrenæ felicitatis quæ ad veterem hominem pertinet. In Christo autem novo homine novis nova promittit, id est æterna. Unde et ipse in conspectu inimicorum voluit pati, et irrisus mori tanquam derelictus a Deo, ut gratia Novi Testamenti commendaretur, qua disceremus aliam quærere felicitatem, pro æterna contemnere, usque ad mortem pertulit persequentes ac sævientes, et quasi victo et oppresso superbo illudentes. Quod vero carnem suam resuscitavit, et discipulorum aspectibus et contactibus reddidit, eisque videntibus in cœlum ascendit, ipsos ædificavit, et quod exspectare deherent, et evidentissima veritate monstravit. Unde et Jacobus, Veteris et Novi Testamenti dividens *sustinentiam*, inquit : *Job audistis, et finem Christi vidistis* (*Jac.* v). Quasi dicat : Mala temporalia patiamini, ut Job, sed pro hac sustinentia non temporalia bona sperate quæ illi aucta redierunt, sed æterna potius quæ in Christo præcesserunt.

Vers. 35-40. — *Alii autem distenti sunt, non suscipientes redemptionem, ut meliorem invenirent resurrectionem. Alii vero ludibria et verbera experti,*

(45) Id., in lib. De grat. nov. Test.

insuper et vincula et carceres, lapidati sunt, secti sunt, tentati sunt, in occisione gladii mortui sunt. Circuierunt in melotis, in pellibus caprinis, egentes, angustiati, afflicti; quibus dignus non erat mundus; in solitudinibus errantes, in montibus, et speluncis, et in cavernis terrae. Et hi omnes testimonio fidei probati non acceperunt repromissionem, Deo pro nobis melius aliquid providente, ut non sine nobis consummarentur.

Alii autem. Ecce supradictum est quanta per fidem fecerunt. Modo dicit quanta pro fide **261** passi sunt. Quasi dicat : Praedicta per fidem operati sunt, haec *autem* pro fide passi sunt : *alii* scilicet *distenti sunt* in equuleo et aliis tormentis, *non suscipientes redemptionem,* id est evasionem praesentem de manu inimicorum, *ut invenirent resurrectionem,* id est vitam aeternam, *meliorem* illa redemptione, id est liberatione. Vel, invenirent resurrectionem, tanto meliorem, quanto magis patiebantur. [Chrysost.] Quanto magis enim quis patitur, tanto gloriosius coronabitur. *Alii vero ludibria et verbera experti* sunt, *insuper et vincula et carceres.* Per hoc quod dicit, *insuper,* notat haec in eisdem personis fuisse. *Lapidati sunt,* ut Jeremias in Aegypto, Ezechiel in Babylone; *secti sunt,* ut Isaias; *tentati sunt* promissionibus *in occisione gladii,* id est gladio facta; *mortui sunt;* ut Urias, Josias. (45·) Ecce per hoc patet quod in illis patribus veteris testamenti quamvis rara fuerunt, tamen etiam usque ad mortem exempla patientiae a sanguine Abel, usque ad sanguinem Zachariae : quorum sanguinem dicit Dominus ab eis exigendum qui in patrum suorum a quibus illi occisi sunt iniquitate persisterent. Et in novo testamento, nec defuit, nec deest bonorum fidelium multitudo, qui in ista temporali felicitate praepolleant, et in ea largitoris Dei bonitatem misericordiamque experiantur. Deinde adhuc etiam subdit alia antiquorum patientiae exempla, dicens : *Circuierunt* multa mundi loca *in melotis.* Melota vestis est de pilis camelorum. Vel melotus est animal, quod et taxus dicitur, cujus pellis melota dicitur, et est valde hispida. Et *in pellibus caprinis,* ut Elias, et alii; *egentes* necessariis; *angustiati* cura animi, *afflicti* laboribus. *Quibus,* id est quorum conversatione, *dignus non erat mundus,* id est amatores mundi. Et ideo ne viles habeantur isti pro tribulationibus. Vel, quibus dignus non erat mundus, id est adeo viles erant hominibus. Quasi dicat : Non erant digni habitare inter eos. *In solitudinibus errantes,* ut Mathathias, et sequaces ejus : et ante eum, Elias et filii prophetarum sub Jesabel. *Et in montibus, et in speluncis, et in cavernis terrae.* Distingue : Speluncae sunt quae naturales sunt, cavernae quae aliquo casu fiunt. *Et hi.* Quasi dicat : Tanta per fidem antiqui fideles operati sunt, vel passi pro fide. *Et tamen hi omnes probati testimonio fidei,* id est quod fides de his perhibuit, *non adhuc acceperunt repromissionem,* id est plenam corporis et animae beatitudinem, id est duas stolas etsi singulas, *Deo aliquid pro nobis melius providente, ut non consummarentur,* id est perficerentur, *sine nobis,* id est in communi gaudio omnium, ut majus fieret singulorum. Et si enim singulas acceperunt, non tamen geminam stolam habebunt usque ad communem resurrectionem, ut omnium consummatio fidelium simul fiat. Vel illi priores non acceperunt, statim repromissionem, id est permissam vitam usque ad Christum. Cur non ? Deo providente aliquid melius, scilicet ut naturam nostram assumeret, et gloriosius eos nobiscum exaltaret. Unde addit, ut non sine nobis consummarentur, id est requie et visione Dei fruerentur. Et si illi tenuerunt fidem qui tandiu exspectaverunt requiem, multo magis nos teneamus qui statim accipimus.

CAPUT XII.

VERS. 1-17. — *Ideoque et nos tantam habentes impositam nubem testium, deponentes omne pondus, et circumstans nos peccatum, per patientiam curramus ad propositum nobis certamen : aspicientes in auctorem fidei, et consummatorem Jesum qui proposito sibi gaudio sustinuit crucem confusione contempta, atque in dextera sedis Dei sedet. Recogitate enim eum qui talem sustinuit a peccatoribus adversum semetipsum contradictionem, ut ne fatigemini animis vestris deficientes. Nondum enim usque ad sanguinem restitistis, adversus peccatum repugnantes, et obliti estis consolationis, quae vobis tanquam filiis loquitur dicens : Fili mi, noli negligere disciplinam Domini, neque fatigeris, dum ab eo argueris. Quem enim diligit Dominus castigat; flagellat autem omnem filium quem recipit. In disciplina perseverate. Tanquam filiis vobis offert se Deus.*

Ideoque et nos. Post fidei commendationem ad illud quod coeperat redit exhortans eos ad patriam pluribus modis, et praecipue ipsius Christi exemplo, Quasi dicat: Quia alii sustinuerunt. Ideoque. Quasi dicat : Propter hanc causam, sicut et propter alias. *Et nos habemus tantam nubem testium,* id est tantam multitudinem sanctorum, qui sunt testes fidei, qui ut nubes exemplo suo in aestu tribulationum nos refrigerant, et doctrinis compluunt. *Impositam,* nobis in exemplum fidei et operum. *Deponentes* prius *omne pondus* peccatorum quod est jam, *et peccatum circumstans nos,* id est peccatum quod circumstat et imminet nobis, et si nondum insit. Vel, deponentes pondus, taedium quod fit per tribulationes, ut scilicet jam non taedeat pati; et peccatum circumstans nobis, id est renuntiantes peccatis quae undique circumveniunt, *per patientiam* succincti atque expediti. Cur minus sine dubitatione *ad certamen* martyrii, quia propositum nobis. *Curramus* dico *aspicientes in auctorem fidei* in praesenti, et in *Jesum consummatorem* nostri in futuro. Quasi dicat : Quia tantus est dator fidei, currere debemus,

---

(45·) Aug., in lib. De grat. nov. Test.

et quia idem consummat plena beatitudine, et quia idem passus est. Unde subdit : *Qui æterno gaudio, ad quod per passionem itur, sibi proposito sustinuit crucem, confusione contempta*, id est neglecta verecundia humana. Sic et nos æterno gaudio proposito nobis posthabita confusione debemus currere. Vel, proposito sibi gaudio temporalis regni. Potius sustinuit crucem confusione contempta, quia voluerunt turbæ eum rapere, ut facerent regem (*Joan.* VI). quod noluit, quia ipse erat via humilitatis. (46) Omnia enim bona terrena contempsit homo Christus, ut contemnenda monstraret ; et omnia terrena mala sustinuit quæ sustinenda præcipiebat, ut nec in illis quæreretur felicitas, nec in istis timeretur infelicitas. Natus enim de matre, quæ quamvis a viro intacta conceperit, semperque intacta permanserit, fabro tamen desponsata erat, omnem carnalis nobilitatis tumorem exstinxit. Natus et in civitate Bethlehem, quæ inter omnes civitates Judææ erat exigua, noluit quemque de terrenæ civitatis sublimitate gloriari. Pauper etiam fons est cujus sunt omnia, ne de terrenis divitiis quisquam extolleretur ; noluit rex ab hominibus fieri, quia humilitatis viam ostendit miseris. Esuriit qui omnes pascit ; sitivit qui est fons sitientium ; fatigatus est ex itinere qui viam nobis fecit in cœlum ; obmutuit et obsurduit, per quem mutus locutus est et surdus audivit ; vinctus est qui infirmantium vincula solvit ; mortuus est qui mortuum suscitavit. Amore itaque ejus similia patiamur. (46) Tunc enim impletur lex, dum non cupiditate rerum temporalium, sed charitate illius qui præcepit, fiunt quæcunque præcepit.

Recogitate enim. Quasi dicat : Quod Jesus sustinuit crucem debet nos animare, quia hoc etiam minus, scilicet quod contradictionem. Quasi dicat : Aspicite Jesum qui sustinuit crucem. *Recogitate enim, ut sequamini eum, qui sustinuit*, non dico in membris, sed *adversus semetipsum*, id est in sua propria persona, *talem*, id est tam vehementer *contradictionem* in omnibus advérsis : et hoc *a peccatoribus.* Quod valde indignum est. Recogitate, dico, *ut* attendentes *non fatigemini* quibuslibet adversis, *deficientes vestris animis*. Quasi dicat : Et si corpus deficit, animus stet. Deficere est tribulationis timore fidem negare. *Nondum enim.* Quasi dicat : Et non debetis deficere, *nondum enim restitistis usque ad sanguinem*, id est usque ad effusionem sanguinis, et vestra amisistis. (47) Perfectior in hac vita dilectio nulla est ea ad quam sancti martyres pervenerunt, qui contra peccata usque ad sanguinem certaverunt. Ideoque injuria est in Ecclesia pro martyre orare, cujus debemus orationibus commendari, pro aliis autem defunctis oratur. Vos, dico, *adversus peccatum*, id est infidelitatem, vel alia quælibet peccata *repugnantes* ; quod bonum est.

(46) Aug., in lib. De catechiz, rudibus.
(46*) Id., in eod.
(47) Id., De verb. Apost.

Et item ideo non debetis deficere, sed adhuc facere idem. *Et*, id est quia, *estis* vos *obliti consolationis*, ie est Christi in Scriptura consolantis? Quasi dicat : Non debetis oblivisci. *Quæ* consolatio, id est Christus consolator, *loquitur vobis tanquam filius ejus*, id est Christi a quo fit consolatio. Loquitur, inquam, dicens : *Fili mi*, hæc sunt verba Christi in Proverbiis Salomonis: *Noli negligere disciplinam Domini*, id est tribulationes quibus erudiris a Domino ; *neque fatigeris* usque ad defectum, *dum argueris ab eo*, qui purgat peccata. Et non debes fatigari dum argueris ; *quem enim diligit Dominus*, ut coronet, *castigat*, id est castum facit corripiendo. *Flagellat autem* quolibet modo *filium quem recipit*, id est quem recepturus est in hæreditatem æternam. Addit : *Omnem*, etiam innocentem qui sine omni peccato. Si ergo exceptus est a passione flagellorum, exceptus est a numero filiorum. (48) Unicus ille de Patris substantia natus, æqualis Patri in forma Dei, Verbum quo facta sunt, non habebat unde flagellaretur. Ad hoc autem carne **262** indutus est, ut sine peccato, relinquit adoptatum qui est cum peccato. Unicus sine peccato, non tamen sine flagello, exemplum nobis proposuit in passionibus suis. (49) Non ergo conturbari debemus, cum aliquis sanctus gravia et indigna perpetitur, si obliti non sumus quæ pertulerit Justus, Sanctusque sanctorum. Et attendo hic justitiam et misericordiam Dei : justitia est in eo quod flagellat, misericordia in eo quod recipit. Attende etiam quod non ait, omnis qui flagellatur filius est ; sed omnis filius flagellatur. Aliter enim nullus recipitur. Et quia flagellat omnem filium, ideo *perseverate* usque in finem *in disciplina*, patienter ferendo : et debetis, quia in hoc quod disciplinam dat, *offert se tanquam filiis*, id est patrem se esse ostendit. Quod probat per similitudinem humanam, subdens :

Vers. 7-14. — *Quis enim filius quem non corripit pater? Quod si extra disciplinam estis, cujus participes facti sunt omnes : ergo adulteri, non filii estis. Deinde patres quidem carnis nostræ eruditores habuimus, et reverebamur eos. Num multo magis obtemperabimus patri spirituum, et vivemus? Et illi quidem in tempore paucorum dierum, secundum voluntatem suam erudiebant nos : hic autem ad id quod utile est, in recipiendo sanctificationem ejus. Omnis autem disciplina in præsenti quidem videtur non esse gaudii, sed mæroris, postea autem fructum pacatissimum exercitatis per eam reddet justitiæ. Propter quod remissas manus et soluta genua erigite, et gressus rectos facite pedibus vestris, ut non claudicans quis erret, magis autem sanetur. Pacem sequimini cum omnibus et sanctimoniam, sine qua nemo videbit Deum.*

Quis enim filius est quem non corripit pater? id

(48) Id., De pastoribus.
(49) Id., in psal. LXXX.

est cui non det disciplinam, ut non auferat misericordiam. (50) Cædit contumacem, ut reddat hæreditatem, si promissa patris bene audisti vel agnovisti, non timeas flagellari, sed exhæredari. Curre sub manu patris flagellantis, quia dum flagellat, erudit ad hæreditatem. Noli esse iniquo sensu et puerili, ut dicas : Plus amat pater meus fratrem meum, cui permittit facere quidquid vult, quam me, quia si me movero contra jussionem ejus, flagella invenio. Potius gaude sub flagellis, quia tibi servatur hæreditas, illis ad tempus parcit quos et in æternum damnabit. *Quod si extra.* Quasi dicat : Vos filii state in disciplina. *Quodsi extra disciplinam estis, cujus* disciplinæ *participes facti sunt omnes* filii Dei, *ergo estis adulteri,* id est adulterini *filii,* et non legitimi. Vel adulteri, id est diaboli possessio, et non filii Dei. Nota non jure vocari patrem qui ex adulterio genuerit, quia ab eo geniti nondicuntur filii legitimi. *Deinde.* Item inde hic ostenditur quare debent esse in disciplina. Quasi dicat : Ex præmiseis patet quod in disciplina debetis perseverare. *Deinde,* id est ex his quoque sequentibus idem potest intelligi, scilicet quod *habuimus quidem patres carnis nostræ,* non animæ, *eruditores, et revereamur eos.* Revereri est cum timore honorem impendere. *Nonne ergo multo magis obtemperabimus patri spirituum,* id est animarum quæ non sunt de materia ut corpora ex patribus. *Et vivemus.* Quasi dicat : Item ideo debemus obtemperare, quia per eum vivemus in æternum. Contra, *Et illi.* Item alia ratio hic ostenditur quare obtemperandum est Deo. *Et,* est quia, *illi quidem,* scilicet patres carnis, et *in tempore paucorum dierum erudiebant nos.* Et hoc *secundum voluntatem suam,* id est in his quæ volebant, scilicet in vanis. *Hic autem,* scilicet pater spirituum erudit nos *ad id quod utile est,* id est ad fidem et bonam vitam. Erudit, dico, si sumus *in recipiendo sanctificationem,* id est si recipimus disciplinam *ejus* quæ non sanctificat. Vel ita erudit, ad id quod utile est, scilicet in recipiendo, id est ut recipiamus sanctificationem ejus, id est mundiliam ejus. *Omnis autem.* [Chrysost.] Hic dicit quod poterant objicere ut solvat. Quasi dicat : State in disciplina ; sed verum est quod *omnis disciplina,* [Augustinus] non utique illa quæ a discendo nomen accepit, et dici potest scientia, sed illa quæ pro peccatis est correctio : (51) disciplina enim, quæ Græce dicitur pædia, est eruditio per molestias quando pro peccatis suis mala quis patitur, ut corrigatur, quæ hic intelligitur : est enim disciplina, quæ a discendo nomen accepit, quæ scientia dici potest, et dicitur Græce episteme ; *Omnis,* inquam, *disciplina in præsenti quidem non videtur esse gaudii,* sed *mœroris,* sed non est ita. Si quis modo cogitat futura. *Postea autem,* id est in alia vita, *exercitatis per eam* disciplinam *reddet* Deus *fructum justitiæ,* id est qua justitiam meretur. Fructus, dico, qui non erit sicut fructus hujus mundi qui nunquam in tranquilitate est. Sed *pacatissimum,* id est in omni quiete possidendum, id est pacem qua major non est. *Propter quod,* scilicet ut habeatis talem fructum, *manus,* id est affectum charitatis quo Deum olim complectebamini modo, *remissas,* id est pigras ad eleemosynas, *et genua soluta,* id est fortitudinem qua firmiter statur in genibus quæ soluta est refrigidata charitate, *erigite,* sursum ad Deum, ut nec otio torpeatis, nec debilitate hæsitetis. *Et facite pedibus vestris,* id est fidei vestræ, *rectos gressus, ut* scilicet fides vestra recte incidat, confitendo quod credit, et, si opus est, patiendo. Quæ fides recte dicitur pes, quia totum portat. Ita rectos facite *ut ne quis,* id est non aliquis *erret* a via rectitudinis, id est ut non aliquis deviet a vera vita fidei, sicut et ille qui carnales observantias recipit : quod est errare. Et non sit *claudicans,* id est non claudicet, ut qui timore passionis titubat : *magis autem sanetur,* si erraverit vel timuerit. Vel recti gressus sunt pedibus, recta intentio in operibus. Et est, facite rectos gressus pedibus vestris, [Haimo] id est habete rectam intentionem in operibus, ut non claudicans, quis in bono opere erret a via rectitudinis, id est rectæ intentionis ; magis autem sanetur a peccatis, bona intentione operando. Et *sequimini pacem cum omnibus.* Quasi dicat : Usque adeo patiamini, ut pacem etiam cum tribulatoribus vestris habeatis, quæ est dilectio et concordia. Et sequimini *sanctimoniam,* id est perfectionem in operibus, quia fides sola non sufficit. Vel, sanctimoniam, id est castitatem mentis et corporis. Unde : *Beati mundo corde, quoniam ipsi Deum videbunt* (*Matth.* v). *Sine qua,* scilicet pace et sanctimonia, *nemo videbit Deum.* Adeo necessaria est sanctimonia enim oculum exstinguimus. (52) Ecce quomodo exterruit amatorem boni, non formidatorem mali. Ait, sine qua nemo videbit Deum, ex eo ipso quod desideras te terret. Aliud est timere pœnam, aliud est amare justitiam. Si timore gehennæ non facis malum, est quidem vitæ fides, quia credis futurum Dei judicium. Gaudeo fidei tuæ, sed adhuc timeo malitiæ tuæ. Sit ergo in te pax et sanctimonia, sine qua non videbitur Deus. Nam unde videamus Deum, non habebimus, si contundendo in nobis ipsum oculum exstinxerimus ; simus pacifici, ut agnoscamur filii ; simus mundi corde, ut videamus Deum. *Beati enim pacifici, quoniam filii Dei vocabuntur. Beati mundo corde,* etc. (*ibid.*)

VERS. 15-19. — *Contemplantes ne quis desit gratiæ Dei ; ne qua radix amaritudinis sursum germinans impediat, et per illam inquinentur multi; ne quis fornicator aut profanus, ut Esau, qui propter unam escam vendidit primitiva sua. Scitote enim quoniam et postea cupiens hæreditare benedictionem reprobatus est : non enim invenit pœnitentiæ locum quanquam cum lacrymis inquisisset eam. Non enim accessistis*

---

(50) August., in psal. LXXXIX.
(51) Id., De Trinit.

(52) Aug., in serm. quodam de visione Dei.

ad tractabilem et accessibilem ignem, et turbinem, et caliginem, et procellam, ut tubæ sonum, et voeem verborum.

Contemplantes Quasi dicat : Hortor vos ad pacem et patientiam, et ne dubitetis posse esse tam patientes, quia gratia Dei præsto est. Sed cavete ne desitis ei. Et hoc est: Sequimiui pacem. Vos, dico, *coutemplantes* attentione multa *ne quis*, non solum vos *desit gratiæ* Dei. Quasi dicat: Non solum de vobis, verum etiam de aliis sit cura vobis. Diligenter attendite et considerate ne qui vestrum desit gratiæ, quam humanæ pravitatis meritum sæpe repellit. Hoc autem modo potestis retinere gratiam. Cavete *ne qua radix*, scilicet mala cogitatio, *amaritudinis* id est noxiæ delectationis, ex qua provenit amaritudo *sursum germinans*, id est ad consensum et operationem veniens, *impediat* illam gratiam *et per illam* amaritudinem, non solum ille in quo est, sed etiam ejus exemplo *inquinentur multi* alii. Et ideo grave est. [Haimo] Rsdix amaritudinis mala cogitatio est, quia sicut radix amara dulces fructus non profert, sed sui similes, id est amaros, et fons sulphureus aquas non habiles ad bibendum ; ita mala cogitatio non dulces fructus, id est dilectionem et operationem, sed amaros generat, quibus impeditur iter ad cœlum. Deinde quomodo contemplari debeant ne qua radix amaritudinis germinet, ostendit per partes in quibus aliquos de illis notat, subdens : *Ne quis*, etc. Quasi dicat : Estote contemplantes, *ne quis* vestrum sit *fornicator*, ut cum fide teneat carnales observantias, quasi concubinam quæ est spiritualis fornicatio. [Haimo] Aut profanus, id est prorsus fidem negligens, et alienus a Deo. Profanus enim dicitur, quasi porro, id est longe a fano, id est templo Dei, id est penitus irreligiosus. *Ut Esau.* Vel ad litteram, ne quis sit fornicator aut profanus ut Esau. Erant enim inter Judæos aliqui sectatores Esau in fornicatione etiam in gastrimargia. Esau dicitur fornicator, quia contra voluntatem patris et matris uxores alienigenas duxit. Profanus dicitur, quia gastrimargus, id est ventris servus exstitit et gulosus : unde vendidit primogenita pro lenticula rufa. Unde subdit, *qui propter unam escam vendidit primitiva*, vel primogenita *sua* id est dignitatem primogenitorum, [Chrysost.] Primogenita enim hic appellat honorem et dignitatem sacerdotii, quia ante sacerdotium Aaron omnes primogeniti sacerdotes erant sicut fuit Sem. Et hæc erat dignitas, quia et de substantia et hæreditate paterna majorem portionem sumebat, vestiumque ornatu locupletior splendebat, eique benedictio dabatur. Ecce quam procul a religione fuit Esau. Pro ventre dedit benedictionem, cujus factum jam commemorat ut dehortetur ab illius similitudine. *Scitote enim*, ne sitis ut Esau, quia ipse reprobatus est. *Scitote enim quoniam et postea cupiens hæreditare benedictionem reprobatus est a Deo.* Isaac confirmante benedictionem quod fecerat Jacob. Ita cavendum est istis, ne cum post mortem deberent accipere benedictionem probentur, et pœnitentia eis non valeat : tunc enim infructuosa erit pœnitentia, in cujus rei figura nec Esau profuit. Unde subdit : *Non enim*. [Haimo] Quasi dicat: Vere caruit benedictione. *Non enim invenit locum pœnitentiæ*, [Chrysost.] id est veniæ, et locum benedictionis per pœnitentiam, non quod non pœniteret, sed quia non pœnituit ut debuit, dicens : *Venient dies luctus mei Isaac et occidam fratrem meum Jacob (Gen.*, xxvii]. Non invenit, dico, *quanquam inquisisset eam* benedictionem *cum lacrymis*, non cum veris. Lacrymæ enim illæ potius fuerunt ex indignatione contra Deum, et ex dolore amissi honoris, quam ex humilitate veraque pœnitentia.

Non enim dixerat et monuerat, ne quis desit gratiæ his modis quos subdidit. Nec debet aliquis deesse, parata est enim gratia. Et hoc est quod hic ostendit : *Non enim accessistis ad asperitatem legis quam describit*, ut econtrario intelligatur suavitas gratiæ. Mos enim comparantium rem rei est, ut alteram deprimant, et alteram extenuent, ut sic alterius eminentia clarescat; sic Apostolus ex comparatione illorum quæ fuerunt in veteri testamento nostra majora declarat et meliora. Illorum ergo asperitatem describens, ait: *Non enim accessistis ad ignem tractabilem*, id est palpabilem, *et accessibilem*, quod scilicet motu corporis acceditur, sed ad Spiritum sanctum qui est ignis consumens peccata, ad quem non motu corporis, sed spiritu mentis itur. Et non accessistis *ad turbinem*. Turbo est vis ventorum cum grandine et pluvia. Hæc ad litteram in datione legis facta sunt. Turbo autem significat impetum vitiorum quæ per legem magis dominata sunt; modo autem venitur ad serenitatem virtutum per gratiam. Vel turbo significat comminationem ipsius legis. Si quis hoc vel illud fecerit, moriatur. *Et caliginem.* Caligo est tenebrositas ignis et fumi qua significatur, quia obscura erat lex. Caligo enim mentis obscuritatem significat, modo vero claro intelligentia est. *Et procellam*, quæ major est quam turbo, id est tempestas quæ quocunque modo propellit. Hæc est servitus peccati secundum operationem quæ per legem trahebat homines, modo autem requies est a vitiis imperfectis. [Chrysost.] Vel procella significat ipsam vindictam legis. *Et tubæ sonum*, quæ est signum monitionis ad bellum, quo significantur motus delectationis, qui non per legem, sed per gratiam exstinguuntur. [Haimo] Vel sonus tubæ significat præsentiam et adventum Dei omnipotentis. Unde etiam idem Apostolus alias dicit, loquens de adventu Christi ad judicium. In tuba Dei descendet, descendet de cœlo, id est in voce angelorum. Hæc ad litteram in datione legis facta sunt, ut corda Judæorum prona ad peccandum converterentur, ne auderent legem transgredi. Non hic terror est in Evangelio. *Et vocem verborum.* Vox verborum intelligitur, non ipsius Dei, sed angelorum. Per subjectam enim creaturam, id est per angelum loquebatur Deus Moysi.

VERS. 19-24. — *Quam qui audierunt excusaverunt se, ne eis fieret verbum. Non enim portabant quod dicebatur : et si bestia tetigerit montem lapidabitur. Et ita terribile erat quod videbatur. Moyses dixit, Exterritus sum et tremebundus. Sed accessistis ad Sion montem, et civitatem Dei viventis Jerusalem cœlestem, et multorum millium angelorum frequentiam, et Ecclesiam primitivorum, qui conscripti sunt in cœlis, et judicem omnium Deum, et spiritus justorum perfectorum, et testamenti novi mediatorem Jesum, et sanguinis aspersionem, melius loquentem quam Abel.*

Quam vocem turbarum et angelorum illi *qui audierunt excusaverunt se, ne eis fieret verbum,* id est ne eis loqueretur, dicentes Moysi : *Loquere tu nobis, non loquatur nobis Dominus Deus, ne forte moriamur* (*Exod.* xx). Nimio timore fuerunt percussi. *Non enim portabant quod dicebatur,* id est non poterant ferre vocem angeli præ timore, videntes totum montem Sinai fumare, procellas quoque et tonitrua, et voces tubarum audientes. Et dicebatur eis longe stare a monte, quia *si bestia etiam tetigerit montem, lapidabitur,* grandine, sicut præceperat Dominus dicens : *Longe faciant filii Israel a monte, quia si homo vel bestia tetigerit montem, lapidibus grandinis interficietur* (*Exod.* xix). *Et ita, erat terribile quod videbatur,* ut nec audire auderent, nec accedere ad montem, Nam etiam *Moyses dixit: Exterritus sum et tremebundus.* [Haimo] Multum fuit terribile quod Moysen terruit, et si Moyses est territus, quid ergo alii? utique multo magis territi sunt. Sciendum quod voce illa verborum significatur legis præceptio et comminatio, quam populus gravem putavit et intolerabilem, quia sola præceptio erat sine gratia adjuvante. Non enim portabant quod dicebatur, quia sine gratia insufficientes erant, ad observanda legis præcepta, et dicebatur: Si bestia tetigerit montem, lapidabitur. Mons est Divinitas, bestia, defectus rationis; quod est quando verbum blasphemiæ profertur in Deum; tangere est offendere. Tangit ergo montem ut bestia qui offendit Deum blasphemia, quem præcipit lex sine misericordia lapidari; sed si in Ecclesia vult reverti, misericorditer recipitur. Moyses ibi territus est, quia tantum erat legis asperitas, ut imperfecti terrerentur, quia non erat ibi adjutrix gratia. Modo autem nec imperfectis est gravis præceptio. Conjugum suave est et onus leve, per charitatem infusam in cordibus per Spiritum sanctum (35) Vide ergo distantiam : ibi post Pascha, quod agni immolatione celebratum erat primodie, descendit Deus in Sina in igne, sed plebem longe stantem territans, et digito suo scribens in lapide, non in corde; hic vero Spiritus sanctus qui est digitus Dei, venit ubi congregati erant fideles in unum in igneis linguis, non de longinquo territans, imo sedit supra singulos eorum ; de cœlo quidem factus est subito sonus, quasi ferretur flatus vehemens sonuit, sed nullus expavit. Ibi ignis et fumus, hic autem ignis serenus.

Sed accessistis. [Haimo] Ex superioribus ista pendent, ubi dicit ad quæ accesserint. Post remotionem illorum superiorum, scilicet non ponit contraria eorum quæ ex opposito intelliguntur, sicut supra assignatum est, sed præmium quod ex eis sequitur, ut per hoc magis suadeat tenendam esse gratiam. Quasi dicat : Non accessistis ad tam aspera. *Sed accessistis ad Sion montem,* id est ad eos qui in alto Deum speculantur, quem speculari magnum est præmium ; *et,* pro id est, *ad civitatem Dei viventis,* id est civibus suis vitam æternam dantis, quia in eis Deus habitat, qui eos vivificat, scilicet ad *Jerusalem cœlestem,* id est ad visionem cælestis panis: *et, ad frequentiam multorum millium angelorum,* quorum socii futuri estis. Multorum dicit, quia cum pluribus major erit beatitudo. *Et ad Ecclesiam primitivorum,* id est apostolorum qui primi crediderunt, quorum fidei illi adjuncti sunt. Qui apostoli *conscripti sunt in cœlis,* a simili hoc dicit, ut olim dicebantur patres conscripti, quia eorum nomina scripta sunt in libro vitæ. Ac si diceret: Ne dubitetis ad angelos pervenire, quia vestri antecessores pervenerunt. Et hoc est quod ait, qui conscripti sunt in cœlis, id est cum eis qui sunt in cœlis scripti sunt, id est in eorum ordines scripti sunt. Deinde subdit aliud præmium dicens: *Et ad Deum judicem omnium,* id est Christum, cui Pater dedit omne judicium, ita et vos judicabitis cum eo; *Et spiritus,* vel spirituum, vel spiritum, diversæ litteræ, sed ita prosequere : et ad Deum spirituum *justorum perfectorum,* id est ad Deum qui erit possessio spirituum justorum perfectorum, cum erit *omnia in omnibus* (1 *Cor.* xv) : erit quidem aliorum, sed magis perfectorum ; et per hoc suadet ad perfectionem. Vel, accessistis ad spiritus, id est ad animas justorum perfectorum, quibus socii in fide et opere fuerant; vel ad spiritum justorum perfectorum, id est spiritum qui facit perfectos justos, 264 per quem autem hæc omnia habent subdit, dicens : *Et,* accessistis ad *Jesum novi testamenti mediatorem,* id est datorem medium inter Deum et homines, per quem fieri possunt socii angelorum, quia incredibile videbatur quod promittebat Deus, scilicet ex hac mortalitate, corruptione, abjectione, infirmitate, pulvere futuros homines æquales angelis Dei. Non solum Scripturam fecit hominibus, ut crederent, sed etiam fidei suæ ponit mediatorem non quemlibet principem vel angelum, sed unicum Filium, ut qua nos via perducturus esset ad illam ineffabilem immortalitatem et cum angelis æqualitatem, per ipsum Filium ostenderet

---

(33) August., De verb. Apost.

et præberet. Parum enim erat Deo facere Filium suum demonstratsrem viæ : ideo fecit illum viam, ut per illum iremus. Missus est ergo medicus, quem tamen non cognovit ægrotus, ideoque eum occidit, sed aspersus sanguis medici valuit ad medicamentum ægroti. Venit, ut visitaret ; occisus est, ut sanaret. Ideo addidit : *Et accessistis ad aspersionem sanguinis* Christi, id est ad sanguinis Christi emundationem. (Chrysos). Quasi dicat : Hæc omnia habent per Jesum qui dedit Testamentum Novum, et per sanguinem Christi, *melius loquentem quam loquitur sanguis Abel,* quia iste veniam, ille vindictam ; iste salutem, ille damnationem clamat. Iste etiam persecutoribus vitam et indulgentiam implorat, Domino dicente : *Pater, ignosce illis, quia nesciunt quid faciunt* (*Luc.* xxiii). Et nota quod Abel qui fuit primus injuste occisus, posuit pro omnibus aliis quorum sanguis nullam remissionem facere potuit, tunc multo minus sanguis animalium, sed sanguis Christi fecit. Et ideo dicitur melius loqui. Vel certe melius loquitur, id est melius nos loquentes facit, scilicet quod Christus est Filius Dei, a quo redempti sumus, quam sanguis Abel qui facit nos loqui Abel fuisse virum justum, et in figura Christi immolatum.

Vers. 25-29. — *Videte ne recusetis loquentem. Si enim illi non effugerunt, recusantes eum qui super terram loquebatur, multo magis nos qui de cœlis loquentem nobis avertimus, cujus vox movit terram tunc, nunc autem repromittit, dicens : Adhuc semel, et ego movebo non solum terram, sed et cœlum. Quod autem adhuc semel dicit, declarat mobilium translationem tanquam factorum, ut maneant ea quæ sunt immobilia. Itaque regnum immobile suscipientes habemus gratiam per quam serviamus placentes Deo cum metu et reverentia. Etenim Deus noster ignis consumens est.*

Videte. [Haimo] Quasi dicat : Quia ad Deum accessitis, cujus sanguis melius loquitur quam Abel, ergo *videte ne recusetis,* id est contemnatis, *loquentem* Christum per Evangelium, quia carnalia prohibet, spiritualia præcipit. *Si enim illi,* scilicet patres vestri, non effugerunt, id est non evaserunt pœnam, *recusantes eum,* id est Christum, *qui loquebatur eis super terram,* id est qui terrena, scilicet carnales observantias mandabat, per Moysen et terrena promittebat. Vel, recusetis eum, scilicet Moysen, vel angelum, *qui loquitur super terram,* id est terrena. *Multo magis nos,* non effugiemus, *qui advertimus* Christum, *loquentem nobis de cœlo,* id est loquentem nobis spiritualia, et promittentem æterna. Nec debemus recusare, quia ipse idem, *cujus vox tunc,* scilicet cum de terra loquebatur, cum legem dabat im monte Sina, *movit terram,* ut commiuaretur ne recusarent. *Nunc,* non dico minatur, sed *repromittit.* Et ideo multo minus debetis recusare. Promittit, inquam, dicens : *Adhuc ego semel movebo,* in Aggæo hoc legitur, *non solum terram, sed etiam cœlum,* quod inferius est, scilicet aerem. Unde dicitur aves cœli, scilicet totus, aut pœne totus aer iste ventosus quem cœlum vel cœlos Scriptura vocat. Istos utique imos, non illos summos, ubi sol, et luna, et sidera constituta sunt. Dicit hic Scriptura movendos et alibi perituros propter quamdam magnam sui commutationem. Hujus autem auctoritatis Aggæi sensum exponit, dicens : *Quod autem dixit adhuc,* addens *semel,* per adhuc *declarat translationem mobilium* quasi dicat : Jam fuerunt mota ; sed adhuc movebo ; quod potest, quia fecit. Unde subdit : *Tanquam factorum.* Quasi dicat : Potest ea movere, tanquam sua facta. Per *semel* vero quod addit, notat se illa sic movere, *ut maneant,* postea æternaliter, *immobilia* secundum *ea quæ* ipsa, *sunt,* id est secundum id quod sunt ; quia quidquid erunt, vel in principalibus essentiis, vel in formis extrinsecus sumptis, secundum id immobilia erunt. Per semel, ergo notat quod ulterius non sunt movenda, per adhuc, nota ea movenda. *Itaque.* Quasi dicat : Quia cœlum et terram immobilem promittit Deus, *Itaque,* patet quod nos *suscipientes,* nunc in spe, postea vero in re, *regnum immobile, habemus gratiam,* id est fidem, spem, et charitatem cum sancta operatione, sine qua non possemus ad illud promissum pervenire ; sed per eam suscipimus illud regnum immobile : et ideo nullus desit gratiæ. Vel secundum aliam litteram, scilicet habeamus. Quasi dicat : Quia immobilia promittit, itaque, nos suscipientes regnum immobile, habeamus gratiam, id est agamus Deo gratias de omnibus, non murmurantes in aliquo, quia sic bene servitur Deo. Unde subdit : *Per quam gratiam serviamus, placentes Deo.* Et hoc *cum metu,* quia Deus est, id est timentes eum ut Deum et judicem omnium, *et cum reverentia,* id est cum amore honoris, quia Pater est, id est diligentes eum ut patrem, *Etenim.* Quasi dicat : Vere per gratiam possumus placere illi. *Etenim,* id est quia, *Deus,* id est Spiritus sanctus qui est gratia et donum factus, *noster,* quia gratis nobis datus est, *ignis,* quia est amor Patris et Filii, *consumens* omnia peccata. Spiritus enim dicitur ignis consumens, quia rubiginem peccatorum consumit, et ad charitatem ascendit corda hominum. Et per hoc quod purgat nos et facit servire in virtutibus, placemus Deo.

CAPUT XIII.

Vers. 1-6. — *Charitas fraternitatis maneat in vobis. Et hospitalitatem nolite oblivisci. Per hanc enim placuerunt quidam angelis hospitio receptis. Mementote vinctorum tanquam simul vincti, et laborantium tanquam et ipsi in corpore morantes. Honorabile connubium in omnibus, et thorus immaculatus. Fornicatores enim et adulteros judicabit Deus. Sint mores sine avaritia, contenti præsentibus. Ipse enim dixit : Non te deseram neque derelinquam. Ita ut confidenter dicamus : Dominus mihi adjutor est, non timebo quid faciat mihi homo.*

Charitas. Ab hoc loco moraliter instruit eos Apostolus. Quasi dicat : Et quia charitas est habenda, ergo *charitas fraternitatis maneat in vobis,* id est charitas sit inter vos, quia fratres estis ut vos invicem tanquam fratres diligatis. *Et hospitalitatem nolite oblivisci.* Oblivisci dicit, quia hanc habuerunt antequam exspoliarentur suis rebus. Merito, dico, ut non obliviscamini. [Haimo] *Per hanc enim placuerunt quidam* Deo *angelis receptis hospitio,* ut Lot recepit eos nesciens esse angelos, sciens tamen quod in eis esset Deus. (54) Unde alia translatio habet : Per *hanc enim quidem nescientes hospitio receperunt angelos,* ut Abraham et Lot, nescientes esse angelos, sed arbitrantes esse homines in quibus Deus esset et loqueretur: Abraham enim humanitatis officia praebens quae necessaria, nisi iufirmae carni, esse non possent. Mirum est, nisi homines esse arbitratus est, sed in quibus Deum loqui intellexit, quibusdam diem majestatis existentibus et apparentibus signis, sicut in hominibus Dei saepe apparuisse Scriptura testatur; postea vero angelos esse cognovit, cum se vidente in coelos irent. Sic et Lot qui occurrit angelis, et adoravit in faciem, videtur intellexisse quod angeli essent, sed rursus cum ad refectionem corporis invitat quae mortalibus necessaria est, videtur putasse quod homines essent. Ergo potest hic dici sicut dictum est de tribus qui venerunt ad Abraham, scilicet apparebat quibusdam signis divinitus esse missos, qui tamen homines esse crederentur. Exhibuit itaque hospitalitatem ut sanctis hominibus Dei, quia Deum esse cognovit cum eis, sicut ipse Abraham angelos esse nesciret. Et Abraham in tribus, et Lot in duobus Deum esse noverunt. Cui cum per singularem numerum loquebantur eos homines esse arbitrabantur, cum eis tanquam indigentibus humanam refectionem ministrabant. *Mementote.* Hic monet eos ad aliud bonum, scilicet ut vinctis subveniant ministrando. Quasi dicat : Praeter hospites, *mementote,* etiam bene faciendo, *vinctorum* pro fide Christi, ita eis compatientes, *tanquam,* scilicet *vincti* essetis, et ita compatiamini et subvenite eis, quasi cum eis **265** vincti essetis. Et mementote *laborantium* eorum, quibus imminet labor, *tanquam et ipsi in corpore commorantes,* per quod experti estis quid necesse est laborantibus. [Haimo] Et est sensus : Subvenite vinctis et laborantibus, sicut velletis subveniri vinctis et laborantibus vobis. *Honorabile* etiam *connubium,* non meretricale sit. *In omnibus,* ut scilicet amore filiorum uxor ducatur legitima temporibus, quia certis ab abstineatur. *Et thorus immaculatus,* non adulterium, id est sine macula fornicationis sit in vobis. *Fornicatores enim et adulteros judicabit Deus.* [Augnstinus] id est aeternaliter condemnabit, etsi aliter quidam putent dicentes peccata carnis Deum non curare. *Sint mores,* id est vita, *sine avaritia,* id est largiendi tenacitate. Monet ut non sint tenaces in habitis, et sint *contenti praesentibus.* Per hoc monet ut non sint cupidi, non habito-

rum. [Chrysost.] Avarus est qui tenax est in largiendo, cupidus in accipiendo. Hoc ideo dicit, quia istis fortassis postquam perdiderant propriam facultatem volebant congregare iterum divitias, quod prohibet hic. Sed ne forte dicerent : Quid facturi erimus si suffragia necessaria nobis defecerint? Protinus subdit consolationem adhibens testimonium de libro Jesu Nave. *Ipse enim* Dominus omnipotens *dixit* ad Jesum Nave : *Non te deseram, quin dem necessaria ; neque derelictam.* Derelinquetur ille qui fame periret. Sed quia hoc non est, non sit homo cupidus. [Haimo] Hoc post mortem Moysis dixit Dominus Josue : *Ita sicut fui cum Moyse, ita ero tecum. Confortare et esto robustus, non te deseram neque derelinquam (Josue.* I). Hoc autem dicit, omni speranti in se sicut Josue. Hoc enim nobis promittit si in illo spem nostram ponimus. Non tenacibus, non cupidis sit ista promissio, sed sperantibus in Deo. Unde subdit : Ita, scilicet est nobiscum ut confidenter dicamus : *Dominus mihi adjutor est,* supplendo necessaria. Et ideo *non timebo quid faciat mihi homo,* etiam si auferat mea. Hominis nomine intelligitur omnis adversarius etiam diabolus, quia homo appellatur ab officio suo quod hominem decipiat. Et quia longum est de singulis dicere, monet sequi magistros, dicens :

VERS. 7-14 — *Memeutote praepositorum vestrorum, qui vobis locuti sunt verbum Dei, quorum intuentes exitum conversationis, imitamini fidem. Jesus Christus heri et hodie, ipse et in saecula. Doctrinis variis et peregrinis nolite abduci. Optimum est enim gratia stabilire cor, non escis, quae non profuerunt ambulantibus in eis. Habemus altare, de quo edere non habent potestatem qui tabernaculo deserviunt. Quorum enim animalium infertur sanguis pro peccato in sancta per pontificem, horum corpora cremantur extra castra. Propter quod et Jesus, ut sanctificaret per suum sanguinem populum, extra portam passus est. Exeamus igitur ad eum extra castra, improperium ejus portantes. Non enim habemus hic manentem civitatem, sed futuram inquirimus.*

Mementote, ut imitemini, *praepositorum vestrorum* quia boni erant, scilicet apostoli et eorum successores, ideo mementote, quia ipsi sunt *qui nobis locuti sunt verbum Dei, quorum intuentes exitum,* ut eos more imitemini. Si opus est moriendo pro Christo, ut illi *conversationis,* eorum *imitamini fidem,* id est imitemini eos in conversatione bonae vitae, et in fide perfecta. *Jesus Christus.* [Haimo] Hoc pertinet ad superiorem sententiam, ubi testatus est Deum dixisse, non te deseram neque derelinquam. Poterat enim illis videri quod haec promissio ad Josue tantum pertineret. Ad quod Apostolus respondet, dicens quod et hos juvabit, sicut juvit illum. Quasi dicat : Non est dubitandum de promissione, quia Jesus Christus qui *heri,* id est praeterito adjuvit Josue, *ipse hodie,* id est in praesenti adjuvat vos et

---

(54) Aug., in lib. Quaest.

alios fideles,et adjuvabit in futuro,*in sæculo*, id est sine fine. *Doctrinis*, quia per gratiam licitum est omnibus cibis uti.[Hieron.] Prædicabant aliqui non esse peccatum escis affluere, sed bonum esse. Alii vero superstitiose dicebant abstinendum esse a quibusdam cibis quos lex prohibet,quosdam concedens qui escarum differentia et observatione multos seducebant,contra quos omnes Apostolus agit hic,dicens : *Doctrinis variis*,scilicet quæ variæ sunt a vestris, id est diversæ, *et peregrinis*, id est extraneis. *Nolite abduci* a veritate. Hi non absurde comparantur leprosis,qui scientiam veræ fidei non habentes varias doctrinas profitentur erroris. Non enim abscondunt imperitiam suam,sed pro summa peritia produnt in lucem,et jactantiam sermonis ostentant. Nulla porro falsa doctrina est, quæ non aliqua vera intermisceat.Vera ergo falsis inordinate permissa in una disputatione vel narratione, velut in unius coloris corpore apparentia; lepræ comparantur humana corpora diversis coloribus varianti atque maculanti. Tales vitandi sunt, sicut hic docet Apostolus : Nolite abduci,dico : *Optimum enim est stabilire cor gratia*, scilicet ut habeatis fidem perfectam, credentes omnia esse munda mundis, nec escarum abundantiæ varietati et differentiæ esse studendum. Unde subdit : Et *non escis*, id est non differentiis,vel in affluentia ciborum. *Quæ non profuerunt ambulantibus in eis,* id est observatoribus ac discernentibus cibos, et studentibus ciborum affluentiæ.Et est sensus: Gratia quæ omnia permittit solvendo a lege confirmare cor debetis, et non studere observationi vel affluentiæ escarum quæ non profuerunt ad salutem ambulantibus : Non dico se sustentantibus,sed qui perseveranter se student in eis, vel discernendo,vel nimis affluendo.[Chrysost.] Abstinentia quidem qua abstinetur a peccato prodest ; ciborum vero tlla custodia nihil profuit, sed fides. Similiter abundare gratiarum donis prodest ; ventrem vero obruere escarum mole nocet.

Habemus enim. Item hic ostendit non esse studendum in differentiis ciborum, vel affluentiis ciborum. Quasi dicat: vere non est studendum in differentiis ciborum, *habemus* enim *altare de quo non habent potestatem edere qui deserviunt tabernacnlo*, id est observantiis legis,ut qui cibos discernunt, et alia hujusmodi legalia servant : quæ nomine tabernaculi significat,quia ad tempus sunt posita. Vel ita. Ideo non est studendum escarum affluentiæ, quia habemus altare, id est corpus Christi, fide cujus preces et oblationes sunt acceptæ,quod in altari consecratur atque sumitur ; de quo non habent potestatem,id est licentiam,edere qui deserviunt,id est ex toto serviunt tabernaculo,id est corporum voluptati et ciborum affluentiæ.Corpus antem dicitur recte tabernaculum,quia ad tempus in eo manendum est ; et ideo,non ei serviendum in desideriis.[Haimo]Refert autem hic Apostolus legis consuetudinem ac mysterium spiritualemque sensum.Legis siquidem præceptum fuit ut decima die septimi mensis a festivitate paschali,in festivitate videlicet propitiationis acciperent vitulum et hircum,et immolarent intra castra, quorum sanguinem ferret solus pontifex in sancta sanctorum, oraturus pro populo. Carnes vero illorum portarentur extra castra, ibique cremarentur, nec esset alicui tabernaculo deservienti licitum ex illis comedere.Spiritualiter autem illa duo animalia, vitulum videlicet et hircus, figuram tenent Domini Salvatoris.Ipse enim est vitulus quem pius Pater in regressione filii prodigi immolavit. Ipse est hircus qui pro peccatoribus oblatus.Pontifex etiam ille qui cum sanguine illorum animalium intrabat in sancta sanctorum oraturus pro populo, typum gerebat Christi, qui cum sanguine passionis suæ interiora patriæ cœlestis intravii oraturus pro fidelibus. Immolabantur illa animalia intra castra,sed carnes extra castra comburebantur : et Redemptor noster in Jerusalem,quasi intra castra immolatus est vocibus et judicio Judæorum,sed carnes illius extra Jerusalem in cruce combustæ sunt igne passionis. Quando enim adjudicatus est morti, clamantibus Judæis : *Crucifige* (Joan. xix), quodammode quantum ad illos pertinet immolatus est. Unde Marcus dicit eum crucifixum hora tertia (*Marc.* xv). Nam hora sexta in cruce levatus est. Altare autem ubi extra castra carnes cremabantur, altare Ecclesiæ est, ubi quotidie consecratur corpus Christi. Habemus ergo altare Ecclesiæ, ubi consecratur corpus Dominicum, de quo non habent potestatem edere qui tabernaculo, id est corpori,serviunt ; scilicet fornicatores, adulteri, ebriosi, omnesque qui voluptatibus et desideriis carnis suæ deserviunt. *Qui enim manducat et bibit indigne sibi jubicium manducat et bibit* (I *Cor.* xi). Hæc quomodo ad Dominum pertineant,satis ut reor dictum est. Sed quia ipse est caput omnium electorum, per carnes illorum animalium possunt intelligi omnes electi.Sicut ergo Christus, sic et sui extra castra, id est extra conversationem sæcularium carnaliumque hominum,fervore Spiritus sancti accensi consumunt quidquid carnale est in eis atque fluidum et libidinosum macerando se et mortificando corpora sua cum vitiis et concupiscentiis, vel etiam martyrium pro Christi nomine sustinendo.

Infertur sanguis illorum *in sancta per pontificem*, id est vita illorum laudabilis præsentatur Patri Deo per Christum verum sacerdotem, qui est advocatus noster interpellans pro nobis. Vel sanguis illorum infertur in sancta, dum illorum animæ cum triumpho passionis in cœlum feruntur.Bene quoque 266 in altari consumuntur, quia omne sancti martyres in altari fidei offeruntur Deo. Ista omnia adimplentes per fidem qua credunt se s Deo remunerari,ad quos non audent accedere carnales sæculum amantes,quasi dicat : Tabernaculo servientes. Propter quod mysterium adimplendum, *Jesus extra castra passus est*, sicut postea dicitur : sed prius quod ad eamdem legalem consuetudinem spectat, addit referens ad spiritualem intelligentiam,dicens. *Quorum enim*. Per duplicem allegoriam, unam Veteris aliam Novi Testamenti, id est per allegoriam surgentem de duplici historia,scilicet Vetus et Novum Testamentum probat corpus Christi non esse edendum ab his qui tabernaculo, id est corpori deserviunt. Ad hoc enim significandum et corpora animalium olim extra castra cremabantur, et propterea extra Christus passus est,et nos qui corpore et sanguine ejus a peccato mundari volumus improperia et angustias passuri,tabernaculi delicias et voluptates deseramus. Et prius probat per allegoriam Veteris Historiæ hoc modo : Quasi dicat : Vere qui deserviunt voluptatibus non possunt communicare corpori et sanguini Christi, quia his tantum qui sunt extra castra, id est extra delicias et voluptates corporis. Corpora cremantur horum animalium, id est memoriale, et proficuum est corpus Christi, et sanguis significatur per corpora horum animalium, quorum sanguis infertur pro peccato in sancta per pontificem,ita et sanguis Christi per se pontificem, id est ipse Christus oblatus Patri, qui non tantum per vitulum et hircum, sed etiam alia animalia, quæ secundum legem offerebantur, significatur. Et recte Christus per illa carnalia significatur. Est enim agnus secundum mansuetudinem et innocentiam; hircus pro similitudine carnis peccati, quia caro ejus passibilis et mortalis ; aries, qui vitia propulit, gemino cornu charitatis ; taurus, fortitudine resurrectionis : quod crematur, cinis efficitur. Per cinerem, memoria rei præteritæ accipitur; extra castra esse est voluptates carnis exire.

His ergo qui sunt extra castra, id est extra corporis delicias, cremantur corpora,id est memoriale efficitur corpus Christi, significatum per corpora illorum animalium quæ cremabantur. Si quis enim voluptuose vivit, non habet efficacem memoriam Christi. Sanguis autem ejus significatus per sanguinem illorum animalium qui illatus est in sancta sanctorum per pontificem, quia per se pontificem Christus oblatus est Patri, ut sic introiremus in sancta cœlestia. Vel ita potest legi littera, eodem pene sensu manente. Quasi dicat : Vere servientes tabernaculo non possunt communicare corpori et sanguini Christi, quia corpora horum sanctorum cremantur,id est jejuniis et aliis laboribus affliguntur, extra castra, id est extra voluptates carnis, quorum est sanguis animalium qui infertur pro peccata in sancta per pontificem,id est quo est sanguis Christi, per sanguinem illorum animalium significatus, quia horum tantum sanguis Christi quibus scilicet prodest per quem intrant in sancta cœlestia,quod totum est dicere, illis tantum prodest sanguis Christi qui voluptates deserunt et corpus affligunt. Deinde per allegoriam Novum Testamentum idem probat subdens : *Propter quod,*id est propter illud idem designandum, scilicet ut extra carnales concupiscentias vivamus, et Jesus extra portam passus est, ad hoc utique, *ut sanctificaret populum* suum : non propter sua merita, sed per *suum sanguinem* : porta civitatis est corporis sensus, in quorum nullo peccavit Christus. Et ideo extra carnis voluptates passus est, ut nos ejus exemplo ostio sensuum vitiis clauso extra carnis desideria patiamur. Et quia pro nobis Christus passus, hortatur nos Apostolus ut imitemur illum dicens : *Exeamus igitur.* Quasi dicat : Quia ipse extra castra passus est, ut nos sanctificaret, *igitur exeamus* fide et charitate,*extra castra*,corporum mortificantes membra cum vitiis,et concupiscentiis ad eum imitandum. Nos,dico,*portantes*, patienter ut ipse *improperium ejus*,id est passionem crucis quæ videtur esse improperium infidelibus,nobis autem sanctificatio et redemptio.Et debemus exire extra castra.*Non enim habemus hic manentem civitatem*, id est in hoc statu manens corpus ; *sed futura inquirimus*, scilicet secundum futurum statum corpus.Ut ergo futuram civitatem consequamur, et imperium portemus.

VERS.15-19.—*Per ipsum ergo offeramus hostiam laudis semper Deo,i est fructum labiorum confitentium nomini ejus.Beneficentiæ autem et communionis nolite oblivisci. Talibus enim hostiis promeretur Deus.Obedite præpositis vestris,et subjacete eis.Ipsi enim pervigilant quasi rationem pro animabus vestris reddituri, ut cum gaudio hoc faciant,et non gementes.Hoc enim non expedit vobis.Orate pro nobis. Confidimus enim quia bonam conscientiam habemus, in omnibus volentes conversari. Amplius autem deprecor vos hoc facere,quo celerius restituar vobis.*

Per ipsum, id est per Christum qui est nobis via a quo sumus exemplum ad martyrium: *offeramus Deo semper hostias laudis*,quæ per propriora significatur, id est *fructum labiorum confitentium nomini ejus*,id est confiteamur nomini ejus, quod est laus Dei, et hostia fructus, quia alii per hoc ad fidem trahuntur.Ergo qui timetis Deum laudate eum, et libere colatis eum. Amare discite quem timetis, et poteritis laudare quem amatis. Timentes enim eum homines vetus testamentum propter litteram terrentem et occidentem, non habentes spiritum vivificantem, currebant cum sacrificiis ad templum, et in figura sanguinis Christi quo redempti sumus, quamvis nescientes quid præfiguraretur, cruentas victimas immolabant. Nunc vero in gratia novi testamenti speciale sacrificium laudis offertur, quo Deus honorificatur, cujus invisibilis sacrificii illud visibile sacrum signum erat. *Beneficentiæ autem*. Evacuata sententia pravorum de gula, redit ad bonos mores persuadendos. Quasi dicat : Non modo prædicta faciatis, sed etiam *nolite oblivisci Beneficentiæ*, id est largitatis in alios. Beneficus enim dicitur largus et eleemosynæ distributor.Inde beneficentia dicitur largitas eleemosynarum ; *et communionis*,id est charitatis,qua omnia putantur communia.Quasi dicat : Et si vestra substantia sit ablata,tamen ex his quæ habetis,eleemosynas date : Hoc est quod supradixit, non deserentes collectionem vestram.*Talibus enim*.Quasi dicat : Ideo nolite oblivisci,quia *talibus hostiis*,scilicet muneribus eleemosynarum, *promeretur Deus*, non illis antiquis legalibus, quia per eleemosynas hostes vincuntur et peccata exstinguuntur,vita acquiritur. Unde Dominus per prophetam dicit : *Misericordiam volo, et non sacrificium* (*Matth.* ix). Item : *Obedite præpositis vestris*, quantum ad præcepta, ut scilicet faciatis quæ præcepit per eos Ecclesia. *Et subjacete eis*, ut reverentiam exhibeatis.Obediendum utique est prælatis et prædicatoribus in quantum doctrina et mores illorum, et pietas existant ; si autem a via rectitudinis deviaverint, non faciamus qualia agunt, sed qualia dicunt,nisi forte et in doctrina aberrent. Unde Dominus : *Quæ dicunt facite; quæ autem faciunt nolite facere* (*Matth.* xxiii). Habent quidem dignitatem, licet vitæ sint perditæ, et ideo non ad vitam eorum, sed ad sermonem intendite. *Ipsi enim.*Quasi dicat : Ideo debetis obedire, quia *ipsi pervigilant,* id est pro vobis solliciti sunt prædicando, bonum exemplum dando, exteriora providendo. Quasi dicat : *Pro animabus vestris rationem reddituri,* ideo obedite,*ut cum gaudio* et cum lætitia et hilaritate mentis, quia vident proficere, *faciant hæc,* id est vigileut et curam vestri agant,*et non gementes,* id cum murmure et tristitia. [Ambrosius] Facimus utique ista cum gaudio,quoniam omnes videmus proficere in verbis Dei : tunc enim cum gaudio laborat operarius in agro,quoniam attendit arborem et fructum videt : Quoniam segetem attendit et videt ubertatem, tunc intelligit quod non sine causa laboravit, non sine causa dorsum curvavit, non sine causa manus attrivit, non sine causa frigus æstusque toleravit. Ideo ait, ut cum gaudio hoc faciant et non gementes. *Hoc enim,* scilicet ut gementes, *non expedit vobis,* quia tunc non proderit vobis cura eorum, si de vobis tristes ingemuerint, eo quod non proficiatis. Et nota quod ait, non expedit vobis. Non dico, non expedit illis quibus prodest testari de vobis ; nam illi præpositi, quando tristantur de malis vestris, expedit illis illa tristitia, et prodest illis, sed non expedit vobis. Simul ergo in Dominico agro bonum operemur prælati et subditi, ut simul de mercede gaudeamus. Vel ita, *ut cum :* ideo obedire debetis illis, ut in die judicii, faciant hæc, id est reddant pro vobis rationem Deo cum gaudio,id est securi de præmio vero,et non gementes, [Chrysost.] id est non anxii vel hæsitantes de nostra damnatione. Hoc enim, ut gementes pro vobis rationem reddant,non expedit vobis. *Orate pro nobis.*Superbam elationem mentis quorumdam pontificum percutit, qui dedignantur deprecari suos subjectos quatenus pro eis orationes fundant. Orate dico, *confidimus enim* de vobis, *quia habemus bonam conscientiam,* id est bonam voluntatem de præteritis, *in omnibus,* non solum in gentilibus, *volentes.* etiam in futuro *bene conversari,* tam judæos quam gentiles. Hoc ideo dicit quia culpabatur Apostolus a quibusdam quod sua negligeret ; sed ostendit se affectum bonum habere ad omnes, scilicet judæos et gentiles,de quorum præteritis bonis gaudet, eisque in futuro meliora optat. Unde ait conscientiam habemus bonam. Quasi dicat : Conscientia nostra **267** in nullo nos accusat, nec nobis conscii sumus quod vobis insidias fecerimus, nihil cum fictione protulimus,vel negotiationis gratia fecimus. Ne ergo sinistre quid arbitremini de nobis, fortasse enim in talibus accusabatur. *Amplius autem.* Quasi dicat : Dico ut oretis per me. *Amplius autem deprecor vos hoc facere,* scilicet orare pro me, *quo celerius restituar vobis.* Quasi dicat : Non solum mea causa, sed magis pro vestra humilitate rogo vos hoc facere, scilicet orare pro me.

Vers. 20-25.— *Deus autem pacis,qui eduxit de mortuis pastorem magnum ovium in sanguine testamenti æterni Dominum nostrum Jesum Christum, aptet vos in omni bono ut faciatis ejus voluntatem, faciens in vobis quod placeat coram se per Jesum Christum,cui est gloria in sæcula sæcularum.Amen. Rogo autem vos, fratres,ut sufferatis verbum solatii.Etenim perpaucis scripsi vobis. Cognoscite fratrem nostrum Timotheum dimissum,cum quo,si celerius venerit,videbo vos.Salutate omnes præpositos vestros et omnes sanctos.Salutant vos de Italia fratres.Gratia cum omnibus vobis, Amen.*

Deus autem. Quasi dicat : Ego suadeo vos ad bonum. *Deus autem,* qui aptare potest quia dator est *pacis,*ut scilicet vitia non inquietent, *qui eduxit de mortuis,*id est resuscitavit de sepulcro : qui locus proprie mortuorum est.Eduxit *nostrum Jesum Chritum magnum pastorem ovium,*id est humilium, qui pastor est effectus, *in sanguine testamenti æterni,* id est per effusionem sanguinis sui,qui confirmavit testamentum novum,quod dicitur æternum, quod aliud ei non succedet. Ipse, inquam, qui hoc fecit, *aptet vos,* id est aptos vos faciat, *in omni bono,* ut velitis, et *ut* etiam opere *faciatis voluntatem ejus,*id est ea quæ ipse vult.Aptet vos dico, *faciens in vobis quod placeat coram se,* quia non est ex vobis bonum,sed ipse facit. Nihil enim boni habere potestis, nisi illo præveniente et subsequenti. Faciat bonum in vobis dico. Et hoc, *per Jesum Christum,* non per carnales observantias, *cui,* Christo una cum Patre et Spiritu sancto,non carnalibus observantiis,sit,*vel est gloria in sæcula sæculorum,* id est sine fine.*Amen* : confirmatio. [Haimo] Quasi dicat : Ita fiet, vel ita verum est, ut dixi. *Rogo autem vos, fratres,*ut *sufferatis* patienter *verbum solatii,* [Chrysost.] id est hanc epistolam, quæ est consolatio et adoratio, ne dicam admonitio quæ est quasi pigrorum : [Haimo] consolatio vero illorum qui pusillanimes sunt. Et debetis patienter ferre. [Chrysost.] Etenim perpaucis scripsi, timens vobis oneri esse. Quasi dicat : Non potest quisquam longitudinem sermonis abnuere: [Haimo] hoc quippe erat quod adversarii faciebant : et ideo latenter hoc tangit. *Cognoscite* [Chrysost.] etiam serviendo et honorando, *fratrem nostrum* Timotheum, scilicet coapostolum et coadjutorem in prædicatione ; *a me dimissum* in iter quod volebat,vel ad prædicandum directum, vel forsitan, dimissum a carcere in quo ante detentus fuerat. *Cum quo si celerius,* id est celeriter, *venerit, videbo vos.* In hoc reddit attentos et mansuetiores. *Sulutate omnes præpositos vestros et omnes* subjectos *sanctos,* id est sanctificatos in baptismo. Sicut generaliter omnibus scribit, ita generaliter omnibus scilicet prælatis et subditis optat. Salutare enim est salutem optare. *Salutant vos omnes fratres de Italia.* Per hoc nota eum a Roma scripsisse. *Gratia,* id est purgatio peccatorum, et alia Dei munera sint *cum omnibus vobis. Amen.*

Finis Collectaneorum Petri Longobardi, Parisiensis episcopi, et Sententiarum Magistri, in omnes D. Pauli Apostoli Epistolas. Sub prelo Ascensiano, MDXXXV, Mense Octobri.

PETRI LOMBARDI

NOVARIENSIS

COGNOMINE MAGISTRI SENTENTIARUM

EPISCOPI PARISIENSIS

SENTENTIARUM

LIBRI QUATUOR

Per Joannem ALEAUME, Parisiensis theologiæ professorem, pristino suo nitori vere restituti.

MONITUM

Sententiarum libros quatuor typis mandamus juxta novissimam maximeque accuratam editionem, nempe Antverpiensem anni 1757, quam elaboravit clarissimus Joannes Aleaume, Parisiensis Theologiæ professor, qui summo studio præstitit, ut non liber modo, sed etiam capita cujusque auctoris a Magistro citati ad oculos proponerentur : qua in re quantum apud theologiæ studiosos meruerit vir optimus, judicabit quisquis incredibilem et confragosam locoram asperitatem attenderit, quæ omnia senticosa neglectaque in præcedentibus editionibus ostendebat. Nobis insuper adjumento non mediocri fuit antiqua quædam necnon emendatissima editio *gothicis,* ut vocant, characteribus expressa Parisiis anno 1538. — Omnes Petri Lombardi *sententias* norunt, in quibus auctor ille universæ theologiæ summam ex sacris Litteris et orthodoxorum Patrum locis ac decretis mirabili compendio arteque complexus est, et apparentes in iis discrepantias clara methodo ac singulari sermonis luciditate conciliavit. Illud autem tanto successu peregit, ut agitatas inanis dialecticæ cavillationes pene expedierit, subdolasque in disputando artes minuerit, quibus hucusque circumstrepebant scholastica theologorum conventicula. Hinc postea sub insignibus ducis eundi ac per verba *Magistri* jurandi consuetudo apud omnes invaluit. Quidam tamen defectus in hoc opere occurrunt ; celebris nempe theologus, omissis aliquando magni momenti quæstionibus, plurimas sua quidem ætate graves, nostra vero sæpius inutiles evolvit, ac, dum sensus figuratos argumentando prosequitur, firmis rationum momentis dogma assertum stabilire negligit. Hæc vero vitia facile Petro condonabuntur, si ad tempus quo vixit respiciatur, et attendatur eum, si unum forsan et alterum excipias, totam theologiam in unum quasi corpus primum contraxisse. Ipsi insuper nonnullæ exprobrantur opiniones quæ ab omnibus communiter non tenentur ; et hæ quidem a nobis ad calcem operis infra subjicientur.

PETRI LOMBARDI
IN LIBROS SENTENTIARUM
PROLOGUS

Cupientes aliquid de penuria ac tenuitate nostra cum paupercula in gazophylacium Domini mittere, ardua scandere, opus ultra vires nostras agere præsumpsimus; consummationis fiduciam, laborisque mercedem in Samaritano statuentes, qui prolatis in curationem emivivi duobus denariis, supererogantis cuncta reddere professus est. Delectat nos veritas pollicentis; sed terret immensitas laboris. Desiderium hortatur proficiendi, sed dehortatur infirmitas deficiendi (ex Aug., 3 libro de Trin., in proœmio), quam vincit zelus domus Dei. Quo inardescentes, fidem nostram adversus errores carnalium atque animalium hominum, Davidicæ turris clypeis munire, vel potius munitam ostendere, ac theologicarum inquisitionum abdita aperire, necnon et Sacramentorum ecclesiasticorum pro modulo intelligentiæ nostræ notitiam tradere studuimus (ex eodem Aug., loco citato; ex Hilario, in principio, 10 de Trin.). Non valentes studiosorum fratrum votis jure resistere, eorum in Christo laudabilibus studiis, lingua ac stylo nos servire flagitantium: quas bigas in nobis agitat Christi charitas. Quamvis non ambigamus omnem humani eloquii sermonem calumniæ atque contradictioni æmulorum semper fuisse obnoxium: quia dissentientibus voluntatum motibus, dissentiens quoquesit animorum sensus: ut cum omne dictum veri ratione perfectum sit, tamen dum aliud aliis aut videtur, aut complacet, veritati vel non intellectæ, vel offendenti, et impietatis error obnitatur, ac voluntatis invidia resultet; quam Deus seculi hujus operatur in illis diffidentiæ filiis, qui non rationi voluntatem subjiciunt, nec doctrinæ studium impendunt, sed his quæ somniarunt sapientiæ verba coaptare nituntur, non veri, sed placiti rationem sectantes, quos iniqua voluntas non ad intelligentiam veritatis, sed ad defensionem placentium incitat: non desiderantes doceri veritatem, sed ab ea ad fabulas convertentes auditum. Quorum professio est magis placita quam docenda conquirere; nec docenda desiderare, sed desideratis doctrinam coaptare; habent rationem sapientiæ in superficie. Quia fidei defectionem sequitur hypocrisis mendax, ut sit in verbis pietas, quam amiserit conscientia, ipsamque simulatam pietatem, omni verborum mendacio impiam reddunt; falsa doctrinæ institutis fidei sanctitatem corrumpere molientes, auriumque prurigiem, suo novello sui desiderii dogmate aliis ingerentes, qui contentioni studentes, contra veritatem sine fœdere bellant. Inter veri namque assertionem et placiti defensionem pertinax pugna est, dum se et veritas tenet, et se voluntas erroris tuetur. Horum igitur et Deo odibilem ecclesiam evertere, atque ora opilare(ne virus nequitiæ in alios effundere queant), et lucernam veritatis in candelabro exaltare volentes, in labore multo ac sudore, hoc volumen, Deo præstante, compegimus, ex testimoniis veritatis in æternum fundatis, in quatuor libris distinctum. In quo majorum exempla doctrinamque reperies; in quo, per dominicæ fidei sinceram professionem, vipereæ doctrinæ fraudulentiam prodidimus, aditum demonstrandæ veritatis complexi, nec periculo impiæ professionis incerti, temperato inter utrumque moderamine utentes (ex Augustin proœm., 3 de Trin.). Sicubi vero Patrum vox nostra insonuit, non a paternis discessit limitibus. Non igitur debet hic labor cuiquam pigro vel multum docto videri superfluus, cum multis impigris multisque indoctis, inter quos etiam et mihi, sit necessarius; brevi volumine complicans Patrum sententias, appositis eorum testimoniis, ut non sit necesse quærenti librorum numerositatem evolvere, cui brevitas quod quæritur offert sine labore (ex eodem loco supra citato). In hoc autem tractatu, non solum pium lectorem, sed etiam liberum correctorem desidero, maxime ubi profunda versatur veritatis quæstio, quæ utinam tot haberet inventores quod habet contradictores! Ut autem quod quæritur facilius occurrat, titulos quibus singulorum librorum capitula distinguuntur præmisimus.

LIBER PRIMUS
DE MYSTERIO TRINITATIS

DISTINCTIO PRIMA.

1. Veteris ac novæ legis continentiam, diligenti indagine, etiam atque etiam considerantibus nobis, prævia Dei gratia, innotuit sacræ paginæ tractatu circa res vel signa præcipue versari; ut enim egregius doctor Aug. ait in libro de Doct. christ., omnis doctrina vel rerum est vel signorum; sed res etiam per signa discuntur. Proprie autem hic *res* appellantur, quæ non ad significandum aliquid adhibentur; *signa* vero, quorum usus est in significando. Eorum autem aliqua sunt, quorum omnis usus est in significando, non in justificando; quibus non utimur nisi aliquid significandi gratia, ut aliqua sacramenta legalia. Aliæ quæ non solum significant, sed conferunt quod intus adjuvet, sicut evangelica sacramenta. Ex quo aperte intelligitur quæ hic appellentur signa, res illæ videlicet quæ ad significandum aliquid adhibentur. Omne igitur signum etiam res aliqua est. Quod enim nulla res est, ut in eodem Aug. ait(lib. et loc. citatis), omnino nihil est. Non autem e diverso omnis res signum est, quia non adhibetur ad significandum aliquid. Cumque his intenderit theologorum speculatio studiosa atque modesta, divinam Scripturam, formam præscriptam in doctrina tenere, advertet. De his ergo nobis aditum ad res divinas aliquatenus intelligendas. Deo

duce, aperire volentibus disserendum est ; et primum de rebus, postea de signis disseremus.

De rebus communiter agit.

2. Id ergo in rebus considerandum est, ut in eodem Aug. ait (lib. 1, c. 3), quod res aliæ sunt quibus fruendum est, aliæ quibus utendum est, aliæ quæ fruuntur et utuntur. Illæ quibus fruendum est, nos beatos faciunt. Istis quibus utendum est, tendentes ad beatitudinem adjuvamur, et quasi adminiculamur, ut ad illas res, quæ nos beatos faciunt, pervenire, eisque inhærere possimus. Res vero quæ fruuntur et utuntur nos sumus ; quasi inter utrasque constituti et angeli, et sancti. *Frui* autem est amore alicui rei inhærere propter seipsam. *Uti* vero, id quod in usum venerit referre ad obtinendum illud quo fruendum est ; alias abuti est, non uti : nam usus illicitus, abusus vel abusio nominari debet.

Res igitur quibus fruendum est, sunt Pater et Filius, et Spiritus sanctus. Eadem tamen Trinitas quædam summa res est, communisque omnibus fruentibus, ea si tamen res dici debet, et non rerum omnium causa ; si tamen et causa. Non enim facile potest inveniri nomen quod tantæ excellentiæ conveniat, nisi quod melius dicitur Trinitas hæc unus Dens. Res autem quibus utendum est, mundus est, et in eo creata. Unde Aug. in eodem, lib. 1, c. 5 : Utendum est hoc mundo, non fruendum, *ut invisibilia Dei per ea, quæ facta sunt intellecta conspiciantur* (Rom. 2, 22), id est ut de temporalibus æterna capiantur. Item in eodem, c. 4 : In omnibus rebus illæ tantum sunt quibus fruendum est, quæ æternæ et incommutabiles sunt ; cæteris autem utendum est, ut ad illarum perfruitionem perveniatur. Idem Aug. in lib. 10 de Trin., c. 10 : Fruimur cognitis in quibus ipsis propter se voluntas delectata conquiescit : utimur vero eis quæ ad aliud referimus, quo fruendum est.

Item quid intersit inter frui et uti aliter quam supra.

3. Notandum vero quod idem Aug. in libro 10, de Trin. c. 11, aliter quam supra accipiens uti et frui, sic dicit : Uti est assumere aliquid in facultatem voluntatis. Frui autem est, uti cum gaudio, non adhuc spei, sed jam rei ; ideoque omnis qui fruitur, utitur ; assumit enim aliquid in facultatem voluntatis cum fine delectationis. Non autem omnis qui utitur, et fruitur, si id quod in facultatem voluntatis assumit, non propter ipsum sed propter aliud appetit. Et attende quia videtur Aug. dicere illos frui tantum qui in re gaudent, non jam in spe : et ita in hac vita non videmur frui, sed tantum uti, ubi gaudemus in spe ; cum supr dictum sit, frui esse amore inhærere alicui rei propter se : qualiter etiam hic multi adhærent Deo.

Determinatio eorum quæ videntur contraria.

4. Hæc ergo quæ sibi contradicere videntur, sic determinamus, dicentes, nos et hic, et in futuro frui ; sed ibi proprie, et perfecte, et plene, ubi per speciem videbimus quo fruemur ; hic autem, dum in spe ambulamus, fruimur quidem, sed non adeo plene, unde in libro 10 de Trin., cap. 10 : Fruimur cognitis in quibus voluntas est. Idem in lib. de Doct. christ. ait, lib. 1, cap. 30 : Angeli illo fruentes jam beati sunt, quo et nos frui desideramus ; et quantum in hac vita jam fruimur, vel per speculum, vel in ænigmate, tanto nostram peregrinationem, et tolerabilius sustinemus, et ardentius frire cupimus.

Alia determinatio.

5. Potest etiam dici quod qui fruitur etiam in hac vita, non tantum habet gaudium spei, sed etiam rei, quia jam delectatur in eo quod diligit, et ita jam rem aliquatenus tenet. Constat igitur quod debemus Deo frui et non uti. Illo enim, ut ait Aug., lib.1 de Doct. christ., frueris, quo effeceris beatus, et in quo spem ponis, ut ad id pervenias. De hoc idem ait in lib. 1 de Doct. christ., cap. 31 : Dicimus nos ea re frui quam diligimus propter se, et ea re fruendum nobis esse untum quo efficimur beati ; cæteris vero utendum Aug. lib. eodem, c. 33). Frequenter tamen dicitur frui, cum delectatione uti. Cum enim adest quod diligitur, etiam delectationem secum gerit : si tamen per eam transieris, et ad illud ubi permanendum est eam retuleris, uteris ea ; et abusive, non proprie, diceris frui. Si vero inhæseris atque permanseris, finem in ea poneus lætitiæ tuæ, tunc vere et proprie frui dicendus es ; quod non est faciendum nisi in illa Trinitate, id est, summo et incommutabili bono.

Utrum hominibus sit utendum, vel fruendum.

6. Cum autem homines qui fruuntur et utuntur aliis rebus, res aliquæ sint, quæritur utrum se frui debeant, an uti, an utrumque ? Ad quod sic respondet Aug. in lib. de Doct. christ., c. 22 : Si propter se homo diligendus est, fruimur eo ; si propter aliud, utimur eo (Hier. 17). Videtur autem mihi propter aliud diligendus. Quod enim propter se diligendum est, in eo constituitur beata vita, cujus etiam spes hoc tempore nos consolatur. In homine autem spes ponenda non est, quia maledictus est qui hoc facit (cap. unico). Ergo si liquide advertas, nec seipso quisquam frui debet, quia diligere se propter se non debet, sed propter illud quo fruendum est. Huic autem contrarium videri non debet quod Apost. ad Philemonem loquens ait : *Ita, frater, ego te fruar in Domino.* Quod ita determinat Aug. in lib. 1 de Doct. christ., c. 33 : Si dixisset tantum *te fruar,* et non addidisset *in Domino,* videretur finem dilectionis ac spem constituisse in eo ; sed quia illud addidit *in Domino* se finem posuisse, eodemque frui significavit. Cum enim (ut idem August, ait ibidem) homine in Deo frueris, Deo potius quam homine frueris.

Hic quæritur an Deus fruatur, an utatur nobis.

7. Sed cum Deus diligat nos, ut frequenter Scriptura dicit, quæ ejus dilectionem erga nos multum commendat, quærit Aug. ibid., c. 38, quomodo diligat : an ut utens, an ut fruens est : procedit ita : Si fruitur, eget bono nostro, quod nemo sanus dixerit. Ait enim Propheta : *Bonorum meorum non eges.* Omne enim bonum nostrum vel ipse est, vel ab ipso est ; non ergo fruitur nobis, sed utitur. Si enim nec fruitur, nec utitur, non invenio quomodo diligat nos. Neque tamen sic utitur nobis, ut nos aliis rebus. Nos enim res quibus utimur, id referimus ut Dei bonitate perfruamur : Deus vero ad suam bonitatem usum nostrum refert. Ille enim miseretur nostri propter suam bonitatem. Ille nostri miseretur, ut se perfruamur ; nos vero invicem misereamur, ut illo fruamur. Cum enim nos alicujus misereamur, et alicui consulimus, ad ejus quidem facimus utilitatem, eamque intuemur (Aug. lib. 1 de Doct. christ., cap. 30). Sed nostra fit consequens, cum misericordiam quam aliis impendimus non relinquit Deus sine mercede. Hæc autem merces summa est, ut ipso fruamur. Item quia bonus est, sumus ; et in quantum sumus, boni sumus (ex eodem lib. c. 32). Porro etiam quia justus est, non impune mali sumus ; et in quantum mali sumus, in tantum etiam minus sumus. Ille ergo usus, quo nobis utitur Deus, non ad ejus, sed ad nostram utilitatem refertur ; ad ejus vero tantummodo bonitatem (ex eodem lib. c. 32).

Utrum utendum, an fruendum sit virtutibus.

8. Hic considerandum est utrum virtutibus sit utendum, an fruendum. Quibusdam videtur quod eis sit utendum, et non fruendum : et hoc confirmant auctoritate Aug, qui, ut prætaxatum est (in num. 5 hujus primæ dist. Id habetur lib. 1 de Doct. christ., c. 33), dicit non esse fruendum nisi Trinitate, id est, summo et incommutabili bono. Item dicunt ideo non esse fruendum eis, quia propter se amandæ non sunt, sed propter æternam beatitudinem. Illud autem quo fruendum est, propter se amandum est. Sed quod virtutes propter se amandæ non sint, imo propter beatitudinem solam, probant auctoritate Aug. qui, in lib. 13 de Trin., contra quosdam ait : Forte virtutes quas propter solam beatitudinem amamus, sic nobis persuadere audent, ut ipsam beatitudinem non

amemus; quod si faciunt. etiam ipsas utique amare desistimus, quando illam propter quam solam istas amavimus, non amamus. Ecce his verbis videtur Aug. cap. 8, ostendere quod virtutes non propter se, sed propter solam beatitudinem amandæ sint. Quod si ita est, ergo eis fruendum non est. Aliis vero contra videtur, scilicet quod fruendum eis sit, quia propter se petendæ et amandæ sunt. Et hoc confirmant auctoritate Amb., qui ait super illum locum Epistolæ ad Gal.: *Fructus autem Spiritus est charitas, gaudium, pax, patientia,* etc.; at hic non nominat opera, sed fructus, quia propter se petenda sunt: si vero propter se petenda sunt, ergo et propter se amanda (c. 5). Nos autem harum quæ videtur auctoritatum repugnantiam de medio eximere cupientes, dicimus quod virtutes propter se petendæ et amandæ sunt, et tamen propter solam beatitudinem: propter se quidem amandæ sunt, quia delectant sui possessores sincera et sancta delectatione, et in eis pariunt gaudium spirituale. Verumtamen non est hic consistendum, sed ultra gradiendum, non hic hæreat dilectionis gressus, neque hic sit dilectionis terminus: sed referatur hoc ad illud summum bonum, cui soli omnimo inhærendum est, quia illud propter se tantum amandum est, et ultra illud nihil quærendum est; illud est enim supremus finis. Ideo Aug. dicit (in num. 5, et lib. de Doct. christ., c. 33) quod eas diligimus propter solam beatitudinem; non quin eas propter se diligamus, sed quia id ipsum quod eas diligimus, referimus ad illud summum bonum, cui soli inhærendum est et in eo permanendum, fluisque lætitiæ ponendus: quare virtutibus non est fruendum. Sed, dicet aliquis: Frui est amore inhærere alicui rei propter se ipsam, ut prædictum est. Si ergo virtutes propter se amandæ sunt, et eis fruendum est. Ad quod dicimus, in illa descriptione, ubi dicitur *propter seipsam,* intelligendum est tantummodo, ut scilicet ametur propter seipsam tantum, nt non referatur ad illud, sed ibi ponatur finis, ut supra ostendit Aug., cap. 1, dicens: Si inhæseris atque permanseris finem ponens lætitiæ, tunc vere et proprie frui dicendus es: quod non est faciendum, nisi in illa Trinitate, id est summo et incommutabili bono. Utendum est ergo virtutibus, et per eas fruendum summo bono; ita et de voluntate bona dicimus, unde Aug. in lib. 10 de Trin, ait: Voluntas est per quam fruimur; ita et per virtutes fruimur, non eis, nisi forte aliqua virtus sit Deus, ut charitas; de qua post tractabitur, dist. 71, lib. 1.

Epilogus.

9. Omnium igitur quæ dicta sunt, ex quo de rebus specialiter tractavimus, hæc summa est: Quod aliæ sunt quibus fruendum est, aliæ quibus utendum est, aliæ quæ fruuntur et utuntur, et inter eas quibus utendum est, etiam quædam sunt per quas fruimur, ut virtutes et potentiæ animi, quæ sunt naturalia bona. De quibus omnibus antequam de signis tractemus, agendum est: ac primum de rebus quibus fruendum est, scilicet de sancta atque individua Trinitate.

DISTINCTIO II.
DE MYSTERIO TRINITATIS ET UNITATIS.

1. Hoc quoque vera ac pia fide tenendum est, quod Trinitas unus sit et solus verus Deus, ut ait Aug. in lib. 1 de Trin.' c. 2, scilicet Pater, et Filius, et Spiritus sanctus; et hæc trinitas unius ejusdemque substantiæ vel essentiæ dicitur, creditur et intelligitur; quæ est summum bonum, quod purgatissimis mentibus cernitur. Mentis enim humanæ acies invalida, in tam excellenti luce non figitur, nisi per justitiam fidei emundetur. Item in lib. 1 Retraci. c. 10: Non approbo quod in oratione dixi: Deus qui non nisi mundos verum scire voluisti; responderi enim potest multos etiam non mundos multa scire vera. De hac re ergo summa et excellentissima, cum modestia et timore agendum est, et attentissimis auribus atque devotis audiendum, ubi quæritur unitas Trinatis, Patris scilicet, et Filii, et Spiritus sancti; quia nec periculosius alibi erratur, nec laboriosius aliquid quæritur, nec fructuosius aliquid invenitur. Proinde omnis qui audit et legit ea quæ de ineffabili et inaccessibili luce Divinitatis dicuntur, studeat imitari atque servare quod venerabilis doctor August. in 3 lib. de Trin. de seipso ait: Non pigebit me, inquit. sicubi hæsito quærere ; nec pudebit, sicubi erro, discere. Quisquis ergo audit hoc vel legit, ubi pariter certus est, pergat mecum : ubi pariter hæsitat, quærat mecum ; ubi errorem suum cognoscit, redeat ad me ; ubi meum, revocet me. Ita ingrediamur simul charitatis viam, tendentes ad eum de quo dictum est psal. 10: *Quærite faciem ejus semper.*

Quæ fuerit intentio scribentium de Trinitate.

2. Omnes autem catholici tractatores, ut in eodem primo lib. de Trin, c. 4, Aug. ait, qui de Trinitate, quæ Deus est, scripserunt, hoc intenderunt, secundum Scripturas docere quod Pater, et Filius, et Spiritus sanctus, unius sint substantiæ et inseparabili æqualitate unus sint Deus : ut sit unitas in essentia. et pluralitas in personis, ideoque non sunt tres dii, sed unus Deus, licet Pater Filius genuerit, et ideo Filius non sit qui Pater est ; Filiusque a Patre sit genitus, et ideo Pater non sit qui Filius est ; et Spiritus sanctus nec Pater sit nec Filius, sed tantum Patris et Filii Spiritus, utrique coæqualis, et ad Trinitatis pertinens unitatem. Teneamus ergo Patrem, et Filium, et Spiritum sanctum unum esse naturaliter Deum, ut ait August. in lib. de Fide ad Petrem, neque tamen ipsum Patrem esse, qui Filius est; nec Filium ipsum esse, qui Pater est ; nec Spiritum sanctum ipsum esse, qui Pater est aut Filius. Una est enim Patris et Filii et Spiritus sancti essentia, quam Græci ὁμουσίαν vocant: id qua non aliud Pater, aliud Filius, aliud Spiritus sanctus : quamvis sit personaliter alius Pater, alius Filius, alius Spiritus sanctus.

Quis ordo sit servandus cum de Trinitate agitur.

3. Cæterum, ut in primo libro de Trin. Aug. docet, primo secundum auctoritates sanctarum Scripturarum, utrum fides ita se habeat demonstrandum est. Deinde adversus garrulos ratiocinatores, elatiores magis quam capaciores, rationibus catholicis et similitudinibus congruis ad defensionem et assertionem fidei utendum est: ut eorum inquisitionibus satisfacientes, mansuetos plenius instruamus, et illi si nequiverint invenire quod quærunt, de suis mentibus potius quam de ipsa veritate, vel de nostra assertione conquerantur.

Testimonia sanctorum de Trinitate.

4. Proponamus ergo in medium veteris ac novi Testamenti auctoritates, quibus divinæ unitatis atque Trinitatis veritas demonstretur, ac primum ipsa legis exordia occurrant, ubi Moses ait, Deuter. 6 : *Audi, Israel : Dominus Deus tuus Deus unus est.* Item Exod. cap. 20: *Ego sum Dominus Deus tuus qui eduxi te de terra Ægypti; non erunt tibi alii dii præter me.* Ecce hic significavit unitatem divinæ naturæ. Deus enim, ut ait Amb. in primo lib. de Trin. (de Fide, lib. 1), nomen est naturæ. Dominus vero nomen est potestatis. Item alibi Deus loquens ad Moysen ait. Exod. 3: *Ego sum qui sum est, si quæsierint nomen meum vade et dic eis : Qui est, misit me ad vos.* Dicens enim : *Ego sum,* non, *Nos sumus* ; et *qui est,* non *qui sumus*, apertissime declaravit unum solum Deum esse. In cantico etiam Exodi legitur, c. 15: *Dominus omnipotens nomen ejus ;* non ait *Domini* ; unitatem volens significare. Personarum quoque pluralitatem et naturæ unitatem simul ostendit Dominus in Gen., c. 1, dicens : *Faciamus hominem ad imaginem et similitudinem nostram.* Dicens enim.*faciamus,* et *nostram,* pluralitatem personarum ostendit : dicens vero *imaginem* unitatem essentiæ. Ut enim dicit Aug. in lib. de Fide ad Petrum, si in illa natura Patris, et Filii, et Spiritus sancti una esset tantum persona, non diceretur: *Faciamus hominem ad imaginem et similitudinem nostram.* Cum enim dicit *ad imaginem,* ostendit unam naturam esse, ad cujus imaginem homo fieret ; cum vero dicit *nostram,* osten-

dit eumdem Deum non unam, sed plures esse personas. *Aperte ostendit quod nec solitudo, nec diversitas, nec singularitas ibi est, sed similitudo.*

5. Hilarius quoque, in lib. 3 de Trin., dicit his verbis significari quod in Trinitate nec diversitas est, nec singularitas vel solitudo; sed similitudo, et pluralitas sive distinctio; ait enim sic: Qui dixit: *Faciamus hominem ad imaginem et similitudinem nostram*, invicem esse sui similes, in eo quod dicit imaginem et similitudinem nostram, ostendit. Imago enim sola non est et similitudo sibi non est; neque diversitatem duobus admisceri ad alterius alterum similitudo permittit. Item idem in lib. 4, circa finem: Absolutius voluit intelligi significationem hanc non ad se esse referendam tantum, dicendo: *Faciamus hominem ad imaginem et similitudinem nostram*; professio enim consortii sustulit intelligentiam singularitatis, quia consortium aliquod nec potest esse sibi ipsi solitario (circa medium), neque quisquam alio ne à se loquitur recipit *faciamus*; neque quisquam alioneà se loquitur *nostram*; uterque ergo sermo scilicet *faciamus* et *nostram*, ut solitarium eumdemque non patitur, ita neque diversum à se, alienumque significat; solitario convenit *faciam* et *meam*; non solitario vero convenit dicere *faciamus* et *nostram*; uterque sermo ut non solitarium tantum, ita neque differentem esse, vel diversum esse significat. Nobis quoque nec solitarius nec diversus est confitendus; ita ergo Deus ad communem sibi cum Deo imaginem, eamdemque similitudinem reperitur operari, ut nec significatio efficientis admittat intelligentiam solitudinis, nec operatio constituta ad eamdem imaginem vel similitudinem patiatur diversitatem divinitatis. In his verbis Hilar. pluralitatem personarum voluit intelligi nomine consortii, atque significavit nomine consortii vel pluralitatis non poni aliquid, sed removeri. Pluralitas enim vel consortium personarum cum dicitur, solitudo vel singularitas negatur; cum dicimus plures esse personas, significamus quod non est una sola. Ideo Hilarius volens ista subtilier et sane intelligi ait: Professio consortii sustulit intelligentiam singularitatis; non dicit: Posuit aliquid. Ita etiam cum dicimus tres personas, singularitatem et solitudinem tollimus; et quod Pater non est solus, nec Filius est solus, nec Spiritus sanctus est solus, significamus; et quod nec Pater tantum est et Filius, nec Pater tantum et Spiritus sanctus, nec Filius tautum et Spiritus sanctus. De hoc autem in sequenti plenius agetur (distinct. 19), ubi etiam secundum quid similes, dicantur tres personæ, et utrum aliquo modo sit ibi diversitas vel differentia ostendetur.

Ad idem quod cœperat redit, ut alias auctoritates supponat.

6. Nunc vero ad propositum redeamus; et ad ostendendum personarum pluralitatem atque essentiæ divinæ unitatem, alias sanctorum auctoritates inducamus. Moyses dicit: *In principio creavit Deus cœlum et terram* (Gen. 1); per Deum significans Patrem; per principium, Filium. Et pro eo quod apud nos *Deus* dicitur, Hebraica veritas habet *Heloym*, quod est plurale hujus singularis, quod est *hel*. Quod ergo non est dictum *hel*, quod est Deus; sed *heloym*, quod interpretari potest, *dii* sive *judices*, ad pluralitatem personarum refertur. Ad quam etiam illud attinere videtur, quod diabolus per serpentem dixit: *Eritis sicut dii*: Pro quo in Hebraico habetur *heloym*; ac si diceret: *Eritis sicut divinæ personæ.* Ille etiam maximus prophetarum et regum David, qui suam cæteris præfert, intelligentiam dicens psal. 67: *Super senes intellexi*, unitatem divinæ naturæ ostendens ait psal. 80: *Dominus nomen est illi*; non dicit *Domini*. Alibi etiam ejusdem unitatem et æternitatem simul ostendens ait ex persona Dei *Israel, si me audieris, non erit in te Deus recens, neque adorabis Deum alienum.* Aliud horum, ut dicit Ambros., in lib. 1 de Trin. (de Fide, l. 1, c. 5), significat æternitatem; aliud unitatem substantiæ indifferentis, ut neque posteriorem Patre, nequae alterius divinitatis Filium, vel Spiritum sanctum esse credamus; nam si Patre posterior est Filius, vel Spiritus sanctus, recens est; et si unius non est divinitatis, alienus est; sed nec posterior est, quia recens non est; nec alienus, quia ex Patre natus est Filius, ex Patre procedit Spiritus sanctus. Alibi quoque distinctionem personarum insinuans ait (psal. 66): *Verbo Domini cœli firmati sunt, et Spiritu oris ejus omnis virtus eorum.* Alibi etiam ait: *Benedicat nos Deus, Deus noster, benedicat nos Deus, et metuant eum omnes fines terræ.* Trina enim confessio Dei trinitatem exprimit personarum: unitatem vero essentiæ aperit, cum singulariter subjungit *eum.* Isaias quoque dicit c. 6 se audisse Seraphim clamantia: *Sanctus, sanctus, sanctus, Dominus Deus.* Per hoc quod dicit ter *sanctus*, Trinitatem significat; per hoc quod subdit *Dominus Deus*, unitatem essentiæ. David quoque æternam Filii generationem aperte insinuat ex persona Filii dicens (psal. 2): *Dominus dixit ad me: Filius meus es tu: Ego hodie genui te.* De hac generatione ineffabili Isaias ait, cap. 53: *Generationem ejus qui enarrabit?* In lib. quoque Sap. æternitas Filii cum Patre monstratur, ubi Sapientia ita loquitur. *Dominus possedit me ab initio viarum suarum; antequam quidquam faceret a principio, ab æterno or dinata sum; antequam terra fieret necdum erant abyssi, et ego jam concepta eram; necdum fontes, necdum montes aut colles, et ego parturiebar; adhuc terram non fecerat, et cardines orbis terræ, quando præparabat cœlos, aderam; quando appendebat fundamenta terræ, cum eo eram cuncta componens, et delectabar per singulos dies ludens coram eo.* Ecce aptum de æterna genitura testimonium; quo ipsa Sapientia perhibet se ante mundum conceptam esse et parturiri, id est, genitam, et apud Patrem æternaliter existere. Ipsa etiam alibi ait (Eccl. 24): *Ego ex ore Altissimi prodii, primogenita ante omnem creaturam.* Micheas quoque propheta æternam Verbi generationem, et temporalem ex Maria, simul insinuavit dicens, c. 5: *Et tu Bethleem Ephrata, parvulus es in millibus Juda: ex te egredietur qui sit dominator in Israel; et egressus ejus ab initio a diebus æternitatis.*

Specialia testimonia de Spiritu sancto.

7. De Spiritu sancto etiam expressa documenta in veteri Testamento habemus. In Gen. enim legitur (c. 1): *Spiritus Domini ferebatur super aquas.* Et David dicit psal. 138: *Quo ibo a Spiritu tuo?* In lib. Sap. dicitur, cap. 1: *Spiritus sanctus disciplinæ effugiet fictum; benignus est enim Spiritus sapientiæ.* Isaias quoque ait cap. 61: *Spiritus Domini super me.*

De testimoniis novi Testamenti.

8. Nunc vero post testimonia veteris Testamenti, de fide sanctæ Trinitatis et unitatis, ad novi Testamenti auctoritates accedamus; ut in medio duorum animalium, id est, testamentorum, cognoscatur veritas; et forcipe de altari sumatur calculus quo tangantur ora fidelium. Dominus itaque Christus unitatem divinæ essentiæ ac trinitatem personarum aperte insinuat, dicens apostolis: *Ite, baptizate omnes gentes in nomine Patris, et Filii, et Spiritus sancti.* In nomine utique ait, ut Ambros. ait in lib. 1 de Trin. (de Fide, l. 1, c. 1. 2), non in nominibus, ut unitas essentiæ ostendatur. Per nomina tria quæ supposuit, tres esse personas declaravit. Ipse etiam ait: *Ego et Pater unum sumus;* unum dixit, ut ait Ambr. in eodem, ne fiat discretio potestatis naturæ; et addidit, *sumus*, ut Patrem Filiumque cognoscas; scilicet ut perfectus Pater Filium perfectum genuisse credatur: et quod Pater et Filius unum sint, non confusione personæ, sed unitate naturæ. Joannes quoque in Epistola 1 canonica ait: *Tres sunt qui testimonium perhibent in cœlo, Pater, Verbum et Spiritus sanctus; et hi tres unum sunt.* Ipse etiam in initio Evangelii sui ait: *In principio erat Verbum, et Verbum erat apud Deum, et Deus erat Verbum;* ubi aperte ostendit Filium semper et æternaliter fuisse apud Patrem; ut alium apud alium. Apostolus quoque aperte Trinitatem distinguit dicens Gal. 4: *Misit Deus Spiritum Filii sui in corda nostra*, et alibi, Rom. 8: *Si Spiritus ejus qui suscitavit Jesum*

habitat in nobis, etc. Item alibi Trinitatem atque unitatem evidentissime commendat dicens, Rom. 8 : *Quoniam ex ipso, et per ipsum, et in ipso sunt omnia, ipsi gloria. Ex ipso* ait, ut Aug. in lib. 1 de Trin., c. 6, ait, propter Patrem ; *per ipsum* dicit, propter Filium ; *in ipso*, propter Spiritum sanctum. Per hoc vero quod non ait ex ipsis, per ipsos, et in ipsis, nec ait ipsis gloria, sed *ipsi*, insinuavit hanc Trinitatem unum Deum esse. Sed quia singulæ pene syllabæ novi Testamenti hanc ineffabilis unitatis atque Trinitatis veritatem concorditer insinuant, inductioni testimoniorum super hac re supersedeamus, et rationibus congruisque similitudinibus ita esse, prout infirmitas nostra valet, ostendamus.

DISTINCTIO III.

INCIPIT OSTENDERE QUOMODO PER CREATURAM POTUERIT COGNOSCI CREATOR.

1. Apostolus namque ait, Rom. 1, quod *invisibilia Dei a creatura mundi, per ea quæ facta sunt intellecta conspiciuntur ; sempiterna quoque virtus ejus et divinitas.* Per creaturam mundi intelligitur homo, propter excellentiam qua excellit inter alias creaturas ; vel propter convenientiam quam habet cum omni creatura. Homo ergo invisibilia Dei intellectu mentis conspicere potuit, vel etiam conspexit, per ea quæ facta sunt, id est, per creaturas visibiles vel invisibiles. A duobus enim juvabatur : scilicet a natura, quæ rationalis erat ; et ab operibus a Deo factis, ut manifestaretur homini veritas. Ideoque Apostolus dixit : *Quia Deus revelavit illis*, scilicet. dum fecit opera, in quibus artificis aliquatenus relucet indicium.

Prima ratio vel modus quomodo potuit cognosci Deus.

2. Nam sicut ait Ambros, ut Deus qui natura invisibilis est, etiam a visibilibus posset sciri, opus fecit quod opificem visibilitate sui manifestavit ; ut per certum, incertum posset sciri, et ille Deus omnium esse crederetur, qui hoc fecit quod ab homine impossibile est fieri. Potuerunt ergo cognoscere, sive cognoverunt, ultra omnem creaturam esse illum qui ea fecit, quæ nulla creaturarum facere vel destruere valet. Accedat quæcumque vis creatura, et faciat tale cœlum et terram ; et dicam quia Deus est Sed quia nulla creatura talia facere valet, constat super omnem creaturam esse illum qui ea fecit, ac per hoc illum esse Deum humana mens cognoscere potuit.

Secundr ratio qua potuit cognosci, vel modus quo noverunt.

3. Alio etiam modo Dei veritatem ductu rationis cognoscere potuerunt, vel etiam cognoverunt : ut enim Aug. ait in lib. de Civ. Dei, viderunt summi philosophi nullum corpus esse Deum, et ideo cuncta corpora transcenderunt quærentes Deum, viderunt etiam quidquid mutabile est, non esse summum Deum, omniumque principium : et ideo omnem animam mutabilesque spiritus transcenderunt. Deinde viderunt omne quod mutabile est non posse esse nisi ab illo qui incommutabiliter et simpliciter est. Intellexerunt ergo eum et omnia ista fecisse, et a nullo fieri potuisse.

Tertia ratio vel modus.

4. Consideraverunt etiam quidquid est in substantiis, vel corpus esse, vel spiritum : meliusque aliquid spiritum esse quam corpus, sed longe meliorem qui spiritum fecit et corpus.

Quartus modus vel ratio.

5. Intellexerunt etiam corporis speciem esse sensibilem, et spiritus speciem intelligibilem ; et intelligibilem speciem sensibili prætulerunt. Sensibilia dicimus quæ visu tactuque corporis sentiri queunt ; intelligibilia, quæ conspectu mentis possunt intelligi. Cum ergo in eorum conspectu et corpus et animus magis minusque speciosa essent ; si autem omni specie carere possent, omnino nulla essent ; viderunt esse aliquid quo illa speciosa facta sunt, ubi est prima et incommutabilis species, ideoque incomparabilis ; et illud esse rerum principium rectissime crediderunt, quod factum non esset, et ex quo cuncta facta essent.

Ecce tot modis potuit cognosci veritas Dei. Cum ergo Deus una sit et simplex essentia, quæ ex nulla diversitate partium vel accidentium consistit, pluraliter tamen dicit Apostolus, *invisibilia Dei*, quia pluralibus modis cognoscitur veritas Dei per ea quæ facta sunt. Ex perpetuitate namque creaturarum intelligitur conditor æternus ; ex magnitudine creaturarum, omnipotens ; ex ordine et dispositione, sapiens ; ex gubernatione, bonus. Hæc autem omnia ad unitatem deitatis pertinent monstrandam.

Quomodo in creaturis apparet vestigium Trinitatis.

6. Nunc restat ostendere utrum per ea quæ facta sunt aliquod Trinitatis indicium vel exiguum haberi potuerit. De hoc Aug. in lib. 6, cap. 6, de Trin., ait : Oportet ut Creatorem per ea quæ facta sunt, intellectu conspicientes, Trinitatem intelligamus. Hujus enim Trinitatis vestigium in creaturis apparet. Hæc enim quæ arte divina facta sunt, et unitatem quamdam in se ostendunt, et speciem et ordinem. Nam quodque horum creaturum, et unum aliquid est, sicut sunt naturæ corporum et ingenia animarum ; et aliqua specie formatur, sicut sunt figuræ vel qualitates corporum, ac doctrinæ vel artes animarum ; et ordinem aliquem petit aut tenet, sicut sunt pondera vel collocationes corporum, et amores vel delectationes animarum, et ita in creaturis prælucet vestigium Trinitatis. In illa enim Trinitate summa origo est omnium rerum, et perfectissima pulchritudo, et beatissima delectatio. Summa autem origo, ut Aug. ostendit in lib. de vera Religione, intelligitur Deus Pater, a quo sunt omnia ; a quo Filius et Spiritus sanctus ; perfectissima pulchritudo intelligitur Filius, scilicet veritas Patris, nulla ex parte ei dissimilis ; quem cum ipso, et in ipso Patre veneramur ; quæ forma est omnium quæ ab initio facta sunt, ot ad unum referuntur, quæ tamen omnia nec fierent a Patre per Filium, neque suis finibus salva essent, nisi Deus summe bonus esset ; qui et nulli naturæ quæ ab illo bona esset, invidit ; et ut in bono ipso maneret, alia quantum vellet, alia quantum posset dedit, quæ bonitas intelligitur Spiritus sanctus. qui est donum Patris et Filii ; quare ipsum donum Dei cum Patre et Filio æque incommutabile, colere et tenere nos convenit. Per considerationem itaque creaturarum unius substantiæ, Trinitatem intelligimus scilicet unum Deum Patrem, a quo sumus ; et Filium, per quem sumus ; et Spiritum sanctum, in quo sumus, scilicet principium ad quod recurrimus, et formam quam sequimur, et gratiam qua reconciliamur : unum scilicet quo auctore conditi sumus ; et similitudinem ejus, per quam ad unitatem reformamur, et pacem, qua unitati adhæremus : scilicet Deum qui dixit, Genes. 1 : *Fiat lux*, et *Verbum*, per quod factum est omne quod substantialiter et naturaliter est, et donum benignitatis ejus ; qua placuit quod ab eo per Verbum factum est, et reconciliatum est auctori ut non interiret. Ecce ostensum est qualiter in creaturis aliquatenus imago Trinitatis indicatur : non enim per creaturarum contemplationem sufficiens notitia Trinitatis potest haberi vel potuit, sine doctrinæ vel interioris inspirationis revelatione. Une illi antiqui philosophi quasi per umbram et de longinquo viderunt veritatem, deficientes in contuitu Trinitatis, ut magi Pharaonis in tertio signo. Exod. 8. Adjuvamur tamen in fide invisibilium, per ea quæ facta sunt.

Quomodo in anima sit imago Trinitatis.

7. Nunc vero ad eam jam perveniamus disputationem, ubi in mente humana quæ novit Deum, vel potest nosse, Trinitatis imaginem reperiamus. Ut enim ait Aug. in lib. 14 de Trinitate, cap. 7, licet humana mens non sit ejus naturæ, cujus Deus est, imago tamen illius, quo nihil melius est, ibi quærenda et invenienda est, quo natura nostra nil habet melius, id est, in mente. In ipsa etiam mente antequam sit princeps Dei, ejus imago reperitur ; etsi enim amissa Dei participatione deformis sit, imago Dei tamen permanet. Eo enim ipso imago Dei est

mens,quo capax ejus est,ejusque particeps esse potest.Jam ergo in ea Trinitatem, quæ Deus est, inquiramus.Eccecnim mens meminit sui,intelligit se, diligit se;hoc si cernimus,cernimus Trinitatem,nondum quidem Deum, sed imaginem Dei. Hic enim quædam apparet trinitas memoriæ, intelligentiæ et amoris.Hæc ergo tria potissimum tractemus,memoriam,intelligentiam, voluntatem. Hæc ergo tria, ut Aug.ait in lib. 10 de Trin.,c. 21, non sunt tres vitæ, sed una vita ; nec tres mentes, sed una mens, una essentia.Memoria vero dicitur ad aliquid, et intelligentia et voluntas sive dilectio similiter ad aliquid dicitur : vita vero dicitur ad seipsam et mens et essentia. Hæc ergo tria eo unum sunt, quo una vita, una mens,una essentia, et quidquid ad scipsa singula dicuntur etiam simul,non pluraliter,sed singulariter dicuntur. Eo vero tria sunt,quo ad se invicem referuntur.

Quomodo æqualia sint, quia capiuntur a singulis omnia et tota.(Ex August.,lib.10 de Trin.,cap.11.)

8.Æqualia etiam sunt non solum singula singulis, sed etiam singula omnibus ; alioquin non se invicem caperent ; se autem invicem capiunt.Capiuntur enim et a singulis singula,et a singulis omnia. Memini enim me habere memoriam,et intelligentiam,et voluntatem ; et intelligo me intelligere, et velle, atque meminisse ; et volo me velle, et meminisse, et intelligere.

Quomodo tota illa tria memoria capiat.

9. Totamque meam memoriam,et intelligentiam, et voluntatem simul memini. Quod enim memoriæ meæ non memini,illud non est in memoria mea:nihil autem tam in memoria est,quam ipsa memoria ; totam ergo memini.Item quicquid intelligo, intelligere me scio ; et scio me velle quicquid volo, quicquid autem scio memini.Totam ergo intelligentiam totamque voluntatem meam memini.

Quomodo illa tria tota capiat intelligentia. (August. loc. cit.)

10. Similiter cum hæc tria intelligo,tota simul intelligo, neque enim quicquam intelligibilium est quod non intelligam, nisi quod ignoro.Quod autem ignoro,nec memini, nec volo. Quicquid ergo intelligibilium non intelligo,consequenter etiam nec memini, nec volo.Quicquidergo intelligibilium memini et volo, consequenter intelligo.

Quomodo illa tota capiat voluntas.

11. Voluntas etiam mea totam intelligentiam totamque meam memoriam capit, dum utor toto eo quod intelligo etmemini ; cum itaque invicem a singulis et omnia et tota capiantur, æqualia sunt tota singula totis singulis,et tota singula simul omnibus totis : et hæc tria unum,una vita, una mens, una essentia. Ecce illius summæ unitatis atque Trinitatis ubi una est essentia et tres personæ, imago est humana mens, licet impar. Mens autem hic pro animo ipso accipitur, ubi est illa imago Trinitatis. Proprie vero mens dicitur,ut ait August., lib. 15 de Trin.c.7, non ipsa anima, sed quod in ea est excellentius,qualiter sæpe accipitur.Illud etiam sciendum est, quod memoria non solum est absentium et præteritorum,sed etiam præsentium, ut ait Aug. in lib.14 de Trin., cap. 14, alioquin non se caperet.

Ex quo sensu illa tria dicantur esse unum et una essentia quæritur.

12. Hic attendendum est diligenter ex quo sensu accipiendum sit quod supra dixit,illa tria,scilicet memoriam,intelligentiam, voluntatem esse unum,unam mentem, unam essentiam, quod utique non videtur esse verum juxta proprietatem sermonis.Mensenim, id est,spiritus rationalis, essentia est spiritualis et incorporea.Illa vero tria, naturales proprietates seu vires sunt ipsius mentis, et a se invicem differunt ; quia memoria non est intelligentia vel voluntas,nec intelligentia voluntas sive amor.

Quod etiam ad se invicem dicuntur relative

13. Et hæc tria etiam ad seipsa referuntur, ut ait

Aug.in lib.9 de Trin., c. 3. Mens enim amare seipsam vel meminisse non potest,nisi etiam noverit sc. Nam quomodo amat vel meminit quod nescit? Miro itaque modo tria ista inseparabilia sunt a seipsis, et tamen eorum singulum,et simul omnia una essentia est, cum et relative dicantur ad invicem.

Hic aperitur quod supra quærebatur scilicet quomodo hæc tria dicantur unum.

14. Sed jam videndum est quomodo hæc tria dicantur una substantia. Ideo quia scilicet in ipsa anima vel mente substantialiter existunt, non sicut accidentia in subjectis,quæ possunt adesse vel abesse ; unde Aug. in lib. 9 de Trin.,c.5.ait : Admonemur, si utcumque videre possumus,hæc in animo existere substantialiter,non tanquam in subjecto,ut color in corpore; quia etsi relative dicuntur ad invicem,singula tamen substantialiter sunt in substantia sua.Ecce ex quo sensu illa tria dicantur esse unum vel una substantia. Quæ tria,ut Aug. ait in lib. 15 de Trin., c. 4, in mente naturaliter divinitus instituta quisquis vivaciter perspicit,et quam magnum fit in ea, unde potest etiam sempiterna immutabilisque natura recoli, conspici, concupisci, reminiscitur enim per memoriam, intuetur per intelligentiam, amplectitur per dilectionem, profecto reperit illius summæ Trinitatis imaginem.

Quod in illa similitudine est dissimilitudo, (Ex Aug. lib. 15 de Trin., c. 20.)

15.Verumtamen caveat ne hanc imaginem ab eadem Trinitate factam ita ei comparet, ut omnino existimet similem,sed potius in qualicumque ista similitudine magnam quoque dissimilitudinem cernat.

Prima dissimilitudo. (Ex eodem lib.. c. 22.)

16.Quod breviter ostendi potest. Homo unus per ista tria meminit,intelligit,diligit ; qui nec memoria est, nec intelligentia, nec dilectio, sed hæc habet, Unus ergo homo est,qui habet hæc tria,non ipse est hæc tria ; in illius vero summæ simplicitate naturæ, quæ Deus est,quamvis unus sit Deus,tamen tres personæ sunt, Pater et Filius et Spiritus sanctus ; et hæ tres personæ sunt unus Deus. Aliud est itaque Trinitas res ipsa,aliud imago Trinitatis in ea :propter quam imaginem etiam illud in quo sunt hæc tria, imago dicitur, scilicet homo. Sicut imago dicitur et tabula et pictura quæ est in ea; sed tabula nomine imaginis appellatur propter picturam quæ est in ea.

Altera dissimilitudo. (Ex Aug.,lib. 15 de Trin.,c. 7.)

17.Rursus ista imago quæ est homo habens illa tria, una persona est, illa vero Trinitas non una persona est,sed tres personæ,Pater Filii,et Filius Patris, et Spiritus Patris et Filii.Itaque in ista imagine Trinitatis, non hæc tria unus homo, sed unius hominis sunt.In illa vero summa Trinitate,cujus hæc imago est,non unius Dei sunt illa tria, sed unus Deus ; et tres sunt illæ personæ,non una persona. Illa enim tria non homo sunt,sed hominis sunt, vel in homine sunt.Sed numquid possumus dicere Trinitatem sic esse in Deo, ut aliquid Dei sit, nec ipsa sit Deus ? Absit ut hoc credamus! Dicamus ergo in mente nostra imaginem Trinitatis, sed exiguam,et qualemcumque esse; quæ summæ Trinitatis ita gerit similitudinem,ut ex maxima parte sit dissimilis. Sciendum vero est quod hæc trinitas mentis, ut ait Augustin., in lib.14 de Trin.,cap. 12, non propterea tantum imago Dei est,quia sui meminit mens, et intelligit, ac diligit se ; sed quia potest etiam meminisse,et intelligere, et amare illum a quo facta est.

Alia assignatio trinitatis in anima, scilicet mens, notitia, amor.

18.Potest etiam alio modo aliisque nominibus distingui trinitas in anima,quæ est imago illius summæ et ineffabilis Trinitatis; ut enim ait Aug.in lib.11 de Trin., cap. 4, mens, et notitia ejus, et amor, tria quædam sunt. Mens enim novit se,et amat se, nec amare se potest,nisi etiam noverit se. Duo quædam sunt mens et notitia ejus,ut habetur lib. 15 de Trin. c. 7.Item duo quædam sunt mens et amor ejus. Cum ergo se novit mens et amat se, manet trinitas, scilicet mens, amor et notitia. Mens autem hic accipitur non pro anima, sed pro eo quod anima excellentius est.

Hæc autem tria cum sint distincta a se invicem, dicuntur tamen esse unum, quia in anima substantialiter existunt.

Quia mens vice Patris, notitia filii, amor Spiritus sancti accipitur. (Ex Aug., lib. 9 de Trin., c.12.)

19. Et est ipsa mens quasi parens, et notitia ejus quasi proles ejus. Mens enim cum se cognoscit, notitiam sui gignit, et est sola parens suæ notitiæ. Tertius est amor, qui de ipsa mente et notitia procedit, dum mens cognoscit se et diligit se; non enim posset se diligere, nisi cognosceret se. Amat etiam placitam prolem, id est, notitiam suam: et ita amor quidam complexus est parentis et prolis.

Quod non est minor mente notitia, nec amor utroque. (Ex eodem Aug. lib.)

20. Nec est minor proles parente, dum tantam se novit mens, quanta est: nec minor est amor parente et prole. id est mente et notitia, dum tantum se diligit mens, quantum se novit et quanta est.

Quod hæc tria in seipsis sunt. (Ex eodem lib., cap.5.)

21. Sunt etiam hæc singula in seipsis, quia et mens amans in amore est, et amor in amantis notitia, et notitia in mente noscente est. Ecce in his tribus qualecumque vestigium Trinitatis apparet,

Quomodo mens per ista proficit ad intelligendum Deum.

22. Mens itaque rationalis considerans hæc tria, et illam unam essentiam in qua ista sunt, extendit se ad contemplationem Creatoris; et videt unitatem in Trinitate, et Trinitatem in unitate. Intelligit enim unum Deum esse, unam essentiam, unum principium. Intelligit enim quia si duo essent, vel uterque insufficiens esset, vel alter superflueret; quia si aliquid deesset uni quod haberet alter, non esset ibi summa perfectio. Si vero nihil uni deesset quod haberet, alter cum in uno essent omnia, alter superflueret. Intellexit ergo unum esse Deum omnium auctorem, et vidit quia abseque sapientia non sit, quasi res fatua; et ideo intellexit eum habere sapientiam, quæ ab ipso genita est : et quia sapientiam suam diligit, intellexit etiam ibi esse amorem.

Hic de summa Trinitatis unitate.

23. Quapropter juxta istam considerationem, ut ait Aug. in lib.9 de Trin., cap.1, credamus Patrem, et Filium et Spiritum sanctum unum esse Deum, universæ creaturæ conditorem et rectorem ; nec Patrem esse Filium, nec Spiritum sanctum vel Patrem esse, vel Filium; sed Trinitatem relatarum ad invicem personarum. Ut enim ait ipse in libro de Fide, ad Petrum, una est natura sive essentia Patris, et Filii et Spiritus sancti, non una persona. Si enim sic esset una persona, sicut est una substantia Patris, et Filii, et Spiritus sancti, veraciter Trinitas non diceretur. Rursus quidem Trinitas esset vera, sed unus Deus Trinitas ipsa non esset, si quemadmodum Pater, et Filius, et Spiritus sanctus, personarum sunt ab invicem proprietate distincti, sic fuissent quoque naturarum diversitate discreti, Fides autem patriarcharum, prophetarum atque apostolorum unum Deum prædicat Trinitatem esse. In illa ergo sancta Trinitate unus est Deus Pater, qui solus essentialiter de seipso Filium unum genuit; et unus Filius est, qui de uno Patre solus essentialiter natus est; et unus Spiritus sanctus, qui solus essentialiter a Patre Filioque procedit. Hoc autem totum non potest una persona, id est gignere se, et nasci de se, et procedere de se, ut enim ait Aug. in lib. 1, de Trin., c.1, nulla res est quæ seipsam gignat ut sit.

DISTINCTIO IV.

HIC QUÆRITUR UTRUM CONCEDENDUM SIT QUOD DEUS SE GENUERIT.

1. Hic est quæstio satis necessaria. Constat enim, et irrefragabiliter verum est, quod Deus Pater genuit Filium. Ideo quæritur utrum concedendum sit quod Deus genuit Deum. Si enim Deus genuit Deum, videtur quod aut se Deum, aut alium deum genuerit. Si vero alium deum genuit, non est tantum unus Deus. Si autem seipsum Deus genuit, aliqua res se ipsam genuit. Ad quod et respondentes, dicimus catholice concedi quod unus unum genuit, quod Deus Deum genuit; quia Deus Pater Deum Filium genuit. In symbolo quoque scriptum est: *Lumen de lumine, Deum verum de Deo vero.* . Quod vero additur : Ergo genuit se Deum vel alium deum; neutrum concedendum esse dicimus. Quod alium deum non genuit, manifestum est, quia unus tantum Deus est. Quod autem seipsum non genuit, ostendit Aug. in lib. 1 de Trin., c. 1, dicens: Quia putant ejus potentiæ esse Deum, ut seipsum ipse genuerit, eo plus errant, quod non solum Deus ita non est, sed nec spiritualis, neque corporalis creatura. Nulla enim res est quæ seipsam gignat ut sit; et ideo non est credendum vel dicendum quod Deus genuit se.

Alia quæstio de eodem.

2. Sed adhuc componunt garruli ratiocinatores dicentes: Si Deus Pater genuit Deum, aut genuit Deum qui est Pater, aut Deum qui non est Deus Pater. Si genuit Deum qui non est Pater, ergo Deus est qui non est Deus Pater. Non ergo unus tantum Deus est. Si vero genuit Deum qui est Deus Pater, ergo genuit seipsum. Ad quod respondemus determinantes istam propositionem, quam sic proponunt : Si Deus Pater genuit Deum, aut Deum qui est Deus Pater, aut Deum qui non est Deus Pater. Hoc enim sane et prave intelligi potest; et ideo respondendum est ita: Deus Pater genuit Deum qui est ipse Pater. Hoc dicimus esse falsum, et concedimus alteram, scilicet genuit Deum qui non est Pater; nec tamen genuit alterum Deum, nec ille qui genitus est, est alius Deus quam Pater, sed unus Deus cum Patre. Si vero additur: Genuit Deum qui non est Deus Pater ; hic distinguimus, quia dupliciter potest intelligi. Genuit Deum qui non est Deus Pater, scilicet Deum Filium, qui Filius non est Pater, qui Deus est; hic sensus verus est. Si vero intelligatur sic: Genuit Deum qui non est Deus Pater, id est qui non est Deus qui pater est: hic sensus falsus est. Unus enim et idem Deus est Pater, et Filius, et Spiritus sanctus ; et, e diverso, Pater, et Filius, et Spiritus sanctus unus est Deus.

Opinio quorumdam dicentium tres personas esse unum Deum, unam substantiam; sed non e converso, scilicet unum Deum vel unam substantiam esse tres personas.

3. Quidam tamen veritatis adversarii, concedunt Patrem et Filium et Spiritum sanctum, sive tres personas, esse unum Deum, unam substantiam; sed tamen nolunt concedere unum deum sive unam substantiam esse tres personas dicentes divinam substantiam prædicari de tribus personis, non tres personas de substantia divina. Fides autem catholica tenet ac prædicat, et tres personas esse unum Deum, et unam substantiam sive essentiam sive naturam divinam; et unum Deum, sive essentiam divinam, esse tres personas. Unde Aug., in lib. 1 de Trin., c. 6, ita ait: Recte ipse Deus Trinitas intelligitur, beatus et solus potens. Ecce quam expresse dixit *ipse Deus Trinitas*, ut ostenderet. et ipsum Deum esse Trinitatem, et Trinitatem ipsum Deum. Item in eodem: In verbis, inquit, illis Apostoli quibus de adventu Christi agens dicit: *Quem ostendit beatus et solus potens; rex regum et Dominus dominantium; qui solus habet immortalitatem*, etc. nec Pater proprie nominatus est, nec Filius, nec Spiritus sanctus: sed beatus et solus potens, id est unus et solus Deus verus, qui est ipsa Trinitas. Est enim hic aperte dicit unum solum verum Deum esse ipsam Trinitatem; et si unus Deus Trinitas est, ergo unus Deus est tres personæ. Item in lib.5 de Trin., c. 8 : Non tres deos, sed unum Deum dicimus esse ipsam præstantissimam Trinitatem. Item in libro qui dicitur Enchiridion, ad Laurentium, cap. 9: Satis est christiano, rerum creatarum causam visibilium sive invisibilium non nisi bonitatem credere Creatoris, qui est Deus

verus et unus;nullamque esse naturam quæ non aut ipse sit,aut ab ipso;eumque esse Trinitatem Patrem scilicet et Filium et Spiritum sanctum.Item Aug. in sermone de Fide,cap.7:Credimus unum Deum unam esse divini nominis Trinitatem. Idem in lib. 6 de Trin.:Dicimus Deum solum esse ipsam Trinitatem. Ecce et his aliis pluribus auctoritatibus evidenter ostenditur dicendum esse et credendum quod unus Deus et Trinitas,est una substantia tres personæ; sicut e converso Trinitas dicitur esse unus Deus,et tres personæ dicuntur esse una substantia.

Redit ad præmissam quæstionem,scilicet an Deus Pater se Deum, an alium deum genuerit.

4. Nunc ad præmissam quæstionem revertamur; ubi quærebatur an Deus Pater genuerit se Deum, an alium deum.Ad quod dicimus,neutrum fore concedendum.Dicit tamen Aug.in epistola 66 ad Maximum medicum.quod Deus Pater se alterum genuit, his verbis : Pater ut haberet Filium de ipso,non minuit seipsum,sed ita genuit de se alterum se,ut totus maneret in se,et esset in Filio tantus, quantus et solus.Quod ita intelligi potest,id est, de se alterum a se genuit;non utique alterum deum,sed alteram personam:vel genuit se alterum, id est,genuit alterum qui hoc est quod ipse.Nam etsi alius sit Pater quam Filius,non est tamen aliud quam Filius,sed unum.

DISTINCTIO V.

HIC QUÆRITUR AN PATER GENUIT DIVINAM ESSENTIAM, VEL IPSA FILIUM, AN ESSENTIA GENUIT ESSENTIAM, VEL IPSA NEC GENUIT, NEC GENITA EST.

1. Post hæc quæritur utrum concedendum sit quod Pater genuit divinam essentiam,vel quod divina essentia genuit Filium,vel essentia genuit essentiam ; an omnino genuit, nec genita est divina essentia. Ad quod catholicis tractatoribus consentientes dicimus quod nec Pater genuit divinam essentiam,nec divina essentia genuit Filium,nec divina essentia genuit divinam essentiam : hic autem nomine essentiæ intelligimus divinam naturam, quæ communis est tribus personis, et tota in singulis Ideo non est dicendum quod Pater genuit divinam essentiam, quia si pater diceretur genuisse divinam essentiam,divina essentia relative diceretur ad Patrem, vel pro relativo poneretur.Si autem relative diceretur,vel pro relativo poneretur,non indicaret essentiam.Ut enim ait Aug. in lib.5 de Trin.,cap.7,quod relative dicitur, non indicat substantiam.

Secunda ratio.

2. Item,cum Deus Pater sit divina essentia,si ejus esset genitor,esset utique genitor ejus rei quæ ipse est;et ita eadem res seipsam genuisset, quod Aug., lib. 1 de Trinitate,c.1, negat, ut supra ostendimus.

Tertia ratio et potior.

3 Item,si Pater est genitor essentiæ divinæ, cum ipse essentia divina sit,et Deus sit,eo quod generat, et est et Deus est.Ita ergo non illud quod generatur, est a Patre Deus;sed pater eo quod generat, et est et Deus est ; et si ita est, non genito gignens,sed gignenti genitus causa est,ut et sit et Deus sit Simili ratione probat Aug., in lib. 6 de Trin., c. 1, quod Pater non est sapiens sapientia quam genuit;quia in ea sapiens est,ea est ; hoc enim est sibi esse, quod sapere. Quod si hoc est sibi esse, quod sapere,non per illam sapientiam quam genuit Pater,sapiens est. Quid enim aliud dicimus, cum dicimus:Hoc illi est esse quod sapere, nisi : Eo est quo sapiens est (ibidem)? Ergo quæ causa illi est ut sapiens sit, etiam ipsa illi causa est ut sit.Si ergo sapientia quam genuit illi causa est ut sapiens sit,et causa illi est ut sit,Sed causam Patri qua sit,a Patre genitam, nullo modo quisquam dixerit sapientiam,quid enim est insanius ? Ita ergo si Pater genuit essentiam qua est, essentia quam genuit causa est illi ut sit. Non ergo ipsam quæ est essentiam genuit.Nam in illa simplicitate,ut inquit Aug.,quia non est aliud sapere quam esse eadem est sibi sapientia quæ essentia:ideoque quod sapientia,hoc de essentia dicimus.Sicut ergo non genuit sapientiam qua sapiens est ita nec essentiam qua est.Ut enim sapientia sapiens est,et potentia potens , ita et essentia ipse est.Eademque sapientia est et potentia quæ essentia.Putet itaque ex prædictis quia Pater essentiam divinam non genuit.

Huic adversari videtur Augustinus.

4. Huic autem videtur contrarium quod Aug.ait in lib,unico de Fide et Symbolo, cap.3.Deus cum Verbum genuit, id quod ipse est genuit;nec de nihilo, nec de aliqua jam facta conditaque materia,sed de seipso in quod ipse est.Item, Deus Pater, qui verissime se indicare animis cognituris,et voluit et potuit hoc ad seipsum indicandum genuit,quod est ipse qui genuit.Ecce aperte dicit his verbis Deum Patrem genuisse illud quod ipse est.Illud autem quod ipe est, non est nisi divina essentia,videtur ergo divinam essentiam genuisse.Ad quod respondemus illa verba sic intelligenda esse,dicentes:Pater de seipso genuit illud quod ipse est,id est Filium,qui est illud quod Pater est.Nam quod Pater est, et Filius hoc est ; sed non qui Pater est,et Filius hic est.

Alias partes quæstionis exequitur.

5. Ita enim non est dicendum quod divina essentia genuit Filium;quia cum Filius sit divina essentia, esset Filius res a qua generatur et ita eadem res seipsam generaret.Ita etiam dicimus quod essentia divina non genuit essentiam.Cum enim una et summa quædam res sit divina essentia,si divina essentia essentiam genuit,eadem res seipsam genuit,quod omnino esse non potest;sed Pater solus genuit Filium, et a Patre et Filio procedit Spiritus sanctus.

Quæ videantur prædictis esse contraria.

6. Prædictis autem videtur contrarium esse quod dicit Aug. in lib. 7 de Trin., c. 1. Hoc, inquit, est Deo esse, quod sapere;unde Pater et Filius simul sunt una sapientia,quia una essentia ; et sigillatim sapientia de sapientia,sicut essentia de essentia.Ecce his verbis aperte dicit Aug.sapientiam de sapientia, et essentiam de essentia,ubi videtur significare quod sapientia sapientiam,et essentia genuerit essentiam Idem in lib. de Fide ad Petrum, cap. 15, ait : Sic Christum Dei Filium,id est unam ex Trinitate personam, Deum verum crede,ut divinitatem ejus de natura Patris natam esse non dubites.Hic videtur dicere quod natura Filii sit nata de natura Patris.Item in lib. 15 de Trin.,cap. 20, ait:Dicitur Filius consilium de consilio,et voluntas de voluntate;sicut substantia de substantia,sapientia de sapientia.Et hic videtur dicere quod substantia sit genita de substantia et sapientia de sapientia.Sed hoc ita determinamus : Sapientia de sapientia,et substantia de substantia est, id est Filius qui est sapientia,qui est substantia, est de Patre qui est eadem substantia et sapientia;et Filius qui est divinitas, natus est de Patre qui est natura divina. Et ut expressius dicamus,dicimus Filium sapientiam, esse de Patre sapientia;et dicimus Filium substantiam, esse genitum de Patre et a Patre substantia Quod autem it rintelligi debeat,Aug.ostendit in lib.7 de Trin.,c. 1 circa finem,dicens:Pater ipse sapientia est; et dicitur Filius sapientia Patris, quomodo dicitur lumen Patris, id est:Sicut lumen de lumine. et uterque unum lumen,sic intelligatur sapientia de sapientia, et uterque una sapientia et una essentia. Item : ideo Christus dicitur virtus et sapientia Dei, quia de Patre virtute et sapientia etiam ipse virtus et sapientia est;sicut ipse lumen de Patre lumine est, et ipse fons vitæ est apud Patrem fontem vitæ. Filius ergo sapientia de Patre sapientia est,sicut Filius lumen de Patre lumine; et Deus Filius de Deo Patre,ut et singulis sit lumen et singulus Deus,singulus sapientia ; et simul unum lumen,unus Deus, una sapientia.Ecce manifesto his verbis aperit Aug. ex quo sensu accipienda sint prædicta verba et his similia, scilicet enim dicitur substantia de substantia, vel substantia genuit substantiam.

Quod videtur prædictæ expositioni contrarium.

7. Huic vero etiam id contrarium videtur, quod Hilarius ait in. lib. 4 de Trin., non longe a principio. Nihil, inquit, nisi natum habet Filius; et geniti honoris admiratio in honore generantis est. Cum ergo Filius essentiam habeat (tota enim in eo est divina essentia), videtur quod ipsa divina essentia nata sit. Item in lib. 5, circa finem, ait : Nativitas Dei non potest eam ex qua provecta est non tenere naturam, nec enim aliud quam Deus subsistit, quod in natura habuit quam de Deo subsistit. Ecce hic dicit nativitatem Dei provectam ex natura; et ita videtur ex his verbis atque prædictis natura Dei et genita, et genuisse. Quod apertius dicit in lib. 9 de Trin. Nos, inquit, unigenitum Deum in forma Dei manentem, in natura hominis mansisse profitemur; nec unitatem formæ servilis in naturam divinæ unitatis refundimus, nec rursum corporali insinuatione Patrem in Filio prædicamus, sed ex eo ejusdem generis genitam naturam, naturaliter in se gignentem habuisse naturam, quæ in forma natura se gignentis manens, formam naturæ et infirmitatis corporalis accepit. Non enim defecerat Dei natura ne esset, sed in se humilitatem terrenæ nativitatis manens sibi Dei naturam susceperat, generis sui potestatem in habitu assumptæ humanitatis exercens. Ecce hic aperte dicit, et naturam genuisse, et naturam genitam, et naturam assumpsisse naturam, quod a plerisque negatur. Item in eodem : Numquid unigenito Deo contumelia est, Patrem sibi innascibilem Deum esse, cum ex innascibili Deo nativitas unigenita in naturam unigenitam subsistat. Ecce et hic dicit unigenitam naturam.

Quomodo sint intelligenda præmissa verba Hilarii.

8. Sed quia hæc verba sane vult intelligi, ipse idem dicit in lib. 4, circa medium : Intelligentia dictorum ex causis est assumenda dicendi; quia non sermoni res, sed rei sermo subjectus est. Hæc ergo verba ita intelligi possunt: Nihil habet Filius nisi natum, id est, nihil habet secundum quod Deus est, nisi quod nascendo accepit; et ipse nascendo Patris in se subsistentem naturam habuit, unde Hilarius addit in lib. 5, circa finem: Eamdem naturam habet genitus, quam ille qui genuit; ita tamen ut natus non sit ille qui genuit. Nam quomodo erit Pater ipse, cum genitus sit? Sed in his ipsis subsistit ille qui genitus est, in quibus totus est ipse qui genuit; quia non est aliunde qui genitus est, et ideo non refertur ad aliud quod in uno subsistit, et ex uno. Ac sic in generatione Filii et naturam suam, ut ita dicam, sequitur indemutabilis Deus indemutabilem Deum gignens, nec naturam suam describit ex indemutabili Deo indemutabilis Dei perfecta nativitas. Subsistentem ergo in eo Dei naturam intelligamus, cum in Deo Deus insit, nec præter eum qui Deus est, quisquam Deus alius sit: quia ipse Deus, et in eo Deus. Naturæ ergo Dei Patris veritas in Deo Filio esse docetur, cum in eo Deus intelligitur esse qui Deus est. Est enim unus in uno, et unus ab uno.

Quod legitur Pater de sua substantia genuisse Filium, et Filium substantiæ Patris.

9. Dicitur quoque, et frequenter in Scriptura legitur, Patrem de sua substantia genuisse Filium, unde Aug. in lib. de Fide ad Petrum, cap. 2, ait : Pater Deus de nullo genitus Deo, semel de sua natura sine initio genuit Filium Deum sibi æqualem, et eadem qua ipse naturaliter æternus est, divinitate coæternum. Ecce hic dicit Aug. Filium genitum de natura Patris. Est autem una natura Patris, et Filii et Spiritus sancti. Si ergo de natura Patris genitus est Filius, genitus est de natura Filii et Spiritus sancti; imo de natura trium personarum. Idem quoque Aug., in lib. 15 de Trin. cap. 19 circa finem, dicit Christum esse Filium substantiæ Patris, et de substantia Patris genitum, tractans illud verbum Apostoli loquentis de Deo Patre sic: *Qui eruit nos de potestate tenebrarum, et transtulit in regnum Filii charitatis suæ*. Quod dictum est, inquit, *Filii charitatis suæ*, nihil aliud intelligitur quam Filii sui dilecti, quam Filii substantiæ suæ. Charitas quippe Patris, quæ in natura ejus est ineffabiliter simplici, nihil est aliud quam ipsa natura atque substantia, ut sæpe diximus, et sæpe iterare non piget; ac per hoc, Filius charitatis ejus nullus alius est, quam qui de substantia ejus est genitus. Ecce hic aperte dicit Aug. Filium esse genitum de substantia Patris, et Filium substantiæ Patris. Idem quoque Aug. in lib.3 contra hæreticum Maximum, c.14, substantiam Dei genuisse Filium, et Filium genitum de substantia Patris asserit dicens: Carnalibus cogitationibus pleni, substantiam Dei de seipsa gignere Filium non putatis, nisi hoc patiatur quod substantia carnis patitur quando gignit. *Erratis non scientes Scripturas neque virtutem Dei*, Matth. 22. Nullo enim modo verum Dei Filium cogitatis, si eum natum esse de substantia Patris negatis. Non enim jam erat hominis Filius, et Deo donante factus est Dei Filius ; ex Deo natus, gratia, non natura. An forte et si non hominis Filius erat, tamen jam aliqua erat qualiscumque creatura, et in Dei Filium Deo mutante conversa est? Sed nihil horum est : ergo aut de nihilo, aut de aliqua substantia natus est. Sed ne crederemus vos putare de nihilo esse Dei Filium, affirmatis non vos dicere de nihilo esse Dei Filium. De aliqua ergo substantia est; et si non de substantia Patris, de qua sit dicite : *Sed non invenietis.* Jam ergo unigenitum Dei Filium Jesum Christum, de Patris esse substantia, non vos nobiscum pigeat confiteri. Idem in eodem : Utique legimus, *ut simus in vero Filio ejus* Jesu Christo. Dicite ergo nobis utrum iste verus Dei Filius, ab eis qui gratia filii sunt, quadam proprietate discretus, de nulla substantia sit, an de aliqua ? Non dico, inquis, de nulla; nec dicam de nihilo, ergo de aliqua substantia est. Quæro, de qua ? si non de Patris substantia est, aliam quære; si aliam non invenis, Patris agnosce substantiam, et Filium cum Patre *homousion* confitere. Idem in eodem: Confiteor Deum Patrem omnino incorruptibiliter genuisse; sed quod est ipse genuisse. Item : Dico quod sæpe dicendum est : Aut de aliqua substantia est natus Dei Filius, aut de nulla; si de nulla, ergo de nihilo, quod vos jam non dicitis ; si vero de aliqua, nec tamen de Patris substantia, non est verus Filius; si vero de Patris substantia, unius ejusdemque substantiæ sunt Pater et Filius. Vos autem nec Filium Dei de substantia Patris genitum vultis, et tamen eum nec ex nihilo, nec ex aliqua materia, sed ex Patre esse conceditis; nec videtis quam necesse sit ut qui non ex nihilo, nec ex aliqua alia re, sed ex Deo, nisi ex Dei substantia esse non possit, et hoc esse quod Deus est, de quo est, id est, Deus de Deo natus, quia non alius prius fuit, sed natura coæterna de Deo est.

Colligens summam prædictorum, aperit ex quo sensu accipienda sint.

10. His verbis præmissis innui videtur quod divina substantia Filium genuerit, et quod Filius sit genitus de substantia Patris, et quod de Deo est natura coæterna, et quod Pater id quod ipse est genuit. Id autem quod ipse est, divina essentia est; et ita putari potest divinam essentiam genuisse. Vehementer movent nos hæc verba, quæ quomodo intelligenda sint, mallem ab aliis audire, quam ipse tradere. Ut tamen sine præjudicio atque temeritate loquar, ex hoc sensu dicta possunt accipi ; Natura coæterna de Deo est, id est, Filius coæternus Patri de Patre est, itaque est eadem cum eo natura, vel ejusdem naturæ. Quem sensum confirmat Aug. ibidem subjiciens, et quod dixerat quasi explanans. Dicto enim : *Natura coæterna est de Deo*, addit : Non est aliud Filius quam illud de quo est, id est, unius ejusdemque substantiæ est. Deinde apertius radice intellectum ex prædictis verbis fore habendum aperit in eodem libro contra Maximinum dicens: Trinitas hæc unius ejusdemque substantiæ est; quia non de aliqua materia vel de nihilo est Filius, sed de quo est genitus; item Spiritus sanctus non de aliqua materia vel de nihilo est, sed inde est unde procedit. His utique verbis aperte ostendit ea ratione dici Filium esse de substantia Patris, quia est de Pa-

tre genitus, ita quod est ejusdem substantiæ cum eo; et Spiritum sanctum esse de substantia Patris et Filii, quia ab utroque procedit, ita quod est ejusdem substantiæ.

Quod nec Filius, nec Spiritus sanctus est de nihilo, sed de aliquo, non tamen de materia.

11. Ostenditur quoque ex illis verbis Filium et Spiritum sanctum non esse de nihilo, sed de aliquo; nec tamen de aliqua materia. Unde etiam Hilarius in lib. 12, de Trin., non longe a medio, ait: Unigenitus. Deus cum natus sit, Patrem testatur auctorem; cum ex manente natus est, non est natus ex nihilo; et cum ante tempus natus est, omnem sensum prævenit nascendo. Hic aperte dicitur quod Filius non est natus ex nihilo. Similiter et Spiritus sanctus non est dicendus esse vel procedere ex nihilo, quia Filius de substantia Patris natus est, id est a Patre est, cum quo ejusdem substantiæ est, et eadem substantia. Ex quo sensu etiam accipiendum est illud: Pater genuit id quod ipse est, id est. Filium, qui est hoc quod Pater. Et hoc ita debere intelligi Aug. aperit dicens in lib. 1 contra Maximinum, circa medium: Hoc genuit Pater quod est; alioquin non est verus Filius, si quod est Pater. non est Filius. Item substantia Dei genuit Filium, id est Pater substantia genuit Filium, qui est eadem substantia et ejusdem substantiæ. Quod sic esse intelligendum Aug. ostendit, dicens ad Maximinum: Sicut dicis: Spiritus Spiritum genuit, ita dic: Spiritus ejusdem naturæ, vel substantiæ Spiritum genuit. Item sicut dicis: Deus Deum genuit, ita dic: Deus ejusdem naturæ vel substantiæ Deum genuit. Hoc si credideris et dixeris, nihil de hac re ulterius accusaberis. His enim verbis aperit quomodo prædicta debeant intelligi. Similiter Filius natus est de substantia Patris, vel Pater genuit Filium de sua natura sive essentia, id est de sua natura et essentia genuit Filium ejusdem substantiæ ac naturæ, et qui est eadem essentia ac natura. Similiter expone illud: Filius substantiæ Patris, et Filius Patris substantiæ, id est qui est substantia, cum quo et Filius eadem substantia est, quia consubstantialis est Patri Filius. Et hic sensus adjuvatur ex his verbis Aug., qui in lib. 5 de Trin., c. 12, ait: Tres personas ejusdem essentiæ, vel tres personas unam essentiam dicimus. Tres autem personas ex eadem essentia non dicimus, quasi aliud ibi sit quod essentia est, aliud quod persona. His verbis ostenditur non esse dicendum personam esse ex essentia, nisi ex sensu prædicto. Qui sensus confirmatur etiam ex eo quod in lib. 15 de Trin. idem ait: Sicut nostra scientia scientiæ Dei, sic et nostrum verbum quod nascitur de nostra scientia, dissimile est illi Verbo Dei, quod natum est de Patris essentia. Tale est autem ac si dicerem: De Patris scientia, de Patris sapientia; vel, quod est expressius, de Patre essentia, de Patre scientia, de Patre sapientia. Ex hoc itaque intellectu, Verbum Dei Patris unigenitus Filius, per omnia Patri similis et æqualis, recte dicitur Deus de Deo, lumen de lumine, sapientia de sapientia, essentia de essentia; quia hoc est omnino quod Pater, non tamen Pater; quia iste Filius, ille Pater.

Quare Verbum Patris dicatur Filius naturæ?

13. Inde est quod solum unigenitus Dei dicitur natura Filius, quia ejusdem naturæ est, et eadem natura est cum Patre; unde Hilar., in lib. de Trin., de Christo loquens, ait: Natura Filius est, quia eamdem naturam quam ille qui genuit habet.

DISTINCTIO VI.

UTRUM PATER VOLUNTATE GENUIT FILIUM, AN NECESSITATE; ET AN VOLENS VEL NOLENS SIT DEUS.

1. Præterea quæri solet utrum Pater genuerit Filium voluntate, an necessitate. De hoc Orosius ad Aug. ita ait: Voluntate genuit Pater Filium vel necessitate? Sed nec voluntate nec necessitate; quia necessitas in Deo non est, præire voluntas sapientiam non potuit; quocirca, ut Aug. ait in lib. 15 de Trin., c. 20, ridenda est dialectica Eunomii, a quo eunomiani hæretici orti sunt; qui cum non potuisset intelligere, nec credere voluisset unigenitum Dei Filium Verbum Dei esse natura, id est, substantia Patris genitum, non naturæ vel substantiæ dixit esse Filium, sed Filium voluntatis Dei; volens asserere accedentem Deo voluntatem qua gigneret Filium, sicut nos aliquando aliquid volumus quod antea non volebamus, propter quod mutabilis intelligitur nostra natura; quod absit ut in Deo esse credamus. Dicamus ergo Verbum Dei esse Filium Dei natura, non voluntate, ut docet Aug. in lib. 15, de Trin., cap. 20, ubi quemdam catholicum hæreticos respondentem commendat dicens: Acute sane quidam respondit hæretico versutissime interroganti, utrum Deus Filium volens vel nolens genuerit, ut si diceret *nolens*, absurdissima Dei miseria sequeretur; si autem *volens*, continuo quod intendebat concluderet, scilicet non naturæ esse Filium, sed voluntatis. At ille vigilantissime vicissim quæsivit ab eo utrum Deus Pater volens aut nolens sit Deus, ut si responderet *nolens*, sequeretur grandis absurditas et miseria, quam de Deo credere magna est insania; si autem diceret *volens*, responderetur ei: Ergo et ipse voluntate sua Deus est, non natura. Quid ergo restabat, nisi ut obmutesceret, sua interrogatione obligatum indissolubili vinculo se videns? Ex prædictis docetur non esse concedendum quod Deus voluntate vel necessitate, vel volens vel nolens, sit Deus. Item, quod voluntate vel necessitate, vel volens vel nolens, genuerit Filium.

Oppositio contra prædicta.

2. Sed contra hoc opponitur sic: Voluntas Dei est natura sive essentia Dei, quia non est aliud Deo esse, aliud velle; et ideo sicut una est essentia trium personarum, ita et una voluntas. Si ergo Deus, natura Deus est, et voluntate Deus est, et si Verbum Dei, natura Filius Dei est, et voluntate Filius Dei est. Hoc autem facile est refellere, nam et præscientia Dei, sive scientia qua scit vel præscit bona et mala, divina natura sive essentia est; et prædestinatio sive voluntas ejus, eadem divina essentia est, nec aliud Deo scire et velle, quam esse, et cum sit unum et idem scientia Dei vel voluntas, non tamen dicitur de voluntate quidquid dicitur de scientia, et converso, nec omnia illa sua voluntate Deus vult, quæ sua scientia scit, cum sua scientia noverit tam bona quam mala, voluntate autem non velit nisi bona. Scientia quippe Dei et præscientia de bonis est et malis; voluntas vero et prædestinatio de bonis est tantum, et tamen unum et idem in Deo est scientia et voluntas, et præscientia et prædestinatio; ita cum unum sit natura Dei et voluntas, dicitur tamen Pater genuisse Filium natura, non voluntate; et esse Deus natura, non voluntate.

Qualiter intelligenda sint illa verba: Pater nec volens nec volens Deus est, nec volens nec nolens genuit Filium.

3. Prædicta tamen verba quibus prudenter dictum est quod Deus Pater nec volens nec nolens est Deus, nec nolens nec volens genuit Filium, sive voluntate, sive necessitate, ex tali sensu mihi videntur accipienda, ut voluntatem præcedentem vel accedentem intelligamus, qualiter Eunomius intelligebat. Non enim ipse Deus est voluntate præcedenti vel efficienti, vel volens priusquam Deus; nec voluntate præcedenti vel accedenti genuit Filium; nec prius volens quam generans, genuit Filium; nec prius generans quam volens, genuit Filium, volens tamen genuit, sicut potens genuit, et bonus genuit Filium, et sapiens genuit et hujusmodi. Si enim Pater sapiens et bonus dicitur genuisse Filium, cur non et volens, cum ita sit Deo idem esse volentem, quod est esse Deum; sicut idem est esse sapientem, quod est esse Deum? Dicamus ergo quia Pater sicut sapiens, ita volens genuit Filium; sed non voluntate præcedenti vel accedenti. Quem modum aperit Aug., et confirmat ita dicens super Epistolam ad Ephes.: De Filio Dei, id est, Domino nostro Jesu Christo scriptum est, quia cum Patre semper fuit, et nunquam eum ut esset, paterna voluntas præcessit, et ille quidem natura Filius est.

DISTINCTIO VII.

HIC QUÆRITUR AN PATER POTUERIT VEL VOLUERIT GIGNERE FILIUM.

1. Hic solet quæri a quibusdam utrum Pater potuerit vel voluerit generare Filium. Si enim, inquiunt, potuit vel voluit generare Filium, ergo potuit aliquid et voluit, quod nec voluit nec potuit Filius ; nam Filius nec potuit nec voluit generare Filium. Cui versutiæ facile respondemus dicentes : Posse vel velle generare Filium, non est aliquid posse vel velle subjectum potentiæ vel voluntati. Est tamen aliqua potentia vel voluntas, scilicet posse vel velle gignere Filium, et ideo distinguenda est intelligentia propositi verbi posse vel velle gignere Filium, et posse vel velle aliquid ; neque enim generatio Filii aliquid eorum est quæ subjecta sunt divinæ potentiæ et voluntati : nec est aliquid inter omnia vel de omnibus, sed super omnia et ante omnia. Non enim ante voluit vel potuit, quam genuit : sicut nec ante fuit quam genuit ; quia ab æterno fuit, et ab æterno genuit. Ex simili quoque hoc videre possumus. Pater enim potest esse Pater, et vult esse Pater ; Filius autem non potest nec vult esse Pater ; ergo Pater potest vel vult esse aliquid, quod non potest vel vult esse Filius, non sequitur, quia esse Patrem non est esse aliquid, sed potest esse ad aliquid, ut in sequenti ostendetur.

Ponit quædam verba Aug. unde potest moveri auditor.

2. Sed vehementer nos movet quod Aug. ait in lib contra Maximinum, qui asserebat Patrem potentiorem esse Filio, eo quod Filium genuit Deum Creatorem, Filius autem non ; dicebatque Patrem potuisse gignere, non Filium : et ideo potiorem esse Filio. Ad quod respondens Aug. dicere videtur quod Filius etiam potuit gignere, volens ostendere Patrem esse non potiorem Filio, his verbis : Absit ut ideo potentior sit Pater Filio, sicut putas, quia Creatorem genuit Pater, Filius autem non genuit Creatorem ; neque enim non potuit, sed non oportuit. Vide et diligenter attende hæc verba : Non enim non potuit ; sed non oportuit. Videtur enim dicere quod Filius potuit gignere, sed non oportuit : et ita potuit quod non oportuit. Quare autem non oportuit, subdit dicens : Immoderata enim esset divina generatio, si genitus Filius nepotem gigneret Patri, quia et ipse nepos nisi avo suo pronepotem gigneret, secundum vestram mirabilem sapientiam, impotens diceretur. Similiter etiam ille si nepotem non gigneret avo suo, et pronepotem proavo suo, non a vobis appellaretur omnipotens, nec impleretur generationis series, si semper alter ex altero nasceretur : nec eam perficeret ullus, si non sufficeret unus omnipotens. Itaque omnipotentem genuit Filium Patris natura, non fecit.

Opponitur prædictis verbis Augustini.

3. Hoc autem videtur quibusdam non posse stare, scilicet quod Filius potuerit gignere. Si enim potuit Filius gignere, potuit esse Pater ; et si potuit esse Pater, potuit ergo esse Pater vel sui, vel Patris vel Spiritus sancti, vel alicujus alii, sed alii non ; quia nullus alius semper fuit. Nec Patris, quia Pater est ingenitus et innascibilis. Nec sui, quia nulla res seipsam gignere potest. Nec Spiritus sancti, quia nasci non potuit. Si enim nasci potuit, potuit esse Filius, et ita mutabilis esse potuit.

Hic quæritur quomodo intelligenda sint.

4. Quomodo ergo accipiatur quod supra dictum est: *Non enim non potuit gignere, sed non oportuit, quasi potuit, sed non oportuit*? Non est nobis perspicuum aperire quomodo sit hoc verum, et ideo sub silentio potius esset prætereundum, nisi me super hoc aliquid loqui cogeret instantia quærentium.

Hic aperitur ex quo sensu recipienda sint.

5. Potest ergo sic intelligi : *Non enim non potuit, sed non oportuit*, id est, non ex impotentia sui fuit quod Filius non genuit, sed ei non conveniebat ; sicut Deus Filius non est Deus Pater, nec tamen hoc ex impotentia sui est. Nam et Pater similiter non est Filius, nec hoc ex impotentia Patris. Sed quærit Maximinus Arianorum episcopus, unde ergo est quod Pater non potest esse Filius, vel Filius Pater? non utique ex impotentia, sed Pater proprietatis generationis Pater est, qua oportet eum non esse Filium : et Filius proprietate nativitatis Filius est, qua oportet eum non esse Patrem De quibus proprietatibus postea plenius tractabitur, distinct. 26 hujus primi.

Utrum Pater natura sit potens gignere Filium : et an hoc sit aliqua potentia quæ sit in Filio?

6. Item quæritur à quibusdam : Si Pater potens sit natura gignere Filium, et an hoc sit aliqua potentia quæ sit in Filio? Ad quod dicimus quia Pater non est potens nisi natura ; ejus enim potentia natura est vel essentia. At, inquiunt illi, si potens est gignere, habet ergo potentiam gignendi. Filius autem non habet potentiam gignendi, si non potest gignere ; habet ergo aliquam potentiam Pater quam non habet Filius. Non sequitur ; eamdem enim potentiam habet penitus Filius, quam et Pater, qua Pater potuit gignere, et Filius gigni potuit. Eadem enim potentia est in Filio, qua potuit gigni, quæ est in Patre, qua potuit gignere. Sed contra hoc opponitur : Aliud est posse gignere, aliud est posse gigni, quia aliud est gignere, et aliud gigni. Hic distinguendum est : Si enim cum dicitur : Aliud est posse gignere, aliud posse gigni, aliam significas potentiam, qua Pater potens est gignere, et aliam, qua Filius potens est gigni, falsus est intellectus. Si autem dicas Patrem posse habere aliam proprietatem sive notionem, qua genitor est ; et Filium aliam, qua genitus est, verus est intellectus. Aliam enim habet Pater proprietatem, qua Pater est, aliam Filius, qua Filius est.

Quomodo intelligendum sit, Filius habet vel non habet potentiam generandi.

7. Ita etiam cum dicitur : Filius non habet potentiam generandi quam Pater habet, dupliciter intelligi potest. Si enim dicatur : Filius non habet potentiam generandi quam et Pater, scilicet qua potens sit ad generandum, id est, ut genuerit vel ut generet sicut Pater, verum est ; si vero intelligatur sic, non habet potentiam qua possit gigni vel genitus esse, qua eadem Pater potens est ut genuerit, vel ut generet, falsum est. Sicut dicitur : Pater habet potentiam qua potest esse Pater ; Filius vero non habet potentiam qua possit esse Pater ; et e converso, Filius habet potentiam qua potest esse Filius ; habet ergo aliquam Pater, quam non habet Filius, et e converso. Absit, quia eadem est potentia Patris, qua potest esse Pater ; et Filii, qua potest esse Filius. Ita etiam eadem est voluntas, qua Pater vult esse Pater, non Filius ; et Filius vult esse Filius, non Pater ; et eadem est voluntas Filii, qua vult esse genitus et Patrem genuisse ; et Patris, qua vult esse genitor et Filium genitum esse.

DISTINCTIO VIII.

DE VERITATE, ET PROPRIETATE, ET INCOMMUTABILITATE, ET SIMPLICITATE ESSENTIÆ DEI.

1. Nunc de veritate, sive proprietate, sive incommutabilitate atque simplicitate divinæ naturæ, sive substantiæ, sive essentiæ agendum. Est itaque Deus, ut ait Aug. in lib. 5 de Trin., c. 2, sine dubitatione substantia, vel, si melius hoc appellatur, essentia, quam Græci οὐσίαν vocant. Sicut enim ab eo quod est sapere dicta est sapientia, et ab eo quod est scire dicta est scientia, ita ab eo quod est esse dicta est essentia. Et quis magis est quam ille qui dixit famulo suo, Exod. 3: *Ego sum qui sum* ; et : *Dices filiis Israel: Qui est misit me ad vos?* Ipse vere ac proprie dicitur essentia, cujus essentia non novit præteritum vel futurum ; unde Hieron. ad Damasum scribens ait : Deus solus, qui exordium non habet, veræ essentiæ nomen tenet ; quia in ejus comparatione qui veræ est, quia incommutabilis est ; quasi non sint quæ mutabilis sunt. De quo enim dicitur fuit, non est ; et de quo dicitur erit, nondum est. Deus autem tantum est, qui non novit

fuisse vel futurum esse. Solus ergo Deus vere est, cujus essentiæ comparatum nostrum esse, non est.

Qualiter intelligenda sint verba Hieronymi, quærendum est.

2. Hic diligenter advertendum est quomodo intelligi debeant illa verba Hieronymi, scilicet: *Deus tantum est, et non novit fuisse vel futurum esse;* tanquam non possit dici de Deo, fuit vel erit, sed tantum est, cum de eo scriptum frequenter reperiamus: *Fuit ab æterno; fuit semper et erit in sæcula,* et hujusmodi; unde videtur quia non est tantum dicendum de Deo, *fuit,* vel *est,* vel *erit.* Si enim diceretur tantum *fuit,* putaretur quod desierit esse; si diceretur tantum *est,* putaretur quod non semper fuerit, sed esse cœperit; si tantum diceretur *erit,* putaretur non esse modo. Dicatur ergo quia semper fuit, est et erit, ut intelligatur quia nec cœpit, nec desiit, nec desinet esse. De hoc Aug. super Joannem ita ait: Cum de sempiterna re proprie dicatur est, sæcundum nos bene dicitur fuit et erit; fuit, quia nunquam desiit; erit, quia nunquam deerit; est, quia semper est; non præteriit, quasi quod non maneat; non erit, quasi quod non erat. Cum ergo nostra locutio per tempora varietur, de eo vere dicuntur verba cujuslibet temporis, qui nullo tempore defuit, vel deest, vel deerit: et ideo non est mirum si de Spiritu veritatis Veritas loquens dixit per futurum, Joan. 16: *Quæcumque audiet, loquetur; audiet scilicet ab eo a quo procedit.* Audire illius est scire, idem etiam esse. A quo ergo est illi essentia, ab illo audientia, id est, scientia, quæ non est aliud quam essentia. Audiet ergo dixit de eo quod audivit: et audit, id est, quod semper scivit, scit et sciet. Ecce hic dicit Aug. verba cujuslibet temporis dici de Deo; sed tamen proprie est. Illud ergo quod Hieronymus dicit ita intelligendum est: *Non novit fuisse vel futurum esse, sed tantum esse;* id est, cum dicitur de Deo quod fuit vel erit, non est intelligendum quod præteriit vel futurus sit, sed quod existat simpliciter sine aliquo temporali motu. Licet enim verba substantiva diversorum temporum de Deo dicantur (ut *fuit, erit, est, erat*), non tamen temporales motus esse distinguunt, scilicet præteritum, vel futurum, vel præteritum imperfectum, vel præteritum perfectum, vel præteritum plus quam perfectum; vel essentiam sive existentiam suæ divinitatis simpliciter insinuant. Deus ergo solus proprie dicitur essentia vel esse. Unde Hilar. in lib. 7 de Trin. ait: Esse non est accidens Deo, sed subsistens veritas, et manens causa, et naturalis generis proprietas.

Hic de incommutabilitate.

3. Dei etiam solius essentia incommutabilis dicitur proprie; quia nec mutatur, nec mutari potest. Unde Aug. in lib. 5 de Trinc., c. 2: Aliæ, inquit, essentiæ vel substantiæ capiunt accidentia, quibus in eis fiat, vel magna vel quantacumque mutatio. Deo autem aliquid hujusmodi accidere non potest; et ideo sola substantia vel essentia, quæ est Deus, incommutabilis est: cui profecto maxime ac verissime competit esse. Quod enim mutatur, non servat ipsum verum esse; et quod mutari potest, etiamsi non mutetur, potest quod fuerat non esse. Ideoque illud solum quod non tantum non mutatur, verum etiam mutari omnino non potest, verissime dicitur esse, id est, substantia Patris, et Filii, et Spiritus sancti. Ideoque Apostolus loquens de Deo ait, 1 Tim. 5: *Qui solus habet immortalitatem.* Ut enim ait Aug. in lib. 1 de Trin., cum anima quodammodo immortalis esse dicatur et sit, non diceret Apostolus: *Solus Deus habet immortalitatem,* nisi quia vera immortalitas incommutabilitas est, quam nulla potest habere creatura, quoniam solius Creatoris est, unde Jacobus ait, cap. 1: *Apud quem non est transmutatio, nec vicissitudinis obumbratio;* et David, psal. 101: *Mutabis ea, et mutabuntur: tu autem idem ipse es.* Ideo Aug. super Gen. dicit quod Deus nec per loca, nec per tempora movetur; creatura vero, per loca et tempora. Et per tempora moveri, et per affectiones commutari; Deus autem nec loco, nec affectione mutari potest; qui per prophetam ait, Malachiæ 3: *Ego Deus, et non mutor;* qui est immutabilis solus, unde recte solus dicitur habere immortalitatem. In omni enim mutabili natura, ut ait Aug. contra Maximinum, nonnulla mors est ipsa mutatio, quia fecit aliquid in ea non esse quod erat, unde et ipsa anima humana, quæ ideo dicitur immortalis quia secundum modum suum nunquam desinit vivere, habet tamen quamdam mortem suam, quia si juste vivebat et peccat, moritur justitiæ; si peccatrix erat et justificatur, moritur peccato; ut alias ejus mutationes taceam, de quibus modo longum est disputare. Et creaturarum natura cœlestium mori potuit, quia peccare potuit, nam et angeli peccaverunt, et dæmones facti sunt, quorum est diabolus princeps; et qui non peccaverunt, peccare potuerunt: et cuicumque rationali creaturæ præstatur ut peccare non possit, non est hoc naturæ propriæ, sed Dei gratiæ. Et ideo *solus Deus,* ut ait Apostolus, *habet immortalitatem,* qui non cujusquam gratia, sed natura sua nec potuit, nec potest aliqua conversione mutari; nec potuit, nec potest ulla mutatione peccare. Proinde, ut ait Aug. in primo lib. de Trin., substantiam Dei sine ulla sui commutatione mutabilia facientem, et sine ullo suo temporali motu temporalia creantem, intueri et nosse, licet sit difficile, oportet. Vere ergo ac proprie incommutabilis est sola divinitatis essentia; quæ sine sui mutatione cunctas condidit naturas.

Hic de simplicitate.

4. Eademque sola proprie ac vere simplex est, ubi nec partium, nec accidentium, nec quarumlibet formarum ulla est diversitas sive variatio vel multitudo. Ut autem scias quomodo simplex sit illa susbtantia, te docet Aug. in lib. 6 de Trin., cap. 6: Animadverte primo, quare omnis creatura sit multiplex, et nullo modo vere simplex; et primum de corporali, postea de spirituali creatura. Corporalis utique creatura ex partibus constat, ita ut sit ibi aliqua pars minor, alia major, et majus sit totum quam quælibet pars; et in unoquoque corpore aliud est magnitudo, aliud color, aliud est figura. Potest enim imminuta magnitudine manere idem color et eadem figura; et colore mutato manere eadem figura et eadem magnitudo, ac per hoc multiplex esse convincitur natura corporis; simplex autem, nullo modo.

Hic de spirituali creatura ostendit quomodo sit multiplex, et non simplex. (Ex eodem, lib 6, cap. 6.)

5. Creatura quoque spiritualis, ut est anima, in comparatione quidem corporis est simplex; sine comparatione vero corporis, est multiplex et non simplex, quæ ideo simplex dicitur respectu corporis, quia mole non diffunditur per spatium loci, sed in unoquoque corpore et in toto tota est, et in qualibet ejus parte tota est. Et ideo cum fit aliquid in quavis exigua particula corporis quod sentiat anima, quamvis non fiat in toto corpore, illa tamen tota sentit, quia totam non latet. Sed tamen nec in ipsa tota anima vera simplicitas est. Cum enim aliud sit artificiosum esse, aliud inertem, aliud acutum, aliud memorem, aliud cupiditas, aliud timor, aliud lætitia, aliud tristitia, possitque hæc et alia hujusmodi innumerabilia in animæ inveneri natura, et alia sine aliis, et alia magis, alia minus, manifestum est animæ non simplicem, sed multiplicem esse naturam; nihil enim simplex mutabile est; omnis autem creatura mutabilis est; nulla ergo creatura vere simplex est. Deus vero etsi multiplex dicatur, vere tamen et summe simplex est, dicitur enim magnus, bonus, sapiens, beatus, verus, et quidquid aliud non indigne dici videtur; sed eadem magnitudo ejus est quæ sapientia. Non enim mole magnus est, sed virtute, et eadem bonitas ejus est, quæ sapientia, et magnitudo, et veritas; et non est ibi aliud ipsum beatum esse, et aliud magnum, aut sapientem, aut verum, aut bonum esse, aut omnino esse.

Qualiter Deus, cum sit simplex, multiplex tamen dicatur.

6. Hic diligenter notandum est, cum dicat Aug., solum Deum vere simplicem esse,cur dicat eumdem multipliciter dici? Sed hoc non propter diversitatem accidentium vel partium dicit, sed propter diversitatem ac multitudinem nominum quæ de Deo dicuntur, quæ licet multiplicia sint, unum tamen significant, scilicet divinam naturam. Hæc enim non ita accipiuntur cum de illa incommutabili æternaque substantia incomparabiliter simpliciore quam est humanus animus,dicuntur,quemadmodum cum de creaturis dicuntur.Unde Aug. in lib. 6 de Trin.,cap.4 : Deo, inquit, est hoc esse, quod est fortem esse, vel sapientem esse, vel justum esse, et si quid de illa simplici multiplicitate, vel multiplici simplicitas dixeris,quo substantia ejus significetur,Humano autem animo non est hoc esse, quod est fortem esse, aut prudentem, aut justum ; potest enim esse animus, et nullam istarum habere virtutum.

Tanta est Dei simplicitas,quod nulli prædicamentorum subjicitur.

7.Quod autem in natura divina nulla sit accidentium diversitas, nullaque penitus mutabilitas, sed perfecta simplicitas,ostendit Aug.in lib.5 de Trin., cap. 1,dicens : Intelligamus Deum,quantum possumus,sine qualitate bonum,sine quantitate magnum, sine indigentia creatorem,sine situ præsidentem sine habitu omnia continentem, sine loco ubique totum, sine tempore sempiternum,sine ulla sui mutatione mutabilia facientem; nihilque patientem; quisquis Deum ita cogitat,etsi nondum potest omnino invenire, quid sit ipse,pie tamen caveat quantum potest aliquid de illo sentire,quod non sit.Ecce si subtiliter intendas,ex his atque prædictis aperitur,illa prædicamenta artis dialecticæ Dei naturæ minime convenire, quæ nullis est subjecta accidentibus.

Quod Deus non proprie,sed abusive dicitur substantia.

8. Unde nec proprie dicitur substantia, ut Aug. ostendit in lib. 6 de Trin., cap. 4 et 5 : Sicut ab eo quod est esse appellatur essentia,ita ab eo quod est subsistere substantiam dicimus,si tamen dignum est ut Deus dicatur subsistere.Hoc enim de his rebus recte intelligitur,in quibus,ut subjectis,sunt ea quæ in aliquo subjecto esse dicuntur; sicut in corpore color aut forma.Corpus enim subsistit ;et ideo substantia est.Res ergo mutabiles neque simplices proprie dicuntur substantiæ,Deus autem si subsistit,ut substantia proprie dici possit,inest in eo aliquid tanquam in subjecto; et non est simplex.Nefas est autem dicere ut subsistat Deus et subsit bonitati suæ; atque illa bonitas non substantia sit, vel potius essentia,neque ipse Deus sit bonitas sua,sed in illo sit, tanquam in subjecto. Unde manifestum est Deum abusive substantiam vocari,ut nomine usitatiore intelligatur essentia,quod vere ac proprie dicitur,ita ut fortasse solum Deum dici oporteat essentiam. Est enim vere solus,quia incommutabilis est.

Quod non est aliquid in Deo quod non sit Deus.

9. Hujus autem essentiæ simplicitas ac sinceritas tanta est, quod non est in ea aliquid quod non sit ipsa,sed idem est habens et quod habetur; unde Hilar. in lib. 6 de Trin. : Non ex compositis Deus qui vita est,subsistit; neque qui virtus est, ex infirmis continetur: neque qui lux est,ex obscuris coaptatur: neque qui spiritus est,ex disparibus formalis est; totum quod in eo est, unum est. Idem in lib. 8 de Trin. : Non humano modo ex compositis Deus est,ut in eo aliud sit quod ab eo habetur,et aliud sit ipse qui habeat; sed totum una est natura, scilicet perfecta et infinita, et non ex disparibus constituta sed vivens per totum ipsa.De hoc eodem Boetius in primo lib.de Trin.ait : Quocirca hoc vere unum est, in quo nullus numerus,nullum in eo aliud præter id quod in eo est; neque enim subjectum fieri potest. Aug. quoque in lib. de Fide et Symbolo,c. 3,dicit : In Dei substantia non est aliquid quod non sit substantia ;quasi aliud sit ibi substantia,aliud quod accidit substantiæ. Sed quicquid intelligi potest substantia est.Verum hæc dici possunt facile et credi ; videri autem nisi puro corde omnino non possunt. Item Aug. in lib. 15 de Trin., c. 9 : Sic habetur in natura uniuscujusque trium,quod qui habeat,hoc sit quod habet,sicut immutabilis simplexque substantia unde Isidor. ait : Deus simplex dicitur,sive non admittendo quod habet, seu quod aliud non est ipse, et aliud quod in ipso est.Et cum tantæ simplicitatis atque sinceritatis sit natura divina, est tamen in ea Trinitas personarum. Unde Aug. in lib. 11 de Civit. Dei : Non propter hoc naturam summi boni simplicem dicimus,quia est Pater in ea solus,aut Filius in ea solus, aut Spiritus sanctus in ea solus, aut quia est sola ita nominum Trinitas, sive subsistentia personarum,sicut Sabelliani putaverunt.Sed ideo simplex dicitur,quia est hoc quod habet; excepto quod relative quæque persona ad alteram dicitur,nec est ipsa. Nam utique Pater habet Filium,ad quem relative dicitur,nec tamen ipse est Filius; et Filius habet Patrem,nec tamen ipse est Pater.In quo vero ad semetipsum dicitur,non ad alterum,hoc est quod habet;sicut ad semetipsum dicitur vivus habendo vitam, et eadem vita est ipse.Propter hoc utique natura hæc dicitur simplex,quod non sit aliud habens, et aliud id quod habet,sicut in cæteris rebus est.Non enim habens liquorem liquor est, nec corpus color, nec anima est sapientia. Ecce quanta est identitas, quanta est unitas,immutabilitas,simplicitas,puritas divinæ substantiæ,juxta infirmitatis nostræ valetudinem assignavimus.

DISTINCTIO IX.

DE DISTINCTIONE TRIUM PERSONARUM.

1.Nunc ad distinctionem trium personarum accedamus.Teneamus ergo, ut docet Aug.in lib.de Fide ad Petrum, Patrem et Filium et Spiritum sanctum unum esse Deum naturaliter; nec tamen ipsum Patrem esse qui Filius est, nec Filium esse ipsum qui Pater est, nec Spiritum sanctum esse ipsum qui Pater est aut Filius. Una enim est essentia Patris et Filii et Spiritus sancti ; in qua non est aliud Pater, alius Filius,aliud Spiritus sanctus,quamvis personaliter alius sit Pater, alius Filius, alius Spiritus sanctus.

Hic de coæternitate Filii cum Patre.

2.Genitus est enim a Patre Filius,et ideo alius ; nec tamen ante fuit Pater quam Filius, coæternæ enim sunt sibi tres personæ.

Argumentatio Arianorum.

3.Sed contra hoc inquit hæreticus,ut refert Ambr., in lib. 1 de Fide, ad Gratianum, cap. 15, circa medium : Omne quod natum est principium habet ; et ideo quia Filius natus est principium habet et esse cœpit, quod hæreticorum ore sic dictum est. Nam ipse Arius,ut meminit Aug. in lib.6 de Trin.,cap.1, dixisse fertur : Si Filius est, natus est; si natus est erat tempus, quando non erat Filius.

Responsio Augustini catholica.

4.Qui hoc dicit, non intelligit etiam natus Filium Deo sempiternum esse,ut sit coæternus Patri Filius, sicut splendor qui gignitur ab igne atque diffunditur, coævus est illi,et esset coæternus si ignis esset æternus. (Aug. ibid.)

Oppositio Augustini contra hæreticum.

5. Item, si Dei Filius,inquit Aug. lib. 6. c. 1, virtus et sapientia Dei est,nec unquam fuit Deus sine virtute et sapientia, coæternus est ergo Deo Patri Filius,dicit autem Apostolus Christum esse Dei virtutem et Dei sapientiam. Aut ergo non fuit quando fuit Filius,aut aliquando Deus non habuit virtutem et sapientiam, quod dementis est dicere ; constat enim quia semper habuit sapientiam; semper ergo habuit Filium.

Responsio Ambrosii et idem, auctoritate fulta.

6.Eidem quoque Arianicæ quæstioni Amb.in hunc modum respondet, in libro de Fide ad Gratianum, circa medium cap. 5 : Ego, inquam, Filium esse natum confiteor: quod reliquum est impietatis, horresco Scriptum est enim in veteri Testamento, Isaiæ. 44. ut vel unum e pluribus dicam : *Ante me non fuit alius Deus, et post me non erit.* Quis ergo hoc dicit? Pater an Filius ? Si Filius : *Ante me*, inquit, *non fuit alius Deus.* Si Pater : *Post me*, inquit, *non erit*, hic priorem, et ille posteriorem non habet, invicem enim in se, et Pater in Filio, et Filius in Patre cognoscitur. Cum enim Patrem dixeris, ejus etiam Filium designasti, quia nemo ipse Pater est sibi; cum Filius nominas, etiam Patrem fateris, quia nemo ipse sibi Filius est. Itaque nec Filius sine Patre, nec Pater potest esse sine Filio ; semper ergo Pater, semper et Filius est.

Invectio Ambrosii contra hæreticum (lib. et cap. cit.)

7. Item dic, inquam, mihi, hæretice, fuitne quando omnipotens Deus Pater non erat, et Deus erat? Nam si Pater esse cœpit. Deus ergo primo erat, et postea Pater factus est. Quomodo ergo immutabilis Deus est? Si enim ante Deus, postea Pater fuit, utique generationis accessione mutatus est ; sed avertat Deus hanc amentiam.

Ineffabile est quomodo Filius sit, et non habeat Patrem priorem ; sicut modus generationis inintelligibilis et ineffabilis est.

8. Sed quæris a me, inquit Ambr., quomodo si Filius sit, non priorem habeat Patrem ? Quæro item abs te, quando vel quomodo Filium putas esse generatum? Mihi enim impossibile est generationis scire secretum ; mens deficit, vox silet, non mea tantum, sed et angelorum ; supra potestates, et supra angelos, et supra cherubin, et supra seraphin, et supra omnem sensum est; quia scriptum est Philipp. 4: *Pax Christi supra omnem sensum est.* Et si pax Christi supra omnem sensum est, quomodo non est supra omnem sensum tanta generatio? Tu ergo ori manum admove ; scrutari non licet superna mysteria. Licet scire quod natus sit, non licet discutere quomodo natus sit. Illud mihi negare non licet, hoc quærere metus est. Ineffabilis enim est illa generatio, unde Isaias : *Generationem ejus quis enarrabit ?*

Quidam præsumunt discutere generationis seriem.

9. Quidam tamen de ingenio suo præsumentes dicunt illam generationem posse intelligi, et alia hujusmodi: inhærentes illi auctoritati Hieron. super Ecclesiastem : In sacris Scripturis, quid sæpissime non pro impossibili, sed pro difficili ponitur, ut ibi : *Generationem ejus quis enarrabit ?* Sed hoc non dicit Hieron. ideo quo generatio Filii æterna plere intelligi vel explicari possit a quequam mortalium, sed quia de ea aliquid intelligi vel dici potest ; quidam tamen hoc accipiunt dictum de temporali Christi generatione.

Utrum debeat dici, semper gignitur, vel semper genitus est Filius ?

10. Hic quæri potest, cum generatio Filii a Patre nec pricipium habeat nec finem, quia æterna est, utrum debeat dici: Filius semper gignitur, vel semper genitus est, vel semper gignetur ? De hoc Greg. super Job ait, lib. 29 Moral., c. 1 : Dominus Deus Jesus in eo quod virtus et sapientia Dei est, de Patre ante tempora natus est; vel potius quia nec cœpit nasci, nec desiit, dicamus verius semper natus ; non autem possumus dicere : Semper nascitur, ne imperfectus esse videatur. Atvero ut æternus designari valeat et perfectus, et semper dicamus, et natus, quatenus et natus ad perfectionem pertineat, et semper ad æternitatem; quamvis per hoc ipsum quod perfectum dicimus, multum ab illius veritatis expressione deviamus, quia quod factum non est, non potest dici proprie perfectum, sed balbutiendo ut possimus, excelsa Dei resonemus. Et Dominus nostræ infirmitatis verbis condescendens : *Estote*, inquit Matth. 5, *perfecti, sicut et Pater vester cœlestis perfectus est.* Super illum locum etiam psal. 2 : *Ego hodie genui te*, de hac generatione Filii ita loquitur Aug: Quanquam per hoc quod dicit *hodie*, possit intelligi dies ille quo Christus secum

dum hominem natus est, tamen quia hodie præsentiam significat, atque in æternitate neque præteritum quicquam est, quasi esse desierit ; neque futurum, quasi nondum sit; sed præsens tantum, quia quicquid æternum est, semper est ; divinitus tamen accipiture de sempiterna generatione sapientiæ Dei. Ecce his verbis ostendit Aug. quod generatio Filii semper est, nec præterit, nec futura est, quia æterna est. Ideo dixit *genui*, ne novum putaretur, scilicet ne videretur incœpisse : *hodie* dixit, ne præterita generatio videretur. Ex his ergo verbis prophetæ, ut ait Joannes Chrys., nihil aliud manifestatur, nisi quia ex ipsa essentia Patris semper genitus est Filius.

Origenes videtur dicere contrarium ; ait enim quod semper generatur Filius a Patre.

11. Origenes vero super Jeremiam dicit quod Filius semper generatur a Patre, his verbis : Salvator noster est sapientia Dei ; sapientia vero est splendor æternæ lucis ; Salvator ergo noster splendor est claritatis. Splendor autem non semel nascitur et desinit, sed quoties ortum fuerit lumen ex quo splendor oritur, toties oritur etiam splendor claritatis ; sic ergo Salvator semper nascitur. Unde ait in lib. Sapientiæ : *Ante omnes colles generat me Dominus*; non ut quidam male legunt, *generavit.* His verbis aperte ostendit Origenes sane dici posse et debere : Filius semper nascitur ; quod videtur contrarium illi verbo Gregorii præmisso. scilicet : *Non possumus dicere : Semper nascitur.*

Exponit præmissa verba Gregorii, ne putetur inter doctores esse contrarietas.

12. Sed ne tanti auctores sibi contradicere in re tanta videantur, illa verba Greg. benigne interpretemur : Dominus, inquit, Jesus ante tempora natus est de Patre; vel potius, quia nec cœpit nasci nec desiit, dicamus verius, semper natus. Sed quando verius dicitur hoc, scilicet quod Filius semper natus est, quam illud, scilicet quod de Patre ante tempora natus est? illud enim sincera et catholica fides tenet ac prædicat, ut istud. Quare ergo ait *dicimus verius*, cum utrumque pariter sit verum ? nisi quia volebat intelligi hoc ad majorem evidentiam et expressionem veritatis dici, quam illud. His etenim verbis omnis calumniandi versutis hæreticis obstruitur aditus, quibus Christi secundum deitatem generatio sine initio et sine fine esse ac perfecta monstratur. Non autem adeo aperte semper manifestatur veritas cum dicitur: *Filius ante tempora genitus est de Patre*, vel *Filius semper nascitur de Patre.* Et ideo dicit Greg. quod non possumus dicere, *semper nascitur.* Non, inquam, ita convenienter, non ita congrue ad explanationem veritatis ; potest tamen dici, si sane intelligatur : Semper enim nascitur Filius de Patre, ut ait Origenes, non quod quotidie iteretur illa generatio, sed quia semper est. Semper ergo nascitur, id est, nativitas ejus sempiterna est.

Quod Filius semper generatur, confirmatur ex dictis Hilarii.

13. Hilarius quoque dicit Filium nasci ex Patre, in lib. 7 de Trin., his verbis : Vivens, Deus, et naturæ æternæ viventis potestas est ; et quod cum sacramento scientiæ suæ ex eo nascitur, non potuit aliud esse quam vivens. Nam cum ait: *Sicut misit me vivens Pater, et ego vivo propter Patrem*, docuit vitam in se per viventem Patrem inesse. Ecce hic habes quia Filius nascitur ex Patre. Item in eodem, cum dicit Christus, Joan. 6. *Sicut Pater habet vitam in se, sic et Filio dedit vitam habere in semetipso;* omnia viva sua ex vivente testatus est. Quod autem ex vivo vivum natum est, habet nativitatis profectum sine novitate naturæ. Non enim novum est quod ex vivo generatur in vivum, quia nec ex nihilo est ; et vita quæ nativitatis sumit ex vita, necesse est per naturæ unitatem et perfectæ nativitatis sacramentum, ut et in vivente vivat, et in se habeat vitam viventem. Ecce et hic habes quia generatur ex vivo vivens Filius. Item in eodem : In Deo totum quod est vivit : Deus enim vita est, et ex vita non potest quicquam esse nisi vivum,

neque ex derivatione, sed ex virtute nativitatis est. Ac sic dum totum quod est vivit, et dum totum quod ex eo nascitur virtus est, habet nativitatem Filius, non demutationem. Et hic dicit quia nascitur. Item in lib. 9 de Trin. : Donat Pater Filio tantum esse quantum est ipse ; cui innascibilitatis esse imaginem sacramento nativitatis impartit, quem ex se in sua forma generat. Hic dicit quia generat Pater Filium.

Breviter docet quid de hoc concedendum sit.

14 Dicamus ergo Filium natum de Patre ante tempora, et semper nasci de Patre, sed congruentius semper natum, et eumdem fateamur ab æterno esse et Patri coæternum, id est, auctori. Pater enim generatione auctor Filii est, ut in sequenti ostendetur. Ut ergo Pater est æternus, ita et Filius æternus est ; sed Pater sine auctore, Filius vero non, quia Pater innascibilis, Filius natus. Et, ut ait Hilar. in lib. 6 de Trin., aliud est sine auctore semper esse æternum, aliud Patri, id est, auctori, esse coæternum. Ubi autem Pater auctor est, ibi et nativitas est, quia sicut nativitas ab auctore est, ita et ab æterno auctore æterna est nativitas. Omne autem quod semper est, etiam æternum est ; sed tamen non omne quod æternum est etiam innatum est ; quia quod ab æterno nascitur, habet æternum esse quod natum est. Quod autem non natum est, id cum æternitate non natum est ; quod vero ex æterno natum est, id si non æternum natum est, jam non erit et Pater auctor æternus. Si quid ergo ei qui ab æterno Patre natus est ex æternitate defuerit, id ipsum non est auctori ambiguum defuisse ; quia si gignenti est infinitum gignere, et nascenti etiam infinitum nasci est. Medium enim quid inter nativitatem Dei Filii et generationem Dei Patris, nec sensus admittit ; quia et generatione nativitatis est, et in nativitate generatio est ; quia sine utroque neutrum est ; utrumque ergo sine intervallo sui est.

Argumentatio hæretici.

15. Sed inquiet hæreticus : Omne quod natum est non semper fuit, quia in id natum est ut esset. Nemo ambigit quin ea quæ in rebus humanis nata sunt, aliquando non fuerint. Sed aliud est ex eo nasci quod semper non fuit, aliud est ex eo natum esse quod semper est. Ibi nec semper fuit qui pater est, nec semper pater est ; et qui non semper pater est, non semper genuit ; ubi autem semper Pater est, semper Filius est. Quod si semper Deo Patri proprium est quod semper est Pater, necesse est Filio semper proprium esse quod semper est Filius. Quomodo ergo cadet in intelligentiam nostram ut non fuerit semper, cui proprium est semper esse quod natum est ? Natum ergo unigenitum Deum confitemur, sed natum ante tempora, nec ante esse quam natum, nec ante natum quam esse, quia nasci quod erat jam, non nasci est, sed seipsum demutare nascendo. Hoc autem humanum sensum et intelligentiam excedit mundi, non hoc capit ratio humanæ intelligentiæ, sed prudentiæ fidelis professio est.

DISTINCTIO X.

HIC DE SPIRITU SANCTO AGITUR, ET PRIUS QUOD SIT AMOR PATRIS ET FILII DICITUR.

1. Nunc post Filii æternitatem, de Spiritu sancto, quantum Deo donante videre conceditur, disseramus. Spiritus sanctus amor est, sive charitas, sive dilectio Patris et Filii. Unde Aug., in lib. 15 de Trin., c. 17, ait : Spiritus sanctus nec Patris est solius, nec Filii est solius, sed amborum ; et ideo communem qua invicem se diligunt Pater et Filius, nobis insinuat charitatem.

Quod Spiritus sanctus proprie dilectio dicatur, et tamen Trinitas sit dilectio.

2. Joannes autem in Epistola 1 canonica, c. 4, ait : *Deus charitas est*; non dixit : Spiritus sancti s charitas est, quod si dixisset, absolutior esset sermo, et non parva pars quæstionis decisa ; sed quia dixit : *Deus charitas est*, incertum est, et ideo quærendum est, utrum Deus Pater sit charitas, an Filius, an Spiritus sanctus, an Deus ipsa Trinitas, quia et ipsa non tres dii, sed unus est Deus. Ad hoc Aug., in eodem libro, ita dicit : Nescio cur sicut sapientia et Pater dicitur, et Filius, et Spiritus sanctus, et simul omnes non tres, sed una sapientia, non ita et charitas dicatur Pater et Filius, et Spiritus sanctus, simul omnes una charitas. Non ideo tamen quisquam nos inconvenienter æstimet charitatem appellare Spiritum sanctum, quia et Deus Pater, et Deus Filius, potest charitas nuncupari ; sicut proprie Verbum Dei etiam sapientia Dei dicitur, cum et Pater et Spiritus sanctus sint sapientia. *Sicut Verbum Dei proprie dicitur sapientia, et tamen tota Trinitas dicitur sapientia ; ita et Spiritus sanctus proprie dicitur charitas, et tamen Pater, et Filius, et Spiritus sanctus dicitur charitas.* (Ex eodem lib. et cap., sed paulo inferius.)

3. Si ergo proprie aliquis horum trium charitas nuncupari debet, quis aptius quam Spiritus sanctus ? ut scilicet in illa summa simplicique natura non sit aliud substantia, et aliud charitas ; sed substantia ipsa sit charitas, et charitas ipsa sit substantia, sive in Patre, sive in Filio, sive in Spiritu sancto ; et tamen Spiritus sanctus proprie charitas nuncupatur. Ecce his verbis aperte dicit Aug. quod in Trinitate charitas aliquando refertur ad substantiam, quæ communis est trium personarum et tota in singulis ; aliquando specialiter ad personam Spiritus sancti, sicut sapientia Dei aliquando pro substantia divina, aliquando pro Filio proprie accipiatur, et hoc in nultis fieri reperitur.

Exemplis firmat eadem nomina proprie et universaliter accipi.

4. Pluribus enim exemplis doceri potest multa rerum vocabula et universaliter poni, et proprie quibusdam rebus adhiberi : sicut legis nomine aliquando simul omnia veteris Testamenti significantur eloquia, aliquando autem proprie vocatur lex quæ data est per Moysen. Multa alia suppetunt exempla, sed in re æterna vitanda est longitudo sermonis. Sicut ergo unicum Dei Verbum proprie vocamus nomine sapientiæ, cum sit universaliter et Spiritus sanctus et Pater ipsa sapientia ; ita Spiritus sanctus proprio vocabulo charitas nuncupatur, cum sint Pater et Filius universaliter charitas.

Auctoritatem ponit, quod Filius proprie dicitur sapientia.

5. Sed Dei Verbum, id est, unigenitus Dei Filius, aperte dictus est Dei sapientia, ore Apostoli dicentis : *Christum Dei virtutem et Dei sapientiam.* Spiritus autem sanctus ubi sit dictus charitas invenimus, si diligenter Joannis apostoli eloquium scrutemur ; qui cum dixisset : *Diligamus invicem, quia ex Deo est dilectio*, adjunxit : *Et omnis qui diligit, ex Deo natus est ; quia dilectio Deus est.* Hic manifestavit se dixisse eam dilectionem esse Deum, quam dixit ex Deo. Deus ergo ex Deo est dilectio : sed quia et Filius ex Deo Patre natus est, et Spiritus sanctus ex Deo Patre procedit, quem potius eorum hic debeamus accipere dictum esse dilectionem, merito quæritur. Pater enim solus ita Deus est, ut non sit ex Deo ; et ideo dilectio, quæ ita Deus est ut ex Deo sit, non ipse Pater est, sed aut Filius aut Spiritus sanctus. Sed in consequentibus cum Dei dilectionem commemorasset Joannes, qua dilexit nos, et hinc hortatus esset ut nos invicem diligamus, atque ita Deus in nobis maneat ; quia utique dilectionem Deum dixerat, statim volens de hac re apertius aliquid eloqui, inquit : *In hoc cognoscimus, quia in ipso manemus et ipse in nobis, quia de suo Spiritu dedit nobis.* Spiritus itaque sanctus, de quo dedit nobis, facit nos in Deo manere, et ipsum in nobis ; hoc autem facit dilectio. Ipse ergo Deus, est dilectio. Deus ergo Spiritus sanctus, qui procedit ex Deo, significatur ubi legitur, Deus dilectio, et dilectio ex Deo est. Ecce his verbis aperte dicit Aug. Spiritum sanctum esse charitatem Patris et Filii ; et in tantum quoque sermonem produxit, ut videntur dixisse Spiritum sanctum non solum esse dilectionem Patris et Filii, qua se invicem et nos diligunt, sed etiam qua diligimus Deum. Sed utrum ipse sit charitas qua nos diligamus Deum, in sequenti explicatur, dist. 17.

Redit ostendere quod proposuerat, scilicet quod Spiritus sanctus sit amor, quo Pater a Filio et Filius a Patre diligitur.

6. Nunc vero quod incœpimus ostendere, curemus, scilicet Spiritum sanctum dilectionem esse sive amorem Patris et Filii; quo scilicet Pater diligit Filium, et Filius Patrem. De hoc Hieron. super. psal. 17, ait: Spiritus sanctus nec Pater est nec Filius, sed dilectio quam habet Pater in Filium, et Filius in Patrem. Aug. quoque in lib. 6 de Trin., in fine, c. 4, ait: In omnibus æqualis est Patri Filius, et est unius ejusdemque substantiæ. Quapropter etiam Spiritus sanctus in eadem unitate substantiæ et æqualitate consistit.

Quid sit Spiritus sanctus hic aperitur.

7. Sive enim sit unitas amborum, sive sanctitas, sive charitas, manifestum est quod non aliquis duorum est quo uterque conjungitur: quo genitus a gignente diligatur, genitoremque suum diligat, sintque non participatione, sed essentia sua; neque dono superioris alicujus, sed proprio suo servantes unitatem spiritus in vinculo pacis. Ecce hic habes Spiritum sanctum esse quo Filius diligitur a Patre, et Pater a Filio, et quo illi duo servant unitatem pacis. Spiritus ergo sanctus, ut ait Aug. in eodem lib. 6 de Trin., cap. 5 : Commune est aliquid Patris et Filii, quidquid illud est. At ipsa communio, consubstantialis et coæterna est; quæ si amicitia convenienter dici potest, dicatur, sed aptius dicitur charitas, et hæc quoque substantia, quia Deus substantia est, et Deus charitas, est. Tria ergo sunt, et non amplius : unus diligens eum qui de illo est, et unus diligens eum de quo est, et ipsa dilectio, quæ si nihil est, quomodo Deus substantia est ?

Quod Spiritus sanctus, sicut communis est Patri et Filio, et ita commune nomen habet proprium.

8. Hic notandum est quod sicut Spiritus sanctus in Trin. specialiter dicitur charitas, quæ est Patris et Filii unio, ita et nomen tenet proprie, quod Patri et Filio communiter quodammodo congruit; unde Aug. in, lib. 15 de Trin., circa finem cap. 19 : Si charitas, inquit, qua Pater diligit Filium, et Patrem diligit Filius, ineffabilem communionem demonstrat amborum, quid convenientius quam ut ille proprie dicatur charitas, qui spiritus est communis ambobus ? Hoc enim sanius creditur et intelligitur, ut non solum Spiritus sanctus charitas sit in illa Trinitate, sed non frustra proprie charitas nuncupetur propter illa quæ dicta sunt ; sicut non solus in illa Trin. vel Spiritus est vel sanctus, quia et Pater Spiritus, et Filius Spiritus, et Pater sanctus, et Filius sanctus ; et tamen ipse non frustra dicitur Spiritus sanctus. Qui enim est communis ambobus, id vocatur ipse proprie, quod ambo communiter. Alioquin si in illa Trin. solus Spiritus sanctus est charitas, profecto et Filius non solius Patris, sed etiam Spiritus sancti Filius invenitur. Ait enim Apostolus de Deo Patre. Coloss. 1 : *Transtulit nos in regnum Filii charitatis suæ.* Si ergo non est in ista Trin. charitas Dei nisi Spiritus sanctus, Filius est etiam Spiritus sancti. Sed quia hoc absurdissimum est, restat ut non solus ibi sit charitas Spiritus sanctus, sed propter illa de quibus satis disserui, proprie sic vocatur.

DISTINCTIO XI.

QUOD SPIRITUS SANCTUS PROCEDIT A PATRE ET FILIO.

1. Hic dicendum est Spiritum sanctum a Patre et Filio, et procedere a Patre et Filio, quod multi hæretici negaverunt. Quod autem de utroque procedat, multis divinorum eloquiorum testimoniis comprobatur. Dicit enim Apostolus, Rom. 8 : *Misit Deus Spiritum Filii sui in corda nostra.* Ecce hic dicitur Spiritus Filii. Et alibi, ad Rom. 8 : *Qui autem Spiritum Christi non habet, hic non est ejus.* Ipse etiam Filius de Spiritu sancto dicit in Evangelio, Matth. 10 : *Quem ego mittam vobis a Patre.* Patris autem Spiritus dictus est, ubi legitur, Joan. 14 : *Si spiritus ejus qui suscitavit Christum a mortuis habitat in vobis.* Et ipse Christus dicit, ibid., 15: *Non enim vos estis qui loquimini, sed Spiritus Patris vestri qui loquitur.* Et in alio loco : *Quem mittet Pater in nomine meo.* Et alibi ipse Filius de Spiritu sancto ait : *De Patre procedit.* His et aliis auctoritatibus pluribus ostenditur quod Spiritus sanctus a Patre et Filio procedit.

Quod Græci non concedunt Spiritum sanctum procedere a Filio.

2. Græci tamen dicunt Spiritum sanctum procedere tantum a Patre, et non a Filio. Quod ideo dicunt, quia veritas, in Evangelio fidem integram continente, de processione Spiritus loquens solum Patrem commemorat dicens: *Spiritus qui a Patre procedit.* Et etiam ideo quia in principalibus conciliis, quæ apud eos celebrata sunt, ita symbola eorum subjunctis anathematibus sancta sunt, ut nulli de Trinitatis fide aliud docere vel aliter prædicare quam ibi continetur, liceat. In quibus quidem symbolis cum Spiritus sanctus commemoretur procedere a Patre, et non a Filio, quicumque, inquiunt a Filio eum procedere addunt, anathema incurrunt; unde et nos arguunt anathematis reos. Addunt etiam ad assertionem suæ opinionis et in testimonium nostræ damnationis, de Symbolo fidei, quod, secundum traditionem prædictorum conciliorum, Leo III Romæ transcriptum in tabula argentea post altare beati Pauli posita posteris reliquit pro amore (ut ipse ait) et cautela fidei orthodoxæ. In quo quidem symbolo, in processione Spiritus solus commemoratur Pater, his verbis : *Et in Spiritum sanctum Dominum, et vivificatorem, ex Patre procedentem, cum Patre et Filio coadorandum et glorificandum,* etc. Illud est symbolum quod in missa cantatur, editum in Nicæno concilio, in fine cujus subjunctum est : Qui aliud docuerit, vel aliter prædicaverit, anathema sit. Ideoque Græci nos anathematizatos dicunt, quia dicimus Spiritum sanctum a Filio procedere, quod ibi non continetur. Quod enim secundum nos ibi dicitur : *Qui a Patre Filioque procedit,* alterum a Latinis est additum, scilicet *Filioque.*

Responsio, ubi determinantur prædicta.

3. Nos autem illa verba determinamus : Qui aliud docuerit, vel aliter prædicaverit, id est, contrarium docuerit, vel contrario modo prædicaverit, anathema sit. Aliud ergo posuit pro opposito, qualiter et Apostolus in Epistola ad Galat., c. 1 : *Si quis aliud evangelizaverit,* id est contrarium, anathema sit ; non dicit : Si quis addiderit. Nam si illud diceret, sibi ipsi, ut ait Aug., Thes. c. 3, præjudicaret, qui cupiebat venire ad quosdam quibus scribebat, sicut ad Thessalon., ut suppleret quæ illorum fidei deerant. Sed qui supplet, quod minus erat addit ; non quod inerat tollit. Qui autem prætergreditur fidei regulam, non incedit in via, sed recedit a via. Ad illud autem quod de Evangelio opponunt, respondemus ita : Quia cum dicat in eo veritas Spiritum sanctum a Patre procedere, non addit *solo,* et ideo etiam a se procedere non negat ; sed ideo Patrem tantum nominat, quia ad eum solet referre etiam quod ipsius est, quia ab illo habet.

Quod Græci sensu nobiscum conveniunt, etsi verbis differant.

4. Sciendum est tamen quod Græci confitentur Spiritum sanctum esse Filii, sicut et Patris ; quia Apostolus dicit, Galat. 4, *Spiritum Filii.* Et veritas in Evangelio, Joan. c. 16, *Spiritum veritatis.* Sed cum non sit aliud Spiritum sanctum esse Patris vel Filii, quam esse a Patre et Filio, etiam in hoc in eamdem nobiscum fidei sententiam convenire videntur, licet in verbis dissentiant.

Auctoritatibus Græcorum ostendit Spiritum sanctum procedere etiam a Filio.

5. Unde etiam quidam eorum catholici doctores intelligentes unam eamdemque fore sententiam prædictorum verborum, quibus dicitur Spiritus sanctus procedere a Filio, et esse Filii, professi sunt Spiritum sanctum etiam procedere a Filio. Unde Athanasius in Symbolo fidei : *Spiritus sanctus a Patre et Filio non factus, nec creatus, nec genitus, sed procedens.* Ecce Spiritum sanctum aperte dixit procedere a Patre et

Filio. Didymus etiam eorum maximus doctor, in lib. 2 de Spiritu sancto, post modium, Spiritum sanctum a Filio procedere dicit. Salvator inquit, Joan. 16 : *Qui est veritas. Non enim loquetur a semetipso*, hoc est, non sine me et sine nico et Patris arbitrio, quia inseparabiliter est a me et a Patris voluntate; quia ex se non est, sed ex Patre et me est. Hoc enim ipsum quod subsistit et loquitur, a Patre et a me illi est. Item Didymus, eodem lib.: Spiritus sanctus qui est Spiritus veritatis, Spiritusque sapientiæ non potest audire a Filio loquente quod nescit, cum hoc ipsum sit quod profertur a Filio, id est, procedens Deus de Deo, Spiritus veritatis procedens a Veritate, consolator manans ex consolatione; nam Cyrillus episcopus in epistola Nestorio directa ait : Spiritus intelligitur per se secundum quod Spiritus est, et non Filius; sed tamen non est alienus ab eo. Spiritus enim veritatis nominatur, et profluit ab eo sicut ex Deo Patre. Joannes quoque Chris. in homilia quadam de Expositione symboli sic ait : Iste est Spiritus procedens de Patre et Filio, qui dividit dona propria prout vult. Idem in alia homil.: Credendum est Spiritum sanctum Patris esse et Filii. Istum Spiritum sanctum dicimus Patri et Filio coæqualem, et procedentem de Patre et Filio. Hoc credite, ne colloquia mala corrumpant bonos mores. Ecce a doctoribus Græcorum aperta habemus testimonia, quibus Spiritus sanctus a Patre et Filio procedere ostenditur. Omnis ergo lingua confiteatur Spiritum sanctum procedere a Patre et Filio.

DISTINCTIO XII.

UTRUM SPIRITUS SANCTUS PRIUS VEL PLENIUS PROCEDAT A PATRE QUAM A FILIO.

1. Item quæritur cum Spiritus sanctus a Patre procedat et a Filio, utrum prius vel magis processerit a Patre quam a Filio, quod nititur hæreticus ostendere, ita dicens : Si processit Spiritus sanctus a Patre, processit utique ab nato Filio, aut non nato Filio. Si vero jam nato Filio processit, ante natus est Filius quam processerit Spiritus sanctus; præcessit ergo nativitas Filii processionem Spiritus sancti. Si autem processit a Patre, non genito Filio; ante processit quam Filius genitus fuerit.

Responsio Augustini ad id quod primo quærebatur, scilicet, an prius a Patre quam a Filio processerit.

2. His et hujusmodi quæstionibus magis laboriosis quam fructuosis respondet Aug. in lib. 15 de Trin., cap. 26, dicens : In illa summa Trinitate, quæ Deus est, intervalla temporum nulla sunt per quæ posset ostendi aut saltem requiri utrum prius de Patre natus sit Filius, et postea de ambobus processerit Spiritus sanctus. Numquid ergo possemus quærere utrum jam processerat de Patre Spiritus sanctus, quando natus est Filius, an nondum processerat, et illo nato, de utroque processit? Non possunt prorsus ibi ista quæri, ubi nihil ex tempore inchoatur, ut ex consequenti perficiatur in tempore. Ideo qui potest intelligere sine tempore generationem Filii de Patre, intelligat sine tempore processionem Spiritus sancti de utroque. Ecce his verbis absoluta est quæstio illa qua quærebatur utrum prius processerit Spiritus sanctus a Patre quam a Filio.

Hic agitur de eo quod secundo quærebatur, scilicet an plenius vel magis processerit a Patre quam a Filio.

3. Nunc tractandum est quod secundo quærebatur, scilicet an plenius aut magis procedat Spiritus sanctus a Patre quam a Filio. Ad quod dicimus quia sicut non ante procedit a Patre quam a Filio, ita non plenius vel magis procedit a Patre quam a Filio. Aug. tamen, in lib. 15 de Trin., c. 17, dicit quod Spiritus sanctus principaliter procedit de Patre. Non frustra, inquit, in hac Trinitate non dicitur Verbum Dei nisi Filius; nec donum Dei, nisi Spiritus sanctus; nec de quo genitum est Verbum, et de quo procedit Spiritus sanctus principaliter, nisi Deus Pater. Ecce audistis quia Spiritus sanctus principaliter procedit a Patre. Sed ne te hoc turbaret, ipse continuo ex quo sensu hoc dixerit aperit dicens : Ideo addidi *principaliter*, quia et de Filio Spiritus sanctus procedere reperitur; sed hoc quoque illi Pater dedit non jam existenti, et nondum habenti; sed quidquid unigenito Verbo dedit, gignendo dedit. Sic ergo eum genuit, ut etiam de illo donum commune procederet, et Spiritus sanctus Spiritus esset amborum. Ecce exposuit ipsemet quomodo Spiritus principaliter procedat a Patre, non quia prius vel magis procedat a Patre quam a Filio, sed quia cum procedat a Filio, hoc ipsum habet Filius a Patre.

Ex eodem sensu etiam dicitur Spiritus sanctus proprie procedere a Patre.

4. Ex eodem sensu etiam dicitur procedere proprie de Patre, unde Hieron., in Expositione catholicæ fidei Nicænique Symboli sic ait : Credimus in Spiritum sanctum, qui de Patre procedit proprie. Item : Spiritum sanctum verum Deum invenimus in Scriptura, et de Patre esse proprie. Et item : De Patre Filius et Spiritus sanctus proprie et vere de Patre procedit. Ecce aperte dicit Spiritum sanctum proprie esse de Patre, et proprie procedere a Patre. Quod non est ita intelligendum, tanquam prius vel plenius a Patre procedat, quam a Filio, sed quia hoc habet Pater a se non ab alio, ut de ipso sit et procedat Spiritus sanctus. Filius autem non a se, sed a Patre hoc habet, ut de ipso sit et procedat Spiritus sanctus.

Ex eodem sensu dicitur Spiritus sanctus esse, et mitti a Patre per Filium.

5. Forte etiam juxta hanc intelligentiam dicitur Spiritus sanctus mitti per Filium, et a Patre esse per Filium, unde Hilar. ad Deum Patrem de Spiritu sancto et Filio loquens, in lib. 12 de Trinit., ait : In Spiritu sancto tuo ex te profecto, et per eum misso. Item : Ante tempora Unigenitus tuus ex te natus manet, ita quod ex te per eum Spiritus sanctus tuus est; quod etsi sensu non percipiam, tamen teneo conscientia. In spiritualibus enim rebus tuis hebes sum. Item in eodem : Conserva hanc, oro, fidei meæ religionem, ut quod in regenerationis meæ symbolo professus sum, semper obtineam : Te Patrem scilicet et Filium tuum una tecum adorem : Spiritum sanctum tuum, qui ex te per Unigenitum tuum est promerear. Ecce aperte dicit Spiritum sanctum a Patre per Filium et mitti, et esse; quod non est intelligendum quasi a Patre per Filium minorem mittatur vel sit, sed quia ex Patre et Filio est et mittitur ab utroque, sed hoc ipsum habet Filius a Patre, ut ab ipso sit et mittatur Spiritus sanctus. Hoc ergo voluit significare Hilar., distinctionem faciens in locutione, ut ostenderet in Patre esse auctoritatem. Inde est etiam quod veritas ostendens Patrem esse auctorem processionis, qua procedit Spiritus a Filio, dixit in Evangelio : *De Patre procedit*, cum et de Patre et Filio procedit Spiritus sanctus. Unde Aug., in l. 15 de Trin., quærit : Si de Patre et Filio procedit Spiritus sanctus, cur Filius dixit : *De Patre procedit?* Cur putas, nisi quia solet ad eum referre etiam quod ipsius est, sicut et de quo ipse est; sicut ait : *Mea doctrina non est mea, sed ejus qui misit me*. Si ergo hic intelligitur ejus doctrina, quam tamen non dixit suam sed Patris, quanto magis illic intelligendus est Spiritus sanctus de illo procedere, ubi sic ait : *De Patre procedit*; ut non diceret : De me non procedit. A quo autem habet Filius ut si Deus (est enim Deus de Deo), ab illo utique habet ut etiam de illo procedat Spiritus sanctus. Et ideo Spiritus sanctus ut etiam de Filio procedat, sicut procedit de Patre, ab ipso habet Patre. Quapropter qui potest intelligere in eo quod ait Filius : *Sicut habet Pater vitam in semetipso, sic dedit et Filio vitam habere in semetipso*; non sine vita existenti jam Filio vitam Patrem dedisse, sed ita eum sine tempore genuisse, ut vita quam Pater Filio gignendo dedit, coæterna sit vitæ Patris qui dedit; intelligat etiam sicut habet Pater in seipso ut de illo procedat Spiritus sanctus, sic dedisse Filio ut etiam de isto procedat idem Spiritus sanctus, et utrumque sine tempore. Ita ergo dictum est Spiritum sanctum de Patre procedere, ut intelligatur quod etiam procedit de Filio, de Patre

esse et Filio. Si enim quidquid habet, de Patre habet Filius, de Patre habet utique ut de illo procedat Spiritus sanctus, sed nulla ibi tempora cogitentur, quæ habeant prius et posterius, quia ibi omnino nulla sunt.

DISTINCTIO XIII.

QUARE SPIRITUS SANCTUS CUM SIT DE SUBSTANTIA PATRIS NON DICATUR GENITUS VEL FILIUS, SED TANTUM PROCEDENS.

1. Post hæc considerandum est, quantum a talibus quales nos sumus intelligi potest, cum Spiritus sanctus procedat de Patre, et sit de substantia Patris, cur non dicatur esse natus, sed potius procedere; et cur non dicatur Filius. Quare autem Spiritus sanctus non dicatur vel sit natus, et ideo non sit Filius, Aug. ostendit in lib. 15 de Trin., dicens : Si Spiritus sanctus Filius diceretur, amborum utique Filius diceretur : quod absurdissimum est. Filius quippe nullus est duorum, nisi patris et matris. Absit autem ut inter Deum Patrem et Deum Filium tale aliquid suspicemur. Absurdissime ergo Filius diceretur amborum, id est. Patris et Filii. Amborum enim Filius diceretur, si eum ambo genuissent, quod abhorret omnium sanorum sensus. Non ergo ab utroque est genitus, sed procedit ab utroque amborum Spiritus. His verbis ostenditur cur Spiritus sanctus cum sit de Patre, non tamen dicatur genitus vel filius.

Cum Spiritus sanctus non dicatur genitus, cur Filius dicatur procedere.

2. Cum autem Spiritus sanctus non dicatur genitus, sed tantum procedens, quæri solet cur Filius non dicatur tantum genitus, sed et procedens. Sicut ipse in Evangelio Joannis ait, c. 16 : *Ego ex Deo* (processi vel) *exivi, et veni in mundum*. Non ergo tantum Spiritus sanctus procedit a Patre, sed etiam Filius. Ad quod dicimus quod cum uterque procedat a Patre, dissimiliter tamen. Nam Spiritus sanctus, ut ait Aug. in lib. 5 de Trin., procedit a Patre non quomodo natus, sed quomodo datus vel donum. Filius autem procedit nascendo, exit ut genitus. Ac per hoc illud elucescit ut patet, scilicet cur Spiritus sanctus etiam non sit Filius, cum et ipse a Patre exeat. Ideo Spiritus non dicitur Filius, quia neque natus est sicut unigenitus; neque factus, ut per Dei gratiam in adoptionem nasceretur sicut nos.

Quod non potest distingui a nobis inter generationem Filii et processionem Spiritus sancti.

3. Inter generationem vero Filii et processionem Spiritus sancti, dum hic vivimus, distinguere non sufficimus; unde Aug. Maximino præmissam quæstionem refricant, scilicet quærenti cur Spiritus sanctus non diceretur Filius, cum de Patris esset substantia, respondens, sic ait : Quæris a me si de substantia Patris est Filius, de substantia Patris est etiam Spiritus sanctus : cur unus Filius sit, et alius non sit Filius ? Ecce respondeo, sive capias sive non capias. De Patre est Filius, de Patre est Spiritus sanctus; sed ille genitus est, iste procedens. Ideo ille Filius est Patris, de quo est genitus : iste autem Spiritus sanctus est utriusque, quoniam de utroque procedit, sed ideo, cum de illo loqueretur ait, Joan. 15 : *De Patre procedit*, quoniam Pater processionis ejus auctor est, qui talem Filium genuit, et gignendo ei dedit ut etiam de ipso procederet Spiritus sanctus. Nam nisi procederet etiam de ipso, non diceret discipulis, Joan. 20 : *Accipite Spiritum sanctum*, eumque insufflando daret, ut a se quoque procedere significans, aperte ostenderet flando quod spirando dabat occulte. Quia ergo si nasceretur, non tantum de Patre, nec tantum de Filio, sed de ambobus utique nasceretur, sine dubio Filius diceretur amborum. Ac per hoc, quia Filius amborum nullo modo esset, non oportuit nasci eum de ambobus. Amborum est ergo Spiritus sanctus, procedendo de ambobus.

Hic dicit quod non valet inter illa duo distinguere.

4. Quid autem inter nasci et procedere intersit, de illa excellentissima natura loquens explicare quis potest? Non omne quod procedit, nascitur, quamvis omne procedat quod nascitur. Sicut non omne quod bipes est homo est, quamvis bipes sit omnis qui homo est. Hoc scio; distinguere autem inter illam generationem et hanc processionem nescio, non valeo, non sufficio. Ac per hoc quia et illa et ista est ineffabilis; sicut propheta Isaias, de Filio loquens, ait, c. 53 : *Generationem ejus quis enarrabit?* Ita de Spiritu sancto verissime dicitur : *Processionem ejus quis enarrabit?* Satis sit ergo nobis, quia non est a seipso Filius, sed ab illo de quo natus est; non est a seipso Spiritus sanctus, sed ab illo de quo procedit; et quia de utroque procedit, sicut jam ostendimus. De Spiritu sancto quomodo ipse de Deo sit, nec tamen ipse Filius sit, quoniam procedendo non nascendo legitur esse de Deo, jam superius, quantum visum est, disputavimus.

An Spiritus sanctus debeat dici ingenitus.

5. Nunc considerandum est, cum Spiritus sanctus non sit genitus, utrum debeat dici ingenitus. Ad quod dicimus Spiritum sanctum nec genitum, nec ingenitum debere dici. Unde Aug. ad Orosium ait : Spiritum sanctum nec genitum, nec ingenitum fides certa declarat, quia si dixerimus ingenitum, duos patres videbimur affirmare; si autem genitum, duos credere Filios culpamur. Sicut enim solus Filius dicitur genitus, ita et solus Pater dicitur ingenitus, eo quod ab alio non sit; unde Aug., in lib. 15 de Trin., cap. 25 : Pater, inquit, solus non est de alio. Ideo solus appellatur ingenitus, non quidem in Scripturis, sed in consuetudine disputantium, et de re tanta sermonem qualem valuerint proferentium. Filius autem de Patre natus est; et Spiritus sanctus de Patre principaliter et communiter de utroque procedit. Ideoque cum Spiritum sanctum genitum non dicamus dicere tamen ingenitum non audemus, ne in hoc vocabulo vel duos patres in illa Trinitate, vel duos qui non sunt de alio quispiam suspicetur. Ecce his verbis aperte ostendit Spiritum sanctum nec genitum nec ingenitum debere dici.

Quod Hieronymus dicit Spiritum sanctum ingenitum, quod videtur prædictis adversari.

6. Hieronymus tamen in Regulis definitionum contra hæreticos dicit Spiritum sanctum ingenitum esse, his verbis : Spiritus sanctus Pater non est, sed ingenitus atque infectus. Pater non est, quia Patris est, et in Patre est : processionem habet ex Patre, et non nativitatem. Filius autem non est, quia genitus non est. Ecce his verbis dicitur Spiritus sanctus esse ingenitus, quod videtur adversari præmissis verbis Augustini.

Determinatio, secundum diversas acceptiones dicit eos locutos

7. Sed ut istam quæ videtur repugnantiam de medio abigamus, dicimus quod Hieron. aliter accepit nomen ingeniti, et aliter Aug. Accepit enim Aug. ingenitum, qui vel quod de alio non est, et secundum hoc de solo Patre dicitur; Hieron. vero ingenitum dicit, non genitum : et secundum hoc de Spiritu sancto potest dici, cum Spiritus sanctus non sit genitus.

Ex verbis Hieronymi ostenditur ex quo sensu dixit Spiritum sanctum ingenitum.

8. Quod autem Hieronymus ita acceperit, ostenditur ex verbis ejus, quibus in eodem tractatu utitur faciens talem divisionem : Omne quod est, aut ingenitum est, aut genitum, aut factum. Est ergo quod nec natum est, nec factum; et est quod natum est, et factum non est; et est quod nec natum est, nec factum est; et est quod factum est, et natum non est; et est quod factum est, et natum est, et renatum est; et est quod factum est, et natum est, et renatum non est. Nunc præpositorum singulis rebus subsistentium destinemus. Quod ergo nec natum nec factum est, Pater est; non enim ab alio aliquo est. Quod autem natum est et factum non est, Filius est, qui a Patre genitus est, non factus. Quod iterum nec factum nec natum est, Spiritus sanctus est, qui a Patre procedit. Quod etiam factum est et natum non est, cœlum et terra, cæteraque insensibilia sunt. Quod autem factum et natum et renatum est, homo est. Quod vero factum

est, et natum est, et renatum non est, animalia sunt. Ecce his verbis ostendit Hieron. se ingenitum accipere, non genitum. Aliter enim non esset præmissa divisio vera, scilicet, omne quod est, aut ingenitum est, aut genitum, aut factum. Atque in divisionis hujus prosecutione, in assignatione ingeniti, ubique ponit non natum.

DISTINCTIO XIV.
QUOD GEMINA EST PROCESSIO SPIRITUS SANCTI.

1. Præterea diligenter adnotandum est quod gemina est processio Spiritus sancti : æterna videlicet, quæ ineffabilis est, qua a Patre et Filio æternaliter et sine tempore processit ; et temporalis, qua a Patre et Filio ad sanctificandam creaturam procedit. Et sicut ab æterno communiter ac simul procedit a Patre et Filio, ita et in tempore communiter et simul ab utroque procedit ad creaturam, non divisim a Patre in Filium, et a Filio ad creaturam. Unde Aug., in lib. 15 de Trin. ait : Spiritus sanctus non de Patre procedit in Filium, et de Filio procedit ad sanctificandam creaturam ; sed simul de utroque procedit, quamvis hoc Filio Pater dederit, ut sicut de se, ita etiam de illo procedat.

De temporali processione Spiritus sancti specialiter agitur.

2. De temporali autem processione, Beda in homilia Dominicæ primæ post Ascensionem ita loquitur : Cum gratia Spiritus sancti datur hominibus, profecto mittitur Spiritus a Patre, mittitur et a Filio ; procedit a Patre, procedit et a Filio ; quia et ejus missio est ipsa processio. Uis verbis aperte ostendit, donationem gratiæ Spiritus sancti dici processionem vel missionem ejusdem. Sed cum donatio vel datio non sit nisi temporalis, constat quia et hæc processio sive missio temporalis est. Hanc quoque temporalem Spiritus sancti processionem Aug., in lib. 15 de Trin., cap. 26, insinuat, dicens : Spiritus sanctus processit a Christo, quando post resurrectionem insufflavit in discipulos, his verbis, Joan. 20 : *Cum resurrexisset Christus a mortuis, et apparuisset discipulis, insufflavit, et ait : Accipite Spiritum sanctum;* ut etiam eum de se procedere ostenderet ; et ipse est virtus quæ de illo exibat (ut legitur in Evangelio, Luc. 6), *et sanabat omnes.* Et ut ostenderet hanc processionem Spiritus sancti non esse aliud quam donationem vel dationem ipsius Spiritus sancti, addidit, Joan. 20 : *Post resurrectionem Dominus Jesus bis dedit Spiritum sanctum :* semel in terra propter dilectionem proximi. et iterum de coelo propter dilectionem Dei, quia per ipsum donum *diffunditur charitas in cordibus nostris,* Act. 2, qua diligimus Deum et proximum.

Quod aliqui dicunt ipsum Spiritum sanctum non dari, sed dona ejus.

3. Sunt autem aliqui qui dicunt Spiritum sanctum ipsum Deum non dari, sed dona ejus, quæ non sunt ipse Spiritus ; et, ut aiunt, Spiritus sanctus dicitur dari cum gratia ejus, quæ tamen non est ipse qui datur hominibus, et hoc dicunt Bedam sensisse in superioribus verbis, quibus dicit Spiritum sanctum procedere, cum ipsius gratia datur hominibus ; tanquam non ipse detur, sed gratia ejus. Sed quod ipse Spiritus sanctus, qui Deus est, et tertia in Trinitate persona, detur, aperte dicit Aug. in lib. 15 de Trin., cap. 26, ita dicens : Eumdem Spiritum sanctum datum cum insufflasset Jesus, de quo mox ait, Matth. 28 : *Ite, baptizate omnes gentes in nomine Patris, et Filii, et Spiritus sancti,* ambigere non debemus. Ipse est ergo qui etiam de coelo datus est die Pentecostes. Quomodo ergo Deus non est qui dat Spiritum sanctum, imo quantus est Deus qui dat Deum ? Ecce his verbis aperte dicit Spiritum sanctum, ipsum scilicet Deum dari hominibus a Patre, et a Filio. Et quod ipse Spiritus sanctus, qui Deus est ac tertia in Trinitate persona, nobis detur, nostrisque infundatur mentibus illabatur mentibus, aperte ostendit Ambr. in lib. 1 de Spiritu sancto, dicens : Licet multi dicantur spiritus, quia legitur, psal. 103 : *Qui facit angelos suos spiritus;* unus est tamen Dei Spiritus. Ipsum ergo unum Spiritum et apostoli, et prophetæ sunt consecuti ; sicut etiam vas electionis dicit, Actorum 9 : *Quia unum Spiritum potavimus;* quasi eum qui non queat scindi, sed infundatur animis, et sensibus illabatur, ut secularis sitis restinguat ardorem ; qui Spiritus sanctus non est de substantia rerum corporalium, nec de substantia invisibilium creaturarum. His verbis aperte dicit Spiritum sanctum ipsum, qui creatura non est, infundi mentibus nostris. Item in eodem lib. de Spiritu S., c. 5 : Omnis creatura mutabilis est, sed non mutabilis Spiritus sanctus. Quid autem dicere dubitem quia datus est et Spiritus sanctus, cum scriptum sit ad Rom. 5 : *Charitas Dei diffusa est in cordibus nostris per Spiritum sanctum, qui datus est nobis ?* Qui cum sit inaccessibilis natura, receptibilis tamen propter bonitatem suam nobis est, complens virtute omnia ; sed qui solis participetur justis. Simplex substantia, opulens virtutibus, unicuique præsens, dividens de suo singulis, et ubique totus. Incircumscriptus ergo et infinitus est Spiritus sanctus, qui discipulorum sensus separatorum infudit, quem nihil potest fallere. Angeli ad paucos mittebantur, Spiritus sanctus autem populis infundebatur. Quis ergo dubitet quin divinum sit quod infunditur simul pluribus, nec videtur ? Unus est ergo Spiritus sanctus, qui datus est omnibus licet separatis apostolis. Et hic aperte dicit Ambr., serm. 43, in tom. 10, quod Spiritus sanctus, qui est substantia simplex, cum sit unus, datur pluribus. Alia quoque auctoritate (ad Rom. 5) hoc idem astruitur, scilicet quod Spiritus sanctus, qui est æqualis Filio, hominibus detur. Ait enim Aug., de Verbis Apostoli, sic : *Charitas Dei diffusa est in cordibus nostris per Spiritum sanctum, qui datus est nobis.* A quo datur ? Ab illo qui dedit dona hominibus. Quæ dona ? Spiritum sanctum, qui tale donum dat, qualis est ipse. Magna est misericordia ejus ; donum dat sibi æquale, quia donum ejus Spiritus sanctus est. Præmissis his et aliis pluribus auctoritatibus, aperte monstratur quod Spiritus sanctus æqualis Patri et Filio nobis datur; nec ideo tamen minor est Patre et Filio. Unde Aug., in lib. de Trin., cap. ult., circa finem, ait : Non ideo, inquit, minorem Spiritum sanctum, quia et eum Pater misit et Filius arbitrandum est.

An viri sancti et Ecclesiæ prælati dent, vel dare possint Spiritum sanctum. Quod non dant hic ostendit.

4. Hic quæritur utrum et viri sancti dent vel possint dare aliis Spiritum sanctum. Quem si aliis dant, cum ejus donatio supra sit dicta processio, videtur ab eis procedere Spiritus sanctus vel mitti, sed creator a creatura non mittitur vel procedit. Restat ergo ut Spiritum sanctum ipsi non dent nec possint dare. Unde Ang. in lib. 15 de Trin. : Non aliquis discipulorum Christi dedit Spiritum sanctum. Orabant quippe ut veniret in eos quibus manum imponebant, non ipsi eum dabant. Quem morem in suis præpositis etiam nunc servat Ecclesia. Denique et Simon magus, offerens apostolis pecuniam, cap. 26 Actorum, c. 8, non ait : Date mihi et hanc potestatem, ut dem Spiritum sanctum : sed : *Cuicumque,* inquit, *imposuero manus, accipiat Spiritum sanctum;* quia nec Scriptura superius dixerat : Videns autem Simon quia apostoli darent Spiritum sanctum ; sed dixerat : *Videns autem Simon quia per impositionem munuum apostolorum daretur Spiritus sanctus.* Ecce his verbis ostendit Aug. nec apostolos, nec alios Ecclesiæ prælatos dedisse vel dare Spiritum sanctum.

Quod non possunt dare Spiritum sanctum hic docet.

5. Et quod plus est, non posse etiam dare dicit in eodem lib. subdens : De Christo scriptum est quod acceperit a Patre promissionem Spiritus sancti, et effuderit ; in quo utraque natura monstrata est, humana scilicet et divina. Accepit quippe ut homo, effudit ut Deus. Nos autem accipere quidem hoc donum possumus pro modulo nostro ; effundere vero super alios non utique possumus, sed ut hoc fiat, Deum super eos a quo id efficitur invocamus. His verbis, expresse

dicit nos Spiritum sanctum non posse super alios effundere, id est aliis dare.

Quod videtur contrarium.

6. Sed huic videtur contrarium quod Apostolus ad Gal., c. 3, de se loquens ait: *Qui tribuit vobis Spiritum, et operatur virtutes in vobis.* Ecce evidenter dicit se tribuisse Spiritum. Sed intelligendum est hoc dixisse Apostolum, non quia haberet potestatem et auctoritatem dandi Spiritum sanctum, sed quia ministerium habuerit in quo dabatur a Deo Spiritus sanctus, ut enim ait Aug., super eumdem locum, t. 4, exponens illud Apostoli verbum. Ab Apostolo prædicata est eis fides; in qua prædicatione adventum et præsentiam Spiritus sancti senserant, sicut illo tempore in novitate invitationis ad fidem, etiam sensibilibus miraculis præsentia Spiritus sancti apparebat, ut in Actibus apostolorum legitur. Aperte hic ostendit quomodo illis Spiritum sanctum Apostolus tribuerit; non utique ipsum mittendo in eos, sed prædicando eis fidem Christi; quam illis recipientibus, quod Spiritus sanctus in eis esset, aliquibus signis visibilibus monstrabatur. Non ergo homines, quantumcumque sancti, dare possunt Spiritum sanctum.

DISTINCTIO XV.

UTRUM SPIRITUS SANCTUS A SEIPSO DETUR.

1. Hic considerandum est, cum Spiritus sanctus derur hominibus a Patre et Filio, quod est ipsum temporaliter procedere ab utroque vel mitti, utrum etiam a seipso detur. Si datur a se, et procedit vel mittitur a se. Ad quod dicimus quia Spiritus sanctus et Deus est, et donum sive datum, et ideo dat et datur. Dat quidem, in quantum Deus; et datur in quantum donum sive datum. Cum autem donatio sive datio Spiritus sancti sit operatio Dei, et communis sit et individua operatio trium personarum, donatur itaque Spiritus non tantum a Patre et Filio, sed etiam a seipso; unde Aug., in lib. 15 de Trin., c. 9, dicit quod seipsum dat. Sicut, inquit, corpus carnis nihil est aliud quam caro, sic donum Spiritus sancti nihil est quam Spiritus sanctus. In tantum ergo donum Dei est, in quantum datur eis quibus datur. Apud se autem Deus est, etsi nemini datur, quia Deus erat Patri et Filio coæternus antequam cuiquam daretur; nec quia illi dant et ipse datur, et ideo minor est illis. Ita enim datur, sicut Dei donum; ut etiam seipsum dat sicut Deus. Non enim dici potest non esse suæ potestatis, de quo dictum est: *Spiritus ubi vult spirat.* Ecce aperte dicit quod Spiritus sanctus seipsum dat. Si enim Spiritus sanctus seipsum dare non potest, et eum Pater dare potest, et Filius potest, utique Pater dare aliquid et Filius quod non potest Spiritus sanctus. Item, si Pater et Filius dant Spiritum sanctum, nec ipse dat, aliquid ergo Pater operatur et Filius, quod non operatur Spiritus sanctus; dat ergo Spiritus sanctus seipsum. Si autem seipsum dat, tunc et a seipso procedit et mittitur, quod utique verum est. Nam processio temporalis Spiritus sancti vel missio, ipsius est donatio, et ipsa Dei operatio. Procedit ergo Spiritus sanctus temporaliter a se, mittitur a se, quia datur a se.

Non est mirum si Spiritus sanctus dicatur mitti vel procedere a se, cum etiam Filius dicatur mitti a se.

2. Ne autem mireris quod Spiritus sanctus dicitur mitti vel procedere a se. Nam et de Filio dicit Aug., in lib. 2 de Trin., cap. 5, quod non tantum a Patre missus est, sed etiam a seipso et a Spiritu sancto: quærens quomodo Filius vel Spiritus sanctus sit missus, cum uterque sit ubique tanquam Deus. Nam uterque, inquit Aug., legitur missus. De Spiritu sancto enim legitur, Joan. 14: *Quem mittet Pater in nomine meo.* Et iterum, *ibid.*, 16: *Si abiero, mittam eum ad vos.* Et Filius de se dicit, *ibib.*, 9: *Exivi a Patre, et veni in mundum.* Et Apostolus dicit, Galat. 4: *Misit Deus Filium suum.* In propheta autem Jeremia, c. 23, scriptum est ex persona Dei: *Cœlum et terram ego impleo.* Itaque ubique Deus est, ubique ergo est Filius, ubique etiam est Spiritus sanctus. Illuc ergo missus est Filius et Spiritus sanctus, ubi erat.

Quomodo intelligenda sit missio utriusque.

3. Quocirca quærendum est quomodo intelligatur missio Filii vel Spiritus sancti. Pater enim solus, inquit Aug., in eodem libro, cap. 5, nusquam legitur missus, sed Filius, et Spiritus sanctus. Et de Filio primo videamus quomodo missum eum Apostolus dicat, Galat. 4: *Misit Deus Filium suum, factum ex muliere;* ubi satis ostendit eo ipso missum Filium, quo factum ex muliere. Proinde mitti a Patre sine Spiritu sancto non potuit, quia Pater intelligitur misisse eum cum fecit ex femina; quod utique non fecit sine Spiritu sancto. Ecce hic dicit Filium missum a Patre et Spiritu sancto.

Quod a Spiritu sancto Filius sit missus, auctoritatibus confirmatur.

4. Et quod a Spiritu sancto Filius sit missus, ut ait Aug. in eodem, auctoritatibus confirmatur, ipse Christus dicit per Isaiam, c. 48: *Nunc misit me Dominus et Spiritus ejus.* De hoc Ambros., in lib. 3 de Spiritu sancto, cap. 1, ita ait: Quis est qui dicit: *Me misit Dominus et Spiritus ejus,* nisi qui venit a Patre, ut salvos faceret peccatores, id est, Christus? ergo et Pater Filium misit, et Spiritus sanctus. Idem in eodem, c. 2: Datus est a Patre, ut Isaias dicit c. 9: *Puer natus est nobis, et Filius datus est nobis.* Datus est, audeo dicere, et a Spiritu, quia et a Spiritu sancto missus est. Dicit enim Filius Dei, Isaiæ 61: *Spiritus Domini super me, propter quod unxit me, evangelizare pauperibus misit me, prædicare captivis remissionem,* etc. Quod cum do libro Isaiæ legeret, ait in Evangelio, Lucæ 4: *Hodie completa est hæc Scriptura auribus vestris,* ut de se dictum esse signaret. Bene autem dixit, *super me,* quia quasi filius hominis et unctus est, et missus ad prædicandum. Nam secundum divinitatem non super Christum est Spiritus, sed in Christo. Ecce his verbis ostendit Ambrosius Filium esse missum et datum nobis, non tantum a Patre, sed etiam a Spiritu sancto.

Quod Filius sit datus etiam a seipso.

5. Deinde ostendit esse datum etiam a seipso, ita dicens in eodem lib., c. 2: Cum enim non definitum fuerit per prophetiam, a quo datus est Filius, ostenditur datus gratia Trinitatis, ut etiam ipse Filius se dederit. Ecce hic dicit quod Filius se dedit, quia Trinitas eum dedit. Si autem Filius a se datus est, a se ergo missus est, et a se processit. Et hoc utique verum est, et concedi oportet, cum ejus missio sit divina operatio.

Quod Filius sit missus a se.

6. Quod autem a se mittatur, Aug. astruit in lib. 2 de Trin., dicens, cap. 5: Forte aliquis cogat ut dicamus etiam a seipso missum esse Filium, quia et Mariæ conceptus, et partus, operatio Trinitatis est. Sed, inquit aliquis, quomodo Pater eum misit, si ipse se misit? Cui respondeo quærens ut dicat: Quomodo eum Pater sanctificavit, si et ipse se sanctificavit? Utrumque enim Dominus ait, Joan. 10: *Quem Pater,* inquit, *sanctificavit et misit in hunc mundum.* Et alibi, Joan. 17: *Ego pro eis sanctifico meipsum.* Item quæro: Quomodo Pater eum tradidit, si ipse se tradidit? Utrumque enim legitur, credo respondebit, si probe sapit, quia una voluntas est Patris, et Filii, et inseparabilis operatio. Sic igitur intelligat, illam incarnationem et ex Virgine nativitatem, in qua Filius intelligitur missus, una eademque operatione Patris et Filii inseparabiliter esse factam, non inde separato Spiritu sancto. Ergo a Patre et Filio missus est idem Filius, quia a Patre et verbo ejus factum est ut mitteretur, id est, incarnatus hominibus appareret. Non enim missus est mutando locum, quia in mundo erat. Quapropter Pater invisibilis una cum Filio secum invisibili, eumdem Filium visibilem faciendo, misisse eum dictus est, qui si ita visibilis fieret, ut cum Patre invisibilis esse desisteret, id est, si in substantia invisibilis verbi in creaturam visibilem mutata et transiens verteretur, ita missus a Patre intelligeretur Filius, ut tantum missus, non

ᵉtiam mittens cum Patre inveniretur. Cum vero sic est accepta forma servi, ut maneret incommutabilis forma Dei, manifestum est quod a Patre et Filio non apparentibus factum sit, quod apparet in Filio, id est ab invisibibi Patre cum invisibili Filio idem ipse Filius visibilis mitteretur.

Summatim colligit quæ ex p.ædictis astruuntur.

7. Ex prædictis aperte monstratur quod Filius missus est a Patre et Spiritu sancto, et a seipso; et quæ sit ipsa missio, scilicet incarnatio, id est quod factus est homo, per quod visibilis apparuit : quod est opus commune Patris, et Filii, et Spiritus sancti.

Quæritur cur dicit : A meipso non veni.

8. Sed ad hoc opponitur : Si Filius a seipso missus est, cur ergo ait Joan. 8 : *A meipso non veni?* Ad hoc Aug. respondet, in lib. de Trin., cap. prius cit., dicens hoc dictum esse secundum formam servi, secundum quam non fecit ut mitteretur, id est, non operatus est incarnatonem, sed non secundum formam Dei.

Utrum semel tantum missus sit Filius, an sæpe.

9. Hic quæritur utrum semel tantum missus sit Filius, an sæpe mittatur. Si enim missio Filii ipsius tantum incarnatio est, cum semel tantum incarnatus sit, semel tantum videtur missus. At si sæpe mittitur, est et alia ejus missio quam incarnatio. Sed quæ est illa? Numquid æterna genitura, missio ejus dicenda est, an etiam alia missio quærenda est?

Quod duobus modis dicitur Filius mitti.

10. Ad quod dicimus quod duobus modis dicitur Filius mitti præter illam æternam genituram, quæ ineffabilis est; secundum quam etiam missus posset dici, ut videtur quibusdam, sed melius ac verius secundum eam dicitur genitus. Præter eam ergo, duobus modis dicitur mitti, scilicet, vel cum visibiliter mundo apparuit carne indutus, vel cum se in animas pias sic transfert, ut ab eis percipiatur ac cognoscatur. Hos duos missionis modos aperte August. distinguit in lib. 4 de Trin., c. 20, dicens : Non eo ipso quod de Patre natus est, missus dicitur Filius; sed eo quod apparuit huic mundo: *Verbum caro factum.* Unde dicit, Joan. 16 : *A patre exivi, et veni in mundum;* vel eo quod ex tempore cujusquam mente percipitur; sicut dictum est de sapientia, Sapient. 9: *Emitte illam de cœlis sanctis tuis, et a sede magnitudinis tuæ, ut mecum sit et mecum laboret,* id est, doceat me laborare. Et tunc unicuique mittitur, cum a quoquam cognoscitur atque percipitur, quantum cognosci et percipi potest, pro captu vel proficientis in Deum, vel perfectæ in Deo animæ rationalis.

Quod secundum alterum semel. secundum alterum sæpe sit missus; et secundum alterum ut sit homo, et secundum alterum ut sit cum homine.

11. Ecce distincti sunt duo modi missionis Filii: et secundum alterum semel tantum missus est Filius, secundum alterum sæpe missus est, et mittitur quotidie. Nam secundum alterum missus est ut sit homo, quod semel tantum factum est; secundum alterum vero mittitur ut sit cum homine, quando quotidie mittitur ad sanctos, et missus est etiam ante incarnationem, et ad omnes sanctos qui ante fuerunt, et etiam ad angelos. Unde Aug. de Filio, id est de Sapientia Patris loquens, lib. 4 de Trin., eodem cap. ait : Aliter mittitur Sapientia ut sit cum homine, aliter missa est ut sit homo. In animas sanctas se transfert, et amicos Dei et prophetas constituit, sicut implet etiam sanctos angelos. Sed cum venit plenitudo temporis missa est non ut impleret angelos, nec ut esset angelus, nec ut esset cum hominibus vel in hominibus, ut antea in patribus erat, et in prophetis, sed ut ipsum Verbum fieret caro, id est homo.

Quod secundum alterum modum dicitur missus in mundum, secundum alterum non.

12. Præterea notandum est quod cum his duobus modis mittatur Filius, secundum alterum dicitur missus in mundum, secundum alterum vero non. Eo enim modo missus dicitur in mundum, quo visibilis mundo apparuit. Unde Aug., in eisdem lib. et cap., ait : Cum ex tempore cujusquam mente percipitur, mitti qui dicitur, sed non in hunc mundum, non enim sensibiliter apparet, id est, corporeis sensibus præsto est. Nam et nos, secundum quod mente aliquid æternum capimus, non in hoc mundo sumus; et omnium justorum spiritus etiam in carne viventium, in quantum divina sapiunt, non sunt in hoc mundo. Ex prædictis liquet quod præter ineffabilem genituram, duobus modis mittitur Filius, scilicet cum visibiliter apparuit, vel invisibiliter percipitur mente.

Cur Pater non dicitur missus, cum ab aliquo cognoscitur, ut Filius?

13. Hic quæritur cur Pater non dicitur missus, cum ex tempore a quoquam cognoscitur, sicut Filius. Ad quod dicimus quia in eo est principii auctoritas, quæ non habet de quo sit, a quo Filius et Spiritus sanctus. Pater enim est, ut ait Aug. in eisdem lib. et cap., principium totius divinitatis vel, si melius dicitur deitatis, quia principium est Filii et Spiritus sancti. Nam, ut ait Aug. in eodem, in fine c.21 : Si voluisset etiam Deus Pater, per subjectam creaturam visibiliter appareret; absurdissime tamen aut a Filio quem genuit, aut a Spiritu sancto qui de illo procedit, missus diceretur. Congruenter autem ille missus dicitur, qui in carne apparuit; misisse autem ille, qui in ea non apparuit.

Putaverunt quidam Filium et Spiritum sanctum minores fuisse Patre, quia missi dicuntur.

14. Ideoque putaverunt quidam hæreticis, cum Pater non sit missus, sed Filius et Spiritus sanctus Patrem esse majorem, ac Filium minorem esse et Spiritum sanctum; atque Patrem, quasi majorem, misisse utrumque quasi minorem. Quod Aug. improbat in lib. 4 de Trin., illis contra dicens. Non ideo, inquit, arbitrandum est minorem esse Filium quod missus est a Patre, nec ideo minorem Spiritum sanctum quod et Pater eum misit et Filius. Sive enim propter visibilem creaturam, sive potius propter principii auctoritatem vel commendationem, non propter inæqualitatem vel imparitatem, vel dissimilitatem substantiæ in Scripturis hæc posita intelliguntur. Non ergo ideo dicitur Pater misisse Filium vel Spiritum sanctum, quod ille esset major, et illi minores; sed maxime propter auctoritatem principii commendandam, et quia in visibili creatura non sicut ille apparuit. Ecce ostensum est quæ sit missio Filii, et quibus modis mittatur.

DISTINCTIO XVI.

DE MISSIONE SPIRITUS SANCTI, QUÆ FIT DUOBUS MODIS, VISIBILITER ET INVISIBILITER.

1. Nunc de Spiritu sancto videndum est, præter illam ineffabilem et æternam processionem qua procedit a Patre et Filio, et non a seipso; quæ fit ejus temporalis processio, quæ dicitur missio sive datio. Ad quod dicimus, quia sicut Filius duobus modis dicitur mitti, uno quo visibilter apparuit, altero quo invisibiliter ea castis mentibus percipitur, ita et Spiritus sanctus a Patre et Filio ac a seipso duobus modis procedere sive mitti sive dari dicitur : uno visibiliter, altero invisibiliter. Datus est enim visibilis creaturæ demonstratione, sicut in die Pentecostes, aliisque vicibus : et datur quotidie invisibiliter, illabendo mentibus fidelium.

Prius de illo modo missionis qui fit visibiliter, agit.

2. Et primo agamus de illo missionis modo qui fit visibili specie. De hoc Aug., in. lib. 2 de Trin., cap. 5, ait : In promptu est intelligere de Spiritu sancto cur missus et ipse dicatur. Facta est enim quædam creaturæ species ex tempore, in qua visibiliter ostenderetur Spiritus sanctus : sive cum in ipsum Dominum corporali specie columbæ descendit, sive cum in die Pentecostes factus est subito de cœlo sonus, quasi ferretur flatus, vehemen, et visæ sunt illis linguæ divisæ sicut ignis, qui et insedit super unumquemque

eorum. Haec operatio visibiliter expressa, et oculis oblata mortalibus missio Spiritus sancti dicta est:non ut appareret eis ipsa substantia,qua et ipse invisibilis et incommutabilis est,sicut Pater et Filius; sed ut exterioribus visis corda hominum commota a temporali manifestatione venientis, ad occultam aeternitatem semper praesentis converteretur.Ecce his verbis aperit Aug.illum modum missionis,qui visibiliter exhibetur,cum tamen ipse Spiritus in sui natura non videatur: qui nec in illis creaturis magis erat quam in aliis,sed ad aliud.In illis enim erat,ut per eas ad homines veniens, ostenderetur esse in illis ad quos illae creaturae veniebant. Non enim Spiritus sanctus temporali motu tunc venit,vel in homines descendit, sed per temporalem motum creaturae significata est spiritualis et invisibilis Spiritus sancti infusio.Et ut apertius dicam,per illum modum missionis Spiritus sancti corporaliter exhibitum, monstrata est spiritualis et interior missio sancti Spiritus sive donatio,de qua agendum est.

Cum Filius sit minor Patre secundum formam creatam in qua apparuit,cur non et Spiritus sanctus similiter?

3. Sed prius quaerendum est,cum Filius dicatur minor Patre secundum missionem qua in forma creata apparuit,cur et Spiritus sanctus non dicatur similiter minor Patre,cum in forma creata apparuit? Nam de Filio quod minor sit Patre,secundum formam qua missus apparuit, aperte ostendit Aug., in lib. 4 de Trin.,dicens, cap.19. *Misit Deus Filium suum, factum ex muliere, factum sub lege,*Gal. 4; usque adeo parvum,ut factum ; eo itaque missum,quo factum. Fateamur ergo factum, minorem; et in tantum minorem,in quantum factum : et in tantum factum, in quantum missum.Ecce habes,quia Filius in quantum est missus,id est, factus, minor est Patre. Cur ergo Spiritus sanctus non dicatur Patre minor,cum et ipse creaturam assumpserit in qua apparuit? quia aliter Spiritus assumpsit creaturam in qua apparuit, aliter Filius.Nam Filius accepit per unionem personae.Spiritus vero non. Filius enim accepit hominem, ita ut fieret homo.Spiritus vero sanctus non ita accepit columbam,ut fieret columba.De hoc Aug., in lib. 2. de Trin., ait, cap. 6 : Ideo nusquam scriptum est quod Deus Pater major sit Spiritu sancto,vel Spiritus sanctus minor Patre,quia non sic est assumpta creatura in qua appareret Spiritus sanctus,sicut assumptus est Filius hominis in qua forma ipsius Dei Verbi persona praesentaretur, non ut haberet Verbum Dei sicut alii sancti sapientes,sed quod ipsum Verbum erat.Aliud est enim Verbum in carne, aliud Verbum caro, id est,aliud est Verbum in homine, aliud Verbum est homo.Caro enim pro homine posita est in eo quod ait, Joan. 1 : *Verbum caro factum est.* Non ergo sic assumpta est creatura in qua apparuit Spiritus sanctus,sicut assumpta est caro illa et humana forma ex Virgine Maria. Non enim columbam, vel illum flatum, vel illum ignem beatificavit sibique in unitatem personae conjunxit in aeternum. Ex praedictis aperte ostensum est secundum quid Filius dicatur minor Patre,et quare Filius dicatur minor Patre, et non Spiritus sanctus.

Quod Filius secundum quod homo factus est, non modo Patre,sed Spiritu sancto,et etiam seipso minor est.

4. Notandum autem quod Filius secundum quod homo factus est,non tantum Patre,sed Spiritu sancto,et etiam seipso minor dicitur.Et quod etiam seipso minor dicatur secundum formam servi.Aug.ostendit in lib 1 de Trin., dicens; cap. 7 : Erraverunt homines, ea quae de Christo secundum hominem dicta sunt,ad ejus substantiam quae sempiterna est transferentes : sicut illud quod ipse Dominus ait, Joan. 14 : *Pater major me est,* quod propter formam servi veritas dicit : secundum quem modum, etiam seipso minor est Filius. Quomodo enim non etiam seipso minor factus est,*qui seipsum exinanivit, formam servi accipiens,*Philip.2? Non enim sic accepit formam servi, ut amitteret formam Dei, in qua erat aequalis Patri.In forma ergo Dei,unigenitus Patris aequalis est Patri ; in forma servi, etiam seipso minor est.Non ergo immerito Scriptura dicit utrumque scilicet et aequalem Patri Filium, et Patrem majorem Filio. Illud enim propter Dei formam,hoc autem propter formam servi intelligitur.De hoc eodem in lib. 2.de Trin.Aug. ait, cap. 1 : Dei Filius est aequalis Patri secundum Dei formam,in qua est; et minor Patre secundum formam servi,quam accepit : in qua non modo Patre,sed etiam Spiritu sancto; nec hoc tantum,sed etiam seipso minor inventus est. Propter quod,ut idem in lib.contra Maximinum ait, non tantum Patre,sed etiam seipso et Spiritu sancto minor factus est, et etiam minoratus paulo minus ab angelis.Est ergo Dei Filius, ut ipse ait, in lib.1, de Trin.,cap.7 : Deo Patri natura aequalis, habitu minor, id est in forma servi quam accepit. His auctoritatibus ostenditur aperte Filius secundum formam servi minor Patre,et seipso,et Spiritu sancto.

Hilarius aliter dicit, scilicet quod Pater sit major, nec Filius tamen minor.

5.Hilarius autem dicere videtur quod Pater major sit Filio,nec tamen Filius minor Patre. Pater enim dicitur major propter auctoritatem,quia in eo est auctoritas generationis; secundum quam dicit.Joan.14: *Pater major me est.*Et Apostolus, Philipp. 2 : *Donavit ei nomen quod est super omne nomen.*Cum ergo ait : *Pater major me est,*hoc est ac si diceret, donavit mihi nomen.Si ergo,inquit Hilarius in.lib. 9 de Trin., donantis auctoritate Pater major est, numquid per doni confessionem Filius minor est? Major itaque donans est,sed minor jam non est cui unum esse donatur,ait enim,Joan.1 : *Ego et Pater unum sumus.* Si non hoc donatur Jesu ut confitendus sit in gloria Dei Patris,minor Patre est ; si autem in ea gloria ei donatur esse qua Pater est,habes et in donantis auctoritate quia major est, et in donati confessione quia unum sunt.Major itaque Pater Filio est,et plane major : cui tantum donat, quantus est ipse, cui innascibilitatis esse imaginem sacramento nativitatis impartit.quem ex se in forma sua generat.Audisti, lector,quid super hoc dicat Hilar., cujus verba ubicumque occurrerint diligenter nota, pieque intellige.

DISTINCTIO XVII.

DE MISSIONE SPIRITUS SANCTI, QUA INVISIBILITER MITTITUR.

1.Jam nunc accedamus ad assignandum missionem Spiritus sancti qua invisibiliter mittitur in corda fidelium. Nam ipse Spiritus sanctus, qui Deus est, ac tertia in Trinitate persona (ut supra ostensum est), a Patre et Filio ac seipso temporaliter procedit, id est, mittitur ac donatur fidelibus.Sed quae sit ista missio sive donatio, vel quomodo fiat, considerandum est.

Praemittitur quiddam ad hanc ostensionem necessarium, scilicet quod Spiritus sanctus est charitas qua diligimus Deum et proximum.

2. Hoc autem ut intelligibilius doceri, ac plenius perspici valeat,praemittendum est quiddam ad hoc valde necessarium. Dictum quidem est supra, et sacris auctoritatibus ostensum,quod Spiritus sanctus amor est Patris et Filii quo se invicem amant et nos. His autem addendum est quod isse idem Spiritus sanctus est amor sive charitas, qua nos diligimus Deum et proximum ; quae charitas cum ita est in nobis, ut nos faciat diligere Deum et proximum,tunc Spiritus sanctus dicitur mitti vel dari nobis; et qui diligit ipsam dilectionem qua diligit proximum, in eo ipso Deum diligit,quia ipsa dilectio Deus, id est, Spiritus sanctus.

Auctoritatibus ita esse confirmat.

3.Ne autem in re tanta aliquid de nostro influere videamur,sacris auctoritatibus quod dictum est corroboremur.De hoc Aug., in lib. 8 de Trin., cap. 7, ait : Qui proximum diligit,consequens est ut ipsam praecipue dilectionem diligat.Deus autem dilectio est, consequens ergo est ut præcipue Deum diligat. Item in eodem : *Deus dilectio est*, ut ait Joannes Apostolus 1 Epist., c. 4 ; ut quid ergo imus et currimus in sublimia cœlorum et ima terrarum quærentes cum qui est apud nos, si nos apud eum esse velimus ? Nemo dicat : Non novi quid diligam ; diligat fratrem, et diligat eamdem dilectionem. Magis enim novit dilectionem qua diligit, quam fratrem quem diligit. Ecce jam potes notiorem Deum habere quam fratrem. Plane notiorem, quia præsentiorem, quia interiorem, quia certiorem. Amplectere dilectionem Deum, et dilectione amplectere Deum. Ipsa est dilectio quæ omnes bonos angelos, et omnes Dei servos consociat vinculo sanctitatis. Quanto ergo saniores sumus a tumore superbiæ, tanto sumus dilectione pleniores : et quo nisi Deo, plenus est, qui plenus est dilectione ? His verbis satis ostendit Aug. quod dilectio ipsa qua diligimus Deum vel proximum, Deus est. Sed adhuc apertius in eodem libro subdit dicens : Dilectionem quantum commendat Joannes Apostolus attendamus. *Qui diligit*, inquit, *ibid.*, c. 2, *fratrem, in lumine manet, et scandalum in eo non est*. Manifestum est quod justitiæ perfectionem in fratris dilectione posuerit. Nam in quo scandalum non est, utique perfectus est. Et tamen videtur dilectionem Dei tacuisse ; quod nunquam faceret, nisi quia in ipsa fraterna dilectione vult intelligi Deum. Apertissime enim in eadem Epistola paulo post, cap. 4, ait ita : *Dilectissimi, diligamus invicem, quia dilectio ex Deo est, et omnis qui diligit, ex Deo natus est, et cognovit Deum. Qui non diligit non cognovit Deum, quia Deus dilectio est*. Ista contextio satis aperte declarat eamdem ipsam fraternam dilectionem (nam fraterna dilectio est qua diligimus invicem) non solum ex Deo, sed etiam Deum esse, tanta auctoritate prædicari, scilicet Joannis. Cum ergo de dilectione diligimus fratrem, de Deo diligimus fratrem ; nec fieri potest ut eamdem dilectionem non præcipue diligamus qua fratrem diligimus, quoniam Deus dilectio est. Item, qui non diligit fratrem non est in dilectione ; et qui non est in dilectione, non est in Deo, quia Deus dilectio est. Ecce aperte dicit fraternam dilectionem Deum esse.

Quod fraterna dilectio cum sit Deus, non est Pater, vel Filius, sed tantum Spiritus sanctus.

4. Cum autem fraterna dilectio sit Deus, nec Pater est, nec Filius, sed tantum Spiritus sanctus, qui proprie in Trinitate dilectio vel charitas dicitur. Unde Aug., in lib. 15 de Trin., cap. 19 : Si in donis Dei nihil est majus charitate, et nullum est majus donum Dei quam Spiritus sanctus, quid consequentius est, quam ut ipse sit charitas, quæ dicitur et Deus et ex Deo ? Ita enim ait 1 Joan. 4 : *Dilectio ex Deo est*. Et paulo post : *Deus dilectio est*. Ubi manifestat eam se dilectionem dixisse Deum, quam dixit ex Deo ; Deus ergo ex Deo est dilectio. Item in eodem cap., Joannes volens de hac re apertius loqui : *In hoc*, inquit, *cognoscimus, quia in ipso manemus, et ipse in nobis, quia de Spiritu suo dedit nobis.* Spiritus itaque sanctus, de quo dedit nobis, facit nos in Deo manere, et ipsum in nobis ; hoc autem facit dilectio. Ipse est ergo Deus dilectio. Ipse igitur significatur ubi legitur : *Deus dilectio est*. Ex his ergo apparet quod Spiritus sanctus charitas est.

Quod non est dictum per causam illud : Deus charitas est ; sicut illud : Tu es patientia mea, et spes mea.

5. Sed ne forte aliquis dicat illud esse dictum per expressionem causæ : *Deus charitas est*, eo scilicet quod charitas sit ex Deo, et non sit ipse Deus ; sicut dicitur : *Deus nostra patientia est, et spes*, non quod ipse sit ista, sed quia ista ex Deo sunt ; occurrit Aug., ostendens hoc non esse dictum per causam, sicut illa, in lib. 15 de Trin., cap. 17, dicens : Non dicturi sumus charitatem non propterea esse dictam Deum, quod ipsa charitas sit ulla substantia quæ Dei digna sit nomine, sed quod donum sit Dei ; sicut dictum est de Deo : *Tu es patientia mea*. Non utique ideo dictum est : *Tu es patientia mea*, quod Dei substantia est nostra patientia, sed quia ab ipso nobis est. Unde psal. 61. *Ab ipso est patientia mea.* Hunc enim sensum facile refellit Scripturarum ipsa locutio. Tale est enim : *Tu es patientia mea*, quale est : *Domine spes mea, et Deus meus misericordia mea* ; et multa similia. Non est autem dictum : Domine charitas mea, aut : Tu es charitas mea, aut : Deus charitas mea, sed ita dictum est 1 Joan. 4 : *Deus charitas est*, sicut dictum est in Joan., c. 4 : *Deus spiritus est*. Hoc qui non discernit intellectum a Domino, non expositionem quærat a nobis. Non enim apertius quidquam possumus dicere ; Deus ergo charitas est. Ex prædictis clarescit quod Spiritus sanctus charitas est, qua diligimus Deum et proximum ; unde facilius est nobis ostendere quomodo Spiritus sanctus mittatur sive detur nobis.

Quomodo Spiritus sanctus mittatur, vel detur nobis.

6. Tunc enim mitti vel dari dicitur, cum ita in nobis est, ut faciat nos diligere Deum et proximum, quod manemus in Deo, et Deus in nobis. Unde Aug., hunc missionis modum insinuans, in lib. 15 de Trin., c. 70, ait : Deus Spiritus sanctus, qui procedit ex Deo, cum datus fuerit homini, accendit eum ad diligendum Deum et proximum, et ipse dilectio est. Non enim habet homo unde diligat Deum, nisi ex Deo. Ecce quomodo datur vel mittitur nobis Spiritus sanctus secundum quod dicitur datum, sive donum. Quod donum commendat Aug., explanans apertius quomodo detur, in eodem libro. *Dilectio*, inquit, *Dei diffusa est in cordibus nostris*, ut ait Apostolus, Rom. 5, *per Spiritum sanctum qui datus est nobis.* Nullum est isto dono Dei excellentius. Solum est quod dividit inter filios regni et filios perditionis. Dantur et alia perSpiritum munera, sed sine charitate nihil prosunt. Nisi ergo tantum impartiatur cuiquam Spiritus sanctus, ut eum Dei et proximi faciat amatorem, a sinistra non transfertur ad dexteram. Neque Spiritus sanctus proprie dicitur donum, nisi propter dilectionem ; quam *qui non habuerit, et si loquatur omnibus linguis, et habuerit prophetiam, et omnem scientiam, et omnem fidem, et distribuerit omnem substantiam suam, et tradiderit corpus suum ita ut ardeat, non ei prodest* (3 Cor., 13). Quantum ergo bonum est sine quod ad æternam vitam neminem tanta bona perducunt ! Ipsa vero dilectio vel charitas (nam unius rei nomen est utrumque) perducit ad regnum. Dilectio ergo, quæ Deus est, et proprie ex Deo est, Spiritus sanctus est, per quem diffunditur in cordibus nostris Deus charitas, per quam nos tota inhabitat Trinitas. Quocirca rectissime Spiritus sanctus, cum sit Deus, vocatur etiam donum Dei. Quod donum proprie quid nisi charitas intelligendum est ; quæ perducit ad Deum, et sine qua quodlibet aliud Dei donum non perducit ad Deum. Ecce hic aperitur quod supra dictum erat scilicet quod charitas sit Spiritus sanctus, et donum excellentius ; et quomodo hoc donum, id est Spiritus sanctus detur nobis, scilicet cum ita impartitur alicui, id est, ita habet esse in aliquo, ut eum faciat Dei et proximi amatorem. Quod cum facit, tunc dari dicitur sive mitti alicui ; et tunc illo dicitur proprie habere Spiritum sanctum.

Utrum concedendum sit quod Spiritus sanctus augeatur in homine, vel magis vel minus habeatur vel detur.

7. Hic quæritur, si charitas Spiritus sanctus est, cum ipsa augeatur et minuatur in homine, et magis et minus per diversa tempora habeatur ; utrum concedendum sit quod Spiritus sanctus augeatur vel minuatur in homine, vel magis et minus habeatur. Si enim in homine augetur, et magis vel minus datur et habetur, mutabilis esse videtur, Deus autem omnino immutabilis est. Videtur ergo quod vel Spiritus sanctus non sit charitas, vel charitas non augeatur vel minuatur in homine. Item charitas et non habenti datur ut habeat, et habenti ut plenius habeat. Sic ergo Spiritus sanctus charitas est, et non habenti datur ut habeat, et habenti ut plenius habeat. Sed quomodo datur non habenti, cum ipse et Deus sit ubique et in omnibus creaturis totus ; et quomodo plenius datur vel habetur sine sui mutatione ?

Responsio ad primam quæstionem.

8. His itaque respondemus, dicentos quod Spiritus sanctus sive charitas penitus immutabilis est, nec in se augetur vel minuitur, nec in se recipit magis vel minus; sed in homine vel potius homini augetur et minuitur et magis vel minus datur vel habetur, sicut Deus dicitur magnificari et exaltari in nobis, qui tamen in se nec magnificatur nec exaltatur. Unde Propheta psal. 63 : *Accedat homo ad cor altum, et exaltabitur Deus.* Super quem locum ait auctoritas (1): Deus non in se, sed in corde hominis grandescit. Sic ergo Spiritus sanctus homini datur, et datus amplius datur, id est, augetur, et magis et minus habetur; et tamen immutabilis existit.

Responsio ad secundam.

9. Cumque ubique sit et in omni creatura totus, sunt tamen multi qui eum non habent. Non enim omnes Spiritum sanctum habent, in quibus est; alioquin et irrationales creaturæ haberent Spiritum sanctum, quod fidei pietas non admittit.

Auctoritate confirmet utramque responsionem.

10. Ut autem certius fiat quod diximus, auctoritate confirmemus : Quod Spiritus sanctus magis ac minus percipiatur et homini augeatur, et non habenti detur, et habenti ut plus habeatur, Aug. ostendit super Joannem dicens: Sine Spiritu sancto constat nos Christum non diligere, et ejus mandata servare non posse; et id nos posse, atque agere tanto minus, quanto illum percipimus minus; tanto vero amplius, quanto illum percipimus amplius. Ideoque non solum non habenti, verum etiam habenti non incassum promittitur. Non habenti quidem, ut habeatur; habenti autem, ut amplius habeatur. Nam si ab alio minus, et ab alio amplius non haberetur, sanctus Eliseus sancto Eliæ non diceret, 4 Reg. 2 : *Spiritus qui est in te, duplo sit in me.* Christo autem qui est Dei Filius, *non ad mensuram datus est Spiritus*; Joan. 3. Neque enim sine gratia Spiritus sanctus est mediator Dei et hominum homo Christus, quod enim est unigenitus Dei Filius æqualis Patri, non est gratiæ, sed naturæ. Quod autem in unitatem personæ unigeniti assumptus est homo, gratiæ est, non naturæ. Cæteris autem ad mensuram datur, et datus additur, donec unicuique pro modo suæ perfectionis propria mensura compleatur. Ecce expresse habes quod Spiritus sanctus magis et minus datus vel accipitur, et homini datus augetur, et habenti et non habenti datur, quia Spiritus sanctus est charitas quæ non habenti datur, et in habente augetur et proficit. Imo, ut verius et magis proprie loquar, homo in ea proficit et deficit aliquando; et tunc ipsa dicitur proficere vel deficere, quæ tamen nec proficit nec deficit in se, quia Deus est; unde Aug. in homil. 9 super Epistolam Joan., ait : Probat se quisque quantum in illo profecerit charitas, vel potius quantum ipsa in charitate profecerit. Nam si charitas Deus est, nec deficit nec proficit. Sic ergo in te proficere dicitur charitas, quia tu in ea proficis. Ecce quomodo intelligendum sit cum dicitur Spiritus sanctus augeri in nobis, quia nos in eo scilicet proficimus, sic et alia hujusmodi.

Quod aliqui dicunt Spiritum sanctum non esse charitatem qua diligimus Deum et proximum.

11. Supra dictum est quod Spiritus sanctus charitas est Patris et Filii, qua se invicem diligunt et nos; et ipse idem *est charitas quæ diffunditur in cordibus nostris*, Rom. 5, ad diligendum Deum et proximum. Horum alterum omnes Catholici concedent, scilicet quod Spiritus sanctus sit Charitas Patris et Filii. Quod autem ipse idem sit charitas qua diligimus Deum et proximum, a plerisque negatur. Dicunt enim : Si Spiritus sanctus charitas est Patris et Filii et nostra, eadem ergo charitas est qua Deus diligit nos, et qua nos diligimus eum. Hoc autem sanctorum auctoritates negare videntur. Dicit enim Aug. in lib. de Spiritu et Littera : Unde est dilectio, nisi unde et ipsa fides, id est, a Spiritu sancto? Non esset enim in nobis, nisi diffunderetur in cordibus nostris per Spiritum. Charitas autem Dei dicta est diffundi in cordibus nostris, non qua nos ipse diligit, sed qua nos facit dilectores suos. Sicut justitia Dei dicitur, qua nos justi ejus munere efficimur; et Domini salus, qua nos salvat; et fides Christi, qua nos fideles facit. His verbis videtur monstrari distinctio inter charitatem, qua nos Deus diligit, et qua nos diligimus. Et sicut justititia nostra dicitur Dei, non quod ipse sit ea justus, sed quia ea nos justos facit, similiter et fides et salus, sic videtur dicta Dei charitas, quæ est in nobis, non quod ipse ea diligat, sed quia ea nos diligere facit. De hoc etiam idem Aug., in lib. 15 de Trin. ait, c. 17 : Cum Joannes commemorasset Dei dilectionem, non qua nos eum, sed qua ipse dilexit nos, et misit Filium suum liberatorem pro peccatis nostris. Ecce et hic videtur manifeste dividere dilectionem qua nos diligimus Deum, ab ea qua ipse diligit nos. Si ergo, inquiunt, Spiritus sanctus dilectio est qua Deus diligit, et qua nos diligimus, duplex dilectio est, imo duo diversa est, quod absurdum et a veritate longe est. Non ergo dilectio qua diligimus, sed qua Deus tantum diligit nos.

Responsio ad prædicta determinans auctoritates.

12. His respondemus prædictarum auctoritatum verba determinantes hoc modo : Charitas Dei dicta est diffundi in cordibus nostris, non qua ipse nos diligit; sed qua nos diligere facit, etc. His verbis non dividitur nec diversa ostenditur charitas qua Deus nos diligit, ab ea qua nos diligimus; sed potius cum sit una eadem charitas, et dicatur ipsa Dei charitas, et diversis de causis et rationibus Dei charitas appellari in Scriptura ostenditur. Dicitur enim Dei charitas, vel quia Deus ea diligit nos, vel quia nos ea suos dilectores facit.

Determinatio primæ auctoritatis.

13. Cum ergo ab Apostolo dicitur, Rom. 5, : *Charitas Dei diffunditur in cordibus nostris*, non est dicta charitas Dei qua diligit nos, sed qua facit nos diligere, id est, non ibi appellatur charitas Dei, eo quod Deus nos ea diligit, sed eo quod nos ea sui dilectores facit. Et quod ea ratione possit dici charitas Dei, quia nos ea diligere facit, ex simili genere locutionis ostenditur, sicut dicitur justitia Dei qua nos justificat, et Domini salus qua nos salvat, et fides Christi qua nos fideles facit.

Determinatio secundæ.

14. Similiter et aliam exponimus auctoritatem ubi ait dilectionem Dei commemorari, non qua nos eum, sed qua ipse dilexit nos; ac si diceret: Commemorat dilectionem Dei, non secundum quod ea nos diligimus Deum, sed secundum quod ipse ea diligit nos.

Aliud objiciunt.

15. Sed aliud est, inquiunt, quod magis urget : dixit enim supra Aug. lib. de Spiritu et Littera, c. 32, quod dilectio est a Spiritu sancto, a quo fides. Sicut ergo fides non est Spiritus sanctus a quo est, ita nec charitas. Quomodo ergo Spiritus sanctus est, si ab ipso est? Nam si ab ipso est, et ipse est, ergo Spiritus sanctus a seipso est. Ad quod dicimus : Spiritus sanctus quidem a seipso non est, sed tamen a seipso datur nobis, utsupra dictum est; dat enim seipsum nobis Spiritus sanctus. Et ex hoc sensu dictum est quod charitas ab ipso est in nobis, et tamen ipsa Spiritus sanctus est. Fides autem est a Spiritu sancto, et non est Spiritus sanctus, quia donum vel datum solummodo est, non Deus dans.

Quod alias inducunt rationes et auctoritates ad idem probandum.

16. Alias quoque inducunt rationes ad idem ostendum, scilicet quod charitas non sit Spiritus sanctus, quia charitas affectio mentis est et motus animi, Spiritus sanctus vero non est affectio animi vel motus mentis, quia Spiritus sanctus immutabilis est et increatus ; non est ergo charitas.

Quod charitas est motus vel affectio animi.

17. Quod autem charitas sit affectio animi, et motus mentis, auctoritatibus confirmant. Dicit enim Aug.

(1) Habetur in antiquo, *Cassiodori*.

in lib. 3 de Doct. christ. : Charitatem voco motum animi ad fruendum Deo propter ipsum, et se ac proximo propter Deum. Idem in lib. de Moribus Ecclesiæ catholicæ, c. 1, tom. 1, tractans illud verbum Apostoli, Rom. 8, 11 : *Nec mors nec vita poterit nos separare a charitate Dei.* Charitas Dei, inquit, hic dicta est virtus quæ animi nostri rectissima affectio est, quæ conjungit nos Deo, qua eum diligimus. Ecce his verbis exprimitur quod charitas est affectatio et motus animi; ac per hoc non videtur esse Spiritus sanctus.

Responsio determinans auctoritates.

18. Ad quod dicimus hoc ita dictum esse sicut dicitur : *Deus est spes nostra et patientia nostra,* quia facit nos sperare et pati ; ita charitas dicitur esse motus sive affectio animi, quia per eam movetur et afficitur animus ad diligendum Deum. Non autem mireris si charitas, cum sit Spiritus sanctus, dicatur motus mentis ; cum etiam in lib. Sap., c. 8, dicatur de Spiritu sapientiæ : *Qui attingit a fine usque ad finem, qui est actus mobilis, certus, incoinquinatus.* Quod non ideo dicitur, quod sapientia sit mobile aliquid vel actus aliquis, sed quia sui immobilitate omnia attingit, non locali motu, sed ut ubique semper sit, et nusquam inclusa teneatur. Sic ergo charitas dicitur motus animi, non quod ipsa sit motus, vel affectio, vel virtus animi, sed quia per eam, quasi esset virtus, afficitur mens et movetur. Sed si charitas Spiritus sanctus est, qui operatur in singulis prout vult ; cum per eum mens hominis afficiatur et moveatur ad credendum vel sperandum et hujusmodi, sicut ad diligendum, quare non sic dicitur charitas motus vel affectio mentis ad credendum vel sperandum, sicut ad diligendum? Ad quod sane dici potest, quia alios actus atque motus virtutum operatur charitas, id est, Spiritus sanctus, mediantibus virtutibus quarum actus sunt, ut pote actum fidei, id est, credere fide media, ut actum spei, id est, sperare media spe. Per fidem enim ei spem prædictos operatur actus. Diligendi vero actum per se tantum, sine alicujus virtutis modio operatur, id est, diligere. Aliter ergo hunc actum operatur quam alios virtutum actus. Ideoque differenter de hoc et de aliis loquitur Scriptura, quæ istum specialiter charitati tribuit. Est ergo charitas vere Spiritus sanctus ; unde Aug., præmissum verbum Apostoli tractans in eodem lib., charitatem dicit esse bonum, quo nil melius est; et per hoc ipsam esse Deum significat, dicens, tom. 9, tract. 14 : Si nulla res ab ejus charitate nos separat, quid esse non solum melius, sed etiam certius hoc bono potest ? Ecce dicit quia charitate nihil melius est. Charitas ergo Spiritus sanctus est, qui Deus est, et donum Dei, sive datum ; qui dividit singulis fidelibus dona, nec ipse dividitur, sed indivisus singulis datur. Unde Aug., ubi Joannes dicit non ad mensuram Christo dari Spiritum, ait : Cæteris vero dividitur, non quidem ipse Spiritus, sed dona ejus.

An concedendum sit quod per donum dentur dona.

19. Hic quæritur, cum Spiritus sanctus per quem dividuntur dona, ipse sit donum, utrum concedendum sit quod per donum dividantur ac dentur dona. Ad quod dicimus quia per donum quod est Spiritus sanctus, singulis propria dividuntur, et ipsum communiter omnes boni habent. Unde Aug., in lib. 15 de Trin., c. 19. ait : Per donum quod est Spiritus sanctus, in commune omnibus membris Christi multa dona, quæ sunt quibusque propria, dividuntur. Non enim singuli quique habent omnia, sed hi illa, alii alia, quamvis ipsum donum a quo cuique propria dividuntur, omnes habeant, id est, Spiritum sanctum. Ecce aperte dicit per donum dona donari.

DISTINCTIO XVIII.

UTRUM EADEM RATIONE SPIRITUS SANCTUS DICATUR DONUM ET DATUM SIVE DONATUM.

1. Præterea diligenter considerandum est; cum Spiritus sanctus dicatur donum et datum, utrum et eadem ratione utrumque nomen ei conveniat, quod utique videri potest.

Quare ita esse videtur.

2. Cum enim idem sit Spiritus sanctum dari, Spiritum sanctum donari, ex eadem ratione videtur Spiritus sanctus dici datum et donum. Hoc etiam videtur Aug. significare in lib. 15 de Trin., c. 19, cum ait : Spiritus sanctus in tantum donum Dei est, in quantum datur eis quibus datur ; apud se autem Deus est, etsi nemini datur. Ecce aperte dicit Spiritum sanctum donum appellari, quia datur. Si autem ex eo tantum appellatur donum, quia datur, non ab æterno fuit donum, quia non datur nisi ex tempore.

Respondetur quare datum sive donatum dicatur Spiritus sanctus.

3. Ad quod dicimus quia Spiritus sanctus et donum dicitur et datum sive donatum ; sed datum sive donatum ex eo tantum dicitur, quia datur vel donatur, quod habet tantum ex tempore.

Hic quare donum.

4. Donum vero dicitur non ex eo tantum quod donetur, sed ex proprietate quam habuit ab æterno, unde et ab æterno fuit donum. Sempiterne enim donum fuit, non quia daretur, sed quia processit a Patre et Filio. Unde Aug. in lib. 4 de Trin., ait : Sicut natum esse est Filio a Patre esse, ita Spiritui sancto donum Dei esse est a Patre et a Filio procedere. Hic aperte ostenditur quod Spiritus sanctus eo donum est, quod procedit a Patre et a Filio ; sicut Filius eo est a Patre quod natus est ab eo. Non enim idem est Filio esse a Patre, et Spiritui sancto, id est, non ea proprietate Filius dicitur esse a Patre qua Spiritus sanctus. Nam Filius dicitur esse a Patre, quia genitus est ab eo ; Spiritus sanctus vero dicitur est a Patre et Filio, quia Spiritus sanctus est donum Patris et Filii, id est, quia procedit ab utroque. Eo enim dicitur Spiritus, quo donum ; et eo donum quo procedens. Unde Aug. in lib. 5 de Trin., c. 11, ait : Spiritus sanctus qui non est Trinitas, sed in Trinitate intelligitur, in eo quod proprie dicitur Spiritus sacctus, relative dicitur, cum et ad Patrem et Filium refertur, quia Spiritus sanctus et Patris et Filii Spiritus est ; sed ipsa relatio non apparet in hoc nomine. Apparet autem cum dicitur donum Dei, donum est enim Patris et Filii, quia et a Patre procedit, et a Filio. Ecce his verbis aperte ostenditur eadem relatione dici Spiritum sanctum, et donum. Donum autem, quia procedit a Patre et Filio. Proprietas ergo qua dicitur Spiritus sanctus vel donum processio, ipsa est de qua post plenius agemus cum aliis. Cum ergo ab æterno processerit ab utroque, et ab æterno donum fuit ; non ergo Spiritus sanctus eo tantum dicitur donum, quia donatur; nam et ante fuit donum quam donaretur. Unde Aug. in lib. 5 de Trin. : Semper Spiritus sanctus procedit, et non ex tempore, sed ab æternitate procedit. Sed quia sic procedebat, ut esset donabile, jam donum erat antequam esset cui donaretur. Aliter enim intelligitur cum dicitur donum, aliter enim dicitur donatum ; nam donum potest esse etiam antequam detur, donatum autem, nisi datum fuerit nullo modo dici potest. Sempiterne ergo Spiritus sanctus est donum, temporaliter autem donatum. His verbis aperte ostenditur quod sicut Spiritus sanctus ab æterno procedit, ita ab æterno donum est ; non quia donaretur a Patre Filio, vel a Filio Patri, sed quia ab æterno processit donabilis.

Quæritur cui donabilis.

5. Sed quæritur cui donabilis ; utrum Patri et Filio, an tantum nobis qui nondum eramus. Si autem non erat donabilis Patri et Filio, sed tantum nobis, et ex eo donum erat, quia sic donabilis procedebat, videtur quod Filius semper eadem ratione donum fuerit, quia ab æterno processit a Patre donabilis nobis in tempore ; nam et de Filio loquitur, Isai. 9, *quod datus est nobis.* Ad quod dicimus quia Spiritus sanctus nobis tantum, non Patri vel Filio, donabilis processit, sicut et nobis tantum datus est. Et Filius vere datus est nobis, et ab æterno processit a Patre non ut donabilis tantum, sed ut genitus qui et donari posset. Processit

ergo ut genitus et donabilis; sed Spiritus sanctus non procedit ut genitus, sed tantum ut donum. Donum autem semper fuit, non solum quia donabilis, sed quia ab utroque processit, et donabilis fuit. Unde Aug., in lib. 5 de Trin., c. 14, circa finem, ait: Eo ipso quod daturus erat cum Deus, jam donum erat, etiam antequam daretur, et ideo donabilis est; sed aliter donabilis quam Filius; nam et aliter datur, et aliter processit quam Filius. Filii enim processio genitura est, vel nativitas; Spiritus sancti vero processio, nativitas non est; utraque vero ineffabilis est.

Quod sicut Filius nascendo accepit non tantum ut esset Filius, sed etiam essentia; ita et Spiritus sanctus procedendo accepit non tantum ut esset donum, sed etiam ut esset essentia.

6. Et notandum quod sicut Filius nascendo accepit non tantum ut Filius sit, sed omnino ut sit, et ut ipsa substantia sit, ita et Spiritus sanctus a Patre et Filio procedendo, accepit non tantum ut Spiritus sanctus sit vel donum, sed etiam ut omnino sit, et ut substantia sit, quod utique non accepit ex eo quod datur; nam cum non detur nisi ex tempore, si hoc haberet ex eo quod datur, accepisset ergo ex tempore ut esset. Unde Aug. in l. 5 de Trin., c. 15; Filius non hoc tantum habet nascendo, ut sit Filius, sed omnino ut sit. Quæritur ergo utrum Spiritus sanctus eo quod datur, habeat non tantum ut donum sit, sed omnino ut sit. Quod si non nisi quia datur, id est, si non habet esse nisi eo quod datur, sicut Filius nascendo habet non tantum ut sit Filius, quod relative dicitur, sed omnino ut sit ipsa substantia: quomodo jam Spiritus sanctus erat ipsa substantia, cum non prius daretur quam esset cui daretur? Non ergo eo quod datur, sed procedendo, habet ut sit donum, et ut sit essentia; sicut Filius non eo quod datus est, sed nascendo accepit non tantum ut sit Filius, sed ut essentia. Unde Aug. in lib. 15 de Trin., cap. 26, ait: Sicut Filio præstat essentiam sine initio temporis, sine mutabilitate naturæ, de Patre generatio, ita Spiritui sancto præstat essentiam sine ullo initio temporis, sine ulla mutabilitate naturæ, de utroque processio.

Quod ex prædictis videtur quod Filius non tantum sit Filius nativitate, sed etiam de simili essentia, et Spiritus sanctus processione.

7. Hic oritur quæstio si Filius nascendo habet non tantum ut sit Filius, sed ut sit essentia, et Spiritus sanctus procedendo non tantum ut sit donum, sed ut sit essentia; ergo et Filius nativitate essentia est, et Spiritus sanctus processione est essentia; cum cap. 2 dicatur quod nec Pater eo Pater est quo Deus, nec Filius eo Filius quo Deus, Spiritus sanctus eo donum quo Deus; quia, ut ait Aug., in lil.7 de Trin., his nominibus relativa eorum ostenduntur, non essentia; unde post plenius agemus. Ad quod breviter respondentes, dicimus quia nec Filius nativitate essentia est, sed tantum Filius, nec Spiritus sanctus processione essentia est, sed donum tantum; et tamen uterque, et ille nascendo, et iste procedendo accepit ut esset essentia. Non enim, ut ait Hilarius in lib. 5 de Trin., pene in calce, per defectionem aut protensionem aut derivationem ex Deo Deus est, sed ex virtute naturæ in naturam eamdem nativitate subsistit Filius; et ex virtute naturæ in naturam eamdem processione subsistit Spiritus sanctus.

Exponit verba Hilarii.

8. Quod ita intelligi potest: Ex Patre qui est virtus ingenita, naturam quam habet eamdem Filius nativitate, id est, nascendo, et Spiritus sanctus processione id est, procedendo habet. Unde ipse idem, apertius eloquens, quod dixerat aperit dicens, ibidem, paulo inferius: Nativitas Dei non potest non eam de qua profecta est, tenere naturam. Non enim aliud quam Deus subsistit, quod non aliunde quam de Deo subsistit. Ecce his verbis aperitur quomodo intelligendum sit illud: *De Patre generatio præstat essentiam Filio, et de utroque processio præstat essentiam Spiritui sancto.* Non quia ille essentia sit Filius, et iste essentia sit Spiritus sanctus, ima, proprietate personali; sed quia

et ille nascendo, et iste procedendo essentiam habet eamdem, et totam quæ in Patre est.

Quod Spiritus sanctus dicitur donum et donatum secundum duos prædictos modos processionis.

9. Ex prædictis patet quod Spiritus sanctus sempiterne donum est, et temporaliter datum vel donatum. Ex quo apparet illa distinctio geminæ processionis, de qua supra egimus. Nam secundum alteram processionem dicitur donatnm vel datum, secundum alteram vero dicitur donum.

Secundum hoc quod donum est, refertur ad Patrem et Filium; secundum quod datum, ad eum qui dedit, et ad eos quibus datum est.

10. Et secundum hoc quod sempiterne donum est, refertur ad Patrem et Filium; secundum hoc vero quod dicitur datum vel donatum, et ad eum qui dedit refertur, et ad eos quibus datur; et ejus dicitur esse qui dat, et illorum quibus datur. Unde Aug., in lib.5 de Trin., c. 14, ait: Quod datum est, et ad eum qui dedit refertur, et ad eos quibus dedit. Itaque Spiritus sanctus non tantum Patris et Filii qui dederunt, sed etiam noster dicitur qui accepimus, Spiritus ergo et Dei est qui dedit, et noster qui accepimus: non ille spiritus noster quo sumus, quia ipse est spiritus hominis qui in ipso est, quamvis et illum spiritum qui hominis dicitur utique accepimus; sed aliter iste, aliter ille noster dicitur. Aliud est enim quod accepimus ut essemus, aliud quod accepimus ut sancti essemus. Quod autem Spiritus sanctus noster dicatur, Scriptura ostendit. Scriptum est enim de Joanne quod in Spiritu Heliæ veniret. Ecce dictus est Eliæ Spiritus quem accepit Elias, scilicet Spiritus sanctus. Et Moysi ait Dominus, Numer. 11: *Tollam de Spiritu sancto quem jam dedi tibi.* Ecce et hic dictus est Spiritus Moysi. Patet igitur quia Spiritus sanctus noster dicitur spiritus; sed quia nobis datus, et datus utique ad hoc ut sancti essemus. Spiritus vero creatus ad hoc est datus, ut essemus.

An Filius cum sit nobis datus, posset dici noster ut Spiritus sanctus.

11. Hic quæritur utrum et Filius, cum sit nobis datus, dicatur vel possit dici noster. Ad quod dicimus quia Filius dicitur noster panis, noster redemptor, et hujusmodi; sed non dicitur noster Filius, quia filius dicitur tantum relative ad eum, qui gemuit. Et ideo noster filius non potest dici, sed Patris tantum. In eo autem quod dicitur datus, et ad eum qui dedit, et ad eos quibus datus est refertur; ut et Spiritus sanctus, qui etiam cum in Scriptura (ut supra dictum est) dicatur spiritus noster, vel spiritus tuus, vel illius (ut de Moyse et Helia dictum est), nusquam tamen in Scriptura occurrit ita dici: Spiritus sanctus noster, vel tuus, vel illius, sed: Spiritus noster, vel tuus, vel illius, quia Spiritus sanctus eo dicitur quo donum; et utrumque relative dicitur ad Patrem et ad Filium, et hoc sempiterna relatione. Si tamen aliquando dicitur donum nostrum, accipitur donum pro donato vel dato. Cum vero donum accipitur eo modo quo Spiritus sanctus donum Patris et Filii dicitur, non hominis; ita et Filius sub hac appellatione non potest dici noster, ut dicatur filius noster, sicut nec dicitur spiritus sanctus noster; et tamen de Filio dicitur, panis noster; et de Spiritu, spiritus noster. Ille noster panis, quia nos reficit nobis datus; iste noster spiritus, quia nobis inspiratur a Patre et Filio, et in nobis spirat sicut vult. Unde Aug. in lib.5 de Trin. ait: Quod de Patre natum est, ad Patrem solum refertur cum dicitur Filius. Et ideo Filius Patris est, et non noster. Dicimus tamen: *Et panem nostrum da nobis*, Matth. 6 et Lucæ 11, sicut dicimus Spiritum nostrum.

Utrum Spiritus sanctus ad seipsum referatur.

12. Post hæc quæritur utrum Spiritus sanctus ad seipsum referatur: hoc enim videtur ex prædictis posse probari. Si enim quod datur refertur ad eum qui dat, et ad eum cui datur, et Spiritus sanctus datur a seipso, ut prædictum est, ergo refertur ad seipsum. Hujus quæstionis determinationem in posteram diffe-

rimus, donec tractemus de his quæ relative dicuntur de Deo ex tempore, in quibus datum et donatum continentur.

DISTINCTIO XIX.
HIC DE ÆQUALITATE TRIUM PERSONARUM.

1. Nunc postquam coæternitatem trium personarum pro modulo facultatis nostræ insinuavimus, jam de earumdem æqualitate aliquid eloqui superest. Fides enim catholica sicut coæternas, ita et coæquales tres personas asserit. Æqualis est enim in omnibus Patri Filius et Patri et Filio Spiritus sanctus. Quia (ut Aug. in lib. de Fide ad Petrum, breviter aperiens quomodo intelligatur æqualitas, docet) nullus horum alium aut præcedit æternitate, aut excedit magnitudine, aut superat potestate; quia nec Filio, nec Spiritu sancto (quantum ad naturæ divinæ unitatem pertinet) aut anterior, aut major est Pater, nec Filius Spiritu sancto. Æternum quippe et sine initio est, quod Spiritus sanctus de natura Patris Filiique procedit. Ob hoc ergo tres unum recte credimus, et dicimus Deum, quia una prorsus æternitas, una immensitas, una naturaliter est trium personarum divinitas. Ecce breviter assignavit Aug. in quo trium personarum consistat æqualitas, scilicet quia alia aliam non excellit, aut æternitate, aut magnitudine, aut potestate.

Quod æternitas et magnitudo et potestas in Deo sunt unum, licet ponantur buasi diversa.

2. Cumque enumerentur ista quasi diversa, in Deo tamen unum sunt, scilicet essentia divina simplex et incommutabilis. Unde Aug. in lib. 7 de Trin., cap. 1: Non alio magnus, alio Deus est; sed eo magnus, quo Deus, quia non est illi aliud magnum esse, aliud Deum esse. Eadem quippe ejus magnitudo est, quæ virtus; et eadem essentia, quæ magnitudo. Pater ergo et Filius simul una essentia, et una magnitudo. Illa etiam et potentia Dei, essentia divina est. Unde Aug. in lib. 7 Confess.: Voluntas et potentia Dei Deus est. Æternitas quoque Dei essentia divina est. Quod Aug. ostendit super illum locum Psal.: *In generatione et generationem anni tui*. Est generatio generationum quæ non transit, collecta de omnibus generationibus, id est, sanctis. In illa erunt anni Dei qui non transeunt, id est, æternitas Dei. Non enim sunt aliud anni Dei, aliud ipse; sed anni Dei æternitas Dei est. Æternitas vero ipsa Dei substantia est, nihil habens mutabile. Inconcusse ergo teneamus quod unum et idem est, scilicet essentia divina, Dei æternitas, potentia, magnitudo; et tamen consuevit Scriptura hæc et his similia quasi distincte ponere. In his ergo verbis trium personarum æqualitatem breviter complexus est Aug. quia alius alium nec æternitate, nec magnitudine, nec potentia superat. Quod autem æternitate aliqua trium personarum aliam non excedat, supra ostensum est, ubi coæternitas trium personarum insinuata est.

Hic de magnitudine, quod ea aliqua personarum aliam non excedit

3. Nunc igitur superest ostendere quod magnitudine vel potentia alius alium non excedat; et prius de magnitudine videamus.

Quod non est major una persona alia, nec majus aliquid duæ quam una, nec tres vel duæ quam una.

4. Sciendum est ergo quia Pater non est major Filio, nec Pater vel Filius major Spiritu sancto, nec majus aliquid duæ personæ simul sunt quam una, nec tres simul majus aliquid quam duæ; nec major est essentia in tribus quam in duabus, nec in duabus quam in una: quia tota est in singulis. Unde Joan. Damasc., de Fid. orthod., c. 6. ait: Confitemur deitatis naturam omnem perfecte esse in singula suarum hypostaseon, id est, personarum; omnem in Patre, omnem in Filio, omnem in Spiritu sancto. Ideoque perfectus Deus Pater, perfectus Deus Filius, perfectus Deus Spiritus sanctus.

Quomodo dicitur esse Deus Pater in Filio, et Filius in Patre, et Spiritus sanctus in utroque, et singulus in singulis.

5. Et inde est quod Pater dicitur esse in Filio, et Filius in Patre, et Spiritus sanctus in utroque, et singulus in singulis. Unde Aug., in lib. de Fide ad Petrum, cap. 1: Propter unitatem naturalem totus Pater in Filio et Spiritu sancto est, totus quoque Spiritus sanctus in Patre et Filio est. Nullus horum extra quemlibet ipsorum est, propter divinæ naturæ unitatem. Ecce hic aperit aliquatenus: non enim plene potest tantum ab homine reserari arcanum; ex qua intelligentia dicatur singula personarum tota esse in aliis. Unde etiam Hilar., ista interius perquirens, in lib. 3 de Trin., ait: Affert plerisque obscuritatem sermo Domini cum dicit, Joan. 13: *Ego in Patre et Pater in me est*; nec immerito: natura enim intelligentiæ humanæ rationem dicti hujus non capit; nec exemplum aliquod rebus divinis comparatio humana præstabit. Sed quod non intelligibile est homini, Deo possibile est. Cognoscendum itaque atque intelligendum est quid sit illud: *Ego in patre, et Pater in me est*; si tamen comprehendere hoc ita ut est valebimus, ut quod natura rerum pati non posse æstimatur, id divinæ veritatis ratio consequatur. Patrem ergo in Filio, Filium in Patre esse, plenitudo in utroque divinitatis perfecta est, puia plenitudo divinitatis est in Filio; quod in Patre est hoc et in Filio est: quod in igenito est, hoc in genito, alter ab altero, et uterque unum. Is scilicet qui est nihil habens quod non sit etiam in eo a quo est, non duo unus, sed alius in alio, quia non aliud in utroque, ut unum sit in fide nostra: uterque non unus, nec eumdem utrumque; nec aliud confitemur, quia Deum ex Deo natum, nec eumdem nativitas, nec aliud esse permittit. Eamdem ergo in utroque et virtutis similitudinem, et deitatis plenitudinem confitemur; quia veritas dicit, Joan. 14: *Ego in Patre, et Pater in me est*. Omnia enim Filius accepit a Patre: nam si partem ejusdem qui genuit accepit, neuter ergo perfectus est; deesset enim ei unde decessit; nec plenitudo in eo erit, qui ex portione constiterit. Neuter ergo perfectus est, si plenitudinem suam et qui genuit amittit, nec qui natus est consequitur. Fateamur ergo quod Pater est in Filio, et Filius in Patre, et Deus in Deo, ut idem Hilar. ait in lib. 7 de Trin., non per duplicem convenientium generum conjunctionem, nec per insitam capacioris substantiæ naturam, sed per naturæ unitam similitudinem, per nativitatem viventis ex vivente natura: dum res non differt, dum naturam Dei non degenerat nativitas, dum non aliud aliquid ex Deo quam Deus nascitur; dum nihil in his novum est, nihil alienum; nihil separabile. Ecce his verbis, prout humana permittit infirmitas, aperitur ex quo sensu Christus dixerit se esse in Patre, et Patrem in se. Ex eodem etiam sensu intelligitur Spiritus sanctus esse in utroque, et singula personarum in singulis, quia scilicet in singulis est eadem plenitudo divinitatis, et unitas similitudo naturæ; quia non est major divina natura in aliqua harum personarum, sed unius et indifferentis naturæ sunt hæ tres personæ. Ideoque altera in altera esse dicitur ut prædictum est. Unde Ambros., prædictorum verborum sententiam nobis aperiens super Epistolam 2 ad Cor. 5, ait: Per hoc intelligitur Pater esse in Filio, et Filius in Patre, quia una est eorum substantia. Ibi enim est unitas, ubi nulla diversitas. Ecce tribus illustrium virorum testimoniis, scilicet Aug., Hilar. atque Ambrosii in eodem concurrentibus revelatione Spiritus sancti in eis loquentis, pie credere volentibus ostenditur (tamen *quasi per speculum et in ænigmate*, 1 Cor. 52) qualiter accipiendum sit cum dicitur Pater in Filio esse, vel Filius in Patre, vel Spiritus sanctus in utroque.

Ad id quod cœperat redit, scilicet ut ostendat quod magnitudine alius alium non uperat.

6. Sed jam nunc ad propositum redeamus cœptoque insistamus, ostendentes quod magnitudine nulla trium personarum aliam superat, quia nulla major aliis, nec majus aliquid sunt duæ quam singuli horum, quia singulus horum perfectus est, nec est quo crescat illa perfectio.

Quod nulla personarum pars est in Trinitate.

7. Nec est aliqua trium personarum pars Dei vel divinæ essentiæ,quia singula harum verus et plenus Deus est, et tota et plena divina essentia est;et ideo nulla istarum in Trinitate pars est.Unde Aug.in lib. 3 contra Maximinum hæreticum sic ait,cap.10:Putas Deum Patrem cum Filio et Spiritu sancto unum Deum esse non posse, times enim ne Pater sit pars unius Dei,qui constet ex tribus;noli hoc timere,nulla enim fit partium in deitatis unitate divisio;unus est Deus Pater, et Filius, et Spiritus sanctus,id est,ipsa Trinitas unus est Deus.Ergo,inquis Deus pater est pars Dei; absit.Tres enim personæ sunt Pater, et Filius, et Spiritus sanctus,et hi tres,quia unius substantiæ sunt,unum sunt,et summe unum sunt;ubi nulla naturarum,nulla est diversitas voluntatum. Si enim natura unum essent,et consensione unum non essent. non summe unum essent.Si vero natura dispares essent, non summe unum essent. Hi ergo tres, quia unum sunt propter ineffabilem conjunctionem deitatis qua ineffabiliter copulantur, unus Deus est,Pars ergo Trinitatis esse non potest, quicumque unus est in tribus.In Trinitate ergo quæ Deus est, et Pater Deus est, et Filius Deus est,et Spiritus sanctus Deus est; simul hi tres,unus Deus.Nec hujus Trinitatis tertia pars est unus,nec majus aliquid duo quam unus est ibi,nec majus aliquid sunt omnes quam singuli,quia spiritalis, non corporalis est magnitudo.Qui potest capere capiat,Matth.19; qui autem non potest, credat,et oret ut quod credit intelligat.Verum est enim quod per prophetam Isaiam dicitur,c.7: *Nisi credideritis non intelligitis.* His verbis aperte ostendit indifferentem magnitudinem trium personarum.Item in eodem:Tu nempe dixisti unum Deum non ex partibus esse compositum,et hoc de Patre tantum vis intelligi. Ille, inquis, virtus est ingenita, simplex et tamen in hac simplici virtute multa videris commemorare,cum dicis:Deus Deum genuit,bonus bonum genuit,sapiens sapientem, clemens clementem potens potentem.Nunquid ergo bonitas,et sapientia,et clementia,et potentia tres partes sunt unius virtutis, quam simplicem esse dixisti?Si dixeris,partes sunt, simplex ergo virtus ex partibus constat.Et simplex ista virtus te definiente,unus est Deus ; ergo Deum ex partibus compositum esse dicis.Non dico,inquis, non sunt partes.Si ergo in una persona Patris,et illa invenis quæ plura videntur et partes non inveneris, quia una virtus simplex est,quanto magis Pater,et Filius,et Spiritus sanctus,et propter individuam deitatem unus Deus est, et propter uniuscujusque proprietatem tres personæ sunt,et propter singulorum perfectionem partes unius Dei non sunt?Virtus est Pater, virtus est Filius, virtus est Spiritus sanctus. Hoc verum dicis;sed quod virtutem de virtute genitam,et virtutem de virtute procedentem non vis eamdem habere naturam, hoc falsum dicis,hoc contra fidem rectam et catholicam dicis.His verbis aperte docetur quod tres personæ illæ non sunt partes Dei vel divinæ essentiæ.Nullaque illarum Trinitatis pars dicenda est,nec una alias ulla major aliis.

Cum dicimus tres personas esse unam essentiam, nec ut genus de speciebus, nec ut speciem de individuis prædicamus ; quia non est essentia genus, et persona species, vel essentia species, et persona individuum.

8. Hic adjiciendum est quod tanta est æqualitas trium personarum atque indifferens magnitudo quod cum dicamus tres personas unam essentiam vel substantiam,neque ut genus de speciebus,neque ut speciem de individuis prædicamus. Non enim essentia divina genus est,et tres personæ species; vel essentia divina species, et tres personæ individua. Quod Aug. rationibus probabilibus atque irrefragibilibus aperte demonstrat in lib. 7 de Trin., c. 6, dicens : Si essentia genus est, species autem persona(ut nonnulli sentiunt), oportet appellari tres substantias,ut appellantur tres personæ.Sicut cum sit animal genus, et equus species, appellantur tres equi, iidemque tria animalia. Non enim ibi species pluraliter dicitur,et genus singulariter;ut si diceretur : Tres equi sunt unum animal ;sed sicut tres equi speciali nomine,ita tria animalia nomine generali dicuntur.Cum ergo tres personas unam fateamur esse essentiam,non tres esse essentias,cum tres equi tria animalia dicantur, non unum;patet nomine essentiæ non significari genus, nec nomine personæ speciem.

Hic probat quod non dicitur ut species de individuis.

9.Si vero dicunt nomine personæ non speciem significari, sed aliquid singulare atque individuum,et nomine essentiæ speciem intelligi,ut persona non dicatur sicut homo, sed quomodo dicitur : Hic homo, vel ut Abraham,Isaac,Jacob,vel quis alius qui etiam digito præsens demonstrari possit;sic quoque illos eadem ratio confutabit. Sicut enim dicuntur Abraham,Isaac Jacob tria individua,ita tres homines, et tria animalia. Cur ergo Pater et Filius et Spiritus sanctus,si secundum genus et speciem et individuum ista disserimus,non ita dicuntur tres essentiæ, ut tres personæ ?

Alio modo probat idem.

10.Alio quoque modo idem probat Aug., libro et cap. eisdem,scilicet quod essentia divina non est genus,nec personæ species; vel essentia non est species,nec personæ individua.Una.id buit,essentia non habet species,sicut unum animal non habet species ; Pater ergo et Filius et Spiritus sanctus non sunt tres species unius essentiæ ; divina ergo essentia genus non est. Sed nec species et essentia divina, et personæ individua, sicut homo species est, individua autem Abraham. Isaac, et Jacob.Si enim essentia species est,ut homo,sicut non dicitur unus homo esse Abraham, Issac, et Jacob,ita non dicitur una essentia esse tres personæ. Non itaque secundum genus et species ita dicimus.

Nec secundum materialem causam dicuntur tres personæ una essentia.

11.Notandum etiam quod essentia divina non est materia trium personarum,ut Aug. in eisd. lib. et cap.docet,tanquam secundum communem eamdemque materiam tres personæ dicantur esse una essentia;sicut ex eodem auro si fierent tres statuæ, diceremus tres statuas unum aurum.Non autem sic Trinitatem in tres personas divinas unum essentiam,et Deum unum,tanquam ex una materia tria quædam subsistant.In statuis enim æqualibus, plus auri est tres simul quam siugulæ,et minus auri est una quam duæ.In illa vero essentia Trinitis nullo modo est ista, Non ergo secundum materialem creaturam tres personas unam dicimus esse substantiam vel essentiam, sicut tres statuæ dicuntur unum aurum.

Nec ita dicuntur tres personæ una essentia,ut tres homines una natura, vel unius naturæ.

12. His quoque addendum est quod tres personas non ita dicimus esse unam essentiam,ut Aug.,in lib. et cap.eisdem.ait, vel unius essentiæ, sicut dicimus aliquos tres homines ejusdem sexus,et ejusdem temperationis corporis,ejusdem animi,unam esse naturam vel unius naturæ.Nam in his rebus non tantum est unus homo,quantos tres homines simul,et plus aliquid sunt homines duo quam unus homo,sicut in statuis esse diximus :at in Deo non est ita. Non enim major essentia est Pater et Filius simul illæ personæ Pater vel solus filius.sed tres simul illæ personæ æquales sunt singulis.Ex præmissis patet quod tres personæ dicuntur divina essentia;nec secundum materialem causam,ut tres statuæ unum aurum ; nec secundum complexionis similitudinem,ut tres homines unius naturæ;nec ut genus prædicatur de speciebus,vel ut species de individuis,id est, continens de contentis, majus de minoribus.

Quæ videntur adversari prædictis.

13.His autem videntur adversari quæ quidam sacræ Scripturæ tractatores catholici in suis scriptis tradiderunt.In quibus significari videatur quod essentia divina sit quiddam commune et universale, velut species; tres vero personæ sint tria particularia, tria individua numero differentia; unde Joan. Damasc., inter doctores Græcorum maximus, in libro quem de Trin. scripsit, quem et papa Eugenius transferri fecit, ait : Communia et universalia prædicantur de subjectis sibi ipsis particularibus. Commune ergo substantia est, particulare vero hypostasis, id est, persona. Particulare autem dicitur, non quod partem naturæ habet, sed particulare numero, ut atomus, id est, individuum; numero enim non natura differre videntur hypostases. Item lib. 3, c. 4: Substantia significat communem et circumplectivam speciem homoideon, id est, similium specie; hypostaseon, id est, personarum, ut puta Deus, homo; hypostasis autem individuum demonstrat, id est, Patrem, Filium, et Spiritum sanctum, Petrum, Paulum, et hujusmodi. Ecce aperto dicit substantiam esse universale, hypostasim vero particulare; et quod Deus est species ut homo, et quod Pater et Filius et Spiritus sanctus sunt individua, sicut Petrus et Paulus, eo quod numero differunt; quæ præmissæ sententiæ Aug. penitus contradicere videntur. Quid ergo dicimus ad hæc? Hoc utique dicere possumus atque debemus, quod ea quæ Aug. tradidit superius, sine omni hæsitatione tenenda sunt.

Quod sane possunt intelligi quæ Joannes dicit, et quomodo, ostendit.

14. Hæc autem quæ hic dicuntur, licet in sermonis superficie aliquid a fide alienum resonare videantur, sane tamen intelligi queunt, quod substantia Dei sit species vel universale, et personæ individua, piumque lectorem atque intellectorem plurimum efflagitant. In quorum explanatione mallem silens alios audire quam loquendo malevolis detrahendi occasionem præstare. Videtur tamen mihi ita posse accipi, cum ait : Substantia est commune, et hypostasis est particulare. Non ita hæc accipit cum de Deo dicantur, ut accipiuntur in philosophica disciplina, sed per similitudinem eorum quæ a philosophis dicuntur, locutus est; ut sicut ibi commune vel universale dicitur quod prædicatur de pluribus, particulare vero de individuum quod de uno solo, ita hæc essentia divina dicta est universale, quia de omnibus personis simul, et de singulis separatim dicitur. Particulare vero singula quælibet personarum, quia nec de aliis communiter, nec de aliqua aliarum singulariter prædicatur. Propter similitudinem ergo prædicationis substantiam Dei dixit universale, et personas particularia vel individua, propter hoc idem etiam, eamdem divinam essentiam dixit esse speciem communem, et circumplectivam similium specie personarum; quia sicut hæc species homo de suis prædicatur individuis, velut de Petro et Paulo et Ira, nec ista specie differunt, sed conveniunt per omnia; ita Deus de tribus prædicatur personis, quæ in divinitate non differunt, sed per omnia conveniunt. Hanc ergo similitudinem inter res sempiternas et res temporales perpendens Joannes, universalitatis et particularitatis nomina, quæ rebus temporalibus proprie conveniunt. ad res æternas transtulit, Aug. vero majorem videns dissimilitudinem quam similitudinem inter res prædictas ab excellentia Trinitatis prædicta nomina removit.

Ex quo sensu dixerit personas differre numero.

15. Quod autem Joannes dicit hypostases differre numero, non natura; in eo quod non differre natura ait, verissime et sine scrupulo loquitur. Quod vero dicit differre numero, cavendum est quomodo intelligatur. Diversis enim modis dicuntur aliqua differre numero.

Quibus modis dicantur differre numero, et secundum quem modum possit convenire personis.

16. Dicuntur enim aliqua differre numero, quando ita differunt, ut hoc non sit illud, nec aliquid quod illud est, vel in ipso est; qualiter differunt Socrates et Plato, et hujusmodi quæ apud philosophos dicuntur individua vel particularia, juxta quem modum non possunt dici tres personæ differre numero. Dicuntur quoque differre numero, quæ in enumeratione sive computatione non sibi adjunguntur, sed a se invicem discernuntur, ut cum de aliquibus rebus loquentet dicimus una, duæ, tres; et secundum hunc modum forto dixit Joannes hypostases, id est, personas, differre numero. Possumus enim dicere : Pater est unus, et : Pater et Filius sunt duo, et : Pater, et Filius, et Spiritus sanctus, sunt tres. Et item : Hæc persona est una, et : Hæc et illa sunt duæ, et :Hæc, et illa, et alia, sunt tres. Convenientius tamen tres illæ personæ proprietatibus tantum distingui dicuntur, dist. 26, de quarum distinctione secundum proprietates in sequenti tractabitur. Nunc vero ad inceptum redeamus, quæ dicta sunt repetentes, ut sæpius versando familiarius innotescant.

Quod una persona non est major alia, nec tres simul quam una; et hoc ratione ostendit catholica.

17. Sciendum est ergo tantam æqualitatem esse in Trinitate, ut ait Aug. in lib. 8 de Trin., c. 1, ut non solum Pater non sit major quam Filius, sed nec Pater et Filius simul majus aliquid sunt quam Spiritus sanctus, quælibet persona minus aliquid sit quam ipsa Trinitas. Quod autem ita sit, aliquo modo, si fieri potest, demonstrandum est. Quantum ergo Creator ipse adjuvat, attendamus, inquit Aug, in eodem lib. c. 2, quomodo in hac Trinitate duæ vel tres personæ non sunt majus aliquid quam una earum.

Ratione utitur subtilissima ad ostendendum quod ita sit.

18. Quod ibi magnum dicitur, aliunde magnum non est, quam eo quo vere est; quia ibi magnitudo ipsa veritas est, et veritas essentia; non ergo ibi majus est quod verius non est. Non autem verius est Pater et Filius simul quam Pater solus vel Filius; non ergo majus est aliquid uterque simul quam singulus eorum. Et quia æque vere etiam Spiritus sanctus, ideo Pater et Filius simul non sunt aliquid majus quam ipse, quia nec verius sunt. Item in essentia veritatis, hoc est verum esse, quod est esse; et hoc est esse, quod est magnum esse. Hoc est ergo magnum esse, quod verum esse. Quod igitur ibi æque verum est, et æque magnum est. Quod ergo ibi plus veritatis non habet non plus habet magnitudinis. Plus autem veritatis non habet quod verius non est. Non est autem verius una persona quam alia, vel duæ quam una, vel tres simul quam singula; non ergo plus veritatis habet una quam alia, vel duæ quam una, vel tres simul quam singula. Sic ergo et ipsa Trinitas non est majus aliquid quam una quæque ibi persona, sed tam magnum quam singula; non enim ibi major est quæ verior non est, ubi ipsa veritas est magnitudo. Ecce modo convenienti et ratione catholica ostensum est' quomodo indifferens sit magnitudo trium personarum, quia nec una major est alia, nec duæ majus aliquid quam una, nec tres simul majus aliquid quam singula.

Quod Deus non est dicendus triplex, sed trinus.

19. Præterea cum Deus dicatur trinus, non tamen debet dici triplex; ibi enim non est triplicitas, ubi summa est unitas et indifferens æqualitas, unde Aug. in lib. 6 de Trin., cap. 7, ait : Non quoniam Deus trinus est, ideo triplex putandus est ; alioquin minor esset Pater solus, vel Filius solus, quam simul Pater et Filius. Cum itaque tantus est Pater solus, vel solus Filius, vel solus Spiritus sanctus, quantus est simul Pater, et Filius, et Spiritus sanctus, nullo modo triplex dicendus est Deus. Non enim Pater cum Filio et Spiritu sancto, major Deus est quam singuli eorum, quia non est quo crescat illa perfectio. Perfectus autem est Pater, et Filius, et Spiritus sanctus, et perfectus dicitur Deus singulus eorum. Et ideo Trinitas potius quam triplex dici debet.

Quod non est ita in rebus corporeis, ut in Trinitate.

20. In rebus corporeis non tantum est una, quantum tres simul, et plus sunt duæ quam una res. In Trinitate vero summa, tantum est una persona, quantum tres simul; et tantum sunt duæ, quantum una; et in se infinitæ sunt, et non est finis magnitudinis earum. Ac per hoc aperitur quod superius dictum est, quomodo singula sunt in singulis, et omnia in singulis, et singula in omnibus, et omnia in omnibus, et unum in omnibus est, et unum omnia. Ecce jam

ostendimus sufficienter, qualiter in Trinitate aliqua persona aliam non superet magnitudine.

DISTINCTIO XX.

OSTENSO QUOD ALIQUA PERSONARUM ALIAM NON SUPERAT MAGNITUDINE, NUNC OSTENDIT QUOD ALIA NON EXCELLIT ALIAM POTENTIA.

1. Nunc ostendere restat quomodo aliqua harum personarum aliam non excellat potentia : ut sicut una et indifferens est magnitudo trium, ita una et indifferens monstretur potentia trium. Sciendum est ergo quia non est potentior Pater Filio, nec Filius vel Pater Spiritu sancto, nec majorum potentiam habent duo vel tres simul quam singulus eorum, quia nec plus potest Pater et Filius simul quam solus Spiritus sanctus. Nec hi tres simul plus possunt quam singulus eorum, quia omnipotentiam quam habet Pater, et Filius accepit nascendo, et Spiritus sanctus procedendo, quod Aug. rationibus et auctoritatibus probabiliter astruit in lib. 3 contra Maximinum, qui dicebat Patrem meliorem ac potentiorem Filio.

Quod non potest minus Filius quam Pater.

2. Nihil, inquit, eod. lib. c. 12, Patre minus habet ille qui dicit Joan. 16 : *Omnia quæ habet Pater, mea sunt* : nam-si minus habet in potestate aliquid quam Pater, non sunt ejus omnia quæ habet Pater. Sed ejus sunt omnia quæ habet Pater ; tantam ergo habet potestatem Filius, quantam Pater ; æqualis ergo est Patri. Non enim potest qui accepit, inæqualis esse ei qui dedit. Tu autem hoc de potentia sapis, quod potens sit Filius, sed potentior Pater ; ut secundum doctrinam vestram potens potentem potuerit generare vel gignere, et non omnipotens omnipotentem. Habet ergo Pater omnipotentiam quam non habet Filius ; et si hoc est, falsum est quod ait Filius : *Omnia quæ habet Pater, mea sunt.*

Hoc verum fatebatur hæreticus, ex quo progrediebatur ad falsa.

3. Sed, inquis, Pater a nemine potentiam accepit, Filius autem a Patre. Fatemur et nos Filium accepisse potentiam ab illo, de quo natus est potens : Patri vero potentiam nullus dedit, quia nullus eum genuit. Gignendo enim dedit Pater potentiam Filio, sicut omnia quæ habet in substantia sua, gignendo dedit ei quem genuit de substantia.

Quæstio Augustini, qua arctat hæreticum.

4. Sed quæritur utrum ei tantam quanta ipsi est, potentiam Pater Filio dederit, an minorem. Si tantam, non solum potentem, sed etiam omnipotentem genuisse omnipotens intelligitur ; si vero minorem, quomodo omnia quæ habet Pater, Filii sunt? Si Patris omnipotentia, Filii non est, non omnia procul dubio quæ habet Pater, Filii sunt. At omnia quæ habet Pater, Filii sunt ; omnipotentia ergo Patris etiam est Filii ; non est ergo Pater potentior Filio.

Aliter probat Filium æqualem Patri.

5. Item alio modo probat Filium æqualem Patri contra Maximinum, lib. 3, c. 7, ita dicens : Tu dicis quod Pater genuit Filium minorem seipso, in quo et Patri derogas ; qui si Filium unicum minorem genuit, aut non potuit, aut non voluit gignere æqualem. Si dicis quia non voluit, eum invidum esse dixisti ; si autem non potuit, ubi est omnipotentia Dei Patris ? Prorsus ad hunc articulum res colligitur, ut Deus Pater æqualem sibi gignere Filium, aut non potuerit aut noluerit. Si non potuit, infirmus ; si noluit, invidus invenitur. Sed utrumque hoc falsum est ; Patri ergo Filius verus æqualis est. Genuit ergo Pater sibi æqualem Filium, et ab utroque procedit utrique æqualis Spiritus sanctus. Si enim formam suam (ut ait Aug. lib. 3, c. 15, contra eumdem) Pater in unico Filio plenam gignere potuit nec tamen plenum genuit, sed minorem, cogimini Patrem invidum dicere. Penum ergo Deum, et æqualem sibi genuit Filium.

Per simile ostendit quod non minorem Pater Filium genuit.

6. Hoc autem per similitudinem humanam ita esse demonstrat inquiens, lib. 3, c. 15. Homo pater si potuisset, æqualem filium genuisset. Quis ergo audeat dicere quod hoc Omnipotens non potuit. Addo etiam, si posset homo, majorem melioremque seipso gigneret filium. Sed majus vel melius Deo quidquam esse non potest. Deus ergo cur non æqualem, ut ais, Filium genuit ; cui nec anni necessarii fuerunt, per quos adimpleretur æqualitas, nec omnipotentia defuit. An forte noluit ? ergo (quod absit) invidit. Sed non invidit ; æqualem ergo genuit Filium. Credamus ergo Filium ei esse æqualem.

Opinionem hæretici ponit, ut destruat. (Ex eodem l. 3, c. 18.)

7. Sed forte dicis : Eo ipso Pater est major Filio, quia de nullo genitus, genuit tamen æqualem. Ad quod cito respondebo : Imo ideo non est Pater major Filio, quia æqualem sibi genuit. Originis enim quæstio ista est, quis de quo sit, æqualitatis autem, qualis aut quantus sit, quod est dicere : Ad originem pertinet quæstio qua quæritur quis aut quantus quis sit. Nec cum dicitur Filius a Patre genitus, ostenditur inæqualitas substantiæ, sed ordo naturæ, non quo alter prior esset altero, sed quo alter est ex altero. Non ergo secundum hoc quod Pater genuit, et Filius genitus est, vel Spiritus sanctus ab utroque procedit, æqualitas vel inæqualitas ibi existit, quia non secundum hoc alia persona alii æqualis vel inæqualis dicitur. Ecce æqualitas Trinitatis et una eademque substantia, quantum breviter potuimus, demonstrata est in superioribus ; qualiter scilicet aliqua trium personarum quamlibet aliam nec æternitate, nec magnitudine, nec potentia excellat.

DISTINCTIO XXI.

QUÆRITUR QUOMODO POSSIT DICI SOLUS PATER, VEL SOLUS SPIRITUS SANCTUS, CUM SINT INSEPARABILES.

1. Hic oritur quæstio trahens originem ex prædictis. Dictum est enim supra quod tantus est solus Pater, vel solus Filius vel solus Spiritus sanctus, quantum simul illæ tres ; et quod duæ vel tres personæ simul non sunt majus aliquid, quam una persona sola. Ideo quærit Aug., id lib. 6 de Trin. cap. 7, quomodo hæc sane dici possint, cum nec Pater sit solus, nec Filius, nec Spiritus sanctus ; sed semper et inseparabiliter et Filius cum Patre, et Pater cum Filio, et Spiritus sanctus cum utroque. Inseparabiles enim sunt hæ tres personæ. Ad quod ita respondet Aug. in eodem : Solum Deum Patrem dicimus, non quia separatur a Filio, vel a Spiritu sancto ; sed hoc dicentes significamus, quia illi simul cum eo non sunt Pater : solus enim Pater, Pater est. Quod non dicitur quia ipse sit solus, id est, sine Filio vel Spiritu sancto, sed per hoc Filius vel Spiritus sanctus a paternitatis consortio excluduntur. Ita et cum dicitur : Solus Filius est, vel solus Spiritus sanctus, est Spiritus sanctus, non dividitur Filius a Patre, vel Spiritus sanctus ab utroque, sed a consortio filialis proprietatis excluduntur Pater et Spiritus sanctus, et a consortio processibilis proprietatis Pater et Filius. Cum ergo dicitur : Tantus est solus Pater quantum simul illi tres, per hoc quod dicitur solus, non separatur Pater ab aliis ; sed hic est sensus : Solus Pater, id est, Pater qui ita Pater est, quod nec Filius nec Spiritus sanctus, tantus est, etc. Similiter intellige cum dicitur : Solus est Filius, vel solus est Spiritus sanctus. Solus ergo Pater dicitur, ut ait Aug. in eodem l. 7, c. 9, quia nonnisi ipse ibi Pater est : et solus Filius, quia nonnisi ipse ibi Filius est : et solus Spiritus sanctus, quia nonnisi ipse ibi Spiritus sanctus est.

Utrum possit dici : Solus Pater est Deus, solus Filius est Deus, vel solus Spiritus sanctus est Deus, vel Pater est solus Deus, vel Spiritus sanctus est solus Deus.

2. Post hæc quæritur utrum sicut dicitur : Solus Pater est Pater, vel solus Filius est Filius, ita possit dici : Solus Pater est Deus, vel solus Filius est Deus, ita et de Spiritu sancto ; aut, Pater est solus Deus, Filius est solus Deus. Ad quod dicimus quia Pater, et

Filius, et Spiritus sanctus, dicitur et est unus Deus et hæc Trinitas simul proprie dicitur esse solus Deus, sicut solus sapiens, solus potens. Sed non videtur debere dici a nobis, verbis notris utentibus, nisi ubi sermo auctoritatis occurrit: Solus Pater est Deus, vel Pater est solus Deus; ita de Filio et Spiritu sancto dicimus; unde Aug. in lib. 7 de Trin., cap. 9, ait: Quoniam ostendimus quomodo posset dici solus Pater vel solus Filius, consideranda est illa sententia qua dicitur non esse solum Patrem Deum verum solum, sed Patrem et Filium et Spiritum sanctum. Ecce habes quia non solus Pater dicendus est esse verus Deus. Item in eodem: Si quis interrogat utrum Pater solus sit Deus, quomodo respondebimus non esse, nisi forte dicamus ita esse quidem Patrem Deum, sed non eum esse solum Deum? Esse autem solum Deum dicamus Patrem, et Filium, et Spiritum sanctum. Ecce et hic habes quia Pater non debet dici solus Deus, atque hic solum in parte subjecti tantum accipere quidam volunt; in parte vero prædicati si sit, concedunt quod Pater est solus Deus. Sed ex verbis Aug. videtur ostendi quod proprie solus Deus dici debeat tota Trinitas. Et hæc Trinitas, ut ait Aug. contra Maximinum, intelligitur cum Apostolus dicit, 1 Tim. 6: *Beatus et solus potens*; et ibi, ad Rom. 16: *Solo sapienti Deo*, et ibi, 1 Tim. 1: *Invisibili, soli Deo*. Non enim de solo Patre hæc accipienda sunt, ut contendebat Maximinus et alii hæretici, sed de Trinitate. Sicut et illud. 1 Tim. 6: *Solus habet immortalitatem*; quia secundum rectam fidem, ipsa Trinitas est unus solus Deus, beatus, potens, sapiens, invisibilis; unde Aug. in eodem: Cum unus Deus sit Trinitas, hæc sit nobis solutio quæstionis, ut intelligamus solum Deum sapientem, solum potentem, Patrem, et Filium, et Spiritum sanctum, qui est unus et solus Deus.

Quomodo dicitur Trinitas solus Deus, cum ipsa sit cum spiritibus et animabus sanctis.

3. Sed iterum quæritur quomodo ipsam Trinitatem dicimus solum Deum, cum sit cum spiritibus et animabus sanctis. Ad quod respondet Aug., in lib. 6 de Trin., dicens, c. 7: Trinitatem dicimus Deum solum, quamvis semper sit cum spiritibus et animabus sanctis; sed solum dicimus, quia non aliud quam ipsa Trinitas Deus est. Non enim illi cum illa Deus sunt vel aliqua alia; sed ipsa Trinitas tantum, non illi vel alia Deus est.

Etsi de Patre solo prædicta dicerentur, non tamen excluderentur Filius et Spiritus sanctus

4. Verumtamen, ut ait Aug., etsi de solo Patre prædicta dicerentur, non tamen excluderetur Filius vel Spiritus sanctus, *quia hi tres unum sint*, 1 Joan. 5; sicut in Apocalypsi, c. 19, de Filio legitur quod *habet nomen scriptum quod nemo scit nisi ipse*. Non enim inde separatur Pater vel Spiritus sanctus. Et cum dicitur, Matth. 11: *Nemo novit Patrem nisi Filius*, non inde separatur Pater vel Spiritus sanctus, quia inseparabiles sunt. Aliquando etiam nominantur Pater et Filius, et tacetur Spiritus sanctus, Luc. 10, ut veritas ad Patrem loquens ait. Joan. 17: *Ut cognoscant te, et quem misisti Jesum Christum*, esse unum verum Deum. Cur ergo, inquit Aug., lib. 6 de Trinit., c. 9, tacuit de Spiritu sancto, quia consequens est ut ubicumque nominatur unus, sicut Pater et Filius, tanta pace uni adhærens intelligatur etiam ipsa pax, quamvis non commemoretur; uno ergo istorum nominato, etiam reliqui intelliguntur, quod in pluribus Scripturæ locis occurrit.

DISTINCTIO XXII.

DE NOMINUM DIFFERENTIA QUIBUS UTIMUR LOQUENTES DE DEO.

1. Post prædicta nobis disserendum videtur de nominum diversitate, quibus loquentes de unitate ac Trinitate ineffabili utimur. Deinde demonstrandum est quibus modis de ea aliquid dicatur. Illud ergo præcipue teneamus, quædam esse nomina distincte ad singulas personas pertinentia, ut ait Aug. in lib. 9 de Trin., quæ de singulis tantum dicuntur personis; quædam vero unitatem essentiæ significantia sunt, quæ et de singulis sigillatim, et de omnibus communiter dicuntur. Alia vero sunt quæ translative ac per similitudinem de Deo dicuntur. Unde Ambr., in lib. 2 de Trin., ait: Quo purius niteat fides, tripartita videtur derivanda distinctio. Sunt enim nomina quædam quæ evidenter proprietatem personamque deitatis ostendunt, et sunt quædam quæ perspicuam divinæ majestatis exprimunt veritatem: alia vero sunt quæ translative et per similitudinem de Deo dicuntur. Proprietatis itaque indicia sunt: generatio, Filius, Verbum, et hujusmodi: unitatis vero æternæ: sapientia, virtus, et veritas, et hujusmodi; similitudinis vero, splendor, character, speculum, et hujusmodi. *Præmissis addit, quædam esse nomina quæ temporaliter Deo conveniunt, et relative dicuntur.*

2. His adjiciendum est, quædam esse nomina, ut Aug. ait in lib. 5 de Trin., quæ ex tempore Deo conveniunt, et relative ad creaturam dicuntur; quorum quædam de omnibus dicuntur personis, ut Dominus, Creator, refugium; quædam autem non de omnibus, ut donatus, datus, missus.

De hoc nomine Trinitas addit.

3. Præterea est unum nomen quod de nulla persona sigillatim dicitur, sed de omnibus simul, id est, Trinitas, quod non dicitur secundum substantiam, sed quasi collectivum. pluralitatem designat personarum.

De aliis nominibus quæ temporaliter Deo congruunt, et non relative dicuntur.

4. Sunt etiam quædam nomina quæ ex tempore Deo conveniunt, nec relative dicuntur, ut humanatus, incarnatus, et hujusmodi. Ecce sex nominum differentias assignavimus, quibus utimur loquentes de Deo; de quibus singulis agendum est.

Quod nomina quæ ad singulas pertinent personas, proprie relative dicuntur; ea vero quæ unitatem essentiæ significant, ad se dicuntur, et de singulis, et de omnibus communiter dicuntur personis, et singulariter non pluraliter in summa accipiuntur.

5. Sciendum est ergo quod illa quæ proprie ad singulas personas pertinent, relative ad invicem dicuntur: sicut Pater et Filius, et utriusque donum Spiritus sanctus. Ea vero quæ unitatem essentiæ significant, ad se dicuntur; et ea quæ ad se dicuntur, substantialiter utique dicuntur, et de omnibus communiter, et de singulis sigillatim dicuntur personis, et singulariter non pluraliter accipiuntur in summa, ut Deus bonus, potens, magnus, et hujusmodi. Quæ autem relative dicuntur, substantialiter non dicuntur, unde Aug. in lib. 5 de Trin., c. 6 et 8, ait: Quidquid ad se dicitur, præstantissima illa et divina sublimitas substantialiter dicitur. Quod autem ad aliquid dicitur, non substantialiter dicitur, sed relative. Tantaque est vis ejusdem substantiæ in Patre et Filio et Spiritu sancto, ut quidquid de singulis ad seipsos dicitur, non pluraliter in summa, sed singulariter accipiatur. Dicimus enim: Pater est Deus, et: Filius est Deus, et: Spiritus sanctus est Deus; quod secundum substantiam dici nemo dubitat. Non tamen dicimus hanc Trinitatem esse tres deos, sed unum Deum. Ita dicitur Pater magnus, Filius magnus et Spiritus sanctus magnus; non tamen tres magni, sed unus magnus. Ita etiam omnipotens Pater, omnipotens Filius, omnipotens Spiritus sanctus; non tamen tres omnipotentes, sed unus omnipotens. Quidquid ergo ad seipsum dicitur Deus, et de singulis personis similiter dicitur, et simul de ipsa Trinitate non pluraliter, sed singulariter dicitur. Et quoniam non est aliud Deo esse, et aliud magnum esse, sed idem est illi esse quod est magnum esse; propterea sicut non dicimus tres essentias, sic non dicimus tres magnitudines, sed unam essentiam, et unam magnitudinem.

Quod Deus magnus est ea magnitudine qua Deus est; sic de bonitate, et de omnibus quæ secundum substantiam dicuntur.

6. Deus enim non est magnus ea magnitudine, quæ

non est quod ipse, ut quasi participes ejus sit; alioquin major esset illa magnitudo quam Deus. Deo autem non est aliquid majus; ea ergo magnitudine magnus est, qua ipse est. Ideoque nec tres magnitudines dicimus, sed unam magnitudinem; nec tres magnos, sed unum magnum, quia non participatione magnitudinis Deus magnus est, sed se ipso magno magnus est, quia ipse est sua magnitudo. Ita de bonitate, et æternitate, et omnipotentia Dei dicendum est, et de omnibus omnino quæ de Deo possunt pronuntiari substantialiter; quibus ad se ipsum dicitur non translative ac per similitudinem, sed proprie, si tamen de illo proprie aliquid ore hominis dici potest. Ecce aperte docuit quod nomina unitatem divinæ majestatis significantia, et ad se dicuntur de Deo, id est, sine relatione, et de omnibus personis communiter, et de singulis divisim dicuntur; nec pluraliter, sed singulariter in summa accipiuntur. Illa vero nomina quæ proprie ad singulas pertinent personas, relative, non substantialiter dicuntur. Quod enim proprie singula in Trinitate persona dicitur, ut ait August. in eodem, nullo modo ad se ipsum, sed ad aliam invicem, vel ad creaturam dicitur. Et ideo relative, non substantialiter dici, manifestum est.

DISTINCTIO XXIII.
DE HOC NOMINE QUOD EST PERSONA, QUOD CUM SECUNDUM SUBSTANTIAM DICATUR, TAMEN PLURALITER, NON SINGULARITER, IN SUMMA ACCIPITUR.

1. Prædictis adjiciendum est quod cum omnia nomina quæ secundum substantiam de Deo dicuntur, singulariter et non pluraliter de omnibus in summa dicantur personis, ut supra ostensum est: est tamen unum nomen, scilicet *persona*, quod secundum substantiam dicitur de singulis personis, et pluraliter non singulariter, in summa accipitur. Dicimus enim: Pater est persona, Filius est persona, Spiritus sanctus est persona, et hoc secundum substantiam dicitur. Nec tamen dicitur: Pater, et Filius, et Spiritus sanctus sunt una persona, sed tres personæ. Hoc ergo nomen excipitur a prædicta regula nominum, quæ secundum substantiam de Deo dicuntur; quia cum hoc ad se dicatur, et secundum substantiam, pluraliter tamen, non singulariter, in summa accipitur.

Auctoritas quod persona ad se dicatur et secundum substantiam.

2. Quod autem persona secundum substantiam dicatur, Aug. ostendit in lib. 7 de Trin. dicens, c. 6: Non est aliud Deo esse, aliud personam esse, sed omnino idem. Item in hac Trinitate, cum dicimus personam Patris, non aliud dicimus quam substantiam Patris. Quocirca ut substantia Patris ipse Pater est, non quo Pater est, sed quo est, ita et persona Patris, non aliud quam ipse Pater est. Ad se quippe dicitur persona, non ad Filium vel Spiritum sanctum, sicut ad se Deus dicitur et magnus, et bonus, et justus, et hujusmodi. Et quemadmodum hoc illi est esse, quod Deum esse, quod magnum esse, quod bonum esse, ita hoc est illi esse, quod personam esse. Ecce expresse habes quod persona secundum substantiam dicitur; ut cum dicitur: Pater est persona, hic sit sensus: Pater est divina essentia. Similiter cum dicitur: Filius est persona, Spiritus sanctus est persona, id est, essentia divina.

Cur Pater et Filius et Spiritus sanctus non dicantur una persona, ut una substantia, et unus Deus.

3. Ideo oritur hic quæstio difficilis quidem, sed non inutilis, qua quæritur cur non dicuntur hi tres una persona, sicut una essentia, et unus Deus. Quam quæstionem Aug. diligenter tractat, atque congrue explicat in lib. 7 de Trin. ita dicens, cap. 6: Cur ergo hæc tria simul unam personam dicimus, sicut unam essentiam, et unum Deum, sed dicimus tres personas, cum tamen tres deos aut tres essentias non dicamus? Quia volumus vel unum aliquod vocabulum servare huic significationi qua intelligitur Trinitas, ne omnino taceamus interrogati quid tres essent, cum tres esse fateamur. Cum ergo quæritur quid tres, ut ait Aug. in lib. 5 de Trin., c. 9, magna prorsus inopia humanum laborat eloquium: dictum est tamen tres personæ, non ut illud diceretur, sed ne taceretur omnino. Non enim rei ineffabilis eminentia hoc vocabulo explicari valet. Ecce ostendit qua necessitate dicatur pluraliter personæ, videlicet ut hoc uno nomine quærentibus de tribus respondeamus.

Qua necessitate dictum sit tres personæ a Latinis, et a Græcis tres hypostases vel substantiæ.

4. Qua necessitate non solum Latinus sermo, sed etiam Græcus eadem pene super hac re laborans nominum penuria coarctatur Unde Aug. quid à Græcis vel Latinis necessitate de ineffabili Trinitate dictum sit aperiens, in lib. 7 de Trin. ait, c. 4: Loquendi causa de ineffabilibus, ut fari aliquo modo possemus dictum est a Græcis, una essentia, tres substantiæ, id est, una usia tres hypostases. Aliter enim Græci accipiunt substantiam quam Latini. A Latinis autem dictum est, una essentia vel substantia, tres personæ, quia non aliter in sermone nostro, id est, Latino, essentia quam substantia solet intelligi. Et ut intelligatur saltem in ænigmate, placuit ita dici, ut cum quæreretur quid tria sunt, aliquid diceretur; quæ tria, tria esse fides vera pronuntiat, cum et Patrem non dicit esse Filium, et Spiritum sanctum, scilicet donum Dei, nec Patrem dicit esse nec Filium. Cum ergo quæritur quid tria vel quid tres, conferimus nos ad inveniendum aliquod nomen, quo complectamur hæc tria. Neque occurrit animo, quia supereminentia divinitatis, usitati eloquii facultatem excedit. Verius enim cogitatur Deus quam dicitur; et verius est quam cogitatur.

Quid hoc nomine tres significetur.

5. Pater ergo, et Filius, et Spiritus sanctus, quoniam tres sunt, quid tres sint quæramus, quid commune habeant. Non enim possunt dici tres patres, quia tantum Pater ibi Pater est; nec tres filii, cum nec Pater ibi sit Filius, nec Spiritus sanctus; nec tres Spiritus sancti, quia Spiritus sanctus propria significatione, qua donum Dei dicitur, nec Pater est, nec Filius. Quid ergo tres? Si tres personæ esse dicuntur, commune est eis id quod persona est. Certe enim quia Pater est persona, et Filius est persona, et Spiritus sanctus est persona, ideo tres personæ dicuntur. Propterea ergo dicimus tres personas, quia commune est eis id quod persona est. Ex prædictis aperte potest qua necessitate dictum sit a Latinis tres personæ, cum persona secundum substantiam dicatur. Unde et tribus commune est id quod persona est, id est, hoc nomen persona.

Quare non dicimus tres Deos esse, Patrem, et Filium, et Spiritum sanctum, ut dicimus tres personas, cum id quod Deus est sit eis commune, quia Pater est Deus, et Filius est Deus, et Spiritus sanctus est Deus.

6. Sed quæritur hic, cum dicamus Patrem et Filium et Spiritum sanctum esse tres personas, quia commune est eis id quod persona est, id est, quia Pater est persona, et Filius est persona, et Spiritus sanctus est persona, cur non dicamus similiter tres deos, cum et Pater sit Deus, et Filius sit Deus, et Spiritus sanctus sit Deus. Quia scilicet illud Scriptura contradicit; hoc autem, etsi non dicit, non tamen contradicit, unde Aug., hanc movens quæstionem atque definiens, in lib. 7 de Trin., cap. 4, ait: Si ideo dicimus Patrem et Filium et Spiritum sanctum esse tres personas, quia commune est eis id quod persona est, cur non etiam tres deos dicimus? Certe, ut prædictum est, quia Pater est persona, et Filius est persona, et Spiritus sanctus est persona, ideo tres personæ dicuntur. Quia ergo Pater est Deus et Filius est Deus, et Spiritus sanctus Deus, cur non dicuntur tres dii? Ecce proposuit hanc quæstionem; attende quid respondeat, subdens: An ideo non dicuntur tres dii, quia Scriptura non dicit tres deos? Sed nec tres personas alicubi Scripturæ textus commemorat. An ideo licuit loquendi et disputandi necessitate tres personas dicere, non quia Scriptura dicit, sed quia Scriptura non contradicit? Si autem diceremus tres deos, contradiceret

Scriptura, dicens, Deut, 6: *Audi, Israel, Deus tuus Deus unus est*. Ecce absolutio quæstionis, quare potius dicamus tres personas quam tres deos; quia scilicet illud non contradicit Scriptura.

Alia quæstio, cur non dicimus tres essentias, ut tres personas, cum Scriptura non contradicat.

7. Verum et hic alia emergit quæstio, quam August. consequenter annectit dicens, lib. et cap. eisdem: Cur et *tres essentias* non licet dicere, quod similiter Scriptura sicut non dicit, ita non contradicit? At si dicis quod propter unitatem Trinitatis non dicuntur *tres essentiæ*, sed una essentia, quæro cur non propter eamdem unitatem Trinitatis dicantur una persona, et non tres personæ. Ut enim est illis commune nomen essentiæ, ita ut singulus quisque dicatur essentia, sic illis commune est *personæ* vocabulum. Quid igitur restat, nisi ut fateamur loquendi necessitate a Græcis et Latinis parta hæc vocabula adversus insidias vel errores hæreticorum? Cumque conaretur humana inopia loquendo proferre ad hominum sensus quod in secretario mentis de Deo tenet, sive per piam fidem, sive per qualemcumque intelligentiam, timuit dicere tres essentias, ne intelligeretur in illa summa æqualitate ulla diversitas. Rursum non poterat dicere non esse tria quædam, quod quia dixit Sabellius, in hæresim lapsus est. Quæsivit ergo quid tria diceret, et dixit tres personas sive tres substantias secundum Græcos. *Sicut nos dicimus tres personas, ita Græci tres substantias, quas dicunt,* hypostases, *aliter accipientes substantiam quam nos.*

8. Quod enim de personis secundum nostram, hoc de substantiis secundum consuetudinem Græcorum oportet intelligi. Sic enim illi dicunt tres substantias unam essentiam, id est, tres hypostases unam usiam, quemadmodum nos dicimus tres personas unam essentiam vel substantiam. Quanquam et illi, si vellent sicut dicunt tres substantias tres hypostases, possent dicere tres personas, tria πρόσωπα. Illud autem maluerunt dicere, quia fortasse secundum linguæ consuetudinem aptius dicitur.

Quod in Trinitate non est diversitas, nec singularitas, vel solitudo; sed unitas, et Trinitas, et distinctio, et identitas.

9. Jam sufficienter, ut puto, ostensum est qua necessitate dicamus tres personas, et quare non similiter tres deos vel essentias; quia scilicet in altero obviat Scriptura, in altero diversitatis intelligentia, quia ibi nulla penitus est diversitas, sicut nec singularitas vel solitudo, sed unitas et Trinitas. Unde Aug., in lib. 7 de Trin., cap. 4, ait: Humana inopia quærens quid diceret tria, dixit tres personas vel substantias. Quibus nominibus non diversitatem voluit intelligi sed singularitatem noluit; ut non solum ibi unitas intelligatur ex eo quod dicitur una essentia, sed Trinitas, ex eo quod dicuntur tres personæ. Hilarius quoque, in lib.7 de Trin., non longe a fine, ait: Dominus dicit, Joan. 4. *Qui me videt, videt et Patrem.* Cum hoc dicitur, excluditur singularitas, atque unici, id est, solitarii intelligentia. Nam nec solitarium sermo significat, et indifferentem tamen naturam professio docet. Visus est enim in Filio Pater per naturæ unitam similitudinem. Unum sunt enim natus et generans; unum sunt, neque unus. Non itaque solitarius Filius est, nec singularis, nec dispar. Item in eodem: Sicut in Patre et Filio credere duos deos impium est, ita Patrem et Filium singularem Deum prædicare, sacrilegum est. Nihil in his novum, nihil diversum, nihil alium, nihil separabile est. De hoc etiam Aug., in libro Quæstionum veteris ac novæ legis, tom. 4, quæst. 122, libro 5, c. 2, circa finem, ait: Unus est Deus, sed non singularis. Item Ambros., in libr. de Fide, ubi unum esse substantiæ, separari non potest; et si non sit singularitatis, sed unitatis Deus, unus cum dicitur nequaquam deitatis Trinitatem excludit; et ideo non quod singularitatis, sed quod unitatis est prædicatur. Ecce ex prædictis ostenditur quia nec singularis, nec diversus nec unicus, vel solitarius confitendus est Deus,

quia singularitas vel solitudo personarum pluralitatem excludit, et diversitas unitatem essentiæ tollit. Diversitas inducit separationem divinitatis, singularitas adimit distinctionem Trinitatis. Ideo Ambros., in lib. 2 de Fide, cap. 2, ait: Non est diversa nec singularis æqualitas, nec, juxta Sabellianos, Patrem Filiumque confundens; nec, juxta Arianos, Patrem Filiumque secernens. Pater enim et Filius distinctionem habent, separationem vero non habent. Item in eodem: Pater et Filius divinitate sunt unum, nec est ibi substantiæ differentia, nec ulla diversitas; alioquin quomodo unum Deum dicimus? diversitas enim plures facit. Constat ergo ex prædictis quia in Trinitate nulla est diversitas: si tamen aliquando in Scriptura invenitur dictum, tres diversæ personæ, et hujusmodi, diversas dicit distinctas.

Quod non debet dici Deus multiplex.

10. Et sicut in Trinitate non est diversitas, ita nec multiplicitas: et ideo non est dicendus Deus multiplex, sed Trinus et simplex. Unde Ambros., in lib.1 de Fide, ait, cap. 2: Est in Patre et Filio non discrepans, sed una divinitas; nec confusum quod unum est, nec multiplex esse potest quod indifferens est. Multiplex itaque Deus non est.

DISTINCTIO XXIV.

QUID SIGNIFICETUR HIS NOMINIBUS UNUS VEL UNA, DUO VEL DUÆ, TLES VEL TRIA, TRIDUS VEL TRINITAS, PLURES VEL PLURALITAS, DISTINCTIO VEL DISTINCTÆ, CUM HIS UTIMUR DE DEO LOQUENTES.

1. Hic diligenter inquiri oportet, cum in Trinitate non sit diversitas vel singularitas, nec multiplicitas vel solitudo, quid significetur his nominibus, scilicet *unus* vel *una, duo* vel *duæ, tres* vel *tria, trinus* vel *trinitas, plures* vel *pluralitas, distinctæ* vel *distinctio*; cum dicitur, *unus Deus, duæ personæ,* vel *tres personæ, plures personæ, distinctæ sunt personæ,* vel cum dicitur, *distinctio personarum, pluralitas personarum, trinitas personarum,* et hujusmodi. Videmus enim hoc dicentes, numerorum quantitates, et rerum multitudinem vel multiplicitatem in Deo ponere. Quid ergo ista ibi significent, ipso de quo loquimur aperiente, insinuare curemus.

Magis illa dicuntur ad excludendum ea quæ non sunt in Deo, quam ad ponendum aliqua.

2. Si diligenter præmissis auctoritatem verbis intendimus, ut dictorum intelligentiam capiamus, magis videtur horum verborum usus introductus ratione removendi atque excludendi a simplicitate deitatis quæ ibi non sunt, quam ponendi aliqua.

Quid per unum significetur cum dicitur, unus Deus.

3. Cum enim dicitur, *unus Deus,* multitudo deorum excluditur, nec numeri quantitas in divinitate ponitur: tanquam diceretur: Deus est, nec multi sunt vel plures dii. Unde Ambros., in lib. de Fide, ait, lib. 1, cap. 2: Cum unum dicimus Deum, unitas excludit numerum deorum: nec quantitatem in Deo ponit, quia nec numerus nec quantitas ibi est.

Quo sensu dicitur: *Unus est Pater, vel unus est Filius.*

4. Similiter cum dicitur: Unus est Pater, vel unus est Filius, et hujusmodi, ratio dicti hæc est, quod non sunt multi patres, vel multi filii, ita et de similibus. Item cum dicimus plures esse personas, singularitatem atque solitudinem excludimus, nec diversitatem nec multiplicitatem ibi ponimus, quasi diceretur: Sine solitudine ac singularitate personas confitemur. Unde Hilarius in lib. 4 de Trin. sic ait: Dixit Deus: *Faciamus hominem ad imaginem, et similitudinem nostram.* Quæro nunc an solum Deum sibi locutum existimes, an hunc sermonem ejus intelligas an alterum extitisse. Si solum fuisse dicis, ipsius voce argueris, dicentis: *Faciamus et nostram.* Sustulit enim singularitatis ac solitudinis intelligentiam professio consortii, quia aliquod consortium esse non potest ipsi solitario, neque solitudo solitarii recipit *faciamus*; nec alieno a se diceret, *nostram.* Attende, lector, his verbis, et vide quia nomine consortii pluralitatem signifi-

cavit; professio ergo consortii, est professio pluralitatis;quam professus est dicens:*Faciamus* et *nostrum*, pluraliter enim utrumquo dicitur.Sed hacprofessione pluralitatis nondiversitatem vel multitudinem posuit sed solitudinem et singularitatem negavit. Sic ergo cum dicimus plures personas vel pluralitatem personarum, singularitatis et solitudinis intelligentiam excludimus.

Quid per ternarium significetur cum dicitur tres personæ.

5. Ita etiam cum dicimus *tres personas*. nomine ternarii non quantitatem numeri in Deo ponimus, vel aliquam diversitatem ad intelligentiam non ad alium nisi ad Patrem et Filium et Spiritum sanctum dirigendam significamus,ut sit hujus dicti intelligentia: Tres personæ sunt, vel tres sunt, Pater, et Filius, et Spiritus sanctus; id est, nec tantum Pater, nec tantum Filius; nec tantum Pater et Filius in deitate sunt, sed etiam Spiritus sanctus, et non alius ab his.Similiter, non tantum est ibi hæc persona, vel illa, vel hæc et illa, sed hæc et illa, et illa, et non alia. Et hoc forte ita intelligendum August. satis ostendit, ubi dicit quod illo nomine non diversitatem intelligi voluit, sed singularitatem noluit.

Quid per duo, cum dicitur, duæ personæ, *vel* Pater et Filius duo sunt.

6. Similiter cum dicitur: *Duo sunt Pater et Filius*, non dualitatis quantitatem ibi ponimus, sed hoc significamus quod non est tantum Pater nec tantum Filius, sed Pater et Filius, et hic non est ille; ita et de aliis hujusmodi.Ita etiam cum dicimus: Pater et Filius sunt duæ personæ,hocsignificamus,quod non tantum Pater est persona,nec tantum Filius est persona, sed Pater est persona, et Filius est persona, et hæc non est illa.

Ex quo sensu dicitur in personis distinctio, *vel* personæ distinctæ.

7. Cum autem dicimus,distinctæ personæ vel distinctio est in personis, confusionem atque permixtionem excludimus, et hanc non esse illam significamus. Cumque addimus. *Distinctæ sunt personæ proprietatibus sive differentes proprietatibus,* aliam esse hanc personam,et aliam illam suis proprietatibus significamus.Et cum dicimus, *aliam et illam*, non diversitatem vel alienationem ibi ponimus, sed confusionem Sabellianam excludimus.

Quomodo ibi accipiatur discretio.

8. Ita et cum dicuntur discretæ personæ, vel cum dicitur *discretio in personis est ve*, eamdem intelligentiam facimus. Eodem enim modo ibi accipitur discretio, quo distinctio. Et congre dicitur ibi esse discretio vel distinctio,non diversitas, vel divisio sive separatio; unde Ambr, in lib. 1 de Trin: Non est ipse Pater qui Filius, sed inter Patrem et Filium expressa distinctio est.

Quomodo Trinitas *ibi accipiatur.*

9. Cum vero dicitur *Trinitas*, id significari videtur quod significatur cum dicitur, *tres personæ*; ut sicut non potest dici Pater est tres personæ, vel Filius est tres personæ, ita non debet dici: Pater est Trinitas. vel Filius est Trinitas.

Hoc videtur contrarium esse prædictis.

10. Hic non est prætermittendum quod cum supra dictum sit Deum nec singularem nec multiplicem esse confitendum,id que sanctorum auctoritatibus sit confirmatum, in contrarium videtur sentire Isidor,dicens: Distinguendum est inter Trinitatem et unitatem: est enim unitas simplex et singularis, Trinitas vero multiplex et numerabilis; quia Trinitas est trium unitas. Ecce unitatem dicit esse singularem,et Trinitas multiplicem et numerabilem. Sed ad hoc dicimus, quia singularem accepit sicut et alii accipiunt unum; multiplicem vero et numerabilem sicut alii dicunt trinum.

DISTINCTIO XXV.

QUID SIGNIFICATUR CUM DICITUR PLURALITER, TRES PERSONÆ, VEL DUÆ PERSONÆ.

1. Præterea considerandum est, cum hoc nomen persona(ut prædictum est)secundum substantiam dicatur, quæ sit intelligentia dicti cum pluraliter profertur,tres personæ vel duæ personæ; et cum dicitur, *alia est persona Patris, alia est persona Filii, alia est persona Spiritus sancti*. Si enim in his locutionibus *personæ* vocabulum essentiæ intelligentiam facit,plures essentias confiteri videmus, et ita plures Deos. Si vero essentiæ significationem ibi non tenet,alia est hujus nominis ratio cum dicitur: *Pater est persona*,vel *Filius est persona* ;et alia cum dicitur: *Pater et Filius et Spiritus sanctus sunt tres personæ*;et cum dicitur: *Alia est persona Patris, alia Filii* et hujusmodi.

Quod videtur secundum essentiam dici : Alia est persona Patris, alia Filii, *sive* tres personæ, *ut cum dicitur :* Pater est persona, Filius est persona.

2. Persona enim, ut supra ait Aug.,ad se dicitur, et idem est Deo esse personam quod esse, sicut idem est ei esse,quod Deum esse.Unde manifeste colligitur quod essentiam divinam prædicamus dicentes :*Pater est persona,Filius est persona, Spiritus sanctus est persona,* id est, essentia divina : et omnino unum et idem significabitur nomine personæ,id est,essentia divina, cum dicitur: *Pater est persona*, et *Filius est persona*,quod significabitur nomine Dei,cum dicitur : *Pater est Deus, Filius est Deus*. Ita etiam idem significatur cum dicitur : *Deus est Deus*,et *Deus est persona*. Utroque enim nomine essentia divina intelligitur, quia utrumque secundum substantiam dicitur.Cum vero dicitur: *Pater et Filius et Spiritus sanctus sunt tres personæ*, quid nomine *personæ* significamus? an essentiam ?hoc enim videtur, si supra posita verba Aug.diligenter scrutemur.Supra enim dixit quod ideo tres personas dicimus,quia id quod persona est commune est tribus;et item,quia Pater est persona, et Filius est persona, et Spiritus sanctus est persona, ideo tres personæ dicuntur. Videtur ergo eamdem tenere significationem hoc nomen persona, cum dicitur: Tres personæ,quam habet cum dicitur :*Pater est persona, Filius est persona, Spiritus sanctus est persona*, quia,ut ostendit Aug.,hoc dicitur, *tres personæ*, propter illud, quia id quod persona est, commune est eis.Id ergo quod commune est eis,id est,Patri,et Filio,et Spiritui sancto,videtur significari nomine personæ, cum dicitur, *tres personæ*.

Aliter etiam videtur posse ostendi quod secundum essentiam dicatur etiam cum pluraliter profertur.

3. Aliter etiam videtur posse ostendi quod ibi nomine *personæ* significetur essentia cum dicitur, *tres personæ*. Ut enim supra dixit Aug., ea necessitate dicimus *tres personas*, ut responderemus quærentibus *quid tres* vel *quid tria*. Cum ergo quæritur *quid tres* vel *quid tria*, convenienter respondetur cum dicitur,*tres personæ*.At cum quæritur *quid tres* vel *quid tria* per *quid* de essentia quæritur.Non enim invenitur quid illi tres sint nisi essentia.Si ergo quæstioni recte respondemus, oportet ut respondendo essentiam significemus ; alioquin non ostendemus quid tres sint.Si vero respondentes, essentiam significamus,ipsam essentiam *personæ* nomine intelligimus cum dicitur, *tres personæ*.

Opinio quorumdam qui putant essentiam significari nomine personæ, cum dicimus tres personas.

4.Quibusdam videtur quod nomine personæ significetur essentia cum dicitur, *tres personæ*, propterea quia Aug. dicit lib. 7 de Trin., c. 6, ideo dici tres personas,quia commune est eis id quod est persona, ut sit talis intelligentia : Pater et Filius et Spiritus sanctus sunt tres personæ, id est, sunt tres id habentes commune quod est persona,id est, tres sunt quorum quisque est persona, id est, essentia. Sed quomodo juxta hanc intelligentiam dicetur: Alia est persona Patris, alia Filii ?Et hoc etiam ita voluntintelligere, scilicet alius est Pater, et alius est Filius, et tamen commune habentes quod est persona. Et hoc confirmant auctoritate Aug. qui in libro 7 de Trin.ait cap.1 : *Tres personas* ejusdem essentiæ, vel *tres personas* unam essentiam dicimus ;tres autem personas ex eadem essentia non dicimus : quasi aliud ibi sit quod essentia est, aliud quod persona est. Hac auctoritate et præmissis conantur asserere in prædictis locutionibus nomen personæ essentiam significare. Sed quid respondebunt ad id quod ipse Aug. in lib. de Fide ad Petrum dicit, scilicet quod alius est Pater in persona sive personaliter, alius personaliter Filius, alius personaliter Spiritus sanctus? Quomodo enim alius personaliter Pater, alius personaliter Filius, alius personaliter Spiritus sanctus, si in esse personam omnino conveniunt, id est, si persona essentiæ tantum intelligentiam facit? ideo nobis videtur aliter hoc posse dici congruentius juxta catholicorum doctorum auctoritates.

Quod hoc nomen persona *tripliciter in Trinitate accipitur ; et hæc est utilis et catholica doctrina de persona et personis.*

5. Sciendum est igitur quod nomen *persona* multiplicem intelligentiam facit, non unam tantum, Et ut Hilar. ait, in lib. 4 de Trin., in medio : Intelligentia dictorum ex causis est assumenda dicendi, quia non sermoni res, sed rei sermo subjectus est. Discernentes ergo dicendi causas hujus nominis, scilicet persona, significationem distinguimus, dicentes quod hoc nomen, scilicet persona, proprie secundum substantiam dicitur, et essentiam significat, sicut supra ostendit Aug., cum dicitur in dist. 23: Deus est persona, Pater est persona. Quadam tamen necessitate, ut supra dixit Aug., translatum est hoc nomen, ut pluraliter diceretur tres personæ, cum quæreretur, quid tres, vel quid tria ; ubi non significat essentiam, id est, naturam divinam quæ communis est tribus personis, sed substantias vel hypostases secundum Græcos. Græci quippe, ut supra dicit Aug. (ibidem, est lib. 7 de Trin. c. 4), aliter accipiunt substantiam, id est, hypostasim, aliter nos. Nos enim substantiam dicimus essentiam sive naturam. Personas autem dicimus sicut illi dicunt substantias, id est, hypostases. Sic ergo nos ita accipimus personas, ut alii accipiunt substantias, vel hypostases; at illi aliter accipiunt hypostases, quam nos substantiam; aliter ergo nos accipimus personas quam substantiam. Cum ergo dicimus tres personas, non ibi personæ nomine essentiam significamus Quid ergo tres personas dicimus? Dicimus, quia tres personæ sunt, id est, tres substantiæ, scilicet tres entes ; pro quo Græci dicunt tres hypostases.

Ostendit verba Augustini convenire huic sententiæ.

6. Et hic sensus adjuvatur ex verbis Aug. præmissis, si interius intelligantur. Quia enim Pater est persona, id est, essentia, et Filius persona, et Spiritus sanctus persona, ideo dicuntur tres personæ, tres substantiæ, tres entes. Non enim possunt dici tres substantiæ vel entes, nisi singuli eorum esset persona, id est, essentia. Quia ergo eis commune est id quod est persona, id est, essentia, ideo recte dicuntur tres personæ, id est, subsistentiæ vel subsistentes, ut sicut essentia, quæ est is communis, vere ac proprie subsistentiæ vel entes intelligantur. Ideoque Aug., causas dictorum discernens, dicit tres personas esse unam essentiam vel ejusdem essentiæ, non ex eadem essentia ; ne aliud intelligatur ibi esse persona, aliud essentia ; tres enim personæ, id est, substantiæ una sunt essentia et unius essentiæ, non autem sunt una persona vel unius personæ ; licet persona secundum substantiam dicatur aliquando ; nam si hoc diceretur, confusio fieret in personis.

Objectioni illorum hic respondet, qua nituntur probare personas secundum essentiam accipi, quia respondemus quærentibus quid tres, vel quid tria.

7. Ad hoc autem quod illi dicunt, cum quæritur quid tres vel tria, de essentia quæritur, quia non invenitur quid illi tres sunt nisi essentia; per hoc volentes nos inducere ut nomine personæ essentiam intelligamus, cum respondemus tres personas; ita dicimus indubitabiliter verum est quia non invenitur unum aliquid quod illi tres sint, nisi essentia. Unum enim

sunt illi tres, id est, essentia divina, unde Veritas ait Joan. 10 : *Ego et Pater unum sumus.* Verumtamen cum quæritur quid tres vel quid tria, non de essentia quæritur, nec ibi *quid* ad essentiam refertur. Sed cum fides catholica tres esse profiteretur, sicut Joannes in Epistola I canonica, c. 5, ait : *Tres sunt qui testimonium perhibent in cœlo,* quærebatur quid illi tres essent, id est, an essent tres res, et quæ tres res, et quo nomine illæ tres res significarentur. Et ideo loquendi necessitate inventum est hoc nomen persona ad respondendum, et dictum est tres personæ.

Quid tres res, et quid una res hic dicitur.

8. Non autem te moveat quod dicimus tres res. Non enim hoc dicentes diversarum rerum numerum ponimus in Trinitate, sed ita tres res dicimus, ut easdem esse unam quamdam summam rem confiteamur. Unde Aug., in lib. 1 de Doctr. Christ., cap. 3, in tom. 3, sic ait : Res quibus fruendum est, nos beatos faciunt, res ergo quibus fruendum est sunt Pater et Filius et Spiritus sanctus. Eademque Trinitas una quædam summa res est, communisque fruentibus ea, si tamen res et non rerum omnium causa sit. Non enim facile potest inveniri nomen quod tantæ excellentiæ conveniat : nisi quod melius dicitur Trinitas hæc unus Deus. Sicut ergo tres res dicuntur, et hæ sunt una res, ita tres substantiæ dicuntur, et hæ sunt una essentia. Ecce ostensum est quæ sit intelligentia hujus nominis *persona,* cum dicimus tres personas.

Ex quo sensu dicatur : Alia est persona Patris, alia Filii, alia Spiritus sancti.

9. Nunc inspiciamus utrum secundum eamdem rationem et causam dicatur : Alia est persona Patris, alia Filii, alia Spiritus sancti. Quod utique sane intelligi potest ut sit sensus talis : Alia est subsistentia vel hypostasis Patris, alia subsistentia Filii, alia subsistentia Spiritus sancti ; et : Alia subsistentia Pater alia Filius, alia Spiritus sanctus.

Quomodo hæc intelligantur, alius in persona Pater, alius Filius, alius Spiritus sanctus.

10. Deinde quæritur utrum secundum eamdem rationem accipiatur cum dicitur : Alius est Pater in persona; alius in persona Filius, alius in persona Spiritus sanctus; sive: Alius personaliter Pater, alius personaliter Filius, alius personaliter Spiritus sanctus. Ad quod dicimus quia etsi possit eodem modo accipi, congruentius tamen ex ratione dicti alia variatur intelligentia, ut hic personæ nomine proprietas personæ intelligatur ; ut sit sensus talis : Alius est in persona vel personaliter Pater, id est, proprietate sua Pater alius est quam Filius, et Filius proprietate sua alius quam Pater. Paternali enim proprietate distinguitur hypostasis Patris ab hypostasi Filii ; et hypostasis Filii filiali proprietate discernitur a Patre: et Spiritus sanctus ab utroque processibili proprietate distinguitur.

Quomodo secundum hunc modum etiam in prædictis locutionibus potest accipi.

11. Hoc etiam modo sane potest accipi persona in præmissis locutionibus cum dicitur : Alia est persona Patris, alia Filii, id est, alia est proprietas qua Pater est Pater, alia qua Filius est Filius, alia qua Spiritus sanctus est Spiritus sanctus. Ita enim nomine personæ quidam proprietatem intelligere volunt, cum dicuntur tres personæ; sed melius est ut subsistentias vel hypostases intelligamus, cum dicimus tres personas. Ex prædictis colligitur quod nomen *personæ* in Trinitate triplicem tenet rationem. Est enim ubi facit intelligentiam essentiæ, et est ubi facit intelligentiam hypostasis, et est ubi facit intelligentiam proprietatis.

Auctoritatibus sanctorum ostendit quod dixit.

12. Quod autem secundum substantiam dicatur, et essentiam aliquando significet, supra ex dictis Aug. aperte ostendimus. Quod vero pro hypostasi atque proprietate accipiatur, ex auctoritatibus sanctorum ostendi oportet, ne conjecturis nostris aliquid ausi

dicere videamur. De hoc Hieron. in Expositione fidei catholicæ ad Damasum ita ait: Non est prorsus aliquis in Trinitate gradus, nihilque quod inferius superiusve dici possit; sed tota divinitas sui perfectione æqualis est, ut exceptis vocabulis, quæ proprietatem indicant personarum, quidquid de una persona dicitur, de tribus possit dignissime intelligi. Atque ut confutantes Arium, unam eamdemque Trinitatis dicimus esse essentiam vel substantiam, et Deum unum in tribus personis fatemur; ita etiam impietatem Sabellii declinantes, tres personas expressas sub proprietate distinguimus: non ipsum sibi Patrem, ipsum sibi Filium, ipsum sibi Spiritum sanctum esse dicentes, sed aliam Patris, aliam Filii, aliam Spiritus sancti esse personam. Non enim nomina tantummodo, sed etiam nominum proprietates, id est, personas, vel, ut Græci exprimunt, *hypostases*, id est, subsistentias confitemur. Nec Pater Filii vel Spiritus sancti personam aliquando excludit, nec Filius vel Spiritus sanctus Patris nomen personamque recipit; sed Pater semper Pater, et Filius semper Filius, et Spiritus sanctus semper Spiritus sanctus. Itaque substantia unum sunt, sed personis ac nominibus distinguuntur. Ecce enim aperte dicit Hieron. proprietates esse personas, et personas esse substantias. Unde manifestum fit quod diximus, scilicet *personæ* nomine significari et hypostasim et proprietatem. Joannes etiam Dam. personas dicit esse hypostases ; et eas dicit entes, ita inquiens, lib. 1 de Fid. orthod.: In deitate unam naturam confitemur, et tres hypostases secundum veritatem entes, id est, personas.

DISTINCTIO XXVI.
DE PROPRIETATIBUS PERSONARUM, SED PRIUS DE HOC NOMINE HYPOSTASIS.

1. Nunc de proprietatibus personarum, quas frequenter in hoc tractatu commemoravimus, aliquid loqui nos oportet. Sed primum audiamus quid de hoc nomine *hypostasis* Hieron. dicit: ait enim sub hoc nomine venenum latere; sed hoc dicit secundum quod hæretici eo utebantur ut simplices seducerent, scilicet pro persona et pro essentia, ut sive diceretur una tantum hypostasis, sive tres, minus peritos ad inconveniens deducerent, cum non erat hoc nomen ita apud Catholicos vulgatum, nec ita ejus significatio determinata ut modo. Et ideo Hieron. dicit hoc nomine non utendum fore sine distinctione vel expositione, tunc scilicet quando cum hæreticis contendebatur, ita scribens de fide catholica ad Damasum papam : Ab Arianorum præsule, *hypostasion* novellum nomen a me homine Romano exigitur ; interrogamus quid tres hypostases arbitrentur intelligi? tres personas subsistentes aiunt. Respondemus nos ita credere. Non sufficit eis sensus; ipsum nomen efflagitant, quia nescio quid veneni in syllabis latet. Clamamus : Si quis tres hypostases, id est, tres subsistentes personas non confitetur, anathema sit. Si quis autem hypostasim usiam intelligens, non tribus personis unam hypostasim indicit, alienus a Christo est; qui scilicet tres hypostases dicens, sub nomine pietatis tres naturas conatur asserere. Sufficiat nobis dicere unam substantiam et tres personas perfectas æquales ; taceamus hypostases, si placet. Nomen hoc non bonæ suspicionis est, cum in eodem verbo sensus dissentiunt. Aut si rectum putatis, tres hypostases cum interpretationibus suis debere nos dicere, non negamus. Sed mihi credite, venenum sub melle latet. *Transfigurat enim se angelus Satanæ in Angelum lucis* ; 2 ad Corinth. 11. His verbis non negat utendum esse nomine *hypostasis*, sed hæreticos eo prave usos ostendit : contra quos cautela opus erat in distinctione significationis ; alioquin sibi contradiceret, qui supra tres hypostases confitetur.

De proprietatibus personarum, et de nominibus earum relativis.

2. Jam de proprietatibus personarum videamus, quæ etiam notiones sive relationes in Scriptura plerumque dicuntur, in illa sancta Trinitate ; quæ ideo a nobis repetitur, ut cordi nostro tenacius infigatur. Ait Augustinus in libro de Fide ad Petrum, cap. 10, in fine: Aliud est genuisse quam natum esse ; aliudque est procedere quam genuisse vel natum esse. Unde manifestum est quod alius est Pater, alius Filius, alius Spiritus sanctus. Et est proprium solius Patris, non quia non est natus ipse, sed quia unum Filium genuerit; propriumque solius Filii, non quia ipse non genuit, sed quia de Patris essentia natus est; proprium vero Spiritus sancti est, non quia nec natus est ipse nec genuit, sed quia solus de Patre Filioque procedit. Ecce breviter assignavit tres proprietates trium personarum, quarum una nomen alia: Hoc enim significavit cum dixit: *Aliud est genuisse quam natum esse* ; *aliudque procedere*, id est, alia proprietas sive notio est generatio, et alia nativitas, alia processio, quæ aliis nominibus dicuntur paternitas, filiatio. Has proprietates designant nomina personarum, scilicet *Pater, Filius, et Spiritus sanctus*, quæ relativa sunt, et ad se invicem dicuntur, quia notant relationes quæ non sunt Deo accidentales, sed in ipsis personis ab æterno sunt immutabiliter ; ut non modo appellationes sint relativæ, sed etiam relationes sive notiones in rebus ipsis, scilicet in personis, sint.

Quod non omnia quæ de Deo dicuntur, secundum substantiam dicuntur : quædam enim secundum relationem dicuntur, nihil tamen secundum accidens.

3. Quocirca sciendum est non omne quod dicitur de Deo, dici secundum substantiam, quia quædam dicuntur secundum relationem, quæ non est accidens, quia non est mutabilis. Unde August., in lib. 5 de Trin., ait, c. 5 : Nihil in Deo secundum accidens dicitur, quia nihil ei accidit. Nec tamen omne quod dicitur, secundum substantiam de Deo dicitur. Et lib. eod., cap. 4 : In rebus creatis atque mutabilibus quod non secundum substantiam dicitur, restat ut secundum accidens dicatur. In Deo autem nihil quidem secundum accidens dicitur, quia nihil in eo mutabile est aut amissibile, nec tamen omne quod dicitur de Deo, secundum substantiam dicitur ; dicitur enim ad aliquid, sicut Pater ad Filium, et Filius ad Patrem, quod non est accidens ; quia et ille semper est Pater, et ille semper est Filius, et ita semper, quia semper natus est Filius, secundum accidens diceretur. Et quia Pater non dicitur Pater nisi ex eo quod est ei Filius, et Filius non dicitur Filius, nisi ex eo quod habet Patrem, non secundum substantiam hæc dicuntur, sed ad invicem ista dicuntur ; neque tamen secundum accidens, quia et quod dicitur Pater, et quod dicitur Filius, et æternum atque incommutabile est eis. Ecce aperte his verbis ostenditur quædam dici de Deo secundum substantiam, quædam secundum relationem, nihil tamen secundum accidens. Ostenditur etiam proprietas Patris esse quod habet Filium, et proprietas Filii, quod habet Patrem. Ideoque cum dixerit æternum et incommutabile esse quod Pater dicitur, et quod Filius dicitur, ita intelligi voluit, id est : proprietas qua Pater est Pater, et proprietas qua Filius est Filius, æterna est et immutabilis, quia et Pater semper Pater, et Filius semper Filius. Unde et Hilarius, proprietates personarum assignans, in lib. 12 de Trin., ait in medio libri: Si semper Patri proprium est quod semper est Pater, necesse est semper Filio proprium esse quod semper est Filius. Ubi enim semper Pater est, semper et Filius est ; ergo qui non semper Pater est, non semper genuit. Item in eodem, paulo ante medium : Nato Deo manifestum est proprium esse quod Filius est.

Quare dicatur esse proprium unigeniti quod Filius est Dei, cum etiam homines sint filii Dei.

4. Hic quæritur quomodo dicatur proprium nato Deo quod est Dei Filius vel genitus ex Deo, cum etiam homines filii Dei dicantur et sint, secundum illud psal. 81 : *Filii Excelsi omnes*. Et ad Moysen de populo

Israel Dominus ait, Exod. 4 : *Filius meus primogenitus Israel.* Sed magna est distantia. Homines enim filii Dei sunt factura, non nativitatis proprietate ; Deus autem Filius originis proprietate Filius est et veritate nativitatis, non factura vel adoptione ; et illi quidem ante sunt quam filii Dei sunt. Fiunt enim filii, non nascuntur filii Dei. Unde Hilarius solum Deum natum originis proprietate Dei Filium ostendens, inter ipsum et homines filios Dei evidentissime distinguit in lib. 22 de Trin., non longe a principio, ita dicens : Vero Patri solus qui ex eo nascitur vere Filius est : et nos quidem filii Dei sumus, sed per facturam. *Fuimus enim aliquando filii iracundiæ,* Ephes. 2, sed filii Dei per adoptionem effecti sumus potius quam nascimur : et quia omne quod fit, antequam fiat non fuit, nos cum filii non fuissemus, efficimur. Ante enim filii non eramus, sed per gratiam facti sumus, non nati neque generati, sed acquisiti. Acquisivit nos Deus sibi, et per hoc dicitur nos genuisse. Genuisse enim Deum filios, nunquam cum proprietatis significatione cognoscimus dici. Ex adoptione enim homo factus filius Dei, non ex generatione ; neque ei proprietas est, sed nuncupatio, ac per id non vere filius est, quia nec proprie natus dici potest, nec semper fuit filius. Unigenitus autem Deus nec fuit aliquando non Filius, nec fuit aliquid antequam Filius, nec quidquam ipse nisi Filius. Atque ita qui semper est Filius, nascibilitatis proprietate ac veritate Filius est solius qui genuit, et ille tantum qui genuit Pater ipsius est, quia sicut ille Filius origine, ita ille Pater generatione.

Quod homo dicitur filius Trinitatis, et Trinitas potest dici pater hominum.

5. Homo vero, qui filius Dei est factura, non tantum Patris, sed Filii, et Spiritus sancti Filius est, id est, totius Trinitatis ; et Trinitas ipsa Pater ejus dici potest. Unde Aug., in lib. 5 de Trin., cap. 11, dicit : Non potest dici Trinitas Pater, nisi forte translative ad creaturam, propter adoptionem filiorum. Quod enim scriptum est, Deut. 6 : *Audi, Israel, Dominus Deus tuus, Deus unus est,* non utique excepto Filio aut Spiritu sancto oportet intelligi ; quem unum Dominum Deum nostrum recte dicimus, etiam Patrem nostrum, per gratiam suam nos regenerantem. De hoc etiam Hilarius, in lib. 6 de Trin., paulo post medium, ait : Omnibus per fidem Deus Pater est, quibus est Pater per eam fidem qua Jesum Christum Dei Filium confitemur. Ecce ostensum est quare proprium dicatur esse Dei nati, quod Filius est, quia scilicet ipse solus natus proprie dicitur. Unde Hilar., in lib. 3 de Trin., non longe a principio, ait : Dominus dicens, Joan. 17 : *Clarifica Filium tuum,* non solo nomine contestans est se esse Filium, sed et proprietate. Nos filii Dei sumus, sed non talis hic Filius. Hic enim verus et proprius est Filius origine, non adoptione ; veritate, non nuncupatione ; nativitate, non creatione.

Quod Spiritus sanctus dicitur proprie donum Dei, quia proprietate est donum, ut Filius nativitate ; et utroque modo dicitur relative et secundum eamdem relationem.

6. Ita etiam de Spiritu sancto dicendum est, qui proprie dicitur donum Dei, cum tamen et alia plura sint dona Dei. Sed Spiritus sanctus ita proprietatis immutabili et æterna donum est, sicut Filius proprietate est Filius. Eo enim dicitur donum, quo Spiritus sanctus ; et utroque utique nomine relative dicitur, eademque relatione dicitur Spiritus sanctus et donum, licet ipsa relatio non ita appareat in hoc nomine *Spiritus sanctus,* sicut in hoc nomine *donum.* Unde Aug., in lib. 5 de Trinit., cap. 11, ait : Spiritus sanctus qui non est Trinitas, sed in Trinitate intelligitur, in eo quod proprie dicitur Spiritus sanctus, relative dicitur, cum ad Patrem et Filium refertur ; quia Spiritus sanctus, et Patris, et Filii Spiritus est, sed ipsa relatio non apparet in hoc nomine : apparet autem cum dicitur donum Dei. Donum enim est Patris et Filii, qui a Patre procedit et a Filio ; ergo Spiritus sanctus, ineffabilis quædam Patris Filiique communio est. Et ideo fortasse sic appellatur, ut jam diximus, nec iterare piget, quia Patri et Filio potest eadem appellatio convenire, nam hoc ipse proprie dicitur, quod illi communiter, quia etiam Pater spiritus, et Filius spiritus ; et Pater sanctus, et Filius sanctus. Ut ergo ex nomine quod utrique convenit utriusque communio significetur, vocatur donum amborum Spiritus sanctus. Ecce habes quare Spiritus sanctus proprie dicatur donum, et quod relative dicitur sive donum sive Spiritus sanctus ; et quod nomen sibi proprium tenet quod communiter Patri et Filio convenit, sed divisim. Et est sciendum quod cum Pater vel Filius dicitur spiritus sive sanctus, neutrum relative dicitur, sed secundum substantiam.

An Pater, vel Filius, vel Trinitas ipsa possit dici Spiritus sanctus.

7. Hic quæri potest utrum Pater vel Filius etiam ipsa Trinitas possit dici Spiritus sanctus, sicut disjunctim dicitur et spiritus et sanctus. De hoc Aug., lib. 5 de Trin., cap. 11, sic ait : Trinitas nullo modo potest dici Filius ; Spiritus vero sanctus potest quidem universaliter dici, secundum id quod scriptum est, Joan. c. 4 : *Quoniam Deus spiritus est.* Itaque Pater et Filius et Spiritus sanctus, quoniam unus Deus est, et utique Deus sanctus est, et Deus spiritus est, potest appellari Trinitas et Spiritus sanctus. Sed tamen tunc Spiritus sanctus relative non dicitur secundum essentiam, quia proprie Spiritus sanctus, qui non est Trinitas, sed in Trinitate, dicitur relative.

Quidam putant Spiritum sanctum non dici relative ad Patrem et Filium, quia non vicissim respondent sibi vocabula ; sed falso.

8. Quidam tamen putant Spiritum sanctum vel donum non dici relative ad Patrem vel ad Filium. Si enim, inquiunt, hæc relative ad se dicuntur, suis invicem sibi respondent vocabulis ; ut sicut dicitur Pater Filii pater, et Filius Patris filius, ita dicatur Pater Spiritus sancti vel doni pater, et Spiritus sanctus, vel donum, Patris spiritus vel donum. Sed non ita est in omnibus relativis. Non enim omnia quæ relative dicuntur, suis ad se invicem respondent vocabulis. Unde Aug. horum elidens opinionem, in lib. 5 de Trin., c. 12 : Non te moveat, inquit, quoniam diximus Spiritum sanctum non ipsam Trinitatem, sed eum qui est in Trinitate, relative dici, licet non ei respondeat vicissim vocabulum ejus ad quem refertur. Dicimus enim Spiritum sanctum Patris, sed non vicissim dicimus patrem Spiritus sancti, ne filius ejus intelligatur Spiritus sanctus. Item dicimus Spiritum sanctum Filii, sed non dicimus filium Spiritus sancti, ne pater ejus intelligatur Spiritus sanctus. In multis enim relativis hoc contingit, ut non inveniatur vocabulum quo sibi vicissim respondeant. Cum ergo dicimus donum Patris, et Filii, non quidem possumus dicere patrem doni aut filium doni ; sed ut hæc vicissim respondeant dicimus donum donatoris, et donatorem doni ; quia hic potuit inveniri usitatum vocabulum, illic non potuit. Donum ergo donatoris, et donator doni cum dicimus, relative utrumque ad invicem dicimus : donator tamen non fuit Deus, nisi ex tempore, cum Spiritus sanctus sit donum, et ab æterno.

DISTINCTIO XXVII.

AN EASDEM PROPRIETATES ASSIGNENT AUGUSTINUS ET HILARIUS ; ET AN ISTA SINT QUÆ DICUNTUR PATERNITAS, FILIATIO ET PROCESSIO.

1. Hic quæri potest utrum proprietates quas Hilarius supra assignavit, scilicet, quod Pater semper est pater, et Filius semper est filius, sint illæ eædem proprietates quas Aug. superius distinxit, dicens proprium esse Patris quod genuit Filium, et proprium Filii quod genitus est a Patre, et Spiritus sancti quod ab utroque procedit. Ac deinde, utrum et istæ sint illæ quæ dicuntur paternitas, filiatio, processio. Videtur quod non sint eædem proprietates quas ponit Hilarius, et illæ quas ponit Aug. Si enim eædem sunt, idem

est ergo Patri esse Patrem, et genuisse Filium, quod utique quidam concedunt. Si autem hoc est, cui ergo convenit ut si pater, ei convenit genuisse filium. Natura ergo divina si pater est, genuit filium ; si vero non genuit, pater non est. Sed quis audeat dicere quod ipsa genuit filium aut quod ipsa pater non sit? Si autem ipsa pater est, nec filium genuit, non est ergo idem dicere aliquid esse patrem, et gignere filium. Et ita non videbitur una eademque esse proprietas.

Responsio, ubi ostendit easdem esse proprietates.

2. Ad quod sine præjudicio aliorum dicimus quod easdem proprietates notavit uterque, licet diversis verbis. Quod enim Hilar. ait, ita intelligi debet : Proprium Patris est quod semper Pater est, id est, proprietas Patris est, qua semper Pater est ; semper vero Pater est, quia semper genuit Filium, ita et proprium Filii est, quod semper Filius est, id est, proprietas Filii est, qua semper Filius est. Filius vero semper est, quia semper genitus est ; ergo proprietas qua Pater est, est quia semper genuit, et hæc eadem dicitur paternitas, vel generatio. Et proprietas qua Filius semper est Filius, est quia semper genitus est a Patre ; et hæc eadem dicitur filiatio, vel genitura, vel nativitas, vel nascibilitas. Sic et proprietas qua Spiritus sanctus est Spiritus sanctus vel donum, quia procedit ab utroque ; et hæc eadem dicitur processio. In præmissis ergo locutionibus eædem significatæ sunt proprietates.

Quomodo non est omnino idem dicere esse Patrem, et genuisse vel habere Filium, ita et de aliis.

3. Nec tamen videtur nobis omnino esse idem dicere aliquid esse Patrem et genuisse Filium ; vel aliquid esse Filium, et habere Patrem ; vel esse Spiritum sanctum, et procedere ab utroque ; alioquin Pater non esset nomen hypostasis, id est, personæ, sed proprietatis tantum, similiter Filius, et Spiritus sanctus, et ita non per tria nomina significarentur tres personæ. Ideoque dicimus quia Patris nomen non tantum relationem notat, sed etiam hypostasim, id est, subsistentiam significat ; ita et Filius, et Spiritus sanctus. Relationum vero vocabula, scilicet *paternitas, filiatio, processio,* vel *gignere, gigni, procedere,* ipsas tantum relationes, non hypostases significant, sive habere Patrem : ut, verbi gratia, cum dicimus : Deus est *Pater,* nomine *Patris* et relationem notamus, et divinam hypostasim significamus : ut sit intelligentia talis : Deus vel divina essentia est Pater, id est, ille qui genuit, id est, hypostasis quæ habet Filium. Similiter, Deus est Filius, id est, hypostasis genita vel habens Patrem. Ita etiam, Deus est Spiritus sanctus, id est, hypostasis procedens ab utroque, sive ille qui procedit. Cum vero nomina relationum ponimus in prædicatis, notiones ipsas tantum significamus, non hypostases ; ut cum dicimus : Deus genuit, id est, habet Filium, et Deus genitus est, id est, habet Patrem. Et tunc oportet intelligi in subjectis hypostases tantum, non essentiam, quæ illis proprietatibus determinantur.

Quod proprietates determinant hypostases, non substantiam, id est, naturam.

4. Illæ enim proprietates singulæ singulis proprie conveniunt personis, et per eas personæ determinantur, et a se invicem differunt, sed a se non secedunt. Unde Joannes Dam. : Non differunt ab invicem hypostases secundum substantiam, sed secundum characteristica idiomata, id est, determinativas proprietates. Characteristica vero, id est, determinativa sunt hypostaseon, et non naturæ ; et enim hypostases determinant. Item esse quidem intemporaliter et æternaliter dicimus divinam Verbi hypostasim, simpliciter, omnia habet item quæ habet Pater, ut ejus homousion, id est, consubstantialem ; nativitatem modo et habitudine a paternali hypostasi secedentem. Idem apertius exprimens personales proprietates, in eodem lib. 3, c. 7, ait : Differentiam hypostaseon, id est, personarum in tribus proprietatibus, id est, paternali, et filiali et processibili recognoscimus. Inseccessibiles autem ipsas hypostases et indistabiles invicem et unitas quidem inconfusibiliter; tres enim sunt etsi unitæ; divisas autem indistanter. Etenim singula perfecta est hypostasis, et propriam proprietatem, scilicet existentiæ modum proprium possidet ; sed unitæ sunt substantia, et non distant neque secedunt a paternali hypostasi. Ecce hic habes distinctas tres illas proprietates, quæ supra diversis significatæ sunt modis.

Quod sunt alia nomina personarum easdem proprietates notantia, scilicet, genitus, genitor, verbum, imago.

5. Hic non est prætermittendum quod sicut Pater et Filius et Spiritus sanctus nomina personarum sunt, et proprietates personales designant, ita etiam sunt et alia nomina personarum, id est, quæ ipsas personas significant, et earum proprietates denotant, et easdem quas et nomina prædicta : unde et relative dicuntur, scilicet, *genitor, genitus, verbum, imago.* Unde Aug., in lib. 5, de Trin., cap. 6, ait : Videndum est hoc significari cum dicitur genitus, quod significatur cum dicitur Filius. Ideo enim Filius, quia genitus ; et quia Filius, utique genitus. Sicut autem Filius ad Patrem, sic genitus ad genitorem refertur ; et sicut Pater ad Filium, ita genitor ad genitum. Idem, in lib. 6 de Trin., cap. 2 : Verbum quidem solus Filius accipitur, non simul Pater et Filius, tanquam ambo sint unum Verbum. Sic enim Verbum dicitur, quomodo imago, non autem Pater et Filius simul ambo imago, sed Filius solus est imago Patris, quemadmodum et Filius. Idem, in lib. 7 de Trin., e. 2 : Verbum, secundum quod sapientia est et essentia, hoc est quod Pater ; secundum quod Verbum, non hoc est Pater, quia Verbum non est Pater, et Verbum relative dicitur, sicut Filius. Item, in eodem : Sicut Filius ad Patrem refertur, ita et Verbum ad eum cujus est Verbum refertur, cum dicitur Verbum. Et propterea non eo Verbum quo Sapientia dicitur, quia Verbum non ad se dicitur, sed tantum relative dicitur ad eum cujus est Verbum, sicut Filius ad Patrem. Eo quippe est Filius quo Verbum ; et eo est Verbum quo Filius ; Sapientia vero quo essentia et una sapientia. Item, in eodem : Non est Pater ipse Verbum, sicut nec Filius, nec imago. Quid autem absurdius quam imaginem ad se dici? Idem, in lib. 5, cap. 1 : Dicitur relative Filius, relative dicitur Verbum, et imago ; et in omnibus his vocabulis ad Patrem refertur, nihil autem horum Pater dicitur.

Breviter summam colligit intelligentiæ prædictorum.

6. Aperte ostensum est quod sicut Filius vel genitus relative dicitur ad Patrem, ita Verbum et imago ; et quod eo dicitur Verbum sive imago quo Filius, id est, eadem proprietate sive notione dicitur Verbum et imago qua Filius ; sed non eo quo Verbum, dicitur Sapientia vel essentia, quia non notione qua dicitur Verbum, dicitur Sapientia. Nam Sapientia dicitur secundum essentiam, non secundum relationem.

Generalis regula eorum quæ ad se, et eorum quæ relative dicuntur ; quidquid enim ad se, simul ambo dicuntur ; sed non ita in prædictis relativis.

7. Et est hic advertenda quædam generalis regula eorum quæ ad se, et eorum quæ relative dicuntur de Patre et Filio. Quidquid enim ad se dicuntur, ut ait Aug. in lib. 6 de Trin., c. 2, non dicitur alter sine altero, id est, quidquid dicuntur quod substantiam eorum ostendat, ambo simul dicuntur. Ergo nec Pater est Deus sine Filio, nec Filius sine Patre, sed ambo simul Deus ; sed non ambo simul Pater, non ambo simul Filius, vel Verbum, vel imago.

An secundum substantiam dicatur Deus et de Deo, et hujusmodi.

8. Hic quæritur cum dicitur Deus de Deo, lumen de lumine, et hujusmodi, utrum dicantur secundum substantiam ; nam secundum relationem constat ista nonn dici. Si vero secundum substantiam dicuntur simul ambo, scilicet Pater et Filius, possunt dici Deus de Deo, lumen de lumine, secundum prædictam regulam. Ad quod dicimus quia licet Deus secundum substantiam dicitur et lumen, et sapientia, et hujus-

modi, et nunquam relative accipiantur; aliquando tamen pro relativis, id est, pro personis, sed non relative, accipiuntur; ut cum dicitur: Deus genuit Deum, alterum pro Patre, alterum pro Filio ponimus. Similiter cum dicitur: Deus de Deo, lumen de lumine. In aliis quoque locutionibus sæpe reperiuntur nomina essentiæ ad significationem personarum deducta; ut cum dicitur : Deus natus, Deus mortuus, Deus passus, ubi Filius tantum significatur. Ita et de solo Filio intelligitur, cum dicitur : Deus de Deo, et hujusmodi. Unde August., quærens quomodo hujusmodi dicantur, in lib. 6 de Trin., c. 2, ait : Quomodo de Deo lumen de lumine dicitur ? Non enim simul ambo Deus de Deo, sed solus Filius de Deo, scilicet, Patre, nec ambo simul lumen de lumine, sed solus Filius de lumine Patre.

Quod tantum secundum nomen substantia dicitur illud de illo, non secundum nomina personarum.

9. Et est sciendum quod secundum nomina substantiæ tantum dicitur illud de illo, licet ibi illa nomina substantiam non significent. Secundum vero eadem nomina personarum, nunquam dicitur illud de illo, sicut Verbum de Verbo, vel Filius de Filio, quia hujusmodi nomina diversis personis convenire non possent. Quod Aug., licet obscure, in eodem lib. ita dicit : Hoc solum de eis dici non potest *illud de illo*, quod simul ambo non sunt, id est, illo solo nomine non possumus uti ad ostendendum unum de uno, quod simul ambobus non convenit ; sicut Verbum de Verbo dici non potest, quia non simul ambo Verbum ; nec imago de imagine, nec Filius de Filio, quia non simul ambo Filius vel imago. Et sicut nomina substantiæ aliquando intelligentiam personarum distincte faciunt, ita etiam interdum totius Trinitatis simul. Unde Aug., in eodem libro, ait : In Patris nomine, ipse Pater per se pronuntiatur ; in Dei vero nomine, et ipse Pater, et Filius, et Spiritus sanctus ; ut cum dicitur : nemo bonus nisi solus Deus, quia Trinitas est unus solus Deus.

DISTINCTIO XXVIII.

QUOD NON TANTUM TRES PRÆDICTÆ PROPRIETATES SUNT IN PERSONIS, SED ETIAM ALIÆ QUÆ ALIIS SIGNIFICANTUR NOMINIBUS, UT INGENITUS.

1. Præterea considerare oportet quod non tantum tres prædictæ proprietates sive notiones in personis sunt, verum etiam aliæ quæ aliis notantur nominibus. Nam etiam hoc nomen *ingenitus*, relative dicitur de Patre tantum, et aliam designat notionem quam pater vel genitor. Non est enim idem esse Patrem et esse ingenitum, id est, non ea notione Pater dicitur qua ingenitus. Pater enim, ut prædictum est, dicitur secundum proprietatem generationis, ingenitus autem secundum proprietatem innascibilitatis. Differt ergo Pater a Filio auctoritate generationis, differt etiam proprietate innascibilitatis, id est, quia ingenitus. Unde Aug., distinguens inter proprietatem qua Pater dicitur, et illam qua dicitur ingenitus, in lib. 5 de Trin., c. 6, sic ait : Non est hoc dicere ingenitum, quod est Patrem dicere ; quia etsi Filium non genuisset, nihil prohiberet dicere eum ingenitum. Etsi gignat quisque filium, non ex eo ipse est ingenitus ; quia geniti homines gignunt alios. Non ergo ideo dicitur Pater quia ingenitus. Ideo cum de Deo Patre utrumque dicatur, alia notio est qua intelligitur genitor, alia qua ingenitus. Genitor enim dicitur ad genitum, id est, Filium. Cum vero ingenitus dicitur, non quid sit, sed quid non sit ostenditur. Hoc exemplis planum faciendum est. Quod dicitur ingenitus, hic ostenditur quod non sit Filius, sed genitus et ingenitus commode dicitur, Filius autem Latine dicitur. Sed ut dicatur Filius, id non admittit loquendi consuetudo ; nihil tamen intellectui demiferat si dicatur *non Filius* : quemadmodum etiam si dicatur *non genitus*, pro eo quod dicitur ingenitus, nihil aliud dicitur Ideo non est in rebus considerandum quid vel sinat vel non sinat dici usus sermonis nostri, sed quis rerum ipsarum intellectus eluceat. Non ergo jam jam tantum dicamus ingenitum, sed etiam *non genitum*, quod tantum valet. Nunquid ergo aliud dicimus quam *non Filium ?* Negativa porro particula non id efficit, ut quod sine illa relative dicitur, eadem præposita substantialiter dicatur, sed id tantum negatur quod sine illa aiebatur ; sicut in aliis prædicamentis, cum dicimus : Homo est, substantiam designamus. Qui ergo dicit : Non homo est, non aliud genus prædicamenti enuntiat, sed tantum illud negat. Sicut ergo secundum substantiam aio : Homo est, sic secundum substantiam nego, cum dico : Non homo est. At si tantum valet quod dicitur genitus, quantum valet quod dicitur Filius ; tantumdem ergo valet quod dicitur non genitus quantum valet quod dicitur *non Filius*. Relative autem negamus dicendo *non genitus*. Ingenitus porro quid est, nisi *non genitus?* Non ergo receditur a relativo prædicamento, cum ingenitus dicitur. Sicut enim genitus non ad se dicitur, sed quod ex genitore sit, ita cum dicitur ingenitus, non ad se dicitur, sed quod ex genitore non sit ostenditur ; utrumque tamen relative dicitur. Quod autem relative pronuntiatur, non indicat substantiam. Quamvis ergo diversum sit genitus et ingenitus, non tamen indicat diversam substantiam, quia sicut Filius ad Patrem, et *non Filius ad non Patrem* refertur, ita genitus ad genitorem, et *non genitus* ad *non genitorem* referatur necesse est. Ecce evidenter ostendit quod ingenitus relative dicitur, et de solo Patre accipitur. Alia notio est qua dicitur ingenitus, alia qua Pater. Atque tantum valet cum dicitur ingenitus, quantum *non genitus*, vel *non Filius*.

An sicut solus Pater dicitur ingenitus, dici debeat non genitus vel non filius.

2. Ideo solet quæri utrum sicut solus Pater dicitur ingenitus, ita ipse solus debeat dici *non genitus*, vel *non Filius* ; ut nec etiam Spiritus sanctus possit dici *non Filius*, vel *non genitus*. Quibusdam videtur quod Pater solus debeat dici *non genitus* vel *non Filius* ; Spiritus vero sanctus sicut non dicitur ingenitus, ita, inquiunt, non est dicendus *non genitus* vel *non Filius*. Debet quidem dici et credi Spiritus sanctus non esse genitus vel non esse Filius, sed non debet dici *non genitus* vel *non Filius*. Aliis autem videtur, quod cum Spiritus sanctus non possit dici ingenitus, potest tamen dici *non genitus* vel *non Filius*. Quod autem Aug. supra ait, tantum valere cum dicitur ingenitus, quantum cum dicitur *non genitus* vel *non Filius*, etymologiam nominis ostendendo eum hoc dixisse dicunt, non ratione prædicationis.

Quæ sit proprietas secundum quam dicitur Pater ingenitus.

3. Si autem vis scire quæ sit proprietas secundum quam dicitur Pater ingenitus, audi Hilar. ipsam vocantem innascibilitatem, in lib. 4 de Trin., non longe a fine, ita aientem : Est unus ab uno, scilicet ab ingenito genitus, proprietate videlicet in unoquoque et originis et innascibilitatis. Significata ergo in Scripturis personarum intelligentia, et distincto innascibilitatis nativitatisque sensu, solitarius Deus non est opinandus. Discretio ergo vel distinctio personarum in Scripturis posita est, in nullo autem naturæ distinctio.

Ariani nitebantur probare alterius substantiæ Patrem, alterius Filium, quia ille ingenitus, iste genitus ; quibus respondens Ambrosius, dixit se hoc nomen in Scripturis non legisse divinis.

4. Illud etiam taceri non oportet, quod Ariani ex ea probare nitebantur alterius substantiæ esse Patrem, alterius Filium, quia ille ingenitus et iste genitus dicitur: cum diversum sit esse ingenitum, et esse genitum. Unde Ambros., eorum quæstioni respondens, c. 8, tom. 2, dicit se in divinis Scripturis hoc nomen scilicet *ingenitus* non legisse, ita inquiens in libro de Incarnationis dominicæ Sacramento: Cum dudum audierint quidam dicentibus nobis Filium Dei qui generatus est, Patri qui generavit inæqualem esse non posse, quamvis ille generatus sit, iste generaverit, quia essentia vel generatio est naturæ ; adversus quidem

illam quæstionem vocem sibi arbitrantur occlusam, sed tergiversatione damnabili in eodem loco vestigium vertunt, ut putent mutationem fieri quæstionis mutatione sermonis, dicentes: Quomodo possunt esse ingenitus et genitus unius naturæ atque substantiæ? Ergo ut respondeam mihi propositæ quæstioni, primo omnium in divinis Scripturis ingenitus nusquam invenio, non legi, non audivi. Cujus ergo mutabilitatis sunt homines hujusmodi, ut nos dicant ea usurpare quæ non sunt scripta, cum ea quæ sunt scripta dicamus, et ipsi objiciant quod scriptum non sit? Nonne ipsi sibi adversantur, et auctoritate calumniæ suæ derogant? Attende, lector, quoniam hoc nomine *ingenitus* nolebat uti Ambros. propter hæreticos. Ita et nos subticere quædam oportet propter calumniantium insidias, quæ catholicis ac piis lectoribus secure credi possunt. Sunt etenim quædam quæ non tantæ sunt religionis et auctoritatis, ut eis non oporteat semper confitendo se recipiendo inservire, verum silentio aliquando præteriri queunt; nec illius tamen sunt perversitatis, quin, cum opportunum fuerit, eis uti liberum habeamus.

An diversum sit esse Patrem et esse Filium.

5. Præterea quæri solet, cum supra dictum sit quia aliud est dicere ingenitum, aliud Patrem, et quod diversum sit genitus et ingenitus, utrum similiter diversum sit esse Patrem et esse Filium, an idem. Ad quod dicimus quia ex eodem sensu quo dicitur diversum esse genitus et ingenitus, et quo dicitur non esse idem dicere genitum et ingenitum, potest dici non esse idem, sed diversum, esse Patrem et esse Filium, vel esse Spiritum sanctum; quia non ea notione Pater est Pater, qua Filius est Filius, vel qua Spiritus sanctus est Spiritus sanctus. Ideo ex hoc sensu concedimus quod aliud est esse Patrem, et aliud est esse Filium; quia alia notio est, qua Pater est Pater, alia qua Filius est Filius. Sed si transponas, ut dicas: Aliud est Patrem esse, aliud Filium esse, variatur intelligentia; et ideo non conceditur. Est enim sensus talis ac si dicatur: Aliud est quo Pater est, non quidem Pater, sed est; aliud quo Filius est, non quidem Filius, sed est; quod penitus falsum est. Eo enim Pater est, quo Pater Deus est, id est, per essentiam vel naturam; at Filius eo Deus est, quo Pater Deus est. Eo ergo Filius est quo Pater est, et ita idem est Patrem esse quod Filium esse; sed non est idem esse Patrem, et esse Filium. Unde Aug., in lib. 5 de Trin., ait: Quamvis diversum sit esse Patrem et esse Filium, non est tamen diversa substantia, quia non hoc secundum substantiam dicitur, sed secundum relativum; quod tamen relativum non est accidens, quia non est mutabile. Ecce diversum esse dicit esse Patrem et esse Filium, quod juxta rationem prædictam accipi oportet, quia scilicet alia notio est qua est Pater, alia qua est Filius. Non enim secundum essentiam Pater dicitur Pater, vel Filius, sed secundum relationem.

Quomodo dicatur Sapientia genita vel nata; an secundum relationem, vel substantiam.

6. Sciendum quoque est quod sicut solus Filius dicitur Verbum vel imago, ita etiam ipse solus dicitur Sapientia nata vel genita. Et ideo quæritur utrum hoc relative dicatur; et, si relative dicitur, an secundum eamdem relationem qua dicitur Verbum et imago? De hoc Aug., in l. 7 de Trin., cap. 2, ita ait: Id dici accipimus cum dicitur Verbum, ac si dicatur nata Sapientia, ut sit Filius et imago. Et hæc duo cum dicuntur: Hic est nata Sapientia, in uno eorum, eo quod est nata, et Verbum et imago et Filius intelligitur. Et in his omnibus nominibus non ostendatur essentia, quia relative dicuntur. At in altero quod est Sapientia, etiam essentia demonstretur, quoniam et ad se dicitur; seipsa enim est sapiens, et hoc est ejus esse quod sapere: unde Pater et Filius simul una Sapientia, quia una essentia. Cave, lector, qualiter hoc intelligas quod hic dicit Aug. Videluretiam enim dicere quod cum dicitur nata Sapientia, ibi Sapientia essentiam significet, et nata relationem notet. Quod si ita est, cogimur dicere essentiam divinam esse natam, quod superioribus repugnat. Sed ad hoc dicimus quod in altero, id est, in eo quod nata est, eadem notio intelligatur, quæ notatur cum dicitur Verbum et imago. In altero vero, scilicet Sapientia, demonstratur essentia, id est, demonstratur quod Filius sit essentia, quia Sapientia secundum essentiam dicitur. Et ideo cum dicitur nata Sapientia, intelligatur quod ipse qui natus est, essentia est: ibi tamen Sapientia non pro essentia, sed pro hypostasi facit intelligentiam; ut sicut quando dicitur Verbum vel Filius, intelligitur hypostasis cum sua proprietate. Item cum dicitur nata Sapientia, idem intelligitur, id est, genita hypostasis. Ideo vigilanter ait idem esse intelligendum cum dicitur Verbum, et cum dicitur nata Sapientia, id est, eadem relatio eademque hypostasis cui inest illa proprietas. Et ex hoc adjuvatur illud quod superius diximus, scilicet cum dicitur Pater vel Filius vel Spiritus sanctus, non tantum illæ proprietates significantur, ut cum dicitur paternitas, filiatio, sed etiam hypostasis cum suis proprietatibus.

Quod imago aliquando dicitur secundum essentiam.

7. Illud etiam sciri oportet, quia cum supra dictum sit imaginem relative dici de Filio, sicut Verbum vel Filius, interdum tamen reperitur secundum substantiam dici, unde Aug., in lib. de Fide ad Petrum, c. 1, dicit quod una est sanctæ Trinitatis essentialiter divinitas et imago, ad quam factus est homo. Hilar. etiam, in lib. 5 de Trin., non longe a principio, ait: Homo fit ad communem imaginem; nomen non discrepat, natura non differt. Una est enim ad quam homo creatus est species. Ex his verbis ostenditur quod imago aliquando essentiæ intelligentiam facit; et tunc ad se dicitur, et non relative.

DISTINCTIO XXIX.

DE PRINCIPIO; QUOD RELATIVE DICITUR, ET MULTIPLICEM NOTAT RELATIONEM.

1. Est præterea aliud nomen multiplicem notans relationem, scilicet *principium*. Dicitur enim principium semper ad aliquid; et dicitur Pater principium, et Filius principium, et Spiritus sanctus principium, sed differenter. Nam Pater dicitur principium ad Filium, et ad Spiritum sanctum. Unde Aug., in lib. 4 de Trin., ait: Pater est principium totius divinitatis, vel, si melius dicitur, deitatis, quia ipse a nullo est. Non enim habet de quo sit vel de quo procedat, sed ab eo et Filius est genitus, et Spiritus sanctus procedit. Non ergo dicitur principium totius deitatis, quod vel sui, vel divinæ essentiæ principium sit, sed quia principium est Filii, et Spiritus sancti, in quibus singulis tota divinitas est. Filius ad Spiritum sanctum dicitur principium. Spiritus vero sanctus non dicitur principium nisi ad creaturas, ad quas Pater etiam dicitur principium, et Filius, et Trinitas ipsa simul, et singula personarum principium dicitur creaturarum. Pater ergo principium est sine principio, Filius principium de principio, Spiritus sanctus principium de utroque, id est, de Patre et Filio.

Quod ab æterno Pater est principium, et Filius, et Spiritus sanctus non; imo cœpit esse principium.

2. Et Pater ab æterno principium est Filii, et Pater et Filius principium Spiritus sancti, quia Filius est a Patre, et Spiritus sanctus ab utroque. Spiritus vero sanctus non ab æterno principium est, sed esse cœpit, quia non dicitur principium nisi ad creaturas. Cum ergo creaturæ esse cœperunt, et Spiritus sanctus esse cœpit principium earum. Ita etiam Pater, et Filius, esse cœpit cum Spiritu sancto unum principium creaturarum, quia creaturæ esse cœperunt a Patre et Filio et Spiritu sancto; et dicuntur hi tres, non tria, sed unum principium omnium creaturarum, quia uno eodemque modo principium rerum sunt. Non enim aliter sunt res a Patre, et aliter a Filio, sed penitus eodem modo. Ideo Apostolus intelligens hanc Trinitatem esse unum principium rerum, ait: Ex ipso, per ipsum, et in ipso sunt omnia. Cum vero audimus omnia esse ex Deo, ut ait Aug., de Natura boni, omnes utique naturas intelligere debemus, et omnia quæ naturalia sunt.

Non enim ex ipso sunt peccata quæ naturam non servant,sed vitiant,quæ ex voluntate peccantium nascuntur.Omnium ergo quæ naturaliter sunt, unum principium est Pater cum Filio et Spiritu sancto ; et hoc esse cœpit.Ab æterno autem Pater principium est Filii generatione,et Pater et Filius unum principium Spiritus sancti.Unde Aug.,in lib. 5 de Trinit.,ait : Dicitur relative Pater,idemque relative dicitur principium. Sed Pater ad Filium dicitur, principium vero ad omnia quæ ab ipso sunt. Et principium dicitur Filius.Cum enim diceretur ei : *Tu quis es? respondit : Principium, qui et loquor vobis,*Joan. 8 ; sed numquid Patris principium est? Imo creatorem se voluit ostendere,cum se dixit esse principium ; sicut et Pater principium est creaturæ,quia ab illo sunt omnia. Cum vero dicimus et Patrem principium,et Filium principium,non duo principia creaturæ dicimus,quia Pater et Filius simul ad creaturam unum principium est,sicut unus Creator.Si autem quidquid in se manet et gignit vel operatur aliquid,principium est ejus rei quam gignit,vel ejus quam operatur, non possumus negare etiam Spiritum sanctum recte dici principium,quia non eum separamus ab appellatione Creatoris, quia scriptum est de illo,quod operetur ; et utique in se manens operatur.Non enim in aliquid eorum quæ operatur ipse, mutatur et vertitur.Unum ergo principium ad creaturam cum Patre et Filio est Spiritus sanctus, non duo vel tria principia. Ecce aperte ostendit Aug.,Patrem et Filium et Spiritum sanctum esse unum principium rerum creatarum, id est, uno eodemque modo esse principium : et illum modum satis aperuit, quia scilicet operantur omnia ; et quia similiter operantur hi tres,ideo unum principium esse dicuntur.
Hic ostendit quomodo Pater sit principium Filii,et ipse et Filius principium Spiritus sancti.

3. Deinde in eodem libro continue ostendit quomodo Pater dicatur principium ad Filium,et ad Spiritum sanctum ipse et Filius,dicens. ideo esse Patrem principium Filii, quia genuit eum ; et Patrem et Filium esse principium Spiritus sancti,quia Spiritus sanctus procedit vel datur ab utroque ; ait enim ita : Si gignens ad id quod gignitur principium est, Pater ad Filium principium est,quia genuit eum. Utrum autem et ad Spiritum sanctum principium sit Pater, quia dictum est : *De Patre procedit*,non parva quæstio est. Quod si ita est,non ejus tantum erit rei quam gignit vel facit, sed et ejus quam dat,et procedit ab ipso.Si ergo quod datur vel quod procedit,principium habet a quo datur vel procedit,fatendum est Patrem vel Filium principium esse Spiritus sancti, non duo principia ; sed sicut Pater et Filius ad creaturam relative unus Creator et unus Dominus dicitur,sic relative ad Spiritum sanctum unum principium. Ad creaturam vero Pater et Filius et Spiritus sanctus unum principium sunt,sicut unus Creator et unus Dominus.Ecce habes quod Pater principium Filii dicitur,quia genuit eum ; qua ergo notione est Pater,ea principium Filii dicitur,id est, generatione secundum quam ille dicitur auctor Filii. Unde Hilarius in lib. 4 de Trin. ita ait : Ipso quo Pater dicitur,ejus quem genuit auctor ostenditur ; id nomen habens,quod neque ex alio profectum intelligatur,et ex quo is qui genitus est subsistentiae doceatur. Novit Ecclesia unum innascibilem Deum ; novit unigenitum Dei Filium.Confitetur Patrem ab origine liberum ; confitetur et Filii originem ab initio, sed ab initiabili : non per seipsum, sed ab eo qui a nemine est,natum ab æterno,nativitatem scilicet ex paterna æternitate sumentem. Edita est hic fidei professio,sed professionis ratio nondum requisita est ; et ideo quærenda, scilicet quomodo intelligendum sit quod ait, Filii originem esse ab initio,et non ipsum esse ab initio, sed ab initiabili. Hoc utique subdens determinavit quomodo acceperit initium, inquiens originem Filii esse ab initio,ac si diceret: Non ita intelligas originem Filii esse ab initio,quasi ipse Filius habeat initium ; sed quia ipse est ab initiabili, id est a Patre a quo sunt omnia. Nam licet Filius sit principium de principio, non est tamen concedendum quod Filius habeat principium. Cumque Filius sit principium de principio,et Pater principium non de principio, non est principium de principio principium sine principio ; sicut Filius non est Pater, neque tamen duo principia, sed unum ; sicut Pater et Filius non duo creatores, sed unus Creator.

Cum Pater et Filius sint unum principium Spiritus sancti, quæritur an eadem notione.

4. Unum autem principium sunt Pater et Filius,non tantum creaturarum,ut dictum est supra, sed etiam Spiritus sancti ; ideo quæri solet utrum eadem notione Pater sit principium Spiritus sancti,et Filius, an sit alia notio qua Pater dicatur principium Spiritus sancti, et alia qua Filius. Ad quod dicimus, cum Pater dicatur principium Spiritus sancti, et Filius, quia Spiritus sanctus procedit vel datur ab utroque, nec aliter procedit vel datur a Patre quam a Filio, sane intelligi potest Patrem et Filium eadem relatione vel notione principium dici Spiritus sancti. Si vero quæritur quæ sit illa notio quam ibi notat principium, nomen ejus non habemus ; sed non est ipsa paternitas vel filiatio : imo notio quædam quæ Patris est et Filii, juxta quam ab æterno Pater et Filius unum principium est Spiritus sancti. Donator autem (ut prædictum est) dicitur Pater vel Filius ex tempore,sicut Spiritus sanctus datum vel donatum.

DISTINCTIO XXX.

DE HIS QUÆ TEMPORALITER DE DEO DICUNTUR ET RELATIVE SECUNDUM ACCIDENS, QUOD NON DEO, SED CREATURIS ACCIDIT.

1. Sunt enim quædam quæ ex tempore de Deo dicuntur,eique temporaliter conveniunt sine sui mutatione : et relative dicuntur secundum accidens, non quod accidit Deo,sed quod accidit creaturis ; ut *Creator, Dominus, refugium, datum,* vel *donatum* et hujusmodi, De his Aug., in l. 5 de Trin , c. 13, ait : Creator relative dicitur ad creaturam, sicut Dominus ad servum. Item, non aliquem moveat quod Spiritus sanctus, cum sit cœternus Patri et Filio, dicitur tamen aliquid ex tempore, veluti hoc ipsum quod donatum diximus. Nam sempiterne Spiritus sanctus est donum,temporaliter autem donatum. Et si dominus non dicitur,nisi cum habere incipit servum, etiam ista appellatio relativa ex tempore est Deo, non enim sempiterna creatura est, cujus ille Dominus est. Ergo Dominum esse non sempiternum habet, ne cogamur etiam creaturam sempiternam dicere, quia ille sempiterne non dominaretur, nisi etiam ista sempiterne famularetur. Sicut autem non potest esse servus qui non habet dominum,sic nec dominus qui non habet servum.

Oppositio ; quod non ex tempore sit Dominus temporis, quod non est ex tempore.

2. Sed hic aliquis dicet quod non tempore competit Deo hæc appellatio qua dicitur Dominus ; quia non est solum Dominus rerum quæ ex tempore cœperunt, sed etiam illius rei quæ non cœpit ex tempore, id est, ipsius temporis,quod non cœpit ex tempore,quia non erat ante tempus quam inciperet, et ideo non cœpit esse Dominus ex tempore. Ad quod dici potest quia licet non cœperit ex tempore Dominus esse temporis, cœpit tamen esse Dominus temporis,quia non semper fuit tempus ; et ipsius hominis ex tempore cœpit esse Dominus. De hoc Aug., in eodem lib.,continue ita ait : Quisquis exstiterit qui æternum Deum solum dicat, tempora vero non esse æterna propter varietatem et mutabilitatem,sed tamen ipsa tempora non in tempore esse cœpisse,quia non erat tempus antequam tempora inciperent ; et ideo non in tempore accideral Deo ut Dominus esset,quia ipsorum temporum Dominus erat,quæ utique non in tempore esse cœperunt ; quid respondebit de homine qui in tempore factus est,cujus utique Dominus non erat antequam esset? Certe ut Dominus hominis esset, ex tempore accidit Deo ; et ut omnis amoveatur controversia, certe ut tuus Dominus esset vel meus, qui modo esse

cœpimus, ex tempore habuit. Quomodo ergo obtinebimus nihil secundum accidens dici Deum, nisi quia ipsius naturæ nihil accidit quo mutetur; ut ea sint accidentia relativa, quæ cum aliqua mutatione rerum de quibus dicuntur, accidunt; sicut amicus relative dicitur. Non enim amicus esse incipit, nisi cum amare cœperit. Fit ergo aliqua mutatio voluntatis, ut amicus dicatur. Nummus vero cum dicitur pretium, relative dicitur, nec tamen mutatus est cum esse cœperit pretium, nec cum dicitur pignus et hujusmodi. Si ergo nummus potest nulla sui mutatione toties dici relative ut neque cum incipit dici, neque cum desinit, aliquid in ejus natura vel forma qua nummus est mutationis fiat; quanto facilius de illa incommutabili Dei substantia debemus accipere, quod ita dicatur relative aliquid ad creaturam, ut quamvis temporaliter incipiat dici, non tamen ipsi substantiæ Dei accidisse aliquid intelligatur, sed illi creaturæ ad quam dicitur! Qualiter etiam refugium nostrum dicitur. Refugium enim nostrum dicitur Deus; relative ad nos enim refertur: et tunc refugium nostrum fit cum ad eum refugimus. Numquid tunc fit aliquid in ejus natura quod antequam refugeremus ad eum non erat? In nobis ergo fit aliqua mutatio, qui ad eum refugiendo efficimur meliores; in illo autem nulla. Sic et pater noster esse incipit, cum per ejus gratiam regeneramur, *qui dedit nobis potestatem filios Dei fieri*. Substantia ergo nostra mutaturin melius, cum filii ejus efficimur. Similiter et ille Pater noster esse incipit, sed nulla sui commutatione substantiæ. Quid ergo temporaliter dici incipit Deus quod antea non dicebatur, manifestum est relative dici; non tamen accidens Dei, quod aliquid ei acciderit, sed plane secundum accidens ejus ad quod dici aliquid Deus incipit relative. Ex his aperte ostenditur quod quædam de Deo temporaliter dicuntur relative ad creaturas sine mutatione deitatis, sed non sine mutatione creaturæ; et ita accidens est in creatura, non in Creatore; et appellatio qua creatura dicitur relative, ad Creatorem relativa est, et relationem notat quæ est in ipsa creatura. Appellatio vero illa qua Creator relative dicitur ad creaturam, relativa quidem est, sed nullam notat relationem quæ fit in Creatore.

Hic solvitur quæstio qua quærebatur utrum Spiritus sanctus dicatur datum relatione ad se, cum ipse det se.

3. Hic potest solvi quæstio superius proposita, ubi quærebatur, cum Spiritus sanctus datum dicatur vel donatum (quod autem datur refertur et ad eum qui dat, et ad illum cui datur), et cum Spiritus sanctus det seipsum, utrum ad seipsum relative dicatur, cum dicitur dari vel donari. Cui quæstioni respondentes, dicimus Spiritum sanctum dici datum vel donatum relative, et ad dantem, et ad illum cui datur. Dans autem sive donator, est Pater cum Filio et Spiritu sancto. Nec tamen dicimus Spiritum sanctum referri ad se, sed appellatio dati vel donati refertur et ad dantem et ad recipientem, quia non potest aliquid dici datum, nisi ab aliquo et alicui detur. Cum autem Spiritus sanctus dari a se vel datus a se dicitur, relative quidem dicitur ad illum cui datur, et est appellatio relativa; et in illo cui datur mutatio fit, non in dante.

DISTINCTIO XXXI.

QUOMODO DICATUR FILIUS ÆQUALIS PATRI : AN SECUNDUM SUBSTANTIAM, AN SECUNDUM RELATIONEM; ITA ET SIMILIS.

1. Præterea considerari oportet, cum tres personæ coæquales sibi sint, utrum relative hoc dicatur, an secundum substantiam; et si relative, utrum secundum relationem, an secundum essentiam consideranda sit æqualitas; deinde, quid sit ipsa æqualitas: Ad quod dicimus quia sicut simile nihil sibi est (similitudo enim ut ait Hilarius, sibi ipsi non est), ita et æquale aliquid sibi non dicitur; ac per hoc sicut simile, ita et æquale relative dicitur. Dicitur ergo relative Filius æqualis Patri, et utrique Spiritus sanctus. Est tamen æqualis Patri Filius, et utrique Spiritus sanctus, propter summam simplicitatem essentiæ et unitatem. Æqualis est ergo Filius Patri secundum essentiam, non secundum relationem. Unde August., lib. 5 de Trin., cap. 6, ait : Quæramus secundum quid æqualis sit Patri Filius: non secundum hoc quod ad Patrem dicitur Filius, æqualis est Patri; restat ergo ut secundum id æqualis sit quod ad se dicitur. Quidquid autem ad se dicitur, secundum substantiam dicitur; restat ergo ut secundum substantiam sit æqualis; eadem ergo est utriusque substantia. Item in lib. 6, cap. 4 : Satis est videre nullo modo Filium æqualem esse Patri, si in aliquo, scilicet quod pertineat ad significandam ejus substantiam, inæqualis invenitur; in omnibus ergo æqualis est Patri Filius, et est ejusdem substantiæ. Æqualis est etiam Spiritus sanctus Patri et Filio, et in omnibus æqualis propter summam simplicitatem illius substantiæ. Ex his perspicuum fit quod secundum substantiam Filius est æqualis Patri, et utrique Spiritus sanctus, et appellatio tantum relativa est. Æqualitas ergo Patris et Filii non est relatio vel notio, sed naturalis unitas et identitas.

Hic quæritur quomodo dicatur similis, et quid sit similitudo.

2. Hoc idem etiam dicimus de simili et similitudine. Cum enim dicitur Filius similis Patri, relative quidem dicitur; sed similis est Patri propter unitatem essentiæ. Est ergo appellatio tantum relativa, similitudo vero indifferens essentia. Unde quibusdam non indocte videtur nomine æqualitatis vel similitudinis non aliquid poni, sed removeri ut ea ratione dicatur Filius æqualis Patri, quia nec major est eo, nec minor, et hoc propter unitatem essentiæ. Ita et similis dicitur, quia nec diversus, nec alienus, nec in aliquo dissimilis, et hoc propter essentiæ simplicitatem. Non ergo secundum quod Filius est genitus a Patre, æqualis vel inæqualis est Patri, nec similis vel dissimilis; sed, æqualis et similis secundum substantiam.

De sententia sancti Hilarii, qua in Trinitate personarum propria ostendit.

3. Non est igitur hic prætermittendum quod vir illustris Hilarius proprietates personarum assignans, dicit in Patre esse æternitatem, speciem in imagine, usum in munere; quæ tantæ difficultatis sunt verba, ut in eorum intelligentia vera explanatione vehementer laboraverit Aug., ut ipse ostendit in lib. 6, de Trin., cap. 10, ita dicens : Quidam cum vellet brevissime singularum in Trinitate personarum insinuare propria : Æternitas est, inquit, in Patre, species in imagine, usus in munere. Et quia non mediocris auctoritatis in tractatione Scripturarum et assertione fidei vir extitit (hæc enim Hilarius in libris suis de Synodis posuit non longe a principio), horum verborum, id est, *patris*, et *imaginis*, et *muneris*, *æternitatis*, *speciei*, et *usus*, abditam scrutatus intelligentiam, quantum valet, non eum secutum arbitror in *æternitatis* vocabulo, nisi quod Pater non habet patrem de quo sit, Filius autem de Patre est, ut sit, atque ut illi coæternus sit. Imago enim si perfecte implet illud cujus imago est, ipsa coæquatur ei, non illud imagini suæ; in qua imagine speciem nominavit, credo propter pulchritudinem, ubi tanta est congruentia et prima æqualitas, et prima similitudo nulla in re dissidens, et nullo modo inæqualis, et nulla ex parte dissimilis; sed ad identitatem respondens ei cujus imago est; ubi est prima et summa vita: cui non aliud vivere et aliud esse, sed idem et primus ac summus intellectus; cui non est aliud vivere et aliud intelligere, sed idem hoc unum tanquam verbum perfectum; cui non desit aliquid, et ars quædam omnipotentis et sapientis Dei plena omnium rationum viventium incommutabilium; et omnes unum in ea; sicut ipsa unum de uno cum quo unum; ibi novit omnia Deus quæ fecit per ipsam.

Hic de Spiritu sancto quare usus dicatur. (Aug., lib. de Trin. 6. cap. 10.)

4. Est autem ineffabilis quidam complexus Patris

et imaginis, qui non est sine perfruitione, sine charitate, sine gaudio. Illa ergo dilectio, delectatio, felicitas vel beatitudo (si tamen aliqua humana voce digne dicitur) usus ab illo appellata est breviter, et in Trinitate Spiritus sanctus non genitus, sed genitoris genitique suavitas, ingenti largitate atque ubertate perfundens omnes creaturas pro captu earum. Itaque illa tria et a se invicem determinari videntur, et in se infinita sunt. Qui videt hoc vel ex parte, vel per speculum in aenigmate, gaudeat cognoscens Deum, et gratias agat. Qui vero non videt, tendat per pietatem fidei ad videndum, non per caecitatem ad calumniandum; quoniam unus est Deus, sed tamen Trinitas. Ecce habes qualiter verba Hilarii praemissa accipienda sunt, licet tantae sint profunditatis, ut etiam adhibita expositione vix aliquatenus ea intelligere valeat humanus sensus; cum et ipsa eorum explanatio, quam hic Aug. edidit, plurimum in se habeat difficultatis et ambiguitatis.

Quod secundum hanc expositionem non distinguuntur ibi proprietates personarum tres. (Aug., ibid.)

5. Non enim secundum praemissam expositionem distinguuntur hic tres illae proprietates superius assignatae, sed ipsae hypostases distinctae ab invicem monstrantur; *aeternitatis* tamen nomine eadem videtur designata proprietas, quam notat hoc nomen *ingenitus*. Sed videamus quid sit quod ait. *Imago si perfecte implet, cujus imago est, ipsa coaequatur ei, non illud suae imagini.* Videtur enim dicere quod Filius qui est imago Patris, Patri coaequatur, non Pater Filio, cum et Filius dicatur aequalis Patri in Scriptura, et Pater Filio, sed Filius hoc habet a Patre ut sit ei aequalis, Pater autem non habet a Filio; et tamen Filius plene ac perfecte aequalis est Patri, id est, imago ei cujus est imago.

Quare dicatur Hilarius propria personarum assignasse in verbis praedictis, cum ibi non sint expressae proprietates.

6. Propria ergo personarum in praedictis verbis assignasse dicitur Hilarius, quia relativa nomina personarum posuit, silicet, *imaginis* et *muneris*; quae relative dicuntur de personis, et proprietates notant quibus distinguuntur personae. Ita enim dicitur Spiritus sanctus munus relative, sicut donum. Verumtamen ipsas proprietates aliis tribus nominibus non significavit, juxta praedictam Aug. expositionem; nisi solo nomine *aeternitatis*, quo non ipsam paternitatem, sed eam voluit intelligi notionem qua dicitur ingenitus.

Quod earumdem personarum distinctionem notat August. aliis verbis sine expressione trium proprietatum.

7. Illud etiam sciri oportet, quod earumdem trium personarum distinctionem Aug. ostendere volens sine expressione illarum trium proprietatum superius commemoratarum, in lib. de Doct. Christ. sic ait: In Patre est unitas, in Filio aequalitas, in Spiritu sancto unitatis aequalitatisque concordia. Et haec tria unum. omnia propter Patrem, aequalia omnia propter Filium, connexa omnia propter Spiritum sanctum. Itaque Pater et Filius, et Spiritus sanctus, et singulus quisque horum Deus est, simul omnes unus Deus; et singulus quisque horum plena substantia est, et simul omnes una substantia. Pater nec Filius est, nec Spiritus sanctus; et Filius nec Pater est nec Spiritus sanctus; Spiritus sanctus nec Pater est, nec Filius, sed Pater tantum Pater, et Filius tantum Filius, et Spiritus sanctus tantum Spiritus sanctus. Eadem tribus aeternitas, eadem incommutabilitas, eadem majestas, eadem potestas. In his verbis aperte insinuatur personarum trium distinctio.

Quare Patri attribuatur unitas, et Filio aequalitas.

8 Sed plurimos movet quod Patri attribuit unitatem, Filio aequalitatem. Cum enim unitas dicitur secundum substantiam, non tantum in Patre est, sed etiam in Filio et Spiritu sancto; et aequalitas una est Patris et Filii, et Spiritus sancti. Cur ergo Patri attribuitur unitas, et Filio aequalitas? Forte eadem ratione attribuitur Patri unitas secundum Aug. qua supra eidem aeternitas secundum Hilarium, quia videlicet Pater ita est, ut ab alio non sit, et quia Filium genuit unum secum Deum, et Spiritus sanctus ab eo procedit unus cum eo Deus. Unitas ergo in Patre esse dicitur, quia nec est aliquid aliud a quo sit. Non enim ab alio est, nec ab eo aliquis vel aliquid est ab aeterno, quod unum cum eo non sit: Filius enim et Spiritus sanctus unum sunt cum Patre. Unde Veritas ait, Joan. 10: *Ego et Pater unum sumus.*

Quare Pater et Filius dicantur esse unum vel unus Deus, sed non unus : quia res ejusdem naturae recte possunt dici unum simpliciter esse, et cum adjectione ; res vero diversae naturae non possunt dici unum nisi dicatur, quid unum.

9 Hic dici oportet quod Pater et Filius et Spiritus sanctus recte dicuntur esse unum et unus Deus, sed non unus. Res enim duae vel plures recte possunt dici unum esse, si sint unius essentiae, et earum una sit natura. Unus autem vel una non potest dici de diversis rebus, nisi addatur aliquid unus vel una, quo addito, recte potest dici de rebus et unius et diversae substantiae. Unde Aug., in lib. 6, de Trin., c. 3, sic ait: Nescio utrum inveniatur in Scripturis dictum: Unum sunt, quorum est diversa natura. Si autem et aliqua plura sunt ejusdem naturae et diversa sentiunt, non sunt unum in quantum diversa sentiunt. Cum ergo sic dicitur unum, ut non addatur quid unum, et plura unum dicuntur, eadem natura atque essentia, non dissidens neque dissentiens significatur. Unde Paulus et Apollo, 1 Cor. 3, qui et ambo homines erant et idem sentiebant, unum esse dicuntur cum dicitur : *Et qui plantat et qui rigat unum sunt.* Cum vero additur quid unum, potest significari aliquid ex pluribus unum factum, quamvis diversa natura; sicut anima et corpus non possunt utique dici unum (quid enim tam diversum ?) nisi addatur vel sub intelligatur quid unum, scilicet unus homo. Unde Apostolus : *Qui adhaeret*, inquit, 1 Cor. 6, *Domino, spiritus unus est*, non dixit : Unus est vel unum sunt, sed addit *Spiritus*. Diversi sunt enim natura spiritus hominis et Spiritus Dei; sed inhaerendo fit spiritus hominis unus spiritus cum Deo, quia particeps fit veritatis et beatitudinis illius. Si ergo de his quae diversae substantiae sunt, recte dicitur quod sint unus spiritus, quanto magis qui unius substantiae sunt, recte dicuntur unus Deus esse? Pater ergo et Filius unum sunt utique secundum unitatem essentiae, et unus Deus, in quo et Ariana haeresis damnatur, quae Patrem, et Filium, et Spiritum sanctum, ut ait Aug. in lib. de Haeresibus, non vult esse unius ejusdemque substantiae atque naturae, vel, ut expressius dicatur, essentiae, quae Graece dicitur *usia*; sed Filium esse creaturam ; necnon et Sabelliana, quae, ut ait Aug. in eodem libro; dicebat Christum eumdem ipsum et Patrem et Spiritum sanctum esse; ut esset Trinitas nominum sine substantia personarum. Utramque pestem, ut ait Aug. super Joannem, elidit Veritas dicens : *Ego et Pater unum sumus.* Utrumque audi et adverte, et *unum*, et *sumus*: et a Charybdi et a Scylla liberaberis. Quod enim dixit *unum*, liberat te ab Ario ; quod dixit *sumus*, liberat a Sabellio. Si *unum*, ergo non diversum; si *sumus*, ergo Pater et Filius. Sumus enim non diceret de uno, nec unum de diverso. Erubescant ergo Sabelliani, qui dicunt ipsum esse Patrem qui est Filius, confundentes personas; qui et dicti sunt Patripassiani, quia dicunt Patrem sui se passum. Ariani vero dicunt aliud Patrem esse, aliud Filium ; non unam substantiam, sed duas : Patrem majorem, Filium minorem. Noli hoc dicere tu, catholice. In medio ergo naviga, utrumque periculosum latus devita: et dic: Pater Pater est, Filius Filius est; alius Pater, alius Filius, sed non aliud, imo hoc ipsum, quia unus Deus. Ecce ostensum est quare unitas in Patre esse dicatur, cum tres illi unum sint.

Quare dicatur esse æqualis in Filio, cum sit una æqualitas trium.

10. Nunc videamus quare æqualitas dicatur esse in Filio, cum una et summa æqualitas sit trium. Hoc ideo forte dictum est, quia Filius genitus est a Patre æqualis gignenti, et dono quod ab utroque procedit; et ideo illa tria dicuntur esse æqualia propter Filium. Filius enim habet a Patre ut sit ei æqualis et Spiritui sancto ; et Spiritus sanctus ab utroque habet ut sit æqualis utrique. Hoc autem sine assertionis supercilio et majoris intelligentiæ præjudicio dicimus, malentes in apertione tam clausorum sermonum peritiores audire, quam aliquid aliis influere.

Quare in Spiritu sancto dicatur esse utriusque concordia vel connexio.

11. Quod autem in Spiritu sancto dicitur esse utriusque concordia, et per eum omnia connexa, facilior est intelligentia nobis præmissa ad mentem revocantibus. Supra enim secundum auctoritates sanctorum dictum est quod Spiritus sanctus amor est quo Pater diligit Filium, et Filius Patrem. Recte ergo Spiritus sanctus dicitur connexio vel concordia Patris et Filii, et per eum omnia connexa. Unde Aug. in lib. 5 de Trin., cap. 11 : Communio quædam consubstantialis Patris et Filii est amborum Spiritus sanctus. Idem in lib. 7 de Trin., cap 3 : Spiritus sanctus est summa charitas utrumque conjungens, nosque subjungens.

DISTINCTIO XXXII.
UTRUM PATER VEL FILIUS PER SPIRITUM SANCTUM DILIGAT, CUM DILIGERE IDEM DEO SIT QUOD ESSE.

1. Hic oritur quæstio ex prædictis deducta : dictum est enim supra atque sanctorum auctoritatibus ostensum, quod Spiritus sanctus est communio Patris et Filii, et amor quo Pater et Filius se invicem diligunt. Ideo quæritur utrum Pater vel Filius per Spiritum sanctum diligat. Quod utique videtur oportere dici secundum auctoritates supra positas, quibus ostenditur Spiritum sanctum esse, quo genitus a gignente diligatur, genitoremque suum diligat. Sed contra, si Pater vel Filius dicatur diligere per Spiritum sanctum videtur esse per Spiritum sanctum, quia non est aliud Deo esse, et aliud diligere, sed idem ; quia, ut ait Aug. in lib. 15 de Trin., cap. 5. quidquid secundum qualitates in illa simplici natura dici videtur, secundum essentiam est intelligendum, ut bonus, magnus, immortalis, sapiens, diligens, et hujusmodi. Ideoque si Pater vel Filius diligit per Spiritum sanctum, per ipsum Spiritum esse videtur ; neque tantum essentia sua diligit, sed etiam dono.

Hæc quæstio insolubilis est, humanum superans sensum, in qua auctoritates sibi occurrunt.

2. Huic quæstioni, cum altitudinem nimiæ profunditatis contineat, id solum respondemus, quod Aug. significare videtur, scilicet quod Pater et Filius se diligant, et unitatem servent, non solum essentia sua, sed suo dono proprio ; quod licet supra positum sit, iterare tamen non piget. quia sic expedit. Ait ergo Aug. in lib. 6 de Trin., cap. 5, ita : Manifestum est quod non aliquis duorum est quo uterque conjungitur ; quo genitus a gignente diligatur, genitoremque suum diligat, sintque non participatione, sed essentia sua, neque dono superioris alicujus, sed suo proprio servantes unitatem pacis. Ecce hic dicit quod essentia sua et dono suo servant unitatem. Idem in lib. 5 de Trin., cap. 7, ait : In illa Trinitate quis audeat dicere Patrem nec se, nec Filium, nec Spiritum sanctum diligere, nisi per Spiritum sanctum ? Hic aperte ostendit Patrem non tantum per Spiritum sanctum diligere ; non autem simpliciter dicit Patrem non diligere per Spiritum sanctum.

Utrum Pater sit sapiens Sapientia quam genuit, sicut diligit amore qui ab ipso procedit.

3. Præterea diligenter investigari oportet utrum Pater sapiens sit Sapientia quam genuit, quæ tantum Filius est. Quod videtur a simili posse probari. Si enim Pater diligit amore qui ab ipso procedit, cur non et Sapientia vel intelligentia quam ipse genuit, sapit, vel intelligit ? Hanc quæstionem urgere videtur, ut ait Aug. in lib. 6 de Trin., cap. 1. quod scripsit Apostolus dicens, 1 Cor. 1, *Christum Dei Virtutem et Dei Sapientiam*. Ubi quæritur utrum ita sit Pater Sapientiæ et Virtutis suæ, ut hac Sapientia sapiens sit quam genuit et hac Virtute potens quam genuit. Sed absit ut ita sit quia si hoc est tibi esse quod sapere, non per illam Sapientiam quam genuit sapiens dicitur Pater alioquin non ipsa ab illo, sed ille ab ipsa est. Si enim Sapientia quam genuit causa est illi ut sapiens sit, etiam ut sit ipsa illi causa est ; quod fieri non potest, nisi gignendo eum aut faciendo ; sed nec genitricem, nec conditricem Patris ullo modo quisquam dixerit Sapientiam ; quid enim est insanius? Ergo Pater ipsa Sapientia est qua sapiens est. Filius vero dicitur Sapientia Patris et Virtus Patris ; non quia Pater per eum sit sapiens vel potens, sed quia Filius Sapientia, et Virtus est de Patre Sapientia et Virtute. Ex his ergo patet quod Pater non est sapiens Sapientia genita, sed seipso Sapientia ingenita.

Utrum Filius sit sapiens Sapientia genita vel ingenita.

4. Post hæc quæri solet a quibusdam, utrum Filius sit sapiens Sapientia genita, vel ingenita. Si enim non est sapiens Sapientia genita, nec seipso sapiens est: si vero Sapientia genita sapiens est, non videtur sapiens esse Sapientia ingenita, et ita non videtur esse sapiens a Patre, cum a Patre habeat omnia. Ad quod dicimus quod una est Sapientia Patris et Filii et Spiritus sancti, sicut una essentia, quia Sapientia in illius naturæ simplicitate est essentia ; et tamen Filius tantum est Sapientia genita, et Pater tantum est Sapientia ingenita ; et Sapientia genita est de Sapientia ingenita, vel a Sapientia ingenita. Et cum idem sit ibi esse quod sapientem esse, relinquitur ut Sapientia genita sit sapiens de Sapientia ingenita. Non ergo Filius dicitur Sapientia Dei, tanquam ipse solus intelligens sit vel sapiens sibi et Patri et Spiritui sancto : quia, ut ait Aug. . in lib. 14 de Trin., c. 7 : Si solus ibi Filius intelligit et sibi et Patri et Spiritui sancto, ad illam reditur absurditatem, ut Pater non sit sapiens de seipso, sed de Filio : nec Sapientia Sapientiam genuerit, sed ea Sapientia Pater dicatur sapiens esse quam genuit. Ubi enim non est intelligentia, nec Sapientia potest esse. Ideoque si Pater non intelligit ipse sibi, sed Filius intelligit Patri, profecto Filius Patrem sapientem facit. Et si hoc est Deo esse quod sapere, et ea illi est essentia quæ Sapientia, non Filius a Patre, quod verum est, sed a Filio potius Pater habet essentiam, quod absurdissimum atque falsissimum est. Est ergo Deus Pater sapiens ea, quæ ipse est, sua Sapientia ; et Filius, Sapientia Patris, est sapiens de Sapientia quæ est Pater, de quo est genitus Filius. Ita et Pater est intelligens ea, quæ ipse est, sua Intelligentia. Non enim esset sapiens, qui non esset intelligens. Filius autem, Intelligentiam Patris, de Intelligentia genitus est, quæ est Pater ; de qua et intelligens est. Proinde Pater est Sapientia, et Filius Sapientia, et uterque una est Sapientia ; et tamen solus Pater est ingenita Sapientia, et Filius solus genita Sapientia ; nec tamen alia Sapientia Pater, alia Sapientia Filius, sed una eademque est ; sicut Pater est Deus ingenitus, et Filius est Deus genitus; neque Deus genitus est Deus ingenitus ; non ideo tamen alius Deus est Pater, alius Deus Filius, sed unus Deus uterque, non autem unus. Alius est enim genitus, alius ingenitus, sed non alius Deus ; imo uterque unum, sive unus Deus. Ita non est Sapientia genita Sapientia ingenita, sed alia est Sapientia genita, alia ingenita; non tamen est alia Sapientia sed una eademque.

An Filius sit sapiens seipso vel per seipsum.

5. Ex prædictis constat quod Filius non est sapiens a se neque de se, sed de Patre et a Patre. Quæri autem solet utrum Filius sit sapiens seipso vel per seipsum? Quidam dicunt multiplicem hic fieri intelligentiam, et

ideo distinguendum fore; ita ut cum dicis Filium esse sapientem seipso vel per seipsum, si sui natura et essentia sapientem intelligas, verus sit intellectus ; si vero a seipso vel de seipso sapientem esse intelligas, falsitati subjectam habeas intelligentiam. Alii vero simpliciter et absque determinatione concedunt hujusmodi locutiones : Filius est Sapientia per se, sed non a se vel de se,et : Filius est Deus per se, et est per se,sed non a se vel de se.Hoc confirmantes verbis Hilarii, qui Filium non a se,sed per se agere ait, in lib.9 de Trin.:Naturæ,inquit, cui contradicis, hæretice, hæc unitas est, ut ita per se agat Filius ne a se agat,et ita non a se agat ut per se agat. Intellige Filium agentem,et per eum Patrem agentem.Non a se agit,cum Pater in eo manere monstratur. Per se agit, cum secundum nativitatem Filii agit ipse quæ placita sunt.Infirmus sit non a se agendo,nisi a Deo ipse agit ; non sit vero in unitate naturæ,si quæ agit et in quibus placet non per se agit. Sicut ergo, inquiunt, Filius per se agit, sed non a se ; ita et Filius debet dici sapiens per se, sed non a se. Sic et ipse per se Deus est, vel esse dicendus est, ut aiunt, sed nsn a se vel de se.

An una tantum sit Sapientia Patris.
6. Post hæc a quibusdam solet quæri utrum una tantum sit Sapientia Patris.Quod non esse nituntur probare hoc modo : Filius, inquiunt, est Sapientia Patris genita, qua Pater sapiens non est. Est igitur aliqua Sapientia Patris,qua sapiens non est. Est autem et Sapientia Patris ingenita, et ea Pater sapiens est.Est ergo quædam Sapientia Patris, qua sapiens est, et ipsa non est illa Sapientia Patris qua Pater sapiens non est,non est ergo una tantum Sapientia Patris. Item Sapientia ingenita est Sapientia Patris, et Sapientia genita est Sapientia Patris; non est autem Sapientia ingenita Sapientia genita; non est igitur una tantum Patris Sapientia. Hæc et his similia, tanquam sophistica et a veritate longinqua, cunctisquein theologia peritis patentia abjicimus, responso indigna advertentes ; id tamen adjicientes, quia una tantum Sapientia Patris, sed non uno modo dicitur. Nam Sapientia Patris dicitur illa quam genuit, et Sapientia Patris dicitur,ea qua sapiens est. Diversa est ergo ratio dicti.Illa enim dicitur Patris, qui eam genuit ; et ea dicitur Sapientia Patris,quia ea sapit. Una est tamen Sapientia Patris,quia Sapientia genita est eadem Sapientia,et ea qua sapiens est; sive ea qua sapiens est intelligatur persona Patris,sive essentia Patris,quia persona Patris quæ intelligitur cum dicitur Sapientia ingenita,et persona Filii quæ significatur cum dicitur Sapientia genita, una eademque Sapientia est; quæ essentia divina intelligitur communis tribus personis.
Quod in Trinitate est dilectio quæ est Trinitas, et tamen Spiritus sanctus est dilectio quæ non est Trinitas; nec ideo duæ sunt dilectiones ; ita et de Sapientia.
7. Et sicut in Trinitate dilectio est,quæ est Pater, Filius et Spiritus sanctus, quæ est ipsa essentia deitatis,et tamen Spiritus sanctus dilectio est quæ non est Pater vel Filius; nec ideo duæ dilectiones sunt in Trinitate,quia dilectio quæ proprie Spiritus sanctus est,dilectio est quæ Trinitas est,non tamen ipsa Trinitas est, sicut Spiritus sanctus est essentia quæ Trinitas est,non tamen ipsa Trinitas est ; ita in Trinitate Sapientia est quæ est Pater et Filius, et Spiritus sanctus,quæ est essentia divina ; et tamen Filius est Sapientia quæ non est Pater vel Spiritus sanctus.Nec ideo duæ Sapientiæ ibi sunt,quia Sapientia quæ proprie est Filius est Sapientia quæ est Trinitas, ipsa tamen non est Trinitas, sicut Filius non essentia quæ est Trinitas,ipse tamen non est Trinitas.
Qua ratione Pater non dicitur sapiens ea Sapientia quam genuit, eadem videtur debere dici quod non sit diligens Pater vel Filius dilectione, quæ ab utroque procedit.
8. Præterea diligenter notandum est quod ea ratione qua Pater non dicitur sapiens ea Sapientia quam genuit,videtur fore dicendum quod Pater non diligat Filium, vel Filius Patrem ea dilectione quæ ab utroque procedit,scilicet quæ proprie Spiritus sanctus est. Sicut enim idem est Deo sapere quod esse, ita est ei idem diligere quod esse.Ideoque sicut negatur Pater esse sapiens sapientia quam genuit;qui si ea diceretur sapiens,non ipsa ab eo,sed ipse ab ea intelligeretur esse;ita videtur non debere concedi quod Pater vel Filius diligat dilectione quæ tantum Spiritus sanctus est, quia si ea diligit Pater vel Filius, non Spiritus videtur esse a Patre et Filio, sed Pater et Filius a Spiritu sancto,quia idem est ibi diligere quod esse. At supra dictum est,atque auctoritate Aug. sancitum, quod in Trinitate tria sunt,unus diligens eum qui de illo est,et unus diligens cum de quo est,et ipsa dilectio;et non est aliquis duorum quo genitus a gignente diligitur, et genitorem suum diligit. Quibus verbis aperte significatur Patrem Filium, et Filium Patrem diligere, ea scilicet dilectione quæ non est aliquis eorum,sed tantum Spiritus sanctus.Cum idem ergo sit ibi diligere quod esse, quomodo dicitur Pater vel Filius non esse ea dilectione qua alter alterum diligit, cum ideo Pater negetur sapere Sapientia quam genuit, ne ea esse intelligatur ?

Quod et hæc quæstio inexplicabilis est, quæ excellit infirmitatem hominis
9. Difficilem mihi fateor hanc quæstionem,præcipue cum ex prædictis oriatur quæ similem videntur habere rationem ; quod meæ intelligentiæ attendens infirmitas turbatur, cupiens magis ex dictis sanctorum referre, quam afferre. Optimus enim lector est, inquit Hilar.in medio lib. 1 de Trin., qui dictorum intelligentiam expectat ex dictis potius quam imponat ; et retulerit magis quam attulerit ;neque cogat id videri dictis contineri, quod ante lectionem præsumpserit intelligendum. Cum ergo de rebus Dei sermo est,concedamus Deo sui cognitionem, dictisque ejus pia veneratione famulemur.Investiget ergo diligenter pius lector rationem dictorum,si forte dictorum aliquam valeat reperire causam; qua nota, ipsa præmissa quæstio aliquatenus explicari valeat. Ego autem hanc quæstionem non absolvens, sed errorem excludens,profiteor non esse dictum Patrem diligere Filium, vel Filium Patrem,ea dilectione quæ ab utroque procedit; quæ non est aliquis eorum, sed tantum Spiritus sanctus;tanquam ea dilectione Pater sit vel Filius.Sed sic ea Pater diligit Filium et Filius Patrem,ut etiam Pater per se ea quæ ipse est dilectione diligat,sic et Filius ; non autem sic ut Pater per se non diligat, et Filius, sed per eam tantum. Quis hæc in illa Trinitate, inquit Aug., opinari vel affirmare præsumat ? Eam tamen quæstionem lectorum diligentiæ plenius dijudicandam atque absolvendam relinquimus,ad hoc minus sufficientes.

DISTINCTIO XXXIII.
UTRUM PROPRIETATES PERSONARUM SINT IPSÆ PERSONÆ VEL DEUS, ID EST, DIVINA ESSENTIA.

1. Post supra dicta interius considerare atque subtiliter inquiri oportet, utrum proprietates personarum quibus ipsæ personæ determinantur, sint ipsæ personæ,et sint Deus, id est, divina essentia ; an ita sint in personis,ut non sint personæ, ac per hoc nec divina essentia.Quod enim in personis sint proprietates,nemo inficiari audet, cum aperte clamet auctoritas quod in personis est proprietas, et in essentia unitas. Superius quoque multis sanctorum testimoniis astruximus personas per proprietates distingui atque determinari ; ipsasque proprietates tres scilcet propriis expressimus vocabulis. Cum ergo proprietates ipsæ ab æterno fuerint,quibus ipsæ personæ determinantur et differunt, quomodo essent si in eis non essent? et quomodo in eis essent,et ipsæ personæ non essent, quin ibi esset multiplicitas? Quocirca sicut proprietates esse in personis,ita et eas personas esse confitemur, sicut supra auctoritate Hieronymi (ut non pigeat revocare ad mentem) protestati sumus, in expositione fidei ita dicentis : Sabellii hæresim

declinantes,tres personas expressas sub proprietate distinguimus. Non enim nomina tantummodo, sed etiam nominum proprietates,id est, personas,vel, ut Græci exprimunt hypostases, hoc est, subsistentias confitemur.Ecce aperte dicit personas proprietatibus distingui,et ipsas proprietates esse personas ; cujus hic verba perstringimus, quia supra latius posuimus.

Quod proprietates sint divina essentia.

2. Cumque de simplicitate deitatis supra dissereremus, auctoritatibus sanctorum, scilicet Aug., Hil., Isidor. necnon et Boetii, evidenter monstravimus Deum hoc esse omnino quod in se habet, excepto quod Pater habet Filium, nec est Filius, et Filius habet Patrem, nec est Pater ; et sic esse in natura trium, ut qui habet,hoc sit quod habet : et totum quod ibi est,unum esse,unam vitam esse, quæ modo non iteramus,ne fastidium lectori ingeramus.Si ergo proprietates ibi sunt, singula earum est id in quo est, et unum eademque vita singulæ sunt.Fateamur ergo et proprietates esse in tribus personis,et ipsas esse personas atque divinam essentiam.

Auctoritate astruit quod proprietas sit natura.

3. Quod enim proprietas etiam divina natura sit, ostendit Hilarius,dicens nativitatem Filii esse naturam.Unde in lib.7 de Trin.ait : Utriusque natura non differt ; unum sunt Pater et Filius.Habet ergo hoc sacramenti nativitas,ut complectatur in se et nomen,et naturam,et potestatem,quia nativitas non potest esse ea natura unde nascitur Filius.Idem, in 6 : Nativitas proprietas est, veritas est. Idem, in 7, dicit quod naturæ nativitas sit intelligenda esse in natura Dei. Supra enim dixit quod proprium Patris est quod semper Pater est, et proprium Filii est, quod semper Filius est ; significans quod proprietas Patris est Pater,et proprietas Filii est Filius.His aliisque pluribus auctoritatibus aperte significari videtur quod proprietas Filii Filius sit, sic et Deus ; ita et proprietas Spiritus sancti.

Quidam negant, scilicet, proprietates esse personas et divinam naturam, et quare.

4. Hoc autem aliqui negant,proprietates quidem proprietates in personis esse, sed non esse personas ipsas,quio ita dicunt esse in personis vel in essentia divina,ut non sint interius, sicut ea sunt quæ secundum substantiam dicuntur de Deo,ut bonitas, justitia, sed extrinsecus affixæ sunt,atque ita esse rationibus probare contendunt.Si enim,inquiunt,proprietates sunt personæ, non eis personæ determinantur. Contraquod dicimus quia etiam seipsis personæ differunt, sicut supra Hier.,loquens de Patre et Filio et Spiritu sancto,dicit: Substantia unum sunt,sed personis ac nominibus distinguuntur. Sed iterum addunt : Si proprietates ipsæ divina essentia sunt,cum essentia non differant tres personæ,nec proprietatibus differunt. Quomodo enim differt Pater a Filio, eo quod divina essentia est,cum in essentia unum sunt?

Responsio ad præmissa auctoritate nitens.

5. Horum doctrinis novis et humanis commentis verbo Hil. respondeo : Immensum est quod exigitur et incomprehensibile ; extra significantiam est sermonis, extra sensus intentionem ; non enuntiatur, non attingitur,non tenetur ; verborum significantiam rei ipsius natura consumit ; sensus contemplationem imperspicabile lumen obcæcat, intelligentiæ capacitatem quod fine nullo continetur excedit.Mihi ergo in sensu labes est, in intelligentia stupor est ; in sermone vero non jam infirmitatem, sed silentium confitebor ; periculosum nimis est de rebus tantis ac tam reconditis aliquid ultra præscriptum cœleste proferre,ut ultra præfinitionem Dei sermo de Deo sit. Forma fidei certa est.Non ergo aliquid addendum est,sed modus constituendus audaciæ,quidquid ultra quæritur,non intelligitur.

Quomodo improbi hæretici insistant alia addentes.

6.Cæterum hæreticorum improbitas instinctu diabolicæ fraudulentiæ excitata, nondum quiescit,sed in tanta rerum quæstione addit : Si paternitas et filiatio in Deo sive in divina essentia sunt, cadem ergo res est sibi Pater et Filius. Nam in quo paternitas est, Pater est ; et in quo filiatio est,Filius est Si ergo una eademque res habet in se paternitatem et filiationem, ipsa generat et generatur ; quod dicentes,in Sabellianam hæresim pertrahuntur, extendentes Patrem in Filium,cum ipsum sibi Filium proponant et Patrem. Si vero negaverint in una Dei essentia paternitatem esse et filiationem,quomodo ergo dicunt esse Deum? Iis atque aliis argumentorum aculeis utuntur in suæ opinionis assertionem,ut veritatis formam dissecent.

Responsio contra hanc eorum oppositionem,ubi traditur proprietates non penitus ita esse in Dei essentia, sicut in hypostasibus dicuntur.

7. Quorum audaciæ resistentes atque ignorantiæ providentes,audebimus aliquid super hoc loqui.Paternitas et filiatio non ita esse omnino in divina substantia dicuntur,sicut in ipsis hypostasibus ;in quibus ita sunt,quod eas determinant,ut ait Joan. Damas, lib. 3 de orthodoxa Fide,c.6.Characteristica idiomata sunt, id est,determinativæ proprietates hypostaseos et non naturæ;etenim hypostasim determinant et non naturam.Ideoque licet paternitas et filiatio sint in divina essentia, cum eam non determinent, non ideo potest dici quod divina essentia et generet et generetur ; vel quod eadem res sit sibi Pater et Filius. Ita enim proprietas determinat personam, ut hac proprietate hypostasis sit generans, et illa alia hypostasis sit genita ; et ita non idem generat et generatur, sed alter alterum.

Quæritur quomodo proprietates possunt esse in natura, ut tamen eam non determinent.

8. Sed forte quæres,cum hæ proprietates non possunt esse in personis quin eas determinent,quomodo in divina essentia esse possint,ita ut non eam determinent? Respondeo tibi et hic cum Hil., lib. 1 de Trin.,non longe a principio : Ego nescio,non requiro,sed consolabor me tamen. Archangeli nesciunt, angeli non audierunt,secula non tenent,propheta non sensit, Apostolus non interrogavit, Filius ipse non edidit.Cesset ergo dolor querelarum: non putet homo sua intelligentia generationis sacramentum posse consequi. Absolute tamen intelligendus est Pater et Filius et Spiritus sanctus.Stat in hoc fine intelligentia verborum. Est Filius a Patre, qui est unigenitus ab ingenito,progenies a parente,unus ab uno ; non natura deitatis alia et alia,quia ambo unum. Hoc credendo incipe,percurre, persiste ; etsi non perventurum sciam,tamen gratulabor profecturum.Qui enim pie infinita prosequitur,etsi non contingat,aliquando tamen proficiet prodeundo. Sed ne te inseras in illud secretum et arcanum inopinabilis nativitatis, ne te immergas, summam intelligentiæ comprehendere præsumens; sed intellige incomprehensibilia esse. His aliisque multis evidenter ostendifur nobis nullatenus licere majestatem perscrutari, jus ponere potestati, modum circumscribere infinito.

Quibus auctoritatibus opinionem suam, scilicet, quod proprietates Patris vel Fil'i non sit Deus, muniant.

9.Verumtamen nondum desistunt impatientiæ spiritu agitati, sed opinionem suam etiam sanctorum auctoritatibus munire conantur ; quibus ostendere volunt proprietatem qua Pater est Pater,et proprietatem qua Filius est Filius, non esse Deum ; ad hoc inducentes verba Aug.,ton,2,super illum locum psal.68: *Et non est substantia*,ita dicentis: Deus enim quædam substantia est.Unde etiam in fide catholica sic ædificemur,ut dicamus Patrem et Filium et Spiritum sanctum unius esse substantiæ ; quid est unius substantiæ? Quidquid est Pater quod Deus est, hoc est Filius, hoc est Spiritus sanctus. Cum autem Pater est, non illud est quod vel quo est.Pater enim non ad se, sed ad Filium dicitur:ad se autem,Deus dicitur.Eo igitur quod vel quo Deus est, substantia est. Et quia ejusdem substantiæ est Filius, procul dubio Filius est Deus.Atvero quod Pater est,quia non substantiæ est, sed refertur ad Filium, non sic dicimus Filium Pa-

trem esse, sicut dicimus Filium Deum esse. Ex his verbis significari dicunt quod proprietas Patris vel proprietas Filii non sit Deus vel essentia divina. Cum enim dicit, *eo quod Deus est est, substantia est, sed quod Pater est substantia non est*, aperte inquiunt ostendi id essse substantiam, quo Deus est; id vero quo Pater est, non esse substantiam. Item cum ait : *Pater non illud est quod est*, ostendit eum non esse Patrem eo quod substantia est. Non enim simpliciter dixit : Pater non est illud quod est; sed ait : *Cum Pater est, non est illud quod est*, significans quo Pater est non esse illud quod est, id est, essentiam. Hæc illi ita exponentes, sua commenta simplicibus et incautis vera videri faciunt. Nos autem aliter fore ista intelligenda dicimus. Dicens enim : *Eo quod Deus est, substantia est, sed quod Pater est, substantia non est*, hoc intelligi voluit, quia essentia Deus est, et deitate substantia est. Eo enim substantia est, quo Deus est; et e converso, cujus ea est deitas quæ est substantia, et substantia quæ deitas; sed quod Pater est, non est substantia, id est, non quo Pater est, eo substantia est, quia proprietate generationis Pater est, qua substantia non est. Ipsam tamen proprietatem substantiam esse non negavit. Ita tamen illud intelligendum est quod ait : *Cum Pater est, non illud est quod est*; id est non illo Pater est quod vel quo ipse est, id est, essentia, sed notione.
Aliis etiam verbis Aug. utuntur ut asserant quod dicunt scilicet proprietates personarum non esse Dei substantiam.

10. Item illis verbis Aug. vehementer insistunt superius positis, scilicet quod Verbum secundum quod sapientia est et essentia, hoc est quod Pater : secundum quod Verbum, non hoc est quod Pater. Si inquiunt, Verbum non est hoc quod Pater, secundum hoc quod est Verbum; id ergo quo Verbum est non est illud quo Pater est; proprietas ergo qua Verbum est, non est quod Pater est, non est igitur divina essentia. Ad quod dicimus quia licet secundum quod Verbum, non sit hoc quod Pater est, ea tamen proprietas qua Verbum est, est id quod Pater est, id est, divina essentia, sed non hoc est hypostasis Patris.

DISTINCTIO XXXIV.

OPINIO QUORUMDAM NON IDEM ESSE PERSONAM ET ESSENTIAM VEL NATURAM DICENTIUM, ET EAMDEM ESSENTIAM, NON POSSE ESSE PATREM, ET FILIUM, ET SPIRITUM SANCTUM.

1. Prædictis autem adjiciendum est, quod quidem perversi sensus homines in tantam prosiluerunt insaniam, ut dicerent non idem esse naturam Dei et personam sive hypostasim ; dicentes eamdem essentiam non posse esse Patrem et Filium sine personarum confusione. Si enim, inquiunt, ea essentia quæ Pater est, Filius, idem sibi Pater est et Filius. Si hanc rem dicis esse Patrem, aliam quære quam dicas esse Filium. Si vero aliam non quæsieris, sed eamdem dixeris, idem genuit et genitus est. Propter hæc et hujusmodi, inter naturam et personam dividunt, ita ut non recipiant unam deitatis naturam et simplicem esse tres personas. Idque testimonio Hilarii defendere nituntur, qui in lib. 8 de Trinit., cum quærens utrum Apostolus Spiritum Dei nominans et Spiritum Christi, idem significaverit utroque verbo, inquit ita : Gentium prædicator volens naturæ unitatem in Patre et Filio docere ait, Rom. 8 : *Spiritus Dei in vobis est; si quis autem Spiritum Christi non habet, hic non est ejus. Si autem Spiritus ejus qui suscitavit Jesum*, etc. Spirituales omnes sumus, si in nobis est Dei Spiritus, sed et hic Spiritus Dei, est et Spiritus Christi. Et cum Christi Spiritus in nobis est, ejus Spiritus in nobis est qui suscitavit Christum. Et cum ejus qui suscitavit Christum in nobis est Spiritus, et Spiritus in nobis est Christi, nec tamen non Dei est Spiritus, qui in nobis est. Discerne ergo, o hæretice, Spiritum Christi a Spiritu Dei ; et excitati a mortuis Spiritum Christi, a Spiritu Dei Christum a mortuis excitantis. Cum qui habitat in nobis Spiritus Christi, Spiritus Dei sit ; et Spiritus Christi a mortuis excitati Spiritus Dei tantum sit Christi a mortuis excitantis. Et quæro nunc, in Spiritu Dei utrum naturam, an rem naturæ significatam existimes. Non est enim idem naturam quod res naturæ ; sicut non idem est homo et quod hominis est, nec idem est ignis et quod ipsius ignis est ; et secundum hoc non est idem Deus et quod Dei est. Hujus dicti occasione præfati hæretici dogmatizaverunt non idem esse personam et naturam Dei, asserentes naturam Dei non esse tres personas, intelligentes in his præmissis verbis Hilarii per rem naturæ personam, et nomine naturæ divinam naturam. Et ideo dicunt Hilarium interrogasse hæreticum utrum per Spiritum Dei putaret significatam esse naturam, an rem naturæ ; ut sic ostenderet distinguendum esse inter naturam et rem naturæ, id est, personam.

Hic docet quomodo eis obviat ipsius Scripturæ circumstantia, et qualiter prædicta intelligi debeant; et quod Spiritus sanctus est res unius naturæ Patris et Filii, et est ipsa natura.

2. Hæc quidem dicunt, non intelligentes pia diligentia Scripturæ circumstantiam ; qua considerata percipi potest quomodo præmissa dixerit Hilarius. Subsequenter enim in eadem serie ostendit in Spiritu Dei aliquando significari Patrem, ut cum dicitur : *Spiritus Domini super me*; aliquando significari Filium, ut cum dicitur: *In Spiritu Dei ejicio dæmonia*, naturæ suæ potestate se dæmones ejicere demonstrans; aliquando Spiritum sanctum ; ut ibi : *Effundam et Spiritu meo super omnem carnem*. Quod dicit consummatum fuisse, cum Apostoli Spiritu sancto misso omnibus linguis locuti sunt. Deinde quare hanc distinctionem fecerit, et quod in superioribus per verba Apostoli idem Spiritus sanctus significatus sit, et quod ipse sit res unius naturæ Patris et Filii, aperte ostendit inquiens ita : Hæc idcirco sunt demonstrata, ut quacumque parte hæretica falsitate se contulisset, finibus veritatis concluderetur. Habitat enim in nobis Christus, quo habitante habitat Deus ; et cum habitat in nobis Spiritus Christi, non aliud habitat quam Spiritus Dei. Quod si per Spiritum sanctum Christus in nobis intelligitur esse, hunc tamen ita Spiritum Dei ut Spiritum Christi esse noscendum est ; et cum per naturam Dei natura ipsa habitat in nobis, indifferens natura Filii creditur esse a Patre, cum Spiritus sanctus qui est Spiritus Christi et Spiritus Dei, res naturæ demonstretur unius. Quæro nunc ergo quomodo non ex natura unum sunt ? A Patre procedit Spiritus veritatis, a Filio mittitur, et a Filio accipit. Sed omnia quæ habet Pater, Filii sunt. Idcirco qui ab eo accipit, Dei Spiritus est, et idem Spiritus Christi est. Item naturæ Filii est, sed et eadem res et naturæ Patris est, et Dei excitantis Christum a mortuis Spiritus est ; et idem Spiritus Christi est a mortuis excitati. In aliquo differt Christi et Dei natura, ne eadem sit, si præstari potest ut Spiritus qui Dei est, non sit etiam Christi. Est ergo in nobis Spiritus Dei, et est in nobis Spiritus Christi ; et cum Spiritus Christi inest, inest Spiritus Dei. Ita cum quod Dei est, et Christi est, et quod Christi est Dei est, non potest aliud diversum Christus esse quam Deus est. Deus igitur Christus est unus cum Deo Spiritus, secundum illud Joan. 10 : *Ego et Pater unum sumus*, in quo docet Veritas unitatem esse naturæ, non solitudinem unionis. Ecce si hæc verba diligenter attendas, invenis Spiritum sanctum rem naturæ dici Patris et Filii ; et eumdem dici esse naturam Dei, ubi dicitur : Per naturam Dei natura ipsa habitat in nobis, si per Spiritum sanctum Christus est in nobis. Itaque in Trinitate non ita distinguendum est inter naturam et rem naturæ sicut in rebus creatis, quia, ut ait Hilarius, lib. 1 de Trinit., in medio, comparatio terrenorum ad Deum nulla est; et si qua comparationum exempla interdum afferuntur, nemo ea existimet absolute in se rationis perfectionem continere. Non enim humano sensu de Deo loquendum est.

Quod propter res creatas illud dixerit : Non idem est natura et res naturæ.

3. Ad naturam ergo rerum creaturarum respiciens, inquit : Non idem est natura quod res naturæ, subjiciens exempla de ipsis creaturis. Inde ostendens erroris esse sub mensura creaturarum metiri Creatorem addit : Et secundum hoc non idem est Deus et quod Dei est; ac si diceret : Si ad instar creaturarum de Creatore sentis, cogeris fateri quia non idem est Deus et quod Dei est; quod dicere impium est, cum Spiritus Dei est ; quod dicere impium est, cum Spiritus Dei Deus sit, et Dei Filius sit Deus.

Quod non aliud est Deus et quæ sua sunt, ita ut insint ; alia enim sunt quæ insunt, alia quæ non insunt.

4. Non ergo secundum corporales modos, ut in eadem subdit serie, accipienda sunt hæc quæ de Deo dicuntur; ubi evacuans opinionem eorum qui ita putant aliud Deum esse et aliud quod Dei est, aliudque naturam Dei et rem naturæ, ut est in creaturis, aperte docet non aliud esse Deum, et aliud quod Dei est, aliudque naturam Dei et quæ sua sunt, ita ut insint illi, sic dicens : Homo aut aliquid ei simile cum alicubi erit, alibi non erit, quia id quod est illic continetur ubi fuerit in forma ad id natura ejus; ut, ubique sit qui insistens alicubi sit. Deus autem immensæ virtutis, vivens potestas, quæ nusquam non adsit, nec desit usquam, quæ se omnem per sua edocet, et sua non aliud quam se esse significat ; ut ubi sua insint, ipse esse per sua intelligatur. Non autem corporali modo cum alicubi sit, non etiam ubique esse credatur, cum per sua in omnibus esse non desinat. Non autem aliud sunt quam quod ipse est quæ sua sunt. Et hæc propter naturæ intelligentiam dicta sunt. His verbis aperte significatur, si tamen intelligis, hæreticæ, quia divina natura non aliud est ab his quæ sua sunt, ita ut insint ; et per illa in omnibus suis est quæ non insunt. Sua enim sunt etiam quæ non insunt, id est, omnes creaturæ; et sua sunt quæ insunt, ut tres personæ, quæ sunt ejusdem naturæ et eadem natura; sicut supra August. testimonio firmavimus, dicentis tres personas esse ejusdem essentiæ vel eamdem essentiam, sed non ex eadem essentia, ne aliud intelligatur essentia, aliud persona. Non tamen diffitemur aliquam distinctionem habendam fore secundum intelligentiæ rationem, cum dicitur hypostasis, et cum dicitur essentia ; quia ibi significatur quod est commune tribus, hic vero non. Est tamen hypostasis essentia, et e converso. Fateamur ergo unum atque idem esse tres personas secundum essentiam, differentes autem proprietatibus. Unde Aug., tom. 8, super locum prætaxatum psalmi 68, ait : Quæris quid sit Pater ? Respondetur, Deus. Quæris quid sit Filius? Respondetur, Deus, Quæris quid sit Pater et Filius? Respondetur, Deus, Deus. De singulis interrogatus, Deum responde. De utroque interrogatus, non deos, sed Deum responde. Non sic in hominibus. Tanta enim est ibi substantiæ unitas, ut qualitatem admittat, pluralitatem non admittat. Si ergo tibi dictum fuerit, cum dicis Filium Dei esse quod Pater est : Profecto Filius Pater est; responde : Secundum substantiam tibi dixi hoc esse Filium quod Pater est, non secundum id quod ad aliud dicitur. Ad se enim dicitur Deus, ad Patrem dicitur Filius, rursumque Pater ad se dicitur Deus, ad Filium Deus Pater dicitur ; quod dicitur ad Filium Pater, non est Filius, quod dicitur filius ad patrem, non est pater ; quod dicitur pater ad se, hoc est Pater et Filius, id est, Deus.

Utrum ita possit dici, unus Deus trium personarum vel tres personæ unius Dei, ut dicitur, una essentia trium personarum, et tres personæ unius essentiæ.

5 Hic considerandum est, cum Deus sit divina essentia, et ita dicatur unus Deus esse tres personæ, sicut una essentia dicitur tres personæ, utrum ita valeat sane dici, unus Deus trium personarum, et tres personæ unius essentiæ. In his locutionibus Scripturæ usus nobis æmulandus videtur, ubi frequenter reperitur ita dictum; Una est essentia trium personarum, et tres sunt personæ unius essentiæ ; nusquam autem occurrit legisse, unum Deum trium personarum, vel tres personas unius Dei. Quod ideo puta sanctos doctores vitasse, ne ita forte acciperetur in divinis personis, ut accipitur cum de creaturis simile quid dicitur Dicitur enim. Abraham, Isaac et Jacob et Deus omnis creaturæ. Quod utique dicitur propter principium creationis, vel gratiæ privilegium, et creaturæ subjectionem vel servitutem. Cum ergo in Trinitate nihil sit creatum vel serviens vel subjectum, non admisit fides in Trinitate talem locutionis modum. Ita etiam e converso non dicitur de Dei essentia quod ipsa sit essentia Abraham, Isaac et Jacob, vel alicujus creaturæ : ne Creatoris et creaturæ naturam confundere videamur.

Quod licet potentia, sapientia, bonitas de Deo secundum substantiam dicantur in Scriptura, tamen solent hæc nomina distincte ad personas interdum referri.

6. Ex prædictis constat quod sicut essentia, ita potentia, sapientia, bonitas de Deo dicuntur secundum substantiam. Quæ autem secundum substantian de Deo dicuntur, tribus personis pariter conveniunt. Una est ergo potentia, sapientia, bonitas Patris, et Filii, et Spiritus sancti ; et hi tres eadem potentia eadem sapientia, eadem bonitas. Unde aperitur in Trinitate summa esse perfectio. Si enim ibi deesset potentia, vel sapientia, vel bonitas, non esset summum bonum. Sed quia ibi est perfecta potentia, infinita sapientia, incomprehensibilis, bonitas recte dicitur et creditur summum bonum. Cumque unum et idem penitus sit in Deo potentia, sapientia, bonitas, in sacra tamen Scriptura frequenter solent hæc nomina distincte ad personas referri, ut Patri potentia, Filio sapientia, Spiritui sancto bonitas attribuatur, quod quare fiat, non est otiosum inquirere.

Quare id fiat, scilicet quod Patri potentia, Filio sapientia attribuatur.

7. Id ergo sacri eloquii prudentia facere curavit, ne Dei immensitatem similitudine creaturæ metiremur. Dixerat enim Scriptura sacra, quia Deus Pater est, et quod Deus Filius est ; et audivit hoc homo qui hominem patrem viderat, Deum Patrem non viderat ; cogitare cœpit ita esse in Creatore ut viderat esse in creaturis, a quibus hæc nomina translata sunt ad Creatorem, in quibus pater est prior filio, filius est posterior patre, et ex antiquitate in patre defectus, ex posteritate in filio imperfectio sensus solet notari. Ideo occurrit Scriptura dicens Patrem potentem, ne videatur prior Filio, et ideo minus potens ; et Filium sapientem, ne videatur posterior Patre, et ideo minus sapiens.

Quare Spiritui sancto bonitas attribuatur

8. Dictus est etiam Spiritus sanctus Deus, et dictus est habere Spiritum Deus; et videbatur hoc quasi nomen inflationis et tumoris. Unde humana conscientia ad Deum pro rigore et crudelitate accedere metuit. Ideoque Scriptura temperavit sermonem suum, Spiritum bonum nominans, ne crudelis putaretur qui nitis erat; non quod Pater solus sit potens vel magis potens. et Filius solus sapiens vel magis sapiens, et Spiritus sanctus solus bonus vel magis bonus. Una est ergo potentia, sapientia, bonitas trium, sicut una essentia. Ideoque sicut dicitur Filius homousios, id est, consubstantialis Patri, ita et coomnipotens.

De hoc nomine homousion, ubi in auctoritatem receptum sit et quid significet.

9. Hic non est prætermittendum quod Aug., in lib. 3 contra Maximinum, dicit de hoc nomine, *homousion*, quo Latini tractatores frequenter utuntur, Pater, inquit, et Filius unius sunt ejusdemque substantiæ. Hoc est illud *homousion*, quod in concilio Nicæno adversus hæreticos Arianos a catholicis Patribus Veritatis auctoritate firmatum est. Quod postea in concilio Ariminensi, propter novitatem verbi minus quam oportuit intellectum (quam tamen fides antiqua pepererat), multis, paucorum fraude deceptis hæretica impietas sub hæretico imperatore Constantino labefactare tentavit. Sed post non longum tem-

pus libertate fidei catholicæ prævalente, postquam vis verbi sicut debuit intellecta est, *homousion* illud catholicæ fidei sanitate longe lateque distensum est et diffusum. Quid enim est *homousion*, nisi unius ejusdemque substantiæ? Quid est, inquam, *homousion*, nisi : *Ego et Pater unum sumus* (Joan. 10)? Non ergo inter profanas vocum novitates hoc vitandum est.

De nominibus quæ translative et per similitudinem de Deo dicuntur.

10. Præterea sciendum est quod in assignatione distinctionis nominum, inter alia quæ supra diligenter executi sumus, quædam diximus translative et per similitudinem de Deo dici; *ut speculum, splendor, character figura*, et hujusmodi; de quibus pio lectori breviter trado quod sentio, ut ratione similitudinis considerata ex causis dicendi dictorum intelligentiam assumat, sed catholicam.

Nihil dignum excellentiæ ineffabilis Trinitatis se tradidisse dicit, ad alia transiturus.

11. De sacramento unitatis atque Trinitatis summæ et ineffabilis multa jam diximus. Nihil tamen ejus ineffabilitate dignum tradidisse profitemur, sed potius ex nobis mirificatam ejus scientiam, nec potuisse nos ad illam.

DISTINCTIO XXXV.

DE QUIBUSDAM QUÆ SECUNDUM SUBSTANTIAM DE DEO DICUNTUR, QUÆ SPECIALEM EFFLAGITANT TRACTATUM, SCILICET DE SCIENTIA, ET DE PRÆSCIENTIA, ET PROVIDENTIA, ET DISPOSITIONE, PRÆDESTINATIONE, VOLUNTATE ET POTENTIA.

1 Cumque supra disseruerimus ac plura dixerimus de his quæ communiter secundum substantiam de Deo dicuntur, eorum tamen quædam specialem efflagitant tractatum : de quibus modo tractandum est, id est, de scientia, præscientia, providentia, dispositione, prædestinatione, voluntate et potentia. Sciendum est ergo quod sapientia vel scientia Dei, cum sit una et simplex, tamen propter varios rerum status et diversos effectus, plura ac diversa sortitur nomina. Dicitur enim non tantum scientia, sed etiam præscientia vel providentia. Et est scientia sive providentia non de futuris tantum, sed de omnibus : de bonis scilicet et de malis : dispositio vero, de faciendis; prædestinatio, de omnibus salvandis, et de omnibus bonis, qui et hic liberantur, et in futuro coronabuntur. Prædestinavit enim Deus ab æterno homines, ad bona eligendo ; et prædestinavit, eis bona præparando. Quod homines prædestinavit. Apostolus ostendit dicens, Rom. 8 : *Prædestinavit quos præscivit fieri conformes imagini Filii sui*, et Ephes. 1 : *Elegit nos ante mundi constitutionem, ut essemus sancti et immaculati.* Quod autem bona eis præparavit, propheta Isaias, c. 46, ostendit dicens : *Oculus non vidit, Deus, abs te, quæ præparasti diligentibus vel expectantibus te.* Ergo ab æterno prædestinavit quosdam futuros bonos et beatos, id est, elegit ut essent boni et beati ; et bona eis prædestinavit, id est, præparavit. Providentia autem est gubernandorum; quæ utique eodem modo videtur accipi, quo dispositio. Interdum tamen providentia accipitur pro præscientia. Sapientia vero vel scientia de omnibus est, scilicet bonis et malis, et de præsentibus, præteritis et futuris ; et non tantum de temporalibus, sed etiam de æternis. Non enim ita scit Deus ista temporalia, ut se ipsum nesciat, sed ipse solus seipsum perfecte novit ; cujus scientiæ comparatione omnis creaturæ scientia imperfecta est.

Utrum scientia vel præscientia, vel dispositio, vel prædestinatio potuerit esse in Deo, si nulla fuissent futura.

2. Hic considerari oportet utrum scientia, vel præscientia, vel dispositio, vel prædestinatio potuerit esse in Deo, si nulla fuissent futura. Cum enim præscientia sit futurorum, et dispositio faciendorum, et prædestinatio salvandorum, si nulla essent futura, si nihil esset facturus Deus, vel aliquos salvaturus, non videtur potuisse in Deo esse præscientia, vel dispositio, vel prædestinatio, potuit autem Deus nulla præscire futura, potuit non creare aliquid, ut non salvare aliquos, potuit ergo in Deo non esse præscientia, vel dispositio, vel prædestinatio. Ad hoc autem ita a quibusdam opponitur. Si, inquiunt, potuit præscientia Dei non esse in Deo ab æterno, et potuit non esse; si vero potuit non esse, cum præscientia Dei sit ejus scientia, et scientia sit ejus essentia : potuit ergo non esse ab æterno id quod est ejus divina essentia. Ita et de dispositione et prædestinatione, quæ est divina essentia objiciunt. Addunt quoque et alia, ita loquentes : Si potuit Deus non præscire quod scire, et scire quod esse ; potuit ergo non esse. Item, cum idem sit Deum præscium esse et Deum esse, si potuit non esse præscius, potuit non esse Deus. Potuit autem non esse præscius, si potuit nulla præscire at potuit nulla præscire, quia potuit nulla facere.

Responsio, quod præscientia, et dispositio et prædestinatio quasi relative dicuntur ad futuras res vel ad faciendas.

3. Ad hoc juxta modulum nostræ intelligentiæ ita dicimus. Præscientia vel dispositio vel prædestinatio ad aliquid dici videntur. Sicut enim Creator ad creaturam relative dicitur, ita præscientia vel præscius ad futura referri videtur, et dispositio ad facienda, ac prædestinatio ad salvanda. Veruntamen Creator ita relative dicitur, ut essentiam non significet. Præscientia vel præscius in respectu futurorum dicitur, et essentiam designat; ita etiam dispositio, et prædestinatio. Ideoque cum dicitur : Si nulla essent futura, non esset in Deo præscientia, vel non esset Deus præscius, quia varia est ibi causa dicendi, distingui oportet rationem dicti. Cum ergo dicis : Si nulla essent futura, non esset in Deo præscientia vel non esset præscius; si in dicendo hanc causam attendis, scilicet, quia nulla esset subjecta ejus præscientiæ, unde ipsa possit dici præscientia vel ipse præscius, quod utrumque dicitur propter futura, verus est intellectus ; sin autem ea ratione id dicis, quod non sit in eo scientia qua præscit futura, vel quod ipse non sit Deus qui est futurorum præscius, falsa est intelligentia. Similiter et illæ locutiones determinandæ sunt. Potuit non esse præscientia Dei, vel potuit non esse præscius, et potuit Deus non præscire aliqua, id est, potuit esse quod nulla futura subjecta essent ejus scientiæ, et ita non posset dici præscius vel præscire, vel scientia ejus vel præscientia; non tamen eo minus ipse esset, vel ejus scientia. Sed non posset dici præscius vel præscire vel præscientia, si ejus scientiæ futura nulla forent subjecta. Similiter de dispositione et prædestinatione vel providentia. Hæc enim, ut dictum est, ad temporalia referuntur, et de temporalibus tantum sunt.

Quod scientia Dei non tantum est de temporalibus, sed etiam de æternis.

4. Scientia vero vel sapientia non tantum de temporalibus, sed etiam de æternis. Ideoque etsi nulla fuissent futura, esset tamen in Deo scientia eadem quæ modo est; nec minor esset quam modo, nec major est quam esset. Scivit ergo Deus ab æterno æternum, et omne quod futurum erat, et scivit immutabiliter. Scit quoque non minus præterita et futura quam præsentia, et sua æterna sapientia et immutabili scit ipse omnia quæ sciuntur. Omnis enim ratio supernæ et æternæ sapientiæ, ut ait Ambrosius, in eo est, quia omnem sapientiam et essentiam capit sua immensa scientia.

Quare omnia dicantur esse in Deo, et quod factum habet vitam in eo.

5. Propterea omnia dicuntur esse in Deo et fuisse ab æterno. Unde Aug., tom. 3, lib. 5, super Gen., c. 18 : Hæc visibilia, inquit, antequam fierent, non erant, quomodo ergo nota Deo erant quæ non erant? Et rursus : Quomodo ea faceret quæ sibi nota non erant; non enim quidquam fecit ignorans. Nota fecit, non facta cognovit. Proinde antequam fierent, et erant, et non erant. Erant in Dei scientia, non erant in sui natura. Ipsi autem Deo non audeo dicare alio

modo innotuisse cum ea fecisset, quam illo quo ea noverat ut faceret; apud quem non est transmutatio, nec vicissitudinis obumbratio. Ecce hic habes quod hæc visibilia antequam fierent, in Dei scientia erant. Ex hoc ergo sensu omnia dicuntur esse in Deo, et omne quod factum est dicitur vita esse in ipso; non ideo quod creatura sit Creator, vel quia ista temporalia essentialiter sint in Deo, sed quia in ejus scientia semper sint quæ vita est.

Quod eadem ratione dicuntur omnia ei præsentia.

6. Inde est etiam quod omnia dicuntur ei præsentia esse non solum ea quæ sunt, sed etiam ea quæ præterierunt, et ea quæ futura sunt: secundum illud Rom. c. 4: *Qui vocat ea quæ non sunt, tanquam ea quæ sunt.* Quia, ut ait Ambr. in lib. de Trin., ita cognoscit ea quæ non sunt, ut ea quæ sunt. Et hac ratione omnia dicuntur esse in eo, vel apud eum, sive ei præsentia. Unde Aug., lib. 5, cap. 8, tom. 8, super illum locum psal. 49: *Et pulchritudo agri mecum est:* Ideo, inquit, mecum est, quia apud Deum nihil præterit, nihil futurum est. Cum illo sunt omnia futura, et ei non detrahuntur jam præterita, cum illo sunt omnia cognitione quadam ineffabili sapientiæ Dei. Ecce hic aperit August. ex qua intelligentia accipienda sunt hujusmodi verba: Omnia sunt Deo præsentia, in Deo sunt omnia vel cum Deo, vel apud Deum, vel in eo, vita; quia ineffabilis omnium cognitio in eo est.

DISTINCTIO XXXVI.

UTRUM CONCEDENDUM SIT OMNIA ESSE IN DEI ESSENTIA, VEL IN EO PER ESSENTIAM, UT OMNIA DICUNTUR IN DEI COGNITIONE VEL PRÆSCIENTIA.

1. Solet hic quæri, cum omnia dicuntur esse in Dei cognitione seu præscientia, vel in Deo per cognitionem, et ejus cognitio vel præscientia sit divina essentia, utrum concedendum sit omnia esse in divina essentia, vel in Deo per essentiam. Ad quod dicimus quia Dei cognitio ejus utique essentia est; et ejus præscientia, in qua sunt omnia, ipsius cognitio est; nec tamen omnia quæ sunt in ejus præscientia vel cognitione, in ejus essentia esse dici debent. Si enim hoc diceretur, intelligerentur esse ejusdem cum Deo essentiæ. In Deo enim dicitur esse per essentiam quod est divina essentia, quod est Deus. Habet ergo Deus apud se in præscientia sua quæ non habet in sui natura. Unde Aug., tom. 10, serm. 11, de Verbis Apostoli, ita ait: Elegit nos ante mundi constitutionem. Quis sufficit hoc explicare? Eliguntur qui non sunt; nec erat qui elegit, nec vane elegit. Elegit tamen, et habet electos quos creaturus est eligendos, quos habuit apud semetipsum non in natura sua, sed in præscientia sua. Nondum erant quibus promittebatur; sed et ipsi promissi sunt, quibus promittebatur. Ecce hic aperte dicit Deum apud semetipsum habere electos ante mundi constitutionem, non in natura sua, sed in præscientia sua; cum tamen ejus præscientia non aliud sit quam ejus natura, quia ipsius præscientia ejus est notitia. Potest tamen ad electos referri cum ait *in natura sua,* id est, illorum. Illos quippe habuit ab æterno apud se, non in natura sua, id est, illorum, qui nondum erant, sed in sua præscientia, quia eos ita novit ac si essent.

Utrum mala debeant dici esse in Deo, ubi sunt omnia bona, cum utraque sint in ejus cognitione et præscientia; omnia enim cognoscit.

2. Post prædicta quæritur, cum omnia dicantur esse in Deo non per essentiam naturæ, sed per cognitionem scientiæ, et Deus sciat bona et mala; utrum concedendum sit simpliciter mala esse in Deo, sive esse in Deo per cognitionem. Scit enim Deus et scivit semper omnia, tam bona quam mala, etiam antequam fierent, et præscivit ab æterno ea futura. Ideoque cum omnia bona diximus esse in Deo propter præscientiam cognitionis, eadem ratione videtur dicendum omnia mala esse in eo, cum ea semper noverit, et per cognitionem ei præsentia fuerint. Præcognovit enim Deus ab æterno quosdam futuros malos, et eorum malitiam ut ait Aug., præscivit, sed non præparavit. Cum ergo peccata omnium sciat, numquid intelligendum est ea includi in illa generalitate locutionis, qua dixit Apostolus, Rom. 11, omnia esse in Deo? *Ex ipso, et per ipsum, et in ipso sunt omnia.* Sed quis, nisi insanus, dixerit mala esse in Deo? Illa enim esse in Deo intelliguntur, quæ ex ipso, et per ipsum sunt; ea vero per ipsum sunt et ex ipso quorum auctor est; sed non auctor nisi bonorum. Non ergo ex ipso, et per ipsum sunt nisi bona; ita ergo non in ipso sunt nisi bona, non ergo mala in Deo sunt; quia licet ea noscat, non tamen ita omnino noscit, ut bona. Mala ergo quasi de longe cognoscit, ut ait Propheta, ps. 137: *Et alta a longe cognoscit;* id est, superbiam. Et alibi, ad Deum loquens de malis, ait: *De absconditis tuis adimpletus est venter eorum.* Quod exponens Aug.: Abscondita, inquit, peccata sunt, quæ a lumine tuæ veritatis absconduntur. Sed quomodo peccata a lumine veritatis divinæ absconduntur, cum a Deo sciantur? Si enim non sciret, quomodo de illis judicaret, et pro illis malos damnaret? Alibi propheta: *Quia neque ab Oriente neque ab Occidente deest.* Quod exponens Cassiodorus, inquit: Neque a bonis, neque a malis deest Deus, sed omnibus præsens et cognitor est. Cognoscit ergo Deus et bona et mala per scientiam; sed bona cognoscit etiam per approbationem et per beneplacitum, mala vero non. Unde Cassiod., super psal. 16, dicit: Peccata abscondita Deo sunt, quia non novit, id est, approbat. Et ex eo sensu Aug. dixit ea abscondita a lumine Dei. Qui etiam in lib. ad Helvidium insinuat cognitionem Dei variis modis accipiendam, inquiens: Si ad scientiam referas, non ignorat Deus aliquos vel aliqua; qui tamen in judicio quibusdam dicet: *Non novi vos,* sed eorum improbatio hoc verbo insinuata est. Ecce non cognoscere dicitur Deus quæ non approbat, quæ ei non placent. Apparet itaque verum esse quod diximus, scilicet quia quodam modo cognoscit Deus bona, quo non cognoscit mala. Pariter quidem utraque eodem modo noscit, quantum ad notitiam, sed bona, etiam approbatione et beneplacito cognoscit.

Hic aperit quare bona tantum dicuntur esse in Deo, et non mala.

3. Et inde est quod bona tantum dicuntur esse in Deo, non mala, et illa prope, hæc longe; quia licet in Deo aliqua dicantur esse propter cognitionis præsentiam, et Deus bona et mala cognoscat, mala tamen non cognoscit nisi per notitiam, bona vero non solum per scientiam, sed per approbationem et beneplacitum. Et ob talem cognitionem aliqua dicuntur esse in Deo, scilicet quia ita ea scit, ut etiam approbet et placeant, id est, ita scit, ut eorum sit auctor.

Quod idem est omnia esse ex Deo, et per ipsum, et in ipso.

4. Proinde si diligenter inspiciamus, idem videtur esse, omnia esse *ex Deo, et per ipsum, et in ipso.* Unde Ambr., in lib. 2 de Spiritu sancto, c. 12: Hæc tria, *ex ipso, et per ipsum, et in ipso sunt,* Rom. 11, omnia unum esse supra diximus. Cum dicit *per ipsum* esse omnia, non negavit *in ipso* esse omnia. Eamdem vim habent omnia hæc, scilicet *cum ipso, et in ipso, et per ipsum;* et unum in his atque consimile, non contrarium intelligitur. Ecce habes, quia eadem intelligentia Scriptura dicit esse omnia *in ipso, et per ipsum, et ex ipso, et cum ipso.* Cum ergo ex eadem ratione omnia dicantur esse *ex Deo,* vel *per ipsum,* non solum quia scit, sed etiam quia eorum auctor est, consequitur ut eadem ratione ea esse in Deo dicantur, scilicet quia scit, et eorum auctor esse dicitur, quia *in illo vivimus, et movemur, et sumus.* Cum ergo non sit auctor nisi bonorum, merito sola bona *in eo* esse dicuntur, sicut *ex ipso et per ipsum.* Cum ergo in ejus cognitione vel præscientia sint omnia, scilicet bona et mala, in eo tamen non dicuntur esse, nisi bona, quorum auctor est. Unde Aug., in lib. de Natura boni: Cum audimus, inquit, *ex Deo, et per ipsum, et in ipso esse omnia,* omnes utique naturas intelligere debemus, et omnia quæ naturaliter sunt.

Neque enim ex ipso sunt peccata, quæ naturam non servant, sed vitiante;quæ ex volunta'e peccantium nascuntur omnia. Hic aperte dicitur quod in illa generalitate locutionis bona tantum continentur.

Quod omnia ex Patre, et per Patrem et in Patre sunt; ita et de Filio, et de Spiritu sancto est dicendum, licet propter personas fiat distinctio.

5. Præterea sciendum est quod licet ibi indicetur distinctio personarum, cum dicitur, *ex ipso et per ipsum, et in ipso,* omnia tamen ex Patre, et per Patrem, et in Patre sunt.Similiter de Filio et deSpiritu sancto accipiendum est. Unde Aug. in lib. 1 de Trin. c. 10 : Non confuse, inquit accipiendum est quod ait Apostolus : *Ex ipso, et per ipsum, et in ipso. Ex ipso* dicens, propter Patrem ; *per ipsum,* propterFilium ; *in ipso,* propter Spiritum sanctum. Vigilanter autem attende, ne quia Patrem volens intelligi dixit *ex ipso* sic intelligas omnia esse a Patre, ut neges omnia esse ex Filio, vel ex Spiritu sancto, cum ex Patre, et per Patrem, et in Patre omnia esse sane dici possunt ; similiter et de Filio et de Spiritu sancto dicendum est ; *Quod non omnia quæ ex Deo sunt, etiam de ipso sunt; sed e converso.*

6. Illud etiam hic annectendum est, quod non omnia quæ dicuntur esse ex Deo, etiam de ipso esse dici debeant. Quia, ut Aug. in lib. de Natura boni, cap. 57, non hoc significat penitus ex ipso, quod de ipso. Quod enim de ipso est, potest dici esse ex ipso ; sed non omne quod ex ipso est, potest dici esse de ipso, quia non est de sua substantia. Et ex ipso enim sunt cœlum et terra, quia ipso fecit ea ; non autem de ipso, quia non de substantia sua. Sicut aliquis homo si generat filium, et faciat domum, et ex ipso est filius, ex ipso est et domus ; sed filius de ipso, domus vero de terra et ligno, non de ipso.

Quæ dicta sunt summatim colligit.

7.Ex præmissis apertum est quod in Dei cognitione sive præscientia sunt, omnia scilicet bona et mala ; sed non omni modo sunt ibi mala, quo bona ; et quod in Deo bona tantum sunt, sicut ex ipso, et per ipsum, non mala. Et ex quo sensu hæc accipienda sint assignatum est. Et quod de ipso non dicitur esse proprie, quod aliud est ab ipso. Ex ipso autem esse dicuntur omnia, quæ eo auctore sunt.

DISTINCTIO XXXVII.

QUIBUS MODIS DICATUR DEUS ESSE IN REBUS.

1. Et quoniam demonstratum est ex parte quomodo omnia dicantur esse in Deo, addendum videtur hic quibus modis dicatur Deus esse in rebus ; si tamen id humana mens vel ex parte digne valeat cogitare, vel lingua sufficiat eloqui. Sciendum ergo est quod Deus incommutabiliter semper in se existens, præsentialiter, potentialiter, essentialiter est in omni natura sive essentia sine tui definitione, et in omni loco sine circumscriptione, et in omni tempore sine mutabilitate. Et præterea in sanctis spiritibus et animabus est excellentius,scilicet per gratiam inhabitans ; et in homine Christo excellentissime; in quo plenitudo divinitatis corporaliter inhabitat, ut ait Apostolus. In eo enim Deus habitavit, non per gratiam adoptionis, sed per gratiam unionis. Ne autem ista (quia capacitatem humanæ intelligentiæ excedunt) falsitatis arguere aliqui præsumant, sanctorum auctoritatibus munienda mihi videntur. Beatus Gregorius super Cantica canticorum (1) inquit : Licet Deus communi modo omnibus rebus insit præsentia, potentia, substantia, tamen familiariori modo per gratiam dicitur esse in illis qui mirificentiam operum Dei acutius et fidelius considerant. De hoc enim eodem Aug., ad Dardanum in lib. de Præsentia Dei, ait : Cum Deus sit natura incorporea et incommutabilitate viva, æterna stabilitate in seipso manens, totus adest rebus omnibus, et singulis totus ; sed in quibus habitat, habent eum pro suæ capacitatis diversitate, alii amplius, alii minus, quos pse sibi dilectissimum templum gratia suæ bonitatis ædificat. Hilarius quoque, in lib. 8 de Trin., apertissime docet Deum ubique esse. Deus, inquit, immensæ virtutis vivens potestas, quæ nusquam non adsit, non desit usquam, se omnem per sua edocet, ut ubi sua sint, ipse esse intelligatur. Non autem corporali modo cum alicubi sit, non etiam ubique esse credatur, cum et in omnibus esse non desinat. Ambr., in lib. de Spiritu sancto, Spiritum sanctum probat non esse creaturam, quia ubique est, quod est proprium divinitatis, ita dicens : Cum omnis creatura certis naturæ suæ sit circumscripta limitibus, quomodo qui audeat creaturam appellare Spiritum sanctum, qui non habet circumscriptam determinatam virtutem, quæ et in omnibus et ubique semper est ; quod utique divinitatis et dominationis est proprium. Idem in eodem : Domini est omnia complere, qui dicit : *Cœlum et terram ego compleo.* Si ergo Dominus est qui cœlum complet et terram, quis ergo potest Spiritum sanctum judicare dominationis et divinæ potestatis exortem, qui replevit orbem, et, quod plus est, replevit et Jesum, totius mundi Redemptorem ? Et his aliisque pluribus auctoritatibus aperte monstratur quod Deus ubique in omni creatura essentialiter, præsentialiter, et potentialiter est.

Quod in sanctis non modo est, sed etiam habitat, qui non ubicumque est habitat.

2. In sanctis vero etiam habitat, in quibus est per gratiam ; non enim ubicumque est, ibi habitat ; ubi vero habitat, ibi est. In solis bonis habitat, qui sunt templum ejus, et sedes ejus. Unde per Isaiam 66, 2, Dominus ait : *Cœlum mihi sedes est, terra autem scabellum pedum meorum,* quia in electis qui sunt cœlum, habitat Deus et regnat, qui ejus voluntati devoti obtemperant ; malos vero qui sunt terræ judicii districtione calcat. Unde in lib. Sap. dicitur *thronus sapientiæ* anima justi, quia in justis specialius est quam in aliis rebus ; in quibus tamen omnibus totus est, quemadmodum anima. ait Aug., tom. 2,in epistola 28, ad Hieronymum, de Origine animæ, per omnes particulas corporis tota adest simul, nec minor in minoribus, nec major in majoribus ; sed tamen in aliis intensius, et in aliis remissius operatur. cum in singulis particulis corporis essentialiter tota sit. Ita et Deus cum sit in omnibus essentialiter ac totus, in illis tamen plenius esse dicitur quos inhabitat, id est, in quibus ita est, ut faciat eos templum suum ; et ibi tales cum eo sunt jam ex parte, sed in beatitudine perfecte. Mali vero, etsi ibi sint ubi ipse est, qui nusquam deest, non tamen sunt cum eo. Unde Aug., tom. 9, tract 111, super Joan. 17: Non satis fuit dicere : *Ubi ego sum, et illi sint;* sed addidit *mecum,* quia et ibi miseri possunt esse ubi et ille est, qui nusquam deest. Sed beati sunt cum illo, quia non sunt beati nisi ex eo quod cum illo sunt, qui fruuntur eo, et vident illum sicut est. Mali vero non sunt cum illo, et cæci in loco non sunt cum luce ; nec boni ita nunc sunt cum eo ut videant per speciem, et si sunt aliquo modo cum eo per fidem. Quomodo autem Deus habitet in bonis, ex illis aliquatenus intelligere valebis quæ supra dicta sunt, cum de Spiritus sancti processione temporali ageretur ; ubi, licet ex parte, exponitur (*ex parte enim cognoscimus, et ex parte prophetamus)* quomodo Spiritus sanctus inhabitet in nobis, qui non sine Patre et Filio inhabitat.

Ubi erat vel habitabat Deus antequam esset creatura.

3. Si autem quæritis ubi habitabat Deus antequam sancti essent, dicimus quia in se habitabat. Unde Aug., in lib. 3, cap. 21 contra Maximinum : In templo, inquit, suo habitat Deus, scilicet in sanctis qui sunt templum Dei, modo secundum fidem ambulantes, et templum Dei erunt aliquando secundum speciem, qualiter etiam nunc templum Dei sunt angeli. Sed, dicet aliquis : Antequam faceret Deus cœlum et terram, antequam faceret sanctos, ubi habitabat ? In se habitabat Deus ; apud te habitat, et apud se est. Non ergo sancti sic sunt domus Dei, ut ea subtracta cadat Deus ; imo sic habitat Deus in sanctis, ut si ipse discesserit, cadant.

(1) Non invenitur super Cant., sed ad sensum Ezech.

Multa hic breviter docet quæ confirmant prædicta.

4. Sciendum est etiam quia, ut ait Aug., in lib. ad Dardanum, tom. 2, epist 57, dici nisi stultissime nequit Spiritum sanctum non habere locum in nostro corpore, quod totum anima nostra impleverit. Stultius dicitur etiam angustis alicubi impediri Trinitatem, ut Pater et Filius et Spiritus sanctus alicubi simul esse non possint. Verum illud est multo mirabilius, quod cum Deus ibique sit totus, non tamen in omnibus habitat. Quis porro audeat opinari, nisi in separabilitatem Trinitatis penitus ignoret, quod in aliquo possit habitare Pater et Filius, in quo non habitet Spiritus sanctus, aut in aliquo Spiritus sanctus, in quo non habitet Pater et Filius? Fatendum est ergo ubique esse Deum per divinitatis præsentiam, sed non ubique per inhabitationis gratiam. Propter hanc enim inhabitationem gratiæ non dicimus: Pater noster qui es ubique, cum et hoc verum sit, sed: *Qui es in cœlis*, Matt. 6, id est, in sanctis, in quibus est quodam excellentiori modo.

Quod Deus inhabitator est quorumdam nondum cognoscentium Deum, et non quorumdam cognoscentium.

5. Illud quoque mirabile est, quia, ut ait Aug. in eodem, Deus est inhabitator quorumdam, nondum cognoscentium Deum, et non quorumdam cognoscentium Deum. Illi enim ad templum Dei non pertinent, qui cognoscentes Deum, non sicut Deum glorificant. Ad templum Dei pertinent parvuli sanctificati sacramento Christi, et regenerati Spiritu sancto, qui nondum valent cognoscere Deum. Ergo quem potuerunt illi nosse nec habere, isti potuerunt habere antequam nosse. Beatissimi autem sunt illi quibus est Deum habere, quod nosse. Hic aliquaten us aperit Aug. quomodo Deus habitet in aliquo, id est, habeatur, cum videlicet ita est in aliquo, ut ab eo cognoscatur et diligatur.

Quomodo Deus totus ubique sit per essentiam, non potest intelligi ab humano sensu.

6. Ex prædictis patet quod Deus ubique totus est per essentiam, et in sanctis habitat per gratiam. Cumque superius, licet tenuiter, ostensum sit qua ratione dicatur habitare in quibusdam, nunc efflagitaret ordinis ratio id etiam assignari, quomodo ubique per essentiam et totus sit; nisi hujus considerationis sublimitas atque immensitas humanæ mentis sensum omnino excederet, ut etiam ait Chrys. super Epistolam ad Hebr. Sicut multa de Deo intelligimus quæ loqui penitus non valemus, ita multa loquimur quæ intelligere non sumus idonei. Verbi gratia, quod ubique Deus est scimus et dicimus; quomodo autem ubique sit, intellectu non capimus. Item quod est incorporea quædam virtus quæ est omnium causa bonorum scimus, quomodo autem vel quæ ista sit penitus ignoramus.

Quorumdam opinio, qui præsumunt ostendere quomodo Deus ubipue sit per essentiam, potentiam, præsentiam.

7. Quidam tamen immensa ingenio suo metiri præsumentes, hoc ita fore intelligendum tradiderunt, quod Deus ubique per essentiam esse dicitur: non quod Dei essentiam proprie sit in omni loco et in omni creatura, sed quia omnis natura atque omne quod naturaliter est, in quocumque loco sit, per eam habet esse; et omnis locus, in quo illud est. Iidem etiam dicunt ideo Deum ubique dictum esse per præsentiam vel per potentiam, quia cuncta loca sunt ei præsentia, et quæ in eis sunt, nec in eis aliquid operari cessat. Nam et ipsa loca, et quidquid in eis est, nisi ipse conservet, manere non possunt. In eis ergo per substantiam Deus esse dicitur, ut aiunt, quia per virtutem propriæ substantiæ suæ facit ut etiam loca sint, et omnia quæ in eis sunt. Sed licet hæc vera sint quæ asserunt in explanandis intelligentiis prædictorum, in illis tamen verbis quibus dicitur Deus ubique esse per essentiam, plus contineri credendum est, quod homo vivens capere non valet.

Quod Deus cum sit in omnibus rebus, non tamen sordibus rerum inquinatur.

8. Solet etiam ab eisdem quæri quomodo Deus substantialiter insit omnibus rebus, et corporalium sordium inquinationibus non contingatur, quod tam frivolum est, ut nec responsione sit dignum, cum etiam spiritus creatus sordibus corporeis etiam leprosi vel quantumcumque polluti inquinari non possit. Sol quoque radios suos sine sui pollutione effundit super loca et corpora non solum munda, sed etiam immunda ac sordibus fœtentia ; quorum contactu homines et aliæ quædam res inficiuntur ; solis vero radii impolluti et incontaminati ea contingentes existunt. Non est ergo mirandum si essentia divina omnino simplex et incommutabilis omnia repletloca, et omnibus creaturis essentialiter inest, nec tamen cujusquam rei sordibus contaminatur vel contingitur. Unde August., in lib. de Natura boni: Cum in Deo, inquit, sint omnia quæ indidit, non tamen inquinant eum illi qui peccant. De cujus etiam sapientia quæ attingit a fine usque ad finem fortiter, dicitur : *Attingit omnia*, propter suam munditiam, et nihil inquinatum in eam incurrit. Timent quidam, quod fieri non potest, scilicet ne humana carne veritas et substantia Dei inquinetur, et tamen prædicant istum visibilem solem radios suos per omnes feces et sordes spargere, et eos mundos et sinceros servari. Si ergo visibilia munda à visibilibus immundis contingi possunt, et non inquinari, quanto magis invisibilis et incommutabilis veritas. Postremo respondeant quid potius de Deo respondendum existiment, vel quod nusquam per essentiam sit, vel quod ubique, vel quod alicubi, ita quod non ubique ? Sed quis audeat dicere quod nusquam divina essentia sit, vel quod alicubi, et non ubique sit ? Si enim ita est alicubi, quod non ubique, ergo localis. Est ergo ubique tota quæ continet totum, et penetrat totum ; quæ nec pro sui simplicitate dividi, nec pro sui puritate maculari nec pro sui immensitate ullo modo comprehendi potest. Unde August., libro de Doctrina christiana 1, cap. 10 : Deus ubique est, cui non locis, sed actionibus propinquamus.

Quod Deus ubique sit, et in omni tempore, non tamen localis est, non circumscriptibilis, nec loco nec tempore movetur.

9. Cumque divina natura veraciter et essentialiter sit in omni loco et in omni tempore, non tamen movetur per loca vel per tempora, nec localis nec temporalis est. Localis non est, quia penitus non circumscribitur loco, quia nec ita est in uno loco, quod non sit in alio. Neque dimensionem habet, sicut corpus, cui secundum locum assignatur principium, medium et finis, et ante et retro, dextera et sinistra, sursum et deorsum ; quod sui interpositione facit distantiam, circumstantiam. Duobus namque his modis dicitur in Scriptura aliquid locale, sive circumscriptibile, et e converso, scilicet, vel quia dimensionem capiens longitudinis et latitudinis, distantiam facit in loco, ut corpus ; vel quia loco definitur ac determinatur, quoniam cum sit alicubi, non ubique invenitur ; quod non solum corpori, sed etiam omni creato spiritui convenit. Omne ergo corpus omni modo locale est. Spiritus vero creatus quodammodo est localis, et quodammodo non est localis. Localis quidem dicitur, quia definitione loci terminatur, quoniam, cum alicubi præsens sit totus, alibi non invenitur. Non autem ita localis est, ut dimensionem capiens distantiam in loco faciat. Divina ergo sola essentia omnino illocalis et incircumscriptibilis est, quæ nec locis movetur aliquo modo, scilicet vel determinatione finita, vel dimensione suscepta : nec temporibus, sed affectu et cognitione movetur. His enim duobus modis, scilicet loco vel tempore, fit mutatio creaturæ, quæ longe est à Creatore. Unde August. super Genes. : Deus, inquit, omnipotens incommutabili æternitate, voluntate, veritate semper idem, movet per tempus creaturam spiritualem ; movet etiam per tempus et locum creaturam corporalem, ut eo motu naturas quas condidit administret. Cum ergo tale aliquid agit, non debemus opinari ejus substantiam qua Deus est, temporibus locisque mutabilem, sive per tempora et loca mobilem, cum sit ipse et interior omni re, quia in ipso sunt omnia : et exterior omni re, quia ipse est super omnia ; et antiquior omnibus, quia ipse est ante omnia ; et novior omni-

bus, quia ipse idem post omnia, scilicet post omnium initia. Ecce hic aperte ostenditur, quod nec locis nec temporibus mutatur vel movetur Deus. Spiritualis autem creatura per tempus movetur, corporalis vero etiam per tempus et locum.

Quid sit mutari secundum tempus.

10. Mutari autem per tempus est variari secundum qualitates interiores vel exteriores, quæ sunt in ipsa re quæ mutatur : ut quando suscipit vicissitudinem, gaudii, doloris, scientiæ, oblivionis ; vel variationem formæ, sive alicujus qualitatis exterioris. Hæc enim mutatio quæ fit secundum tempus, variatio est qualitatum, quæ fit in corporali vel spirituali creatura ; et ideo vocatur tempus.

Opinio quorumdam, qui dicunt spiritus creatos moveri loco, nec esse locales.

11. De mutatione vero loci magna inter conquirentes disceptatio versatur ; sunt enim qui dicunt nullum spiritum aliquo modo posse mutari loco, ab omni spiritu locum universaliter removere volentes ; quoniam secundum dimensionem tantum et circumscriptionem locum constare asserunt, atque id solum esse locale vel in loco esse dicunt, quod dimensionem recipit, et distantiam in loco facit. Et hoc dicunt. Augustinus, mutationem temporis tantum spirituali creaturæ tribuentem ; loci vero et temporis corporeæ.

Hic respondetur eis.

12. Sed, ut supra diximus, dupliciter dicitur esse res localis vel circumscriptibilis : scilicet vel quia dimensionem recipit et distantiam facit, vel quia loci termino definitur ; quorum utrumque convenit corporeæ creaturæ, alterum vero tantum spirituali. Nam, ut supra diximus, corporalis creatura ita est localis vel circumscriptibilis, quod determinatur definitione loci, et quod dimensionem recipiens distantiam facit ; spiritualis vero tantum definitione loci concluditur, cum ita sit alicubi, quod non alibi, sed nec dimensionem recipit, nec distantiam in loco facit, quia si multi essent spiritus hic, non eo coangustarent locum quominus de corporibus contineret. Ideoque Aug. attribuit mutationem loci corpori, non spiritui, quia licet spiritus transeat de loco ad locum, non tamen ita ut dimensionibus circumscriptus, interpositione sui faciat distantiam, sicut corpus.

Conclusio ex prædictis, quod spiritus creati sunt locales et circumscriptibiles quodammodo, spiritus vero Dei omnino incircumscriptibilis.

13. Sunt ergo spiritus creati in loco et transeunt de loco ad locum, et quodammodo locales et circumscriptibiles, sed non omni eo modo quo creaturæ corporeæ. Spiritus autem increatus qui Deus est, in loco quidem est, et in omni loco, sed omnino illocalis est et incircumscriptibilis. Unde Beda super Lucam ait : Cum ad nos angeli veniunt, sic exterius implent ministerium, ut tamen ante Deum interius per contemplationem assistant, quia etsi angelus est spiritus circumscriptus, summus tamen Spiritus, qui Deus est, incircumscriptus est, intra quem currit angelus quocumque mittatur. Ecce hic dicitur qua spiritus angelicus circumscriptus est, Spiritus autem qui Deus est, incircumscriptus. Alibi etiam Ambrosius distantiam ostendens inter spiritum increatum, et spiritum creatum, lib. 1 de Spiritu sancto, c. 1, dicit seraphin de loco ad locum transire, inquiens ista in lib. de Trin. : Dixit Isaias, quia *missus est ad me unus de seraphin.* Et Spiritus quidem sanctus dicitur missus, sed seraphin ad unum, Spiritus vero ad omnes. Seraphin mittitur in ministerio, Spiritus operatur mysterium. Seraphin de loco ad locum transit ; non enim complet omnia, sed ipse repletur a Spiritu. Hic aperte ostenditur quod angeli quodammodo locales sunt.

Cum repetitione superiorum confirmat auctoritatibus Deum esse ubique sine locali motu.

14. Fateamur itaque divinam naturam pro immensitate sui nusquam deesse, eamque solam omnino illocalem, et omnino incircumscriptibilem, nullo concludi loco, sed a fine usque ad finem attingere, non tamen spatiosa magnitudine nec locali motu, sed immensitate atque immobilitate suæ essentiæ. Unde Aug., epist. 57, ad Dardanum, ait : Non quasi spatiosa magnitudine opinemur Deum per cuncta diffundi, sicut fumus aut lux ista diffunditur, sed potius sicut in duobus sapientibus, quorum alter altero corpore grandior est, sed sapientior non est ; una sapientia est. nec est in majore major, nec in minore minor, nec minor in uno quam in duobus. Ita Deus sine labore regens et continens mundum, in cœlo totus est, in terra totus, et in utroque totus, et nullo contentus loco, sed in seipso ubique totus. Idem quoque super illud Psalmistæ : *Velociter currit,* etc. : Ad verbum Dei, inquit, pertinet non esse in parte, sed ubique esse per seipsum ; hæc enim est Sapientia Dei, quæ attingit a fine usque ad finem fortiter, non tamen motu locali sed immobilitate sui ; veluti si moles aliqua saxea impleat aliquem locum, dicitur quod attingit a fine illius loci usque ad finem, cum tamen alterum non deserat alterum occupando ; non ergo habet motum localem verbum illud, et sapientia illa solida est et ubique, et prædictis innotescit quod Deus ita est ubique per essentiam, quod nec spatiosa magnitudine diffunditur, nec uno deserto loco alium occupat, quia localem motum non habet. Ideoque August., volens præscindere a Dei puritate omnem localem motum et localem circumscriptionem, potius dicit omnia esse in illo quam ipsum esse alicubi, nec tamen ipsum esse locum, qui non est in loco ; in lib. 83 Quæst., q. 20, ita inquiens : Deus non alicubi est ; quod alicubi est continetur loco ; quod continetur loco, corpus. Deus autem non est corpus ; non ergo alicubi est, et tamen quia est, et in loco non est, in illo sunt potius omnia quam ille alicubi ; nec tamen ita in illo, ut ipse sit locus. Locus enim in spatio est quod longitudine, latitudine, et altitudine corporis occupatur : nec Deus tale aliquid est ; et omnia ergo in ipso sunt, et locus non est, nec in loco est ; locus tamen Dei, sed improprie, dicitur templum Dei, non quod eo contineatur. Id autem nihil melius quam anima munda intelligitur. Ecce hic dicit Deum non esse in loco, sed intelligendum est eum non esse in loco localiter, scilicet quia nec circonscriptionem nec localem motum habet.

Oppositio qua videtur probari quod Deus mutetur loco.

15. Ad hoc autem solet opponi sic quotidie : Fiunt creaturæ quæ ante non erant, et in eis Deus est, cum ante non esset in eis ; est ergo ubi non erat, ideoque mutabilis esse videtur. Sed licet quotidie incipiat esse in creaturis, in quibus ante non erat, quia illæ non erant, hoc tamen fit sine sui mutatione, qualiter in mundo cœpit esse quem fecit, tamen sine sui mutabilitate, et similiter desinit esse in quibus ante erat sine sui mutatione ; nec tamen ipse deserit locum, sed locus desinit esse.

Epilogus ubi exponitur quare in prædictam venerit disceptationem.

16. Jam sufficienter demonstratum esse videtur quomodo omnia dicantur esse in Deo, et Deus in omnibus ; quam disceptationem quasi incidenter suscepimus, quia id videbatur postulare res circa quam noster versabatur sermo. Disserebamus enim de scientia sive sapientia Dei ; et cum diceremus Deum scire omnia, quæsitum est utrum propter cognitionem quam de omnibus habet, dicerentur omnia esse in Deo an alia ratione hoc diceret Scriptura. Hujus ergo quæstionis occasio in præmissam nos deduxit disputationem.

DISTINCTIO XXXVIII.

HIC REDIT AD PROPOSITUM, REPETENS SUPERIUS DICTA UT ADDAT ALIA.

1. Nunc ergo ad propositum revertentes cœpto insistamus. Supra dictum est quod præsentia Dei futurorum tantum est, sed omnium, tam bonorum quam malorum. Scientia vero vel sapientia non modo de futuris, sed etiam de præsentibus et futuris ; nec tamen de temporalibus, sed etiam de æternis, quia seipsum novit Deus. Hic oritur quæstio non dissimu-

landa, utrum scilicet scientia vel præscientia sit causa rerum, an res sint causa scientiæ vel præscientiæ Dei. Videtur enim præscientia Dei causa esse eorum quæ ei subsunt, ac necessitatem eveniendi eis facere, quia nec aliqua futura fuissent nisi Deus ea præscisset, nec possunt non evenire, cum Deus ea præsciverit. Si autem impossibile est ea non evenire quia præscita sunt, videtur ergo ipsa præscientia qua præscita sunt, eis esse causa eveniendi. Impossibile est autem ea non evenire, cum præscita sint, quia si non eveniret cum præscita sint, falleretur Dei præscientia. At Dei præscientia falli non potest. Impossibile ergo est ea non evenire, cum præscita sint. Sic ergo præscientia causa eorum esse videtur quæ præscita sunt. Hoc idem et de scientia dicitur, scilicet quod quia Deus aliqua noverit, ideo sint. Cui sententiæ Aug. attestare videtur in lib. 5 de Trin., c. 13, dicens : Non ista ex aliquo tempore cognovit Deus, sed futura omnia temporalia ; atque in eis etiam quid et quando ab illo petituri fueramus, et quos et de quibus rebus vel exauditurus, vel non exauditurus esset, sine initio ante præscivit. Universas autem creaturas et spirituales et corporales, non quia sunt ideo novit, sed ideo sunt quia novit; non enim nescivit quæ fuerat creaturus; quia ergo scivit, creavit; non quia creavit, scivit, nec aliter scivit creata quam creanda; non enim ejus sapientiæ aliquid accessit ex eis ; sed illis existentibus sicut oportebat et quando oportebat, illa mansit ut erat. Unde in Eccl. : *Antequam crearentur, omnia nota sunt illi;* sic et postquam consummata sunt. Ecce his verbis videtur Aug. innuere scientiam vel præscientiam Dei causam esse eorum quæ fiunt; cum dicit ideo ea esse, quia Deus novit. Idem quoque in lib. 6 dicere videtur. Cum, inquit eod. cap., decedant et succedant tempora, non decedit aliquid vel succedit scientia Dei, in qua novit omnia quæ fecit per ipsam. Non enim hæc quæ creata sunt ideo sciuntur a Deo quia facta sunt, sed potius ideo facta sunt quia immutabiliter ab eo sciuntur. Et hic etiam significare videtur Dei scientiam causam eorum esse quæ fiunt, dicens, c. 10: *Non ideo Deum ea novisse quia facta sunt, sed ideo facta, quia novit ea Deus.* Ideoque videtur Dei scientia vel præscientia causa esse eorum quæ novit.

Inconvenientia ostendit quæ sequerentur, si diceretur scientia vel præscientia causa omnium rerum quæ ei subsunt.

2. Quod si ita est, ergo causa omnium malorum, cum omnia mala sciantur et præsciantur a Deo; quod longe est a veritate. Si enim Dei scientia vel præscientia causa esset malorum esset utique Deus auctor malorum, quod penitus falsum est; non ergo scientia et præscientia Dei causa est omnium quæ ei subsunt.

Quod res futuræ non sunt causa scientiæ vel præscientiæ Dei.

3. Neque etiam res futuræ causa sunt Dei præscientiæ; licet enim non essent futuræ nisi præscirentur a Deo, non tamen ideo præsciuntur quia futuræ sunt. Si enim hoc esset, tunc ejus quod æternum est aliquid existeret causa, ab eo alienum, ab eo diversum, et ex creaturis dependeret scientia Creatoris, et creatum causa esset increati. Origenes tamen, in tom. 4, lib. 7, super Epistolam ad Rom., c. 8, ait : Non propterea aliquid erit, quia id scit Deus futurum ; sed quia futurum est, ideo scitur a Deo antequam fiat. Hoc videtur præmissis verbis August. obviare. Hic enim significari videtur quod res futuræ causa sint præscientiæ; ibi vero quod præscientia causa sit rerum futurarum.

Quid ex prædictis tenendum sit, cum determinatione auctoritatum.

4. Hanc igitur quæ videtur repugnantiam de medio tollere cupientes, dicimus res futuras nullatenus causam esse præscientiæ vel scientiæ Dei, nec ideo præsciri vel sciri quia futuræ vel factæ sunt; ita exponentes quod ait Origenes : Quia futurum est, ideo scitur a Deo antequam fiat, id est : Quod futurum est scitur a Deo antequam fiat, neque scitur nisi futurum esset; ut non notetur ibi causa, nisi sine qua non fieret. Ita

etiam dicimus scientiam vel præscientiam Dei non esse causam eorum quæ fiunt, nisi talem sine qua non fiunt, si tamen scientiam ad notitiam tantum referamus. Si vero nomine scientiæ includitur etiam beneplacitum atque dispositio, tunc recte potest dici causa eorum quæ Deus facit. His enim duobus modis, ut superius prætaxatum est, lib. 15, c. 13, accipitur cognitio vel scientia Dei, scilicet pro notitia sola, vel pro notitia simul et beneplacito. Hoc modo forte accepit Aug. dicens, homil. 51, tom. 9 : Ideo sunt quia novit, id est, quia scienti placuit, et quia sciens disposuit. Hic sensus ex eo adjuvatur, quia de bonis ibi tantum agit August., scilicet de creaturis et de his quæ Deus facit; quæ omnia novit non solum scientia, sed etiam beneplacito ac dispositione. Sic ergo ibi accipitur Dei cognitio, ut non modo notitiam, sed etiam beneplacitum Dei significet. Mala vero scit Deus et præscit antequam fiant, sed sola notitia, non beneplacito; præscit enim Deus et prædicit etiam quæ non est ipse facturus, sicut præscivit et prædixit infidelitatem Judæorum, sed non fecit; nec ideo quia præscivit ad peccatum infidelitatis eos coegit, nec præscisset vel prædixisset eorum mala nisi essent ea habituri. Unde Aug., super Joan.: Deus, inquit, futurorum præscius per prophetam prædixit infidelitatem Judæorum, sed non fecit; neque præscisset mala eorum, nisi ea haberent. Non enim ideo quemdam ad peccandum cogit, quia futura hominum peccata prænovit; illorum enim præscivit peccata, non sua. Ideoque si ea quæ ille præscivit ipsorum non sunt, non vera ille præscivit; sed quia illius præscientia falli non potest, sine dubio, non alius, sed ipsi peccant quos Deus peccatores esse præscivit, et ideo si non malum, sed bonum facere voluissent, non malum facturi præviderentur ab eo, qui novit quid sit quisque facturus. His verbis aperte ostenditur, si diligenter attendamus, præscientiam Dei non esse causam malorum quæ præscit; quia non ea præscit tanquam facturum, nec tanquam sua, sed illorum qui sunt ea facturi vel habituri; præscivit ergo illa sola notitia, sed non beneplacito auctoritatis. Unde datur intelligi quod Deus, e converso, præscit bona tanquam sua, tanquam ea quæ facturus est, ut illa præsciendo simul fuerit ipsius notitia, et auctoritatis beneplacitum.

Contra hoc dictum est, præscientiam Dei non posse falli, oppositio.

5. Ad hoc autem quod supra dictum est, scilicet præscientiam Dei falli non posse, solet a quibusdam ita opponi: Deus præscivit hunc lecturum vel aliquid hujusmodi: sed potest esse ut iste non legat; ergo potest aliter esse quam Deus præscivit : ergo potest falli Dei præscientia, quod omnino falsum est. Potest equidem non fieri aliquid, et illud tamen præscitum est fieri, non ideo tamen potest falli Dei præscientia; quia si illud non fieret, nec a Deo præscitum esset fieri. Sed adhuc urgent quæstionem dicentes : Aut aliter potest fieri quam Deus præscivit, aut non aliter: si non aliter; ergo necessario cuncta eveniunt; si vero aliter, potest ergo Dei præscientia falli vel mutari. Sed potest aliter fieri, quia potest aliter fieri quam fiat, ita autem fit ut præscitum est; aliter ergo potest fieri quam præscitum est. Ad quod dicimus illam locutionem multiplicem facere intelligentiam, scilicet ; Aliter potest fieri quam Deus præscivit, et hujusmodi; ut : Potest non esse quod Deus præscivit; et : Impossibile est non esse quod Deus præscivit; et : Impossibile est non esse præscita omnia quæ flunt et hujusmodi. Possunt enim hæc conjunctim intelligi, ut conditio sit implicita, et disjunctim. Si enim ita intelligas : Non potest aliter fieri quam Deus præscivit, id est: Non potest utrumque simul esse scilicet, quod Deus ita præsciverit fieri et aliter fiat, verum intelligis ; si autem per disjunctionem intelligas, ut dicas hoc aliter non posse evenire quam evenit, et quomodo futurum Deus præscivit, falsum est. Hoc enim aliter potest evenire quam evenit, et tamen Deus hoc modo futurum præscivit. Similiter et alia determinatio, scilicet :

...........ile est illud non evenire quod Deus præscivit vel dum Deus præscierit, si conjunctam intelligas, verum dicis:si disjunctim, falsum. Ita etiam et illud : Impossibile est nec esse præscitum omne quod fit,id est : Non potest esse utrumque,scilicet, ut fiat et non sit præscitum, hic sensus verus est. Si vero dicis Deum non potuisse non præscire omne quod fit,falsum est.Potuit enim facere ut non fleret, et ita non esse præscitum.

DISTINCTIO XXXIX.
UTRUM SCIENTIA DEI POSSIT AUGERI VEL MINUI, VEL ALIQUO MODO MUTARI; UTRUMQUE ENIM VIDETUR POSSE PROBARI.

1. Præterea quæri solet utrum scientia Dei possit augeri vel minui, utrumque etiam videtur posse probari.Quod enim divina scientia possit augeri vel mutari,hoc modo probatur:quia potest Deus scire quod nunquam scit.Est tamen aliquis qui non est lecturus hodie, et tamen potest esse ut legat hodie : potest enim hodie legere.Nihil autem potest fieri, quod non possit a Deo sciri.Potest ergo Deus scire hunc lecturum hodie ; potest ergo aliquid scire quod non scit, ergo potest ejus scientia augeri vel mutari, eademque videtur posse minui ; est enim aliquis hodie lecturus quem Deus scit lecturum. An potest esse ut non legat;ergo potest Deus non scire hunc lecturum;potest ergo non scire aliquid quod scit; ergo potest minui ejus scientia vel mutari. Ad quod dicimus quia Dei scientia omnino immutabilis est, nec augeri potest vel minui. Nam, ut ait August. in lib. 15 de Trin., c. 13, 14, scientia Dei est ipsa Sapientia, et Sapientia est ipsa essentia sive substantia Dei, quia in illius naturæ simplicitate mirabili, non est aliud sapere, et aliud esse, sed quod est sapere, hoc est et esse. Ideoque novit omnia Verbum, quæ novit Pater ; sed ei nosse de Patre est, sicut esse; nosse enim et esse ibi unum est. Et ideo Patri sicut esse non est a Filio.ita nec nosse. Proinde tanquam seipsum dicens Pater genuit Verbum sibi coæquale per omnia.Non enim seipsum integre perfecteque dixisset, si aliud minus aut amplius esset in ejus Verbo, quam in seipso.Hoc est ergo omnino Verbum quod Pater,non tamen est Pater, quia ista Filius, ille Pater. Sciunt ergo invicem Pater et Filius, sed ille gignendo,iste nascendo.Et omnia quæ sunt in eorum scientia, in eorum sapientia, in eorum essentia, unusquisque eorum simul videt,non particulatim aut sigillatim velut alternante conspectu hinc illinc, et inde huc,et rursum inde vel inde aliud atque aliud, ut aliqua videre non possit,nisi non videns alia;sed omnia simul videt, quorum nullum est quod non semper videat et sciat.Ejus itaque scientia inamissibilis et invariabilis est.Nostra vero scientia,et amissibilis, et variabilis, et receptibilis est, quia non hoc est nobis esse, quod sapere vel scire. Propter hoc sicut nostra scientia illi scientiæ Dei dissimilis est, sic nostrum verbum quod nascitur de scientia nostra,dissimile est illi Verbo quod natum est de Patre scientia.Ex hac auctoritate clare ostenditur scientiam Dei omnino invariabilem esse, sicut ipsa essentia Dei omnino invariabilis est;et quod Pater et Filius cum Spiritu sancto simul omnia sciunt et vident.Sicut ergo non potest augeri vel minui divina essentia, ita nec divina scientia;et tamen conceditur posse scire quod non scit, et posse non scire quod scit; quia posset aliquid esse subjectum ejus scientiæ, quod non est, et posset non esse subjectum aliquid quod est, sine permutatione ipsius scientiæ.

Oppositio, an Deus possit noviter vel ex tempore scire vel præscire aliquid.

2. Hic opponitur a quibusdam ita: Si Deus potest aliquid scire vel præscire quod nunquam scivit vel præscivit,potest ergo ex tempore aliquid scire vel præscire. Ad quod dicimus:Potest quidem Deus scire vel præscire omne quod potest facere, et potest facere quod nunquam fiet. Potest ergo scire vel præscire quod nunquam fiet, nec est,nec fuit;nec illud scit vel scivit, neque præscit vel præscivit,quia scientia ejus non est nisi de his quæ sunt vel fuerunt vel erunt, præscientia non est nisi de futuris.Et licet possit scire vel præscire nunquam est vel erit,non tamen potest aliquid scire quod ex tempore.Potest utique scire vel præscire quod nunquam est nec erit, nec illud scitum vel præscitum est ab æterno ; nec tamen potest incipere scire vel præscire illud, sed ita potest modo scire vel præscire, sicut potest scisse vel præscisse ab æterno. Si enim dicatur eum modo posse scire vel præscire quod ab æterno non scivit vel præscivit, ita quod ab æterno non sciverit vel præscivert, quasi utrumque simul esse possit, falsum est.Si vero dicas eum posse modo scire vel præscire quod ab æterno non scivit vel præscivit, id est, habere potentiam sciendi vel præsciendi ab æterno et modo aliquid, nec tamen illud præscitum est vel futurum, verum est. Non potest ergo noviter vel ex tempore scire vel præscire aliquid;sicut non potest noviter vel ex tempore velle aliquid ; sicut non potest velle quod nunquam voluit.

Utrum Deus possit scire plura quam scit.

3.Item a quibusdam dicitur Deus posse plura scire quam sciat, quia potest omnia scire quæ scit, et potest aliqua facere quæ nunquam erunt,et illa potest scire, non enim aliqua incognita facere potest. Si vero omnia essent quæ modo sunt, et alia quædam faceret quæ non sunt nec erunt, et illa omnia sciret pro certo, plura sciret quam modo sciat; nec tamen ejus scientia augeri potest, quia hoc totum fieri posset sine mutabilitate scientiæ. Constat ergo Dei scientiam omnino esse immutabilem, nec augeri posse vel minui, sed ei subjecta.

Quod videtur adversum illi sententiæ, qua supra dictum est Deum semper et simul scire omnia.

4. Ei vero quod prædictum est,scilicet quod Deus omnia semper videt et simul, videtur obviare quod ait Hieron.: in Expositione Abacuc.: Absurdum est, inquit,ad hoc deducere Dei majestatem, ut sciat per momenta singula quot culices nascantur, quotve moriantur,quota pulicum et muscarum sit multitudo, quotve pisces natent in aquis,et similia. Non simus tam fatui adulatores Dei,ut dum providentiam ejus etiam ad ima retrudimus,in nos ipsos injuriosi simus, eamdem irrationabilem et rationabilium providentiam esse dicentes. Hic videtur dicere Hieron. quod Deus illorum minimorum scientiam sive providentiam non habeat ; quod si hoc est, tunc non omnia simul scit et semper. Ex tali itaque sensu illud dictum esse noverimus, ut Deum illa alternatim vel particulatim scire neget,nec per diversa temporum momenta sic illa cognovit,sicut per varia momenta illorum quædam deficiunt, quædam incipiunt. Neque illis aliisque irrationabilibus ita providet, quemadmodum rationabilibus;*numquid* enim, ut ait Apostolus, 1 Cor. 9 *cura est Deo de bobus?* et sic non est cura Deo de bobus,ita nec de aliis irrationabilibus.Dicit tamen Scriptura,Sap. 12; quia *ipsi est cura de omnibus*. Providentiam ergo et curam universaliter de cunctis quæ condidit habet,ut habeat uaumquodque quod sibi debetur et convenit. Sed specialem providentiam atque curam habet de rationabilibus quibus præcepta tradidit,eisque recte vivendi legem præscripsit, ac præmia promisit. Hanc providentiam et curam de irrationabilibus non habet.Ideo dicit Apostolus, quia *non est cura Deo de bobus;* providet tamen omnibus et curat, id est, gubernat, omnibus solem suum facit oriri,et pluviam dat.Scit itaque Deus quanta sit multitudo pulicum, culicum et muscarum et piscium, et quot nascantur quotve moriantur ; sed non scit hoc per momenta singula;imo simul et semel omnia.Neque ita scit,ut eamdem habeat providentiam irrationabilium et rationabilium, id est,ut eodem modo penitus provideat irrationabilibus. Rationabilibus enim et præcepta dedit, et angelos ad custodiam delegavit.

Brevis summa prædictorum, cum additione quorumdam.

5. Sicut itaque et immutabiliter scit Deus omnia quæ fuerunt,et sunt, et erunt, tam bona quam mala, præscit quoque omnia futura,tam bona quam mala;

DISTINCTIO XL.
QUID SIT PRÆDESTINATIO, ET IN QUO DIFFERAT A PRÆSCIENTIA.

1. Prædestinatio vero,de bonis salutaribus est, et de hominibus salvandis;ut enim ait Aug. in lib. de Prædestinatione sanctorum,c. 10, prædestinatio est gratiæ præparatio,quæ sine præscientia esse non potest.Potest autem sine prædestinatione esse præscientia. Prædestinatione quippe Deus ea præscivit, quæ fuerat ipse facturus; sed præscivit Deus etiam quæ non ipse facturus,id est,omnia mala. Prædestinavit eos quos elegit, reliquos vero reprobavit, id est, de morte æterna præscivit peccatores.

An aliquis prædestinatorum possit damnari, vel reproborum salvari.

2. Prædestinatorum nullus videtur posse damnari, nec reproborum aliquis posse salvari.Unde Aug., in lib. de Correctione et Gratia. c. 13, in Apocalypsi, inquit, dicitur, c. 3: *Tene quod habes, ne alius accipiat coronam tuam.* Si alius non est accepturus nisi iste perdiderit,certus est electorum numerus,id est, non potest augeri vel minui. Ad hoc autem objiciunt quidam,nitentes probare numerum electorum posse augeri et minui, sic:Posset Deus non apponere gratiam quibus apponit,et posset subtrahere quibus non subtrahit;quod si faceret,utique damnarentur; possent ergo damnari isti qui tamen salvabuntur;posset itaque minui electorum numerus, ita etiam posset augeri,quia posset apponi gratia quibus non apponitur,per quam salvarentur. Possent ergo salvari habita gratia,qui tamen sine ea damnabuntur; posset itaque augeri numerus electorum.

Quibus respondemus ex ea ratione dictum esse et verum esse numerum electorum non posse augeri vel minui,quia non potest utrumque simul esse: scilicet ut aliquis salvetur et non sit prædestinatus, vel ut aliquis prædestinatus sit et damnetur. Intelligentia enim conjunctionis implicitæ veritatem facit in dicto, et impossibilitatem in vero. Si vero simpliciter intelligatur, impossibilitas non admittitur; ut cum dicitur : Prædestinatus potest vel non potest damnari, et reprobus potest salvari. In his enim et hujusmodi locutionibus,ex ratione dicti dijudicanda est sententia dictionis.Alia namque fit intelligentia, si per conjunctionem hæc accipiantur dicta, atque si per disjunctionem,ut quæ,cum de præscientia agebatur,prætaxatum est.Si enim cum dicis: Prædestinatus non potest damnari, intelligas ita, id est, non potest esse ut prædestinatus sit et damnetur, verum dicis, quia conjunctim intelligis; falsum autem, si disjunctim, ut si intelligas istum non posse damnari quem dico prædestinatum;potuit enim non esse præscitus, et ita damnaretur.

Quomodo adhuc instant quæstioni.

3. Verumtamen adhuc instant,et secundum conjunctionem argumentando ita procedunt:Non enim, inquiunt, potest esse ut aliquis prædestinatus sit et damnetur. Utrumque istorum simul esse non potest ; sed alterum horum non potest non esse,scilicet quin iste sit prædestinatus (ab æterno enim prædestinatus est), et non potest modo esse prædestinatus. Cum ergo impossibile sit simul utrumque esse,et impossibile sit alterum non esse,videtur non posse alterum esse, scilicet ut damnetur. Quod si ergo, non potest esse, ut non salvetur.In hujus quæstionis solutione mallem alios audire quam docere. Dicimus tamen de præscientia similem posse moveri quæstionem. Ideoque tam hic quam ibi unam facimus responsionem, dicentes determinandum fore illud cui innititur tota hæc quæstio, scilicet:Impossibile est alterum istorum non esse, scilicet, quin iste modo sit prædestinatus ; ab æterno enim iste prædestinatus est.Distinguendum enim est cum ait : Iste non potest modo non esse prædestinatus ; vel : Non potest eo modo esse quin sit prædestinatus;hoc enim conjunctim vel disjunctim intelligi potest. Non enim potest esse ut ab æterno sit prædestinatus, et modo non sit prædestinatus; nec potest esse ut sit prædestinatus;et non sit prædestinatus;sed tamen potuit esse ab æterno quod non esset prædestinatus, et potuit ab æterno non esse prædestinare. Et sicut ab æterno Deus potuit eum non prædestinare, ita conceditur a quibusdam quod et modo potest Deus eum non prædestinasse, ab æterno ergo potest Deus non prædestinasse eum; ergo potest iste non fuisse prædestinatus:si vero non fuisset prædestinatus,nec modo esset prædestinatus;ergo modo potest non esse prædestinatus. Ita et de præscientia et de præscitis dicunt,quod in actionibus vel in operationibus Dei et hominum nullatenus concedant. Ex quo enim aliquid factum est, vel dictum, non concedunt quod possit non esse vel fuisse: imo impossibile est non esse vel non fuisse quod factum est vel dictum, referentes possibilitatem vel impossibilitatem ad naturam rei existentis. Cum vero de præscientia vel prædestinatione Dei agitur, possibilitas ad potentiam Dei refertur, quæ semper eadem fuit et est, quia præscientia, præscientia, potentia, unum in Deo est.

Quid reprobatio Dei, et in quibus consideretur, et quis sit prædestinationis effectus.

4. Cumque prædestinatio sit gratiæ præparatio, id est,divina electio qua elegit quos voluit ante mundi constitutionem, ut ait Apostolus, Eph. 1, 3, reprobatio,e converso,intelligenda est præscientia iniquitatis quorumdam, et præparatio damnationis eorumdem.Sicut enim prædestinationis effectus illa gratia est qua in præsenti justificamur, atque ad recte vivendum et in bono perseverandum adjuvamur, et illa qua in futuro beatificamur ; ita reprobatio Dei, qua ab æterno non eligendo quosdam reprobavit,secundum duo consideratur; quorum alterum præscit et non præparat,id est,iniquitatem;alterum præscit et præparat,scilicet,æternam pœnam. Unde Aug. ad Prosperum et Hilarium. Hæc, inquit, regula inconcusse tenenda est : peccatores in peccatis præscitos esse, non præparatos, pœnam autem esse præparatam. Præparavit enim Deus, ut ait Aug., in lib. de Bono perseverantiæ, in præscientia sua, quibus voluit bona sua,et quibuscunque donat, procul dubio se donaturum esse præscivit.Præparavit etiam Deus, ut ait Fulgentius,malis quibus æternum, illis suicuique, quos juste præparavit ad luenda supplicia, nec tamen præparavit ad facienda peccata.Præparavit enim Deus quod divina æquitas redderet, non quod humana iniquitas admitteret.Non enim sicut præparavit sanctos ad justitiam percipiendam,sic præparavit iniquos ad justitiam amittendam;quia pravitatis præparator nunquam fuit. Sicut ergo prædestinatio Dei proprie est præscientia, et præparatio beneficiorum Dei,quibus certissime liberantur quicunque liberantur; ita reprobatio Dei est præscientia malitiæ in quibusdam non finiendæ,et præparatio pœnæ non terminandæ. Et sicut prædestinationis effectus est gratiæ appositio, ita reprobationis æternæ quodammodo effectus esse videtur obduratio. Nec obdurat Deus,ut ait Aug., tom. 4, epist. 15, ad Sixtum, impartiendo malitiam, sed non impartiendo gratiam, sicut nec digni sunt. Quibus enim non impartitur, nec digni sunt,nec merentur; potius ut non impartiatur,hoc digni sunt,hoc merentur. Unde Apostolus ait, Rom.9: *Cujus vult misereretur Deus, et quem vult indurat;* misericordiæ appellans prædestinationem, et præcipue prædestinationis effectum, id est, gratiæ appositionem; obdurationem vero, gratiæ privationem. Non enim, ut ait Aug., lib. 1, tom. 4, ad Simplicianum,intelligendum est quod Deus ita induret, quasi quemquam peccare cogat;sed tamen quibusdam peccatoribus misericordiam justificationis suæ non largitur, ob hoc eos indurare dicitur,quia non eorum miseretur,non quia impellit ut peccent. Eorum autem non miseretur,quibus gratiam non præbendam esse æquitate occultissima, et ab humanis sensibus remotissima judicat;quam non aperit, sed

miratur Apostolus dicens, Rom. 11 : *O altitudo divitiarum sapientiæ et scientiæ Dei.*

DISTINCTIO XLI.

UTRUM ALIQUOD SIT MERITUM OBDURATIONIS ET MISERICORDIÆ.

1. Si autem quærimus meritum obdurationis et misericordiæ, obdurationis meritum invenimus, misericordiæ autem meritum non invenimus; quia nullum est misericordiæ meritum, ne gratia evacuetur si non gratis donetur, sed meritis redditur. Misereturitaque secundum gratiam, quæ gratis datur. Obdurat autem secundum judicium, quod meritis redditur. Unde datur intelligi, ut sicut reprobatio Dei est nolle misereri, ita obduratio Dei sit non misereri ; ut non ab illo irrogetur aliquid quo sit homo deterior, sed tantum quo sit melior non erogetur. Ex his aperte ostenditur quid per misericordiam, quid per obdurationem intellexerit Apostolus, et quia misericordia nullum advocat meritum, obduratio vero non est sine merito. Et misericordiæ secundum hic accipitur prædestinatio, et præcipue prædestinationis effectus; obdurationis vero non ipsa Dei æterna reprobatio, quia ejus nullum est meritum, sed gratiæ privatio sive subtractio, quæ quodam modo est reprobationis effectus. Accipitur tamen aliquando reprobatio pro obduratione, sicut et prædestinatio pro suo effectu, cui est gratia apposita. Gratia enim quæ apponitur effectum est prædestinationis. Cum ergo gratiæ quæ apponitur homini ad justificationem, nulla sint merita, multo minus et ipsius prædestinationis, quæ ab æterno elegit Deus quos voluit, aliqua possunt existere merita. Ita nec reprobationis, qua ab æterno quosdam præscivit futuros malos et damnandos, sicut elegit Jacob et reprobavit Esau, quod non fuit pro meritis eorum quæ tunc habebant, quia nulla habebant, quoniam nec ipsi existebant; nec propter futura merita quæ prævideret, vel illum elegit, vel illum reprobavit.

Opinio quorumdam, in qua fuit aliquando Augustinus, sed postea retractavit.

2. Opinati sunt tamen quidam Deum ideo elegisse Jacob, quia talem futurum præscivit qui in eum crederet, et ei serviret; quod aliquando Aug. se sensisse dicit in lib. 1 Retract., ubi aperte ostendit, c. 23, quod si propter futura merita electus esset, jam non ex gratia esset electio. Non ergo ideo electus est a Deo, quia talis futurus erat, sed ex tali electione talis est factus ; ita dicens : Disputans ergo quid elegerit Deus in nondum nato, cui dixit serviturum esse majorem, et quid in eodem majore similiter nondum nato reprobaverit, ut hoc perduxi ratiocinationem, ut dicerem: Non ergo elegit Deus opera cujusquam in præscientia, quæ ipse daturus est, sed fidem elegit in præscientia; et quem sibi crediturum esse præscivit, ipsum elegit cui Spiritum sanctum daret, ut bona operando, etiam æternam vitam consequeretur. Ecce hic aperte dicit non propter opera eum elegisse, sed propter fidem qua eum prævidit crediturum. Sed quia et in fide meritum est, sicuti et in operibus, hoc retractavit dicens : Nondum diligentius quæsiveram, nec adhuc inveneram qualis sit electio gratiæ, de qua dicit Apostolus, Rom. 11 : *Reliquiæ per electionem gratiæ salvæ fient ;* quæ utique non est ex gratia, si ex meritis procedit; ut jam quod datur non secundum gratiam, sed secundum debitum reddatur potius meritis quam donetur; perinde quod continue dixi; dicit enim idem Apostolus, 1 Cor. 12 : *Idem Deus qui operatur omnia in omnibus;* nunquam autem dictum est: Deus credit omnia in omnibus. Ac deinde subjunxit: Quod ergo credimus, nostrum est; quod vero bonum operamur, illius est qui præstitit dat Spiritum sanctum; sed hoc profecto non dicerem, si scirem etiam ipsam fidem inter Dei munera reperiri, quæ dantur in eodem Spiritu. Utrumque ergo nostrum est propter arbitrium voluntatis, et utrumque datum est per Spiritum fidei et charitatis. Et quod paulo post dixit: Nostrum enim est credere et velle, illius autem dare credentibus et volentibus facultatem bene operandi per Spiritum sanctum, per quem charitas Dei diffunditur in cordibus nostris, Rom. 5, verum est quidem, sed eadem regula est. Et utrumque ipsius est, quia ipse præparat voluntatem; et utrumque nostrum, quia non fit nisi volentibus nobis, ergo et meritum fidei de misericordia Dei venit. Non ergo propter fidem vel aliqua merita elegit Deus aliquos ab æterno, vel apposuit gratiam justificationis in tempore, sed gratuita bonitate sua elegit, ut boni essent. Unde Aug., in lib. 1 de Prædestinatione sanctorum, c. 18, non quia futuros nos tales esse præscivit, ideo elegit, sed ut essemus tales per ipsam electionem gratiæ suæ, qua gratificavit nos in dilecto Filio suo.

His videtur contrarium quod alibi ait Augustinus.

3. His tamen adversari videtur quod dicit August. lib. 33 Quæst., q. 98 : Cui vult, inquit, miseretur Deus, et quem vult indurat : sed hæc voluntas Dei injusta esse non potest, venit enim de occultissimis meritis: quia et ipsi peccatores cum propter generale peccatum unam massam fecerunt, tamen nonnulla inter eos est diversitas. Præcedit ergo aliquid in peccatoribus, quo quamvis nondum sint justificati, digni efficiantur justificatione. Et item præcedit in aliis peccatoribus, quo digni sunt obtusione. Ecce hic videtur Aug. dicere quod et ipsa Dei voluntas qua alios eligit, alios reprobat, ex meritis proveniat, sed occultissimis, id est, quod pro meritis alios voluerit eligere, alios reprobare; et quod pro meritis aliis apponitur gratia justificationis, aliis non, unde obtunduntur. Sed quid intelligere voluerit, ignoratur; nisi forte hoc dicatur intellexisse, quod supra diximus eum retractasse. Nam ibidem quædam alia continue subdit, quæ in lib. 1 Retract., c. 23, aperte tractat; quod utrumque legenti patebit. Unde verisimile est in præmissis etiam hoc retractasse. Quidam tamen ex eo sensu accipiunt fore dictum, non quia aliquis prædestinetur pro meritis, vel justificationis gratiam mereatur, sed quia aliqui non adeo mali sunt, ut mercantur sibi gratiam non impartiri. Nullus enim Dei gratiam mereri potest, per quam justificatur: potest tamen mereri ut non apponatur, ut penitus abjiciatur. Et quidem aliqui in tantum profundum iniquitatis devenerunt, ut hoc mereantur, ut hoc digni sint; alii vero ita vivunt, ut etsi non mereantur gratiam justificationis, non tamen merentur omnino repelli, et gratiam sibi subtrahi. Ideoque dixit in quibusdam peccatoribus præcedere quo digni sint justificatione, et in aliis quo digni sint obtusione ; sed hoc frivolum est.

Opinio quorumdam falsa de occultis Dei disserentium carnaliter.

4. Multi vero de isto profundo, quærentes reddere rationem, atque secundum conjecturas cordis sui inscrutabilem altitudinem judiciorum Dei cogitare conantes, in fabulas vanitatis abierunt, dicentes quod animæ sursum in cœlo peccant, et secundum peccata sua ad corpora pro meritis diriguntur, et dignis sibi quasi carceribus includuntur. Ierunt hi tales post cogitationes suas, et volentes disputare de Dei profundo, versi sunt in profundum ; dicentes animas in cœlo ante conversatas, et ibi aliquid boni vel mali egisse, et pro meritis ad corpora terrena detrusas esse. Hoc autem respuit catholica fides propter evidentem Apostoli sententiam qua ait, Rom. 9 : *Cum nondum nati essent, aut aliquid boni vel mali egissent,* etc. Melior est ergo fidelis ignorantia, quam temeraria scientia. Elegit ergo eos quos voluit gratuita misericordia, non quia fideles futuri erant, sed ut fideles essent; eisque gratiam dedit, non quia fideles erant, sed ut fierent, ait enim Apostolus, 1 Cor. 7 : *Misericordiam consecutus sum, ut fidelis essem,* non ait : Quia fidelis eram. Datur quidem et fideli, sed data est etiam prius ut esset fidelis. Ita etiam reprobavit quos voluit, non propter futura merita quæ prævideret, veritate tamen rectissima, et a nostris sensibus remota.

Quæstio.

5. Sed quæritur utrum sicut dicitur elegisse quos-

dam ut boni fierent et fideles, ita etiam concedi debeat reprobasse quosdam ut mali essent et infideles, et obdurare ut peccent ; quod nullatenus concedi oportet. Non enim reprobatio ita est causa mali, sicut prædestinatio est causa boni ; neque obduratio ita facit hominem malum, quemadmodum misericordia facit bonum.

An ea quæ semel scit Deus vel præscit, semper sciat et præsciat, et semper scierit vel præscierit.

6. Præterea considerari oportet utrum ea omnia quæ semel scit vel præscit Deus semper scit et scierit, ac præsciat et præscierit, an olim scierit vel præscierit quod modo non scit vel præscit. De præscientia primo respondemus, dicentes multa eum præscisse quæ modo non præscit, cum enim ejus præscientia non sit nisi de futuris, ex quo illa quæ futura erant præsentia fiunt vel prætereunt, sub Dei præscientia esse desinunt, sub scientia vero semper sunt. Præscivit ergo Deus omnia ab æterno quæ futura erant, neque præscire desinit, nisi cum futura esse desinunt. Neque cum præscire desinit aliqua quæ ante præsciebat, minus ea noscit quam ante cognoscebat. Non enim dicitur ex defectu scientiæ Dei quod aliqua præscierit aliquando quæ modo non præsciat, sed ex ratione verbi quod est *præscientia*. Præscire enim est ante scire aliquid quam fiat. Ideoque non potest dici Deus præscire, nisi ea quæ futura sunt.

Hic de scientia, dicens Deum scire semper quæ semel scit.

7. De scientia autem aliter dicimus. Scit enim Deus semper omnia quæ aliquando scit; omnem enim scientiam quam aliquando habet, semper habuit, et habet, et habebit. Ad hoc autem opponitur ita: Olim scivit hunc hominem nasciturum qui natus est, modo non scit eum nasciturum, scivit ergo aliquid quod modo non scit. Item: Scivit mundum esse creandum, modo non scit eum esse creandum, aliquid ergo scivit quod modo non scit ; et alia hujusmodi infinita dici possunt. Sed ad hoc dicimus quod idem de nativitate hujus hominis et mundi creatione, nunc etiam scit quod sciebat antequam fierent, licet tunc et nunc hanc scientiam ejus diversis exprimi verbis oportet. Nam quod tunc futurum erat, nunc præteritum est. Ideoque verba commutanda sunt ad ipsum designandum. Sicut diversis temporibus loquentes, eamdem diem modo per hoc adverbium *cras* designamus, dum adhuc futura est; modo per *hodie* dum præsens est; modo per *heri*, dum præterita est. Itaque antequam crearetur mundus, sciebat Deus hunc creandum; postquam creatus est, scit eum creatum, nec est hoc scire diversa, sed omnino idem de creatione mundi. Sicut antiqui patres crediderunt Christum nasciturum et moriturum, nos autem credimus eum natum et mortuum ; nec tamen diversa credimus nos et illi, sed eadem. Tempora enim, ut ait Aug., variata sunt, et ideo verba sunt mutata, non fides. Indubitanter ergo teneamus Deum semper omnia scire quæ aliquando scit.

DISTINCTIO XLII.

DE OMNIPOTENTIA DEI, UBI PRIUS CONSIDERATUR QUARE DICATUR OMNIPOTENS.

1. Nunc de omnipotentia Dei agendum est, ubi prima consideratio occurrit, quomodo vere Deus dicatur omnipotens ; an quia omnia possit, an tantum quia ea possit quæ vult. Quod enim Deus omnia possit, pluribus auctoritatibus comprobatur. Ait enim Aug., in lib. Quæst. veteris ac novæ legis : Omnia quidem potest Deus, sed non facit nisi quod convenit veritati ejus et justitiæ. Idem in eodem : Potuit Deus cuncta facere simul, sed ratio prohibuit, id est, voluntas. Rationem nempe ibi voluntatem Dei appellavit, quia Dei voluntas rationabilis est et æquissima. Fatendum est ergo Deum omnia posse.

Quomodo dicatur Deus omnia posse, cum nos multa possimus quæ ipse non potest.

2. Sed quæritur quomodo omnia posse dicatur, cum nos quædam possimus quæ ipse non potest. Non potest enim ambulare, loqui, et hujusmodi quæ a natura nativitatis sunt penitus aliena, cum horum instrumenta nullatenus habere queat incorporea et simplex substantia. Quibus id respondendum arbitror, quod hujusmodi actiones, ambulatio scilicet et locutio et hujusmodi, a Dei potentia alienæ non sunt, sed ad ipsam pertinent. Licet enim hujusmodi actiones in se Deus habere non possit (non enim potest ambulare vel loqui et hujusmodi), eas tamen in creaturis potest operari, facit enim ut homo ambulet, et loquatur, et hujusmodi. Non ergo per istas actiones divinæ potentiæ detrahitur aliquid, quia et hoc potest facere Omnipotens.

De aliis objicitur.

3. Sed sunt alia quædam quæ Deus nullatenus facere potest, ut peccata, non enim potest mentiri, non potest peccare. Sed non ideo omnipotentiæ Dei in aliquo detrahitur vel derogatur, si peccare non posse dicitur, quia non esset hoc potentiæ sed infirmitatis. Si enim hoc posset, omnipotens non esset, non ergo impotentiæ, sed potentiæ imputandum est, quod ista non potest, unde Aug., in lib. 15 de Trin. : Magna, inquit, Dei potentia est non posse mentiri. Sunt enim quædam quæ in aliis rebus potentiæ deputanda sunt, in aliis vero miseriæ ; et quæ in aliis laudabilia sunt, in aliis vero reprehensibilia sunt. Non ergo ideo Deus minus potens est, quia peccare non potest, cum omnipotens nullatenus possit esse qui hoc posset.

Item de aliis opponit.

4. Sunt etiam et alia quædam quæ Deus non potest, unde videtur non omnia posse : non enim potest mori vel falli. Unde Aug., in lib. de Symbolo : Deus omnipotens non potest mori, non potest falli, non potest miser fieri, nec potest vinci. Hæc utique et hujusmodi absit ut possit omnipotens, si enim hujusmodi passionibus atque defectibus subjici posset, omnipotens minime foret. Et ideo monstratur omnipotens, quia ei hæc propinquare non valent; potest tamen hæc in aliis operari.

Quod omnipotentia Dei secundum duo consideratur.

5. Hic ergo diligenter considerantibus omnipotentia ejus secundum duo apparet, scilicet quod omnia facit quæ vult, et nihil omnine patitur ; secundum utrumque Dei omnipotentia verissime prædicatur, quia nec aliquid est quod ei ad patiendum corruptionem inferre valeat, nec aliquid ad faciendum impedimentum afferre. Manifestum est itaque Deum omnino nihil posse pati, et omnia facere posse, præter ea sola quibus ejus dignitas læderetur, ejusque excellentiæ derogaretur; in quo tamen non est minus omnipotens. Hoc enim posse non esset posse, sed non posse. Nemo ergo Deum impotentem in aliquo dicere præsumat, quia omnia potest quæ posse potentiæ est ; et inde vere dicitur omnipotens.

Quibusdam auctoritatibus traditur quod ideo dicitur omnipotens quia potest quicquid vult.

6. Ex quibusdam tamen auctoritatibus traditur ideo vere dici omnipotens, quia quicquid vult potest. Unde Aug., in Ench., cap. 96: Non ob aliud veraciter vocatur omnipotens, nisi quoniam quicquid vult potest, nec voluntate cujuspiam creaturæ voluntatis omnipotentis impeditur effectus. Idem, in lib. de Spiritu et Littera : Non potest Deus facere injusta quia ipse est summa justitia et bonitas. Omnipotens vero est, non quod possit omnia facere, sed quia potest efficere quicquid vult, ita ut nihil valeat ejus voluntati resistere quin compleatur, aut aliquo modo impedire eamdem. Joannes Chrys., in hom. quadam de Expositione Symboli, ait : Omnipotens dicitur Deus; quia posse illius non potest invenire non posse ; dicente Propheta, ps. 113 : *Omnia quæcumque voluit fecit.* Ipse est ergo omnipotens, ut totum quod vult possit, unde Apostolus, Rom. 9 : *Ejus,* inquit, *voluntati quis resistit?* His auctoritatibus videtur ostendi quod Deus ex eo tantum dicatur omnipotens, quod omnia potest quæ vult, non quia omnia possit.

Determinatio præmissarum auctoritatum.

7. Sed ad hoc potest dici quod Aug., ubi dicit : Omnipotens non dicitur quod omnia possit,etc.,tam ample et generaliter accepit *omnia*,ut etiam mala includeret, quæ Deus non potest, nec vult ; non ergo negavit eum posse omnia quæ convenit ei posse.Similiter cum dicit : Non ob aliud veraciter dicitur omnipotens,nisi quoniam quicquid vulti potest ; non negat eum posse etiam ea quæ non vult,sed,adversus illos qui dicebant Deum multa velle quæ non poterat,affirmat eum posse quicquid vult,et ex eo vere dici omnipotentem,non ob aliud,quam quia potest quicquid vult.Sed cave quomodo intelligas : potest quicquid vult se posse,an quidquid vult facere,an quicquid vult fieri ? Si enim dicas ideo omnipotentem vocari, quia potest quicquid valt se posse ; ergo et Petrus similiter omnipotens dici potest,vel quilibet sanctorum beatorum, quia potest quicquid vult se posse,et potest facere quicquid vult facere.Non enim vult facere nisi quod facit,nec posse nisi quod potest, sed non potest facere quidquid vult fieri.Vult enim salvos fieri qui salvandi sunt, verumtamen cos salvare non valet.Deus autem quicquid vult fieri,potest facere. Si enim vult aliquid fieri per se, potest illud facere per se,et per se facit ; sicut cœlum et terram per se fecit,quia voluit.Si autem vult fieri per creaturam,et per eam operatur ; sicut per homines facit domus,et hujusmodi artificia.Et Deus quidem ex se, et per se potest ; homo autem vel angelus,quantumque beatus est, non est potens ex se vel per se.

Oppositio.

8. Sed forte dices : Nec Dei Filius potest a se,nec Spiritus sanctus,sed solus Pater.Ille enim potest a se, qui est a se ; Filius autem, quia non est a se,sed a Patre,non potest a se,sed a Patre ; et Spiritus sanctus ab utroque. Ad quod dicimus quia licet Filius non posset a se,nec operetur a se, potest tamen et operatur per se ; sic et Spiritus sanctus. Unde Hilarius, in lib. 9 de Trinit. : Naturæ,inquit,cui contradicis, hæretice,hæc unitas est, ut ita per se agat Filius, ne a se agat ; et ita non a se agit, ut per se agat. Per se autem dicitur agere, et potens esse, quia naturalem habet potentiam eamdem quam et Pater, qua potens est et operatur ; sed quia illam habet a Patre non a se, ideo a Patre, non a se dicitur posse et agere. homo autem vel angelus gratuitam habet potentiam, qua potens est. Ideo ergo vere ac proprie Deus Trinitas omnipotens dicitur, quia per se,id est,naturali potentia potest quicquid vult fieri, et quicquid vult se posse.Nihil enim vult fieri quod non possit facere per se,vel per creaturas ; et nihil vult se posse, quod non possit ; et omne quod vult fieri, vult se posse, sed non omne quod vult se posse,vult fieri ; si enim vellet, fieret, quia voluntati ejus nihil resistere possit.

DISTINCTIO XLIII.

OPINIO QUORUMDAM DICENTIUM DEUM NIL POSSE NISI QUOD FACIT.

1. Quidam tamen de suo sensu gloriantes,Dei potentiam sub mensura coarctare conati sunt.Cum enim dicunt : Hucusque potest Deus,et non amplius,quid hoc est aliud quam ejus potentiam quæ infinita est, concludere et restringere ad mensuram.Aiunt enim : Non potest Deus aliud facere quam facit,nec melius facere id quod facit, nec aliquid prætermittere de his quæ facit. Istamque primam suam opinionem verisimilibus argumentis, causisque commentitiis, necnon et sacrarum auctoritatum testimoniis munire conantur dicentes : Non potest Deus facere nisi quod bonum et justum est fieri ; non est autem justum et bonum fieri ab eo, nisi quod facit. Si enim aliud justum est et bonum eum facere quam facit, non ergo facit omne quod justum est et bonum eum facere ; sed quis audeat hoc dicere ?

Secunda ratio.

2. Addunt etiam : Non potest Deus facere, nisi quod justitia ejus exigit : sed non exigit ejus justitia ut faciat nisi quod facit ; non ergo potest facere nisi quod facit. Eademque justitia exigit ut id non faciat quod non facit, non autem potest facere contra justitiam suam : non ergo potest aliquid eorum facere quæ dimittit.

Responsio ad prius dictum.

3. His autem respondemus duplicem verborum intelligentiam aperientes,et ab eis involuta evolventes sic : Non potest facere Deus nisi quod bonum est et justum,id est,non potest facere nisi illud quod si faceret bonum et justum esset,verum est ; sed multa potest facere quæ non bona sunt nec justa,quia nec sunt,nec erunt,nec bene fiunt,nec fient, quia nunquam fient.Item quod secundo oppositum fuit.Non potest facere nisi quod justitia sua exigit ; et,non potest id facere quod justitia sua exigit ut non fiat.Dicimus quia exactionis verbum de Deo congrue non dicitur,nec proprie accipitur, et in illis locutionibus duplex est sensus ; si enim intelligas : Non potest facere nisi quod sua justitia exigit,id est,nisi quod voluntas sua justa vult,falsum dicis. Justitia enim ipsius Dei æquissima voluntas accipitur : qualiter accipit Aug.illa verba Domini in Gen.loquentis ad Loth, Genes. 19 : *Non possum quidquam facere donec illuc introeas*,exponens : Non posse,inquit, se dixit, quod sine dubio poterat per potentiam,sed non poterat per justititiam ; quasi poterat quidem,sed non volebat,et illa voluntas justa erat.Si vero per hæc verba intelligis eum non posse facere nisi illud quod si fieret,justitiæ ejus conveniret,verum dicis.Similiter distingue illud : Non potest facere quod sua justitia exigit ut non faciat,id est,non potest facere id quod ipse, qui est summa justitia,non vult facere,falsum est.Si autem his verbis intelligas eum non posse facere id quod justitiæ ejus convenire non potest,verum dicis.

Tertia illorum ratio.

4.Addunt quoque et alia dicentes : Non potest Deus facere nisi quod debet ; non autem debet facere nisi quod facit : si enim debet alia facere,non ergo facit omne quod debet ; si vero facit omne quod debet, nec potest facere nisi quod debet,non ergo potest facere nisi quod facit. Item,aut debet dimittere quod dimittit ne faciat,aut non debet : si non debet,non recte dimittit ; si vero debet dimittere,ergo non debet facere. Si autem non debet nec decet,non oportet eum facere : et si non decet nec oportet eum facere, ergo non potest facere ; non ergo potest facere nisi quod facit ,nec potest illud dimittere quod facit quin faciat, quia debet illud facere : et quod debet facere, non potest illud dimittere.Sed ut mihi videtur,hoc verbum *debet*,venenum habet.Multiplicem enim et involutam continet intelligentiam ; nec Deo proprie competit,qui non est debitor nobis,nisi forte ex promisso ; nos vero ei debitores sumus ex commisso.Ut autem venenum evacuetur,distingue verbi sensum : Non potest Deus facere nisi quod debet, id est, nisi quod vult,falsum est,sic enim potest ipse dici debere aliquid,quia vult illud.Si autem dicatur,non potest ipse dici debere aliquid,quia vult illud.Si autem dicatur,non potest nisi illud quod,si faceret,ei bene conveniret, verum est.Addunt quoque illi dicentes : Nihil facit aut dimittit,nisi optima et rationabili causa,licet nobis occulta sit ; secundum quam oportet eum facere ac dimittere quæ facit vel dimittit. Ratio enim penes eum est,qua illa facit et illa dimittit ; quæ ratio æterna est et semper manens,præter quam non potest aliquid facere vel dimittere. Illa ergo manente non potest quod facit dimittere,nec quod dimittit facere ; et ita non potest facere nisi quod facit.Et ad hoc respondemus, ambigua tatem locutionis determinantes. Cum enim dicitur : Ratio vel causa optima pones Deum est, qua facit cuncta quæ facit,et dimitit id quæ dimittit, verum quidem est,quia in eo voluntas est æquissima et rectissima,qua facit et dimittit quæ vult, contra quam facere non potest,nec præter eam facere potest.Nec utique contra eam faceret, nec præter eam si ea quæ facit dimitteret, vel quæ dimittit faceret; sed, eadem manente ratione et causa, alia potuit facere, et ista dimittere; licet ergo ratio sit penes eum, qua alia facit, et alia dimittit, potest tamen secundum eamdem rationem et dimittere quæ facit, et facere quæ dimittit. Ipsi etiam addunt: Ratio est eum facere quæ facit, et non alia; et non potest facere nisi quod ratio est eum facere, et ita non potest facere nisi quod facit. Item, ratio est eum dimittere quæ dimittit, et non potest non dimittere quod ratio est eum dimittere, et ita non potest non dimittere quod dimittit. Et ad hoc dicimus locutiones ambiguas esse, et ideo determinandas. Si enim, cum dicitur: Non potest facere nisi quod ratio est eum facere, intelligas eum non posse facere nisi ea quæ rationabilia sunt, et ea quæ si fierent rationabilia essent, verus est sensus. Si autem intelligas eum non posse facere alia rationabilia et bona, nisi ea quæ vult et facit, falsus est intellectus. Item aliud adjungunt dicentes: Si potest Deus aliud facere quam facit, potest ergo facere quod non præscivit; et si potest facere quod non præscivit, potest sine præscientia operari, quia omne quod facturum se præscivit facit, nec facit aliquid quod non præscivit. Quod si præter præscientiam ejus aliquid fieri impossibile est, omne ergo quod præscitum est, fieri necesse est; ergo aliud fieri quam sit nulla ratione possibile est; ergo non potest a Deo fieri nisi quod fit. Hæc autem quæstio de præscientia facile determinari potest per ea quæ superius dicta sunt, cum de præscientia ageretur.

Auctoritatibus utuntur in assertionem suæ opinionis.

5. His autem illi scrutatores qui defecerunt scrutantes scrutinia, sanctorum annectunt testimonia. Dicit enim Aug. in lib. 1 de Symbolo, c. 1: Hoc solum non potest Deus quod non vult, per quod videtur non posse facere aliquid nisi quod vult; sed non vult nisi quod facit, et ita videtur non posse nisi quod facit. Illud autem ita intelligendum est: Id solum non potest Deus quod non vult, scilicet se posse. Idem in lib. 7 Confess., c. 4, ad Deum loquens ait: Nec cogeris invitus ad aliquid, quia voluntas tua non est major quam potentia; esset autem major, si teipso tu ipse major esses. Ex hoc videtur quod Deus non possit plura quam vult, sicut non vult plura quam potest. Sicut enim voluntas non est major potentia, ita nec potentia major est voluntate. Ideoque sicut plura non vult quam potest, ita eum non plura posse quam velle dicunt. Sed ad hoc dicimus quia nec voluntas potentia, nec potentia voluntate major est, quia una et eadem res est potentia et voluntas, scilicet ipse Deus, qui esset major seipso, si voluntas major esset potentia vel potentia voluntate. Nec hac auctoritate negatur Deum plura posse quam velle, quia plura sunt subjecta ejus potentiæ quam voluntati. Fateamur itaque Deum plura posse facere quam non vult, et posse dimittere quæ facit. Quod ut certius firmiusque teneatur, Scripturæ testimoniis asseramus Deum plura posse facere quam facit. Veritas ipsa secundum Matth., c. 26, ait: *An putas quia non possum rogare Patrem meum, et exhibebit mihi modo plus quam duodecim legiones angelorum?* Ex quibus verbis patenter innuitur quia et Filius poterat rogare quod non rogabat, et Pater exhibere quod non exhibebat. Uterque ergo poterat facere quod non faciebat. Aug. etiam in Enchirid. ait, cap. 95: Omnipotentis voluntas multa potest facere quæ non vult nec facit; potuit enim facere ut duodecim legiones angelorum pugnarent contra illos qui Christum ceperunt. Item in eodem: Cur apud quosdam non factæ sunt virtutes, quæ si factæ fuissent, egissent illi homines-pœnitentiam; et factæ sunt apud eos qui non erant credituri; tunc non latebit quod nunc latet. Nec utique injuste Deus noluit salvos fieri, cum possent salvi esse velleut. Tunc in clarissima sapientiæ luce videbitur, quod nunc piorum fides habet, antequam manifesta cognitione videatur quam certa sit immutabilis et efficacissima sit voluntas Dei: quæ multa possit et non velit, nihil autem quod non possit velit. Idem in lib. de Natura et Gratia, c. 7:

Dominus Lazarum suscitavit in corpore. Nunquid dicendum est: Non potuit Judam suscitare in mente? Potuit quidem, sed noluit His auctoritatibus aliisque multis aperte docetur quod Deus multa possit facere quæ non vult; quod etiam ratione probari potest: non enim vult Deus omnes homines justificare, et tamen quis dubitat eum posse? Potest ergo Deus aliud facere quam facit; et tamen si aliud faceret, alius ipse non esset. Et potest aliud velle quam vult; et tamen ejus voluntas nec alia, nec nova, nec mutabilis aliquo modo potest esse. Quod etsi possit velle quod nunquam voluit, non tamen noviter, nec nova voluntate, sed sempiterna tantum voluntate velle potest; potest enim velle quod ab æterno potest voluisse; habet enim potentiam volendi et nunc et ab æterno, quod tamen nec modo vult, nec ab æterno voluit.

DISTINCTIO XLIV.

AN DEUS POSSIT FACERE ALIQUID MELIUS QUAM FACIT.

1. Nunc illud restat discutiendum, utrum melius aliquid possit facere quam facit? Solent enim illi scrutatores dicere quod ea quæ facit Deus, non potest meliora facere, quia si posset facere, et non faceret, invidus esset, et non summe bonus. Et hoc ex simili astruere conantur; ait enim Aug. in lib. 83 Quæst., q. 50: Deus quem genuit, quoniam meliorem se generare non potuit (nihil enim Deo melius), debuit æqualem. Si enim voluit et non potuit, infirmus est; si potuit et noluit, invidus. Ex quo confirmatur æqualem genuisse Filium. A simili volunt dicere quod si potest Deus rem meliorem facere quam facit, invidus est. Sed non valet hujus similitudinis inductio, quia Filium genuit de substantia sua. Ideoque si posset gignere æqualem et non gigneret, invidus esset; alia vero quæ non de substantia sua facit, meliora facere potest.

Quæstio qua illi arctantur.

2. Verum hic ab eis responderi deposco cur dicunt rem aliquam sive etiam rerum universitatem, in qua major consummatio expressa est, non posse esse meliorem quam est? Sive ideo quia summe bona est, ita ut nulla omnino boni perfectio ei desit; sive ideo quia majus bonum quod ei deest, capere ipsa non valeat. Sed si ita summe bonum dicitur, ut nulla ei perfectio boni desit, jam creatura Creatori æquatur. Si vero ideo non potest melior esse, quia bonum amplius quod ei deest, capere ipsa non valeat, jam hoc ipsum non posse defectionis est, non consummationis; et potest esse melior si fiat capax melioris boni, quod ipse potest qui eam fecit. Potest ergo Deus meliorem rem facere quam facit. Unde Aug., tom. 2, lib. 11, super Gen., c. 7: Talem potuit Deus hominem fecisse, qui nec peccare posset, nec vellet; et si talem fecisset, quis dubitat eum meliorem fuisse? Ex prædictis constat quod potest Deus et alia facere quam facit, et quæ facit meliora ea facere quam facit.

Utrum alio vel meliori modo possit facere quam facit.

3. Post hæc considerandum est utrum alio modo vel meliori quam facit, possit ea facere quæ facit. Si modus operationis ad sapientiam opificis referatur, nec alius, nec melior modus esse potest. Non enim potest facere aliquid aliter vel melius quam facit, id est, alia sapientia vel majori sapientia; nihil enim sapientius potest facere quam facit. Si vero referatur modus ad rem ipsam quam facit Deus, dicimus quia et alius, et melior potest esse modus. Et secundum hoc concedi potest, quia ea quæ facit, potest facere melius, et aliter quam facit: quia potest quibusdam meliorem modum existendi præstare, et quibusdam alium. Unde Aug., in lib. 13 de Trin., dicit quod fuit et alius modus nostræ liberationis possibilis Deo, sed omnia potest; sed nullus alius nostræ miseriæ sanandæ fuit convenientior. Potest ergo Deus eorum quæ facit, quædam alio modo meliori, quædam alio modo æque bono, quædam etiam minus bono facere quam facit; ut tamen modus referatur ad qualitatem operis, id est, creaturæ, non ad sapientiam Creatoris.

Utrum Deus semper possit omne quod olim potuit.

4. Præterea quæri solet utrum Deus semper possit omne quod olim potuit. Quod quibusdam videtur dicentibus : Potuit Deus incarnari, et potuit mori, et resurgere, et alia hujusmodi, quo modo non potest. Potuit ergo quæ modo non potest, et ita habuit potentiam quam modo non habet, unde videtur potentia ejus imminuta. Ad quod dicimus, quia sicut omnia semper scit quæ aliquando scivit, et semper vult quæ aliquando voluit, nec unquam aliquam scientiam amittit, vel voluntatem mutat quam habuit ; ita omnia semper potest quæ aliquando potuit, nec unquam aliqua potentia sua privatur. Non est ergo privatus potentia incarnandi vel resurgendi, licet non possit modo incarnari vel resurgere. Sicut enim potuit olim incarnari, ita et potest modo incarnatus esse ; in quo ejusdem rei potentia monstratur. Ut enim olim scivit se resurrecturum, et modo scit se resurrexisse. Non est alia scientia illud olim scivisse, et hoc modo scire, sed eadem omnino. Et sicut voluit olim resurgere, et modo resurrexisse, in quo unius rei voluntas exprimitur ; ita potuit olim nasci et resurgere, et modo ipse potest natus fuisse et resurrexisse, et est ejusdem rei potentia. Si enim posset modo nasci et resurgere, non esset idem posse. Verba enim diversorum temporum diversis prolata temporibus, et diversis adjuncta adverbiis, eumdem faciunt sensum, ut modo loquentes dicimus : Iste potest legere hodie, cras autem dicemus : Iste potest legisse, vel : Potuit legere heri ; ubique unius rei monstratur potentia. Si autem diversis temporibus loquentes, ejusdem temporis verbis et adverbiis utamur, dicentes hodie : Iste potest legere hodie, et dicentes cras : Iste potest hodie legere, non idem sed diversa dicimus eum posse. Fateamur ergo Deum semper posse quidquid semel potuit, id est, habere omnem illam potentiam quam semel habuit, et illius omnis rei potentiam cujus semel habuit ; sed non semper posse facere omne illud quod aliquando potuit facere (3) : potest quidem facere aut fecisse quod aliquando potuit. Similiter quidquid voluit et vult, id est, omnem quam habuit voluntatem, et modo habet, non tamen vult esse vel fieri. Omne quod aliquando voluit esse vel fieri, sed vult fuisse vel factum esse. Ita et de scientia Dei dicendum est.

DISTINCTIO XLV.
DE VOLUNTATE DEI, QUÆ ESSENTIA DEI EST UNA ET ÆTERNA, ET DE SIGNIS EJUS.

1. Jam de voluntate Dei aliquid pro sensus nostri imbecillitate dicendum est. Sciendum est ergo quia voluntas sive volens de Deo secundum essentiam dicitur. Non est in eo aliquid velle et aliud esse, sed omnino idem. Et sicut idem est ei esse bonum quod esse Deum, ita idem est ei esse volentem quod esse Deum. Nam voluntas qua semper volens est, non affectus vel motus est, qui in Deum cadere non valet, sed divina usia qua volens est Deus, et hujusmodi.
Quod licet idem sit Deo velle quod esse, non tamen potest dici Deus esse omnia quæ vult.

2. Et licet idem sit Deo velle quod esse, non tamen dicendum est Deum esse omnia quæ vult ; quod quidam de Dei voluntate non recte sentientes, nobis objiciunt, dicentes : Si idem est Deo velle quod esse, ergo cum dicimus Deum velle omnia quæ facit, dicimus eum esse omnia quæ facit : alioquin non ibi illo verbo idem significatur, quod significatur hoc verbo *esse*, cum de Deo dicitur. Et si ita est, non semper dicitur de Deo velle secundum essentiam. Si vero secundum essentiam non dicitur aliquando, quomodo ergo dicitur de Deo? relative enim nunquam dicitur. Ad quod dicimus quia licet idem penitus sit Deo velle quod esse, non tamen potest dici, omnia quæ vult ; sicut idem est Deo esse quod scire, nec tamen sicut

(3) Hic contradicitur Magistro a plerisque modernis doctoribus.

scire omnia, ita quoque potest dici esse omnia.
Quis sit sensus horum verborum : Deus scit vel Deus vult ; item : Deus scit omnia, vel vult aliquid ; et quid de Deo in his prædicetur.

3. Et ubicumque Deus dicitur *scire* vel *sciens*, vel *velle* vel *volens*, hæc de eo secundum essentiam dicuntur. Cum enim dicitur, Deus scit, vel Deus vult, sive Deus est sciens vel volens, essentia divina prædicatur, et Deus esse enuntiatur. Cum autem additur *omnia*, *aliquid*, vel *aliqua*, et dicitur : Deus scit omnia, vel *vult aliquid*, vel *aliqua*, essentia quidem divina prædicatur non simpliciter et absolute, sed ita ut scientiæ quæ ipse est, omnia subjecta monstrentur, et voluntati quæ ipse eadem est, aliquid vel aliqua subjecta esse dicantur ; ut talis fiat sensus : Deus scit omnia, id est : Deus est cujus scientiæ quæ ipsius essentia est, omnia subjecta sunt. Similiter : Deus vult hæc, vel illa : id est : Deus est cujus voluntati quæ ipse est, hæc sive illa subjecta sunt. Volens ergo sive velle dicitur Deus secundum essentiam cujus voluntas essentia est sempiterna et immutabilis (licet ea varientur et transeant, quæ ei subjecta sunt), quæ non potest esse injusta vel mala, quia Deus est.
Quod Dei voluntas summe bona causa est omnium quæ naturaliter sunt : cujus causa non es' quærenda, quia nullam habet, cum sit æterna.

4. Hæc itaque summe bona voluntas causa est omnium quæ naturaliter fiunt, vel facta sive futura sunt ; quæ nulla præventa est causa, quia æterna est. Ideoque causa ipsius quærenda non est. Qui enim ejus causam quærit aliquid majus ea quærit, cum nihil ea majus sit. Unde August., in lib. 83 Quæst., q. 28 : Qui quærit quare voluerit Deus mundum facere, causam quærit voluntatis Dei. Omnis autem causa efficiens major est eo quod efficitur. Nihil autem majus est voluntate Dei. Non ergo ejus causa quærenda est. Idem in libro contra Manichæos, si qui dixerint : Quid placuit Deo facere cœlum et terram? Respondendum est eis : Qui voluntatem Dei nosse desiderant, causa est voluntatem Dei scire quærunt, quod voluntas Dei omnium quæ sunt ipsa sit causa. Si enim habet causam voluntas, est aliquid quod antecedat voluntatem Dei, quod nefas est credere. Qui ergo dicit : Quare fecit Deus cœlum et terram? Respondendum est illi : Quia vult. Voluntas enim Dei causa est cœli et terræ ; et ideo major est voluntas Dei quam cœlum et terra. Qui enim dicit : Quare voluit facere cœlum et terram? majus aliquid quærit quam voluntas Dei, nihil autem majus inveniri potest. Compescat se ergo humana temeritas, et id quod non est non quærat, ne id quod est non inveniat. Ecce his auctoritatibus aperte insinuatur quod voluntatis Dei causa nulla est, et ideo quærenda non est.
Quod voluntas Dei prima et summa causa est omnium.

5. Voluntas ergo Dei, ut ait Aug., tom. 4, in lib. 3 de Trin., prima et summa causa est omnium specierum atque motionum. Nihil enim fit quod non de interiori atque intelligibili aula summi imperatoris egrediatur secundum ineffabilem justitiam. Ubi enim non operatur quod vult Dei omnipotentis sapientia? quæ *pertingit a fine usque ad finem fortiter, et disponit omnia suaviter*, Sapient. 8, 1 ; et non solum facit ea quæ perseverantia consuetudinis admirationem non admittunt, sed etiam ea quæ propter raritatem et insolitum eventum mira videntur : ut sunt defectus luminarium, et terræ motus, et monstrosi animantium partus, et his similia ; quorum nihil fit sine voluntate Dei, sed plerisque non apparet. Ideoque placuit vanitati philosophorum etiam causis aliis ea attribuere, cum omnino videre non possent superiorem cæteris omnibus causam, id est, voluntatem Dei. Itaque non nisi Dei voluntas causa prima est sanitatis, ægritudinis, præmiorum atque pœnarum, gratiarum et retributionum. Hæc ergo sola est, unde ortum est quidquid est, et ipsa non est orta sed æterna.
Quibus modis accipitur Dei voluntas.

6. Hic non est prætereundum nobis quod sacra

Scriptura de voluntate Dei variis modis loqui consuevit; et tamen non est Dei voluntas diversa, sed locutio diversa est de voluntate, quia nomine voluntatis diversa accipit. Nam voluntas vere ac proprie dicitur quæ in ipso est, et ipsius essentia est; et hæc una est, nec multiplicitatem recipit, nec mutabilitatem, quæ inexpleta esse non potest: de qua Propheta ait, psal. 113 : *Omnes quæcumque voluit Dominus fecit.* Et Apostolus, Rom. 9 : *Voluntati ejus quis resistit?* Et Rom. 12 : *Ut probetis quæ sit voluntas Dei bona et beneplacens et perfecta.* Et hæc voluntas recte appellatur beneplacitum Dei sive dispositio.

Quod secundum figuram dicitur voluntas Dei præceptio, prohibitio, consilium, permissio, operatio; et ideo pluraliter dicit Scriptura voluntates.

7. Aliquando vero secundum quamdam figuram dicendi voluntas Dei vocatur, quod secundum proprietatem non est voluntas ejus : ut *præceptio, prohibitio, consilium,* nec non *præmissio et operatio.* Ideoque pluraliter aliquando Scriptura voluntates Dei pronuntiat. Unde Propheta, psal. 110 : *Magna opera Domini, exquisita in omnes voluntates ejus;* cum non sit nisi una voluntas Dei quæ ipse est, pluraliter tamen dicit voluntates, quia voluntas Dei variis modis ac pro diversis accipitur, ut dictum est. Ita etiam idem propheta propter multos effectus misericordiæ et justitiæ pluraliter dicit, psal. 88 : *Misericordias Domini in æternum cantabo.* Et psal. 18 : *Justitiæ Domini rectæ, lætificantes corda;* cum tamen in Deo una sit misericordia, una justitia, et una eademque sit misericordia quæ justitia, scilicet divina usia.

Quare præceptio et prohibitio et consilium dicantur Dei voluntas.

8. Ideo autem præceptio et prohibitio atque consilium, cum sint tria, dicitur tamen unumquodque eorum Dei voluntas, quia ista sunt signa divinæ voluntatis : quemadmodum et signa iræ dicuntur ira, et dilectionis signa dilectio appellantur; et dicitur iratus Deus, et tamen non est ira in eo aliqua, sed signa tantum quæ foris fiunt, quibus iratus ostenditur, ira ipsius nominantur. Et est figura dicendi secundum quam non est falsum quod dicitur; sed verum quod dicitur, sed tropi nubilo obumbratur. Et secundum hos tropos diversæ voluntates Dei dicuntur, quia diversa sunt illa quæ per tropum voluntas Dei dicuntur.

Ubi voluntas Dei pro præcepto et concilio accipiatur.

9. Pro præcepto Dei atque consilio potest accipi voluntas; ut Matth. 6 : *Fiat voluntas tua sicut in cœlo et in terra.* Et Matth. 12 : *Qui facit voluntatem Patris mei qui in cœlis est, ipse frater meus, et soror, et mater est.* Et contra hanc voluntatem multa fiunt. Unde Aug., tom. 3, in lib. de Spiritu et Littera, c. 43 : *Infideles,* inquit, *contra voluntatem Dei faciunt, cum ejus Evangelio non credunt.*

Quod Deus non vult ab hominibus fieri omnia quæ præcipit, vel non fieri quæ prohibet.

10. Et si illa dicantur Dei voluntas, ideo quia signa sunt divinæ voluntatis, non est tamen intelligendum Deum omne illud fieri velle quod cuicumque præcipit, vel non fieri quod prohibuit. Præcepit enim Abrahæ immolare filium nec tamen voluit; nec ideo præcepit ut id fieret, sed ut Abrahæ probaretur fides. Et in Evangelio præcepit sanato ne cui diceret; ille autem prædicavit ubique, intelligens Deum non ideo prohibuisse quin vellet opus suum prædicari, sed ut daret formam homini laudem humanam declinandi.

De permissione et operatione, ubi dicantur Dei voluntas.

11. Permissio quoque Dei et operatio voluntas Dei appellantur, qualiter accipit Aug. in Ench., cap. 35, dicens : Non fit aliquid nisi Omnipotens fieri velit, vel sinendo ut fiat, vel ipse faciendo. Nec dubitandum est Deum facere bene, etiam sinendo fieri quæcumque fiunt male; non enim hæc nisi justo judicio Dei sinit, et profecto bonum est omne quod justum est. Ecce hic manifeste habemus Dei voluntatem appellari ipsius operationem vel permissionem, cum dicit non fieri aliquid nisi Omnipotens fieri velit, ubi includit et bona et mala omnia quæ fiunt. Ideoque aperte distinguit quomodo Deum velle dixerit, ne eadem ratione intelligeretur vel bona et mala, subdens : *Vel sinendo ut fiat,* hoc quantum ad mala dicit; vel : *Ipse faciendo,* hoc quantum ad bona. Mala enim sinit fieri, sed non facit; bona vero ipse facit. Ideoque dixit eum velle, quia et nolens mala sinit, et volens bona operatur; et ob hoc permissio et operatio voluntas Dei dicuntur.

Quinque supra sunt proposita quæ dicuntur secundum tropum, et ideo distinguat lector ubique pro quo eorum accipitur voluntas.

12. Quinque ergo supra posita sunt quæ dicuntur secundum tropum Dei voluntas, quia signa sunt divinæ voluntatis, quæ una est et immutabilis, scilicet Dei beneplacitum. Ideoque diligenter distinguat lector ubi de voluntate Dei Scriptura commemorat, juxta quem modum accipi oporteat, utrum pro beneplacito Dei an pro aliquo signorum ejus. Magna enim est adhibenda discretio in cognitione divinæ voluntatis, quia et beneplacitum Dei est voluntas ejus, et signum beneplaciti ejus dicitur voluntas ejus. Sed beneplacitum ejus æternum est, signum vero beneplaciti ejus non, et consonat rerum effectibus beneplacitum ipsius, et ipsi effectus rerum ab illo non discordant. Fit enim omne quod beneplacito vult fieri; et omne quod non vult fieri, nequaquam fit. Non ita autem est de signis, quia præcepit Deus multis ea quæ non faciunt, et prohibet quæ non cavent, et consulit quæ non implent.

DISTINCTIO XLVI.

ILLI SENTENTIÆ QUA DICTUM EST DEI VOLUNTATEM NON POSSE CASSARI, QUÆ IPSE EST, QUÆDAM VIDENTUR OBVIARE.

1. Hic oritur quæstio. Dictum est enim in superioribus, et auctoritatibus communitum, quod voluntas Dei, quæ ipse est, quæ beneplacitum ejus vocatur, cassari non potest, quia illa voluntate *fecit quæcumque voluit in cœlo et in terra,* cui, teste Apostolo, *nihil resistit.* Quæritur ergo quomodo accipiendum sit quod Apostolus de Domino ait, 1 Tim. 2 : *Qui vult omnes homines salvos fieri.* Cum enim non omnes salvi fiant, sed plures damnentur, videtur utique non fieri quod Deus vult fieri, humana scilicet voluntate impediente voluntatem Dei. Dominus quoque in Evangelio impiam civitatem compellans, Matth. 23 : *Quoties,* inquit, *volui congregare filios tuos, sicut gallina congregat pullos suos sub alis, et noluisti?* Ita etiam hæc dicuntur tanquam Dei voluntas superata sit hominum voluntate, et infirmissimis nolendo impedientibus non potuerit facere Potentissimus quod volebat. Ubi est ergo illa omnipotentia, qua *in cœlo et in terra,* secundum Prophetam, *omnia quæcumque voluit fecit?* et quomodo *voluntatis ejus,* secundum Apostolum, *nihil resistit,* si colligere filios Hierusalem voluit, et non fecit? Hæc enim prædictis plurimum obviare videntur.

Solutio, quomodo intelligendum sit illud : Volui congregare, et noluisti.

2. Sed audiamus solutionem, ac primum quomodo accipiendum sit illud quod Dominus ait videamus. Non enim ex eo sensu illud dictum est, ut ait Aug. in Ench., c. 97, prædictam quæstionem solvens, quasi Dominus voluerit congregare filios Hierusalem, et non sit factum quod voluit quia ipsa noluerit, sed potius ipsa quidem filios suos ab ipso colligi noluit, qua tamen nolente, filios ejus collegit ipse omnes quos voluit; quia *in cœlo et in terra* non quadam *voluit et fecit,* quædam vero *voluit et non fecit,* sed *omnia quæcumque voluit fecit;* ut sit sensus : *Quoties volui congregare filios tuos, et noluisti?* id est : Quotquot congregavi mea voluntate semper efficaci, te nolente feci. Ecce in evidenti positum est quod illa Domini verba superioribus non repugnant.

Quomodo intelligendum sit illud : Qui vult omnes homines salvos fieri.

3. Nunc videre restat quomodo etiam præmissa

verba Apostoli prædictis non contradicant, qui de Deo loquens ait: *Vult omnes homines salvos fieri.* Quorum occasione verborum multi a veritate deviaverunt, dicentes Deum multa velle fieri quæ non fiunt. Sed non est intelligendum ea ratione illud esse dictum, quasi Deus velit aliquos salvari et non salventur. Quis enim tam impie desipiat, ut dicat Deum malas hominum voluntates quas voluerit, et quando voluerit, et ubi voluerit, in bonum non posse convertere? Non est utique verum quod in psal. 113 dicitur: *Quæcumque voluit fecit,* si aliqua voluit et non fecit; et, quod est indignius : Ideo non fecit, quoniam ne fieret quod volebat Omnipotens voluntas hominis impedivit. Ideoque cum audimus, et in sacris Litteris legimus, quod *velit omnes homines salvos fieri,* non tamen ideo debemus omnipotentissimæ Dei voluntati aliquid derogare, sed ita intelligere quo scriptum est, *vult omnes homines salvos fieri,* tanquam diceretur nullum hominum fieri salvum nisi quem salvum fieri ipse voluerit : non quod nullus sit hominum nisi quem salvum fieri velit, sed quod nullus fiat salvus nisi quem velit salvari ; et ideo rogandus est ut velit: quod necesse est fieri si voluerit. Non est enim credendus Omnipotens aliquid voluisse fieri quod factum non sit. Sic etiam intelligitur illud Joan. 1: *Illuminat omnem hominem venientem in hunc mundum ;* non quia nullus hominum est qui non illuminetur, sed quia nisi ab ipso nullus illuminatur. Potest et alio modo illud intelligi, dum tamen credere non cogamur Omnipotentem aliquid fieri voluisse, factumque non esse, qui sine ullis ambiguitatibus sive in cœlo et in terra, sicut Veritas cantat, *omnia quæcumque voluit fecit ;* profecto facere non voluit quæcumque non fecit. Ex his aperte ostenditur quod Deus ea voluntate quæ ipse est, non vult aliquid fieri quod non fiat, neque non fieri quod fiat.

Utrum mala Dei voluntate fiant, an eo nolente.

4. Ideoque, cum constet omnia bona quæ fiunt ejus fieri voluntate, quæ si fieri nollet nullatenus fierent, recte quæri solet utrum et mala omnia quæ fiunt, id est, peccata, Dei fiant voluntate, an nolente eo fiant. Super hoc diversi varia sentientes sibi contradicere inveniuntur. Alii enim dicunt quod Deus vult mala esse vel fieri, non tamen vult mala. Alii vero quod nec vult mala esse nec fieri. In hoc tamen conveniunt et bi et illi, quod utique fatentur Deum mala non velle. Utrique vero rationibus et auctoritatibus innituntur ad muniendam suam assertionem.

Quare dicunt quidam Deum velle mala esse vel fieri.

5. Qui enim dicunt Deum mala velle esse vel fieri, suam his modis muniunt intentionem : Si enim, inquiunt, mala non esse vel non fieri vellet, nullo modo essent vel fierent, quia si vult ea non esse vel non fieri, et non potest id efficere ; scilicet, ut non sint vel non fiant, voluntati ejus et potentiæ aliquid resistit, et non est omnipotens. quia non potest quod vult ; sed impotens est sicuti et nos sumus, qui quod volumus quandoque non possumus. Sed quia omnipotens est et in nullo impotens, certum est non posse fieri mala vel esse nisi eo volente. Quomodo enim invito eo et nolente posset ab aliquo malum fieri, cum scriptum sit Rom. 9: *Voluntati ejus quis resistet?* Supra etiam dixit Aug. quia necesse est fieri si voluerit. Sed vult mala fieri aut non fieri. Si vult non fieri, non fiunt : fiunt autem, vult ergo fieri. Item bonum est mala esse vel fieri, alioquin summe bonus non permitteret ea fieri. Unde August. in Ench., cap. 96 : Quamvis ea, inquit, quæ mala sunt, in quantum mala sunt non sunt bona, tamen ut non solum bona, sed etiam sint et mala, bonum est. Nam nisi esset hoc bonum ut essent et mala, nullo modo esse sinerentur ab omnipotenti bono ; cui procul dubio quam facile est quod vult facere, tam facile est quod non vult esse non sinere. Hæc nisi credamus, periclitatur nostra confessio, quia nos in Patrem omnipotentem credere confitemur.

Ecce hic aperte habes quod bonum est mala esse : omnis autem boni Deus auctor est, qui vult omne bonum esse quod est. Cum ergo bonum sit mala fieri vel esse, ergo et mala vult fieri vel esse. His atque aliis hujusmodi rationibus et auctoritatibus utuntur qui dicunt Deum velle mala esse vel fieri.

Hic ponit rationes illorum qui dicunt Dei voluntate non fieri mala vel non esse.

6. Illi vero qui dicunt Dei voluntate mala non fieri vel non esse, inductionibus præmissis ita respondent, dicentes Deum nec velle mala fieri, nec velle non fieri ; vel nolle fieri, sed tantum non velle fieri. Si enim vellet ea fieri vel esse, faceret utique ea fieri vel esse ; et ita esset auctor malorum : non est autem auctor malorum, ut sanctorum protestantur auctoritates ; non ergo ejus voluntate fiunt mala. Item, si nollet mala fieri, vel vellet non fieri, et tamen fierent, omnipotens non esset, cum ejus voluntas humanæ voluntatis effectus impediretur. Ideoque non concedunt Deum velle mala fieri, ne malorum auctor intelligatur ; nec concedunt eum velle mala non fieri, ne impotens esse videatur ; sed tantum dicunt eum non velle mala fieri, ut non auctor, sed permissor malorum monstretur. Unde et Evangelista, Joan. 1, ubi ostendit Deum auctorem esse omnium bonorum dicens : *Omnia per ipsum facta sunt,* consequenter malorum auctorum esse negat dicens : *Et sine ipso factum est nihil,* id est, peccatum. Non dixit per eum factum esse, vel eo nolente et invito, sed tantum sine eo, id est, sine ejus voluntate, quia non ejus voluntate fit peccatum. Non ergo Deo volente vel nolente, sed non volente, fiunt mala ; quia non subest Dei voluntati ut malum fiat vel non fiat, sed ut fieri sinat, quia bonum est sinere mala fieri : et utique volens sinit non volens mala, sed volens sinere sinit ut ipsa fiant, quia nec mala sunt bona, nec ea fieri vel esse bonum est.

Quomodo intelligendum sit illud Aug. : Mala fieri bonum est.

7. Quod vero Aug. ait : Mala fieri bonum est, nec sinerentur mala ab Omnipotenti bono fieri, nisi hoc esset bonum, ut ea essent, ea ratione dictum esse asserunt, quia ex malis quæ fiunt Deus bona elicit ; nec ipse permitteret ea fieri nisi de eis boni aliquid faceret. Unde August, in eodem lib, Ench., c. 11, aperte indicans prædictorum verborum esse talem intelligentiam, ait : Deus omnipotens, cui rerum est summa potestas, cum summe bonus sit, nullo modo sineret aliquid mali esse in operibus suis, nisi usque adeo esset omnipotens et bonus, ut benefaceret etiam de malo. Item in eodem, tom. 3, cap. 1, : Melius judicavit Deus de malis bona facere, quam mala nulla permittere. Ex hoc itaque sensu dictum est ac verum est : Bonum est mala fieri, quia ex malis quæ fiunt, bonis (qui secundum propositum vocati sunt sancti) accidit bonitas, id est, militas. Talibus enim, ut ait Apostolus, in bonum cooperantur omnia etiam mala, quia eis prosunt, quæ aliis facientibus obsunt. Unde etiam aliquando in Scriptura legitur malum appellari bonum, ut Hieron., tom. 9, Comment. ad cap. 14 Marci ; Malum, inquit, Judæ bonum fuit, scilicet nobis ; nec si bonum est illi vel illi, inde sequitur quod simpliciter bonum est, quod in se et facienti bonum est.

Quadripartita boni acceptio.

8. Est enim aliquid quod in se bonum est, et cui fit ; sed non est bonum facienti, ut cum subvenitur pauperi, sed non propter Deum. Et aliquid bonum in se et facienti, sed non ei cui fit, ut cum veritas propter Deum alicui non obedienti prædicatur. Et aliquid in se et facienti et ei cui fit bonum, ut cum veritas prædicatur propter Deum credenti. Unde Apostolus: *Bonus odor sumus Deo, aliis odor vitæ, aliis odor mortis.* Est autem aliud quod nec in se bonum est, et facienti nocet, et damnat nisi pœniteat, ut malum : valet tamen ad aliquid. Ut enim ait Aug. in Ench., cap. 10 et 11 : A summe et qualiter et immutabiliter Trinitate

bona creata sunt omnia; nec summe nec immutabiliter bona, sed tamen bona. etiam singula. Simul vero universa valde bona, quia ex omnibus consistit universitatis admirabilis pulchritudo. In qua etiam illud quod malum dicitur, bene ordinatum, et loco suo positum, eminentius commendat bona, ut magis placeant et laudabiliora sint, dum comparantur modis. *Quod malu universitati valent, et facientibus sua propria, vel patientibus aliena prosunt, electis tamen.*

9. Hinc patet quod ex malis quæ fiunt aliquod provenit bonum, dum bona magis placent et laudabiliora existunt. Ipsis etiam facientibus, ex malis quæ faciunt interdum bona proveniunt, si secundum propositum vocati sunt sancti. Talibus enim, ut ait Aug., tom. 7, in lib. de Correctione et Gratia, c. 9, usque adeo Deus omnia cooperatur in bonum, ut si qui horum deviant et exorbitant, etiam hoc ipsum eis faciat proficere in bonum; quia humiliores redeunt, atque doctiores, ut Petrus. Illa etiam mala quæ ab iniquis fideles pie perferunt, ut ait Aug., in lib. de Trin., ipsis utique prosunt, vel ad delenda peccata, vel ad exercendam probandamque justitiam, vel ad demonstrandam hujus vitæ miseriam Ideoque et Job Dei manum, et Apostolus Satanæ stimulum sensit; et uterque bene profecit, quia malum bene portavit. *Ex prædictis concludit ostendens esse bonum fieri mala multis modis.*

10. Si quis igitur diligenter attendat quæ scripta sunt, facile est ei percipere ex malis bona provenire; et ex ratione dictum esse quod bonum est mala fieri vel esse, non quia malum sit bonum, vel quia bonum sit malum fieri. Non est enim bonum malum fieri ab aliquo, quia non est bonum ut aliquis faciat malum. Si enim hoc esset bonum, profecto hujus Deus auctor esset, qui est auctor omnis boni. Quod si hujus Deus auctor est, eo ergo auctore homo agit mala, et ita eo auctore homo fit deterior. Et si eo auctore homo fit deterior, tunc eo volente homo fit deterior. Idem est enim dicere aliquid fieri Deo auctore, quod Deo volente : Deo autem auctore homo non fit deterior, ergo non Deo volente, ut Aug., tom. 4, Quæst. lib. 33, q. 3, aperte astruit a minori, dicens ita : Nullo sapiente homine auctore fit homo deterior; tanta enim est ista culpa quæ in sapientem hominem cadere nequit : est autem Deus omni homine sapiente præstantior; multo minus ergo Deo auctore fit homo deterior. Multo enim est præstantior Dei voluntas, quam hominis sapientis. Illo autem auctore cum dicitur, illo volente dicitur; ergo est vitium voluntatis humanæ quo est homo deterior : quod vitium si longe abest a Deo voluntate, ut ratio docet, a quo sit quærendum est? Ecce aperte dicit Aug. Deo auctore vel volente hominem non fieri deteriorem, sed vitio voluntatis suæ. Non est ergo Deo auctore quod malum fit ab aliquo; et ita Deo volente mala non fiunt.

Quod in Deo non est causa ut sit homo deterior.

11. Deinde idem Aug., quæst. 4, quærens quæ sit causa ut homo sit deterior, in Deo non esse asserit, in eodem lib. dicens ut sit homo deterior, aut in ipso est, aut in alia, aut in nihilo. Si in nihilo, nulla causa est. Si in alio, aut in Deo, aut in alio quolibet homine, aut in eo qui neque Deus neque homo sit: sed non in Deo (bonorum enim Deus tantum causa est); ergo in homine est, aut in eo quod neque Deus neque homo, aut in nihilo. Et ex illo aperte ostendit quod non est bonum ut sit homo deterior, quia non est Deus ejus rei causa, quia tantum causa bonorum est. Et si non est bonum ut homo fiat deterior, non est ergo bonum ut ab eo fiat malum; non ergo vult Deus ut ab eo fiat malum.

Aliter probat quod Deo auctore non fiunt mala.

12. Item aliter etiam ostenditur quod Deo auctore, id est, volente non fiunt mala, quia ipse non est causa tendendi ad non esse. Tendere enim ad non esse, malum est; ipse autem auctor mali non est tendit vero ad non esse qui operatur malum; non ergo Deo auctore est quod aliquis operatur malum. Non est ergo bonum quod aliquis operatur malum, quia tantum boni Deus auctor est. Hoc autem Aug., in eodem lib. q. 21, in principio et fine, aperte explicat dicens : Qui omnium quæ sunt auctor est, et ad cujus bonitatem id pertinet ut sit omne quod est, boni tantummodo causa est. Quocirca mali auctor non est, et ideo ipse summum bonum est, a quo in nullo deficere bonum est, et malum est deficere. Non est ergo causa deficiendi, id est, tendendi ad non esse, qui, ut ita dicam, essendi causa est; quia omnium quæ sunt auctor est, quæ, in quantum sunt, bona sunt. Ecce aperte habes quod deficere a Deo qui summum est bonum, malum est; mala ergo facere malum est; non ergo Deo auctore vel volente mala fiunt.

Objectio quorumdam sophistica, qua probare nituntur ex Deo esse quod mala fiant.

13. Jam sufficienter ostensum est quod Deo auctore non fiunt mala. Quidam tamen sophistice incedentes, et ideo Deo odibiles, probare conantur ex Deo auctore esse quod mala fiunt, hoc modo : Quod mala fiunt, verum est : omne autem verum quod est, a veritate est, quæ Deus est; a Deo ergo est quod mala fiunt. Quod autem omne verum a Deo sit, confirmant auctoritate Aug., in lib. 83 Quæst., q. 1, ita dicentis : Omne verum a veritate verum est : est autem veritas Deus; Deum ergo habet auctorem omne verum. Est autem verum quod mala fiunt vel sunt, Deo ergo auctore est quod sunt vel fiunt mala.

Responsio, ubi concedit omne verum esse a Deo, et sophisma operit.

14. Quibus facile est nobis respondere : sed indiguum responsione videtur quod dicunt. Omne namque verum a Deo est, ut ait Aug., cui consonat Amb. tom. 4, explanat. 1 ad Cor. 12, qui tractans illud verbum Apostoli : *Nemo potest dicere Dominus Jesus nisi in Spiritu sancto*, dicit quod cum verum a quocumque dicitur, a Spiritu sancto est. Cum itaque verum sit quod mala fiunt, hoc verum quod dicitur illa locutione, scilicet, *mala fiunt*, a Deo est : sed non inde sequitur quod a Deo sit ut mala fiant. Si enim hoc diceretur, auctor malorum Deus esse intelligeretur : quod ex simili manifeste falsum ostenditur : Deus prohibet furtum fieri : sed furtum fieri verum est; ergo prohibet verum : non sequitur.

Partem quæstionis approbat illorum, qui dicunt Deum non velle mala fieri.

15. Hæc igitur et alia hujusmodi inania relinquentes, præmissæ quæstionis parti saniori favemus, quæ sanctorum testimoniis plenius approbatur, dicamus Deum non velle mala fieri, nec tamen velle non fieri neque nolle fieri. Omne ergo quod vult fieri fit, et omne quod vult non fieri non fit. Fiunt autem multa quæ non vult fieri, ut omnia mala.

DISTINCTIO XLVII.

QUOD VOLUNTAS DEI SEMPER IMPLETUR DE HOMINE, QUOCUMQUE SE VERTAT.

1. Voluntas quippe Dei semper efficax est, ut fiat omne quod velit, et nihil fiat quod nolit; quæ de homine semper impletur, quocumque se vertat. Nihil enim, ut ait Aug., in libero arbitrio constitutum superat voluntatem Dei : etsi faciat contra ejus voluntatem, tamen contra ejus voluntatem, quæ ipse est, nihil putandum est ita fieri tanquam velit fieri et non fiat, vel nolit fieri et fiat. Illa enim voluntas, ut ait Augustinus, in Ench., semper impletur, aut de nobis aut a nobis. De nobis impletur; sed tamen non implemus eam quando peccamus. A nobis impletur, quando bonum facimus ideo enim facimus, qua scimus placere Deo. Ita et de homine semper Deus implet suam voluntatem, quia nihil facit homo de quo Deus non operetur quod vult. Non enim vult Deus ut peccet homo quilibet. Si autem peccaverit, pœnitenti vult parcere ut vivat, in peccatis vero perseverantem punire, ut justitiæ potentiam contumax non evadat. Sicut alios ab æterno præparavit ad pœnam, ita alios præparavit ad gloriam; et hæc sunt *magna opera Domini, exquisita in omnes voluntates*

ejus(psal.110).Et tamen sapienter exquisita, ut cum angelica et humana creatura peccasset, id est, non quod ille, sed quod voluit ipsa fecisset, etiam per eamdem creaturæ voluntatem qua factum est quod Creator non voluit,impleret ipse quod voluit; bene utens etiam malis tanquam summe bonus ad eorum damnationem quos juste prædestinavit ad pœnam,et ad eorum salutem quos benigne prædestinavit ad gratiam.Quantum enim ad ipsos attinet,quod Deus noluit fecerunt;quantum vero ad omnipotentiam Dei, nullo modo id facere valuerunt.Hoc quippe ipso quod contra ejus voluntatem fecerunt,de ipsis facta est voluntas ejus. Præterea namque *magna opera Domini* sunt *exquisita in omnes voluntates ejus*,ut miro et ineffabili modo non fiat præter ejus voluntatem quod etiam fit contra ejus voluntatem, quia non fieret si non sineret;nec utique nolens sinit,sed volens ;nec sineret bonus fieri male, nisi omnipotens etiam de malo posset facere bonum bene. His verbis evidenter monstratur,quod voluntas Dei æterna semper implelur de homine, etiamsi faciat homo contra Dei voluntatem.Sed attendendum est diligenter quomodo in superioribus dicitur fieri aliquid contra Dei voluntatem.quod tamen non fit præter eam,et qualiter intelligendum sit illud. *Quantum ad se, fecerunt quod Deus noluit; quantum vero ad omnipotentiam Dei,nullo modo id faceret valuerunt.* Videntur enim ista superibus obviare, ubi dictum est voluntati ejus nihil resistere.
Hic aperit, dicens diversis modis supra accipi Dei voluntatem.
2. Verum,ut supra diximus,voluntas Dei diversis modis accipitur;quæ diversitatis in prædictis verbis si diligenter notetur,nihil ibi contradictionis reperitur. Ubi enim dicit non fieri præter ejus voluntatem etiam quod fit contra ejus voluntatem, quæ Deus est et sempiterna est,ejus signa prædictis verbis intelligi voluit, id est, prohibitionem et permissionem. Multa enim fiunt contra Dei præceptum vel prohibitionem, quæ tamen non fiunt præter ejus permissionem. Ipsius namque permissione omnia fiunt mala, quæ tamen præter ejus voluntatem sempiternam fiunt,sicut Aug. tom, 8, dicit super illum locum psal.16 : *Ut non loquatur os meum opera hominum.*Opera enim hominum dicit ea quæ mala sunt,quæ præter Dei voluntatem fiunt, quæ ipse est; sed non præter ejus permissionem,quæ ipse non est.Appellatur tamen ipsa Dei voluntas,quia Deus volens sinit mala fieri.Fiunt et contra ejus præceptionem vel prohibitionem, sed non contra ejus voluntatem,quæ ipse est; nisi dicantur contra eam fieri quæ præter eam fiunt. Contra eam quippe nihil ita fit, ut velit fieri quod non fiat, vel nolit et fiat; quod evidenter ibi Aug.notavit,ubi ait : *Quantum ad ipsos attinet, quod Deus noluit fecerunt; quantum vero ad omnipotentiam Dei,nullo modo id facere valuerunt.* Ac si diceret : Fecerunt contra Dei præceptum quod appellatur voluntas,sed non fecerunt contra Dei voluntatem omnipotentem; quia hoc non valuerunt, illud valuerunt : ita per hoc quod fecerunt contra Dei voluntatem, id est, præceptum, de ipsis facta est voluntas ejus, id est impleta est voluntas ejus sempiterna,qua eos damnari volebat. Unde Gregorius, super Genes. : *Multi voluntatem Dei peragunt, unde mutare contendunt, et consilio ejus resistentes obsequuntur; quia hoc ejus dispositioni militant, quæ per humanum studium resultat.* Hic aperte ostenditur,quia dum mali consilio ac præcepto Dei resistunt,quod voluntas Dei appellatur,ea faciunt unde voluntas ejus,quæ ipse est, impletur, quæ dispositio vel beneplacitum vocatur.Nam,ut ait Aug., tom. 3, cap. 102, in Ench. : *Quantælibet sint voluntates angelorum et hominum bonorum vel malorum, vel illud quod Deus, vel aliud volentium quam Deus, omnipotentis voluntas semper invicta est, quæ mala esse nunquam potest,sive etiam dum mala irrogat justa est; et profecto quæ justa est, mala non est.* Deus ergo omnipotens sive per misericordiam *cujus vult miseretur,* sive per judicium *quem vult obdurat,* nec inique aliquid facit,nec nisi volens quidquam facit, *et omnia quæcumque vult facit.*
Summatim perstringit sententiam prædictorum,addens quare Deus præcepit omnibus bona facere et mala vitare, cam non velit hoc ab omnibus impleri.
3.Ex prædictis liquet quod voluntas Dei,quæ ipse est, semper invicta est,nec in aliquo cassatur, sed per omnia impletur.Consilium vero ejus et præceptio, sive prohibitio, non ab omnibus implentur quibus proposita et data sunt.Neque ideo præcepit omnibus bona, vel prohibuit mala, vel consuluit optima, quod vellet ab omnibus bona quæ præcepit fieri,vel mala quæ prohibuit vitari (si enim vellet, utique et fierent, quia in nullo potest ab homine superari vel impediri ejus voluntas),sed ut justitiam suam hominibus ostenderet,et mali essent inexcusabiles ; denique ut boni ex obedientia gloriam,mali ex inobedientia pœnam sortirentur,sicut utrisque ab æterno præparavit.Ea ergo quæ omnibus præcepit vel prohibuit, a quibusdam voluit fieri vel vitari,sed non ab omnibus ; et quædam personaliter præcepit,et in veteri et in nova lege,quæ ab eis quibus præcepit fieri noluit; ut Abrahæ de immolatione filii,et in Evangelio quibusdam curatis quibus præcepit ne cui dicerent.

DISTINCTIO XLVIII.

QUOD ALIQUANDO HOMO BONA VOLUNTATE ALIUD VULT QUAM DEUS; ET ALIQUANDO MALA ID QUOD DEUS BONA VOLUNTATE VULT.

1.Sciendum quoque est quod aliquando mala est voluntas hominis idem volentis quod Deus vult fieri, et aliquando bona est voluntas hominis aliud volentis quam Deus.Ut enim bona sit hominis voluntas,oportet attendere quid congruat ei velle,et quo fine. Tantum enim interest inter voluntatem Dei et voluntatem hominis, ut in quibusdam aliud congruat Deo velle, aliud homini;unde Aug.,in Enchirid.7.c.101:Aliquando bona voluntate homo vult aliquid quod Deus non vult bona multo amplius multoque certius voluntate, nam illius mala voluntas esse nunquam potest : tanquam si bonus filius patrem velit vivere,quem Deus bona voluntate vult mori.Et rursus fieri potest ut hoc velit homo voluntate mala quod Deus vult bona : velut si malus filius velit mori patrem, velit etiam hoc Deus. Nempe ille vult quod non vult Deus ; iste vero id vult quod et Deus:et tamen bonæ Dei voluntati pietas illius potius consonat, quamvis aliud volentis, quam hujus idem volentis impietas.Multum enim interest quid velle homini,quid velle Deo congruat, et ad quem finem suam quisque ferat voluntatem, ut approbetur vel improbetur.Potest enim velle bonum quod non congruat ei velle; et potest velle bonum quod congruit, sed non refert ad finem rectum, et ideo non est bona voluntas.
Quod bona Dei voluntas mala hominum voluntate impletur, ut in passione Christi contigit, ubi quiddam factum est quod Deus bona et Judæi mala voluntate voluerunt,voluerunt tamen et aliquid quod Deus non voluit.
2.Illud quoque non est prætermittendum quod aliquando Dei voluntas bona per malam hominis voluntatem impletur:ut in crucifixione Christi factum est, quem Deus bona voluntate mori voluit, Judæi vero impia voluntate eum crucifixerunt. Et volebant Judæi mala voluntate quiddam quod Deus bona voluntate volebat,scilicet ut Christus pateretur, moreretur; sed volebant et aliquid aliud quod Deus nolebat, scilicet occidere Christum, quod fuit mala actio et peccatum.Actum quippe Judæorum non voluit Deus, passionem vero Christi voluit; sicut et in ipso psal. 138,Christus ad Patrem ait : *Tu cognovisti sessionem meam,* id est, voluisti et approbasti passionem meam,tibi enim placuit.Voluit itaque tota Trinitas ut Christus pateretur,nec tamen voluit ut Judæi occiderunt; quia voluit pœnam Christi, sed non culpam Judæorum nec tamen noluit,si enim noluisset, nec fuisset.

Oppositio.
3. Sed ad hoc opponitur sic : Si voluit Deus ut Christus pateretur, voluit utique ut pateretur a Judæis, vel non. Si voluit ut non pateretur a Judæis, cum passus sit, factum est itaque quod voluit Deus non fieri. Si autem voluit eum pati a Judæis, ergo voluit eum occidi a Judæis : voluit itaque ut Judæi occiderent eum. Ad quod respondentes, dicimus simpliciter concedendum esse quod Deus voluit Christum pati et mori; quia ejus passio bonum fuit, et causa nostræ salutis. Cum autem dicitur : Volebat eum pati vel occidi a Judæis, hic distinguendum est : Si enim intelligitur sic : Volebat eum sustinere passionem sive crucifixionem a Judæis illatam, verus est sensus; si vero intelligitur sic : Volebat ut Judæi occiderent eum, falsum est. Non enim volebat Deus actionem Judæorum quæ mala erat, sed volebat passionem bonam; et hæc voluntas per malas Judæorum voluntates impleta est, unde Augustinus in Enchiridio, c. 101 : Deus quasdam voluntates suas utique bonas implet per malorum hominum voluntates malas : sicut per malevolos Judæos bona voluntate Patris Christus pro nobis occisus est; quod tantum bonum fuit, ut apostolus Petrus, quando id fieri nolebat. Satanas ab ipso qui occisus est diceretur. Ecce manifeste habes magnum bonum fuisse quod Christus occisus est; et hoc bonum quia Petrus nolebat, ideo redargutus est.

Utrum placuerit viris bonis quod Christus pateretur; placuit quidem intuitu nostræ redemptionis, sed non ipsius cruciatus.
4. Ex quo solvitur quæstio qua quæri solet utrum viris sanctis placere debuerit quod Christus pateretur vel occideretur. Debuit enim eis placere intuitu nostræ redemptionis, sed non intuitu ipsius cruciatus. Voluerunt ergo ac vehementer cupierunt Christum mori propter liberationem hominis et impletionem divinæ voluntatis, sed non voluerunt delectatione ipsius afflictionis. De eodem ergo lætabantur et tristabantur; sed ob aliud gaudebant, et propter aliud dolebant. Volebant ergo Christum mori pro hominis redemptione, et tamen de morte ipsius diversis de causis corda eorum varie movebantur.

Quomodo sentiendum sit de passionibus sanctorum, an velle an nolle debeamus.
5. Si vero quæritur utrum eodem modo sentiendum sit de passionibus et martyriis sanctorum dicimus aliquam esse differentiam inter passionem capitis et membrorum. Christi namque passio causa est nostræ salutis, quod non est passio alicujus sancti. Nullius enim passione redempti sumus nisi Christi. Profuerunt quidem non modo eis qui passi sunt, verum etiam aliis fidelibus ipsorum passiones, verumtamen nostra redemptio non sunt; hoc enim passio illius sola potuit qui Deus est et homo. Illius ergo passionem credentium piæ mentes voluerunt et optaverunt fieri sicut futurum credebant; passionem vero sanctorum possumus velle et nolle, et utrumque bona voluntate si rectos nobis proponamus fines. Cui enim placuit Pauli passio eo fine, quia præmium ejus per hoc auctum et paratum cernebat, bonam videtur habuisse voluntatem, quæ voluntati ejus congruebat, quia cupiebat dissolvi et esse cum Christo. Qui autem voluit eum declinare passionem et effugere manus iniquorum compassione pietatis, et ille habuit bonam voluntatem; unde August. in Ench., c. 101 : Bonæ apparebant voluntates piorum fidelium qui nolebant apostolum Paulum Hierusalem pergere, ne ibi pateretur mala quæ Agabus prædixerat; et tamen hoc illum Deus pati volebat pro annuntianda fide Christi, exercens martyrem Christi : neque ipse bonam voluntatem suam implevit per Christianorum voluntates bonas, sed per Judæorum malas; et ad eum potius pertinebant qui nolebant quod volebat, quam illi per quos volentes factum est quod volebat, quia idipsum mala voluntate fecerunt quod Deus bona voluntate voluit. Ita et in passione Christi factum est, quod enim Deus voluit, hoc idem Judæi et diabolus; sed illi mala voluntate, Deus vero bona voluntate, scilicet, ut Christus moreretur. Verumtamen illi actum voluerunt, quem Deus non voluit.

LIBER SECUNDUS

DE RERUM CORPORALIUM ET SPIRITUALIUM CREATIONE ET FORMATIONE, ALIISQUE PLURIBUS EO PERTINENTIBUS

DISTINCTIO PRIMA.

UNUM ESSE RERUM PRINCIPIUM OSTENDIT; NON PLURA, UT QUIDAM PUTAVERUNT.

1. Creationem rerum insinuans Scriptura, Deum esse creatorem initiumque temporis atque omnium visibilium vel invisibilium creaturarum in primordio sui ostendit, dicens, Gen. 1 : *In principio creavit Deus cœlum et terram.* His etenim verbis Moyses Spiritu Dei efflatus, in uno principio a Deo creatore mundum factum refert, elidens errorem quorumdam plura sine principio fuisse principia opinantium. Plato namque tria initia existimavit, Deum scilicet, exemplar, et materiam, et ipsam increatam sine principio, et Deum quasi artificem non creatorem. Creator enim est qui de nihilo aliquid facit. Et creare proprie est de nihilo aliquid facere; facere vero non modo de nihilo aliquid operari, sed etiam de materia. Unde et homo et angelus dicitur aliqua facere, sed non creare; vocaturque factor sive artifex, sed non creator. Hoc enim nomen soli Deo proprie congruit, qui de nihilo quædam, et de aliquo aliqua facit. Ipse est ergo creator et opifex et factor, sed creationis nomen sibi proprie retinuit, alia vero etiam creaturis communicavit. In Scriptura tamen sæpe creator accipitur tanquam factor, et creare tanquam facere sine distinctione significationis.

Quod hæc verba, scilicet, agere et facere, et hujusmodi, non dicuntur de Deo secundum eam rationem qua dicuntur de creaturis.
2. Verumtamen sciendum est hæc verba, scilicet, *creare, facere, agere,* et alia hujusmodi, de Deo non posse dici secundum eam rationem qua dicuntur de creaturis. Quippe cum dicimus eum aliquid facere, non aliquem in operando motum illi inesse intelligimus, vel aliquam in laborando passionem, sicut nobis solet accidere; sed ejus sempiternæ voluntatis novum aliquem significamus effectum, id est, æterna ejus voluntate aliquid noviter existere. Cum ergo aliquid dicitur facere, tale est ac si dicatur juxta ejus voluntatem, vel per ejus voluntatem, aliquid noviter contingere vel esse; ut in ipso nihil novi contingat, sed novum aliquid, sicut in ejus æterna voluntate fuerat, fiat sine aliqua motione vel sui mutatione. Nos vero operando mutari dicimur, quia movemur; non enim sine motu aliquid facimus. Deus ergo aliquid agere vel facere dicitur, quia causa est rerum noviter existentium, dum ejus voluntate res novæ esse incipiunt, quæ ante non erant, absque ipsius agitatione; ut actus proprie dici non queat, cum videlicet actus omnis in motu consistat, in Deo autem motus nullus est. Sicut ergo ex calore solis aliqua fieri contingit, nulla tamen in ipso vel in ejus calore facta motione vel mutatione : ita ex Dei voluntate nova habent esse

sine mutatione auctoris, qui est unum, et solum et omnium principium. Aristoteles vero posuit principia, scilicet materiam et speciem, et tertium operatorium dictum; mundum quoque semper esse et fuisse.

Quod catholicum est docet.

3. Horum ergo et similium errorem Spiritus sanctus evacuans, veritatisque disciplinam tradens, Deum in principio temporum mundum creasse, et ante tempora æternaliter extitisse significat, ipsius æternitatem et omnipotentiam commendans, cui voluisse, facere est; quia, ut prædiximus, ex ejus voluntate et bonitate res novæ existunt. Credamus ergo rerum creaturarum cœlestium terrestrium, visibilium vel invisibilium causam non esse nisi bonitatem Creatoris, qui est Deus unus et verus. Cujus tanta est bonitas, ut summe bonus beatitudinis suæ qua æternaliter beatus est, alios velit esse participes, quam videt et communicari posse, et minui omnino non posse. Illud ergo bonum quod ipse erat, et quo beatus erat, sola bonitate, non necessitate, aliis communicari voluit, quia summe boni erat prodesse velle, et omnipotentissimi nocere non posse.

Quare rationalis creatura facta sit.

4. Et quia non valet ejus beatitudinis particeps existere aliquis nisi per intelligentiam, quæ quanto magis intelligitur, tanto plenius habetur, fecit Deus rationalem creaturam quæ summum bonum intelligeret, et intelligendo amaret, et amando possideret, ac possidendo frueretur. Eamque hoc modo distinxit, ut pars in sui puritate permaneret, nec corpori uniretur, scilicet, angeli, pars corpori jungeretur, scilicet, animæ. Distincta est utique rationalis creatura in incorpoream et corpoream; et incorporea quidem angelus, corporea vero homo vocatur, ex anima rationali et carne subsistens. Conditio ergo rationalis creaturæ primam causam habuit Dei bonitatem.

Quare creatus sit homo vel angelus.

5. Ideoque si quæratur quare creatur homo vel angelus, brevi sermone responderi potest: Propter bonitatem ejus. Unde Aug., in lib. de Doctrina christiana, c. 32: Quia bonus est Deus, sumus; et in quantum sumus, boni sumus.

Ad quid creata sit rationalis creatura.

6. Et si quæritur ad quid creata sit rationalis creatura, respondetur: Ad laudandum Deum, ad serviendum ei, ad fruendum eo; in quibus proficit ipsa, non Deus. Deus enim perfectus, et summa bonitate plenus, nec augeri potest, nec minui. Quod ergo rationalis creatura facta est a Deo, referendum est ad Creatoris bonitatem, ad creaturæ utilitatem.

Brevissima responsio, cum quæritur, quare vel ad quid facta sit rationalis creatura.

7. Cum ergo quæritur quare vel ad quid facta sit rationalis creatura, brevissime responderi potest: Propter Dei bonitatem, et suam utilitatem. Utile nempe ipsi est servire Deo, et frui eo. Factus ergo angelus sive homo propter Deum dicitur esse, non quia creator Deus et summe beatus alterutrius indiguerit officio, *qui bonorum nostrorum non eget;* ps. 147; sed ut serviret ei ac frueretur eo, *cui servire regnare est.* In hoc ergo proficit serviens, non ille cui servitur.

Sicut factus est homo ut serviret Deo, sic mundus ut serviret homini.

8. Et sicut factus est homo propter Deum, id est, ut ei serviret, ita mundus factus est propter hominem, scilicet, ut ei serviret. Positus est ergo homo in medio ut et ei serviretur, et ipse serviret; ut acciperet utrumque, et reflueret totum ad bonum hominis, et quod accepit obsequium, et quod impendit. Ita enim voluit Deus sibi ab homine serviri, ut ea servitute, non Deus, sed homo serviens juvaretur: et voluit ut mundus serviret homini, et exinde similiter juvaretur homo. Totum ergo bonum hominis erat, et quod factum est propter ipsum, et propter quod ipse factus est. *Omnia enim,* ut ait Apostolus, 1 Cor. 3, *nostra sunt,* scilicet superiora, et æqualia, et inferiora. Superiora quidem nostra sunt, ad perfruendum, ut Deus Trinitas; æqualia, ad convivendum, scilicet, angeli. Qui etsi nobis modo superiores sint, in futuro erunt æquales; qui et msdo nostri sunt, quia ad usum nobis sunt, sicut res dominorum dicuntur esse famulorum, non dominio, sed quia ad usum eorum. Ipsique angeli in quibusdam Scripturæ locis nobis servire dicuntur, dum propter nos in ministerium mittuntur.

Quomodo dicitur aliquando in Scriptura: Homo factus est propter reparationem angelici casus.

9. De homine quoque in Scriptura interdum reperitur quod factus sit propter reparationem angelicæ ruinæ, quod non ita est intelligendum quasi non fuisset homo factus si non peccasset angelus, sed quia inter alias causas, scilicet, præcipuas, hæc etiam nonnulla causa extitit. Nostra ergo sunt superiora et æqualia. Nostra etiam sunt inferiora, quia ad serviendum nobis facta.

Quare ita sit homo institutus, ut anima sit unita corpori.

10. Solet etiam quæri, cum majoris dignitatis videtur esse anima si absque corpore permansisset, cur unita sit corpori. Ad quod primo dici potest: Quia Deus voluit et voluntatis ejus causa quærenda non est. Secundo autem potest dici quod ideo Deus voluit eam corpori uniri, ut in humana ostenderet conditione novum exemplum beatæ unionis quæ est inter Deum et spiritum, in qua diligitur *ex toto corde,* et videtur *facie ad faciem*; putaret enim creatura se non posse uniri Creatori suo tanta propinquitate, ut eum *tota mente* diligeret et cognosceret, nisi videret spiritum, qui est excellentissima creatura, tam infimæ, id est, carni, quæ de terra est, in tanta dilectione uniri, ut non valeat arctari ad hoc ut velit eam relinquere, sicut ostendit Apostolus dicens, 2 ad Cor. 5: *Nolumus corpore expoliari, sed supervestiri,* per quod ostendit spiritum creatum Spiritu increato ineffabili amore uniri. Pro exemplo ergo futuræ societatis, quæ inter Deum et spiritum rationalem in glorificatione ejusdem perficienda erat, animam corporeis indumentis et terrenis mansionibus copulavit; luteamque materiam fecit ad vitæ sensum vegetare; ut sciret homo quia, si potuit Deus tam disparem naturam corporis et animæ in fœderationem unam et in amicitiam tantam conjungere, nequaquam ei impossibile futurum rationalis creaturæ humilitatem, licet longe inferiorem, ad suæ gloriæ participationem sublimare. Quia ergo, pro exemplo, rationalis spiritus in parte usque ad consortium terreni corporis humiliatus est; ne forte in hoc nimis depressus videretur, addidit Dei providentia ut postmodum cum eodem corpore glorificato, ad consortium illorum qui in sua permanserunt puritate, sublimaretur, ut quod minus ex dispensatione Creatoris sui acceperat conditus, postmodum per gratiam ejusdem acciperet glorificatus. Sic ergo conditor noster Deus rationales spiritus, varia sorte pro arbitrio voluntatis suæ disponens, illis quos in sua puritate reliquerat sursum in cœlo mansionem; illis vero quos corporibus terrenis sociaverat, deorsum in terra habitationem constituit, utrisque regulam imponens obedientiæ, quatenus et illi ab eo ubi erant non caderent, et isti ab eo ubi erant ad id ubi non erant ascenderent. Fecit itaque Deus hominem ex duplici substantia, corpus de terra componens, animam vero de nihilo faciens. Ideo etiam unitæ sunt animæ corporibus, ut in eis Deo famulantes majorem mereantur coronam.

Post sacramentum Trinitatis de creatura tripartita agendum est, et de digniori, id est, angelica.

11. Ex præmissis apparet rationalem creaturam in angelicam et humanam fuisse distinctam, quarum altera est tota spiritualis, id est, angelica; altera ex parte spiritualis et ex parte corporalis, id est humana. Cum itaque de his tractandum sit, scilicet de spirituali et corporali creatura, de rationali et de non rationali, primo de rationali et spirituali, id est, de angelis agendum videtur, ut a contuitu creatoris ad cognitionem creaturæ dignioris ratio nostra intendat,

deinde ad considerationem corporeæ tam illius quæ est rationalis quam illius quæ non est rationalis descendat,ut Trinitatis increatæ sacramentum tripartitæ creaturæ, eique concretorum atque contingentium sequatur documentum.

DISTINCTIO II.
QUÆ CONSIDERANDA SUNT DE ANGELICA NATURA.

1. De angelica itaque natura hæc primo consideranda sunt : quando creata fuerit, et ubi, et qualis facta sit dum primum conderetur. Deinde qualis effecta aversione quorumdam et conversione quorumdam. De excellentia quoque, et ordinibus, et donorum differentia, et de officiis ac nominibus, aliisque pluribus dicenda sunt.

Quando facti sunt angeli prius dicit, in quo videntur sibi obviare auctoritates

2. Quædam auctoritates videntur innuere quod ante omnem creaturam creati sunt angeli. Unde illud, Eccl. 1: *Primo omnium creata est sapientia*, quod intelligitur de angelica natura quæ in Scriptura sæpe vita, sapientia et lux dicitur. Nam sapientia illa quæ Deus est, creata non est. Filius enim sapientia Patris est genita, non facta nec creata et tota Trinitas una sapientia est, quæ non facta nec creata est. nec genita vel procedens. De angelica ergo vita illud accipiendum est, de qua dicit Scriptura quando facta est, scilicet, *primo omnium*. Sed rursum alia Scriptura, Gen. 1, dicit: *In principio creavit Deus cœlum et terram*. Et in Propheta, psal. 101 : *Initio tu, Domine, terram fundasti, et opera manuum tuarum sunt cœli*. Et videtur contrarietas quædam oriri ex assertionibus istis. Nam si *primo omnium* creata est sapientia omnia post ipsam facta videntur ; et ita post ipsam facta videntur cœlum et terra, et ipsa facta ante cœlum et terram. Item si *in principio creavit Deus cœlum et terram*, nihil factum est ante cœlum et terram, nec ipsa sapientia facta est ante cœlum et terram. Cum ergo contraria videantur, nec in divina Scriptura fas sit sentire aliquid esse contrarietatis, requiramus intelligentiam veritatis.

Quid tenendum sit docet præmissas auctoritates determinando.

3. Videtur itaque hoc esse tenendum, quod simul creata est spiritualis creatura, id est, angelica, et corporalis; secundum quod potest accipi illud Salomonis: *Qui vivit in æternum creavit omnia simul*, id est, spiritualem et corporalem naturam: et ita prius tempore creati sunt angeli quam illa corporalis materia quatuor elementorum ; et tamen *primo omnium* creata est sapientia ; quia etsi non tempore præcedit, tamen dignitate. Quod autem simul creata fuerit corporalis spiritualisque creatura, Aug., super Gen., ad litteram aperte ostendit, tom. 3, lib. 1, c. 1, dicens per cœlum et terram spiritualem corporalemque creaturam intelligi, et hæc creata sunt in principio, scilicet, temporis ; vel in principio, quia primo facta sunt.

Quod nihil factum est ante cœlum et terram, nec etiam tempus; cum tempore enim creata sunt, sed non ex tempore.

4. Ante ea enim nihil factum est ; nec etiam tempus factum est ante spiritualem, scilicet, angelicam naturam, et ante corporalem, scilicet, materiam illam quatuor elementorum confusam. Illa enim cum tempore creata sunt, nec ex tempore, nec in tempore. Sicut nec tempus in tempore creatum est, quia non fuit tempus antequam esset cœlum et terra. Unde Aug., in lib. 5 de Trin., c. 6, dicit quod Deus fuit Dominus antequam tempus esset, et non in tempore cœpit esse Dominus; quia fuit Dominus temporis quando cœpit esse tempus: nec utique tempus cœpit esse in tempore, quia non erat tempus antequam inciperet tempus.

Quod simul cum tempore et cum mundo cœpit corporalis et spiritualis creatura.

5. Simul ergo cum tempore facta est corporalis et spiritualis creatura, et simul cum mundo. Nec fuit ante angelica creatura quam mundus quia ut ait Aug. tom. 3, lib. 5 de Gen. ad litt., cap. 10 : Nulla creatura creata est ante sæcula, sed a sæculis cum quibus cœpit. Hieron. tamen, tom. 9, super Epistolam ad Titum, c. 1, aliud videtur sentire, dicens : Sex milia necdum nostris temporis implentur annorum, et quantas prius æternitates, quanta tempora, quantas sæculorum origines fuisse arbitrandum est, in quibus angeli, throni, dominationes, cæterique ordines servierunt Deo absque temporum vicibus atque mensuris, et Deo jubente substiterunt ! His verbis quidam adhærentes dixerunt cum mundo cœpisse tempus seculare; sed ante mundum extitisse tempus æternum sine mutabilitate et in eo immutabiliter et intemporaliter astruunt angelos Deo jubente substitisse, eique servisse. Nos autem quod prius dictum est, pro captu intelligentiæ nostræ, magis approbamus, salva tamen reverentia secretorum, in quibus nihil temere asserendum est, et illud Hieron. dixisse non ita sentiendo, sed aliorum opinionem referendo arbitramur.

Ubi angeli mox creati fuerint ; in empyreo scilicet, quod statim factum repletum est angelis.

6. Jam est ostensum quando creata fuerit angelica natura ; nunc autem attendendum est ubi facta fuerit. Testimoniis quarumdam auctoritatum evidenter monstratur angelos ante casum fuisse in cœlo, et inde corruisse quosdam propter superbiam; alios vero qui non peccaverunt illic perstitisse. Unde Dominus in Evangelio ait, Luc. 10: *Videbam Satanam tanquam fulgur de cœlo cadentem* ; nec appellatur hoc cœlum firmamentum quod secunda die factum est, sed cœlum splendidum quod dicitur empyreum, id est, igneum a splendore, non a calore ; quod statim factum angelis est repletum, quod est supra firmamentum : et illud empyreum quidam expositorum sacræ Scripturæ nomine cœli intelligi volunt, ubi Scriptura dicit: *In principio creavit Deus cœlum et terram*. Cœlum, inquit Strabus, non visibile firmamentum hic appellat, sed empyreum, id est, igneum vel intellectuale; quod non ab ardore, sed a splendore dicitur, quod statim factum repletum est angelis. Unde Job 38 : *Ubi eras, cum me laudabant astra matutina ?* etc. De hoc quoque Beda ita ait: Hoc superius cœlum quod a volubilitate mundi secretum est, mox ut creatum est, sanctis angelis impletum est, quos in principio cum cœlo et terra conditos testatur Dominus dicens : *Ubi eras, cum me laudabant astra matutina, et jubilarent omnes filii Dei*. Astra matutina et filios Dei eosdem angelos Dei vocat. Cœlum enim in quo posita luminaria, non in principio, sed secunda die factum est. Ex his liquet quod in empyreo omnes angeli fuerunt ante quorumdam ruinam, simulque creati sunt angeli cum cœlo empyreo, et cum informi materia omnium corporalium.

Quod simul creata est visibilium rerum materia et invisibilium natura, et utraque informis secundum aliquid, et formata secundum aliquid.

7. Simul ergo visibilium rerum materia et invisibilium natura condita est ; et utraque informis fuit secundum aliquid, et formata secundum aliquid. Sicut enim corporalium materia confusa et permixta (quæ secundum Græcos dicta est chaos) in illo exordio conditionis primariæ et formam confusionis habuit, et non habuit formam distinctionis et discretionis, donec postea formaretur atque distinctas reciperet species, ita spiritualis et angelica natura in sua conditione secundum naturæ habitum formata fuit ; et tamen illam quam postea per amorem et conversionem a Creatore suo acceptura erat formam non habuit, sed erat informis sine illa; unde August. lib. 1, de Gen. ad litt. c. 1, multipliciter exponens præmissa verba Genesis, per cœlum dicit intelligi informem naturam vitæ spiritualis, sicut in se potest existere non conversa ad Creatorem in quo formatur ; per terram, corporalem materiam sine omni qualitate quæ apparet in materia formata.

Quomodo dicat Lucifer secundum Isaiam : Ascendam in cœlum, et ero similis Altissimo, *cum esset in cœlo.*

8. Hic quæri solet, si in cœlo empyreo fuerunt angeli quam statim facti sunt, quomodo, ut legitur in Isaia 14, dicit Lucifer: *Ascendam in cœlum, et exaltabo*

solium meum, et ero similis Altissimo. Sed ibi cœlum vocat Dei celsitudinem, cui parificari volebat ; et est tale : Ascendam in cœlum, id est, ad æqualitatem Dei.

DISTINCTIO III.
QUALES FACTI FUERINT ANGELI, ET QUOD QUATUOR EIS ATTRIBUTA SUNT IN IPSO INITIO SUÆ CONDITIONIS.

1. Ecce ostensum est ubi angeli fuerint mox ut creati sunt. Nunc consequens est investigare quales facti fuerint in ipso primordio suæ conditionis ; et quatuor quidem angelis videntur esse attributa in initio subsistentiæ suæ, scilicet, essentia simplex, id est, indivisibilis et immaterialis, et discretio personalis, et per rationem naturaliter insitam intelligentia, memoria et voluntas sive dilectio, liberum quoque arbitrium, id est, libera inclinandæ voluntatis sive ad bonum, sive ad malum facultas. Poterant enim per liberum arbitrium sine violentia et coactione ad utrumlibet propria voluntate deflecti.

An omnes angeli fuerint æquales in tribus, scilicet in sapientia, in essentia, in libertate arbitrii.

2. Hic considerandum est utrum in sua substantia spirituali et sapientia rationali et libertate arbitrii quæ omnibus inerant, omnes æquales fuerint ; ut sit prima consideratio de substantia ; secunda de forma ; tertia de potestate. Persona quippe substantia est ; sapientia forma ; arbitrium potestas, et ad substantiam quidem pertinet naturæ subtilitas, ad formam vero intelligentiæ perspicacitas, et ad potestatem rationalis voluntatis habilitas. Illæ ergo essentiæ rationales quæ personæ erant, et spiritus erant, natu raque simplices, et vita immortales, differentem essentiæ tenuitatem, et differentem sapientiæ perspicacitatem, atque differentem arbitrii libertatem et habilitatem recte habuisse intelliguntur : sicut in corporibus nonnulla differentia est secundum essentiam ac formam et pondus. Quædam enim aliis meliorem ac digniorem essentiam et formam habent, et alia aliis leviora atque agiliora sunt. Ad hunc ergo modum credendum est illas spirituales naturas convenientes suæ puritati et excellentiæ, et in essentia, et in forma, et in facultate differentias accepisse in exordio suæ conditionis ; quibus alii inferiores, alii superiores Dei sapientia constituerentur, aliis majora, aliis minora dona præstantis, ut qui tunc per naturalia bona aliis excellebant, ipsi etiam post per munera gratiæ eisdem præessent. Qui enim natura magis subtiles, et sapientia amplius perspicaces creati sunt, hi etiam majoribus gratiæ muneribus præditi sunt, et dignitate excellentiores aliis constituti. Qui vero natura minus subtiles et sapientia minus perspicaces conditi sunt, minora gratiæ dona habuerunt, inferioresque constituti sunt sapientia Dei, æquo moderamine cuncta ordinantis. In ipsa facultate arbitrii differentia animadvertenda est secundum differentem naturæ virtutem et differentem cognitionis et intelligentiæ vim. Et sicut differens vigor et subtilitas naturæ infirmitatem non adducit, minorque cognitio sapientiæ ignorantiam non ingerit, sic libertas inferior nullam arbitrio necessitatis voluntatem imponit.

Quæ communia et æqualia habuerunt angeli.

3. Et sicut in prædictis angeli differebant, ita et quædam communia et æqualia habebant : quod spiritus erant, quod indissolubiles, et immortales erant, commune omnibus et æquale erat. In subtilitate vero essentiæ, et intelligentia sapientiæ, et libertate voluntatis differentes erant. Has distinctiones intelligibiles invisibilium naturarum ille solus comprehendere potuit et ponderare, qui cuncta fecit *in pondere, numero, et mensura.*

An boni vel mali, justi vel injusti creati sint angeli, et an aliqua mora fuerit inter creationem et lapsum.

4. Illud quoque investigatione dignum videtur, quod etiam a pluribus quæri solet, utrum boni vel mali, justi vel injusti creati sint angeli ; et an aliqua mora fuerit inter creationem et lapsum, vel sine mora in ipso creationis exordio ceciderint.

Opinio quorumdam dicentium angelos in malitia creatos, et sine omni mora ruisse.

5. Putaverunt enim quidam angelos qui ceciderunt creatos esse malos, et non libero arbitrio in malitiam declinasse, sed etiam in malitia a Deo factos esse ; nec aliquam fuisse moram inter creationem et lapsum, sed ab initio apostatasse ; alios vero creatos fuisse plene beatos. Qui opinionem suam muniunt auctoritate Aug., lib. 1, c. 16, super Genes., ita dicentis : Non frustra potest putari ab initio temporis diabolum cecidisse, nec cum sanctis angelis pacatum aliquando vixisse et beatum, sed mox apostatasse ; unde Dominus ait Joan. 1 : *Ille homicida erat ab initio, et in veritate non stetit ;* ut intelligamus quia in veritate non stetit ex quo creatus est, qui staret si stare voluisset. Item in eodem, lib. 1, c. 19 in fine, et initio 20 : Non frustra, inquit, putandum est ab ipso initio temporis vel conditionis suæ diabolum cecidisse, et nunquam in veritate stetisse ; unde quidam in hanc malitiam libero arbitrio non esse flexum, sed in hac a Deo putant esse creatum, secundum illud beati Job, 40 : *Hoc est initium figmenti Dei quod fecit Deus, ut illudatur ab angelis ejus* (4). Et Propheta ait, ps. 103 : *Draco iste quem formasti ad illudendum ei.* Tanquam primo factus sit malus invidus et diabolus, nec voluntate depravatus. His aliisque testimoniis utuntur qui dicunt angelos qui ceciderunt creatos fuisse malos, et sine mora corruisse ; eos vero qui perstiterunt, perfectos et beatos fuisse creatos astruunt auctoritate Augustini, qui super Genes., dicit per cœlum significari creaturam spiritualem, quæ ab exordio quo facta est beata est semper.

Aliorum sententia probabilis, qui dicunt omnes angelos creatos esse bonos, et aliquam morulam fuisse inter creationem et lapsum.

6. Aliis autem videtur omnes angelos creatos esse bonos, et in ipso creationis initio bonos extitisse, id est, sine vitio, justosque fuisse, id est, innocentes ; sed non justos, id est, virtutum exercitium habentes. Nondum enim præditi erant virtutibus, quæ stantibus appositæ fuerunt in confirmatione per gratiam ; aliis vero per liberum arbitrium superbientibus, et ideo cadentibus. Aliquam etiam fuisse morulam aiunt inter creationem et lapsum ac confirmationem, et in illa brevitate temporis omnes boni erant, non quidem per usum liberi arbitrii, sed per creationis beneficium ; et tales erant qui stare poterant, id est, non cadere per bona creationis, et cadere per liberum arbitrium, Poterant enim peccare et non peccare, sed non poterant proficere ad meritum vitæ nisi gratia superadderetur, quæ addita est quibusdam confirmatione. Et ad hoc confirmandum utuntur testimonio Augustini, qui, super Genes., dicit angelicam naturam primo informiter creatam, et cœlum dictam ; postea formatam, et lucem appellatam quando ad Creatorem est conversa perfecta dilectione ei inhærens ; unde prius dictum est : *In principio creavit Deus cœlum et terram,* et postea subditum : *Dixit Deus : Fiat lux, et facta est lux ;* quia in primo agitur de creatione spiritualis naturæ informis, postea de formatione ejusdem. Ratio quoque obviat illis qui dicunt angelos creatos fuisse malos. Non enim potuit Creator optimus auctor mali esse, et ideo totum bonum erat quod ex ipso illis erat ; et totum bonum erat, quoniam ex ipso totum erat. Hoc modo probatur quod boni erant omnes angeli quando primo facti sunt, sed ea bonitate quam natura incipiens acceperat.

Probationem Augustini contra illos inducit qui dicunt angelos factos malos ; verba etiam Job determinat, quæ illi pro se inducebant.

7. Ideoque August., lib. de Genesi ad litteram cap. 1, exterminans opinionem eorum qui angelos creatos fuisse malos putant, auctoritate et ratione probat bonos fuisse creatos, et verba præmissa beati Job quæ illi

(4) Hic textus non habetur in lib. Job juxta Vulgatam editionem, sed secundum septuaginta interpretes.

pro se inducebant, quomodo sint intelligenda aperit dicens, super Genes.: Omnia fecit Deus valde bona, Naturam ergo angelorum bonam fecit. Et quia injustum est ut nullo merito hoc in aliquo quod creavit Deus damnet, non naturam, sed voluntatem malam puniendam esse credendum est; nec ejus naturam significatam esse cum dicitur: *Hoc est initium figmenti Dei,* etc. Sed corpus aereum quod tali voluntati aptavit Deus; vel ipsam ordinationem Dei, in qua eum invitum etiam fecit utilem bonis; vel ipsius angeli facturam, quia etsi præsciret Deus voluntate malum futurum, fecit tamen eum, providens quanta de illo sua bonitate esset facturus. Figmentum ergo Dei dicitur, quia cum sciret eum Deus voluntate malum futurum ut bonis noceret, creavit tamen illum, ut de illo bonis prodesset; hoc autem fecit ut illudatur ei. Illuditur enim ei, cum sanctis proficit tentatio ejus. Sicut et mali homines quos Deus malos futuros præsvidens creavit, tamen ad sanctorum utilitatem, illuduntur cum præstatur sanctis eorum tentatione profectus. Sed ipse est initium, quia præcedit antiquitate et principatu malitiæ. Hæc autem illusio fit angelis malis, et hominibus malis, per angelos malos, quia subdit eis angelos malos et homines malos, ut non quantum nituntur, sed quantum sinuntur, possint nocere. Ecce aperte ostendit qualiter prædicta verba Job intelligenda sint, et angelicam naturam bonam creatam esse asseruit.

Quomodo intelligenda sint verba præmissa Domini disserit, evidenter tradens angelos esse creatos bonos, et post creationem cecidisse.

8. Deinde qualiter verba Domini quæ supra posuit accipienda sint Aug. aperit, ubi etiam sua quæ prædixit verba determinat, evidenter dicens angelos bonos fuisse creatos, et post creationem, interposita aliqua morula, cecidisse, ita inquiens, lib. 11, c. 23: Quod putatur diabolus nunquam in veritate stetisse, nunquam beatam vitam duxisse, sed ab initio cecidisse: non sic accipiendum est, ut malus a bono Deo creatus esse putetur, quasi ab initio non cecidisse diceretur. Non enim cecidit, si talis, scilicet, malus factus est; a quo enim caderet? Factus ergo prius, statim a veritate se avertit, propria potestate delectatus, beatæque vitæ dulcedinem non gustavit, quam acceptam non fastidivit, sed nolendo accipere amisit. Sui ergo casus præscius esse non potuit, quia sapientia fructus est pietatis. Continuo autem ut factus est cecidit; non ab eo quod accepit, sed ab eo quod acciperet si Deo subdi voluisset. Ecce hic aperte declarat angelos bonos creatos fuisse, et post creationem cecidisse; et fuit ibi aliqua morula, licet brevissima. Quod Origines confirmat super Ezech., dicens: tom. 2, hom. 1; Serpens hostis contrarius veritati, non tamen a principio, nec statim supra pectus et ventrem suum ambulavit: sicut Adam et Eva non statim peccaverunt, ita et serpens aliquando fuit non serpens cum in paradiso deliciarum moraretur; Deus enim malitiam non fecit. Ecce aperte dicit post creationem, interposita morula, cecidisse. Ideoque illa verba sic accipienda videntur, Homicida erat ab initio vel mendax, id est, statim post initium, quando sibi æqualitatem Dei promisit, et seipsum occidit, qui homo dicitur in Evangelio; nec in veritate statit, quia in ea non fuit, sed ab initio temporis, id est, statim post initium temporis apostatavit. Potest etiam et sic accipi illud: Ab initio homicida fuit vel mendax, id est, ex quo homo fuit conditus, quem per invidiam in mortem præcipitavit et fallaciter seduxit. Ex prædictis ergo liquet angelos bonos omnes esse creatos, et post creationem quosdam cecidisse a bono quod habuissent si perstitissent.

Quod triplex fuit sapientia in angelis ante casum vel confirmationem.

9. Hic inquiri solet quam sapientiam habuerunt ante casum vel confirmationem. Erat in eis triplex naturalis cognitio, qua sciebant quod facti erant, et a quo facti erant, et cum quo facti erant; et habebant aliquam boni et mali notitiam, et intelligentes quid appetendum vel respuendum illis foret.

An aliquam Dei habuerint dilectionem vel sui invicem.

10. Solet etiam quæri utrum aliquam Dei vel sui dilectionem invicem habuerint, ut memoriam, intellectum et ingenium, qua Deum et se aliquatenus diligebant, per quam tamen non merebantur.

DISTINCTIO IV.
AN PERFECTOS ET BEATOS CREAVIT DEUS ANGELOS, AN MISEROS ET IMPERFECTOS.

1. Post hæc videndum est utrum perfectos et beatos creavit Deus angelos, an miseros et imperfectos. Ad quod dici potest quod nec in beatitudine, nec in miseria creati sunt. Miseri enim ante peccatum esse non potuerunt, quia ex peccato miseria est. Nam si non fuisset peccatum, nulla esset miseria. Beati quoque nunquam fuerunt illi qui ceciderunt, quia sui eventus ignari fuerunt, id est, peccati et supplicii futuri. Si enim lapsum suum præsciverunt, aut vitare voluerunt, sed non potuerunt, et ita erant miseri; aut potuerunt, sed noluerunt, et ita erant stulti et maligni. Ideoque dicimus quia non erant præscii eventus sui, nec eis data est cognitio eorum quæ futura erant super eos. Boni vero et qui perstiterunt, forte beatitudinis præscii fuerunt. Unde August., lib. 11, c. 17, super Genes.: Quomodo, inquit, beatus inter angelos fuit qui futuri peccati atque supplicii præscius non fuit? Quæritur autem cur non fuerit. Forte hoc Deus revelare diabolo noluit quid facturus vel passurus esset; cæteris vero revelare voluit quod in veritate mansuri essent. His verbis videtur Augustinus significare quod angeli qui corruerunt non fuerunt præscii sui casus, ideoque beati non fuerunt. Et quod angeli qui perstiterunt beatitudinem sibi affuturam præsciverunt, atque de ea certi in spe exstiterunt, cum non quodammodo jam beati erant. Et revera si ita fuisset, posset illos dici modo fuisse beatos, alios vero non, qui nescieverunt eventum suum.

Quod opinando Aug. hæc dixit, non asserendo, quod angeli qui perstiterunt præscii fuerunt boni.

2. Sed hoc magis opinando et quærendo dicit Augustinus quam asserendo. Unde et huic opinioni opponens consequenter subdit: Sed quare discernebatur illi a cæteris, ut Deus istis quæ ad ipsos pertinerent non revelaret, aliis vero revelaret, cum non prius sit ipse ultor quam aliquis peccator? non enim damnat ipse innocentes. Hic videtur innuere quod nec peccaturis futurum malum, nec permansuris futurum bonum revelaverit. Ideoque nec illi qui ceciderunt unquam, nec illi qui perstiterunt usque ad consummationem beati fuerunt, quia beati non poterant esse si de beatitudine certi non erant, vel si damnationis incerti erant. Unde Aug. in eodem: Dicere, inquit, de angelis quod in suo genere beati esse possent, damnationis vel salutis incerti, quibus nec spes esset quod mutandi essent in melius, nimia præsumptio est. Quomodo enim beati possunt quibus est incerta sua beatitudo?

Summam colligit prædictorum, confirmans omnes angelos ante confirmationem vel lapsum non fuisse beatos, nisi per beatitudinem accipiat illum statum innocentiæ in quo fuerunt ante casum.

3. Ex prædictis consequitur quod angeli qui corruerunt, nunquam beati fuerunt, nisi beatitudinem aliquis accipiat illum statum innocentiæ in quo fuerunt ante peccatum. Illi vero qui perstiterunt, aut suam beatitudinem futuram Deo revelante præscierunt; et ita spei certitudine aliquo modo beati fuerunt, vel incerti exstiterunt suæ beatitudinis, et ita aliter beati non fuerunt quam reliqui qui ceciderunt. Mihi autem quod posterius dictum est probabilius videtur.

Responsio ad id quod quærebatur an angeli essent creati perfecti aut imperfecti, et dicitur quod perfecti fuerunt secundum aliquid, et imperfecti secundum aliquid.

4. Ad hoc autem quod quærebatur, utrum perfecti vel imperfecti fuerint creati, dici potest quia quodam

modo perfecti fuerint, et quodam alio modo imperfecti. Non enim uno modo aliquid dicitur perfectum, sed pluribus.

Quod tribus modis dicitur perfectum, secundum tempus, secundum naturam, et universaliter perfectum.

5. Dicitur namque perfectum tribus modis: est enim perfectum secundum tempus, et perfectum secundum naturam, et est universaliter perfectum. Secundum tempus perfectum est quod habet quidquid tempus requirit, et convenit secundum tempus haberi, et hoc modo angeli erant perfecti ante confirmationem vel lapsum. Secundum naturam perfectum est quod habet quidquid debitum est vel expedit naturæ suæ ad glorificationem, et hoc modo perfecti fuerunt angeli post confirmationem, et erunt sancti post resurrectionem. Universaliter et summe perfectum est, cui nihil unquam deest, et a quo universa proveniunt bona, quod est solius Dei. Prima ergo perfectio est naturæ conditæ, secunda naturæ glorificatæ, tertia naturæ increatæ.

Prædicta breviter tangit, addens quales fuerunt angeli in conversione et adversione.

6. Quales fuerint angeli in creatione ostensum est, boni scilicet, et non mali; justi, id est, innocentes, et perfecti quodammodo, alio vero modo imperfecti. Beati vero non fuerunt usque ad confirmationem, nisi beatitudo accipiatur, ut jam dictum est, ille status innocentiæ et bonitatis in quo conditi sunt.

DISTINCTIO V.

DE CONVERSIONE ET CONFIRMATIONE STANTIUM, ET AVERSIONE ET LAPSU CADENTIUM.

1. Post hæc consideratio adducit inquirere, quales effecti sint dum dividerentur aversione et conversione. Post creationem namque mox quidam conversi sunt ad creatorem suum, quidam aversi. Converti ad Deum, fuit ei charitate adhærere; averti, odio habere vel invidere. Invidiæ namque mater est superbia, qua voluerunt se parificare Deo. In conversis quasi in speculo relucere cœpit Dei sapientia qua illuminati sunt; aversi vero excæcati sunt. Et illi quidem conversi sunt et illuminati a Deo gratia apposita. Isti vero sunt excæcati non immissione malitiæ, sed desertione gratiæ a qua deserti sunt; non ita quod prius dedita subtraheretur, sed quia nunquam est apposita ut converterentur. Hæc est ergo conversio et aversio, qua divisi sunt qui natura boni erant, ut sint alii supra illud bonum per justitiam boni, alii illo corrupto per culpam mali. Conversio justos fecit, et aversio injustos. Utraque fuit voluntatis, et voluntas utriusque libertatis.

2. Habebant enim omnes liberum arbitrium, quod est libera potestas et habilitas voluntatis rationalis. Poterant enim voluntate eligere quodlibet, et ratione judicare, id est discernere; in quibus constat liberum arbitrium, nec creati sunt volentes averti vel converti, sed habiles ad volendum hoc vel illud; et post creationem spontanea voluntate alii elegerunt malum, alii bonum; et ita discernit Deus lucem a tenebris, sicut dicit Scriptura, id est, bonos angelos a malis; et *lucem appellavit diem, noctem vero tenebras*, Gen. 1, quia bonos angelos gratia sua illuminavit, malos vero excæcavit.

Post creationem aliquid datum est stantibus per quod converterentur: nec merito aliquo, sed gratia cooperante.

3. Si autem quæritur utrum post creationem conversis aliquid collatum sit per quod converterentur, id est, diligerent Deum, dicimus quia est eis collata gratia cooperans, sine qua non potest proficere rationalis creatura ad meritum vitæ. Cadere enim potest per se; sed proficere non potest sine gratia adjuvante.

Qua gratia indigebat angelus, et qua non.

4. Non indigebat angelus gratia per quam justificaretur, quia malus non erat, sed qua ad diligendum Deum perfecte et obediendum adjuvaretur. Operans quidem gratia dicitur qua justificatur impius, id est, de impio fit pius, de malo bonus. Cooperans vero gratia, qua juvatur ad bene volendum efficaciter, et Deum præ omnibus diligendum et operandum bonum, et ad perseverandum in bono, et hujusmodi; de quibus postea plenius. Data est ergo angelis qui perstiterunt cooperans gratia, per quam conversi sunt ut Deum perfecte diligerent. Conversi ergo sunt a bono quod habebant non perdito ad majus bonum quod non habebant; et facta est ista conversio per gratiam cooperantem libero arbitrio, quæ gratia aliis qui ceciderunt apposita non fuit.

An sit imputandum illis qui aversi sunt.

5. Ideoque a quibusdam dici solet non esse imputandum illis qui aversi sunt et non conversi, quia sine gratia converti non poterant; sed illa non est eis data, nec culpa illorum fuit quod non est data, quia in eis nulla culpa adhuc præcesserat. Ad hoc dici potest quoniam quibus apposita est gratia non fuit ex meritis eorum, alioquin jam non esset gratia, si ex merito quod esset ante gratiam daretur.

Qua culpa gratia non est data eis qui ceciderunt.

6. Quod vero aliis non est data, culpa eorum fuit, quia cum stare possent, noluerunt quousque gratia apponeretur; sicut alii perstiterunt, donec illis cadentibus per superbiam eis gratia apposita est. Aperte ergo cadentium culpa in hoc deprehendi potest, quia sine gratia nequirent proficere, quam non acceperant; per id tamen quod eis collatum erat in creatione, poterant non cadere, id est, stare, quia nihil erat quod ad casum eos compelleret, sed sua spontanea voluntate declinaverunt: quod si non fecissent, quod datum est aliis, utique daretur et istis.

Quod angeli in ipsa confirmatione beati fuerunt; sed utrum cam meruerint per gratiam tunc sibi datam ambiguum est, de hoc enim diversi diversa sentiunt.

7. Hic quæri solet utrum in ipsa confirmatione beati fuerint angeli; et an ipsam beatitudinem aliquo modo meruerint. Quod in ipsa confirmatione beati fuerint, plures contestantur auctoritates, et ideo pro constanti habendum est. Utrum vero per gratiam tunc sibi datam ipsam beatitudinem meruerint, ambiguum est. Quibusdam enim placet quod eam meruerint per gratiam quam in confirmatione perceperunt, simulque in eis meritum et præmium fuisse dicunt; nec meritum præcessisse præmium tempore, sed causa. Aliis autem videtur quod beatitudinem quam receperunt in confirmatione per gratiam tunc appositam non meruerint, dicentes tunc fuisse eis collatam gratiam non ad merendum, sed ad beate vivendum; nec tunc eis datum esse bonum quo mererentur, sed quo feliciter fruerentur. Quod autem tunc in præmium acceperunt, per obsequia nobis exhibita, ex Dei obedientia et reverentia mereri dicunt, et ita præmium præcessit merita; et hoc mihi magis placere fateor.

DISTINCTIO VI.

QUOD DE MAJORIBUS ET MINORIBUS QUIDAM CECIDERUNT, INTER QUOS UNUS FUIT CELSIOR, SCILICET LUCIFER.

1. Præterea scire oportet quoniam sicut de majoribus et minoribus quidam perstiterunt, ita de utroque gradu quidam corruerunt, inter quos unus fuit omnibus aliis cadentibus excellentior, nec inter stantes aliquis eo fuit dignior, sicut testimoniis auctoritatum monstratur. Ait enim Job, c. 40: *Ipse principium viarum Dei*. Et in Ezechiele legitur, c. 28: *Tu signaculum similitudinis, plenus scientia et perfectione, decorus in deliciis paradisi Dei fuisti.* Quod Gregorius exponens ait, l. 31 Moral., c. 24: Quanto in eo subtilior est natura, eo magis in illo imago Dei similis insinuatur impressa. Item in Ezechiele legitur, c. 25: *Omnis lapis pretiosus operimentum ejus*, id est, omnis angelus quasi operimentum ejus erat, quia, ut dicit Gregorius, hom. 34 super Isai.: In aliorum comparatione cæteris clarior fuit, unde vocatus est Lucifer, sicut testatur Isaias, c. 14: *Quomodo*, inquit, *cecidisti, Lucifer, qui mane oriebaris?* etc.; qui non unus ordo, sed unus spiritus accipiendus est, qui teste Isidoro, l. de summo Bono, c. 12, postquam creatus est, eminentiam naturæ et profunditatem scientiæ suæ perpendens, in suum Creatorem superbivit, in tantum quod etiam Deo se æquare

voluit : ut in Isaia dicitur,c.14 : *In cœlum ascendam super astra cœli,et exaltabo solium meum,et ero similis Altissimo.* Similis quidem Deo esse voluit, non per imitationem, sed per æqualitatem potentiæ.

Unde et quo dejectus fuerit merito suæ superbiæ.

2. Et tantæ superbiæ merito de cœlo, id est, de empyreo,in quo cum aliis fuerat,dejectus est in istum caliginosum aerem cum omnibus suæ pravitatis consortibus. Nam, ut Joannes ait in Apocalypsi, c. 12, draco de cœlo cadens *secum traxit tertiam partem stellarum,*quia Lucifer ille aliis major non solus cecidit, sed cum eo alii multi qui ei in malitia consenserunt, eosque cadentes hujus caliginosi aeris habitaculum excepit.Et hoc ad nostram probationem factum est, ut sit nobis exercitationis causa, unde Apostolus, Eph. 6 : *Colluctatio est nobis adversus principes et potestates mundi hujus, et adversus rectores harum tenebrarum,contra spiritualia nequitiæ in cœlestibus,* quia dæmones, qui sunt spirituales et nequam, in hoc turbulento aere nobis propinquo, quod certum appellatur, habitant. Unde et diabolus *princeps aeris* (alias *mundi*) dicitur, Joan. 14.

Quod non est concessum eis habitare in cœlo vel in terra.

3. Non enim est eis concessum habitare in cœlo, quia clarus locus est et amœnus;nec In terra nobiscum,ne homines nimis infestarent. Sed juxta apostoli Petri doctrinam in Epistola 2 canonica traditam,in aere isto caliginoso,qui eis quasi carcer usque ad tempus judicii deputatus est; tunc autem detrudentur in baratrum inferni secundum illud, Matth.25:*Ite,maledicti in ignem æternum qui præparatus est diabolo et angelis ejus.*

Quod dæmones alii aliis præsunt, et habent etiam alias prælationes.

4.Et sicut inter bonos angelos alii aliis præsunt, ita et inter malos alii aliis prælati sunt,et alii aliis subjecti;quamdiu durat mundus, angeli angelis, dæmones dæmonibus,homines hominibus præsunt.Sed in futuro omnis evacuabitur prælatio,ut docet Apostolus, 1 Cor. 15. Habent quoque secundum modum scientiæ majoris vel minoris, prælationes alias majores vel minores. Quidam enim uni provinciæ, alii uni homini, aliquietiam uni vitio præsunt. Unde dicitur spiritus superbiæ, spiritus luxuriæ, et hujusmodi, quia de illo vitio maxime potest homines tentare, à quo denominatur. Inde etiam est quod nomine dæmonis divitiæ vocantur, scilicet *mammona.* Est enim *Mammon* nomen dæmonis, quo nomine vocantur divitiæ, secundum Syram linguam. Hoc autem non ideo est quod diabolus in potestate habeat dare vel auferre divitias cui velit,sed quia eis utitur ad hominum tentationem et deceptionem.

An omnes dæmones sint in hoc aere caliginoso,an aliqui sint in inferno.

5.Solet autem quæri utrum omnes in isto aere caliginoso sint, an aliquid jam sint in inferno ? Quod in inferno quotidie descendant aliqui dæmonum, verisimile est,qui animas illuc cruciandas deducunt ; et quod illic aliqui semper sint,alternatis forte vicibus, non procul est a vero,qui illic animas detinent atque cruciant, Quod autem animæ malorum illuc descendant,atque illic puniantur,ex eo constat,quod Christus ad inferos descendit,ut justos qui ibi tenebantur educeret Si enim justi illuc descendebant, multo magis injusti;et sicut tradidit auctoritas,cum justos eduxit, iniquos ibi reliquit. Momordit enim infernum, non absorbuit.

Quidam putant Luciferum esse in inferno relegatum ex quo tentavit Christum et victus fuit ; quem dicunt primum hominem tentasse et vicisse.

6. De Lucifero autem quidam opinantur quod ibi relegatus sit,et nos ad tentandos nunc accessum non habeat, quia In Apocalypsi legitur, c. 20 : *Cum consummati fuerint mille anni,solvetur Satanas de carcere suo, et exiet, et seducet gentes ;* quod erit novissimo tempore Antichristi, quando *erit tanta tribulatio, ut etiam si fieri potest,moveantur electi,*Matth.24. Quem ibi relegatum dicunt ab eo tempore quo tentavit Christum in deserto vel in passione,et victus fuit ab eo.Ipsum putant hominem tentasse et vicisse; et secundo Deum,sed ab eo victum esse, et ideo in inferno relegatum.Alii autem putant ex quo cecidit pro peccati sui magnitudine illuc fuisse demersum.

Quod Lucifer non habet potestatem quiam habebit in tempore Antichristi.

7.Sed sive in inferno demersus sit sive non, credibile est eum non habere potestatem accedendi ad nos, quam habebit in tempore Antichristi ; in quo fraudulenter ac violenter operabitur, et ideo forte dicitur tunc solvendus,quia tunc dabitur ei potestas a Deo tentandi homines, quam modo non habet.

Quod dæmones semel victi a sanctis, non accedunt amplius ad alios.

8.Aliis quoque qui a sanctis juste et pudice viventibus vincuntur, potestas alios tentandi videtur adimi. Unde Origenes,t. 1, homil. 15 ad librum Josuæ, c.12 ejusd.:*Puto,*inquit, sane quia sancti repugnantes adversus istos,incentores et vincentes minuunt exercitum dæmonum, velut quam plurimos eorum interimant : nec ultra fas sit illi spiritui qui ab aliquo sancto caste et pudice vivendo victus est,impugnare iterum alium hominem. Hoc autem putant quidam intelligendum tantum de illo vitio in quo superatus est, ut si de superbia aliquem virum sanctum tentat, et vincitur, ulterius non liceat illi illum vel alium de superbia tentare.

DISTINCTIO VII.

QUOD BONI ANGELI A DEO SUNT CONFIRMATI PER GRATIAM UT PECCARE NON POSSINT ; ET MALI ITA OBDURATI IN MALO, UT BENE VIVERE NEQUEANT.

1.Supra dictum est quod angeli qui perstiterunt, per gratiam confirmati sunt;et qui ceciderunt, a gratia Dei deserti sunt.Et boni quidem in tantum confirmati sunt per gratiam, quod peccare nequeunt. Mali vero per malitiam adeo sunt obstinati,quod bonam voluntatem habere, sive bene velle non valent, etsi bonum sit quod aliquando volunt.Volunt enim aliquando aliquid fieri quod Deus vult fieri,et utique illud bonum est et justum fieri ; nec tamen bona voluntate illud volunt.

Quod utrique liberum arbitrium habent,nec tamen ad utrumque flecti possunt.

2. Sed cum nec boni peccare possint, nec mali bene velle, vel bene operari, videtur quod jam non habeant liberum arbitrium,quia in utramque partem flecti non possunt,cum liberum arbitrium ad utramque se habeat. Unde Hieron. in tractatu de prodigo Filio, dicit:Solus Deus est in quem peccatum cadere non potest; cætera cum sint liberi arbitrii in utramque partem flecti possunt. Hic videtur dicere quod omnis creatura in libero arbitrio constituta flecti potest ad bonum et ad malum.Quod si est,ergo et boni angeli et mali ad utrumque flecti possunt ; ergo et boni possunt fieri mali,et mali boni.Ad quod dicimus quia boni tanta gratia confirmati sunt,ut nequeant fieri mali;et mali in malitia adeo obdurati sunt, ut non valeant fieri boni;et tamen utrique habent liberum arbitrium,quia et boni non aliqua cogente necessitate,sed propria ac spontanea voluntate per gratiam quidem adjuti bonum eligunt,et malum respuunt, et mali similiter spontanea voluntate a gratia destituti,bonum vitant,et malum sequuntur : et mali habent liberum arbitrium,sed depressum atque corruptum, quod surgere ad bonum non valet.

Quod boni post confirmationem liberius arbitrium habent quam ante.

3.Boni vero arbitrium habent multo liberius post confirmationem quam ante.Ut enim Aug.tradidit in Ench., c. 105, non ideo carent libero arbitrio quia male velle non possunt;multo quippe liberius est arbitrium quod non potest servire peccato. Neque culpanda est voluntas: aut voluntas non est,aut libera dicenda non est, quia beati esse sic volunt, ut esse miseri non solum nolint,sed nec prorsus velle possint.Non possunt itaque boni angeli velle malum vel velle esse miseri; neque hoc habent ex natura, sed ex gratiæ beneficio.Ante gratiæ namque confirmationem potuere peccare angeli,et quidam etiam peccaverunt,et dæmones facti sunt.Unde Aug.,tom. 6, in lib.3 contra Maximinum,c. 12:Creaturarum natura cœlestium mori potuit,quia peccare potuit.Nam angeli peccaverunt,et dæmones facti sunt; quorum diabolus est princeps : et qui non peccaverunt,peccare potuerunt; et cuicumque creaturæ rationæli præstatur ut peccare non possit,non est hoc naturæ propriæ,sed Dei gratiæ.Ideoque solus Deus est qui non gratia cujusquam,sed natura sua non potuit,nec potest,nec poterit peccare. Ecce hic insinuatur quod angeli ante confirmationem peccare potuerunt, sed post confirmationem non possunt. Quod potuerunt fuit eis ex libero arbitrio,quod est eis naturale; quod vero modo non possunt peccare, non est eis ex natura,id est,libero arbitrio, sed ex gratia,et qua gratia etiam est ut ipsum liberum arbitrium jam non possit peccato servire.

Quod post confirmationem angeli non possint ex natura peccare sicut ante ; non quod debilitatum sit eorum liberum arbitrium,sed confirmatum.

4. Non ergo post confirmationem angeli de natura sicut ante peccare potuerunt; non quod liberum arbitrium eorum debilitatum sit per gratiam,sed ita potius confirmatum,ut jam per illud non possit bonus angelus peccare; quod utique non est ex libero arbitrio, sed ex gratia Dei. Quod ergo Hieronymus ait : Cætera cum sint liberi arbitri possunt flecti in utramque partem,accipi oportet secundum statum in quo creata sunt. Talis enim et homo et angelus creatus est,qui ad utrumque flecti poterat; sed postea boni angeli ita per gratiam sunt confirmati,ut peccare non possint; et mali ita in vitio obdurati, ut bene vivere nequeant. Similiter etiam illud Isid. intelligendum est : Angeli mutabiles sunt natura,immutabiles sunt gratia; quia ex natura in primordio suæ conditionis mutari potuerunt ad bonum sive ad malum,sed post per gratiam ita bono addicti sunt,ut inde mutari nequeant. Ad hoc enim repugnant gratia,non natura.

Quod angeli mali vivacem sensum non perdiderunt, et quibus modis sciant.

5.Et licet mali angeli ita per malitiam sint obdurati vivaci tamen sensu non sunt penitus privati.Nam, ut tradit Isidorus,lib.1 de summo Bono, triplici acumine scientiæ vigent dæmones : scilicet, subtilitate naturæ,experientia temporum,revelatione supernorum spirituum.De hoc etiam Aug., lib. 2, super Gen., c.17, in fine, ait: Spiritus mali quædam vera de temporalibus rebus noscere permittuntur;partim subtilitate sensus,partim experientia temporum, callidiores propter tam magnam longitudinem vitæ;partim sanctis angelis quod ipsi ab omnipotenti Deo discunt jussu ejus sibi revelantibus. Aliquando iidem nefandi spiritus et quæ facturi sunt, velut divinando, prædicunt.

Quod magicæ artes virtute et scientia diaboli valent; quæ virtus et scientia ei est data a Deo vel ad fallendum malos,vel ad monendum,vel exercendum bonos.

6.Quorum scientia atque virtute etiam magicæ artes exercentur ; quibus tamen non tam scientia quam potestas a Deo data est, vel ad fallendum fallaces,vel ad monendum fideles,vel ad exercendam probandamque justorum patientiam.Unde August., in lib. 3 de Trin.,c. 7: Video,inquit,infirmæ cogitationi quod possit occurrere ; ut scilicet ista miracula etiam magicis artibus fiant.Nam et magi Pharaonis serpentes fecerunt,et alia.Sed illud est amplius admirandum,quomodo magorum potentia quæ serpentes facere potuit, ubi ad muscas minutissimas, scilicet,ciniphes ventum est,omnino defecit, qua tertia plaga Ægyptus cædebatur. Ibi certe defecerunt magi dicentes: *Digitus Dei est hic.*Unde intelligi datur nec ipso quidem transgressores angelos, et aereas potestates in imam istam caliginem tanquam in sui generis carcerem ab illius sublimis æthereæ puritatis habitatione detrusos,per quos magicæ artes possunt quidquid possunt,

non autem aliquid valere possunt,nisi data desuper potestate.Datur autem vel ad fallendum fallaces sicut in Ægyptios, et in ipsos etiam magos data est, ut in eorum spirituum operatione viderentur admirandi,a quibus flebant,a Dei veritate damnandi; vel ad monendum fideles,ne tale aliquid facere pro magno desiderent,propter quod etiam nobis in Scriptura sunt prodita : vel ad exercendam,probandam, manifestandamque justorum patientiam.

Quod transgressoribus angelis non servit ad nutum materia rerum visibilium.

7..Nec putandum est istis transgressoribus angelis ad nutum servire hanc visibilium rerum materiam : sed Deo potius, a quo hæc potestas datur quantum incommutabilis judicat.

Quod non sunt creatores, licet per eos magi ranas et alia fecerint,sed solus Deus.

8. Nec sane creatores illi mali angeli dicendi sunt, quia per illos magi ranas et serpentes fecerunt; non enim ipsi eas creaverunt.Omnium quippe rerum quæ corporaliter visibiliterque nascuntur, occulta quædam semina in corporeis mundi hujus elementis latent,quæ Deus originaliter eis indidit. Ipse ergo Creator est omnium rerum qui Creator est invisibilium seminum ; quia quæcunque nascendo ad oculos nostros exeunt, ex occultis seminibus accipiunt progrediendi primordia et incrementa debitæ magnitudinis,distinctionesque formarum ab originalibus, ut ita dicam, regulis sumunt.

Sicut parentes non dicuntur creatores filiorum,nec agricolæ frugum, ita nec boni angeli nec mali, etsi per eorum ministerium fiant creaturæ.

9.Sicut ergo nec parentes dicimus creatores hominum, nec agricolas creatores frugum,quamvis eorum extrinsecus adhibitis motibus ad ista creanda Dei virtus interius operetur;ita non solum malos,sed nec bonos angelos fas est putare creatores.Sed pro subtilitate sui sensus corporis semina istarum rerum nobis occultiora noverunt,et ea per congruas temperationes elementorum latenter spargunt,atque ita et gignendarum rerum et accelerandorum incrementorum præbent occasiones.Sed nec boni hæc nisi quantum Deus jubet,nec mali hæc injuste faciunt nisi quantum juste ipse permittit. Nam iniqui malitia voluntatem suam habent injustam, potestatem autem non nisi juste accipiunt sive ad suam pœnam,sive ad aliorum; vel pœnam malorum,vel laudem bonorum.

Sicut justificationem mentis,ita creationem rerum solus Deus operatur; licet creatura extrinsecus serviat.

10. Sicut ergo mentem nostram justificando formare non potest nisi Deus,prædicare autem extrinsecus Evangelium etiam homines possunt,non solum boni per veritatem,sed etiam mali per occasionem; ita creationem rerum visibilium Deus interius operatur.Exteriores autem operationes atque contemplationes,sive occasiones, ab angelis tam bonis quam malis,vel etiam ab hominibus adhibentur.Sed hæc ab hominibus tanto difficilius adhibentur,quantum eis desunt sensuum subtilitates et corporum mobilitates in membris terrenis et pigris.Unde qualibuscumque angelis vicinas causas ab elementis contrahere quanto facilius est,tanto mirabiliores in hujusmodi operibus eorum existunt celeritates ; sed non est creator nisi qui principaliter ista format,nec quisquam hoc potest nisi unus creator Deus. Aliud est enim ex intimo ac summo causarum cardine condere ac ministrare creaturam, quod facit solus creator Deus ; aliud autem pro distributis ab illo viribus ac facultatibus aliquam operationem forinsecus admovere,ut tunc vel tunc, sic vel sic, exeat quod creatur.Ista quippe originaliter et primordialiter in quadam textura elementorum cuncta jam creata sunt, sed acceptis opportunitatibus postea prodeunt.

Quod angeli mali multa possunt per nutus vigorem, quæ nun possunt propter Dei vel bonorum angelorum prohibitionem,id est,quia non permittuntur.

11. Illud quoque sciendum est,quod angeli mali

quædam possunt per naturæ subtilitatem, quæ tamen non possunt propter Dei vel bonorum angelorum prohibitionem, id est, quia non permittuntur illa facere a Deo vel ab angelis bonis ; possent utique fecisse ciniphes qui ranas serpentesque fecerunt. Quædam vero non possunt facere, etiam si permittantur ab angelis superioribus, quia non permittit Deus. Unde Aug. in lib. 3 de Trin., cap. 9 : Ex ineffabili potentatu Dei fit ut quod possent mali angeli si permitterentur, ideo non possunt quia non permittuntur. Neque enim occurrit alia ratio cur non poterant facere ciniphes qui ranas serpentes que fecerunt, nisi quia major aderat dominatio prohibentis Dei per Spiritum sanctum ; quod etiam magi confessi sunt, dicentes: *Digitus Dei est hic.* Quid autem per naturam possint, nec tamen possint propter prohibitionem, et quid per ipsius naturæ suæ conditionem facere non sinantur, homini explorare difficile est imo impossibile. Novimus hominem posse ambulare, et neque hoc posse si non permittatur ; volare autem non posse, etiam si permittatur. Sic et illi angeli quædam possunt facere si permittantur ab angelis potentioribus ex imperio Dei ; quædam vero non possunt, etiam si ab eis permittantur, quia ille non permittit a quo est illistalis naturæ modus, qui etiam per angelos suos illa plerumque non permittit quæ concessit ut possint.

DISTINCTIO VIII.

UTRUM ANGELI OMNES CORPOREI SINT, QUOD QUIBUSDAM VISUM EST, QUIBUS AUGUSTINUS CONSENTIRE VIDETUR, DICENS ANGELOS OMNES ANTE CASUM HABUISSE CORPORA TENUIA ET SPIRITUALIA : SED IN CASU MUTATA IN DETERIUS MALORUM CORPORA, UT IN EIS POSSENT PATI.

1. Solet etiam in quæstione versari apud doctos utrum angeli omnes, boni scilicet ac mali, corporei sint, id est, corpora habeant sibi unita. Quod aliqui putant, innitentes verbis Augustini, qui dicere videtur quod angeli omnes ante confirmationem et lapsum corpora aerea habuerint de puriori ac superiore parte formata, ad faciendum habilia, non ad patiendum : et angelis bonis qui perstiterunt, talia sunt observata corpora, ut in eis possint facere, et non pati, quæ tantæ sunt tenuitatis, ut a mortalibus videri non valeant, nisi supervestita aliqua grossiori forma ; qua assumpta videntur, depositaque videri desinunt. Angelis vero malis mutata sunt in casu corpora in deteriorem qualitatem spissioris aeris. Sicut enim a loco digniori in inferiorem locum, id est, caliginosum aerem, dejecti sunt, ita illi corpora tenuia mutata sunt et transformata in deteriora corpora et spissiora in quibus pati possint a superiori elemento, id est, ab igne. Et hoc Augustinus sensisse videtur super. Gen. ita dicens : Dæmones dicuntur aerea animalia, qui corporum aereorum natura vigent ; nec per mortem dissolvuntur, quia prævalet in eis elementum aptius ad faciendum quam ad patiendum. Ad patiendum enim humor et humus ; ad faciendum, aer et ignis aptitudinem præbent. Transgressores vero angeli cum principe suo nunc diabolo, tunc archangelo, non mirum si post peccatum in hanc caliginem detrusi sunt. Neque etiam hoc mirum est si conversi sunt ex pœna in aeream qualitatem qua possunt ab igne pati. Caliginosa tamen aeris tenere tantum permissi sunt, qui eis carcer sit usque ad tempus judicii. Ecce his verbis videtur Augustinus ita tradere quod quidam opinantur de corporibus angelorum. Hoc autem cum alii dixisse astruunt non ita sentiendo, sed opinionem aliorum referendo, quod ex ipsius verbis dijudicare volunt ; quibus ait, Dæmones dicuntur aerea animalia ; non ait *sunt* ; ita enim : *Quidam dicebant.* De habitatione vero caliginosi aeris in quem detrusi sunt non opinando, sed rei veritatem asserendo eum tradidisse dicunt, quod ipsius locutionis distinctio ostendit. Dicunt quoque plurimos catholicos tractatores in hoc convenisse atque id concorditer docuisse, quod angeli incorporei sint, nec corpora habeant sibi unita, assumant autem aliquando corpora, Deo præparante, ad impletionem ministerii sui sibi a Deo injuncti, eademque post expletionem deponunt ; in quibus corporibus hominibus apparuerunt atque locuti sunt. Et aliquando quidem locuti sunt in persona Dei sine distinctione alicujus personæ, aliquando ex persona Patris, vel Filii, sive Spiritus sancti.

Quod Deus in corporalibus illis antiquis formis apparuit.

2. Nec dubitandum est Deum in corporalibus formis apparuisse hominibus, sicut Augustinus in lib. 2 de Trinitate ostendit, conferens diversa Scripturæ testimonia ex quibus Deum in corporeis figuris hominibus apparuisse probat ; et aliquando ex persona Dei sine distinctione, aliquando sub distinctione personarum sermonem ad eis factum esse.

De perplexa quæstione quam ponit Augustinus, quærens an ad exhibendum has corporales apparitiones creatura nova sit formata, an angeli qui ante erant missi ; et si ipsi missi sunt, utrum servata spiritualis corporis qualitate aliquam speciem corporalem de corpulentiori materia assumpserint, an proprium corpus suum mutaverit in speciem actioni suæ aptam.

3. Sed ubi Deum hominibus in corporalibus imaginibus apparuisse asserit, perplexam quæstionem proponit, quam nec absolvit, quærens utrum in illis corporalibus apparitionibus creatura aliqua crearetur ad illud opus tantum, in qua Deus hominibus appareret: an angeli qui ante erant ita mitterentur, ut manentes in suis spiritualibus corporibus assumerent ex corpulenta inferiorum elementorum materia aliquam speciem corporalem, quam coaptatam quasi aliquam vestem mutarent in quaslibet species corporales veras quidem ; an corpus suum proprium verterent in species aptas actionibus suis per virtutem sibi a Deo datam. Ait enim ita Aug., in lib. 3 de Trin., q. 3, c. 1 : Quærendum est in illis antiquis corporalibus formis et visis utrum ad hoc opus tantum creatura formata sit, in qua Deus, sicut tunc oportuisse judicavit, humanis ostenderetur aspectibus ; an angeli qui jam erant ita mittebantur, ut ex persona Dei loquerentur, assumentes corporalem speciem de creatura corporea in suum ministerii sui ; an ipsum corpus suum cui non subduntur, sed subditum regunt, mutantes atque vertentes in species quas vellent accommodatas atque aptas actionibus suis, secundum attributam a Creatore sibi potentiam. Sed fateor excedere vires intentionis meæ utrum angeli, manente spirituali sui corporis qualitate, per hanc occultius operantes, assumant ex inferioribus elementis corpulentioribus corpus quod sibi coaptatum quasi aliquam vestem mutent et vertant in quaslibet species corporales et ipsas veras, sicut aqua vera in vinum verum conversa est a Domino ; an ipsa propria corpora et sua transforment in id quod volunt accommodatum ad id quod agunt. Sed quod horum sit (quoniam homo sum) nullo experimento comprehendere valeo ; sicut angeli qui hoc agunt. Attende, lector, quia quæstionem propositam non solvit, sed indiscussam reliquit, utrum angeli qui mittebantur servatis suis propriis spiritualibus corporibus supervestirentur aliqua corpulentiori specie, in qua possent videri ; an ipsum corpus mutarent et transformarent in quamcumque vellent speciem in qua possent cerni. In quibus verbis videtur Augustinus attestari angelos esse corporeos ac propria et spiritualia habere corpora.

Quod Deus in specie qua est Deus nunquam mortalibus apparuit.

4. Cæterum hæc velut nimis profunda atque obscura relinquentes, illud indubitanter teneamus: quod Deus in specie essentiæ suæ nunquam mortalibus apparuit ; sicut famulo suo Moysi dicit, Exod. 33 : *Non videbit me homo, et vivet.* Et in Evangelio, Joan. 1, legitur : *Deum nemo vidit unquam.* Visibile enim quidquam non est quod non sit mutabile. Ideo substantia sive essentia Dei, quoniam nullo modo mutabilis est, nullo modo per seipsam visibilis est. Proinde illa omnia quæ patribus visa sunt, cum Deus illis præsentaretur, per creaturam facta esse manifestum est.

Etsi nos latet quomodo ea ministris angelis fecerit Deus per angelos, tamen facta esse dicimus. Audeo ergo fiducialiter dicere nec Deum Patrem, nec Verbum ejus, nec Spiritum ejus, qui est unus Deus, per id quod est atque idipsum est, ullo modo esse mutabilem, ac per hoc multo minus esse visibilem.

Utrum dæmones intrent in corpora hominum substantialiter, an illabantur mentibus hominum.

5. Illud etiam consideratione dignissimum, videtur, utrum dæmones, sive corporei sive incorporei sint, hominum substantialiter intrent corpora, eorumque animabus illabantur; an ideo intrare dicantur, quia malitiæ suæ ibi effectum exercent Dei permissione opprimendo atque vexando eas, vel in peccatum pro voluntate sua trahendo. Quod in homines introeant atque ab eis expulsi exeant Evangelium aperte declarat, commemorans dæmonia in quosdam ingressa, et per Christum ejecta; sed utrum secundum substantiam fuerint ingressa, an propter mali effectum dicantur ingressa, non adeo perspicuum est. De hoc autem Aug., in lib. de ecclesiasticis Dogmatibus, c. 83, ait : Dæmones per energicam operationem non credimus substantialiter illabi animæ, sed applicatione et oppressione uniri. Illabi autem menti, illi soli possibile est qui creavit, qui natura subsistens incorporeus capabilis est suæ facturæ. Ecce hic videtur insinuari quod substantialiter non illabantur dæmones vel introeant corda hominum. Beda quoque super illum locum Act. apostolorum. c. 5, ubi Petrus ait Ananiæ: *Cum tentavit Satanas cor tuum?* dicit notandum quod mentem hominis juxta substantiam nihil implere possit, nisi creatrix Trinitas, quia tantummodo secundum operationem et voluntatis instinctum anima de his quæ sunt creata impletur. Implet vero Satanas cor alicujus, non quidem ingrediens in eum et in sensum ejus, neque introiens aditum cordis (siquidem potestas hoc solius Dei est), sed callida et fraudulenta deceptione animam in effectum malitiæ trahens per cogitationes et incentiva vitiorum quibus plenus est. Implevit ergo Satanas cor Ananiæ, non intrando, sed malitiæ suæ virus inserendo. Idem spiritus immundus flamma virtutum de cordibus fidelium expulsus, doctoribus veritatis luctantibus venenum persecutionis infundit. His auctoritatibus ostenditur quod dæmones non substantialiter intrant corda hominum, sed propter malitiæ effectum; de quibus pelli dicuntur, cum nocere non sinuntur.

DISTINCTIO IX.
DE ORDINUM DISTINCTIONE, QUI ET QUOT SINT.

1. Post prædicta superest et cognoscere de ordinibus angelorum quid Scriptura tradat. Quæ in pluribus locis novem esse ordines angelorum promulgat, scilicet angelos, archangelos, principatus, potestates, virtutes, dominationes, thronos, cherubin, et seraphin. Et inveniuntur in istis ordinibus tria terna esse, et in singulis tres ordines, ut Trinitatis similitudo in eis insinuetur impressa; unde Dionysius tres ordines angelorum esse tradit, ternos in singulis ponens. Sunt enim tres superiores, tres inferiores, tres medii. Superiores : seraphin, cherubin, throni; medii: dominationes, principatus, et potestates ; inferiores : virtutes, archangeli, angeli.

Quid appelletur ordo, et quæ sit ratio nominis cujusque.

2. Hic considerandum est quid appelletur ordo ; deinde utrum ab ipsa creatione fuerit distinctio illorum ordinum. Ordo autem dicitur multitudo cœlestium spirituum, qui inter se in aliquo munere gratiæ similantur, sicut et in naturalium datorum munere conveniunt. Ut, verbi gratia, seraphin dicuntur qui præ aliis ardent charitate ; seraphin enim interpretatur ardens vel succendens; cherubin, qui præ aliis in scientia eminent ; cherubin enim interpretatur plenitudo scientiæ: thronus dicitur sedes ; throni autem vocantur (ut beatus Gregorius, hom. 34, super cap. Luc. 15, ait) qui tanta divinitatis gratia replentur, ut in eis sedeat Deus, et per eos judicia decernat atque informet: dominationes vero vocantur qui principatus et potestates transcendunt: principatus dicuntur qui sibi subjectis quæ sunt agenda disponunt, eisque ad explenda divina mysteria principantur : potestates nominantur hi qui hoc cæteris potentius in suo ordine acceperunt, ut virtutes adversæ eis subjectæ eorum refrenentur potestate, ne homines tantum tentare valeant, quantum desiderant : virtutes vocantur illi per quos signa et miracula frequenter fiunt : archangeli qui majora nuntiant : angeli, qui minora.

Quod hæc nomina non propter se, sed propter nos eis data sunt, quæ sumpta sunt a donis gratiæ quæ non habent singulariter, sed excellenter, et a præcipuis nominantur.

3. Hæc nomina illis non propter se, sed propter nos eis data sunt. Qui enim sibi noti sunt contemplatione, nobis innotescunt cognominatione. Et nominantur singuli ordines a donis gratiarum quæ non singulariter, sed excellenter data sunt in participatione. In illa enim cœlesti curia, ubi plenitudo boni est, licet quædam data sint excellenter, nihil tamen possidetur singulariter. Omnia enim in omnibus sunt non quidem æqualiter ; quia alii aliis sublimius possident, quæ tamen omnes habent. Cumque omnia dona gratiarum superiores ordines sublimius et perfectius perceperint, tamen ex præcipuis sortiti sunt vocabula, inferioribus cætera relinquentes ordinibus ad cognominationem ; ut seraphin, qui ordo excellentissimus æstimatur, tam dilectionem quam cognitionem divinitatis ; et cætera virtutum dona cæteris omnibus sublimius et perfectius percepit, et tamen ab excellentiori dono, id est, a charitate nomen accepit ille superior ordo. Majus enim donum est ipsa charitas, quam scientia. Item, majus est scire quam judicare; scientia namque informat judicium. Ideoque secundus ordo a secundo dono, id est, cognitione veritatis, appellatus est, scilicet cherubin : ita de aliis intelligendum est. Assignatur ergo excellentia ordinum secundum excellentiam donorum, et tamen, sicut Gregorius, hom. 34 Evang., ait : Illa dona omnibus sunt communia. Omnes enim ardent charitate, et scientia pleni sunt: sic et de aliis. Sed superiores aliis excellentius, ut jam dictum est, ipsa acceperunt, a quibus et nominantur; unde Gregorius : In illa summa civitate quisque ordo ejus rei censetur nomine, quam plenius accepit in munere.

Quæstio ex verbis Gregorii orta.

4. Sed oritur hic quæstio talis : Si quisque ordo ab illo dono nominatur quod plenius possidet, tunc cherubin in scientia præeminent omnibus, quia a scientia nominatur. Sed qui magis diligit, plus cognoscit. Tantum enim, ut tradit auctoritas, cognoscit ibi quisque, quantum diligit. Itaque seraphin non solum in charitate, sed etiam in scientia præeminent. Ideoque auctoritas illa sic videtur intelligenda, ut comparatio non referatur ad omnes ordines, sed ad quosdam, scilicet inferiores. Ille enim ordo non plenius seraphin accepit scientiam in munere, sed plenius aliis ordinibus qui sunt inferiores. Nec nominatur quisque ordo ab omni re quam plenius aliis accepit, sed ad aliqua rerum quas accepit. Vel potest comparatio referri non ad ipsos ordines, sed ad alia dona ; nec ad omnia alia dona, sed ad quædam. Sicut enim homines, cum plura habeant dona, quædam aliis excellentius possident ; ita forte et angeli quibusdam muneribus magis pollent, et aliis quibusdam minus.

Utrum ordines ab initio creationis ita distincti fuerint.

5. Jam nunc inquirere restat utrum et isti ordines a creationis initio ita fuerint distincti. Quod ita fuerint distincti a primordio suæ conditionis, videtur testimonio auctoritatis insinuari, quæ tradit de singulis ordinibus aliquos cecidisse. De ordine namque superiori Lucifer ille fuit, quo nullus dignior conditus fuit. Apotolus etiam principatus et potestates tenebrarum nominat, ostendens de ordinibus illis cecidisse ; qui cum in malis ministerium exerceant, non tamen penitus

nominibus ordinum suorum privati sunt. Sed non videtur illud posse stare. Non enim tunc charitate ardebant; nec sapientia pollebant, neque in eis Deus sedebat; si enim hoc habuissent, non cecidissent. Non ergo tunc erant cherubin, vel seraphin, vel throni. Ad quod dicimus quia ante casum quorumdam non erant isti ordines, quia nondum habebant dona in quorum participationibus conveniunt. Sed quibusdam cadentibus, aliis apposita sunt; eisqui qui ceciderunt collata fuissent eadem dona, si perstitissent. Ideoque Scriptura dicit de singulis ordinibus aliquos cecidisse non quia fuissent in ordinibus et postea corruerint, sed quia si perstitissent, eorum aliqui in singulis fuissent ordinibus, qui et in naturae tenuitate, et in formae perspicacitate, differentes gradus habebant, sicut illi qui perstiterunt. Alii enim, ut praediximus, superiores, alii inferiores conditi sunt. Superiores, qui natura magis subtiles, et sapientia magis perspicaces; inferiores, qui natura minus subtiles, et intelligentia minus perspicaces facti sunt. Has autem invisibiles differentias invisibilium solus ille ponderare potuit, qui omnia *in numero et mensura et pondere disposuit*, id est, in seipso qui est mensura omni rei modum praefigens, et numerus omni rei speciem praebens, et pondus omnem rem ad stabilitatem trahens, id est, terminans et formans et ordinans omnia.

Utrum omnes angeli ejusdem ordinis sint aequales.

6. Praeterea considerari oportet utrum omnes angeli ejusdem ordinis aequales sint. Ita esse quibusdam placuit; sed non est hoc probabile, nec assertione dignum; quia Lucifer qui fuit de collegio superiorum, ipsis etiam dignior exstitit, qui aliis excellentiores creati fuerant. Ex quo percipitur quod si perstitisset, in ordine superiori fuisset, et aliis ejasdem ordinis dignior extitisset. Sicut enim unus est ordo apostolorum, et alter martyrum, et tamen in apostolis alii sunt digniores, similiter et in martyribus alii aliis sunt superiores; ita et in ordinibus angelorum recte creditur esse.

Quomodo dicas Scriptura decimum ordinem ex hominibus compleri, cum non sint nisi novem ordines.

7. Notandum etiam quod decimus ordo legitur de hominibus restaurandus. Sed cum non sint nisi novem ordines, nec plures fuissent etiam si illi qui ceciderunt perstitissent, moventur lectores quomodo Scriptura dicat decimum ordinem compleri ex hominibus. Gregorius namque, hom. 34, super. cap. 15 Lucae, ait homines assumendo in ordine angelorum quorum alii assumuntur in ordine superiorum, qui scilicet magis ardent charitate; alii in ordine inferiorum, qui scilicet minus perfecti sunt. Ex quo apparet non esse de hominibus formandum decimum ordinem, tanquam novem sint angelorum et decimus hominum, sed homines pro qualitate meritorum statuendos in ordinibus angelorum. Quod ergo legitur decimus ordo complendus de hominibus, ex tali sensu dictum fore accipi potest, quia de hominibus restaurabitur quod in angelis lapsum est, de quibus tot corruerunt, et possit fieri ducimus ordo. Propter quod Apostolus dicit, Ephes. 1: *Restaurari omnes in Christo quae in coelis, et quae etiam in terris sunt*, quia per Christum redemptum est genus humanum, de quo fit reparatio ruinae angelicae; tamen non minus salvaretur homo si angelus non cecidisset.

Quod homines assumuntur juxta numerum stantium, non lapsorum.

8. Non enim juxta numerum eorum qui ceciderunt, sed eorum qui permanserunt homines ad beatitudinem admittuntur. Unde Gregor., hom. 34: Superna illa civitas ex angelis et hominibus constat; ad quam credimus tantos humani generis ascendere, quantos illic contigit angelos remansisse; sicut scriptum est in cantico Deuteronomii, c. 32: *Statuit terminos populorum juxta numerum angelorum Dei.*

Quidam dicunt secundum numerum lapsorum angelorum homines reparandos.

9. A quibusdam tamen putatur quod homines reparentur juxta numerum angelorum qui ceciderunt, ut illa coelestis civitas nec suorum civium numero privetur, nec majori copia regnet. Quod August., in Enchirid., c. 29, sentire videtur, non asserens de hominibus plus salvari quam corruit de angelis, sed non minus; ita dicens: superna Hierusalem, mater nostra, civitas Dei, nulla civium suorum numerositate fraudabitur, aut uberiore etiam copia fortasse regnabit. Neque etiam numerum aut sanctorum hominum, aut immundorum daemonum novimus; in quorum locum succedentes filii catholicae matris, quae sterilis apparebat in terris, in ea pace de qua illi ceciderunt, sine ullo temporis termino permanebunt. Sed illorum civium numerus, sive qui est, sive qui fuit, sive qui futurus est, in contemplatione ejus artificis est, *qui vocat ea quae non sunt tanquam ea quae sunt*, Rom. 4. Ecce aperte dicit non minus de hominibus salvari, quam corruit de angelis; sed plus non asserit.

DISTINCTIO X.

AN OMNES SPIRITUS COELESTES MITTANTUR; ET PONIT DUAS OPINIONES, ET AUCTORITATES QUIBUS INNITUNTUR.

1. Hoc etiam investigandum est utrum omnes illi coelestes spiritus ad exteriora nuntianda mittantur. Quidam putant aliquos in illa multitudine esse qui foras pro officio exeunt, alios qui intus semper assistunt; sicut scriptum est in Dan., c. 7: *Millia millium ministrabant ei, et decies centena millia assistebant ei*. Item Dion., in Hierarchia, quae sacer principatus dicitur, de praelatione spirituum ait: Superiora illa agmina ab intimis nunquam recedunt, quoniam ea quae praeeminent usum exterioris officii nunquam habent. His auctoritatibus innituntur qui angelos mitti, nisi inferiores, inficiantur.

Objectio contra illos.

2. Quibus objicitur quod Isaias ait, c. 6.: *Volavit ad me unus de Seraphin*, qui ordo superior est et excellentior. Ideoque si de illo ordine mittuntur, non est ambigendum quin etiam et de aliis mittantur. Apostolus quoque ait, Hebr. 1: *Omnes sunt administratores spiritus, in ministerium missi*. His testimoniis asserunt quidam omnes angelos mitti. Nec debet indignum videri si etiam superiores mittantur, cum et ille qui creator est omnium ad haec inferiora descenderit.

Quaestio: Si omnes mittuntur, cur unus tantum ordo nomine angelorum censeatur.

3. Hic oritur quaestio: Si omnes mittuntur et nuntii Dei existunt, quare unus tantum, inter novem ordines, angelorum nomine censetur? Ad quod quidam dicunt omnes quidem mitti, sed alios saepius et quasi ex officio injuncto, qui proprie angeli vel archangeli nominantur; alios vero rarius mitti, scilicet majores, causa extra communem dispensationem oborta; qui cum angelorum ministerium suscipiunt, etiam nomen assumunt. Unde psal. 103: *Qui facis angelos tuos spiritus et ministros*; quia illi qui natura spiritus sunt, aliquando angeli, id est. nuntii fiunt.

Putant quidam Michael, Gabriel, Raphael de superiori ordine fuisse; et sunt nomina spirituum, et non ordinum.

4. Et putant illi Michael, Gabriel, Raphael de superiori ordine fuisse. Michael interpretatur *quis ut Deus?* Gabriel, *fortitudo Dei*; Raphael *medicina Dei*; nec sunt ista nomina ordinum, sed spirituum, et dicunt quidam singulum horum unius proprie ac singulariter spiritus esse nomen. Alii nero, non unius singulariter et determinate, sed nunc hujus. nudc illius esse nomen, secundum qualitatem eorum ad quae nuntianda vel gerenda mittuntur: sicut et daemonum quaedam nomina sunt quae quidam putant esse unius propria, alii vero pluribus communia. Diabolus quippe, qui Graece ita vocatur, et *criminator* interpretatur vel *deorsum fluens*, Hebraice dicitur Satan, id est, *adversarius*. Dicitur et Belial, id est, *apostata et absque jugo*, dicitur etiam Leviathan, id est, *additamentum eorum*; et alia plura reperies nomina quae vel unius spiritus

sunt propria, vel pluribus communia.
Quomodo determinent prædictas auctoritates quæ videntur adversari, qui dicunt omnes angelos mitti.

5. Qui autem omnes angelos mitti asserunt, prædictas auctoritates, Danielis scilicet et Dionysii, ita determinant. Dicuntur superiora agmina Deo assistere, et ab intimis nunquam recedere; non quin aliquando mittantur, sed quia rarissime ad exteriora prodeunt; neque tunc ab intimis recedunt, sed Dei præsentiæ et contemplationi semper assistunt, quod etiam faciunt qui frequenter mittuntur.
Quos alii dicant mitti, et quos dicant non mitti, cum determinatione auctoritatum quæ videntur sibi adversari.

6. Alii vero dicunt tres ordines supremos, scilicet cherubin, seraphin et thronos, ita creatori assistere, quod ad exteriora non exeunt; inferiores autem tres ad exteriora mitti; tres vero medios inter utrosque consistere, non modo dignitate vel loco, sed etiam officio, quia præceptum divinum à superioribus accipiunt, et deferunt ad inferiores. Ideoque cum supremi mediis, et medii imis, atque hi hominibus præceptum Dei nuntiant, merito omnes angeli nominari debent. Et ob id forte Apostolus ait *omnes spiritus administratores esse Filii,* et *mitti in ministerium;* et per omnes, non singulos ordines, sed de inferioribus ordinibus singulos angelos complexus est. Illud vero quod Isaias ait per verba Dionysii determinant dicentes: Hi spiritus qui mittuntur, percipiunt horum vocabulum quorum gerunt officium. Unde dicunt illum angelum qui missus est ad Isaiam, qui mundaret et incenderet labia prophetæ, fuisse de ordine inferiorum. Sed ideo dictus est forte de seraphin, quia veniebat incendere et consumere delicta Isaiæ.

DISTINCTIO XI.
QUOD QUÆQUE ANIMA HABET ANGELUM BONUM AD SUI
CUSTODIAM DELEGATUM, ET MALUM AD EXERCITIUM.

1. Illud quoque sciendum est, quod angeli boni deputati sunt ad custodiam hominum, ita ut quisque electorum habeat angelum ad sui profectum atque custodiam specialiter delegatum. Unde in Evangelio, Matth. 18, Veritas a pusillorum scandalo prohibens ait: *Angeli eorum semper vident faciem Patris.* Angelos dicit eorum esse, quibus ad custodiam deputati sunt. Super quem locum Hieron., tom. 9 Comment., lib. 3, ad cap. 18 Matth.; Tobi. 5 d. 6 et 7, a; Actuum 12 b. tradit unamquamque animam ab exordio nativitatis habere angelum ad sui custodiam deputatum, inquiens ita: Magna dignitas animarum est, ut unaquæque habeat ab ortu nativitatis in custodiam sui angelum delegatum. Gregor. quoque dicit quod quisque bonum angelum sibi ad custodiam deputatum, et unum malum ad exercitium habet. Cum enim omnes angeli boni nostrum bonum velint, communiterque saluti omnium studeant, ille tamen qui deputatus est alicui ad custodiam, eum specialiter hortatur ad bonum: sicut legitur de angelo Tobiæ, et de angelo Petri in Actibus apostolorum. Similiter et mali angeli cum desiderent malum hominum, magis tamen hominem ad malum incitat, et ad ad nocendum fortius instat ille qui ad exercitium ejus deputatus est.
Utrum singulis hominibus singuli angeli, an pluribus deputatus sit unus.

2. Solet autem quæri utrum singuli angeli singulis hominibus, an unus pluribus ad custodiam vel exercitium deputatus sit? Sed cum electi tot sint quot et boni angeli sunt, plures constat esse omnes simul bonos et malos homines quam boni angeli sint. Et cum tot sint electi quot angeli boni, et angeli boni plures sint quam mali, pluresque sint homines mali quam boni, non est ambigendum plures esse bonos homines quam sint mali angeli, et plures esse malos homines quam sint mali angeli vel boni angeli.
Confirmat unum angelum pluribus hominibus deputari, sive simul, sive temporibus diversis.

3. Ideoque dici oportet unum eumdemque angelum, bonum vel malum, pluribus hominibus deputari ad custodiam vel exercitium, sive eodem tempore, sive diversis temporibus. Ideo autem dicimus eodem tempore vel diversis temporibus, quia videtur quibusdam quod omnes homines qui sunt simul in aliquo tempore, singuli singulos angelos habere possint, bonos vel malos; quia licet major sit numerus hominum, computatis in unum omnibus qui fuerunt, et sunt, et futuri sunt, quam angelorum, tam quia homines decedentibus hominibus succedunt, et ideo nunquam simul sunt in hac vita, angeli vero nunquam decedunt, sed simul omnes sunt, ideo esse potest ut singuli hominum dum in hac vita sunt singulos habeant angelos bonos vel malos ad sui custodiam vel exercitium destinatos. Cæterum sive ita sit, sive non, non est dubitandum unumquemque habere angelum sibi deputatum, sive pluribus simul destinatus sit, sive uni singulariter. Nec est mirandum unum angelum pluribus hominibus ad custodiam deputari, cum uni homini plurium custodia deputetur, ita ut eorum quisque suum dicatur habere dominum, vel episcopum, vel abbatem.
Utrum angeli proficiant in merito vel in præmio usque ad judicium.

4. Præterea illud considerari oportet, utrum angeli boni in præmio vel in merito proficiant usque ad judicium. Quod in meritis proficiant atque quotidie magis ac magis mereantur quibusdam videtur, ex eo quia quotidie hominum utilitatibus inserviunt, eorumque profectibus student. Quibus etiam nihilominus videtur, quod et in præmio proficiant, scilicet in cognitione et dilectione Dei. Licet enim, ut aiunt, in confirmatione beatitudinem acceperint æternam atque perfectam, augetur tamen quotidie eorum beatitudo quia magis ac magis diligunt atque cognoscunt; et est eorum charitas, qua Deum et nos diligunt, et meritum et præmium meritorum, quia per eam et obsequia ex ea nobis impensa merentur, et in beatitudine proficiunt; et ipsa eadem est præmium, quia ea beati sunt.
Auctoritatibus confirmant quod dicunt.

5. Et quod angeli proficiant in cognitione, ac per hoc in beatitudine, testimoniis sanctorum confirmant. Dicit enim Isaias, c. 63, ex persona angelorum Christi ascendentis magnificentiam admirantium: *Quis est iste qui venit de Edom, tinctis vestibus de Bosra?* Et in psalm. 24: *Quis est iste rex gloriæ?* Ex quibus apparet quod mysterium Verbi incarnati plenius cognoverunt angeli post impletionem quam ante. Et sicut in cognitione hujus mysterii profecerunt, ita dicunt eos in deitatis cognitione proficere: Quod autem in hujusmodi mysterii cognitione profecerint, evidenter docet Apostolus, Eph. 3, 6, dicens: *Quæ sit dispensatio sacramenti absconditi a seculis in Deo, ut innotescat multiformis sapientia Dei per Ecclesiam principibus et potestatibus in cælestibus.* Super quem locum dicit Hieron, tom. 9, angelicas dignitates præfatum mysterium ad purum non intellexisse, donec completa est passio Christi, et apostolorum prædicatio per gentes dilatata.
Quod in hac sententia videtur Augustinus adversari Hieron.

6. His autem videtur contradicere August. per eumdem locum Epistolæ dicens : Non latuit angelos mysterium regni cœlorum, quod opportuno tempore revelatum est pro salute nostra. Ilis ergo a seculis innotuit supra memoratum mysterium quia omniscreatura non ante secula, sed a seculis est. Attende, lector, quia videntur dissentire in hac sententia illustres doctores. Ideoque ut omnis repugnantia de modo tollatur, prædicta verba Haymonem sequentes ita determinemus, ut illis angelis qui majoris dignitatis sunt, et per quorum ministerium illa nuntiata sunt, ex parte cognita a seculis fuisse, utpote familiaribus et nuntiis; illis vero qui minoris dignitatis sunt incognita extitisse dicamus, usquequo impleta sunt et per Ecclesiam prædicta; et tunc ab omnibus angelis perfecte fuerunt cognita. Constat itaque omnes angelos in cognitione divinorum mysteriorum secundum pro-

cessum temporis profecisse. Unde non incongruenter ipsi dicunt angelorum scientiam ac beatitudinem augeri usque ad futuram consummationem, quando in scientia ac beatitudine ita perfectissimi erunt, ut nec augeatur amplius nec minuatur.

Aliorum opinio qui dicunt angelos in quibusdam prædictorum non profecisse.

7. Alii autem dicunt angelos in confirmatione tanta deitatis dilectione atque notitia fuisse præditos, ut in his ulterius non profecerint nec profecturi sint. Profecerunt tamen in scientia rerum exteriorum, sicut in cognitione sacramenti Incarnationis et hujusmodi, sed non in contemplatione deitatis, quia Trinitatem in unitate, atque unitatem in Trinitate non plenius intelligunt sive intellecturi sunt quam ab ipsa confirmatione perceperunt. Ita etiam dicunt eos in charitate non profecisse post confirmationem, quia eorum charitas postea non est aucta; et sic dicunt eos non profecisse in meritis, sed hoc quantum ad vim merendi, non quantum ad numerum meritorum. Plura enim bona fecerunt postea, quæ tunc non fecerant; sed eorum charitas ex qua illa processerunt non est aucta, ex qua tantum meruerunt antequam ista adderentur, quantum postea his adjectis. Illud vero quod alii superius dicunt probabilius videtur, scilicet, quod angeli usque ad judicium in scientia et aliis proficiant.

Quædam auctoritates videntur obviare probabiliori sententiæ.

8. Quibus tamen videntur obviare quorumdam auctoritatum verba. Ait enim Isidorus, de summo Bono, l. 1, c. 12: Angeli in Verbo Dei omnia sciunt antequam fiant; sed nec omnes, nec omnia perfecte angelos scire dixit, et ideo eos in scientia proficere non removit. Gregor., in lib. Dialog., cap. 5, ait: Quid est quod ibi nesciant, ubi scientem omnia sciunt? Ubi videtur dicere quod omnia sciant angeli, et nihil sit quod nesciant. Sed accipiendum est hoc de his quorum cognitio beatum facit cognitorem, ut sunt ea quæ ad mysterium Trinitatis et unitatis pertinent.

DISTINCTIO XII.

POST CONSIDERATIONEM DE ANGELIS HABITAM, AGITUR DE ALIARUM RERUM CREATIONE, ET PRÆCIPUE DE OPERUM SEX DIERUM DISTINCTIONE.

1. Hæc de angelicæ naturæ conditione dicta sufficiant. Nunc superest de aliarum quoque rerum creatione, ac præcipue de operum sex dierum distinctione, nonnulla in medium proferre. Cum Deus in sapientia sua angelicos condidit spiritus, alia etiam creavit, sicut ostendit supradicta Scriptura, Gen. 1, quæ dicit *in principio Deum creasse cœlum*, id est, angelos, *et terram*, scilicet, materiam quatuor elementorum adhuc confusam, et informem, quæ a Græcis dicta est chaos, et hæc fuit ante omnem diem. Deinde elementa distinxit Deus, et species proprias atque distinctas singulis rebus secundum genus suum dicit; quæ non simul, ut quibusdam sanctorum Patrum placuit, sed per intervalla temporum ac sex volumina dierum, ut aliis visum est, formavit.

Quod sancti tractatores videntur super hoc quasi adversa tradidisse, aliis dicentibus omnia simul facta in materia et forma, aliis per intervalla temporum.

2. Quidam namque sanctorum Patrum qui verba Dei atque arcana excellenter scrutati sunt, super hoc quasi adversa scripsisse videntur. Alii quidem tradiderunt omnia simul in materia et forma fuisse creata, quod Aug. sensisse videtur. Alii vero hoc magis probaverunt ac asseruerunt, ut prima materia rudis atque informis, quatuor elementorum commixtionem atque confusionem tenens, creata sit. Postmodum vero per intervalla sex dierum ex illa materia rerum corporalium genera sint formata secundum species proprias. Quam sententiam Greg., Hieron. et Beda, aliique plures commendant ac præferunt. Quæ etiam Scripturæ Geneseos (unde prima hujus rei ad nos manavit cognitio) magis congruere videtur.

Quomodo per intervalla temporis res corporales conditæ sint.

3. Secundum hanc itaque traditionem, ordinem atque modum creationis formationisque rerum inspiciamus. Sicut supra memoratum est, *in principio creavit Deus cœlum*, id est, angelicam naturam, sed adhuc informem ut quibusdam placet, *et terram*, id est, illam confusam, materiam quatuor elementorum, quam nomine terræ, ut Aug., tom. 1, lib. 1, de Gen. contra Manich., c. 7, ait, ideo appellavit Moyses, quia terra inter omnia elementa minus est speciosa, et illa inanis erat, et incomposita propter omnium, elementorum commixtionem; eamdem etiam vocat abyssum scilicet: *Et tenebræ erant super faciem abyssi*, etc., quia confusa erat et commixta, specie distincta carens. Eadem etiam materia informis dicta est aqua super quam ferebatur Spiritus Domini, sicut superfertur fabricandis rebus voluntas artificis, quia subjacebat bonæ voluntati Creatoris quod formandum perficiendumque inchoaveram; qui, sicut Dominus et conditor, præerat fluitanti et confusæ materiæ, ut distingueret per species varias quando vellet, et sicut vellet. Hæc ergo ideo dicta est aqua, quia omnia quæ in terra nascuntur sive animalia, sive arbores, vel herbæ et similia, ab humore incipiunt formari atque nutriri. His omnibus vocabulis vocata est illa informis materia, ut res ignota notis vocabulis insinuaretur imperitioribus, et non uno tantum; nam si uno tantum significaretur vocabulo, hoc esse putaretur quod consueverant homines in illo vocabulo intelligere. Sub his ergo nominibus significata est materia illa confusa et informis, quæ nulla specie cerni ac tractari poterat, id est, nominibus visibilium rerum quæ inde futuræ erant, proptor infirmitatem parvulorum, qui minus idonei sunt invisibilia comprehendere: et tunc erant tenebræ, id est, lucis absentia. Non enim tenebræ aliquid sunt, sed ipsa lucis absentia; sicut silentium non aliqua res est, sed ubi sonus non est silentium dicitur. Et nuditas non aliqua res est, sed in corpore ubi tegumentum non est nuditas dicitur; sicut etiam inanitas non est aliquid, sed inanis dicitur locus esse ubi non est corpus, et inanitas absentia corporis.

Quo sensu tenebræ dicantur non esse aliquid, et quo dicantur esse aliquid.

4. Attende quia hic Augustinus tenebras dicit non esse aliquid, cum alibi tenebræ inter creaturas ponantur quæ benedicunt Dominum; unde dicitur, Dan. 30: *Benedicite, lux et tenebræ, Domino*. Ideoque sciendum est tenebras diversis modis accipi, scilicet vel pro lucis absentia, qualiter supra accepit Aug., juxta quam acceptionem non sunt aliquid; vel pro aere obscurato, sive aeris obscura qualitate, et secundum hoc aliquæ res creatæ sunt. Ideo ergo dicit tenebras tunc fuisse super faciem abyssi quia nondum erat lux; quæ si esset, et superesset et superfunderetur; sed nondum lucis gratia opus suum Deus venustaverat, quæ postea in primo die formata est.

Duo hic consideranda sant: quare illa materia confusa sit dicta informis, et ubi ad esse prodiit, quantumque in altitudine ascenderit.

5. De qua re priusquam tractemus, duo nobis discutienda occurrunt. Primum, quare illa materia confusa informis dicatur, an quia omni forma caruerit, an propter aliud; secundo, ubi ad esse prodierit, et quantum in altum ascenderit. Ad illud ergo quod primo positum est breviter respondentes, dicimus illam primam materiam non idso dictam fore informem, quod nullam omnino formam habuerit, quia non aliquid corporeum tale existere potest quod nullam habeat formam; sed ideo non absurde informem appellari posse dicimus, quia in confusione et permixtione quadam subsistens nondum pulchram apertamque, et distinctam receperat formam, qualem modo cernimus. Facta est ergo illa materia in forma confusionis ante formam dispositionis. In forma confusionis prius omnia corporalia materialiter simul et semel sunt creata; postmodum in forma dispositionis

sex diebus sunt ordinata. Ecce absolutum est quod primo in discussione propositum fuit, scilicet, quare illa materia dicatur informis.

Hic ad id quod secundo quærebatur, respondet.

6. Nunc superest quod secundo proponebatur explicare, ubi scilicet illa materia substiterit, et quantum in altitudine porrigebatur. Ad quod nihil temere asserentes, dicimus quod illa prima rerum omnium moles quando creata est, ibidem ad esse videtur prodiisse, ubi nunc formata subsistit. Eratque terreum hoc elementum in uno loco, eodemque medio, subsistens cæteris tribus in una confusione permixtis; eisdemque circumquaque in modo cujusdam nebulæ oppansis, ita obvolutum erat, ut apparere non posset quod fuit. Illa vero tria in una permixtione confusa circumquaque suspensa, eousque in altum porrigebantur, quousque nunc summitas corporeæ naturæ pertingit. Et sicut quibusdam videtur, ultra locum firmamenti extendebatur illa moles, quæ in inferiori parte spissior atque grossior erat in superiori vero, rarior ac lenior atque subtilior existebat; de qua rariori substantia putant quidam fuisse aquas, quæ super firmamentum esse dicuntur. Talis fuit mundi facies in principio, priusquam reciperet formam vel dispositionem.

Ostenso qualis fuit mundi facies in ipso primordio, incipit prosequi operum sex dierum distinctionem.

7. Nunc superest ut dispositionem illam qualiter perfecta sit ordine prosequamur. Sex diebus, sicut docet Scriptura Genesis, distinxit Deus, et in formas redegit proprias, cuncta quæ simul materialiter fecerat. Perfecitque opus suum die sexto; et sic deinde die septimo requievit ab omni opere suo, id est, cessavit novam creaturam facere. Sex enim diebus sex rerum genera distinxit, nihilque postea fecit, quod in aliquo illorum non contineatur: operatus est tamen postea, sicut Veritas in Evangelio ait : *Pater meus operatus est usque nunc, et ego operor illud.*

De quatuor modis divinæ operationis.

8. Quatuor enim modis, ut ait Alcuinus super Geneaim, operatur Deus. Primo in verbo, omnia disponendo; secundo, in materia informi quatuor elementorum, de nihilo eam creando ; unde, Eccl. 18 : *Qui vivit in æternum creavit omnia simul* ; omnia scilicet elementa vel omnia corpora materialiter simul creavit ; tertio, per opera sex dierum varias distinxit creaturas ; quarto, ex primordialibus seminibus non incognitæ oriuntur naturæ, sed notæ sæpius reformantur, ne pereant.

DISTINCTIO XIII.

QUÆ FUERIT PRIMA DISTINCTIONIS OPERATIO.

1. Prima autem distinctionis operatio fuit formatio lucis, sicut ostendit Scriptura Genes., quæ commemorata rerum informitate, earum dispositionem a luce inchoavit, subdens: *Dixit Deus:* Fiat lux, *et facta est lux :* et divisit lucem a tenebris, appellavitque lucem diem, et tenebras noctem. Et factum est vespere et mane dies unus. Congrue mundi ornatus a luce cœpit, unde cætera quæ creanda erant viderentur.

Qualis fuerit lux illa, corporalis an spiritualis.

2. Si quæritur qualis illa lux fuerit, corporalis scilicet an spiritualis, id respondemus quod a sanctis legimus traditum. Dicit enim Aug. quia lux illa corporalis vel spiritualis intelligi potest. Si spiritualis accipitur, angelica natura intelligitur, quæ prius informis fuit, sed postea formata est, cum ad Creatorem conversa ei charitate adhæsit, cujus infirmitatis creatio superius significata est, ut dictum est: *In principio creavit Deus cœlum et terram.* Hic vero ejusdem formatio ostenditur cum ait: *Fiat lux, et facta est lux.* Hæc ergo angelica natura prius tenebræ, et postea lux fuit, quia prius habuit informitatem et imperfectionem, deinde formationis perfectionem ; et ita divisit Deus lucem a tenebris. Nam, ut ait Aug. super Genes.: Hujus creaturæ informitas et imperfectio fuit antequam formaretur in amore Conditoris. Formata vero est quando conversa est ad incommutabile lumen Verbi. Si vero corporalis fuit lux illa, quod utique probabile est, corpus lucidum fuisse intelligitur, velut lucida nubes ; quod non de nihilo, sed de præjacenti materia formaliter factum est, ut lux esset, et vim lucendi haberet, cum qua dies prima exorta est, quia ante lucem nec dies fuit nec nox, licet tempus fuerit.

Quod lux illa facta est ubi sol apparet, quæ in aquis lucere poterat.

3. Si autem quæritur ubi est facta lux illa, cum abyssus omnem terræ altitudinem tegeret, dici potest in illis partibus facta quas nunc illustrat solis diurna lux. Nec mirum lucem in aquis posse lucere, cum etiam naturam operatione sæpius illustrentur, qui in profundum mersi, misso ex ore oleo aquas sibi illustrant, quæ multo rariores fuerunt in principio quam modo sunt, quia nondum congregatæ fuerant in uno loco. Facta est ergo lux illa quæ vicem et locum solis tenebat, quæ motu suo circumagitata noctem diemque discernebat. Ibi ergo primum lucem apparuisse verisimile est, ubi sol quotidiano cursu circumvectus apparet, ut eodem tramite lux circumcurrens, ac primo ad occasum descendens, vesperam faceret ; deinde revocata ad ortum, auroram, id est, mane illustraret ; et ita *divisit Deus lucem et tenebras, et appellavit lucem diem, et tenebras noctem.*

Quod dies diversis modis accipitur.

4. Hic notandum est quod dies diversis modis accipitur in Scriptura. Dicitur enim dies lux illa quæ illo triduo tenebras illuminabat; et dicitur dies illuminatio ipsa aeris. Dicitur etiam dies spatium viginti quatuor horarum; qualiter accipitur cum dicitur:*Factum est vespere et mane dies unus.* Quod ita distinguendum est : Factum est vespere prius, et postea mane ; et ita fuit dies unus expletus viginti quatuor horarum. Dies, scilicet naturalis, quia habuit vesperam sed non mane; mane enim dicitur finis præcedentis et initium sequentis diei, quod est aurora, quæ nec plenam lucem, nec omnino tenebras habet. Mane ergo primus dies non habuit, quia nec dies præcesserat qui sequentis diei initio terminaretur ; et eo præcipue, quia luce apparente, mox super terram plenus atque præclarus dies extitit, quia non ab aurora, sed a plena luce inchoavit, et mane sequentis diei consumatus est. Unde Beda, super Genes.: Decebat ut dies a luce inciperet, et in mane sequentis diei tenderet, ut opera Dei a luce inchoasse et in lucem completa esse significarentur. Reliqui autem dies mane habuerunt et vesperam ; quorum quisque a suo mane incipiens, usque ad alterius diei mane tendebatur.

De naturali ordine computationis dierum, et de illo qui pro mysterio introductus est.

5. Hic est naturalis ordo distinctionis dierum, ut distinguantur atque computentur dies a mane ad mane. Postea vero in mysterio factum est ut dies computentur a vespera in vesperam, et ad jungatur dies præcedenti nocti in computatione, cum juxta naturalem ordinem præcedens dies sequenti nocti adjungi debeat, quia homo a luce per peccatum corruit in tenebras ignorantiæ et peccatorum, deinde per Christum a tenebris ad lucem rediit. Unde Apostolus, Eph. 5 : *Eramus aliquando tenebræ, nunc autem lux in Domino.* Primus itaque dies non ab aurora, sed a plena luce incipiens, et post vesperam, paulatim occidente luce, excipiens mane sequentis diei, expletus est. Unde Beda : Occidente luce, et paulatim post spatium diurnæ longitudinis inferiores partes subeun te, factum est vespere, sicut nunc usitato cursu solis fieri solet. Factum est autem mane eadem super terram redeunte, et alium diem inchoante, et dies expletus est unus viginti quatuor horarum. Fuitque nox illo triduo omnino tenebrosa, quæ post creata sidera aliqua luce claruit.

Cur sol factus est, si lux illa sufficiebat.

6. Solet autem quæri quare factus est sol, si lux illa ad faciendum diem sufficiebat. Ad quod dici potest quoniam lux illa forte superiores partes illustrabat, et

ad illuminationem inferiorum solem fieri oportebat. Vel potius ideo, quia facto sole diei fulgor auctus est. Ampliori enim multo luce radiavit dies postea, quam ante. Si autem quæritur quid de luce illa factum sit, cum modo non appareat, potest dici aut de ea corpus soli formatum, aut in ea parte cœli non esse in qua sol est; non quod ipsa sit sol, sed sic ei unita ut discerni non valeat.

Quomodo accipiendum sit illud : Dixit Deus, *an sono vocis id Deus dixerit, an aliter.*

7. Præterea investigandum est quomodo accipiendum sit quod ait: *Dixit Deus,* utrum temporaliter, vel sono vocis illud dixerit, an alio modo. Augustinus, super Genes., lib. 1, c. 2, tradit nec temporaliter, nec sono vocis Deum locutum fuisse; quia si temporaliter, et mutabiliter. Et si corporaliter dicatur sonuisse vox Dei, nec lingua erat qua loqueretur, nec erat quem oportet et audire et intelligere. Bene ergo vox Dei, ad naturam Verbi, per quod omnia facta sunt, refertur. Dixit ergo Deus : *Fiat,* etc., non temporaliter, non sono vocis, sed in Verbo sibi coæterno, id est, Verbum genuit intemporaliter in quo erat, et disposuit ab æterno, ut fieret in tempore, et in eo factum est.

Quomodo accipiendum sit quod dicitur Pater operari in Filio, vel per Filium, vel in Spiritu sancto.

8. Hic quæri solet quomodo accipiendum sit quod dicitur Pater operari in Filio, vel per Filium, vel in Spiritu sancto. Hæc enim Scriptura frequenter nobis proponit ; ut, ps. 103 : *Omnia in Sapientia fecisti, Domine,* id est, in Filio ; et Gen. 1 : *In principio,* id est, in Filio, *creavit Deus cœlum et terram.* Et illud, Hebr. 1 : *Per quem fecit et secula.* Super illum quoque psalmi 32 locum : *Verbo Domini cœli firmati sunt,* etc., dicit Augus. quod Pater operatur per Verbum suum et Spiritum sanctum. Quomodo ergo hoc accipiendum est ? Putaverunt quidam hæretici quod Pater, velut auctor et artifex, Filio et Spiritu sancto in rerum operatione, quasi instrumento, uteretur ; ex prædictis verbis errandi occasionem sumentes, quod velut blasphemum atque sanæ doctrinæ adversum abjicit pia fides. Non est itaque intelligendum, ideo Scripturam frequenter commemorare Patrem operari in Filio vel per Filium, tanquam Filius non posset facere, si ei non porrexisset Pater dexteram, vel tanquam aliquod instrumentum fuerit Patris operantis, sed potius illis verbis Patrem intelligi voluit cum Filio et Spiritu sancto operari, et sine eis nihil facere.

Contra hanc expositionem surgit hæreticus.

9. Sed dicit hæreticus hac ratione hoc posse dixisse Filium operari per Patrem vel in Patre, et Spiritum sanctum cum utroque vel per utrumque, quia Filius cum Patre, et Spiritus sanctus cum utroque operatur. Cui breviter respondetur, ideo illud dictum esse, et non istud, ut in Patre monstraretur auctoritas. Non enim Pater a Filio, sed Filius a Patre operatur, et Spiritus sanctus ab utroque. Ideoque etiam Filius per Spiritum sanctum legitur operari, quia cum Spiritu sancto operatur hoc ipsum a Filio habenti ut operetur.

Alia prædictorum expositio.

10. Potest et aliter illud accipi, ut dicatur Pater in Filio vel per Filium operari, quia cum genuit omnium opificem ; sicut dicitur Pater per eum judicare, quia genuit judicem, ita et per Spiritum sanctum dicitur operari sive Pater, sive Filius, quia ab utroque procedit Spiritus sanctus factor omnium. Unde Joannes Chrys., in expositione Epistolæ ad Hebr., sic ait : Non ut hæreticus inaniter suspicatur, tanquam aliquod instrumentum Patris extitit Filius ; neque per eum Pater dicitur fecisse, tanquam ipse facere non posset; sed sicut dicitur Pater judicare per Filium, quia judicem genuit, sic etiam dicitur operari per Filium, quia eum constat opificem genuisse. Si enim causa ejus Pater est, secundum quod Pater est, multo amplius eorum causa est quæ per Filium facta sunt. Hæc de opere primæ diei dicta sunt.

DISTINCTIO XIV.

DE OPERE SECUNDÆ DIEI, IN QUA FACTUM EST FIRMAMENTUM.

1. Dixit quoque Deus: *Fiat firmamentum in medio aquarum, et dividat aquas ab aquis. Divisitque aquas quæ erant sub firmamento, ab his quæ erant super firmamentum.* Sciendum est quod illius cœli describitur hic creatio, sicut ait Beda, super Genes., in quo fixa sunt sidera ; cui suppositæ sunt aquæ in aere et in terra, et suppositæ aliæ, de quibus dicitur : *Qui tegis aquis superiora ejus.* In medio ergo firmamentum est, id est, sidereum cœlum, quod de aquis factum esse credi potest. Chrystallinus enim lapis cui magna est firmitas et perspicuitas, de aquis factus est. Si quem vero movet quomodo aquæ naturæ fluidæ et in ima labiles super cœlum possint consistere, de Deo scriptum esse meminerit: *Qui ligat aquas in nubibus suis.* Qui enim infra cœlum ligat aquas ad tempus vaporibus nubium retentas, potest etiam super cœli sphæram non vaporali tenuitate, sed glaciali soliditate aquas suspendere, ne labantur. Quales autem et ad quid conditæ sunt, ipse novit qui condidit. Ecce ostensum est his verbis quod cœlum factum sit, scilicet illud in quo sunt fixa sidera, id est, quod excedit aerem ; et de qua materia, scilicet de aquis, et quales sunt aquæ quæ super illud cœlum, scilicet ut glacies soliditate.

Alii putant cœlum illud esse igneæ naturæ, quibus consentit Augustinus.

2. Quidam vero cœlum quod excedit aeris spatia, igneæ naturæ dicunt, asserentes super aerem purum ignem esse qui dicitur esse cœlum ; de quo igne sidera et luminaria facta esse conjectant, quibus Augustinus consentire videtur. Utrum vero nomine firmamenti cœlum quod excedit aerem, an ipse aer hic intelligatur, idem Aug. quærit, nec solvit. Magis tamen approbare videtur cœlum illud hic accipi quod spatia aeris excedit. Aquas autem quæ super illud cœlum sunt dicit vaporaliter trahi, et levissimis suspendi guttis. Sicut aer iste nubilosus exhalatione terræ aquas vaporaliter trahit, et per subtiles minutias suspendit, et post corpulentius conglobatas pluvialiter refundit. Si ergo potest aqua sicut videmus ad tantas minutias pervenire, ut feratur vaporaliter super aerem aquis naturaliter leviorem, cur non credamus etiam super illud levius cœlum minutioribus guttis et levioribus emanare vaporibus ; sed quoque modo ibi sint, ibi esse non dubitamus.

Quæ sit figura firmamenti.

3. Quæri etiam solet cujus figuræ sit cœlum. Sed Spiritus sanctus, quamvis auctores nostri sciverint, per eos dicere noluit, nisi quod prosit saluti. Quæritur etiam si stet an moveatur cœlum. Si movetur, inquiunt, quomodo est firmamentum? Si stat, quomodo in eo fixa sidera circumeunt? Sed firmamentum dici potest, non propter stationem, sed propter firmitatem vel terminum aquarum intransgressibilem. Sic autem stat, nihil impedit moveri et circumire sidera.

Quare tacuit Scriptura de opere secundæ diei quod in aliis dixit.

4. Post hæc quæri solet quare hic non est dictum sicut in aliorum dierum operibus : *Vidit Deus quod esset bonum.* Sacramentum aliquod hic commendatur. Ideo enim fortassis non est dictum, quod tamen sicut in aliis factum est, quia binarius principium alteritatis est, et signum divisionis.

De opere tertiæ diei, quando aquæ congregatæ sunt in unum locum.

5. Sequitur : *Dixit Deus : Congregentur aquæ in locum unum, et appareat arida.* Tertiæ diei opus est congregatio aquarum in unum locum. Congregatæ sunt enim omnes aquæ cœlo inferiores in unam matricem, ut lux quæ præterito biduo aquas clara luce lustraverat, in puro aere clarior fulgeat, et appareat terra quæ cooperta latebat, et quæ aquis limosa erat fieret arida et germinibus apta. Eodem enim die protulit terra *herbam virentem, lignumque faciens fructum.* Si autem

quæratur ubi congregatæ sunt aquæ quæ totum texerant spatium usque ad cœlum, potuit fieri ut terra subsidens concava partes præberet, ubi fluctuantes aquas reciperet. Potest etiam credi primarias aquas rariores fuisse, sic ut nebula tegeret terras, sed congregatione esse spissatas, et ideo facile in unum posse redigi locum. Cumque multa constet esse maria et flumina, in unum tamen locum dicit aquas congregatas propter continuationem vel congregationem omnium aquarum, quæ in terris sunt, quia cuncta flumina et maria magno mari junguntur. Ideo quecum dixerit aquas congregatas in unum locum, deinde dicit pluraliter *congregationes aquarum*, propter multifidos sinus earum, quibus omnibus ex magno mari principium est.

De opere quartæ diei, quando facta sunt luminaria.

6. Sequitur : *Dixit Deus : Fiant luminaria in firmamento cœli, et dividant diem ac noctem*. In præcedenti triduo disposita est universitatis hujus mundi machina, et partibus suis distributa. Formata enim luce prima die quæ universa illustraret, duo sequentes dies attributi sunt supremæ et infimæ parti mundi, firmamento scilicet, aeri, terræ, et aquæ. Nam secunda die firmamentum desuper expansum est. Tertia vero aquarum molibus intra receptacula sua collectis terra est revelata atque aer serenatus. Quatuor ergo mundi elementa illis diebus, suis locis distincta, sunt et ordinata. Tribus autem sequentibus diebus ornata sunt illa quatuor elementa. Quarta enim die ornatum est firmamentum sole, et luna, et stellis. Quinta aer in volatilibus et aquæ in piscibus ornamenta acceperunt. Sexta accepit terra jumenta et reptilia et bestias, postque omnia factus est homo de terra et in terra ; non tamen ad terram, nec propter terram, sed ad cœlum et propter cœlum.

Ante alia de ornatus cœli agitur, sicut prius factum est.

7. Quia ergo cœlum cæteris elementis speciem præstat, priusque aliis factum est, ideo ante alia ornatur in quarto die quo fiunt sidera ; quæ ideo facta sunt, ut per ea illustretur inferior pars, ne esset habitantibus tenebrosa. Infirmitati que homim provisum est, ut circumeunte sole potirentur homines diei noctisque vicissitudine, propter dormiendi vigilandique necessitatem, et ideo etiam ne nox indecora remaneret sed luna ac sideribus consolarentur homines quibus in nocte operandi necessitas incumberet, et quia quædam animalia sunt quæ lucem ferre non possunt. Quod autem subditur : *Et sint in signa, et tempora, et dies, et annos*, quomodo accipiendum sit quæri solet. Ita enim dictum videtur, quasi quarto die cœpissent tempora, cum prius triduum sine tempore non fuerit. Ideoque tempora quæ fiunt per sidera, non spatia morarum, sed vissitudinem aeræ qualitatis debemus accipere, quia talia motibus siderum fiunt, sicut dies et anni quos usitate novimus. Sunt enim in signa serenitatis et tempestatis ; et in tempora, quia per ea distinguimus quatuor tempora anni, scilicet ver, æstatem, autumnum, hyemen. Vel sunt in signa et tempora, id est, distinctionem horarum, quia priusquam fierent, ordo temporum nullis notabatur indiciis, vel meridiana hora, vel quælibet hora. Hæc quarta die facta sunt.

DISTINCTIO XV.

DE OPERE QUINTÆ DIEI, QUANDO CREAVIT DEUS EX AQUIS VOLATILIA ET NATATILIA.

1. Dixit etiam Deus : *Producant aquæ reptile animæ viventis et volatile super terram*, etc. Opus quintæ diei est formatio piscium et avium, quibus duo elementa ornantur ; et de eadem materia, id est, de aquis pisces et aves creavit, volatilia levans in aera, natatilia remittens gurgiti.

De opere sextæ diei, quando creata sunt animalia et reptilia terræ.

2. Sequitur : *Dixit Deus : Producat terra animam viventem, jumenta, et reptilia, et bestias terræ secundum species suas*, etc. Sextæ diei opus describitur, cum terra suis animalibus ornari dicitur.

Utrum post peccatum venenosa, animalia noxia facta fuerint an propter peccatum nocere cæperint, prius facta innoxia.

3. Quæri solet de venenosis et perniciosis animantibus, utrum post peccatum hominibus ad vindictam creata sint, an potius creata innoxia peccatoribus nocere cœperint. Sane dici potest quod creata nihil homini nocuissent, si non peccasset ; puniendorum namque vitiorum et terrendorum, vel probandæ vel perficiendæ virtutis causa nocere cœperunt. Fuerunt ergo creata innoxia sed propter peccatum facta sunt noxia. Aug., lib. de Gen. ad litteram 3, cap. 15.

Utrum minuta animalia tunc creata fuerint.

4. De quibusdam etiam minutis animantibus quæstio est utrum in primis conditionibus creata sint, an ex rebus corruptis postea orta sint. Pleraque enim de humidorum corporum vitiis vel exhalationibus terræ, sive de cadaveribus gignuntur ; quædam etiam de corruptione lignorum et herbarum et fructuum ; et Deus auctor omnium est. Potest autem dici quod ea quæ de corporibus animalium, maxime mortuorum, nascuntur, cum animalibus creata non fuerint, nisi potentialiter et materialiter. Ea vero quæ ex terra vel ex aquis nascuntur, vel ex eis quæ terra germinante orta sunt, tunc creata fuisse non incongrue dici potest. Aug., lib. de Gen. ad litteram 3, cap. 14.

Quare post omnia factus est homo.

5. Omnibus autem creatis atque dispositis novissime factus est homo, tanquam dominus et possessor, qui et omnibus præferendus erat. Unde sequitur, Gen 1 : *Vidit Deus quod esset bonum, et ait: Faciamus hominem ad imaginem*, etc. § Sed antequam de hominis creatione tractemus, quod supra breviter tetigimus, plenius versantes clarius faciamus. In hac enim rerum distinctione catholici tractatores dissentire, ut supra diximus, inveniuntur ; aliis dicentibus res creatas atque distinctas secundum species per intervalla sex dierum; quorum sententiæ quia littera Genes. magis inservire videtur, atque catholica Ecclesia magis approbat, ideo hactenus studiose docuimus quomodo ex illa communi materia prius informiter facta, postea corporalium rerum genera per sex dierum volumina distinctim sint formata. § Aliis autem videtur quod non per intervalla temporum facta sint ; sed simul ita formata, ad esse prodierunt. Quod Aug. super Genes. lib. 4, pluribus modis nititur ostendere, dicens elementa quatuor ita formata sicut modo apparent, ab initio extitisse, et cœlum sideribus ornatum fuisse. Quædam vero non formaliter, sed materialiter tunc facta fuisse, quæ post per temporis accessum formaliter distincta sunt : ut herbæ, arbores, et forte animalia. Omnia ergo in ipso temporis initio facta esse dicunt ; sed quædam formaliter et secundum species quas habere cernimus, ut majores mundi partes ; quædam vero materialiter tantum. Sed, ut dicunt, Moyses loquens rudi et carnali populo, locutionis modum temperavit, de Deo loquens a simili hominis qui per moras temporum opera sua perficit, cum ipse simul sua opera fecerit, unde Aug. : Ideo, inquit, Moyses divisim refert Deum illa opera fecisse, quia non potuit simul ab homine dici, quod a Deo simul potuit fieri. Item : Potuit dividere Scriptura loquendi temporibus, quod Deus operandi temporibus non divisit. Illi qui his auctoritatibus et aliis hujusmodi inhærentes dicunt quatuor elementa atque cœli luminaria ita formata simul esse, et habuisse illos sex dies quos Scriptura commemorat, sex rerum genera, id est distinctiones appellant quæ simul factæ sunt ; partim formaliter, partim causaliter (lib. 1, c, 15).

Quomodo intelligendum sit Deum requievisse ab omni opere suo.

6. Jam de septimæ diei requie aliquid nos eloqui oportet. Scriptum est, Gen. 2, quia *complevit Deus die septimo opus suum, et requievit die septimo ab universo opere quod patrarat*. Requievisse Deum die septimo, non quasi operando lassus, sed ab universo opere requievit, quia novam creaturam facere cessavit. Re-

quiescere enim cessare dicitur, unde in Apoc., c. 4, dicitur: *Non habebant requiem dicentia: Sanctus, Sanctus, Sanctus,* id est, dicere non cessabant. Requievisse ergo Deus dicitur, quia cessavit a faciendis generibus creaturæ, quia ultra nova non condidit. Usque nunc tamen, ut Veritas in Evangelio ait, operatur Pater cum Filio, scilicet administrationem eorumdem generum quæ tunc instituta sunt. Creatoris enim virtus causa subsistendi est omni creaturæ. Quod ergo dicitur, Joan. 4 : *Pater meus usque modo operatur, et ego operor,* illud universæ creaturæ continuam administrationem ostendit. Die ergo septimo requievit, ut novam creaturam ulterius non faceret, cujus materia vel similitudo non præcesserit; sed usque nunc operatur, ut quod condidit continere et gubernare non cesset (Aug., I. de Gen. ad litteram 4. c. 12).

Qualiter accipiendum sit quod dicitur Deus conplesse opus suum septimo die, cum tunc requievit ab omni opere suo. (Aug., Gen. 1 ; in Enchiridio, cap. 10, et 11).

7. Sed quæritur quomodo septimo die dicatur Deus complesse opus sum. cum ab ommi opere illo die requieverit, nec aliquod genus novum rerum fecerit. Alta translatio habet : *Consummavit Deus die sexto opera sua;* quænibil quæstionis affert quia manifesta sunt quæ in eo facta sunt, et omnium consummatio eo die perfecta est, sicut Scriptura ostendit cum ait: *Vidit Deus cuncta quæ fecerat erant valde bona.* Omnia quidem naturaliter bona erant, nihil que in sui natura vitii habentia; et sunt bona quæ condidit Deus etiam singula. Simul vero universa valde bona, quia ex omnibus consistit universitatis admirabilis pulchritudo: in qua etiam illud quod malum dicitur, bene ordinatum et loco suo positum, eminentius commendat bona, ut magis placeant et laudabilia sint dum comparantur malis. Sexto ergo die facta est operum consummatio. Ideo præmissa oritur quæstio, quomodo dicatur Deus die septimo opus suum complesse, quod Hebraica veritas habet; in quo tamen nihil novum creasse dicitur, nisi forte dicatur die septimo complevisse opus suum, quia ipsum benedixit et sanctificavit ; sicut subjicit Scriptura: *Benedixit die septimo et sanctificavit illum.* Opus enim est benedictio et sanctificatio ; sicut Salomon aliquid operis fecit, cum templum dedicavit.

Quæ sit benedictio et sanctificatio septimæ diei.

8. Illum autem diem sanctificasse et benedixisse dicitur, quia mystica præ cæteris benedictione et sanctificatione eum donavit. Unde in lege dicitur, Exod. 20 : *Memento sanctificare diem sabbati.* Et inde est quod numerando dies usque ad septimum procedimus, et dicimus septem esse dies, quorum repetitione omne tempus agitur ; non quia alius sit ab illis dies octavus et nonus, et sic de cæteris, sed quia in sex diebus rerum genera distincta sunt, et in septimo, licet non fuerit novum genus rerum institutum, fuit tamen in eo quasi quidam novus status sanctificationis operum et requietionis opificis. Potest etiam sic exponi illud : *Complevit Deus die septimo opus suum,* id est, completum et consummatum vidit.

DISTINCTIO XVI

DE HOMINIS CREATIONE, UBI CONSIDERANDUM EST QUARE CREATUS HOMO, ET QUALITER SIT INSTITUTUS, QUÆ DUO SUPRA TRACTATA SUNT ; ET QUALIS FACTUS ET QUALITER LAPSUS, POSTREMO QUOMODO SIT REPARATUS ; QUÆ DISCUTIENDA SUNT.

1. His excursis quæ supra de hominis creatione præmisimus, effectui mancipare atque ordine explanare nunc suscipimus; ubi hæc consideranda videntur, scilicet quare creatus sit homo, et qualiter institutus, et qualis et quomodo factus ; deinde, qualiter sit lapsus ; prostremo, qualiter et per quæ sit reparatus. Horum autem primo et secundo posita, id est, causam creationis humanæ, et modum institutionis, superius pro modulo nostræ facultatis tractavimus Ideoque superest ut qualis vel quomodo factus sit discutiamus. In Genes. legitur, c. 1 : *Faciamus hominem ad imaginem et similitudinem nostram,* etc. In eo quod dicit *faciamus,* una operatio trium personarum ostenditur; in hoc vero quod dicit *ad imaginem et similitudinem nostram,* una et æqualis substantia trium personarum monstratur. Ex persona enim Patris hoc dicitur ad Filium et Spiritum sanctum, non, ut quidam putant, angelis ; quia Dei et angelorum non est eadem imago vel similitudo.

Quod imago et similitudo hic a diversis accipitur varie ; a quibusdam increata, et ab aliis creata, et increata, vel essentia Trinitatis, vel Filius et Spiritus sanctus.

2. Imago autem et similitudo in hoc loco vel increata intelligitur, id est, Trinitatis essentia, ad quam factus est homo ; vel creata, in qua factus est, et ipsa homini concreata. Increatam imaginem quæ Deus est, intellexisse videtur Beda cum dicit non esse unam imaginem Dei et angelorum, sed trium personarum ; et ideo de personis non angelis fit ibi sermo. Improprie tamen imago dicitur, quia imago relative ad aliud dicitur cujus similitudinem gerit, et ad quod repræsentandum facta est sicut imago Cæsaris quæ ipsius similitudinem præferebat, ipsumque quodammodo repræsentabat proprie autem imago dicitur id ad quod aliud fit, sicut exemplum propre dicitur quod sumitur ex aliquo, et exemplar ex quo sumitur aliquid. Ponitur tamen et aliquando abusive alterum pro altero ; ita et minus proprie accipitur imago essentia Trinitatis, si tamen ea nomine imaginis in hoc loco intelligitur. (Beda, super Genesim.)

Opinio eorum qui putaverunt Filium per imaginem et similitudinem hic accipi. (Aug. in lib. 7 de Trin., c. 6, in fine.)

2. Filius vero proprie imago Patris dicitur, sicut supra in tractatu de Trinitate diximus. Unde fuerunt nonnulli qui ita distinxerunt ut imaginem in hoc loco intelligerent Filium ; hominem vero non imaginem, sed ad imaginem factum dicerent, quos refellit Apostolus dicens, 1 Cor. 11 : *Vir quidem est imago, et gloria Dei.* Hæc namque imago, id est, homo, cum dicitur fieri ad imaginem, non quasi ad Filium dicitur fieri; alioquin non diceretur *ad imaginem nostram.* Quomodo enim *nostram* diceret, cum Filius solius Patris imago sit? §Fuerunt autem et alii perspicacius hæc tractantes, qui per imaginem Filium, et per similitudinem Spiritum sanctum intelligerent, qui similitudo est Patris et Filii. Et ideo pluraliter putaverunt dici *nostram,* id referentes ad similitudinem tantum; ad imaginem vero, subintelligendum esse meam. Hominem vero et imaginem esse et ad imaginem et similitudinem factum esse tradiderunt, et imaginem imaginis esse et similitudinis.

Nec horum sententiam approbat, sed imaginem et similitudinem Dei in homine quærendam et considerandam docet, ut imago et similitudo creata intelligatur.

4. Verumtamen hæc distincto, licet reprobabilis penitus non videatur, quia de medio montium, id est, auctoritatibus sanctorum non manat, congruentius in ipso homine imago etsimilitudo Dei quærenda est et consideranda. Factus est ergo homo ad imaginem Dei et similitudinem, secundum mentem, quia irrationabilibus antecellit ; sed ad imaginem, secundum memoriam, intelligentiam et dilectionem ; ad similitudinem, secundum innocentiam et justitiam, quæ in mente rationali naturaliter sunt. Vel imago consideratur in cognitione veritatis similitudo in amore virtutis; vel imago in aliis omnibus similitudo in essentia, quia et immortalis et indivisibilis est. Unde August., tom. 2, in lib. de Quantitate animæ, c. 1 : Anima facta est similis Deo, quia immortalem et indissolubilem fecit eam Deus. Imago pertinet ad formam, similitudo ad naturam. Factus est ergo homo secundum animam, ad imaginem et similitudinem non Patris vel Filii vel Spiritus sancti, sed totius Trinitatis: ita et secundum animam dicitur homo esse imago Dei, quia imago Dei in eo est. Sicut imago dicitur et tabula et pictura quæ in ea est ; sed propter picturam quæ

in ea est, simul et tabula et imago appellatur : ita propter imaginem Trinitatis etiam illud in quo est imago, nomine imaginis vocatur.(Aug. in 16 lib.de Trin. c. 2. in fine).

Quod homo dicitur imaho,et ad imaginem ; Filius vero imago, non ad imaginem.

5. Quocirca homo et imago dicitur, et ad imaginem ; Filius autem imago, non ad imaginem, quia natus et non creatus,æqualis et in nullo dissimilis: homo creatus est a Deo, non genitus;non parilitate æqualis,sed quadam similitudine accedens ei,unde August.in lib.7 de Trin., c. 6, in fine : In Genes. legitur : *Faciamus hominem ad imaginem etsimilitudinem nostram.Faciamus et nostram* pluraliter dixit; et nisi ex relativis accipi non oportet, ut facere intelligantur Patris et Filii et Spiritus sanctus ad imaginem Prtris et Filii et Spiritus sancti,ut subsisteret homo imago Dei.Sed quia non omnino æqualis fiebat illa imago, tanquam non ab illo nata, sed ab eo creata,ideo ita imago dicitur quod et ad imaginem; quia non æquatur parilitate,sed accedit quadam similitudine.Filius autem est imago,sed non ad imaginem,quia æqualis Patri; dictus est ergo homo ad imaginem, propter imparem similitudinem. Et ideo *nostram*,ut imago Trinitatis esse homo intelligatur, non Trinitati æqualis sicut Filius Patri.Ecce ostensum et secundum quid sit homo similis Deo,scilicet secundum animam.Sed in corpore quamdam proprietatem habet quæ hoc indicat,quia est erecta statura, secundum quam corpus animæ rationali congruit, quia in cœlum erectum est. Aug., lib. de Gen. ad litteram.6,cap. 12,et lib.de Gen. contra Manichæos 1, c. 17, in fine tomi primi.

DISTINCTIO XVII.
DE CREATIONE ANIMÆ, UTRUM DE ALIQUO FACTA SIT, VEL NON, ET QUANDO FACTA, ET QUAM GRATIAM HABUERIT IN CREATIONE.

1.Hic de origine animæ plura quæri solent,scilicet unde creata fuerit,et quando,et quam gratiam habuerit in creatione. Sicut hominis formatio secundum corpus describitur cum dicitur:*Formavit Deus hominem de limo terræ*,ita ejusdem secundum animam factura describitur cum subditur:*Et inspiravit in faciem ejus spiraculum vitæ*.Corpus enim de limo terræ formavit Deus,cui animam inspiravit. Vel, secundum aliam litteram,*flavit* vel *sufflavit*:non quod faucibus sufflaverit, vel manibus corporeis corpus formaverit,Spiritus enim Deus est, nec lineamentis membrorum compositus. Non ergo carnaliter putemus Deum corporis manibus formasse corpus, vel faucibus inspirasse animam,sed potius hominem de limo terræ secundum corpus formavit jubendo, volendo, id est, voluit,et verbo suo jussit ut ita fieret,et inspiravit in faciem ejus spiraculum vitæ,et,substantiam animæ in qua viveret,creavit: non de materia aliqua corporali vel spirituali, sed de nihilo.

Opinio quorumdam hæreticorum, qui putaverunt animam esse de substantia Dei. (Aug. lib. 7 de Gen. ad litt., c. 2 et 3.)

3.Putaverunt enim quidam hæretici Deum de sua substantia animam creasse, verbis Scripturæ pertinaciter inhærentes, quibus dicitur *inspiravit* vel *insufflavit*,etc.Cum flat, inquiunt,vel spirat homo, de se flatum emittit. Sic ergo,cum dicitur Deus flasse vel spirasse spiraculum in faciem hominis,ex se spiritum hominis emisisse intelligitur,id est de sua substantia.Qui hoc dicunt;non capiunt tropica locutione dictum esse *sufflavit* vel *flavit*,id est,flatum hominis, scilicet animam fecit.Flare enim est flatum facere, et flatum facere est animam facere. Unde Dominus per Isaiam, c. 57: *Omnem flatum ego feci.* Non sunt ergo audiendi qui putant animam esse partem Dei. Si enim hoc esset,nec a se nec ab alio decipi posset, nec ad malum faciendum vel patiendum compelli, nec in melius vel deterius mutari. Flatus ergo quo hominem animavit factus est a Deo,non de Deo,nec de aliqua materia, sed de nihilo.

Quando facta sit anima, an ante corpus aut in corpore. (Aug. lib. 7, c. 25 et 27.)

3. Sed utrum ante corpus,vel in corpore,vel extra corpus, etiam inter doctos scrupulosa quæstio est. Aug. enim,super Gen., tradit animam cum angelis sine corpore fuisse creatam, postea vero ad corpus accessisse;neque compulsa est incorporari,sed naturaliter illud voluit,id est, sic creata fuit,ut vellet. sicut naturale nobis est velle vivere.Male autem velle vivere, non naturæ,sed voluntatis est perversæ.Alii vero dicunt animam primi hominis in corpore fuisse creatam. ita exponentes verba illa : *Inspiravit in faciem ejus spiraculum vitæ*,id est, animam in corpore creavit, quæ totum corpus animaret ;faciem tamen specialiter expressit, quia hæc pars sensibus ornata est ad intuenda superiora. Sed quidquid de anima primi hominis æstimetur,de aliis certissime sentiendum est quod in corpore creentur;creando enim infundit eas Deus,et infundendo creat. Dicendum est etiam animam illam non sic esse creatam,ut præscia esset operis futuri justi vel injusti. (Ibidem,c. 26.)

In qua ætate Deus hominem fecerit. (Aug. lib. 6, de Gen. ad litt. cap. 13, 14.)

4.Solet etiam quæri utrum Deus hominem repente in virili ætate fecerit, an perficiendo et ætates augendo, sicut nunc format in matris utero. August., super Genes.,dicit quod Adam in virili ætate continuo factus est;et hoc secundum superiores non inferiores causas, id est secundum voluntatem et potentiam Dei quam naturæ generibus non alligavit, qualiter et virga Moysi conversa est in draconem. Nec talia contra naturam fiunt,nisi nobis,quibus alter naturæ cursus innotuit ; Deo autem natura est quod facit.Non erga contra dispositionem suam illud fecit Deus.Erat enim in prima causarum creatarum conditione sic hominem posse fieri;sed non ibi erat necesse ut sic fieret: hoc enim non erat in conditione creaturæ,sed in beneplacito Creatoris, cujus voluntas necessitas est.Hoc enim necessario futurum est quod vult et præscit.Multa vero secundum inferiores causas futura sunt.sed in præscentia Dei futura non sunt,Si autem ibi aliter futura sunt, potius futura sunt sicut ibi sunt, ubi præscit ille qui non potest falli. Si ergo factus est Adam, non secundum inferiores causas,quia non erat in rerum cousis seminalibus ut ita fieret ; sed secundum superiores, non contra naturam operantes,quia in rerum causis naturalibus erat ut ita posset fieri(lib. eodem, c. 17).

Quod homo extra paradisum creatus, in paradiso sit positus ; et quare ita factum sit.

5.*Hominem autem ita formatum tulit Deus*,ut Scritura docet, Gen.2, *et posuit in paradiso voluptatis, quam plantaverat a principio*.His verbis aperte Moyses insinuat quod homo extra paradisum creatus postmodum in paradiso sit positus.Quod ideo factum dicitur quia non erat in eo permansurus;vel ut non naturæ, sed gratiæ hoc assignaretur.Intelligitur autem paradisus localis, et corporalis in quo homo locatus est. Tres enim generales de paradiso sententiæ sunt.Una eorum qui corporaliter intelligi volunt tantum; alia eorum qui spiritualiter tantum;tertia eorum qui utroque modo paradisum accipiunt.Tertiam mihi placere fateor ut homo in corporali paradiso sit positus,qui ab illo principio plantata accipi potest,quo terram omnem remotis aquis herbas et lignaproducere jussit. Qui etsi præsentis Ecclesiæ velut futuræ typum tenet, ad litteram tamen intelligendum est esse locum amænissimum fructuosis arboribus, magnum et magno fonte fœcundum.Quod dicimus *a principio*, antiqua translatio dicit *ad Orientem*.Unde volunt in orientali parte esse paradisum, longo interjacente spatio vel maris vel terræ a regionibus quas incolunt homines secretum,et in alto situm,usque ad lunarem circulum pertingentem,unde nec aquæ diluvii illuc pervenerunt. (Aug., lib. 8 de Gen. ad lit., c. 1.)

De lignis paradisi, inter quæ erat lignum vitæ et lignum scientiæ boni et mali.

6. In hoc autem paradiso erant ligna diversi generis; inter quæ unum erat quod vocatum est lignum vitæ; alterum vero, lignum scientiæ boni et mali. Lignum autem vitæ dictum est, sicut docet Beda et Strabus quia divinitus accepit hanc vim, ut qui ex ejus fructu comederet, corpus ejus stabili sanitate et perpetua soliditate firmaretur; nec ulla infirmitate, vel ætatis imbecillitate in deterius vel in occasum laboretur. Lignum autem scientiæ boni et mali, non a natura hoc nomen accepit, sed ab occasione rei postea secutæ. Arbor enim illa non erat mala, sed scientiæ boni et mali ideo dicta est, quia post prohibitionem erat in illa transgressio futura; qua homo experiendo disceret quid esset inter obedientiæ bonum, et inobedientiæ malum. Non ergo de fructu qui nasceretur inde positum est illud nomen, sed de re transgressionem secuta. Cognovit enim homo, priusquam tangeret hoc lignum, bonum et malum; sed bonum per prudentiam et experientiam, malum vero per prudentiam tantum. Quod etiam per experientiam novit usurpato ligno vetito quia per experientiam mali didicit quid sit inter bonum obedientiæ et malum inobedientiæ. Si vero primi parentes obedientes essent, nec contra præceptum peccassent, non ideo tamen minus diceretur lignum scientiæ boni et mali, quia hoc ex ejus tactu accideret si usurparetur. A ligno ergo prohibitus est quod malum non erat, ut ipsa præcepti conservatio bonum illi esset, transgressio malum. Nec melius consideratur quantum malum sit inobedientia, quam hoc modo; cum scilicet ideo reus factus esse homo intelligitur, quia prohibitus rem tetigit, quam si non prohibitus tetigisset, nec peccasset, nec poenam sensisset. Si vero venenosam herbam prohibitus tetigeris, poena sequitur; et si nemo prohibuisset, similiter sequeretur. Sic etiam prohibetur res tangi, quæ non tangenti tantum, sed prohibenti obest, sicut aliena pecunia; ideo prohibitum est peccatum, quia prohibenti est damnosum. Cum vero tangitur quod nec tangenti obest si non prohibetur, nec cuilibet si tangatur; et ideo prohibetur, ut per se bonum obedientiæ et malum inobedientiæ monstretur. Sicut primus homo a re bona prohibitus poenam incurrit; ut non ex re mala, sed ex inobedientia poena esse monstretur, sicut ex obedientia palma. (Aug., lib. 5 de Gen. c. 6, in fine; et eodem lib. c. 3.

DISTINCTIO XVIII.
DE FORMATIONE MULIERIS.

1. In eodem quoque paradiso mulierem formavit Deus de substantia viri; sicut post plantatum paradisum, hominemque in eo positum, et post universa animalia ad eum ducta suisque nominibus designata, subnectit Scriptura, Gen. 2: *Immisit Deus soporem in Adam. Cumque obdormisset, tulit unam de costis ejus, et formavit eam in mulierem.*

Quare virum prius, et postea de viro mulierem creavit, non simul utrumque.

2. Hic attendendum est quare non creavit simul virum et mulierem, sicut angelos; sed prius virum, deinde mulierem de viro. Ideo scilicet, ut unum esset generis homini principium, quatenus in hoc et superbia diaboli confunderetur, et hominis humilitas Dei similitudine sublimaretur. Diabolus quippe aliud a Deo principium esse concupierat. Ideoque ut ejus superbia retunderetur, hoc homo in munere accepit, quod diabolus perverse rapere voluit, sed obtinere non potuit. Et per hoc imago Dei in homine appareuit, ut sicut Deus omnibus rebus existit principium creationis, ita homo omnibus hominibus principium generationis. Ideo etiam ex uno homine omnes esse voluit Deus, ut dum cognoscerent se ab uno esse omnes, se quasi unum amarent.

Quare de latere viri, non de alia corporis parte formata sit.

3. Cum autem his de causis facta sit mulier de viro, non de qualibet parte corporis viri, sed de latere ejus formata est, ut ostenderetur quia in consortium creabatur dilectionis, ne forte si fuisset de capite facta, viro ad dominationem videretur præferenda; aut si de pedibus, ad servitutem subjicienda. Quia igitur viro nec domina, nec ancilla parabatur, sed socia; nec de capite, nec de pedibus, sed de latere fuerat producenda, ut juxta se ponendam cognosceret, quam de suo latere sumptam didicisset. (Aug. lib. 9 de Gen. au litteram, cap. 13.)

Quare dormienti et non vigilanti costa subtracta est.

4. Non sine causa dormienti quoque viro potius quam vigilanti detracta est costa, de qua mulier in adjutorium generationis viro est formata; scilicet, ut nullam in eo sensisse poenam monstraretur, et divinæ simul potentiæ opus mirabile ostenderetur quæ hominis dormientis latus aperuit, nec cum tamen a quiete soporis excitavit. In quo etiam opere *sacramentum Christi et Ecclesiæ figuratum est,* ad Eph. 5: Quia sicut mulier de latere viri dormientis formata est, ita Ecclesia ex sacramentis quæ de latere Christi in cruce dormiente profluxerunt, scilicet, sanguine et aqua, quibus redimimur a poenis atque abluimur a culpis.

Quod de illa costa sine extrinseco additamento facta fuit per Dei potentiam, sicut quinque panes in se multiplicati sunt.

5. Solet etiam quæri utrum de illa costa sine adjectione rei extrinsecæ facta sit mulier; quod quibusdam non placuit. Cæterum si ad perficiendum corpus mulieris Deus extrinsecum augmentum addidisset, majus illud esset quam ipsa costa; ideoque potius de illo addito quam de ipsa costa mulier facta deberet dici, de quo plures accepisset substantiæ partes. Restat ergo ut de sola ipsius costæ substantia sine omni extrinseco additamento, per divinam potentiam in semetipsa multiplicata, mulieris corpus factum dicatur: eo sane miraculo quo postea de quinque panibus a Jesu coelesti benedictione multiplicatis, quinque millia hominum satiata sunt. Illud etiam scire oportet, quod cum angelorum ministerio facta sit mulieris formatio, non est eis tamen tribuenda creationis potentia. Angeli enim nullam possunt creare naturam, ergo nec formare costam in mulierem, nec carnis supplementum in loco costæ: non quod nihil agant aliquid creetur, sed non ideo creatores sunt, sicut nec agricolæ segetum vel arborum. Solus Deus, id est, Trinitas est creator. Facta est ergo femina a Deo, etiam si costa ministrata sit per angelos.

Utrum secundum superiores, an secundum inferiores causas ita facta sit mulier; id est, an ratio seminalis id haberet ut ita fieret, an tantum ut ita fieri posset, sed ut sic fieret in Deo tantum esset causa. (Aug. lib. 9 de Gen. ad litt., c. 15, et cod. lib. c. 1.)

6. Sed quæritur an ratio quam Deus primis operibus concreavit, id haberet ut secundum ipsam ex viri latere feminam fieri necesse foret, an hoc tantum, ut fieri posset. Ad quod sciendum est omnium rerum causas in Deo ab æterno esse. Ut enim homo sic fieret vel equus et hujusmodi, in Dei potentia et dispositione ab æterno fuit. Hæ dicuntur primordiales causæ, quia istas aliæ non precedunt, sed iste alias, quæ sunt causæ causarum. Cumque unum sit divina potentia dispositio sive voluntas, et ideo una omnium principalis causa; tamen propter effectus diversos pluraliter dicit Aug. causas primordiales omnium rerum in Deo esse; inducens similitudinem artificis, in cujus dispositione est qualis futura sit arca. Ita et in Deo uniuscujusque rei futuræ causa præcessit. In creaturis vero quarumdam rerum, sed non omnium causæ sunt, ut ait Aug. Quia inseruit Deus seminales rationes rebus, secundum quas aliæ ex alliis proveniunt, ut de hoc semine tale granum, de hac arbore talis fructus et hujusmodi. Et hæc quoque dicuntur primordiales causæ, etsi non adeo proprie, quia habent ante se causam æternam, quæ proprie ei universaliter prima est. Illæ vero ad res aliquas dicuntur primæ scilicet quæ ex eis proveniunt. Ideo etiam primordiales dicun-

tur, quia in prima rerum conditione rebus à Deo insitæ sunt. Et sicut creaturæ mutabiles sunt, ita et hæ causæ mutari possunt; quæ autem in immutabili Deo causa est, non mutari potest.

Distinctio causarum rerum perutilis, scilicet quod quædam in Deo et in creaturis, quædam in Deo tantum sunt.

7. Omnium rerum causæ in Deo sunt; sed quarumdam causæ et in Deo sunt, et in creaturis, quarumdam vero causæ in Deo tantum sunt: et illarum rerum causæ dicuntur absconditæ in Deo, quia ita esti in divina dispositione ut hoc vel illud fiat, quod non est in seminali creaturæ ratione. Et illa quidem quæ secundum causam seminalem fiunt, dicuntur naturaliter fieri, quia ita cursus naturæ hominibus innotuit. Alia vero præter naturam, quorum causæ tantum sunt in Deo. Hæc autem dicit Aug. super Gen, I. 9, c. 18, in fine, ubi illa quæ per gratiam fiunt, vel ad ea significanda non naturaliter sed mirabiliter fiunt. Inter quæ mulieris facturam de costa viri ponit, ita dicens; lib. eod., c. 1: Ut mulierem ita fieri necesse foret, non in rebus conditum sed in Deo absconditum erat. Omnis creaturæ cursus habet naturales leges: super hunc naturalem cursum Creator habet apud se posse de omnibus facere aliud, quam eorum naturalis ratio habet; ut, scilicet, virga arida repente floreat, et fructum gignat, et in juventute sterilis femina, in senecture pariat, ut asina loquatur, et hujusmodi. Dedit autem naturis, ut ex his etiam hæc fieri possent, non ut in naturali motu haberent. Habet ergo Deus in se absconditas quorumdam futurorum causas, quas rebus conditis non inseruit, easque implet non opere providentiæ, quo naturæ subsistunt ut sint; sed quo illas administrat ut voluerit, quas ut voluit condidit (Aug., lib. eod., c. 18). Omnium ergo quæ ad gratiam significandam non naturali motu rerum, sed mirabiliter facta sunt, absconditæ causæ in Deo fuerunt; quorum unum erat, quod mulier facta est de latere viri dormientis. Non habuit prima rerum conditio ut femina sic fieret, sed ut fieri posset; ne contra causas quas Deus voluntarie instituit, mutabili voluntate aliquid facere puteretur.

De anima mulieris, quod non est ex anima viri, ut quidam putaverunt, dicentes animas esse ex traduce. (Aug., lib. 10 de Gen. ad litt., c. 1.)

8. Quemadmodum mulieris corpus de viri corpore traductum fuit, ita putaverunt aliqui ipsius animam de viri anima propagatam, et omnes animas præter primam, de traduce esse, sicut corpora. Alii autem putaverunt simul omnes animas ab initio creatas. Catholica autem Ecclesia nec simul ex traduce factas esse animas docet, sed in corporibus per coitum seminatis atque formatis infundi, et infundendo creari. Unde Aug. in ecclesiasticis Dogmatibus, tom. 3, c. 14, animas hominum dicit non esse ab initio inter creaturas intellectuales naturas, nec simul creatas, sicut Origenes fingit, neque in corporibus per coitum seminari, sicut Luciferani et Cyrillus, et quidam Latinorum præsumptores affirmant. Sed dicimus corpus tantum per conjugii copulam seminari, creationem vero animæ solum Creatorem nosse, ejusque judicio corpus coagulari in vulva, et compingi atque formari; ac formato jam corpore animam creari atque infundi, ut vivat in utero homo ex anima constans et corpore, et egrediatur vivus ex utero plenus humana substantia. Hieron. etiam, tom. 8, anathematis vinculo illos condemnat, qui animas ex traduce dicunt, inducens auctoritatem Prophetæ. ps. 12: *Qui finxit sigillatim corda eorum.* Hoc satis, inquit, innuit Propheta, quod non ipsam animam de anima facit Deus, sed sigillatim animas de nihilo creat.

DISTINCTIO XIX
DE PRIMO HOMINIS STATU ANTE PECCATUM, SCILICET QUALIS FUERIT SECUNDUM CORPUS ET SECUNDUM ANIMAM.

1 Solent quæri plura de primo hominis statu ante peccatum, scilicet qualis fuerit homo priusquam peccaret, et in corpore et in anima: mortalis an immortalis, passibilis an impassibilis; de termino inferioris vitæ et transitu ad superiorem; de modo propagationis filiorum, et alia multa, quæ non inutiliter sciuntur, licet aliquando curiositate quærantur. At priusquam ad animi qualitatem pertinentia prosequamur, de qualitate ejus secundum corpus et modo propagationis filiorum, et de aliis quibusquam inspiciamus. Primus ergo homo secundum naturam corporis terreni, immortalis fuit quodam modo secundum aliquid, quia potuit non mori; et mortalis quodam modo, quia potuit mori. In illo namque primo statu habuit posse mori, et non posse mori. Et hæc fuit prima humani corporis immortalitas, scilicet, posse non mori. In secundo vero statu, post peccatum, habuit posse mori, et non posse non mori, quia in hoc statu moriendi est necessitas. In tertio statu habebit posse non mori, et non posse mori, quia ad illum statum pertinet moriendi impossibilitas, quod ex gratia erit, non ex natura. In primo statu fuit corpus hominis animale, id est, egens alimoniis ciborum. Unde et homo factus dicitur in animam viventem, non spiritualem, id est, in animam corpus sensificantem, quod adhuc erat animale, non spirituale, quod egebat cibis ut per animam viveret. Factus est ergo in animam viventem, id est, vitam corpori dantem, tamen per sustentam ciborum: et tunc erat corpus mortale et immortale, quia poterat mori, et poterat non mori. Post peccatum vero, factum est mortuum sicut dicit Apostolus, corpus quidem propter peccatum mortuum est, id est necessitatem moriendi in se habet. In resurrectione vero erit spirituale, scilicet agile et cibis non egens: et immortale, non sicut in statu primo fuit, scilicet, quod possit non mori, sed etiam quod non poterit mori. Unde August., super Genes.: Apostolus ait: *Corpus quidem mortuum est propter peccatum,* etc. Prius de limo terræ formatum est corpus animale, non spirituale, cum quali resurgemus. Renovabitur enim a vetustate, non in corpus animale quale fuit, in melius, id est, spirituale, *cum hoc mortale induet immortale,* in quod mutandus erat Adam nisi mortem corporis animalis peccando meruisset. Non ait Apostolus: Corpus mortale est propter peccatum, sed *mortuum.* Illud enim ante peccatum mortale et immortale erat, quia poterat mori et non mori. Aliud autem est non posse mori, aliud posse non mori. Ideo factum est per peccatum non mortale, quod erat; sed *mortuum,* quod non fieret nisi peccaret. Animale enim non est hoc corpus, sicut primi hominis fuit, sed jam deterius est; habet enim necessitatem moriendi (Aug., eodem lib., c. 24). Ecce hic evidenter aperit August. quod corpus hominis ante peccatum mortale et immortale fuit, sed non qualiter flet in resurrectione. De hoc eodem Beda, super Genes., ait: Non est credendum ante peccatum ita fuisse mortua corpora, sicut modo. Ait enim. Apostolus: *Corpus propter peccatum mortuum est;* sed licet fuissent animalia, nondum spiritualia, non tamen mortua, quæ, scilicet, necesse esset mori.

Utrum immortalitas quam habuit ante peccatum esset de conditione naturæ, an gratiæ beneficio.

2. Solet hic quæri, cum homo primus mortale et immortale corpus habuerit, utrum ex conditione naturæ ipsius corporis habuerit utrumque: an alterum beneficium esset gratiæ, scilicet, immortalitas, id est, posse non mori. Ad quod dici potest quia alterum habebat in natura corporis, id est, posse mori; alterum vero, scilicet, posse non mori, erat ei ex ligno vitæ, scilicet ex dono gratiæ. Unde August., lib 6, c. 25, super Genes: Quodammodo creatus est homo immortalis, quod erat ei de ligno vitæ, non conditione naturæ. Mortalis erat de conditione corporis animalis, immortalis beneficio Conditoris. Non enim immortale erat quod omnino mori non posset, quod non erit nisi cum fuerit spirituale. Aperte dicit quod non ex natura, sed ex ligno vitæ habebat posse non mori. Propter hoc aliqui dicunt quod nisi illo ligno vitæ

uteretur, non semper viveret, quia peccaret. Peccaret enim si illo ligno non uteretur, quia præceptum erat ei ut comederet de omni ligno paradisi, nisi de ligno scientiæ boni et mali. Sicut ergo peccavit comedendo quod erat prohibitum, ita etiam peccaret si non comederet quod erat jussum.

Si non foret præceptum ut de illo ligno comederet, et aliis et non illo uteretur, an posset non mori.

3. Sed adhuc quæritur si non esset præceptum ut de ligno vitæ ederet, et aliis, et non illo vesceretur, numquid posset non mori. Si semper viveret non utens illo ligno, non erat ei ex illo ligno posse non mori. Si vero non posset semper vivere, id erat ei ex illo ligno. Aliqui dicunt quod si non fuisset ei præceptum vesci illo ligno, et aliis, et non illo vesceretur, viveret semper; sic determinantes illud quod supra dixit Augustinus.: Erat ei de ligno vitæ, non de conditione naturæ tantum, scilicet quasi non ex conditione naturæ solummodo erat ei, sed etiam ex illo ligno. Aliis autem videtur quod ex ligno vitæ erat ei posse non mori, non ex natura. Ideo enim dicitur posse non mori, quia poterat ut illo ligno, de quo edens non moreretur.

Quæstion Augustini, quomodo immortalis factus sit homo.

4. De hac vero hominis immortalitate (5), qualis fuerit, Aug., lib. 3, cap. 2, super Gen., quæstionem movens sic ait: Quæritur quomodo immortalis factus sit homo præ aliis animantibus: et quomodo cum illis communem acceperit alimoniam. Sed alia est immortalitas carnis quam in Adam accepimus, alia quam in resurrectione speramus per Christum. Ille factus est homo immortalis, ut non posset mori si non peccaret, moreretur autem si peccaret; filii vero resurrectionis non poterunt ultra peccare, nec mori. Caro nostra non tunc egebit refectione ciborum, quia nulla poterit esse defectio. Caro de Adæ ante peccatnm ita immortalis creata est, ut per alimoniam adjuta esset mortis et doloris expers. Sic ergo immortalis et incorruptibilis condita est caro hominis, ut suam immortalitatem et incorruptionem per observantiam mandatorum Dei custodiret. In quibus mandatis hoc continebatur, ut de illis lignis concessis manducaret, et ab interdicto abstineret. Per horum edulium immortalitatis dona conservaret, donec corporalibus incrementis perductus ad ætatem quæ Conditori placeret, multiplicata progenie ipso jubente sumeret de ligno vitæ, quo perfecte immortalis factus, cibi alimenta ulterius non requireret.

Summatim superiorum verborum sententiam perstringit

5. Ecce his verbis videtur Augustinus tradere quod caro primi hominis immortalitatem in se habuerit, quæ per alimoniam ciborum conservaretur usque ad tempus suæ translationis in melius, quando de ligno vitæ comederet, et fieret omnino immortalis, ita ut non posset mori.

Quod ex prædictis consequi videtur hominem de naturæ suæ conditione quodammodo fuisse immortalem, sed non omnino fieret immortalis, nisi participato ligno vitæ.

6. Ideo aliqui dicunt, quod immortalitatem de natura habebat, qua poterat non mori; quæ aliorum lignorum esu poterat conservari, sed non poterat consummari nisi per assumptionem ligni vitæ. Quod videtur Augustinus, libro 8, capite 5, sentire, super Genesim dicens: Hoc quoque addo, talem cibum illam arborem præstitisse, quo corpus hominis stabili sanitate firmaretur; non sicut ex alio cibo, sed inspiratione salubritatis occulta. Hic innuere videtur quod cum aliis cibis posset corpus sustentari, hoc cibo indeficiente sanitate firmaretur. Ex quo consequi videtur quod sicut in natura sua habuit mortalitatem quamdam, scilicet, aptidunem moriendi; ita aliquam immortalitatem in natura sua habuit, id est, aptitudinem qua poterat non mori. cibis adjutus; sed si perstitisset, immortalitatis perfectio esset ei de ligno vitæ. Sed qui hoc tradunt, quomodo superiora Aug. verba, quibus dIcit quod erat immortalis ex ligno vitæ, huic sententiæ non contradicent, diligenter inquirant.

DISTINCTIO XX.

DE MODO PROCREATIONIS FILIORUM SI NON PECCASSENT PRIMI PARENTES, ET QUALES NASCERENTUR FILII.

1. Post hæc videndum est qualiter primi parentes, si non peccassent, filios procreassent, et quales ipsi filii nascerentur. Quidam putant ad gignendos filios primos homines in paradiso misceri non potuisse, nisi post peccatum; dicentes concubitum sine corruptione vel macula non posse fieri. Sed ante peccatum nec corruptio, nec macula in homine esse poterat, quoniam ex peccato hæc consecuta sunt. Ad quod dicendum est quod si non peccassent primi homines, sine omni peccato et macula in paradiso carnali copula convenissent, et esset ibi thorus immaculatus, et commixtio sine concupiscentia; atque genitalibus membris sicut cœteris imperarent, ut ibi nullum motum illicitum sentirent, et sicut alia membra corporis aliis admovemus, ut manum ori, sine ardore libidinis; ita genitalibus uterentur membris sine aliquo pruritu carnis. Hæc enim lethalis ægritudo, membris ex peccato inhæsit. Genuissent itaque filios in paradiso per coitum immaculatum, et sine corruptione: unde Augustinus, lib. 3, c. 10, super Gen.; et eod. lib., c. 3: Cur non credamus primos homines ante peccatum genitalibus membris ad procreationem imperare potuisse, sicut cæteris in quolibet opere sine voluptatis pruritu uti non Deum talia fecisse illa corpora ut si non peccassent, illis membris sicut pedibus imperarent, nec cum ardore seminarent, vel cum dolore parerent: sed post peccatum motum illum meruerunt, quem nuptiæ ordinant, continentia cohibet. Infirmitas enim prona in ruinam turpitudinis, excipitur honestate nuptiali et quod sanis est officium, ægrotis est remedium. Emissi quidem de paradiso convenerunt, et genuerunt; sed potuerunt in paradiso eis esse nuptiæ honorabiles et thorus immaculatus sine ardore libidinis, sine labore pariendi.

Quare in paradiso non coierunt duobus modis solvit (Aug., lib. eod., c. 4).

2. Cur ergo non coierunt in paradiso? Quia creata muliere, mox transgressio facta est, et ejecti sunt de paradiso. Vel quia nondum Deus jusserat ut coirent, et poterat divina expectari auctoritas, ubi concupiscentia non angebat. Deus vero jusserat, quia casum eorum præsciebat, de quibus homo propogandus erat. Ecce expresse habes de modo propagationis filiorum.

De termino illius inferioris vitæ; utrum, natis filiis, per successiones, an simul omnes transferendi essent.

3. De termino vero temporis quo transferrentur ad spiritualem cœlestem que vitam, certum aliquid Scriptura non tradit. Et ideo ambiguum est utrum parentes, genitis filiis, perfectaque humani officii justitia, ad meliorem statum transferrentur, non per mortem, sed per aliquam mutationem; an patres in aliquo statu vitæ remanerent, ligno vitæ utentes, donec filii ad eumdem statum pervenirent, et sic impleto numero omnes simul ad meliora transferantur, ut essent sicut sancti angeli in cœlis. De quo Augustinus ambigue disserit, lib. 8, c. 4, super Gen., ita inquiens: Potuerunt primi homines in paradiso filios gignere, non ut morientibus patribus succederent filii, sed in aliquo formæ statu manentibus, et de ligno vitæ vigorem sumentibus, et filii ad eumdem perducerentur statum, donec impleto numero sine morte animalium corpora in aliam qualitatem transirent; in qua omnino regenti spiritui deservirent, et solo spiritu vivificante sine corporeis alimentis viverent. Vel potuerunt parentes filiis cedere, ut per successionem numerus impleretur; qui, genitis filiis perfectaque humani officii justitia, ad meliora transferrentur, non per mortem, sed per aliquam mutationem. Ecce hic habemus de transitu hominis ad meliora, sed incertum nobis

---

(5) De hoc vide in Glossa ordinaria, ad illud. Gen. 1: *Faciamus hominem*, etc.

relinquitur utrum simul transferrentur, an per successiones.

Quales procrearent filios; utrum perfectionem staturæ et usum membrorum habentes, qualis homo primus fuit conditus.

4. Si vero quæritur quales, si non peccasset, homo filios genuisset; utrum videlicet sicut ipse primus homo secundum naturam corporis et usum membrorum perfectus mox conditus extitit, ita etiam ejus filii in ipso nativitatis exordio perfecti existerent, qui ambulare et loqui, et cuncta facere possent, responderi potest quod filios parvulos nasci oportebat, propter materni uteri necessitatem; sed utrum mox nati perfectionem staturæ et membrorum usum haberent, an parvuli et in minore ætate constituti uti possent membrorum officiis, an per intervalla temporis eo modo quo nunc fit perfectionem staturæ et usum membrorum recepturi essent, de auctoritatibus definitum non habemus.

Ambigua Augustinus verba ponit, ubi tamen videtur innuere quod filii et parvuli possent membrorum uti officiis.

5. Et super hoc Augustinus (6) ambigue loquitur. Movet nos, inquit, si primi homines non peccassent, utrum tales filios essent habituri, qui nec lingua, nec manibus, nec pedibus uterentur. Nam propter uteri necessitatem, forte necesse erat parvulos nasci; sed quamvis exigua pars corporis sit costa, non tamen propter hoc parvulam viro conjugem fecit, unde et ejus filios poterat omnipotentia Creatoris mox natos grandes facere. Sed, ut hoc omittam, poterat certe eis præstare quod multis animalibus præstitit, quorum pulli, quamvis sint parvuli, tamen mox ut nascuntur currunt, et matrem sequuntur. Contra homini nato nec ad incessum pedes idonei sunt, nec manus saltem ad scalpendum habiles, et, juxta se mammis positis, nascentes magis possunt esurientes flere quam sugere, proprieque infirmitati mentis congruit hæc infirmitas carnis. His verbis videtur insinuari quod filii etiam parvuli officiis membrorum valerent uti.

Quibusdam non absurde placuit quod filii parvi nascerentur, et per accessum temporis in statura et in aliis sicut nunc proficerent, quod non esset vitio imputandum.

6. Sed cum Augustinus sub assertione de his nihil tradat, non irrationabiliter quibusdam placuit primorum parentum filios nascituros parvos, ac deinde per intervalla temporum eadem lege qua et nunc nativitatem humanam ordinatam cernimus, staturæ incrementum et membrorum usum recepturos, ut in illis expectaretur ætas ad ambulandum et loquendum sicut modo in nobis; quod utique non esset vitio imputandum, sed conditioni naturæ : sicut a cibo abstinere penitus non valebant, nec tamen illud erat ex vitio, sed ex natura conditionis.

Oppositio quorumdam volentium probare eos posse vivere sine alimonia.

7. Ad hoc autem opponitur; Si non peccarent, non morerentur; sed non peccarent si non comederent; poterant igitur sine alimonia vivere. Cæterum, sicut supra diximus, non solum peccarent de ligno vetito ederent, sed etiam si concessis non uterentur; quia sicut erat eis præceptum non illo ligno uti, ita aliis vesci. Præterea contra naturalem rationem facerent, quia intelligebant de illis esse edendum, quod et naturaliter appetebant. §. Item opponitur : Cum fames sit pœna peccati, si non peccarent famem non sentirent; sed sine fame superfluum videretur comedere : unde putant quidam eos cibis non indiguisse ante peccatum, quia non poterant esurire si non peccassent. Ad quod dici potest quod fames vere defectus est et pœna peccati. Est enim immoderatus appetitus edendi, cui non subjacuisset homo si non peccasset;

(6) Lib. de parvulorum Baptismo primo, qui alias dicitur de peccatorum Meritis et Remissione, in c. 37 et tom. 7.

sed procul dubio peccaret nisi hunc defectum cibo præveniret. Habebat enim naturalem appetitum et moderatum, cui ita satisfaciendum erat, ne defectum famis sentiret. Sicut ergo non ex vitio, sed ex naturæ conditione erat quod ante peccatum homo cibis indigebat, ita non ex vitio esset, sed de natura, si hominis conditio in principio suo, id est, in primo parente a perfecto inchoata, in subsequenti propagatione a modico ad majora proficeret; ut, scilicet, per intervalla temporis, staturæ corporeæ incrementa usumque membrorum susciperet.

Utrum sicut statura corporis, ita etiam sensu mentis parvuli nascerentur, et per accessum temporis proficerent in sensu et notitia veritatis, scilicet an mox nati, in his essent perfecti.

8. Et cum de corpore humano non sit absurdum vel inconveniens hoc existimare, quæri solet utrum de sensu animæ et cognitione veritatis eodem modo sentiendum sit. ut, scilicet hi qui sine peccato nascerentur, sensu et intelligentia mentis imperfecti existerent, et per accessum temporis in his proficerent usque ad perfectionem; an mox conditi perfectionem sensus et cognitionis perciperent. Illi qui sentiunt parvulos natos in statuta corporis et usu membrorum per accessum temporis profecturos, non diffitentur eosdem in exordio nativitatis sensu imperfectos existere, et per intervallum temporis in sensu et cognitione proficere usque ad perfectum.

Contra illorum sententiam opponunt quidam.

9. Ad quod quidam opponunt dicentes : Si mox nati non haberent perfectionem sensus et intelligentiæ, ignorantia in eis esset : ignorantia autem peccati est pœna. Sed qui hoc dicunt non satis diligenter considerant quia non omnis qui aliquid nescit vel minus perfecte aliquid scit, statim ignorantiam habere sive in ignorantia esse dicendus est, quia ignorantia non dicitur, nisi cum id quod sciri et non ignorari debet, nescitur. Talisque ignorantia pœna peccati est, cum mens vitio obscuratur, ne cognoscere valeat ea quæ scire deberet.

De hominis translatione in meliorem statum, et de duobus bonis, altero hic dato, altero promisso (Aug., de Sacram., l. 1, part. 2, c. 6.)

10. Talis erat hominis institutio ante peccatum secundum corporis conditionem. De hoc autem statu transferendus erat cum universa posteritate sua, ad meliorem dignioremque statum, ubi cœlesti et æterno bono in cœlis sibi parato frueretur. Sicut enim ex duplici natura compactus est homo, ita illi duo bona Conditor a principio præparavit : unum temporale, alterum æternum; unum visibile, alterum invisibile; unum carni, alterum spiritui. Et quia primum est quod est animale, deinde quod est spirituale, temporale ac visibile bonum prius dedit; invisibile autem et æternum promisit, et meritis quærendum proposuit. Ad illius autem custodiam quod dederat, et ad aliud promerendum quod promiserat, naturali rationi in creatione animæ hominis inditæ, qua poterat inter bonum et malum discernere, præceptum addidit obedientiæ; per cujus observantiam datum non perderet, et promissum obtineret, ut per meritum veniret ad præmium.

DISTINCTIO XXI.
DE INVIDIA DIABOLI QUA AD HOMINEM TENTANDUM ACCESSIT.

1. Videns igitur diabolus hominem per obedientiæ humilitatem posse ascendere unde ipse per superbiam corruerat, invidit ei; et quia prius per superbiam diabolus fuerat idem deorsum lapsus, et zelo invidiæ factus est Satan, id est, adversarius. Unde et mulierem tentavit, in qua minus quam in viro rationem vigere novit. Ejus enim malitia ad tentandam virtutem timida, humanam naturam in ea parte ubi debilior videbatur, aggressa est; ut si forte illic aliquatenus prævaleret, postmodum fiducialius ad alteram quæ robustior fuit pulsandam vel potius subvertendam accederet. Primum ergo solitariam feminam exploravit, ut

in ea primum omnem suæ tentationis vim experiretur.

Quare in aliena forma venit.

2. Sed quia illi per violentiam nocere non poterat, ad fraudem sed convertit, ut dolo hominem supplantaret, quem virtute superare nequiret. Ne autem fraus illius nimis manifestaretur, in sua specie non venit, ne aperte cognosceretur, et ita repelleretur : iterum se nimis occulta foret fraus ejus quæ caveri non posset, et homo simul videretur injuriam pati, si taliter circumveniri permitteret eum Deus ut præcavere non posset, in aliena quidem forma venire permissus est diabolus, sed in tali in qua ejus malitia posset deprehendi. Ut ergo in propria forma non veniret, voluntate sua propria factum est; ut autem in forma suæ malitiæ congruenti veniret, divinitus factum est. Venit ergo ad hominem in serpente, qui forte, si permitteretur, in columbæ specie venire maluisset. Sed non erat dignum ut spiritus malignus illam formam homini odiosam faceret, in qua Spiritus sanctus apparitúrus erat. Non ergo nisi per serpentem tentare permissus fuit diabolus, et per illud quod foris erat astutiam tentantis animadvertere femina quiret, diabolus enim per serpentem tentabat, in quo loquebatur. Ideoque serpens dictus est esse *callidior cunctis animantibus terræ;* quia, ut ait Aug., l. 11, c. 2, super Gen., mali angeli, licet superbia dejecti, natura tamen sunt excellentiores omnibus bestiis propter eminentiam rationis; quamvis serpens non rationali anima, sed spiritu diabolico possit sapientissimus dici. Non ergo mirum si diabolus spiritu suo implens serpentem, sicut vates implebat, sapientissimum reddiderat omnium bestiarum; quem tamen ad tentandum non elegit diabolus, sed per quod animal permissus fuit, tentavit. Unde Aug., lib. 11, c. 1, super Genes.: Non est putandum quod diabolus serpentem per quem tentaret elegerit, sed cum decipere cuperet, non potuit, nisi per quod animal posse permissus est. Nocendi enim voluntas inest cuique a se, sed potestas a Deo. Sic autem loquebatur diabolus per serpentem ignorantem, sicut per energumenos vel fanaticos loquitur. Serpente enim velut organo est usus, movens naturam ejus ad exprimendum sonos verborum et signa, quibus suam monstraret voluntatem. Serpens ergo nec verba intelligebat, nec rationalis est factus; callidissimus tamen est dictus, propter astutiam diaboli. Locutus est autem sicut asina Balaam; sed hoc diabolicum, illud angelicum fuit, boni enim et mali angeli similiter operantur. Hic quæri solet quare mulier non horruit serpentem. Quia cum noverit creatum esse, ipsum etiam officium loquendi a Deo accepisse putavit. (Eod. lib. c. 27 et 29.)

De modo tentationis.

3. Tentatio autem hoc modo facta est, stans coram femina hostis superbus non audet in verba persuasionis exire, metuens deprehendi; sed sub interrogatione eam aggreditur, ut ex responsione colligeret qualiter in malitia procedere posset. Cur, inquit, Gen. 3, *præcepit vobis Deus ut non comederetis de omni ligno paradisi? Cui respondit mulier. De fructu lignorum quæ sunt in paradiso vescimur, de fructu vero ligni quod est in medio paradisi præcepit nobis Deus ne comederemus, et ne tangeremus, ne forte moriamur.* In quo verbo dedit locum tentanti cum dixit *ne forte moriamur,* unde mox diabolus dixit ad mulierem : *Nequaquam moriemini, scit enim Deus quod in quacumque die comederitis ex eo, aperientur oculi vestri et eritis sicut dii, scientes bonum et malum.* Attende ordinem ac progressum humanæ perditionis. Primo Deus dixerat : *Quacumque die comederitis ex eo, morte moriemini;* deinde mulier dixit : *Ne forte moriamur;* novissime serpens dixit : *Nequaquam moriemini.* Deus affirmavit, mulier quasi ambigendo illud dicit, diabolus negavit; quæ ergo dubitavit, ab affirmante recessit, et neganti appropinquavit.

De versutia diaboli, qui, ad facilius persuadendum, malum removit, et bonum in pollicito duplicavit.

4. Qui ad suam persuasionem pleniter suffulciendam, id est, ut malum quod intendebat libere persuaderet, et malum quod mulier timuit negando removit, et repromissionem addidit : et ut ejus persuasio citius reciperetur, promissionem duplicavit. Unam nempe comestionem suadens, duo in præmio proposuit similitudinem Dei, scientiamque boni et mali spondens. Ubi tribus modis hominem tentavit, scilicet, gula in persuasione cibi, cum dixit *in quacumque die comederitis;* inani gloria in promissione deitatis, cum dixit *eritis sicut dii;* avaritia in promissione scientiæ, cum dixit *scientes bonum et malum.* Gula est immoderata cibi aviditas; vana gloria, amor propriæ excellentiæ; avaritia, immoderata habendi cupiditas, quæ non est tantum pecuniæ, sed etiam altitudinis et scientiæ, cum supra modum sublimitas ambitur.

De duplici tentationis specie.

5. Porro sciendum est duas esse species tentationis, interiorem, scilicet, et exteriorem. Exterior tentatio est quando nobis extrinsecus malum visibiliter suggeritur verbo vel signo aliquo; ut ille cui fit ad consensum peccati declinet, et talis tentatio tantum fit ab adversario. Interior vero tentatio est quando invisibiliter malum nobis intrinsecus suggeritur, et hæc tentatio aliquando fit ab hoste, aliquando a carne. Nam et diabolus invisibiliter mala suggerit, et ex carnis corruptione suboritur motus illicitus et titillatio parva. Ideoque tentatio quæ ex carne est non fit sine peccato; quæ autem est ab hoste, nisi ei consentiatur, non habet peccatum, sed est materia exercendæ virtutis. Tentatio enim carnis interior difficilius vincitur, quia interius oppugnans de nostro contra nos roboratur. Homo ergo qui sola exteriore tentatione pulsatus cecidit, tanto gravius plectendus erat, quanto leviori impulsu fuerat prostratus. Et tamen quia aliquam, licet modicam, cadendi occasionem habuit, idcirco per gratiam juvari potuit ad veniam, ut quod per alium ceciderat, per alium erigeretur. Qui ergo incitatorem habuit ad malum, non injuste reparatorem habuit ad bonum. Diabolus vero quia sine alicujus tentatione peccavit, per alium ut surgeret juvari non debuit, nec per se potuit; et ideo irremediabile peccatum ejus extitit. Peccatum vero hominis sicut per alium habuit initium, ita per alium non incongrue habuit remedium.

Quare homo, non angelus, sit redemptus.

6. Præterea angelica natura, quoniam non tota perierat, sed ex parte perstiterat, non est redempta ; humana vero tota perierat, et ideo ne penitus perderetur, ex parte est redempta, ut inde ruina suppleretur angelica. Unde Aug. in Ench., cap. 29 : Placuit universitatis creatori et moderatori ut quoniam non tota multitudo angelorum Deum deserendo perierat, ea quæ perierat in perpetua perditione remaneret, quæ autem cum Deo, illa deserente, perstiterat, de sua certissime cognita semper felicitate gauderet. At vero creatura rationalis, quæ in hominibus erat quoniam peccatis atque suppliciis tota perierat, ex parte poterat reparari, unde angelicæ societati suppleretur quod ruina illa minuerat; hoc enim promissum est sanctis, quod erunt æquales angelis Dei.

Quod non soli viro præceptum fuit datum. (Aug. super Gen., lib. 8, cap. 16.)

7. Illud etiam notandum est, quod non soli viro præceptum videtur esse datum, cum ipsa mulier testatur sibi etiam esse mandatum, dicens : *Præcepit nobis Deus,* etc. Supra tamen legitur, ante factam mulierem, Deum dixisse viro : *De ligno scientiæ boni et mali ne comedas;* non dixit *ne comedatis.* Forte quia facturus erat mulierem de viro, sic præcepit, ut per virum ad mulierem pervenirent mandatum; quia mulier quæ subjecta viro fuit, non nisi mediante viro divinum debuit recipere præceptum. Unde Apostolus, 1 Cor. 14 : *Si quid discere mulieres voluerint, domi viros suos interrogent.* Si quæritur quomodo loqui potuerunt vel loquentem intelligere, qui non didicerant inter loquentes crescendo vel magisterio, dicimus

quid Deus eos tales fecerat qui possent loqui, et discere ab aliis si essent. Aug. lib. 8, de Gen. ad litteram, cap. 16, in fine.

DISTINCTIO XXII.
DE ORIGINE ILLIUS PECCATI.

1. Hic videtur diligenter investigandum esse quæ fuerit origo et radix illius peccati. Quidam putant quamdam elationem in animo hominis præcessisse ex qua diaboli suggestioni consensit. Quod videtur Aug. innuere, lib. 11, c. 5, super Genes., ita inquiens : Non est putandum quod homo dejiceretur, nisi præcessisset in eo quædam elatio comprimenda ; ut per humilitatem peccati sciret quam falso de se præsumpserit, et quod non bene se habet natura si a faciente recesserit. Item in eodem, lib. 11, c. 30 : Quomodo verba tentatoris crederet mulier, dum se a re bona et utili prohibuisset, nisi inesset ejus menti amor ille propriæ potestatis, et de se superba præsumptio, quæ per tentationem fuerat convincenda, aut perimenda. Denique non contenta suasione serpentis aspexit lignum bonum esu, decorum aspectu; nec credens se inde posse mori, forte putavit Deum alicujus causa significationis illa dixisse; ideo manducavit, et dedit viro suo fortassis cum aliqua suasione, quam Scriptura intelligendam reliquit. Vel forte non fuit suaderi necesse, cum eam mortuam esse illo cibo non videret vir. Sicut ergo non est permissus diabolus tentare feminam, nisi per serpentem ; ita nec virum, nisi per feminam; ut sicut præceptum Dei per virum venit ad mulierem, ita diaboli tentatio per mulierem transiret ad virum. In muliere vero quæ rationalis erat, non est ipse locutus ut in serpente, sed persuasio ejus, quamvis instinctu adjuvaret interius, quod per serpentem gerebat exterius (Aug., l. 1, dicto 2, c. 27). Ex prædictis tentationis modus atque progressus insinuatur; necnon etiam quod prædiximus innui videtur, scilicet quod tentationem præcesserat aliqua elatio, et præsumptio in mente hominis.

Objectio contra illos qui dicunt elationem præcessisse in mente.

2. Quod si ita fuit, non ergo alterius suggestione prius peccavit, cum auctoritas tradat ideo peccatum diaboli incurabile esse, quia non suggestione sed propria superbia cecidit ; hominis vero curabile, quia non per se, sed per alium cecidit, et ideo per alium resurgere potuit. ℟. Quocirca prædicta verba Augusti. pium ac diligentem lectorem efflagitant : quæ sic intelligere sane quimus: Non dejiceretur homo in actum illius peccati, ut, scilicet, lignum vetitum ederet, et in has miserias per tentationem diaboli, nisi elatio comprimenda præcessisset, non utique tentationem, sed opus peccati. Talis enim fuit ordinis processus : Diabolus tentando dixit : *Si comederitis, eritis sicut dii, scientes bonum et malum;* quo audito statim menti mulieris surrepsit telatio quædam et amor propriæ potestatis, ex quo placuit ei facere quod diabolus suadebat, et utique fecit. Suggestione igitur peccavit, quia tentatio præcessit, ex qua in mente ejus orta est elatio, quam peccatum operis secutum est, et pœna peccati.

Quæ fuit elatio mulieris.

3. Et talis quidem elatio in mente mulieris fuit pro certo, quæ credidit et voluit habere similitudinem Dei cum æqualitate quadam, putans esse verum quod diabolus dicebat. Et ideo specialiter mulierem commemorat August., inquiens : Quomodo crederet mulier diabolo, nisi esset in mente ejus de se superba præsumptio? Et quod ibi sequitur, scilicet, quæ per tentationem fuerat convincenda vel perimenda, ad mulierem referendum est, ut intelligatur quæ mulier, non quæ elatio, fuerat per tentationem, etc.

Quæ fuit elatio viri, an crediderit et voluerit quod mulier.

4. Solet quæri utrum illa talis elatio et amor propriæ potestatis in viro fuerit, sicut in muliere. Ad quod dicimus quia Adam non fuit seductus eo modo quo mulier. Non enim putavit esse verum quod diabolus suggerebat. In eo tamen fuisse seductum credi potest, quod commissum veniale putaverit, quod peremptorium erat. Sed nec prior seductus fuit, nec in eo quo mulier, ut crederet Deum illud lignum ideo tangere prohibuisse, quoniam si tangerent fierent sicut dii. Verumtamen prævaricator fuit Adam, ut testatur Apostolus. Poterat enim aliqua elatio menti ejus inesse illico post tentationem, ex qua voluit lignum vetitum experiri, cum mulierem non videret mortuam esca illa percepta, unde Aug., lib. 11, c. 42, super Gen.: Cum Apostolus Adam prævaricatorem fuisse ostendit, dicens, Rom. 5: *In similitudinem prævaricationis Adæ*; seductum tamen negat ubi ait, 1 Tim. 2 : *Adam non est seductus, sed mulier*; unde et interrogatus non ait: Mulier seduxit me; sed : *Dedit mihi, et comedi.* Mulier vero dixit : *Serpens seduxit me.* Hanc autem seductionem proprie vocavit Apostolus, per quam id quod suadebatur, cum falsum esset, verum putatum est, scilicet, quod Deus lignum illud ideo tangere prohibuerit, quia sciebat, si tetigissent, sicut deos futuros ; tanquam eis divinitatem inviderent, qui eos homines fecerat. Sed etsi virum propter aliquam mentis elationem, quæ Deum latere non poterat, sollicitavit aliqua experiendi cupiditas, cum mulierem videret accepta illa esca non esse mortuam; nec tamen eum arbitror, si jam spirituali mente præditus erat nullo modo credidisse quod diabolus suggerebat. (Lib. et cap. eisdem.)

Quis plus peccavit, Adam vel Eva.

5. Ex quo manifeste animadverti potest quis eorum plus peccaverit, Adam vel Eva. Plus enim videtur peccasse mulier, quæ voluit usurpare divinitatis æqualitatem, et nimia præsumptione elata crediderit ita esse futurum. Adam vero nec illud credidit, et de pœnitentia et Dei misericordia cogitavit, dum uxori morem gerens, ejus persuasioni consensit, nolens eam contristare, et a se alienatam relinquere, ne periret; arbitrans illud esse veniale non mortale delictum. Unde August., lib. et cap. eisdem : Apostolus ait: *Adam non est seductus.* Quod utique ita accipi potest, ut intelligatur non esse seductus prior, scilicet, vel in eo in quo mulier, ut scilicet crederet illud esse verum : *Eritis sicut dii*; sed putavit utrumque posse fieri, ut et morem gereret, et per pœnitentiam veniam haberet. Minus ergo peccavit, qui de pœnitentia et Dei misericordia cogitavit. Postquam enim mulier seducta manducavit, eique dedit ut simul ederent, noluit eam contristare, quam credebat sine suo solatio contabescere, et a se alienatam omnino interire; non quidem carnali victus concupiscentia, quam nondum senserat, sed amicabili quadam benevolentia qua plerumque fit ut offendatur Deus ne offendatur amicus, quod eum facere non debuisse divinæ sententiæ justus exitus indicavit. Ergo alio quodam modo ipse etiam deceptus est. Inexpertus enim divinæ severitatis, in eo falli potuit, ut veniale crederet esse commissum; sed dolo illo serpentino quo mulier seducta est, nullo modo arbitror illum potuisse seduci. Ex his datur intelligi quod mulier plus peccavit, in qua majoris tumoris præsumptio fuit, quæ etiam in se, et in proximum, et in Deum peccavit ; vir autem tantum in se, et in Deum. Inde etiam colligitur quod mulier plus peccaverit, quia gravius punita est; cui dictum fuit : *In dolore paries filios*, Gen. 3, in fine.

Quid prædictæ sententiæ adversari videtur.

6. Sed huic videtur contrarium quod Aug., lib. 11, c. 1, super Genes., de viro et muliere peccatum suum excusantibus ait: *Dixit Adam: Mulier quam dedisti mihi dedit mihi de ligno, et comedi;* non dicit *peccavi*. Superbia enim habet confusionis deformitatem, non confessionis humilitatem. Nec etiam mulier confitetur peccatum, sed refert in alterum, dicens: Serpens decepit me, et comedi; impari sexu, sed pari fastu. Ecce hic dicit Aug. quia parem fastum habuit mulier cum viro pariter ergo superbierunt, et pariter peccaverunt ℟. Sed hoc ita determinari potest, ut dicamus parem utrius-

que fuisse factum in excusantione peccati, et etiam in esu ligni vetiti; sed disparem, et in muliere multo majorem, in eo quod credidit et voluit esse sicut Deus, quo non vir. Verumtamen et de viro legitur quod voluit esse sicut Deus. Dicit enim August. super illum locum psal. 68 : *Quæ non rapui tunc exsolvebam.* Rapuit Adam et Eva præsumentes ut diabolus de divinitate ; rapere voluerunt divinitatem, et perdiderunt felicitatem. Idem super illum locum : *Deus, quis similis tibi* : Qui per se vult esse ut Deus, perverse vult esse similis Deo ; ut diabolus, qui noluit sub eo esse; et homo, qui ut servus noluit teneri præcepto, sed voluit ut nullo sibi dominante esset quasi Deus. Item in tomo 8 super illum Epistolæ locum: *Non rapinam arbitratus est se esse æqualem Deo* : quia non usurpavit quod suum non esset ut diabolus et primus homo.
Quorumdam sententia, quod Adam ambierit esse ut Deus, sed non crediderit possibile.

7. Ideo quibusdam videtur quod etiam Adam ambierit esse sicut Deus, non tamen crediderit id fieri posse ; et ideo falsum esse quod diabolus promittebat cognovit. Et licet divinitatis æqualitatem concupierit, non tamen adeo exarsit, nec tanta est affectus ambitione sicut mulier, quæ illud fieri posse putavit, et ideo magis illud ambiendo superbivit. Virum autem aliqua forte ambitionis surreptio movit; sed non ita, ut illud verum vel possibile fore putaret. Aliis autem videtur ideo dictum esse quod Adam illud voluerit, quia mulier de eo sumpta illud voluit : sicut si, inquiunt, peccatum dicitur per unum hominem intrasse in mundum, id est, humanam naturam, cum tamen mulier ante virum peccaverit, quia per mulierem intraverit de viro factam. Vel potius ideo per hominem dicitur intrasse, quia etiam peccante muliere si vir non peccasset, humanum genus minime peccatis corruptum periret. Minus ergo peccavit vir quam mulier.
Objectio contra id quod dictum est, virum minus peccasse.

8. His autem opponi solet hoc modo : Tribus modis, ut Isidorus ait libro 2 de summo Bono, c. 17, peccatum geritur, scilicet ignorantia, infirmitate, industria. Et gravius infirmitate peccare quam ignorantia, graviusque industria quam infirmitate. Eva autem videtur ex ignorantia peccasse, quia seducta fuit. Adam vero ex industria, quia non fuit seductus, ut Apostolus ait. §. Ad quod dicimus quia, licet Eva in hoc per ignorantiam deliquerit, quod putavit verum esse quod diabolus suadebat, non tamen in hoc quin noverit illud Dei esse mandatum, et peccatum esse contra agere. Et ideo excusari a peccato per ignorantiam non potuit.
Quod ignorantia alia excusat, alia non.

9. Est enim ignorantia quæ excusat peccantem, et est ignorantia talis quæ non excusat. Est autem ignorantia vincibilis, et ignorantia invincibilis. Excusatio omnis tollitur, ubi mandatum non ignoratur.
De triplici ignorantia, quæ excusat, et quæ non.

10. Est autem ignorantia triplex : et eorum, scilicet, qui scire noluit cum possint, quæ non excusat, quia et ipsa peccatum est; et eorum qui volunt, sed non possunt, quæ excusat, et est pœna peccati, non peccatum ; et eorum qui quasi simpliciter nesciunt, non renuentes vel proponentes scire, quæ neminem plene excusat, sed fortasse ut minus puniatur. Unde Aug. ad Valentinum(7) : Eis aufertur excusatio qui mandata Dei noverunt; quam solent habere homines de ignorantia. Et licet gravius sit peccare scienter quam nescienter, non ideo tamen confugiendum est ad ignorantiæ tenebras, ut in eis quisquam excusationem requirat. Aliud est enim nescisse, aliud scire noluisse, quia in eis qui intelligere noluerunt ipsa ignorantia peccatum est; in eis vero qui non potuerunt, pœna peccati. Ignorantia vero quæ non est eorum qui scire nolunt, sed qui tanquam simpliciter nesciunt, nullum sic excusat ut æterno igne non ardeat, sed fortasse ut minus ardeat. Non igitur mulier excusationem habuit de ignorantia, cum et mandatum noverit, et peccatum esse secus agere non ignoraverit. (Tom. 7, c. 3.)
Unde processerit consensus illius peccati, cum natura hominis esset incorrupta.

11. Solet etiam quæri, cum sine vitio esset natura hominis, unde consensus mali processerit. Ad quod responderi potest quia ex libero arbitrio propriæ voluntatis fuit In ipso enim et in alio causa exstitit ut fieret deterior. In alio, quia in diabolo qui suasit ; in ipso, quia voluntate liberi arbitrii consensit, et cum liberum arbitrium sit bonum, ex re utique bona malus illo consensus provenit, et ita ex bono malum manavit. De hoc autem in sequenti plenius tractabimus, cum origo mali, et in qua re coalescat, investigabitur.
An voluntas præcesserit illud peccatum.

12. Si vero quæritur utrum voluntas illud peccatum præcesserit, dicimus quia peccatum illud et in voluntate, et in actu constitit ; et voluntas actum præcessit, sed ipsam voluntatem alia hominis voluntas mala non præcessit, atque ex diaboli persuasione, et hominis arbitrio illa voluntas mala prodiit, qua justitiam deseruit, et iniquitatem inchoavit; et ipsa luntas iniquitas fuit.

DISTINCTIO XXIII

QUARE DEUS PERMISERIT HOMINEM TENTARI, SCIENS EUM ESSE CASURUM. (Aug., lib. 11, c. 4, super Gen., et eod. lib. c. 9.)

1. Præterea quæri solet cur Deus hominem tentari permiserit, quem decipiendum fore præsciebat. Sed non esset laudabile homini, si ideo bene vivere posset, quia nemo male vivere suaderet, cum in natura posse, et in potestate habere vellet non consentire suadenti, Deo juvante ; et est gloriosius non consentire quam tentari non posse. Movent ur etiam quidam dicentes: Cur creavit Deus quos futuros malos præsciebat? Quia prævidit quid boni de malis eorum esset facturus. Sic enim eos fecit, ut relinqueret eis unde aliquid facerent ; et si culpabiliter aliquid facerent, illum de se laudabiliter operantem invenirent. A se habent voluntatem malam, ab illo naturam bonam, et justam pœnam. Frustra ergo dicitur : Non deberet Deus creare quos præsciebat malos futuros; sciebat enim bonis profuturos, et juste pro mala voluntate puniendos. Addunt etiam talem hominem debere facere, qui nollet omnino peccare. Concedimus quidem meliorem naturam esse quæ omnino peccare nollet. Concedant et ipsi non esse malam quæ talis facta est, ut posset non peccare si vellet ; et juste punitam, quæ voluntate non necessitate peccavit. Cum ergo hæc bona sit, illa melior, cur non utrumque faceret, ut uberius laudaretur de utraque ? illa enim de sanctis angelis, hæc de hominibus est. Item, inquiunt: Si, Deus vellet, et illi boni essent. Et hoc quidem concedimus ; sed melius voluit, ut quod vellent essent; et boni quidem non infructuosæ, mali vero non impune essent. Item, inquiunt : Posset Deus voluntatem eorum vertere in bonum, quia omnipotens est ; posset revera. Cur non fecit ? Quia noluit. Cur noluit ? Ipse novit. Non debemus plus sapere quam oportet (lib. eod., c. 7.)
Hic qualis secundum animam, et agit de scientia hominis ante peccatum.

2. Et quidem secundum animam rationalis fuit homo, habens discretionem boni et mali. Scientiam quoque rerum creatarum, et cognitionem veritatis, quæ primæ perfectioni congruebat, mox conditus non incongrue accepisse putatur, et ad illam non studio vel disciplina aliqua per intervalla temporis profecisse, sed ab exordio suæ conditionis divinitus illam percepisse. (Lib. eod., c. 10.)
Quod triplicem habuit homo ante lapsum cognitionem scilicet rerum propter se factarum, et Creatoris, et sui.

3. Fuit homo primus ante lapsum triplici cognitione præditus : rerum, scilicet, propter se factarum

---

(7) Tom. 7, lib. de Natura et Gratia, contra Pelagianos, cap. 17.

et Creatoris, et sui. Rerum quippe cognitionem hominem accepisse perspicuum est, cum non ipse Creator vel angelus aliquis, sed homo omnibus animantibus nomina imposuerit; ut ostenderetur quod singulorum notitiam homo ipse habuerit. Quæ enim propter illum creata erant, et ab illo regenda, et disponenda erant, horum omnium Deus illi et scientiam tribuit, et providentiam atque curam reliquit, quia, ut ait Apostolus, 1 Cor. 9: *Non est cura Deo de bobus.* Quorum aliorumque animalium Deus homini curam reliquit et providentiam, ut dominationi ejus subjicerentur, et ratione illius gubernarentur; ut sciret illis necessaria providere a quibus emolumentum debebat recipere. Hanc autem scientiam homo peccando non perdidit, sicut nec illam qua carnis necessaria provideretur. Et idcirco in Scriptura homo de hujusmodi non eruditur, sed de scientia animæ quam peccando amisit.

De cognitione Creatoris

4. Cognitionem quoque Creatoris primus homo habuisse creditur. Cognovit enim a quo creatus fuerat; non eo modo cognoscendi quo ex auditu solo percipitur, quo modo a credentibus absens quæritur sed quadam interiori aspiratione qua Dei præsentiam contemplabatur; non tamen ita excellenter sicut post hanc vitam sancti visuri sunt neque ita in ænigmate qualiter in hac vita videmus.

De cognitione sui.

5. Porro sui cognitionem idem homo talem accepisse videtur, ut et quid deberet superiori, et quid æquali, et inferiori non ignoraret. Conditionem quoque suam et ordinem, scilicet, qualis factus esset, et qualiter incedere deberet, quid agere, quid cavere, intellexit. Si horum notitiam non habuisset, non esset reus prævaricationis, neque seipsum cognovisset.

Utrum homo prescius fuerit eorum quæ sibi futura erant.

6. Si autem quæritur utrum homo seientiam habuerit eorum que circa eum futura erant, id est, si ruinam suam præsciverit, et similiter præscierit bona quæ habiturus fuisset, si in obedientia perstitisset, responderi potest quod ei magis facienda indicta sunt quam futura revelata. Accepit enim scientiam et præceptum eorum quæ facienda fuerant, sed non habuit præscientiam eorum quæ futura erant. Non fuit ergo homo præscius sui casus, sicut et de angelo diximus. Quod Aug., lib.11, c. 17, super Gen., asserit, ratione utens quam supra posuimus. Hæc de scientia hominis, quantum ad primum statum pertinet, dixisse sufficiat.

DISTINCTIO XXIV.

DE GRATIA HOMINIS, ET DE POTENTIA ANTE CASUM.

1. Nunc diligenter investigari oportet quam gratiam vel potentiam habuerit homo ante casum; et utrum per eam potuerit stare vel non. Sciendum est ergo quod homini in creatione, sicut de angelis diximus, datum est per gratiam auxilium, et collata est potentia per quam poterat stare, id est, non declinare ab eo quod acceperat; sed non poterat proficere in tantum, ut per gratiam creationis sine alia mereri salutem valeret. Poterat quidem per illud auxilium gratiæ creationis resistere malo, sed non perficere bonum. Poterat tamen per illud bene vivere quodammodo, qui poterat vivere sine peccato; sed non poterat sine alio gratiæ adjutorio spiritualiter vivere, quo vitam mereretur æternam. Unde Aug., in Ench., c. 107: Si factus est homo rectus ut et manere in ea rectitudine posset, non sine divino adjutorio, et suo fieri perversus arbitrio; utrumlibet horum elegisset. Dei voluntas fieret vel ab illo, vel de illo. Et quia suam maluit facere voluntatem quam Dei, de illo facta est voluntas Dei. Item in eodem: Sic hominem prius oportebat fieri, ut et bene posset velle, et male; nec frustra si bene, nec impune si male. Idem quoque, tom.7, in lib. de Correctione et Gratia, c.10, c. 105, c.11, in fine, ait: Si hoc adjutorium vel angelo vel homini cum primum facti sunt defuisset, quoniam non talis natura facta erat, ut sine divino auxilio posset manere si vellet, non utique sua culpa cecidisset, defuisset quippe adjutorium, sine quo manere non posset. Idem, lib. et cap. eisdem: Dederat Deus homini bonam voluntatem, in illa quippe eum fecerat rectum; dederat adjutorium, sine quo non posset in eo manere si vellet, et per quod posset. Ut tamen hoc vellet, in ejus dimisit arbitrio. In eodem: Acceperat posse si vellet, sed non habuit velle quo posset: nam si habuisset, perseverasset. His testimoniis evidenter monstratur quod homo rectitudinem et bonam voluntatem in creatione accepit, atque auxilium quo stare poterat, alioquin non sua culpa videretur cecidisse. (Lib. et cap. eisdem.)

Qualis fuerit illa rectitudo et bonitas voluntatis in qua creatus est.

2. Sed quomodo rectam et bonam voluntatem habuit homo, si per eam nec mereri vitam valuit? Quia nec aliquid mali ea tunc volebat, et ad tempus stare voluit, sed non perseveranter, et ideo recta et bona fuit tunc voluntas hominis.

Oppositio contra illud quod dictum est, hominem non potuisse proficere.

3. Ad hoc autem quod diximus, hominem non potuisse proficere vel mereri per gratiam creationis solet opponi sic: Per illud auxilium gratiæ creationis potuit stare in bono quod acceperat. Potuit ergo resistere tentationi. Sed resisteret tentationibus atque suggestionibus malis, meritum est ac bonum remunerabile: omne autem bonum meritum profectus est; per gratiam ergo creationis proficere potuit sine adjectione alterius gratiæ. Ad quod dicimus quia resistere malo, et non consentire tentationi, non fecisset illi meritum, etsi non consensisset, quia nihil in eo erat quod ad malum impelleret, sicut angelis qui non ceciderunt non fuerit meritum quod steterunt, id est, quod non corruerunt. Nobis autem meritum est aliquando si malum non facimus, sed resistimus; ibi duntaxat, ubi causa subest quæ nos id facere movet, quia ex peccati corruptela proni sunt ad lapsum gressus nostri. Ubi autem non intervenit causa nos ad malum impellens, non meremur si ab eo declinamus. Declinare enim a malo semper vitat pœnam, sed non semper meretur palmam.

De adjutorio homini in creatione dato, quo stare poterat.

4. Hic considerandum est quod fuerit illud adjutorium homini datum in creatione, quo poterat stare si vellet. Illud utique fuit libertas arbitrii ab omni labe et corruptela immunis, atque voluntatis rectitudo, et omnium naturalium potentiarum animæ sinceritas atque vivacitas.

De liberio arbitrio.

5. Liberum verum arbitrium est facultas rationis et voluntatis, qua bonum eligitur gratia assistente, vel malum eamdem desistente. Et dicitur liberum, quantum ad voluntatem, quæ ad utrumlibet flecti potest. Arbitrium vero, quantum ad rationem, cujus est facultas vel potentia illa, cujus etiam est discernere inter bonum et malum, et aliquando quidem discretionem habens boni et mali, quod malum est eligit, aliquando vero quod bonum est. Sed quod bonum est nisi gratia adjuta non eligit, malum vero per se eligit. Est enim in anima rationali voluntas naturalis, qua naturaliter vult bonum, licet tenuiter et exiliter, nisi gratia juvet: quæ adveniens juvat eam, et erigit ut efficaciter velit bonum. Per se autem potest velle malum efficaciter. Illa ergo rationalis animæ potentia, qua bonum vel malum potest velle, utrumque discernens, liberum arbitrium nuncupatur, quod bruta animalia non habent, quia ratione carent; habent tamen sensum et appetitum sensualitatis.

De sensualitate.

6. Est enim sensualitas quædam vis animæ inferior, ex qua est motus qui intenditur in corporis sensus, atque appetitus rerum ad corpus pertinentium. Ratio vero vis animæ est superior, quæ, ut ita dicamus, duas habet partes vel differentias, superiorem et inferiorem

Secundum superiorem supernis conspiciendis vel consulendis intendit; secundum inferiorem, ad temporalium dispositionem conspicit. Quidquid ergo in anima nostra nobis considerantibus occurrit quod non sit commune cum bestiis, ad rationem pertinet. Quod autem in ea reperis commune cum belluis, ad sensualitatem pertinet. Etubi nobis gradatim in consideratione partium animæ progredientibus, primum aliquid occurrit quod non est commune cum bestiis, ibi incipit ratio. Hoc autem Aug. docet. in lib. 12 de Trin., cap. 1, ita dicens: Videamus ubi sit quasi quoddam hominis exterioris interiorisque confinium. Quidquid enim habemus in animo commune cum pecore, recte dicitur ad exteriorem hominem pertinere. Non enim solum corpus exterior homo deputabitur; sed adjuncta quædam vita sua, qua compages corporis et omnes sensus vigent, quibus instructus est ad exteriora sentienda. Ascendentibus ergo introrsum quibusdam gradibus considerationis per animæ partes, ubi incipit aliquid occurrere quod non sit nobis commune cum bestiis, ibi incipit ratio, ubi homo interior jam possit agnosci (ibid., c 8). Rationis autem pars superior æternis rationibus conspiciendis vel consulendis adhærescit; portio inferior ad temporalia gubernanda deflectitur. Et illa rationis intentio qua contemplamur æterna, sapientiæ deputatur; illa vero qua bene utimur rebus temporalibus, scientiæ deputatur (lib. eod., cap. 4). Cum vero discernimus de natura mentis humanæ, de una quadam re disserimus, nec eam in hæc duo quæ commemoravimus, nisi per officia, geminamus. Carnalis autem vel sensualis animæ motus, qui in corporis sensus intenditur, nobis pecoribusque communis est, qui seclusus est a ratione sapientiæ, rationi autem scientiæ vicinus est (lib. eod., c. 12).

Quod talis est ordo peccandi vel cadendi in nobis qualis fuit in primis hominibus.

7. Illud quoque prætermittendum non est, quod talis nunc in uno homine tentationis est ordo et progressio, qualis tunc in primis præcessit parentibus. Ut enim tunc serpens malum suasit mulieri, ipsaque consensit; deinde viro suo dedit, sicque consummatum sensualis motus animæ, pro muliere inferior portio rationis, pro viro superior rationis portio. Et hic est vir qui secundum Apostolum, 1 Cor. 11, dicimus *imago et gloria Dei*; et illa est mulier quæ secundum eumdem dicitur *gloria viri*. Atque inter hunc virum et hanc mulierem est velut quoddam spirituale conjugium naturalisque contractus. quo superior rationis portio, quasi vir, debet præesse et dominari; inferior vero, quasi mulier, debet subesse et obedire. Ideo vir secundum Apostolum non debet habere velamen, sed mulier. Et sicut in cunctis animantibus non est repertum homini adjutorium simile sibi, sed de illo sumptum quod ei formaretur in conjugium, ita et in partibus animæ quas cum pecoribus habemus communes, nullum menti nostræ simile est adjutorium, unde Aug., lib. 12 de Trin., c. 4: Illud nostrum quod in actione temporalium tractandorum ita versatur, ut non sit in nobis commune cum pecore, rationale est quidem, sed ex illa rationali mente qua subhæremus intelligibili et incommutabili Veritati, tanquam ductum, et inferioribus tractandis gubernandisque deputatum est. Sicut enim in omnibus pecoribus non est inventum viro adjutorium simile sibi, nisi de illo detractum in conjugium formaretur; ita menti nostræ qua supernam consulimus Veritatem, nullum est ad usum rerum temporalium, quantum naturæ hominis satis est, simile adjutorium ex animæ partibus quas communes cum pecoribus habemus (lib. et cap. eisdem). Ideoque rationale nostrum non ad unitatis divortium separatum, sed in auxilium societatis quasi derivatum, in suo dispartitur officio. Et sicut una caro est duorum in masculo et in femina; sic intellectum nostrum et actionem sive rationem et appetitum rationalem vel si aliquo modo significantius dici possunt una mentis natura complectitur: ut sicut de illis dictum est, Gen. 2: *Erunt duo in carne una*, sic et de his dici possit: Duo in mente una. Ecce ex his verbis aperte intelligi potest qualiter in anima hominis existat imago illius conjugii, et qualiter in singulis nostrum spiritualiter sint illa tria, scilicet, vir, mulier, serpens.

Qualiter per illa tria in nobis consummetur tentatio.

8. Nunc superest ostendere quomodo per hæc tria in nobis consummetur peccatum; ubi agnosci poterit, si diligenter intendatur, qui sit in anima mortale vel veniale peccatum. Ut enim ibi serpens suasit mulieri, et mulier viro; ita et in nobis sensualis motus cum illecebram peccati conceperit, quasi serpens suggerit mulieri, scilicet, inferiori parti rationis, id est, rationi scientiæ, quæ si consenserit illecebræ, mulier edit cibum vetitum, post de eodem dat viro, cum superiori parti rationis, id est, rationi sapientiæ eamdem illecebram suggerit; quæ si consentit, tunc vir etiam cum femina cibum vetitum gustat. Si ergo in motu sensuali tantum peccati illecebra teneatur; veniale ac levissimum est peccatum. Si vero inferior pars rationis consenserit, ita ut sola cogitationis delectatione sine voluntate perficiendi teneatur, mulier solo manducavit, non vir. cujus auctoritate cohibetur voluntas, ne ad opus usque perveniat. Si vero adsit plena voluntas perficiendi, ut, si adsit facultas, ad affectum perducatur, vir quoque manducat, quia superior pars rationis illecebræ consensit. et tunc est damnabile ei grave peccatum. Quando autem mulier sine viro gustat, aliquando est mortale, aliquando veniale peccatum. Ut enim dictum est, tunc mulier sine viro gustat, cum ita delectatione cogitationis peccatum tenetur, ut faciendum non decernatur; vel cum quidam terminus et mensura a peccato adhibetur a viro, ut non liceat mulieri effrenata libertate in peccatum progredi. Si ergo peccatum non diu teneatur delectatione cogitationis, sed statim ut mulierem tetigit, viri auctoritate repellatur, veniale est. Si vero diu in delectatione cogitationis teneatur, etsi voluntas perficiendi desit, mortale est; et pro eo damnabitur simul vir et mulier, id est, totus homo, quia et tunc vir sicut debuit, mulierem nec cohibuit; unde potest dici consensisse.

Repetitio summam perstringens.

9. Itaque ut breviter summam perstringam, quando peccatum ita in anima concipitur, ut illud facere disponat, vel etiam perficiat aliud frequenter, aliud semel; vel etiam quando delectatione cogitationis diu teneatur, mortale est. Cum vero in sensuali motu tantum est, ut prædiximus, tunc levissimum est, quia ratio tunc non delectatur. Quod autem supra dixi *aliud frequenter, aliud semel*, quia quædam sunt quæ si tantum semel fiant, vol facienda disponantur, damnant; quædam vero non, nisi sæpius fiant, vel facienda decernantur, ut de otioso verbo, et hujusmodi. Hæc August., in lib. 11 de Trin., c. 12, tradit ita: Sicut in illo conjugio primorum hominum serpens manducandum persuasit, mulier autem non manducavit sola, sed viro suo dedit, et simul manducaverunt; ita et in quodam secreto conjugio, quod in uno homine geritur et dignoscitur, cum rationi scientiæ, quæ in rebus temporalibus agendis ratiocinandi vivacitate versatur, animalis sensus ingerit quamdam illecebram, tunc velut serpens alloquitur fœminam. Huic autem illecebræ consentire, de ligno est edere. Sed iste consensus si solo cogitationis delectatione contentus est, superiori vero auctoritate ita retinentur membra, ut non *exhibeantur arma iniquitatis peccato*, Rom. 5; sic habendum existimo, velut lignum vetitum mulier sola comederit. Si autem in consensu illo ita decernitur quodque peccatum, ut, si sit potestas, etiam opere impleatur; intelligenda est mulier dedisse viro suo simul edendum illicitum cibum. Neque enim potest peccatum non solum cogitandum suaviter, verum etiam perpetandum efficaciter mente decerni, nisi et illa mentis intentio, penes quam summa potestas est membra in opus movendi, vel ab opere cohibendi,

malæ actioni cedat. §. Nec sane cum sola cogitatione mens oblectatur illicitis, non quidem decernens esse facienda, tenens tamen et volens libenter quæ statim ut attigerunt animum respui debuerunt, negandum est esse peccatum; sed longe minus quam si et opere statuatur implendum. Et ideo de talibus quoque cogitationibus venia petenda est, pectusque percutiendum, et dicendum: *Dimitte nobis debita nostra* (Matth. 6). Neque enim sicut in illis duobus primis hominibus personam suam quisque portabat, et ideo si sola mulier cibum edisset illicitum, sola utique mortis supplicio plecteretur; ita dici potest in homine uno, si delectationibus illicitis, à quibus continuo se deberet avertere, cogitatio libenter sola pascatur, nec facienda decernantur mala, sed tamen suaviter in recordatione teneantur, quasi mulierem sine viro posse damnari. Absit hoc credere (lib. et cap. eisdem). Hic quippe una persona est, unus homo est, totusque damnabitur; nisi hæc, quæ sine voluntate operandi, sed tamen cum voluntate animum talibus oblectandi, solius cogitationis sentiuntur esse peccata, per mediatoris gratiam remittantur (8). Idem quoque in libro contra Manichæos de hoc eodem sic ait : Apostolus dicit, Ephes. 2 : *Secundum principem potestatis aeris hujus, spiritus qui nunc operatur in filiis diffidentiæ.* Nunquid ergo visibiliter eis apparet, aut quasi corporeis locis accedit ad eos et operatur? Sed miris modis per cognitionem suggerit quidquid potest; quibus suggestionibus resistendum est. *Non enim ignoramus astutias* (9) *ejus* (2 Cor. 2). Quomodo enim accessit ad Judam, quando ei persuasit ut Dominum traderet? Numquid in locis, aut per hos oculos ei visus est? Sed utique dictum est : *In cor ejus intravit* (Joan. 13.) Repellit autem illum homo, si paradisum mentis custodiat. *Posuit enim hominem Deus in paradiso, ut operaretur et custodiret* (Gen. 2); quia sicut Ecclesiæ dicitur in Canticis canticorum, c. 4 : *Hortus conclusus, fons signatus,* quo utique non admittitur perversitatis ille persuasor, sed tamen per mulierem decepit. Non enim etiam ratio nostra deduci ad consensum peccati potest, nisi cum delectatio mota fuerit in illa parte animi, quæ debet obtemperare rationi, tanquam rectori viro. Etiam in unoquoque nostrum nihil aliud agitur cum ad peccatum quisque delabitur, quam tunc actum est in illis tribus, serpente, muliere et viro. Nam primo fit suggestio, sive per cogitationem, sive per sensus corporis, vel vivendo, vel tangendo, vel audiendo, vel gustando, vel olfaciendo; quæ suggestio cum facta fuerit, si cupiditatas nostra non moveatur ad peccatum excluditur serpentis astutia. Si autem mota fuerit, si cupiditas nostra non moveatur ad peccatum excluditur serpentis astutia. Si autem mota fuerit, quasi jam mulieri persuasum erit; sed aliquando ratio viriliter etiam commotam cupiditatem refrenat et compescit. Quod cum fit, non labimur in peccatum, sed cum aliquanta luctatione coronamur. Si autem ratio consentiat, et quod libido commoverit faciendum esse decernat, ab omni vita beata, tanquam de paradiso, expellitur homo. Jam enim peccatum imputatur, etiam si non subsequatur factum, quando rea enetur in consensione conscientia.

Quare hæc de animæ partibus dixit.
10. Hæc de animæ partibus interseruimus, ut ipsius animæ natura plenius cognosceretur, et secundum quam sui portionem in ea sit liberum arbitrium intelligatur : scilicet secundum rationem, qua omne peccatum mortale geritur, sed non omne veniale, illud, scilicet, quod in solo motu sensualitatis existit, *Quod sensualitas sæpe in Scriptura aliter quam supra accipitur, scilicet, ut etiam inferior rationis portio ejus nomine intelligatur.*
11. Non est auiem silentio prætereundum quod sæpe in Scriptura nomine sensualitatis, non id solum in anima quod est nobis commune cum pecore, sed etiam inferior portio rationisquæ temporalium dispo-

(8) Aug., tom. 1, lib. 2, de Gen., c. 14.
(9) Vulgata editio gabet *cogitationes.*

sitioni intendit, intelligitur. Quod ut... lectorin locis Scripturæ, ubi de ipsa fit mentio, vigilanter annotet.

DISTINCTIO XXV.
REDIT AD LIBERI ARBITRII CONSIDERATIONEM
1. Jam vero ad propositum redeamus, scilicet, ad liberi arbitrii tractatum, quod philosophi definientes dixerunt liberum de voluntate judicium, quia potestas ipsa et habilitas voluntatis et rationis, quam supra diximus esse liberum arbitrium, libera est ad utrumlibet. quia libere potest moveri ad hoc, vel ad illud. Liberum ergo dicitur arbitrium, quantum ad voluntatem, quia voluntarie moveri, et spontaneo appetitu ferri potest ad ea quæ bona vel mala judicat, vel judicare valet.
Quod liberum arbitrium non pertinet nisi ad futurum. nec ad omne futurum.
2. Hoc autem sciendum est quod liberum arbitrium ad præsens vel ad præteritum non refertur, sed ad futura contingentia. Quod enim in præsenti est, determinatum est, nec in potestate nostra est ut tunc sit vel non sit quando est; potest enim non esse, vel aliud esse postea, sed non potest non esse dum est, vel aliud esse dum est, id est, quod est; sed in futuro an hoc sit, vel illud, ad potestatem liberi arbitrii spectat. Nec tamen omnia futura sub potestate liberi arbitrii veniunt, sed ea tantum quæ per liberum arbitrium possunt fieri vel non fieri. Si quis enim tale quid velit ac disponat facere, quod in ejus nullatenus sit potestate, vel quod sine ipsius dispositione æque fieret, in hoc ipse liberum non habet arbitrium.
Quod supraposita descriptio liberi arbitrii non convenit Deo, nec his qui glorificati sunt.
3. Et quidem secundum prædictam assignationem, in his tantum videtur esse liberum arbitrium, qui voluntatem mutare et in contraria possunt deflectere; in quorum videlicet potestate est eligere bonum vel malum, et utrumlibet secundum electionem facere vel dimittere. Secundum quod nec in Deo, nec in his omnibus qui tanta beatitudinis gratia sunt roborati ut jam peccare nequeant, liberum arbitrium esse nequit. Sed quod Deus liberum arbitrium habeat Aug., t. 5, docet in lib. 22 de Civ. Dei, cap. ult., ita inquiens : Certe Deus ipse numquid quoniam peccare non potest, ideo liberum arbitrium habere negandus est? Amb. quoque, in lib. de Trin., ait; Paulus dicit, 1 Cor. 12, quia *omnia operatur unus atque idem Spiritus, dividens singulis prout vult,* id est, pro liberæ voluntatis arbitrio, non pro necessitatis obsequio.
Qualiter in Deo accipitur liberum arbitrium.
4. Sed aliter accipitur liberum arbitrium in Creatore, quam in creaturis. Dei etenim liberum arbitrium dicitur ejus sapientissima et omnipotens voluntas, quæ non necessitate, sed libera voluntate omnia facit prout vult. Ideoque Hieron. attendens non ita esse liberum arbitrium in Deo, sicut est in creaturis, ab ipso videtur liberum arbitrium excludere, in homilia quadam ad Damasum papam, in tom. 3. de filio prodigo dicens: Solus Deus est in quem peccatum non cadit, nec cadere potest. Cætera, cum sint liberi arbitrii, in utramque partem flecti possunt. Dum ait *cætera,* indicat liberum arbitrium sicut est in cæteris, non ita esse in Deo.
Quod angeli et sancti qui jam beati sunt, habent liberum arbitrium.
5. Angeli vero et sancti qui jam cum Domino feliciter vivunt, atque ita gratia beatitudinis confirmati sunt, ut ad malum flecti nec velint nec possint, libero arbitrio non carent, unde Aug.; in lib. 22 de Civit. Dei, cap. 30, ait: Sicut prima immortalitas fuit, quam peccando Adam perdidit, posse non mori; ita primnm liberum arbitrium, posse non peccare ; novissimum, non posse peccare. Idem in Enchiridion, capite 105 : Sic oportebat prius hominem fieri, ut bene velle posset, et male. Postea vero sic erit, ut male velle non possit; nec ideo carebit libero arbitrio. Multo quippe liberius erit arbitrium, quod omnino non poterit

servire peccato. Neque aut voluntas non est, aut libera dicenda non est, qua beati sic esse volumus, ut esse miseri non solum nolimus, sed nequaquam prorsus velle possimus. Sicut ergo anima nostra nunc habet nolle infelicitatem, ita nolle iniquitatem semper habitura est. Sed ordo servandus fuit, quo Deus voluit ostendere quum bonum sit animal rationale quod etiam peccare possit, quamvis sit melius quod peccare non possit. Ecce his verbis evidenter astruitur quod post beatitudinis confirmationem erit in homine liberum arbitrium, quo peccare non poterit ; et nunc in angelis est, et in sanctis qui cum Domino sunt; et tanto utique liberius, quanto a peccato immunius, et ad bonum pronius. Quo enim quisque ab illa peccati servitute, de qua scriptum est, Joan. 8 : *Qui facit peccatum, servus est peccati*, longius absistit; tanto in eligendo bonum liberius habet judicium. Unde si diligenter inspiciatur, liberum videtur dici arbitrium, quia sine coactione et necessitate valet appetere vel eligere quod ex ratione decreverit.

De libertatis arbitrii differentia secundum diversa tempora.

6. Ex prædictis perspicuum fit quod major fuit libertas arbitrii prima quam secunda, et tertia multo major quam secunda vel prima. Prima enim libertas arbitrii fuit in qua poterat peccare. Ultima vero erit in qua poterit non peccare, et non poterit peccare. Media vero, in qua potest precare, et non potest non peccare; ante reparationem etiam mortaliter, post reparationem vero saltem venialiter.

De quatuor statibus liberi arbitrii in homine.

7. Et possunt in homine notari quatuor status liberi arbitrii. Ante peccatum enim ad bonum nil impediebat, ad malum nil impellebat. Non habuit infirmitatem ad malum, et habuit adjutorium ad bonum. Tunc sine errore ratio judicare, et voluntas sine difficultate bonum appetere poterat. Post peccatum vero ante reparationem gratiæ, premitur a concupiscentia et vincitur, et habet infirmitatem in malo, sed non habet gratiam in bono; et ideo potest peccare, et non potest non peccare etiam damnabiliter. Post reparationem vero ante confirmationem premitur a concupiscentia, sed non vincitur ; et habet quidem infirmitatem in malo, sed gratiam in bono, ut possit peccare propter libertatem et infirmitatem, et possit non peccare ad mortem propter libertatem et gratiam adjuvantem: nondum tamen habet posse omnino non peccare, vel non posse peccare, propter infirmitatem nondum perfecte aboorptam, et propter gratiam nondum plene consummatam. Post confirmationem vero in firmitate penitus consumpta, et gratia consummata, nec vinci poterit, nec premi, et tunc habebit non posse peccare.

De corruptione liberi arbitrii per peccatum.

8. Unde manifestum est quod præter alias pœnalitates pro peccato illo, incurrit homo pœnam in corruptione et depressione liberi arbitrii. Per illud namque peccatum naturalia bona in ipso homine corrupta sunt, et gratuita detracta. Hic est enim ille qui *a latronibus vulneratus est, et spoliatus* (Lucæ 10). Vulneratus quidem in naturalibus bonis, quibus non est privatus, alioquin non posset fieri reparatio ; spoliatus vero gratuitis, quæ per gratiam naturalibus addita fuerant. Hæc sunt data optima, et dona perfecta; quorum alia sunt corrupta per peccatum, id est, naturalia, ut ingenium, memoria, intellectus; alia subtracta, id est, gratuita, quanquam et naturalia ex gratia sint. Ad generalem Dei quippe gratiam pertinent. Sæpe tamen hujusmodi fit distinctio, cum gratiæ vocabulum ad speciem, non ad genus refertur. Corrupta est ergo libertas arbitrii per peccatum, et ex parte perdita, unde Aug. in Ench., cap. 30 : Libero arbitrio male utens homo, et se perdidit, et ipsum. Cum enim libero arbitrio peccaretur, victore peccato amissum est et liberum arbitrium. *A quo enim devictus est, huic servus addictus est* (2 Pet. 2). Ecce liberum arbitrium dicit hominem amisisse ; non quia post peccatum non habuerit liberum arbitrium, sed quia libertatem arbitrii perdidit, non quidem omnem, sed libertatem a miseria et a peccato.

De tribus modis libertatis arbitrii.

9. Est namque libertas triplex, scilicet a necessitate, a peccato, a miseria. A necessitate, et ante peccatum et post æque liberum est arbitrium. Sicut enim tunc cogi non poterat, ita nec modo. Ideoque voluntas merito apud Deum judicatur, quæ semper a necessitate libera est, et nunquam cogi potest. Ubi necessitas, ibi non est libertas; ubi non est libertas, nec voluntas, et ideo nec meritum. Hæc libertas in omnibus est, tam in malis quam in bonis. Est et alia libertas, a peccato, scilicet, de qua dicit Apostolus, 2 Cor. 3 : *Ubi Spiritus Domini, ibi libertas.* Et Veritas in Evangelio, Joan. 8 ; *Si Filius vos liberavit, vere liberi eritis.* Hæc libertas a servitute peccati liberat, et servos justitiæ facit; sicut e converso servitus peccati liberos justitiæ facit, unde Apostolus, Rom. 6 : *Liberati a peccato, servi facti estis justitiæ.* Et idem : *Cum servi essetis peccati, liberi fuistis justitiæ.* Hanc libertatem peccando homo amisit. Ideoque Aug., in Ench., c. 30. dicit quod homo male utens libero arbitrio, et se perdidit, et ipsum : quia perdita est per peccatum libertas, non a necessitate, sed a peccato. *Qui enim facit peccatum, servus est peccati* (Joan. 8).

Qui habeant hanc libertatem, scilicet, a peccato, et per quid.

10. Istam libertatem quæ est a peccato, illi soli nunc habent quos Filius per gratiam liberat et reparat ; non ita quod penitus sint sine peccato in hac mortali carne, sed ut in eis peccatum non dominetur neque regnet. Et hæc est vera et bona libertas, quæ bonum parit servitutem, scilicet, justitiæ, unde Aug. in Ench., cap. 30, ait : Ad justitiam faciendam non erit aliquis liber, nisi a peccato liberatus, esse justitiæ cœpit servus; et ipsa est vera libertas, propter recti facti lætitiam, simul et pia servitus, propter præcepti obedientiam. Est alia libertas non vera, malæ servituti adjuncta, quæ ad malum faciendum, ubi ratio dissentit a voluntate, judicans non esse faciendum quod voluntas appetit; ad bonum vero faciendum concordat ratio voluntati; et ideo ibi vera libertas est et pia. De libertate autem ad malum, et servitute mala, ait Aug., in Ench., c. 30 : Servi, addicti peccato scilicet, quæ potest esse libertas, nisi quando eum peccare deflectat ? Liberaliter enim servit qui sui domini voluntatem libenter facit; ac per hoc ad peccandum liber est, qui peccati servus est.

Quæstio de libertate ad malum, an sit ipsa libertas liberi arbitrii, an alia.

11. Hic quæri potest utrum hæc libertas qua quis liber est ad malum, sit libertas arbitrii. Si enim libertas arbitrii est, bonum quidem est, quia libertas arbitrii bonum naturale est. Quibusdam videtur quod sit ipsa libertas arbitrii, quæ semper bona est, sed propter peccati servitutem ad malum sit liberior et pronior; et ideo dicitur non esse vera libertas, quia ad malum est. Aliis autem videtur quod hæc libertas ad malum, quam supra commemoravit Aug., non sit ipsa libertas arbitrii, sed sit quædam pronitas peccandi et curvitas quæ ex peccato est, et mala est.

Quæstio alia de libertate ad bonum, an ipsa sit libertas arbitrii, an non.

12. Similiter etiam quæri solet utrum illa libertas vera, quæ est ad justitiam faciendam, sit ipsa libertas arbitrii. Quidam dicunt illam eamdem esse, sed reparatam per gratiam, qua juvante libera est ad bonum; sine gratia vero non est libera ad bonum. Unde Aug., in Ench., cap. cit. : Ista libertas ad benefaciendum, nunquam erit homini addicto et vendito sub peccato, nisi eum redimat qui dicit, Joan. 8: *Si Filius vos liberaverit, vere liberi eritis.* Quod antequam fieri in homine incipiat, quomodo quisquam de libero arbitrio gloriatur, qui nondum est liber ad operandum bene? Ecce aperte ostendit liberum arbitrium per gratiam liberari, ut per illud bene operetur quis; idoque di-

cunt illam libertatem veram,quæ est ad bene faciendum, cujus supra meminit Aug.,esse libertatem ipsam arbitrii gratia Dei liberatam et adjutam. Alii vero putant non esse ipsam arbitrii libertatem,sed aliam quamdam, quæ ex gratia et libero arbitrio in mente hominis, Deo operante, incipit esse cum reparatus est.

Certa determinatio utriusque quæstionis, qua dicitur libertas ad bonum et ad malum esse libertas arbitrii.

13. Verum nobis magis placet ut ipsa libertas arbitrii sit,et illa qua quis liber est ad malum,et alia qua quis liber est ad bonum faciendum. Ex causis enim variis sortitur diversa vocabula. Dicitur enim libertas ad malum faciendum, antequam per gratiam sit reparata; sed cum per gratiam fuerit reparata, dicitur libertas ad bonum faciendum, quia ante gratiam libera est voluntas ad malum, per gratiam vero libera fit ad bonum. Semper ergo voluntas hominis aliquo modo libera est, sed non semper bona est. Non enim est bona, nisi a peccato liberata; est tamen a necessitate libera. Unde Aug., ad Valentinum, cap. 15, in tom. 7, in lib. de Gratia et libero Arbitrio; Semper in nobis voluntas libera est, sed non semper bona est. Aut enim libera est justitiæ, quando servit peccato, et tunc est mala; aut a peccato libera est quando servit justitiæ, et tunc est bona.

De libertate a miseria.

14. Est iterum libertas a miseria, de qua Apostolus ait, Rom. 8: *Et ipsa creatura liberabitur a servitute corruptionis, in libertatem gloriæ filiorum Dei.* Hanc libertatem habuit homo ante peccatum, quia omni carebat miseria, et nulla angebatur molestia; et plenius habebit in futura beatitudine, ubi miser esse non poterit. Sed in hac vita, quæ est inter primum peccatum et ultimam confirmationem, nemo a miseria liber est, quia pœna peccati non caret.

Repetit de corruptione liberi arbitrii, ut addat alia.

15. Ex prædictis jam apparet in quo per peccatum sit imminutum vel corruptum liberum arbitrium quia ante peccatum nulla erat hominis difficultas nullumque impedimentum de lege membrorum ad bonum, nulla impulsio vel instigatio ad malum. Nunc autem per legem carnis ad bonum impeditur, et ad malum instigatur, ut non possit velle et perficere bonum, nisi per gratiam liberetur et adjuvetur, *quia*, ut ait Apostolus, Rom. 7, *peccatum habitat in carne*. Liberum ergo arbitrium, cum semper et in singulis sit liberum, non est tamen pariter liberum in bonis et in malis, et ad bona et ad mala. Liberius est enim in bonis, ubi liberatum est, quam in malis, ubi liberatum non est. Et liberius est ad malum, quod per se potest, quam ad bonum, quod nisi gratia liberetur et adjuvetur non potest.

De libertate quæ fit ex gratia, et quæ ex natura.

16. Libertas ergo a peccato et a miseria, per gratiam est ; libertas vero a necessitate, per naturam. Utramque libertatem, naturæ scilicet et gratiæ, notat Apostolus, Rom. 7, cum ex persona hominis non redempti ait: *Velle adjacet mihi, perficere autem bonum non invenio*, ac si diceret: Habeo libertatem naturæ, sed non habeo libertatem gratiæ ; ideo non est apud me perfectio boni. Nam voluntas hominis quam naturaliter habet, non valet erigi ad bonum efficaciter volendum vel opere implendum, nisi per gratiam liberetur et adjuvetur: liberetur quidem, ut velit ; et adjuvetur, ut perficiat ; quia, ut ait Apostolus, Rom. 9, non est *volentis* velle, *neque currentis* currere, id est operari ; *sed miserentis Dei*, qui operatur in nobis velle et operari bona; cujus gratiam non advocat hominis voluntas vel operatio, sed ipsa gratia voluntatem prævenit præparando ut velit bonum, et præparatam adjuvat ut perficiat.

DISTINCTIO XXVI.
DE GRATIA OPERANTE ET COOPERANTE.

1. Hæc est gratia operans et cooperans. Operans enim gratia præparat hominis voluntatem ut velit bonum; gratia cooperans adjuvat ne frustra velit. Unde Aug., in lib. de Gratia et libero Arbitrio, ad Valentinum, in cap. 17. in tom 7: Cooperando Deus in nobis perficit quod operando incipit, quia ipse ut velimus operatur incipiens, qui volentibus cooperatur perficiens. Ut ergo velimus operatur. Cum autem volumus, et sic volumus ut perficiamus, nobis cooperatur; et tamen sine illo vel operante ut velimus, vel cooperante cum volumus ad bona pietatis opera, nihil valemus. Ecce his verbis satis aperitur quæ sit operans gratia, et quæ cooperans. Operans enim gratia est quæ prævenit voluntatem bonam: ea enim liberatur et præparatur hominis voluntas, ut sit bona, bonumque efficaciter velit. Cooperans vero gratia voluntatem jam bonam sequitur adjuvando. Unde Aug., contra Julianum hæreticum, qui bonam voluntatem ex libero arbitrio tantum esse dicebat, atque hominem per liberum arbitrium posse bonum velle et operari sine gratia asserebat, ait: Apertum de commendatione gratiæ Apostolus sententiam protulit, cum ait: *Non est volentis neque currentis, sed Dei miserentis.* Hæc si attenderes, Juliane, non extenderes contra gratiam merita voluntatis humanæ. Non enim ideo misereretur Deus alicujus, quia voluit et cucurrit: sed ideo voluit et cucurrit, quia misertus est Deus. Paratur enim voluntas hominis a Deo, et *a Domino gressus hominis diriguntur*, psal. 36. Ideoque congrue ait: *Non est volentis neque currentis, sed miserentis Dei.* Non quia hoc sine voluntate nostra agatur, sed quia voluntas nostra nil boni agit nisi divinitus adjuvetur. Unde alibi Apostolus ait, 1 Cor. 15: *Non autem ego, sed gratia Dei mecum.* Non ideo dicit, quia nihil boni agebat, sed quia nihil boni ageret, si illa non adjuvaret. His testimoniis aperte insinuatur, quia voluntas hominis gratia Dei prævenitur atque præparatur ut fiat bona, non ut fiat voluntas ; quia et ante gratiam voluntas erat, sed non erat bona et recta voluntas.

Quid sit voluntas.

2. Voluntatem ipsam August., tom. 6. in lib. de duabus Animabus, cap. 10, ita definit: Voluntas est animi motus, cogente nullo, ad aliquid non admittendum, vel adipiscendum. Hæc autem ut non admittat malum, et adipiscatur bonum, prævenitur et præparatur Dei gratia. Unde Apostolus gratiam prævenientem et subsequentem commendans, Rom. 9, et qua operantem et cooperantem, vigilanter dixit: *Non est volentis neque currentis, sed Dei miserentis* ; et non e converso : Non est miserentis Dei, sed volentis et currentis (Aug., in Ench., c. 32). Nam si (ut quibusdam placuit) quod dictum est ita accipiatur: *Non est volentis, neque currentis, sed miserentis Dei* ; tanquam diceretur: Non sufficit sola voluntas hominis, si non sit etiam misericordia Dei; contra dicitur: Non sufficit etiam misericordia Dei, si non sit etiam voluntas hominis. Ac per hoc si recte dictum est illud, quia id voluntas hominis sola non implet; cur non etiam a contrario recte dicitur: Non miserentis est Dei, sed volentis est hominis, cum id misericordia Dei sola non impleat? Homo enim credere vel sperare non poterit, nisi velit; nec pervenire ad palmam, nisi voluntate currat. Restat ergo ut ideo ita recte dictum intelligatur, ut totum detur Deo qui hominis voluntatem bonam prævenit, et præparat adjuvandam, et adjuvat præparatam : nolentem prævenit ut velit, volentem subsequitur ne frustra velit(10). Ecce his verbis et aliis præmissis evidenter traditur, quia voluntas hominis præparatur et prævenitur gratia Dei ut velit bonum, et adjuvatur ne frustra velit.

Quod bona voluntas comitatur gratiam.

3. Itaque bona voluntas comitatur gratiam, non gratia voluntatem. Unde Aug. (11) ad Bonifacium papam scribens, contra Pelagianos, inquit : Cum fides im-

(10) Aug., tom. 4, lib. 1, ad Simplicianum, circa medium, quæst. 2.

(11) In tom. 2, epist. 106, in Glos. super illud Rom. 5: *Justificati igitur.*

petrat justificationem, sicut unicuique Deus partitus est mensuram fidei, non gratiam Dei aliquid meriti præcedit humani, sed ipsa meretur augeri, ut aucta mercatur et perfici voluntate comitante, non ducente, pedissequa, non prævia. Ecce hic aperte habes quod gratia prævenit bonæ voluntatis meritum : et ipsa bona voluntas pedissequa est gratiæ, non prævia. *Quæ sit gratia voluntatem præveniens, scilicet, fides cum dilectione.*

4. Et si diligenter intendas, nihilominus tibi monstratur quæ sit ipsa gratia voluntatem præveniens et præparans, scilicet, fides cum dilectione. Ideoque August., epist. eadem, tractans quomodo justificati sumus ex fide, et tamen gratis (utrumque enim dicit Apostolus, Rom. 5, qui dicit : *Justificati ex fide, et* Rom. 3: *Justificati gratis per gratiam*): Hoc enim ideo dixit, ne fides ipsa superba sit, ne dicat sibi : Si ex fide justificati, quomodo gratis? Quod enim fides meretur, cur non potius redditur quam donatur ? Non dicat homo ista fidelis, quia cum dixerit: Habeo fidem ut merear justificationem, respondetur ei : *Quid habes, quod non accepisti* (I Cor. 4)? Fides enim qua justificatus es, gratis tibi data est. Hic aperte ostenditur quod fides est causa justificationis, et ipsa est gratia et beneficium quo hominis prævenitur voluntas et præparatur. Unde August., in libro Retract., c. 9, in medio: Voluntas est qua et peccatur, et recte vivitur. Voluntas vero ipsa nisi Dei gratia liberetur a servitute qua peccati serva est, et ut vitia superet adjuvetur, recte pieque vivi a mortalibus non potest: et hoc beneficium quo liberatur nisi eam præveniret jam meritis daretur et non gratia, quæ utique gratis datur. Prævenitur ergo bona hominis voluntas illo gratiæ beneficio, quo liberatur, et præparatur. Et illud beneficium fides Christi recte intelligitur ; sicut August., in Ench., cap. 106, evidenter ostenditur dicens: Ipsum arbitrium liberandum est post illam ruinam a servitute peccati. Nec omnino per seipsum, sed per solam Dei gratiam, quæ in fide Christi posita est liberatur ut voluntas præparetur. Ecce aperte dicit gratiam, per quam liberatur arbitrium et præparatur voluntas, sitam esse in fide Christi. Fides enim Christi, ut cap. 117 ait, impetrat quod lex imperat.

Quod voluntas bona quæ prævenitur gratia, quædam Dei dona prævenit.

5. Ipsa tamen eadem voluntas quædam gratiæ dona prævenit. Unde Aug., in Ench., cap. 32: Præcedit bona voluntas hominis multa Dei dona, sed non omnia; quæ autem non præcedit, ipsa in eis est et ipsa juvat, nam utrumque legitur in sanctis eloquiis, et: *Misericordia ejus præveniet me* (ps. 58); et: *Misericordia Dei subsequetur me* (ps. 22); nolentem quippe prævenit ut velit, volentem subsequitur ne frustra velit. Cur enim admonemur orare pro inimicis nostris nolentibus pie vivere, nisi ut Deus in eis operetur et velle? Idemque cur admonemur petere ut accipiamus, nisi ut ab illo fiat quod volumus, a quo factum est ut velimus? Inde Apostolus ait, Rom. 9: *Non est volentis neque currentis, sed Dei mis.rentis.* Ex his apparet quod bona hominis voluntas quædam dona Dei prævenit, quia eam comitatur gratia adjuvans; et quibusbam prævenitur quia eam prævenit gratia operans, scilicet, fides cum charitate.

Quæ prædictis videantur adversari, scilicet quod videatur dici fidem esse ex voluntate.

6. Non est tamen ignorandum quod Aug., tom. 9, tract. 26, in principio, significare videtur quod ex voluntate sit fides, de illo verbo Apostoli, Rom. 10: *Corde creditur ad justitiam;* ita super Joannem tractans: Ideo non simpliciter Apostolus ait *creditur*, sed *corde creditur*, quia cætera potest homo nolens, credere non nisi volens; intrare ecclesiam, et accedere ad altare potest nolens, sed non credere. Item, super Gen., c. 24, ubi Laban et Batuel dixerunt : *Vocemus puellam*, et quæramus ejus voluntatem, dicit expositor quia fides est voluntatis, non necessitatis. Ad quod respondentes, dicimus non hæc ita accipienda fore, ut ex voluntate hominis fides intelligatur provenire, cum ipsa sit proprie Dei donum, ut ait Apostolus, Eph. 2, et ex ea bona hominis merita incipiant. Per hanc enim, ut ait Aug., super psal. 67, justificatur impius, id est, fit de impio pius, ut deinde ipsa fides incipiat per dilectionem operari; unde omnia bona merita incipiunt. Sed potius hæc ideo dicta sunt, quia non est fides nisi in eo qui vult credere, cujus bonam voluntatem fides prævenit non tempore, sed causa et natura. Unde Aug. supra congruenter dixit quod bona voluntas in eis dicta est, quæ non præcedit; et ipsa juvat, quia ea juvat quibus prævenitur, dum eis consentit ad effectum boni; et in eis est, quia tempore ab eis non præceditur. *Quædam adhuc addit quæ graviorem faciunt quæstionem scilicet quod cogitatio boni præcedit fidem.*

7. Cæterum hanc quæstionem magis acuunt et urgent verba Aug., quibus in libro de Prædestinatione sanctorum, cap. 2, in tomo 7, utitur, pertractans illud verbum Apostoli, 2 Cor. 3 : *Non quod sufficientes simus cogitare aliquid quasi ex nobis.* Attendant, inquit, hic, et verba ista perpendant, qui putant ex nobis esse fidei cœptum, et ex Deo esse fidei supplementum. Commendans enim istam gratiam quæ non datur secundum aliqua merita, sed efficit omnia bona merita, inquit, *non quod sufficientes simus cogitare aliquid* boni, scilicet *ex nobis.* Quis autem non videat prius esse cogitare quam credere? Nullus quippe credit aliquid, nisi prius cogitaverit esse credendum. Si ergo cogitare bonum non est ex nobis, ut hic Apostolus tradit, nec credere; quanquam et ipsum credere nihil est aliud, quam cum assensione mentis cogitare. Hic videtur insinuare quod cogitatio bona præcedat fidem, et ita bona voluntas præveniat fidem, non præveniatur; quod prædictis adversari videtur. Ad hoc autem dicimus quod aliquando cogitatio bona sive voluntas prævenit fidem; sed non est illa bona voluntas vel cogitatio qua recte vivitur. Illa enim sine fide et charitate non est. Nam, ut ait Aug. ad Anastasium, epist. 144, in tom. 2, sine spiritu non est voluntas hominis libera, Gal. 5, cum cupiditatibus vincatur; non est libera ad bonum, nisi liberata fuerit. Non autem liberatur, nisi *per Spiritum sanctum diffundatur charitas in cordibus*, Rom. 5. Non est libera voluntas, nisi eam liberet gratia per legem fidei, id est, non est libera, sine fide operante per dilectionem; et illa sufficienter et vere bona est. Non est enim fructus bonus, qui de charitatis radice non surgit. Si vero adsit fides operans per dilectionem, fit delectatio boni.

De illa cogitatione boni quæ præcedit fidem, plene disseritur.

8. Illa autem cogitatio sive voluntas quæ fidem et charitatem aliasque justificationes præcedit non sufficit ad salutem, nec recte ea vivitur. Hac voluntate concupiscitur illa bona voluntas quæ est magnum bonum ista vero, non. Alia est ergo illa voluntas sive cogitatio, alia ista. Et sicut illa istam præcedit, ita iļlam prævenit intellectus. Unde August., ista distinguens super illum locum psal. 118: *Concupivit anima mea desiderare*, ait, in fine enarrationis ad psal. illum, in tom. 8: Concupivit desiderare, inquit, non desideravit. Videmus enim ratione nonnunquam quam utiles sunt justificationes Dei : sed infirmitate præpediti aliquando desideramus. Prævolat ergo intellectus, sequitur tardus aut nullus effectus. Scimus bonum, nec delectat agere; et cupimus ut delectet. Sic iste olim desiderare concupiscebat, quæ bona esse cernebat, cupiens eorum habere delectationem, quorum potuit videre rationem. Ostendit itaque quibus quasi gradibus ad eas pervenitur; prius enim est ut videatur, quam sint utiles et honestæ ; deinde, ut earum desiderium concupiscatur; postremo ut proficiente gratia delectet earum operatio, quarum sola ratio delectat. Attende hunc ordinem gratiarum, quem hic distincte assignat August., qualiter scilicet intellectus bonorum præcedit concupiscentiam eorumdem, et ipsa concupiscentia, delectationem quæ fit et per fidem et charitatem; qua habita, vere bona est voluntas qua recte

vivitur. Ipsaque fidei comes est, non prævia. Qui verba Aug. præmissa secundum hanc distinctionem considerat, nullam ibi repugnantiam forte animadvertit, non ignorans etiam ante gratiam prævenientem et operantem, qua voluntas bona præparatur in homine, præcedere quædam ex bona Dei gratia et libero arbitrio, quædam etiam ex solo libero arbitrio, quibus tamen vitam non meretur, nec gratiam qua justificatur. Illius enim gratiæ percipiendæ, quæ voluntatem hominis sanat, ut sanata legem impleat, nulla merita præcedunt. Ipsa est enim qua justificatus impius fit justus, qui pius erat impius: meritis autem impii. non gratia, sed pœna debetur; nec illa esset gratia, si non daretur gratuita. Datur autem gratuita, quia nil boni ante feceramus, unde hoc mereremur. Non negamus tamen multa ante hanc gratiam, et præter hanc gratiam, ab homine fieri bona per liberum arbitrium, ut tradit Aug. de Spiritu et Littera, in Responsionibus contra Pelagianos, ubi dicit homines per liberum arbitrium, agros colere, domos ædificare, et alia plura bona facere sine gratia cooperante.

Utrum una eademque sit gratia quæ dicitur operans, et cooperans?

9. Hic considerandum est, cum prædictum sit per gratiam operantem et prævenientem voluntatem hominis liberari ac præparari ut bonum velit; et per gratiam cooperantem et subsequentem adjuvari, ne frustra velit; utrum una et eadem sit gratia, id est, unum munus gratis datum, quod operetur et cooperetur; an diversa, alterum operans, et alterum cooperans? Quibusdam non irrationabiliter videtur quod una et eadem sit gratia, idem donum, eadem virtus, quæ operatur et cooperatur: sed propter diversos ejus effectus, et dicitur operans, et cooperans. Operans enim dicitur, in quantum liberat, et præparat voluntatem hominis ut bonum velit; cooperans, in quantum eamdem adjuvat ne frustra velit, scilicet ut opus faciat bonum. Ipsa enim gratia non est otiosa, sed meretur augeri, ut aucta mereatur perfici.

Quid sit ipsa gratia, et quomodo mereatur augeri, quæritur.

10. Si vero quæritur quomodo ipsa gratia præveniens mereatur augeri et perfici, cum nullum meritum sit absque libero arbitrio: et quid sit ipsa gratia, an virtus, an usus, an non; et si virtus, an actus vel non: ut hoc aperte insinuari valeat, præmittendum est tria esse genera bonorum. Alia namque sunt magna, alia minima, alia media, ut Augustinus ait in primo lib. Retract. Virtutes, inquit, quibus recte vivitur, magna bona sunt. Species autem quorumlibet corporum sine quibus recte vivi potest, minima bona sunt. Potentiæ vero animi, sine quibus recte vivi non potest, media bona sunt. Item, lib. 2 de lib. Arbit., c. 19, in tomo 1: Virtutibus nemo male utitur. Cæteris autem bonis, id est, mediis et minimis, non solum bene, sed etiam male quisque uti potest; et ideo virtute nemo male utitur, quia opus virtutis est bonus usus istorum quibus etiam non bene uti possumus. Nemo autem bene utendo, male utitur; non solum autem magna, sed etiam media, et minima bona esse præstitit bonitas Dei. Ecce habes tria genera bonorum distincta.

In quibus bonis sit liberum arbitrium?

11. Quæritur autem in quibus bonis contineatur liberum arbitrium. De hoc Aug., in primo lib. Retract., cap. 9, in fine, ita ait: In mediis quidem bonis invenitur liberum voluntatis arbitrium, quia et male illo uti possumus; sed tamen tale est, ut sine illo recte vivere nequeamus. Bonus autem usus ejus, jam virtus est, quæ in magnis reperitur bonis, quibus male uti nullus potest. Et quia bona, et magna, et media, et minima, ex Deo sunt, sequitur ut ex Deo sit etiam bonus usus liberæ voluntatis, qui virtus est, et in magnis numeratur bonis. Attende diligenter quæ dicta sunt, et confer in unum, sic enim aperietur quod supra quærebatur. Dixit equidem opus virtutis esse bonum usum illorum bonorum quibus etiam non bene uti possumus, id est, mediorum; in quibus po-

suit liberum arbitrium, cujus quoque bonum usum dixit esse virtutem. Quod si est, non est ergo opus virtutis, quod supra dixit, quia aliud est virtus, aliud opus ejus.

DISTINCTIO XXVII.
DE VIRTUTE QUID SIT, ET QUID SIT ACTUS EJUS.

1. Hic videndum est quid sit virtus, et quid sit actus vel opus ejus. Virtus est, ut ait Aug., bona qualitas mentis qua recte vivitur, et qua nullus male utitur; quam Deus solus in homine operatur. Ideoque opus Dei tantum est, sicut de virtute justitiæ August. docet super illum locum psalmi 118: *Feci judicium et justitiam*, ita dicens, in tom. 8, concione 26 ejusdem psal.: Justitia magna virtus animi est, quam non facit in homine nisi Deus. Ideoque cum ait propheta ex persona Ecclesiæ, *feci justitiam*, non ipsam virtutem, quam non fecit homo, sed opus ejus intelligi voluit. Ecce aperte insinuatur hic quod justitia in homine non est opus hominis, sed Dei; quod et de aliis virtutibus intelligendum est.

De fide itidem dicit. quod non est ex homine, sed ex Deo tantum.

2. Nam de gratia fidei Ephesiis scribens Apostolus, similiter fidem non ex homine, sed ex Deo tantum esse asserit, inquiens: *Gratia estis salvati per fidem, et hoc non ex vobis; Dei enim donum est*. Quod a sanctis ita exponitur: Hæc scilicet fides, non est vi naturæ nostræ, quia donum Dei pure est. Ecce et hic aperte traditur quod fides non est ex libertate arbitrii, sive ex arbitrio voluntatis; quod superioribus consonat, ubi dictum est gratiam prævenientem vel operantem esse virtutem quæ voluntatem hominis liberat et sanat. Unde Aug., in lib. de Spiritu et Littera, cap. 9, in tom. 3, ait: Justificati sumus non per liberam voluntatem, sed per gratiam Christi, non quod sine voluntate nostra fiat, sed voluntas nostra ostenditur infirma per legem, ut sanet gratia voluntatem, et sana voluntas impleat legem.

De gratia quæ liberat voluntatem; quæ si virtus est, vi: tus non est ex libero arbitrio, et sic non est motus mentis.

3. Si igitur gratia quæ sanat et liberat voluntatem hominis, virtus est, vel una, vel plures; cum ipsa gratia non sit ex arbitrio voluntatis, sed eam potius sanet ac præparet ut bona sit, consequitur ut virtus non sit ex libero arbitrio, et ita non sit motus vel affectus mentis, cum omnis motus vel affectus mentis sit ex libero arbitrio; sed bonus ex gratia est et libero arbitrio, malus vero ex libero arbitrio tantum. Ut enim ait Aug. in lib. Retract. 1, c. 15, et tom. 6, libro de Bono perseverantiæ 2, c. 11: Homo sponte et libero arbitrio cadere potuit, non etiam resurgere. Idem, in lib. de duabus Animabus, c. 12, in tom. 6: animæ si libero ad faciendum et non faciendum motu Animi careant, si denique his abstinendi ab opere suo potestas nulla conceditur, earum peccatum tenere non possumus. Hic aperte ostenditur quod motus animi, sive ad bonum sive ad malum, ex libero arbitrio est. Ideoque si gratia vel virtus motus mentis est, ex libero arbitrio est. Si vero ex libero arbitrio vel ex parte est, jam non solus Deus sine homine eam facit. Propterea quidam non inerudite tradunt virtutem esse bonam mentis qualitatem sive formam, quæ animam informat; et ipsa non est motus vel affectus animi, sed ea liberum arbitrium juvatur, ut ad bonum moveatur et erigatur; et ita ex virtute et libero arbitrio nascitur bonus motus vel affectus animi, et exinde bonum opus procedit exterius; sicut pluvia rigatur terra, ut germinet et fructum faciat; nec pluvia est terra, nec germen, nec fructus; nec terra germen vel fructus, nec germen fructus; ita gratia terræ mentis nostræ, id est, libero arbitrio voluntatis, infunditur pluvia divinæ benedictionis, id est, inspiratur gratia, quod solus Deus facit, non homo cum eo; qua rigatur voluntas hominis, ut germinet et fructificet, id est, sanatur et præparatur ut bonum velit, secundum quod

dicitur operans; et juvatur ut bonum faciat, secundum quod dicitur cooperans. Et illa gratia virtus non incongrue nominatur, quia voluntatem hominis infirmam sanat et adjuvat.

Ex quo sensu dicuntur ex gratia incipere bona merita, et de qua gratia hoc intelligatur.

4. Cum ergo ex gratia dicuntur esse bona merita et incipere, aut intelligitur gratia gratis dans, id est, Deus, vel potius gratia gratis data, quæ voluntatem hominis prævenit. Non enim esset magnum si hæc a Deo dicerentur esse, a quo sunt omnia; sed potius ejus gratia gratis data intelligitur, ex qua incipiunt bona merita; quæ cum ex sola gratia esse dicantur, non excluditur liberum arbitrium, quia nullum meritum est in homine quod non sit per liberum arbitrium. Sed in bonis merendis causæ principalis gratiæ attribuitur, quia principalis causa bonorum meritorum est ipsa gratia, quæ excitatur liberum arbitrium et sanatur, atque juvatur voluntas hominis ut sit bona.

Quod bona voluntas gratiæ principaliter est, et etiam gratia est, sicut et omne bonum meritum.

5. Quæ ipsa etiam donum Dei est, et hominis meritum, imo gratiæ, quia ex gratia principaliter est, et gratia est. Unde Aug., tom. 2, epist. 105, ad Sixtum presbyterum: Quid est meritum hominis ante gratiam, cum omne bonum nostrum meritum non in nobis facit nisi gratia? Ex gratia enim, ut dictum est, quæ prævenit et sanat arbitrium hominis, et ex ipso arbitrio procreatur in anima hominis bonus affectus sive bonus motus mentis; et hoc est primum bonum hominis meritum. Sicut, verbi gratia, ex fidei virtute et hominis arbitrio generatur in mente motus quidam bonus et remunerabilis, scilicet, ipsum credere; ita ex charitate et libero arbitrio alius quidam motus bonus provenit, scilicet, diligere, bonus valde; sic de cæteris virtutibus intelligendum est. Et isti boni motus vel affectus merita sunt, et dona Dei, quibus meremur et ipsorum augmentationem, et alia quæ consequenter hic et in futuro nobis apponuntur.

Ex qua ratione dicitur fides mereri justificationem, et alia.

6. Cum ergo dicitur fides mereri justificationem et vitam æternam, ex ea ratione dictum accipitur, quia per actum fidei meretur illa. Similiter de charitate et justitia, et de aliis accipitur. Si enim fides ipsa virtus præveniens, diceretur esse mentis actus, qui est meritum, jam ipsa ex libero arbitrio originem haberet; quod quia non est, sic dicitur esse meritum, quia actus ejus est meritum; si tamen adsit charitas sine qua nec credere nec sperare meritum est vitæ. Unde apparet vere, quia charitas est Spiritus sanctus, quæ animæ qualitates informat et sanctificat, ut eis anima informetur et sanctificetur; sine qua animæ qualitas non dicitur virtus, quia non valet sanare animam.

De muneribus virtutum, et de gratia quæ non est, sed facit meritum.

7. Ex muneribus itaque virtutum boni sumus et juste vivimus, et ex gratia, quæ non est meritum, sed facit; non tamen sine libero arbitrio proveniunt merita nostra, scilicet, boni affectus eorumque progressus atque bona opera, quæ Deus renumerat in nobis; et hæc ipsa sunt Dei dona. Unde August. (12) ad Sixtum presbyterum: Cum coronat Deus merita nostra, nihil aliud coronat quam munera sua. Unde vita æterna quæ in fine a Deo meritis præcedentibus redditur, quia et eadem merita quibus redditur, non a nobis sunt, sed in nobis facta sunt per gratiam, recte et ipsa vita gratia nuncupatur, quia gratis datur. Nec ideo gratis, quia non meritis datur, sed quia data sunt per gratiam et ipsa merita quibus datur.

Epilogat ut alia addat.

8. Ex præmissis jam innotescere nobis aliquatenus potest qualiter gratia præveniens meretur augeri, et

(12) Epist., 105, in tom. 2, et tom. 6, enarratione ad psal. 98, circa medium; et enarratione ad ps. 102, non longe a principio.

alia; et quid ipsa sit, an virtus, an aliud; et si virtus, an sit actus vel non; ostensum enim est supra, ex parte quorumdam, quod ipsa est virtus, quia virtus non est actus, sed ejus causa, non tamen sine libero arbitrio; unde quod supra Aug. dixit, bonum usum liberi arbitrii esse virtutem, ita accipi potest, id est, actum virtutis: alioquin sibi contradicere videretur, qui etiam opus virtutis supra dixit esse bonum usum eorum quibus non bene uti possumus, in quibus posuit liberum arbitrium. Si vero bonus usus liberi arbitrii opus virtutis est, jam virtus non est. Cum ergo bonum usum ejus virtutem esse dixit, nomine virtutis ipsius usum significavit.

Quod idem usus est virtutis, et liberi arbitrii; sed virtutis principaliter.

9. Idem nempe usus bonus ex virtute est, et ex libero arbitrio; sed ex virtute principaliter. Et bonus ille usus in magnis bonis annumerandus est. Illa autem gratia præveniens, quæ et virtus est, non usus liberi arbitrii est, sed ex ea potius est bonus usus liberi arbitrii, quæ nobis est a Deo, non a nobis. Usus vero bonus arbitrii, et ex Deo est, et ex nobis; et ideo bonum meritum est. Ibi enim solus Deus operatur hic, Deus et homo. Hoc meritum ex illa purissima gratia provenit: quod Apostolus notavit dicens, 1 Cor. 15: *Gratia Dei sum id quod sum*; et: *Gratia ejus in me vacua non fuit*. Super quem locum Aug., de Gratia et libero Arbit., cap. 5 et 6, in tom. 7, ita ait: Recte gratiam nominat, primum enim solam gratiam dat Deus, et nonnisi gratiam, cum non præcedant nisi mala merita; sed post per gratiam incipiunt bona merita. Et ut ostenderet etiam liberum arbitrium. addit: *Et gratia ejus in me vacua non fuit*. Et ne ipsa voluntas sine gratia Dei putetur aliquid boni posse, subdit: *Non autem ego solus*, scilicet, sine gratia; *sed gratia Dei mecum*, id est, cum libero arbitrio. Plane cum data fuerit gratia, incipiunt esse nostra merita bona; per illam tamen, quia si illa defuerit, cadit homo.

Aliorum sententia hic ostenditur. qui dicunt virtutes esse bonos usus liberi arbitrii, id est, actus mentis.

10. Alii vero dicunt virtutes esse bonos usus naturalium potentiarum, non tamen omnes, sed tantummodo interiores qui in mente sunt; exteriores vero qui per corpus geruntur, non virtutes esse dicunt, sed opera virtutum. Et ideo quod Aug. dicit opus virtutis esse bonum usum naturalium potentiarum, de usu exteriori accipiunt; quod vero dicit bonum usum liberi arbitrii virtutem esse, et in magnis numerari bonis, de usu interiori intelligunt. Et virtutes nihil aliud esse quam bonos affectus vel motus mentis asserunt, quos Deus in homine facit, non homo: quia licet illi motus sint liberi arbitrii, non tamen esse queunt nisi Deus ipsum liberet et adjuvet gratia sua operante et cooperante, quam Dei gratuitam voluntatem accipiunt, quia Deus est qui et operatur in nobis velle et operari bonum.

Quibus auctoritatibus muniunt quod virtutes sint motus mentis.

11. Quod autem virtutes sint motus mentis, testimoniis sanctorum astruunt. Dicit autem Aug., tom. 3, c. 10, super Joannem: Quid est fides? Credere quod non vides. Credere autem motus mentis est. Idem in lib. 3 de Doctr. christiana: Charitatem autem voco motum animi. Si vero charitas et fides motus animi sunt, virtutes ergo motus animi sunt. Quibus alii respondentes præmissa verba Augustini ita intelligenda fore inquiunt: Fides est credere quod non vides, id est, fides est virtus qua creditur quod non videtur. Item: Charitas est motus animi, id est, gratia qua movetur animus ad diligendum. Et quod hæc et his similia ita accipienda sint, ex his conjicitur quæ alibi Aug. ait. Nam in lib. 2 Quæstionum Evangelii, c. 39, inquit: Est fides qua creduntur ea quæ non videntur, quæ proprie dicitur fides. Item, tom. 4, in lib. 13 de Trin., c. 2: Aliud sunt ea quæ creduntur, aliud est fides qua creduntur. Ex quibus verbis sic argumentando procedunt: Aliud est credere, aliud illud quod

creditur. Prædictum autem est fidem id esse quod creditur; sic ergo credere non est fides, quia credere non est id quo creditur.Addunt quoque : Virtus opus Dei tantum est, quam ipse solus facit in nobis; ipsa ergo non est usus vel actus liberi arbitrii; sed credere est actus liberi arbitrii; non est itaque virtus. Præmissis aliisque rationibus ac testimoniis innituntur utrique.Horum autem judicium diligentis lectoris relinquo examini, ad alia properans.

DISTINCTIO XXVIII.

PRÆDICTA REPETIT UT ALIA ADDAT, DEFINITAM ASSIGNATIONEM PONENS DE GRATIA ET LIBERO ARBITRIO CONTRA PELAGIANOS.

1. Id vero inconcusse et incunctanter teneamus. liberum arbitrium sine gratia præveniente et adjuvante non sufficere ad salutem et justitiam obtinendam; nec meritis præcedentibus gratiam Dei advocari, sicut Pelagiana hæresis tradidit. Nam, ut ait Aug.lib.1 Retract.: Novi hæretici Pelagiani liberum sic asserunt voluntatis arbitrium,ut gratiæ Dei non relinquant locum,quam secundum merita nostra dari asserunt.Pelagianorum hæresis,omnium recentissima a Pelagio monacho exorta est.Hi Dei gratiæ qua prædestinati sumus, et qua meruimus de potestate tenebrarum erui,in tantum inimici sunt,ut sine hac credant hominem posse facere omnia divina mandata.Denique Pelagius a fratribus increpatus,quod nihil tribueret adjutorio gratiæ Dei, ad ejus mandata facienda,non eam libero arbitrio præponebat, sed infideli calliditate supponebat dicens ad hoc eam dari hominibus,ut quæ facere per liberum arbitrium jubentur,facilius possint implere per gratiam.Dicendo utique *facilius possint*,voluit credi,etsi difficilius,tamen posse homines sine gratia facere jussa divina. Illam vero gratiam Dei,sine qua nihil boni possumus facere,non esse dicunt nisi in libero arbitrio, quod nullis suis præcedentibus meritis ab illo accepit nostra natura, ipso ad hoc tantum juvante nos per suam legem atque doctrinam,ut discamus quæ facere et quæ sperare debeamus;non autem ad hoc per donum Spiritus sancti,ut quæ didicerimus esse facienda, faciamus. Ac per hoc divinitus nobis dari scientiam confitentur,qua ignorantia pellitur ; charitatem autem negant divinitus dari,qua pie vivitur; ut,scilicet,sit donum Dei scientia,quæ sine charitate inflat ; et non sit donum Dei ipsa charitas, quæ ut scientia non inflet,ædificat. Destruunt etiam orationes quas facit Ecclesia sive pro infidelibus et doctrinæ Dei resistentibus, ut convertantur ad Deum;sive pro fidelibus,ut augeatur Dei fides,et perseverent in ea. Hæc quippe non ab ipso accipere,sed a seipsis homines habere contendunt; gratiam Dei,qua liberamur ab impietate, dicentes secundum merita nostra dari. Parvulos etiam sine ullo peccati originalis vinculo asserunt nasci.

Hic ponit ea quibus suum confirmant errorem, verbis Augustini contra ipsum utentes.

2. Quod vero dicunt,sine gratia hominem per liberum arbitrium omnia jussa implere,hujusmodi inductionibus muniunt. Si inquiunt, non potest ea facere homo quæ jubentur,non est ei imputandum ad mortem,sicut tu ipse August. (13) in libro de libero Arbitrio asseris.Quis,inquis, peccati in eo quod nullo modo caveri potest ? Peccatum autem. Caveri ergo potest.Hoc testimonio August.Pelagius usus est disputans adversus eum,imo adversus gratiam ; sicut August.in libro Retract. illud et alia hujusmodi retractans commemorat,inquiens : In his atque hujusmodi verbis meis,quia gratia Dei commemorata non est,de qua tunc non agebatur, putant Pelagiani suam vel vitia superet adjuveritur,recte a mortalibus vivi

(13) Lib. 3, c. 18, in tom. 1 ; et lib. de Natura et Grat., cap. 67, in tom. 7, lib. 1, cap. 9.

non potest.Ecce aperte determinat ex quo sensu illa dixerit,inimicos gratiæ refellens.

Aliud testimonium Augustinus ponit quo Pelagius pro se utebatur.

3.Similiter et innitebatur Pelagius verbis Augustini contra gratiam,qui in libro de duabus Animabus dicit, cap. 12, et Retract., c. 15 : Peccati reum tenere quemquam,quia non fecit quod facere non potuit, summæ iniquitatis et insaniæ est. His auditis exiliit Pelagius,dicens : Cur ergo parvuli et illi qui non habent gratiam,sine qua non possunt facere mandata divina, rei tenentur ? Hoc autem qua occasione dixerit,in libro Retract.Pelagio respondens aperit.Id enim contra Manichæos dixit; qui in homine duas naturas esse contendunt,unam bonam ex Deo, alteram malam ex gente tenebrarum, quæ nunquam bona fuit,nec bonum velle potest;quod si esset,non videretur ei imputandum esse si bonum non faceret.

Aliud quod videtur contradicere gratiæ Dei addit.

4. Alibi etiam Augustinus dicit quod huic gratiæ contradicere videtur qua justificatur. Ait enim, in libro contra Adamantium Manichæi discipulum, cap. 26, in tom.6 : Nisi quisque voluntatem suam mutaverit, bonum operari non potest;quod in nostra potestate esse positum Dominus docet ubi ait,Matt. 22:*Aut facite arborem bonam, aut fructus ejus bonos,* etc.Quod Aug., in Retract.l.4,c. 22,non esse contra gratiam Dei quam prædicamus,ostendit,In potestate quippe hominis est mutare in melius voluntatem ; sed ea potestas nulla est,nisi a Deo detur ; de quo dictum est,Joan.1 : *Dedit eis potestatem filios Dei fieri*, Cum enim hoc sit in potestate, quod cum volumus facimus,nihil tam in potestate quam ipsa voluntas est ; sed præparatur a Domino voluntas : eo ergo modo dat potestatem.

Aliud testimonium ejusdem, quod videtur adversum.

5. Sic etiam intelligendum est quod in eodem ait, scilicet in nostra potestate esse ut vel inseri bonitate Dei,vel excidi ejus severitate mereamur:quia in potestate nostra non est nisi quod nostram sequitur voluntatem; quæ cum præparatur a Domino, facile fit opus pietatis,etiam quod impossibile et difficile fuit.

Aliud testimonium.

6. In expositione quoque quarumdam propositionum Epistolæ ad Romanos quædam August. interseruit,quæ videntur huic doctrinæ gratiæ adversari. Ait enim : Quod credimus nostrum est;quod autem bonum operamur,illius est qui credentibus dat Spiritum sanctum.Et paulo post:Nostrum est credere et velle,illius autem dare credentibus et volentibus facultatem bene operandi per Spiritum sanctum.Quæ qualiter intelligi debeant August. in libro Retract, aperit dicens : Verum est quidem a Deo esse quod operamur bonum : sed eadem regula utriusque est, et volendi scilicet et faciendi;et utrumque ipsius est, quia ipse præparat voluntatem ; et utrumque nostrum est,quia non fit nisi volentibus nobis;illa itaque profecto non dixissem, si jam scirem etiam ipsam fidem inter Spiritus sancti munera reperiri.

Adhuc addit aliud quod videtur contrarium.

7.Illud etiam diligenter est inspiciendum quod Augustinus in lib. de Prædestinatione sanctorum, c. 3, t.7,ait: Scilicet,quod posse habere fidem sicut posse habere charitatem,natura est hominum;habere autem fidem sicut habere charitatem, gratia est fidelium.Quod non ita dictum est, tanquam ex libero arbitrio valeat haberi fides vel charitas;sed quia aptitudinem naturalem habet mens hominis ad credendum vel diligendum, quæ Dei gratia præventa credit et diligit ; quod sine gratia non valet.

Testimonio Hieronymi astruit quid tenendum sit de gratia et libero arbitrio ; ubi triplex hæresis inducitur, scilicet Joviniani, Manichæi et Pelagii.

8. Id ergo de gratia et libero arbitrio indubitanter teneamus quod Hieron.,in Explanatione fidei catholicæ ad Damasum papam,Joviniani,et Manichæi,et Pelagii errores collidens,docet, Liberum,inquit, sic

confitemur arbitrium,ut dicamus nos semper indigere Dei auxilio; et tam illos errare qui cum Manichæo dicunt hominem peccatum vitare non posse, quam illos qui cum Joviniano asserunt hominem non posse peccare. Uterque tollit arbitrii libertatem. Nos vero dicimus hominem semper et peccare et non peccare posse,ut semper nos liberi confiteamur esse arbitrii. Hæc est fides quam in catholica Ecclesia didicimus, et quam semper tenuimus.

DISTINCTIO XXIX.
UTRUM HOMO ANTE PECCATUM EGUERIT GRATIA OPERANTE ET COOPERANTE.

1. Post hæc considerandum est utrum homo ante peccatum eguerit gratia operante et cooperante? Ad quod breviter dicimus, quia non cooperante tantum, sed etiam operante gratia indigebat : non quidem secundum omnem operandi modum operantis gratiæ operatur enim liberando et præparando voluntatem hominis ad bonum. Egebat itaque homo ea,non ut liberaret voluntatem suam, quæ peccati serva non fuerat ; sed ut præpararet ad volendum efficaciter bonum, quod per se non poterat. Non enim poterat bonum mereri sine gratia, ut August. in Ench., c. 106,in tom.3, evidenter tradit. Illam, inquit, immortalitatem in qua poterat non mori natura humana, perdidit per liberum arbitrium. Hanc vero in qua non poterat mori accepta est per gratiam, quam fuerat,si non peccasset, acceptura per meritum, quamvis sine gratia nec tunc ullum meritum esse potuisset, quia etsi peccatum in solo erat arbitrio constitutum, non tamen justitiæ habendæ vel retinendæ sufficiebat liberum arbitrium, nisi divinum præberetur adjutorium. Ecce his verbis satis ostenditur quod ante peccatum homo indigebat gratia operante et cooperante. Non enim habebat quo pedem movere posset sine gratiæ operantis et cooperantis auxilio ; habuit tamen quo poterat stare.

Quod homo ante lapsum virtutes habuerit.

2. Præterea quæri solet utrum homo ante lapsum virtutem habuerit? Quibusdam videtur quod non habuerit,id ita probare conantibus. Justitiam,inquiunt, non habuit,quia præceptum Dei contempsit;nec prudentiam,quia sibi non providit ; nec temperantiam, quia aliena appetiit ; nec fortitudinem, quia prave suggestioni cessit. Quibus respondentes, dicimus eum quidem non tunc habuisse has virtutes quando peccavit, sed ante,et tunc amisisse. Quod multis sanctorum testimoniis comprobatur. Ait enim Augustinus in quadam homilia : Adam, perdita charitate, malus inventus est. Item : Princeps vitiorum dum vicit Adam de limo terræ ad imaginem Dei factum, pudicitia armatum, temperantia compositum, charitate splendidum; primos parentes illis donis ac tantis bonis expoliavit, pariterque peremit. De hoc codem Ambros. ad Sabinum ait,tom.3, epist. 41: Quando Adam solus erat,non est prævaricatus, quia ejus mens Deo adhærebat. Super psal. quoque dicit quod homo ante peccatum beatissimo auram carpebat æthercam. Sed quomodo sine virtute beatissimus erat? August. quoque, lib. 11, in fine c. 42, super Genes, dicit Adam ante peccatum spirituali mente præditum fuisse. Non est ergo dubitandum hominem ante peccatum virtutibus fulsisse, sed illis per peccatum expoliatum fuisse.

De ejectione hominis de paradiso.

3. In illius quoque peccati pœnam ejectus est de paradiso in istum miseriarum locum, sicut in Genes. c. 3, legitur :*Nunc ergo ne forte mittat manum suam, et sumat de ligno vitæ, et comedat, et vivat in æternum, emisit eum Deus de paradiso voluptatis* Illis verbis insinuari videtur quod nunquam moreretur, si postea de illo ligno sumpsisset.

Quomodo intelligendum sit illud ; Ne sumat de ligno vitæ, et comedat, et vivat in æternum.

4. Sed quia *per peccatum jam mortuum corpus* habebat, illa verba ex tali intellectu accipi possunt : Deus modo irati loquens, de homine superbo ait: Videte ne forte mittat manum suam, etc., id est : Cavete vos,angeli,ne comedat de ligno vitæ, quo indignus est, de quo, si perstitisset, comederet, et viveret in æternum, sed modo propter inobedientiam indignus est comedere. Et sicut verbo dixit, ita opere exhibuit. Emisit enim eum Deus de paradiso voluptatis in locum sibi congruum ; sicut plerumque malus cum inter bonos vivere cœperit, si in melius mutari noluerit, de bonorum congregatione pellitur,pondere pravæ consuetudinis pressus.

De flammeo gladio ante paradisum posito. Aug., super Gen., lib. 11, c. 40.)

5. Ne vero ad illud posset accedere, collocavit Deus ante paradisum cherubim, et flammeum gladium atque versatilem, ad custodiendam viam ligni vitæ. Quod juxta litteram potest hoc modo accipi, quia per ministerium angelorum ignea custodia ibi constituta fuit. Hoc enim per cœlestes potestates in paradiso visibili factum esse credendum est, ut per angelicum ministerium ibi esset quædam ignea custodia: non tamen frustra, sed quia aliquid de paradiso spirituali. Cherubin enim interpretatur plenitudo scientiæ : hæc est charitas, quia *plenitudo legis est dilectio* (Rom. 13). Gladius autem flammeus pœnæ temporales sunt, quæ versatiles sunt, quia tempora volubilia sunt. Illa ergo ad custodiam ligni vitæ ideo posita sunt ante paradisum, quia ad vitam non reditur nisi per cherubim, scilicet, plenitudinem scientiæ,id est, charitatem; et per gladium versatilem,id est, tolerantiam passionum temporalium.

An homo ante peccatum comederit de ligno vitæ.

6. Potest autem quæri utrum de ligno vitæ ante peccatum comederit homo. De hoc Augustinus, in lib. 2 de Baptis. parvul.(14), sic ait : Recte profecto intelliguntur primi homines ante malignam diaboli persuasionem abstinuisse a cibo vetito, atque usi fuisse concessis. His verbis ostenditur quod de ligno vitæ ante peccatum sumpserint, quibus præceptum erat ut de omni ligno paradisi comederent, nisi de ligno scientiæ boni et mali.

Quare non sunt facti immortales, si comederunt de ligno vitæ.

7. Quare ergo perpetua soliditate, et beata immortalitate vestiti non sunt, ut nulla infirmitate vel ætate in deterius mutarentur? Hanc enim virtutem naturaliter illud lignum habuisse dicitur. Sed forte hoc non conferebat, nisi sæpe de illo sumeretur. Potuit ergo fieri ut de illo sumeret semel, et non sæpius, qui per aliquam moram in paradiso fuisse intelligitur, cum Scriptura dicat eum ibi soporatum fuisse, quando costa de latere ejus assumpta est, et inde formata mulier, et animalia ante eum ducta, quibus nomina imposuit.

DISTINCTIO XXX.
QUOD PER ADAM PECCATUM ET PŒNA TRANSIIT IN POSTEROS.

1. In superioribus insinuatum est, licet ex parte (non enim perfecte sufficimus exponere), qualiter primus homo deliquerit, et quam pro peccato pœnam subierit ; quibus adjiciendum est peccatum simul ac pœnam per eum transisse in posteros,sicut Apostolus ostendit inquiens, Rom.5 : *Sicut per unum hominem peccatum in hunc mundum intravit, ita in omnes homines mors pertransiit.*

Utrum illud peccatum fuerit originale, vel actuale.

2. Hic primo videndum est quod fuit illud peccatum,originale,scilicet, an actuale ; et si de originali intelligatur, consequenter quid sit originale peccatum et quare dicatur originale; et quomodo pertransierit vel pertranseat in omnes, diligenter investigandum est. Quibusdam placuit de peccato actuali Adæ illud accipere, asserentibus hoc Apostolum sensisse cum inferius ait:*Sicut per inobedientiam unius hominis peccatores constituti sunt multi, ita,* etc. Evidenter, inquiunt, etiam ipso nomine exprimit Apostolus pecca-

(14) Alias dicitur de peccatorum Meritis et Remissione, contra Pelagianos, c. 21.

tum,quod per unum hominem intravit in mundum, scilicet inobedientiam. Inobedientia vero peccatum actuale est.

Quomodo intrasse in mundum dicunt.

3. Hoc autem dicunt intrasse in mundum, non traductione originis, sed similitudine prævaricationis; omnesque in illo uno peccasse dicunt, quia omnibus ille unus peccandi exemplum extitit. Hoc male senserunt quidam hæretici, qui dicti sunt Pelagiani; de quibus Aug.,in libro de Baptismo parvulorum, commemorat dicens : Sciendum est, inquit hæreticos quosdam qui nominati sunt Pelagiani, dixisse peccatum primæ transgressionis in alios homines non propagatione, sed imitatione transisse. Unde etiam in parvulis nolunt credere per baptismum solvi originale peccatum, quod in nascentibus nullum esse omnino contendunt. Sed eis dicitur, quia si Apostolus peccatum imitationis, non propagationis, intelligi voluisset, ejus principem non Adam, sed diabolum diceret, de quo in libro Sap: 2 dicitur : *Invidia diaboli mors intravit in orbem terrarum.* Et quia non vult intelligi hoc esse factum propagatione, sed imitatione, continuo subjunxit Scriptura: *Imitantur autem eum, qui sunt ex parte ipsius.* Imitantur quidem Adam, quotquot per inobedientiam transgrediuntur mandatum Dei. Sed aliud est quod exemplum est voluntate peccantibus, aliud quod origo est cum peccato nascentibus. Non est igitur accipiendum peccatum Adæ transisse in omnes imitationis tantum exemplo, sed propagationis et originis vitio.

Hic aperit illud esse peccatum originale, quod transit in pasteros.

4. Et est illud peccatum originale, ut aperte August. testatur, quod per Adam transivit in omnes, per ejus carnem vitiatam concupiscentialiter generatos.

Quid sit originale peccatum hic inquiritur.

5. Quod diligenter investigandum est, quid sit. De hoc enim sancti doctores sub obscuritate locuti sunt, atque scholastici doctores varia senserunt. Quidam enim putant originale peccatum esse reatum pœnæ pro peccato primi hominis, id est, debitum, vel obnoxietatem, qua obnoxii est addictis nmus pœnæ temporali et æternæ pro primi hominis actuali peccato, quia pro illo, ut aiunt, omnibus debetur pœna æterna, nisi per gratiam liberentur. Juxta horum sententiam oportet dici originale peccatum nec culpam esse, nec pœnam. Culpam non esse ipsi fatentur; pœna quoque secundum eos esse non potest: quia si debitum pœnæ originale peccatum est, cum debitum pœnæ non sit pœna, nec originale peccatum est pœna, quod etiam quidam eorum admittunt, dicentes in Scriptura originale peccatum sæpe nominari reatum; et reatum ibi intelligunt, ut dictum est, obnoxietatem pœnæ; et ea ratione asserunt peccatum originale dici esse in parvulis, quia parvuli pro illo primo peccato rei sunt pœnæ, sicut pro peccato iniqui parentis aliguando exulant filii secundum justitiam fori.

Quod originale peccatum sit culpa, auctoritatibus probat.

6. Sed quod originale peccatum culpa sit, pluribus sanctorum testimoniis edocetur. Super Exod.,c. 13, ubi dicitur: *Primogenitum asini mutabis ove,* Gregorius ait : Omnes in peccatis nati sumus, et ex carnis delectatione concepti, culpam originalem nobiscum traximus, unde et voluntate nostra peccati simplicamur, Ecce culpam originalem dixit nos trahere, unde constat originale peccatum culpam esse. August. quoque in libro de Natura et Gratia,cap.4, in tom. 7, de hoc eodem sic ait:*Omnes*(ut ait Apostolus, Rom.3) *peccaverunt,* utique vel in seipsis, vel in Adam, quia sine peccato non sunt, vel quod originaliter contraxerunt, vel quod malis moribus addiderunt. Peccatum enim primi hominis, non solum ipsum, sed omne necavit genus humanum, quia ex eo damnationem simul et culpam suscepimus. Idem super psal. 50, ad illum versum: *Ecce in iniquitatibus conceptus sum:* Quod de corpore mortuo seminatur, cum vinculo peccati originalis nascitur et mortis. Ideo igitur se in iniquitatibus conceptum dicit David, quia in omnibus trahitur iniquitas ex Adam, et vinculum mortis. Nemo enim nascitur, nisi trahens pœnam, et meritum pœnæ. Meritum autem pœnæ, peccatum est. Omnis ergo qui nascitur per carnis concupiscentiam, peccatum trahit. Peccatum itaque originale culpa est, quam omnes concupiscentialiter concepti trahunt. Unde in eccles. Dogmatibus scriptum est : Firmissime tene, et nullatenus dubites, omnem hominem qui per concubitum viri et mulieris concipitur, cum originali peccato nasci, impietati subditum, mortique subjectum, et ob hoc natura iræ nasci filium; a qua nullus liberatur, nisi per fidem mediatoris Dei et hominum. His et aliis auctoritatibus evidenter ostenditur peccatum originale culpam esse, et in omnibus concupiscentialiter genitis trahi a parentibus.

Quid sit quod dicitur peccatum originale, scilicet fomes peccati, id est, concupiscentia.

7. Nunc superest videre quid sit ipsum originale peccatum ; quod cum non sit actuale, non est actus sive motus animæ vel corporis. Si enim actus est animæ vel corporis, actuale utique peccatum est; sed actuale non est, non est ergo actus vel motus. Quid ergo originale peccatum dicitur? Fomes peccati, scilicet concupiscentia vel concupiscibilitas, quæ dicitur lex membrorum, sive languor naturæ, sive tyrannus qui est in membris nostris, sive lex carnis ; unde August., in lib. de Baptismo parvulorum, tom. 7 : Est in nobis concupiscentia, quæ non est permittenda regnare. Sunt et ejus desideria, quæ sunt actuales concupiscentiæ, quæ sunt arma diaboli, quæ veniunt ex languore naturæ. Languor autem iste, tyrannus est, qui movet mala desideria. Si ergo vis esse victor tyranni, atque inermem inimicum invenire, non obedias concupiscentiæ malæ. His verbis satis ostenditur fomitem peccati esse concupiscentiam.

Quod nomine concupiscentiæ intelligatur fomes peccati, et quæ dicitur fomes peccati.

8. Nomine autem concupiscentiæ non actum concupiscendi, sed vitium primum significavit, cum eam dixit legem carnis. Unde idem in tractatu de Verbis Apostoli: Semper pugna est in corpore mortis hujus, quia ipsa concupiscentia cum qua nati sumus, finiri non potest quamdiu vivimus; quotidie minui potest, finiri non potest. Quæ autem est concupiscentia cum qua nati sumus ? Vitium utique est quod parvulum habilem concupiscere facit, adultum etiam concupiscentem reddit. Sicut enim in oculo cæci, in nocte vitium cæcitatis est, sed non apparet, nec discernitur inter videntem et cæcum, nisi luce veniente; sic in puero vitium esse non apparet, donec ætatis provectioris tempus occurrat. §. Ex his datur intelligi quid sit originale peccatum, scilicet, vitium concupiscentiæ quod in omnes concupiscentialiter natos per Adam intravit, eosque vitiavit. Unde Aug., tom. 7, in lib. de Baptismo parvulorum, l. 4, c. 9 et 10: Adam præter imitationis exemplum, occulta etiam tabe carnalis concupiscentiæ suæ tabificavit in se omnesque sua stirpe venturos. Unde Apostolus recte ait : *In quo omnes peccaverunt.* §. Circumspecte et sine ambiguitate dicit hoc Apostolus. Sive enim intelligatur, *in quo homine,* sive *in quo peccato,* sanum est. In Adam enim omnes peccaverunt, ut in materia, non solum ejus exemplo, ut dicunt Pelagiani. Omnes enim illi unus homo fuerat, id est, in eo materialiter erant. Manifestum est itaque omnes in Adam peccasse, quasi in massa. Ipse enim per peccatum corruptus, quos genuit omnes nati sunt sub peccato. Ex eo igitur sicut cuncti constituti sunt peccatores, ita et in illo uno peccato quod intravit in mundum, recte omnes dicuntur peccasse; quia sicut ab illo uno homine, sic ab eodem uno peccato immunes esse non possunt, nisi ab ejus reatu per Christi baptismum absolvantur. Aliæ ergo sunt propria peccata, in quibus tantum peccant quorum peccata sunt ; aliud hoc unum in quo omnes peccaverunt, id est, ex quo omnes peccatores constituti sunt,

Qnid sit peccatum in quo omnes peccaverunt, scilicet, originale, quod ex inobedientia processit.

9. Hoc est originale peccatum, quo peccatores nascuntur omnes concupiscentialiter geniti ; quod ex Adam, sive ex ejus inobedientia emanavit, et in posteros demigravit. Unde Apostolus consequenter per inobedientiam unius hominis multos dicit constitutos esse peccatores, quæ est actuale peccatum. Cum autem dixerit per unum hominem peccatum intrasse in mundum, et in eo omnes peccasse, de originali dictum esse oportet accipi.

Ex quo sensu dictum est: Per inobedientiam unius multi sunt constituti peccatores.

10. Quod ergo ait : *Per inobedientiam unius multi constituti sunt peccatores*, eo sensu dictum esse intelligendum est, quia ex inobedientia Adæ, scilicet ex peccato actuali Adæ, processit originale peccatum quo omnes peccatores nascuntur ; ut et in illo esset, et in omnes transiret.

Quod peccatum originale de Adam fuit, et in nobis est.

11. Unde Aug. (15) Juliano hæretico nullum peccatum in parvulis esse contendenti respondens, aperte asserit peccatum originale ex voluntate Adæ processisse, ac per ejus inobedientiam in mundum intrasse. Quærit enim Julianus per quid peccatum inveniri in parvulo, ita inquiens : Non peccat iste qui nascitur, non peccat ille qui genuit, non peccat ille qui condidit. Per quas igitur rimas inter tot præsidia innocentiæ, peccatum fingis ingressum ? Et respondet sancta pagina : *Per unum hominem peccatum intravit in mundum, per unius inobedientiam*, ait Apostolus. Quid quærit amplius, quid quærit apertius? Idem inquit Julianus: Si per hominem peccatum intravit in mundum, peccatum vel ex voluntate est, vel ex natura est. Si ex voluntate est, mala voluntas est quæ peccatum facit; si autem ex natura est, mala est natura. Cui respondeo : Ex voluntate peccatum est. Quærit forte utrum originale peccatum ex voluntate sit. Respondeo prorsus et originale peccatum ex voluntate esse, quia hoc ex voluntate primi hominis seminatum est, ut in illo esset, et in omnes transiret.

Objectio quorumdam contra id quod supra dictum est, omnes in Adam fuisse homines.

12. Ad hoc autem quod diximus, in Adam fuisse omnes homines, quidam verborum sectatores sic objiciunt, dicentes: Non omnis caro quæ ab Adam traducta est, in eo simul existere potuit, quia multo majoris quantitatis est, quam fuerit corpus Adæ. In quo nec tot etiam atomi fuerunt, quot ab eo homines descenderunt. Quocirca verum non esse asserunt substantiam uniuscujusque in primo fuisse parente.

Responsio, ubi aperitur qualiter fuerunt in Adam secundum rationem seminalem, et quomodo ex eo descenderunt, scilicet, lege propagationis.

13. Quibus responderi potest quod materialiter atque causaliter, non formaliter, dicitur fuisse in primo homine omne quod in humanis corporibus naturaliter est, descenditque a primo parente lege propagationis, et in se auctum et multiplicatum est, nullo exteriori substantia in id transeunte, et ipsum in futuro resurget. Fomentum quidem habet a cibis, sed non convertuntur cibi in humanam substantiam, quæ scilicet per propagationem descendit ab Adam. Transmisit enim Adam modicum quid de substantia sua in corpora filiorum, quando eos procreavit, id est, aliquid modicum de massa substantiæ ejus divisum est, et inde formatum corpus filii, suique multiplicatione sine rei extrinsecæ adjectione, auctum est ; et de illo ita augmentato aliquid inde separatur, unde formantur posterorum corpora : et ita progreditur procreationis ordo lege propagationis, usque ad finem humani generis. Itaque diligenter ac perspicue intelligentibus patet omnes secundum corpora in Adam fuisse per seminalem rationem, et ex eo descen-

---

(15) In lib. 2 ad Valerium, de Nuptiis et Concupiscentia, cap. 28, in tom. 7.

disse propagationis lege.

Auctoritate et ratione probatur, nihil extrinsecum converti in humanam substantiam quæ ab Adam est.

14. Quod vero nihil extrinsecum in humani corporis naturam transeat, Veritas in Evangelio significat dicens, Matth. 35: *Omne quod intrat in os, in ventrem vadit, et in secessum emittitur*. Quod etiam ratione ostendi potest hoc modo : Puer qui statim post ortum moritur, in illa statura resurget quam habiturus erat si viveret usque ad ætatem triginta annorum, nullo vitio corporis impeditus. Unde ergo illa substantia quæ adeo parva fuit mortua, in resurrectione tam magna erit, nisi sui in se multiplicatione ? Unde apparet quod etiam si viveret, non aliunde, sed in se augmentaretur illa substantia. Sicut costa de qua facta est mulier, et sicut panes evangelici. Non inficiamur tamen quin cibi et humores in carnem et sanguinem transeant; sed non in veritate humanæ naturæ quæ a primis descendit parentibus, quæ sola in resurrectione erit ; reliqua vero caro in quam cibi transeunt, tanquam superflua in resurrectione deponetur, quæ tamen ciborum aliarumque rerum fomentis coalescit.

DISTINCTIO XXXI.

QUOMODO PECCATUM ORIGINALE A PATRIBUS TRANSEAT IN FILIOS ; AN SECUNDUM ANIMAM, AN SECUNDUM CARNEM.

1. Nunc superest investigare qualiter peccatum a patribus traducatur in filios, scilicet, an secundum solam animam, an secundum carnem, sive secundum utrumque. Putaverunt quidam secundum animam trahi peccatum originale, non solum secundum carnem, quia non solum carnem, sed et animam ex traduce esse arbitrati sunt. Sicut enim in generatione prolis de carne paterna substantialiter trahitur caro, ita etiam de gignentis anima anima geniti essentialiter deduci ab his existimabatur. Ideoque sicut de corrupta carne caro corrupta seminatur, ita etiam de anima peccatrice anima peccatrix, corruptione originali infecta, ab illis trahi dicitur.

Prædictam opinionem damnat, et quod per carnem traducatur peccatum dicit, et quomodo ostendit.

2. Hoc autem fides catholica respuit, et tanquam veritati adversum damnat ; quæ non animas, sed carnem solam, sicut superius diximus, ex traduce esse admittit. Non ergo secundum animam, sed secundum carnem solam, peccatum originale trahitur a parentibus. Est enim peccatum originale, ut supra diximus, concupiscentia, non quidem actus, sed vitium ; unde Aug. : Ipsa concupiscentia est lex membrorum vel carnis, quæ est morbidus quidam affectus, vel languor qui commovet illicitum desiderium, id est, carnalem concupiscentiam, quæ lex peccati dicitur. Quæ dicitur manere in carne, non quia in anima fit, sed quia per corruptionem carnis in anima fit.

Causam corruptionis carnis ostendit, ex qua in anima peccatum fit.

3. Caro enim propter peccatum corrupta fuit in Adam, adeo ut cum ante peccatum vir et mulier sine incentivo libidinis et concupiscentiæ fervore possent convenire, essetque thorus immaculatus, jam post peccatum non valet fieri carnalis copula absque libidinosa concupiscentia quæ semper vitium est et etiam culpa, nisi excusetur per bona conjugii. In concupiscentia ergo et libidine concipitur caro formanda in corpus prolis. Unde caro ipsa quæ concipitur, in vitiosa concupiscentia polluitur et corrumpitur ; ex cujus contactu anima, cum infunditur, maculam trahit qua polluitur et fit rea, id est, vitium concupiscentiæ, quod est originale peccatum.

Quod propter corruptionem carnis quæ est causa peccati, dicitur peccatum esse in carne.

4. Ideoque ipsum peccatum dicitur manere in carne Caro ergo quæ in concupiscentia libidinis seminatur, nec culpam habet, nec actum culpæ, sed causam. In eo ergo quod seminatur, corruptio est; in eo autem

quod nascitur, concupiscentiæ vitium est. Unde Ambrosius, tom. 4, comment. in c. 7 Epist. ad Rom., sic ait; Quomodo habitat peccatum in carne, cum non sit substantia, sed privatio boni? Ecce primi hominis corpus corruptum est per peccatum, istaque corruptio per conditionem offensionis manet in corpore, robur tenens divinæ sententiæ datæ in Adam, cujus consortio anima maculatur peccato. Per id ergo quod facti causa manet, inhabitare dicitur peccatum in carne; hæc est lex carnis. Idem : Non habitat peccatum in anima, sed in carne, quia peccati causa ex carne est, non ex anima, quia caro est ex origine carnis peccati, et per traducem omnis caro fit causa peccati, anima vero non traducitur, et ideo in se causam peccati non habet. Aug. quoque ex carne peccatum animam contrahere in sermone quodam de Verbis Apostoli ostendit, dicens, tom. 10: Vitium concupiscentiæ est quod anima non ex se, sed ex carne contraxit. Natura quippe humana non opere Dei cum vitio primitus est instituta, sed voluntatis arbitria priorum hominum venienti vitio est sauciata, ita ut non sit in carne bonum, sed vitium quo inficitur anima.

De causa originalis peccati, quæ est in carne, utrum si culpa, an pœna.

5, Hic quæri solet utrum causa peccati originalis quæ dicta est esse in carne, culpa sit, vel pœna, sive aliquid aliud. Culpa non potest, quia culpa non est in irrationali. Si enim culpa esset in carne ante infusionem animæ, actualis esset; vel originalis. Sed actualis ibi non est ; nec originalis culpa est, quia ipsa causa est originalis peccati. Si antem pœna est, quæ est illa? Passibilitas, vel mortalitas, vel alia corruptio ; hos enim defectus carni inesse constat.

Hic aperitur quid sit fœditas tracta ex libidine coeuntium, quæ vitium vel corruptio dici potest.

6. Ad quod dici potest quod multiplex defectus carnis, et præcipue pollutio quædam, quam ex fervore coitus parentum et concupiscentia libidinosa contrahit caro dum concipitur, causa est originalis peccati; quæ recte vitium; sive corruptio carnis appellari potest. Quæ fœditas major videtur esse in carne concupiscentialiter traducta, quam in ea unde traducitur. Et quod vitium vel corruptio sit in carne ante conjunctionem animæ, effectu probatur, cum anima infunditur, quæ ex corruptione carnis maculatur ; sicut in vase dignoscitur vitium esse, cum vinum infusum acescit.

Inductu similium ostendit non absurde dici filios trahere peccatum a parentibus, etiam mundis.

7. Ne autem miremur et intellectu turbemur audientes peccatum originale filios traducere a parentibus, jam per baptismum ab illo peccato mundatis, diversarum similitudinum inductione id posse fieri insinuat Aug. in lib. de Baptismo parvulorum, inquiens: Quomodo præputium per circumcisionem aufertur, manet tamen in eo quem genuerunt circumcisi ; quomodo etiam palea quæ opere hamano tanta diligentia separatur, manet tamen in fructu qui de purgato nascitur tritico ; ita peccatum quod in parentibus per baptismum mundatur manet in eis quos genuerunt. Ex hoc enim gignunt, quod adhuc vetustum trahunt ; non ex hoc, quod lex in novitate promovit eos inter filios Dei. Non enim generant parentes filios secundum illam generationem qua denuo nati sunt, sed potius secundum illam qua carnaliter et ipsi primum sunt generati.

Quare dicatur originale hic dicitur cum epilogo.

8. Jam ostensum est quid sit originale peccatum, et qualiter a parentibus in filios, et per carnem in animam transeat. Ex quibus etiam innotescit quare dicatur originale peccatum : ideo scilicet, quia ex vitiosa lege originis nostræ, in qua concipimur, scilicet, carnis libidinosa concupiscentia, traducitur, ut supra dictum est. Non enim quia ex carne tracta ab Adam concepti sumus, ideo peccatum traximus ; quia et Christi corpus ex eadem carne formatum est, quæ ab Adam descendit ; sed ejus conceptus est celebratus non lege peccati, id est, concupiscentia carnis, unde et caro ejus peccatrix non fuit, imo operatione Spiritus sancti. Noster vero conceptus non fit sine libidine, et ideo non est sine peccato. Quod evidenter Aug ostendit in lib. de Fide ad Petrum, cap. 2, in medio secundi, tom. 3, dicens ; Quia dum sibi invicem vir mulierque miscentur, sine libidine non est parentum concubitus, ob hoc filiorum ex eorum carne nascentium non potest sine peccato esse conceptus ; ubi peccatum in parvulos non transmittit propagatio sed libido ; nec fecunditas humanæ naturæ facit homines cum peccato nasci, sed fœditas libidinis quam homines habent ex illius justissima condemnatione peccati. Ideo beatus David, propter originale peccatum, quo naturaliter obstricti sunt filii iræ dicit, ps. 50 : *In iniquitatibus conceptus sum, et in peccatis, concepit me mater mea*. Ex hoc itaque apparet ex lege conceptionis traduci originale peccatum, quia nisi conceptio sic fieret in carne, anima ex carnis coujunctione concupiscentiæ vitium non traheret.

Objectio quorumdam nitentium probare peccatum non traduci ex lege coitus.

9. Sed ad hoc opponitur hoc modo : In ipso conceptu ubi dicitur transmitti peccatum, propagatur caro nec tamen infunditur anima secundum physicen; sed jam effigiatis corporibus, quod etiam Moyses, in Exod. c. 21, aperte significat, ubi ait de percussura mulieris prægnantis : *Si quis*, inquit, *percusserit mulierem prægnantem et abortium fecerit, si adhuc informe fuerit puerperium, mulctabitur pecunia; si autem formatum fuerit, reddat animam pro anima*. Formatum vero intelligitur, propria anima animatam; et informe quod nondum habet animam. In ipso ergo conceptu cum caro propagatur nondum infunditur anima. Quomodo ergo ibi peccatum transmittitur, cum peccatum non possit esse ubi anima non est? Ad quod dici potest, quia in illo conceptu dicitur peccatum transmitti, non quia peccatum originale ibi sit, sed quia caro ibi contrahit id ex quo peccatum sit in anima cum infunditur. Et utrumque vocatur conceptus, scilicet cum et caro propagatur formamque corporis humani recipit, et cum anima funditur, quod aliquando etiam dicitur nativitas. Unde dicitur : *Quod natum est in ea*. Proprie autem nativitas dicitur in lucem editio.

DISTINCTIO XXXII.
QUOMODO ORIGINALE PECCATUM DIMITTATUR IN BAPTISMO, CUM ET POST SIT ILLA CONCUPISCENTIA QUÆ DICITUR ORIGINALE PECCATUM.

1. Quoniam supra dictum est originale peccatum esse vitium concupiscentiæ assignatumque quomodo a parentibus trahatur et originale dicatur, superest investigare quomodo in baptismo dimittatur, cum etiam post baptismum remaneat concupiscentia quæ ante fuerit. Unde videtur vel peccatum originale non esse concupiscentiam, vel non remitti in baptismo. manet quippe, ut ait Aug., in lib. de Nuptiis et Concupiscentia, 1, c. 25, tom. 7, in corpore mortis hujus carnalis concupiscentia, cujus vitiosis desideriis non obedire præcipimur ; quæ tamen concupiscentia quotidie minuitur in proficientibus et continentibus. Sed licet remaneat concupiscentia post baptismum; non tamen dominatur et regnat sicut ante ; imo per gratiam baptismi mitigatur et minuitur, ut post dominari non valeat, nisi quis reddat vires hosti eundo post concupiscentias. Nec post baptismum remaneat reatum, quia non imputatur in peccatum ; sed tantum pœna peccati est ; ante baptismum vero, pœna est et culpa.

Quod originale peccatum duobus modis dimittitur, scilicet, extenuatione sui, et solutione reatus.

2. Duplici ergo ratione peccatum originale dicitur dimitti in baptismo, quia per gratiam baptismi vitium concupiscentiæ debilitatur atque extenuatur ; ita ut jam non regnet, nisi consensu reddantur ei vires; quia et reatus ipsius solvitur. Unde Aug., in lib. de Baptismo parvulorum : Gratia per baptismum id agitur, ut

vetus homo crucifigatur et corpus peccati destruatur; non ita ut in ipsa vivente carne concupiscentia respersa et innata reponte absumatur et non sit, sed ne obsit murtuo quæ inerat nato. Nam si post baptismum vixerit, in carne habet concupiscentiam cum qua pugnet, eamque adjuvante Deo superet, si tamen non in vacuum gratiam ejus suscepit. Non itaque hoc præstatur in baptismo, nisi forte miraculo ineffabili Creatoris, ut lex peccati quæ est in membris prorsus extinguatur et non sit, sed ut quidquid mali ab homine factum, dictum, cogitatumque est, totum aboleatur, ac velut factum non fuerit habeatur ; ipsa vero concupiscentia, soluto reatus vinculo, quo per illam diabolus animam retinebat, et a suo Creatore separaba, maneat in certamine, §Ecce his aperte ostendit eat ratione dimitti in baptismo, non quia non maneat post baptismum, sed quia reatus in baptismo aboletur.

§ Deinde idem ipse ostendit eo modo etiam dimitti in baptismo, quia baptismi, gratia concupiscentia ipsa mitigatur et minuitur, in eodem libro ita dicens : Lex carnis, quam Apostolus appellat peccatum, cum ait, Rom. 6 : *Non regnet peccatum in vestro mortali corpore ;* non sic manet in membris eorum qui ex aqua et Spiritu sancto renati sunt, tanquam non sit ejus facta remissio, ubi omnino plena fit remissio peccatorum ; sed manet in vetustate carnis tanquam superatum et peremptum, nisi illicito consensu quodammodo reviviscat, et in regnum proprium dominationemque revocetur. Hic aperte insinuatur in baptismo concupiscentiam debilitari, ex quo et dicitur dimitti, non solum ideo quia reatus ibi solvitur. Quem remissionis modum aliis etiam pluribus testimoniis Scriptura edocet. Ait enim Aug. contra Julianum : Lex quæ in membris est, vitium carnis est, quod ex pœna peccati et ex traduce mortis provenit. Sed lex ista quæ est in membris, remissa est regeneratione spirituali, et manet in carne mortali. Remissa est, quia reatus solutus est sacramento quo renascuntur fideles ; manet autem, quia operatur desideria, contra quæ dimicant etiam fideles. Idem in sermone quodam de Concupiscentia carnis : Per gratiam baptismatis et lavacrum regenerationis solutus est et ipse concupiscentiæ reatus, cum quo eras natus ; et quidquid aute consensisti malæ concupiscentiæ, sive cogitatione, sive locutione, sive actione. Idem, in lib. de Nuptiis et Concupiscentia : Concupiscentia carni, licet in regeneratis jam non deputetur in peccatum, quæcumque tamen proles nascitur, obligata est originali peccato. Item : Dimittitur concupiscentia carnis in baptismo : non sit, sed ut non imputetur in peccatum. Hoc est enim non habere peccatum, non esse reum peccati. Quomodo ergo alia peccata prætereunt actu, et ramanent reatu, ut homicidium et similia ; et ita e converso fieri potest ut concupiscentia prætereat reatu, et remaneat actu. Ex prædictis evidenter monstratur quomodo peccatum originale in baptismo remittatur.

De fœditate quam caro ex libidine coitus contrahit, utrum in baptismo diluatur.

3. Solet autem hic quæri utrum et ipsa caro in baptismo ab illa fœditate purgetur quam in conceptione ex concupiscentia libidinosa contraxit. Quibusdam videtur quod sicut anima a reatu purificatur, ita et caro ab illa pollutione purgatur : ut sicut duobus completur mysterium baptismi, scilicet, aqua et Spiritu, ita ibi duo purgentur, anima, scilicet, a reatu, et caro ab illa contagione ; quod idem probabile est. Alii vero putant tantum animam ibi mundari, carnem vero non ab illa fœditate purgari. Si vero remanet illa fœditas usque ad procreationem filiorum quæ fit concupiscentia carnis, videtur natura carnis magis ac magis corrumpi ; et magi corrupta videtur caro prolis quam parentis, quia carne pollutionem quam habuit a conceptu retinente, trahitur polluta, et in concupiscentia concipitur, unde et polluitur ; et ita ex duplici cæura contaminatur. Unde et major videtur pollutio carnis in prole quam fuerit in parente. Ad quod illi dicunt quia licet caro prolis ex carne fœda seminetur, et in concupiscentia seminis concipiatur, non tamen majorem fœditatem trahit quam caro unde seminatur habuit. Quamvis etiam si fœdior atque immundior sit caro prolis, et ideo magis corrupta quam caro parentis, non tamen inde, ut aiunt fit præjudicium veritati; quia nec absurdum esse dicunt, si carnis natura magis in posterioribus corrupta trahatur, neque ex ipsa magis corrupta anima amplius inficiatur.

Ex quo auctore sit illa concupiscentia, Deo scilicet vel alio.

4. Præterea quæri solet utrum concupiscentia quæ post baptismum remanet, et tantum pœnalitas est, ante baptismum vero pœna erat et culpa, ex Deo auctore sit, vel ex alio. Ad quod breviter respondentes, dicimus quia in quantum pœna est, Deum habet auctorem; in quantum vero culpa est, diabolum sive hominem habet auctorem.

Qua justitia animæ mundæ ex creatione illud peccatum imputetur, cum non possit vitare.

5. Solet etiam quæri qua justitia teneatur illo peccato anima innocens a Deo creata, cum non sit in potestate sua illud vitare. Non enim per liberum arbitrium illud committitur, quia non prius est anima quam illi peccato est obnoxia. §Ad hoc quidam dicunt ideo animam ream esse illius peccati licet munda a Deo sit creata, quia cum infunditur corpori, condelectatur carni, ex quo peccatum contrahit. Quod si esset, jam originale, sed actuale diceretur. Potius ergo ideo recte potest dici imputari animæ illud peccatum quod ex corruptione corporis inevitabiliter trahit, quia, ut ait Aug., tom. 5, in lib. de Civitate Dei, I. 14, c. 3, non fuit corruptio corporis quæ aggravat animam, causa primi peccati, sed pœna ; nec caro corruptibilis animam peccatricem fecit, sed peccatrix anima carnem corruptibilem fecit.

Utrum illud peccatum sit voluntarium, vel necessarium

6. Illud etiam non immerito quæri potest, utrum peccatum originale debeat dici voluntarium, vel necessarium. Et necessarium potest dici, quia vitari non potest. Unde et Propheta dicit : *De necessitatibus meis erue me.* Et voluntarium non incongruo appellatur, quia ex voluntate primi hominis processit, ut Aug., in 1 lib., c. 15 Retractationum, ostendit, dicens : Istud quod in parvulis dicitur originale peccatum, cum adhuc non utantur libero arbitrio voluntatis, non absurde vocatur voluntarium, quia ex prima hominis mala voluntate contractum, factum est quodammodo hæreditarium.

Quare Deus animam corpori jungit, sciens eam inde maculari, et ideo damnari.

7. Si vero quæritur cur Deus qui fecit animam ipsam sine macula, et scit eam ex corporis conjunctione maculam peccati contrahere, et aliquando ante baptismum sejuugi ab ipso corpore et sic damnari, eam corpore jungit ; respondemus ex altitudine judiciorum Dei id provenire, nec injuste id a Deo fieri. Ipse enim non incongrue humanæ conditionis modum, quem a principio instituit licet peccata hominum intercesserint, sine immutatione animæ servat, corpora de materia a principio sine vitio facta fingens, animasque de nihilo creans, eorumque conjunctione hominem perficiens. Cum ergo utraque hominis natura a Deo sine vitio sit instituta, licet a se peccato vitiata, non ideo immutabilis Deus humanæ conditionis primariam legem mutare debuit ; sive ab hominum multiplicatione desistere.

An anima sit talis ante baptismum qualis a Deo creatur.

8. Hic a quibusdam quæri solet utrum anima sit talis ante baptismum qualis a Deo creatur ? Quod non esse probare conantur hoc modo ; anima in corpore creatur, in cujus conjunctione peccato maculatur. Quam cito ergo est, peccatum habet ; nec prius fuit, quam peccatum habuit ; non est ergo talis, qualis a Deo creatur. Creatur enim a Deo innocens, et sine vitio ; et nunquam talis est. Ad quod dici potest, quia non omnino talis et qualem eam Deus fecit. Deus enim bonam eam fecit, et bonitatem ei sine cor-

ruptione indidit. Et dicitur illa naturalis bonitas, quam in creatione a conditore suscepit;quam bonitatem propter peccatum penitus non amisit, sed vitiatam habuit ; quam Deus tamen sine vitio fecit. Si enim res bona non esset anima, in ea malum esse nequiret, cum non possit malum esse nisi in bono, ut post dicetur. Non ergo omnino talis est anima, qualis a Deo creata. Sicut quis pollutas habens manus, non tale habuit pomum quale ego dedi mundis manibus. Ego enim dedi mundum.

An animæ ex creatione sint æquales in donis naturalibus.

9. Illud quoque non incongrue quæri solet, utrum omnes animæ ex creatione æquales sint, an aliæ aliis excellentiores. Pluribus non irrationabiliter videtur quod ex ipsa creatione aliæ aliis excellant in naturalibus donis, ut in essentia alia aliis sit subtilior, et ad intelligendum memorandumque habilior, utpote acutiori ingenio et perspicaciori intellectu prædita. Quod non improbabiliter dicitur, cum in angelis ita fuisse constet. Et licet naturalibus donis aliæ præ aliis polleant, tamen ante baptismum a corpore discedentes, parem pœnam, et post baptismum statim æqualem coronam sortiuntur, quia ingenii acumen vel tarditas, præmium vel pœnam in futuro non collocat.

DISTINCTIO XXXIII.

AN PECCATA OMNIUM PRÆCEDENTIUM PATRUM PARVULI ORIGINALITER TRAHANT UT PECCATUM ADÆ.

1. Prædictis adjiciendum videtur, an peccata præcedentium patrum ad parvulos transeant, sicut illud primi hominis delictum in omnes carnaliter genitos diximus redundasse. Et si peccata parentum transeant in parvulos, utrum omnium qui fuerunt ab Adam usque ad ipsos, an aliquorum et non omnium.

Quid super hoc Aug. in Enchiridio dicere videtur.

2. De hoc August., in Enchiridio, cap. 47, tom. 3, ambigue disserit ; videtur enim approbare peccata parentum præcedentium imputari parvulis, non omnium tamen qui fuerunt ab Adam, ne importabili et nimia sarcina in pœna æterna gravarentur parvuli; sed tantum eorum parentum qui eos a quarta generatione præcesserunt. Quod confirmat illis verbis quibus in Exod., c. 20 : Dominus ait : *Ego sum Deus visitans iniquitates patrum usque in tertiam et quartam generationem*; quasi peccata parentum proximorum tantum parvulis imputentur, et non alia, quod est per moderationem divinæ miserationis. Ibid., c. 44.

Eorum ponit documenta, qui dicunt transire in parvulos parentum delicta.

3. Et quod non illud solum primi hominis delictum parvulos teneat, sed etiam alia, illi quibus ita videtur ex eo confirmant, quod etiam parvuli, non modo majores, dicuntur baptizari in remissionem peccatorum. Et David de legitimo matrimonio procreatus dicit. psal. 50 : *In iniquitatibus conceptus sum, et in peccatis concepit me mater mea* ; non dicit in iniquitate vel peccato. Unde putant non tantum illum unum peccatum originale, sed etiam plura quæ in peccato. Adæ reperiri possunt, et alia parentum peccata parvulis imputari.

Quod in illo uno primo peccato plura reperiuntur.

4. Quod vero in actuali peccato Adæ plura notari valeant peccata, August., in Enchiridio, cap. 45, insinuat. Possunt, inquit, intelligi plura peccata in una transgressione Adæ, si in sua quasi membra dividatur. Nam et superbia est illic, quia homo in sua potius esse quam Dei potestate dilexit ; et sacrilegium, quia Deo non credidit ; et homicidium, quia se in mortem præcipitavit ; et fornicatio spiritualis, quia integritas mentis humanæ serpentina suasione corrupta est ; et furtum, quia cibus prohibitus usurpatus est ; et avaritia, quia plus quam sufficere illi debuit appetivit; et si quid aliud in hoc uno peccato inveniri potest. Deinde de parentum præcedentium peccatis, utrum parvulis imputentur, magis opinando quam asserendo disceptat, ita inquiens, ibid., c. 49 : Parentum peccata parvulos obligant, non solum primorum hominum, sed etiam suorum de quibus ipsi nati sunt, non improbabiliter dicitur, Illa quippe divina sententia Deut. 5: *Reddam peccata patrum in filios*, tenet eos ante regenerationem usque adeo, ut etiam de legitimo matrimonio procreatus dicat, ps. 50: *In iniquitatibus conceptus sum, et in peccatis concepit me mater mea*. Non dixit in *iniquitate* vel in *peccato*, cum et hoc recte dici posset, sed *iniquitates* et *peccata* dicere maluit, quia et in illo uno quod in omnes homines pertransiit, atque tam magnum est ut eo mutaretur in necessitatem mortis humana natura, reperiuntur, sicut supra disserui, plura peccata et alia parentum ; quæ si non ita possunt mutare naturam, reatu obligant filios, nisi gratia Dei subveniat (in Ench. cap. 47). Sed de peccatis aliorum parentum, quibus ab ipso Adam usque ad patrem suum pro generationibus suis quisque succedit, non immerito disceptari potest utrum omnium malis actibus, et multiplicatis delictis originalibus, qui nascitur implicetur, ut tanto pejus, quanto posterius quisque nascatur. An propterea Deus in tertiam et quartam generationem de peccatis parentum posteris eorum comminetur, quia iram suam, quantum ad progeneratorum culpas, non extendit ulterius moderatione miserationis suæ; ne illi quibus regenerationis gratia non conferatur, nimia sarcina in ipsa æterna damnatione premerentur, si cogerentur ab ipso initio generis humani omnium præcedentium parentum suorum originaliter peccata contrahere, et pœnas pro eis debitas pendere. An aliquid de re tanta, Scripturis sanctis diligentius perscrutatis ac tractatis, valeat vel non valeat reperiri, temere affirmare non audeo. Ecce perspicuum fit lectori Augustinum superiora dixisse non asserendo, sed diversorum opiniones referendo.

Ostendit Augustinum sibi forte contrarium, si id sentiret.

5. Alioquin sibi ipsi contradicere ostenderetur, qui in eodem lib. c. 93, omnium mitissimam dicit esse pœnam parvulorum, qui originali tantum tenentur peccato, his verbis: Mitissima sane pœna eorum erit, qui præter peccatum quod originale contraxerunt, nullum insuper addiderunt ; et in cæteris qui addiderunt, tanto quisque ibi tolerabiliorem habebit damnationem, quanto minorem habuerit iniquitatem. Ecce hic aperte dicit parvulorum pœnam omnium aliarum pœnarum esse levissimam. Quod si est, non ergo peccatis patrum præcedentium obligantur, nisi Adæ. Si enim pro peccatis parentum actualibus æternaliter punirentur et pro suo originali, non jam minus, sed forte magis quam ipsorum parentes punirentur. Non ergo pro peccatis parentum actualibus, nec etiam pro actualibus primi parentis, sed pro originali quod a parentibus trahitur, parvuli damnabuntur ; pro so nullam aliam ignis materialis vel conscientiæ vermis pœnam sensuri, nisi quod Dei visione carebunt in perpetuum. Uno ergo, et non pluribus peccatis, parvuli obligati sunt. Unde etiam ea quibus illa opinio muniri videtur, scilicet, quod peccata et iniquitates in parvulis aliquando Scriptura esse significat, utens plurali numero, ita determinat August. in eodem lib., c. 44: Quia in Scriptura per singularem numerum pluralis numerus sæpe significari solet, ut Num. 21: *Ora ergo ad Deum, ut auferat a nobis serpentem*, non ait *serpentes*, quos patiebatur populus ; et e converso per pluralem significatur singularis numerus, ut in Evangelio, Matth. 2: *Mortui sunt enim qui quærebant animam pueri*, non ait *mortuus est*, cum loqueretur de Herode. Et in Exodo, c. 32: *Fecerunt deos aureos*, cum unum fecerint vitulum ; de quo dixerunt: *Isti sunt dii tui, Israel*. Ita et illud originale unum plurali numero significatur, cum diximus parvulos in peccatorum remissionem baptizari, et in peccatis vel iniquitatibus concipi.

In actuale peccatum Adæ sit gravius cæteris.

6. Hic quæri solet utrum peccatum Adæ transgressionis ex quo processit originale, et in quo plura superius notata sunt peccata, gravius fuerit cæteris peccatis. Quibusdam ita esse videtur, quia illud peccatum totam humanam naturam mutavit: sicut August. dicit in Enchiridio, c. 48 : Illud unum peccatum in loco et

habitu tantæ felicitatis admissum, tam magnum est, ut in uno homine originaliter et, ut ita dixerim, radicaliter totum genus humanum damnaretur. Idem in lib. de Civitate Dei,1.14, c.42 : Tanto majori injustitia violatum est illud mandatum, quanto faciliori poterat observantia custodiri. Nondum enim ipsi voluntati cupiditas resistebat, quod de pœna transgressionis postea secutum est. His aliisque utuntur auctoritatibus, qui aliud peccatum cæteris aliorum hominum peccatis gravius esse dicunt. Quod etiam ratione ostendere laborant hoc modo : Magis nocuit illud peccatum quam aliquod aliorum, quia totum humanum genus vitiavit ac morti utique subdidit, quod nullo alio peccato factum est. Majorem ergo effectum mali habuit illud peccatum, quam aliquod aliud.

Responsio contra illos, ubi alia peccata ostenduntur illo majora.

7. Ad quod dici potest quia, licet illud peccatum humanam naturam mutaverit in necessitatem mortis, et in totum genus humanum reatum diffuderit, non est tamen putandum gravius fuisse peccato in Spiritum sanctum, quod neque hic, neque in futuro, ut Veritas ait, Matth. c. 12, dimittitur. Quod vero totam humanam naturam corrupit, non ideo est quia gravius fuerit cunctis aliis peccatis ; sed quia ab homine commissum est, quando in uno homine tota humana natura consistebat, et ideo tota in eo corrupta est : majoremque effectum mali intulit quantum ad multiplices defectus qui ex eo manaverunt, sed non quantum ad pœnam æternam, quam graviorem non meruit, quam plures postea meruerunt per alia peccata ; imo alios graviorem promeruisse credimus iram, quam Adam meruerit.

An istud peccatum sit primis dimissum parentibus.

8. Si vero quæritur an illud peccatum fuerit dimissum primis parentibus, dicimus eos per pœnitentiam veniam consecutos. Unde Aug., in lib. de Baptismo parvulorum ait : Sicut illi primi parentes postea juste vivendo creduntur per Domini sanguinem ab extremo liberati supplicio, non tamen in illa vita meruerunt ad paradisum revocari ; sic et caro peccati, etiam remissis peccatis, si homo in ea juste vixerit, non continuo meretur eam mortem non perpeti, quam traxit de propagine peccati.

Quod peccata parentum visitantur in filios, et quod non sunt adversa quæ Deus dicit in Exodo et in Ezechiele.

9. Et licet peccatis parentum, nisi Adæ, parvuli non obligentur, non est tamen diffitendum peccata parentum in filios redundare, sicut Dominus, in Exodo, c. 20, ad Moysen ait : *Ego sum Deus fortis, zelotes, visitans iniquitates patrum in filios usque in tertiam et quartam generationem, his qui oderunt me.* His verbis aperte insinuatur quod Deus reddit peccata patrum super filios tertios et quartos. Huic autem videtur adversari quod Dominus ait in Ezechiele, c. 18: *Quid est quod inter vos parabolam vertitis in proverbium istud dicentes* : *Patres comederunt uvam acerbam, et dentes filiorum obtupescunt? Vivo ego, dicit Dominus, si erit vobis ultra parabola hæc in proverbium in Israel. Ecce omnes animæ meæ sunt, ut anima patris, ita anima filii mea est; et anima quæ peccaverit, ipsa morietur. Filius non portabit iniquitatem patris, et pater non portabit iniquitatem filii. Justitia justi super eum erit, et impietas impii erit super eum.* His verbis videtur Deus corrigere per prophetam quod male dixerat in lege. Si enim peccata parentum reddit in tertiam et quartam generationem, injustitia videtur. Dei esse, ut alius peccet et alius puniatur. Quomodo enim justum est alium peccare, et alium peccata luere?

Determinatio præmissarum auctoritatum convenientiam ostendens.

10. Sed, ut ait Hieron., tomo 5, explanation ad 8, caput Ezechielis : Ne lex et prophetæ, id est, Exod. et Ezechiel, imo ipse Deus qui et hic et ibi locutus est, in sententia discrepare videantur, attendamus finem illius auctoritatis Exod. Dicto enim : *Reddo iniquitates patrum in filios,* addit : *His qui oderunt me;* per

quod evidenter ostendit non ideo puniri filios quia peccaverunt patres, sed quia eis similes quodam hæreditario malo Deum oderunt. Illud ergo quod in Exod. Dominus dicit, sicut Hieron. tradit, non id sonat quod multi existimant; nec est simile huic proverbio: *Patres comederunt uvam acerbam,* etc. Illud enim Exod. Hieron., super illud Ezech., et August., super psal. :*Deus, laudem meam ne tacueris,* de filiis peccata patrum imitantibus accipiendum censent ; super quos dicitur Deus reddere peccata patrum, quia punit eos eo quod imitantur peccata patrum, non quia patres peccaverunt. Non itaque corrigit Deus in propheta quod ante dixerat in lege, sed quomodo intelligendum sit aperit. Unde et illos qui prave intelligebant arguit, qui dicebant :*Patres comederunt,* etc.

Quare dixerit in tertiam et quartam generationem, et quare patres tantum commemoravit.

11. Verumtamen si de imitatoribus malorum illud accipitur, quare tertiam et quartam generationem tantum commemoravit, cum in qualibet generatione rei teneantur qui peccata patrum imitantur? Et quare patres commemoravit, cum et illi omnes mali sint, qui quorumlibet malorum peccata imitantur ? Sed ideo patres specialiter nominavit, quia maxime patres filii imitari solent, quos præcipue diligunt. Et tertiam et quartam generationem ideo commemoravit, quia solent parentes interdum tamdiu vivere, donec filios tertios et quartos habeant ; qui patrum iniquitates videntes, eorum impietatis hæredes per imitationem efficiuntur. Secundum hunc modum recte intelligitur ad litteram quod in Exodo dicitur.

Quomodo illud Exodi intelligi debeat secundum mysterium.

12. Quod etiam mystice intelligendum esse ostenditur ex eo quod parabola dicitur. Si enim parabola est, ut ait Hier., aliud verbis sonat, aliud sensu continet. Unde aliqui ita edisserunt ; patrem in nobis esse dicunt levem punctum sensuum, scilicet primum motum suggestionis vel cogitationis ; filium vero, si cogitatio conceperit, peccatum, in quo notatur consensus et delectatio mulieris ; nepotem, si quod cogitaveris atque conceperis, opere compleveris, vel complere decreveris ; in quo notatur consensus viri, sive patratio peccati ; pronepotem autem, si non solum feceris, sed etiam gloriaris : et hæc est quarta generatio, non quia tres præcesserint, sed quarta dicitur, quia quarto loco a primo motu, qui est quasi pater, enumeratur. Deus ergo primos et secundos stimulos cogitationum, quos Græci propatheis vocant, sine quibus nullus hominum esse potest, non puniet æternaliter ; sed si cogitata quis facere decreverit, et quæ fecit corrigere noluerit, quæ sunt mortalia peccata, et tertia et quarta generatio.

Per quid probatur quod primus motus non puniatur æternaliter.

13 Ad probandum vero, ut ait Hieron., quod primus pulsus cogitationis non puniatur æternaliter a Deo, illud de Genes., c.9, afferendum est : Cham enim peccavit, irridens nuditatem patris ; et sententiam non ipse, sed filius ejus Chanaan accepit. *Maledictus Chanaan servus erit fratrum suorum.* Quæ enim justitia est, ut pater peccaverit, et filius punitus sit ? Sed in mysterio illud factum est.

DISTINCTIO XXXIV.
QUÆ DE PECCATO ANIMADVERTENDA SINT.

1. Post prædicta, de peccato actuali diligenti indagine quædam consideranda sunt: scilicet, quæ fuerit origo et causa primi peccati ; utrum res bona, aa res mala ; postea, in qua re sit peccatum, et quot modis fiat; et de differentia ipsorum peccatorum.

Quæ fuit origo et causa peccati prima.

2. Causa et origo prima peccati res bona exstitit, quia ante primum peccatum non erat aliquid mali unde oriretur. Cum enim originem et causam habuit, aut ex bono, aut ex malo habuit. Sed malum ante non erat ; ex bono ergo ortum est. Prius enim in angelo

ortum est peccatum,et postea in homine. Et quid erat angelus;nisi bona natura Dei? Non ex Deo ortum est malum quod fuit in angelo;non ex alio quam ex angelo;ex bono ergo ortum est. Unde August., in Responsionibus contra Julianum hæreticum,qui dixerat: Si ex natura peccatum est,tunc mala est natura,ait: Quæso ut, si potest, respondeat. Manifestum est ex voluntate mala,tanquam ex arbore mala;fieri omnia operamala,tanquam fructus malos;sed ipsam malam voluntatem unde dicit exortam,nisi ex bono? Si enim ex angelo,quid est angelus,nisi bonum opus Dei? Si ex homine, quid erat ipse homo, nisi bonum opus Dei? Imo quid erant hæc duo antequam in eis oriretur mala voluntas,nisi bonum opus Dei, et bona et laudanda natura? Ergo ex bono oritur malum, nec fuit unde oriri posset nisi ex bono. Dico ergo quia voluntatem malam nullum malum præcessit, sed ex bono originem habuit. Hic aperte dicitur primam causam et originem mali,bonam fuisse naturam. Et nihilominus ostenditur cujus peccati fuerit causa, scilicet malæ voluntatis.

Quod mala voluntas secundaria causa fuit malorum.

3. Mala autem voluntas illa angeli et hominis, causa est etiam malorum subsequentium, scilicet, malorum operum et malarum voluntatum;unde Aug.,in Ench., c. 23, t. 3:Nequaquam dubitare debemus rerum bonarum quæ ad nos pertinent, causam non esse nisi bonitatem Dei;malarum vero,ab immutabili bono deficientem boni mutabilis voluntatem, prius angeli,postea hominis;hoc primum est creaturæ rationalis malum,id est,prima privatio boni. Ecce habes primam voluntatem boni mutabilis,id est, angeli et hominis, deficientem ab immutabili bono, id est,a Deo, causam esse malarum rerum ad nos pertinentium, quia causa est tam peccatorum, quam poenarum quibus premitur humana natura. Prima ergo origo et causa peccati, bonum fuit;et secunda, malum quod ortum est ex bono.

In qua re sit peccatum,an in bona an in mala;et dicitur, quia in bona tantum.

4. Ostensa origine mali, superest videre in qua re sit malum, scilicet an in re bona, an in re mala. Qui recte acuteque sapit, non nisi in bono malum esse intelligit, id est, in natura bona. Natura enim est corruptio vel privatio boni ; ubi autem bonum non est, non potest esse corruptio vel privatio boni. Peccatum ergo non potest esse nisi in re bona. Sicut enim morbis ac vulneribus corrumpuntur corpora;quæ,ut ait Aug.in Ench.,cap.11,sunt privationes boni ejus quod dicitur sanitas;ita et animorum quæcumque sunt vitia,naturalium sunt privationes bonorum. Quid est enim aliud quod malum dicitur, nisi privatio boni? Bonum enim minui malum est ; quamvis quantumcumque minuatur, necesse est ut aliquid remaneat, si adhuc natura est. Non enim consumi potest bonum quod est natura, nisi et ipsa natura consumatur. Cum vero corrumpitur, ideo malum est ejus corruptio, quia eam qualicunque privat bono. Nam si nullo bono privat, non nocet. Nocet autem; adimit ergo bonum. Quamdiu itaque natura corrumpitur, inest ei bonum quo privetur. Ac per hoc,nullum est quod dicitur malum,si nullum sit bonum; sed bonum omnino malo carens, integrum bonum est. Cum vero inest malum, vitiatum vel vitiosum bonum est;nec malum unquam potest esse ullum,ubi est nullum bonum. Unde res mira conficitur, ut quia omnis natura, in quantum natura est, bonum est, nihil aliud dici videtur, cum vitiosa natura esse, mala natura esse dicitur, nisi malum esse quod bonum est, nec malum esse nisi quod bonum est. Hac connexione evidenter intimatur in malum non posse esse nisi in re bona;ubi etiam,licet absurdum videatur, manifeste dicitur esse malum, quod bonum est.

Quod ex præmissis sequitur, scilicet quod cum dicitur malus homo, dicitur malum bonum.

5. Ex quo colligitur nihil aliud significari cum dicitur homo malus, nisi bonum malum. Unde August.,in eodem op.subdit:Quid est malus homo,nisi mala natura? quia homo natura est. Porro si homo aliquod bonum est, quia natura est, quid aliud est malus homo,nisi malum bonum? Tamen cum duo ista discernimus, invenimus nec ideo malum, quia homo est;nec ideo bonum,quia iniquus est;sed bonum quia homo,malum quia iniquus. Omnis itaque natura, etiamsi vitiosa sit, in quantum natura est, bona est ; in quantum vitiosa est, mala est.

Quod regula dialecticorum de contrariis fallit in his, scilicet bono et malo.

6. Ideoque in his contrariis quæ mala et bona vocantur, illa dialecticorum regula deficit, qua dicunt, nulli rei duo simul inesse contraria. Nullus enim potus aut cibus simul dulcis est,et amarus. Nullum simul corpus ubi album, ibi et nigrum;et hoc in multis ac pene in omnibus reperitur contrariis, nt in una re simul esse non possint. Cum autem bona et mala nullus ambigat esse contraria, non solum simul esse possunt, sed mala omnino sine bonis et nisi in bonis esse non possunt. Et hæc duo contraria ita simul sunt, ut si bonum non esset in quo esset malum, prorsus nec malum esse potuisset : quia non modo ubi consisteret, sed unde oriretur corruptio non haberet,nisi esset quod corrumperetur,quoniam nihil est aliud corruptio quam boni exterminatio. Ex bonis ergo mala orta sunt, et nisi in bonis non sunt;nec fuit prorsus unde oritur ulla mali natura, nisi ex angeli et hominis natura bona, unde primitus orta est voluntas mala. (Ibid. c. 15.)

Epilogum facit ad alia transiturus.

7. Ex his aperitur quod primo et secundo supra investigandum diximus, scilicet, ex bona enim re ortum,et in re bona consistere præmissis testimoniis comprobatur.

Scientiæ illi qua dictum est bonum esse malum, opponitur de prophetia quæ ait : Væ his qui dicunt bonum malum! (Ibid. c. 12.)

8. Ad hoc autem quod dictum est,malum esse quod bonum est,quidam sic opponunt: Si bonum malum esse dicimus,incidimus in illam sententiam propheticam, Isaiæ. 5, ubi legitur:*Væ his qui dicunt bonum malum,et malum bonum!* Igitur si hanc maledictionem vitare volumus, nullatenus dicere debemus bonum esse malum, et converso. Hoc autem August., in eodem lib.determinat,dicens:Id quod dictum est in prophetia, intelligendum est de ipsis rebus quibus homines mali sunt, non de hominibus. Unde qui adulterium dicit bonum, in eum cadit illa prophetica detestatio; et in eum qui dicit malum hominem bonum, vel bonum esse iniquum. Qui enim dicit hominem, in quantum homo est,malum esse,et bonitatem esse iniquitatem,opus Dei culpat, quod est homo, et vitium hominis laudat, quod est iniquitas. (Ench., c. 13 et 19.)

DISTINCTIO XXXV.

Quid sit peccatum, (Contra Faust., tom. 6, lib. 22, c. 27.)

1 Post hæc videndum est quid sit peccatum. Peccatum est,ut ait August.,omne dictum, vel factum, vel concupitum,quod fit contra legem Dei. Idem in lib. de duabus Animabus : Peccatum est voluntas retinendi vel consequendi quod justitia vetat. In utraque assignatione,de actuali peccato agitur et mortali, non veniali. Ex prima descriptione ostenditur peccatum esse voluntas mala, sive locutio et operatio prava, id est, actus malus tam interior quam exterior ; ex altera vero, tantum ostenditur esse actus interior. Voluntas enim, ut in superioribus dictum est, motus animi est, actus ergo interior est. Ambros. quoque, tom. 4,in lib. de Paradiso, c. 8, ait : Quid est peccatum, nisi legis divinæ prævaricatio et cœlestium inobedientia præceptorum? Ergo in prævaricatione peccatum est, sed in mandante culpa non est. Non enim consisteret peccatum,si interdictio non fuisset. Non

consistente autem peccato, non solum malitia, sed etam virtus fortasse non esset; quæ nisi aliqua malitiæ fuissent semina, vel subsistere, vel eminere non posset. Ecce prævaricationem legis et inobedientiam definit Ambrosius esse peccatum.

Diversorum sententias de peccato ponit.

2. Quocirca diversitatis hujus verborum occasione de peccato plurimi diversa senserunt. Alii enim dicunt voluntatem malam tantum esse peccatum, et non actus exteriores; alii, voluntatem et actus; alii neutrum dicentes, omnes actus esse bonos et a Deo et ex Deo auctore esse, malum autem nihil esse, ut ait August. super Joan. (16): *Omnia per ipsum facta sunt, et sine ipso factum est nihil,* id est, peccatum quod nihil est, et nihil fiunt homines, cum peccant. Supra etiam dixit August. quod malum est privatio boni, vel corruptio boni; qui etiam, in lib. 83 Quæst., q. 46, ait: Summum malum nullum modum habet, caret enim omni bono. At modus aliquid boni est; non igitur est, quia nulla specie continetur. totumque hoc nomen mali de speciei privatione repertum est. Item. tom. 3, in Dogmatibus ecclesiasticis, c. 56, dicitur malum vel malitiam non esse a Deo creatam, sed a diabolo inventam, qui et ipse bonus creatus est. Idem etiam, tom. 6, in lib. contra Manichæos, c. 8, quid sit peccatum ostendit, dicens: Peccare quid aliud est, nisi in veritatis præceptis vel in ipsa veritas errare? Quod si non voluntate faciunt, peccatores injuste judicantur. Quid ergo iu hac tanta varietate tenendum, quid ve dicendum?

Vera sententia de peccato proponitur.

3. Sane dici potest, et libere tradi debet, peccatum esse actum malum interiorem et exteriorem, scilicet, malam cogitationem, locutionem, et operationem; præcipue tamen in voluntate consistit peccatum, ex qua, tanquam ex arbore mala, procedunt opera mala tanquam fructus mali.

Traditio quorumdam qui dicunt voluntatem malam et actum, in quantum sunt, esse naturas, et ideo bona; in quantum vero male sunt, esse peccata.

4. Quidam autem diligenter attendentes verba Aug. quibus supra et in aliis Scripturæ locis utitur, non indocte tradunt voluntatem malam et actus malos, in quantum sunt vel in quantum actus sunt, bona esse: in quantum vero mala sunt, peccata esse, qui voluntatem et actum quemcunque bonam Dei naturam esse dicunt, in quantum actus est vel voluntas, et ex Deo auctore esse; in quantum vero inordinate et contra legem Dei fit, et fine debito caret, peccatum est; et ita in quantum peccatum est, nihil est. Nulla enim substantia est, nulla natura est.

Auctoritatibus probant voluntates et actus omnes esse bona in quantum sunt.

5. Quod autem voluntas omnis et actio bonum sit, in quantum est, ex eo probant quod ait Aug., tom 4. in lib. 83 Quæstionum, q. 21: Deus boni tantummodo causa est, quocirca mali auctor non est, quia omnium quæ sunt auctor est: quæ in quantum sunt, in tantum bona sunt. Item, ibidem, quæst. 27, probans nihil causa fieri in mundo, ait: Quidquid casu fit, temere fit; quidquid temere fit, non fit providentia. Si ergo casu aliqua fiunt in mundo, non providentia universus mundus administratur. Si non providentia universus mundus administratur, aliqua natura vel substantia est, quæ ad opus providentiæ non pertinet. Omne autem quod est, in quantum est, bonum est; summum enim est illud bonum, cujus participatione sunt cætera bona, et omne quod mutabile est, non per se, sed boni illius participatione, in quantum est, bonum est; quod divinam etiam providentiam vocamus. Nihil ergo casu fit in mundo. His testimoniis innituntur ad ostendendum omne quod est, in quantum est, bonum esse. Unde idem Aug., tom. 3, in lib. 1, de Doct. Christiana, cap. 32: Ille summe ac primitus est, qui omnino incommutabilis est, et cætera quæ

(16) Tom. 9, tract. ad caput 1 Joan.

sunt, nisi ab illo esse non possunt, et in tantum bona sunt, in quantum acceperunt ut sint.

Quid ex prædictis colligitur.

6. Ex prædictis colligitur atque infertur quia si mala voluntas, et mala actio est; in quantum est, bona est. Sed quis est qui diffitetur malam voluntatem esse, et malam actionem? Mala ergo voluntas sive actio; in quantum est, bonum est, et in quantum voluntas est vel actio, bonum similiter est; sed ex vitio mala est, quod vitium a Deo non est, neque aliquid est. Quod August., tom. 4, notasse videtur in lib. 83 Quæst., q. 3, dicens: Vitium est voluntas quo est homo deterior, quod vitium longe abest a voluntate Dei, ut ratio docet. Ex hoc loco probant voluntatem, in quantum vitiosa est, non esse a Deo; in quantum vitiosa est, peccatum est, ut aiunt, in quantum non habet ordinem nec finem debitum. Ita et actio, in quantum ex malo procedit, et ordinem non habet, et ad malum tendit.

Alia probatio, quod omnis actus in quantum est, bonus est.

7. Item et aliter probant omnem actum interiorem vel exteriorem, in quantum est, esse bonum, quia non esset actus malus, nisi esset res bona; quia non est aliqua res mala, nisi eadem res bona sit. Unde Aug. in Ench., cap. 13: Omnis natura bonum est; nec res aliqua mala esset, si res ipsa quæ mala est, natura non esset. Non ergo potest esse malum nisi esse aliquod bonum. Quod cum dici videatur absurde, connexio tamen ratiocinationis nos compellit hoc dicere. §. Ex præmissis testimoniis asserunt omnes actus, in quantum sunt, esse res bonas; nec aliquid esse malum, id est, peccatum, nisi idem quoque secundum aliquid bonum sit; et omnium quæ sunt, in quantum sunt, Deum auctorem prædicant: et ejus voluntate omnia esse quæcunque sunt, quæ, in quantum sunt, naturæ sunt.

Objectio contra illos qui dicunt omnes actus, in quantum sunt, esse bonos.

8. Quibus opponitur: Si omnia quæ sunt, in quantum sunt, bona sunt, et naturæ sunt; ergo adulterium, et homicidium, et similia, in quantum sunt, bona sunt, et naturæ sunt, et Deo volente fiunt. Quod si est, tunc illi qui faciunt illa, bona agunt; quod penitus absurdum est. His vero sic illi respondent: dicunt equidem adulterium, homicidium, et hujusmodi, non simpliciter actus denotare, sed actum vitia; actusque ipsos adulterii et homicidii, in quantum sunt, vel in quantum actus sunt a Deo esse, et bonas naturas esse, sed non in quantum adulterium et homicidium sunt. Et ideo non sequi dicunt, si actus qui homicidia et adulteria sunt, a Deo sunt, quod homicidia et adulteria a Deo sunt.

Alia illorum oppositio contra eosdem.

9. Item aliter eis opponitur: Si aliquid non est malum quod non sit natura vel res bona, quomodo ergo peccata sunt non credere in Deum, non ire ad ecclesiam, et hujusmodi, cum ista non sint naturæ, imo omnino non sint? Non est enim aliquid, vel res, non ire ad ecclesiam, vel non credere et hujusmodi. Ad quod dicunt, his atque hujusmodi dictionibus quæ videntur privationes simpliciter notare, et nihil ponere, quia per negationem dicuntur, vere aliqua poni, actusque per eas significari. Non credere enim in Christum incredulitatem dicunt; et nomine incredulitatis malum mentis autem significari. Ita etiam cum dicitur: Non ire ad ecclesiam malum est; non euntis contemptus significatur, id est, voluntas mala vel propositum; hoc est enim declinare a bono, et ideo malum est; sicut, e converso, declinare a malo, bonum est. Sicut ergo declinatio a malo, aliquid ponit, scilicet, voluntatem et propositum vitandi malum (non enim potest esse bonum quod omnino nihil est), ita declinatio a bono quod est significat, scilicet voluntatem et propositum mali. Et secundum hoc vera est et generalis illa peccati mortalis descriptio, quam supra posuit Aug., scilicet: Peccatum

est dictum, etc.

Utrum malus actus, in quantum peccatum est, sit privatio vel corruptio boni.

10. Potest etiam quæri ab eisdem, cum peccatum sit, ut supra dictum est, privatio vel corruptio boni, et omnis actus malus sit peccatum; utrum sit privatio vel corruptio boni in quantum peccatum est; vel non. Si enim in quantum peccatum est, corruptio boni est, cum corruptio vel privatio boni pœna sit homini; in quantum ergo peccatum est, pœna est. Quod si est, tunc in quantum peccatum est, bonum esse videtur, et a Deo esse. Si autem non in quantum peccatum est, corruptio est, quæritur ergo secundum quid corruptio sit. Si enim corruptio est, et non in quantum peccatum est, cum non sit bonum, præterquam in eo quod peccatum est; ergo in quantum bonum est, corruptio vel privatio boni est.§. Ad quod etiam ipsi dicunt actum malum non in quantum est, neque in quantum bonum est, esse privationem vel corruptionem boni, sed in quantum peccatum est; non tamen in quantum peccatum est, pœna est, vel aliquid quod a Deo sit. Ut enim ex verbis præmissis Aug. colligitur, peccatum dicitur corruptio vel privatio active, non passive. Nam ideo malum vel peccatum dicitur corruptio boni, qui naturam bonam qualicumque privat bono. Nam si non privat aliquo bono, non nocet, ut supra Aug. ait. Nocet autem: adimit ergo bonum. Non autem nocet, nisi in quantum peccatum est; ergo in quantum peccatum est, privat bono. Itaque in quantum peccatum est, privatio est vel corruptio boni.

Quomodo in quantum peccatum est, possit corrumpere bonum, cum nihil sit.

11. Sed cum nihil sit in quantum peccatum est, quomodo potest bonum corrumpere vel adimere? Aug. te hoc docet in lib. de Natura boni dicens: Abstinere a cibo non est aliqua substantia; tamen substantia corporis si omnino abstineatur a cibo, languescit et frangitur; sic non est substantia peccatum, eo tamen natura animæ corrumpitur.

Quod peccatum proprie corruptio est animæ, et quomodo.

12. Peccatum vero, id est, culpa, proprie animæ corruptio est. Si autem quæritur in quo possit corrumpi anima, in parabola illius qui incidit in latrones qui eum vulneraverunt et spoliaverunt, Luc, 10, 14, rescit. Incidit enim homo in latrones, quando per peccatum in potestatem diaboli traditur; et tunc per peccatum expoliatur gratuitis bonis, id est, virtutibus; et in naturalibus bonis vulneratur; quæ sunt ratio, intellectus, memoria, et ingenium et hujusmodi, quæ per peccatum obtenebrantur et vitiantur. Per peccatum etiam privatur illo bono, cujus participatione cætera bona sunt; quo tanto magis privatur, quanto magis se ab eo elongat.

Qualiter homo se elongat a Deo scilicet per dissimilitudinem quam facit, hoc est peccatum.

13. Ab eo autem se elongat homo per peccatum, non loci-distantia, quia ubique totus et præsens est omnibus, et non in ipso sunt, ut ait Aug. in lib. 83 Quæst., quæst. 20, t. 4, et ipse locus non est. Locus tamen Dei abusive dicitur templum Dei, non quod eo contineatur, sed quod ei præsens sit et inhabitans; id autem anima mundi intelligitur. Per peccatum ergo non secundum locum, aliquis longe fit a Deo; at in eo longe fit, quod ab ejus, similitudine recedit; et tanto longius, quanto fit dissimilior. Illa autem, ut Aug. ait in lib. 83 Quæst., quæst. 23, quæ partipatione similia sunt Deo, recipiunt dissimilitudem. At ista similitudo nullo modo ex aliqua parte potest esse dissimilis. Unde fit ut cum similitudo patris filius sit, ex nulla parte patri possit esse dissimilis; cujus participatione similia sunt, quæcumque Deo similia sunt, et illa possunt recipere dissimilitudinem, Nihil est autem quod hominem ad eo Deo dissimilem faciat, quem admodum peccatum. Cum autem peccatum sit privatio vel corruptio boni quæ est in anima, est etiam privatio vel corruptio boni corporis; sicut corpus hominis privavit beneficio illius immortalitatis et im-

passibilitatis, quam habuit ante peccatum.

An pœna sit privatio boni?

14. Quæri autem solet utrum et pœna sit privatio vel corruptio boni. Ad quod facile responderi potest, si prædicta ad memoriam revocentur. Diximus enim supra, privationem vel corruptionem boni accipi active vel passive, id est, secundum efficientiam vel effectum. Idoque privatio vel corruptio boni dicitur peccatum, et pœna; sed peccatum secundum efficientiam, quia privat vel corrumpit bonum; pœna autem secundum effectum, id est, secundum passionem, quæ est effectus peccati. Aliud est enim culpa, aliud pœna; alterum est Dei, id est, pœna, alterum, diaboli vel hominis, id est, culpa.

DISTINCTIO XXXVI.

QUOD QUÆDAM SIMUL SUNT PECCATA ET PŒNA PECCATI; QUÆDAM PECCATA ET CAUSA PECCATI, ALIA VERO PECCATA, ET CAUSA, ET PŒNA PECCATI.

1. Sciendum est tamen quædam sic esse peccata, ut sint etiam pœnæ peccatorum. Unde Aug., super illum locum ps. 57: *Supercecidit ignis, et non viderunt solem*, ait: Ignis superbiæ et concupiscentiæ et iræ intelligitur. Istas pœnas pauci vident; ideo eas maxime commemorat Apostolus in Epistola ad Romanos, et enumerat multa quæ peccata sunt, et pœna peccati. Inter primum enim peccatum apostasiæ et ultimam pœnam ignis æterni, media quæ sunt, et peccata sunt, et pœna peccati. Gregor. quoque super Ezech. ait: Contemnenti qui non vult pœnitere ponit Deus offendiculum, ut scilicet gravius impingat. Peccatum enim quod per pœnitentiam citius non doletur, aut peccatum est et causa peccati; aut peccatum et pœna peccati, aut peccatum simul et causa et pœna peccati. Unde Moyses, Gen. 15: *Nondum sunt completa peccata Amorrhæorum.* Et David inquit, psal. 68: *Appone iniquitatem super iniquitatem eorum*. Et alius propheta, Osee: *Sanguis sanguinem tetigit*, id est, peccatum peccato additum est. Paulus quoque ait, Rom. 1: *Propterea tradidit illos Deus in passiones ignominiæ*, etc. Et item, 1 Thess. 2: *Ut impleant, peccata sua semper*. Joanni quoque per angelum dicitur Apoc. 22: *Qui in sordibus est, sordescat adhuc*. Ex his testimoniis colligitur peccatum aliquod et peccatum esse, et pœnam peccati.

Ex prædictis quæstio oritur, scilicet an in quantum peccatum est, sit pœna peccati. (Lib. de liber. Arbit., c. 13.)

2. Et ideo merito quæritur utrum in quantum peccatum est, sit pœna peccati. Quod non videtur, cum omnis pœna peccati justa sit. Unde Aug., in lib. Retractationum: Omnis pœna peccati justa est, et supplicium nominatur. Si ergo peccatum quod est peccatum et pœna peccati, in quantum peccatum est, pœna peccati est, cum omnis pœna justa de justitia Dei veniat, videtur in quantum peccatum est justum esse et a Deo provenire. §. Ad quod illi respondent peccatum sic dici pœnam peccati, quia per peccatum in quod merito præcedentis peccati homo labitur deserente Deo, corrumpitur bona natura. Sicut ignis æternus dicitur pœna malorum, quia eo cruciantur; nec tamen ipse cruciatus malorum ignis est, sed per ignem fit in homine. Ita per peccatum corrumpitur natura, et imminuitur bonum naturæ; et est ipsa imminutio et corruptio boni, passio et pœna, et non est essentialiter ipsum peccatum, per quod fit; sed ideo peccatum dicitur, ut præmissum est, quia per peccatum, illico ut peccat homo, fit in homine illa corruptio, quæ tamen fit Deo auctore. Illa enim pœna sive passio, quæ est boni corruptio, a Deo est. Illius tamen, ut sic dicam, materia et causa est peccatum, quod a Deo non est. Quod videtur Augustinus, tom. 6, notasse et juxta hunc sensum intellexisse, cum ait in lib. de Prædestinatione sanctorum c. 10: Prædestinatione Deus ea præscivit quæ fuerat ipse facturus. Sed præscivit Deus etiam quæ non est ipse facturus, id est, omnia mala; quia et si sunt quædam quæ ita peccata sunt, ut etiam, pœnæ sint peccati, secundum illud Apostoli; *Tradidit illos*

Deus in passiones, etc., non tamen peccatum Dei est, sed judicium, scilicet pœna. In Scriptura enim sæpe nomine judicii pœna intelligitur. Illic diligenter intendentibus insinuare videtur ea quæ peccata sunt et pœnæ peccati, non in quantum peccata sunt, sed in quantum pœnæ, Dei esse. Nam cum dixisset Deum non esse facturum mala aliqua, id est, peccata, quia posset ei objici quædam peccata esse etiam pœnas peccati, et pœna peccati omnis justa est, et ideo a Deo est; quasi determinando secundum quid faciat ea, vel secundum quid non faciat, addidit reliqua. Juxta vero prædictam intelligentiam peccata sane dicuntur pœnæ, unde Apostolus, Rom. 1, appellat eas *passiones ignominiæ*, quia, ut ait auctoritas, licet quædam peccata sint quæ delectant, sunt tamen passiones naturæ non nominandæ, quia per ea corrumpitur natura.

Quod cum omne peccatum possit dici pœna, non tamen omne est pœna peccati.

3. Et licet ex hoc sensu omne peccatum mortale possit dici pœna, non tamen omne potest dici pœna peccati. Pœna enim peccati, ut prædictum est, est illud cujus causa est aliud præcedens peccatum. Nam peccatum sic dicitur pœna peccati respectu præcedentis, sicut dicitur causa peccati respectu sequentis. Quo fit ut idem peccatum et causa sit, et pœna peccati; sed alterius peccati pœna, et alterius causa; ut enim Gregorius, in Moral., ait: Peccatum quod pœnitentia non diluitur, suo pondere mox ad aliud trahit. Unde fit ut non solum peccatum sit, sed et causa peccati; ex illa quippe culpa subsequens oritur. Peccatum vero quod ex peccato oritur, non solum peccatum, sed pœna peccati est, quia justo judicio Deus cor peccantis obnubilat, ut præcedentis peccati merito etiam in alia cadat; *quem enim liberare noluit, deserendo percussit.* Proinde, ut Aug., tom. 7, lib. 5, contra Julianum, c. 3, ait: Præcedentis est hæc pœna peccati, et tamen etiam ipsa peccatum est. Judicio enim justissimo Dei traditi sunt, ut ait Apostolus de quibusdam, sive deserendo, sive alio modo explicabili, sive inexplicabili, in *passiones ignominiæ*, ut crimina criminibus vindicarentur, et supplicia peccantium non tantum sint tormenta, sed et vitiorum incrementa. Illa ergo peccata quæ enumerat Apostolus, quia de superbia sunt, non solum peccata, sed etiam supplicia sunt. Ecce ex his jam fit perspicuum quædam peccata etiam pœnas et causas peccati esse; et illud peccatum esse pœnam peccati, quod causam præcedentem habet peccatum; atque illud peccatum esse causam peccati, quod est meritum sequentis culpæ.

Ex prædictis videtur significari ipsa eadem quæ peccata sunt, esse et pœnas peccati.

4 Sed cum ait crimina criminibus vindicari, videtur insinuare in ipsa quæ peccata sunt, essentialiter esse pœnas peccati, id est, punitiones peccati. Ad hoc autem inquiunt illi hæc et similia dicta esse secundum rationem prædictam: et ideo intelligenda fore secundum præmissam expositionem. Intelligentia enim dictorum ex causis est assumenda dicendi. (Hilarius, l. 4. de Trin., non longe a medio).

Quod nobis obviat veritati si quis dicat ipsa peccata esse pœnas peccati essentialiter.

5. In nullo tamen præjudicium factum veritati putatur, si quis dicat ipse eadem quæ peccata essentialiter, ut ita dicam, esse pœnas, id est, punitiones peccatorum præcedentium, quæ justæ sunt et a Deo sunt Nec tamen in quantum peccata, a Deo sunt; nec in quantum peccata sunt, pœnæ peccati sunt: et tamen in quantum peccata sunt, privationes boni sunt, ut supra dictum est, causaliter et active dicuntur privationes.

Aperte ostendit peccata quædam esse pœnam peccati, et pœnam ipsam justam esse a Deo.

6. Quod autem quædam peccata pœnæ sint, et ipsa pœna justa sit et a Deo sit evidenter tradit Aug., tom. 1, in lib. Retractationum, c. 9; et lib, de liber. Arbitr, l. 3, c. 18, ita dicens quædam necessitate fieri

ab homine quæ mala sunt, et eadem justa pœna peccati sunt. Sunt, inquit, quædam necessitate facta improbanda, ubi homo vult recte facere et non potest. Unde et illud Apostoli, Rom. 7: *Non quod volo facio bonum, sed quod odi malum hoc ago.* Et illud, Gen. 2: *Caro concupiscit adversus spiritum, et spiritus adversus carnem.* Hæc enim invicem sibi adversantur, ut non ea quæ vultis faciatis, sed hæc omnia ex illa mortis damnatione sunt. Nam si non est ista pœna hominis, sed natura, nulla ista peccata sunt. Si enim non recediteur ab eo modo quo naturaliter factus est homo, cum hæc facit, ea utique facit quæ debet. Si autem homo, quia ita est, non est bonus, nec habet in potestate ut sit bonus, sive non vivendo qualis esse debeat, sive vivendo et non valendo esse qualem se esse debere videt, pœnam istam esse quis dubitet? Omnis autem pœna si peccati pœna est, justa est, et supplicium nominatur. Si autem injusta est pœna, quoniam pœnam esse nemo ambigit, injusto aliquo dominante homini imposita est. Porro quia de omnipotentia Dei et justitia dubitare dementis est, justa est hæc pœna, et pro peccato aliquo impenditur. Non enim quisquam injuste dominans aut surripere hominem potuit velut ignoranti Deo, aut extorquere invito tanquam invalidiori, ut hominem injusta pœna cruciaret. Relinquitur ergo ut hæc pœna justa de damnatione hominis veniat. His atque aliis pluribus testimoniis docetur quædam esse peccata et pœnas peccati essentialiter. Aug., lib. 3 de libero Arbitrio; c. 18, tom 8.

De quibusdam quæ sine dubio peccata sunt et pœnæ, ut ira, invidia.

7. Præterea nullatenus ambigendum est quædam peccata absque ullo scrupulo pœnas esse, ut invidia, quæ est dolor alieni boni, et ira; quæ etiam non in quantum pœnæ sunt, peccata sunt; ita etiam de cupiditate et timore, et aliis hujusmodi, sentiendum est. Unde Aug., in lib. 83 Quæstionum, quæst. 77, tom. 4, ait: Omnis pertubatio, passio; omnis cupiditas, perturbatio. Omnis ergo cupiditas, passio. Omnis vero passio cum est in nobis, ipsa passione patimur. Omnis ergo cupiditas cum est in nobis, ipsa cupiditate patimur; et in quantum cupiditas est, patimur ea. Omnis autem passio in quantum ipsa patimur, non est peccatum; ita et de timore. Non enim consequens est ut si patimur timorem, ideo non sit peccatum, quia multa sunt peccata quæ patimur, sed non in quantum patimur ea.

Quod verbis Augustini præmissis quædam sententia Hieronymi obviare videtur.

8. Illud autem diligenter est annotandum, quod supra positis verbis August. dicentis quædam necessitate facta esse improbanda et mala, videtur obviare quod Hieron. ait in Explanatione fidei, in tom. 4, ad Damasum papam. dist. 28, hujus 2; quod licet supra sit positum, tamen ut perfectius sciatur, iterare non piget. Execramur, inquit, eorum blasphemiam qui dicunt impossibile aliquid homini a Deo esse præceptum, et mandata Dei non a singulis, sed ab omnibus in commune posse servari. Et paulo post: Et tam illos errare dicimus, qui cum Manichæo dicunt hominem peccatum vitare non posse, quam illos qui cum Joviniano asserunt hominem non posse peccare. Ecce Hieronymus dicit errorem esse, si quis dicat hominem vitare peccatum non posse, qui autem dicit quædam necessitate fieri, quædam dicit non posse vitari. Cum ergo id Augustinus dicat, videtur aut erroris esse quod tradit, aut non esse verum quod Hieron. ait.

Determinatio contrarietatem submovens de sanctorum medio.

9. Ad quod dici potest, quia Augustinus secundum statum hujus miseriæ (ad quam pertinet ignorantia et difficultas, ut idem ait in libro 13 de libero Arbitrio, c. 18, quæ ex juxta damnatione descenderunt) illud tradidit, ubi et venialia peccata inclusit. Hieron. vero tantum de mortalibus peccatis loquitur, quæ unusquisque gratia illuminatus vitare valet; vel de ho-

mine secundum statum liberi arbitrii ante peccatum, illud ait.

Epilogum facit ad alia transiturus.

10. Satis diligenter eorum posuimus sententiam, qui dicunt omnes actus naturas bonas esse, et in quantum sunt bonos esse. In quo tractatu quædam interseruimus, quæ non ex eorum tantum persona accipienda sunt, quia ab omnibus catholice sapientibus absque hæsitatione tenentur; atque auctoritatem testimoniis et rationibus eorumdem traditionum munivimus, qui dicunt omnes actus essentia sui, id est, in quantum sunt, esse bonos, quosdam vero in quantum inordinate fiunt, peccata esse. Addunt quoque quosdam non tantum essentia, sed etiam genere, bonos esse, ut reficere esurientem, qui actus est de genere operum misericordiæ; quosdam vero actus absolute ac perfecte bonos dicunt, quos non solum essentia vel genus, sed etiam causa et finis, commendat: ut sunt illi qui ex bona voluntate proveniunt, et bonum finem metiuntur.

DISTINCTIO XXXVII.

ALIORUM PONIT SENTENTIAM QUI DICUNT MALOS ACTUS NULLO MODO ESSE A DEO, NEC ESSE BONOS SIVE IN EO QUOD SUNT, SIVE ALIO MODO.

1. Sunt autem et alii plurimi longe aliter de peccato et de actu sentientes: asserunt enim voluntatem malam et actum malum peccata esse, et nulla ratione bona, nec secundum aliquam rationem ex Deo auctore esse, quia sine Deo fiunt. *Sine eo* namque, ut ait evangelista Joan., c.1, *factum est nihil*, id est, peccatum quod dicitur esse nihil; non quia non sit actio vel voluntas mala, quæ aliquid est, sed quia a vero esse separat homines, et ad malum trahit; et sic ad non esse deducit. Qui enim a summi boni participatione recedunt, quod solum vere ac proprie est, merito non esse dicuntur. Ideoque Augustinus, tom.9, tract. 1, dicit super Joannem, peccatum nihil esse, nihilque fieri cum peccant homines. Hac ergo ratione astruunt peccatum nihil esse, qui a vero esse hominem elongat. Voluntatem malam atque actionem sive locutionem malam peccatum esse dicunt, quia prævaricatio et inobedientia hæc sunt, et contra legem Dei fiunt, quæ tamen sunt, sed ab homine vel diabolo, non a Deo. Nullatenus enim hæc a Deo esse dicunt, sive in quantum sunt, sive alio modo.

Qualiter determinent verba Augustini præmissa, quibus ait: Omne quod est, in quantum est, bonum est.

2. Illa quoque Augustini verba quibus dicit omne quod est, in quantum est, bonum esse et Deum habere auctorem, de natura de substantiis tantum accipienda fore tradunt. Substantiæ vero nomine atque naturæ dicunt significari substantias ipsas, et ea quæ naturaliter habent, scilicet quæ concreata sunt eis; sicut anima naturaliter habet intellectum et ingenium, et voluntatem et hujusmodi, quod ex verbis Augustini præmissis colligitur, ubi hominem appellat bonam naturam, et malum hominem malam naturam. Secundum hanc ergo assertionem vel acceptionem mali actus non sunt naturæ vel substantiæ, nec etiam boni actus, quod utique videtur Augustinus innuere in lib. Retractationum, c. 30, distinguens inter substantias sive naturas, et bonas actiones sive malas. Aperiens enim quomodo intelligendum sit quiddam in lib. de vera Religione ab eo traditum, ait : Hoc de substantiis atque naturis dictum est. Inde enim disputabatur, non de bonis actionibus atque peccatis. Aperte hic videtur dividere inter naturas sive substantias, et actiones sive peccata. Ideoque asserunt præfati doctores, actiones interiores vel exteriores non esse naturas vel substantias; quæ si malæ sunt, peccata sunt, neque a Deo sunt. Quod vero mali actus non sint naturæ, August. videtur notare in prima responsione contra Pelagianos(17) ita dicens : Opera diaboli quæ vitia dicuntur, actus sunt, non res. Idem in quarta res-

(17) Quæ contra Pelagianos hypognosticon dicitur, in fine, tomo 7.

ponsione, ibid., in principio: Omne malum natura non est, sed actus accidens alicui ex defectu boni. Quamobrem quod natura non est, Deus non fecit; quia natura est omne quod fecit. Item ibid.: Omne quod natura bonum est, Deus ex nihilo fecit, non diabolus.

Secundum hoc res aliquæ res sunt quæ a Deo non sunt, quibus homines mali sunt.

3. Ex quo colligitur res aliquas esse quæ a Deo non sunt, eisque homines mali sunt. Quod nihilominus et ipsi concedunt, innitentes verbis Augustini superius positis, qui in Ench., cap.19, determinans illa verba prophetæ, Isai.c.5: *Væ his qui dicunt bonum malum!* dicit de ipsis rebus quibus homines mali sunt, non de hominibus hoc esse intelligendum. Sunt ergo aliquæ res quibus homines mali sunt. Id autem, quo homo fit deterior, a Deo non est; quia, ut ait Augustinus in t.4, libro 83 Quæst..q.3: Deo auctore non fit homo deterior. Non est ergo Deus auctor rerum quibus homo deterior fit. At sunt aliquæ res, ut dictum est, quibus homines mali fiunt, quia peccata ipsæ sunt. Ideoque Scriptura in pluribus contestatur locis, Deum non esse auctorem malorum, id est, eorum quæ peccata sunt.

Ex parte eorum præmissæ opponitur sententiæ in illo verbo : Deus auctor malorum non est.

4. In hoc autem verbo superiorem sententiæ recte opponitur, qui dicunt Deum non esse auctorem eorum quæ mala sunt, in quantum mala sunt, sed in quantum sunt; et in quantum mala sunt, dicunt ea nihil esse. Quid ergo mirum si Deus dicitur non esse auctor eorum in quantum nihil sunt, cum nihil nullus auctor existere queat? Ideoque cum dicitur Deus esse auctor omnium quæ sunt, bonorum isti subintelligi volunt. Bona autem illa esse dicunt, quæ naturaliter sunt. Ea vero naturaliter esse dicunt, non solum quæ substantiæ sunt vel concreata substantiis, qualiter supra acceperunt, sed omnia quæ naturam non privant bono. Et ita secundum eosdem multiplex in Scripturis fit intelligentia, ubi de natura sive de substantia, vel de his quæ naturaliter sunt, sermo occurrit. Sed super illum locum psal.68 : *Non est substantia*. ita Augustinus, tom.8, de substantia disseruit ut præmissæ sententiæ videatur consentire dicens: substantia intelligitur illud quo sumus quidquid sumus, homo, pecus, terra, sol : omnia ista substantiæ sunt; eo ipso quod sunt naturæ, ipsæ substantiæ dicuntur. Nam quod nulla est substantia, nihil omnino est, substantia ergo est aliquid esse. Deus fecit hominem substantiam, sed per iniquitatem lapsus est homo a substantia in qua factus est; iniquitas quippe ipsa non est substantia. Non enim iniquitas est natura quam formavit Deus, sed iniquitas est perversitas quam fecit homo. Naturæ omnes per ipsum factæ sunt; iniquitas per ipsum non facta est, quia iniquitas non est substantia. In illo hymno trium puerorum universa creatura laudans Deum commemoratur. Laudant enim omnia Deum, sed quæ fecit Deus. Laudat ibi serpens Deum, sed non avaritia. Omnia enim ibi nominata sunt, sed non aliqua vitia. Vitia enim ex nobis et ex nostra voluntate habemus, et vitia non sunt substantia. Intendant diligenter his verbis præmissarum assertores sententiarum, et percipere poterunt rationem et causam dictorum, ubi Scriptura de natura vel substantia mentionem facit. Illarum vero sententiarum judicium prudenti lectori, cui utriusque sententiæ notitiam plenarie dedimus, arbitrio relinquimus, ad ea quæ adhuc nobis supersunt tractanda festinantes.

Quod de peccato non de pœna intelligitur, cum dicitur: Deus non est auctor mali.

5. Cum igitur in hoc omnes consentiant catholici tractatores, scilicet quod Deus non est auctor malorum, cavendum est tamen ne malorum nomine pœnas sicut peccata, generaliter includas. Pœnarum enim Deus auctor est, sicut ipse per prophetam ait, Amos 3: *Non est malum in civitate quod Deus non fecerit.* Item Isai. 45, ex persona sua ait : *Ego sum Deus, creans malum, et faciens bonum.* Ecce hic dicitur creasse et fecisse malum; sed mali nomine pœna intelligitur,

non peccatum:sicut e converso,cum dicitur Deus non esse auctor malorum,nomine mali peccata intelliguntur. Ideoque Aug., qui dixerat, tom. 4, in lib. 83 Quæst. 1, c. 26, q. 21,quod Deus auctor mali non sit,in libro 1 Retractationum quomodo intelligendum sit aperit,dicens:Videndum est ne male intelligatur quod dixi:Deus auctor mali non est,qui et omnium quæ sunt auctor est; quia in quantum sunt,in tantum bona sunt.Et ne hinc putetur non ab illo esse pœnam malorum,quæ utique malum est his qui puniuntur; sed hoc ita dixi,sicut dictum est, Sap. 1 : *Deus mortem non fecit* ;cum alibi scriptum sit, Eccl. *Mors et vita a Domino est*. Malorum ergo pœna quæ a Deo est,malum est quidem malis;sed in bonis Dei operibus est, quoniam justum est ut mali puniantur,et utique bonum est omne quod justum est. Sic ergo dicitur Deus non fecisse mortem, quia non fecit illud pro quo mors infligitur,id est, peccatum. Audisti, lector,causam dictorum,ex qua sana intelligentia firmatur,cum dicitur : Deus non auctor mali, et : Deus mortem non fecit.

DISTINCTIO XXXVIII.
DE VOLUNTATE ET EJUS FINE, EX QUO ET IPSA JUDICATUR.

1. Post prædicta, de voluntate ejusque fine disserendum est. Sciendum ergo est quod ex fine suo, ut ait Aug., voluntas cognoscitur utrum recta au prava sit. Finis autem bonæ voluntatis beatitudo est, vita æterna, ipse Deus. Malæ vero finis est aliud, scilicet mala delectatio, vel aliquid aliud in quo non debet voluntas quiescere.Finem vero bonum insinuat Propheta dicens : *Omnis consummationis vidi finem*,etc. Charitas ergo cujus latum mandatum est,finis omnis consummationis est, id est,omnis bonæ voluntatis et actionis,ad quam omne præceptum referendum est. Unde Aug., in Ench., lib. 11, de Trin., c. 6, t. 3 : Omnia præcepta divina referuntur ad charitatem.De qua dicit Apostolus,1 Tim.1 : *Finis præcepti est charitas de corde puro,et conscientia bona,et fide non ficta*. Omnis itaque præcepti finis charitas est, id est, ad charitatem refertur omne præceptum.Quod vero ita fit vel timore pœnæ,vel aliqua intentione carnali,ut non referatur ad charitatem quæ est dilectio Dei et proximi, nondum fit quemadmodum oportet fieri, quamvis fieri videatur. Tunc enim recte fiunt quæ mandat Deus,et quæ consilio monet,cum referuntur ad dilectionem Dei et proximi. His verbis aperte insinuatur quis sit rectus finis voluntatis sive actionis bonæ, scilicet charitas,quæ et Deus est,ut supra ostensimus.
Quod Deus est finis omnis bonæ actionis, quia charitas est ; nec tantum Spiritus sanctus,sed etiam Christus, et Pater; nec hi sunt tres fines, sed unus.

2. Qui ergo charitatem sibi ponit finem, Deum sibi ponit finem ; unde et *Christum finem legis ad justitiam* dicit Apostolus,Rom 10.esse *omni credenti*. Et recte dicitur Christus finis legis ad justitiam, quia, ut ait Aug. in libro Sententiarum Prosperi in Christo lex justitiæ non consumitur,sed impletur. Omnis enim perfectio ex ipso,et in ipso est;et ultra quem non est quo spes se extendat.Finis fidelium Christus est,ad quem cum pervenerit currentis intentio, non habet quo amplius possit venire,sed habet id in quo debeat permanere. Finis ergo rectus atque supremus Deus Pater est,et Filius,et Spiritus sanctus, nec hi tres sunt tres fines, sed unus finis, quia non tres dii; sed unus Deus.
Quod omnes bonæ voluntates unum habent finem ; et tamen quædam bonæ diversos fines sortiuntur.

3. Sed quæritur utrum omnes bonæ voluntates unum tantum habeant finem? De hoc August., in 11 lib. de Trin., cap. 6 ita ait : Aliæ atque aliæ voluntates suos proprios fines habent ; qui tamen referuntur ad finem illius voluntatis qua volumus beate vivere,et ad eam pervenire vitam, quæ non referatur ad aliud,sed amanti per seipsam sufficiat,quemadmodum voluntas videndi finem habet visionem, et voluntas videndi fenestram,finem habet fenestræ visionem.Altera vero est voluntas per fenestram videndi transeuntes,cujus item finis est visio transeuntium. Ad quod etiam prædictæ referuntur voluntates.Item (ibidem)rectæ sunt voluntates,et omnes sibimet religatæ,si bona est illa ad quam cunctæ referuntur.Si autem prava est,pravæ sunt omnes;etideo rectarum voluntatum connexio iter quoddam est ascendentium ad beatitudinem,quod certis velut passibus agitur. Pravarum autem et distortarum voluntatum implicatio vinculum est,quo alligabitur qui hoc agit, ut *projiciatur in tenebras exteriores*,Matth.22.His auctoritatum testimoniis evidenter monstratur plures in fidelibus rectas esse voluntates proprios ac diversos fines habentes ; et tamen unum eumdemque,quia omnes referuntur ad unum qui est finis finium ; de quo paulo ante diximus;ita e converso forte est in malis.
Quædam huic sententiæ videntur adversari.

4. Verumtamen huic sententiæ,qua dictum est fidelium quasdam rectas voluntates diversos fines sortiri,et tamen ad unum referri, videtur obviare quod alibi August. admonet, ne scilicet nobis duos fines constituamus,ita inquiens in lib.de Sermone Domini in monte,tom.4,c.24:Non debemus ideo evangelizare ut manducemus,sed ideo manducare ut evangelizemus ; ut cibus non sit bonum quod appetitur, sed necessarium quod adjicitur ut illud impleatur.*Quærite primium regnum Dei,et hæc omnia adjicientur vobis*,Matth.6.Non dixit:Primum quærite regnum Dei, et deinde quærite illa,quamvis sint necessaria,sed ait : Hæc omnia adjicientur vobis,id est,hæc consequentur si illa quæratis,ne cum ista quæritis, illinc avertamini; aut ne duos fines constituatis, ut et regnum propter se appetatis,et ista necessaria propter illud ergo propter regnum Dei tantum debemus operari omnia,non solam vel cum regno Dei mercedem corporalem meditari. Ecce hic aperte dicit, ne duos fines nobis constituamus,sed unum tantum, id est, regnum Dei, cum supra dixerit bonas voluntates alias et alias proprios habere fines.
Hic ostenditur quomodo ,licet videantur, non repugnent prædicta.

5. Hæc autem sibi non repugnare admadvertit,qui verbis præmissis simplici oculo diligenter intendit; qui enim dixit,ne duos fines nobis constituamus,sed omnia propter regnum Dei faciamus,ipse præmisit quod debemus manducare ut evangelizemus.Cum autem hoc ita facimus, actionis illius finem Evangelium constituimus;sed et hunc finem ad regnum Dei referimus. Manducamus enim propter Evangelium, et manducamus et evangelizamus propter regnum Dei. Duo igitur fines nobis in manducando constituimus. Sed ita facientes numquid peccamus ?Absit.Nam et ipse sic facere suadet,si diligenter ejus verba inspiciamus.Cum ergo ait,ne duos fines nobis constituamus,fines in diversa tendentes intelligi voluit scilicet quorum alter ad alterum non referatur; ita et cum dicit,propter regnum Dei tantum omnia agenda, nec cum ipso mercedem temporalem meditandam ita intelligendum est,ut non appetendo meditemur cum regno mercedem temporalem,ita quod non propter regnum,sed propter se,ut scilicet regnum propter se appetamus,et ista propter illud, sicut ipse docet.Si enim petimus vitam æternam, petimusque etiam temporalia a Deo,Luc. 12; si ea petimus propter vitam æternam, non offendimus ; neque sinistra tunc scit quid facit dextera,Matth. 6, cum mercedem temporalem non propter se meditamur,sed propter regnum Dei,ut sit læva sub capite,et dextera in amplexu Cant.2.Alioqui si hæc temporalia propter se quærimus sicut æterna,miscetur dextræ sinistra. Ideoque cum Dominus dixerit,Matth.6:*Attendite ne justitiam vestram faciatis coram hominibus,ut videamini ab eis*, alibi ait : Matth.5 : *Sic luceant opera vestra bona coram hominibus,ut glorificent Patrem vestrum qui in cœlis est*.Propter Deum ergo omnia facienda sunt, ut

omnia quæ facimus, omniumque fines, ad eum referamus.

De differentia voluntatis, intentionis, et finis.

6. Solet etiam quæri quid distet inter voluntatem, et intentionem, ac finem. Ad quod dici potest inter voluntatem et finem certo atque evidenti modo distingui, quia voluntas est qua volumus aliquid; finis vero voluntatis est, vel illud quod volumus, per quod impletur ipsa voluntas; vel potius aliud propter quod illud volumus. Intentio vero interdum pro voluntate, interdum pro fine voluntatis accipitur; quæ diligens ac pius lector in Scriptura ubi hæc occurrunt, discernere studeat. Finis vero voluntatis est delectatio bona vel mala, ad quam nititur quisque pervenire. Unde Augustinus super illum locum psal. :*Scrutans corda et renes*, sic ait : Deus solus scrutatur corda, id est, quid quisque cogitet; et renes, id est, quid quemque delectet; quia finis curæ et cogitationis est delectatio, ad quam curæ et cogitationi nititur quisque pervenire. Et paulo post : Opera nostra quæ sunt in dictis et factis, possunt homines videre; sed quo animo flant, et quo venire cupiant, solus Deus videt, qui cum videt cor esse in cœlo, et non delectari nos in carne, sed in Domino, id est, cum bonæ sunt cogitationes et earum fines, dirigit justum. Idem super alterius psal. locum illum, scilicet : *In laqueo isto quem absconderunt, comprehensus est pes eorum*, dicit : Pes animæ amor est, quia si pravus est, dicitur cupiditas vel libido ; si rectus, dicitur charitas. Eo movetur anima quasi ad locum quo tendit, id est, ad delectationem bonam vel malam, quo se pervenisse per amorem lætatur. Finis ergo voluntatis, ut præmissum est, dicitur et illud quod volumus, et illud propter quod volumus ; et intentio ad illud respicit propter quod volumus, et voluntas ad illud quod volumus ; ut, verbi gratia, si velim esurientem reficere ut habeam vitam æternam, voluntas est qua volo reficere esurientem, cujus finis est refectio esurientis ; intentio vero est, qua sic ad vitam pervenire volo. Finis vero supremus est ipsa vita, ad quam et alius finis refertur.

An illa intentio sit voluntas.

7. Sed quæritur utrum intentio talis sit voluntas, et si voluntas est, an in hoc opere sit una eademque voluntas, qua volo reficere esurientem, et qua volo habere vitam æternam. Videtur nempe talis intentio voluntas esse : ut enim voluntas est qua volo reficere pauperem, ita et voluntas est qua per illud volo habere vitam. Et alia quidem videtur voluntas esse qua volo habere vitam, et alia qua pauperi subvenire volo. Sed ista ad illam refertur. Nam etsi hoc ita placeat, ut in eo cum aliqua delectatione voluntas acquiescat, nondum est tamen illud quo tenditur, sed hoc ad illud refertur, ut illud deputetur tanquam patria civis, istud vero tanquam refectio vel mansio viatoris. Aug. lib. 11 de Trinit., c. 6. Et sunt istæ voluntates affectus sive motus mentis, quibus quasi gressibus vel passibus tenditur ad patriam. Sicut ergo altera est voluntas videndi fenestras, ut supra docente August. didicimus, altera quæ ex ista nectitur, voluntas scilicet per fenestras videndi transeuntes; ita nonnullis alia videtur esse voluntas eleemosynas dandi pauperi, alia voluntas habendi vitam. Alii autem putant quod una sit voluntas et hic et ibi, sed propter subjectorum multiplicitatem diversitas memoratur voluntatum. Cæterum quodlibet horum verum sit, illud nulli in ambiguum venit, quin voluntas ex suo fine pensetur utrum recta sit an prava, peccatum an gratia ; et quin nomine intentionis aliquando finis, aliquando voluntas intelligatur.

DISTINCTIO XXXIX.

CUM VOLUNTAS SIT DE HIL QUÆ HOMO NATURALITER HABET, QUARE PECCATUM FORE DICATUR, CUM NULLUM ALIUD NATURALE PECCATUM SIT.

1. Hic autem oritur quæstio satis necessaria, ex superioribus causam trahens. Dictum est enim supra, voluntatem inesse naturaliter homini, sicut intellectus et memoria. Quæ autem homini naturalia sunt, quantumcumque vitientur, bona tamen esse non desinunt, quia non valet vitium bonitatem in qua Deus eam fecit, penitus consumere ; ut, verbi gratia, intellectus, vel ratio, et ingenium, ac memoria, etsi vitiis ac peccatis obnubilentur et corrumpantur, bona tamen sunt, nec peccata nominantur ; sicut Augustinus de ratione quæ est imago Dei, in qua facti sumus, evidenter ostendit, in 15 lib. de Trinitate, cap. 8. Hæc est, inquit, imago in qua homines sunt creati, qua cæteris animalibus præsunt ; qua creatura in rebus creatis excellentissima, cum a Deo justificatur, a deformi forma in formosam mutatur formam. Erat enim etiam inter vitia natura bona. Hæc autem imago, ratio est vel intellectus. Cum ergo voluntas de naturalibus sit, quare ipsa non semper bonum est, etsi aliquando vitiis subjaceat ? Ad hoc facile respondent qui dicunt omnia quæ sunt, in quantum sunt, bona esse : quia et ipsam voluntatem, in quantum est, vel in quantum voluntas est, ut supra posuimus, bonum esse asserunt ; sed in quantum inordinata est, mala est et peccatum. Ubi potest ab eis rationaliter quæri si voluntas, in quantum inordinata est, peccatum est, quare ergo intellectus, ratio, et ingenium et hujusmodi, cum inordinata sunt, peccata non sunt ? Inordinata vero sunt, sicut voluntas, cum ad rectum finem non tendunt, eorumque actus prævaricationes existunt. Ad quod illi dicunt voluntatis nomine aliquando vim, scilicet, naturalem potentiam volendi, aliquando actum ipsius vis significari. Vis autem ipsa naturaliter animæ insita, nunquam peccatum est, sicut nec vis memorandi vel intelligendi, sed actus hujus vis qui voluntas dicitur, tunc peccatum est, quando inordinatus est.

Quare actus voluntatis sit peccatum, si actus aliarum potentiarum non sint peccata.

2. Sed adhuc quæritur quare hujus naturalis potentiæ actus peccatum sit, si aliarum potentiarum actus peccata non sunt, scilicet, potentiæ memorandi, cujus actus est memorare, et potentiæ intelligendi, cujus actus est intelligere. Ad quod et ipsi dicunt quia alterius generis est actus ille voluntatis, quam actus memoriæ vel intellectus. Hic enim actus est ad aliquid adipiscendum vel non admittendum, qui non potest esse ex malis, quin sit malus. Velle enim mala malum est, sed intelligere vel memorare mala malum non est. Quamvis eorum quidam etiam hos actus malos esse interdum non improbe asserant. Memorat enim interdum quis malum ut faciat, et quærit intelligere verum ut sciat impugnare. Ecce qualiter solvitur præmissa quæstio ab his qui tradunt omnia esse bona in quantum sunt. Qui vero dicunt voluntates malas peccata esse, et nullo modo bona, brevius respondent, dicentes actum voluntatis non esse de naturalibus ; sed vim ipsam et potentiam volendi, quæ semper bonum est, et in omnibus est, etiam in parvulis, in quibus nondum est ejus actus.

Quomodo intelligendum sit illud ; Et homo etiam qui servus est peccati, naturaliter vult bonum.

3. Præterea quæri solet quomodo intelligendum sit quod ait Ambr., in tom. 4 commentarii ad cap. 7 ad Rom. : *Non enim quod volo, illud ago, sed quod nolo, illud facio*. Dicit enim quod homo subjectus peccato facit quod non vult, quia naturaliter vult bonum. Sed voluntas hæc semper caret effectu, nisi gratia Dei adjuvet et liberet. Si homo subjectus peccato est, vult quidem malum et operatur, quia servus est peccati, et ejus voluntatem ; sicut supra dixit Augustinus, c. 18, libenter facit. Quomodo ergo naturaliter vult bonum ? An est eadem voluntas, id est, idem motus, quo libenter peccato servit, et quo naturaliter vult bonum ? Si non eadem voluntas, quæ ergo istarum est, qua cum homo justificatur, a servitute peccati liberatur? Ut enim disseruimus superius, gratia Dei voluntatem hominis liberat et adjuvat, quæ voluntatem hominis præparat adjuvandam et adjuvat præparatam. Sed quæ est illa voluntas, an illa quæ naturaliter

vult donum?an illa quæ libenter servit peccato,si tamen duæ sunt voluntates?Proposita est quæstio profunda,quæ varia a diversis expositione determinatur. Alii enim dicunt duos esse motus : unum quo vult bonum naturaliter.Quare naturaliter,et quare naturalis dicitur? Quia talis fuit.motus naturæ humanæ in prima conditione,in qua creati sine vitio sumus,quæ proprie natura dicitur. Fuit enim homo creatus in voluntate rectus. Unde in lib.de Fide ad Petrum, tom. 3,c. 25, scriptum est : Firmissime tene primos homines bonos et rectos esse creatos cum libero arbitrio, quod possent si vellent propria voluntate peccare, eosque non necessitate,sed propria voluntate peccasse.Recte ergo dicitur homo naturaliter velle bonum, quia in recta et bona voluntate conditus est. Superior enim scintilla rationis, quæ etiam,ut ait Hieron.(18), in Cain non potuit extingui, bonum semper vult,et malum semper odit.Alium autem dicunt motum esse quo mens relicta superiorum lege subjicit se peccatis,eisque oblectatur.Iste motus,ut aiunt,antequam adsit alicui grata, dominatur et regnat in homine, alterumque deprimit motum; uterque tamen ex libero arbitrio est. Veniente autem gratia ille malus motus eliditur, et alter naturaliter bonus liberatur, et adjuvatur ut efficaciter bonum velit.Ante gratiam vero licet naturaliter homo velit bonum,non tamen absolute concedi oportet bonam habere voluntatem sed potius malam. Alii autem dicunt unam esse voluntatem,id est,unum motum, quo naturaliter vult homo bonum, et ex vitio vult homo malum, eoque delectatur : et in quantum vult bonum, naturaliter bonus est; in quantum malum vult, malus est.

DISTINCTIO XL.

AN EX FINE OMNES ACTUS PENSARI DEBEANT, UT SIMPLICITER BONI VEL MALI DICANTUR.

1. Post hæc de actibus adjiciendum videtur utrum et ipsi ex fine, sicut voluntas, pensari debeant boni vel mali. Licet enim secundum quosdam omnes boni sint,in quantum naturaliter sunt;non tamen absolute dicendi sunt omnes boni,nec omnes remunerabiles. sed quidam simpliciter mali dicuntur, sicut et alii boni. Nam simpliciter ac vere sunt boni illi actus, qui bonam causam et intentionem,id est,qui voluntatem bonam comitantur,et ad bonum finem tendunt; mali vero simpliciter dici debent qui perversam habent causam et intentionem.Unde Ambros.ait : Affectus tuus operi tuo nomen imponit.Et August.(19)super psal. 31 : Nemo computet bona opera sua ante fidem. Ita enim videntur mihi esse ut magnæ vires, et cursus celerrimus præter viam;quia ubi ipsa fides non erat,bonum opus non erat.Bonum enim opus intentio facit, intentionem fides dirigit. Non valde attendas quid homo faciat, sed quid cum facit attendat, quo lacertos optimæ gubernationis dirigat.His testimoniis insinuari videtur ex affectu et fine opera bona esse vel mala. Quibus consonat quod Veritas in Evangelio, Matth. 7, ait : *Non potest arbor bona fructus malos facere.neque arbor mala fructus bonos facere.*Nomine arboris non natura humanæ mentis, sed voluntas intelligitur;quæ si mala fuerit,non bona,sed mala opera facit; si vero bona fuerit, bona, non mala opera facit.

Utrum omnia opera hominis ex affectu et fine sint bona vel mala.

2. Sed quæritur utrum omnia opera hominis affectu et fine sint bona vel mala. Quibusdam ita videtur esse, qui dicunt omnes actus esse indifferentes,ut nec boni nec mali per se sint, sed ex intentione bona bonus, et ex mala malus sit omnis actus.Secundum quos quilibet actus potest esse bonus, si bona intentione geratur. Aliis autem videtur quod quidam actus in se mala sint,ita ut non possint esse nisi peccata, etiam si bonam habeant causam ;et quidam in se boni,ita ut etsi

(18) In commentario ad cap.1 Ezechielis super eo loco: *Et scintillæ quasi aspectus æris candentis* ; in tomo 5.

(19) Tom. 1, in lib Offic., l. 1, c. 3 ; tom. 8, præat. ad illum psal.

malam habeant causam,non tamen boni esse desinant.Quod testimonio Augustini confirmant,qui dicit bonum aliquando non bene fieri.Quod enim quis invitus vel necessitate facit,non bene facit ;quia non bona facit Intentione, ut ait Augustinus, tom. 8, tract.8,super 1 Joan. Servilis, inquit, timor non est in charitate; in quo quamvis credatur Deo, non tamen in Deum ; et si bonum fiat, non tamen bene. Nemo enim invitus bene facit etiamsi bonum est quod facit. Ecce habes quod aliquis non bene facit illud quod bonum est. Facit ergo quod bonum est intentione non bona.Ideo asserunt illi quædam opera esse talia,quæ sic bona sunt, quod mala esse non possunt, quocumque modo fiant ; sicut e converso, quædam sic sunt mala,ut non possunt esse bona, quacumque ex causa fiant. Alia autem esse opera quæ ex fine vel causa bona sunt vel mala, et ad illa referunt sanctorum testimonia, quibus ex affectu vel intentione judicium operum pensari dicunt. Tripartitam edunt isti differentiam actuum.

Aliter Augustinus sentire videtur, qui dicit opera hominis esse bona vel mala ex intentione et causa, præter quædam quæ per se peccata sunt.

3. Sed Augustinus evidentissime docet in libro contra mendacium, cap.7,in tom.4, omnes actus secundum intentionem et causam judicandos bonos vel malos,præter quosdam,qui ita sunt mali, ut nunquam possint esse boni etiamsi bonam videantur habere causam. Interest,inquit, plurimum qua causa, quo fine, qua intentione quid fiat. Sed ea quæ constat esse peccata, nullo bonæ causæ obtentu, nullo quasi bono fine, nulla velut bona intentione facienda sunt. Et quippe opera hominum,si causas habuerint bonas vel malas,nunc sunt bona,nunc mala,quæ non sunt per seipsa peccata :sicut victum præbere pauperibus bonum est,si fit causa misericordiæ cum recta fide:et concubitus conjugalis quando fit causa generandi,si ea fine fiat, ut gignantur regenerandi. Hæc rursus mala sunt,si malas habeant causas :velut si jactantiæ causa pascitur pauper, aut lasciviæ causa cum uxore concumbitur,aut filii generentur non ut Deo,sed ut diabolo nutriantur. Cum vero opera ipsa per se peccata sunt,ut furta,stupra,blasphemiæ,quis dicat causis bonis esse facienda,vel peccata non esse;vel, quod est absurdius, justa peccata esse?Quis dicat : Furemur divitibus, ut habeamus quid demus pauperibus ; aut : Falsa testimonia proferamus, non ut inde innocentes lædantur,sed potius salventur?Duo enim bona hic sunt :ut inops alatur, et innocens non puniatur.Aut quis dicat adulterium esse faciendum, ut per illam cum qua fit,homo de morte liberetur? Testamenta etiam vera cur non supprimimus, et falsa supponimus,ne hæreditates habeant qui nihil boni agunt,sed bi potius qui indigentes adjuvant?Cur non fiant illa mala propter hæc bona, si propter hæc bona nec illa sunt mala ?Cur non ab immundis meretricibus quas ditant stupratores,rapiat divitias vir bonus, ut indigentibus eas largiatur,cum nullum malum malum sit si pro bono fiat?Quis hoc dicat,nisi qui res humanas moresque conatur et leges subvertere ?Quod enim facinus non dicatur recte fieri posse,nec impune tantum,verum etiam gloriose, ut in eo non timeatur supplicium,sed speretur et præmium ; si semel consenserimus in malis actibus, non quid fiat,sed quare fiat esse quærendum,ut quæcumque pro bonis fiant causis,nec ipsa mala esse judicentur ?At justitia merito punit eum qui dicit se subtraxisse superflua diviti, ut præberet pauperi ;et falsarium qui alienum corrumpit testamentum, ut sit hæres qui fecerit eleemosynas largas, non ille qui nullas ;et eum qui se fecisse adulterium ostendit, ut per illam cum qua fecit, hominem de morte liberaret.Sed dicat aliquis : Ergo æquandus est fur cuilibet furi qui voluntate misericordiæ furatur?Quis hoc dixerit?Sed horum duorum non ideo quisquam est bonus, quia pejor est unus.Pejor enim est qui concupiscendo, quam qui miserando furatur.Sed si furtum omne peccatum est

ab omni furto abstinendum est. Qui enim dicat esse peccandum,etiamsi aliud sit gravius,aliud levius peccatum?(Lib. eod., c. 8.) Nunc autem quærimus quis actus peccatum sit vel non ; non quid gravius sit vel levius. Intende, lector, propositis verbis tota mentis consideratione,quæ non inutilem habent exercitationem ; et dignosces quis actus sit peccatum,qui,scilicet, malam habeat causam ;nec ille tantum,quia sunt nonnulli actus qui etsi bonam habeant causam, tamen peccata sunt,ut supra positum est.Ex quo consequi videtur quia non semper ex fine judicatur voluntas sive actio mala, sicut in illis quæ per se peccata sunt. Illa enim cum quis gesserit pro aliqua bona causa, bonum videtur habere finem ; sed ex fine voluntas est mala, nec ex voluntate actio fit mala, sed ex actione voluntas fit prava.In quibus aliqui ponunt actum Judæorum,qui crucifigendo Christum arbitrabantur se obsequium præstare Deo,quia bonum finem dicunt eos sibi posuisse,scilicet Dei obsequium ; et tamen voluntatem eorem et actionem perversam fore asserunt.De bonis autem nulla fit exceptio in præmissis verbis Aug. quin omnis voluntas bona ex fine sit bona ; et ex fine et voluntate omnis actio bona, bona est. Sed non omnis mala voluntas ex fine mala est. nec omnis mala actio ex fine et voluntate mala est ; et omnis quæ habet malam causam mala est,sed non omnis quæ bonam causam habet bona est.Ideoque cum ex affectu dicitur nomen imponi operi, in bonis operibus generaliter versa est hæc regula;sed in malis excipiuntur illa quæ per se mala sunt. Omnia ergo hominis opera secundum intentionem et causam judicantur bona vel mala, exceptis his quæ per se mala sunt,id est,quæ sine prævaricatione fieri nequeunt.

Quidam dicunt prædicta non posse fieri bono fine.
4. Quæ tamen quidam contendunt nunquam habere bonam causam.Qui enim aliena furatur ut pauperibus tribuat, non pro bono,ut aiunt,furatur. Non enim bonum est aliena pauperibus erogare. Qui enim de rapina sacrificium Deo offert, idem facit,ut ait auctoritas, Eccl. 34, ac si filium in conspectu patris victimet, vel sacrificium carnis Deo offerat. Abominabilis nempe Deo est impiorum oblatio.Ita etiam et hominem per adulterium a morte liberare, malum esse dicunt.Etsi enim bonum sit hominem a morte liberare,tamen sic hominem liberare, malum esse asserunt.Ideoque Aug.in superioribus dicunt temperasse sermonem cauteque locutum,ubi ait ea quæ constat esse peccata,nullo quasi bono fine, nulla velut bona intentione facienda.Non enim simpliciter dixit bono fine et bona intentione, sed addidit quasi et velut ; quia talia non fiunt bono fine et bona intentione,sed intentione quæ videtur bona,et fine qui putatur bonus,sed non est.Nec ideo accepit August. ista,ut aiunt, quin causas habeant malas ; sed quia causas habent quæ videntur bonæ, sunt tamen malæ.

DISTINCTIO XLI.

AN OMNIS INTENTIO VEL ACTIO EORUM QUI CARENT FIDE SIT MALA.

1. Cumque intentio, ut supra dictum est, bonum opus faciat,et fides intentionem dirigat,non immerito quæri potest utrum omnis intentio, omneque illorum opus malum sit,qui fidem non habent.Si enim fides intentionem dirigit,et intentio bonum opus facit,ubi non est fides, nec intentio bona,nec opus bonum esse videtur.Quod a quibusdam non irrationabiliter astruitur,qui dicunt omnes actiones et voluntates hominis sine fide malas esse, quæ fide habita bonæ existunt ; unde Apostolus ait, Rom. 14 : *Omne quod non est ex fide,peccatum est.* Quod exponens August.,in lib. Sententiarum Prosperi, c. 105, dist. 38, ait : Omnis infidelium vita peccatum est, et nihil bonum est sine summo bono; ubi deest agnitio æternæ veritatis, falsa virtus est, etiam in optimis moribus.Et Jacobus in Epistola canon.,c. 2, ait : *Qui offendit in uno,* scilicet in charitate,*factus est omnium reus.*Qui ergo fidem et charitatem non habet,omnis ejus actio peccatum est, quia ad charitatem non refertur.Quod enim ad charitatem non refertur,ut supra meminit Aug.,non fit quemadmodum fieri oportet,ideoque malum est.Non ergo mandata custodit,qui charitate caret,quia sine charitate nullum mandatorum custoditur; unde Aug. super Epistolam ad Gal., ait:Custoditionem legis dicit Apostolus, Rom. 13, non inebriari, non occidere, non mœchari,et alia hujusmodi ad bonos mores pertinentia,quæ sine charitate,fide et spe,impleri non possunt.Nullum ergo mandatum implet,nullum bonum opus facit,qui fidem charitatemque non habet. *Impossible est* enim,ut ait Apostolus, Heb.11, *sine fide* aliquid *placere Deo.*Quæ ergo sine fide fiunt,bona non sunt ; quia omne bonum placet Deo.

Quæ præmissæ sententiæ objiciuntur ex verbis Augustini.
2.His autem objicitur quod supra dixit Aug.,scilicet quod in servili timore,et si bonum fiat,non tamen bene,Nemo enim invitus bene facit,etiam si bonum est quod facit.Hic enim dicit bonum fieri,sed non bene,ab illo qui charitatem non habet.Qui enim serviliter timet,charitate vacuus est ; de quo tamen hic dicit,quia bonum facit,sed non bene.Qui etiam super illum locum psal. 83 : *Turtur invenit nidum sibi,ubi ponat pullos suos,* lib. Confes., n. 1, c. 12, dicit quod Judæi, hæretici,et pagani opera bona faciunt, quia vestiunt nudos,et pascunt pauperes, et hujusmodi. sed non in nido Ecclesiæ,id est,in fide ; et ideo conculcantur pulli eorum.Quibus illi respondent, dicentes bona opera appellari hujusmodi quæ sine charitate fiunt,non quia bona sint quando sic fiunt, quod evidenter supra August.docuit ; sed quia bona essent, si aliter fierent ; quæ in suo genere sunt bona,sed ex affectu sunt mala.

Aliorum sententia de præmissa quæstione,qua quærebatur si omnis actio eorum mala est,qui fidem non habent.
3. Alii vero qui trifariam distinctionem actuum faciunt, opera cuncta quæ ad naturæ subsidium fiunt, semper bona esse astruunt.Sed quod Aug. mala esse dicit,si malas habeant causas,non ita accipiendum est,quasi ipsa mala sint,sed quia peccant et mali sunt qui ea mala fine agunt.Item illud aliud, scilicet bonum opus intentio facit,et intentionem fides dirigit, determinant,dicentes ibi bonum vocatum quod remunerabile est ad vitam; non quod illud sit solum bonum opus,imo etiam alia plura,licet non ea retione qua illud sint bona.Bonum enim multipliciter accipitur, scilicet pro utili; pro remunerabili, pro signo boni,pro specie boni, pro licito,et aliis forte modis. Solaque illa intentio remunerabilis est ad vitam, quam fides dirigit; sed non illa sola bona est,ut aiunt. Nam si quis Judæus vel malus christianus necessitatem proximi relevaverit naturali pietate ductus, bonum fecit,et bona fuit voluntas qua illud fecit.

Hic ponuntur quædam August. capitula, quæ retractavit, non quasi prave dicta, sed qno sensu dixerit insinuans.
4. Post hæc investigari oportet qualiter intelligendum sit quod ait Aug.,tom. 1, in lib, de vera Relig., c. 14 : Usque adeo, inquit, peccatum voluntarium malum est, ut nullo modo sit peccatum, si non sit voluntarium.Hujus dicti rationem Aug., aperiens in iib,Retract., l. 1, c. 13, dicit : Potest videri falsa hæc definitio,sed si diligenter discutiatur, inveniri esse verissima. Peccatum quippe illud cogitandum est, quod tantummodo peccatum est, non quod est etiam pœna peccati, scilicet, peccatum primum hominis, quod fuit peccatum et causa peccati, sed non pœna. Quamvis et illa quæ non voluntaria peccata non immerito dicuntur,quia vel a nescientibus vel a coactis perpetrantur,non omni modo possunt sine voluntate committi ; quoniam et ille qui peccat ignorans, voluntate utique facit,quod cum faciendum non sit,putat esse faciendum : et ille qui, concupiscente adversus spiritum carne, non ea quæ vult facit,concupiscit quidem nolens, et in eo non facit quod vult ; sed si vincitur, concupiscentiæ consentit volens,et in eo non facit nisi quod vult ; et illud quod in parvuli s est ori

ginale peccatum, ex prima hominis voluntate mala contractum est. Non itaque falsum est quod dixi: Usque adeo peccatum voluntarium est, etc. Ecce qualiter accipiendum sit illud, scilicet, vel de primo peccato hominis, vel de omnibus generaliter peccatis mortiferis; quorum licet quædam dicantur non voluntaria, quæ scilicet per ignorantiam vel per infirmitatem fiunt, eadem tamen ea ratione possunt dici voluntaria, quia sine voluntate non committuntur.

Aliud capitulum.

5. Illius etiam intelligentia perquirenda est, quod, tom. 6, in lib. de duabus Animabus, c. 10, edidit, inquiens: Nusquam nisi in voluntate peccatum est. Quod etiam in lib. Retract., l. 1, c. 15. plane determinat dicens: Potest putari ista falsa esse sententia qua diximus, nusquam nisi in voluntate esse peccatum, cum Apostolus dicat, Rom. 7: *Quod nolo, hoc facio*, etc. Sed peccatum quod nusquam est nisi in voluntate, illud præcipue intelligendum est quod justa damnatio consecuta est, id est, primum hominis peccatum. In eodem quoque lib. de duabus Animabus, cap. 10, aliud tradidit consideratione dignum; ait enim: Non nisi voluntate peccatur; ipsamque voluntatem definit dicens: Voluntas est animi motus, cogente nullo, ad aliquid vel non amittendum, vel adipiscendum. Hujus dicti causam aperiens, et intelligentiam pandens, in lib. Retract., lib. 1, c. 15, ait: Hoc propterea dictum est, ut hac definitione volens a nolente discerneretur, et sic ad illos referretur intentio, qui in paradiso fecerunt originem mali, nullo cogente, peccando, id est, libera voluntate; quia et scientes contra præceptum fecerunt, et ille tentator suasit ut hoc fieret, non coegit. Nam qui nesciens peccavit, non incongruenter nolens peccasse dici potest; quamvis et ipse quidem nesciens fecit, volens tamen fecit. Ita nec tale peccatum sine voluntate esse potuit; sed voluntas facti ibi fuit, non peccati voluntas, quod tamen factum fuit peccatum; hoc enim factum est quod fieri non debuit. Quisquis autem sciens peccat, si potest cogenti ad peccatum sine peccato resistere, nec tamen facit, utique volens peccat; quia qui potest resistere, non cogitur cedere, quapropter peccatum sine voluntate esse non posse verissimum est. Ex his liquet qualiter superiora accipienda sint.

Quod mala voluntas est voluntarium peccatum.

6. Si autem omne peccatum mortale voluntarium est, cum voluntas mala peccatum sit mortale, constat ipsam esse voluntarium peccatum. Quid enim, ut ait Augustinus (20), tam in voluntate, quam ipsa voluntas situm est? Voluntas itaque mala recte voluntarium dicitur peccatum, quod in voluntate consistit. Voluntas quippe, ut ait Aug. in eodem, est prima causa peccandi; aut nullum peccatum est prima causa peccandi, nec est cui recte imputetur peccatum, nisi peccanti. Non ergo est cui recte imputetur, nisi voluntati. Hoc autem de peccato actuali et mortali intelligendum est. Neque his verbis aliud voluit ostendere August., ut ipse ait in Retract., nisi quia voluntas est qua peccatur et qua recte vivitur.

DISTINCTIO XLII.

AN VOLUNTAS ET ACTIO MALA IN EODEM HOMINE ET CIRCA EAMDEM REM SINT UNUM PECCATUM, AN PLURA.

1. Cum autem voluntas mala et operatio sint peccatum, quæri solet, utrum in eodem homine et circa eamdem rem hæc duo unum sint peccatum, vel diversa: ut si quis voluntate furatur, voluntatem habeat malam, quæ peccatum est, et actum malum qui item peccatum est. Hæc autem duo diversa sunt, scilicet voluntas, et actio. Sed numquid diversa sunt peccata, an unum? Quidam dicunt unum esse peccatum, alii vero dicunt diversa esse peccata, quia cum constet hæc duo esse diversa, aut diversa duo peccata dicuntur, aut duo diversa non peccata. Quibus alii respondent hæc duo

---

(20) Tom. 1, in lib. de liber. Arbit., c. 12; et lib. Retract., l. 1, c. 9 et 22.

---

diversa esse, non peccata. Non enim peccata sunt, sed peccatum unum; quia una prævaricatio vel inobedientia in utroque admittitur, sive quando vult, sive quando agit: et unus est ibi contemptus, sed minor cum in voluntate solum peccatum continetur, major vero cum voluntati etiam operatio additur; et ideo majus fit peccatum, sed non plura, cum voluntas operi mancipatur.

Alia contra eosdem oppositio.

2. Sed adhuc eisdem objicitur: Si unum tantum illa duo peccatum sunt, cum quis voluntate mala prius concepta deinde opus patraverit, non pro aliquo reus est, nisi pro quo ante opus reus erat, cum adhuc in sola voluntate peccatum consistebat; nullus enim reus est æternæ mortis, nisi pro peccato; sed peccatum aliud non est admissum actione, quam prius admissum erat voluntate. Non ergo pro aliquo alio iste fit damnabilis actu peccando, quam ante fuerat, cum sola voluntate delinquebat. Ad hoc etiam et illi respondent, dicentes propter peccatum quidem tantum illum furem reum constitui, et quamvis ejus voluntas et actio unum sint peccatum, pro alio tamen reus factus est actu peccando, quam prius erat sola voluntate delinquendo, quia pro actu, qui est aliud quam voluntas, licet non aliud peccatum.

Alia adversus eosdem objectio.

3. Item et adhuc quæstioni instant, dicentes hæc duo idee diversa esse peccata, quia diversorum legis mandatorum prævaricationes sunt. Alio enim mandato legis prohibetur actio furti, scilicet, *Non furaberis*: alio furandi voluntas, scilicet. *Non concupisces rem proximi tui*. Cum autem hæc duo diversa mandata sint quibus illa duo prohibentur, patet illa duo diversas esse prævaricationes; diversa igitur peccata. Ad quod etiam illi dicunt, diversa quidem esse mandata quibus illa duo distinctim prohibentur, ut August. docet super Exod. Verumtamen in ilis non observatis una tantum prævaricatio incurritur, unumque contrahitur peccatum, licet duo diversa illis prohibeantur. Sicut e converso duo sunt mandata charitatis, quibus duo præcipiuntur diligi; una tamen in eis nobis commendatur charitas.

Si peccatum ab aliquo admissum in eo sit quousque pœniteat?

4. Præterea solet quæri, cum ab aliquo perpetrato voluntate peccato voluntas id agendi et actio transierit, nondum tamen vera habita pœnitentia, utrum illud peccatum usquequo pœniteat sit in eo? Quod non esse videtur; quia voluntas quæ prius fuit, non est, neque actio, quia neque vult illud vel agit quod ante voluit et egit. Sed non est ignorandum, peccatum duobus modis dici esse in aliquo, et transire, scilicet actu et reatu. Actu est in aliquo, dum ipsum quod peccatum est, ut actio vel voluntas, in peccante est; reatu vero, cum pro eo, sive transierit sive adsit, mens hominis polluta est et corrupta, totusque homo suppliciis obligatur perpetuis. Nec unquam est in aliquo peccatum actu, præter originale, quin sit etiam reatu; sed est reatu intelligendum, postquam transiit actu.

Quibus modis dicitur in Scriptura reatus.

5. Reatus in Scriptura multipliciter accipitur, scilicet pro culpa, pro pœna, pro obligatione pœnæ temporalis vel æternæ. Si enim mortale est peccatum, obligat nos pœnæ æternæ; si veniale, obligat nos pœnæ temporali. Duo enim sunt genera peccatorum, mortalium scilicet et venialium. Mortale est, per quod homo mortem æternam meretur. Crimen enim, ut ait Augustinus, est quod est dignum accusatione et damnatione. Veniale autem quod hominem usque in reatum perpetuæ mortis non gravat, verumtamen pœnam meretur, sed facile indulgetur.

De modis peccatorum qui multipliciter assignantur.

6. Modi autem peccatorum varias in Scriptura habent distinctiones, in qua dicitur peccatum duobus modis committi, scilicet cupiditate et timore, ut Au-

gustinus tradit super illum locum psal. 79: *Incensa igni et suffossa*. His enim duobus modis dicit omnia peccata mortalia includi. Et *incensa igni* ea dicit quæ ex cupiditate male incendente oriuntur: *suffossa* vero quæ ex timore male humiliante proveniunt; quod est quando quis cupit non cupienda, vel timet non timenda. Alibi vero dicitur peccatum fieri tribus modis, scilicet cogitatu, verbo et opere. Unde Hieron. super Ezech.: Tria generalia delicta sunt, quibus humanum subjacet genus. Aut enim cogitatione, aut sermone, aut opere peccamus. His aliquando etiam additur quartus modus, scilicet consuetudinis: quod in quatriduano Lazaro significatum est. Dicitur quoque homo peccare in Deum, in se et in proximum. In Deum, cum de Deo male sentit, ut hæreticus; vel quæ Dei sunt usurpare præsumit indigne, participando sacramentis; vel quando nomen Dei pejerando contemptibile facit. In proximum peccat, cum proximum injuste lædit, in se vero, cum sibi et non alii nocet.

Quomodo differant delictum et peccatum,

7. Variam quoque appellationem habet. Dicitur enim peccatum etiam delictum. Et delictum fortasse est (ut ait August. in Quæstionibus Levitici) declinare a bono; peccatum est, facere malum. Aliud est enim declinare a bono, aliud est facere malum. Peccatum ergo est perpetratio mali, delictum desertio boni, quod et ipsum ostendit nomen. Quid enim aliud sonat *delictum*, nisi *derelictum*? et qui derelinquit, quid derelinquit nisi bonum? Vel delictum est quod ignoranter fit, peccatum quod scienter committitur. Indifferenter tamen et peccatum nomine delicti, et delictum nomine peccati appellatur.

De septem principalibus vitiis.

8. Præterea sciendum est septem esse vitia capitalia, vel principalia, ut Gregor. super Exod. ait, scilicet inanem gloriam, iram, invidiam, acediam vel tristitiam, avaritiam, gastrimargiam, luxuriam; quæ ut ait Joannes Chrys., significata sunt in septem populis, qui terram promissionis Israeli promissam tenebant. De his quasi septem fontibus cunctæ animarum mortiferæ corruptelæ emanant. Et dicuntur hæc capitalia, quia ex eis oriuntur omnia mala. Nullum enim malum est, quod etiam non ab aliquo horum originem trahat.

De superbia, quæ est radix omnis mali.

9. Ex superbia tamen omnia mala oriuntur, et hæc, et alia, quia, ut ait Greg., radix cuncti mali est superbia. De qua dicitur; Eccl. 10: *Initium omnis peccati est superbia*, quæ est amor propriæ excellentiæ, Cujus quatuor sunt species, ut Greg. ait. Prima est, cum bonum quod habet quis, sibi tribuit. Secunda, cum credit a Deo esse datum, sed tamen pro suis meritis. Tertia, cum se jactat habere quod non habet. Quarta, cum cæteris despectis singulariter vult videri. Merito ergo radix omnis mali dicitur superbia. Huic autem videtur obviare quod Apostolus ait, 1 Tim. ult.: *Radix omnium malorum est cupiditas*, quia si radix omnium malorum est cupiditas, ergo superbiæ. Quomodo ergo superbia radix est et initium omnis peccati?

Quo sensu utrumque radix dicatur omnium malorum, scilicet et superbia. et cupiditas.

10. Sed utrumque recte dictum esse intelligitur, si genera peccatorum singulorum, non singula generum utraque locutione includi intelligantur; nullum quippe genus peccati est, quo interdum ex superbia non proveniat; nullum etiam, quod ex cupiditate aliquando non descendat. Sunt enim nonnulli hominum qui ex cupiditate fiunt superbi: et aliqui ex superbia fiunt cupidi. Est enim, ut ait Aug., homo qui non esset amator pecuniæ, nisi per hoc putaret se excellentiorem esse; ideoque ut excellat, divitias cupi; tali homini ex superbia oboritur cupiditas. Et est aliquis qui non amaret excellere nisi putaret per hoc divitias majores habere. Ideo ergo excellere laborat, quia divitias habere amat. Huic innascitur superbia, id est, amor excellentiæ, ex cupiditate. Patet ergo quod ex superbia aliquando cupiditas, ex cupiditate aliquan- do superbia oritur, et ideo de utraque recte dicitur quod sit radix omnis mali

DISTINCTIO XLIII.

DE PECCATO IN SPIRITUM SANCTUM, QUOD DICITUR ETIAM PECCATUM AD MORTEM.

1. Est præterea quoddam peccati genus, cæteris gravius et abominabilius, quod dicitur peccatum in Spiritum sanctum, et de quo in Evangelio Veritas ait, Luc. 12: *Qui peccaverit in Spiritum sanctum: non remittetur ei neque hic, neque in futuro*. Et Joan. et Epistola 1 canonica, *est peccatum ad mortem, non pro eo dico ut quis oret. Qui enim peccat in Patrem, remittetur ei; et qui peccat in Filium, remittetur ei: qui autem blasphemaverit in Spiritum sanctum, non remittetur ei neque hic, neque in futuro.* Sed quæritur quid sit illud peccatum in Spiritum sanctum vel ad mortem? Quidam dicunt illud peccatum esse desperationis vel obstinationis. Obstinatio est induratæ mentis in malitia pertinacia, per quam homo fit impœnitens. Desperatio est, qua quis diffidit penitus de bonitate Dei, æstimans suam malitiam divinæ bonitatis magnitudinem excedere; sicut Cain qui dixit, Gen. 4: *Major est iniquitas mea, qua ut veniam merear*. Utrumque vero dicitur peccatum in Spiritum sanctum, quia Spiritus sanctus est amor Patris et Filii, et benignitas qua se invicem et nos diligunt; quæ tanta est, cujus finis non est. Recte ergo in Spiritum sanctum delinquere dicuntur, qui sua malitia Dei bonitatem superare putant, et ideo pœnitentiam non assumunt; et qui iniquitati tam pertinaci mente inhærent, ut eam nunquam relinquere proponant, et ad bonitatem Spiritus sancti nunquam redire, patientia Dei abutentes, et de misericordia Dei nimis præsumentes; quibus placet malitia propter se, sicut piis bonitas. Isti nimia pertinacia et præsumptione peccant, æstimantes Deum non esse justum. Illi desperatione, Deum non bonum existimant, tollentes in hoc turbulentissimo iniquitatum mari portum divinæ indulgentiæ, quo se recipiant fluctuantes. Atque ipsa desperatione addunt peccata peccatis, dicentes misericordiam nullam esse, et quod super peccatores necessaria damnatio debetur.

Utrum omnis obstinatio sit peccatum in Spiritum Sanctum?

2. Sed quæritur utrum omnis obstinatio mentis in malitia obduratæ, omnisque desperatio sit peccatum in Spiritum sanctum? Quidam dicunt omnem obstinationem et omnem desperationem esse peccatum in Spiritum sanctum. Quod si est, aliquando illud peccatum remittitur, quia multi etiam obstinatissimi et desperatissimi convertuntur, ut Aug. ait super illum locum psal. 14: *Convertam in profundum maris*, id est, eos qui erant desperatissimi: et ibi: *Mittit cristallum suam sicut buccellas*, id est, obstinatos facit aliorum doctores. Talium conversio ibi etiam evidenter ostenditur ubi ait, psal. 67: *Qui educit vinctos in fortitudine; similiter et eos qui exasperant, qui habitant in sepulcris.* Secundum istos illud peccatum dicitur irremissibile, non quia aliquando remittatur, sed quia vix et raro et difficulter dimittitur. Non enim solvitur cristallus, nisi vehementi spiritus impetu. Alii vero tradunt non quamlibet obstinationem vel desperationem appellari peccatum in Spiritum sanctum, sed illam tantum quam comitatur impœnitentia; quam etiam impœnitentiam dicunt esse peccatum in Spiritum sanctum. Sed quia August. dicit impœnitentiam esse peccatum in Spiritum sanctum, cum sic obstinatus est aliquis, ut non pæniteat, discuti oportet an aliud sit obstinatio, aliud impœnitentia sit in eo peccatum, an idem, sed diversis modis commissum. Secundum istos peccatum illud dicitur irremissibile, eo quod nunquam dimittatur. Unde Aug. etiam dicit, quod hoc solum peccatum veniam mereri non potest; et Hier. quod taliter peccans, digne pœnitere non potest. Et ideo recte Joannes dicit: *Ut non pro eo oret quis*; quia qui sic peccat, orationibus Ecclesiæ hic vel in futuro juvari non potest, *habens cor induratum tanquam lapis*, sicut de diabolo legitur. Post hanc

vitam qui valde mali sunt meritis Ecclesiæ juvari non possunt.

Quod aliter accipitur peccatum in Spiritum sanctum.

3. Est etiam alia hujus peccati assignatio. Hoc enim peccatum August. definiens in lib. de Sermone Domini in monte, ait : Peccatum ad mortem est, cum post agnitionem Dei per gratiam Christi oppugnat aliquis fraternitatem, et adversus ipsam gratiam qua reconciliatus est Deo, invidiæ facibus agitatur, quod fortasse est peccare in Spiritum sanctum, quod peccatum dicitur non remitti; non quia non sit ignoscendum peccati si pœniteat, sed quia tanta est labes peccati illius, ut deprecandi humilitatem subire non possit, etiam si peccatum suum mala conscientia agnoscere et renuntiare cogatur: ut Judas, cum dixit *peccavi*, facilius desperans cucurrit ad laqueum quam humilitate veniam peteret; quod propter magnitudinem peccati jam ex damnatione peccati tales habere credendum est. Ecce quædam assignatio peccati in Spiritum sanctum, vel ad mortem hic posita est, qua illud peccatum esse traditur, oppugnatio fraternitatis post agnitionem, et invidentia gratiæ post reconciliationem, quod species quædam obsiinationis intelligi potest. Illam tamen definitionem Augustinus in lib. Retract., l. 1, c. 9, rememorans, aliquid adjiciendum ibi fore, nec asserendo se dixisse, aperit, ita dicens: Quod quidem confirmavi, quoniam hoc putare me dixi. Sed tamen addendum fuit si in hac scelerata mentis perversitate finierit hanc vitam, quoniam de quocumque pessimo in hac vita constituto non est desperandum, nec pro illo imprudenter oratur de quo non desperatur. His verbis insinuatur peccatum præmissa definitione descriptum, tunc solum debere dici ad mortem vel in Spiritum sanctum, cum non habet comitem pœnitentiam; nec de aliquo peccatore desperandum est in hac vita, et ideo pro omni esse orandum. Unde illud Joan. 5: *Non pro eo dico ut quis oret,* sic accipiendum videtur, ut pro aliquo peccante ad mortem vel in Spiritum sanctum, postquam finierit hanc vitam, non oremus. Dum autem in hac vita est, nec peccatum illius judicare, nec de illo desperaro, sed pro illo orare debemus. Unde Augustinus, de Verbis Domini, de impœnitentia quæ est blasphemia in Spiritum sanctum sic ait, tom. 10. serm. 11, post medium: Ista impœnitentia vel cor impœnitens, quandiu quisque in hac carne vivit, non potest judicari. De nullo enim desperandum est, quamdiu ad pœnitentiam patientia Dei adducit: paganus est hodie; judæus infidelis est hodie; hæreticus est hodie: schismaticus est hodie; quid si cras amplectatur catholicam fidem, et sequatur catholicam veritatem? Quid si isti quos in quocumque genere erroris notas, et tanquam desperatissimos damnas, antequam finiant istam vitam agant pœnitentiam, et inveniant veram requiem et vitam in futuro? *Nolite ergo ante tempus judicare quemquam* (1 Cor. 4). Ex his ostenditur pro singulis peccatoribus in hac vita esse orandum; nec de aliquo esse diffidendum, quia converti potest dum in hac vita est; quia non potest sciri de aliquo utrum peccaverit ad mortem vel in Spiritum sanctum, nisi cum ab hac vita discesserit, nisi forte alicui per Spiritum sanctum mirabiliter revelatum fuerit. Ex prædictis aliquatenus capi potest quomodo accipiatur peccatum in Spiritum sanctum, scilicet, invidentia gratiæ fraternitatem impœnitentis oppugnans; quæ utique obstinatio esse videtur, et omnis impœnitentis obstinatio atque desperatio. Notandum vero est quod non omnis qui non pœnitet impœnitens dici potest, quia impœnitentia proprie obstinati est, et, ut quidam volunt otiam desperati.

Alia asssignatio peccati in Spiritum sanctum.

4. De hoc quoque peccato in Spiritum sanctum Ambros., tom. 2, in libro de Spiritu sancto, l. 1, c. 3, in fine, disserens, definitam assignationem tradit, dicens: Cur Dominus dixerit, Matt. 12: *Qui blasphemaverit in Filium hominis remittetur ei; qui autem blasphemaverit in Spiritum sanctum, neque hic neque in futuro remittetur ei,* diligenter adverte. Nunquid alia est offensio Filii, alia Spiritus sancti? Sicut una dignitas, sic una injuria. Sed si quis corporis specie deceptus humani remissius aliquid sentit de Christi carne quam dignum est, habet culpam, non est tamen exclusus a venia. Si quis vero sancti Spiritus dignitatem, majestatem et potestatem abneget sempiternam, et putet non in Spiritu Dei ejici dæmonia, sed in Beelzebub, non potest ibi esse exhortatio veniæ, ubi sacrilegii plenitudo est. Satis hic aperte explicatur quid sit peccatum in Spiritum sanctum. Quod illi August. descriptioni congruere videtur, qua illud peccatum dicitur esse invidentia gratiæ oppugnans fraternitatem. Qui enim post cognitionem veritatis sancti Spiritus veritatem negat, ejusque opera dicit esse Beelzebub, potestati, bonitati et gratiæ Dei invidere non dubitatur. Non itaque distinctio illa verborum sic accipienda est, quasi trium personarum divisæ sint offensæ, sed ibi peccatorum genera distincta sunt. Peccatum enim in Patrem id intelligitur, quod fit per infirmitatem, quia Patri Scriptura frequenter attribuit potentiam; peccatum in Filium, quod fit per ignorantiam, quia sapientia Filio attribuitur; tertium expositum est. Qui ergo peccat per infirmitatem vel per ignorantiam, facile veniam adipiscitur, sed non ille qui peccat in Spiritum sanctum. Cum autem una sit potentia, sapientia, bonitas trium, quare Patri potentia, Filio sapientia, Spiritui sancto bonitas sæpius assignetur, superius dictum ese.

DISTINCTIO XLIV.

DE POTENTIA PECCANDI; AN SIT HOMINI VEL A SE, VEL A DIABOLO, VEL A DEO.

1. Post prædicta considerationo dignum occurrit utrum peccandi potentia sit nobis a Deo, vel a nobis. Putant quidam potentiam recte agendi nobis esse a Deo; potentiam vero peccandi non a Deo, sed a nobis vel a diabolo esse; sicut mala voluntas non a Deo nobis est, sed a nobis et a diabolo, bona autem a Deo tantum nobis est. Bonæ namque voluntatis et cogitationis initium non homini ex seipso nasci, sed divinitus parari et tribui in eo Deus evidenter ostendit, quia nec diabolus, nec aliqnis angelorum ejus, ex quo in hanc caliginem sunt detrusi, bonam potuit vel poterit resumere voluntatem: quia si possibile foret, ut humana natura postquam a Deo aversa bonitatem perdidit voluntatis, ex seipsa rursus eam habere potuisset, multo possibilius hoc natura haberet angelica, quæ quanto minus gravatur terreni corporis pondere, tanto magis hac esset prædita facultate. Non ergo homo vel angelus a se voluntatem bonam habere potest, sed malam. Similiter et de potentia boni vel mali disserentes, quod illa sit a Deo, non ista.

Auctoritatibus astruit potentiam peccandi esse a Deo.

2. Sed pluribus sanctorum testimoniis indubitanter monstratur quod potestas mali a Deo est, a quo est omnis potestas. Ait enim Apostolus, Rom. 13: *Non est potestas nisi a Deo,* quod de non potestate boni tantum, sed et mali intelligi oportet, cum Pilato etiam Veritas dicat, Joan. 19: *Non haberes in me potestatem, nisi datum esset tibi desuper.* Malitia nempe hominum, ut ait August., cupiditatem nocendi per se habet; potestatem autem, si ille non dat, non habet. Ideoque diabolus antequam aliquid tolleret Job, dicebat Domino, Job. 1: *Mitte manum tuam,* id est, da potestatem, quia etiam nocentium potestas non est nisi a Deo; sicut Sapientia ait, Prov. 8: *Per me reges regnant, et tyranni per me terram tenent.* Unde Job de Domino ait, cap. 34: *Qui facit regnare hypocritam propter peccata populi.* Et de populo Israel dicit Deus, Oseæ 13: *Dedi eis regem in ira mea.* Nocendi enim voluntas potest esse ab homine, potestas autem non est nisi a Deo, et hoc adhibita aptaque justitia; nam per potestatem diabolo datam justos Deus facit suos. De hoc etiam Gregor. in Mor. ait: Tumoris elatio,

non potestatis ordo in crimine est. Potentiam Deus tribuit, elationem vero potentiæ malitia nostræ mentis invenit. Tollamus ergo quod de nostro est, quia non potentia justa, sed actio prava damnatur. His auctoritatibus aliisque pluribus evidenter ostenditur quod non est potestas boni vel mali cuicumque, nisi a Deo æquo, etsi te lateat æquitas.

An aliquando resistendum sit potestati?

3. Hic oritur quæstio, non transilienda silentio. Dictum est supra quod potestas peccandi vel nocendi non est homini vel diabolo, nisi a Deo. Apostolus autem dicit, Rom. 13, quod *qui potestati resistit, Dei ordinationi resistit.* Cum ergo diabolo sit potestas mali Dei ordinatione, ejus potestati non esse resistendum videtur. Sed sciendum est Apostolum ibi loqui de seculari potestate, scilicet rege, et principe, et hujusmodi; quibus non est resistendum in his quæ jubet Deus eis exhiberi, scilicet in tributis, et hujusmodi. Si vero princeps aliquis, vel diabolus, aliquid jusserit vel suaserit contra Deum, tunc resistendum est. Unde Augustinus, determinans quando resistendum sit potestati, in lib. de Natura boni ait : Si aliquid jubeat potestas quod non debeas facere, hic sane contemne potestatem, timendo majorem potestatem. Ipsos humanarum rerum gradus adverte. Si quid jusserit procurator, numquid faciendum est, si contra proconsulem jubeat? Rursus si quid ipse proconsul jubeat, et aliud jubeat imperator, numquid dubitatur illo contempto illi esse serviendum? Ergo si aliud imperator, aliud jubeat Deus, contempto illo obtemperandum est Deo. Potestati ergo diaboli vel hominis tunc resistamus, cum aliquid contra Deum suggesserit; in quo Dei ordinationi non resistimus sed obtemperamus. Deus enim præcepit, ut in malis nulli potestati obediamus. Jam nunc his intelligendis atque pertractandis, quæ ad Verbi incarnati mysterium pertinent, integra mentis consideratione intendamus, ut de ineffabilibus vel modicum aliquid fari, Deo revelante, valeamus.

LIBER TERTIUS

DE INCARNATIONE VERBI.

DISTINCTIO PRIMA.

DE INCARNATIONE VERBI, ALIISQUE AD HOC SPECTANTIBUS.

1. *Cum venit igitur plenitudo temporis,* ut ait Apostolus, Galat. 4, *misit Deus Filium suum, factum de muliere, factum sub lege, ut eos qui sub lege erant redimeret, ut in adoptionem filiorum Dei reciperemur.* Tempus autem plenitudinis dicitur tempus gratiæ, quod ab adventu Salvatoris exordium sumpsit. Hoc est tempus miserendi, et annus benignitatis; in quo gratia et veritas per Jesum Christum facta est, Joan. 1. Gratia, quia per charitatem impletur quod in lege præcipiebatur. Veritas, quia per Christi adventum exhibetur atque perficitur humanæ redemptionis sponsio facta ab antiquo. Filii ergo missio est ipsa Incarnatio. Eo enim missus est, quod in forma hominis mundo, visibilis apparuit, de quo supra sufficienter dictum est.

Quare Filius carnem assumpsit, non Pater, vel Spiritus sanctus.

2. Diligenter vero annotandum est, quare Filius, non Pater, vel Spiritus sanctus, est incarnatus. Solus namque Filius hominem assumpsit. Quod utique congrue ordine, atque alto Dei sapientia fecit consilio; ut Deus qui in sapientia sua mundum condiderat, secundum illud Psal. 103 : *Omnia in sapientia fecisti, Domine, quæ in cœlis sunt, et quæ in terris,* restauraret in eadem. Hæc est mulier evangelica, Lucæ 15: *Quæ accendit lucernam, et drachmann decimam, quæ perdita fuerat, reperit,* sapientia, scilicet, Patris; quæ testam humanæ infirmitatis lumine suæ divinitatis accendit, perditumque hominem reparavit, nomine regis et imagine insignitum. Ideo etiam Filius missus est, et non Pater, quia congruentius mitti debebat qui est ab alio quam qui a nullo est; Filius autem a Patre est; Pater vero a nullo est. Ut enim ait August., in lib. 4 de Trin., c. 20, t. 3 : Non enim habet de quo sit. Sicut ergo Pater genuit, Filius genitus est, ita congrue Pater misit, Filius missus est. Ab illo enim convenienter mittitur Dei verbum, cujus est Verbum. Ab illo mittitur, de quo natum est. Mittitur quod genitum est. Pater vero, qui misit, a nullo est; ideoque Pater missus non est, ne, si mitteretur, ab alio esse putaretur. Missus est ergo primo Filius, qui a solo Patre, est, deinde etiam Spiritus sanctus, qui est a Patre et Filio. Sed Filius solus in carne missus est, non Spiritus sanctus, sicut nec Pater. Quod ideo factum est, ut qui erat in divinitate Dei Filius, in humanitate fieret hominis Filius. Non Pater vel Spiritus sanctus carnem induit, ne alius in divinitate esset Filius, alius in humanitate, et ne idem esset Pater et Filius, si Deus Pater de homine nasceretur. Unde Aug., in ecclesiasticis Dogmatibus: Non Pater carnem assumpsit, neque Spiritus sanctus, sed Filius tantum, ut qui erat in divinitate Dei Filius, ipse fieret in homine hominis filius, ne filii nomen ad alterum transiret, qui non esset æterna nativitate filius, Dei ergo Filius, hominis factus est filius, natus secundum veritatem naturæ ex Deo Dei Filius, et secundum veritatem naturæ, ex homine hominis filius, ut veritas geniti non adoptione, non appellatione, sed in utraque nativitate filii nomen nascendo haberet, ut esset verus Deus, et verus homo unus filius. Non ergo dicendum est duos Christos, neque duos filios, sed Deum et hominem unum filium; quem propterea et unigenitum dicimus, manentem in duabus substantiis, sicut ei naturæ veritas contulit, non confusis naturis neque immixtis, sicut Thimotiani volunt, sed societate unitis. Ecce habes quare Filius, non Pater, vel Spiritus sanctus carnem assumpserit.

Utrum Pater vel Spiritus sanctus potuerit incarnari, vel possit.

3. Si vero quæritur utrum Pater vel Spiritus sanctus incarnari potuerit, vel etiam modo possit, sane responderi potest, et potuisse olim et posse nunc carnem sumere, et hominem fieri, tam Patrem quam Spiritum sanctum. Sicut enim Filius homo factus est, ita Pater vel Spiritus sanctus potuit et potest.

An Filius, qui tantum carnem accepit, aliquid fecerit non Pater vel Spiritus sanctus.

4. Sed forte aliquid dicent, cum indivisa sint opera Trinitatis, si Filius carnem assumpsit, tunc Pater et Spiritus sanctus : quia si Filius carnem assumpsit, nec hoc fecit Pater vel Spiritus sanctus, non omne quod facit Filius, facit et Pater et Spiritus sanctus. At omnia simul Pater et Filius et amborum Spiritus pariter et concorditer operantur. Aug. de Trin., lib. 13, cap. 11 : Ad quod dicimus, quia nihil operatur Filius sine Patre et Spiritu sancto, sed una est horum trium operatio indivisa et indissimilis; et tamen Filius, non Pater vel Spiritus sanctus, carnem assumpsit. Ipsam tamen carnis assumptionem Trinitas operata est sicut August. dicit in lib. de Fide ad Petrum, cap. 2, tom. 3. Reconciliati sumus per solum Filium secundum carnem, sed non soli Filio secundum deitatem. Trinitas enim nos sibi reconciliavit, per hoc quod solum Verbum carnem ipsa Trinitas fecit. Trinitas

ergo carnis assumptionem fecit, sed Verbo, non Patri vel Spiritui sancto. Si enim Pater sibi, et Filius sibi, vel Pater Filio, et Filius Patri carnis assumptionem operatus esset, jam non eadem esset operatio utriusque, sed divisa. Sed sicut inseparabilis et indivisa est unitas substantiæ trium, ut ait Aug., in lib. de Trin., cap. 4, ita et operatio; non tamen eamdem Trinitatem natam de Virgine, crucifixam et sepultam catholici tractatores docuerunt, sed tantummodo Filium; nec eamdem Trinitatem in specie columbæ descendisse super Jesum, sed tantum Spiritum sanctum, nec eamdem dixisse de cœlo : *Tu es Filius meus* : Marci 1; sed tantum Patris vocem fuisse ad Filium factam, quamvis Pater et Filius et Spiritus sanctus sicut inseparabiles sunt, ita et inseparabiliter operentur. Hæc et mea fides est, quoniam quidem hæc est catholica fides. Licet ergo solus Filius carnem assumpserit, ipsam tamen incarnationem cum Patre et Spiritu sancto operatus est.

DISTINCTIO II.
QUARE TOTAM HUMANAM NATURAM ACCEPIT, ET QUID NOMINE HUMANITATIS VEL HUMANÆ NATURÆ INTELLIGENDUM SIT.

1. Et quia in homine tota humana natura vitio corrupta erat, totam assumpsit, id est, animam et carnem, ut totam curaret et sanctificaret. Quod autem humanæ naturæ sive humanitatis vocabulo anima et caro intelligi debeant, aperte docet Hieronymus in Expositione catholicæ fidei, dicens ad Damasum papam: Sic confitemur in Christo unam Filii esse personam, ut dicamus duas perfectas et integras esse substantias, id est, deitatis et humanitatis, quæ ex anima continetur et corpore. Ecce aperte ostendit humanitatis nomine animam et corpus intelligi, quæ duo assumpsisse Dei Filius intelligitur, ubi hominem sive humanitatem vel humanam naturam accepisse legitur. Errant ergo qui nomine humanitatis non substantiam, sed proprietatem quamdam a qua homo nominatur, significari contendunt ubicumque humanitas Christi memoratur. Ait enim Joannes Damasc.: Sciendum quidem est quod deitatis et humanitatis nomen substantiarum et naturarum est repræsentativum. Natura enim non sic accipitur in Christo, ut cum dicitur una natura esse omnium hominum; quod evidenter idem Joannes ostendit, differentem rationem dicti assignans, cum natura humana in Christo nominatur, et cum una dicitur natura omnium hominum. Ait enim, cum unam hominum naturam dicimus, sciendum est quod non considerantes ad animæ et corporis rationem hoc dicimus. Impossibile enim est unius naturæ dicere Domini corpus et animam, ad invicem comparata. Sed quia plurimæ personæ hominum sunt, omnes autem eamdem suscipiunt rationem naturæ (omnes enim ex anima et corpore compositi sunt, et omnes naturam animæ participant, et substantiam corporis possident), communem speciem plurimarum et differentium personarum, unam naturam dicimus, uniuscujusque scilicet personæ duas naturas habentis, et in duabus perfecte naturis, animæ scilicet et corporis existentis. In Domino autem Jesu Christo non est communem speciem accipere; neque enim factus est, nec est, nec aliquando fiet alius. Sed Christus ex deitate et humanitate est, in deitateque et humanitate Deus factus est, idem et homo perfectus. Totam ergo hominis naturam, id est, animam et carnem, et horum proprietates sive accidentia assumpsit Deus, non carnem sine anima, nec animam sine ratione, ut hæretici voluerunt; sed et carnem, et animam cum sensibus suis. Unde Joannes Damasc. ait, lib. 3 de orthodoxa Fide, cap. 60 : Omnia quæ in natura nostra plantavit Deus, Verbum assumpsit, scilicet corpus et animam intellectualem, et horum idiomata. Totus enim totum assumpsit me, ut toti mihi salutem gratificaret. Quod enim inassumptibile est, incurabile est.

De unione Verbi et carnis mediante anima. (Aug. lib. de Agone christiano, cap. 18.)

2. Assumpsit ergo Dei Filius carnem et animam, sed carnem mediante anima; unitum est carni per medium intellectum Verbum Dei. Tantæ enim subtilitatis atque simplicitatis est divina essentia, ut corpori de limo terræ formato uniri non congruerit, nisi mediante rationali essentia. Illa autem unio inexplicabilis est adeo, ut etiam Joannes ab utero sanctificatus, se non esse dignum fateatur solvere corrigiam calceamenti Jesu, quia illius unionis modum investigare, aliisque explicare non erat sufficiens. Non sunt ergo audiendi qui non verum hominem Filium Dei suscepisse dicunt, neque natum de femina : sed falsam carnem, et imaginem corporis simulatam ostendisse videntibus. In quem errorem prorumpunt, quia timent quod fieri non possit, scilicet ne humana carne veritas et substantia Dei inquinetur; et tamen prædicant istum visibilem solem radios suos per omnes fæces et sordes corporum spargere, et eos mundos et sinceros servare. Si ergo visibilia munda visibilibus immundis contingi possunt et non coinquinari, quanto magis incommutabilis et invisibilis Veritas per spiritum animam, et per animam corpus suscipiens, totum hominem sine sui commutatione assumpsit, et ab omnibus infirmitatibus liberavit ! Ecce hic dicit Dei sapientiam per spiritum assumpsisse animam, et per animam corpus. Spiritus enim sanctus pars animæ superior, et majori similitudine Deo propinquat quam anima, scilicet ipsa eadem secundum inferiorem partem, et anima magis quam corpus, et ideo non incongrue anima dicitur assumpta per spiritum, et corpus per animam.

Quod Verbum simul assumpsit carnem et animam; neque caro prius est concepta quam assumpta.

3. Si autem quæritur utrum Verbum carnem simul et animam assumpserit, an prius animam quam carnem vel carnem quam animam; et utrum caro illa prius fuerit in utero Virginis concepta, et postea assumpta; verissime et absque ulla ambiguitate dicitur quia ex quo Deus hominem assumpsit, totum assumpsit, simulque sibi univit animam et carnem, nec caro prius fuit concepta, et postmodum assumpta; sed in conceptione assumpta, et in assumptione concepta. Unde Aug. in lib. de Fide ad Petrum, cap. 16 : Firmissime tene, et nullatenus dubites, non carnem Christi sine divinitate conceptam in utero Virginis priusquam susciperetur a Verbo; sed ipsum Verbum Deum suæ carnis acceptione conceptum, ipsamque carnem Verbi incarnatione conceptam. Idem in lib. 1 de Trinitate, c. ult.: Non esset Dei hominumque Mediator, nisi esset idem Deus, idem homo in utroque unus et verus; quam servilem formam a solo Filio susceptam, tota Trinitas (cujus una est voluntas et operatio) fecit. Non autem in utero Virginis prius caro suscepta est, et postmodum divinitas venit in carnem; sed mox ut Verbum venit in uterum, servata veritate propriæ naturæ factum est caro et perfectus homo, id est, in veritate carnis et animæ natus est. De hoc etiam Greg. in moralibus ait : Angelo nuntiante, et Spiritu adveniente, mox Verbum in utero, mox intra uterum Verbum caro.

DISTINCTIO III.
DE CARNE QUAM VERBUM ASSUMPSIT, QUALIS ANTE FUERIT, ET QUALIS ASSUMPTA SIT.

1. Quæritur etiam de carne Verbi, an priusquam conciperetur obligata fuerit peccato, an et talis assumpta fuerit a Verbo? Sane dici potest, et credi oportet, juxta sanctorum attestationis convenientiam, ipsam prius peccato fuisse obnoxiam sicut reliqua Virginis caro; sed Spiritus sancti operatione ita mundatam, ut ab omni peccati contagione immunis uniretur Verbo, pœna tantum, non necessitate, sed voluntate assumentis, remanente. Mariam quoque totam Spiritus sanctus, eam præveniens, a peccato prorsus purgavit, et a fomite peccati etiam liberavit,

vel fomitem ipsum penitus evacuando (ut quibusdam placet), vel sic debilitando et extenuando, ut ei postmodum peccandi occasio nullatenus extiterit. Potentiam quoque generandi absque viri semine Virgini præparavit. Ita enim verba Evangelii docent, ubi Angelus Virginem alloquens ait, Lucæ 1: *Spiritus sanctus superveniet in te, et virtus Altissimi obumbrabit tibi.* Et: *Quod nascetur ex te sanctum, vocabitur Filius Dei.* Cui sacra Virgo respondit: *Ecce ancilla Domini; fiat mihi secundum verbum tuum.* Quod exponens Joan. Damasc. ait, lib. 3 de Fid. orthod., c. 2: Pest consensum autem sanctæ Virginis Spiritus sanctus supervenit in eam, secundum verbum Domini quod dixit Angelus, purgans ipsam, et potentiam deitatis Verbis receptivam præparans, simul autem et generativam. Et tunc obrumbravit ipsam Dei altissimi per se Sapientia et virtus existens, id est, Filius Dei Patris ὁμοόσιος, id est, consubstantialis, sicut divinum semen. Et copulavit sibi ipsi, ex sanctissimis et purissimis ipsius Virginis sanguinibus, nostræ antiquæ conspersionis carnem animatam anima rationali et intellectiva; non seminans, sed per Spiritum sanctum creans: quare simul caro, simul Dei Verbi caro, simul caro animata rationalis et intellectiva. Ex his perspicuum fit quod ante diximus, carnem, scilicet, Verbi simul conceptam et assumptam; eamdemque, imo totam Virginem, Spiritu sancto præveniente, ab omni labe peccati castificatam. Cui collata est potentia novo more generandi, ut sine coitu viri, sine libidine concipientis in utero Virginis celebraretur conceptus Dei et hominis. Illa enim caro quam Deus de Virgine sibi unire dignatus est, sine vitio concepta, sine peccato nata est. Hanc tamen carnem non cœlestis, non aeriæ, non alterius cujusque putes esse naturæ; sed ejus, cujus est omnium hominum caro. (Aug., lib. de Fide ad Petrum, cap. 2, in medio.)

Auctoritate firmat ex tunc fuisse Virginem immunem a peccato.

2. Quod autem sacra Virgo ex tunc ab omni peccato immunis extiterit, Augustinus evidenter ostendit in libro de Natura et Gratia, cap. 26, inquiens: Excepta sancta virgine Maria, de qua propter honorem Domini, nullam prorsus, cum de peccatis agitur, haberi volo quæstionem. Inde enim scimus quod ei plus sit gratiæ collatum ad vincendum exomni parte peccatum, quod concipere ac parere meruit quem constat nullum habuisse peccatum. Hac ergo Virgine excepta, si omnes sancti et sanctæ congregari possent, et quæreretur ab eis an peccatum haberent, quid respoderent nisi quod Joannes ait, c. 1: *Si dixerimus quia peccatum non habemus, nos ipsos seducimus?* Illa autem Virgo singulari gratia præventa est atque repleta, ut ipsum haberet ventris sui fructum, quem ex initio habuit universitas Dominum; ut illud quod nasceretur ex propagine primi hominis, tantummodo generis, non criminis originem duceret.

Quare non fuit Christus decimatus in Abraham, sicut Levi, cum caro quam accepit in eo, fuit peccato obnoxia.

3. Cum autem illa caro, cujus excellentia singularis verbis explicari non valet, antequam esset Verbo unita obnoxia fuerit peccato in Maria et in aliis a quibus propagatione traducta est, non immerito videri potest in Abraham peccato subjacuisse, cujus universa caro peccato subjacebat. Unde quæri solet quare Levi decimatus dicatur in Abraham et non Christus, cum in lumbis Abrahæ uterque fuerit secundum materialem rationem, quando Abraham decimatus est, et decimas dedit Melchisedech. Tunc enim Apostolus Levi decimatum dicit in Abraham, tanquam in materiali causa; quia ea decimatione sicut Abraham minor Melchisedech ostenditur, cui personaliter decimas solvit, ita et Leviticus ordo, qui in Abraham secundum rationem seminalem erat, et ex eo per concupiscentiam carnis descendit. Christus autem non est decimatus, quia, licet ibi fuerit secundum carnem, non tamen inde descendit secundum legem communem,

scilicet per carnis libidinem: sicut etiam *in Adam omnes peccaverunt*, Rom. 5. sed non Christus. Unde August. super Genes., lib. 10, ibid., c. 19: Sicut in Adam peccante, qui in lumbis ejus erant peccaverunt sic Abraham dante decimas, qui in lumbis ejus erant, decimati sunt. Sed hoc non sequitur in Christo, licet in lumbis Adæ et Abrahæ fuerit; qui non secundum concupiscentiam carnis inde descendit. Cum ergo Levi et Christus secundum carnem essent in lumbis Abrahæ, quando decimatus est, ideo pariter decimati non sunt, quia secundum aliquem modum non erat ibi Christus quo erat ibi Levi (ibid. cap 20). Secundum rationem quippe illam seminalem ibi fuit Levi, qua ratione per concubitum venturus erat in matrem; secundum quam rationem non erat ibi Christi caro, quamvis secundum ipsam ibi fuerit Mariæ caro. Ille ergo decimatus est in Abraham, qui sic fuit in lumbis Abrahæ, sicut ille fuit in lumbis patris sui; id est, qui sic est natus de patre Abraham, sicut ille de patre suo natus est, scilicet per legem carnis, et invisibilem concupiscentiam. (Ibid. c. 2.)

Qua ratione caro Christi dicta est in Scriptura non fuisset peccatrix, sed similis; quo aperitur quare obligatu peccato non fuit in Christo.

4. Quocirca primitias nostræ massæ recte assumpsisse dicitur Christus, quia non carnem peccati, sed similitudinem carnis peccati accepit. Misit enim Deus Filium suum, ut Apostolus ait ad Rom. 8, *in similitudinem carnis peccati.* Assumpsit enim Verbum carnem peccatrici similem in pœna, et non in culpa, et ideo non peccatricem. Cætera vero hominum omnis caro peccati est. Sola illius non est caro peccati, quia non eum mater concupiscentia, sed gratia concepit; habet tamen similitudinem carnis peccati per passibilitatem et mortalitatem, quia esuriit, sitiit, et hujusmodi. Licet ergo eadem caro sit ejus quæ est nostra non tamen ita facta est in utero sicut nostra. Est enim sanctificata in utero, et nata sine peccato, et nec ipse in illa unquam peccavit. In pœna ergo similis est nostræ, non in qualitate peccati; quia pollutionem quæ ex concupiscentiæ motu concepta est, omnino non habuit, nec ex carnali delectatione nata est. Venit ergo ad corpus immaculatum, quod præter libidinis concupiscentiam fuit conceptum; nec illud in se habuit vitium, quod in aliis est causa peccati, nec in eo peccavit. Ideoque vere dicitur Verbi caro non fuisse in Christo obligata peccato.

Quidam videntur adversari illi sententiæ qua dictum est carnem Christi non prius conceptam quam assumptam.

5. Illi autem sententiæ, qua supra diximus carnem Verbi non ante fuisse conceptam quam assumptam, videtur obviare quod August. ait super Joannem, ubi legitur, cap. 2: *Solvite templum hoc, et in tribus diebus excitabo illud.* Dixerunt ergo Judæi: *Quadraginta et sex annis ædificatum est hoc templum. et in tribus diebus excitabis illud?* Hic, inquit, lib. de Trin. 4, c. 5, numerus perfectioni dominici corporis convenit, quia, ut dicunt physici, tot diebus forma humani corporis perficitur. Horum occasione verborum quidam dicere præsumpserunt, dominici corporis formam tot diebus ad modum aliorum corporum perfectam, et membrorum lineamentis distinctam, et mox Verbum dicitur sibi unisse carnem et animam; et hoc modo dicunt illum numerum perfectioni dominici corporis convenire. Sed alia ratio illius dicti extitit, ex qua sana oritur intelligentia verbi. Non enim ideo illud dixit August., quia mox ut caro illa opere Spiritus sancti sanctificata et a reliqua separata fuit, Verbo Dei cum anima uniretur, ut perfectus et verus Deus esset, perfectus et verus homo; sed quia membrorum illius dominici corporis distinctio in ipso momento conceptionis unionis Dei et hominis adeo tenuis erat et parva, ut humano visui vix posset subjici, diebus autem illis quos Aug. memorat perfecta est, et notabilis facta. Incarnatum est ergo Verbum, ut ait Joan. Damasc., lib. de orthodoxa fide 3, cap. 7, in fine, et

a propria incorporalitate non excessit; et totum incarnatum est, et totum est incircumscriptum. Minoratur corporaliter et contrahitur; et divine est incircumscriptnm, non coextensa carno eum incircumscripta divinitate. In omnibus igitnr qui super omnia erat et in utero sanctæ genitricis existebat, sed in ipsa per actum incarnationis.

DISTINCTIO IV.
QUARE IN SCRIPTURA SÆPIUS TRIBUATUR INCARNATIO QUÆ OPUS EST TRINITATIS, SPIRITUI SANCTO, ET DE IPSO CHRISTUS ETIAM CONCEPTUS ET NATUS DICATUR.

1. Cum vero Incarnatio Verbi, sicut in superioribus tractatum est, operatio vere sit Patris et Filii, et Spiritus sancti, investigatione dignum nobis videtur, quare in Scriptura Spiritui sancto hoc opus sæpius tribuatur, et de ipso Christus conceptus et natus memoretur. Non enim ideo operatio Incarnationis Spiritui sancto sæpius tribuitur, quod eam ipse solus sine Patre ac Filio fecerit; sed quia Spiritus sanctus est charitas et donum Patris et Filii; et ineffabili Dei charitate Verbum caro factum est, et ineffabili Dei dono Filius Dei sibi univit formam servi. Non ergo frequens denominatio Spiritus sancti, ab illo opere Patrem vel Filium secludit; sed potius uno nominato tres intelliguntur, sicut fit sæpe in aliis operibus. Unde August., super hoc movens quæstionem, in hunc modum eamdem determinat in Enchir., ita inquiens, c. 38: Cum illam creaturam quam Virgo concepit et peperit, quamvis ad solam personam Filii pertinentem, tota Trinitas fecerit (neque enim separabilia sunt opera Trinitatis), cur in ea facienda Spiritus sanctus solus nominatus est? An etiam quando unus trium in aliquo opere nominatur, universa operari Trinitas intelligitur? ita vere est, et exemplis doceri potest. Audisti propositam quæstionem, ejusdemque solutionem vel expositionem.

Quo sensu dicatur Christus conceptus et natus de Spiritu sancto.

2. Sed non est in hoc diutius immorandum. Illud enim movet, quomodo dictus est Christus natus de Spiritu sancto, cum Filius nullo modo sit Spiritus sancti. Numquid dicturi sumus Patrem hominis Christi esse Spiritum sanctum, ut Deus Pater Verbum genuerit, Spiritus sanctus hominem, ex qua utraque substantia Christus unus esset, et Dei Patris Filius secundum Verbum, et Spiritus sancti Filius secundum hominem, quod eum Spiritus sanctus tanquam Pater ejus de matre Virgine genuisset? Quis hoc dicere audebit, cum hoc ita sit absurdum, ut nullæ fidelium aures id valeant sustinere? Proinde cum fateamur Christum natum de Spiritu sancto ex Maria Virgine, quo modo non sit Filius Spiritus sancti, et sit Filius Virginis, cum et de illo et de illa sit natus, explicare difficile est. Procul dubio non sic de illo, ut de Patre; sic autem de illa, ut de matre natus est. Non est autem concedendum quidquid de aliqua renascitur, continuo ejudem rei filium nuncupandum. Ut enim omittam aliter de homine nasci filium, aliter capillum, aliter pediculum et lumbricum, quorum nihil est filius; ut ergo hæc omittam, quoniam tantæ rei deformiter comparantur, certe qui nascuntur ex aqua et Spiritu sancto, non aquæ filios eos recte quispiam dixerit; sed dicuntur filii Dei Patris et Matris Ecclesiæ. Sic ergo de Spiritu sancto natus est Christus, nec tamen filius est Spiritus sancti. Sicut e converso non omnes qui dicuntur alicujus filii, consequens est ut de illo etiam nati esse dicantur, ut illi qui adoptantur. Dicuntur etiam filii gehennæ, non ex illa nati, sed in illam præparati. Cum itaque de aliquo nascatur aliquid, et non itu ut sit filius; nec rursus omnis qui dicitur filius, de illo sit natus, cujus dicitur filius; profecto modus iste quo natus est Christus de Maria sicut filius, et de Spiritu sancto non sicut filius, insinuat nobis gratiam Dei, qua homo nullis meritis præcedentibus in ipso exordio naturæ suæ quo esse cœpit, Verbo Dei copularetur in tantam personæ unitatem ut idem esset Filius Dei, qui filius hominis, et filius hominis qui Filius Dei; et sic in naturæ humanæ susceptione, fieret quodammodo ipsa gratia illi homini naturalis, qua nullum possit admittere peccatum. Quæ gratia ideo per Spiritum sanctum est significata, quia ipse proprie sic est Deus, ut sit etiam Dei donum. Per hoc ergo quod de Spiritu sancto esse nativitas Christi dicitur, quid aliud quam ipsa gratia Dei demonstratur, qua mirabili et ineffabili modo Verbo Dei est adjunctus atque connexus, et divina gratia corporaliter repletus.

Alia ratio, qua dicatur natus de Spiritu sancto.

3. Potest etiam dici Christus secundum hominem ideo natus de Spiritu sancto, quia eum fecit. In quantum enim homo est, et ipse factus est. ut ait Apostolus, Galat. 4. Conceptus ergo et natus de Spiritu sancto esse dicitur, non quod Spiritus sanctus fuerit Virgini pro semine; non enim de substantia Spiritus sancti semen partus accepit, sed quia per gratiam Dei et operationem Spiritus sancti de carne Virginis est assumptum, quod Verbo est unitum. Et in Evangelio, Matt. 1, secundum hanc intelligentiam legitur de Maria quod *inventa est in utero habens de Spiritu sancto*. Cujus dicti rationem Amb., t. 2, insinuans in lib. 2 de Spiritu sancto, c. 5, ait: Quod ex aliquo est, aut ex substantia, aut ex potestate ejus est. Ex substantia, sicut Filius, qui a Patre vel ex Patre; et Spiritus sanctus, qui a Patre et Filio procedit. Ex potestate autem, sicut, ex Deo omnia. Quomodo ergo in utero hubuit Maria ex Spiritu sancto? Si quasi ex substantia, ergo spiritus in carnem et ossa conversus est. Non utique. Si vero quasi ex operatione et potestate ejus Virgo concepit, quis neget Spiritum sanctum dominicæ incarnationis auctorem?

Quare Apostolus dicat Christum factum, cum nos eum esse fateamur natum.

4. Sed quæri potest, cum nos Salvatorem natum profiteamur, cur Apostolus eum *factum* dicat *ex semine David*, Rom. 1, alio loco, Galat. 4, *factum ex muliere*, cum aliud sit fieri, aliud nasci? Aliquid ergo significavit hoc dicto. Quia enim non humano semine concreta est caro Domini in utero Virginis, et corpus effecta, sed effectu et virtute Spiritus sancti, ideo Apostolus dicit *factum*, non natum; aliud est enim semine admixto et sanguine coagulato generare; aliud est non permixtione, sed virtute procreare; possunt enim homines generare filios, sed non facere. Ecce quare dicit Apostolus *factum*, et non natum, ne ejus scilicet nativitas quæ fuit sine virili semine, nostræ similis putaretur, quæ conficitur seminum commixtione. Ideo autem cum *factum* diceret Apostolus, addidit *ex semine David*, quia etsi non intercessit semen hominis in conceptione Virginis, tamen quia ex ea carne Christus formatus est quæ constat ex semine, recte dicitur quia factus est.

DISTINCTIO V.
SI PERSONA VEL NATURA PERSONAM VEL NATURAM ASSUMPSIT, ET SI NATURA DEI INCARNATA SIT?

1. Præterea inquiri oportet, cum ex præmissis constet Verbum Dei carnem et animam simul assumpsisse in unitatem personæ, quid horum potius concedendum sit, scilicet quod persona personam, vel natura naturam, vel persona naturam, vel natura personam assumpserit. Et an ita conveniat dici divinam naturam esse incarnatam, sicut Deus incarnatus, et Verbum incarnatum sane dicitur. Hæc inquisitio sive quærendi ratio, juxta sacrarum auctoritatum testimonia, partim implicita atque perplexa, partim vero explicita est et aperta. Certum est enim et sine ambiguitate verum, quod non natura personam, nec persona personam, sed persona naturam assumpsit; quod sanctorum subditis comprobatur testimoniis et astruitur documentis. Ait enim Aug. in lib. de Fide ad Petrum: Deus unigenitus dum conciperetur, veritatem carnis accepit ex Virgine; et cum nasceretur, integritatem virginitatis servavit in matre; et paulo post: Sic Deus humanam naturam in unitatem personæ sus-

cepit, quod se humilians per misericordiam incorruptæ Virginis uterum ex ea nasciturus implevit. Formam ergo servi, id est, naturam servi, in suam accepit ille Deus personam. Item : Deus Verbum non accepit persquam hominis, sed naturam. Item : Dei Filius unigenitus, ut carnem hominis animamque mundaret, susceptione carnis animæque rationalisincarnatus est. His aliisque pluribus auctoritatibus evidenter ostenditur, non naturam personam, nec personam personam, sed personam naturam accepisse. De quarto vero quæstionis articulo, utrum scilicet natura naturam assumpserit, scrupulosa etiam inter doctos quæstio est, quia et in hoc plurimum dissentire videntur, qui auctoritate præclari aliisque doctiores in sacra Pagina existerunt; nec tantum alii ab aliis, verum etiam iidem a seipsis dissonare videntur, sicut subjecta capitula docent. Legitur enim in concilio Toletano II : Solum *Verbum caro factum est, et habitavit in nobis*. Et cum tota Trinitas operata sit formationem suscepti hominis, quoniam inseparabilia sunt opera Trinitatis, solus tamen Filius accepit hominem in singularitatem personæ, non in unitatem divinæ naturæ, id est, quod est proprium Filii, non quod commune est Trinitati. Item in concilio II Toletano : Unius substantiæ credimus Deum Patrem, et Filium, et Spiritum sanctum; non tamen dicimus ut hujus Trinitatis unitatem Maria Virgo genuerit, sed tantum Filium, qui solus naturam nostram in unitatem personæ suæ assumpsit. Incarnationem quoque hujus Filii Dei tota Trinitas operata esse credenda est. Solus tamen Filius formam servi accepit in singularitatem personæ. His insinuari videtur quod persona tantum non natura naturam assumpserit. Si enim quod commune est Trinitati, non accepit hominem, ergo non natura divina, quæ communis est tribus personis. Cui videtur obviare quod August. ait in lib. de Fide ad Petrum : Nec divinitas, inquit, Christi aliena est a natura Patris; secundum illud, Joan. 1 : *In principio erat Verbum*; nec humanitas ejus aliena est a natura matris, secundum id quod Verbum caro factum est. Illa enim natura quæ semper genita manet ex Patre, naturam nostram sine peccato suscepit, ut nasceretur ex Virgine. Hac auctoritate videtur tradi quod divina natura humanam suscepit. Ubi vehementer moveri possumus, quod eam genitam æternaliter ex Patre dicit, nisi forte natura pro persona hic accipiatur; alioquin si dixerimus naturam tribus personis communem genitam esse, occurrunt nobis ex adverso quæ supra in tractatu de Trinitate disseruimus, ubi diximus non naturam naturam, sed personam personam genuisse. Quia si natura genuisset naturam, cum una eademque sit natura Trinitatis, eadem res seipsam genuisset. Quod Aug. fieri posse negat. Sed alibi certum reperimus documentum, quo natura naturam assumpsisse monstratur. Ait enim August., in primo lib. de Trin.: Etiam seipso Christus factus est minor, formam servi accipiens. Neque enim sic accepit formam servi ut amitteret formam Dei, in qua erat æqualis Patri; ut in forma servi et in forma Dei idem ipse sit unigenitus Filius Patris; quia forma Dei accepit formam servi. Si autem forma Dei formam servi accepit, sine dubio natura naturam accepit. Formæ enim nomine natura significatur, ut August. evidenter docet in lib. de Fide ad Petrum. Cum, inquit, de Christo audis quia in forma Dei erat, oportet te agnoscere firmissimeque tenere in illo formæ nomine naturalem plenitudinem debere intelligi. In forma Dei ergo erat, quia in natura Dei Patris semper erat, de qua natus erat. Hilarius qusque, in lib. 12 de Trinitate, ita ait : Esse in forma Dei non alia intelligentia est, quam in Dei manere natura. Didicisti nomine formæ intelligentiam fieri naturæ, auctoritatis id quod forma Dei formam servi suscepit. Unde consequens est quod natura divina naturam humanam suscepit. Quod etiam Hieron, in Explatatione fidei evidenter insinuat, inquiens ad Damasc.: Passus est Filius Dei, non putative, sed vere, secundum illud : Passus est quod pati poterat, id est, non secundum illam substantiam quæ assumpsit, sed secundum illam quæ assumpta est. Ex quo apparet divinam substantiam assumpsisse humanam. Ex verbis autem August. superius positis, adhibita diligentia innui videtur solum Verbum carnem factum et naturam solum suscepisse humanam ; et divinam naturam, eadem accepisse. Ait enim, de Fide ad Petrum, c. 2, in fine : Trinitas nos sibi reconciliavit per hoc qued solum Verbum carnem ipsa Trinitas fecit. In quo sic veritas incommutabilis manet divinæ humanæque naturæ, ut sicut vera semper est ejus divinitas, quam de Patre habet, ita vera semper et incommutabilis ejus sit humanitas, quam sibi unitam summa Divinitas gerit. Ecce et solum Verbum dixit carnem factum, et humanitatem divinitati unitam. Idem quoque superius dixit servilem formam a solo Filio susceptam, quam tota Trinitas fecit. Jam facile est agnoscere quam diversa et multiplicia super quæstione proposita auctores tradiderunt. Ideoque posteriores ea legentes, varias atque contrarias, ex prædictis occasionem sumentes, promunt sententias.

Quid de hoc tenendum sit.

2. Nos autem omnis mendacii et contradictionis notam a sacris Paginis secludere cupientes orthodoxis Patribus atque catholicis doctoribus nulla pravæ intelligentiæ suspicione notatis, consentimus dicentes, et personam Filii assumpsisse naturam humanam, et naturam divinam humanæ naturæ in Filio unitam, eamque sibi unisse vel assumpsisse. Unde et vere incarnata dicitur. Quod vero dicitur solus Filius formam servi accepisse, per hoc non excluditur divina natura ab acceptione servilis formæ ; sed aliæ duæ personæ, Pater scilicet et Spiritus sanctus. Item et illud aliud, scilicet, id quod est proprium Filii, non quod commune est Trinitati, hominem accepit, sic oportet intelligi, id est, proprie in hypostasi Filii, non in tribus communiter personis, divina natura humanam naturam sibi univit. Qui sensus ex verbis Joan. Damasc., in lib. 3 de orthodoxa Fide, cap. 6, confirmatur, qui totam divinam naturam in una hypostaseon incarnatam esse evidenter asserit, dicens : In humanatione Dei Verbi aimus omnem et perfectam naturam deitatis in una hypostaseon incarnatam esse id est, unitam humanæ naturæ, et non partem parti. Omni enim humanæ naturæ animus esse unitam omnem deitatis naturam vel substantiam. Item eadem est natura in singula hypostaseon, id est, personarum et quando dicimus naturam Verbi incarnatam esse, secundum beatos, scilicet secundum Athanasium et Cyrillum, deitatem dicimus esse unitam carni, et unam naturam Dei Verbi incarnatam confitemur. Verbum autem et quod commune est substantiæ possidet, et quod proprietatis est habens hypostas eos, id est, personæ. Et ex his manifeste ostenditur quod natura divina incarnata est. Unde et cadem vere dicitur suscepisse humanam naturam.

An divina natura debeat dici caro facta.

3. Sed quæritur utrum eadem divina natura debeat dici caro facta, sicut Verbum dicitur caro factum ? Si enim idem est incarnari quod est carnem fieri, videri potest ita debere dici, quod sit caro facta sicut dicitur incarnata. Ad quod dicimus, quia si illud dictum in sacra Scriptura reperitur, ex eadem intelligentia acciperetur, qua cum dicitur incarnata. Sed quia illud auctoritas subticuit, atque locutionis modus nimam videretur facere expressionem si natura divina diceretur caro facta, melius silere hoc puto vel negare, quam temere asserere ; ne, si illud dicatur, convertibilitas naturæ in naturam significari putetur. Ex præmissis indutabiliter constat quod persona Verbi, sive natura, hominis naturam, scilicet carnem et animum assumpsit, sed non personam hominis. Si autem natura divina naturam hominis accepit, quare non dicitur facta homo vel esse homo, sicut Verbum Dei? Ad quod dici potest quod Dei Filius dicitur factus homo vel esse homo, non solum quia hominem assumpsit, sed quia ipsum in unitatem et singularita-

tem sui et personæ accepit. Natura autem divina hominem quidem accepit, id est, hominis formam sibi univit, sed non in singularitatem et unitatem sui. Servata enim proprietate ac diversitate duarum naturarum, personæ singularitas extitit ; ideoque non sic dicitur divina natura esse homo vel facta homo, sicut Dei Filius. Quidam tamen indifferenter utrumque concedunt.

Quare non accepit personam hominis, cum hominem acceperit.

4. Ideo vero non personam hominis assumpsit, quia caro illa et anima illa non erant unita in unam personam, quam assumpserit; quia non ex illa constabat persona, quando illis unitum Verbum est. Nam sibi invicem unita sunt simul cum Verbo. Altera tamen unione invicem unita sunt illa duo, scilicet anima et caro ; alia unione Verbo unita sunt. Quia alia est unio animæ illius ad carnem, et alia est unio Verbi ad animam illam, et ad carnem. Non ergo accepit Verbum Dei personam hominis, sed naturam ; quia non erat ex carne illa et anima illa una composita persona quam Verbum accepit, sed accipiendo univit, et uniendo accepit.

Contra hoc oppositio, qua probare quidam volunt personam accepisse personam.

5. Hic a quibusdam opponitur quod persona assumpsit personam. Persona enim est substantia rationalis individuæ naturæ, hoc autem est anima. Ergo si animam assumpsit, et personam; quod ideo non sequitur quia anima non est persona quando alii rei unita est personaliter, sed quando per se est, absoluta enim a corpore persona est, sicuti angelus. Illa autem anima nunquam fuit, quin esset alibi rei conjuncta. Ideoque non ea assumpta, persona est assumpta. Aliter quoque nituntur probare Verbum Dei assumpsisse personam, quia assumpsit aliquem hominem. Assumpsit enim hominem Jeusum Christum, ergo aliquem hominem. Quod autem hominem Jesum Christum assumpserit, Aug., in Expositione Symboli, sub anathemate tradit, dicens : Si quis dixerit atque crediderit hominem Jesum Christum a Filio Dei assumptum non fuisse, anathema sit; qui etiam in pluribus Scripturæ locis hujusmodi utitur locutionibus: Ille homo a Verbo est assumptus: Ille homo factus est Christus. Et Propheta, ps. 54, de homine Christo loquens Deo ait : *Beatus quem elegisti et assumpsisti*, etc. Ex quibus consequi videtur quod aliquis homo assumptus sit a Verbo, et ita persona a persona sit assumpta. Sed quia hoc nefas est dicere aut sentire, præmissæ locutiones eisque similes secundum hanc intelligentiam sane accipi debent, ut homo Christus, sive homo ille, sive quinam homo dicatur assumptus a Verbo, sive unitus Verbo; non quia hominis persona sit assumpta vel unita Verbo, sed quia illa anima et caro ita assumpta sunt et unita Verbo, in quibus subsistit persona Dei et hominis ut ad hominis naturam, non ad personam respicias, cum assumptum vel unitum, vel quemdam vel aliquem in hujusmodi locutionibus Scriptura commemorat. Quocirca cum quæritur sine proposita auctoritate, an aliquis vel quidam sit assumptus a Verbo vel unitus Verbo; sine distinctione intelligentiæ non est hic reddenda responsio, quoniam multiplex præmissa est quæstio; sed instantiam quærentis ita determinando: Si de Hominis persona quæris, respondeo : Non ; si de hominis natura, dico : Est.

DISTINCTIO VI.

DE INTELLIGENTIA HARUM LOCUTIONUM : DEUS FACTUS EST HOMO, DEUS EST HOMO : AN HIS LOCUTIONIBUS DICATUR DEUS FACTUS ESSE ALIQUID, VEL ESSE ALIQUID, VEL NON ESSE ALIQUID.

1. Ex præmissis autem emergit quæstio plurimum continens utilitatis, sed nimium difficultatis atque perplexitatis. Cum enim constet ex prædictis et aliis pluribus testimoniis omnesque Catholici unanimiter fateantur, Deum factum esse hominem, et Christum verum Deum esse et verum hominem, quæritur an his locutionibus Deus factus est homo, Filius Dei factus est filius hominis : Deus est homo, et homo est Deus, dicatur Deus factus esse aliquid, vel esse aliquid, vel aliquid dicatur esse Deus ; et an ita conveniat dici : Homo factus est Deus, et filius hominis factus est Filius Dei, sicut, e converso, dicitur ; et, si ex his locutionibus non dicitur Deus factus esse aliquid, vel esse aliquid, quæ sit intelligentia harum locutionum et similium. In hujus profunditatis reseratione et scrupulosæ quæstionis expositione plurimum differre inveniuntur sapientes.

Quorumdam sententiam refert.

2. Alii enim dicunt in ipsa Verbi Incarnatione hominem quemdam ex anima rationali et humana carne constitutum; ex quibus omnis verus homo constituitur, et ille homo cœpit esse Deus, non quidem natura Dei, sed persona Verbi ; et Deus cœpit esse homo ille. Concedunt etiam hominem illum assumptum a Verbo et unitum Verbo, et tamen esse Verbum : et ea ratione tradunt dictum esse Deum factum hominem, vel esse hominem, quia Deus factus est, id est, cœpit esse quædam substantia ex anima rationali et humana carne subsistens; et illa substantia facta est, id est, cœpit esse Deus, non tamen demigratione naturæ in naturam, sed utriusque naturæ servata proprietate factum est, ut Deus esset illa substantia, et illa substantia esset Deus. Unde vere dicitur : Deus factus est homo, et : Homo factus est Deus, et : Deus est homo, et : Homs Deus, et : Filius Dei, filius hominis, et e converso. Cumque dicant illum hominem ex anima rationali et humana carne subsistere, non tamen fatentur ex duabus naturis esse compositum, divina, scilicet, et humana; nec illius partes esse duas naturas, sed animam tantum et carnem.

Auctoritates ponit quibus muniunt suam sententiam.

3. Et ne de suo sensu tantum loqui putentur, hanc sententiam pluribus muniunt testimoniis. Ait enim Aug., in lib. de Trin., l. 13, c. 19, : Cum legitur : Verbum caro factum est, in Verbo intelligo verum Dei Filium ; in carne agnosco verum hominis filium, et utrumque simul unam personam, Deum et hominem ineffabilis gratiæ largitate conjunctum. Idem in Ench. cap. 38 : Christus Jesus Deus de Deo est, homo autem natus est de Spiritu sancto et Maria virgine. Utraque substantia, divina et humana, Filius est unicus Dei Patris omnipotentis, de quo procedit Spiritus sanctus, utrumque unus; sed aliud propter Verbum, et aliud propter hominem : non duo filii Deus et homo, sed unus Dei Filius (ibid., c. 35). Deus sine initio, homo a certo initio. Idem in eodem, c. 36 : Quid natura humana in Christo homine meruit, ut in unitatem personæ unici Filii Dei singulariter assumpta esset ? Quæ bona voluntas, quæ bona opera præcesserunt quibus meretur iste homo una fieri persona cum Deo? Numquid ante fuit homo, et hoc ei singulare beneficium præstitum est, ut singulariter promereretur Deum ; Nempe ex quo homo esse cœpit, non aliud cœpit esse homo quam Dei Filius, et hic unicus ; et propterea Dei Verbum, quia ut ab illo suscepta est caro, facta est utique Deus ; ut quemadmodum una est persona quilibet homo, anima scilicet rationalis et caro, ita sit Christus una persona, Verbum et homo. Idem tract. 78 super Joan. : Agnoscamus geminam substantiam Christi, divinam, scilicet, qua æqualis est Patri, et humanam, qua minor est Patre; utrumque autem simul non duo, sed unus est Christus, ne sit quaternitas, non trinitas Deus. Ac per hoc Christus est Deus, anima rationalis et caro. Idem quoque in lib. de Prædestinatione sanctorum: Ille homo ut a Verbo Patri cœterno in unitatem personæ assumptus, Filius Dei unigenitus esset, unde hoc meruit ? Quod bonum ejus præcessit, ut ad hanc ineffabilem excellentiam perveniret? Faciente ac suscipiente Deo Verbo, ipse homo ex quo esse cœpit, Filius Dei unicus esse cœpit. Item homo quicumque ita gratia fit christianus, sicut gratia homo ille ab ini-

tio factus est Christus. Idem in libro 13 de Trinitate: Gratia Dei nobis in homine Christo commendatur. Quia nec ipse ut tanta unitate Deo vero conjunctus una cum illo persona Filius Dei fieret, ullis est præ, cedentibus meritis assecutus : sed ex quo homo esse cœpit, ex illo est et Deus. Unde dictum est, Joan. 1 : *Verbum caro factum est.* Hilarius quoque in lib 10 de Trin., ait : Christum non ambigimus esse Deum Verbum, neque rursus filium hominis ex anima et corpore constitisse ignoramus. His aliisque auctoritatibus utuntur ; qui hominem quemdam ex anima rationali et carne compositum dicunt Deum factum, sed gratia, non natura. Sola enim gratia habuit ille homo, non meritis vel natura, ut esset Deus sive Dei Filius, ut haberet omnem scientiam et potentiam quam habet Verbum cum quo est una persona. Nec tamen in superioribus legitur quod homo ille sit una persona cum Verbo, et sit ipsum Verbum ; sed etiam quod anima rationalis et caro eadem persona sit, et Christus sit et Deus.

Aliorum sententia.

4. Sunt autem et alii qui istis in parte consentiunt, sed dicunt hominem illum non ex anima rationali et carne tantum, sed ex humana et divina natura, id est, ex tribus substantiis divinitate, carne et anima, constare ; et hunc Jesum Christum fatentur, et unam personam tantum esse ; ante incarnationem vero solummodo simplicem, sed in incarnatione factam compositam ex divinitate et humanitate. Nec est ideo alia persona quam prius, sed cum prius esset Dei tantum persona, in incarnatione facta est etiam hominis persona ; non ut duæ essent personæ, sed ut una et eadem esset persona Dei et hominis. Persona ergo quæ prius erat simplex, et in una tantum natura existens, in duabus et ex duabus subsistit naturis ; et persona quæ tantum Deus erat, facta est etiam verus homo subsistens non tantum ex anima et carne, sed etiam ex divinitate ; nec tamen persona illa debet dici facta persona, quamvis dicatur facta persona hominis. Facta est igitur illa persona (ut quibusdam placet) quiddam subsistens ex anima et carne ; sed non est facta persona vel substantia, vel natura, et in quantum est illa subsistens, composita est ; in quantum autem Verbum est, simplex est.

Auctoritates etiam ponit, quæ hanc probant sententiam.

5. De hoc August., in libro Sententiarum Prosperi, ait : Modis omnibus approbare contendimus sacrificium Ecclesiæ duobus constare, et duobus confici : visibili elementorum specie, et invisibili Domini nostri Jesu Christi carne et sanguine, sacramento et re sacramenti, id est, corpore Christi ; sicut Christi persona constat et conficitur ex Deo et homine, cum ipse Christus verus sit Deus et verus homo. Quia omnis res illarum rerum naturam et veritatem in se continet, ex quibus conficitur. De hoc eodem Joannes Damasc., lib. 3 de orthodoxa Fide, cap. 5 et 7 : In Domino nostro Jesu Christo duas quidem naturas cognoscimus, unam autem hypostasim ex utrisque compositam. Incarnata est ergo Christus, ex Virgine assumens primitiam nostræ massæ, ut ipsa extiterit in carne hypostasis, quæ Dei Verbi hypostasis composita et facta fuerit, quæ prius simplex erat Verbi hypostasis. Composita vero ex duabus perfectis naturis, deitate et humanitate, ut ferat ipsa divinæ Verbi Deus filiationis characteristicæ et determinativum idioma ; secundum quod divisa est a Patre et Spiritu sancto, et carnis characteristica et determinativa idiomata, secundum quæ differat a matre et reliquis hominibus. Item, lib. eodem. cap. 3 in medio capitis : Unam hypostasim Filii Dei confitemur in duabus naturis perfecte se habentibus, deitatis et humanitatis ; et incarnatam esse eamdem hypostatim ; et has duas naturas custodiri et manere in ipso post unionem, non seorsum et secundum partes ponentes singulam, sed unitas invicem in unam compositam hypostasim ; substantialem enim inquimus unionem, scilicet veram, et non secundum phantasiam ; substantialem autem non duabus naturis perficientibus alteram, scilicet unam compositam naturam, sed unitas invicem in unam hypostasim compositam Filii Dei ; et manere eamdem substantialem differentiam determinamus. Quod creabile mansit creabile, et quod increabile increabile, et mortale mortale, et immortale immortale, et circumscriptibile circumscriptibile, et incircumscriptile incircumscriptibile, et hoc quidem refulget miraculis. De hoc etiam Aug., in lib. de Trin., ait : Quemadmodum secundum deitatem una est Patris Filiique natura, ita etiam juxta humanitatem, eadem est matris et Filii una natura. Ex utraque ergo substantia et divinitatis et humanitatis unus atque idem est Deus, Dei et hominis Filius Jesus Christus, ut verus Deus, ita etiam homo verus. Idem etiam in lib. 13 de Trin., c. 17 : Sic Deo conjungi potuit humana natura, ut ex duabus substantiis fieret una persona. Ac per hoc jam est ex tribus, Deo, anima et carne. His aliisque pluribus auctoritatibus se muniunt, qui dicunt personam Christi compositam esse vel factam, sive constantem, ex duabus naturis, sive ex tribus substantiis.

Tertia aliorum sententia.

6. Sunt etiam alii, qui in Incarnatione Verbi non solum personam ex naturis compositam negant, verum etiam hominem aliquem sive etiam aliquam substantiam ibi ex anima et carne compositam vel factam diffitentur. Sed sic illa duo, scilicet animam et carnem, Verbi personæ vel naturæ unita esse aiunt, ut non ex illis duobus, vel ex his tribus aliqua natura vel persona fieret sive componeretur, sed illis duobus velut indumento Verbum Dei vestiretur, ut mortalium oculis congruenter appareret. Qui ideo dicitur vere factus homo, quia veritatem carnis et animæ accepit. Quæ duo etiam in singularitatem vel unitatem suæ personæ accepisse legitur, non quia illa duo, vel aliqua res ex illis composita sit una persona cum Verbo, vel sit Verbum, sed quia illis duobus accedentibus Verbo, non est personarum numerus auctus, ut fieret quaternitas in Trinitate ; et quia ipsa persona Verbi quæ prius erat sine indumento, assumptione indumenti non est divisa vel mutata, sed una eademque immutata permansit. Qui secundum habitum, Deum hominem factum dicunt. Accipiendo enim hominem dictus est Deus, factus est homo ; et propter acceptum hominem, dicitur Deus vere esse homo : et propter assumentem Deum, dicitur homo esse Deus. Nam si essentialiter, inquiunt illi, Deus esse homo, vel homo esse Deus intelligeretur, tunc si Deus assumpsisset hominem in sexu muliebri, et mulier essentialiter Deus esset, et e converso. At potuit Deus assumpsisse hominem in sexu muliebri, potuit ergo mulier esse Deus, et e converso. (Greg. super Ezechielem.)

Auctoritates inducit quibus hæc sententia roboratur.

7. Ne autem et isti de suo sensu influere videantur, testimoniis in medium productis quod dicunt confirmant. Ait enim August., in lib. de Gratia novi Testamenti : Sicut non augetur numerus personarum, cum caro accedit animæ ut sit unus homo, sic non augetur numerus personarum, cum homo accedit Verbo, ut sit unus homo Christus ; legitur itaque Deus homo, ut intelligamus hujus personæ singularitatem, non ut suspicemur in carnem mutatam divinitatem. Idem quoque tractans illud verbum Apostoli, Philip. 2 : *Habitu inventus est ut homo,* manifeste ostendit Deum dici factum esse hominem, vel esse hominem secundum habitum in lib. 83 Quæstionum, ita inquiens, q. 75 : Multis modis habitum dicimus : vel habitum animi, sicut disciplinæ perceptionem usu firmatam ; vel habitum corporis, sicut dicimus alium alio validiorem ; vel habitum eorum quæ membris accommodantur extrinsecus, ut cum dicimus aliquem vestitum vel calceatum, et hujusmodi. In quibus omnibus generibus manifestum est in ea re dici habitum, quæ accidit vel accedit alicui, ita ut eam possit etiam non habere. Hoc autem nomen ductum est ab illo verbum quod est habere. Habitus ergo in ea re dicitur, quæ nobis ut habeatur vel accidit vel accedit. Verumtamen

hoc interest,quia quædam eorum quæ accidunt vel accedunt,ut habitum faciant non mutantur,sed ipsa mutant in se integra et inconcussa manentia; sicut sapientia accedens homini,non ipsa mutatur,sed hominem mutat,quem de stulto sapientes facit. Quædam vero sic accidunt vel accidunt,ut mutent et mutentur,ut cibus qui amittens speciem suam in corpus vertitur, et nos cibo refecti, ab exilitate atque languore in robur atque valentiam mutamur.Tertium genus est, cum ea quæ accidunt vel accedunt, nec mutant ea quibus accidunt,nec ab eis ipsa mutantur, sicut annulus positus in digito;quod genus rarissime reperitur.Quartum genus est cum ea quæ accidunt vel accedunt,mutantur non a sua natura,sed aliam speciem et formam accipiunt:ut et vestis,quæ dejecta atque deposita non habet eam formam quam sumit induta. Induta enim membris accipit formam quam non habebat exuta; quod genus congruit huic comparationi.*Deus enim Filius semetipsum exinanivit*,Philipp.2,non formam suam mutans,*sed formam servi accipiens;*neque conversus ut transmutatus in hominem missa incommutabili stabilitate, sed *in similitudinem hominum factus* est ipse susceptor, verum hominem suscipiendo *habitu inventus est ut homo*, id est, habendo hominem inventus est ut homo, non sibi,sed eis quibus in homine apparuit. Quod autem dicit ut homo,veritatem exprimit. Nomine ergo *habitus* satis significavit Apostolus qualiter dixerit in *similitudinem hominum factus*,quia non transfiguratione in hominem,sed habitu factus est, cum indutus est hominem,quem sibi uniens quodammodo atque conformans immortalitati æternitatique sociaret.Non ergo oportet intelligi mutatum esse Verbum susceptione hominis sicut nec membra veste induta mutantur: quamvis illa susceptio ineffabiliter susceptum suscipienti copularet. His verbis aperte innuere videtur August.Deum dici factum hominem secundum habitum. Qui etiam ipsius Incarnationis modum volens exprimere,quærentibus,in lib. 4 de Trinit., ait,cap. 21 sive ultimo : Si quæritur Incarnatio quomodo facta sit,ipsum Verbum Dei dico carnem factum,id est hominem factum, non tamen in hoc quod factum est,conversum atque mutatum;sed carne,ut carnalibus congruenter appareret,indutum. Ita sane factum.ut ibi sit non tantum Verbum Dei et hominis caro,sed etiam rationalis hominis anima.Atque hoc totum et Deus dicatur propter Deum,et homo propter hominem. Quod si difficile intelligitur, mens fide purgetur a peccatis abstinendo,et bona operando; difficilia enim sunt hæc.Idem in lib.de Fide ad Petrum,cap.2 : Dei Filius cum sit Deus æternus et verus pro nobis factus est homo verus et plenus. In eo verus, quia veram habet Deus ille humanam naturam : in eo vere plenus,quia et carnem humanam suscepit et animam rationalem.Item ibid.infra: Non aliud fuit illa Dei summi susceptio vel exinanitio, nisi formæ servilis,id est,naturæ humanæ susceptio: utraque ergo est in Christo forma,quia utraque vera et plena est in Christo substantia,divina scilicet et humana natura.Idem in lib.contra Maximum.Cum esset per seipsum invisibilis,visibilis in homine apparuit quem de femina suscipere dignatus est. Item in eodem : Nos Christum Dominum verum hominem suscepisse credimus,et in ipso visibiliter invisibilem hominibus apparuisse ;in ipso inter homines conversatum fuisse,in ipso ab hominibus homana pertulisse in ipso homines docuisse. Hilarius quoque in lib. 10 de Trinitate ait : Quomodo Dei Filius natus est ex Maria, nisi quod Verbum caro factum est, scilicet quod Filius Dei cum in forma Dei esset,formam servi accepit?Unum tamen eumdemque non Dei defectione, sed hominis assumptione profitemur;ei in forma Dei propter naturam divinam,et in forma servi ex conceptione Spiritus sancti secundum hominis habitum repertum fuisse.Non fuit habitus ille tantum hominis, sed ut hominis;neque caro illa caro peccati, sed *in similitudine carnis peccati*, ad Rom. 8. Audistis tres secundum diversas positas sententias,et pro singulis inducta testimonia.

DISTINCTIO VII.

POSITIS SENTENTIIS PROLATISQUE TESTIMONIIS, INTELLIGENTIAS PROPOSITARUM LOCUTIONUM EXEQUITUR SECUNDUM SINGULAS SENTENTIAS, ET PRIUS SECUNDUM PRIMAM.

1.Secundum primam vero dicitur Deus factus homo, et homo factus Deus,quia Deus cœpit esse quædam substantia rationalis,quæ ante non fuerat:et illa substantia cœpit esse Deus,et hoc gratia,non natura vel meritis habuit.Unde recte dicitur Christus,in quantum homo, prædestinatus esse Filius Dei.Huic autem sententiæ opponitur : Si illa substantia cœpit esse Deus,et Deus illa,quædam ergo substantia est Deus, quæ non semper fuit Deus; et quædam substantia est Deus,quæ non est divina substantia;et Deus est aliquid,quod non semper fuit.Quod et illi concedunt, Origenis testimonio innitentes,qui ait:Factus est sine dubio id quod prius non erat : sed addidit *secundum carnem*. Secundum Deum vero erat prius,et non erat quando non erat. Aliis quoque pluribus modis illi sententiæ potest opponi:quibus supersedemus,exercitationis studium lectori relinquentes, et ad alia proparantes.

Hic explanat secundum sententiam, et earumdem locutionum sensus.

2.In secunda vero sententia hujus distinctionis talis videtur ratio, ut cum dicitur *Deus factus est homo*, intelligatur cœpisse esse subsistens ex duabus naturis,vel tribus substantiis ; et e converso, *Homo factus est Deus*,quia subsistens in duabus,naturis cæpit esse Deus, vel potius homo factus est Deus, et e converso dicitur,quia Deus assumpsit hominem, et homo assumptus est a Deo.Unde Augustinus dicit in libro de Trinitate : Talis fuit illa susceptio,quæ hominem faceret Deum, et Deum hominem. Variatur autem intelligentia cum dicitur : *Deus est homo, et homo est Deus*.Dicitur enim Deus esse persona subsistens in duabus et ex duabus naturis ; et persona subsistens in duabus et ex duabus naturis dicitur esse Deus,id est, Verbum vel natura divina.Potest enim prædicari persona simplex vel natura de persona composita.Non est autem,ut ait Joan.Damasc.,idem dicere naturam vel personam,

Ex quo sensu dicunt Christum prædestinatum.

3.Isti dicunt Christum prædestinatum in quantum est homo, id est,in quantum est subsistens ex duabus substantiis,scilicet anima et carne.Nam quantum ad naturam divinitatis, non est ipse prædestinatus. Non ergo in quantum in ea vel ea subsistit,prædestinatus est ; sed in quantum subsistit in aliis duabus substantiis,id est,in anima et carne,hoc est, in quantum est homo.

Qualiter exponuntur auctoritates primæ, quæ isti videntur obviare sententiæ.

4.Determinant etiam auctoritates quæ primæ conveniunt sententiæ,et huic videntur contradicere : ut cum legitur:Homo ille assumptus est a Verbo in singularitate personæ,vel factus una persona cum Verbo, de natura humana intelligatur,quæ Verbo unita est de singularitate personæ,id est,quod eadem persona quæ prius erat et simplex erat,sine incremento numeri personarum etiam immutata permansit,licet composita. Compositionis vero hujus aliam dicunt esse rationem quam sit in aliis hominibus,quia hujus ex tribus,aliorum ex duabus substantiis est compositio. Negant quoque naturam humanam esse personam vel Dei Filium,et sicut unum eumdemque dicunt esse hominem et Deum, et filium hominis et filium Dei,ita unum et idem,non aliud et aliud, sicut nec alium et alium.

Quædam ponit quæ præmissis videntur adversari.

5. Sed his videntur adversari quæ subditis continentur capitulis.Ait enim August.,super Joan. tract. 69 : Aliud est Verbum Dei,aliud homo;sed Verbum

caro factum est, id est, homo; non itaque alia Verbi, alia est hominis persona, quoniam utrumque Christus, et una persona. Idem ad Felicianum, c. 11 et 12: Aliud Dei Filius, aliud hominis filius : sed non alius. Item, Dei Filius, aliud de Patre, aliud de matre. Idem in libro primo de Trinitate : Cum Filius sit et Deus et homo, alia substantia Deus, et alia homo.

Qualiter his respondeant.

6. Hæc autem in hunc modum determinant, quia cum dicitur : *aliud Verbum Dei, aliud homo*, sive *alia substantia Deus, alia homo*; alterius naturæ significatur Christus esse, in quantum est homo, et alterius, in quantum est Deus: et aliud natura qua est homo, aliud natura qua est Deus. Ut enim ait Joan. Damasc. lib. de orthodoxa Fide 3, in initio capitis: Inconverse et inalterabiliter unitæ sunt ad invicem naturæ : neque divina distante a propria simplicitate, neque humana aut conversa in deitatis naturam, aut in non existentiam divisa, neque ex duabus una facta composita natura. Composita enim natura neutri earum ex quibus componitur naturis, homousia, id est, consubstantialis esse potest, ex alteris perficiens alteram ; ut corpus ex quatuor elementis compositum, nec ignis nominatur, nec aer, nec terra, nec aqua, nec horum alicui homousion dicitur. Si ergo secundum hæreticos Christus unius compositæ naturæ post unionem extitit, ex simplici natura conversus est in compositam; et neque Patri simplicis naturæ existenti, neque matri est homousios; et neque Deus neque homo denominabitur, sed Christus solum ; et erit hoc nomen, scilicet Christus, non personæ ipsius natura, sed unius secundum ipsos compositæ naturæ ; nos autem Christum non unius compositæ naturæ dogmatizamus, et hoc nomen, scilicet, Christus, personæ dicimus non monotropon, id est, uno modo dictum, sed duarum naturarum esse significativum, scilicet, deitatis et humanitatis. Ex deitate autem et humanitate Deum perfectum, et hominem perfectum eumdem et esse et dici, ex duabus et in duabus naturis confitemur. Sic ergo dicitur aliud esse Filius Dei, aliud filius hominis, quia alterius est substantiæ vel naturæ in quantum est Filius Dei, et alterius in quantum est filius hominis: non quod ipse Filius Dei et hominis sit duo illa diversa, id est, duæ diversæ naturæ.

Auctoritate confirmat determinationem.

7. Aperte enim Hilarius, in nono lib. de Trin., ait: Cum non aliud sit filius hominis, neque aliud Filius Dei: verbum enim caro factum est; et cum ille qui Filius Dei est ipse et hominis sit filius, requiro quis in hoc filio hominis glorificatus sit? Evidenter dicit non aliud esse Filium Dei, et aliud filium hominis. Ex quo præmissa roboratur et approbatur determinatio. *Alia etiam verba auctoritatum adnotat ut determinet.*

8. Quod etiam dictum est, utrumque Christus est, et una persona, movere potest lectorem, sicut et illud quod August. dicit in 1 lib. de Trin., cap. 24: Quia forma Dei formam servi accepit, utrumque Deus, utrumque homo. Sed utrumque Deus propter accipientem Deum, et utrumque homo propter acceptum hominem. Et illud quod idem ait in lib. de Bono perseverantiæ: Quis fidelis est, in eo veram naturam humanam credit suscipiente Deo Verbo ita sublimatam, ut qui suscepit et quod suscepit una esset in Trinitate persona, assumptione illa ineffabiliter faciente personæ unius in Deo et in homine veritatem. Si autem qui suscepit et quod suscepit una est persona, ergo natura humana cum Verbo est una persona. Sed hæc omnia ex tali sensu dicta fore tradunt, ut utrumque dicatur esse Christus et una persona, quia in utroque unus Christus et una persona subsistit. Ita etiam susceptum cum suscipiente dicitur una persona, quia susceptum suscipienti est sociatum in unitate personæ, id est, ita quod unitas personæ permansit, non ita ut caro et anima sunt unus Deus; quia, ut ait Hieron., Verbum est Deus, non caro assumpta. Et Ambr., in lib. 3 de Spiritu sancto, ait: Aliud est quod assumpsit, et aliud quod assumptum est.

Hic quamdam ponit auctoritatem, quæ multum videtur huic sententiæ opposita.

9. Est autem et aliud quod huic sententiæ plurimum videtur obviare. Ait enim August., in lib. 1 contra Maximinum : Christus una persona est geminæ substantiæ, quia et Deus est et homo est; nec tamen Deus vel homo, pars hujus substantiæ dici potest, alioquin Filius Dei Deus, antequam susciperet formam servi, non erat totus, et crevit cum homo divinitati ejus accessit. Ecce Deum dicit non esse partem illius personæ. Unde videtur illa persona non constare Deo et homine. Ad quod etiam illi dicunt illam personam non ita constare ex Deo et homine, quasi totum ex patribus. Ita enim partes alicujus totius conveniunt, ut ex illis quod non erat constituatur. Non autem sic humana et divina natura in Christo uniuntur. Inexplicabilis enim est istius unionis, quæ non est partium, ratio. Quidam tamen nomine Dei ibi personam significari putant, quia de tribus agebat personis, quarum nullam Trinitatis partem esse dicebat, sicut pars istius personæ non est Deus. Quod si de persona intelligatur, manifestum est quia persona non est pars personæ. Posita est diligenter sententia secunda, et ejus explanatio : cui in nullo vel in modico obviant auctoritates in tertia sententia inductæ, quæ jam consideranda est.

Tertia sententia, quæ sit præmissarum propositionum intelligentia.

10. In hac ergo sententia sic dicitur : Deus factus est homo quia hominem accepit; sic dicitur esse homo quia homo habet, vel quia est homo hominem ; et homo factus Deus, quia assumptus est a Deo ; et homo esse Deus, quia habens hominem est Deus. Cum ergo dicitur, Deus est homo, vel habitus prædicatur, vel persona, sed humanata. Et quod persona humanata prædicetur, Cassiodorus ostendere videtur dicens : Factus est, ut ita dixerim, humanatus Deus, qui etiam in assumptione carnis Deus esse non destitit. Quod tamen varie paccii potest, ut dicatur Deus factus humanatus, vel Christus factus Deus humanatus ; utrumque enim sane dici potest. Cum ergo dicitur, factus est Deus homo multiplex secundum istos fit intelligentia ; ut naturam humanam accepisse, vel humanatum Verbum incœpisse intelligatur. Nec tamen si incœpit esse humanatum Verbum, ideo sequitur quod incœperit esse Verbum ; nec si Deus factus est humanatum Verbum, sequitur quod factus sit Verbum ; sicut de aliquo dicitur, hodie iste cœpit esse bonus homo, vel factus est bonus homo, nec tamen hodie cœpit esse homo, vel factus est homo.

Quo sensu secundum istos dicatur prædestinatus Christus

11. Secundum istos dicitur Christus secundum quod homo, prædestinatus esse Filius Dei, quia prædestinatum a Deo ab æterno, et in tempore collatum est ei per gratiam, ut ipse ens homo sit Filius Dei; hoc enim non semper habuit, sed in tempore per gratiam accepit. Quod videtur August. notasse in lib. (21) ad Prosperum et Hilar. dicens : Prædestinatus est Jesus, ut qui futurus erat secundum carnem filius David, esset in virtute Filius Dei. Hi etiam cum dicitur Christus minor Patre secundum quod homo, secundum habitum hoc intelligunt dictum, id est, in quantum habet hominem sibi unitum. Unde August., tom. 3, in lib. 1 de Trin., c. 7 : Deus Filius Deo Patri natura est æqualis, habitu minor. In forma enim servi minor est Patre ; in forma Dei æqualis est Patri ; et quia secundum habitum accipienda est Incarnationis ratio, ideo Deum humanatum, non hominem deificatum dici tradunt. Unde Joan. Damas., lib. de orthodoxa Fide, l. 3, cap. 2 : Non hominem deificatum dicimus, sed Deum hominem factum.

Quod non debet dici homo dominicus.

12. Et licet dicatur homo Deus, non tamen congrue dicitur homo dominicus. Unde Aug., in lib. Re-

---

(21) In libro qui alias dicitur de **Prædestinatione sanctorum**, c. 15.

tractationum, l. 1, cap. 19 : Non video utrum recte dicatur homo dominicus, qui est mediator Dei et hominum Christus Jesus, cum sit utrique Dominus ; et hoc quidem ut dicerem, apud quosdam legi catholicos tractatores. Sed ubicumque hoc dixi, dixisse me nollem. Postea quippe vidi non esse dicendum, quamvis nonnulla a me posset idem ratione defendi. Secundum istos etiam dicitur persona Filii in duabus et ex duabus existere naturis, secundum adhærentiam vel inhærentiam. Altera enim inhæret ei, altera inest.

Quod prædicta non sufficiunt ad cognoscendam hanc questionem.

14. Satis diligenter juxta diversorum sententiam supra positam absque assertione et præjudicio tractavimus quæstionem. Verumtamen nolo in tanta re, tamque ad cognoscendum difficili, putare lectorem istam sibi nostram debere sufficere disputationem: sed legat et alia forte melius considerata atque tractata, et ea quæ hic movere possunt, vigilantiore atque intelligentiore, si potest, mente discutiat, hoc firmiter tenens, quod Deus hominem assumpsit, homo in Deum transivit, non naturæ versibilitate, sed Dei dignatione; ut nec Deus mutaretur in humanam substantiam assumendo hominem, nec homo in divinam glorificatus in Deum, quia mutatio vel versibilitas naturæ diminutionem et abolitionem substantiæ facit.

DISTINCTIO VIII.

AN DIVINA NATURA DEBEAT DICI NATA DE VIRGINE

1. Post prædicta inquiri debet utrum de natura divina concedendum sit quod de Virgine sit nata, sicut dicitur in Virgine incarnata. Et videtur utique non debere dici nata de Virgine cum non sit nata de Patre. Quæ enim res non est de Patre genita, non videtur de matre nata; ne res aliqua filiationis nomen habeat in humanitate, quæ illud non teneat in divinitate. Videtur tamen posse probari quod sit nata de Virgine, quia si hoc est nasci Deum de Virgine, scilicet, hominem assumpsisse, videtur debere dici nata. De hoc August., in lib. de Fide ad Petrum sic ait : Natura æterna atque divina non posset temporaliter concipi et nasci ex natura humana, nisi secundum conceptionem veritatis humanæ, veram temporaliter conceptionem et navitatem ineffabilis in se divinitas accepisset. Sic est Deus æternus veraciter secundum tempus et conceptus et natus ex Virgine. Ista auctoritate videtur insinuari quod natura divina sit nata et concepta de Virgine. Sed si diligenter notentur verba, potius de persona agi intelligitur, quæ sine dubitatione et de Patre et de matre nata esse dici debet.

De gemina Christi nativitate, qua bis natus est.

2. Quæri autem solet utrum debeat dici Christus bis genitus, ut dicitur Dei et hominis Filius. Ad quod dici potest Christum bis natum esse, duasque nativitates habuisse ; unde August., in lib. de Fide ad Petrum, cap. 2, non longe ab initio : Pater Deus de sua natura genuit Filium Deum sibi coæqualem et coæternum. Idem quoque unigenitus Deus secundo natus est ex Patre semel ex matre semel. Natus est enim de Patre Dei Verbum; natus est de matre Verbum caro factum. Unus ergo atque idem Dei Filius natus est ante secula, et natus in seculo ; et utraque nativitas unius est Filii Dei, divina, scilicet, et humana. De hoc etiam Joan. Damasc., lib. 3., cap. 7, in medio, ait : Duas ergo Christi nativitates veneramus: unam ex Patre ante secula, quæ est super causam, et rationem, et tempus, et naturam ; et unam quæ in ultimis temporibus propter nos, et secundum nos, et super nos. Propter nos, quia propter nostram salutem ; secundum nos, quia natus est homo ex muliere, et tempore conceptionis, scilicet, novem mensium ; super nos, quia non ex semine, sed ex Spiritu sancto et sancta Virgine, supra legem conceptionis. Ex his manifeste apparet Christi duas esse nativitates, eumdemque bis natum fore.

DISTINCTIO IX.

DE ADORATIONE HUMANITATIS CHRISTI; AN EADEM SIT ADORATIO HUMANITATI ET DEITATI EXHIBENDA.

1. Præterea investigari oportet utrum caro Christi et anima una eademque cum Verbo debeat adoratione adorari, illa, scilicet, quæ latria dicitur Si enim animæ vel carni exhibetur latria, quæ intelligitur servitus sive cultus soli Creatori debitis; cum anima Christi vel caro creatura tantum sit, creaturæ exhibetur quod soli Creatori debetur; quod facienti in idolatriam deputatur. Ideo quibusdam videtur non illa adoratione quæ latria est carnem Christi, vel animam esse adorandam ; sed illa quæ est dulia, cujus duas species vel modos esse dicunt. Est enim cujusdam modi dulia quæ creaturæ cuilibet exhiberi potest; et est quædam soli humanitati Christi exhibenda, non alii creaturæ, quia Christi humanitas super omnem creaturam est veneranda et diligenda ; non tamen adeo ut cultus divinitati debitus ei exhibeatur, qui cultus in dilectione et sacrificii exhibitione atque reverentia consistit ; qui Latine dicitur pietas, Græce autem Θεοσέβεια, id est, Dei cultus, vel εὐσέβεια, id est, bonus cultus.

Aliorum sententia qui unam adorationem utrique exhibendam tradunt.

2. Aliis autem placet Christi humanitatem una adoratione cum Verbo esse adorandam, non propter se, sed propter illum cujus scabellum est, cui est unita. Neque ipsa humanitas sola vel nuda, sed cum Verbo cui est unita, nec propter se, sed propter illum cui est unita, est adoranda. Nec qui hoc facit idolatriæ reus judicari potest, quia nec soli creaturæ, nec propter ipsam, sed Creatori cum humanitate et in humanitate sua servit. De hoc, Joan. Damas., lib. de orthodoxa Fide 3, cap. 8, ita ait : Duæ sunt naturæ Christi, ratione et modo differentes, unitæ vero secundum hypostasim. Unus ergo Christus est Deus perfectus, et homo perfectus ; quem adoramus cum Patre et Spiritu una adoratione cum incontaminata carne ejus, non inadorabilem carnem dicentes. Adoratur enim in una Verbi hypostasi, quæ hypostasis generata est, non creaturæ venerationem præbentes. Non ergo ut nudam carnem adoramus, sed ut unitam deitati in unam hypostasim Dei Verbi duabus reductis naturis. Timeo carbonem tangere propter ligno copulatum ignem. Adoro Christi Dei mei simul unitamque naturam, propter carni unitam deitatem. Non enim quartam appono personam in Trinitate, sed unam personam confiteor Verbi et carnis ejus. His verbis insinuari videtur Christi humanitatem una adoratione cum Verbo esse adorandam. De hoc etiam August. ait, ex Serm. Domini, ubi dicit : *Non turbetur cor vestrum*, Joan. 14, ita dicit : Dicunt hæretici Filium non natura esse Deum, sed creatum. Quibus respondendum est quia si Filius non est Deus natura, sed creatura; nec colendus est omnino nec ut Deus adorandus, dicente Apostolo, Rom. 1 : *Coluerunt et servierunt potius creaturæ quam Creatori.* Sed illi ad hoc replicabunt et dicent: Quid est quod carnem ejus quam creaturam esse non negas, simul cum divinitate adoras, et ei non minus quam divinitati deservis ? Ego dominicam carnem, imo perfectam in Christo humanitatem, ideo adoro, quod a divinitate suscepta et deitati unita est; ut non alium et alium, sed unum eumdemque Deum et hominem Filium Dei esse confitear. Denique si hominem separaveris a Deo, illi nunquam credo nec servio; velut si quis purpuram vel diadema regale jacens inveniat, numquid ea conabitur adorare ? Cum vero eis rex fuerit indutus, periculum mortis incurrit, si ea cum rege adorare quis contempserit. Ita et in Christo Domino humanitatem non solam vel nudam, sed divinitati unitam, scilicet unum Filium Deum vero et hominem verum si quis adorare contempserit, æternaliter morietur. Idem super psalm. 98, ubi dicitur : *Adorate scabellum pedum ejus, quoniam sanctum est* Sciendum quia in Christo terra est, id est caro, quæ sine impietate adoratur. Suscepit enim de terra terram, quia caro de terra est, et de carne Mariæ carnem accepit; hæc sine impietate a Verbo Dei assumpta adoratur a nobis, quia nemo carnem manducat nisi prius adoret; sed qui adorat non terram intuetur,

sed illum potius cujus scabellum est, propter quem adorat. His auctoritatibus præm·ssæ investigationis absolutio explicatur.

DISTINCTIO X.
AN CHRISTUS SECUNDUM QUOD HOMO, SIT PERSONA VEL ALIQUID.

1. Solet etiam a quibusdam inquiri utrum Christus secundum quod homo, sit persona vel etiam sit aliquid. Ex utraque parte hujus quæstionis argumenta concurrunt. Quod enim persona sit, his edisserunt rationibus: Si secundum quod homo aliquid est, vel persona, vel substantia, vel aliud est. Sed aliud, non ergo persona vel substantia; si substantia est, vel rationalis, vel irrationalis; sed non est irrationalis substantia, ergo rationalis. Si vero secundum quod homo, est rationalis substantia, ergo persona, quia hæc est definitio personæ, substantia rationalis individuæ naturæ. Si ergo secundum quod homo est aliquid, et secundum quod homo persona est. Sed e converso, si secundum quod homo persona est, vel tertia in Trinitate, vel alia; sed alia non, ergo tertia in Trinitate persona. At si secundum quod homo persona est tertia in Trinitate, ergo Deus. Propter hæc inconvenientia et alia, quidam dicunt Christum secundum hominem non esse personam, nec aliquid, nisi forte *secundum* sit expressivum unitatis personæ. *Secundum* enim habet multiplicem rationem. Aliquando enim exprimit conditionem vel proprietatem divinæ naturæ vel humanæ; aliquando unitatem personæ, aliquando notat habitum, aliquando causam. Cujus distinctionis rationem diligenter lector animadvertat, atque in sinu memoriæ recondat, ne ejus confundantur sensus, cum de Christo sermo occurrerit.

Etsi Christus secundum quod homo dicatur substantia rationalis, non inde tamen sequitur quod persona sit secundum quod homo.

2. Illud tamen non sequitur quod in argumentatione superiori inductum est, quod si Christus secundum quod homo est substantia rationalis, ergo persona. Nam et modo anima Christi est substantia rationalis, non tamen persona, quia non est per se sonans, imo alii rei conjuncta. Illa tamen personæ descriptio non est data pro illis tribus personis.

Alia probatio quod Christus sit persona secundum quod homo.

3. Sed adhuc aliter nituntur probare Christum secundum hominem personam: quia Christus secundum quod homo prædestinatus est ut si Dei Filius; sed illud est, quod ut sit prædestinatus est, ergo si prædestinatus est secundum quod homo ut sit Filius Dei, et secundum quod homo est Filius Dei. Ad quod dici potest Christum esse id quod ut sit prædestinatus est. Est enim prædestinatus ut sit Filius Dei, et ipse vere est Filius Dei; sed secundum hominem prædestinatus est ut sit Filius Dei, quia per gratiam habet hoc secundum hominem; nec tamen secundum hominem est Filius Dei, nisi forte *secundum* unitatis personæ sit expressivum, ut sit sensus: Ipse qui est homo, est Dei Filius; ut autem ipse ens homo sit Dei Filius, per gratiam habet: sed si causa notetur, falsum est, non enim quod homo est, eo Dei Filius est.

An Christus sit adoptivus Filius secundum quod homo, vel alio modo.

4. Si vero quæritur an Christus sit adoptivus filius secundum quod homo, sive alio modo, respondemus Christum non esse adoptivum filium aliquo modo, sed tantum naturalem; quia natura Filius Dei est, non adoptionis gratia. Non autem sic dicitur Filius natura, ut dicitur Deus natura. Non enim eo Filius est quo Deus est, quia proprietate nativitatis Filius, natura divinitatis Deus est, et tamen dicitur natura vel naturæ Filius; quia naturaliter est Filius, eamdem scilicet, habens naturam quam ille qui genuit. Adoptatus autem filius non est, quia prius non fuit, et postmodum adoptatus est in Filium; sicut nos dicimur adoptivi filii, quia, *cum nati fuerimus iræ filii, per gratiam*

facti sumus filii Dei (Ephes. 1). Christus vero nunquam fuit non Filius Dei, et ideo non est adoptivus filius.

Oppositio, quod sit adoptivus filius.

5. Sed ad hoc opponitur sic: Christus filius hominis est, id est, Virginis, aut gratia, aut natura, vel utroque modo. Si vero natura, aut divina, aut humana: sed divina non; ergo aut humana natura, aut non natura est filius hominis. Si non natura, ergo gratia tantum; et si etiam natura humana, non ideo minus per gratiam. Si ergo gratia filius hominis est, adoptivus filius esse videtur; ut idem sit naturalis Filius Patris, et adoptivus filius Virginis. Ad quod dici potest Christum filium virginis esse et natura, vel naturaliter, et gratia, nec tamen adoptivus filius Virginis est, quia non per adoptionem, sed per unionem filius Virginis esse dicitur. Filius enim Virginis dicitur, eo quod in Virgine hominem accepit in unitatem personæ; et hoc fuit gratiæ, et non naturæ. Unde Aug., super Joan., cap. 2, non longe a medio, ait : Quod Unigenitus est æqualis Patri, non est gratiæ sed naturæ. Quod autem in unitate personæ Unigeniti assumptus est homo, gratiæ est non naturæ: Christus ergo nec Dei nec hominis est adoptivus filius, sed Dei naturaliter, et hominis naturaliter, et gratia est Filius. Quod vero naturaliter sit hominis filius, Aug. ostendit, in lib. de fide ad Petrum: Ille scilicet Deus factus est naturaliter hominis filius qui est naturaliter Filius unigenitus Dei Patris. Quod autem non sit adoptivus filius, et tamen gratia sit Filius, ex subditis probatur testimoniis. Hieron. (22) ait: De Christo Jesu scriptum est quia semper cum Patre fuit, et nunquam eum ut esset voluntas paterna præcessit; et ille quidem natura Filius est, nos vero adoptione. Ille nunquam non fuit Filius; nos antequam essemus, prædestinati sumus, et tunc spiritum adoptionis accepimus quando credidimus in Filium Dei. Hilarius quoque in lib. 3 de Trin. ait : Dominus dicens: *Clarifica Filium tuum*, non solo nomine contestatus est se esse Filium Dei, sed etiam proprietate. Nos sumus filii Dei, sed non talis hic Filius. Hic enim verus et proprius est Filius origine, non adoptione; veritate, non nuncupatione; nativitate, non creatione. Aug. etiam, super Joan., ait : Nos sumus filii gratia, non natura; Unigenitus autem natura, non gratia, an hoc etiam in ipso Filio ad hominem referendum est? Ita sane. Amb. quoque, in lib. 1, de Fide, cap. 9 et ult., ait : Christus Filius est non per adoptionem, sed per naturam : per adoptionem nos filii dicimur, ille per veritatem naturæ est. Ex his evidenter ostenditur quod Christus non sit Filius gratia adoptionis. Illa enim gratia intelligitur, cum August. eum non esse gratia Filium asserit; gratia enim sed non adoptionis, imo unionis Filius Dei est filius hominis, et e converso.

Utrum persona vel natura prædestinata sit.

6. Deinde si quæritur utrum prædestinatio illa quam commemorat Apostolus sit de persona an de natura, sane dici potest et personam Filii quæ semper fuit esse prædestinatam secundum hominem assumptum, ut ipsa, scilicet, ens homo esset Dei Filius; et naturam humanam esse prædestinatam ut Verbo Patris personaliter uniretur.

DISTINCTIO XI.
UTRUM CHRISTUS SIT CREATURA, VEL CREATUS, VEL FACTUS.

1. Solet etiam quæri utrum debeat simpliciter dici atque concedi Christum esse factum, vel creatum, vel creaturam. Ad quod dici potest hoc simpliciter et absque determinatione minus congruenter dici. Et si quandoque brevitatis causa simpliciter denuntietur, nunquam tamen simpliciter debet intelligi: Quia, ut Aug., in lib. 1 de Trin., c. 13, ait : Cum Christo

(22) Lib. 1 Comment. ad cap. 1 Epist. ad Ephes., super eo loco : *In charitate prædestinans*, etc.; in tom. 9, longe post principium.

loquimur quid, secundum quid, et propter quid dicatur, prudens et diligens ac pius lector intelligere debet. Qui Christum vel Dei Filium non esse factum vel creaturam in lib. 1 de Trin., c. 6, ostendit, ita inquiens : *In principio erat Verbum, et Verbum caro factum est; et omnia per ipsum facta sunt.* Neque dicit omnia nisi quæ facta sunt, id est, omnem creaturam. Unde liquide apparet ipsum factum non esse, per quem omnia facta sunt; et si factus non est, creatura non est.Si autem creatura non est, ejusdem cum Patre substantiæ est. Omnis enim substantia quæ Deus non est, creatura est; et quæ creatura non est, Deus est. Sed si Filius non est ejusdem substantiæ cum Patre, ergo facta substantia est; et si facta substantia est, non omnia per ipsum facta sunt. At omnia per ipsum facta sunt, facta ergo substantia non est, sed una cum Patre infacta substantia est. Item in eodem : Si vel Filium fecit Pater quem non fecit ipse Filius, non omnia per Filium facta sunt; at omnia per Filium facta sunt; ipse ergo factus non est, ut cum Patre faceret omnia quæ facta sunt. Idem in lib. 83 Quæst.: Dicitur creatura quidquid fecit Deus Pater per Filium; qui non potest appellari creatura, quoniam per ipsum facta sunt omnia. Ambr. in libro 1 de Fide : Probemus, inquit, creaturam non esse Dei Filium. Audivimus enim in Evangelio Dominum mandasse discipulis : *Prædicate Evangelium universæ creaturæ.* Qui universam creaturam dicit, nullam excipit, et ubi sunt qui creaturam Christum appellant? Nam si creatura esset, sibi mandaret Evangelium prædicari; et subjectus esset vanitati,quia, testante Apostolo, Rom. 6, *omnis creatura vanitati subjecta est.* Non ergo Christus creatura est, sed creator; qui docendæ creaturæ discipulis mandat officium.

De perfidia et pœna Arii.

2. Arii hæc fuisse perfidia legitur, ut Christum creaturam faceret. Ideo effusa sunt Arii viscera, atque crepuit medius, prostratus in faciem ea quibus Christum negaverat fœda ora pollutus. His aliisque pluribus testimoniis instruimur non debere fateri simpliciter Christum esse factum vel creaturam ; sed addita determinatione recte dici potest, ut sic dicatur factus secundum carnem vel secundum hominem, ut factura humanitati, non Deo, attribuatur. Ut enim ait Amb., in lib. 1 de Fide, c. 9, non Deus factus est, sed Deus Dei Filius natus est ; postea vero secundum carnem homo factus ex Maria est. *Misit* enim *Deus Filium suum factum ex muliere, factum sub lege,* Galat. 4 ; Filium inquit suum, scilicet non unum de multis.Cum dicit suum, generationis æternæ proprietatem signavit. Postea factum ex muliere asseruit, ut factura non divinitati, sed assumptioni corporis ascriberetur. Factum ergo ex muliere dicit, propter carnis susceptionem ; sub lege, propter observantiam legis.Generatio generationi non præjudicat, nec caro divinitati. Deus enim æternus incarnationis sacramentum suscepit, non dividuus, sed unus, et in utroque unus, scilicet divinitate ee corpore. Est idem alter ex virgine ; sed idem aliter ex Patre, aliter ex virgine ; sed qui factus est secundum nostræ susceptionem naturæ, non secundum æternæ substantiam vitæ, quem legimus primogenitum. Primogenitum, quia nemo ante ipsum; unigenitum quia nemo post ipsum. Ex his evidenter traditur qua intelligentia accipiendum sit, cum dicitur Christus factus vel simpliciter, vel cum additamento, ut factura, scilicet, creatura non ad assumentem Deum, sed ad assumptum hominem referatur. In Deo enim creatura esse non potest, ut Ambros. ait, lib. 1 de Fide, c. 7. Numquid dicto factus est Christus? Numquid mandato creatus est Christus ? Quomodo autem creatura esse in Deo potest? Etenim Deus naturæ simplicis est, non conjunctæ atque compositæ, cui nihil accidat, sed solum quod divinum est in natura habeat sua. Etsi ergo Christus secundum hominem dicitur creatura non tamen simpliciter prædicandus est creatura. Nec ex eo quod Christus secundum hominem dicitur esse creatura, potest quis progredi sic argumentando :Si secundum quod homo Christus est creatura, vel rationalis, vel non ; vel quæ est Deus, vel non ; nitens per hoc probare Christum esse aliquid non divinum, quia quod ipse est, secundum hominem ipse est. Et ideo si secundum hominem est aliqua substantia non divina, est utique aliquid non divinum. Sed ex tropicis locutionibus non est recta argumentationis processio. Illa autem locutio tropica est qua Christus dicitur creatura, vel simpliciter, vel cum adjunctione.

DISTINCTIO XII.

AN HOMO ILLE SEMPER FUERIT VEL COEPERIT ESSE.

1. Post prædicta, quæritur utrum homo ille cœperit esse vel semper fuerit; sicut simpliciter enuntiamus Christum vel Dei Filium semper fuisse, nec cœpisse. De hoc Aug. ita inquit super Joan.: Habuit aliquando Dei Filius quon non habuit idem ipse homo Dei Filius,quia nondum erat homo. Item idem in eodem : Priusquam mundus esset nec nos eramus, nec ipse mediator Dei et hominum homo Christus Jesus.Idem super ps.: Christus noster etsi forte homo recens est, tamen est æternus Deus. Alibi vero legitur quod puer ille creavit stellas. Et Christus dicit se esse principium, et esse ante Abraham. His ergo aliisque auctoritatibus in nullo resultantes, dicimus hominem illum in quantum homo est, cœpisse; in quantum Verbum est, semper fuisse. Hic enim absque distinctione non est referenda reponsio. Nam et ipse Aug. hujusmodi utitur distinctione in pluribus locis, dicens per Christum omnia esse facta in quantum Verbum est; secundum illud vero quod homo est, ipsum esse factum et glorificatum. Si ergo ad personam respicias, confidenter dico hominem illum semper fuisse; si vero ad naturam hominis, concede eum cœpisse.

Si Deus alium hominem assumere potuit vel aliunde quam de genere Adæ.

2. Solet etiam quæri utrum alium hominem vel aliunde quam de genere illius Adam Deus assumere potuerit. Ad quod sane dici potest ipsum et aliam animam et aliam carnem potuisse assumere quia gratia tantum assumpta est anima illa et caro a Verbo Dei. Ut enim ait Aug., lib. 13 de Trin., c. 19, in rebus per tempus ortis illa summa gratia est, quod homo in unitate personæ conjunctus est Deo. Potuit ergo Deus aliam animam et aliam carnem assumere, et carnem utique aliunde quam de genere Adam.Unde August., in eodem lib. de Trin., c. 18 : Potuit itaque Deus hominem aliunde suscipere, in quo esset mediator Dei et hominum, non de genere illius Adam, qui peccato suo obligavit genus humanum ; sicut ipsum quem primo creavit, non de genere alicujus creavit. Poterat ergo vel sic, vel alio quo vellet modo creare unum alium, de quo vinceretur victor prioris. Sed melius judicavit, et de ipso quod victum fuerat genere assumere hominem, per quem hominis vinceret inimicum. Et tamen ex Virgine, cujus conceptum Spiritus, non caro; fides, non libido prævenit; nec interfuit carnis concupiscentia qua cæteri concipiuntur, qui originale trahunt peccatum, sed credendo, non concumbendo facta est fecundata virginitas. Ex his aperte ostenditur et alium, et aliunde hominem Deum assumere potuisse.

Si homo ille potuit peccare, vel non esse Deus.

3. Ideo non immerito quæritur utrum homo ille potuerit peccare vel non esse Deus. Si enim potuit peccare, et potuit damnari. Si potuit damnari potuit non esse Deus ; ergo si potuit peccare, potuit non esse Deus, quia esse Deum, et posse velle iniquitatem, simul esse nequeunt. Hic distinctione opus est, utrum de persona, an de natura agatur. Si enim de persona agitur, manifestum est quia peccare non potuit, nec Deus non esse potuit. Si vero de natura discutiendum est, utrum agat de ea ut Verbo unita, an de ea tanquam non unita Verbo, et tamen enti ; id est, an de ea secundum quod fuit unita Verbo, an de ea secundum quod esse potuit, et non unita Verbo. Non est enim ambiguum animam illam entem unitam

Verbo peccare non posse; et est sine ambiguitate verum eamdem, si esset et non unita Verbo, posse peccare.

Quorumdam oppositio, quod potuerit etiam unita peccare.

4. Quidam tamen probare conantur etiam eam unitam Verbo posse peccare, quia liberum arbitrium habet, et ita potest flecti in utramque partem, quod frivolum est; cum et angeli liberum arbitrium habeant, et tamen gratia a Deo sunt confirmati ut peccare nequeant; quanto magis ergo ille homo, cui Spiritus est datus sine mensura. Inducunt quoque auctoritatem ad probandum idem. Scriptum est enim in libro Sapien.: *Qui potuit transgredi, et non est transgressus; facere malum, et non fecit.* Sed hæc accipiendum est secundum membra, vel partim de capite, partim de membris. De capite, non est transgressus, et non fecit malum. De membris, potuit transgredi, et facere malum.

Si Deus potuerit assumere hominem in sexu muliebri.

5. Solet etiam quæri, quamvis curiose, a nonnullis, si Deus humanam naturam potuit assumere secundum muliebrem sexum. Quidam arbitrantur eum potuisse assumere hominem in femineo sexu, ut assumpsit in virili. Sed opportunius atque convenientius factum est, ut de femina nasceretur, et virum assumeret, ita ut utriusque sexus liberatio ostenderetur. Unde Aug., tom. 4, in lib. 82 Quæst., q. 11 : Hominis liberatio in utroque sexu debuit apparere; ergo quia virum oportebat suscipere, qui sexus honorabilior est, consequens erat et feminei sexus liberatio. Hinc apparet quia ille vir de femina natus est. Sapientia ergo Dei quæ dicitur unigenitus Filius, homine suscepto in utero et de utero Virginis, liberationem hominis indicavit.

DISTINCTIO XIII.

SI CHRISTUS SECUNDUM NATURAM HOMINIS IN SAPIENTIA ET GRATIA PROFICERE POTUIT, ET PROFECIT.

1. Præterea sciendum est Christum secundum hominem ab ipsa conceptione gratiæ plenitudinem recepisse, cui Spiritus datus est *non ad mensuram, in quo plenitudo divinitatis corporaliter habitat* (Col. 2). Ita vero habitat, ut ait Aug., t. 2. in ep. ad Dardanum, in fine, quod omni gratia plenus est. Non ita habitat in sanctis. Ut in nostro corpore inest sensus singulis membris, sed non quantum in capite (ibi enim visus est, et auditus, et olfactus, et gustus, et tactus, in cæteris autem solus est tactus), ita in Christo *habitat omnis plenitudo divinitatis*, quia ille est caput, quo sunt omnes sensus. In sanctis vero quasi solus est tactus, quibus datus est Spiritus ad mensuram, cum *de illius plenitudine acceperunt*. Acceperunt autem de illius plenitudine non secundum essentiam, sed secundum similitudinem, quia nunquam illam eamdem essentialiter similem acceperunt gratiam. *Puer ergo ille plenus sapientia et gratia* fuit ab ipsa conceptione. Unde Hieron. recte dicit : Novum facit Dominus super terram: mulier circumdabit virum, quia in utero Virginis perfectus extitit, non solum propter animam et carnem, sed etiam propter sapientiam et gratiam qua plenus erat.

Auctoritatem ponit quæ videtur obviare.

2. Huic autem sententiæ videtur obviare quod in Lucæ Evangelio, c. 2, legitur : *Jesus proficiebat sapientia et ætate et gratia apud Deum et homines.* Si enim proficiebat sapientia et gratia, non videtur a conceptione habuisse plenitudinem gratiæ sine mensura. Ad quod sane dici potest ipsum secundum hominem tantam a conceptione accepisse sapientiæ et gratiæ plenitudinem, ut Deus ei plenius conferre non potuerit; et tamen vere dicitur profecisse sapientia et gratia, non quidem in se, sed in aliis qui de ejus sapientia et gratia proficiebant, dum eis sapientiæ et gratiæ munera secundum processum ætatis magis ac magis patefaciebat. Unde Gregor. in hom. 11, super cap. 2 Lucæ, ait : Juxta hominis naturam proficiebat sapientia ; non quod ipse sapientior esset ex tempore, qui a prima conceptionis hora Spiritu sapientiæ plenus permanebat; sed eamdem qua plenus erat sapientiam cæteris ex tempore paulatim demonstrabat. Juxta hominis naturam proficiebat ætate de infantia ad juventutem ; juxta hominis naturam proficiebat gratia, non ipse quod non habebat per accessum temporis accipiendo sed pandendo donum gratiæ quod habebat. Apud Deum et homines proficiebat, quia quantum proficiente ætate patefaciebat hominibus dona gratiæ quæ sibi inerant et sapientiæ, tantum eos ad laudem Dei excitabat, et sic Deo Patri ad laudem Dei, et hominibus ad salutem proficiebat. In aliis ergo non in se proficiebat sapientia et gratia. Unde in eodem Evangelio, Joan. 1, puer ille sapientia plenus et gratia perhibetur. Sic ergo dicitur profecisse sapientia et gratia, ut aliquis rector ecclesiasticus dicitur proficere in cura sibi tradita, dum per ejus industriam alii proficiunt.

Prædictis videtur adversari quod Ambrosius ait.

3. Alibi tamen scriptum reperitur quod secundum sensum hominis profecerit sicut ætate hominis profecit. Ait enim Ambr., in lib. de Incarnationis dominicæ Sacramento, sic : *Deus perfectionem naturæ suscepit humanæ. Suscepit sensum hominis; sed non sensu carnis fuit inflatus. Sensu hominis animam dixit conturbatam, sensu hominis esurivit et rogavit; sensu hominis profecit sicut scriptum est Lucæ 2 :« Jesus proficiebat ætate et sapientia et gratia.»* Quomodo proficiebat sapientia Dei? Profectus ætatis et profectus sapientiæ, non divinæ, sed humanæ naturæ est. Ideo ætatem commemoravit, ut secundum hominem crederes dictum. Ætas enim non divinitatis, sed corporis est. Ergo si proficiebat ætate hominis, proficiebat sapientia hominis. Sensus autem hominis profecit, et quia sensus, ideo sapientia. Quis sensus proficiebat? Si humanus, ergo ipse per incrementum susceptus est; si divinus, ergo mutabilis per profectum ; quod enim proficit, mutatur in melius ; sed quod divinum est, non mutatur. Quod ergo mutatur, non est divinum. Sensus ergo proficiebat humanus. Sensum ergo suscepit humanum. Nec poterat confortari virtus Dei nec crescere Deus, nec altitudo sapientiæ Dei impleri. Quæ ergo implebatur, erat non Dei, sed nostra sapientia, nam quomodo implebatur, qui ut omnia impleret descendit? Per quem autem sensum dixit Isaias, c. 8, quod patrem nesciebat puer aut matrem? Scriptum est enim : *Priusquam sciat puer vocare patrem aut matrem*, accipiet *spolia Samariæ*, Sapientiam enim Dei futura et occulta non fallunt. Expers autem agnitionis infantia, per humanam utique imprudentiam, quod adhuc non didicit, ignorat. Sed verendum est, inquam, ne si duos principales sensus aut geminam sapientiam Christo tribuamus, Christum dividamus. Numquid cum et divinitatem ejus et carnem adoramus, Christum dividimus? Numquid cum in eo imaginem Dei crucemque veneramur, dividimus eum? Apostolus certe, qui de eo dixit, 2 Cor. 13 : *Quoniam etsi crucifixus est ex infirmitate* nostra, *vivit tamen ex virtute Dei,* ipse dixit, 1 Cor. 1, quia non *divisus est Christus*. Nunquid etiam cum dicimus, quia animam rationalem et intellectus nostri susceperit capacem, dividimus eum? Non enim ipse Deus Verbum pro anima rationali et intellectus capaci in carne sua fuit; sed animam rationalem et intellectus nostri capacem, et ipsam humanam et ejusdem substantiæ cujus nostræ sunt animæ, et carnem nostram similem, ejusdemque cujus caro et nostra, substantiæ suscipiens, perfectus etiam homo fuit.

De intelligentia præmissorum verborum.

4. Hæc verba Ambrosii pia diligentia inspicienda sunt ; ex parte hominis ignorantiam instruunt et illuminant, quæ ex parte errandi hominem male intellecta ministrant. His etenim evidenter traditur duos in Christo esse principales sensus, sive geminam sapientiam. Neque ideo unitas et singularitas personæ dividitur; sed juxta duas naturas, duas habet sapientias, unam non creatam, sed genitam, quæ ipse est; alteram non genitam, sed creatam, et per

gratiam ei collatam. Nam Isaias de eo protestatur, c. 11 : *Requiescit super eum Spiritus sapientiæ et intellectus.* Spiritu ergo sapientiæ et intellectus, id est, sapientia et intelligentia per Spiritum sanctum gratis data. Christus erat sapiens secundum animam. Secundum Deum vero sapiens erat sapientia æterna quæ Deus est. Et sicut in quantum Deus est, bonus est bonitate naturali, quæ ipse est, et justus justitia naturali, quæ ipse est. Anima vero ejus sicut bona est et justa bonitate vel justitia gratis data, quæ ipse vel ipsa non est; ita est sapiens sapientia gratis data, quæ ipsa non est. Et licet gemina in Christo sit sapientia, una tamen eademque persona est; quæ in quantum Deus est, et in quantum natura divina est, sapiens est sapientia ingenita, scilicet sapientia æterna, quæ est Pater, et sapientia quæ non est ingenita, quæ communis est tribus Personis, non tamen gemina sapientia, quia non est alia et alia sapientia; sapientia ingenita, quæ tantum Pater est, et sapientia quæ communiter Pater est et Filius et Spiritus sanctus. In quantum vero cadem persona est homo, id est, secundum hominem acceptam, vel in quantum est subsistens ex anima et carne, sapiens est sapientia gratuita. Sapiens ergo est humano sensu et divino.

Quomodo intelligendum illud : Sensus proficiebat humanus.

5. Sed ex qua causa illius dicti intelligentia, scilicet, *sensus proficiebat humanus*, assumenda est? Aperte enim videtur Ambr. innuere quod secundum humanum sensum Christus profecerit, et quod infantia ejus expers cognitionis fuerit, et patrem et matrem ignoraverit; quod nec Ecclesia recipit, nec præmissæ auctoritates patiuntur sic intelligi. Sed ita sane potest accipi, ut quantum ad visum hominum et sui sensus ostensionem, Christus profecisse dicatur. Proficiebat ergo humanus sensus in eo secundum ostensionem, et aliorum hominum opinionem. Ita etiam patrem et matrem dicitur ignorasse in infantia, quia ita se habebat et gerebat ac si agnitionis expers esset.

DISTINCTIO XIV.
SI ANIMA CHRISTI HABUERIT SAPIENTIAM PAREM CUM DEO; ET SI OMNIA SCIT QUÆ DEUS.

1. Hic quæri opus est, cum anima Christi esset sapiens sapientia gatuita, utrum habuerit sapientiam æqualem Deo, sive omnium rerum scientiam habuerit vel habeat, id est, utrum omnia sciat quæ Deus scit. Quibusdam placet quod nec parem cum Deo habeat scientiam, nec omnia sciat quæ Deus, quia in nullo creatura æquatur Creatori. Cum ergo anima illa creatura sit, in nullo æquatur Creatori; ergo nec in sapientia. Non ergo habet æqualem cum Deo sapientiam, nec scit omnia quæ Deus. Item, si anima illa æqualem habet cum Deo sapientiam, non ergo Deus in omni bono majorem habet sufficientiam, quam ejus creatura Inducunt etiam auctoritates ad idem probandum. Ait enim Propheta, ps. 138, ex persona hominis assumpti : *Mirabilis facta est scientia tua ex me, et non potero ad eam.* Quod exponens Cassiodor. ait : Veritas humanæ conditionis ostenditur, quia assumptus homo divinæ substantiæ non potest æquari vel in scientia vel in alio. Apostolus etiam ait, 1 Cor. 2 : *Nemo novit quæ sunt Dei, nisi Spiritus Dei, qui solus scrutatur omnia etiam profunda Dei.* His aliisque pluribus rationibus et auctoritatibus nituntur; qui animam Christi asserunt nec parem cum Deo habere scientiam, nec omnia scire quæ Deus scit. Quia si omnia scit quæ Deus, scit ergo creare mundum, scit etiam creare seipsam.

Responsio, quæstionis definitivam continens sententiam.

2. Quibus respondentes, dicimus animam Christi per sapientiam sibi gratis datam in Verbo Dei, cui unita est, unde etiam perfecte intelligit, omnia scire quæ Deus scit, sed non omnia posse quæ potest Deus, nec ita clare et perspicue omnia capit ut Deus; et ideo non æquatur Creatori in scientia, etsi omnia sciat quæ et ipse; nec est ejus sapientia æqualis sapientiæ Dei, quia illa multo est dignior, digniusque et perfectius omnia capit quam illius animæ sapientia; ergo et in scientia majorem habet sufficientiam Deus quam anima illa quæ dignior est omni creatura. Illud vero Apostoli, 1 Cor. 2, quod inducunt : *Nemo novit quæ Dei sunt, nisi Spiritus Dei, qui solus scrutatur omnia;* pro nobis facit. Mox enim addit Apostolus : *Nos autem Spiritum Dei habemus;* ut per Spiritum quem habebat Dei profunda se scire ostenderet. Sed anima illa præ omnibus Spiritum Dei habuit : *Cui Spiritus non est datus ad mensuram,* ut ait Joannes evangelista, c. 3; dona ergo Spiritus sancti sine mensura habuit, ergo et sapientiam. Omnia ergo scivit anima illa. Si enim quædam scivit, quædam non, tunc non sine mensura scientiam habuit. Sed sine mensura scientiam habuit; scit ergo omnia. Fulgentius etiam in sermone quodam multa inducit, quibus asserit animam illam rerum omnium scientiam habere, utens auctoritate Apostoli dicentis : *In quo sunt omnes thesauri sapientiæ et scientiæ absconditi.* Quod etiam ratione potest probari sic : Nihil scit aliquis quod ejus anima ignorat. Sed Christus, secundum omnium concessionem, omnia scit; ergo anima ejus omnia scit. Ad id vero quod dicit : Si omnia scit; ergo scit creare mundum vel seipsam, respondemus quod scientiam habet mandum creandi, sed non potentiam, et creandi animam; et scit quomodo Deus seipsam creaverit; habet ergo scientiam sui creatæ, sed non sui creandæ, quia non est creanda, sed creata.

Quare Deus non dedit ei potentiam omnium, ut scientiam.

3. Si vero quæritur quare Deus non dederit ei potentiam faciendi omnia, ut scientiam, responderi potest : Quia naturaliter capax est scientiæ, et ideo id congrue ei datum est sine mensura, quia ipsa naturaliter capax est. Non est autem ei datum posse omnia facere quæ Deus facit, ne omnipotens, et per hoc Deus putaretur. Verumtamen forte nec potentiam faciendi omnia ei Deus præstare potuit, etsi potentiam faciendi aliqua ei dederit quæ non facere potest. Sic ergo enim Christi omnia quæ Deus scit in Verbo Dei, quod liquidius et præsentius omni creatura contemplatur, ut ei unita, in quo etiam angeli et quæ Dei sunt, et quæ futura sunt cognoscunt.

Quomodo intelligenda sint quædam verba Ambrosii super Lucam.

4. Sed si illa anima non habet tantam potentiam quantam et Deus, nec homo assumptus tantam potentiam quantam et Deus, quomodo ergo intelligitur illud Ambr. super Lucam, ubi angelus de nascituro Filio Virginis ait : *Hic erit magnus, et Filius altissimi vocabitur?* Non ideo, inquit, erit magnus, quod ante partum Virginis magnus non fuerit, sed quia potentiam quam Dei Filius naturaliter habet, homo erat ex tempore accepturus, ut una sit persona homo et Deus. Ecce aperte dicit quod homo erat accepturus ex tempore potentiam quam Dei Filius habuit naturaliter. Sed si homo accepturus erat illam potentiam; ergo vel persona vel natura hominis. Sed persona non, quia semper habuit et habet; ergo natura. Si natura; ergo anima. Nam de carne constat quod accipere non posset. Ad quod dicimus illud esse accipiendum de persona, sed non in quantum est Dei, imo in quantum est, persona hominis. Una est enim persona Dei, et hominis, Filii Dei et filii hominis; quæ in quantum Dei persona est, semper et naturaliter omnipotentiam habuit, sed in quantum est hominis non semper fuit. Illa ergo persona quæ semper fuerat Dei, futura erat hominis persona; et secundum quod futura erat hominis persona, acceptura erat ex tempore potentiam, quam naturaliter et semper habuerat in quantum persona. Secundum hanc distinctionem illud, et similia sane possunt accipi. Quæ distinctio in pluribus quæstionum articulis est necessaria adversus quorumdam perplexam verbositatem. Sed cum de rebus constat, in rebus frustra habetur controversia.

DISTINCTIO XV.
DE HOMINIS DEFECTIBUS QUOS ASSUMPSIT CHRISTUS IN HUMANA NATURA.

1. Illud quoque prætermittendum non est, quod Dei Filius naturam hominis accepit passibilem, animam passibilem et carnem passibilem et mortalem. Ut enim probaretur verum corpus habere suscepit defectus corporis, famem, sitim et hujusmodi. Et ut veram animam probaretur habere, suscepit defectus animæ, scilicet tristitiam, timorem, dolorem et hujusmodi. Omnis autem sensus, animæ est. Non enim caro sentit, sed anima, utens corpore velut instrumento. Unde August., super Genes. in lib. 12, c. 24, t. 3 : Non corpus sentit, sed anima per corpus, quo velut nuntio utitur ad confirmandum in seipsa quod extrinsecus nuntiatur. Sicut ergo anima quod foris est per corpus tanquam per instrumentum videt vel audit ita etiam per corpus quædam sentit mala quæ sine corpore non sentiret, ut famem, et sitim et hujusmodi. Unde non immerito defectus corporis dicuntur. Quædam autem non per corpus, imo etiam sine corpore, sentit : ut est timor, et hujusmodi Sentit ergo anima dolores, sed quosdam per instrumentum corporis, quosdam vero non. Suscepit autem Chritus sicut veram naturam hominis, ita et veros defectus hominis, sed non omnes. Assumpsit enim defectus pœnæ, sed non culpæ, nec tamen omnes defectus pœnæ, sed eos omnes quos homini eum assumere expediebat, et suæ dignitati non derogabat. Sicut enim propter hominem homo factus est, ita propter eum hominis defectus suscepit. Suscepit autem de nostro, ut de suo nobis tribueret, ut nostrum tolleret defectum. Suscepit enim nostram vetustatem, ut suam nobis infunderet novitatem. Simplam ille accepit vetustatem, id est, pœnæ, ut nostram duplam consumeret, id est, pœnæ et culpæ.

Qualiter accipiendum sit illud quod ait Leo papa.

2. Tradit auctoritas, Heb. 4, quod Dominus noster in se suscepit omnia infirmitatis nostræ præter peccatum, quod nisi accipiatur de illis tantum quæ eum sumere pro nobis oportuit, nec dedecuit, falsum esse probatur. Non enim assumpsit ignorantiam aliquam, cum sit ignorantia quædam quæ defectus est, nec peccatum est, scilicet ignorantia invincibilis; nam vincibilis peccatum est, si tamen de his est quæ nobis expedit scire. Sunt enim quædam quorum scientia non affert, vel ignorantia non impedit salutem ; et forte talium rerum ignorantia defectus non est. Constat autem in nobis esse ignorantiam atque difficultatem volendi vel faciendi bonum, quæ ad miseriam nostram pertinent. Unde Aug., in lib. 3 de lib. Arb., c. 18, et libro Retractationum 1, c. 9, tom. 1, et libro 7 de Bono perseverantiæ, cap. 11 : Approbare, inquit, falsa pro veris, ut erret invitus, et resistente atque torquente dolore carnalis vinculi non posse a libidinosis operibus temperare, non est natura instituti hominis, sed pœna damnati. Ex qua miseria, peccantibus justissime inflicta, liberat Dei gratia, quia sponte homo labore arbitrio cadere potuit, non etiam surgere ; ad quam miseriam pertinet ignorantia et difficultas, quam patitur omnis homo ab exordio nativitatis suæ, nec ab isto malo quisquam, nisi gratia Dei, liberatur. Ecce evidenter dicit hic August. ignorantiam qua quis invitus falsa pro veris approbat, et difficultatem qua non potest se temperare a malo, ad miseriam nostram pertinere, et pœnam esse hominis. Hæc autem Christus non habuit. Non ergo accepit omnes defectus nostræ infirmitatis præter peccatum.

Quod ignorantia talis et difficultas non sit peccatum.

3. Sed forte aliquis dicet illa esse peccatum. Cui obviat illud quod August. tradere videtur: hoc scilicet Deum inculpabiliter ante peccatum in exordio conditionis homini potuisse indere, ut essent ei naturalia ; ita in lib, Retract. inquiens : Ignorantia, et difficultas etiam si essent hominis primordia naturalia, nec sic esset culpandus Deus, sed laudandus. Sed si hæc homo in primordio naturaliter habuisset, numquid essent in eo defectus et pœnæ? Si defectus, vel pœna ei indicta fuisset ante peccatum, injuste cum eo agi videretur, si ante culpam sentiret pœnam. Ob hoc sane dicimus illa non fuisse defectus vel pœnas, si naturaliter homini infuissent; sicut non fuit homini ante peccatum nondum gratiam adepto defectus sive pœna, non posse proficere. Sed postquam gratiam recepit, per quam proficere potuit et ad tempus profecit, eamque culpa sua post amisit, simulque proficiendi facultatem perdidit, defectus fuit ei et pœna non posse proficere, scilicet malum declinare et bonum facere. Omnes ergo defectus nostros suscepit Christus præter peccatum, quos ei conveniebat suscipere, et nobis expediebat. Sunt enim plura ægritudinum genera et corporis vitia, a quibus omnino immunis extitit. Quos enim defectus habuit, vel ad ostensionem veræ humanitatis, ut timorem et tristitiam; vel ad impletionem operis ad quod venerat, ut passibilitatem et mortalitatem ; vel ab immortalitatis desperatione spem nostram erigendam, ut mortem, suscepit. Hos autem defectus non conditionis suæ necessitate, sed miserationis voluntate suscepit. Veros quidem habuit defectus sicut et nos, sed non eadem ex causa. Nos enim ex peccato originali hos defectus contrahimus, sicut Apostolus insinuat dicens, Rom. 8 : *Corpus quidem propter peccatum mortuum est,* id est, necessitatem moriendi habet in se. Christus autem non ex peccato hujusmodi habet defectus, quia sine peccato est conceptus et natus, et in terris conversatus. Sed ex sola miserationis voluntate de nostro in se transtulit veram infirmitatem sicut accepit veram carnem, quam sine omni infirmitate assumere potuit, sicut absque culpa eamdemque suscepit.

Auctoritatibus probat Christum secundum hominem vere dolores sensisse et timuisse, contra quosdam hos negantes.

4. Sed quia nonnulli de sensu in passione humanitatis Chaisti malo sensisse inveniuntur, asserentes similitudinem atque imaginem passionis et doloris Christum hominem pertulisse, sed nullum omnino dolorem vel passionem sensisse ; auctoritatum testimoniis eos convincentes, indubitabile faciamus quod supra diximus. Propheta Isaias dicit, c. 53 : *Vere languores nostro ipse tulit, et dolores nostros ipse portavit.* Et Veritas ipsa in Evangelio, Matth. 26, ait : *Tristis est anima mea usque ad mortem ;* ubi etiam legitur, Marc. 14 : *Cæpit Jesus pavere et tædere.* Propheta etiam ex persona Christi ait, ps. 87: *Repleta est malis anima mea.* Quod exponens Aug., inquit, in tom. 8, enarratione ad eumdem versum: Non vitiis et peccatis, sed humanis malis, id est, doloribus repleta fuit anima Christi, quibus ipsa compatitur carni. Non enim dolor corporis potest esse sine anima. Dolere autem anima, etiam non dolente corpore, potest. Hos autem humanæ infirmitatis affectus, sicut ipsam carnem ac mortem, non humanæ conditionis necessitate, sed miserationis voluntate suscepit. Ambr. etiam, tom. 2, in lib. 2 de Fide, c. 3, ait : Scriptum est, Matth. 26 : *Pater si possibile est, transeat a me calix iste.* Timet ergo Christus; et dum Petrus non timet, Christus timet. Petrus dicit, Joan. 13 : *Animam meam ponam pro te ;* Christus dicit, Joan. 12 : *Anima mea turbatur ;* utrumque verum est et rationis plenum, quod et ille qui est inferior non timet, et ille qui superior est gerit timentis affectum. Idem in eodem, cap. 5, in fine : Ut homo trurbatur, ut homo flet, ut homo crucifigitur, per naturam hominis et tædio vitæ et resurrexit. Non turbatur ejus virtus, non turbatur ejus divinitas, sed turbatur anima, secundum humanæ fragilitatis assumptionem. Nam qui suscepit animam suscepit etiam animæ passionem. Non enim eo quod Deus erat, aut tubari aut mori posset. Idem in eodem, cap. 3, paulo superius : Suscepit tristitiam meam ; et confidenter tristitiam nomino, qui crucem prædico. Ut homo habuit tristitiam, quam meo suscepit affectu, mihi compatitur, mihi tristis est, mihi

dolet.Ergo pro me et in me doluit,qui pro se nihil habuit quod doleret. Doles igitur, Domine Jesu, vulnera mea, non tua, quia non tu pro te, sed pro me doles. Hieron. quoque, ad Damasc., tom. 4, in Explanatione fidei, ait : Nos ita dicimus hominem passibilem a Dei Filio susceptum,ut deitas impassibilis permaneret,Passus est enimFiliusDei non putative, sed vere, omnia quæ de illo Scriptura testatur, sed secundum illud quod pati poterat,scilicet,secundum substantiam assumptam.Licet ergo personaFilii susceperit passibilem hominem, ita tamen ejus habitatione secundum substantiam suam nil passa est,ut tota Trinitas,quam impassibilem necesse est confiteri.His aliisque auctoritatibus perspicuum fitChristum vere passibilem assumpsisse hominem, atque in eo defectus et affectus nostræ infirmitatis suscepisse ; sed voluntate,non necessitatis conditione.

Hic ponit quæ prædictis adversari videntur.

5.Quædam tamen reperiuntur in sanctorum tractatibus, quæ præmissis adversari videntur Nam super illum locum psal. 21 : *Clamabo et non exaudies*,August., tom. 8, exposit 2, tradere videtur Christum nec vere timuisse,nec vere tristatum esse,dicens sic : Quomodo hoc dicit, *qui peccatum non fecit, nec inventus est dolus in ore ejus*(Isai.,35); sed nobis de corpore suo hoc dicit.Corporis enim sui, id est,Ecclesiæ gerebat personam ; sicut et alibi, Matt.26,cum dixit : *Transeat a me calix iste*,pro nobis loquitur, nisi forte putetur timuisse mori;sed non vere timebatDominus pati,tertia die resurrecturus,cum arderet Paulus *dissolvi, et esse cum Christo* (Philipp. 1). Non etiam fortior est miles quam imperator. Miles enim coronandus gaudet mori,et Dominus coronaturus timet mortem ? Sed infirmitatem nostram representans, pro suis infirmis qui timent mori, hæc dixit : Vox illorum erat, non capitis. Hyeronimus etiam ait : Erubescant qui putant Salvatorem timuisse mortem, et passionis pavore dixisse : *Transeata me calix iste*. (Super Evangelium Matthæi, in initio Commentarii ad caput 26, in tomo 8.)

Determinatio auctoritatum.

6. Ne autem in sacris Litteris aliqua adversa diversitas esse putetur,harum auctoritatum verba in hunc modum accipienda dicimus,ut non veritatem timoris et tristitiæ vel propassionem,sed timoris et tristitiæ necessitatem et passionem a Christo removisse intelligatur.Habuit enim Christus verum timorem et tristitiam in natura hominis; sed non sicut nos,qui sumus mambra ejus.Nos enim causa peccati nostri his defectibus necessario subjacemus,et innobis sunt isti defectus secundum propassionem et passionem, sed inChristo nonnisi secundum propassionem. Sicut enim in peccatis gradus quidam notantur propassio et passio, ita et in pœnalibus effectibus.Afficitur enim quis interdum timore vel tristitia,ita ut mentis intellectus non inde moveatur a rectitudine velDei contemplatione,et tunc propassio est.Aliquando vero movetur et turbatur,et tunc passio est.Christus vero non fuit ita turbatus in anima timore vel tristitia,ut a rectitudine vel a Dei contemplatione aliquatenus declinaret;secundum quem modum intelligitur, cum dicitur vel timuisse vel tristis fuisse. UndeHier.,Comment.ad 26 cap. Matt., pene in medio,ubi legitur: *Cœpit contristari et mœstus esse:*Ut veritatem, inquit, probaret assumpti hominis, vere contristatus est,sed non passio ejus dominatur animo, verum propassio est.Unde ait:*Cœpit contristari*.Aliud est enim contristari,aliud incipere contristari ; quod est : Aliter contristatur quis per propassionem,aliter per passionem. Ideoque secundum hanc distinctionem aliquando diciturChristus non vere timuisse, aliquando vere timuisse,quia verum timorem habuit et tristitiam, sed non secundum passionem, neque ex necessitate conditionis. Unde Aug., t. 8, Enarr. in ps. 93, post medium,ex his causis volens assumi dictorum intelligentiam, dicit Christum non vere timuisse vel tristatum esse, et incontinenti verum tristitiam habuisse.His verbis infirmos in se præsignans Dominus ait: *Pater,si fieri potest,transeat a me calix iste*. Non enim vere timebat Dominus pati, tertia die resurrecturus,cum arderet Paulus disolvi et esse cum Christo.Iste gaudet coronandus, et tristis est Dominus coronaturus?Ecce hic videtur tristitiam et timorem aChristo removere.Continuo autem subjunxit: Sed tristitiam sic assumpsit quomodo carnem. Fuit enim tristis,sicutEvangelista dicit, Marc. 14. Si enim tristis non fuit, cum Evagelista dicat : *Tristis est anima mea*,etc.; ergo et quando dicit,dormivit Jesus,non dormivit; vel quando dicit manducasse,non manducavit; et ita nihil sanum relinquitur, ut dicatur etiam, corpus non erat verum Quidquid ergo de illo scriptum est,verum e t, et factum est. Ergo tristis fuit ; sed voluntate tristitiam suscepit veram, quomodo voluntate carnem veram. Aperte noscis cumdem sibi in his verbis contradicere, nisi varias dictorum discerneret causas ; ex quibus intelligentia verborum assumenda est. Si enim discernatur intelligentiæ causa prædictorum verborum, nihil occurit contradictionis.

De quibusdam Hilarii capitulis valde obscuris, quæ videntur communi sententiæ obviare.

7.Verumtamen magis movent ac difficiliorem afferunt questionem verba Hilarii,quibus videtur tradere ictus, et vulnera et hujusmodi, sic in Christum incidisse,ut passionis dolorem non incuterent : sicut telum tractum per aquam,vel ignem,vel aera,ea facit quæ et cum trahitur per corpora animata,quia perforat et compungit; non tamen dolorem ingerit, quia non sunt illæ res doloris capaces.Ita et corpus Christi sine sensu pœnæ,vim pœnæ excepisse dicit,quia sicut corpus nostrum non habet talem naturam,ut valeat calcare undas, ita corpus Christi dicit non habuisse naturam nostri doloris,quia non habet naturam ad dolendum. Ait enim sic in lib. 10 de Trin. : UnigenitusDeus hominem verum secundum similitudinem nostri hominis, non deficiens a se Deo, assumpsit. In quo quamvis aut ictus incideret, aut vulnus descenderet,aut nodi concurrerent, aut suspensio elevaret,afferrent quidem hæc impetum passionis, non tamen passionis dolorem inferrent; ut telum aliquod aquam perforans, vel ignem compungens, vel aera vulnerans, omnes quidem has passiones naturæ suæ infert ut perforet,ut compungat,ut vulneret; sed naturam suam in hæc passio illata non retinet, dum in natura non est, vel aquam forari, vel pungi ignem, vel aera vulnerari, quamvis natura teli sit et vulnerare, et compungere, et forare.Passus quidem Christus est dum cæditur, dum suspenditur, dom moritur; sed in corpus irruens passio,nec non fuit passio, non tamen naturam passionis exercuit,dum et penali ministerio pœna desæviit, et virtus corporis sine sensu pœnæ vim pœnæ in se desævientis excepit. Habuit sane illud dominicum corpus doloris nostri naturam, si corpus nostrum id naturæ habet,ut calcet undas et fluctus desuper eat,nec clausæ domus obstaculis arceatur.Atero si dominici corporis solum ista natura sit,ut feratur in humidis,et sistat in liquidis,et structa transcurrat, quid per naturam humani corporis carnem exSpiritu sancto conceptam judicamus?Caro illa de cœlis est, et homo ille de Deo est, habens ad patiendum corpus ; passus est, sed naturam non habens ad dolendum. Idem in eodem :Videamus an ille passionis ordo infirmitatem in Domino doloris permittat intelligi ; dilatis enim causis ex quibus metuni Domino hæresis ascribit, res ipsas ut gestæ sunt conferamus.Nec enim fieri potest ut timor ejus significetur in verbis, cujus fiducia continuatur in factis. Timuisse ergo hæretico passionem videtur. Sed ob ignorantiæ hujus errorem,Petrus,et Satanas et scandalum est. An ne timuit mori, qui armatis obvius prodiit, et in corpore ejus infirmitas fuit,ad cujus occursum consternata persequentium agmina supinatis corporibus conciderunt?Quam ergo infirmitatem dominatam hujus corporis credis, cujus tantam habuit natura virtutem?Sed forte dolorem vulnerum ti-

Quem, rogo, o tu dominicæ infirmitatis assertor, penetrantis carnem clavi habuit terrorem, qui excisam aurem solo restituit attactu? Producens hæc autem manus, clavum dolet, et sentit vulnus, qui alteri dolorem vulneris non reliquit? Pungendæ carnis metu tristis est, cujus in attactu caro post cædem sanatur? Idem eod. lib. 10: Collatis ergo dictorum gestorumque virtutibus demonstrari non est ambiguum in natura corporis ejus infirmitatem corporeæ naturæ non fuisse, et passionem illam, licet corpori illata sit, non tamen naturam dolendi corpori intulisse; quia, licet forma corporis nostri esset in Domino, non tamen vitiosæ infirmitatis nostræ forma erat in corpore quod ex conceptu Spiritus sancti virgo progenuit. Audisti, lector, verba Hilarii, quibus dolorem excludere videtur. Sed si, excussa sensus et impicietatis habitudine, præmissis diligenter intendas, atque ipsius Scripturæ circumstantiam inspicias, dictorum rationem atque virtutem percipere utcumque poteris, et intelligentiam arguere non attentabis. Intelligitur enim ea ratione dixisse dolorem passionis in Christum non incidisse, et virtutem corporis Christi sibi excepisse vim pœnæ sine sensu pœnæ, quia doloris causam et meritum in se non habuit. Quod videtur notasse ubi ait: Non habens naturam ad dolendum. Et ideo non judicanda est caro illius secundum naturam nostri corporis; nec in eo etiam dominium habuit passio; ita etiam non habuit naturam ad timendum vel tristandum, quia non habuit talem naturam in qua esset causa timoris vel tristitiæ. Ita necessitas timendi non fuit in eo, sicut est in nobis. Nec natura doloris fuit in eo, sicut est in nobis. Tristitiam tamen in eo fuisse consequenter asserit, sed causam ejus extitisse non suam mortem, sed defectum Petri et aliorum apostolorum. Dicit enim Christum non propter mortem, sed usque ad mortem tristem fuisse: his verbis, interrogo quid sit Christum tristem esse usque ad mortem, et tristem esse propter mortem? non enim ejusdem significationis est, tristem esse propter mortem, et usque ad mortem. Quia ubi propter mortem tristitia est, illic mors causa tristitiæ est; ubi vero tristitia usque ad mortem est, mors non tristitiæ est causa, sed finis. A Deo autem non propter mortem suscepta est tristitia, ut sit destituta per mortem. Non ergo sibi tristis est, sed illis qui in scandalo per infirmitatem carnis erant futuri, quos monet orare, ne inducantur in tentationem, qui ante polliciti erant se non scandalizari. (Ibid., paulo inferius.)

DISTINCTIO XVI.
AN IN CHRISTO FUERIT NECESSITAS PATIENDI ET MORIENDI, QUÆ EST DEFECTUS GENERALIS.

1. Hic oritur quæstio ex prædictis ducens originem; dictum est enim supra quod Christus in se nostros defectus suscepit, præter peccatum. Est autem hominis quidam generalis defectus, qui peccatum non est, scilicet, necessitas patiendi vel moriendi. Unde corpus nostrum non tantum mortale, sed etiam *mortuum* dicitur, quia non tantum aptitudinem moriendi, sed etiam necessitatem habet. Ideo quæritur utrum necessitas talis in Christi carne fuerit. De aptitudine enim moriendi, quod in eo fuerit, ambiguum non est, quæ etiam ante peccatum in homine fuit, quando aliquis in eo non fuit defectus; nec ergo mortalitas illa tunc in eo fuit defectus, quia natura ei erat. Unde etiam quidam talem mortalitatem in nobis non esse defectum non improbe tradunt, sed necessitatem moriendi vel patiendi, quæ etiam mortalitas dicitur vel passibilitas. Dicitur enim homo nunc passibilis vel mortalis, non modo propter aptitudinem, sed etiam propter necessitatem. Sed numquid hic defectus fuit in Christi carne? Anima quoque ejus cum passibilis extiterit ante mortem, numquid necessitatem patiendi habuit? Si enim necessitas patiendi vel moriendi fuit in Christo, non videtur sola voluntate miserationis defectus nostros accepisse. Ad quod dici potest Christum voluntate, non necessitate suæ naturæ, hos defectus sicut alios suscepisse, scilicet, necessitatem patiendi in anima, simul autem patiendi et moriendi in carne. Verum hanc necessitatem non habuit ex necessitate suæ conditionis, quia a peccato immunis, sed ex sola voluntate accipit, de nostra infirmitate ponens tabernaculum suum in sole, scilicet, sub temporali mutabilitate et labore. Unde auctoritas, Glossa super cap. 9 Epist. ad Hebr., dicit quod sicut hominibus aliis et jure et lege naturæ *statutum est semel mori*, ita et Christus eadem necessitate et jure naturæ semel oblatus est, et non sæpe. Nec ideo dicit jure naturæ, quod ex natura suæ conditionis hunc defectum traxerit, qui etiam non provenit nobis ex natura secundum quod prius est instituta, sed ex ea peccato vitiata; et ideo dicitur hic defectus naturalis, quia quasi pro natura inolevit in omnibus diffusus.

De statibus hominis, et quid de singulis Christus accepit.

2. Et est hic notandum Christum de omni statu hominis aliquid accepisse, qui omnes venit salvare. Sunt enim quatuor status hominis: primus ante peccatum; secundus post peccatum, et ante gratiam; tertius sub gratia; quartus in gloria. De primo statu accepit immunitatem peccati. Unde August. illud c. 3. Joannis evangelistæ exponens: *Qui desursum venit, super omnes est*, dicit Christum venisse desursum, id est, de altitudine humanæ naturæ ante peccatum, quia de illa altitudine sumpsit Verbum Dei humanam naturam, dum non assumpsit ipsam culpam cujus assumpsit pœnam. Sed pœnam assumpsit de statu secundo, et alios defectus. De tertio vero gratiæ plenitudinem. De quarto non posse peccare, et Dei perfectam contemplationem. Habuit enim simul bona vitæ quædam, et bona patriæ, sicut et quædam mala vitæ.

DISTINCTIO XVII.
SI OMNIS CHRISTI ORATIO VEL VOLUNTAS EXPLETA SIT.

1. Post prædicta considerare oportet utrum Christus aliquid voluerit vel oraverit quod factum non sit. Hoc enim existimari potest per hoc quod ipse ait: *Pater, si possibile est, transeat a me calix iste; verumtamen non quod ego volo, sed quod tu vis*. Hic namque voluntatem suam a Patris voluntate discernere videtur.

De voluntatibus Christi secundum duas naturas.

2. Quocirca ambigendum non est diversas in Christo fuisse voluntates juxta duas naturas, divinam, scilicet, voluntatem et humanam. Humana voluntas est affectus rationis vel affectus sensualitatis; et alius est affectus animæ secundum rationem, alius secundum sensualitatem, uterque tamen dicitur humana voluntas. Affectu autem rationis id volebat, quod voluntate divina, scilicet, pati et mori; sed affectu sensualitatis non volebat, imo refugiebat; nec tamen in eo caro contra spiritum vel Deum concupiscebat, quia, ut ait August. lib de Gen. ad litt. l.10, c, 12: Nonnullum est vitium, cum caro concupiscit adversus spiritum. Caro autem dicta est concupiscere, quia hoc secundum ipsam agit animam, sicut anima per aurem audit, et per oculum videt. Caro enim nihil nisi per animam concupiscit. Sed concupiscere dicitur, cum anima carnali concupiscentia spiritui reluctatur, habens carnalem delectationem de carne et a carne, adversus delectationem quam spiritus habet. Ipsius autem carnalis, concupiscentiæ causa non est in anima sola nec in carne sola; ex utroque enim fit, quia sine utroque delectatio talis non sentitur. Talis ergo rixa talisque concertatio in anima Christi nullatenus esse potuit, quia carnalis concupiscentia ibi esse nequivit. Dei etiam voluntas erat, et rationi placebat, ut illud secundum carnem vellet, quatenus veritas humanitatis in eo probaretur. Nam qui hominis naturam suscepit, quæ ipsius sunt subire debuit. Ideoque sicut in nobis duplex est affectus, mentis, scilicet, et sensualitatis, ita et in eo debuit esse geminus affectus, ut mentis affectu vellet mori, et sensualitatis affectu nollet, sicut in viris sanctis fit. Petro enim ipsa Veritas dicit, Joan. 21, 18: *Cum senueris, extendes manus tuas, et alius præcinget te, et ducet te quo tu non vis,*

scilicet, ad mortem. Quod exponens August. tom. 9, tract. 123, in fine, dicit quod Petrus ad illam molestiam nolens est ductus, nolens ad eam venit, sed volens eam vicit ; et reliquit affectum infirmitatis, quo nemo vult mori, qui adeo est naturalis, ut cum Petro nec senectus abstulerit. Unde etiam Dominus ait : *Transeat a me calix iste*, sed vicit eum vis amoris. Ergo et in Christo secundum humanitatem, et in membris ejus geminus est affectus : unus rationis charitate informatus, quo propter Deum quis mori vult; alter sensualitatis, carnis infirmitati propinquus et ei conjunctus, quo mors refugitur. Ut enim Aug. ait: Paulus mentis ratione cupit dissolvi et esse cum Christo, sensus autem carnis refugit et recusat. Hoc habet humanus affectus, quoniam qui diligit vitam, odit mortem. Secundum istum affectum Christus mori noluit, nec obtinuit quod secundum istum affectum petiit.

Auctoritatibus probat diversas in Christo voluntates.

3. Ex affectu ergo humano quem de Virgine traxit, volebat non mori, et calicem transire orabat. Unde Beda: Orat transire calicem, quia homo erat, dicens : *Pater transeat a me calix iste*. Ecce habes voluntatem humanam expressam. Vide jam rectum cor : *Sed non quod ego volo, sed quo tu vis*. Unde alibi, Joan. 6 : *Fon veni facere voluntatem meam*, quam, scilicet, temporaliter sumpsi ex Virgine, *sed voluntatem ejus qui misit me*, quam, scilicet, æternus habui cum Patre, Hic aperte dicit duas in Christo fuisse voluntates, secundum quas diversa voluit. Hieron. quoque super illum locum Marc. 14 : *Spiritus promptus est, caro autem infirma*; dans intelligi hic duas voluntates exprimi, ita ait: Hoc contra Eutychianos, qui dicunt in Christo unam tantum voluntatem. Hic autem ostendit humanam, quæ propter infirmitatem carnis recusat passionem ; et divinam, quæ prompta est perficere dispensationem. Augustinus etiam (23) duas in Christo asserit voluntates dicens : Quantum distat Deus ab homine, tantum a voluntate hominis. Unde hominem Christus gerens ostendit privatam voluntatem quamdam hominis, in qua et suamet nostram figuravit, qui caput nostrum est, et ad eum sicut membra pertinemus. *Pater*, inquit, *si fieri potest, transeat a me calix iste*. Hæc humana voluntas erat, proprium aliquid, et tanquam privatum volens. Sed quia rectum vult esse hominem, et ad Deum dirigi, subdit: *Non quod ego volo, sed quod tu vis*. Ac si diceret: Vide te in me, quia potes aliquid proprium velle, ut Deus aliud velit. Conceditur hoc humanæ fragilitati. Idem alibi, super psalm. 93, post medium: Christus in passione duas expressit voluntates in se secundum duas naturas. Ait enim: *Pater, si fieri potest, transeat a me calix iste*. Ecce habes hominis voluntatem, quam ad divinam continuo dirigens ait : *Verumtamen non sicut ego volo, sed sicut tu*. Ambrosius ita etiam, in libro 42 de Fide : Scriptum est: *Pater si fieri potest, transfer a me calicem hunc*. Verba Christi sunt, sed quomodo et in qua forma dicantur adverte. Hominis substantiam gerit, hominis assumpsit affectum. Non ergo quasi Deus, sed quasi homo loquitur. Suscepit quidem voluntatem meam. Mea est voluntas, quam suam dixit cum ait: *Non sicut ego volo, sed sicut tu vis*. Cum autem dixit, Joan. 16 et 17: *Omnia quæ habet Pater, mea sunt*, quia nihil excipitur, sine dubio quam Pater habet, eamdem et Filius habet voluntatem. Eadem est Christi voluntas, quæ paterna. Una ergo voluntas est Patris et Filii. Sed alia est voluntas hominis, passionem autem Christi in voluntate divina, ut pateretur pro nobis. His testimoniis evidenter docetur in Christo duas esse voluntates, quod quia negavit Macharius archiepiscopus in Constantinopolitana synodo, condemnatus est. Et ex affectu humano sensualitatis quidem, non rationis, illud voluit et petiit, quod non impetravit. Nec ideo petiit ut impetraret, quia sciebat Deum non esse facturum illud; nec illud fieri volebat affectu rationis vel voluntate divinitatis. Ad quid ergo petiit? Ut membris formam præberet imminente turbatione clamandi ad Dominum, et subjiciendi voluntatem suam divinæ voluntati ; ut si pulsante molestia tristentur, pro ejusdem amotione orent. Sed si nequeunt vitare, dicant quod ipse Christus. Non ergo ad insipientiam fuit, quod Christus clamans non exauditur ad salutem corporalem. Bonum quidem petiit, scilicet, ut non moreretur; sed melius erat ut moreretur, quod et factum est.

De eo quod Ambrosius dicit, Christum dubitasse affectu humano.

4. Cæterum non parum nos movent verba Ambrosii, quibus significare videtur Christum secundum humanum affectum de Patris potentia dubitasse, sic dicens in lib. 2 de Fide: De quo dubitat, de se, an de Patre? De eo utique cui dicit *transfer*, dubitat hominis affectu. Nam Deus non de Patre dubitat, nec de morte formidat. Propheta etiam non dubitat, qui nihil Deo esse impossibile asserit, psal. 134 : *Omnia quæcumque voluit fecit*. Num infra homines constitues Deum? Propheta non dubitat, et Filium dubitare tu credis ? Ut homo ergo dubitat, ut homo locutus est. His verbis innui videtur quod Christus non in quantum Deus est vel Dei Filius, sed in quantum homo dubitaverit affectu humano. Quod ea ratione dictum accipi potest, non quia ipse dubitaverit, sed quia modum gessit dubitantis, et hominibus dubitare videbatur.

Verba Hilarii longe diversam exprimentia sententiam a præmissa.

5. Illud etiam ignorandum non est quod Hilarius (24) asserere videtur, Christum non sibi, sed suis orasse, cum dixit : *Transfer a me calicem hunc*, sicut nec sibi, sed suis timuit; nec enim voluisse ut sibi non esset passio, sed ut a suis transiret calix passionis, ita inquiens : Si passio honorificatura eum erat, sicut, Juda exeunte ait : *Nunc honorificatus est filius hominis*; quomodo tristem eum metus passionis effecerat, nisi forte tam irrationabilis fuerit, ut pati mortem timuerit, quæ patientem se glorificatura esset ? Sed forte timuisse usque eo existimabatur, ut Patrem a se calicem deprecatus sit dicens : *Pater transfer calicem hunc a me*, Marci 14. Quomodo enim per patiendi metum transferri deprecaretur a se quod per dispensationis studium festinaret implere ? Non enim convenit ut pati nolit, qui pati velit; et cum pati eum velle cognosceres, religiosius fuerat hoc confiteri, quam ad id impiæ stultitiæ prorumpere, ut eum assereres ne pateretur orasse, quem pati velle cognosceres. Non ergo sibi tristis fuit, neque sibi orat transire calicem, sed discipulis; ne iu eos calix passionis incumbat, quem a se transire orat, ne in his scilicet maneat. Non enim rogat ne secum sit, sed ut a se transeat. Deinde ait, Luc. 22: *Fon sicut ego volo, sed sicut tu* vis, humanæ in se sollicitudinis significans consortium, sed non discernens sententiam sibi communis cum Patre voluntatis. Pro hominibus ergo vult transire calicem, per quem omnes discipuli erant tentandi ; et ideo pro Petro rogat, ne deficiat fides ejus. Sciens ergo hæc omnia post mortem suam desitura, usque ad mortem tristis est; et sit hunc calicem non posse transire, nisi biberit, ideo ait, Matth. 26: *Pater mi, si non potest transire calix iste nisi bibam illum, fiat voluntas tua ;* sciens in se consummata passione metum calicis transiturum, qui nisi cum bibisset transire non posset; nec finis terroris nisi consummata passione, terrori succederet: quia post mortem ejus per virtutum gloriam apostolicæ infirmitatis scandalum pelloretur. Intende, lector, his verbis pia diligentia ne sint tibi vasa mortis.

DISTINCTIO XVIII.

SI CHRISTUS MERUIT SIBI ET NOBIS, ET QUID SIBI ET QUID NOBIS.

1. De merito etiam Christi prætermittendum non

(23) Concione prima enarrationis in psal. 32 super eo loco : *Rect's decet collaudatio*, in tom. 8.

(24) Lib. 10 de Trin., longe satis ab initio, sed ante medium.

est, de quo quidam dicere solent, quod non sibi, sed membris tantum, meruerit. Meruit quidem membris redemptionem a diabolo, a peccato, a poena, et regni reserationem; ut, amota ignea romphæa, liber pateret introitus; sed et sibi meruit impassibilitatis et immortalitatis gloriam, sicut ait Apostolus, ad Phil. 2: *Christus factus est pro nobis obediens usque ad mortem mortem autem crucis; propter quod et Deus exaltavit illum et dedit illi nomen quod est super omne nomen.* Aperte dicit Apostolus Christum propterea exaltatum per impassibilitatis gloriam, quia est humiliatus per passionis obedientiam. Humilitas ergo passionis, meritum fuit exaltationis; et exaltatio; præmium humilitatis. Unde August, exponens præmissum capitulum ait: Ut Christus resurrectione clarificaretur, prius humiliatus est passione. Humilitas, claritatis est meritum; claritas, humilitatis est præmium, sed hoc totum factum est in forma servi. In forma enim Dei semper fuit et erit claritas. Item Ambrosius, idem capitulum tractans ait: Quid et quantum humilitatis mereatur hic ostenditur. His testimoniis evidens fit quod Christus per humilitatem et obedientiam passionis meruit clarificationem corporis; nec id solum, sed etiam impassibilitatem animæ. Anima enim ipsius ante mortem erat passibilis, sicut caro mortalis; sed post mortem merito humilitatis et anima impassibilis facta est, et caro immortalis. Utrum autem anima sit facta impassibilis, quando caro facta est immortalis, scilicet ipso resurrectionis momento, de auctoritate nobis certum non est. Sed vel mox post carnis separationem anima impassibilitate donata est, aut in resurrectione, quando caro refloruit.

Quod a conceptu meruit sibi Christus hoc quod per passionem.

2. Nec solum hoc meruit Christus quando Patri obediens crucem subiit, sed etiam ab ipsa conceptione ex quo homo factus est, per charitatem et justitiam et alias virtutes, in quarum plenitudine fuit secundum hominem conditus, sibi tantum meruit, quantum post per martyrii tolerantiam. Tanta enim plenitudo spiritualium charismatum in eo fuit, quod in eis proficere non potuit; et ideo melior ipsius anima fieri non potuit quam ab initio suæ conditionis extitit, quia proficere in meritis non valuit. Unde Gregorius, super cap. 25 Exodi, ait: Non habuit omnino Christus juxta animæ meritum quo potuisset proficere; in membris autem quæ nos sumus, quotidie proficit. Non ergo plus meruit sibi per crucis patibulum, quam a conceptione meruit per gratiam virtutum. Non ergo profecit secundum animæ meritum, quantum ad virtutem meriti; profecit tamen, quantum ad numerum meritorum. Plura enim habuit merita in passione quam in conceptione; sed majoris virtutis non extiterunt in merendo plura, quam ante fuerant pauciora. Meruit ergo a conceptione non modo gloriam impassibilitatis et immortalitatis corporis, sed etiam impassibilitatis animæ. Per quid? Per obedientiam et voluntatem perfectam, quam non tunc primo habuit, nec majorem cum pati coepit et mori. Obediens enim, perfectus, et bonus extitit secundum hominem, ex quo fuit homo. Habuit ergo anima illa aliquod bonum in se post mortem, quod non habuit ante. Num ergo beatior vel melior fuit quam ante? Absit quod melior fuerit, quia nec sanctior, nec gratia cumulatior. Nec etiam beatior fuit in Dei contemplatione, in quo præcipue beatitudo consistit. Potest tamen dici in hoc beatior fuisse, quia ab omni miseria immunis. Ex quo nequit inferri simpliciter quod beatior fuerit.

De eo quod scriptum est ad Philip. 2 Donavit illi nomen quod est super omne nomen.

3. Nec tantum gloriam impassibilitatis et immortalitatis meruit, sed etiam meruit donari sibi nomen quod est super omne nomen, scilicet honorificentiam, quod vocatur Deus; hoc tamen nomen ante mortem habuit. Habuit enim hoc nomen Dei Filius, in quantum Deus, est, ab æterno per naturam; in quantum homo vero factus est, habuit ex tempore per gratiam. Verumtamen August. (25) dicit homini donatum esse illud nomen, non Deo, quia illud nomen habuit cum in forma Dei tantum erat. Sed cum dicitur: *Propter quod illum exaltavit, et donavit illi nomen quod est super omne nomen; satis apparet propter quid exaltaverit, id est, propter obedientiam, et in qua forma exaltatus sit. In qua enim forma crucifixus est, in ea exaltatus est, et in ea donatum est ei nomen, ut cum ipsa forma servi nominetur unigenitus Filius Dei, hoc illi donatum est ut homini, quod jam habebat idem ipse Deus. Hoc ergo per gratiam accepit, ut ipse ens homo vel subsistens in forma servi, id est, anima et carne, nominetur et sit Deus. Sed nunquid hoc tunc meruit? supra enim dictum est, quia hoc tantum bonum homo ille non meruit. Quomodo ergo hic dicitur: Propter obedientiam donatum est ei hoc nomen? Secundum tropum illum in Scriptura creberrimum hoc capiendum est, quo dicitur res fieri quando innotescit. Post resurrectionem vero, quod ante erat in evidenti positum est ut scirent homines et dæmones. Manifestationem ergo illius nominis donavit ei Deus post resurrectionem, sed illam meruit per obedientiam passionis, qui eo quod obedivit patiendo, exaltatus est resurgendo; et per hoc manifestatum est nomen. Hoc eodem tropo usus est etiam Dominus post resurrectionem dicens, Matth. 28: *Data est mihi omnis potestas in cœlo et in terra;* non quod tunc primo acceperit, sed quam ante habebat, tunc manifesta est potestas. Cæterum Ambros. (26) dicit: Nomen illud donatum esse Deo, non homini, et videtur, secundum verborum superficiem, oppositus August., sed intelligentia non obviat, licet diversum sapiat. Nam Ambros. de naturali donatione id dictum intelligit, qua æternaliter Pater generando dedit Filio nomen quod est super omne nomen, scilicet, Deum per naturam, quia genuit ab æterno Filium plenum et sibi æqualem Deum. Quod tamen nomen Apostolus propter passionis obedientiam Christo donatum dicit. Sed præmisso locutionis modo accipiendum est.

Si Christus sine omni merito illa habere potuit.

4. Si vero quæritur utrum Christus illam immortalitatis et impassibilitas gloriam et nominis Dei manifestationem, sine omni merito habere potuerit, sane dici potest quia humanam naturam ita gloriosam suscipere potuit, sicut in resurrectione extitit. Nomenque suum etiam aliter hominibus manifestare potuit; sed homo passibilis esse non potuit sicut fuit, et ad illam gloriam sine merito pervenire. Potuit quidem pervenire ad illam sine merito passionis, quia potuit consumpta mortalitate immortalitatis gloria vestiri, sed non sine merito justitiæ et charitatis, aliarumque virtutum. Non enim Christus homo esse potuit, in quo plenitudo virtutum et gratiæ non fuerit. Nec virtutes ei inesse potuerunt cilicio mortalitatis induto, quin per eas mereretur. Habens ergo has virtutes secundum hominem passibilem ac mortalem non potuit non mereri gloriam immortalitatis. Non ergo potuit factus mortalis sine merito gloriam impassibilitatis et immortalitatis ac manifestationem Dei nominis consequi. Potuit tamen hoc assequi sine merito passionis, quia per passionem nil sibi meruit, quod non ante per virtutes meruerit.

De causa mortis et passionis Christi.

5. Ad quid ergo voluit pati et mori, si ei virtutes ad merendum illæ sufficiebant? Pro te, non pro se. Quomodo pro me? Ut ipsius passio et mors tibi esset forma et causa. Forma virtutis et humilitatis; causa gloriæ et libertatis; forma Deo usque ad mortem obediendi; et causa tuæ liberationis ac beatitudinis. Meruit enim nobis per mortis ac passionis tolerantiam

---

(25) In lib 2, contra Maximinum, cap. 5; et lib. 3, c. 2. Vide in Glos. ordinaria ad illud ad Philippens. 2.

(26) Tom, 4, in Comment. ad cap. 2 Epist. ad Philip., in medio; et citatur in Glossa ordinaria ad eumdem locum Pauli.

quod per præcedentia non meruerat, scilicet, aditum paradisi, et redemptionem a peccato, a pœna, a diabolo : et per mortem ejus hæc nos adepti sumus, scilicet, redemptionem, et filiorum gloriæ adoptionem. Ipse enim moriendo factus est hostia nostræ liberationis. Sed quomodo nos per mortem a diabolo et a peccato redemit, et aditum gloriæ aperuit? Decreverat Deus in mysterio, ut ait Amb., propter primum peccatum non intromitti hominem in paradisum, id est, ad Dei contemplationem non admitti, nisi in uno homine tanta existeret humilitas, quæ omnibus suis proficere posset; sicut in primo homine tanta fuit superbia, quæ omnibus suis nocuit. Non est autem inventus inter homines aliquis quo id posset impleri, nisi leo de tribu Juda, qui aperuit librum, et solvit signacula ejus, implendo in se omnem justitiam: id est, consummatissimam humilitatem, qua major esse non potest. Nam omnes alii homines debitores erant, et vix unicuique sua virtus sufficiebat et humilitas ; nullus ergo eorum hostiam poterat offerre sufficientem reconciliationi nostræ. Sed Christus homo sufficiens et perfecta fuit hostia qui multo amplius est humiliatus, amaritudinem mortis gustando, quam ille Adam superbit per esum ligni vetiti noxia delectatione perfruendo. Si ergo illius superbia omnium extitit ruina, ipsum de paradiso mittens foras, aliisque occludens januam ; multo magis Christi humilitas, qua mortem gustavit, ingressum regni cœlestis omnibus suis, impleto Dei decreto, aperire valuit, atque decreti delere chirographum. Ut enim ait Amb. (27):Tantum fuit peccatum nostrum, ut salvari non possemus, nisi unigenitus Dei Filius pro nobis moreretur debitorие mortis; sed sic dignos nos fecit testamenti, et promissæ hæreditatis. Quod non ita intelligendum, quasi non alio modo salvare non potuerit quam per mortem suam ; sed quia per aliam hostiam non potuit nobis aperiri regni aditus, et fieri salus, nisi per mortem Unigeniti, cujus tanta fuit, ut dictum est, humilitas et patientia, ut ejus merito pateret credentibus in eum aditus regni. Magna ergo in morte Unigeniti præstita, sunt nobis, ut liceat nobis redire in patriam, sicut olim in morte summi pontificis, his qui ad civitatem refugii confugerant, secure ad propria remeare. Ecce aliquatenus ostensum est qualiter per Christi mortem aditus regni sit nobis paratus.

DISTINCTIO XIX.
HIC QUALITER A DIABOLO ET A PECCATO NOS REDEMIT PER MORTEM.

1. Nunc ergo quæramus quomodo per mortem ipsius a diabolo, et a peccato, et pœna redempti sumus. A diabolo ergo et a peccato per Christi mortem liberati sumus, quia ut ait Apostolus, Rom. 5, *in sanguine ipsius justificati sumus*; et in eo quod sumus justificati, id est, a peccato soluti, a diabolo sumus justificati, id est, a peccato soluti, a diabolo sumus liberati, qui nos vinculis peccatorum tenebat. Sed quomodo a peccatis per ejus mortem soluti sumus? Quia *per ejus mortem*, Rom, 8, *commendatur nobis charitas Dei*, id est, apparet eximia et commendabilis charitas Dei erga nos in hoc quod Filium suum tradidit in mortem pro nobis peccatoribus Exhibita autem tantæ erga nos dilectionis arrha, et nos movemur accendimurque ad diligendum Deum, qui prp nobis tanta fecit; et per hoc justificamur, id est, soluti a peccatis justificimur. Mors ergo Christi nos justificat, dum per eam charitas excitatur in cordibus nostris. Dicimur quoque et aliter per mortem Christi justificari, quia per fidem mortis ejus a peccatis mundamur. Unde Apostolus, Rom. 3 : *Justitia Dei est per fidem Jesu Christi*. Et item, ibidem : *Quem Deus proposuit propitiatorem per fidem in sanguine ipsius*, id est, per fidem passionis; et olim aspicientes in serpentem æneum in ligno erectum, a morsibus serpentum sanabatur, Num. 2. Si ergo recte fidei intuitu in illum respicimus, qui pro nobis pependit in ligno, a vinculis diaboli solvimur, id est, a peccatis; et ita a diabolo liberamur, ut nec post hanc vitam in nobis inveniat quod puniat. Morte quippe sua, ut verissimo sacrificio, quidquid culparum erat undenos diabolus ad luenda supplicia detinebat, Christus extinxit, ut in hac vita nos tentando non prævaleat. Licet enim nos tentet, post Christi mortem, quibus modis ante tentabat, non tamen vincere potest, sicut ante vincebat. Nam Petrus, qui ante Christi mortem voce ancillæ territus negavit, Lucæ 22, post mortem ante reges et præsides ductus non cessit. Quare? quia fortior, id est, Christus, veniens in domum fortis, Lucæ 11, id est, in corda nostra, ubi diabolus habitabat, alligavit fortem, id est, a seductione compescuit fidelium, ut tentationem quæ ei adhuc permittitur, non sequatur seductio. Itaque in Christi sanguine, qui *solvit quæ non rapuit*, psal. 63, redempti sumus a peccato, et per hoc a diabolo, Nam, ut August. in lib. de Agone Christiano, cap. 2, tom. 3, in ipso vincuntur inimicæ nobis invisibiles potestates, ubi vincuntur invisibiles cupiditates. Fuso enim sanguine sine culpa, omnium culparum chirographa deleta sunt, quibus debitores qui in eum credunt, a diabolo ante tenebantur. Unde: *Qui pro multis effundetur*. Per illum ergo redempti sumus, in quo princeps mundi nihil invenit. Unde August., lib. 2 de Baptismo parvulorum, qui alias dicitur de peccatorum Meritis et Remissione, cap. 30, tom. 7; causam et modum nostræ redemptionis insinuans, ait:Nihil invenit diabolus in Christo ut moreretur; sed pro voluntate Patris mori Christus voluit, non habens mortis causam de peccato, sed de obedientia et justitia mortem gustavit, per quam nos redemit a servitute diaboli. Incideramus enim in principem hujus seculi, qui seduxit Adam, et servum fecit, cœpitque nos quasi vernaculos possidere; sed venit Redemptor, et victus est deceptor. Et quid fecit Redemptor captivatori nostro? Tetendit ei muscipulam crucem suam ; posuit ibi quasi escam, sanguinem suum. Ille autem sanguinem suum fudit, non debitoris; per quod recessit a debitoribus. Ille quippe ad hoc sanguinem suum fudit, ut peccata nostra deleret. Unde ergo nos diabolus tenebat, deletum est sanguine Redemptoris. Non enim tenebat nos, nisi vinculis peccatorum nostrorum; istæ erant catenæ captivorum. Venit ille alligavit fortem vinculis passionis suæ ; intravit in domum ejus, id est, in corda eorum ubi ipse habitabat, et vasa ejus, scilicet nos eripuit, quæ illæ impleverat amaritudine sua, Deus autem noster vasa ejus eripiens et sua faciens, fudit amaritudinem, et implevit dulcedine, per mortem suam a peccatis redimens, et adoptionem gloriæ filiorum largiens, Rom. 8.

Cur Deus homo et mortuus.

2. Factus est ergo homo mortalis, ut moriendo diabolum vinceret. Nisi enim homo esset quia diabolum vinceret, non juste, sed violenter homo ei tolli videretur, qui se illi sponte subjecit. Sed si eum homo vicit, jure manifesto hominem perdidit ; et ut homo vincat, necesse est ut Deus in eo sit; qui eum a peccatis immunem faciat. Si enim per se homo esset, vel angelus in homine, facile peccaret, cum utramque naturam per se constet cecidisse. Ideo Dei Filius hominem passibilem sumpsit, in quo et mortem gustavit, quo cœlum nobis aperuit et a servitute diaboli, id est, a peccato (servitus enim diaboli peccatum est) et a pœna redemit.

Quomodo et a qua pœna Christus nos redemit per mortem.

3. A qua pœna? temporali et æterna. Ab æterna quidem, relaxando debitum; a temporali vero penitus nos liberabit in futuro, quando *novissima mors inimica destruetur*, ad Cor. 15. Adhuc enim expectamus redemptionem corporis; secundum animas vero jam redempti sumus ex parte, non ex toto, a culpa, non a pœna, nec omnino a culpa. Non enim ab ea sic redempti sumus, ut non sit, sed ut non dominetur, Rom. 6.

---

(27) In Glossa ordinaria sup. capr 9 Epistslæ ad Hebræos.

Quomodo nostram pœnam portavit, Petri 2.
4. Peccata quoque nostra, id est, pœnam peccatorum nostrorum dicitur in corpore suo super lignum portasse;quia per ipsius pœnam quam in cruce tulit, omnis pœna temporalis, quæ pro peccato conversis debetur, in baptismo penitus relaxatur, ut nulla a baptizato exigatur, et in pœnitentia minoratur. Non enim sufficeret illa pœna qua pœnitentes ligat Ecclesia,nisi pœna Christi cooperaretur,qui pro nobis solvit. Unde peccata justorum,qui fuerunt ante adventum, in sustentatione Dei fuisse usque ad Christi mortem dicit Apostolus,ad osiensionem justitiæ ejus in hoc tempore. Ecce aperte expositum est quomodo et quid Christus per mortem nobis meruit et impetravit.

Si solus Christus debet dici Redemptor, ut solus dicitur Mediator.
5. Unde ipse vere dicitur mundi Redemptor,et Dei hominumque Mediator; sed Mediator in Scriptura dicitur solus Filius, Redemptor vero aliquando etiam Pater vel Spiritus sanctus. Sed hoc propter usum potestatis,non propter exhibitionem humilitatis et obedientiæ. Nam secundum potestatis simul et obedientiæ usum,Filius proprie dicitur Redemptor,quia in se explevit per quæ justificati sumus,et ipsam justificationem est operatus potentia deitatis cum Patre et Spiritu sancto.Est ergo Redemptor,in quantum est Deus, potestatis usu; in quantum homo,humilitatis effectu. Et sæpius dicitur Redemptor secundum humanitatem,quia secundum eam et in ea suscepit et implevit illa sacramenta,quæ sunt causa nostræ redemptionis. Proprie ergo Filius dicitur Redemptor.

De Mediatore.
6. Qui solus dicitur Mediator, non Pater vel Spiritus sanctus. De quo Apostolus,Tim 2; *Unus mediator Dei et hominum homo Christus Jesus*, id est, per hominem quasi in medio arbiter est ad componendam pacem, id est, ad reconciliandum homines Deo. Hic est arbiter quem Job desiderat.Ultimam esse nobis arbiter! *Reconciliati enim sumus Deo*,ut ait Apostolus, Rom. 5, *per mortem Christi*. Quod non sic intelligendum est, quasi nos ei sic reconciliaverit Christus,ut inciperet amare quos oderat, sicut reconciliatur inimicus inimico. ut deinde sint amici qui ante se oderant; sed jam nos diligenti Deo reconciliati sumus. Non enim ex quo ei reconciliati sumus per sanguinem Filii nos cœpit diligere, sed ante mundum,priusquam nos aliquid essemus.Quomodo ergo nos diligenti Deo sumus reconciliati? Propter peccatum cum eo habebamus inimicitias.qui habebat erga nos charitatem, etiam cum inimicitias exercebamus adversus eum, operando iniquitatem. Ita ergo inimici eramus Deo, sicut justitiæ inimica sunt peccata; et ideo dimissis peccatis tales inimicitiæ finiuntur, et reconciliamur justo,quos ipse justificat.Christus ergo dicitur Mediator,eo quod medius inter Deum et homines ipsos reconciliat Deo.Reconciliat autem,dum offendicula hominum tollit ab oculis Dei,id est,dum peccata delet, quibus Deus offendebatur,et nos inimici ejus eramus. Sed cum peccata deleat non solus Filius,sed et Pater et Spiritus sanctus, quorum deletio est nostra ad Deum reconciliatio, quare solus Filius dicitur Mediator? Nam de Patre legitur quod reconciliaverit sibi mundum. Ait enim Apostolus, 2 Cor. 5: *Deus enim erat in Christo,mundum sibi reconcilians.*Cum ergo reconciliet, quare non dicitur Mediator? Quia nec medius est inter Deum et homines,nec in se habuit illa sacramenta,quorum fide et imitatione justificamur, id est, reconciliantur Deo.Reconciliavit ergo nos tota Trinitas virtutis usu,scilicet,dum peccata delet;sed Filius solus impletione obedientiæ,in quo patrata sunt secundum humanam naturam, per quæ credentes et imitantes justificantur.(Aug.,in lib.13 de Trin.,c.16.)

Secundum quam naturam sit Mediator.
7. Unde et Mediator dicitur secundum humanitatem,non secundum divinitatem,non enim est mediator inter Deum et Deum,quia tantum unus Deus;sed inter Deum et hominem,quasi inter duo extrema,quia medius esse non potest nisi inter aliqua.Mediator est ergo, in quantum humo.Nam in quantum Deus,non Mediator,sed æqualis Patri est hoc idem quod Pater, cum Patre unus Deus.Mediat ergo inter homines et Deum Trinitatem, secundum hominis naturam, in qua suscepit illa per quæ reconciliamur Deo Trinitati; et secundum eamdem habet aliquid simile Deo,et aliquid simile hominibus,quod Mediatori congruebat,ne per omnia similis hominibus,longe esset a Deo,aut per omnia Deo similis, longe esset ab hominibus,et ita mediator non esset Unus ergo Mediator Christus inter mortales peccatores et immortalem justum,apparuit mortalis cum hominibus,justus cum Deo;per infirmitatem propinquans nobis, per justitiam Deo. Recte ergo Mediator dictus est, quia inter Deum immortalem et hominem mortalem est Deus et homo, reconcllians hominem Deo; in tantum Mediator, in quantum est homo;in quantum autem Verbum non est medius,quia unus cum Patre Deus.Si ergo Christus secundum vos, o hæretici, unam tantum habet naturam, unde medius erit?et nisi ita sit medius,ut Deus sit propter divinitatis naturam,et homo propter humanitatis naturam,quomodo humana in eo reconciliantur divinis?Nam ipse veniens prius in se humana sociavit divinis per utriusque naturæ conjunctionem in una persona. Deinde omnes fidelcs per mortem reconciliavit Deo,dum sanati sunt ab impietate quicumque humilitatem Christi credendo dilexerunt, et diligendo imitati sunt.(Aug.,tom.1,in lib.Confess., l. 19, c.42.)Ecce hic aliquatenus insinuatur quare Christus solus Mediator Dei dicitur et hominum;et secundum quam naturam mediet;scilicet,humanam,et cui mediet,scilicet,Deo Trinitati.Trinitati enim nos reconciliavit per mortem,per quam et nos redemit a servitute diaboli. Nam, ut dicitur 1 Pet. 2: *Non corruptibilibus auro et argento redempti sumus, sed pretioso sanguine Agni immaculati.*

DISTINCTIO XX.
QUOD ALIO MODO POTUIT LIBERARE HOMINEM, ET QUARE POTIUS ISTO.

1. Si vero quæritur utrum alio modo posset Deus hominem liberare quam per mortem Christi,dicimus et alium modum fuisse possibilem Deo,cujus potestati cuncta subjacent;sed nostræ miseriæ sanandæ convenientiorem modum alium non fuisse,nec esse oportuisse.Quid enim mentes nostras tantum erigit et ab immortalitatis desperatione liberat,quam quod tanti nos fecit Deus, ut Dei Filius immutabiliter bonus,in se manens quod erat,et a nobis accipiens quod non erat,dignatusque nostrum inire consortium, mala nostra moriendo perferret? Est et alia ratio, quare isto potius modo quam alio liberare voluit;quia sic justitia superatur diabolus,non potentia. Et quomodo id factum sit explicabo ut potero.Quadam justitia Dei in potestatem diaboli traditum est genus humanum, peccato primi hominis in omnes originaliter transeunte, et illius debito omnes obligante. Unde omnes homines ab origine sunt sub principe diabolo.Unde Apostolus Ephes. 2: *Eramus natura filii iræ*, natura scilicet ut est depravata peccato, non ut est recta creata ab initio. Nodus autem ille quo traditus est homo in diaboli potestatem,non ita debet intelligi tanquam Deus hoc fecerit aut fieri jusserit,sed quod tantum permiserit juste tamen. Illo enim deserente peccantem, peccati auctor illico invasit;nec tamen Deus continuit in ira sua miserationes suas,nec hominem a lege suæ potestatis amisit, cum in diaboli potestate esse permisit; quia nec diabolus a potestate Dei est alienus. sicut nec a bonitate.Nam qualicumque vita diabolus vel homo non subsisteret, nisi per eum qui vivificat omnia.Non ergo Deus hominem deseruit,ut non se illi exhiberet Deum;sed inter mala pœnalia etiam malis multa præstitit bona,et tandem hominem quem commissio peccatorum diabolo subdidit,remissio peccatorum per sanguinem Christi data a diabolo eruit,ut sic justitia vinceretur diabolus,non potentia.Sed qua

justitia? Jesu Christi.Et quomodo victus est ea?Quia in eo nihil dignum morte inveniens, occidit eum tamen.Et utique justum est ut debitores quos tenebat, liberi dimittantur, in eum credentes quem sine ullo debito occidit. Ideo autem potentia vincere noluit, quia diabolus vitio perversitatis suæ amator est potentiæ,etdesertoroppugnatorquejustitiæ,in quo homines magis cum imitantur, qui neglecta vel etiam perosa justitia,potentiæ magis student, ejusque vel adeptione lætantur,vel cupiditate inflammantur.Ideoque placuitDeo non potentia,sedjustitia,vincere, hominem eruere,in quo homo cum imitari discoret.Post vero in resurrectione secuta est potentia,quia revixit mortuus,nunquam postea moriturus.Sed nonne jure æquissimo vinceretur diabolus, si potentia tantum Christus cum illo agere voluisset? Utique, sed postposuit Christus quod potuit, ut prius ageret quod oportuit.Justitia ergo humilitatis hominem liberavit, qeem sola potentia æquissime liberare potuit.

De causa inter Deum, et hominem, et diabolum.

2.Si enim tres illi in causam venirent,scilicetDeus, diabolus et homo, diabolus et homo quid adversus Deum dicerent non haberent,Diabolus enim de injuria Dei convinceretur, quia servum ejus, scilicet hominem, et frauculenter abduxit, et violenter tenuit. Homo etiam injurius Deo convinceretur, quia præcepta ejus contempsit,et se alieno dominio mancipavit- De hominis injuria convinceretur diabolus, quia et illum prius fallaci promissione decepit, et post mala inferendo læsit.Injuste ergo diabolus,quantum ad se tenebat hominem, sed homo juste tenebatur, quia diabolus nunquam meruit potestatem habere super hominem,sed homo meruit per culpam pati diaboli tyrannidem. Si ergo Deus, qui utrique præerat, potentia hominem liberare vellet,sola jussionis virtute hominem potuit rectissime liberare; sed ob causam præmissam justitiæ humilitatis uti voluit.Qui dum in carne mortali crucifixus est,justificati sumus,id est, per remissionem peccatorum cruti de potestate diaboli; et ita a Chrisfi justitia diabolus victus est,non potentia. Quomodo autem in ejus sanguine nobis peccata sint dimissa, supra expositum est. (Aug. in lib. 13 de Trin., c. 14.)

De traditione Christi quæ facta dicitur a Patre et a Filio, a Juda et a Judæis.

3.Christus ergo est sacerdos,idemque et hostia pretium nostræ reconciliationis;qui se in ara crucis non diabolo, sedTrinitati obtulit pro omnibus,quantum ad pretii sufficientiam;sed pro electis tantum quantumad efficaciam,quia prædestinatis tantum salutem effecit. De quo et legitur quod sit traditus aPatre,et quod seipsum tradidit,et quodJudas cum tradidit,et Judæi.Ipse se tradidit,quia sponte ad passionem accessit;et Pater cum tradidit, quia voluntate Patris, imo totius Trinitatis passus est; Judas tradidit prodendo, et Judæi instigando, et fuit actus Judæ et Judæorum malus, et actus Christi vel Patris bonus, opus Christi et Patri bonum,quia bona Patris et Filii voluntas; malum fuit opus Judæ et Judæorum, quia mala fuit intentio.Diversa fuerunt ibi facta sive opera id est, diversi actus, et una res, sive factum,scilicet, passio ipsa. Ideoque doctores aliquando uniunt in facto illo Patrem,Filium,Judam,Judæum,aliquando disjungunt. Respicientes enim ad passionem, unum opus illorum dicunt;attendentes intentiones et actas, facta diversa discernunt. Unde August.: Facta est, inquit,traditio a Patre,facta est traditio a Filio,facta est traditio a Juda; una res facta est. Quid ergo discernit inter eos? Quia hoc fecit Pater et Filius in charitate, Judas vero in proditione. Videtis quia non quid faciat homo,sed qua voluntate,considerandum est. In eodem facto invenimus Deum, quo Judam; Deum benedicimus, Judam detestamur, quia Deus cogitavit salutem nostram. Judas cogitavit pretium quo vendidit Dominum, Filius, pretium quod dedit pro nobis. Diversa ergo intentio diversa facit, cum tamen sit una res ex diversis. Ecce unam rem dicit ibi fuisse, et diversa facta, quia una ibi fuit passio, sed diversi actus.Et actus quidemJudæ acJudæorum mali,quibus operati sunt Christi passionem,quæ bonum est et opus Dei est. (Aug.,in psalm. 93enarratione, tom. 8; super Epistolam 1 Joan. homil. 7.)

Quod Christi passio dicitur opus Dei et Judæorum, et quomodo.

4. Passio ergo Christi et opus dicitur Judæorum, quia ex actibus eorum provenit, et opus Dei quia eo auctore, id est, volente fuit. Unde August.(28):*Nemo aufert unimam Christi ab eo,quia potestatem habet ponendi et sumendi eam*, Joan. 10:ccco habes auctorem operis; ponet animam: ccce habes opus auctoris. Et ut generaliter concludam, quoties in carne Christus aliquid patitur, opus auctoris est; quia enim sua voluntate, non alio cogente perpatitur, ipse auctor est operis. Cum autem passioChristi opus Dei sit,et ideo bonum,eamque operati sintJudas et Judæi,quæritur an concedendum sit eos operatos ibi esse bonum.Hic distinguendum est.Potest enim dici quod operati sunt bonum,quia ex actibus eorum bonum provenit,id est, passioChristi;et item quod operati non sunt bonum, sed malum,quia, actio eorum non fuit bona,sed mala.

DISTINCTIO XXI.

SI IN CHRISTO DIVISIO IN MORTE FUIT ANIMÆ VEL CARNIS A VERBO.

1.Post prædicta considerandum est utrum in morte Christi,a Verbo sit separata anima vel caro.Quidam putaverunt tunc carnem sicut ab anima, ita a divinitate in morte fuisse divisam. Si enim, inquiunt, anima media divinitate sibi carnem univit,sicut superius prætaxatum est; ergo quando divisa est caro ab anima, divisa est etiam a divinitate, quia non potuit ab anima sejungi, per quam Verbo erat unita, quin aVerbo divideretur.Fuit autem divisa ab anima in morte, alioquin vera mors ibi non fuisset;quia,ut ait August. (29): Mors quam timent homines separatio est animæ a carne.Mors autem quam non timent, separatio est animæ aDeo.Utraque vero diaboli suasu homini propinata est. Si ergo in Christo homine vera mors fuit,divisa est ibi anima,ac per hoc divinitas a carne. Huic suæ probabilitati adunt auctoritatis testimonium.Ambros. enim(30)tractans deChristi derelictione, qui in cruce voce magna clamans dixit: *Deus, Deus meus, ut quid me dereliquisti?* ait: Clamat homo separatione divinitatis moriturus.Nam cum divinitas mortis libera sit,utique mors ibi esse non poterat, nisi vita discederet, quia vita divinitas est.Hic videtur tradi quod divinitas separata sit in morte ab homine;quæ nisi discessisset, homo ille mori non posset. Quod illi ad carnem referunt,quam dicunt aDeo separatam.Quibus respondemus illam separationem sic esse accipiendam,sicut intelligitur derelictio, quod illis verbis significatur: *Ut quid me dereliquisti?* Quomodo ergo Christus derelictus erat a Patre, cum in cruce derelictum se clamabat? Non recesserat Deus ab homine,ita quod esset soluta unioDei et hominis. Alioquin fuit quoddam tempus, quandoChristus adhuc vivus homo erat, et non Deus, quia adhuc vivus se derelictum clamabat, non derelinquendum.Si ergo illa derelictio unionis intelligatur solutio, ante facta fuit solutio Dei et hominis, quam Christus mortuus esset.Sed quis hoc dicat? Fateamur ergo Deum quodammodo illum hominem in morte deseruisse,quia potestati persequentium eum exposuit ad tempus, non suam potentiam exercendo illum defendit ut non moreretur. Separavit se divinitas, quia subtraxit protectionem,sed non solvit unionem.Separavit se foris, ut non adesset ad defensionem,sed non intus defuit ad unionem. Si non ibi cohibuisset potentiam, sed

(28) In lib. de Unitate Trin., ad Optatum, contra Felicianum, cap. 14, in tom. 6.
(29) Tom. 8,dist. 2, l. 3, c. *Assumpsit*, concion.2. super eo versu ps. 48: *Sicut oves in inferno positæ.*
(30) Tom. 4, Comment. ad cap. 22 Luc., super eo loco: *Pater, in manus tuas commendo spiritum meum.*

exercuisset, non moreretur Christus. Mortuus est Christus, divinitate recedente, id est, effectum potentiæ defendendo, non exhibendo. Hic est, hircus ἀποπομπαῖος qui altero hirco immolato in solitudinem mittebatur, ut legitur in Levitico. Duo enim hirci, humanitas et divinitasChristi intelliguntur.Humanitate ergo immolata,divinitas Christi in solitudinem abiit, id est, in cœlum tempore passionis divinitas abiisse dicitur,non locum mutans,sed quodam modo virtutem cohibens,ut possent impii consummare passionem. Abiit ergo, id est, virtutem cohibuit, et *portavit iniquitates nostras* (Isai. 43); non ut haeret, sed ut consumeret : *Deus enim ignis consumens est* (Deut. 4). Ex his satis ostenditur, præmissa verba Ambrosii sic esse accipienda, ut prædiximus.

Aliam ad idem inducunt auctoritatem.

Alii quoque auctoritati innituntur,qui asserunt divinitatem in morte recessisse ab homine secundum carnem.Ait enim Athanasius(31):Maledictus qui totum hominem quem assumpsit Dei Filius, denuo assumptum,tertia die a mortuis resurrexisse non confitetur. Fiat, fiat. Si, inquiunt, denuo assumptus est homo in resurrectione,quem assumpserat in incarnatione ; deposuit ergo eum in morte ; separata ergo fuit divinitas in morte ab humanitate. Quibus respondemus quod si in his verbis assumptio talis intelligatur quæ fit secundum unionem,non carnem tantum, sed totum hominem, id est,animam et carnem denuo sibi univit in resurrectione ; quia non simpliciter hominem,sed totum hominem assumptum dicit,Totum ergo hominem in morte deposuit, id est,animam et carnem.Sed quis, nisi hostis veritatis,dicat animam a Verbo depositam?Et tamen nisi hoc fateantur,quod totus homo sit assumptus, non pro eis facit illa auctoritas,quæ totum dicit assumptum. Sciendum est ergoAnathasium id dixisse contra illorum perfidiam, qui resurrectionemChristi negabant,putantes morte detineri eum qui solus inter mortuos liber est.Ideo illum maledicit, qui non confitetur totum hominem denuo assumptum resurrexisse,id est,Christum animam denuo corpori conjunxisse ; et illis duobus denuo conjunctis in resurrectione,vere secundum hominem vixisse sicut ante mortem. Nam in morte separata est anima a carne:unde vero dicitur Christus mortuus, sed neutrum separatum est a Verbo Dei.

Auctoritatibus astruit, a Verbo carnem in morte non esse divisam.

3 Sicut August., super Joannem, tractatu 57,tom. 9, docent, tractans illud Domini verbum : *Ego pono animam meam,ut iterum sumam eam ; nemo tollit eam a me, sed ego pono eam ; a meipso potestatem habeo ponendi eam, et iterum sumendi eam* : hic animam dicit emissam. A quo emissa est? A seipsa non est emissa, quia seipsam non posuit ; nec Verbum animam posuit nec carnem. Caro ergo animam posuit, sed potestote in se manentis deitatis. Potentia ergo deitatis anima divisa est a carne,sed neutrum a Verbo Dei ; unde Aug.lib.de Unitate Trinitatis, ad Optatum, c. 14: Verbum ex quo suscepit hominem, id est, carnem et animam,nunquam deposuit animam ut esset anima a Verbo separata ; sed caro posuit animam quando expiravit, qua redeunte resurrexit. Mors ergo ad tempus carnem et animam separavit, sed neutrum a Verbo Dei. Caro ergo ponit et sumit animam, non potestate sua,sed potestate inhabitantis carnem deitatis. Hic evidenter traditur nec animam nec carnem a Verbo Dei in morte esse divisam, ut aliquo modo soluta fuerit unio. Unde Aug.contra Felicianum : Absit ut Christus sic senserit mortem,ut quantum in se est, vita vitam perdiderit! si enim hoc ita esset,vitæ fons aruisset. Sensit ergo mortem participatione humani affectus, quem sponte susceperat ; non naturæ suæ perdidit potentiam, per quam cuncta vivificat.Sic in

---

(31). Lib. 6, qui de Beatitudine Filii Dei dicitur, ad Theophylum.

sepulcro Christus carnem suam commoriendo non deseruit, sicut in utero virginis connascendo formavit.Mortuus est ergo non discedente vita, sicut passus est non pereunte potentia.Nemo tollit animam ejus ab eo,quia potestatem habet ponendi et sumendi. Ecce et hic habes,Christum non deseruisse carnem in morte, et vitam non discessisse a mortuo ; et quod sponte tradidit spiritum,non alius extorsit.Unde Ambrosius. in lib.de Incarnationis dominicæ Sacrament,cap. 5 : Emisit Christus spiritum,et tamen quasi arbiter exuendi suscipiendique corporis,emisit ; pendebat in cruce, et omnia commovebat. Sed unde emisit ? Ex carne. Quo emisit? Ad Patrem.

Qua ratione Christus dicitur mortuus et passus.

4. Recedente vero anima mortua estChristi caro ; et quia caro mortua est, mortuus est Christus. Sicut enim mortuus dicitur Deus, quand mortuus est homo;itamortuushomo dicitur, quando mortua est caro. Separatio animæ mors carnis fuit. Propter carnem ergo unitamVerbo,quæ mortua est,dicitur Deus mortuus, et propter carnem et animam quæ utraque dolorem sensit,dicitur Deus passus,cum divinitas omnis doloris exors existeret. Unde August.: Verbum caro factum est, ut per carnem panis cœlestis ad infantes transiret;et secundum hoc ipsumVerbum crucifixum est,sed non est mutatum in hominem ; homo in illo mutatus est, ut melior fieret quam erat. Per illud ergo quod homo erat, mortuus est Deus, et per illud quod Deus erat,homo excitatus est et resurrexit.Quidquid passus est homo,non potest dici non passus Deus,quoniam Deus erat homo. Quomodo non potes dicere te non passum injuriam, si vestis tua conscindatur,quamvis vestis tua non sit tu ? Multo magis ergo quidquid patitur caro unita Verbo,debet dici Deus pati, licet Verbum nec mori, nec corrumpi, nec mutari potuerit. Sed quidquid horum passus est,in carne passus est.De hoc etiam Amb., in lib. de incarnationis dominicæ Sacramento ait : Quod Verbi caro patiebatur, manens in carne Verbum in se pro corporis assumptione referebat,ut pati diceretur, quia caro patiebatur ; sicut scriptum est, 1 Petri 4 : *Christo in carne passo*. Hic docetur qua ratione Deus vel Dei Filius passus vel mortuus dicitur : non quia mortem senserit in quantum Deus est, sed quia caro ei unita mortua est. Secundum quam rationem dicit August., in sermone de Fide : Si quis dixerit atque crediderit Filium Dei Deum passum,anathema sit.Cujus dicti causam ex qua intelligentia sumenda sit, aperiens in eodem subdit: Si quis dixerit quod in passione dolorem sentiebat Filius Dei Deus,et non caro tantum cum anima quam sibi acceperat, anathema sit.Sane ergo dici potest quod mortuus est Deus, et non mortuus ; passus est Dei Filius,et non passus ; passa est tertia persona,et non passa; crucifixum est Verbum et non crucifixum; sed secundum alteram naturam passus est, secundum alteram impassibilis. Unde Ambrosius, in lib. 3 de Spiritu sancto : Generalis ista est fides, quia Christus est Dei Filius, et natus ex virgine ; quem quasi gigantem Propheta describit,ps. 18,eo quod biformis gemineæque naturæ unus sit, consors divinitatis et corporis. Idem ergo patiebatur, et non patiebatur ; moriebatur, et non moriebatur ; sepeliebatur et non sepeliabatur ; resurgebat,et non resurgebat. Resurgebat secundum carnem, quæ mortua fuerat, non secundumVerbum, quod apud Deum semper manebat.

DISTINCTIO XXII.

SI CHRISTUS IN MORTE FUIT HOMO.

1. Hic quæritur, utrum in illo triduo mortisChristus fuerit homo,quod non videtur quibusdam,quia mortuus erat, et homo mortuus non est homo. Addunt etiam quod si tunc erat homo:vel mortalis,vel immortalis ; sed mortalis non, quia mortuus ; nec immortalis,quiatantumpostresurrectionem.Quibus respondemus quia licet homo mortuus fuerit, erat tamen in morte Deus homo,nec mortalis quidem, nec immortalis ; et tamen vere erat homo. Illæ enim et

hujusmodi argutiæ in creaturis locum habent, sed fidei sacramentum a philosophicis argumentis est liberum. Unde Amb., in lib. 1 de Fide, c. 5, in fine : Aufer argumenta, ubi fides quæritur. In ipsis gymnasiis suis jam dialectica taceat ; piscatoribus creditur, non dialecticis. Dicimus ergo, in morte Christi Deum vere fuisse hominem, et tamen mortuum ; et hominem quidem nec mortalem, nec immortalem, quia unitus erat animæ et carni sejunctus. Alia enim ratione dicitur Deus homo, vel homo Deus, quam Martinus vel Joannes. Homo enim dicitur Deus, et e converso, propter susceptionem hominis, id est animæ et carnis. Unde Aug., in lib. de Trin., cap. 13 : Talis erat susceptio illa quæ Deum hominem faceret, et hominem Deum. Cum ergo illa susceptio per mortem non defecerit, sed Deus homini, et homo Deo sicut ante unitus erat vere, et tunc Deus erat homo, et e converso, quia unitus animæ et carni ; et homo mortuus erat, quia anima a carne divisa erat. Propter separationem animæ a carne mortuus, sed propter utriusque semper secum unionem homo. Non autem sic erat homo, ut ex anima et carne simul junctis subsisteret. Ex qua ratione dicitur aliquis alius homo, et ipse forte ante mortem, hoc etiam modo erat homo et post resurrectionem fuit. In morte vero homo erat tantum propter animæ et carnis secum unionem, et mortuus propter inter illa duo divisionem.

Si Christus in morte erat homo alicubi, et si ubicumque sit homo sit.

2. Hic quæritur, si Christus in morte alicubi erat homo, et si ubicumque est, homo sit. Ad quod dicimus, quia non ubicumque erat, homo erat ; nec modo ubicumque homo est : quia ubique est secundum deitatem, nec ubique homo, quia non ubique homini unitus ; sed ubicumque est secundum hominem, ibi homo est. Tempore autem mortis et ubique erat secundum Deum, et in sepulcro secundum hominem, et in inferno secundum hominem ; sed in inferno secundum animam tantum, et in sepulcro secundum carnem tantum. In sepulcro ergo erat homo, quia humanitati unitus erat etsi non toti, quia carni tantum ; et in inferno erat homo, quia humanitati unitus, sed non toti, quia animæ tantum. Sed si in inferno animæ tantum, et in sepulcro carni tantum unitus erat : ergo nec in inferno unitus erat animæ et carni, nec in sepulcro. Quomodo ergo ibi vel hic homo esse dicitur? Quæ est ratio dicti? Quia una eademque unione unitus erat animæ in inferno, et carni in sepulcro. Et sic erat illis duabus tunc separatis unitus, sicut ante separatinem, id est, ante mortem. Ad hoc autem opponitur. Si Christus animam tantum vel carnem tantum assumpisset, non fuisset verus homo, sed propter utriusque assumptionem verus homo fuit. Sic ergo ubi carnem et animam sibi unitam non habebat, verus homo ibi non erat. Sed tempore mortis nusquam illa duo vere unita habebat, quia nec in sepulcro, nec in inferno, nec alibi ; nusquam ergo erat homo. Ad quod dicimus, quia Christus utique verus homo non fuisset, si carnem et animam non assumpsisset. Sed tamen quia ex quo assumpsisset, neutrum deposuit, sed cum utroque eamdem unionem indesinenter tenuit, quam assumendo contraxit ; ideo non incongrue ubicumque animæ vel carni, vel utrique unitus est, ibi homo esse dicitur, quia ibi humanatus est. Ergo et in sepulcro e at homo et in inferno erat homo, quia utrobique humanatus erat Christus, et unam eamdemque cum anima et carne, licet separatis, habebat unionem : et uno eodemque tempore in sepulcro jacuit Christus, et ad infernum decendit ; sed in sepulcro jacuit secundum solam carnem, et in infernum descendit secundum solam animam. Unde Aug., lib. de Fide ad Petrum, c. 2 super Joan., tract. 78 in fine. Quis non est derelictus in inferno? Christus, sed in anima sola. Quis jacuit in sepulcro? Christus, sed in carne sola ; quia in his singulis Christus est. Christum in his omnibus confitemur et in singulis. Ex his evidenter ostenditur, quod carni jacenti in sepulcro unitus erat Christus, sicut animæ in inferno. Alioquin si carni mortuæ non esset unitus, non in ea diceretur jacuisse in sepulcro. Anima ergo ad infernum descendit, caro in sepulcro jacuit, sapientia cum utroque permansit, que in inferno positis, ut ait Amb. in lib. de Incarnationis dominicæ Sacramento, c. 5, lumen vitæ fundebat æternæ. Radiabat illic lux vera sapientiæ, illuminabat infernum, sed in inferno non claudebatur. Quis enim locus est Sapientiæ? de qua scriptum est, Job. 28 : *Nescit homo vias ejus nec inventa est inter homines*. De qua abyssus dicit : *Non est in me ;* mare dixit : *Non est mecum ;* ergo nec in tempore, nec in loco sapientia est, cui nec mors tribuenda est. In ligno enim caro, non illa operatrix omnium substantia divina pendebat. Confitemur tamen Christum pependisse in ligno et jacuisse in sepulcro, sed in carne sola, et fuisse in inferno. sed in anima sola.

Quod Christus ubique totus est, sed non totum ; ut totus est homo vel Deus, sed non totum.

3. Et utique totus eodem tempore erat in inferno, in cœlo totus, ubique totus ; persona enim illa æterna non major erat, ubi carnem et animum simul unitam sibi habebat, quam ubi alterum tantum ; nec major erat ubi utrumque simul vel alterum tantum unitum habebat, quam ubi erat neutrum habens unitum. Totus ergo Christus et perfectus ubique erat. Unde Aug., contra Felicianum, de Unitate Trinitatis, ad Optatum, c. 14 : Non dimisit Patrem Christus cum venit in Virginem ; ubique totus, ubique perfectus. Uno ergo eodemque tempore totus erat in inferno, totus in cœlo. Erat apud inferos resurrectio mortuorum, erat super cœlos vita viventium ; vere mortuus, vere vivus ; in quo et mortem susceptio mortalitatis excepit, et vitam divinitas non perdidit. Mortem ergo Dei Filius et in anima non pertulit, et in majestate non sensit ; sed tamen participatione infirmitatis Rex gloriæ crucifixus est. Ex his apparet quod Christus eodem tempore totus erat in sepulcro, totus in inferno, totus ubique ; sicut et modo totus est ubicumque est, sed non totum. Nec in sepulcro, nec in inferno, totum erat, etsi totus, sicut Christus totus est Deus, totus homo, sed non totum ; quia non solum est Deus vel homo, sed et Deus et homo. Totum enim ad naturam refertur, totus autem ad hypostasim ; sicut aliud et aliquid ad naturam, alius vero et aliquis ad personam referuntur. Unde Joan. Damasc., lib. de Fide. c. 7, in fine : Totus Christus est Deus pefectus, non autem totum Deum est. Non enim solum Deus est, sed et homo, et totus homo perfectus. Non autem totum homo. et solum enim homo, sed et Deus, Totum enim naturæ est repræsentativum. Totus autem, hypostaseos ; sicut aliud quidem est naturæ, alus hypostaseos, sic et hujusmodi.

Si ea quæ dicuntur de Deo vel Filio Dei poscunt dici de homine illo vel de filio hominis.

4. Solet etiam quæri si congruenter dici possit filius hominis vel ille homo descendisse de cœlo, vel ubique esse, sicut dicicitur Filius Dei vel Deus de cœlo venisse, et ubique esse. Ad quod dicimus, si ad unitatem personæ referatur dicti intelligentia, sane dici potest ; si vero ad distinctionem naturarum, nullatenus concedendum est. Unde Aug., in lib. 1 de Trin. : Una persona est Christus Deus et homo. Ideo dicitur : Nemo ascendit in cœlum, nisi qui de cœlo descendit, etc. Si ergo attendas distinctionem substantiarum Filius Dei descendit, et filius hominis crucifixus est ; si vero unitatem personæ, et filius hominis descendit, et Filius Dei est crucifixus. Propter hanc unitatem personæ non solum filium hominis descendisse de cœlo, sed etiam dixit esse in cœlo, cum loqueretur in terra : propter hanc eamdem dicitur Deus gloriæ crucifixus, qui tamen ex forma servi tantum crucifixus est. Non tamen secundum hoc quod Deus gloriæ est, et secundum quod glorificat suos ; et tamen dicitur Deus gloriæ crucifixus. Recte quidem, non ex virtute divinitatis, sed ex infirmitate carnis. Quid ergo propter quid, et quid secundum

quid dicatur, prudens et diligens et pius lector intelligat. Hæc de corrigia calceamenti dominici dicta sufficiant, ne ossa regis Idumϫæ consumantur usque in cinerem.

DISTINCTIO XXIII.
SI CHRISTUS HABUERIT FIDEM ET SPEM UT CHARITATEM.

1. Cum vero supra perhibitum sit Christum plenum gratia fuisse, non est supervacuum inquirere utrum fidem et spem sicut charitatem habuerit. Si enim his caruit, non videtur plenitudinem gratiarum habuisse. Ut autem hæc quæstio valeat apertius explicari, de his singulis aliqua in medium proferenda sunt, et primum de fide, secundum mensuram cujus præcepit Apostolus unicuique sapere.

Quid sit fides.

2. Fides est virtus qua creduntur quæ non videntur. Quod tamen non de omnibus quæ non videntur accipiendum est, sed de his tantum quæ credere, ut ait August., ad religionem pertinent. Multa enim sunt quæ si Christianus ignoret, nihil metuendum est, quia non ideo a religione deviat.

Quot modis dicitur fides.

3. Accipitur autem fides tribus modis, scilicet pro eo quo creditur, et est virtus ; et pro eo quod creditur, et non est virtus ; et pro eo in quo creditur, quod aliud est ab eo quod creditur. Unde Aug. inquit, in lib. 13 de Trin., cap. 2 : Aliud sunt ea quæ creduntur, aliud fides qua creditur. Illa enim in rebus sunt quæ vel esse, vel fuisse, vel futura esse creduntur; hæc autem in animo credentis est, ei tantum conspicua cujus est : et tamen nomine fidei consetur utrumque, et illud scilicet quod creditur, et id quo creditur. Id quod creditur dicitur fides, sicut ibi, in Symbolo Athanasii : *Hæc est fides catholica, quam nisi quisque firmiter fideliterque crediderit, salvus esse non poterit.* Fides autem qua creditur si cum charitate sit, virtus est, quia charitas, ut ait Amb. super Epist. ad Rom., mater est omnium virtutum, quæ omnes informat, sine qua nulla vera virtus est. Fides ergo operans per dilectionem, virtus est, qua non visa creduntur. Hæc est fundamentum quod mutari non potest, ut ait Apostolus, quæ posita in fundamento nominem perire sinit, unde August., de Fide ad Petrum : Fundamentum est Christus Jesus, id est, Christi fides, scilicet, quæ per dilectionem operatur, per quam Christus habitat in cordibus, quæ neminem perire sinit. Alia vero non est fundamentum. Fides enim sine dilectione inanis est. Fides cum dilectione, Christiani est ; alia dæmonis est. Nam et dæmones credunt, et contremiscunt. Sed multum interest utrum quis credat Christum, vel Christo, vel in Christum. Nam ipsum esse Christum dæmones crediderunt, nec tamen in Christum crediderunt, (Aug., tom. 10, serm. 61, de Verbis Domini.)

Quid sit credere in Deum, vel Deo, vel Deum.

4. Aliud est enim credere in Deum, aliud credere Deo, aliud credere Deum. Credere Deo, est credere vera esse quæ loquitur, quod et mali faciunt, et nos credimus homini, sed non in hominem. Credere Deum, est credere quod ipse sit Deus, quod etiam mali faciunt. Credere in Deum, est credendo amare, credendo in eum ire, credendo ei adhærere et ejus membris incorporari. Per hanc ddem justificatur impius, ut deinde ipsa fides incipiat per dilectionem operari. Ea enim sola bona opera dicenda sunt, quæ fiunt per dilectionem Dei. Ipsa enim dilectio, opus fidei dicitur. Fides ergo quam dæmones et falsi christiani habent, qualitas mentis est, sed informis, quia sine charitate est. Nam et malos fidem habere, cum tamen charitate careant, Apostolus ostendit dicens, 1 Cor 12 : *Si habuero omnem fidem, charitatem autem non habeam,* etc. Quæ fides etiam donum Dei dici potest, quia et in talibus quædam Dei dona sunt. (Aug., t. 8, Enarr. in ps. 67.)

An illa informis qualitas mentis quæ in malo christiano est, fiat virtus cum fit bonus.

5. Si vero quæritur utrum illa informis qualitas,

qua malus christianus universa credit quæ bonus Christianus, accedente charitate remaneat et fiat virtus, an ipsa eliminetur, et alia qualitas succedat quæ virtus sit ; utrumlibet sine periculo dici potest. Mihi tamen videtur quod illa qualitas quæ prius erat, remaneat, et accessu charitatis virtus fiat.

Ex quo sensu una dicatur fides.

6. Cumque diversis modis dicatur fides, fatendum est tamen unam fidem, ut ait Apostolus, Eph. 4. : *Unus Dominus, una fides.* Sive enim fides accipiatur pro eo quod creditur, sive pro eo quo creditur, recte dicitur fides una. Si enim pro eo quod creditur accipiatur, ex hac intelligentia dicitur una fides, quia idem jubemur credere, et unum idemque est quod creditur a cunctis fidelibus. Unde fides catholica dicitur, id est, universalis. Si vero accipiatur fides pro eo quo creditur, ea ratione una dicitur esse fides, non quia sit una numero in omnibus, sed genere, id est, similitudine. Unde August., in lib. 13 de Trin., cap. 2 : Fides (quam qui habent, fideles vocantur, et qui non habent, infides) communis est omnibus fidelibus ; sicut pluribus hominibus facies communis esse dicitur, cum tamen singuli suas habeant. Non enim fides numero est una, sed genere ; quæ cum sit in uno, est et in aliis, non ipsa, sed similis ; et propter similitudinem magis unam dicimus esse, quam multas. Sicut idem volentium dicitur una voluntas, cum tamen cuique sit sua voluntas ; et duorum simillimorum dicitur facies una.

Quod fides est de his quæ non videntur proprie, quæ tamen videntur ab eo in quo est.

7. Notandum quoque est quod fides proprie de non apparentibus tantum est. Unde Gregor., in homilia super Ezechiel. : Apparentia non habent fidem, sed agnitionem. Idem, cum Paulus dicat, Hebr. 11 : *Fides est substantia rerum sperandarum, argumentum non apparentium ;* hoc veraciter dicitur credi, quod non valet videri. Nam credi jam non potest, quod videri potest. Thomas aliud vidit, et aliud credidit ; hominem vidit, et Deum confessus est, dicens, Joan. 20: *Dominus meus et Deus meus.* De hoc etiam August., in lib. 13 de Trin., cap. 1, ait : Fidem ipsam videt quisque in corde suo esse, si credit ; vel non esse, si non credit. Non sicut corpora, quæ videmus oculis corporeis, et per ipsorum imagines quas memoria tenemus, etiam absentia cogitamus ; nec sicut ea quæ non videmus, et ex his quæ videmus cogitationem utcumque formamus, et memoriæ commendamus ; nec sicut hominem, cujus animam, etsi non videmus, ex nostra conjicimus, et ex motibus corporis hominem sicut videndo didicimus, intuemur etiam cogitando ; non sic videtur fides in corde in quo est, ab eo cujus est, sed eam tenet certissima scientia. Cum ergo ideo credere jubeamur, quia id quod credere jubemur videre non possumus ; ipsam tamen fidem quando est in nobis, videmus in nobis ; quia et rerum absentium præsens est fides, et rerum quæ foris sunt, intus est fides ; et rerum quæ non videntur, fides, et ipsa temporaliter fit in cordibus hominum ; et si ex fidelibus infideles fiant, perit ab eis. His verbis evidenter traditur fidem ipsam in corde hominis ab ipso homine videri non corporaliter, non imaginarie, sed intellectualiter, et ipsam tamen absentium et eorum quæ non videntur, esse. Ut enim August. alibi ait, super Joan. 27, tractatu 27 : Credimus ut cognoscamus, non cognoscimus ut credamus. Quid enim est fides, nisi credere quod non vides ? Fides ergo est quod non vides credere, veritas quod credidisti videre. Unde recte fides dicitur argumentum vel convictio rerum non apparentium ; quia si fides est, ex eo convincitur et probatur aliqua esse non apparentia, cum fides non sit nisi de non apparentibus.

Descriptio fidei.

8. Ait enim Apostolus, Hebr. 12 *Fides est substantia rerum sperandarum, argumentum, vel convictio, non apparentium,* quia per fidem subsistunt in nobis

etiam modo speranda, et subsistunt in futuro per experientiam. Et ipsa est probatio et convictio non apparentium, quia si quis de his dubitet, per fidem probantur, ut adhuc probatur futura resurrectio, quia ita crediderunt patriarchæ et alii sancti. Vel probatio est et certitudo quod sint aliqua non apparentia, ut supra dictum est. Proprio tamen fides dicitur substantia rerum sperandarum, quia sperandis substat, et quia fundamentum est bonorum, quod nemo putare potest.

Si illa descriptione spei conveniat.

9. Si vero quæritur an hæc descriptio spei conveniat, sane concedi potest utrumlibet. Si autem dicatur convenire, sunt et alia plura quibus differunt fides et spes; sed non improbe dici potest soli fidei convenire, non spei, quia fides sola fundamentum dicitur, non quia fides virtus possit esse sine spe et charitate. Unde August., in Ench., cap. 8 : Fides operans per dilectionem utique sine spe esse non potest, nec amor sine spe, nec sine amore spes, nec utrumque sine fide; et fides sine amore nihil prodest; potest tamen credi aliquid, quod non speratur; nihil autem potest sperari, quod non creditur. Ideoque credere, quod est actus fidei, naturaliter præcedit sperare, quod est actus spei; quia nisi aliquid credatur, non potest sperari. Creditur enim aliquid quod non speratur. Inde est quod in Scriptura plerumque reperitur quod fides præcedit spem, et spes sequitur fidem; non quod virtus fidei præcedat virtutem spei virtute vel causa, sed quia actus fidei naturaliter præcedit actum spei; quod etiam quidam concedunt de ipsa virtute fidei, ut naturaliter præcedat spem, non tempore. Unde et recte ea sola dicitur fundamentum omnium virtutum et bonorum operum, non autem fundamentum est charitatis, quia non ipsa charitas, sed charitas ipsius virtutis fidei causa est. Charitas enim est et mater omnium virtutum; quæ si desit, frustra habentur cætera; si autem adsit, habentur omnia. Charitas enim Spiritus sanctus est, ut in superioribus. lib. 1 Sententiarum, distinct. 17, prætaxatum est. Ipsa est ergo causa omnium virtutum, non ipsius aliqua virtutum causa est, quia omnia munera excellit. Unde August., in tractatu de Laudibus charitatis : Respice ad munera Ecclesiæ, et universis excellentius charitatis munus cognosces ; quæ, ut oleum, non potest premi in imo, sed superexilit. Non ergo ejus causa vel fundamentum fides est. Gregorius tamen, super Ezech., dicit quia nisi prius fides teneatur, nullatenus ad spiritualem amorem attingitur. Non enim charitas fidem, sed fides charitatem præcedit, quia nemo potest amare quod non crediderit, sicut nec sperare. Sed hoc accipi potest dictum de fide, quæ virtus non est; Ipsa enim spem et charitatem frequenter præcedit; vel de actu fidei, qui forte naturaliter actum charitatis præcedit, sicut actum spei, quod verba præmissa diligenter notata innuunt, et ea etiam quæ addit dicens : Nisi ea, inquit, quæ audis credideris, et amandum ea quæ audis non inflammaberis; quæ tantum de non visis est, ut ante diximus. Unde Chrysost' : Fides in anima nostra facit subsistere ea quæ non videtur; de quibus proprie fides est, de visis enim non est fides, sed agnitio. Super Epist. ad Hebræos, homilia 21, in fine.

DISTINCTIO XXIV.
QUOMODO INTELLIGITUR QUOD SCRIPTUM EST : UT CUM FACTUM FUERIT CREDATIS

1. Hic quæritur, si fides tantum de non visis est, quomodo Veritas apostolis ait Joan. 14 : *Nunc dico vobis, priusquam fiat, ut cum factum fuerit credatis*, ubi innui videtur quod fides illis fuerit de factis et visis. Super quo Augustinus movet quæstionem et absolvit, ita inquiens, tract. 79 super Joannem : Quid sibi vult, *ut cum factum fuerit credatis*? Hæc est laus fidei, si quod creditur non videtur. Nam et Thomas, cui dictum est, Joan. 20 : *Quia vidisti me, credidisti*; non hoc credidit quod vidit. Cernebat enim et tangebat carnem viventem, quam viderat morientem, et credebat Deum in carne ipsa latentem. Credebat ergo mente quod non videbat, per hoc quod sensibus corporis apparebat. Si vero dicuntur credi quæ videntur, sicut dicit unusquisque oculis suis credidisse, non ipsa est quæ in nobis ædificatur fides ; sed ex rebus quæ videntur, agitur in nobis ut ea credantur quæ non videntur. Ex his aperte intelligitur quod proprie fides non apparentium est. Nec illa est fides qua in Christo ædificamur, qua dicimus, usitata locutione, nos ea credere quæ videmus. Alibi tamen dicit August. fidem esse de rebus præsentibus; quod erit in futuro, cum per speciem Deum præsentem contemplabimur ; quæ tamen non proprie dicitur fides, sed Veritas. Est, inquit, fides qua creduntur ea quæ non videntur. Sed tamen etiam fides rerum, quando non verbis, sed rebus ipsis præsentibus creditur, quod erit cum per speciem manifestam se contemplandam sanctis præbebit Dei Sapientia. Sed non proprie hæc dicitur fides, imo fidei merces adquam credendo pervenictur ; et ex fide verborum transeat justus in fide rerum.

Si Petrus habuit fidem passionis, quando vidit hominem illum pati ?

2. Si vero quæritur utrum Petrus fidem passionis habuerit, cum hominem Christum oculis pati cernebat, dicimus eum fidem passionis habuisse, non in eo quod credebat hominem pati, quia hoc videbat ; sed in eo quod credebat Deum esse, qui patiebatur. Non enim virtus fidei erat, quod credebatur homo pati et mori, quod Judæus cernens credebat; sed quod credebatur Deus esse, qui patiebatur. Unde Augustinus, super illum psalmi 101 locum : *Respondit ei in via virtutis suæ :* Laus fidei est, non quia credit hominem illum mortuum, quod et paganus credit, sed quia credit eum glorificatum, et verum Deum. Credit ergo fides Deum hominem, et hominem glorificatum. Non ergo fuit Petro fides credere hominem illum mori, quod oculis cernebat; sed credere Deum esse, qui moriebatur. Nec nobis etiam fides in hoc meretur, quod credimus hominem illum mortuum, quod et Judæus credit ; sed quia credimus hominem Deum mortuum esse.

Si aliqua sciuntur quæ non creduntur ?

3. Post hoc quæri solet, cum fides sit de non apparentibus et non visis, utrum etiam sit de incognitis tantum. Si enim de incognitis tantum est, de his videtur esse tantum quæ ignorantur. Sed sciendum est quod cum visio alia sit interior, alia exterior, non est fides de subjectis exteriori visioni : eat tamen de his quæ visu interiori utcumque capiuntur. Et quædam sic capiuntur, ut intelligantur, etsi non in futuro, quædam autem non : quia cum fides sit ex auditu non modo exteriori, sed etiam interiori, non potest esse de eo quod omnino ignoratur; quæ ipsa ad sensum corporis non pertinet, ut ait Aug. in lib. 13 de Trin., cap. 2, dicens : Quamvis ex auditu fides in nobis sit, non tamen ad eum sensum corporis pertinet, qui auditus, quia non est sonus ; nec ad ullum sensum corporis, quoniam cordis est res ista, non corporis. Quædam ergo fide creduntur quæ intelliguntur naturali ratione ; quædam vero quæ non intelliguntur. Unde Propheta, Isaiæ 7, juxta 70 interpretes : *Nisi credideritis, non intelligetis*. Quod August. aperte distinguit. Alia sunt, inquit, quæ nisi intelligamus, non credimus; alia, quæ nisi credamus, non intelligemus. Nemo tamen potest credere in Deum, nisi aliquid intelligat, cum fides sit ex auditu prædicationis. Idem in libro de Trinit. : Certa fides utcumque inchoat cognitionem. Cognitis vero certo non perficitur nisi post hanc vitam. Ambros. quoque ait : Ubi fides, non statim cognitio ; ubi cognitio est, fides præcedit. Ex his apparet aliqua credi quæ non intelliguntur vel sciuntur, nisi prius credantur : quædam vero intelligi aliquando, etiam antequam credantur. Nec tamen sic intelliguntur modo, ut in futuro sciantur ; et nunc etiam per fidem qua mundantur corda, amplius intelliguntur. quia nisi per fidem diligatur Deus, non mundatur cor ad sciendum eum. Unde August., in lib. 8 de Trin., cap. 4 : Quid est Deum scire, nisi eum mente

conspicere, firmeque percipere? Sed et priusquam valeamus perspicere et percipere Deum, sicut percipitur a mundis cordibus, nisi per fidem diligatur non poterit cor mundari, quo id est, ut ad eum videndum sit aptum. Ecce hic aperte patet, quia non potest sciri Deus, nisi prius credendo diligatur. Supra autem dictum est quod nemo potest credere in Deum, nisi aliquid intelligatur. Unde colligitur non posse sciri et intelligi credenda quædam, nisi prius credantur; et quædam non credi, nisi prius intelligantur, et ipsa per fidem amplius intelligi. Nec ea quæ prius creduntur quam intelligantur, penitus ignorantur, cum fides sit ex auditu. Ignorantur tamen ex parte, quia non sciuntur. Creditur ergo quod ignoratur, sed non penitus, sicut etiam amatur quod ignoratur. Unde Aug., ibid., c. 4 : Sciri aliquid, et non diligi potest. Diligi vero quod nescitur, quæro utrum possit. Si non potest, nemo diligit Deum antequam sciat. Ubi autem sunt illa tria, fides, spes, charitas, nisi in anima credente quod nondum scit, et sperante et amante quod credit? Amatur ergo et quod ignoratur, sed tamen creditur.

DISTINCTIO XXV.
DE FIDE ANTIQUORUM.

1. Prædictis adjiciendum est de sufficientia fidei ad salutem. Illis enim qui præcesserunt adventum Christi, et qui sequuntur, videtur profecisse fides secundum temporis processum, sicut profecit cognitio. Fides quippe magna dicitur, cognitione, et articulorum quantitate, vel constantia, et devotione. Est autem quædam fidei mensura, sine qua nunquam potuit esse salus. Unde Apostolus, Hebr. 11 : *Oportet accedentem ad Deum credere quia est, et quod remunerator est sperantium in se.* Sed quæritur utrum hoc credere ante adventum et ante legem, ad salutem suffecerit. Nam tempore gratiæ constat certissime hoc non sufficere; oportet enim universa credi quæ in symbolis continentur. Sed nec ante adventum, nec ante legem videtur hoc suffecisse, quia sine fide Mediatoris nullum hominem, vel ante, vel post, fuisse salvum sanctorum auctoritates contestantur. Unde Aug., tom. 2, epist. 157, ad Optatum : Illa fides sana est, qua credimus nullum hominem, sive majoris sive minoris ætatis, liberari a contagione mortis et obligatione peccati, quod prima vetustate contraxit, *nisi per unum mediatorem Dei et hominem Jesum Christum*, 1 ad Tim. 2 : cujus hominis ejusdemque Dei saluberrima fide etiam illi justi salvi facti sunt, qui priusquam veniret in carne, crediderunt in carnem venturum. Eadem enim fides est et illorum, et nostra. Proinde cum omnes justi, sive ante incarnationem sive post, nec vixerint nec vivant, nisi ex fide incarnationis Christi, profecto quod scriptum est, Actuum 4, *non esse aliud nomen sub cælo, in quo oporteat salvari nos*, ex illo tempore valet ad salvandum genus humanum, ex quo in Adam vitiatum est. Idem, tom. 7, lib. de Corrept. et Grat., c. 7 : Nemo liberatur a damnatione quæ per Adam facta est, nisi per fidem Jesu Christi. Idem, l. de Nupt. et Concup.: Eadem fides Mediatoris quæ nos salvat, salvos justos faciebat antiquos, pusillos cum magnis, quia sicut credimus Christum in carne venisse, ita illi venturum; et sicut nos mortuum, ita illi moriturum; et sicut nos resurrexisse, ita illi resurrecturum; et nos et illi ad judicium vivorum et mortuorum venturum. Greg., super Ezech.: Et qui præibant, et qui sequebantur, clamabant dicentes : Hosanna filio David, quia omnes electi qui in Judæa esse potuerunt, sive qui nunc in Ecclesia sunt, in Mediatorem Dei et hominum crediderunt et credunt. His aliisque pluribus testimoniis perspicue docetur nulli unquam salutem esse factam, nisi per fidem Mediatoris *Oportet ergo accedentem credere*, quæ supra dixit Apostolus : sed non sufficit.

De fide simplicium.

3. Quid ergo dicitur de illis simplicibus quibus non erat revelatum mysterium Incarnationis, qui pie credebant quod eis traditum fuit? Dici potest nullum fuisse justum vel salvum cui non esset facta revelatio vel distincta, vel velata, vel in aperto, vel in mysterio. Distincta, ut Abrahæ et Moysi, aliisque majoribus, qui distinctionem articulorum fidei habebant; velata, ut simplicibus quibus revelatum erat ea esse credenda, quæ credebant illi majores et docebant, sed eorum distinctionem apertam non habebant : sicut in Ecclesia aliqui minus capaces sunt, qui articulos Symboli distinguere et assignare non valent, omnia tamen credunt quæ in Symbolo continentur. Credunt enim quæ ignorant, habentes fidem velatam in mysterio; ita et nunc minus capaces ex revelatione fidei facta majoribus credendo inhærebant, quibus fidem suam quasi committebant, unde Job, c. 1 : *Boves arabant, et asinæ pascebantur juxta eos.* Simplices et minores sunt asinæ pascentes juxta boves; quia humilitate majoribus adhærendo, in mysterio credebant quæ et illi in mysterio docebant; qualis forte fuit vidua Sareptana.

Quæ ante adventum Christi de Mediatore credere sufficiebat.

3. Sed quæritur, cum sine fide Mediatoris antiquis non fuerit salus, sicut nec modernis, utrum oportuerit illos credere omnia illa de Mediatore quæ nunc credimus. Quibusdam videtur quod suffecerit illis quatuor tantum credere : scilicet, nativitatem, mortem, resurrectionem, adventum ad judicium, quod ex præmissis verbis Aug. colligunt, ubi iste quatuor posuit. Aliis autem videbitur habita fide Trinitatis, id de mysterio Incarnationis fidei suffecisse, ut Dei Filius crederetur nasciturus de homine, et judicaturus, qui de Joanne Baptista documentum hujus rei assumunt, qui de morte Christi et descensu ad inferos in Evangelio dubitasse videtur, secundum expositionem Greg., hom. 6, quando interrogavit per discipulos, Matth. 11: *Tu es qui venturus es, an alium expectamus?* Quasi diceret; Es tu per teipsum descensurus ad infernum, an alium ad hæc sacramenta missurus es? Quidam tamen dicunt eum non dubitasse de ignorantia, sed de pietate, id est, dubitare se ostendisse; non quia ignoraverit, sed pietatis affectu compassum esse Christum, et ejus humilitatem admirando insinuasse.

De fide Cornelii.

4. Solet etiam quæri de Cornelio, utrum fidem Incarnationis habuerit, cum dictum est ei per angelum, Actuum 10 : *Acceptæ sunt eleemosynæ tuæ, et exauditæ sunt orationes tuæ.* Si enim fidem Incarnationis non habebat, tunc ergo sine fide Incarnationis erat et justitia, quia de illo scriptum est, quod justus erat et timens Deum. Si vero fidem Incarnationis habebat, ad quid ergo missus est ad eum Petrus? Sane dici potest, eum sicut fidem unitatis, ita et Incarnationis habuisse de revelatione, sed incarnatum jam esse Dei Filium ignorasse; et ideo missus est ad eum Petrus, ut jam natum Dei Filium ei annuntiaret, et sacramentum regenerationis ei conferret. Habebat ergo fidem Incarnationis, sed an facta vel futura esset, non noverat, et ita per fidem venit ad opera et per opera amplius solidatus est in fide. Per fidem enim, ut ait Greg., venitur ad opera, Cornelius etiam per fidem venit ad opera. Deum enim unum credebat, sed Filium ejus nesciebat incarnatum. Per fidem placuerunt Deo opera ejus. Sine fide enim impossibile est aliquem placere Deo. Aug. vero dicit Cornelio dictum esse per angelum : Acceptæ sunt eleemosynæ tuæ, et orationes tuæ, antequam in Christum crederet; nec tamen sine aliqua fide donabat et orabat. Nam quomodo invocabat, in quem non credebat? Sed si posset sine fide Christi esse salus, non ad eum mitteretur architectus Ecclesiæ Petrus. Attende quid ait, sine fide Christi non posse esse salutem; et tamen Cornelium exauditum antequam crederet in Christum. Quod ita potest intelligi, scilicet antequam sciret Christum incarnatum, in quem credebat in mysterio.

De æqualitate fidei, spei, charitatis et operis, quæ secundum aliquid sunt æqualia.

5. Illud etiam non est prætermittendum, quod

fides, spes, charitas et operatio secundum aliquid æqualia sunt in præsenti. Unde Greg., super Ezech., homil. ultima : Fidem, spem, charitatem atque operationem, dum in hac vita vivimus, æquales sibi esse apud nos invenimus; quia quantum credimus, tantum amamus, et quantum amamus, tantum de spe præsumimus. Quisque enim fidelis tantum credit, quantum sperat et amat; et tantum operatur, quantum credit, et amat, et sperat. Sed tamen major spe et fide charitas dicitur, quia, cum ad Dei speciem pervenitur, spes et fides transit, sed charitas permanet; et quia charitas mater est omnium virtutum, quæ non ideo post fidem et spem ponitur, quod ex eis oriatur, sed quia post illa remanebit auctor. *Charitas enim nunquam excidit*, 1 Cor. 13. Præmissa autem æqualitas proprie secundum interiorum actuum intentionem consideranda est. Huic vero quod hic et superius dictum est, scilicet quod charitas non est ex fide et spe, sed e converso, videtur obviare quod ait Apostolus, 1 Tim. 1: *Finis præcepti est charitas de corde puro et conscientia bona, et fide non ficta.* Quod exponens Aug., lib. 1 de Doctrina christiana, cap. ultimo : Cor accipit pro intellectu, et conscientiam pro spe. Qualis, inquit, charitas est finis præcepti procedens de corde puro, id est de puro intellectu, ut nihil nisi Deus diligatur; et conscientia, id est, de spe bona et fide non ficta, id est, non simulata. Non ergo charitas fidem et spem, sed fides et spes charitatem præcedere videntur. Hoc ergo ea ratione traditum intellige, non quod fides et spes causa vel tempore charitatem omnium bonorum matrem præcedant; sed quia charitas illis in aliquo esse non potest, sed illa sine charitate possunt esse ; quamvis non sit pia fides vel spes sine charitate. Ideo ergo ex fide et spe procedere dicitur charitas, quia nulli provenit sine istis.

DISTINCTIO XXVI.
DE SPE, QUID SIT.

1. Est autem spes virtus qua spiritualia et æterna bona sperantur, id est, cum fiducia expectantur. Est enim spes certa expectatio futuræ beatitudinis, veniens ex Dei gratia et meritis præcedentibus, vel ipsam spem, quam natura præit charitas, vel rem speratam, id est, beatitudinem æternam. Sine meritis enim aliquid sperare, non spes, sed præsumptio dici potest.

De quibus sit spes.

2. Et sicut fides, ita et spes est de invisibilibus; unde Augustinus, in Ench., cap. 8 : Fidem appellamus earum rerum quæ non videntur. De spe quoque dicitur, Rom. 8 : *Spes quæ videtur, non est spes. Quod enim videt quis, quid sperat?* Quod attinet ad non videre vel quæ creduntur, vel quæ sperantur, fidei speique commune est. Distinguitur tamen fides a spe, sicut vocabulo, ita etiam rationabili differentia. Est etiam fides malarum rerum et bonarum; quia et bona creduntur et mala, et hoc fide bona, non mala. Est etiam fides et præteritarum rerum, et præsentium, et futurarum. Credimus enim mortem Christi, quæ jam præteriit; credimus sensibum quæ nunc est; credimus venturum ad judicandum, quod futurum est. Item fides et futurarum rerum est, et alienarum. Nam et se quisque credit esse, cœpisse, nec fuisse utique sempiternum; et alia atque alia non modo de aliis hominibus multa, quæ ad religionem pertinent, verum etiam de angelis credimus. Spes autem non nisi bonarum rerum est, nec nisi futurarum, et ad eum pertinentium qui earum spem gerere perhibetur.

Redit ad præmissam quæstionem, scilicet an fides et spes in Christo fuerint?

3. Post hoc superest investigare utrum fides et spes in Christo fuerint; unde tractatus iste sumpsit exordium. Quibusdam non indocte videtur fidem virtutem et spem in eo non fuisse, sicut in sanctis jam beatificatis, vel in angelis non sunt, et tamen sancti credunt et sperant resurrectionem futuram, et angeli eamdem credunt; nec tamen in eis fides vel spes virtus est, quia et Deo per speciem contemplando fruuntur, et in Dei verbo resurrectionem futuram sive judicium, non per speculum in ænigmate, sed præclarissime inspiciunt. Si enim quia credunt resurrectionem futuram, ideo verum est eos fidem habere; ergo ea consummata post judicium similiter et fidem habere dicentur, qui credent eam præteritam. Sed sicut tunc credent, nec tamen fidem quæ fideles facit, habebunt; quia non credent absque scientia, quæ non erit ænigmaticæ, sed per speciem ; ita et modo credunt et sperant resurrectionem; nec tamen fidem habent, quia credendo cognoscunt. Venit enim eis quod perfectum est, et evacuatum est quod ex parte est. Venit enim cognitio, et evacuata est fides. Venit species, et desiit spes. Ita et Christus, in quo fuerunt bona patriæ, credidit quidem et speravit resurrectionem tertia die futuram, pro qua et Patrem oravit, nec tamen fidem virtutem et spem habuit, quia non ænigmaticam et specularem, sed clarissimam de ea cognitionem habuit, quia non perfectius eam cognovit præteritam, quam intellexit futuram. Speravit tamen Christus, sicut in psalm. 30 ait : *In te, Domine, speravi;* nec tamen fidem vel spem virtutem habuit, quia per speciem videbat ea quæ credebat. De antiquis vero patribus qui apud inferos usque ad passionem tenebantur, non incongrue dici potest quod fidem et spem virtutem habuerunt, quia credebant et sperabant se visuros Deum per speciem, qualiter eum tunc non videbant; quia non patuit eis cognitio Dei per speciem ante passionem Christi, qua consummata, a fide transierunt ad speciem.

DISTINCTIO XXVII.
DE CHARITATE QUA DEUS DILIGITUR ET PROXIMUS, QUÆ IN CHRISTO ET IN NOBIS EST.

1. Cum autem Christus fidem et spem non habuerit, dilectionem tamen habuit in quantum homo, tantam quæ major esse non valet, qui ex charitate eximia animam posuit pro amicis et inimicis. Habuit enim in corde charitatem quam opere nobis exhibuit, ut exhibitionis forma nos ad diligendum instrueret. Hic aliquid dicendum est de charitate, et modo, et ordine diligendi Deum et proximum.

Quid sit charitas.

2. Charitas est dilectio qua diligitur Deus propter se, et proximus propter Deum, vel in Deo. Hæc habet duo mandata : unum pertinens ad dilectionem Dei, quod est maximum in lege mandatum; et alterum pertinens ad diligendum proximum, illi simile. Primum est : *Diliges Deum ex toto corde, et tota mente, et ex tota anima,* quod scriptum est in Deut. 6. Secundum est : *Diliges proximum tuum sicut teipsum. In his duobus mandatis tota lex pendet, et prophetæ.* Matth. 22. Finis præcepti est dilectio; et ea est gemina, id est, Dei et proximi.

Si eadem charitate diligitur Deus et proximus.

3. Hic quæritur si ex ea ipsa dilectione diligitur Deus, qua diligitur proximus ; an alia sit dilectio Dei, et alia proximi. Eadem sane dilectio est qua diligitur Deus et proximus, quæ Spiritus sanctus est, ut supra dictum est, quia Deus charitas est. Unde Aug.: Joannes ait : *Non potest Deum diligere quem non videt, qui fratrem quem videt, non diligit.* Sed si eum quem videt humano visu, spirituali charitate diligeret, videret Deum qui est ipsa charitas, visu interiori, quo videri potest. Qui ergo fratrem quem videt non diligit, Deum, qui est dilectio, qua caret qui fratrem non diligit, quomodo potest diligere ? Ex una enim eademque charitate Deum proximumque diligimus; sed Deum propter Deum, nos vero et proximum propter Deum. Si vero una eademque charitas est Dei et proximi, quare dicitur gemina; Propter duo dilecta, id est, Deum et proximum. Etsi enim una sit charitas, duo tamen diversa ea diliguntur, scilicet Deus et homo vel angelus. Pro quo etiam duo sunt mandata, quia cum eadem charitas utroque commendetur, diversa tamen diligi præcipiuntur. Unde Aug.: Arbitror ideo Spiritum sanctum bis datum, semel in terra, et iterum de

cœlo, ut commendarentur nobis duo præcepta charitatis, scilicet Dei et proximi. Una est charitas, et duo præcepta; unus spiritus, et duo data; quia alia charitas non diligit proximum, nisi illa quæ diligit Deum. Qua ergo charitate proximum diligimus, eadem Deum diligimus. Sed quia aliud est Deus aliud proximus, etsi una charitate diliguntur, ideo forte duo præcepta dicuntur, et alterum majus, et alterum minus, vel propter duos motus qui in mente geruntur, dum Deus diligitur et proximus, movetur enim mens ad diligendum Deum, movetur et ad diligendum proximum; et multo magis erga Deum, quam erga proximum. (Aug., in lib. 8 de Trin., c. 8, et in sermone de Ascensione.)

De modo diligendi.

4. Consequenter modum utriusque dilectionis advertamus. Hæc regula, ut ait Aug., in lib. de Doct. christ., cap. 25, dilectionis divinitus constituta est, ut Deum propter se ex toto corde, et proximum diligas sicut teipsum, id est, ad quod, et propter quod teipsum diligere debes. In bono enim et propter Deum teipsum diligere debes, in bono ergo diligendus est proximus, non in malo et propter Deum. Proximum vero, omnem hominem oportet intelligi, quia nemo est cum quo sit operandum male. Qui ergo amat homines vel quia justi sunt, vel ut justi sint, amare debet: hoc est, in Deo vel propter Deum. Sic enim et seipsum amare debet, scilicet in Deo vel propter Deum, id est, quia justus est, vel ut justus sit. Qui enim aliter se diligit, injuste se diligit, quia ad hoc se diligit, ut sit injustus; ad hoc ergo ut sit malus, non ergo jam se diligit. Qui enim diligit iniquitatem, odit animam suam. Modus ergo diligendi præcipiendus est homini, id est, quomodo se diligat, ut prosit sibi. Quin autem se diligat, et prodesse sibi velit, dubitare dementis est. Modus autem præcipitur cum ait, *sicut teipsum*, ut proximum diligas ad quod teipsum. Si ergo te non propter te diligere debes, sed propter illum ubi dilectionis tuæ rectissimus finis est, non succenseat alius aliquis homo si et ipsum propter Deum diligis. Hujus dilectionis modum Veritas innuit dicens: *Mandatum novum do vobis, ut diligatis invicem sicut dilexi vos*, id est, ad quod dilexi vos, scilicet, ut filii sitis, ut vitam habeatis. (Aug., homil. 65, super Joan., ante medium.)

De modo diligendi Deum.

5. Dilectionis autem Dei modus insinuatne cum dicitur *ex toto corde*, id est, ex toto intellectu; *ex tota anima*, id est, ex tota voluntate; *ex tota mente*, id est, memoria, ut omnes cogitationes, et omnem vitam, et omnem intellectum in illum conferas, à quo habes ea quæ confers illi. Hæc dicens, nullam partem vitæ nostræ reliquit quæ vacare debeat; sed quidquid venerit in animum, illuc rapiatur quo dilectionis impetus currit. Et diligere Deum propter se, modus est diligendi Deum, et sunt isti duo modi diligendi Deum, ut quibusdam placet. (Aug., lib. de Doct. christ., c. 22.)

De impletione illius mandati.

6. Illud autem præceptum non penitus impletur ab homine in hac mortali vita, sed ex parte, non ex toto, quia ex parte diligimus, sicut ex parte cognoscimus. In futuro autem implebitur ex toto. Unde August. (32) Cum adhuc est aliquid carnalis concupiscentiæ, non omni modo ex tota anima diligitur Deus. Caro autem non dicitur concupiscere, nisi quia anima carnaliter concupiscit. Cum autem venerit quod perfectum est, ut destruatur quod ex parte est, id est, ut jam non ex parte sit, sed ex toto, charitas non auferetur, sed augebitur et implebitur. In qua plenitudine illud præceptum charitatis implebitur: *Diliges Dominum Deum tuum ex toto corde*, etc. Tunc erit justus sine peccato, quia nulla erit lex repugnans menti. Tunc prorsus toto corde, tota anima, tota mente, diliges Deum, quod est summum præceptum. (Ibidem, paulo superius.)

Quæstio de præcepti ratione.

7. Sed cur præcipitur homini ista perfectio, cum in (32) Aug., tom. 7, in lib. de Perfectione humanæ justitiæ, contra Cœlestium, ante medium.

hac vita eam nemo habeat? Quia non recte curritur, si quo currendum est nesciatur. Quomodo autem scire tur, si nullis præceptis ostenderetur? (Ibid., loco priore.) Ecce habes cur illud præceptum est quod hic penitus impleri non potest. Impletur tamen ex parte, scilicet secundum perfectionem viæ. Alia est enim perfectio currentis, alia pervenientis. Facit hoc mandatum ut cursor, qui Deum ante omnia et præ omnibus diligit, nec tamen omnino perficit (Aug., in eodem, paulo inferius.)

Quod alterum mandatum in altero est. (Aug., lib. 8 de Trin., c. 7.)

8. Cum autem duo sunt præcepta charitatis, pro utroque sæpe unum ponitur; nec immerito quia nec Deus sine proximo, nec proximus sine Deo diligi potest. Unde Apostolus, omne mandatum legis dicit instaurari, id est, contineri et impleri in hoc verbo: *Diliges proximum tuum sicut teipsum*. Et Christus dilectionem proximi specialius commemorat dicens, Joan. 13: *Mandatum novum do vobis, ut diligatis invicem sicut dilexi vos*, ubi illud majus mandatum dilectionis Dei videtur prætermissum; sed bene intelligentibus utrumque invenitur in singulis, quia qui diligit Deum, non potest eum contemnere quem Deus præcepit diligi; et qui diligit proximum, quid in eo diligit nisi Deum? Ipsa est dilectio ab omni mundana dilectione discreta, quam distinguens Dominus ait: *Sicut dilexi vos*. Quid enim nisi Deum dilexit in nobis non quem habebamus, sed ut haberemus, sicut medicus ægrotos? et quid in eis diligit nisi salutem, quam cupit revocare, non morbum quem venit expellere? Sic et nos invicem diligamus, ut quantum possumus invicem ad habendum in nobis Deum ex dilectione attrahamus. (Aug., tom. 9, tract. 65, super illud Joan, 13: *Mandatum novum*, etc.)

Quæ charitate diligenda sint.

9. Sed quæ hac dilectione diligenda sint, jam inquiramus. Non enim omnia, ut ait August., quibus utendum, diligenda sunt; sed ea sola quæ vel nobiscum societate quadam referuntur in Deum, sicut est homo vel angelus; vel ad nos relata, beneficio Dei per nos indigent, ut corpus: quod ita præcipiendum est diligi, ut ei ordinate prudenterque consulatur. (Aug., in lib. de Doct. christ., c. 23, in principio.)

DISTINCTIO XXVIII.

SI ILLO PRÆCEPTO JUBEMUR DILIGERE TOTUM PROXIMUM ET NOS TOTOS.

1. Hic potest quæri utrum in illo mandato dilectionis proximi totum proximum, id est, animam et corpus, nosque ipsos totos diligere præcipiamur. Ad quod dicimus omne genus diligendarum rerum in illis duobus mandatis contineri. Quatuor enim diligenda sunt, ut ait August., in lib. de Doct. christ. 1, cap. 23: unum quod supra nos est, scilicet, Deus; alterum quod nos sumus; tertium quod juxta nos est, scilicet, proximus; quartum, quod infra nos est scilicet corpus. De secundo et quarto nulla præcepta danda erant scilicet ut diligeremus nos vel corpus nostrum; præcipitur autem Deus diligi et proximus. Ut autem quisque se diligat, præcepto non est opus. Quantumlibet enim homo excidat a veritate, remanet illi dilectio corporis sui: *quia nemo unquam carnem suam odio habuit* (Ephes. 5). Nam viri justi qui corpus suum cruciant, non corpus, sed corruptiones ejus et pondus oderunt. Hic videtur August. tradere quod ex præcepto non teneamur diligere nosmetipsos vel corpus nostrum; quod si est, non omne genus diligendarum rerum illis duobus præceptis continetur, quia cum et nos ipsos et corpus nostrum diligere debeamus, ad quid necessarium est præceptum, cum scriptum sit, psal. 10: *Qui diligit iniquitatem, odit animam suam?* Sed speciale de hoc præceptum non erat dandum, nec speciali præcepto opus erat id tradi, ut quisque se vel corpus suum diligeret, quia hoc in illo præcepto continetur: *Diliges proximum tuum sicut teipsum*. Ibi enim

et proximum totum et te totum intelligere debes. Unde August. in eodem, c. 24: Si te totum diligas, id est, animam et corpus, et proximum tuum, id est, animam et corpus (homo enim ex anima constat et corpore), nullum rerum diligendarum genus in his duobus præceptis prætermissum est. Cum enim præcurrat dilectio Dei, ejusque dilectionis modus præscriptus appareat, et sequatur dilectio proximi, de tua dilectione nihil dictum videtur. Sed cum dictum est: *Diliges proximum tuum sicut teipsum*, simul et tui abs te dilectio prætermissa non est (de Doctrin. christ., lib. 1, cap. 26). Ecce hic aperte dicit in illo præcepto non tantummodo proximi, sed et tui dilectionem contineri, et totius proximi totiusque tui. Ex quo apparet quod dictum est do secundo et quarto, id est, de dilectione nostri, et corporis nostri, nulla præcepta danda, ita esse intelligendum, scilicet specialia et divisa, quia in illo uno totum continetur; et quia id quod sumus, et quod infra nos est, ad nos tamen pertinens, naturæ lege diligimus, quæ in bestiis etiam est. Ideoque et de illo quod supra nos est, et de illo quod juxta nos est, divisa præcepta sumpsimus. In quorum altero, ejus quod sumus, et illius quod infra nos est dilectio continetur. Sic condita est mens humana, ut nunquam sui non meminerit, nunquam se non diligat; sed quoniam qui odit aliquem, nocere illi studet, non immerito et mens hominis quando sibi nocet, se odisse dicitur. Nesciens enim sibi vult male, dum non putat sibi obesse quod vult; sed tamen male sibi vult, quando illud vult quod obsit sibi, secundum illud, psal 10: *Qui diligit iniquitatem, odit animam suam.* Qui ergo diligere se novit, Deum diligit. Qui vero non diligit Deum, etiam se non diligit, quod ei naturaliter inditum est; tamen non incongrue se odisse dicitur, cum id agit quod sibi adversatur, et seipsum tanquam suus inimicus insequitur.

Si in illo præcepto contineatur dilectio angelorum.

2. Oritur autem hic de angelis quæstio, utrum ad illud præceptum dilectionis proximi, etiam dilectio pertineat angelorum. Nam quod nullum hominem exceperit qui præcepit proximum diligere Dominus in parabola semivivi relicti ostendit, et eum dicens proximum, qui erga illum extitit misericors. Deinde subdit: *Vade, et tu fac similiter.* Et eum proximum intelligamus, cui vel exhibendum est officium misericordiæ si indiget, vel exhibendum esse si indigeret. Nullum vero exceptum esse cui misericordiæ negandum sit officium quis non videat, cum usque ad inimicos etiam porrectum sit Domino dicente: *Diligite inimicos vestros et benefacite his qui oderunt vos*? Manifestum est ergo omnem hominem proximum esse reputandum. Proximi vero nomen ad aliquid est; nec quisquam esse proximus, nisi proximo potest. Unde consequens est, et cui præbendum, et a quo præbendum est officium misericordiæ, recte proximum dici. Manifestum est ergo præcepto dilectionis et proximi etiam sanctos angelos contineri; à quibus tanta nobis misericordiæ impenduntur officia. Ex quo et Dominus proximum se nostrum dici voluit, ut in parabola saucii ostendit; et in Propheta, psal. 34: *Quasi proximum, et quasi fratrem nostrum sic complacebam.* Sed quia excellentior ac supra nostram naturam est divina substantia, præceptum dilectionis Dei à proximi dilectione distinctum est. Ideoque licet nobis Deus omnia impendat beneficia, non tamen nomine proximi includitur in illo præcepto; quem non sicut nos diligere debemus, sed plus quam nos, toto corde et anima. Christum vero in quantum homo est, sicut nos diligere debemus, ejus que secundum hominem dilectio illo continetur mandato; quem et secundum hominem, magis quam nos, sed non quantum Deum debemus diligere, quia in quantum est homo, minor est Deo.

Quibus modis dicitur proximus.

3. Hic notandum est proximum dici diversis modis. scilicet conditione primæ nativitatis, spe conversionis, propinquitate cognationis, ratione beneficii exhibitionis.

DISTINCTIO. XXIX.

LE ORDINE DILIGENDI, QUID PRIUS, QUID POSTERIUS.

1. Post prædicta de ordine charitatis agendum est, quia dicit sponsa, Cant. 2: *Introduxit me rex in cellam vinariam, et ordinavit in me charitatem.* Videamus ergo ordinem, quid prius, quid posterius esse debeat; peccat enim qui præpostere agit. Nam scire quid facias, et nescire ordinem faciendi, non est perfectæ cognitionis. Ordinis namque ignorantia conturbat meritorum formam. Ordinem autem diligendi August. insinuat, dicens, in lib. de Doctrina christ. 1, cap. 27: Ipse est qui ordinatam habet dilectionem, ne aut diligat quod non est diligendum, aut non diligat quod diligendum est; aut æque diligat quod minus vel amplius diligendum est, aut minus vel amplius quod æque diligendum est. Omnis peccator in quantum peccator est, non est diligendus; et omnis homo in quantum est homo, diligendus est propter Deum, Deus vero propter seipsum; et Deus propter se omni homini amplius diligendus est, et amplius quisque debet Deum diligere quam seipsum. Item amplius alius homo diligendus est, quam corpus nostrum, quia propter Deum omnia ista diligenda sunt, et potest nobiscum Deo homo perfrui, quod non potest corpus nostrum, quia corpus per animam vivit, qua fruimur Deo. Audisti aliqua de ordine charitatis; ubi expressum est nos amplius debere diligere Deum quam omnes homines vel nos ipsos, et amplius animam alicujus hominis quam corpus nostrum? In enumeratione etiam quatuor diligendorum superius posita, prius ponitur quod supra nos est; secundo, quod nos sumus; tertio, quod juxta nos est: quarto, quod infra nos est; ubi ordo diligendi insinuari videtur ea ratione enumerationis. Non est autem apertum utrum omnes homines pariter diligere debeamus, et tantum quantum nos, vel minus.

An omnes homines pariter diligendi sunt?

2. Unde etiam super hoc sæpe movetur quæstio, quam perplexam faciunt sanctorum verba varie prolata. Quidam enim tradere videntur quod pari affectu omnes diligendi sint; sed in effectu, id est, in exhibitione obsequii, distinctio observanda sit. Unde August., lib. 1 de Doct. christ., c. 28: Omnes homines æque diligendi sunt; sed cum omnibus prodesse non possis, his potissimum consulendum est, qui pro locorum et temporum vel quarumlibet rerum opportunitatibus, constrictius tibi, quasi quadam sorte junguntur. Pro sorte enim habendum est quo quisque tibi temporaliter colligatius adhæret; ex quo eligis potius illis dandum esse. Item super Epistolam ad Gal.: Operemur bonum ad omnes, maxime autem ad domesticos fidei, id est, ad christianos. Omnibus enim pari dilectione vita æterna optanda est, etsi non omnibus eadem possunt exhiberi dilectionis officia; quæ fratribus maxime sunt exhibenda, quia sunt sibi invicem membra, qui habent eumdem Patrem, scilicet Deum. His aliisque testimoniis innituntur, qui dicunt omnes homines pariter diligendos esse charitatis affectu, sed in operis exhibitione differentiam.

Quæ his repugnare videntur.

3. Quibus obviat illud præceptum legis de diligendis parentibus, Deut. 5: *Honora patrem tuum et matrem, ut sis longævus super terram.* Ut quid enim specialiter illud præciperetur de parentibus, nisi majori dilectione forent diligendi? Sed hoc illi referendum dicunt ad exteriorem exhibitionem, in qua præponendi sunt parentes. Unde, *honora*, dixit, non *dilige*. Obviat etiam illud quod Hieron. super Ezechiel. ait, scilicet, in ordine charitatis, sicut scriptum est, Cant. 2: *Ordinavit in me charitatem*; post omnium patrem Deum, carnis quoque pater diligatur, et mater, et filius, et filia, frater, soror. Ambrosius quoque diligendi exprimens ordinem super illud Canticorum: *Ordinavit in me charitatem*, ait: Multorum charitas inordinata est; quod in primo est, ponunt tertium vel quartum. Primo Deus diligendus est, secundo parentes, inde, filii, post de,

mestici; qui si boni sunt, maiis filiis præponendi sunt. Secundum hoc in Evangelio ad cujusque dilectionem, proprium ponit, Matth. 22: *Diliges Dominum Deum tuum ex toto corde tuo et ex omnibus viribus tuis, et proximum tuum sicut teipsum*, et inimicos non ex tota virtute, nec sicut teipsum, sed simpliciter ; sufficit enim quod eos diligamus, et non odio habeamus. Ecce ex præmissis aperte insinuatur quæ in affectu charitatis distinctio sit habenda : ut differentia affectu, non pari, homines diligamus, et ante omnia Deum : secundo nos ipsos, tertio parentes, inde filios et fratres, post domesticos, demum inimicos diligamus. Sed inquiuntilli, quæ de ordine dilectionis supra dicuntur, esse referenda ad operum exhibitionem, quæ differenter proximis exhibenda sunt. Primo parentibus, inde filiis, post domesticis, demum inimicis. Deum vero tam affectu quam obsequii exhibitione ante omnia diligendum. *Quod aliqui eorumdem tantum proximos quantum nos debere diligere tradunt.*

4. Quorum etiam nonnulli tradunt, affectu charitatis tantum proximos esse diligendos, quantum nos ipsos diligimus ; quod confirmant auctoritate Augustini, qui ait, in lib. 8 de Trin., c. 8, in fine : Nec illa jam quæstio moveat, quantum charitatis fratri debeamus impendere, quantum Deo. Incomparabiliter plus Deo quam nobis, fratri vero quantum nobis. Nos autem tanto magis diligimus, quanto magis diligimus Deum Ex hoc et præmissis testimoniis August. asserunt omnes homines pariter esse diligendos a nobis, et tantum quantum nos, Deum autem plus quam nos, corpus vero nostrum, minus quam nos vel proximos. Nec in enumeratione præmissa dilegendorum, ordinem diligendi assignari dicunt, sed tantum quæ sunt diligenda. *Secundum alios non pari affectu omnes diligendi sunt.*

5. Verum quia præmissa verba Ambrosii ordinem diligendi secundum affectum magis quam secundum effectum, diligenter intuentibus explicare videntur. non indocte alii dicunt non modo in exhibitione operis, sed etiam in affectu charitatis ordinem differentem esse statutum ; ut ante omnia diligamus Deum ; secundo, nos ; tertio parentes ; quarto filios vel fratres, et hujusmodi, postea domesticos, demum inimicos. Quod vero August. dicit pariter omnes esse diligendos, et pari dilectione omnibus vitam optandam, ita accipi potest, ut paritas non ad affectum referatur, sed ad bonum quod eis optatur, quia charitate omnibus optare debemus, ut paria bona mereantur. Sicut Apostolus dicit, 2 Cor. 7 ; *Volo omnes homines esse sicut me*. Optanda est enim minoribus perfectio majorum, ut ipsi fiant perfecti, et sic parem mereantur beatitudinem. Vel pari dilectione, id est, eadem dilectione omnes diligendi sunt. Item quod ait, ut tantum diligamus fratres, quantum nos, ita intelligi potest, id est, ad tantum bonum diligamus fratres, ad quantum nos ; ut tantum bonum eis optemus in æternitate, quantum nobis, etsi non tanto affectu. Vel ibi quantum, similitudinis est, non quantitatis. *Quæstio de parentibus bonis et malis, quomodo diligendi sunt.*

6. Solet etiam quæri, si parentes nostri mali sunt vel filii, vel fratres, an magis vel minus diligendi sint aliis bonis, hac ratione nobis non copulatis. Videtur quod magis sint diligendi boni, qui nobis carne non sunt conjuncti, quam mali carne conjuncti, qui nobis sunt conjuncti corde glutino charitatis. Sanctior est euim copula cordium quam corporum. Unde Beda de illis verbis Domini, Matth. 2: *Mater mea et fratres mei hi sunt qui verbum Dei faciunt*, ait: Non injuriose negligit matrem, nec mater negatur, quæ etiam de cruce agnoscitur ; sed religiosiore monstrantur copulæ mentium quam corporum. Verumtamen latebrosa quæstio est hæc, nec a nobis plene absolvi, properantibus ad alia. Movemur enim ex verbis illis, quibus inimicos non ex tota virtute, non sicut teipsum jubet diligere, sed simpliciter. Sufficit enim quod diligamus, et non odio habeamus. Quod non ita accipiendum est, quasi sufficiat tibi diligere inimicum, et non sicut

teipsum, quia omnes et amicos et inimicos, sicut teipsum diligere debes. Sed ad ostendendum gradus diligendi Deum et proximum et inimicum, qui tamen proximus est, propria Dominus ponit cum ait, Matth. 22 : *Diligens Deum ex tota virtute tua, et proximum sicut teipsum* ; non ait, ex tota virtute, ut ostendat proximum diligendum minus quam Deum. Dicit etiam, Lucæ: 6: *Diligite inimicos*: nec addit ex tota virtute nec sicut teipsum, sed simpliciter. Sufficit enim quod diligamus, et non odio habeamus ; id est, sufficit dicere ut diligamus, et non odio habeamus ; non quin eos diligere debeamus sicut nos, quia proximi sunt ; sed sufficit si eos minus diligimus quam alios proximos, quod locutionis genus innuit.
Quæstio Augustini in libro Retractationum. (1, c. 10, in medio.)

7. Quæri etiam solet cur Dominus præceperit diligere inimicos, cum alibi præcipiat odio habere parentes et filios, Luc. 14. Ad quod dicendum est duo esse diligenda in homine, naturam et virtutem ; vitium vero et peccatum odiendum. Et parentes ergo in quantum mali sunt, odiendi sunt : et inimici diligendi, in quantum homines. Diligamus ergo inimicos luorandos regno Dei, et odiamus propinquos si impediunt nos a regno Dei ; et in omnibus communiter naturam diligamus, quam Deus fecit.
De gradibus charitatis.

8. Sciendum quoque est diversos esse gradus charitatis : est enim charitas incipiens, proficiens, perfecta, perfectior, perfectissima. Unde Aug., super Joan. Ep. canonic., tract. 5, paulo ante medium : Perfecta charitas hæc est, ut quis paratus sit pro fratribus etiam mori. Sed numquid mox ut nascitur jam prorsus perfecta est ? imo ut perficiatur, nascitur, cum fuerit nata nutritur, cum fuerit nutrita roboratur. cum fuerit roborata perficitur, cum ad perfectionem venerit, dicit ; *Cupio dissolvi*, etc., Phil. 1. Hic aperte progessus et perfectio charitatis insinuatur, quam perfectionem etiam Veritas commendari dicens, Joan. 15: *Majorem hac dilectionem nemo habet, quam ut animam suam ponat quis pro amicis suis.*Quod utique dictum est de opere dilectionis, quia major dilectionis effectus non est, quam ponere auimam pro aliis. Nec te moveat quod ait : *Pro amicis ;* qui enim ponit animam pro amicis, ponit et pro inimicis, ad hoc ut ipsi fiant amici.

DISTINCTIO XXX.
SI MELIUS EET DILIGERE AMICOS QUAM INIMICOS, VEL E CONVERSO.

1. Hic solet quæri quid potius sit plurisque meriti, diligere amicos, an diligere inimicos. Sed hæc comparatio implicita est. Si enim conferatur dilectio amicorum tantum dilectioni amicorum et etiam inimicorum, perspicua est absolutio. Sed si in aliquo uno homine qui diligit simul amicum et inimicum, quid horum prius sit quæratur, obscura est responsio, quia de motu mentis agitur, de quo non est nobis facile judicium, an unus et idem motus sit erga amicum et inimicum, sed erga amicum intensior; an duo, unus erga inimicum, qui dicitur difficilior, alter erga amicum, qui videtur ferventior ; nec incongrue putatur melior qui est ferventior. Vel si unus idemque est, idem potior ubi est ardentior, non improbe existimatur. August. tamen, in Ench. c. 73, sentire videtur majus esse diligere inimicum quam amicum, quia perfectorum esse dicit diligere inimicos, et benefacere eis ; neque hoc a tanta multitudine impleri, quanta exauditur in oratione Dominica, cum dicitur, Matth. 6 : *Dimitte nobis debita nostra, sicut et nos dimittimus debitoribus nostris.* Illam enim sponsionem dicit a multis impleri, qui nondum diligunt inimicos, Ait enim sic : Magnum est, erga eum qui tibi nihil mali fecerit esse benevolum et beneficium ; illud multo grandius et magnificentissimæ bonitatis est, ut tuum quoque inimicum diligas, et ei qui tibi malum vult, et si potest facit, tu semper bonum velis faciasque quod possis. audiens dicentem Jesum, Matth. 5 : *Diligite inimicos*

vestros, et benefacite his qui odiunt vos; et orate pro persequentibus et calumniantibus vos. Sed quoniam perfectorum filiorum Dei est istud, quo quidem se debet omnis fidelis extendere, et humanum animum ad hunc affectum orando Deum, secumque agendo luctandoque perducere, tamen quia hoc tam magnum bonum tantæ multitudinis non est, quantum credimus exaudiri cum dicitur in oratione : *Dimitte nobis debita nostra sicut et nos dimittimus debitoribus nostris,* procul dubio verba sponsionis hujus implentur, si homo qui nondum ita profecit ut etiam diligat inimicum, tamen quando rogatur ab homine qui peccavit in eum ut ei dimittat, dimittit ex corde, qui etiam sibi roganti vult dimitti, cum orat et dicit, *sicut et nos dimittimus debitoribus.* Quicumque vero rogat hominem in quem peccavit, si peccato suo movetur ut roget, non est adhuc deputandus inimicus, ut eum diligere sit difficile, sicut erat quando inimicitias exercebat. Quisquis vero roganti et pœnitenti non dimittit, non existimet a Domino sua peccata dimitti, quia mentiri Veritas non potest; quæ cum docuisset orationem, hanc in ea positam sententiam commendavit dicens, Matth. 6 : *dimiseritis hominibus peccata eorum, dimittet et vobis Pater vester. Si vero non dimiseritis, nec Pater vester dimittet vobis peccata vestra.* Ecce hic haberi videtur, quod et prætaxavimus, scilicet majoris virtutis esse diligere inimicum et benefacere ei, quam illum qui nihil mali fecit nobis, vel amicum. Quod si quis concedere simpliciter noluerit, dicens : Intensius diligitur amicus quam inimicus, et ideo illud potius isto, determinet ista secundum præmistam intelligentiam, dicens ibi comparationem factam inter dilectionem qua diligitur tantum amicus, et illam qua amicus et inimicus diligitur. Illud vero quod sequitur, megis nos movet, quod scilicet dicit non esse tantæ multitudinis diligere inimicos, quanta exauditur cum dicitur, *Dimitte nobis debita nostra,* etc., ubi dat intelligi quod alicui a Deo dimittuntur peccata non diligenti inimicum, si tamen fratri roganti qui in se peccavit, dimittit. Sed cum peccata non dimittantur alicui adulto, nisi charitatem habeat, sequitur ut charitatem habeat qui nou diligit inimicum. Quomodo ergo omne proximi omnis homo intelligitur in illo mandato : *Dilige proximum tuum sicut teipsum?* Si enim omnis homo proximus est tunc et inimicus; præcipimur ergo et inimicos diligere. Et quia illud præceptum generale est omnibus, præcipitur omnes homines diligere, etiam inimicos. Quidam quod hic dicitur simpliciter tenere volentes, illud præceptum determinant, dicentes ille perfectis dari in præceptum diligere omnem hominem, etiam inimicum : minoribus vero in consilium. In præceptum vero, eos diligere qui nihil mali fecerunt eis, et inimicos non odire. Sed melius est ut intelligatur omnibus illo mandato præcipi cunctos diligere etiam inimicos; cui sensui attestatur superius posita auctoritates, et aliæ multæ. Illud vero August, novissime positum, de perfecta charitate dictum intelligitur, quæ tantum est perfectorum; qui non solum amicos, sed etiam inimicos perfecte diligunt, eisque benefaciunt. Quæ perfectio dilectionis non est tantæ multitudinis, quanta exauditur in oratione Dominica, et hoc revera grande est et eximiæ bonitatis, perfecte diligere inimicum. Ita et cum dicit impleri verba illius sponsionis ab homine qui non ita profecit ut diligat inimicum, de dilectione perfecta accipiendam est.

DISTINCTIO XXXI.
SI CHARITAS SEMEL HABITA AMITTATUR.

1. Illud quoque non prætereundum, quod quidam asserunt charitatem semel habitam ab aliquo non posse excidere, nullumque damnandum hanc aliquando habere ; qui hanc traditionem subditis muniunt testimoniis. Apostolus ait, 1 Cor. 13 : *Charitas nunquam excidit.* August. etiam inquit (33) : Charitas

(33) Aug., ad Julianum comitem ; et habetur de Pœn. dist., c. 2.

quæ deseri potest, nunquam vera fuit. Item : Charitas est fons proprius et singularis bonorum, cui non communicat alienus. Alieni sunt omnes qui audituri sunt: *Non novi vos* (Matth. 7). De hoc fonte Scriptura ait, Prov. 5 : *Fons aquæ vivæ sit tibi proprius, et nemo alienus communicet tibi.* Si autem alieni sunt qui audituri sunt illam vocem, non ergo huic fonti communicant damnandi. Item August. (34) : Radicata est charitas, securus esto : nihil mali procedere potest. Item, Gregor. in Moralibus : Valida est ut mors dilectio; virtuti enim mortis dilectio comparatur, quia nimirum mentem quam semel ceperit, a dilectione mundi funditus occidit. Item Aug., tom. 9, super Epistolam Joannis, tract. 1, in fine : Uunctio invisibilis charitas est, quæ in quocumque fuerit, radix illi erit ; quæ ardente sole arescere nou potest; nutritur calore solis, non arescit. Item, Beda super Joannem, c. 1 : Quærendum est quomodo speciale Filii Dei agnoscendi signum fuerit, quod super eum descenderit et manserit Spiritus. Quid magni est Filio Dei quod in ipso manere Spiritus astruatur? Notandum quod semper in Domino manserit Spiritus; in sanctis vero, quandiu mortale corpus gestaverint, partim semper maneat; partim rediturus secedat. Manet autem apud eos, ut bonis insistant actibus; recedit vero ad tempus, ne semper infirmos curandi, mortuos suscitandi, dæmones ejiciendi, vel etiam prophetizandi habeant facultatem. Manet ergo semper, ut possint habere virtutes, ut mirabiliter ipsi vivant; venit ad tempus, ut etiam aliis per miraculorum signa quales sint intus, effulgeant. Item Gregor., hom. 5, super Ezechiel. : In sanctorum cordibus secundum quasdam virtutes semper manet Spiritus, secundum quasdam recessurus venit, et venturus recedit. In his virtutibus sine quibus ad vitam non pervenitur, in electorum suorum cordibus permanet. In his vero per quas sanctitatis virtus ostenditur, ut in exhibitione miraculorum, aliquando adest aliquando se subtrahit. Item Ambros. in Moralibus, super Epistolam ad Romanos : Ficta charitas est, quæ in adversitate deserit. Hæc innuere videntur quod charitas semel habita non amittatur. Ideo quidam in prætaxatam prosilierunt audaciam, dicentes charitatem a damnandis non haberi, nec a quoquam habitam posse amitti; quos ratio vincit et auctoritas. Quidam enim ad tempus sunt boni, qui postea fiunt mali et e converso. Unde quorumdam nomina Christus dicit scripta in libro vitæ, qui tamen postea abierunt retro. Sed scripta dicit non secundum præscientiam, sed secundum præsentem justitiam, cui deserviebant, quia digni erant tunc illo bono quod habituri sunt præscripti secundum præscientiam. Unde Ambros. (36) : Quibusdam gratia data est in usum, ut Sauli et Judæ, et illis discipulis quibus Dominus dixit, Luc.10. *Ecce nomina vestra scripta sunt in cœlis;* et post abierunt retro. Sed hoc dixit propter justitiam cui deserviebant, quia boni erant. Frequenter enim ante sunt mali, qui futuri sunt boni ; et aliquoties prius sunt boni, qui futuri sunt et permansuri mali, propter quod dicuntur scribi in libro vitæ et deleri.

Determinatio auctoritatum prædictarum.

2. Quod vero Apostolus ait: *Charitas nunquam excidit,* nullatenus pro illis facit. Dignitatem enim charitatis ostendit, dicit eam non excidere, quia hic et in futuro erit ; sed fides et spes evacuabuntur, et scientia. Item quod dicitur charitas nunquam fuisse vera quæ deseri potest, non ad essentiam charitatis refertur, sed ad efficentiam, quia non efficit charitas quæ deseritur, hominem vere beatum, nec perducit ad verum bonum. Huic etiam fonti alieni, id est, damnandi non communicant, scilicet in fine, quia non perseverant. Potest tamen hoc et cætera quæ de charitate dicta sunt, de perfecta intelligi, quam soli per-

(34) Tom. 9, tract. 8, super cap. 4 Epist. Joan., post medium. super cantic. 9.
(35) Tom. 4, super cap. 9 Epist. ad Rom., ad eum locum : *Quia major serviet minori.*

fecti habent,quæ semel habita non ammittitur.Exordia vero charitatis aliquando crescunt,aliquando deficiunt; sunt enim virtutis exordia, et profectus, et provectio;quos gradus ille discernit, qui parabolam illam intelligit, Marc. 4 : *Sic est regnum Dei,quemadmodum si jactet homo semen in terra et dormiat, et exurgat semen et germinet,et crescat*,etc. Si ergo perfecta charitas sic radicata est,ut amitti nequeat,incipiens tamen et provecta amitti potest,et sæpe amittitur;sed dum habetur,non sinit habentem criminaliter peccare. Quod Augustinus ostendit inquiens : *Quia radix omnium malorum est cupiditas,et radix omnium bonorum est charitas*,1 Tim.6,simul ambæ esse non possunt; nisi una radicitus evulsa fuerit, alia plantari non potest. Sine causa conatur aliquis ramos incidere, si radicem non contendit evellere.

Quare fides et spes et scientia dicuntur evacuari,et non charitas, cum et ea ex parte sit.

3.Advertendum etiam est quomodo fides, spes et scientia dicantur evacuari quia ex parte sunt,et non charitas, cum et ipsa ex parte sit. Ex *parte* enim, id est,imperfecte,*diligimus,sicut ex parte scimus*, ut ait Hesychius super Leviticum.Cum ergo *omne quod ex parte est,evacuetur*, cur charitas excipitur, quæ dicitur *nunquam excidere*?Charitas quidem etiam ex parte est, ut sæpe sancti docent, quia *ex parte diligimus nunc;* et ideo ipsa evacuabitur in quantum ex parte est,quia tolletur imperfectio et addetur perfectio.Remanebit quippe ipsa aucta,et actus ejus,et modus,diligendi, ut diligas Deum propter se ex toto corde, et proximum tuum sicut teipsum ; sed imperfectionis modus eliminabitur. Fides vero,et spes penitus evacuabuntur. Scientia vero secundum actum et modum suum, qui nunc est, non secundum sui essentiam tolletur. Ipsa enim virtus scientiæ remanebit, sed alium tenebit usum et modum.

Si Christus ordinem charitatis præscriptum habuerit.

4.Nunc jam superest investigare si Christus secundum quod homo,ordinem diligendi præscriptum servaverit.Quod si est, omnem hominem sicut seipsum dilexit.Omnibus ergo vitam optavit,omnesque salvos fieri voluit, sed non omnes salvi fiunt,et ita non est factum quod optavit.Sed non est ignorandum in eo fuisse charitatem juxta modum patriæ, non viæ ; eumque ordinem diligendi implesse qui servatur in patria, non in via. Qui enim in patria sunt, id est, jam beatificati sunt, adeo justitiæ Dei addicti sunt, ut nihil eis placeat, nisi quod Deo placet ; ac per hoc illorum tantum salutem diligunt et volunt quos Deus salvari vult, eosque solos sicut se diligunt; ita et Christus electos tantum sicut se dilexit, eorumque salutem optavit.

DISTINCTIO XXXII.

DE CHARITATE DEI.

1.Præmissis adjiciendum est de dilectione Dei, qua ipse diligit nos: quæ non est alia quam illa qua diligimus eum.Dilectio autem Dei divina visa est ; eademque dilectione Pater et Filius et Spiritus sanctus se diligunt et nos, ut supra disseruimus.Cumque ejus dilectio sit immutabilis et æterna,alium tamen magis,alius minus diligit. Unde August.: Incomprehensibilis est dilectio Dei atque immutabilis,qua Deus in unoquoque nostrum amat quod fecit, sicut et odit quod fecimus. Miro ergo et divino modo etiam quando odit,diligit nos.Et hoc quidem in omnibus intelligi potest. Quis ergo digne potest eloqui quantum diligat membra Unigeniti sui,et quanto amplius Unigenitum ipsum?De ipso etiam dictum est, Sap. 11 : *Nihil odisti eorum quæ fecisti*. Ex his percipitur quod Deus omnes creaturas suas diligat, quia scriptum est : *Nihil odisti eorum quæ fecisti* ; et item, Gén. 1 : *Vidit Deus cuncta quæ fecerat, et erant valde bona*. Si omnia quæ fecit bona sunt,et omne bonum diligit,omnia ergo diligit quæ fecit; et inter ea magis diligit rationales creaturas, et de illis eas amplius quæ sunt membra Unigeniti sui, et multo magis ipsum Unigenitum.

Ex qua intelligentia dicitur magis vel minus diligere hæc vel illa.

2. Cum autem dilectio Dei immutabilis sit, et ideo non intenditur,vel remittitur,si quæritur quæ sit ratio dicti cum dicitur magis vel minus diligere hoc quam illud, et cum dicitur Deus omnia diligere, dicimus dilectionem Dei sicut panem exsuperare omnem sensum humanum, ut ad tantæ altitudinis intelligentiam vix aliquatenus aspiret humanus sensus. Potest tamen intelligi, ea ratione dici omnia diligi a Deo quæ fecit, quia omnia approbat in quantum opera ejus sunt,nec tunc vel prius vel amplius placuerunt ei cum facta sunt, scilicet antequam fierent, imo ab æterno omnia placuerunt ei, non minus quam postquam esse cœperunt. Quod vero rationales creaturas, id est, homines vel angelos,alios magis,alios minus diligere dicitur,non mutabilitatem charitatis ejus significat,sed quod alios ad majora bona, alios ad minora dilexit ; alios ad meliores usus, alios ad minus bonos. Omnia enim bona nostra ex ejus dilectione nobis proveniunt. Electorum ergo alios magis, alios minus dilexit ab æterno, et diligit etiam nunc, quia aliis majora, aliis minora ex dilectione sua præparavit bona ; aliisque majora,et aliis minora bona confert ex tempore. Unde magis vel minus dicitur hos vel illos diligere.

Quod duobus modis inspicienda est dilectio Dei.

3. Consideratur enim duobus modis dilectio Dei, secundum essentiam,et secundum efficientiam.Non recipit magis vel minus secundum essentiam, sed tantum secundum efficientiam, ut magis dilectidicantur, quibus ex dilectione ab æterno majus bonum præparavit et in tempore tribuit; et minus dilecti quibus non tantum.Inde etiam est quod aliqui quando convertuntur et justificantur, dicuntur tunc incipere diligi a Deo ; non quod Deus nova dilectione quomquam possit diligere, imo sempiterna dilectione dilexit, ante mundi constitutionem quoscunque diligit.Sed tunc dicuntur incipere diligi ab eo,cum æternæ Dei dilectionis sortiuntur effectum, scilicet gratiam vel gloriam.Unde August.,in lib. 5 de Trin., cap. 16 : Absit ut Deus temporaliter aliquem diligat quasi nova dilectione, quæ in ipso ante non erat, apud quem nec præterita transierunt, et futura jam facta sunt. Itaque omnes sanctos suos ante mundi constitutionem dilexit,sicut prædestinavit.Sed cum convertuntur et invenient illum, tunc incipere ab eo diligi dicuntur, ut eo modo dicatur, quo potest humano affectu capi quod dicitur.Sic etiam cum iratus malis dicitur, et placidus bonis, nihil mutantur, et non ipse; ut lux infirmis oculis aspera, firmis lenis est, ipsorum scilicet mutatione,non sua.Ita cum aliquis per justificationem incipit esse amicus Dei, ipse mutatur, non Deus.

Si quis magis vel minus diligatur a Deo uno tempore quam alio.

4. Si vero quæritur de aliquo, utrum magis diligatur a Deo uno tempore quam alio, distinguenda est dilectionis intelligentia.Si enim referatur ad dilectionis effectum,concessibile est;si vero ad dilectionis essentiam, inficiabile est.

Si Deus ab æterno dilexit reprobos.

5. De reprobis vero qui præparati non sunt ad vitam, sed ad mortem, si quæritur utrum debeat concedi quod Deus ab æterno dilexit eos; dicimus de electis solis simpliciter hoc esse concedendum,quod Deus ab æterno eos dilexit, quos ad justitiam et coronam præparavit. De non electis vero, simpliciter est concedendum quod odio habuit, id est, reprobavit: sicut legitur, Malach. 1: *Jacob dilexi, Esau odio habui*. Sed non est simpliciter dicendum quod dilexit, ne prædestinati intelligantur; sed cum adjectione concedatur, dilexit eos in quantum opus ejus futuri erant, id est, quos et quales facturus eos erat.

DISTINCTIO XXXIII.

DE QUATUOR VIRTUTIBUS PRINCIPALIBUS.

1.Post prædicta,de quatuor virtutibus quæ principales vel cardinales vocantur, disserendum est, quæ sunt justitia, fortitudo, prudentia, temperantia. De quibus August., in lib. 14, de Trin., cap. 9, ait : Justitia est in subveniendo miseris;prudentia, in præcavendis insidiis;fortitudo,in perferendis molestiis; temperantia,in coercendis delectationibus pravis. De his dicitur in lib. Sapientiæ, c. 8:*Sobrietatem et prudentiam docet,justitiam et veritatem*.Sobrietatem vocat temperantiam, et virtutem vocat fortitudinem. Hæ virtutes cardinales dicuntur,ut ait Hieron., quibus in hac mortalitate bene vivitur, et post ad æternam vitam pervenitur;quæ in Christo plenissime fuerunt et sunt, de cujus plenitudine nos accepimus; in quo habuerunt usus eosdem quos in patria habent,et quosdam etiam viæ. Verumtamen an hæ virtutes, cum et ipsæ in animo esse incipiant, qui cum sine illis priusasset, tamen animus erat,desinant esse cum ad æterna perduxerint,nonnulla quæstio est.Quibusdam visum est eas esse desituras;et de tribus quidem,prudentia scilicet,fortitudine et temperantia cum hoc dicitur,nonnihil dici videtur. Justitia enim immortalis est ; et magis tunc perficietur in nobis quam esse cessabit, cum beate vivemus contemplatione naturæ divinæ, quæ creavit omnes cæterasque instituit naturas;qua nihil melius et amabilius est,cui regenti subditum esse,justitia est. Et ideo immortalis est omnino justitia,nec in illa beatitudine esse desinet;sed talis ac tanta erit,ut perfectior et major non esse non possit. Fortassis et aliæ tres virtutes, prudentia in ullo jam periculo erroris,fortitudo sine molestia tolerandorum malorum,temperantia sine repugnatione libidinum erunt in illa felicitate; ut prudentiæ ibi sit, nullum bonum Deo præponere vel æquare ; fortitudinis, ei firmissime cohærere ; temperantiæ, nullo defectu noxio delectari.Quod vero nunc agit justitia in subveniendo miseris,quod prudentia in præcavendis insidiis,quod fortitudo in perferendis molestiis,quod temperantia in coercendis delectationibus pravis, non erit ibi omnino,ubi nihil mali erit.Ista ergo virtutum opera huic mortali vitæ necessaria, sicut fides ad quam referenda sunt,in præteritis habebuntur.Ecce aperte hic dicit August., lib. 14, de Trin., c. 9, in principio,quod prædictæ virtutes in futuro erunt, sed alios usus tunc habebunt quam modo.Cui Beda assentit super Exodum,c.26,dicens : Columnæ ante quas expansum est velum, potestates cœli sunt, quatuor eximiis virtutibus præclaræ,id est, fortitudine, prudentia,temperantia, justitia, quæ aliter in cœlis servantur ab angelis et animabus sanctis,quam hic a fidelibus.Et consequenter assignat Beda usus illarum virtutum secundum præsentem statum et futurum, imitans August. in præmissis assignationibus.

DISTINCTIO XXXIV.
DE SEPTEM DONIS SPIRITUS SANCTI.

1. Nunc de septem donis Spiritus sancti agendum est;ubi prius considerandum est an hæc dona virtutes sint;secundo, an in futuro destitutæ sint, vel omnia, vel horum aliqua;deinde, an in Christo fuerint cuncta hæc dona,Hæc dona virtutes esse,nec in futuro desitura Ambrosius ostendit, ea septem fore virtutes dicens, et in angelis abundantissime esse, sic lib. 1 de Spiritu sancto,cap. 20 et ultimo, in principio capitis: Civitas Dei illa Hierusalem cœlestis, non meatu alicujus fluvii terrestris abluitur; sed ex vitæ fonte procedens Spiritus sancti,cujus nos brevi satiamur haustu,in illis cœlestibus spiritibus redundantius videtur effluere,pleno septem virtutum spiritualium fervens meatu. Si enim fluvius riparum crepidinibus editis superfusus exundat,quanto magis Spiritus sanctus supereminens creaturam,cum nostræ mentis arcana tanquam inferiora perstringat, cœlestem illam angelorum naturam effusione quadam sanctificationum ubertate lætificat ! Deinde sanctificationem exponens subdit, paulo inferius: His autem sanctificationibus significatur plenitudo septem spiritualium virtutum, quas enumerat Isaias dicens, c. 11 : *Spiritus sapientiæ et intellectus, Spiritus consilii et fortitudinis, Spiritus scientiæ et pietatis, et Spiritus timoris Domini*. Unum est ergo flumen Spiritus sancti,sed multi spiritualium donorum meatus. Quamvis septem multi dicuntur spiritus, ut *spiritus sapientiæ et intellectus*, etc., *unus tamen est Dei Spiritus*,1 Cor. 12, suæ libertatis arbiter,*omnia* pro auctoritate voluntatis *dividens singulis*.Hic expresse traditum est septem dona et virtutes esse sanctificationesque fidelium mentium, et in futuro non desitura, cum sint et in angelis.

Quod in Christo fuerunt illa septem dona.

2.In Christo etiam hæc eadem fuisse Isaias ostendit dicens c. 11 : *Egredietur virga de radice Jesse, et flos de radice ejus ascendet,et requiescet super eum Spiritus Domini,Spiritus sapientiæ et intellectus.Spiritus consilii et fortitudinis,Spiritus scientiæ et pietatis ; et replebit eum Spiritus timoris Domini.*

Quod videtur obviare præmissis.

3. His autem videtur obviare quod Beda de timore Domini dicit super Parabolas scilicet,quod omnis timor in futuro cessabit.Ait enim sic super illum locum, Proverb. 17 : *Timor Domini principium sapientiæ* : Duo sunt timores Domini,servilis qui principium sapientiæ est,et amicabilis qui perfectionem sapientiæ comitatur.Servilis principium sapientiæ est,quia qui post errata sapere incipit,primo timore corripitur divino, ne puniatur ; sed hunc *perfecta charitas foras mittit*,1 Joan.4. Succedit huic *timor Domini sanctus, permanens in seculum seculi*,psalm.18,quem non excludit charitas,sed auget, quo timet filius, ne vel in modico oculos amantissimi patris offendat;uterque in futuro cessabit,*charitas vero nunquam excidet*.August. vero super illum locum psalm. 5 : *Adorabo ad templum sanctum tuum in timore tuo*,timorem Dei desiturum dicit sic:Timor Domini est magnum præsidium proficientibus ad salutem,sed pervenientibus foras mittitur. Non enim timent jam amicum, cum scilicet ad id quod repromissum est,perducti fuerint. Ex his auctoritatibus significatur quod timor non erit in futuro. Si autem timor non erit in futuro, ergo nec septem dona erunt, nec modo sunt in angelis sive in animabus sanctis. Ad quod dicimus auctoritatum præmissarum quæ videtur repugnantiam dirimentes,quod septem illa dona et in angelis modo sunt et in animabus sanctis feliciter viventibus, et in nobis erunt in futuro ; sed non habebunt omnia hos usus,sive hæc officia quæ nunc habent,verbi gratia : timor filialis modo facit timere ne offendamus quem diligimus, et ne separemur ab eo ; facit etiam nos revereri eumdem. In futuro vero faciet nos revereri, quando non timebimus separari vel offendere. Non ergo metus separationis vel offensionis nunc est in angelis vel in animabus sanctis ; nec in nobis erit in futuro ; sed reverentia quæ est mixta cum subjectione dilectionis ; quæ etiam in Christo fuit, sicut Apostolus dicit in Epistola ad Hebræos, loquens de Christo, c.5: *Qui exauditus est pro sua reverentia.* Quidam tamen secundum effectum, timorem in Christo et in angelis tantum esse contendunt.

Plena timorum distinctio.

4.Et quia de timore tractandi nobis occurrit locus, sciendum est quatuor esse timores, scilicet mundanum sive humanum, servilem, initialem, castum vel filialem sive amicabilem. Humanus timor est, ut ait Cassiodorus super psalm. 127, quando timemus pati pericula carnis,vel perdere bona mundi, propter quod delinquimus.Hic timor malus est,qui in primo gradu cum mundo deseritur; quem Dominus prohibet in Evangelio dicens,Matth.10 et Luc. 12:*Nolite timere eos qui occidunt corpus*, etc. Timor autem servilis est, ut ait August.,super psal. 127, cum per timorem gehennæ continet se homo a peccato,quo præsentiam judicis et pœnas metuit, et timore facit quidquid boni facit, non timore amittendi æternum bonum quod non amat,sed timore patiendi malum quod formidat.Non timet ne perdat amplexus pulcherrimi Sponsi,sed timet ne mittatur in gehennam. Bonus est iste timor et utilis,licet insufficiens; per quem fit paulatim consuetudo justitiæ,et succedit initialis timor, quando incipit quod dqrum erat amari, et sic incipit excludi servilis timor a charitate, succedit deinde timor castus sive amicabilis; quo timemus ne sponsus tardet, ne discedat, ne offendamus, ne eo careamus. Timor iste de amore venit. Ille quidem servilis est utilis, sed non permanens in æternum; et iste timor divinus comes est per omnes gradus.

Collectio prædictorum.

5. Et attende quod quatuor hic distinguntur timores, cum supra Beda duos dixerit esse. Sed Beda humanum timorem prætermisit, et nomine servilis duos quos hic distinximus complexus fuit, scilicet servilem et initialem, Amicabilem vero, castum dixit. Aug. quoque servilem et castum timorem aperte discernit, dum Epistolæ ad Romanos illum locum exponit, c. c: *Non enim accepistis spiritum servitutis iterum in timore, sed accepistis spiritum adoptionis filiorum Dei,* ita dicens Duo timores insinuantur hic: unus qui est in perfecta charitate, scilicet timor castus; alter qui non est in charitate, scilicet servilis; in quo quamvis Deo credatur, non tamen in Deum; etsi bonum fiat, non tamen bene. Nemo enim invitus bene facit, etiamsi bonum est quod facit.

De casto et servili plenius agit, tangens interdum de initiali.

6. De hisce isdem timoribus latius disputat August. dicens: Cœpit aliquis credere diem judicii; si cœpit credere, cœpit et timere. Sed quia adhuc timet, nondum habet fiduciam in die judicii; nondum est enim in illo perfecta charitate; sed si perfecta in illo esset charitas, non timeret; perfecta enim charitas faceret perfectam justitiam, et non haberet unde timeret, imo haberet quasi desideraret ut transeat Iniquitas, et veniat regnum Dei; ergo timor non est in charitate. Sed in qua Charitate? Non in inchoata. In qua ergo? In perfecta, perfecta ergo charitas foras mittit timorem; ergo incipiat timor, quia *initium sapientiæ, timor Domini.* Timor enim quasi locum præparat charitati. Cum autem cœperit charitas habitare, pellitur timor qui ei præparavit locum. Quantum enim illa crescit, ille decrescit; et quantum illa fit interior, timor pellitur foras; major charitas, minor timor; minor charias, major timor. Si autem nullus est timor, non est qua intret charitas, sicut videmus per setam introduci linum quando aliquid suitur; seta prius intrat, et nisi exeat non succedit linum. Sic timor primo occupat mentem; non autem ibi remanet timor, quia ideo intravit, ut introduceret charitatem.

Quod videtur prædictis adversari.

7. Est autem alia sententia quæ videtur huic esse contraria, si non habet pium intellectorem. Dicitur enim in psal. 18: *Timor Domini castus permanet in seculum seculi.* Æternum quemdam timorem nobis æternum timorem, numquid contradicii illi istaEpistola, 2 Joan. 4, quæ dicit: *Timor non est in charitate; sed perfecta charitas foras mittit timorem?* Hoc enim dictum est per Joan., illud dictum est per David: *Sed nolite putare alium esse Spiritum;* si enim unus flatus inflat duas tibias, non potest unus Spiritus implere duo corda, et agitare duas linguas? Si spiritu uno, id est, flatu impletæ duæ tibiæ consonant, impletæ duæ linguæ Spiritu Dei dissonare possunt? Imo est ibi quædam consonantia, est quædam concordia; sed auditorem desiderat studiosum, non otiosum. Ecce movit duas linguas Spiritus Dei, et audivimus ex una: *Et timor non est in charitate;* audivimus ex alia: *Timor Domini castus permanet in seculum seculi.* Quid est hoc? Dissonant? Non. Excute aures, intende melodiam; non sine causa hic addidit *castus,* illic non addidit; quia est timor aliquis qui dicitur castus, est alius qui non dicitur castus. Discernamus istos duos timores, et intelligamus consonantiam tibiarum. Quomodo discernimus? Attendat charitas vestra. Sunt homines qui propterea timent Deum, ne mittantur in gehennam; ne forte ardeant cum diabolo in igne æterno. Ipse est timor qui introducit charitatem, sed sic venit ut exeat. Si enim propter pœnas times Deum, nondum amas quem sic times; non bona desideras, sed mala caves. Sed ex eo quia mala caves, corrigis te et incipis bona desiderare; cumque bona desiderare cœperis, erit in te timor castus Quid est timor castus? Timere ne amplius amittas ipsa bona, timere Deum ne recedat a te. Cum autem times Deum ne te deserat præsentia ejus, amplecteris eum, ipso frui desideras. (Aug., tract. 9, super Epist. Joan., in tom. 6.)

Quomodo distant duo timores, per similitudinem duarum mulierum ostendit.

8. Non potes melius explanare quid intersit inter duos istos timores, quam si ponas duas mulieres maritatas; quarum unam constituas volentem facere adulterium, sed timet ne damnetur a marito. Timet maritum, quia adhuc amat nequitiam: huic non grata est, sed onerosa mariti præsentia; et si forte vivit nequiter, timet maritum ne veniat. Tales sunt qui timent diem judicii. Fac alteram amare virum, et debere illi castos amplexus, nulla se adulterima immunditia maculare velle: ista optat præsentiam viri. Illa timet et ista timet. Jam ergo interrogatur quare timeant. Illa dicet; Timeo virum ne veniat; ista dicet: Timeo virum ne discedat. Illa dicet: Timeo virum ne damnet; ista dicet: Timeo virum ne deserat. Pone hæc in animo, et invenies timorem quem foras mittit charitas; et alium timorem castum permanentem in seculum seculi. Illum timorem perfecta charitas foras mittit, quia ille timor tormentum habet; torquetur conscientia peccatorum, nondum facta est justificatio. Est ibi quod titillet mentem, quod pungat, quod stimulet. Stimulat ille timor, sed intrat charitas quæ sanat quod vulnerat timor. Timor castus facit securitatem in animo. Audivimus duas tibias, scilicet, Joannem et David consonantes; illa de timore Dei dicit, quo timet anima ne damnetur; ista de timore quo timet anima ne deseratur. Ille est timor quem charitas excludit, ille est timor qui permanet in seculum seculi (36). Ecce in his verbis prædictis aperte ostendit August. quis sit timor castus, et quis servilis, et qualiter differant. In quibus etiam initialem timorem significavit; qui nec ex toto est servilis, nec ex toto castus, sed tanquam medius aliquid de servili, et aliquid de casto timore habet; facit enim servire partim timore pœnæ, partim amore justitiæ per quem timemus puniri, et timemus offendere. Iste timor est in inchoata charitate, non in perfecta: et quantum crescit charitas, tantum decrescit iste timor, quantum ad metum pœnæ, id est, quantum ad id quod facit timere pœnam, et quantum ad tormentum conscientiæ. Nam quanto magis diligimus, tanto minus timemus. Iste timor notatur in illis verbis August., ubi non negat timorem esse in charitate inchoata, sed perfecta; quod non posset dici de servili, quia, ut ipse supra dixit, servilis timor non remanet veniente charitate, nec intrat charitas nisi prius ille timor exeat; nec in illo timore aliquis credit in Deum, etsi credat Deo; nec bene facit, etiamsi bonum est quod facit. Non est ergo timor iste in charitate etiam inchoata, quia omnis qui charitatem habet, licet non perfectam, et in Deum credit, et bona opera facit. Quare servilis non est timor ille, quem in charitate inchoata fore concessit, et quem crescente charitate decrescere dixit; sed ille est timor initialis, quem non negat esse in charitate, nisi perfecta sit.

Quod timor servilis et initialis dicitur initium sapientiæ, sed differenter

9. Sciendum tamen est quod uterque timor, scilicet servilis et initialis, in Scripturæ diversis locis, Prov. 1 et 9, Eccl. 1, dicitur *initium sapientiæ;* et ita fore comperies, si diligenter adnotaveris loca Scripturæ in quibus de timore Domini fit mentio; ex alia tamen ratione et causa diversa dicitur servilis timor initium sapientiæ, et ex alia initialis. Servilis enim ideo dicitur initium sapientiæ, quia præparat locum sapientiæ,

---

(36) Aug., eod. tract.; et tom. 2. epist. 120, ad Horat., de Gratia novi Testamenti, c. 21.

et ducit ad sapientiam; sed tamen non remanet cum ea, imo foras exit. Initialis vero dicitur initium sapientiæ, quia est in inchoata sapientia; quem cum quis habere incipit, sapientiam et charitatem habere incipit. Inde etiam est quod uterque timor dicitur initialis; quod invenire poteris per diversa Scripturæ loca. Uterque etiam timor interdum dicitur servilis, quia et ipse initialis, qui est in charitate inchoata, aliquid habet de servili, scilicet angorem pœnæ, sicut et aliquid habet de casto, scilicet quod timet offendere ac separari.

De hoc quod Augustin. dicit, castum timorem esse æternum.

10. Illud quoque diligenter est notandum, quod in superioribus Augustin. dicit, castum timorem esse æternum, per quod confirmatur præmissa sententia, scilicet quod spiritus timoris erit in futuro, sicut et alia dona Spiritus sancti, sed non habebit omnem illum usum quem modo habet. Faciet enim tunc nos revereri Deum, non timere separari vel carere. Fuit ergo et in Christo timor ille, sed juxta usum illum quem habebit in futuro in sanctis. Non enim timuit Christus separari vel offendere Deum, sed Deum præ omnibus reveritus est.

An timor pœnæ qui fuit in Christo fuerit servilis, vel initialis, vel alius.

11. Cum autem fuerit in Christo timor pœnæ, quæritur an iste timor fuerit mundanus, vel servilis, vel initialis. Ad quod dicimus nullum eorum fuisse in Christo, quia timor mundanus malus est, ut supra dictum est, et in primo gradu cum mundo deseritur; servilis vero, vel initialis, in perfecta charitate non est. Nullus ergo timorum istorum fuit in Christo. Quis ergo fuit timor iste quo pœnam timuit? Potest timor ille dici naturalis vel humanus, qui omnibus hominibus inest, quo horretur mors ac formidatur pœna. Et dicitur timor iste naturalis, non quia accesserit homini ex natura secundum quod prius fuit instituta, quia non fuit iste timor concretus homini, nec de bonis naturalibus; sed quia ex corrupta natura per peccatum omnibus advenit; cui corruptio inolevit, tanquam esset naturalis: et est iste timor, effectus peccati, ut prædictum est.

DISTINCTIO XXXV.
QUOMODO DIFFERANT SAPIENTIA ET SCIENTIA.

1. Post præmissa, diligenter considerandum est in quo differat sapientia a scientia, De hoc August., in lib. 14 de Trin., cap. 1, in medio, ita ait: Philosophi disputantes de sapientia definierunt eam dicentes: Sapientia est rerum divinarum humanarumque scientia. Ego quoque utrarumque rerum cognitionem, id est, divinarum et humanarum, et sapientiam et scientiam dici posse non nego. Verum juxta distinctionem Apostoli, qua dixit, 1 Cor. 12: *Alii datur sermo sapientiæ, alii sermo scientiæ*, illa definitio dividenda est, ut rerum divinarum cognitio sapientia proprie nuncupetur humanarum vero rerum cognitio proprie scientiæ nomen obtineat. Neque vero quidquid sciri ab homine potest in rebus humanis, ubi plurimum supervacuæ vanitatis et noxiæ curiositatis est, huic scientiæ tribuo: sed illud tantum quo fides saluberrima quæ ad veram beatitudinem ducit, gignitur, nutritur, defenditur, roboratur; qua scientia non pollent fideles plurimi, quamvis polleant ipsa fide plurimum. Aliud est enim scire tantummodo quid homo credere debeat propter adipiscendam vitam beatam; aliud est scire quomodo hoc ipsum et piis opituletur vel contra impios defendatur; quæ proprio vocabulo appellatur scientia. De his quoque duabus virtutibus idem August., in Anch., c. 3, 'differentiam inter eas assignans super psal., ait: Distat sapientia quodammodo a scientia, testante sancto Job, qui, quodammodo singula definiens, ait, c. 28: *Sapientia est pietas; scientia vero, abstinere a malis.* Pietatem vero loco posuit Dei cultum; quæ Græce dicitur θεοσέβια, quæ est in cognitione et dilectione ejus quod semper est et incommutabiliter manet, quod Deus est. Abstinere vero a malis, est in medio pravæ nationis prudenter conversari. Idem quoque inter hæc duo aperte distinguens ait, in lib. 12 de Trinit.: Distat ab æternorum contemplatione actio qua bene utimur temporalibus rebus; et illa sapientiæ hæc scientiæ deputatur, quamvis et illa quæ sapientiæ est, possit nuncupari scientia, ut Apostolus asserit, 1 Cor. 13, ubi dicit: *Nunc scio ex parte*; quam scientiam profecto contemplationem Dei vult intelligi. In hoc ergo differentia est, quia ad contemplationem sapientia, ad actionem vero scientia pertinet. Ecce aperte demonstratum est in quo differant spiritus sapientiæ et spiritus scientiæ, scilicet ut sapientia divinis, scientia humanis attributa sit rebus. Et: ut docet August. in lib. 13 de Trin., cap. 19, in medio: Utrumque agnoscimus in Christo, scilicet et rem divinam, et rem humanam; et ideo de ipso habemus sapientiam et scientiam. Cum enim legitur, Joan. 1: *Verbum caro factum est*, in Verbo intelligitur verus Dei Filius; in carne agnoscitur verus hominis filius. Item cum dicitur: *Vidimus plenum gratiæ et veritatis;* gratiam referamus ad scientiam, et veritatem ad sapientiam; quia in Christo sapientia et scientia fuit plenaria, et nos scientiam et sapientiam de eo habemus qui est Deus et homo.

In quo differat sapientia ab intellectu.

2. Ostensa differentia inter scientiam et sapientiam quid distet inter sapientiam et intellectum videamus. In hoc differunt illa duo, quia sapientia proprie est de æternis, quæ Veritati æternæ contemplandæ intendit Intelligentia vero non modo de æternis est, sed etiam de rebus invisibilibus et spiritualibus temporaliter exortis. Per eam enim et natura summa quæ fecit omnes naturas, id est, divina, consideratur, et quæ post ipsam sunt spirituales et invisibiles naturæ, ut angeli et omnes animæ bonæ affectiones conspiciuntur. In hoc ergo differentia est quia sapientia Creator tantum conspicitur, intellectu vero et Creator et creatura quædam. Item intellectu intelligibilia capimus tantum: sapientia vero non modo capimus superiora, sed etiam incognitis delectamur. Sic ergo distingui potest inter illa tria, scilicet intellectum, scientiam et sapientiam. Scientia valet ad rerum temporalium rectum administrationem et ad bonam inter malos conversationem. Intelligentia vero ad Creatoris et creaturarum invisibilium speculationem. Sapientia vero ad solius æternæ Veritatis contemplationem et delectationem.

Quod intellectus et scientia de quibus hic agitur, non sunt illa quæ naturaliter habet homo.

2. Et notandum quod intellectus et scientia quæ dicuntur dona Spiritus sancti, alia sunt ab intellectu et scientia quæ naturaliter sunt in anima hominis; hæc enim virtutes sunt quæ per gratiam infunduntur animis fidelium ut per eas recte vivant. Illa vero naturaliter habet homo ex beneficio creationis; a Deo tamen. Per has autem virtutes quæ dicuntur dona Spiritus sancti, illa naturalia reformantur atque adjuvantur, ut, verbi gratia, intellectus naturalis peccato obtenebratus, per virtutem quamdam et gratiam quæ dicitur spiritus intelligentiæ reformatur atque adjuvatur ad intelligendum. Ita et per illam virtutem quæ dicitur spiritus sapientiæ juvatur atque erigitur mentis ratio ad contemplationem et delectationem veritatis.

Quod sapientia ista Dei est, nec est illa quæ Deus est.

4. Illud etiam sciendum est, quod sapientia de qua nunc disserimus, non est illa sapientia Dei, ut ait August. in lib. 14 de Trin., cap. 1, principio, quæ Deus est; sed hominis sapientia verumtamen quæ secundum Deum est, ac verus et præcipuus cultus ejus est. Si ergo colat mens hominis Deum cujus ab eo capax facta est, et cujus esse particeps potest, sapiens ita fit, et non sua luce, sed summæ illius lucis participatione sapiens fit. Ista ergo hominis sapientia etiam Dei est; verum non ita Dei est, ut ea sapiens sit Deus, Non enim participatione sui sapiens est, sicut mens participatione Dei. Sic etiam dicitur justitia Dei non solum illa qua ipse justus est, sed etiam illa quam dat homini cum justificat impium.

DISTINCTIO XXXVI.
DE CONNEXIONE VIRTUTUM QUÆ NON SEPARANTUR.

1. Solet etiam quæri utrum virtutes ita sint sibi conjunctæ, ut separatim non possint possideri ab aliquo; sed qui unam habet omnes habeat. De hoc etiam Hieron.ait,comment.in cap,56 Isaiæ : Omnes virtutes sibi hærent, ut qui una caruerit, omnibus careat.Qui ergo unam habet,omnes habet.Quod quidem probabile est. Cum enim charitas mater sit omnium virtutum, in quocumque mater ipsa est, scilicet charitas est,et cuncti filii ejus,id est,virtutes recte fore creduntur.Unde August.tract.83 super Joan.: Ubi charitas est,quid est quod possit deesse? Ubi autem non est,quid est quod possit prodesse? Cur ergo non dicimus : Qui hanc virtutem habet, omnes habet,cum plenitudo legis sit charitas? quæ quanto magis est in homine, tanto magis est virtute præditus; quanto vero minus, tanto minus inest virtus ; et quanto minus inest virtus, tanto magis inest vitium.

Si cunctæ virtutes pariter sint in quocumque sunt.

2.Utrum vero pariter quis omnes possideat virtutes an aliæ magis,aliæ minus in aliquo ferveant, quæstio est.Quibusdam enim videtur quod aliæ magis, aliæ minus habeantur ab aliquo ; sicut in Job patientia emicuit,in David humilitas,in Moyse mansuetudo ; qui etiam concedunt magis aliquem mereri per aliquam unam virtutem quam per aliam, sicut eam plenius habet quam aliam.Non tamen magis per aliquam mereri dicunt,quam per charitatem;nec aliquam plenius a quoquam haberi,quam charitatem.Alias ergo magis et alias minus in aliquo esse dicunt; sed nullam plenius charitate, quæ cæteras gignit.Hasque dicunt esse multas facies quas memorat Apostolus,dicens,2 Cor. 1 : *Ex personis multarum facierum*, etc. Alii verius dicunt omnes virtutes et similes et pares esse in quocumque sunt; ut qui in una alteri par extiterit, in omnibus eidem æqualis sit.Unde August., in lib.9 de Trin., cap. 4, in principio : Virtutes quæ sunt in animo humano, quamvis alio et alio modo singulæ intelligantur, nullo modo tamen separantur ad invicem ; ut quicumque fuerint æquales, verbi gratia, in fortitudine æquales sunt et prudentia et justitia et temperantia. Si enim dixeris æquales esse istos in fortitudine,sed illum præstare prudentia,sequitur ut hujus fortitudo minus prudens sit,ac per hoc nec fortitudine æquales sunt, quia est illius fortitudo prudentior; atque ita de cæteris virtutibus invenies,si omnes eadem consideratione percurras. Ex his clarescit omnes virtutes non modo esse connexas,sed etiam pares in animo hominis.Cum ergo dicitur aliquis aliqua præeminere virtute, ut Abraham fide, Hebr. 11; Job patientia, Jacobi 5, secundum usus exteriores accipiendum est,vel in comparatione aliorum hominum, quia vel humilitatis habitum maxime præfert, vel opus fidei, vel alicujus cæterarum virtutum præcipue exequitur. Unde et ea præ aliis pollere, vel inter alios homines singulariter excellere dicitur, secundum hunc modum, scilicet, secundum rationem actuum exteriorum,ut alibi August.dicit in aliquo aliam magis esse virtutem,aliam minus,et unam inesse virtutem, et non alteram. Ait enim sic,in epist. ad Hier. 9 : Clarissima disputatione tua satis apparuit non placuisse auctoribus nostris, imo veritati ipsi, omnia paria esse peccata, etiamsi hoc de virtutibus verum sit;quia etsi verum est eum qui habet unam omnes virtutes habere, et eum qui unam non habet nullam habere;nec sic peccata sunt paria, quia ubi virtus nulla est, nihil rectum est ; nec tamen ideo non est pravo pravius, distortoque distortius.Si autem (quod puto esse verius sacrisque Litteris congruentius) ita sunt animæ intentiones ut corporis membra, non quod videantur locis, sed quod sentiantur affectibus, et alius illuminatur amplius,alius minus,alius omnino caret lumine ; profecto ut quisque illustratione piæ charitatis affectus est, in alio actu magis, in alio mi nus, in aliquo nihil ; sic dici potest habere aliam, aliam non habere,aliam magis,et aliam minus.Nam et major est in isto charitas quam in illo : et ideo recte possumus dicere et aliqua in isto,nulla in illo,quantum pertinet ad charitatem quæ pietas est:et in uno homine quidem quod majorem habeat pudicitiam quam patientiam, et majorem hodie quam heri, si proficit in ea ; et adhuc non habeat continentiam, et habeat non parvam misericordiam. Et,ut generaliter breviterque complectar quam de virtute habeo notionem,virtus est charitas,qua id quod diligendum est diligit.Hæc et in aliis major est, in aliis minor, et in aliis nulla est;plenissima vero quæ jam non possit augeri,quamdiu hic homo vivit,in nemine est. Hic insinuari videtur quod aliquis ea ratione possit dici habere unam virtutem magis quam aliam,quia per charitatem magis efficitur in actu unius virtutis quam alterius;et propter differentiam actuum ipsas virtutes magis vel minus habere dicitur. Potest et aliquam non habere, cum tamen simul omnes et pariter habeat quantum ad mentis habitum vel essentiam cujusque.In actu vero aliam magis, aliam minus habet, aliam etiam non habet, ut vir justus utens conjugio,non habet continentiam in actu,quam tamen habet in habitu. Cur ergo non dicantur paria peccata ? Forte quia magis facit contra charitatem qui gravius peccat, minus qui levius. Nemo enim peccat, nisi adversus illam faciendo, quæ *est plenitudo legis*, Rom. 13 Ideo recte dicitur. Jacob. 2 : *Qui offenderit in uno, factus est omnium reus*,id est, contra charitatem facit, in qua pendent omnia.

Repetit de charitate, ut addat quomodo tota lex ex ea pendeat.

3. Cum duo sint præcepta charitatis,in quibus, ut prætaxatum est,*tota lex pendet et prophetæ*, Matth. 22, advertendum est quomodo hoc fit, cum in lege et in prophetis multa fuerint cæremonialia mandata,quæ si ad charitatis sanctificationem pertinuissent, viderentur nondum debuisse cessare. Quia vero non justificationis gratia,quam facit charitas, instituta sunt,sed in figura futuri,et in onus imposita,ideo clarescente veritate cessaverunt sicut umbra.Verumtamen et ipsa cæremonialia secundum spiritualem intellectum,quem continent,et omnia moralia ad charitatem referuntur. Pertinent enim omnia ad decem mandata in tabulis scripta,ubi omnium summa perstringitur,ex quibus cætera emanant ; sicut in sermone Domini octo virtutes præmittuntur,ad quas cætera referuntur.Et sicut ad decem mandata Decalogi cætera referuntur,ita et ipsa decem et duo mandata charitatis pertinent.Omnia ergo ad duo mandata charitatis pertinent,quia per charitatem implentur,et ad charitatem tanquam ad finem referri debent. Unde Aug., in Ench., cap. ult.: Totam magnitudinem et amplitudinem divinorum eloquiorum possidet charitas,qua Deum proximumque diligimus;quæ radix est omnium bonorum. Unde Veritas ait, Matth. 22 : *In his duobus mandatis universa lex pendet,et prophetæ.* Si ergo non vacat omnes paginas sanctas porscrutari,omnia involucra sermonum evolvere, tene charitatem ubi pendent omnia,quia perfectio est et finis omnium. Tunc enim et præcepta et consilia recte fiunt, cum referuntur ad diligendum Deum,et proximum propter Deum.Quod vero timore pœnæ vel aliqua intentione carnali fit,ut non referatur ad charitatem,nondum fit sicut fieri oportet, quamvis fieri videatur.Inimicus enim justitiæ est, qui pœnæ timore non peccat.Amicus vero justitiæ,qui ejus amore non peccat.Omnium ergo hæc summa est, ut intelligatur legis et omnium divinarum Scripturarum plenitudo esse dilectio Dei et proximi, (Aug, ad Anastasium, epi. 144.Idem,lib. 1 de Doc.chr.,cap. 35.)

DISTINCTIO XXXVII.
DE DECEM PRÆCEPTIS, QUOMODO CONTINEANTUR IN DUOBUS MANDATIS CHARITATIS.

1. Sed jam distributio Decalogi, quæ in duobus mandatis completur, consideranda est.Habet enim Decalogus decem præcepta, quæ sunt decachordum

psalterium;quæ sic sunt distributa,ut tria quæ sunt in prima tabula, pertineant ad Deum, scilicet, ad cognitionem et dilectionem Trinitatis; septem quæ sunt in secunda tabula, ad dilectionem proximi.

De primo præcepto.

2. Primum, in prima tabula est : *Non habebis Deos alienos* ; *non facies tibi sculptile,neque omnem similitudinem*, etc. Hæc Origenes dicit duo mandata ; sed August. (de decem Chordis.lib.unico,cap.5), unum; hoc enim ipsum quod dixerat. *Non habebis Deos alienos*, perfectius explicat cum prohibet coli figmenta, scilicet,idolum vel similitudinem alicujus rei; quæ duo Origenes ita dicit distare, ut idolum sit quod nihil habet simile sui ;similitudo vero,quod habet speciem alicujus rei ; ut,verbi gratia,si quis in auro vel in ligno vel alia re faciat speciem serpentis vel avis vel alterius rei,et statuat ad adorandum,non idolum sed similitudinem fecit.Qui vero facit speciem quam non vidit oculis,sed animus sibi finxit ; ut si quis humanis membris caput canis, vel arietis formet, vel in uno habitu hominis duas facies, non similitudinem, sed idolum facit, quia facit quod non habet aliquid simile sui. Ideo dicit Apostolus 1 Cor. 8: *Quia idolum nihil est in mundo*. Non enim aliqua ex rebus constantibus assumitur species,sed quod mens otiosa et curiosa reperit.Similitudo vero est,cum aliquid ex his quæ sunt vel in cœlo, vel in terra, vel aquis formatur, August. vero ita exponit illud : *Idolum nihil est in mundo*, id est,inter creaturas mundi non est forma idoli,materiam enim formavit Deus, sed stultitia hominum formam dedit. Quæcumque facta sunt,naturaliter facta sunt per Verbum, sed forma hominis in idolo non est facta per Verbum,sicut peccatum non est factum per Verbum, sed est nihil, et nihil fiunt homines cum peccant.Sed quæritur quomodo hic dicatur forma idoli non esse facta per Verbum, cum alibi legatur : Omnis forma, omnis compago, omnis concordia partium facta est per Verbum.Hoc autem a diversis varie solvitur. Quidam enim dicunt omnem formam,et quidquid est,a Deo esse in quantum est, et formam idoli in quantum est vel in quantum forma est, a Deo esse,sed non in quantum idoli est, id est, posita ad adorandum.In hoc enim non est creatura, sed perversio creaturæ. Sicut illud quod peccatum est,in quantum peccatum est,nihil est ; et homines cum peccant,nihil fiunt,quia ab illo qui vere est,separantur. Unde Hieron.: Quod ex Deo non est, qui solus vere est, non esse dicitur. Ideoque peccatum quod nos a vero esse abducit,nihil esse vel non esse dicitur.Alii vero dicunt omnem formam,quæ scilicet naturaliter est,et omne quod naturaliter est, esse a Deo ; sed forma idoli non est naturaliter,quia naturæ justitiæ non servit. Id enim naturaliter esse dicitur, quod simplici naturæ justitiæ quæ Deus est,militat, non resultat,et naturam creatam non vitiat.Secundum præceptum est, Exod. 20: *Non assumes nomen Dei tui invanum*, quod est dicere, secundum litteram, non jurabis pro nihilo nomen Dei. Allegorice vero præcipitur,ut non putes creaturam esse Christum Dei Filium, quia omnis creatura vanitati subjecta ; sed æqualem Patri.Tertium vero præceptum : *Memento ut diem sabbati sanctifices*,ubi secundum litteram præcipitur sabbati observantia. Allegorice vero, ut requiem et hic a vitiis,et in futuro in Dei contemplatione expectes ex Spiritu sancto,id est, ex charitate et dono Dei, non quod Spiritus sanctus sine Patre et Filio hoc operetur. Accepit utique Ecclesia hoc donum,ut in Spiritu sancto flat remissio peccatorum. Quam remissionem cum Trinitas faciat, proprie tamen ad Spiritum sanctum dicitur pertinere,quia ipse est Spiritus adoptionis filiorum. Ipse Patris et Filii amor et connexio vel communitas. Ideoque justificatio nostra et requies ei attribuitur sæpius. Hæc sunt tria mandata primæ tabulæ, ad Deum pertinentia. Et primum quidem,quod est de uno Deo colendo, pertinet ad Patrem, in quo est unitas vel auctoritas ; secundum ad Filium,in quo coæqualitas;tertium ad Spiritum sanctum, in quo est utriusque communitas.

De mandatis secundæ tabulæ.

3. In secunda vero tabula erant septem mandata, ad dilectionem proximi pertinentia, quorum primum ad patrem carnalem refertur,sicut primum primæ tabulæ ad Patrem cœlestem. Quod est Deut.5 : *Honora patrem tuum et matrem tuam, ut sis longævus super terram*,scilicet viventium.Parentes vero sic sunt honorandi,ut eis debita reverentia exhibeatur, et necessaria ministrentur. Secundum est : *Non occides*, ubi secundum litteram actus homicidii prohibetur, secundum spiritum vero etiam voluntas occidendi.Unde huic mandato secundum litteram fit superadditio in Evangelio,quia littera Evangelii exprimitur, quod legis littera non exprimebatur.Evangelii littera exprimit intelligentiam spiritualem, id est, quam spirituales habent;et secundum quam spiritualiter vivitur ; littera legis sensum carnalem, id est, quem carnales habent,et secundum quem carnaliter vivitur ; cui facta est superadditio. Tertium est : *Non mœchaberis* ; id est, ne cuilibet miscearis, excepto fœdere matrimonii,a parte enim totum intelligitur. Nomine ergo mœchiæ omnis concubitus illicitus,illorum quoque membrorum non legitimus usus prohibitus debet intelligi. Quartum est:*Non furtum facies* ubi sacrilegium et rapina omnis prohibetur. Non enim rapinam permisit,ait August.,q. 71 super Exod., qui furtum prohibuit ; sed furti nomine bene intelligi voluit omnem illicitam usurpationem rei alienæ. Sacrilegium tribus modis committitur, quando scilicet vel sacrum de sacro, vel non sacrum de sacro,vel sacrum de non sacro aufertur. Sacrum vero dicitur, quidquid mancipatum est cultui divino, ut ecclesia vel res ecclesiæ. Hic etiam usura prohibetur,quæ sub rapina continetur.Unde Hieron. in epist. super psal.54: Usuras quærere, vel fraudare,aut rapere nihil interest. Commoda fratri tuo, et accipe quod dedisti, et nihil superfluum quæras: quia superabundantia usura computatur. Est enim usura,ut ait Augustinus, cum quis plus egit in injuria vel qualibet re,quam acceperit. Item Hieron. quæst.3,in cap.14 Ezechielis: Putant aliqui usuram tantum esse in pecunia ; sed intelligant usuram vocari superabundantiam,scilicet quidquid est si ab eo quod dederit plus est ; ut si in hyeme demus decem modios,et in messe quindecim recipiamus. Si vero quæritur de filiis Israel, qui Domino jubente ab Ægyptiis mutuaverunt vasa aurea et argentea et vestes pretiosas,et asportaverunt, utrum furtum commiserint,dicimus eos qui ut parerent,Deo jubente,illud fecerunt, non fecisse furtum, nec omnino peccasse. Unde Augustinus:Israelitæ non furtum fecerunt, sed Deo jubente ministerium præbuerunt.Hoc enim Deus jussit,qui legem dedit.Sicut minister judicis sine peccato occidit quem lex præcipit occidi ; sed si id sponte facit,homicida est,etiamsi eum occidat quem scit a judice occidendum.Infirmi autem qui ex cupiditate Ægyptios deceperunt,magis permissi sunt hoc facere illis qui jure talia passi sunt, quam jussi. Hic opponitur,quod etiam boni in isto opere peccaverunt,quia naturalem legem cui concordat Evangelium et lex moralis præceptionis, transgressi sunt, quæ est : Quod tibi non vis fieri,alii ne feceris. Quam Veritas scripsit in corde hominis ; et quia non legebatur in corde, iteravit in tabulis, ut voce forinsecus admota rediret ad cor,et ibi inveniret quod extra legeret. Hanc ergo illi prævaricari videntur in illo facto, aliis facientes quod nolebant sibi fieri. Sed ibi intelligendum est *injuste*, ut non alii, scilicet, injuste, facias quod tibi non vis fieri;alioquin hujus prævaricator est judex,dum punit reum nolens aliquid tale sibi fieri. Ita etiam et illud Domini verbum Matth.7:*Omnia quæcumque vultis ut faciant vobis homines*,etc., de bonis recipiendum est, quæ nobis invicem exhibere debemus

---

(37) Aug., tom. 6, 1, 22, contra Faustum Manichæum, c. 71.

(37) Quintum præceptum est, Luc. 6 : *Non loqueris contra proximum tuum falsum testimonium*; ubi crimen mendacii et perjurii prohibetur. Solet etiam quæri utrum prohibitum sit omne mendacium. Quidam dicunt illud tantum prohiberi quod obest et non prodest ei cui dicitur. Tale enim non est adversus proximum ; ut ideo videatur hoc addidisse Scriptura. Sed de mendacio magna quæstio est, quæ nec cito explicari potest. (Aug., t. 5, super Exod., q. 72, in fine)

DISTINCTIO XXXVIII.
DE TRIPLICI GENERE MENDACII.

1. Sciendum tamen tria esse genera mendaciorum. Sunt enim mendacia quædam pro salute vel commodo alicujus, non malitia, sed benignitate dicta : qualiter obstetrices mentitæ sunt et Raab. Est et aliud mendacii genus quod fit joco, quod non fallit. Scit enim cui dicitur, causa joci dici ; et hæc duo genera mendaciorum non sunt sine culpa, sed non cum magna. Perfectis vero non convenit mentiri, nec etiam pro temporali vita alicujus, ne pro corpore alterius animam suam occidant. Licet autem eis verum tacere sed non falsum dicere : ut si quis non vult hominem ad mortem prodere, verum taceat, sed non falsum dicat. Tertium vero genus mendacii est quod ex malignitate et duplicitate procedit, cunctis valde cavendum (38). His videtur innui mendacia illa quæ fiunt joco vel pro salute alicujus, imperfectis esse venialia peccata, perfectis vero illud quod pro commodo alterius dicitur esse damnabile, quod etiam de mendacio jocoso putari potest, præcipue si iteretur. De mendacio autem obstetricum et Raab, quod fuerit veniale August. tradit, in Enchirid., c. 22, dicens : Forsitan obstetrices non remuneratæ sunt quia mentitæ sunt, sed quia infantes liberaverunt, et propter hanc misericordiam veniale fuit peccatum, non tamen nullum : sic Raab liberata est propter liberationem exploratorum, pro qua fuit veniale peccatum. Sed ne putet quisque in cœteris peccatis, si propter liberationem hominum fiant, ita posse concedi veniam, multa enim mala detestanda talem sequuntur errorem. Possumus enim et furando alicui prodesse, si pauper cui datur sentit commodum, et dives cui tollitur non sentit incommodum, Ita et adulterando possumus prodesse, si aliqua, nisi ad hoc ei consentiatur, appareat amando moritura, et si vixerit pœnitendo purganda ; nec ideo peccatum grave negabitur tale adulterium. Sciendum est etiam octo esse genera mendacii, ut August., tom. 4, in lib. de Mendacio, c. 14, tradit ; quæ diligenter notanda sunt, ut appareat quod mendacium sit veniale, et quod damnabile. Primum capitale est mendacium longeque fugiendum, quod fit in doctrina religionis, ad quod nulla causa quisquiam debet adduci ; secundum, quod tale est ut nulli prosit, sed obsit alicui ; tertium, quod ita prodest alteri ut alteri obsit ; quartum, sola mentiendi fallendique libidine, quod maximum mendacium est ; quintum, quod fit placendi cupiditate de suaviloquio. His omnibus evitatis, sequitur sextum genus, quod et nihil obest, et prodest alicui : ut si quis pecuniam alicujus injuste esse tollendam sciens, ubi sit nescire se mentiatur ; septimum, quod et nulli obest, et prodest alicui : ut si quis nolens hominem ad mortem quæsitum prodere, mentiatur ; octavum, quod nulli obest, et ad hoc prodest, ut ab immunditia corporis aliquem tueatur. In his autem tanto minus peccat quisque dum mentitur, quanto magis a primo recedit. Quisquis vero aliquod genus esse mendacii quod peccatum non sit putaverit, decipit seipsum turpiter, cum honestum esse deceptorem aliorum arbitretur. Omne ergo genus mendacii summopere fuge, quia omne mendacium non est a Deo.

Quid sit mendacium.

2. Hic videndum est quid sit mendacium et quid sit

(28) Aug., tom. 8, super psal. 5, ad eum versum : *Perdes omnes qui loquuntur mendacium*, non longe a principio narrationis.

mentiri. Deinde utrum omne mendacium sit peccatum et quare. Mendacium est, ut ait August. (39), falsa significatio vocis cum intentione fallendi ; ut ergo mendacium sit, necesse est ut falsum proferatur et cum intentione fallendi. Hoc enim malum est proprium mentientis, aliud habere clausum in corde, aliud promptum in li gua.

Quid sit mentiri.

3. Mentiri vero est loqui contra hoc quod animo sentit quis, sive illud verum sit, sive non. Omnis ergo qui loquitur mendacium mentitur, quia loquitur contra quod animo sentit, id est, voluntate fallendi ; sed non omnis qui mentitur mendacium dicit, quia quod verum est loquitur aliquod mentiendo, sic ut e converso falsum dicendo aliquando verax est. Unde ait Augustinus, in Ench., cap. 18 : Nemo sane mentiens judicandus est, qui dicit falsum quod putat verum ; quia quantum in ipso est, non fallit ipse, sed fallitur. Non ergo mendacii arguendus est qui falsa incautus credit ac pro veris habet. Potiusque, e contrario, ille mentitur qui dicit verum quod putat falsum. Quantum enim ad animum ejus attinet, non verum dicit ; quia non quod sentit dicit, quamvis verum inveniatur esse quod dicit. Nec ille liber est a mendacio, qui ore nesciens loquitur verum, sciens autem voluntate mentitur. Hic quæri solet, si Judæus dicat Christum esse Deum, cum non ita sentiat animo, utrum loquatur mendacium. Non est mendacium quod dicit, quia licet aliter teneat animo, verum tamen est quod dicit, et ideo non est mendacium ; mentitur tamen, illud quod verum est dicens. Quod vero omne mendacium sit peccatum August. insinuat. Mihi, inquit in Enchir., c. 18, videtur omne mendacium esse peccatum : sed multum interest quo animo et de quibus rebus quisque mentiatur. Non enim sic peccat qui consulendi, ut qui nocendi voluntate mentitur ; nec tantum nocet qui viatorem mentiendo in diverso itinere mittit, quantum qui viam vitæ mentiendo depravat. Porro omne mendacium ideo dicendum est esse peccatum, quia hoc debet loqui homo quod animo gerit, sive illud verum sit, sive putetur et non sit. Verba enim ideo sunt instituta, non ut per ea homines invicem fallant, sed per ea in alterius notitiam suas cogitationes ferant. Verbis ergo uti ad fallaciam, non ad quod sunt instituta, peccatum est. Nec ideo etiam ullum mendacium putandum est non esse peccatum, quia possumus alicui aliquando prodesse mentiendo ; possumus enim, ut prædictum est, et furando et adulterando prodesse. Mendacium quoque non tunc tantum esse possumus dicere, quando aliquis læditur. Cum enim a sciente dicitur falsum, mendacium est sive quis, sive nemo lædatur. Ecce ex hic constat omne mendacium esse peccatum : non tamen de omni mendacio accipiendum est illud psal, 5 : *Perdes omnes qui loquuntur mendacium*. Nec illud Sapient. 1 : *Os quod mentitur occidit animam*. Nec omne mendacium isto præcepto prohiberi videtur, nec præmissa descriptione mendacium joci includi.

Ubi cum periculo erratur, vel non.

4. Illud etiam sciendum est quod in quibusdam rebus magno malo, in quibusdam parvo, in quibusdam nullo fallimur. In quibus rebus nihil interest ad capessendum Dei regnum, utrum credantur au non, vel utrum vera putentur an falsa, sive sint, sive non ; in his errare, id est, aliud pro alio putare, non arbitrandum est esse peccatum ; vel si est, minimum atque levissimum. Et sunt vera quædam, quamvis non videantur ; quæ nisi credantur, ad vitam æternam non potest perveniri. Et licet error maxima cura vitandus sit non modo in majoribus, sed etiam in minoribus rebus, nec nisi rerum ignorantia possit errari, non tamen est consequens ut continuo erret quisquis aliquid nescit, sed si quis se existimat scire quod nescit. Pro vero enim approbat falsum, quod erroris est proprium. Verumtamen in qua re quisquis erret

(39) Tom. 4, lib. contra mendacium, ad Consentium, c. 12, in fine ; et Enchirid, c. 18.

interest plurimum. Sunt enim quæ nescire sit melius quam scire. Item nonnulis errare profuit aliquando; sed in via pedum, non in via morum. Solet etiam quæri de Jacob qui se dixit esse Esau, aliter animo sentiens, utrum mentitus sit, De hoc August. ait, lib. cont. mendac., ad Consentium, c. 10: Jacob quod matre fecit auctore ut falleret patrem, si diligenter attendatur, judicium et justitiam, si ista defuerint, non est mendacium, sed mysterium. Intendebat enim matri obedire, quæ per Spiritum noverat mysterium; et ideo propter familiare consilium Spiritus sancti quod ante acceperat, a mendicio excusavit Jacob.

DISTINCTIO XXXIX.
DE PERJURIO.

1. Nunc de perjurio videamus. Perjurium est mendacium juramento firmatum. Hic quæritur utrum sit perjurium, ubi non est mendacium; quod quibusdam videtur ex auctoritate Hieronymi dicentis, super Jerem., in commentario ad c. 4, in principio: Advertendum est quod jusjurandum tres habet comites, veritatem, judicium et justitiam, si ista defuerint, non erit juramentum, sed perjurium. Ubi autem falsum juratur, veritas deest. Si ergo falsum juretur etsi non sit ibi intentio fallendi, videtur esse perjurium, quia deest veritas. Quibusdam placet enim esse perjurium, ubi non est mendacium; et sicut dicitur aliquando falsum sine mendacio, ita juratur falsum sine perjurio. Falsum forte dixit Apostolus, cum se venturum ad Corinthios promisit, 1 Cor. ult.; nec tamen sicut ei imponebatur, culpam mendacii contraxit, quia sic animo sentiebat; etiamsi juramento illud firmasset, non perjurium incurrisset, quia quantum in ipso fuit, verum dixit, et si jurationem addidisset, quantum in se foret, verum jurasset, etsi aliter evenerit quam dixit. Ideo sicut quis non est mendax, nisi aliter sentiat animo quam dicit, sive ita sit, sive non, ita videtur quibusdam neminem perjurum constitui, nisi aliter sentiat animo quam loquitur, sive ita sit, sive non.

De triplici modo perjurii.

2. Sed melius creditur et ille pejerare, qui falsum voluntate fallendi jurat, et qui falsum putans quod verum est, jurat, et qui verum putans quod falsum est, jurat. Unde August., de Verbis Apostoli, sermone 28, non longe a principio: Homines falsum jurant vel cum fallunt, vel cum falluntur. Aut putat homo verum esse quod falsum est, et temere jurat; aut scit vel putat falsum esse, et tamen pro vero jurat, et nihilominus cum scelere jurat. Distant autem illa duo perjuria quæ commemoravit. Fac illum jurare quod verum esse putat; pro quo jurat, verum putat esse, et tamen falsum est; non ex animo iste pejerat, sed fallitur. Hoc pro vero habet quod falsum est, non pro falsa re sciens jurationem interponit. Da alium qui scit falsum esse, et jurat tanquam verum sit quod scit falsum esse. Videtis quam ista detestanda sit bellua. Fac alium qui putat falsum esse, et jurat tanquam verum sit, et forte verum est. Verbi gratia, ut intelligatis: Pluit in illo loco; interrogas hominem, et dicit pluisse; et tunc pluit ibi, sed putat non pluisse, perjurus est, Interest quemadmodum verbum procedat ex animo, ream linguam non facit, nisi rea mens sit. His evidenter traditur quod tripliciter pejerat homo, ut supra diximus: dum vel sciens falsum jurat, vel putans falsum quod verum est jurat, vel æstimans verum quod falsum est jurat. Sed hoc extremum non videtur esse perjurium, etiamsi perjurium nominetur; eo quod falsum juratur, non videtur res esse perjurii qui sic jurat, quia non est mens ejus rea, et ideo nec lingua. Imo ejus mens rea est, dum jurare præsumit quod perspicue verum non deprehendit. Non ergo omne perjurium mendacium est, nec omnis qui pejerat mentitur; sed omnis mentiendo jurans pejerat, et omnis qui falsum jurat, sive mentiens sive non, pejerat. Cum vero quis jurat, sive mentiens sive non, pejerat. Cum vero quis jurat quod verum est, existimans esse falsum, quæritur quid sit ibi perjurium? Ipsa enim significatio vocis vera est, quia verum nescienter loquitur. Non ergo ipsa significatio vel falsum vel mendacium est, quia vera est; et quod verum est, perjurium non videtur esse. Ad hoc dicimus loqui sic, scilicet contra mentem, sub attestatione juramenti, esse perjurium. Mentiri ergo adhibita juratione perjurium est. Perjurium ergo est vel jurando loqui falsum cum intentione fallendi, vel jurando loqui falsum sine intentione fallendi, vel jurando loqui verum cum intentione fallendi. Hic opponitur: Si omnis qui falsum jurat, pejerat, tunc qui alicui promittit dare sub certo termino aliquid quod tamen non facit, ex quo juravit, pejeravit, quia falsum juravit. Non enim ita futurum erat ut juravit, Ad hoc dici potest quia non omnis qui jurat quod falsum est, ex quo jurat perjurus est, sicut iste de quo agimus; sed ex quo propositum mutat vel terminum transgreditur, juratio talis fit perjurium reatu.

An juratio sit malum.

3. Si autem quæritur utrum jurare sit malum, dicimus aliquando malum esse, aliquando non. Sponte enim et sine necessitate jurare, vel falsum jurare, peccatum grande est. Ex necessitate autem jurare, scilicet, vel ad asserendam innocentiam, vel ad fœdera pacis confirmanda, vel ad persuadendum auditoribus quod eis utile, malum non est, quia necessarium eis est. Unde August., de Sermone Domini in monte. lib. 1, et in Expositione Epist. ad Galat.: Juramentum faciendum est in necessariis, cum pigri sint homines credere quod eis est utile. Juratio non est bona; non tamen mala cum necessaria, id est, non est appetenda sicut bona, nec tamen fugienda tanquam mala, cum est necessaria. Non est enim contra præceptum Dei juratio. Sed ita intelligitur Dominus prohibuisse a juramento, ut quantum in ipso est quisque non juret. Quod multi faciunt, in ore habentes jurationem tanquam magnum atque suave aliquid. Apostolus enim novit præceptum Domini, et tamen juravit. Prohibemur enim jurare vel cupiditate, vel delectatione jurandi. Quod ergo Christus ait in Evangelio: *Ego dico vobis, non jurare omnino*, ita intelligitur præcepisse ne quisquam sicut bonum appetat juramentum, et assiduitate jurandi labatur in perjurium. Quod vero addidit, Matth. 5: *Sit sermo vester, est, non, non*, bonum est et appetendum. Quod autem amplius est, a malo est: id est, si jurare cogeris, scias de necessitate venire infirmitatis eorum quibus aliquid suades; quæ infirmitas utique malum est. Unde nos quotidie liberari precamur dicentes, *libera nos a malo*. Ideoque non dixit, quod amplius est, malum est. Tu enim non fa eis malum, qui bene uteris juratione; sed a malo est illius qui aliter non credit, id est, ab infirmitate, quæ aliquando pœna est, aliquando pœna et culpa. Ibi ergo Dominus prohibuit malum, suasit bonum, indulsit necessarium.

De juramento quod per creaturas fit.

4. Quæritur etiam utrum liceat jurare per creaturam. Quod non videtur, cum in lege scriptum sit, Deut. 9: *Reddes autem Domino juramenta tua*, et Christus in Evangelio, Matth. 5. præcipiat *non jurare omnino, nec per cœlum, nec per terram, nec per Hierosolymam, nec per caput tuum*. Judæis quasi parvulis esse concessum jurare per Creatorem, et præceptum ut si jurare contingeret, non nisi per Creatorem jurarent, non per creaturam, quia jurantes per angelos et elementa, creaturas venerabantur honore; et melius erat hoc exhiberi Deo, quam creaturis. Infirmis ergo illud prohibuit; sanctis vero, qui in creaturis Creatorem venerabantur tantum, non prohibuit. Unde Joseph per salutem Pharaonis juravit, Dei judicium in eo veneratus, quo positus erat in infimis. Christus vero ita per creaturas jurare prohibuit, ne vel aliquid divinum in eis crederetur, pro quo reverentia eis deberetur; vel ne per eas jurantes falsum, homines se juramento teneri non putarent. (Hier. super Matth. commentario ad c. 5, in fine.)

Quæ juratio magis teneatur, an quæ fit per Deum, an quæ fit per Evangelium vel per creaturas.

5. Si autem quæritur quis magis teneatur, an qui per Deum, an qui per Evangelium vel per creaturas jurat, dicimus, qui per Deum, quia per Deum hæc sancta facta sunt. Unde Chrysost.: Si qua causa fuerit, modicum videtur facere qui jurat per Deum; qui vero per Evangelium, majus aliquid fecisse videtur. Quibus dicendum est: Stulti, Scripturæ sanctæ propter Deum factæ sunt, non Deus propter Scripturas; ita et creaturæ factæ sunt propter Deum.

Quid est dicere, per Deum juro.

6. Hic quæritur quid sit dicere, per Deum juro. Hoc est testem adhibere Deum. Juravit enim Apostolus dicens, Rom. 1: *Testis est mihi Deus*, ac si dixisset, per Deum ita est. Unde August., de Verbis Apostoli, sermone 28: Ridiculum est putare hoc: si dicas, per Deum, juras; si dicas. testis est mihi Deus, non juras. Quid est enim per Deum, nisi testis est mihi Deus? aut quid est testis est Deus, nisi per Deum? Quid est autem jurare, nisi jus Deo reddere, quando per Deum juras? jus scilicet veritatis, et non falsitatis. Item, ecce dico charitati vestræ: et qui per lapidem jurat falsum, perjurus est, quia non lapidem qui non audit, sed ejus Creatorem adhibet testem. Hoc est ergo jurare per quamlibet creaturam, scilicet, Creatorem ejus testem adhibere. Est etiam quoddam genus juramenti gravissimum, quod fit per execrationem: ut cum homo dicit: Si illud feci, illud patiar, vel illud contingat filiis meis, secundum quem modum accipitur etiam interdum cum aliquo jurando dicit: Per salutem meam, vel: Per filios meos, et hujusmodi; obligat enim hoc Deo. Unde August., in sermone eodem: Cum quis ait *per salutem meam*, salutem suam Deo obligat. Cum dicit *per filios meos*, oppignerat eos Deo, ut hoc eveniat in caput eorum quod exit de ore ipsius. Si verum, verum; si falsum, falsum. Et sicut per hoc jurans, aliquando hoc Deo obligat; ita per Deum jurans, ipsum adhibet testem. In omni ergo juratione aut Deus testis adhibetur, aut creatura Deo obligatur et oppigneratur: ut hoc sit jurare, scilicet, Deum testem adhibere, vel Deo aliquid oppignerare. Hoc est ergo jurare per quamlibet creaturam, scilicet, Creatorem ejus testem adhibere.

De illis qui jurant per falsos deos.

7. Post hæc quæritur utrum fide ejus utendum sit qui per dæmonia vel idola juraverit. De hoc August., tom. 2, epist. 154 ad Publicolam, in principio, ait: Te prius considerare volo utrum si quispiam per deos falsos juraverit, et fidem non servaverit, non tibi videtur bis peccasse. Bis utique peccavit, quia juravit per quos non debuit, et contra pollicitam fecit fidem quod non debuit. Ideoque qui utitur fide illius quem constat jurasse per deos falsos, et utitur fide illius non ad malum, sed ad bonum, non peccato illius se sociat qui per dæmonia juravit, sed bono pacto ejus, quo fidem servavit. Et sine dubitatione minus malum est per deos falsos jurare veraciter, quam per Deum verum fallaciter. Quanto enim per quod juratur magis sanctum est, tanto magis est pœnale perjurium.

Quod juramentum quo incaute juratur, non est observandum, nec votum, nec promissio injuste facta.

8. Nunc superest videre utrum omne juramentum implendum sit. Si enim quis aliquid juraverit contra fidem et charitatem, quod observatum pejorem vergat in exitum, potius est mutandum quam implendum. Unde Ambros. in lib. de Officiis 22, c. 4: Est contra officium Dei, nonnunquam promissum solvere sacramentum, ut Herodes fecit. Item Isidorus in libro Sententiarum, cap. *Non est observandum*: In malis promissis rescinde fidem, in turpi voto muta decretum. Quod incaute vovisti, ne facias, impia est promissio quæ scelere adimpletur. Idem: Non est observandum sacramentum, quo malum incaute promittitur: ut si quis adulteræ perpetuam fidem cum ea permanendi polliceatur. Tolerabilius enim est non implere sacramentum, quam permanere in stupro.

Item Beda: Si quid nos incautius jurare contigerit, quod observatum pejorem vergat in exitum, libere illud salubriori consilio mutandum noverimus; ac magis instante necessitate pejerandum esse nobis, quam pro vitando perjurio in aliud crimen gravius esse divertendum. Denique juravit David per Deum occidere Nabal virum stultum; sed ad primam intercessionem Abigail feminæ prudentis, remisit minas: revocavit ensem in vaginam; nec aliquid culpæ se tali perjurio contraxisse doluit. Item Augustin., serm. 22: Quod David juramentum per sanguinis effusionem non implevit, major pietas fuit. Juravit David temere, sed non implevit jurationem majori pietate. Ex his aliisque pluribus ostenditur quædam juramenta non esse servanda; et qui sic jurat, vehementer peccat, cum autem mutat, bene facit. Qui autem non mutat, dupliciter peccat, et quia injuste juravit, et quia facit quod non debet.

Si est perjurus qui non facit quod incaute juravit.

9. Qui vero mutat, utrum perjurus debeat dici, solet quæri. Beda, supra, tale juramentum vocavit perjurium. Joannes etiam apocripharius orientalium sedium dixit: Sermo Patris nostri Sophronii significat quod melius est jurantem pejerare, quam servare sacramentum in fractione sanctarum imaginum. Sed perjurium dicitur tale juramentum non observatum; et pejerare dicitur qui non implet quod falsum jurat. non quia inde reus sit quod non observat, sed quia juravit injustum, ex quo reus est, sicut ille qui pejerat.

De eo qui verborum calliditate jurat.

10. Hoc etiam sciendum est, quod quacumque arte verborum quis juret, Deus tamen qui conscientiæ testis est, ita hoc accipit, sicut ille cui juratur intelligit Dupliciter autem reus fit, qui et nomen Dei in vanum assumit, et proximum dolo capit. (Isidor., in lib. 2 Sententiar., d, 22, c. 2, *Quæcumque*.)

De illo qui cogit aliquem jurare.

11 Quæritur etiam si peccat qui hominem jurare cogit. De hoc Aug. ait, serm. 28 de Verbis Apost., non longe a fine: Qui exigit jurationem, multum inter est si nescit illum juraturum falsum, an scit. Si enim nescit, et ideo dicit, jura mihi, ut fides ei sit; non est peccatum, tamen humana tentatio est. Si vero scit eum fecisse et cogit eum jurare, homicida est. Idem, in serm. de Decoll. Joann. :: Qui provocat hominem ad jurationem, et scit eum falsum jurare, vincit homicidam, quia homicida corpus occisurus est, ille animam, imo duas animas, et ejus quem jurare provocavit, et suam.

Ex consilio Aurelianensi.

12. Sancta synodus decrevit, nisi pro pace facienda, ut omnes fideles jejuni ad sacramenta (id est, *juramenta*) accedant.

DISTINCTIO XL.

DE SEXTO ET SEPTIMO PRÆCEPTO SECUNDÆ TABULÆ.

1. Sextum præceptum est: *Non desiderabis uxorem proximi tui*. Septimum est: *Non concupisces domum proximi tui, non servum, non ancillam*, etc. Sed videtur præceptum de non concupiscendis rebus proximi, unum esse cum eo quo dicitur: *Non furaberis*; et præceptum de non concupiscenda uxore, unum esse cum eo quo dicitur: *Non mœchaberis*. Poterat enim præceptum non furandi in illa generalitate intelligi, ubi de non concupiscenda re proximi præcipitur; et in eo quod dictum est, *non mœchaberis*, poterat illud intelligi, *non concupisces uxorem proximi tui*. Sed in illis duobus præceptis non mœchandi et non furandi, ipsa opera notata sunt et prohibita; in his vero extremis, ipsa concupiscentia; multum ergo differunt illa ab istis. Unde illi præcepto non mœchandi, fit superadditio in Evangelio, Matth. 5, ubi omnis concupiscentia mœchandi prohibetur. Sed cum hic prohibeatur concupiscentia alienæ uxoris, et alienæ rei, quare dicitur lex comprimere manum et non animum? Illud de lege dicitur secundum cæremonialia, non secundum moralia; vel quia in lege non est generalis prohibitio omnis mortiferæ concupiscentiæ, ut in Evangelio.

Quid sit littera occidens.

2. Si vero quæritur quam dicat Apostolus litteram occidentem. 2 Cor 3.ea certe est Decalogus,qui non dicitur littera occidens eo quod mala sit lex,sed quia prohibens peccatum auget concupiscentiam,et addit prævaricationis nisi liberet gratia,quæ gratia non sic abundat in lege ut in Evangelio. Vel secundum eorum carnalem intelligentiam : Lex ergo bona est,et tamen occidit sine gratia, cum sit virtus peccati quæ jubet quod sine gratia impleri non potest.Gratia autem deerat,et ideo littera occidens erat. Distat autem Evangelii littera, à legis littera, quia diversa sunt promissa ; ibi terrena, hic cœlestia promittuntur.Diversa etiam sacramenta, quia illa tantum significabant, hæc conforunt gratiam.Præcepta etiam diversa, quantum ad cæremonialia. Nam quantum ad moralia sunt eadem, sed plenius in Evangelio continentur. Audistis decem chordas Psalterii utrique sexui impositas, quæ charitate tangendæ sunt, ut vitiorum feræ occidantur.

LIBER QUARTUS.

DISTINCTIO PRIMA.
DE SACRAMENTIS ET SIGNIS SACRAMENTALIBUS.

1. Samaritanus enim vulnerato approprians, curationi ejus sacramentorum alligamenta adhibuit, quia contra originalis peccati et actualis vulnera, sacramentorum remedia Deus instituit. De quibus, quatuor primo consideranda occurrunt,quid sit sacramentum, quare institutum, in quibus consistat et conficiatur, et quæ sit distantia inter sacramenta veteris et novæ legis.

Quid sit sacramentum. (Aug. in lib. 10, de Civit., cap. 55, de Doct. christiana, lib. 2, cap. 1.)

2. Sacramentum est sacræ rei signum.Dicitur tamen sacramentum etiam sacrum secretum,sicut sacramentum divinitatis, ut sacramentum sit sacrum signans,et sacrum signatum; sed nunc agitur de sacramento secundum quod est signum. Item sacramentum est invisibilis gratiæ visibilis forma.Signum vero est res præter speciem quam ingerit sensibus, aliquid aliud ex se faciens in cogitationem venire. Signorum vero alia sunt naturalia,ut fumus significans ignem, alia data.Et eorum quæ data sunt quædam sunt sacramenta,quædam non.Omne enim sacramentum est signum, sed non e converso. Sacramentum ejus rei similitudinem gerit,cujus signum est.Si enim sacramenta non haberent similitudinem rerum quarum sacramenta sunt, proprie sacramenta non dicerentur. Sacramentum enim proprie dicitur quod ita signum est gratiæ Dei, et invisibilis gratiæ forma, ut ipsius imaginem gerat et causa existat.Non ergo significandi tantum gratia sacramenta instituta sunt,sed etiam sanctificandi.Quæ enim significandi gratia tantum instituta sunt, solum signa sunt, et non sacramenta ; sicut fuerunt sacrificia carnalia,et observantiæ cæremoniales veteris legis, quæ nunquam poterant justos facere offerentes, quia, ut ait Apostolus, Hebr. 9 : *Sanguis hircorum et taurorum et cinis vitulæ aspersus,inquinatos sanctificabat ad emundationem carnis,non animæ.*Nam inquinatio illa erat contactus mortui. Unde Aug., Quæst. in Numeros, c. 33: Nihil aliud intelligo inquinationem quam lex mundat,nisi contactum mortui hominis, quem qui tetigerat immundus erat septem diebus,sed purificabatur secundum legem die tertio et septimo, et ita mundus erat ut jam intraret in templum. Mundabant etiam interdum a corporali lepra illa legalia. Sed *nunquam ex operibus legis aliquis justificatus est,* ut ait Apostolus,Rom. 4,etiamsi in fide et charitate fierent.Quare? quia imposuit ea Deus in servitutem, non in justificationem,et ut figura futuri essent,volens sibi ipsi potius offerri ea, quam idolis.Illa ergo signa erant, sed tamen et sacramenta, licet minus proprie in Scripturis sæpe vocantur, quia signa erant rei sacræ quam utique præstabant.Illa autem Apostolus opera legis dicit, quæ tantum significandi gratia, vel in onus instituta sunt.

De causa institutionis sacramentorum.

3. Triplici autem de causa sacramenta instituta sunt: propter humiliationem,eruditionem et exercitationem. Propter humiliationem quidem ut dum homo insensibilibus rebus quæ natura infra ipsum sunt, ex præcepto Creatoris se reverendo subjicit,ex hac humilitate et obedientia Deo magis placeat,et apud eum mereatur; cujus imperio salutem quærit in inferioribus se,etsi non ab illis,sed per illa a Deo.Propter eruditionem etiam instituta sunt, ut per id quod foris in specie visibili cernitur, ad invisibilem virtutem quæ intus est cognoscendam mens erudiatur.Homo enim qui ante peccatum sine medio Deum videbat, per peccatum adeo hebuit ut nequaquam divina queat capere nisi humanis exercitatus. Propter exercitationem similiter instituta sunt, quia cum homo otiosus esse non possit,proponitur ei utilis et salubris exercitatio in sacramentis, quæ vanam et noxiam declinet occupationem.Non enim facile capitur a tentatore, qui bono vacat exercitio.Unde Hieronymus monet: Semper aliquid operis facito,ut te occupatum diabolus inveniat.

De triplici genere exercitationis.

4. Sunt autem exercitationum tres species. Una ad ædificationem animæ pertinet ; alia ad corporis fomentum; alia ad utriusque subversionem. Cum igitur absque sacramentis (quibus non alligavit potentiam suam Deus) homini gratiam donare posset,prædictis de causis sacramenta instituit. Duo autem sunt in quibus sacramentum consistit, scilicet verba et res; verba, ut invocatio Trinitatis; res, ut aqua, oleum et hujusmodi.

De differentia sacramentorum veterum et novorum.

5. Jam videre restat differentiam sacramentorum veterum et novorum ; ut sacramenta vocemus quæ antiquitus res sacras signabant, ut sacrificia et oblationes, et hujusmodi.Eorum autem differentiam breviter Augustinus assignat dicens,in epist.ad Rusticum de Forma vivendi : Quia illa promittebant tantum et significabant, hæc autem dant salutem.

De circumcisione.

6. Fuit tamen inter illa sacramenta sacramentum quoddam, scilicet circumcisionis, idem conferens remedium contra peccatum, quod nunc Baptismus præstat.Unde Augustinus, in Expositione tituli psalmi 73, ad Valerium lib.2 de Nuptiis et Concup., c. 11, in fine, super Evang.Luc.2: *Et postquam impleti sunt dies,*etc.: Ex quo instituta est circumcisio in populo Dei, quæ erat tunc signaculum justitiæ fidei, ad purgationem valebat magnis et parvulis originalis veterisque peccati,sicut Baptismus ex illo valere cœpit ad innovationem hominis, ex quo institutus est. Item Beda: Idem salutiferæ curationis auxilium circumcisio in lege contra originalis peccati vulnus agebat, quod Baptismus agere revelatæ gratiæ tempore consuevit; excepto quod regni cœlestis januam nondum intrare poterant; tamen in sinu Abrahæ post mortem requie beata consolati, supernæ pacis ingressum spe felici exspectabant. His aperte traditur circumcisionem,ex quo instituta fuit, remissionem peccati originalis et actualis parvulis et majoribus a Deo præstitam,sicut nunc per Baptismum datur.

De viris qui fuerunt ante circumcisionem, et de feminis quæ fuerunt ante et post.

7. Quæritur autem de viris qui fuerunt ante circumcisionem,et de feminis quæ fuerunt ante et post, quod remedium contra peccatum habuerint.Quidam dicunt sacrificia et oblationes eis valuisse ad remissionem peccati. Sed melius est dicere illos qui de

Abraham prodierunt, per circumcisionem justificatos; mulieres vero per fidem et operationem bonam vel suam, si adultæ erant, vel parentum, si parvulæ. Eos vero qui fuerunt ante circumcisionem, parvulos in fide parentum; parentes vero per virtutem sacrificiorum, scilicet quam intelligebant spiritualiter in illis sacrificiis, justificatos; unde Greg., in 4 Moral., cap. 2 : Quod apud nos valet aqua Baptismi, hoc egit apud veteres vel pro parvulis sola fides, vel pro majoribus virtus sacrificii, vel pro his qui ex Abrahæ stirpe prodierunt, mysterium circumcisionis.

De institutione et causa circumcisionis.

8. Hic dicendum est in quo instituta fuerit circumcicio, et quare, et cur mutata per Baptismum. Abraham primus mandatum circumcisionis habuit, ad probationem obedientiæ; nec ei soli præcepta fuit circumcisio, sed et semini ejus, id est, omnibus Hebræis; quæ fiebat secundum legem octava die lapideo cultro in carne præputii. Data autem fuit circumcisio pluribus de causis: scilicet, ut per obedientiam mandati Abraham placeret Deo, cui per prævaricationem Adam displicuerat : data etiam fuit in signum magnæ fidei Abrahæ, qui credidit se habiturum filium in quo fieret benedictio omnium. Deinde, ut hoc signo a cæteris nationibus discerneretur populus ille. In carne vero præputii ideo jussa est fieri circumcisio, quia in remedium instituta est originalis peccati, quod a parentibus trahimus per concupiscentiam carnis, quæ in parte illa magis dominatur, et quia in parte illa culpam inobedientiæ primus homo sensit, decuit ut ibi signum obedientiæ acciperet.

Quare die octavo, et petrino cultro.

9. Fiebat autem octava die, petrino cultro, quia et in resurrectione communi et octava ætate futura, per petram Christum omnis ab electis abscindetur corruptio; et per Christi resurrectionem octava die factam, circumciditur a peccatis anima cujusque in eum credentis; duæ ergo res sunt illius sacramenti.

Quare in Baptismum mutata sit circumcisio.

10. Ideo autem mutata est circumcisio per Baptismum, quia sacramentum Baptismi communius est et perfectius, quia pleniori gratia accumulatum. Ibi enim peccata solum dimittebantur, sed nec gratia ad bene operandum adjutrix, nec virtutum possessio vel augmentum ibi præstabatur, ut in Baptismo, ubi non tantummodo abolentur peccata, sed etiam gratia adjutrix confertur, et virtutes augentur (40). Unde aqua refectionis dicitur, quia aridos fecundat, etiam fructificantes ampliori ubertate donat : quia quantumcumque per fidem et charitatem ante baptismum aliquis justus ad Baptismum accedit, uberiorem ibi recipit gratiam; sed non ita in circumcisione. Unde Abrahæ per fidem jam justificato signaculum tantum fuit, nihil ei intus contulit.

De parvulis defunctis ante diem octavum.

11. Si vero quæritur de parvulis qui ante diem octavum moriebantur, ante quam non fiebat circumcisio ex lege, utrum salvarentur vel non, Idem potest responderi quod sentitur de parvulis ante Baptismum defunctis; quos perire constat (41). Unde Beda, super Lucam: Qui nunc per Evangelium suum terribiliter et salubriter clamat, Joan. 3 : *Nisi quis renatus fuerit ex aqua et Spiritu sancto, non intrabit in regnum Dei;* ipse dudum clamabat per suam legem, Gen. 17 : *Masculus cujus præputii caro circumcisa non fuerit, delebitur anima illo de populo suo, quia pactum meum irritum fecit.* Forte tamen sub lege, ingruente necessitate mortis ante octavum diem circumcidebant sine peccato filios, sicut modo fit in Ecclesia de Baptismo.

DISTINCTIO II.
DE SACRAMENTIS NOVÆ LEGIS.

1. Jam ad sacramenta novæ legis accedamus; quæ sunt Baptismus, Confirmatio, panis benedictio, id est, Eucharistia, Pœnitentia, Unctio extrema, Ordo, Conjugium. Quorum alia remedium contra peccatum præbent, et gratiam adjutricem conferunt, ut Baptismus; alia in remedium tantum sunt, ut Conjugium; alia gratia et virtute non fulciunt, ut Eucharistia et Ordo (42).

Quare mox post hominis casum non fuerint instituta.

2. Si vero quæritur quare non fuerint hæc sacramenta instituta mox post hominis lapsum, cum in his sit justitia et salus, dicimus non ante adventum Christi, qui gratiam attulit, gratiæ sacramenta fuisse danda; quæ ex ipsius morte et passione virtutem sortita sunt. Christus autem venire noluit, antequam homo de lege naturali et scripta convinceretur, quod neutra juvari posset. (Hugo. lib. 1, part. 2, cap. 8.)

Quod sacramentum Conjugii fuit ante peccatum.

3. Fuit autem Conjugium ante peccatum institutum; non utique propter remedium, sed ad sacramentum et ad officium; post peccatum vero fuit ad remedium contra carnalis concupiscentiæ corruptelam, de quo suo loco tractabimus.

De Baptismo.

4. Nunc vero de Baptismi sacramento videamus, quod inter novæ gratiæ sacramenta primum est. Baptismum igitur Christi Joannes suo baptismo prænuntiavit; qui primus baptizasse legitur, sed in aqua, non in Spiritu, sicut ipse ait: *Ego baptizo vos in aqua, in pœnitentiam.* Sola enim corpora abluebat, a peccatis vero non mundabat. Baptismus Joannis erat in pœnitentiam, non in remissionem; Baptismus vero Christi, in remissionem. Quia Joannes baptizans homines, ad pœnitentiam vocabat; et quos baptizabat, pœnitere docebat; secundum illud : *Veniebant ad Joannem in Jordanem, confitentes peccata sua.* Sed in baptismo Joannis non dabatur peccatorum remissio, quæ data est in Christi Baptismo.

Quid utilitatis habebat baptismus Joannis.

5. Ad quid ergo utilis erat baptismus Joannis? Quia homines usu baptizandi præparabat ad Baptismum Christi. Sed quæritur quare dictus est baptismus Joannis; sicut Veritas dicit, Matth. 21 : *Baptismus Joannis unde est?* Quia ibi Joannis operatio tantum visibilis erat exterius lavantis, non invisibilis gratia Dei interius operantis. Sed tamen et illa Joannis operatio a Deo erat, et baptismus ille a Deo erat, non ab homine tantum; sed hominis dictus est, quia nihil ibi gerebatur quod non ageret homo. Si vero quæritur an sacramentum fuerit, satis potest concedi ex eo sensu quo legalia signa dicuntur sacramenta. Significabat enim baptismus Joannis rem sacram, scilicet Baptismum Christi, qui non tantum est pœnitentiæ, sed et remissionis peccatorum.

De forma baptismi Joannis, et de baptizatis ab eo.

6. Hic considerandum est si baptizati a Joanne iterum baptizati sunt baptismo Christi, et quæ forma verborum usus sit Joannes. Illi qui baptizati sunt a Joanne, nescientes Spiritum sanctum esse, ac spem ponentes in illius baptismo, postea baptizati sunt Baptismo Christi. Baptismus autem Joannis in nomine venturi tradebatur. Unde Hier. super Joelem, comment. ad c. 2. Qui dicit se in Christum credere, et non credit in Spiritum sanctum, nondum habet claros oculos. Unde baptizati a Joanne in nomine venturi, id est, Domini Jesu, qui dixerunt : Sed neque si Spiritus sanctus est audivimus, iterum baptizabantur, imo verum Baptisma accipiebant. Illi vero qui spem non posuerunt in baptismo Joannis, et Patrem et Filium et Spiritum sanctum credebant, non post baptizati fuerunt, sed impositione manuum ab apostolis super eos facta, Spiritum sanctum receperunt (43). Alii vero qui non ita credebant, baptizati sunt Baptismo Christi, ut prædictum est. Unde Hier. in Epistola de unius uxoris Viro : Qui Spiritum sanctum nesciebant cum baptismum a Joanne acceperunt, iterum baptizati sunt Baptismo Christi, ut prædictum est; ne quis ex Judæis vel gentibus puta-

(40) Magister hic non tenetur.
(41) Non tenetur hic Magister.
(42) Non tenetur hic Magister.
(43) Hic non tenetur Magister.

ret aquam sine Spiritu sancto ad salutem posse sufficere. De hoc etiam Amb. in primo lib. de Spiritu sancto, c. 3 : Quidam negaverunt se scire Spiritum sanctum, cum baptizatos se dicerent baptismo Joannis, qui in advenientis Jesu, non in suo baptizavit nomine. Isti ergo, quia nec in Christi nomine, neque cum fide Spiritus sancti baptizati fuerant, non potuerunt accipere Baptismi sacramentum, baptizati sunt ergo in nomine Christi, nec iteratum est in his baptisma, sed innovatum.

DISTINCTIO III.
QUID SIT BAPTISMUS.

1. Post hæc videndum est quid sit Baptismus, et quæ sit forma, et quando institutus, et causa institutionis. Baptismus dicitur intinctio, id est, ablutio corporis exterior, facta sub forma verborum præscripta. Si enim ablutio fiat sine verbo, non est ibi sacramentum ; sed accedente verbo ad elementum, fit sacramentum, non utique ipsum elementum fit sacramentum, sed ablutio facta in elemento. Unde Aug. tom. 9, tract. 80, super Joan.: Verbo Baptisma consecratur, detrahe verbum, et quid est aqua, nisi aqua ? Accedit verbum ad elementum, et fit sacramentum. Unde est hæc tanta virtus aquæ, ut corpus tangat et cor abluat, nisi faciente verbo, non quia dicitur, sed quia creditur ? Nam et in ipso verbo aliud est sonus transiens, aliud est virtus intus manens. In duobus ergo consistit sacramentum Baptismi, scilicet, in verbo, et elemento. Ergo etsi alia desint quæ ad decorem sacramenti instituta sunt, non ideo minus est verum sacramentum et sanctum, si verbum sit ibi et elementum. Nam et in hoc sacramento et in aliis quædam solent fieri ad decorem et honestatem sacramenti, quædam ad substantiam et causam sacramenti pertinentia. De substantia hujus sacramenti sunt verbum et elementum, cætera ad solemnitatem ejus pertinent.

De forma Baptismi.

2. Sed quod est illud verbum, quo accedente ad elementum, fit sacramentum ? Veritas te docet, Matt. ult., quæ sit hujus sacramenti forma cum ait discipulis : *Ite, docete omnes gentes, baptizantes eos in nomine Patris, et Filii, et Spiritus sancti.* Invocatio igitur Trinitatis verbum dicitur quo Baptisma consecratur; et hæc est forma verborum sub qua traditur Baptismus. Unde Bonifacio episcopo Zacharias papa, de Cons., dist. 4, cap. *In synodo*, ait : Firmissime præceptum est in synodo Anglorum ut quicumque sine invocatione Trinitatis mersus fuisset, quod sacramentum regenerationis non haberet, quod omnino verum est ; quod si mersus in fontem Baptismi quis fuerit sine invocatione Trinitatis, perfectus Christianus non est, nisi in nomine Patris, et Filii, et Spiritus sancti fuerit baptizatus. Legitur tamen in Actibus apostolorum, apostolos baptizasse in nomine Christi : Sed in hoc nomine, ut exponit Amb., l. 1, de Spiritu sancto, cap. 3, tota Trinitas intelligitur. Intelligitur enim cum Christum dicis, et Pater a quo unctus est, et ipse qui unctus est, et Spiritus sanctus per quem unctus est. Unde Nicolaus Papa ad Consulta Bulgarorum : A quodam Judæo multos baptizatos asseritis, et quid inde agendum sit consulitis ; hi profecto si in nomine sanctæ Trinitatis, vel in nomine Christi, sicut in Actibus apostolorum legimus, baptizantur, baptizati sunt : unum enim idemque est, ut exponit Ambrosius.

Si in nomine Patris tantum vel Spiritus sancti possit tradi Baptismus.

3. Hic quæritur an Baptismus esset verus, si diceretur in nomine Patris tantum, vel Spiritus sancti tantum, ut cum dicitur in nomine Christi. Amb., ibid., videtur dicere, quod si fide mysterium Trinitatis teneatur et una persona tantum nominetur, plenum esse sacramentum ; et, e converso, si tres nominentur et non recte de aliquo illorum sentiatur, vacuum fieri mysterium Trinitatis. Ait enim sic : Ubi non est plenum Baptismi sacramentum, nec principium, nec pecies aliqua Baptismi æstimatur. Plenum autem est si Patrem et Filium et Spiritum sanctum fatearis. Si unum neges, totum subrues : et sicut si unum in sermone comprehendas, vel Patrem, vel Filium, vel Spiritum sanctum, fide autem nec Patrem nec Filium nec Spiritum sanctum abneges, plenum est fidei sacramentum ; ita etiam licet Patrem, et Filium, et Spiritum sanctum dicas, et Patris, et Filii, et Spiritus sancti minuas potestatem, vacuum est omne mysterium. Cum enim dicitur in nomine Christi, per unitatem nominis impletum est mysterium ; nec a Christi Baptismate Spiritus separatur, quia Christus baptizavit in Spiritu.

Quæstio Ambrosii.

4. Nunc consideremus utrum sicut in Christi nomine legimus Baptismi plenum esse sacramentum, ita etiam Spiritu sancto tantum nuncupato nihil desit ad mysterii plenitudinem. Rationem sequamur : Qui unum dixerit, Trinitatem signavit. Si Christum dicas, et Patrem a quo unctus est Filius, et ipsum qui unctus est, scilicet, Filium, et Spiritum sanctum quo unctus est designasti. Scriptum est enim, Act. 10, *hunc esse Jesum a Nazareth, quem unxit Deus Spiritu sancto*. Et si Patrem dicas, Filium ejus et Spiritum oris ejus pariter indicas, si tamen id etiam corde comprehendas. Et si Spiritum sanctum dicas, Deum Patrem a quo procedit et Filium ejus cujus est Spiritus, nuncupasti. Unde, ut rationi copuletur, auctoritas, Dominus dicit, Act. 1 : *Vos autem baptizabimini in Spiritu sancto*, ex quo indicat nos recte posse baptizari in Spiritu sancto.

Perstringit præmissorum intelligentiam, cum determinatione cujusdam dicti.

5. Ex his aperte intellexisti in nomine Christi verum Baptisma tradi : unde nihilominus insinuari videtur verum Baptisma dari posse in nomine Patris tantum, vel Spiritus sancti tantum, si tamen illi qui baptizat fidem Trinitatis teneat, quæ Trinitas in quolibet horum nominum intelligitur. Si autem aliquis perverse credens, et errorem inducere intendens, unum de tribus tantum nuncupet, non complet mysterium. Quod vero ait, nominatis tribus vacuum esse mysterium, si baptizans minuat potestatem Patris vel Filii vel Spiritus sancti, id est, si male sentiat de potentia alicujus horum, non credens unam potentiam trium, intelligendum est hoc super eum qui non intendit nec credit baptizare ; qui non tantum caret fide, sed etiam, intentionem baptizandi non habet. Qui ergo baptizat in nomine Christi, baptizat in nomine Trinitatis, quæ ibi intelligitur. Tutius est tamen tres personas ibi nominare, ut dicatur : In nomine Patris, et Filii, et Spiritus sancti ; non in nominibus, sed in nomine, id est, in invocatione, vel in confessione Patris, et Filii, et Spiritus sancti. Invocatur enim ibi tota Trinitas, ut invisibiliter ibi operetur per se, sicut extra visibiliter per ministerium. Si autem dicatur *in nominibus*, non est in sacramentum, quia non servatur forma Baptismi.

De institutione Baptismi.

6. De institutione Baptismi quando cœpit, variæ sunt æstimationes. Alii dicunt tunc esse institutum, cum Nicodemo Christus ait, Joan. 3 : *Nisi quis renatus fuerit ex aqua et Spiritu sancto*, etc. Alii dicunt institutionem Baptismi factam cum apostolis dixit, Luc. 10 : *Ite, docete omnes gentes, baptizantes eos in nomine Patris, et Filii, et Spiritus sancti*. Sed hoc dixit eis post resurrectionem, præcipiens eis de vocatione gentium, quos ante passionem binos miserat ad prædicandum in Judæa et ad baptizandum, dicens, Matt. 10: *In viam gentium ne abieritis*. Jam ergo institutus erat Baptismus, quia baptizabant simul et prædicabant.

De forma in qua baptizaverunt apostoli ante passionem Christi.

7. Si vero quæritur in qua forma tunc baptizaverunt Apostoli, sane dici potest : In nomine Trinitatis, scilicet, in ea forma in qua baptizaverunt postea gentes ; quæ ante passionem potest intelligi fuisse tradita, licet non sit scriptum. Non ergo tunc illam formam

Christus prius tradidit,cum ad evangelizandum gentibus misit;sed quam ante tradiderat mittens eos in Judæam,post iteravit cum ad gentes misit.Commodius ergo dicitur institutio facta,quando Christus a Joanne baptizatus est in Jordane;quod dispensavit, non quia mundari voluit,cum sine peccato fuerit, quia contactu mundæ carnis suæ vim regenerativam contulit aquis,ut qui postea immergeretur, invocato nomine Trinitatis,a peccatis purgaretur.Tunc ergo invocato nomine Trinitatis institutus est Baptismus Christi;in quo Trinitas, cujus mysterium ibi innotuit,interius hominem baptizat.(De Cons., dist. 4 :*Nunquam aqua*.)

Qaare in aqua tantum fiat.

8. Celebratur autem hoc sacramentum tantum in aqua,non in alio liquore, ut ait Christus : *Nisi quis renatus*, etc.Ideoque uniformiter id fieri in aqua præcipitur,ut intelligatur quod sicut aqua sordes corporis ac vestis abluit,ita Baptismus maculas animæ, sordesque vitiorum emundando abstergit. Vel ideo, ut nullum inopia excusaret,quod posset fieri,si in vino vel aleo fieret,et ut communis materia baptizandi inveniretur apud omnes; quod aqua signavit quæ de latere Christi manavit, sicut sanguis alterius sacramenti signum fuit. Non ergo in alio liquore potest consecrari Baptismus nisi in aqua.

De immersione, quoties fieri debeat.

9.De immersione vero si quæritur quomodo fieri debeat,præcise respondemus : Vel semel, vel ter, pro vario more Ecclesiæ. Unde Gregor., epist. 41, Leandro episcopo : De trina immersione Baptismi nil verius responderi potest quam quod vosipsi sensistis; quia in una fide nihil officit Ecclesiæ sanctæ consuetudo diversa;quia enim in tribus subsistentiis una substantia est, reprehensibile esse nullatenus potest infantem in Baptismo ter vel semel immergere;quia et in tribus mersionibus personarum Trinitas, et in una potest divinitatis singularitas designari.Non vero qui tertio immergimus,etiam triduanæ sepulturæ sacramentum signamus. Secundum hoc,licet non modo ter, sed semel etiam tantum immergere.Ibi tamen duntaxat immergere semel licet, ubi consuetudo Ecclesiæ talis existit. Si quis vero id facere incipiat ubi consuetudo talis non est, vel semel tantum mergendum asserat,reprehensibilem se constituit.Unde Haymo(44):In suo sensu abundabat Cyprianus,cum semel mergebat in Baptismo parvulos, quia quod intelligebat,studiose implebat bonis operibus abundando,licet in hoc nescius delinqueret:sed quia bonis operibus abundabat, postea correptus a Deo abundavit altiori sensu,ter illos mergendo Ecce habemus, quia deliquit qui semel mersit. Sed hoc ideo,quia aliter se habebat consuetudo illius Ecclesiæ,vel quia unam tantum faciendam mersionem asserebat.De trina mersione Aug,ait,de Cons., dist. 4, c.*Postquam*:Postquam nos credere promisimus, tertio capita nostra in sacro fonte demersimus ; qui ordo baptizandi duplici mysterii significatione celebratur. Recte enim tertio immersi estis, qui accepistis Baptismum in nomine Trinitatis.Recte tertio immersi, quia accepistis Baptismuæ in nomine Christi,qui die tertia resurrexit a mortuis.Illa enim tertio repetita immersio,typum dominicæ exprimit sepulturæ.Constat ergo baptizandos tertio debere immergi; et tamen si semel tantum immergantur, verum Baptisma accipiunt.Et qui semel immergit tantum, non peccat nisi consuetudo Ecclesiæ obsistat,vel hoc modo tantum debere fieri asserat,

Quando circumcisio omisit vim suam.

10. Solet etiam quæri si circumcisio amisit statim vim suam ab institutione Baptismi.Ad quod dicimus in Christi morte terminata esse legalia omnia. Ex tunc ergo circumcisio perdidit vim suam, ita quod

---

(44)Cap.14,super Epist. ad Rom. ad Rom , super illud : *Unusquisque in sensu suo abundet.*

postea non profecerit,sed potius obfucrit observatoribus suis.Sed usque ad oblationem veræ hostiæ potuit prodesse.Si enim ante passionem legalia finem habuissent,non ea imminente vetus pascha cum discipulis manducasset.

De causa institutionis.

11.Causa vero institutionis Baptismi est innovatio mentis : ut homo qui per peccatum vetus fuerat, per gratiam Baptismi renovetur,quod fit depositione vitiorum et collatione virtutum.Sic enim fit quisque novus homo,cum abolitis peccatis ornatur virtutibus. Abolitio peccatorum pellit fœditatem : appositio virtutum affert decorem, et hæc est res hujus sacramenti, scilicet,interior munditia.

Quæritur an Baptismus aperuit cœlum,quod non aperuit circumcisio.

12. Si quæritur utrum Baptismus aperuit cœlum, quod non aperuit circumcisio.Dicimus quia nec Baptismus,nec circumcisio regni nobis aditum aperuit, sed hostia Salvatoris;quæ si tempore circumcisionis oblata fuisset, illius temporis homines regnum intrassent.Res ergo hujus sacramenti justificatio est.

DISTINCTIO IV.

QUOD ALII SUSCIPIUNT SACRAMENTUM ET REM, ALII SACRAMENTUM ET NON REM, ALII REM ET NON SACRAMENTUM.

1.Hic dicendum est aliquos suscipere sacramentum et rem sacramenti,aliquos sacramentum et non rem, aliquos rem et non sacramentum. Sacramentum et rem simul suscipiunt omnes parvuli,in baptismo ab originali mundantur peccato;quamvis quidam diffiteantur illis qui perituri sunt parvulis,in baptismo dimitti peccata, innitentes illi verbo Aug. in lib.de Baptis. parvul.:Sacramenta in solis electis efficiunt quod figurant; non intelligentes illud ita esse accipiendum,quia cum in aliis efficiant sacramenta remissionem,non hoc eis faciunt ad salutem,sed solis electis.Nam quod omnibus parvulis in baptismo remittatur peccatum per baptismum. Aug. evidenter dicit : A parvulo, inquit in Enchir., c. 43, recenter nato usque ad decrepitum senem,sicut nullus prohibetur a baptismo,ita nullus est qui non peccato moriatur in baptismo ; sed parvuli tantum orginali, majores vero etiam omnibus quæ male vivendo addiderunt ad illud quod nascendo traxerunt,nisi enormitas vitæ impediat.Aliqui quoque qui cum fide baptizantur, sacramentum et rem suscipiunt.

De ficte accedentibus.

2.Qui vero sine fide vel ficte accedunt,sacramentum,non rem,suscipiunt. Unde Hieron., Commentario ad 16 cap. Ezech. sup. eo loco : *In aqua non est lota* : Sunt lavacra gentilium,hæreticorum ; sed non lavant ad salutem.In Ecclesia etiam qui non plena fide accipiunt baptismata, non Spiritum, sed aquam suscipiunt. Aug. etiam ait, Enarratione in ps. 77,in principio : Judæis omnibus communia erant sacramenta,sed non communis omnibus erat gratia, quæ est virtus sacramentorum;ita et tunc communis est baptismus omnibus baptizatis,sed non virtus baptismi,id est,ipsa gratia.Item,in lib.de Pœnitentiæ Medicina, c. 2 : Omnis qui jam suæ voluntatis arbiter constitutus est,cum accedit ad sacramentum fidelium nisi pœniteat eum veteris,vitæ, novam non potest inchoare.Ab hac pœnitentia,cum baptizantur,soli parvuli immunes sunt. His aliisque testimoniis aperte ostenditur,adultis sine fide et pœnitentia vera in baptismo non conferri gratiam remissionis, quia nec parvulis sine fide aliena, qui propriam habere neqæunt,datur in baptismo remissio.Si quis ergo ficte accedit,non habens veram cordis contritionem, sacramentum sine re accipit.Videtur tamen Aug.dicere quod etiam ficte accedenti, qui etiam habet odium fraternum,in ipso momento quo baptizatur, omnia condonentur peccata et post baptismum mox redeant Sed npn hoc asserendo dicit,imo hanc opinionem e præmissam sententiam conferendo,ait enim sic,lib

1 de Baptismo contra Donatist., c. 12 : His qui ficto corde baptizantur, aut peccata nullatenus dimittuntur, quia Spiritus sanctus disciplinæ effugiet fictum; aut in ipso temporis puncto per vim sacramenti dimissa, iterum per fictionem replicantur; ut etiam illud verum sit: *Quotquot in Christo baptizati estis,* etc., Galat. 3, et illud : *Spiritus sanctus disciplinæ effugiet fictum,* Sapient.1; ut induat eum Christum sanctitas baptismi et exuat eum Christum perniciesfictionis. Nam redire dimissa peccata ubi fraterna charitas non est, aperte Dominus docet etiam in illo servo; a quo Dominus dimissum debitum petiit, quia ille conservo dimittere noluit. Sic non impeditur baptismi gratia quominus omnia peccata dimittantur, etiamsi fraternum odium in ejus cui dimmittuntur, animo perseveret. Solvitur enim hosternus dies, et quiquid superest; et solvitur etiam ipsa hora momentumque ante baptismum, et in baptismo. Deinceps autem continuo reus incipit esse non solum consequentium, sed etiam præteritorum dierum, horarum, momentorum redeuntibus omnibus quæ dimissa sunt. Hoc autem, ut prædiximus, non sub assertione dixit; quod ostenditur ex eo quod ait in eodem libro sic: Si ad baptismum, fictus accedit, dimissa sunt ei peccata, aut non sunt dimissa; eligant quod voluerint. Ecce aperte cernis, si tamen attendis id dixisse Aug. non asserendo, sed quærendo, et aliorum opinionem referendo. Idem enim ait ibidem, paulo infra: Tunc valere incipit: ad salutem baptismus, cum illa fictio veraci confessione recesserit; quæ corde in malitia perseverante, peccatorum ablutionem non sinebat fieri. Non ergo ficte accedenti peccata dimittuntur.

Quomodo intelligatur illud : Quotquot in Christo baptizati estis, Christum induistis.

3. Quæritur ergo quomodo illud accipiatur : *Quotquot in Christo baptizati estis, Christum induistis.* Potest dici quod qui in Christo, id est, in Christi conformitate baptizantur, sicut moriuntur vetustati peccati, sicut Christus vetustati pœnæ, induunt Christum, quem per gratiam in habitantem habent. Potest et aliter solvi. Duobus enim modis Christum induere dicimur: vel assumptione sacramenti, vel rei perceptione. Unde Aug., lib. 5 de Bapt. contra Donat., c. 24: Induunt homines Christum aliquando usque ad sacramenti perceptionem, aliquando usque ad vitæ sanctificationem; atque illud primum bonis et malis potest esse commune, hoc autem est proprium bonorum et piorum. Omnes ergo qui in Christi nomine baptizantur, Christum induunt vel secundum sacramenti perceptionem, vel secundum vitæ sanctificationem.

De illis qui suscipiunt rem et non sacramentum.

4. Sunt et alii, ut supra posuimus, qui suscipiunt rem et non sacramentum. Qui enim effundunt sanguinem pro nomine Jesu, etsi non sacramentum, rem tamen accipiunt. Unde Aug., ibid., c. 22 : Quicumque non percepto regenerationis lavacro pro confessione Christi moriuntur, tantum eis valet ad dimittenda peccata, quantum si abluerentur sacro fonte baptismi. Audistis quod passio pro Christi nomine suscepta supplet vicem Baptismi. Nec tantum passio vicem Baptismi implet, sed etiam fides et contritio, ubi necessitas excludit sacramentum, sicut aperte docet Aug., dicens Baptismi vicem aliquando implere passionem. De latrone illo cui non baptizato dictum est, Luc. 23: *Hodie mecum eris in paradiso,* B. Cyprianus, in lib. 4 de Baptismo, non leve documentum assumit; quod etiam atque etiam ego considerans, invenio non tantum passionem pro nomine Christi, id quod Baptismo deerat posse supplere, sed etiam fidem conversionemque cordis, si forte ad celebrandum mysterium Baptismi in angustiis temporum succurri non potest. Neque enim ille latro pro nomine Christi crucifixus est, sed pro meritis facinorum suorum; nec quia credidit passus est, sed dum patitur credit. Quantum ergo valeat, etiam sine visibilis Baptismi sacramento; quod Apostolus ait, Rom. 10 : *Corde creditur ad justitiam, ore autem confessio fit ad salutem;* in illo latrone declaratum est; sed tunc impletur invisibiliter, cum mysterium Baptismi non contemptus religionis, sed articulus necessitatis, excludit. Et Baptismus quidem potest esse ubi conversio cordis defuerit; conversio autem cordis potest quidem inesse non percepto Baptismo; sed contempto Baptismo non potest, nec ullo modo dicenda est conversio cordis ad Deum, cum Dei sacramentum contemnitur. Ecce hic habes non solum passionem, sed etiam fidem et contritionem conferre remissionem, ubi non contemnitur sacramentum, ut in latrone illo ostenditur, qui non per passionem, sed per fidem salvatus est sine Baptismo. Sed dicunt quidam hoc retractasse Augustinus. Retractavit quidem exemplum, in lib. 1 Retr ct., c. 18, sed non sententiam. Ait enim in lib. 4: Cum dicerem vicem Baptismi posse habere passionem, non satis idoneum posui illius latronis exemplum; quia utrum non fuerit baptizatus, incertum est: Constat ergo sine Baptismo aliquos justificari et salvari; unde Amb. de Valentiniano : *Ventrem meum doleo,* ut prophetico utar eloquio, quia quem regeneraturus eram amisi; verumtamen gratiam quam ille poposcit, non amisit.

Quæ videntur obviare prædictis.

5. His autem videtur obviare quod Dominus dicit, Joan. 3 : *Nisi quis renatus fuerit ex aqua et Spiritu sancto, non potest intrare in regnum cœlorum,* quod si generaliter verum est, non videntur esse vera superius posita. Sed illud intelligendum est de illis qui possunt et contemnunt baptizari. Vel ita intelligendum est, *nisi quis renatus fuerit ex aqua et Spiritu sancto,* id est, ex ea regeneratione quæ fit per aquam et Spiritum sanctum, non salvabitur. Illa autem regeneratio fit non tantum per baptismum, sed etiam per pœnitentiam et sanguinem. Unde auctoritas dicit, ideo Apostolum pluraliter dixisse fundamentum baptismatum, quia est baptismus in aqua, in sanguine, in pœnitentia. Hoc autem non ideo dicit, quod sacramentum Baptismi fiat nisi in aqua, sed quia ipsius virtus, id est, sanctificatio, datur non modo per aquam, sed per sanguinem vel pœnitentiam interius. Ratio etiam id suadet. Si enim non valentibus credere parvulis sufficit Baptismus, multo magis sufficit fides adultis volentibus, sed non valentibus baptizari; unde Aug.: Quæris quid sit majus, fides an aqua? non dubito qin respondeam, fides. Si ergo quod minus est sanctificare potest, nonne quod majus est, id est, fides, de qua Christus ait: *Qui crediderit in me, etiam si mortuus fuerit, vivet.* Sed dicunt aliqui, nullum adultum in Christum credere vel charitatem habere sine baptismo, nisi sanguinem fundat pro Domino, subdita introducantes testimonia. Aug., lib. de Fide ad Petrum, c. 3, ait: Ex illo tempore quo Salvator dixit : *Nisi quis renatus fuerit,* etc., absque sacramento Baptismi, præter ejus qui in Ecclesia sanguinem fundunt, aliquis vitam æternam accipere non potest. Item : Nullum catechumenum quamvis in bonis operibus defunctum, vitam æternam habere credimus, excepto martyrio, ubi tota sacramenta Baptismi complentur. Item, de Dogm. eccles., c. 4 : Baptizatis iter tantum salutis esse credimus. Sed quod in his minus dixit, in aliis capitulis supra positis supplevit. Et ideo sic intelligenda sunt, ut illi soli habentes tempus baptizandi excipiantur ; si enim aliquis habens fidem et charitatem voluerit baptizari, et non valet necessitate præventus, supplet Omnipotentis benignitas quod sacramento defuerat. Dum enim solvere potest, nisi solvat, tenetur, sed quod jam non potest et tamen vult, non imputat ei Deus, qui suam potentiam sacramentis non alligavit. Quod vero invisibilis sanctificatio sine visibili sacramento quibusdam insit, aperte Aug. tradit super Levit., dicens invisibilem sanctificationem quibusdam affuisse et profuisse sine visibilibus sacramentis. Visibilem vero sanctificationem, quæ fit sacramento visibili sine invisibili, posse adesse, non posse prodesse, nec tamen visibile sacramentum ideo contemnendum est, quia contemptor ejus invisibiliter sanctificari non potest. Hinc Cornelius et qui cum eo erant, jam Spi-

ritu sanctificati baptizati sunt. Nec superflua judicanda est sanctificatio visibilis;quia invisibilis præcessit.Sine visibili ergo invisibilis sanctificatio esse potest et prodesse: visibilis autem quæ fit sacramento tenus, sine invisibili prodesse non potest,cum ita sit omnis illius utilitas.Simoni Mago visibilis baptismus non profuit, act. 8,quia invisibilis non affluit ; sed quibus invisibilis affuit,profuit: nec tantum valet fides aliena parvulo,quantum propria adulto.Parvulis enim non sufficit fides Ecclesiæ sine sacramento,quia, si absqae baptismo fuerint defuncti, etiam cum deferuntur ad baptismum,damnabuntur,sicut multis sanctorum auctoritatibus comprobatur. Ad quod hoc unum sufficiat.Aug.ait,lib.de Fide ad Petrum;c. 7 : Firmissime tene parvulos qui vel in uteris matrum vivere incipiunt et ibi moriuntur, vel de matribus nati sine sacramento Baptismi de hoc sæculo transeunt, æterno supplicio puniendos,quia etsi propriæ actionis peccata non habuerunt, originale peccatum tamen traxerunt carnali concupiscentiæ conceptione.Et sicut parvuli qui sine baptismo moriuntur, infidelium ascribuntur numero, ita qui baptizantur,fideles dicuntur,qui a fidelium consortio non separantur,cum orat Ecclesia pro fidelibus defunctis.Fideles ergo sunt non propter virtutem,sed fidei sacramentum.Unde Aug.: Parvulorum etsi nondum fides illa quæ etiam in credentium voluntate consistit, jam tamen ipsius fidei sacramentum,id est,Baptismus,fidem facit:sicut credere respondetur, ita etiam fidelis vocatur ; non rem ipsam mente annuendo, sed ipsius rei percipiendo sacramentum. (Aug., tom. 2, epist. ad Bonif., q. 22.)

Quid prosit Baptismus his qui cum fide accedant.

6. Solet etiam quæri de illis qui jam sanctificati Spiritu cum fide et charitate ad Baptismum accedunt, quid eis conferat Baptismus. Nihil enim eis videtur præstare,cum per fidem et contritionem jam remissis peccatis justificati sunt.Ad quod sane dici potest eos quidem per fidem et contritionem justificatos,id est, a macula peccati purgatos,et a debito æternæ pœnæ absolutos;tamen adhuc teneri satisfactione temporali,qua pœnitentes ligantur in Ecclesia. Cum autem Baptismum percipiunt,et a peccatis,si quæ interim post conversionem contraxerunt, mundantur, et ab exteriori satisfactione absolvuntur; et adjutrix gratia omnisque virtus in eo augetur, ut vere novus homo tunc dici possit. Fomes quoqae peccati in eo amplius debilitatur.Ideo Hieron.dicit quod fides quod fideles facit,in aquis Baptismi datur vel nutritur: quia non habenti aliquando ibi datur, et jam habenti ut plenius habeat datur, sit et de aliis intelligendum est. Qui ergo mundus accedit,ibi fit mundior, et omni habenti ibi amplius datur. Quod vero omnis exterior satisfactio ibi relaxetur,Ambros.ostendit super illum locum, Rom. 11 : *Sine pœnitentia sunt dona Dei et vocatio*, dicens (45) : Gratia Dei in Baptismo non requirit gemitum vel planctum,vel aliquod opus; sed et omnia gratis condonat.Quod quidem de exteriori gemitu vel planctu accipiendum est. Nam sine interiore nemo adultus renovatur ; sed exteriores satisfactiones et afflictiones,scilicet,sordes pœnitentium, ibi dimittuntur. Multum ergo confert Baptismus, etiam jam per fidem justificato; quia accedens ad Baptismum, quasi ramus a columba portatur in arcam; qui ante in tus erat judicio Dei, sed nuuc etiam judicio Ecclesiæ inlus est. Cum vero in Baptismo peccatum deleatur, et satisfactio exterior non imputetur, quæritur cur pœnalitas cui pro peccato addicti sumus non tollatur. Hoc ideo tradunt fieri sancti, quia si a pœna homines per Baptismum liberarentur,ipsam putarent Baptismi pretium, non æternum regnum. Ideo soluto reatu peccati, temporalis pœna tamen manet, ut illa vita studiosius agatur,quæ erit a pœnis omnibus aliena. Ideo etiam manet, ut sit fideli et certandi materia, et vincendi occasio,qui non vinceret si non pugnaret, nec

(45) Tom. 4 non longe a fine commentarii ad c. 12 ad Rom..

pugnaret si in Baptismo fieret, immortalis. (Ibid., lib. 1 de summo Bono, c. 24.)

Cujus rei Baptismus, qui datur jam justo, sit sacramentum.

7. Si quæritur cujus rei Baptismus ille sit sacramentum, qui datur jam justo,dicimus sacramentum esse et rei quæ præcessit,id est, remissionis ante per fidem datæ,et remissionis temporalis pœnæ sive peccati si habetur,si quod interim committitur, et novitatis ac omnis gratiæ ibi præstitæ. Omnis etenim rei signum est,cujus causa est,Nec mireris rem aliquando præcedere sacramentum, cum aliquando etiam longe post sequatur, ut in illis qui fide accedunt, quibus, cum postea pœnituerint, incipiet Baptismus prodesse ; in quibus fuit Baptismus sacramentum hujus sanctificationis quam pœnitendo habent.Sed si nunquam pœniterent,nec a figmento recederent, cujus rei sacramentum esse Baptismus ab illis susceptus ? Potest dici : Rei quæ ibi fieret, si non eorum enormitas impediret.

Si parvulis datur in Baptismo gratia qua possunt in majori ætate proficere.

8. Solet etiam quæri si parvulis in Baptismo datur gratia qua, cum tempus habuerint utendi libero arbitrio, possint bene velle et operari. De adultis enim qui digne recipiunt sacramentum non ambigitur quin gratiam operantem et cooperantem perceperint ; quæ in vacuum eis cedit,si per liberum arbitrium post mortaliter deliquerint,qui merito peccati gratiam appositam perdunt. Unde dicuntur contumeliam Spiritui sancto facere, et ipsum a se fugare. De parvulis vero qui nondum ratione utuntur,quæstio est an in Baptismo receperint gratiam, qua ad majorem venientes ætatem possint velle et operari bonum. Videtur quod non receperint,quia gratia illa charitas est et fides quæ voluntatem præparat et adjuvat.Sed quis dixerit eos accepisse fidem et charitatem? Si vero gratiam non acceperint,qua bene operari possunt cum fuerint adulti; non ergo sufficit eis in hoc statu gratia in Baptismo data, nec per illam possunt modo boni esse,nisi alia addatur; quæ si non additur,non est ex eorum culpa,quia justificati sunt a peccato.Quidam putant gratiam operantem et cooperantem cunctis parvulis in Baptismo dari in munere, non in usu, ut cum ad majorem venerint ætatem, ex munere sortiantur usum, nisi per liberum arbitrium usum muneris extinguant peccando; et ita ex culpa eorum est, non ex defectu gratiæ quod mali fiunt, qui ex Dei munere valentes habere usum bonum, per liberum arbitrium renuerunt, et usum pravum elegerunt.

DISTINCTIO V.

QUOD BAPTISMUS ÆQUE SANCTUS EST A BONO ET A MALO DATUS BONO VEL MALO.

1. Post hæc sciendum est sacramentum Baptismi a bonis et a malis ministris dari, sicut a bonis et a malis sumitur. Nec melior est Baptismus qui per meliorem datur, nec minus bonus qui per minus bonum datur, nec malus qui per malum datur, nec majus munus datur in Baptismo dato a bono, nec minus in Baptismo dato a malo, sed æquale, quia non est munus hominis,sed Dei,quod totum subditis declaratur testimoniis. August., super Joan., tractatu 5, ait: Baptismus talis est qualis ille in cujus potestate datur. non qualis est ille per cujus ministerium datur. Item, lib.2 contro Cresconium grammaticum,c. 6 : Prorsus fieri potest, ut aliqui verum habeant Baptismum,et non habeant veram fidem. Item, super Joan. tractatu 6: Si inter bonos ministros cum sit alius alio melior, non est melior Baptismus qui per meliorem datur ; nullo modo malus est qui etiam per malum datur, quia idem Baptismus datur, et ideo per ministros dispares Dei munus est æquale,quia non illorum,sed ejus est. Item, ibid., tract. 5, post medium : Cum baptizat malus,illud quod datum est,unum est,nec impar propter impares ministros, sed par et æquale propter hoc, hic est qui baptizat. Item, ibid : Ego

dico, et nos dicimus omnes, quia justos oportet esse per quos baptizatur: justos oportet esse tanti judicis ministros. Sint ministri justi si volunt. Si autem noluerint esse justi qui sedent in cathedra Moysi, securum me facit magister meus, scilicet Christus, de quo Spiritus sanctus dicit, Joan. 1 : *Hic est qui baptizat.* Item, ibid., tract. 5, non longe a fine : Quos baptizavit Judas, Christus baptizavit. Si quos ergo baptizavit ebriosus, homicida, adulter, si Christi erat Baptismus, Christus baptizavit. Non timeo adulterum, nec ebriosum, nec homicidam, quia columbam attendo per quam mihi dicitur : *Hic est qui baptizat.* Item, super Joan. 5, in fine : Homicida dedit Baptismum Christi ; quod sacramentum tam sanctum est, ut nec homicida ministrante polluatur. Item, in lib. de Fide ad Petrum, c. 3, versus finem : Si in hæresi quacumque vel schismate quisquam in nomine Patris et Filii et Spiritus sancti Baptismi sacramentum acceperit, integrum est sacramentum accepit ; sed salutem, quæ virtus est sacramenti, non habebit si extra Ecclesiam catholicam ipsum sacramentum habuerit. Debet ergo ad Ecclesiam redire, non ut sacramentum Baptismi iterum accipiat, quod nemo debet in aliquo repetere, sed ut in societate catholica vitam accipiat. Baptismus enim extra Ecclesiam nequit prodesse. Ibi enim cuique prodesse potest Baptismus, ubi potest prodesse eleemosyna, scilicet in Ecclesia. Item Isid. Romanus pontifex non hominem judicat qui baptizat, sed Spiritum Dei subministrare gratiam Baptismi, licet paganus sit qui baptizat. In his perspicue cernis Baptismum verum bonis et malis dari, et a bonis et a malis ; et ipsum tamen æque sanctum esse, et munus ejus æquale in bonis, sive a bonis, sive a malis baptizentur.

De potestate Baptismi et ministerio.

2. Quia ministerium tantum habent, non potestatem Baptismi. Potestatem enim sibi retinuit. Quod novit Joannes cum vidit columbam descendentem super Christum ; unde August., de Cons., dist. 4, tract. sup. primum cap. Joan. : Quid noverat Joannes Baptista ? Dominum. Quid non noverat ? potestatem dominici Baptismi in nullum hominem a Domino transituram, sed ministerium plane transiturum ; potestatem a Domino in neminem, sed ministerium in bonos et malos. Non exhorreat columba ministerium malorum ; respiciat potestatem Domini. Quid facit ibi minister malus, ubi bonus est Dominus ? *Neque qui plantat, est aliquid, neque qui rigat ; sed qui incrementum dat, Deus,* 1 Cor. 3. Si superbus fuerit minister, cum diabolo computatur ; sed non contaminatur donum Christi ; quod per illum fluit, purum est. Per lapideum canalem transit aqua ad areolas ; in canali lapideo nil generatur, sed hortus fructus plurimos affert. Aug., tractatu 5 sup. Joan., post medium tractatus 1. Habent ergo non modo boni, sed etiam mali, ministerium baptizandi, sed neuter potestatem Baptismi. Ministerium enim dedit Christus servis, sed potestatem sibi retinuit, quam si vellet poterat servis dare, ut servus daret Baptismum suum tanquam vice sua. Et potestatem suam constituere poterat in aliquo vel in aliquibus servis, ut tanta vis esset in Baptismo servi quanta est in Baptismo Domini ; sed noluit, ne servus in servo spem poneret. Baptizat servus ut minister, baptizat Dominus tanquam potestatem habens ; quam si daret servis, ut scilicet ipsorum esset quod Domini erat, tot essent Baptismi quot servi ; ut sicut dicius est baptismus Joannis, sic diceretur baptismus Petri vel Pauli. Quod ne fieret, retinuit sibi Dominus potestatem Baptismi, servis autem ministerium dedit. Si ergo servus dicit se baptizare, recte dicit, sed tanquam minister baptizat, et ideo non differt sive bonus sive malus baptizet. Inde etiam nemo dicit, baptismus meus, cum tamen dicat Evangelium meum, prudentia mea, licet sint hæc a Deo in quibus differentia est. Alius enim alio melius operatur in evangelizando, et alius alio prudentior est. Alius autem alio magis minusve baptizatus sive ab inferiori sive a majori baptizetur, dici non potest.

Qnæ fuit potestas Baptismi quam potuit Christus dare servis.

3. Hic quæritur quæ sit illa potestas Baptismi quam Christus sibi retinuit, et potuit dare servis. Hæc est, ut plurimi volunt, potestas dimittendi peccata in Baptismo ; sed potestas dimittendi peccata quæ in Deo est, Deus est. Ideo alii dicunt hanc potestatem non potuisse dare alicui servorum, quia nulli potuit dare ut esset quod ipse est, vel ut haberet essentiam qnam ipse habet, cui hoc est esse quod posse. Dicunt enim : Si hanc potentiam alicui dare potuit, potuit ei dare creaturas creare, quia non est hoc majoris potentiæ quam illud. Ad quod dici potest quia potuit eis dare potentiam dimittendi peccata, non tamen ipsam eamdem qua ipse potens est, sed potentiam creatam qua servus posset dimittere peccata(46); non tamen ut auctor remissionis, sed ut minister, nec tamen sine Deo auctore ; ut sicut in ministerio habet exterius sanctificare, ita in ministerio haberet interius mundare ; et sicut illud facit Deo auctore, qui cum eo operatur illud exterius, ita interius mundaret Deo auctore, qui ejus verbo velut quodam ministerio uteretur. Item etiam posset Deus per aliquem creare aliqua, non per eum tanquam auctorem, sed ministrum cum quo et in quo operaretur, sicut in bonis operibus nostris ipse operatur, et nos ; nec ipse tantum nec nos tantum, sed ipse nobiscum et in nobis ; et tamen in illis agendis ministri ejus sumus, non auctores. Ita ergo potuit dare servo potestatem dimittendi peccata in Baptismo, id est, ut in mundatione interiori servus cum Domino operaretur, non servus sine Domino ; nec Dominus sine servo, sed Dominus cum servo et in servo ; sicut in exteriori ministerio Dominus operatur cum servo. Unde et Dominus dicitur sanctificare et servus ; sed Dominus invisibili gratia, servus visibili sacramento, unde Aug. super Levit. : Dominus ait : *Ego Dominus qui sanctifico.* Et de Moyse etiam dictum est Exod. 19 : *Et sanctificabis eum.* Sed Moyses sanctificat visibilibus sacramentis, per ministerium ; Dominus autem invisibili gratia, per Spiritum, ubi est totus fructus visibilium sacramentorum. Sine hac sanctificatione visibilia sacramenta nil prosunt. Si quis hoc melius aperire poterit, non invideo.

DISTINCTIO VI.
QUIBUS LICEAT BAPTIZARE.

1. Nunc quibus liceat baptizare addamus. De hoc Isidorus ait, lib. de Offic. 2 : Constat Baptismum solis sacerdotibus esse traditum ; ejusque ministerium nec ipsis diaconibus implere est licitum absque episcopo vel presbytero, nisi procul absentibus, ultima languoris cogat necessitas ; quod etiam laicis fidelibus permittitur. Ex concilio Carthaginensi quinto. Item : Mulier, quamvis sancta, baptizare non præsumat, nisi necessitate cogente. De illis vero qui ab hæreticis baptizantur utrum rebaptizandi sint, quæri solet. Ad quod breviter dicimus quia quicumque sit qui baptizet, si servatur forma a Christo tradita, verum baptismum dat ; et ideo qui illum sumit non debet rebaptizari. Unde Beda : Sive hæreticus, sive schismaticus, sive facinorosus, quisque in confessione sanctæ Trinitatis baptizet ; non valet ille qui baptizatus est a nobis Catholicis rebaptizari, ne confessio et Trinitatis invocatio videatur annullari. Item Aug. : Quamvis unum sit baptisma et hæreticorum, scilicet eorum qui in nomine Patris, et Filii, et Spiritus sancti baptizant, et Ecclesiæ catholicæ, qui tamen foris Ecclesiam baptizantur, non sumunt ad salutem Baptismum, sed ad perniciem ; habentes formam sacramenti, virtutem autem ejus abnegantes et ideo Ecclesiam non eos rebaptizat, quia in nomine Trinitatis baptizati sunt ; et ipsa est forma sacramenti. Item : Rebaptizare hæreticum qui hæc sanctificationis signa perceperit, omnino peccatum est ; catholicum vero, immanissimum scelus est. Ex his aperte colligitur, quod qui etiam ab hæreticis baptizati sunt servato charactere Christi, rebaptizandi non sunt ; sed tantum

(46) Hic Magister non tenetur.

impositione manus reconciliandi, ut Spiritum sanctum accipiant et in signum detestationis hæreticorum Sunt tamen nonnulli doctorum, ut Cyprianus et alii quidam, qui dicere videntur ab hæreticis non posse tradi baptismum, et eos esse rebaptizandos cum veniunt ad Ecclesiam, qui ab illis dicuntur baptizati. Sed hoc de illis verum est, qui extra formam Ecclesiæ baptizare præsumunt. Cyprianus tamen ibi a veritate deviasse videtur, qui ait de hæretico: Quomodo sanctificare aquam potest cum ipse immundus est, et apud quem Spiritus sanctus non est? cum Dominus dicat in lege: *Quæcumque tetigerit immundus, immunda erunt;* quis potest dare quod ipse non habet? Hoc vero ex ignorantia eum dixisse Aug. innuit dicens: Martyrem Cyprianum gloriosum, qui apud hæreticos vel schismaticos datum Baptismum nolebat cognoscere, cum eos nimis detestaretur, tanta ejus merita usque ad triumphum martyrii secuta sunt ut et charitatis qua excellebat luce obumbratio illa fugaretur, et si quid pugnandum erat, passionis falce tolleretur. Nec nos qui Baptismi veritatem et hæreticorum iniquitatem agnoscimus, ideo Cypriano meliores sumus, sicut nec Petro, quia gentes judaizare non cogimus.

Quod nullus in materno utero baptizetur.

2. Hoc etiam sciendum est, quod licet ter immergatur propter mysterium Trinitatis, tamen unum baptisma reputatur. Illud etiam ignorandum non est, quod in materno utero nullus baptizari potest etiamsi mater baptizetur, unde Isid., lib. de summo Bono, c. 24. Qui in maternis uteris sunt, ideo baptizari non possunt, quia qui natus adhuc secundum Adam non est, secundum Christum non potest renasci; neque regeneratio in eum dici potest, quem generatio non præcessit. Item Aug. ad Dardanum: Non potest quisquam renasci antequam natus sit. Si vero opponitur de Jeremia et de Joanne Baptista, qui adhuc sanctificati leguntur, quod etiam de Jacob quidam putant, dicimus, si sanctificatio ibi accipitur interior emundatio, in miraculis divinæ potentiæ esse habendum, ut Aug. ait, ambigue super hoc loquens. Si usque adeo, inquit, in illo puero acceleratus est usus rationis et voluntatis, ut intra materna viscera jam posset agnoscere et credere, quod in aliis parvulis expectat ætas ut possint, in miraculis habendum esse divinæ potentiæ. non ad humanæ tradendum exemplum naturæ. Nam quando voluit Deus, etiam jumentum locutum est. Idem : De Jeremia legitur: *Priusquam exires de ventre; sanctificavi te;* illa tamen sanctificatio qua efficimur templum Dei, non nisi renatorum est. *Nisi enim quis renatus fuerit ex aqua et Spiritu sancto, non potest intrare in regnum Dei.* Nemo autem renascitur nisi prius nascatur. Unde illa sanctificatio potest secundum prædestinationem accipi Ecce videtur dubitanter loqui, qui etiam dicit: Non dictum est quia credidit infans in utero, sed *exultavit;* nec Elisabeth dicit : Exultavit in fide, sed : *Exultavit in utero meo.* Et potuit esse hæc sanctificatio, tantæ rei a majori cognoscendæ indicium, non a parvulo cognitæ. Absque assertione de hac sanctificatione loquitur, non definiens qualiter intelligenda sit illa sanctificatio, an sit signum futuræ rei, an veritas justificationis per Spiritum factæ. Sed melius est ut dicamus illos præter communem legem in uteris justificatos, et gratia præventos dimissis omnibus peccatis; quod etiam multis sanctorum testimoniis edocetur.

Si Baptismus sit verbis corrupte prolatis.

3. Quæri etiam solet si corrupte proferantur verba illa, an Baptismus sit. De hoc Zacharias Bonifacio scribit: Retulerunt mihi nuntii tui quod fuerit sacerdos in eadem provincia, qui Latinam linguam penitus ignorabat; et dum baptizaret, nescius Latini eloqui, infringens linguam diceret : Baptizo te in nomine Patria, et Filia, et Spiritus sancta; et propter hoc considerasti rebaptizare. Sed si ille qui baptizavit, non errorem inducens vel hæresim, sed pro sola ignorantia Romanæ locutionis, infringendo linguam baptizans dixisset, non possumus consentire ut denuo baptizentur.

Leo Papa.

4. Præterea sciendum est quod illi de quibus nulla extant indicia inter propinquos vel domesticos vel vicinos à quibus baptizati fuisse doceantur, agendum est ut renascantur ne pereant; in quibus quod non ostenditur gestum, ratio sinit ut videatur iteratum. Conferendum eis videtur, quod collatum esse nescitur, quia non temeritas intervenit præsumptionis, ubi est diligentia pietatis.

De illo qui pro ludo immergitur.

5. Solet etiam quæri de illo qui jocans, sicut mimus, commemoratione tamen Trinitatis immergitur, utrum baptizatus sit. Hoc autem Aug., tom 2, epist. 23., ad Bonif., non definit, ita inquiens : Si totum ludicre et mimice et joculariter ageretur, utrum approbandus esset Baptismus qui sic daretur, divinum judicium per alicujus revelationis miraculum oratione implorandum esse censerem. Videtur tamen sapientibus non fuisse baptisma, ut cum aliqui in balneum vel in flumen merguntur in nomine Trinitatis, non est tamen baptismus, quia non intentione baptizandi illud geritur. Nam in hoc et in aliis sacramentis sicut non forma est servanda, ita et intentio illud celebrandi est habenda. Illud etiam non te moveat, quod quidam non ea fide parvulos ad Baptismum ferunt, ut per Spiritum ad vitam regenerentur æternam; sed eosputant hoc remedio temporalem accipere sanitatem; non enim propterea illi non regenerantur, quia nec ab illis hac intentione offeruntur.

Quod duo tempora erant in quibus baptizabantur homines

6. Agnoscendum est etiam in baptizandis electis duo tempora esse servanda, id est, Pascha et Pentecosten, ut in sabbato Paschæ vel Pedtecostes Baptismi sacramentum celebretur. Qui vero necessitate mortis vel periculi urgentur, omni tempore debent baptizari.

De responsione patrinorum.

7. Porro cuncti ad Baptismum venientes fidem suam profiteri debent et exponere ad quod petendum venerint ad ecclesiam. Unde etiam a baptizando quæritur: Quid venisti ad ecclesiam petere? Qui, si adultus est, pro se respondet: Fidem, id est, sacramentum fidei et doctrinam. Ita etiam per singula interrogatus, respondet se credere in Patrem, et Filium, et Spiritum sanctum. Si autem parvulus est, non valens credere vel loqui, alius pro eo respondet. Unde Isidorus, lib. de Offic., c. 24: Parvuli alio profitente baptizantur, qui adhuc loqui vel credere nesciunt: sicut etiam pro ægris, mutis, vel surdis alius profitetur dum baptizantur, sic et de pœnitentibus agendum est. Si vero pro eo qui respondere potest, alius respondeat, non itidem valet, sicut dictum est. Ætatem habet, pro se loquatur. Si vero quæritur ex quo sensu pro parvulo dicatur : Credo, vel: Fidem peto, dicimus de sacramento fidei id esse intelligendum, quod respondetur petere cum defertur ad ecclesiam, et habere fidem cum baptizatur; ut sit sensus cum dicitur: Fidem peto, id est, sacramentum fidei præsto sum recipere: Credo, id est sacramentum fidei suscipio; quod est: Hic parvulus præsto est sacramentum fidei accipere. Unde Aug., epist. 23, ad Bonif: Nihil est aliud credere quam fidem habere: et ideo cum respondetur credere parvulus, qui fidei nondum effectum habet, respondetur fidem habere propter fidei sacramentum, et convertere se ad Deum propter conversionis sacramentum. Sed adhuc quæritur ex quo sensu pro parvulo respondeatur: Credo in Deum Patrem, et in Jesum Christum, et in Spiritum sanctum. Numquid de sacramento fidei, an de fide mentis ibi agitur? Si de sacramento, cur nominatim distinguuntur personæ? Si vero de fidei affectu, quomodo verum est, cum ea parvulus careat? An illud facturus parvulus spondetur cum creverit, sicut et omnibus pompis diaboli spondetur abrenuntiare, quod si non servaverit factus adultus, tenebitur ipse, vel sponsor? Sane etiam dici potest ibi sponderi pro parvulo, qui ad majorem ætatem, si venerit, et pompis diaboli renuntiabit, et sanam fidem tenebit cujus tunc sacramentum recipit. Hac autem sponsione parvulus

pro quo fit, tenebitur, non sponsor, si tamen ut cautio impleatur, quantum in se est, operam dederit, quia exigitur à patrino, ut sit diligens circa eum pro quo spondit sollicitudo. De hoc Aug.: Certissimam emisistis cautionem, qua renuntiare pompis diaboli spopondistis.

De catechismo et exorcismo.

8. Illa autem interrogatio et responsio fidei fit in catechismo, cui additur exorcismus. Ante Baptismum enim fit catechismus et exorcismus, post catechismum sequitur exorcismus, ut ab eo qui jam fide instructus est, adversaria virtus pellatur. Exorcismus de Græco dicitur in Latinum *adjuratio;* catechismus, *instructio:* catechizare est instruere, ut de Symbolo ac rudimentis fidei. Exorcizare est adjurare, ut: Exi ab eo, spiritus immunde. Symbolum est signum vel collatio. Signum, quia eo fideles ad infidelibus discernuntur; collatio quia ibi totius fidei sufficientia et integritas est collata. Catechismus et exorcismus neophytorum sunt, magisque sacramentalia quam sacramenta dici debent. Neophytus novitius interpretatur vel rudis; et dicitur neophytus nuper ad fidem conversus, vel in disciplina religiosæ conversationis rudis. Hæc ergo præcedunt Baptismum, non quod sine istis non possit esse baptismus verus, sed ut baptizandus de fide instituatur, et sciat cui debitor fiat deinceps et diaboli potestas in eo minuatur. Unde Rabanus: Ante Baptismum, catechizandi debet in homine prævenire officium; ut fidei catechumenus accipiat rudimentum, et sciat cui debitor fiat deinceps. Item Augustinus: Parvuli exsufflantur et exorcizantur, ut ab eis pellatur potestas diaboli, ne jam contendat eos subvertere, ne Baptismum consequantur. Non ergo ab infantibus creatura Dei efflatur vel exorcizatur, sed diabolus ut recedat ab homine.

DISTINCTIO VII.
DE CONFIRMATIONE.

1. Nunc de sacramento Confirmationis addendum est; de cujus virtute quæri solet. Forma enim aperta est, scilicet verba quæ dicit episcopus, cum baptizatos in frontibus sacro signat chrismate. Hoc sacramentum ab aliis perfici non potest, nisi a summis sacerdotibus; nec tempore apostolorum ab aliis quam ab ipsis apostolis legitur peractum, nec ab aliis quam ab illis qui locum eorum tenent, perfici potest aut debet. Nam si aliter præsumptum fuerit irritum habetur et vacuum, nec inter ecclesiastica reputabitur sacramenta. Licet autem presbyteris baptizatos tangere in pectore, sed non chrismate signare in fronte. Virtus antem sacramenti est donatio Spiritus sancti ad robur, qui in Baptismo datus est ad remissionem. Unde Rabanus: A summo sacerdote per impositionem manus Paracletus traditur baptizato, ut roboretur per Spiritum sanctum, ad prædicandum aliis illud, quod ipse in Baptismo consecutus est. Item : Omnes fideles per manus impositionem episcoporum, post Baptismum accipere debent Spiritum sanctum, ut pleni Christiani inveniantur.

Melchiades in Epist. ad Hisp. episcopos.

2. Scitote utrumque esse magnum sacramentum, sed unum majori veneratione tenendum, sicut a majoribus datur. Ecce majus dicit sacramentum Confirmationis; sed forte non ob majorem virtutem et utilitatem quam conferat, sed quia a dignioribus datur, et in digniore parte corporis fit, scilicet in fronte; vel forte quia majus augmentum virtutum præstat, licet Baptismus, plus ad remissionem valeat. Quod videtur innuere Rabanus dicens, in unctione Baptismi Spiritum sanctum descendere ad habitationem Deo consecrandam. In hac vero, ejusdem septiformem gratiam, cum omni plenitudine sanctitatis et virtutis venire in hominem. Hoc sacramentum tantum a jejunis accipi, et jejunis tradi debet, sicut et Baptismus, nisi aliter cogat necessitas. Nec debet iterari, sicut nec Baptismus, vel Ordo. Nulli enim sacramento facienda est injuria; quod fieri putatur, quando non iterandum iteratur. Sed utrum aliqua vel nulla iterari possint, quæstio est. Nam de Baptismo et Ordine quod non debeant iterari, aperte Aug. dicit: Utrumque sacramentum est, et quadam consecratione datur, illud quidem cum baptizatur, illud vero cum ordinatur. Ideoque in Ecclesia catholica utrumque non licet iterari, quia neutri facienda est injuria; quod indubitanter etiam de Confirmatione tenendum est. De aliis vero utrum iterari valeant vel debeant, postea disseremus.

DISTINCTIO VII.
DE SACRAMENTO ALTARIS ET EUCHARISTIÆ.

1. Post sacramentum Baptismi et Confirmationis sequitur Eucharistiæ sacramentum. Per Baptismum mundamur, per Eucharistiam in bono consummamur Baptismus æstus vitiorum extinguit, Eucharistia spiritualiter reficit. Unde excellenter Eucharistia dicitur, id est, bona gratia; quia in hoc sacramento non modo est argumentum virtutis et gratiæ, sed ille totus sumitur, qui est fons et origo totius gratiæ. Cujus figura præcessit, quando manna pluit Deus patribus in deserto, qui quotidiano cœli pascebantur alimento. Unde : *Panem angelorum manducavit homo,* Joan. 6. Sed tunc qui panem illum manducaverunt, mortui sunt. Iste vero *panis vivus, qui de cœlo descendit, vitam mundo tribuit.* Manna illud de cœlo; hoc super cœlum. Illud scatebat vermibus in diem alterum reservatum, hoc ab omni corruptione alienum. Quicumque religiose gustaverit, corruptionem non videbit. Illud datum fuit antiquis post transitum maris Rubri, ubi submersis Ægyptiis liberati sunt Hebræi, Exod. 16. Ita hoc cœleste manna, non nisi renatis præstari debet. Panis ille corporalis populum antiquum ad terram promissionis per desertum eduxit. Hæc esca cœlestis fideles hujus seculi per desertum transeuntes in cœlum subvehit. Unde recte viaticum appellatur, quia in via nos reficiens, usque in patriam deducit. Sicut ergo in mari Rubro figura Baptismi præcessit, ita in manna significatio dominici corporis. Hæc duo sacramenta demonstrata sunt ubi de latere Christi sanguis et aqua profluxerunt, quia Christus per sanguinem redemptionis, et aquam ablutionis nos redimere venit a diabolo et a peccato; sicut Israelitas per sanguinem agni paschalis ab exterminatore, et per aquam maris Rubri ab Ægyptiis liberavit. Hujus etiam sacramenti ritum Melchisedech ostendit, ubi panem et vinum Abrahæ obtulit. Unde, ut ait Ambros., de Sacramentis, lib. 4, cap. 3, intelligi datur anteriora esse sacramenta Christianorum quam Judæorum.

De institutione sacramenti.

2. Hic etiam alia consideranda occurrunt quatuor, scilicet, sacramentum, institutio, forma et res. Sacramentum Dominus instituit, quoniam post typicum agnum corpus et sanguinem suum discipulis in cœna porrexit. Unde Eusebius Emisenus: Quia corpus assumptum ablaturus erat ab oculis, et illaturus sideribus, necesse erat ut die cœnæ sacramentum nobis corporis et sanguinis consecraret, ut coleretur jugiter per mysterium quod semel offerebatur in pretium.

De forma.

3. Forma vero est quam ipse ibidem edidit dicens: *Hoc est corpus meum;* et post: *Hic est sanguis meus.* Cum enim hæc verba proferuntur, conversio fit panis et vini in substantiam corporis et sanguinis Christi; reliqua ad laudem Dei dicuntur. Unde Amb., in lib. de Sacram., l. 4, c. 4: Sermone Christi hoc conficitur sacramentum, quia sermo Christi creaturam mutat; et sic ex pane fit corpus Christi, et vinum cum aqua in calicem missum fit sanguis consecratione verbi cœlestis. Consecratio quibus fit verbis? attende quæ sunt verba: *Accipite et comedite ex eo omnes; hoc est corpus meum,* et iterum: *Accipite et bibite ex hoc omnes, hic est sanguis meus* (Matt. 26). Per reliqua enim quæ dicuntur, laus Deo refertur, oratio præmittitur pro populo, pro regibus. Item Aug.: Credendum est quod in illis verbis Christi sacramenta conficiantur: reliqua omnia nihil aliud sunt quam laudes, vel obsecrationes fidelium et petitiones. Ecce quæ sit institu-

tio et forma hujus sacramenti. Ubi consideratione dignum est quare illud sacramentum post cœnam dedit discipulis. Dominus igitur Jesus ad invisibilia paternæ majestatis migraturus, celebrato cum discipulis typico pascha, quoddam memoriale eis commendare volens, sub specie panis et vini corpus et sanguinem suum ita eis tradidit, ut ostenderet legis veteris sacramenta, inter quæ præcipuum erat agni paschalis sacrificium in morte sua terminari, ac legis novæ sacramenta substitui ; in quibus excellit mysterium Eucharistiæ. Ideo etiam post alia dedit, ut hoc unum arctius memoriæ discipulorum infigeretur, et ab Ecclesia deinceps frequentaretur. Sed non exinde disciplinam sanxit in posterum, ut post alios cibos sumatur, sed potius a jejunis sumi oportet, sicut Apostolus docet, ut singulari reverentia dijudicetur, id est, discernatur ab aliis cibis, quod Dominus apostolis disponendum reliquit. Unde August., epist. 118, ad Januar. : Apparet, cum primo acceperunt discipuli Eucharistiam, non eos accepisse jejunus : non ideo tamen calumniandum est universæ Ecclesiæ, quod a jejunis sumitur semper. Placuit enim Spiritui sancto, ut in honore tanti sacramenti, prius in os Christiani dominicum corpus intraret quam alii cibi ; ideo ubique mos iste servatur. Nos enim quia post cibos dedit Dominus. Ideo pransi vel cænati illud accipere debent ut illi faciebant quos Apostolus redarguit. Nam Salvator, quo vehementius commendaret mysterii illius altitudinem, ultimum hoc voluit infigere cordibus, et memoriæ discipulorum, a quibus ad passionem digressurus erat. Quo autem ordine deinceps sumeretur, apostolis, per quos ecclesias dispositurus erat, reservavit docendum.

De sacramento et re.

4. Nunc quid ibi sacramentum sit, et quid res, videamus. Sacramentum est invisibilis gratiæ visibilis forma. Forma ergo panis et vini quæ ibi videtur, est sacramentum, id est, signum sacræ rei; quia præter speciem quam ingerit sensibus, aliquid aliud facit in cognitionem venire. Tenent ergo species vocabula rerum quæ ante fuerunt, scilicet, panis et vini. Hujus autem sacramenti gemina est res; una, scilicet, contenta et significata; altera significata et non contenta. Res contenta et significata est caro Christi, quam de Virgine traxit, et sanguis quem pro nobis fudit. Res autem significata et non contenta est unitas Ecclesiæ in prædestinatis, vocatis, justificatis, et glorificatis. Hæc est duplex, caro Christi, et sanguis. Unde Hieron., comment. ad cap. 1 Epist. ad Ephes. : Dupliciter, inquit, intelligitur caro Christi et sanguis ejus : vel ita quæ crucifixa est et sepulta, et sanguis qui militis lancea effusus est ; vel illa spiritualis ac divina, de qua ipse ait, Joan. 6 : *Caro mea vere est cibus, et sanguis meus vere est potus*, et : *Nisi manducaveritis carnem meam, et biberitis meum sanguinem, non habebitis vitam in vobis.* Sunt ergo hic tria distinguenda: unum, quod tantum est sacramentum; alterum, quod est sacramentum et res; et tertium, quod est res et non sacramentum. Sacramentum et non res, est species visibilis panis et vini ; sacramentum et res, caro Christi propria et sanguis: res et non sacramentum, mystica ejus caro. Porro illa species visibilis, sacramentum est geminæ rei; quia utramque rem significat et utriusque rei similitudinem gerit expressam. Nam sicut panis præ cæteris cibis corpus reficit et sustentat, et vinum hominem lætificat atque inebriat, sic caro Christi interiorem hominem plus cæteris gratiis spiritualiter reficit et saginat. Unde, ps. 22 : *Calix meus inebrians, quam præclarus est!* Habet etiam similitudinem cum re mystica, quæ est unitas fidelium: quia sicut ex multis granis conficitur unus panis, et ex pluribus acinis vinum in unum confluit, sic ex multis fidelium personis unitas ecclesiastica constat. Unde Apostolus, 1 Cor. 10: *Unus panis et unum corpus multi sumus*, de Blasph. Spiritus sancti: Unus panis et unum corpus Ecclesia dicitur, pro eo quod sicut unus panis ex multis granis, et unum cor-

pus ex multis membris componitur, sic Ecclesia ex multis fidelibus charitate copulante connectitur. Hoc mysterium pacis et unitatis nostræ Christus in sua mensa consecravit: qui accipit hoc mysterium unitatis, et non tenet vinculum pacis, non accipit hoc mysterium pro se, sed contra se. Cujus etiam sacramentum est corpus Christi proprium de Virgine sumptum; quia ut corpus Christi ex multis membris purissimis et immaculatis constat, ita societas ecclesiastica ex multis personis a criminali macula liberis consistit. In cujus rei typo facta est arca Domini de lignis sethim, quæ sunt imputribilia, et albæ spinæ similia.

DISTINCTIO IX.
DE DUOBUS MODIS MANDUCANDI.

1. Et sicut duæ sunt res illius sacramenti, etiam duo modi manducandi : unus sacramentalis scilicet, quo boni et mali edunt; alter spiritualis, quo soli boni manducant. Unde Aug., de Verbis Domini, et de Consec., dist. 2, c. *Quid est Christum* : Quid est Christum manducare? Non est hoc solum in sacramento corpus ejus accipere: multi enim indigne accipiunt; sed in ipso manere, et habere ipsum in se manentem. Spiritualiter enim manducat, qui in unitate Christi et Ecclesiæ quam sacramentum significat, manet. Nam qui discordat a Christo, nec carnem Christi manducat, nec sanguinem bibit, etsi tantæ rei sacramentum ad judicium sui quotidie accipiat. Spiritualem manducationem Aug., tract. 25 super Joan., distinguens a sacramentali, ait : Ut quid paras ventrem et dentem? crede, et manducasti. Credere enim in eum, hoc est comedere panem et vinum. Qui credit in eum, manducat eum. Item, tract. 26 super Joan., et lib. de Remedio Pœnitentiæ; de Consec., dist. 2, cap. *Quomodo*: Quomodo manducatus est Christus? Quomodo ipse dicit, Joan. 6 : *Qui manducat carnem meam, et bibit sanguinem meum, in me manet, et ego in eo.* Si in me manet, et ego in eo, tunc bibit ; qui vero non in me manet, nec ego in illo; et si accipit sacramentum, acquirit magnum tormentum. Item, de Consec., dist. 2 : Nulli ambigendum est tunc quemquam corporis et sanguinis Domini participem fieri, quando Christi membrum efficitur; nec alienari ab illius panis calicisque consortio, etiamsi antequam illum panem edat et calicem bibat, de hoc seculo in unitate corporis Christi constitutus abscedat, quia illius sacramenti beneficio non privatur, quando ille habere hoc quod illud sacramentum signat invenitur. In illo enim sacramento corpus et sanguinem suum nobis commendavit, quod et fecit nosipsos. Nam et nos corpus ipsius facti sumus. Item, de Sacramentis fidelium : Qui discordat a Christo non manducat carnem ejus, nec sanguinem bibit, etsi tantæ rei sacramentum ad judicium sibi quotidie accipit.

De errore quorumdam qui dicunt a bonis tantum corpus Christi sumi.

2. Hæc verba et alia hujusmodi, ubi de spirituali manducatione agitur, quidam obtuso corde legentes, erroris caligine involuti sunt adeo ut præsumpserint dicere corpus et sanguinem Christi a bonis tantum sumi et non a malis. Sed indubitanter tenendum est a bonis sumi, non modo sacramentaliter, sed et spiritualiter; a malis vero tantum sacramentaliter, id est, sub sacramento, scilicet sub specie visibili carnem Christi de virgine sumptam, et sanguinem pro nobis fusum sumi; sed non mysticam, quæ tantum bonorum est. Quod subditis probatur testimoniis. Gregor.: Est quidem in peccatoribus et indigne sumentibus vera Christi caro, et verus sanguis ; sed essentia, non salubri efficientia. Item August., de Consec., dist. 2, cap. *Quia passus*, parag. *Dominus noster* : Multi indigne accipiunt corpus Domini : de quibus Apostolus ait, 1 Cor. 11: *Qui manducat et bibit calicem Domini indigne, judicium sibi manducat et bibit.* Per quod docemur quam sit cavendum male accipere bonum. Ecce enim factum est malum, dum male accipitur bonum; si-

cut e contra Apostolo factum est bonum, cum bene accipitur malum, scilicet cum stimulus Satanæ patienter portatur. Ergo et mala prosunt bonis, sicut angelus Satanæ Paulo, et sancta obsunt malis; bonis sunt ad salutem, malis ad judicium. Unde qui manducat et bibit indigne, judicium sibi manducat et bibit; non quia res illa mala est, sed quia malus male accipit quod bonum est. Idem, de Consec., dist. 2, in lib. 4 Dialogorum, super Joan. tract 26, post medium : Indigne quis sumens corpus Christi, non efficit ut quia malus est malum sit quod accipit, vel quia non ad salutem accipit, nil accipiat. Corpus enim et sanguis Domini nihilominus erat in illis, quibus ait Apostolus : *Qui manducat indigne*, etc. His aliisque pluribus aperte ostenditur, quod etiam a malis verum corpus Christi et sanguis sumitur ; sed sacramentaliter, non spiritualiter.

De intelligentia quorumdam verborum ambiguorum.

3. Secundum hos duos modos sumendi, intelligentia quorumdam verborum ambigue dictorum distingenda est. Ait enim Augustinus, tractatu super Joan. 6, post medium: Bonus accipit sacramentum et rem sacramenti, malus vero sacramentum, et non rem. Sacramentum hic dicit corpus Christi proprium, de virgine natum; rem vero, spiritualem Christi carnem. Bonus ergo utramque Christi carnem accipit; malus vero tantum sacramentum, id est, corpus Christi sub sacramento, et non rem spiritualem. Item, lib. de Baptismo contra Donatistas 5, cap. 8 : Non manducans manducat, et manducans non manducat, quia non manducans sacramentaliter, aliquando manducat spiritualiter, et e converso. Et qui manducant spiritualiter, veritatem carnis et sanguinis dicuntur sumere, quia ipsius efficientiam habent, id est, remissionem peccatorum, pro qua videtur orari cum dicitur: Perficiant in nobis, Domine, quæsumus, tua sacramenta quod continent, ut quod nunc specie gerimus, rerum veritate capiamus. Rerum veritatem dicit ipsam efficientiam, quasi dicat : Per hæc sacramenta præsta ut sicut sacramentaliter carnem Christi sumimus, ita spiritualiter sumamus. Vel petit sacerdos ut Christus qui nunc vere sub specie panis et vini sumitur, manifesta visione, sicut in essentia divinitatis est, quandoque accipiatur. Constat ergo a bonis et a malis sumi corpus Christi ; sed a bonis ad salutem, a malis ad perniciem. (Gregorius in homilia paschali.)

DISTINCTIO X.
DE HÆRESI ALIORUM QUI DICUNT CORPUS CHRISTI NON ESSE IN ALTARI NISI IN SIGNO.

1. Sunt alii præcedentium insaniam transcendentes, qui Dei virtutem juxta modum naturalium rerum metientes, audacius ac periculosius veritati contradicunt, asserentes in altari non esse corpus Christi vel sanguinem, nec substantiam panis vel vini in substantiam carnis et sanguinis converti, sed ita Christum dixisse : *Hoc est corpus meum*, sicut Apostolus dixit : *Petra autem erat Christus*. Dicunt enim ibi esse corpus Christi tantum in sacramento, id est, in signo, et tantum in signo maudricari a nobis. Qui errandi occasionem sumunt a verbis Veritatis, unde prima hæresis facta est in discipulis Christi: Cum enim diceret: *Nisi qui manducaverit carnem meam, et biberit sanguinem meum, non habebit vitam æternam*; illi non intelligentes dixerunt : *Durus est hic sermo, quis potest eum audire? et abierunt retro*, illis discedentibus instruxit duodecim qui remanserant. *Spiritus est*, inquit, *qui vivificat, caro nihil prodest; verba quæ locutus sum vobis, spiritus et vita sunt*. Intellexisti spiritualiter ? spiritus et vita sunt. Intellexisti carnaliter ? etiam sic spiritus et vita sunt, sed ibi non sunt. Spiritualiter intellige quæ locutus sum. Non hoc corpus quod videtis manducaturi estis, et bibituri illum sanguinem quem effusuri sunt qui me crucifigent. Sacramentum aliquod vobis commendavi, spiritualiter intellectum vivificabit vos; caro autem non prodest quidquam. Sunt etiam et alia, illorum insaniæ fomitem ministrantia. Ait enim Aug., super psal. 34, non longe a fine enarrationis : Donec seculum finiatur, sursum est Dominus ; sed tamen etiam hic nobiscum est Veritas Dominus. Corpus enim in quo resurrexit, in uno loco esse oportet; veritas autem ejus ubique diffusa est. Item, ad Dardanum, epist. 57. non longe a principio : Una persona est Deus et homo ; ubique per id quod est Deus, in cœlo per id quod homo est Christus. Dicit etiam, Matth. 26 : *Pauperes semper habetis vobiscum, me autem non semper habebitis*. His aliisque utuntur præfati hæretici, in assertionem sui erroris.

Determinatio præmissorum.

2. Quæ ex eadem ratione omnia accipienda sunt, non enim verbis his negatur verum corpus Christi a fidelibus sumi vel in altari esse, sed his Veritas apestolos, et in eis nos instruxit, quod ipsius corpus non per partes discerptum, ut putaverunt illi discipuli qui retroierunt, sed integrum, nec visibiliter in forma humana, sed invisibiliter sub forma panis et vini corpus et sanguinem nobis traderet, quem sensum August. confirmat dicens, in epistola ad Irenæum: Ipsum quidem, et non ipsum corpus quod videbatur, manducatur; ipsum quidem, invisibiliter; non ipsum, visibiliter. Item : Et si necesse est illud celebrari, necesse est tamen invisibiliter intelligi. Ita etiam intelligendum est corpus Christi esse in uno loco, scilicet, visibiliter in forma humana, Veritas etenim ejus, id est, Divinitas, ubique est; Veritas etiam ejus, id est, verum corpus in omni altari est, ubicumque celebratur. Sic etiam illud intelligendum est: *Pauperes semper habetis vobiscum, me autem non semper habebitis*, secundum corporalem præsentiam, scilicet, qua cum eis conversabatur. Similiter per id quod homo est, in cœlo, scilicet, visibiliter : invisibiliter autem est in altari, quia non in forma humana apparet, sed forma panis et vini operitur. Unde et invisibilis caro ejus dicitur, quæ vere est in altari. Sed quia in specie sua non apparet, invisibili dicitur : ait enim Aug., in lib. Sententiarum Prosperi : Hoc est quod dicimus, quod modis omnibus approbare contendimus, sacrificium Ecclesiæ duobus confici, duobus constare ; visibili elementorum specie, et invisibili Domini nostri Jesu Christi carne et sanguine; sacramento, et re sacramenti, id est, corpore Christi; sicut et Christi persona constat et conficitur ex Deo et homine, cum Christus sit verus Deus et homo, quia omnis res illarum rerum naturam et veritatem in se continet, ex quibus conficitur. Conficitur autem sacrificium Ecclesiæ duobus, sacramento, et re sacramenti, id est, corpore Christi. Est ergo sacramentum, et res sacramenti, idem corpus Christi. Ecce invisibilem dixit carnem Christi, quia forma panis operta snmitur et tractatur. idemque, ibidem, corpus Christi dixit esse sacramentum et rem; ex quo confirmatur quod supra diximus. Deinde addit quod magis movet lectorem : Caro, inquit, ejus est, quam sub forma panis opertam, in sacramento accipimus; et sanguis ejus, quem sub vini specie ac sapore potamus, caro videlicet carnis, et sanguis sacramentum est sanguinis, caro et sanguine, utroque invisibili, intelligibili, et spirituali significatur corpus Christi visibile et palpabile, plenum gratia et divina majestate.

Quæ sit intelligentia præmissorum.

3. Attende his diligenter quia tropo quodam utitur hic Aug., quo solent res significantes rerum sortiri vocabula quas significant. Hic enim visibilis species panis vocatur nomine carnis, et visibilis species vini nomine sanguinis; invisibilis vero et intelligibilis dicitur caro Christi, quia secundum illam speciem non videtur caro, sed intelligitur; ita et sanguis. Caro ergo invisibilis dicitur esse sacramentum carnis visibilis, quia species panis, secundum quam illa non videtur caro, est sacramentum carnis visibilis, qua carne invisibili, id est, specie secundum quam caro Christi non videtur caro, significatur corpus Christi, quod est visibile palpabile, ubi in sua forma apparet. Ita et de sanguine accipi debet. Quem sensum

confirmat Aug., aperiens qualiter prædicta intelligenda sint, quia obscure dixerat: consequenter dicens ita panem vocari corpus Christi, cum vere sit sacramentum corporis Christi quod in cruce positum est; sicut ipsa immolatio quæ fit manibus sacerdotis, vocatur Christi passio, non rei veritate, sed significandi mysterio; et sicut sacramentum fidei dicitur fides. Satis responsum est hæreticis et objectionibus eorum qui negant verum corpus Christi in altari esse, et panem in corpus vel vinum in sanguinem mystica consecratione converti, dicentes: Quis audeat manducare Dominum suum? Quis etiam audeat dicere quotidie formari corpus Christi de materia vel substantia, quæ non fuit caro Virginis?

Auctoritatibus probat verum corpus Christi esse in altari et in id panem converti.

4. Hæc et his similia objiciunt illi, in divino mysterio legem naturæ sectantes; quorum perfidiam subdita convincunt testimonia. Ait enim Veritas, Matth. 26: *Accipite, hoc est corpus meum*; item Ambros., lib. de His qui mysteriis initiantur, cap. 9: Si tantum valuit sermo Eliæ, ut ignem de cœlo deponeret; non valebit tantum sermo Christi, ut substantias mutet? De totius mundi operibus legitur quia *ipse dixit, et facta sunt*, etc. Sermo igitur, id est, Filius, qui potuit ex nihilo facere quod non erat, non potest ea quæ sunt in id mutare quod non erant? Non enim minus est creare quam mutare novas naturas rerum. Item, ibid.: Si ordinem quærimus, viro mixta femina generare consueverat; liquet ergo quod præter naturæ ordinem Virgo generavit, et hoc quod conficimus corpus ex Virgine est. Quid ergo hic quæris naturæ ordinem in Christi corpore, cum præter naturam sit ipse partus ex Virgine? Item, ibid.: Ante benedictionem, alia species nominatur, post consecrationem corpus significatur. Ante consecrationem aliud dicitur, post consecrationem sanguis nuncupatur. Tu dicis: Amen, id est: Verum est. Quod sermo sonat; affectus sentiat. Item Aug., in lib. Sentent. Prosperi: In specie panis et vini quam videmus, res invisibiles, id est, carnem et sanguinem, honoramus; nec similiter pendimus has duas species, sicut ante consecrationem pendebamus, cum fideliter fateamur ante consecrationem panem esse et vinum, quod natura formavit; post consecrationem vero carnem Christi et sanguinem, quod benedictio consecravit. Item Ambr., lib. de Sacram., c. 4: Panis est in altari usitatus, ante verba sacra; ubi accessit consecratio, de pane fit Christi caro. Quomodo autem potest quod panis est, esse corpus Christi? Consecratione, quæ fit sermone Christi. Item, in sermone quodam de Verbis evang.: Si tanta vis est in sermone Domini, ut incipiant esse quæ non erant; quanto magis operatorius est ut sint quæ erant, et in aliud commutentur? Et sic quod erat panis ante consecrationem, jam corpus Christi est post consecrationem, quia sermo Christi creaturam mutat, et sic ex pane fit corpus Christi, et vinum cum aqua incalicem missum fit sanguis, consecratione verbi cœlestis. Item Aug.: Sicut per Spiritum sanctum vera Christi caro sine coitu creatur, ita per eumdem ex substantia panis et vini idem corpus Christi et sanguinis consecratur. Corpus Christi et sanguis virtute Spiritus sancti ex panis vinique substantia efficitur; figura vero est id quod exterius sentitur. Item Eusebius Emisenus: Invisibilis sacerdos visibiles creaturas in substantiam corporis et sanguinis sui. verbo suo, secreta potestate, commutat. Ex his aliisque pluribus constat verum corpus Christi et sanguinem in altari esse; imo integrum Christum ibi sub utraque specie, et substantiam panis in corpus, vinique substantiam in sanguinem converti.

DISTINCTIO XI.
DE MODIS CONVERSIONIS.

1. Si autem quæritur qualis sit illa conversio: an formalis, an substantialis, vel alterius generis, definire non sufficio. Formalem tamen non esse cognosco, quia species rerum quæ ante fuerant remanent, et sapor, et pondus. Quibusdam esse videtur substantialis, discentibus sic substantiam converti in substantiam, ut hæc essentialiter fiat illa. Cui sensui præmissæ auctoritates consentire videntur.

Oppositio.

2. Sed huic sententiæ sic opponitur ab aliis: Si substantia panis, inquiunt, vel vini convertitur substantialiter in corpus vel sanguinem Christi, quotidie fit aliqua substantia corpus vel sanguis Christi, quæ ante non erat corpus; et hodie est aliquid corpus Christi, quod heri non erit: et quotidie augetur corpus Christi atque formatur de materia, de qua conceptione non fuit factum. Quibus hoc modo responderi potest: quia non ea ratione dicitur corpus Christi confici verbo cœlesti, quod ipsum corpus in conceptu Virginis formatum deinceps formetur, sed quia substantia panis vel vini, quæ ante non fuerat corpus Christi vel sanguis, verbo cœlesti fit corpus et sanguis. Et ideo sacerdotes dicuntur conficere corpus Christi et sanguinem, quia eorum ministerio substantia panis fit caro, et substantia vini fit sanguis Christi; nec tamen aliquid additur corpori vel sanguini, nec augetur corpus Christi vel sanguis.

Augustinus in libro Sententiarum Prosperi.

3. Si vero quæris modum quo id fieri possit, breviter respondeo: Mysterium fidei credi salubriter potest, investigari salubriter non potest. Quod ergo corpus Christi, panis mutatione in id, non augmentatur, nec sanguis ex vini conversione, ejus voluntati et potentiæ adscribatur, qui idem corpus de Virgine eduxit; fit ergo substantia illa sine ejus augmento. Nec tamen concedent quidam quod substantia panis aliquando fit caro Christi, etsi fiat caro Christi: sicut farina facta est panis, et aqua facta est vinum. nec tamen dicitur: Farina est panis, et aqua vinum. Alii vero concedunt, illud quod erat panis vel vinum post consecrationem esse corpus et sanguinem; non tamen sequitur: Panis est caro Christi, vel: Vinum est sanguis quia substantia panis vel vini postquam facta est caro Christi vel sanguis, non est substantia panis vel vini, sed caro et sanguis. Ideo distinguendum videtur, cum dicitur: Substantia panis, vel id quod erat panis, modo est corpus Christi, Manens enim panis non est corpus Christi. sed mutata in id quod facta est, est corpus Christi. Ecc dicimus substantiam panis vel vini materiam esse corporis vel sanguinis Domini, quia non de ea ut de materia conformatur corpus; sed ipsa formatur in illud, et efficitur illud, unde Aug., in lib. de Trinit. 3, c. 5: Corpus Christi dicimus illud, quod ex fructibus terræ acceptum, et prece mystica consecratum sumimus in memoriam dominicæ passionis. Quod cum per manus hominis ad illam visibilem speciem perducatur, non sanctificatur ut sit tam dignum sacrameetum, nisi operante invisibiliter Spiritu Dei.

sserunt quidam dictum panem transire in corpus.
Christi.

4. Quidam vero sic dicunt conversionem illam esse intelligendam, ut sub illis accidentibus, sub quibus erat prius substantia panis et vini, post consecrationem sit substantia corporis et sanguinis; sic tamen, ut non eis afficiatur, et sic asserunt dictum panem transire in corpus Christi quia ubi erat panis, nunc est corpus Christi. Quod si est, quid ergo sit de substantia panis et vini? illi dicunt vel in præjacentem materiam resolvi, vel in nihilum redigi. Alii vero putaverunt ibi substantiam panis et vini remanere, et ibidem corpus Christi esse et sanguinem, et hac ratione dici illam substantiam fieri istam, quia ubi est hæc, est et illa, quod mirum est; et ipsam substantiam panis vel vini dicunt esse sacramentum. Sed quod non si tibi substantia, nisi corpus Christi et sanguis; ex prædictis et subditis aperte ostenditur. Ait enim Ambros., de Sacramentis et Allegat.: Panem istum quem suminus in mysterio, illum intelligo utique, qui manu sancti Spiritus formatus est in utero Virginis, et igne passionis decoctus in ara crucis. Panis enim angelorum factus est cibus hominum.

Unde Veritas ait, Joan. 6: *Ego sum panis vivus, qui de cœlo descendi;* et iterum: *Panis quem ego dabo, caro mea est, pro mundi vita.* Ex his namque duabus sententiis aperte datur intelligi quia panis ille et iste, non duo, sed unus panis, una caro procul dubio unum efficitur corpus. Illud vere, illud sane quod sumptum est de Virgine, quod resurrexit, et in cœlum ascendit. Item Greg. in Hom. paschali: Quis fidelium habere dubium possit, in ipsa immolationis hora ad sacerdotis vocem cœlos aperiri, in illo Christi mysterio angelorum choros adesse, summa et ima sociari, unum quid ex invisibilibus atque visibilibus fieri? Idem: Eodem momento et in cœlum rapitur ministerio angelorum consociandum corpori Christi, et ante oculos sacerdotis in altari videtur. Sicut divinitas Verbi totum implet mundum, ita multis locis illud corpus consecratur. Nec sunt tamen multa corpora Christi, sed unum corpus et unus sanguis. Ideoque sive plus sive minus quis inde percipiat, omnes aqualiter corpus Christi intergerrime sumunt. Post consecrationem ergo non est ibi substantia panis vel vini, licet species remaneant. Est enim ibi species panis et vini, sicut et sapor. Unde aliud videtur, aliud intelligitur.

Quare sub alia specie,

5. Sub alia autem specie tribus de causis carnem et sanguinem tradidit Christus, et deinceps sumendum instituit, ut fides, scilicet, haberet meritum, quæ est de his quæ non videntur, quia fides non habet meritum, ubi humana ratio præbet experimentum. Et ideo etiam, ne abhorreret animus quod cerneret oculus, quia non habemus in usu carnem crudam comedere, et sanguinem bibere. Quia ergo Christum vocari dentibus fas non est, in mysterio carnem et sanguinem nobis commendavit. Et etiam ideo, ne ab incredulis religioni christianæ insultaretur. Unde August. de Cons., dist. 2, c. *Sub figura*: Nihil rationabilius, quam ut sanguinis similitudinem sumamus; ut et ita veritas non desit, et ridiculum nullum fiat a paganis, quod cruorem occisi hominis bibamus. Ne ergo hoc fieret, et ne veluti quidam horror etiam cruoris nobis esset, in similitudine accipimus sacramentum. Ex præmissis jam liquet, quare sub alia specie, et quare sub ista hoc sacramentum Dominus celebraverit, et celebrari a nobis instituerit.

Quare sub duplici specie.

6. Sed quare sub duplici specie sumitur, cum sub alterutra totus sit Christus? Ut ostenderetur totam humanam naturam assumpisse, ut totam redimeret. Panis enim ad carnem refertur, vinum ad animam, quia vinum operatur sanguinem, in quo sedes animæ a physicis esse dicitur. Ideo ergo in duabus speciebus celebratur, ut animæ et carnis susceptio in Christo, et utriusque liberatio in nobis significetur. Valet enim ad tuitionem corporis et animæ quod percipimus, ut ait Ambros, commentario ad caput 10 Epist. prioris, ad Hebræos, quia caro Christi pro salute corporis sanguis vero pro anima nostra offertur, sicut præfiguravit Moyses. Caro, inquit, pro corpore nostro offertur, sanguis pro anima; sed tamen sub utraque specie sumitur; quod ad utramque valet, quia sub utraque sub utroque Christus. Sed si in altera tantum sumeretur, ad alterius tantum, id est, animæ vel corporis non utriusque pariter tuitionem valere significaretur. Sub utraque specie tamen totus sumitur Christus; nec plus sub utraque, nec minus sub altera tantum sumitur. Eadem enim ratio est (ut ait Hilarius, de Cons., dist. 2, c. *Ubi pars est*) in corpore Christi, quæ in manna præcessit. De quo dicitur, Exod. 16: *Qui plus collegerat, non habuit amplius; nec qui minus paraverat habuit minus.* Et licet sub utraque specie sumatur totus Caristus, tamen non fit conversio panis nisi in carnem, nec vini nisi in sanguinem. Nec debent dici duo sacramenta, sed unum, quia sub utraque specie idem sumitur. Neque debet iterari sacramentum, quia benedictio non repetitur super speciem eamdem. Neque aliæ substantiæ in sacrificium veritatis offerri debent, quia de aliis non potest consecrari corpus Christi vel sanguis.

Quare aqua admisceatur.

7. Aqua vero admiscenda est vino, quia aqua populum signat, qui per Christi passionem redemptus est. Calix ergo dominicus, juxta canonum præceptum, aqua in vino mixtus debet offerri, quia videmus in aqua populum intelligi, in vino ostendi sanguinem Christi. Cum ergo in calice vino aqua miscetur, Christo populus adunatur, et credentium plebs ei in quem credit copulatur, quæ copulatio aquæ et vini sic miscetur in calice Christi, ut mixtio illa non possit separari. Nam si vinum quis tantum offerat, sanguis Christi incipit esse sine nobis.

Julius papa.

8. Si xero quæritur an irritum sit quod geritur, si aqua prætermittatur, audi quod sequitur in eodem canone: Non potest, inquit, calix Domini esse aqua sola aut vinum solum, nisi utrumque misceatur. Item Cyprianus, de Cons. dist. 2, *Non debes*, et c. *Sicut in sanctific.*; Calix Domini non est aqua sola, aut vinum solum, nisi utrumque misceatur; sicut nec corpus Domini potest esse farina sola, nec aqua sola, nisi utrumque fuerit adunatum, et panis unius compage solidatum. Si quis tamen non intendens introducere hæresim, oblivione vel ignorantia aquam prætermiserit, non videtur esse irritum sacramentum; sed ille graviter est corripiendus. Nam et Græcorum Ecclesia non apponere aquam dicitur. Quod etiam ex dictis Cypriani videtur posse colligi; ait enim, de Cons. dist. 2, c. *Et Scriptura*: Si quis de antecessoribus nostris vel ignoranter vel simpliciter non hoc servaverit, quod nos Dominus facere et exemplo et magisterio docuit, potest simplicitati ejus indulgentia Domini venia consedi. Nobis vero non potest ignosci, qui nunc a Domino instructi sumus ut calicem Domini cum vino mixtum, secundum quod Dominus obtulit, offeramus. Et hoc videtur, quod si quis simpliciter vel ignoranter vinum offerat sine aqua, sacramentum conficiat. Aqua vero nullatenus sine vino potest offerri in sacrificio, nec panis nisi de frumento; nec granum frumenti, nisi redactum fuerit in panem; quia Christus et panem se dicit, et grano frumenti se comparat. Quod ergo supra dictum est, non posse vinum solum offerri, determinari oportet: recipit enim exceptionem. Non potest. nisi simpliciter vel ignoranter fiat; vel non potest, id est, non debet. Quibusdam tamen videtur hoc generaliter verum. Colligitur etiam ex prædictis, quod Christus vinum aqua mixtum dedit discipulis. Corpus vero tale dedit, quale tunc habuit, id est, mortale et impassibile. Nunc vero sumitur a nobis immortale et impassibile; nec tamen majorem habet efficientiam. Eucharistia quoque intincta non debet dari populo pro supplemento communionis, quia non legitur Christus alicui discipulorum præbuisse panem intinctum nisi Judæ. Tunc vero non accepit Judas corpus Christi, sed tantum panem; corpus vero et sanguinem Christi ante cum aliis discipulis, perceperat.

DISTINCTIO XII.
UBI ILLA ACCIDENTIA FUNDANTUR.

1. Si autem quæritur de accidentibus quæ remanent, id est, de speciebus et sapore et pondere, in quo subjecto fundentur, potius mihi videtur fatendum existere sine subjecto, quam esse in subjecto, quia ibi non est substantia, nisi corporis et sanguinis dominici, quæ non afficitur illis accidentibus. Non enim corpus Christi talem habet in se formam, sed qualis in judicio apparebit. Remanent ergo illa accidentia per se subsistentia ad mysterii ritum, ad gustus fideique suffragium; quibus corpus Christi habens formam et naturam suam tegitur.

De fractione et partitione.

2. Solet etiam quæri de fractione et partitione quæ ibi videtur fieri, utrum vera sit; et si ibi vera fractio est, cujus rei sit, vel in qua re fiat. Cumque non sit ibi alia substantia quam Christi, si in aliqua substantia est

illa fractio,in corpore Christi videtur esse.Sed e contra,cum ipsum corpus incorruptibile sit(quia immortale et impassibile),in ipso non posse esse videtur. Nam et Christus redarguit carnalem sensum discipulorum, qui putabant carnem Christi sicut aliam in partes dividendam, et morsibus dilacerandam. Ideo quibusdam placet quod non sit ibi fractio sicut videtur sed dicitur frangi,quia videtur frangi.Quibus objicitur quod ait Ambros.:Nihil falsi putandum est in sacrificio veritatis;vel sicut fit in magorum præstigiis, ubi delusione quadam falluntur oculi,ut videant esse quod non est.Ad hoc illi dicunt:Non fallit nos visus, nec fallitur; quod esset, si crederetur ita frangi, ut videtur.Nec illusio est,quia ad utilitatem fidei, non ad deceptionem, ita fit; sicut et Christum ostendit duobus discipulis in via in specie peregrini; nec in eo tamen talis forma erat,sed oculi eorum tenebantur ne eum agnoscerent.

Aliorum opinio.

3.Alii vero dicunt quod sicut ibi species panis est, et non est ibi res cujus vel in qua sit illa species ; ita est ibi fractio quæ non fit in aliqua re,quia nihil ibi frangitur; quod mirabiliter Dei potentia fieri dicunt, ut ibi sit fractio,ubi nihil frangitur.

Aliorum opinio.

4.Alii tradunt corpus Christi essentialiter frangi et dividi, et tamen integrum et incorruptibile existere. Quod se colligere asserunt ex confessione Berengarii,qui confessus est coram Nicolao papa et pluribus episcopis panem et vinum quæ in altari ponuntur, post consecrationem non solum sacramentum, sed etiam verum corpus et sanguinem Christi esse; et sensualiter non solum sub sacramento, sed in veritate manibus sacerdotum tractari et frangi, et fidelium dentibus atteri.

Sententia probabilior.

5. Sed quia corpus Christi incorruptibile est,sane dici potest fractio illa et partitio non in substantia corporis,sed in forma panis sacramentaliter fieri,ut vera fractio et partitio sit ibi,quæ fit non id substantia corporis,sed in sacramento;id est,specie. Ne autem mireris vel insultes si accidentia videantur frangi,cum ibi sint sine subjecto:licet quidam asserant se fundari in aere.Est ibi vera fractio et partitio,quæ fit in pane, id es, in forma panis.Unde Apostolus ait, 1 Cor.16:*Panis quem frangimus,*quia forma panis ibi frangitur,et in partes dividitur,Christus vero integer manet, et totus est in singulis. Unde Aug., in sermone de Verbis Evangelii : Quando Christus manducatur,vita manducatur. Sed quis audeat manducare Dominum suum? et tamen Veritas invicem nos ad manducandum ait,Joan. 6 : *Qui manducat me, vivit propter me.*Nec occiditur Christus ut manducetur, sed mortuos,vivificat ; quando manducatur, reficit, non deficit ; vivit manducatus, quia surrexit occisus;nec quando manducamus,partes de illo facimus,et quidem in sacramento sic fit.Item,de Consecr.,dist.2 : Norunt fideles quomodo manducent carnem Christi; unusquisque accipit partem suam : unde et ipsa gratia partes vocantur.Per partes manducatur,et manet integer totus;per partes manducatur in sacramento, et manet integer totus in cœlo,manet integer totus in corde tuo.Ideo ista dicuntur sacramenta, quia in eis aliud videtur,et aliud intelligitur:videtur panis et calix, quod et oculi renuntiant; quod autem fides instruenda postulat,panis est corpus Christi, calix est sanguis.Ex his datur intelligi quod fractio et partes quæ ibi videntur fieri,in sacramento fiunt, id est,in specie visibili. Ideoque illa Berengarii verba ita distinguenda sunt,ut sensualiter non modo in sacramento,sed in veritate dicatur corpus Christi tractari manibus sacerdotum; frangi vero et atteri dentibus, vere quidem, sed in sacramento tantum. Vera ergo est ibi attritio et partitio; sed in singulis partibus totus est Christus.Unde Hieron., in sermone quodam, et habetur de Consecr., dist. 2, c.*Singuli accipiunt* : Singuli accipiunt Christum Dominum,et in singulis portionibus totus est; nec per singulas minuitur, integrum se præbet in singulis.Item,Hilarius : Ubi pars est corporis, ibi est et totum.

Quid illæ partes significent.

6.Quid autem partes illæ significent,Sergius papa tradit, inquiens, de Consecr., dist. 2, c. *Triforme* : Triforme est corpus Christi.Pars oblata, in calicem missa, corpus Christi quod jam surrexit,monstrat; pars comesta,ambulantem adhuc super terram; pars in altari usque ad finem missæ remanens,corpus jacens in sepulcro significat,quia usque in finem sæculi corpora sanctorum in sepulcris erunt.Et sicut partes illæ mysticam tenent significationem, ita etiam et fractio,passionis Christi et mortis est repræsentatio, unde ipse ait.Luc. 22 : *Hoc facite in meam commemorationem,* id est, in memoriam passionis et mortis meæ.Nam,ut ait Ambros., de Consecr., dist. 2. c. *Non iste,*quia in morte Christi liberati sumus,hujus in edendo et bibendo carnem et sanguinem,memores esse debemus.Sed caveat quisque ne indigne percipiat,quia judicium sibi manducat.Non enim est iste panis qui vadit in corpus,sed panis vitæ æternæ, qui animæ nostræ substantiam fulcit. Sic ergo vive, ut quotidie merearis accipere,nec accedas indignus.Indignus est,qui,aliter celebrat mysterium quam Christus tradidit,vel qui habens mortale peccatum accedit. Ergo etsi sint peccata quotidiana, ut non sint mortifera,antequam accedas dimitte debitoribus tuis. Si dimittis,dimittetur tibi ;et sic securus accede. Panis enim salutaris est, non venenum.Si ita accedis, spiritualiter manducas. Spiritualiter enim manducat, qui innocentiam ad altare portat.

Si illud sit sacrificium,et si sæpius immoletur Christus.

7.Post hæc quæritur si quod gerit sacerdos proprie dicatur sacrificium vel immolatio,et si Christus quotidie immoletur,vel semel tantum immolatus sit.Ad hoc breviter dici potest,illud quod offertur et consecratur a sacerdote vocari sacrificium,et oblationem, quia memoria est et repræsentatio veri sacrificii et sanctæ immolationis factæ in ara crucis. Et semel Christus mortuus in cruce est,ibique immolatus est in semetipso;quotidie autem immolatur in sacramento,quia in sacramenta recordatio fit illius quod factum est semel. Unde Aug.,super psal.20:Certum habemus quia *Christus resurgens ex mortuis jam non moritur,*etc.;tamen ne obliviscamur quod semel factum est, in memoria nostra omni anno fit, scilicet,quoties pascha celebratur.Numquid quoties Christus occiditur?sed tantum anniversaria recordatio repræsentat quod olim factum est, et sic nos facit moveri, tanquam videamus Dominum in cruce. Item in lib. Sententiarum Prosperi:Semel immolatus Christus in semetipso,et tamen quotidie immolatur in sacramento. Quod sic intelligendum, quia in manifestatione corporis et distinctione membrorum semel tantum in cruce pependit, offerens se Deo Patri hostiam redemptionis efficacem eorum,scilicet,quos prædestinavit. Item Ambrosius, super Epist. ad Hebr. : In Christo semel oblata est hostia ad salutem potens, quid ergo nos?Nonne per singulos dies offerimus?Etsi quotidie offeramus, ad recordationem ejus mortis fit;et una est hostia,non multæ.Quomodo una,et non multæ? quia semel immolatus est Christus.Hoc autem sacrificium exemplum est illius ; idipsum,et semper idipsum offertur, proinde hoc idem est, sacrificium ; alioquin dicetur, quoniam in multis locis offertur : Multi sunt Christi;non,sed unus ubique est Christus, et hic plenum existens,et illic plenus:sicut quod ubique offertur unum est corpus,ita et unum sacrificium. Christus hostiam obtulit ; ipsam offerimus et nunc, sed quod nos agimus, recordatio est sacrificii. Nec causa suæ infirmitatis repetitur,quia perficit hominem,sed nostræ,quia quotidie peccamus. Ex his colligitur esse sacrificium et dici quod agitur in altari ; et Christum semel oblatum, et quotidie offerri, sed aliter tunc, aliter nunc.Et etiam quæ sit virtus hujus sacramenti ostenditur: remissio, scilicet, peccatorum venialium. et perfectio virtutis.

De causa institutionis.

8. Institutum est enim hoc sacramentum duabus de causis. In augmentum virtutis, scilicet, charitatis, et in medicinam quotidianæ infirmitatis; unde Ambros., lib. de Sacram. l. 4, c. 6 : Si quoties effunditur sanguis Christi, in remissionem peccatorum effunditur, debeo semper accipere, qui semper pecco, debeo semper habere medicinam. Item August., ad Januar., ibid. : Iteratur quotidie hæc oblatio, licet Christus semel sit passus, quia quotidie peccamus peccatis, sine quibus mortalis infirmitas vivere non potest. Et quia quotidie labimur, quotidie Christus mystice immolatur pro nobis. Dedit enim nobis hoc sacramentum salutis, ut quia nos quotidie peccamus, et ille jam mori non potest, per hoc sacramentum remissionem consequamur. Quotidie comeditur ipse et bibitur in veritate, sed integer et vivus manet. Item : Mysterium fidei dicitur, quia credere debes quod ibi salus nostra consistat. Si autem quæratur utrum quotidie communicandum sit, audi quid inde tradit August., lib. de ecclesiasticis Dogmatibus, c. 55 : Quotidie, inquit, Eucharistiam accipere, nec laudo, nec vitupero; omnibus tamen dominicis diebus communicandum hortor. Si tamen mens in affectu peccandi est, gravari magis dico Eucharistiæ perceptione, quam purificari. Et licet quis peccato mordeatur, si peccandi tamen de cætero non habet voluntatem, et satisfaciat lacrimis et orationibus, accedat securus: sed hoc de illo dico quem mortalia peccata non gravant. Si non frequentius, saltem ter in anno homines communicent, nisi forte quis criminalibus impediatur: in Pascha, scilicet, et Pentecoste, et in Natali. Omnes eago communicent, qui noluerint carere ecclesiasticis liminibus. (Fabianus papa, de Consecr., dist. 2, c. Si non.)

DISTINCTIO XIII.
SI HÆRETICI ET EXCOMMUNICATI HOC SACRAMENTUM CONFICIANT.

1. Solet etiam quæri utrum pravi sacerdotes hoc sacramentum conficere queant. Ad quod dici potest quod aliqui, licet sint pravi, consecrant vere, scilicet, qui intus sunt nomine et sacramento, etsi non vita; quia non in merito consecrantis, sed in verbo efficitur Creatoris; unde August., in lib. de Corpore Domini: Intra catholicam Ecclesiam, in mysterio corporis et sanguinis Domini, nihil a bono majus, nihil a malo minus perficitur sacerdote; quia non in merito consecrantis, sed in verbo perficitur Creatoris, et virtute Spiritus sancti. Credendum est enim quod in verbis Christi sacramenta conficiantur. Sicut ipse est qui baptizat, ita ipse est qui per Spiritum sanctum suam efficit carnem et sanguinem. Item Gregor. : Putant quidam communionem corporis minus esse sanctificatam, si illorum fiat officio quorum vita eorum oculis videtur ignobilis. Heu! in quem magnum laqueum incidunt, ut divina ei occulta mysteria plus ab aliis sanctificata posse fieri credant, cum unus idemque Spiritus sanctus in tota Ecclesia invisibiliter ea mysteria et operando sanctificet, et sanctificando benedicat! Mysterium ideo dicitur, quod secretam et reconditam habeat dispensationem; sacrificium vero, quasi sacrum factum, quia prece mystica consecratur pro nobis in memoriam dominicæ passionis. Sacramentum est in aliqua celebratione, cum res ita re fit, ut aliquid significatæ rei accipiamus. Sacramenta sunt Baptisma, Chrisma, Corpus Christi; quæ ideo sacramenta dicuntur, quia sub tegumento visibilium rerum divina virtus secretius salutem eorumdem sacramentorum operatur. Unde a secretis virtutibus vel sacris sacramenta dicuntur. Panis et calicis sacramentum Græce *Eucharistia* dicitur, Latine *bona gratia* interpretatur: et quid melius corpore et sanguine Christi! Sive ergo per bonos, sive per malos ministros inter Ecclesiam dispensetur, sacramentum tamen est, quia Spiritus sanctus vivificat; nec bonorum dispensatorum meritis ampliatur, nec malorum attenuatur. Hoc de corpore Domini, hoc et de Baptismate et Chrismate dicendum est et tenendum; quia virtus divina secretius operatur in eis, et divina solummodo est hæc virtus sive potestas, non humanæ efficaciæ. Illi vero qui excommunicati sunt, vel de hæresi manifeste notati, non videntur hoc sacramentum posse conficere, licet sacerdotes sint, quia nemo dicit in ipsa consecratione: Offero, sed: Offerimus, quasi ex persona Ecclesiæ. Et ideo cum alia sacramenta extra Ecclesiam possint celebrari, de hoc non videtur. Quod etiam Aug., in serm. de Corp. Christi, tradere videtur dicens: Recolite nomen, et advertite veritatem. Missa enim dicitur, eo quod cœlestis nuntius ad consecrandum vivificum corpus adveniat, juxta dictum sacerdotis dicentis: *Omnipotens Deus, jube hæc perferri per manus sancti angeli tui in sublime altare tuum,* etc. Idcirco nisi angelus venerit, missa nequaquam jure vocari potest. Numquid enim si hoc mysterium hæreticus ausus fuerit usurpare, angelum de cœlo mittit Deus oblationem ejus consecrare? maxime cum eisdem per prophetam comminatus sit dicens: *Maledicam benedictionibus vestris.* Quod si benedictionibus eorum se asserit maledicturam Veritas, quid erit de hostia? Ergo dicemus illam posse benedici ab illo, quem scimus a Deo fore maledictum cum sua benedictione? Si enim Deus maledixerit benedictionibus hæreticorum, et schismaticus benedixerit, quis eorum prævalebit? Numquid benedictio maledicti ad nihilum poterit redigere verba verissima comminantis Dei? Ex his colligitur quod hæreticus a catholica Ecclesia præcisus, nequeat hoc sacramentum conficere; quia sancti angeli, qui hujus mysterii celebrationi assistunt, tunc non adsunt, quando hæreticus vel schismaticus hoc mysterium temerarie celebrare præsumit. Non enim dubitari licet, ubi corporis dominici et sanguinis mysteria geruntur, supernorum civium adesse conventus. In hujus autem mysterii expletione, sicut formam servari, ita ordinem haberi, scilicet, ut sit sacerdos, et intentionem adhiberi oportet, ut illud facere intendat. Sed si non credit de illo mysterio sicut veritas habet, numquid potest intendere illud conficere? et si non intendit, numquid conficit? Aliqui dicunt etiam, non recte de illo mysterio sentientes, posse intendere, non quidem illud conficere, sed id agere quod geritur ab aliis dum conficitur, et sic adhibetur intentio, et si aliis dum conficitur, et sic adhibetur intentio, et si intentio dicatur deesse conficiendi illud mysterium, tamen ex quo intendit ea dicere et agere quæ ab aliis geruntur, impletur mysterium. Illud etiam sane dici potest, quod a brutis animalibus corpus Christi non sumitur, etsi videatur. Quid ergo sumit mus, vel quid manducat? Deus novit hoc. De hoc cœlesti mysterio aliqua perstrinximus, a Catholicis fideliter tenenda. Qui enim his contradicit, hæreticus judicatur.

Quid faciat hæreticum, et quid sit hæreticus.

2. Ne autem ignores quid faciat hæreticum, vel quid sit hæreticus, audi breviter quid inde sancti doctores tradant. Hilar. ait : Extiterunt plures qui cœlestium verborum simplicitatem, non veritatis ipsius absolutionem susceperunt, aliter interpretantes quam dictorum virtus postularet. De intelligentia enim hæresis, non de Scriptura est; et sensus, non sermo, fit crimen. Idem in lib. 8 : Intelligentia sensus in crimine est. Hieron. dicit quod ex verbis inordinate prolatis incurritur hæresis. Augustinus definiens quid sit hæreticus, ait : Hæreticus est qui alicujus temporali commodi, et maxime gloriæ principatusque sui gratia falsas ac novas opiniones gignit vel sequitur.

DISTINCTIO XIV.
DE PŒNITENTIA.

1. Post hæc, de Pœnitentia agendum est. Pœnitentia longe positis a Deo necessaria est, ut propinquent. Est enim, ut ait Hieron., secunda tabula post naufragium, quia si quis vestem innocentiæ in Baptismo perceptam peccando corruperit, Pœnitentiæ remedio reparare potest. Prima tabula est Baptismus, ubi de-

ponitur vetus homo, et induitur novus; secunda, Pœnitentia, qua post lapsum resurgimus, dum vetustas reversa repellitur, et novitas perdita resumitur. Post Baptismum prolapsi per Pœnitentiam renovari valent, sed non per Baptismum. Licet homini sæpius pœnitere, sed non baptizari. Baptismus tantum est sacramentum; sed Pœnitentia dicitur et sacramentum, et virtus mentis. Est enim Pœnitentia interior, et est exterior. Exterior, sacramentum; interior, virtus mentis est; et utraque causa salutis est et justicationis. Utrum vero omnis exterior pœnitentia sit sacramentum, vel si non omnis, quæ hoc nomine censenda sit, consequenter investigabimus. A pœnitentia cœpit Joannis prædicatio dicentis: *Pœnitentiam agite; appropinquabit enim regnum cœlorum.* Quod autem præco docuit, illud post Veritas prædicavit, exordium sumens sermonis a pœnitentia. Pœnitentia dicitur a puniendo, qua quis punit illicita quæ commisit. Pœnitentiæ virtus timore concipitur. Unde Isaias: *A timore tuo, Domine, concepimus, et peperimus Spiritum salutis.* Est autem pœnitentia, ut ait Amb., mala præterita plangere, et plangenda iterum non committere. Item Gregor.: Pœnitere est anteacta peccata deflere, et flenda non committere. Nam qui sic alia deplorat, ut alia tamen committat, adhuc pœnitentiam agere aut ignorat, aut dissimulat Quid enim prodest si peccata luxuriæ quis defleat, et adhuc avaritiæ æstibus anhelat? His verbis quidam vehementius inhærentes, contendunt vere pœnitentem ultra non posse peccare damnabiliter; et si graviter peccaverit, veram non præcessisse pœnitentiam. Quod etiam aliis muniunt testimoniis. Ait enim Isidor.: Irrisor est et non pœnitens qui adhuc agit quod pœnitet; nec videtur Deum poscere subditus, sed subsannare superbus. Canis reversus ad vomitum, et pœnitens ad peccatum. Multi lacrymas indesinenter fundunt, et peccare non desinunt. Quosdam accipere lacrymas ad pœnitentiam cerno, et affectum pœnitentiæ non habere; quia inconstantia mentis nunc recordatione peccati lacrymas fundunt, nunc reviviscente usu, ea quæ fleverunt iterando, Isaias de peccatoribus dicit: *Lavamini, mundi estote.* Lavatur et mundum est qui et præterita plangit, et flenda iterum non committit. Lavatur, et non est mundus qui plangit quæ gessit, nec deserit, et post lacrymas ad quæ defleverat re petit. Item Aug.: Inanis est pœnitentia, quam sequens culpa coinquinat. Nihil prosunt lamenta, si replicantur peccata. Nihil valet veniam a malis poscere, et mala denuo iterare. Item Greg.: Qui commissa plangit, nec tamen deserit, pœnæ graviori se subjicit. Item Amb,: Reperiuntur qui sæpius agendam pœnitentiam putant; qui luxuriantur in Christo: nam si vere pœnitentiam in Christo agerent, iterandum postea non putarent: quia sicut unum Baptisma, ita est una Pœnitentia. His aliisque pluribus utuntur in assertionem suæ opinionis. Sed Ambros. dicit: Hæc vera pœnitentia est, cessare a peccato. Et iterum: Magni profectus est renuntiasse errori. Imbutos enim vitiis animos exuere atque emendare, virtutis est perfectæ et cœlestis gratiæ; et ideo sane ita definiri potest: Pœnitentia est virtus vel gratia qua commissa mala cum emendationis proposito plangimus et odimus, et plangenda ulterius committere nolumus, quia pœnitentia vera, est in animo dolere, et obire vitia. Unde illa verba præmissa, pœnitere est anteacta deflere, et flenda non committere; recte sic accipi possunt, ut non ad diversa tempora, sed ad idem referantur: ut scilicet tempore quo deflet commissa mala, non committat voluntate vel opere flenda, quod innuitur ex verbis consequentibus nam qui sic alia deplorat, etc. Hinc Aug. ait: Cavendum est ne qui existimet nefanda illa crimina (qualia qui agunt, regnum Dei non possidebunt) quotidie perpetranda, et eleemosynis redimenda. In melius est enim vita mutanda, et per cleemosynas de peccatis præteritis propitiandus est Deus, non ad hoc emendus quodammodo, ut ea semper liceat impune committere. Nemini enim dedit laxamentum peccandi, et si

miserando doleat commissa peccata, si non satisfactio congrua negligatur. Item Pius: papa Nihil prodest homini jejunare et orare, et alia religionis opera agere, nisi mens ab iniquitate revocetur. Qui ergo a malis sic mentem revocat, ut commissa plangat, et plangenda committere non velit, nec satisfacere negligit, vere pœnitet. Nec ideo onon est vera pœnitentia, quia forte post non de proposito, sed casu, vel infirmitate, peccabit. Ille autem irrisor est et non pœnitens, qui sic commissa plangit, ut plangenda voluntate vel opere committere non desinat. Ille etiam qui post lacrymas repetit quæ flevit, lavatur ad tempus, sed mundus non est, id est, illa munditia non est si sufficiens ad salutem, quia est momentanea, non perseverans. Item illud: Inanis est pœnitentia quam sequens culpa coinquinat, sic intelligendum est: Inanis est, scilicet carens fructu illius pœnitentiæ quam sequens culpa inquinat. Illius enim fructus est vitatio gehennæ, et adeptio gloriæ. Mortificantur enim illa pœnitentia et alia anteacta bona per sequens peccatum, ut non sortiantur mercedem, quam meruerunt cum fierent, et quam haberent si peccatum non succederet. Sed et si de peccato succedenti pœnitentia agatur, et pœnitentia quæ præcessit, et alia anteacta bona reviviscunt; sed illa tantum quæ ex charitate prodierunt: Illa enim sola viva sunt, quæ ex charitate fiunt. Ideo que si per sequentia peccata mortificantur, per subsequentem pœnitentiam reviviscere possunt. Quæ vero sine charitate fiunt, mortua et inani generantur; et ideo per pœnitentiam reviviscere non valent. Similiter intelligendum est illud, nihil prosunt lamenta, etc.: et illud, nihil valet, etc. Si enim replicentur peccata, nihil valet ad salutem vel ad veniam in fine præcedens lamentum, quia nihil relinquitur de vitæ munditia: quia aut peccata dimissa redeunt, ut quibusdam placet, cum replicantur; vel si non redeunt, eis tamen deletis propter ingratitudinem ita reus et immundus constituitur, cum adhuc in expiandis implicatur, ac si jam deleta redirent. De hoc tamen, scilicet an peccata redeant; post plenius agemus. Similiter nihil valet ad salutem obtinendam, vel ad munditiam vitæ habendam, veniam de malefactis po cere, et malefacta denuo iterare. Ita etiam intelligendum est illud quod idem August., alibi ait: Pœnitentia est quædam dolentis vindicta, semper puniens in se quod dolet commisisse. Et infra: Quotidie dolendum est de peccato, quod declarat ipsa dictionis virtus. Pœnitere enim est pœnam tenere ut semper puniat in se ulciscendo, quod commisit peccando. Ille autem pœnam tenet, qui semper vindicat quod commisisse se dolet. Pœnitentia ergo est vindicta semper puniens in se quod dolet commisisse. Quid restat nobis, nisi dolere in vita? Ubi enim dolor finitur, deficit et pœnitentia. Si vero pœnitentia finitur, quid relinquitur de venia? Tamdiu gaudeat et speret de gratia, quamdiu sustentatur a pœnitentia. Dicit enim Dominus: *Vade et amplius noli peccare*; non dixit, ne pecces, sed nec voluntas peccandi in te oriatur. Quod quomodo servabitur, nisi dolor in pœnitentia continue custodiatur? Sed semper doleat, et de dolore gaudeat; et non sit satis quod doleat, sed ex fide doleat, et non semper doluisse doleat. (Aug. in lib. Soliloq., de Pœnis, dist. 3, c. *Inanis;* de Pœn., dist. 3, *qui admissa;* in lib. 2 de Pœn., cap. 10, in tom. 1, super Epist. ad Cor.; in Ench. c. 70; de Pœn. dist. 3, c. *Nihil prodest;* in lib. de vera et falsa Pœn. c. 8, in medio.)

Determinatio intelligentiæ dictorum.

2. De pœnitentia perfectorum vel ad salutem sufficienti, intelligendum est quod supra dixi, scilicet pœnitentia est virtus vel vindicta semper puniens quod commisit; et alia hujusmodi. Illud vero, si pœnitentia finitur, nihil de venia relinquitur, dupliciter accipi potest. Si enim juxta quorumdam intelligentiam peccata dimissa redeunt, facile est intelligere nihil de venia relinqui, quia peccata dimissa iterum replicantur. Sicut enim ille qui ex servitute in libertatem manumittitur, interim vere liber est, et tamen propter offensam in servitutem postea revocatur ;sic et pœnitentia peccata vere dimittuntur, et tamen propter offensam quæ replicatur, iterum redeunt. Si vero non redire dicantur, sane potest dici etiam sic nihil de venia relinqui; non quod dimissa peccata iterum imputantur, sed quia propter ingratitudinem ita reus et immundus constituitur, ac si illa redirent.

De solemni et unica Pœnitentia.

3. Illud autem quod Ambros. ait, de Pœn. dist. 3, cap. *Reperiuntur:* Reperiuntur, etc.; et: Sicut unum Baptisma, ita et una Pœnitentia; non secundum generalem, sed secundum specialem morem Ecclesiæ de solemni pœnitentia dictum intelligitur, quæ apud quosdam semel celebrata non iteratur. Item illud aliud Ambrosii, de Pœn. dist. 3, cap. finali, § *Pœnitentia ergo:* Pœnitentia semel usurpata nec vere celebrata, et fructum prioris aufert, et usum sequentis, amittit, de solemni intelligitur. Solemnis ergo pœnitentia, ut Ambros. in eodem ait, est quæ fit extra ecclesiam in manifesto, in cinere et cilicio; quæ pro gravioribus horrendisque ac manifestis delictis tantum imponitur. Et illa non est iteranda pro reverentia sacramenti, ut non vilescat et contemptibilis fiat hominibus. Unde Aug., ad Macedonium, epist. 54 : Quamvis caute et salubriter provisum sit ut locus illis humillimæ pœnitentiæ semel in Ecclesia concedatur, ne medicina vilis vel minus utilis esset ægrotis, quæ tanto magis salubris est, quanto minus contemptibilis fuerit; quis tamen audeat Deo dicere : Quare huic homini qui post pœnitentiam primam rursus se laqueis iniquitatis obstringit, adhuc iterum parcis? Origenes quoque de hac solemni pœnitentia, quæ pro gravioribus criminibus injungitur, ait: Si nos aliqua culpa mortalis invenerit, quæ non in crimine mortali, vel in blasphemia fidei, sed in sermonis vel in morum vitio consistat ; hæc culpa semper reparari potest, nec interdicitur aliquando de hujusmodi pœnitentiam agere; sed non ita de gravioribus criminibus. In gravioribus enim criminibus semel tantum pœnitentiæ conceditur locus. Communia quæ frequenter incurrimus, semper pœnitentiam recipiunt, et semper redimuntur. Communia dicit venialia peccata, et forte mortalia quædam aliis minus gravia, quæ sicut sæpe committuntur, ita frequenter per pœnitentiam redimuntur. Sed de gravioribus criminibus semel tantum agitur pœnitentia, scilicet, solemnis. Nam et de illis, si iterentur, iteratur pœnitentia, sed non solemnis, quod tamen in quibusdam Ecclesiis non servatur.

Auctoritatibus probat quod non semel tantum, sed frequenter peccata dimittantur per Pœnitentiam.

4. Quod vero Pœnitentia non semel tantum agatur, sed frequenter iteretur, et per eam frequenter iterum venia præstetur, pluribus sanctorum testimoniis probatur. Ait enim Aug., in lib. de vera et falsa Pœn., cap. 5, scribens contra quosdam hæreticos, qui peccantibus post Baptismum semel tantum dicebant utilem esse Pœnitentiam, ita : Adhuc instant perfidi, qui sapiunt plusquam oportet, non sobrii, sed excedentes mensuram; dicunt: Et si semel peccantibus post Baptismum valeat Pœnitentia, non tamen sæpe peccantibus proderit iterata; alioquin remissio ad peccandum esset incitatio. Dicunt enim : Quis non semper peccaret, si semper per Pœnitentiam redire posset? Dicunt enim Dominum incitatorem mali, si semper peccantibus subvenit; et ei peccata placere, quibus semper præsto est gratia. Errant autem. Constat enim multum ei peccata displicere, qui semper præsto est eo destruere. Sed si ea amaret, non semper ea destrueret. Item ab Macedonium, epist. 54: In tantum hominum iniquitas aliquando progreditur, ut etiam post peractam Pœnitentiam, et post altaris reconciliationem, vel similia vel graviora committat. Et tamen Deus facit etiam super tales oriri solem suum, nec minus tribuit quam ante tribuerat largissima munera vitæ et salutis. Et quamvis eis in Ecclesia locus ille Pœnitentiæ non concedatur, Deus tamen super eos suæ patientiæ non obliviscitur. Ex quorum numero si quis vobis dicat : Dicite mihi utrum aliquid prosit ad vitam futuram, si in ista vita ille cebrosissimæ voluptatis blandimenta contempsero, si me pœnitendo vehementius quam prius excruciavero, si uberius flevero, si melius vixero, si pauperes largius sustentavero, si charitate ardentius flagravero ; quis vestrum ita desipit, ut huic homini dicat: Nihil tibi ista in posterum proderunt ; vade, saltem hujus vitæ suavitate fruere? Avertat Deus tam immanem sacrilegamque dementiam. Item Joan. Chrysost., de Reparatione lapsi : Talis, mihi crede, talis est erga homines pietas Dei : nunquam spernit pœnitentiam, si ei sincere et simpliciter offeratur, etiamsi ad summum quis pervenerit malorum, et inde tamen velit reverti ad virtutis viam; suscipit libenter et amplectitur, et facit omnia quatenus ad priorem revocet statum. Quodque est adhuc præstantius et eminentius, etiamsi non potuerit quis explere omnem satisfaciendi ordinem, quantulamcumque tamen et quantumlibet brevi tempore gestam non respuit pœnitentiam: suscipit etiam ipsam, nec patitur quamvis exiguæ conversionis perdere mercedem. Exemplis etiam hoc idem astrui potest. David enim, per pœnitentiam, adulterii simul et homicidii veniam impetravit; et graviter tamen postea deliquit in populi enumeratione, quod populi multitudo postrata ostendit. Illud autem mirabile est, quod angelo ferienti plebem se obtulit dicens, 1 Paralip. 21 ; *Grex iste quid fecit? Fiat manus tua in me, et in domum patris mei.* Quo facto, statim sacrificio dignus judicatur, qui absolutione æstimabatur indignus. Nec mirum si tali sua oblatione, pro populo, peccati sui adeptus est veniam, cum Moyses offerendo se pro plebis errore, peccata diluerit. His aliisque testimoniis pluribus evidenter ostenditur, per pœnitentiam non semel tantum, sed sæpius, nos a peccatis surgere, et veram pœnitentiam sæpius agi. *Voluntarie enim peccantibus nobis,* ut ait Apostolus, Hebr. 10, *pro peccatis non relinquitur hostia secunda,* scilicet, quia semel tantum Christum oportuit pati ; nec relinquitur secundus Baptismus. Relinquitur vero secunda pœnitentia, et tertia, et deinceps, ut Joan. Chrysost., hom. 20 super hunc locum, ait : Sciendum, inquit, quod hic quidam exurgunt, horum verborum occasione pœnitentiam auferentes; quasi per pœnitentiam non valeat peccator post lapsum resurgere secundo, et tertio, et deinceps. Verum etiam in hoc pœnitentiam non excludit, nec propitiationem, quæ sæpe fit per pœnitentiam; sed secundum Baptismum, et hostiam.

DISTINCTIO XV.

QUOD PLURIBUS IRRETITUS PECCATIS NON POTEST POENITERE DE UNO VERE, NISI DE OMNIBUS POENITEAT.

1. Et sicut prædictis auctoritatibus illarum error convincitur, qui pœnitentiam sæpius agendam non putant, et per eam a lapsu peccantes frequenter surgere diffitentur, ita eisdem illorum oppositio eliditur, qui pluribus irretitus peccatis asserunt de uno vere pœnitere, ejusdemque veniam a Domino consequi posse sine alterius pœnitentia. Quod etiam auctoritatibus astruere conantur. Ait enim propheta Nahum, c. 1 : *Non judicabit Deus bis in idipsum* ; vel, ut alii transtulerunt : *Non consurget duplex tribulatio.* Si ergo, inquiunt illi, aliquis sacerdoti fuerit confessus unum de duobus vel pluribus peccatis, et de illo injunctam sibi pœnitentiam a sacerdote in satisfactionem expleverit, cæteris tacitis, non per illo peccato amplius judicandus est, de quo satisfecit ad arbitrium sacerdotis qui vicem Christi in Ecclesia gerit. Ideoque si de eo iterum judicetur, bis in idipsum judicat Deus, et consurget duplex tribulatio. Sed de his oportet illud tantum intelligi, qui præsentibus suppliciis commutantur in bonum, et sic perseverant, super quos non consurget duplex tribulatio. Qui vero inter flagella duriores et deteriores fiunt, ut Pharao, præsentibus æterna connectunt, ut temporale supplicium sit eis æternæ pœnæ initium. Unde August : ignis succensus est, etc., id est : Vindicta Dei hic incipiet, et ardebit usque ad extremam damnationes. Il-

Hoc contra illos notandum est, qui dicunt illud, scilicet: *Non judicabit Deus bis in idipsum*, ad omnia pertinere flagella, quia quidam hic flagellis emendantur, alii hic et in æternum puniuntur. Quinque enim modis flagella contingunt, vel ut justis per patientiam merita augeantur, ut Job ; vel ad custodiam virtutum, ne superbia tentet, ut Paulo ; vel ad corrigenda peccata, ut Mariæ lepra ; vel ad gloriam Dei, ut de cæco nato ; vel ad judicium pœnæ, ut Herodi, quatenus hic videatur quid in inferno sequatur, secundum illud : *Duplici contritione contere eos, Domine*. Illa ergo auctoritas Nahum non cogit nos sentire omnia quæ temporaliter puniuntur non ulterius a Deo punienda : nam etsi super eumdem locum Hieronymus dicat Ægyptios et Israelitas a Deo temporaliter punitos ne in æternum punirentur, non est tamen de omnibus generaliter intelligendum. Ait enim : Quod genus humanum diluvio, Sodomitas igne, Ægyptios mari, et Israelitas in eremo perdidit, scitote ideo temporaliter pro peccatis punisse, ne in æternum puniret, quia *non judicabit Deus bis in idipsum*. Qui ergo puniti sunt, postea non punientur ; alioquin mentitur Scriptura, quod nefas est dicere.

Quæ sit intelligentia præmissorum.

1. Attende, lector, his verbis' et cave ne de omnibus generaliter intelligas ; sed de his tantum, qui inter ipsa flagella pænitentiam egerunt, credentes in Deum Hebræorum, quam etsi brevem et momentaneam, tamen non respuit Deus. Quod autem qui per temporale flagellum non corriguntur, post æternaliter puniantur, ibidem ostendit, agens de fideli deprehenso in adulterio, qui decollatur. Ubi ostendit levia peccata brevi et temporali supplicio purgari, magna vero diuturnis æternisque suppliciis reservari, ita inquiens : hic aliquis, si fidelis deprehensus in adulterio decolletur, quid de eo postea fiat. Aut enim punietur, et falsum est quod dicitur : *Non judicavit Deus bis in idipsum ;* aut non punietur, et optandum est adulteriis ut hic brevi pœna puniantur, ut frustrentur in cruciatus æternos. Ad quod repondemus, Deum ut omnium rerum, ita suppliciorum quoque scire mensuras ; et non præveniri sententia judicis, nec illi in peccatorem exercendæ dehinc pœnæ auferri potestatem, et magnum peccatum magnis diuturnisque lui cruciatibus; si qui vero punitus sit temporaliter, ut ille qui Israelitæ maledixerat, et qui in sabbato ligna collegerat, tales postea non puniri, quia culpa fevis præsenti supplicio compensata sit. Levis enim culpa levi supplicio compensatur. His satis innuit Hieron. gravia peccata et hic puniri gravi supplicio; et in futuro punienda æternaliter, de quibus pænitentia non agitur inter flagella ; levia vero quæ hic puniuntur, levi pœna compensationem recipere, quod in bonis fieri non ambigimus, et in malis forte etiam fit ita. Satis jam apparet quod illi de prophetia induxerunt, non facere pro eis qui dicunt ei qui crimen sibi reservat, de alio veniam præstari per pœnitentiam. Alias quoque auctoritates inducunt. Ait enim Greg.: Pluit Dominus super unam civitatem, et super alteram non pluit; et eamdem civitatem ex parte compluit, et ex parte aridam relinquit. Cum ille qui proximum odit, ab aliis vitiis se corrigit, una eademque civitas ex parte compluitur, et ex parte arida remanet ; quia sunt quidam qui cum quædam vitia resecent, in aliis graviter perdurant. Item Ambros., hom. 10 : Prima consolatio est, quia non obliviscitur misereri Deus; secunda, per punitionem, ubi etsi fides desit, pœna satisfacit et relevat. Ratione quoque utuntur dicentes: Si is qui unum peccatum confitetur, altero tacito, satisfactionem a sacerdote injunctam expleverit; numquid et si conversus peccatitum fuerit confessus, pro utroque ei pœnitentia imponetur ? Longe hoc videtur a ratione, et Ecclesiæ consuetudine, quæ pro eodem peccato, nisi reiteretur nulli bis pœnitentiam imponit. Fuit ergo illa peccati condigna satisfactio, unde et peccatum deletum videtur.

Quomodo accipienda sunt præmissa.

3. Illis resgonderi potest sic: Illud Greg. : Pluit Dominus, etc., non ad criminis veniam, sed ad operis pravi desertionem referendum est ; ut ideo pars civitatis dicatur complui, quia actu et delectatione peccati cui ante serviebat modo cessat, non quod ejus veniam habeat. Vocaturque pluvia illa telis continentia quæ ab opere peccati revocatur, quia ex fonte gratiæ Dei id cordi instillatur, ut vel sic paulatim ad pœnitentiam veniat, vel eo minus a Deo puniatur qui diuturniori delectatione et actu peccati magis sibi accumulasset tormentum. Si vero ad indulgentiam retus pluvia referatur, evangelicæ sententiæ contraria videbitur. Si enim propter misericordiam qua quis proximo suo non miseretur, etiam quæ dimissa sunt replicantur ad pœnam multo magis quæ nondum sunt dimissa propter odium fraternum ad pœnam reservari probantur. Et se ille qui arbiter suæ voluntatis constitutus est, non potest inchoare novam vitam, ut ait Augustinus, nisi pœniteat eum veteris vitæ, quomodo ad novitatem indulgertiæ perveniet qui odii vetustatem non deposuit ? Illud etiam quod ait Ambrosius : Etsi fides desit, pœna satisfacit, etc., non de fide intelligitur qua creditur in Deum, sed de conscientia delicti. Deest enim fides, cum conscientia peccati non subest. Nam cum delicta omnia nemo intelligat, est aliquando in homine peccatum cujus non habet conscientiam. Unde Apostolus : *Nihil mihi conscius sum, sed non in hoc justificatus sum*. Cum ergo quis flagellatur pro peccato cujus non est conscius, si patienter fert pœnam et humiliter amplectitur, cogitans se forte peccatum habere quod non intelligit et pro eo puniri a Deo, pœna illa satisfacit et relevat gravatum. Ad hoc autem quod objicitur de satisfactione illa : si satisfactio non fuit, iterum imponenda est ; si vero iterum imponenda non est, satisfactio fuit : et si satisfactio fuit, veniam impetravit ; responderi potest satisfactionem ideo non fuisse, quia ille dignos fructus pœnitentiæ non fecit. Est enim satisfactio pœnitentiæ, ut ait August., lib. de Pœnit., peccatorum causas excidere, nec suggestionibus eorum aditum indulgere. Idem, in Enchirid., c. 75: Sane qui scelerate vivunt nec curant talem uitam moresque corrigere, et inter ipsa facinora sua eleemosynas frequentare non cessant ; frustra ideo sibi blandiuntur quia Dominus ait, Luc. 11 : *Date eleemosynam, et ecce omnia munda sunt vobis*. Hoc enim quam late pateat non intelligunt. Multa enim sunt genera eleemosynarum : quæ cum facimus, adjuvamur. Non solum qui dat esurienti cibum, sitienti potum et hujusmodi, sed etiam qui dat veniam petenti, eleemosynam dat, et quem emendat verbere in quem potestas datur vel coercet aliqua disciplina, vel orat ut ei peccatum dimittatur, eleemosynam dat, quia misericordiam præstat. Multa enim bona præstantur invitis, quando eorum consulitur utilitati, et non voluntati ; sed ea major est qua ex corde dimittimus quod in nobis quisque peccavit. Minus enim magnum est erga eum esse benevolum qui tibi nihil mali fecit. Illud multo grandius ut tuum etiam inimicum diligas, et ei qui tibi malum vult, et, si potest, facit, semper bonum velis, faciasque quod possis. Quod ergo Dominus ait : *Date eleemosynam, et omnia munda sunt vobis*, itane intellecturi sumus, ut non credentibus in Christum, munda sint omnia, si eleemosynas istas dederint ? Qui enim vult ordinate eleemosynam dare, a se debet incipere, et eam primum sibi dare. Est enim eleemosyna opus misericordiæ, verissimeque dictum est, Eccli. 30 : *Miserere animæ tuæ, placens Deo*. Non ergo se fallant, qui per eleemosynas largissimas fructuum suorum vel pecuniæ impunitatem se emere æstimant, in peccatis permanentes, quæ ita diligunt, ut in eis optent versari. *Qui vero diligit iniquitatem, odit animam suam*, psalmo 10, versu 5, et qui odit animam suam, non est misericors ei, sed crudelis. Diligendo quippe eam secundum seculum, dit eam secundum Deum. Si ergo vult ei dare eleemosynam, per quam fit munda, odiat eam secundum seculum, et diligat eam secundum Deum. Hac eleemosyna, quam sibi homo primitus debet, mundantur interiora. Ad quod hortans Christus, ait, Matth. 23 : *Mundate quæ*

intus sunt. Immundis enim nihil est mundum, sed *polluta sunt eorum mens et conscientia,* ut ait Apostolus. Immundi vero sunt omnes, quos non mundat fides, qua creditur in Christum, de quo scriptum est: *Mundans fide corda eorum.* Sed ne istas eleemosynas quæ fiunt de fructibus terræ, respuere Christus videretur : *Hæc,* inquit, *oportuit facere,* scilicet judicium et charitatem Dei, *et illa non omittere,* id est, eleemosynas fructuum terrenorum. Ex his datur intelligi quod in peccato mortali permanentes, etsi eleemosynas largas faciant, non tamen per eas satisfaciunt, quia inordinate agunt, dum a se non incipiunt. Nec proprie dicitur eleemosyna tale opus, dum sibi ipsis crudeles existunt, non placentes Deo. Non ergo dicenda est illa peccati satisfactio, quam qui agit pro uno peccato, dum perdurat in altero. Quia nihil prodest jejunare et orare, et alia bona agere, nisi mens revocetur a peccato ; et si aliquando conversus tacitum peccatum sacerdoti fuerit confessus, de utroque imponenda est ei satisfactio, quia de primo condigne non satisfecit. (De Pœn., dist. 3, *Nihil prodest,* Pius papa.)

Secundum quosdam fuit satisfactio.

4. Quibusdam tamen videtur fuisse satisfactio, sed infructuosa, dum in peccato altero persistit ; percipietur tamen fructus ejus, incipietque proficere, cum peccati alterius pœnituerit. Tunc enim utrumque dimittitur peccatum, et satisfactio præcedens vivificatur, quæ fuerat mortua; sicut Baptismus illi qui ficte accedit tunc primum valet, cum fictio a mente recedit per pœnitentiam. Et in hujus opinionis munimentum auctoritates inducunt. Ait enim Aug., lib. de vera et falsa Pœn., cap. 14, in fine : Pium est credere, et nostra fides expostulat ut cum gratia Christi in homine destruxerit mala priora, etiam remuneret bona ; et cum destruxerit quod sum non invenit, diligat bonum quod in peccante plantavit. Item Hieron., commentario ad illud Aggæi primo : *Seminastie multum,* etc.: Si quando videris inter multa peccata quemquam facere aliqua justa opera, non est tam injustus Deus, ut propter multa mala obliviscatur paucorum bonorum; sed faciet ea metere et in horrea congregare, quæ in terra bona seminavit. Sed hæc dicta intelligimus de illo qui in charitate quodam tempore bona facit et bonus est, alio vero tempore malus est et multa peccata facit. Non ergo intelligendum est eum inter multa peccata, justa opera fecisse, quasi simul eodemque tempore peccata fecerit et justa opera; sed diversis temporibus utraque fecisse. Nisi enim bonus foret quando bona fecit, non seminasse diceretur in terra bona. Destructis ergo malis post opera bona commissis, priora bona, in charitate: scilicet facta, quæ sequentia mala mortificaverunt, pœnitentia de illis malis habita vivificantur et remunerantur. Unde Apostolus, Hebr. 6 : *Jacientes fundamentum pænitentiæ ab operibus mortuis*; opera mortua nominans, priora bona significat, quæ persequens peccatum erant mortua, quia hi peccando priora bona irrita fecerunt. Hæc sicut peccando fiunt irrita, ita per pœnitentiam reviviscunt, et ad meritum æternitatis prodesse incipiunt. Similiter et illud bonum amat Deus quod plantavit in peccante, in illo scilicet qui post illud bonum peccavit ; non simul peccans et bonum operans extitit ; quia talis hominis opus non diligeret Deus ad remunerationem. Potest etiam accipi de bonis operibus quæ ab aliquo fiunt dum malus est, et in peccato mortali persistit vel ad tempus, vel usque in finem ; quæ dicuntur a Deo remunerari et non dari oblivioni, non quia proficiant ad vitam æternam, sed ad tolerabilius extremi judicii supplicium sentiendum; sicut de fide et cæteris quæ sine charitate habentur Aug, ait, de Pœn..dist. 3, *Qui ergo,* parag. *Potest etiam,* lib. de Patientia: Si quis non habens charitatem quæ pertinet ad unitatem spiritus et vinculum pacis quo Ecclesia connectitur, in aliquo schismate constitutus, ne Christum neget patitur tribulationes, famem persecutiones, vel flammas, vel bestias, vel ipsam crucem, timore gehennæ, nullo modo ista culpanda sunt, imo et hæc laudanda est patientia. Non enim dicere poterimus melius ei fuisse ut Christum negando nihil horum pateretur, quæ passus est confitendo; sed æstimandum fortasse tolerabilius ei esse futurum judicium, quam si Christum negando nihil horum pateretur, ut illud quod ait Apostolus, 1 Cor. 13 : *Si tradidero corpus meum ita ut ardeam, charitatem autem non habuero, nihil mihi prodest ;* nihil prodesse intelligatur ad regnum obtinendum, nisi ad extremi judicii tolerabilius subeundum supplicium. Et infra : Hæc propter charitatem dicta sunt, sine qua in nobis non potest esse vera pœnitentia; quoniam in bonis charitas Dei est quæ tolerat omnia.

Perstringit dictorum summam, ut alia addat.

5. Ex his ostenditur bona quæ sine charitate fiunt prodesse quidem ad tolerabiliorem pœnam sentiendam, sed non ad vitam obtinendam. Illa enim quæ in charitate qui facit, si postea prolapsus fuerit, nec exsurrexerit, non esse in memoria Dei Ezechiel dicit, c. 33 : *Si averterit se justus a justitia et fecerit iniquitatem, numquid vivet ? omnes justitiæ ejus quas fecerat, non recordabuntur ; in peccato suo morietur ; et non erunt in memoria justitiæ quas fecit.* In cujus loci expositione Greg., lib 1, hom. 11, ait: Hoc nobis maxime considerandum est, quia cum mala committimus, sine causa ad memoriam transacta bona revocamus ; quoniam in perpe:ratione malorum nulla debet esse fiducia bonorum præteritorum. Intelligendum est hoc, ad vitam percipiendam bona præterita non dare fiduciam, etsi ad mitiorem pœnam ; alioquin præmissæ auctoritati Augustini obviaret. Et bona ergo sine charitate facta, quæ concomitatur mortalis culpa, quam non delet sequens pœnitentia, ad sensum mitioris pœnæ proficiunt, non ad vitæ fructum.

Auctoritates alias inducit contra eos qui dicunt de uno peccato pænitentiam agi, altero tacito.

6. Satis arbitror illis esse responsum, qui usserunt de uno crimine pœnitentiam agi, et veniam præstari, alio in dilectione retento, vel per confessionem non exposito; qui non modo præmissis auctoritatibus confutantur, sed etiam subditis. Ait enim August., lib de vera et falsa Pœn., c. 9 : Sunt plures quos pœnitet peccasse, sed tamen omnino reservantes sibi quædam in quibus delectentur non animadvertentes Dominum simul mutum et surdum a dæmonio liberasse, per hoc docens nos nunquam nisi de omnibus sanari Si enim vellet peccata ex parte reservari habenti septem dæmonia, ei proficere potuit sex expulsis; expulsit autem septem, ut omnia crimina simul ejicienda doceret. Legionem vero dæmonum ab illo ejiciens, nullum reliquit de omnibus, qui liberatum possideret ; ostendens quod etsi peccata sint mille, oportet de omnibus pœnitere. Nunquam aliquem sanavit Dominus, quem non omnino liberavit. Totum enim hominem sanavit in sabbato, quia et corpus ab omni infirmitate, et animam ab omni contagione liberavit ; indicans pœnitentem oportere simul dolere de omni crimine. Scio enim Dominum inimicum omni criminoso. Quomodo ergo qui crimen reservat, de alio recipiet veniam ?sine amore Dei consequetur veniam, sine quo nemo unquam invenit gratiam. Hostis enim Dei est, dum offendit perseveranter. Quædam enim impietas infidelitatis est, ab illo qui justus et justitia est, dimidiam sperare veniam. Jam enim sine vera pœnitentia inveniret gratiam. Pœnitentia enim vera ad Baptismi puritatem conatur confitentem ducere. Recte enim pœnitens quidquid sordis post purificationem Baptismi contraxit, oportet ut abluat, saltem lacrymis mentis; sed satis durus est, cujus mentis dolorem oculi non declarant. Sed sciat se culpabiliter durum, qui deflet damna temporis, vel mortem amici, et dolorem peccati non ostendit in lacrymis. Quem ergo pœnitet, omnino poniteat. Idem, ibid., c. 10 : *Pœnitentes, si vere estis pœnitentes, et in nomine Domini, non estis irridentes, mutate vitam, reconciliamini Deo. Pœnitentiam agis, genua figis, et rides : subsannas Dei patientiam. Si pœniten-*

tiam agis, pœnitet te ; si non pœnitet te,non es pœnitens. Si ergo pœnitet, cur facis quæ male fecisti? Si fecisse pœnitet, noli facere ; si adhuc facis, certe non es pœnitens. Item Innocentius II: Admonemus fratres nostros, ne falsis pœnitentiis laicorum animas decipi, et in infernum pertrahi patiantur. Falsam autem pœnitentiam esse constat, cum, spretis pluribus, de uno solo pœnitentia agitur ; vel cum sic agitur de uno, ut non discedatur ab alio.

Repetit de vera pœnitentia, ut addat.

7. Ex præmissis perspicua fit notitia veræ pœnitentiæ vel satisfactionis. Illa enim vera est pœnitentia, quæ peccatum abolet ; quod illa sola facit, quæ scelus corrigit, quæ odium commissi criminis et committendi cum desiderio satisfaciendi affert. Judas enim pœnituisse legitur, sine assecutione veniæ, quia tali pœnitentia non correxit crimen ; unde Hieron.,comment. ad illud, Matth. 27: *Quid ad nos: Nihil Judæ profuit sera pœnitentia,* per quam scelus corrigere non potuit. Sic quando frater peccat in fratrem, ut emendare non valeat quod peccavit, potest ei dimitti ; sin autem permanent opera, frustra voce assumitur pœnitentia. Hoc est, quod de eo infelicissimo dicitur, ps. 108 : *Et oratio ejus fiat in peccatum,* ut non solum emendare nequiverit proditionis nefas, sed proprii homicidii scelus addiderit. Cave qualiter intelligas illud : Ut emendare valeat quod peccavit, etc. Non enim emendatio hic intelligenda est, rei demptæ recompensatio, sed delicti exprobratio et abominatio, cum satisfactionis desiderio. Demit enim injuste quis alicui quod restituere non valet, ut oculum, vel vitam et hujusmodi ; et tamen si pœnituerit peccati, cum amore condignæ satisfactionis, veniam habet. Nec ideo quisquam putet, qui rem alienam injuste abstulerit quam reddere potest, de illo peccato pœnitere ac veniam consequi, nisi restituat ablatum. Quamdiu enim res propter quam peccatum est, non redditur si reddi potest, non agitur pœnitentia, sed fingitur. (August., epist. 2, ad Maced.)

DISTINCTIO XVI.

DE TRIBUS QUÆ IN PŒNITENTIA CONSIDERANDA SUNT.

1. In perfectione autem pœnitentiæ tria observanda sunt, scilicet compunctio cordis, confessio oris, satisfactio operis. Unde Joannes, os aureum : Perfecta Pœnitentia cogit peccatorem omnia libenter ferre; in corde ejus contritio, in ore confessio, in opere tota humilitas. Hæc est fructifera Pœnitentia, ut sicut tribus modis Deum offendimus, scilicet, corde, ore, et opere, ita tribus modis satisfaciamus. Sunt enim tres peccati differentiæ, ut ait Aug., de Serm. habito in monte in lib.1, paulo ante medium ; et in corde, et in facto, et in consuetudine vel verbo, tanquam tres mortes. Una quasi in domo, scilicet, cum in corde consentitur libidini ; altera quasi prolata jam extra portam, cum in factum procedit assensio ; tertia cum vi malæ consuetudinis tanquam mole premitur animus, vel noxiæ defensionis clypeo armatur, quasi in sepulcro jam fœtens. Hæc sunt tria genera mortuorum, quæ Deus legitur suscitasse. Huic ergo triplici morti, triplici remedio occurritur: contritione, confessione, satisfactione. Compunctio nobis commendatur ibi, Joel. 2: *Scindite corda vestra, et non vestimenta vestra.* Confessio, ibi, Prov. 18 : *Justus, in principio sermonis accusator est sui.* Vere enim confitetur qui se accusat, qui execrando malum sibi imputat. Et ibi, psal. 61 : *Effundite coram illo corda vestra.* Et iterum, Jac.5: *Confitemini alterutrum peccata vestra.* Satisfactio a Joanne præcipitur ubi ait, Matth.3, et Luc. 3 : *Facite dignos fructus pœnitentiæ,* scilicet, ut secundum qualitatem et quantitatem culpæ, sit qualitas et quantitas pœnæ. Non enim par debet esse fructus boni operis ejus qui nihil vel minus peccavit et ejus qui gravius cecidit. Ideo discretio pœnitenti valde necessaria est, ut illa gerat quæ tradit Aug. dicens : Consideret qualitatem criminis, in loco, in tempore, in perseverantia, in varietate personæ; et quali hoc fecerit tentatione, et in ipsius vitii multiplici executione. Oportet enim pœnitere fornicantem secundum excellentiam sui status vel officii, et secundum modum meretricis, et in modum operis sui ; et qualiter turpitudinem egerit, si in loco sacrato, si in tempore orationi constituto, ut sunt festivitates et tempora jejunii. Consideret quantum perseveraverit, et defleat quod perseveranter peccaverit; et quanta victus fuerit impugnatione. Sunt enim qui non solum non vincuntur, sed ultro se peccato offerunt; nec expectant tentationem, sed præveniunt voluptatem. Et pertractet secum quam multiplici actione vitii delectabiliter peccavit. Omnis ista varietas confitenda est et deflenda, ut cum cognoverit quod peccatum est, cito inveniat Deum sibi propitium. In cognoscendo augmentum peccati, inveniat cujus ætatis fuerit, cujus sapientiæ et ordinis. Immoretur in singulis istis, et sentiat modum criminis, purgans lacrymis omnem qualitatem vitii; defleat virtutem qua interim caruit. Dolendum est enim non solum quod peccavit, sed quia virtute se privavit. Defleat etiam quoniam *offendens in uno, factus est omnium reus,* Jacob. 2. Ingratus enim extitit, qui plenus virtutibus Deum omnino non timuit. In hoc enim quisque peccator fit culpabilior, quo est Deo acceptior, Ideo enim Adam plus peccavit, quia omni bono abundavit. Alio etiam modo offendens in uno factus est omnium reus, quia omnis virtus patitur detrimentum ab uno vitio. Ponat se omnino in judicio et potestate sacerdotis, nihil sui reservans sibi, ut omnia eo jubente paratus sit facere pro recipienda vita animæ, quæ faceret pro vitanda corporis morte ; et hoc cum desiderio, quia vitam recuperat infinitam. Aug., de Pœn. vera et falsa,c. 14 et 15. Cum gaudio enim facere debet immortalis futurus, quæ faceret pro differenda morte moriturus ; semper deprecetur Deum, offerat Deo mentem et cordis contritionem, deinde et quod potest det de possessione, et tunc si quid offerat, securus offerat. *Respexit Dominus ad Abel, et ad munera ejus,* Gen. 4. Prius dicit ad Abel, quam ad munera ejus. In judicio ergo cordis, conferenda est eleemosyna tribuentis. Nec considerandum est quantum, sed qua mente, qua affectione dat quod potest. Qui ergo sua peccata redimere vult temporalium oblatione, prius offerat mentem. Aug. ibid., c. 15. Caveat etiam ne ductus verecundia, dividat apud se confessionem, ut diversa diversis velit sacerdotibus manifestare. Quidam enim uni celant quod alteri manifestandum conservant: quod est se laudare, et ad hypocrisim tendere, et semper venia carere, ad quam per frusta putat pervenire. Caveat etiam ne prius ad dominicum corpus accedat, quam confortetur bona conscientia, et doleat quod nondum audeat sumere quem multum desiderat cibum salutarem. Cohibeat etiam se a ludis, a spectaculis seculi, qui perfectam vult consequi remissionis gratiam. Isti sunt digni fructus pœnitentiæ animam captivam elaqueantes et in libertate servantes. Et infra : Quærat anima dignos fructus, etsi non dignos pœnitentiæ. Sunt enim digni fructus virtutum, qui non sufficiunt pœnitentibus. Pœnitentia enim graviores postulat, ut dolore et gemitibus mortuo impetret vitam. Ex his ostenditur qui sunt digni fructus pœnitentiæ, quibus vera satisfactio expletur; et quod non omnes digni fructus sunt digni fructus pœnitentiæ; quod de illa pœnitentia intelligitur, quæ majorum est criminum. Non enim sufficiunt graviter delinquentibus, quæ sufficiunt minus vel parum peccantibus.

Quæ sit falsa satisfactio.

2. Et sicut sunt digni fructus pœnitentiæ, ac vera satisfactio, ita et indigni fructus, et falsa satisfactio, id est, falsa pœnitentia ; unde Gregor. de Pœn. dist. 5, c. *Falsas* : Falsas pœnitentias dicimus, quæ non secundum auctoritates sanctorum pro qualitate criminum imponuntur. Ideoque miles, vel negotiator, vel alicui officio deditus, quod sine peccato exercere non possit, si culpis gravioribus irretitus ad pœnitentiam venerit, vel qui bona alterius injuste detinet, vel qui odium in corde gerit, recognoscat

se veram pœnitentiam non posse peragere, nisi negotium relinquat, vel officium deserat, et odium ex corde dimittat, et bona quæ injuste abstulit, restituat. Nec tamen desperet interim quidquid boni facere potest, hortamur ut faciat, ut Deus cor ejus illustret ad pœnitentiam. Cum sit pœnitentia interior et exterior, de utraque per præmissa satis apparet quæ sit vera, et quæ sit falsa.

De tribus actionibus pœnitentiæ.

3. Prædictis vero adjiciendum est quob tribus modis agitur pœnitentia: ante Baptismum, scilicet, de prioribus peccatis; post Baptismum, de gravioribus quæ post committuntur. Est etiam pœnitentia venialium quotidiana, quæ etiam humilium est, et perfectorum; unde Aug. hom. 50, de Utilit. et Necess. Pœnit.; et lib. de Medicina pœnit., c. 2: Tres sunt actiones pœnitentiæ, quas mecum eruditio vestra recognoscit. Una est quæ novum hominem parturit, donec per Baptismum omnium præteritorum ablutio fiat peccatorum; quia nullus suæ voluntatis arbiter, nisi pœniteat eum veteris vitæ novam inchoare potest; a qua parvuli sunt immunes cum baptizantur, quia nondum possunt uti libero arbitrio, quibus tamen ad remissionem originalis peccati prodest eorum fides a quibus offeruntur. Altera est actio pœnitentiæ post Baptismum, quæ fit pro illis peccatis quæ legis Decalogus continet. Agunt ergo homines pœnitentiam ante Baptismum de peccatis prioribus, ita tamen ut etiam baptizentur; sicut Petrus ait, Act. 2: *Agite pœnitentiam, et baptizetur unusquisque vestrum in nomine Domini,* etc. Agunt etiam pœnitentiam, si post Baptismum ita peccaverunt, ut excommunicari et reconciliari postea mereantur. Est etiam pœnitentia bonorum et humilium fidelium pœna quotidiana, in qua pectora tundimus dicentes, Matth. 6: *Dimitte nobis debita nostra,* etc. Neque ea nobis dimitti volumus quæ dimissa nobis in Baptismo non dubitamus, sed illa quæ humanæ fragilitati, quamvis parva, tamen crebra subrepunt; quæ si collecta contra nos fuerint, ita nos gravabunt et opprimment, sicut unum aliquod grande peccatum. Quid enim inter est ad naufragium an uno grandi fluctu navis operiatur et obruatur, an paulatim subrepens aqua in sentinam per negligentiam culpam impleat navem, et submergatur? Ideo jejunium, et eleemosyna, et orationes invigilent, in quibus cum dicimus: *Dimitte nobis debita nostra,* etc., manifestamus nos habere quod nobis dimittatur; et his verbis humiliantes animas nostras, quotidianam agere pœnitentiam non cessamus.

De satisfactione venialium.

4. Quæ autem pro venialibus sit satisfactio sufficiens, Aug. insinuat ita inquiens in Ench., cap. 71: De quotidianis et brevibus levibusque peccatis, sine quibus hæc vita non ducitur, quotidiana oratio fidelium satisfacit. Eorum enim est dicere: *Pater noster qui es in cœlis,* etc. Delet omnino hæc oratio minima et quotidiana peccata. Delet et illa a quibus vita fidelium etiam scelerata gesta, sed pœnitudo in melius commutata discedit. Sicut veraciter dicitur: *Dimitte nobis debita nostra,* ita et veraciter dicitur: *Sicut et nos dimittimus debitoribus, nostris,* id est, sic fiat quod dicitur; quia et ipsa eleemosyna, cum veniam petentibus omnino ignoscere. Ex his aliisque præmissis jam facile est intelligere quæ pro venialibus sit exhibenda satisfactio. Sufficit enim Dominica oratio cum jejunio et eleemosynis: sic tamen ut præcedat contritio aliquantula, et addatur confessio si adsit facultas: de qua confessione post tractabitur. Pro gravioribus vero peccatis hæc etiam in satisfactione adhibenda sunt, sed multo vehementius atque districtius, quia, ut ait August., in lib. de pœn. Medicina, c. 5, et hom. 50, de utilit. ac Necess. pœnit., ad agendam Pœnitentiam non sufficit mores in melius commutare, et a malis factis recedere, nisi de his quæ facta sunt satisfaciat Domino per pœnitentiæ dolorem, per humilitatis gemitum, per contriti cordis sacrificium, cooperantibus eleemosynis.

DISTINCTIO XVII.

TRIA PROPONUNTUR QUÆRENDA, PRIMUM AN SINE CONFESSIONE DIMITTATUR PECCATUM.

1. Hic oritur quæstio multiplex. Primo enim quæritur utrum absque satisfactione et oris confessione, per solam cordis contritionem peccatum alicui dimittatur; secundo an alicui sufficiat confiteri Deo sine sacerdote; tertio, an laico fideli facta valeat confessio. In his etiam docti diversa sentire inveniuntur, quia super his varia ac pene adversa tradidisse videntur doctores. Dicunt enim quidam, sine confessione oris et satisfactione operis neminem a peccato mundari, si tempus illa faciendi habuerit. Alii vero dicunt, ante oris confessionem et satisfactionem, in cordis contritione peccatum dimitti a Deo, si tamen votum confitendi habeat. Unde propheta, ps. 31: *Dixi: Confitebor adversum me injustitiam meam Domino; et tu remististi impietatem peccati mei.* Quod exponens Cassiodorus, ait, in Glossa ordinaria: Dixi, id est, deliberavi apud me quod confitebor, et tu remisisti, Magna pietas Dei, qui ad solam promissionem peccatum dimiserit. Votum enim pro operatione judicatur. Item Aug.: Nondum pronuntiat, promittit se pronuntiaturum, et Deus dimittit; quia hoc ipsum dicere, quoddam pronuntiare est corde. Nondum est vox in ore ut homo audiat confessionem, et Deus audit. Item: *Sacrificium Deo spiritus contribulatus, cor contritum,* etc. Alibi etiam legitur, ps. 31: *Quacumque hora peccator conversus fuerit et ingemuerit, vita vivet, et non morietur.* Non dicitur *ore confessus fuerit,* sed *conversus ingemuerit.* Unde datur intelligi quod etiam ore tacente veniam interdum consequimur. Hinc etiam leprosi illi quibus Dominus præcepit ut ostenderent se sacerdotibus, in itinere, antequam ad sacerdotes venirent, mundati sunt. Ex quo insinuatur quod antequam ora nostra sacerdotibus aperiamus, id est, peccata confiteamur, a lepra peccati mundamur. Lazarus etiam non prius de monumento est eductus, et post a Domino suscitatus; sed intus suscitatus, prodiit foras vivus, ut ostenderetur suscitatio animæ præcedere confessionem. Nemo enim potest confiteri, nisi suscitatus, quia a mortuo, velut qui non est, perit confessio. Nullus ergo confitetur, nisi resuscitatus. Nemo autem suscitatur, nisi qui a peccato solvitur, quia peccatum mors animæ est, quæ ut est vita corporis, ita ejus vita Deus est. His aliisque pluribus auctoritatibus probatur ante confessionem vel satisfactionem sola compunctione peccatum dimitti; quod qui negant, eas determinare laborant; nec non in hujus sententiæ depressionem, et ad suæ opinionis assertionem auctorum testimonia inducunt. Ait enim Dominus per Isaiam: *Dic tu iniquitates tuas ut justificeris.* Item Ambr.: Non potest quisquam justificari a peccato nisi peccatum ipsum antea fuerit confessus. Idem dicit: Confessio a morte animam liberat, confessio aperit paradisum, confessio spem salutis tribuit, quia non meretur justificari, qui in vita sua non vult peccatum confiteri. Illa confessio nos liberat, quæ fit cum pœnitentia. Pœnitentia vera est dolor cordis, et amaritudo animæ pro malis quæ quisque commisit. Item Joan.: Non potest quisquam gratiam Dei accipere, nisi purgatus fuerit ab omni peccato per Pœnitentiæ confessionem et per Baptismum. Item Aug.: Agite pœnitentiam qualis agitur in Ecclesia. Nemo dicat sibi: Occulte ago quia apud Deum ago, novit Deus qui mihi ignoscit, quia in corde ago. Ergo sine causa dictum est: *Quæ solveritis super terram, soluta erunt in cœlis?* Ergo sine causa claves datæ sunt? Frustramus ergo verbum Christi. Job dicit: *Si erubui in conspectu populi peccata mea confiteri.* Item Ambr.: Venialis est culpa, quam sequitur confessio delictorum. Item August., super illum locum ps. 68: *Non absorbeat me profundum, neque urgeat super me puteus os suum:* Puteus est profunditas iniquitatis, in quam si cecideris, non claudet super te os suum, si tu non claudis os tuum; confitere ergo et dic: *De profundis clamavi ad te Domine,* etc., et evades. Claudit

super illum, qui in profundo contemnit ; a quo mortuo, velut qui non sit, perit confessio. Item, nullus debitæ gravioris pœnæ accipit veniam, nisi qualemcumque, etsi longe minorem quam debeat, solverit pœnam. Ita enim impartitur a Deo largitas misericordiæ, ut non relinquatur justitia disciplinæ. Item Hieron. : Qui peccator est, plangat delicta propria vel populi, et ingrediatur ecclesiam, de qua propter peccata fuerat egressus ; et dormiat in sacco, ut præteritas delicias per quas Deum offenderat, vitæ austeritate compenset. His aliisque auctoritatibus nituntur asserere sine confessione vocis et aliqua solutione pœnæ neminem a peccato mundari.

Cui sententiæ potius consentiendum sit.

2. Quid ergo super his sentiendum sit, quid tenendum ? Sane dici potest quod sine confessione oris et solutione pœnæ exterioris peccata delentur per contritionem et humilitatem cordis. Ex quo enim aliquis proponit mente compuncta se confessurum, Deus dimittit, quia ibi est confessio cordis, etsi non oris, per quam anima interius mundatur a macula et contagio peccati commissi, et debitum æternæ mortis relaxatur. Illa ergo quæ superius dicta sunt de confessione et pœnitentia, vel ad confessionem cordis, vel ad exteriorem pœnam referenda sunt. Sicut illud Aug. ; Quod nullus dicitur veniam consequi, nisi prius quantulamcumque peccati solverit pœnam vel de exteriori pœna accipiendum est, et ad contemnentes vel negligentes referendum, sicut illud : Nemo dicat : Occulte ago, etc. Nonnulli enim in vita peccata confiteri negligunt vel erubescunt, et ideo non merentur justificari. Sicut enim præcepta est nobis interior pœnitentia, ita et oris confessio, et exterior satisfactio, si adsit facultas. Unde nec vere pœnitens est, qui confessionis votum non habet. Et sicut peccati remissio munus Dei est, ita pœnitentia et confessio per quam peccatum deletur, non potest esse nisi a Deo, ut August. ait. Jam, inquit, donum Spiritus sancti habet qui confitetur et pœnitet, quia non potest esse confessio peccati et compunctio in homine ex seipso. Cum enim irascitur sibi quisque et displicet, sine dono Spiritus sancti non est. Oportet ergo pœnitentem confiteri peccata, si tempus habeat ; et tamen antequam sit confessio in ore, si votum sit in corde, præstatur ei remissio.

Si sufficit soli Deo confiteri.

3. Jam secundum quæstionis articulum inspiciamus, scilicet, utrum sufficiat peccata confiteri soli Deo an oporteat confiteri sacerdoti. Quibusdam visum est sufficere, si soli Deo fiat confessio sive judicio sacerdotali et confessione Ecclesiæ, quia David dixit : *Dixi : Confitebor Domino ; et tu remisisti*, etc. ; non ait sacerdoti, et tamen remissum sibi peccatum dicit. Item Ambros. : Ideo flevit Petrus, quia culpa obrepsit ei ; non invenio quid dixerit, invenio quod fleverit. Lacrymas ejus lego, satisfactionem non lego. Sed quod defendi non potest, ablui potest. Lavant lacrymæ delictum, quod voce pudor est fateri. Veniæ fletus consulit, et verecundiæ. Hoc idem etiam Maximus dicit episcopus. Item Joannes Chrysost. : Non tibi dico ut te prodas in publicum, neque apud alios te accuses ; sed obedire te volo Prophetæ dicenti : *Revela Deo vitam tuam.* Ante Deum ergo tua confitere peccata, apud verum judicem cum oratione delicta tua pronuntia, non lingua, sed conscientiæ tuæ memoria ; et tunc demum spera te misericordem posse consequi. Si habueris peccata tua in mente continue, nunquam malum adversus proximum in corde tuo tenebis. Idem : Peccata tua quotidie dicito, ut deleas illa. Sed si confunderis alicui dicere, dicito ea quotidie in animo tuo ; non dico ut confitearis ea conservo tuo, ut tibi exprobret. Dicito Deo, qui curat ea. Nec enim si illi non dixeris, ignorat ea : cum faciebas ea, præsto erat ; cum admitteres ea, cognoverat. Numquid ea vult a te cognoscere ? Peccare non erubuisti, et confiteri erubescis ? Dicito in hac vita, ut in alia requiem habeas : dicito ingemiscens et lacrymans. In codice scripta sunt peccata tua, Spongia peccatorum tuorum lacrymæ tuæ sint. Item Prosper de Pœnit., dist. 1. c. *Porro illi*, et in lib. de Vita contemplat., c, 7 : Illi quorum peccata humanam notitiam latent, non ab ipsis confessa, nec ab aliis publicata, si ea confiteri vel emendare noluerint, Deum quem habent testem, ipsum et habituri sunt ultorem. Quod si ipsi sui judices fiant, et veluti suæ iniquitatis ultores, hic in se voluntariam pœnam severissimæ animadversionis exerceant ; temporalibus pœnis mutabunt æterna supplicia, et lacrymis ex vera cordis contritione fluentibus extinguent æterni ignis incendia. Et infra, ibid. : Facilius sibi Deum placabunt illi, qui aut propriis confessionibus crimen produnt, aut nescientibus aliis ipsi in se voluntariæ excommunicationis ferant sententiam : et ab altari cui ministrabant, non animo, sed officio separati, vitam suam quasi mortuam plangunt ; certi quod reconciliati sibi pœnitentiæ fructibus, a Deo non solum amissa recipiant, sed etiam supernæ civitatis gaudia recipiant. His auctoritatis innituntur qui sufficere contendunt Deo confiteri peccata sine sacerdote. Dicunt enim quod si quis timens detegere culpam suam apud homines, ne inde opprobrio habeatur, vel alii suo exemplo ad peccandum accingantur, et ideo tacet homini, et revelat Deo, consequitur veniam.

Quod non sufficit soli Deo confiteri si tempus adsit, si tamen homini possit.

4. Sed quod sacerdotibus confiteri oporteat, non solum illa auctoritate Jacobi, c. 6: *Confitemini alterutrum peccata vestra,* etc., sed etiam aliorum pluribus testimoniis comprobatur. Ait enim Aug., in hom. 50, de Utilit. ac Neces. Pœnit. : Judicet seipsum homo voluntarie dum potest, et mores convertat in melius, ne cum jam non poterit, præter voluntatem à Domino judicetur ; et cum in se protulerit severissimæ medicinæ, sed tamen utilissimæ, sententiam, veniat ad antistites per quos illi claves ministrantur Ecclesiæ. Tanquam bonus jam incipiens esse filius, maternorum membrorum ordine custodito, à præpositis sacrorum accipiat satisfactionis sacræ modum, in offerendo sacrificio contriti cordis devotus et supplex. Id tamen agat, quod non solum sibi prosit ad salutem, sed etiam ad exemplum cæteris : ut si peccatum ejus non modo in gravi ejus malo, sed etiam in tanto scandalo aliorum est, atque hoc expedire utilitati Ecclesiæ videtur antistiti, in notitiam multorum vel totius plebis agere pœnitentiam non recuset, ne lethali plagæ per pudorem addat tumorem. Cum tanta est plaga peccati et impetus morbi, ut medicamenta corporis et sanguinis Domini differenda sint, auctoritate antistitis, debet se quisque removere ab altari ad agendam pœnitentiam, et eadem auctoritate recomciliari. Item Leo papa, de Pœn., dist. 1, c. *Multiplex :* Multiplex misericordia Dei ita lapsibus subvenit humanis, ut non modo per Baptismum, sed etiam per pœnitentiam spes vitæ reparetur ; sic divinæ voluntatis præsidiis ordinatis, ut indulgentiam Dei nisi supplicationibus sacerdotum nequeant obtinere. Christus enim hanc præpositis Ecclesiæ tradidit potestatem, ut confitentibus pœnitentibus satisfactionem darent, et eosdem salubri satisfactione purgatos, ad communionem sacramentorum per januam reconciliationis admitterent. Item Aug., lib. de vera et falsa Pœnitentia, cap. 10: Quem pœnitet, omnino pœniteat, et dolorem lacrymis ostendat ; repræsentet vitam suam Deo per sacerdotem, præveniat judicium Dei per confessionem. Præcepit enim Dominus mundandis, ut ostenderent ora sacerdotibus : docens corporali præsentia confitenda peccata, non per scripta manifestanda. Dixit enim : Ora monstrate et omnes : non unus pro omnibus, non aliud statuatis nuntium qui pro vobis offerat munus Deo a Moyse statutum ; sed qui per vos peccastis, per vos erubescatis. Erubescentia enim ipsa partem habet remissionis. Ex misericordia enim hoc præcepit Dominus, ut nemo pœniteret in occulto. In hoc enim quod per seipsum dicit sacerdoti, et eru-

bescentiam vincit, timore Dei offensi fit venia criminis. Fit enim veniale per confessionem quod criminale erat in operatione, et si non statim purgatur, fit tamen veniale quod commiserat mortale. Multum enim satisfactionis obtulit, qui erubescentiæ dominans, nihil eorum quæ commisit, nuntio Dei negavit. Deus enim qui misericors et justus est, sicut servat misericordiam in justitia, ita et justitiam in misericordia. Opus enim misericordiæ et peccanti peccata dimittere; sed oportet ut justus misereatur juste. Considerat enim si dignus est, non dico justitia, sed et misericordia. Justitia enim sola damnat, sed dignus est misericordia qui spirituali labore quærit gratiam. Laborat enim mens patiendo erubescentiam. Et quoniam verecundia magna et pœna, qui erubescit pro Christo fit dignus misericordia. Unde patet quia quanto pluribus confitebitur in spe veniæ turpitudinem criminis, tanto facilius consequetur gratiam remissionis. Ipsi enim sacerdotes plus possunt proficere, plus confitentibus parcere. Item Leo papa, de Pœn., dist 1: Quamvis plenitudo fidei videatur esse laudabilis, quæ propter Dei timorem apud homines erubescere non veretur; tamen quia non omnium sunt hujuscemodi peccata, ut ea qui pœnitentiam poscunt, non timeant publicari, removeatur improbabilis consuetudo, multis pœnitentiæ remediis arceantur, dum aut erubescunt, aut timent inimicis sua facta resecare, quibus possunt legum percelli constitutione. Sufficit enim confessio, quæ primum Deo offertur, et tunc etiam sacerdoti, qui pro delictis pœnitentium precator accedit. Tunc enim plures ad pœnitentiam poterunt provocari, si populi auribus non publicetur conscientia confitentis. Ex his aliisque pluribus indubitanter ostenditur oportere Deo primum, et deinde sacerdoti offerri confessionem; nec aliter posse perveniri ad ingressum paradisi, si adsit facultas.

De tertio articulo, scilicet, an sufficiat confiteri laico.

5. Nunc priusquam præmissis auctoritatibus quæ his contradicere videntur respondeamus, tertiam quæstionem intueamur. Quod enim secunda quæstio continebat, scilicet, an sine confessione et judicio sacerdotis soli Deo confiteri sufficeret, expeditum est; et certificatum præmissis testimoniis, quod non sufficit confiteri Deo sine sacerdote, nec est vere humilis et pœnitens, si non desiderat et requirit sacerdotis judicium Sed numquid æque valet alicui confiteri socio vel proximo suo, saltem cum deest sacerdos? Sane ad hoc potest dici quod sacerdotis examen requirendum est studiose, quia sacerdotibus concessit Deus potestatem ligandi atque solvendi; et ideo quibus ipsi dimittunt, et Deus dimittit. Si tamen defuerit sacerdos, proximo vel socio est facienda confessio. Sed curet quisque sacerdotem quærere, qui sciat ligare et solvere. Talem enim esse oportet, qui aliorum crimina dijudicat. Unde Aug., lib de vera et falsa Pœnitentia, cap. 10: Qui vult confiteri peccata ut inveniat gratiam, quærat sacerdotem qui sciat ligare et solvere, ne cum negligens circa se extiterit negligatur ab eo, qui eum misericorditer monet et petit; ne ambo in foveam cadant, quam stultus evitare noluit. Tanta itaque vis confessionis est, ut si deest sacerdos, confiteatur proximo. Sæpe enim contingit quod pœnitens non potest verecundari eorum sacerdote, quem desideranti nec tempus, nec locus offert. Etsi ille cui confitebitur potestatem non habeat solvendi, fit tamen dignus venia ex sacerdotis desiderio, qui crimen confitetur socio. Mundati enim sunt leprosi, dum ibant ora vel se ostenderent sacerdotibus, antequam ad eos pervenirent. Unde patet Deum ad cor inspicere, dum ex necessitate prohibetur ad sacerdotes pervenire. Unde Aug., ibidem: Sæpe quidem quærunt eos sani et læti; sed dum quærunt, antequam perveniant, moriuntur. Sed misericordia Dei ubique est, qui et justis parcere novit, etsi non tam cito, sicut si solverentur a sacerdote. Ibid. cap. 11: Qui ergo confitetur sacerdoti, omnino meliori quam potest confiteatur; et si peccatum occultum est, sufficiat referre in notitiam sacerdotis. Nam in resurrectione filiæ archisynagogi puellæ, pauci interfuerunt qui viderunt; nondum enim erat sepulta, nondum extra portam delata, nondum extra domum in notitiam portata. Intus resuscitavit quam intus invenit, relictis solis Petro et Jacobo et Joanne, et patre et male puellæ, in quibus figuraliter continentur sacerdotes Ecclesiæ. Quos autem extra invenit, advertendum est quomodo suscitavit. Flebat enim turba post filium viduæ; flevit Martha et Maria supplicantes pro fratre; flebat et turba Mariam secuta. In quo docemur, publice peccantibus non proprium, sed Ecclesiæ sufficere meritum. Aug., ibid., cap. 12: Laboret ergo pœnitens in Ecclesia esse et ad Ecclesiæ unitatem tendere. Nisi enim unitas Ecclesiæ succurrat, nisi quod deest peccatori sua oratione compleat, de manibus inimici non eripietur anima mortui. Credendum est enim quod omnes orationes et eleemosynæ Ecclesiæ et opera justitiæ et misericordiæ succurrant recognoscenti mortem suam ad conversionem. Ideoque nemo digne pœnitere potest, quem non sustineat unitas Ecclesiæ. Ideoque nemo petat sacerdotes per aliquam culpam ab unitate Ecclesiæ divisos. Ex his satis aperitur et absolvitur præmissæ quæstionis articulus. Quærendus est sacerdos sapiens et discretus, qui cum potestate simul habeat judicium, qui si forte defuerit, confiteri debet socio. Beda vero, super Epist. Jacobi 5, inter confessionem venialem et mortalium distinguit super illum locum: *Confitemini alterutrum peccata vestra.* Ait enim: Coæqualibus quotidiana et levia, graviora vero sacerdoti pandamus, et quanto jusserit tempore purgare curemus, quia sine confessione emendationis, peccata nequeunt dimitti. Sed et graviora coæqualibus pandenda sunt, cum deest sacerdos, et urget periculum. Venialia vero, etiam sacerdotum oblata copia, licet confiteri coæquali, et sufficit, ut quibusdam placet, si tamen ex contemptu non prætermittatur sacerdos. Tutius est tamen et perfectius utriusque generis peccata sacerdotibus pandere, et consilium medicinæ ab eis quærere, quibus concessa est potestas ligandi et solvendi.

Hic aperit qualiter supradictæ auctoritates intelligendæ sunt.

6. Dum ergo ex his aliisque pluribus testimoniis perspicuum fiat et indubitabiliter constet peccata primum Deo, deinde sacerdoti esse confitenda, et, si ipse defuerit, etiam socio, illud Joan. Chrys. superius positum, de Pœn., dist. 1, c. *Quos aliquando*, ad finem, non est ita intelligendum, ut liceat alicui, si tempus habeat, sacerdoti non confiteri; sed quia sufficit ubi crimen occultum est, soli Deo per sacerdotem dicere, et semel. Nec oportet publicari coram multis, quod occultum est. Quod notavit dicens: Non tibi dico ut te prodas in publicum. Sicut enim publica noxa publico eget remedio, ita et occulta secreta confessione et occulta satisfactione purgatur. Nec necesse est ut quod sacerdoti semel confessi sumus, iterum confiteamur; sed lingua cordis, non carnis, apud verum judicem id jugiter confiteri debemus. Unde idem Joan., ibid., c. *Nunc autem*, ait: Nunc autem si recorderis peccatorum tuorum, et frequenter ea in conspectu Dei pronunties, et pro eis depreceris, citius illa delebis. Si vero oblivisearis, tunc eorum recordaberis nolens, quando publicabuntur, et in conspectu omnium amicorum et inimicorum, sanctorumque angelorum proferentur. Ita etiam illud Ambrosii, de Pœn., dist. 1, c. *Lacrymæ*: Lacrymæ lavant delictum quod voce pudor est confiteri, ad publicam pœnitentiam referendum est. Ibi enim virtutem lacrymarum et confessionis ostendens, significare voluit quod lacrymæ occultæ et confessio secreta, sicut quæ fit soli sacerdoti, lavant delictum quod pudet aliquem publice confiteri. Quod vero dicit se lacrymas Petri legisse, non satisfactionem vel confessionem, per hoc non excludit illa: multa enim facta sunt, quæ scripta non sunt; et forte nondum facta erat institutio confessionis, quæ modo. Similiter et illud Prosperi: Si sui judices fiant, mu

tabunt æterna supplicia ; et illud: Facilius Deum placabunt sibi, qui aut propriis confessionibus crimen produnt, aut nescientibus aliis in se sententiam excommunicationis ferunt, ad publicam confessionem et satisfactionem referri oportet. Non enim solis sacerdotibus jus ligandi atque solvendi datum est, si cuique suo arbitrio se pœna vel excommucationis sententia ligare, et absque sacerdotali judicio scipsum Deo vel altari reconciliare licet, quod ecclesiasticæ institutioni eonsuetudini penitus repugnat. Potius ergo si publice peccasti, publice confitere te reum, et emenda. Si vero occulte deliquisti, etiam sic non taceas, nec tamen dico ut publices. Taciturnitas enim peccati ex superbia nascitur cordis. Ideo enim peccatum suum quis celat, ne reputetur foris qualem se jam conspectui exhibuit, quod ex fonte superbiæ nascitur. Species enim superbiæ est se velle justum videri qui peccator est ; atque hypocrita convincitur qui instar primorum parentum vel tergiversatione verborum peccata sua levigare contendit, vel sicut Cain peccata sua reticendo supprimere quærit. Ubi ergo superbia regnat et hypocrisis, humilitas locum non habet. Sine humilitate vero alicui veniam sperare non licet. Ubi est ergo taciturnitas confessionis, non est speranda veniam criminis. Jam certissime liquet quam sit detestabile peccati silentium, et e converso quam sit necessaria confessio. Est enim confessio testimonium conscientiæ Deum timentis, Qui enim timet judicium Dei, peccatum non erubescit confiteri. Perfectus timor solvit omnem pudorem ; confessio peccati pudorem habet, et ipsa erubescentia est gravis pœna. Ideoque jubemur confiteri peccata, ut erubescentiam patiamur pro pœna, nam hoc ipsum pars est divini judicii. Si ergo quæritur an confessio sit necessaria, cum in contritione jam deletum sit peccatum, dicimus quia quædam punitio peccati est, sicut satisfactio operis. Per confessionem etiam intelligit sacerdos qualiter debeat judicare de crimine. Per eam quoque peccator fit humilior et cautior.

DISTINCTIO XVIII
DE REMISSIONE SACERDOTIS.

1. Hic quæri solet si peccatum omnino dimissum est a Deo per cordis contritionem, ex quo pœnitens votum habuit confitendi, quid postea dimittatur a sacerdote. Video enim quo vinculo eum ligat, scilicet, temporalis pœnæ, sed non a quo eum absolvat. Et ideo quæro. Aute pœnitudinem quippe cordis, anima rei maculam habet et fœtorem peccati, atque æternæ ultionis vinculo ligata existit. Si vero ante confessionem per cordis contritionem Deus per seipsum sine ministerio sacerdotis et debitum omnino relaxat, et animam interius purgat a contagione et fœtore peccati ; quid ergo mundat, quid dimittit sacerdos ? ubi sunt claves illæ quas Dominus dedit Petro et successoribus ejus, dicens, Matth. 16 : *Tibi dabo claves regni cœlorum*, etc. *Quæcumque ligaveris super terram, erunt ligata et in cælo ; et quæcumque solveris super terram, erunt soluta*, etc, Luc. 5 ? Ut autem præmissa quæstio plenius explicari valeat, quasi altius ducto rete, de his clavibus et usu earum disseramus.

De clavibus.

2. Claves istæ non sunt corporales, sed spirituales, scilicet discernendi scientia, et potentia judicandi, id est, ligandi et solvendi ; qua dignos recipere, et indignos debet excludere a regno ecclesiasticus judex, qui sicut habet jus ligandi, ita solvendi. Unde Ambr. de Pœn., dist. 1, c. *Verbum Dei :* Dominus par jus et solvendi esse voluit, et ligandi, qui utrumque pari conditione permisit. Ego qui solvendi jus non habet, nec ligandi habet. Et infra : Certum est quod Ecclesiæ utrumque licet, hæresis utrumque non habet Jus enim hoc solis permissum est sacerdotibus. Recte ergo Ecclesia hoc sibi vindicat, quæ veros sacerdotes habet ; hæresis vendicare non potest, quæ veros sacerdotes non habet.

De usu clavium.

3. Usus vero harum clavium multiplex est : discernere, scilicet, ligandos et solvendos, ac deinde ligare vel solvere. Qui enim, ut ait Gregor., indignos ligat vel solvit, propria potestate se privat, id est, dignum privatione se facit.

Si sacerdos potest dimittere vel retinere peccata.

4. Sed quæritur utrum a peccato solvere valeat sacerdos, id est, a culpa, ut culpæ maculam abstergat, vel debitum æternæ mortis solvere valeat. Quidam arbitrati sunt, cum peccator dupliciter ligatus teneatur, ut prædictum est, scilicet, mentis contagione ac cæcitate, et debito futuræ pœnæ, alteram curari per Deum, alterum solvi per sacerdotem. Patitur enim per peccatum quasdam tenebras interiores et maculas, a quibus nisi liberetur, projicietur in tenebras exteriores. Cum autem liberatur ab his, suscitatur a morte peccati. Unde Apostolus : Surge qui dormis, et illuminabit te Christus. Solus enim Christus, non sacerdos animam resuscitat, ac, pulsis tenebris interioribus et maculis, eam illuminat et mundat, qui animæ faciem lavat ; debitum vero æternæ pœnæ solvere concessit sacerdotibus. Quod in resurrectione Lazari signatum asserunt ; quem Christus prius per se interius vivificavit, deinde foras exire jussit, eumque adhuc ligatum solvere apostolis præcepit ; quia, ut aiunt, ipse interius animam a caligine maculaque peccati emundat, sacerdotibus vero dedit vinculum æternæ mortis solvere: Alii vero dicunt solum Deum, non sacerdotem, debitum æternæ mortis dimittere, sicut et animam interius per se vivificat ; nec tamen diffitentur sacerdotibus traditam potestatem peccata dimittendi et retinendi, quibus dictum est, Joan. 10 : *Quorum remiseritis peccata*, etc. Sicut enim Christus retinuit sibi potestatem Baptismi, ita et Pœnitentiæ. Et ideo sicut interius gratia sua animam illuminat, ita et simul debitum æternæ mortis relaxat. Ipse enim per seipsum peccata pœnitentium tegit ; et tunc tegit quando ad pœnam non reservat. Tunc ergo tegit, quando debitum pœnæ solvit. Quod autem ipse tegat, aperte dicit Aug. exponens illum locum psalmi 31 : *Quorum tecta sunt peccata*, id est, cooperta et abolita. Si enim texit Deus peccata, noluit advertere ; si noluit advertere, noluit animadvertere, id est, punire, sed ignoscere. Ita ergo dicit a Deo tecta, ut Deus non videat, id est, æternaliter puniat. Videre enim Dei peccata, est, ad pœnam imputare. Avertere autem faciem a peccatis, hoc est ea ad pœnam non reservare. Item Hieron. Comment, ad eumdem psal. : Quibus Deus dimittit peccata, tegit ne in judicio revelentur. Item Cassiodorus, ad eumdem ps., super eo loco : *Beatus vir qui*, etc. : Quia gravia habent peccata, aliis Deus imputat, aliis per misericordiam non imputat. Ex his aperte ostenditur quod Deus ipse pœnitentem solvit a debito pœnæ ; et tunc solvit quando intus illuminat, inpirando veram cordis contritionem. Cui sententiæ ratio suffragatur, et auctoritates attestantur. Nemo enim vere compungitur de peccato, habens cor contritum et humilitatum, nisi in charitate. Qui autem charitatem habet, dignus est vita æterna. Nemo autem simul vita et morte dignus est. Non ergo tunc ligatus debito æternæ mortis. Filius enim iræ esse desiit ex quo diligere cœpit. Ex tunc ergo solutus est ab ira, quæ non manet super illum qui credit in Christum, sed super illum qui non credit. Non ergo postmodum per sacerdotem cui confitetur ab ira æterna liberatur, a qua jam liberatus est per Dominum, ex quo dixit : *Confitebor*. Solus ergo Deus hominem interius mundat a peccati macula, et a debito æternæ pœnæ solvit ; qui per prophetam ait, Isaiæ 43 : *Ego solus deleo iniquitates et peccata populi*. Item Amb. : *Verbum Dei dimittit peccata, sacerdos est judex*. Sacerdos quidem officium suum exhibet, sed nullius potestatis jura excercet. Idem Aug., tract. 121 super Joan. : Nemo tollit peccata, nisi solus Deus, qui est Agnus tollens peccata mundi. Tollit autem et dimittendo quæ facta sunt, et adjuvando ne fiant, et perducendo ad vitam, ubi omnino fieri non possunt.

His aliisque pluribus testimoniis docetur Dominum solum per se peccata dimittere ; et sicut dimittit quibusdam, ita et aliorum quorumdam peccata retinet.

Quod sacerdotes etiam dimittunt, et tenent peccata, suo modo.

5. Nec ideo tamen negamus sacerdotibus concessam potestatem dimittendi et retinendi peccata, cum hoc Veritas in Evangelio aperte doceat. Hinc August. ait, lib. de vera et falsa Pœn., c. 10 : Ecclesiæ charitas, quæ per Spiritum sanctum diffunditur in cordibus eorum qui participes sui sunt, peccata dimittit ; eorum qui non sunt, tenet, Idem : Sacerdotes possunt confitentibus parcere : quibus enim remittunt remittit Deus. Lazarum enim de monumento suscitatum obtulit discipulis solvendum, per hoc ostendens potestatem solvendi concessam sacerdotibus. Dixit enim, Matth. 16 : *Quodcumque solveritis super terram, erit solutum et in cœlo,* etc.; hoc est: Ego Deus, et omnis cœlestis curiæ ordines, et omnes sancti in gloria mea laudant vobiscum et confirmant quos ligatis et solvitis. Non dixit *quos putatis ligare et solvere; sed in quos exercetis opus justitiæ vel misericordiæ.* Aliter autem, vel alia opera vestra in peccatores non cognosco. Idem, lib. de Bapt. parvul, l. 6 : Cum veraciter ad Deum converso peccata dimittuntur ab eis dimittuntur, quibus ipse veraci conversione conjungitur. Spiritus sanctus ea dimittit, qui datus est omnibus sanctis sibi charitate cohærentibus, sive se noverint corporaliter, sive non. Similiter cum alicujus teneantur peccata, ab eis tenentura quibus ille cordis pravitate disjungitur, sive notis corporaliter, sive ignotis. Omnes enim mali spiritualiter a bonis sejuncti sunt. Ecce, hic dicit peccata dimitti, vel teneri a sanctis viris, et tamen Spiritum sanctum ea dimittere dicit. Et quod majori consideratione dignum est, idem etiam dicit quod Deus per se vel per sanctos tantum dimittit peccata. Ait enim sic : Sacramentum gratiæ dat Deus etiam per malos ; ipsam vero gratiam non nisi per seipsum, vel per sanctos suos. Et ideo remissionem peccatorum vel seipsum facit, vel per ipsius columbæ membra, quibus ait : Si cui dimiseritis, dimittetur. Ecce quam varia a doctoribus traduntur super his ; et in hac tanta varietate quid tenendum ? Hoc sane dicere ac sentire possumus, quod solus Deus dimittit peccata et retinet ; et tamen Ecclesiæ contulit potestatem ligandi et solvendi, sed aliter ipse solvit vel ligat, aliter Ecclesia. Ipse enim per se tantum dimittit peccatum, qui et animam mundat ab interiori macula, et a debito æternæ mortis solvit.

Quomodo sacerdotes ligant vel solvunt a peccatis.

6. Non autem hoc sacerdotibus concessit, quibus tamen tribuit potestatem solvendi et ligandi, id est, ostendendi homines ligatos vel solutos. Unde Dominus leprosum sanitati prius per se restituit, deinde ad sacerdotes misit, quorum judicio ostenderetur mundatus. Ita etiam Lazarum jam vivificatum obtulit discipulis solvendum. Quia etsi aliquis apud Deum sit solutus, non tamen in facie Ecclesiæ solutus habetur, nisi per judicium sacerdotis. In solvendis ergo culpis vel retinendis, ita operatur sacerdos evangelicus et judicat, sicut olim legalis in illis qui contaminati erant lepra, quæ peccatum signat. Unde Hieron. Comment. ad cap. 16 Matth., ubi Dominus ait Petro: *Tibi dabo claves regni cœlorum, et quodcumque ligaveris super terram, erit ligatum et in cœlis ; et quodcumque solveris super terram, erit solutum et in cœlis:* Hunc, inquit, locum quidam non intelligentes, aliquid sumunt de supercilio Pharisæorum, ut damnare innoxios, vel solvere se putent noxios, cum apud Deum non sententia sacerdotum, sed reorum vita quæritur. In Levitico se ostendere sacerdotibus jubentur leprosi, quos illi non faciunt leprosos vel mundos, sed dicernunt qui mundi vel immundi sunt. Ita et hic aperte ostenditur quod non semper sequitur Deus Ecclesiæ judicium, quæ per surreptionem et ignorantiam interdum judicat, Deus autem semper judicat secundum veritatem. Et in remittendis vel in retinendis culpis id juris et officii habent evangelici sacerdotes, quod olim habebant sub lege legales in curandis leprosis. Hi ergo peccata dimittunt vel retinent, dum dimissa a Deo vel retenta judicant et ostendunt. Ponunt enim sacerdotes nomen Domini super filios Israel, sed ipse benedicit, ut legitur in Numeris. Hunc modum ligandi et solvendi Hieronymus supra notavit.

7. Ligant quoque sacerdotes, dum satisfactionem Pœnitentiæ confitibus imponunt. Solvunt, cum de ea aliquid dimittunt, vel per eam purgatos ad sacramentorum communionem admittunt, quem modum superius Leo papa notavit. Secundum hunc modum dicuntur etiam sacerdotes dimittere peccata vel retinere. Unde superius Aug., libro de vera et falsa Pœn., cap. 10, dixit: Quibus remittunt, et remittit Deus etc. Opus enim justitiæ exercent in peccatores, cum eos justa pœna ligant ; opus misericordiæ, dum de ea aliquid relaxant, vel sacramentorum communioni conciliant ; alia opera in peccatores exercere nequeunt. Et notandum est quia quos satisfactione pœnitentiæ ligant, eo ipso a peccatis solutos ostendunt, quia non imponitur alicui satisfactio pœnitentialis, nisi quem sacerdos vere pœnitentem arbitratur. Aliis vero non imponunt ; et eo ipso peccatum retineri a Deo judicant. Quod autem hoc ad claves pertineat August. ostendit dicens, in libro de Pœnitentia: Frustrat claves Ecclesiæ, qui sine arbitrio sacerdotis pœnitentiam agit, si sine oris confessione criminis indulgentiam imprecatur. Est et alius modus ligandi et solvendi, qui per excommunicationem geritur, dum aliquis secundum canonicam disciplinam tertio vocatus ad emendationem manifesti delicti, et satisfacere vilipendens, sententia Ecclesiæ a loco orationis, et sacramentorum communione, et fidelium consortio præscinditur, ut erubescat, et pudore sceleris conversus pœniteat, *ut sic spiritus ejus salvus sit,* 1 Cor. 5. Quod si pœnitentiam profitens resipuerit, negatæ communioni admittitur, et Ecclesiæ reconcilietur. Hæc est autem Ecclesiæ anathematizatio ; hanc pœnam illis qui digne percelluntur, infligit, quia gratia Dei et protectio illius amplius subtrahitur, ac sibi ipsis relinquuntur, ut sit eis liberum ruere in interitum peccati, in quos etiam major diabolo sæviendi datur potestas. Orationes quoque Ecclesiæ, et benedictionum ac meritorum suffragia, eis nequaquam suffragari putantur.

Quomodo secundum hos modos intelligendum sit illud: Quodcumque solveritis, etc.

8. Secundum hos ligandi et solvendi modos, quomodo verum est quod dicitur, Matth. 16 : *Quodcumque solveritis super terram, erit solutum et in cœlis ; et quodcumque ligaveritis super terram, erit ligatum et in cœlis?* etc. Aliquando enim ostendunt solutos vel ligatos, qui ita non sunt apud Deum ; et pœna satisfactionis vel excommunicationis interdum indignos ligant, vel solvunt ; et indignos sacramentis admittunt, et dignos admittiarcent. Sed intelligendum est hoc in illis quorum merita solvi vel ligari postulant. Tunc enim sententia sacerdotis judicio Dei et totius cœlestis curiæ approbatur et confirmatur, cum ita ex discretione procedit, ut reorum merita non contradicant. Quoscumque ergo solvunt vel ligant, adhibentes clavem discretionis reorum meritis, solvuntur vel ligantur in cœlis, id est, apud Deum, quia divino judicio sacerdotis sententia sic progressa approbatur et confirmatur. Quos ergo secundum merita sententia Ecclesiæ percellit, lædit ; et illis foris sunt apud Deum. Qui autem non meruit, sententia Ecclesiæ non læditur, nisi consentiat. Unde Origenes, super Leviticum, homil. 14, ad 24 caput: Exiit quis a veritate, a fide, a charitate, per hoc exit de castris Ecclesiæ, etiamsi episcopi voce non abjiciatur, sicut contra aliquis non recto judicio foras mittitur; sed si non egit ut mereretur exire, nihil læditur. Interdum enim qui foras mittitur, intus est ; et qui foras est, intus videtur retineri. Ecce qualis et quantus est usus apostolicarum clavium. Jam ostensum est ex parte qualiter sacerdotes dimittant peccata vel teneant, et tamen retinuit sibi Deus quamdam singularem potestatem dimittendi vel retinendi, quia ipse

solus per se debitum æternæ mortis solvit, et animam interius purgat.

Quæ sint interiores tenebræ et interior macula.

6. Hic quæritur quæ sit illa macula et quæ sint illæ tenebræ interiores a quibus Deus interius animam purgat, cum veram pœnitentiam immittit. De tenebris et interiori caligine satis facile est et intelligere, et respondere. Cum enim quis mortaliier delinquit, et gratia virtutis privatur, si qua præcessit, et naturalium bonorum elisionem patitur. Unde et intellectus obtunditur, et totus homo interior obtenebratur; et ita quasi caligne quadam mens obvolvitur, quæ caligo peccati pœna est. Hanc vero Deus pellit, cum pœnitentiam immittit, per quam perdita bona restituit, et vitiata reparat. Unde Propheta, psal. 147: *Nebulam sicut cinerem spargit.* Sed quæ est macula peccati, a qua animam lavat? Ecce enim quis voluit facere homicidium, et patravit; quo patrato desinit tam velle, quam lacere; nondum tamen vere et humiliter pœnitet, nec confiteri proponit. Quæ ergo remansit in anima illius macula? Mala voluntas quidem fuit macula illius animæ; sed illa transiit. Macula etiam est, si pœnitere contemnit; sed hoc est peccatum aliud a præcedenti. Quæ ergo macula remansit, a qua ipse in Pœnitentia purgatur? Polluta quidem est anima, quousque pœniteat, sicut erat, dum in ea prava erat voluntas. Sicut enim qui tangit morticinium vel aliud immundum, ita pollutus est post tactum quousque lavatur, sicut fuit dum tangeret; sic post actum peccati ita polluta remanet anima, sicut fuit in ipso actu peccati, quia ita est longe a Deo per dissimilitudinem, qui est vita et munditia mentis, sicut fuit dum peccatum ageret. Ipsa ergo dissimilitudo quæ inest animæ ex peccato, et est a Deo elongatio, animæ macula intelligitur, a qua purgatur in Pœnitentia. Hoc autem solus Deus facit, qui solus suscitat animam et illuminat; quod sacerdotes nequeunt, qui tamen mediōr sunt animarum. Unde Propheta, psal. 87: *Nunquid medici suscitabunt, et confitebuntur tibi?* quod exponens Aug. ait: Boni doctores recte medici dicuntur, qui viventes curare ministerio possunt, sed non mortuos suscitare. Sola enim Dei gratia mortui revivíscunt.

DISTINCTIO XIX.

QUANDO HÆ CLAVES DANTUR ET QUIBUS.

1. Postquam ostensum est quæ sint claves apostolicæ, et quis earum usus, superest investigare quando istæ claves dentur, et quibus. Dantur hæ claves per ministerium episcopi alicui in promotione sacerdotii. Cum enim recipit ordinem sacerdotalem simul et has claves recipit. Sed non videtur quod omnes vel soli sacerdotes has claves habeant, quia plerique ante sacram ordinationem scientiam discernendi habent, plures post consecrationem ea carent. Sane dici potest quod alteram clavium istarum, id est, scientiam discernendi, non habent omnes sacerdotes, unde dolendum est atque lugendum. Multi enim, licet indiscreti, atque scientiæ qua eminere debent, exortes, sacerdotii gradum recipere præsumunt vita et scientia eo indigni; qui nec ante sacerdotium, nec post, scientiam habent discernendi qui ligandi sint vel solvendi. Ideoque illam clavem in consecratione non recipiunt, quia semper scientia carent. Qui vero ante sacerdotium scientia discernendi præditi sunt, licet habeant discretionem, non tamen in eis clavis est, quia non valent ea claudere vel aperire. Ideoque cum premovetur in sacerdotem clavem discretionis recte dicitur accipere, quia ante habita discretio augetur, & fit in eo clavis, ut ea jam valeat uti ad claudendum vel aperiendum.

Si alteram clavem omnes sacerdotes habeant, scilicet, potentiam ligandi et solvendi.

2. Cumque jam constet non omnes sacerdotes illas duas claves habere, quia scientia discernendi plerique carent; de altera, id est, potentia ligandi et solvendi, quæritur utrum omnes sacerdotes eam habeant Quidam enim hanc potestatem putant illis solis esse concessam, qui doctrinam simul ac vitam apostolorum servant. Illas enim claves promisit Dominus Petro, et imitatoribus ejus tantum, ut aiunt; qui etiam auctoritatibus utuntur munimentum suæ opinionis. Hoc enim dicunt Aug. sensisse, ubi superius ait, in lib. de Bapt. contra Donat., l.5, c.21: Remissionem peccatorum vel per seipsum facit Deus, vel per columbæ membra. Dicit etiam idem peccata dimitti vel teneri a sanctis. Idem super Exodum, c.120, ubi de lamina aurea legitur: *Erat autem lamina aurea semper in fronte sacerdotis*: Hæc, inquit, significat fiduciam bonæ vitæ, quam qui vere perfecteque, non significatione, sed veritate sacerdos habet, solus potest anferre peccata. Item Gregor., in Tract. evang. hom. 27: Illi soli habent in hac carne positi potestatem ligandi et solvendi, sicut sancti apostoli, qui illorum exempla simul cum doctrina tenent. Item ex dictis Origen.: Hæc potestas soli Petro concessa est, et imitatoribus Petri. Nam quicumque vestigia Petri imitantur, habent recte ligandi et solvendi potestatem. His aliisque testimoniis innituntur, qui asserunt potestatem ligandi ac solvendi illis solis concessam sacerdotibus, qui vita et doctrina pollent sicut apostoli.

Aliorum sententia verior.

3. Aliis autem videtur, quod et mihi placere fateor, cunctis sacerdotibus hanc clavem dari, scilicet, ligandi et solvendi; sed non eam recte ac digne habent, nisi qui vitam et doctrinam apostolicam servant. Nec præmissæ auctoritates malos sacerdotes hanc potestatem negant habere; sed illos solos digne ac recte hac potestate uti significant, qui præditi sunt vita et doctrina apostolica, quia soli ipsorum apostolorum imitatores digne recteque possunt ligare et solvere. Et per Dominum tantum vel per sanctos in quibus habitat Spiritus sanctus, digne et recte fit remissio vel retentio peccatorum. Fit tamen et per illos qui sancti non sunt, sed non digne vel recte. Dat enim Deus benedictionem digne poscenti, etiam per indignum ministrum Quod vero hanc potestatem habeant omnes sacerdotes, Hieronym. testatur super illum locum Evangelii ubi Dominus dixit Petro, Matth. 16: *Tibi dabo claves regni cœlorum.* Habent enim, inquit, eamdem judiciariam potestate malii apostoli; habet et omnis Ecclesia in episcopis et presbyteris. Sed ideo Petrus eam specialiter accepit, ut omnes intelligent quod quicumque ab unitate fidei et societate Ecclesiæ se separaverit, nec a peccatis solvi, nec cœlum potest ingredi. Item quod sacerdos, etiam si malus sit, gratiam tamen transfundit pro suæ dignitatis officio, August. ostendit dicens, in lib. Quæst. de veteri Testam.: Dictum est a Domino in Numeris, cap. 6, ad Moysen et Aaron sacerdotes: *Vos ponite nomen meum super filios Israel, et ego Dominus benedicum eos*; ut gratiam traditam per ministerium ordinati transfundat hominibus, nec voluntas sacerdotum obesse vel prodesse possit, sed meritum benedictionem poscentis. Quanta autem sit dignitas sacerdotalis officii et ordinis, hinc advertamus. Dictum est, Joan. 11, de nequissimo Caipha inter cætera: *Hoc autem a semetipso non dixit; sed cum esset pontifex anni illius, prophetavit;* per quod ostenditur Spiritum gratiarum non personam sequi digni vel indigni, sed ordinem traditionis: ut quamvis aliquis boni meriti sit, non tamen possit benedicere nisi fuerit ordinatus, ut officii ministerium exhibeat. Dei autem est effectum tribuere benedictionis. Hinc evidenter ostenditur ordinem non privare potestate tribuendi gratiam ob ministri indignitatem. Huic tamen August. sententiæ videtur obviare quod ait Esychius, super Levit. cap. 9, lib. 2. Sacerdotes, inquit, non propria virtute benedicunt; sed quia figuram Christi gerunt, et propter eum qui in ipsis est, plenitudinem benedictionis tribuunt; nec solum is qui sacerdotium sortitus est, sed quicumque Christum in seipso habet, et ejus figuram gerit, per conversationem bonam, sicut Moyses, idoneus est ad benedictionem præstet. Ecce hic habes, quod non solum sacerdos, sed omnis in quo Christus habitat,

benedictionem præstat. Sed alia est benedictio quæ solis sacerdotibus congruit, alia quæ ab omnibus bonis communiter exhibetur. Denique illi sacerdotes, in quibus Christus habitat, benedictionis plenitudinem tribuere dicuntur, non quia soli illi transfundant gratiam, sed quia illi soli licite et digne id agunt. Nec subditos mala vita sacerdotis lædit, si bona faciunt quæ ille dicit. Unde Gregorius: Multi, dum plus vitam sacerdotum quam suam discutiunt, in erroris foveam dilabuntur, minus considerantes quod non eos vita sacerdotum læderet, si humiliter bonis sacerdotum admonitionibus aurem accommodarent.

De hoc quod scriptum est in Malachia: Maledicam benedictionibus vestris.

4. Præmissæ vero sententiæ qua dicitur etiam per mali sacerdotis ministerium transfundi gratiam benedictionis videtur obviare quod Dominus per Malachiam prophetam, c. 2, malis sacerdotibus comminatur; *Maledicam benedictionibus vestris.* Et alibi, Ezech. 13: *Væ his qui vivificant animas quæ non vivunt, et mortificant animas quæ non moriuntur?* Si enim maledicit Dominus benedictionibus eorum, et si animæ quas vivificant non vivunt, quomodo per eos gratia benedictionis transfunditur? Sed illud capitulum, *Maledicam*, etc., quidam referunt ad hæreticos, qui ab Ecclesia præcisi sunt, et ad excommunicatos, quorum benedictiones fiunt maledictiones his qui eorum sequuntur errores. Illud vero alterum, scilicet *vivificant*, etc., super omnes illos sacerdotes exponunt, qui absque clave scientiæ et forma bonæ vitæ præsumunt ligare vel solvere. Sed nullus officio sacerdotis uti debet, nisi immunis sit ab illis quæ in aliis judicat; alioquin seipsum condemnat.

Qualis esse debet judex ecclesiasticus.

5. Qualem autem oporteat esse qui aliorum judex constituitur, August. describit ita dicens, lib. de vera et falsa Pœnit., cap. 20: Sacerdos cui omnis offertur peccator, ante quem statuitur omnis languor, in nullo eorum sit judicandus, quæ in alio judicare est promptus. Judicans enim alium, qui est judicandus, condemnat seipsum. Cognoscat ergo se, et purget in se quod alios videt sibi offerre; caveat ut a se projecerit quicquid in alio damnosum reperit. Animadvertat quod *qui sine peccato est, primus in illam lapidem mittat,* Joan. 8. Ideo enim liberavit peccatricem, quia non erat qui juste projiceret lapidem. Quomodo lapidaret, qui se lapidandum cognosceret? Nullus enim erat sine peccato; in quo intelligitur omnes crimine fuisse reos nam venialia remittebantur per cæremonias. Si quo ergo in eis peccatum erat, criminale erat. In hoc ergo patentissimum est crimen sacerdotem esse detestabile, qui non prius se judiciari antequam alios alligant. Caveat spiritualis judex, sicut non commisit crimen nequitiæ, ita non careat munere scientiæ. Oportet ut sciat cognoscere quidquid debeat judicare. Judiciaria enim potestas hoc postulat, ut quod debet judicare discernat. Diligens ergo investigator sapienter interroget a peccatore quod forsitan ignorat, vel verecundia velit occultare. Cognito vero crimine, varietates ejus non dubitet investigare, et locum, et tempus, et cætera quæ supra diximus; quibus cognitis, adsit benevolus paratus erigere et secum onus portare; habeat dulcedinem in affectione, discretionem in varietate, doceat perseverantiam, caveat ne corruat, ne juste perdat judiciariam potestatem. Etsi pœnitentia possit ei acquirere gratiam, non tamen mox restituit in potestatem primam. Etsi Petrus post lapsum restitutus fuerit, et sæpe lapsis sacerdotibus reddita sit dignitatis potestas, non tamen est necesse ut omnibus concedatur quasi ex auctoritate. Invenitur auctoritas quæ concedit et quasi imperat. Invenitur auctoritas alia quæ non concedit, sed vetat; quæ Scripturæ non repugnant, sed concordant. Cum enim tot sunt qui labuntur, ut pristinam dignitatem ex auctoritate defendant, et quasi usum peccandi sibi faciant, recidenda est spes ista. Si vero locus est ubi ista non concurrant, restitui possunt qui peccant. Hactenus Augustin., cap.

superius citato 10. Ex his satis perpenditur qualis debeat esse sacerdos qui alios ligat et solvit: discretus, scilicet, et justus alioquin mortificat sæpe animas quæ non moriuntur, et vivificat quæ non vivunt: et ita incidit in maledictionis judicium. Illud autem Malachiæ, scilicet: *Maledicam benedictionibus vestris;* sive super hæreticos tantum et excommunicatos, sive super omnes sacerdotes qui vita et scientia carentes benedicere præsumunt, dictum accipiatur, sic intelligi potest: Maledicam benedictionibus vestris, id est, his quæ in eis benedictionibus possidetis, quia faciam ea cedere vobis in maledictionem, non benedictionem. Quia etsi benedicunt sanctis, non hoc faciunt ex vero corde; et ideo eorum benedictio eis vertitur in maledictionem. Vel maledicam benedictionibus vestris, id est, quod a vobis benedicitur, a me erit maledictum; quia benedicunt inique agentibus, adulanturque peccantibus, dummodo divites sint. (Hieron., non longe a principio commentarii ad 2 cap. Malach.)

DISTINCTIO XX.
DE IIS QUI IN FINE PŒNITENT.

1. Sciendum est etiam quod tempus pœnitentiæ est usque ad extremum articulum vitæ; inde Leo papa, de Pœn., dist. 7: Nemo est desperandus, dum in hoc corpore constitutus est: quia nonnunquam quod diffidentia ætatis differtur, consilio maturiore perficitur. Aug. tamen de pœnitentiam differentibus ita scribit: Si quis positus in ultima necessitate voluerit accipere Pœnitentiam, et si accipit et mox reconciliatur, et hinc vadit, fateor vobis, non illi negamus quod petit; sed non præsuminus quia bene hinc exit. Si securus hinc exierit, ego nescio. Pœnitentiam dare possumus securitatem non. Numquid dico, damnabitur? Sed nec dico liberabitur. Vis ergo dubio liberari? age pœnitentiam dum sanus es. Si sic agis, dico tibi quia securus es, quia pœnitentiam egisti eo tempore quo peccare potuisti. Si vis agere pœnitentiam quando jam peccare non potes, peccata te dimiserunt, non tu illa. Item: Duæ res sunt: aut ignoscitur tibi, aut non ignoscitur; quid horum tibi sit futurum nescio. Ergo tene certum, et dimitte incertum. Sed quare hoc dixit Aug., cum pœnitentia quæ in fine agitur, in psalmo 140 appellatur *sacrificium vespertinum,* quod erat acceptabilius in lege; et cum in quacumque die invocetur Deus, adsit; et quacumque hora ingemuerit, et conversus fuerit peccator, vita vivet, et non morietur? Sed illa dixit Aug., propter illos qui pœnitentiam usque in finem protrahunt; et tunc non ex Dei amore videntur pœnitere, sed timore mortis, quasi ex necessitate. Unde idem, lib. de Pœnit. vera et falsa, cap. 17, quasi aperiens quare superiora dixerit, ait: Nullus expectet quando peccare non potest, Arbitrii enim libertatem quærit Deus, ut deleri possint commissa; non necessitatem, sed charitatem non tantum timorem, quia non in solo timore vivit homo. Quem ergo sero pœnitet, oportet non solum timere judicem, sed diligere; quia sine charitate nemo salvus esse potest. Non ergo tantum timeat pœnam, qui pœnitet, sed anxietur pro gloria. Quæ conversio si contigerit alicui etiam in fine, desperandum non est de ejus remissione. Sed quoniam vix vel raro est tam justa conversio, timendum est de pœnitente sero, maxime cum filii quos illicite dilexit sint præsentes uxor et mundus ad se vocet. Multos solet serotina pœnitentia decipere. Sed quoniam Deus semper potens est, semper etiam in morte juvare valet, quibus placet. Cum ergo opus sit non hominis, sed Dei, fructifera pœnitentia, inspirare eam potest quandoque velit sua misericordia, et remunerare ex misericordia, quos damnare potest ex justitia. Sed quoniam multa sunt quæ impediunt, et languentem retrahunt, periculosum est, et interitui vicinum, ad mortem protrahere pœnitentiæ remedium. Sed magnum est, cui Deus tunc inspirat (si quis est) veram pœnitentiam. Sed si etiam sic conversus vivat, et non moriatur, non promittimus quod evadat omnem pœnam. Nam prius purgandus est igne pur-

gationis, qui in aliud seculum distulit fructum conversionis, juxta August., ibidem, cap. 18. Hic autem ignis, etsi æternus non sit miro tamen modo gravis est ; excellit enim omnem pœnam, quam unquam passus sit aliquis in hac vita. Nunquam in carne tanta inventa est pœna, licet mirabilia martyres passi sint tormenta, et multi nequiter tanta sæpe sustinuerunt supplicia. Ex his satis ostenditur quam periculosum sit differre pœnitentiam usque in finem vitæ. Si tamen etiam tunc vera habeatur pœnitentia, hominem liberat, et vitam mortuo impetrat ; non sic tamen ut nullam sentiat pœnam, nisi forte tanta sit vehementia gemitus et contritionis, quæ sufficiat ad delicti punitionem. Licet ergo sit difficile ut tunc sit vera pœnitentia quæ tam sera venit, quando cruciatus membra ligat et dolor sensum opprimit, ut vix homo aliquid cogitare valeat, melior est tamen sera quam nulla. Pœnitentia enim etsi in extremo vitæ hiatu advenit, sanat et liberat. Multum sera fuit latronis pœnitentia ; sed non fuit sera indulgentia. Sed licet latro veniam meruisset in fine de omni crimine, non tamen dedit baptizatis peccandi et perseverandi auctoritatem.

De his qui hic pœnitentiam non complent.

2. Si vero quæritur de illis qui in hac vita pœnitentiam non complent, utrum transituri sint per ignem purgatorii, ut hic compleant quod hic minus fecerunt, idem dicimus de istis esse sentiendum, et de his qui in extremis pœnitent. Si enim tanta fuerit cordis contritio et delicti exprobratio, ut sufficiat ad puniendum peccatum, liberi ab aliis pœnis trrnseunt ad vitam, etsi inexpleta fuerat pœnitentia, quia perfecte pœnituerunt, et ingemuerunt corde. Qui vero non adeo conterantur corde et ingemiscunt pro peccato, si ante expletionem pœnitentiæ discesserint, ignem purgatorium sentient, et gravius punientur quam si hic implessent pœnitentiam *Horrendum est enim incidere in manus Dei viventis*, Hebr 10. Deus enim cum sit misericors et justus, ex misericordia pœnitenti ignoscit, non reservans peccatum ad pœnam æternam. Ex justitia vero impunitum non dimittit delictum. Aut enim punit homo, aut Deus. Homo autem punit pœnitendo. Deus autem pœnam exigendo. Et est pœnitentia interior, et exterior. Si ergo interior pœnitudo fuerit tanta ut sit sufficiens ultio peccati, Deus qui hoc novit, ab illo qui taliter pœnitet, ulterius pœnam non exigit. Si vero interior pœnitudo non sufficit in vindictam peccati, nec exterior pœnitentia impletur, Deus qui modos et mensuras peccatorum et pœnarum novit, addet pœnam sufficientem. Studeat ergo quisque sic delicta corrigere, ut post mortem non oporteat pœnam tolerare. Aug., de vera et falsa Pœnitentia, cap. 18 : Quædam enim peccata mortalia, in pœnitentia sunt venialia ; non tamen mox sanantur. Sæpe enim infirmus moreretur, si non medicaretur ; non tamen statim medicatus sanatur. Languet post victurus, qui prius erat moriturus. Qui enim impœnitens moritur, omnino moritur, et æternaliter cruciatur. Si enim semper viveret, semper peccaret.

De illo cui sacerdos indiscretus injungit parvam pœnitentiam.

3. Si vero de illo quæritur, qui satisfactionem injunctam impleverit, quæ ignorantia vel negligentia sacerdotis, peccato condigna non fuit, utrum de vita migrans, ab omni pœna liber sit, idem respondeo quod de supra de illo qui pœnitentiam non complevit dixi. Quod si tantum est lamentum interioris doloris, ut sufficiat in vindictam peccati, omnino liberatus est ; si vero non sufficit dolor interior simul cum pœna injuncta, addet Deus pœnam. Quod autem interdum sufficiat dolor interior ad vindictam peccati, certum documentum habemus in illo latrone, Luc. 23, qui sola mentis contritione et confessione, statim ut conversus fuit, paradisum ingredi meruit. Sed quia dispensatores Ecclesiæ, contritionis quantitatem non perpendunt, quibus non est datum intelligere occulta cordium, omnibus leges pœnitentiæ constituunt, tam magis quam minus de peccato dolentibus. Quorum studium ad hoc præcipue tendere debet, ut cordis dolorem (quantum fas est) cognoscant, et secundum ipsius modum satisfactionem injungant ; unde August. in Enchir., c. 65 : In actione pœnitentiæ, ubi tale commissum est, ut is qui commisit a Christi etiam corpore separetur, non tam consideranda est mensura temporis quam doloris. *Cor enim contritum et humiliatum Deus non despicit* (psal. 50). Verum quia plerumque dolor alterius cordis occultus est alteri, nec in aliorum notitiam nisi per verba vel alia quæcumque signa procedit, cum sit coram illo cui dicitur, psal. 37 : *Gemitus meus a te non est absconditus* ; recte constituuntur ab his qui Ecclesiis præsunt tempora pœnitentiæ, ut satisfaciat etiam Ecclesiæ, in qua peccata ipsa remittuntur ; extra eam quippe non remittuntur. Ipsa enim Spiritum sanctum pignus accepit, sine quo non remittuntur ulla peccata. Item Hieronym., de Pœnit., dist. 1 : Mensuram temporis in agenda pœnitentia ideo non satis aperte præfigunt canones pro unoquoque crimine, ut de singulis dicant qualiter unumquodque emendandum sit ; sed magis in arbitrio sacerdotis intelligentis relinquendum statuerunt, quia apud Deum non tantum valet mensura temporis quantum doloris ; nec abstinentia tantum ciborum quantum mortificatio vitiorum. Ideoque tempora pœnitentiæ pro fide et conversatione fidelium pœnitentium abbrevianda præcipiunt, et pro negligentia protrahenda ; pro quibusdam tamen culpis modi pænitentiæ sunt imposit i.

Quod morientibus non sit imponenda satisfactio, sed innotescenda.

4. Solet etiam quæri utrum satisfactionis lex morituris sit imponenda. De quo Theodorus Cantuariens. episcopus in Pœnitentiali suo sic ait, 26, q. 7 : Ab infirmis in periculo mortis positis, pura inquirenda est confessio peccatorum ; non tamen est illis imponenda quantitas pœnitentiæ, sed innotescenda, et cum amicorum orationibus, et eleemosynarum largitionibus, pondus pœnitentiæ sublevandum, si forte migraverint. Si vero convaluerint, pœnitentiæ modum a sacerdote impositum diligenter observent. Aliis vero, pro qualitate peccati, pœnitentia decernenda est præsidentium arbitrio. Unde Leo papa, 26, q. 7 : Tempora pœnitentiæ habita moderatione constituenda sunt tuo judicio, prout conversorum animos perspexeris esse devotos. Pariter etiam habere debes ætatis senilis intuitum, et respicere periculorum quorumcumque, vel ægritudinum necessitates.

In necessitate non est neganda pœnitentia vel reconciliatio.

5. Sciendum etiam quod tempore necessitatis non est neganda pœnitentia vel reconciliatio pœnitentibus. Unde Leo papa, ibid., q. 6 : His qui tempore necessitatis et periculi urgentis instantia præsidium pœnitentiæ et mox reconciliationis implorant, nec satisfactio interdicenda est, nec reconciliatio deneganda ; quia misericordiæ Dei nec mensuras possumus ponere, nec tempora definire. Quod si ita aliqua ægritudine aggravati sunt, ut quod paulo ante poscebant, sub præsenti significare nou valeant, testimonia eis fidelium circumstantium prodesse debebunt ; simulque pœnitentiæ et reconciliationis consequantur beneficium. Item Julius papa, idid. : Si presbyter pœnitentiam abnegaverit morientibus, reus erit animarum ; quia Dominus ait, Ezech. 18 : *Cum conversus fuerit tunc salvus erit*. Vera enim confessio ultimo tempore potest esse, quia non modo temporis, sed etiam cordis Deus inspector est, sicut latro probat.

Quod presbyter non reconciliet inconsulto episcopo, nisi necessitate cogente.

6. Non debet tamen presbyter pœnitentem reconciliare inconsulto episcopo, nisi ultima necessitas cogat. Unde in Carthaginensi concilio, 26, q. 6 : Presbyter inconsulto episcopo non reconciliet pœnitentem, nisi absente episcopo, vel ultima necessitas cogat. Cujuscumque pœnitentis publicum crimen est, quod universam commoverit urbem, ante absidam, scilicet, introitum ecclesiæ manus ei imponatur. Item

Aurelius dixit,26,q. 6,c. *Si jubet* : Si quis in periculo constitutus fuerit,et se reconciliari divinis altaribus petierit,si episcopus absens fuerit,non debet presbyter consulere episcopum, et sic periclitantem sine ejus præcepto reconciliare. Inconsulto vero episcopo non potest excommunicatos, vel publice pœnitentes presbyter reconciliare.Unde in Carthaginensi concilio II,ibid.,statutum est ut chrisma vel reconciliatio pœnitentium, et puellarum consecratio a presbyteris non fiat.Item,reconciliare quemquam in publica missa presbytero non liceat ; puellarum tamen consecratio,consulto episcopo,per presbyterum fieri valeat.Unde in eodem concilio II, ibid. : Presbyter inconsulto episcopo virgines non consecret ; chrisma vero nunquam conficiat. Sicut præcepto episcopi potest presbyter consecrare virgines, sic et reconciliare pœnitentes.

An oblatio ejus sit recipienda,qui currens ad pœnitentiam prævenitur morte.

7. Si autem quæritur de illo qui ad pœnitentiam festinans sacerdotem invenire non potuit, et ita decessit ; utrum oblatio ejus sit recipienda, dicimus quia est.Unde in Apamensi consilio,26, q. 6 : Si aliquis fuerit mortuus qui non sit confessus, et testimonium habet bonum, et non poterat venire ad sacerdotem, sed præoccupavit cum mors in domo vel in via, faciant pro eo parentes ejus oblationem ad altare, et dent redemptionem pro captivis.

DISTINCTIO XXI.
DE PECCATIS QUÆ POST HANC VITAM DIMITTUNTUR.

1.Solet etiam quæri utrum post hanc vitam aliqua peccata remittantur.Quod aliquo post hanc vitam remittantur Christus ostendit in Evang. ubi ait: *Qui peccaverit in Spiritum sanctum,non remittetur ei,neque in hoc seculo,neque in futuro*.Ex quo datur.intelligi,sicut PP. tradunt, quod quædam peccata in futuro dimittentur.Quædam enim culpæ in hoc seculo relaxantur; quædam vero parvæ etiam in futuro,quæ quidem post mortem gravant ; sed dimittuntur si digni sunt, si bonis actibus in hac vita meruerunt ut dimittantur eis.De illis etiam quæ ædificant lignum, fenum, stipulam, dicit August. quod ignem tribulationis transitoriæ invenient cremabilia ædificata quæ secum portaverunt homines cremantes.Ait enim sic,in lib. 21 de Civit.Dei,c. 26 : Post istius sane corporis mortem,donec de igne purgatorio veniatur ad diem damnationis et remunerationis,si hoc temporis intervallo spiritus defunctorum qui ædificaverunt lignum, fenum,stipulam, hujusmodi ignem, dicantur perpeti, quem alii non sentiunt qui hujusmodi ædificia non portaverunt,ut inveniant ignem transitoriæ tribulationis venialia concrementem, non redarguo, quia forsitan verum est.Sed quia dicitur: Salvus erit quasi per ignem,contemnitur ille ignis. Gravior tamen erit ignis ille, quam quicquid potest homo pati in hac vita. Hic aperte insinuatur quod illi qui ædificant lignum, fenum,stipulam,quædam cremabilia ædificia,id est, venialia peccata secum portant ; quæ in igne emendatorio cremantur. Unde constat quædam venialia peccata post hanc vitam deleri.

Quod alii citius, alii tardius purgantur in igne.

2. In illo autem igne purgatorio alii tardius, alii citius purgantur, secundum quod ista pereuntia magis vel minus amaverunt.Unde August.in Ench.,cap. 69 : Post hanc vitam incredibile non est nonnullos fideles per ignem quemdam purgatorium, quanto magis minusve bona pereuntia dilexerunt, tanto tardius citiusque salvari.Unde non frustra illa tria distinxit Apostolus,lignum, fœnum, stipulam, quæ illi ædificant,qui etsi aliena non rapiant,rebus tamen infirmitati concessis aliqua dilectione inhærent.Qui secundum suos amandi modos,vel diutius ut lignum, vel minus ut fœnum,vel minimum ut stipula,ignem sustinebunt.Qui vero superædificant aurum,argentum et lapidem pretiosum, de utroque igne securi sunt : non solum de illo æterno qui cruciaturus est impios in æternum, sed etiam de illo emendatorio quo purgabuntur quidam salvandi.

Oppositio.

3. Hic objici potest : Si per lignum,fœnum,stipulam,venialia intelliguntur peccata,et nullus adeo perfectus est qui venialiter non peccet,ergo qui ædificant aurum, argentum et lapidem pretiosum, ædificant etiam lignum,fœnum,stipulam;ergo per ignem transibunt.Ad quod dicimus,quia non omnis qui venialiter peccat,lignum,fœnum,stipulam ædificat ; sicut e converso non omnis qui contemplatur Deum,et diligit proximum, et opera bona facit, ædificat aurum, argentum,lapidem pretiosum.Et tamen in auro intelligitur contemplatio Dei,in argento dilectio proximi, in lapide pretioso bona opera.Sed illi qui ædificant lignum, fœnum,stipulam, Deum contemplantur, et proximum diligunt,et opera bona faciunt ;nec tamen ædificant aurum, argentum, et lapidem pretiosum. Hæc enim ædificat, qui sic illa tria facit, ut cogitet quæ sunt Dei,et quomodo placeat Deo,non mundo. Lignum vero,et fœnum, et stipula, accipi possunt secularium rerum, quamvis licite concessarum, tales cupiditates, ut amitti sine animi dolore non possint. Hæc ergo ædificat is qui cogitat quæ mundi sunt,quomodo placeat mundo;qui circa divitias suas quodam carnali affectu tenetur,et tamen ex eis multa beneficia facit,nec pro eis aliquid fraudis vel rapinæ molitur. Ex his ergo patet quod non idem homo simul hæc et illa ædificat.Illa enim ædificatio pœna tantum est,qui non cogitant placere mundo, sed tantum Deo ; qui etsi venialiter aliquando peccant.Fervore charitatis ita absumitur in eis peccatum, sicut gutta aquæ in camino ignis ; et ideo nunquam secum portant cremabilia.Hæc autem inferior ædificatio minorum est,qui non tantum Deo, sed etiam mundo,placere cogitant,Deum tamen præponunt.Si vero mundum præponerent,non superædificarent, sed destruerent fundamentum. Affectiones ergo carnales quibus dediti sunt domibus, conjugibus, possessionibus,ita ut nihil præponant Christo, illis tribus significantur : quæ in mentes perfectorum non cadunt, etsi alia venialia admittant.In cordibus vero minorum interdum durant usque in finem,qui cum talibus ædificiis transeunt,sed dissolvuntur in igne.Ipsi vero merito fundamenti salvi erunt, graviusnam tamen pœnam sentient. Ex quo apparet quantam hic misericordiam exhibet Deus, et quantam ibi exerceat severitatem,cum pro eodem peccato multa gravius ibi puniat,quam hic. (Aug. in Enchir. Idem de Fide et Operibus, cap. 16.)

Opinio quorumdam cum objectione.

4. Sed forte dices illud esse accipiendum de pœna peccati, non de ipso peccato, quod Gregor. 25 dist., cap.*Qualis hic*, lib. 4 Dialog., cap. 139, dicit quædam levia in futuro dimittenda. Si enim veram pœnitentiam habuerit quis, peccata omnia dimissa sunt ei; sed pœna forte remansit.Ideoque si vere pœnitens obiit, sine peccato transiit. Si autem vere pœnitens non est in obitu,maculam portat quæ nunquam delebitur. Qui vero ædificat lignum,fœnum, stipulam, vere pœnitet,quia bonus est,et charitatem habet, et in charitate de hac vita transit ; ergo sine peccato transit non sequitur.Verum quidem est, quia bonus est, et charitatem habet,vere pœnitet ; et tamen cum veniali peccato transit,quod non delevit Pœnitentia. Pœnitentia enim non delet nisi peccatum illud quod deserit homo.Tale autem peccatum sæpe in hac vita non relinquitur ab homine ; et tamen vere pœnitens est, etsi non de omnibus venialibus pœnitet.Potest enim quis de omni mortali, et de omni veniali pœnitere, excepto uno vel pluribus, venialibus quidem ; sicut habet quis charitatem,et unum vel plura venialia; quod de criminalibus nullatenus esse potest. Est enim aliquis bonus charitatem habens,sed adhuc quodam cupiditatis affectu amans hæc secularia;talis existens subita morte opprimitur.In illo terreno affectu mortuus est, et tamen salvabitur,a quo non se hic absolvit ; ergo

post hanc vitam ab illo purgabitur. Constat ergo quædam peccata, scilicet levia, post hanc vitam dimitti. Si vero de pœna peccati illud intelligi voluissent auctores, cur magis commemorassent levia quam gravia, cum etiam gravium pœna hic inexpleta post hanc vitam restet?

De generali confessione, quid prosit.

5. Post hæc considerandum est quid prosit confessio illa, ubi singula peccata quæ quisque fecit, non exprimuntur. Sane dici potest quod omnia criminalia semel saltem oportet in confessione exprimi, nisi aliqua a mente exciderint. Sed quia nemo delicta intelligit omnia, generaliter saltem ea confitere, quorum memoriam non habes, et sic nihil celasti de sceleribus tuis. Venialia vero,, ut ait Aug. in resp. 5, contra Pelag., quia innumerabilia sunt, sufficit generaliter confiteri, nisi aliqua sint frequenter iterata ; perfectius est tamen etiam illa exprimere si vales. Ideoque quotidie generaliter fit confessio in Ecclesia, pro venialibus, scilicet, peccatis, quæ quotidie admittimus, et pro illis mortiferis quorum notitiam non habemus. Unde Aug.: Veritatem dicit Deo pœnitens, quando nihil illi de commissis sceleribus scelat; non quod et si voluntate celaverit. Deus, ignoret, sed veritatem sibi dici vult ab eo, ut veniam consequatur. Si vero mente aliqua exciderint, confitetur veritatem Deo, cum generaliter dixerit : Deus, qui nosti occulta cordis, et opera mea et delicta a te non sunt abscondita, quibus veniam largiaris precor; et hæc est veritas confitentis, quam diligit Deus. Unde psal. 50 : *Ecce enim veritatem dilexisti*, hic insinuatur quod generalis confessio etiam mortalia delet, quorum intelligentia non habetur.

Nemo confiteatur peccata quæ non fecit.

6. Sicut autem pœnitens celare non debet peccatum suum, quia superbia est, ita nec, humilitatis causa, fateri se reum illius quod se non commississe noscit; quia incauta est talis humilitas, et peccatorem constituit. Unde Aug., de Verbis Apostoli, sermone 29 : Cum humilitatis causa mentiris, si non eras peccator antequam mentireris, mentiendo efficeris quod vitaras; quia veritas in te non est, nisi ita te dixeris peccatorem, ut etiam esse cognoscas. Veritas autem ipsa est, ut quod es dicas. Nam quomodo est veritas ubi regnat falsitas ?

De pœnis sacerdotis qui peccatum publicat confitentis.

7. Caveat autem sacerdos ne peccata confitentium aliis prodat; alioquin deponatur. Unde Gregor., de Pœn., dist. 6 : Sacerdos ante omnia caveat ne de his qui ei confitentur peccata alicui recitet, non propinquis, non extraneis; nec, quod absit, pro aliquo scandalo. Nam si hoc fecerit, deponatur, et omnibus diebus vitæ suæ ignominiosus peregrinando pergat. Quod vero dictum est, ut pœnitens eligat sacerdotem scientem ligare et solvere, videtur contrarium ei quod in canonibus reperitur. ut nemo, scilicet, alterius parochianum judicare præsumat. Sed aliud est favore vel odio proprium sacerdotem contemnere, quod canones prohibent; aliud cæcum vitare, quod Urbanus facere monet, ne si cæcus cæcum ducat, ambo in foveam cadant. Ait enim Urbanus II, 16, q. 1 : Placuit ut nulli sacerdotum deinceps liceat quemlibet commissum alteri sacerdoti ad pœnitentiam suscipere, sine ejus consensu cui se prius commisit, nisi pro ignorantia illius cui prius confessus est. Qui vero contra hoc facere tentaverit, gradus sui periculo subjacebit.

DISTINCTIO XXII.
SI PECCATA DIMISSA REDEANT.

1. Cumque multis auctoritatibus supra sit assertum in vera cordis contritione peccata dimitti ante oris confessionem vel operis satisfactionem, ei etiam qui aliquando in crimen relapsus est, quæritur si post cordis contritionem confiteri contempserit, vel in peccatum idem vel simile ceciderit, an peccata dimissa redeant. Cujus quæstionis solutio obscura est et perplexa, aliis asserentibus, aliis contra negantibus peccata semel dimissa ulterius replicari ad pœnam. Qui vero dicunt peccata dimissa redire, subditis se muniunt testimoniis. Ambr. ait, de Pœn., dist. 4 : Donate invicem, si alter in alterum peccat; alioquin Deus repetit dimissa. Si enim in his contemptus fuerit, sine dubio revocabit sententiam per quam misericordiam dederat; sicut in Evangelio de servo nequam legitur, qui in conservum suum impius deprehensus est. Item Rabanus : Nequam servum tradidit Deus tortoribus, quoadusque redderet universum debitum; quia non solum peccata quæ post Baptismum homo egit, reputabuntur ei ad pœnam, sed etiam originalia quæ in Baptismo sunt ei dimissa. Item Gregor.: Ex dictis evangelicis constat quia si ex toto corde non dimittimus quod in nos delinquitur, et hoc rursum exigitur quod jam nobis per pœnitentiam dimissum fuisse gaudebamus. Item Aug., super Luc., lib. 4, c. 47 : Dicit Deus : Dimitte, et dimittetur tibi ; si ego prius dimisi, dimitte vel postea. Nam si non dimiseris, revocabo te, et quicquid dimisseram replicabo tibi. Item : Qui divini beneficii oblitus, sua vult vindicare injurias, non solum de futuris peccatis veniam non merebitur, sed etiam præterita quæ jam sibi dimissa credebat ad vindictam ei replicabuntur. Item Beda : *Revertor in domum meam*, etc. : Timendus est ille versiculus, non exponendus, ne culpa quam in nobis extinctam credebamus, per incuriam nos vacantes opprimat. Item : Quæcumque enim post Baptisma sive pravitas hæretica, seu cupiditas mundana arripuerit, mox omnium prosternet in ima vitiorum. Item Augustinus: Redire dimissa peccata, ubi fraterna charitas non est, apertissime Dominus in Evangelio docet in illo servo a quo dimissum dominus debitum petiit, eo quod ille conservo suo debitum nollet dimittere. His auctoritatibus innituntur qui dicunt peccata dimissa, si replicantur, redire simpliciter. Quibus opponitur : Si quis pro peccato de quo pœnituit, et indulgentiam accepit, iterum punitur, non videtur justum. Si punitur pro eo quod peccavit et non emendavit, justitia est aperta. Si vero requiritur quod fuerat condonatum, vel injustitia est, vel justitia occulta. Videtur etiam Deus bis in idipsum judicare, et duplex tribulatio consurgere; quod Scriptura negat. Sed ad hoc potest dici quod neque duplex tribulatio consurgit, neque judicat Deus bis in idipsum. Hoc enim fieret si post condignam satisfactionem et sufficientem pœnam iterum puniret; sed non satisfecit digne et sufficienter, qui non perseveravit. Debuit enim jugem peccati habere memoriam, non ad faciendum, sed ad cavendum. Debuit non oblivisci omnes retributiones Dei, quæ tot sunt quot sunt peccatorum remissiones. Tot ergo debuit cogitare dona Dei quot mala sua, ac pro illis usque in finem gratias agere. Sed quia ingratus ad vomitum, sicut canis, rediit, anteacta bona mortificavit, et peccatum dimissum revocavit, ut cui humiliato ante Deus peccatum dimiserat, ei postea elato et ingrato imputet.

Aliorum sententia.

2. Sed quia absonum videtur ut peccata dimissa iterum imputentur, placet quibusdam neminem pro peccatis semel dimissis iterum a Deo puniri; sed ideo dicuntur dimissa redire et imputari, quia propter ingratitudinem ita reus et peccator constituitur, ut ante fuerat. Sic enim quod dimissum fuerat dicitur exigi, quia remissionis perceptæ ingratus, ita reus fit ut ante fuerat. Utrique parti quæstionis probati favent doctores. Ideoque alicui parti non præjudicans, studioso lectori judicium relinquo, addens mihi tutum fore ac saluti propinquum, sub mensa dominorum micas edere.

Quid sit hic sacramentum et res.

3. Post prædicta, restat investigare quid in actione pœnitentiæ sit sacramentum et res. Sacramentum enim signum est sacræ rei. Quid ergo hic signum est ? Quidam dicunt, ut Grandulphus, sacramentum hic esse quod exterius tantum geritur, scilicet exterior pœnitentia quæ est signum interioris pœnitentiæ,

scilicet, contritionis cordis et humilitatis, Quod si est, non omne sacramentum evangelicum id efficit quod figurat. Exterior enim Pœnitentia non efficit interiorem; potius interior causa est exterioris. Sed ad hoc, inquiunt illi hoc esse intelligendum de illis sacramentis quæ in novo Testamento instituta sunt: ut est sacramentum Baptismi, Confirmationis, et Corporis Christi. Sacramentum vero Pœnitentiæ, sicut et Conjugii, ante tempus gratiæ etiam a primordio humani generis fuit. Utrumque enim institutum fuit in primis parentibus. Item, si exterior Pœnitentia sacramentum est, et interior res sacramenti, sæpius præcedit res sacramentum, quam sacramentum rem. Sed nec hoc inconveniens est. Nam et in aliis sacramentis quæ efficiunt quod figurant, hoc sæpe contingit. Quidam autem dicunt exteriorem Pœnitentiam et interiorem esse sacramentum, nec duo sacramenta, sed unum, ut species panis et vini non duo sunt sacramenta, sed unum. Et sicut in sacramento Corporis, ita etiam in hoc sacramento dicunt aliud esse tantum sacramentum, scilicet, exterioris Pœnitentiam, aliud sacramentum et rem, scilicet, interiorem pœnitentiam; aliud rem, et non sacramentum, scilicet, remissionem peccatorum. Interior enim pœnitentia, et res est sacramenti, id est, exterioris Pœnitentiæ; et sacramentum remissionis peccati, quam signat et facit. Exterior quoque Pœnitentia et interioris signum est, et remissionis peccatorum.

DISTINCTIO XXIII.
DE SACRAMENTO UNCTIONIS EXTREMÆ.

1. Præter præmissa, est etiam aliud sacramentum, scilicet, Unctio infirmorum, quæ fit in extremis, oleo per episcopum consecrato. Et sunt tria genera unctionis: est enim unctio quæ fit chrismate, quæ dicitur principalis unctio, quia in ea principaliter Paracletus datur. Unde et propter abundantiam gratiæ duos liquores mixtos habet, oleum scilicet et balsamum, oleum conscientiæ, balsamum bonæ famæ. Chrisma vero Græce, unctio Latine dicitur. Nec tamen omne oleum ad Unctionem sanctificatum chrisma vocatur, sed illud solum quod miscetur cum balsamo, quo capita regum et pontificum unguntur, quo etiam baptizatos sacerdos ungit in vertice, et Pontifex per impositionem manus confirmandos ungit in fronte. Est et alia unctio qua catechumeni et neophyti unguntur in pectore et inter scapulas, in perceptione Baptismi. Tertia vero unctio est quæ dicitur oleum infirmorum; de qua nunc agitur.

A quibus institutum sit hoc sacramentum.

2. Hoc sacramentum Unctionis infirmorum ab apostolis institutum legitur. Ait enim Jacobus, cap. ult: *Infirmatur quis in vobis? Inducat presbyteros Ecclesiæ, et orent super eum, ungentes cum oleo in nomine Domini, et alleviabit eum Dominus; et si in peccatis fuerit, dimittentur ei.* In quo ostenditur duplici ex causa sacramentum hoc institutum, scilicet, ad peccatorum remissionem, et ad corporalis infirmitatis alleviationem. Unde constat eum qui hanc Unctionem fideliter devoteque percipit, et in corpore et in anima alleviari, si tamen expetit ut in utroque allevietur. Quod si forte corporis valetudinem illi habere non expedit, illam quæ est animæ sanitatem in hoc sacramento acquirit. Et sicut in aliis sacramentis, ita et in isto, aliud est sacramentum, aliud res sacramenti. Sacramentum est ipsa Unctio exterior; res sacramenti, unctio interior, quæ peccatorum remissione et virtutum ampliatione perficitur. Et si ex contemptu vel negligentia sacramentum hoc prætermittitur, periculosum est et damnabile.

De iteratione hujus sacramenti.

3. Quærunt aliqui si hoc sacramentum iterari possit, cum Baptismus et alia quædam sacramenta semel suscepta, non iterentur. Aug., in libro contra Parmenianum, dicit sacramentum non iterandum, et sacramento non faciendam esse injuriam; sed hoc dicit, ubi agit de sacramento Baptismi, et Confirmationis et Or-

dinationis. Unde non videtur generaliter illud accipiendum, sed de sacramento Baptismi, Confirmationis et Ordinationis, quæ nullatenus sunt repetenda, quia semel tantum, et non sæpius datur Baptismus, Confirmatio et Ordinatio. Sacramentum vero altaris, et Pœnitentiæ, et Conjugii sæpe iterari videtur; quia sæpe sacramentum corporis percipitur, frequenter pœnitentia agitur, conjugium sæpe contrahitur. Quare ergo unctio similiter non potest iterari? Si morbus non revertitur, medicina non iteretur. Si vero morbus non potest cohiberi, quare medicina debet prohiberi? Sicut oratio iterari potest, ita et unctio iterari posse videtur: utraque enim illic commemorat Jacobus, et utrumque alteri cooperatur ad conferendam allevationem corporis et animæ. Cur ergo negatur unctionem super infirmum posse iterari ad impetrandam sæpius sanitatem mentis et corporis, cum propter infirmitatem eadem sæpe iteranda sit oratio? Quidam autem de omni sacramento intelligi volunt quod non sit iterandum, scilicet secundum totum illud quod pertinet ad sacramentum, dicentes quædam sacramenta sæpius posse suscipi, quædam vero non. Nec tamen quæ sæpius sumuntur, totaliter iterantur, ut sacramentum altaris et unctionis; quæ licet sumantur sæpius, tamen quia non iterum benedicitur eadem hostia, vel idem oleum, non iteratur sacramentum cum injuria. Sed, dicet quis: Sic et Baptismus non iteratur, etsi aliquis frequenter baptizetur, dum eadem aqua non iterum benedicatur. Sed aliud est, inquiunt illi, de benedictione aquæ qua fit Baptismus, aliud de benedictione panis et olei, potest etiam Baptismus celebrari in aqua etiam non benedicta, quia illa benedictio pro reverentia tantum fit et decore, non virtute sacramenti. Sed corpus Christi non potest confici, nisi de pane consecrato; nec unctio illa fieri potest, nisi de oleo ab episcopo consecrato. Ideoque illa sanctificatio ad virtutem sacramenti pertinere videtur. In conjugio quoque semel tantum benedicitur quisque, non sæpius. Benedicitur enim, ut ait Ambr., in Gloss. super illud 1 Cor. c. 9: *Nubat tantum in Domino,* et in Comment. suo ad idem cap., cum prima, et non secunda uxore. Si ergo cum dicitur sacramentum non esse iterandum, nec injuria ei esse facienda, rationem dicti referas ad sanctificationem rei qua sacramentum expletur, de omni sacramento generaliter id verum est; si vero ad susceptionem sacramenti, de quibusdam verum est quod non iterantur crebra susceptione, de aliis vero quibusdam non; quia frequenter sumuntur, ut hoc unctionis sacramentum, quod in omni pene Ecclesia sæpe repetitur.

DISTINCTIO XXIV.
DE ORDINIBUS ECCLESIASTICIS.

1. Nunc ad considerationem sacræ ordinationis accedamus. Septem sunt spiritualium officiorum gradus sive ordines, sicut ex sanctorum Patrum dictis aperte traditur, et capitis nostri, scilicet Jesu Christi exemplo monstratur, qui omnium officia in semetipso exhibuit, et corpori suo quod est Ecclesia, eosdem ordines observandos reliquit. Septem autem sunt propter, septiformem gratiam sancti Spiritus, cujus qui non sunt participes ad gradus ecclesiasticos indigne accedunt. Illi vero in quorum mentibus diffusa est septiformis gratia Spiritus sancti, cum ad ecclesiasticos ordines accedunt, in ipsa spiritualis gradus promotione ampliorem gratiam percipere creduntur. (Hugo, lib. 2, c. 3, 4.)

Quales assumendi sunt ad clerum.

2. Tales autem ad ministerium spirituale eligendi sunt clerici, qui digne possint dominica sacramenta tractare. Melius est enim episcopo paucos habere ministros qui possint digne opus Dei exercere, quam multos inutiles, qui ordinatori grave onus inducant. Tales enim decet esse ministros Christi, qui septiformi gratia Spiritus sancti sint decori; ex quorum doctrina et conversionis forma, eadem gratia in aliis transfundatur, ne cœlestes margaritas spiritualium

verborum officiorumque divinorum sordidæ vitæ pedibus couculcent (Clemens papa, dist. 23). In sacramento ergo septiformis Spiritus septem sunt gradus ecclesiastici, scilicet : ostiarii, lectores, exorcistæ, acolyti, diaconi, subdiaconi, sacerdotes; omnes tamen clerici vocantur, id est, sortiti. Corona enim signaculum est quo signatur in partem sortis ministerii divini. Corona regale decus significat, quia *servire Deo regnare est*. Unde ministri Ecclesiæ reges esse debent, ut se et alios regant ; quibus Petrus ait, 1, 2 : *Vos estis genus electum, regale sacerdotium*, etc. Summitas capitis desuper nudatur, ut eorum mens ad Dominum libera monstretur, quæ revelata facie gloriam Dei contempletur. Summitas enim capitis est eminentia mentis. Denudatio capitis est revelatio mentis. Clericus enim secretorum Dei non ignarus esse debet. Tondentur etiam capilli usque ad revelationem sensuum, scilicet, oculorum et aurium, ut vitia in corde et opere pullulantia doceantur præcidenda, ne ad audiendum et intelligendum verbum Dei præpediatur mens, pro quo servato reddetur in excelsis corona. Tonsuræ autem ecclesiasticæ usus a Nazareis exortus videtur, qui prius crine servato, deinde ob vitæ continentiam caput radebant, et capillos in igne sacrificii ponebant. Hinc usus inolevit, ut qui divinis cultibus mancipantur, quasi Nazarei, id est, sancti crine posito inveniantur (Hug., de Cor. et Tons., lib. 2, part. 3). Sicut ad Ezechiel, c. 5, dicitur : *Fili hominis, sume gladium acutum, et duo super caput tuum et barbam*. In Actibus etiam apostolorum, Priscillam et Aquilam hoc fecisse legimus. Paulus quoque et alii quidam discipuli Christi hoc fecerunt. Recte ergo in quibuslibet gradibus constituti, clerici vocantur, quorum nomina et rationes nominum Isidorus exponens ait, in lib. 7 Etim.: Cleros et clericos hinc appellatos esse credimus, quia Matthias electus est sorte, quem primum per apostolos legimus ordinatum. Cleros enim Græce, Latina sors vel hæreditas dicitur. Ideo ergo dicti sunt clerici, quia sunt de sorte Domini, vel quia Deum patrem habent. Generaliter vero clerici nuncupati sunt omnes qui in Ecclesia deserviunt; quorum gradus et nomina sunt hæc : ostiarius, lector, etc.

De ostiariis.

3. Ostiarii iidem et janitores sunt, qui in veteri Testamento electi sunt ad custodiam templi, ut non ingrederetur in illud immundus. Dicti autem ostiarii, eo quod præsint ostiis templi. Ipsi enim tenentes clavem, omnia intus et extra custodiunt, atque inter bonos et malos habentes judicium, dignos recipiunt, indignos respuunt. Unde et eis, cum ordinantur, claves Ecclesiæ dantur ab episcopo, et dicitur eis, de Cons., dist. 23, cap. *Ostiarius* : Sic agite tanquam rationem Deo redditurí pro rebus quæ clavibus istis recluduntur. Hoc officium Dominus in sua persona suscepit, quando, flagello de funiculis facto, vendentes et ementes ejecit de templo. Ipse enim se ostiarium significans dicit, Joan. 10 : *Ego sum ostium ; per me si quis introierit, salvabitur, et ingredietur, et egredietur, et pascua inveniet.*

De lectoribus.

4. Secundus est gradus lectorum. Lectores a legendo, sicut psalmistæ a psalmis canendis, vocati sunt. Illi enim prædicant populis quid sequantur; isti cantant, et excitant ad compunctionem animos audientium, licet quidam lectores ita miserabiliter pronuntient, ut quosdam ad luctum et lamentationem compellant. Iidem etiam pronuntiatores vocantur, qui porro ante nuntiant, quia tam erit clara eorum vox, ut etiam longe positorum aures adimpleat. Ad lectorem autem pertinet lectiones pronuntiare, et ea quæ prophetæ vaticinaverunt, populis prædicare, ut jam officio in ecclesia legat prophetias et lectiones. Unde et ei, vidente populo, traditur ab episcopo codex divinarum lectionum, et dicitur: Accipe, et esto verbi Dei relator; habiturus, si fideliter impleveris officium, partem cum his qui bene verbum Dei ministraverunt. Qui ad hunc gradum provehitur, litterarum scien-

tia debet esse instructus, ut sensum verborum intelligat, vim accentuum sciat, distincte legat, ne confusione prolationis intellectum auditoribus auferat. Attendat quid indicative, quid interrogative sit legendum, ubi sit in oratione facienda distinctio. Hæc enim male servata intellectum turbant, et ulios ad risum provocant. Auribus et cordi consulere debet vox lectoris. Hoc officium implevit Christus, Luc. 4, cum in medio seniorum librum Isaiæ aperiens distincte ad intelligendum legit, c. 61 : *Spiritus Domini super me*, etc. Ex quo lectoribus datur intelligi quia gratia spirituali clarere debent qui in aliis verbum Dei annuntiant. Hic ordo formam et initium a prophetis accepisse videtur; quibus dicitur Isaiæ 58: *Clama, ne cesses; quasi tuba exalta vocem tuam*. (Isid., c. *Cleros*. Dist. 25, c. *Perlectis*. Dist. 23, c. *Lector*. Hugo, lib. 2, parte 3.)

De exorcistis.

5. Tertius est ordo exorcistarum. Exorcistæ autem ex Græco in Latinum adjurantes vel increpantes vocantur. In vocant enim super catechumenos, et super eos qui habent spiritum immundum, nomen Domini, adjurante per eum ut egrediatur ub eis. Ad exorcistam pertinet exorcismos memoriter ratinere, manusque super energumenos et catechumenos in exorcizando imponere. Debet autem habere spiritum mundum, qui spiritibus immundis imperat; et malignum expellere de corde suo, quem expellit de corpore alieno; ne medicina quam alii facit, sibi non prosit, et dicatur ei: *Medice, cura teipsum*, Luc. 4. Hi, cum ordinantur, accipiunt de manu episcopi librum exorcismorum; et dicitur eis, dist. 13, c. *Exorcista*: Accipite, et habetote potestatem imponendi manus super energumenos, vel catechumenos. Hoc officio usus est Dominus, quando saliva sua tetigit aures et linguam surdi et muti, dicens, Marc. 7: *Ephphetha*, quod est, *adaperire*; per hoc docens nos spiritualiter debere aperire aures præcordiorum hominum ad intelligendum, et ora ad confitendum, ut, pulso dæmone, Spiritus sanctum vas suum recipiat. Hoc etiam officio usus est Christus, cum dæmoniacos multos sanavit. Hic ordo a Salomone videtur descendisse, qui quemdam modum exorcizandi invenit, quo dæmones adjurati ex obsessis corporibus pellebantur. Huic officio mancipati exorcistæ vocati sunt. De quibus Christus in Evangelio, Matth. 12 : *Si ego in Beelzebub ejicio dæmonia, filii vestri*, scilicet exorcistæ, *in quo ejiciunt ?* (Isid., dist. 21, c. *Cleros*. Dist. 25, c. *Perlectis*.)

De acolytis. (Isid., loc. cit.)

6. Quarto loco succedunt acolyti; acolyti vero Græce, Latine ceroferarii dicuntur, a deportandis cereis quando legendum est Evangelium vel sacrificium offerendum. Tunc enim accenduntur luminaria, et portantur ab eis; non ad effugandas aeris tenebras, cum sol eo tempore rutilet, sed ad signum lætitiæ demonstrandum : ut sub typo luminis corporalis illa lux ostendatur, de qua legitur, Joan. 1 : *Erat lux vera, quæ illuminat omnem hominem venientem in hunc mundum*. Ad acolytum pertinet præparatio luminarium in sacrario Ipse cereum portat, ipse urceolum cum vino et aqua suggesta, pro Eucharitia, subdiaconis præparat. Hi cum ordinantur, cum edocti fuerint ab episcopo qualiter in officio suo agere debeant, ab archidiacono accipiunt candelabrum cum cereo, et urceolum vacuum. Hoc officium Dominus se habere testatur dicens, Joan. 8: *Ego sum lux mundi; qui sequitur me, non ambulat in tenebris*. Hujus officii formam illi gerebant in veteri Testamento, qui lucernas candelabri componebant et accendebant igne cœlesti, ad illuminandas tenebras aquilonares.

De subdiaconis. (Isid., ibid.)

7. Quintus est ordo subdiaconorum. Græce *hypodiacones* vocantur, quos nos subdiacones dicimus, qui ideo sic appellantur, quia subjacent præceptis et officiis Levitarum. Oblationes enim in templo a fidelibus suscipiunt, et Levitis superponendas altaribus deferunt. Hi apud Hebræos Nathinnæi vocabantur, id est, in humilitate servientes. Ad subdiaconum pertinet ca-

licem et patenam ad altare Christi deferre, et levitis tradere, eisque minisrare. Urceolum quoque et aquamanile et manutergium tenere episcopo et presbyteris et levitis, pro luvandis ante altare manibus aquam præbere. His lex continentiæ imponitur, quia altari propinquantes, vasa corporis et sanguinis Christi portant. Unde illud Isai. 62 implere debent : *Mundamini qui fertis vasa Domini.* Ah hos etiam pertinet tantum de oblationibus ponere altari, quantum sufficere possit populo, necnon corporales et substratiora lavare. Hi, cum ordinantur, accipiunt de manu episcopi patenam et calicem vacuum ; ab archidiacono vero urceolum cum aquamanili, et manutergium. Hoc officio usus est tDominus, quando linteo se præcinxit, et mittens aquam in pelvim, pedes discipulorum lavit, et linteo tersit. (Hug., lib. 2, part. 3, c. 9.)

De diaconis.

8. Diaconorum ordo sextum tenet locum, propter senarii perfectionem. Hic ordo in veteri Testamento a tribu Levi nomen accepit vel traxit. Dicuntur enim et levitæ. Præcipit quippe Dominus Moysi ut post ordinationem Aaron et filiorum ejus, prorsus tribus Levi ad divini cultus ministeria ordinaretur et consecraretur Domino ; et serviret pro Israel coram Aaron et filiis ejus in tabernaculo ; ipique gestarent arcam et tabernaculum, et omnia vasa ejus; et in circuitu tabernaculi excubarent, et in transportando tabernaculo ipsi deponerent, rursumque componerent (Hug. ib., c. 15). A viginti quoque annis et supro jussi sunt servire in tabernaculo, quam regulam in novo Testamento sancti Patres constituerunt, quia hæc ætas ad onera ferenda est robusta. Levitæ ergo ex nomine auctoris vocati sunt. De Levi enim Levitæ exorti sunt, a quibus in templo mystici sacramenti myteria explebantur. Hi Græce diacones, Latine ministri dicuntur, quia sicut in sacerdote consecratio, ita et in diacono ministerii dispensatio habetur. Ad diaconum pertinet assistere sacerdotibus, et ministrare in omnibus quæ aguntur in sacramentis Christi, scilicet, in Baptismo, in Chrismate, in patena, et calice, oblationes quoque inferre et disponere in altari ; componere etiam mensam Domini, et vestire; crucem ferre, et prædicare Evangelium et Epistolam ad populum. Nam sicut lectoribus vetus Testamentum, ita diaconibus novum prædicare præceptum est. Ad ipsum etiam pertinet officium precum, et recitatio catechumenorum nominum. Ipse præmonet aures habere ad Dominum: ipse donat pacem et ipse annuntiat. Quod autem huic ordini a Moyse statutum est, hoc etiam in novo Testamento repræsentatur, cum diacono super lævum humerum stola ponitur, et casula in diebus jejunii complicatur ; qui quidquid laboris et sustinentiæ in hac vita toleratur, quasi in læva portatur, donec in dextera, id est, in æternitate, requies habeatur (Isid., 7 Etym., dist. 21, c. *Cleros*; dist. 25, c. *Perlectus*). Hic ordo ab apostolis celebratus est, quando, ut legitur in Actibus apostolorum, septem viros plenos Spiritu sancto ad hoc officium elegerunt, et oratione præmissa manus eis imposuerunt. Unde et consuetudo inolevit, ut in omni matrice ecclesia septem diacones circa Christi aram, quasi septem columnæ, assistant. Hi sunt septem angeli tuba canentes in Apocalypsi, qui quales esse debeant Apostolus docet Timotheo scribens. Hi cum ordinantur, solus episcopus ei manum imponit, quia ad ministerium applicantur. Ponit eis orarium, id est stolam, super lævum humerum, ut per hoc intelligant se accepisse jugum Domini suave; quod sinistram pertinentia divino timori subjiciant. accipiunt et textum Evangelii, ut intelligant se esse præcones Evangelii Christi. Ili autem autequam ordinentur, probentur, ut docet Apostolus, et sic ministrent, nullum crimen habentes. Hoc officio usus est Christus, quando post cœnam sacramentum carnis et sanguinis discipulis dispensavit, et quando apostolos dormientes ad rationem excitavit dicens, Matth. 26 : *Vigilate et orate. ut non intretis in tentationem.* (Isid., ibid., dist. 21.)

De presbyteris.

9. Septimus est ordo presbyterorum. Presbyter Græce, senior interpretatur Latine. Non modo pro ætate vel decrepita senectute, sed propter honorem et dignitatem quam acceperunt, presbyteri nominantur; qui morum prudentia et maturitate conversationis præcellere debent in populo. Unde scriptum est : Senectus venerabilis est, non diuturna, nec annorum numero computata. Cani enim sunt sensus hominis, et ætas senectutis vita immaculata. Ideo autem etiam presbyteri sacerdotes, vocantur, quia sacrum dant; qui, licet sint sacerdotes, tamen pontificatus apicem non habent sicut episcopi, quia ipsi nec chrismate frontem signant, nec Paracletum dant, quod solis deberi episcopis lecto Actuum apostolorum demonstrat. Unde et apud veteres iidem episcopi et presbyteri fuerunt, quia illud est nomen dignitatis, non ætatis. Sacerdos nomen habet compositum ex Græco et Latino, quod est *sacrum dans*, sive *secum dux*. Sicut enim rex a regendo, ita sacerdos a sacrando dictus est; consecrat enim et sanctificat. Antistes vero sacerdos dictus est ab eo quod ante stat, primus enim est in ordine Ecclesiæ. Ad presbyterum autem pertinet sacramentum corporis et sanguinis Domini in altari Dei conficere, orationes dicere, et dona Dei benedicere ; qui cum ordinantur, inunguntur eis manus, ut intelligant se accepisse gratiam consecrandi, et charitatis opera debere extendere ad omnes : accipiunt et stolam, quæ utrumque tenet latus, quia debent esse muniti armis justitiæ contra adversa et prospera. Accipiunt etiam calicem cum vino, et patenam cum hostiis, ut per hoc sciant se accepisse potestatem placabiles Deo hostias offerendi (Isid., ibid.). Hic ordo a filiis Aaron sumpsit initium. Summos enim pontifices et minores sacerdotes instituit Deus per Moysen, qui ex præcepto Dei, Aaron in summum pontificem, filios vero ejus unxit in minores sacerdotes. Christusque quoque duodecim elegit discipulos prius, quos et apostolos vocavit, quorum vicem gerunt in Ecclesia majores pontifices. Deinde alios septuaginta et duos dicipulos designavit, quorum vicem in Ecclesia tenent presbyteri. Unus autem inter apostolos princeps extitit Petrus, cujus vicarius et successor est Pontifex summus, unde dicitur apostolicus, qui et papa vocatur, scilicet, pater patrum Qualis autem eligi debeat presbyter, Apostolus scribens Timotheo ostendit, ubi nomine episcopi presbyterum significat. Hoc autem officio usus est Christus, cum seipsum in ara crucis obtulit, idem sacerdos et hostia, et quando post cœnam panem et vinum in corpus suum et sanguinem commutavit. Ecce de septem Ecclesiæ gradibus breviter elocuti, quid ad quemquam pertineat insinuavimus. Cumque omnes spirituales sint et sacri, excellenter tamen canones duos tantum sacros ordines appellari censent, diaconatus, scilicet, et presbyteratus ; quia hos solos primitiva Ecclesia legitur habuisse, et de his solis præceptum Apostoli habemus. Apostoli enim in singulis civitatibus episcopos et presbyteros ordinaverunt. Levitas etiam ab apostolis ordinatos legimus, quorum maximus fuit beatus Stephanus. Subdiaconos vero et acolytos procedente tempore Ecclesia sibi constituit.

Quid sit quod hic dicitur ordo.

10. Si autem quæritur quid sit quod hic vocatur ordo, sane dici potest signaculum esse, id est, sacrum quoddam, quo spiritualis potestas traditur ordinato et officium. Character ergo spiritualis, ubi fit promotio potestatis, ordo vel gradus vocatur. Et dicuntur hi ordines sacramenta, quia in eorum perceptione res sacra, id est, gratia confertur, quam figurant ea quæ ibi geruntur.

De nominibus dignitatum vel officii.

11. Sunt et alia quædam non ordinum, sed dignitatum vel officiorum nomina. Dignitatis simul et officii nomen est episcopus. Episcopatus autem vocabulum inde dictum est quod ille qui episcopus efficitur, superintendat, curam, scilicet, subditorum gerens. *Episcopeo* enim Græce, Latine intendere dicitur. Episco-

pi autem Græce, Latine speculatores interpretantur. Nam speculator est præpositus in Ecclesia, dictus eo quod speculetur atque perspiciat populorum infra se positorum mores et vitam. Pontifex est princeps sacerdotum, quasi via sequentium, ipse et summus sacerdos nuncupatur. Ipse enim levitas et sacerdotes efficit, ipse omnes ecclesiasticos disponit. (Isid., dist. 21, c. *Cleros*.)

De quadripartito ordine episcoporum.

12. Ordo autem episcoporum quadripartitus est, scilicet, in patriarchis, archiepiscopis, metropolitanis, et episcopis. Patriarcha Græce summus patrum interpretatur, quia primum, id est, apostolicum tenet locum, ut Romanus, Antiochenus, Alexandrinus, sed omnium summus est Romanus. Archiepiscopus, princeps episcoporum, archos enim Græce, Latine princeps dicitur, metropolitani autem a mensura civitatum dicuntur. Singulis enim provinciis et civitatibus præeminent, quorum auctoritati et doctrinæ cæteri sacerdotes subjecti sunt. Sollicitudo enim totius provinciæ ipsis episcopis commissa est. Omnes autem superius designati ordines episcopi nuncupantur. Nota quod archiepiscoporum nomine, primates superius significasse videtur, et metropolitanorum, quos nunc archiepiscopos dicimus. Horum autem discretio a gentilibus introducta videtur, qui suos flamines, alios simpliciter flamines, alios archiflamines, alios protoflamines appellabant. Sacerdotes enim gentilium flamines dicebantur, qui habebant in capite pileum in quo erat brevis virga, desuper habens aliquid lanæ, quod cum per æstum ferre non possent, filum tantum in capite ligare cœperunt. Nudis enim capitibus eis invidere nefas erat. Unde a filo quo utebantur flamines dicti sunt, quasi filamines. Sed festis diebus filo deposito pileum imponebant pro sacerdotii eminentia. Vates a vimentis appellati sunt, cujus significatio multiplex est. Modo enim sacerdotem, modo prophetam, modo poetam significat. Cantor vero vocatur, qui vocem modulatur in cantu. Hujus sunt duo genera: præcentor, et succentor. Præcentor qui vocem præmittit in cantu, succentor qui subsequenter canendo respondet. Concentor autem dicitur, quia consonat. Qui autem non consonat nec concinit, concentor non erit. His breviter tractatis admonendi sunt Christi ministri, quatenus sicut excellunt ordinis dignitate, ita præcellant vitæ sanctitate, ut plebs eis commissa, eorumque disciplinis edocta, gratanter eis obediat, et eorum imitatione de die in diem proficiat, a quibus divina sacramenta percipiunt, et missarum solemnia audiunt. Missa autem dicitur, vel quia missa est hostia, cujus commemoratio fit in illo officio: unde dicitur: *Ite missa est*, id est: Sequimini hostiam quæ missa est ad cœlestia, tendentes post eam; vel quia missus cœlestis venit ad consecrandum dominicum corpus, per quem ad altare cœleste defertur hostia. Unde et dicitur: *Missa est*.

DISTINCTIO XXV.

DE ORDINATIS AB HÆRETICIS

1. Solet etiam quæri si hæretici ab Ecclesia præcisi et damnati possint tradere sacros ordines, et si ab eis ordinati, redeuntes ab Ecclesiæ unitatem debeant reordinari. Hanc quæstionem perplexam ac pene insolubilem faciunt doctorum verba, qui plurimum dissentire videntur. Videntur enim quidam tradere hæreticos sacros ordines dare non posse, nec illos qui ab eis ordinati videntur gratiam recipere. Dicit enim Innoc., de Disp. sacram. Ordin., q. 1, Arianorum clericos non videri suscipiendos, cum sacerdotii vel ministerii alicujus dignitate; quibus solum Baptisma tantum esse permittit, quod in nomine Patris, et Filii, et Spiritus sancti percipitur. Dicit etiam eos non posse dare Spiritum sanctum quem amiserunt, et ordinatos ab hæreticis caput habere vulneratum; et eum qui honorem amisit honorem dare non posse, neo illum aliquid accepisse, quoniam in dante nihil erat quod illo posset accipere. Tradit etiam venientibus ab hæreticis per manus impositionem laicam tantum tribuendam communionem, nec ex his aliquem in clericatus honorem vel exiguum subrogare. Greg. etiam, in lib. 3 Dialog., dicit sacrilegam esse Arianorum consecrationem, cum ex eorum manu communio percipitur. Cyprianus etiam, in Epist. contra hæret., dicit: Omnia quæcumque faciunt hæretici, carnalia, et inania et sacrilega esse; et eorum altaria falsa et illicita, et sacerdotia et sacrificia sacrilega, qui more simiarum, quæ, cum homines non sint, formam imitantur humanam, vultum Ecclesiæ catholicæ et auctoritatem sibi vendicant, cum ipsi in Ecclesia non sint, et cum sint sacrilegi, sacerdotium administrant, et altare ponunt; cum nec sacrificari oblatio ille possit, ubi Spiritus sanctus non sit; nec cuiquam Dominus per ejus preces et orationes prosit, qui Dominum ipsum violavit. Hieron. quoque asserit omnia quæ offeruntur ab hæreticis contaminata esse in conspectu Domini, quia, licet sancta videantur specie sui, tamen quia contecta sunt ab illo qui pollutus est, polluuntur omnia. Idem: Odit Deus sacrificia hæreticorum, et a se projicit; et quoties in nomine ejus congregati fuerint, detestatur fœtorem eorem, et claudit nares suas. Idem: illi offerunt panem sacrilegum, etc. Leo etiam testatur extra Ecclesiam nec rata esse sacerdotia, nec vera esse sacrificia. Idem etiam dicit per crudelissimam vesaniam Alexandrina sede omnium sacramentorum lumen exstinctum. Intercepta est sacrificii oblatio, deficit chrismatis sanctificatio, et parricidalibus manibus impiorum omnia se subtraxere mysteria. His aliisque testimoniis astrui videtur sacramenta ecclesiastica, præcipue Corporis et Sanguinis, Ordinationis et Confirmationis, per hæreticos non posse ministrari.

Auctoritates ponit quæ videntur præmissis obviare.

2. Contra autem alii sentire videntur quod ab hæreticis etiam præcisis sacri ordines, sicut et Baptismus, tradi valeant; nec ab hæreticis redeuntes, qui illic ordinati sunt et baptizati, iterum ordinandi sunt sicut nec baptizandi. Unde Augustinus: De hæreticis etiam damnatis quod quidam dicunt, Baptisma quod accepit non amittit, qui recedit ab Ecclesia, jus dandi quod accepit amittit, multis modis apparet inaniter dici: primo, quia nulla ostenditur causa cur ille qui illud Baptisma amittere non potest, jus dandi possit amittere. Utrumque enim sacramentum est, et quadam consecratione utrumque homini datur: illud cum baptizatur, et illud cum ordinatur. Ideo non licet in catholica Ecclesia utrumque iterari. Nam quando ex ipsa parte venientes, etiam præpositi, pro bono pacis correcto schismatis errore suscepti sunt, etsi visum est opus esse ut eadem officio gererent quæ agebant, non sunt rursus ordinandi. Sed sicut Baptismus in eis, ita mansit Ordinatio integra, qnia in præcisione fuerat vitium, quod in unitate pacis est correctum; non in sacramentis, quæ ubicumque sunt. Et cum ipsi expedire videtur Ecclesiæ, ut præpositi eorum venientes ad catholicam societatem, honores suos ibi non administrent, non eis tamen ipsa Ordinationis sacramenta detrahuntur, sed super eos manent. Ideoque non eis manus imponitur, ne non homini, sed ipsi sacramento, fiat injuris. Sicut autem in Baptismo est jus, quod per eos dari possit, sic in Ordinatione jus dandi est: utrumque quidem ad perniciem suam. Sed aliud est non habere, aliud perniciose habere, aliud salubriter habere. Idem: De his qui ab Ecclesiæ unitate separati sunt, ulla jam quæstio est quin habeant et dare possint; sed perniciose habent, perniciosequæ dant, quia extra vinculum pacis sunt. Nostri sacramento facienda est injuria. Sicut non recte habet qui ab unitate recedit, sed tamen habet, et ideo redeunti non redditur, sic etiam non recte dat qui ab unitate recedit, et tamen dat; et ideo qui ab eo accipit, venienti ad unitatem non iteratur. Idem: Aliud est non habere aliquid, aliud non jure habere, vel illicite usurpare. Non ergo ideo non sunt sacramenta Christi et Ecclesiæ, quia eis illicite utuntur non modo

hæretici, sed etiam omnes impii; sed illi corrigendi sunt et puniendi,illa autem sunt agnoscenda et veneranda.Item Gregor. :Quod dicitis ut qui ordinatus est iterum ordinetur,valde ridiculosum est: ut enim baptizatus semel,iterum baptizari non debet,ita qui consecratus est semel, in eodem ordine non valet iterum consecrari His aliisque auctoritatibus videtur asseri in omnibus impiis,etiam in hæreticis præcisis et damnatis,Christi sacramenta permanere cum jure dandi.Possunt enim dare,sed perniciose; et quibus dederint,non sunt iterum ordinandi; quæ præmissis ex opposito obviare videntur.

Determinatio præmissæ contradictionis auctoritatum.

3. Hæc autem quidam ita determinant : dicunt enim hæreticos accepta sacerdotali vel episcopali unctione ab Ecclesia recedentes, Baptismi quidem dandi jus retinere,sed non habere facultatem tribuendi sacros Ordines, consecrandi dominicum corpus, postquam præcisi et damnati sunt ab Ecclesia,sicut degradatus episcopus non habet potestatem largiendi sacros Ordines; facultatem tamen baptizandi non amisit.Quod vero August. ait, intelligunt dictum de hæreticis, qui non sententia Ecclesiæ, sed pravitate sensus sui a fidei veritate ac doctrinæ unitate divisi sunt;qui licet tales sint, jus tamen ordinandi et consecrandi habent.Et qui ab eis ordinantur ante manifestam præcisionem,etiamsi cum eis aperte exierint, et sententia Ecclesiæ damnati fuerint; tamen si redierint,iterum ordinandi non sunt. Et ubicumque legitur de ordinatis ab hæreticis,quod servatis ordinibus ministrare valeant,vel iterum ordinandi non sint, de hujusmodi accipiendum dicunt. Nam postquam præcisi fuerint et damnati judicio Ecclesiæ,jus ordinandi et consecrandi eis detractum asserunt,ut degradatis,vel excommunicatis.Alii vero dicunt sacramenta ab hæreticis et præcisis secundum formam Ecclesiæ celebrata,vera esse et rata,quia recedentes ab Ecclesia jus ordinandi et consecrandi non perdiderunt,et qui sic ab hæreticis ordinantur,cum redeunt, iterum ordinandi non sunt. Quæ vero ab hæreticis aliter quam in Ecclesia fiunt,falsa sunt et inania; et qui a talibus ordinari videtur,non munus, sed vulnus accipiunt.Et secundum hanc differentiam varie de his loquuntur doctores. Quidam vero dicunt eadem sacramenta ab hæreticis præcisis posse celebrari, quæ a catholicis,si ab illis forma Ecclesiæ servetur;et ab eis celebrata vera esse et rata,quantum ad se;quantum vero ad effectum falsa esse et inania,et in his qui male tractant.et in his qui male suscipiunt, ideo irrita et falsa,quia quod promittunt et conferre creduntur non tribuunt. Damnanda etiam dicuntur quia illicite dantibus vel accipientibus sunt in judicium.Polluta etiam dicuntur,non quantum ad se, sed propter indignam hæreticorum tractationem.Ideo Gregor. communionem Aril vocat execrationem;et Innocentius Bonosii ordinationem,damnationem;non quod ita in se sint, sed quia male dantes vel accipientes tales facit.Sicut etiam Hieronym. sacrificia eorum panem luctus vocat; non quantum ad se, sed quantum ad effectum. Nonnulli vero tradunt illos hæreticos qui in Ecclesia ordinati sunt, jus ordinandi et consecrandi,etiam cum separati fuerint, habere. Qui vero in schismate vel hæresi positi ab eis ordinati et inuncti fuerint, illo jure carent. Ideoque cum ordinare volunt, vulnus potius infligunt quam gratiam conferunt.

De simonia; unde dicitur, et quid sit.

4. De simoniacis vero non est ambigendum quin sint hæretici;tamen ante sententiam degradationis, et ordinant et consecrant.Et licet simoniaci proprie dicantur qui instar Simonis magi impreciabilem gratiam pretio conducere volunt, et qui pro ministerio sacro pretium recipiunt in modum Giezi,Giezitæ vocandi sunt; omnes tamen, et dantes et accipientes, simoniaci dicuntur,et utrique eadem sententia percelluntur.

De his qui scienter a simoniacis ordinantur.

5.Differt tamen inter eos qui ordinantur a simoniacis scienter,et eos qui ignoranter. Qui enim scienter a simoniacis permiserint consecrari,imo execrari,eorum consecratio omnino irrita est.Qui vero ordinantur a simoniacis, quos, cum ordinantur, nesciunt esse simoniacos,qui et tunc pro catholicis habentur; eorum ordinatio misericorditer sustinetur. (Urbanus papa, 1, q. 1.)

De his qui dicunte se emare corporalia,non spiritualia.

6.Si vero aliqui objecerint, se non consecrationes emere, sed res ipsas quæ ex consecratione proveniunt, penitus desipere probantur. Nam quisquis horum alterum vendit, sine quo alterum non habetur, neutrum vendere derelinquit. (Pascal., q. 3, cap. *Si quis objecerit*).

Distinctio simoniacorum.

7. Simoniacæ autem hæresis tripartita est distinctio. Alii enim simoniace a simoniacis ordinantur : Alii simoniace a non simoniacis ordinantur;alii non simoniace a simoniacis.Unde Nicolaus papa, 1,q.1 : Statuimus decretum de simoniaca tripartita hæresi, id est,de simoniacis simoniace ordinantibus vel ordinatis,et de simoniacis simoniace a non simoniacis, et de simoniacis non simoniace a simoniacis.Simoniaci simoniace ordinati vel ordinatores, secundum canones,a proprio gradu decidant. Simoniaci etiam simoniace a non simoniacis ordinati, similiter ab officio removeantur.Simoniacos vero non simoniace a simoniacis ordinatos,misericorditer per manus impositionem pro temporis necessitate in officio permittimus permanere.Quod intelligendum est de his qui ordinantur a simoniacis, ignorantes eos esse simoniacos.Hos facit simoniaco non reatus criminis, sed ordinatio simoniaci.

Alexander papa de his qui violenter a simoniacis vel ab hæreticis ordinantur.

8.Similiter cum decernit Alexander papa simoniacos omnino damnandos ac deponendos, sub intelligendum est;nisi violenter quis attractus fuerit.De his enim et a quibuslibet hæreticis violenter ordinatis,dicit Innoc.,1,q. 1, quod possunt habere aliquem colorem excusationis,si statim discedunt ab eis, et pessimo eorum conciliabulo renuntiant.

De ætate ordinandorum ita decrevit Nicolaus papa.

9.Sacri, inquit, dist.77 et 78, canones sanxerunt, ut subdiaconus non ordinetur ante 14 annos,nec diaconus ante 25, nec presbyter ante 30. Deinde si dignus fuerit, ad episcopatum eligi potest, quod nos etiam pari modo servare jubemus.Item Fabianus : Si quis 30 ætatis non impleverit annos,nullo modo presbyter ordinetur,etsi valde sit dignus,quia et ipse Dominus 30 annorum baptizatus est,et sic cœpit docere.

DISTINCTIO XXVI.
DE SACRAMENTO CONJUGII CUJUS INSTITUTIO ET CAUSA OSTENDITUR.

1.Cum alia sacramenta post peccatum et propter peccatum exordium sumpserint, Matrimonii sacramentum etiam ante peccatum legitur institutum a Domino; non tamen ad remedium, sed ad officium. Refert enim Scriptura,Genes.2, in Adam misso sopore atque una de costis ejus sumpta, et exinde mulier formata, virum in spiritu intelligentem ad quem usum mulier facta esset, post extasim prophetice dixisse : *Hoc nunc os ex ossibus meis, et caro de carne mea; propter hoc relinquet homo patrem et matrem, et adhærebit uxori suæ,et erunt duo in carne una.*

De duplici institutione conjugii.

2. Conjugii autem institutio duplex est.Una ante peccatum ad officium facta est in paradiso,ubi esset thorus immaculatus,et nuptiæ honorabiles,ex quibus sine ardore conciperent,sine dolore parerent; altera post peccatum ad remedium facta extra paradisum, propter illicitum motum devitandum.Prima, ut natura multiplicaretur;secunda, ut natura exciperetur, et vitium cohiberetur. Nam et unde peccatum dixit

Deus Gen. 1 : *Crescite et multiplicamini* ; et post peccatum, omnibus pene hominibus per diluvium consumptis. Quod vero ante peccatum institutum fuerit conjugium ad officium, post peccatum vero ad remedium concessum, Aug. testatur dicens, super Gen., lib.9, cap. 7 : Quod sanis est ad officium, ægrotis est ad remedium. Infirmitas enim incontinentiæ, quæ est in carne per peccatum mortua, ne cadat in ruinam flagitiorum, excipitur honestate nuptiarum. Si vero non peccassent primi homines, sine carnis incentivo ac fervore libidinis ipsi ac successores eorum convenirent. Et sicut remunerabile est aliquod bonum opus, sic coitus eorum bonus esset et remunerabiliis. Quia vero propter peccatum lethalis concupiscentiæ lex membris notris inhæsit, sine qua carnalis non fit commixtio, reprehensibilis est malus coitus, nisi excusetur per bona conjugii.

Quando secundum præceptum, et quando secundum indulgentiam, contractum sit conjugium

3. Prima institutio habuit præceptum, secunda indulgentiam. Didicimus enim ab Apostolo, humano generi propter vitandam fornicationem indultum esse conjugium. Indulgentia vero quia meliora non eligit, remedium habet, non præmium; a quo si quis declinaverit meretur exitiale judicium. Quod secundum indulgentiam conceditur, voluntarium est, non necessarium; alioquin transgressor esset, qui illud non faceret. Et potest sane intelligi illud sub præcepto dictum hominibus primis ante peccatum : *Crescite et multiplicamini*. Quod etiam post peccatum tenebantur, usquequo est facta multiplicatio; post quam secundum indulgentiam matrimonii contractus fuit. Ita enim post diluvium, quo universum pene humanum genus deletum est, secundum præceptum dictum est filiis Noe: *Crescite et multiplicamini*. Multiplicato vero homine, secundum indulgentiam contractum est, non secundum imperium.

Quibus modis accipiatur indulgentia.

4. Indulgentia autem diversis modis accipitur, scilicet. pro concessione, pro remissione, pro permissione. Et est permissio in novo Testamento, de minoribus bonis, et de minoribus malis. De minoribus bonis est conjugium, quod non meretur palmam, sed est in remedium. De minoribus malis, id est, de venialibus, est coitus qui fit causa incontinentiæ, illud scilicet conjugium indulgetur, id est, conceditur. Illud vero, id est, coitus talis, permittitur, id est, toleratur, ita quod non prohibetur.

Quod nuptiæ sunt bonæ.

5. Fuerunt autem nonnuli hæretici nuptias detestantes,qui Tatiani appellati sunt.Hi nuptias omnino damnant,ac pares fornicationibus aliisque corruptionibus faciunt, nec recipiunt in suorum numero conjugio utentem marem vel feminam. Quod autem res bona sit conjugium, non modo ex eo probatur, quod Dominus legitur conjugium instituisse inter primos parentes, sed etiam quod in Cana Galilææ nuptiis interfuit Christus,easque miraculo commendavit,aqua in vinum conversa ; qui etiam postea virum dimittere uxorem prohibuit,nisi causa fornicationis. Apostolus etiam ait, 1 Cor.7: *Virgo non peccat, si nubat*. Constat ergo rem bonam esse matrimonium; alioquin non esset sacramentum; sacramentum enim sacrum signum est. (Aug., de Hæresibus, cap. 25. Hugo, 4 Sent., cap. 3.)

Cujus rei sacramemtum sit conjugium.

6. Cum ergo Conjugium sacramentum sit, et sacrum signum est, et sacræ rei, scilicet, conjunctionis Christi et Ecclesiæ, sicut ait Apostolus. Scriptum est, inquit, Ephes. 5: *Relinquet homo patrem et matrem, et adhærebit uxori suæ; et erunt duo in carne una.* Genes. 2 : *Sacramentum hoc magnum est, ego autem dico in Christo et in Ecclesia.* Ut enim inter conjuges conjunctio est secundum consensum animorum, et secundum permixtionem corporum, sic Ecclesiæ Christo copulatur voluntate et natura qua idem vult cum eo ; et ipse formam sumpsit de natura hominis.

Copulata est ergo sponso spiritualiter et corporaliter, id est,charitate ac conformitate naturæ. Hujus utriusque copulæ figura est in conjugio. Consensus enim conjugum copulam spiritualem Christi et Ecclesiæ, quæ fit per charitatem,significat.Commixtio vero sexuum illam significat,quæ fit per naturæ conformitatem.

Qualiter intelligendum sit illud : Mulier illa non pertinet ad matrimonium, cum qua non est commixtio sexuum.

7. Inde est quod quidam doctorum dixerunt illam mulierem non pertinere ad matrimonium, quæ non experitur carnalem copulam.Ait enim August.,27,q. 2, cap. *Non est* : Non dubium est illam mulieren non pertinere ad matrimonium, cum qua docetur non fuisse commixtio sexus.Item Leo papa, ibidem, cap. *Cum societas* : cum societas nuptiarum ita a principio sit instituta, ut præter commixtionem sexuum non habeat in se Christi et Ecclesiæ sacramentum, non dubium est illam mulierem non pertinere ad matrimonium, in qua docetur non fuisse nuptiale mysterium.Item Augustinus:Non est perfectum conjugium sine commixtione sexuum. Hoc si secundum superficiem verborum acceperit, inducitur in errorem tantum, ut dicat sine carnali copula non posse contrahi matrimonium : inter Mariam et Joseph non fuisse conjugium, vel non fuisse perfectum ; quod nefas est sentire. Tanto enim sanctius fuit atque perfectius, quanto a carnali opere immunius. Sed superius posita, ea ratione dicta intelligendum est, non quin pertineat mulier illa ad matrimonium, cum qua non est permixtio sexuum; sed non pertinet ad matrimonium quod expressam et plenam tenet figuram conjunctionis Christi et Ecclesiæ. Figurat enim illam unionem Christi et Ecclesiæ,quæ est in charitate, sed non illam quæ est in naturæ conformitate. Est ergo et in illo matrimonio typus conjunctionis Christi et Ecclesiæ ; sed illius tantum qua Ecclesia Christo charitate unitur; non illius qua per susceptionem carnis, capiti membra uniuntur. Nec ideo tamen minus sanctum est conjugium, quia, ut ait August., in lib. de Bono conjugali, cap. 18, in nuptiis plus valet sanct.tas sacramenti, quam fecunditas ventris.Est etiam conjugium signum spiritualis conjunctionis et dilectionis animorum, qua inter se conjuges uniri debent. Unde Apostolus ait, Ephes. 5 : *Viri, diligite uxores vestras ut corpora vestra.*

DISTINCTIO XXVII.

QUÆ SUNT CONSIDERANDA IN CONJUGIO.

1. Post hæc advertendum est quid sit Conjugium, et quæ sit efficiens causa conjugii et causa propter quam contrahi debeat, et quæ sint bona conjugii,et quomodo per ea excusetur coitus carnalis ; quæ sint legitimæ personæ ad matrimonium. Sunt et alia plura in Matrimonio consideranda, quæ sub compendio perstringemus.

Quid sit Conjugium.

2. Sunt ergo nuptiæ vel matrimonium, viri mulierisque conjunctio maritalis. inter legitimas personas individuam vitæ consuetudinem retinens. Ad individuam consuetudinem vitæ pertinet, quod absque consensu alterius neuter continentiam profiteri potest vel orationi vacare ; et quod inter eos dum vivunt, vinculum conjugale permanet, ut alii se copulare non liceat ; et ut invicem alter alteri exibeat quod quisque sibi. Hac autem descriptione legitimorum et fidelium tantum matrimonium includitur.

De consensu qui efficit Conjugium.

3. Efficiens autem causa Matrimonii est consensus, non quilibet, sed per verba expressus, nec de futuro, sed de præsenti. Si enim consentiunt in futurum, dicentes: Accipiam te in virum, et: Ego te in uxorem, non est iste consensus efficax Matrimonii. Item si consentiant mente, et non exprimant verbis vel aliis certis signis;nec talis consensus efficit matrimonium. Si autem verbis explicant quod tamen corde non volunt, si non sit coactio ibi vel dolus, obligatio illa verborum quibus consentiunt dicentes: Accipio te in

virum, et ego te in uxorem, Matrimonium facit.
Auctoritatibus probat quod solus consensus facit Matrimonium.

4. Quod autem consensus Matrimonium faciat subditis probatur testimoniis. Ait enim Isidorus : Consensus facit Matrimonium. Item Nicolaus papa: Sufficiat solus secundum leges eorum consensus, de quorum conjunctionibus agitur ; qui solus si forte in nuptiis defuerit, cætera etiam cum ipso coitu celebrata frustrantur. Item Joan. Chrysost., homilia 32 ad cap. 19 Matth.: Matrimonium quidem non facit coitus, sed voluntas; et ideo non solvit illud separatio corporis. Item Ambrosius, in expositione 2 in Matth: Non defloratio virginitatis facit Conjugium, sed pactio conjugalis. Ex his apparet quod consensus, id est, pactio conjugalis, Matrimonium faciat; et ex tunc Conjugium est, etiam si non præcessit vel secuta est copula carnalis.

Quando incipiat esse Conjugium.

5. Quod enim ab ipsa desponsatione in qua pactio conjugalis exprimitur, conjuges sint, sanctorum testimonia probant. Ait enim Ambros., ibid., c. *Cum initiatur*, et in lib. 27 de Virginibus : Cum initiatur conjugium, conjugii nomen asciscitur; cum conjungitur viro, conjugium est, non cum viri admixtione cognoscitur. Item Isidor. in lib. 9 Etymol., c. 8: Conjuges verius appellantur a prima desponsationis fide, quamvis adhuc inter eos ignoretur conjugalis concubitus. Item August. in lib de Nuptiis et Concupiscentia, cap. 11 : Conjux vocatur ex prima desponsationis fide, quam concubitu non cognoverat, nec fuerat agniturus. Nec pejerat, nec mendax manserat conjugis appellatio, ubi non fuerat, nec futura erat carnis ulla commixtio. Propter quod fidele conjugium ambo parentes Christi vocari meruerunt, non solum illa mater, sed etiam ille pater ejus, sicut conjux matris ejus; utrumque tamen mente, non carne. Ex his evidenter insinuatur quod ex tempore quo intercedit consensus voluntarius ac maritalis (qui solus Conjugium facit) veri conjuges sunt sponsus et sponsa.

Secundum quosdam non est conjugium ante carnalem copulam, sed sponsi et sponsæ sunt.

6. Quidam tamen asserunt verum conjugium non contrahi ante traductionem et carnalem copulam : nec vere conjuges esse aliquos antequam intercedat commixtio sexus ; sed a prima fide desponsationis vir sponsus, et mulier sponsa est, non conjux. Sponsos autem et sponsas conjuges frequenter appellari dicunt, non quia sint, sed quia futuri sunt; cujus rei sponsionem invicem fecerunt. Et secundum hoc verba præmissarum auctoritatum intelligenda fore tradunt.

Qua ratione nituntur.

7. Quod vero inter sponsam et conjugem plurimum intersit, ex eo astruunt, quia licet sponsæ ante carnalem copulam inconsulto vel nolente sponso monasterium eligere; quo facto, sponso etiam licet aliam ducere. Conjugatus vero vel conjugata, nec continentiam nisi communi consensu servare valet, nec monasterium petere, nisi uterque continentiam pariter profiteatur. Quod vero liceat sponsæ monasterium eligere, auctoritatibus sanctorum probatur. Ait enim Eusebius papa, 27, q. 7, cap. *Desponsatam:* Desponsatam puellam non licet parentibus alii viro tradere; tamen licet sibi monasterium eligere. Item Gregor., cap. *Decreta*, 27, q. 2, paragra 2: Decreta legalia desponsatam, si converti voluerit, nullo penitus consuerunt damno mulctari. Refert etiam Hieron. quod Macharius inter Christi eremitas præcipuus, celebrato nuptiali convivio, cum vespere thalamum esset ingressurus, ex urbe egrediens transmarina petiit, et eremi solitudinem sibi elegit. Beatus etiam Alexius similiter ex nuptiis divina gratia vocatus, sponsam deseruit, et nudus Christo famulari cœpit. His exemplis liquet licere sponsis sine consensu suarum sponsarum, et e converso, continentiam profiteri.

Quod conjugatus vel conjugata nequeant continentiam profiteri sine alterius consensu.

8. Hoc autem conjugatis nullatenus licet. Non enim potest vir melioris vitæ præpositum sumere sine uxoris consensu, et e converso, unde Greg., 2, q. 2, cap. *Sunt qui*, scribens Theotistæ patritiæ: Sunt qui dicunt religionis gratia conjugia debere solvi. Verum sciendum est quia et si hoc lex humana concessit, tamen lex divina prohibuit. Si vero utrisque conveniat continentem vitam ducere, hoc quis audeat accusare? Sic enim multos sanctorum novimus cum suis conjugibus et prius continentem vitam duxisse, et post ad sanctæ Ecclesiæ regimina migrasse. Si vero continentiam quam vir appetit, mulier non sequitur, aut quam uxor appetit, vir recusat, conjugium dividi non potest, quia scriptum est, 1 Cor. 7: *Mulier potestatem suæ carnis non habet, sed vir. Similiter et vir potestatem suæ carnis non habet, sed mulier.* Idem, 27, q. 2, cap. *Agathosa*, et quatuor cap. sequentibus : Agatosa, latrix præsentium, questa est virum suum contra voluntatem suam in monasterium esse conversum. Quapropter experientiæ tuæ præcipimus ut diligenti inquisitione discutias, ne forte ejus voluntate conversus sit, vel ipsa mutare se promiserit. Et si hoc reperieris, et illum in monasterio permanere provideas, et hanc sicut promisit, mutare vitam compellas. Si vero nihil horum est, nec quondam fornicationis crimen (propter quod licet uxorem dimittere) prædictam mulierem commisisse cognoveris; ne illius conversio uxoris relictæ in seculo fieri possit perditionis occasio volumus ut maritum suum illi, etiamsi jam tonsuratus est, reddere debeas, omni excusatione cessante, quia nisi fornicationis causa virum uxorem dimittere nulla ratio concedit. Postquam enim copulatione conjugii viri et mulieris unum corpus efficitur, non potest ex parte converti, et ex parte remanere, in seculo. Item ex 80 synodo, 27, q. 2, cap. *Si quis :* Si quis conjugatus converti ad monasterium velit, non est recipiendus, nisi prius a conjuge castimoniam profitente fuerit absolutus. Tales ergo tunc sine culpa sequuntur Christum relicto seculo, si habent ex pari voluntate castitatis consensum. Item, si vir et uxor divertere pro sola religiosa inter se consenserint vita, nullatenus sine consensu episcopi fiat, ut ab eo singulariter proviso constituantur loco. Nam uxore nolente, vel altero illorum, etiam tali re matrimonium non solvitur. Item August., de adulterinis Conjugiis: Si abstinens sine uxoris voluntate, tribuis ei fornicandi licentiam ; et peccatum illius tuæ imputabitur abstinentiæ. Item Nicolaus papa, supra: Scripsit nobis Taberga regina, regia se velle dignitate vel maritali copula exui, et sola vita privata esse contentam desiderare. Cui scripsimus non hoc aliter fieri posse, nisi eamdem vitam vir ejus Lotharius elegerit. Ex his patet quod conjugati sine communi consensu monasterium eligere, continentiam profiteri, vel habitum religionis sumere non valent ; et si fecerint, revocari debent. Sponsi vero possunt sine communi consensu monasterium eligere. Unde videtur inter sponsum et sponsam conjugium non esse. Ideoque asserunt a prima fide desponsationis conjuges appellari, non re præsentium, sed spe futurorum, quia ex fide quam ex desponsatione sibi invicem debent, postea efficiuntur conjuges. Præmissas autem auctoritates, quibus asseritur quod consensus matrimonium facit, ita intelligi volunt, ut consensus vel pactio conjugalis non ante coitum faciat matrimonium; sed in coitu. Sicut enim defloratio virginitatis non facit matrimonium, nisi præcedat pactio conjugalis, ita nec pactio conjugalis, antequam adsit copula carnalis. Ex pactione ergo conjugali sponsi et sponsæ fiunt ante coitum ; in coitu vere efficiuntur conjuges. Facit enim pactio conjugalis ut quæ prius erat sponsa, in coitu fiat conjux.

Responsio ad prædicta cum determinatione superiorum.

9. His autem ita respondemus : Fit aliquando desponsatio, ubi est compromissio viri et mulieris de

contrahendo matrimonio; non est autem ibi consensus de præsenti. Est et desponsatio habens consensum de præsenti, id est, pactionem conjugalem, quæ sola facit conjugium. In illa ergo desponsatione, ubi est pollicitatio contrahendi matrimonium, sponsi tantum et sponsæ fiunt, non conjuges, et talibus sponsis licet sine communi consensu continentiam profiteri, et monasterium eligere. In ea vero desponsatione ubi est consensus de præsenti, conjugium contrahitur; et ab illius desponsationis prima fide veri conjuges appellantur. Secundum hanc distinctionem desponsationis, de sponsis varie loquuntur doctores.

Quomodo accipiatur sponsa in subditis capitulis.

10. Aliquando enim sponsas vocant, quæ talem habuerunt desponsationem, ubi fuit pactio conjugalis de præsenti; et illæ vere conjuges sunt. Unde Greg., 27, quæst. 2, cap, *Si quis uxorem*: Si quis uxorem desponsaverit vel subarrhaverit, quanquam postmodum præveniente die mortis ejus nequiverit eam ducere in uxorem, tamen nulli de consanguinitate ejus licet accipere eam in conjugio ; et si inventum fuerit factum, separetur omnino. Item Julius papa, ubi supra, cap. *Si quis desponsaverit*: Si quis desponsaverit uxorem vel subarrhaverit, et vel præveniente die mortis, vel irruentibus quibusdam causis, eam non cognoverit ; nec frater ejus, nec ullus de consanguinitate ejus eamdem sibi tollat in uxorem ullo unquam tempore. Item Greg., ibid., cap. *Qui desponsatam*: Qui desponsatam proximi sui puellam ceperit in conjugium, anathema sit ipse, et omnes consentientes ei, quia secundum legem Dei mori decernitur. Nam divinæ legis non est sponsas appellare conjuges, ut in Evang., Matth. 1: *Accipe Mariam conjugem tuam*. Et in Deut . Si quis alterius sponsam in agro vel quolibet loco oppresserit, vel adduxerit in domum suam, moriatur ; quia uxorem proximi sui violavit ; non quæ jam uxor erat, sed quæ a parentibus uxor fieri debebat. Ex his colligitur quod sponsæ quædam conjuges sunt ante commixtionem sexuum. Sed forte illud movet quod in fine capituli dicitur: Non quæ jam uxor erat, sed quæ uxor fieri debebat. Quod non ita intelligi debet, quasi uxor vere non fuerit, ex quo pacto conjugalis intercessit ; sed quia nondum traducta fuerat, nec res uxoria intercesserat, scilicet concubitus conjugalis.

Quod aliter accipitur in his aliis capitulis sponsa.

11. Hæc etiam sponsa est, quæ sic viro desponsata est ut non intercesserit consensus de præsenti, sed sponsio futuri. Secundum quem modum illud decretum, ex conc. Tiburicen., intelligitur, 27, q. 2, cap. *Si quis sponsam*: Si quis sponsam filii oppresserit, et post filius ejus eam duxerit, pater postea non habeat uxorem, nec mulier virum; filius qui patris facinus ignoravit, aliam ducat. Si conjux illa fuisset (quod utique foret, si in sponsalibus pactio conjugalis intercessisset), non permitteretur sponso aliam ducere. Mœchis autem pœna non nubendi ex rigore infligitur, ut alii terreantur. Idem ex eodem : Quidam desponsavit eam et dotavit, et cum ea coire non potuit, quam clanculo frater ejus corrupit et gravidam reddidit, decretum est, ut quamvis nupta non potuerit esse legitimo viro, desponsatam tamen fratri frater habere non possit; sed mœchus et mœcha fornicationis quidem vindictam sustineant, licita vero eis conjugia non negentur. De illa desponsatione hoc intelligi debet, ubi non fuit consensus conjugalis de præsenti ; alioquin non liceret eis alia sortiri conjugia. Secundum hoc etiam illud intelligi debet, ex conc. Toletano: Statutum est a sacro conventu, ut si quis sponsam alterius rapuerit, publica pœnitentia mulcteter, et sine spe conjugii maneat. Et si ipsa eidem crimini consentiens non fuerit, licentia nubendi ei non negetur. Apparet hanc fuisse desponsatam, sine pactione conjugali de præsenti, et ideo non fuisse conjugem, cui vivente sponso alteri nubendi licentia non negatur. Sunt enim quædam nuptialia pacta de futuro, ex quibus sponsi et sponsæ vocantur, nec exinde conjuges sunt. Et est pactio quædam conjugalis de præsenti quæ sponsum et sponsam etiam conjuges facit. Et utraque pactio desponsatio vel sponsalia interdum dicuntur; proprie tamen sponsalia dicuntur quædam solemnia pacta nuptialia.

Quare non statim tradantur sponsæ.

12. De nuptialibus pactis, ubi est tantum sponsio futuri ait Augustinus, ibidem, 2: Institutum est ut jam pactæ sponsæ non statim tradantur, ne vilem habeat maritus datam quam suspiravit sponsus dilatam

Quæ sponsa sit vidua mortuo sponso, et quæ non.
(27, quæst. 2.)

13. Et est sciendum quod illa sponsa quæ tantum in futuro est pacta, mortuo sponso non remanet vidua, quia non fuerat vir ejus. Unde si quis eam duxerit, ad sacros ordines conscendere non prohibetur, quia non duxit viduam. Viduæ enim maritus æque sicut bigamus, sacerdos fieri prohibetur. Ex tali autem copula nullus arcetur a sacris ordinibus.

Qui alterius sponsam eo mortuo ducit, ad sacros ordines accedere potest

14. Secundum hoc intelligendum est quod ait Pelagius papa, de illo qui mortuo sponso ejus sponsam ducit in uxorem. Nihil est, inquit. dist. 34, c. ultimo, quantum ad hunc articulum attinet, quod ei obviet de canonicis institutis, quin ad sacros ordines promoveri valeat. Si vero talis sponsa fuisset inter quam et sponsum ejus consensus de præsenti intercessisset eo mortuo vidua remansisset ; cui copulatus in conjugio, ulterius ad sacros ordines non accederet, cum viduam duxerit. Non est ergo ambigendum quia solus de præsenti consensus conjugium efficiat, et exinde veri conjuges appellentur. Ideo post talem consensum si quis alii se copulaverit, etiamsi carnis commixtio illic sequatur, ad priorem copulam revocandus est.

DISTINCTIO XXVIII.
SI CONSENSUS DE FUTURO CUM JURAMENTO FACIAT CONJUGIUM.

1. Hic quæri debet. utrum consensus de futuro, addito etiam juramento, conjugium efficiat: ut si quis promittat vel etiam juret alicui se usque ad tempus placitum illam ducturam, et illa promittat vel juret se illi nupturam, numquid talis sponsio eos conjuges facit? Si mutato proposito alter vel uterque ad alienam copulam transit, numquid ob priorem sponsionem juramento subnixam, secundæ fœderationis pactum scindetur? Considera quia longe est aliud promittere, et aliud facere. Qui promittit, nondum facit. Qui ergo promisit se in uxorem ducturum aliquam, nondum eam duxit in uxorem; et quæ spopondit se nupturam, nondum nupsit. Quomodo ergo conjuges appellari possunt, qui nondum contrahunt, sed in futuro se contracturos jurando promittunt? Item, si ex vi juramenti ad futurum pertinentis mox efuciuntur conjuges, cur jurant in futuro se facturos, quod in præsenti efficiunt? Item, si ex quo jurant, mox efficiuntur conjuges, tunc rem hanc efficiunt, quando jurant se facturos. Ideo dico quod conjugium tunc non fuit, sed futurum promittitur. Si vero ille post uxorem duxit, et illa marito nupsit, conjugium utrinque fuit, et non potest dissolvi. Præcedens ergo mendacium vel perjurium, pœnitentia est corrigendum, sed conjugium sequens non est dissolvendum. Non autem sic est quando juramentum conjugii præsentis consensus attestatione firmatur, quia post talem consensum si quis alii se copulaverit, etiamsi prolem procreaverit, et irritum debet fieri, et ipse ad priorem copulam revocari.

Quæ videntur obviare præmissis.

2. Præmissæ autem sententiæ videtur obviare illud quod leges tradunt:Si quis tactis divinis Scripturis juraverit mulieri se eam legitimam uxorem habiturum, vel etiam si in oratorio tale sacramentum dederit, sit illi legitima uxor, quamvis nulla dos, nulla alia scriptura interposita sit. Sed hic ostenditur quid fieri vel esse debeat, non quid tunc fiat. Non enim per illud juramentum tunc fit uxor, sed fieri debet, quia jura

tum est. Potest et de illo juramento hoc dictum intelligi, ubi de præsenti consentiunt, ac se invicem suscipiunt. Illi etiam sententiæ qua dictum est, solum consensum facere conjugium, videtur obviare quod Evaristus papa ait: Aliter legitimum non fit conjugium, nisi ab his qui super feminam dominationem habere videntur, et a quibus custoditur. Uxor potatur, et a parentibus sponsetur, et legibus dotetur, et a sacerdote (ut mos est) benedicatur, et a paranymphis custodiatur ac solemniter accipiatur. Allegat. 30, q. 4, e. *Si quis*, determinat. 30, q. 5, c. *Aliter*. Item, 20, q. 5: Ita legitima scitote esse connubia; aliter vero præsumpta, non conjugia, sed adulteria vel fornicationes sunt, nisi voluntas propria suffragata fuerit, et vota succurrerint legitima. Hoc autem non ita intelligendum est, tanquam sine enumeratis non possit esse legitimum conjugium, sed quia sine illis non habet decorem et honestatem debitam. In hujus enim sacramenti celebratione, sicut in aliis, quædam sunt pertinentia ad substantiam sacramenti, ut consensus de præsenti, qui solus sufficit ad contrahendum matrimonium; quædam vero pertinentia ad decorem et solemnitatem sacramenti, ut parentum traditio, sacerdotum benedictio, et hujusmodi; sine quibus legitime fit conjugium, quantum ad virtutem, non quantum ad honestatem sacramenti. Sine his ergo non quasi legitimi conjuges, sed quasi adulteri vel fornicatores conveniunt, ut illi qui clanculo nubunt; et utique fornicatores essent, nisi eis suffragaretur voluntas verbis expressa de præsenti, quæ legitimum inter eos facit matrimonium. Nam et consensus occultus de præsenti per verba expressus, conjugium facit, licet non sit ibi honestus contractus, sed matrimonium non sanxit consensus qui in occulto fuit. Si enim alterum dimiserit, non cogitur judicio Ecclesiæ redire et commanere quasi cum conjuge, quia non potest probari testibus contractus, qui in occulto est factus. Quod si ipsi qui in occulto sibi consenserunt, eumdem consensum voluntate in manifesto profiteantur, tunc utique propria voluntas suffragatur, et legitima vota succurrunt ad sanciendum conjugium, quod prius occulte fuerat contractum. Voluntas ergo verbis expressa in occulto ad hoc suffragatur, ut fiat conjugium; manifeste vero expressa suffragatur ut sanciat et roboret, ac liberum sit Ecclesiæ de hoc judicare si expedierit.

De qua re sit consensus ille: An de carnali copula, an de cohabitatione, an de alio. (27, q. 2, c. *Subjiciat*, § *Cum ergo inter istos*. Aug., lib. de sancta Virginitate, c. 5.)

3. Hic quæritur, cum consensus de præsenti matrimonium faciat, cujus rei consensus sit ille, an carnalis copulæ, an cohabitationis, an utriusque. Si cohabitationis consensus matrimonium facit, tunc frater cum sorore, pater cum filia potest contrahere matrimonium. Si carnalis copulæ, tunc inter Mariam et Joseph non fuit conjugium. Proposuerat enim Maria in virginitate manere, nisi Deus aliter facere juberet: secundum quod videtur angelo dixisse: *Quomodo fiet istud, quoniam virum non cognosco*, id est, me non cogituram proposui. Neque enim quia virum tunc non cognoscebat, necesse erat inquiri quomodo posset habere filium; sed quia se nunquam cognituram proposuerat. Dicit enim Beda, ad c. 1 Lucæ, quod in virginitate manere disposuerat; si ergo contra suum propositum post consensit in carnalem copulam, videtur facta voti rea, mente, etsi non opere violata. Dicamus ergo quod consensus cohabitationis vel carnalis copulæ non facit conjugium; sed consensus conjugalis societatis, verbis secundum præsens tempus expressus: ut cum vir dicit: *Ego accipio te in meam*, non dominam, non ancillam, sed *conjugem*. Quia enim non ancilla vel domina datur, ideo nec de summo, nec de imo a principio formata est, sed de latere viri, ob conjugalem societatem. Si de summa fieret, ut de capite, videretur ad dominationem creata; si vero de imo, ut de pedibus, videretur ad servitutem subjicienda. Sed quia nec in dominam, nec in ancillam assumitur, facta est de medio, id est, de latere, quia ad conjugalem societatem assumitur. Cum ergo sic conveniunt ut dicat vir: *Accipio te in meam conjugem*; et dicat mulier: *Accipio te in meum virum*, his verbis vel aliis idem significantibus exprimitur consensus, non copulæ carnalis vel cohabitationis corporalis, sed conjugalis societatis; ex qua oportet eos cohabitare, nisi forte causa religionis pari voto corporaliter separentur, vel ad tempus, vel usque in finem.

DISTINCTIO XXIX.
COACTIO EXCLUDIT CONSENSUS CONJUGALEM.

1. Oportet autem consensum conjugalem liberum esse a coactione. Coactus enim consensus, qui nec consensus appellari debet, Conjugium non facit, sicut testatur Urbanus papa 31, q. 2, cap. *De neptis*, scribens sancto regi Arragonum in hæc verba: De neptis tuæ conjugio, quam te cuidam militi daturum necessitatis instante articulo sub fidei pollicitatione confirmasti, hoc æquitate dictante decrevimus: Ut si illa virum illum omnino (ut dicitur) renuit, et in eadem voluntate persistit ut viro illi se prorsus deneget nupturam, nequaquam eam invitam ac renitentem ejusdem viri cogas conjugio copulari. Idem, ibid., cap. *Si verum*: Si verum esse constiterit, quod nobis legati Jordanis principis retulerunt, scilicet, quod ipse coactus et dolens filiam suam nolentem, flentem, et pro viribus renitentem, Raynaldo desponsaverit; quoniam iegum et canonum auctoritas talia sponsalia non approbat, ne ignorantibus leges et canones nimis durum videatur, ita sententiam temperamus, ut si princeps cum assensu filiæ id quod cœptum est perficere voluerit, concedamus. Sin autem, legatus noster utrasque partes audiat; et si nihil fuerit ex parte Raynaldi quod amplius impediat, al ipso Jordane sacramentum, quo constent hæc quæ dicta sunt, accipiat. Et nos canonum et legum scripta sequentes, deinceps non prohibemus quin alii viro, si voluerit prædicta ejus filia tantum in Domino nubat. Ex his apparet conjugium fieri inter consentientes et spontaneos, non inter renitentes et invitos. Verumtatem qui inviti et coacte conjuncti sunt, si postea ab aliquo tempore sine contradictione et querimonia cohabitaverint facultate discedendi vel reclamandi habita, consentire videntur; et consensus ille consequens supplet quod præcedens coactio tulerat.

In libro Pandectarum.

2. Consentire autem probatur, qui evidenter non contradicit: secundum illud: In sponsalibus eorum consensus exigendus est, quorum in nuptiis desiderantur. Intelligitur tamen patui filia consentire, nisi evidenter dissentiat. Item, sponsalia sicut nuptiæ consensu fiunt contrahentium. Et ideo sicut in nuptiis, ita et in sponsalibus patris familias filiam consentire oportet, quæ si patris voluntati non repugnat, consentire intelligitur.

DISTINCTIO XXX.
DE ERRORE QUI EVACUAT CONSENSUM

1. Nec solum coactio impedit vel excludit consensum sed etiam error. Non autem omnis error consensum expedit. Est enim error alius personæ, alius fortunæ, alius conditionis, alius qualitatis. Error personæ, quando hic putatur esse homo ille, et est alius. Error fortunæ, quando putatur esse dives qui pauper est, vel e converso. Error conditionis, quando putatur esse liber qui servus est. Error qualitatis, quando putatur esse bonus qui malus est. Error fortunæ et qualitatis, conjugii consensum non excludit. Error vero conditionis conjugalem consensum evacuat, de qua conditione postmodum tractabimus. Error quoque personæ consensum conjugalem non admittit; ut si quis feminam nobilem in conjugium petat, et pro ea alia ignobilis tradatur ei, non est inter eos conjugium, quia non consensit vir in istam, sed in aliam. Ut si quis promitteret mihi se venditurum aurum, et pro auro offerret mihi aurichalcum, et ita me deciperet,

numquid dicere consensisse in aurichalcum? Nunquam volui emere aurichalcum, nec ergo in illud consensi, quia consensus nonnisi voluntatis est. Sicut ergo error materiæ excludit consensum, ita et in conjugio error personæ. Sed objicitur de Jacob qui pro Rachel septem annis servierat, et supposita est ei Lia, numquid error personæ exclusit conjugium, cum non in eam, sed in Rachel consenserit? Sed quod ibi factum est, in mysterio gestum non improbe traditur, ibi tamen etsi non præcessit, secutus est consensus; nec ex illo concubitu qui consensum præcessit fornicarii judicantur, cum ille maritali affectu eam cognoverit, et illa uxorio affectu debitum persolverit, putans lege primogenitarum, et paternis imperiis sc illi jure copulatam; excusatur etiam, quia Dei consilio in mysterio ita actum est. Hodie etiam excusaretur ille, cui inscio uxoris soror lectulum ejus ingressa se subjiceret; quæ cum sine spe conjugii perpetuo manere censeatur, ille tamen qui cognovit eam per ignorantiam, excusatur, quod per simile probatur. Si enim diabolus transfigurans se in angelum lucis credatur bonus, non est error periculosus. Quod autem vir ille in illam mulierem non consenserit, ex simili ostenditur. Si quis hæreticus nomine Augustini vel Ambrosii, alicui catholico se offerret, eumque ad suæ fidei imitationem vocaret: si ille assentiret, in cujus sententiam fidei dicetur consensisse? Non in hæreticorum sectam, sed in integritatem fidei, quam ille hæreticus se mentiebatur habere. Error vero fortunæ consensum non excludit. Quæ enim nubit pauperi, putans illum esse divitem, non potest renuntiare priori conditioni, quamvis erraverit. Nec error qualitatis, ut si quis ducat uxorem meretricem vel corruptam, quam putat esse castam vel virginem, non potest eam dimittere.

De conjugio Mariæ et Joseph.
2. Præmissis aliquid addendum est de modo illius consensus qui inter Mariam et Joseph intercessit. Sane credi potest non solum Mariam, sed etiam Joseph apud se disposuisse virginitatem servare velle, nisi Deus aliter juberet, eosque sic consensisse in conjugalem societatem, ut uterque de altero, revelante Spiritu sancto, intelligeret quod virginitatem servare vellet nisi Deus aliter inspiraret; sed illam voluntatem verbis non expresserant, postea vero expresserunt, et in virginitate permanserunt (Aug., lib. 24, contra Faustum Manichæum, c. 8 et 9). Consensit ergo Maria in maritalem societatem, sed non in carnalem copulam, nisi de eodem specialiter Deus præciperet, cujus etiam consilio in maritalem consensit copulam quia virginitatem servare volebat; et ideo non aliter consensit in conjugalem societatem, nisi familiare Dei consilium habuisset, de qua Augustinus sic ait, in lib. de Nuptiis et Concup.: Beata Maria proposuit se servaturam votum virginitatis in corde, sed ipsum votum non expressit in ore. Subjecit se divinæ dispositioni; proposuit se perseveraturam virginem, nisi Deus aliter ei revelaret. Committens ergo virginitatem suam divinæ dispositioni, consensit in carnalem copulam, non illam appetendo sed divinæ inspirationi in utroque obediendo; postea vero simul cum viro labiis expressit, et uterque in virginitate permansit.

Quod perfectum inter eos fuit conjugium.
3. Inter quos, ut ait August., 27, q. 2, perfectum fuit conjugium; perfectum quidem non in significatione, sed in sanctitate. Sanctiora sunt enim conjugia pari voto continentium. Unde Aug.: Quod Deo pari voto et consensu voveratis, ambo perseveranter reddere debuistis; a quo proposito si lapsus est ille tu saltem persevera. Non quia pariter temperabatis a commixtione carnali, ideo maritus tuus esse destiterat; imo vero tanto sanctius conjuges manebatis, quanto sanctiora concorditer placita servabatis. Perfectum ergo fuit Mariæ et Joseph conjugium in sanctitate. Perfectum etiam fuit secundum triplex bonum conjugii, fidem, scilicet, prolem, et sacramentum. Omne enim vinculum bonorum, ut ait Aug. ibid. c. 11, impletum est in illis parentibus Christi: fides proles sacramentum. Prolem cognoscimus ipsum Dominum; fidem, quia nullum adulterium; sacramentum, quia nullum divortium: solus ibi nuptialis concubitus non fuit, quia in carne peccati fieri non poterat sine pudenda concupiscentia carnis, quæ accidit ex peccato; sine qua concipi voluit, qui sine peccato futurus erat. Et licet non intercesserit conjugalis concubitus, conjuges tamen vere fuerunt mente, non carne, sicut et parentes; quamvis Ambrosius dicat perfectum fieri conjugium per carnalem copulam. In omni matrimonio, inquit, in lib. de Patriarch., c. 11 et 12, conjunctio intelligitur spiritualis: quam confirmat et perficit conjunctorum commixtio corporalis. Sed intelligendum est conjugium perfici commixtione corporali non quantum ad veritatem vel sanctitatem conjugii, sed quantum ad significationem, quia perfectius unionem Christi et Ecclesiæ tunc figurat.

Ce causa finali conjugii.
4. Expositio quæ sit efficiens causa matrimonii, consequens est ostendere ob quam causam soleat vel debeat contrahi matrimonium. Est igitur finalis causa matrimonii contrahendi principalis procreatio prolis propter hoc enim instituit Deus conjugium inter primos parentes, quibus dixit, Gen. 1, *Crescite et multiplicamini*, etc. Secunda est, post peccatum Adæ, vitatio fornicationis, unde Apostolus, I Cor. 7: *Propter fornicationem unusquisque habeat uxorem suam, et unaquæque habet virum suum.* Sunt et aliæ causæ honestæ, ut inimicorum reconciliatio, et pacis redintegratio. Sunt enim et aliæ causæ minus honestæ, propter quas aliquando contrahitur, ut viri mulierisque pulchritudo, quæ animos amore inflammatos sæpe ;impellit inire conjugium, ut valeant suum explere desiderium. Quæstus quoque et diviliarum possessio frequenter est conjugii causa. et alia multa quæ cuique diligentiam adhibenti facile est discernere. Nec est assentiendum illis qui dicunt non esse conjugium quod propter has causas minus honestas contrahitur. Constat enim ex præmissis conjugium fieri ex communi consensu verbis de præsenti expresso, quamvis amor ad hoc attraxerit. Cujus rei documentum præstat Jacob, qui Rachel decoram facie et venusto aspectu amavit, eamque multum diligens ait: *Serviam tibi pro Rachel septem annis* In Deuteronomio etiam legitur: *Si videris in medio captivorum mulierem pulchram, et adamaveris eam volueriesque uxorem habere. introduces eam in domum tuam,* etc.

Quod malus finis non contaminat sacramentum.
5. Et licet fine non bono contrahatur conjugium, quando species contrahentis movet animum, conjugium tamen bonum est, quia vita mala vel intentio perversa alicujus sacramentum non contaminat. Habuit autem conjugium Mariæ et Joseph alias causas speciales, scilicet, ut virgo solatio viri sustentaretur, et ut diabolo partus celaretur; ut Joseph esset testis castitatis, defendens eam ab infamia suspicionis, ne ut adultera damnaretur.

DISTINCTIO XXXI.
DE TRIBUS BONIS CONJUGII.

1. Post hæc de bonis conjugii quæ sint, et qualiter coitum excusent dicendum est. Tria sunt principaliter bona conjugii, unde August., super Gen., lib. 9, c. 7: Nuptiale bonum tripartitum est, scilicet, fides, proles, sacramentum. In fide attenditur, ne post vinculum conjugale cum alio vel alia coeatur; in prole, ut amanter suscipiatur, religiose educetur; in sacramento, ut conjugium non separetur, et dimissus vel dimissa ne causa prolis alteri conjungatur.

De duplici separatione.
2. Separatio autem gemina est, corporalis, scilicet, et sacramentalis. Corporaliter possunt separari causa fornicationis, vel ex communi consensu causa religionis, sive ad tempus sive usque in finem. Sacramentaliter vero separari non possunt dum vivunt, si legitimæ personæ sint. Manet enim vinculum conjugale inter eos, etiamsi aliis a se discedentes adhæserint. Unde August., in lib. 1, de Nupt. et Conjug., c. 10 :

Usque adeo manent inter viventes semel inita jura nuptiarum, ut potius sint inter se conjuges, etiam separati, quam cum aliis quibus adhæserunt. Item: Manet inter viventes quoddam conjugale vinculum, quod nec separatio, nec cum altero copulatio possit auferre; sicut apostata anima velut de conjugio Christi recedens, etiam fide perdita, sacramentum fidei non amittit, quod lavacro regenerationis accepit. Redderetur enim redeunti, si amisisset abscedens. Habet autem hoc qui recesserit ad cumulum supplicii, non ad meritum præmii (ibid., c. 11). Item : Quibus placuit ex consensu ab usu carnalis concupiscentiæ in perpetuum continere, absit ut vinculum inter illos conjugale rumpatur, imo firmius hæret; quo magis ea pacta secum gerunt, quæ charius concordiusque servanda sunt, non voluptariis corporum nexibus, sed voluntatis animorum affectibus (Hug. 4 Sentent., cap. 5). Et attende quod tertium bonum conjugii dicitur sacramentum, non quod sit ipsum conjugium, sed quia ejusdem rei sacræ signum est, id est, spiritualis et inseparabilis conjunctionis Christi et Ecclesiæ.

Hæc tria non adsunt omni conjugio.

3. Et est sciendum ab aliquibus contrahi conjugium, ubi hæc tria bona non comitantur. Deest enim fides, ubi vir cum alia, vel mulier cum alio coit. Hoc ergo bonum ita conjugio adhæret, ut ex eo, si adsit, amplius commendetur conjugium, si non adsit, non inde annihiletur. Quæ enim adultera est, non ideo conjux non est ; imo si conjux non esset, adultera non foret. Quod cum fit, culpa committitur, sacramentum vero non cassatur. Bonum quoque prolis non omnibus adest conjugibus. Quidam enim pari voto continentiam servant. Alii pro ætatis defectu vel alterius rei causa generare non valent. Nec omnes illi etiam qui prolem recipiunt, bonum prolis habent. Nam bonum prolis dicitur non ipsa proles, vel prolis spes quæ ad religionem non refertur, imo ad hæreditariam successionem (ut cum quis hæredes terrenæ possessionis habere desiderat), sed spes ac desiderium quo proles ad hoc quæritur, ut religione informetur. Multi ergo prolem habent, qui tamen bono prolis carent, nec ideo tamen conjugium esse desinit. Sacramentum vero ita inseparabiliter conjugio hæret legitimarum personarum, ut sine illo conjugium non esse videatur, quia semper manet inter viventes vinculum conjugale, ut etiam interveniente divortio fornicationis causa, conjugalis vinculi firmitas non solvatur (Hug., de Sacr., part. 11, c. 8). Ubi vero inter legitimas personas contrahitur conjugium, non adest illud bonum quod dicitur sacramentum, quia potest solvi talium copula, de quibus post dicetur. Quod vero conjugium sit inter eos qui conjugali affectu non tamen gratia prolis, sed explendæ libidinis causa conveniunt, nec fornicarii, sed conjuges appellentur, ostendit Augustinus inquiens, in lib. de Bono conjugii, cap. 5 : Solet quæri cum masculus et femina, nec ille maritus, nec illa uxor alterius, sibimet non filiorum procreandorum, sed pro incontinentia, solius concubitus causa copulantur, ea fide media, ut nec illa cum altero, nec ille cum altera faciat, id, utrum nuptiæ sint vocandæ. Et potest fortasse non absurde hoc appellari connubium, si usque ad mortem alicujus eorum id inter eos placuerit, et prolis generationem, quamvis non ea causa conjuncti sunt, non tamen vitaverint, ut vel nolint sibi nasci filios, vel etiam opere malo aliquo agant ne nascantur. Cæterum si vel utrumque, vel unum horum desit, non invenio quomodo has nuptias appellare possimus. Etenim si aliquam sibi ad tempus adhibuerit, donec aliquam dignam honoribus aut suis facultatibus inveniat, quam in conjugio adducat, animo ipso adulter est; nec cum illa quam cupit invenire, sed cum ista cum qua sic cubat, ut cum ea non habeat maritale consortium. Ecce conjuges dicuntur, qui solius concubitus causa conveniunt, si tamen prolis generationem aliquo malo dolo non vitent.

De his qui procurant venena sterilitatis.

4. Qui vero venena sterilitatis procurant, non conjuges, sed fornicarii sunt; unde Aug. de Nupt. et Concup. lib. 1, cap. 15 : Aliquando eousque pervenit hæc libidinosa crudelitas, vel libido crudelis, ut etiam venena sterilitatis procuret; et si nihil valuerint, conceptos fœtus inter viscera aliquo modo extinguat vel fundat, volendo prolem suam prius interire quam vivere, aut si in utero vivebat, occidi antequam nasci. Prorsus si ambo tales sint, conjuges non sunt; et si ab initio tales fuerunt, non sibi per connubium, sed per stuprum potius convenerunt. Si vero ambo tales non sunt, audeo dicere : aut illa quoddammodo est mariti meretrix, aut ille adulter uxoris.

Quando sunt homicidæ qui procurant abortum.

5. Hic quæri solet de his qui abortum procurant, quando judicentur homicidæ vel non. Tunc puerperium ad homicidium pertinet, quando formatum est, et animam habet, ut Augustinus super Exod. asserit, 32, q. 2, c. *Quod vero* : Informe autem puerperium, ubi non est anima viva, lex ad homicidium pertinere noluit. Dicit etiam Augustinus, in lib. Quæst. nov. et vel. Test., c. 32, quod informe puerperium non habet animam; ideoque mulctatur pecunia, non redditur anima pro anima. Sed jam formato corpori anima datur, non in conceptu corporis nascitur cum semine derivata. Nam si cum semine et anima existit de anima, tunc et multæ animæ quotidie pereunt, cum semen fluxu non proficit nativitati. Primum oportet domum compaginari et sic habitatorem induci. Cum ergo lineamenta compacta non fuerint, ubi erit anima? Item Hieron. ad Algasiam, epistolarum in quæstionibus, q. 4: Semina paulatim formantur in utero; et tamdiu non reputatur homicidium, donec elementa confecta suas imagines membraque suscipiant. Hic apparet tunc eos homicidas esse, qui abortum procurant cum formatum est et animatum puerperium.

De excusatione coitus, quæ fit per hæc bona.

6. Cum ergo hæc tria bona in aliquo conjugio simul concurrunt, ad excusationem coitus carnalis valent. Quando etiam servata fide thori causa prolis conjuges conveniunt, sic excusatur coitus, ut culpam non habeat. Quando vero deficiente bono prolis, fide tamen servata, conveniunt causa incontinentiæ, non sic excusatur ut non habeat culpam, sed venialem. Unde Augustinus, in libro de Bono conjugali, cap. 6 et 7 : Conjugatis concubitus generandi gratia, non habet culpam ; concupiscentiæ vero satiandæ, sed tamen cum conjuge propter thori fidem, venialem habet culpam. Item hoc Hug., 4 Sentent., c. 4 : Quod conjugati victi concupiscentia utuntur invicem ultra necessitatem liberos procreandi, pœnam in his pro quibus quotidie dicimus : *Dimitte nobis debita nostra*, etc. Matth. 6. Ubi autem hæc bona desunt, fides, scilicet, et proles, non videtur coitus defendi a crimine. Unde in sententiolis Sexti Pythagorici, 32, q. 1, cap. *Origo quidem*, legitur : Omnis ardentior amator propriæ uxoris, adulter est. Item Hieron., ibid. : Sapiens judicio amat conjugem, non affectu; non regnat in eo impetus voluptatis, nec præceps fertur ad coitum. Nihil est fœdius quam uxorem amare quasi adulteram. Qui dicunt se causa humani generis uxoribus jungi, imitentur saltem pecudes, et postquam venter uxoris intumuerit, non perdant filios, nec amatores se uxoribus exhibeant, sed maritos. Idem : In matrimonio opera liberorum concessa sunt, voluptates autem quæ de meretricum amplexibus capiuntur, in uxore sunt damnatæ.

De indulgentia Apostoli, quomodo sit accipienda.

7. Sed si concubitus qui fit causa prolis, culpa caret, quid Apostolus secundum indulgentiam permittit. Ita enim ait, 1 Cor. 7 : *Hoc autem dico secundum indulgentiam*. Cum enim præstatur venia, nisi culpæ? Per hoc etiam quidam probare volunt nuptias esse peccatum. Sed, ut prædictum est, indulgentiam alia est concessionis, alia permissionis. Egerat Apostolus de nuptiis, et de carnali coitu; et ad utrumque retulit illud : *Hoc autem dico secundum indulgentiam*. Indulgentur enim nuptiæ secundum concessionem et con-

cubitus nuptialis qui sit tantum causa prolis. Concubitus vero qui est præter necessitatem generandi ob incontinentiam, indulgetur secundum permissionem, quia ibi est aliqua culpa, sed levis. Ideoque non jubetur, nec conceditur, sed permittitur, quia non est laudabilis, sed venialis. De hoc August. sic ait de Verb. apost.: Forte aliquis dicet: Si veniam concessit Apostolus; ergo peccatum sunt nuptiæ. Cui enim venia, nisi peccato conceditur? Plane quod infirmitati permisit secundum veniam, audeo dicere peccatum esse, veniam namque concedens Apostolus, concubitum attendit conjugatorum, ubi est incontinentiæ malum. Incontinentiæ malum est, quod vir cognoscit uxorem etiam ultra necessitatem procreandi liberos, sed et ibi est nuptiarum bonum. Non enim quia incontinentia malum est, ideo conjugium. Ubi est concubitus præter intentionem generationis, non est bonum: non propter illud malum culpabile est hoc bonum, sed illud malum fit veniale propter bonum nuptiale; quod non reprehendit Apostolus, sed malum incontinentiæ. Idem Aug., in lib. de Bono conjugali, c. 10: Concubitum qui non fit causa prolis, nuptiæ non cogunt fieri, sed impetrant ignosci: si tamen non ita sit nimius, ut impediat tempora quæ orationi debentur, nec immutetur in eum usum qui est contra naturam. Concubitus enim necessarius causa generandi inculpabilis, et solus ille nuptialis est. Ille vero qui ultra necessitatem progreditur, non rationi, sed libidini obsequitur; et hunc non exigere, sed reddere conjugi ne fornicetur, ad conjugem pertinet. Si vero ambo tali concupiscentiæ subiguntur, rem faciunt quæ non est nuptiarum; cujus delicti non sunt nuptiæ hortatrices, sed deprecatrices. Decus quidem conjugale est castitas; procreandi et reddendi carnalis debiti fides, hoc est opus nuptiarum, quod ab omni peccato defendit Apostolus dicens, 1 Cor. 7; Ang., c. 4, de Nupt. et Concupis. 1, tom. 7: *Non peccat virgo si nupserit*. Cum erge culpabilis non sit generandi intentione concubitus, qui proprie nuptiis imputandus est, quid secundum veniam concedit Apostolus, nisi quod conjuges debitum carnis exposcunt, non propagationis voluntate, sed libidinis voluptate? quæ tamen voluptas non propter nuptias cadit in culpam, sed propter nuptias accipit veniam. Immoderata ergo progressio secundum veniam conceditur. Quocirca et hinc laudabiles sunt nuptæ, quia etiam illud quod non pertinet ad se, ignosci faciunt propter se. Non enim iste concubitus, quo servitur concupiscentiæ, agitur ut impleatur fœtus quem postulant nuptiæ. Omnino ergo in genere suo nuptiæ bonæ sunt, quia fidem thori servant, et prolis suscipiendæ causa utrumque sexum commiscent et impietatem separationis horrent (Aug), contra Julianum hæreticum, c. 21 et 22). Sanctitati etiam conjugii nec conjux infidelis obesse potest, sed potius fidelis prodest infideli, ut Apostolus docet. Ex his ostenditur quod conjuges qui causa prolis tantum conveniunt, vel qui exigentibus debitum reddunt, defendit a peccato sanctitas conjugii, bonumque nuptiale. Si enim absque peccato non posset fieri concubitus conjugalis, non præcepisset Dominus post diluvium eos copulari, dicens, Gen. 9: *Crescite et multiplicamini*, cum jam sine carnali concupiscentia non possint commisceri. (Hug., 4 Sent., c. 4.)

Quod non omnis delectatio carnis peccatum est.

8. Sed forte aliquis dicet omnem carnis concupiscentiam et delectationem, quæ est in coitu; malam esse et peccatum, quia ex peccato est et ordinata. Et nos dicimus illam concupiscentiam semper malam esse, quia fœda est, et pœna peccati; sed non semper peccatum est. Sæpe enim delectatur vir sanctus secundum carnem in aliqua re, ut requiescendo post laborem, edendo post esuriem; nec tamen talis delectatio est peccatum, nisi sit immoderata. Sic et delectatio quæ fit in coitu conjugali, cui adsunt illa tria bona, a peccato defenditur (Hug., ibid.) Videtur tamen beatus Gregorius aliter sentire, scilicet, quod

sine peccato non possit fieri carnalis commixtio, dicens, 33, q. 4: Vir cum propria conjuge dormiens, nisi lotus aqua ecclesiam intrare non debet. Quamvis diversæ hominum nationes de hac re diversa sentiant, et alia custodire videantur: Romanorum tamen semper ab antiquioribus usus fuit, post admixtionem propriæ conjugis, et lavacri purificationem quærere, et ab ingressu ecclesiæ paululum temperare. Nec hoc dicentes culpam deputamus esse conjugium: sed quia ipsa licita admixtio conjugis sine voluptate carnis fieri non potest, ideo a sacri loci ingressu est abstinendum, quia voluptas ipsa sine culpa nullatenus esse potest,

Determinat auctoritatem

9. Hoc autem ne prædictis obviet, intelligendum est in illis qui non gratia prolis conveniunt, quorum voluptas non est sine peccato. Et vix aliqui reperiri possunt adhuc amplexus carnales experientes, qui non interdum conveniant præter intentionem procreandæ prolis. Hoc autem quoties fit, ab ingressu ecclesiæ abstinendum est. Et quod ita intelligendum sit, Gregorius consequenter ostendit, ibidem: Si quis vero ita sua conjuge, non cupidine voluptatis raptus, sed tantum creandorum liberorum gratia, utitur, iste profecto, sive de ingressu ecclesiæ, sive de sumendo corporis dominici mysterio, suo est judicio relinquendus, quia prohiberi a nobis non debet accipere, qui in igne positus nescit ardere. Cum vero non amor procreandæ sobolis, sed voluntas dominatur in opere commixtionis, habeant conjuges etiam de commixtione sua quod defleant. Tunc autem vir qui post admixtionem conjugis lotus aqua fuerit, etiam sacram communionem valeat accipere, cum ei secundum præfinitam sententiam ecclesiam licuerit intrare.

DISTINCTIO XXXII.
DE SOLUTIONE CARNALIS DEBITI.

1. Sciendum etiam est quia cum in omnibus aliis vir præsit mulieri, ut caput corpori (*est enim vir caput mulieris*, 1 Cor. 11), in solvendo tamen carnis debito pares sunt. Ideo Apostolus utrique pariter præcipit in hac causa sibi invicem subjici, inquiens, 1 Cor. 7: *Uxori vir debitum reddat, similiter et uxor viro; quia mulier sui corporis potestatem non habet, sed vir; similiter et vir sui corporis potestatem non habet, sed mulier*; quia nec mulier ad alium virum, nec vir ad aliam mulierem potestatem sui corporis habet; nec vir ad continendum, nec mulier potestatem habet sine mutuo consensu, sed alter alterius potestatem habet corporis, ut poscenti alteri non liceat alteri negare debitum. In hoc enim pares sunt, quia nec viro, nec mulieri corpus suum licet alii tradere: sed sibi invicem debitores sunt in hac causa, ne peccandi detur occasio. Per quod non dominium tollitur viro, sed vitium. Debent enim sibi conjugati non solum ipsius sexus sui commiscendi fidem liberorum procreandorum causa, quæ prima est in ista mortalitate societas; verum etiam infirmitatis invicem excipiendæ ad illicitos concubitus devitandos, mutuam quodammodo servitutem; ut etsi alteri eorum continentia placeat, nisi ex alterius consensu non possit. Ad hoc enim neuter habet potestatem sui corporis; quod adeo verum est, ut etiam quod non filiorum procreandorum, sed infirmitatis et continentiæ causa expedit, vel ille de matrimonio, vel illa, non sibi alterutrum negent, ne per hoc incidant in damnabiles corruptelas. Reddere enim debitum conjugale nullius est criminis; exigere autem ultra generandi necessitatem, culpæ est venialis. Fornicari vero vel mœchari, puniendi est criminis. (Aug., de Bono conjugi, c. 6 et 7.)

Quod neuter continere valeat, nisi ex communi consensu.

2. Quod vero sine consensu uxoris vir continere non valeat, subditis probatur testimoniis. Ait enim Aug., super ps. 45: Si dicat vir: Continere jam volo: Nolo autem uxor, non potest. Quod enim tu vis, illa non vult. Numquid per continentiam tuam illa debet fieri fornicaria? Si alii nupseris te vivo, adultera erit Non vult tali lucro Deus tale damnum compensari.

Redde debitum ; et si non exigis, redde. Pro sanctificatione perfecta Deus tibi computabit,si non quod tibi debetur exigis,sed reddis quod debes uxori.Idem, secundum verba apostolica:Etiamsi vir continere voluisset, et tu noluisses, debitum tibi reddere cogeretur; et illi Deus imputaret continentiam, si non suæ, sed tuæ concederetur infirmitati, ne in adulterium caderes. Quisquis ergo compatiens infirmitati uxori reddit,non exigit debitum; aut si propter propriam infirmitatem ducit uxorem,plangens potius quia sine uxore esse non potuit, quam gaudens quia duxit, securus exspectat diem novissimum.Idem, ad Armentarium,epistola 45: Una sola causa esse potest,qua te ad id quod vovisti, non modo non hortaremur, sed etiam prohiberemus implere, si forte tua conjux hoc tecum suscipere,animi vel carnis infirmitate, recusaret.Nam vovenda talia non sunt a conjugatis, nisi ex consensu et voluntate communi;et si præpropero factum fuerit, magis est corrigenda temeritas quam persolvenda promissio.Non enim exigit Deus si quis ex alieno voluit voverit, sed potius usurpare velat alienum.IdemAug.in lib. de adulterinis Conjudiis, c. 14:Apostolus nec ad tempus,ut vacent orationi,nisi ex consensu voluit conjugem carnali invicem fraudari debito.Idem,in quæstionibus Numerorum,lib.4,3;59: Manifestum est ita voluisse legem, feminam sub viro esse,ut nulla ejus vota quæ abstinentiæ causa voverit, reddantur ab ea, nisi auctor fuerit vir permittendo. Nam cum ad peccatum ejusdem viri pertinere voluerit lex, si prius permiserit, et postea prohibuerit ; non tamen dixit ut faciat mulier quod voverat, quia permissa jam prius a viro fuerat.Viri dixit esse peccatum,quia abnuit quod prius concesserat ; non tamen mulieri ex hoc jussum dedit, ut cum prius vir ei concesserit postea si prohibuerit eontemnatur.Ex his apparet quod vir vel mulier continentiam Deo offerre non potest sine communi consensu,nec alter alteri debitum negare debeat.Si vero quilibet eorum alterum a suo jure absolverit, ad præteritam servitutem numquid revocare poterit ? Hoc enim in videtur Augustinus supra voluisse. Quibusdam videtur quod mulier non discedens a domo viri,quæ viro permittente continentiam voverit vel promiserit,eodem prohibente solvere non valeat;et hoc propter dignitatem viri,qui est caput mulieris. Sed melius intelligitur in tali casu, ubi vir concedit mulieri vovere continentiam;et ante votum prohibet implere. Si vero habitum mutaverit, non potest revocari, secundum illud : Qui uxorem suam velare permiserit,aliam non accipiat,sed similiter convertatur. (Ex conc. Remens. 23, q. 5.)

Quibus temporibus cessandum sit a coitu.

3.Et licet debitum poscenti semper sit solvendum, non licet tamen qualibet die poscere. Unde August., in lib.de Quæst.novi et vet. Test., c. 127 : Christiano cum uxore sua quamlibet licet convenire,aliquando non. Propter processionis enim dies, et jejuniorum aliquando non licet convenire ; quia etiam a licitis abstinendum est, ut facilius impetrari possit quod postulatur.Idem : Quoties enim vel dies Nativitatis, vel reliquæ festivitates advenerint,non solum a concubinarum consortio sed etiam a propriis uxoribus abstinete. Item Ambrosius: Si causa procreandorum filiorum ducitur uxor, non multum tempus concessum, videtur ad ipsum usum, quia et dies festi, et dies processionis, et ipsa ratio conceptus et partus juxta legem cessare usum carnis debere temporibus demonstrant.

Hieronymus videtur dissentire a præmissis.

4. Illi autem quod dictum est, reddere debitum non esse peccatum, videtur obviare quod ait Hieron. in quodam sermone,33,q.4,*Sciatis* :Quicumque uxori debitum reddit,vacare non potest orationi,nec carnes Agni edere. Item, si panes propositionis ab his qui uxores suas tetigerant,comedi non poterant;quanto magis panis qui de cœlo descendit,non potest ab his qui conjugalibus paulo ante hæsere complexibus, violari atque contingi ! non quod nuptias condemnamus,sed quod eo tempore quo carnes Agni manducaturi sumus, vacare a carnalibus operibus debeamus. Hoc capitulum maxime ad ministros Ecclesiæ pertinere videtur,quibus non licebat sacra officia celebrare atque mysteria tempore conjugal s amplexus, quo etiam præsentia Spiritus sancti non datur.Unde idem ait,sup.Matth. 3., q. 2 : Connubia legitima carent quidem peccato ; nec tamen tempore illo quo conjugales actus geruntur, præsentia Spiritus sancti dubitur, etiamsi propheta esse videatur, qui officio generationis obsequitur.

Quibus temporibus non sunt celebrandæ nuptiæ.

5. Non solum in opere carnali observanda sunt tempora,sed etiam in celebrandis nuptiis;secundum illud,38, q. 4,c. *Non oportet* : Non oportet a Septuagesima usque in octavam Paschæ, et tribus hebdomadis ante festum S. Joannis.et ab Adventu Domini usque post Epiphaniam celebrare nuptias. Quod si factum fuerit,separentur.Item Nicolaus papa, ad consultat. Bulgarorum, 33, q. 4, c. *Nec uxorem* : Nec uxorem ducere,nec conjugia facere quadragesimali tempore convenire posse ullo modo arbitror.

DISTINCTIO XXXIII.
DE DIVERSIS CONJUGII LEGIBUS.

1. Quæritur hic de antiquis patribus,qui plures simul leguntur habuisse uxores vel concubinas,utrum peccaverint. Ad quod dicimus,pro varietate temporum varia invenitur dispensatio Conditoris. Ab exordio enim temporis inter duos tantum, Adam scilicet et Evam,inchoatum est conjugium,Deo per os Adæ dicente,Gen. 2 : « Homo adhærebit uxori suæ, et erunt duo in carne una,» et secundum inchoationis modum inter duos tantum per omnem successionem temporum contraheretur conjugium, si primi homines in obedientia perstitissent. Post eorum vero copulam filii et filiæ eorum matrimonio conjuncti sunt, sed unus uni tantum. Ideo autem fratres sororibus tunc sunt copulati,quia non erant aliæ mulieres vel viri, quibus Adæ filii vel filiæ jungerentur.Primus omnium Lamech duas legitur simul habuisse uxores ; et hoc in eo arguitur,quia pro expletione carnalis voluptatis id fecisse perhibetur. Postea vero cum jam pene omnes homines falsis diis servirent, paucis in cultu Dei permanentibus, consultum est a Deo plures in matrimonio copulare sibi,ne illis paucis deficientibus, cultus et notitia Dei deficeret. Unde Abraham vivente uxore ad ancillam intravit, et ex ea genuit. Jacob etiam liberis et ancillis se copulavit ; et filiæ Loth patre ebrio usæ sunt.Cum enim cæteris in idolatria relictis,Abraham et filios ejus in populiarem populum sibi Dominus elegisset, rite multarum fecunditate mulierum populi Dei multiplicatio quærebatur,quia in successione sanguinis erat successio religionis. Unde etiam in lege maledicta erat sterilis,quæ non relinquebat semen super terram.Hinc etiam sacerdotibus conjugia decreta sunt,quia in successione familiæ successio est officii. Non ergo Abraham vel Jacob deliquit,quia præter uxorem filios ex ancilla quæsivit ; nec tamen illorum exemplo præter conjugale debitum fecunditatem in aliqua licet alicui quærere, cum illorum conjugio nostrum æquentur virginitati, et immoderatus usus conjugii nostri temporis,turpitudine fere imitetur fornicationis illius temporis.De hoc August. sic ait, in lib. de Bono conjugali, c. 45 : Antiquis justis non fuit peccatum,quod pluribus feminis utebantur; nec contra naturam hoc faciebant, cum non lasciviendi causa,sed gignendi hoc faberent ; nec contra morem, quia eo tempore ea fiebant ; nec contra præceptum, quia nulla lege erat prohibitum. Idem,33,q.4.c.*Objiciuntur Jacob*:Objiciuntur Jacob quatuor uxores ; quod quando mos erat, crimen non erat. Sic patriarchæ conjugibus excipientibus semen suum miscebantur, non concupiscentia perficiendæ voluptatis, sed providentia propagandæ successionis: sicut Apostoli auditoribus suis admirantibus doctrinam suam condelectabantur, non aviditate consequendæ

laudis,sed charitate seminandæ veritatis.Idem alibi, de Bono conjugali,c.14: Antiquis temporibus cum adhuc salutis nostræ mysterium velaretur justi officio propagandi nuptias contrahebant,non victi libidine, sed ducti pietate;quo multo facilius continere possent, et vellent.Utebantur tamen conjugibus,et plures uni viro habere licebat;quas castius habebat,quam nunc unam quilibet istorum in quibus videmus quod secundum veniam concedit Apostolus.Habebant enim eas in opere generandi,non in morbo desiderii.Item Ambrosius, 32, q. 4, c. *Dixit Sara*: dixit Sara ad Abraham,Gen.16: *Ecce conclusit me Dominus ut non pariam.Intra ergo ad ancillam meam,ut filium facias ex ea*; et ita factum est. Considera primum quod Abraham ante legem Moysi et ante Evangelium fuit. Non ergo in legem commisit Abraham, sed legem prævenit.Nondum enim interdictum videbatur. Secundo considera quod non ardore aliquo vagæ successus libidinis,non petulantis formæ captus decore, ancillæ contubernio conjugalem posthabuit thorum; sed studio quærendæ posteritatis,et propagandæ sobolis.Adhuc post diluvium raritas erat humani generis;erat etiam religionis. Denique et Loth sancti filiæ hanc causam quærendæ posteritatis habuerunt, ne genus deficeret humanum; et ideo publici muneris gratia privatam culpam prætexit. Item August., in lib.de Bono conjugali,c. 15 : Justus quamvis cupiat dissolvi et esse cum Christo,tamen sumit alimentum, non cupiditate vivendi, sed officio consulendi, ut maneat quod necessarium est propter alios.Sic misceri feminis jure nuptiarum officiosum fuit sanctis viris,non libidinosum.Quod enim est cibus ad salutem hominis,hoc est concubitus ad salutem humani generis,et utrumque non est sine delectatione carnali ; quæ tamen modificata,et refrenante temperantia in usum naturalem redacta,libido esse non potest.Quod autem in sustentando vitam illicitus est cibus, hoc est in quærenda prole fornicarius vel illicitus concubitus;et quod in cibo licito immoderatior appetitus, hoc est in conjugibus venialis ille concubitus. *Non præfertur virginitas Joannis castitati Abrahæ.*
2.Quod vero castitas virginalis non præferatur in merito conjugali castitati Abrahæ, August. ostendit inquiens,in lib.de Bono conjug., c. 31 : Sicut non est impar meritum patientiæ in Petro qui passus est, et in Joanne qui passus non est : sic non est impar meritum continentiæ in Joanne,qui nullas expertus est nuptias,et in Abraham, qui filios genuit. Nam illius cœlibatus et istius conubium pro temporum distributione Christo militaverunt;sed continentiam Joannes in opere,Abraham in solo habebat habitu. Melior est autem castitas cœlibum quam nuptiarum; quarum unam Abraham habebat in usu, ambas in habitu.Caste enim et conjugaliter vixit. Esse autem castus sine conjugio potuit,sed tunc non oportuit. Item Hieron. 32,q. 4, c. *Quis ignoret* : Quis ignoret sub alta dispensatione Dei omnes retro sanctos ejusdem fuisse meriti,cujus nunc christiani sunt? Quomodo Abraham ante placuit in conjugio,sic nunc virgines placent in castitate.Servivit ille legi et tempori suo;serviamus et nos legi et tempori nostro, in quos fines sæculorum devenerunt. Ex his apparet quod sancti Patres ante legem sine peccato plures habuerunt uxores vel concubinas.Eas enim non uxores appellat Scriptura,nunc concubinas.Rachel tamen et Lia ambæ uxores fuerunt,non concubinæ.

Oppositio.

3.Si quis opponat quod fidem thori non servabant illi patres, dicimus in hoc servasse fidem thori.quia non aliis,sed propriis uxoribus vel ancillis miscebantur.Ecce quæ fuerit consuetudo in hac re ante legem. Legis vero tempore interdixit Moyses carnalem copulam fieri cum matre,cum noverca, cum sorore,cum nepte, cum amita,cum matertera,cum nuru, et aliis quibusdam. Permisit autem divortium fieri dato libello repudii in quo vir scribebat causas pro quibus uxorem repudiabat.Permisit autem aliam ducere dato libello;quod propter duritiam cordis eorum permissum Christus dicit,non ut concederetur dissidium, sed ut tolleretur homicidium.Permisit fieri mala,ne fierent pejora;et hoc permittendo non Dei justitiam demonstravit,sed in peccatore minuit culpam.
Cui licebat plures habere, vel non.
4.Sed nunquid sub lege licebat habere plures uxores? Audi quid scriptum est in Deuteronomio, c. 17. *Non habebit rex uxores plurimas quæ alliciant animam ejus.*Super quem locum ait August.,lib.4 in Deuter., c. 27 : Manifestum est Salomonem hoc præceptum transisse.David autem plures habuit, nec præceptum præteriit.Permissum est enim regi plures habere,non plurimas,quæ alliciant animam,multiplicare ? Cum tamen additur: *Ut non elevetur cor ejus*, alienigenas prohibitum esse videtur. Verumtamen multiplicatio uxorum generaliter prohibita est.Permissum est autem regi plures habere, sed non multiplicare. Veniente autem plenitudinis tempore,quo Christi gratia ubique est dilatata,reducta est lex nuptiarum ad priorem honestioremque institutionem,ut unis uni in figura Christi et Ecclesiæ conjugatur. Nec quæritur electio muneris in successione generis,sed in perfectione vitæ et sinceritate scientiæ,et virginitas fecunditate præfertur, et sacerdotibus continentia indicitur.

De virginitate mentis et carnis.

5.Melior est autem virginitas mentis quam carnis. Unde amb,,in lib.2 de Virginibus : Tolerabilius est mentem virginem quam carnem habere; utrumque bonum est, si liceat ; si non liceat, saltem non homini, sed Deo casti simus. Virgo prostitui potest, adulterari non potest;nec lupanaria infamant castitatem,sed castitas etiam loci abolet infamiam. Idem non potest caro corrumpi,nisi mens ante fuerit corrupta.Item Isidorus in Synonymis:Non potest corpus corrumpi,nisi prius animus corruptus fuerit;mundata enim a contagione anima,caro non peccat. In fine hujus capituli aperitur quomodo verum sit,nisi anima prius fuerit corrupta, corpus non posse corrumpi, scilicet peccato.Illud etiam Augustini in lib. de Bono conjugali,c.16,advertendum est: Sicut, inquit, sanctius est mori fame quam idolothytis vesci;ita sanctius est defungi sine liberis,quam ex illicito coitu stirpem quærere.Undecumque vero nascantur homines,si parentum vitia non sectantur, et Deum recte colant,honesti et salvi erunt.Semen enim ex qualicumque homine,Dei creatura est,et eo male utenti, male erit ; non ipsum aliquando malum erit.

DISTINCTIO XXIV.
DE PERSONIS LEGITIMIS.

1.Nunc superest attendere quæ personæ sint legitimæ ad contrahendum matrimonium.Legitimæ judicantur personæ secundum statuta Patrum,quæ diversa sunt.Aliæ namque fuerunt legitimæ ante legem,aliæ sub lege, aliæ in tempore gratiæ. Item in primitiva Ecclesia quædam erant legitimæ,quæ modo non sunt. Earum vero quæ modo legitimæ sunt vel illegitimæ, quædam sunt plene legitimæ,quædam omnino illegitimæ,quædam mediæ. Plene legitimæ sunt, quibus non obviat votum continentiæ,vel ordo sacer,vel cognatio, vel dispar cultus,vel conditio,vel naturæ frigiditas, et si quid est aliud.Penitus vero illegitimæ sunt per votum, per ordinem,per cogitationem, per disparem cultum. Mediæ vero sunt, nec plene legitimæ, nec omnino illegitimæ, per frigiditatem, per conditionem. Si enim tales jungutur ignoranter, commanere possunt quibusdam accedentibus causis, et iisdem deficientibus dividi.

De frigidis separandis.

2.De his enim qui causa frigiditatis debitum reddere non possunt, consuluit Greg. ut permaneant (33, q. 1, cap.*Quod autem interrogasti*).Sed si mulier causatur dicens:Volo esse mater,et filios procreare, decrevit ut uterque eorum septima manu propinquorum juret,quod nunquam carnaliter convenerint,et tunc mulier secundas nuptias contrahat.Vir autem qui frigidæ naturæ est,absque spe conjugii permaneat. Ait enim sic: Interrogasti de his qui matrimonio juncti sunt, et nubere non possunt, si ille aliam, vel illa alium ducere possit, de quibus scriptum est: *Vir et mulier, si se conjunxerint, et post dixerit mulier de vico quod coire non possit cum ea, si potest probari quod dicit per justum judicium, alium accipiat, si vero ille acceperit aliam, separantur.* Item, ibid.: Requisisti de his qui ob causam frigidæ naturæ dicunt se non posse invicem operam carni dantes, commisceri. Iste vero si non potest ea uti pro uxore, habet eam quasi sororem. Quod si renitaculum conjugale voluerit rescindere, maneant uterque innupti, nam si huic non potuit naturaliter concordare, quomodo alteri conveniet? Item : Si vir aliam uxorem vult accipere, manifeste patet ratio, quia suggerente diabolo odii fomitem exosam eam habuerit, et ideo eam dimittere mendacii falsitate molitur. Quod si mulier causatur, et dicit: Volo esse mater, et filios procreare; uterque eorum septima manu propinquorum tactis sacrosanctis reliquiis jurejurando dicat, ut nunquam per commixtionem carnis conjuncti una caro effecti fuissent. Tunc videtur mulier secundas posse contrahere nuptias, *humanam dico propter infirmitatem carnis eorum* (Rom. 6), Vir autem qui frigidæ naturæ est, maneat sine conjuge. Quod si et illa aliam conjugem acceperit, tunc hi qui juraverant, perjurii crimine rei teneantur, et pœnitentia peracta priora cogantur recipere connubia. Hoc servandum est, cum uterque idem fatetur. Sed vir si asserit se debitum reddidisse uxori, et illa diffitetur, cui potius fides habenda sit merito quæritur. De hoc ita statutum est : Si quis ita acceperit uxorem, et habuerit eam aliquo tempore, et ipsa femina dicit quod nunquam coisset cum eo, et ille vir dicit quod sic fecit, in veritate viri consistat, *quia vir est caput mulieris* (Ephes. 5). Hoc de naturali impossibilitate statutum est.

De his qui maleficiis impediti coire non possunt.

3. De maleficii autem impedimento hoc tenendum decernitur: quod si per sortiarias et maleficas concubitus non sequitur, hortandi sunt quibus illa eveniunt ut spiritu contrito et humiliato Deo et sacerdoti de omnibus peccatis confessionem faciant, et lacrymis, orationibus et jejuniis Domino satisfaciant, et per exorcismos ac cætera ecclesiasticæ disciplinæ munimina ministri Ecclesiæ tales sanare procurent. Quod si non potuerint, separari valebunt. Sed postquam alias nuptias expetierint illis viventibus quibus post junctæ fuerint, prioribus quos reliquerant, etiam si possibilitas concumbendi eis reddita fuerit reconciliari nequibunt (Hincmari, Remensis archiep., 22, q. 3). Quod in fine hujus capituli continetur, ex rigore magis dictum intelligendum est, quam ex canonica æquitate. Vel intelligendum est non posse reconciliari prioribus, nisi judicio Ecclesiæ, quo divisio facta fuerat.

De furiosis addit.

5. Furiosi quoque, dum in amentia sunt, matrimonium contrahere non valent. Unde Fabianus, 32, q. 7: Neque furiosus neque furiosa matrimonium contrahere possunt; sed si contractum fuerit, non separantur. Item Nicolaus papa, ibid.: Hi qui matrimonium sani contraxerunt, et uni ex duobus vel ambobus amentia, vel furor, vel aliqua infirmitas accesserit; ob hanc infirmitatem talem conjugia solvi non possunt. Similiter est etiam sciendum de his qui ab adversariis excæcantur, vel membris truncantur, vel a barbaris exacti fuerint.

De his qui cum duabus sororibus dormiunt.

5. De his etiam qui cum duabus sororibus, vel quæ cum duobus fratribus dormiunt, videndum est quid censeant canones. Qui dormierit cum duabus sororibus, et una ex illis ante fuerit uxor, neutram ex ipsis habeat; nec ipsi adulteri unquam in conjugio copulentur (ex Aurelianensi concilio). Item: Nec propriæ uxori licet sibi reddere debitum, quam sibi reddidit illicitam, sororem ejus cognoscendo. Nec post mortem uxoris licet ei vel adulteræ copulari in conjugium

Item Zacharias papa, ibid. : Concubuisti cum sorore uxoris tuæ; si fecisti, neutram habeas; et uxor tua si non fuerit conscia sceleris, et continere non vult, nubat in Domino cui vult. Tu vero et adultera sine spe conjugii maneatis, et dum vivitis pœnitentiam agite. Quod ait, *cui vult nubat,* intelligendum est post mortem viri. Unde Gregorius, ibid. : Qui uxores suas in adulterio deprehenderit, nec ille, nec illa aliam uxorem accipiat, vel alium virum, quamdiu ambo vivunt. Si vero adultera mortua fuerit, vir ejus, si vult nubat ; adultera vero nunquam, etsi mortuus fuerit vir ejus ; sed omnibus diebus pœnitentiæ lamenta persolvat. Hic de illo adulterio agitur, quod cum cognato viri, vel cognata uxoris committitur.

Non est dimittenda uxor pro aliqua macula seu deformitate corporis.

6. Illud etiam sciendum est, quod pro aliqua infirmitate vel macula corporali, non licet viro uxorem dimittere, et e converso ; sed debet alter alteri subsidia providere. Unde Aug. : Si uxorem quis habeat sterilem, sive deformem corpore vel debilem membris, vel cæcam, vel claudam, vel surdam, vel si quid aliud, sive morbis; vel laboribus doloribusque confectam, et quidquid, excepta fornicatione, excogitari potest vehementer horribile, pro societate fideque sustineat.

DISTINCTIO XXXV.
EODEM JURE UTITUR VIR ET MULIER.

1. Hoc etiam notandum est, quod Dominus concedat uxorem dimitti causa fornicationis viro, eadem licentia non tollitur feminis (Aug., in lib. de Sermone Domini in monte). Unde Hieron., de Morte Fabiolæ: Præcepit Dominus uxorem non dimitti, excepta causa fornicationis: et si dimissa fuerit, manere innuptam. Quidquid viris præcipitur hoc consequenter redundat ad feminas. Non enim adultera uxor dimittenda est, et vir mœchus tenendus. Item: Apud nos non licet feminis, æque non licet viris; et eadem servitus pari conditione censetur. Ex his ostenditur, quod mulier potest super fornicatione virum convenire, ut vir mulierem. Unde Innocentius papa, 32, q. 5: Christiana religio adulterium in utroque sexu pari ratione condemnat; sed viros suos mulieres non facile de adulterio accusant, viri autem liberius uxores suas adulteras apud sacerdotes deferre consueverunt. Et ideo mulieribus, prodito earum crimine, negatur communio; virorum autem latente commisso, non facile quisquam ex suspicionibus arcetur, qui tamen suomovebitur, si ejus flagitium detegatur.

Quod fornicariam nequit dimittere vir, nisi ipse expers fuerit, et e converso.

2. Si vero quæritur an adulter adulteram possit dimittere causa fornicationis, dicimus quia nequit, adultera uxor dimitti a viro, nisi et ipse expers fornicationis existat, et e converso. Unde August., in lib. 1, de Sermone Domini in monte: Nihil iniquius est quam causa fornicationis dimittere uxorem, si et ipse convincitur fornicari. Occurrit enim illud Rom. 2: *In quo alterum judicas teipsum condemnas.* Quapropter quisquis fornicationis causa vult abjicere uxorem, prior debet esse fornicatione purgatus, quod similiter et de femina dixerim. Idem, in lib. 2, de adulterinis Conjugiis : Indignantur mariti si audiant adulteros viros pendere similes adulteris feminis pœnas, cum tanto gravius eos puniri oportuerit, quanto magis ad eos pertinet et virtute vincere, et exemplo regere feminas. Ex his apparet quod adulter adulteram dimittere non valet, et e converso.

Quod possunt reconciliari qui separantur causa fornicationis.

3. Si quis autem fornicationis expers fornicariam dimiserit, alii copulari non potest, sed continere oportet, vel ad dimissam redire, sic et de femina. Unde et Apostolus, 1 Cor. 7 : *His qui matrimonio juncti sunt, præcipio, non ego, sed Dominus, uxorem a viro non discedere; quod si discesserit, manere innupta, aut*

viro suo reconcilietur. Et de viro addit: *Et vir uxorem non dimittat.* Sed Ambrosius ait, super Epist. 1 ad Cor. 32, q. 7 : Ideo non subdit de viro sicut de muliere, quia licet viro aliam ducere. Sed hoc a falsariis in Ambrosii libro positum creditur ; supplendum enim esse in viro quod de uxore præmisit, aperte dicit August., de Serm. Domini in monte, sic : Quare non addit de muliere quod præmisit de viro, nisi quod similem formam vult intelligi ? ut si dimiserit (quod causa fornicationis permittitur), maneat sine uxore, aut reconcilietur uxori. Idem : Si nec nubere illi conceditur, vivo viro a quo recessit, nec huic alteram ducere viva uxore quam dimisit, multo minus fas est illicita cum quibuslibet stupra committere. Idem, ibid : Ut non facile dimittatur uxor, Dominus solam fornicationis causam excepit ; cæteras vero universas molestias, si quæ extiterint, jubet pro fide conjugali et pro castitate fortiter sustineri, et mœchum dixit, qui a viro solutam duxit. Ex his ostenditur quod si causa fornicationis fit separatio, non potest vir nec mulier in aliam transire copulam. Possunt autem reconciliari et cohabitare sicut prius, si dimissam alter revocare voluerit.

Quæ prædictis videntur obviare.

4. Dicit tamen Joannes Chrysost. 32, q. 4 : Sicut crudelis et iniquus est, qui castam dimittit, sic fatuus est et iniquus qui retinet meretricem. Patronus autem turpitudinis est, qui celat crimen uxoris. Item Hieron., ibid., c. *Dixit Dominus* : Cum mulier unam carnem in aliam diviserit, et se fornicatione a marito separaverit, non debet teneri, ne virum quoque sub maledicto faciat, dicente Scriptura, Prov. 18: *Qui tenet adulteram, stultus est et insipiens*, Idem, ad Amandum presbyterum scribens de quadam, quæ viro suo vivente alii nupserat, sic ait, 34, q. 2 : Rem novam loquor ; imo non novam, sed veterem, quæ veteris Testamenti auctoritate confirmatur. Si reliquerit secundum virum mulier, et reconciliari voluerit priori, non potest.

Determinatio.

5. Sed hæc omnia intelligenda sunt de illa quæ ab adulterio recedere noluit, nec per pœnitentiam peccatum delere. Quod si vir scienter patitur, consentire videtur (32, q. 1). Si enim in adulterio perseverare elegit, patronus turpitudinis, et lenocinii reus maritus habebitur, nisi eam adulterii ream facere voluerit. Si autem a peccato recesserit, et per pœnitentiam illud purgaverit, poterit viro reconciliari. Unde Aug., ad Pollentium, 32, q. 1 : Quod tibi durum videtur, ut post adulterium reconcilietur conjux, si fides adsit, non erit durum. Cur enim adhuc deputamus adulteros, quos credimus pœnitentia esse sanatos ? Idem, in lib. de adul. Conjug. : Non erit turpis nec difficilis, etiam post patrata et purgata adulteria reconciliatio conjugii, ubi per claves regni cœlorum non dubitatur fieri remissio peccatorum ; non ut post viri divortium adultera revocetur, sed ut post Christi consortium adultera non vocetur. Item Greg., in lib. Qui dicitur Pastor. : Debet recipere peccatricem, quæ pœnitentiam egit, sed non sæpe. Item Hermes, in lib. de adulterinis Conjugiis : Si vir scierit uxorem suam deliquisse, et non egerit pœnitentiam mulier, sed permanet in fornicatione sua, et vivit cum illa, vir reus et particeps peccati ejus. Quod si mulier dimissa egerit pœnitentiam et voluerit ad virum reverti, debet recipere peccatricem quæ pœnitentiam egit, sed non sæpe.

De illis qui se ante polluerunt per adulterium.

5. Solet etiam quæri an valeat duci in conjugium quæ prius est polluta per adulterium. De hoc Leo papa ait, 34, q. 1, c. *Nullus* : Nullus ducat in matrimonium quam prius polluit adulterio. Item, ex concilio Tiburiensi, ibid. c. *Relatum* : Relatum est auribus sanctorum sacerdotum, quemdam alterius uxorem stupro violasse, et insuper mœchæ juramentum dedisse, quod post legitimam uxoris mortem, si superviveret, duceret eam in uxorem ; quod et factum est. Tale ergo connubium prohibemus et anathematizamus. Illis aliisque auctoritatibus vetantur in conjugium copulari, qui se prius adulterio maculaverunt. Sed contra August. Ostendit dicens, in lib. de Nuptiis et Concup., c. *Denique* : Denique mortuo eo cum quo fuit verum conjugium, fieri potest conjugium cum qua præcessit adulterium. Item : Posse fieri sane licitas nuptias, ex personis illicite conjunctis honesto placito subsequente manifestum est.

Determinatio.

7. Sed hæc ultima auctoritas de concubinis loquitur, perhibens concubinas posse transire ad honestum placitum nuptiarum, si castitatem et fidem servare velint. Prima vero auctoritas Augustini de illis agit qui de peccato pœnituerunt, et nihil in mortem viri machinatæ sunt, nec vivente viro fidem adulteræ dedit mœchus, quod eam in conjugio duceret si superviveret. Qui vero hæc faciunt, aliis præmissis auctoritatibus prohibentur copulari.

DISTINCTIO XXXVI.

SI PRO EXTREMA CONDITIONE VALEAT UXOR SEPARATI A VIRO, ET E CONVERSO.

1. Nunc de conditione videamus an valeat conjugium dividere. Ad quod dicimus quia non negatur ingenua posse nubere servo ; sed si nescitur esse servilis conditionis libere potest dimitti cum servitus ejus fuerit deprehensa secundum illud, in concilio apud Vermeriam: Si quis ingenuus homo ancillam alterius uxorem acceperit, et æstimat quod ingenua sit ; si ipsa femina fuerit postea in servitutem dejecta, si eam a servitute redimere potest, faciat ; si non potest, si voluerit aliam accipiat. Si vero ancillam eam scierat et collaudaverat post, eam ut legitimam habeat. Item ex eodem : Si femina ingenua acceperit servum, sciens quod servus esset, habeat eum ; quia omnes unum Patrem habemus in cœlis, una lex erit viro et feminæ. Cum dicitur sciens illum servum, datur intelligi quod si nescierit illum servum esse, non cogitur manere cum ipso. Si enim conditionis dolum patitur, non cogitur adhærere ei cujus fraude decepta est. Si autem scierit vir conditionem mulieris, vel e converso, non valeat eam dimittere. Unde Zacharias papa, 29, q. 1, c. *Si quis liber :* Si quis liber ancillam in matrimonio acceperit, non habet licentiam dimittendi eam, si consensu amborum conjuncti sunt, nisi ob fornicationem. De illis agit quibus alterutrius conditio noto est quando conjunguntur.

De copula servi et ancillæ diversorum dominorum.

2. Quæritur etiam si servus unius ancillam alterius acceperit, an sit inter eos conjugium. De hoc etiam ita statutum est, in concil. Cabilonensi : Dictum est nobis quod quidam legitima servorum matrimonia potestativa quadam præsumptione dirimant, non attendentes illud Matth. 19 : *Quod Deus conjunxit homo non separet.* Unde nobis visum est ut conjugia servorum non dirimantur, etiamsi diversos dominos habeant, sed in uno conjugio permanentes dominis serviant suis. Et hoc in illis observandum est ubi legalis conjunctio fuit, et per voluntatem dominorum. Attende finem hujus capituli, ubi videtur innui præter voluntatem dominorum inter servum et ancillam non posse contrahi conjugium, vel si contrahitur non esse ratum. Quibusdam tamen videtur inter eos posse fieri conjugium dominis ignorantibus.

De viro qui se facit servum ut dimittatur ab uxore.

3. Illud etiam notandum, quod si mulier virum liberum acceperit, et ille ut causam præstet dissidii se alicujus servum fecerit, nec ille uxorem dimittere, nec illa ob vinculum conjugii in servitutem redigi poterit, unde illud, in Tiburiensi concilio: Perlatum est ad sanctam synodum quod quidam ingenuus ingenuam acceperit uxorem, et post filiorum procreationem occasione divortii, cujusdam servum se fecerit. Utrum et mulierem necessario tenere debeat ; et si tenuerit, an illa etiam servituti subjici debeat quæsitum est. Judicatum est uxorem minime debere dimitti ; non tamen ob Christi legem mulierem in

servitutem redigi, dum ille non ex consensu conjugis se servum fecerit, quem liberum maritum acceperat.

De ætate contrahentium.

4. Hoc etiam sciendum est quod pueri ante 14 annos et puellæ ante 12 annos secundum leges matrimonium inire nequeunt. Quod si ante prædicta tempora copulam inierint, separari possunt, quamvis voluntate et assensu parentum juncti fuerint. Qui vero in pueritia copulati post annos pubertatis nolunt se delinquere, sed in conjunctione permanere, jam ex hoc efficiuntur conjuges, et deinceps nequeunt separari. Item, 30, q. 2 parag. *Sponsalia* Sponsalia ante septennium contrahi non possunt ; solo enim consensu contrahuntur, qui intervenire non potest nisi ab alterutra parte intelligatur quod inter eos agitur. Duo illa executi sumus cum aliorum quorumdam adjectione quibus conjugium solvi potest, nec tamen solvi semper necesse est. Nunc de illis qui personas illegitimas penitus faciunt, addendum est, et primum de Ordine.

DISTINCTIO XXXVII.
IN QUO ORDINE NEQUEAT FERI CONJUGIUM.

1. Sunt igitur quidam ordines in quibus nullatenus potest contrahi Conjugium ; et si intercesserit copula, fit divortium ; ut sacerdotium, diaconatus, et subdiaconatus. In aliis vero permittitur sortiri conjugium, nisi religionis habitum sumpserint, vel continentiæ votum fecerint. Unde Leo papa, dist. 32, c. *Seriatim* : Clericos, lectores, ostiarios, exorcistas, acolytos, si extra votum et habitum inveniuntur, et continentiam profiteri nolunt, uxorem ducere virginem Ecclesia Romana permittit, non viduam, vel repudiatam : quia deinceps nec ad subdiaconatum provehi poterunt, nec laicus uxorem sortitus, nisi virginem, vel bigamus ad clericatum. Item ex Carthaginensi concilio : Placuit episcopos, presbyteros, diaconos, subdiaconos etiam ab uxoribus abstinere ; quod si non fecerint, etiam ab ecclesiastico removeantur officio. Cæteros vero clericos ad hoc non cogit. Item Leo papa, dist. 31, cap. *Lex continentiæ* : Lex continentiæ eadem est ministris altaris, quæ episcopis et presbyteris ; qui cum essent laici vel lectores, licite uxores ducere potuerunt ; sed cum ad prædictos pervenerunt gradus, cœpit eis non licere quod prius licuit. Item in sexta synodo, dist. 38, cap. *Si quis* : Si quis eorum qui ad clericatum accedent, voluerit nuptiale lege mulieri copulari ; hoc ante ordinem subdiaconatus faciat. Item Calixtus papa, dist. 38, c. *Presbyteris* : Presbyteris, diaconibus, subdiaconibus, monachis, concubinas habere seu matrimonium contrahere penitus interdicimus ; contracta quoque matrimonia ab hujusmodi personis disjungi, et personas ad pœnitentiam debere redigi, juxta sanctorum canonum distinctionem judicamus. Item Gregor., dist. 28, c. *Nullum* : Nullum facere subdiaconum episcopi præsumant, nisi qui se caste victurum promiserit, quia nullus debet ad ministerium altaris accedere, nisi cujus castitas ante susceptum ministerium fuerit approbata.

De interfectoribus suarum conjugum.

2. His adciciedum est de occisoribus suarum conjugum, de quibus Nicolaus papa scribit Radulpho Bituricensi archiepiscopo, 23, q. 2, c. *Interfectores* : Interfectores suarum conjugum sine judicio (cum non addis adulteram vel aliquid hujusmodi), qui aliud habendi sunt, quam homicidæ ? ac per hoc ad pœnitentiam redigendi ; quibus penitus denegatur Conjugium. Hic videtur Nicolaus permittere maritis pro adulterio aut alio hujusmodi uxores suas interficere ; sed ecclesiastica disciplina spirituali gladio, non materiali, criminosos ferire debet. Unde idem Nicolaus : Inter hæc vestra sanctitas addere studuit, si cujus uxor adulterium perpetraverit, utrum marito ejus secundum mundanam legem interficere liceat. Sed sancta Dei Ecclesia nunquam mundanis constringitur legibus ; gladium non habet nisi spiritualem. Item Pius papa, 33, q. 2, c. *Quicumque propriam* : Quicumque propriam uxorem absque lege et sine causa interfecerit, aliamque duxerit, armis depositis publicam agat pœnitentiam ; et si contumax extiterit, anathematizetur usquequo consentiat.

DISTINCTIO XXXVIII.
DE VOTO.

1. Nunc de voto inspiciamus. Votum est testificatio quædam promissionis spontaneæ, quæ Deo, et de his quæ Dei sunt, proprie fieri debet. Sunt tamen et vota stultorum, quæ frangenda sunt.

De votorum differentiis.

2. Sciendum vero quod votorum aliud est commune aliud singulare. Commune, ut illud quod in Baptismo omnes faciunt, cum spondent renuntiare diabolo, et pompis ejus ; singulare, ut cum aliquis sponte promittit servare virginitatem vel continentiam, vel aliquid hujusmodi. Idem singulare votum, aliud est privatum, aliud solemne. Privatum est, in absconditio factum ; solemne vero, in conspectu Ecclesiæ factum. Item privatum votum si violetur, peccatum est mortale ; solemne vero violare, peccatum est et scandalum est. Qui privatum faciunt votum continentiæ. Matrimonium contrahere non debent ; quia contrahendo mortaliter peccant. Si tamen contraxerint, non separentur, quia probari non potest quod occulte factum est. Qui vero solemniter vovent nullatenus Conjugium inire quant ; quibus non solum nubere, sed et velle, damnabile est. Unde August., ad Julianum, de sancta Viduitate : In conjugali vinculo si pudicitia servatur, damnatio non timetur ; sed in viduali continentia, et virginali excellentia virtus muneris amplioris expetitur ; qua expetita et electa, et voto oblato jam non solum capescere nuptias, sed etiam si non nubatur nubere velle damnabile est. Hieron., c. *voventibus* : Voventibus enim virginitatem vel viduitatem, non solum nubere, sed etiam velle damnabile est. Quod Apostolus ostendit. Timotheo scribens, Epist. 1. c. 5 : *Adolescentiores viduas devita ; cum enim luxuriatæ fuerint, in Christo nubere volunt ;* id est, cum post votum continentiæ in deliciis egerint vitam, non dico nubunt, sed nubere volunt in Christo, quasi tunc non sit peccatum ; sed quod sit ostendit subdens, *habentes damnationem ; et* quare, subdit, *quia primam fidem irritam fecerunt,* etsi non nubendo, tamen volendo, ut voluntatem quæ a proposito cecidit, appareat esse damnatam, sive sequantur nuptiæ, sive non. Damnatur enim propositi fraus ; damnantur tales, quia continentiæ fidem primam irritam fecerunt, id est votum vel in voto violato fidem quam in Baptismo professæ sunt. Si autem pro voluntate nubendi damnantur, constat si eam effectui mancipaverint, revocandum id esse in irritum, easque arcendas redire ad propositum. Unde Greg., ad Bonifacium : Viduas a proposito recedentes viduitatis, super quibus nos consuluisti, credo te nosse a S. Paulo, nisi convertantur, olim esse damnatas ; quas et nos apostolica auctoritate damnandas, et a communione fidelium atque a liminibus ecclesiæ arcendas censemus usquequo obediant episcopis suis, et ad bonum quod cœperunt, invite aut voluntarie revertantur.

De virginibus non velatis.

3. De virginibus autem non velatis, si deviaverint, a prædecessore nostro Innocentio papa tale decretum habemus, 27, q. 1, c. *Hæc vero*. Hæc quæ necdum sacro velamine tectæ, tamen in proposito virginali semper se simulaverint permanere, licet velatæ non fuerint, tamen si nupserint aliquo tempore, his agenda pœnitentia est, quia sponsio earum a Domino tenebatur. Si enim inter homines solet bonæ fidei contractus nulla ratione dissolvi, quanto magis ista pollicitatio quam cum Deo pepigerunt, solvi sine vindicta non poterit ! Item : Si virgines nondum velatæ taliter publica pœnitentia puniuntur, et a cœtu fidelium usque ad satisfactionem excluduntur, quanto magis viduæ, quæ perfectioris ætatis, et maturioris concilii existunt, et habitum religionis assumpserunt, et deinde apostataverunt, atque ad priorem vomitum

sunt reversæ,a nobis et ab omnibus fidelibus,a liminibus ecclesiæ, et a cœtu fidelium usque ad satisfactionem sunt eliminandæ,et carceribus tradendæ. Ex his apparet virgines vel viduas voto continentiæ astrictas, sive fuerint velatæ, sive non, nullatenus conjugium sortiri posse.Quod itidem de omnibus intelligendum est, qui continentiam voverunt. Quod enim ante erat licitum,post votum fit illicitum.Non est igitur prætermittendum quod Innocentius papa, ibid.,cap.*Quæ Christo,* de viduis et puellis decrevit, quæ Christo spiritualiter nubunt: Si postea publice nupserint,non eas admittendas esse ad pœnitentiam, nisi hi quibus se junxerant,de mundo recesserint. Si enim de omnibus hæc ratio custoditur,ut quæcunque vivente viro alteri nupserit, adultera habeatur, nec ei agendæ pœnitentiæ licentia conceditur,nisi unus de illis fuerit defunctus,quanto magis de illa tenenda est, quæ ante se immortali sponso conjunxerat, et post hoc ad humanas nuptias transmigravit!Attendite quod non solum conjugium talibus negare videtur,sed etiam locum pœnitentiæ; sed non ita intelligendum est,ut aliquando excludantur a pœnitentia quæ digne pœnitentiam agere volunt; sed illæ non sunt admittendæ ad pœnitentiam, quæ ab incestus copula discedere noluerint,quia post religionis propositum non potest Deo reconciliari per pœnitentiam, quæ ad habitum suæ professionis redire neglexerit. Tunc ille qui se conjunxerat ei,defunctus erit,cum ab ejus illicitis amplexibus hæc penitus recesserit. Cum ergo dicitur eas non esse admittendas ad pœnitentiam, nisi quibus se junxerant, de mundo recesserint,subaudiendum est eis. Tunc enim eis viri de mundo recedunt et defunguntur,cum ab eorum concupiscentia istæ se alienant; quem sensum similitudo subdita declarat et confirmat.

Quod grande malum sit adulterium.

4.Cum vir et mulier legitime conjuncti sunt, constat alterum altero vivente ad aliam non posse transire copulam; alioquin adulterium committitur : De quo Clemens papa ait, 32, q. 6, c. *Quid in omnibus:* Quid in omnibus peccatis adulterio est gravius? Secundum namque in pœnis tenet locum, quem primum illi habent qui aberrant a Deo.Gravissime ergo peccant adulteri,graviter fornicarii,sed cunctis his gravius incestuosi;quos omnes transcendunt contra naturam delinquentes. Unde Augustinus, de adult. Conjugiis : Adulterii malum vincit fornicationem, vincitur ab incestu.Pejus enim est cum matre,quam cum aliena uxore dormire ; sed horum omnium pessimum est quod contra naturam fit;ut si vir membro mulieris non ad hoc concesso utatur ; hoc execrabiliter fit in meretrice, sed execrabilius fit in uxore.

De illis qui post longam captivitatem redeunt.

5.Hic quæritur de illis feminis quæ putantes viros suos interemptos,vel in captivitate,vel ab iniqua dominatione nunquam liberandos,in aliorum conjugia transierunt: si illi qui putabantur periisse remeaverint,utrum eis reddi debeant, et an secundi fornicati sint,et ipsæ reæ adulterii. De hoc Leo papa sic ait : Necesse est ut legitimarum fœdera nuptiarum redintegranda credamus ; et remotis his quæ hostilitas intulit,cuique id legitime reformetur quod intulit;procurandumque est ut recipiat quisque quod proprium est. Nec tamen culpabilis judicetur, et quasi alieni juris pervasor habeatur,qui personam ejus mariti qui jam non esse existimabatur, assumpsit. Sic enim multa quæ ad eos qui in captivitatem ducti sunt, pertinebant,in jus alienum transire potuerunt;et tamen plenæ justitiæ est ut eisdem reversis reformentur. Ideoque si viri post longam captivitatem reversi,ita in dilectione suarum conjugum perseverant, ut eas cupiunt in suum redire consortium, dimittendum est, et inculpabile judicatum quod necessitas tulit, et restituendum quod fides poscit.Sin autem aliquæ mulieres ita virorum posteriorum amore sint captæ, ut malint his cohærere quam ad legitimum redire consortium, merito sunt notandæ, ita ut ecclesiastica communione priventur, quæ de re excusabili contaminationem criminis elegerunt. Redeant ergo in suum conjugia statum, quia sicut mulieres quæ ad viros suos reverti noluerint,impiæ sunt habendæ,ita illæ quæ redeunt, merito sunt laudandæ. Ex his ostenditur illos qui taliter junguntur, ut credant virum interemptum, per ignorantiam, aliquam excusationem habere de peccato, et tantum primam copulam esse legitimam, non secundam; veniam tamen habere,si careat opprobrio malæ voluntatis.Sed si quis relicta in patria sua uxore in longinquam abiens regionem aliam ducat uxorem, deinde pœnitentia ductus eam dimittere velit, asserens se aliam habuisse quæ vivit,nec Ecclesia permittat, quæ quod ille asserit ignorat, quæritur an in hac secunda copula sit conjugium.Sane dici potest non esse conjugium, et mulierem de crimine excusari per ignorantiam,virum autem adulterium admisisse. Sed ex quo ad primam redire volens nec valens cogitur Ecclesiæ disciplina hanc tenere, incipit excusari, per obedientiam et timorem,de hoc quod poscenti mulieri debitum reddit, a qua ipse nunquam poscere debet; et sic de aliis hujusmodi sentiendum est.

DISTINCTIO XXXIX.

DE DISPARI CULTU.

1. Post hæc, de dispari cultu videndum est; hæc est enim una de causis quibus personæ illegitimæ fiunt ad contrahendum matrimonium. Non enim licet Christiano cum gentili vel Judæa inire conjugium ; quia etiam in veteri Testamento prohibitum est fideles viros infideles ducere uxores, Domino dicente, Exod. 34:*Non accipias uxores de filiabus alienigenarum filiis tuis,ne traducant eos post deos suos.*Juxta hoc Domini præceptum Judæorum conjugia cum alienis inita Esdras separavit. Hoc idem etiam in novo Testamento servatur. Unde Aug., lib. de adul. Conjug. c.21 : Ne nubat femina, nisi suæ religionis viro;vel ne vir talem ducat uxorem.Id enim, ut dicis,jubet Dominus,docet Apostolus, utrumque præcipit Testamentum. Item Ambr., in lib. de Patriarchis:Cave,Christiane, gentili vel Judæo filiam tuam tradere; cave ne gentilem vel Judæam vel alienigenam,id est,hereticam, et omnem alienam a fide tua, uxorem accersas tibi. Item ex conc. Urbanensi : Si quis Judææ,sive Christiana Judæo,sive Judæa Christiano carnali consortio misceatur, quicumque tantum nefas admiserit,a christiano cœtu protinus segregetur.Ex his aliisque pluribus testimoniis apparet non posse contrahi conjugium ab his qui sunt diversæ religionis et fidei.

De conjugio fidelis et infidelis et duorum infidelium.

2. Huic autem videtur obviare quod Apostolus ait de imparibus conjugiis, 1 Cor. 7 : *Ego dico, non Dominus : Si quis frater habet uxorem infidelem, et hæc consentit habitare cum illo,non dimittat illam:et si qua mulier,*etc.Sed aliud hoc esse, aliud illud, evidenter ostendit Aug., lib. et cap. eisdem : Ibi agitur de illis conjugiis fidelis et infidelium quæ contrahuntur ab eis in dispari religione et fide manentibus.Apostolus vero agit de illis qui unius ejusdemque infidelitatis fuerunt, quando conjuncti sunt. Sed cum venisset Evangelium, alter sine altera credidit. Intelligis ne quid dicam? Attende, ut rem ipsam diligentius explanem. Ecce conjuges duo unius infidelitatis fuerunt quando conjuncti sunt ; nulla de his quæstio est quæ pertineat ad illud præceptum veteris et novi Testamenti,quo prohibetur fidelis cum infideli copulare conjugium.Jam sunt conjuges, et ambo adhuc sunt infideles. Tales sunt adhuc quales conjuncti sunt. Venitque Evangelii prædicator, credidit eorum unus vel una,sed ita ut in fidelis cum fideli habitare consentiat, non jubet Dominus ut fidelis infidelem dimittat, taliter conjunctum. Nec Apostolus jubet ut non dimittat, sed consulit ut si quis aliter agat,non sit transgressor, sicut et de virginibus consulit. Monet autem quod est lucrandi occasio, cum possit licite relinquere,sed non expedit.Tunc enim non expedit quod licitum est, quan-

do permittitur quidem, sed ipsius usus aliis affert impedimentum salutis; sicut discessio fidelis ab infideli, quam non prohibet Dominus, quia coram illo non est injusta; sed Apostolus ne fiat, consilio charitatis suadet, ut nemo in ea re jussionis necessitate teneatur, sed consilii voluntate libere faciat. Ex his monstratur inter infideles conjugium esse, et consilium Apostoli non obviare præcepto Domini, quod jubet fidelem non jungi infideli, et si conjuncti fuerint separari. Legitur enim quod Esdras propheta, imo Dominus per eum, jussit Israelitis uxores dimittere alienigenas, per quas ibant ad deos alienos; non illæ per maritos acquirebantur Deo. Recte hoc præcipit, quia per Moysen jusserat Dominus ne quis uxorem alienigenam duceret. Merito ergo quas duxerant Domino prohibente, Domino jubente dimiserunt; quia, ut ait Ambros. 28, q. 1, c. *Jussit:* Non est putandum matrimonium, quod extra decretum Dei factum est; sed cum cognoscitur, emendandum, ut quando fidelis infideli copulatur. Sed, ut ait Aug., lib. et cap. iisd.: Cum cœpisset gentibus Evangelium prædicari, jam conjunctos gentiles gentilibus comperit conjugibus; ex quibus si non ambo crederent, sed unus vel una, et infidelis cum fideli consentiret habitare, nec prohiberi a Domino debuit fidelis infidelem dimittere non juberi. Ideo non prohiberi, quia justitia permittit a fornicanti discedere. Et infidelis hominis fornicatio est major in corde, nec vera ejus pudicitia cum conjuge dici potest; quia *omne quod non est ex fide, peccatum est,* quamvis veram fidelis habeat pudicitiam, etiam cum infideli conjuge, quæ non habet veram. Ideo autem nec juberi, quia nec contra jussionem Domini gentiles fuerunt ambo conjuncti. Licitum ergo erat per justitiam fideli infidelem dimittere; sed licitum non erat faciendum, propter liberam benevolentiam. Evidenter appareet inter infideles conjugium esse, et Apostolum de illis agere qui in infidelitate conjuncti fuerunt, et post alter ad fidem conversus est, cum quo etiam infidelis habitare consentit; et hunc non dimittere fideli consulit Apostolus, quia forte per fidelem salvabitur infidelis.

De fornicatione spirituali, ob quam potest dimitti conjux.

3. Potest tamen licite dimitti, quia in infideli est fornicatio; si non corporis, tamen mentis. Causam enim fornicationis Dominus excepit. Fornicationem vero generalem et universalem intelligere cogimus, non modo scilicet corporalem, sed et spiritualem, de qua Aug., in Glos. 1, ait: Idololatria et quælibet noxia superstitio, fornicatio est. Dominus autem permisit et causa fornicationis uxorem dimitti, sed non jussit; et sic dedit Apostolo locum monendi, ut qui voluerit non dimittat: potest tamen licite dimittere. Si enim fornicatio carnis detestanda est in conjuge, quanto magis fornicatio mentis, id est, infidelitas!

Pro quibus vitiis possit dimitti.

4. Si autem quæris an propter aliud vitium nisi propter infidelitatem vel idololatriam, possit dimitti, attende quod Augustinus ait, 27, q. 1: Si infidelitas fornicatio est, et idololatria infidelitas, et avaritia idololatria, non est dubitandum et avaritiam fornicationem esse. Quis ergo quamlibet illicitam concupiscentiam potest a fornicationis genere separare si avaritia fornicatio est? Ex quo intelligitur quod propter illicitas concupiscentias non tantum quæ in stupris cum alienis viris vel feminis committuntur, sed ob quaslibet quæ animam a lege Dei aberrare faciunt et perniciose corrumpi, possit sine crimine et vir uxorem suam dimittere, et uxor virum. Item rectissime dimittitur, si viro suo dicat: Non ero uxor tua, nisi mihi de latrocinio divitias congreges, vel nisi solita lenocinia exerceas, aut si quid aliud facinorosum vel flagitiosum a viro suo expetat. Tunc ille, si veraciter pœnitens est, habetque fidem per dilectionem operantem, membrum quod eum scandalizat amputabit. (Aug. de Fide et Oper.) Ex his apparet quod non solum infidelitas, sed etiam quælibet concupiscentia, quæ perniciose turpiterque corrumpit, fornicatio spiritualis est, per quam vir uxorem vel uxor virum dimittere potest. Consulit tamen Apostolus, ne fidelis dimittat infidelem volentem cohabitare, nec a Deo revocare.

Si fideli liceat aliam ducere infideli discedente vel dimissa.

5. Hic quæritur si fidelis dimittat infidelem, vel infidelis a fideli discedat, an liceat fideli aliam ducere. Videtur auctoritas testari quod illa vivente alteram ducere non valeat. Ambros. enim verba Apostoli exponens ait, 28, q. 5: Alioquin si discedit is ab invicem, et volentes cohabitare dimittitis, et aliis vos copulatis, adulteri estis; et filii vestri qui de copula nascuntur, immundi, id est, spurii sunt. Item, 28, q. 2: Si quis habuerit uxorem virginem ante Baptismum, vivente illa post Baptismum alteram habere non potest. Crimina enim in Baptismo solvuntur, non conjugia.

Quæ præmissis contraria videntur.

6. Sed contra Ambrosi., testatur, ad Hil.: Si infidelis (dicit Apostolus) discedit, discedat. Non enim est servituti subjectus frater aut soror in hujusmodi, quia non debetur reverentia conjugii ei qui horret auctorem conjugii. Non est enim ratum matrimonium quod sine devotione Dei est: et ideo non est peccatum ei qui dimittitur propter Deum, si alii se copulaverit. Contumelia enim Creatoris solvit jus matrimonii circa eum qui relinquitur, ne accusetur alii copulatus. Infidelis autem discedens, et in Deum peccat, et in matrimonium; nec est servanda ei fides conjugii, qui ideo recessit ne audiret Christum esse Deum christianorum conjugierum. Si vero ambo crediderint, per cognitionem Dei confirmatur conjugium.

Determinatio.

7. Attende hæc prædictis contraria posse videri, ita ut sibi Ambros. contradicere videatur. Sed distinguendum est hic aliud esse dimittere volentem cohabitare, aliud dimitti propter Deum ab illo qui horret nomen Christi. Ibi lex benevolentiæ non servatur, hic veritas custoditur. Et ideo cum liceat dimittere volentem cohabitare, non tamen ea vivente aliam ducere licet. Discedentem vero sequi non oportet: et ea vivente aliam ducere licet. Sed hoc non est intelligendum, nisi de his qui in infidelitate sibi copulati sunt. Sed si ad fidem uterque conversus est, vel si uterque fidelis matrimonio conjunctus est, et post alter eorum a fide discesserit, et odio fidei conjugem reliquerit; dimissus discedentem non comitabitur, nec tamen illa vivente alteram ducere poterit, quia inter eos fuerat ratum conjugium, quod non potest dissolvi. (28, q. 2).

Quidam dicunt conjugium non esse inter infideles, et quare.

8. Sunt tamen nonnulli qui inter infideles asserunt non esse conjugium, quia nec rata, nec legitima est eorum copula. Rata non est, quia solvi potest: nec legitima, quia Apostolus ait, Rom. 14: *Omne quod non est ex fide, peccatum est.* Eorum autem conjunctio non est ex fide, et ideo peccatum est. Non est ergo conjugium, quia nullum conjugium peccatum est. August. etiam dicit quia, non est vera pudicitia infidelis cum fideli. Sed vera negatur esse pudicitia, non quod infidelium conjugium non sit verum, sed quia non habet illud triplex bonum, quod excusat coitum, et meretur præmium. Item illud Apostoli: *Omne quod non est ex fide peccatum est,* non ita intelligendum est, ut quidquid fit ab infidelibus peccatum sit; sed omne quod fit contra fidem, id est, conscientiam, male fit, et ad gehennam ædificat. Vel in omni eo quod infidelis facit, peccat, non quia illud facit, sed quia non eo modo illud facit quod debet, non referens ad debitum finem. (28, q. 1).

Quod legitimum sit conjugium infidelium, sed non ratum, et quare.

9. Copula ergo maritalis quæ est inter infideles, conjugium est legitimum, sed non ratum. Legitimum, quæ est inter legitimas personas; sed non ratum, quia sine fide. Conjugium vero fidelium est legitimum et ratum, si tamen legitimæ sunt personæ. Quod autem legitima sit infidelium conjunctio August. testatur dicens, in lib. de Fide et Oper.: Uxor legitima ac-

cietate conjuncta, sine ulla culpa relinquitur, si cum viro christiano permanere noluerit. Ex hoc etiam probatur, quod infideli ad fidem converso Apostolus consuluit infidelem non dimittere; quod non faceret, si non esset inter eos legitimum conjugium. Legitimum est quod legali institutione, vel provinciæ moribus, non contra jussionem Domini contrahitur (Hug. 4, Sent., c. 9).

DISTINCTIO XL.
DE COGNATIONE CARNALI ET SPIRITUALI; ET PRIUS DE CARNALI.

1. Nunc superest de cognatione aliquid dicere. Est autem cognatio alia carnalis, alia spiritualis. Primum de carnali cognatione et affinitate inspiciamus. Cognati ergo vel affines in septimo gradu, vel infra, copulari non debent; unde Greg., 35, q. 3: Progeniem suam unumquemque usque ad septimam observare decernimus generationem; et quandiu se cognoscunt affinitate propinquos vel cognatos, ad conjugalem copulam accedere denegamus: quod si fecerint, separentur. Item Nicolaus papa, ibid.: De consanguinitate sua nullus uxorem ducat usque post generationem septimam, vel quousque parentela cognosci potest. Item, ex conc. Lugdunens.: Nulli ex propinquitate sui sanguinis usque ad septimum gradum uxores ducant. His auctoritatibus aliisque pluribus, consanguineorum conjunctiones prohibentur usque ad septimum gradum.

De computatione graduum consanguinitatis.

2. Quomodo autem gradus consanguinitatis computandi sint, Isid. ostendit sic, lib. 9 Etym., c. 3: Series consanguinitatis sex gradibus dirimitur, hoc modo: filius et filia, quod est frater et soror, sit ipse truncus. Illis seorsum sejunctis, ex radice illius trunci egrediuntur isti ramusculi: nepos et neptis, primus; pronepos et proneptis, secundus; abnepos et abneptis, tertius; adnepos et adneptis, quartus; trinepos et trineptis, quintus; trinepotis nepos et trineptis neptis, sextus. Attende quod sex gradus tantum ponit Isidorus, quia truncum inter gradus non computat. Alii vero qui septem gradus ponunt, truncum inter gradus computant. Varie namque computantur gradus consanguinitatis. Alii enim patrem in primo gradu, filios in secundo ponunt; alii primum gradum filios appellant, negantes gradum cognationis in patrem et illium esse, cum una caro sint pater et filius. Auctoritates ergo quæ consanguinitatis cautelam usque in septimum gradum prohibent, patrem ponunt in primo gradu. Illi vero qui usque ad sextum gradum prohibent, primum gradum filios appellant. Atque ita fit, ut eædem personæ secundum hanc diversitatem inveniantur in sexto et septimo gradu. Patrem vero in primo gradu ponit, qui fratres dicit esse secundum gradum. Hoc modo computat Zacharias papa, inquiens, ibid.: Parentelæ gradus taliter computamus: Ego et frater meus una generatio sumus, primumque gradum efficimus. Rursus, filius meus, et fratris mei filius secunda generatio sunt, et secundum gradum faciunt; atque ad hunc modum cæteræ successiones. Inter illos vero qui sex computant gradus, et illos qui septem computant gradus, nulla in sensu existit diversitas, quamvis in numero graduum varietas videatur. Ultima enim generatio si a fratribus sumat initium numerandi, septima invenitur.

Quare sex gradus computantur.

3. Quare vero sex gradus computet Isidorus, ipse aperit dicens, ibid., c. 6: Consanguinitas dum se paulatim propaginum ordinibus dirimens usque ad ultimum gradum protraxerit, et propinquitas esse desierit, tunc primum lex in matrimonii vinculum eam recipiet, et quodammodo incipiet revocare fugientem. Ideo autem usque ad sextum generis gradum consanguinitas constituta est, ut sicut sex ætatibus mundi generatio et hominis status finitur, ita propinquitas generis tot gradibus terminetur. In his sex gradibus omnia propinquitatum nomina continentur, ultra quos nec affinitas inveniri, nec successio potest amplius prorogari. Secundum alios, septem gradus ideo computantur, ita ut post septem gradus sponsus sponsæ jungatur, sicut post hanc vitam, quæ septem diebus agitur, Ecclesia Christo jungetur. His autem occurrit, illud quod Greg. Augustino, Anglorum episcopo, a quo requisitus fuerat quota generatione debeant copulari, rescribit sic, 35, q. 3: Quædam lex Romana permittit, ut sive fratris, vel sororis, seu duorum fratrum germanorum, seu duarum sororum filius et filia misceantur. Sed experimento didicimus, ex tali conjugio sobolem non posse succrescere. Unde necesse est ut quarta vel quinta generatio fidelium licenter sibi conjungatur. Sed post multum temporis idem Greg., a Felice, Messinæ Siciliæ præside, requisitus utrum Augustino scripserit, ut Anglorum quarta generatione contracta matrimonia non solverentur, inter cætera talem reddidit rationem, ibid.: Quod scripsi Augustino Anglorum episcopo, ipsi etiam Anglorum genti quæ nuper ad fidem venerat, ne a bono quod cœperat metuendo austeriora recederet, specialiter et non generaliter me agnoscas scripsisse. Nec ideo hæc eis scripsi, ut postquam in fide fuerint solidati, si infra propriam consanguinitatem inventi fuerint, non separentur; aut infra affinitatis lineam, id est, usque ad septimam generationem jungantur.

DISTINCTIO XLI.
DE GRADIBUS AFFINITATIS.

1. Nunc de affinitate videndum est; de qua Greg. ait, 35, q. 5: Porro, de affinitate, quam dicitis parentelam esse, quæ ad virum ex parte uxoris, seu quæ ex parte viri ad uxorem portinet, manifesta ratio est: quia si secundum divinam sententiam ego et uxor mea sumus una caro, profecto mihi et illi mea suaque parentela propinquitas una efficitur. Quocirca ego et soror uxoris meæ, in uno et primo gradu erimus; filius vero ejus, secundo gradu erit a me; neptis vero, in tertio. Idque utrinque in cæteris agendum est successionibus. Uxorem vero propinqui cujuscumque gradus sit, ita me oportet attendere, quemadmodum ipsius quoquo gradus aliqua femina propriæ propinquitatis sit. Quo nimirum uxori meæ de propinquitate viri sui in cunctis cognationis gradibus convenit observare. Qui vero aliorsum sentiunt, antichisti sunt. Item Julius papa, 35, q. 3, c. *Æqualiter*: Æqualiter vir conjugatur consanguineis propriis et consanguineis uxoris. Item Isidorus, ibid., cap. *Sane consanguinitas*: Sane consanguinitas quæ in proprio viro conservanda est, etiam in uxoris parentela de lege nuptiarum custodienda est, quia constat eos duos fuisse in carne una. Ideoque communis est illis utraque parentela. Item Julius papa, ibid., cap. *Nullum*: Nullum in utroque sexu permittimus ex propinquitate sui sanguinis vel uxoris, usque in septimum generationis gradum, uxorem ducere, vel incesti macula copulari: quia sicut non licet cuiquam christiano de sua consanguinitate, sic nec de consanguinitate uxoris conjugem ducere, propter carnis unitatem. Item Greg., ib., cap. *De affinitate*: De affinitate consanguinitatis per gradus cognationis placuit usque ad septimam generationem observare. Nam et hæreditas rerum per legales instrumentorum definitiones sancita, usque ad septimum gradum hæredum protendit successionem. Non enim eis succederent, nisi de propagine cognationis deberetur. His auctoritatibus insinuatur, et quæ sit affinitas, et usque ad quem gradum sit observanda, scilicet usque ad septimum.

Variæ traditiones de affinitate.

2. Sed alii videntur concedere in quinta generatione inter affines contrahi conjugium, et in quarta etiam, si contractum fuerit, non separari. Ait enim Fabianus papa, ibid., cap. *De propinquis*: De propinquis qui ad affinitatem per virum et uxorem veniunt, defuncta uxore vel viro, ih quinta generatione jungantur; in quarta si inventi fuerint, non separentur. In tertia vero propinquitate, non licet uxorem alterius accipere post obitum ejus. Æqualiter vir jungatur in

matrimonio eis qui sibi consanguinei sunt, et uxoris suæ consanguineis, post mortem uxoris. Ecce hic conceditur in quinta vel quarta propinquitate, affinium fieri conjugium. Julius etiam papa ait, ibid., c. *Et hoc quoque :* Statutum est ut relictam patris uxoris suæ, relictam fratris uxoris suæ, relictam filii uxoris suæ, nemo sibi in matrimonium sumat; relictam uxorem consanguineorum uxoris suæ usque in tertiam progeniem nemo in uxorem sumat. In quarta vero et quinta si inventi fuerint, non separentur. Ecce quam varie de affinitatis observatione loquuntur auctores. Alii enim usque ad septimum gradum eam observari sanciunt; alii vero in quinto vel quarto matrimonia contracta non dividunt. Sed illi veritatis rigorem, isti misericordiæ dispensationem videntur proponere. Potest enim Ecclesia dispensare in copula affinium usque ad tertium gradum; sicut Greg. dispensavit in quarto gradu consanguinitatis. Illud autem non est prætereundum, quod Greg. Venerio episcopo scripsit, 35, q. 10, c. *Fraternitatis :* Sedem Apostolicam consulere decrevisti, si mulier copula nuptiali extraneo viro conjuncta, cognationi ejus pertineat, si eo defuncto cognatio maneat, vel sub alio viro cognationis vocabula dissolvantur; vel si susceptæ soboles possint legitime ad prioris viri cognationis transire copulam. Si una caro flunt, quomodo aliquis eorum potest propinquis uni pertinere, nisi pertineat alteri? Hoc minime posse fieri credendum est. Porro uno defuncto, in superstite affinitas non deletur, nec alia copula conjugalis affinitatis copulæ prioris solvere valet; sed nec alterius conjunctionis soboles placet ad affinitatis prioris viri consortium transire. Si quis ergo sacrilego et temerario ausu in defuncto quærit propinquitatem extinguere, vel sub altero affinitatis vocabula dissipare, vel si susceptas soboles alterius copulæ propinquitati prioris credit legitime sociari; hic negat Dei verbum, et validum esse quod dixit, Gen. 2, Matth. 19 : *Erunt duo in carne una.* Ecce hic prohibet, si mortuo primo viro uxor ejus alii nupserit, filios de secundo viro genitos ducere uxores de cognatione prioris viri, quia filii mediante matre, ad cognationem prioris viri pertinent, cum quo mater eorum una caro extiterat. Hoc idem etiam Innocentius papa ait, 23, q. 10, c. *Si qua mulier :* Si qua mulier ad secundas nuptias transierit, et ex eis sobolem genuerit, nullatenus potest ad consortium cognationis prioris viri pertingere. Hoc autem observandum est usque ad septimum generis gradum; sed maxime usque ad tertium et quartum, sicut supra positum est.

Si conjugium sit inter eos qui nota consanguinitate dividuntur.

3. Et est sciendum quod Ecclesia infra prædictos gradus consanguinitatis conjunctos separat. Si autem ignoranter conjuncti fuerint in conspectu Ecclesiæ, et postmodum probata consanguinitate ejusdem judicio separati, quæritur utrum copula illa conjugium fuerit. Quibusdam videtur non fuisse conjugium, quia non erant legitimæ personæ; sed tamen de crimine excusantur per ignorantiam, et quasi conjugium reputatur, quia bona fide et per manum Ecclesiæ convenerunt. Unde et filii eorum legitimi habentur. Alii vero dicunt fuisse conjugium, licet non essent legitimæ personæ, quia talium conjunctiones vocant canones conjugia, ubi de personis agitur, quarum testimonio consanguincorum sit dirimenda conjunctio. Unde Urbanus papa, 35, q. 6, c. *Si duo viri :* Si duo viri vel tres consanguinitatem jurejurando firmaverint, vel ipsi forte confessi fuerint, conjugia dissolvantur. Si vero neutrum contigerit, episcopi eos per fidem Christi obtestentur, quatenus palam fateantur, si se recognoscunt consanguineos. Si se judicio episcoporum segregaverint, alia matrimonia non prohibeantur contrahere. Idem, Richardo Januen. episc., ubi sup. c. *Notificamus :* Notificamus tibi ut cum tres vel duo ex propinquioribus ejus qui accusatur, hanc propinquitatem juramento firmaverint; vel si duo vel tres ex antiquioribus Januensibus quibus hæc propinquitas est nota, qui bonæ famæ et veracis testimonii sunt, remoto amore, timore, pretio et omni malo studio, prædicta firmaverint, sine mora conjugia dissolvantur. Consanguineos vero extraneorum nullus accuset, vel consanguinitatem in synodo computet; sed propinqui ad quorum notitiam pertinet. Si autem progenies tota defecerit, ab antiquioribus et veracioribus, quibus propinquitas tota nota sit, episcopus canonice perquirat; et si inventa fuerit, separentur. Ecce quibus accusantibus vel testificantibus dirimenda sit consanguineorum conjunctio, quæ conjugium vocatur. (Fabianus papa, ibid., c. *Consanguinitatis.*)

Distinctio utilis, quid sit fornicatio, stuprum, adulterium, incestus et raptus.

4. Hic dicendum est quod aliud est fornicatio, aliud stuprum, aliud adulterium, aliud incestus, aliud raptus. Fornicatio, licet sit genus omnis illiciti coitus qui fit extra uxorem, tamen specialiter intelligitur in usu viduarum, vel meretricum, vel concubinarum. Stuprum proprie est virginum illicita defloratio. Adulterium est alieni thori violatio, unde adulterium dicitur quasi alterius thori accessio. Incestus est consanguineorum, vel affinium abusus. Unde incestuosi dicuntur, qui consanguineis vel affinibus suis abutuntur. Raptus admittitur, cum puella violenter a domo patris educitur, ut corrupta in uxorem habeatur. Sive puellæ, sive parentibus viris illata constiterit, hic morte mulctatur; sed si ad Ecclesiam cum rapta confugerit, privilegio Ecclesiæ mortis impunitatem meretur. Addendum est etiam illud Alexandri, qui ait : Quod frater sororve uxoris tuæ cognati dicuntur, æquivocationis jure fit, et necessitate vulgaris appellationis potius, quam ulla cognationis causa. Uxor enim fratris, fratrissa potius quam cognata vocatur. Mariti frater, levir, dicitur. Duorum fratrum uxores, janitrices vocantur, quasi eamdem januam intrantes. Viri soror, glos appellatur. Sororis autem vir non habet speciale nomen, nec uxoris frater. (36, q. 1, c. *Lex præteritorum*, parag. *Sed non omnis.* 35, q. 5, c. *Quod autem frater.*)

DISTINCTIO XLII.

DE SPIRITUALI COGNATIONE.

1. De parentalium graduum famosa quæstione, aliquid, licet minus sufficienter, diximus. Jam de spirituali cognatione addamus, quæ etiam personas impedit ut non sint legitimæ ad ineundas nuptias. Tria quidem sunt : consanguinitas, affinitas et spiritualis germanitas. Consanguinitas est inter eos qui junguntur secundum lineam generis; affinitas, inter eos qui genere quidem non sunt conjuncti, sed mediante genere sunt sociati, verbi gratia, uxor illi fratris mei quæ non est de genere meo, per ipsum qui est de genere meo, mihi affinis facta est, et ego illi. Spiritualis proximitas est inter compatrem et commatrem; et inter eos quorum unus alterum de sacro fonte levavit, vel in catechizatione aut Confirmatione tenuit. Est etiam inter filios ejusdem hominis carnales et spirituales. (Hugo, sent. 4, c. 13.)

Qui sint filii spirituales.

2. Spirituales filii sunt quos de sacro fonte levamus, vel in catechizatione seu Confirmatione tenemus. Filii etiam et filiæ spirituales eorum sunt, qui trinæ mersionis vocabulo eos sacro Baptismate tingunt. Dicitur etiam spirituales filia sacerdotis, quæ ei peccata sua confitetur. Unde Symmachus papa, 30, q. 1, c. *Omnes quos :* Omnes quos in pœnitentia suscipimus, ita nostri spirituales sunt filii, ut et ipsi quos vel nobis suscipientibus, vel sub trinæ mersionis vocabulo mergentibus, unda Baptismi regeneravit. Sylvester etiam admonet ut ad suam filiam pœnitentialem nullus sacerdos accedat, quia scriptum est : Omnes quos in pœnitentia accipimus, ita nostri filii sunt, ut in Baptismo suscepti; quorum omnium flagitiosa est commixtio. Quod autem compater et commater sibi jungi nequeant, nec pater spiritualis nec mater filiæ, vel

filio spirituali,ex concilio Maguntinensi, 30, q. 7, c. *De eo*, docetur : De eo quod interrogasti, si aliquis filiolam suam duxerit in uxorem,et de eo qui concubuit cum matre spirituali, et de eo qui filium suum baptizavit,et uxor ejus eum de fonte suscepit, hac causa ut dissidium fieret conjugii,si post in tali copula non possunt permanere ; sic respondendum est : Si filiolam aut commatrem suam aliquis in conjugium duxerit separandos esse judicamus,et gravi pœnitentia plectendos.Si vero conjuges legitimi,vel unus, vel ambo ex industria hoc fecerint, ut filium suum de fonte susceperint,si innupti manere voluerint, bonum est ; sin autem,gravis pœnitentia insidiatori injungatur,et simul maneant;et si prævaricator conjugii supervixerit, acerrima pœnitentia mulcietur,et sine spe conjugii maneat. Ex his apparet quod aliquis filiolam suam vel commatrem non potest sibi copulare nuptialiter;et si præsumptum fuerit,separandi sunt. Qui autem legitime conjuncti sunt, non ideo separandi sunt, quia alter eorum insidiose filium de fonte levavit.Quod etiam Nicolaus confirmat dicens, 30, q. 7,c. *Nosse* desideras utrum mulier quæ viri filium ex alia femina genitum de sacro fonte levaverit, postmodum possit cum eodem viro copulari. Quos ideo conjungi posse decernimus, quia secundum canones sacros, nisi amborum consensu, nullus religionis obtentu debet conjux dimittere conjugem, cum Apostolus præcipiat,I Cor.7:*Nolite fraudare invicem,nisi forte ex consensu ad tempus*, etc. Ideo ex concilio Cabilonensi dictum est nobis quasdam feminas desidiose, quasdam vero fraudulenter, ut a viris suis separentur, proprios filios coram episcopis ad confirmandum tenuisse.Unde nos dignum duximus ut si qua mulier filium desidia aut aliqua fraude coram episcopo tenuerit ad confirmandum, propter fallaciam vel fraudem,quamdiu vivat, pœnitentiam agat ; tamen a viro suo non separetur.Item Joan.papa, 30, q.7, c. *Ad limina* : Ad limina sancti Petri homo nomine Stephanus veniens, nostro præsulatui innotuit, quod filium suum in extremo vitæ positum, necdum Baptismi unda lotum, absentia sacerdotum cogente baptizavit eumque propriis manibus suscepit. Atque pro hujusmodi negotio, reverentia tua præfatum hominem a sua conjuge judicavit esse separandum. Quo fieri nullatenus debet, dicente Scriptura, Matth.5 et 19 : *Quod Deus conjunxit, homo non separet*. Et Dominus non dimittere uxorem,nisi causa fornicationis, jubet. Et nos tanta auctoritate freti dicimus non dimittendum esse,et inculpabile judicandum quod necessitas intulit. Nam baptizandi opus laicis fidelibus,si tamen necesse fuerit, libere conceditur. Unde si supradictus homo filium morientem aspiciens,ne animam perpetuo perire dimitteret, unda Baptismi lavit,ut eum de potestate mortis eriperet, bene fecisse laudatur. Ideoque suæ uxori,sibi jam olim legitime sociatæ,impune dum vixerit judicamus manere conjunctum, nec ob hoc separari debere.His aliisque pluribus auctoritatibus edocetur conjuges non esse separandos, si post legitimam copulam alter alterius filium de fonte levarit, vel in Confirmatione tenuerit.

Quid præmissis obviat.

3. His autem obviare videtur quod idem papa ait, ibid.:Pervenit ad nos diaconus sanctitatis vestræ epistolam deferens,quod quidam viri et mulieres præterito sabbato paschali,pro magno populi incursu nescientes filios suos suscepissent de lavacro.Cupis ergo scire an propter hoc debeant viri ac mulieres ad proprium usum thori redire, vel non.Nos vero hac re mœsti, priorum inquisivimus dicta ; et invenimus in archivis,id est,in armariis Apostolicæ Sedis,jam talia contigisse in pluribus ecclesiis; quarum episcopis ab hac Apostolica Sede volentibus scire utrum viri ac mulieres redirent ad proprium thorum,beatæ memoriæ sancti patres illius Julius papa, Innoc. et Cœlestinus cum episcoporum plurimorum consensu in Apostolorum principis Ecclesia præsidentes, talia rescripserunt et confirmaverunt:ut nullo modo se in conjugio reciperent viri ac mulieres, quicumque hac ratione susceperunt natos,sed separarent se, ne suadente diabolo tale vitium invalescat. Item : Si quis filiastrum vel filiastram suam ante episcopum tenuerit ad Confirmationem, separetur ab uxore sua,et aliam nunquam accipiat.Hæc autem vel ad terrorem dicta sunt, non quod ita esset faciendum,sed ne illud fieret summopere cavendum ; vel de illis est intelligendum, qui prius filios suos vicissim de fonte susceperunt quam fierent conjuges.Præmissis autem auctoritatibus omnino consentiendum est ; ut sive proprium, sive tantum viri filium mulier de fonte susceperit,non ideo a viro separetur, quod et de viro similiter oportet intelligi.

De copula spiritualium, vel adoptivorum, vel naturalium filiorum.

4. Quod autem spirituales vel adoptivi filii naturalibus copulari nequeant, Nicolaus papa testatur ita inquiens, ad consulta Bulgarorum 35, q.5: Ita diligere debet homo eum qui se suscepit de sacro fonte, sicut patrem. Inter fratres et filios spirituales gratuita et sancta communio est,quæ dicenda non est consanguinitas,sed habenda spiritualis proximitas.Unde inter eos arbitror non posse fieri legale conjugium, quia nec inter eos qui natura et eos qui adoptione filii sunt venerandæ leges matrimonia contrahi permittunt. Item:Si inter eos non contrahitur matrimonium quos adoptio jungit,quanto potius a carnali inter se contubernio cessare oportet, quos per cœleste sacramentum regeneratio sancti Spiritus vincit!

Si filii ante compaternitatem vel post nati, valent conjungi.

5. Hoc autem quidam volunt intelligere tantum de illis filiis quibus compatres facti sunt. De aliis vero qui ante compaternitatem vel post geniti sunt,concedunt quod legitime et licite jungi possunt.Quibus videtur consentire Urbanus II dicens : Super quibus cousulit nos tua dilectio,hoc videtur respondendum: ut Baptismus sit,si instante necessitate femina puerum in nomine Trinitatis baptizaverit;et quod spiritualium parentum filii vel filiæ ante vel post compaternitatem genitæ,possunt legitime conjungi,præter illam personam qua compatres effecti sunt.

Paschalis papa.

6. Paschalis vero II, ibid., post compaternitatem genitos copulari prohibet,scribens Regino episcopo : Post susceptum filium de fonte vel filiam spiritualem, qui ex compatre vel ex commatre fuerint nati, matrimonio jungi non possunt.Illud etiam notandum est,quod in Tiburiensi concilio legitur,ibid.: Si quis suæ spiritualis commatris filiam fortuito et ita contingente rerum casu in conjugium duxerit, maturiori servato consilio habeat,atque legitimo connubio honeste operam det.

Si quis ducere possit duas commatres unam post alteram.

7. Solet etiam quæri si commatrem uxoris post ejus obitum quis ducere valeat. De hoc Nicolaus papa sic scribit, Constant. episc.,30, q. 4 : Sciscitatur a nobis sanctitas vestra si quis duas commatres habere valeat,unam post alteram. In quo meminisse debes scriptum esse : *Erunt duo in carne una*.Cum ergo constet quod vir et mulier una caro efficiuntur,restat virum compatrem constitui mulieris, cujus assumpta uxor commater erat ; et ideo virum illi feminæ non posse conjungi, quæ commater ejus erat,cum qua idem fuerat una caro effectus. Huic autem illud ex Tiburien. conc. contrarium videtur:Qui spiritualem habet compatrem cujus filium de lavacro susceperit, et uxor ejus commater non est,licet ei defuncto compatre suo ejus viduam ducere in uxorem, quos nulla generatio spiritualis secernit. Item ex epistola Paschalis papæ,ibid.:Post uxoris obitum,cum commatre uxoris conjugio copulari,nulla ratio vel auctoritas videtur prohibere. Non enim per carnis unionem, ad unionem spiritus transitur.Sed sciendum quod auctoritas Nicolai de illo agit,qui uxori suæ debitum reddidit postquam commater illius extitit. Aliæ vero auctoritates de illo agunt cujus uxor postquam a viro suo

derelinquitur, illius commater officitur, nec post compaternitatem a viro suo cognoscitur; vel de illo potius agunt cujus uxor ante defungitur quam ab eo cognoscatur.

Si vir etuxor possint simul tenere puerum.

8. Solet etiam quaeri si uxor cum viro simul debeat in Baptismo suscipere puerum. De hoc Urbanus ait, ibid.: Quod uxor cum marito in Baptismo simul non debeat suscipere puerum, nulla auctoritate videtur vel reperitur prohibitum; sed ut ipsa puritas spiritualis paternitatis ab omni labe et infamia conservetur immunis, decrevimus ut utrique simul ad hoc aspirare non praesumant. Quia vero piaculare flagitium commisit, qui duabus commatribus vel sororibus nupsit, magna poenitentia debet ei injungi.

De secundis et tertiis nuptiis, et deinceps.

9. Sciendum est etiam quod non solum primae vel secundae nuptiae sunt licitae, sed etiam tertiae et quartae non sunt damnandae. Unde Aug., 51,q. 1, c. *Deus masculum* et c. sequenti: Secundas nuptias omnino licitas, Apostolus concedit. De tertiis autem et quartis, et de ultra pluribus nuptiis, solent homines movere quaestionem. Sed quis audeat definire quod nec Apostolum video definisse? Ait enim: Si dormierit vir ejus, cui vult nubat. Non dicit, primus, vel secundus, vel tertius, vel quotuslibet: nec a nobis definiendum est quod non definit Apostolus. Unde, ut breviter respondeam, nec illas nuptias debeo damnare, nec eis verecundiam numerositatis auferre; nec contra humanae verecundiae sensum audeo dicere ut quoties voluerint nubant; ne ex meo corde, praeter Scripturae auctoritatem, quotaslibet nuptias damnare. Idem testatur Hieron., ibid., cap. *Aperiant quaeso:* Ego nunc libera voce exclamo, nec damnari in Ecclesia bigamam, imo nec trigamam; et ita licere quinto et sexto, quemadmodum secundo, marito nubere. Apostolus tamen bigamos a sacerdotali honore excludit; sed hoc non facit pro vitio bigamiae, imo pro sacramenti virtute, ut sit una unius, sicut unica unici. Illud tamen Caesarien. concilii videtur innuere, bigamiam esse peccatum. Presbyterum inquit, ibid., c.*De his qui*, in nuptiis bigami prandere non convenit; quia cum poenitentia bigamus indigeat, quis erit presbyter qui talibus nuptiis possit praebere consensum? Sed hoc de illo intelligi potest qui primae uxori insidiatus putatur desiderio secundae; vel pro signaculo sacramenti illud dicitur; quod in bigamo non servatur. Ambros. etiam, super Epist. ad Cor., dicit quod primae nuptiae tantum a Domino sunt institutae, secundae vero sunt permissae. Et primae nuptiae sub benedictione Dei celebrantur sublimiter, secundae vero etiam in praesenti carent gloria.

DISTINCTIO XLIII.

DE RESURRECTIONIS ET JUDICII CONDITIONE.

1. Postremo de conditionis resurrectionis et modo resurgentium, necnon et de die judicii et misericordiae qualitate breviter disserendum est. Omnibus quaestionibus quae de hac re moveri solent satisfacere non valeo: resurrecturam tamen carnem omnium quicumque nati sunt atque nascentur, et mortui sunt et morientur, nullatenus ambigere debet Christianus (August. in Ench.). Ait enim Isaias, c.26: *Resurgent mortui, et resurgent qui erunt in sepulcris.* Et Apostolus,1 Thes.4: *Nolumus vos ignorare, fratres, de dormientibus, ut non contristemini sicut et caeteri qui spem non habent,* scilicet, resurrectionis. *Si enim credimus quod Jesus mortuus est et resurrexit, ita et Deus eos qui dormierunt per Jesum adducet cum eo. Hoc enim vobis dicimus in verbo Domini, quia nos qui vivimus, qui residui sumus in adventum Domini, non praeveniemus eos qui dormierunt. Quoniam ipse Dominus in jussu et in voce Archangeli, et in tuba Dei, descendet de coelo; et mortui qui in Christo sunt resurgent primi. Deinde nos qui vivimus, qui relinquimur, simul rapiemur cum illis in nubibus obviam Christo in aera, et sic semper cum Domino erimus.* His verbis et veritas resurrectionis et causa atque ordo resurgentium praeclarissime insinuatur.

De voce tubae.

2. Causa enim resurrectionis mortuorum erit vox tubae, quae in adventu judiciis ab omnibus audietur: et cujus virtute excitabuntur mortui, et de monumentis resurgent. Unde Propheta, psal. 67:*Dabit voci suae vocem virtutis,* id est, effectum resuscitandi mortuos. Et Joan. evangelista ait, c. 5: *Venit hora in qua omnes qui in monumentis sunt, audient vocem Filii Dei, et procedent qui bona fecerunt in resurrectionem vitae; qui vero mala egerunt, in resurrectionem judicii.* Si vero quaeritur cujus vel qualis erit vox illa, Apostolus dixit quod erit Archangeli, id est, ipsius Christi, qui est princeps archangelorum. Vel vox erit alicujus, vel plurium angelorum. Eademque dicitur tuba, quia erit manifesta et novissima, quia post eam non erit alia. Haec tuba, ut ait August, de Gratia novi et veteris Testam., est clamor de quo dicitur in Evangelio, Matth.25: *Media nocte clamor factus est, ecce sponsus venit, exite obviam ei.* Tubae nomine aliquod evidens et praeclarum signum intelligitur. Quod vox Archangeli et tuba Dei ab Apostolo dicitur, in Evangelio vox Filii Dei et clamor appellatur; quod signum mortui audient, et resurgent.

De media nocte.

3. Media autem nocte dicitur venturus, ut Aug. ait, ubi supra, non pro hora temporis, sed quia tunc veniet cum non speratur. Media ergo nocte, scilicet, cum valde obscurum erit, id est, occultum, veniet. Dies enim Domini, sicut fur in nocte, ita veniet. Potest tamen non incongrue intelligi mediae noctis tempore venturus; quia, ut ait Cassiod., super Octonarium, hoc tempore primogenita Aegypti percussa sunt, quando etiam sponsus venturus est. Pluribus etiam locis contestantur auctores quod adventus Christi dies dicitur Domini, non pro qualitate temporis, sed rerum, quia tunc cogitationes et consilia singulorum patebunt. Unde in Daniele, *Vetustus dierum sedit, et libri operti sunt* coram eo. Libri sunt conscientiae singulorum, quae tunc aperientur aliis. Et tunc implebitur: *Nihil occultum quod non reveletur.* Adveniente autem summo Judice, non solum aeris tenebrae illuminabuutur, sed abscondita corda manifestabuntur. Virtute ergo divina fiet ut cuique opera sua bona vel mala cuncta in memoriam revocentur, et mentis intuitu mira celeritate cernantur; vel accuset vel excuset hominem conscientia, eaque teste damnetur vel salvetur.

De memoria electorum, si tunc praecedentia mala teneat.

4. Hic quaeritur utrum electis tunc adsit memoria praecedentium malorum, sicut bonorum. Quaedam auctoritates videntur tradere bonos non habituros tunc memoriam praecedentium malorum, id est, peccatorum vel tormentorum. Ait enim Isaias, c.65: *Ego creo coelos novos, et terram novam; et non erunt in memoria priora, et non ascendent super cor, sed gaudebitis in aeternum.* Item, ibidem: *Oblivioni traditae sunt angustiae priores, et absconditae ab oculis nostris.* Quae de futuro exponens Hieron. ait: Oblivioni tradentur priora mala, quia forsitan in futuro pristinae conversationis memoria omnino delebitur, succedentibus bonis aeternis, ne sit pars malorum, prioris angustiae memorari. Sed haec et his similia possunt accipi sic, ut non excludant memoriam praecedentium malorum, sed ex ea molestiam et laesionem amoveant. Non enim eorum memoria sanctos contristabit, vel eorum beatitudinem obfuscabit, sed gratiores Deo reddet. Unde super psalmum 88 ait Greg.: Quomodo in aeternum misericordias Domini canit, qui miseriae meminit? Quomodo autem plena beatitudo si memoria reatus mentem tangit? Sed saepe laeti tristium meminimus, et sani dolorum meminimus sine dolore; et inde amplius laeti et grati sumus. Ex his apparet quod si priorum malorum memoriam sancti habebunt in futuro, non eis tamen erit ad poenam vel gloriae derogationem, sed ad gratiarum actionem. Si vero quaeritur utrum peccata quae fecerunt electi, prodeant tunc in notitiam omnium sicut mala damnandorum omnibus erunt nota, non legi hoc

expressum in Scripta.Unde non irrationalibliter putari potest peccata hic per pœnitentiam tecta et deleta, ille etiam legi aliis,alia vero cunctis propalari.
De his qui viri repierentur.
5.Quæri solet utrum illi quos vivos inveniet Christus, nunquam omnino morituri sint,an ipso temporis puncto quo rapientur obviam Christo, ad immortalitatem mira celeritate sint transituri. Non enim dicendum est fieri non posse ut dum per aera in sublime portentur,in illo spatio et moriantur et reviviscant.Ad hunc autem sensum,quo existimemus illos in parvo spatio et passuros mortem, et accepturos immortalitatem.Apostolus nos urgere videtur,ubi dicit,1 Cor. 15:*Omnes in Christo vivificabimur*,Et alibi (ibidem):*Quod seminas non vivificatur, nisi prius moriatur* Cur autem uobis incredibile videatur illam multitudinem corporum in aere quodammodo seminari, atque ibi protinus immortaliter et incorruptibiliter reviviscere,cum credamus in ictu oculi futuram resurrectionem,et in membra sine fine victu ra tanta velocitate rediturum antiquissimorum cadaverum pulverem?Sed vellem de his potius audire doctores.Si ergo sanctos qui reperientur Christo veniente viventes, eique obviam rapientur,credidderimus in eodem raptu de mortalibus corporibus exituros et ad eadem mox immortalia redituros;nullas in verbis Apostoli patiemur angustias,generaliter accipientes illud quod dictum est, 1 Cor.15: *Omnes quidem resurgemus*,scilicet, tam boni quam mali ; *sed non omnes immutahimur*, scilicet,in solemnitatem resurrectionis.De hoc etiam Ambrosius ait,super illud:*Quoniam ipse Dominus:*In ipso raptu eorum qui vivi reperientur, mors erit et resurrectio,ut anima quasi per soporem egressa de corpore,eidem in momento reddatur. Contra vero, scribens ad Marcellam,Hieron. testari videtur, dicens, Epist.c.4,quosdam in fine seculi adveniente Christo non esse morituros,sed,vivos repertos in immortalitatem repente mutandos; horum autem quid verius sit, non est humani judicii definire.
Quomodo intelligitur Christus judex vivorum et mortuorum.
6. His autem adjiciendum est dupliciter intelligi quod dicitur Christus judicaturus vivos et mortuos, Aut enim vivi accipiuntur,qui in adventu ejus viri reperientur, licet in raptu moriantur ; et mortui, qui ante decesserant;vel vivi et mortui accipiuntur,justi et injusti. (Aug. in Enchirid.,c. 55).
Quomodo omnes incorrupti.
7. Cumque ex prædictis sane credi valeat omnes resurrecturos,credendum est etiam quod omnes resurgent incorrupti;non utique impassibiles,quia reprobi mortem patientur æternam,sed sine diminuitone membrorum, omnia humani corporis habituri membra,nec tamen gloria ac spe impassibilitatis induentur.

DISTINCTIO XLIV.
DE ÆTATE ET STATURA RESURGENTIUM.

1.Solent autem nonnulli percontari et quærere an in eadem ætate et statura corporis omnes resurrecturi sint.Quidam putaverunt omnes resurrecturos secundum mensuram ætatis et staturæ Christi, ideo quia Apostolus ait, Ephes. 4 : *Donec occuramus omnes in virum perfectum, in mensuram ætatis et plenitudinis Christi.*Sed his verbis non eadem resurgentibus assignatur statura,sed ætas.Omnes enim in eadem ætate resurgent,in qua Christus mortuus est et resurrexit, cujuscumque ætatis mortui fuerint.Virum autem posuit, non ut distingueret sexum, sed ut significaret perfectionem virium quam tunc habebunt: sed non omnes eamdem staturam corporis obtinebunt.Unde Aug.,in lib. 22 de Civit. Dei, c. 14 : Non ait in mensuram corporis vel staturæ,sed ætatis quia unusquisque suam recipiet mensuram corporis,quam vel habuit in juvente, etiam si senex obiit,vel fuerat habiturus si ante est defunctus. Ætas vero erit illa ad quam pervenit Christus,scilicet juvenilis,ut circa 30 annos. Triginta enim duorum annorum et trium men-

sium erat ætas Christi, in qua mortuus est,et resurrexit.Non est autem fas dicere quod in resurrectione accedat corpori magnitudo,quam nec habuit hic,nec erat habiturus diu vivendo;nec majora corpora redigenda sunt ad modum dominici corporis.Perire tenim multum de illis corporibus,cum nec periturus sit capillus,ut ait Dominus, Lucæ 21 : *Capillus de sapite vestro non peribit.*
Quod resurget quidquid fuit de substantia et natura corporis, et in eadem parte corporis.
2. Non enim perit Deo terrena materies, de qua mortalium creatur caro ;sed in quemlibet pulverem cineremve solvatur,in quoslibet halitus aurasque diffugiat, et in quacumque aliorum corporum substantiam, vel in ipsa elementa vertatur;in quorumcumque etiam animalium vel hominum cibum carnemquemutetur,illi animæ in puncto temporis redibit,quæ illam carnem primitus ut homo fieret,cresceret,viveret animavit.Ipsa ergo terrena materies quæ discedente anima fit cadaver,non ita in resurrectione reparabitur,ut quæ dilabuntur et in alias atque alias rerum species vertuntur, quamvis ad corpus redeant unde dilapsa sunt,ad easdem quoque corporis partes ubi fuerunt,redire necesse sit.Alioquin si capillus redit, quem tam crebra tonsura detraxit;si unguibus,quos toties depressit exsectio,immoderata et indecens cogitantibus resurrectionem carnis,et ideo non credentibus,occurrit infirmitas.Sed quemadmodum si statua cujuslibet solubilis metalli igne liquesceret, vel contereretur in pulverem, vel confunderetur in massam,et eam vellet artifex rursum ex illius materia et quantitate reparare,nihil interesset ad ejus integritatem,quæ particula materiæ cui membro statuæ redderetur;dum tamen totum ex quo constituta fuerat,restituta resumeret ; ita Deus, mirabiliter atque ineffabiliter artifex,de toto quo caro nostra extiterat eam mirabili celeritate restituet,nec aliquid attinebit ad ejus redintegrationem, utrum capilli ad capillos redeant,et ungues ad ungues;an quidquid eorum perierat, mutetur in carnem,et in partes alias corporis revocetur;curante artificis providentia ne quid indecens fiat.Indecorum quippe aliquid ibi non erit ;sed quidquid ibi futurum est,hoc decebit,quia nec futurnm est, si non decebit. (Aug., in Enchir., cap. 88. Hugo,lib. 2 de Sacramentis, parte 4, cap. 1 .Idem Aug., in Ench. c.90.)
Quod sancti sine omni deformitate resurgent.
3.Hoc autem in corporibus sanctorum intelligendum est, de quibus consequenter adjungit Aug.,in eodem, orp. 91 : Resurgent ergo sanctorum corpora sine ullo vitio, sine ulla deformitate, sicut sine ulla corruptione, onere,difficultate;in quibus tanta facilitas, quanta felicitas erit;propter quod et spiritualia dicta sunt,cum procul dubio corpora sint futura,non spiritus.Ex his apparet quod una erit ætas omnium resurgentium,scilicet juvenilis,statura vero, diversa, scilicet,quam quisque habuerat in juvenili ætate,vel erat habiturus, si ante est defunctus.Nec de substantia de qua hominis caro creatur, aliqnid peribit;sed omnium particularum ante dispersarum collectione redintegrabitur naturalis substantia corporis.Sanctorum quoque corpora sine omni vitio fulgida sicut sol, resurgent, præcisis cunctis deformitatibus quas hic habuerint.
Si mali tunc habeant quas hic habuerintdeformitates.
4.De reprobis autem quæri solet an cum deformitatibus hic habitis resurgant.Hoc autem August.non asserit,sed dubium relinquit, ita inquiens, in Ench. c.2: Quicumque ab illa perditionis massa quæ per Adam facta est, non liberantur per Christum,resurgent quidem etiam ipsi,unusquisque cum sua carne, sed ut cum diabolo ejusque angelis puniantur. Utrum vero ipsi cum vitiis et deformitatibus suorum corporum resurgant, quæoumque in eis gesta sunt, inquirendo laborare quid opus est?Non enim fatigare nos debet incerta eorum habitudo vel pulchritudo, quorum erit certa et sempiterna damnatio.Ecce non defi-

nit, an tunc habeant deformitates quas hic habuerunt reproborum corpora.

Quod non consumentur corpora quæ tunc ardebunt.

5. Si vero quæritur de corporibus malorum, quomodo in igne ardeant et non consumantur, August., de Civit. Dei, lib. 21, cap. 1 et 3, variis exemplis astruit, et sempiternis ignibus ea ardere, et non consumi illa combustione, sicut anima cujus præsentia corpus vivit, et dolorem pati potest, mori autem non potest. Hoc enim erit tunc in corporibus damnatorum, quod tunc esse scimus in animis omnium.

Si dæmones corporali igne cremantur.

6. Quæri etiam solet an dæmones corporali igne ardeant. Ad quod August. respondens ait, super Gen. et de Civ. Dei, lib. 21: Cur non dicamus (quamvis miris, veris tamen, modis) etiam spiritus incorporeos posse pœna corporalis ignis affligi, si spiritus hominum etiam incorporei, et nunc potuerunt includi corporalibus membris, qui tunc poterunt corporum suorum vinculis insolubiliter alligari? Gehenna illa quæ statum ignis et sulphuris dicta est, corporeis ignis erit, et cruciabit damnatorum corpora vel hominum, vel dæmonum: sed solida hominum, aerea dæmonum. Unus enim utrisque ignis erit, ut Veritas ait. De quo igne si quæritur qualis vel ubi sit, Augustinus sic respondet, de Civit. Dei, lib. 20, cap. 16. Ignis æternus cujusmodi sit, et in qua mundi vel rerum parte futurus sit, hominem scire arbitror neminem, nisi forte cui Spiritus divinus ostendit.

Si animæ sine corporibus sentiunt ignem corporalem.

7. Cum autem constet animas igne materiali in corporibus cruciandas, quæri solet an interim ante resurrectionem corporum animæ defunctorum reproborum materiali igne crementur. De hoc Julianus, Toletanæ ecclesiæ episcopus, Greg. dicta secutus, dialogo 4, cap. 18, ita scripsit: Si viventis hominis incorporeus spiritus tenetur in corpore, cur non post mortem etiam corpore igneo teneatur? Teneri autem per ignem spiritum dicimus, ut in tormento ignis videndo atque sentiendo puniatur. Quod autem non solum videndo, sed etiam experiendo anima ignis tormentum patiatur, ex Evangelio colligitur. Luc. 16, ubi Veritatis voce dives mortuus dicitur in inferno sepultus; cujus anima, quod in igne teneatur, insinuat, cum Abraham deprecatur dicens: *Mitte Lazarum ut intingat extremum digiti sui in aquam, ut refrigeret linguam meam, quia crucior in hac flamma.* Dum ergo peccatorem divitem damnatum in ignibus Veritas perhibet, quis sapiens reproborum animas teneri ignibus neget? Præcipue, cum humanam animam corporis similitudinem habere doceat August., ita inquiens, super Gen. lib. 12, c. 33: Profiteri animam habere posse similitudinem corporis et corporalium omnino membrorum quisquis renuit, potest negare animam esse quæ in somnis videt vel ambulare se, vel sedere, vel huc atque illuc gressu vel etiam volatu ferri; hoc sine quadam similitudine corporis non fit. Proinde si hanc similitudinem etiam apud inferos gerit, non corporalem, sed corpori similem, ita etiam in locis videtur esse non corporalibus, sed corporalium similibus sive in requie, sive in doloribus. In Cassiani etiam voluminibus legitur quod non totius, neque nihil sentiant, cum dives ille in inferno se flamma cruciari clamet. Unde probatur animas defunctorum non solum suis sensibus non privari, sed nec istis affectibus, scilicet, spe, tristitia, gaudio ac metu carere; et ex his quæ sibi in illo generali examine reservantur, eas quædam jam incipere præguslare.

De abortivis fœtibus et monstris.

8. Illud etiam investigari oportet si abortivi fœtus et monstra resurgent, et qualia. De quo August. ita ait, in Enchir.. cap. 85 : Occurrit de abortivis fœtibus quæstio, qui jam nati sunt in uteris matrum, sed non ita ut jam possint renasci. Si enim resurrecturos eos dixerimus, de his qui jam formati sunt tolerari potest utcumque quod dicitur. Informes vero quis non proclivius perire arbitretur, sicut semina quæ concepta non fuerunt? Scrupulose quidem inter doctores quæri ac disputari potest, quando incipit homo in utero vivere, an sit quædam vita occulta quæ nondum motibus viventis appareat. Negari enim vixisse puerperia, quæ ideo membratim exsecantur, ut ejiciantur ex uteris prægnantium, ne matres etiam, si mortua ibi relinquantur, occidant, impudentia nimia videtur. Ex quo autem incipit homo vivere, ex illo utique jam mori potest; mortuus vero, ubicumque illi potuit mors evenire, quomodo ad resurrectionem non pertineat reperire nequeo. Neque enim et monstra quæ nascuntur et vivunt, quantumlibet cito moriantur, aut resurrectura negabuntur, aut ita resurrectura credenda sunt, sed potius correcta eorum emendataque natura. Absit enim ut illum bimembrem, quem nuper natum in Oriente fratres fidelissimi qui eum viderunt retulerunt, et sanctus Hieron. scriptum reliquit, ut unum hominem duplicem, ac non potius duos quod futurum erat, si gemini nascerentur, resurrecturos existimemus. Ita et cætera quæ nimia deformitate monstra dicuntur, ad humanæ naturæ figuram in resurrectione revocabuntur (ibid., c. 87).

DISTINCTIO XLV.
DE DIVERSIS ANIMARUM RECEPTACULIS.

1. Præterea sciendum est quod omnes animæ, ut ait August., super Joan., tract. 49, cum de hoc seculo exierint, diversas habent receptiones : bonæ habent gaudium, malæ vero tormenta. Sed cum facta fuerit resurrectio, et bonorum gaudium amplius erit, et malorum tormenta graviora, quando cum corpore torquebuntur. Ex his ostenditur quod majus erit gaudium sanctorum in resurrectione et post, quam fuerit ante ; et quod diversa receptacula habebunt animæ sanctorum. De quibus idem August. ait, de Verb. Apost.: Tempus quod inter hominis mortem et ultimam resurrectionem interpositum est, animas abditis receptaculis continet, sicut unaquæque digna est vel requie, vel ærumna, pro eo quod sortita est in carne dum viveret.

De suffragiis defunctorum·

2. Neque negandum est, ut ait August., in Enchir. c. 19, defunctorum animas pietate suorum viventium relevari, cum pro illis sacrificium Mediatoris offertur, vel eleemosynæ fiunt in Ecclesia. Sed hæc eis tantum prosunt, qui, cum viverent, hæc sibi ut postea possent prodesse meruerunt. Est enim quidam vivendi modus nec tam bonus ut non requirat ista post mortem, nec tam malus ut ei non prosint ista quidquam. Est vero talis in bono, ut ista non requirat; et est rursus talis in malo, ut nec his valeat, dum ex hac vita transferit, adjuvari. Quocirca hic omne meritum comparatur, quo possit post hanc vitam quispiam gravari vel relevari. Nemo autem speret quod hic neglexit, cum obierit, apud Deum promereri. Non ergo ista quæ pro defunctis commendandis frequentia Ecclesia illi Apostolicæ sunt adversa sententiæ qua dictum est, Rom. 14: *Omnes stabimus ante tribunal Christi*, ut referalur unusquisque secundum ea qu per corpus gessit scilicet, bona vel mala ; quia etiam hoc meritum sibi quisque, cum in corpore viveret, comparavit, ut possint et isto prodesse, non enim omnibus prosunt. Et quare? Non nisi propter differentiam vitæ, quam quisque gessit in corpore. Cum ergo sacrificia, sive altaris, sive quarumcumque aliarum eleemosynarum, pro baptizatis omnibus offeruntur, pro valde bonis, gratiarum actiones sunt; pro non valde malis sunt propitiationes. Sed pro valde malis etsi nullasunt adjumenta mortuorum, tamen qualescumque vivorum consolationes sunt. Quibus vero prosunt, vel ad hoc prosunt ut sit plena remissio, vel certe ut tolerabilior sit ipsa damnatio. Orationibus ergo sanctæ Ecclesiæ, et sacrificio salutari et eleemosynis quæ pro eorum spiritibus offeruntur, non est dubium mortuos adjuvari, ut cum eis misericordius agatur a Domino, quam eorum peccata meruerunt. Hoc enim a Patribus traditum tota observat Ecclesia, ut pro eis qui in communione

corporis et sanguinis Domini defuncti sunt, cum ad ipsum sacrificium loco suo commemorentur, oretur, ac pro illis quoque id offerri commemoretur. Non est ergo ambigendum ista prodesse defunctis, sed talibus qui ita vixerunt ante mortem, ut possint eis hæc utilia esse post mortem. Nam qui sine fide sperante per dilectionem, ejusque sacramentis de corpore exierunt, frustra illis a suis hujusmodi pietatis officia impenduntur; cujus, dum hic essent, pignore, caruerunt, non misericordiam sibi thesaurizantes, sed iram. Non ergo mortuis nova merita comparantur, cum pro eis aliquid boni operantur sui, sed eorum præcedentibus consequentia ista redduntur. Nam istam quisque finiens vitam, nisi quod in ea meruerit, non poterit habere post eam. Ecce quibus et qualiter prosunt illa quæ pro defunctis frequentat Ecclesia. Mediocriter malis suffragantur ad pœnæ mitigationem ; mediocriter bonis ad plenam absolutionem ; qui non habent tantæ perfectionis merita, ut non indigeant juvari per pauperes quorum est regnum cœlorum, quos sibi fecerunt amicos de mammona iniquitatis ; quorum tanta est perfectio, ut his adjutoriis non indigeant : quales sunt apostoli et martyres. Ut enim ait August. : Injuria est pro martyre orare in Ecclesia, cujus nos debemus orationibus commendari ; pro aliis autem defunctis oratur. (August., in sermone de Verbis Apostoli, et in Glos. super illud 1 Thess. 4, c. *Nolumus vos*.)

De officiis sepulturæ.

3. De pompis vero exequiarum, idem August. ita dicit: Pompa funeris, agmina exequiarum ; sumptuosa diligentia sepulturæ, vivorum sunt qualicumque solatia, non adjutoria mortuorum. Quia si aliquid prodest impio sepulcra pretiosa, oberit pio vilis, vel nulla. Præclaras exequias in conspectu hominum purparato illi diviti exhibuit turba famulorum ; sed multo clariores in conspectu Domini, ulceroso illi pauperi ministerium exhibuit angelorum, qui eum extulerunt non in marmoreum tumulum, sed in Abrahæ gremium. Sit tamen cura mortuos sepeliendi, et sepulcra construendi, quia hæc in Scripturis sanctis inter bona opera deputata sunt ; nec solum in corporibus patriarcharum aliorumque sanctorum, sed etiam in ipsius Domini corpore qui ista fecerunt, laudati sunt. Impleant igitur homines erga suos officia postremi muneris, et sui humani lenimenta mœroris. Verum illa quæ adjuvant spiritus defunctorum, scilicet oblationes, orationes, multo observantius procurent. (In sermone de Verbis Apost., et de Civ. Dei, lib. 1, c. 12; et in lib. de Cura pro mort. gerenda, cap. 2.)

De duobus æque bonis, quorum alter plura post mortem habet auxilia.

4. Solet moveri quæstio de duobus, uno divite, altero paupere, pariter sed mediocriter bonis, qui prædictis suffragiis indigent, et meruerunt pariter post mortem juvari ; pro altero vero, id est, pro divite, speciales et communes fiant orationes, multæque eleemosynarum largitiones ; pro paupere vero non fiunt nisi communes largitiones et orationes. Quæritur ergo an tantum juvetur pauper paucioribus subsidiis, quantum dives amplioribus. Si non pariter juvatur, non ei redditur secundum merita. Meruit enim pariter juvari, quia pariter boni exstiterunt. Si vero tantum suffragii consequitur pauper, quantum dives, quid contulerunt diviti illa specialiter pro eo facta ? Sane dici potest, non ei magis valuisse generalia et specialia, quam pauperi sola generalia suffragia. Et tamen profuerunt diviti specialia, non quidem ad aliud vel majus aliquid, sed ad idem ad quod generalia, ut ex pluribus et diversis causis unum perciperetur emolumentum. Potest tamen dici aliter, illa plura subsidia contulisse diviti celeriorem absolutionem, non pleniorem. (In serm. de Verbis Apost., lib. 1.)

Quibus suffragiis juvabuntur mediocriter boni, qui in fine invenientur.

5. Sed iterum quæritur de aliquo mediocriter bono, qui talibus indigens suffragiis in ipso consummationis articulo cum reliquis migrabit, si salvus fuerit : pro eo non offertur ulterius sacrificium, vel oratio, vel eleemosyna ; nec habebat tantæ perfectionis merita, quæ his suffragiis non egorent, numquid ergo salvabitur ? Existimo cum quasi per ignem transeuntem, salvari meritis et intercessionibus cœlestis Ecclesiæ, quæ pro fidelibus semper intercedit voto et merito, donec impleatur Christus.

Quomodo sancti glorificati audiunt preces supplicantium ; et quomodo intercedunt pro nobis ad Dominum.

6. Sed forte quæris numquid preces supplicantium sancti audiunt, et vota postulantium in eorum notitiam perveniunt. Non est incredibile animas sanctorum, quæ in abscondito faciei Dei veri luminis illustratione lætantur, in ipsius contemplatione quæ foris aguntur intelligere, quantum vel illis ad gaudium, vel nobis ad auxilium pertinet. Sicut enim angelis, ita et sanctis qui Deo assistunt, petitiones nosiræ innotescunt in Verbo Dei, quod contemplantur. Unde et dicuntur angeli orationes et vota nostra offerre Deo ; non quia eum doceant, sed quia ejus voluntatem super eis consulunt. (Hug., de Sacram., lib, 2, part. 16, c. ult.) Unde Aug., in lib. de Orando ad Deum: Angelis, qui sunt apud Deum, innotescunt petitiones nostræ, ut quodammodo offerant Deo, et de his consulant ; et quod Deo jubente implendum esse cognoverint, hoc nobis evidenter vel latenter reportent. Unde et angelus hominibus ait, Tobiæ 12 : *Cum oraretis, orationem vestram obtuli Deo.* Ad omnia quidem selendo sufficit Deo sua perfectio ; habet tamen nuntios, id est, angelos, non qui ei quæ nescit annuntient (non enim sunt ulla quæ nesciat,) sed bonum eorum est de operibus suis ejus consulere veritatem; et hoc est quod ei dicuntur nonnulla nuntiare, non ut ipse ab eis discat, sed ut ab eo ipsi per Verbus ejus sine corporali sono nuntient etiam quod voluerit ab eo missi ad quos voluerit, totum ab illo per illud Verbum ejus audientes, id est, in ejus veritate invenientes, quid sibi faciendum, quibus et quando nuntiandum sit (in lib. 15 de Trin., c. 13.) Nam et nos orantes non, non eum docemus, quia novit (ut ait Verbum ejus) Pater vester qui vobis necessarium sit priusquam petatis ab eo. Nec ista ex parte cognovit ; sed futura omnia temporalia, atque in eis etiam quid et quando ab illo petituri fueramus, et quos et de quibus rebus vel exauditurus, vel non exauditurus esset, sine initio ante præscivit. Non ergo dicitur angelus orationes nostras offerre Deo, quasi Deus tunc noverit quid velimus et quo indigeamus ; quæ omnia antequam fiant, sicut et postquam facta sunt, novit ; sed quia nobis habet rationalis creatura temporales causas ad æternam Veritatem referre, sive petendo quid erga se fiat, sive consulendo quid faciat. (Aug., ibid, continue, et in lib. de Gratia novi et veteris Test., et super illud. Phil. c. *Gaudete.*)

Quod dictum est de angelis attribuit sanctis animabus.

7. Si autem angeli a Deo per Verbum ejus discunt petitiones nostras, et quid de his implendum sit, et quid non, cur non credamus et animas sanctorum Dei faciem contemplantium, in ejus veritate intelligere preces hominum, et quæ implendæ sint vel non? Inde est quod Deus dicitur exaudire preces quorumdam, non solum quando effectui mancipat, sed etiam quando innotescit curiæ angelorum et sanctarum animarum quid inde futurum sit vel non ; et quod cognoscunt in Dei voluntate esse, volunt et ipsi. Adeo enim snpernæ voluntati addicti sunt, ut nihil præter ejus voluntatem queant velle. Intercedunt ergo ad Deum pro nobis sancti, et merito, dum illorum merita suffragantur nobis, et affectu, dum vota nostra cupiunt impleri ; quod tamen non faciunt, nisi in voluntate Dei implenda didicerint. Oramus ergo ut intercedant pro nobis, id est, ut merita eorum nobis suffragentur, et ut ipsi velint bonum nostrum, quia eis volentibus Deus vult, et ita fiet. Ex præmissis constat quod cum quibusdam misericordiis agit Deus quam eorum peccata meruerunt.

scilicet, cum mediocriter malis, qui suffragiis Ecclesiæ juvantur.

DISTINCTIO XLVI.
SI VALDE MALIS DETUR MITIGATIO POENÆ.

1. Sed quæritur hic de valde malis, utrum et ipsi in aliqua pœnarum mitigatione Dei misericordiam sentiant, ut minus quam meruerint puniantur. Quidam autumant eos nullam revelationem pœnæ habituros; quod confirmant Jacobi auctoritate dicentis, c. 2: *Judicium sine misericordia fiet illi qui non fecit misericordiam*. Aug. etiam, super octonarium, 19 Matth. 5, ait: Misericordia hic, judicium in futuro. Idem distinguens quomodo omnes viæ Domini sint misericordia et veritas, ait: Erga sanctos, omnes viæ Dei misericordia; erga iniquos, omnes veritas: quia et in judicando subvenit, et ita non deest misericordia; et in miserando id exhibet quod promisit, ne desit veritas. Erga omnes autem quos liberat et condemnat, omnes viæ sunt misericordia et veritas; quia ubi non miseretur, vindictæ veritas datur. Dicens ubi non miseretur, dat intelligi aliquid a Deo fieri, ubi ipse non miseretur. Sed his occurrit quod ait Cassiod. super psal. 50, loquens de misericordia et pietate Dei: Hæ duæ, inquit, res judicio Dei semper adjunctæ sunt. Ergo et in punitione malorum non est justitia sine misericordia. Idem, super psal. 100, de judicio et misericordia ait: Hæc duo mutua societate sibi junguntur. In his breviter omnia opera Dei includit. August. quoque, in Ench., respondens illis qui reproborum supplicia finem habitura contendunt, ita illorum repellit opinionem, asserens reprobos perpetuo puniendos, ut eorum supplicia mitigari aliquatenus non neget. Frustra, inquit, nonnulli æternam damnandorum pœnam et cruciatus sine intermissione perpetuos humano miserantur affectu, atque ita futurum esse non credunt; non quidem Scripturis adversando divinis, sed pro suo motu dura quæque molliendo, et leviorem flectendo sententiam; quæ putant in eis mitigari esse dicta quam verius. Non enim (inquiunt) *obliviscetur misereri Deus, aut continebit in sua misericordias suas*, psal. 76. Hoc quidem in psalmo legitur; sed de his intelligitur qui sunt *vasa misericordiæ*. Rom. 9, quia et ipsi non pro meritis suis, sed Deo miserante de miseria liberantur. Aut si hoc ad omnes existimant pertinere, non ideo necesse est ut damnationem opinentur finiri posse eorum de quibus dictum est, Matth. 25: *Ibunt hi in supplicium æternum;* ne hoc modo putetur habitura finem felicitas eorum de quibus e contrario dictum est: *Justi autem in vitam æternam*. Sed pœnas damnatorum certis temporibus existiment (si hoc his placet) aliquatenus mitigari. Et sic quippe intelligi potest manere ira Dei in illis, id est, ipsa damnatio. Hæc enim vocatur ira Dei, non divini animi perturbatio, ut in ira sua, id est, manente ira sua, non contineat miserationes suas, non æterno supplicio finem dando, sed levamen adhibendo vel interponendo cruciatibus; quia nec psalmus ait ad finiendam iram suam, vel post iram suam, sed in ira sua. Quæ si sola esset, alienari a regno Dei, et carere magna multitudine dulcedinis Dei, tam grandis tamen est pœna, ut et possint nulla tormenta quæ novimus comparari; si illa sit æterna, ista autem sit quamlibet multis seculis longa. Manebit ergo sine fine mors perpetua damnatorum; et ipsa omnibus erit communis, sicut manebit communiter omnium vita æterna sanctorum. Ecce ita asserit hic pœnas reproborum non esse finiendas, quod non improbat, si dicatur eorum supplicio aliquod levamen adhiberi. Unde non incongrue dici potest Deum, etsi juste id possit, non omnino tantum punire malos in futurum quantum meruerunt; sed eis aliquid, quantumcumque mali sint, de pœna relaxare.

Determinat præmissas auctoritates.

2. Quod ergo dictum est judicium sine misericordia fieri illi qui non fecit misericordiam, ita intelligi potest, quod judicium damnationis fiet illi qui non fecit misericordiam, pro eo quod fuit sine misericordia. Vel fiet judicium et sine misericordia liberante et salvante, qui tamen in aliqua pœnæ allevatione misericordiam Dei sentiet Ita, cum dicitur misericordia hic, judicium in futuro, non negatur quin in futuro sit misericordiæ effectus, et in electis, qui per misericordiam ab omni miseria liberabuntur, et in reprobis, qui minus quam meruerint cruciabuntur. Sed his non sine causa dicitur fieri Dei misericordia, et judicium in futuro, quia et hic multis modis miseretur Deus, quibus non miserebitur nunc. Vocat enim Deus nunc peccatores et justificat, quod tunc non faciet; et tunc reddens singulis secundum merita sua, manifeste judicabit, qui nunc occulte judicat. Cujus occultum judicium (ut ait Aug.) intelligitur pœna qua quisque vel exercetur ad purgationem, vel admonetur ad conversionem; vel, si contemnit, excæcatur ad damnationem. Occultum ergo judicium Dei pœna dicitur, qua judicat purgando, convertendo, vel excæcando Judicia quoque Dei interdum appellantur dispensationes ejus de omnibus rebus. Unde, Rom. 11: *Quam incomprehensibilia sunt judicia ejus!* Et psalm. 35: *Judicia ejus abyssus multa*. Judicium autem quo in futuro judicabit, intelligitur sententia judicis, qua ventilabitur area, id est, dividentur localiter boni a malis ministerio angelorum, et isti in vitam ducentur, illi in supplicium mittentur, qui nunc simul mixti sunt.

De justitia et misericordia Dei.

3. Sed quomodo justitiam Dei et pietatem, id est, misericordiam, supra Cassiodorus duas esse res dixit, quæ semper adjunctæ sunt judicio Dei? Justitia enim Dei et misericordia non duæ res sunt, sed una res, id est, una divina essentia est, sicut supra pluribus auctoritatibus ostensum est; quia non est Deo aliud esse misericordem quam misericordiam; nec justum suam justitiam; sed idem prorsus. Nec aliud est ei esse misericordem quam justum, vel misericordiam quam justitiam; sed omnino idem, quia non denominative, sed essentialiter hæc de Deo dicuntur. Cur ergo dicit Scriptura de operibus Dei, quædam esse misericordiæ, quædam justitiæ? Si enim justitia Dei, misericordia est, quæcumque sunt opera misericordiæ, esse videntur justitiæ, et e converso. His responderi potest sic: illis locutionibus quibus hujusmodi operum fiunt distinctiones, ut alia misericordiæ, alia justitiæ, alia bonitati attribuantur, non diversas subjacentis id est, rei, his vocabulis significate exprimitur, sed varietas sensuum et effectuum in creaturis monstratur. Cum enim dicitur Deus justus vel justitia, essentia divina prædicatur; et etiam quod ipse sit distributor et judex meritorum intelligi datur. Ita et cum dicitur misericors, essentia divina prædicatur, et insuper quod ipse sit miserorum liberator intelligi datur. Similiter cum dicitur bonus, essentia divina prædicatur. Et cum dicitur Deus, et insuper auctor omnium bonorum ostenditur. Ita et cum dicitur Deus, essentia divina prædicatur, et ipse timendus ostenditur. Inde ergo quædam opera misericordiæ, quædam justitiæ dicuntur, non quin divina essentia hæc et illa operetur, et quin hæc et illa sint opera divinæ essentiæ. quæ dicitur misericordia et justitia; sed quia quædam sunt quibus ostenditur judex et æquus distributor, quædam quibus ostenditur miserator, Misericors enim dicitur in natura, miserator in exhibitione. Et in quibusdam operibus dicitur effectus esse misericordiæ, in quibusdam effectus justitiæ; non quod aliud efficiat justitia, aliud misericordia Dei, si ad essentiam referas; sed quia ex quibusdam effectibus intelligitur judex, ex quibusdam miserator, vel, ut quibusdam placet, justus et misericors. Sed secundum hoc occurrit quæstio, quomodo ex aliis ostendatur justus, et ex aliis misericors, cum sit idem et esse justum et esse misericordem? Si enim secundum eamdem rationem dicitur justus et misericors, ex eo opere quo intelligitur justus, intelligitur misericors, et e converso. Sed dixi supra quia, cum dicitur Deus justus et misericors, ita eadem divina essentia significatur, et secundum eam idem prædicatur, ut etiam quædam diversa intelli-

ligimus enim per hoc eum esse miseratorem et justum judicem. Quod evidenter Orig. ostendit dicens: Omnia quæ Dei sunt, Christus est; ipse sapientia ejus, ipse fortitudo, justitia, sanctitas, ipse prudentia, ipse veritas. Sed cum unum sit in subjacenti, pro varietate sensuum diversis nuncupatur vocabulis. Aliud enim significat sapientia, aliud justitia. Quando enim sapientia dicitur, disciplinis te divinarum humanarumque rerum instruere intelligitur; quando justitia, distributor vel judex meritorum insinuatur. Ita et prudentia cum dicitur, doctor et demonstrator bonarum vel malarum rerum, vel neutrarum intelligitur.

Auctoritatibus probat quædam justitiæ, alia misericordiæ, alia bonitati attribui.

4. Quod autem quædam opera misericordiæ, quædam justitiæ, quædam bonitati attribuantur, in Scripturis facile est reperire. Et de misericordia quidem et justitia manifestum est; de bonitate vero et misericordia amplius latet. Sed August. docet, super psalm 135, illa opera proprie ad misericordiam pertinere, quibus aliqui a miseria liberantur. Ad bonitatem vero non solum illa, sed facturam et gubernationem naturalium, ita dicens: Ad misericordiam pertinet, quod a peccatis mundat, et de miseria liberat; ad bonitatem vero, quod cœlum et terram, et omnia valde bona creavit ut essent. Idem, super psalm. 32: Cœli non indigent misericordia, ubi nulla est miseria; et in terra hominis abundat miseria, et superabundat Dei misericordia. Miseria ergo hominis et misericordia Dei plena est terra, non cœli, qui non indigent misericordia, indigent tamen regente Domino. Omnia enim indigent Domino, et misera, et felicia, quia sine illo miser non sublevatur, felix non regitur. Item alibi, super illud: *Secundum misericordiam tuam memento mei tu*: Misericordia est erga miseros, bonitas erga quoslibet. Interdum tamen misericordia large accipitur ut bonitas.

Quomodo universæ viæ Domini dicuntur misericordia et veritas.

5. Post hæc considerari oportet ex quo sensu universæ viæ Domini dicuntur misericordia et veritas. Hoc multiplicem recipit expositionem. Universæ enim viæ Domini misericordia et veritas quibus ad nos venit, ut August. super psal. 24, intelliguntur duo adventus: primus in quo manifestam et multiplicem misericordiam nobis exhibuit; et secundus, in quo requirendo merita justitiam exhibebit. Universæ etiam viæ Domini, id est, quibus ad Dominum ascendimus, sunt justitia, qua a malo declinamus; et misericordia, qua bonum facimus. In his enim duobus omne bonum meritum includitur. Sed cum superius Cassiod., ad psal. 100, dixerit in his duobus omnia opera Dei includi, merito quæri potest an in omni opere Domini hæc duo mutuo sibi jungantur. Quibusdam placuit non in omni opere Domini hæc duo concurrere, secundum effectum dico; nam secundum essentiam non dividitur misericordia a justitia, sed unum est. Verum secundum effectum non in omni opere Domini dicunt esse misericordiam et justitiam, sed in quibusdam fatentur tantum misericordiam, in aliis justitiam, atque in aliis misericordiam et justitiam. Fatentur tamen Dominum omnia quæ fecit misericordiier agere et juste: referentes rationem dicti ad Dei voluntatem quæ justitia est, et misericordia, non ad effectus misericordiæ et justitiæ, qui sunt in rebus. Aliis autem videtur quod sicut dicitur Deus omnia opera sua juste facere et misericorditer, ita concedendum sit in omni opere Dei justitiam esse et misericordiam, id est, clementiam, secundum effectum vel signum, quia nullum opus Dei est in quo non sit effectus vel signum æquitatis et clementiæ, sive occultæ, sive apertæ. Aliquando enim manifesta est clementia sive benignitas, et occulta æquitas, aliquando e converso.

DISTINCTIO XLVII.
DE SENTENTIA JUDICII.

1. Solet etiam quæri: Qualiter dabitur judicii sententia? Sed non est perspicuum id explicare. Non enim Scriptura aperte definit an voce illa proferatur, Matth. 23: *Venite, benedicti*, et: *Ite, maledicti*; an virtute judicis ita fiet, conscentiis singulorum attestantibus, ut modo dicitur futurum ut judicis potentiæ effectus ipsius dictione significetur. Illa etiam, ibid.: *Esurivi, et non dedistis mihi manducare*, et hujusmodi, magis conscientiis exprimenda plurimi putant quam verbis, quia Apostolus in momento et in ictu oculi mysterium consummandum tradit. Sed illud ad resurrectionis statum tantum referunt, non ad judicium, qui alii judicii sententiam, et malorum increpationes, et bonorum præmia verbis exprimenda asserunt.

Quod judicabunt sancti, et quomodo.

2. Non autem solus Christus judicabit, sed et sancti cum eo judicabunt nationes. Ipse enim apostolis ait, Matth. 19: *Sedebitis et vos super duodecim sedes, judicantes duodecim tribus Israel*. Nec est putandum quod duodecim apostolis tantum hoc promiserit Christus. Ubi enim sedebit Paulus, qui plus omnibus laboravit, si non ibi sedebunt nisi duodecim? Per duodecim ergo sedes perfectio tribunalis, id est, universitas judicantium intelligitur, scilicet, omnes perfecti, qui relictis omnibus secuti sunt Christum. Per duodecim tribus, universitas judicandorum. Judicabunt vero eos sancti, non modo cooperatione, sed etiam auctoritate et potestate. Unde, psal. 149: *Gladii ancipites in manibus eorum*, id est, sententia de bonis et malis in potestate eorum. Si vero quæritur, quæ erit eorum potestas vel auctoritas in judicando, puto non ante posse sciri quam videatur, nisi divina revelatione quis didicerit.

De ordinibus eorum qui judicandi erunt.

3. Erunt autem quatuor ordines in judicio. Duæ quippe sunt partes: electorum, scilicet, et reproborum, ut Greg. in Moralibus ait, super Job., lib. 26, c. 24. Sed bini ordines eisdem singulis partibus continentur. Alii enim judicantur, et pereunt; alii non judicantur, et pereunt: alii judicantur, et regnant; alii non judicantur et regnant. Judicantur et pereunt quibus dominica inclamatione dicetur, Matth. 25: *Esurivi, et non dedistis mihi manducare*, etc. Non judicantur, et pereunt, quibus Dominus ait, Joan. 3: *Qui non credit, jam judicatus est.* Eorum enim damnatio toti Ecclesiæ nota est, et certa; et ideo dicuntur tunc non judicari, quia ad conspectum districti judicis cum aperta damnatione suæ infidelitatis accedent. Qui vero professionem fidei sine operibus habent, judicabuntur, et peribunt, id est, redarguentur ut pereant. Qui vero nec fidei sacramenta tenuerunt, increpationem judicis in se fieri non audient, quia infidelitatis suæ tenebris præjudicati, ejus quem despexerant invectione redargui non merentur. Illi autem saltem verba judicis audient, qui ejus fidem saltem verbo tenuerunt. Illi autem in damnatione sua æterni judicis nec verba percipient, qui ejus reverentiam nec verbo tenus servare voluerunt; et ideo illi judicandi, sed isti non judicandi dicuntur. Ex electorum vero parte alii judicantur, et regnant, scilicet, qui vitæ maculas lacrymis tergunt, et eleemosynarum superinductione operiunt; quibus judex veniens in dextra consistentibus dicet: *Esurivi, et dedistis mihi manducare*. Alii autem non judicantur, et regnant, qui etiam præcepta legis perfectionis virtute transcendunt, quia non hoc solum quod lex præcipit, implere contenti sunt, sed et quod ad perfectionem consulitur, implere student. De quibus Propheta ait (Isai., c. 3): *Dominus ad judicium veniet cum senatoribus populi sui*. Et Salomon de Ecclesiæ sponso loquens, ait, Prov. ult.: *Nobilis in portis vir ejus, quando sederit cum senatoribus terræ*. Et Job ait, c. 36: *Non salvat impios, et pauperibus judicium tribuit*. Hi ergo recte sub generali judicio non tenentur, sed judices veniunt, quia et præcepta generalia vivendo vicerunt, et omnibus relictis Christum secuti sunt. Recte pauperibus judicium tribuit, qui quanto huic mundo magna humilitate despecti sunt, tanto tunc majori culmine potestatis excrescent. De talibus dicitur, Apoc. 3: *Qui vicerit, dabo ei sedere mecum in throno meo: sicut*

et ego vici, et sedi cum Patre meo in throno ejus. Vincens Dominus, cum Patre in throno sedit, quia post passionis certamen et resurrectionis palmam, quod Patri esset æqualis omnibus claruit. Nobis vero in throno Filii sedere, est ex ejusdem Filii potestate judicare. Quia enim judicandi principatum ex ejus virtute percipimus, quasi in throno ejus residemus. Ex his apparet quod etiam perfectiores sancti cum Christo judicabunt potestate; et quare quidam dicuntur judicandi, alii non judicandi.

De ordine judicii, et ministerio angelorum.

4. Cum autem in Evangelio legatur quod Dominus mittet angelos suos qui colligent de regno ejus omnia scandala, et mittent iniquos in caminum ignis; et item, Matth. 13: *Exibunt angeli, et separabunt malos de medio justorum, et mittent eos in caminum ignis;* et item, Matth., 24: *Mittet angelos suos cum tuba, et congregabunt electos a quatuor ventis;* et Propheta dicit, ps. 49: *Congregate illi sanctos ejus;* ministerio angelorum illa impleri dubitandum non est. Domino enim veniente ad judicium, præcedet ante eum ignis, quo comburetur facies mundi hujus; et peribit cœlum at terra, non secundum substantiam, sed secundum speciem quæ immutabitur; cœlum quidem aereum, non æthereum. Tantum enim ascendet ignis in judicio, quantum ascenderunt aquæ in diluvio. Ille autem ignis malis qui reperti fuerint vivi erit consumptio, bonis vero non, ut ait Augustinus, de Civ. Dei lib. 20, cap. 18. Hoc erit incendium mundi sanctis, quod fuit caminus tribus pueris. In quibus si aliquid purgandum fuerit, per illum ignem purgabitur. Aliis vero nullam ingeret molestiam. Purgato vero per ignem mundo, et ad judicium veniente Domino, emittetur vox illa magna qua resurgent omnes mortui; et tunc ministerio angelorum ventilabitur area, quia boni congregabuntur ibi de quatuor partibus mundi angelico ministerio; quo *et rapientur obviam Christo in aera;* 1 Thess. 3 reprobis in terra quam dilexerunt, remanentibus. Et tunc proferentur illa bonorum: *Esurivi, et dedistis mihi manducare,* et increpationes illæ malorum: *Esurivi, et non dedistis mihi manducare,* Matth. 25, etc., proferentur vel sono vocali, vel alio modo. Denique proferatur sententia super utrosque, ibid.: *Venite, benidicti;* et: *Ite, maledicti,* etc.; et ministerio angelorum virtute Dei cooperante mittentur mali in caminum ignis, hoc est, infernum.

Si post judicium dæmones præerunt hominibus ad puniendum.

5. Et solet quæri utrum in inferno malis ad puniendum præsint dæmones post judicium, quos carnifices tortoresque animarum Scriptura appellat. Apostolus dicit, 1 Cor. 15, quod Christus tunc *evacuabit omnem principatum, et potestatem, et virtutem.* Dum enim durat mundus angeli angelis, dœmones dæmonibus, homines hominibus præsunt. Sed omnibus collectis, jam omnis prælatio cessabit. Hinc quidam putant post judicium dæmones non habere potestatem cruciandi homines, sicut modo. Sed ut dæmones virtute Dei cruciari sine creaturæ ministerio asserunt, sic reprobos homines ibi non per operationem dæmonum, sed virtute divina tantum æternis subjici cruciatibus. Præmissa tamen auctoritas non id cogit sentire; quæ etsi asserat tunc nec dæmones dæmonibus, nec homines hominibus præesse, non definit tamen an dæmones præsint hominibus ad torquendum. Unde quibusdam videtur, eos sic extare hominibus tortores in pœna, sicut extiterunt incentores in culpa.

DISTINCTIO XLVIII.

DE FORMA JUDICII.

1. Solet etiam quæri in qua forma Christus judicabit. In forma utique servi judicabit; quæ omnibus in judicio apparebit, ut videant mali in quem pupugerunt. Divinitatem vero ejus mali non videbunt. Unde Isaias, c. 16: *Tollatur impius, ne videat gloriam Dei.* Humanitatem videbunt, ut timeant; divinitatem vero non, ne gaudeant. Divinitas enim sine gaudio videri non potest.

Qualis apparebit tunc in forma servi.

2. Sed cum in forma humana constet eum appariturum, quæritur an in forma illa gloriosa appareat, sicut vere est, an in forma qualis in passione extitit. Quidam putant a malis talem videri, qualem crucifixerunt, id est, infirmum; quia dicit Scriptura, ut videant in quem pupugerunt. Sed aperte Augustinus, super Joan., et tract. de Trin., lib. 1, cap. 16 et 17, dicit formam servi glorificatam, a bonis et malis tunc videri; sic: Cum in forma servi glorificata judicantem viderint boni et mali, tolletur impius, ut non videat claritatem Dei qua Deus est; quam soli mundo corde videbunt, quod erit eis vita æterna. Forma ergo humana in Christo glorificata videbitur a cunctis; unde et Christus dicitur judicaturus, quia filius hominis est. Ita enim legitur in Evangelio Joannis, c. 5: *Et potestatem dedit ei jud'cium facere; quia filius hominis est.* Non quod ipse ex virtute hominis sit judicaturus, vel quod ipse solus sine Patre et Spiritu sancto judicium sit facturus, sed quia ipse solus in forma servi judicans, bonis et malis videbitur. Cum ergo Pater non judicat quemquam sed omnem potestatem dedit Filio, non ita est intelligendum, quasi Filius solus judicet, et non Pater, sed quia forma Filii humana cunctis in judicio apparebit, non in forma infirma, sed gloriosa. Judicabit autem ex virtute divinitatis, non sine Patre et Spiritu sancto; et apparebit terribilis impiis, et mitis justis. Erit enim terror malis, et lumen justis.

Quare secundum formam servi dicitur Christus suscitaturus corpora.

3. Et sicut dicitur Christus secundum formam servi judicaturus, propter causam præmissam, ita etiam dicitur suscitaturus corpora mortuorum, secundum humanitatem, cum tamen virtute divinitatis sit suscitaturus, non humanitatis. Sed hac ratione illud dicitur, quia in humanitate suscepit quod est causa nostræ resurrectionis, id est, passionem et resurrectionem. Ideo ei ascribitur secundum hominem suscitatio mortuorum. Unde Augustinus: Per Verbum Filium Dei fit animarum resurrectio. Per Verbum factum in carne filium hominis, fit corporum resurrectio. Item: Judicat et suscitat corpora non Pater, sed Filius secundum dispensationem humanitatis, in qua minor Patre est Christus. In eo quod est Filius Dei, est vitæ quæ vivificat animas: in eo quod est filius hominis, judex. Ecce secundum formam humanitatis dicitur suscitaturus corpora, et judicaturus. Judicaturus autem, quia illa forma cunctis in judicio apparebit; et suscitaturus, quia in eadem forma meritum et causam resurrectionis nostræ suscepit; et quia secundum eamdem formam vocem dabit, qua mortui de monumentis resurgent et procedent. Secundum quod Deus est, vivificat animas, et non Pater tantum; quia non tantum Pater vita est, sed et Filius cum eo, et Spiritus sanctus eadem vita est, quæ pertinet ad animam, non ad corpus. Corpus enim non sentit vitam sapientiæ, sed anima quæ illuminatur a lumine æterno. Licet ergo Christus potentia divinitatis vivificet animas, et suscitet corpora, et judicet, non otiose tamen et præter rationem ei secundum formam Dei tribuitur vivificatio animarum, et secundum formam servi judicium et resuscitatio corporum.

De loco judicii.

4. Putant quidam Dominum descensurum in vallem Josaphat in judicio, eo quod ipse per Joelem prophetam sic loquitur, c. 1: *Congregabo omnes gentes, et deducam eas in vallem Josaphat, et disceptabo ibi cum eis.* In cujus capituli expositione ita reperi: Hoc quidam pueriliter intelligunt, quod in valle quæ est in latere montis Oliveti descensurus sit Dominus ad judicium, quod frivolum est, quia non in terra, sed in spatio hujus aeris sedebit contra locum montis Oliveti, ex quo ascendit. Et sicut Joannes Chrysostomus dicit: Angeli deferent ante eum signum crucis; unde in Evangelio Veritas dicit, Matth. 21: *et tunc apparebit signum Filii hominis,* etc. Josaphat autem interpretatur judicium Domini. In vallem ergo Josaphat, id est, ju-

dicii Domini, congregabuntur omnes impii. Justi vero non descendent in vallem judicii, id est, damnationem; sed in nubibus elevabuntur obviam Christo.

De qualitate luminarium, et temporis, post judicium.

5. Veniente autem ad judicium Domino in fortitudine et potestate magna, sol et luna dicuntur obscurari, non sui luminis privatione, sed superveniente majoris luminis claritate. Virtutes quoque coelorum, id est, angeli, dicuntur moveri, non metu damnationis, vel aliqua perturbatione pavoris, sed quadam admiratione eorum quae viderint. Unde Job, c. 10 : *Columnae coeli parent ad adventum ejus.* Ante diem vero judicii sol et luna eclipsim patientur, sicut Joel testatur dicens, c. 2 : *Sol convertetur in tenebras, et luna in sanguinem, antequam veniat dies Domini magnus et horribilis.* Magnus vero dicitur, propter magna quae ibi fient. Cum autem factum fuerit coelum novum, et terra nova, tunc erit lux lunae sicut lux solis, testante Isaia, c. 30 : *Et lux solis septempliciter*, id est, sicut lux septem dierum; quia quantum luxit sol in prima conditione septem dierum ante peccatum primi hominis, tantum lucebit post judicium. Minorata enim fuit lux solis et lunae, aliorumque siderum, per peccatum primi hominis; sed tunc recipiet sol mercedem sui laboris, quia septempliciter lucebit; et tunc non erit vicissitudo diei et noctis, sed tantum dies. Unde Zacharias, c. 14 : *Et erit dies una quae nota est Domino, non dies neque nox ; et in tempore vesperae erit lux,* quia tunc non erit varietas diei et noctis quae modo est, sed continua dies et lux. Isaias tamen videtur dicere quod tunc non luceat sol vel luna, loquens congregationi sanctorum : *Non erit ibi,* inquit, c. 60, *amplius sol ad lucendum per diem, nec splendor lunae illuminabit te: sed erit tibi Dominus in lucem sempiternam.* Sed his verbis non negat solem et lunam tunc lucere, sed significat his qui tunc erunt in aeterna beatitudine, nullum lucis usum praestare. Quia, ut ait Hieron., lib. 10, super eumdem locum, coeli et terrae, solis atque lunae nobis cessabit officium, et erit ipse Dominus lumen suis in perpetuum. Potest etiam intelligi illud Isaiae ea ratione dictum, quia sol et luna tunc non habebunt ortum et occasum sicut nunc. Unde Isidor., illud Isaiae quasi exponens, ait, 1, c. 5 : Post judicium sol laboris sui mercedem suscipiet. Unde Propheta : *Lucebit septempliciter*, et non veniet ad occasum nec sol nec luna, sed in ordine quo creati sunt stabunt, ne impii in tormentis sub terra positi fruantur luce eorum. Unde Abacuc, c. 3: *Sol et luna steterunt in ordine suo.* Ecce aperte dicit solem et lunam tunc lucere, sed stabiliter permanere; ubi etiam significat infernum esse sub terra. Si vero quaeritur quis usus lucis solis et lunae tunc, fateor me ignorare, quia in Scripturis non memini me legisse.

DISTINCTIO XLIX.

DE DIFFERENTIA MANSIONUM IN COELO ET IN INFERNO.

1. Post resurrectionem vero facto universo impletoque judicio, suos fines habebunt civitates duae: una Christi, alia diaboli; una bonorum, altera malorum, utraque tamen angelorum et hominum. Istis voluntas illis facultas non poterit esse peccandi, vel ulla conditio moriendi. Istis in aeterna vita feliciter viventibus, illis in feliciter in aeterna morte sine moriendi potestate durantibus, quoniam utrique sine fine. Sed in beatitudine isti, alius alio praestabilius : in miseria vero illi, alius alio tolerabilius permanebunt (Aug., in Enchirid., c. 111). Ex his apparet quod sicut boni differenter glorificabuntur, alii magis, alii minus, ita et mali differenter in inferno punientur. Sicut enim in domo Patris, id est, in regno coelorum mansiones multae sunt, id est, praemiorum differentiae; ita et in gehenna diversae sunt mansiones, id est, suppliciorum differentiae. Omnes tamen aeternam poenam patientur, sicut omnes electi eumdem habebunt denarium, quem pater familias dedit omnibus electis commune intelligitur, scilicet, vita aeterna, Deus ipse quo omnes

fruentur, sed impariter. Nam sicut erit differens clarificatio corporum, ita differens gloria erit animarum. *Stella enim a stella,* id est, electus ab electo, *differt in claritate,* mentis et corporis. Alii enim aliis vicinius clariusque Dei speciem contemplabuntur; et ipsa contemplandi differentia diversitas mansionum vocatur. Domus ergo est una, id est, denarius est unus; sed diversitas est ibi mansionum, id est, differentia claritatis; quia unum est et summum bonum beatitudo et vita omnium, id est, Deus ipse. Hoc bono omnes electi perfruentur, sed alii aliis plenius. Perfruentur autem vivendo per speciem, non per seculum in aenigmate. Habere ergo vitam, est videre vitam, id est, cognoscere Deum in specie. Unde Veritas ait in Evangelio, Joan. 17 : *Haec est vita aeterna, ut cognoscant te verum Deum, et quem misisti Jesum Christum esse unum et solum verum Deum ;* hoc est habere vitam, id est : Cognoscere te non est ipsa cognitio quae tu es, sed per cognitionem habere bonum quod tu es, id est, vita.

Si omnes homines volunt esse beati.

2. Solet etiam quaeri de beatitudine, utrum eam omnes velint, et sciant quae sit vera beatitudo. De hoc August. in lib. 13 de Trin., cap. 4, ita disserit: Mirum est cum capessendae retinendaeque beatitudinis voluntas una sit omnium, unde tanta existat de ipsa beatitudine rursus diversitas voluntatum ; non quod eam aliquis nolit, sed quod non omnes eam norint. Si enim eam omnes noscerent, non ab aliis putaretur esse in virtute animi, ab aliis in voluptate corporis, ab aliis atque aliis alibi atque alibi. Quomodo ergo omnes amant quod non omnes sciunt? Quis potest amare quod nescit, sicut supra disputavi? Cur ergo beatitudo amatur ab omnibus, nec tamen scitur ab omnibus? An forte sciunt omnes quae ipsa sit, sed non omnes sciunt ubi sit, et inde contentio est ? An forte falsum est quod pro vero posuimus, beate vivere omnes homines velle ? Si enim beate vivere est, verbi gratia secundum animi virtutem vivere, quomodo beate vivere vult, qui hoc non vult? Nonne verius diximus : Homo ille non vult beate vivere, quia non vult secundum virtutem vivere, quod solum est beate vivere? Non ergo omnes beate vivere volunt, imo pauci hoc volunt, si non est beate vivere nisi secundum virtutem animi vivere, quod multi nolunt. Itune falsum erit, unde nec ipse Cicero dubitavit? Ait enim in Hortensio : Beati certe omnes esse volumus. Absit ut hoc falsum esse dicamus. Quid ergo ? An dicendum est, etiamsi nihil aliud sit beate vivere quam secundum virtutem animi vivere, tamen et qui hoc non vult, beate vivere vult ? Nimis quidem hoc videtur absurdum. Tale enim est ac si dicamus: Qui non vult beate vivere vult beate vivere. Istam repugnantiam quis audiat ? quis ferat? et tamen ad hanc contrudit necessitas, si et omnes beate vivere velle verum est, et non omnes volunt sic vivere quomodo solum vivitur beate. Ad illud ab his angustiis poterit nos eruere, si dicamus nihil esse beate vivere, nisi vivere secundum delectationem suam; et ideo falsum non esse quod omnes beate vivere velint, quia omnes ita volunt ut quemque delectat? Sed id quidem falsum est. Velle enim quod non deceat, est esse miserrimum. Nec tam miserum est non adipisci quod velis, quam adipisci velle quod non oporteat. Quis ita caecus sit, ut dicat aliquem ideo beatum, quia vivit ut vult? cum profecto etsi miser esset, minus tamen esset, si nihil eorum quae perperam voluisset, habere potuisset. Mala enim voluntate sed sola miser quisque efficitur, sed miserior, cum desiderium malae voluntatis impletur. Quapropter quoniam verum est quod omnes homines esse beati velint, idque ardentissimo amore appetant, et propter hoc caetera quaecunque appetant; nec quisquam potest amare quod omnino quid vel quale sit nescit, nec potest nescire quid sit, quod se velle scit, sequitur ut omnes beatam vitam sciant. Omnes autem hic habent quod volunt, quamvis non omnes qui habent quod volunt continuo sint beati. Continuo autem miseri sunt, qui vel non habent quod volunt,

vel id habent quod non recte volunt. Beatus ergo non est nisi qui et habet omnia quæ vult, et nihil vult male. Ille quippe beate vivit, qui vivit ut vult, nec male aliquid vult. Cum ergo ex his duobus constet beata vita, licet in malis sit aliquis bonus, non tamen nisi finitis omnibus malis est beatus. Cum ergo ex hac vita, qui in his miseriis fidelis et bonus est, venerit ad beatam vitam, tunc erit vere quod nunc nullo modo esse potest, ut sic homo vivat quomodo vult. Non enim ibi volet male vivere, aut volet aliquid quod deerit, aut deerit aliquid quod voluerit. Quidquid amabitur aderit, nec desiderabitur quod non aderit. Et omne quod ibi erit, bonum erit, et summus Deus summum bonum erit: et quod est omnino beatissimum, ita semper fore certum erit. Beatos autem esse se velle, omnium hominum est. Beatos se esse velle, omnes in corde suo vident, nec tamen omnium est fides, qua ad beatitudinem pervenitur. (Ibid., c. 3 et 7.)

Si quid de Deo cognoscit aliquis, quod ibi non intelligant omnes.

3. Solet etiam quæri utrum aliquid de Deo cognoscat aliquis magis meritus, ut Petrus, quod non cognoscat aliquis minus meritus, ut Linus. Pluribus videtur quod omnia de Deo ad beatitudinem spectantia omnes communiter electi cognoscant, sed differenter. Nihil enim in Deo noscibile majus digniusque videtur, quam eum intelligere trinum et unum. Hoc autem omnes tunc per speciem cognoscent. Unde sequitur ut non sit aliquid beatitudini pertinens incognitum alicui beatorum. Omnes ergo cuncta illa videbunt, quorum cognitio servit beatitudini; sed in mode videndi different Alius enim alio magis, alius alio minus fulgebit.

De paritate gaudii.

4. Solet etiam quæri an in gaudio dispares sint, sicut in claritate cognitionis differunt. De hoc August. ait, in lib. de Civ. Dei: Multæ mansiones in una domo erunt, scilicet, variæ præmiorum dignitates: sed ubi Deus erit omnia in omnibus, erit etiam in dispari claritate par gaudium; ut quod habebunt singuli, commune sit omnibus, quia etiam gloria capitis omnium erit per vinculum charitatis. Ex his datur intelligi quod par gaudium omnes habebunt, etsi disparem cognitionis claritatem, quia per charitatem quæ in singulis erit perfecta, tantum quisque gaudebit de bono alterius, quantum gauderet si in seipso haberet. Sed si par erit cunctorum gaudium, videtur quod par sit omnium beatitudo; quod constat omnino non esse. Ad quod dici potest quod beatitudo par esset si ita esset par gaudium, ut etiam par esset cognitio: sed quia hoc non erit, non faciet paritas gaudii paritatem beatitudinis. Potest etiam sic accipi par gaudium, ut non referatur paritas ad intensionem affectionis gaudentium, sed ad universitatem rerum de quibus lætabitur; quia de omni re unde gaudebit unus, gaudebunt omnes (In lib. de Virg., c. 26).

Si majora sit beatitudo sanctorum post judicium.

5. Post hoc quæri solet si beatitudo sanctorum major sit futura post judicium quam in terim. Sine omni scrupulo credendum est eos habituros majorem gloriam post judicium quam ante ; quia et majus erit gaudium eorum, ut supra testatus est August., super Osee 6, et amplior erit eorum cognitio. Unde Hieron., super Gen., ad lib. 12, cap. 35: Peracto judicio, ampliorem gloriam suæ claritatis Deus demonstrabit electis. Si quem movet quid opus sit spiritibus defunctorum corpora sua in resurrectione recipere, si eis potest sine corporibus summa beatitudo præberi, difficilis quæstio est, nec potest a nobis perfecte definiri. Sed tamen dubium non est, et raptam a carnis sensibus hominis mentem, et post mortem ipsa carne deposita non sic videre posse incommutabilem substantiam, id est, Deum, sicut sancti angeli vident, sive alia latentiori causa, sive ideo, quia inest ei naturalis quidam appetitus corpus administrandi, quo retardatur quodammodo, nec tota intentione pergat in illud summum cœlum, donec ille appetitus conquiescat. Porro si tale sit corpus, cujus sit difficilis et gravis administratio, sicut hæc caro quæ corrumpitur, multo magis avertitur mens ab illa visione summi cœli. Proinde cum hoc corpus jam non animale, sed spirituale receperit æquata angelis, habebit perfectum naturæ suæ modum, obediens et imperans, vivificata et vivificans, tam ineffabili facilitate, ut sit ei gloriæ, quod fuit sarcinæ.

DISTINCTIO L.
SI MALI IN INFERNO PECCABUNT.

1. Hic oritur quæstio ex præmissis ducens originem. Supra enim August., Ench. c. 111, loquens de malis in inferno damnatis, et bonis in cœlo glorificatis, dixit quod nec bonis voluntas, nec malis facultas esse peccandi poterit. Et de bonis quidem constat, sed de malis a quibus voluntatem malam non removet, quæritur quomodo sit verum eos non posse peccare; imo, quomodo verum sit eos non peccare, cum malam habeant voluntatem. Quidam autumant illam voluntatem non esse peccatum, sed supplicium tantum. Alii vero peccatum esse fatentur, sed per illud eos non mereri aliquam pœnam, quia non est ibi locus merendi. Illud ergo peccatum dicunt non esse meritum supplicii, sed supplicium mali meriti, quod in hac vita præcessit. De hoc autem Augustinus ita dicit[1] in lib. de Fide ad Petrum, c. 3, 26 : Tempus acquirendi vitam æternam in hac tantum vita Deus hominibus dedit, ubi voluit etiam pœnitentiam esse fructuosam. Ideo hic pœnitentia fructuosa est, quia potest hic homo deposita nequitia bene vivere, mutata voluntate merita simul operaque mutare, et ea gerere quæ Deo placeant. Quod qui in hac vita non fecerit, habebit quidem pœnitentiam in futuro seculo de malis suis, sed indulgentiam in conspectu Domini non inveniet; quia etsi erit stimulus pœnitudinis, tamen nulla erit ibi correctio voluntatis. A talibus enim ita culpabitur iniquitas sua, ut nullatenus ab eis possit vel diligi, vel desiderari justitia. Voluntas enim eorum talis erit, ut habeat semper in se malignitatis suæ supplicium, nunquam tamen recipere possit bonitatis affectum. Quia sicut illi qui cum Christo regnabunt, nullas in se malæ voluntatis reliquias habebunt, ita illi qui erunt in supplicio æterni ignis cum diabolo et angelis ejus deputati, sicut nullam habebunt ulterius requiem, sic bonam nullatenus poterunt habere voluntatem. Et sicut cohæredibus Christi dabitur perfectio gratiæ ad æternam gloriam, ita consortibus diaboli cumulabit ipsa malignitas pœnam, quando exterioribus deputati tenebris, nullo illustrabuntur interiori lumine veritatis (Ench., c. 111). Ex his apparet reprobos in inferno pœnitentiam sic gesturos, ut per eam pravam voluntatem non deserant; et illa maligna rerum acerbitas eis ad cumulum pœnæ, per quam tamen non merebuntur, quia nullus meretur nisi in hac vita.

Quare dicuntur tenebræ exteriores.

2. Hic quæri potest quare illæ tenebræ quibus involventur mali in gehenna, dicuntur tenebræ exteriores. Quia tunc mali penitus extra lucem corporalem et spiritualem, scilicet, Deum, erunt. Nunc enim etsi patiantur tenebras in cæcitate mentis, non tamen penitus extra lucem Dei sunt, nec corporali luce privantur. De hoc August. sic ait, super psalm. 6 : Ira Dei et in judicio erit, et hic est in cæcitate mentis, cum dantur mali in reprobum sensum. Ibi exteriores tenebræ erunt, quia tunc peccator penitus erunt extra Deum. Quid est enim penitus esse extra Deum nisi esse in summa cæcitate, siquidem habitat Deus lucem inaccessibilem? Hæ autem tenebræ hic jam incipiunt in peccante, cum ab interiori Dei luce secluditur, sed non penitus dum in hac vita est. Ecce quare ibi peccator, dicitur pati exteriores tenebras, et non hic, quia ibi secluditur penitus a luce Dei, quod non hic. Sed quomodo intelligenda est illa seclusio? An quia non videbunt Deum per speciem ? sed nec aliquis videt hic

Deum per speciem. A per dissimilitudinem quam facit peccatum inter Deum et hominem? sed et hic multi per gravia peccata elongantur a Deo.An quia Deum odiunt,ita ut velint Deum non esse? sed et hic multi Deum oderunt; de quibus scriptum est, psal. 73 : *Superbia eorum qui te oderunt, ascendit semper.* Quæ est ergo illa elongatio?Sane exteriores tenebræ intelligi possunt,quædam malignitas odii et voluntatis, quæ tunc excrescet in montibus reproborum,et quædam oblivio Dei,quia tormentorum interiorum et exteriorum doloribus adeo afficientur et turbabuntur, ut ab illis ad cogitandum aliquid de Deo vix, vel raro, vel nunquam mentem revocent. Ut qui nimio premuntur pondere,adeo stupescunt et turbantur,ut interim in aliam cogitationem non se extendant;sed illuc tendit impetus cogitationis,ubi sentitur vis doloris.Sed in hac vita nullus adeo malus est,ut penitus secludatur a cogitatione Dei,quia nec perdit appetitum beatitudinis, et quemdam boni amorem quem naturaliter habet rationalis creatura.Illas autem exteriores et profundissimas tenebras reprobos perpessuros post judicium dicit Aug., apponens de illo divite qui in inferno positus, elevans oculos, vidit,Abraham,et in sinu ejus Lazarum, cujus comparatione coactus est confiteri mala sua, usque adeo ut fratres roget ab his præmoneri; quod ante judicium factum legitur. Sed post judicium in profundioribus tenebris erunt impii,ubi nullam Dei lucem videbunt cui confiteantur.

De animabus damnatorum, si quam habent notitiam eorum quæ hic fiunt.

3.Præterea quæri solet si reproborum animæ quæ nunc in inferno cruciantur, notitiam habeant eorum quæ circa suos in hac vita geruntur, et si aliquo modo doleant super infortuniis suorum charorum. Hanc quæstionem August.commemorat, super psal. 108,ex parte eam explicans, ex parte vero insolutam relinquens,ait enim : Quæret aliquis an ullus dolor tangat mortuos de his quæ in suis post mortem contingunt,vel quomodo ea quæ circa nos aguntur noverint spiritus defunctorum.Cui respondeo magnam esse quæstionem,nec in præsenti disserendam. Verumtamen breviter dici potest quod est cura mortuis de suis charis,ut de divite legitur,qui dum tormenta apud inferos pateretur,levavit oculos ad Abraham et inter alia dixit, Luc. 16 : *Habeo enim quinque fratres, mitte aliquem ex mortuis,ut testetur illis ne et ipsi veniant in hunc locum tormentorum.* Habent enim mortui curam de vivis, quos sciunt vivere, quia nec in locis pœnarum vident eos, ubi dives sine fratribus erat;nec in requie beatorum, ubi Lazarum et Abraham, quamvis longe, agnoscebat. Non tamen ideo consequens est eos scire quæ circa charos aguntur hic, vel læta, vel tristia.

Quomodo accipienda sunt quæ de Lazaro et divite leguntur.

4.Si quis autem quærat quomodo intelligatur quod de Lazaro et divite legitur,audiat Augustini responsum dicentis,super Gen., ad lib. 8, cap. 3 : Si quis putat animas corpore exutas locis corporalibus contineri,cum sint sine corpore,non deerunt qui faveant, et divitem sitientem in loco corporali fuisse contendant,ipsamque animam corpoream præparasse linguam,et stillam de Lazari digito cupisse.Sed melius esi dubitare de occultis, quam litigare de incertis. Divitem in supplicio, pauperem in refrigerio esse non dubito.Sed quomodo intelligatur divitis lingua, digitus Lazari, flamma inferni, sinus Abrahæ,et hujusmodi, vix a mansuetis et contentiosis nunquam invenitur.

Si se vident boni et mali.

5.Solet etiam quæri utrum vicissim se videant illi qui sunt in inferno, et illi qui sunt in gloria. Sicut sancti tradunt, et boni malos, et mali bonos vident usque ad judicium. Post judicium vero boni videbunt malos,sed non mali bonos.Unde Greg.,super illud : *Factum est autem*, homil. 40 : Infideles in imo positi ante diem judicii fideles super se in requie attendunt,quorum gaudia post contemplari non possunt.

De chaos inter bonos et malos.

6. Sed cum sancti malos in tormentis videant, nonne aliqua compassione erga eos moventur?nonne eos de tormentis liberari cupiunt?Recole illud evangelicum quod Abraham diviti respondit, Luc. 16 : *Inter nos et vos chaos magnum firmatum est,ut hi qui volunt hinc transire ad vos non possint,neque inde huc transmeare.* Quid est illud chaos inter bonos et malos, nisi hinc justitia,inde iniquitas,quæ nullatenus sociari valent?Adeo enim sancti Dei justitiæ addicti sunt,ut nulla compassione ad reprobos transire valeant,nulla pro eis inter sanctos fiat intercessio.Quomodo ergo inde volunt aliqui transire ad illos, sed non possunt? Quia si Dei justitia admitteret, non fleret eis molesta liberatio eorum. Vel ita dicuntur velle et non posse, non quia velint et non possint, sed quia etsi vellent,non possent eos juvare.De hoc ita Gregor. ait,super Lucam : Sicut reprobi a pœnis ad gloriam sanctorum transire volunt,et non possunt, et ita justi per misericordiam mente ire volunt ad positos in tormentis,ut eos liberent,sed non possunt; quia justorum animæ etsi in naturæ suæ bonitate misericordiam habent,jam nunc auctoris sui justitiæ conjunctæ tanta rectitudine constringuntur, ut nulla ad reprobos compassione moveantur.

Quod visa impiorum pœna non minuit beatorum gloriam.

7. Postremo quæritur an pœna reproborum visa decoloret gloriam beatorum, an eorum beatitudini proficiat. De hoc ita Greg. ait, super Luc. 16, hom. 40 : Apud animum justorum non offuscat beatitudinem aspecta pœna reproborum, quia ubi jam compassio miseriæ non erit, minuere beatorum lætitiam non valebit. Et licet justis sua gaudia sufficiant,ad majorem tamen gloriam vident pœnas malorum, quas per gratiam evaserunt, quia qui Dei claritatem vident, nil in creatura agitur quod videre non possint.Non est autem mirandum si sancti jam immortales reprobos videant mentis intelligentia, cum prophetæ mortales adhuc videre hæc omnia meruerunt.Egredientur ergo electi, non loco,sed intelligentia vel visione manifesta,ad videndum impiorum cruciatus;quod videntes non dolore afficientur, sed lætitia satiabuntur,agentes gratias de sua liberatione, visa impiorum ineffabili calamitate (Hier., lib.8,c.66, super Isaiam). Unde Isaias impiorum tormenta describens,et ex eorum visione lætitiam bonorum exprimens,ait c.ult.:*Exgredientur*,electi scilicet, *et videbunt cadavera virorum, qui prævaricati sunt in me.Vermis eorum non morietur,et ignis non extinguetur,et erunt usque ad satietatem visionis omni carni*, id est electis, *Lætabitur enim justus, cum viderit vindictam* psal. 57.

Hæc de pedibus sedentis super solium excelsum,quos seraphin duabus alis velabant,scriptori etsi non auditori, commemorasse sufficiat ; qui a facie exorsus sedentis per media ad pedes usque via duce pervenit,

---

ARTICULI

IN QUIBUS MAGISTER SENTENTIARUM NON TENETUR COMMUNITER AB OMNIBUS.

IN PRIMO LIBRO.

Primo,quod charitas qua diligimus Deum et proximum est Spiritus sanctus. *Dist. XVII, cap.*11, vel quod charitas quæ est amor Dei et proximi non est aliquid creatum.

Secundo, quod nomina numeralia dicta de Deo dicuntur solum relative. *Dist. XXIV, cap.* Et si diligenter. Vel hæc nomina numeralia trinus et Trinitas non dicunt positionem sed privationem tantum.

Tertio, quod simile et æquale similiter dicuntur de Deo privative. *Dist. XXI, cap.* Et hoc idem.

Quarto, quod Deus semper potest quidquid aliquando potuit, et vult quicquid voluit, et scit quicquid scivit, *Dist XLIV, cap.* Præterea quæri solet.

IN SECUNDO LIBRO.

Primo, quod angeli non meruerunt beatitudinem per gratiam sibi datam; sed quod præmium præcessit meritum et postea meruerunt per obsequia fidelibus exhibita. *Dist. V,cap.* Hic quæri solet. Vel quod angelis præmium præcessit, et meritum respectu præmii substantialis habet subsequi.

Secundo, quod angeli in merito respectu essentialis præmii et in ipso præmio proficiunt usque ad judicium. *Dist. XI, cap.* Præterea illud.

Tertio, quod charitas est Spiritus sanctus, scilicet illa quæ animæ qualitates informat atque sanctificat. *Dist. XXVII, cap.* Cum igitur.

Quarto, quod in veritate humanæ naturæ nihil transit extrinsecum, sed quod ab Adam descendit per propagationem auctum et multiplicatum resurget in judicio. *Dist. XXX, cap. penult.* Quibus respondetur vel quod nihil de cibis transit in veritatem humanæ naturæ nec per generationem nec per nutritionem.

IN TERTIO LIBRO.

Primo quod anima a corpore exuta sit persona. *Dist. II, cap.* Hic opponitur a quibusdam.

Secundo, quod Christus convenienter mortuus et non mortuus dicetur, passus et non passus. *Dist. XXI, cap. ult.*

Tertio, quod Christus in triduo mortuus fuit homo. *Dist. XXII, cap. I.*

IN QUARTO LIBRO.

Primo, quod sacramenta legalia non justicabant etiamsi cum fide et devotione fierent. *Dist. cap.I,* Non igitur.

Secundo, quod homo sine medio videbat Deum ante peccatum. *Eadem dist., cap.* Triplici.

Tertio, quod circumcisio non conferebat gratiam ad bene operandum, nec virtutes ad augmentum; sed solum ad peccata dimittenda valebat. *Eadem dist., cap.* Duo igitur.

Quarto, quod parvuli ante octavum diem morientes incircumcisi peribant, et quod causa necessitatis poterant ante circumcidi. *Eadem dist. cap.* Si vero.

Quinta, quod quædam sacramenta novæ legis instituta sunt in remedium tantum, ut matrimonium. *Dist. I cap. I* Jam ad sacramenta.

Sexto, quod baptizari baptismo Joannis non ponentes spem in illo, non erant baptizandi Baptismo Christi. *Dist. II, cap. ult.* Hic considerandum. Vel aliter: Baptismus Joannis cum impositione manuum æquipollebat Baptismo Christi; ita quod baptizatus baptismo Joannis non erat baptizandus.

Septimo, quod Deus potuit dare potentiam creaturæ creandi et interius abluendi, id est, peccata dimittendi. *Dist. V, cap. ult.* Hic quæritur quæ sit. Vel sic quod Deus poterat dare potestatem aliis baptizandi interius, et quod creatura potuerit suscipere, et similiter quod Deus potest potestatem creandi creaturæ communicare, et creare per creaturam tanquam per ministrum. *Dist. V.*

Octavo, quod schismatici degradati, præcisi ab Ecclesia hæretici, excommunicati, non habent potestatem consecrandi corpus Christi. *Dist. XIII, cap.* Illi vero.

Nono, quod brutum non sumit verum corpus Christi etsi videatur. *Dist. XIII, cap.* Illud etiam sane.

Decimo, quod scientia discernendi ut notat habitum scientiæ sit clavis. *Dist. XIX, cap. I.*

Undecimo, quod episcopi simoniaci degradati non possunt conferre ordines. *Dist. XXV, cap.* De simoniacis.

Duodecimo, quod secundus maritus alicujus mulieris incognitæ carnaliter a primo sit bigamus per cognitionem illius et prohibetur ab ordinibus. *Dist. XXVII, cap. ult.*

Decimo tertio, quod cognoscens sororem uxoris suæ non tenetur uxori petenti debitum reddere. *Dist. XXXIII, cap.* De his.

Decimo quarto, quod ille qui uxore vivente duxit aliam in aliena patria qui rediens ad conscientiam vult eam dimittere et non posset, si cogitur ab Ecclesia remanere et debitum reddere quia sibi non creditur: dicit Magister quod incipit excusari per obedientiam et timorem, et tenetur reddere debitum si putatur. *Dist. XXXVIII, cap. ult.*

Decimo quinto, quod peccata deleta non patefiant aliis in judicio. *Dist. LXIV, cap.* Hic quæritur utrum electis.

Prædictis erroribus sequentem adjungemus propositionem, quæ defuncto auctore ab Alexandro III papa damnata est, nempe: *Christus, secundum quod est homo, non est aliquid;* qua voce illud sane significare intendebat inclytus auctor, scilicet quod *Christus... non est aliquid* ABSOLUTUM, QUOD PERSONAM CONSTITUAT; mens vero ipsius verbis supra enuntiatis non sat clare patefiebat.

ANNO SÆCULI XII INCERTO

MAGISTRI BANDINI

THEOLOGI DOCTISSIMI

SENTENTIARUM

LIBRI QUATUOR

Quibus universæ theologiæ summa, ac fidei nostræ compendium pure simpliciter ac methodice tractatur; nunc multo quam ante correctius editi, ad utilitatem omnium Christianæ pietatis studiosorum.

Accesserunt in singulos libros argumenta indicantia quid unoquoque libro contineatur.

(Lovanii, apud Petrum Colonæum, bibliopolam juratum. Anno 1557. Cum privilegio regiæ majestatis ad quadriennium.)

BENEVOLO LECTORI PETRUS COLONÆUS SALUTEM.

Felicibus divi Maximiliani pientiss. clarissimæque memoriæ Cæsaris semper Augusti auspiciis Christiane lector, editi sunt Viennæ, ante annos propemodum 40. Bandini theologi doctissimi ac pervetusti Sententiarum theologicarum libri quatuor: quibus auctor ille in sacris litteris exercitatissimus, universæ theologiæ summam ac fidei nostræ compendium breviter, sed diligenter exacteque et stylo non ineleganti contexuit. Quorum cum amicus quidam nobis copiam faceret, ac omnibus quicunque vidissent, vehementer placere animadverterem quod religionis doctrinam, quæ per Scripturas longe lateque dispersa jacet, quam artificiosissime digestam pure simpliciter atque methodice explicaret: operæ pretium me quoque facturum non leve putavi, si, abstersis eruditorum theologorum judicio ac diligentia, innumeris primi ut, ut sæcula tunc erant, nimium dormitantis et impoliti typographi mendis, castigatum jam typisque elegantioribus conspicuum Bandinum in lucem prodire juberem, quo frui tanto thesauro quamplurimi facilius possent. Ac imprimis quidem constitueram tantummodo primum hujus auctoris opusculum, quod est de Trinitate, seorsum ad utilitatem studiosorum excusum, exhibere, ut hinc conjecturam facerent studiosi, quid de Bandino vetere quidem et eruditissimo compendiosissimoque doctore, sed paucis hactenus viso esset sentiendum: Verum, hoc libello vix absoluto et a studiosis lecto, non desierunt illi quam avidissime reliquos quoque simul expetere, quos non minori artificio compendioque scriptos nihil dubitabant: quibus dum obsequimur magnis nostris sumptibus non parcimus. Tu proinde nostram operam et impensas tuis studiis unice consecratas boni consule, benevole lector, et vale, nostrosque conatus, si quid potes, adjuva, a blattis et tineis vindicans cum horum libellorum, tum aliorum nondum editorum Bandini operum exemplaria in bibliothecis latentia. præsertim manu scripta et vetusta. Iterum vale.

EPISTOLA DEDICATORIA.

Invictisimo atque magnanimo imperatori MAXIMILIANO *Cæsari Augusto, benedictus Chelonius abbas Viennæ ad Scotos, obsecundator indefessus felicitatem aptat.*

Rebuspublicis ut salvæ consistere possint sapientiæ deditos oportere præesse, Platonis est sententia, Maximiliane Cæsar piissime. Quod quam verum sit et quod utile, ut Græcas omittamus et Latinas, Barbarorum quoque indicant historiæ. Sapiens autem animus, qui dux atque imperator vitæ mortalium est, is mihi demum videtur, si religiosus est. Inde fit ut sapientia, quam Græci philosophiam vocant, quæ Seneca teste format animum, vitamque disponit, et actionum nostrarum rectrix, agenda et omittenda demonstrat, cum sit non modo humanarum, verum etiam divinarum rerum cognitio, indissolubilem cum religione germanitatem habeat. Ea quisquis imbutus est, recte vivit, agitque feliciter. Huic fortuna omnis despicitur, cœlumque ipsum militat. Qui si rerum summam gerendam deferas, pulcherrimum cernere est imperium. Quod prisca Romani non nescientes imperiale fastigium pontificia dignitate frequenter accumularunt, Eaque augusta majestas, sacra quoque, in hunc usque diem dicitur. Quo quidem sanctitudinis respectu veteres, apud quos, præter ea quæ publice administrabantur, contra hostem quoque nihil inauspicatum feliciter, ut eorum ferebat opinio, gerebatur, tantum Romanam rempublicam crevisse autumabant, quantam fuisse novimus, Quorum nihilominus non sacra, imo exsecranda erat religio, stultaque sapientia, et profana superstitio. Nos itaque qui non ethnica, sed orthodoxa pietate sumus instituti, et non Martem, sed Christum fortunis nostris invocamus, cum ea tuis evenisse constet temporibus, quæ nullis prioribus visa sunt sæculis, et omnis admirabitur posteritas, utpote publicis commoditatibus præsentissima et prope, nisi oculis cernerentur, incredibilia, cur non tuis quoque sacratissimis ascribenda putemus auspiciis? Transco nova, quæ hostes tui plurifariam experti sunt, disciplinæ militaris instituta, quibus tibi ab adolescentia in senectutem usque contumax eorum semper est debellata superbia, ut infiniti tui testantur triumphi: quos Joannes Stabius majestatis tuæ historicus, in grandem, quem triumphalem nuncupat, arcum collegit. Cujus nos Commentarium ex Germanico in Latinum, jussu tuo vertimus. Taceo novas atque stupendas, quarum tonitru fulmineque, vel Alpes contremiscant et corruant, et quibus valeat obsistere, nihil per te divina in omnibus præditum industria, inventas ad prælia machinas. Pacis interea, cujus gratia bella omnia tibi sunt suscepta, quantum fuerit studium, inde potest colligi, quod tantos reges, totque in tua fœdera, tuasque affinitates magno ingenii tui artificio principes, et præcipue nuper Viennæ, perduxisti. Tot etenim summates purpuratos atque torquatos, ex toto orbe Romano abs te accitos tunc eo confluxisse conspeximus, quot nusquam ulla commemorat ætas convenisse. Quem præclarissimum æternaque memoria celebrandum concentum, duobus libris, versibus heroicis perscripsimus, inque sacratissimas tuas manus obtulimus. Hæc, inquam, taceo. atque consulto quidem, quod non modo meas vires, imo et sese ipsa superent. Propter quæ etiam, in te Virgilianum illud, quo principem optimum idem poeta complexus est, compleri video.

> Tu regere imperio populos, Romane, memento :
> Hæ tibi erunt artes, pacique imponere morem,
> Parcere subjectis, et debellare superbos.

Ad unum id, quod principum ab origine mundi omnium fata superet, veniam. Novimus Bacchum et Herculem remotissimas in sua imperia coegisse gentes. Pompeium item atque Julium multosque Romanorum principum alios nationes devicisse quamplurimas, at nobis haud incognitas tamen, Latinoque adjecisse imperio: te autem ferme nascente, atque subinde parente tuo fortissimo imperatore, posteaque te fortissime imperante, alius nobis terrarum orbis, aliæque nullis ante sæculis cognitæ, ac ne somniatæ quidem gentes, Hispanis, et unde tibi maternum genus est, Lusitanis, præcipue navali ac prope insana, si dicere liceat, indagatione tropicos ambos, et extremum, qui antipodum est pelagum superantibus, Christiano accessere imperio. Quibus etiam temporibus novum quoddam Palladi vel ipsi, ut opinor, eousque ignotum scribendi genus, quod chalcographiam vocamus, in lucem prodiit. Cujus occasione præclarissima illa nunc late proveniunt ingenia, crescunt litteræ, et ad Philadelphicam quoque æmulationem complentur passim bibliothecæ. Quæ singula pluraque multo alia, tuo fato, tuisque jure auspiciis ascribenda, qui digne memorare velit, æstivum diem, centumque linguas et ferream quærat vocem. Non minus tui generis, quod antiquissimum est, et a magno illo Chamo descendere legimus, amplissimam claritudinem, in nepotes usque tuos, quibus nunc mundus universus nil pretiosius habet, et stemmata qui regia, carptim duntaxat dicere tentet, non tantum de exordio, quantum de inveniendo fine sollicitus sit: inque auxilium vocet Calliopen, et ipsum quem nihil historiarum latet Apollinem, suasque nihilominus incassum nitentes rideat vires. Omittamus tuæ stirpis reliquos maximis ubique laudibus decantatos, Carolum specimen tibi si millimum, tyrannorum fulmen et occidentis nunc, moxque, te satagente, orientis regem quem catholicum vocare justum est, potentissimum gloriæ tuæ permagnumque quis mortalium esse nesciat incrementum? quis dignis prosequatur laudibus? Quo Ferdinandus natu minor, par indole, natus et idem in scep'ra, germano quam dignissimus in scitur. Tuarum uterque virtutum egregius æmulator. Christianis omnibus, alter, quam de se optimam præbet, spe, alter etiam reipsa, immensum suscitat gaudium. Ob eas itaque plurimasque alias, maximasque tibi, utpote singulariter divo principi cœlitus concessas gloriæ dotes, et in primis ob religionis Christianæ, quem sedulo juvas ac fortissime defendis cultum, Bandinus noster Medlici pridem inter alia quæ ibidem quamplurima sunt, vetustissima inventus volumina, et a D. Sigismundo viro moribus egregiis et studiis optimis longe ornatissimo, artiumque, quas liberales appellamus, magistro, ejusdem monasterii abbate pervigili, productus in lucem, sese ad manum me ducente lætissimus offert, tuisque quod longævo carcere tandem sit liberatus, felicibus ascribit auspiciis. Felicibus, inquam, quippe cui juste pieque vivere ex consuetudine puero assumpta, in naturam versum est. Quo nunc nemo fortior prudentiorque, nemo cautior, integrior et sanctior, nemo in vicios clementior, et litterarum, quas optime calles, invenitur amantior. Illum, sacratissime Cæsar, favore tuo dignare, parvum quidem quidem, sed religionis nostræ sanctis refertum dogmatibus. Unde, ut mea multorumque aliorum non imperitorum fert opinio, Petrus ille Longobardus grande suum atque quadripartitum volumen propagasse videtur. Similiter et nos, quibus tanto obsecundare principi decus existimatur pulcherrimum, tantoque te frui patrono tutissimum ducitur præsidium, tuæ majestatis obsecutores paratissimos tuorum, quos optimos semper habes in clientum numero, conscribere dignare.

Viennæ ad Scotos 1518.

EJUSDEM

AD SIGISMUNDUM ABBATEM EPISTOLA.

Reverendissimo Patri ac domino D. SIGISMUNDO abbati in Medlico, viro et litteris et religione ornatissimo, pergrata sibi familiaritate devincto, plurimumque observando, F. Benedictus Chelidonius Viennæ ad Scotos abbas S. D.

De litteria disceptatione, quæ nuper Viennæ inter D. Joannem Eckium, sacræ theologiæ doctorem, facultatisque ejusdem doctores Viennenses, maxima in litteratorum frequentia facta est, dum inter prandendum nuper abs te, Sigismunde abba dignissime, nonnullis aliis bonorum litterarum professoribus, more tibi solito conferretur, ipseque ut sæpissime alias, secundum priscam, quæ miRi tua cum paternitate jam pridem fuerat consuetudine invitatus considerem per D. Eckii mentionem, ad bibliothecæ tuæ, quam novam construxisti, pervetustis manuque scriptis codicibus plenam, digressi sumus memoriam. Quorum ex numero P. tua reverenda librum quemdam ævi plenum, cui titulus erat, liber sententiarum magistri Bandini, paucos ante dies indicio D. Eckii repertum protulit. Quem cum publicatu dignum una cuncti sententia judicassemus, abs te, pater optime, quod domesticis tunc curis omnino fores obnoxius, ejusdem revidendi, et quo maxime indigebat, castigandi provincia mihi tunc forte minus negotioso demandata est. Quam ego, utpote P. tua multa pro benevolentia, multisque pro beneficiis plurimum debens, audacia magis quam fretus peritia, assumptomecum in eam operam Martino Milio regulari canonico, et nostri monasterii tunc Plebano, viro in omnem rem litterariam abunde expedito, promptus obii, et eo quo Petrus Longobardus modo, quantum licuit distinxi, et a mendis, quibus plerior quam Leopardus maculis erat, vindicavi ; auctoritatum denique loca pleraque annotavi. Inter legendum igitur comperi certissime Petrum eumdem. suis in quatuor libris, nostro per ordinem usum Bandino. Petrus namque in suo qui de sacramentis est quarto libro, de confirmatione quanquam parum, nonnihil tamen disputat. Quem si Bandinus, ut a nonnullis putatum est, abreviasset, de sacramento eodem, utpote re ad propositum necessaria, non ita, quemadmodum fecit, tacuisset. Sententiæ nostræ D. Eckius in libro de sua Viennæ habita disputatione, astipulari videtur, cujus verba inferius subjungam. Simile de Gratiano quoque, ut veritatem exemplo astruam, amborum tamen salva reverentia, nuper comperi. Nam Joannes Hessus reverendissimi præsulis Vratislaviensis, et Caroli ducis Silesiæ familiaris gratissimus, virque doctissimus, conterraneus meus, ex Georgio quodam de Spalato æque doctissimo Saxoniæ ducis a secretis, sese audivisse mihi asserebat librum Isidori Hispalensis, synodales constitutiones et Patrum sententias continentem, in monasterio quodam Thuringiæ, quod Vallis Sancti Georgii vocatur, teneri. Unde Gratianus ille quisquis fuit maximam partem in suum decretum congesserit. Bandinus, cujas, et fortunæ cujus homo, fuerit, cum diu multumque in historiis quoque doctissimorum virorum Georgii Collimitii, medicinæ atque astronomiæ doct. Sebastianique Vunderhi, LL. Licentiati, magistroramque Ambrosii Salser, Andreæque de Mærgentem, nec non Joannis Eckii per epistolam, usu investigassem, de viro longæva gloria digno nihil deprehendimus. Et nisi hoc ingenii sui monumentum post se reliquisset, omnino forsan æterna sepultus oblivione lateret. Volumine itaque, quandoquidem de auctore nihil certi habemus, contenti simus. Quod modo Calcographis subjacet, in lucem, ut jussisti, quam ocissime proditurum. Vale, abba litterarum amator notissime.

Datum Viennæ ad Scotos prima die Julii 1518.

Dominus Joannes Eckius sacræ theologiæ doctor clarissimus in suo libro quem de sua disputatione Viennæ habita edidit, de magistro Bandino quid sentiat, lector, adverte. Cujus hæc sunt verba :

Ad Medlicum venimus, insigne divi Benedicti monasterium, ubi dum in hospitio itineris comites corpora et equos curarent, ego pro meo in bonas litteras amore, monasterium conscendi, supellectilem chartaceam visurus. Ubi codices reperi plurimos. At imprimis mirifice oblectabar in magistris Bandini summa theologica. Quam dum diligentius lectitassem, comperi, dempta stili elegantia, nihil eum, aut perparum a Petro Longobardo Sententiarum magistro differre, ita singulas sententias, eo etiam ordine, quo magister, doctissime prosequitur. Contuli enim confestim librum libro, non uno in loco : ut mihi dubitatio suborta sit non modica, quis eis cuculus fuerit (1), *alienum sibi supponens partum. Petrus enim a tot sæculis receptus est pro certo auctore et primario hujus summæ. At contra, pervetustus est Bandini codex, in antiquissimo monasterio, tali formula concinnatus, ut quis facilius aliquid addiderit, quam detraxerit.*

Hæc Eckius.

(1) « Dubitationem hanc, quis horum duorum alteri sua debeat, dirimit cedex Altahæ superioris (Ober-Altaich), sæculo xiii exaratus, in-4° maj., in quo Bandini opus *Abbreviatio de libro Sacramentorum magistri Petri Pariensis episcopi fideliter acta* clare ac affirmate dicitur. » D. B. Pezius, Dissert. in tom. I *Thes. Anecdot*,, p. xlv-xlvii. — Vide *Notitiam litterariam* Operibus Petri Lombardi præmissam, superioris tomi col. 22. Edit. Patr.

MAGISTRI BANDINI
DE SACROSANCTA TRINITATE
LIBER
QUI EST SENTENTIARUM PRIMUS

Περιοχή. — *Primo hoc libro (quemadmodum et in cæteris omnibus) mira usus brevitate ac perspicuitate Bandinus, vir (ut scripta evidenter commonstrant) in sacris litteris, Patrumque orthodoxorum lectione versa-*

tissimus, ex his ipsis luculenta methodo (præmissa generali totius Scripturæ quasi materia) quam compendiosissime clarissimeque de sacrosancta disserit Trinitate : docens Deum in essentia unum, in personis trinum esse. Deinde quomodo hæ personæ inter se distinguantur, aliæque ab alii ortum ducant : interim, perennitate, magnitudine; ac potestate revera æquales. Postremo de Dei scientia, providentia, prædestinatione, potentia, ac voluntate, varias abstrusasque sed lectu perjucundas, nec minus utiles paucis agitat, clareque diluit quæstiones.

DIST. I. *Generalis Scripturæ totius materia : res et signa. Quid res, quid signum.* — Circa res divinas (2), studiosis compendium aliquod cœlesti favore tradere cupientes, admonemur quamprimum duo esse, in quibus præcipua doctrina Dei versatur, res scilicet et signa. Ut enim Augustinus ait (3) : Omnis doctrina, vel rerum est, vel signorum. Dicuntur autem res, quæ ad aliquid significandum non adhibentur : signa vero, quorum usus in significando est : velut utriusque legis sacramenta.

Rerum divisio. Divisionis usus. Quid frui. Quibus fruendum. Quibus utendum. Quid uti. — De his duobus, Deo scientiarum ferente opem, agere instituimus. Ac primum de rebus, postea de signis disseremus. De rebus Augustinus ait (4) : Rerum aliæ sunt quibus fruendum est, aliæ quibus utendum est, aliæ quæ fruuntur et utuntur. Rebus quibus fruendum est, beatificamur. Illæ autem sunt Pater et Filius, et Spiritus sanctus. Eadem tamen Trinitas, summa quædam res est. Est autem frui, amore inhærere alicui rei, propter seipsam. Quod Trinitati duntaxat convenire dignoscitur. Res vero quibus utendum est, sunt quibus adminiculamur, ut rebus beatificantibus inhæreamus ; quæ sunt mundus, et in eo creata. Quibus utendum est, ut in his invisibilia Dei, per ea quæ facta sunt, intellecta conspiciantur, hoc est, ut de temporalibus æterna capiantur (*Rom.* 1). Est enim uti : id quod in usum venerit, referre ad hoc obtinendum, quo fruendum est. Denique res, quæ fruuntur et utuntur, sancti angeli sunt, et nos quasi inter utrasque, medii constituti.

Sitne hominibus fruendum. — Sed quæritur, utrum homines se invicem frui debeant ? Ad quod Augustinus ita respondet (5) : Si propter se homo diligendus est, fruimur eo, si propter aliud, utimur eo. Ideo non videtur homo propter se diligendus, quia in eo quod propter se diligitur, quo solo fruimur, vita beata constituitur. Cujus etiam spes hoc tempore nos consolatur. In homine autem spes ponenda non est. Ergo homine fruendum non est, nec seipso etiam.

Sed objicitur, quod Apostolus ad Romanos (xv) ait : *Si vobis primum ex parte fruitus fuero.* Sane subaudiendem est (in Domino) ut idem ad Philemonem (20) dicit : *Ita frater, ego te fruar in Domino.* Denique cum homine in Deo frueris, Deo potius quam homine frueris, ut Augustinus ait.

Fruaturne nobis Deus. — Item quæritur, utrum Deus fruatur nobis ? Quod negat Augustinus (6), Quia bono nostro non eget. Ait enim propheta : *Bonorum meorum non eges* (*Psal.* xv). Non ergo fruitur nobis, sed utitur : alioqui si nec etiam utitur, quo modo nos diligat, non invenio. Nos quoque invicem nobis utimur, sed aliter atque ille. Ille enim utitur nobis, miserendo, ut se perfruamur : nos vero invicem utimur, cooperando, ut illo perfruamur.

Sitne virtutibus fruendum. — Nec virtutibus etiam fruendum est, quia quo fruimur, propter se tantum, ut dictum est, amamus : virtutes autem propter beatitudinem, non propter se amamus. Unde Aug. (7) : virtutes forte quas propter solam beatitudinem amamus, sic persuadere nobis audent, ut ipsam beatitudinem non amemus. Quod si faciunt, etiam ipsas utique amare desistimus, quando illam, propter quam solam istas amamus, non amamus. At huic objicitur quod ait Ambrosius in Epistola ad Galatas (8) : Hæc scilicet opera non nominat Apostolus virtutes, sed fructus, quia propter se petenda sunt. Quod si est, ergo propter se amanda sunt, non propter solam beatitudinem. Porro sciendum est virtutes etiam propter se amandas esse, quia possessores suos pie ac sancte delectant, nec in aliquo contristant ; verum hic non est sistendum, sed per eas, sicut per quædam adminicula, ulterius progredimur, appetendo quiddam, in quo solo consecuto, finis gaudii et delectationis, quod est beatum esse, proponitur : hoc autem est summum et incommutabile bonum, Deus Trinitas. Atque ob hoc, virtutes propter solam beatitudinem amandas, dictum est. Utendum ergo virtutibus est, et per eas, non eis, summo bono est fruendum. Sic de voluntate cunctisque potentiis animæ dicimus. Ita est distinctio rerum, ut prætactum est. Primum igitur ipso de quo loquimur adjuvante, de illis quibus fruendum est, agamus : scilicet, de sacrosancta atque individua Trinitate.

DIST. II. *De sacrosancta Trinitate.* — Hoc itaque vera ac pia fide tenendum est, ut Augustinus ait (9), quod Trinitas est unus et solus verus Deus : scilicet Pater, et Filius et Spiritus sanctus. Hæc Trinitas unius, ejusdemque substantiæ vel essentiæ dicitur, creditur, intelligitur, quæ summum bonum est.

(2) Confer cum dist. 1 a P. Lombardi.
(3) Lib. I. De doct. Christ. cap. 2.
(4) C. 3, eodem lib.
(5) C. 22, De doct. Christ.
(6) Eodem lib. I De doct. Christ., cap. 31 et 32.

(7) De Trin. lib. 13, cap. 8.
(8) Non reperitur in Amb. commentariis, sed in glossa interlineari.
(9) Lib. I, De Trin., cap. 2.

Reverenter diputandum de Trinitate. — De hac excellentissima re agamus cum modestia et timore: attentissimis etiam auribus atque devotis audiamus. Quia nec periculosius alicubi erratur, nec laboriosius aliquid quæritur, nec fructuosius aliquid invenitur.

Quisque denique in hac re studeat Augustinum imitari de se ipso dicentem : « Non pigebit me, sicubi hæsito, quærere : nec pudebit,sicubi erro, discere (10).

Quæ fuerit intentio scribentium de Trinitate. — Inde sciendum est omnes in hac re catholicos tractatores intendisse docere secundum Scripturas, quod Pater,et Filius et Spiritus sanctus unius substantiæ sint, et inseparabili æqualitate, unus Deus ; ut doceatur unitas esse in essentia, et pluralitas in personis. Ideoque non credantur plures esse dii, sed unus Deus. Teneamus igitur Patrem et Filium et Spiritum sanctum,ut Aug. ait (11), unum esse naturaliter Deum ; nec tamen ipsum Patrem esse, qui Filius est: nec Filium ipsum esse, qui Pater est : nec Spiritum sanctum ipsum esse, qui Pater est aut Filius.

Quo sit ordine de Trinitate agendum. — Præterea, ut Aug. ait (12),hoc modo in hac re agendum est, ut primum per Scripturas,an fides ita se habeat, monstretur : deinde adversus garrulos,rationibus catholicis, congruisque similitudinibus, pro asserenda fide defendendaque eatur : ut eorum scrutiniis satisfaciendo, modestos plenius instruamus. Illi autem si quod quærunt, invenire nequeunt, de scipsis potius quam de ipsa veritate, ac nostra diffinitione vel assertione conqueratur.

Testimonia Veteris Testamenti de divina unitate et Trinitate. Unitas naturæ. — In medium itaque Veteris ac Novi Testamenti auctoritates proferamus, quibus unitatis ac Trinitatis veritas demonstretur. Ac primum ipsa legis occurrant exordia. Moyses ergo ait: *Audi Israel, Dominus Deus tuus, Deus unus est* (Deut. vi). Item : *Ego sum Dominus Deus tuus, qui eduxi te de terra Ægypti* (Exod. xx). Ecce hic asseritur unitas divinæ naturæ. Deus enim et Dominus,ut ait Ambrosius, nomina sunt naturæ et potestatis (13). Item alibi : *Ego sum qui sum* ; et : *Qui est, misit me ad vos* (Exod. iii). Dicens, *ego sum*, non, nos sumus, et *qui est*, non, qui sumus, apertissime unitatem divinæ substantiæ declarat.

Personarum trinitas. — Personarum quoque pluralitatem et naturæ unitatem simul Dominus ostendit dicens : *Faciamus hominem ad imaginem et similitudinem nostram* (Gen. i). Cum enim, ut Augustinus ait (14), dicit, faciamus, et, nostram, ostendit eumdem Deum, non unam, sed plures esse personas. Dicens vero, ad imaginem, unam ostendit esse naturam, ad cujus imaginem fieret homo, Item cum scriptum sit : *In principio creavit Deus cœlum et terram* (Gen, i) : sciendum est quod Hebraica veritas habet *eloym*, ubi Deus scribitur,quod est plurale hujus singularis el, et interpretatur *dii* vel *judices*. Quod ergo eloym, non el, dixit Moyses, personarum pluralitatem indicavit. Ad quam etiam illud refertur. *Eritis sicut dii* (Gen. i), pro quo Hebræus rursum habet eloym, quasi dicat : Eritis sicut divinæ personæ. Denique maximus prophetarum David, super senes intelligens (Psal. cxviii), naturæ divinæ unitatem testatur, ubi ait : *Dominus nomen est illi* (Psal. lxvii),non domini. Distinctionem quoque personarum innuit dicens : *Verbo Domini cœli firmati sunt* (Ps.xxxii).*Benedicat nos Deus Deus noster, benedicat nos Deus, et metuant eum omnes fines terræ* (Psal. lxvi). Trina enim confessio Dei,trinitatem exprimit personarum : dum vero subjungit,eum, essentiæ aperit unitatem. Item Isaias dicit, Seraphim clamare, *sanctus, sanctus, sanctus, Dominus Deus* (Isa. vi). Ter autem dicendo *sanctus :* Trinitatem : *Dominus Deus* subjiciendo, unitatem, aperte distinguit.

Veteris Testamenti testimonia de æterna Filii ex Patre genitura. — Cæterum David ex persona Filii, divinam generationem ostendit ibi. *Dixit Dominus ad me, Filius meus es tu, ego hodie genui te* (Psal. ii). De hac Isaias ait : *Generationem ejus quis enarrabit ?* (Isai. liii.) De hac generatione Clemens in prima epistola sua, Jacobo episcopo scribit, dicens :
« Hanc secretam originem, cum proprio Filio, novit ipse solus qui genuit. » Nec a nobis Deus discutiendus est, sed credendus, qui in nobis ipsis nescimus quod sapimus, scilicet quomodo sapientia, ingenium, aut intellectus, consilium, aut mens nostra generet verbum. Sufficit ergo nosse, quia lux genuit splendorem, sicut ait Propheta. *In splendoribus sanctorum ex utero ante luciferum genui te* (Psal. cix). Et alibi : *Hic Deus noster, et non reputabitur alter ad eum* (Baruc iii). In Sapientia quoque, de ipsa dicitur : *Antequam terra fieret,ego jam concepta eram* (Prov. viii). Necdum fontes, montes aut colles, et ego parturiebar. Item : *Ego ex ore Altissimi prodivi primogenita ante omnem creaturam* (Eccli. xxiv). Ecce aperta de æterna genitura testimonia.

Geniturae temporalis testimonia. — Michæas vero utriusque generationis Verbi, temporalis scilicet et æternæ testimonium dicit sic : *Et tu, Bethlehem Ephrata, parvulus es in millibus Juda, ex te mihi egredietur, qui sit dominator in Israel, et egressus ejus ab initio a diebus æternitatis* (Mich. v).

Testimonia de Spiritu sancto. — De Spiritu sancto etiam specialiter Scriptura ita testatur in Genesi : *Spiritus Domini ferebatur super aquas* (Gen i). Et David : *Quo ibo a Spiritu tuo ?* (Psal. cxxxviii.) Et in Sapientia : *Spiritus sanctus disciplinæ effugiet fictum* (Sap. i). Et Isaias : *Spiritus Domini super me* etc. (Isa lxi).

(10) Lib. I, De Trin., cap. 3.
(11) De fide, ad Petrum.
(12) Lib. i, De Trin., cap. 2,

(13) Lib. i, De fide, cap. 1 et 2.
(14) De fide, ad Petrum.

Novi intrumenti testimonia de iisdem. — Ut autem in medio duorum animalium veritas cognoscatur, et forcipe sumatur de altari calculus, quo ora fidelium tangantur, etiam Novi Testamenti de divina Trinitate ac unitate, testimonia ponamus. Magister itaque veritatis dicit : *Ite, baptizantes eos in nomine Patris, et Filii, et Spiritus sancti* (Matth. xxviii). In nomine dicens, non in nominibus, ut ait Ambrosius, unitatem essentiæ per nomina tria quæ ponit, tres esse personas declarat (15). Item : *Ego et Pater unum sumus* (Joan. x). Unum dixit, ait Ambrosius, ne fiat discretio naturæ vel potestatis (16). Addidit, sumus, ut Patrem Filiumque cognoscas. Joannes etiam ait : *In principio erat Verbum, et Verbum erat apud Deum, et Deus erat Verbum* (Joan. 1). Aperte ostendens Filium æternaliter esse apud Patrem, ut alium apud alium. Item alibi : *Tres sunt qui testimonium perhibent in cœlo, Pater, Verbum et Spiritus sauctus, et hi tres unum sunt* (1 Joan. v). Apostolus quoque Trinitatem unitatemque distinguit ibi : *Ex ipso et per ipsum et in ipso sunt omnia, ipsi gloria* (Rom. 11). Ex ipso, ut Augustinus ait (17), dicit propter Patrem ; per ipsum, propter Filium : in ipso, propter Spiritum sanctum. Hæc est Trinitas. Per hoc vero, quod non ait, ipsis gloria, sed ipsi, hanc Trinitatem, unum Deum esse ostendit : sane quia singulæ pene syllabæ Novi Testamenti, hoc concorditer insinuant, testimonia deinceps inducere omittentes, rationibus, congruisque similitudinibus prout infirmitas nostra valet, ita esse ostendamus.

Dist. III. *Tribus modis per creaturam Creator nosci potuit.* — *Invisibilia* Dei *per ea quæ facta sunt, intellecta conspiciuntur a creatura mundi* (Rom. 1), hoc est, homino, qui, dicente Apostolo, duobus juvabatur ut Deum invisibilem cognosceret, natura scilicet rationali, et operibus exterioribus, in quibus artificis aliquatenus relucet judicium.

Ait enim Ambrosius (18) : Ut Deus qui natura invisibilis est, etiam a visibilibus posset sciri, opus fecit quod opificem sua visibilitate manifestavit, quod ab homine fieri impossibile est, vel ab aliqua creatura. Constat igitur super omnem creaturam illum esse qui eam fecit, ac per hoc illum esse Deum, humana mens cognoscere potuit.

Quem etiam cognoverunt philosophi omnia fecisse, et a nullo factum fuisse. Videbant enim omnem substantiam corpus esse aut spiritum : et hunc meliorem illo, sed longe meliorem qui utriusque Conditor est. Illum igitur principium rerum esse, rectissime crediderunt : qui factus non esset, et ex quo cuncta facta essent.

Quod vero veritas Dei per ea quæ facta sunt cognoscitur pluribus modis, pluraliter, invisibilia Dei, dicit Apostolus, cum simplex tantum essentia sit, et una (Rom.) : Ex perpetuitate namque creaturarum, æternus : ex magnitudine, omnipotens ; ex dispositione, sapiens ; ex gubernatione, bonus, intelligitur conditor Deus. Igitur per hæc omnia, deitatis unitatem cognoscere potuit homo.

Quomodo Trinitas noscatur per creaturas. — Trinitatis etiam indicium vel vestigium haberi potuit, per ea quæ facta sunt. Ait enim Augustinus (19) : Hæc omnia quæ arte divina facta sunt, et unitatem quamdam in se ostendunt, et speciem et ordinem. Quodque enim creatorum, et unum aliquid est, et aliqua specie formatur, et aliquem ordinem petit aut tenet. Ecce tale vestigium ineffabilis Trinitatis apparet in creaturis. In ea namque summa origo, vel omnium rerum unitas est Pater. Omnium rerum pulchritudo perfectissima, Filius. Et beatissima delectatio, Spiritus sanctus. Sic igitur per ea quæ facta sunt, in fide invisibilium adjuvamur.

Quomodo in anima sit imago Trinitatis. In mente denique humana, quæ divinitatis est imago, plenius hæc intelligi poterunt. Etsi enim, ut Aug. ait (20), amissa Dei participatione deformis sit mens humana, imago tamen Dei eo ipso permanet, quo capax ejus est, ejusque particeps esse potest. Quia meminit sui, intelligit se, diligit se : hoc si cernimus, cernimus Trinitatem, nondum quidem Deum, sed imaginem Dei invenimus, scilicet memoriam, intelligentiam et voluntatem. Hæc igitur, et tria, et unum sunt. Nec enim, ut Aug. ait (21), sunt tres vitæ, sed una. Quæ etiam relative dicuntur, ut Aug. ait, mens enim amare seipsam, vel meminisse non potest, nisi se etiam noverit. Nam quomodo amat, vel meminit quod nescit ? Sic etiam de cæteris dicendum est. Mens autem ipsa vel vita ad se dicitur.

Quomodo tria illa sint æqualia. Proinde et æqualia sunt non solum singula singulis, sed et singula omnibus. Memini enim me memoriam habere, intelligentiam et voluntatem ; intelligo me intelligere, velle et meminisse ; volo etiam me velle, et meminisse et intelligere.

Quomodo illa tria dicantur unum. Sed quomodo hæc dicuntur una mens, cum potius mentis vires dicenda videantur ? Ideo scilicet quia in ipsa mente substantialiter existunt. Und Aug. (22) : Admonemur hæc in animo existere substantialiter, non tanquam in subjecto, ut color in corpore, quia, etsi relative dicuntur ad invicem, singula tamen substantialia sunt in sua substantia. Miro itaque modo, tria hæc inseparabilia sunt a semetipsis, et eorum unumquodque, et simul omnia, una substantia sunt, ut dictum est.

Quæ dissimilitudo sit creatæ et increatæ Trinita-

---

(15) Lib. i, De fide, c. 12.
(16) Loco eod.
(17) Lib. i De Trin. c. 6.
(18) In comment. Epistolæ ad Rom. c, 1. Quod notum est Dei.

(19) Lib. vi De Trin., c. 10.
(20) Lib. xiv De Trin., cap. 8.
(21) Lib. xiv, c. 8.
(22) Lib. ix De Trin. c. 4.

tis. Cum autem per hæc appareat trinitas creata increatæ similis Trinitati, in pluribus tamen dissimilis existit, quod facile ostenditur si advertatur. Ecce enim unus homo est, qui habet hæc tria. Non autem ipse est hæc tria, ne hæc tria sunt unus homo: ibi vero unus Deus est tres personæ: et tres personæ, unus Deus. Item hic est tantum una persona, ibi autem tres personæ sunt, Pater et Filius et Spiritus sanctus. Denique, hic nullum horum trium est homo: ibi vero quælibet personarum plenus et perfectus est Deus. Multum igitur mens nostra distat a Trinitate increata. Quæ quidem mens imago Dei est, ut Aug. ait (23), non ideo tantum quia meminit sui, intelligit, ac diligit se: sed quia potest etiam et meminisse, et intelligere, et amare illum, a quo facta est. Per quod unitatem in Trinitate, et Trinitatem in unitate intelligere valet. Intelligit enim unum tantum esse principium rerum, quia si plura essent, vel omnia essent insufficientia, vel cætera præter unum supervacanea essent. Illud autem principium, non fatuum putavit, unde sapientiam ibi esse intellexit, quam cum diligit, etiam amore ibi esse recta ratione deprehendit. Patet ergo quomodo mens nostra Deo sit similis, qualiter etiam per eam deitatis unitas atque Trinitas homini potuit innotescere.

De Trinitatis unitate. Firmum argumentum confirmandæ Trinitatis. Ergo secundum prædictorum significationem, credamus Patrem et Filium et Spiritum sanctum unum esse in natura, et trinum in personis. Ut enim Aug. ait (24): Una est natura sive essentia Patris, et Filii et Spiritus sancti, non una persona. Si enim sic esset una persona, sicut est una substantia Patris et Filii et Spiritus sancti, veraciter Trinitas non diceretur. Trinitas quidem esset vera, sed unus Deus Trinitas ipsa non esset. si Pater et Filius et Spiritus sanctus sicut sunt personarum proprietate ab invicem distincti, sic quoque essent naturarum diversitate discreti. Teneamus igitur, quod in ulla sancta Trinitate, nnus est Pater, qui solus genuit Filium: et unus est Filius, qui solus est de Patre natus: et unus est Spiritus sanctus, qui solus ab utroque procedit. Quod totum non potest una persona, hoc est gignere se, et nasci de se, et procedere a se.

DIST. IV. *An Deus recte dicatur genitus.* — Emergit igitur hic quæstio. Utrum se Deus genuerit? Constat quippe, quod Deus genuit Deum, quia Pater genuit Filium. et uterque est Deus. Ex hoc ita proceditur. Si Deus genuit Deum, ergo aut se Deum, vel alium Deum: quod si alium, non est tantum unus Deus. Si autem seipsum, ergo aliqua res seipsam genuit. Cui contradicit Aug, inquiens (24): Qui putant ejus esse potentiæ Deum, ut seipsum genuerit, eo plus errant, quod non solum Deus ita non est; sed nec ulla creatura: Nulla est enim res quæ seipsam gignat. Videtur tamen Aug. sibi obviare, ubi dicit (26): Deus Pater se alterum genuit, quod ita sane intelligitur, hoc est, de se alteram genuit personam: vel genuit alterum, id est Filium, qui hoc ipsum est quod ipse. Illationi autem prædictæ. scilicet, si Deus genuit Deum, ergo vel se Deum, vel alium, ista similitudo obloquitur: Filius Dei cœpit esse persona hominis, ergo vel ea quæ ipse est persona hominis, vel alia: quod utrumque cum sit absurdum, nequaquam est concedendum. Ita et de similibus est dicendum.

Eamdem tamen quæstionem aliis urgent verbis. Deus Pater genuit Deum, ergo vel Deum qui est Deus Pater, per quod videtur seipsum genuisse, vel Deum qui non est Deus Pater, per quod videtur alium Deum genuisse. Sed licet hoc catholice concedi possit, quia hæc oratio, Deus Pater, non secundum substantiam dicitur, sed personalis est: ad omnem tamen pertinaciam evacuandam, illam propositionem, scilicet Deus Pater genuit Deum, qui non est Deus Pater, ex vi relationis determinandam admonemus, ut scilicet (qui) relatum simpliciter ad Deum, falsum inducat: relatum vero ad Deum genitum, conuenienter, verum proponat. Est enim Deus Pater, idem Deus qui et genitus, non tamen Deus Pater, est genitus Deus, quia sic una persona esset alia, quod absit!

DIST. V. *Au essentia divina recte dicatur genita aut genuisse.* — Consequenter quæritur, an Pater genuerit divinam essentiam, an ipsa Filium, an essentia essentiam, nec ne? Quod Pater divinam essentiam genuerit, videtur ex verbis Aug. dicentis: Deus cum Verbum genuit, id quod est ipse, genuit (27). Item Deus Pater qui verissime se indicare animis cognituris et voluit et potuit, hoc ad seipsum indicandum genuit, quod est ipse qui genuit Ipse autem nihil aliud est, quam divina essentia, quare videtur ipsam genuisse. Cæterum prædicta sic intelligenda dicimus, Pater, id quod est ipse genuit, hoc est Filium, qui est id quod Pater est, sed sed non is qui Pater. Alius est enim Pater, alius Filius, sed non aliud.

Essentiam non esse genitam probat. — Porro quod Pater divinam essentiam non genuit, triplici ratione probatur. Prima, si eam genuit, sequitur quod relative dicitur ad eam. Quod si est, non indicat hoc nomen (divina essentia) substantiam. Ait enim Aug. (28): Quod relative dicitur, substantiam non indicat. Secunda, quod si ipse genuit eam, cum ipse sit divina essentia, idem genuit seipsum. quod esse non potest, ut prædictum est. Tertia, quia si eam genuit, non genitor geniti, sed genitum erit causa genitoris, ut sit, et Deus sit, quippe divina essentia Deus Pater, et est, et Deus est. Similiter dicendum est,

---

(23) Lib. xiv, De Trin., c. 12.
(24) De fide, ad Petrum, c. 1.
(25) De Trin. lib. xv, c. 20.

(26) Lib. i, De Trin. c. 1.
(27) In epistola 66 ad Maximinum medicum.
(28) De fide cath. 3 et symb. c. 3.

quod neque divina essentia genuit Filium, quia ad eum relative non dicitur.

Nec essentia genuit essentiam, prædicta scilicet ratione, quia idem non generat seipsum. Verum ei quod dicimus, Augustinus contra ire videtur. Dicit enim (29): Sicuti de essentia, essentia: sic sapientia de sapientia. Et alibi (30): Christum Dei Filium verum Deum crede, ut divinitatem ejus de natura Patris esse natam, non dubites. Hæc autem, et si qua similia, sic intelligenda noveris, sicuti de essentia, etc., hoc est, sicuti Filius essentia de Patris essentia est, sic et Filius sapientia de Patre sapientia est. Quod autem sic sane exponitur, ex verbis conjice Augustini dicentis: Ideo Christus dicitur virtus, et sapientia Dei, quia de Patre virtute et sapientia. ipse quoque virtus et sapientia est (31).

Videtur etiam prædictis contrarium, quod Hilarius ait (32): Nihil nisi natum habet Filius. At Filius habet etiam essentiam divinam (tota enim est in eo) quare videtur, et ipsa nata sit. Idem apertius dicit (33): Non corporali insinuatione Patrem in Filio prædicamus. sed ex eo ejusdem generis, genitam naturam, naturaliter in se gignentem habuisse naturam. Ecce his verbis manifeste dicit, Dei naturam genitam, et genuisse. Sane ut idem dicit (34), intelligentia dictorum ex causis est assumenda dicendi. Non enim sermoni res, sed rei est sermo subjectus. Hæc ergo verba sic fideliter accipi possunt. Nihil habet Filius nisi natum, hoc est, nihil habet Filius, secundum quod Deus, nisi quod nascendo accepit. Item, prædicamus ex eo ejusdem generis naturam genitam, etc., hoc est, prædicamus Patrem qui est natura, esse naturaliter in genito, id est in Filio a se genito, qui est eadem natura qui Pater est. Unde idem Hilarius: Eamdem naturam habet genitus, quam ille qui genuit (35).

Quid sit, Pater de sua substantia Filium genuit. — Frequenter quoque occurrit legenti: Patrem de sua natura Filium genuisse. Unde Aug. (36), Pater Deus, de nullo genitus Deo, semel de sua natura sine initio genuit Filium Deum. Item Aug. super illud: Qui eruit nos de potestate tenebrarum, et transtulit in regnum Filii Charitatis suæ. Quod dictum est, inquit, Filii charitatis suæ, nihil aliud intelligitur, quam Filii sui dilectissimi, quod, Filii substantiæ suæ. Charitas quippe Patris, quæ in natura ejus est, nihil est aliud, quam ipsa natura, atque substantia: ac per hoc Filius charitatis ejus, hoc est, qui de subtantia ejus est genitus. Idem quoque ait (37): Substantiam Dei genuisse Filium. Carnalibus, inquit, cogitationibus pleni, substantiam Dei de seipsa gignere Filium non putatis, nisi hoc patiatur, quod substantia carnis patitur, quando gignit. *Erratis non scientes Scripturas neque virtutem Dai* (Matth., XXII). His verbis plane videtur natura Dei vel substantia genuisse Filium. Ne autem hæc, et si qua similia, vasa mortis sint nobis, sed vitæ ad simplicitatis sensum, quæ est amica veritatis, hujusmodi semper reducenda monemus. Sine præjudicio itaque dicimus, quæ de natura, vel substantia dici videntur, ad personas esse referenda. Quæ sane non nomine personarum, sed naturæ ipsius expresserunt auctores, per hoc nobis insinuantes ejusdem naturæ et substantiæ, et immutabiliter, ut ait Hilarius, ac individualiter tres esse personas. Unde Aug. in eodem: Trinitas hæc unius ejusdemque substantiæ est (38).

DIST. VI. *Pater volens ne an nolens genuerit. Pater genuit natura.* — Præterea quæritur: An Pater voluntate, an necessitate genuerit Filium: an nolens an volens sit Deus? Quod voluntate genuerit, sic videtur posse probari. Idem est natura Patris et ejus voluntas. Concedis autem quod natura genuit, ergo et voluntate, sed hoc facile in simili refellitur. Idem est enim ejus scientia et voluntas, ergo quæcunque eo sciente fiunt, et volente; non sequitur. Necessitate autem non genuit, quia, ut Aug. ait, grandis miseria et absurditas poneretur in Deo, si necessitate genuisse diceretur (39): Dicimus ergo, quod neque volens neque nolens genuit, hoc plane sensu, voluntate scilicet præcedente vel sequente genituram, ut putabat Eunomius (40). Voluntas euim generandi in Patre, et ipse genitus simul ab æterno fuerunt, sicut Aug. dicit: Filius Dei semper fuit cum Patre, nec præcessit eum paterna voluntas ut esset (41) Secundum hoc igitur dicimus, quod Filius non voluntate sed natura sit Filius: et sicut Pater Deus est natura, non voluntate, sic Filius: etiam et Spiritus sanctus. Quod quia Eunomius intelligere non potuit, nec credere voluit. Unigenitum Dei dixit, non naturæ sed voluntatis Filium esse. Sane hujus dialectica deridenda est, ut Aug. ait (42): Tenendum itaque est, quod Pater non voluntate genuit Filium, quia voluntas generandi Filium non præcessit. Nec necessitate, ne absurde de Deo loquamur, sed natura genuit. Est enim, ut Hilarius ait: Natura Filius, qui eamdem naturam quam ille qui genuit, habet.

DIST. VII. Cum Pater et Filius una eademque sint essentia, ut dictum est, tenendum quoque est unam eamdemque esse potentiam utriusque. Est enim ibi omnino idem esse quod posse. Unde constat, quæ quidquid potest Pater, Filius quoque potest. Verum de hoc difficilis oritur quæstio. Si enim

---

(29) Aug. lib. VII, de Trin. c. 1 et 2.
(30) In lib. De fide, ad Petrum.
(31) Lib. I, De Trin. c. 3.
(32) Lib. IV, De Trin. non longe a principio.
(33) Lib. VII, De Trin., et c. 2 lib IX.
(34) Circa medium IV libri.
(35) Lib. V, ejusdem.
(36) De fide, ad Petrum; c. 2. De Trin. l. XV,
c. 19, circa finem.
(37) Contra Maximinum l. III, c. 14.
(38) Contra Maximinum lib. III.
(39) De Trin. l. XV, c. 20.
(40) Et in 4, ad Orosium tom. IV; dial. 65, Quæstionem 4, 7.
(41) Ubi supra.
(42) De Trin. l. XV, c. 20.

quidquid Pater potest, et Filius: igitur Filius potest generare, quia Pater potest hoc. Quod similitudine infirmatur: Quidquid enim est Pater, et Filius est: ergo Filius est Pater, quia Pater est Pater, quod non sequitur. Ideo scilicet quia Patrem esse Patrem, non est Patrem esse aliquid, sed ad aliquid. Sic forte non infideliter dicitur Patrem posse generare, non est Patrem posse aliquid. Quippe sicut Pater, ita et generare ad relativum pertinet. Vehementius sane urgetur quæstio, ex verbis Aug. contra Maximinum hæreticum, qui Patrem asserebat Filio potentiorem, eo quod Pater potuit generare, et genuit Filium Deum creatorem, Filius autem non. Cui Aug. ait (43): Absit! ut ideo potentior Pater sit Filio, sicut putas, quia creatorem genuit Pater, Filius autem non genuit creatorem. Neque enim non potuit, sed non oportuit. Quod si diligenter attendas, dicere videtur quod potuit et Filius generare, sed non oportuit. Proinde cur non oportuit? subdit Aug.: Esset enim, inquit, immoderata divina generatio, si genitus Filius nepotem gigneret Patri, quia et ipse nepos, nisi avo suo pronepotem gigneret, secundum vestram mirabilem sapientiam, impotens diceretur. Similiter etiam ille, si nepotem non gigneret avo, et pronepotem proavo, non diceretur a vobis omnipotens. Nec impleretur generationis series, si semper alter ex altero nasceretur. Nec enim eam perficeret ullus, si non sufficeret omnipotens unus. Sic ergo intelligendum putamus, quod præmissum est, scilicet non enim non potuit, sed non oportuit, hoc est non ex impotentia est, quod Filius non genuit, sed quia ei non conveniebat, ratione quæ prædicta est. Sicut Pater non est Filius, nec Filius Pater, nec posse potest. Quod non ex impotentia alterutrius est, sed quia non convenit Patri esse Filium, aut Filio esse Patrem. Quod autem Aug. dicit (44) Maximino quærenti, quare Pater non potest esse Filius, vel Filius Pater? Non utique, inquit, ex impotentia, sed Pater proprietate generationis Pater est, qua oportet eum non esse Filium: et Filius proprietate nativitatis Filius est, qua oportet eum non esse Patrem. Sic itaque non ex impotentia, sed proprietate generationis Pater generat, qua oportet eum non gigni. Et Filius proprietate nativitatis gignitur, qua oportet eum non gignere.

Filius non potuit generare. — Denique probatur Filium generare non posse. Si enim potuit generare, ergo potuit esse Pater: quod si potuit esse Pater, ergo vel Patris, vel sui, vel Spiritus sancti, vel alterius. At alterius non, quia nullus alius ab æterno esse potuit. Sed neque Patris, quia ingenitus et inascibilis est: nec sui, quia nulla res seipsam generare potest: neque Spiritus sancti, quia ipse non potest nasci, alioquin esset alterabilis. Relinquitur ergo, quod Filius generare non potuit.

Quomodo Pater et Filius ejusdem sint potentiæ. — Proposita ergo quæstio sic expedienda videtur. Quidquid Pater potest, et Filius, hoc est, quidquid Patris potentiæ est subjectum, et Filii potentiæ similiter, quia eadem omnino est. Subjecta vero potentiæ appellamus ea, quæ ipsam potentiam sequuntur. Generatio autem vel generare, nec præcedit nec sequitur potentiam: simul enim cum ea est ab æterno. Cæterum si concedatur, quod posse generare sit aliquid posse, sic objicitur? Hoc posse habet Pater, quod non habet Filius: ergo aliquod posse habet Pater quod non habet Filius. Respondetur a simili, hoc esse habet Pater, quod non habet Filius, scilicet esse Patrem: ergo aliquod habet esse Pater quod non Filius, falsum est. Omne enim et totum esse Patris est omnino et Filii. Dicimus autem, quod eadem potentia prorsus est Patris et Filii, licet non penitus quidquid de Patre dicitur, secundum ipsam de Filio dicatur. Quod patet in simili. Idem enim conjugium, penitus est in istis duobus, et tamen secundum ipsum, vir dicitur maritus et non uxor: femina vero uxor, et non maritus: vel ut manifestius dicatur: eadem est omnino voluntas Patris et Filii: ea tamen vult Pater Pater esse, et non Filius. Et Filius vult esse Filius, et non Pater. Sic ergo eadem est Patris et Filii potentia, ea tamen potest Pater generare, et genitus non esse: Filius genitus esse, et non generare. Vel non insubtile est, si quis dixerit Patrem posse generare, hoc non ex sola potentia posse dici, sed ex proprietate etiam generationis. Quæ cum Filio non conveniat, nulli mirum, si posse generare ei non convenit.

Qualiter potentiam generandi habeat Filius. — Si autem dicitur, Filius habet potentiam generandi, sic distingue. Habet potentiam generandi, hoc est, ut generet, vel generare possit: falsum est. Habet autem potentiam generandi, qua scilicet generatur, vel generari potest.

Impersonaliter verum est. Sicut habes scientiam scribendi, hoc est, qua scis scribere, falsum est: sed qua scitur scribere, verum. Dicimus etiam, quod in progressu prædictæ oppositionis, scilicet, quidquid potest Pater, et Filius: sed Pater potest generare, ergo et Filius. Hoc verbum, potest, aliter in propositione, aliter in assumptione, vel conclusione accipitur. Sicut hæc verba, *Deus*, et, *est*, in diversis locis posita, aliter et aliter significant. Exempli causa, omne quod Deus Pater est, idem Deus Filius est; sed Pater est Deus generans, ergo et Filius est Deus generans, non sequitur. Item, quidquid est Pater, et Filius; sed Pater est generans, ergo et Filius est generans, non sequitur. Ideo, quia hæc verba, *Deus*, et, *est*, in propositionibus essentialiter significant. Deinde vero personaliter consignificant. Sic igitur prædicta quæstio multis modis solvitur. Et Filium non posse generare, sed gigni: Patrem au-

(43) Lib. III, cap. 12. (44) Aug. ad Maxim.

tem generare posse, et non gigni, vere creditur et intelligitur.

Dis. VIII. — Nunc de veritate divinæ essentiæ agendum est. Est itaque Deus sine dubio substantia, vel si melius dicatur, essentia, quam Græci οὐσίαν vocant. Sicut enim ab eo, quod est sapere, dicta est sapientia, et ab eo quod est scire scientia, ita ab eo, quod est esse, dicta est essentia. Et quis major est illo qui dixit : *Ego sum qui sum ;* et : *Qui est, misit me ad vos?* (*Exod.* III.) Ipse, inquam, vere et proprie dicitur esse, cujus essentia non novit præteritum, nec futurum. Unde Hieronymus scribit ad Marcellam (45) : Deus solus qui exordium non habet, veræ essentiæ nomen tenet. De quo enim dicitur, fuit, non est : et de quo dicitur, erit, nondum est. Deus autem tantum est : qui non novit fuisse, vel futurum esse. Solus igitur Deus vere est, cujus essentiæ comparatum nostrum esse nihil est.

Cæterum his occurrunt, quæ frequenter Scriptura commemorat : Deus fuit ab æterno, fuit semper, et erit in sæcula; et hujusmodi. Augustinus etiam super Joannem ait (46) : Quum de sempiterna re proprie dicatur, *est*, secundum nos bene dicitur, *fuit*, et *erit*. *Fuit*, quia nunquam desiit ; *erit* quia nunquam desinet ; *est*, quia semper est ; non præteriit, quasi quod non maneat ; non erit, quasi quod non erat, qualiter de nobis non dicitur. Secundum hæc ergo verba Hieronymum intelligentes dicimus : Non novit fuisse vel futurum esse, hoc est, non præteriit, neque desinet esse, sed tamen est tantum, quia semper est.

Licet enim verba substantiva diversorum temporum de Deo dicantur, non tamen temporales motus esse distinguunt, sed essentiam Divinitatis simpliciter insinuant. Deus ergo solus, et proprie naturaliter dicitur essentia vel esse. Unde Hilarius (47) : Non est Deo accidens esse, sed subsistens veritas et manens causa et naturalis generis proprietas.

Deus est incommutabilis. — Quæ essentia Dei, proprie incommutabilis est, quia nec mutatur, nec mutari potest. Unde Augustinus (48) : Aliæ, inquit, essentiæ vel substantiæ capiunt accidentia, quibus in eis fiat immutatio. Deo autem nihil horum accidere potest, ideoque ejus sola substantia vel essentia incommutabilis est.

Omnis creatura mutabilis. — Ac per hoc Apostolus de Deo ait : *Qui solus habet immortalitatem* (*I Tim.* VI), eam intelligens immutabilitatem, quam nulla habere potest creatura, quoniam solius Creatoris est. Unde Jacobus apostolus : *Apud quem non est transmutatio, nec vicissitudinis obumbratio* (*Jacob.* I). Et David : *Mutabis eos et mutabuntur, tu autem idem ipse es* (*Psal.* CI). Et alibi : *Ego Deus et non mutor* (*Malach.* III). Cæterum omnis creatura mutabilitati subjacet, quæ, ut ait Augustinus (49), nonnulla mors ipsi creaturæ est, quia facit aliquid in ea non esse, quod erat. Siquidem ipsa anima humana, licet immortalis sit, quia secundum suum modum nunquam vivere desinit, habet tamen mortem suam, quia si juste vivebat, et peccat, moritur justitiæ ; si peccatrix erat, et justificatur, moritur peccato, at alias ejus mutationes taceam. Et creaturarum natura cœlestium mori potuit, quia peccare. Etenim angelorum quidam peccaverunt, et qui non peccaverunt, peccare potuerunt. Nihil autem Deo tale accidere potest, Quare cum solus Deus sit immutabilis proprie, solus etiam vere est immortalis.

Simplicitas Dei. — Eadem quoque divina essentia proprie ac vere simplex est, quia in ea nec partiam, nec accidentium seu quarumlibet formarum ulla diversitas, sive variatio vel multitudo est, quod in nulla creatura contingit. Quippe, ut Augustinus ait (50) : Corporalis creatura partibus constat : ita ut ibi sit alia pars major, alia minor ; et ipsum totum majus sit, quam pars quælibet. In qua etiam aliud est magnitudo, aliud color, aliud figura : quæ omnia in corpore multiplicitatem faciunt.

Creatura est multiplex. — Spiritualis quoque creatura multiplex est. Quippe anima licet corpori comparata, sit simplex, ea quod particulatim per spatia loci non diffundatur, sed ubicunque est, tota est : tamen nec in ipsa, vera simplicitas est. Cum enim aliud sit artificiosum esse, aliud inertem, aliud acutum, aliud memorem, possintque hæc et alia innumerabilia in animæ natura inveniri, constat ipsam non simplicem esse, sed multiplicem, quum nihil horum sit anima, sed hæc ipsa habeat. Denique quidquid in Deo est, Deus, unde et ejus simplicitas apparet, præsertim cum idem sit habitum, et quod habet. Non enim propter hoc naturam summi boni simplicem dicimus, quia est Pater in ea solus, vel Filius in ea solus, vel Spiritus sanctus solus, hoc est, quia sola est ista nominum trinitas, sive subsistentia personarum, sicut Sabelliani putaverunt (51). Sed ideo simplex dicitur, quia est hoc quod habet, excepto (quod) relative, quæque persona dicitur ad alteram, nec est ipsa. Nam utique Pater habet Filium, ad quem relative dicitur, nec tamen est Filius. Et Filius habet Patrem, nec tamen ipse est Pater. In quo vero ad semetipsum dicitur, non ad alterum, hoc est, quod habet. Sicut ad semetipsum dicitur vivus habendo vitam, et eadem vita ipse est, quod in aliis rebus non contingit. Neque enim habens liquorem, liquor est ; nec corpus, color ; nec anima est sa-

---

(45) Attingit quidem Hier. ibi et ad Damasum, sed ad verbum est in Isidoro lib. VII Etym. cap. 1.
(46) Tract. 99, super Joan. c. XVI.
(47) Lib. VII, de Trin. non longe a principio.
(48) De Trin. lib. V, cap. 2.
(49) Contra Maximinum, lib. III, cap. 12.
(50) De Trin. lib. VI, cap. 6.
(51) Aug. lib. XI, De civitate Dei, cap. 10.

pientia, sed tantum habens eam. Ac per hoc solus Deus vere et proprie simplex est.

Deus multipliciter dicitur. — Deus tamen multipliciter dicitur, ut sapientia, justitia, prudentia, et sanctitas, et si quid tale non indigne de Deo dicatur. Hoc autem ideo est, quia multiformiter operatur Deus in rebus, non quod in ipso sit multiplicitas ulla ; etenim quamvis unum sit in subjacenti, Deus : pro varietate tamen sensuum, multis vocabulis nuncupatur. Aliud autem signat sapientia, aliud autem scientia, justitia, et sic de cæteris. Sapientia nempe est, quia de disciplinis divinarum humanarumque rerum instruit : justitia est, quando judex et distributor meritorum intelligitur : prudentia est, quando doctrina vel demonstratio bonarum malarumque. verarum et falsarum rerum, vel neutrarum, cognoscitur. Porro sanctitas est, quia ipse firmamentum, et confirmatio omnium rerum. Hoc autem et si quid tale de Deo dicitur, præter accidentium respectum intelligitur. Cum et nos moneat Augustinus (52) : Intelligamus, inquiens, in quantum possimus, Deum sine qualitate bonum, sine quantitate magnum, sine indigentia Creatorem, sine situ præsidentem, sine ambitu omnia continentem, sine loco ubique totum, sine tempore sempiternum, sine mutatione sui, mutabilia facientem, nihilque patientem. Quisquis Deum sic cogitat, licet nondum invenerit omnino quid sit, pie tamen cáveat, aliquid sentire de illo, quod non sit.

Tanta est Dei simplicitas, ut nulli prædicamentorum subjiciatur. — Propterea prædicamentorum legibus atque accidentibus Deus non est subjectus. Ideoque nec proprie substantia dicitur : Quippe cum ab eo quod est subsistere, substantiam dicamus : quod recte dicitur de his rebus, in quibus subjectis sunt ea, quæ in subjecto esse dicuntur, ut color in corpore. quod nefas est dicere de Deo. Quocirca abusive substantia, magis proprie et vere Deus est et dicitur essentia.

DIST. IX. *De proprietatibus personalibus Trinitatis et unitatis.* — Nunc ad distinctionem personarum accedentes, confiteri debemus, Patrem et Filium et Spiritum sanctum unum esse naturaliter Deum, nec Patrem tamen Filium; nec Filium Patrem. Sequitur enim cum a Patre genitus sit Filius, alius profecto est Pater, alius Filius (53).

De coæternitate Filii cum Patre. — Nec tamen ante fuit Pater, quam Filius, sicut hæreticus mentitur : sunt enim coæternæ sibi tres personæ. Denique Scriptura dicit : *Ante me non fuit alter Deus, nec post me erit (Isa.* XLIII). Hæc verba si Patris sunt, dicit, quia post se non est alius Deus ; si vero Filii, dicit, quia ante se nullus Deus est. Itaque nec iste anteriorem habet, nec ille posteriorem. Præterea si Pater fuit antequam haberet Filium,

tunc accessione generationis, Pater mutatus est quod blasphemia est (54). Item cum Filius sit sapientia, et virtus Patris : si aliquando fuit sine Filio Pater, fuit et tunc sine sapientia, et virtute sua Pater, quod non minus profanum quam stolidum sit dicere (55).

Apta similitudo. — Constat enim Patri Filium esse coæternum, velut splendor, qui ab igne diffunditur, coævus est ei, et esset utique coæternus, si ignis esset æternus. Cæterum, hoc ineffabile, sicut et ipsa generatio. Unde Isaias : *Generationem ejus quis enarrabit ? (Isa.* LIII.) Divinam autem non humanam intelligit, quamvis et hæc ex magna parte sit inenarrabilis. Illa tamen tota inenarrabilis est, quia etsi dicitur Filius a Patre genitus, tamen qualiter, nec Apostolus nec propheta novit, nec angelus.

Utrum debeat dici, semper gignitur, an semper genitus est Filius. — Quæritur autem utrum debeat dici, Filius semper nascitur. De hoc Gregorius ita dicit (56) : De Domino Jesu non possumus dicere, semper nascitur, ne imperfectus esse videatur At vero ut æternus designari valeat, et perfectus, et, semper, dicamus, et, natus, quatenus, natus, ad perfectionem, semper, ad æternitatem pertineat.

Origenes contradicit supradictis. — Origenes vero contradicere videtur his verbis (57) : Salvator noster splendor est claritatis, qui non semel nascitur et desinit, sed toties oritur, quoties lumen ortum fuerit de quo nascitur, sic ergo semper Salvator nascitur.

Concordat Origenem et Gregorium. — Nos tantorum virorum in re tanta dissonantiam quæ videtur, ad concord'am revocantes, putamus utrumque auctorem, ex usu locutionis aliquid habuisse suspectum. Quippe dicentes, lectio semper legitur, lectionis imperfectionem ex usu loquendi ostendimus, quam Gregorius in unigenito negans, ait : Non possumus dicere semper nascitur. Quod se nimirum intellexisse ostendit, per hoc, quod subdit : Ne imperfectus esse videatur Similiter dum lecta est lectio, dicimus, olim legi eam, nunc autem eam desiisse legi, ex modo loquendi significamus. Quod Origenes in nativitate Verbi abhorrens, ejus asserit perpetuitatem dicens : Salvator semper nascitur : quod manifeste aperit, dum, non semel nascitur et desinit, præmittit. Diverso ergo genere loquendi, varios errores excludentes, nativitatem Filii ab æterno perfectam, et sempiternam esse affirmant.

Sed inquit hæreticus : Omne quod natum est, non fuit semper, quia ad id natum est ut esset. Cui dicimus : Nemo ambigat, hoc sic se habere in humanis. Nimirum ibi nec fuit, qui pater est ; nec semper pater est, qui fuit. Quare nec semper ge-

(52) De Trin. lib. v, cap. 1.
(53) August., De fide, ad Petrum, cap. 1.
(54) Ambr., lib. II, De fide ad Grat. cap. 5, circa med.

(55) Aug., lib. VI, De Trin. cap. 1.
(56) Lib. XXIX Moralium, cap. 1.
(57) Super Heremiam. Homil. lib. VI, super totum, caq. 11 : Reversi sunt.

nuit. Ubi autem semper pater est semper filius est (58).

Quid Patri et Filio proprium. — Quod si semper Deo Patri proprium est, quod semper Pater est, semper Filio proprium esse est necesse, quod semper natus est. Natum igitur confitemur Unigenitum, nec ante esse quam natum, nec ante natum quam esse. Hoc sano humanum sensum et intelligentiam mundi excedit, neque capit hoc ratio humanæ intelligentiæ, sed prudentiæ fidelis professio est.

Dist. X. *De personali processione Spiritus sancti.* — Nunc de Spiritu sancto, ipso donante disseramus. Spiritus sanctus itaque est amor, vel dilectio Patris et Filii, quo uterque conjungitur, quo genitus a gignente diligitur, genitoremque suum diligit, sunt-que non participatione, sed essentia sua ; neque dono superioris alicujus, sed suo proprio, *servantes unitatem spiritus in vinculo pacis* (*Ephes.* IV). Non est enim tantum Patris vel Filii, sed amborum spiritus. Et ideo communem quainvicem diligunt, nobis insinuant charitatem (59).

Spiritus sanctus proprie appellatur charitas. Tota Trinitas est charitas. — Appellatur autem proprie charitas : quippe cum ipse sit, quo Pater et Filius invicem diligunt, ineffabilem communionem demonstrat amborum. Quid ergo convenientius, quam ut ille proprie dicatur charitas, qui spiritus est communis ambobus (60) ? Non hoc tamen sic dicimus, ut Patrem et Filium charitatem esse negemus. Sicut enim unicum Dei Verbum proprie dicitur sapientia, cum sit communiter, et Spiritus sanctus et Pater ipsa sapientia, ita Spiritus sanctus proprie charitas nuncupatur, cum sit Pater et Filius communiter charitas. Verbum autem dictum est sapientia, ore Apostoli dicentis. Christum Dei virtutem, *et Dei sapientiam* (*I Cor.* VIII). Item Spiritus sanctus dicitur charitas in epistola Joannis, inquit enim : *Deus charitas est* (*I Joan.*, IV), quod de Spiritu sancto proprie accipi Augustinus manifeste probat.

Tertia persona proprie dicitur Spiritus sanctus. — Præterea et ipse proprie Spiritus sanctus dicitur. Licet enim Pater et Filius sint, Spiritus et uterque sanctus, non tamen frustra, et ipse proprie dicitur Spiritus sanctus. Qui enim est communis ambobus, ipse merito vocatur proprie, quod ambo communiter (61).

Dist. XI. *Spiritum sanctum a Patre Filioque procedere.* — Qui Patris et Filii Spiritus est, procedit ab utroque, sicut testimoniis Scripturarum probatur. Dicit enim Apostolus : *Misit Deus Spiritum Filii sui in corda nostra.* (*Galat.* IV.) Et alibi : *Qui Spiritum Christi non habet, hic non est ejus* (*Rom* VIII). Ipse etiam Filius de eo sic testatur : *Non vos estis qui loquimini, sed Spiritus Patris vestri qui loquitur in vo-*bis (*Matth.* XVIII). Et alibi ; *Spiritus qui a Patre procedit* (*Joan* XV). Per hæc et his similia constat Spiritum sanctum a Patre Filioque procedere : quod multi hæretici negaverunt.

Quid Græci sentiant. Prencipalia concilia determinarunt de processu Spiritus sancti. — Græci autem non fatentur Spiritum sanctum a Filio procedere, his inducti causis scilicet, quia dum Veritas dicit : *Spiritus qui a Patre procedit,* Patris tantum nomen, et non Filii meminit. Item quod in symbolo eorum a Patre commemoratur Spiritus sanctus procedere, non etiam a Filio, quæ, inquam, in principalibus conciliis, subjunctis anathematibus, ita sunt facta, ut nulli de Trinitatis fide, aliud docere vel prædicare liceat, quam ibi continetur. Unde etiam anathematis vinculo reos arguere audent, quos Spiritum sanctum a Filio procedere confiteri sciunt.

Confessio auctoris de processu Spiritus sancti. — Nos autem in æternum hoc confitentes, dicimus utique Veritatem, Spiritum a Patre procedere, confiteri : non tamen ita ab eo procedere confiteri, ut etiam a se procedere neget.

Respondet I objectioni Græcorum. — Quod autem tantum Patrem nominat, inde est, quia quod ipsius est, etiam non suum esse dicere, sed ad Patrem referre consuevit, ut ibi : *Mea doctrina non est mea, sed ejus qui misit me* (*Joan.* VII). Hoc autem dicit non utique a se negando, sed principii auctoritatem ostendendo esse in Patre.

Respondet 2 objectioni. — Illud autem aliud, quod (62) dicunt, per contrarium est intelligendum, ut sit sensus. Nulli liceat aliud dicere. id est contrarium. Qualiter Apostolus ad Galatas ponit : *Si quis,* inquiens, *aliud evangelizaverit,* hoc est contrarium, sicut exponit Augustinus, *anathema sit* (*Gal.* I). Non dixit, si quis addiderit, alioquin sibi ipsi præjudicaret qui cupiebat venire ad quosdam suppleturus quæ fidei illorum deerant. Cæterum qui supplet id quod minus dictum, non dicit contrarium ei quod dictum est. Sane sciendum quod licet in præsenti articulo a nobis Græci verbo discordent, tamen sensu non differunt. Confitentur enim Spiritum esse Filii, etsi non a Filio, quia scriptum est : *Spiritum Filii* (*Gal.* IV). Nos autem fideliter idem esse credimus, Spiritum esse Filii, et ab ipso procedere.

Ipsorum etiam Græcorum testimonio docetur Spiritus sanctus ab utroque procedere. — Quod doctorum Græcorum testimonio probatur. Inquit enim Athanasius in symbolo : Spiritus sanctus a Patre et Filio non factus, nec creatus, nec genitus, sed procedens. Item dicit Christus : *Non enim loquetur a semetipso, quia de meo accipiet* (*Joan.* XVI).

Item Cyrillus (63) : Spiritus non est alienus a Filio : Nominatur enim spiritus veritatis, et profluit

---

(58) Hilarius, l. XII De Trin., habet hanc responsionem.
(59) Aug , l. VI De Trin., cap. 5.
(60) Aug. l. XV. De Trin., cap. 16.

(61) Aug., De Trin. l. XXV, cap. 17.
(62) In conciliis Græcorum.
(63) In epistola Nestorio directa.

ab eo, sicut ex Deo Patre. Item Chrysostomus (64): Spiritum Sanctum dicimus Patri et Filio coæqualem, et procedentem de Patre et Filio. Græcis itaque propriorum doctorum testimonio correctis, omnis lingua confiteatur Spiritum sanctum a Patre Filioque procedere.

Dist. XII. *An Spiritus sanctus prius vel plenius procedat a Patre quam a Filio.* — Nec tamen prius et posterius ab alterutro eorum procedere, sicut delirat hæreticus. In illa enim summa Trinitate intervalla temporum non sunt, sine quibus omnino prius et posterius esse non possunt. Nec etiam procedit plenius ab altero quam ab altero, quia sicut a Patre, ita et a Filio procedit Spiritus sanctus. Sicubi autem legitur proprie vel principaliter a Patre procedere, eo sensu dicitur, quod Pater non ab alio, sed a semetipso habet, quod Spiritus sanctus ab eo procedit. Denique Hieron. (65) ponit proprie, Inquit enim: Credimus in Spiritum sanctum, verum Deum, qui de Patre est et procedit. Augustinus (66) autem ponit principaliter his verbis. Non frustra in hac Trinitate, non dicitur Verbum Dei, nisi Filius, nec donum Dei, nisi Spiritus sanctus, nec de quo genitum Verbum est, et de quo procedit principaliter Spiritus sanctus, nisi Deus Pater. Sed hoc sic esse intelligendum, ut prædiximus, ipse declarat, dum subdit : Ideo addidi principaliter, quia et de Filio Spiritus sanctus procedere reperitur. Sed hoc quoque illi Pater dedit; Patri autem nullus hoc dedit. Ideoque de Patre principaliter procedere confitetur.

De processu Filii a Patre et Spiritus sancti differentia.—Filius quoque de Patre procedit, sicut ipse testatur : *Ego ex Deo processi, et veni in mundum* (Joan. viii). Dissimiliter tamen a Spiritu sancto. Nam Spiritus sanctus, ut Augustinus ait, a Patre procedit, non quomodo natus, sed quomodo datus vel donum. Filius autem procedit nascendo et exiit ut genitus. Inter hanc sane, et illam processionem, inquit Augustinus (67), distinguere nescio, non valeo, non sufficio : est enim utraque ineffabilis. Sicut enim propheta de Filio loquens, ait : *Generationem ejus quis enarrabit?* (*Isa.* liii). Ita de Spiritu sancto verissime dicitur : Processionem ejus quis enarrabit?

Dist. XIII. *Cur Spiritus sanctus non dicatur genitus vel Filius.* — Denique Spiritus sanctus licet a Patre Filioque procedat tamen nec genitus dicitur amborum, nec Filius. Enim vero nullus duorum Filius dicitur, nisi patris et matris. Absit autem ut inter Deum Patrem et Deum Filium, aliquid tale suspicemur!

Quæstio an possit Spiritus sanctus dici ingenitus.

— Non autem Spiritus sanctus ingenitus dicitur. Unde Augustinus ad Orosium ; Spiritum sanctum nec genitum nec ingenitum dici fides certa declarat. Etsi enim Spiritum sanctum genitum non dicamus, dicere tamen non audemus ingenitum, ne in hoc vocabulo, vel duos patres in illa Trinitate, vel duos qui non sunt de alio, quispiam suspicetur. Hieronymus (68) tamen contradicere videtur. Inquit enim Spiritus sanctus Pater non est, sed ingenitus atque infectus.

Solutio per distinctionem. — Cæterum uterque eorum aliter hoc vocabulo ingenitus est usus. Si quidem Augustinus (69) dicit ingenitum, quod de alio non sit, quod aperit dum dicit, vel duos, qui non sunt de alio. At Hieronymus ingenitum dicit, non natum, quod ex universali rerum divisione, quam ponit, probatur. Omne, inquit, quod est, aut ingenitum est, aut factum aut genitum. Idque tractando prosequens, quod dixerat ingenitum, non natum exponit, subjiciens de Spiritu sancto exemplum.

Dist. XIV. *De gemino processu Spiritus sancti. Ipsemet Spiritus sanctus nobis datur.* — Procedit autem Spiritus sanctus, et ab æterno communiter a Patre et Filio : Et ex *tempore,* ab utroque item communiter, ad sanctificandam creaturam. Quando, inquam, animis hominum infunditur, sensibusque eorum sanctificandis illabitur, sicut ait Apostolus : *Charitas Dei diffusa est in cordibus nostris per Spiritum sanctum, qui datus est nobis* (Rom. v). Quippe ipse Spiritus sanctus, ipse tertia in Trinitate persona nobis datur, Augustino testante (78) : Eumdem enim Spiritum sanctum, inquit, datum, cum insufflasset Jesus in discipulos, de quo mox ait : *Ite, baptizantes eos in nomine Patris et Filii et Spiritus sancti* (Joan. xxi), ambigere non debemus. Et infra de eodem : Quomodo ergo non est Deus, qui dat Spiritum sanctum? Imo quantus est Deus, qui dat Deum? Qui cum sit inaccessibilis natura, receptibilis tamen propter bonitatem suam nobis est, complens virtute sua omnia; sed solis participatur justis. Et infra (71): Angeli ad paucos mittebantur : Spiritus vero sanctus populis infundebatur. Quis igitur dubitet, quin divinum sit quod infunditur simul pluribus, nec videtur? Augustinus quoque ait (72) : Magna est misericordia ejus, qui dat donum æquale sibi, quia donum ejus Spiritus sanctus est. His ergo et aliis pluribus auctoritatibus aperte monstratur, ipsum Spiritum sanctum nobis dari, non solum ejus dona; quod quidam Bedæ auctoritate seducti credere recusant. Inquit enim (73) : Cum Spiritus sancti gratia datur hominibus, profecto mittitur, et procedit a Patre et Filio Spiritus sanctus, quia ejus missio est ipsa processio. Porro ad

---

(64) In homilia quadam de expositione Symboli.
(65) In expositioue catholicæ fidei.
(66) De Trin., lib. xv, cap. 17.
(67) Contra Maximinum.
(68) In regulis definitionum contra hæreticos.

(69) De Trin., l. xv, c. 26.
(70) De Trin., l. xv, c. 26.
(71) Amb. in lib. De Spiritu sancto, cap. 5.
(72) De verbis Domini, sermo 3.
(73) Homilia Dominicæ post Ascens.

hæc dicimus,quia vel non oportet cum tantis auctoritatibus præjudicium inferre, vel quod dicit, aliter sane intelligitur. Mittitur ergo nobis et datur Spiritus sanctus,non ideo tamen minor arbitrandus est, quia eum Pater et Filius mittit (74),

An detur Spiritus sanctus ab hominibus.. — Præterea sciendum est Spiritum sanctum ab hominibus non dari, quia cum ejus, donatio supra sit dicta processio,si ab hominibus daretur Spiritus sanctus, utique Creator procederet,vel mitteretur a creatura, quod est absurdum. Unde Augustinus (75) . Non aliquis discipulorum Christi dedit Spiritum sanctum ;orabant quippe ut veniret in eos quibus manus imponebant, non ipsi eum dabant. Quem morem in suis præpositis etiam nunc servat Ecclesia. Et alibi (76):Nos accipere quidem hoc donum possumus pro modulo nostro, effundere vero super alios,non utique possumus, sed ut hoc fiat, Deum qui id efficit, super eos invocamus.

Sed huic objicitur quod de se loquens Apostolus ait ad Galatas : *Qui tribuit Spiritum et operatur virtutes in vobis (Gal.* III). Verum hoc intelligendum est Apostolum dixisse, non auctoritate potestatis; sed ministerio prædicationis. Siquidem eo prædicante illis, Spiritum sanctum visibiliter receperant. Nam ab Apostolo prædicta est eis fides, in qua prædicatione Spiritum sanctum advenisse senserunt.Quippe in novitate invitationis ad fidem,etiam sensibilibus miraculis præsentia sancti Spiritus apparebat.

Dist. XV. *Quod Spiritus sanctus a seipso detur.* — Etiam Spiritus sanctus seipsum dat. Cum enim donatio Spiritus sancti sit operatio Dei:Communisque sit et indivisa trium personarum operatio donatur utique Spiritus sanctus, non tantum a Patre et Filio, sed etiam a seipso.De quo Augustinus ait(77): Ita datur Spiritus sanctus sicut Dei donum,ut etiam seipsum det sicut Deus. Nec etiam dici potest non esse suæ potestatis, de quo dicitur, Spiritus ubi vult spirat. Ac per hoc Spiritum sanctum a seipso dari constat.

De missione Filii etiam a seipso. — Hic considerandum est, quod cum tres sint in Trinitate personæ, Pater solus nusquam legitur missus, sed Filius, et Spiritus sanctus.Missus est autem Filius a Patre, ut Apostolus dicit : *Misit Deus Filium suum factum ex muliere (Galat.* IV), ubi satis ostendit, eo ipso missum Filium, quo ex muliere factum. Et a Spiritu sancto missus est, Isaia dicente : *Spiritus Domini super me, propter quod unxit Dominus me, evangelizare misit me pauperibus, prædicare captivis remissionem (Isa.* LXI).Et etiam a seipso.Nam Isaias habet : *Filius datus est nobis (Isa.* IX) : cum enim non diffinitum sit per prophetam a quo datus sit Filius, ostenditur gratia Trinitatis datus.Unde etiam ipse Filius se dedit, ut Augustinus ait (78) : Cum una voluntas sit Patris et Filii,et inseparabilis operatio. ergo a Patre et Filio missus est,idem Filius non separato Spiritu sancto, quia a Patre et Verbo ejus factum est,ut mitteretur, hoc est, ut incarnatus hominibus appareret.

Sed si hoc est : Cur ergo ait, *A meipso non veni?* (*Joan.* VIII.) hoc autem dictum est, secundum formam servi, secundum quam non fecit ut mitteretur, id est non est operatus incarnationem, sed secuncum formam Dei.

Duobus modis Filius mitti dicitur. — Denique de duobus modis mittendi Filium Augustinus distinguit dicens(79): Non eo ipso quo de Patre natus est missus dicitur Filius : sed vel eo, quod apparuit huic mundo,Verbum caro factum. Unde dicit : *Exivi a Patre et veni in mundum (Joan.* XVI) : vel eo, quod ex tempore, cujusquam mente percipitur. Sicut dictum est de Sapientia : *Emitte illam de cœlis sanctis tuis, et a sede magnitudinis tuæ. ut mecum sit, et mecum laboret (Sap.* IX.)

Declarantur verba August. — Cæterum secundum primum modum semel, et in hunc mundum, et ut homo esset,missus est. At secundum alium, sæpe : et non in hunc mundum, nec ut homo sit, sed ut cum homine sit, mittitur. Quod Augustinus aperit, dicens (80) : Aliter mittitur ut sit cum homine, aliter missa est sapientia Patris,ut sit homo.In animas enim sanctas se transfert, et amicos Dei constituit,Sed cum venit plenitudo temporis missa est, non ut esset cum hominibus, ut antea erat cum patribus et prophetis,sed ut ipsum Verbum fieret caro, hoc est, homo.

Dist. XVI. *Filius quatenus est homo, Patre et Spiritu sancto et seipso est minor.* — Denique secundum quod factus est homo, Filius minor est Patre. Ipse enim dicit : *Pater major me est (Joan.* XIV). Quod propter formam servi Veritas dicit,secundum quam etiam minor Spiritu sancto, et seipso dicitur. Unde Augustinus (81) : Non sic accepit formam servi, ut amitteret formam Dei, in qua erat æqualis Patri. In forma ergo Dei, unigenitus Patris æqualis est Patri : in forma vero servi, etiam se minor, id est Dei Filius æqualis est Patri, secundum formam in qua est : secundum formam vero, quam accepit, non modo Patre, sed et Spiritu sancto, imo etiam se minor inventus est.Nec hoc tantum, sed etiam ab angelis paulo minus minoratus est.

Quod Pater major sit Filio, nec tamen Filius minor Patre. — Hilarius (82) autem secundum etiam formam Dei,propter generationis auctoritatem, Patrem esse majorem Filio, nec tamen Filium mino-

---

(74) Aug., De Trin., l. IV, cap. ult.
(75) Aug., De Trin.
(76) Ibid.
(77) De Trin, l. XV, cap. 19.
(78) De Trin. l. II, cap. 6.

(79) De Trin. l. IV, cap. 20.
(80) De Trin. lib. IV, cap. 20.
(81) De Trin. lib. VII, c. 1.
(82) Lib. IX de Trin.

rem patre, dicere videtur his verbis. Major est utique Pater Filio, auctoritate donantis, cui tantum donat esse, quantus est ipse: cui innascibilitatis esse imaginem, sacramento nativitatis impartit, quem ex se in forma sua generat. Major itaque donans est, sed minor jam non est, cui unum esse donatur: ait enim: *Ego et pater unum sumus (Joan.* x). Vide, lector, sane Hilarii verba, quæ ubicunque occurrerint, diligenter nota, pieque intellige.

Duobus modis missus Spiritus sanctus visibiliter et invisibiliter. — (83) Spiritus quoque sanctus visibiliter et invisibiliter legitur missus. Visibiliter enim missus est, quando facta est quædam creaturæ species ex tempore, in qua visibiliter ostenderetur Spiritus sanctus: sive cum in Dominum ipsum corporali specie columbæ descendit; sive cum in die Pentecostes, factus est subito de cœlo sonus, quasi ferretur flatus vehemens, et visæ sunt illis linguæ divisæ sicut ignis, qui et insedit super unumquemque illorum. Hæc operatio visibiliter expressa et oculis oblata, mortalibus missio Spiritus sancti, dicta est visibilis.

Quare, cum Filius ex humana forma qua apparuit, minor Patre dicatur, non etiam Spiritus sanctus minor dicitur. — Sed quæritur, si Filius inquantum est missus, factus minor est Patre, cur ergo Spiritus sanctus non dicitur minor Patre, cum et ipse creaturam assumpsit, in qua et apparuit? Quia aliter assumpsit Spiritus creaturam, in qua apparuit, aliter Filius; nam Filius accepit per unionem, Spiritus vero non. Nec enim illam columbam vel illum flatum, vel illum ignem Spiritus sanctus beatificavit, sibique in unitatem personæ conjunxit in æternum, sicut assumptus est Filius hominis: in qua forma, ipsius Dei verbi persona præsentaretur, non ut esset Verbum in carne, hoc est, in homine, sed ut esset Verbum caro, id est, homo. Caro enim posita est pro homine in eo quod ait: *Verbum caro factum est (Joan.* I). Ideoque nusquam scriptum quod Deus Pater major sit Spiritu sancto, et Spiritus sanctus minor Patre.

DIST. XVII. *De invisibili Spiritus sancti missione.* — Qualiter Spiritus sanctus invisibiliter mittatur, dicendum est. Ut autem id intelligibilius tradatur, quod Spiritus sanctus fraterna dilectio sit præmittamus. Etenim sic esse Augustinus ita docet:

(83*) Nemo dicat. Quid diligam non novi, diligat fratrem, et diligat eamdem dilectionem: magis enim novit dilectionem qua diligit, quam fratrem quem diligit. Ecce jam potest notiorem habere Deum quam fratrem: plane notiorem, quia præsentiorem, quia interiorem, quia certiorem. Idipsum quoque aperius probat Augustinus exemplo Joannis. Ait enim Joannes: *Diligamus nos invicem quia dilectio ex Deo est: qui non diligit, non* *cognovit Deum, quia Deus dilectio est (I Joan.* IV). Ista contextio satis declarat aperte camdem ipsam fraternam dilectionem, qua diligimus invicem, non solum ex Deo, sed etiam Deum esse. Cum ergo de dilectione diligimus fratrem, de Deo diligimus fratrem. Est ergo fraterna dilectio Deus.

Spiritum sanctum simpliciter dici charitatem, — Cæterum ne hoc putes per causam esse dictum, velut *Deus patientia mea (Psal.* LXX). Inquit Augustinus (84): Dictum est Deo, tu patientia mea, non utique ideo quod Dei substantia sit nostra patientia, sed quia ab ipso nobis est. Unde: *Ab ipso est patientia nostra (Psal.* LXI). Non au'em sic dicturi sumus charitatem, dictam esse Deum. Nec enim dicitur: Deus charitas mea, aut tu es charitas mea, sicut dicitur, Deus spes mea, tu patientia mea. Sed ita dictum est: *Deus charitas est (I Joan.* IV, 8): sicut dicitur, Deus spiritus est.

Charitatem proprie Deum Spiritum sanctum dici, non Patrem nec Filium. — Cum autem fraterna dilectio sit Deus, nec Pater nec Filius, sed tantum Spiritus sanctus, qui proprie dilectio vel charitas dicitur. Quippe si in donis Dei, nihil charitate majus est, et nullum est majus donum Dei, quam Spiritus sanctus, quid consequentius est, quam ut ipse sit charitas, quæ Deus est et ex Deo, ut prætactum est. Hoc qui non discernit, intellectum a Domino, non expositionem quærat a nobis. Non enim apertius quidquam dicere possumus.

Quomodo Spiritus sanctus mittatur, ut detur nobis Deus — Tunc ergo mitti et dari dicitur Spiritus sanctus, cum ita in nobis est, ut faciat nos diligere Deum et proximum, per quod manemus in Deo, et Deus in nobis. Unde Augustinus (85): Deus Spiritus sanctus qui procedit ex Deo, cum datus fuerit homini, accendit eum ad diligendum Deum et proximum. Est enim ipse dilectio, per quam infunditur in cordibus nostris Deus charitas, per quam nos tota inhabitat Trinitas. Quo circa rectissime Spiritus sanctus cum sit Deus, vocatur etiam donum Dei, quod donum proprie, quid nisi charitas intelligendum est (86)?

His autem quæ dicimus sic opponitur. Charitas non habenti datur. Si ergo Spiritus sanctus charitas est, etiam non habenti datur. Sed quomodo datur non habenti, cum ipse, ut Deus, sit ubique? Sane uhique est, et in omni creatura totus. Sunt tamen multi qui eum non habent; non enim omnes Spiritum sanctum habent; in quibus est ipse. Alioquin etiam et bruta Spiritum sanctum haberent, quod fidei pietas non admittit.

Augeaturne et minuatur charitas. Item charitas augetur et minuitur, et ita mutabilis est, quod absurde dicitur. Cui respondentes dicimus hoc non simpliciter concedi debere, sed cum hac adjectione,

---

(83) Aug., De Trin. lib. II, c. 2.
(83*) Hic Bandinus et Lombardus non tenentur cum docent Spiritum sanctum esse charitatem qua diligimus Deum et proximum,

(84) De Trin., l. xv, c. 17.
(85) De Trin., l. xv, c. 17.
(86) Hic Bandinus non communiter, sicut nec Magister.

scilicet nobis, vel in nobis, in quibus utique augetur vel minuitur charitas, vel Spiritus sanctus, velut Deus in nobis, non utique in se exaltari potest. Unde *accedet homo ad cor altum et exaltabitur Deus* (*Psal.* LXIII). Ubi dicit Cassiodorus, quod Deus non in se, sed in corde hominis grandescit. Porro ut verius dicamus, non in nobis charitas, sed nos augemur in ea. Unde August. (87): Probet se unusquisque quantum in illo profecerit charitas, vel potius quantum ipse in charitate profecerit. Nam si charitas Deus est, nec proficit, nec deficit.

An fraterna charitas sit Deus. — Sane quidam concedentes, quod Deus charitas est fraternam charitatem Deum esse negant: scripturis Patrum abutentes, quibus aliam esse charitatem, qua Deus nos diligit, et aliam qua nos diligimus eum, delirant. Inquiunt enim, habet Augustinus (88): Charitas Dei dicta est diffundi in cordibus nostris, non qua nos ipse diligit, sed qua nos facit dilectores suos: sicut Domini salus dicitur, qua salvat: et fides Christi, qua nos fideles facit. Quibus dicendum est Augustinum non sensisse his verbis aliam atque aliam Dei charitatem esse, sed cum una sit, eademque diversas rationes, quibus in Scriptura Dei charitas appellatur, significasse. Dicitur enim Dei charitas, vel quia ea Deus nos diligat, vel quia nos ea sui dilectores facit. Est ergo praedictorum verborum sensus: *Charitas* ibi, hoc est, in Apostolo dicta est *charitas Dei* (*Rom.* V). Non secundum quod Deus nos ea diligat, sed secundum quod nos ea sui dilectores faciat. Ut autem ex tali sensu hoc dici posset, per simile locutionis genus ostendit ut Domini salus, qua nos salvat, etc.

An sit alia atque alia charitas. — Item, inquiunt, habet Augustinus alibi (89): Cum Joannes commemorasset Dei dilectionem, non qua nos eum, sed qua ipse, inquit, dilexit nos. Volentes per hoc aliam atque aliam asserere dilectionem. Nos autem etiam haec ad superiorem redigentes sensum, sic ea intelligenda esse dicimus: Quasi commemoravit dilectionem Dei Joannes, non secundum quod ea nos diligimus Deum, sed secundum quod ipse diligit nos.

Ratione probatur Spiritum sanctum non esse charitatem. — Item fortius urgentes dicunt: Unde est dilectio, nisi et unde ipsa fides, id est a Spiritu sancto? Si vero ab ipso charitas est, et ipse ea est, ergo et Spiritus sanctus a seipso est. Nos autem fatemur Spiritum sanctum a seipso esse, non simpliciter, quia tunc videtur dici sine principio esse. Sed adjiciendum est, nobis, quibus scilicet seipsum dat Spiritus sanctus. Quo sensu etiam verum est, quod charitas a Spiritu sancto est.

Idem aliter probant. — Praeterea veritati adhuc contradicentes, dicunt: Si Spiritus sanctus charitas est, ergo ipse motus animi et affectio est, cum charitas haec sit. Inquit enim Augustinus (90): Charitatem voco motum animi, ad fruendum Deo et se ac proximo, propter ipsum Deum. Item ubi dicitur: *Nihil poterit nos separare a charitate Dei* (*Rom.* VIII). Charitas Dei, inquit (91), hic dicta est virtus quae animi nostri rectissima affectio est. Ad quod dicimus, hoc dici non proprietate essentiae, sed ratione efficientiae. Sicut enim dicitur: Deus spes nostra et patientia, non quia ea sit, sed facit, ita et charitas dicitur esse motus sive affectio animi, quia per eam movetur, et afficitur animus ad diligendum Deum. Quamobrem frigida, jejunaque calumnia inimicorum veri repulsa, libere confitemur charitatem Spiritum sanctum esse. Irascantur ipsi quod Deus est et Dei donum, per quod multa dona singulis quibusque propria dividuntur.

DIST. XVIII. *An eamdem ratione Spiritus sanctus dicatur donum et datum. Aliter donum, aliter donatum dicitur Spiritus sanctus.* — Qui etiam donum vel donatum dicitur diversa ratione. Donum enim dicitur eo quod procedit: donatum autem eo quod datum sit. Unde Augustinus (92): Spiritus sanctus donum est Patris et Filii, quia ab utroque procedit. Semper procedit Spiritus sanctus et non ex tempore. Sed quia sic procedebat, ut esset donabile, jam donum erat antequam esset cui daretur. Aliter enim intelligitur donum, aliter donatum. Nam donum potest esse etiam antequam detur. Donatum vero, nisi datum fuerit, nullo modo potest dici. Sempiterne ergo Spiritus est donum, temporaliter vero donatum.

Quatenus donum, et quatenus donatum Spiritus sanctus et quo referatur. Quomodo Spiritus sanctus sit noster. — Proinde secundum quod donum est Spiritus sanctus, ad Patrem refertur et Filium. Secundum vero quod donatum est vel datum, et ad eum qui dedit, refertur, et ad eos quibus datur. Unde Augustinus (93): Quod donum est, et ad eum qui dedit, refertur, et ad eos quibus dedit: ita Spiritus sanctus non tantum Patris et Filii qui dederunt, sed etiam noster, qui accepimus, dicitur. Sicut scriptum est de Joanne, quod *in Spiritu venerit Eliae* (*Luc.* I). Moysi quoque Dominus, ait: *Tollam de Spiritu tuo, et dabo illis* (*Num.* XI). De Spiritu sancto loquens, quem jam dederat ei.

Quomodo Filius dicatur noster. An Spiritus sanctus dicatur nostrum donum. — Sed quaeritur, utrum Filius, cum sit nobis datus, Filius possit dici noster? Cui dicimus, quod Filius noster Deus, noster redemptor, et hujusmodi, non autem noster Filius dicitur. Quippe cum Filius relative tantum

---

(87) In homilia 9 super epistolam Joan.
(88) Aug., De spiritu et littera, cap. 32.
(89) Lib. XIII, De Trin., c. 17.
(90) De doct. Christ. lib. III, cap. 10.

(91) Aug., lib. I, De moribus Ecclesiae cap. 11.
(92) De Trin. lib. V, c. 15.
(93) De Trin. lib. V, c. 14.

ad illam qui genuit dicatur, Patris tantum, non noster Filius dicitur. Sed nec Spiritus sanctus, noster Spiritus sanctus dicitur, vel nostrum donum. Cum utrumque sempiterna relatione, tantum dicitur ad Patrem et Filium. Inde est quod nusquam in Scriptura occurrit ita dici, Spiritus sanctus noster, vel tuus, vel illius. Hinc enim Augustinus ait (94) : Quod de Patre natum est, ad Patrem solum refertur, cum dicitur Filius. Ideoque Filius Patris est, et non noster. Dicimus tamen panem nostrum da nobis, sicut Spiritum nostrum. Est enim Filius noster panis, quia et nos reficit. Spiritus vero sancius, noster spiritus, quia a Patre et Filio inspiratur, et in nobis spirat, sicut vult.

Filii et Spiritus sancti collatio. — Postremo sciendum est quod sicut Filius nascendo habet, ut omnino sit, ita et Spiritus procedendo. Unde Augustinus (95): Filius, non hoc tantum habet nascendo, ut sit Filius, sed ut omnino sit. Sicut autem Filio præstat essentiam de Patre generatio, ita Spiritui sancto de utroque processio. Non autem hoc dicimus, quod Filius nativitate sit essentia, ut Spiritus sanctus processione : cum alibi dicatur (96), quod nec Pater eo Pater est, quo Deus : nec Filius eo Filius, quo Deus : nec Spiritus sanctus eo donum, quo Deus.

DIST. XIX. *De æqualitate trium personarum.* — His quippe nominibus eorum relativa ostenduntur, non essentia. Sed quia sicut Filius nascendo, omnia quo sempiterne est, accepit a Patre, ita et Spiritus, procedendo accepit ab utroque (97.)

Post coæternitatis trium personarum tractatum, de earumdem æqualitate dicere superest. Fides enim catholica, sicut coæternas, ita et coæquales tres asserit personas. Quæ æqualitas, in quo notanda sit, docet Augustinus dicens (98) : Nullus horum aliam aut præcedit æternitate, aut excedit magnitudine, aut superat potestate. Quæ tria, licet quasi diversa enumerentur, idem sunt tamen in Deo, essentia scilicet divina. Unde Augustinus (99): Non alio magnus, alio Deus est. Eadem quippe ejus magnitudo est, quæ et essentia. Item : Voluntas et potentia Dei, ipse Deus est. Item æternitas Dei, ipsa ejus substantia est, nihil mutabile habens. In his ergo trihus verbis, trium æqualitatem personarum breviter complexus est Augustinus (99*).

Quod una persona non sit major alia. — Sicut autem æternitate nulla trium personarum aliam præcedit, ut dictum est, ita nec magnitudine alia excedit aliam, de quo dicendum est : Pater enim non est major Filio, nec major Spiritu sancto. Nec majus aliquid duæ vel tres personæ simul quam una ; nec major essentia est in duabus aut tribus, quam

in una, quia tota est in singulis. Unde Joannes Damascenus (100) : Confitemur deitatis naturam omnem perfecte esse in unaquaque suarum ὑποστασεων hypostaseon, hoc est, personarum. Ideoque perfectus Deus Pater, perfectus Deus Filius, perfectus Deus Spiritus sanctus. Unde Augustinus (101 : Propter naturalem unitatem, totus Pater in Filio, et Spiritu sancto est : totus quoque Spiritus sanctus in utroque est. Inde est etiam, quod Pater dicitur esse in Filio, et Filius in Patre, et Spiritus sanctus in utroque. Hoc autem manifestius insinuat Hilarius dicens (102) : Affert plerisque obscuritatis sermo Domini cum dicit : *Ego in Patre, et Pater in me est (Joan.* XIV). Sane intelligendum est Patrem in Filio, et Filium in Patre esse, plenitudo in utroque divinitatis perfecta est. Omnia enim Filius accepit a Patre. Nam si Patrem ejusdem qui genuit accepit, neuter perfectus est, decsset enim ei unde discessit. Nec plenitudo in eo erit qui ex portione constiterit. Quod cum sit absurdum, confiteamur eamdem in utroque, et virtutis similitudinem, et Deitatis plenitudinem. Quia Veritas dicit : *Ego in Patre, et Pater in me est (Joan.* XIV). Et hoc ergo sensu intelligitur Spiritus sanctus esse in utroque, et singula personarum in singulis, quia eadem plenitudo divinitatis, et similitudo naturæ in singulis comprobatur esse personis.

DIST. XX. *Quod una persona aliam non superat potentia.* — Similiter Pater non est potentior Filio, vel Spiritu sancto ; nec duo aut tres simul, quam singuli eorum. Quod autem Pater non sit potentior Filio, ita probat Aug. contra Maximinum (105), qui Patrem dicebat Filio potentiorem. *Omnia* inquit Filius, *quæ habet Pater, mea sunt (Joan.* XVI). Atque omnipotentiam habet Pater : Ea igitur Filii est, æqualis ergo est Patri Filius. Quod si negatur, sic probat Augustinus contra eumdem (104), qui Patre minorem Filium falso dicebat. Tu, inquit, dicis, quod Pater genuit Filium minorem seipso, in quo et Patri derogas. Qui si Filium unicum minorem genuit, aut non potuit, aut non voluit gignere æqualem. Si autem dicis, quia non potuit, infirmus ; si noluit, invidus invenitur: quod utrumque nemo dicere audeat : ergo Patri Filius vere æqualis est : nec ad rem pertinet, si forte dicas potentiorem et majorem esse Filio, quia ipse de nullo potentiam accepit, vel genitus est : Filius vero a Patre habet utrumque: originis enim quæstio est, quis de quo sit : Æqualitatis autem, qualis aut quantus sit. Non ergo secundum hoc, quod Pater genuit, et Filius genitus est, et Spiritus sanctus ab utroque procedit, æqualitas vel inæqualitas ibi existit ; sed ordo naturæ demonstratur. Denique breve compendium in

---

(94) De Trin. lib. v, c. 14.
(95) De Trin. v, c. 15.
(96) Lib. xv De Trin. c. 26.
(97) Aug. lib. vii de Trin. c. 2.
(98) De fide, ad Petr. c. 1.
(99) De Trin. lib. vii, c. 1.

(99*) Lib. vii Confess. cap. 40 super Psal. CI.
(100) Lib. iii De orthodoxa fide, cap. 6.
(101) De fide, ad Petr., cap. 1.
(102) De Trin. lib. iii.
(103) Lib. iii. cap. 12.
(105) Lib. 3, cap. 7 contra Maximinum.

supradictorum firmamentum subjungamus: nihil aliud ibi est magnitudo vel potentia, quam veritas. Si igitur nullus est ibi verior alio; nec major, nec potentior etiam, perspicua ratione existit.

DIST. XXI. *De nominum differentia quibus de Deo loquimur.* — Nunc de nominibus, quibus de Deo loquimur, subjiciamus. Eorum itaque alia sempiterne Deo conveniunt, alia ex tempore. Quæ autem sempiterne, alia proprietatem deitatis exprimunt, et personalia dici possunt, ut generatio, Filius, Verbum. Alia sunt quæ unitatem divinæ majestatis ostendunt, ut sapientia, virtus, veritas, et hujusmodi. Sunt et alia quæ translative per similitudinem de Deo dicuntur, ut splendor, speculum, et hujusmodi. Cæterum quæ temporaliter de Deo dicuntur, alia relative, et de omnibus dicuntur personis, ut Dominus, et Creator: quædam sunt quæ non de omnibus, ut donatus, datus, missus. Alia ex tempore dicuntur, non relative, nec de omnibus, ut incarnatus, humanatus et similia. Est præterea quoddam speciale rationis nomen, nec personale, nec essentiale, sed quasi collectivum omnium personarum, quod de nulla per se dicitur, sed de omnibus simul, ut Trinitas.

DIST. XXII. *Quot modis nomina de Deo dicantur.* — Cum autem tot prædictorum nominum differentiæ sint, tenendum est quod ea omnia quæ unitatem essentiæ significant ad se et substantialiter dicuntur, et de singulis sigillatim personis, et singulariter non pluraliter in summa accipiuntur. Unde Aug. (105): Quidquid ad seipsum dicitur Deus, de singulis personis dicitur similiter, et simul de ipsa Trinitate, non pluraliter sed singulariter. Velut Pater est Deus, Filius est Deus, Spiritus sanctus est Deus, non tamen hanc Trinitatem tres Deos esse, sed unum dicimus. Quod de similibus nominibus et, eis quoque quæ ex tempore, et relative de omnibus dicuntur personis, dici poterit. Quæ vero ad singulas personas proprie pertinent, relative aliquando, nunquam autem substantialiter dicuntur. Unde quod proprie singula in Trinitate persona dicitur, nullo modo ad seipsam, sed ad aliam invicem vel ad creaturam dicitur. Ideoque relative non substantialiter dici manifestum est, ut Pater et Filius et Spiritus sanctus (106).

DIST. XXIII. *De substantialibus nominibus divinis in speciali.* — Hoc quoque nomen, quod est persona, ad se et secundum substantiam dicitur. Unde dicit Aug. (107): Non est aliud Deum esse, aliud personam esse, sed omnino idem. Item Pater ad se dicitur persona, non ad Filium, vel Spiritum sanctum, sicut ad se dicitur Deus, et magnus et bonus. Et quemadmodum hoc illi est esse, quod Deum esse, quod magnum, quod bonum: ita hoc est illi esse, quod personam esse. Si autem ita est, cur hæc tria, Pater, Filius, et Spiritus sanctus, dicimus tres personas, non unam personam, cum non tres Deos, sed unum dicamus? Inquit Aug. (108). Quia volumus, inquit, vel unum aliquod vocabulum servare huic significationi, qua intelligitur Trinitas, ne omnino taceamus interrrogati, quid tres essent? Etenim fatemur tres esse, cum scriptum sit: *Tres sunt qui testimonium dant in cælo* (I Joan. v). Sane cum quæritur quid tres? Magna prorsus inopia humanum laborat eloquium. (109) Nec enim occurrit aliquod nomen quo proprie complectamur hæc tria. Ideoque pia fides, hoc de cæteris assumptum vocabulum huic articulo deputavit, per quod satisfaceret, quod in secretario mentis de Deo tenet. Et per qualemcunque intelligentiam, dummodo piam, quid tres, poscenti, utcumque proferret. Dicitur quippe, quod tres personæ, non ut quod quæritur, illud dicatur, sed ne omnino taceatur. Quia supereminentia divinitatis, usitati eloquii facultatem excedit. Verius enim Deus cogitatur quam dicitur, veriusque est quam cogitatur. Prædicta igitur necessitate, hoc nomen a prædicta regula nominum excipitur, quæ secundum substantiam de Deo dicuntur. Quia cum hoc ad se dicatur et substantialiter, non singulariter sed pluraliter in summa accipitur. Tres enim, non unam, sed tres personas esse confitemur. Græci quoque eadem penuria loquendi arctati, tres hypostases dicunt, et unam ουσίας id est tres substantias et unam essentiam. Nihilque moveat, quod illi tres substantias, nos autem unam dicimus tantum, cum secundum linguæ suæ vernaculum, aliter quam nos, substantiæ vocabulum intelligant.

In Trinitate non est multiplicitas vel singularitas. — Licet autem tres personæ sint, ut dictum est, nulla tamen pœnitus diversitas vel singularitas ibi est, sed unitas et Trinitas. Unde Aug. (110): Humana inopia quærens, quid diceret tria? dixit tres personas vel substantias. Quibus nominibus non diversitatem intelligi voluit, sed singularitatem noluit, ut non solum ibi unitas intelligatur, ex eo quod dicitur essentia una, sed et Trinitas ex eo, quod dicuntur tres personæ. Item Ambros. (111): Non est diversa, nec singularis æqualitas, nec juxta Arianos Patrem Filiumque secernens, nec juxta Sabellianos, Patrem Filiumque confundens. Pater enim et Filius distinctionem habent, separationem non habent. Unde si alicubi occurrerit, quod tres sint diversæ, personæ ibi diversæ, hoc est distinctæ, intelligendum est. Similiter nec triplicitas, nec multiplicitas in Deo est. Et ideo non est dicendus triplex vel multiplex, sed trinus et simplex. Hinc Augustinus (112). Non quoniam Deus Trinitas est, ideo triplex putandus est. Ambrosius (113). Nec con-

---

(105) De Trin. lib. v, cap. 6, 8.
(106) Aug. eodem lib. v De Trin. cap. 11.
(107) De Trin. lib. vii, can. 6.
(108) Ubi supra.
(109) Aug. lib. v De Trin., cap. 9.

(110) De Trin. lib. vii, cap. 4.
(111) Lib. ii De fide, cap. 2.
(112) De Trin., lib. i, cap. 2.
(113) Lib. ii De fide, cap. 2.

fusum quod unum est : nec multiplex esse potest, quod indifferens est. Multiplex itaque Deus non est, sed simplex et unus : cujus nulla trium personarum pars est, quia singula earum, verus et perfectus Deus est. Unde Augustinus : In Trinitate Pater Deus est, et Filius Deus est, et Spiritus sanctus Deus est, et simul hi tres unus Deus, nec majus aliquid sunt omnes quam singuli, quia spiritualis non corporalis est magnitudo. *Qui potest capere, capiat* (*Matth.* xix : qui vero non potest, credat et oret, ut quod credit, intelligat. Verum enim est quod per prophetam dicitur : *Nisi credideritis, non intelligetis* (*Isa.* vii).

Quomodo tres personæ dicantur unus Deus vel unius essentiæ. — Est præterea sciendum tres personas esse unum Deum, vel ejusdem essentiæ, non secundum materialem causam, ut tres statuæ unum aurum : vel secundum complexionalem similitudinem, ut tres homines dicuntur esse ejusdem naturæ. In statuis enim, plus auri est tres simul, quam singulæ. In tribus autem personis non major essentia est, quam in singula. Item in tribus hominibus non solum est unus homo, sed duo et tres homines, cum in Trinitate tantum sit unus Deus. Denique nec secundum prædicamentalem rationem, ita scilicet, ut essentia intelligatur genus ; et tres personæ, species ; vel ut una essentia, species ; et tres personæ, individua putentur. Quippe, si secundum genus, et species, et individuum ista disserimus, ita tres essentiæ sicut tres personæ dicantur, velut Abraham, Isaac et Jacob, sunt tria individua, ita quoque tres homines et tria animalia dicuntur. Cæterum huic illud Joannis Damasceni contraire videtur, substantia, inquit (114), significat communem speciem et contentivam, ὁμοειδῶν ὑποστασέων, homoidon hypostaseon, hoc est, similium specie personarum, utputa, Deus, homo, Hypostasis autem individuum demonstrat, scilicet Patrem, Filium, Spiritum sanctum, Petrum, Paulum et hujusmodi. Sane intelligendus est Joannes hoc dixisse, non secundum existentiam proprietatis, sed propter similitudinem prædicationis. Sicut enim commune est, quod de pluribus dicitur : individuum autem, quod de uno solo ; sic et essentia divina de omnibus personis dicitur. Quælibet vero earum, non de alia, sed de seipsa tantum enuntiatur.

Quomodo personæ differant numero. — Adjecit etiam idem Joannes quiddam silentio non prætereundum. Inquit enim, numero non natura differre dicuntur hypostases. Quod ut sane intelligas, nota alium esse numerum quo numeratur, accidentalem scilicet proprietatem ; alium qui numeratur, ipsa scilicet numerabilia. Hypostases ergo in numero differunt, hoc est, ab invicem distinctæ sunt numerabiliter, id est ita ut computare sic possis : Pater est unus ; Pater et Filius duo ; Pater et Filius et Spiritus

(114) Lib. III De fide orthodoxa, cap. 5. Vide M· dist. 19.
(115) Lib. I De fide, cap. 2. et III De Spiritu san-

sanctus sunt tres : non autem differunt numero, accidentali scilicet proprietate, quasi alia unitas sit in una persona quam in alia, cum eadem unitas sit in omnibus ineffabiliter, scilicet divina essentia.

Dist. XXIV. *Quid significetur per nomen numerale in divinis*. — Hic ergo sciendum est, sanctorum auctoritates diligenter inspicientibus patere, numeralium dictionum usum, velut unus, duo, tres, et hujusmodi, introductum esse, non ratione aliqua ponendi ; sed magis removendi a simplicitate deitatis, quæ ibi non sunt.

Quid per unum significetur cum de Deo loquinur. — Cum enim dicitur unus Deus, multitudo deorum per unum excluditur, non numeri quantitas in Divinitate ponitur, quasi dicatur : Deus est, nec multi dii sunt. Unde Ambrosius (115) : Cum unum tantum dicimus Deum, unitas excludit numerum deorum, nec quantitatem in Deo ponit, quia nec quantitas, nec numerus ibi est. Similiter cum dicitur, unus est Pater, unus est Filius, ratio dicti hæc est, scilicet esse Patrem et Filium, quod non multi patres vel filii. Ita de similibus,

Quid per plures. — Item cum dicimus plures esse personas, singularitatem atque solitudinem excludimus, non diversitatem vel multiplicitatem ibi ponimus : quasi dicamus, sine solitudine, ac diversitate, vel singularitate personas confitemur. Unde Hilarius (116) : *Dixit Deus : Faciamus hominem ad imaginem et similitudinem nostram*. Quæro nunc an solum Deum sibi locutum existimes, an hunc sermonem ejus intelligas ad alterum exstitisse ? Si solum fuisse dicis, ipsius voce argueris dicentis : *Faciamus, et nostram*. Professione igitur pluralitatis, non diversitatem vel multitudinem posuit, sed solitudinem et singularitatem negavit. Ita etiam cum dicimus tres personas, nomine ternarii, non diversitatem ponimus, sed intelligentiam non ad alium quam Patrem et Filium et Spiritum sanctum referendam significamus, ut singularitas ibi non esse monstretur, ut sit sensus, Pater et Filius et Spiritus sanctus sunt tres personæ, hoc est, non tantum hæc persona vel illa, vel tantum hæc et illa, sed hæc et illa et illa in Deitate sunt, et non alia : quod ita esse intelligendum Aug. satis ostendit, ubi dicit (117) : Quibus nominibus non diversitatem intelligi voluit, sed singularitatem noluit.

Quid per duo. — Similiter et cum dicitur, Pater et Filius sunt duo, hic est sensus, quod non est tantum Pater vel Filius, sed Pater et Filius, et hic non est ille.

Quid per distinctas et discretas. — Cum autem dicimus, distinctæ vel discretæ sunt personæ, confusionem Sabellianam excludimus, et hanc non esse illam significamus.

Ita etiam cum dicitur, alia est persona Patris, alia Filii : per aliam, non separationem, sed suæ cto, cap. 14.
(116) Lib IV de Trin. circa Genes. I medium.
(117) De Trin. lib. v, cap. 4.

proprietatis distinctionem ostendimus. Ait enim Ambrosius (118) : Pater et Filius distinctionem habent separationem non habent.

Quid per hoc nomen (Trinitatis). — Nomen autem quod est Trinitas, id significare videtur, quod hæc oratio, tres personæ: Sicut ergo nulla personarum est tres personæ, ita quoque nulla earum est Trinitæs.

Dist. XXV. *Quid significetur.* — Præterea videamus, cum hoc nomen *persona*, secundum substantiam dicatur : utrum pluraliter dictum, idem significet ? Quod quidam sentientes, sic probare nituntur, cum quæritur, inquiunt, quid tres, vel quid tria ? convenienter respondetur, tres personæ. At per quid, de essentia quæritur. Si ergo huic quæstioni recte respondemas, oportet ut respondendo nomine personæ essentiam significemus. Adjiciunt. Augustinus etiam ait (119): Ideo dici tres personas, quia commune est eis id quod est persona. Denique nihil illis commune est, nisi essentia. Sed si hoc est, quomodo dicetur, alia est persona Patris, alia Filii, quasi alia essentia ? Sane hoc ita intelligendum aiunt, scilicet, alius est Pater, alius est Filius, id tamen commune habentes, quod est persona. Quod auctoritate Augustini confirmant dicentis (420) : Tres personas ejusdem essentiæ, vel eamdem essentiam dicimus : non ex eadem essentia, quasi aliud ibi sit, quod essentia est, aliud quod persona Sioque arbitrantur tres personas, inesse personam omnino convenire.

Sed si sic est, qualiter constabit, quod dicit Augustinus De fide ad Petrum : Alius est Pater in persona, sive personaliter ; alius personaliter Filius, alius personaliter Spiritus sanctus ? Ideo alium sensum quæramus, juxta sanctorum auctoritatem.

Sciendum igitur cum quæritur, qui tres vel quid tria, non de essentia quæri, nec ibi quid ad essentiam referri. Sane cum Christiana fides tres confiteatur esse, eo quod scriptum sit : *Tres sunt qui testimonium dant in cœlo (I Joan.* v), exquiritur quid illi tres sint, hoc est, quo nomine illos tres declaret. Hac igitur quæstione, arctata fides propter loquendi penuriam, dixit tres personæ Non, inquam, intelligens per hoc nomen essentiam, sed subsistentias, vel hypostases, secundum Græcos.

Denique eo magis hi tres, tres personæ, id est subsistentiæ dici possunt, qua commune eis est id quod persona est, hoc est, essentia. Nec enim ipsi tres veræ subsistentiæ dicerentur, nisi unusquisque vera essentia esset.

Quis sensus alia est persona Patris, alia Filii — Sciendum quod tam facile, quam recte intelligitur, quo sensu dicatur : alia est persona Patris, alia Filii, id est alia subsistentia vel hypostasis est Patris, alia Filii : vel alia persona est Pater, alia Filius, hoc est, alia subsistentia vel hypostasis est Pater, alia Filius. Sic de Spiritu sancto intellige. Quod autem Augustinus dixit (121) : Alius in persona seu personaliter Pater ; alius personaliter Filius, licet eodem sensu dici possit, congruentius tamen ibi personæ nomine, personalem proprietatem intelligi putamus, ut sit sensus : alius est in persona vel personaliter Pater, id est proprietate sua Pater, alius est quam Filius.

Triplex significatio nominis (persona) — Sic itaque triplex est in Trinitate hujus nominis (persona) significatio. Est enim quando essentiam, et est quando proprietatem, et est quando significat hypostasim. Quippe quod essentiam significet, supra ex dictis Augustini aperte constat. Quod autem proprietatem. sicut dicit Hieronymus ('22) : Non nomina tantum sed etiam nominum proprietates, hoc est personas, vel, ut Græci exprimunt, hypostases, id est subsistentias confitemur. Quod vero hypostasim significet Joannes Damascenus ita inquit (123) : In Deitate unam naturam confitemur, et tres hypostases, hoc est personas, secundum veritatem entes.

Dist. XXVI. — Porro notandum hæreticos hoc nomine quod est (hypostasis) al simplices capiendos fuisse usos, quia pro persona et essentia interdum dicebatur (126). Ideo monente Hieronymo (125) cum non bonæ suspicionis sit, vel tacendum est contra hæreticos, vel cum suis interpretationibus dicendum.

De personarum proprietatibus. Quare dicvniur proproprietates. Quare dicantur notiones. Quare dicantur relationes. Jam de proprietatibus personarum videamus, quæ etiam notiones sive relationes plerumque dicuntur. Ac prius de his agamus, quæ sunt generatio, nativitas et processio. Quæ etiam proprietates dicuntur, quia secundum eas, propria personarum assignantur. Unde Augustinus (126) : Proprium Patris est, quod unum Filium genuit. Proprium Filii, quia de essentia Patris natus est. Proprium quoque Spiritus sancti est, quia de Patre Filioque procedit ; dicuntur etiam notiones, quia per eas noscuntur, hoc est ab invicem personæ distinguuntur. Etiam eædem relationes dicuntur, quia eis ad invicem personæ referuntur. Quæ quidem non sunt Deo accidentales, sed in Ipsis personis sunt ab æterno immutabiliter. Unde Augustinus (127) : Nihil in Deo secundum accidens dicitur, nec tamen omne quod dicitur secundum substantiam, de Deo dicitur. Dicitur enim ad aliquid ut Pater ad Filium, et Filius ad Patrem ; quod non est accidens, quia ille semper Pater est, et ille semper Filius. Et quia Pater non dicitur Pater,

---

(118) De Trin. lib. I, c. 2.
(119) De Trin. lib. VII, c. 4.
(150) De Trin. lib. VII, c. 6.
(121) Aug. De fide, ad Petr. c. 1.
(122) In explanatione Symboli ad Damasum

(123) Lib. III orthod. fidei, cap. 5.
(124) Vide initium XXVI dist.
(125) In epist. ad Damasum.
(126) Lib. De fide, ad Petr. c, 1 2.
(127) De Trin. l. v, c. 4 et 5.

nisi ex eo quod ei Filius est. Et Filius non dicitur Filius, nisi eo quod habet Patrem, non secundum substantiam hæc dicuntur, sed ad invicem. Denique Hilarius Patris et Filii assignans propria, ita ait : Si semper Patri proprium est, quod semper Pater est, necesse est semper Filio proprium esse, quod semper est Filius (128) ; item : Nato Deo manifestum est proprium esse, quod Filius est (129).

DIST. XXVII. *An easdem proprietates Augustinus et Hilarius assignent.* — Sed quæritur utrum easdem proprietates Hilarii et Augustinus expresserint. Quod si conceditur, idem est ergo Patri esse Patrem, et genuisse Filium. Si autem hoc est, cuicunque convenit unum et aliud. Sed natura divina est Pater, ergo genuit Filium, quod non sane dicitur. Huic autem quæstioni sine præjudicio sanioris sensus respondentes, dicimus quod Hilarius ubi dixit proprium est Patri, quod semper Pater est, ita intelligendum, ut hoc nomen (Pater) ibi hypostasim significet, cum determinatione relationis, ut sit sensus ; Proprium Patri est, quod semper Pater est, hoc est quod semper genuit. Quem sensum ipse quoque declarat cum subjicit : Ergo qui non semper Pater est, non semper genuit. Cæterum cum de natura divina Pater dicitur, hypostasim sine determinatione relationis ponit : vel ut planius dicatur, non relative dicitur, ut sit sensus : Natura divina est Pater, hoc est hypostasis quæ Pater est. Sic de hoc nomine (Filius) et (Spiritus sanctus) intellige.

Nominum in divinis diversitas, An idem sit dicere aliquid esse Patrem et genuisse Filium. — Denique vocabulorum, alia significant hypostases cum relationibus, ut generans, natus, procedens, et hujusmodi. Alia significant relationes tantum, ut generatio, nativitas, processio, et hujusmodi. Et hæc omnia tam de personis quam de natura dicuntur : alia sunt quæ determinationes significant tantum, ut gignere, nasci, et procedere, et similia, quæ tantum de personis, nunquam autem de natura divina dicuntur. Etenim proprietates, tantum personas, non naturam determinant. Unde Joannes Damascenus (130) : Non differunt ab invicem hypostases secundum substantiam, sed secundum characteristica idiomata, id est determinativas proprietates. Characteristica vero, hoc est determinativa sunt hypostaseon, et non naturæ. Ac per hoc videtur, non omnino idem esse dicere, aliquid esse Patrem, et genuisse Filium : vel aliquid esse Filium, et habere Patrem ; vel esse Spiritum sanctum, et procedere ab utroque (131).

Quomodo homo sit Filius Trinitatis. — Plane ei quod Hilarius dixit (132), Deo nato Deo proprium esse quod Filius est, contrarium esse videtur, quod etiam homines filii Dei sunt et dicuntur, secundum illud :

Filii Excelsi omnes (Psal. LXXXI). Et illud : *Filius meus primogenitus Israel* (Exod. IV). Cæterum homines filii Dei sunt, factura ; Unigenitus autem nascibilitatis proprietate. Unde idem Hilarius (133) : Nos quidem filii Dei sumus, sed per facturam, quia per gratiam facti sumus, non nati ; acquisiti, non generati. Ex adoptione enim homo Filius Dei est, non ex generatione.

Quomodo Trinitas sit Pater hominis. — Sciendum quod tota etiam Trinitas Pater hominis dicitur : unde Aug. (134) : Non potest dici Trinitas Pater, nisi forte translative ad creaturam, propter adoptionem filiorum ; quem enim unum Dominum Deum nostrum recte dicimus, etiam Patrem nostrum propter gratiam suam nos regenerantem recte dicemus. Constat enim unigenitum Filium Dei esse, sed proprie et per naturam. Homines etiam, sed per gratiam. Ita quoque cum plura sint dona Dei, Spiritus sanctus proprie dicitur donum Dei, eo quod æterna proprietate vel relatione dicatur, quæ in hoc nomine donum manifeste apparet. Unde Augustinus (135) : Spiritus sanctus, qui non est Trinitas, sed in Trinitate, intelligitur in eo quod proprie dicitur Spiritus sanctus ; relative autem dicitur, cum ad Patrem Filiumque refertur ; sed ipsa relatio non apparet in hoc nomine : apparet autem cum dicitur Dei donum. Nec moveat quod hæc nomina vicissim ad Patrem et Filium non respondent ; in multis enim relativis hoc contingit, ut non inveniatur vocabulum, quo sibi vicissim respondeant. Cum ergo dicimus donum Patris et Filii, non quidem dicimus, Patrem doni, aut Filium doni ; sed, ut hæc vicissim respondeant, dicimus donum donatoris, et donatorem doni ; donator tamen non fuit Deus, nisi ex tempore, cum Spiritus sanctus sit donum ab æterno.

De nominibus (Verbum) *et* (imago). — Præterea sunt alia nomina, quæ relative dicuntur ad Patrem, eadem notione qua Filius, ut *Verbum* et *imago*. Unde Augustinus (136) : Eo dicitur Filius quo Verbum, et eo Verbum quo Filius. Idem (137) : Dicitur relative Filius, relative etiam dicitur Verbum et imago. Et in his omnibus vocabulis ad Patrem refertur ; nihil autem horum Pater dicitur.

An hæc nomina Deus, lumen, etc., *dicantur secundum substantiam.* — Denique essentiæ nomina, ut Deus, lumen, et hujusmodi, nunquam relative dicuntur. Aliquando autem pro relativis, sed pro personis accipiuntur, ut cum dicitur, Deum de Deo, lumen de lumine. Alterum enim pro Patre, alterum pro Filio ponimus.

DIST. XXVIII. *De hoc nomine* imago. — Aliquando tamen imago essentiam signat, velut ibi: *Faciamus hominem ad imaginem et similitudinem*

---

(128) Hilarius, De Trin. l. XII, in medio libri.
(129) Idem Hil. paulo ante medium.
(130) L. III De orth. fide, c. 6.
(131) Confer. cum m. 26 dist.
(132) Lib. XII De Trin. paulo ante medium.
(133) De Trin. lib. XII circa principium.
(134) Lib. V De Trin. c. 11.
(135) Lib. V De Trin. c. 11.
(136) De Trin. l. VII ; De Trin. cap. 2.
(137) Eod. lib. c. 3.

nostram (Gen. 1). Unde Hilarius (138): Homo fit ad communem imaginem.Et Aug.(139) :Una est Trinitatis imago, ad quam factus est homo. Notandum etiam quod Patrem esse, Filium esse, tantum relatione sunt diversa. Uude,quamvis diversum sit esse Patrem et esse Filium, non est tamen diversa substantia, quia hoc non secundum substantiam dicitur, sed secundum relativum.

De hoc nomine, ingenitus. — Oportet præterea scire Patrem dici ingenitum alia proprietate quam genitorem. Unde cum de Deo Patre utrumque dicatur, alia notio est, qua intelligitur genitor,alia qua ingenitus. Hæc autem est innascibilitas.Unde Hilarius (140); Est unus ab uno, id est genitus ab ingenito, proprietate videlicet in unoquoque et originis et innascibilitatis.At secundum hanc notionem, ad non genitorem refertur. Unde Aug. (141): Sicut Filius ad Patrem, et non Filius ad non Patrem refertur; ita genitus ad genitorem, et non genitus ad non genitorem referri necesse est. Ingenitus porro quid est, nisi non genitus?

DIST. XXIX. *De hoc nomine,* principium. — *Quid esse principium ad creaturas.* — Nomen aliud præterea est, scilicet principium, quod semper relative dicitur, multipliciter tamen. Dicitur enim Pater principium, et Filius, et Spiritus sanctus,sed differenter. Nam Pater principium est ad Filium, quia ab eo genitus est, et ad Spiritum sanctum, quia ab eo procedit.Unde Augustinus (142): Pater est principium totius divinitatis, hoc est, Filii et Spiritus sancti, in quibus singulis tota divinitas est. Filius autem Spiritus sancti principium est, quia ab eo procedit. Spiritus vero sanctus, tantum ad creaturas principium est. Denique Pater principium est sine principio; Filius vero principium est de principio; et Spiritus sanctus principium de utroque. Cæterum Pater est ab æterno principium Filii; et Pater et Filius principium Spiritus sancti: Spiritus vero sanctus non ab æterno est principium, sed ex tempore. Quippe cum creaturarum tantum principium sit, creaturis esse incipientibus, et ipse cœpit principium esse earum. Ita etiam tota Trinitas cœpit esse principium ad creaturas. Esse autem principium ad creaturas, est esse Creatorem. Unde Augustinus (143): Cum diceretur ei : *Tu quis es?* Respondit: *Principium, qui et loquor vobis (Joan.* VIII). In quo Creatorem se ostendere voluit.

Trinitas est unicum principium, non tria. — Hi autem tres non sunt tria principia, sed unum,quia uno eodemque modo operantur in rebus ut sint. Hoc autem intelligens Apostolus ait : *Ex ipso, et per ipsum, et in ipso sunt omnia (Rom.* XI). Dicendo autem, omnia, naturas intellige, et quæ naturaliter sunt, non peccata quæ naturam viciant, et ex voluntate peccantium nascuntur.

Quomodo Pater principium et auctor sit Filii. — Dicitur autem principium Pater ad Filium, eo quod genitor.Etenim si gignens ad id quod gignitur principium est, Pater ad Filium principium est, quia genuit eum. Eodem modo etiam Pater auctor dicitur Filii. Unde Hilarius (144): Ipso quo Pater dicitur, ejus quem genuit auctor ostenditur, id habens nomen, quo neque ex alio perfectum intelligatur, et ex quo is qui genitus est substitisse doceatur.

Pater et Filius sunt unicum principium Spiritus sancti. — Fatendum quoque est Patrem et Filium unum principium esse Spiritus sancti,non duo. Ut enim Pater et Filius ad creaturam, unus Creator et unus Dominus dicitur, sic relative ad Spiritum sanctum unum principium. Cumque principium dicantur ipsi duo ad Spiritum sanctum : quia Spiritus sanctus procedit ab utroque.Nec aliter procedit a Patre quam a Filio. Sane intelligi potest, Patrem et Filium eadem relatione sempiterna dici principium Spiritus sancti, cujus relationis nomen non habemus.

DIST. XXX. *De his quæ proprie temporaliter de Deo dicuntur.*Sunt etiam quædam nomina, quæ ex tempore Deo conveniunt, et relative de Deo dicuntur, velut creator,dominus, refugium,et hujusmodi. Unde Augustinus (145): Creator relative dicitur ad creaturam, sicut dominus ad servum : ista ergo relativa appellatio ex tempore est Deo. Alioquin cogimur creaturam sempiternam dicere,quia ille sempiterne non dominaretur, nisi etiam ista sempiterne famularetur. Sicut autem non potest esse servus, nisi habeat dominum, sic nec dominus,nisi habeat servum Hæc autem de Deo dicuntur secundum accidens, quod non in ipso, sed in creatura tantum est. Et ideo sine mutatione sui, hæc dicitur Deus, quod in minori apparet.

Nummus enim cum dicitur pretium, relative dicitur, nec tamen mutatus est cum cœpit esse pretium, neque cum dicitur pignus, et hujusmodi. Si ergo in his minimis hæc ita se habent, multo fortius de illa incommutabili substantia Dei credendum est, quod aliquid ex tempore dicatur,nihil tamen mutata.Appellatio itaque qua creatura ad Creatorem refertur, relationem in ipsa creatura ponit. Qua vero Creator ad creaturam refertur, relativa tantum appellatio est, nullam proprietatem in Deo notans.

Spiritus sanctus dicitur datus relative ex tempore. — Sic Spiritus sanctus datus, vel donatus dicitur, ex tempore relative.

An Spiritus sanctus dicatur relative ad seipsum.

---

(138) De Trin. l. v a principio libri : in l.De fide, ad Petr., cap. 10.
(139) De Trin. lib. IV, non longe a fine libri.
(140) De Trin. l. v, c. 7.
(141) De Trin. l. IV, c. 20.
(142) De Trin. l. v, c. 13.
(143) Aug. De natura bon., c. 28.
(144) Lib. IV De Trin. non longe a principio.
(145) De Trin. l. v, c. 15.

— Si autem quæritur an Spiritus sanctus ad semetipsum relative dicatur, quia Augustinus ait(146), quod datur, refertur ad illum qui dat, et ad illum cui datur, et Spiritus sanctus dat seipsum. Respondemus Spiritum sanctum ad se non referri, quia dans, Trinitas est, cui d tur, creatura. Vel nullum inconveniens esse dicimus, si hic ad seipsum referri dicatur, quia dati vel donati appellatio, quantum ad dantem, nullam notat proprietatem, sed quantum ad recipientem duntaxat. Quod, si quantum ad dantem proprietatem notaret, tunc non posset ad seipsum referri. Etenim sic a seipso diceretur diversus. Quod non faceret appellatio sola, sed proprietas.

Dist. — XXXI. *De significatione relativorum* similis *et* æqualis. — In Trinitate præterea dicitur æqualis et similis, relative quidem, quia sicut Hilarius ait (147) : Sicut simile sibi nihil est, ita et æquale aliquid sibi non dicitur. Non autem secundum relationem, sed secundum substantiam dicitur. Unde Augustinus (148) : Non secundum hoc, quia ad Patrem dicitur, Filius est æqualis Patri. Restat igitur ut secundum id æqualis sit, quod ad se dicitur, hoc est, secundum substantiam. Igitur in his sola appellatio relativa est ; æqualitas autem et similitudo, in tribus personis, est summa et indifferens substantiæ divinæ simplicitas.

Æqualis et similis alia expositio. — Porro quidam dicunt, his nominibus non aliquid poni, sed removeri, ut Filius dicatur æqualis Patri, quasi nec major eo sit, nec minor. Ita et similis quasi in nihilo diversus, vel dissimilis, quod satis fideliter dici manifestum est.

Quomodo Hilarius in Trinitate personarum proprietates ostendat. — Non est autem prætereundum, quod Hilarius proprietates personarum insinuans ait(149) : Æternitas est in Patre, species in imagine, usus in munere. In æternitatis autem vocabulo, non eum sequendum arbitratur Augustinus (150) ; nisi quod Pater non habet Patrem de quo sit. Denique in imagine speciem nominavit, credo propter pulchritudinem, ubi est prima æqualitas, et tanta congruentia, ut ad identitatem ei cujus est imago respondeat. Est autem Patris et imaginis delectatio, vel beatitudo ineffabilis (si tamen voce humana digne dicitur), quæ usus ab eo breviter dicta est. Munus autem idem est quod donum. Donum est Spiritus sanctus. Qui videt hoc ex parte vel per speculum, gaudeat cognoscens Deum, et gratias agat. Qui vero non videt, tendat per pietatem ad videndum, non per cæcitatem ad calumniandum.

Quomodo Augustinus personarum proprietates distinguat. Unitas tribuitur Patri. Æqualitas Filio. Concordia Spiritui sancto. — Augustinus etiam propria personarum distinguens ait (151): In Patre est unitas ; in Filio æqualitas ; in Spiritu sancto unitatis æqualitatisque concordia. Et tria hæc omnia, unum propter Patrem ; æqualia omnia propter Filium ; connexa omnia propter Spiritum sanctum. Denique unitas Patri secundum Augustinum attribuitur, ea forsan ratione, qua eidem æternitas supra attributa est, secundum Hilarium. Vel ideo etiam, quia Pater unum principium totius Deitatis. Qui cum sit unus Deus, nascenti de se Filio, procedenti a se Spiritui sancto, unum eumdemque Deum esse dedit secum. Sicque omnia sunt unum propter Patrem. Æqualitas autem Filio, quia ipse est imago Patris. Imago autem si perfecte illud implet cujus est imago, ipsa coæquatur ei, non illud imagini suæ. Filius autem perfecte implet illud cujus est imago, unde coæquatur ei. Datur etiam a Filio Spiritui sancto ut ibi et Patri sit æqualis. Per hoc itaque elucet utrumque, qualiter hæc tria sint propter Filium æqualia, non a Filio. Ista sine præjudicio melioris sensus, cum timore pronuntiamus. Cæterum concordia Spiritui sancto attribuitur, quod facilius intelligere licet. Est enim Spiritus amor ineffabilis Patris et Filii. Unde Augustinus (152) : Spiritus est summa charitas, utrumque conjungens, nosque subjungens. Recte igitur propter eum omnia connexa dicuntur. Inde est quod in sapientia omnia dicitur continere.

Dist. XXXII. *Utrum Pater vel Filius per Spiritum sanctum diligat. Quomodo intelligendum, Pater et Filius Spiritu sancto diligunt.* — Ex his denique, cum etiam supra dictum sit : Spiritus sanctus est, quo genitus a gignente diligitur, genitoremque suum diligit (Sap. 1) : videtur Pater et Filius Spiritus sanctus esse, quia in Trinitate nihil est aliud esse, quam diligere. Sed dicimus distinguendum esse quod dicitur, Pater et Filius Spiritu sancto diligunt, hoc est, per Spiritum sanctum, bene dicitur ut supra Aug. per Spiritum sanctum scilicet omnia esse connexa. Si vero dicitur, Spiritu sancto, hoc est, a Spiritu sancto diligunt, falso dicitur. Sic enim auctoritas principii in Spiritu sancto poneretur. Vel ut dicitur, Pater æqualis est Filio, per Filium, non utique a Filio. Vel etiam diligere, non significare ibi esse dicimus, sicut nec dilectio in Trinitate semper significat essentiam. Ut ibi probat Aug. (153) : Deus est dilectio. Relative quippe dici videtur, quod genitus a gignente, Spiritu sancto diligitur. Quod si absolute diceretur, Pater sive Filius diligit, vel diligens est Spiritu sancto, tunc arbitror substantive diceretur. Quod cum nunquam occurrat, puto eo ipso prædictum sensum adjuvari. Quod si ita sit, inanis est quæstio, cum aliud in Trinitate sit, Patrem Spiritu sancto diligere, et Patrem Spiritu sancto Filium diligere.

Duæ quæstiones. Utrum Pater sit sapiens, sapien-

---

(146) Lib. v de Trin. c. 14.
(147) Lib. iii de Trin. non longe a fine.
(148) De Trin. lib. v, c. 6.
(149) In lib. De synodis.

(150) De Trin. lib. vi, c. 10, exponit verba Hilar.
(151) Lib. i De Doct. Chr. cap. 1.
(152) De Trin. l. vii, c. 3.
(153) Lib. vi, de Trin. c. 5.

tia genita. — Quæritur utrum Pater sit sapiens, sapientia genita, quod videtur ex eo quod Apostolus dicit, Christum esse Dei virtutem et Dei sapientiam, hoc est, Patris (*I Cor.* 1). Quod si ita est, probatur consequenter Pater esse ea, quia hoc ibi est esse quod sapere.

Utrum Filius sit sapiens, sapientia genita. — Item quæritur utrum Filius sit sapiens, sapientia genita, quod concedendum esse videtur. Alioquin enim non videtur sapiens seipso, cum ipse sit solus sapientia genita. Sane si conceditur, incurritur prædictum inconveniens. Ad quod dicimus, neque Patrem, neque Filium, sapientia genita sapientem esse, sed ingenita, quæ tantum Pater est. Unde Aug. (154): Est Deus Pater sapiens, ea quæ ipse est sua sapientia, et Filius sapientia Patris est sapiens de sapientia quæ est Pater, de quo est genitus. Sic etiam de intelligente et intelligentia dicendum est.

Quomodo Filius dicitur sapientia et virtus Dei Patris. — Porro Filius dicitur sapientia Patris et virtus, non quia Pater per eum sapiat vel possit, sed quia Filius sapientia et virtus est, de Patris sapientia et virtute : ne autem per hoc plures sapientias dicere putemur, unam tantum in Trinitate confitemur sapientiam, sed quæ non tantum uno modo dicitur. Dicitur autem genita vel ingenita sapientia, nec est genita ingenita, una tamen tantum sapientia. Sicut unus Deus tantum est. Dicitur et genitus et ingenitus, nec genitus est ingenitus. Unus tantum idemque Deus.

An Filius sapiens sit seipso. — Item quæritur an Filius sapiens sit seipso : quod distinguimus : si ergo dicitur seipso, id est a seipso, falso dicitur ; vere autem dicitur seipso, hoc est, per seipsum. Velut dicitur Filius agere non a se, sed per se. Unde Hilarius (155) : Naturæ cui contradicis hæretice, hæc unitas est, ut ita per se agat Filius, nec a se agat : et ita non a se, ut per se agat. Denique dicens non a se agit, auctoritatem principii ab eo removet. Dum vero dicit per se agit, unitatem naturæ in eo confitetur.

DIST. XXXIII. *An proprietates personarum sint ipsæ personæ vel Deus. Quod proprietates sint personæ.* — Denique fideliter firmiterque tenendum est proprietates, de quibus hactenus disseruimus, in personis esse, pro eo quod scriptum est : In persona proprietas, et in essentia unitas (156). Et ipsas personas esse, alioquin multiplicitas esset in Deo. Plane quidquid Deus ab æterno habet, Deum esse, manifesta veritate probatum supra reliquimus, exceptis relativis. Proinde personas proprietatibus distingui, et ipsas esse personas, sic aperto Hieron. dicit (157). Sabellii hæresim declinantes, tres personas expressas sub proprietate distinguimus. Non enim nomina tantum, sed et nominum proprietates, hoc est, personas confitemur. Sunt tamen qui mente sacrilega et voce infausta hoc negare non trepidant : blasphemius aliquid addentes, scilicet proprietates utique in personis esse, sed non intrinsecus, imo etiam extrinsecus affixas. Quod ridiculum de insania præsumptionis eorum erumpere non dubitamus. Denique quod somniant, ita probare contendunt. Si proprietates, inquiunt, personæ sunt, non eis personæ differunt. Contra quod dicimus, quia etiam seipsis personæ differre dicuntur. Unde Hieron. de his tribus loquens dicit (158) : Substantia unum sunt, personis autem ac nominibus distinguuntur. Sunt etiam divina essentia ipsæ proprietates. Unde Hilarius de una earum ait (159) : Nativitas non potest non esse ea natura, unde nascatur Filius, non tamen divina essentia, sed solis proprietatibus personæ differunt. Quod quidem vere dicitur, sed qualiter hoc sit, nec attingitur nec tenetur. Verborum enim significantiam rei ipsius natura consumit.

Insurgunt etiam veritatis æmuli et dicunt : Si paternitas et filiatio in divina essentia sunt eadem res igitur Pater est et Filius : et sic ipsa eadem res et generat et generatur. Quod hæretice dici plusquam manifestum est, Sed qui hoc dicunt, supra etiam moniti esse debent, proprietates, non naturas, sed tantum personas determinare. Quod semel dictum etiam hic iterare non piget, quo sæpius versando, familiarius innotescat. Characteristica ergo, inquit Joannes (160), idiomata sunt, hoc est, determinativæ proprietates hypostaseos, et non naturæ. Sed, inquiunt, quomodo in essentia sunt proprietates, et eam non determinant, cum in personis ita sint, quod eas determinent ? Dicimus autem firmiter ita esse tenendum, sed qualiter hoc sit, non confundamur, nescire fateri cum Hilario etiam dicente (161): Ego nescio, non requiro, sed consolabor me tamen : archangeli nesciunt, angeli non audierunt, sæcula non tenent, Propheta non sensit, Apostolus non quæsivit, Filius ipse non edidit. Cesset ergo dolor querelarum.

DIST. XXXIV. *Quare distincte dicatur Pater potens, Filius sapiens, Spiritus sanctus benignus.* — Præterea sciendum est quod potentia, sapientia, benignitas, tametsi tribus personis conveniant, quia secundum substantiam dicuntur, Scriptura tamen frequenter hæc nomina distincte ad personas referre solet, ut Patri potentia, Filio sapientia, Spiritui sancto benignitas tribuatur, non otiose quidem. Quippe hæc nomina pater et filius in creaturis accepta : priorem filio patrem, et sic ex antiquitate defectum in patre : et filium patre posteriorem, et sic in eo sensus imperfectionem notare solet. His autem ad Creatorem translatis, ne infirmitas hominis de si-

(154) De Trin. l. xv, c. 7.
(155) De Trin. l. ix, post medium.
(156) Ecclesia in præfatione de Trin.
(157) In expositione Symboli ad Damasum.

(158) Loco superius signato.
(159) De Trin. l. vii, in medio libri.
(160) Damas. l. iii, De orthod. fide, c. 6.
(161) L. i de Trin. non longe a principio.

militudine creaturæ Dei abscondita metiretur, occurrit Scriptura dicens : Patrem potentem, ne videatur prior Filio, et ideo minus potens. Et Filium sapientem, ne videatur posterior Patre, et ideo minus sapiens. Non quod Pater ibi solus sit potens, vel magis potens ; aut Filius solus, vel magis sapiens. Item : Hoc nomen Spiritus atrocitatem notare solet ac rigorem. Ne autem aliquid homo de Deo tale putaret, per quod ad Deum accedere metueret, Scriptura temperavit sermonem, nominans Spiritum benignum, non quod solus Spiritus sit benignus, vel magis benignus.

De nominibus per metaphoram de Deo dictis. — Postremo sciendum, speculum, splendor, figura, et similia, quæ de Deo per translationem dicuntur, nullatenus ad expressionem proprietatis eorumdem nominum dici, sed ad aliquam spiritualem intelligentiam habendam, quam ex causis dicendi, suis quibusque locis, pietas lectoris assumat.

DIST. XXXV. *De scientia Dei ingeneriti secundum se. Scientia Dei habet multa nomina.* — Quamvis plura præmissa sunt de his quæ de Deo secundum substantiam dicuntur, de quibusdam eorum tamen specialis ponendus est tractatus, scientia videlicet, Dei voluntate et potentia. Scientia igitur Dei cum sit una et simplex, diversa sortitur nomina, propter diversos rerum creatorum effectus. Dicitur enim præscientia, dispositio, providentia, et prædestinatio. Est autem præscientia et providentia de futuris tantum, tam de bonis quam de malis ; dispositio vero de faciendis, providentia de gubernandis, prædestinatio de salvandis, et eorum bonis, quibus hic liberantur, et in futuro coronabuntur. Unde Apostolus : *Elegit nos ante mundi constitutionem, ut essemus sancti et immaculati (Ephes.* I.) Et propheta : *Oculus non vidit, Deus, abs te, quæ præparasti diligentibus te (Isa.* LXIV ; *I Cor.* II). Sed si ita est, videtur, quod si futura ab æterno non essent, nec præscientia nec aliorum singulum in Deo esset, et ita nec essentia. Quia in Deo idem est essentia, quod, præscientia. Item si ab æterno futura non essent, nec Deus præsciret, et ita non esset, cum idem sit ei præscire quod esse. Ad quod dicimus, quia hoc nomen *præscientia,* et singulum prædictorum essentiam designant et relative ad futura dicuntur. Ac per hoc cum ita dupliciter sint, distinguenda est locutio qua dicitur : Si nulla essent futura, non esset in Deo præscientia, hoc est, non esset in Deo scientia, quæ est præscientia, mentitur.

Si vero dicatur esse in Deo scientia, sed qua futura non comprehenderet, vera est.

Similiter et istam : Si nulla essent futura, Deus non esset præscius. Distingues : Ita et de cæteris dicas, quippe et si nihil tale de Deo diceretur, cum nulla essent ab æterno futura, nihilominus tamen in Deo scientia esset, quæ est de omnibus, tam de bonis quam de malis temporalibus et æternis.

Unde Ambrosius scilicet (162) : Omnis ratio supernæ et æternæ sapientiæ in eo est, quia omnem sapientiam et essentiam capit sua immensa sapientia. Ideo omnia esse dicuntur in Deo ab æterno.

Unde Augus. (162*) : Hæc visibilia antequam fierent erant, et non erant ; in Dei scientia, non erant et in sua natura. Nota enim fecit, non facta cognovit. Inde est quod dicitur : *Quod factum est, in ipso vita erat (Joan.* I), non quid creatura sit creator, sed quia in ejus scientia semper est, quæ vita est.

DIST. XXXVI. *Quomodo res sint in Deo.* — Secundum hoc dicitur, quod vocat ea quæ non sunt, tanquam ea quæ sunt. Unde Augustinus (163): Et pulchritudo agri mecum est. Cum illo sunt omnia, cognitione quadam ineffabili sapientiæ Dei.

Sed cum idem sit scientia Dei, et natura, vel essentia, quæritur an omnia sint in Dei natura? Non, cum dicit Augustinus (164) : Electos habet apud semetipsum, non autem in natura sua, sed in præscientia. Sed cum idem sit omnino natura Dei et scientia, quid est, quod in scientia omnia esse dicuntur, et non in natura ? Forsan hæc est una de causis, quia hoc nomen natura simpliciter ponit essentiam ; scientia vero idem esse utique ponit, sed non omnino sine respectu scibilium dicitur. Inde est etiam, quod non quidquid in scientia Dei est, in ejus dilectione esse dicitur, quia hæc nomina, dilectio, scientia, et hujusmodi, cum propter varios status rerum de creaturis sint translata ad Creatorem, diversis respectibus dicuntur ad res ipsas. Quibus impedientibus non quidquid per unum nomen dicimus, per aliud etiam dicere debemus : verbi causa, omnia in Dei scientia sunt, quia nihil effugit plenitudinem ejus notitiæ. Non autem omnia in dilectione sua sunt, quia non omnibus munus gratiæ conferre dignoscitur.

An mala debeant dici esse in Deo. — Sed cum omnia in Deo sint per scientiam, quæritur utrum concedamus mala esse in Deo? Scit enim omnia Deus, tam bona quam mala. Sane quis nisi insanus mala esse in Deo concedat? Ideo hoc verbum Deus scit, pro varietate scibilium distinguendum est. Scit enim Deus quædam tantum esse vel præterita vel futura esse, ita quod nec approbat, nec sibi placent. Unde et a longe cognoscere ea dicitur. Sicut scriptum est : *Et alta a longe cognoscit (Psal.* CXXXVIII). Secundum quod quibusdam dicet : *Non novi vos (Matth.* VII). Hujusmodi non dicuntur esse in Deo, quia eis auctoritatem existendi non præstat. Ea igitur tantum in Deo esse dicuntur, quorum auctor est, bona scilicet quæ *ex ipso,* et *in ipso,* et *per ipsum sunt,* ut ait Scriptura *(Rom.* XI). Quæ tria, ut Ambrosius ait (165), unum sunt quantum

---

(162) Ambr. super Gen. ad litteram c. XVIII.
(162*) Lib. V De fide, c. 8.
(163) Super illum locum psal. XLIX.

(164) De verbis apost. sermone undecimo.
(165) Lib. III De Spiritu sancto, 12.

ad auctoritatem rerum quæ sunt, ut sint. Sane non confuse hoc accipiendum est, quod Apostolus ad distinctionem personarum posuit. Ex ipso dicens, propter Patrem ; per ipsum, propter Filium ! in ipso, propter Spiritum sanctum. Sic tamen hoc credas, ut omnia ad singulum referas. Ex Patre enim, et per Patrem, et in Patre sunt omnia. Ita de Filio et Spiritu sancto. Notandum tamen generalius dici ex ipso quam de ipso. Ex ipso enim cœlum et terra, sed non de ipso, cum non sint de sua substantia. Sicut ex homine tam filius est. quam domus ab eo facta, sed de homine solus filius.

DIST. XXXVII. *Quomodo Deus est in rebus et locis corporalibus.* — Dicto qualiter res sint in Deo, quærendum videtur, qualiter Deus sit in rebus ? Est igitur sciendum Deum tantum in seipso esse, antequam res creatæ essent. Creatis itaque cœlo et terra, ipsa replevit. Unde cœlum et terram ego compleo *(Jer.* XXIII). Augustinus etiam (166) : Deus ubique, cui non locis, sed actionibus propinquamus.

Quomodo Deus sit generaliter in rebus et specialiter in sanctis. — Est igitur Deus præsentialiter, potentialiter, essentialiter in omnibus rebus communiter : at in sanctis specialiter, scilicet per inhabitantem gratiam, unde Gregorius (167) : Licet Deus communi modo rebus omnibus insit præsentia, potentia, substantia : familarius tamen per gratiam inest illis, qui mirificentiam operum Dei acutius considerant et fidelius. Unde cognoscunt illum et diligunt. Ac per hoc inhabitare illos dicitur Deus. Hinc est : *Cœlum mihi sedes ; terra autem scabellum pedum meorum (Isv.* LXVI). Et alibi (167*) : Thronus sapientiæ, anima juxta est. Propter hoc igitur est quod non dicimus : Pater noster qui es ubique, cum et hoc verum sit, sed qui es in cœlis, hoc est in sanctis.

Quomodo Deus inhabitet quosdam eum non cognoscentes. — Inhabitat etiam Deus quosdam nondum cognoscentes eum, velut parvulos sacramento Christi confirmatos, quos ipse sibi dilectissimum templum gratia suæ bonitatis ædificat.

Quomodo Deus sit in Christo. — Est etiam Deus in homine Christo, excellentiori modo, qui non per adoptionem sed per unionem, quippe in quo plenitudo divinitatis corporaliter inhabitat. In Christo igitur Deus excellenter, in sanctis misericorditer, ubique ineffabiliter ; sed qualiter sit, explicare non possumus. Multa enim de Deo intelligimus, quæ loqui penitus non valemus. Ita etiam multa loquimur, quæ intelligere idonei non sumus.

Quomodo Deus sit ubique, nec tamen coinquinatur sordibus. — Sane cum ubique sit Deus, quomodo sordibus non inquinatur natura? Sed quantum hoc sit frivolum, etiam in spiritu creato probatur et in solis radiis manifesto irridetur.

Quod non mutetur per loca et tempora. Quid sit per tempus mutari et locum. — Cum autem Deus sit ubique, et omni tempore, non tamen movetur per loca et tempora, quod solum creaturarum est. Unde Aug (168) : Omnipotens incommutabili æternitate, voluntate, veritate, semper idem, movet per tempus creaturam spiritualem : per tempus autem et locum, creaturam spiritualem : per tempus autem et locum, creaturam corporalem ; non tamen ejus substantia, qua Deus est, temporibus locisque mutatur. Per tempus autem mutari est variari secundum qualitates. Per locum autem mutatur quod locale est : quod duobus modis contingit. Dicitur enim locale aliquid, quod interpositione sui faciat circumstantium distantiam propter dimensiones, quod proprium est corporis. Unde Aug. (169) : Locus in spatio est, quod longitudine, altitudine, et latitudine corporis occupatur. Dicitur etiam locale, quod loco tantum terminatur, hoc est ita est alicubi, quod non est ubique, quod etiam angelo convenit. Unde etiam Beda (170) : Angelus spiritus circumscriptus est. Summus autem Spiritus incircumscriptus, intra quem currit angelus, quocunque mittatur. Item Ambr. (171) : Seraphin de loco ad locum transit, nec enim omnia complet ; Deo autem nihil horum convenit. Quippe, nec distantiam sui interpositione facit, nec ita est alicubi, quod non sit ubique. Ubique enim Deum esse supra probatum est. Non tamen quasi spatiosa magnitudine opinandus est per cuncta diffundi, sicut lux ista vel humus, sed potius sicut in duobus sapientibus æqualiter, quorum alter altero grandior est corpore, eadem tamen sapientia, nec in majore major, nec in minore minor, nec in uno minor qaam in duobus : ita Deus in cœlo totus, in terra totus, et in utroque, et ubique totus. (172) Non igitur mutatur Deus per loca et tempora, quia nec ullis qualitatibus variatur. Nec movetur ob id, quod in pluribus est hodie creaturis quam heri. Quippe in hoc non ipse, sed creaturæ tantum incipiendo esse, vel deficiendo, mutantur.

DIST. XXXVIII. *An præscientia Dei causa sit futurorum.* — Nunc repetentes superiora, quæramus si scientia Dei, præscientia, providentia, sint causa futurorum. Quod si ita videtur quod impossibile sit, non evincre quæ præscita sunt: impossibile enim est Dei præscientiam falli. Falleretur autem, si præscita non evenirent. Augustinus etiam dicit (175) : Universas creaturas non quia sunt, ideo novit ; sed ideo sunt, quia novit. Item alibi (174) : Hæc quæ creata sunt, non ideo sciuntur a Deo quia facta sunt, sed potius ideo facta sunt, quia immutabiliter a Deo

---

(166) Lib. I De doctrina Christiana, c. 10.
(167) Super Cantica, c, 61.
(167*) Greg., in l. Sapientiæ, c. 7.
(168) super Gen. l. VIII, c, 22, 23.
(169) Lib. LXXXIII Qustionum, q. 20.

(170) Super Lucam c. Ego sum Gabriel.
(171) L. De spiritu I, c. 6 et 10.
(172) Aug., ad Dardanum epist. 57.
(173) De Trin. l. xv, c. 13.
(174) De Trin. l. VI.

An scientia Dei sit causa malorum. Deus neminem cogit peccare. — Sane si hoc dicitur, et malorum etiam scientia Dei causa esse videtur. Cum et ea sciverit, antequam fierent, quod est absurdum. Ad quod dicimus: Impossibile est præscita non evenire, hoc est nunquam aliter contigit, ideo autem ab Augustino positum, non est causale, sed consecutivum, ut sit sensus : Non quia suut, ideo earum, sed ideo sunt, quia novit, id est non notitia Dei secuta est existentiam rerum, sed existentia earum, notitiam Dei. Quod ipse declarat cum sequenter adjungit : Non enim nescivit, quæ fuerat creaturus : vel de bonis, intellexit ibi August. (175) quorum utique Deus causa est, non de malis, quæ tantum notitia comprehendit, quorum non est auctor, utpote quæ non sunt sua. Unde non ideo quemquam ad peccandum cogit Deus. quia futura hominum peccata prænovit. Illorum enim præscivit peccata non sua.

An necessario a Deo creata sint bona. — Sed quia bonorum Deus est causa ut sint, nunquid necessitate bona fiunt? Si enim ita est, non proficiunt, cum omne meritum penes voluntatem consistit. Et Propheta : *Voluntarie sacrificabo tibi (Psal.* LIII*).* Si dicimus quia Deus bonorum est, ut sint causa effectiva, vel dispositiva, non necessitatem inferens: Quid id esset, si libero arbitrio exstincto, bona quælibet efficeret etiam nobis invitis.

Quod futura non sint causa scientiæ Dei. — Patet ergo quomodo Dei scientia non sit futurorum causa. Denique futura nullatenus sunt causa scientiæ ipsius, cum nec temporale æterni, nec creatura sit causa Creatoris. Origenes tamen dicit (176) : Non propterea aliquid erit, quia id scit Deus futurum : sed quia futurum est, ideo a Deo scitur, antequam fiat. At hoc sic intelligo, non sciretur a Deo futurum, nisi esset futurum.

An præscientia Dei falli possit. — Licet autem præscientia Dei falli non possit, a quibusdam tamen oppositum sic probatur. Quia potset aliquid non evenire, cum evenire sit præscitum, vel evenire, cum non scit præscitum evenire. Quod si esset, falleretur Dei præscentia. Sed quamvis ad instantiam mutipliciter respondeatur, dicimus tamen eo duntaxat modo aliquid fuisse prævisum, quo eveniret. Cæterum hæc locutio : Impossibile est aliter evenire cum sit præscitum, prævisum et hujusmodi, secundum conjunctionem et disjunctionem sunt determinandæ. Si enim ita intelligas, non potest simul utrumque esse, quod Deus præscierit hoc ita fieri, et aliter flat, verum est. Quod si ita dicis, hoc non potest aliter fieri. quam sic, sicut ante Deus fieri præscivit, falsum est.

DIST. XXXIX. *An Dei scientia possit augeri vel minui.* — Similiter quæritur utrum scientia Dei possit augeri vel minui. Quod ita probari videtur, quia posset facere, quod nunquam facturus esset: et illud si faceret, sciret. Item posset Deus non facere, quod facturus est : quod si nunquam faceret, etiam non sciret. Dicimus autem quod scientia Dei quæ essentia divina est, cum non sit ibi aliud esse quam sapere, nec augeri potest nec minui : scita tamen augeri possunt et minui, sine mutatione scientiæ Dei. Ratio autem quare non possit augeri vel minui, hæc est : quia tunc demum augeretur vel minuerctur scientia Dei, si inciperet aliquid scire vel nescire Deus, quod impossibile est (177).

Sane a quibusdam dicitur : Si Deus potest aliquid scire, quod nunquam scivit, potest aliquid incipere scire. Dicimus autem hoc non sequi, et illud non recipiendum absque conjunctionis disjunctionisque divisione, velut si dicas : Potest scire quod nunquam scivit, hoc est, ita modo scire hoc, quod nunquam scierit, illud falsum est. Quasi utrumque simul esse possit. Quod si disjunctim dicas, hoc modo potest scire Deus, hoc tamen de illo est, quod nunquam scivit, vere proponitur. Omnium ergo tam præsentium quam præteritorum et futurorum Deus scientiam habet. Nec moveat quod Hieron. dicit (178) : Absurdum esset ad hoc deducere Dei majestatem, ut per momenta singula sciat, quot culices nascantur, quotve moriantur, quota etiam pulicum vel muscarum sit multitudo. Hoc enim dixit, non hoc a scientia Dei removens, sed nos, ne eamdem rationabilium et irrationabilium providentiam Dei esse putemus, admonens.

DIST. XL. *De prædestinatione et reprobatione.* — Denique de prædestinatione aliquid dicendum est. Prædestinatio igitur est gratiæ præparatio, quæ sine præscientia esse non potest. Et est salvandorum tantum, diciturque electio, Præscientia vero, sine prædestinatione est de damnandis, et dicitur reprobatio.

An damnari prædestinatus, vel salvari possit reprobatus. — Deinde quæritur : an prædestinatus possit damnari, vel reprobatus possit salvari. Non. Quia nec augeri nec minui potest numerus electorum. Unde Aug. (179) super illud Apoc. : *Tene quod habes, ne alius accipiat coronam tuam (Apoc.* II.) Si alius non sit accepturus, nisi iste perdiderit, certus est electorum numerus, id est, non potest augeri, nec minui. Sed objicitur : Omnis salus ex gratia est ; et quod gratis datur, posset non dari. Quod si fieret, numerus electorum minueretur. Item : Unicuique gratia ad promerendum potest dari, et usque in finem servari; quod si fieret, numerus electorum augeretur : sed hoc impossibile est; quare et illud non sequitur. Imp prudenter adverte, in hujusmodi objectionibus, antecedens frequenter esse possibile, consequens impossibile. Verbi gratia : Si modo scit Deus quod nunquam scivit, procul dubio incipit ex tempore aliquid scire. Denique antecedens possi-

---

(175) Homil. 53 super Joan.
(176) Super epist. ad Rom. VII.
(177) Aug. l. XV De Trin. c. 13, 14.

(178) In expositione Habac.
(179) Aug., l. De prædestinatione sanctorum.

bile est, consequens nequaquam. Sic de Providentia et similibus reperies.

Porro ratio plana est, quare non potest augeri vel minui electorum numerus. Quia tunc demum augeretur, si quis modo inciperet prædestinari. Tunc vero demum minueretur, si quis tunc demum inciperet reprobari. Hoc autem utrumque impossibile est Deo. Hæc tamen locutiones secundum conjunctionis sensum et disjunctionis reperiuntur. Ut impossibile est prædestinatum damnari, hoc est, hoc utrumque simul esse, quod prædestinatus sit et damnetur, verum est. Quod si dices : Impossibile est hunc damnari ? hic autem de prædestinatis est, falsum est. De similibus idem est judicium.

Prædestinatio circa duo. Reprobatio circa duo. Effectus prædestinationis et item reprobationis. — Præterea prædestinatio circa duo consideratur : Gratiam, scilicet qua nunc justificamur, et gloriam qua beatificamur. Ita et reprobatio circa duo, quorum alterum præscit Deus, et non præparat, scilicet iniquitatem ; alterum vero etiam præparat, scilicet pœnam æternam. Unde Augustinus (180-81) : Prædestinatio proprie est beneficiorum Dei præparatio. Ita reprobatio Dei est præscientia malitiæ in quibusdam non finiendæ et præparatio pœnæ non terminandæ. Sicut autem prædestinationis effectus est misericio, ita reprobationis induratio. Unde Apostolus : *Cui vult miseretur, et quem vult indurat* (Rom. IX). Miserationem dicens, gratiæ appositionem, indurationem ; vero ejusdem gratiæ privationem. Ang. ad Sixtum (182 : Indurat autem Deus non impartiendo malitiam, sed subtrahendo gratiam. Unde Aug.(183) : Sicut reprobatio Dei est nolle misereri, ita obduratio est nolle misereri, ut non ab illo irrogetur quo sit homo deterior, sed tantum quo sit melior non erogetur.

DIST. XLI. *An prædestinatio et reprobatio sint ex meritis nostris. Duo statim sunt in peccatoribus : dilectio et odium.* — Denique misericordiæ Dei nullum est meritum, ne gratia evacuetur, si non gratis datur, sed meritis redditur. Indurationis autem meritum est peccatum. Unde Aug. (184-85) : Miseretur secundum gratiam, quæ gratis datur. Indurat autem secundum judicium quod meritis redditur. Cæterum, electionis et reprobationis æternæ nullum est meritum, quod in duobus, Jacob scilicet electo et Esau reprobato, Apostolus dicit aperte *quia non ex operibus, sed ex vocante, cum nondum nati essent, dictum est : Major serviet minori* (Matach. I ; Rom. IX). Prædictis sane Augustinus videtur contradicere, dicens (186) : *Cui vult miseretur, et quem vult indurat.* Sed hæc voluntas Dei injusta esse non potest : Venit enim de occultissimis meritis, quia et ipsi peccatores, cum propter generale peccatum unam massam fecerint, non tamen nulla inter eos est diversitas. Præcedit ergo aliquid in peccatoribus, quo, quamvis nondum sint justificati, digni efficiantur justificatione. Et item præcedit in aliis peccatoribus, quo digni sunt obtusione. Sed dicimus hoc eum retractasse. quando et illud retractavit (187). Fidem elegit Deus in præscientia, sciens etiam ipsam fidem inter munera Dei reperiri, quod prius non scierat. Quod si hoc non retractavit, prærogata venia, dicere audemus occultissima merita illum forsan appellasse, alta, profundaque judicia Dei quæ unicuique, antequam sit, Dei odium merentur, vel dilectionem. Quomodo dicere solemus mortem Christi etiam nondum natis profuisse, meruisseque salutem. Quibus autem merentur odium. sunt æquissima Dei judicia, a nostris sensibus remota, quibus vero dilectionem, sunt sola gratia. Unde Hieronymus : Deus non inique egit, Esau spontanee odio habito ; nec Jacob sine meriti gratia dilecto, quia non sine quodam occultissimo merito, quod ipsi Esau meruit Dei odium, et Jacob dilectionem, ipsis utique non merentibus, quia nondum natis. Quæ duo statim sunt in peccatoribus, quorum altero, scilicet dilectione, digni sunt justificatione, nondum justificati ; altero scilicet odio, digni sunt obtusione, nondum obtusi. Si sic bene dicitur, laudamus Deum. Si quo minus Augustinum nos hic non assequi, non confundimur confiteri.

Discrimen inter prædest., etc. — Sciendum sane quod prædestinatio, scientia, electio, præscientia, reprobatio, ab æterno tantum ; miseratio justificatio, obtuso, induratio, ex tempore tantum ; dilectio vero Dei et odium nec ab æterno, nec ex tempore significant. Denique sciendum est quod non sicut prædestinatio est causa boni, ita et reprobatio est causa mali, ut fiat. Præscientia enim est multis causa standi ; nemini autem causa labendi.

Deum semper scire quæ semel scit. Quia vero præscientia Dei tantum de futuris est, ex quo ea futura esse desinunt, etiam Deus ea præscire desinit. Quod ad defectum præscientiæ Dei non pertinet, sed potius ad defectum vel mutationem rerum de quibus est. Multa ergo præscivit olim, quæ non præscit modo. Omnia enim quæ olim scivit, vel in futuro sciet, modo cum scire firmissime credendum est. Ad hoc tamen sic objicitur : Si quæcunque scivit et sciet, modo etiam scit, ergo scit Christum nasciturum, et Antichristum vivere, cum illud scivit, et hoc sciet. Sed dicimus, quia idem prorsus de nativitate hujus et vita Antichristi scit modo Deus, quod scivit aut sciet. Mutatio sane temporum, scientiam Dei circa hæc diversis cogit exprimere verbis, sicut in simili apparet. Eamdem enim diem, propter mutata tempora significamus dicentes : Cras, hodie, heri. Sicut etiam eadem fides ab antiquis et modernis patribus habita, variis locutionibus, pro mutatione temporum pronuntiatur. Quem enim ipsi venturum, nos venisse confitemur, sed

---

(180-81) In lib. De bono perseverantiæ, c. 14.
(182) Epistola 105.
(183) Lib. I ad Simpl.

(184-85) Lib. ad Simpl. I.
(186) Lib. LXXXIII Quæst., q. 68.
(187) Lib. Retract. I, c, 23,

fides est eadem. Unde Augustinus: Tempora variata sunt, et ideo verba mutata, non fides. Vel instantiam dicimus non probe inferri, Deus scivit hunc nasciturum, ergo scit modo hunc nasciturum. Sic ergo inferat: Ergo scit modo Deus aliquando hunc fuisse nasciturum. De similibus judicium idem.

Dist. XLII. *De omnipotentia Dei*. — Nunc de omnipotentia Dei videamus, quæ circa duo consideratur, scilicet quod omnia facit quæ vult, et nihil omnino patitur quod non vult. Scriptura enim dicit: *Omnia quæcunque voluit fecit* (*Psal.* cxiii). August. etiam (188): Non ob aliud vocatur veraciter Omnipotens, nisi quoniam quidquid vult potest, nec voluntate creaturæ cujusquam voluntatis Omnipotentis effectus impeditur: Idem (189): Omnipotens est non quod omnia facere, sed quod potest efficere quidquid vult. Non potest facere peccatum; nec mentiri et hujusmodi, quia hæc posse magis ad impotentiam pertinet. Inde Augustinus dicit (190); Magna Dei potentia est, non posse mentiri. Similiter non pati potest quod non vult, quia nec potest falli, miser fieri, et hujusmodi, quia hæc posse, impotentiæ est. Denique ambulare, comedere, et hujusmodi, non adeo sunt penitus aliena. Licet enim essentiæ divinæ hæc minime conveniant, in creaturis Deus tamen operatur ea. Cæterum cave, qualiter prædictum Augustini verbum, scilicet potest efficere quidquid vult, intelligas. Si enim dixeris quidquid vult, scilicet facere, vel se posse facere, poterit hoc modo angelus, vel quilibet beatorum dici omnipotens, cum nihil velit facere, nisi quod facit et vult; nec posse, nisi quod potest. Ut ergo soli Deo conveniat, dic: Potest efficere quidquid vult, scilicet fieri, utique vel per se, sicut cœlum et terram; vel per creaturam, ut bona opera, et artificialia, quod nemo sanctorum poterit aut potuit.

Dist. XLIII. *Quid plu:a possit Deus quam velit* — Sciendum autem Deum plura posse quam velle. Unde: *An putas quia non possum rogare Patrem meum, et exhibebit mihi modo plusquam duodecim legiones angelorum!* (*Matth.* xxvi.) Ubi liquido patet et Filium potuisse rogare, quod non rogavit et Patrem exhibere, quod non exhibuit. Augustinus etiam dicit (191): Omnipotentis voluntas multa potest facere, quæ nec vult nec facit. Potuit enim, ut duodecim legiones pugnarent contra illos qui Christum ceperunt. Item (192), quod nunc piorum fides habet, tunc in sapientiæ luce clarissima videbitur, quam certa et immutabilis sit Dei voluntas, quæ multa possit, et non velit: nihil autem velit quod non possit. Item, dicimus (192): Suscitavit Lazarum in corpore, nunquid non potuit Judam suscitare in mente? Potuit quidem, sed noluit.

Ponit aliam opinionem et refutat — Cæterum contra hanc veritatem sic manifestam, quidam Dei potentiam ad mensuram arctare conantur dicentes Deum non aliud posse facere quam quod facit, nec de his quæ facit prætermittere aliquid hoc modo. Non potest Deus facere, nisi quod est bonum et justum fieri. Non est autem justum et bonum fieri ab eo, nisi quod facit. Aliter: Non potest facere, nisi quod justitia ejus exigit. At non exigit ejus justitia ut faciat, nisi quod facit. Non ergo potest facere nisi quod facit. Eademque justitia exigit, ut id non faciat, quod non facit: Non autem potest facere contra justitiam suam. Non igitur eorum aliquid potest facere quæ dimittit. Sane multiplicia sunt hæc, ut non potest Deus facere, nisi quod bonum est et justum fieri, hoc est: non potest facere nisi illud, quod si faceret, bonum et justum esset eum facere, verum est. Sed si ita dixerit, non potest facere nisi quod facit, quod utique bonum et justum est eum facere, falsum est. Aliam etiam propositionem, licet exactionis verbum in Deo suspicione non careat, sic dividimus: Non potest facere, nisi quod sua justitia exigit ut faciat, id est nisi illud quod si fieret, justitiæ ejus conveniret, verum est. Sed si ita: Non potest facere, nisi quod facit, quod utique suæ justitiæ convenit, falsum. De similibus idem.

Item dicunt: Non potest Deus facere nisi quod debet; non autem debet facere nisi quod facit. Sed dicimus, quia debet inciviliter de Deo dicitur, quia nihil omnino nobis debet, nisi ex promisso. Quod autem promisit, omnino non fuit necessitatis, sed gratiæ. Secundum hæc ergo divide: Ut non potest facere, nisi quod debet, hoc est nisi quod promisit, falsum est. Ita vero: Non potest facere nisi illud, quod si faceret, justitiæ suæ conveniret verum est.

Addunt etiam: Non potest facere vel dimittere, nisi quod ratio est eum facere vel dimittere. Hoc autem solum est quod facit vel dimittit. Sed et hoc divide ad instar superiorum, ut, non potest facere vel dimittere, nisi illud, quod si faceret vel dimitteret, ratio esset eum facere vel dimittere, hoc est quæcunque non sunt subjecta voluntati ejus, sunt de numero non volitorum, verum est. Sin vero non potest facere vel dimittere, nisi quod facit vel dimittit, quod utique ratio est eum facere vel dimittere falsum. Cæterum breviter admoneamur omnia hujusmodi dubia resoluta conditionaliter esse vera, simpliciter vero falsa.

Sane laboriosi magis quam fructuosi adhuc inquiunt: Si potest Deus aliud facere quam facit, potest igitur facere quod non præscivit. Quod si est, potest sine præscientia operari, quod est absurdum. Hoc sane juxta modum conjuncti et disjuncti supra determinatum innotuit, ut sine præscientia operari potest, id est potest operari illud quod non præscivit, verum. Sin autem sine præscientia, id est

(188) In Enchirid., c. 69.
(189) In lib. De spiritu et littera c. 5, 3 et ult.
(190) De Trin. l. xv, c. 4.

(191) In Enchirid. c. 95.
(192) In eod.
(193) Lib. De natura et gratia, c. 7.

sic potest aliquid operari, quod illud non præscierit, et illud faciat, falsum.

Auctoritate etiam Augustini abutuntur, qui ait (193): Hoc solum non potest Deus, quod non vult; per quod videtur non posse facere aliquid, nisi quod vult. Non autem vult, nisi quod facit; et ita videtur non posse, nisi quod facit. Sed hoc ita dictum sciant, quasi de solis illis quæ non vult Deus sit sermo, non de omnibus. Perinde ac si dixisset Aug.: Quidquid Deus non potest, non vult. Ex quo non sequitur, ergo quidquid non vult, non potest. Velut si dicamus: Hoc solum quod non est animal, non est homo. Non tamen quidquid non est homo, non est animal. Vel hoc simplicius dicimus: Hoc solum non potest, quod non vult, hoc est nihil invitus facit, id est quæcunque non sunt subjecta voluntati ejus, sunt de numero non volitorum, verum est. Unde Aug. (195): Non cogeris invitus ad aliquid, quia voluntas tua non est major quam potentia. Quod intellige verum secundum subsistens, non secundum subjecta potentiæ et voluntatis.

DIST. XLIV. *An possit Deus facere meliora quam facit.* — Dicunt etiam illi Deum non posse meliora facere quam ea quæ facit. Quia si posset, et non faceret, invidus esset. In quo abutuntur eo quod Augustinus dicit (19): Deus, quem genuit, debuit generare æqualem. Si enim voluit et non potuit, infirmus est. Si potuit et noluit, invidus est. Sane benedixit, quia cum de substantia sua generaret, neque meliorem se, neque minus bonum generare potuit. Alia vero quæ aliunde facit, meliora facere potuit, et minus bona. Unde August. (197): Talem potuit Deus hominem fecisse, quod nec peccare posset, nec vellet; quod si esset, quis dubitet eum meliorem fuisse? Denique si quæritur an alio modo vel meliori possit Deus meliora facere quam faciat, dicimus, si modus referatur ad Deum, quasi alia, vel meliori sapientia, facere possit, negandum. Si vero ad creata ipsa referatur, quasi alia vel meliora facere possit, concedendum utique, sicut prædictum est. Unde Aug. (198): Fuerat alius modus nostræ liberationis possibilis Deo, sed nullus nostræ miseriæ sanandæ convenientior.

An Deus nunc potest quidquid potuit olim. — Præterea quæritur utrum modo possit quidquid olim potuit. Quod non videtur, quia potuit olim mori et resurgere, quod modo non potest. Ubi dicendum est, quod supra de scientia diximus: scilicet, quod modo potest olim mortuus esse et resurrexisse; cogunt enim tempora mutata mutare sermonem, eodem penitus remanente sensu. Fatemur igitur Deum semper posse quidquid semel potuit, hoc est, omnem habere potentiam, quam semel habuit: non tamen semper posse facere, quod aliquando potuit. Sicut omnem habet scientiam et voluntatem, quam unquam habuit, non tamen omnia scit modo esse et vult, quæ olim scivit esse et voluit.

DIST. XLV. *De voluntate Dei.* — Nunc de voluntate Dei aliquid dicendum est. Sciendum itaque quod velle secundum essentiam de Deo dicitur, cui idem est esse volentem, quod esse Deum. Nec voluntas in Deo est affectus vel motus sicut in creatura, sed divina usia duntaxat. Non tamen quidquid Deus vult, ipsum est, sicut cum idem sit Deo esse quod scire, non tamen est Deus quæcunque scit.

Quis sensus cum dicitur: Deus scit, Deus vult. — Intellige tamen harum locutionum sensum Deus vult, et scit, et est volens et sciens, hoc est, Deus est cujus essentia sua voluntas est, et scientia. Item, Deus scit omnia, id est Deus est cujus scientiæ, quæ ipsius essentia est, omnia sunt subjecta, sicut Deus vult hoc, aut illud, hoc est, Deus est cujus voluntati, quæ sua essentia est, hoc aut illud subjectum est.

Voluntas Dei omnium creaturarum est prima causa. — Hæc igitur summe bona voluntas omnium est causa quæ naturaliter fuerunt, sunt, et futura sunt. Ipsius autem nulla causa est. Unde Aug. (199): Voluntas Dei, prima et summa causa est omnium specierum et motionum. Ubi enim non operatur, quod vult Dei sapientia, quæ *attingit a fine usque ad finem fortiter et suaviter disponens omnia? (Sap. VIII.)* Ipsa itaque prima causa est sanitatis, ægritudinis, præmiorum, pœnarum, gratiarum, retributionum, et omnium denique mirabilium, et quæ sine admiratione ut antiqua miracula mirabiliter contingunt.

Voluntas Dei quid sit. — Hæc autem proprie voluntas Dei dicitur, quæ, cum sit divina usia, immutabilis est, et inexpleta esse non potest. Unde: *Omnia quæcunque voluit Dominus fecit (Psal. CXIII);* et Apostolus: *Voluntati ejus quis resistet? (Rom. IX.)* Quæ beneplacitum Dei recte dicitur.

Quod plura voluntas Dei dicuntur. — Cæterum, plura sunt quorum quodque non secundum proprietatem, sed secundum schemata dicendi, voluntas Dei dicuntur, ut præceptio, prohibitio, consilium, permissio, et operatio Dei; secundum hoc Propheta dicit pluraliter: *Magna opera Domini et exquisita in omnes voluntates ejus (Psal. CX).* Ita quoque propter multos effectus misericordiæ et justitiæ Dei, cum tantum sit una, quæ divina est usia, pluraliter dicitur: *Misericordias Domini in æternum cantabo (Psal. LXXXVIII).* Et alibi: *Justitiæ Domini rectæ (Psal. XVIII).* Præceptio igitur, prohibitio et consilium voluntates Dei dicuntur, quia sunt signa divinæ voluntatis, ut judicium futurum et Dei flagellum ira Dei dicuntur, quia signa iræ sunt, cum tamen ira in Deum non cadat.

---

(194) In lib. I De symb. c. 1
(195) Lib. VII Confessionum, c. 4.
(196) Lib. LXXXV Quæst., q. 50.
(197) Aug. super Gen. ad lit., lib. II, c. 7.
(198) De Trin. lib. XIII, c. 10
(199) De Trin. lib. III, cap. 4

Denique hoc modo potest accipi voluntas, ibi: *Fiat voluntas tua sicut in cælo et in terra (Matth. vi)*. Et ibi : *Qui facit voluntatem Patris mei qui in cœlis est, ipse meus frater, soror, et mater est (Matth. xii)*. Hæc autem mutabilis est, et sæpe inexpleta. Multis quippe Deus præcipit quæ non faciunt, prohibet quæ non cavent, consulit quæ non curant. Inde Augustinus (200): Infideles contra voluntatem Dei faciunt, dum ejus Evangelio non credunt.

Deus non semper vult fieri quod præcipit, nec semper caveri. — Quinimo ipse Deus non vult semper fieri quod præcipit. Non enim voluit immolari Isaac quod præceperat, sed Abrahæ fidem probare duntaxat *(Gen. xxii)*: sic nec semper caveri vult quod prohibet. Sano enim facto dixit ne cuiquam diceret *(Marc. i)*, non eum tacere volens, sed magis formam dare, laudem propriam declinare.

DIST. XLVI. *De permissione Dei et operatione.* — Permissio quoque et operatio voluntas Dei dicuntur. Sic Augustinus ait (201): Non fit aliquid, nisi quod Omnipotens fieri velit; vel sinendo ut fiat, sicut mala; vel ipse faciendo, ut bona. Quæ ideo voluntates Dei dicuntur, quia sinit, Deus autem mala fieri sinit, volens de illis educere bonum. Operatur autem bona, sicut quæ vult esse.

An voluntas Dei compleatur semper. — Sed non videtur voluntas Dei compleri semper, cum Apostolus dicat: *Deus vult omnes homines salvos fieri (Rom. 9; I Tim, ii)*: nec fiunt omnes salvi, nolentes facere unde salvantur. Item Dominus dicit, impiam civitatem compellans : *Quoties volui congregare filios tuos, sicut gallina congregat pullos suos, et noluisti? (Matth. xxiii)* quasi qua nolente, Dei voluntas non sit expleta. Verum illud Apostoli non sic est intelligendum, quod nullus sit hominum, nisi quem salvum fieri velit; sed quod nullus salvus fiat, nisi quem velit salvari. Sic et illud intellige : *Illuminat Deus omnem hominem venientem in hunc mundum (Joan. i)*, non quia nullus hominum est qui non illuminetur, sed quia nisi ab ipso nullus illuminatur. Illud autem Evangelii non sic intelligitur, quasi tua voluntas meam voluntatem impedisset: sed quia tot quot congregavi voluntate mea semper efficaci, te nolente feci *(Matth. xxiii)*.

An Deus velit mala esse. — Quæritur autem utrum Deus velit mala esse. Quod quibusdam videtur, illud sic probantibus: Deus aut vult mala fieri aut non fieri. Si vult non fieri, non fiunt. Nihil enim ejus voluntati resistit; fiunt autem. Vult igitur mala fieri. Aliter : Omne quod bonum est, vult Deus. At mala esse, bonum est. Unde Aug. (202) : Non solum bona, sed etiam ut sint mala, bonum est. Nam nisi esset hoc bonum, ut essent etiam mala, nullo modo esse sinerentur ab Omnipotenti bona. Quibus alii respondent, non esse sic dicendum : Deum velle fieri mala, vel velle non fieri, sed tantum non velle fieri mala. Si autem quod de Aug. proponunt, scilicet mala fieri bonum esse, dicunt bonum ibi pro utili positum, qualiter etiam Hieron. ait : Malum Judæ bonum fuit bonis, quibus scilicet utilitas de illo pervenit salutis. Deus enim bona de malis producit. Unde Aug. (203) melius judicavit Deus de malis bona facere, quam mala nulla esse permittere: sic igitur mala esse bonum est, hoc est, utile. His tamen duntaxat, qui secundum propositum vocati suut sancti : talibus enim, ut ait Apostolus, *omnia cooperantur in bonum (Rom. viii)*, etiam mala ; quæ si eveniant, in bonum proficiunt, quia humiliores post lapsum redeunt et cautiores existunt, uti Petrus. Mala etiam ab iniquis illata, eis prosunt ad emendanda peccata, et exercendam servandamque justitiam, uti Job Dei manum, et Apostolus Satanæ stimulum sensit, et uterque profecit, quia malum bene portavit. Denique non vult Deus mala fieri ; quia si hoc est, etiam Deus auctor malorum est, cum ejus voluntas sit auctoritas. Unde Aug. (204): Illo auctore cum dicitur, illo volente dicitur. Evangelista etiam profitens Deum auctorem bonorum ait : *Omnia per ipsum facta sunt (Joan. i)*. Quod removens a malis addit, sine ipso factum est nihil, hoc est, peccatum. Non autem dixit, eo nolente, vel volente, vel invito, sed sine ipso, id est sine ejus auctoritate. Item (205): Non est Deus causa, qua homo sit deterior, quod esset si vellet mala fieri, quibus homo deterior est. At bonorum causa tantum Deus est.

DIST. XLVII. *Quod Dei voluntas semper de nobis vel a nobis impletur. Creaturæ voluntate semper fit Dei voluntas. Inquirit sensus superiorum verborum. Deus non semper præcepta fieri vult.* — Sciendum etiam quod sempiterna Dei voluntas semper de eo quod agimus adimpletur. Unde Aug. (206) : Illa voluntas semper impletur, aut de nobis, aut a nobis. De nobis impletur, sed tamen non implemus eam, quando peccamus. A nobis impletur quando bonum agimus. Ideo enim facimus, quia Deo placere scimus. Igitur nihil facit homo, de quo Deus non operetur quod vult. Quippe si peccaverit, pœnitenti vult parcere ut vivat; impœnitentem punire, ut justitiæ potentiam contumax non evadat. Et ita per eamdem creaturæ voluntatem, qua factum est, quod Creator non voluit, implet ipse quod vult, bene utens etiam malis. Hoc enim ipso quod contra ejus voluntatem fecit, de ipsa facta est voluntas ejus. Sane ut pro his errori locus non pateat, dictum supra voluntatis distinctionem recolas, ut sit dicere : Per hoc quod creatura contra Dei præceptum fecit, de ipsa facta, hoc est, impleta est ejus vo-

(200) In lib. De spiritu et lit. c. 33.
(201) In Enchir.
(202) In Enchir. cap. 96.
(203) In Enchir. c. 72.
(204) Lib. LXXXIII. Quæst., q. 3.
(205) Lib. eod. q. 4.
(206) In Enchir. c. 106, et sequens.

luntas æterna, qua eam damnare volebat. Unde Gregorius super Job aperte ait (207): Multi voluntatem Dei peragunt; unde mutare contendunt, et consilio ejus resistentes obsequuntur, quia hoc ejus dispositioni militat quod per humanum studium resultat. Sciendum etiam quod omnibus præcipit facienda, et prohibet vitanda: licet non a singulis ita fieri velit: ideo ut justitiam suam omnibus ostendat, et ita boni per obedientiam, gloriam; mali vero inexcusabiles per contumaciam, sortiantur pœnam. Multa denique in utroque Testamento personaliter præcepit, atque vetuit, non quod ita fieri vellet, sed tacita ratione, quam diligens et pius lector suis quibusque locis Deo aperiente inveniet.

DIST. 48. *Aliquando homo bona voluntate aliud vult quàm Deus.* — Postremo admonendi sumus, quod aliquando bona est voluntas hominis nolentis id fieri quod Deus vult, fine tamen pietatis. Unde August. loquens de Apostolo ait (208): Bonæ apparebant voluntates piorum fidelium, qui nolebant apostolum Paulum Jerusalem pergere (*Act.* XXI), ne ibi mala quæ Agabus propheta prædixerat pateretur, et tamen Deus hoc illum pati volebat. Aliquando etiam mala est voluntas hominis, idem volentis quod Deus, hoc est, utique propter finem impietatis: velut idem voluerunt Judæi quod Deus, scilicet Christum occidi. Dei tamen in hoc fuit bona voluntas, quia hoc pie volebat; illorum vero mala, quia impia.

Notandum autem est hic, quod tantum volebat Deus Christum occidi a Judæis; non autem quod Judæi occiderent eum, sicut Christus voluit quod prædixerat impleri a Petro: non autem voluit Petrum implere illud, alioquin voluisset se Petrum negare.

Illud etiam non indistincte intelligendum est, scilicet voluit Deus occidi Christum a Judæis, id est mortem a Judæis illatam eum pati, verum est; si autem voluit occidi a Judæis, hoc est, ut Judæi occiderent eum, falsum est. Vel ut melius videtur, dicendum est Deum voluisse Dominum occidi, et non ab aliquo, vel ab aliquibus, licet sine illis hoc fieri sit impossibile. Sicut vult aliquem pœnitere, nec vult illum omnino peccasse, tametsi hoc sine illo esse non possit. Si autem quæritur utrum sanctis placere debuit Christum pati, dicimus utique, respectu liberationis hominis: sed nequaquam respectu sui cruciatus. Quem etiam quidam eorum abhorrescens, pietate non ambiguitate, quasi dubitando quæsivit: *Tu es qui venturus es, an alium exspectamus? (Matth.* XI).

Item quæritur si passio sanctorum martyrum nobis placere debeat. Et dicimus, utique, respectu coronæ percipiendæ sibi paratæ. Eamdem tamen nolle digne possumus, qui eos declinare passionem, et effugere manus iniquorum compassione pietatis optamus. Pie ergo velle atque nolle possumus sanctorum passiones. Unde pium est flere Martinum, et pium est gaudere Martinum. Omnis igitur illa bona voluntas est, quæ ad rectum finem dirigitur, qui duntaxat ex zelo Dei, secundum scientiam pensandus est.

(207) Lib. VI Moralium cap. 11, super illud Job V, Qui apprehendit sap.

(208) In Ench. c. 101.

Finis libri de Trinitate, qui est sententiarum Bandini primus.

MAGISTRI BANDINI
DE MUNDI CREATIONE ET HOMINIS LAPSU
LIBER
QUI EST SENTENTIARUM SECUNDUS

Περιοχή. — *Postquam primo libro Dei vim ac naturam breviter et (quantum perspici ac tradi ea ab homine potest) clare exposuit Bandinus, secundo hoc libro aptissima methodo suam inquisitionem transfert ad res a Deo conditas: ac primum quidem præmissa de rerum principiis disceptatiuncula angelorum tradit creationem, naturam, statum, lapsum, ordines ac ministeria: deinde mundi creatione (quæ sex dierum opere completa et distincta est) explicata, specialem de homine tractatum aggreditur, docens eum ad Dei similitudinem formatum, in paradisum translatum, et hic a muliere invidia diaboli seductum. Postremo occasione lapsus Adæ multa, de libero arbitrio, de gratia, de peccato tum originali tum actuali, aliisque peccatorum varietatibus, de septem capitalibus vitiis, de peccato in Spiritum sanctum, de venialibus peccatis doctissime Bandinus prosequitur.*

DIST. I. *Unum esse rerum principium, non plura.* Platoni *tria sunt principia, Aristoteli tria.* — Quæ ad mysterium divinæ unitatis atque Trinitatis pertinere noscuntur, quantum brevitatis utilitas patititur, hactenus exsecuti sumus: Nunc ad considerationem creaturarum pergamus (209). Scriptura igitur digito Dei edita in initio sui, Deum omnium quæ naturaliter sunt, præter seipsum Creatorem esse insinuans, ait ; *In principio creavit Deus cœlum et terram* (Gen. i). Dicendo autem, in principio, et non, in principiis, dicendo etiam, Deus, et, creavit, philosophorum elidit stultitiam, non unum tantum, ut hic docetur, sed plura principalia rerum, sine principio esse arbitrantium. Plato namque esse tria cogitavit : Deum scilicet et exemplar et materiam ; Aristoteles vero dixit duo esse : materiam et speciem, et tertium operatorium dictum. Mundum quoque dixit semper fuisse (210).

Quod catholicum est docet. Quid creator. Quid creare. Differentia Dei et angeli. Quare fecerit Deus rationalem creaturam. — Illis igitur reprobatis, Deum tantum unum principium, et Creatorem rerum confitemur. Est autem Creator, qui de nihilo, vel ex nihilo aliquid facit. Proprie enim creare, est de nihilo aliquid facere. In quo differt Deus faciens ab homine et angelo facientibus, quia quod ipsi faciunt, non de nihilo, sed ex aliquo faciunt. Quibus etiam aliquid facientibus, motus inest operationis, qui prorsus in Deo esse non potest. Nec enim motu, sed voluntate duntaxat, Deus operatur, ut vere dicatur, Deum facere, esse secundum voluntatem ejus aliquid noviter provenire. Cujus voluntatis tanta bonitas est, ut beatitudinis suæ, qua ab æterno, solus beatus est, alios ex tempore vellet esse participes, quam vidit et communicari posse, et minui omnino non posse. Sed quia ipsa participari non potest, nisi per intelligentiam, fecit Deus rationabilem creaturam, quæ summum bonum intelligeret, intelligendo amaret, amando possideret, possidendo frueretur.

Distinctio rationalis creaturæ. Quare et ad quid facta est rationalis creatura. Quare anima sit corpori unita. Denique distinxit eam in incorpoream, quæ est angelus, et in corpoream, quæ est anima, habens carnem vel corpus, ipsa est homo. Angelus igitur et homo propter bonitatem Dei factus est. Unde Aug. (211) : Quia bonus est Deus, sumus. Factus est autem ad serviendum et ad fruendum Deo. Brevissime ergo ac recte interrogati, quare et ad quid facta sit rationalis creatura, dicimus, propter Dei bonitatem, et ad creaturæ utilitatem. Illud sane quod reperitur apud Augustinum : quod factus sit homo propter reparationem angelicæ ruinæ (212) : non sic est intelligendum, quasi non fuisset homo factus, si non peccasset angelus, sed quia inter alias causas Deo notas, cum hominem fecit, hæc nonnulla existit. Quod si quæritur, cur animam corpori univit Deus, cum dignior videretur in sua puritate persistens, dicendum est quia voluit. Voluntatis

A vero ejus causa quærenda non est, quia nulla est. Vel forte dicere audemus, hoc ideo eum fecisse, ut in humana conditione exemplum exhiberet beatæ unionis, quæ est inter Deum et creaturam in vita æterna. Ne enim forsan creatura putaret, eatenus Creatori uniri se non posse, quatenus eum tota virtute diligeret : visum ideo est, excellentissimam creaturam, scilicet spiritum, infimæ, hoc est, carni, quæ de limo est, tanta dilectione uniri, ut non valeat arctari ad hoc ut eam vellet relinquere. Unde Apostolus: *Nolumus exspoliari corpore, sed supervestiri* (II Cor. v). Vel ideo unitæ sunt animæ corporibus, ut in eis Domino famulantes, majorem mereantur coronam. Per hoc enim cum ipso, in quo servierunt corpore, angelicæ naturæ adæquabuntur in futuro, de qua nobis deinceps disputandum superest.

Dist. II. *De natura angelica in speciali. Tempus angelicæ creationis.* — De angelica natura tractaturi, videamus quando creata fuit, et ubi, et qualis effecta, qualisque perfecta. De ordinibus quoque et de officiis, ac nominibus eorum, aliisque pluribus. Angelum vero ante omnem aliam creaturam factum esse constat, sicut scriptum est : *Primo omnium creata est sapientia* (Eccl. i), quod de angelica natura necesse est, ut intelligatur, quæ sæpe vita, sapientia, et lux in Scripturis dicitur. Sapientia quippe Dei quæ ipse Deus est, increata est. Sed quomodo hoc est ? Cum alibi Scriptura dicat : *In principio creavit Deus cœlum et terram* (Gen. i) ; et : *Initio tu, Domine, terram fundasti* (Psal. ci). Profecto, si initio, terram creavit, ante eam nihil factum est. Quod si angelus primo omnium, tunc et ante terram factus esse probatur.

Quomodo primo omnium creata sapientia. — Ne igitur in tantis eloquiis aliqua adversitas esse videatur, videtur hoc tenendum esse, quod simul spiritualis et corporalis creatura facta sit. Unde Salomon : *Qui vivit in æternum, creavit omnia simul* (Eccl. xviii), id est, spiritualem et corporalem naturam. Inde etiam Aug. (213) per cœlum et per terram spiritualem corporalemque creaturam intelligi ait, et hæc creata sunt in principio scilicet temporis, vel in principio, quia primo facta sunt. Tamen primo omnium creata est sapientia, quia etsi non tempore, præcedit tamen dignitate angelus. Vel primo omnium dicitur, non quantum ad essentiam, sed quantum ad formæ distinctionem. Spiritualis quippe natura in ipsa sui prima conditione distinctam creatur accepisse formam, quod non corporalis creatura, cum hanc sit Deus in sex diebus operatus. Sed informis et confusa, hoc est, sine formæ distinctione primum facta est. Unde secundum Græcos χάος et ὕλη, chaos et hyle dicta est, hoc sane non temerarie asserimus, sed salva reverentia secretorum intimanus.

(209) Confer cum prima distinctione Pet. Lombardi in II. Sentent.
(210) Circa finem secundi de generatione et 8 physicorum.

(211) In. l. I. De doct. Chr. cap. 13.
(212) Aug. l. xxii De civitate Dei, c. i, et Enchir. cap. 29.
(213) Au . super Genes. l. II. cap. 1.

Ubi angeli creati. — Proinde in cœlo creati sunt angeli. Unde Dominus ait : *Videbam Satanam sicut fulgur de cœlo cadentem (Luc.* x) : ubi non accipitur cœlum firmamentum, quod secunda die factum est, sed empyreum, hoc est, igneum, a splendore, non a calore dictum. Quod factum, statim angelis est repletum. Unde Beda (214) : Hoc superius cœlum, quod a mundi volubilitate secretum est, creatum mox sanctis angelis est impletum, quos in principio cum cœlo et terra conditos Dominus testatur dicens : Ubi eras cum me lauderent astra matutina, et jubilarent omnes filii Dei? Astra autem matutina et filios Dei eosdem angelos vocat.

Sed si in cœlo facti sunt angeli, quomodo dicit Lucifer : *Ascendam in cœlum, et exaltabo solium meum, et ero similis Altissimo?* (*Isa.* xiv.) Sed ibi cœlum vocat Dei celsitudinem, cui æquari volebat. Et est sensus, ascendam in cœlum, id est ad æqualitatem Dei.

Dist. III. *Quales fuerint facti angeli. Angelos æquales creatos non esse.* — Credendum quoque est, quatuor beneficiis a conditore et creatore perceptis, angelos fuisse creatos. Ut scilicet in essentia simplices, in persona discreti, in intelligentia rationabiles, in voluntate liberi, scilicet vel ad bonum vel ad malum declinandum statim facti existerent. Non est putandum omnes in his esse creatos æquales. Sicut enim nonnulla differentia in corporibus etiam secundum primam conditionem est, sic et in spirituali creatura multiplex est credenda fuisse differentia suæ conditioni congrua. Inde est quod Lucifer cæteris præstantior factus est. Unde Ezechiel : *Omnis lapis pretiosus operimentum tuum* (*Ezech.* xxviii). Idem : *Abietes non adæquarunt summitatem ejus, platani non fuerunt æquales frondibus illius* (*Ezech.* xxxi).

In quibus angeli differant. — Differentes ergo sunt in naturæ subtilitate, et perspicacitate cognitionis, et voluntatis libertate. Ut qui tunc per naturalia bona alios excellebant, ipsi quoque per munera gratiæ eisdem præessent, dignitate excellentiores eisdem constituti. Qui vero minus subtiles et sapientia minus perspicaces conditi sunt, minora gratiæ dona habuerunt, inferioresque constituti sunt, sapientia Dei æquo moderamine cuncta ordinantis. Nec tamen differens naturæ subtilitas infirmitatem adducit, vel minor cognitio sapientia ignorantiam ingerit, aut libertas inferior ullam cujusquam arbitrio necessitatem imponit.

Quomodo angeli sint boni creati. Quomodo justi. Mora fuit inter creationem et confirmationem. — Firmiter quoque tenendum est angelos creatos esse bonos, non quidem per usum liberi arbitrii, sed per creationis beneficium. Justos etiam non virtutis exercitio, sed innocentia naturæ. Tales quippe facti sunt, ut peccare possent, et non peccare, si vellent. Quod et fecerunt, alii cadendo, alii permanendo. Unde Genesis : *Omnia fecit Deus valde bona* (*Gen.* i). Naturam igitur angelorum fecit bonam. Moram aliquam etiam inter creationem et lapsum fuisse fideliter creditur, per id quod Augustinus dicit (215) : Angelus factus prius, statim a veritate se avertit, propria potestate delectatus. Denique dicendo prius, moram insinuavit. Item Origenes (216) : Sicut Adam et Eva non statim peccaverunt, ita et serpens aliquando fuit non serpens. Deus enim malitiam non fecit, quibus verbis post creationem boni etiam moram intercessisse affirmat. Porro inter creationem et confirmationem moram intervenisse constat. Unde Aug. ait (217) angelicam naturam primo cœlum dictam esse, cum creabatur; postea vero lucem cum formata est, et ad Creatorem conversa, scilicet ad Deum laudandum : unde prius dictum est : *In principio creavit Deus cœlum et terram*. Deinde : *Dixit Deus : Fiat lux, et facta est lux* (*Gen.* i), hoc est, confirmati sunt angeli.

At contrarium videtur quod Veritas dicit in Evangelio : *Homicida erat ab initio, et in veritate non stetit* (*Joan.* viii). Sed intelligendum est ab initio conditi hominis, cui mox facto invidit, ac seducendo præcipitavit in mortem. Vel ab initio, hoc est, post initium. Vel ab initio confirmationis, non primæ conditionis intelligas. Nec enim irreligiose potest dici geminum initium esse angeli, sicut gemina nativitas hominis.

Item ex Augustino opponitur (218), qui non frustra putandum dicit, ab ipso initio suæ conditionis diabolum cecidisse. Unde quidam in hanc malitiam non libero arbitrio flexum, sed in ea putant esse a Deo creatum, juxta illud : *Hoc est initium figmenti Dei, quod fecit Deus, ut illudatur ei* (*Job* xl), hoc est, diabolo, ab angelis ejus scilicet Dei. Sane hoc, secundum alios, se dixisse alibi aperit dicens (219) : Quod putatur diabolus nunquam in veritate stetisse, non sic accipiendum est, ut malus a bono Deo creatus esse putetur, alioqui ab initio non cecidisse diceretur. Non enim cecidit si talis factus est. A quo enim caderet? Factus ergo prius, statim a veritate se avertit, propria potestate delectatus, beatæque vitæ dulcedinem non gustavit : quam non utique acceptam fastidivit, sed nolens accipere amisit. Denique quod ex Job adducitur, hoc est, *initium figmenti Dei*, ita exponitur? ut non natura, sed corpus aereum signetur, quod tali voluntati aptavit Deus : vel figmentum dicitur ipsa Dei ordinatio, in qua eum etiam invitum fecit utilem bonis, vel ipsius angeli factura, quia licet præsciret Deus eum futurum malum, fecit tamen providens quanta bona electis ex illo produceret. Initium vero dicitur, quia præcedit anti-

---

(214) Super Genes.
(215) De Gen. ad lit. l. xii, cap. 23.
(216) Super Ezech. hom. 1, super illud : Vidi quasi spec.
(217) Super Genes. in l. i, cap. 2, 3, 4 et 6.
(218) Super Genes. l. xxi, c. 19 et 20.
(219) Aug., l. xi De Genes. ad lit., c. 23.

quitate et principatu malitiæ. Unde Job dicit : *Rex dicitur inter omnes filios superbiæ* (*Job.* XLI).

DIST. IV. *An angeli facti sint beati.* — Non autem fatendum est angelos fuisse factos beatos. De bonis enim prius licet diversa opinando alternaverit Aug., tamen postremo sic admonuit (220) : Dicere, inquit, de angelis, quod in suo genere beati esse possunt, damnationis vel salutis incerti : quibus nec spes esset, quod mutandi essent in melius, nimia præsumptio est. De malis autem aperte negat, dicens (221) : Quomodo inter angelos beatus fuit, qui futuri supplicii atque peccati præscius non fuit? Quod ita probatur. Si enim præscivit, et vitare voluit, sed non potuit, fuit igitur miser. Et ita miseria peccatum præcessit, et non est secuta, quod falsum est, cum ex eo sit. Denique si potuit et noluit, stultus fuit, quod iterum falsum est. Scientes enim facti sunt angeli, quod essent et a quo essent, et cum quo essent, habentes etiam boni malive intelligentiam, habentes etiam dilectionem qua Deum et se diligerent, quæ non erat charitatis, sed naturæ, qua etiam dilectione possessa sine crimine amamus, ut equum, aut librum.

De confirmatione et lapsu. Perfectum multis modis dicitur. Integritas quid. Beata claritas quid. Summa perfectio. — Tenendum est autem, angelos secundum quiddam perfectos, secundum aliud vero creatos esse imperfectos. Quoniam quidem perfectum est aliquid secundum conditionem, ut puta cui nihil de jure conditionis deest, ut homo cum integer nascitur, secundum quod angeli perfecti facti sunt. Est et perfectum secundum profectum, cui scilicet, nihil de profectu deest. Quomodo angeli tantum post confirmationem, et sancti post resurrectionem perfecti erunt. Est et perfectum cui nihil defuit unquam nec deerit, quod est solus Deus. Prima igitur perfectio est naturæ conditæ, et dicitur integritas. Secunda naturæ glorificatæ, et dicitur beata claritas. Tertia est naturæ increatæ, et dicitur summa et universalis perfectio.

DIST. V. *De confirmatione stantium et lapsu cadentium.* — Denique libertate arbitrii utentes, quod libera potestas est et rationalis voluntatis habilitas, alii elegerunt bonum, et sunt ad Deum conversi, alii elegerunt malum et ita sunt a Deo aversi. Converti autem ad Deum fuit ei charitate adhærere. Averti a Deo fuit charitati invidere. Data enim fuit statibus cooperans libero arbitrio gratia, qua juvarentur efficaciter bene velle et operari, et in eo perseverare, quod fuit ad Deum converti : Sane operante gratia non egebant. Ipsa enim est, qua justificatur impius, ut fiat pius. Illi autem mali non fuerunt, justificari igitur non egebant.

An aversio a Deo angelis malis sit imputanda. = Sed cum sine gratia ad Deum converti non poterant, putatur a quibusdam cadentibus non esse imputandum, quod non sunt conversi. Quippe nec illorum culpa fuit, inquiunt, quod eis non est data gratia, quæ nulla præcesserat. Nos autem dicimus, nullam præcedentem culpam, gratiam impedisse, sed duntaxat, quæ in cadendo fuit. Potuerunt enim stare ut cæteri, cum nihil impediret ad standum, nihilque impelleret ad cadendum. Casus ergo manifesta culpa fuit, quare gratia non daretur.

De beatitudine stantium, et an eam meruerint. — Itaque confirmati, beati mox exstiterunt. Solet autem quæri, an beatitudinis præmium, aliquod præcesserit meritum? Quod quibusdam videtur, si non ex tempore, saltem causa, dicentibus sanctos angelos simul percepisse gratia meriti et præmii. Verum fidelius credendum putamus, meritum secutum esse, et tunc gratiam qua beate viverent, eos percepisse duntaxat; sane postea per obsequia Creatori jugiter exhibita, præmium ab initio perceptum mereri, ac meruisse.

DIST. VI. *Cadentium angelorum Lucifer fuit celsior.* — Cadentes autem statim sunt miseri effecti? Inter quos unus, quasi malitiæ caput, excellentior exstitit. Unde Job ait : *Ipse principium viarum Dei* (*Job* XL). Et Ezechiel : *Tu signaculum similitudinis plenus scientia et perfectione, decorus in deliciis paradisi Dei fuisti* (*Ezech.* XXVIII). Inde est quod in Isaia Lucifer appellatur : *Quomodo, inquit, Lucifer, cecidisti, qui mane oriebaris?* (*Isa.* XIV).

Unde et quomodo ceciderunt. Dæmones nobis propinqui. — Ejecti autem de cœlo empyreo ubi facti fuerant, in hunc caliginosum aerem ceciderunt. Unde Apoc. *Draco de cœlo cadens, tertiam partem stellarum traxit secum* (*Apoc.* XII), quia Lucifer ille cecidit cum omnibus qui suæ malitiæ consenserunt, in hunc aerem. Unde Apost : *Colluctatio nobis est adversus principes et potestates aeris hujus, et spiritualia nequitiæ, in cœlestibus* (*Ephes.* VI), quia dæmones natura spirituales et malitia nequam, in aere nobis isto propinquo existunt. Hinc et Petrus. : *In aere caliginoso servantur, qui eis quasi carcer usque ad tempus judicii deputatus est* (II *Petr.* II). Tunc autem in barathrum detrudentur inferni secundum illud : *Ite, maledicti* (*Matth.* XXV). Cæterum hoc totum propter nos, ut illis nobis in via objectis, per eos quasi per ignem et aquam probati, transeamus in refrigerium.

Angeli mali quotidie ad infernum descendunt. Quod autem quotidie descendant in infernum aliqui dæmonum qui animas illuc deducunt cruciandas, verissimum est. Et quod illic aliqui semper sint, alternatis sorte vicibus qui animas detinent ac cruciant, non procul est a vero. Quod autem animæ malorum illuc descendant, ex eo constat quod Christus ad inferna descendentes, justos eduxit, iniquos ibi relinquens. Momordit enim infernum, non absorbuit (*Ose.* XIII).

Dæmones semel victi a sanctis, alios tentare desinunt. — Sciendum etiam quod spiritibus immundis

---

(220) Super Genes. l. XI, c. 14.

(221) L. XI, super Genes., cap. 17.

qui a sanctis juste et pudice viventibus vincuntur, potestas tentandi aufertur. Orig. (222) : Puto sane quod sancti repugnantes adversus istos incentores, et vincentes, minuant exercitum dæmonum : vel ut quam plurimos eorum interimant, nec ultra fas sit illi spiritui qui ab aliquo sancto caste et pudice vivendo, victus est, impugnare iterum alium hominem. Hoc quidam intelligunt, quod non licet eum tentare hominem de vitio illo, in quo superatus est.

DIST. VII. *Neque boni angeli male, neque mali bene velle possunt.* — Præterea sciendum est quod boni angeli, ita per gratiam sunt confirmati, quod nequeant male velle vel agere. Ita etiam mali obstinati sunt per malitiam, quod bene velle aut agere non possunt. Ad hoc sane objicitur ex Hieron. qui ait (223) : Solus Deus est in quem peccatum cadere non potest. Cætera cum sint liberi arbitrii, etiam in utramque partem flecti possunt. Cæterum putandus est hoc dixisse secundum simplicem naturam arbitrii, secundum quæ etiam angeli mutari possunt, non secundum solatium gratiæ vel desolationem, secundum quod omnino mutari non valent. Unde Isidor. (224): Angeli mutabiles natura, immutabiles sunt gratia. Aug. etiam (225) : Solus Deus nullius gratia, sed natura sua peccare non potest. Cuicunque igitur rationali creaturæ præstatur ut peccare non possit, non est hoc naturæ propriæ, sed gratiæ Dei. Secundum hoc etiam dicimus, quod quæcunque rationalis creatura bene agere non potest, non hoc de natura habet, sed de propria malitia.

Boni confirmati liberius arbitrium habent quam ante. De prælationibus angelorum. — Non ideo autem carent libero arbitrio boni, ut Aug. ait (225*), quia male velle non possunt, multo quippe liberius est arbitrium quod non potest servire peccato, quo voluntarie bonum eligitur, et malum respuitur. Sic et mali liberum habent arbitrium, adeo malitia corruptum, ut justitiæ servire nequeant, quo voluntarie bonum vitant, et semper malum sequuntur. Prælati sunt etiam angeli sibi invicem, tam boni quam mali. Sunt etiam prælati civitatibus, provinciis, et personis, ut in Daniele et quam pluribus locis Scriptura testatur. Sunt etiam mali singulis vitiis prælati. Unde dicitur Spiritus superbiæ et luxuriæ. Inde est, quod divitiæ nomine dæmonis mammona vocantur, non quod ejus sint, sed quia eorum aliquis ad hominum deceptionem eis utitur specialius cæteris. Sic quoque credendum est bonos virtutibus sigillatim esse prælatos.

De scientia dæmonum. Triplex dæmonum scientia. Magicæ artes a dæmonibus proveniunt — Sed licet mali angeli ita sunt obstinati per malitiam, vivaci tamen sensu penitus non sunt privati. Nam ut tradit Isidorus (226) et Aug. (227) triplici acumine scientiæ vigent, scilicet subtilitate naturæ, experientia temporum, relatione supernorum spirituum. Quorum etiam scientia et virtute magicæ artes exercentur. Velut magi Pharaonis, serpentes et ranas, per eos fecerunt in Ægypto (*Exod.* VIII). Quarum rerum non sunt illi putandi creatores, sicut nec parentes filiorum, nec agricolæ frugum. Unus est enim Creator omnium solus, a quo hæc omnia, quæ acceptis opportunitatibus ad oculos nostros prodeunt, in quadam textura elementorum, quasi quibusdam seminibus positis, sunt creata, de quibus tanquam ab originalibus regulis sumunt progrediendi primordia et incrementa debitæ magnitudinis et distinctionis formarum. Hæc autem semina subtilitate sensus, tam boni quam mali angeli cognoscentes, adducunt ipsa habilia de occultis seminibus (et tunc natura operatur per congruas temperationes elementorum), latenter spargunt, et ita occasiones præbent gignendarum rerum et accelerandorum incrementorum ; Dei tamen virtus semper interius operatur. Unde ipse solus Creator est.

Quare dæmoni data scientia sit et tanta operandi potestas. — Hæc autem scientia et potestas data est dæmonibus a Deo, ut Aug. ait (227*) : vel ad fallendum fallaces, ut ipsos Ægyptios : vel ad monendum fideles, ne tale aliquid facere pro magno desiderent : vel ad exercendam probandamque justorum patientiam.

Potestas dæmonum restringitur. — Porro sciendum est eos non posse facere propter superiorem scilicet Dei vel angelorum potestatem non permittentem quidquid possunt per naturæ subtilitatem. Nec enim, ut ait Aug. (228), alia ratio occurrit, cur non potuerunt facere sciniphes, qui ranas serpentesque fecerunt, nisi quia major aderat dominatio prohibentis Dei per Spiritum sanctum: quod et magi confessi sunt dicentes : *Digitus Dei est hic* (*Exod.* VIII).

DIST. VIII. *An angeli habent corpora. Angeli etiamsi corpora haberent, non tamen corporei sunt.* — Utrum angeli habeant corpora solet etiam quæri. Licet a quibusdam putetur eos corpora non habere: Aug. tamen manifeste ponere videtur, quod corpora habeant, ubi scilicet tractat de antiquis corporalibus formis, quibus Deus humanis aspectibus ostendebatur. Ait enim inter cætera (229) : Mittebantur angeli, ut ex persona Dei loquerentur. Sed fateor excedere vires intentionis meæ : utrum manente spirituali sui corporis qualitate, assumant aliquid ex inferioribus elementis corpulentioribus, an ipsa priora corpora sua transforment in id quod

---

(222) Tom. I, hom. 65, ad lib. Josue.
(223) In tractatu De filio prodigo, ad Damasum papam in fine.
(224) Lib. I De sum. bon. cap. 12.
(225) Contra Maximinum l. III, c. 12.
(225*) In Enchir. c. 105.

(226) De summo bono l. I, c. 12.
(227) Super Gen. l. II, c. 17.
(227*) Lib. III De Trin., c. 7.
(228) De Trin. l. III, c. eodem.
(229) Lib. III De Trin., c. 1.

volunt accommodatum ad id quod agunt. Idem etiam videtur dicere, super Genes. (230), omnes angelos in creatione habuisse corpora, in quibus pati non poterant, quæ servata sunt bonis angelis, post confirmationem : mutata vero transgressoribus, ita ut pati possint. Denique concesso quod habeant angeli coorpora, non tamen ideo sequitur, quod sint corporei, quia et animæ nostræ corpora habent, non tamen sunt corporeæ.

An dæmones impleant cor hominis substantialiter. Solus Deus menti illabitur. Quomodo Satanas cor implere dicatur. — Denique sciendum est dæmones in corpora hominum introire Dei permissione, ut opprimant eos et vexent.Unde commemorat Evangelium, dæmonia in quosdam ingressa,et per Christum fuisse expulsa (*Matth.* iv et viii ; *Marc.* i ; *Luc.* iv, ix et xi), substantialiter sane in cor alicujus non intrant. Unde ait August. (231) : Dæmones per energicam operationem, hoc est, per intus efficacem.Non credimus substantialiter illabi animo, sed applicatione et oppressione uniri. Illabi autem menti illi soli possibile est, qui creavit eam. Item Beda (232) : Notandum quod mentem hominis, juxta substantiam nihil implere possit, nisi creatrix Trinitas: secundum enim operationem tantum, et voluntatis justitiam anima de his quæ sunt creata impletur. Implet vero Satanas cor alicujus, non quidem ingrediens in eum et in sensum ejus : hæc est enim potestas solius Dei, sed callida deceptione animam in affectum malitiæ trahens, per cogitationes et incentiva vitiorum, qualiter implevit cor Ananiæ et Judæ (*Joan.* xiii ; *Act.* v).

Dist. IX. *De ordinibus angelorum. Novem ordines angelorum. Dionysius tres tantum ordines statuit.* — Nunc videre superest quot sint angelorum ordines, et quid sit ordo et unde dicatur : et si ita distincti fuerint ab ipsa creatione : Scriptura igitur novem esse angelorum ordines frequenter promulgat, angelos,archangelos, principatus,et potestates, virtutes, dominationes, thronos, cherubim quoque et seraphim. Quidam tamen, ut Dionysius (233), tres tantum ordines tradunt,ternos in singulis ponendo, ut ita Trinitatis imaginem in ordine angelorum esse insinuent.

Quid sit ordo, et quæ ratio cujusque nominis. — Ordo autem est multitudo cœlestium spirituum, qui inter se aliquo similantur munere gratiæ, sicut etiam in naturalium datorum acceptione conveniunt. Ut Seraphim, quod interpretatur ardens vel succendens,dicuntur qui præ aliis ardent charitate. Cherubim quoque, quod interpretatur *plenitudo scientiæ*, sunt qui præ aliis scientia eminent. Ita de aliis.

Ordines singuli. Qualiter a donis gratiarum nominantur. — Nominantur etiam singuli ordines a donis gratiarum, quæ non singulariter, sed excellenter data sunt.Unde Gregorius (234) : In illa superna civitate, quisque ordo ejus rei censetur nomine, quam plenius possidet in munere. Plenius autem intellige, vel quantum ab subjectos ordines, vel quantum ad alia dona, quæ idem ordo minus plene accepit. Sicut autem in ordine apostolorum vel martyrum non omnes sunt æquales, ita etiam in ordinibus angelorum, intelligendum est.

An ab ipsa creatione sic distincti fuerint. — Videtur autem quod ab ipsa creatione sic distincti fuerint,pro eo quod Scriptura dicit,de singulis ordinibus aliquos cecidisse.Denique hoc stare non potest, Quippe si ardebant charitate, ut seraphim, et eminebant scientia, ut cherubim, et in eis sedebat Deus, ut throni, et ita de aliis ordinibus, non potuerunt cadere.Sane sciendum est angelos ab ipsa creatione, differentes habuisse gradus, tam naturæ tenuitate quam formæ perspicuitate, ut alii essent superiores,alii inferiores,alii mediocres. Secundum hoc igitur, aliquos de singulis ordinibus cecidisse, dicitur. Vel ideo dicitur quod, si perstitissent qui ceciderunt, eorum aliqui in singulis fuissent confirmati ordinibus.

Quo sensu decimus ordo ex hominibus compleri dicatur. — Dicit etiam Scriptura decimum ordinem compleri ex hominibus. Sed qualiter dicitur ordo decimus,cum tantum novem esse supra perhibuimus ? Præsertim cum Greg. dicat (235), homines esse assumendos in ordine angelorum inferiorum et superiorum. Non est ergo sic dictum tanquam decimus ordo sit hominum, et novem angelorum, sed quia lapsus angelorum ex hominibus reparabitur, de quibus tot corruerunt, qui unum ordinem facere possent,quasi decimum : vel tot corruerunt, quot in uno quolibet ordine remanserunt. Unde Apostolus dicit restaurari *omnia in Christo, quæ in cœlis et in terris sunt* (*Ephes.* ii).

Homines salvabuntur juxta numerum stantium non lapsorum) — Non tamen juxta numerum eorum qui ceciderunt, sed eorum qui permanserunt, homines salvandi creduntur. Unde Greg. (236) : Superna illa civitas, ex angelis et hominibus constat, ad quam credimus tantum humani generis ascendere,quantos constat illic angelos remansisse. Sicut scriptum est : *Constituit terminos populorum juxta numerum angelorum Dei* (*Deut.* xxxii).

Dist. X. *Ex singulis ordinibus angeli mittuntur. Confirmatio a minori.* — Credi etiam potest fideliter cœlestes spiritus de omni ordine mitti ad hæc exteriora nuntianda. Unde Apostolus : « *Omnes sunt administratorii spiritus, et missi in ministerium* (*Hebr.* ii). Et in Psal. : *Qui facit angelos spiritus* (*Psal.* ciii). Isaias etiam ait : *Volavit ad me unus ex seraphim* (*Isa.* ix), qui ordo supremus est. Nec

---

(230) De Gen. ad lit. l. iii, c. 10.
(231) Aug., De doct. eccl., c. 33.
(232) Super illum locum *Act.* v : *Cur tentavit Satanas cor tuum ?*
(233) Lib. i De cœlesti hierarch.
(234) Hom. 34, Evang.
(235) Hom. 34, super Evangelium Lucæ xv.
(236) Loco superius citato.

debet indignum videri,si etiam superiores mittuntur,cum et ipse Filius Dei ad hæc inferiora sit missus.Aliter tamen putant, quia in Daniel, scriptum est : *Millia millium ministrabant ei* quasi in exterioribus istis,quod de inferioribus ordinibus dictum aiunt. *Et decies centena millia assistebant ei* (*Dan.* VII) : hoc de superioribus, quasi qui nunquam per ministerium a Deo cedunt. Unde Dionysius (237) : In cœlesti hierarchia,quæ sacer dicitur principatus, superiora illa agmina ab intimis nunquam recedunt,quoniam ea quæ præeminent,usum exterioris officii nunquam habent.Sed intelligantur officii ordinarii. Eorum enim ordo officio non censetur. Aliquando sane causa extra communem dispensationem oborta,pro majoris rei eminentia vel significatione mittuntur.

Dist. XI. *Cuique homini a nativitate angelus in custodiam deputatur.* — Præterea sciendum unicuique homini, unum bonum angelum ad custodiam, et unum malum deputari ad exercitium.Unde Gregorius ait,quod quisque unum bonum angelum sibi ad custodiam deputatum,et unum malum angelum ad exercitium habet. De bonis autem angelis,Veritas a pusillorum scandalo prohibens ait : *Angeli eorum semper vident faciem Patris* (*Matth.* XVIII). Ubi Hieronymus dicit (238) : Magna dignitas est animarum, ut unaquæque habeat ab ortu nativitatis ad custodiam sui, angelum delegatum.

An singuli singulis vel pluribus hominibus unus angelus sit deputatus. — Denique inoffense credi potest, vel quod singuli angeli singulis deputentur hominibus, vel quod unus pluribus, eodem vel diversis temporibus. Nec enim mirandum,unum angelum pluribus hominibus ad custodiam deputari, cum etiam uni homini plurium hominum custodia deputetur vel committatur.

An angeli proficiant in merito vel præmio. — Conciliat apparentem doctorum controversiam. — Postremo sciendum est fideliter dici, bonos angelos usque ad diem judicii in merito proficere, quia quotidie hominum utilitatibus inserviunt, eorumque student profectibus, per quod merentur. Et etiam in præmio, hoc est, in dilectione proficiunt. Etenim proficiunt in cognitione, et quo magis cognoscunt, eo magis diligunt.Quod autem magis cognoscant, Isaias testatur ex persona angelorum, Verbi incarnati mysterium minus cognoscentium, dicens : *Quis est iste qui venit de Edom tinctis vestibus de Bosra ?* (*Isa.* LXIII.) Et Psal. : *Quis est iste rex gloriæ ? (Psal.* XXIII.) Apostolus quoque ait : *Quæ sit dispensatio sacramenti absconditi, a sæculis in Deo, ut innotescat multiformis sapientia Dei per Ecclesiam, principatibus et potestatibus in cœlestibus* (*Ephes.* III).Ubi licet Augustinus dicat (239) : Angelos non latuisse mysterium regni cœlorum, tamen ad plenum non intellexerunt. Unde Hier. ibidem dicit(240) angelicas dignitates præfatum mysterium, ad purum intellexisse, donec apostolorum prædicatio ad gentes dilatata est : per hoc ergo patet, angelos in cognoscendo proficere. Nec obloquitur quod ait Greg. (241) : Quid est, quod ibi nesciant, ubi scientem omnia sciunt ? Dicit enim eos nihil nescire, scilicet eorum sine quibus beatitudo non est. Ea vero sunt quæ ad mysterium unitatis Trinitatisque pertinent.

De distinctione operum sex dierum. Quid per terram significetur. — Post tractatum angelicæ naturæ, nunc de aliis superest videre. Non enim solum cœlum, hoc est angelos, in principio creavit Deus, sed et terram (*Genes.* I), id est materiam quatuor elementorum confusam, quæ, inquam, terra dicta est, ut Aug. ait (242), eo quod inter elementa minus est speciosa. Dicta est et abyssus, ut scriptum est : *Et tenebræ erant super faciem abyssi* (*ibid.)*. quia conjuncta erat, specie distincta dilucidaque carens : eadem etiam dicta est aqua, super quam ferebatur Spiritus Domini, sicut voluntas artificis super parata materia. Ea quoque dicta est aqua, quia quæcumque in terra nascuntur, ab humore incipiunt formari et nutriri ; hæc autem ante omnem diem creata est. Deinde vero distincta singulis rebus proprias species capientibus.Quod quidem non simul factum est, ut aliqui Patrum tradere videntur, sed per volumina sex dierum, ut fides catholica tenet.

Quare terra informis dicta sit. — De hac igitur distinctione visuri, primum expediamus, cur illa materia informis dicatur, et ubi ad esse prodiit, quantumque in altum accendit?Materia igitur dicta est informis, non quia penitus forma careret. Hoc enim esse non potuit, cum esset corpus ; sed quia nondum pulchram aptamque ac distinctam acceperat formam, qualem nunc cernimus. Facta igitur prius est in forma confusionis disposita,secundo in forma distinctionis.

De malis divinæ operationis. — Denique advertendum videtur, quod super hunc locum tradidit Alcuinus. Quatuor, inquit (243), modis Deus operatur : primo in verbo omnia disponendo ; secundo in materia uniformiter creando ; tertio per opera sex dierum distinguendo ; quarto non nova sed nota sæpius ne pereant reformando.

Ubi illa materia ad esse prodiit : quantumque in altitudine ascenderit. — Proinde si quæritur,ubi ad esse prodiit confusa? Fideliter credendum putamus quod ubi nunc formata subsistit. Et porrigebatur eo usque in altum, quo nunc summitas corporeæ naturæ pertingit. Imo, ut quidam volunt, ultra fir-

---

(237) Cap. 7, et ad verbum Gr. hom. 34.
(238) Super Mattheum ubi supra.
(239) Originaliter super Gen. l. v, c. 16.
(240) Hier. in epist. ad Eph. c. 3.

(241) Lib. IV Dialogorum c. 3, et l. XX Moralium, c. 3.
(242) Lib. de Gen. contra Man. I, c. 7.
(243) Super Genes.

mamentum extendebatur illa moles, quæ in imo sui spissior, in supremo vero rarior erat leviorque: et de ea parte aquas esse aiunt, quæ supra firmamentum esse dicuntur. Talis igitur fuit mundi facies in principio, priusquam reciperet distinctionem, quæ facta est sex diebus.

DIST XIII. *Distinctio primæ diei.* — Primæ itaque diei opus fuit formatio lucis. Unde consequenter Scriptura dicit : *Dixit : Deus, Fiat lux, et facta est lux, et divisit lucem a tenebris* (Genes. I). Congrue autem mundi ornatus incœpit a luce, per quam cætera quæ creanda erant, viderentur (244).

Qualis illa lux fuit. — Quæ lux spiritualis intelligi potest, scilicet angelica natura, ut Augustinus ait (245); Quæ prius tenebræ erant, cum informis creata fuit lux vero facta est, conversa ad Creatorem, eique charitate adhærens. Vel etiam corporalis fuisse intelligitur : quod probabilius est, velut lucida nubes, cum qua dies esse incœpit.

Ubi lux sit facta. — Quæ credi potest ibi facta esse, ubi nunc corpus solare locatur. Vicem enim solis usque ad diem tertiam tenuit, quæ motu suo circumacta noctem discernebat ; et diem, velut sol quotidiano cursu nunc vehitur, eademque distinguit, sequitur. Appellavitque lucem diem, et tenebras noctem.

Quot modis accipiatur dies. Ordo computationis dierum. — Denique dies multis modis accipitur. Dicitur enim *dies lux ipsa*, sicut præmissum est, et aeris illuminatio, ut sæpe occurrit, et spatium viginti quatuor horarum, secundum quod dicitur. *Et factum est vespere et mane dies unus* (Genes. I), quod sic intelligendum est : Factum est vespere prius, dum exacto cursu diurno, lux vergebat in occasum, et postea mane secundæ scilicet diei, eadem luce cursu nocturno revoluta ad ortum. Prima enim dies non habuit mane, quod est aurora, sed a plena luce inchoavit, et terminata est in mane secundæ diei : sic computabatur, ut dies præcederet, et sequeretur nox, quod usque ad tempus sepulturæ Domini factum est. Quod mysterio non vacat. Homo enim a luce justitiæ per peccatum corruit in tenebras ignorantiæ. A resurrectione autem Domini a vespera computatur dies in vesperam, ita ut præcedat nox, et sequatur dies. In mysterio etiam, quia per Christum a tenebris ad lucem redit homo. Unde Apostolus : *Eramus aliquando tenebræ : nunc autem lux in Domino* (Ephes. v).

Quare sol sit factus. Qualiter accipiendum sit illud : Deus dixit, Quomodo Deus operetur in verbo et per verbum. — Quod si quæritur cur factus est sol, cum lux illa diem faciebat? Dici potest lux illa partes superiores illuminare : inferiores vero non, ideoque sol factus est, ita ut vel in eadem parte cœli, ea lux sibi adjuncta remaneat, vel de ea forsan formatum est solis corpus (246). Sciendum est hinc Deum non dixisse temporaliter, ut fleret lux, quia non mutabiliter, ut Aug. ait (247) : Nec sono vocis, cum non esset lingua, qua loqueretur. Ad naturam ergo verbi refertur, quasi non sono vocis, sed in verbo sibi coæterno dixit, hoc est, verbum genuit, in quo ab æterno disposuit, quod in tempore facturus erat in eodem verbo. Operatur enim Pater in verbo et per verbum, ut frequenter Scriptura dicit, non quasi artifex per instrumentum, sed quia opificem omnium genuit. Unde Chrysost. (248):Sicut judicare per Filium Pater dicitur, quia judicem genuit, sic et operari per Filium, quia constat eum opificem genuisse. Vel per Filium operari, id est cum Filio. Nec tamen similiter dicitur Filius operari per Patrem, licet cum Patre operetur, propter auctoritatem principii in Patre servandam. Eadem de Spiritu sancto intelligenda sunt.

DIST. XIV. *De distinctione secundæ diei qua factum fuit firmamentum. De qua materia sit factum firmamentum.* — Dixit quoque Deus : *Fiat firmamentum in medio aquarum, et dividat aquas ab aquis* (Genes. I). Aquas scilicet quæ in aere et in terra sunt, ab aquis quæ supra firmamentum sunt. De quibus dicitur : *Qui tegis aquis superiora ejus* (Psal. CIII): agitur autem hic de firmamento sidereo, quod de aquis factum credi potest, in modum crystalli, teste Beda (249) : licet alii dicant cœlum quod excedit aeris spatium, igneæ naturæ esse. Quibus etiam adstipulari videtur Aug. (250) : Tamen quocunque creditur, fidem non lædit. Quales autem et ad quid conditæ sunt, super firmamentum aquæ, ipse novit qui condidit.

Quare dicatur firmamentum. — Denique dicitur firmamentum, non propter stationem, sed propter firmitatem, et terminum aquarum intransgressibilem.

Quare tacuit Deus bonitatem creatorum secundæ diei. — Notandum etiam quod in hac die sicut in cæteris non legitur : Vidit Deus quod esset bonum. Non quod ita non esset, sed propter aliquod sacramentum commendandum. Forsan enim propter binarii detestationem factum est, qui est principium alteritatis et divisionis.

De distinctione tertiæ diei. — Tertiæ diei distinctio fuit congregatio aquarum, in locum unum. *Dixit enim Deus: Congregentur aquæ in locum unum, et appareat arida* (Genes. I). Fieri enim potuit ut terra subsidens concavas partes præberet, ubi fluctuantes reciperet aquas, et fleret arida apta graminibus.

Ubi aquæ fuerint congregatæ. — Aquæ autem omnes dicuntur in unum locum congregatæ, pro-

---

(244) Ambr. lib. 1 Hexam. c. 9.
(245) Super Gen. De Gen. ad lit. I, c. 3-5.
(246) Aug. l. I De Gen. ad lit. cap. 11.
(247) Super Gen. l. I, cap. 2 et 9.
(248) In expositione epistolæ ad Hebr. hom. 2, cap. 1.
(249) Super Genes, variis locis Damas. l. II, orth. c. 6.
(250) Aug. l. II De gen. ad lit. c. 3.

pter magnum mare, unde exeunt, et ad quod revertuntur. Dicuntur etiam congregationes aquarum, propter multifidos sinus, et plurimas eorum derivationes, ex eodem mari.

Ecce habes qualiter prima die creata fuit lux, quæ cuncta illustraret, et secunda firmamentum factum, quod divideret aquas ab aquis. Tertia demum die aquarum molibus intra receptacula collectis, terra revelata est, atque aer serenatus. Tribus ergo primis diebus elementa distincta sunt; tribus vero sequentibus eadem ornata existunt, de quo nobis videndum est.

De ornatu quartæ diei quando facta sunt luminaria. — Cœli igitur ornatus in quarta die fuit, luminariorum creatio. *Dixit enim Deus: Fiant luminaria in firmamento cœli, et dividant diem ac noctem (Gen. 1).* His namque provisum est hominibus, ut circumeunte sole, diei, noctisque vicissitudine potirentur. Consolati etiam luna ac sideribus ne nox indecora remaneret. De quibus etiam subditur: *Et sint in signa et tempora, et dies et annos (ibid.).* Quod dictum est, non quod quarto die primo cœpissent tempora, sed quia sunt in signa serenitatis et tempestatis, et usitatæ distinctionis dierum et annorum, et quatuor anni temporum scilicet veris, ætatis, hiemis et autumni.

Dist. XV. *De ornatu quintæ diei.* — Ornatus autem quintæ diei, fuit creatio animantium ex aquis. Sic enim dixit Deus: *Producant aquæ reptile animæ viventis et volatile super terram (Genes.).* De quibus duo elementa sunt ornata, scilicet aer in volatilibus, et aquæ in natatilibus.

De ornatu sextæ diei. — Die quoque sexta ornata est terra in bestiis. Unde dixit Deus: *Producat terra animam viventem, jumenta, reptilia et bestias terræ, secundum species suas (Genes. 1),* quæ omnes creatæ sunt innoxiæ, sed propter peccatum factæ sunt pleræque noxiæ.

De creatione hominis. — Omnibus igitur dispositis ut pertrinximus, novissime factus est homo, et in mundum tanquam universorum dominus, et possessor inductus. Unde sequitur : *Vidit Deus quod esset banum, ait : Faciamus hominem ad imaginem et similitudinem nostram (Genes. 1) :* de cujus creatione amodo tractemus, sed de die septima prius absolvamus.

De ornatu diei septimæ. — Scriptum est igitur : *Complevit Deus die septimo opus suum, et requievit ab universo opere quod patrarat (Genes. 11),* hoc est, perfecerat.

Quomodo intelligatur Deum requievisse. — Denique requievisse dicitur Deus, non quasi lassus operando, sed novam creaturam facere cessando. Sicut etiam in Apocalypsi accipitur: inquit, *Non habebant,* inquit, *requiem dicentia : Sanctus (Apoc. IV,)* hoc est, dicere sanctos non cessabant.

Quomodo intelligatur Deum complesse opus suum die septima. Benedictio diei septimæ. — Sed qualiter in ea die opus suum dicitur complevisse, cum in ea legatur nihil fecisse ; nisi forte quod in ea benedixit et sanctificavit, sicut Scriptura testatur: *Benedixit,* inquit, *diei septimo, et sanctificavit illum (Genes. 11),* quod operari fuit. Sicut Salomon opus fecit cum templum dedicavit. Illum autem diem sanctificasse dicitur, quia eum præ cæteris mystica benedictione donavit. Unde in lege : *Memento sanctificare diem sabbati (Exod. xx) :* vel complevit Deus die septima opus suum, hoc est, perfectum et consummatum vidit.

Dist. XVI. *De creatione hominis. Qaomodo homo sit factus.* — Decursis supradictis de creatione hominis, videamus, inquirentes quomodo, et qualis sit homo factus, exinde qualiter sit homo lapsus, tertio qualiter sit reparatus. In Genesi ergo legitur: *Faciamus hominem ad imaginem et similitudinem nostram (Gen.1).* Dicendo *faciamus,* una opera trium Personarum ostenditur : dicendo, *nostram,* æqualis substantia trium Personarum ostenditur, vel monstratur. Ex persona enim Patris hic dicitur ad Filium, et ad Spiritum sanctum, non ad angelos, quia Dei et angelorum non est una imago, vel similitudo.

Qualis factus est homo. In quibus consideratur imago et similitudo. — Denique factus est homo secundum mentem ad imaginem Dei propter memoriam, intelligentiam et dilectionem. Ad similitudinem vero propter innocentiam et justitiam, quæ in mente hominis naturaliter sunt. Vel imago in aliis omnibus. Similitudo vero in essentia animæ, quia et immortalis et indivisibilis est. Unde Aug. (251) : Anima similis facta est Deo, quia immortalem et indissolubilem fecit eam Deus. Imago ergo pertinet ad formam, similitudo ad naturam.

Quomodo homo dicitur imago Dei. — Homo etiam dicitur imago Dei. Unde Apostolus : *Vir est imago et gloria Dei (I Cor. XI) :* quod de mente dicitur proprie, et tamen de homine dicitur, in quo est ipsa pictura, imago dicitur.

Homo dicitur imago et ad imaginem Dei : Filius vero solum imago. — Notandum quoque quod homo imago dicitur, et ad imaginem; Filius vero imago tantum, quod quare sit August. dicit (252): Homo ita imago dicitur, quod et ad imaginem, quia non æquatur parilitate, sed accedit quadam similiudine ; Filius autem est imago, sed non ad imaginem, quia æqualis est Patri. Ecce secundum proprietatem mentis homo est similis Deo, sed etiam corpus ejus hoc indicat, quod est in cœlum erectum.

Dist. XVII. *De creatione animæ Adæ.* — Proinde factura corporis et animæ describitur Adæ cum dicitur: *Formavit Deus,* quantum ad corpus, hominem *de limo terræ.* Item : *Et inspiravit in faciem spiraculum vitæ (Genes. 1),* quantum ad animam.

---

(251) In l. De quantitate animæ c. 2.

(252) De Trin. l. VII, c. 6 in fine.

Vel secundum alios, flavit vel sufflavit, non quod manibus corporeis, vel faucibus factum intelligamus esse, sed volendo et jubendo fieri. Spiritus enim Deus est, non corpus, qui quæcunque voluit, fecit. Insufflavit autem, hoc est, flatum fecit, non quidem de sua substantia. Flare enim est flatum facere, id est animam. Unde per Isaiam (LVII) : Omnem flatum, hoc est animam, ego feci.

Quomodo anima sit creata. — Fecit enim Deus animam Adæ secundum August, (253), cum angelis sine corpore, secundum vero alios, in corpore creata est, ut totum corpus animaret. Faciem vero, quia præ cæteris partibus corporis, sensibus ornata est, nominatim expressit. Verum quidquid de anima Adæ fuerit, de aliis tenendum, quod in corpore creentur; creando enim infundit eas Deus, et infundendo creat.

Quæ ætate creatus fuerit Adam et ubi? An paradisus sit corporeus. Descriptio paradisi. Lignum scientiæ boni et mali. Quomodo homo cognoverit bonum et malum. Quomodo optime consideratur inobedientia. — Fuit Adam in virili ætate creatus, ut ait Aug. super Genes. (254). Non autem in paradiso factus est homo, sed extra, et ita in paradiso positus. sicut Scriptura docet : *Tulit*, inquit, *Dominus hominem, et posuit eum in paradiso voluptatis, quem plantaverat a principio* (Genes. II). Per quod significatum est, quod ad meliora homo proficere deberet. Paradisus autem iste localis intelligitur, qui ab illo principio plantatus accipi potest, quo terram, herbas et ligna producere jussit Deus (254*). Vel a principio, hoc est, in oriente. Unde antiqua littera dicit ad orientem. Est autem illic locus amœnissimus, magno fonte fecundus, et lignis diversis generis ac fructuosis decorus. Inter quæ est unum lignum, vitæ vocatum, eo scilicet; quia divinitus hanc vim accepit, ut qui ex ejus fructu comederet, ejus corpus stabili sanitate et perpetua soliditate firmaretur, nec in deterius et in occasum laberetur. Est etiam ibi lignum scientiæ boni et mali, non ideo sic dictum, quod arbor mala esset, sed quia propter prohibitionem erat in illa transgressio futura, qua homo experiendo disceret, quid inter bonum obedientiæ, malumque inobedientiæ esset. Cognovit enim homo priusquam hoc lignum tangeret, bonum per experientiam et prudentiam ; malum vero per prudentiam tantum. Usurpato autem vetito, etiam per experientiam malum cognovit. Nec melius consideratur, quantum malum sit inobedientia, quam cum ideo reus factus intelligitur homo, quia rem prohibitus tetigit, quæ tangenti non obesset, si non prohiberetur. Si enim rem venenosam prohibitus tangis, pœna ipsa non tamen ex prohibitione, quam ex natura rei sequi videtur. Dum igitur rem bonam prohibitus tangis, ex sola inobedientia pœna esse, sicut ex obedientia palma demonstratur.

DIST. XVIII. *De formatione mulieris.* — Denique in paradiso formavit Deus mulierem de substantia viri, sicut Scriptura dicit : « *Immisit*, inquit, *Deus soporem in Adam. Cumque obdormisset, tulit unam de costis, ejus, et ædificavit eam in mulierem* (Gen. II).

Quare facta sit de latere viri mulier? Facta est igitur mulier de latere viri non de capite, aut de pedibus. quia nec domina, nec ancilla ei parabatur. Si enim de capite facta esset, videretur viro ad dominationem præferenda ; et si de pedibus, ad servitutem subjicienda, sed de latere facta est, ut per hoc ostenderetur, quia in consortium creabatur dilectionis viri, et adminiculum generationis (255).

Quare Adam prius et non simul Eva creata sit ? — Non autem simul facta est cum viro, sed vir solus prius, de quo ipsa postea, ut per hoc imago Dei in homine appareret. Sicut enim Deus est principium totius creationis, ita Adam est principium generationis. In quo etiam superbia diaboli retunditur, qui principium esse inique usurpare voluit.

Quare de viro dormiente mulier facta sit? Quod anima non sit ex traduce ? — Quod autem facta est mulier sopore misso in Adam, sacramentum Christi et Ecclesiæ fuit. Sicut enim mulier de latere viri dormientis formata est (256), ita Ecclesia de sacramentis, quæ de latere Christi dormientis in cruce profluxerunt (Joan. XIX), aqua et sanguine abluta a culpis, redempta a pœnis. Sic igitur corpus mulieris de corpore viri traductum est quod non similiter de anima intelligere licet, quæ non est ex traduce. Hieronym. (258) enim anathematis vinculo obligat illos, qui esse animas ex traduce dicunt inducens auctoritatem de propheta: *Qui finxit sigillatim corda eorum* (Psal. XXXII, hic satis, inquit, innuit propheta, quod non animam de anima facit Deus, sed sigillatim animas de nihilo creat.

DIST. XIX. *De statu hominis. De primo hominis statu ante lapsum videlicet. De hominis statu post lapsum.*— Occurrit hic triplex de statu hominis consideratio, qualis, scilicet homo fuerit ante peccatum, et post peccatum, et in resurrectione erit. In primo itaque statu habuit homo posse mori, et posse non mori. In secundo statu, scilicet post peccatum, habuit posse mori, et non posse non mori. In tertio statu habebit posse non mori, et non posse mori. Unde Aug. (258) : Primum de limo terræ formatum est corpus animale non spirituale, cum quali etiam resurgemus. Illud enim ante peccatum, mortale et immortale erat, quia poterat mori et non mori, quod peccatum mortuum factura est, ut Apost. ait : Non enim hoc corpus est mortale, sicut primi hominis fuit, sed deterius, quia necessitatem habet

---

(253) C. 57, secundum translationem, LXX. Super Genes., lib. VII, c. 25 et 27.
(254) De Gen., ad lit. lib VI, c. 13.
(264*) Aug., lib. VII, De gen. ad lit., c. 3.
(255) Ex Aug., lib. De Gen. ad lit. c. 13.
(256) Ex Aug., lib. XII. De civitate Dei, c. 26.
(257) Super psal. XXXII.
(258) Super Gen., lib. VI, c. 19 et 24.

moriendi *(Rom.* v; *I Cor.* xv). Quod mutabitur in spirituale, nec poterit ultra dissolvi, cum induerit immortalitem. Filii enim resurrectionis non poterunt ultra peccare, nec mori.

Unde immortalitas Adæ ante peccatum. — Videtur autem immortalis fuisse caro Adæ ante peccatum de conditione naturæ, adjuvanda, tum per ciborum alimoniam, tum per esum ligni vitæ perficienda. Unde Aug. *(259)*: Caro Adæ ante peccatum ita immortalis creata est ut per alimoniam cæterorum lignorum, quæ jussus erat manducare servaretur, donec productus ad ætatem conditori placitam, ipso jubente sumeret de ligno vitæ, quo perfecte immortalis factus, ultra cibi alimenta non requireret. Nec movet quod ait August. *(260)* scilicet: Quodammodo creatus est homo immortalis, quod erat ei de ligno vitæ, non de conditione naturæ. Cui sensui congruunt verba Domini dicentis de Adam, post peccatum : Videte ne forte *sumat de ligno vitæ, et vivat in æternum (Genes.* iii).

Sed adhuc contradicunt quidam, putantes primos parentes non indiguisse cibo ante peccatum, et dicunt : Si non peccarent, non morerentur; non autem peccarent si non comederent, quia poterant sine alimonia vivere. Quibus dicitur, quod non solum peccarent de vetito edentes, sed etiam concessis non utentes. Fuerat enim utrumque præceptum, scilicet istis uti, et illo abstinere. Unde Aug. *(261)* : In mandatis utrumque continebatur, ut de concessis manducarent et ab interdicto abstinerent.

Item si non peccarent, famem non sentirent, cum ea sit pœna peccati. Sine fame autem superflue comederent. Ad quod dicitur. Fames vere pœna peccati est. Est enim immoderatus appetitus edendi. Cui non subjaceret homo si non peccasset, haberet tamen naturalem appetitum et moderatum, cui etiam ante peccatum satisfacere oportuit.

DIST. XX. *Quare in paradiso non coierint primi parentes?* — Creati autem primi parentes in paradiso non coierunt. Quia creata muliere, mox transgressi sunt, et ejecti : vel quia Deus nondum jusserat ut coirent, poteratque, divina exspectari auctoritas, ubi concupiscentia non angebat.

Ubi genuerunt primi parentes. Quomodo ante peccatum genuissent? — Cæterum de paradiso emissi, genuerunt. Quibus honorabiles nuptiæ et torus immaculatus ibi esse non potuit sine ardore libidinis, sine labore pariendi. Quia credendum est, illos ante peccatum genitalibus membris imperare potuisse, sicut et cæteris in quolibet opere, sine aliquo pruritu voluptatis. Sed post peccatum, motum illum meruerunt, quem nuptiæ vere ordinant : continentia cohibet. Infirmitas enim prona in ruina turpitudinis, excipitur honestate conjugii, et quod sanis esset officium, ægrotis est remedium.

Quales fuissent filii ante peccatum procreati. Quid de sensu animæ sit tenendum. — Potest autem dubitari, si ante peccatum genuissent, utrum mox geniti perfecti fuissent, statura corporis, et sensu animi, velut Adam, cum conditus esset, aut per intervalla temporum, ut modo, sic proficerent? Utique nihil horum quod auctoritate definitum est, occurrit, nisi quod forte necesse erat parvulos nasci, ut Aug. ait *(262)*, propter uteri necessitatem. Hoc autem certum est, quod proprie infirmitati mentis congruit, hoc infirmitas carnis scilicet quod homini nato, nec pedes idonei ad incessum, nec manus saltem habiles sunt ad scalpendum, quod aliter est in plurium animalium pullis, qui mox nati currunt, et matrem sequuntur.

Denique si quis eos secundum animam per temporis intervallum profecturos esse dixerit, non urgebitur, ideo confiteri ignorantiam, quæ pœna peccati est, in eis potuisse esse ante peccatum. Quippe non omnis qui aliquid nescit, et minus perfecte scit, statim ignorat; quia ignorantia non dicitur, nisi cum id quod sciri et non ignorari debet, nescitur : talis ignorantia pœna peccati est. Talis autem erat hominis status ante peccatum, ut dictum est; de quo ei non peccasset, transferendus erat cum universa posteritate, ad perpetuæ felicitatis amorem.

DIST. XXI. *De invida tentatione diaboli.* — Videns igitur diabolus, per humilitatem posse ascendere hominem, unde per superbiam ipse ceciderat, invidit ei, et ideo ad tentandum eum, dejiciendumque accessit. Verum quia ejus malitia timida est ad tentandam virtutem, non virum, in quo plus rationis vigere sciebat, sed infirmam mulierem proposuit.

Quare dæmon in aliena forma venit? De tentationis modo. — Ne autem fraus ejus perciperetur, non in propria forma, sed in aliena venire voluit. Itaque permisit ei Deus, formam suæ malitiæ congruentem scilicet serpentis, per quem tentaret, quem spiritu suo diabolus implens, ut Aug. ait, sapientissimum omnium bestiarum fecit. Inde dicitur *serpens callidior cunctis animalibus terræ (Genes.* iii.). Non quidem ex rationali anima, sed spiritu diaboli, quo adimplebatur, qui sapientissimus est. In hac itaque forma, mulieri adstitit dicens : *Cur præcepit vobis Deus ne comederetis de omni ligno paradisi?* Cui mulier : *Ne forte moriamur (ibid.).* Quo dicto aditum seducendi aperuit, ac ideo protinus subjunxit : *Nequaquam moriemini. Scit enim Deus, quod in quocunque die comederitis ex eo, aperientur oculi vestri, et eritis sicut dii, scientes bonum et malum (ibid.).*

Homo est tribus modis tentatus. Quid gula? Vana gloria? Avaritia? — Ubi diabolus tentavit hominem tribus modis : gula, vana gloria, avaritia. Gula persuadendo cibum dicens : *In quocunque die comederitis;* vana gloria, promittendo deitatem, dicens : *Eritis sicut dii;* avaritia, promittendo scien-

---

(259) Lib. Quæst. veteris et nov. leg., c. 19.
(260) Super Gen., lib. vi, cap. 25.

(261) Loco sup. citato in quæst. Novi et Vet. Test.
(262) De peccat. mer. et remis., 37.

tiam, dicens : *Scientes bonum et malum.* Est autem gula immoderata cibi aviditas ;vana gloria propriæ excellentiæ;avaritia enormis cupiditas habendi,quæ non tantum pecuniæ est,sed omnis illius quod supra modum ambitur.

De ordine et progressu humanæ perditionis. — Nota etiam hic ordinem humanæ perditionis. Primo affirmavit Deus dicens : *In quocunque die comederetis ex eo, morte moriemini.* Deinde mulier dubitando dixit : *Ne forte moriamur.* Tertio diabolus negavit, dicens : *Nequaquam moriemini.* Dubitans ergo ab affirmante recessit, et ut periret, neganti appropinquavit.

DIST. XXII. *De peccato hominis.* — Denique videns *lignum, quod esset pulchrum visu, et ad vescendum suave,* credens verbis serpentis, *comedit, deditque viro suo (Genes.* III), in quo diabolo suggerente, uterque peccavit.

An casum hominis præcesserit elatio in animo ejus ? — Videtur tamen quod tentationem præcesserit eorum peccatum, eo quod dicat Aug. super Genes. (263) :Non est putandum quod homo dejiceretur,nisi præcessisset in eo quædam elatio comprimenda. Item (264) : Quomodo verbis tentatoris crederet mulier,nisi menti ejus inesset amor propriæ potestatis, et de se superba præsumptio?Quod si ita est, non alterius prius suggestione peccavit homo. Cum auctoritas tradat ideo peccatum diaboli esse incurabile,quia non suggestione,sed propria superbia cecidit, hominis vero curabile, quia non per se,sed per alium cecidit, ideoque per alium surgere potuit (265). Ad hoc autem dicimus, quod elatio tentationem non præcesserit, sed prohibitæ comestionis opus. Hoc enim ordine actum est.Præcessit seducentis tentatio,secuta est in homine mentis elatio, accessit tertio inobedicatis transgressio.

Quæ fuerit elatio mentis utriusque? In quo fuerit seductus Adam. — Talis autem fuit elatio mulieris, ut vellet habere Dei similitudinem, putans id esse verum, quod dixerat diabolus : *Eritis sicut dii.* Quæ elatio nequaquam fuit in viro, nec fuit seductus, ut ait Apost. : *Non credens esse verum quod diabolus suggerebat (I Tim.* II), scilicet Deum ; lignum ideo tangere prohibuisse, quod sciret eos sicut deos futuros, si tetigissent.Sane cum videret Adam mulierem accepta illa esca corporaliter non mortuam,sicut credebat, mox aliqua inhæsit menti ejus elatio,qua cuperet et ipse lignum vetitum experiri,Non enim fuit seductus Adam ut Apostolus ait (*I Tim.* III) : In eo, inquam, in quo mulier, ut crederet scilicet illud esse verum,*eritis sicut dii*:sed in eo est deceptus, quod putabat illud peccatum veniale esse. Unde Aug. (266) :Inexpertus divinæ veritatis Adam, in eo falli potuit, ut veniale crederet illud esse commissum.

Quorumdam sententia quod Adam etiam ambierit esse ut Deus. — Porro videtur quod et vir voluit esse sicut Deus:Ubi enim dicitur : *Quæ non rapui, tunc exsolvebam,* ait Aug. (267), rapuit Adam et Eva præsumentes, ut diabolus, de divinitate rapere voluerunt divinitatem, et perdiderunt felicitatem. Item Aug. super illud : *Deus qui similis erit tibi?* (*Psal.* LXXXII.) Qui per se vult esse ut Deus, perverse vult Deo similari,ut diabolus, qui noluit esse sub eo : et homo,qui ut servus, noluit teneri præcepto, sed voluit ut, nullo sibi dominante, esset quasi Deus.Item super illud Pauli ad Philippenses (II) : *Non rapinam arbitratus est esse se æqualem Deo.* Quia non usurpavit, quod suum non esset, ut diabolus et primus homo (268). Ad quod dicunt, ideo hoc Adam voluisse, quia mulier de eo sumpta, illud voluit. At qualiter peccatum in mundum intravit per unum hominem?Respondent:Quia per mulierem intravit de viro factam.Mulier enim, priusquam vir, peccavit.

Uter eorum plus peccaverit? — Melius autem videtur quibusdam, quod etiam Adam ambierit sicut Deus esse, sed quia non credidit id fieri posse, non adeo exarsit, ut mulier, quæ hoc fieri posse putabat: ideoque magis ambiendo superbivit. Minus ergo vir peccavit quam mulier.

Quod vir minus peccavit quam mulier. — Pro eo etiam intelligitur vir minus peccasse, quia ut ait Aug. (269) : De venia et de pœnitentia cogitavit, et de Dei misericordia : putavit enim utrumque posse fieri, ut, et uxori morem gereret, et per pœnitentiam veniam haberet.Idem quoque videtur ex eo, quod mulier in se, in Deum, et in proximum peccavit. Vir vero tantum in se et in Deum. Ex eo etiam apparet quod gravius mulier punita est, cui dicitur : *In dolores paries filios (Gen.* III).

Opponit contra id quod dictum est, virum minus peccasse. — Huic autem contrarius videtur Aug. (269*) loquens de excusantibus peccatum. Ideo enim, inquit, non confitetur Adam peccatum, sed dicit : *Mulier quam dedisti mihi, dedit mihi et comedi(ibid.).*Mulier quoque non confitetur,sed in alium referens ait : *Serpens decepit me, et comedi (ibid.)* : impari sexu, sed pari fastu peccaverunt, hoc est pari superbia. Pariter ergo peccaverunt. At hæc tria peccata parentum, in negotio nostræ perditionis distingue.In peccatum transgressionis scilicet, et excusationis, in quibus pro pari scientia, et superbia peccaverunt pariter, et peccatum elationis, in quo pro dispari ambitione, ut dictum est, alter altero plusve minusve peccavit.

---

(263) Lib. II, cap. 5.
(264) Lib. de Gen. ad litteram, II, c. 30.
(265) Aug. De Gen. ad litteram, loco prius citato.
(266) Lib. II de Gen., c. 42.
(267) Psal. LXVIII, super illum locum. *Quæ non rapui.*
(268) Aug. tract. 16 super Joan. v, *sed et Patrem suum dicebat Deum.*
(269) Super Genes. lib. II, c. 24.
(269*) Super Genes. lib. II, c. 35.

Objicitur etiam, quia cum tribus modis, ut Isidorus ait (270), peccatur; ignorantia scilicet, infirmitate et industria graviusque sit peccare industria quam ignorantia: videtur Adam plus peccasse, eo quod scienter peccavit, nec enim seductus fuit. Mulier autem seducta fuit, ut dictum est, ut per ignorantiam excusanda videatur. Ad quod dicendum est quod ignorantia Evæ excusari non potest, quia scire potuit, sed noluit. Erat enim ratione et scientia prædita, præsertim cum sciret se mandatum contra diaboli suasionem accepisse. Ipsa enim dicit: *Præcepit nobis Deus (Gen.* III). Eis autem aufertur excusatio ignorantiæ, ut ait August. (271): Qui mandata Dei noverunt.

De triplici ignorantia. — Denique ignorantia alia est affectata, ut eorum, qui scire possunt et nolunt in quibus est ipsa peccatum. Alia est possessoribus ingrata, eorum videlicet, qui scire volunt et non possunt, in quibus est pœna peccati, et non peccatum. Alia est simplex, ut eorum qui simpliciter nesciunt : in quibus etiam peccatum est. Unde Aug. (272) : Aliud est nescisse, aliud est scire noluisse, quia in eis, qui intelligere noluerunt, ipsa ignorantia peccatum est. In eis vero qui non potuerunt, pœna peccati. Ignorantia vero eorum, qui tantum simpliciter nesciunt, nullum sic exusat, ut æterno igne non ardeat, sed forsan ut minus ardeat. Est autem affectata, vincibilis ; ingrata invicibilis ; simplex vero, partim est vincibilis, et sic ad pœnam imputatur ; partim invincibilis, et sic a majori pœna excusat.

DILT. XXIII. *Quare non fecit Deus hominem meliorem, ut quærunt homines.* — Hic quærit aliquis cur fecerit Deus hominem talem, qui seduci possit? In quo noverit ille magnificentius cum homine esse actum. Sic enim factus homo in natura habuit posse, et in potestate velle non consentire suadenti, juvante Deo; et est gloriosius non consentire, quam tentari non posse.

Quæritur etiam cur creavit Deus quos scivit malos esse futuros? Ideo scilicet, quia quid boni de malis eorum facturus esset, prævidit. Sciebat enim eos profuturos bonis, quare non frustra eos creavit.

Cur Deus hominem impeccabilem non creavit. — Quæritur etiam cur non talem fecit Deus hominem, qui nec peccaret? Vel si peccaret, cur non in meliorem statum eum reparavit cum posset ? Ad hæc et hujusmodi, quæ curiosius quærit, etiam iners sic responde : Posset revera. Sed cur non fecit ? Quia noluit. Cur noluit ? Ipse novit. Non quæras, pro eo quod scriptum est : *Non plus sapere quam oportet (Rom. XII.)* Nec enim vas figulo dicit :*Cur me sic fecisti? (Rom. IX).*

Dé triplici hominis ante lapsum scientia. Quomodo homo scientiam habuit de Creatore. Quod creaturarum scientiam habuit homo. Sui cognitionem habuit. — Denique fuit homo ante lapsum triplici cognitione præditus, Creatoris scilicet rerum creatarum,

(270) De summo bono, lib. VI, c. 17.
(271) Ad Valentinianum.

et sui. Creatorem enim noscebat, non tamen sic perfecte, qualiter sancti in futuro, facie revelata cognoscent. Nec in ænigmate, qualiter nunc videmus, sed quadam propinquiori intelligentia, qua Dei præsentiam contemplabatur. Rerum quoque cognitionem habuit, quod patet per hoc, quia cunctis animantibus nomina imposuit, quæ propter illum creata, et ab illo regenda fuerant. Proinde et sui cognitionem habuit, intelligens quid superiori, et æquali, et inferiori deberet. Nec enim reus esset transgressionis, si hoc non novisset.

An homo præscius fuerit sui casus. — Quod si quæritur, utrum circa se futura prænoverit ? Dicimus quod magis ei facienda indicta sunt, quam futura revelata. Non ergo fuit homo præscius sui casus, sicut et de angelo dicimus.

DIST. XXIV. *De gratia hominis et de potentia ante casum. De adjutorio homini in creatione dato quo stare poterat.* — Hic sciendum est quod homo creatus fuit in voluntate recta, datumque fuit ei auxilium, quo in ea rectitudine stare posset, non autem mereri salutem, nisi alia sibi gratia daretur, Unde Augustinus (273) : Si factus est homo rectus, ut manere in ea rectitudine posset, non tamen sine Dei adjutorio : quod si angelo, vel homini, cum primo facti sunt, defuisset, non utique sua culpa cecidisset. Illud autem erat libertas arbitrii, ab omni corruptione immunis, voluntatis etiam rectitudo, omniumque naturalium potentiarum sinceritas et vivacitas. Ad hoc autem quod diximus, hominem per hæc sine alia gratia non posse proficere, objicitur. Per illud auxilium gratiæ creationis, potuit homo manere in bono, potuit ergo resistere malo, quod si fecisset, profectus esset ei, et vitæ meritum. Ad quod dicimus, quia resistere malo tunc demum vitæ meritum est, cum causa subest, quæ nos id facere monet, qualis nunc est corruptio peccati, quæ tunc in homine non erat. Alioquin meritum non est quod in angelis apparet, quibus non fuit stare meritum. Declinare enim a malo, semper vitat pœnam, sed non semper meretur palmam.

DIST. XXV. *De libero arbitrio. Quid liberum arbitrium? Quare liberum? Quare arbitrium?* — Nunc de libero arbitrio videamus disserentes, ubi sit, et quid sit, et unde dicatur, quorum etiam sit, et ad quæ pertineat. Est autem liberum arbitrium in voluntate et ratione. Est enim facultas voluntatis et rationis, propter voluntatem quæ cogi non potest, liberum dictum : propter rationem vero arbitrium, quæ arbitratur et dijudicat inter bonum et malum. Inde igitur dicitur liberum arbitrium, quod libere et spontanee ducatur, vel ad bonum eligendum, non tamen sine auxilio gratiæ, vel ad malum in quod per se sufficit.

Quod superior descriptio non convenit Deo nec glorificatis. — Porro secundum hæc non videtur in

(272) Ubi supra.
(273) In Ench. c. 107.

Deo esse liberum arbitrium, cum Deus malum eligere non possit. Unde etiam Hieron. ait (274) : Solus Deus est, in quem peccatum cadere non potest, cætera cum sint liberi arbitrii, in utramque partem flecti possunt. Similiter, nec in glorificatis, qui male velle non possunt. Unde Aug. (275) : Primum, liberum arbitrium fuit, posse non peccare; novissimum, non posse peccare; medium autem, posse peccare, et posse non peccare.

Quod in Deo sit liberum arbitrium. Iu glorificatis est liberum arbitrium. Liberius erit arbitrium, quando peccare non poterit. — Sane liberum arbitrium est in Deo. Unde Ambros. (276) super illud : *Dividens singulis prout vult (I Cor. xii)*, hoc est pro liberæ voluntatis arbitrio, non pro necessitatis obsequio. Ipsa ergo voluntas divina, quæ non necessitate, sed libere omnia facit, prout vult, est in Deo liberum arbitrium. Unde Aug. (277) : Non carebit homo libero arbitrio, quia sic erit, ut male velle non possit. Multo quippe liberius erit arbitrium, quod omnino non poterit servire peccato, neque aut voluntas non est, aut libera dicenda non est, quia sic beati esse volumus, ut esse miseri, non solum nolimus, sed nequaquam prorsus velle possimus. Ut igitur tam Deo quam hominibus, et nunc, et in futuro liberum conveniat arbitrium, inde dici videtur quod sine coactione potest eligere, quidquid ratio decrevit eligendum.

Generalis liberi arbitrii descriptio. De quadripertito statu liberi arbitrii. — Hic nota quatuor hominis status in libero arbitrio. Ante peccatum scilicet quando nihil impellebat ad malum, nihil impediebat ad bonum. Post peccatum ante reparationem, ubi premitur a concupiscentia et vincitur. Post reparationem vero ante confirmationem, ubi premitur a concupiscentia propter infirmitatem, sed non vincitur propter gratiam. Post confirmationem vero, ubi nec premetur nec vincetur. Infirmitate penitus consumpta, et gratia consummata, ubi recipiet omnem libertatem.

De triplici libertate. Libertas a necessitate. Libertas a peccato. Libertas a miseria. — Est enim libertas a necessitate, a peccato, a miseria. A necessitate libertas est, qua liberum arbitrium semper liberum est : quippe cum in voluntate sit, quæ cogi non potest. Libertas a peccato est, qua servi justitiæ efficimur; unde Apostolus : *Liberati a peccato; servi facti estis justitiæ (Rom. vi)*. Libertas a miseria est, de qua dicitur : *Et ipsa creatura liberabitur a servitute corruptionis, in libertatem gloriæ filiorum Dei (Rom. viii)*. Hanc autem omnem libertatem etiam habuit liberum arbitrium ante peccatum. Corruptum autem per peccatum, retenta prima quæ est naturæ, perdidit sequentes, quæ sunt gratiæ. Liberum enim arbitrium est, ille qui descendens a Jerusalem in Jericho vulneratus est in naturalibus, spoliatus in gratuitis bonis *(Luc. x)*. Unde Aug. (278): Male utens homo libero arbitrio, et se perdidit, et ipsum totum peccati servituti subjugavit.

De inæqualitate libertatis arbitrii. Quod duæ sint libertates. Mala libertas. Bona libertas. — Pater igitur ratione supradicta, liberum arbitrium esse semper, et in singulis; non tamen pariter est liberum in singulis. In malis enim simpliciter est liberum, per eam libertatem, quæ est a necessitate. In redemptis vero liberius est, propter eamdem et eam quoque quæ est a peccato : unde in eis liberatum dicitur : in glorificatis vero erit liberrimum, omnimodam habens libertatem ad bona, non ad mala. Quantum ad se igitur, liberum est, non pariter ad bona et mala. Est enim liberius ad malum, quod per se potest, quam ad bonum, quod nisi gratia adjuvante non potest. Hinc ergo patet duas esse libertates liberi arbitrii, malam, scilicet et bonam. Mala igitur et non vera libertas est, cum ratio dissentit a voluntate judicans, quod voluntas appetit non esse faciendum. Bona vero libertas et vera est, ubi ratio voluntati concordat. Cæterum hoc non de pluribus essentialiter, sed de una eademque libertate disscrimus. Nec enim eam in hæc duo quæ dicta sunt, nisi per officia geminamus. Velut homo singulariter unus, idemque bonus aliquando est, aliquando vero malus, quasi alius et alius.

Ad quæ pertinet liberum arbitrium. — Nunc sciendum quod liberum arbitrium, nec ad præsentia pertinet, nec ad præterita : quod enim est vel fuit, sic determinatum est, ut non sit in libero arbitrio tunc, quando est vel fuit, ut sit vel non sit, fuerit vel non fuerit. Ad futura igitur tantum pertinet, non tamen ad ea, quæ an proveniant an non, in potestate non habet, sed ea tantum, quæ ut sint, vel non sint, bona malave voluntatis libertate potest eligere.

Dist. XXVI. *Quid sit voluntas. De gratia operante et cooperante.* — Est autem voluntas, animi motus, nullo cogente ad aliquid, non admittendum vel adipiscendum. Ut autem malum non admittat, et bonum adispicatur, gratia Dei prævenit eam et subsequitur. Unde Apostolus : *Non est volentis neque currentis, sed Dei miserentis (Rom. ix)*. Quod non ita dicitur, quasi voluntas hominis sola sine Dei misericordia non sufficiat ad bonum. Sic enim e converso dici posset : Non est miserentis Dei solius, sed voluntatis hominis, cum id misericordia Dei sola non impleat. Pro eo ergo dictum est, ut totum Deo tribuatur, qui hominis voluntatem bonam, et præparat adjuvandam, et adjuvat præparatam. Nolentem enim prævenit ut velit, volentem subsequitur ne frustra velit.

Quod bona voluntas comitatur gratiam. — Constat ergo ex istis voluntatem hominis per se non

(274) In homilia De filio prodigo ad Damasum.
(275) De civitate Dei, lib. xxii, cap. 30.
(276) In lib. De fide, ii, cap. 3.

(277) In Ench., cap. 105.
(278) In Ench., cap. 30.

velle efficaciter bonum sine Dei gratia. Hanc autem gratiam sequitur voluntas: gratia enim præcedit nullo vocante merito, dicente Aug. (279): Gratiam Dei nihil meriti præcedit humani, sed ipsa meretur augeri, ut aucta mereatur et perfici voluntate comitante, non ducente: pedissequa, non prævia.

Quæ sit gratia voluntatem præcedens. — Hæc autem gratia fides Christi est, quæ impetrat, quod lex imperat. Quæ etiam justificat, ut ait Apostolus: *Justificati ex fide pacem habemus ad Deum (Rom. v)* Præcedit autem, sicque liberat a servitute peccati, ut pie vivat in Christo. Unde Aug. (280): Arbitrium ipsum post ruinam liberandum est a servitute peccati. Nec omnino per seipsum, sed per solam gratiam Dei, quæ in fide Christi posita est, liberatur, ut voluntas ipsa præparetur. Ex his constat voluntatem bonam ex fide esse.

Quod fides ex voluntate videatur procedere. — Videtur tamen fides ex voluntate provenire, pro eo quod ait Apostolus: *Corde creditur ad justitiam (Rom. x).* Non, inquit Aug. (281), simpliciter ait, creditur, sed corde creditur, quia cætera potest homo nolens, credere non nisi volens. Item super Genes. ubi Laban et Bathuel dixerunt: *Vocemus puellam, et quæramus ejus voluntatem (Gen. xxiv);* dicit expositor quidam super Gen. (282): Fides est non necessitatis sed voluntatis. Sed hæc et his similia non pro eo dicuntur, quod fides ex voluntate proveniat, sed quia non venit fides nisi in eum qui vult credere, cujus bonam voluntatem prævenit, non tempore, sed auctoritate et efficacia.

Hæc autem quæstio fortius ingravatur ex verbis August. tractantis illud: *Non quod sufficientes simus cogitare aliquid quasi ex nobis (II Cor. iii).* Quis, inquit, non videat prius esse cogitare quam credere? Nullus quippe credit aliquid, nisi prius cogitaverit esse credendum. Ex hoc manifeste liquet, quod cogitatio boni, quæ voluntatis est, præcedat fidem, et ita bona voluntas fidem præcedat, non præveniatur, quod prædictis adversari videtur. Ad quod dicimus quod cogitatio boni vel voluntas, utique præcedit fidem, non tamen illa qua recte vivitur, ad quam hoc ordine venitur, scilicet, præcedit intellectus boni, sequitur concupiscentia ejusdem, tertio est bona voluntas vel delectatio. Quod Aug. distinguens ibi: *Concupivit anima mea desiderare justificationes tuas (Psal. cviii).* Concupivit desiderare, inquit (283), non desideravit. Videmus enim aliquando ratione, quam utiles sint justificationes Dei, sed non desideramus. Prævolat ergo intellectus, sequitur tardus aut nullus affectus. Scimus bonum nec delectat agere, et cupimus ut delectet. Ostendit itaque quibus gradibus ad eas veniatur. Primus enim est, ut quam sint utiles, videas.

Deinde ut earum desiderium concupiscas: postremo ut, proficiente gratia, earum operatio delectet te. Si hoc igitur attendis, tota exspirat quæstio. Ut enim pie vivas, prius intelligis bonum; secundo cogitas quod non ex te, sed ex Deo est; tertio operari delectaris, quando jam per fidem et charitatem bona facta est voluntas, qua sola recte vivitur, ipsaque fidei comes est, non prævia. Eadem tamen quædam gratiæ dona præcedit, quæ scilicet justificatum sequuntur. Unde Aug. (284): Præcedit bona voluntas hominis, multa dona Dei, sed non omnia. Quæ autem non præcedit, ipsa in eis est, et ipsa juvat, quia nec tempore ab eis præceditur, et eis consentit ad bonum.

De triplici genere bonorum. — Ut autem evidentius, quæ dicta sunt, innotescant, sciendum est quod bonorum, alia sunt maxima, alia minima, alia media. Maxima, quibus recte vivitur et nemo male utitur; minima sunt, sine quibus recte vivi potest; media sunt, sine quibus recte non vivitur, quibus utrisque bene et male utimur. Unde Aug. (285): Virtutes quibus recte vivitur, magna bona sunt. Species vero corporum, sine quibus recte vivi potest, minima. Potentiæ vero animi, sine quibus recte vivi non potest, media. Denique virtutibus nemo male utitur: cæteris vero bonis, bene et male uti potest. Porro virtute ideo nemo male utitur, quia opus virtutis est bonus usus istorum, quibus etiam male utimur. Nemo autem bene vivendo male utitur.

In quibus bonis sit liberum arbitrium. — Cæterum, liberum arbitrium inter bona media est, quia et eo male uti possumus, et illud est, sine quo recte vivere nequimus. Bonus igitur usus ejus, opus virtutis est. Sicubi autem legitur quod bonus usus liberi arbitrii, virtus est, virtus ibi pro ejus opere accipitur.

Dist. XXVII. *De virtute et ejus merito. Fides non ex homine, sed ex Deo est.* — Virtus igitur est, ut Aug. ait, bona qualitas mentis, qua recte vivitur, et qua nemo male utitur, quam solus Deus in homine operatur. Ut de justitia Aug. dicit ibi (286): Feci judicium et justitiam. Justitia magna virtus est, quam non facit in homine nisi Deus, ideoque cum ait: Feci justitiam, non ipsam virtutem, quam non facit homo, sed opus ejus intelligi voluit. Sic et de cæteris dictum est. Secundum hoc enim, de fide Apost. ait: *Gratia estis salvati per fidem, et hoc non ex vobis (Ephes. ii).* Dei enim donum est, hoc est, fides non vi naturæ vestræ est, quia donum Dei pure est. Hæc gratia operans dicitur, quia voluntatem sanat, et ad bonum præparat et cooperans juvat, quia eam in benefaciendo juvat. De hac etiam merita veniunt. Unde Aug. ad Sixtum presbyte-

---

(279) August., epistola 106 ad Bonifac.
(280) In Ench., c. 106.
(281) Super Joannem, tract. 26.
(282) Lib. i De prædestinatione sanctorum, c. 2.

(283) Aug. super psalmum cxviii.
(284) In Ench., c. 32.
(285) Lib. i Retract.
(286) Lib. ii De lib. arb., c. 18.

rum (287) : Quid est meritum hominis ante gratiam, cum omne bonum nostrum meritum non facit, nisi gratia?

Quomodo bonum meritum in homine constituatur. — Ex gratia enim et libero arbitrio, meritum pervenit, hoc modo, velut ex fide et libero arbitrio actus vel affectus bonus mentis efficitur, credere scilicet, quod est primum meritum : similiter ex charitate et libero arbitrio diligere, ita de cæteris, per quæ merita et sibi augmentum, et nobis justificationem, et vitam merentur virtutes.

De muneribus virtutum — Hæc tamen merita pro auctoritate principii simili gratiæ dantur. Unde etiam ipsa gratia dicuntur. Unde Aug. (288) : Cum coronat merita nostra, nihil aliud coronat quam munera sua. Unde vita æterna, quæ meritis redditur, gratia vocatur, quia gratis datur, nec ideo gratis, quia meritis non datur, sed quia per gratiam dantur et ipsa merita quibus dantur.

Aliorum sententia de virtute. Ratio eorum. — Alii tamen dicunt virtutes esse bonos usus naturalium potentiarum, interiores et exteriores, qui per corpus geruntur, opera virtutum, dicentes. Ad hoc autem ideo moventur, quia dicit Aug. (289) super Joannem : Quid est fides ? Credere quod non vides. Item (290) : charitatem voco motum animi. Ex hoc inquiunt : Si charitas et fides motus animi sunt, virtutes ergo motus animi sunt. Sic enim hæc per causam dicta esse intelligendum est, quod charitas est motus animi, hoc est, virtus qua movetur animus ad diligendum. Item fides est credere quod non vides, id est, gratia qua creditur, quod non videtur. Aliud est autem quod creditur, aliud quo creditur, aliud ipsum credere. Denique si virtus esset motus mentis, jam non ex solo Deo esset, ut superius comprobatus. Verum etiam ex libero arbitrio, ex quo omnis motus men'is esse, ex verbis Aug. ostenditur (291). Animæ, inquit, si libero arbitrio ad faciendum vel non faciendum animi motu carent, si denique his abstinendi ab opere suo potestas nulla conceditur earum peccatum tenere non possumus. Non est ergo virtus, motus mentis. Hoc enim si esset, jam non ex virtute liberum arbitrium esset bonum quod verum est, sed ex bono, liberum arbitrium virtus esset, quod falsum est.

Dist. XXVIII. *De hæresi Pelagianorum.* — Postremo subjiciendum est de Pelagiana hæresi, quæ gratiæ adversatur. Hæc ergo omnium recentissima a Pelagio monacho exorta est, quæ gratiæ inimica, sine gratia credit hominem posse facere omnia mandata divina, quam ad hoc dari hominibus dicit, ut quæ facere per liberum arbitrium jubentur, facilius per eam impleant. Destruit etiam orationes quas Ecclesia facit, vel pro infidelibus ut convertantur, vel pro fidelibus ut perseverent, tradens hoc non a Deo, sed a seipsis habere hominis. Parvulos etiam sine originalis peccati vinculo asserit nasci.

Disputatio Pelagianorum contra August. — Pelagiani ergo hæc dicentes, de verbis Aug. (292) contra ipsum, sic disputabant : Si non potest homo ea facere quæ jubentur, non est ei imputandum ad mortem, ut tu ipse Aug. dicis. Quis, inquit (293), peccat in eo quod caveri non potest ? Peccatur autem, caveri igitur potest.

Sed hoc de voluntate se dixisse Aug. ait, ac si diceret : Quis necessitate ad mortem peccat, non voluntate ? Voluntas enim est qua peccatur, et recte vivitur, sed nisi Dei gratia liberetur, ea recte vivi non potest (294).

Item : Peccati, inquit, reum teneri quemquam, quia non fecit quod non potuit, summæ insaniæ est. Cur ergo parvuli, ot qui non habent gratiam, sine qua non possunt facere mandata, rei sunt ? Sed illud dixerat Aug. specialiter contra Manichæos (295), duas naturas in homine esse dicentes : Unam ex Deo bonam, alteram ex gente tenebrarum malam, adeo quod bonum velle non posset. Quod si esset, non videretur et imputandum, cur non faceret bonum. Denique videtur Aug. huic doctrinæ gratiæ in plerisque adversari. Dicit enim (296) : In potestate hominis est mutare voluntatem in melius. Item (297) : In potestate nostra est, ut vel inseri bonitate Dei vel excidi ejus severitate mereamur. Item : Nostrum est credere et velle : quod autem bonum operamur Dei est. Sed hæc qualiter intelligamus, ipse aperit his verbis (298) : Eadem regula utriusque est volendi et faciendi. Utrumque enim Dei est, quia ipse præparat voluntatem. Et utrumque nostrum est, quia non fit nisi nobis volentibus. Omni igitur perfidia evacuata, id de gratia et libero arbitrio indubitanter teneamus, ut Hieronymus docet (299) : Liberum scilicet sic esse arbitrium, ut dicamus nos Dei auxilio semper egere, tam illos errare, qui cum Manichæo dicunt hominem peccatum vitare non posse, quam illos, qui cum Joviniano hominem non posse peccare asserunt. Uterque tollit libertatem arbitrii. Nos vero dicimus hominem semper peccare et non peccare posse. Hæc est fides quam in catholica didicimus Ecclesia.

Dist. XXIX. *An homo ante peccatum eguerit gratia operante.* — Post hæc sciendum est hominem ante peccatum etiam operante gratia egere, non ut

---

(287) Epist. 105.
(288) Ad Six. presbyterum epist. 105.
(289) Tract. 40.
(290) Lib. iii De doct. Christ., cap. 10.
(291) In lib. De duabus animabus, cap. 12.
(292) In lib. De lib. arbitrio iii can. 18.
(293) Lib. Retr. lib. i c. 9.
(294) Aug. in lib. De duabus animabus, c. 12.
(295) In i lib. Retr., c. 15.
(296) In lib. cont. Adimantum Manichæi disc, c. 26.
(297) Eodem lib. cap. 27.
(298) Aug., lib. Retract. i, c. 23.
(299) In expositione fidei ad Damasum papam, cujus initium : Credimus in Deum.

ea liberaretur a peccato, sed ut præpararetur ad bonum efficaciter volendum. Unde Aug. (300): Nec tunc sine gratia ullum meritum esse potuisset, quia et si peccatum in solo erat arbitrio constitutum, non tamen justitiæ habendæ vel retinendæ, sufficiebat liberum arbitrium, nisi divinum præberetur auxilium.

An homo ante lapsum habuerit virtutes. — Item sciendum est quod charitatem et virtutes habuit homo ante peccatum, ut his auctoritatibus probatur. Ait enim Aug, (301): Adam, perdita charitate, malus inventus est. Item: Adam ante peccatum spirituali mente præditus fuit. Item: Adam quando solus erat, non est prævaricatus, quia mens ejus adhærebat Deo (302). Item: Homo ante peccatum beatissimus auram carpebat æthoream (303). Virtutes igitur habuit quas per peccatum perdidit, propter quod de paradiso ejectus est dicente Domino: Videte ne forte *sunat de ligno vitæ, et vivat in æternum* (Genes. III), quod non ita dicitur, ut viveret in æternum si comedisset, sed modo irati locutus est Dominus de superbo, et est sensus: Cavete vos angeli, ne comedat de ligno vitæ, quo est indignus, de quo si perstitisset, et comederet et viveret in æternum.

De flammeo gladio ante paradisum. — Ne vero possit ad illud accedere, posuit Deus ante paradisum Cherubim, et flammeum gladium atque versatilem. Quod ita ad litteram potest accipi, quia per ministerium angelorum ignea custodia ibi posita est. Spiritualiter vero intelligi datur, quod nisi per charitatem, quæ est plenitudo scientiæ, temporales pœnas (sic) quæ etiam versatiles sunt, quia, cum tempore vertuntur, ad vitam non reditur.

Dist. XXX. *Quod omnes eos fecerit peccatum Adæ.* — Denique peccante Adam, peccatum similiter et pœna per eum transit in posteros. Unde Apostolus: *Sicut per unum hominem peccatum in hunc mundum intravit, ita et in homines omnes mors pertransiit* (Rom. v). Quod Pelagiani male de peccato imitationis dictum esse putaverunt. Nec enim Adam, sed diabolum ejus principem diceret Apostolus, si de eo intellexisset de quo in Sapientia dicitur: *Invidia diaboli mors intravit in mundum* (Sap. II). Imitantur enim eum qui ex parte ipsius sunt. Non ergo de illo, sed de peccato propagationis, vel originis dicit Apostolus quod per Adam transiit in omnes concupiscibiliter generatos.

Quid peccatum originale. — De quo multi varie senserunt. Quibusdam putantibus illud, nec culpam esse, nec pœnam, sed reatum, vel debitum, vel obnoxietatem, quo jure pœnæ addicimur, pro peccato primi hominis, velut sæculi lege: nonnunquam exsultant filii pro crimine patris, quod non contraxerunt. Porro et culpam esse et pœnam, his auctoritatibus probatur. Ait Greg. (304): Omnes ex carnis delectatione concepti, culpam originalem nobiscum contraximus. Augustinus quoque ait (305): Peccatum primi hominis non solum ipsum, sed omne genus necavit humanum, quia ex eo damnationem simul et culpam suscepimus. Idem: Nemo nascitur, nisi trahens pœnam et meritum pœnæ, quod est peccatum (305*).

Originale peccatum dicitur fomes peccati, id est, concupiscentia. — Hoc autem non est motus vel actus animæ, vel corporis, sed fomes peccati, qui dicitur concupiscentia, et lex carnis, et membrorum, et languor naturæ, tyrannus quoque qui est in nostris membris. Unde Aug. (306): Est in nobis concupiscentia, quæ non est permittenda regnare. Sicut et ejus desideria, quæ sunt actuales concupiscentiæ, quæ veniunt ex languore naturæ. Languor autem iste est tyrannus, qui movet mala desideria.

Quid per concupiscentiam intelligatur. Quomodo peccatum originale a patribus transeat in filios. Quod propter corruptionem carnis dicitur esse peccatum in carne. — Hæc autem concupiscentia non est ipse actus concupiscendi, sed vitium cum quo nascimur. Unde Augustinus (307): Quæ est concupiscentia in qua nati sumus? Vitium utique est, quod parvulum habilem concupiscere, adultum etiam concupiscentem facit. Non igitur tantum imitando Adam, transgredimur, sed etiam nascimur ex eo peccatores. Unde Aug. (308): Adam præter imitationis exemplum, occulta suæ carnalis concupiscentiæ tabe, in se omnes tabefecit de sua stirpe venturos. Inde Apostolus ait: *In quo omnes peccaverunt* (Rom. v), hoc est, in quo homine, in quo velut in materia omnes fuerunt, vel in quo, id est, in quo peccato. Unde Apostolus consequenter, per inobedientiam unius hominis multos dicit peccatores constitutos. Quod sic est accipiendum: quia ex actuali inobedientia Adæ, originale peccatum, hoc est, carnalis concupiscentia provenit, ut et in illo esset, et in omnes pertransiret, per traducem utique, quæ carnis est, non animæ, in qua ipsum peccatum habitat per causam corruptionis, non per culpam. Unde Ambrosius (309): Quomodo habitat peccatum in carne, cum non sit substantia, sed privatio boni? Ecce primi hominis corpus, per peccatum corruptum est, ipsaque corruptio in corpore manet, cujus consortio anima maculatur peccato. Per id ergo quod facti causa manet in carne dicitur habitare peccatum in ea. Item, non habitat peccatum in anima, sed in carne. Quia peccati causa ex

(300) In Ench. c. 10.
(301) In quadam homilia super Genes.
(302) Ambr. ad Sabinum.
(303) Ambr. super Psalm.
(304) Habentur hæc verba in glossa super Exod. XIII: *Primogenitum*, etc.
(305) De natura et gratia.
(305*) August. super Psal. L: *Ecce in iniquitatibus.*
(306) De verbis Apostoli, sermone 12.
(307) Lib. VI contra Jul. c. 7.
(308) In lib. I De baptismate parvulorum.
(309) In caput VII ad Rom.

carne est, et non ex anima, quia caro est ex origine carnis peccati. Per traducem enim omnis caro fit peccati causa, non anima (310).

Sed objicitur, si tantum caro ex traduce est non anima, quae dudum postea infunditur, non videtur peccatum in carne trahi, eo quod non sit peccatum, id quod contractum est, praesertim cum peccatum non possit esse in re irrationali, quod caro est, ante sociatam animam. Sed sciendum quod peccatum in carne, est ante animam sociatam per causam, non per effectum. Nec sequitur : Si non est peccatum, quod in carne tractum est, ergo non est peccatum in carne tractum, quia nec quod in utero conceptum est, homo est, et tamen in utero homo conceptus est. Nec quod in agro satum est, seges est, et tamen in agro seges est.

An causa originalis peccati sit poena an culpa. — Per causam igitur tantum ibi peccatum est, quae non est culpa sed poena, pollutio, scilicet et foeditas, ex ardore coitus contracta. Cujus contagio anima mox infusa fit rea velut liquor ex vasis vitio illico acescit vel mucescit.

Quomodo peccatum transeat per traducem. Per haec autem jam liquido apparet, quomodo peccatum per traducem transeat. Nec enim ideo, quod caro ex Adam trahitur, peccatores nascimur, sed quia vitiose per libidinem trahitur. Dum sibi invicem vir mulierque miscentur, non sine libidine potest esse eorum concubitus. Ob hoc filiorum ex eis nascentium non potest sine peccato esse conceptus. Ubi peccatum transmittit in parvulos, non propagatio, sed libido, non naturae fecunditas, sed libidinis foeditas. Ex quibus evidenter innuitur, quare Domini caro peccatrix non fuit, quia alia lege quam nostra ex Adam descendit. Non enim corruptione libidinis, sed virtute Spiritus sancti de virgine concepta est.

DIST. XXXII. *Quomodo peccatum originale dicatur voluntarium.* — Voluntarium denique est hoc peccatum, quia ex voluntate primi hominis processit. Unde Aug. (310) : Illud quod in parvulis dicitur originale peccatum, non absurde vocatur voluntarium, quia ex primi hominis mala voluntate contractum, factum est haereditarium. Est autem necessarium, quia vitari non potest. Unde Propheta : *De necessitatibus meis erue me, Domine.* (*Psal.* XXIV).

Qualis anima munda corpori jungatur. — Sed cum hoc sit, qua justitia, anima a Deo munda creata, illo tenetur? Ideo, inquam, quia ejus vitio corpus corruptum, non quia carni condelectetur, dum infunditur, ut quidam volunt jam enim non originale esset, sed actuale. Unde Aug. (311) : Non fuit corruptio corporis, quae aggravat animam, causa primi peccati, sed poena, nec caro corruptibilis animam fecit peccatricem, sed peccatrix anima carnem corruptibilem fecit.

Utrum anima ante baptismum talis sit qualis creata exstitit? — Quae anima cum absque vitio a Deo creetur, nunquam tamen ante baptismum talis est omnino. Protinus enim infusa maculatur, velut pollutas habens manus, nunquam tale habuisti pomum, quale tibi mundis manibus dedi.

Cur innocentem animam nocenti corpori societ Deus. An animae ex creatione sint aequales in donis naturalibus. — Non tamen est causandus Deus, cur innocentem animam corpori societ, sciens eam exinde maculandam damnandamque, si non regeneretur : hoc enim occultae suae justitiae est.

Alias praeterea animas, aliis excellentiores in naturalibus donis creati, non improbabiliter dicitur, cum in angelis ita fuisse constet, quod tamen neque poenae neque vitae meritum est ; quia ingenii acumen vel tarditas, praemium vel poenam in futuro non collocat.

Quomodo remittatur originale peccatum in baptismo, et tamen post maneat concupiscentia. — Hoc autem peccatum in baptismo solvitur quantum ad reatum. Unde Aug. (312) : Gratia per baptismum id agit, ut corpus peccati destruatur, ne concupiscentia in carne respersa, obsit mortuo, quae inerat nato. Nec tamen penitus in baptismo absumitur : remanet enim post actum in membris, Unde Augustinus (313) : Dimittitur concupiscentia carnis in baptismo, non ut non sit, sed ut non imputetur ad peccatum. Quomodo igitur alia peccata pereunt actu, et remanent reatu, ut homicidium et hujusmodi, ita econverso fieri potest ut concupiscentia praetereat reatu, et remaneat actu. Manet enim in vetustate carnis, non ut regnet, sed tanquam superata jaceat, quae quotidie minuitur in proficientibus et continentibus, usque dum perimitur, nisi illicito consensu reviviscat. Manet etiam, quia operatur desideria, contra quae dimicant fideles. Quae igitur ante baptismum erat poena et culpa, post tantum poena est.

Quomodo a parentibus mundis proles contrahat originale peccatum. — Haec autem concupiscentia, licet regeneratis non imputetur, quaecunque tamen proles nascitur, obligatur originali peccato, a parentibus licet mundis tracto. Nec mirum : quomodo enim praeputium per circumcisionem aufertur, manet tamen in eo quem genuerunt circumcisi? Quomodo etiam palea, quae tanta diligentia separatur, in fructu manet, quae de purgato nascitur tritico : ita peccatum quod in parentibus per baptismum mundatur, in filiis manet quos genuerunt.

DIST. XXXIII. *Quod non aliorum parentum, sed Adae peccatum filiis imputatur.* — Postremo sciendum est quod tantum Adae, non aliorum parentum filiis imputatur peccatum, quod exinde probatur, quia

---

(310) Idem Ambr. paulo inferius.
(310) In lib. I Retract. c. 15.
(311) Lib. De civit. Dei. XIV, cap. 3.
(312) De baptismo parvulorum lib. I, cap. 39.
(313) De nuptiis et concupisc. lib. I, cap. 25-27.

quibus regenerationis gratia non confertur, sed mox nati moriuntur, mitissima poena debetur. Ait enim Aug. (314) : Mitissima poena eorum erit, qui præter originale peccatum nullum aliud superaddiderunt. Quod si ita est, non igitur peccatis omnium parentum obligatur. Si enim pro illis, et pro suo originali peccato punirentur, non jam minor sed forte major quam eorumdem parentum poena esset. Cui sensui concordat propheta dicens : *Filius non portabit iniquitatem patris, sed anima quæ peccaverit ipsa morietur (Ezech.* xviii).

Illis autem contrarium videtur quod in lege Dominus ait : *Ego sum Deus fortis zelotes visitans iniquitates patrum in filios, usque in tertiam et quartam generationem (Exod.* xx). Sane hæc non esse contraria intelligit, quid quod ibidem subditur, diligenter attendit, hoc, scilicet, his qui oderint me. Per quod, ut Hieron, ait (315), evidenter ostenditur, non ideo puniri filios, quia peccarunt patres, sed quia eis similes quodammodo hæreditario malo Deum oderunt. De filiis iniquos patres imitantibus loquitur lex, quos ideo specialiter nominavit, quia maxime filii patres solent imitari, quos præcipue diligunt (316).

Solam etiam tertiam quartamque generationem dixit : Eo quod solent patres interdum vivere donec filios tertios vel quartos generent, qui patrum videntes iniquitatem, impietatis eorum hæredes initando efficiuntur.

Quod etiam mystice intelligendum esse ostenditur, ex eo quod parabola dicitur in Ezechiele, quod est quod inter vos parabolam vertitis in proverbium? (*Ezech.* xviii). Pater itaque est ut quidam dicunt, primus punctus cogitationis ; filius vero, conceptio peccati ; consensus scilicet et delectatio mulieris. Nepos est completio operis vel complendi decretum consensus, scilicet viri, vel patratio peccati ; pronepos autem est perseveratio in eo quod fecisti. Omnes autem primos et secundos stimulos cogitationum, quos Græci προπαθείας propatheias vocant, sine quibus nemo esse potest, non æternaliter puniet Deus. Sed si cogitata quis facere decreverit, vel quæ fecit corrigere noluerit, quæ mortalia peccata et tertia et quarta generatio.

Nec movet quod dicitur : *In iniquitatibus conceptus sum, et in peccatis concepit me mater mea (Psal.* L); quasi in pluribus : Ut enim Aug. ait (317) : Plurale ibi pro singulari ponitur, more Scripturæ. Ut ibi : Mortui sunt, qui quærebant animam pueri (*Matth.* ii, 2), de solo Herode agens, sicut et e converso, singulare ponitur pro plurali. Ut ubi : *Ora ergo Deum ut auferat a nobis serpentem (Num.* xxi), cum non unum, sed plures populus pateretur.

An actuale peccatum Adæ sit gravius cæteris. —

(314) In Ench. cap. 93.
(315) Hier. super Exod.
(316) Super Ezech. cap. 18.
(317) In Ench. cap. 44.

Postremo quærendum videtur an peccatum transgressionis Adæ cæteris omnibus gravius fuerit ; quod ex eo videtur, quia totam humanam naturam mutavit, et vitiavit, quod nullum aliud fecit ; et plus omnis alio peccato nocuit. Multiplici enim miseriæ, tandemque utrique morti subdidit, quod nullo alio factum est. Ad quod dicimus, quod non est putandum illud peccatum majus fuisse peccato in Spiritum sanctum. Nec enim majus, quia totam naturam nostram corrupit, sed quia ab homine commissum est, quando in eo tota humana natura erat. Nec etiam quia plus nocuit, majus est putandum, quia minora mala plus quandoque nocent, sicut econverso minora bona plus prosunt. Vel apost. dum coarctaretur, e duobus minus elegit bonum, pluribus tamen profuturum. Sicut etiam baptismi sacramentum prodest pluribus quam alta, ris, non tamen est majus.

Dist. XXXIV. *De peccato actuali secundum ejus causalitatem.* — Post prædicta vero de actuali peccato, agamus considerantes, quæ fuit origo peccati, et in qua re sit peccatum, et quid sit peccatum, et quot modis contrahatur. Sciendum quod, quia ante peccatum nulla res fuit nisi bona, bona itaque res, scilicet hominis vel angeli natura, existit origo peccati. Unde Aug. (318) ; Malam voluntatem unde dicis ortam, nisi ex bono? Si enim ex angelo vel homine, quid hæc duo erant, priusquam in eis mala voluntas oriretur, nisi bonum opus Dei, et laudanda natura? Ergo ex bono oritur malum, nec fuit unde posset oriri nisi ex bono.

Mala voluntas fuit secundaria causa malorum. In qua re sit malum. — Cæterum ex mala voluntate tanquam ex arbore mala, fluunt omnia mala, quæ ad nos pertinent, tanquam fructus mali.

Similiter non in alia re, nisi in bona est malum, quod ex Aug. probatur (319). Malum nihil aliud est, quam corruptio vel privatio boni, quæ in bono duntaxat est, hoc est, in natura : quandiu itaque natura corrumpitur, inest ei bonum quo privetur, ac per hoc si non esset bonum, in qua malum esset, prorsus nec malum esse possit. In quo dialecticorum regula fallit qua dicunt, nulli rei simul inesse duo contraria. Cum enim bona et mala nullus ambigat esse contraria, non solum simul esse possunt, sed mala omnino sine bonis, et nisi in bonis esse non possunt. Unde res mira conficitur, ut quia omnis natura, inquantum natura est, bonum est, nihil aliud dici videtur, cum vitiosa natura mala esse dicitur, nisi malum esse quod bonum est. Inde etiam cum dicitur bomo malus, quid dicitur nisi bonum malum? Sed bonum quia homo, malum quia iniquus. Sane hoc dicendo non incidimus in illud propheticum : *Væ, qui bonum malum dicunt (Isa.* viii), vel malum bonum. Illud enim intelligendum est de

(318) Contra Julianum hæreticum lib. i. cap. 3. quod sensum, sed ii lib. De nuptiis et concup. cap. 28.
(319) In ench. cap. 11 et 12.

rebus bonitatis et malitiæ, quibus homines boni vel mali sunt. Velut si quis dicat, adulterium bonum vel naturam inquantum natura est, malum esse.

Dist. XXXV. *Quid si peccatum.* — Peccatum autem est, ut Aug. ait (320), omne dictum vel factum vel concupitum, quod fit contra legem Dei. Idem (321) : Peccatum est voluntas retinendi vel consequendi, quod justitia vetat : Ambrosius quoque ait (322-323) : Quid est peccatum nisi prævaricatio legis divinæ, et cœlestium inobedientia præceptorum ? Ex quibus manifestum est actum malum interiorem et exteriorem, scilicet malam cogitationem, locutionem et operationem esse peccatum. Præcipue tamen in voluntate peccatum consistit, ex qua tanquam ex arbore mala, opera mala procedunt quasi fructus mali.

Dist. XXXVI. *De varietate peccatorum.* — Sciendum est, quædam sic esse peccata, ut sint etiam pœnæ peccatorum. Unde Aug. (324) : Inter primum peccatum apostasiæ, et ultimam pœnam Gehennæ sunt media, quæ et peccata sunt et pœna peccati. Greg. quoque ait (325) : Peccatum quod per pœnitentiam citius non deletur, aut peccatum et causa peccati est, aut peccatum et pœna peccati, aut peccatum simul et causa et pœna peccati. Peccatum autem dicitur causa peccati respectu sequentis ; pœna vero respectu præcedentis peccati. Cum enim peccatum per pœnitentiam non diluitur, mox suo pondere ad aliud trahit, quod non solum peccatum, sed et pœna peccati est, quia justo judicio Deus cor peccantis obnubilat, ut præcedentis peccati merito, etiam in alia cadat. Unde Joannes : *Qui in sordibus est, sordeseat adhuc* (*Apoc.* xvii). Per hoc sane videtur, aliquod peccatum, illud scilicet quod est pœna peccati, justum esse. Quia, ut Aug. ait (326), omnis pœna peccati, justa est. Sed notandum quod peccatum dicitur pœna et corruptio vel privatio boni, non per essentiam, sed per efficientiam. Vel velut divitiæ dicuntur esse gaudium, non quia sint, sed quia faciunt gaudium. Sic et in Epistola Petri : Passio injusta dicitur esse gratia, non quia sit, sed quia gratum faciat apud Deum (*I Petr.* ii) : eam dico patienter toleratam. Sic et peccatum, statim ut ab aliquo fit, a Deo separat, et naturalia bona obtenebrat. Quæ separatio, vel obtenebratio, est corruptio et pœna peccati essentialiter, et hæc a Deo est, peccatum vero non. Quod Aug. ita dicit (327) : Præscit Deus, sed non prædestinat ea quæ non est facturus, hoc est omnia mala, quæ etsi sint aliqua peccata simul et pœnæ secundum illud : *Tradidit illos Deus in passiones ignominiæ*, etc. (*Rom.* i). Non tamen peccatum Dei est, sed judicium, id est pœna.

Dist. XXXVII. *Quod Deus non est auctor peccatorum.* — Eorum autem omnium Deus auctor non est, quia Deo auctore non fit homo deterior. Malum sane, et culpa dicitur, quam nequaquam facit, et pœna quam utique facit. Unde propheta : *Non est malum in civitate quod Deus non faciat* (*Amos.* iii). De hoc tamen August. dicit (328), quod Deus auctor mali non sit : sed quod hoc dixit, causaliter dixit, inquit enim, hoc idem ita dixi sicut dictum est : *Deus mortem non fecit* (*Sap.* i), quia non facit illud pro quo mors infligitur, hoc est peccatum.

Quod omnia inquantum sunt, bona sunt. — Sunt tamen qui existimant omnem voluntatem, et actum, a Deo esse, eo quod putant ea, inquantum sunt, bona esse. Ait enim Aug. (329) : Omne quod est, inquantum est bonum est. Et alibi: Ille summe est, qui omnino incommutabilis est. Cætera vero quæ sunt, nisi ab illo esse non possunt : quæ intantum bona sunt, inquantum acceperunt ut sint. Responsio secundum Aug.: Illa universitas generi rerum attribuenda est. Non enim colligit nisi substantias, et naturas, ut ex ejusdem verbis liquet. Ait enim : Si casu aliqua fiunt in mundo, non providentia universus mundus regitur. Quod si est, ergo aliqua substantia, vel natura est quæ ad opus providentiæ non pertinet. Ecce nomen universi mundi, naturas vel substantias exponit. Naturas autem intelligit ea, quæ naturaliter ipsæ substantiæ habent, velut intellectum, memoriam, etc.

Porro facile probatur quod malus actus inquantum est, a Deo non est, quia inquantum est, corruptio boni est. Quidquid autem bonum corrumpit, a Deo non est, quia, ut dictum est, nihil fit auctore Deo, quo sit homo deterior : Aliter : Omne quod facit Deus, natura est ; actus autem malus, non est natura, sed actus accidens, defectu boni naturam vitians. Item : Opera diaboli quæ dicuntur vitia, actus sunt, non res. Item : Actus malus peccatum est : omne autem peccatum iniquitas est, qui actus a Deo non est : iniquitas enim per ipsum facta non est, sed est perversio, quam fecit homo. Item : Actus malus velut invidiæ, nec fuit, nec est, nec esse potest bonus a Deo, igitur non est. Iniquitas enim per ipsum facta non est. Item : Si actus malus a Deo non est, qui peccatum est, falsum est, quod sine ipso factus sit. Dum enim committitur, Deus dat ei esse, ergo non sine Deo fit (330).

Quomodo intelligatur peccatum esse nihil. — Cum vero supra diximus peccatum esse ipsum actum, vel voluntatem, quæ aliquid sunt : videmur forte ab eo dissentire, quod dicitur, peccatum est nihil. Sed nihil dicitur esse ipsum peccatum, non quia non sit aliquid ; sed propter defectum, ad quem ducit

(320) Contra Faustum Manichæum lib. xxii.
(321) De duabus animabus, cap. 27.
(322-323) In lib. De paradiso.
(324) Super illum locum psal. lvii : *Supercecidit ignis.*
(325) Super Ezech. ho. 21, circa illud *sed et si conversus.*

(326) Lib. i Retract., cap. 9.
(327) Lib. i De prædestinatione sanctorum, cap. 10.
(328) In lib. lxxxiii Quæstionum, q. 21, quod in lib. Retract., exponit lib. i, cap. 26.
(329) In Ench. cap. 14.
(330) Lib. lxxxiii, quæst. 3. In enar. psal. lxviii; super illum versum, *Non est substantia.*

Et quia a vero esse, quod Deus est, abducit. Hoc enim sensu,ipsi homines, quos indubium est aliquid esse, aliquando nihil esse dicuntur. Dicit enim Aug. (331) : Peccatum nihil est, quia nihil fiunt homines dum peccant. Sic et idolum quoque, cum sit aurum, nihil dicitur esse in mundo.

Dist. XXXVIII. *De voluntate et fine ex quo ipsa judicatur.* — Sciendum est autem quod ex suo fine pensatur voluntas. Utrum recta sit, an prava? Denique rectus finis est charitas,sicut Propheta dicit: *Omnis consummationis, vidi finem, latum mandatum tuum nimis* (Psal. cxviii). Pravus vero finis contrarius est huic : unde Aug. (332): Tunc recte fit quod mandat Deus,vel quod consulit,cum ad dilectionem Dei et proximi refertur.Quod vero ita fit, ut ad charitatem non referatur,nondum fit quomodo fieri oportet et tunc recte non fit.Sunt et alia plura, fines voluntatis,quæ omnia ad unum supremum referuntur finem.Ut in hoc exemplo:Volo parare cibum ut pauperem reficiam,hoc fine,ut Deo placeam, et ut vitam æternam habeam,quæ finis est omnium bonorum finium.Finis autem,ut Aug.ait (333), est delectatio, ad quam cura et cogitatione nititur quis pervenire. Intentio autem interdum pro voluntate, interdum pro ejus fine accipitur,quod diligens lector ubicunque occurrerit,studiose discernat.

Dist. XXXIX. — *Quomodo voluntas intelligatur esse mala.* — Notandum autem diligenter est,quod cum voluntas dicitur esse mala vel peccatum,non intelligitur de illa naturali potentia qua volumus,sed de ejus actu, qui est velle. Malus scilicet usus voluntatis,qui de malis nunquam potest esse nisi malus: quod non contingit de actibus aliarum potentiarum. Mali sunt, si contra charitatem sint. Velut memorare vel intelligere malum, non ut caveas, sed ut facias.Ipsa vero naturalis potentia, quæ et in parvulis est, semper bona est, ut de imagine in qua creati sumus, Aug. ait (334) quod etiam inter vitia natura bona est.

Dist. XL. *De operibus quando sint bona vel mala.* — Opera enim secundum finem pensanda dicimus, utrum sint bona vel mala, exceptis quibusdam, quæ sic per se mala sunt, ut ex causa nulla possint esse bona. Quod Aug. ita dicit (335): Ea quæ sunt, non per seipsa peccata, nunc sunt bona, nunc mala,cum causas scilicet habuerint bonas, vel malas. Sicut victum præbere pauperi, bonum est, si fit causa misericordiæ, et cum recta fide. Et concubitus conjugalis;si ea fide fiat, ut gignantur regenerandi.Hæc rursus mala sunt, si jactantiæ causa pascitur pauper, et si ex lascivia cum uxore concumbitur.

Non tantum quare; sed etiam quid fiat attendendum est. — Cum vero opera ipsa per se peccata sunt, ut furta, stupra, blasphemiæ. Quis dicat causis bonis facienda esse, vel peccata non esse,quasi furtum fiat diviti, ut ex eo detur pauperi : vel falsum testimonium feratur, ut innocens liberetur ? Quod enim faciamus,non possit recte fieri,si semel concesserimus in malis actibus, non quid fiat, sed quare fiat esse quærendum,ut quæcunque pro bonis fiant causis, nec ipsa mala esse judicentur (336) ?

Dist. XLI. His ergo exceptis quæ per se mala sunt, alia generaliter ex fine judicantur. De quibus dicit Ambrosius (337) : Affectus tuus finem operi imponit tuo. Et Augustinus (338) : Nemo computet opera sua bona ante fidem, quia ubi fides non est, bonum opus non est. Bonum enim opus intentio facit, intentionem vero fides dirigit. Non valde attendas quid homo faciat, sed quid cum facit intendat.

Sane videtur Augustinus sibi contrarius, qui alibi dicit (339) : Bonum aliquando non bene fieri ait, nemo invitus bene facit, etiamsi bonum est quod facit. Ad quod distingue multiplicem hujus nominis, bonum, acceptionem.

Bonum est multipliciter dictum. — Dicitur enim bonum conditione, ut quæcunque facit Deus ; et licito, quæcunque mandat vel consulit : et signo, ut Veteris Testamenti sacramenta, et utili, quod cuilibet quocunque modo prodest ; et fine, ut pro vita æterna sit habenda, quod proprie et vere dicitur bonum. Hoc ergo vocabulo sic distincto, agit nonnunquam quis aliquid,quod recte negatur bonum, uno prædictorum generum, recteque affirmatur alio. Ut si quis offerat sacrificium causa quæstus, quod agit bonum est licito. Non est autem bonum fine, lege scilicet generum est bonum, non privilegio singulorum.

Quod autem frequenter dicitur : Omne peccatum voluntarium est,et quod non nisi voluntate peccatur. De mortali et actuali dicitur.Quod ideo verum est, quia nullum tale peccatum absque voluntate fit, vel peccati ipsius, vel saltem ejus, quod est peccatum (340).

Dist. XLII. *An voluntas et ejus opus idem sit.* — Est autem voluntas, ut Aug. ait in i libro Retractationum, prima causa peccandi, quæ voluntas cum opere suo idem peccatum est,quia unus contemptus in utroque est. Minor quidem, cum in voluntate solum peccatur; major vero cum voluntati etiam opus additur. Ipsa tamen diversa sunt. Sicut unum mandatum est, diligere Deum, et proximum ; ipsa vero diversa sunt. Sicut etiam unum sacramentum sunt sanguis et caro, ipsa tamen diversa sunt. Et unum verbum sunt amo, et amas,

---

(331) Super Joan. cap. 1.
(332) In Ench. cap. 121.
(333) Super illum locum, *Scrutans corda*.
(334) Lib. contra mendacium, cap. 7.
(335) Lib. xv De Trinit., cap. 7.
(336) Aug. habet in lib. contra mendacium.
(337) Lib. Offic. ii, cap. 30.
(338) Super psal. xxxi.
(339) De Spiritu et lit. lib. xiv, et lib. Sententiar. pros. cap. 272, denique lib. i Confess., c. 12.
(340) Lib. i, De lib. arb., cap. 12: similiter lib. Retract. i, cap. 9.

licet duæ personæ sint. Peccatum autem admissum, si actuale est, transit actu, et remanet reatu, hoc est pœnæ obligatione. Originale vero dimissum transit reatu, et remanet actu (341).

Differentia inter peccatum et delictum. De septem peccatis mortalibus. — Dicitur autem peccatum proprie, ut Augustinus ait, perpetratio mali. Delictum vero desertio boni, quasi derelictio: indifferenter tamen pro se invicem ponuntur.

Nota etiam septem vitia principalia esse, ut Gregorius ait (342), scilicet inanem gloriam, iram, invidiam, tristitiam, avaritiam, gastrimargiam, luxuriam. Quæ, ut ait Chrysost., significata sunt in septem populis, terram promissionis tenentibus, quæ capitalia vel principalia dicuntur: eo quod ex ipsis omnia mala proveniunt, non utique in omnibus sed in singulis (342*). Ex superbia tamen omnia mala dicuntur oriri, unde: *Initium omnis peccati, superbia (Eccle. x)*, quæ est amor propriæ excellentiæ. Similiter et ex cupiditate. Unde Apostolus: *Radix omnium malorum est cupiditas (I Tim. vi)*. Quæ sibi adversa videntur, nisi intelligas, quod prædicta universitas non colligit singula peccata in omnibus, sed singula peccata vel diversa in singulis Sunt enim nonnulli qui ex cupiditate fiunt superbi, et aliqui ex superbia cupidi, per quod patet quod aliquando superbia ex cupiditate, aliquando cupiditas ex superbia nascitur.

Dist. XLIII. *De peccato in Spiritum sanctum. Qaid obstinatio. Quid desperatio. Quid sit peccatum hoc non remitti.* — Est præterea quoddam peccatum cæteris damnabilius, scilicet peccare in Spiritum sanctum; quod, ut veritas dicit, neque hic remittetur, neque in futuro. Hoc autem peccatum committit aliquis, cum post agnitionem Dei per gratiam Christi oppugnat fraternitatem, invidiæ facibus agitatus, si tamen in hac scelerata perversitate finierit hanc vitam. Cor enim impœnitens, quandiu quisque hic vivit, judicari non potest. Hoc autem peccatum, ut quidam dicunt, obstinatio est, vel desperatio. Est autem obstinatio, pertinacia mentis induratæ in malitia, per quam fit homo impœnitens. Desperatio est, qua quis penitus diffidit de Dei bonitate, putans suam malitiam divinam bonitatem excedere. Sicut Cain. Quod peccatum dicitur non remitti, non quia non sit ignoscendum peccanti, si pœniteat (*Gen. iv*): sed quia tanta labes est illius peccati, ut deprecandi humilitatem subire non possit. Ideo recte Joannes dicit: *Est peccatum ad mortem (I Joan. v)*, quasi perduratum, non pro eo dico, ut quis oret, quia qui sic peccat, nullis orationibus hic vel in futuro juvari potest. Quod autem dicitur: Est peccatum in Patrem, et Filium et Spiritum sanctum, non sic accipitur, quasi trium personarum offensa dividatur. Sed ibi tria genera peccatorum ostenduntur, non tamen omnium distinguuntur, sed duo remissibilium, et unum irremissibilium est. Peccare enim in Patrem cui attribuitur potentia, est peccare per infirmitatem. Peccare autem in Filium, cui attribuitur sapientia, est peccare per ignorantiam, et hæc duo remissibilia sunt. Tertium autem quod irremissibile est, expositum est.

De venialibus peccatis. Quid deleat venialia peccata. — Sunt autem et venialia peccata, scilicet levia, quæ tantum pœnam temporalem merentur. Hæc autem per ignorantiam vel oblivionem, vel subreptionem, vel necessitatem, vel fragilitatem carnis, vel inviti, vel volentes quotidie committimus. De his dicitur: *Justus septies cadet (Prov. xxiv)*, hoc est frequenter peccabit. De levibus enim peccatis hoc ait Salomon, sine quibus hæc vita non ducitur. Quæ propter nimiam charitatem statim commissa dimittuntur. Unde ibidem subditur, et resurget, In minus autem perfectis, levi pœnitentia opus est Sufficit enim Dominica oratio, et mutua confessio; alioquin post mortem gravantur, sed dimittuntur si bonis actibus in vita promeruit homo ut sibi dimittantur.

Dist. XLIV. *Quod potentia peccandi sit a Deo.* — Denique sciendum est quod sicut memoria et intelligentia mali a Deo est, ita quoque potentia mali. Unde Aug. (343): Nocendi voluntas potest esse ab hominis animo, potestas autem non nisi a Deo. Ideoque diabolus antequam quidquam tolleret a Job, ait: *Mitte manum (Job ii)* hoc est da potestatem. Quæ omnis, ut Apost. ait, *a Deo est, cui qui resistit, Dei ordinationi resistit (Rom, xiii).*

An aliquando sit resistendum potestzti. Ne autem per hoc videatur, diabolo vel alicui tyranno resistendum non esse, sciendum, quia tunc resistere non debemus, cum potestate non abutuntur. Unde et ibidem dicitur: *Dei ordinationi resistit.* Vir enim justus, si sub rege sacrilego militet, recte illi obedit, si quod jubetur non esse contra præceptum Dei certum est: vel utrum sit, certum non est: quod si potestate quis abutitur, scilicet contra Dei jussum, tunc ei parendum non est. Quod Augustinus per gradus humanarum rerum probat (344). Non enim parendum est procuratori, si contra proconsulem jubet, nec ei si contra principem: nec etiam principi, si contra Deum. Nullus autem peccat. quia potestatem habet, sed quia potestate abutitur.

Finis libri de rerum creatione et hominis lapsu, aliisque eo pertinentibus: qui est sententiarum Bandini secundus.

---

(341) Iu quæst. super Leviticum. lib. iii.
(342) Quæst. 20, lib. xxvi, Moralium c. 31.
(342*) Lombardus habet paulo clarius.
(343) Lib. ii, De Gen. ad lit,, c. 3.
(344) Sermone 6, De Verbis Domini.

MAGISTRI BANDINI
DE VERBO INCARNATO ET HOMINIS RESTAURATIONE
LIBER
QUI EST SENTENTIARUM TERTIUS.

Περιοχή. — Declarata Dei natura in primo libro, et mundi creatione atque hominis lapsu in secundo: deinceps Christi Jesu incarnationem, passionem ac mortem, lapsique hominis instaurationem, ac perditi recuperationem: paucissimis sed valde clare hoc tertio libro tradit: multa docens de virtutibus tum theologicis tribus, tum quatuor moralibus principalibus: item septem donis Spiritus sancti, quæ in Christi cumulate fuerunt, et in nobis Christi beneficio ac munere, ut Christi mors nobis salutaris et fructuosa sit, inesse debent. Quibus brevem decalogi enarratiunculam cum disputatione de mendacio ac perjurio sub libri finem adnectit.

DIST. I. *De verbo incarnato*. — Superius de hominis lapsu dictum est, nunc de ejus restauratione videamus.

Cum venit ergo plenitudo temporis, missus est Filius Dei in mundum, hoc est, in forma hominis mundo visibiliter apparuit (*Gal.* IV; *Phil.* II.).

Cur Filius carnem assumpsit, non Pater vel Spiritus sanctus. — Non autem missus est Pater vel Spiritus sanctus, sed Filius tantum, ut esset Filius hominis: ne Filii nomen ad alterum transiret, qui non esset æterna nativitate Filius, et ita essent duo in Trinitate filii. Missus est ergo Filius per assumptionem carnis, quam tota Trinitas operata est, non tamen Pater vel Spiritus sanctus carnem assumpsit. Sicut tota Trinitas descendit in specie columbæ super Jesum, et vocem illam: *Hic est Filius meus dilectus*, etc., operata est (*Matth.* III): solus tamen Pater illud dixit, et solus Spiritus sanctus super Jesum descendit (*ibid.*).

DIST. II. *Cur Filius humanitatem assumpserit, et quid nomine humanitatis intelligatur.* — Assumpsit ergo Filius humanitatem, quo nomine animam et carnem intelligo. Ut enim Hieron. ait (345): Confitemur in Christo duas integras substantias, scilicet deitatis et humanitatis, quæ ex anima et corpore continetur. Hanc ergo totam cum suis proprietatibus assumpsit. Unde Joannes Damascenus (346: Omnia quæ in nostra natura plantavit Deus, Verbum assumpsit, nimirum corpus et animam rationalem atque intellectivam, et eorum idiomata, hoc est, proprietates. Totum enim totus assumpsit me, et totus toti unitus est, ut toti salutem largiretur. Quod enim inassumptibile est ipsum incurabile est.

Quod Verbum simul assumpsit carnem et animam — Porro in ipso conceptionis momento carnem et animam, ut statim perfectus esset homo, suscepit, Unde Gregorius (347): Angelo annuntiante et Spiritu sancto adveniente, mox in utero, Verbum caro factum est. Et Joannes Damascenus (348): Simul caro, simul Dei Verbi caro, simul caro animata rationalisque et intellectiva, Nec repugnat quod Augustinus ait super locum illum (349): Quadraginta et sex annis ædificatum est hoc templum: hic, inquiens, numerus perfectioni Dominici corporis convenit (*Joan.* II). Non enim ita dixit hoc, quasi post tot dies ad similitudinem aliorum conceptuum, animata fuit caro concepta, sed cum ab ipso initio animata fuisset, ut dictum est, intra tot dies notabiliter per membra distincta est.

DIST. III. *De Christi conceptione*. Christi autem caro non fuit peccatrix in Christo, hoc est, alicui peccato obligata, quia ex carnis delectatione nata non est, nec postea peccavit.

Fuit vero peccatrix in matre, sed superveniente Spiritu sancto, tota mundata est (350). Quinimo, ut ait Augustinus, ipsi matri ex tunc collatum est, sic devincere peccatum, ut ei spli inter omnes sanctos non conveniat illud: *Si dixerimus quia peccatum non habemus, ipsi nos seducimus* (I *Joan.* I). Fuit

---

(345) In expositione fidei catholicæ.
(346) Lib. III De orth. fide, c. 6.
(347) In Moralibus, l. XVIII, c. 27.
(348) Lib. III De fide orthodoxa, c. 2.
(349) In epistola ad Hieron.
(350) Aug. Lib. de natura et gratia. c. 36.

autem caro Christi peccatrici similis, quia esuriit, sitiit et cæteris defectibus subjecta est.

DIST. IV. *Quomodo Christi incarnatio tribuatur Spiritui sancto.* — Opus incarnationis autem specialiter Spiritui sancto attribuitur, ut in symbolo : *Et incarnatus est de Spiritu sancto.* Et in Evangelio : *Inventa est in utero habens de Spiritu sancto* (Matth. 1) : quod non ideo fit, quasi Spiritus sanctus fuerit virgini pro semine, sed quia per operationem Spiritus sancti de carne virginis sumptum est, quod Verbo est unitum. Quod enim ex aliquo est, aut ex substantia ejus est, ut Filius ex substantia Patris : aut ex potestate, sicut ex Deo sunt omnia : quomodo auctor incarnationis dicitur Spiritus sanctus. Et cum hoc Patri etiam conveniat, Spiritui tamen qui benignitas dicitur, attribuitur, ideo, quia eximiæ benignitatis opus existit.

Quomodo Christus dicatur conceptus et natus de Spiritu sancto. — Nec etiam jure infertur quod Filius sit Spiritus sancti, quia ex eo natus est. Nec enim omne quod de aliquo nascitur, Filius ejus est, ut christianus ex aqua : nec quidquid Filius alicujus est, ex ipso nascitur, ut adoptionis filius.

DIST. V. *Quis assumpsit et quid assumptum fuerit. Quod persona naturam assumpsit.* — Denique sciendum quod et persona et natura assumpsit naturam, sed neque persona personam, neque natura personam assumpsit. Ait enim Aug. De fide ad Petrum (cap. 2). Unigenitus Deus in unitate personæ humanam naturam suscepit. Item: Unigenitus Dei Filius susceptione carnis et animæ rationalis, incarnatus est. Ecce persona naturam assumpsit.

Quod natura naturam assumpsit. — Quod autem natura naturam assumpserit, sic ait Aug. (*ibid.*). Illa natura quæ semper genita manet ex Patre, naturam nostram sine peccato suscepit. Item : Unigenitus Filius Patris in forma servi et Dei, idem ipse est, quia forma Dei formam servi accepit. Forma autem natura est. Ait enim Hilarius (350*) ; Esse in forma Dei, non alia intelligentia est, quam in Dei manere natura. Ecce natura assumpsit naturam.

Quod si alibi dicitur formam servi a solo Filio esse susceptam, sciendum est, quod ibi non natura, sed alia persona excluditur. Cæterum in concilio Toletano videtur reperiri contrarium. Ait enim : Solus Filius accepit hominem in singularitate personæ, non in unitate naturæ divinæ. Sed hoc qualiter intelligatur, subinde in eodem exponitur sic, hoc est, quod est proprium Filii, non quod est commune Trinitati, id est propria persona Filii hominem suscepit; non communiter tres personæ. Quod alicui poterat videri, quia supra dixerat, totam Trinitatem formationem suscepti hominis fecisse. Natura ergo divina carnem suscepit, unde et incarnata dicitur. Ait enim Joan. Damascenus (351) : Deitatem dicimus unitam carni, et unam naturam Dei Verbi incarnatam confitemur.

(350*) Lib. XII De Trin.
(351) Orthod. fidei lib. III, cap. 6.

Quod natura Dei non dicitur esse facta caro. — Non tamen dicitur, quod natura divina facta est caro, sicut Verbum ; quia nec auctoritas hoc habet, nec locutionis usus hoc admittit. Ideo forsan, ne convertibilitas naturæ in naturam per hoc signaretur.

Quod persona non fuit assumpta. — Persona autem nunquam assumpta fuit, quia non erat ex carne illa et anima, ulla persona conjuncta, quam Verbum acciperet. Denique nec jure dicitur quod persona sit assumpta, quia anima assumpta est. Anima enim non est individuæ naturæ, vel persona quandiu alii rei unita est personaliter, sed tantum quando per se est. Si autem alicubi dicitur homo Christus Jesus, vel ille homo a Verbo Dei esse assumptus, velut in Psalmo dicitur : *Beatus quem elegisti et assumpsisti* (Psal. LXIV), ita determina : Hoc de natura verum est hominis, de persona autem falsum.

DIST. VI. *Quis sit sensus istius, Deus est homo.* — Ut autem facilius cognoscatur, quid istis propositionibus dicitur : Deus est homo, et homo est Deus, et similibus, breviter prædicendum est, quod ex illis, quæ Filius Dei suscepit, scilicet anima et carne, nulla persona hominis composita est. Tunc enim demum ex duobus his persona componitur, cum principaliter in eo quod persona non est, conveniunt, ut in cæteris hominibus a Christo contingit : quod si in ea, quæ jam persona est, ut in Christo fuit, conveniunt, personam non utique faciunt, sed tantum habentur ab ea, veluti paries, tectum, et fundamentum, si factæ jam domui adhibeantur, non domum faciunt, sed ab ea cui addita sunt, habentur tantum. Sicut etiam baptismus, semel baptizatum non mundat : et consecratio, ordinatio, dedicatio, ea quæ jam illis participant, secundo adhibita non augent, hoc est nihil conferunt aut mutant, sed tantum adhibentur. Sic igitur anima et caro adhibita sunt Filio Dei, velut indumentum membris. Est enim Filius Dei factus homo, non ita essentialiter et vere factus homo, ut tu qui es ipsa composita essentia animæ tuæ et corporis, sed essentialiter et vere factus est homo secundum habitum. Unde Aug. (353) : Deus Filius pro nobis factus est verus homo, quia veram habet humanam naturam. Hoc autem tractat Aug. super illum locum : *Habitu inventus est ut homo* (Philipp. II).

Quatuor species habitus. — Dicit enim quatuor modis aliqua accedere ad aliquid, ut habeantur ab eo. Accedit enim alicui aliquid, vel ita quod mutat nec mutatur, ut sapientia stulto. Vel ita quod mutat et mutatur, ut cibus stomacho : vel ita, quod nec mutat nec mutatur, ut annulus digito : vel ita quod non mutat, sed mutatur, ut vestis corpori, quod genus congruit huic comparationi. Deus enim *Filius semetipsum exinanivit, formam servi accipiens* (Phillpp. II), non suam mutans, et sic in similitudinem hominis factus est, verum hominem susci-

(352) De fide ad Pet.

piendo, *et habitu inventus est ut homo*, hoc est habendo hominem inventus est ut homo. Sic autem dicit, *ut homo*, non *homo*. Sicut caro illa dicitur non peccati, sed similis carni peccatrici (*Rom.* viii). Cum ergo dicitur, Deus est homo, habitus prædicatur, ut sit sensus, Deus habet hominem, vel est habens hominem: vel etiam persona humanata prædicatur. Quod Cassiodorus innuit dicens (353) : Factus est Filius Dei, ut ita dixerim, humanatus Deus. Cum autem dicitur, homo est Deus, habitus subjicitur, et natura vel persona prædicatur, ut sit sensus. Homo est Deus, id est habens hominem est Deus. Si autem factus in propositione ponitur, ut Deus factus est homo, ita intellige, hoc est, Deus cœpit habere hominem, vel humanatus Deus esse. Item homo factus est Deus, id est, tertia illa persona cœpit cum homine esse Deus.

Dist. VII. *De prædestinatione Christi.* — Secundum hoc igitur, facile est intelligere illud : Qui *prædestinatus est Filius Dei in virtute* (*Rom.* 1). Filius enim Dei prædestinatus est, hoc est, gratia ei præparatum est, non ut sit Filius Dei, sed ut cum homine sit Filius Dei, ut ita gratia ei attribuatur secundum naturam personæ, velut si dicamus : Huic advocato gratia fit, non ut coram judice loquatur, sed ut sedens loquatur : ut gratia ei fiat, non secundum locutionem, sed secundum sessionem. Sic Christo gratia facta est, non secundum filiationem, sed secundum hoc quod cum humanitate dicitur Filius. Sic et August. dicit : Nomen quod est super omne nomen, donatum est ei, secundum formam servi, id est ut cum forma servi diceretur unigenitus Filius Dei. Sic igitur persona illa dicitur prædestinata, vel etiam natura ejus humana prædestinata dicitur, ut personaliter verbo Patris uniretur, et tunc sic exponitur illud. Qui prædestinatus, hoc est, cujus natura prædestinata est. Similiter secundum hoc intellige illud August.: Tanta scilicet est unio utriusque naturæ, ut totum dicatur Deus, totum homo, id est ut illa persona cum hoc toto, divinitate scilicet, anima et carne, eorumque proprietatibus sit Deus et homo.

Dist. VIII. *Quod Christus non est aliquid secundum quod homo. Multiplex denotatio dictionis secundum.* — Sciendum est autem quod Filius Dei, ex eo quod hominem suscepit, non est factus aliquid, hoc est, persona vel natura, quia nec quaternitas in Trinitate est, nec duæ naturæ Christus est, cum tamen scriptum sit: In duabus et ex duabus naturis vel substantiis subsistit Christus, non dicitur : quod duæ sit, sed factus est alicujus naturæ, cujus non erat prius. Secundum quod debet intelligi illud Origenis : Factus est sine dubio illud, quod prius non erat, hoc est, ejus naturæ (354), Item illud : Alius est Dei Filius, alius est hominis filius, id est alterius et alterius naturæ, secundum quod de Deo vel de homine natus est (355). Sic omnia quæ in hunc modum dicuntur intellige. Non igitur Filius est aliquid secundum quod homo, nisi (secundum) unitatem personæ notet. Hæc enim dictio (secundum) hoc in sacramento, aliquando personam notat. Ut secundum quod homo, hoc est, is qui homo est, dedit dona hominibus. Aliquando vero naturam ut secundum quod homo, passus est, id est humanitas ipsa. Aliquando vero notat statum vel habitum, ut secundum quod homo, prædestinatus est, vel donatum est ei nomen sicut prædictum est.

Dist. IX. *De adoratione humanitatis Christi.* — Cum autem humanitas in unam personam sit assumpta a Verbo Dei, simul adoranda est cum Verbo. Unde Joannes Damascenus (356). Christum adoramus cum Patre et Spiritu una adoratione cum incontaminata carne ejus. Et Augustinus (357) : Ideo humanitatem in Christo adoro, quia deitati unita est. Denique si hominem a Deo separaveris, illi nunquam credo, nec servio : velut si quis purpuram vel diadema regale sine rege inveniat, non adorat : cum rege autem adorat.

Dist. X et XI. (*) *Utrum Christus sit creatura vel factus.* — Licet autem homo sit Christus, non tamen simpliciter dici debet creatura, vel factus. Non enim est ille factus, ut Aug. ait (358), per quem facta sunt omnia. Nec creatura est, quia per hoc sequeretur, quod non esset Deus. Deum enim et creaturam immediate esse circa substantiam, innuit Augustinus dicens (359) : Omnis substantia quæ Deus non est, creatura est; et quæ creatura non est, Deus est. Item: Si Verbum creatura non est, ejusdem cum Patre substantiæ est. Ex quo juste infertur : Si creatura est, Deus non est, et si Deus est, creatura non est ; et : Si ejusdem substantiæ cum Patre est, creatura non est. Non ergo simpliciter dicimus, quod factus sit, sed secundum quid, hoc est, secundum hominem. Unde Ambrosius (360): Factum ex muliere (dixit Apostolus) Filium Dei, ut factura non divinitati, sed assumptioni corporis ascribatur (*Galat.* iv) : distinctione enim opus esse, cum de Christo loquitur, ait August. ita (361) : Cum de Christo loquimur, quid, et secundum quid, et de quo et propter quid dicatur, diligens et pius lector intelligat. Hoc itaque attendens dicit : Christus secundum quod Deus, semper fuit, secundum vero quod homo, esse incepit.

Dist. XII. *An Christus peccare potuit.* — Quæritur autem an Christus peccare potuerit ? Quod videtur ideo, quia posse peccare, ut supra probavimus, bonum naturæ nostræ est, quam totam præter peccatum suscepit, ut totam curaret. Sed si hoc

---

(353) In glossa ad Rom. 1.
(354) Origenes super Epistolam ad Rom.
(355) Aug. ad Felicianum.
(356) Lib. iii De orthod. fide, c. 8.
(357) Ex sermone Domini, *Non turbetur*.

(*) Dist. x in viii continetur.
(358) Lib. i De Trinit.
(359) Lib. i De Trin., cap. 6.
(360) Lib. ii De Trinit.
(361) Lib. i De Trinit., c. 13.

est, videtur quod potuit non esse Deus, quia esse Deum, et posse peccare, non conveniunt : ad quod dicimus secundum prædictam disjunctionem, quia potuit peccare Christus secundum quod homo, nec hoc simpliciter dicimus, sed adjicimus naturaliter. Sic enim ab ipsa conceptione homo assumptus, gratia (quam ad mensuram non accepit) confirmatus est, ut peccare non posset : naturaliter tamen posset.

An angelus peccare possit. — Quod etiam de angelo, qui minorem gratiam confirmationis accepit, dicimus ut simpliciter peccare non possit : naturaliter autem possit. Multo ergo minus Dominus angelorum peccare potuit, qui in ipso utero perfectus vir exstitit non solum propter animam et carnem, sed etiam propter sapientiam et gratiam.

Dist. XIII. *Quatiter Christus sapientia profecit.* — Ad hoc autem contrarium videtur, quod in Evangelio legitur. *Jesus*, inquit, *proficiebat ætate et sapientia, ei gratia apud Deum et homines* (*Luc.* II.). Sed secundum prædicta, etiam hoc intelligimus. Dicit enim Gregorius (362) : Juxta hominis naturam proficiebat ætate, de infantia ad juventutem. Juxta eamdem etiam proficiebat et sapientia et gratia : non quod sapientior esset, vel magis gratia plenus per accessum temporis, sed quia eamdem qua plenus erat a prima conceptionis hora, paulatim plenius ex tempore cæteris demonstrabat. Proficiebat ergo, hoc est, proficere faciebat, sicut magister in discipulis suis proficere dicitur. Quod autem Ambros. dicit (363) : Sensu hominis profecit, sicut sensu hominis esurivit. Intelligendum est ita dictum esse, ut quantum ad visum hominum, humanus Christi sensus profecisse dicitur. Secundum hoc etiam, patrem et matrem dicitur in infantia a propheta ignorasse, quia sic habebat se tunc et gerebat, quasi esset expers cognitionis (*Isa.* VIII).

Dist. XIV. *Quod anima Christi scit omnia quæ Deus.* — Ad hæc sciendum est animam Christi omnium rerum habere scientiam, quas Christus scit, quia spiritus scientiæ non est datus ei ad mensuram (*Joan.* III). Si enim quædam sciret, quædam non, non sine mensura scientiam haberet. Hoc autem Fulgentius probat auctoritate illa (364) : In quo sunt omnes thesauri sapientiæ et scientiæ absconditi (*Col.* II.) Ratione constat, quia nihil scit aliquis quod ejus anima ignorat.

Sed contrarium videtur, quod dicitur : In nullo creatura æquatur Creatori ; et Propheta : *Mirabilis facta est scientia tua* (*Psal.* CXXXVIII). Quod exponens Cassiodorus dicit : Homo assumptus, divinæ substantiæ non potest æquari in scientia vel in alio. Sed intelligendum est, per omnia, vel perfecte.

Licet enim omnia sciat anima Christi, quæ Deus non tamen omnia ita clare ac perspicue capit, sicut ipse. Vel in nullo creatura Creatori coæquatur, hoc est, nihil est quod Creatori creaturam adæquet. Sed nec illud contrarium est. *Nemo enim novit quæ sunt Dei, nisi Spiritus Dei* (*I Cor.* II), qui solus scrutatur omnia, scilicet per se, quia et aliis scrutari dat. Unde et ibidem subditur : Nos autem Spiritum Dei habemus, quasi diceret, per quem profunda Dei scimus. Multo magis ergo anima illa omnia profunda scivit, quæ præ omnibus Spiritum Dei habuit.

Quod Christus non habuit omnem potentiam Dei. — Non autem habuit potentiam omnem, ne per hoc omnipotens esset, et ita Deus putaretur. Sed videtur contrarium, quod super illum locum : Hic erit magnus, et Filius Altissimi vocabitur (*Luc.* I), Ambros. dicit (365) : Non ideo, inquit, erit magnus quod ante partum virginis magnus non fuerit, sed quia potentiam, quam Filius Dei naturaliter habet, homo erat, ex tempore accepturus. Quod cum dici de persona non videatur, nec caro posset accipere, restat de anima intelligere. Sed de persona tantum divit, quæ potentiam quam ab æterno habuit, cum homine per gratiam habere cœpit, sicut supra de prædestinatione diximus.

Dist. XV. *Quod defectus nostros Christus suscepit.* — Illud quoque addimus, quod nostros defectus suscepit, velut esuriem, sitim, tristitiam, et timorem, cæterosque generales, quorum nullus peccatum fuit. Quod propter fomitem dicimus. Non tamen omnes suscepit, ut ait Leo papa, sed eos tantum, quos pro nobis sumere oportuit, nec dedecuit. Non enim sumpsit ignorantiam invincibilem, et difficultatem ad bonum, quam, ut Aug. ait (366), omnis homo patitur ab exordio suæ nativitatis. Hæc etiam ideo non accepit, quia contraria sunt ei, quod de primo statu hominis habuit.

Dist. XVI. *An in Christo fuerit necessitas patiendi et moriendi.* — Quatuor enim status hominis sunt, de quibus singulis Christus aliquid accepit. Primus ante peccatum, de quo immunitatem a peccato accepit. Secundus post peccatum, ante gratiam, de quo pœnam. Tertius qui fuit sub gratia, gratiæ plenitudinem. De quarto qui erit in gloria, non posse peccare accepit. Hos autem defectus sicut ipsam carnem ac mortem non conditionis necessitate, hoc est, non ex vitiosa lege nascendi, quæ est necessitas nostræ conditionis, sed miserationis voluntate suscepit. Secundum hoc ergo intellige quod Aug. ait (367) : Non vere timebat Dominus pati, quia non veram causam timoris habuit. Unde Hilar. (368) : Habuit Christus ad pa-

---

(362) In glossa citatur nomine Gregorii, sed est Bedæ homilia 11 super Lucam.
(363) Lib. De incarnationis Dominicæ sacra. cap. 7.
(364) In quodam serm.
(365) Alias Beda hom. 23 super Lucam. In glossa tamen citatur sub nomine Amb. et Bedæ.
(366) Lib. III De libero arb., cap. 18.
(367) Super illud psal. XXI : *Clamabo et non exaudies*.
(368) Lib. X De Trin., ante me.

tiendum corpus, sed non naturam ad dolendum, vel non vere timuit, hoc est, non ita ut timor animæ suæ dominaretur dimovens eum a rectitudine : fuit enim in eo propassio, non passio, ut ait Hier. (369) ; vere timuit, id est vero timore, non ficto.

Christus necessitatem moriendi habuit. Habuit etiam necessitatem moriendi ; ut enim statutum est omnibus hominibus semel mori, ita etiam Christus, eadem necessitate et jure naturæ, semel oblatus est.

Dist. XVII. *An Christi voluntas semper impleta sit.* — Cæterum sciendum est quod Christus sicut duas habuit naturas, ita et duas voluntates. Unde Aug. (370) : Christus in passione duas expressit in se voluntates, secundum duas naturas. Ait enim : *Pater si fieri potest, transeat a me calix iste (Matth.* xxvi). Ecce voluntas hominis quam ad divinam mox dirigens ait : *Verumtamen non sicut ego volo, sed sicut tu vis* (ibid.). Petiit ergo transitum calicis, sed non obtinuit, cui videtur contrarium illud Psal : *Impleat Dominus omnes petitiones tuas (Psal.* xix).

Voluntas hominis Christi duplex est. — Sed voluntas hominis Christi distinguenda est, secundum affectum sensualitatis, quo voluit non mori ; et secundum affectum rationis, quo omnino voluit mori secundum quem loquitur spiritu suo. Nec concupivit in hoc caro Christi adversus spiritum quia secundum voluntatem Dei et spiritus sui, hoc petiit. Non quidem ut quod petebat obtineret, sed ut veritatem humanitatis suæ exprimeret. Et etiam illud petiit, ut membris suis in tribulatione positis, formam ad Deum clamandi, et divinæ voluntati propriam subjiciendi, daret : utrumque ergo quod voluit, bonum fuit, sed illud melius, quod effectui mancipavit.

Hilarii sententia a superioribus diversa. — Hilarius (374) autem intelligit per calicem, mortis terrorem, cui omnis caro præter eam quæ Christi est, subdita erat necessitate conditionis qui post mortem Christi demum per virtutum gloriam tollendus erat. Ad hoc respiciens, dicit Christum non sibi, sed suis orasse et timuisse. Ipse enim, ut supra probatum est, non sicut cæteri timuerunt, timuit. Inde igitur est quod non dixit : *Tristis est anima mea propter mortem,* sed *usque ad mortem (Matth.* xxvi), postquam apostolicæ infirmitatis scandala desitura videbat.

Dist. XVIII. *De merito Christi et quid sibi meruerit.* — Post quam mortem, etiam et per quam, sibi claritatem et impassibilitatem meruit. Unde Aug. (371*) : Ut Christus resurrectione clarificaretur, prius humiliatus est passione, humilitas claritatis est meritum, claritas humilitatis est præmium. Claritatem autem dicit, manifestationem donati nominis quod est super omne nomen (*Phil.* ii). Nec enim tunc primum illud ei nomen donabatur. Tunc tamen ei donatum esse dicitur, illo utique tropo, quo dicitur res fieri, quando innotescit quod facta sit. Impassibilitatem quoque animæ et carnis per eamdem mortem meruit, quam tunc nihilominus ex quo homo fuit, per charitatem et cæteras virtutes meruerat. Non enim habuit Christus quo posset proficere secundum animæ meritum, id est secundum virtutem meriti. Licet quantum ad numerum meritorum corporis, hoc est operum, profecisset.

An Christus post mortem beatior fuerit. — Si autem quæratur num anima ejus fuerit post mortem beatior quam ante ? dicimus quod beatior fuit, quantum ad miseriæ immunitatem, non quantum ad Dei contemplationem.

Dist. XIX. *De modo nostræ redemptionis, et quid Christus meruerit nobis.* — Quod si præcedentia merita ad hæc sufficiebant, ad quid ergo voluit mori ? Pro te scilicet, nou pro se, ut te in humilitate instrueret, et sic in paradisum induceret. Meruit enim nobis per mortem aditum paradisi, quem per præcedentia sibi meruerat, et redemptionem a peccato, et pœna, et diabolo. Nam cum per hostiam reconciliaturus esset sibi Deus mundum, nulla alia reconciliare suffecit, cum omnes peccassent. Decreverat autem Deus, ut ait Ambrosius (372), neminem in paradisum, hoc est, ad Dei contemplationem admitti, nec alicujus hominis humilitas tantum posset proficere, quantum primi hominis potuit nocere superbia. Talis ergo nemo inventus est, nisi leo de tribu Juda, qui moriens liberavit nos a peccato et diabolo ; dum per eam mortem *charitas* excitatur *in cordibus nostris (Rom.* v). Intendentes enim in eum quasi in serpentem æneum (*Num.* xxi), et videntes quanta charitate nos dilexerit, ut pre nobis scilicet moreretur, monemur accendimurque ad diligendum eum, qui pro nobis tanta fecit, et sic soluti a peccato et diabolo justificamur. Denique peccata nostra portans super lignum, id est pœnam peccatorum, redemit nos a pœna æterna, relaxando debitum a temporali pœna, spe, non adhuc re ; a qua nos penitus liberabit, quando novissima destruetur mors. Et ita redemptor noster factus est proprie Christus, exhibitione humilitatis ; communiter vero tota Trinitas dicitur redemptor, effectu potestatis.

Christus solus est mediator. — Solus tamen Christus mediator est inter mortales peccatores et immortalem justum (*I Tim.* ii). Solus enim ipse est Deus homo, mediator factus, secundum quod homo, per infirmitatem appropinquans nobis, Deo vero por justitiam. Sane secundum quod Verbum est, non est medius, sed unus cum Patre Deus.

Dist. XX. — *Quod Deus aliter nos liberare potuerit.*

---

(369) Super Matth. cap. 26.
(370) Super psal. xxxiii.
(371) Lib. x De Trin.

(371*) Super illa verba Christus factus est pro nobis obediens.
(372) Super Epistolam ad Heb.

Quare potius isto modo voluit Christus liberare nos. — Fuit sane, et alius modus nostræ liberationis Deo possibilis, sed nullus nostræ miseriæ sanandæ convenientior. Hic enim modus a morte desperationis nos maxime liberat, et mentes nostras ad superna erigit, cum videmus eum tanti nos fecisse, ut mala nostra ipse immutabiliter bonus, moriendo prrferret. Et ideo quoque, quia sic justitia superatur diabolus, non potentia. Potentia enim liberare potuit servum suum, quem diabolus fraudulenter abduxit, et violenter tenuit, quod tamen noluit, ne homo violenter ab eo tolli videretur. Humiliatus autem per mortem juste hoc fecit. Est enim justum ut debitores quos tenebat liberi dimittantur, credentes in eum, quem sine debito ullo occidit.

Mors Christi facta est a Trinitate, Juda, diabolo et Judæis. An Judæi operati sint bonum. — Denique sciendum est mortem Christi opus fuisse Trinitatis, et Judæ, et diaboli, et Judæorum. Trinitatis, quia Deo auctore, hoc est volente, facta est (*Rom.* VIII); Judæ, quia prodidit (*Matth.* XXVI); Judæorum et diaboli, quia suggesserunt, et sic res una, id est mors Christi ab omnibus istis peracta est; facta vero diversa fuerunt, ex quibus ea res provenit, scilicet Patris traditio, Filii spontanea occursio, Judæ proditio, Judæorum et diaboli suggestio. Judæi ergo bonum fecerunt quantum ad peractum, hoc est effectum, malum vero quantum ad actum.

Dist. XXI. *An Verbum ex quo fuit homo, unquam desierit esse homo.* — Firmiter autem tenendum est quod Verbum, ut supra dictum est, verus homo est, quia habet animam et carnem in unione personæ. Vivens autem homo est, quia duo illa conjuncta habet. Nunquam igitur desiit esse homo, ex quo fuit homo, quia nunquam desiit habere illa. Unde Augustinus (373): Verbum ex quo suscepit hominem, hoc est carnem et animam, nunquam deposuit animam, ut esset anima a Verbo separata. De carne quoque dicit: Sic et in sepulchro Christus carnem suam commoriendo non deseruit, sicut in utero virginis connascendo formavit. Non ergo separata est divinitas ab homine, sed hoc intellige quantum ad unionem personæ, non quantum ad defensionem naturæ, secundum quam separata est. Unde ait Ambrosius (374): Clamat homo morituras separatione divinitatis, scilicet quoad defensionem. Separavit se divinitas subtrahendo potentiam, sicut hic intelligitur (*Matth.* XXVI): *Ut quid dereliquisti me?* Sed non solvit unionem. Se foris separavit a defensione, sed intus adfuit ad unionem. Quod autem Athanasius sub anathemate ait totum hominem in resurrectione denuo assumptum: intellige, non quantum ad habendum, sed quantum ad utendum illa duo conjungendum, ut scilicet ex anima caro viveret quæ proprie mortua est in qua,

non in se, Christus mortuus esse dicitur. Unde Augustinus (374*): Absit ut sic Christus senserit mortem, ut quantum in se est, vita vitam perdiderit.

Dist. XXII. *Qua ratione dicatur passus Deus.* — Sane quidquid passa est caro, non potest dici non passus Deus. Quomodo non potes dicere, te non passum injuriam, si vestis tua perfunditur, vel conscinditur, quamvis illa non sit tu. Multo magis ergo quidquid patitur caro unita Verbo, debet dici Deus pati, licet Verbum, nec mori, nec pati potuerit.

De hoc ergo ait Ambrosius (375): Idem moriebatur et non moriebatur; resurgebat et non resurgebat: resurgebat secundum carnem, non resurgebat secundum Verbum.

Dist. XXIII. *An Christus fidem et spem habuerit, quemadmodum charitatem.* — Cum vero Christus plenus gratia fuerit: quæritur an habuerit fidem et spem? Quod ut melius explicetur, primum videamus quid sit fides et spes (376). Est igitur fides, credere quod non vides; Apostolus enim ait: *Fides est substantia sperandarum rerum a nobis, argumentum vel convictio non apparentium* (*Hebr.* XXI). Per fidem enim subsistunt speranda modo in nobis, et subsistent in futuro per experientiam.

Dist. XXIV. *De fide antiquorum.* — De quibus si dubitatur, probantur per fidem, hoc modo, quia ita crediderunt patriarchæ, et alii sancti: proprie igitur est fides de non apparentibus. De apparentibus enim non est fides, sed agnitio. Quæ fides, una dicitur esse ab Apostolo similitudine, non singularitate. Sicut idem volentium dicitur una voluntas, et duorum simillimorum dicitur una facies. Igitur nostra et antiquorum una est fides. Modus autem credendi diversus. Unde Augustinus (377): Eadem fides Mediatoris quæ nos salvat, salvos faciebat antiquos. Quia sicut credimus Christum in carne venisse, ita illi venturum; sicut nos mortuum, ita illi moriturum; sicut nos resurrexisse, ita illi resurrecturum, et ad judicium venturum.

De fide majorum et simplicium. — Hæc tamen distincte revelata sunt majoribus. Simplicibus vero revelata sunt in mysterio. Unde Job: *Boves arabant, et asinæ pascebantur juxta eos* (*Job* I), quia simplices majoribus adhærebant credentes in mysterio, quod illi in mysterio docebant.

Dist. XXV. *De spe. Differentia inter fidem et spem.* — Denique spes est certa exspectatio futuræ beatitudinis; ex gratia Dei et meritis præcedentibus rem speratam, scilicet vitam æternam. Et de his quæ non videntur, sicut fides. Differt autem spes a fide, quia spes est bonarum rerum, et futurarum; et pertinentium ad eum tantum, qui earum spem gerere perhibetur. Fides vero bonarum rerum est et malarum, et præsentium et præter-

---

)373) Super illud Joan. X: *Ego ponam animam meam.*
(374) In expositione XXI psal., *Deus, Deus meus.*

(374) Contra Felicia»um.
(375) Lib. III De Spiritu sancto.
(376) Aug. super Joan.
(377) Lib. De nuptiis et concupiscentia, cap. 2.

itarum et futurarum, et pertinentium ad eum qui eam fidem habet, et alienarum : ita tamen si eas credere pertinet ad religionem. Hæc autem in nobis proficiuut, usque dum perfecte cognoscamus. Ait enim Aug. : Non cognoscimus ut credamus, sed credimus ut cognoscamus.

Secundum hoc ergo, fidem et spem Christus non habuit, quia æque cognovit præterita et futura sicut et præsentia.

Unde sancti non dicuntur modo credere, vel sperare futuram resurrectionem, quia eam perfectissime in Verbo Dei intelligunt.

DIST. XXVI. *Quod sancti non dicantur modo credere vel sperare.* — Legitur tamen quod crediderit et speraverit Christus. Dicit enim per prophetam : *Ego ero fidens in eum (Hebr,* II). Et Psal. : *In te, Domine, speravi (Psal.* xxx). Qnod est intelligendum quantum ad exteriorem effectum, non quantum ad interiorem actum. Sic enim orabat, et cætera agebat, sicut facit qui nondum videns credit et sperat. Non tamen sperando vel credendo a plena cognitione remorabatur. Denique secundum hoc dicit ad Patrem : *Disciplina tua ipsa me docebit* (*Psal.* xvii), effectu scilicet exteriori, quo formam bene correcti exhibuit, non actu interiori, quia nunquam se de pravis ad recta reformavit.

DIST. XXVII. *De charitate Christi. Duo præcepta charitatis.* — Habuit charitatem Christus, quam passionis exhibuit opere, de qua breviter dicamus : Charitas ergo est dilectio, qua Deus propter se, et proximus propter Deum diligitur. Hujus primum et proximum mandatum est : *Diliges Deum ex toto corde tuo, et ex tota mente tua. et ex tota virtute tua* (*Deut.*VI ; *Matth.* XXII), hoc est, ut omnes cogitationes tuas, omnem vitam, et intellectum in illum conferas, quod non hic sed in futuro implebitur. Hoc tamen dictum est, ut quo currendum sit. non ignoretur. Secundum vero : *Diliges proximum tuum sicut teipsum* (*Joan.* XIII), id est ad quod, et propter quod teipsum diligis. Proximum vero omnem hominem intellige, qui tribus modis dicitur : conditione, propinquitate fidei, et impensa beneficii.

DIST. XXVIII et XXIX. *Angeli præcepto charitatis obligantur.* — Unde et angeli illo præcepto continentur. Dicit enim Aug. (378) : Manifestum est præcepto dilectionis proximi, etiam sanctos angelos contineri, a quibus nobis misericordiæ impenduntur officia.

Quatuor sunt genera diligendorum. — Denique omne genus diligendorum prædictis mandatis comprehenditur, quæ quatuor sunt, ut Aug. ait (379) : Unum quod supra nos est, scilicet Deus : alterum quod nos sumus, tertium quod juxta nos est, scilicet proximus ; quartum, quod infra nos est, scilicet corpus nostrum, et proximi. Quod in illis mandatis intelligitur, etsi non exprimitur. Ait enim Aug. (380) : Si te totum intelligis diligendum, hoc est animam et corpus, etiam proximum tuum, id est animam et corpus ejus diligere debes.

Quod una charitate Deum et proximum diligamus. — Licet autem tot sint, quæ diligamus, tamen una sola charitate diligimus. Ait enim Aug. (381) : Una est charitas, et duo sunt præcepta. Non enim alia charitas diligit proximum, nisi quæ et Deum. Inde ordinata debet esse charitas, et in affectu interiori, et in effectu exteriori. De ordine autem affectus dicit Aug. (382) : Qui ordinatam vult habere dilectionem videat, ne aut diligat quod non est diligendum, aut non diligat quod est diligendum ; aut æque diligat quod plus minusve est diligendum, vel plus minusve diligat quod æque est diligendum.

Ordo diligendorum. — Omnis homo, inquantum peccator, non est diligendus ; inquantum homo, est diligendus. Deus vero plus omni homine diligendus. Amplius autem diligendus est proximus, quam corpus nostrum, quia propter Deum ipse diligitur, qui potest Deo nobiscum perfrui : corpus autem non potest. Denique omnes proximi pari affectu, sed dispari effectu diligendi sunt. Unde Aug.(383) : Omnes homines æque diligendi sunt, sed cum omnibus prodesse non possis, his potissimum consulendum est, qui pro locorum, temporum, vel quarumlibet rerum opportunitatibus constrictius tibi junguntur. Hoc quoque Ambr. distinctius dicit : (38) Primo diligendus est Deus ; secundo parentes. Inde filii, post domestici : qui si boni sunt, malis filiis præponendi sunt. Postremo inimici, quos nec ex tota virtute, nec sicut teipsum jubet Deus diligere, sed simpliciter. Sufficit enim quod diligimus et non odio habemus. Hoc autem dicit Ambrosius : Non quod eos diligere non debeamus, sicut et nos, proximi enim sunt, sed ut sic ostendatur quod sufficit, si minus eos diligamus, quam cæteros proximos, et hoc utique secundum effectum.

De gradibus charitatis. — Sciendum quoque est quod charitas non mox ut nascitur perfecta est. Ut enim perficiatur, nascitur, nata nutritur, nutrita roboratur, roborata perficitur. Perfecta vero dicit : *Cupio dissolvi* (*Phil.* I), etc.

DIST. XXX. *An melius sit diligere amicos quam inimicos, an econverso.* — Solet etiam quæri utrum sic majoris meriti diligere amicum, an inimicum? Dicimus quod ejusdem meriti est. Eadem enim charitate, ex qua meritum est, diligitur uterque. Quantum vero ad actum exteriorem, evidentius signum est perfectæ charitatis diligere inimicum quam ami-

---

(378) Lib. De doct. chr., cap. 30.
(379) Lib. I De doctrin. Christ. c. 23, 24 et 26.
(380) Lib. De doctrin. Christ.
(381) Sermone De ascens. Domini.

(382) Lib. De doctrin. Christ.
(383) Lib. De doct. Christ.
(384) Super illud Canticum 1.

cum. Unde Aug. ait (385): Hoc tamen magnum bonum (scilicet diligere inimicum et bene facere odienti, et pro persequente orare) tantæ multitudinis non est, quantam credimus exaudiri cum dicitur: *Dimitte nobis debita nostra, sicut et nos dimittimus debitoribus nostris (Matth.* vi).

Dist. XXXI. *An charitas semel habita amittatur.* — Hæc dicendo, perfectam charitatem ab imperfecta, eum distinxisse putemus; quæ charitas imperfecta, sæpe amittitur et recuperatur, et eam tam boni quam mali participant. Unde Ambros. (386): Quibusdam gratia data est in usum, ut Sauli et Judæ. Frequenter enim ante sunt mali, qui sunt futuri boni; et prius sunt boni, qui sunt futuri mali. Radicata vero et perfecta charitas, nunquam desinit semel habita, nec eam participant nisi boni. Unde charitas est fons proprius et singularis bonorum, cui non communicat alienus. Secundum hoc eam, quæ multarum auctoritatum videtur esse, dissonantiam distingue.

Quomodo charitas non evacuabitur. — Charitas autem perfecta permanebit in futuro. Licet enim in futuro perficiatur, eadem tamen substantia, idemque modus permanebit, qui est ad Deum plusquam teipsum: Ad proximum vero sicut te. Cætera vero, vel ex toto cessabunt, ut fides et spes, quod et de scientia quidam putant: vel saltem quantum ad modum, qui et omnino alius erit in futuro, quam sit in præsenti.

Quare charitas ponatur post fidem et spem. — Notandum quoque quod charitas non ideo post fidem et spem ponitur, quod ex eis oriatur, sed quia post illa remanebit aucta. Quæ tria nunc æqualia sunt, non quantum ad eorum comprehensionem, sed quantum ad actuum eorum intensionem. Etenim, si intensius credis, intensius etiam speras et diligis.

Dist. XXXII. *Quomodo Christus dilexit.* — Habuit autem Christus charitatem, non viæ, ut omnem proximum ad vitam diligeret, sed patriæ, qua tantum electos ad salutem dilexit. Reprobos etiam dilexit sicut et ab æterno dilexit eos, inquantum scilicet opus ejus erant futuri, hoc est, quos et quales erat eos facturus. Proinde electos alios plus, alios minus ab æterno dilexit, non secundum dilectionis essentiam, sed secundum efficientiam, quia scilicet majora bona præparavit his, quam illis. Secundum hunc sensum dicuntur aliqui diligi incipere a Deo, tunc, cum æternæ dilectionis effectum sortiuntur.

Dist. XXXIII. *De virtutibus principalibus quas cardinales appellant.* — Post prædicta, de quatuor virtutibus principalibus videamus. Quarum prima est justitia, quæ est in subveniendo miseris, qui minus possunt contra potentiam fortiorum; secunda prudentia in præcavendis insidiis; tertia fortitudo in perferendis molestiis; quarta, temperantia, in coercendis delectationibus pravis.

Quod hæ virtutes maneant in futuro. Hæ in futuro erunt, sed secundum alium usum quam hic. Unde Beda (387): Potestates cœli quatuor prædictis virtutibus præclaræ sunt, quæ aliter servantur in cœlis ab angelis et animabus sanctis, quam hic a fidelibus.

Dist. XXXIV. *De septem donis Spiritus sancti.* — Septem etiam dona virtutes sunt, et in angelis sunt, ut Ambros. ait (388): Spiritus Dei, naturam angelorum effusione quadam sanctificationum ubertate lætificat. Deinde sanctificationes exponens, subdit: His sanctificationibus, signatur plenitudo septem spiritualium virtutum, quas enumerat Isaias (cap. ii), dicens: *Spiritus sapientiæ,* etc.

Sed contrarium videtur quod dicit Beda (389): Qui cum de timore servili, et casto egisset, addidit: Uterque in futuro cessabit. Aug. etiam ait (390): Timor Domini est magnum præsidium proficientibus ad salutem, pervenientibus foras mittitur. Non enim jam timent amicum, cum perducti fuerint ad id quod repromissum est.

Sed dicimus quod timor in futuro erit, non secundum usum quem modo habet, qui est metus separationis, sed secundum reverentiam, quæ est mista cum subjectione dilectionis, secundum quam in Christo fuit. Unde Apostolus: *Qui exauditus est pro sua reverentia. (Hebr.* v).

Plena timorum distinctio. Mundanus timor. Humanus, servilis. Initialis. Castus seu filialis. — Hic sciendum quod quinque sunt timores: Mundanus qui culpa est, quo bona mundi perdere timemus; et humanus vel naturalis, qui pœna est, et in Christo fuit, quo pericula carnis horremus; et servilis, quo propter timorem gehennæ continet se homo a peccato, et bonum facit, quod utile est, per quem paulatim fit consuetudo justitiæ, et est insufficiens; et initialis, quando incipit, quod durum erat, amari, et est sufficiens. Succedit deinde castus, et amicabilis dicitur, vel filialis quo separatio Sponsi timetur, et est perficiens. Qui secundum hunc ipsum permanet, usque in finem sæculi, secundum prædictum vero, hoc est, secundum reverentiam mistam cum subjectione filiali, hic et in futuro erit (*I Joan.* iv). Quod autem dicitur, timor non est in charitate, de perfecta charitate, et initiali timore intelligendum est. De quo Aug. (391): Quantum charitas crescit, tantum timor decrescit. Et quantum illa fit interior, tantum timor pellitur foras, major charitas, minor timor. Minor charitas, major timor. Sciendum vero quod ex usu Scripturæ, et servilis timor et initialis dicitur, initium sapientiæ, alia tamen et alia ratione: nam servilis initium dicitur sapientiæ, quia locum præparat charitati Dei: initialis vero, quia in inchoata charitate est.

---

(385) In Ench. cap. 73.
(386) Super c. 9 ad Rom.
(387) Super Exod. xxvi.
(388) Lib. i. de Spiritu sancto, c. 20 et ultimo.

(389) Super parabolas Proverb. i.
(390) Super psal. v.
(391) Super Epistolam Joan. IV, hom. 9.

DIST. XXXV. *Distinctio inter scientiam, intelligentiam, sapientiam.* — Denique illa tria dona, scientia, intelligentia et sapientia sic a se distinguuntur. Quia scientia valet ad rectam administrationem rerum temporalium, et bonam conversationem inter malos. Intelligentia vero ad Creatoris et creaturarum invisibilium speculationem; sapientia autem ad solius æternæ veritatis contemplationem et delectationem.

DIST. XXXVI. *De virtutum connexione et æqualitate.* — Hic autem sciendum quod omnes virtutes sibi invicem ita conjunctæ sint, ut habita una, omnes habeantur. Unde Hieronymus (392) : Omnes virtutes sibi hærent, ita ut qui unam habet, omnes habeat; et qui una caruerit, omnibus careat. Aug. etiam ait (393) : Virtutes quæ sunt in animo humano quamvis alio atque alio modo singulæ intelligantur, nullo modo tamen separantur ab invicem, ut quicunque fuerint æquales, verbi gratia; in fortitudine æquales sint, et prudentia, et justitia, et temperantia. Si enim dixeris æquales esse istos in fortitudine, sed illum præstare prudentia, sequitur quod fortitudo hujus minus prudens sit, ac per hoc nec fortitudine æquales sunt, quia est illius fortitudo prudentior, atque ita de cæteris virtutibus invenies, si omnes eadem consideratione percurras. Cum enim dicitur aliquis aliqua præeminere virtute, ut Abraham fide, et Job patientia, secundum usus exteriores accipiendum est; vel in comparatione aliorum hominum, quia humilitatis habitum maxime præfert, vel opus fidei, vel alicujus cæterarum virtutum præcipue exsequitur.

DIST. XXXVII. *De decem mandatis Decalogi, et eorum reductione ad duo charitatis mandata.* — Jam distinctio Decalogi consideranda est. Habet enim Decalogus decem præcepta. Tria in prima tabula pertinentia ad Deum. Septem quæ sunt in secunda tabula, pertinentia ad proximum. Primum in prima tabula est : *Non habebis deos alienos : Non facies tibi sculptile, nec omnem similitudinem* (Exod. xx). Sculptile est quod nihil habet simile sibi. Similitudo vero quæ habet speciem alicujus rei (I Cor. VIII).

Secundum est : *Non assumes nomen Dei tui in vanum* (Exod. xx). Quod est dicere secundum litteram : Non jurabis pro nihilo per nomen Dei. Allegorice vero præcipitur, ut non putes creaturam esse Christum Dei Filium.

Tertium est : *Memento sanctificare diem Sabbati* (Exod. xx). Quo secundum litteram, Sabbati præcipitur observantia. Allegorice vero, ut requiem et hic a vitiis et in futuro in Dei contemplatione exspectes. Primum quidem mandatum pertinet ad Patrem, in quo est unitas ; secundum ad Filium, in quo est coæqualitas; tertium ad Spiritum sanctum; in quo est utriusque communitas.

De septem mandatis secundæ tabulæ. — In secunda vero tabula septem sunt mandata, quorum primum ad Patrem carnalem refertur, quod est : *Honora patrem tuum et matrem tuam, ut sis longævus super terram* (Exod. xx), scilicet viventium. Secundum est : *Non occides* (ibid.). Ubi secundum litteram actus homicidii prohibetur. Spiritualiter vero voluntas occidendi. Tertium est : *Non mæchaberis* (ibid.), id est ne cuiquam miscearis, excepto fœdere matrimonii. A parte enim intelligitur totum. Nomine igitur mœchiæ, omnis concubitus illicitus, illorumque membrorum non legitimus usus, prohibitus debet intelligi. Quartum est : *Non furtum facies* (ibid.). Ubi sacrilegium, et rapina omnis prohibetur. Non enim rapinam permisit, qui furtum prohibuit.

An filii Israel commiserint furtum spoliando Ægyptum. — Hic autem solet quæri an Israelitæ furtum fecerint, exspoliando Ægyptum? (Exod. II). Dicimus quod non, quia perfecti Deo jubenti ministerium præbuerunt. Infirmi vero magis permissi sunt hoc facere illis, qui talia jure passi sunt, quam jussi (394). Quintum est : *Contra proximum non loquaris falsum testimonium* (Exod. xx). Ubi crimen mendacii et perjurii prohibetur.

DIST. XXXVIII. *De mendacio.* — Est autem mendacium, ut Aug. ait (395), falsæ vocis significatio cum intentione fallendi. Mentiri vero est loqui contra hoc quod animo sentit quis. Unde si Judæus dicit Christum esse Deum, cum hoc non credat, mentitur quidem, sed mendacium non dicit.

An omne mendacium sit peccatum. — Denique omne mendacium peccatum est. Sed multum interest quo animo et de quibus rebus quis mentiatur. Non enim sic peccat, qui ut consolet mentitur, sicut qui ut noceat, nec qui de via terræ, sicut qui de via vitæ mentitur.

Triplex mendacium. — Mentitur namque quis pro commodo aliquando alicujus tantum, ut obstetrices et Raab (Exod. I ; Jos. II). Aliquando joco, quod perfectis non convenit ; aliquando ex malignitate, quod cunctis est valde cavendum.

An Jacob se dicens Esau, sit mentitus. — Dicens denique se Jacob Esau a mendacio excusatur (Gen. xxvII) : tantum proponens obedire matri, quæ familiari consilio Dei noverat in eo factum mysterium sacramenti. Vel non fuit mentitus Jacob : erat enim ipse Esau jure, et si non persona, quia emerat ab eo primogenita.

DIST. XXXIX. *De perjurio.* — Perjurium est mendacium juramento firmatum. Jurare est Deo reddere jus, veritatis scilicet et non falsitatis, hoc est Deum testem adhibere, vel ei aliquid oppignorare. Ut ille facit, qui per filios suos jurat, quos oppignorat Deo, ut hoc eis eveniat quod de ore suo procedit : Si verum, verum ; si falsum, falsum.

---

(392) Super Isai: x.
(393) Lib. VI De Trinit. cap. 4.

(394) Aug. super illum locum.
(395) In Enchirid. c. 18.

Quæ juramenta magis obligent. Quid perjurium. — Juratur autem per Deum, per Evangelia, per creaturas. Sed quanto magis sanctum est, per quod juratur, tanto magis est pœnale perjurium (396). Perjurium autem est, adhibita juratione mentiri quod fit, dum jurando quis loquitur, cum intentione fallendi, quam vel statim habet, vel postea, ante tempus, quo fieri debet, quod juravit. Ream enim linguam non facit, nisi rea mens.

Comites juramenti. Incauta juratio est peccatum. — Advertendum quoque est quod jusjurandum tres habet comites: veritatem, judicium et justitiam, ut scilicet discrete quis juret, quantum ad se; utiliter quantum ad proximum, et verum sit, vel esse putet quod jurat, quantum ad Deum. Quod si ista deficiant, perjurium est, hoc est incaute jusjurandum factum. Quod ideo peccatum est, quia juratio non est appetenda, sicut res bona; nec tamen fugienda est, sicut mala, cum est necessaria.

Perjurium quando dicatur. — Dicitur enim perjurium proprie, cum impleri potest juramentum, et debet secundum tenorem jurandi, sed contemnitur. Quod salubriori consilio faciendum est, quando si impletur juramentum, pejorem vergit in exitum. Velut cum juravit quis permanere in stupro, qui nimirum inter stuprum et prædictum perjurium perplexus est, ubi fides rescindenda est. Ait enim Isidorus : In turpi voto muta decretum : quod incaute vovisti, ne facias.

De eo qui verborum calliditate jurat. — Proinde quacunque arte verborum juretur, Deus sic accipit, sicut ille qui jurat, et ille cui juratur, simpliciter intelligit (397).

De eo qui cogit falsum jurare. — Quod si quis sciens falsum juramentum exigit, homicida est.

DIST. XL. — *De 6 et 7 præcepto secundæ tabulæ.* — Sextum denique præceptum est : *Non desiderabis uxorem proximi tui* (Exod. xx). Septimum : *Non concupisces domum proximi tui, non servum, non ancillam* (ibid.).

An postrema hæc includantur prioribus. — Sed videntur hæc duo præcepta superioribus includi, quibus dictum est : Non mœchaberis, non furaberis. Sed illis opera prohibita sunt : his vero concupiscentia prohibetur. Prædicta igitur mandata legis, sunt decem chordæ psalterii, quæ charitate tangendæ sunt, ut feræ vitiorum occidantur.

Finis libri de Verbo incarnato et hominis reparatione, qui est Sententiarum Bandini tertius.

(396) Aug., ad Publicolam epist. 4.   (397) Aug. in serm. De perjuriis.

MAGISTRI BANDINI
LIBER
DE ECCLESIASTICIS SACRAMENTIS
QUI EST SENTENTIARUM QUARTUS.

Περιοχή — *Toto propemodum hoc quarto libro, mira perspicuitate et paucis admodum, disserit Bandinus de hominis per Christi mortem instaurati confirmatione quæ in salutari usu ac dispensatione sanctorum Ecclesiæ sacramentorum consistit, vim suam atque originem habentium ex Christi passione. Sub finem autem nonnulla de hominis per ecclesiastica sacramenta confirmati summa, ut sic dicam, beatificatione attingit, explicans mortuorum resurrectionem et extremum judicium, cum pœnis impiorum et gaudiis piorum : quibus feliciter Bandinus librum suum finit, optans ut lætitiæ justorum consortes nos Dominus efficiat.*

DIST. I. *De sacramentis in genere. Quid sacramentum.* — Post tractatum rerum, quibus fruendum est et utendum, et quæ fruuntur et utuntur, ad signa tractanda accedamus, quæ sacramenta dicuntur. Sacramentum igitur est visibilis forma invisibilis gratiæ, vel sacræ rei signum. Signum autem est res quæ præter speciem quam ingerit sensibus, aliud aliquid ex se facit in cognitionem venire.

Quomodo differant sacramenta veteris et novæ legis. — Denique sacramentum ejus rei similitudinem gerit, cujus signum est : ut aqua baptismi, mundationis peccatorum. Enimvero sacramentum proprie dicitur, quod ita significat gratiam, quod et confert eam. Per quod inter vetera et nova sacramenta differentia manifeste notatur : illa enim tantum promittebant et significabant, hæc signant, et dant gratiam.

Quare instituta sunt sacramenta. — Quæ triplici

ex causa instituta sunt, ut scilicet humiliemur, erudiamur, exerceamur. Homo enim qui majorem se contempsit, placet Deo, dum visibilibus rebus, et se inferioribus reverenter ex præcepto Creatoris humiliatur, quando etiam per id quod in specie visibili cernitur, ad invisibilem virtutem cognoscendam mens eruditur. Per hæc etiam sacramenta noxiam occupationem vitat, et utiliter exercetur qui otiosus esse non posset.

De circumcisione. — Licet autem antiqua sacramenta gratiam non darent, circumcisio tamen idem valebat contra peccatum, quod nunc baptismus. Unde Beda(398-399): Idem salutiferæ curationis auxilium circumcisio in lege, contra originalis peccati vulnus agebat, quod agit baptismus tempore gratiæ, nisi quod non aperiebat januam regni.

De institutione et causa circumcisionis. — Fuit autem circumcisio Abrahæ mandata prius, postea vero semini ejus. Fuit autem mandata illi ad approbationem fidei et obedientiæ ejus: et ut populus ille hoc signo a cæteris nationibus discerneretur.

Quare in carne præputii. — In carne etiam præputii fieri jussa est, quia decuit signum ibi obedientiæ apparere, ubi pœna inobedientiæ, hoc est, concupiscentia. magis dominabatur.

Quare octavo die et petrino cultello. — Fiebat autem octavo die, petrino cultro, quia per resurrectionem Christi octava die factam, anima a peccatis mundatur, et in communi ressurrectione, octava ætate futura, omnis corruptio ab electis per petram Christum tolletur.

Per quid delebatur originale peccatum ante circumcisionem. — Ante circumcisionem dimittebantur peccata parvulis, in fide majorum : majoribus vero in sacrificiis. Unde Gregor. (400): quod apud nos valet aqua baptismi, hoc apud veteres egit vel pra parvulis sola fides, vel pro majoribus sacrificii virtus.

Quare in baptismuu circumcisio mutata. — Circumcisio autem merito in baptismum mutata est, quia baptismus communior est et perfectior, de quo jam videamus.

Dist. II *De Baptismo.* — Sciendum est quod baptismum, quo regenerantur fideles, baptismus Joan. præcessit, in hoc utilis existens, quia homines usu boptizandi præparabat ad baptismoum Christi.

Quare dicatur baptismus Joannis. — Joan. autem baptismus dictus est, qui operatio tantum Joannis erat, ibi exterius lavantis, non Dei interius operantis, qui baptismus, in nomine venturi tradebatur.

An baptizati a Joanne debeant rebaptizari. — Proinde baptizati baptismo Joannis, nec credentes Spiritum sanctum esse, rebaptizati sunt baptismo Christi. Unde Hieron. (401) : Qui Spiritum sanctum nesciebant, cum baptismum a Joanne acceperunt in nomine venturi, iterum baptizati sunt : ne quis putaret aquam sine Spiritu sancto sufficere ad salutem. Consequenter ergo videamus quid sit baptismus, et quæ sit ejus forma, et quando sit institutus, et quare.

Dist. III. *Quid sit baptimus.* — Est autem baptismus, intinctio corporis facta sub forma verbi ejus de quo dicitur : Accedit verbum ad elementum, et fit sacramentum (402).

Forma baptismi. An in nomine Christi liceat baptizare. — Verbum autem illud est invocatio Trinitatis. Juxta quod ait Veritas, formam baptizandi ostendens : *Ite, baptizantes eos in nomine Patris et Filii et Spiritus sancti (Matth.* xxviii). Hoc autem verbum accedit ad elementum, non tantum quia dicitur, sed quia et creditur. In nomine etiam Christi legimus apostolos baptizasse (*Act.* viii, x). In quo tota Trinitas intelligitur scilicet ipse unctus, et Pater a quo unctus est; et Spiritus sanctus quo unctus est.

An in unius personæ nominatione liceat baptizare. — Imo et in unius personarum nomine tantum perfecte sacramentum traditur, si de aliis recte sentiatur : et econverso omnibus nominatis, vacuum est mysterium, si de aliis male sentiatur. Unde Ambros. (403) : Sicut si unum, vel Patrem, vel Filium, vel Spiritum sanctum sermone comprehendas, fide autem nec Patrem, nec Filium, nec Spiritum sanctum abneges, plenum est, fidei sacramentum : ita etiam, licet Patrem, et Filium, et Spiritum sanctum dicas, et alicujus eorum minuas potestatem : vacuum est mysterium. Tutius tamen est tres personas in baptismo nominare, ut dicatur : In nomine Patris, et Filii, et Spiritus sancti, non in nominibus, sed in nomine, hoc est invocatione vel confessione trium personarum.

Ubi fuerit institutus baptismus. — Fuit autem institutus baptismus, in Jordane, quando Christus contactu mundæ carnis suæ, vim regenerativam contulit aquis, ut qui post immergeretur, invocato nomine Trinitatis, a peccatis mundaretur.

Quare in aqua tantum baptizetur. — Celebratur autem baptismus in aqua, non alio liquore, ne ullus inopia excusetur, et propter similitudinem sacramenti, quia sicut aqua corporis sordes abluit, sic baptismus maculas animæ abstergit.

Quoties immergi debeat qui baptizatur. — Denique pro vario ecclesiarum usu, semel, vel ter, qui baptizatur immergitur. Unde Gregor. (404) : In una fide, nihil officit Ecclesiæ sanctæ consuetudo diversa, unde nullatenus reprehensibile est infantem baptizando, ter vel semel immergere, quia ter immer-

---

(398-399) Super evangelium Luc. *Et postquam impleti.*
(400) In iv Moralium, cap. 2.
(401) In epist. de unius uxoris viro ad Oceanum.
(402) Aug. super Joan. tract. 80.
(403) In lib. i De Spiritus sancto, cap. 2.
(404) Epistola 41, lib. i Registri, ad Leandrum episcopum.

gendo, personarum Trinitas, et semel potest divinitatis unitas designari. Nos vero qui tertio mergimus, etiam triduanæ sepulturæ sacramentum signamus.

Dist. IV. *De triplici effectu baptismi. Quorumdam error.* — Post supradicta, sciendum est alios percipere sacramentum et rem, alios sacramentum tantum, alios rem tantum. Sacramentum et rem suscipiunt parvuli, licet de perituris quidam aliter sapiant, male innitentes verbo Augustini qui dicit (405) : Sacramenta in solis sanctis efficiunt id quod figurant. Quod sic accipiendum est, quia cum sacramenta omnibus efficiant remissionem, solis electis hoc faciunt ad salutem. Adulti quoque qui cum fide accedunt, sacramentum et rem suscipiunt, qui vero sine fide, sacramentum tantum. Unde Hieron. (406) : Qui non plena fide baptismum accipiunt, non Spiritum sanctum, sed aquam accipiunt. Idem Aug. ait (407) : Omnis qui jam suæ voluntatis arbiter constitutus est, cum accedit ad sacramentum fidelium, nisi pœniteat eum veteris vitæ, novam inchoare non potest. Quod autem August. (408) dicere videtur, ficte accedenti in ipso puncto temporis peccata dimitti, non dicit asserendo, sed conferendo, et alios impugnando. Quod ostenditur ex eo, quod ibidem sic dicit (409) : Si ad baptismum fictus accedit, dimissa sunt ei peccata, aut non sunt dimissa : eligant quod volunt. Qui etiam ait (410) : Tunc valere incipit ad salutem baptismus, cum illa fictio veraci confessione sequente, de corde recessit. Accedens ergo ficte, non rem, sed tantum sacramentum accipit.

Quid prosit baptismus cum fide accedentibus. — Sed cum fide accedentibus quid baptismus præstat cum justificati sunt ? Ad quod dicimus quod exterioris satisfactionis absoluto eis præstatur, et gratia adjutrix, omnisque virtus augetur : fomes quoque peccati amplius debilitatur. Unde Aug. (411) : Fides quæ fideles facit, in aquis baptismi datur, vel nutritur, quia non habenti aliquando ibi datur, et habenti ut plenius habeatur, datur.

Qui suscipiant rem et non sacramentum. — Rem autem et non sacramentum suscipiunt, qui pro Christo sanguinem fundunt, seu fidem ejus tenent : quibus propter angustiam temporis succurri non potest. Unde Aug. (412) : Etiam atque etiam considerans invenio, non tantum passionem pro nomine Christi susceptam, vicem baptismi supplere, sed etiam fidem et conversionem cordis : ita demum, si mysterium baptismi, non contemptus religionis, sed articulus necessitas excludit. Ambros. etiam de Valentiniano ait (413) : Ventrem meum doleo, quia quem regeneraturus eram amisi, ille tamen gratiam quam poposcit non perdidit.

Quæ videntur obviare prædictis. — Cui sententiæ non repugnat, quod Dominus dicit : *Nisi quis renatus fuerit ex aqua et Spiritu*, etc. (Joan. III). Intelligendum enim est de his, qui possunt et contemnunt baptizari. Similiter et illud intelligendum est: Nullum catechumenum quamvis in bonis operibus defunctum, vitam habere credimus (414).

Varie sese habet baptismus ad remissionem peccatorum. De patrinis quid agere debeant. Expositio verborum quæ prolem suscipientes proferunt. Quæ baptismum præcedant. — Denique sciendum quod cum baptismus sit sacramentum remissionis peccatorum, aliquando præcedit ipsam, ut cum fictus baptizatur, aliquando sequitur, ut cum justus baptizatur ; aliquando simul sunt, ut cum parvuli baptizantur : qui dum baptizantur, gratiam bene operandi percipiunt in munere, sed non in usu, quam ad ætatem majorem venientes habebunt, nisi per liberum arbitrium pravum usum elegerint. Pro quibus patrini fidem petunt, et credere profitentur (414*). Quod totum de sacramento baptismi intelligendum est, ut sit sensus, fidem peto, hoc est, fidei sacramentum præsto sum recipere. Credo, id est fidei sacramentum recipio : quod patrinus pro parvulo dicit, qui non habet ætatem ut pro se loquatur, per quod et ipse parvulus obligatur adimplere, cum major factus fuerit, et patrinus etiam sollicite operam dare, ut adimpleatur. Unde Aug. (415) : Certissimam emisistis cautionem, qua abrenuntiare pompis diaboli spopondistis. Baptismum autem exorcismus, hoc est, adjuratio, et catechismus, id est instructio præcedunt, non quod sine istis non possit esse baptismus, sed ut baptizandus instruatur, quæ fugiat, et sciat cui debitor fiat. Unde Augustinus (416): Parvulus exsufflatur et exorcizatur, ut diabolus ab eo fugiat, et sciat cui deinceps debitor fiat.

Dist. V. *Æque efficax est baptismus sive a bono sive a malo.* — Denique cum solus Christus baptizet, semper æque bonum baptisma traditur a quocunque, bono vel malo tradatur.

Dist. VI et VII. *Quibus licet baptizare.* — Ad summam sciendum est quod ministerium baptismi solis sacerdotibus licitum est. Necessitatis vero tempore, diaconis, et cuicunque personæ baptisma ministrare licet, quod a quocunque traditum, dummodo in forma Ecclesiæ non erratur, non reiteratur.

Dist. VIII. *De sacramento Eucharistiæ. Eucharistia unde dicatur.* — Post sacramentum baptismi, sequitur sacramentum eucharistiæ, et bene : per

---

(405) In lib. De baptismo parvulorum, cap. 2.
(406) Super Ezech. 16.
(407) In lib. De pœnitentiæ medicina, cap. 2.
(408) In lib. I De baptismo parv. contra Donatistas, cap. 12.
(409) In eodem lib.
(410) Ibidem,
(411) Homil. 74 super Joan,
(412) De unico baptismate lib. IV, cap. 22.
(413) Lib. De obitu Valentiniani, paulo ante medium.
(414) Aug. in ecclesiasticis dogmatibus, cap. 74.
(414*) Hæc Magister dist. 6.
(415) Lib. II De symb. ad Catech., cap. 1, 2, et ib. IV, cap. 10.
(416) In lib. I De symb, ad Catech. cap. 10,

baptismum enim mundamur; per eucharistiam in bono firmamur. Eucharistia autem dicitur bona gratia, quia in hoc sacramento totus ille sumitur, qui est fons et origo totius gratiae. In hoc ergo sacramento videamus de institutione ejus, et forma, et re.

De institutione hujus sacramenti. — Dominus igitur instituit hoc sacramentum, in coena, post agnum typicum, in quo significavit veteris legis sacramenta morte sua terminari, et quae sunt novae legis substitui.

De forma hujus sacramenti. Forma autem ea est, quam idem Dominus instituit dicens : *Hoc est corpus meum quod pro vobis tradetur.* Et : *Hic est sanguis meus qui pro multis effundetur (Matth.* xxvi). Reliqua autem ad laudem Dei dicuntur. Unde Aug. (417) : Credendum est quod in illis verbis Christi sacramenta conficiantur : reliqua omnia sunt laudes, obsecrationes, petitiones.

Tria in hoc sacramento distinguenda. — Sunt autem in hoc sacramento tria distinguenda : unum quod tantum est sacramentum scilicet species panis et vini, alterum quod est sacramentum, et res, caro scilicet Christi, quam de virgine traxit, et sanguis, quem pro nobis fudit, tertium quod est res tantum sacramenti, unitas scilicet Ecclesiae quae est spiritualis caro Domini, de qua dicitur : *Nisi manducaveritis carnem meam, et biberitis meum sanguinem, non habebitis vitam aeternam in vobis (Joan.* vi).

Dist. IX. *De duobus modis manducandi.* — Sicut autem duae sunt res hujus sacramenti, ita et duo modi manducandi sunt, sacramentalis, scilicet quo corpus, quod de virgine traxit, sub sacramento sumitur, et sanguis bibitur : et spiritualis, quo quis manducat, si in Deo manet, et Deus in eo. Unde Augustinus (418) : Qui manducat carnem meam, et bibit sanguinem meum, in me manet, et ego in eo. Si in me manet, et ego in eo, tunc bibit. Qui vero in me non manet, nec ego in illo, etsi accipit sacramentum, acquirit magnum tormentum.

Item : Ut quid paras ventrem et dentem ? crede et manducasti. Secundum hos duos modos distinguitur quod Aug. ait : Bonus accipit sacramentum et rem sacramenti. Malus vero tantum sacramentum, hoc est, corpus Christi. Non secundum hoc etiam intelligitur illud Aug. (419) : Non manducans manducat, et manducans non manducat.

Dist. X. *Corpus Christi in omni esse altari.* — Denique corpus Christi de virgine tractum, in omni altari est, tempore sacrificii. In uno tamen loco tantum est scilicet ad dexteram Patris, visibiliter secundum formam humanam. Hoc est, quod Aug. ait (420 : Corpus Christi est in uno loco visibiliter, scilicet in forma humana: Veritas tamen ejus ubique est, id est divinitas. Item (421) : Veritas ejus, hoc est verum corpus ejus ubique est, id est, in omni altari, ubi celebratur, invisibiliter tamen, secundum eamdem formam. Ita similia sunt intelligenda.

Dist. XI. *De conversione panis in carnem Christi et vini in sanguinem.* — Proinde vera fides fatetur quod usitatus panis est in altari, ante verba sacra quae supra posita sunt : post illa verba, de pane fit caro Christi, vel conficitur, vel transit panis, vel convertitur in carnem. Similiter et de vino.

Quomodo fiat ista conversio. — Quod si quaeratur de modo conversionis, dicimus quia quidam dicunt conversionem illam sic esse intelligendam, ut sub quibus accidentibus erat prius substantia panis et vini, sub ejusdem post consecrationem sit substantia corporis et sanguinis. Alii autem dicunt quod substantialiter panis mutatur in carnem, nec tamen augetur. Totum enim quod ibidem est, virtute miraculi refulget. Sed sive sic, sive aliter sit, tenendum est quod Aug. ait (422):Si quaeris modum quo id fieri possit, breviter dico. Mysterium fidei salubriter credi potest, investigari salubriter non potest,

Quare corpus Christi sub alia specie sumitur. — Sumitur autem corpus Christi sub alia specie, quam propria, triplici de causa, scilicet ut fides meritum haberet, et ne abhorreret animus, quod cerneret oculus, et ne ab incredulis religioni insultaretur.

Cur sub duplici. Cur aqua misceatur. — Sub duplici quoque specie, totus Christus sumitur, ut ostendatur totam humanam naturam Christum assumpsisse, totamque redemisse. Panis enim ad carnem, vinum ad sanguinem refertur, ut Moyses ait : Caro pro corpore vestro offertur, sanguis vero pro anima (*Deut.* xii; *Levit.* xvii). Aqua etiam, quae populum signat vino admiscetur, ut per hoc plebs credentium ei, in quem credit copulari ostendatur. Quod si ignorantia vel negligentia praetermittitur aqua, non est irritum quod geritur. Si autem introducendo haeresim hoc fit, nihil agitur.

Dist. XII. *Ubi illa accidentia fundentur. De fractione et partibus.* — Si autem quaeritur de illis accidentibus, ubi fundetur. Videtur potius fatendum sine subjecto existere, quod non est impossibile ei, qui creavit illa. Frangitur autem corpus Domini, non quidem in essentia sui, quia impassibilis factus est, sed in sacramento, ut Aug. ait : Et quidem in sacramento sic fit, in quo sacramento sic tractatur et frangitur, et dentibus fidelium atteritur, ut Berengarius coram Nicolao papa juravit.

Quid illae partes significent. — Tres autem partes quotidiano usu ejusdem sacramenti in Ecclesia fiunt,

---

(417) Epistola 59 ad Paulinum.
(418) Homil. 26 super Joan. vi, et de verbis Domini serm. 14.
(419) Ibidem homin. super Joannem quoad sensum.

(420) Tractatu 50 super Joan.
(421) Item epist. ad Dardanum 57.
(422) In lib. Sententiarum Prosperi.
(423) De consec. dist. 2, c, *Ego Bereng.*

non sine significatione, ut Sergius papa ait (424). Pars enim oblatæ in calicem missa, corpus Christi, quod jam resurrexit, monstrat: pars comesta ambulans adhuc super terram, pars in altari usque ad finem missæ remanens, corpus jacens in sepulcro, quia usque ad finem sæculi corpora sanctorum in sepulcris erunt.

Quare hoc sacrificium dicatur immolatio. Cur fuerit institutum. Quoties communicandum in anno. — Dicitur autem hoc sacrificium, immolatio Christi. Immolatur enim Christus quotidie, non essentia sui, quia semel mortuus est, et jam non moritur, sed sacramentali repræsentatione. Nec tamen iteratur sacramentum hoc, quia benedictio non repetitur super eamdem rem, sicut nec baptismus in eadem persona. Fuit autem institutum hoc sacramentum in medicinam quotidianæ infirmitatis. Unde Aug. (425): Iteratur quotidie hæc oblatio, quia quotidie peccamus. Item: Quia quotidie labimur, quotidie mysterium Christi pro nobis immolatur. Ter autem in anno unicuique fidelium communicandum est, in Pascha scilicet, Penteo. et Natali.

Dist. XIII. *Qui conficiat hoc sacramentum.* — Conficitur autem hoc sacramentum a quolibet sacerdote, secundum ritum et intentionem conficiendi, utique si in unitate Ecclesiæ consistit. Excommunicati ergo, vel hæresi manifesta notati non conficiunt hoc sacramentum. Nemo enim consecrans dicit, offero, sed offerimus, quasi ex persona Ecclesiæ, quod Aug. ita dicit (426): Recole nomen et adverte veritatem. Missa enim dicitur, eo quod cœlestis missus, hoc est angelus, ad consecrandum corpus Dominicum adveniat, dicente sacerdote: Omnipotens, Deus, jube hoc perferri per manus angeli tui in sublime altare tuum. Sed nunquid hæretico usurpante hoc mysterium, angelum de cœlo mittit Deus oblationem ejus consecrare? Hæc de cœlestis mysterio perstrinximus, quæ fideliter a Catholicis tenenda sunt.

Dist. XIV. *De pœnitentia. Unde dicatur pœnitentia. Quid sit pœnitere. Divisio pœnitentiæ.* — Post hæc de pœnitentia videamus, quæ post naufragium Adæ et originalis peccati, secunda tabula est. Prima enim est baptismus, ubi vetus homo deponitur, et induitur novus; qui semel præstitus, non iteratur. Pœnitentia autem frequenter subvenit: a qua prædicatio Joannis cœpit dicentis: *Pœnitentiam agite, appropinquavit enim regnum cœlorum* (Matth. III). Dicta est autem pœnitentia a puniendo, qua quis illicita quæ commisit, punit. Pœnitere enim est pœnam tenere, ut semper puniat in se ulciscendo, quod commisit peccando. Proinde pœnitentiæ virtus timore concipitur. Unde Isaias: A timore tuo, Domine, concepimus Spiritum salutis.

Solemnis pœnitentia. Non solemnis. Confessio. —

(424) De cons., dist. 2, c. *Triformæ.*
(425) Lib. IV contra duas epist. Pelag. c. 10, et De verbis Domini serm. 28.
(426) Non tenetur hic sicut nec Lombar. In ser-

A. Pœnitentiarum vero, alia solemnis est, alia non. Solemnis est, ut Amb. (427), quæ fit extra ecclesiam manifesto, in cinere et cilicio, quæ pro manifestis horrendisque delictis, antum imponitur, quæ non iteratur pro reverentia sacramenti. Ejectionem enim primi hominis de paradiso significat. Alia vero non est solemnis, quæ virtus mentis est, et in secreto agitur, et frequenter ab eodem iterari potest in salutem. Quod probatur exemplo David, qui, post veniam adulterii et homicidii, graviter deliquit in numerando populum, qui dum angelo ferienti plebem, se obtulit dicens: Grex iste quid fecit? Fiat manus tua in me, et in domum Patris mei, statim sacrificio dignus factus est, et absolvi meruit (II Reg. XXIV). Hoc est etiam quod Aug. ait: Confitere peccata etiam semel terreno judici ante mortem, sed Deo frequens confessio vitam inducit. Item super Psal. *Parcet pauperi* (Psal. LXXI). Si liberatus offendit, parcet, quia omnes peccant. Auctoritates ergo quæ pœnitentiam prohibere videntur iterari, vel de perfectorum pœnitentia vel solemni intelligendæ sunt, velut illa: Pœnitentia semper est vindicta puniens, quod quis commisit; et illud: Reperiuntur qui sæpius agendam pœnitentiam putant, qui luxuriantur in Christo (428).

Dist. XV. *An confessio de uno peccato valeat, cæteris manentibus?* — Videtur autem confessio de uno peccato tantum facta valere, præsertim si pro eo satisfactum est, quia Scriptura dicit: Non judicabit Deus bis in idipsum, et *non consurget duplex tribulatio* (Nahum, I). Sed hoc de his intelligendum est, qui præsenti pœna commutantur in bonum. Cæterum si perdurant in malo, præsentibus suppliciis æterna connectunt, secundum illud: *Duplici contritione contere eos, Domine Deus noster* (Jer. XVII). Ait enim Greg. (429): Pluit Dominus super unam civitatem, et super alteram non pluit. Et eamdem civitatem ex parte compluit, et ex parte aridam reliquit. Cum ille qui proximum odit, ab aliis vitiis se corrigit, una eademque civitas ex parte compluitur, et ex parte arida remanet, quia sunt quidam, qui cum vitia quædam resecent, in aliis graviter perdurant. Sed hoc non ad veniam criminis, sed ad desertionem actus peccandi referendum est. Ut ideo pars civitatis dicatur complui, quia a delectatione et actu peccandi nunc continet. Vocaturque hæc continentia pluvia, quia de fonte gratiæ procedit; ut vel sic paulatim pœniteat. vel eo minus a Deo puniatur, qui diuturniori delectatione et actu peccati, majus sibi accumulasset tormentum.

An satisfactio sit imponenda huic peccato sine aliis confesso. — Quod autem solet quæri, utrum pro illo peccato denuo satisfactio sit imponenda? Dicimus, iterum imponendam, quia primo condigne non satisfecit, cum falso esset ejus pœnitentia. Ait enim

mone De corpore Christi.
(427) Amb. lib. II De unica pœnitentia.
(428) Id., ibid.
(429) Greg., super Ezech. lib. I, hom. 10.

Innocentius (430): Falsam pœnitentiam esse constat, cum spretis pluribus, de uno solo pœnitentia agitur. Vel cum sic agitur de uno, ut non discedatur ab alio: arbitrio tamen sacerdotis poterit moderari.

DIST. XVI. *De tribus quæ in pœnitentia considerantur.* — In pœnitentia autem tria consideranda sunt: cordis compunctio, oris confessio, operis satisfactio; sicut enim tribus modis offendimus, sic tribus modis satisfacere debemus, corde, ore, opere.

De tribus peccati differentiis. — Tres quidem peccati differentiæ sunt, tanquam tres mortes in domo, in porta, in sepulcro, quas Dominus significavit in tribus mortuis quos suscitavit. Compunctio autem commendatur ibi: *Scindite corda vestra et non vestimenta vestra* (*Joel.* II). Confessio ibi: Justus in principio sermonis accusator est sui (*Prov.* VIII, XVIII). Satisfactio ibi: *Facite dignos fructus pœnitentiæ* (*Luc.* III).

Quæ confitenti attendenda sunt. — Denique qui confitetur, secundum quod Aug. ait, exprimat sacerdoti qualitatem criminis, locum, tempus, perseverantiam suam, et ejus personæ cum qua peccavit, conditionem et intentionem, et quali hoc fecerit tentatione. Omnis enim ista varietas confitenda est et deflenda.

Confessio non est dividenda per diversos sacerdotes. — Caveat etiam ne verecundia ductus, dividat apud se confessionem, ut diversa diversis sacerdotibus velit manifestare, quod est se laudare, et ad hypocrisim tendere, et semper venia carere, ad quam frustra putat pervenire.

De tribus actionibus pœnitentiæ. — Sunt etiam tres actiones pœnitentiæ. Unde Aug. (431): Agunt homines pœnitentiam ante baptismum de peccatis prioribus, ita tamen ut baptizentur. Agunt et post baptismum pœnitentiam, si ita peccaverunt, ut excommunicari mereantur. Est etiam pœnitentia bonorum fidelium pene quotidiana de peccatis, sine quibus hæc vita non ducitur, pro quibus pectora tundimus dicentes: *Dimitte nobis debita nostra* (*Matth.* VI).

DIST. XVII. *Cui confessio facienda est.* — Denique peccata levia, socio cuilibet corde contrito, sufficit confiteri, gravia vero sacerdoti demum, nisi absit, et urgeat periculum: Unde Beda ait super illud: *Confitemini alterutrum peccata vestra* (*Jac.* v). Coæqualibus quotidiana et levia, gravia vero sacerdoti pandimus. Sed et gravia coæqualibus paudenda sunt, cum doest sacerdos, et urget periculum. Proinde gravia si occulta, occulte confiteantur; si autem manifesta, publica egent medicina. Quod Aug. (432) docet per similitudinem eorum, qui a Domino resuscitati sunt. Ait enim: In resurrectione puellæ, pauci interfuerunt qui viderunt (*Matth.* IX). Intus resuscitavit, quam intus invenit, relictis solis Petro, Jacobo, et Joanne, et patre, et matre puellæ (*Marc.* v): in quibus significantur sacerdotes Ecclesiæ. Quos autem extra invenit, sic resuscitavir (*Luc.* VII). Flebat turba post filium viduæ. Flebat Maria et Martha supplicantes pro fratre (*Joan.* XI). In quo docemur publice peccantibus non proprium, sed Ecclesiæ sufficere meritum.

DIST. XVIII. *Quando et quid Deus dimittat et sacerdos.* — Dimittit autem Deus peccatum in cordis contritione ante confessionem oris. Unde Propheta: *Dixi: Confitebor adversum me injustitiam meam Domino: et tu remisisti impietatem peccati mei* (*Psal.* XXXI). Ubi Cassiodorus ait (433): Magna pietas Dei quæ ad solam promissionem peccata dimittit. Item Aug.: Nondum pronuntiat, et Deus dimittit. Dimittit autem peccatum hoc modo, quia debitum æternæ mortis solvit, et animam interius purgat. Tegit enim Deus peccatum in pœnitente, ita ut æternaliter non puniat. Unde Aug. (434): Videre Dei peccata, est ad pœnam imputare ea: avertere autem faciem a peccatis, est ea ad pœnam non reservare.

De tenebris animæ. — Ecce sic dimittit peccatum, quantum ad tenebras exteriores, quantum quoque ad interiores dimittit, quando animam nebula peccati tenebrosam illuminat, et suæ puritati restituit. Unde: *Surge qui dormis* (*Ephes.* v). Et in Psal.: *Nebulam sicut cinerem spargit* (*Psal.* CXLII).

Quid sacerdos dimittat. — Sacerdos autem dimittit in confessione peccatum, ministerio officii, quo potest ligare et solvere (435). Solus enim sacerdos evangelicus, et ligat, et solvit, hoc est, ligatum vel solutum a Deo, ex officio ostendit, sicut olim legalis sacerdos contaminabat et mundabat leprosum, id est contaminatum vel mundatum ostendebat (*Levit.* XIII). Quam enim potestatem habebat iste in corpore, hanc habet ille in mente. Ostendit autem solutum, eo ipso, quod pœnæ temporali obligat, quem vere pœnitere arbitratur: ligatum ostendit, si contra fecerit. Ligat etiam sacerdos, cum pœnam temporalem imponit; solvit, cum eam dimittit. Tertio etiam ligat, cum a communione suspendit; solvit, cum communioni restituit.

De clavibus Ecclesiæ. — Hoc autem licet sacerdoti facere ex auctoritate clavium Ecclesiæ, quæ sibi in ordinatione sunt traditæ, dicente episcopo ei, quod dixit Dominus Petro: Quodcunque solveris super terram, erit solutum et in cœlis, et quodcunque ligaveris super terram, erit ligatum et in cœlis (*Matth.* XVI). Hoc est, ut Aug. ait (436): Ego et Deus omnes cœlestis militiæ ordines, et omnes sancti in gloria mea, laudant tecum et confirmant, quos solvis et ligas: non dixit, quos putas ligare vel solvere, sed in quos exerces opus justitiæ et misericordiæ.

---

(430) De pœn. dist. 5, c. *Fratres nostros*.
(431) Ad Seleucianum epistola 108.
(432) Lo. citato De vera et falsa pœn. cap. 11.
(433) Super psal. XXXI.
(434) Exponens illum locum psal. XXXI, *Quorum tecta sunt peccata*.
(435) Non tenetur hic Bandinus.
(436) In lib. De vera et falsa pœn. cap. 10.

Alia autem opera tua in peccatores non cognosco. Hieron.quoque ait (437) : Hunc locum quidam non intelligentes,aliquid sumunt propter hæc verba, de supercilio Pharisæorum ut damnare innoxios, et solvere se putent noxios, cum apud Deum, non sacerdotum sententia, sed reorum vita quæratur,scilicet ut eis prosit vel noceat.

De sententia pastoris. Claves duæ quæ sint. — Cæterum sive justa sive injusta fuerit sententia pastoris, jure verenda est, sine præjudicio tamen veritatis.Interdum enim qui foras mittitur intus est, et foris est, qui intus etiam videtur retineri. Hæ autem claves duæ sunt, scilicet scientia discernendi peccata, et potestas judicandi de peccatis.

DIST. XIX. *Quomodo hæ claves dantur et quibus?*— Has autem, omnis qui in sacerdotem ordinatur accipit, etsi enim prius habuerat scientiam discernendi non tamen habebat eam ut clavem, hoc est auctoritate clavigeri ea uti non poterat, quod solus ordinatus potest.Videtur sane quod non omnes sacerdotes has claves habeant.Ait enim Origenes (438): Hæc potestas soli Petro concessa est, et imitatoribus ejus, scilicet dignis,vel imitatoribus in gradu, etsi non in vita.Ordinis ergo est hæc dignitas,non personæ.Quod August.probat exemplo Caiphæ (*Joan.* XI). Dictum est, inquit (439), de nequissimo Caipha. Hoc a semetipso non dixit, sed cum esset pontifex anni illius.Per quod ostenditur spiritum gratiarum non personam sequi digni vel indigni,sed ordinem traditionis,ut,quamvis boni meriti aliquis sit, benedicere tamen non possit, nisi fuerit ordinatus.

Quare dimisso a Deo crimine, sacerdoti confitendum? — Sed cum in contritione Deus dimittit peccatum,cur oportet quemquam deinceps sacerdoti, hoc est Ecclesiæ confiteri? Arbitror inter cæteras causas hanc esse præcipuam : ut per hoc sacramentum,unitas quæ est inter Christum et Ecclesiam, commendetur : ut sicut sunt duo in carne una, et in voce una, ita et duo sint in confessione una. Quod non in Veteri Testamento,sed nunc exigitur. Quia nunc, non tunc, hi duo sunt unum in carne una.

De generali confessione. — Sic agenda est pœnitentia, ut supra diximus, ubi memoria est delictorum. Sed quia delicta nemo intelligit omnia, generaliter saltem ea confiteri oportet, ita scilicet ut Aug. ait (440) ; dicit enim : Si vero mente aliqua exciderint peccata,confitetur quis veritatem Deo, cum generaliter dicit : Deus,qui nosti occulta cordium, opera mea et delicta mea a te non sunt abscondita, quibus veniam largiaris. Et hæc est veritas confitentis, quam diligit Deus.

DIST. XX. *De his qui in fine pœnitent.* — Denique cum pœnitentia semper necessaria sit: illa maxima laudabilis est.quæ non tantum habet timorem, sed et libertatem. Unde Aug. (441) : Nullus exspectet quando peccare non potest. Arbitrii libertatem quærit Deus, ut possit delere commissa,non necessitatem, sed charitatem, non tantum timorem, quia non in solo timore vivit homo. Illa ergo quæ in extremis agitur, non sic laudabilis est, quia ex timore magis, quam ex charitate esse videtur, quando scilicet magis te peccata dimittunt, quam tu ea. Unde Aug. (442) Si vis agere pœnitentiam, quando jam peccare non potes, peccata te dimittunt, non tu illa. Et ideo sic pœnitenti securitas non permittitur. Si vis ergo a dubio liberari, age pœnitentiam dum sanus es.

DIST. XXI. *An peccata dimissa redeant?* — Solet etiam quæri utrum peccata dimissa redeant iterum peccanti, qui pœnituit? Et dicimus quia utrumque salva fide teneri potest. Utrique enim parti quæstionis, probati favent doctores,scilicet ut vel dimissa peccata redeant,aliquo existente ingrato beneficiis : quod evangelica parabola explicare videtur, vel ut non redeant : sed eorum loco tot sint ingratitudines, quot peccata dimissa fuerant (*Matth* XVIII). Unde Aug. (443) : Benedic, anima mea, Domino, et noli oblivisci omnes retributiones ejus : quæ tot sunt,quot sunt remissiones : tot ergo sunt et obliviones.

DIST. XXII. *De unctionibus. Unctio cathechumenoram. Unctio externa infirmorum. Unctio in confirmatione,Quid oleum significet et balsamum.* — Novissime sciendum est tria genera esse unctionis. Prima est qua cathechumeni et neophyti unguntur in pectore et inter scapulas, ut ad militiam Christi accedentes, ad rectam intelligentiam, rectamque operationem roborentur. Secunda est unctio infirmorum, quæ ab apostolis incœpit,dicente Jacobo : *Infirmatur quis in vobis, inducat presbyteros Ecclesiæ, et orent super eum, ungentes eum oleo in nomine Domini, et si in peccatis est, remittuntur ei* (*Jac.* V). Hæc autem unctio,pro vario usu Ecclesiarum iteratur, vel tantum semel præstatur. Est autem tertia unctio cæteris reverentior, qua caput linitur, vel pontificis vel regis, vel baptizati vel confirmati in fronte. Hæc prærogativa exuberantis gratiæ, quæ in ea confertur, chrisma dicitur, quod unctio interpretatur. Privilegio enim abundantioris gratiæ generale nomen sibi vindicat proprium. Unde et duos liquores præcipuos admistos habet, oleum, scilicet et balsamum, quorum alterum prævalet in claritate, alterum in odore. Oleo ergo gloria conscientiæ,balsamo celeberrima fama significatur. Ut qui chrismate unguntur, et conscientia perspicui, et gloriosi fama existant.

Quid sit sacramentum, et qaid res sacramenti. — In his ergo sacramentum est unctio hominis ex-

---

(437) Super Matth. XVI : *Dabo claves.*
(438) Quo ad sensum homil. 1 super Matth.
(439) In lib. Quæst. Veteris et Novi Test., q. 11.
(440) Lib. V Hypognosticou.
(441) In lib. De vera et falsa pœn. c, 17.
(442) In lib. L Homil., hom. 41.
(443) Super psal. CII.

terioris, res vero sacramenti, fecunditas interioris, quæ tunc per Spiritum sanctum datur nobis.

DIST. XXII. *De ecclesiasticis ordinibus.* — Nunc de ecclesiasticis ordinibus videamus, assignantes quam vim in nobis teneant, et qualiter Christus eos in semetipso gessit.

Quid sit ordo. — Est autem ordo signaculum, hoc est quoddam sacrum quo spiritualis potestas et officium traditur ordinato.

Quot sint ordines clericorum. — Denique, juxta prærogativam septiformis Spiritus, septem sunt hi ordines, scilicet ostiarius, lector, exorcista, acolythus, subdiaconus, diaconus et sacerdos.

Quare vocentur clerici. Quid corona designet. — (444) Omnes clerici vocantur, hoc est sortiti, eo quod Mathias, quem primum ordinavit Ecclesia, sorte electus fuit. Hanc sortem corona designat, quæ signum regale est et decoris. Unde omnes Ecclesiæ ministri reges non immerito dicantur, ut Petrus ait: *Vos estis genus electum, regale sacerdotium* (I Petr. II).

Unde ostiarius dicatur. — Ostiarius autem dictus est, quod præsit ostiis templi, qui in Veteri Testamento janitor dicebatur, positus ut custodiret templum, ne quis immundus ingrederetur in illud (I Paralip. XXVI). Sic et nunc custodit ecclesiam, dignos recipiendo, et indignos respuendo. Unde claves ecclesiæ ei dantur ab episcopo cum ordinatur.

Ubi Christus ostiarii officium exercuerit. — Hoc autem officium Dominus in semetipso implevit, quando flagello vendentes et ementes de templo ejecit (Joan. II).

De lectoribus. Officium lectorum. — Secundus ordo lectorum est, qui a legendo dicuntur, quia canunt et legunt in ecclesia, ut animos audientium ad compunctionem excitent. Ad quos ex officio pertinet, ut prophetias et lectiones in ecclesia legant. Unde codex divinæ legis, eis cum ordinantur, ab episcopo traditur. Scientiam igitur habere debent, ut distincte quod legunt, pronuntiare et exponere valeant.

Hoc etiam officium Christus implevit, cum librum Isaiæ (c. LXI) aperiens, in medio seniorum distincte legit: Spiritus Domini super me, eo quod unxerit Dominus me, ad evangelizandum mansuetis misit me (Luc. IV).

Tertius ordo exorcistarum est, qui Latine dicuntur increpantes, vel adjutores. Adjurant enim, vel increpant spiritum immundum, super catechumenos et energumenos, hoc est inofficaces. Exorcista ergo, ex officio, prædictis eum exorcismo manum debet imponere. Unde et librum exorcismorum ab episcopo accipit cum ordinatur.

Hoc officio Dominus usus est, quando aures et linguam surdi et muti tetigit et sanavit, cumque etiam multos dæmones suo imperio fugavit (Marc. VII).

Quartus ordo acolythorum est: qui Latine dicuntur ceroferarii, qui cereos anteferunt, præcipue cum legendum est evangelium. Ad acolythum ergo pertinet lumen in sacrario præparare, et portare, et suggesta pro eucharistia subdiaconis offerre. Hic cum ordinatur ab archidiacono accipit candelabrum cum cereo, et urceolum vacuum.

Hoc officium Christus implevit, cum dixit: *Ego sum lux mundi, qui sequitur me non ambulat in tenebris* (Joan. VIII; Marc. VII).

Quintus ordo subdiaconorum est: qui sic ideo vocantur, quia in ministeriis subjacent præceptis et officiis diaconorum. Ad subdiaconum ergo pertinet calicem, patenamque ad altare deferre, et diaconis tradere. Urceolum quoque et aquam, mantile, et manutergium presbyteris et levitis tenere, pro lavandis manibus ante altare. Unde cum ordinantur, accipiunt ab episcopo calicem et patenam, ab archidiacono urceolum, etc.

Ubi Christus hoc officio functus sit. — Hoc officio Dominus usus est, quando linteo se præcinxit, et pedes discipulorum lavit (Joan. XII).

De diaconis. Officium diaconorum. Modus ordinandi diaconos. — Diaconorem ordo sexto loco est, in quo eorum perfectio commendatur. Hi Latine dicuntur ministri, quia sicut in sacerdote consecratio, ita in diacono mysterii dispensatio habetur. Ad quem pertinet mensam Domini componere, crucem ferre, et prædicare, et agendis sacramentis semper assistere et ministrare: qui et Levitæ dicuntur, a tribu Levi, quia sicut illi tribui pro toto Israel ministerium templi committebatur: ita his pro tota Ecclesia ministerium deputatur altaris. His episcopus manum cum ordinantur imponit, et stolam in lævo latere, ut expediti sint ad ministrandum: et spiritualiter, ut quidquid ad sinistram pertinet, divino jugo se subjecturos intelligant, dat etiam eis Evangelii textum, ut illos Christi præcones denuntiet.

Ubi Christus diaconi officio functus. — Hoc officio usus est Christus quando sacramentum corporis et sanguinis discipulis dispensavit, et quando eos ad orandum commonuit, dicens: *Vigilate et orate ut non intretis in tentationem* (Matth. XXVI).

De presbyteris. Modus ordinandi sacerdotes. Ubi Christus hac potestate usus. — Septimus ordo presbyterorum est, qui seniores interpretantur, non pro ætate, sed dignitate. Moribus enim et prudentia in populo præcellere debent, sicut scriptum est: *Senectis enim venerabilis est, non diuturna, neque annorum numero computata* (Sap. IV). Cani enim sunt sensus hominis, et ætas senectutis vita immaculata. Istis cum ordinantur episcopus manus inungit, quo gratiam consecrationis accipiunt. Accipiunt et

---

(444) **Isidorus**, lib. VII.

stolam quæ tenet utrumque latus seu premit, ut tanquam perfectiores adversa et prospera jugo Domini submittant. Hoc autem officio Dominus usus est, cum panem et vinum in corpus et sanguinem suum convertit, et semetipsum in ara crucis obtulit.

De nominibus dignitatum. — Sunt et alia quædam nomina non ordinum, sed dignitatum, velut episcopus, propterea sic dictus, quod superintendat, curam subditorum gerens, ἐπὶ enim super, σκωπεῖν intendere dicitur.

Episcoporum autem ordo quadripartitus est in patriarchas scilicet, metropolitanos, archiepiscopos, et simpliciter episcopos. Patriarcha summus Patrum interpretatur. Metropolitanus vero dicitur a mensura civitatum. Archiepiscopus autem princeps episcoporum. Hi omnes pontifices dicuntur, et summi sacerdotes nuncupantur : hi enim cæteros sacerdotes et levitas efficiunt, et omnes Ecclesiæ ordines disponunt, quæ quandiu in Ecclesiæ unitate persistunt, incunctanter facere possunt.

Dist. XXIV. *De ordinatis ab hæreticis. Dissolvit Bandinus sententiarum repugnantiam.* — Si vero ab utero erraverunt, falsaque loquuntur, dicit Innocentius, Greg. Cyp. et Hiero., solus baptismus eorum ratus est ; cætera vero falsa sunt et inania quæ administrant. Siquidem qui honorem amiserunt, dare non possunt. Per quod videtur honor iterandus est, qui ab hæreticis ad Ecclesiam redeunt. Aug. (445) autem contradicere videtur probans ita jus dandi ordines hæreticis constare, sicut et baptismus, utrumque tamen ad perniciem suam ; ideoque dare possunt quod habent ; nec iterandum est redeuntibus, ne fiat injuria sacramento. Sed hæc contrarietas multis modis conquiescit. Aut enim prædicti auctores de hæreticis, sententia præcisis, loquuntur ; Aug. autem de iis qui tantum pravitate sui sensus a fidei puritate divisi sunt : aut prædicti de hæreticis sub alia forma sacramenta celebrantibus loquuntur ; Aug. vero de his qui in celebrando formam Ecclesiæ servant : aut prædicti ad effectum sacramentorum respexerunt, quæ illicite tracrantibus inania sunt ; Aug. vero ea esse dixit vera et recta, quantum ad se : vel prædicti de his hæreticis loquuntur qui extra ecclesiam ; Augustinus vero de his qui intra ecclesiam ordines acceperunt.

De ætate ordinandorum. — De ordinandis autem canones sanxerunt, ut subdiaconus ante quatuordecim annos, diaconus vero, ante viginti quinque annos non ordinetur, presbyter vero ante triginta non etiamsi valde sit dignus.

Dist. XXV. *De conjugio.* — Nunc de conjugio videamus quod ante omnia sacramenta in paradiso legitur institutum primis hominibus, Domino dicente : *Crescite et multiplicamini, et replete terram*

(445) In lib. II contra epist. ad Parmenianum.
(446) In lib. De virginibus, c. 10.

(*Genes.* 1). Ante multiplicationem fiebat conjugium ad officium secundum præceptum : postea vero ad remedium secundum indulgentiam, ut infirmitas hominis prona ad ruinam turpitudinis, exciperetur honestate nuptiarum.

Dist. XXVI. *Quid sit conjugium.* — Est autem conjugium maritalis inter legitimas personas conjunctio individuam vitæ consuetudinem retinens. Quæ cum in multis capitur vel consistit, in eo præcipue versatur, ut utroque vivente neuter eorum alii maritaliter conjungatur.

Quæ sint personæ legitimæ. — Denique personæ legitimæ sunt, quas votum continentiæ non impedit, vel sacer ordo, vel spiritualis carnalisve cognatio, vel dispar cultus, vel conditio, vel naturæ frigiditas. Sed per prima quatuor penitus sunt illegitimæ, per duo vero ultima mediæ sunt. Etenim si tales ignoranter jungantur, accidentibus quibusdam causis, cohabitare possunt, et eisdem deficientibus separari ; velut si cognita conditio placeat et naturæ frigiditas non abhorreatur.

Quæ causa efficit conjugium. Effectus conjugii. Perfectio conjugii in quo consistat. Gemina conjunctio in conjugio intelligitur. — Efficiens autem causa matrimonii est consensus, non de futuro, sed de præsenti per hujusmodi verba expressus. Accipio te in virum, et ego te in uxorem : in quo tam humana quam divina jura concordant. Dicit enim lex : Non dotibus sed affectu matrimonia contrahuntur. Et Isidorus : Consensus facit matrimonium, consensus de præsenti non de futuro matrimonium efficit. Item Nicolaus papa : Sufficiat solus consensus secundum leges eorum de quorum conjunctionibus agitur, qui si defuerit solus, cætera etiam cum ipso coitu celebrata frustrantur. Qui consensus est individuæ vitæ et conjugalis societatis invicem servandæ, a quo nimirum conjugium initiatur et in carnali copula perficitur. Ait enim Amb. (446) ; Cum initiatur conjugium, conjugii nomen asciscitur. Item Isidorus : A prima fide desponsationis verius conjuges appellantur (447). Quod autem in carnali copula perficiatur, ait Ambro., in omni matrimonio conjunctio intelligitur spiritualis, quam confirmat et perficit conjunctorum commistio corporalis. Item Hieron. dicit : Dominus (448) adulteria futura in conjugiis quæ sponsali conventione initiantur et corporum commistione perficiuntur. Ex his autem intelligere licet quod conjugium sacramentum sit, et sacrum signum, et sacræ rei, scilicet conjunctionis Christi et Ecclesiæ, secundum spiritum, quantum ad initium ejus; secundum carnem, quantum ad ejusdem perfectionem. Sicque geminæ sacræ rei signum, conjunctionis scilicet animæ ad Deum quod signatur in desponsatione, et carnis nostræ in Deum quod signatur in carnali commistione, quando scilicet vir et mulier una

(447) In lib. Etymologiarum, c. 8.
(448) Deest aliquid.

caro efficiuntur.Sicut Christus et Ecclesia una caro sunt facti in Virginis utero.Denique secundum illud ultimum signum auctoritas illa loquitur : Non dubium est illam mulierem non pertinere ad matrimonium, scilicet (quantum ad hoc signum) cum qua docetur non fuisse commistio sexus (449).

DIST. XXVII. *Coactio excludit consensum.* — Cæterum quod consensus iste a coactione immunis esse debeat, dicunt etiam leges : Libera debent esse matrimonia tam in contrahendo quam in distrahendo.

DIST. XXVIII. *Quod error matrimonium impediat.* — Error quoque matrimonium impedit, quia nihil est tam contrarium consensui quam error qui imperitiam detegit ; sed hoc de errore personæ,et conditionis intelligimus, qui omnino matrimonium impedit, non de eo qui est fortunæ vel qualitatis qui in matrimonio toleratur.

De finali causa conjugii. — Finalis autem causa conjugii est principaliter proles, secundum quod Dominus ait : *Crescite et multiplicamini* (*Genes.* I) ; secundaria, vitatio fornicationis. Sunt et aliæ causæ, ut reintegratio pacis, pulchritudo viri vel mulieris, quæstus quoque et divitiarum possessio, et alia multa, quæ quivis diligenter attendens facile inveniret.

De conjugio Virginis et Joseph. — Secundum triplex bonum de quo jam statim infra dicetur, inter Virginem et Joseph perfectum fuit conjugium. Ait enim August. (450) : In parentibus Christi omne bonum nuptiarum impletum est ; prolem enim cognoscimus Christum Dominum ; fidem, quia nullum adulterium ; sacramentum,quia nullum divortium.

DIST. XXIX. *De triplici bono conjugii.* — Sunt denique tria bona conjugii,ut Aug. ait (451), fides, proles et sacramentum : fides, ne cum alio vel cum alia coeatur ; proles, ut amanter suspiciatur et religiose educetur. Quæ si defuerint, est proles sine bono prolis, ut est qui hæredem possessionis temere vult habere, non desiderans ad hoc prolem quærere ut religiose informetur. Sed his duobus frequenter nuptiæ carent, quod nunquam de tertio contingit, quod est sacramentum, scilicet ut conjugium non separetur, hoc est ut, utroque vivente, neuter unquam alii sacramentaliter conjungatur.

Quid et quotuplex sit separatio matrimonii. — Est autem separatio corporalis et sacramentalis. Proinde corporaliter separari possunt,causa fornicationis, absque consensu,vel ex communi consensu ad tempus, causa religionis, vel usque in finem.Igitur ubi hæc tria bona sunt, excusatur coitus, vel ab omni culpa si fiat causa prolis, vel a majori, si fit causa incontinentiæ. Unde Aug, (452) : Concubitus conjugalis generandi gratia non habet culpam: concupiscentiæ vero satiandæ, sed tamen cum con-

juge propter tori fidem, venialem habet culpam, Cæterum,deficiente fide et bono prolis,coitus qui fit causa exsaturandæ libidinis conjugis,crimen habet. Unde Sextus Pythagoricus ait in Sententiis : Omnis ardentior amator propriæ uxoris, adulter est.

DIST. XXX. *De his quæ matrimonium impediunt. In quo ordine nequeat fieri conjugium.* — Nunc causas quæ matrimonium impediunt repetentes, eas prolixius exsequamur. Non omnis itaque ecclesiasticus ordo matrimonium impedit,sed tantum sacerdotium, diaconatus et subdiaconatus ; in aliis vero admittitur, nisi religionis habitum sumpserint,vel continentiæ votum fecerint. Unde Innocentius : Ut lex continentiæ et Deo placens munditia, in ecclesiasticis ordinibus dilatetur, statuimus quatenus episcopi, presbyteri, diaconi et subdiaconi, professi, qui sacrum transgredientes propositum, uxorem sibi copulare præsumpserint, separentur.Item Ancharitana (alias Anchonitana) synodus dicit : Quicunque diaconi de continentia interrogati juraverint et susceperint manus impositionem, professi continentiam, si postea ad nuptias convenerint, a ministerio cessare debent.

DIST. XXXI. *De differentia votorum. Divisio voti singularis.* — Votum etiam aliud commune est, ut quod in baptismo omnes faciunt ; aliud vero singulare, ut cum aliquis promittit sponte continentiam. Item singulare, aliud est privatum, ut quod in abscondito, vel sine solemnitate fit ; aliud solemne,ut quod solemnitatem habet ; quod facit prædictus ordo in clericis,benedictio in virginibus, in viduis religiosus habitus.Hoc autem solum matrimonium impedit.

DIST. XXXII. *De dispari cultu.* Dispar cultus, dispar religio est, quæ impedit matrimonium.Non enim licet Christiano, cum gentili vel Judæo inire conjugium. Cæterum si dum uterque infidelis erat matrimonium inierunt, altero ad fidem converso, potest stare conjugium juxta consilium Apostoli dicentis : *Si quis frater habet uxorem infidelem, et hæc consentit habitare cum ipso, non dimittat illam, et de muliere similiter* (*I Cor.* VII). In quo monet Apostolus quod est lucrandi occasio, cum liceat ei relinquere. Causa enim fornicationis et corporalis et spiritualis dimittitur licite uxor.

Conjugium triplex. Legitimum et ratum. Ratum et non legitimum. Legitimum et non ratum. — Hic ergo sciendum,quod conjugium aliud est legitimum et ratum,ut quod inter fideles contrahitur publice solemnitatibus secundum morem servatis ; aliud est ratum et non legitimum, ut quod inter eosdem clam et per nullam solemnitatem contrahitur,quod ideo prohibetur ne cum sibi displicuerint legitimi conjuges, separentur cessante probatione conjugii; aliud est legitimum et non ratum, ut quod inter infideles publica solemnitate initur.

(449) Leo, epist. 90.
(450) Lib. I De nuptiis et concup. cap. 1.

(451) Super Gen. ad litteram. lib. IX, cap. 7.
(452) In lib. De bono conjugali.

DIST. XXXIII. *De cognatione carnis. Quousque consanguinitas impediat. Affinitatis impedimentum.* — Cognatio etiam quæ nubentes impedit, alia carnis est et alia spiritus. Quæ carnis est, alia dicitur consanguinitas, alia affinitas. Consanguinitas autem nuptias impedit usque ad sextum vel septimum gradum, juxta diversam computationem. Affinitas quoque nuptias impedit,et quidem varie secundum multa ejus genera. Nam in primo genere, ita impedit sicut consanguinitas, hoc est ad septimum gradum; in secundo usque ad quintum, sed in quarto permittuntur; in tertio vero usque ad secundum.

Primum genus affinitatis. Secundum genus. Tertium genus. — Est autem primum genus affinitatis tibi omnis consanguinitas tuæ uxoris, et illi tua. Secundum genus affinitatis est tibi omnis conjux consanguineorum et consanguinearum uxoris tuæ, sic tuorum vel tuarum conjux illi. Tertium vero tibi est et uxori tuæ, conjux secundorum affinium, ultro citroque : sicut qui sunt primi generis affines, tibi et uxori tuæ sunt inter se secundi. Denique qui sunt secundi generis affines tibi et uxori tuæ, inter se sunt tertii. Quæque enim persona addita per copulationem mutat genus et non gradum.Addita vero per generationem mutat gradum, sed non genus.

DIST. XXXIV. *De gradibus affinitatis.* Unde affinitatis gradus computabis sic,ut cum tu et uxor tua secundum divinam sententiam sitis una caro, et pro una etiam persona reputamini (*Genes.* II). Ideo in quo gradu est ei suus consanguineus, in eodem est tibi idem affinis : et econverso; et sic in omni affinitate numera.Affinitas autem defuncto uno conjuge non deletur in superstite,quia validum est verbum Domini et forte, quo dixit : *Erunt duo in carne una* (*ibid.*)

DIST. XXXV. *De cognatione spirituali.* — Spiritualis cognatio est, quam cœleste sacramentum per ministerium inter aliquos facit, velut inter compatrem et commatrem, et eorum filios et filias : per quod et spiritualis proximitas inter carnales filios et spirituales nascitur : et ideo inter personam per quam compaternitas contracta est, et carnales filios alterius, ut Nicolaus papa ait, conjugium fieri non potest; inter cæteros autem potest, licet Paschalis inhibere videatur a nuptiis post compaternitatem genitos.

An quis possit duas commatres ducere unam post alteram! — Potest etiam quis duas commatres habere unam post alteram uxorem,si commaternitas et carnalis copula primæ, nunquam simul fuerunt, velut si ductam non cognovit; vel si dudum cognita et absque reconciliatione repudiata commater facta est alicujus.Quod dicit Paschalis papa et Triburiense concilium. Cæterum si simul fuerint illa duo,non poterit utraque habere uxores,ut Nicolaus ait.

DIST. XXXVI. *De resurrectione. Quid sit tuba extremi judicii.* — Postremo de resurrectione et de modo resurgentium videamus. Resurrectio igitur ab omnibus credi debet. Ait enim Isaias : *Resurgent mortui, et resurgent qui erant in sepulcris* (*Isa.* XXVI). Et Joannes : *Veniet hora in qua omnes qui in monumentis sunt, audient vocem Filii Dei, et procedent*, etc. (*Joan.* V). *Fiet autem resurrectio in voce tubæ* (id est manifesta) *quæ vim resuscitandi habebit* (*I Thess.* IV). Unde Propheta : *Ecce dabit voci suæ vocem virtutis* (*Psal.* LXVII). Hæc denique tuba est clamor de quo dicitur : *Media nocte clamor factus est, ecce sponsus venit, exite obviam ei* (*Matth.* XXV). Quæ vox vel tuba dicitur esse archangeli, hoc est Christi, quam media nocte proferet : quod non pro hora dicitur temporis, sed quia tunc veniet quando non speratur,vel pro tempore dicitur. Ait enim Cassiodorus (453) : Hoc tempore primogenita Ægypti percussa sunt (*Exod.* XII), quando et sponsus venturus est. Hoc quoque tempus dies Domini dicitur,non pro temporis qualitate, sed quia tunc singulorum occulta patebunt. Unde Daniel:Vetustus dierum sedit,et libri(hoc est conscientiæ singulorum) aperti sunt coram eo, (*Dan.* VII).

DIST. XXXVII. *De ætate et statura resurgentium. Impii qualiter resurgent?* — Resurget autem omnis homo secundum ætatem Christi, ut Apostolus ait: *Occurremus omnes in virum perfectum in mensuram ætatis plenitudinis Christi* (*Ephes.* IV), Non, ait Aug. (454), in mensuram corporis vel staturæ, sed ætatis,quia quisque recipiet suam mensuram,quam vel habuit in juventute, si senex etiam obiit, vel fuerat habiturus si est ante defunctus, In resurgentibus autem admirabili celeritate restituet Christus totum quo corpus eorum constiterat, nec aliquid intercit, utrum capilli ad capillos redeant,et ungues ad ungues : an quidquid eorum perierat, mutetur in carnem,et in partes alias corporis revocetur,suscitatore providente,ne quid ibi indecens fiat ; indecorum quippe ibi aliquid non erit. Quod de electis intelligendum est. Cæterum impii an cum vitiis suorum corporum et deformitatibus resurgent inquirendo laborare, quid opus est? Non enim fatigare nos debet incerta eorum habitudo, vel pulchritudo, quorum erit certa et sempiterna damnatio.

DIST.XXXVIII.*De suffragiis defunctorum.*—Interim tamen, antequam resurrectio fiat, videamus quid beneficia in Ecclesia pro defunctis facta, prosint. Defunctorum igitur quatuor ordines sunt. Quidam enim sunt valde boni, quidam valde mali, quidam mediocriter boni, quidam mediocriter mali. Cum ergo sacrificia vel oblationes pro eis fiunt, pro valde bonis, gratiarum actiones sunt ; pro valde

---

(453) Super psal. CXVIII.

(454) In lib. De civitate Dei, lib. XXII, cap. 14.

malis, etiamsi nulla eorum adjumenta sint, tamen qualescunque vivorum consolationes sunt; duobus autem aliis ordinibus prosunt, mediocriter quidem bonis, ad hoc ut sit eis pœnæ remissio, mediocriter vero malis, ad hoc ut tolerabilior sit eorum damnatio.

DIST. XXXIX. *De ordine eorum qni judicandi sunt.* —Erunt autem ibi quatuor ordines eorum qui judicio aderunt. Alii enim judicabuntur et peribunt, ut quibus dicitur: *Esurivi et non dedistis mihi manducare,* etc. *(Matth.* xxv). Alii autem non judicabuntur, et tamen peribunt, velut quibus Dominus ait : *Qui non credit, jam judicatus est (Joan.* III). Alii judicabuntur et regnabunt, ut illi qui audient : *Esurivi et dedistis mihi manducare;* alii non judicabuntur et regnabunt, ut illi quibus Dominus ait : *Sedebitis et vos super sedes duodecim judicantes duodecim tribus Israel (Matth.* XIX). Quod non tantum ad apostolos dictum esse intelligendum est, sed ad omnes qui apostolicam perfectionem adepti, relictis omnibus, secuti sunt Christum. Judicabunt vero isti et comparatione melioris facti et potestate judicii : unde gladii ancipites in manibus eorum *(Psal.* CXLIX), hoc est, sententia de bonis et de malis in potestate eorum. Sed quæ ibi dicenda credentur, voceue proferantur, an tantum virtute judicis effectum accipiant, nulla auctoritate aperte definitum existit.

DIST. XL. — *De loco judicii et sententia.* — Locus autem judicii sicut super Joelem prophetam auctoritas dicit, erit in spatio hujus aeris contra montem Oliveti *(Joel.* II), unde ascendit : ubi judicabit Dominus in forma servi clarificata, apparens tam bonis quam malis. Unde Aug. (455) : Cum in forma servi clarificata judicantem viderint boni et mali, tolletur impius ne videat gloriam Dei, et tunc signum crucis angeli deferent ante eum ut ipse dicit : *Tunc apparebit signum Filii hominis in cœlo (Matth* XXIV).

DIST. XLI. — *De differentia mansionum in cœlo et in inferno.* — Cæterum impii diversis pœnis torquebuntur. Pii vero in claritate cognitionis different, quia in domo Patris mei mansiones multæ sunt *(Joan.* XIV). Par autem erit gaudium omnium, vel quia quisque gaudebit de bono alterius, quasi de proprio : vel quia de omni re unde gaudebit unus, omnes gaudebunt, ita ut paritas non ad intentionem gaudendi, sed ad numerum rerum de quibus gaudent, referatur.

DIST. XLII. *De visione bonorum et malorum.* — Postremo sciendum, quod sancti tradunt usque ad judicium bonos et malos se mutuo videre. Post judicium vero boni viderunt malos, sed mali non videbunt bonos. Unde Gregorius (456) : Infideles in imo positi ante diem judicii : fideles in requie attendunt, quorum gaudia post contemplari non possunt. Isaias etiam dicit : *Egredientur electi et videbunt cadavera vivorum, qui prævaricati sunt in me (Isa.* LXVI). Et Psalmista : *Lætabitur justus cum viderit vindictam (Psal.* LVII). Cujus lætitiæ nos Dominus consortes efficiat. Amen.

Finis libri quarti Sententiarum Bandini.

(455) Super Joan. De Trinit. lib.I,c. 16 et 17 sententialiter.

(456) Super Lucam c. 16.

ANNO DOMINI MCLXIV.

HUGO AMBIANENSIS
ROTHOMAGENSIS ARCHIEPISCOPUS

NOTITIA.

(Gallia Christiana nova, tom. XI, col. 43).

Si credimus Orderico Vitali, lib. VII, pag. 889, Hugo non ante annum 1130 factus est archiepisco-pus Rothomagensis; sed mox patebit electum fuisse vivente Honorio II papa, quod cadere debet vel in finem anni 1128, paulo post mortem decessoris sui, vel saltem in annum 1129. Conjicit eruditus auctor Annalium Rened., tom. VI, p. 160, illi fratrem germanum fuisse celebrem illum Matthæum episcopum Albanensem ; rectius probat utrumque natum esse in Laudunensi solo, litterisque operam navasse in schola Anselmi Laudunensis ; ad ultimum tandem nescire se profitetur unde Hugoni cognomen *Ambianensis*, tam apud Ordericum quam apud Gaufridum Vosiensem. Ut ut est de cognominis illius origine, quam quidam inde esse deductam existimant, quod Hugo fuerit de genere comitum Ambianensium, Hugo Cluniaci primum monasticen professus, factus est an. 1115 prior Sancti Martialis Lemovicensis, deinde Sancti Pancratii in Anglia, diœc. Cicestrensis, tum Radingensis novi monasterii abbas. In eum post obitum Gaufridi Rothomagensis archiepiscopi, ubi ad electionem ventum est, suffragia convenere ; electio autem probata, tam ab Henrico Anglorum rege, quam ab episcopo Salesberiensi, in cujus diœcesi Radingia sita erat. Verum cum electioni acquiescere nollet Hugo, clerus Rothomagensis epistolam scripsit ad Honorium papam, ut eum ad subeundum archiepiscopatum compelleret. Eam subjicimus depromptam ex Spicilegii tom. III, p. 151 : « Domino papæ universali Honorio, Rothomagensis Ecclesia omnem in Christo obedientiam. Elegimus electione communi filium nostrum Hugonem abbatem Radingensem nobis in pontificem. Super hoc quæsivimus assensum domini nostri Henrici regis Anglorum, et obtinuimus. Ab episcopo quidem Salesberiensi, sub cujus manu abbatis officio fungebatur, nobis eum reddi liberum et absolutum quæsivimus, et cum libertate suscepimus. Sed quia, ipso revelante percepimus, quod sine auctoritatis vestræ assensu eum habere non poteramus, cum et hoc in litteris vestris prædicto regi Anglorum directis ita scriptum legimus : *Ipsum itaque sub primo jure absque dominio nostro tanquam specialem beati Petri et sanctæ Romanæ Ecclesiæ clericum retinemus ;* eapropter donari eum nobis a sublimitate vestra requirimus ; quem tanto chariorem habebimus, quanto a vestra celsitudinis sede nobis donatum lætabimur. Quem humili supplicatione ita donari a vestra gratia quærimus, ut sub nullius unquam jure vel potestate, nisi sub vestra tantummodo pia protectione eum persistere gaudeamus, charissime pater et domine. »

Hugo, a pontifice dimissus, consecratus est anno 1130, ex appendice Roberti de Monte, in qua hæc leguntur : « Rex Angliæ Henricus ad Nativitatem sanctæ Mariæ fuit Becci, et adduxit secum Hugonem noviter electum Rothomagensem, qui fuerat abbas Radingi, qui etiam sacratus est in festo Exaltationis sanctæ crucis, die Dominica, quem consecravit Richardus Bajocensis cum coepiscopis suis in ecclesia S. Andoeni. » Eodem anno ecclesiam Sancti Martini Alciensis in abbatiam Albæmarlæ erexit.

Anno sequenti Innocentius II Francis contra Anacletum pseudopontificem probatus, Rothomagum venit mense Maio pro pace, ut videtur, componenda inter archipræsulem et cives ; nonnihil enim jurgii inter eos tunc viguisse indicat S. Bernardus ad ipsum archiepiscopum scribens epistolam 25. Dum pontifex Rothomagi demoraretur, Hugo calculo suo comprobavit donationem centum marcharum argenti, quas Henricus rex Cluniaco contulerat in teloniis Londinensi et Lincolniensi, ad sustentationem fratrum. Eodem anno Innocentius II concilium celebravit mense Octobri apud Remos, quo et Hugo perrexit litteras Henrici Anglorum regis deferens filialis obedientiæ indices. Adfuit quoque Hugo consecrationi majoris xenodochii Sancti Joannis Bruxellensis a summo pontifice factæ, qui eodem rursus anno, pridie Nonas Octobris, in ejus gratiam confirmavit jura Ecclesiæ Rothomagensis. et scripsit ei VII Kalendas Augusti 1132, ut varia in diœcesi sua flagitia contra ecclesiasticam disciplinam coerceret. Hoc circiter anno, cum ad eumdem pontificem querelas detulisset rex Angliæ, quod Hugo ducatum Normanniæ turbaret, professionem et obedientiam a quibusdam abbatibus suscipiendo, epistola, quam lege integram in Spicil. tom. II, p. 457, aut apud Pommerayum *Concil. Rothomag.* p. 133 (1), scripsit Hugoni pontifex epistolam 16, ut aliquid pro bono pacis de jure ecclesiastico regi cederet. Anno 1133 dedit, aut confirmavit archipræsul monachis Tironiensibus prioratum Baschevillæ, cujus ecclesiam eis dimiserant monachi Pini ; qua de re chartam legesis apud Pommerayum *Concil. Rothomag.*, p. 147. Adfuit eodem anno concilio Jotrensi, cujus confirmationem cum ab Innocentio II postulasset Petrus Venerabilis lib. III, epist. 17, de Hugone hæc subdit : « De cætero quam reverendæ vitæ sit, quamque fidelis apostolatui vestro domnus Rothomagensis archiepiscopus fuerit, quamque pro pace vestra laboraverit, non est necesse vos instrui, quem plene de his omnibus instruetum credimus. Supplicamus igitur paternitati vestræ, ut ita paci ejus et justitiæ provideatis, quatenus et Deo possit reddere quod Dei est, et Cæsari quod Cæsaris ; ut si fieri potest, et divinæ censuræ non displiceat, et majestatem regiam non offendat. » Ex quibus verbis non obscure intelligitur, fuisse adhuc tunc temporis dissidia quædam Hugonem inter et cives Rothomagenses, aut ipsum etiam Anglorum regem.

Diximus tomo I, col. 713, ipsum anno 1134 solemni ritu absolvisse Guigonem Delphinum. Adfuit eodem anno, ut apostolicæ sedis legatus, concilio apud Montem-Pessulanum celebrato, scripsitque Innocentio papæ de rebus eo in concessu gestis epistolam, quam habes tom. VI Annal. Bened., p. 666,

---

(1) Vel *Patrologiæ*, t. CLXXIX, col. 669.

Anno 1135 dedicavit ecclesiam Omnium Sanctorum Belencumbris. Eodem anno Richardum Glocestriæ comitis filium post longam dilationem consecravit in episcopum Bajoceneem (2), et concilio Pisis habito adesse voluit. Finita autem synodo, in Italia pro rebus sedis apostolicæ juvandis demoratus est; unde « curis apostolicæ servitutis occupatus, » ait Ordericus lib. XIII, pag. 900, « curas proprii præsulatus aliquandiu intermisit, et diutius in Ausoniæ partibus demoratus, aliorum negotia solerter expedivit, quod regi vehementer displicuit. » Sed adveniente eodem anno Henrici I Anglorum regis morte, simultas hæc sopita est, dum hic pie humiliterque veniam ab archiepiscopo deprecatus, absolutionem promeruit. Legenda apud Willelmum Malmesburiensem *Historiæ novellæ* lib. I. fol. 100, aut apud Pommerayum *Concil. Rothomag.* pag. 135, epistola, quam de Christiana regis hujus morte, cui ad extremum usque spiritum adhæserat, scripsit ipse Hugo Innocentio papæ (3). An. 1136 subscripsit chartæ Stephani Anglorum regis, pro fundatione monasterii canonicorum regularium Doverensis ; et chartam ab eodem rege accepit *de his qui treviam Dei infringebant :* charta autem illa, quam publici juris fecit Pommerayus *Concil. Rothomag.*, pag. 145, confirmabantur *omnibus episcopis Normanniæ jura omnia spiritualia et synodalia.* Sed eodem anno urbs Rothomagus repentino igne succensa est mense Septembri, ex Orderico lib. XIII, pag. 905.

Anno sequenti litem diremit Hugo inter canonicos S. Ebrulfi et monachos Moritoniensees, de jure sepulturæ oppidanorum. Exortum etiam grave dissidium inter comitem Boloniensem et Robertum Glocestriæ comitem compescuit, teste Malmesburiensi, fol. 102. Theobaldo quoque abbati Becci benedictionis munus impendit. Mortuum mare ordini Cisterciensi eodem anno 1137 ascripsit. Confirmavit anno 1138 fundationem Ardenæ diœc. Bajocensis. Eodem anno quædam largitus est Serloni abbati Sancti Luciani, et Joscelino abbati Augi. Anno 1139 alio oborto jurgio inter Angliæ episcopos et ipsum regem, rem totam *amptioribus rationibus et sermonibus agebat Hugo archiepiscopus Rothomagi, quantum ille facundia poterat, maximus regis propugnator,* inquit idem Malmesburiensis, fol. 103, contra Henricum Vintoniensem episcopum, sedis apostolicæ legatum, regisque ipsius fratrem. Certe Hugo regis partibus addictissimus erat, cujus fratrem Theobaldum, cum ille bello fusus, victus, captusque esset apud Lincolniam anno 1141, adiit *cum Normannis,* ipsi *regnum Angliæ et ducatum Normanniæ offerens,* ex Orderico lib. XIII, pag. 923. Eodem anno Arnulfum consecravit in episcopum Lexoviensem ; sed anno 1439 Rotrodum similiter episcopum Ebroicensem consecraverat, et anno 1140 a Sugerio abbate Sancti Dionysii in Francia invitatus, partem basilicæ Dionyslanæ inferiorem dedicaverat cum Bellovacensi, Meldensi et Silvanectensi episcopis, ut observavimus in Sugerio (*Patr.* t. CLXXXVI). Anno 1141, eo consentiente, fundati sunt apud Ulteriorem-Portum milites templarii ; et ipse Beccensis monasterii privilegium Auselmo abbati a Willelmo quondam archipræsule indultum renovavit. Anno 1143 canonicis regularibus confirmavit Ecclesiam B. Mariæ de Cornevilla. Eodem anno fundationem Burgi-Achardi anno præcedenti factam sub jure et imperio priorum Falesiæ confirmavit. Sed postea cum Falesiani canonici institutum Præmonstratensium amplexi essent, canonici regulares Burgi-Achardi sui juris esse cœpere, et anno demum 1685, mense Septembri, reformationi, quæ dicitur *Friardelli* nomen dedere. In eo monasterio, quod sub nomine Sancti Laudi consecratum est, reformationis hujus superiores generales sedem suam figere consuevere.

Anno 1144 Hugo Letardo abbati Beccensi immunitatem telonei concessit, adfuitque dedicationi basilicæ integræ Sancti Dionysii ab abbate Sugerio tandem perfectæ, et consecravit aram beatæ Mariæ. Anno 1145 ecclesiam abbatiæ Calvi-Montis apud Velocasses Sugerio abbati traditæ a rege Francorum, et in prioratum duodecim monachorum conversæ consecravit, uti diximus in Sugerio. Eodem circiter anno fundationem probavit et monialium Fontis-ebraldi apud Clarum-rivulum prope Gossemfontem, et monialium Præmonstratensium apud Bellum-Montem ; quæ postremæ anno 1285 exstinctæ sunt. Monachis Majoris Monasterii ecclesias aliasque confirmavit anno 1146. Dedicavit 1147, die 3 Sept., ecclesiam Cornevillæ. Eodem anno Cadomenses monachos et canonicos Bajocenses conciliavit. Adfuit 1148 concilio Remensi. Anno 1149 Rogerium benedixit in abbatem Becci. Anno 1150 sequester pacis electus est inter Philippum Bajocensem episcopum et monachos Clarevallenses. Circa id tempus 16 Fiscannensis monasterii parochias, in diœcesi Rothomagensi sitas, ab omni jure episcopali absolvit. Anno 1151 adfuit concilio Balgenciacensi, ubi actum est de divortio Ludovici VII regis et Leonoræ Aquitanicæ. Decimas plurium ecclesiarum confirmavit 1152, monachis Verliaci. Anno 4153, v Nonas Maii, in ecclesiam Sancti Martini Pontisarensis convenit cum Parisiensi ac Silvanectensi episcopis, ad elevandas sancti Gualterii, olim ejusdem loci piissimi abbatis, reliquias. Eodem anno ecclesiam Sancti Sidonii a longo tempore desolatam, de manu castri domini extraxit, et Rogero abbati Fontanell. ordinandam tradidit. Eodem circiter tempore gravis contentio inter monachos Fontanellæ et S. Stephani Cadomensis vigebat, de qua Joannes Tusculanus episcopus et apostolicæ sedis legatus, Hugoni scripsit, ut cum Rotrodo Ebroicensi et Gerardo Sagiensi episcopis huic dissensioni fi-

---

(2) *Monast. Anglic.* tom. III, p. 1012.

(3) *Patrologiæ*, tom. CLXXIX, col. 670.

dem imponeret: cujus mandatis paruisse Hugonem ex litteris, quibus transactionem initam inter utrumque monasterium confirmavit, satis constat. Anno 1154, xiv Kal. Januarii, præsens fuit coronationi Henrici II, regis Angliæ, apud Westmonasterium a Theobaldo Cantuariensi antistite peractæ. Eodem circiter anno jura et prædia Rothomagensis Ecclesiæ confirmavit Adrianus IV bulla Hugoni data, qui translationem sancti Guillelmi Firmati apud Moretonium anno 1156, in octavis Pentecostes celebravit. Tunicam Dominicam visitavit eodem anno in monasterio Argentoliensi; qua de re instrumentum confecit, quod legesis apud Pommerayum *Concil. Rothom.*, pag. 149, firmavitque abbatiæ Sancti Dionysii in Francia, omnes ecclesias quas illa in sua diœcesi possidebat. Confirmaverat biennio antea eidem monasterio nundinas cujuslibet feriæ sextæ apud Castrum-Novum prope Sanctum Clarum. Anno eodem 1156, Henricus II prioratum ordinis Grandimontensis fundavit in silva Roboreti, quem paulo post in vivarium suum prope Rothomagum transtulit ad sinistram fluminis Sequanæ ripam ; unde locus ille nomen sumpsit beatæ Mariæ de Vivario : sed hujus mensa prioralis sub Henrico IV Franciæ et Navarræ rege collegio patrum Societatis Jesu Rothomagensi addicta est. Anno 1157 idem archipræsul confirmavit monachis Sancti Dionysii in Francia, ecclesiam Cergiaci, in quo illi prioratum instituerunt omnimodæ jurisdictioni suæ cum ipsa ecclesia obnoxium. Anno 1158 monachis S. Audoeni confirmavit ecclesiam *Ros* in diœcesi Bajocensi sitam, a jure episcopali liberam, et anno 1159 monachis Beatæ Mariæ de Valle, quidquid in ipsius diœcesi possidebant.

Circa id tempus jussus ab H. Anglorum rege Roberto abbati Sancti Michaelis licentiam fecit divina celebrandi in ecclesiis de Ponte-Ursonis. Anno 1160, vel, ut aliis placet, 1161, mense Julio, annuente Anglorum rege, congregatum est concilium provinciale apud Novum mercatum in Normannia, ubi omnes consenserunt Alexandro III papæ, reprobato Victore antipapa. Eodem circiter anno fundati sunt Rothomagi milites templarii eo in loco, ubi postea ædificata est domus consularis. An. 1162 Hugo confirmavit omnes possessiones abbatiæ de Voto, et beneficia prioratus Montis-Leprosorum prope Rothomagum ; et eodem circiter tempore scripsit ad regem Angliæ de institutione filii sui Henrici, ut simul et mores et litteras ab optimis pædagogis addisceret, ut colligitur ex epistola 67 Petri Blesensis. Ecclesiam *de Sorenc* Gerarde abbati Flaviacensi donavit anno 1163. Hugoni abbati S. Vincentii Silvanectensis confirmavit sitas in sua diœcesi ecclesias, vii Idus Maii 1164.

Multa reliquit eruditionis suæ monumenta, quorum unum est Tractatus de rebus theologicis Matthæo Albanensi dicatus, quem lege apud Martenium, t. V *Anecdot.*; alterum vero, Tractatus super hæresibus in Aremorico solo natis, Alberico Ostiensi episcopo nuncupatus, et ad calcem operum Guiberti Novigentensis editus. Scripsit etiam libros tres De memoria, et Tractatum de fide catholica et Oratione Dominica, editos apud Marten. *Ampliss. Collectionis*, tom. IX, et epistolam ad Theodericum Ambianensem episcopum de hominibus qui vice jumentorum trahebant carpenta ad ædificandas ecclesias, scriptum anno 1145, quam lege Annalium Bened., tom. VI, pag. 392. Nonnullas quoque Ludovico VII regi scripsit epistolas, quas vulgavit Pommerayus *Concil. Rothomag.* pag. 139 et 142. Item alias Sugerio abbati Sancti Dionysii in Francia editas *Anecd.*, tom. I, col. 447 et seqq. Rainardo quoque abbati Cisterciensi, et comiti Tolosano, quas legesis apud eumdem Pommerayum, ibidem pagg. 140 et seqq. Denique duas in quibus se apostolicæ sedis legatum dicit, in appendice et *Anecdot.*, tom. I, col. 380. Scripsere vero ad eum Arnulfus Lexoviensis episcopus epistol. 15, editam apud Pommerayum *Concil. Rothomag.* pag. 138, ac Petrus Venerabilis epistolam 4 libri primi et epistolam 33 libri sexti.

Obiit meritissimus præsul tertio Idus Novemb. anno 1164, ex ejus epitaphio quod hic transcribere post Sammarthanos non pigebit :

Inter pontifices speciali dignus honore
  Hic nostræ carnis Hugo resignat onus.
Consignata brevi clauduntur membra sepulcro.
  Non tamen acta viri claudit uterque polus.
Quidquid dispensat et compartitur in omnes,
  Gratia contulerat, præstiteratque viro.
Fecundos igitur virtutum copia fructus
  Fecit et ultra hominem et magnificatus homo.
Tandem post celebris felicia tempora vitæ,
  Sustulit emeritum flebilis hora semen.
Par, Martine, tibi consorque futurus eamdem
  Sortitus tecum est commoriendo diem.

NOTITIA ALTERA

(*Histoire littéraire de la France*, par des religieux bénédictins, t. XII, pag. 647.)

Hugues, suivant La Morlière (4), fut surnommé d'*Amiens*, parce qu'il était de la maison de Boves, laquelle descendait des comtes d'Amiens, *sinon en ligne directe, du moins par alliance.* Les sceaux qui nous

(4) Antiq. d'Amiens, p. 29.

restent de ce prélat semblent justifier cette opinion, car on y voit dans le contre-scel un bœuf puissant, armes analogues au nom de la famille de Boves (5). Ce qu'on ne peut révoquer en doute, c'est qu'il était d'une naissance illustre : *Clarus avis* (6), dit un ancien versificateur en parlant de lui. Son éducation répondit à la noblesse de son extraction. Il fit ses études à Laon dans l'école des célèbres frères Anselme et Raoul, où il eut pour compagnon Matthieu son parent, qui, de moine de Cluni et de prieur de Saint-Martin des Champs, devint cardinal, évêque d'Albane et légat du saint-siége. Hugues embrassa, comme Matthieu, et peut-être dans le même temps, la vie religieuse à Cluni.

Peu d'années après sa réception l'abbé Ponce le nomma, l'an 1113, prieur de Saint-Martial de Limoges. Hugues n'y resta pas longtemps. Le prieuré de Saint-Pancrace de Leuves, en Angleterre, étant venu à vaquer, il fut choisi pour aller le remplir. Ce nouveau choix annonçait les grands progrès qu'il avait faits dans la religion. Car il y avait une convention par écrit entre l'abbé de Cluni et Guillaume de Varenne, fondateur de Saint-Pancrace, qu'on y mettrait pour supérieur le plus sage et le plus saint religieux de l'ordre, excepté le grand prieur de Cluni et celui de la Charité. Hugues dans ce poste, répondit parfaitement aux vues de ceux qui l'y avaient placé. Son mérite pénétra jusqu'à la cour du roi d'Angleterre Henri Ier. Ce monarque ayant fondé, l'an 1125, l'abbaye de Reading au diocèse de Sarisberi, ne jugea personne plus capable que lui d'être mis à la tête de cette maison. Hugues y établit un si bon ordre, qu'on très-peu de temps elle effaça les plus célèbres monastères d'Angleterre. La Providence, au bout de quatre ans, le tira de cet emploi pour l'élever à un ministère beaucoup plus important, et auquel vraisemblablement il ne s'attendait pas. Etant venu à Rouen sur la fin de l'an 1129, il y trouva le siége métropolitain vacant depuis le 28 novembre de l'année précédente, date de la mort de l'archevêque Geofroi. Les belles qualités qu'il fit admirer en lui pendant son séjour, déterminèrent le clergé de cette ville à l'élire pour son pasteur. Le décret d'élection ayant été porté au roi d'Angleterre et à l'évêque de Sarisberi, l'un et l'autre l'approuvèrent avec éloge. Mais il fallait de plus le consentement du saint-siége, auquel Hugues, comme profès de Cluni, était immédiatement soumis. Nous avons la lettre que l'Eglise de Rouen écrivit au pape Honoré sur ce sujet, mais la réponse nous manque, et l'on ne sait si ce fut Honoré, mort en février 1130, ou son successeur Innocent II qui la fit. Ce qui est certain, c'est que Rome entérina la supplique. Par là devenu entièrement libre, l'élu fut amené à Rouen par le roi d'Angleterre, et sacré solennellement en sa présence le 14 septembre de l'an 1130. Saint Bernard, ami de Hugues, lui écrivit peu après, non pour le féliciter, mais pour l'exhorter à mettre dans son gouvernement beaucoup de patience et de discrétion ; vertus, suivant ce saint, plus nécessaires à un archevêque de Rouen qu'à tout autre prélat. C'est que l'abbé de Clairvaux avait, (on ne sait sur quel fondement) une idée fort désavantageuse des Rouennais. « Soyez patient, dit-il à son ami, parce que vous vivez avec des méchants ; soyez pacifique, parce que vous êtes établi pour les gouverner. Que le zèle anime votre charité ; mais que la discrétion tempère la sévérité de ce zèle : *Esto patiens, quia es cum malis; esto pacificus, quia præes malis. Habeat charitas zelum; sed adhibeat pro tempore modum severitas.* »

Les vertus par lesquelles il s'était distingué dans le cloître, le suivirent dans l'épiscopat. A l'imitation de saint Anselme, il choisit pour ses chapelains, en montant sur son siége, trois de ses confrères, Hélie, Ansgaire et Victor, afin de pratiquer avec eux les observances monastiques (7). Ces exercices ne prenaient rien sur les fonctions pastorales. Il fut assidu à distribuer le pain de la parole divine à son peuple. Il faisait régulièrement les visites, non-seulement de son diocèse, mais encore de sa province, suivant l'usage immémorial de ses prédécesseurs, usage dont on remarque encore des traces (8) dans les siècles suivants. Le détail de ses écrits fera connaître le soin qu'il eut d'écarter de la Normandie les erreurs qui infectaient les contrées voisines, et le zèle avec lequel il travailla pour y faire fleurir la religion dans toute sa pureté.

Le schisme d'Innocent et d'Anaclet suivit de près l'élection de notre prélat. Déclaré pour le premier avec toute la nation française, il eut l'honneur de lui rendre ses hommages à Rouen, où ce pontife arriva dans le mois de mai de l'an 1131. Hugues, l'ayant rejoint au concile de Reims, tenu vers la fin de la même année, lui apporta les lettres du roi d'Angleterre, par lesquelles ce prince le reconnaissait authentiquement pour légitime pape. Elles furent lues dans l'assemblée avec applaudissement ; et l'éloquence de celui qui les avait apportées, servit à leur donner un nouveau poids. Innocent ne paya pas d'un injuste retour le zèle de l'archevêque de Rouen pour ses intérêts. Celui-ci s'étant plaint au concile de ce que les abbés de sa province lui refusaient le serment ou la profession d'obéissance, le saint Père ordonna sur-le-champ qu'on fît un règlement pour les y obliger. C'était le premier titre qu'il y eut sur cette matière, depuis longtemps débattue entre les métropolitains et les évêques de Normandie d'une part, et les abbés de cette province de l'autre. Il serait trop long de rapporter ici les raisons sur lesquelles se fondaient les derniers pour se défendre du joug qu'on voulait leur imposer : on peut les voir amplement déduites dans la préface du Père Mabillon (part. I, n. 31) sur le quatrième siècle des Actes des SS. Bénédictins. Hugues, à son retour, se mit en devoir de faire exécuter le décret du concile, et déploya toute son autorité pour en venir à bout. Mais il y rencontra plus d'obstacles qu'il n'avait compté. Plusieurs abbés persistèrent dans leur refus, sans se laisser abattre ni par les menaces de l'archevêque, ni par celles du pape. Le roi d'Angleterre ne vit pas cette querelle d'un œil indifférent. Il prit le parti des abbés, et écrivit au pape pour se plaindre de la conduite du métropolitain à leur égard, comme d'une innovation égale-

---

(5) *Déf. des dr. de l'ab. de S.-Ouen*, p. 274 ; POMMER. *Hist de l'ab. de S.-Ouen*, p. 425.

(6) Huic (a) successit amor plebis, tremor Hugo
[potentum,
Clarus avis, clarus studiis, recreator egentum.
(Apud ALBER. *ad an.* 1183.)

Pierre le Vénérable (liv. II *De Mir.*, c. 4) en parlant de Hugues d'Amiens dit : « Fuit autem hic non obscuri secundum carnem generis, ortus ex Remensi provincia utroque parente et nobilitate, ut dictum est, insignito, et mundanis opibus locuplete. Hic in pueritia litteris traditus est; et postquam adolevit, in Laudunensi Ecclesia clericale officium adeptus est. »

(7) *Hist. de l'ab. de Saint-Germain des Prés*, pr. n. 53, p. XL.

(8) On conserve à la Bibliothèque du roi, sous le n° 1246, un manuscrit qui renferme les actes que Odon Rigaut, archevêque de Rouen, mort en 1275, faisait, non-seulement dans son diocèse, mais dans toute l'étendue de sa province.

(a) Gaufrido.

ment préjudiciable à la tranquillité de la province et aux droits de sa couronne. Tel était effectivement le point de vue sous lequel il envisageait le serment que Hugues exigeait des abbés. D'un côté, les anciennes coutumes du duché ne lui présentaient rien de semblable; de l'autre, il regardait ce serment d'obéissance illimitée comme un acte qui attribuait au métropolitain, non-seulement la juridiction spirituelle, mais aussi le droit temporel de suzeraineté. D'après cette idée, qui lui était commune avec toute la noblesse de Normandie, le monarque priait le pape dans sa lettre de réprimer l'entreprise de l'archevêque de Rouen, et lui représentait, pour l'engager à cela, tout ce qu'il avait déjà fait pour son service, et ce qu'il était prêt à faire. Ces remontrances eurent leur effet. Hugues, par le conseil du pape, remit à faire valoir ses prétentions à un autre temps, et demeura tranquille le reste du règne de Henri Ier.

L'an 1134, il se rendit au concile de Pise (9), où il y fut reçu avec honneur et placé dans les premiers rangs. Les différentes matières qu'on y agita, lui donnèrent occasion de faire preuve de son savoir et de son attachement pour l'unité de l'Eglise. Après la clôture de cette assemblée, le pape le retint pour l'employer à différentes affaires du saint-siège avec titre de légat. Cependant la longueur de son absence excita des murmures en Normandie; et le roi lui-même s'en offensa, trouvant fort surprenant, disait-il, que l'archevêque préférât au soin de sa province les intérêts du pape. Le prélat, de retour l'année suivante, causa une nouvelle indisposition au monarque par le refus qu'il fit de sacrer Richard, fils naturel du comte de Glocestre, que Henri avait nommé à l'évêché de Bayeux. Les canons étaient pour le metropolitain; mais le prince, absolu comme il l'était, connaissait peu de lois qui ne dussent plier sous ses volontés. Le pape prévint les suites fâcheuses de cette affaire, en accordant à Richard une dispense, au moyen de laquelle son sacre ne souffrit plus de difficultés.

Au milieu de ses différends avec notre prélat, le roi conserva toujours pour lui un grands fonds d'estime et de respect. Ces sentiments éclatèrent d'une manière bien évidente dans sa dernière maladie. Voyant sa fin approcher, il manda l'archevêque de Rouen pour le consoler, et rendit l'esprit entre ses bras le 1er décembre de l'an 1135.

Après la mort de Henri Ier, ses États furent disputés entre sa fille Mathilde, épouse de Géofroi, comte d'Anjou, et Etienne de Blois, son neveu. Hugues s'attacha au second, qui fut victorieux, et eut sous son règne une grande influence dans les opérations du gouvernement. Les abbés de Normandie ne tardèrent pas à ressentir le poids de son nouveau crédit. Il reprit l'affaire des professions, et obligea Thibaut, abbé du Bec et depuis archevêque de Cantorbéri, à lui jurer obéissance au moins de vive voix.

Le dévouement de Hugues pour les intérêts du roi Etienne se signala dans une de ces occasions délicates qui sont comme la pierre de touche de la véritable affection. Ce prince, par des vues de politique, s'était emparé des châteaux que plusieurs évêques anglais avaient fait construire dans les terres de leurs Eglises. Les intéressés jetèrent les haut cris, et voulurent avoir raison de cette entreprise qu'ils regardaient comme une usurpation sacrilége. L'évêque de Vinchester, frère du roi, sacrifiant les droits du sang aux prétentions de son ordre, entra dans leur ressentiment. Il assembla, comme légat du pape, un concile, où il eut la hardiesse de faire citer le monarque. Albéric de Wère, homme savant, y comparut au nom d'Etienne, et plaida vivement la cause de celui qu'il représentait. Sur ces entrefaites arriva l'archevêque de Rouen. Il prend place au concile, et s'étant fait expliquer le sujet dont on traitait, il demande aux prélats s'ils pourraient prouver qu'en qualité d'évêques ils dussent avoir des forteresses. « Mais quand même, ajouta-t-il, vous feriez voir que vous pouvez en posséder sans contrevenir aux canons, de quel droit pouvez-vous refuser de les remettre entre les mains du roi dans un temps où le royaume est menacé d'une invasion? N'est-ce pas au roi à veiller à la sûreté de l'Etat? et ses sujets peuvent-ils lui refuser l'entrée de leurs places sans se rendre coupables de révolte (10)? » Ce discours arrêta l'excommunication qu'on était sur le point de lancer contre le roi.

Hugues d'Amiens n'avait fait que le personnage de politique en cette assemblée; il fit celui de controversiste dans le concile qui se fint à Paris, l'an 1147 (11), contre les erreurs de Gilbert de la Porrée. Il entra en lice avec ce subtil théologien, et entreprit de lui prouver qu'on ne doit pas dire qu'il y a trois choses singulières, *tria singularia*, dans la Trinité, en quoi il n'avait pas tout-à-fait raison.

La Normandie changea de maître en 1150 par la cession qu'Etienne fut obligé d'en faire à Henri, fils de Mathilde, qui lui succéda quatre ans après dans le royaume d'Angleterre.

Cette révolution n'en produisit aucune dans la situation de notre prélat. Henri oublia qu'il avait été le plus zélé partisan de son rival, et lui continua les mêmes faveurs dont Etienne l'avait honoré. Dès son avénement en Normandie, il lui adressa des lettres patentes par lesquelles il confirmait les priviléges des habitants de Rouen. Le roi de France, Louis le Jeune, faisait aussi beaucoup de cas de son mérite; témoin l'honneur qu'il lui fit de l'appeler à l'assemblée, tenue en 1152 à Beaugenci, pour délibérer sur la cassation de son mariage avec Éléonore. Nous verrons dans le détail des écrits de Hugues d'autres preuves de la correspondance qui était entre lui et ce monarque.

L'histoire passe très-légèrement sur les dernières années de la vie de notre prélat. Chéri de son peuple, estimé de toutes les personnes de mérite, honoré des grands, ce digne pasteur termina saintement sa carrière le 11 novembre de l'an 1164. Son épitaphe, composée par Arnoul de Lizieux, et rapportée dans l'ancien et le nouveau *Gallia Christiana*, toute magnifique qu'elle parrît, n'est que l'expression fidèle de la haute idée qu'il avait laissée de lui en mourant.

Hugues d'Amiens a laissé plusieurs productions de sa plume, qui se trouvent éparses en divers recueils.

I° Celle qui est la première en date, a été publiée par Dom Martène dans le cinquième tome de ses *Anecdotes* (t. V, p. 895). Ce sont sept livres de *Dialogues*, où l'on traite diverses questions théologiques. Hugues n'était encore qu'abbé de Reading lorsqu'il entreprit cet ouvrage. Ce fut son parent Matthieu, prieur de Saint-Martin des Champs, auquel il a été dédié, qui lui en fit naître l'idée, par les différentes questions qu'il lui proposa. Hugues acheva les six premiers livres dans son monastère, et depuis, étant élevé sur le siège métropolitain de Rouen, il les retoucha et y en ajouta un septième. L'épître dédicatoire subit aussi quelques changements dans cette révision. Car au lieu que Matthieu n'était d'abord qualifié que prieur de Saint-Martin, il fut appelé depuis évêque d'Albane, parce que dans l'intervalle il avait été promu à cette dignité.

(9) Order. Vit. l. XIII, p. 900.
(10) Wid. Malm. ibid., fol. 102 v°.
(11) Ott. Fris. *De Gen. Frid.*

Ces dialogues ne procèdent que par interrogations et par réponses, sans aucuns noms d'interlocuteus.

Le premier livre a pour objet le souverain bien, c'est-à-dire Dieu et ses attributs absolus ou relatifs.

Le second traite des créatures. Les questions qu'on y agite, sont: 1° Pourquoi Dieu, dont la charité s'étend indifféremment sur toutes les créatures, en préfère certaines qu'il préserve du mal, qu'il orne de vertus, et qu'il rend enfin éternellement heureuses dans l'autre vie; tandis qu'il laisse les autres croupir dans le crime, et les réserve pour être un jour les funestes objets de ses vengeances éternelles? 2° Comment il est vrai que celui qui pèche dans un point, est coupable de la violation de toute la loi? 3° Qu'est-ce que les sept dons de la grâce?

Dans le troisième livre il s'agit du libre arbitre. L'auteur définit ainsi cette faculté de notre âme. Le libre arbitre est un mouvement de l'intelligence raisonnable, qui a la faculté d'exécuter ce que son jugement lui dicte (12). « Mais ce jugement, ajoute-t-il, n'est véritablement libre, que lorsque la créature fait ce qu'elle croit sainement devoir faire. Or elle le fait, lorsque, aimant son Créateur, elle connaît sa volonté par la pratique, en lui préférant la sienne. Que si elle refuse d'obéir à cette volonté qu'elle juge devoir être uniquement suivie, elle contredit son propre jugement, et perd justement, par sa prévarication, la liberté de bien juger. Or, dès qu'elle est privée de cette liberté, elle demeure à bon droit livrée au vice. Ainsi, perdant son libre arbitre, elle tombe captive dans les liens du péché: car elle ne peut nullement se rendre la liberté qu'elle a perdue par sa faute; celui qui la lui avait donnée, étant seul capable de la lui rendre. Que ceux qui soutiennent de toutes leurs forces que le libre arbitre a été donné de Dieu pour le bien comme pour le mal, voient ce qu'ils ont à dire à cela. Ce qui est certain, c'est qu'il se perd en péchant, et qu'on ne peut le recouvrer que par la grâce. » Hugues prouve ensuite que le mal n'est qu'une privation du bien, et que Dieu par conséquent n'en est point l'auteur. Celui qui l'interroge, lui fait là-dessus plusieurs objections, qu'il résout avec beaucoup de netteté.

Le quatrième livre concerne la chute de l'ange et celle de l'homme. Hugues prouve que l'orgueil a été le prince de l'une et de l'autre.

Les remèdes du péché, c'est-à-dire les sacrements, font la matière du cinquième livre. L'auteur ne parle que du baptême et de l'eucharistie; mais en parle avec exactitude.

Le sixième livre roule sur l'état des moines et de la béatitude éternelle. L'auteur prétend que la profession monastique a la même vertu que le baptême; que l'un et l'autre effacent également les péchés et confèrent la grâce de la génération (13). De là Hugues passe aux autres prérogatives des moines, et s'applique à prouver qu'ils sont clercs par état, qu'ils sont capables de recevoir des dîmes, et enfin, que la profession monastique est susceptible de tous les avantages et de toutes les fonctions de la cléricature.

Ces six livres, composés, comme on l'a dit, à l'abbaye de Réading, s'étant promptement répandus dans le public, y furent bien accueillis. On y trouva tout bon, excepté un endroit où l'auteur soutenait que les prêtres déposés ou excommuniés ne consacraient pas réellement, s'ils avaient la présomption de monter à l'autel en cet état. *Quem itaque*, dit-il, *Christus per Ecclesiam deponendo vel excommunicando destituit ab officio, si in sacramentis altaris ministrare præsumit, qui jam minister non est, nihil facit.* Matthieu, son parent, lui ayant mandé de Saint-Martin des Champs ce qu'on trouvait à redire dans cette proposition, Hugues répondit pour la défendre. Cette réponse se trouve à la suite du sixième livre. Elle consiste à distinguer entre le titre et l'exercice, entre la dignité sacerdotale et les fonctions de cette dignité. L'Eglise, dit-il, par la déposition ou l'excommunication, n'ôte point le sacrement de l'ordre au prêtre, elle le prive seulement du droit de l'exercer: elle lui ôte l'office du sacerdoce sans toucher au caractère. C'est ce qu'il tâche d'établir par ces paroles de l'Evangile: *Tout ce que vous lierez sur la terre, sera lié dans le ciel*, etc., et par d'autres textes qui ne sont pas plus concluants (14). Cette Lettre est aussi rapportée dans l'ouvrage de Gerohus' prévôt de Reichersperg, mort en 1169, contre deux hérésies, parmi les *Anecdotes* de Dom Pez (t. I, part. II, p. 297-300).

Le septième livre est consacré à l'exposition du mystère de la Trinité, dont Hugues, suivant le goût du siècle, prétend trouver des vestiges dans les choses créées.

II° Trois livres sur l'Eglise et ses ministres, contre certaines hérésies qui régnaient alors en Bretagne (15). Cet Ouvrage est dédié au cardinal Albéric, à qui l'auteur dit qu'il se souvient ensemble à Nantes pour une nouvelle translation des corps de SS. Donatien et Rogatien, ils observèrent une comète qui se précipitait dans la mer: « Présage assuré, suivant votre réflexion, ajoute-t-il, de la ruine prochaine de l'hérésie qui dominait en ce temps-là dans l'Armorique. Alors, poursuit Hugues, le peuple hérétique ne put tenir contre la force de vos prédications. La crainte s'empara même tellement de leur chef, qu'il n'osa se présenter. C'est pourquoi vous jugeâtes à propos que j'écrivisse quelque chose sur ces hérésies naissantes; ce que j'accomplis aujourd'hui pour obéir. »

Le premier de ces trois livres est divisé en quatorze chapitres, dont les dix premiers sont employés à expliquer les mystères de la Trinité et de l'Incarnation, l'unité, la sainteté et l'autorité de l'Eglise, la nécessité du baptême pour tous les hommes, l'excellence de l'eucharistie, et l'obligation où sont tous les fidèles adultes de participer à cet ineffable sacrement. On réfute dans les suivants quelques objections des hérétiques contre le baptême des enfants. Ils alléguaient ce passage de l'Evangile: *Celui qui croira et sera baptisé, sera sauvé* (*Marc.* XVI, 16). Or, disaient-ils, les enfants ne croient pas, donc le baptême ne leur sert de rien. Hugues répond que ce passage ne regarde que les adultes et ceux qui ont l'usage de la raison. Cependant, ajoute-t-il, ce n'est pas à eux seuls, mais à tous les hommes en général, que le baptême est nécessaire, suivant ces autres paroles de l'Evangile: *Si quelqu'un n'est point rené de l'eau et de l'Esprit-Saint, il ne peut entrer dans le royaume des cieux* (*Joan.* III, 5). « Voilà une loi, poursuit-il, qui n'excepte personne, pas même un enfant d'un jour. Disons donc que l'on n'exige des enfants que la

---

(12) Liberum arbitrium est quædam facultas intelligentiæ rationalis, habens possibilitatem quod judicat. exsequendi.

(13) Idem namque efficiunt et monachi consecratio et baptismi regeneratio. Hoc enim (monasticum indumentum) dum per manum patris spiritualis more ecclesiastico devotus induit, mox a peccatis solutus illam quam in baptismo habuit, gratiam recipit.

(14) Gerohus dit l'avoir tirée des archives de l'église Romaine. *Epistola sequens quam de scriniis Romanæ curiæ accepimus.*

(15) Add. ad. Guib. Op., p. 69 715.

grâce, et non les œuvres; la grâce de la sanctification qui vient du baptême, et non les œuvres méritoires qui se font par le choix de la volonté. Cette grâce leur est conférée sans qu'ils s'en aperçoivent. Car de même qu'ils ignorent le péché qu'ils tirent originairement de notre premier père, ainsi ils reçoivent en Jésus-Christ par la voie des sacrements la grâce qu'ils ne connaissent pas. Et comme les enfants ne sont pas excusés du péché originel pour l'ignorer, de même ils ne sont pas exclus de la grâce pour ne point l'apercevoir. » En répondant aux autres objections de ces hérétiques, notre auteur dit que la foi de l'Eglise supplée à celle qui leur manque, de manière qu'elle devient, pour ainsi dire, leur propre foi.

Les sept ordres ecclésiastiques sont l'objet du second livre. L'auteur explique la nature et les fonctions de chacun de ces ordres. Les prêtres et les diacres, dit-il, promus canoniquement, possèdent certainement le Saint-Esprit, par le secours duquel ils vivent saintement et remplissent dignement leur ministère; mais ils ne peuvent donner par l'imposition des mains le Saint-Esprit qu'ils ont reçu. C'est un privilège réservé aux premiers pasteurs. L'évêque, dit-il plus bas, est le fondement de l'Eglise, parce que c'est par lui que l'Eglise possède le Saint-Esprit. Ses fonctions sont de faire le saint chrême, de bénir l'huile des catéchumènes, l'huile des infirmes, de consacrer les basiliques et les autels, les calices et les corporaux, les officiers ecclésiastiques et leurs vêtements, ainsi que tous les vases de l'Eglise; de confirmer les baptisés, de sacrer les césars et les rois. Sur les diacres, Hugues dit que, quoiqu'ils ne fassent point la consécration du corps et du sang de Jésus-Christ, ils reçoivent ces dons de la main du consécrateur pour les distribuer au peuple.

Dans le troisième livre notre auteur poursuit les autres erreurs des Bretons. Sur la résurrection, voici l'un des arguments qu'ils faisaient : Il arrive souvent que des corps humains sont déchirés, mis en pièces, mangés par les oiseaux, dévorés par les bêtes, ou réduits en poudre et emportés par les vents. Or, il est impossible que ces parties ainsi dispersées ou tournées en d'autres substances, puissent se réunir et reprendre leur ancienne forme. Donc les corps auxquels elles avaient originairement appartenu, ne pourront ressusciter. A cela, dit Hugues, nous répondons que, si la résurrection des corps était l'ouvrage de l'homme, ou d'aucune autre créature, cette objection pourrait nous embarrasser. Mais nous croyons et confessons que c'est la main du Tout-Puissant qui ramasse toutes ces choses, qu'elle les renferme toutes, et n'en perd aucune. Car, quelque dispersées que soient les parties du corps humain, Dieu les contient toutes, il les connaît toutes ; et dans un moment, dans un clin d'œil, il peut les rétablir dans leur premier état.

Ces hérétiques paraissaient aussi faire peu de cas du mariage, et ne point le compter parmi les sacrements. Hugues s'applique à leur prouver la sainteté du lien conjugal et son indissolubilité ; après quoi il leur reproche de traîner à leur suite des femmes qui n'étaient ni leurs épouses, ni leurs parentes, et cela sous prétexte d'imiter les apôtres, mais dans le vrai pour satisfaire leurs passions.

Le vœu de continence pour tous les ecclésiastiques et les moines, était encore un sujet de dérision pour ces hérétiques. Hugues justifie ce vœu par l'autorité de saint Paul, qui conseille d'après Jésus-Christ, la continence, comme un état plus parfait que le mariage. Or, dit-il, on ne peut nier qu'il ne soit permis de vouer ce qu'il y a de plus excellent dans la religion.

Enfin ils demandaient pourquoi l'Eglise avait été instituée, et de quelle utilité elle pouvait être. Hugues répond qu'elle est établie pour rassembler tous les fidèles, les instruire, leur communiquer les grâces du Saint-Esprit par le canal des Sacrements, les nourrir du pain céleste et les disposer par la pratique des préceptes divins à jouir après cette vie de l'éternelle félicité.

Voilà ce que contiennent en substance ces trois livres, publiés à la suite des Œuvres de Guibert de Nogent, par Dom Dacheri. Les hérétiques qu'on y attaque, paraissent être une branche des henriciens ou des pétrobusiens, car ils tenaient à peu près les mêmes dogmes. Mais quel était l'hérésiarque qui avait porté ces dogmes en Armorique ? C'est ce que Hugues ne nous apprend pas, et ce que nous ne pouvons découvrir d'ailleurs (16).

III° Trois livres à la louange de la Mémoire, *in laudem Memoriæ*, dédiés à un nommé Philippe que l'auteur ne fait point connaître. C'est un ouvrage théologique, où l'on traite de Dieu, de la Trinité, de l'Incarnation, du péché, de son origine, de ses suites, et du remède que la miséricorde du Rédempteur y a apporté. L'éditeur de ces trois livres est Dom Martène, qui en a fait part au public dans le neuvième tome de sa grande collection.

IV° Une explication du Symbole des Apôtres et de l'Oraison Dominicale. Elle est à la suite du précédent ouvrage, dans le recueil que nous venons d'indiquer. Hugues l'a dédiée à Gilles son archidiacre, qui fut depuis évêque d'Evreux.

V° Un traité de l'ouvrage des six jours. Tel que nous l'avons, c'est un fragment d'un commentaire complet sur la Genèse, divisé en trois livres. Dom Martène, qui a publié ce fragment dans le cinquième tome de ses *Anecdotes* (p. 1002-1008), regrettait fort, en le donnant, de n'avoir pas alors entre les mains l'ouvrage entier, tel qu'il l'avait vu parmi les manuscrits de Clairvaux. L'épître dédicatoire est adressée à l'évêque de Lisieux, Arnoul, que l'auteur, en sa qualité de métropolitain, appelle son cher fils. Hugues déclare dans cette dédicace, qu'il s'attachera plus à la lettre et au sens historique dans ses explications

---

(16) D. Mabillon (*Ann.* t. VI, p. 421) pense qu'il n'y a nul doute que ce ne soit le fameux Eon de l'Etoile. Sans prétendre rejeter absolument cette opinion, plusieurs raisons nous empêchent d'y souscrire : 1° nul des anciens n'attribue à ce fanatique les erreurs que l'archevêque de Rouen entreprend de réfuter; 2° ignorant et extravagant, comme l'histoire nous le représente, Eon ne paraît guère avoir été capable d'imaginer les objections et les raisonnements subtils que le prélat met dans la bouche de ses adversaires ; 3° Hugues ne dit mot de l'insigne folie d'Eon, adoptée par ses disciples, folie qui le portait à se croire le fils de Dieu sur une allusion grossière de son nom avec le mot *eum* employé dans cette conclusion des exorcismes, *per eum qui venturus est*, etc. Il est vrai toutefois que Robert du Mont rapporte qu'Eon se présenta devant le légat Albéric, et ne craignit pas de le braver, dans la mission que ce prélat fit en Bretagne. Mais cela même semble prouver qu'il n'était pas le chef des hérétiques qu'Albéric allait combattre, puisque Hugues, dans le prologue de son ouvrage, atteste que ce chef n'osa se montrer. Quoi qu'il en soit, nous laissons la liberté à qui le voudra, de suivre le sentiment de D. Mabillon, ou de le regarder avec nous comme douteux.

du texte sacré, qu'au sens allégorique et moral. Cependant on voit que sa pente naturelle l'emporte fréquemment de ce côté-là.

VIe La Vie de S. Adjuteur ou Ajoutre, moine de Tiron (Dom Martène, *Anecd.*, t. V, p. 1012-1017). Ce saint, né à Vernon de parents nobles, suivit d'abord la profession de son père, qui était celle des armes. Ayant pris parti dans la première croisade, il s'y distingua par sa bravoure, animée de l'esprit du christianisme et soutenue de la protection visible du ciel. Entre ses hauts faits, l'auteur raconte celui-ci : Un jour étant à la tête d'une troupe de deux cents hommes dans le territoire d'Antioche, il donna dans une embuscade de quinze cents Sarrasins. Voyant que ses gens n'étaient pas en état de faire face à cette multitude, il invoqua sainte Madeleine, et promit que si elle lui procurait la victoire, il donnerait à l'abbaye de Tiron sa terre du Mont avec une chapelle qu'il y ferait bâtir. Alors, plein de confiance, il se jette avec sa troupe sur les ennemis, en tue mille et met le reste en fuite. C'est un fait, dit l'historien, que nous tenons des illustres chevaliers Héliodore de Blarru, Eudes de Porc-Mort, Jean de Bréhéval, Anselme de Chantemerle, Gui de Chaumont, Pierre de Courtenai, Richard d'Harcourt, Henri de Préaux, et autres qui se trouvèrent au combat. Ajoutre ayant différé d'accomplir son vœu, parce qu'il ne croyait pas que le service de la terre sainte lui permît de retourner si promptement en sa patrie, il arriva qu'il fut pris par les ennemis. Dans sa prison il invoqua de nouveau sainte Madeleine, et s'adressa aussi à saint Bernard de Tiron, mort depuis quelques années. L'un et l'autre lui apparurent dans la nuit, brisèrent ses chaînes et le mirent en liberté. Il reprit aussitôt la route de France et alla se rendre moine à Tiron. Il y vécut dans la plus grande ferveur, et fit de son vivant plusieurs miracles, dont quelques-uns eurent pour témoin son historien. Ce fut notre prélat qui recueillit ses derniers soupirs le 29 avril 1132. Cette vie se trouve encore dans le cinquième tome des *Anecdotes* de D. Martène.

Outre les lettres de notre auteur dont nous avons déjà rendu compte, on conserve encore les suivantes, savoir :

1º Trois lettres au roi Louis le Jeune, publiées dans le quatrième tome de Duchesne (p. 638-639). Les deux premières n'ont rien de bien intéressant ; la troisième est contre les religieux de Cluni, qui voulaient s'emparer de l'élection de l'abbé de Saint-Martin de Pontoise, prétendant que cette maison était de leur ordre, sur ce que saint Gautier, son fondateur, avait demeuré quelque temps à Cluni, et que la place où elle était bâtie, avait été donnée par les moines de Saint-Martin des Champs. Hugues prend la défense de cette abbaye, et supplie le roi de la maintenir dans la possession du droit où elle est de ne relever que de l'archevêque de Rouen.

2º Trois lettres à Suger, dont la première imprimée dans le susdit volume de Duchesne (p. 527), et les deux autres dans le premier tome des *Anecdotes* de Dom Martène (417-518), concernent des affaires particulières.

3º Une lettre au pape Innocent II, rapportée par Guillaume de Malmesburi (17), et traduite par Dom Pomeraye dans son *Histoire des archevêques de Rouen*. Elle contient le récit de la mort du roi Henri 1er, à laquelle, ainsi qu'on l'a dit, notre prélat assista.

4º Une lettre à Thierri, évêque d'Amiens, placée dans le supplément des œuvres de Guibert de Nogent. Elle est trop courte et en même temps trop importante, pour que nous ne la rapportions pas tout entière. La voici, d'après la traduction que D. Pommeraye en a donnée. Nous supprimons le commencement.

« Ceux de Chaartres ayant commencé à conduire des chariots pour aider à la construction de leur église, Notre-Seigneur a récompensé leur humble zèle par des miracles dont le bruit s'étant répandu de toutes parts, a excité les Normands à imiter la piété de leurs voisins. Nos diocésains ayant donc notre bénédiction, se sont transportés jusqu'à Chartres, et y ont été présenter leurs vœux et leurs offrandes. Ensuite plusieurs de notre diocèse et des autres quartiers de notre province ont fait de même, chacun à l'égard de leur église principale. Mais ils n'admettent personne en leur compagnie qu'auparavant il ne se soit confessé et soumis à la pénitence, n'ait renoncé à toute animosité et à tout désir de vengeance, et ne soit véritablement réconcilié avec ses ennemis. Cela étant fait, les associés élisent entre eux un chef, sous la conduite duquel ils tirent eux-mêmes leurs charrettes avec silence et humilité, et présentent leurs offrandes en se donnant la discipline et en versant des larmes. Or, ces trois choses que nous avons marquées, savoir, la confession avec la pénitence, la réconciliation avec les ennemis, l'humilité dans la marche, jointes à l'obéissance envers les chefs, sont autant de conditions nécessaires que nous exigeons de tous ceux qui s'adressent à nous. Lorsque nous voyons qu'ils les veulent bien observer, nous les recevons charitablement, nous les absolvons de leurs péchés, et nous leur donnons notre bénédiction. Après cela se mettant en chemin dans ces bonnes dispositions, il arrive souvent que leur foi est récompensée par des miracles que Dieu opère, principalement dans nos églises, à l'égard des malades qu'ils amènent avec eux, lesquels ont la joie de retourner dans leur pays en pleine santé. Nous permettons à nos diocésains d'aller pratiquer cette dévotion aux autres évêchés ; mais nous leur défendons d'entrer dans les lieux où il y a des excommuniés, et où l'on a interdit la célébration de l'office divin. Ces choses sont arrivées l'an de grâce 1145. Adieu. » Cette lettre, dont l'original ne se retrouve plus, s'accorde parfaitement, quant à la substance des faits, avec celle d'Aimon, abbé de Saint-Pierre-sur-Dive, dont on a rendu compte ci-devant (18). On a dit à l'occasion de celle-ci, que son récit était attesté par Raoul *de Diceto* ; il faut encore y ajouter les témoignages de Robert du Mont (ad an. 1144), de la Chronique de Normandie, et d'un ancien manuscrit, de manière que tout incroyable que ce récit paraît, il a néanmoins les caractères de la plus grande authenticité.

5º Une lettre à Alphonse, comte de Toulouse, excommunié par le pape Innocent II pour avoir soutenu les habitants de Montpellier, révoltés contre Guillaume VI, leur seigneur. C'est une réponse à ce prince, qui avait mandé à notre prélat, le 7 mai de l'an 1143, qu'il était prêt à se rendre à Lyon, à Vienne ou à Valence, à son choix, pour y recevoir de sa main, en qualité de légat, son absolution. Hugues, après avoir loué ses bonnes dispositions, lui fait savoir qu'il se rendra dans la dernière de ces trois villes, pour lui donner la satisfaction qu'il demande. Cette lettre, publiée en original à la suite des œuvres de Guibert de Nogent, se trouve traduite dans l'*Histoire des archevêques de Rouen* (p. 339), et dans le deuxième tome de la *Nouvelle Histoire de Languedoc* (p. 436).

6º Des lettres d'absolution, expédiées au dauphin Guigues, pour des violences qu'il avait commises

---

(17) Lib. I *Hist. nov.*, fº 100 vº. — Elle se rencontre aussi dans le neuvième tome de la grande collection de D. Martène, p. 1236.

(18) Vide *Patrologiæ* tom. CLXXXI, col. 1703.

contre l'Eglise de Romans. Elles se rencontrent dans le premier tome des *Anecdotes* de D. Martène (p. 380.)

7°. Deux lettres à Thibaut, abbé de Saint-Germain des Prés, insérées parmi les Preuves (n. 53, 54) de l'*Histoire* de cette maison.

8°. Une lettre à Rainald, abbé de Citeaux, publiée dans le *Neustria pia* (p. 772), d'après Robert du Mont.

9°. L'an 1134 Hugues d'Amiens tint à Montpellier un concile ou une assemblée d'évêques, où il décida en faveur de l'abbaye de Saint-Tiberi un procès qu'elle avait avec celle de la Chaise-Dieu touchant l'église de Bessan (19). Trois légats y présidèrent, savoir, notre prélat, l'archevêque de Narbonne et celui d'Arles. Hugues rédigea le jugement, qu'il adressa en forme de lettre à l'abbé de Saint-Tiberi et à ses successeurs. Par une autre lettre, il informa le pape Innocent de cette opération. Ces deux pièces se rencontrent parmi les preuves du deuxième tome de la *Nouvelle histoire de Languedoc*.

10° Une lettre au pape Eugène III. Elle est rapportée dans l'*Histoire de l'abbaye de Vezelai*, par Hugues de Poitiers, et a pour objet d'engager le pontife à maintenir l'exemption de ce monastère contre les entreprises d'Etienne II, évêque d'Autun.

VII°. L'an 1156 on découvrit au prieuré d'Argenteuil la robe sans couture de Notre-Seigneur. Cette relique, envoyée, suivant une ancienne tradition, par l'impératrice Irène à l'empereur Charlemagne, avait été déposée par ce prince dans l'église de ce monastère, alors occupé par des filles. Mais au commencement des incursions des Normands (vers l'an 845), les religieuses, obligées de s'enfuir, l'enfermèrent dans un mur, où elle demeura cachée jusqu'à l'an dont nous venons de parler. Hugues d'Amiens, sur le bruit qu'elle avait été découverte, se transporta sur les lieux avec un grand nombre de prélats de différentes provinces. Le roi Louis le Jeune s'y rendit aussi dans le même temps; et là, en présence de cette auguste assemblée, notre prélat vérifia la relique avec les titres et enseignements qu'on avait trouvés dans la châsse où elle était. La charte qu'il fit expédier à cette occasion se conserve en original aux archives d'Argenteuil, et se trouve imprimée à la fin de l'*Histoire de la robe sans couture*, par dom Gerberon, et dans la *Panoplia sacerdotalis* de M. du Saussai. M. Thiers s'est inscrit en faux contre cette pièce, ainsi que contre la relique qu'elle autorise. Notre objet n'est point d'entreprendre la défense de celle-ci; mais nous ne pouvons nous dispenser d'examiner les moyens par lesquels on attaque la charte.

Le censeur objecte en premier lieu le silence des écrivains du temps sur le fait qu'elle énonce. A quoi l'on répond que ce fait est attesté par Robert du Mont (ad an. 1156), par Nicolas Trivet, par Matthieu Paris (20), par Matthieu de Wetminster (21), et par Jean Brompton (22).

En second lieu, l'archevêque de Rouen, dit-il, n'y prend que le titre de simple prêtre, *humillimus sacerdos*. Mais pour un ancien professeur d'humanités, tel qu'était M. Thiers, l'objection n'est point honorable. Ne sait-on pas en effet que *sacerdos*, dans la bonne latinité, s'applique aux prêtres du premier ordre comme à ceux du second? Mais, quand même ce terme ne conviendrait proprement qu'aux derniers, n'a-t-on pas des exemples nombreux d'évêques qui se sont qualifiés du nom même de *presbyter*? Enfin ce qui tranche absolument la difficulté, c'est que Hugues prend dans d'autres chartes, dont la sincérité est au-dessus de toute suspicion, la même qualité que dans celle qui nous occupe (23).

En troisième lieu, de quel droit, dit-on, l'archevêque de Rouen assemblait-il hors de sa province des prélats qui n'en étaient pas? Réponse: C'était par son titre de légat, dont il est certain qu'il était revêtu, quoi qu'en dise le censeur.

En quatrième lieu, cette charte contient, suivant M. Thiers, des grâces extraordinaires et inouïes jusqu'alors. Pour entendre en quoi ces grâces consistent, il faut donner la substance de la charte. « Tous ceux, est-il dit après le préambule, qui viendront cette année offrir leurs vœux dans cette église en l'honneur de la robe de Notre-Seigneur, nous, par la confiance que nous avons en la bonté divine, leur remettons une année de pénitence, s'ils sont engagés dans des péchés graves; et, s'ils ne sont coupables que de fautes légères, nous leur remettons la moitié de la pénitence. Nous leur pardonnons de même (c'est-à-dire en leur remettant la moitié de la pénitence que ces péchés méritent) ceux qu'ils ont oubliés, *oblita peccata* (ce qui ne peut s'entendre que de ces fautes de surprise qui ne laissent que de légères traces dans l'esprit). . . Quant aux parents qui ont laissé mourir par négligence leurs enfants au-dessous de sept ans, soit qu'ils soient morts avec le baptême, soit qu'ils soient morts sans baptême, nous leur remettons toute la pénitence, à l'exception de celle qu'ils doivent faire les vendredis. «

Pour bien juger de ces clauses, il faut se rappeler qu'on était alors au milieu du XII° siècle, c'est-à-dire de ce siècle où les croisades donnèrent naissance à de nouvelles espèces d'indulgences inconnues à toute l'antiquité. Bientôt l'usage en devint si commun, qu'on les accordait non-seulement pour les besoins de terre sainte, mais pour les moindres sujets, et quelquefois même sans sujet. Nous avons vu sur Abélard (24) qu'il n'y avait presque point de cérémonie solennelle dans les évêques ne prodiguassent de pareilles faveurs, sans considérer le tort qu'elles faisaient à la discipline de l'Eglise. Qu'y a-t-il donc de surprenant qu'un légat du saint-siège les distribue, dans une occasion des plus rares et des plus éclatantes, avec une certaine profusion? Ne pourrait-on pas même trouver dans l'indulgence est dispensée dans la charte qui nous occupe, une preuve de la sincérité de cet acte? Car on y respecte encore la pénitence canonique, dont on ne relâche qu'une partie; ce qui caractérise proprement le XII° siècle, auquel cette sorte de pénitence paraît avoir presque'entièrement fini.

Hugues d'Amiens peut être compté parmi les théologiens du XII° siècle qui nous ont fidèlement transmis la doctrine de l'antiquité. Si l'on excepte l'article que nous avons relevé dans ses *Dialogues*, tout ce qu'il enseigne est puisé dans les sources les plus pures de la tradition. On ne trouve dans ses écrits aucune de ces questions frivoles qui s'agitaient alors avec tant de bruit et si peu d'utilité dans les écoles publiques. C'est un docteur vraiment sage, qui cherche à instruire solidement, et non à faire briller vainement la subtilité de son esprit. A l'égard de son style, il est clair, simple, facile, assorti aux sujets qu'il traite, et presque égalemrnt éloigné de la barbarie et de l'affectation.

(19) *Histoire de Languedoc* t. II, p. 13, et p. 476.
(20) *Hist. maj.* ad an. 1156.
(21) *Flor. Hist.* ad an. 1156.
(22) *Chr.* ad an. 1157.
(23) Voyez le *Nouveau traité de diplomatique*, t. V,

p. 540, note 1, où, après avoir observé que la suscription des chartes de ce prélat varie beaucoup, on en rapporte une où il s'intitule: *Sanctæ sedis legatus et Rothomagensis sacerdos*.
(24) Vide *Patrologiæ* t. CLXXVIII.

HUGONIS
ROTHOMAGENSIS ARCHIEPISCOPI
EPISTOLÆ.

I
Ad Ludovicum Francorum regem. — De mercato constituendo apud Gozengres.

(DUCHESNE, *Script. Franc.*, IV, 638.)

Domino suo dilectissimo Ludovico, Dei gratia illustri regi Francorum, Hugo suus et Rothom. archiepiscopus, salutem, honorem et prosperitatem.

Manet in memoria nostra, quod rogavimus nobilitatem vestram de mercato constituendo apud Gozengres, et vestra regia magnificentia dixit inquirendum ne inde impedimentum oriretur vicinis mercatis de Vilcassino. Nunc autem ab inquirentibus nobis relatum est quod in die Lunæ fieri potest absque impedimento vicinitatis. Unde et hoc fieri a vestra nobilitate postulamus, si vobis placet. Conservet vobis Deus vitam et salutem per tempora longa.

II.
Ad eumdem.
(*Ibid.*)

Domino suo charissimo Ludovico, Dei gratia illustri regi Francorum, Hugo suus et Rothom. archiepiscopus salutem, honorem et prosperitatem.

Novit Deus quod in omnibus synodis, ecclesiarum consecrationibus, conventibus, missis, memoriam vestri facimus in orationibus nostris, quoniam vos plurimum diligimus. Quoniam autem vobis placuit ut nobis significaretis ubi et quando debeamus ad vos venire, precamur ut usque in diem Mercurii nos exspectetis. Det vobis Deus vitam per tempora longa. Amen.

III.
Ad eumdem. — Pro libertate ecclesiæ S. Martini de Pontisara (Pontoise).

Domino suo charissimo Ludovico, Dei gratia illustri Francorum regi, Hugo suus et Rothomagensis archiepiscopus salutem, honorem et prosperitatem.

Abbatis sancti Martini de Pontisara a principio suæ fundationis post dominationis vestræ principatum ad Rothomagensem Ecclesiam, et ad ejus archiepiscopum pertinet singulariter in abbatis electione, et consecratione, et in omni alio jure. Nunc autem monachi Cluniacenses, nescio qua nova adinventione, eam sibi in subjectionem vindicare nitun- tur. Unde vestræ regiæ sublimitati humiliter supplicamus, quatenus eamdem ecclesiam, quæ vestra est, in sua libertate conservari præcipiatis, in ea videlicet qua nos tenuimus, et prædecessores nostri tempore vestro et vestrorum antecessorum. Conservet vobis Deus vitam et salutem per tempora longa.

IV-V.
Ad Sugerium abbatem S. Dyonisii.

(Exstant inter epistolas Sugerii, num. 103, 173, 174. *Patrologiæ* t. CLXXXVI, col. 1399, 1430, 1431.)

VI.
Ad Innocentium II pontificem Romanum. — De morte Henrici I Anglorum regis.

(Vide *Patrologiæ* t. CLXXIX, col. 670.)

VIII.
Ad eumdem. — De gestis a se super ecclesia de Beciano.

(Vide ibid., col. 665.)

IX.
Ad clerum et populum Romanensem. — De absolutione Guigonis Delphini.

(Anno 1132.)

[MARTEN. *Anecdot.* I, 380, ex chartario Romanensi.]

Hugo, Dei gratia Rothomagensis Ecclesiæ servus, sedis apostolicæ legatus, venerabilibus clero et populo Romanensibus in perpetuum.

Ecclesiarum possessiones et privilegia quo studio servanda pariter et tuenda sanctorum Patrum mandat auctoritas. Litteris igitur præsentibus notitiæ posterorum assignamus, quia Romanensem Ecclesiam sanctus Domini confessor Bernardus Viennensis archiepiscopus olim fundavit, eamque cum adjacenti sibi oppido, Romanis nuncupato, Romano pontifici possidendam, ab omni potestate laicali solutam ac liberam concessit, et ita privilegiis antiquis roborata, et multorum annorum curriculis inconcusse possessa, dies hodierna liquido repræsentat. Cum enim, peccatis exigentibus, comes Guigo Delphinus, animo ferus, armis validus, exercituum gravi multitudine constipatus, præfatum Romanense oppidum violenter intrasset, et hostili crudelitate vastasset, nec tamen misericors Deus Romanensem

Ecclesiam dereliquit, quin ei libertatem pristinam conservaret, quam castigando percussit. Audiens autem B.Innocentius papa Romanus pontifex summus,Romanensem ecclesiam per comitem G. Delphinum atrociter devastatam, me licet minus idoneum a latere suo transmisit,pro his et hujusmodi excessibus corrigendis. Eapropter ad partes illas descendimus, et apostolica auctoritate convocavimus Stephanum Viennensem archiepiscopum, et episcopos, Humbertum Aniciensem, Eustachium Valentinum, Gocerannum Vivariensem, Hugonem, Gratianopolitanum,Ayrurdum Maurianensem, Pontium Tricastinum, Joannem abbatem Bonæ-Vallis, et quamplures authenticos et religiosos viros. Horum consilio et oratione præmuniti, comitem G. Delphinum,aspirante Domino, apostolicis jussionibus, nostrisque et coepiscoporum monitis, tandem humiliatum et acquiescentem suscepimus, pacemque pro peccatis suis et satisfactionem pro sacrilegio perpetrato promittentem absolvimus, etc.

X.

Ad Theodoricum Ambianensem episcopum. — De hominibus qui vice jumentorum trahebant carpenta ad ædificandas ecclesias,

(Opp. Guiberti Novigentini, append., p. 688.)

Reverendo Patri Theodorico,Ambianensium episcopo. Hugo Rothomagensium sacerdos,prosperari semper in Christo.

Magna opera Domini exquisita in omnes voluntates ejus ! Apud Carnotum cœperant in humilitate quadrigas et carpenta trahere ad opus ecclesiæ construendæ. Eorum humilitas etiam miraculis coruscare, hæc fama celebris circumquaque pervenit. Nostram denique Normaniam excitavit. Nostrates igitur benedictione a nobis accepta, illuc usque profecti sunt, et vota sua persolverunt. Deinde forma simili ad matrem suam Ecclesiam in diœcesi nostra, per episcopatus nostros, venire cœperunt, sub tali proposito, quod nemo in eorum comitatu veniret, nisi prius data confessione, et pœnitentia suscepta; nisi deposita ira et malivolentia,qui prius inimici fuerant convenirent in concordiam,et pacem firmam. His præmissis : unus eorum princeps statuitur, cujus imperio in humilitate et silentio trahunt quadrigas snas humeris' suis; et præsentant oblationem suam non sine disciplina et lacrymis.

Tria illa quæ præmisimus,confessionem videlicet cum pœnitentia, et concordia de omni malivolentia et humilitatem veniendi cum obedientia,requirimus ab eis cum ad nos veniunt, eosque pie recipimus, et absolvimus, et benedicimus si tria illa deferunt, dum sic informati in itinere veniunt, quandoque et in Ecclesiis nostris quam maxime miracula creberrima fiunt. De suis etiam quos secum deferunt infirmis, et reducunt sanos quos secum attulerunt invalidos. Et nos permittimus nostros ire extra episcopatus nostros,sed prohibemus

(25) De hac epistola vide *Notitiam litterarium* in Hugonem, supra col. 1123.

eos ne intrent ad excommunicatos, vel interdicdictos.

Facta sunt hæc an.incarnati Verbi 1145.Benevale.

XI

Ad Alphonsum comitem Tolosanum (25).

Hugo Rothomagensis archiepiscopus, sedis apostolicæ legatus,Alphonso nobilissimo comiti Tolosæ duci Narbonæ, marchioni Provinciæ, quidquid boni tibi mandare possumus et debemus.

Quia Deus tam honore quam probitate tuam personam egregiam et sublimem constituit,decet omnimodis ut bene placeas ei, in cujus manu honor et probitas tua consistit. Scripsit namque nobis tua liberalitas,quatenus aut Lugduni, aut Viennæ, aut Valentiæ tibi occurramus ; sed pro tua reverentia magis apud Valentiam tibi obviam veniemus. Nonis Martii, Domino ducente, pro tua petitione erimus Valentiæ. Speramus enim te plena fide sic velle prosequi sicut venerabili fratri nostro Tricassino episcopo promisisti, et nobis per litteras tuas idipsum promittendo significasti. Festina reconciliari matri tuæ Ecclesiæ, ut crescas semper in honore, egregie princeps et domine. Vale.

XII

Ad Rainardum abbatem Cisterciensem. — Ecclesiam Mortuimaris Cisterciensibus concedit.

(Neustria pia, p. 772.)

Reverendo abbati Rainardo, sacroque conventui, Cisterciensi, Hugo Rothomagensis sacerdos, salutem, gratiam et benedictionem.

Tempore nostro ædificatum est in parœchia nostra monasterium Mortuimaris, quod precibus regis Anglorum donavimus ordini vestro,per manum domni Gualeranni Ursicampi.Abbas vero, qui nunc præest monasterio Mortuimaris,Alexander nomine, fuit quidem monachus Willelmi abbatis de cœnobio Pinus. Sed idem Willemus in præsentia Ecclesiæ nostræ tenens manum præfato Alexandro, manu sua, reddidit eum in manu nostra, nobis : quem ego postea dedi vestro ordini, sub manu prædicti abbatis Gualeranni. Orate pro me, patres et fratres mei, ut remittat peccata mea mihi, et misereatur mei Agnus Dei qui tollit peccata mundi. Amen (26).

XIII.

Ad Ademarum S. Tyberii abbatem.

(Anno 1134.)

[*Hist. de Languedoc*, tom. II, Preuv., p. 475-476.]

Hugo, Dei gratia Rothomagensis archiepiscopus, sedis apostolicæ legatus, dilecto Ademari abbati S. Tyberii suisque successoribus, in perpetuum.

Religiosis et Deo servientibus providere, eorumque possessiones et jura ecclesiastica conservare, omnibus qui in regimine positi sunt sanctorum Patrum mandat auctoritas. Eapropter causam illam super ecclesia de Beciano multo tempore ventilatam auctoritate apostolica suscepimus ter-

(26) Ex Roberto de Monte, De mutatione ordin. monachor. cap. 1.

minandam. Considentibus itaque nobiscum apud Montempessulanum venerabilibus archiepiscopis B. Arelatensi, A. Narbonensi sedis apostolicæ legatis,et episcopis Agathensi et G. Arausicensi, et P. abbate Sancti Ægidii,et aliis quam pluribus religiosis personis, tu ad diem in supradico loco tibi auctoritate apostolica et nostra præstitutam, paratus ad justitiam ante nos venisti ; abbas vero Casæ-Dei,qui ad eamdem diem et cumdem locum auctoritate apostolica a nobis vocatus fuerat, nec ipse venit, nec pro se responsales misit, nec aliquam excusationem canonicam inibi prætendit. Eo itaque sic deficiente, nos præcepti domini nostri papæ Innocentii justitiam exsequentes quæsivimus ab Ecclesia Agathensi, in cujus parochia sita est ecclesia de Beciano, ut coram Deo et nobis omnibus ibidem consistentibus veraciter protestarentur ad quod jure canonico, vel tuum, vel Casæ-Dei monasterium pertineret præfata ista ecclesia de Beciano illi siquidem, quia vere prout antecessoribus acceperant, ad jus et possessionem Sancti Tyberii, cui monasterio, Deo auctore, præsides, pertinere responderunt. Ad hanc tu, Ademare, protulisti instrumentum donationis factæ de ecclesia de Beciano ecclesiæ Sancti Tyberii, prædecessori tuo Deodato, quod instrumentum a Berengario bonæ memoriæ Agathensi episcopo factum, et annis Dominicæ incarnationis et testibus idoneis roboratum existit. Consequenter et tu produxisti quatuor testes, viros antiquos, asserentes se vidisse quia ecclesia Sancti Tyberri possedit quiete per multos annos ecclesiam de Beciano, antequam monachi de Casa-Dei intrassent in eam. Tunc illi canonice nominati juraverunt super Evangelia Dei hoc se vidisse, et hoc verum esse. Prodierunt et alii quatuor testes qui dixerunt se interfuisse placito illi quod habitum est apud Corbianum inter monachos Sancti Tyberii et monachos Casæ-Dei, in præsentia Aldeberti Agathensis episcopi, præsentibus A. Narbonensi archiepiscopo, et J. Nemausensi episcopo, dicentes se vidisse et audisse quosdam testes idoneos ibidem jurasse,quod Bernardus Agathensis episcopus, qui induxerat monachos Casæ-Dei in ecclesiam de Beciano, cum accepisset testimonia personarum authenticarum ecclesiæ suæ super donatione facta a Berengario antecessore suo, Deodato abbati et monasterio Sancti Tyberii de ecclesia de Beciano,ipse idem Bernardus coram Bertranno Narbonensi archiepiscopo in placito de eadem causa habito apud Cabrils, præsentibus monachis Casæ-Dei et Sancti Tyberii, quod prædicti Aldebertus Agathensis, et A. Narbonensis, et J. Nemausensis audientes sententiam restitutionis ipsius ratam esse et tenendam judicaverunt, et sicut præfati quatuor testes hoc se vidisse et audivisse protestati sunt, ita nobis præsentibus examinati, super Evangelium Dei juraverunt hoc ipsum, A. Narbonensis archiepiscopus, et Ermengaldus Agathensis archidiaconus, et R. sacrista, magister Dulcianus qui interfuit præfato placito de Corbiano, coram nobis se vidisse et audisse viva voce protestati sunt. Hi omnes qui hoc testimonium nobis perhibuerunt, eamdem de præfata restitutione sententiam attestati sunt fuisse confirmatam apud Lupianum a supra nominato A. Agathensi et A. Narbonensi, et P. Lutevensi, et R. Magalonensi episcopi, et R. tunc archidiacono nunc episcopo Agatensi, præsentibus abbatibus de Casa-Dei et Sancti Tyberii. His omnibus de causis, et insuper admonitione et præcepto Guidonis diaconi cardinalis et apostolicæ sedis legati, præfatus R. Agathensis te et ecclesiam Sancti Tyberii de ecclesia de Beciano revestivit. Hanc rescissionem, eodem R.Agathensi episcopo attestante, sic factam, nos et nobiscum sic assidentes supra nominati archiepiscopi et apostolicæ sedis legati, et episcopi, et quam plures authentici et religiosi viri approbamus,et approbata vice apostolica quam super hoc negotio gerimus, confirmamus, et pro canonica donatione a Berengario Agathensi episcopo facta, et legitima possessione subsecuta tibi tuisque successoribus et monasterio Sancti Tyberii cui præsides, præfatam ecclesiam de Beciano cum decimis et omnibus jure ad eam pertinentibus, omni deinceps quæstione sopita perpetuo possidendam adjudicamus.

Actum est hoc anno Verbi incarnati 1134, apud Montempersulanum, universali papa Innocentio, rege Francorum Ludovico.

Ego Hugo Rothomagensis archiepiscopus et apostolicæ sedis legatus.

XIV.

Ad Eugenium III pontificem Romanum. — Ut Vizeliacense cœnobium sub Romanæ sedis protectione suscipiat.

(Vide in Eugenio III, *Patrologiæ* t. CLXXX, inter variorum ad Eugenium epistolas.)

XV.

Ad universos fideles. — De cappa inconsutili.
(Anno 1156.)

[Dom' GERBERON, *Hist. de la Robe sans couture*, p. 124.]

Universis catholicæ Ecclesiæ fratribus reverendiss. H.Rothomagensis Ecclesiæ humillimus sacerdos, salutem et gratiam divinæ propitiationis.

Ad omnium volumus notitiam pervenire quod nos supernæ pietatis instinctu apud Argentoïlum convenientes, adjunctis humilitati nostræ multis authenticis, et reverendiss. personis archiepiscopo Senonensi, Theob. Par., Roberto Carnetensi, Aurelianensi, Retensi, Antissiodorensi, Catalaunensi, Ebroacensi, Meldensi, Silvanectensi episcopis, sanctis abbatibus quoque venerabili Od. abbati S. Dionysii, S. S. Germani, God. Latiniacensi, Ferrariensi. Fossatensi, S. Faronis, S. Maximini, S. Maglorii,Pontissarensi, Mariniacensi, aliis etiam quam pluribus. Cappam pueri Domini Jesu,quæ in ejusdem thesauris Ecclesiæ a temporibus antiquis honore condigno reposita erat, ad fidelium salutem, humiliter inspeximus, et palam eduximus, et veneratione solemni debitam ejus magnificentiæ reverentiam exhibentes illam desiderio et devotioni populorum studio pietatis obtulimus. Aderat ibidem supereminens et sublimis præsentia illustris regis Francorum Ludovici cum proceribus et optimatibus palatinæ dignitatis, maxima consistente frequentia vulgi. Ob insigne igitur gratiæ cœlestis, illud videlicet indumentum quo sese humanata induere sapientia dignata fuit, et ob sanctissimam præscriptorum Patrum præsentiam, Deo propitio, salubri dispositione decretum est, ut omnibus ibidem venientibus, supernæ miserationis gratiam poscentibus mercedes et fructus suæ devotionis in indulgentia veniæ compensetur. Quicunque igitur hoc præsenti anno in loco prænominato in honorem Dominicæ vestis propriam servitutem et devotionem obtulerit : nos omnibus illis de clementiæ cœlestis plenitudine confisi, si peccatis gravibus et maximis impliciti fuerint, unius anni pœnitentiam relaxamus. Qui vero levibus, id est venialibus detinentur, medietatem pœnitentiæ remittimus. Oblita peccata modo simili condonamus. Annis vero singulis a festivitate sanctissimi Dionysii usque ad octavas ejusdem, loci ipsius et sacratissimæ vestis venerationem pie invisentibus XL dies suæ pœnitentiæ remittimus et indulgemus. De parvulis qui baptizati vel sine baptismi remedio infra VII annos per negligentiam paratum mortui sunt, totam pœnitentiam eorum remittimus, excepta feria VI in hebdomada, in qua etiam die, si ad Ecclesiam pœnitens perrexit, qualem ei charitatem presbyter dederit, talem habeat. Si vero infirmus fuerit aut mulier prægnans, vel debilis, quæ jejunare non possit, dicat septies, *Pater noster*, et opere pio bonum exerceat quod potuerit. Omnibus autem hæc et quæ justa sunt conservantibus, sit pax et salus Domini nostri Jesu Christi. Amen.

Actum est anno Verbi incarnati 1156, felicis memoriæ Adriano papa IV feliciter.

HUGONIS

ARCHIEPISCOPI ROTHOMAGENSIS

DIALOGORUM

SEU

QUÆSTIONUM THEOLOGICARUM

LIBRI SEPTEM

(MARTEN., *Thesaurus Anecdot.*, V, 891, ex duobus mss., uno Colbertino, altero Rothomagensi domini Grebovaldi).

ADMONITIO PRÆVIA.

Hugonis archiepiscopi Rothomagensis Dialogorum libros habui beneficio cl. viri Stephani Baluzii, qui ex manuscripto Colbertino 122, propria manu descriptos, atque editioni jam paratos sponte mihi obtulit. Hos, ut accepi, statim cum veteri codice cl. viri domini Grebovaldi ecclesiæ parochialis Sancti Petri apud Rothomagum rectoris dignissimi contuli, qui codex ante annos quingentos exaratus ad auctoris ipsius ætatem accedere videtur. Ex utriusque autem codicis collatione nonnulla animadverti, quæ hic adnotare juvat. Primo in codice Colbertino desideratur integer liber septimus, desiderantur et in fine libri tertii et initio quarti folia septem. Secundo plurima passim addita sunt in Grebovaldino manuscripto, quæ desunt in Colbertino. Tertio non eadem est in utroque librorum distributio. Quarto nec proœmialis ad Matthæum epistola in utroque eodem modo incipit. Nam in Colbertino sic se habet : Incipit epistola Hugonis Radingensis abbatis. *In Grebovaldino vero ita* : Incipit epistola Hugonis Rothomagensis archiepiscopi ad Matthæum Albanensem episcopum. *Sed neque idem est in utroque ejusdem epistolæ finis. Quippe in Colbertino est hujusmodi* : Nos enim una generis consanguinitas, et ejusdem professionis in Christo junxit societas, quos Laudunense solum educavit et docuit. Sed te patria tenuit, me obedientiæ exsulem in Anglia fecit. Te Parisius apud Sanctum Martinum lætatur habere priorem, me Radingia indignum servat abbatem, Matthæe fratre. *In Grebovaldino vero ita* : Nos enim una generis consanguinitas, et ejusdem professionis in Christo junxit societas, quos Francia genuit, quos Laudunense solum educavit et docuit, quos veste Christi Cluniacus induit ; sed te postmodum sedes apostolica Albanum elegit habere pontificem : me missum in Normanniam præcepit esse Rothomagensium sacerdotem, Matthæe charissime Pater et domine. *Ex quibus omnibus eruere mihi videor,primo Hugonem Dialogorum libros conscripsisse cum esset abbas Radingensis in Anglia, deinde factum archiepiscopum Rothomagensem, cum intellexisset illos omnibus fore acceptos ac cunctorum manibus teneri, eosdem variis accessionibus auctos exspolivisse, quas quidem additiones, ut facilius lectores advertant, ansulis includere curavimus : adnotatis etiam inferiori margine mutationibus passim ab eo factis.*

Ex fine autem istius epistolæ discimus quis fuerit Hugo noster, quæ ejus patria, quæ professio,quæ dignitates : Nos, inquit, Francia genuit. Ergo Gallus erat, non *Anglus natione, ut docuerunt nonnulli.* Ambianensem *eum vocat Ordericus Vitalis in Historiæ Ecclesiasticæ libro* XII *in fine ;* cui concinit Gaufridus Vosiensis prior in Chronico cap. 18, ubi dicitur Hugo d'Amians, mendose in editis Damiani. *Ipsum tamen* Laudunense solum educavit et docuit, *forte quod in Ecclesia Laudunensi beneficium aliquod ecclesiasticum obtineret, uti et Matthæus, cui suum opus nuncupavit. Consanguineus erat istius Matthæi,de quo Petrus Venerabilis libro* II *Miracul. cap.* 4, *ita habet :* Fuit autem hic non obscuri secundum carnem generis, ortus ex Remensi provincia, utroque parente et nobilitate, ut dictum est, insignito, et mundanis opibus locuplete. Hic in pueritia litteris traditus est, et postquam adolevit in Laudunensi Ecclesia clericale officium adeptus est. *Hinc colliges Hugonem non solum in Ecclesia, sed etiam in sæculo fuisse illustrem.*

Professionem suam nobis indicat his verbis : Nos una generis consanguinitas, et ejusdem professionis in Christo junxit societas... quos veste Christi Cluniacus induit. *Cluniacensem quoque monachum fuisse docet Ordericus Vitalis loco citato, idque confirmat Petrus Venerabilis lib.* VI *epistola ad eumdem scribens in hæc verba :* Quid magis vel rapere cor meum ad amandum, vel movere manum ad scribendum poterat,quam tam sancta, tam benigna,tam longæva in sancto proposito, a primis fere adolescentiæ annis usque ad senilem magis labore divino,quam annorum numero fractam ætatem perseverantia vestra? Quid magis movere poterat, quid movere debebat, quam illa jam antiqua, cujus vos non immemorem esse credo, mihi et vobis paucisque aliis nota rerum Cluniacensium recordatio? Non excidit mente, qualiter primo juventutis vestræ tempore inter antiquos illos reipublicæ nostræ senatores, vos insignem viderim.

Ex hac republica assumptus ad varias claustri et Ecclesiæ promotus est dignitates. Abbatialis et archiepiscopalis ex ejus epistola nobis innotescit. Verum antea prioris exercuisse officium docet Petrus Venerabilis epistola citata. Taceo, nec vivens oblivisci potero, quod a cœpto sanctæ religionis proposito in diversis ecclesiasticorum honorum gradibus, vultus vestri non sunt in diversa mutati : sed tam apud nos quam semotus a nobis, prior, abbas, summusque tandem pontifex Dei, merito virtutis ac scientiæ bonus semper, juxta Apostolum, odor Christi in omni loco fuistis. *An prioris dignitatem in Cluniacensi cœnobio obtinuerit ex verbis Petri Venerabilis non satis liquet. Verum anno* 115 erat prior Sancti Martialis (Lemovicensis) Hugo D'AMIANS, qui religionis titulo cathedralem metropolitanæ Rothomagensis Ecclesiæ postmodum peroravit, *ut scribit Gaufredus prior Vosicnsis. Non multo post jubente Pontio Cluniacensi abbate in Angliam transmigravit,* ut ibi insigne S. Pancratii monasterium Cluniacensi subjectum regeret. *Illud administrabat anno* 1123, *qno decimo septimo Lalendas Maii Hugo prior de Sancto Paucratio efficitur abbas de Radingo, teste Matthæo Wesmonasteriensi. Quæ tamen exstat in monastico Anglicano charta fundationis Radingensis monasterii anno tantum* 1125 *data est. Verum antea poterant esse Radingæ cum suo abbate monachi, qui construendis perficiendisque regularibus cœnobii locis operam dabant, antequam charta fundationis conderetur.*

Eo tempore, Matthæo Parisiensi monasterii S. Martini a Campis priore hortante,Hugo Radingensis abbas scribendis sex Dialogorum libris animum adjecit,quos eidem Matthæo nuncupavit antequam ille a sede apo tolica cardinalis et episcopus Albanensis crearetur, id quod juxta Ughellum in Italiæ sacræ tomo I, anno 1125 *contigit. Missos sibi gratanter accepit Matthæus, legendosque omnibus passim exposuit. Quapropter Hugo ad Rothomagensis Ecclesiæ infulas anno* 1130, *ut scribunt Ordericus Vitalis, Robertus de Monte, et Matthæus Westmonasteriensis, sublevatus cum intellexisset libros suos ab omnibus passim probari eosdem recognovit et elimavit, addito integro libro septimo. Et in primo quidem agit de Summo Bono, hoc est de Deo ipso,in secundo de creatura, in tertio de libero præsertim arbitrio, in quarto de lapsu hominis, in quinto de peccatorum remediis hoc est de sacramentis, in sexto de monachis et æterna felicitate, denique in septimo varia Trinitatis vestigia in creatis repræsentat. Nullum in mss. codicibus præferunt titulum :* sed Arnoldus Wionius qui sex primos libros viderat in Mantuano S. Benedicti monasterio Quæstionum theologicarum nomine eos insignivit, *forte quod theologicæ variæ quæstiones non minus docte quam subtiliter in eis versentur. Eodem eos titulo donat Antonius Possevinus in Apparatu sacro et Pithsæus De illustribus Angliæ scriptoribus, ubi Hugonem nostrum confundit cum altero Hugone abbate Radingensi, qui sub finem sæculi* XII *fuctus est abbas Cluniacensis hoc nomine quintus. Verum Hugo ipse sincerum librorum suorum titulum nobis designavit in tractatu super Genesim ubi citat quæ in secundo dialogi nostri libro dixerat. Ut tamen eos auctores cum Hugone ipso aliquatenus consiliemus, hunc ejus operi titulum præfigere libuit* dialogorum seu quæstionum theologicarum libri VII.

Quodnam vero de his ferendum sit judicium disces ex Balæo, cent. III, *cap.* 20. Hugo Rheadingensis, inquit, honesta olim familia genitus, relictis fortunis cum strepitu poternæ domus, claustri quietem sub monasterialibus umbris amplectebatur. Nec alia ab eo hoc factum est ratione, quam ut opportune bonis artibus invigilaret. Delegit sibi in præceptores, dum monachus esset, viros doctrina præcellentes; quorum anxius inhærebat vestigiis, donec et ipse parem sibi cum illis et gloriam et famam peperisset. Fuit enim ex labore magno et assiduo theologiæ consultissimus. Hanc illi virtutem, inquit Lelandus, tum educatio, tum diligentia insignem fecit. Quæstiones plures non de trivio petitas, sed potius ex penetralibus Scripturæ, in suos numeros redegit, et redactas tanto penetravit acumine, ut dedisse illis lumen potius quam aliunde petiisse videatur. *Hinc colliges Petrum Venerabilem non adulatorio ad Hugonem nostrum animo scripsisse :* non excedit quantum eruditio et religio vestra sacrum illum ac magnum Cluniacensium ovium gregem decoraverit.

Præter hos dialogorum seu quæstionum theologicarum libros, aliquos etiam scripsit in Genesim, quos Arnulfo Lexoviensi episcopo dicavit, horum fragmentum ex ms. codice Grebovaldino ubi erant imperfecti, hic dabimus, Scripsit insuper Vitam S. Adjutoris monachi Tironiensis, quam diu frustraque a Bollando quæsitam ex autographo ipso erutam dedit mihi noster Julianus Belaise, vir plane eruditus.Præterea tres de hæresibus edidit libros Alberico Ostiensi episcopo nuncupatos, et a nostro Luca Dacherio in appendice ad Guiberti opera publica luce donatos. Quibus ex omnibus patet Hugonem nostrum non vulgari erudilione fuisse præditum, dignum plane omnibus elogiis quibus a nominatissimis ævi sui viris, Innocentio secundo summo pontifice, Bernardo Clarevallensi, et Petro Cluniacensi abbatibus ornatus est.

INCIPIT EPISTOLA HUGONIS
ROTHOMAGENSIS ARCHIEPISCOPI.
AD MATTHÆUM ALBANENSEM EPISCOPUM.

De multis interrogas et plura proponis, nec me minus idoneum qui respondere debeam importunus attendis. Prætendo tibi sacra doctorum volumina subtilibus admodum sententiis plena, verborum decore perspicua. Sed inertem te video, dum ea præ multitudine refugis, pro subtilitate repellis; et me, licet sensu tenuem, durus exactor ad solvendum protrahis. Quod autem valde mirandum est, brevem de maximis, levem de gravissimis responsionem tibi postulas fieri. Sed quid agis? Cur his quæ ordiri cœperas tam multa interseris? Tuæ quidem impetu voluntatis incœpta sæpius interrumpis et quæstionum ordinem vagabundus offendis. De creatione quæris, et ad ejus creaturam quam sæpe recurris. De creatura rationali, tam ea quæ cecidit, quam ea quæ stetit, de bono et malo quid sit, de libertate arbitrii et dispositione Dei, de gratia Redemptoris nostri (1), et de sacramentis, indebitum me respondere compellis. Magnis sane doctoribus ita sunt proponenda, non opinando, sed veris assertionibus enodanda, aut quod validius est, divinis auctoritatibus comprobanda. Divinis quidem eloquiis nemo justus obviat, rationem nemo sobrius impugnat, Ecclesiam nemo fidelis exasperat. A pluribus plura fieri debere dicis volumina, ut eadem res diverso dictamine, non diversa fide, plurimos erudiat et ad veritatem via charitatis perducat. Dum itaque tuæ dilectioni parere compellor, detractores e contra sentio, quos silentio quidem meo judicavi sedandos, sed tua charitate fari et scribere cogor. Hoc tamen a te exigendum puto ut quæcunque in meis responsionibus inveneris vera, Deo attribuas; quæ autem non vera videris, mihi penitus ascribas, nec recipias, sed mutua charitate, ut corrigi debeant, mihi benigne referas. Nos enim et una generis consanguinitas et ejusdem professionis in Christo junxit societas [quos Francia genuit] quos Laudunense solum educavit et docuit (2), quos veste Christi Cluniacus induit. Sed te postmodum sedes apostolica Albanum elegit habere pontificem; me missum in Normannia præcepit esse Rothomagensium sacerdotem, Matthæe charissime Pater et domine.

(1) *Al.* redemptionis nostræ.
(2) *Codex Colbertinus*: Sed te patria tenuit, me obedientiam exsulem in Anglia fecit. Te Parisius apud Sanctum Martinum lætatur habere priorem, me Radingia indignum servat abbatem, Matthæe frater.

INCIPIT LIBER PRIMUS (3).

De summo bono.

Deus summe verus et vere summus, simplex est bonum, perfectum, incommutabile, solum. Quod de simplici bono genitum est, pariter simplex est. Quapropter et hoc idipsum esse necesse est quod illud unde genitum est. Hæc duo, Patrem et Filium dicimus, de quibus procedit Spiritus sanctus pariter simplex, incommutabilis et coæternus. Tria hæc, quia non essentia (4) nec differentia discreta sunt, numerari nesciunt. Non est hæc trinitas unitate major, nec unitas ipsa trinitate minor. Manet enim trinitas hæc omnino simplex. Quare non potest fieri multiplex. Hujus Trinitatis tam simplicis (5) rara nobis notitia traditur ubi, in capite libri Geneseos, recte præmittitur: *In principio creavit Deus* (Gen. I, 1); ac deinde sequitur: *Et Spiritus Domini superferebatur* (ibid., 2). Deus namque in principio, hoc est, Pater in Filio, creavit omnia. Quod autem Filius principium sit, ipse testatur ubi ait: *Ego principium, qui et loquor vobis* (Joan. VIII, 25). Ipse quidem vere principium dicitur omnis creaturæ, qui eam sua omnipotenti virtute de nihilo voluit facere; cui dum Spiritus Domini superferri memoratur, Trinitas cooperta monstratur. Creatorem itaque et creaturam considera, et quis et per quid et quare eam fecerit pensa. Pater enim est qui facit, Filius vero per quem facit, Spiritus sanctus causa est qua fieri [omnia] placuit. Summa quidem illa quæ Deus est essentia in sua sibique consubstantiali sapientia pro sua immutabili benevolentia facit universa, omni carens indigentia, bonus bona, unus omnia. Item cum dicitur a Moyse: *Dixit Deus: Fiat lux* (Gen. I, 3), et sic de cæteris, sequiturque per singula, *Vidit Deus quia bonum est*, eadem Trinitas in singulis agens operibus signata est. Filius Dei, sicut principium est omnis creaturæ

(3) *Codex Colb.* Incipit liber Hugonis abbatis Radingensis.
(4) *Colb.* differunt.
(5) *Colb.* rata.

ut sit, ita et eidem Verbum est ut bene facta manendo bona sit; ut cui faciendæ principium exstitit, eidem jam factæ et Verbum sit. Creat enim, et creans loquitur, dum suis singula subdit legibus, distinguit ordinibus, signat temporibus. Inde fit quod creatura, dum ejus instituta non transgreditur, pulchra quidem et honesta nominatur. Quæ autem instituta transgreditur, mox indecens et rea culpatur. Qui itaque creandis principium est, et creatis Verbum est. Quæ duo, se unum esse ostendit ubi ait : *Ego sum principium, qui et loquor vobis* (*Joan.* VIII, 25). Spiritus quoque Domini, sicut creaturæ superferri prædictus est ut ipsa sit, ita jam factam videt ut bene sit. Hoc autem videre idem est quod placere. Cui enim placuit ut omnia faceret bona, eidem placet ut bene facta maneant bona. Auctor iste cunctis est excellentior, quia potest omnia. Ars qua facit omnibus est præstantior, novit enim singula. Causa quare facit universis est melior, nam bona permanens, bona facere semper amat. Hæc tria cœterna sunt, et simul summa sunt, et simplex unum sunt. Tria propter personarum proprietatem, unum propter inseparabilem Deitatem. Inde est quod, cum aliquid de singulis secundum substantiam dicitur, hoc simul de omnibus, non pluraliter, sed singulariter prædicatur. Ut cum vere dicitur, Pater est Deus, Filius est Deus, Spiritus sanctus est Deus, non tres deos dicere possumus, sed unum simpliciter prædicamus, qui divinam essentiam simpliciter unam et unice simplicem adoramus.

II. INTERR. Quid quæso est quod secundum substantiam dicere voluisti, cum de Deo nihil secundum accidens possit dici?

RESPONSIO. Summa illa et perfecta essentiæ simplicitas, quam dicimus Deum, nec recipit augmentum, nec tolerat detrimentum. Non patitur varietatem, quia nescit mutabilitatem. Ubicunque enim mutabilitas ibi et multiplex est accidentalium vicissitudinum congesta varietas. Quapropter in omni re mutabili quod non secundum substantiam dicitur, restat ut secundum accidens dicatur; ut cum de substantia quæ homo est quæritur qualis sit et quantus, vel ad quid referatur, si stet, jaceatne, si galeatus sive ornatus sit, ubi positus, quando natus, si agat aliquid aut patiatur. Hujusmodi namque in prædicamentorum distinctione noscuntur : quæ sunt, qualitas, quantitas ad aliquid, situs, habitus, locus, tempus, agere, pati. Deo autem nihil accidens est, in quo mutabilitas nulla est; sed tamen relative Pater ad Filium, et ad Patrem Filius, et ad utrumque refertur amborum Spiritus. Quod equidem non ut accidens in Deo dicitur, quia æternaliter iste est Pater, et ille est Filius, et amborum Spiritus sanctus, sine omni mutabilitate tres personæ, unus Deus. Unde pluraliter et singulariter dicitur : *Ego et Pater unum sumus* (*Joan.* x, 13).

(6) *Colb.* quodlibet.

Unum dicit et *sumus*. *Unum* secundum essentiam quæ est Deus, *sumus* secundum relationem, quia hic Pater, iste Filius, ille utriusque donum est Spiritus sanctus.

III INTERR. Cum multi temporaliter per gratiam Dei renascantur, temporaliterque eorum Pater aut dominus seu magister vel amicus incipiat dici Deus, nonne relatio ista, tempore quidem cœpta, Deo secundum accidens adesse convincitur?

RESP. Quod relative ad renatos in gratia Deus temporaliter dici incipiat non negamus ; sed tamen hoc in Deo esse accidens sentire sacrilegium protestamur. Nos quidem incipimus eum dicere quem scimus initium non habere, cui nec futura veniunt, nec præterita transeunt, sed præsentia cuncta persistunt. Unde suos non novo consilio colligit, nec nova charitate diligit. Sed dum sui ad eum refugiunt et convertuntur, eo non immutato, bene illi mutantur; sicut cum a Deo resiliunt, eo quoque immoto, male ipsi mutantur; atque ut cum bonis placidus malisve iratus Deus dicatur, illis utique mutatis, ipse non mutatur; sicut una eademque splendoris claritas et sanis oculis est jucunda et infirmis aspera.

IV. INTERR. Tua mihi responsio placet. Sed quomodo qui simplex bonum est, Deus Trinitas est ? Cum enim trinitatem Dei aut trinum Deum dici audio, triplicem deitatem audire me videor. Sed dum fidem catholicam ipse respicio, fateor, erubesco, quia Deum non simplicem, sed pro trinitate multiplicem sentire me sentio.

RESP. Tua, quæso, prudentia penset quia corpora mole quidem sua sunt magna. Unde fit ut hoc majus ad illud minus aliquando sit duplex, aliquando triplex, vel pro partium quantitate (6) qualibet multiplex. In spiritalibus vero, quæ non mole magna sunt sed virtute, cum bonus adhæret meliori, sicut spiritalis creatura Creatori, quod quidem charitate fit, major efficitur illa quam ante fuerat, sed virtute, non mole. Hoc autem est ei majus esse quod melius esse. Qui enim, teste Apostolo, adhæret Domino, unus spiritus fit cum ipso, et ita fit major quia melior. Quare hæc majoritas non est multiplicitas, sed simplex charitas. Cum itaque illud quod Deus est conste quia perfecte verum est et vere perfectum, incommutabili veritate et perfectione summum est. Quare in Trinitate quæ Deus est alius alio major non est, quia verior sive perfectior alius alio minime est. Quidquid itaque illud est quod Deus est, sua in se omnipotenti virtute perfectum est. Non est quo crescat aut defluat perfectio tanta. Unde nec triplex potest dici, sed trinitas. Tam vera enim est naturæ illius simplicitas, ut trinitas non sit unitate major, nec unitas trinitate minor ; in quo non est moles corporea seu demutatio aliqua, sed summæ perfectionis et integritatis perpes stabilitas. Non est itaque major simul

Pater et Filius et Spiritus sanctus, quam solus Pater aut solus Filius aut solus Spiritus sanctus. Bene quidem dixi, solus. Alius est enim Pater, alius Filius, alius Spiritus sanctus. In illa namque essentia, unitate salva, personarum manet divisio, non confusio; nec tamen talis divisio qua impar aliquid altero sentiatur in aliquo.

V. INTERR. Te quidem libenter audio. Sed quomodo Trinitas in unitate, seu unitas in Trinitate sit, nequaquam intelligo.

RESP. Sunt quaedam quae nec sensibus corporis nec ratione mentis in hac mortali vita cognoscimus, sed sola fidei notione videmus. Fidei sane conditio eo verior est, quo divina auctoritate subnixa validior. In his namque quae sensu carnis capimus, saepissime fallimur; et dum carnis corruptae molestia nostrae mentis oculos instanter reverberat, pauca quidem sunt quae ratio nostra recte diffiniat. Sed sola fides catholica certissime novit quidquid mater Ecclesia, Spiritu Domini docente, percepit. Hoc indubitanter annuntiat Deum in Trinitate unum, in unitate trinum; quem nec unitas solitarium, nec trinitas facit divisum. Hoc ex parte per fidem in praesenti vita tangimus, quod postmodum charitate perfecta perpetuo videbimus. Hinc ait Apostolus : *Cum autem venerit quod perfectum est, evacuabitur quod ex parte est (I Cor. XIII, 8)*. Ne mireris ergo si minus videndo laboramus. Quandiu enim ex parte sumus, imperfecte videmus. Hoc autem imperfecto tandem evacuato, in alia vita perfecte videndo, quiescemus in toto, hoc est, in Deo. Audi attestantem Apostolum : *Tunc*, inquit, *cognoscam, sicut et cognitus sum (I Cor. XIII, 12)*. Ibi per ipsam praesentiam incommutabilis veritatis Deum Patrem cum Verbo ejus unigenito et amborum Spiritu sancto ita plene cognoscemus, ut in comparatione illius cognitionis nos ipsos in praesenti vita permodicum agnoscamus. Cum itaque illud ineffabile quod est Deus utcunque in praesenti vita eloqui volumus, quod tamen ut est fari nullo modo possumus (verius est enim quam mente concipitur, et verius mente concipitur quam ore profertur), pro fidei veritate tres personas dicimus, non ut disseramus, sed ne taceamus. Loquendi siquidem causa, cum aliquando doctrinae cogit utilitas; aut contra haereticos disceptandi necessitas, respondemus, quia quod dicitur in deitate trinitas designamus, dicendo tres personas. Quod enim a Graecis tres (7) subsistentiae, una essentia, de Deo dicitur, nos Latini (8) tres personas, unam substantiam, vel quod verius est essentiam praedicimus. His namque verbis proferimus quod sine verbis mente concipimus. Hac de causa praedicandi penuria hoc verbum, quod est apud Latinos persona, ad respondendum elegit Ecclesia, pro quo Graecus catholicus ponit (9) subsistentia. Nos itaque Latini tres personas in deitate dicimus, non ut diversitatem tam simplicis naturae sentiamus; sed singularitatem nolumus, qui in unitate trinitatem colimus.

VI. INTERR. Quod in Deitatis essentia, quae vere una est, trium tamen personarum rata distinctio est, quia non intelligo, admirari non desino.

RESP. Sicut de Deo miraris quod et ipsum credendo sentis, et tamen ut est nequaquam intelligis, ita et tu si te ipsum intenderes, te tibi miraculum esse invenires. Quod equidem scires, nec tamen diffinire posses.

VII. INTERR. Quid illud est?

RESP. Dic, inquam, corpus tuum et anima tua, cum sint diversa in substantia, quonam modo unum sunt in persona? Hoc sane corpus et haec anima, de te loquor, tibi duo sunt individua, diversa in natura. Quis, te scilicet dico, unum individuum facit ea?

VIII. INTERR. Bene quidem me repressisti, me ipsum mihi me nescientem ostendisti. Meipsum, ut dixisti, scire me sentio. Sed ut verum fatear, quid sit quod scio, disserere nescio.

RESP. Si Dut te diversum in substantia, unum in persona, habere nosti, sed diffinire non nosti, sic te docet mater Ecclesia, quia unus Deus in essentia trinus est in persona. Hoc est, charissime, quod te fideliter oportet credere, licet ipsum ut est in praesenti non possis ipse disserere. Ambula per fidem, ut pervenias ad cognitionem. *Videmus enim nunc, ut ait Apostolus, [per speculum] in aenigmate. tunc autem facie ad faciem (I Cor. XIII, 12)*.

IX. INTERR. Quid est hoc speculum per quod, teste Apostolo, nunc in aenigmate videmus Deum?

RESP. Moyses in Genesi scripsit quia Deus hominem ad imaginem et similitudinem suam fecit. Hanc imaginem, ut sentimus, speculum appellat Apostolus. In hac enim imagine tanquam in speculo Deum ad praesens valemus inspicere, sed in aegnimate, id est, in magna obscuritate. Rationalis quidem anima ad imaginem Dei facta, simul habet tria, videlicet quod se intelligit, et sui meminit, et sese diligit, cum tamen una sit. In qua id quod dicitur intelligentia memoriam quasi generat. Quid enim scit, se scire meminit. Nam quomodo meminit nisi quomodo prius scivit vel intellexit ? Ex hoc utroque amor bene procedit, cum amat intelligere se (10) quod meminit, et meminisse (11) quod intelligit. Attende etiam haec tria sic esse aequalia, ut quemadmodum intelligit quod sui meminit seque diligit, ita meminit quod se intelligit et diligit, ita quoque diligit quod se intelligit et sui meminit. Ex hac imagine [ipsum] credendo considera quem haec imago designat. Sic enim, sed dissimiliter, sic Deus Pater Filium genuit aeternaliter, et ex utroque procedit Spiritus sanctus perpetualiter. Sed licet trium

---

(7) *Colb.* substantiae.
(8) *Colb.* tres Personas pro verbis proferimus.
(9) *Colb.* substantia.

(10) *Colb. addit* et amare.
(11) *Colb. addit* et amare.

sit divisa persona, una tamen trium manet essentia, una omnipotentia, idem honor, eadem gloria. Cum itaque summa beatitudo illa Verbum sibi consubstantiale et ccomnipotens perpetuo gignit, o quam ineffabile gaudium æternaliter inde procedit! Verbum hoc non a Deo factum, sed de Deo genitum, æternaliter dicit Patrem, et se ipsum et ab utroque (12) procedentem Spiritum.

X. INTERR. Quid est Patrem Filium gignere? quid Verbi dicere? quid est Spiritum sanctum ab utroque procedere?

RESP. Idem est Patrem gignere Filium quod est suam non aliunde, sed ex se sapientiam semper habere. Creaturam sane suam non ex se, sed aliunde sapientiam constat habere; cui aliud est esse, aliud sapientem esse. Sed summæ illi essentiæ quæ Deus est, id ipsum est esse quod sapientem esse. Quapropter adoramus sine differentia cum genitore genitum, ut coæternum et consubstantialem Patri Filium. Est autem. Verbi hujus dicere, simul omnia semper scire. Sic etiam a Patre et Filio Spiritum sanctum procedere idem est quod nota omnia pariter amare. Semper autem ab utroque procedit qui semper diligit. Hæc tria simul sunt coæterna, simul unum in essentia, quapropter simul adoranda. Tria namque sunt, persona, non essentia; unum, essentia, non persona, Hoc ipsum manifestat angelis Verbum de Deo natum, hoc ipsum hominibus nuntiat Verbum caro factum. Vident angeli, et beatificantur; credunt homines, et justificantur. Sicut autem verbum cordis tui sonat in auribus meis vocale factum, sic Verbum Dei in nobis apparuit carne vestitum, loquens angelis in essentia, loquens hominibus in carne suscepta.

XI. INTERR. Quomodo dicitur Verbum caro factum? An destitit esse Verbum, quia caro factum est?

RESP. Verbum Dei, charissime, Deus est. Unde nec aliud heri, nec ullo modo variari potest. Manens itaque quod æternaliter cum Patre vivit, factum est ex matre quod pro nobis in tempore accepit; factum caro, id est (13) homo, secundum quod alibi dicitur: *Videbit omnis caro salutare Dei* (*Luc.* III, 6). Omnis caro, id est omnis homo. Fides itaque tua id firmissime teneat quod Verbum Dei unum cum Patre in essentia, diversum tamen in persona, est etiam cum assumpto homine unum in persona, divisum in essentia. Ex duabus siquidem et in duabus naturis constat Christus Deus et homo, sed unus. Sicut enim caro et anima rationalis homo est unus, ita Dei Verbum et homo assumptus Christus est unus. Carnem quidem veram accepit, qua pro nobis pati ac mori et resurgere voluit. Animam quoque accepit, de qua ipse dixit: *Potestatem habeo ponendi animam meam, et iterum sumendi eam* (*Joan.* x, 18). Cum hac ad inferos descendit, et suos inde liberos eduxit. Simul ergo sunt in Christo Verbum Dei, anima rationalis, caro hominis. Tria quidem inconfusa et pro natura divisa, sed summa operante potentia in unitatem personæ conjuncta. Unde nt totum dicitur Deus propter Deum, et totum homo propter hominem. Inde est quod dixit: *Nemo ascendit in cœlum, nisi qui de cœlo descendit, Filius hominis qui est in cœlo* (*Joan.* III, 13). Et Paulus dicit: *Si cognovissent, nunquam Dominum gloriæ crucifixissent* (I *Cor.* II, 8). Recte quidem Filius hominis, quia Deus est, se de cœlo descendisse, et dum in terra loquitur, se in cœlo testatur esse. Et Apostolus recte dicit crucifixum Dominum gloriæ, quia homo est vere particeps mortalitatis nostræ. Idem ipse Christus est qui pro nobis passus, secundum carnem erat in sepulcro, secundum animam in inferno, secundum divinitatem, quæ ubique est, non deerat paradiso. Hinc est quod promisit latroni converso: *Hodie mecum eris in paradiso* (*Luc.* XXIII, 43). Ubicumque [autem] paradisus, quo nomine significatur quies illa ubi feliciter vivitur, quisquis in eo est, cum illo et per illum et in illo ubi utique est qui ubique est. Summa namque essentia, quæ Deus est, tota ubique est; et immobilis manens, nutu suo rectissime mobilia movet.

XII. INTERR. Si, ut dicis, Deus ubique est et singula movet, aliquando eum ubi ante non fuerat esse necesse est, et aliquando agere quod quidem non egerat ante. Ipse ego cum modo sim, fuit tempus quando non fui. Quare si modo in me est et me movet, non semper in me fuit nec semper me movit, cum utique non semper fuerim. Unde sentio quia aut in me non est nec me movet; aut si, ut asseris, in me est et me movet, est utique in me temporaliter, et movet me mutabiliter.

RESP. Videtur mihi quia esse tuum et esse Dei indifferenter attendis. Sed scire debes quia tuum esse temporale est, creatura enim es. Si autem temporale, utique et mutabile. Esse vero Dei æternum est. Semper enim idem est. Quod autem semper idem est, utique et immutabile. Quare cum in te est qui immutabilis est, ubique est, non tuo quidem, sed suo esse in te est. Suo quidem temporalia movet, nec tempore variatur. Suo quoque localia metitur, nec loco concluditur. Quod autem solum immutabiliter et vere est ideo esse ubique necesse est, quia quidquid mutabile est, per se nullo modo subsistere potest, sed in ipso et per ipsum et in ipso qui summe est. Quod enim mutabile est, æternum non est. Quod vero æternum non est, cum tamen existat, de nihilo factum esse probabile est. Non enim semper est. Ut autem de nihilo fiat aliquid, omnipotentem habere opificem necesse est. Et quod de nihilo factum est, ne in nihilum redeat; ipsum per quem est in esse ei necesse

---

(12) *Colb.* prodeuntem.

(13) *Al.* factum homo.

est. Hinc Apostolus ait : *In eo enim vivimus, movemur, et sumus (Act.* xvii, 28). Et alibi : *Ex ipso et per ipsum et in ipso sunt omnia. Ipsi gloria (Rom.* xi, 36.)

XIII. INTERR. Tua mihi responsio placet. Sed quomodo Deus ubique est? An per singula rerum magna vel minima diffusus partitusve est?

RESP. Scire debes quia Deus, cum ubique est, non mole corporea vel magnitudine spatiosa per cuncta diffusus est. Non est enim minor in parte quam in toto, nec in toto quam in parte major, sicut immortalitas quæ in Christo præcessit, et nobis in fine promittitur, non erit in aliqua parte corporis majus vel minus. Quantitas sane corporis in partibus suis amplioribus amplior est, in brevioribus minor. Qualitas vero corporis, quæ dicitur immortalitas, tanta erit in majoribus quanta in minoribus subjecti corporis partibus. Dispar erit in membrorum magnitudine quantitas ; sed par erit in disparibus qualitas, dum una per totum erit sanitas vel immortalitas. Sed differenti modo qualitas hæc erit in corpore subjecto, et Deus in omni creato. Si enim sua qualitatibus subjecta tuleris, qualitates nusquam erunt, et ideo nec erunt. [Quemadmodum si corpora spatiis locorum auferas, corpora nusquam erunt ; et quia nusquam erunt, nec ipsa erunt.] At vero Deus inest quidem rebus, et simul omnibus totus, et in singulis totus manens quidem ubique in se ipso totus. In se ipso dixi quia, cum omne cui inest, sine ipso esse non possit, ipse non egens aliquo, tanquam non possit esse sine illo, perfectus et beatus manet in se ipso solo.

XIV. INTERR. Vera esse sentio quæ dixisti. Sed animum pulsat quomodo Verbum Dei homo temporaliter fieri potuit, cum, quia Deus est, (14) incommutabiliter vivit.

RESP. In verbo Dei sine tempore sunt quæcunque temporaliter fiunt. Quapropter in Verbo Dei manet sine tempore quo tempore ipsum in carne oportuit apparere : *Venit enim,* ut ait Apostolus, *plenitudo temporis, in quo misit Deus Filium suum factum ex muliere (Gal.* iv, 4) *Ex muliere* ideo dixit, quia differentiam sexus assignare voluit. Quod autem ubique est, eo utique missum est quo factum est. Caro namque est factum, non in carne mutatum. Eo vero quod factum est, minus Patre est. Scire autem te volo, quia aliter mittitur ut sit cum homine, aliter ut ipsum sit homo. Ipsum est enim Patris sapientia, quam mitti sibi desiderabat qui dicebat : *Emitte illam a sede magnitudinis tuæ, ut mecum sit et mecum laboret (Sap.* ix, 10), id est, ut me doceat et quæ docuerit operari faciat. Transtulit autem se ipsam in homines ut voluit, quos amicos Dei et prophetas constituit ; et sic angelos sanctos inhabitat, disponens eos per congrua charitatis officia. Venit quidem in homine, a quo cognoscitur et amatur, quantum mente percipi et amari datur.

Cum vero mente cujusquam utcunque percipitur, mitti quidem ex tempore, sed non in hunc mundum perhibetur, dum nequaquam sensibus corporis sensibiliter præsentatur ; sicut mens ipsa, in quantum divina percipit, se ipsam in hoc mundo esse non sentit. Sed longe aliter dicimus Filium missum, quia genitum. Sic enim ait : *Ego ex ore Altissimi prodivi (Eccli.* xxiv, 5). Sicut autem natum esse est (15) Filio a Patre esse, ita Filium mitti est, cognosci quod a Patre sit, quemadmodum et Spiritui sancto donum Dei esse est a Patre et Filio procedere, ita mitti est, cognosci quod ab utroque procedit. Hinc Filius ait : *De Patre procedit.* Et alibi : *Quem ego mittam vobis a Patre (Joan.* xv, 26). Ipsum etiam de se procedere ostendit cum insufflavit, et dixit discipulis : *Accipite Spiritum sanctum (Joan.* xx, 24). Attende quia Filius corporaliter insufflavit ; non quod flatus ille corporeus esset substantia Spiritus sancti ; sed significatio facta est insufflando non tantum a Patre Spiritum sanctum procedere, sed et a Filio. Ipsa est, teste Evangelio, ipsa est virtus quæ de illo exibat et sanabat omnes. A Patre etiam mittitur, sicut legitur : *Quem mittet Pater in nomine meo (Joan.* xiv, 26). Legimus quidem quia Filius et Spiritus sanctus mittitur ; sed Pater nusquam legitur missus. Sicut enim non habet de quo existat, sic nec a quo exeat vel procedat. Unde non dicitur missus, etsi ex tempore a cujusquam mente cognoscitur. Cum autem venit plenitudo temporis, misit Filium suum, non ut esset cum angelis aut in angelis, seu cum hominibus aut in hominibus, sed ut ipse fieret caro, id est homo. Cum itaque homo factus est, et homo cum hominibus conversatus est, tunc utique in hunc mundum missus est. In hoc ergo facto manifestum est quia Trinitas sancta ibi cooperata est. Pater enim misit Filium, missus ille hominem induit. Spiritus sanctus Virginem fecundavit. Sic enim angelus ad eam dixit : *Spiritus sanctus superveniet in te, et virtus Altissimi obumbrabit. Ideoque et quod nascetur ex te sanctum, vocabitur Filius Dei (Luc.* i, 35) Inde est quod confitemur Jesum Christum de Spiritu sancto et Maria virgine natum.

XV. INTERR. Miror te dixisse Jesum Christum de Spiritu sancto natum et Maria vigine, quem Filium Spiritus sancti, si de ipso natus est, nescio denegare.

RESP. Ex his quæ præmissa sunt debueras scisse duas quidem naturas in uno Christo manentes, divinam scilicet de Deo Patre, qua Deus est, humanam vero de Virginis carne, qua homo est. Qui tamen de Spiritu sancto natus ideo dicitur, quia ejus gratia, non carnis concupiscentia, Virginem fecundavit. Nec enim de se nascituri substantiam Spiritus sanctus in Virgine genuit, sed de carne Virginis nascituro materiam præparavit. Exclusum est enim virile commercium, quo singulare Spiritus

(14) *Al.* incommutabile.

(15) *Colb.* Filium.

sancti manet officium. Hinc angelus ad Joseph ait : *Quod enim in ea natum est, de Spiritu sancto est (Matth.* i, 20). De quo quia Maria concepit, et mater est et virgo permansit.

XVI. INTERR. Antiquos Patres sanctum habuisse Spiritum quam sæpe legimus, quem et in Maria plenius egisse cognoscimus, de cujus carne natum Dei Filium adoramus. Sed quid est quod alibi legitur : *Nondum erat Spiritus datus, quia Jesus nondum erat glorificatus (Joan.* vii, 39).

RESP. Scimus quidem patriarchas et prophetas Spiritum sanctum habuisse, quo et diem Domini desideraverunt videre ; et de futuris plurima sacramentis potuerunt prædicere. Isto Joannes Baptista repletus est in matris utero. Isto potuerunt loqui tam multa de Christo et Zacharias et Anna vidua et senex Simeon. Sed omnis illa Spiritus sancti datio sive missio talis antea nusquam fuit, qualis post glorificationem Christi in Pentecosten copiosa præfulsit: *Factus est enim de cœlo sonus tanquam advenientis Spiritus vehementis, et replevit totam domum ubi erant sedentes, et apparuerunt illis dispertitæ linguæ tanquam ignis, qui et super unumquemque illorum sedit (Act.* ii, 2). Nova ista et admirabilis manifestatio Spiritus sancti antea nusquam fuit. Secundum hanc novam proprietatem et propriam novitatem nondum erat Spiritus datus, sed facta est postquam Jesus est glorificatus, de cujus plenitudine omnes accepimus. Ex hac quippe sancti Spiritus effusione mirifica locuti sunt homines omnium gentium lingua, fuitque sonus iste in omni terra. Quo designatum est omnium linguarum nationes credituras, quia assumpta est a Filio Dei humana sine peccato natura, ita ut una sit (16) assumentis et assumpti persona. Quapropter qui æqualis est Patri in Deitate, factus est minor Patre ex arsumpta humanitate, sed eo ipso, minor et Spiritu sancto, et psalmo attestante, minor etiam angelo. Sic enim ait : *Minuisti eam paulo minus ab angelis (Psal.* viii, 6). Spiritus vero sanctus licet corporali specie, ut decebat, pro tempore sit missus, non est tamen factus, nec in aliud aliquando conversus, nec alicui rei in persona unitus, aut qaolibet modo mutatus. Quare minor non est, et tamen missus est. Cum itaque legimus missum Dei videlicet Filium et Spiritum sanctum ; minor Patre factus est Filius, sed non minor effectus est Spiritus sanctus, quamvis uterque sit missus. Non equidem sic assumpta est creatura, in qua appareret Spiritus sanctus, sicut assumptus est homo in quo Dei Filius mundo apparuit manifestus. Non enim columbam illam quæ super Dominam apparuit, vel illum flatum quo Dominus spiritum insufflavit, vel illum ignem quo idem Spiritus discipulos inflammavit, in unitatem personæ sibi Spiritus sanctus univit ; sed apparuerunt ista, serviente Creatori creatura, ad demonstrandum et significandum Spiritum sanctum

temporaliter assumpta, sicut significari et demonstrari æternum mortalibus congruebat. Non itaque possumus dicere Spiritum sanctum esse Deum et columbam, aut esse Deum vel flatum vel ignem, sicut dicimus Filium Dei esse Deum et hominem. Vox enim illa Patris quæ corporaliter super Filium sonuit, et corporea species columbæ, qua ibidem Spiritum sanctum demonstrari oportuit, subito facta sunt, et peracto suæ significationis mysterio, in id unde sumpta fuerant illico redierunt. Ibi Christus Jesus Spiritum sanctum, quem donat ut Deus, accepit ut homo. Unde dictus est plenus gratia et Spiritu sancto. Nec tunc primum Spiritu sancto unctus est, quando sicut columba Spiritus sanctus super eum visus est. Ad baptismum namque sicut sine uno venit peccato, ita non sine Spiritu sancto, quem nostra humanitas tunc plene accepit cum in utero Virginis unita est Verbo Dei. Cum enim Spiritus sanctus in Mariam descendit, per quem Verbo Dei carnis substantiam Virgo ministravit, omnem culpa originalis maculam mox evasit, et deinceps ab incentivis vitiorum libera permansit ; cujus perfecta integritas Salvatorem genuit. Unde et plena omni gratia merito dicta fuit, quæ temporaliter Filium edidit, quem Pater Deus æternaliter genuit. Nec mireris eumdem Dei et hominis Filium multis modis designari, ut per lignum vitæ, quod quidem in paradiso fuit, et per lapidem in quo Jacob dormivit, et per Joseph, quem fratrum invidia, ne super eos regnaret, vendidit, super quos venditus ab eis ille regnavit ; et per petram, quæ percussa in eremo aquas dedit. De hac dicit Apostolus : *Petra autem erat Christus (I Cor.* x, 1). Istis quidem existentibus, accessit quidam actus significationis, quo Christum significari oportuit. Aliter enim Christus dictus est agnus Dei, et a Joanne Baptista, qui dixit : *Ecce Agnus Dei (Joan.* i, 29), et ab evangelista, qui in Apocalypsi sua Agnum occisum vidit, quod nemo illorum corporaliter inspexit, sed spiritaliter intellexit *(Apoc.* v, 21). Columbam quidem illam quæ super Christum apparuit præsentes oculis inspexerunt, et vocem illam quæ super ipsum sonuit auribus audierunt, sicut flammam in rubo Moysi ostensam, sicut columnam ignis et nubis populo Israel præparatam, sicut in datione legis super montem Sina ignis et tonitrua, et [quam] multa his similia. Horum omnium ideo corporalis species apparuit, ut significaret aliquid, et præteriret peracto officio significationis. Hæc omnia inseparabiliter operantur, Pater et Filius et Spiritus sanctus, omnipotens Trinitas, unus Deus. Non est enim Filius in Deitate minor Patre, nec Spiritus sanctus in aliquo differt ab utroque. Quorum enim est una essentia, eadem sit sine differentia omnipotentia.

XVII. INTERR. Assentio Spiritum sanctum Patre vel Filio non esse minorem ; sed tamen dum evangelium pependo sermonem, quodam modo ipsum

(16) *Colb. addit* facta.

sentio inæqualem. Veritas namque dicit : *Qui dixerit verbum contra Patrem aut contra Filium, remittetur ei. Qui autem dixerit contra Spiritum sanctum, non remittetur ei, neque in hoc sæculo, neque in futuro* (Matth. XII, 32).

RESP. Qui dicit sive qui peccat contra Patrem, peccat pariter contra Filium et contra Spiritum sanctum. Eodem modo, qui peccat contra Filium, peccat pariter contra[Patrem et]Spiritum sanctum. Similiter qui peccat contra Spiritum sanctum, peccat pariter contra Patrem et Filium. Sed vide quia Spiritum sanctum accepit [mater] Ecclesia ad remittenda peccata, sicut Dominus in Evangelio ait discipulis : *Accipite Spiritum sanctum. Quorum remiseritis peccata, remittuntur eis* (Joan. XX, 23). Hinc Petro et per Petrum Ecclesiæ dicitur a Christo : *Quodcunque ligaveris super terram, erit ligatum et in cœlo ; et quodcunque solveris super terram, erit solutum et in cœlis* (Matth. XVI, 19). Hoc insigne judicium de cathedra Petri procedit : quæ quia sacerdotale officium significat, ejusdem cathedræ festum merito celebrandum censet Ecclesia. Potestas enim hæc est clavis tam Petri quam omnium qui curam habent animarum. Ad eos itaque qui per Spiritum sanctum peccata possunt dimittere, et pœnitentibus possunt regna cœlestia reserare, pœnitentes oportet confugere ; ut qui peccando ligare se potuerunt, sed solvere nequeunt, per clavem Petri solvantur, ut Ecclesiæ catholicæ restituantur. Qui autem infidelis est aut impius, claves Ecclesiæ contemnit ; et qui per eos quibus Ecclesia commissa est, posse peccata dimitti contradicit, hic blasphemat, et contra Spiritum sanctum peccat, quem accipit mater Ecclesia ad remittenda subditis peccata. Bene itaque dicitur : *Qui peccaverit in Patrem aut in Filium*, a quibus pro identitate essentiæ non possumus separare Spiritum sanctum, *remittetur ei*, ita videlicet si ad Ecclesiam Dei confugerit, quæ in Spiritu sancto peccata dimittit. Quod si contempserit donum Spiritus sancti, quem ad solvendum mater Ecclesia accepit, damnandus remanet in peccatis. Unde recte sequitur : *Qui autem peccavit in Spiritum sanctum, non remittetur ei, neque hoc sæculo, neque in futuro*. Hic accipimus Spiritum sanctum, [non in essentia illum, sed] illud scilicet inæstimabile ejusdem Spiritus sancti donum quo Ecclesia solvit peccatum. Hoc etiam scire te convenit, quia hoc donum, sicut est Spiritus sancti, sic est Patris et Filii. Inseparabilis enim operatio Trinitatis donum hoc Ecclesiæ contulit a persona Spiritus sancti, qui procedendo a Patre et Filio, Deus est et donum Dei. Quapropter unus cum Patre et Filio Deus hunc operatur effectum quo Ecclesia solvit peccatum. Contra hoc sancti Spiritus donum sentiebat primus frairicida ille qui dicebat : *Major est iniquitas mea quam ut veniam merear*(Gen. IV, 13). Quasi diceret : Non est qui dimittat. Ille etiam Domini venditor confessus est culpam, sed non quæsivit veniam. Hic quoque Spiritum sanctum contempsit, qui licet pœnitens, ad gratiam non confugit, sed peccatum peccato cumulans, se ipsum interimens, laqueo se suspendit. Possumus etiam dicere in Spiritum sanctum peccare id ipsum esse quod in charitatem offendere. Qui enim in charitatem offendit, quantumcunque pœnitens sit, absque charitate non potest absolvi. Ubi enim charitas non est, sequitur quia pœnitentia vera non est. De charitate namque legimus scriptum : *Dimissa sunt ei peccata multa, quoniam dilexit multum* (Luc. VII, 47). Charitas sane fecundam facit Ecclesiam, quæ filios generat ad vitam, qua pœnitentibus reparat gratiam, et perducit ad vitam, per Jesum Christum Dominum nostrum, qui cum Deo Patre vivit et regnat Deus in sæcula sæculorum. Amen.

INCIPIT LIBER SECUNDUS.

I. Summa charitas, quæ Deus est, ubicunque est, non minus aut magis charitas est. Nulla enim substantia nullave essentia alicubi magis vel minus substantia vel essentia est. Joannes quidem dicit : *Deus charitas est* (I Joan. IV, 16). Quod quia essentialiter est, non amare aliquid non potest. Quapropter sicut sapientia, quæ Deus est, omnia indifferenter novit, sic charitas, quæ Deus est, omnia indifferenter diligit. In simplici quidem Deitatis essentia non sunt divisa, sed prorsus idem est charitas et sapientia, et quidquid de Deo secundum substantiam dicitur, sive de Patre, sive de Filio, sive de Spiritu sancto, idipsum esse dignoscitur. Et tamen Verbum Dei proprie dicitur sapientia, hac utique de causa, quia sapientiam reparavit hominibus apparens in carne (17) assumpta. Hinc Apostolus ait : *Christi Dei virtutem et Dei sapientiam*. Spiritus quoque sanctus proprie charitas dicitur. Per ipsum enim charitas in nobis reparatur, teste Apostolo, qui ait : *Charitas Dei diffusa est in cordibus nostris per Spiritum sanctum qui datus est nobis* (I Cor. I, 24). Hæc autem Dei dilectio inest homini vel angelo dum eam tota Trinitas largitur. Sed quia persona sancti Spiritus ministratur, idem Spiritus proprie charitas appellatur. Cum tamen Pater et Filius et Spiritus sanctus essentialiter et charitas et sapien-

---

(17) *Colh.* suscepta.

tia esse prædicantur, non habet homo unde diligat, nisi ei desuper charitas accedat. Hoc autem fit cum Spiritus sanctus, qui a Deo procedit, in dilectione Dei et proximi nos accendit. Hoc autem permirabile est, quia, cum utique Deus præsens est, ibi tantum(18)recte notus est ubi dilectio est. Joannes quidem dicit : *Qui non diligit, non novit Deum* (I Joan. IV, 8). In omnibus quidem est per essentiam, non in omnibus vero per notitiam. Licet enim quidam, ut ait Apostolus, cognoscerent Deum, tamen *evanuerunt in cogitationibus suis, et dicentes se esse sapientes, stulti facti sunt* (Rom. I, 21). Non enim erat in eis notitia hæc cum charitate, sed cognitionis præsumptione. Qui enim cognoscit et non diligit, abutitur gratia tanti doni, cum videre bonum, quod est unum, et omne omnium, sine dilectione præsumit. De talibus Joannes ait : *Qui non diligit, manet in morte* (I Joan. III, 14). Omnis ergo dilectione Dei vacuus tam a justitia quam a beatitudine constat alienus. Nulli ergo bene est qui absque Dei dilectione est.

II. INTERR. Bene charitatem commendasti, quam Deum esse veraciter assignasti. Sed quod Deus indifferenter omnia diligat, quomodo dixisti ? Nonne præ cæteris eos diligit quos a malis exuit, quos virtutibus excolit, quos et beatos facit ?

RESP. Universam creaturam Deus non ideo novit quia ipsa existit, sed ideo ea existit quia ille novit ; fecit enim sicut novit, qui creanda disposuit. Quare quia præscivit eam condidit, non quia præcondidit eam scivit. Res ergo condita nihil ejus scientiæ contulit, qui perfecte sapiens quod erat permansit; qui omnia sicut novit, sic diligit; sicut amat, ita novit. In eo namque non aliud est scire et aliud amare, sed idem est scire quod amare, et amare quod scire. Quare sicut non est alibi magis sciens et hic minus sciens, ita non est minus amans et alibi magis amans. Non enim potest Deus alicubi minus aut magis esse Deus. Quapropter sicut res condita ejus scientiæ nil adjecit, sic ejus charitatem nec anxit nec minuit, quæ nec condendis eguit, nec conditis eget vel egebit, sed indifferenter omnia cognoscendo diligit et diligendo cognoscit. Quibus autem bona sua largitur, non nova dilectione ad eos inclinatur, cujus sempiterna dilectio minime variatur. [Dicitur autem eos magis amare, sed per effectum non per affectum.] Sicut enim quæ donat sua sunt, sic et quibus donat ipsi quoque sui sunt. Eis ex ipso melius est, ei ex ipsis nihil collatum est. Proprie tamen eos dicitur amare quibus amorem, quem sempiternum habet, voluit aperire. Hi namque soli beati sunt, qui dilectionis ejus ineffabile gaudium sine fine conspiciunt.

III. INTERR. Ut audio, non est pro creatura in Deo nova charitas, sed pro æternitate charitatis ejus ipsa est nova condita. Sed si omnia æqualiter diligit, cur aliqua punit ? Si indifferenter amat, cur quædam damnat ?

RESP. Divina illa et perfecta charitas, quæ nisi diligendo facere nihil novit, creaturæ suæ indebito munere benefacere non desistit. Quod pia mens gratanter accipit, et accipiendo datorem diligit, et amoris merito tandem ad ipsum ut est videndum beata pertingit. De talibus in Evangelio attestatur Veritas, ubi ait : *Beati* (19) *mundo corde, quoniam ipsi Deum videbunt* (Matth. v, 2). Rationalis quidem creatura ad hoc libertate arbitrii constat prædita, ut Creatorem suum debite diligendo cognoscat, et debite cognoscendo diligat, qui eam indebite prævidendo dilexit, ut bonam faceret, et ut bene factæ illi benefacere nunquam desineret. Unde et hoc debitum a creatura Creator exigit, ut debite diligendo cognoscat qui eam [indebite] condidit, et debite cognoscendo diligat, qui conditæ illi benefacere non desistit. Quod dum sedula exsolvit, tandem ipsum a quo condita est meretur plene aspiciendo beata manere. E contra mens impia, manens ingrata dilectori suo, dilectionis debitum non exsolvit; cupiditate confusa, justitiæ ordinem abjicit; justitia carens, miseriam inquirit. Disponente namque summa justitia, quæ Deus est, omnis inordinata voluntas sua sibi pœna est. Siquidem Deus est Creator et ordinator omnium rerum naturalium. Non est autem peccatorum Creator, sed ordinator tantum. Quapropter nec iniquum deserit dum sæpe revocat et corrigit, dum corrigendo flagellat, et incorrectum damnat, ut damnatus vel tormentis addiscat quam juste pœnam sustineat qui creatus Creatorem contemnat et dilectus dilectorem Deum non diligat. Damnatis itaque liquido manifestat in quantum dilectio omnibus sit habenda, dum pro habita beatitudinem repensat, et pro non habita damnationem irrogat; quibus ipsa vexatio intellectum præstat, quo sciunt quam recte non amantes pœna corripiat, cum amantes beatitudinis sinus excipiat. Unde dives ille in tormentis dum stillam aquæ de digito Lazari anxie requirit, magna confundi erubescentia meruit ab Abraham respondente, qui ait : *Fili, recordare quia recepisti bona in vita tua, et Lazarus similiter mala. Nunc autem hic consolatur, tu vero cruciaris* (Luc. XVI, 25).

IV. INTER. Quid est quod Abraham vocat Filium quem pro iniquitate noverat damnatum ?

RESP. Scire debes quod charitatem bonorum aliena iniquitas nequaquam minuit. Unde et dilector Abraham illum quem (20) vidit in pœnis, filium nominavit, cui charitatem suam minime subtrahit, dum in tormentis memorem facit, quia Deum diligere super omnia debuit, a quo tanta, dum in carne viveret, bona recepit. Sed eum valde confundit, dum ei consolatum pauperem ostendit, qui mala quidem in vita sua a Deo suscepit : quæ quia pa-

---

(18) *Colb. deest* recte.
(19) *Al.* mundi.

(20) *Al.* videt.

tienter tulit, nunc, suscepta consolatione ; perenniter hilarescit. Sicut dives ille, quia Deum sibi bona præstantem non amavit, nunc admonitus tormentis pœnaliter erubescit. Pauper itaque, quoniam Dominum mala sibi irrogantem amando sustinuit, pie consolatur. Dives vero, quia Deum etiam bona sibi largientem contempsit, quod in paupere neglecto monstravit, merito cruciatur. Quod autem chaos magnum obesse perhibetur ne quod postulat consequatur, possumus dicere chaos esse magnum charitatis contemptum, qui absque dubio Dei est odium: quo quia dives ille in præsenti vitam perdidit, sub ipso premitur in inferno, ne ad vitam redire possit; quem tanta etiam inopia deprimit, ut sicut pro seipso orantem Abraham non exaudivit, sic nec pro fratribus supplicantem idem pater attendit, quia, dum in hac vita bonis exuberaret, pauperem audire contempsit : quod dum recordari monetur, merito pœnis datus manifeste confunditur. Dilector itaque summus non amantem diligens vel in pœnis cognoscere facit quia amasse debuerat quem contempsit. Deum namque contempsit dum pro Deo pauperem non audivit. Talem etiam in pœnis Deus minime contemnit, quem adeo diligit ut dolere faciat quod charitatem tenere neglexit. Punit ergo quem diligit, quem nisi diligeret, non puniret. Nihil enim facit nisi qui diligit, quia, sicut jam diximus et sæpe dici volumus, nihil nisi diligendo facere novit. Ipse est qui non aliunde suscipit aliqua, sed tantummodo ex se et per se et in se novit et habet et potest omnia, solus perfecte sapiens, nullo carens, sed perfecte sibi sufficiens, unus omnipotens. Quapropter non est ei causa aliquid agendi ulla necessitas, sed sola charitas : qua sicut creanda prævidit, sic et creata tranquille disponit. Quod licet jam dictum sit, iterare tamen volui, ut plenius videas in quantum charitas omnibus una virtutibus rite præemineat.

V. INTERR. Dic, quæso ; te enim de charitate loquentem libenter audio.

RESP. Mediator noster, charissime, Deus et homo rectissime nobis apparuit, qui charitatem qua Deus et homo diligi debeat nobis misericorditer infudit. Hoc autem donum post resurrectionem suam in terra propter dilectionem proximi, de cœlo propter dilectionem Dei plenius effudit. Hæc est virtus qua creatura rationalis, si eam tenuerit, factori suo fit similis; si vero ea careat, manet dissimilis. Quisquis ergo in omni quod meditatur vel agit seu loquitur, charitatis causa movetur, suo similis Creatori probatur, qui sola charitate cuncta pariter operatur. Quapropter homo vel angelus, attestante Apostolo, *qui manet in charitate, in Deo manet, et Deus in eo* (*I Joan.* IV, 16). Quisquis autem absque charitate quidlibet exsequitur, opifici summo dissimilis esse probatur, dum, aversa voluntate, charitatem qua factus est non (21) imitatur. Hæc charitas una nobis ad omnia constat imitanda. Sola enim charitate ad regna (22) cœlorum venire possumus, etiamsi linguis omnibus non loquamur, si prophetia careamus, si non omnia sacramenta nec omnem scientiam habeamus, si pauperibus vel non habendo vel aliqua prohibiti necessitate nihil præbeamus, si corpus nostrum ita ut ardeat, nisi causa Christi hoc requirat, minime tradamus. Fides etiam sine charitate potest esse, sed minime prodesse. Nam et dæmones credunt ; sed contremiscunt, quia non diligunt. Fides ergo quæ cum dilectione est, utilis est. Ait enim Apostolus : *In Christo Jesu neque circumcisio neque præputium est aliquid, sed fides quæ per dilectionem operatur* (*Gal.* VI, 15). Nihil est ergo charitate præstantius ; qua sola Deus et homo conjungitur, qua virtutum chorus cœlestium Deo solidatur, Charitas hæc et cœlicolis præstat beatitudinem et terrigenis justificationem. Hæc est qua peccata mundo relaxantur, qua inferus spoliatur, qua gladius ille versatilis revertatur, qua paradisi janua reseratur. Hæc, inquam, charitas est qua dum caruit e cœlo diabolus, a paradiso protoplastus cecidit; quam Christus Jesus quia singulariter tenuit, tenori ab inferis, cum illuc descendisset, non potuit, sed sua eum charitas cum suis, pro quibus descenderat, liberum reduxit. Ubicunque enim est charitas, adest pariter et libertas. Hæc est quæ sola habenda est ut cætera bona habeantur : quæ si absens fuerit, nulla habentur. Sic enim Dominus loquitur de ea : *Omni habenti dabitur, et abundabit* (*Matth.* XXV, 29). Habenti scilicet charitatem dabuntur cætera bona, et abundabunt ad plenitudinem. *Ei autem qui non habet et quod habet, auferetur ab eo* (*Ibid.*). Qui non habet, scilicet charitatem, auferetur ab eo bonum quodlibet quod habet ad utendum per charitatem ; quo quia per charitatem uti noluit, eo ipso jure privari meruit. Omnia namque in charitate bona (23) sunt; sine charitate autem si qua sunt, non habenti charitatem bona non sunt. Unde scriptum est : *Qui offendit in uno, reus est omnium* (*Jac.* II, 10), Quære igitur supplicando charitatem, ut det eam qui de cœlo veniens clamat : *Ignem veni mittere in terram et quid volo nisi ut ardeat?* (*Luc.* XII, 49).

VI. INTERR. Quæso te, ne (24) ita pertranseas ; sed quomodo qui offendit in uno, reus est omnium citius exponas.

RESP. (25) Quisquis in hoc uno præcepto, quod est charitas, offendit, omnium reus existit, quia nulla servavit qui charitate caruit. Possumus etiam et aliter dicere : *Qui offendit in uno*, scilicet mandatorum, *reus est omnium*, scilicet mandatorum (*Jac.* II, 10). Qui enim de uno negligit, non omnia servavit. Cave illorum falsam sententiam, qui dicunt eum qui offendit in uno peccatorum, esse reum

---

(21) *Al.* miratur. Hæc, fili, charitas.
(22) *Colb.* polorum.
(23) *Colb.* fiunt.

(24) *Colb.* ista.
(25) *Colb.* scire te convenit quia quisquis in hoc,

omnium peccatorum. Sed, his omissis, ad charitatis insigne pensandum redcamus. Charitas enim operit multitudinem peccatorum.Sic namque testatur Evangelium : *Dimissa sunt ei peccata multa, quoniam dilexit multum* (*Luc.* VII, 47). Tanta etiam virtus est charitas, ut irasci, corripere, punire, damnare, et quidquid hujusmodi, per se quidem mala sunt cum sine charitate fiunt; si autem adsit charitas,per eam bona sunt.Hinc Veritas ait in Evangelio : *Qui irascitur fratri suo, reus erit judicio. Qui autem dixerit fratri suo, raca, reus erit concilio. Qui vero dixerit, fatue, reus erit gehennæ ignis.* (*Matth.* III, 22). Teste igitur Veritate, mala sunt ista justeque punienda. Sic omne quod agitur, cum nec justitia Dei nec salus proximi ibidem quæritur, malum esse judicatur. Sed si charitas in causa versetur, bene quidem irascitur, recteque loquitur, et juste operatur quisquis contra peccata movetur. Bona ergo sunt sub charitatis remedio, quæ tamen sine charitate nusquam sunt absque peccato ; sicut omnis concubitus semper male fit ubicumque conjugii remedium non occurrit. Perpende itaque in quantum nobis una per omnia charitas sit necessaria, cum quidquid agimus in hac vitæ præsentis miseria, si absque charitate fit, manet in culpa. Eo sane modo quo conditor summus operari novit,cum nihil omnino nisi diligendo facit, mandat creaturæ suæ, quam rationalem instituit, ut charitate faciat quidquid agit.Sic enim servare poterit quod ei Veritas præcipit : *Sancti estote, quia ego sanctus sum* (I *Petr.* I, 16). Et alibi : *Estote perfecti,sicut et Pater vester cœlestis perfectus est* (*Matth.* v, 48). Sanctitas hæc atque perfectio nusquam est nisi ubi charitas est.Inde præcipitur tibi ut diligas Deum super omnia tanquam Deum,et proximum tuum,non tanquam Deum, sed in Deo tanquam te ipsum. Hoc et præcipue sentio memorandum, quia sicut charitas Dei causa est efficiens rerum et simul omnium et pariter singularum, sic et charitas in sanctis causa est efficiens virtutum et simul omnium et pariter singularum, ita ut et ipsa bonum earum sit,et sine ipsa bonæ esse non possint;quemadmodum et ipsa charitas, quæ Deus est, ita omnia fecit, ut sine ipsa nihil omnino esse possit.Hæc est charitas omnipotens et summa, quæ in illa primaria septem dierum dispositione sacrata dignoscitur operata pro sua septiformi gratia.

VII. INTERR. Ne graveris, obsecro, disserere, nobis quæ est illa gratia septiformis,quomodo in primis septem diebus operata sit.

RESP. Spiritum sanctum proprie charitatem dici jam superius audisti.Gratiam ejus septiformem,si bene recolis, in Isaia propheta quam sæpe legisti. *Egredietur*, inquit, *virga de radice Jesse, et flos de radice ejus ascendet ; et requiescet super eum Spiritus Domini, Spiritus sapientiæ et intellectus, Spiri-*

(26) *Colb.* sex.
(27) *Colb.* Spiritu omisso sancto.
(28) *Colb.* quia eadem superbiæ.

tus consilii et fortitudinis, Spiritus scientiæ et pietatis, et replebit eum Spiritus timoris Domini (*Isa.* XI,{1, 3), Audisti septiformem, noli sentire multiplicem. Simplex est enim in essentia, septiformis vero in donorum gratia. Charitate qua omnia condidit,condita donis uberrimis infundit. Hoc autem in primis (26) septem diebus primo factum, ejus inspirante gratia, videamus. Moyse quidem referente,legimus quia dixit Deus : *Fiat lux*, etc. (*Gen.* I, 3.) Et sic per ordinem dierum usque in septimam sermo progreditur.Quo(27) Spiritu sancto sacrata opera designantur.

VIII. *Primus.*In spiritu enim sapientiæ lux prima condita a tenebris separatur, post vesperam habens mane. In diem formatur dum laudabilis illa angelorum societas, bene lux appellata, quia rationalis seu intellectualis est creata, divisa est a tenebris (28). Cadenti enim superbiæ non consensit, sed humiliter subjecta Domino sapienter adhæsit. Habet vesperam in suæ mutabilitatis natura. Est enim creatura. Sed mane fit, suscepta spiritus sapientiæ gratia, quia in Deum tota charitate succensa, et Deum singulariter amando sapiens effecta. Creatorem non per creaturam,sed potius creaturam per Creatorem aspiciens fit dies una, unice fruens Dei sapientia. Nos itaque post lapsum nostræ pravitatis per Christum misericorditer reformati, hoc sapientiæ donum ab ipso requiramus, ut participes beatitudinis angelicæ fieri mereamur.

IX. *Secundus.* In spiritu vero intellectus firmamentum Deus in medio (29) libravit aquarum, quando (30) per peccatum homine in exsilium dejecto, inter mundalium fluctus errorum divinæ Scripturæ firmavit eloquium,quod recte dicitur cœlum, quia multimoda sacramentorum est copia variatum. Habet vesperam in historia litterali, mane in doctrina morali, diem in allegoria spirituali. Hic attende quia, cum per cæteros dies dicat : *Vidit Deus quia bonum est*, tantum in secunda die dictum non est. Quod ideo arbitror factum, quia secundæ opus diei non in ipsa secunda, sed potius in tertia vidit consummatum.Aquæ enim in secunda die leguntur divisæ, hæ scilicet, quæ sub firmamento sunt,ab his quæ super firmamentum sunt.In tertia autem die de eisdem aquis prosequitur quomodo a terra segregantur et maria appellantur. Unde et merito id quod dicitur : *Vidit Deus quia bonum est* (*Gen.* I, 10), in die tertia bis dictum est. Primum pro opere aquarum tunc expleto, secundo pro terræ spatio herbis arboribusque decorato. Et bene, quia per firmamentum significari divinum diximus eloquium, nondum tamen additum est : *Vidit Deus quia bonum est*, donec ejus salubri dogmate cœpit terra herbis et arboribus coruscare. Non enim auditores, tantum, sed factores legis justi sunt [apud Deum]. Quare non in susceptione verborum, sed

(29) *Colb.* posuit.
(30) *Colb.* peccati merito.

in exhibitione operum recte positum est, *Vidit Deus quia bonum est.* Et notandum quia in fructificatione operum, quam productio significat herbarum et arborum, bis lectum est, *Vidit Deus quia bonum est.* Nullum quippe opus bonum est, si non sit ex charitate, quæ gemina est. Per eam enim Deus et proximus amari mandatum est. Præstet divina charitas in hoc sacri firmamento eloquii historia, moralitate et allegoria distincto, nos ita moribus et vita proficere, ut et alios id ipsum valeamus edocere.

X. *Tertius.* In spiritu consilii Deus terram segregat ab aquis. Quæ segregata arbores herbasque producit, dum a defluxu vitiorum quidam ad sanctæ conversationis soliditatem transeunt, et herbas, id est incrementa bonorum operum, et arbores, id est culmina virtutum, de charitatis radice producunt. Eis autem vespera fit dum dolent quod defluxerint per culpam. Habent mane reducti ad veniam, facti dies, uniti Christo per gratiam. Superna charitas suo nobis consilio miserata subveniat, ut a vitiorum (31) voragine retractos, terram fructiferam nos sibi constituat, quæ charitatis germina Ecclesiæ ferre non desistat.

XI. *Quartus.* In spiritu fortitudinis facit Deus cœli luminaria, eos videlicet quorum doctrina fulget Ecclesia ut sol et luna, per quos quandoque fiunt miracula. Hi habent vesperam, qua in præsenti desudant adversus scandala : habent mane quo triumphant Christi victoria. Manent dies, dum splendore virtutum nimium coruscant, quo et alios illustrant. Supplices itaque [semper] adoremus sanctum Spiritum, ut sua fortitudine ita formetur Ecclesia, ne unquam ei prævaleant hæreses aut schismata, sed, depulsis errorum tenebris, clarescat ubique fides catholica, et charitatis lampas circumquaque resplendeat.

XII. *Quintus.* In spiritu scientiæ pisces et volucres ex aquis a Domino cereantur, dum quidam et in multa rerum ambitione sæcularium positi, ut pisces in aquis, piis vivunt moribus, et præbendo subsidia ministrant fidelibus. Quidam vero, abjectis mundialibus illecebris, ad paupertatem Christi confugiunt, et pennis virtutum ab aquis ad cœlum charitatis aura conscendunt. Eis est vespera male assueta pompæ sæcularis illecebra. Eis est et mane fidei virtus indefessa. Eis est et dies, posito divitiarum pondere, conscensus liber ad æthera. Oremus et nos Spiritum scientiæ, ut mundi principes et sæculi potestates erudiat, et eorum corda possideat, ne sublime sapiant, ne in incerto divitiarum confidant, sed aut possessis secundum Deum utantur in bono, aut possessa relinquentes, libere serviant soli Deo.

XIII. *Sextus.* In spiritu pietatis, jumentis et cæteris animalibus factis, formatus est homo ad imaginem et similitudinem Dei. Omnes qui in peccatis nati sunt et peccatis serviunt, nudati justitiæ stola, ejecti in veste pellicia, quæ signatur carnis concupiscentia, recte dicuntur jumenta, testante Psalmista : *Homo cum in honore esset non intellexit; comparatus est jumentis insipientibus, et similis factus est illis* (*Psal.* XLVIII, 13). Pro reparanda vero humani generis natura, ineffabili misericordia Christus Jesus natus est de Virgine Maria : qui factus ad imaginem Dei, ab ejus similitudine non declinavit cui omnia jure subduntur, quibus imperio indissolubili dominatur; quem primus Adam præfiguravit, qui ut ait Apostolus, *est forma futuri* (*Rom.* v, 14). Et cum per singula [opera] dictum sit : *Vidit Deus quia bonum est*, nunc una omnibus benedictio communis in isto facta est, ubi dictum est : *Vidit Deus cuncta quæ fecerat, et erant valde bona* (*Gen.* I, 31). Ei est vespera, spontanea pro nobis suscepta passio. Ei mane est gloriosa in carne resurrectio. Ei dies est ad æternam paternæ gloriæ confessionem felix ascensio. Adoremus igitur ipsum et glorificemus, ut ejus gratia de morte ad vitam resurgamus, et post eum pariter ascendamus.

XIV. *Septimus* In spiritu timoris Domini requievit Deus ab omni opere quod fecerat, et sanctificavit diem septimam præ cæteris solam. Hinc sane nobis innuitur quia non in opere suo (32) quiescit Deus, sed ab opere qui nullo indiguit, semper in se ipso quiescit. Quapropter et nos non in nostris operibus requiem quæramus, sed a nostris operibus in eum qui in se ipso semper quietus est quiescere satagamus. Nulla enim requies est in omni re mutabili, sed in eo solo qui felicitate perpetua in se ipso quiescit. Et bene in spiritu timoris Deus hoc in nobis agere dicitur, qui ait : *Super quem requiescam, nisi super humilem et quietum et trementem sermones meos ?* (*Isa.* LXVI, 2.) A Spiritu timoris Domini, qui dicitur initium sapientiæ, nos qui cecidimus, ipso revelante initium redeundi sumimus, et de gratia in gratiam provecti, in timore Domini sancto, qui permanet in sæculum sæculi, reditum consummamus, et consummati quiescimus. Alius est enim spiritus timoris, ille scilicet servilis, non Domini, sed peccati. Diligit enim peccatum, sed timet supplicium. Odit justitiam, sed formidat pœnam. Hic est quem foris mittit charitas. Alius vero spiritus timoris Domini, unum scilicet de septem donis Spiritus sancti. Ejus enim operante gratia, incipimus pro amore Dei odire peccata. Est igitur charitas, non servitutis. Hoc autem timore Domini sicut in præsenti crescit charitas Dei, sic et odium peccati pariter concrescit. Tantum [enim] peccatum odis, quantum justitiam diligis. Crescunt simul in hac vita, et perficientur in æterna. Inchoata namque charitas, et timor ille qui dicitur initium sapientiæ, in præsenti simul proficiunt. Perfecta vero charitas et timor Domini, qui sanctus permanet in sæculum sæculi, æterna (33) simul erunt. Cohæ-

(31) *Al. deest* a vitiorum, etc., *usque* desistat.
(32) *Colb.* solo.

(33) *Al.* in æterna.

remus enim Christo per charitatem, non per pœnæ timorem. Bonum est itaque timore Domini a peccatis nostris pœnitendo redire ; melius autem, ne Deum offendamus, timore ipsius peccata vitare ; optimum autem timore Domini eo usque provehi ne ulterius ad culpam possimus detrahi. Complebitur hoc in resurrectione generali, quando ultimum cum cæteris electum incorruptibili gloria Deus coronabit. Dies illa, nulla sequente vespera, sine defectu manebit; in qua perenniter cum Domino quiescemus, qui erit omnia in omnibus. Recens ista primorum septem dierum adnotatio te pensare commoneat, quia his quasi septem signaculis liber Geneseos in suo principio signatus fuerat, quæ per se solvere nemo potuit, donec Agnus ille qui claudit et nemo aperit, aperit et nemo claudit, hoc sacramentum de septiformi opere Spiritus sancti fidelium cordibus revelavit.

XV. INTERR. Hanc tuam in illo dierum septenario considerationem lætus accipio. Sed tamen mirari non desino unde subito in mente Creatoris accessit, ut faceret quod ante non fecit. Si enim de nihilo fecit omnia, quid ante agebat ?

RESP. Quod ante vel subito attendis in Deo, te nimis inconsideratum video. Ante enim et subito, si bene perpendis, signa sunt temporis. Non est, charissime, non est subjectus tempori qui tempora fecit. Qui enim res quas voluit omnes condidit, et rebus tempora concreavit, de informi quidem materia, non quidem temporaliter, sed causaliter simul creavit omnia, e quibus currunt tempora, implentur loca, temporaliumque et localium motibus volvuntur sæcula. Dicimus autem ante sæcula solum Deum, a sæculo ea quæ in initio [simul] facta sunt, e quibus sæcula prodeunt. in sæculum vero ea omnia quæ sub tempore currunt. Quapropter Creator rerum et temporum nec res nec tempora præcedit tempore, sed æternitate. Quatuor quippe modis aliquid ab aliquo dicimus quia procedit, scilicet au æternitate, aut origine, aut tempore, aut electione. Æternitate, ut Creator omne creatum ; tempore, ut flos fructum ; electione, ut fructus florem ; origine, ut sonus cantum, vox verbum, informis materia mundum. Cum enim quæritur quid sit prius, sonus an cantus, respondemus quia prior est sonus. Materia enim cantuum est sonus. Sic et vox prior est verbo. Verbum enim est formata vox. Præcedit autem sonus cantum, et vox verbum, non quidem tempore, sed quadam origine. Non enim ille qui cantat, prius emittit informem sonum, quem postea colligat et formet in cantum ; sed simul utrumque agitur, sonus scilicet et cantus, dum ab aliquo canitur. Et tamen quid de quo fiat naturaliter intuemur. Cantus enim est formatus sonus. Sic Deus utrumque simul condidit, et materiam quam formavit, et res in quas eam formavit. Mox enim ut aliquid fecit formatum fecit, Illud tamen unde fit aliquid prius est naturaliter eo quod inter fit. Prior est ergo informis materia mundo, ut vox verbo, licet non tempore, tamen origine. In rebus sane quas cernimus, materiam et formam simul esse intelligimus. Sed cum utrumque loqui volumus, simul utrumque [loqui] non possumus. Bene ergo fit prius in loquendo quod sola origine prius est in agendo. Hinc est quod Scriptura loquendi temporibus dividit, quæ mundum de informi materia factum dicit, quod Deus faciendi temporibus non divisit. Causa namque originis, non mera temporis, informis materia mundum præcedit. Informis ergo materia, quidquid illud est, sine tempore est. Sed et angelos illos sine tempore esse invenio, qui quam cito conditi, tam cito ad summum et incommutabile bonum sine intervallo temporis sunt conversi. Alioquin in culpa fuissent, si vel ad modicum ab eo vacassent, cum quo incommutabili charitate solidati [facti] sunt, immutabiles gratia non tamen natura. Sunt enim creatura. Deum quippe sine tempore et loco semper aspiciunt ; a qua beatitudinis contemplatione nunquam et nusquam resiliunt aut defluunt ; et tamen ejus jussa in inferioribus peragunt, et membris Ecclesiæ usquequaque deserviunt, teste Veritate, quæ ait : *Angeli eorum semper vident faciem Patris* (*Matth.* XVIII, 10). Quod dicit, *angeli eorum*, temporale circa nos ipsorum designat officium. Quod dicit, *semper vident faciem Patris*, designat eos habere incommutabilitatem divinæ visionis, in qua videt æternas omnium creaturarum rationes immutabiles. Vident etiam facta simul omnia sine tempore, sola causali (34) ratione. Originaliter quippe et primordialiter fecit Deus simul omnia, a quibus procedunt temporali varietate currentia. In his autem quæ simul facta sunt, nemo videt quid prius quidve posterius fieri debuit, nisi illa sapientia quæ res et rerum ordinem in se ipsa cognoscit. Nihil eorum quæ fecit existens, nihil extra se inveniens, omnia apud se principaliter habens, sicut novit, sic omnia fecit. Neque enim ea faceret, nisi apud se ea nosset antequam faceret. Hinc Veritas ait : *Quod factum est, in ipso vita erat* (*Joan.* I, 3), non ut factum, sed in ipso ut vita. Ibi ergo omnia, sed non facta. In informi enim materia omnia simul facta, sed non tempori subdita. In tempore vero omnia varietatum motibus seu locorum spatiis (35) ordinata. Secundum hoc ergo quod in mente divina rerum omnium manet ratio causalis immota. Ita testatur evangelica veritas : *Quod factum est, in ipso vita erat, Vita,* inquit, *quæ erat lux hominum (ibid.).* Homo enim, scilicet rationalis creatura, non habet lucem nisi sapientiam, quæ Deus est, in qua omne quod factum est vita est. Spiritus sane rationalis, dum imaginem Dei, ad quam factus est, singulariter custodit, ipsum solum supra se diligens contemplatur, quo nihil superius nihilque beatius. Secundum id vero quod simul

---

(34) *Colb.* sed causali.

(35) *Colb.* spatiis seu locorum intervallis.

omnia, in initio facta sunt, scriptum legimus : *Qui vivit in æterno, creavit omnia simul (Eccli.* xviii, 1). Secundum hoc autem quod singula temporaliter currunt,scriptum est : *Pater meus usque modo operatur, et ego operor (Joan.* v. 17). Omnium sane simul materialiter conditorum creditur Moyses meminisse ubi ait : *Hic est liber creaturæ cœli et terræ. Cum factus est dies, fecit Deus cœlum et terram et omne viride agri antequam esset super terram, et omne fenum agri antequam exortum est.* Fecit enim simul omnia in præjacenti materia antequam apparerent visibiliter,et in actu procederent temporaliter.Cum hæc itaque omnia in initio simul fierent, dicit factum diem. Sed diem illum intellige unum septies repetitum, sine intervallis morarum temporalium. Quod ut manifeste intelligas, responde mihi, quæso, de die septima. Dic, quæso, quæ est facta, annon facta est? Sed præter Deum quidquid est, omnino factum est.Sex quidem dies primi cum quibus operibus facti sint Moyses enarravit. Omnia etiam intra sex dies illos scribit consummata esse, et Deum in septima quievisse. Sed quomodo in die requievit quem non creavit? Aut si creavit, quomodo sexto die simul omnia consummavit? Non enim aliquid in die septimo creavit, sed potius in eo ab omnibus quæ consummaverat requievit. Patet itaque manifestius in hoc sensu sententia, si dicamus, quia una dies est quæ operibus Dei et ejus ab omni opere requiei ad videndum præsto fuit, non corporalis quidem, sed angelica seu spiritalis, habens vesperam dum respicit naturam sive actum creaturæ inferioris, habens mane dum levatur a cognita creatura in laude Creatoris, habens diem in contemplatione perfectissimæ veritatis. Hæc enim tunc a tenebris divisa et in diem formata est, cum a suæ mutabilitatis informitate ad videndum immutabilem Creatoris gloriam conversa est. Clarissima igitur visio est videre omnia in arce incommutabilis veritatis. Quod est videre Filium de Patris essentia perenniter generari, et ex utroque procedens ineffabile donum charitatis. Obscura autem ei scientia est videre omnia in eo actu quo facta sunt ; a quorum cognitione ne tenebrescat, semper mane fit, dum a creatura ad laudem revertitur Creatoris, laudatque Creatorem, non in creatura, sed ab ipsa in se ipso quiescentem, nullo egentem, sed plene et perfecte sibi in se ipso sufficientem. Quod autem dies illa septies repetita legitur, cum et Deo et ejus operibus stabili cognitione præsentatur,non temporis varietate, sed cognitionis ordine, non circuitu corporali, sed intuitu spirituali distinguitur. Fit etiam commemoratio rerum sub intervallis temporum digestorum, ubi in Genesi legitur : *Fons autem ascendebat de terra, et irrigabat omnem faciem terræ (Gen.* ii, 6). Bene quidem ab eo elemento quo genera animalium, herbarum et lignorum nascuntur, incepisse creditur. Omnia namque primordia seminum, e quibus omnis caro et omnia fruteta prodeunt, humida sunt, et ex humore concrescunt. Hanc sane potentiam et vim efficacissime gignendi ex simul perfectis operibus Dei, in quibus non tempora, sed origo temporum erat, visibilium seu actualium natura contraxit. Ab his enim quæ simul materialiter condidit, ipse singula formaliter agendo, non nova creando, temporaliter operari non desinit. Hinc est quod Veritas in Evangelio dicit : *Pater meus usque modo operatur, et ego operor.* Semper ergo quiescit, et tamen operari non desinit. Quiescit, nullo indigens : operatur, singula componens per omnia sæcula sæculorum. Amen.

INCIPIT LIBER TERTIUS.

I. Æterna Dei sapientia, in qua manent omnium rationalium et irrationabilium æternæ rationes, in qua omnium mutabilium immutabiles vivunt origines, æterno consilio et immutabili voluntate creavit omnia. Quia vero singulariter et summe bona est, quidquid ab ea factum est, et ipsum bonum est. Bonum dico, sed non summum, quia conditum est. Ut ergo universa qua sunt brevi summa concludas, quidquid est, aut Creator aut creatura est. Bonus ille, bona omnia ejus. Sic enim colligit Scriptura : *Vidit Deus cuncta quæ fecerat, et erant valde bona (Gen.* i, 31). Bona quidem quod ab illo ; mutabilia, quia non genita (36) de illo, sed facta de nihilo.

II. INTERR. Quid est quod loqueris ? Novi mundum redundare malis ab initio, passim, mala conspicio, et intuitus quam multa tolero. Tu vero, dum universa in duo colligis, malum non attendis, sed quidquid est, tantummodo bonum esse defendis. Quid malo manifestius, quod et semper abesse volumus, nec declinare possumus?

Resp. Cum de malo quæritur, et quid malum sit non recte pensatur, haud facile quæstionis propositæ respondetur. Solet enim malum aliquando dici incommodum seu vitium cujuslibet corporis, sicut et molestiæ animi non contra justitiam sentientis. Corporis quidem, ut sunt ægritudines, supplicia, pœnæ, labores, esuries, et hujusmodi. Animi vero

---

(36) *Colb.* non quidem genita.

ut anxietates, studiorum labores, et timores, et desideriorum inquietationes. Hæc enim mutabilitatis causa patiuntur animæ, patiuntur et corpora, quæ vulgi locutio consueta solet dicere mala, sed non sunt damnabilia. Ea enim et justi omnes tolerant in præsenti vita. Qui, licet hujusmodi mala patiantur, non ideo tamen mali nominantur. Sic et irrationabilia vel sensu carentia non dicimus mala, quamvis passionum incommodis ipsa sint subdita. At vero ea proprie mala dicimus quæ censura justitiæ damnabilia judicamus. Quæ autem pro lege justitiæ sunt damnabilia, ea utique vocamus peccata. Quisquis ergo ea quæ proprie mala sunt operatur, merito et ipse malus proprie nominatur. Si autem ea quæ proprie mala sunt ubi sint videre volumus, nusquam nisi in sola rationali voluntate ea esse deprehendimus.

III. INTERR. De his malis age (37), supplico. Quonam modo in voluntate rationali sint, tantum audire desidero.

RESP. Æterna et summa essentia, quæ Deus est, in se ipsa viva, perennis et beata, pro suæ benevolentia charitatis condidit angelum viventem et æternum; sed nisi inhærendo Creatori minime beatum. Fecit et hominem utique viventem, sed nisi beneficio Creatoris æternitate et beatitudine carentem. Quapropter ipse qui essentialiter vita, et æternitas, et beatitudo est, pro sua ineffabili charitate liberum arbitrium angelo et homini largitus est, quo utique consequi posset ex gratia quod non acceperat in natura, angelus scilicet beatitudinem, homo vero æternitatem et beatitudinem. Quia ergo uterque liberum arbitrium habuit, debuit uterque ac potuit eum a quo est et cui debet quod est præ omnibus singulariter amare, et amoris merito beate manere, non quidem in se, sed in eo qui summe est, qui essentialiter vivens, et æternus, et beatus est. Hic amor, hæc charitas sive dilectio, tam in homine quam in angelo, proprie bonum eorum esse dicitur, quo supra se ad Deum humiliter elevantur. Angelus itaque vel homo, dum collato sibi libero bene utuntur arbitrio, recte boni dicuntur et inhærentes ei qui summus est, dum plena charitate ad eum elevantur, exuta mutabilitate sua, immutabili gloriæ Dei sociantur. Econtra, si indebita concupiscentia homo vel angelus avertit se ab eo qui summus est, dum retrogrado amore inclinat se ad id quod minus est, mox arbitrii gratia miser abutitur, summaque justitia, quam non potest effugers, non arbitrio, sed arbitrii libertate privatur, ita ut non possit quod ante potuit, quia voluit quod velle non debuit. Sentit quidem ratione se cecidisse in culpam, et ad redeundum non esse liberum. Declinare quidem a bono per se ipsum potuit, si tamen hoc posse fuit. Defectus est enim ab eo quod bene potuit. Potuit quidem cum gratia Creatoris; quo contempto, ad non posse devenit. Hic contemptus, hæc negligentia seu malevolentia proprie malum ejus esse dicitur. Ut is malus et ipse proprie nuncupatur.

IV. INTERR. Quid est quod creaturam, quam, omni Scriptura teste, prædixeras valde bonam, ostendis fieri malam? An desinit esse quod facta est, et efficitur aliud quod malum est? Si Deus hoc facit, tunc non bona sunt omnia quæ facit. Si alius hoc facit malum, non est Deus creator omnium, nec omnia per ipsum facta sunt.

RESP. Videtur mihi quia quæ supra diximus segniter attendisti. Hoc enim de quo nunc agimus malum, quod proprie dicimus peccatum, omnino nihil aliud est nisi rationalis creaturæ vitium. Quæ enim declinat a bono sibi a suo Conditore proposito, quo ipsum qui summe est debuit amare et amando percipere et percipiendo beata manere, non in aliud ipsa convertitur, sed arbitrii sui libertate privatur, dum propriam voluntatem, quam creatura habere non debet, Creatori suo præponere nititur. Quapropter non natura, non res aliqua est istud quod dicimus malum; sed abusio seu negligentia boni sortita est mali vocabulum. Privilegium sane voluntatis propriæ soli convenit Creatori, qui nihil debet alicui, sed prout vult omnia facit. Creatura vero, quæ omne quod habet et quod potest et quod ipsa est debet Creatori, suam quoque voluntatem omni modo debet illi *per quem omnia facta sunt et sine ipso factum est nihil (Joan.* I, 3). Creatura itaque rationalis seu intellectualis, bona, quia a bono conditore bene condita, et libertate arbitrii ditata, Conditorem suum jure debito debet diligere et ejus instituta studiose servare; quæ si servare contempserit, contemptus merito arbitrii libertate carebit, amissamque sibi reddere non poterit. Hanc enim a semetipsa non habuit, sed a Conditore suscepit, et abutendo perdidit.

V. INTERR. Liberum de quo agis arbitrium fere sonat in ore omnium. Sed fateor, quid sit illud ipse nescio.

RESP. Liberum, ut sentio, arbitrium est quidam motus intelligentiæ rationalis habens possibilitatem quod judicat exsequendi. Hoc itaque libero rationalis voluntatis judicio tam homo quam angelus accepto, dum super omnia Creatorem attendit, et creaturam inferius respicit, judicat vere factori omnimodis obsequendum, et factis pro voluntate factoris utendum. Sed hoc ejus judicium minime constat liberum nisi cum efficit quod novit agendum. Efficit autem dum Creatorem diligit et ejus voluntatem, sua postposita, servando cognoscit. Quod si servare detrectat quam singulariter servandum vere judicat, suo ipse judicio contradicit, meritoque libertatem judicandi transgressor amittit. Ut vero justitiæ libertatem servare deserit, jure debito traditur vitiis. Amissa itaque arbitrii libertate, captivus remanet sub peccati compede. Libertatem enim, quam proprio vitio deserit, reparare sibi ipse nullo

---

(35) *Colb.* ostende.

modo sufficit. Hæc enim nisi a quo dari potuit, reddi non poterit. Hinc Veritas ait : *Si Filius vos liberaverit, vere liberi eritis (Joan.* VIII, 36). Post lapsum ergo non possunt esse liberi nisi per unicum Filium Dei liberati. Videant quid dicant (38) qui vociferando asserunt liberum arbitrium a Deo datum ad bonum pariter et ad malum. Peccando namque amittitur, amissumque nisi per gratiam minime reparatur. De cætero cum malum nihil esse convincitur, et bonum solummodo esse probatur, quomodo libertas arbitrii ad aliquid pariter et ad nihil data monstratur? Simpliciter tamen ad utrumque datam concedimus, non ut utrumque sequatur, sed altero reprobato, bonum eligatur; sicut de Filio Virginis per Isaiam dicitur: *Butyrum et mel comedet, ut sciat reprobare malum et eligere bonum (Isa.* VII, 15).

VI. INTERR. Libenter accipio quod de libero dicis arbitrio. Sed certe de malo, quod nihil sit, nondum me sentire fateor. Video enim contra præceptum divinæ legis, seu contra instituta justitiæ omnipotentis homicidia, rapinas, incendia, passimque impudicitias, et his similia assidue fieri. Nunquid non ista manifeste fiunt? Quis tam insani capitis est ut dicat quia nihil sunt?

RESP. Nulla certe (39). nulla varietas rerum seu vis aliqua malorum divinum evertit consilium. Non est aliqid quod magna opera Domini exquisita in omnes voluntates ejus præpedire possit, unum habens consilium super opera multipliciter variata. Immobilis enim movet mobilia, æternus temporalia, indivisus divisa, justus injusta, bonus mala. Tranquilla siquidem æquitate disponit voluntates rationalis creaturæ. Bonas namque adjuvat atque remunerat, malas reprimit et damnat; utrasque bene dispensat, utrasque ordinat. Quapropter mundus iste sub ejus omnipotentia cursu ordinatissimo regitur, nec ullum alicubi injustum invenitur, cum summa æquitas tam per malos quam per bonos semper bonum operatur. Potestas enim malorum semper est justa, quia a Domino. *Attingit ergo a fine usque ad finem fortiter, et disponit omnia suaviter (Sap.* VIII, 1). Voluntas eorum semper injusta est, dum contra summam justitiam præsumpta est. Unde et in defectu est. Quidquid enim est, vel ideo est quia summum bonum est, vel ideo quia a summo bono conditum est. Sed summum bonum nullo modo deficere potest. Summum enim est, et ex illo quidquid est. Quod vero a summo bono factum est, non quidem id ipsum est quod id a quo factum est. De nihilo enim est. Unde et in defectu est, nisi inhæreat ei qui summe est. Quod itaque ab eo declinat qui summe est, in tantum ipsum non est in quantum deficit a summo bono, in quo ejus esse est. Est ergo ei deficere, ipsum qui summe est non amare. Hoc [enim] vitium, hoc malum, solius est rationalis creaturæ; quod non

(38) *Colb.* dicunt.
(39) *Colb.* charissime.

A quidem aliquid, sed nihil dicimus esse. Defectus enim est seu negligentia ab eo quem debet amare vel colere. Hoc ejus vitium, hanc culpam proprie dicimus malum esse. [Malum quidem diversis modis agitur, unde et diversa nomina sortitur, ut rapina, furtum, impudicitia, et hujusmodi, quæ sic dicta sunt, non quia actiones sunt, sed quia non bene fiunt.]

VII. INTERR. Quæ dixisti bene suscipio. Sed quod justus injusta et bonus mala faciat, non consentio.

RESP. Non legisti quia Veritas in Evangelio dicit : *Omnia per ipsum facta sunt, et sine ipso factum est nihil (Joan.* I, 3). Si ergo ad summum opificem respicimus, bene fit omne quod agitur, sive bonus sit, sive malus, homo vel angelus, per quem Omnipotens operatur. Si vero rationalis creatura, per quam Deus agit, bona voluntate consentiat, et ipsa bene facit, recteque bonum dicitur quidquid facit. [Econtra si rationalis voluntas a summo opifice, qui per eam agit, nolendo dissentiat, male quidem facit, et tamen est aliquid quod facit; sed quia injuste facit, malum dicitur quidquid facit.] Sic sic, si bene recolis, animal tuum, dum vadit quo præcipis, bene ambulare fateris. Si autem deviat ab ea qua intendis via, devium malo ambulare causaris, non quia non ambulat, sed quia deviat. In hoc quod ambulat, actus est; quia deviat, malus est. Malus quidem, quia non consentit domino per eum agenti et pro nutu suo sibi subditum promoventi. Sic et summus (40) opifex per quoscunque, prout vult, bene semper operatur; sed quandoque non bene concordat (ei) subditus per quem operatur [pro quo injustum seu malum dicitur quidquid per eum agitur, licet pro summo auctore omnium bonum esse probetur.]

VIII. INTERR. Cum te ista prosequentem audio, Deum et esse bonum et bona agere omnia sentio. Sed tuis adversa sententiis quam multa video, dum Scripturis sanctis intendo, in quibus, quod tibi in aurem vix dicere audeo, Deum ipsi sibi contrarium sentio. Dicit enim per Prophetam: *Faciens pacem, et creans malum, ego Dominus (Isa.* XLV, 7). Et alibi : *Induravit Dominus cor Pharaonis (Exod.* IX, 12). Et ad Pharaonem Dominus dicit : *In hoc ipsum excitavi te (Rom.* IX, 17). Alibi quoque scriptum est : *Non est malum in civitate quod Dominus non fecit (Amos.* III, 6). Et cætera hujusmodi.

RESP. Crebro dicimus quia summe bonus et bene omnia condidit, et condita bene disponit. Unde quidquid est, ideo bonum est quia ab ipso est. Omnis ergo actio, quia bene disposita est ab auctore summo, bona quidem dicitur. Quia vero agentis intentio, hominis dico vel angeli, discordat a Deo, pro agente malo mala dicitur actio; quæ tamen bona est pro opifice summo, qui ait : *Sine me nihil potestis facere (Joan.* XV. 5). Ipse quidem per malos,

(40) *Colb.* Constat tamen quia summus.

quos bene disponit, bonum assidue operatur, illisque pro mala voluntate bona injuste agentibus bonus ipse semper utitur. Unde nihil ubique nisi juste agitur. Quapropter quidquid per eos agitur, quod quidem pro eis malum jure dicitur, recte Deus id ipsum agere, prophetis attestantibus, declaratur. Sicut ergo mali bonum agere dicuntur quod per eos facit Deus, sic et ipse, qui bonus est, mala agere dicitur dum per malos operatur. Verum est itaque quod nihil omnino nisi bonum agitur, cum Deus tam per bonos quam per malos omnia operatur.

IX. INTERR. Si, ut tua dicit sententia, omnis actio est bona, utquid leges, utquid judicia ? Quid corrigunt sacerdotes, quid puniunt potestates?

RESP. Nosse debes quid, a quo, quare, quomodo, ubi, et quando aliquid debeat fieri. Si præterquam constat indictum aliquid ab aliquo fuerit præsumptum, culpabile deprehenditur, et ab officio corripitur. Privatis namque seu publicis institutionibus singula moderantur. Res quidem de quibus aliquid contra justitiam agendo præsumitur, si bene consideres, sine culpa invenies. Unde non res, sed de rebus agendis injustitiam merito reprehendis. Agentem, quia indebite fecit, justitia debite punit, quem indebite punisset, si debite auctor egisset. Magnum sane æquitatis constat indicium quod malum nusquam remanet impunitum ; et dum injusta juste puniuntur, ubique regnare Dei justitiam ipsa profitentur ; sub qua nec impuniti remanent qui justum injuste operatur. Quod autem dictu mirabile est, hoc etiam in malo bonum est quod impunitum non est. Sciat quoque tua prudentia, quia omne opus commendat humana justitia quo legum institutio fuerit observata. De manifestis enim solummodo judicat, dum occulta cordium ignorat. Sed summus arbiter longe aliter judicat, qui magis corda pensat quam opera, qui nullum opus approbat quod charitas non commendat. Mandata (41) quidem et pro variis temporibus et pro eorum necessitatibus sæpissime variantur. Sed una in omnibus charitas a Deo quæritur, qua quidquid agitur, gratanter a Deo suscipitur, sine qua quodcunque feceris improbatur.

X. INTERR. Cum providentiam Dei respicio, contra hæc quæ dixisti sentire me sentio. Quid enim ! Nonne providentia Dei, quæ nunquam fallitur, omnia antecedit ? Nonne sicut prævidit, sic singula facit ? Angelum quidem et hominem fecit, nec aliter quam prævidit. Cecidit autem juxta providentiæ veritatem, quæ providit casurum angelum et hominem. Providentia quippe Dei vera non esset, si aliquid aliter quam novit fieret. Prævidit igitur casurum. Non enim aliter esse potuit quam constat fore provisum. Hæc sententia ab omnibus inconcussa suscipitur, quia Dei providentia in nullo fallitur. Quare ergo qui cecidit, in culpa tenetur ?

RESP. Vera est, ut ipse asseris, vera est divina providentia ; vere secundum eam fiunt singula. Vere ergo juxta Dei providentiam (42) facta est angeli et hominis rationalis natura, et utrisque data liberi arbitrii facultas. Quare sicut Deus prævidit, utrumque præditum arbitrii libertate condidit, qua libertate angelus et homo bene uti debuit et potuit. Quod si tanto abusus munere neglexit, jure culpandus est qui bene potuit, sed male voluit. Habens itaque a Deo posse bonum, non debuit apponere velle malum : quod quia transgressor apposuit, justo Dei judicio miser accepit ut per velle malum amitteret bonum posse. Factus itaque sub velle malo captivus, se non posse quod velit dolet ; qui si obediens mansisset sub Deo, posset omne quod vellet. Qui ergo contempsit Dominum, jure perdidit posse bonum sibi a Domino præstitum ; et miser tenuit non posse quod velit, qui velle malum perverse concepit. Non itaque necessario cecidit. Nec enim eum Qeus omnium præscius casurum necessitafe, sed propria voluntate prævidit. Minime ergo Dei providentia cadere eum, facit, quem proprio casurum vitio prævidit. Prævidit quidem peccaturos angelos et homines, quem nihil futurorum latet. Nec enim futura essent, si in ejus præscientia non fuissent. Quæcunque igitur Deus providet futura, non possunt non evenire provisa. Alioquin providentia falleretur. Inter omnia autem provisa pariter est liberi arbitrii facultas ; quam sicut Deus prævidit, sic eam et angelo et homini dedit. Quapropter tam homo quam angelus pro facultate liberi arbitrii inter omnia quæ facta sunt currit absolutus quandiu facultate liberi arbitrii bene sub Deo utitur. Servata igitur ista sibi ab eo præstita libertate, non cogitur necessitate : qui si negligendo declinat a bono, culpa sua exuitur libertate, et servus remanet sub vinculo culpæ.

XI INTERR. Quomodo dicis angelum et hominem pro libertate arbitrii absque necessitate currentem, cum secundum immutabilitatem divinæ providentiæ simul omnia sunt sub necessitate ? Non enim potest aliter fieri quam quod divina providentia inconcusse decernit.

RESP. Duobus modis solet necessitas assignari. Dicitur enim simplex una, conditionalis vero altera. Simplex, ut omne corpus est palpabile. Hoc enim simpliciter est necesse, sine omni conditione, absque ulla determinatione. Conditionalis autem, ut, dum aliquem scio legere, eum legere est necesse. Necesse dico, non pro natura legentis, sed pro adjectione conditionis. Quod enim te certum est scire, non potest aliter esse, et te tunc aliter scire. Legentem qnippe voluntarie nulla necessitas facit legere ; quem tamen dum scio legere, pro lege conditionis necesse est legere. Sic et divina providentia, dum præsens aliquid considerat, illud ita tunc esse necessario constat, tametsi in re visa nulla naturæ sit necessitas. Rationalis sane crea-

(41) *Colb.* mandata Filii.
(42) *Colb*. Quapropfer secundum eamdem providentiam.

tura pro suæ libeetatis natura constat absoluta : quam si ad divinum contuitum referas, fit necessaria pro certissima (43) divinæ visionis constantia. Res equidem, licet ut provisæ sunt existendo fiant, et legem Providentiæ nullatenus declinare valeant, tamen suæ proprietatem absolutionis servant ; quæ priusquam eveniant, aut non evenire, aut aliter [fieri] poterant.

XII. INTERR. Quid dixisti ? Potestne aliquid aliter fieri quam sicut Deus prædivit ?

RESP. Nescis quia homo vel angelus qui bona voluntate bonum agit, non necessario, sed voluntarie agit ? Quod si voluntarie agit, non necessitate, posset non agere. Potuit ergo aliter fieri, et tamen aliter non fit. Salva enim est providentia quæ sic prævidit fieri. Fieri dico voluntarie, non necessitate. Potest igitur aliter fieri quam quod Deus prævidit, et tamen aliter non fit. Quapropter nemo se male excuset dicens : Providentiam Dei sequar. Nemo mihi imputet si pecco. Quod Deus prævidit, necessario oportet fieri. Sed scire te convenit, quia sic est pensanda divina providentia, ut pensetur et res provisa. Vide ergo tuæ absolutionem naturæ ex providentia Dei pendere ; nec dicas eam pro certitudine divinæ providentiæ omninq necessitati obnoxiam, quam sicut ex divina providentia factam in suo genere liberam. Quod igitur peccas, de pravitate voluntatis tuæ procedit, non Providentia cogit : unde merito culparis. Sciendum quoque est, quia qui simul omnia condidit, causales quasdam rationes mundo conclusit ; quibus non suam potentiam subdidit, sed eas sua sub potentia religavit. Nosti quippe hominem a pueritia ad juventutem, a juventute ad senectutem pro causis humanæ naturæ posse procedere ; sed utrum ita procedat, pendet ex superna voluntate. Causæ vero quas Deus in sua voluntate apud se tenuit, non pendent ex causis quas mundo indidit. Ejus namque consilium manens immobile mutat aliquando consuetæ cursum inferioris naturæ. [Hæc sane mutatio est illa pœnitentia in Deo qua dicit : *Pœnitet me fecisse hominem* (Gen. VI, 6), et hujusmodi, quæ non significant in Deo passionem, sed rerum mutationem, quas mutat secundum immutabilem æterni consilii firmitatem.] Nec possunt esse contrariæ [causæ,] quas apud se semper habuit, his quas in rebus sua voluntate composuit. Voluntas namque divina immutabilis et sempiterna non potest sibi esse contraria ; quæ sic causas mundo indidit, ut ex eis illud cujus causæ sunt esse possit, sed non necesse sit ; sicut ex flore quidam causaliter fructus sequitur ; sed non necesse est ut sequatur. Causæ autem quas apud se semper habuit, ex quibus inferiores facit, sic immobiles sunt, ut ex illis superioribus hoc esse necesse sit quod ex istis inferioribus fecit,

ut esse aliquid possit. Itaque supra naturalem rerum cursum habet apud se omnipotentia Creatoris posse de omnibus aliud facere quam quod habet in se originalis cursus seu consueta ratio creaturæ. Nec tamen de rebus facit quod de eis fieri posse non possit. Hinc est quod de virga Moysi subito serpens fieri et de serpente virga potuit. Hinc est quod virga Aaron sine germine, sine terra, sine humore, subito potuit florere fructumque facere. Hinc anus et sterilis fecundatur, hinc et asina loquitur. Servat namque sibi ipse in rebus quas condidit, ut ista et his similia ex his facere possit, sicut ipse novit. Nec enim ex his talia faceret si non posse ex his ita fieri ipse præfixisset. Habet igitur Omnipotens apud se liberas operum suorum efficacias, qui omnia quæ vult facit, et facta pro voluntate sua disponit. In hoc genere illa gratia est qua salvi fiunt peccatores, qui quantum pertinet ad iniquitatem suam, qua voluntarie depravantur, non habent reditum quo sanentur, nisi eis divino medicamine subveniatur. Hinc Apostolus ait : *Non est volentis, neque currentis, sed miserentis Dei ; et cui vult misereri, et quem vult indurat* (Rom. IX, 16).

XIII. INTERR. Ex hac Apostoli auctoritate quam adducis, mea quam debilitaveras sententia multum convaluit. Video enim secundum Apostolum, quia nihil est libertas arbitrii, sed sola voluntas Dei cui vult bene facit, et quem vult abjicit.

RESP. Quem te audio ? Oblitum quippe eorum quæ diximus te admodum arguo. Dic, quæso, quid nobis divinorum eloquiorum auctoritas monet et obsecrat, quid jubet et vetat, quid corripit et increpat, quid instruit et confortat ? Nobis quidem errantibus et a Deo adversa voluntate cadentibus arbitrium rationis culpa deprimitur, non omnino tollitur. Unde, quia errat, merito culpatur. Nonne superius audisti quod inter omnia quæ facta sunt rationalis creatura præcellit ? liberum quidem arbitrium a conditore suscepit, quo ipsum super omnia amare debuit, qui suis eam legibus informavit (44), cui Dominus præcepta dedit, quæ ipsa pro ratione qua præminet servanda decernit, quæ decernens servare debuit et libere potuit, ipso adjuvante qui dedit a quo et esse et posse habuit. Hanc libertatem si peccando amittimus, nobis eam reparare non possumus, sed gratia Dei indigemus, quæ sola potest lapsos erigere, et erectis pristinam libertatem reparare. Unde bene et Apostolus ait : *Non est volentis, neque currentis, sed miserentis Dei*. Arbitrium rationis remanet ad condemnationem, his dico qui peccando perdunt ejus libertatem. Ipsum quidem vero attestatur quod a Deo quem injuste deseruit juste condemnatur, dum et ipsa cogunt tormenta pensare quid sit inter bonum obedientiæ et malum inobedientiæ. Quod si

---

(43) *Colb.* certissimæ.

(44) *Colbert.* qui suis eam legibus dilexit, quæ cum sit aliud præter ipsum, diligendo aliud non aspexit. Unde nec ad se declinat, sed quod summum est di-

lectionis stabilitate perenniter amat, *Deinde desiderantur omnia quæ sequuntur usque ad hæc verba libri* IV, *interrogat*. IX: Inde est quod ab initio culpa non tetigit, etc.

superna gratia in tuis te peccatis aliquando respicit, quantum in te est vocantem suscipe, miserenti miserum te propone; reddet tibi, si volueritˌlibertatem qua poteris surgere ad justificationem. Vocantem si audieris, non deerit qui vocavit, qui nulli unquam defuit. Suscipiet reducentem qui vocavit fugientem. Manum porrigendo lapsum suscitat, nisi lapsus se avertat; sanat ægrotum, nisi refugiat; glorificat sanum, nisi deficiat. At si bonis ejus abutimur et beneficiis ipsius ingrati manemus, justo tandem judicio indurati, a Deo deserimur. Causam istam penes eos invenimus, ipsi enim peccando meruimus. Si vero ejus misericordia relevamur, collatam nobis gratiam merito miramur. Causa namque hæc penes ipsum est, qua gratuito salvamur; non enim meruimus. Secundum has causas Dominum dixisse legitur: *Jacob dilexi, Esau autem odio habui* (*Rom*. IX, 13), cum teste Apostolo (*ibid*., 11), nondum nati nihil egerant boni vel mali. Quod itaque Jacob diligit, gratia est; quod Esau odit, justitia est, cum uterque sub originali culpa genitus est. Cur autem gratia hunc magis quam illum assumat, non solvit Apostolus, sed exclamat: *O altitudo divitiarum sapientiæ et scientiæ Dei! quam incomprehensibilia sunt judicia ejus, et investigabiles viæ ejus* ! (*Rom*. XI, 33.) Quid igitur? Cui vult miseretur, gratia est. Quid? quem vult indurat, justitia est. Causam hanc qua damnamur in nobis habemus et gerimus. Causam vero illam qua salvamur non in nobis, sed in Deo aspicimus et laudamur. Ipse est enim qui *vult omnes homines salvos fieri* (*I Tim*. II, 4).

XIV. INTERR. Quid est quod dixisti? Quomodo vult omnes homines salvos fieri qui non omnes salvos facit? Malorum multitudinem perire cernimus, bonos vix aliquos invenimus.

RESP. Istud ita dictum intelligimus, quia quos vult, omnes salvantur. Nullus enim potest salvari, nisi ipse velit. Unde supplicandum est ei : salvabit enim si voluerit. Inde monet Apostolus, ut oretur pro omnibus, maxime pro regibus ; et dicit bonum esse hoc coram Salvatore nostro Deo. Sicut enim in Adam omnes moriuntur, ita et in Christo omnes vivificabuntur. Non debes dicere omnes in Adam morientes in Christo vivificari ; sed sicut omnes in Adam, id est in prævaricatione Adæ, manentes moriuntur; ita omnes in Christo, id est in justificatione Christi, manentes vivificabuntur. Omnes et omnes dixit, quia in mortem nemo nisi per illum, in vitam nemo nisi per istum. Sic attende, quia omnes quos vult salvos fieri salvos facit, at vero si ad charitatem referimus quod dictum est, *vult omnes homines salvos fieri*, poterit hoc subtilius indagari. Legimus Deo mandante præceptum, ut tanquam seipsum homo diligat proximum. Oportet itaque in primo diligat seipsum : qui enim semetipsum non diligit, nec proximum tanquam seipsum diligit. Diligit autem seipsum si diligit Deum. A Deo enim [est] et Creatori suo debet id ipsum quod est. Si ergo amat id quod ipse est, amat eum, necesse est, sine quo non potest esse quod est, et quo dilecto, bonum est quod ipse est, et quo non dilecto, nec bonum est quod est. Ante omnia igitur Deo dilectionem debet, ex quo et per quem et in quo esse habet ; deinde sibi, non tamen in se, sed in eo a quo habet esse et quo dilecto bonum habet esse; postmodum proximo secundum se qui dilecto Deo ipse diligit se. Et secundum hoc quod diligit se jubetur proximum amare. Propter hos dilectionis gradus bene in Canticis canticorum (II, 4) dicitur : *Ordinate in me charitatem*. Recte namque charitatis ordine verus dilector a Deo ad seipsum, a seipso descendit ad proximum, a proximo recurrit ad Deum. Hic est triplex funiculus, qui teste Salomone, difficile rumpitur. In præsenti quidem vita est difficile, in æterna erit impossibile. Hic namque in nobis charitas inchoatur dum mutabilitari subjicimur, qua tandem deposita, in nobis charitas perficietur. Hæc est scala quam Jacob patriarcha a terra ad cœlum erectam vidit, dum hic inceptam, ibi complendam agnoscit, qua recte innedit qui et Deum et se et proximum diligit propter Deum. Si alia causa diligit, scalam dimisit. Quanto fortius vadit, tanto profundius cadit. Qui autem recta charitatis scala verus dilector incedit, quidquid diligit, et Deum diligendo bene omnia fecit, eique bona sunt quæcunque contra eum vel de eo a malis fiunt. Audi attestantem Apostolum : *Scimus quoniam diligentibus Deum omnia cooperantur in bonum* (*Rom*. VIII, 28). Quisquis igitur charitatem habet, omnia ad salutem cooperantia habet. Quare quisquis charitate seipsum diligit ad salutem se diligit; qui dum jubente Deo, diligit proximum tanquam seipsum ad salutem utique diligit et proximum. Quia vero naturaliter omnis homo nobis proximus est, dum proximum amamus, omnem hominem ad salutem diligimus. Quisquis ergo omnes ad salutem diligit, verum est quia vult omnes homines salvos fieri. Et hoc velle Deum rectissime dicit, cui Deus id velle præcepit. Nec enim Deus id præciperet, si minime vellet. Constat etiam id velle Deum, quia spirando facit suos volentes idipsum. Hinc Paulus ait : *Charitas Dei diffusa est in cordibus nostris per Spiritum sanctum qui datus est nobis* (*Rom*. V, 5). Charitatem hanc Abel protomartyr habuit, quando digne offerendo placuit ; sed ea vacuus dum offerre præsumpsit Cain, reprobari metuit. Hanc quoque et ille non habuit qui patris nuditatem non erubuit, sed irrisit : unde merito cum suis posteris addictus est servituti, cujus fratres, sed charitatem habentes, pudenda patris tegere noverunt, videre nescierunt, jureque patris benedictione liberi permanserunt. Joseph fratrum invidia perdidit, sed perditi charitas perditores suos postmodum salvavit. Phinees fervore charitatis fornicarios obtruncavit, et iram Domini iratus placavit. Charitas hæc, si bene consideres, currus igneus est, quo Elias ad cœlum raptus est. Hæc autem charitas est ille spiritus, quem duplicem ab Elia petiit Eliseus.

XV. Interr. Eliseus quidem nec tantus fuit, nec tanta fecit, ut par Eliæ nedum major debeat æstimari. Dic itaque, si nosti, qualiter spiritus Eliæ in Eliseo duplex fuerit.

Resp. Eliæ quidem spiritus, si bene perpenditur, in ipso Elia duplex fuisse creditur. In prophetis namque et perfectis quibusque viris duplex spiritus esse probatur, quo Deus et proximus ab eis amatur. Recte igitur duplicem hunc spiritum a magistro discipulus petere debuit, quem perseverantia probatus accepit. Sic enim ei Elias respondit: *Si videris*, inquit, *quando tollar a te, erit quod petisti* (IV Reg. ii, 10). At ille nec laboriosa prosecutione ab eo destitit. Perseveravit, vidit, accepit, non dicimus duplo quam Elias, sed qualem habuit Elias. De his dixerunt filii prophetarum: *Requievit spiritus Eliæ super Eliseum* (ibid., 15). Duplicem ille habuit, duplicem Eliseus accepit. Duplicem dicimus quo Deum et proximum amamus. Si enim Eliseus Elia major esse præsumeret, ejusque spiritum in se duplicari deposceret, potius repelli deberet. Sed dum humiliter Eliæ charitatem habere voluit, merito piæ petitionis quod quæsivit obtinuit. Quod si Eliseus duplicari in se gratiam Eliæ devotus voluit, devotione meruit in duplo accipere quod quæsivit. Hic est Spiritus quem Dominus Jesus terrigenis duplicem infundit: unde tanti dator muneris, quod et plurimum te fateri convenit, rectissime Deus et homo consistit. Manens enim Deus cum Deo Patre unus in essentia, unus est homini in persona. Emmanuel natus ex Maria, quam non corruptio carnis, sed Spiritus sancti integritas fecundavit. Unde bene ipsa primo hunc duplicem Spiritum, angelo salutante, suscepit, et mediatorem Dei et hominum Jesum Christum integra genuit. Hic de Virgine natus lapis est abscissus de monte sine manibus, quem non carnalis amplexus, sed charitatis genuit affectus. Inde est quod virgo concepit, virgo in partu et post partum integra permansit. Eva mater corrupta genuit, et mortis filium peperit: Maria mater integra genuit, et vitæ fructum edidit. Illa perdidit, hæc salvavit. Illa diabolo consensit et cecidit, hæc Spiritum sanctum accepit et surrexit. Deus enim verus cum assumpto homine natus de Virgine ex Adam traxit originem, non criminis traducem, de nostra substantia tulit inopiam; de suo nobis dat gloriam. Suum dedit, et nostrum accepit. Primus homo in paradiso mandatum accepit, quo Creatori creatus servire debuit, ut obediendo teneret justitiam, justitia vivens transiret ad gloriam, sed dum præpropero cursu quæsivit gloriam, obedientiæ fregit justitiam, prolapsus in culpam, a culpa in mortis miseriam. Secundus homo quem genuit Virgo, mundi reparator, descendens a superiori, ut nos erigeret inventus est in inferiori. Hinc Apostolus ait: *Cum in forma Dei esset, non rapinam arbitratus est esse se æqualem Deo; sed semetipsum exinanivit, formam servi accipiens in similitudine hominum factus, et habitu inventus ut homo* (Philipp. ii, 6). Quem dum mortis auctor indebite rapuit, per mortem ejus indebitam debite victus fuit. Teneri namque in morte non potuit, quem culpa non tenuit. Mors quidem nostra qui peccavimus pœna est pro peccato, mors Redemptoris indebita hostia est pro peccato, qua quos solvit a crimine liberat a morte. Via quæ trahit ad mortem peccatum est, via quæ ducit ad vitam justitia est. Illam stravit diabolus, mediator malus qui peccatum suggerit, et in mortem trajicit; hanc erigit Christus mediator bonus qui reddit justitiam et ducit ad vitam. Pari quippe modo angelus in cœlo, protoplastus in paradiso sua Deum superbia contempserunt: unde ille cœlum, iste paradisum merito perdiderunt. Sed gravissime cecidit qui non solum se a cœlo dejecit, sed et hominem seducendo post se a paradiso detraxit. Ille namque peccatum invenit, iste ab inventore suscepit: unde summus arbiter prædatorem illum perpetuo condemnavit; prædatum vero misericorditer modo quo voluit relevavit. Nostram quippe naturam, sed a culpa liberam, qui deprædari non poterat Dei Filius accepit, et pro nobis prædam fieri prædantem prædaturus elegit. Huic itaque, dum prædator antiquus injuste rapuit, juste prædari meruit, quem prædator fortissimus tenuit, et allisit, et captivitatem nostram de manu impia liberam eduxit. Ejus enim passione redimimur, resurrectione levamur, ascensione glorificamur. Hoc sane mysterium ab æterno dispositum, angelis creditum, diabolo celatum, prophetis revelatum, redditum est in Maria, susceptum ab Ecclesia, completum in gloria. Amen.

INCIPIT LIBER QUARTUS.

I. O admiranda divinæ majestatis immensitas, ad cujus altitudinem infinitam dum nulla pertingit elata sublimitas, sola semper ad eam usque conscendit humilitas! Miro siquidem modo eum cum ubique si non potest invenire superbia, cumque licet infinite sublimem comprehendit humilitas. Inde est quod ejus humilem in carne adventum humiles soli suscipiunt, superbi nesciunt. Superbia quippe et humilitas ab initio semper contra sentiunt, ab invicem sese effugiunt. Hæc est irrevocabilis illa dissensio quæ a mundi exordio sejungit angelos. In aliis namque humilitas regnat, in aliis vero superbia imperat.Alli ex humilitate proficiunt, alii superbiendo deficiunt.Non auctore, non initio, non natura discreti sunt,sed diversa sentiunt, sed diversis ab invicem studiis rapiuntur, sed diversis affectibus abducuntur. Humilium sane charitas ita Dominum singulariter quaerit,ut pro illo etiam sese despiciat, superborum vero cupiditas ita sese singulariter diligit, ut prae se etiam Dominum contemnat. Quare ut erigamur ad Dominum, imitanda nobis est charitas humilium; ne autem cadamus a Domino,omnino evitanda est ambitio superborum.Teste siquidem Evangelio, Publicanus ille in templo humilitate profecit, Pharisaeus vero superbia a bono defecit (*Luc.* xviii).

II. INTERR.Quid est? nonne Pharisaeus ille Domino non sibi confessus est bona quae habuit et gratias egit? nonne laetatus est quia peccatoribus dissimilis fuit? Quid ei defuit, qui et a malis declinavit et bona fecit, et inde gratias Domino exsolvit?

RESP. Verum est quia recte vixit, nec hoc sibi, sed Domino laetus attribuit: unde et gratias egit. At vero extra se respiciens, superbia cecidit dum Publicanum judicare praesumpsit, seque illi quem quis esset non noverat superbiendo praetulit.Superbia tumidus alienum servum judicabat, et quem Dominus humiliatum justificaverat, elatus ille tanquam reum condemnabat:quod liquido perspicies, si studiose consideres in quo humilitatis gradu steterit Publicanus, et quo superbiendi genere elatus corruerit Pharisaeus.

III. INTERR. Mihi, quaeso, paucis insinua quos humilitas gradus quosve superbia casus habeat.

RESP. Tumores superbiae quatuor esse cognovi, quibus me miserum, fateor, saepissime cecidi.

Sunt namque nonnulli arrogantes, quos adeo superbia debriavit, ut cum ipsi nec scientiae nec alicujus virtutis vestigium revera teneant, alios sapientes et virtutibus abundantes quasi nihil sint omnino contemnant, et se solos valere mendaciter ostentant.Haec est insana superbia,quae nec causam habet unde se efferat. Hic est primus superbiae casus omnino detestandus ; hunc Satanas primum invenit, ubi mendaciter ait: *Ero similis Altissimo* (*Isa.* xiv, 14). Contra hoc grave tumoris praecipitium occurrit primum et optimum humilitatis remedium, cum aliquis virtutes ipsas quas vere possidet minime atttendit, sua sibi infirma praetendit, coram Domino se nihil nisi peccatorem recognoscit. De hac humilitatis valle Publicanus ille surrexit, qui et oculos ad coelum levare timuit. Sola in se tantum peccata cognovit, et poenitendo dixit: *Deus, propitius esto mihi peccatori* (*Luc.* xviii, 13).

Item sunt nonnulli qui a summo largitore aliqua virtutum insignia percipiunt, sed tumore superbiae ad tantam insipientiam devenerunt, ut de acceptis tanquam non acceperint glorientur, et sibi non Domino referenda pertinaciter arbitrentur. De talibus dicit Apostolus: *Quia cum cognovissent Deum, non sicut Deum glorificaverunt, aut gratias egerunt, sed evanuerunt in cogitationibus suis; dicentes enim se esse sapientes, stulti facti sunt* (*Rom.* I, 21). Quos expellit humilitas, quae cum bona habeat,nihil suae industriae vel naturae de acceptis referendum judicat, sed largitori bonorum omnium ea Deo humiliter assignat. Hinc Paulus clamat: *Gratia Dei sum id quod sum* (*I Cor.* xv, 10).

Item sunt nonnulli qui sua Deo non sibi bona referunt, sed suis ea meritis Deum debuisse procaciter asserunt. Contra hujusmodi humilitas profitetur quia omnia de plenitudine Dei omnes accepimus, et gratiam pro gratia.Etsi enim inter accepta bona habeamus aliqua merita, et ipsa jure dicuntur gratia, idem gratis a Deo nobis data, qui sua quoque in sanctis dona gratis renumerat. Hinc Apostolus ait: *Quis prior dedit illi et retribuetur ei? Quoniam ex ipso et per ipsum sunt omnia.Ipsi gloria.* (*Rom.* II, 35.)

Item sunt nonnulli qui bona sua etsi qua habent bonorum merita aeque omnia Deo attribuunt et gratias agunt; sed dum prae se alios despiciunt, judicantes quos nesciunt, qui, ut ait Apostolus, *sub Domino stant aut cadunt* (*Rom.* xiv, 4); praesumptione relabuntur superbiae,suaque nudantur veste justitiae. Hic est quartus superbiae lapsus,quo cecidit ille Pharisaeus. Bona quidem habuit et habita a Deo cognovit, unde et gratiarum actionem solvit; sed dum superbe coram Deo proximum quem nescivit judicare praesumpsit,justitia vacuus,superbia plenus remansit.At vero humilitas non solum bona sua seu bonorum merita a Deo sibi collata cognoscit, sed et de proximis bene sentit, de se aut nihil nisi infirmitatem coram Deo praetendit.Tu quoque, his admonitus, ad Dominum recurre devotus, ut a superbiae casibus per ipsum redeas, et humilitatis gradibus ad ipsum pervenias, a quo semper superbia refugit,ad quem humilitas semper accedit.Hanc Salvator e coelo donat, ut ascendamus ; illam perditor ab inferis elevat, ut decidamus.

IV. INTERR. Quae sunt ista? Quid, quaeso, est superbia quam vituperas? Quid humilitas quam laudas? Quid, quam commendasti, charitas? Quid, quam detestaris, cupiditas?

RESP. Charitas est profectus animi qui Deum et in Deo omnia diligit.Econtra cupiditas est defectus charitatis, qui nec Deum nec in Deo aliqua diligit. Charitas ergo prima est virtutum omnium,cupiditas vera prima vitiorum. Charitatem humilitas et benevolentia comitantur ; cupiditatem superbia et invidia consequuntur.Humilitas quidem contemptus est propriae excellentiae ob amorem Dei. Superbia vero est ob amorem propriae excellentiae contemptus Dei.Benevolentia est quidem amor alienae utilitatis, invidia autem bonis aliorum detrahere non desistit. Charitas ergo sicut parens est omnium bonorum,ita cupiditas radix est omnium malorum.Quapropter divinis auctoribus sola charitas servanda mandatur,sola vero cupiditas fugienda monstratur. Ab ista revocamur, in illa reformamur. Quidquid fit per istam condemnatur, quidquid vero per istam egeris approbatur. Cupiditas namque perfidiam nutrit, desperationem inducit, et completo præsentis nequitiæ cursu, insatiata manet ad perditionem. Charitas econtra generat fidei virtutem, fovet spei firmitatem, et transacto præsenti tempore, plena permanet ad beatitudinem. Duo ista ab initio sibi adversa duo constituunt regna. In bonis sane angelis charitas regnum obtinuit, in perversis vero cupiditas initium sumpsit. Charitas in suis est obedientiæ fundamentum, profectus in bonum, accessus ad Deum, hortus bonitatis, plenitudo felicitatis. Ex adverso in suis est cupiditas prævaricationis origo, defectus a bono, lapsus a Deo, concursus malitiæ, completio miseriæ. Charitas in sanctis angelis libero bene utens arbitrio constanter adhæsit Domino: unde principaliter ei convenit quod legitur in Psalmo: *Mihi autem adhærere Deo bonum est et ponere in Domino Deo spem meam* (Psal. LXXII, 27). Et alibi : *Ut videam voluptatem Domini* (Psal. XXVI, 4). Sancta ergo angelorum societas bene a summo bono condita bona est valde in natura, sed cum bonæ voluntati conditoris per liberum charitatis arbitrium tota concordat, tunc virtute fit melior seipsa. Transcendit virtute naturam, manet cum Domino ordinata per gratiam. Quantum enim unumquemque protensa in Deum erigit charitas, tantum levat eum ordinis a Deo pensata sublimitas. Quapropter sciendum quod propter charitatis meritum a Deo distincti sunt novem ordines angelorum. His addidit et decimam drachmam, humanam scilicet naturam, quæ tandiu ordinem tenuit, donec ab inordinato deordinata corruit : quam tamen ipse qui condidit perditam quæsivit, quæsitam invenit, inventam in humeris reportavit. Sed qui ab initio mendax fuit, charitate caruit, qui, veritate neglecta, mendaciter dixit : *Ero similis Altissimo.* Hic vero quia charitatem non habuit, nec ordo fuit, nec de ordinibus cecidit, quos charitatis mensura distinguit. Concedimus tamen dici posse quia cecidit ab ordine, cecidit a beatitudine, non quæ habuerit, vel in quibus fuerit, sed quæ habere vel in quibus esse Deum diligendo potuit. Potuit enim quia et natura bonus fuit, et ut in Deo perficeretur liberi arbitrii bonum a Deo obtinuit. Bonum hoc a summo bono ad bonum accepit, sed abutens facultate doni in se non in Deo gloriam voluit, falsoque dixit : *Ponam sedem meam ad aquilonem, ero similis Altissimo* (Isa. XIV, 14). Hæc est cupiditas quæ a Deo defluxit, et mater impia primogenitam pessimam edidit, superbiam dico, qua similis Altissimo fieri præsumpsit. Hæc est illa primogenita Ægyptiorum quam Dominus interfecit, et sic populum suum reducere potuit. Sic et sic, charissime, quantacunque vitia homo in se destruat, nisi in eo primogenita hæc pessima quæ dicitur superbia funditus pereat, non potest ad Deum libere egredi, nec exire a lateribus aquilonis. Cum vero primogenitam Ægypti in nobis Dominus perimit, nostrum sibi offerri primogenitum requirit.

Nostrum autem primogenitum dicimus Christum. Ipse est enim primogenitus mortuorum, in quo nos qui in Adam mortui sumus ad vitam renascimur, sine quo recte nihil offerimus.

V. INTERR. Bene primogenitam Ægyptiorum ostendisti mortificandam, et primogenitum Ecclesiæ Christum jugiter offerendum ; sed de angelo quia non fuit ordo vel in ordine miror tuam sensisse prudentiam, quem Ezechiel propheta describens ait : *Tu signaculum similitudinis Dei, plenus sapientiæ et perfactus decore in deliciis paradisi Dei fuisti* (Ezech. XXVIII, 12, 13). Quomodo non fuit in beatitudine, quem idem propheta dicit in deliciis paradisi Dei fuisse? Quomodo dicitur ab initio mendax, cum de ipso idem propheta dicat : *Ambulasti perfectus in viis tuis a die conditionis tuæ* (vel sicut alibi dicitur, *in diebus tuis sine vitio*), *donec inventa est iniquitas in te?* (Ibid., 15).

RESP. Verba hujusmodi et his similia aliquando de rege Tyri, aliquando de rege Babylonis, sive Ægypti, dicuntur a prophetis : quæ tamen doctores ecclesiastici, quod et tu sentis, de Satana ejusque sociis figurate volunt intelligi. Quæ ut liberius exponamus, non tam ad ipsum nequitiæ principem, quam ad ejus membra a Christo et ab Ecclesia apostatantia referamus. Sunt enim quidam hæretici qui post agnitionem veritatis decisione manifesta a Christo cadunt et ab Ecclesia. Sunt et alii qui licet ab Ecclesia corporaliter non scindantur, sed vita separantur : hi videlicet qui, remissis a Christo peccatis, relabuntur ad vitia, et versantur in crimina. Hi signaculum similitudinis Dei in baptismo perceperunt et manus impositione pontificis sapientiæ Spiritum acceperunt, et perfectionem vitæ apostolicæ in paradiso Dei, hoc est in Ecclesia præsenti, professi sunt, et a die restitutionis suæ in baptismo sine vitio manserunt, donec declinantes a justitia reversi sunt ad peccata. Unde jure damnati separantur ab Ecclesia et demerguntur in tartara. Sunt etiam qui prophetica illa verba quomodo tam capiti nequitiæ quam membris ejus conveniant, dum discernere nesciant, ad hæc præcipiti sententia divertunt, quod duo genera angelorum a Deo creata conjiciunt : unum supercœlestium unde nullus cecidit ; alterum mundanorum, illus supercœlestibus ad quædam mysteria subjectorum, de quibus mundanis, ut aiunt, alii ad beatitudinem pro recte gestis transeunt, alii pro malefactis damnationem incurrunt. Sed hæc duo genera nulla nobis Scripturæ sacræ dicit auctoritas. Divina quidem testantur eloquia quia angelus ille apostata dictus est initium figmenti Domini, non quia ipsum Deus ante omnia condidit. Legimus enim : *Qui vivit ab æterno creavit omnia simul* (Eccli. LXXXI, 1). Dicitur quidem initium figmenti Domini, non quia Deus ipsum initium malum fecerit, qui omnia valde bona fecit. Dicitur itaque initium figmenti Domini, ac si dicat : hoc figmentum Dominus in initio fecit; vel ita : hoc initium, id est hoc incœptum, non enim est æternum quod habet initium, est figmenti Domini. Hoc est Dominus illud fecit. Hunc itaque natura bonum, sed propria voluntate malum futurum, creare tamen Omnipotens voluit, ut bonus ipse de malo illo prodesset bonis. Præscivit enim eum futurum sanctis utilem, quamvis malevolum, quamvis nolentem. Hinc Psalmista testatur : *Draco iste quem formasti ad illudendum ei* (*Psal.* CIII, 26). Hoc est quod dicitur, ut ei illudatur ab angelis ejus. Bonis namque angelis malus ille a Deo subjicitur, ut ab eis ejus improbitas illudatur, dum non potest quantum nititur, sed quantum permittitur. Hunc quidem omnipotentia summa a Deo comprimit, ut nihil omnino faciat, nisi quod summa æquitas eum agere permittit. Servit itaque Deo, sed invitus, bonisque famulatur angelis, sed coactus; viris etiam sanctis præbet obsequium, sed infestus. Mirandum siquidem de eo constat miraculum jucundumque bonis spectaculum. Dum enim sanctis nititur obesse, cogitur tentando prodesse. Malus tamen sibi, bonus est aliis, dum nihil nisi bonum agit, et nihil nisi male facit. Bene igitur initium factus ad illudendum dicitur, qui ita a Deo formatur, hoc est disponitur, ut ejus malitiæ illudatur, qui propter sævitiam draco nominatur. Potest etiam dici initium factus ad illudendum, quia totius malitiæ est initium : quod recte dicitur, quia mali homines eum tanquam mala membra sequantur. Eos namque præcedit et temporis vetustate et principatu malitiæ. Hi pariter ad illudendum sunt conditi, bene Deo providente sanctorum utilitati, quibus nocere volentibus ex eorum infestatione sanctis cautela præstatur : quæ quanto istorum premitur impietas, tanto eos sub Deo pia levat humilitas. Qui dum venena vomunt hæretica, et hi divinæ fulgent intelligentiæ gratia, quibus est pro tolerantia malorum pia exercitatio, et pro discretione inimicorum sancta probatio. Quos itaque malos futuros prævidit, bene Deus omnipotens condidit : de quorum malitia bene uti novit et potuit : quos ita justitiæ legibus ordinavit ut servire faciat sanctis, et pro malevolentiæ merito pœnis exhibeat sempiternis.

VI. INTERR. Ne graveris illa verba prophetica suprædicta nobis, si placet, exponere, quomodo conveniant ipsi Satanæ.

RESP. Hominem legimus ad similitudinem Dei factum, angelum vero signaculum similitudinis Dei effectum. Constat ergo tantæ angelum excellentiæ in natura fuisse, ut in eo tanquam in signaculo posset homo prospicere quantum suo debeat Creatori, qui eum dignatus est creare similem sibi, cujus similitudinis nimiam dignitatem poterat in angelo contemplari. Hoc signaculum in angelo stante nobis permanet integrum, quod in isto qui cecidit cernimus obscuratum, qui pro conditione naturæ plenus sapientiæ factus est et perfectus decore; quantum enim ad bonam conditionem quam a Deo innatam habuit, qui nihil imperfectum fecit, omnem perfectionem plene a Deo rationalis illa seu intellectualis creatura accepit, quam in natura bona qua condita est habere debuit. Sed aliud est a Deo fieri creaturam plenam in natura et perfectam pro modo conditionis bonæ, aliud jam existentem in natura perfectam supra se prohevi charitate, et charitatis merito in ipsum qui summe est perfici beatitudine pro modo gratiæ. A perfectione igitur illa quam habuit in natura, quia Creatorem non amavit, malevolus ille defluxit, a qua chorus ille supercœlestium civium, qui singulariter dilexit Dominum gloriosus ascendit. Perfectio quidem creaturæ illius angelicæ ea perfectione, in qua a Deo creata est, ipsa plena est; sed ejusdem perfectio, qua per charitatem adhæret ei qui summe est, plenissima est. Magna sane laus est Conditoris, qui creaturam intellectualem tam decoram condidit, cui liberam et arbitrii facultatem præstitit, qua ad ipsum qui summe est potuit elevari, et ejus charitate beata perfrui. Magnum vero dedecus creaturæ tam excellentis, quod eum qui eam tam bonam, tam perfectam, tam decoram condidit, amare noluit. Universale siquidem bonum plenum et perfectum, singulare et summum, Deus est. Huic universali vesana cupiditas privatum aliquod anteponit, dum ad indebitum capessendum se erigit, quod suum est minime custodit. Nescit enim habita custodire quæ solum inconcessa novit ambire. Suorum obliviscitur, dum semper aliena sequitur. De manu labitur quod tenebat, dum intemperans alia rapere festinat. Hæc a luce charitatis refuga semper in tenebris sectatur devia, et semper habet cadere, quæ semper currens nescit alicubi pedem figere. Quapropter a beatitudinis perfectione, quæ Deus est, non quidem quam habuit, sed quam habere potuit et neglexit, merito cecidit. A perfectione etiam naturæ optimæ, quam in sua conditione accepit, dum eum qui singulariter et vere est, cui debet ipsa quod est, amando non tenuit, defluxit.

VII. INTERR. Quid est quod dicis? quomodo beatitudinem non habuit, qui, teste propheta, in deliciis paradisi fuit?

RESP. Sicut homo primus in corporali paradiso ut debitæ justitiam obedientiæ ibidem servaret positus, postmodum paradisum beatitudinis, qua beati angeli perfruuntur, intraret obedientiæ justitia probatus : sic angelus ille primo omnem plenitudinem conditionis bonæ, quam naturam intellectualem habere convenit, tanquam delicias paradisi Dei a Deo conditore suscepit, ut bene utens libertate arbitrii, ad ipsum qui est unum et omne bonum omnium tanquam paradisum paradisorum amando pertingeret, qui summa beatitudo est, quam semel habitam amittere fas non est. Omnino enim plena et perfecta est, sed ad hanc via charitatis venire noluit, qui contempto quod est commune omnium, præsumpsit habere proprium : unde et a communi retruditur ad suum, hoc est a veritate ad mendacium. Quia vero mentiri Deo non timuit, bene de eo Veritas in Evangelio dicit : *Ille ab initio mendax fuit, et in veritate non stetit* (Joan. VIII, 44). Hinc et Joannes ait : *Ab initio diabolus peccat* (I Joan. III, 2). Nec intelligas quod diabolus initium malum habuerit, quem Deus bonum condidit, qui omnia bona valde fecit. Non est itaque mendax ab initio creationis, quasi hoc a creatione habuerit quod malus sit, sed ab initio peccati. Primus enim peccatum fecit : unde dicitur quia mendax est et pater ejus : ejus, hoc est mendacii : mendacium enim cum non esset invenit. Ne æstimes ergo istum a bono conditore malum conditum, quem propria iniquitate novimus a bono prolapsum. Alioquin falso dicitur cecidisse, si malus est a conditione. Deus quippe naturam non damnat quam condidit, sed conditæ damnat malitiam quam non fecit. Summæ quidem veritati contrarium esset, si quod ipsa condidit hoc damnaret. Evangelica autem auctoritate monstratur quia diabolus cum sui omnibus condemnatur, ubi apertissime legitur : *Ite in ignem æternum qui paratus est diabolo et angelis ejus* (Matth. XXV, 41). Constat itaque juste damnatum quem propria iniquitate novit Dominus puniendum. Bonus siquidem a bona conditore est conditus, sed mox propria voluntate aversus, sed cæca cupiditate corruptus, sed superbia et insania tumidus, nec angelicæ pacis beatitudinem gustavit, nec habitam fastidivit quam nolendo amisit, qui nec Dei nec beatorum spirituum sapientiam attigit, quem elata cupiditas obcæcavit. Hinc enim continuo impius, consequenter et mente cæcus dum statim cecidit, nec sui casus præscientiam habere potuit, nec ab ea quam habuit beatitudine corruit; sed quam habere potuit, si amore debito elegisset Domino subjici, quia quod noluit damnari meruit. Sed Omnipotentis potentiam sub qua esse superbus noluit, licet invitus nequaquam evasit. Miro quidem miraculo factum est in illo ut, cum a luce justitiæ nullatenus abscondatur, ipsa quam nequit effugere justitia non lætetur, quam jure dicitur non videre qui ubique præsentem dignoscitur non amare.

VIII. Interr. Si, ut dicis, beatus ille non fuit, quid est quod legitur : *Omnis lapis pretiosus operimentum ejus?* (Ezech. XXVIII, 14.)

Resp. Voluit propheta, ut ejus casum ostenderet graviorem, de ejus gloria efferre sermonem dicens quis esse potuit, sed perversa iniquitate noluit. Lapides quidem pretiosos sanctos intelligimus angelos, cum quibus si iste mansisset, quod utique sub Deo libere potuisset, procul dubio omnis eorum gloria charitate mutua ejus esset. Quod si ideo dicitur omnia lapis pretiosus operimentum ejus, quia Deus eum pro conditione sua aliis clariorem fecerit in natura, magis culpandus es quod charitatis caruit gratia. A quo enim plus accepit, magis eum amare debuit.

IX. Interr. Quid est quod dicis? Nonne, sicut ait propheta, in diebus sine vitio ambulavit?

Resp. Quod legitur quia in diebus suis sine vitio ambulavit, vel quod alibi dicitur, ambulavit perfectus in viis suis, sub eodem sensu debet intelligi, quia scilicet diem conditionis suæ bonam a Deo primam habuit, et secundam mox ut conditus est libertatis diem in arbitrio rationali a Deo accepit, quo omnia cum Deo potuit, a quo tanta charismatum munera perferens, æternæ gloriæ particeps esse potuit. Sed indebite suum contempsit auctorem, nec tantarum dilexit numerum largitorem, dum sibi sedem propriam ad aquilonem ponere præsumpsit, unde eum qui charitatis est ordinem nequaquam attigit. Quapropter quem Deus præscivit non natura, sed negligentia propria peccatorum futurum, juste prædestinavit ad supplicium, quem injuste puniret, si ad peccandum prædestinasset. Deus sane sicut nec est auctor malorum, sic neminem prædestinat ad peccandum. Quorum enim est auctor, eorum tantum est prædestinator; sed nec Dei præscientia peccati est causa, imo peccantis concupiscentia. Licet ergo prævideat peccaturum, tamen non prædestinat ad peccandum. Deum namque res suas prædestinare idem est quod præparare : qui sicut prædestinat peccantes ad pœnam, non est putandus prædestinare ad culpam. Si enim esset auctor culpæ, nec esset justus irrogator pœnæ : sed juste prædestinat ad pœnam quos prævidet futuros injustos per culpam. Prædestinat etiam suos ad gloriam, sicut prædestinat ad justitiam. In istis dona sua glorificat, in illis mala ipsorum condemnat. Prædestinatio quippe cœlestis gloriæ, ut ad eam electus perveniat, ita est ab Omnipotente disposita, ut quisquis pro indulto sibi tempore per viam justitiæ ad eam transeat, quatenus et sacramenta suscipiendo, orando quoque, et bene operando percipiat quæ Deus suis donanda prævidit ante sæcula : cujus voluntas rerum est necessitas. Non enim potest non esse quidquid Deus vult esse. Sua namque simplice cognitione sic videt omnia, ut singularum rerum notitia indifferenter apud ipsum præsens et immobilis maneat. Non igitur prævidet quasi futura, quid absque vicissitudine simul omnia videt præsentia. Quapropter ejus illa, quam de rebus habet, scientia magis dicenda est providentia quam prævidentia, qua inconfuse prospectat apud se quidem præsentia et stabilia, ad conditionem vero temporis futura et mobilia. Videt quidem omnia contuitu superexcelso, non visu temporaneo, sed suo singula cernens æterno. Hanc immutabilem scientiam Creatoris beatorum societas angelorum videndam prælegit; inde est quod licet natura sit mutabilis, mutabilitatis tamen elogium non incurrit, dum sine intervallo temporis quam cito facta est, tam cito factorem indefessa charitate dilexit, quæ cum sit aliud, non aliud præter Deum diligit, unde nec ad se declinat, sed quod summum est dilectionis stabilitate perenniter amat. Inde est quod ab initio culpa non tetigit, nec ulla trangressionis macula fuscavit; quæ ad cadendum tenebras nesciens, sed libero charitatis incessu cuncta transgrediens, Dominum singulariter contemplatur, ejusque voluntatem tam pro se quam pro omnibus amplexatur, cujus visione perpetua gloriatur. E contra angelus apostata, a suæ conditionis initio conversus ad ima, in veritate non stetit, beatam beatorum angelorum vitam non attigit, sed suæ cupiditatis pondere corruit, sed et perpetuæ calamitatis miseriam incurrit.

X. INTERR. Hæc, quæso, malitia quam causam habuit? Dic, oro te, unde processit? Si Deum aspicio, bonus est. Si creaturam intueor, ipsa omnis, ut tu ipse defendis, bona est. Ex hac malitia, cujus causam quæro, nec tamen invenio, infinita oriri mala conspicio.

RESP. Causa ista quam quæris, si diligenter attendis, nulla est; non effectus, imo defectus est, Defectus dico ab eo quod bonum est ad id quod bonum non est, vel ab eo quod summe est ad id quod minus est. Cum autem hoc modo voluntas deficit, non ad mala sed [ad bona] male divertit. Nulla namque res mala est, sed omnis bona est secundum id quod est. Sed ideo male, quia contra ordinem naturæ seu contra institutum justitiæ avertit se ab eo qui summe est, et amat [bonum] quod minus est. Et sciendum quia voluntas cum a bono deviat, ad nihil declicat. Non est enim quod invenire possis, si bonum præter quod nihil est tenere negligis. Negligit tenere bonum qui quodcunque tenuerit, non tenet ad bonum. Hoc autem fit quando creatura Creatori debitum non exsolvit, seu cum tenere negligit quæ ei summus auctor (45) tenenda mandavit. Hujus negligentiæ seu defectus si causam invenire contenderis, tunc poteris cum videro tenebras valueris (46) et silentium audire. Sed non videntur tenebræ, nec auditur silentium, nisi non videndo et non audiendo. Oculis quidem tenebras et auribus silentium utcunque potes percipere, non tamen in specie, sed in speciei privatione. Sic et rerum species intelligibilium, quas novimus, intellectu mentis conspicimus. Ubi autem deficiunt, quasi nesciendo cognoscimus, et cognoscendo nescimus. Ut cum alicujus animam sentimus habere sapientiam, intelligendo conspicimus in ea sapientiæ formam. At si in anima illa defecerit sapientia, cum eam insipientem dicis, non per insipientiam in ea aliquid ponis, sed per insipientiam pronuntias in ea sapientiam non haberi.

XI. INTERR. Quid dicis? Nunquid insipientia, sive silentium, seu malum, et hujusmodi voces incassum proferuntur, cum eas aliquis loquitur? Quare sonant si nihil significant?

RESP. Scire debes quasdam voces significare nominando vel indicando rem aliquam; quasdam vero significare non ponendo, sed potius removendo rem aliquam. Nam, verbi gratia, bonitas, vox ista rem suam nominando seu indicando significat. At vero malitia, ut proprie loquar, bonitatem abesse designat. Malum sane sive malitia diversa suscipit vocabula, ut mendacium, fornicatio, adulterium, et quam multa hujusmodi. Ea quidem quæ his vocibus designantur, sic dicuntur, non quia sunt, sed quia bona non sunt; sicut malum dicitur, non quia est, sed quia bonum non est. Dicitur autem mendacium privatio veritatis; fornicatio, amissio (47) castitatis; adulterium, violatio fidei conjugalis, et cætera hujusmodi. Enumerare voces non possumus quas significare non ponendo sed removendo novimus; ut cæcitas, surditas (48), nuditas, egestas, taceo, nolo, desipio, nescio, et hujusmodi. Quare cavendum tibi summopere est ut, cum aliquis tecum pro inquirenda veritate seu ostentatione disceptat, ne per hujusmodi voces eum ponere aliquid permittas. Si enim permiseris, cito te ad inconveniens trahere poterit.

XII. INTERR. Hoc, si placet, vel aliquo demonstres exemplo.

RESP. Proponat aliquis aliquando et dicat. Quidquid est, Deus fecit. Assumat autem, sed malum est. Concludat vero, Deus ergo illud fecit. Inferat quoque quia si malum Deus fecit, non igitur bona sunt omnia quæ fecit, vel si bonum quodcunque fecit cum malum existat, non omnia fecit. Ex his paucis debes conjicere quia si malitia vox ista et hujusmodi vocalia, te concedente, significando ponant res aliquas, poterunt infinita, sed falso probare inconvenientia. Ab his tamen vocibus quæ tantum removendo significant et nihil nominant, ut malitia, cæcitas, nuditas, et his similia, si quando sumpta facimus, ut malus, cæcus, nudus, ista quidem res aliquas nominant, sed principaliter eis quæ nominant, non ea inesse repræsentant, quæ sua primitiva removendo designant; ut malus, cum angelum vel hominem nominat, principaliter in eis non esse bonitatem repræsentat, quam malitia non nominando sed removendo designat. Est enim cum dico malitia, ac si dicerem non bonitas, sicut homo et non homo, sicut justitia et injustitia. Attende etiam quia cum aliquis quærit an malum significet aliquid, si de primitivo agit, quantum ad hoc quod nihil nominat, nihil significat. [Ut cæcitas et cætera talia. Si autem de sumpto quærit, verum est quia et quod nominat illud significat.] Scias itaque quia omnia sumpta in his quæ nominant, vel inesse quod sua primitiva ponendo significant, vel non inesse quod sua primitiva removendo desi-

---

(45) *Colb.* actor.
(46) *Al.* quæris.

(47) *Colb.* absentia.
(48) *Colb. deest* surditas.

gnant, principaliter repræsentant. Quia (49) enim justitia rem suam ponendo significat, justus quoque in his quæ nominat principaliter inesse justitiam repræsentat. Econtra vero cæcitas, quia visum re movendo designat, cæcus in his quæ nominat principaliter non inesse visum repræsentat. Sumpta ergo in his quæ nominant, vel inesse aliquid vel non inesse repræsentant, sicut sua primitiva aliqua vel nominando vel removendo designant (50). Sed ab his redeundum est, et ad ipsum cor nostrum levandum est præter quem omne quod est, insufficiens et egenum est. Inde est quia angelus ille a Deo aversus factus perversus cupiditatis suæ pondere rapitur, et inquietudine nimia bonis omnibus adversatur. Hic (51) ad hominem usque gravi malevolentia pertendit, quem a mandatis Dei aberrare fecit.

XIII. INTERR. Cur, quæso, Deus homini præcepit quæ (52) transgressurum esse præscivit? Cur tentari permisit quem tentatori consensurum prævidit?

RESP. Homo quidem sub Domino positus, alicunde jure (53) prohibetur quo utrum diligat Dominum demonstretur. Nam unde dsminum se habere cognosceret, si non ei dominus aliquid juberet? Quod esse sub domino suo qui factus est homo debuit, præceptum ostendit. Quod autem suo subesse domino noluit, præcepti transgressio comprobavit, Omnis quippe rationalis creatura servata subesse Domino debet obedientia. Bonum itaque fuit præceptum, quo quid rationalis creatura Creatori debeat est ostensum. Domini est videre quid et quare jusserit, servi est agere quod dominus jussit. Quia vero summa utilitas est homini quod Domino servit, bonum est ei quidquid Dominus jubere voluerit, qui nec jubet inutile, nec facit. Bene etiam post præceptum sequitur immissa tentatio ut tentatione monstretur si velit obedire servus domino. Permissus itaque tentari, audivit: *Eritis sicut dii* (Gen. III, 5); sed minime consensisset, nisi contra Dominum superbisset.

XIV. INTERR. Vide quid dixeris. Si enim superbia hominis tentationem præcessit, tunc priusquam tentaretur homo cecidit. Per se ergo, non per diabolum, cecidit.

RESP. Non vere, non tentationem illam præcessit superbia hominis; sed ut altitudinem deitatis tentatio præmissa permisit, superbia tumuit: quo tumoris merito Deus eum deseruit, desertum tentator tenuit, et ad illicitum perduxit. [Tentatio ergo præcessit, et hominem seduxit,] quem suggestione, delectatione, consensu et defensione pariter fecit peccare.

XV. INTERR. Patet quia peccamus dum suggestione mali posita nobis delectamur, delectati consentimus consentientes quandoque culpam defendimus. Suggestione vero [dic] quando peccamus, nisi cum aliis peccare suggerrimus? Quomodo dixisti quod Adam suggestione peccavit, cum ipse nemini suggessit, sed ei diabolica suggestio facta peccatum attulit?

RESP. Cum vel tentatione dæmonis aut concupiscentia carnis, seu ambitione sæculi ad peccandum trahimur, quandoque per delectationem minime sequimur, nec per consensum tenemur, nec pertinacia ligamur; et tamen si mox ut senserimus non statim abjicimus, contradicimus, exsecramur, sola tantum suggestione peccasse convincimur, qui iniquitatem sensimus, nec statim (54) resistimus, licet nec delectati fuerimus, Verbi gratia: Si tu proditorem domini tui vel amici tecum loqui de proditione sustinueris, nec contradixeris, cum tamen de malo domini vel amici tui nec delectatus nec consentiens fueris, quia contradicere vel resistere, quam statim sensisti, minime voluisti, mox isto quantulocunque consensu audiendi reus esse dignosceris. Sic itaque peccatur sola suggestione, licet delectatus non fueris, consensumve actus minime præbueris. Ita et primus homo suggestorem malum non ignoravit, seque Domini præceptum suscepisse respondit: cui male suggerenti dum scienter auditum præbuit, mox ipsa suggestionis susceptione deliquit, quo tandem delectatus atque consentiens, plenius peccatum incurrit (55). Præmissa itaque tentatione, dum minime contradixit, quod equidem fecisse debuit, iniquitatem sane vidit, et tacuit, merito secuta est in corde ejus vis pravæ delectationis. Dum vidit, dum pulchrum aspectui et delectabile judicavit, delectationique consensum actus præbuit, dum accepit de fructu et comedit, actumque excusando defendit, ubi in Deum refundens culpam ait, *Mulier quam dedisti mihi, dedit mihi et comedi* (Gen. III, 12), Mulier quoque excusavit dicens: *Serpens seduxit me, et manducavi* (ibid., 13). Superbâ amborum excusatio. Nunquam [enim] alicujus persuasio debet divino præponi mandato. Suum rei nolunt fateri peccatum, sed pari fastu in alium culpam refundunt; et dum prætendunt excusationem, sibi reservant iniquitatem. Ex his tamen natus, sed non eos imitatus, fidelis quisque et Deo devotus, dum usque ad finem sæculi multis exercitatur malis, [instanter] ad Cominum refugit, et humiliatus dicit: *Ego dixi, Domine, miserere mei; sana animam meam, quia peccavi tibi* (Psal. XL, 5). O si et hoc illi post culpam dixissent, si vere (56) pœnitentes a Domino veniam quæsissent, qui superbi ceciderant, humiles surrexissent. Sed nondum cervices peccatorum fregerat laboris assiduitas et mortis acerbitas: quos ne de se præsumant, et pœna monet quam in præsenti tolerant, et futuram terret.

(49) *Colb.* quid.
(50) *Al.* designando.
(51) *Colb.* Hinc.
(52) *Vl.* quem.

(53) *Colb.* aliquid de jure.
(54) *Colb.* tamen.
(55) *Colb.* meruit.
(56) *Colb.* sive

judicium quod formidant. Quod autem de transgressoribus illis scriptum est, quia *aperti sunt oculi eorum* (*Gen.* III, 7), aperti sunt utique, non ad videndum tantum, cum scriptum sit quia viderant lignum pulchrum [visu] et ad vescendum suave: modo autem post culpam aperti sunt ad sentiendum (5,) quem ante non senserant in corpore [suo] tumultum, et confusi non sustinent videre pudenda suis per culpam membris insita, qui tumidi reliquerant videre divina. Amisso enim statu illo mirabili, quo sub Domino pie viventes, et ligno vitæ cæterisque salutiferis arboribus utentes, nec ægritudine tabescerent, nec senio veterascerent, susceperunt post culpam in carne sua intemperantiam motumque turpissimum atque præcipitem. Hæc mora ea die accidit, qua [Domini] præceptum homo transgredi præsumpsit. Et qui obedientiæ prius decora lætabatur, mox gravem pro inobedientia pudorem in carne sua patiebatur, dum in membris suis anima rationalis bestialem motum videre confundebatur. Secura etiam illa ante peccatum [habita] cum Domino familiaritas, post peccatum verecundiam cumulabat. Et quærens latebras, venienti Domino nuditatem suam præsentare non audebat, quæ etiam suis oculis displicebat.

XVI. INTERR. Quid est? Nonne auribus pravam audiendo suggestionem homo peccavit? Nonne oculis indebitum cupide videntibus, manibus quoque et ore vetitum præsumentibus in culpam cecidit? Quare [ergo] in nullo istorum percussus est. sed in illis genitalibus membris tantummodo ultio manifestata est?

RESP. Ne dicas in illis tantum. Corpus enim hominis ita peccato factum est morbidum totum, ut Apostolus dicat: *Corpus quidem mortuum est propter peccatum* (*Rom.* XVII, 10). Sed maxime, ut mihi videtur, in illis genitalibus membris ultio desævit, quia ex eis membris propagatio generis humani descendit, quam originaliter lex peccati violenta conclusit ut unusquisque in semetipso Deum formidet offendere, dum tantam in suo corpore portat pœnam de paterno scelere, sub quo quisquis nascitur, si non Christi sacramento sanetur, sub culpæ vinculo reus tenetur. Sic filius ille qui nuditatem patris sui risit, non solum in se, sed etiam in sua posteritate damnari meruit. Unde pater non dixit, *Maledictus Cham*, sed: *Maledictus Chanaan, servus servorum* (58) *erit* (*Gen.* IX, 25). Dum enim in patre filium maledicit, patris culpam in filium extendit, et quam grave sit in patrem peccare filium damnatis manifestat posteris. Hinc est quod Dominus exquirit iniquitatem patrum in filios, sicut scriptum est, usque in tertiam et quartam generationem, in eos scilicet qui non sunt renati (59) per gratiam. Nam (60) in his quos baptismi gratia regeneravit, nec parentum nequitiam postmodum fuerint imitati, teste Scriptura, filius non portabit iniquitatem patris, nec pater filii. [Hoc est, non damnabitur pro peccato alterius qui est in Christo renatus, licet pœna multetur.]. Et sciendum quia quod filii mali (61) quorumlibet post Adam sequentium patrum portant iniquitatem, non quidem omnium (62), sed tamen usque in tertiam et quartam generationem, magna Domini miseratio est, cujus vindicta non in omnem eorum generationem protensa est, sed prima primi patris culpa summa exigente justitia usque ad ultimum filium merito est effusa. Qui enim universæ posteritati suæ debuit apparere primus auctor justitiæ, et pro justitia gloriæ, dum prior (63) cecidit. primus auctor effectus est culpæ, primus debitæ susceptor pœnæ, primus propinator mali in omni sua generatione. Benedicta sit humilitas Salvatoris nostri, cujus nimia charitas perditos quæsivit, inventos misericorditer relevavit, quæ humiles pœnitentiæ semita ad vitam perducit (64). Hæc, fili, pœnitentiæ gratia David post lapsum erexit, Manassem in regno restituit, Petrum lacrymantem in apostolum reformavit, Hæc revelat lapsos, sanat elisos, restaurat perditos. Hanc diabolus post lapsum habere non potuit, qui nullum a Deo remedium accepit, Hinc Paulus ait: *Nusquam angelos apprehendit, sed semen Abrahæ apprehendit* (*Hebr.* II, 16). Unde in sua quam invenit iniquitate perditus remansit, quia, qua cecidit, superbiam non amisit. Sola namque per Christum humilitas præstita pœnitentiam suscipit, sola vero superbia per diabolum præstita pertinaciam in malo facit. Pœnitentia humiles levat in cœlum, pertinacia superbos præcipitat in infernum. *Superbis enim Deus resistit, humilibus autem dat gratiam* (*Jac.* IV, 6). per omnia sæcula sæculorum. Amen (65).

(57) *Colb.* sciendum.
(58) *Al. deest* servorum.
(59) *Colb.* Etiam qui sunt renati.
(60) *Colb.* sane.
(61) *Al. deest* mali.
(62) *Colb.* omnes.
(63) *Colb. addit* gloriæ.
(64) *Colb.* reducit.
(65) *In codice Colbertino hic tantum desinit liber tertius.*

INCIPIT LIBER QUINTUS.

1. Creator omnium Deus, inter omnia quæ fecit ad videndam suæ beatitudinis gloriam, angelum et

hominem condidit, quos intelligentiæ gratia decoravit. In his prima omnium creata est sapientia (66), quæ in libro Sapientiæ (x, 4) sic de seipsa ait : *Ab initio et ante sæcula creata sum*, etc. Unde et creatricem sapientiam simul omnia creantem sciunt,[et supra se quidem aspiciunt.] Qui igitur per sapientiam a Deo præstitam supra se Deum intelligunt, si ipsum non diligunt, in culpa sunt, et dum a summa luce resiliunt, tenebrescunt. Sed mira Dei omnipotentia, quæ tam de bonis quam de malis laudabiliter operatur, sicut nullius bono adjuvatur, sic nullius malitia præpeditur. Bonos facit fructuosos, malos non deserit impunitos ; quorum (67) non ita punit malam voluntatem, ut naturæ perimat dignitatem, Nisi enim bonum remansisset in natura, non esset amissi boni dolor in pœna. Dolet namque se non possidere inferius bonum, pro quo contempserat illud quod est summum. Summa quippe justitia, siéut nec sibi consulit de operibus bonorum, sic effectu mirabili bonis etiam consulit de pœnis malorum. Malis quippe impugnantibus, bonis incutitur timor pius, et patientiæ virtus augetur. Sed et mali, dum sibi debitam a Deo recipiunt pœnam, valent aliis ad exemplum, quo studeant evitare peccatum. Quibusdam enim pro iniquitate punitis, timent plurimi, emendantur iniqui.

II. Int. Quare hoc ? Cur iste labor ? Nonne boni essent omnes, si Deus vellet ? Non bene videtur fecisse Deus, qui cum bonos omnes fecerit, non semper bonos custodit : qui non solum eos cadere permittit, sed etiam post lapsum punit.

Resp. Quid dicis ? Visne culpam refundere in Deum quam non fecit ? Dic, quæso, quid eligis de te? Meliusne tibi videtur contrahi necessitate quam ut vivas in libertate? Sed te velle necessitati servire et libertatem non amare ridiculum est credere. Melius ergo Deus eos fecit, quibus libertatem arbitrii contulit, ut hoc esse possint quod velint. Beati siquidem omnes esse volunt, sed beatitudinem ubi ipsa est omnes non quærunt. Dum ergo quærunt, et ubi ipsa sit non attingunt, perverse quærunt, et mendacium pro veritate suscipiunt. Sed in his omnibus justissimus omnium ordinator jure laudatur, qui de singulis laudabiliter operatur. Optima quidem natura est, quæ tantum in Deo proficit, ut jam ad nullum illicitum valeat inflecti. Bona est et illa quæ sub Domino vivens, pravum in se cohibet appetitum, et de victoria meretur habere triumphum. De utraque ergo merito laudatur, qui utramque bonam condidit, auctor bonus. Una est in angelis bonis, altera in hominibus sanctis. Illi confirmati sunt in bonum, isti per gratiam a malis habent reditum, et sanctificantur per Christum, pro quorum utilitate suum habent et mali locum. Sed et de malis laudatur Deus, de quibus semper bene operatur. De his enim nescientibus Ecclesia proficit,

quæ tentationibus vexata exercetur utilius et crescit uberius [quorum mala voluntas justis tandem pœnis addicitur.]

III. Int. Dum nostræ redemptionis gratiam in Ecclesia præsens aspicio, et dum peccata in baptismo dimitti et diabolum a fidelibus superari admodum gaudeo, de pœnis tamen bonorum doleo. Sed cur remanet pœna ubi dimissa est culpa?

Resp. Omnibus in Christo regeneratis omnis culpa remittitur, et rationis arbitrio libertas bene agendi per gratiam redditur. Sed qui post lapsum nos ad bene agendum gratuito reparat, salubri dispensatione obediendi tempore reparatos sub infirmitate retenta ut, præsens infirmitas præteritæ memores ruinæ nos faciat; quo castigatus quisque pertimeat ne iterum peccans deterius cadat. Bene itaque summus dispensator in præsenti vita suos erudire dignatur sub pœnæ custodia, ut qui homo sanus in paradiso stare neglexerat, vel infirmus in exsilio per gratiam redire contendat. O admiranda supernæ miserationis efficacia ! Homo fortis in paradiso, quia Deum dereruit superbus, cecidit. Homo debilis in exsilio, quia Deo servit, humilis (68) resurgit. Ille bonum fortitudinis in malum debilitatis per superbiam transvertit, iste malum debilitatis in bonum fortitudinis per humilitatem traducit. Ille sine Deo a fortitudine deficit, iste cum Deo ab infirmitate proficit. Hinc est quod olim Paulo datus carnis suæ stimulus in bonum versus iste dignoscitur, quod et gratia nominatur. Sic enim ei humiliato et oranti Dominus respondit : *Sufficit tibi gratia mea* : *Nam virtus in infirmitate perficitur (II Cor.* xii, 9). Quisquis ergo per gratiam resurgit, humiliari satagat, et in pœnis præsentibus gratias agat, nec in se, sed in Domino fidendum correptus addiscat, et supplicando quærat ; ut qui propitiando solvit iniquitatem, sanet ægritudinem. Unde tibi Psalmista ait : *Qui propitiatur omnibus iniquitatibus tuis qui sanat omnes infirmitates tuas* (*Psal.* cii, 3). Primum enim cui vult peccata relaxat, deinde contractas ex peccatis infirmitates curat. Homo quidem ante peccatum nullam infirmitatem habuit, sed postquam (69) volens peccatum incurrit, justo judicio pœnam pro peccato nolens sustinuit. Mandatum sibi a Domino datum non ignoravit, nec aliquam, quam in observando præpediri posset, debilitatem habuit. Quia ergo sciens et valens transgredi voluit, nunc ignorans et debilis pro transgresso pœnas luit. Hæc duo incommoda sibi invincibilia suscepit superba transgressio, a quibus nunquam exuitur nisi reparante Christo. Cum his duobus invincibilibus unusquisque nascitur qui de concupiscentia carnis generatur. Hæc duo parvulis *et* quibuslibet non in Christo renatis manent in peccatum, et in condemnationem perducunt. Omnibus autem regeneratis per Christum adsunt, quos et ad pec-

(66) *Colb.* qua supra se Deum aspiciunt. Qui igitur, etc.
(67) *Colb.* quia.

(68) *Colb.* surget.
(69) *Colb.* videntis.

candum pertrahunt : quibus pertrahentibus dum non consentiunt, non eis imputantur in peccatum, propter baptismi remedium. Hinc Apostolus ait : *Si autem quod nolo, illud facio, jam non ego illud operor, sed quod habitat in me peccatum* (Rom. VII, 20). Peccatum hoc nobis Apostolus exponit, ubi ait : *Video aliam legem in membris meis repugnantem legi mentis meæ, et captivantem me in lege peccati, quæ est in membris meis* (ibid., 13). Sic interior homo in Christo renovatus, de exteriori homine suo conqueritur. Unde et cum Apostolo clamamus : *Infelix ego homo! quis me liberabit de corpore mortis hujus?* (ibid., 24). Sed et cum ipso respirantes, læti subjungimus : *Gratia Dei per Jesum Christum* (Joan. XVI, 33). Habemus autem et ipsum qui credimus consolantem Dominum, ubi ait ; *Confidite, ego vici mundum* (ibid.). Dum itaque peccato non consentimus, sed ad Christum refugimus, qui hanc nobis inclytam necessitatem dolemus et plangimus, humilitate proficimus, malumque illud in membris nostris quod inviti toleramus, mirabiliter operante gratia in usum humilitatis convertimus. Hinc Apostolus ait : *Nihil ergo damnationis est his qui sunt in Christo Jesu, qui non secundum carnem ambulant. Lex enim spiritus vitæ in Christo Jesu liberavit me a lege peccati et mortis* (Rom. VIII, 1). Credentibus lex spiritus vitæ est in homine interiori, lex vero peccati et mortis est in membris hominis. Contra quod clamat Apostolus : *Si secundum carnem vixeritis, moriemini. Si autem spiritu facta carnis mortificaveritis, vivetis* (Rom. VIII, 13). Quandiu ergo caro concupiscit adversus spiritum, et spiritus adversus carnem, oportet renatos in Christo carni resistere et spiritui deservire.

IV. INT. Dic, quæso, quonammodo caro concupiscit adversus spiritum, quæ sine spiritu nullum habet sensum ?

RESP. In Adam patre nostro, antequam peccasset, nec caro spiritui, nec spiritus repugnabat carni. At postquam ejus spiritus superbia ductus superiori suo, qui est Deus, servire contempsit, mox justo judicio ab inferiori suo, carne scilicet, reciprocam legem in se suscepit. Quandiu enim spiritus Deo subditus obedivit, et ei caro subdita servivit. Ubi vero Deo restitit, resistenti caro repugnavit ; sicque pro peccati pœna spiritus in suo corpore intemperantiam gestat, et qui intemperans Deo fuit, [nunc] sub intemperantia carnis suæ miser gemit. Unde gravissimam pœnam tolerat dum carnem suam sibi adversariam portat. Caro quippe spiritu vivificata, debuit vivificanti se spiritui esse subdita ; sed ejus subjectionem spiritus jure perdidit, quia Deo subesse noluit, qui illi carnem vivificandam subjecit. In se ergo de se spiritus pœnam tolerat, dum Deum deserens, a quo vivebat, dolet sibi carnem resistere, quam ipse vivificat. Cavendum autem summopere est, ne duas in uno homine mentes ita esse sentias, quod duas mentes natura diversas, unam bonam, alteram malam, in uno homine cum hæreticis credas. Apostolus unam in uno homine mentem noverat, qui dicebat : *Fuisti aliquando tenebræ, nunc autem lux in Domino* (Ephes. V, 8). In illis enim mens quæ peccati tenebras ante habuit, nunc gratiæ lumen accepit. Apostolus quidem, dum condelectatur legi mentis suæ secundum interiorem hominem, quo Deo consentit, dolet captivum se secundum exteriorem duci in legem peccati ex Adam venientis, quo prævaricationi consentit (Rom. VII, 22). Non equidem duo sunt animi procedentes ex diversis initiis, mali scilicet et boni, cum malum omnino nihil sit, bonum vero tantum sit, sicut ratio manifesta convincit. De quo me sæpius tecum egisse memini. Una quippe et eadem uniuscujusque hominis mens est, et ea bona et una est. Singuli quippe homines singulas habent mentes. Sed mens quæ una est, dum vanitati subjecta est, non unam, sed plurimas habet voluntates. Subjecta est enim vanitati dum versatur in loco quem posuit. Quem locum Psalmista vallem lacrymarum dicit (*Psal.* LXXXIII, 7). Quæ quia uni, qui Deus est servire contempsit, multis ancilla dominis, imo tyrannis subjecta fieri meruit. Inde fit quod cum ad eum cujus est respirare satagit, ut in eo qui vere est requiescere possit, deprimatur a lege membrorum, quam ab Adam, non ab auctore contraxit. Hæc est lex quam spontanea incurrit, sed spontanea non deponit. Cum itaque natura, quam a Deo bonam habuit, ad Deum recurrit, et vitio quod prævaricata contraxit ad carnem refluit, non duæ mentes, sed una mens hanc pœnam tolerat, et quia unum, qui summum est, injuste deseruit, per multa seipsam (70) dissipat. Novi ego unam mentem eodem tempore ad multa injusta perpetranda simul inhiantem. Dicam ergo multas esse in una. Ego certe, ego ipse sum, qui simul hæc et illa molior agere una anima, una mente, qui etiam simul et eodem momento ad diversa pertrahor, dum languida mente nihil ex toto, nihil perfecte desidero. Sed nunc ad illud mente elevor, nunc ad aliud desideriis abstrahor. Hæc est (71) pœna quam ex radice propaginis vitiata patitur humana miseria. De hac carnis concupiscentia quicunque descendit, non habet in potestate carnem suam, quam gestat, quin spiritui contradicat. Contra hanc renati per gratiam fideles militant ne regnet in eis lex membrorum violenta quam tolerant. Non a foris pugnat ; intus est, dum in præsenti vivitur ; omnino non tollitur, sed cum ea certatur. Electos enim dum advocat, audiri contemnitur. Amplexatur ut retrahat, sed fidei virtute comprimitur. Hinc Apostolus cum non posset dicere, *Non sit*, dixit quod debuit, *Non regnet*, inquit, [*peccatum*] *in vestro mortali*

---

(70) *Colb.* dissipatur.

(71) *Colb.* miseria.

corpore (Rom. vi, 12); et si adest ex origine, non regnet in voluntate. Ubi enim regnaverit vincit, et damnationi subjicit. Ubi autem non regnaverit, licet adsit, minime tamen vincit, sed quia vincitur. restat corona victori. Gratias autem nostro Redemptori, qui carnem nostram suscipiens, ab originali intemperantia (72) liberam suo in se subjectam spiritui carnem nostram ordine recto composuit : in quo cum utrumque sit, caro scilicet de carne virginis et spiritus rationalis, quæ duo Dei Filius pro nobis accepit, et cum assumptis una persona fieri voluit, ita spiritus assumptus assumenti Verbo plene subjectus exstitit, ut ei caro assumpta plenissime subjecta fuerit ; qui non per carnis concupiscentiam, sed per charitatis gratiam de Virgine nasci voluit Deus apud Deum, homo apud nos, et homo inter Deum et nos. Iste est exspectatio gentium, salus omnium ; in quo si credimus, per ejus gratiam absolvemur a controversia carnis et spiritus, sub quo laborantes gemimus. Hanc exspectabat Apostolus dicens : *Nos ipsi primitias spiritus habentes, et ipsi intra nos* (73) *ingemiscimus, adoptionem filiorum Dei exspectantes, redemptionem corporis nostri (Rom.* viii, 23). Unde et supra, *Ipsa,* inquit, *creatura liberabitur a servitute corruptionis (ibid.,* 21). Hæc est autem corruptionis dolenda servitus, quod caro adversus spiritum et adversus carnem concupiscit spiritus. Dicitur autem caro concupiscere quomodo lingua loqui vel oculus videre. Quis enim nesciat quod anima per linguam loquatur, per oculum videat, cæterosque sensus moveat, et per eos agat ! Carnalis itaque delectatio ex anima est. Per eam enim delectatio sentitur. Ex carne est. Nam sine illa carnalis delectatio non sentitur. Cum itaque dicitur : *Caro concupiscit adversus spiritum,* sola delectatio illa intelligitur quam de carne et cum carne a se vivificata habet spiritus. Sic et quando dicitur : *Spiritus concupiscit adversus carnem (Gal.* v, 17), solam intelligimus quam contra carnis illecebras habet delectationem. Sed cum in electis operante gratia recte membris corporis spiritus imperat, tunc caro non excitat concupiscentiam, sed exhibet obedientiam. Quisquis autem in hac mortali vita dolet se a carne sua sæpius offendi, magis doleat quia factori suo ipse qui factus est sæpissime non consentit. Nos quidem, dum in corpore mortali vivimus, evitare per nos minime possumus quin aut ignorantia aut debilitate peccemus, quæ de carnis propagine ex Adam trahimus. Apostolus quidem dicit : *Mente servio legi Dei, carne autem legi peccati (Rom.* vii, 25). Ecce unde ad peccandum trahimur. Justificatio autem unde sit ostendens dicit : *Christus traditus est propter delicta nostra, et resurrexit propter justificationem nostram (Rom.* iv, 25).

V. Int. Justificatio ista quam dicis quomodo potest esse in nobis, cum voce apostolica dicatur : *Scimus quia in multis offendimus omnes (Jac.* iii, 2).

Resp. Peccatum nobis originaliter insitum pertrahit ad peccandum. Unde Apostolus nos revocat, dicens : *Sicut regnavit peccatum in mortem, ita et gratia regnet per justitiam in vitam æternam per Jesum Christum (Rom.* v, 21). Quia vero, ut supra diximus, debilitas et ignorantia de peccati pœna venientia nos assidue comitantur, assidue in præsenti vita etiam fideles peccare coguntur. Hinc est illud Apostoli : *Si dixerimus quia peccatum non habemus, nos ipsos seducimus, et veritas in nobis non est (I Joan.* i). Et vera est ejusdem sententia dicentis : *Qui est ex Deo, non peccat (I Joan.* iii, 6). Ex Deo est qui non sibi sed Deo vivit. Vivit autem Deo, non sibi, qui non sua, sed quæ Dei sunt quærit. Quærit autem quæ Dei sunt quem charitas levat ad Deum *(I Joan.* v, 18). Quam ergo possidet charitas, non consentit peccare voluntas, licet peccatum ignorantiæ et debilitatis, dum hic vivitur, non evadat : ad quod quia per consensum minime trahitur, charitatis remedio liberatur. Charitas namque hoc in electis insigne agit officium, quod et semper operatur bonum, et semper operit multitudinem peccatorum de ignorantia et debilitate provenientium. In quo ergo charitas perseveraverit, nequaquam perire poterit. At vero quisquis, deserendo charitatem, ad peccandum suam exhibet voluntatem, ille in similitudinem prævaricationis Adæ contemnit (74) Deum, dum ex consensu et deliberatione libens proruit in peccatum. Hic jam non vivit, quia justitiam qua vivebat, amisit, quia fidem perdidit. Perdidit fidem, dum sciens et volens, Dominumque contemnens, ruit in (75) impietatem. Fide igitur amissa, amittitur et quæ ex fide est justitia. Amissa vero justitia, amittitur et quæ ex justitia est vita. De talibus in ea quæ ad Hebræos scribitur terribiliter exclamatur : *Voluntarie enim peccantibus nobis post acceptam notitiam veritatis jam non relinquitur hostia pro peccatis.* O quam gravis ista est jactura, qua amittitur nostræ redemptionis hostia, quæ in sortem perditionis horribili lapsu præcipitat ! Quisquis autem in tanto labitur profundo præcipitii, ut obstrusus mole desperationis non recordetur unde cecidit, hic inter mortuos mortuus habet numerari. Hoc Psalmista noverat, qui deprecans ait : *Non me demergat tempestas, aquæ, neque absorbeat me profundum, neque urgeat super me puteus os suum Psal.* lxiii, 26). Aquarum tempestate demergitur qui tentationum fluctibus peccando trahitur. Quod si munus pœnitentiæ ad enatandum non dirigitur, profundo criminum absorbetur. Si autem iniquitas eo usque progreditur ut desperatione cumuletur, ejus damnationis puteus desuper obturatur. E contra nobis Apostolus oc-

(72) *Colb.* liberavit cum in se subjecta, etc.
(73) *Colb.* Gemimus.

(74) *Al.* Dominum.
(72) *Colb.* peccatum.

currit et clamat : *Tentatio vos non apprehendat nisi humana (I Cor.* x, 13).

VI. Int. Quæ est humana tentatio quam Apostolus non excludit, et quæ illa quam non concedit?

Resp. Humana, ut mihi videtur, tentatio dicitur quæ nos in præsenti vita invincibilis et assidua comitatur, dum per ignorantiam seu per debilitatem quisque, quantumcunque fidelis, a bono retardatur: quæ quia nolentes patimur, venialiter peccamus, qui in Christo renati sumus ; ad quem dum cum humilitate refugimus, ab his assidue relevamur, Cum autem tentationi humanæ diabolica superapponitur, quod fit cum aut deliberatione vel consensu seu voluntarie peccatur, jam non veniale (76) malum quidem agitur, sed criminale merito judicatur. Ibi namque fides emoritur, qua perdita, ei qui reus est damnatio debetur. Ex hac quippe justitia in civili causa statutum novimus, quia cum aliquis de rebus Domini seu quilibet (77) usurpasse probatur, si se inscienter id egisse defenderit, usurpatum pro more restituit, et indemnatus evadit. Si autem id scienter egisse convincitur, non solum usurpato sed et suo jure privatur, et pro sui contemptu Domini condemnatur. Secundum hanc considerationem levia a gravibus, venialia a criminalibus peccata differre sentimus. In levibus namque seu venialibus quisque fidelis tanquam a serpente tangitur; sed dum voluntate peccandi nequaquam trahitur, non tenetur; dum peccato quidem minime consentit, nequaquam moritur. Habet enim Christum singulare et summum contra omnia mala remedium. Hic sub præsenti miseria gemit, et ad Christum, quem diligit, perseverando refugit. At cum aliquis suggestionem [malam] sibi propositam scienter recipit, viamque justitiæ prudens et volens deserit, mox in similitudinem prævaricantis Adæ, tanquam a paradiso, sic ab Ecclesia meretur abscidi, et pro gloria similitudinis Dei ignominiam similitudinis (78) pecorum incurrit, totus peccato redditus tam corpore quam spiritu. Unde nemo potest resurgere per se nisi eo qui suscitat mortuos relevante et per pænitentiam suscitante. Hi sunt quorum ruinam deplorat mater Ecclesia ; quos si superna reducit gratia, instanter adjuvat et reconciliat ; quibus et sacramentorum remedia mater pia ministrat.

VII. Int. De sacramentorum varietate miramur, quod non sub eisdem tenetur homo Christianus quibus olim Hebræorum populus.

Resp. Nescis quia populus ille antiquus sub legis vinculo et lumine prophetico ad Christum trahebatur ? Nescis quia Christianus non nasciturum exspectat, sed quem suscepit Christum adorat?

Bene ergo sunt alia sacramenta sub tempora exspectantium Christi adventum, alia suscipientium. Tempora quidem variantur, et pro variis temporibus vita et actus fidelium dispensantur ; sed unitas fidei pro temporum varietate non solvitur. Impossibile est enim post lapsum primi hominis aliquem aliquando salvari absque fide Domini nostri Jesu Christi quæ parvulis est in sacramento, majoribus autem cum obedientiæ debito. In ætate quidem minori non habent fidem parvuli, sed suscipiunt sacramentum fidei. Sicut autem Petra quæ Christum significat, Christus dicitur, dicente Apostolo : *Petra autem erat Christus (I Cor.* x, 1), sic sacramentum fidei, quia fidem significat, fides appellatur. Ab Adam quippe usque ad Abraham fides fuit absque visibili remedio sacramenti de qua in ea quæ ad Hebræos scribitur ita legitur : *Credere enim oportet accedentem ad Deum quia est, et inquirentibus se remunerator sit (Hebr.* II, 16). Ab Abraham vero usque ad Christum in gente Hebræorum additum est visibile circumcisionis mysterium, sed in masculis tantum. Tempore autem Christi tam a feminia quam masculis in omni genere cum fide suscipitur sacramentum baptismatis. Sic enim Veritas ait : *Nisi quis renatus fuerit ex aqua et Spiritu, non potest intrare in regnum Dei (Joan.* III, 5). Et alibi : *Qui crediderit et baptizatus fuerit salvus erit (Marc.* XVI, 16). Dicendo *qui crediderit,* fidem innuit. Addendo *et baptizatus fuerit,* remedium ostendit. Unde generaliter præcepit : *Euntes,* inquit, *docete omnes gentes, baptizantes eos in nomine Patris et Filii et Spiritus sancti (Matth.* XXVIII, 19). Quod autem moderno tempore valet baptismus in omni gente, hoc egit antiquitus sola fides [majorum] pro parvulis, et pro his, qui sunt ex Abraham, mysterium circumcisionis. De quibus Dominus ita dixit : *Masculus cui caro præputii circumcisa non fuit, peribit de populo suo Genes.* XVII, 14). Et sciendum quia parvulis suscepta sufficiunt sacramenta fidei, adultis vero addenda sunt opera charitatis et sacrificia quæ Deus instituit, et quæ pro temporum varietate, prout voluit ad salutem (79) fidelium permutavit. Sacramenta quidem quæ antiquo populo fuerunt imposita, nunc autem sunt ab actione remota, legimus ad instructionem et fidei corroborationem, non ut agendo servemus, sed ut interpretatione spirituali fidelibus mysteria revelemus.

VIII. Int. Dic, quæso, varietas ista cur accidit ? Quare Christus ab initio non venit?

Resp. Scire debes quia homo superbus primo sub naturali lege sibi fuerat relinquendus, ut in se ipso cognosceret quod nihil ex se nisi peccatum haberet (90) et habitum per se deponere nullatenus posset. Huic [insuper præcepta et scripta] legis censuram Deus adhibuit, et prophetiæ doctrinam ministravit, ut dum nec naturali voluntate, nec legis

---

(76) *Colb.* peccatum.
(77) *Colb.* usurpare.
(78) *Colb.* prævaricationis Adæ incurrit.
(99) *Colb.* gentium.

(80) *Colb.* Cum ex se nisi se posse peccare videret, et sic convictus non jam superbus, sed humilis Deum quæreret.

verbere, nec prophetarum dogmate se posse peccatum evitare cognosceret, tandem ad Christi gratiam convictus rediret. quo damnationem promeritam per Christum evaderet, quo et justitiæ semitas, quas injuste reliquerat, reintraret, et per obedientiam ad beatitudinem rediret. Lex enim jubendo et prophetia docendo suam homini demonstrat infirmitatem, ut demonstrata infirmitas quærat Salvatorem, a quo sanata voluntas possit quod per se infirmata non potuit. Lex ergo trahit ad fidem tanquam pædagogus, fide spiritus impetratur, spiritus præstat charitatem, charitas implet legem, lex infirmo cumulat præceptum et negligentibus pœnæ vinculum. Bona est ergo lex recta jubendo, non infirmum sanando, sed infirmo transgressionem augendo, non culpa sui, sed culpa infirmi.

Fuerat itaque homo prius ex seipso convincendus, dehinc legis auctoritate coercendus, doctrina prophetica erudiendus, sacramentis renovandus, obedientia nutriendus, et sic vetere exuto homine, novo perenniter in Christo mansurus induendus. Et ne quis sacramentorum remedia contemneret, ipse qui instituit Jesus Christus patriarcharum oraculis et voce prophetica præmonstratus, ipse quam instituit circumcisionem in seipso suscepit. Et ne baptisma Domini refugiat servus, baptismum a servo suscepit Dominus, a Joanne Christus. Scire autem te volo quia baptismi sacra largitio, licet conveniat officio sacerdotum, tamen in necessitate commissa est manibus quarumlibet personarum. Sic enim Deus instituit, quod intrare ad vitam non possit nisi qui renatus fuerit ex aqua et Spiritu.

IX. INT. Quid dicis? Nonne multi ad vitam æternam perveniunt dum pro Christo passi sunt; quamvis baptismi gratiam minime perceperunt?

RESP. De his sane qui ante moriuntur pro Christo, quam renascantur in Christo [potest dictum intelligi quod] in Evangelio Matthæi Veritas ait : *Qui perdiderit animam suam propter me, inveniet eam* (Matth. x, 39). Juxta Lucam, *salvam faciet eam* (Luc. IX, 24). Ex hac fide salvi facti sunt qui, dum minime sacramenta perceperunt, præventi tamen pro Christo passi sunt. Sub hujus fidei sacramento, parvuli in Ægypto sub Pharaone, in Bethlehem sub Herode, martyrio coronati sunt. Eo namque sanguine quo Christus in eis quærebatur, eo ipsi in Christo consecrabantur. Qui autem contra sacramentorum remedia sanctum illum latronem de cruce adducunt violenter, quid faciunt? Dicunt enim quia latro ille nec baptismo regeneratus, nec causa Christi in cruce fuerat affixus. Quare ergo, aiunt, paradisus ei a Domino est repromissus? Nonne eis idem pro se respondere poterit : Cur me contra sacramentorum gratiam suscitatis, qui gratiam suscepi? Ipse auctor gratiæ gratuito pendens in cruce respexit me pendentem juxta se, penden-

tem in cruce, sed pendentem pro scelere. Respexit et gratiam contulit, quia moriens confessus sum ei peccata quæ habui. Et cæteris Christo moriente desperantibus, solus ego, si dicere audeo, vitam in moriente quæsivi. Nescitis quia confiteri Christo pro nobis in cruce pendenti et morienti, idem est ac si cum Christo crucifigi eique commori? Ipse qui sua gratia circumcisionis et baptismi remedia dedit, publica habet et privata. Jeremiam enim in ventre matris suæ sanctificavit, occulto quidem remedio quo ipse novit et voluit. Joannem quoque adhuc clausum in utero matris Spiritu sancto replevit, et exsultare in gaudio fecit, dum præsentiam Salvatoris in Maria virgine sentire meruit. Quare ergo miramini quia me pendentem juxta se, negantibus cæteris, confessorem suum fecit, novoque remedio et passionis suæ participem et gloriæ esse fecit consortem. Nolite ergo contra sacramentorum remedia me ulterius præsentare, quem si Evangelio creditis, et consortem remedii et possessorem paradisi confiteri debetis. Dicite, quæso, quid si antea baptizatus fui? An quia baptizatum me nescitis, non baptizatum esse convincitis?

X. INT. Placet valde responsio quam proponis. Sed sicut de baptismo latroni nihil certum tonemus, sic et de baptismo apostolorum dubitamus. Eos siquidem baptizasse legimus, sed baptizatos esse nescimus.

RESP. Verum est quia neminem apostolorum præter apostolum Paulum legimus baptizatum. Sed multa fuisse pro certo tenemus quæ tamen scripta non vidimus. Quomodo autem Apostolos fuisse baptizatos dubitare possumus, quos audisse a Domino et prædicasse mundo novimus : *Nisi quis renatus fuerit ex aqua et speritu, non potest intrare in regnum Dei* (Joan. III, 5) (81). Pensare te quidem convenit quod Dominus in cœna paschali Petro respondit : *Qui lotus est, non indiget nisi ut pedes lavet* (Joan. XIII, 10). Lotum ergo lavare volebat, quem non totum, sed in pedibus tantummodo lavandum censebat : lotum intelligimus baptismate (82), lavatam pro mundana conversatione. Mundus quidem est totus, omnis in Christo renatus, dum fidem servat operibus, pro mundana quidem conversatione lavandus in pedibus, quia nondum (83) ab ignorantia et debilitate venientibus ex traduce omnino solutus. Ei ergo quem lotum novit pedes solummodo lavit. Quapropter non est iterandus omnino baptismus, quo suscepto, unusquisque mundus est totus. Si autem post baptismum supervixerit, nec a fide exorbitaverit, lavandus est tantum in pedibus. Hinc est quod vere judicatur hæresis, si semel a quocunque baptizatum quis debere censeat rebaptizari. Sed in pedibus pro temporalium sordibus actionum unumquemque [fidelium] convenit pœnitentiæ sacramento lavari. Quod sacramentum et Do-

(81) *Al.* ad hæc et illud accedit quod Dominus in cœna paschali.
(82) *Al.* lavandum.

(83) *Colb.* a peccatis per ignorantiam et debilitatem venientibus ex traduce omnino est solutus.

minus fecit, et suos servare mandavit, et ordo monasticus celebrando custodit. Sacramen;um hoc Dominus Jesus Christus suis servandum imposuit ; quod nec quandocunque a fidelibus rite fit credendum est in sacramento pœnitentiæ pedes lavari, hoc est a contractu conversationis hujus temporaneæ fideles emundari. In his enim ista mundatio remissionis vere fit, quos iniquitas quæ fidem destruat non contingit. Sic etiam ex traditione apostolica fideles infirmos inungit Ecclesia. Hæc unctio, testante Jacobo apostolo (v, 15), sub oratione presbyterorum a peccatis relevat infirmum. Veneranda itaque sunt sacramenta, et pro more quo Deus eos instituit observanda. Nolunt arrogantes, sed purificant humiles. Nesciunt mundana diffiniri sapientia, sed divina percipiuntur obedientia. Ad hæc quisquis accedens, stultus fiat, ut sit sapiens. Quæratur in eis sanitas, non disputandi vanitas. Dantur enim nobis corporea sacramenta, sed cœlesti vitute prædita. Miro siquidem modo qui olim in corporalibus per primum patrem cecidimus, ex his per secundum, qui et Deus est ad spiritalia reditum habemus. Nemo ergo præjudicet sacramentis, sed remedia devotus quærat in eis. Morbi sui dijudicet ægrotus incommodum, non salutare summi medicantis antidotum. Sua esse sentiat infirma, quæ autem Dei sunt fortia. Dum videt exterius corporeum sacramentum, fide divinum interius penset effectum Dei, quippe virtus per ministrum in sacramentis operatur. Minister autem tantum minister est. Qui efficaciam præstat mysteriis, Deus est. Nemo ergo contemnat vim sacramentorum pro vitiis, ministrorum, quorum malitia non contrahitur Dei omnipotentia. Non potest minus in malo, majus in bono, qui indifferenter de omnibus et in omnibus potest. In Deo siquidem minus potest qui malus est, magis potest qui bonus est. Deus autem omnipotenter in utroque potest. Inde est quod plures novimus sibi quidem malos, sed aliis utiles fuisse ministros, ipso operante per eos qui prout vult bene semper operatur tam per malos utique quam per bonos. Non maculat aliquem communio malorum in participatione sacramentorum, sed in operum consensione malorum. Quapropter ministros, licet malos, nullus abjiciat quandiu eos Ecclesia tolerat. Audiat dicentem Apostolum : *Tu quis es qui judicas alienum servum ? (Rom.* xiv, 4.) Quos tunc tantum abjicere licet cum eos Ecclesia manifeste suspendit aut removet. Eis tamen semel imposita ordinationis manet gratia: sed manet ad judicium, non manet ad officium. Quod si Ecclesiæ placeat ut eos aliquando revocet, revocatos absolvit et reconciliat, non quidem reordinat. Quem autem aliquando a communione segregat, quod adsit ut absque judicio fiat! nonnisi manifeste convictum aut publice confessum, medicinaliter tamen damnat, et pia crudelitate sanat nisi obduratus ille resistat. Quod si obduratus Ecclesiæ judicium spernit, tunc ab Ecclesia nominatus sententiam merito damnationis suscipit, et cum hujusmodi apostolica auctoritate decet nec cibum sumere, [multo magis non orare, nedum in sacramentis agere.] At vero cum deficientibus testibus probari non possunt, de perpetratis criminibus, tolerandi sunt, nec a judice nisi dato probationis judicio damnanti sunt. Quos sibi reservat Dominus ubi ait : *Mihi vindictam, ego retribuam (Rom.* xii, 19). Sed nec de his omnino desperamus, quamvis de periculo timeamus. Sæpe enim et de talibus aliquos visitante gratia converti videmus (84) et lætamur nos aliquando tolerasse quos cernimus tandem bene vivere.

XI. Int. De sacramentorum remediis eorumque ministris, et de malorum vel justa separatione vel tolerantiæ dispensatione, te loquentem libenter audio. Sed de ministris suspensis vel excommunicatis seu depositis audire te cupio. Si enim aliquando ministrare præsumunt, quid faciunt? An illi quibus manus imponunt, Spiritus sancti donum per eos accipiunt? Quod si ad altare veniunt ministraturi, an ibi conficiunt corpus Christi ?

Resp. In his quod catholicum est te volo sentire. Non omnium est altaris mysteria celebrare, consecrationes agere, vel ordinare. Ad hæc sane agenda Christus Jesus apostolos consecravit, ab apostolis Ecclesia agendi formam accepit et solemni observantia custodit. In his ergo agendis nemo suscipitur, nisi qui more apostolico ad agenda mysteria consecratur. Ei autem cui Christus per Ecclesiam consecrandi officium tradit, ipsi Christus, si quando expedit, per Ecclesiam officium subtrahit, et ne ministret interdicit. Aliquando etiam deponit aut a sorte fidelium excommunicando dejicit. Quem itaque Christus per Ecclesiam deponendo et excommunicando destituit ab officio, si in sacramentis ministrare præsumit, qui jam minister non est, nihil facit. Sic enim ea Deus agenda instituit, ut non nisi per ministrum valeant fieri. Quare qui minister non est, nihil facit. Quod si quislibet in sacramentis ministrare posset, si bene consideres, status omnis Ecclesiæ deperiret. Quid namque clavis Ecclesiæ ageret, si in sacramentis unusquisque prout vellet agere posset? Quid ligaret? Quid solveret? Sed velit nolit iniquorum pravitas, Christus imperat, clavis ejus Ecclesiæ commissa solvit et ligat, ministros sacramentorum ordinat, deponit, reconciliat. Legimus tamen et de excommunicatis talibus dispensationem factam a Patribus. Universalis Ecclesia Novatianos hæreticos anathematizans damnaverat, sed eorum clericos ad catholicam [fidem] redeuntes Nicœna synodus quos acceperant habere permisit [imo dedit] ordines. Carthaginiensis quoque synodus Donatistarum clericos cum suis ordinibus suscipien-

---

(84) *Colb.* quod et lætamur.

dos esse decrevit, quibus ordines concessione rata præstitit, attendens non quid mali in ordinatore fuerit, sed quid in ordinandum per sacramenti verba descendit. Nemo autem contra Ecclesiam sentiat, nemo clavibus ejus contradicat, quæ in Spiritu sancto solvit et ligat, ligandique et solvendi officium sensu dispensatorio temperat, Hanc clavem qui tenet nunc teneat, donec de medio fiat. De medio autem, hoc est de communi tunc erit, cum publice et passim sub Antichristo iniquitas prævalebit. Tunc sacramenta respuentur, claves Ecclesiæ contemnentur. Tunc tanta persecutio contra Ecclesiam erit, ut si fieri posset, ipsi in errorem inducantur etiam electi. Sed Deo gratias, breve tempus erit. Tolletur impius, et (85) Ecclesiæ libertas stabit, et cum Christo libera permanebit. Hæc est libertas quam Christus de Virgine natus munda reparavit. Cum hac infernum victor intravit; cum hac surgens a mortuis, suos ab inferis liberos eduxit, et cœlum gloriosus ascendit. Libertas hæc, thesaurus ille est qui in agro absconditus, sapienter ab emptore quæritur. Agrum quippe dicimus mandata Domini, quæ mandavit custodiri nimis; ad quæ forti accingitur exercitu fidelis, ut thesaurum in eis absconditum valeat adipisci. Hinc Paulus ait: *Existimo enim quod non sint condignæ passiones hujus temporis ad futuram gloriam quæ revelabitur in nobis (Rom. viii. 18).* De hac autem gloria idem alibi: *Ipsa,* inquit, *creatura liberabitur a servitute corruptionis in libertatem gloriæ filiorum Dei (ibid., 21).* Pro hac et patriarcha Jacob luctabatur cum angelo, quem dimittere noluit, donec ei benedictio collata remansit. Sic et nobis a servitute ad libertatem redire voluntibus occurrit angelus, id est sermo divinus, Dominicæ voluntatis nuntius, cum quo dum pio laboris exercitio luctamur, perseverantiæ merito cœlesti benedictione consumamur. Prius itaque oportet te servare mandata, ut bene agendo ad intelligendam quam mundus ignorat libertatem [gloriæ] filiorum Dei proficias. Hinc Psalmista Domino canit: *A mandatis tuis intellexi (Psal.* cxviii, 104). Unde qui servat mandatum, audacter clamat ad Dominum: *Servus tuus ergo sum, da mihi intellectum. (ibid.,* (125). Mandatum itaque Domini quia homo primus in paradiso noluit servare, jure libertatem perdidit, cujus et intelligentiam pariter amisit. Hinc Psalmista ait: *Homo cum in honore esset, non intellexit, comparatus est jumentis insipientibus, et similis factus est illis (Psal.* xlviii, 13). Hæc est insipientiæ calamitas, quæ in omni generatione ex Adam originaliter descendit.

XII. Int. Manifesta est carnis propagatio seminis traduce descendens. Sed utrum unusquisque nostrum inde animam habeat unde carnem nescio. Nec hoc certum habeo, an inde anima peccatum pœnamque traducat, an aliunde contrahat.

Resp. Quam multos de anima tractasse legimus, sed errasse nollemus. Qui etiam divinis auctoritatibus sua sensa probare voluerunt, sed testimonia quæ adducunt nihil aliud convincunt, nisi Deum animas creare, vel fingere, vel dare, vel insufflare cui et quando et unde voluerit: qui sicut novit, sic omnia facit. Ne autem tua pia simplicitas et simplex eis pietas in aliquo errore consentiat, pauca de erroribus tibi cavenda subnotare volumus. Errat qui dicit Deum fecisse animas, non de nihilo, vel de aliquo, sed de se ipso. Novimus enim animas et mutari et quam sæpe erroribus affici, et nisi per gratiam reparentur, pro erratis condemnari, judicante ipso qui condidit. Errat qui dicit animam esse corpus, cum ipsa sit spiritus. Rationalis namque et intellectualis ad imaginem et similitudinem Dei facta, et mandata suscipit, et inter bonum et malum utique discernit; [quod quidem corpus non facit.] Errat qui dicit animam, antequam carni uniretur, bonum aliquod meritum habuisse, sed per carnem amisisse. Sic et qui dicit animam malum habuisse meritum, quo meruit ut pro eo in carne ferret supplicium. Sed quomodo potest ostendere animam ante carnem bonum vel malum meritum habuisse, quam non probat ante carnem fuisse? Non legit quia Apostolus dicit nondum natos nihil egisse boni vel mali. Errat qui dicit parvulos absque regeneratione divini sacramenti mortuos non damnari, cum omnes attestetur Apostolus ex uno in condemnationem trahi, nisi fuerint membra Christi. Sed nemo fit membrum Christi nisi vel per fidem Christi renatus vel ante pro Christo passus. His itaque de erroribus exclusis, scire te convenit quia liber Geneseos primus homo quomodo factus sit evidenter ostendit. Corpus ejus de limo terræ dicit a Deo factum, et spiraculum vitæ ei qui factus est a factore insufflatum. Insufflatum dicit spiraculum ne sentias de Dei substantia factum. Nam dum sufflamus, non de nostra substantia flatum facimus, sed aerem traductum remittimus. Deus spiraculi conditor est, id vero conditum; Deus immutabilis, id sæpe mutatum. Ei etiam adjutorium simile sibi de ejus costa feminam formavit; quæ unde spiritum acceperit, Scriptura tacuit, sicut et de eorum posteris. Utrum autem inde animas habeant posteri unde primus hominum habuit, id est ut sicut primo illi novam Deus indidit, sic novas quoque, non de traduce, a Deo habeant posteri, an sicut corpora sequentium propagantur de primo corpore, sic de primi anima cæterorum formentur animæ, nondum nobis manifesta ratio probavit, nondum nobis prophetica vel evangelica auctoritas promulgavit. Sed quo feror? Dum subito ad mentem redeo, illam catholici doctoris, Hieronymi dico presbyteri, sententiam ipse respicio, qui eam sedes apostolica et universa legit et tenet Ecclesia patenter video. Scribit sane singulorum animas a Deo fieri novas, non de traduce propagatas. Quod et tantopere confirmat

---

(85) Colb. gloriæ.

ut his qui aliter senserint dicat anathema. Sed et hoc ipsum generaliter accepit Ecclesia. Nos itaque, qui filii sumus Ecclesiæ, nequaquam ejus debemus sententiam reprobare; sed concedimus animam a Deo factam, attestante Hieronymo, non de Adam traductam, novam et innocentem, carni quæ de Adam descendit unitam. Apostolus quidem dicit quod supra jam posui, quia nondum nati nihil egerunt boni vel mali. Constat ergo quia sub nullo vel suo vel alieno crimine condita est, quæ nova et bona Deo auctore carni conjuncta est. Constat sane apud summum judicem nullum dare in condemnationem qui non habuerit crimen. Sed, dicit aliquis, quia caro de Adam traducta peccatum originaliter contrahit. Quid, inquam, dicit? Nescit; quia nisi in sola voluntate rationali nusquam peccatum invenitur? Pro rationalis animæ inobedientiæ constat caro fuisse corrupta. Peccatum autem in carne et cum carne habet anima. Qui vero carnem solum, cum de Adam seminaliter venit, peccatum ideo habere dicit, quia, postquam in Adam corrupta est, sic ad (86) peccandum habilis facta est, ut quam cito ei corruptæ unitur anima, mox ex carne impotentiam resistendi peccato ipsa contrahat, quæso dicat utrum necessitate an voluntate anima hoc incurrat. Si eam Deus sine mali causa meriti sub hac necessitate comprimit, injuste facit. Sed Deum injuste aliquid agere nefas est dicere. Non igitur Deus eam peccare compellit. Quare si anima nova veniens et bona in carne vel cum carne peccatum incurrit, non necessitate, sed propria voluntate delinquit. Peccat igitur ex se, non quidem ex traduce. Sed quid dicimus? An Apostolo contraimus? *Per unum* inquit, *hominem peccatum intravit in mundum, et per peccatum mors; et ita in omnes homines pertransivit, in quo omnes peccaverunt* (Rom. v, 12). Audi ipsum alibi attestantem : Sunt, inquit, *ex uno omnes in condemnationem* (ibid., 16). Constat igitur apostolica auctoritate omnes in Adam peccatum incurrisse; quibus oportet Christi remedio subvenire, ne cum peccato moriantur, et damnari mereantur. Hac de causa consuetudine ecclesiastica pro parvulis curritur, ne non baptizati moriantur. Evangelica namque decernit auctoritas, quia, nisi quis renatus fuerit ex aqua et Spiritu, non potest introire in regnum (87) cœlorum. Cum itaque dicat Apostolus omnes in Adam peccasse, et Ecclesia cum Hieronymo sentiat singulorum animas non propagari de traduce, sed novas fieri quotidie, quomodo simul utrumque constat verum, quod scilicet omnes peccaverunt, et quod non de Adam fiunt, sed singulæ in singulis novæ sunt? His angustiis coarctati quidam, utramque sententiam videntes, nec utramque concordare valentes, dum non valent quærentibus super his respondere, et tamen erubescunt se quod nesciunt fateri nescire, ita in parte altera se collidunt, ut inferant alteri præjudicium. At dum alteri præjudicasse culpantur et admoniti non corriguntur, quia errorem defendunt, hæretici nominantur.

XIII. INT. Disc, quæso, cum utramque sententiam Ecclesia suscipiat, quomodo uterque concordat.

RESP. Rationalem animam, quam Deus unicuique hominum infundit, non sub peccandi necessitate comprimit, sed eam cum libertate arbitrii rationalem efficit. Cum itaque anima primum peccat, quæ arbitrii libertate constat prædita, nulla quidem necessitate, nec Dei, qui nocentem nullam facit, nec sua, nam libera fuit; sed propria voluntate peccatum incurrit. Deus enim sicut non facit nocentem, sic nec damnat innocentem. Constat quidem quia, dum vivificat carnem de Adam seminaliter venientem, quam cito per animam caro vivit, mox incentiva concupiscentiæ, quæ in Adam corrupta contraxit, vivificanti se spiritui importuna suggerit. Huic dum spiritus primo voluntarie consentit, post consuetudinem impendit, consuetudine vero inolita necessitatem incurrit. Hinc est quod primo sensibus corporeis, ratione sopita, se totam impendit. Unde bene dicitur, Adam non per proprietatem naturæ, sed per similitudinem culpæ et participationem pœnæ. Sic Dominus quibusdam dicit : *Vos ex patre diabolo estis* (Joan. VIII, 44), non quidem natura, sed tantum malitia. [Et si nescimus disserere quomodo anima parvuli seminaliter generatur, tam cito peccat, quam cito in carne vivit : scimus tamen quia Apostolus confirmat quod omnis qui peccat eget gratia.] Quia vero nulla peccat ante carnem, nulla post carnem, sed dum carnem corruptibilem vivificat, in carne et cum carne solummodo peccat : recte dicit Apostolus omnes peccasse in Adam, id est in carne traducta de Adam. Omnis ergo anima unita carni de Adam venienti juxta Apostolum peccatum incurrit, et captiva remanet sub mole peccati, nisi eam dum in carne vivit, relevet misericordia Christi. Scriptum est enim : *Omnis qui facit peccatum, servus est peccati* (Joan. VIII, 34). Hæc misera servitus hominis arbitrium non sinit esse liberum. Dum enim peccato fit subditum, perdit posse bonum; sed post amissam libertatem, tenet nomen, tenet et rationem, non quæ fit per se idonea ad consequenda divina, sed tamen dispensantur ad peragenda præsentis vitæ negotia, ut est artes dicere, arare, ædificare, et cætera talia. [Quam multa etiam de spiritualium seu corporalium natura nolunt disserere, sed perniciose, dum sine charitate.] Ista quidem sunt bona de naturæ bono venientia, quæ Deus tam bonis quam malis prout vult, accommodat. Rapere autem seu furari, perdere et luxuriari, et cætera hujusmodi nequaquam Deus instituit, ideoque nec pertinent ad substantiam vitæ præsentis. Non sunt

(86) *Colb.* ad peccatum.

(87) *Al.* Dei.

quidem a Deo, sed maculant vitam quæ est a Deo. Malum itaque, quia a Deo non est, nec res nec essentia est, quare nomen tantum est. Si enim res vel essentia aliqua essent, bonum essent. Quæcunque enim sunt, ideo utique sunt quia a Deo sunt, et bona a bono sunt. Bonum autem summum, quod non est factum, ideo vere est quia incommutabile est. Ea vero quæ facta sunt, nec omnino sunt, nec omnino non sunt. Omnino quidem non sunt, quia idipsum quod Deus est, minime sunt; nec omnino tamen non sunt, quia, licet mutabilia, a Deo tamen facta sunt. Ab his ergo quæ vere non sunt revocandi sumus, ut ei qui vere est (88) singulariter hæreamus. Sed ad hoc quia invalidi sumus, mediatorem Dei et hominum Jesum Christum adoremus, qui fortitudinem suam infirmitati nostræ miscuit, et infirmitatem nostram sua fortitudine confirmavit. Hinc est quod nobis in præsenti vita pascendis veritas ejus traditur in sacramentis; sed in æterna vita nobis ipsa dabitur, non in sacramentis, sed manifesta; non in transitu, sed perpetua.

XIV. INT. Cum interim versamur in sacramentis, die, quæso, de sacramento altaris quid sit: de quo quidem non dubito, sed pro dubitantibus super hoc respondere te mihi desidero.

RESP. De re tom nota nemo catholicus dubitat. Hoc autem de quo quæris, ipse qui instituit ita fecit. In cœna paschali panem accepit, benedixit, fregit, dedit. *Accipite*, inquit, *et manducate ex hoc omnes. Hoc est enim corpus meum.* Calicem quoque benedixit et dedit dicens: *Accipite et bibite ex hoc omnes. Hic est enim calix sanguinis mei* (*Matth.* xxvi, 26-28). Ejus verbi potentia, qua de nihilo facta sunt omnia, fecit et hic Christus ut substantia panis et vini flat substantia corporis et sanguinis sui. Christus inter apostolos sanus et integer aderat, manu propria corpus et sanguinem suum dabat; et ne figura putetur, *corpus*, inquit, *meum quod pro vobis tradetur; sanguis*, inquit, *meus qui pro vobis* (89) *fundetur* (*ibid.*). Apostoli Dominum dicentem audiebant, panem et vinum in specie videbant, sed fideles Domino credebant. Teneamus igitur et nos fidem apostolicam, omnipotentis Verbi veneremur efficaciam, credamus verbo mutatam panis et vini substantiam, audiamus ipsum ita præcipientem. *Hoc facite*, inquit, *in meam commemorationem* (*Luc.* XXII, 19). Ea hora corpus Christi comestum est, idem ipsum in crastino pro salute mundi in cruce passum est. Ea hora sanguis Christi habitus est, idem ipse in crastino pro salute mundi in cruce fusus est, in qua pro nobis passus, nostræ redemptionis est præmium, et a redemptis in vitæ sumitur alimentum. Hoc ergo dum ab altari Ecclesia sumit, ipso per eam operante qui hoc in suam commemorationem fieri mandavit, agendo recolit quia Christus, quem comedit, et pretium est quod a morte redimit, et cibus est qui ad vitam pascit.

Vide sacramentum: *Christus resurgens ex mortuis, jam non moritur* (*Rom.* VI, 9). Immortalis autem et impassibilis a mortali sensu et passibili non potest sentiri. Cum igitur ejus præcepto et munere ipsum sumimus ab altari præsentis Ecclesiæ, pro modo sumendi manent ibi et forma et sapor piissimi corporis. Sumitur enim sub specie panis et vini, sicut olim sumptum est ab apostolis in cœna paschali; cum autem ibi neque panis neque vinum sit, sed sicut ipsa testatur Veritas, corpus et sanguis Domini nostri Jesu Christi. De hoc Andreas apostolus respondens ait: « Immaculatum Agnum quotidie in altari crucis sacrifico; cujus carnes postquam populus credentium manducaverit, et ejus sanguinem biberit, Agnus qui sacrificatus est integer perseverat et vivus. Et cum vere sanctificatus sit, et vere carnes ejus manducatæ sint a populo, et vere sanguis ejus sit bibitus, tamen, ut dixi, integer permanet immaculatus et vivus. » Et adjecit: « Si credideris ex toto corde, dicere poteris: Si non credideris, penitus nunquam ad indaginem hujus veritatis attinges. » Vide sacrmentum. Christus in altari vere sumitur integer et totus. Cætera quidem corpora possunt secari et in partes dividi atquo recolligi, minui quoque vel augeri. Corpus autem Christi jam glorificatum, jam impassibile factum, dum populus tecum comedit, totum est quod accepisti, totum quod ille, totum quod singuli. Et licet temporum intervallis seu locorum spatiis idem sumatur a multis, non tamen ideo multi Christi, sed unus Christus est in multis illis.

XV. INT. Quomodo possunt hæc fieri?

RESP. Quid dicis? Visne tibi hæc humana ratione probari? Nescis quia super substantialis est [quotidianus] panis iste de quo loqueris? Panis iste non est terrenus, imo nec cœlestis, sed totus supercœlestis. Hunc quotidianum] in oratione Dominica petit qui secundum aliam translationem ita dicit: *Panem nostrum supersubstantialem da nobis hodie* (*Matth.* VI, 11). Panis iste unus est et quotidianus, sed qui unus est, dum totus assidue comeditur, juxta morem consueti panis semel consumptus non posset esse quotidianus. Ut autem quotidianus sit, et unus est et supersubstantialis. Transcendit itaque consuetum morem creatæ substantiæ, qui conjunctus est divinæ. Potest ergo sumi, non consumi.] Quod igitur super omnem creatam substantiam est, humana ratione diffiniri non potest. Si quæris quid est, respondeo quia corpus et sanguis Jesu Christi est. Si quæris quare non video ipsum ut est, respondeo quia sacramentum est. Crede igitur quod est, licet videre non valeas ut est. Sacramenta fidem quærunt, diffiniri nesciunt. Vis scire sacramenta? Quære, fili, qui te doceat. Nescit mundus, novit Christianus. Contradicit hæreticus, defendit catholicus. Transi ergo mundum, conculca hæreticum, interroga Christianum, audi catholi-

---

(88) *Colb.* fideliter.

(89) *Colb.* tradetur.

cum. Quid dicit Christianus, quid docet catholicus? Respondet se scire, respondet vere. Novit namque idipsum, sed fidei notione, non humana ratione. Non omnibus notum est. Sacramentum enim est.

XVI. INT. Quid est sacramentum?

RESP. Dicimus quidem sacramentum, sacræ rei signum. Sacramentum itaque hoc res est vera, sed sacra, sed signata. Quid miraris? Nescis quia homo lapsus in crimen, rationalis intelligentiæ perdidit libertatem, et terrenis implicitus, divinorum amisit notionem? Cum autem miserante gratia reducitur ad divina, ea interim suscipit in sacramentis, dum vestitur carne mortali. Hæc est illa vestis pellicea, qua homo depulsus a paradiso vestitus est in peregrinatione sua. Quandiu itaque versatur in sacramentis, quia manifestam non habet veritatem, accedit per fidem, et fide transgreditur rationem. Sacramenta namque videt corporea, quæ per fidem intelligit esse divina, sed ratio nescit humana. Fide itaque, non ratione sacramentis utitur; et dum per ea credendo renascitur, mira potestate donatur. Quæris quæ illa sit? Evangelista dicit : *Dedit eis potestatem filios Dei fieri* (*Joan.* I, 12). Quibus *eis?* Scientibus? Non. Imo credentibus. *His,* ait. *qui credunt in nomine ejus* (*ibid.*). Crede ergo et tu, ut possis esse filius. Quapropter dum per sacramenta suscipis divina, ad ea intelligenda non ratio sed fides est adhibenda.

XVI. INT. Quid est fides?

RESP. Fides hæc de qua nunc tecum agimus est ille mentis humanæ affectus quo soli Deo credit animus : qui dum singulariter Deo credit, hoc, Dei gratia revelante, percipit quod tenet nota et certa quæ rationi humanæ sunt incognita, sunt dubia. Fides hæc illa est qua fideles dicuntur qui in Christo baptizantur, discreta a fide humanorum placitorum et pactorum; quæ quia et infideles servare novimus approbamus, sed quo per illicita jurant improbamus. Longe ergo alia est hæc Christiana quam intendimus fides. Hæc fides una et vera et catholica est quæ in Deum est, qua sola ab initio sæculi usque ad finem solvantur homines. Quære per singulas mundi ætates, et teste Scriptura ita invenies. Fides ista ex Deo est, non de terra. Sic enim Petro respondit Veritas : *Beatus es, Simon Bar-Jona, quia caro et sanguis non revelavit tibi, sed Pater meus qui est in cœlis* (*Matth.* XVI, 17). Videbat Dominum Petrus, oculis hominem, fide divinitatem. Fides itaque est qua credimus, non quod credimus [quod ita describit Apostolus : *Fides,* inquit, *est sperandarum substantia rerum, argumentum non apparentium* (*Hebr.* XI, 1). Cum hac fide acceditur ad altare. Dum sacramenta percipis, vides exterius speciem panis et vini, credis interius corpus et sanguinem Christi. Ibi vere comeditur quod per lignum vitæ in paradiso et per manna in deserto figurabatur. Sed probet se, Apostolus ait, homo qui comedit. Nam si indigne sumit, judicium sibi manducat et bibit.

XVII. [INT. Quomodo se probabit?

RESP. Videat si credit, respondetur enim credenti quomodo Dominus Mariæ respondit, dicens : *Noli me tangere : nondum enim ascendi ad Patrem meum* (*Joan.* XX, 17). Sic prohibetur a perceptione corporis et sanguinis Domini, in cujus corde Christus non ascendit, id est qui non credit quomodo Christus qui comeditur in altari manet vivus et integer in gloria Dei Patris. Videat ergo qui ad eucharistiam accedit,] videat si fide vivit. Est autem fide vivere, Deo credere, non carnis concupiscentiis deservire. Nam quomodo audet comedere Christum [qui non credit aut] qui contemnit Christum? Contemnit sane Christum qui ejus contemnit præceptum. Quod fit dum sciens et volens incurrit peccatum. Sumit ergo sibi judicium quisquis [infidelis aut] cum voluntate peccandi audet comedere Christum. Quisquis autem per gratiam Dei, deposita voluntate peccandi, fidelis accedit, hic ad vitam comedit. Factus enim membrum Christi a morte surrexit et Christi vita vivit. Semel quidem sumptum vel oblatum [viventibus] sufficit, sed his quos postmodum culpa non tangit. Nobis autem, qui jam fide vivimus, sed adhuc in periculo versamur, *unde,* ut ait apostolus, *in multis omnes offendimus* (*Jac.* III, 4), necesse est contra mala rediviva eum habere remedium qui solus solvit peccatum. Quia ergo quotidie miseri labimur, salutari remedio relevari quotidie quærimus.

XVII. INT. Quid est? Licenter ergo peccabimus, quia remedium salutare ad altare sumere possumus?

RESP. Quomodo sentis? Non audisti quia quisquis cum voluntate peccandi illud sumit, judicium sibi manducat et bibit? Vere scias quia nemo digne illud comedit nisi fuerit membrum Christi. Nemo est membrum Christi, nisi qui fide vivit. Quapropter Ecclesia ad communionem suscipit neminem nisi fidelem : quæ si aberrantem a fide aliquem viderit, quod aut in verbo aut in opere deprehendit, hunc primo pia sollicitudine corripit, post, si emendare contemnit, dato judicio ab altari mecicinaliter excludit, ne reus inde moriatur unde. justus vivit : suspensum denique tandiu removet donec satisfactione præmissa eum reconciliet. Non ergo secure peccandum propter salutare remedium, a quo Ecclesia removet perseverantem in malum, et per ipsum sanat ægritudinem pœnitentium. Sed et hoc salutare remedium antiqua et generalis Ecclesiæ consuetudo pro salute fidelium offert defunctorum, pro quibus in sacro canone quem super altare Dominicum soli sacerdotes dicunt, specialis oratio funditur et in oblatione sacri libaminis Domino commendantur, ut eis peccata remittat, et æternam requiem tribuat.

XIX. INT. Vide quid dixeris. Peccata quidem Deus remittit, sed tantum in vita præsenti. Quomodo ergo, ut dixisti, Ecclesia petit Deum remittere peccata defunctis?

Resp. Cum defunctos a peccatis solvi deposcimus, quos fideles ex hac vita migrasse credimus, non eos quidem habere peccata sentimus, sed peccati nomine pœnam peccati nuncupamus. Nam quos de præsenti vita per pœnitentiam satisfaciendo exisse cognovimus, eis post mortem pœnas reservari minime sentimus. Quos autem cum pœnitentia fideles, sed sine digna satisfactione præoccupatos morte cernimus, pœnas eis non damnatorias, imo purgatorias deberi fatemur. Pro his autem qui in communionem matris Ecclesiæ vel sero pœnitentes redeunt, et vera confessione data absoluti obeunt, ut solvantur a pœna eis post mortem debita, offert una omnium communis mater Ecclesia ad Deum preces et eleemosynas, et vivificat Dominici altaris mysteria: quæ quidem defunctis nihil prodessent, nisi in Ecclesiæ societate fideles obissent. Nunc autem Ecclesiæ meritis quotidie solvuntur a pœnis. Quam enim hic viventes habuerunt in sacramentis genitricem, habent et defuncti propitiam adjutricem. Mira quidem Dei clementia quotidie solvuntur a pœna, dum pro eorum suscepta pœnitentia satisfacit præsens Ecclesia. Inde preces et eleemosynas et altaris mysteria supplicando pro defunctis fidelibus offert Deo publice et privatim Ecclesiæ charitas.

XX. Int. Quare hoc? Nonne Apostolus dicit: *Omnes enim astabimus ante tribunal Christi, ut ferat unusquisque secundum ea quæ per corpus gessit, sive bonum, sive malum* (*Rom* xiv, 10). Secundum, hoc et Dominus per prophetam dicit: *Ubi te invenero, ibi te judicabo* (*Ezech.* xxiv, 14). Quia ergo post mortem recipiunt quæ in corpore viventes meruerunt, sive bonum sive malum, cassa sunt quæ post mortem eorum pro eis fiunt.

Resp. Verum quidem est quia secundum præsentis vitæ actum quisque moriens portat Dei judicium. Sed si ante mortem vel sero Ecclesiæ habuit communionem et in communione illa permansit in finem, hic vivendo in carne promeruit, ut cujus communionem habuit, ejus tueatur et meritis. Hoc ergo moriens habet judicium quod habere debet Ecclesiæ membrum ut solvat debitæ pœnam satisfactionis; sed nesciat perpetuæ casum damnationis, habens matrem quæ eum solvit dum viveret in præsenti, cui a Christo præstitum est ne ei prævaleant portæ inferi. Dic, quæso, hostia illa quam Filius Dei in cruce Patri obtulit, nonne pro defunctis fidelibus oblata fuit? Hostia quidem illa generalis tam præteritos quam præsentes et futuros fideles expiavit. Quos enim in cruce positus defunctos redemit, hos ipse ab inferis redemptor eduxit. Hunc itaque morem Ecclesia tenuit, ut ipsum in præsenti pro suis offerat defunctis, sine quo nec vivus poterit nec defunctus absolvi. Festinent ergo, festinent undique miseri, festinent ad gremium tantæ matris, quæ prævalet inferis, quæ pœnitentes absolvit a culpis, quæ pro defunctis filiis mater pia viaticum salutare transmittit.

XXI. Int. Quid appellas viaticum?

Resp. Dicimus viaticum, altaris sacramentum. Nondum enim in patria sumus, sed ad eam per fidem tendimus. Dum itaque in via sumus, isto viatico sustentamur; quod etiam defunctis nostris, quos nondum beatitudinem percepisse credimus, pro eis supplicando transmittimus; ut quod eis restat de pœna, celerius Dei misericordia remittat, eisque sinum Abrabæ clementer aperiat. Hoc enim sinu sacra Scriptura secretam quietem beatorum designat,

XXII. Int. Cur ergo Abrabæ tantum sinus esse dicitur quo omnium electorum sedes quieta signatur?

Resp. Dicitur quidem Abrabæ, non quia ejus tantum, sed quia fidei habens primatum, pater multarum gentium, possitus est ad imitandum. Sic et Dominus cum sit Deus omnium, voluit dici Deus trium. Sic enim ait in Evangelio: *Ego sum Deus Abraham, et Deus Isaac, et Deus Jacob.* Et paulo post sequitur: *Non est Deus mortuorum, sed viventium* (*Matth.* xxii, 32). Qui enim per fidem in carne vixerunt, post carnem sine fine vivunt. Horum autem filii, non dico per carnem, imo per fidem omnes evadunt mortem, et cum eis intrabunt beatitudinem. Quorum enim fidem imitantur, et cum eis mercedem fidei consequentur. Noverat hoc fortissimus ille Machabæus, qui duodecim millia drachmas argenti Jerosolymam misit offerre pro mortuis, considerans quod hi qui cum pietate dormitionem acceperant, optimam haberent repositam gratiam. [Est autem in pietate dormire, usque ad finem in cultu Dei persistere.] Pietas hæc omni tempore in fide est, fides hæc in societate catholica est. In hac quisquis moritur, morte non tenetur, sed vita perpetua donatur, et in fine resurrectionis corporum gloria cumulabitur. Et sicut tunc nonnisi pro circumcisis fidelibus defunctis oblatio illa facta est, ita nunc in præsenti Ecclesia nonnisi pro regeneratis in Christo Dominicum in altari sacramentum offerri sancitum est, juxta quod in Evangelio scriptum est, quia credebant in Jesum et Jesus non se credebat illis. Licet enim credat aliquis, nisi regeneratus sit, non se credit Jesus illi, hoc est, non admittitur ad percipiendum corpus et sanguinem Christi. Hæc namque perceptio convenit tantum regeneratis: qui si fideles perseveraverint, perducentur ad regnum Dei.

XXIII. Int. Cum ubique Deus regnet, nusquam est qui in ejus regno non est. Quid ergo promittis quia intrabunt in regnum Dei?

Resp. Vere Deus et in omnibus est, et omnia continet, ubique regnat, ubique imperat. Bonos assignat præmiis, malos suppliciis. Ejus justitia colligit omnia. Ibi tamen specialiter regnare dicitur ubi cognoscitur. Ibi cognoscitur ubi amatur. Proprie ergo regnum Dei dicitur quod possidet pius, non intrat impius. Hoc est illud regnum quod pii poscunt, et in oratione Dominica dicunt: *Adveniat regnum tuum* (*Matth.* vi, 10). Regnum hoc, si bene pensas, facit charitas. Unde bene regnum Dei dicitur præsens Ecclesia, quia ipsum amat. Secundum hoc dicitur in Evangelio: *Regnum Dei intra vos est* (*Luc.* XVII, 21). Quod quidem ex charitate est. At ubi perfecta erit charitas, ibi veræ pacis et æternæ erit felicitas; ibi præcipue regnum Dei dicitur esse, in quo sunt mansiones multæ, charitatis gradibus distinctæ. Ibi erit Deus omnia in omnibus, Ibi est beate vivere, ipsum sicuti est Deum videre. *Hæc est*, inquit, *vita æterna ut cognoscant te solum verum Deum et quem misisti Iesum Christum* (*Joan.* XVII, 3). Sic construe: *Ut cognoscant te et qaem misisti Jesum Christum, esse solum verum Deum.* Hoc est, non duos, sed unum; non multos, sed solum; non factitios sed verum in unitate sancti Spiritus Deum. Hoc interim credimus quod postmodum fidei merito facie ad faciem videbimus. Hoc in præsenti fideles credunt, et justi sunt. Fides hæc fundamentum est supra quod Ecclesia fundata est. Hanc enim in se fundavit Christus, ille lapis angularis qui factus est in caput anguli, a quo charitate diffusa, ex diversis una in ipso crevit Ecclesia de Judæis et gentibus collecta, ex angelis et hominibus completa, cum Deo mansura, et sine fine beata. Amen (90).

(90) *In codice Colbertino hic desinit liber quartus*

INCIPIT LIBER SEXTUS.

I. Reparator humani generis, terrena jungens cœlestibus et cœlestia terrenis: donat seipsum in cœlis, donat et in terris, in cœlis, visione manifesta; in terris, per sacramenta. Visione ejus cœlestia beatificantur, sacramentis ejus terrena renovantur. In cœlis beatitudo est una, in terris sacramenta diversa. Aliæ enim sunt sacramenta quibus generaliter renovamur, alia vero sunt sacramenta quibus in clerum aliqui ordinantur. Fit ordinatio cleri ad regendam plebem Christi. Sed qui inter fideles ut aliis providere debeant ordinantur, ad hoc siquidem promoventur ut in Ecclesia serviant, non ut dominentur, serviant vice Christi, qui venit ministrare, non ministrari. In sacramentis ergo alia sunt necessaria, alia utilia. In necessariis summa salutis humanæ plena consistit, in utilibus vero plebi commissæ charitatis sollicitudo deservit. Sed qui ordinantur ad regendam plebem, alii ordinantur ut eam regimine in terrenis regant, alii ordinantur ut eam ad cœlestia perducant. Qui autem ordinantur ut plebem Dei in terrenis regant, potestates sæculi communi nomine appellantur: de quibus alii sunt qui imperatores, alii qui reges, qui duces, qui consules, et hujusmodi nuncupantur. His etenim Apostolus jubet ut humiliter serviatur. Ne quis autem e contra sentiat, dicit: *Qui potestati resistit, Dei ordinationi resistit* (*Rom.* XIII, 2). Qui vero ordinantur ut plebem Dei a terrenis ad cœlestia dirigant, communi vocabulo clerici nominantur, de quibus pro agendis in plebe commissa officiis promoventur aliqui. Inde sunt qui apostolici dicuntur, qui pontifices, qui abbates, et hujusmodi, quos Ecclesiæ promotione graduum regendis plebibus anteponit. Quapropter ordinantur in clerum, oportet eos sui nominis pariter et officii pensare debitum. Clerus namque sors interpretatur, clericus vero sortitus. Videat ergo ut ipse sit Domini, et Dominus sors ejus. Debet enim ita canonice clericus vivere

ut omnimo expeditus, quantum potest, et divinæ gratiæ subnixus, tam in se quam in aliis servet quod dicitur. Valde enim confunditur qui servare negligit quod ei committitur et prætermittit officium ad quod eligitur, qui gaudet nomine et vacat opere, qui signum regis portat in capite et vitiis servit in carne; qui coronatus incedit et cupiditatum funibus sustinet religari. Clerici namque, quantumcunque promoti, si in crimine dilabuntur, auctoritate antiqua a clero deponi censentur, ne quibus prodesse prælati debuerant, eis ad peccandum exempla præbeant. Restat enim ut prælatorum vita, quæ subditorum animas exemplo maculat, aut omnino deleatur, aut canonica censura citius corrigatur. Dolet hujusmodi lex fori, nisi honor defendat ordinis. Sed melius corrigit eos censura cœlestis, dum ab officio deponit, dum sub arctiori vita male lapsos recludit. Quod plenius facit dum eos ad ordinem monasticum pœnitendo perducit.

II. INT. Quid audio? Nescis quia judicant quasi reos quos dicis monachos, dicentes eos esse mortuos et ecclesiasticis officiis indignos?

RESP. Quomodo dicunt monachos, ut asseris, esse mortuos? Quid dicit mortuos corpore, mentitur plane. Loquuntur enim ambulant, et comedunt, et cætera talia agunt quæ agere nequeunt nisi qui corpore vivunt. Si autem dicit mortuos spiritu, exponat quod loquitur. Spiritus namque hominis aliquando moritur fidei per crimen, aliquando crimini per fidem. De morte spiritus per crimen audi Apostolum dentem: *Vidua quæ in deliciis est, vivens mortua est* (*I Tim.* v). Deliciosa namque sæculo vivit corpore, sed Domino moritur mente. De talibus in Evangelio Dominus dicit: *Dimitte mortuos sepelire mortuos suos* (*Matth.* VIII, 22). Dicebat mortuos mente, non corpore, dimittendos sepelire mortuos corpore, utinam non mente. De morte autem spiritus per fidem, audi Apostolum viventibus corpore ita dicentem: *Mortui enim estis*, *et vita vestra abscondita est cum Christo in Deo (Colos.* III, 3). Si ergo de morte spiritus per crimen illi impetunt monachos, non ore detractorio, sed more canonico accusent eos et arguant reos. Orent etiam, si sunt Christiani, ut eos ad pœnitentiam perducat Deus, et indulgeat pœnitentibus. Monachus quidem, non dico nomine tenus tantum, sed opere monachus, tunc bene sibi moritur cum non sua sed Dei voluntate trahitur, et vitæ, quæ Deus est, conformatur. Unde laudabiliter dicitur mortuus in quo vivit Christus. In eo autem Christus vivit in quo est Spiritus sanctus. Hinc Apostolus ait: *Qui spiritum Christi non habet, hic non est ejus (Rom.* VIII, 9). Quare qui Christi est, habet spiritum ejus. Ab hac unitate spiritus speciali nomine dicitur unicus, id est monachus, qui hanc unitatem vita et habitu profitetur publice, Monachi namque professio pro vitæ merito commune vocabulum fecit proprium. Ab unitate et spiritu Christi proprie spiritualis debet monachus appellari. Sed dicit Apostolus quia spiritualis omnia judicat et a nemine judicatur. De talibus etiam dicit Dominus: *Vos qui reliquistis omnia et secuti estis me, sedebitis super sedes duodecim, judicantes duodecim tribus Israel (Matth.* XIX, 28). Ne igitur dicas indignum, ne voces reum, ne æstimes mortuum, quem Dominus dicit judicem sæculi futurum: qui, ut dicit Apostolus, omnia judicat, et a nemine judicatur. Tu potius cave ne cui falso præjudicas, judicet te. Dic, quæso, cui magis hæc cum Christo judicandi potestas convenit, quam illi qui non solum sua, sed etiam se ipsum abnegans, coram patre spirituali profitetur militiam Christi, et deposita vetustate, novam vestem eum benedictione suscepit, quam esse sacramentum novitatis Christi Spiritus sanctus antiquis patribus revelavit? Unum est, fili, unum est de sacramentis in Ecclesia vestis monachica. Idem namque efficiunt et monachi consecratio et baptismi regeneratio. Sicut enim in baptismo vetustas peccatorum exuitur, et novitas quæ in Christo est supervestitur, ita in benedictione monachica, exuta vetustate, suscipitur cum benedictione colobium, quod est novitatis Christi sacramentum. Hoc enim dum per manum patris spiritalis more ecclesiastico devotus induit, mox a peccatis solutus, illam qqam in baptismo habuit gratiam (91) recipit. Qua propter idem efficiunt et sacrum baptisma et consecratio monachica, nisi quod baptismus, si servetur, sine isto sufficit, id vero præcedente baptismo nihil officit.

III. INT. Cur hoc sacramentum commendas de monachis tantum? Nonne id ipsum faciunt de lineis tunicis clerici illi qui superjecto nomine regulares vocantur canonici? Idem est enim quod dicuntur regulares canonici ac si dicuntur canonici canonici.

RESP. Illa lineæ benedictio tunicæ quam obtendis, modernis temporibus, ut audio, præsumpta est a clericis: qui si bene ordinem suum considerent, hoc ad se non pertinere cognoscent. Hæc enim vestis mutatæ consecratio publicam pœnitentiam profitetur. Sed publica pœnitentia in clero non admittitur. Qui enim plebi regendæ clericus ordinatur, ita canonico ordine informatur, ut sine macula criminis prævideat populo Dei et appareat sine crimine qui aliorum crimina debet corrigere. Sit etiam utriusque Testamenti paginis plenius instructus qui ad docendum alios ordinatur. Unde mirari non desino cum in clerum illiteratos a modernis canonicis suscipi video. Sed et peccatores publicos dic qua ratione clericos faciunt, cum id auctoritate fieri non consentiant? Tu me importunis interrogationibus talia respondere compelles, quæ nisi eos charitas tenuerit, cleros [illos] faciunt contra me moveri? Nolo de clericorum actibus tecum ultra disserere, qui clericalis dignitatem ordinis non habeo judicare. Hic sane ordo tam purus, tam sanctus est, ut sapientia cæteros doceat, ut vita alios instruat. Clerici namque crimina solvunt, non admittunt. Peccata diluunt, non in se suscipiunt. Lapsos in crimine a clero deponunt, criminosos autem in clerum non intromittunt. De his enim Dominus dicit: *Vos estis lux mundi (Matth.*v, 12). Non est contrahenda sub modio lux hæc proposita mundo. Et alibi: *Vos estis sal terræ (ibid.,* 13). Sal, charissime, sal istud est sapientiæ. Lux ista publicas peccatorum tenebras inter se non admittit, sed a clericalis decore ordinis constanter abjicit. Sal istud insipientes et illiteratos a clero rejicit. Sed ordinis sentina monastici talia passim recolligit, et sanat in gremio quæ morbida stare non poterant in aperto; quos adeo salubri (92) medicamine roborat, ut quam sæpe regendis ecclesiasticis fortes restituat, invalidos reficit, sanos utiliores reddit. Minor est sollicitudine, major contemplatione. Minus occupatus, magis expeditus, juxta quod ait Apostolus: *Quæ retro sunt oblitus, in his quæ ante sunt extentus, sequor ad palmam supernæ vocationis (Phil.* III, 13). Ad ordinem istum de quacunque professione licet ascendere, tantæque auctoritatis est vestis monachica cum benedictione patris spiritalis accepta, ut semel habita deponi ulterius pro sacramenti reverentia nullo modo queat. Hoc enim sacramentum semel susceptum, si non deseritur, beatitudine cumulatur. In hoc ordine quæcunque professio consummatur. Hoc ordine, si ad eum confugitur, cæterorum ruina levatur. Hac de causa antiqui sapientes, tam reges quam pontifices, nec non et alii fideles, multa monasteria multo studio construxerunt: quibus novi insipientes moderno tempore detrahunt, et quos imitari debuerant, monachos condemnant. Sed, quæso, timeant quod Dominus dicit per prophetam: *Benedictionibus vestris maledicam, et maledictionibus vestris benedicam (Mal.* II, 2). Sed licet invideant, tamen, si oculos habent, aspiciant quia mo-

---

(91) *Colb.* recepit.

(92) *Colb.* moderamine.

nachi tonsura utuntur clericali. Proprie enim sunt A utrisque vivendi leges assignat. Sed hoc ad differentiam diximus qui de cœnobitis intendimus.] Hi sunt qui cum Apostolo dicunt : *Omnia mihi licent, sed non omnia expediunt* (*I Cor.* x, 22). [Unde et seipsos abnegantes voluntates suas non sibi sed patribus credunt,] et vocanti sponso ut ad aperiendum ei exeant, humiliter excusant, dicentes : *Lavi pedes meos. Quomodo inquinabo eos ? Exui me tunica mea, Quomodo induar illa ?* (*Cant.* v, 3). Hæc de ordinis dignitate sufficiat monastici prælibasse; de quo pie te commoneo ne ultra sacro ordini detrahas, ne clericos monachis, ne monachos clericis temerarie præferas, quos eadem fides, eadem gratia in Christo sociat, quorum diversus est habitus, sed unus in eis est Christus. Diversa membra in uno corpore non eumdem habent actum, sed eumdem habent Spiritum, pro quo uno diversa illa dicimus corpus unum. Fideles itaque in quocunque genere, in quacunque professione debemus diligere, venerari et colere; non quia diversi sunt, sed quia unum sunt. (95) Noli dicere, in his vel in illis est Christus, ne sis Donatista novus. Unus in omnibus diligatur Christus ; et cum diligas omnes, vitia non ames; quæ sic in aliis, quæso, redarguas, ut tua primum rejicias. Ipse ego dum monachi ordinem prædico, ejus tamen vitia non defendo qui videri monachus appetit, sed esse negligit. Quem enim video (96) vagabundum discurrere, abjecto pudore munuscula quærere, honores ambire, mendacia spargere, garrulum, turpis famæ, hunc tanto altius doleo cecidisse quanto sanctiori præditus fuerat ordine. Ejus quippe crimina sic abhorremus, ut tamen monastico ordini minime derogemus. Sic gladium tyrannice secantem reprimamus, ut regiam dignitatem non evertamns. Sic adulteria puniamus, ut conjugia non damnemus. Sic ab oculo maculam tollamus, ut visus aciem non exstinguamus. Sic itaque fratrum vitia prosequamur, ut charitatem minime solvamus, quia omnes unum in Christo esse debemus. Charitate namque si vivimus, sola vivimus : quam si habemus Deum non quantum nos, sed plusquam nos ; proximum vero nec plusquam nos, nec quantum, sed tanquam nos amamus. Scriptum est enim : *Diliges Dominum Deum tuum ex toto corde tuo, et ex tota anima tua, et ex tota mente tua, et ex omnibus viribus tuis, et proximum tuum tanquam te ipsum* (*Luc.* x, 27). Amas quidem te si charitatem habes ad amandum Deum; alioquin non amas ex toto Deum, si te ipsum non amas ad amandum Deum. Dilectio enim tua debetur proximo, non quidem tota, sed dimidiata. Hoc enim quod dicitur *tanquam* significat similitudinem, non exprimit quantitatem. Est sane tanquam se ipsum diligere proximum quod est se et proximum amare ad amandum Deum. Si igitur ad hoc diligis proximum, servasti mandatum, licet majori affectu diligas te ipsum, seu majori effectu cures te ipsum.

de sorte Domini, et ipsum habent sortem quem relictis omnibus quærunt singularem. Jure ergo vocarentur clerici, recteque canonici, nisi pro jure arctioris excellentiæ dici mererentur monachi. Omnis namque monachus est quidem clericus, sed non convertitur; sicut omnis clericus est Christianus, sed non omnis Christianus est clericus.

IV. INT. Quid dicis? Unde probas quod monachus omnis et clericus sit ?

RESP. In cognoscendis sanctæ Ecclesiæ institutis te rudem video, quem de monacho, quid sit, quærentem audio. Scias (93) quia nemo fit monachus nisi ante fuerit clericus. Cum enim quis suscipitur ad monachatum, si laicus est, benedictione catholica primo sacratur in clericum. Non potest sane B fieri monachus nisi fuerit ante Dominum secutus. Fit itaque clericus, non ut ibi tantum remaneat, sed ut eo gradu ad altiora transeat. Ut ergo fiat monachus, primo apostolicam perfectionem profitetur, quod scilicet relictis omnibus, et se ipsum abnegans, Christum obediendo sequatur. Data vero professione, tunc a patre spiritali ut mundo moriens exuitur, et sacramento novitatis Christi, id est colobio, cum benedictione Christi vestitur; ubi clericalis ordo non deponitur, sed religione monachica cumulatur. Qui [quoniam et clerici sunt et relictis propriis more apostolico communiter vivunt,] quanto expediti Deo arctius mittant, tanto digni sunt ut in Christi militia præeant, et quia se ipsos norunt regere, et alios regant. Debent ergo monachi perfectioris vitæ merito cum opportunitate regnum Dei C in populo prædicare, peccatores corripere, pœnitentes suscipere, solvere et ligare. Debent sedulo altariis deservire, de oblationibus et decimis vivere. Decimæ quidem sunt propriæ pauperem, veri autem pauperes sunt, qui, teste Evangelio, pauperes spiritu fiunt quod ii plane existunt, qui non solum possessa relinquunt, sed et voluntates suas patribus addicunt. Hoc autem publica professione faciunt cœnobitæ. Debent ergo merito paupertatis veræ et proprii abjectione de oblationibus et decimis veri pauperes Christi vivere. Ipsi enim (94) more apostolico pauperibus et peregrinis sua norunt erogare, non canibus alendis et accipitribus, nec in his quæ erubesco dicere censent disperdere bona Ecclesiæ. Quia ergo ad peragenda in populo Dei officia ecclesiastica idonei sunt monachi, nemo præ- D judicet eis. Ipsi enim et de clero sunt, et canonice vivunt; licet pro sui nominis prærogativa et sacri habitus reverentia sese arctius contrahant et in claustris cœnobialibus silentia teneant patribusque suis spiritualibus seduli pareant. [Alia quidem est lex cœnobitarum, alia anachoretarum. Hi patribus obediunt, propria nolunt; illi suo arbitrio vivunt, propria colligunt, unde et decimas et oblationes altario deferunt. Utrosque Scriptura commendat,

(93) *Colb. addit,* fili.
(94) *Al.* traditione apostolica.

(95) *Al.* Nolo te dicere.
(96) *Colb.* vagantem.

Qui enim jussit de duabus tunicis vel de duabus escis egeno impertiri, de una tacuit. Scias etiam quod in utroque Testamento de dilectione proximi Dominus præceptum dedit. Quapropter omnibus affectum dilectionis debemus : quem si alicui subtrahimus, præceptum Domini transgredimur. Sed effectum licet aliquando subtrahere. Inde est quod in Veteri Testamento permissum est odire inimicos, non quidem per affectum, ne fiat contra mandatum, sed subtrahendo affectum. Secundum hoc non intrabant ad gentes præputium habentes. Hoc etiam ad rigorem justitiæ sæpe fit in Ecclesia, non odii perversitate, sed charitatis dispensatione. Aliquando enim Ecclesia quos diligit ab officio suspendit, aliquando quos amat, excommunicat. Hoc ipse Dominus agendum ostendit, qui flagellat omnem filium quem (97) recipit; mortificat ut vivificet, percutit ut sanet, humiliat ut exaltet : qui quoniam charitate facit, omnia bene facit. Quisquis autem indigentibus de (rebus) suis charitatem exhibet, sicut, si (98) indigeret, sibi a proximo exhiberi vellet, servat utique mandatum Domini quod in utroque Testamento præcipit. Si autem pro salute proximi animam ponit, non tam mandatum auctoris quam auctorem mandati dignoscitur imitari. Illa est inceptiva, qua de rebus suis servit egentibus; hæc est perfecta, qua pro salute proximi anima ponitur. Sed propter Deum non diligitur proximus nisi prius diligatur Deus.

V. INT. Visne auctoritati contraire qua dicitur : *Qui non diligit fratrem suum quem videt, Deum, quem non videt, quomodo potest diligere?* (*Joan.* III, 20). Dilectio ergo proximi prior est dilectione Dei.

RESP. In exhibitione quidem operis præcedit dilectio proximi, cui Deus servire mandavit; sed nisi prius auctor mandati diligatur, mandatum ejus nulla charitate servatur. Scriptum est enim : *Qui dicit se Deum diligere, et mandata ejus non custodit, mendax est* (*I Joan.* II, 4). Quare qui non servat mandatum, non amat mandatorem Deum. Dilectio itaque Dei causa est sequentis. Sequitur enim dilectio proximi ex amore Dei. Sed quia amor Dei non agnoscitur nisi amore proximi monstretur, præcedit ista affectu exteriori, præcedit illa affectu interiori. Præcedit ergo dilectio Dei pietate mentis, sequitur dilectio proximi studio operis. Sed scire te convenit quia non duæ, sed una charitas est mentis, quæ Deum et proximum diligit. Incipit a Deo, nutritur in proximo. In electis habet initium charitas in tempore, in eisdem perficitur in æternitate. Qui autem jam in æternitate eam adepti sunt, cum Christo beati sunt. Sic enim ait : *Ubi ego sum, illic et minister meus erit* (*Joan.* XII, 26). Hoc desiderabat Apostolus dicens : *Cupio dissolvi et esse cum Christo* (*Philip.* I, 23). Quos itaque per vitæ meritum perfectos ad Deum migrasse cognoscimus, hos cum Christo regnare, hos in Christo posse omnia credimus. Pro his non oramus; imo ut pro nobis orent, nobisque subveniant, eos humiliter petimus, qui eorum impensa petentibus beneficia sub eodem tempore per diversa terrarum spatia cernimus.

VI. INT. Quid dicis? Nunquid invocantibus nobis per tam diversa terrarum spatia disjunctis sub eodem momento præsentes sunt? Quomodo hoc possunt qui ubique non sunt?

RESP. Verum est (99) plane, quia Deus solus essentialiter est ubique. Sancti vero, qui in summa pace in ipso vivunt, et nobis charitate non desunt, sua quidem essentia ubique non sunt; sed hoc constat manifestum, quia eorum beneficia sub eodem tempore per diversa terrarum spatia fidelibus adsunt. Possunt quidem hæc fieri ministrantibus angelis, ita ut ipsi in persona sanctorum appareant hominibus, et vice sanctorum humanis adsint necessitatibus. Quid miraris? In persona quidem Domini angelos legimus apparuisse patribus; qui et vice Domini loquebantur, et vice Domini adorabantur. Nescis quia spiritus illi angelici sunt administratorii, operante summo opifice, in ministerium sanctorum missi? Nescis quia Petro de carcere venienti et ad ostium pulsanti puella occurrit, et tamen præ nimio gaudio, cum ei non aperiret, intro recucurrit, dicens Petrum adesse pro foribus, responsumque est ei quia Petrus non est, sed angelus Petri est? Pro hujusmodi Scriptura dicit : *Angeli eorum semper vident faciem Patris* (100) (*Matth.* XVIII, 10). At vero si sanctorum gloriam attentius pensas, citius invenies quod quærebas. Joannes quidem dicit : *Similes Deo erimus, quoniam videbimus eum sicuti est* (*I Joan.* III, 2). Videntes itaque videntem omnia quid non videbunt? Scientes scientem omnia, quid ignorabunt? Similes Omnipotenti, quid non poterunt? *Similes,* inquit, *ei erimus.* Scimus plane quia sicut miser aut egens est omnis qui quod vult non potest, sic beatus ac sufficiens est quisquis ea quæ bene vult omnia potest. Sed sanctos, de quibus agimus, jam beatos mater Ecclesia confitetur. Quæcunque ergo volunt, omnia possunt. Scimus etiam quia omnis eorum voluntas Deo penitus (101) conformata, tota est charitas : quæ sicut in Deo omnia novit, sic adest ubi voluerit. Habet enim de ejus similitudine supra nostræ modum naturæ quod ejus scientiam nihil lateat, ejus potentiam nihil impediat. Quia ergo possunt omnia quæ volunt, summa celeritate ubi volunt ibi sunt; nec movendo se Deum deserunt, sed intra ipsum currunt quem semper amando conspiciunt. Moventur itaque dum non sunt ubique moti charitate, non necessitate ; et semper stant, quia semper amant. Merito ergo Ecclesia ubique

(97) *Colb.* diligit.
(98) *Colb.* indigeat.
(99) *Colb.* carissime.

(100) *Colb. addit* mei.
(101) *Colb.* confirmata.

terrarum diffusa ad eos suis in necessitatibus clamat, cum se ubique ab eis audiri cognoscat, et eos sibi adesse patrocinando sentiat : quos dum veneratur et amat, in sanctis sanctum qui sanctos fecit honorat, et colit, et prædicat, et ad eorum pacem spe certa suspirat, cum quibus suam glorificationem corporum in resurrectione communi exspectat, sicut Apostolus clamat : *Salvatorem exspectamus Dominum Jesum Christum, qui reformabit corpus humilitatis nostræ, configuratum corpori claritatis suæ (Philip.* III, 20). Qui enim exspectatus est ut in præsenti redimeret, exspectatur in futuro, ut quos redemit glorificet : quos sicut unde voluit creare potuit, sic ubicumque positos seu dispersos in fine mundi suorum ad vitam cineres suscitabit. Pro spe ista patres antiqui diligenti cura parabant sibi sepulcra, ut per hoc sua testarentur corpora de morte ad vitam surrectura, et mandabant posteris ut sua in sanctorum tumulis humarent corpora, quatenus eis jungantur in resurrectione quos imitati sunt fide. Hinc est quod mater Ecclesia suis parat fidelibus defunctis sacra cœmeteria, inter quos eorum maxime sanctas veneratur reliquias, quibus tanquam organis in vita præsenti Spiritus sanctus uti voluit. Præcipue tamen ibi suos sepelit mortuos ubi cœtus fidelium die noctuque divinum celebrat officium, ut speciali memoria sibi commissos commendent Domino et salutaribus remediis solvant a pœnis. Inde sunt statuta in sanctis conventibus officia, quæ more catholico universa tenet Ecclesia. (102) Hæc inter pressuras mundi suos tam viventes quam defunctos crebris juvat remediis, quos omnes simul recipiet in resurrectione generali. Hinc beatus Job dicit : *Scio quod Redemtor meus vivit, et in novissimo die de terra surrecturus sum, et in carne mea videbo Deum Salvatorem meum; quem visurus sum ego ipse et non alius, et oculi mei conspecturi sunt. Reposita est hæc spes mea in sinu meo (Job.* XIX, 25-27). Hanc in præsenti spem portat in sinu suo mater Ecclesia; et dum sperat æterna, jam incipit per charitatem vivere. Unde una est cum illa cœlesti quæ jam beata est charitatis æternitate. Nos igitur, quia sumus in invicem membra in uno corpore matris nostræ, quæ est Ecclesia, caveamus divisionem, ne lædamus matrem. Maneamus in charitate, ut vivamus cum matre (103), servientes Domino, qui etiam de mammona iniquitatis facere jubet amicos.

VII. INT. Quid? An Deus iniquus est qui de iniquo facere amicos jubet?

RESP. Nec iniquus est Deus, nec exigit ut de iniquo, id est de rapina, munus ei offeratur, seu pauperibus suis serviatur; sed hoc requirit quod præcepit ubi ait : *Honora Dominum Deum tuum de tua substantia, et de primitiis frugum tuarum de pauperibus (Prov.* III). De tuis, inquit, non de alienis; nec omnes fruges exigit, sed de primitiis frugum. Jubet equidem Dominus facere amicos de mammona, id est de vitiis, quas dicit iniquitatis, si superfluis, superfluis, id est ultra quam necesse est habitis, quasi absque necessitate aliqua retineantur, iniquæ reputantur. De his jubet Dominus ne aut superstitiose aut sub avaritia congregentur, sed ut de superabundantibus amicos nobis utiliter præparemus. Quod equidem facimus dum eas charitatis manu potenti porrigimus, dum eas egenis pro Domino præsentamus, et de his omnibus largitori bonorum omnium gratias agimus, in quo omnes uno beatitudinis denario lætabimur.

VIII. INT. Evangelio referente novimus quia in fine laboris venerunt operarii ad suscipiendam mercedem operis : *Venientes autem primi arbitrati sunt quod plus essent accepturi, et accipientes murmurabant adversus patremfamilias (Matth.* XX, 10). Et cætera quæ sequuntur. Hæc, ut nosti, de remuneratione omnium simul in fine sæculorum præscripta sunt. Sed quomodo, ut dixisti, charitas in fine erit una omnibus, et uno omnes beatitudinis denario lætabimur, ubi quorumdam murmur esse adversus patremfamilias propalatur? Quomodo concordant qui de aliorum bono murmurant?

RESP. Scias quia post completionem operum ad susceptionem in fine præmiorum nemo intrans murmurat, nemo murmurans intrat. Sed in hac evangelicæ sententiæ veritatis videtur mihi divina potissimum justitia commendari. Humana siquidem justitia de opere judicat, attendit merita, et pro debitis præmium repensat. Divina vero justitia humanam superexcedit, dum ingratis et immeritis, quandoque etiam inimicis, sua misericorditer bona refundit. Dum igitur injustos et perditos per gratiam reparat, e contra siquidem humana pro sui more judicii justitia pensat. Unde recte dicitur quia murmurat, dum suis legibus divinam minime coarctat, sed eam supra se infinite sublimem mirando non considerat, quæ prout vult omnia operatur, et libere bona largitur. His etiam qui parum aut nihil meruerant, aut etiam damnanda egerant, divina munificentia donat uberius, quæ suis magis debita meritis humana justitia causatur. Pro divina sane justitia Paulus dicebat : *Ubi abundavit delictum, superabundavit et gratia (Rom.* V, 15). Hinc est quod Dominum respondit murmuranti : *An non licet mihi quod volo facere (Matth.* XX, 15)? Hinc Apostolus : *Cui vult,* inquit, *miseretur, quem vult indurat (Rom.* IX, 18). Et Dominus : *Miserebor,* inquit, *cui voluero (ibid.,* 15). Quod autem dicit : *Tolle quod tuum est et vade (Matth.* XX, 14), satis indicat quia murmur illud non est damnabile. Est enim consideratio humanæ tantum miseriæ. Alioquin nihil acciperet, nec intrare; sed repelli deberet, si contra Deum murmurando sentiret. Nec ei Dominus dicit : *Oculus tuus nequam est quia ego bonus sum? (ibid.,* 15) Quod quidem damnabile esset. Sed

---

(102) *Colb.* Quæ.

(103) *Hinc incipit liber sextus in codice Colbertino.*

quærendo dicitur : *An oculus tuus nequam est quia ego bonus sum*? Hunc intelligimus oculum humanæ rationis judicium ; quem sub hac quæstione vult reddere cautum, ne impie sentiat esse superius bonum. Graviter sane peccat qui opera Domini semper justa non amat, sed gravius delinquit qui ea pertinaciter odit. Non amat quidem qui negligit. Odit plane qui detrahit. Est igitur negligentia malum, detractio perniciosum. Jonathas ille Saulis regis filius, sed David dilectus, interdictum regis ignorando non tenuit, maledictionem patris nescius incurrit : qua rescita, suam humiliter ignorantiam non prætendit, sed detrahendo dixit : *Turbavit Pater meas terram* (*I Reg.* xiv, 29). Inde factum est quod Dominus respondere noluit cum Saul eum consuleret an Philisthæum persequi deberet. Dum igitur causa cur hoc acciderit quæreretur, Jonathas deprehensus in culpa legitur. Requisitus autem quid egerit, inventum est quia patris interdictum solverat dum comedit : nimirum peccavit, et in eo quod confiteri noluit, se videlicet per ignorantiam deliquisse, et in eo quod adjecit regi detrahere. Prælatorum itaque præcepta, sicut bene nosti, debita sunt susceptione servanda : quæ etiam si ignoranter fuerint transgressa, humili satisfactione sunt honoranda, nulla subditorum temeritate mordenda. Humilitas namque meretur ascensum, superbia casum, obedientia præmium, contemptus supplicium. Quapropter humilitati ad Dominum resurgamus, et obedientes Ecclesiæ mandata servemus, cum qua tunc beate vivemus, cum Deus erit omnia in omnibus.

IX. Int. Quid ? Fietne Deum omnia ? Quæ omnia ? Cum omnia dicimus, ligna et lapides et omnem creaturam tam spiritalem quam corpoream cogitare solemus. Erit ergo Deus in lapide lapis, seu quodlibet aliud, si omnia in omnibus.

Resp. Quam præceps vadis, tam inconsulte concludis. Quis adeo desipit, ut pro sensu tuo dicat Dominum omnia fieri ? Deus equidem omnia facit, non ipse fit. Nescis quia omnis creatura de nihilo est, et pro conditione sua mutabilitati obnoxia est ? Creatura ergo omnis, quantum in se ipsa est, id quod est non est, quia mutabilis est. Creator vero, quia id ipsum quod est, sine initio et sine fine, sine omni mutabilitate in seipso est, id quod est vere et incommutabiliter est ; de quo testatur Evangelium quia *omnia per ipsum facta sunt*. Sed quæ facta sunt, per se nullo modo subsistunt. Ea propter cum dixisset : *Omnia per ipsum facta sunt*, recte subjecit, *et sine ipso factum est nihil* (*Joan.* i, 3). Quod sic video distinguendum. Et factum est nihil sine ipso, quia sicut nec fieri sine ipso, sic nec factum potest subsistere sine ipso. Non enim creavit illud Deus de aliquo, sed de ne ullo, sed de nihilo. Quare quod factum est, in se ipso nihil est. Creatura itaque ideo tantum est, quia a Deo condita est. Creator nimirum adeo vere est quod creatura quæ ex ipso est, et per ipsum manet quod est, quamvis de nihilo sit, tamen in ipso etiam vita est, teste Evangelista : *Quod factum est*, inquit, *in ipso vita erat* (*ibid.*, 9). Hoc animadverte sic dictum, ut causam intelligas per effectum. Causa est ars illa, vel sapientia conditoris, qua omnia facit. Effectus est omne quod condidit. Ars illa, seu sapientia, in Deo perpetua et immutabilis vivit. Effectus, id est creatura, et incipit et in se ipso mutabilis consistit. Omne ergo quod factum est, in se ipso utique nihil est ; sed in Deo est quidquid est, in quo ejus esse est. Hoc sane in vita mortali vix patet alicui, in æterna autem omnibus manifestum erit. Unde recte dicitur : *Erit Deus omnia in omnibus*. Provide quidem non *est* sed *erit* dicere voluit, quia tunc liquido patebit quod esse omnium rerum Deus existit. Sed et hoc dicere possumus, quia quam maxime sanctis promittitur quod Deus erit omnia in omnibus. Secundum hoc intelligimus *in omnibus* dici, hoc est, in omnibus sanctis, in quibus tunc omnia erit, ipsisque invicem sese videntibus patebit, quia nihil aliud præter Deum erit in desideriis eorum : qui dum in præsentis vitæ versarentur miseria, multa ex debilitate et ignorantia suis doluerunt voluntatibus interserta. Unde ad Deum quotidie clamat Ecclesia : *Dimitte nobis debita nostra*, (*Matth.* vi, 12) : quæ tandem erunt nulla cum perventum fuerit ad æterna. Illis itaque tunc exclusis, erit solummodo Deus omnia in omnibus sanctorum voluntatibus. Una enim in eis charitas, quæ Deus est, manifesta videbitur et singulariter diligetur. Ibi ergo per unitatem charitas bona singulorum erunt omnia omnium. Sed dum hoc intuendo pensamus, omnia dicere possumus de collatis nobis a Deo virtutibus. In præsenti quidem Deum sicuti est minime videmus, sed eum fide quærimus, sed ad eum spe ascendimus, sed eum charitate contingimus, et participando in eum proficimus. Sicut enim humanus oculus per se solum non potest videre nisi alieno illustratus lumine, quod nec adauget cum aspicit, nec cum se avertit minuit ; sic rationalis anima seu mens angelica cum a Deo accipit ut sit sancta, participando fit sancta ; cum ab eo recedit, remanet mala ; bonitas autem, quæ Deus est, remanet integra. Te accedente non augetur, te recedente non minuitur. Quod itaque es plus, castus, verax, justus, sanctus, et si quid hujusmodi, non id essentialiter existis, sed participando efficeris. Quod autem Deus est pius, castus, verax, justus, sanctus non participando accipit, sed hoc essentialiter existit. Hoc in Evangelio Veritas attestatur, dicens ; *Nemo bonus nisi solus Deus* (*Marc.* x, 18). Pietas ergo, et castitas et veritas, justitia quoque, et sanctitas, et quæcunque virtus hujusmodi nominatur, essentialiter unum in Deo, imo Deus esse dignoscitur : quo dum plurimi participantur, pro diversis effectibus quos in eis quam multos operatur, illud unum ut multa dicitur, plurimisque nominibus assignatur. Paulus quippe dicit : *Divisiones vero gratiarum sunt, idem autem Spiritus* (*I Cor.*

xii, 4). Enumerastique aliquibus gratiarum effectibus, *Hæc autem*, inquit, *omnia operatur unus atque idem Spiritus, dividens singulis prout vult (ibid.* 11) : dat enim Deus servis suis *(*184*)* munerum largitatem, unicuique secundum propriam virtutem. Sunt certe pro sua omnes natura donorum Dei capaces, sunt alii aliis capaciores ; sunt omnes, nisi (105) suscipiant, inexcusabiles ; suntque pariter tam nolentes quam volentes, ejus voluntati servientes qui potenter in omnibus potest. Ipse est enim bonum omnipotens et summum, unum et omne omnium. Eo ergo quisquis participat, bonus est ; qui ab eo avertitur, bonus non est. (106) Unum manens in essentia in his qui eo participant, agit diversa. In eodem nimirum corpore omnia membra non eumdem actum habent, sed spiritum eumdem in diversis illis diversa agentem, ut in oculo visum, in aure auditum, in nare odoratum, in palato gu-

stum, in manibus tactum. Unus equidem spiritus movet ista, in eis agens diversa, sed idem in essentia. Sic illa summa bonitas, quæ Deus est, unum se participantibus præbet, quos diversis charismatum muneribus replet. Multa sunt in nobis ejus charismata, dum in parte sumus. Erit unum in nobis tantum cum ad perfectum venerimus. Hinc Paulus ait : *Cum autem venerit quod perfectum est. evacuabitur quod ex parte est (I Cor.* xii, 10). Hoc in illa nobis vita servatum est in qua videbimus eum secuti est. Ibi quippe manifestabitur quia Deus fuit et est et erit omnia bona in omnibus. Hoc aperte videbit charitas, quæ tunc erit in omnibus una, et singulis sese invicem perfecte videntibus et diligentibus manifesta, et Deo penitus conformata, sicut Creatori creatura, in unitate perfecta. Per omnia sæcula· Amen.

(104) *Colb.* suorum munerum.
(105) *Colb.* desipiant.

(106) *Colb.* Unde.

EPISTOLA HUGONIS RADINGENSIS ABBATIS [107].

Charissimo suo domino Matthæo frater Hugo abbas Radingensis monasterii indignus sanum sapere et recta docere.

Illum quem voluisti nostrum tibi retinere libellum audivi tua voluntate, non nostra concessione, passim expositum, et ut ipse testaris, gratanter acceptum; excepto quod non bene suscipiunt illud de sacerdote deposito vel excommunicato ibidem ita dictum (lib. v) : « Quem itaque Christus per Ecclesiam deponendo vel excommunicando destituit ab officio, si in sacramentis altaris ministrare præsumit, qui jam minister non est, nihil facit. Sic enim ea Deus agenda instituit, ut nonnisi per ministrum valeant fieri. Quare qui minister non est, in sacramento altaris nihil facit. » In hac sententia videtur recte dictum non tam nostris quam quibuscunque hucusque Catholicis quia agens in sacramento altaris, qui minister non est, nihil facit. A Patribus nempe traditum legimus et ratum tenemus quia spiritus gratiarum non sequitur personam digni aut maligni, sed ordinem traditionis ; ut quamvis aliquis boni meriti sit, non tamen consecrare possit nisi ordinatus fuerit ut ministri exhibeat officium, Dei vero est tribuere consecrationis seu benedictionis effectum. Quapropter non temere fuerat arguendum quod ibi, Ecclesia tenet esse catholica, constat positum. Hoc potius videbatur a dubitante quærendum, utrum quem semel posuit Ecclesia ministrum ad agendum aliquod sacramentum, ipsa possit, culpa promerente, aliquem deponere vel excommunicare, ita ut in sacramentis nequeat agere quod ante potuit. Ad hæc respondendum fuit, quia vivus et præpotens est sermu Domini, qui clavi ecclesiæ quam sancivit ita dicit ; *Quodcunque ligaveris super terram, erit ligatum et in cœlis (Math.* xvi, 19). Ex hoc apostolica sedes et ubique terrarum catholici doctores, ut Scripta testantur antiqua, prædicare solent, quia tam sacerdotes quam in clericali ordine ministri quilibet tempore depositionis vel excommunicationis suæ gratiam semel acceptam quidem retinent, sed officio carent. Addunt etiam quia qui in sacramentis altaris seu sacramentorum officiis consecrare præsumunt, qui ministri non sunt, nihil utique faciunt. Beatus sane papa Innocentius ex apostolicæ sedis assensu scripsit quod quidam Nezelon ab hæreticis ordinatus, quia nihil habuit, dare ei nil potuit cui manus imposuit (198). Hic equidem si a ministris, licet indignis, non tamen depositis vel excommunicatis ordinatus fuisset, et ipse, quantumcunque indignus, si minister existeret, ex officio utique conferret cui manus rite imponeret. Da ministrum quantumcunque indignum, da ministrum, fatemur eum habere officium. Aliud est loqui de sacramento, aliud de officio. Officium enim sacerdotale quam multis interdicitur, sed sacramentum non aufertur. Inde fit quod cum Ecclesiæ placet ut eos aliquando revocet, revocatos absolvit et reconciliat, non quidem reordinat. Aliud est etiam dicere de officiali malo, quia non bene ministrat ; qui tamen dum minister est, quantumcunque malus, utique ministrat. Aliud est ipsum ab officio deponere, ne ministerium faciat. An ignoramus quia sacramenta alia sunt necessaria, alia officialia. Baptismus quippe necessarius est omnibus. Sacerdotalis vero

(107) Hæc epistola in solo existit codice Colbertino.

(108) Urbanus II i, q. 7, c. 2, ad Daibertum.

seu clericalis quælibet dignitas ad officium traditur aliquibus. Baptizati opus nulli interdicitur, nec enim ab opere Christiano baptizatus quispiam suspenditur; quin potius, si inde aberraverit, multis modis revocatur. Sacerdotale vero officium seu clericale plurimis quam sæpe pro culpa reciditur, et ab eo nonnulli crebrius deponuntur. Illo omnes in Christo vivunt, isto, Ecclesia jubente, aliqui serviunt. Illud Ecclesiæ domum ædificat, istud ædificatam dispensat. Dispensatio ista et a quolibet agitur, sed ab officiali per Ecclesiam posito ministratur. Quod si per Ecclesiam ab officio deponitur, manet sacramentum semel impositum, sed, sicut in nostro legisti opusculo, manet ad judicium, non ad officium. Sic et Christiano cuilibet excommunicato manet baptismi sacramentum, non ad remedium, sed ad judicium, non ad salutem, sed ad condemnationem. Manet ideo dicimus quia cum resipiscit, per Ecclesiam reconciliatur, non rebaptizatur. Si enim sacramentum peccando amitteret, cum ad Ecclesiam pœnitendo rediret, eum procul dubio rebaptizari oporteret. Sacramenta quippe divina sunt. Unde et habenti ea per hominem auferri non possunt. Manent itaque ministris sacramenta, sed exigente culpa eis sacramentorum sæpe tolluntur officia. Sciendum autem quia aliud longe est quod Christianus per excommunicationem ab Ecclesia deponitur, quam quod minister aliquis ab officio removetur. Illud enim assidue gravat, hoc sæpe alleviat. Illud damnat, hoc castigat. Ministro, si indigne agit, utile est quod deponitur. Christiano autem mortiferum est quod ab Ecclesia separatur. Dum enim ab Ecclesia scinditur, infidelis utique imo infideli deterior judicatur. Dominus quidem dicit: *Qui vos audit, me audit, et qui vos spernit, me spernit* (Luc. x, 16). Ab Ecclesia ergo dissentire, a Christo est cadere. A Christo autem cadere, fidem non habere. Sed qui fide caret, nullum opus bonum habet. Audi Apostolum : *Omne,* inquit, *quod non est ex fide, peccatum est* (Rom. xiv, 23). Christianus igitur, licet habeat baptismi sacramentum, dum aberrat a fide, nullum facit bonum. Non omnis itaque habens sacramentum, habet et sacramenti officium. Unde miramur quosdam dicere de excommunicato seu deposito sacerdote, quod quia retinet semel acceptum ordinationis suæ sacramentum, habeat et dum præsumit in consecrando effectum.

Quapropter quicunque accedit ut alios de sacramentis ministrorum edoceat, in docendo discernens ordinationis sacramentum et ordinati officium, dicat quod sacramentum semel acceptum, in susceptione manet, sed susceptionis officium sæpius Ecclesiæ censura removet. Dicat etiam quod tam vera est Ecclesiæ potestas, cum ab officio ministrum jure deponit, quam vera est cum eum in officio rite disponit, doceatque quod schismaticus sit qui Ecclesiæ catholicæ non consentit; de quo auctoritas ita dicit : « Quod conficit schismaticus, corpus Christi non est. » Et alibi : « Extra catholicam Ecclesiam non est locus veri sacrificii. » Unde et Dominus per Moysen ita præcepit : *In una,* inquit, *domo comedetis eum, et non offeretis de carnibus ejus foras. Et incircumcisus non comedat de eo* (Exod. xii, 46). In unitate ergo, non in schismate, sumitur. Nec enim extra Catholicam nec ab alienigena obtinetur. Ne ergo credas vaniloquis, ne acquiescas elatis. Crede humilibus et subditis, qui Ecclesiæ matris sacramenta venerando suscipiunt, non equidem disputando, sed auctoritatem institutoris humiliter venerando, ex quo mater Ecclesia potenter solvit et ligat, efficaciam in sacramentis ordinato commendat, aliquando etiam denegat potestate rata, non verbositate frivola. Non erit autem una prudentia vel potentia, quia, si essent efficacia quæ a schismaticis vel a depositis fiunt consecrationum officia, infinitos haberet hodie præsules unaquæque sedes et quam multos Roma summos pontifices, qui confusione horribili et ligatos ab aliis solverent et solutos indebite ligarent. Sic sic, si bene perpendis, et rata cassarentur, et irrita præferrentur. Sic nulla de gestis ecclesiasticis essent certa, sed quæque frivola; et ut verum fatear, nihil omnino esset Ecclesia. Sed de his hactenus nos equidem ista sub brevitate tibi rescribimus, qui facta matris Ecclesiæ non frivola, sed rata tenemus, qui sanctorum auctoritates Patrum quam nostra sensa sequi maluimus, qui vos in Christo diligimus, et a vobis amari volumus. Unde et scripta vestra læti suscipimus, et vobis nostra dirigimus et emendanda committimus. Amen.

INCIPIT LIBER SEPTIMUS.

I. Mater virtutum charitas, ubique magnifica, nusquam est solitaria, nunquam otiosa. Hæc suis contenta, cunctis benevola, nec rapit aliena, nec vult habere privata. Hæc in ea domo perenniter exaltat, quam sapientia columnis gratiæ septiformis exaltat, quam luminis æterni splendore clarificat, et bonis operibus plene perornat. Ejus bona omnia felix concordia servat, dives benevolentia dispensat, divina gratia copiose ministrat : quo magis erogata, eo potius fiunt augmentata. Hæc semper nova, semper integra, novos parit filios, omnesque liberos, simul ingenuos, moribus insignes, viribus præcellentes. Hoc enim humilitas nutrit, patientia provehit, obedientia regit. Horum militiæ vitiis infesta, sumit arma victoriæ de manu Sapientiæ. Constanter ad bella procedit, quam ordinis virtus invicta custodit. Ibi prudentia consulit, justitia decernit, fortitudo peragit, temperantia componit. His ita procedentibus e contra vitiorum tumultus præcipiti saltu, vario strepitu, effuso milite proruit, temerarium certamen assumit. Hunc enim sua imprudentia resolvit, injustitia dejicit, debilitas frangit, intemperantia perdit. Talibus illico prostratis et perditis, chorus virtutum præcedenti fidei vexillo triumphator incedit, spei firmitate validior universa transcendit, mox ad matris suæ, scilicet charitatis, gaudia pertingens, summæ Trinitatis essentiam jugiter intuendo conquiescit. Ibi nec visio corporea mutabilitate socia decipit, nec spiritualis imaginatio varie concepta pro voluntate congesta fallit, sed pura mentis intelligentia stabilis et certa a veris ad ipsam veritatem perducta idipsum aspicit. O idipsum, unum, et omne bonum omnium ! Vides tu, videt oculos quem illuminasti, oculus charitatis, quia in te sunt omnia, nec dilataris tu in omnibus, nec coarctaris. Tu sine omnibus, nec minoraris : in te simul omnia sine composito numerat, te in omnibus sine termino mensurat, te sine omnibus tibi sufficientem et summum sine pari ponderat, unum in Trinitate, trinum in unitate. Unum utique non sumptum ab unitate, trinum quoque non sumptum a Trinitate, sed unum prorsus idem quod unitas, trinum omnino quod Trinitas. Unitas quæ numerum minime inchoat, Trinitas quæ numerum minime præsentat. Unitas quæ terminum nescit, Trinitas quæ nulla mensura discernitur. Unitas quæ nullo pondere trahitur, Trinitas quæ nulla lance pensatur. Non igitur numero, non mensura, non pondere minus habet unitas Trinitate, nec magis obtinet Trinitas unitate. O Jerusalem cœlestis ! o domus charitatis, civitas luminis, plena beatitudinis ! Tu simul omnia in Deo sine tempore prospicis, tu Deum in omnibus sine motu miraris, tu Deum sine omnibus in se solo plenum et perfectum sine modo diligis. Hæc videre, hæc nosse cœlestis curiæ civibus ineffabili bonitate donatum. Hæc nobis credentibus adhuc minus, et in tempore versantibus, per fidem desiderare misericorditer concessum. O Deus ! et quid dico Deus ? Deus te dico fide, nondum visione. Mirabile dictu ! de te tacere non possumus, et te dicere non valemus. Nondum enim te videmus ; sed tuo munere, tua piissima gratia jam in te credimus unum et fideliter loquimur. Te Patrem, et Filium, et Spiritum sanctum, non tres deos, sed unum confitemur, adoramus, et sequimur. Unum non quomodocunque unum ; nam et multa, quia simul collecta dicimus unum, non tamen simpliciter unum ; sed te quidem unum in Trinitate, trinum in unitate; non collectum unitate, nec divisum Trinitate.

II. INT. Mira quæ dicis libenter audio ; sed ad hæc si ratione vel auctoritate me pertrahis, libentius sequor.

RESP. In præsenti, charissime, ad credendam simplicem unius Deitatis ratam Trinitatem adeo firma ratione procedimus, quod utique, si bene perpendimus, in omnibus creatis creatricis vestigium Trinitatis liquido cognoscamus. Hinc Apostolus ait : *Invisibilia ipsius a creatura mundi per ea quæ facta sunt intellecta conspiciuntur : sempiterna quoque virtus ejus et divinitas* (Rom. I, 20). Verba ista sic distinguimus : Invisibilia ipsius et sempiterna virtus ejus et divinitas conspiciuntur a creatura mundi intellecta per ea quæ facta sunt. Quæ proposuimus verba Apostoli videamus. *Invisibilia* Patrem, *virtus* Filium; *divinitas* Spiritum sanctum insinuant nobis, prout donat intelligi qui clavem scientiæ gerit. Pater quidem a nullo est, sed quidquid est ab eo esse habet. Unde quia a nullo est, a nullo ut sit visus est. Recte ergo dicitur quia invisibilis est. Ex ipso nempe sunt omnia, tam ei coessentialia et coæterna, quam de nihilo creata et temporalia. Coessentialia et coæterna Filius et Spiritus sanctus : de nihilo creata et temporalia, res condita et omnis ejus proprietas. *Sempiterna virtus* proprie dicitur Filius. *Christum*, inquit Apostolus, *Dei virtutem et Dei sapientiam* I *Cor.* I, 24). Christus est Dei sapientia, quam Deus Pater non aliunde accepit, sed ex seipso sine initio perfectam gignit, per quam immutabiliter simul omnia disponit; per quam de nihilo causaliter, materialiter, naturaliter simul omnia fecit; per quam visibiliter, actualiter, temporaliter singula proponit, et immotus mutabilia regit. Ipse est virtus Dei, quia sicut de nihilo facta, sic ne in nihilum redeant, tenentur omnia, nullo enim tempore nulla qualicunque varietate in nihilum valent redire, non quidem pro se, sed pro conditore in singulis essentialiter persistente. Si conditoris essentiam vales a conditis removere, et condita de nihilo valent in nihilum deficere. Sicut autem sine nobis conditi sumus, sic et sine nobis a conditore tenemur. *Divinitas* est Spiritus sanctus, qui ideo recte divinitas dicitur. Cum enim causa quæritur cur Deus omnia fecit, quare facta sic ordinat et regit, respondetur quia Deus non eguit, nec eget, nec egebit; sed sola charitate ; non nova voluntate omnia fecit, hoc singulare et divinum sibi retinuit. Cum enim creatura aliquid facit, causa agendorum ejus indigentia occurrit, quæ etsi aliquando agere non agenda præsumpsit, hoc esse sensus inopiam ratio deprehendit. At vero Deus nullo egens, solus sibi sufficiens, in omnibus quæ agit solam habet causam suæ charitatis: quod Propheta intuens profitetur dicens : *Deus meus es tu, quoniam bonorum meorum non eges* (Psal. LV, 2). Causa ergo illa singulariter admiranda, qua sine indigentia facit Deus omnia, recte dicitur divinitas. Hæc enim causa, si dicere libeat, Deo remanet proprie propria. Bene ergo Pater invisibilis, Verbum virtus per quod Pater omnia facit, Spiritus sanctus est una et eadem Patris et Filii benevolentia, in qua bene facta sunt omnia, et manent bona. Tria hæc apostolica dicit auctoritas, et subjungit *ipsi gloria*. Non ait ipsis, sed ipsi est gloria, quia in Trinitate permanet unitas. Nos vero qui catholice verba Apostoli veneramur, nec Trinitatem confundimus, nec unitatem dividimus, quia sic tria ista prædicamus, ut simplicem unitatem teneamus. Ea ergo sine numero numeramus, qui cum Propheta dicimus : *Et sapientiæ ejus non est numerus (Psal.* CXLVI, 5). Ea quoque sine termino mensuramus, et cum Apostolo proclamamus : *O altitudo divitiarum sapientiæ et scientiæ Dei, quam incomprehensibilia sunt judicia ejus, et investigabiles viæ ejus! (Rom.* XI, 33.) Ea etiam sine pondere pensamus, qui cum Apostolo profitemur : *Et pax Dei, quæ exsuperat omnem sensum, custodiat corda vestra, et intelligentias vestras (Philipp.* IV, 7). Corda itaque nostra teneant, intelligentiæ nostræ cognoscant, quia nec numero, nec mensura, nec pondere continetur summum illud, mensurantur quo simul omnia, quo simul omnia numerantur, quo simul omnia ponderantur. Si numerari, mensurari, seu ponderari posset ; numero, et mensuræ, et ponderi utique subesset ; unde nec Deus esset. Quid igitur agimus? Incomprehensibilis est quem quærimus, ineffabilis est quem fari gestimus. Potius ergo ignorantiam nostram humiliter fateamur, quam temerarie nos incognita scire jactemus. Sed si pie in nobis deficimus, tandem Apostoli consilium humiliter requiramus, dicentis : *Flecto genua mea ad Patrem Domini nostri Jesu Christi, ex quo omnis paternitas in cœlis et in terra nominatur, ut det vobis secundum divitias gloriæ suæ virtute corroborari per Spiritum ejus in interiorem hominem, habitare Christum per fidem in cordibus vestris; in charitate radicati et fundati, ut possitis comprehendere cum omnibus sanctis quæ sit latitudo, longitudo, et stabilitas, et profundum, scire etiam supereminentem scientiæ claritatem Christi, ut impleamini in omnem plenitudinem Dei (Ephes.* III, 14-19). His excitati sermonibus primum doleamus quia eum non comprehendimus ad cujus imaginem et similitudinem conditi sumus, et quod impedit ne comprehendamus, sectando justitiam removeamus, ut cum Deo unus spiritus efficiamur, quo solo invisibilis Deus videtur, agnoscitur, comprehenditur. O Spiritus sancte, illumina nos et trahe, qui es pondus sine onere, charitas sine affectione, novum non novus nobis aspira pondus amoris. Veni ad nos qui non moveris, mane nobiscum qui nusquam et nunquam recedis. Aspira ut sentiamus, veni ut suscipiamus, mane ut diligamus. Sentiamus fide, suscipiamus spe, diligamus charitate, Patrem scilicet qui generat Filium sibi consubstantialem absque initio et sine fine; Filium quoque a Patre genitum absque separatione et sine tempore ; et te, Spiritus sancte, procedentem ab utroque sine motu et sine divisione. O unitas invariabilis ! o Trinitas inseparabilis ! in qua nec generatio ex Patre, nec processio ab utroque Deum multiplicat, unde nec variat. Pater quidem prout novit omnia facit. Ejus nosse est omnia numerare. Filius Patris omnia ordinat quæ temporibus et officiis competentibus assignat, et in eis singulas mensurat. Spiritus sanctus Patris et Filii unus suo omnia pondere ligat. Ea enim ipsi est benevolentia, qua sicut placuit fieri omnia, placet ut maneant facta. Ex ipso namque pendent omnia ut effectus ex causa. O Deus et qui es Deus meus! tua quidem notitia omnia numeras, tua potentia omnia mensuras, tua charitate omnia ponderas. Hæc Sapiens ille intuens et tibi loquens aiebat : *Omnia in pondere, et mensura, et numero disposuisti (Sap.* XI, 21). Sed dicit aliquis : Si omnia in istis, non sunt ista de omnibus illis. Res equidem, quas omnes disposuit Deus, pondera, mensuras, numero habere novimus ; quæ penitus non essent, si res in quibus subsistunt minime fuissent. Rebus enim quarum sunt et ipsa creata sunt, quapropter et ipsa disposita sunt. De omnibus enim sunt. Res ergo et rerum pondera æque ponderantur a superiori pondere qui non ponderatur. Res quoque et rerum mensuræ æque mensurantur a superiori mensura quæ non mensuratur. Res quoque et rerum numeri æque numerantur a superiori numero qui non numeratur. Notitia quidem Dei omnia numerat, nec numero capitur ; sempiterna virtus ejus omnia mensurat, et nullo termino finitur ; benevolentia amborum universa ponderat, et nulla lance trahitur. Tria ista in quibus disposuit Deus omnia coæterna sibi sunt et inseparabilia, unum in essentia, in personis tria, non quomodocunque unum, sed unitas ; non quomodocunque tria, sed Trinitas. Unitas, quæ trinitatem non angustat ; trinitas, quæ unitatem non multiplicat. In Deo sane numerum, mensuram et pondus absque compoti ratione, absque finium limitatione, absque perpendiculi motione, prout ab ipso suscipimus, innumerabilia mutabiliter, æterna temporaliter, incorporea corporeis vocibus, non tam disserere quam assignare pro modulo nostro potuimus. Nunc autem in creaturis pondera, mensuras, numeros videamus : et hoc primum in spiritu rationali perquiramus, ut in eo creatricis vestigium Trinitatis agnoscamus. Spiritus sane rationalis videt in Deo supra se, videt posse Deum in se, videt post se in spiritu irrationali sub se, sola rationali intelligentia sine corpore numerum, mensuram, pondus, in Deo supra se, quod ut potuimus, non ut debuimus, timide perstrinximus. Post, Deum in se, quod nunc eloqui suscipimus, pie meditari, catholice fari, fideliter imitari, Domino donante, debemus illam summam, simplicem et individuam Trinitatem, quam chorus angelorum ille beatus primam novit, notam elegit, electam tenuit. O vera cognitio ! justa electio ! felix possessio ! Beatus ille spiritus rationalis Deum aspiciens, in ipso omnia sua colligit notitia, de quibus omnibus quid agat, quo ea referat, libero rationis arbitrio recte dijudicat, quæ pro suo judicio pensans amat. Cognitione ergo numerat, judicio mensurat, amore ponderat, quo se et omnia transiens Deum singulariter amat. Hic tractus ponderis, hoc pondus amoris, hic amor charitatis in electis angelis conservat signaculum similitudinis Dei, o Deus omni studio quærendus, omni virtute colendus, omni amore tenendus, angelum et hominem, utrumque rationalem condidisti, qui soli inter omnia recte scire, vere judicare, plene diligere potuerunt, ut erecti supra se ascenderent ad te, non gressu cerporis, sed opere virtutis. Tibi quidem inhærere amoris pondere nulla unquam creatura potuit, nisi tractu superni adjuta ponderis, hoc est absque dono Spiritus sancti, qui nullum deserit nisi qui refugit : Unde Veritas in Evangelio dicit : *Qui autem peccaverit in Spiritum sanctum, non remittetur ei neque in hoc sæculo, neque in futuro (Matth.* xii, 32). Hunc Spiritum sanctum angelus ille refuga noluit, qui bonus a Deo conditus, mox spiritum superbiæ concepit, quo Deum deserens se sibi retinuit. Solum inflatus, omnino vacuus remansit, et nos seducendo in primo patre dejecit, seb nos seductos miseratio superna respexit. Quæris causam qua Deus peccatores revocat. Eadem est qua Deus omnia de nihilo creat. Superius audisti quia Spiritus sanctus Patris et Filii unus causa est singularis et divina ex qua pendent omnia ut effectus ex causa : quapropter ad eum referenda sunt universa. Sine isto quantacunque quis fecerit, sunt omnia mala. Quapropter in omnibus quæ agis quære tibi a superiori pondere pondus amoris, id est a Spiritu sancto donum charitatis. Ora Patrem per Filium in Spiritu sancto, non dividas gradibus quem unum in essentia confitemur, quem voluntas non variat, ned dividit actus, ora ut tibi charitas detur, quam proprie sanctus aspirat Spiritus, sed tota Trinitas donat cui vult. Summæ quidem Trinitatis indivisa est unitas, inseparabilis efficacia, et dona communia. Ora ut charitatem accipias, qua accepta, cum Apostolo dicis : *Charitas Dei diffusa est in cordibus nostris per Spiritum sanctum qui ortus est nobis (Rom.* v, 5). Hæc charitas a Spiritu sancto data, quia desursum est, quidquid per eum egeris, sursum levat. Cupiditas vero, quæ falso de infimis nititur oriri, deorsum trahit. Quidquid per eam egeris, totum perdis. Quapropter Spiritum sanctum humiliter quære, et per eum pœnitentiæ remedia suscipe. Quem enim unctio Spiritus non tetigerit, pœnitentiæ remedium non accipit. Hunc mulier illa susceperat, cujus charitatem Evangelium nobis commendat, dicens : *Dimissa sunt ei peccata multa, quia dilexit multum (Luc.* vii, 47). Scias ergo quia Dei dilectio vere peccatorum est remissio : unde apostolus Joannes ait : *Qui non diligit manet in morte (I Joan.* iii, 14). Stipendium enim peccati mors est. Multi quidem ratione sola commoniti, quæ nec aufertur in pœnis, dolent se esse in peccatis, a quibus non exeunt absque remedio charitatis, quam Spiritus sanctus infundit. Manente olim mala voluntate, quæ sola Spiritui sancto nititur contraire, non possunt trahi, quia Spiritus sanctus in malevolam animam non descendit.

III. Int. Quæ dicis vera esse sentio, sed hæc mihi aliquo te probare placeat exemplo.

Resp. Nosti quia primo patri nostro Adam in paradiso adducta sunt animantia, quæ in Deus cuncta subjecerat. Arbores quoque paradisi, sola una retenta, eidem Deus concesserat. Adam ea omnia pariter agnovit, de agnitis vere judicans sua singulis animantibus nomina designavit, et tentatus a serpente provida mente respondit, ubi mulier ait : *De omni ligno paradisi vescimur : de ligno vero scientiæ boni et mali ne illud tangeremus prohibuit nos Deus, ne forte moriamur (Gen.* iii, 2). Sed ut Trinitatis in hoc memoriam qualemcunque teneamus, vide numerum in cognatione, mensuram in discretione, ruinam ponderis in cupiditate. Non enim traxit eos charitas, sed depressit cupiditas, qua a Deo recesserunt, dum vetita comederunt, et habere indebita præsumpserunt. Hi pro sua mala voluntate a sancto Spiritu minime tracti sunt, qui culpam suam non solum non confiteri, sed etiam excusando defendere maluerunt. Defensio enim culpæ interclusio est veniæ. Vide etiam quia primus ille de primis parentibus natus dum sua omnia a Deo sibi data cognovit, recte de suis largitori Deo proferre decrevit. In rerum cognitione numerum, in oblatione judicium tenuit et ostendit; sed in pondere peccavit, qui charitate vacuus et sua obtulit et non recte divisit. Non recte divisit qui sua Deo se peccato per fratricidium ponderavit. Hinc Scriptura dicit : *Si recte offeras et non recte dividas, peccasti* (*Gen.* iv, 7). Offert recte qui sibi a Deo præstita jure largitori omnium satagit repensare. Sed non recte dividit qui sua offerens se Deo subtrahit. Pondus amoris indicat quo intendat. Amor ipsum deprimit, vel elevat. Amor bonus est charitas, amor malus cupiditas. Elevat amor bonus, deprimit amor malus. Deprimit, dum num amanda diligit, dum se vel alia quælibet diligens, Deum negligit. Sed charitas elevat, quæ quos potest ad amandum Deum excitat, negligit propria, bona quærit communia. Pondus amoris totum Deus quærit, totum accipit, divisum respuit. *Diliges,* inquit, *Deum tuum ex toto corde tuo, ex tota anima tua, et ex omnibus viribus tuis, et ex omni mente tua (Luc.* x, 27). Amor itaque Dei totum capit, omne colligit, nulla dimittit, universa trahit. Sine hoc quæcunque tenueris, omnia perdis, teste Veritate quæ dicit : *Qui non colligit mecum, dispergit; et qui non est mecum, contra me est (Luc.* xi, 23). Trahe nos, Deus, pondere tuo. Leva nos ad te, sancta Trinitas, cum Elia in curru igneo, in Spiritu sancto. Conformetur tibi nostra quam creasti Trinitas, ut quidquid cognitione numerat, quidquid ratione mensurat, valido charitatis pondere totum pariter omne simul ad te trahat, in te custodiat, et unita tibi beata permaneat tam honore imaginis, quam similitudine charitatis. Imago etenim tua æternitatem, similitudo tua tenet beatitudinem. Si autem in debiti pondere amoris, te neglecto, quod absit! transitoria quærimus, amissa tuæ beatitudinis similitudine, miseri remanemus; sed pro tua imagine in nobis naturaliter permanente sub æterna miseria perduramus. O beata illa anima, quæ amore debito quærit æterna, quæ summæ Trinitatis similitudinem tenet in gloria! Hæc Joannes apostolus de pectore Domini hauriens affirmat, dicens: *Similes ei erimus, quia videbimus eum sicuti est (I Joan.* III, 2). Propheta quaeque dicit pro imagine: *Signatum est super nos lumen vultus tui, Domine.* Dicit et pro similitudine : *Dedisti lætitiam in corde meo Psal.* IV, 7). Nimirum in Deo nulla lætatur imago, nisi quam perornat Dei similitudo. Imago est Dei natura intelligentiæ rationalis imago æternitatis. Similitudo Dei formatur in nobis, in pondere charitatis, in similitudine virtutis. Hanc primus homo perdidit suæ secutus vocem mulieris, non judicium propriæ rationis: et dum diabolo non Deo credidit, cupidus ad indebita declinavit, seque cum sua propagine vitiis atque dæmonibus mancipavit. O misera anima a summis ad ima prolapsa, in regione similitudinis oberrans et devia, nuda et cæca, virtutibus vacua, vitiis sordida, carni subdita, pecorum socia. Hæc Propheta deplorans clamat: *Homo cum in honore esset, non intellexit; comparatus est jumentis insipientibus, et similis factus est illis* (Psal. XLVIII, 12). In honore fuit qui habens in se creatricis vestigium Trinitatis, voluntatem Dei in mandatis agnovit, servandam judicavit, sed amore defecit dum ea quæ Dei sunt Deo præposuit. Unde bene sequitur: *Non intellexit.* Et intellectu perdito factus est animalis jumento similis. De his Paulus ait : *Animalis,* inquit, *homo non percipit ea quæ sunt spiritus Dei* (I Cor. II, 14). Inde est quod primus Adam parens noster, quia de intellectuali factus est animalis, recte pellibus animalium debuit indui et a superioribus ad ima detrudi. Exinde hominis sapientia, peccatis exigentibus, ita deperiit, ut more pecorum subditus corporeæ voluptati, et suæ notitiam perderet trinitatis, qui summam Trinitatem quæ Deus est obliviscens, creaturam impudens adoravit. De talibus ait Apostolus: *Quia cum cognovissent Deum, non sicut Deum glorificaverunt aut gratias egerunt, sed evanuerunt in cogitationibus suis, et obscuratum est insipiens cor eorum* (Rom. I, 21). Et paulo post: *Qui commutaverunt veritatem Dei in mendacium, et coluerunt, et servierunt creaturæ potius quam Creatori, qui est benedictus in sæcula* (*ibid.*, 25). Hi a veritatis luce in errorum tenebris prolapsi, a similitudine Dei in similitudinem pecorum versi, pro veste justitiæ pecorum sordibus obvoluti, nec in se nec in aliis recognoscunt creatricis indicia Trinitatis. Sed æterna Sapientia nec talium oblita misericordiam et miserationem induit, carnem sumpsit de nostro genere, non culpam de traduce. *Nusquam,* inquit Apostolus, *angelos apprehendit, sed semen Abrahæ apprehendit* (Hebr. II, 16). Ejus humilitas nos sanavit, qui morte sua nos redemit. Ejus resurrectio nos sanctificavit qui sua ascensione usque ad solium æternæ beatitudinis secum pariter exaltavit, sic etenim dicit: *Cum exaltatus fuero, omnia traham ad meipsum (Joan.* XII, 32).

IV. INT. Quis est hic humiliatus denuo exaltandus? Ipsum, quæso, ut sequamur, manifesta nobis qui exaltatus omnia ad seipsum trahit.

RESP. Ipse est, charissime, quem patriarcharum oracula, quem legalis observantiæ mysteria, quem prophetarum prædixere vaticinia, quem vox angelica, quem de cœlo stella præsentem præsentia, illa pastoribus, ista revelavit regibus. Iste est sapientia Patris, attingens a fine usque ad finem fortiter et disponens omnia suaviter. Pater quidem, sicut superius jam audisti, omnem creaturam cum sua proprietate non alibi sed apud se sine varietate semper habet nosse, sine compoto semper numerare. Audisti quia Filius patris, sapientia scilicet quam ex se non aliunde sine initio perfectam genuit, omnia certis mensurat finibus pro naturæ modis et actionibus. Audisti quia procedens ab utroque Spiritus sanctus, suo tenet omnia pondere. Est enim causa qua de nihilo per ipsum facta servantur omnia. Ex his autem quæ facta sunt, quædam motu naturali vegetantur, quod in herbis et arboribus solotenus fixis persæpe miramur. Sunt et naturali et spontaneo motu prædita, ut animalia, quorum corpora et naturaliter crescunt, et varie discurrunt. Sunt homines qui et naturaliter crescunt et spontaneo motu sese agunt, sed rationali intelligentia præcellunt, qua et supra se divina cognoscunt. Cætera quidem ratione carentia sub his quæ ratione prædati sunt remanent subdita. Eo usque ipsorum pertingit natura. Homo quidem, quasi medius inter inferiora et superiora, et Deum audire debet pro suæ rationis intelligentia, et de inferioribus judicare pro mensura sententiæ a Deo sibi prærogatæ, ut de inferioribus sui lege judicii sic disponat, quatenus auctori omnium et ipse bene compositus assidue placeat. Sed ejus mensura judicii tunc itaque defecit, cum Deum deserens, cui subesse debuit, cæca mente his quibus prælatus fuerat tam Dei munere quam jure naturæ subditus remansit, socius pecorum, servus dæmonum. At hanc vero humani judicii mensuram in propria libertate reparatam Dei sapientia quæ est superior mensura, quæ metitur omnia. nobis per assumptum hominem apparuit Deus et homo, non duæ personæ, sed una; duæ naturæ, non una; Deus et homo, unus non duo; inconfusus, indivisus, plenus et perfectus. Servata namque utriusque naturæ proprietate, Deus homo factus non desiit Deus esse; homo factus Deus, homo habuit permanere. Ex duabus igitur et in duabus naturis Deus et homo Christus, non natura sed persona unus, non est recens Deus, sed est ab æterno Christus. Natura quidem hominis non persona a Verbo Dei est assumpta, sed persona Verbi et hominis, id est Jesu Christi manet omnia, Patri coæterna; non una de dispositis quæ in Deo sunt vita *Quod factum est*, inquit, *in ipso vita erat* (*Joan.* I, 4), sed disponens omnia, creans singula, regens universa. Est enim tertia in Trinitate quæ Deus est persona, non tertia in deitate substantia, sed una et eadem cum Patre et Spiritu sancto manens essentia. Ejus pro nobis humiliatio est humanæ naturæ susceptio, qua factus est redemptor noster et legifer noster. Ipse est mensura superior; qui mensuram nostri judicii quæ defecerat obedientiæ legibus decoravit, cujus formam in semetipso proponens nobis ait: *Non veni facere voluntatem meam, sed voluntatem ejus qni misit me* (*Joan.* VI, 38). Qua usque ad mortem completa, victor ab inferis rediens et a morte resurgens, cœlos ascendit, unde nobis sanctum Spiritum copiosius effudit, cujus pondere nos infima membra sibi unita trahit ad superna. Agnosce ergo et venerare pro nobis humiliatum, prosequere virtutum gressibus eumdem exaltatum, pondere Spiritus sancti, fune charitatis omnia trahentem ad seipsum.

V. INT. Quæ omnia? Nonne multos, perseverante usque ad mortem nequitia, credimus perpetua damnatos esse sententia?

RESP. Dictum est omnia, non quidem universaliter omnia, sed omnia utique electa. Omnia, de omni gente, de omni conditione, de omni ætate, de omni sexu, de omnibus terræ et maris finibus, a primo justo omnes ad ultimum electo. Hos omnes humiliatus ille quæsivit et exaltatus collectos ad se trahit. Ad hunc in tenebris hujus sæculi cognoscendum nos qui adhuc in carnis infirmitate preminur superna gratia concitamur. Fides nuntiat, spes demonstrat, charitas manifestat. His tribus illustrati quidquid multiplici cognitione numeramus, quidquid judicii ratione mensuramus, quidquid amore congruo ponderamus, summæ Trinitati jure debito conformamus, quæ nos et omnia suo simplici numero colligit, sua simplici mensura producit, suo simplici pondere custodit. Una quidem est rationalis anima, quæ summæ Trinitati conformata pro modo suo tria in se tenet inseparabilia. Numerando enim mensurat et ponderat, mensurando quoque numerat et ponderat, ponderando simul numerat et mensurat. Quia vero pondus suum trahendo numerum et mensuram præponderat, cum ipsum pondus charitatis flamma ea sursum trahendo rapiat, charitatem Dominus servandam præcipue mandat, dicens: *Ignem veni mittere in terram, et quid volo nisi ut ardeat?* (*Luc.* XII, 49.) Ut autem ardeat, *Diliges*, inquit, *Dominum Deum tuum ex toto corde tuo*, etc. *Hoc est primum et maximum mandatum* (*Matth.* XXII, 39, 38). Primum, quod cætera sequuntur; maximum, quo perficiuntur, vel primum et maximum, quia in prima tabula et de colendo Deo. Nam secundum et magnum in secunda de diligendo proximo. Dilectio Dei merito præcellit, quo anima vel spiritus rationalis confirmata summæ Trinitati quidquid pro notitia numerat vel ratione judicat, pro amore ponderat. Recte peragit omnia se ei referens cujus notitia sine compoto numerat, sapientia sine fine mensurat, charitas sine pondere pensat. Hanc summam Trinitatem quæ Deus est fideliter adoramus, cujus imaginem, ipso revelante, in nobis quærimus: de qua pro modulo nostro aliqua, te compellente, supra taxavimus. Nunc quia perurges super irrationalem spiritum pro ipsa ibidem inquirenda mentis intuitum applicemus.

VI. Irrationalis spiritus in agendis suis nulla ratione ducitur, nulla supra se intelligentia levatur, sed animæ viribus nititur, sed suis affectibus implicatur. Amat, odit, audet, metuit non pro intelligentia veritatis, non pro judicio rationis, sed pro appetitu propriæ voluptatis, sed pro consuetudine sibi inditæ necessitudinis. Pro quinque sensibus suis corporeis habet exterius corporalium notionem, et pro memoria interius cognitorum tenet imaginationem. Eorum etenim, quæ exterius agnoscit sensibus corpora aut se intus pro sua recordatur memoria. Suam voluntatem aut circa corpora aut circa corporum imagines occupat, nec ab his elevat; sed eam in his retentat et variat. Sensibus quidem in memoria numerat, affectione mensurat, concupiscentia ponderat. Nec in se nec in aliis hæc tria discernit, quæ ratio deprehendit, intelligentia cognoscit. Pæc duo solummodo homini et angelo collata sunt a Deo. His profecto vacuus irrationalis spiritus minime est ad imaginem et similitudinem Dei factus. Non habet igitur beatitudinem pro Dei similitudine, non habet æternitatem pro Dei imagine, sed carens utroque suo finitur tempore. Quapropter ejus illa qualiscunque trinitas, quam etiam ipse ignorat, nequaquam summæ Trinitati se conformat. Non enim novit æterna quidquid caret intelligentia, caret quidem intelligentia: quod abhorrens Propheta nobis intelligentibus ita clamat: *Nolite fieri sicut equus et mulus, quibus non est intellectus* (*Psal.* XXXI, 9).

VII. Vide etiam nunc ultima rerum corpora, ut in ipsis aliqua Trinitatis signa cognoscas. Habes enim in unoquoque corpore numerum pro multitudine partium, mensuram pro quantitate ipsarum; et pondus pro substantiæ natura, quasi mota fuerit recurrit in sua, omne siquidem corpus ubicunque sit, cum partes non habere non possit, pro partibus est numerabile, pro termino partium est mensurabile, pro lege sua fit ponderabile. Si enim quantulacunque terræ particula levetur in aere vel in aqua, nosti quia non quiescit, donec naturali pondere redeat ad solidum terræ, Sic et aquæ guttula in aere levata non resident lege ponderis donec ad sua redierit. Aer quoque mobilis, nec sub aqua, si exitum invenit, sustinet coerceri. Ignis quoque iste terrenus in sua natura genium superioris ignis observat. Pro posse etenim suo superevolat, nisi eum includendo cæterorum constipatio elementorum retineat. Unumquodque istorum quatuor, quod sensu percipis ipse corporeo, sed discernis tactu mentis incorporeo, habet pro partibus numerum, pro mensura terminum, pro pondere locum. Tria ista, numerus, mensura, pondus, distincta et inseparabilia in unoquoque corpore naturaliter præsentatur, sicque in unitate signa trinitatis intelligentibus, angelo scilicet et homini cognoscendo proponuntur. Quisquis ergo ille es qui intelligis, pro intellectu quo præcellis venerare Deum, cujus Trinitatis signa in te et in aliis quibusque creatis utique recognoscis. Intelligis Deum, nec qualem, nec quantum. Agnoscis spiritum a Deo conditum, qualem esse, non quantum. Aspicis corpora qualia et quanta. Deus enim prorsus ab omni qualitate, quantitate seu varietate qualibet omnino liber est. Simplex enim et summum verum et unum est. Spiritus sane conditus et voluntatibus variatur, et affectionibus mutatur, unde et temporalis esse dignoscitur, sed partibus carens locali dimensione privatur. Ea propter nec magnus nec parvus esse convincitur. Corpora denique vides colorata, sentis lenia vel aspera, calida vel frigida, metiris magna vel parva, terminas longa, lata, alta; sustines gravia vel levia, deprehendis liquido ea esse qualia et quanta. His hujusmodi taliter inspectis, recte intelligis, quia æternitas Deo, tempus spiritui, tempus et locus corpori utique convenit; sed ista nesciunt irrationalia, non sentiunt corpora.

VIII. Vide nunc et corporeos sensus quibus nos utimur, quos quinque novimus; quos visum, auditum, odoratum, gustum, tactum sæpe nominamus. Si actus eorum sedulus attendis, in singulis actibus tria considerans. Trinitatis memoriam te consignabis. Anima quidem tota oculis colorata, tota auribus sonora, tota naribus odora, tota palato sapora, tota toto corpore sentit palpabilia. Cum autem aliquid oculis cernimus, scis quia intus est anima videns, exterius res visa, in medio oculus quo videt anima et videtur res visa. Res quæ extra videntur numero prope infinito præsentantur, visioni oculi mensurantur, sententia videntis animæ ponderantur. Hoc qualecunque Trinitatis indiculum, pensa et in actibus singulis sensuum reliquorum. Et vide quia visus tuus non videt seipsum, nec videt auditum, sicut et auditus tuus non audit seipsum, nec aliquem reliquorum sensuum; sed anima videt sensus, videt si corpora sensibus. Si quidem in sensibus diversa sunt videre, et audire, odorari, gustare et tangere. In anima vero non sunt diversa, sed unum sunt in illa una. Hæc spiritus rationalis illuminatus intelligit, spiritus irrationalis nequaquam percipit, sensus corporeus minime cernit, corpus nullo modo sentit.

IX. Motus denuo si perpendis, tu quoque in ipsis a summo usque deorsum perspectis aliquam Trinitatis notitiam percipere poteris. Omnis quidem motus ab immoto oritur; si enim non esset unde surgeret, nec motus esset. Creator Deus movet omnia, non movetur. Creatura vero corporea non movet, sed movetur. Creatura autem spiritualis movet et movetur. Qui movet omnia, quæque mota suo tenet pondere. Quæ moventur moventi se suo numero præsentantur. Qui movet et movetur inter utrumque veluti medius quasi mensura protenditur. Movet enim cum superiori, movetur cum inferiori. Iste quidem medius, si rationalis est et Deo conformatus, tam se quam quemlibet alia superiori judicat referenda. Superiori dico, excellenti et summo, quo simul omnia moventur, nec aliquid est quo moveatur. Et hoc attendere libet, quia si motus rerum nullus esset, nec tempus fieret.

X. Tempus quidem, ut videtur nostris, non est motus rerum, nec mutabilitas motorum, sed spatium mutationis mutabilium. Tempus, ut tu vides, nunquam stat, dum omni celeritate futura per præsens labuntur in præterita. Nos vero qui in tempore versamur, et tempus temporaliter agimus, contuitu mirabili perhorremus, quia nec ipsum tempus quod nostrum est tenere possumus, nec ipsum quærentibus quid sit præsentare seu revelare valemus. Et mirum in modum cum jam non sit præteritum, præsens tamen memoria tenet præteritum. Simili modo cum nondum sit futurum, præsens tamen exspectatio captat futurum. Ipsum etiam præsens quod minime stat, facit quasi stare præsens notitia. Dum igitur præteritum memorando numeras, dum præsens intuitu præsenti mensuras, dum futurum exspectans intentione suspensa ponderas, ad hæc tria quædam imago Trinitatis colligenda, manum fere nulla capientem studiose præparas. Nimirum præteritum memoriter numeramus, præsentia vix quomodocunque metimur, ad ea quæ futura sunt tendimus. Quæ tria pro rerum mutatione quasi certis intervallorum spatiis assignare conamur, sed defectu continuo fluida perdimus. Hæc autem spatia certa intervalli divisione finita solemus appellare aliquando sæculum, annum, mensem, diem, horam, momentum et si qua similia. Nos autem pro nostra mutabilitate sic moti tempore labimur, quomodo marinis fluctibus navigio evehi solemus, in quo sive ambulantes, sive pausantes simus, navis assidue transit aut agitatur. Simili modo ubicunque sumus in mundo, nostrum quo volvimur transit tempus, seu agentes seu vacantes simus. Sol quidem ad imperium Josue fixus in cœlo stabat, nec minus ideo solis tempus ibat, nec minus ideo sol mutabilis erat.

XI. Inter hujusmodi volumina temporis divina miseratio nostram miseratа miseriam ab initio usque ad finem sæculi fideles suos reparando recolligit, et a defluxu temporis ad stabilem veræ beatitudinis gloriam perducit. Primo quidem sub naturalis industriæ moribus, secundo sub legis vinculo et prophetarum vocibus, tertio quando venit plenitudo temporis in quo Deus Filium suum misit. Primo quando humanum genus sibi ipse relictum est ut pro intelligentia naturæ rationalis juste coram

Domino viveret. Hoc tempus justitiæ naturalis cum adjutorio gratiæ tenuerunt patres antiqui ab Adam usque ad Moysen, populi liberatorem Israelitici, latorem legis. Secundo cum, deficiente naturali justitia, superapposita est legis scriptæ disciplina et prophetarum dogmata, quibus adjuta ratio naturalis viam incederet veritatis, quam sola sine gratia nunquam tenere potuit. Hoc tempus a Moyse usque ad Christum Dei Filium novimus adimpletum. Tertio quando plenitudo gratiæ intravit, nato Dei Filio in terris, qui prævaricatores naturalis justitiæ, et transgressores legalis observantiæ et doctrinæ propheticæ suo redemit sanguine, et donorum cœlestium fecundavit ubertate, manifesta fidei veritate in omnes fines terræ. Ecce in his tribus temporibus signa Trinitatis semper intuenda respicimus. Quidquid justitia naturalis servando numerat, lex et prophetia docendo mensurat, sapientia divina per carnem de Virgine natam pondere virtutum cœlestibus inferenda reportat. Humanos siquidem mores naturalis ratio producit, legis disciplina et prophetiæ auctoritas componit, incarnati Verbi manifestatio ad usque videnda divina perducit. Nostris cum adjutorio gratiæ moribus et ipsi bene vivimus, et proximos nostros informamus, ut cum ipsis pariter divinæ visioni facie ad faciem præsentemur. Nos ipsos veluti scire, sic numerare possumus: nostros autem proximos sicuti nos nondum scimus, sed eos ad amandum Deum informando veluti nos mensuramus. Deum vero quem singulariter quærimus, nobis et proximis nostris toto amoris pondere præponimus, qui Trinitatis ejus insignia et in his et in aliis nobis proposita gratanter aspicimus. Quia vero de moribus aliqua diximus, congruum videtur ut super legis scripta seu quælibet agiographa pauliper intendamus. Mores quidem nostros industria rationalis inchoat, et sacri auctoritas eloquii confirmat, et sacramentorum virtus in æternum usque consummat.

XI. In Scripturis divinis historiam et parabolas legendo percurrimus, de quibus mysticum aliquando sensum trahimus, et ex his prudenter inspectis moralitatis dulcedinem prægustamus. Historia et parabolis nutrimur, allegoria crescimus, quam sola mentis intelligentia cernimus; moralitate perficimur, qua sola Domino conformamur. Historias quidem et parabolas etiam ineruditi et infideles passim referendo, persæpe legendo numerant; allegoriam vero doctores pro intellectus altitudine mensurant; fideles autem et etiam simplices moralitatem pie præponderant. Tribus istis sub Trinitatis memoria signatis, hæc utique prospicimus, quia historia et parabolæ quas legendo vel audiendo memoria tenemus, et allegoria quam solo intellectu cernimus, nisi mores informent, nobis inutilia remanent. Ad hæc enim divina Scriptura proponitur legenda vel audienda, ut mores ædificet, vitam informet. Hinc Apostolus ait: *Quæcunque scripta sunt ad nostram doctrinam scripta sunt, ut per patientiam et consolationem Scripturarum spem habeamus* (Rom. xv, 4). Hæc videbat Propheta qui dicebat: *Dominus regit me, et nihil mihi deerit, in loco pascuæ ibi me collocavit, super aquas refectionis educavit me* (Psal. xxii, 2). Cum Dominus, attestante Luca, *aperuit illis sensum ut intelligerent Scripturas* (Luc. xxiv, 45), eum agnoscere minime potuerunt, donec ei charitatis officia impenderunt, ut eum in panis fractione mox apertis oculis aspexerunt. Non enim, teste Apostolo, *auditores legis justi sunt apud Deum, sed factores legis justificabuntur* (Jac. i, 22).

XIII. Quia vero de moribus et de Scripturis aliqua perstrinximus, et de sacramentis pro fide catholica disseramus. Moribus quippe naturaliter vivimus, Scripturis erudimur, sacramentis innovamur. In sacramentis exterius vides aquam, vides oleum et balsama, et si qua alia. Infideles cum fidelibus simul vident ea. Ad hæc minister superponit verba divinitus inspirata, et fiunt sacramenta. Hæc infideles nesciunt, soli fideles agnoscunt, et in his efficaciam Spiritus sancti mirabiliter operantem, tam in se quam in aliis quibus rite impensa fuerunt, recognoscunt. Hæc utique corporalia oculis cernentibus manifesta, per solos Ecclesiæ ministros verbo fidei consecrata, æterna credentibus præstant beneficia, licet ipsa minime sint ætæena, sed temporaliter exhibita. Vide numerum in exhibitione, mensuram in consecratione, pondus in efficacia cum æternitate. Corporaliter enim præsentantur, spiritualiter consecrantur, æternaliter operantur. Divina sunt ista non humana, gratiæ beneficia non naturæ potentia, opus Spiritus sancti non meritum hominis. Oportet igitur Ecclesiæ ministrum in his agendis sanctum habere Spiritum. In isto namque fiunt omnia, sed singulari opere sacramenta in isto sunt rata, sunt efficacia; sine isto sunt cassa, sunt inutilia. Videat ergo minister ne sit solo nomine minister: sit minister Christi ut habeat spiritum Christi, quem nisi habuerit, non potest esse Christi, teste Apostolo qui ait: *Si quis autem spiritum Christi non habet, hic non est ejus* Rom. viii, 9). Qui autem non est Christi, non habet utique spiritum Christi, sine quo nequaquam possunt sacramenta fieri. Quapropter excommunicati, schismatici, depositi, contra Ecclesiam catholicam erecti, seu palmites a vite præcisi, quomodo possunt agere in sacramentis? Scio alia alios dixisse, alia scripsisse. Quomodo benedicit cui Christus maledicit? Quomodo consecrat quem Christus exsecrat? Quomodo potest me consecrare cum quo non possum orare? Quomodo ecclesiastica ministrat cui Ecclesia clamat: « Qui non communicat exeat foras. » O veritas! doce nos sententiam veritatis, cadant vaniloquia falsitatis. Christus est via, veritas et vita. Quare qui a Christo præcisus est vita caret, veritatem non tenet, erroneus est. Quem non tenuit arca perdidit unda. Sic omnis perit qui ab Ecclesia cadit. Hæc sola jure cœli et ligat et solvit. Hæc a primo parente hominum usque ad ultimum in fine sæculi filium electos quærit, quos sub infelici numero varietatis sparsos primum invenit, sed suis dogmatibus et sacramentorum remediis ad mensuram unitatis catholicæ fidei restringit, et charitatis pondere ad videnda divina perducit. Ad hæc quidem videnda origo generis humani illa, quam scire debes, trifaria a summa Trinitate quæ Deus est, constat esse edita.

XIV. INT. Originem generis humani sæpius audivi, sed fuisse trifariam non attendi.

RESP. Adam hominum prius nosti quia nullis præcedentibus patribus a Deo conditus est. De ejus costa Eva legitur formata, de substantia solius viri absque consortio comparis. Ex his duobus, Adam scilicet et Eva in una carne copulatis, generantur communi lege filii. His tribus modis constat origo generis humani, quibus representat in se quamdam creatricis imaginem Trinitatis. Nosti enim quia Deus Pater a nullo est, Filius autem de Patris essentia natus est, Spiritus vero sanctus ab utroque procedens amborum unus est. Hæc deitatis Trinitas in unitate consistit, fine caret, initium nescit, nihil in ea prius, nihil posterius. Non habet variari, unde nec mutari. Idem semper est, id ipsum permanet. Ad ejus imaginem et similitudinem humana natura facta est, sed per eam quæ de vero sine femina constat edita prævaricatione suscepta, trimoda illa generis origo corruit in peccato. At vero superna gratia nec eam in peccatis deserens inter errorum tenebras stellam fidei sole verius radiantem ita fecit oriri quod nullis persecutorum tempestatibus, nullis hæresum inundationibus unquam potuit exstingui. Hac itaque firmiter accensa prænuntiatus est et quæsitus omnium conditorum, ut et perditorum fieret ipse redemptor. Venit igitur ille æternus de æterno Patre sine matre, et factus est homo de temporali matre, sine temporali patre : factus inde medicina unde surrexerat culpa. Eva siquidem legitur facta de viro sine femina : hic de femina sine viro, tenens nostri veritatem generis absque nostri macula criminis : Deus apud Deum, homo apud homines Deus et homo inter Deum et homines; unus uniens Deum et homines Deus et homo : unus persona Deum et homines uniens gratia. Hic Spiritum sanctum misit, quo nova progenies de terra procedit. Unus quidem est iste Patris et Filii et Spiritus in Deitate tertia persona, non tertius Deus. Ab utroque procedens Deus. Ab utroque natos de mare scilicet et femina sub carnis concupiscentia mirabili virtute regenerat. Hic de filiis carnis filios Dei gratuito facit ; gratuito, quia charitate, non merito, non necessitate. Filios carnis fecit concupiscentia primæ matris, quæ mensuram obedientiæ viro suo servare debuit, sed enormis facta, viro suo inobedientiam propinavit. Vir autem male ponderans, obedientia relicta, inobedientiam tenuit, qua suæ servus concupiscentiæ cum sua posteritate damnatus remansit. Sic omnis ejus posteritas fomite carnis progenita, a numero deleta bonorum, innumeram cladem portat damnata malorum. Non est qui eruat, non est qui salvet, nisi tu, Deus noster, qui vere natus de femina virgine, solus potes sanare quod prima siquidem mater, nec integra mente nec virgo corpore, suæ perdidit lege concupiscentiæ. Tu pie Domine, tuo charitatis pondere per mensuram obedientiæ erue nos de sorte malorum, resigna nos in numero justorum. O Deus meus, quia homo factus vere meus, propter me factus pauper et egenus in terra mei incolatus, ut me vero pauperem et egenum æternæ felicitatis tuæ possessorem facias in æternum! Ad hæc obtinenda tuis humanum genus renovas sacramentis, diversis pro diverso tempore, non diversa fide ; diversis effectibus, non diversis virtutibus. Ex his quo voluisti sacramento renatis ad te multi redeunt vel sola gratia induti, vel pro indulto tempore virtutibus superamicti, aut post immania crimina et neglecta sacramenta per pænitentiam Ecclesia medicante sanati. Hos Ecclesia pænitentes numerando resignat, illos piis operibus insignes penna virtutum elevat, alios vero post accepta sacramenta, nulla sequente macula, statim superna de præsenti sæculo eruit gratia sicut accepta sic integra, nec adaucta, nec diminuta. Gratia ergo et renatos mox obeuntes salvat, et pænitentes post lapsum sanat, et ornatos vitutibus coronat. His tribus ordinibus in fine datur vitæ æternæ denarius pro unitate fidei unus. Sanctis quidem vitutum merita præferentibus pro meritis debetur, pro debito redditur. His vero qui post acceptam gratiam prolapsi sunt sed per Ecclesiam pænitendo redeunt et absque fructu virtutum statim obeunt, ille denarius minime debetur, pro Ecclesia tamen eos remediante et interveniente, post purgatoria donatur, non utique redditur, quia minime debetur. Illis autem qui renati in Christo non supervivunt, sed celerius exeunt, quia ipsi sunt membra Christi, non possunt non habere regnum Christi. Tribus istis bonorum distinctionibus denarii unitatem percipientibus, quædam summæ Trinitatis imago in æterna beatitudine signata manebit, ab imis per media ad summa perducta, in unum collecta, Trinitatem in unitate plenam et perfectam plena et perfecta manebit in sæcula sæculorum. Amen. Pax tibi.

XV. INT. Quid? Finem loquendi facis, qui ab imis per media ad summa gradum facis, et quid ipsa sunt non ostendis?

RESP. Ne molestum te dimittam, ea paucis expediam. Summa quidem, prout sentimus, hoc in loco virtutes esse dicimus, quas a Deo et in Deo habemus, quibus cum Deo unus spiritus nos ipsi sumus. Ima vero dicimus tam corpora quam spiritus et quidquid creaturæ nomine designamus. Media autem liberum arbitrium et rationalem intelligentiam hominis et angeli novimus, quibus quamvis et ipsa creata sunt, tanquam mediis ima pariter et summa contingendo sentimus. Per ea enim summis, et infimis uti valemus, quibus summa infimis præponenda videmus, quibus cæteras veluti quodam lumine creaturas præcedimus. De lumine isto Dominus in Evangelio dicit : *Vide ergo ne lumen quod in te est tenebræ sint* (*Luc.* II, 35). Lumen quippe tuum quo animantia irrationalia præcellis tunc utique tenebræ fit, cum infirma summis amore præponis. Cum enim virtutes abjicis, non possunt bene fieri quæ sine virtutibus agis. Has sane virtutes intelligi lucernas ardentes voluit qui dicit : *Sint lumbi vestri præcincti et lucernæ ardentes in manibus vestris* (*Luc.* XII, 35). Lumbos præcingit qui luxuriam carnis castitatis cingulo, reprimit. Lucernas ardentes est in manibus tenere, habere virtutes in operatione, quas cum operando tenemus, bene per omnia de imis omnibus operamur. Nemo enim castitate mœchatur, nemo veritate mentitur, nemo justitia fraudatur, et sic de cæteris. Cum itaque virtutibus omnia peragis, tunc ab imis per media libero cursu conscendis, sicque in omni tua actione veneranda Trinitatis auspicia mundi cordis oculis repræsentas. Profers in imis ex multitudine numerum, in mediis rationalis intelligentia mensurat judicium, in summis superna veritas pondere proprio trahit omnia secum. Felix operatio, quæ tali procedit ordine, quæ coram piis oculis insignita refulget Trinitate. Angelorum concivit, Domino similis, homo licet terrenus jam vere procedit, cujus actio tam corporea quam spiritualis præsentis honore virtutis in odorem suavissimum ad cœli summa conscendit. Videat ergo discretio tua, ut cum virtutibus semper agat. Si enim absque virtutibus quælibet ima tractaveris, sine dubio mox peccabis, mox actio tua Trinitatis decore carebit, tuaque ratio et intelligentia a lumine in tenebras mersa, non erit media, nec ima tantum, sed magis infima. Non quod mala sint ea quæ diximus ima et media; fecit enim Deus omnia, bonus bona; sed cum absque virtutibus ima quælibet dispensamus, mediis abutendo peccamus; et tunc mala dicimus ima, quia male disposita. Media vero pessima non solum imis, sed et seipsis male utentia. In his et aliis præmissis hunc certum suscipe finem, ut cujus tenes imaginem fideliter teneas Trinitatem, in omnibus ejusdem signa requiras, quæsita cognoscas, cognita diligas. Ima simul omnia recte per media semper ad summa referendo quiescas per sæcula sæculorum. Amen

HUGONIS
ARCHIEPISCOPI ROTHOMAGENSIS
TRACTATUS IN HEXAMERON

(Fragmentum. — Edidit Marten. *Thes. Anecd.* t. V, col. 1001, ex ms. Rothom. domini Grebovaldi.)

Viro erudito Arnulfo Lexoviensi episcopo filio suo charissimo, Hugo Rothomagensis sacerdos spiritum sapientiæ, lumen doctrinæ.

Librum principii seu creationis rerum, Deo annuente, suscipimus intuendum. Hanc sane cosmographiam Moyses edidit magnus ille famulus Domini, qui primus a Deo virgam virtutis accepit, qua mirabilia fecit, et Ecclesiam Dei præsulatu magnifico gubernavit. Liber ejus sacrorum origo voluminum cœlestia continet et terrena, leges et mandata divina, præmia justorum, supplicia peccatorum, et super omnia Deum omnipotentem tam de malis quam de bonis semper bene operantem. Auctor iste planus et aperta promit eloquia, sed altitudine sensuum profundissima, quæ sola sancti Spiritus aperit gratia. Ea certe spiritu quo scripta sunt et reservari queunt, mundana nesciunt, scrutari sapientia, quæ non ratio capit humana. Igitur invocato Spiritu sancto, ea videamus quo inspirante sententiam veriatis prout voluerit afferamus. Veritatis verba sunt ista vero Spiritu edita : verax est qui ea scripsit et vera sensit in eis. Ex eis omnibus veris poterimus ea sola nosse, ea nota dicere, quæ dabit et nobis qui dedit Moysi nosse quæ voluit, nec tamen omnia Moyses novit in eis, quæ novit in eis Spiritus sanctus ipsum qui docuit. Igitur ad Spiritum sanctum referemus quæ super his ex ipso dicimus, sine quo nec ille potuit, nec nos dicere possumus. In his superbia cæca remanet, in his humilitas luminosa videt. Ibi elephans periculose natat, ibi agnus secure ambulat. Ibi caput elephantis demergitur, ibi pes agni supergreditur. In his ergo et in omnibus superilluminet nostros sensus doctor ille summus, in quo sunt omnes thesauri sapientiæ et scientiæ absconditi, Jesus Christus, de quo in Apocalypsi legitur : *Ecce vicit leo de tribu Juda, radix David accipere librum et solvere septem signacula ejus* (*Apoc.* V, 5). His septem signaculis liber iste Geneseos diebus septem primariis signatus exstitit in opere septiformi sub septem donis Spiritus sancti. De his septem diebus septemque sigillis et sancti Spiritus septem donis in secundo dialogi nostri libro egisse me recolo. Nunc autem in hoc opusculo nostro magis historiam requirendo tractamus, quam sensus allegorico seu morales attingamus. Proinde librum istum ad eum usque locum percurrimus, quo nostrum primus a paradiso depositus vallem lacrymarum intravit, culpis implicitus, pœnis addictus. Lege, fili, legat qui voluerit ista, sed conditione data, ut omnia falsa falso mihi, omnia vera Spiritui veritatis habeantim putari ; mihi pro correctione, illi pro gratiarum actione, qui ex Patre Filioque procedens essentialiter uuus cum Patre et Filio Deus in æternum et ultra vivit et regnat.

LIBER PRIMUS.

1. *In principio creavit Deus cœlum et terram.* Scriptura ista celebris atque notissima toto orbe diffunditur, omni lingua prædicatur : veritate qua præeminet cunctis sese præbet. Qualis accesseris, talem tibi et ipsam invenis. Dulci affatu parvulos nutrit, pio dogmate modestos reficit, altitudine superbos ridet, profunditate studiosos terret, de omnibus agit, Deum ostendit.

2. *In principio creavit Deus.* Ante principium creationis rerum si aliquid forte quæsieris, penitus invenire non poteris. Sola æternitas præcedit omnia, solus Deus universa, quorum motus egerit tempora, quorum partes efficiunt loca. Mutatio creaturæ probat eam initium habuisse. Quam cito vides rerum creationem, mox invenis Deum creatorem. Qui creat creandis est ipse principium, vel creando facit esse principium, itaque de nihilo per ipsum fieri simul incipiunt. Cum itaque dicis esse principium, debes nosse quia Deus præcedit omnia, non quidem tempore, sed æternitate. Cum vero dicis, Deo creante, simul omnia principium habuisse, instransitive pensa principium rei et rem principii, creatum esse quod inceptum est, incepisse quod creatum est. Pro tanto igitur principio creationis, seu pro tanta creatione principii apud Hebræos scriptura ista titulum non accepit, quia tam universali principio præponi aliquid indignum fuit, a tanto tamen principio quod habuit apud nos principii nomen assumpsit.

3. *In principio creavit Deus.* Pensa qui legis, pensa auctorem operis, opus auctoris, modum operis, inventionem auctoris. Præsentis igitur operis auctorum sanctum illum agnosce Moysen, qui a fide et genere descendit Abrahæ, susceptus ab aqua, præsignans mysteria, nutritus in aula regia, adoptatus a regis filia. Sentis aulam regiam Christi Ecclesiam et regis filiam divinam gratiam. Iste fratrem oppressum liberavit, inimicum perdidit, Ægypti delicias sprevit, in solitudine annis quadraginta Domino vacavit. Ibi sine incendio ardente in rubo apparente Domino mandata suscepit : inde signis et prodigiis magos et incredulos afflixit, pascha celebravit, populum Dei agni sanguine protexit, quem in columna nubis et ignis eduxit, mare divisit, Ægyptios perdidit. Legem digito Dei scriptam in eremo accepit, de cœlo manna, de petra flumina populo ministravit, quem ad terram promissionis possidendam præparavit. Tantus iste, glorificata facie, loquebatur cum Domino sicut amicus cum amico : unde merito potuit ipse homo loqui de eo quod erat antequam esset homo, non ex humana sapientia, sed docente Spiritu sancto.

4. *In principio creavit Deus cœlum et terram.* Ecce quod non vidit homo, nobis loquitur homo, propheta de præterito. Idem ipse quam multa sacramenta scribendo tradidit, servanda mandavit propheta de præsenti. Ea qui legit, qni tenuit, non intellexit, nisi per eum qui clavem scientiæ gerit. Hic etiam propheta de futuro claruit, unde ait : *Prophetam suscitabit vobis Deus de fratribus vestris, tanquam me ipsum aupietis* (Act. vii, 37). Dominus attestatur ei : *Si crederetis*, inquit, *Moysi, crederetis forsitan et mihi : de me enim ille scripsit* (Joan. v, 46). Scienda est etiam materia operis, quam tantus propheta Domini, tam præcellens dux Israeliticæ gentis assumpsit, ut scire valeas de quo agit.

5. Materia itaque operis hujus est equidem creator Deus et creatura ejus.

6. Modus in hoc opere restat intuendus, ut agnoscas quæ ibi intimantur æterna, quæ temporalia, quæ primordiali, quæ subsequentia.

7. Attennit aliquando Deum et in Deo omnia in mente divina ut in arte ipsa. Ibi omnia sunt æterna fixa, immutabilia. Attendit aliquando facta ea ipsa simul in præjacenti materia, confusa, indivisa, invisibilia. Attendit aliquando ea ipsa simul in principio formata, distincta, perspicua, singula cum proprietate sua. Et ex his primordialibus cætera omnia actualiter, temporaliter, consequenter egredientia, nutum Dei nunquam et nusquam transgredientia. Legendo invenies et hæc et plura quæ modi solet habere varietas.

8. In his æque omnibus auctoris intentio perquiratur, quo fructus et utilitas auctoris et operis agniti facile capiatur. Quia igitur ex uno referuntur esse omnia simul et singula, æque referantur ad unum omnia simul et singula, ut rationalis creatura eum qui singulariter unus est, in omnibus quærat, nec se, nec in aliis amando remaneat ; sed a conditis ad ipsum qui condidit sese tota dilectione reserat. Hi ita stricte et modice perquisitis audiamus.

9. *In principeo creavit cœlum et terram.* Ex nullis existentibus ea creavit quæ in principio fecit. Si enim alia prius fecisset, non ista in principio, sed post principium edidisset. Creavit in principio nen quod erat, sed omnino quod non erat. Primordialium materiam quæris, nullam præjacentem invenis. Solus Deus est qui ea facit, de nihilo non de aliquo creans quæ voluit. Mira celeritas operis. Non ibi mora temporis, non exercitium laboris, non disciplina studii, sed potestas voluntatis et voluntas potestatis incipiendo creavit, creando incœpit. Operatum potius quam operantem esse dignoscimus, quem in principio fecisse potius quam incepisse sentimus. Dixit enim et facta sunt mandavit et creata sunt,

10. *In principio creavit Deus cœlum et terram.* Fuerunt homines suis opinionibus sua sensa probantes, tria esse cœterna dicentes. Deum scilicet, atque materiam, et formas omnes. Deum non creatorem sed opificem æstimantes, qui materiam et formas minime creasset, sed conjungere nosset, sed simul aptare potuisset. Dicebant aliquid posse fieri de aliquo, non aliquid de nihilo. Solus quidem Deus potest indifferenter de nihilo facere sicut et de aliquo. Nulla vero creatura potest aliquid de nihilo creare vel facere, licet possit de creatis agere, pro data sibi a Domino facultate. Secundum hoc præfati homines de Deo tanquam de se judicantes sicut se posse noverant, sic Deum posse tantum penitus æstimabant, hoc est aliquid facere de aliquo, nihil de nihilo. Sed res ipsæ mutabiles, si eas agnoscendo consideres, eorum manifeste destruunt errores. Omne namque mutabile necesse est de nihilo factum esse. Probat hoc mutabilitas quam divina nescit æternitas. Quod enim vere æternum est, nec natura, nec actu mutabile est. Semper enim idipsum est, non aliquando, non alicubi aliter est. Mutabile vero non semper est : unde quantumcunque protrahas, de nihilo processisse necesse est. Si enim de nihilo minime provenisset, hoc est absque initio permansisset, æternum utique foret, et immutabile permaneret. Quidquid ergo mutatur de nihilo fuisse probetur; sed res mutabilis seipsam facere, vel per se subsistere minime potuit. Factorem ergo necesse est habeat per quem fiat, per quem facta servetur ut maneat, ne de nihilo facta in nihilum redeat.

11. Quæris de factore qui semper est, qui mutabilia facit et immotus est, quid ante agebat quam faceret ea, unde ei in mentem venit ut subito faceret quod non semper facit? Sed scire te convenit quia *ante* vel *subito*, quæ præponis, signa sunt temporis; Deus vero rei et rerum tempora facit, ea ipsa non tempore sed æternitate præcedit. Res equidem si nulla esset, nec motus rerum esse potuisset: si motus rerum nullus esset, nec tempus utique fuisset. Tempus namque terminatum esse dicitur intervallum mutationis rerum. Non est ergo subditus tempori qui tempora fecit, sed omnia æternitate præcedit. Quæcunque igitur sunt mutabilia nulla Deo sunt cœterna, sed a Deo condita, sed initium de nihilo simul habentia. Esse habent, quia facta a Deo ; sunt mutabilia, quia facta de nihilo. Providens igitur Propheta sanctus, dux veritatis, dux super Israel excelsus, quosdam vaniloquos vel suo tempore jam exortos, seu postea futuros, de Deo et ejus operibus hæretica sensisse repertos, primo capitulo tales obstruit, dicens : *In principio creavit Deus cœlum et terram.* Audis initium rerum, audis creatorem Deum, audis materiam conditorum. Cœlum enim et terra quibus conserta sunt aer et aqua, dicuntur quatuor elementa, ex quibus ut ex materia fiunt quæque corporea, non ea Deus sibi cœterna invenit, sed eis est principium ut esse possint, vel in principio creavit, ut inciperent fieri.

12. *Creavit Deus.* Opponis et dicis quia Deus est immutabilis, immutabiliter agit. Semper ergo creat, si creavit, sed non semper creat. Igitur non creavit. Nosse debes, quia sic obtendis, quoniam quidquid de Deo secundum Deum potest dici, non more nostro, sed suo quo Deus debet intelligi, apud quem non est transmutatio nec vicissitudinis obumbratio. Nihil est in Deo novum, sed semper idipsum. Vox ergo illa *creavit* nihil in Deo ponit, sed Deum significans aliquid ponit in eo quod creavit. Vox ista *creavit* rem creatam ponendo innuit. Verba nostra et quælibet vocalia, ad indicandum eum qui summe et vere est præsumpta, non actionem vel passionem, non quamlibet varietatem ponunt in ipsam Deitatem. Hac de causa prudenter agnoscas, quia verba et quæcunque vocalia ad significandum Deum assumpta, jam non sunt de octo partibus illis quas ponunt grammatici, sed significant ritu divino, non more grammatico, non rhetorico, non dialectico. Deus enim semper est id quod est? qui determinari, seu describi, vel diffiniri non potest, quia incomprehensibilis est. Quæ vero facta sunt deprehensa tenentur; unde terminata, seu descripta, vel diffinita proponuntur. Factum omne incipit esse quod est, nec tamen habet ex se illud quod est, sed ex seipso et per ipsum et in ipso qui vita, æternitas, beatitudo essentialiter est. Inde per Moysem scriptum est *creavit Deus.*

13. Pro hac voce quam dicimus, *Deus*, in Hebræo *Eloym* scribitur. Eloym vero apud Hebræos vox est pluralis, sed idioma linguæ Latinæ hoc transferre non potuit. Sic enim est apud Hebræos *Bara Eloym*, ut si verbum ex verbo transferas latino sermone contra morem oporteat dici *creavit dii.* Unde sciendum est quia vox illa *Eloym* Deum significans enuntiatione plurali, non tamen plures deos ponere potuit, quod determinat apud Hebræos vox adjecta singularis, id est *Bara*, quod est apud Latinos *creavit.* Hunc sermonem Hebraicum Catholici nostri recte sic positum pie defendunt, qui Trinitatem quæ Deus est in unitate simplici prædicant adorari, quam repræsentat eis vox singulis adjecta plurali, id est *Bara Eloym.*

14. *Cœlum et terram.* Non quia sic dicerentur quando creata sunt, sed quia postmodum eadem ipsa a colloquentibus sic nominata sunt. Deum quoque et ea quæ in principio vel facta vel dicta sunt his vocibus assignari oportuit, quibus consuetudo nostra ea significando proponit.

15. *Cœlum et terram* hic dicit quia provide Scriptura dixit creata cœlum et terram, aerem vero et aquas non fuisse creatas tacendo innuit, ubi omnium creatorum seriem diligenter exquirit. Scias itaque, scias, fili morem sacri eloquii : solet namque cœli et terræ nomine cuncta simul creata colligere. Testatur hoc Psalmista qui de cœlo et de terra ad laudem Creatoris creaturam universam provo-

cat, primo de cœlis ita dicens : *Laudate Dominum de cœlis, laudate cum in excelsis. Laudent eum omnes angeli ejus,* vel *eum omnes virtutes ejus. Laudent eum sol et luna, laudent eum omnes stellæ et lumen. Laudent eum cœli cœlorum et aquæ quæ super cœlos sunt laudent nomen Domini* (Psal. CXLVIII, 1-4). Nota angelos et virtutes et aquas superiores et cætera cohabitatione et concreatione cœlis deputari et cœlorum nomine designari. De quibus omnibus illico subjungit : *Quia ipse dixit et facta sunt, ipse mandavit et creata sunt* (Psal. CXCVIII, 5). Subjecit etiam et de terra et ait : *Laudate Dominum de terra, dracones et omnes abyssi, ignis, grando, nix, glacies, spiritus procellarum, quæ faciunt verbum ejus* (Psal. CXLVIII, 7, 8). Sicut enim omnia creat, sic omnia movet et ordinat. Quæcumque igitur Moyses per cœlum et terram intelligenda conclusit, hæc eadem Psalmista distinguendo numeravit. Contineri sane inter cœlum et terram cum aquis aerem cernimus, et ex his duobus subtiliora cœlis corpulentiora terris deputata novimus, qui præfatam distinctionem Psalmistæ legimus. Tu denique aerem et aquas confitere creatas, et cum propheta pie Domino decanta : *Aquilonem et mare tu creasti* (Psal. LXXXVIII, 13). Et alibi : *Quoniam ipsius est mare et ipse fecit illud* (Psal. XCIV, 5). Per aquilonem intellige ventos, qui flunt in aere commoto pro nutu divino : unde Psalmista : *Qui producit ventos de thesauris suis* (Psal. CXXXIV, 7). Sed ne ultra dubitare possis, *Omnia,* inquit, *per ipsum facta sunt, et sine ipso factum est nihil* (Joan. I, 3). Et ut scias qualiter ea fecerit, *omnia,* inquit, *in sopientia fecisti* (Psal. CIII, 24). Nunc vero scito Psalmistam ad laudem Dei provocare creaturam, primo de cœlis et cum cœlis assignatam consequenter et de terra distinctis nominibus ascitam. Moyses autem non ea distincta sed materialiter simul facta cœlestia et terrestria in principio nomine cœli et terræ proclamat, quæ postea senaria distinctione formata declarat, non quia forma sine substantia, vel substantia sine forma unquam aut usquam existere queat, sed confundit eos qui substantiam et formas, Deo opifice, dixere connexas, non a Deo creatas. Hæc et hujusmodi delirant hæretici, qui sacras Scripturas nesciunt, qui sancto Spiritui contradicunt. Sed scriba veritatis, quem Deus ipse de rerum creatione perdocuit, tam substantias quam earum formas a Deo conditas et conjunctas novit et docuit. *Creavit,* inquit, *cœlum et terram.* De cœlo quia ignis in eo præeminet, quo pulchrius elucescit et clarificat cætera, ita dimittit. De reliquis ab igne clarificatis ut videri possint, terra scilicet, aere et aquis, pro eorum informitate quam sine ignis illustratione probantur habere, sic dicit :

16. *Terra autem erat inanis et vacua.* Terra substantialiter inspecta inanis erat, non quia sic in actu existeret, sed quia sic considerari potest. Quis enim ignorat naturaliter esse diversa substantiam et formas? quæ licet separata non inveniuntur, rationis tamen intuitu in eodem diversa naturaliter attenduntur. Sicut de terra dicimus, sic de cœlo, de aere, de aqua perspicimus, dum ea solum pro substantia, non pro forma pensamus sine his quæ dicuntur qualitas, quantitas, ad aliquid, situm esse, habere, agere, pati quando, ubi. Hoc qualecumque potius habet cogitari quam præsentari. Inanis et vacua dicitur terra, non quia est ; sed quia informis et invisibilis, nec habens quæ germinat, vel quæ producit. Inanis enim et vacua non ponendo significant, sed removendo nominant. Mens equidem sana sæpius attendit quid et de quo habeat fieri, prius id unde aliquid fit, postremo hoc quod inde fit. Primo informem materiam, deinde formatam. Præcedit illa quadam origine, non tamen corpore. In illa materialiter factum est quidquid de ea actualiter fieri potest, sicut in cera molli causaliter latet quidquid de ea exclusoris industria facere prævalet. Quisquis ille est qui hoc omnino inane potest absque formarum imagine utcunque sentire, sentit aliquid, pene nihil, sed materiale unde possit procedere quidquid est actuale. Hoc si tamen dici potest, hæc ubi omnia confusa, cæca, insensibilia, quidam dixerunt chaos, vocaverunt ylen, molem scilicet indigestam, rudemque materiam. *Inanis,* inquit, *et vacua,* non quin in principio sic facta fuerit, sed quia sic enarrari debuit, ut materiam et formam, licet simul aspicias, discreta cognoscas, vacua formis, herbis, arboribus, animantibus et mortalibus omnibus.

17. *Tenebræ erant super faciem abyssi.* Aer quoque sicut terra inspectus pro substantia abstractim sine forma dum sine lumine pensatur abyssus tenebrosa vocatur, non solum in se, sed in reliquis, terra scilicet et aquis, quæ nisi aere illustrato pariter obscurantur. Tenebrosam itaque abyssum dicimus velut omnia indiscreta, invisibilia, in informi materia, ubi si aliquid quæras, pene nihil invenias. Nihil dico compositum, nihil conspicuum. Vel *tenebræ erant super faciem abyssi,* hoc est erat obscurius quam sit aliqua abyssus. Vide quia tenebræ nihil nominant, sed lucem abesse designant. Hoc est nihil vidi, nihil pro specie deprehendi.

18. *Et Spiritus Domini ferebatur super aquas.* Hic etiam intelligimus aquas nondum istas visibiles nobisque notissimas; sed fluida quæque et incomposita, informia et formabilia, Deo auctore, de nihilo progredientia, mutabilitatis elogio colligata. Inde est quod accidentalium vicissitudinem patiuntur, quod contingentium vicissitudine labuntur, sed eorum deliquia, licet infinita, conditoris tenet omnipotentia, cujus et Spiritus et formanda creat, et creata format, et formata dispensat. Sunt igitur ea quæ rerum dicimus elementa et ex eis quæque formata simul omnia divinæ voluntati subdita. Et bene per aquam designat corporalem materiam, informem atque formabilem, quia ex humida natura videmus coalescere, augmentari, concrescere, formari omnia in terra per species varias. *Superferebatur Spiritus*

Dei. Superferri dictus est non loco sed potentia superante et præcellente universa. Non enim per indigentiam, sed per charitatem super eminentem creavit Deus omnia, qui sicut voluit, sic creavit et creata gubernare non desinit. *Spiritus Domini.* Vide quia non dixit cœlum Dei, terram Dei, abyssum vel aquas Dei; sed dixit *Spiritus Dei superferebatur.* Noli ergo sentire Spiritum Dei creaturam esse, sed Spiritum Dei Deum intellige. In exordio itaque creationis cœli et terræ, quibus duobus colligitur universitas creaturæ visibilis et corporeæ creatoris Trinitatis cooperata monstratur, adoranda proponitur, cum dicitur: *In principio creavit Deus.* In Dei nomine Patrem, et in principii nomine Filium, Spiritum vero. . . *Reliqua desiderantur.*

HUGONIS

ROTHOMAGENSIS ARCHIEPISCOPI

CONTRA HÆRETICOS SUI TEMPORIS

SIVE

DE ECCLESIA ET EJUS MINISTRIS

LIBRI TRES

Opp. Guiberti Novigentini, Append., p. 690.)

HUGONIS EPISTOLA AD ALBERICUM

OSTIENSEM EPISCOPUM.

Sanctæ Romanæ Ecclesiæ filio ALBERICO Ostiensi episcopo, quamsæpe sedis apostolicæ legato, peccator Hugo Rothomagensis utcunque sacerdos.

Reverende Pater, tuis obedire mandatis pro tempore distuli, non tamen illud omisi, sed præsta petenti veniam, cui soles præstare gratiam. Digna sedet mihi memoria reminisci, qualiter in finibus Galliarum prope mare Britannicum, civitate Nannetensi meruimus assistere tibi. Ibi sanctorum corpora martyrum Donatiani et Rogatiani fratrum, multo cœtu præsente fidelium, suscepta præsentasti, præsentata relocasti cum digno honore et gratiarum actione. Ibi tecum aspeximus cometem præcipiti lapsu in occiduo ruentem, ruinam hæresis, quæ in Armorico tunc scatebat, te protestante signantem. Ibi quidem coram orthodoxa prædicatione tua plebs hæretica stare non poterat. Eorum hæresiarches pertimuit, nec apparere præsumpsit. Proinde placuit tibi super hæresibus insurgentibus nos aliqua scribere, quod et suscepimus tuæ jussionis auctoritate; sed succincto opere, sed brevi charactere. Trahatur itaque ex arcto commate clausa latissima, sumantur ex vase modico fercula copiosa, more catholico in Spiritu sancto.

HUGONIS PRÆFATIO.

Mandat Dominus, obediat servus, Patres præcipiunt, fratres expetunt, filii requirunt, charitatis imperio simul et singulariter injungunt, ut contra hæreticos emergentes novos, contra eorum hæreses non novas sed veteres tandem aliquando consurgamus, sinceram catholicæ fidei puritatem, et eis opponamus, et contra eos, assistente Domino, defendamus. Loquatur igitur per nos et pro nobis omnipotens Pater coæterni Verbi; loquatur Verbum quod semper et pariter omnia dicit; loquatur Spiritus Patris et Verbi unus et coæqualis, qui continens omnia, scientiam habet vocis. Veritatis sermo proponitur, audiamus; Deus in causa est, assistamus.

LIBER PRIMUS.

CAPUT PRIMUM.

Sol oriens, effuso lumine, toto orbe noctium tenebras expellit. Sole clarior sana doctrina passim exposita hæresim destruit. Sana doctrina profitetur et prædicat, quia Creator omnium Deus omnipotens et solus est Pater, et Filius, et Spiritus sanctus, Trinitas inconfusa, Deitas indivisa. Veritas hæc sublimis, et præcelsa transgreditur universa. Non eam temporalis intelligentia, non ratio capit humana; excedit omnem tam angelicæ quam et humanæ mentis altitudinem: hoc Psalmista testatur, dicens: *Accedet homo ad cor altum, et exaltabitur Deus* (*Psal.* LXIII, 7); et alibi: *Ascendit,* inquit, *super Cherubim et volavit, volavit super pennas ventorum* (*Psal.* XVII, 11), id est, super excellentiam altæ quærentium. Invisibilis est Deus soli sibi cognitus: nescit eum penitus ulla creatura, nisi ea, quam sapientia Dei Patris, ut scire valeat gratanter illustrat. Audi Evangelistam: *Deum,* ait, *nemo vidit unquam* (*Joan.* I, 18). Dicimus ergo, Joannes unde scire potuit quod evangelizavit: *In principio erat Verbum, et Verbum erat apud Deum, et Deus erat Verbum* (*Joan.* I, 4), si nemo unquam vidit Deum? Inde mox respondit, et ait: Unigenitus Filius, qui est in sinu Patris, ipse enarravit. Ipso igitur enarrante potuit dicere Deum apud Deum, apud Patrem Filium, qui *dedit potestatem filios Dei fieri, his qui credunt in nomine ejus* (*Joan.* I, 12). Veritas quoque dicit: *Nemo novit Filium, nisi Pater; et nemo novit Patrem, nisi Filius, et cui voluit Filius revelare* (*Matth.* XI, 27). Revelavit ei qui dixit: *Audiam quid loquatur in me Dominus Deus* (*Psal.* LXXXIV, 9): et Apostolo dicenti: *An experimentum quæritis ejus qui in me loquitur Christus?* (*II Cor.* XIII, 3.) Revelatum est et Moysi in monte Sinai, de creatione mundi sub æterni trigona forma senarii, de requie Domini omnibus completis in die septima, sine mane, et absque vespera; de lege, et mandatis, de tabernaculo fœderis, de ritu sacrorum, et cæremoni, si quorum omnium exemplar in monte perspexit. Revelata sunt etiam patribus et prophetis quam multa de consilio, de misericordia, de judicio Dei; sed ista prosequi non est de instanti: revelat et seipsum nobis Filius, qui ait: *Exivi a Patre, et veni in mundum, iterum relinquo mundum, et vado ad Patrem* (*Joan.* XVI, 28). Judæis quoque dixit: *Est Pater meus qui glorificat me, quem vos dicitis, quia Deus vester est* (*Joan.* VIII, 58). Ad hoc consequenter alias intulit: *Creditis in Deum, et in me credite* (*Joan.* XIV, 1). Hoc si quidem non sequeretur, nisi Christus esset Deus.

Adora igitur Patrem, adora Filium, adora pariter utrumque Deum unum. Alius quidem est Pater, alius Filius, non alius Deus Pater, alius Deus Filius. Diversæ sunt personæ Pater et Filius, non autem duo sunt dii sed unus. *Audi,* inquit, *Israel Deus tuus, Deus unus est* (*Deut.* VI, 4). Huic Veritas attestatur: *Ego,* inquit, *et Pater unum sumus* (*Joan.* X, 30). Sumus dicit, qui alia est persona Patris, alia Filii. Unum dicit, quia una et eadem est essentia Patris et Filii. Spiritus quoque sanctus ipse est Patris et Filii unus ex Patre et Filio, tertia persona, non tertius Deus. *Verbo,* inquit, *Domini cœli firmati sunt; et Spiritu oris ejus omnis virtus eorum* (*Psal.* XXXIII, 6). Et: *Tres sunt qui testimonium dant in cœlo, Pater, Verbum, et Spiritus sanctus, et hi tres unum sunt* (*I Joan.* V, 6, 7). Sunt dixit, quia tres personæ, *unum* pro inseparabili divinitate. Spiritus iste sanctus, Spiritus est Patris in Evangelio: *Non enim vos estis qui loquimini; sed Spiritus Patris vestri qui loquitur in vobis* (*Matth.* X, 10). Et Joannes apostolus ait: *In Deo manemus, et ipse in nobis, quia de Spiritu suo dedit nobis; et nos vidimus et testificamur quoniam Pater misit Filium suum Salvatorem mundi* (*I Joan.* IV, 13). Spiritus iste sanctus sicut est Patris, ita est et Filii. Super hoc idem Filius ita dicit: *De meo accipiet, et annuntiabit vobis. Omnia quæcunque habet Pater mea sunt, propterea dixi, quia de meo accipiet, et annuntiabit vobis* (*I Joan.* XVI, 14).

Adora igitur Patrem, adora Filium, adora amborum Spiritum, non tres deos, sed simpliciter unum. Noverat hoc Propheta, qui dicebat: *Benedicat nos Deus, Deus noster, benedicat nos Deus, et metuant eum omnes fines terræ* (*Psal.* LXVI, 8). Eum dixit non eos, ut unum teneat non tres deos.

CAPUT II.

Scire autem te convenit qui Deo et in Deum credis, quia Spiritus sanctus sicut a Patre procedit. et a Filio mittitur: *Ego,* inquit, *mittam vobis a Patre Spiritum veritatis, qui a Patre procedit* (*Joan.* XV, 26). Et alibi: *Quem mittet Pater in nomine meo* (*Joan.* XIV, 26). Missus iste et a Filio procedit, quem post resurrectionem suam discipulis insufflavit, dicens: *Accipite Spiritum sanctum, quorum remiseritis peccata, remittuntur eis* (*Joan.* XX, 22). Corporeus status ab eo processit, quo invisibilis signata est processio Spiritus sancti, quem ex seipso dedit. De hoc ait Apostolus : *Qui Spiritum Christi non habet, hic non est ejus* (Rom. VIII, 5). Sanctus Spiritus a Patre quidem et a Filio procedit, non nascitur, ideoque non Filius sed procedens dicitur. Filius vero a Patre procedit et nascitur, ideoque Filius appellatur : *Ego*, inquit, *ex Deo processi, et veni* (Joan. VIII, 42). Processio nativitatis Filii ex Patre, et processio non nativitatis sancti Spiritus ex utroque fideliter creditur, perenniter adoratur : evangelica veritas ista perdocuit, apostolica doctrina manifeste prædicavit. Contra hæreticos non ponimus, et auctoritate divina firmamus, qui Deum non discutimus, sed Catholice credimus; non est enim discutienda divinitas, sed fidei simplicitate colenda. Sicut autem Deus Pater a nullo est, sic nec missus est, quia vero ex Patre est Filius, et ex utroque Spiritus sanctus bene uterque mitti posuit a quo existit.

CAPUT III.

Missus quidem a Deo Patre Deus Filius, cooperante Spiritu sancto, de Virgine natus, quod erat permansit, et quod non erat homo fieri voluit; perfectus Deus, perfectus homo, unus non duo. Unus cum Deo Patre in essentia, unus cum assumpto homine in persona. Factus de nostro genere sine criminis traduce. Ex hominibus homo, ex peccatoribus absque peccato. Filius David, Filius Abraham, et Filius Adam. Factus inde medicina, unde processerat culpa. Deus homo factus est, ut deos faciat homines; deos gratia non natura; deos adoptione, non essentia. Ipse pro peccatoribus absque peccato passus, mortuus et sepultus; ad inferna descendit; inde suos liberans die tertia surrexit; et discipulis suis manifestus apparens, ipsosque benedicens, cœlos ascendit : sedens ad dexteram Dei Patris Spiritum sanctum copiosius effundit, unde charitatis flamma consurgit, teste Apostolo, qui ait : *Charitas Dei diffusa est in cordibus nostris per Spiritum sanctum, qui datus est nobis (Rom.* v, 5).

CAPUT IV.

Hoc dato suscepto una est Ecclesia uni viro desponsata. Quis ille sponsus? quæ illa sponsa? Doctor gentium fidelibus clamat : *Despondi enim vos uni viro, virginem castam exhibere Christo* (II Cor. XI, 2). Celebratur desponsatio ista in præsenti per sacramenta, in futuro visione manifesta. Fide suscipitur, spe firmatur, charitate perficitur. Aqua primum et Spiritu gratanter abluitur, quo detersis criminibus a culpa solvitur, ut sacro renata baptismate, cœlesti sponso sanctificata societur. Renata itaque fonte perennis gratiæ, manus impositione paranymphi cum oratione, cœlesti signatur chrismate; ut quam Christi baptisma a peccatis omnibus emundat, supereminentis unctio chrismatis, rite per episcopum celebrata, eam virtutibus induat. Virtutes istæ sponsalia sunt præcellentissima ex septiformi sancti Spiritus gratia quæ sponsæ suæ cœlestis Sponsus mirifice donat. Exinde præparatur ei vitalis participatio alimenti, corpus et sanguis ejusdem sponsi sui Jesu Christi Filii Dei, quo suscepto et homo Deo, et Deus homini unitate fœderantur inenarrabili. *Qui manducat*, inquit, *meam carnem et bibit meum sanguinem, in me manet, et ego in eo : caro enim mea vere est cibus, et sanguis meus vere est potus* (Joan. VI, 56, 57). Non hic de ligno vitæ, quod erat in paradiso terrestri, fructum suscipimus : sed ipsam vitam, quæ Christus est, de altari Dominico sumimus : *Ego*, inquit, *sum via, veritas et vita (Joan.* XIV, 6). Vita hæc mortem in nobis destruit, quæ de ligno scientiæ boni et mali prævaricatione traducta processit.

Attende qui legis, venerare sponsam Christi prius emundatam aqua baptismatis, renatam fonte salutari : deinde perornatam chrismate regali, manus impositione pontificis, renitentem gratia septiformi, postmodum ad mensam cœlestis perductam convivii, ibi corpus et sanguinem Sponsi sui sub fœdere perennis vitæ percipit, et cum Joanne charitatis filio, supra pectus Domini beate quiescit. Vide ergo in baptismate fidem, in confirmatione sacro facta chrismate spem, in mensa Dominica charitatem; fide namque renovatur, spe sublimatur, charitate glorificatur.

CAPUT V.

Ut igitur perfectum teneas Christianum, primo eum ex aqua et Spiritu renatum, dehinc charismatum gratia, pontificis manu perornatum, mox ad mensæ Dominicæ sacrosanctum intromitte convivium. Tria ista sacramenta, baptismus scilicet novæ in Christo regenerationis, et confirmatio baptizati manu facta pontificis chrismate regali in gratia septiformi, et participatio mensæ cœlestis corporis et sanguinis Jesu Christi, in vita perenni fide quidem incipiunt, spe certa crescunt, charitate persistunt. Tria ista civitatem Dei constituunt, de qua Psalmista canit, et exsultans dicit : *Gloriosa dicta sunt de te, civitas Dei,* (Psal. LXXXII, 3). Civitatis hujus fundatorem profitetur idem quia homo est et Deus, dicens : *Et homo natus in ea, et ipse fundavit eam Altissimus* (Psal. LXXXII, 5) : Deus quidem. Altissimus ipse est, homo sub tempore in ea natus. De ejus vero beatitudine dicit in laude : *Sicut lætantium omnium habitatio est in te* (Psal. LXXXII, 4). Hæc patrem habet Deum, amplexatur Dei Filium sponsum suum, collætatur Spiritum sanctum suum esse paracletum. Super hoc Psalmista dicit : *Fluminis impetus lætificat civitatem Dei, sanctificavit tabernaculum suum Altissimus : Deus in medio ejus non commovebitur. Adjuvavit eam Deus mane diluculo* (Psal. XLV, 6). In hac sola tam celebri, tam gloriosa remissio est peccatorum, efficacia sacramentorum, gratia charismatum, communio sanctorum, resurrectio et vita beatorum. Hoc fidei symbolum ratum et sacratum sana doctrina prædicat singulariter observandum, quo ignorantia tollitur, error aboletur, hæresis propulsatur.

CAHUT VI.

Prima quidem defluxio a luce veritatis mox ignorantiæ tenebras incurrit; ignorantiæ cæcitas errorem induxit, error inolitus hæresim procreavit. Hæresis autem error ille vocatur, qui pertinax esse probatur. Spiritus sanctus sanam doctrinam inspiravit, qua via, veritas et vita nobis innotuit. Spiritus nequitiæ Satanas mendacium sparsit, quo errorem, et hæresim. et mortem mundo propinavit.

Satanas fons mendacii, origo peccati, a bono conditore bonus conditus, sed mox propria voluntate perversus invenit sibi apud se casum superbiæ, cupiditatem rapinæ, sordem idololatriæ, ubi ait; *Ponam sedem meam ad aquilonem, ero similis Altissimo* (*Isai.* XIV, 14). Non erat ejus sedem sibi ponere, aquilonem occupare, similitudinem Altissimi affectare. *Ponam sedem meam*, ecce superbia; *ad aquilonem*, ecce rapina; *ero similis Altissimo*, ecce idololatria. Vide ruinam impii. Voluntatem suam quam Deo debuit, qui eum de nihilo fecit, non Deo, sed sibi propriam tenuit. A proprio isto mendacium genuit: de hoc veritas ait: *Cum loquitur mendacium, de propriis loquitur* (*Joan.* VIII, 44), mendax est enim et pater ejus, hoc est mendacii, pater iste mendax, pater mendacii, mendacio idolum formavit.

Ab exortu itaque malignitatis mendacii abyssus erupit: *Et tenebræ*, inquit, *erant super faciem abyssi* (*Gen.* I, 2). Satanas ille lucifer a Deo conditus, clarior et excelsus statim voluntate propria depravatus, præsumptione superbus, cupiditate cæcatus, de excelso factus est abyssus, de luminoso tenebrosus; tenebræ ejus præsumptionum procellas emittunt, cupiditatum laqueos innectunt, libidinum turpitudines faciunt. Ex earum nebulis tenebrarum creantur noctes errorum, et tempestas iniquorum: pro his, et de his in Evangelio Veritas respondit: *Hæc est hora vestra, et potestas tenebrarum* (*Luc.* XXII, 35).

CAPUT VII.

Audisti super abyssum tenebras, audi quia *Spiritus Domini superferebatur super aquas* (*Gen.* I, 2). Hic Spiritus Deus est et Dominus, sicut alibi legitur: *Vox Domini super aquas multas, Deus majestatis intonuit; Dominus super aquas multas* (*Psal.* XXVII, 3). Fecit, inquit, *Deus firmamentum in medio aquarum, divisitque aquas quæ erant sub firmamento, ab his quæ erant super firmamentum* (*Gen.* I, 7). Angeli quippe illi qui steterunt, cadentibus aliis, humilitate levati sunt, et ex aquis suæ mutabilitatis in crystallum æternæ stabilitatis duruerunt. Hi non sibi, sed Spiritui sancto consenserunt, et beati sunt dum non suam, sed Domini voluntatem semper inquirunt, jugiter aspiciunt, perenniter diligunt.

De his Psalmista dicit: *Et aquæ quæ super cœlos sunt laudent nomen Domini* (*Psal.* CXLVIII, 4). Aquæ istæ manent super firmamentum stabile et immotum, qui est Christus Jesus *portans omnia verbo virtutis suæ* (*Hebr.* I, 3). In eo charitate perfecta consolidatæ sunt, et a beatitudine, quam ibidem acceperunt, cadere nullatenus possunt.

Aquæ vero illæ quæ sub firmamento sunt, nimirum homines intelligi possunt, qui nondum laqueos tentationum evaserunt, qui nondum in maligno positum minime reliquerunt. Et his aliquando Spiritus Domini superfertur, quo suscitantur, ut vita, quæ erat lux hominum, destruat tenebras eorum, et transferat in lucem sanctorum. Ibi audiunt dicentem Apostolum: *Fuistis aliquando tenebræ, nunc autem lux in Domino* (*Ephes.* V, 8), Hæ sunt aquæ fideles, quæ verbo Domini in unum congregantur: unde ait: *Congregentur aquæ, quæ sub firmamento sunt, in locum unum, et appareat arida* (*Gen.* I, 9). Unum in unitate fidei, spei, charitatis, in unum Deum Patrem, et Filium, et Spiritum sanctum; in unam Ecclesiam Catholicam, uno Spiritu congregatam; in hac unitate apparet arida, illa scilicet terra, quæ Spiritu sancto divinitus irrorata, dedit fructum suum, genuit Salvatorem nostrum. Novit hoc Isaias, et videns clamabat: *Rorate cœli desuper, et nubes pluant justum. aperiatur terra, et germinet Salvatorem* (*Isai.* XLV, 8). Beata terra virgo Maria quæ dedit fructum suum, vitam angelorum et hominum, Dominum Deum Jesum Christum. *Et justitia*, inquit, *oriatur simul* (*Isai.* XLV, 8).

Vide quia cum cæteris de carne carnaliter genitis prævaricatio traducta descendit; cum isto autem de virgine nato, operante Spiritu sancto: justitia oritur, quia culpa solvitur, iniquitas aboletur eorum qui per sacramenta renascuntur; inde et virtutum gratia vestiuntur, et mensa Dominica perfruuntur (*Isai.* XLV, 8). Ego, inquit, ego Dominus creavi eum non sub concupiscentia carnis, sed efficacia divinæ virtutis. De hoc angelus respondit Virgini: *Spiritus sanctus superveniet in te, et virtus Altissimi obumbravit tibi* (*Luc.* I, 35).

CAPUT VIII.

Ex Adam, ex Abraham, ex David, et cæteris patribus in eadem genealogia consequentibus usque ad partum virginis) Jesus Christus Deus et homo unus descendit, et per clausam Virginis portam, ut Deum et Dominum decebat, vera nativitate princeps omnipotens ad nos egredi voluit, absque vulnere criminis, sine crimine prævaricationis. Factus est de Virgine, factus de nostro genere, non sub peccati traduce, sed abolitio culpæ, sed largitio veniæ, sed effusio gratiæ sempiternæ: solus mediator inter Deum et nos, summus pontifex concilians Deum et nos, sacerdos non secundum ordinem Leviticum, sed secundum ordinem Melchisedech manet in æternum. Melchisedech erat sacerdos Dei altissimi, cui Abraham decimas exsolvit et in lumbis Abrahæ ibi decimatus est Levi: qui sicut in lumbis Abrahæ, ita fuit et in lumbis Adæ in quo omnes peccaverunt. In Adam peccavit, in Abraham decimatus est. Quia peccavit decimari debuit. Dedimabatur quod curabatur, Christus vero sicut in Adam non peccavit, sic in Abraham non decimabatur, non enim erat in eo quod curaret, sed medicina erat et salus, quo mala omnia, et mors ipsa destruitur. Est enim Christus sacerdos non secundum Levi, qui decimatus est, et a morientibus et ipse moriturus decimas accepit, sed secundum ordinem Melchisedech, qui, teste Apostolo, sacerdos Dei Abrabæ victori benedictionem dedit, *cui decimas omnium divisit Abragam (Hebr, vi), 2)*.

Melchisedech iste, ut ait Apostolus, *neque initium dierum, neque finem vitæ habens, assimilatus antem Filio Dei manet sacerdos in æternum*. Intuemini, ait *quantus sit hic, cui et decimas dedit de præcipuis Abraham patriarcha (Hebr. vii, 3, 4)*. Ibi autem contestatur quia vivit, et, ut ita dictum sit, per Abraham et Levi qui decimas accipit decimatus est. Adhuc enim in lumbis patris erat, quando obviavit ei Melchisedech: ea propter intueri libet, quia in lumbis Abrabæ aliter erat Levi, aliter et Christus. Erat ibi Levi sub lege prævaricationis, quia necesse habebat decimari. Erat ibi Christus, cui a Patre dicitur: *Tu es sacerdos in æternum secundum ordinem Melchisedech (Psal. cix, 1)*. Huic omnes debent decimas, quia omnes curat, et æternam benedictionem donat.

Sacerdos iste singularis et ineffabilis seipsum semper offerens Deo Patri pro nobis, seipsum donat et nobis, Deus et homo inter Deum et nos, cum Deo Patre unus in essentia, cum assumpto homine unus in persona. Solus iste tollit peccata mundi, mediator Dei et hominum pacem plenam facit uniens seipsum nobis, et nos ipsos sibi in Unitate sancti Spiritus, qui unus Patris et Filii unus est in omnibus nobis.

CAPUT IX.

Ab hac unitate sancta cadunt aliquando decisione manifesta homines impii, mente corrupti, naufragi circa fidem, cauteriatam habentes conscientiam. Pestes sunt hujusmodi hæretici, mendacia spargunt, perversa proponunt, faciunt schismata, seminant scandala. Ii suis tenebris obvoluti, criminibus fœdi, persequuntur lumen fidei: *Qui male agit odit lucem (Joan. iii, 20)*; lucem veram, quæ etiam lucet in tenebris, doctrinam sanam execrantur carnis intemperantiam, spiritus concupiscentiam, mentis superbiam amplexantur; et quia lumen fidei non admittunt, omnis eorum scientia tenebræ sunt. Pro hujusmodi Veritas ait: *Vide ne lumen quod in te est tenebræ sint (Luc. xi, 33)*. Isti quidem licet tenebræ sint, quia impii, quia scelerati, pro rationali tamen intelligentia quam naturaliter acceperunt, quandoque et alta cognoscunt, et sublimia sentiunt: sed suam quam habent de rebus corporeis scientiam, de incorporeis seu divinis cognitionem, vel experientiam non Deo, sed sibi referunt; suam, non Dei gloriam quærunt. Unde et obscuratum est insipiens cor eorum. Intellectus quidem hominis pro libertate arbitrii, pro captu rationali, pro intelligentia mentis, eum quærere, eum sequi, eum diligere semper debuit, a quo tanta percepit; et virtute supra se ad Deum humiliter elevari, fide pura, spe indefessa, charitate profusa.

Econtra omnis illa hominum scientia, quæ nec fide regitur, nec spe levatur, nec charitate Deo conjungitur, manet in tenebris, nescit lumen veritatis. Hinc Moyses ait: *Vidit Deus lucem quia bona est, et divisit eam a tenebris: appellavitque lucem diem, et tenebras noctem (Gen. i, 4)*. Lux si quidem rationis humanæ bona, quia a bono conditore bene condita, dum ei, a quo est seipsam præsentat, obtemperat, conservat virtute a Deo suscepta, fit melior seipsa. Hanc lucem appellat diem, quia sanæ mentis dealbata, et charismatum splendore vestita, fit dies charitatis, quam Deus inhabitat, et beatam facit. *Dies*, inquit; *diei eructat verbum (Psal. xviii, 2)*: dies diei, Catholicus Christiano, Christianus Catholico, fidelis obedienti, obediens fideli eructat Verbum apud Deum, Deum Verbum, omnia facta per Verbum; et quia ea omnia in Verbo sunt vita, vita Verbum, vita lux hominum. Itaque vita et lux Verbum. Et ut plenius homo uniretur Deo, *Verbum caro factum est*. Verbum caro idem Deus homo; *et habitavit in nobis (Joan. i, 14)*; non sicut in angelis, vel in omnibus creaturis, sed homo factus ex nobis. Est igitur vita, et lux hominum Verbum caro factum. Felix dies, quæ hoc diei eructat Verbum, hoc semper eructat qui diligit ipsum,

Dies diei eructat verbum et nox nocti indicat scientiam (Psal. xviii, 2). Nox nocti errans hæretico, hæreticus erranti, sceleratus impio, impius scelerato indicat scientiam suo sensu conceptam; falsis opinionibus lubricam, pertinacia jactatam. Scientia hæc, quia superbia nititur, clatione grassatur, quærit tantum inflari potius quam ædificari. E contra Verbum charitatis humilitate proficit, veritate subsistit, diem ex die pronuntiat, quos replet illuminat, sacramentorum gratia perornat, virtutum manibus ædificat. Hoc Apostolus affirmat dicens: *Scientia enim inflat, charitas vero ædificat (I Cor. viii, 1)*.

CAPUT X.

Charitas itaque patiens et benigna domum Dei ædificat, quam summa sapientia septem columnis charismatum, structura mirabili consummat, justitiæ sole clarificat, plenis bonorum omnium copiis locupletat. Hanc domum a longe prospiciens Psalmista dulci modulatione canebat: *Lætatus sum in his quæ dicta sunt mihi, in domum Domini ibimus (Psal. cxxi, 1)*. Psaltes iste in domo Domini transitoria et caduca, in Jerusalem terrena, præ more canebat, sed ad illam supernam et immetam, stabilem et beatam Jerusalem pia devotione tendebat. In hoc autem cœpti progressu itineris potissimum stare intenderant qui dicebant: *Stantes erant pedes nostri in atriis tuis Jerusalem (Psal. cxxi, 2)*. Ne vero istam ruinosam et vetustam attendas Jerusalem, sed illam cœlestem veram et beatam respicias, adjecit: *Jerusalem quæ ædificatur ut civitas, cujus participatio ejus in idipsum (Psal. cxxi, 3)*. De hac alibi clamat: *Qui confidunt in Domino sicut mons Sion; non commovebitur in æternum qui habitat in Jerusalem (Psal.* CXXIV, 1.)

In ista præsenti misera et commota commovetur omnis qui inhabitat, in illa cœlesti gloriosa, et quieta nullatenus commovetur quisquis inhabitat. *Cujus,* inquit, *participatio ejus in idipsum (Psal.* CXXI, 3.) Ac si patenter dicat : Beata illa civitas cœlestis Jerusalem particeps est ejus in idipsum. Intransitive dicitur, *ejus in idipsum,* singulariter positum, divinitus assumptum, soli Deo et semper assignatum, tanquam proprie proprium ; Deus enim, nec incipit, nec desinit, nec variatur: hoc autem sicuti est plenius scire, vel intelligere, nulli unquam licitum est creaturæ, nisi ei, quæ Spiritum sanctum accepit, quo suscepto, et ipsa unum esse cum Deo meruerit, unum gratia per Christum, unum participatione ejus in idipsum. *Videbimus,* inquit, *eum sicuti est (I Joan.* III, 2.) Videmus eum in præsenti *per speculum et in ænigmate (I Cor.* XIII, 12), per sacramenta, nondum in essentia. *Nunc,* ut ait Apostolus, *abscondita est cum Christo in Deo vita nostra: cum autem apparuerit Christus vita nostra, tunc et nos apparebimus cum ipso in gloria (Coloss.* III, 3). Ibi non fides, sed moritum fidei ; ibi non spes, sed remuneratio spei ; ibi charitas, quæ nunquam excidit, quod dilexit, plene et perfecte videbit.

Hujus cœlestis et beatæ Jerusalem aperta sunt atria, in hac præsenti et temporali Ecclesia ; unde canit Psalmista : *Stantes erant pedes nostri in atriis tuis, Jerusalem (Psal.* CXXI, 2). Hæc sane atria sunt in Ecclesia, quæ adhuc parturit et laborat. Filios enim per sacramenta generat, per virtutes elevat, per Jesum Christum triumphatores cœlesti Jerusalem jugiter assignat.

Attamen dum in hac lacrymarum valle peregrinatur, scandala necesse est patiatur. In hac passim prodeunt insidiæ perfidorum, obscenitas criminum, rapacitas prædonum, turbines errorum, tempestates hæresum. Inter hæc autem tam pessima, tam importabilia mala stat fides Petri, fides Catholica, turris eminentissima. *Mille clypei pendent ex illa, et omnis armatura fortium (Cant.* IV, 4) ; clypei protectio sacramentorum, armatura fortium, jacula virtutum. Sacramentis protegimur, virtutibus superamus. Mille quidem plenus est numerus et completus : bene ergo mille sunt clypei, quia perfectio est in Ecclesiæ sacramentis ; bene omnis armatura fortium, quia est in ea plenitudo virtutum. Turris itaque Catholicæ fidei turris est fortitudinis, hæc est turris David quæ respicit contra faciem Damasci. David, id est manu fortis, seu visu desiderabilis intelligitur ; Damascus *os sanguinis* interpretatur ; turris quippe David, quæ est Ecclesia Christi munita, et fortis ex adverso Damascum respicit, stat contra feritatem sorbentis sanguinem, contra hæreses et omnem impietatem.

Ex hac turri munitissima et præcellenti prodeunt armati, fortes et validi, qui virtutum gladiis perimunt hostes fidei : *Horum fortissimi custodiunt lectum Salomonis (Cant.* III, 7) : his circumseptus rex pacificus mira suavitate quiescit. Ibi namque lumen Catholicæ fidei clarius excrescit ; spes, quæ non confundit, validius inardescit ; charitatis flamma copiosius assurgit ; ibi lætitia, et pax gratissima. Ex adverso de tenebris abyssi, de frigoribus aquilonis, de cruenta facie Damasci emergunt impii, fluunt schismatici, fantur hæretici. Impii nec Deum colunt nec sacramenta suscipiunt. Schismatici, nec patribus suis obediunt, nec Catholicæ communioni consentiunt.

CAPUT XI.

Hæretici perversa proponunt, et contra sacramenta disputando sæviunt. Sacramenta, inquiunt, solummodo prosunt scientibus, non ignorantibus adultis prosunt, parvulis nihil conferunt. Condemnant isti baptisma parvulorum et infantium ; trahunt de Evangelio contra Evangelium, et dicunt : in Evangelio legitur : *Qui crediderit et baptizatus fuerit salvus erit; qui vero non crediderit, condemnabitur (Marc.* XVI, 16). Ita proponunt, deincepe assumunt ; sed parvuli non credunt : statimque concludunt, igitur baptismata parvulis non prosunt.

Ad hæc surgunt Catholici, omni armatura fortium præmuniti, et dicunt quia hoc producti capitulum Evangelii non quidem de parvulis, imo dictum est de scientibus, de adultis. Adulti namque homines, vel sui sensus et memoriæ compotes, non debent baptizari, nisi prius data sui professione nominis et fidei ; talibus illico mandatur, ut quod promittunt fide, teneant opere. Etenim scriptum est : *Quia fides sine operibus mortua est (Jacob.* II, 20, 26) ; quare non debuit opponi parvulis. Quod vere dictum fuerat de respondentibus pro se, et aperte professis. Cum autem generaliter dicat in Evangelio Veritas : *Nisi quis renatus fuerit ex aqua et Spiritu sancto, non potest introire in regnum Dei (Joan.* III, 5). Et alibi : *Ite,* inquit, *docete omnes gentes, baptizantes eos in nomine Patris et Filii et Spiritus sancti (Matth.* XXVIII, 19) ; nullus excluditur, nec infans recens natus. Quapropter illa eorum fraudulenta conclusio passim respuitur ; non procedit, quia gratiæ Dei adversari plane convincitur. Non tangit parvulos, vel infantes, sed scientes, sed suæ fidei professores.

In parvulis quidem sola quæritur gratia, nondum opera. Gratia sanctificationis ex baptismo, nondum opera debitæ actionis ex arbitrio. Quomodo autem in præsenti datur sacramentum baptismi, sic in antiquo tempore dabatur parvulis sacramentum circumcisionis. Sub antiquis patribus parvuli octavo die circumcidebantur, deinde muneribus hostiarum Domino consecrabantur. Omnes enim ex carnali genitos concupiscentia conclusit originalis culpæ macula. Apostolus dicit : *Quia omnes in Adam peccaverunt, et egent gloria Dei* (*Rom.* III, 23). Sed parvuli quomodo culpam nesciunt, quam ex Adam originaliter trahunt, ita et gratiam nesciunt, quam in Christo per sacramenta recipiunt : sicut autem parvuli non excusantur a culpa, quia eam nesciunt, sic ne excluduntur a gratia, quam præstitam non agnoscunt.

Nescivit Chanaan Cham patris sui culpam, qui Noe genitoris sui nuditatem risit, et tamen pro culpa Cham patris sui servus cum sua posteritate Chanaan remansit (*Gen.* IX, 22). Verumtamen pro obedientia Abrahæ patris nostri, generalis benedictio in omnes gentes nullis eorum meritis gratanter effluxit. Unde et hæc sacri regeneratio baptismi, solius est gratiæ, non meriti. *In semine*, inquit, *tuo benedicentur omnes gentes* (*Gen.* XXII, 18). In semine tuo, hoc est in Christo, qui Deus homo fieri voluit, ut hominem solvat a peccatis. Peccare quidem homo potuit, sed peccatum peccator suum dimittere sibi non potuit. Quapropter omnis eget gloria Dei, qui peccata dimittit homo factus pro nobis; ut, quod non potuit homo solus, efficiat homo Deus, qui *cui vult misereretur et quem vult indurat* (*Rom.* IX, 18); cui vult gratiam impendit, et quem vult condemnat.

De Jacob et Esau nondum natis, nondum scientibus, Apostolus Dominum dixisse testatur : *Jacob dilexi, Esau autem odio habui* (*Rom.* IX, 13). Nesciebat Jacob gratiam dilectionis, quam accepit; nesciebat Esau sententiam odii, quod incurrit; Jacob quidem et Esau, sicut omnes, in Adam peccaverunt. Sed Jacob pro gloria Dei gratuita dilectione donatur; Esau vero pro originalis culpæ merito, ira Dei reprobatur. Misericordiam in Jacob, judicium in Esau pariter intuemur; et cum Propheta dicimus : *Misericordiam et judicium cantabo tibi, Domine* (*Psal.* C, 1). Mala siquidem a nobis habemus, pro quibus merito et damnamur; bona vero nisi a Deo habere nulla possumus, sed pro gratia nobis a Deo præstita indebite, salvamur. Hujus dator gratiæ Jesus Christus natus de virgine, plenus gratia et virtute, sacramentum circumcisionis in seipso suscepit, sacramenta sanctificans, non egens sacramentis. In templo cum hostiis est oblatus, hostias consecrans, non hostiis consecratus. Quod autem iste major omnibus, sed parvus pro nobis factus, sacramenta suscepit, agendo nobis innuit parvulos sacramentis non debere privari, de quibus postmodum ita respondit : *Sine parvulos venire ad me, talium est enim regnum cœlorum* (*Marc.* X, 14). Et ipse quidem Dominus omnium, et Salvator universorum a servo suo baptizatus, a Joanne Christus, baptismum sanctificavit, non est baptismo sanctificatus.

Sacramentum hoc non sicut circumcisio in masculis tantum, et in octavo die, sed omni tempore, in omni sexu, omni ætate, unicuique semel impenditur, sine quo nemo a culpa solvitur, nemo salvatur. Baptismum quippe pro nobis accepit ipse Dei Filius, ne quod Deus prærogat, ab homine respuatur; nec quod præstat gratia, meritis imputetur. Quapropter omnes in omni sexu, in omni conditione, omni ætate, omni tempore, semel baptizari, absque iteratione, dum hic vivitur, est necesse.

CAPUT XII.

Sed his succincte decursis adhuc hæretici sæviunt, et litigando dicunt : Christus cum esset annorum triginta baptismum accepit, ideoque parvuli non debent baptizari, sed hi qui eo annorum tempore quo Christus baptizatus est, voluerunt baptizari.

Declamatio hæc hæretica, tam perniciosa quam pessima, non solum parvulos, sed et quoscunque minoris ætatis viros, excludere nititur a baptismo. Sciendum est autem, et Catholice profitendum, quia baptismus Christi a Christo sanctificationem accepit, non Christum sanctificavit. Nos vero, qui in Christo baptizamur, baptismo Christi sanctificamur: non igitur baptismus Christi, quem, ut ipsum sanctificaret, accepit, nostro baptismati, quo sanctificamur, debuerat opponi. Christus Dominus venit ad Joannem ut baptizaretur ab eo in Jordanem. Joannes prohibebat eum, dicens : *Ego a te debeo baptizari, et tu venis ad me?* Respondit *autem Jesus et dixit ei : Sine modo, sic enim decet nos implere omnem justitiam. Tunc dimisit eum* (*Matth.* III, 14, 15). De hoc Lucas evangelista prosequitur ita : *Factum est autem cum baptizaretur omnis populus, et Jesu baptizato, et orante, apertum est ei cœlum, et descendit Spiritus sanctus corporali specie sicut columba in ipsum; et vox de cœlo facta est : Tu es Filius meus dilectus, in te complacui mihi* (*Luc.* III, 21, 22). Attende ergo et intellige quia in baptismo isto manifesta est ipsa Trinitas Deus, quæ singulariter et inseparabiliter adoratur. Audis Patrem de Filio attestantem; aspicis egressum de aqua Filium, intueris Spiritum sanctum sicut columbam descendentem in ipsum. Ita quoque fit in omni baptismate Christi. Quisquis illud more debito suscipit, efficitur Filius Dei; et vox Patris attestatur ei : *Tu es Filius meus dilectus, in te complacui mihi* (*Luc.* III. 22); et Spiritus Dei in ipsum descendit. Hæc est omnis justitia, quam Jesus Christus adimplere venit in omni regenerato fonte salutari.

Aperti sunt ei cœli qui factus est in baptismo Filius Dei. Hic habet Deum Patrem, et Spiritum sanctum in se descendentem. Hoc Psalmista intuens pie decantabat, dicens : *Veritas de terra orta est, et justitia de cœlo prospexit* (*Psal.* LXXXIV, 12). Veritas de terra orta est, Jesus Christus de Maria natus est, cujus largitione mirabili justitia de cœlo prospexit, quæ filios iniquitatis emundatos a culpæ macula, cœlesti vestitos gratia, sicque justificatos ad cœlum de terra perducat. Fiunt isti nova creatura, qui baptizantur in præsenti Ecclesia matre nostra, aliquando professione sua, aliquando attestatione aliena. Parvuli quidem, dum sacramenta quæ nesciunt aliorum opere suscipiunt, per fidem

Ecclesiæ Catholicæ præfatam illam de cœlo justitiam induunt, et membra Christi fiunt. Salvantur isti et justificantur Christi baptismate, nondum sua fide, sed sacramento fidei alienæ.

Sic sic ille paralyticus ante Dominum Jesum a tecto demissus non fide sua, sed aliena salvatur : *Ut vidit*, inquit, *fidem illorum, dixit* : *Fili, remittuntur tibi peccata tua*; et : *Surge, et ambula* (*Matth*. ix, 2, 5). Sic mulier Chananæa rogans pro filia, nimia importunitate sua gratiam invenit, et audire meruit : *O mulier, magna est fides tua, fiat tibi sicut petisti* (*Matth*. xv, 28). Sic regulus pro filio (*Joan*. iv, 46); sic vidua egit pro unico suo (*Luc*. vii, 12) ; sic pro surdis et mutis, et nimia infirmitate præventis fides aliena solet operari, quæ in Christo *vult omnes salvos fieri* (*I Tim*. ii, 4). Ista pro parvulis utique baptizandis pauca perstrinximus, ne nihil hæreticis super hoc respondisse causemur.

CAPUT XIII.

Præterea loquuntur aliqui (tamen evitare volentes ne dicantur hæretici), quæstionem faciunt, et dicunt : In Veteri Testamento legimus scriptum : *Credidit Abraham Deo, et reputatum est ei ad justitiam* (*Gen*. xv, 6). Denique in Novo subjunctum est fidei sacramentum baptismi, ubi ait : *Qui crediderit et baptizatus fuerit, salvus erit* (*Marc*. xvi, 16). Si ergo ex fide justificatur, et salus ex baptismo, quid credentibus et baptizatis, justificatis et salvatis confirmatio manu facta pontificis superapponit?

Audiant isti, quia vere ad remissionem peccatorum, et ad justitiam, ad perceptionem gratiæ, et ad vitam æternam sufficit baptismus a quibuslibet, per quoscunque, omni tempore, omni ætate, omni conditione, omni sexu, semel in Christo rite susceptus. Ibi autem absque meritis gratia, ex gratia justitia, ex justitia vita, si statim obierit, sempiterna et beata, nullaque ei reputantur in peccatum propter baptismi remedium. Si vero post baptismum supervixerit, qui sanctificatus per gratiam Christi a baptismo surrexit, protinus incentiva carnis suæ sustinens, et diaboli congressus excipiens, nisi indutus virtute ex alto stare non poterit, superatus carnis suæ concupiscentiis, et mundi illecebris, et Satanæ tentamentis : *Nisi enim Dominus custodierit civitatem, frustra vigilat qui custodit eam* (*Psal*. cxxvi, 2). Ad hoc pontifex summus dator gratiarum, largitor charismatum, post ascensionem suam discipulis suis jam purificatis, jam sanctificatis, Spiritum sanctum in igne vehementer effudit. Accepto itaque spiritu principali, calore virtutis, igne charismatis, illi ipsi qui antea relicto Domino fugerant, et qui arguentem extimuerat ancillam, mox in medium absque timore processerunt loquentes magnalia Dei, cum omni fiducia prædicantes verbum Dei.

Sicut ergo pontifex noster, summusque sacerdos, de sede majestatis in discipulos suos prius per Spiritum sanctum baptizatos, et sanctificatos, postea in igneis linguis Spiritum sanctum plenius effudit; ita et ii qui præeminent officio pontificali, donant opere cœlesti, vice Jesu Christi, donant filiis in baptismo regeneratis, super eos imponentes manus, cum oratione et signo sanctæ crucis, et unctione chrismatis Spiritum sapientiæ et intellectus, Spiritum consilii et fortitudinis, Spiritum scientiæ et pietatis, Spiritum timoris Domini ; hi sunt septem in uno lapide oculi ; septem candelabra in templo Dei ; septem tubæ sub manu Josue triumphantis ; septem stellæ in ordine pontificali : hi thesauri. superabundantes ; hæ divitiæ præcellentes.

Dantur ista fidelibus Christi renatis lavacro salutari, fonte perenni, ope Spiritus sancti, qui ab initio sæculi superferebatur aquis, ad demonstrationem sacri baptismatis in Ecclesia Catholica rite celebrandi. Dantur ista non baptizandis, sed postquam fuerint baptizati dantur, non a quæcunque, sed manu sola pontificis; de hoc in Actibus apostolorum Lucas evangelista sic ait : *Cum audissent Apostoli, qui erant Jerosolymis, quia recepit Samaria verbum Domini, miserunt ad eos Petrum et Joannem. Qui cum venissent, oraverunt pro ipsis ut acciperent Spiritum sanctum : nondum enim in quemquam illorum venerat, sed baptizati tantum erant in nomine Domini Jesu Christi. Tunc imponebant manus super illos, et accipiebant Spiritum sanctum. Cum vidisset autem Simon quia per impositionem manus apostolorum daretur Spiritus sanctus, obtulit eis pecuniam, dicens ; Date et mihi hanc potestatem, ut cuicunque imposuero manus, accipiat Spiritum sanctum. Petrus autem dixit ad eum* : *Pecunia tua tecum sit in perditionem, quoniam donum Dei existimati pecunia possideri* (*Act*. viii, 14-20). De Simone Mago isto apostata facto, Lucas meminit ita dicens ; *Cum in Samaria credidissent Philippo evangelizanti de regno Dei, et in nomine Jesu Christi baptizarentur viri ac mulieres, tunc Simon et ipse credidit : et cum baptizatus esset, adhærebat Philippo* (*Act*. viii, 12, 13). Philippus autem non apostolus, sed levita, de septem erat unus. quibus apostoli orantes imposuerunt manus. *Videns* itaque Simon Magus per Philippum *signa et virtutes maximas fieri, stupens admirabatur* (*Act*. viii, 13). Denique videns apostolos Petrum et Joannem dare Spiritum sanctum per orationem et manus impositionem, ambitione nimia concupivit hanc præcellentem pontificum dignitatem ; et episcopalem celsitudinem, mediante pecunia, possidere sub obtentu rapacitatis et avaritiæ. Ex hoc Simone Simonia nomen accepit, quæ dona Dei et beneficia gratis accepta, gratis exponenda mercimonio interveniente confundit. Sed Petri potestas, sed pontificalis auctoritas, sed fidei Catholicæ puritas, hanc in Simone pestem, et in ejus complicibus illico perdidit, et maledictioni subjecit. Perditus est itaque Simon Magus cum suis sequacibus, quia donum Dei possidere voluit, pecunia interveniente, ut quod emerat posset aliis vendere. Perdantur et isti qui nunc obloquuntur hæretici, dicentes inane et superfluum esse, quod post perceptionem sacri baptismatis confirmantur ab episcopo fideles Christi.

Ideo namque missi sunt in Samariam ab Jerosolymis Petrus, et Joannes ab apostolis, ut eos qui a Philippo evangelista fuerant baptizati confirmarent auctoritate pontificali, super eos orantes, eisque manus imponentes, ut Spiritum sanctum acciperent. Datus est ibi Spiritus sanctus non ad emundationem peccatorum, et sanctificationem, quam in baptismo susceperant, sed ut contra rediviva carnis peccata, contra mundi hujus oblectamenta, contra Satanæ dira certamina, acciperent divinam et insuperabilem gratiam septiformem sapientiæ, intellectus, consilii, fortitudinis, scientiæ, pietatis, timoris Domini. His indutus atque munitus quisquis in Christo renatus, ubique securus undecunque lacessitus victor egreditur ; huic victori corona debetur ; huic triumphanti gloria præparatur. Festinet itaque omnis in Christo baptizatus, ut oratione pontificis et manus impositione, cœlestis unctione chrismatis consignetur, et sic virtute ex alto suscepta victor ubique proficiat, et pro chrismate regali in perpetuum nomine Christiano præfulgeat.

CAPUT XIV.

Talibus, dum in præsenti vivitur, necesse est ut vitalis refectio præparetur, panis vitæ, calix benedictionis æternæ, corpus et sanguis summi Pontificis nostri Jesu Christi. Hoc autem omnino necesse est, nec alicui Christiano a participatione tanti mysterii abstinere licitum est. Huic Dominus ait : *Nisi manducaveritis carnem Filii hominis, et biberitis ejus sanguinem, non habebitis vitam in vobis. Qui manducat,* inquit, *carnem meam, et bibit meum sanguinem, habet vitam æternam. Caro enim mea vere est cibus, et sanguis meus vere est potus (Joan.* VI, 54-56). Denique in cœna paschali, de veteri novum, de terreno divinum, panem vivum discipulis suis dedit ; hinc Matthæus ait : *Cœnantibus autem illis, accepit Jesus panem, et benedixit ac fregit ; deditque niscipulis suis, et ait : Accipite et manducate : hoc est corpus meum. Et accipiens calicem gratias egit, et dedit illis, dicens : Bibile ex hoc omnes : hic est enim sanguis meus Novi Testamenti, qui pro multis effundetur in remissionem peccatorum (Matth.* XXVI, 26-28).

Ex hac communione veri corporis et sanguinis Jesu Christi, et nos Jesu Christo, et Jesus Christus nobis unitate fœderamur inenarrabili, sicut ipse dicit : *Qui manducat meam carnem, et bibit meum sanguinem, in me manet, et ego in eo (Joan.* VI, 55). Noster iste summus pontifex inter discipulos suos vivus et integer erat, suisque manibus corpus et sanguinem suum dabat : *Hoc,* inquit, *facite in meam commemorationem* (*Luc.* XXII, 19).

Ex hac ergo institutione, et præcepto, in altari Dominico, et ore sacerdotum et manibus ipsum corpus, ipse sanguis Christi conficitur; non incipit, non nascitur, sed quod totum manet in dextera Dei Patris, totum est in manu sacerdotis, totum in ore sumentis, unum in multis, idem in diversis. Munus hoc inæstimabile, donum hoc incomparabile datum est universali Ecclesiæ matri nostræ in illo sacro convivio paschalis cœnæ. Frustra igitur proditor Judas Dominum Jesum Judæis vendebat, quem largitione divina sub æterno munere mater Ecclesia semper habendum susceperat. Frustrati sunt ergo et ille vendens proditor, et perfidus emptor : *Vicit* enim *leo de tribu Juda, radix David* (*Apoc.* v, 5) : *lapis excisus de monte sine manibus* (*Dan.* II, 34). Deus et homo, de virgine natus, ex humano genere sine manibus, absque carnis amplexibus, Deus et homo unus Jesus Christus, per omnia nobis absque peccato similis factus, pro nobis hostia salutaris, reconciliatio generalis, oblatus in cruce Deo Patri, fideles suos pariter omnes tam defunctos quam viventes a peccato redemit, a reatu purgavit, a pœna gratanter absolvit. Patriarchas et prophetas, et quoscunque titulo fidei præsignatos a mundi exordio, Christus pontifex noster et sacerdos, ab inferis sua morte redemptos eduxit, resurgendo levavit, ascendendo glorificavit.

Sedens itaque ad dexteram Dei Patris seipsum absque detrimento perpessione, absque omnimoda detritione donat in altari, per officium sacerdotis, viventibus suis fidelibus in remissionem peccatorum, defunctis sanctis, vel intra Ecclesiam absolutis, in explationem pœnarum; et utriusque in vitæ perennis alimentum. *Ego,* inquit, *sum panis vivus qui de cœlo descendi : si quis manducaverit ex hoc pane vivet in æternum* ; et . *Panis quem ego dabo caro mea est pro mundi vita* (*Joan.* VI, 51-52). Hæc est viva hostia, quam Dominus noster Jesus Christus et ipse Deo Patri pro nobis obtulit, et nos more debito offerre mandavit. *Hoc,* inquit, *facite in meam commemorationem* (*Luc.* XXII, 19). Ia ejus equidem commemorationem hoc ipsum facimus, dum quemadmodum et ipse fecit, et nos facere præcepit, pro defunctis fidelibus, vel adhuc in præsenti degentibus, in ara Dominica quotidie ipsum immolamus. In omni namque missa quam facimus, Agnum, qui semper vivit, qui tollit peccata mundi, et immolando sumimus, et sumptum non consumimus. *Ego sum,* inquit, *panis vitæ,* etc. *Ego sum panis vivus, non sicut manna in deserto* (*Joan.* VI, 48-51), quod calorem solis ferre non poterat, quod in Sabbato non apparebat, de quo dicit : *Patres vestri manducaverunt in deserto manna et mortui sunt* (*ibid.,* 31). Patres mali, patres increduli, et corpore et anima pariter mortui. Non erat eis remedium contra mortem manna comestum. Vera enim et sola contra mortem medicina, qui ait : *Ego sum resurrectio et vita* (*Joan.* XI, 25). *Qui manducat meam carnem et bibit meum sanguinem habet vitam æternam* (*Joan.* VI, 55). Amen.

LIBER SECUNDUS.

CAPUT PRIMUM.

Satana sæviente contra veritatem fidei Catholicæ lux vera procedit, et Spiritus sancti gratia clarior innotescit, loquitur veritas, mendacium cadit. Fiunt sacramenta, peccatum deficit. Fons patens in domo David toto orbe diffunditur, baptizantur homines et salvantur. Cœli aperti sunt et virtutes operantur. Desponsatur Ecclesia Christo, induitur virtute ex alto. Episcopi sponsalia præparant, et septiformis gratiæ Spiritum donant. Regali chrismate signatur Ecclesia, stat regina a dexteris sponsi in veste deaurata, charitatis splendore corusca. Huic autem sponsæ tam illustri, tam speciosæ, paratur cœna paschalis in aula sapientiæ; ibi vitulus saginatus integer, et perfectus agnus anniculus, plenus et immaculatus, cum omni suavitate, dulcissimo sapore, gratissima dilectione percipitur. Cibus iste non terrenus, sed super cœlestis esse dignoscitur, ex eo et per eum, et in ipso vita, et æternitas, et beatitudo percipitur. Est enim cibus iste non transitorius, sed quotidianus, sed sempiternus, semper totus, semper vivus; isto vivunt angeli in cœlis, et beati sunt; isto vivunt homines in terris, et sancti sunt.

Est namque cibus iste verbum non transitorium, sed æternum non mutabile, sed idipsum apud Deum Deus Verbum, apud nos Verbum caro factum, et habitavit in nobis : *Et vidimus*, inquit, *gloriam ejus, gloriam quasi unigeniti a Patre plenum gratiæ et veritatis (Joan.* 1, 14); et : *Nos de plenitudine ejus omnes accepimus (ibid.,* 17) : omnes videlicet episcopi, diaconi, subdiaconi, acolythi, exorcistæ, lectores, ostiarii, et cæteri sub corona clericali; principes quoque et potestates hujus terreni moderaminis, et reliqui nomine Christiano signati. Episcopi toto terrarum orbe dispositi funguntur vice Christi, et principaliter ædificant domum Dei. Sicut enim summus pontifex et universalis episcopus noster Jesus Christus, ex omnibus discipulis suis elegit duodecim, quos cæteris præferens apostolos nominavit, quos etsi puros homines, sui tamen officii fecit esse consortes, et divinæ magnificentiæ compotes : ita quoque ipsorum in episcopali gratia successores præsules sive pontifices excellentia singulari præeminere fecit, ut more apostolico sanctum donent Spiritum his, quibus rite manus imponunt. Qui autem ordine censentur inferiori, ut presbyteri, diacones, et cæteri gradu canonico in Ecclesia promoti, habent utique Spiritum sanctum, quo bene vivunt, et in Ecclesia Dei pro officii die deserviunt; sed aliis quem acceperunt sanctum dare Spiritum manus impositione non possunt. Soli hoc episcopi a Domino speciali prærogativa susceperunt, quod præcellenti opere, ipsum quem habent Spiritum sanctum, ipso donante qui dedit, donant et aliis, quibus ex officio pontificali, fusis precibus ad Dominum, pie manus imponunt.

Mirandum quippe miraculum omni veneratione dignum, non tamen novum, non quidem est insolitum, sic nempe olim Dominum egisse legimus, de Moysi Spiritu in libro Numeri : *Et dixit Dominus ad Moysen : Congrega mihi septuaginta viros de senibus Israel, et duces eos ad ostium tabernaculi fœderis, faciesque ibi stare tecum, ut descendam, et loquar tibi, et auferam de spiritu tuo, tradamque eis ut sustentent tecum onus populi, et non tu solus graveris (Num.* xi, 16, 17). *Venit igitur Moyses, et narravit populo verba Domini, congregans septuaginta viros de senioribus Israel, quos stare fecit circa tabernaculum; descenditque Dominus per nubem, et locutus est ad eum auferens de spiritu qui erat in Moyse; et dans septuaginta viris. Cumque requievisset Spiritus in eis, prophetaverunt, nec ultra cessaverunt (ibid.,* 24, 25). Solus quippe Moyses sanctum acceperat Spiritum, quo regere poterat commissum sibi a Domino populum. Ipsum itaque Moysi Spiritum, non humanum esse sentias, sed divinum ; Deus enim erat Spiritus quem a Domino Moyses habuit, quem a Moyse sumptum mentibus aliorum Dominus infudit : erat quidem in Moyse Spiritus Domini, qui et datus est aliis, quos more divino replevit; totus in Moyse, totus in illis. Moyses ipse hunc Spiritum fatetur esse divinum, ubi mox respondit, dicens : *Quis tribuat ut omnis populus prophetet, et det eis Dominus Spiritum suum (Num.* xi, 29). Ipse etiam Moyses pontifex et sacerdos Domini, super Josue ministrum suum manus imposuit, eique Spiritum sanctum dedit. In Deuteronomio legis : *Josue vero filius Nun, repletus est Spiritu sapientiæ, qaia Moyses posuit super eum manus suas : et obedierunt ei filii Israel, feceruntque sicut præcepit Dominus Moysi (Deut,* xxxiv, 9). Iste est Moyses qui Aaron primum sub lege pontificem, et filios ejus consecravit, eisque Spiritum sanctum ad agenda, divina mysteria pontifex ipse et sacerdos mirifice dedit. De ejus sacerdotio Psalmista sic ait : *Moyses et Aaron in sacerdotibus ejus; et Samuel inter eos qui invocant nomen ejus (Psal.* xcviii, 6).

Elias quoque, si bene recolo, non solummodo Spiritum sanctum habuit, sed etiam Eliseo dedit : *Ore,* inquit Eliseus Eliæ, *oro ut spiritus tuus duplex fiat in me (IV Reg.* ii, 9). At ille : *Si videris,* inquit, *quando tollar a te, erit quod petisti (IV Reg.* II, 10). Ad hoc Eliseus perstitit, vidit et accepit. Proinde filii prophetarum ita dixerunt : *Requievit spiritus Eliæ super Eliseum (ibid.,* 15.) Unde et Eliseo sicut prius Eliæ subditi permanserunt.

Ubi autem *venit plenitudo temporis,* in qua *misit Deus Filium suum* pontificem, et episcopum secundum ordinem Melchisedech in æternum, effusa est a sede majestatis superabundans, et largiflua septiformis gratia Spiritus sancti ; ex quo pontificalis auctoritas, et episcopalis dignitas plenius excrevit *(Gal.* IV, 4). Hinc Petro ait : *Tu es Petrus, et super hanc Petrum ædificabo Ecclesiam meam (Matth.* XVI, 13). Est enim et Petrus in ea, et ipsa in Petro, episcopus in Ecclesia, et Ecclesia in episcopo. Est episcopus Ecclesiæ fundamuntum, quia per episcopum habet Ecclesia Spiritum sanctum. Est episcopi conficere chrisma sacrum, oleum sanctum, oleum infirmorum; consecrare basilicas Dei et altaria, calicem et corporalia, officiales et eorum vestes et omnia Ecclesiæ instrumenta. Baptizatos confirmare, cæsares et reges sacrare. De petra ista, super quam fundata est mater Ecclesia, sub pastorali virga bis percussa, ad amorem Dei et proximi excitata, fluunt aquæ largissime, aquæ salutares, aquæ vivæ : *Qui biberit,* inquit, *aquam, quam ego dabo, fiet in eo fons aquæ salientis in vitam æternam (Joan.* IV, 13). Et alibi : *Qui in me credit, flumina de ventre ejus fluent aquæ vivæ :* hoc autem dicit de *Spiritu quem accepturi erant credentes in eum (Joan.* VII, 38, 39). *Cum,* inquit, *venerit Spiritus veritatis, docebit vos omnem veritatem (Joan.* XVI, 13).

Quod itaque non potest solus homo scire sensu suo potest homo plenus Spiritu sancto : secundum hoc ait : *Omnia quæcunque audivi a Patre meo, nota feci vobis (Joan.* XV, 15). Nota in Spiritu veritatis, nota in plenitudine charitatis. Talibus *datum esse nosse mysterium regni Dei (Marc.* IV, 11). Ne quis autem præsumat eos non audire, vel eorum præcepta cassare, dixit : *Qui vos audit, me audit ; et qui vos spernit, me spernit : qui autem me spernit, spernit eum qui misit me (Luc.* X, 16). Et alibi : *Non,* inquit, *vos estis qui loquimini, sed Spiritus Patris vestri, qui loquitur in vobis (Matth.* X, 20).

Habentes igitur a Domino Spiritum veritatis scientes mysteria regni Dei, sicut a Domino Jesu, pariter apostoli susceperunt, sic per orbem terrarum tenenda posteris mandaverunt. Post apostolos enim secuti sunt viri apostolici, pontifices et episcopi, qui virtute cœlesti semper ædificant domum Christi quam sustentant septem columnis. Septem enim sunt gradus illi perutiles et necessarii, ad sustentandum et conservandam domum Dei manu pontificis perornati gratia septiforni. Hi sunt secundi ordinis viri, scilicet presbyteri, et post eos Leviæ seu diaconi ; exinde subdiaconi, acolythi, exorcistæ, lectores, ostiarii, pro officiis ab episcopo sibi delegatis. Isti si absque nutu episcopi, vel contra episcopum agere præsumunt, a septenario numero decidunt, a septem columnis prætaxatis resiliunt, a domo sapientiæ prolapsi pereunt. Sed, his omissis, cœpta teneamus, et de septem columnis Ecclesiæ Dei aliqua sub brevitate dicamus.

CAPUT II.

Primum de presbyteris, quos episcopi, invocato Spiritu sancto, consecrant ad conficienda corporis et sanguinis Domini sacramenta prout ipse Dominus in cœna paschali fecit, et fieri mandavit, fieri tantum ab episcopis, et sacerdotali presbyterio sacratis. Hujus officii præcellens potestas, et potestatis præcelsa dignitas, non angelis, non cuilibet supernorum civium majestati collata est. Deus homo eam homini dedit, non ope humana, sed cœlesti; non acquisitione meriti, sed electione pietatis, ex dono Spiritus sancti gratanter accepti, quo consecratus ad hoc opus in Christo meruit, ut prorsus idem ipsum officiat in altari quod Christus fecerit manibus suis in cœna paschali. Quapropter manus illæ, manus ad hoc sacratæ, quibus Christi corpus et sanguis in altari sacro habet confici, manus utique sunt Christi, quibus offertur Patri Filius, qui tollit peccata mundi, et defunctos fideles liberata pœnis, et æternæ beatitudinis participes facit.

Consecratus itaque sacerdos stat, vice Christi coram Patre summo Dei et hominum mediator, dum sacramenta ineffabilia desuper apertis cœlis profert et elevat ab altari, quibus Ecclesiæ filios participes communione facit, dum in Spiritu sancto quem accepit, et pœnitentibus peccata dimittit, et Deo reconciliat quos absolvit. Præfulget in hoc opere Spiritus sapientiæ quo in eis sanctificatur nomen Patris, sicut in oratione Dominica precatur quisque fidelis *(Matth.* VI, 9), fiuntque pacifici, ideoque beati censentur, *quoniam filii Dei vocabuntur (Matth.* V, 9). Pacificant isti in vita præsenti Deum homini, pro ordine suo sacramentis rite celebratis, suisque meritis, et manibus suis cœlesti medicamine plenis.

Sciendum est itaque, et omni prædicandum veneratione, quia Spiritus sapientiæ sanctificat eos Patri nostro Deo in filios, non quoscunque, sed pacificos, ideoque beatos, et in præsenti sæculo, et in futuro.

CAPUT III.

Post presbyteros autem consecrantur Levitæ seu diaconi manus impositione pontificis, ut in Ecclesia Dei præsto sint altari, dum in eo fiunt sacramenta corporis et sanguinis Domini. Qui licet non agant ipsi consecrationem, tamen suscipiunt a consecratore dispensationem veri corporis et sanguinis Jesu Christi. De manu namque pontificis, seu presbyteri, suscipiunt quo se et alios munifica largitione alimento vitali reficiunt, et bona Ecclesiæ sub episcopi voluntate disponunt. Sunt oculi pontificum et presbyterorum, ut in quantum possunt quietem et pacem eos habere faciant, qui peragendis sacramentis invigilant, qui docere populos, et orare quietius elaborant.

Præfulget in hoc opere Levitarum seu diaconorum, Spiritus intellectus, quo et sacramenta quæ dispensant intelligunt; quo res sibi commissas pie disponunt; quo prædicatoribus Verbi Dei pacem et quietem, removendo perturbatores et inquietos, pro posse suo faciunt. Hi perornati castitate, et beati mundo corde, quærunt regnum Dei, dum per diaconias suas episcopis viam doctrinæ faciunt, et de singulis episcopo quæ norunt, certius innotescunt. Et hos etiam evangelistas esse pontifices statuunt, et hi vices pontificum diligenter exsequi pro ordine suo satagunt.

Hi nimia charitate sua promerentur cum Stephano videre Filium hominis stantem a dextris Dei. Hi quoque in celebratione Dominicæ missæ dum sanctum Evangelium pronuntiant præsenti Ecclesiæ, respondetur eis, *Gloria tibi, Domine*, consona fidelium voce.

CAPUT IV.

Post diaconos autem subdiaconi promoventur, quibus, oratione præmissa, ab episcopis cura imponitur, ut obedientes pareant Levitis, atque præsbyteris, et præparent sacrata vasa in quibus conficitur corpus et sanguis Christi. Præparent pro more panem, et vinum, et aquam, et vasa his convenientia : pallas quoque altaris, et prandea [*al.* brandea], prompta sollicitudine et diligentia.

Hi dum ab episcopo consecrantur, proponitur eis sermo continentiæ et castitatis. Si vero castitatem deinceps se tenere proposuerint, tunc episcopus dat eis tenere calicem Domini in manibus suis, ut ab ea die intendant calici Domini cum humilitate et castitate.

Apparet in hoc opere Spiritus consilii quem specialiter accipit, dum consecratur oratione pontificis, suo suscepto servare seipsum mundum et castum intendit, et præparare se mysteriis, et mundata præsentare vasa sacramentis. Isti quidem de seipsis minime præsumunt, sed voluntatem suam voluntati Domini supponunt, et humiliter dicunt : *Fiat voluntas tua sicut in cœlo et in terra* (*Matth.* vi, 11) : sicut in spiritualibus Patribus nostris, sic et in nobis eorum filiis adhuc terrenis, adhuc decertantibus contra concupiscentias carnis. Fiunt isti misericordes ex hoc fiducialius misericordiam a Deo postulantes.

CAPUT V.

Post subdiaconos sequuntur acolythi ab episcopis ordinati, ut in Ecclesia Dei ferant urceola, aquamanilia, manutergia officio convenientia, ut ante faciem Evangelii præferant ipsi luminaria accensa, cerogerulis diligenter imposita; ita ut in ipsis appareat quod veræ fidei lumine, quod spei certissimæ splendore, quod charitatis ardore justitiam regni Dei, per Evangelium declaratam, et ipsi quærant, et alios ad quærendum sui luminis exemplo commoneant; et exinde tam seipsos, quam et alios ad percipienda sacramenta fortiter esuriendo perducant.

Apparet in hoc opere Spiritus fortitudinis, quo inter procellas aereæ potestatis, et tempestates sæculi, jam fidei lumine vivunt, jam spe proficiunt, jam charitate persistunt. Hi quoque in hoc beati sunt, quia esuriunt et sitiunt justitiam (*Matth.* v, 6), quia panem nostrum quotidianum semper vivum, semper integrum in altari Dominico pie degustant.

CAPUT VI.

Post acolythos exorcistæ sequuntur, qui ab episcopis consecrantur. Exorcistas benedictio pontificalis imperatores facit, non emolumenti terreni, non potentiæ carnalis, sed ex virtute Dei, qua Satanam, et omnem nequitiam ab energumenis et quibusque dæmoniacis, invocato nomine Jesu præmissa oratione facta ex sufflatione, propellunt ; ut ad baptismi sacri gratiam, et ad percipienda sacramenta pervenire valeant.

Apparet in hoc opere Spiritus scientiæ, ne hoc sibi attribuant, ne inde superbiant, sed sciant quid fuerint per naturam, quid meruerint per culpam, et quid ipsi ab episcopo consecrati possint facere per gratiam. Sunt beati qui lugent suos in quibus ante fuerant a bono defectus (*Matth.* v, 5), ad mala prolapsus, sed consolantur in Domino Jesu Christo, qui eos a malis eruit, et imperatores super Satanam, ad propellandam ejus nequitiam potenter effecit.

Bene igitur bene isti primum pro seipsis misericordia superna redemptis, deinde pro illis, quos potestate sibi a Deo collata eruunt a dæmonum nequitiis, humiliantur sub potenti manu Dei, dicentes voce supplici : *Dimitte nobis debita nostra, sicut et nos dimittimus debitoribus nostris* (*Matth.* vi, 12). In hoc Spiritu scientiæ eis præsto est quod, licet pro officio sint imperatores, sciunt tamen pro fragilitate sua esse peccatores.

CAPUT VII.

Post exorcistas lectores ab episcopis benedicuntur, ut in Ecclesia Dei legant, jubente episcopo, vel in præsentia sua, vel alibi legant verba Veteris ac Novi Testamenti, legant more solito, tempore statuto, et loco congruo, protestantes sacras novi ac veteris instrumenti paginas, et Patrum agiographa, in unum Dominum nostrum Jesum Christum consona et completa; et ea debita veneratione semper audienda, pro tempore servanda.

Apparet in hoc opere Spiritus pietatis, dum non typo superbiæ, non elatione jactantiæ, non astu maligno, non fastu hæretico præsumunt legere, audent exponere, sed pio intuitu, Catholico ductu Scripturas non suo sensui, imo sensum suum applicant Scripturis. *Beati mites*, isti *quoniam possidebunt terram* (*Matth.* v, 4), ab aquis et fluctibus maris, ab initio segregatam, hoc est solidam veritatem ab erroribus et errorum fluctibus sequestratam. Hæc ut evadant et liberi fiant hanc ad Dominum humilem effundunt precem : *Et ne nos inducas in tentationem (Matth.* vi, 13)

Habentes itaque Spiritum pietatis fiunt mites in pronuntiatione veritatis, evitantes laqueos tentationis et proficiunt in Scripturis.

CAPUT VIII.

Post lectores ostiarios ponunt pontifices, ut, accepta benedictione, fores Ecclesiæ diligenti cura custodiant, et fideles ad servitium Dei certis horis, sono competenti venire commoneant. Hi pro officio suo eos intromittunt quos Catholicos esse cognoscunt, non credentes excludunt, quos irrisores vel esse perturbatores sentiunt. Illos etiam valde rejiciunt, quos ab episcopi communione privatos esse pro certo noverunt.

Apparet in hoc opere Spiritus timoris Domini, qui beatos pauperes spiritu facit (*Matth.* v, 3), quo suscepto, ostiarii a regno Dei, quod est Ecclesia Christi, secludunt malos a bonis. Hoc fieri jam in præsenti, et compleri penitus in futuro orantes, petunt a Domino, et dicunt : *Libera nos a mala* (*Matth.* vi, 13). Spiritus iste timoris Domini castum et humilem facit et sapientiam introducit. *Initium,* inquit, *sapientiæ timor Domini* (*Psal.* cx, 10). Timor iste Domini non est servilis, non est peccati, sed charitatis, quæ libera servit. Hoc ostiarius accipit, ut liberetur a malo, et pro paupertate spiritus recipiat regnum Dei.

CAPUT IX.

Attende qui legis, si habes Spiritum Dei, qui clavem scientiæ gerit, claudit, et nemo aperit, aperit, et nemo claudit; attende hos septem gradus, has septem columnas, ore sapientiæ Dei, per manus episcopi ordine distinctas, benedictione firmatas, sacramentis ornatas. Hæ septem episcopus septem orationis precibus elevat, septem donis sancti Spiritus affirmat, septem beatitudinum honore cumulat. Prætaxatas septem preces illas Jesus Christus edocuit plenas et perfectas, deditque pro sua magnificentia septem sancti Spiritus dona mirifica, et septem beatitudines suis fidelibus in æternum largitur et ultra, septem istis precibus septem dona sancti Spiritus impetrantur; septem donis illis septem beatitudines acquiruntur. Fides in precibus, spes in donis, charitas in beatitudinibus pariter assignantur; in precibus studium, in donis præmium, in beatitudinibus gaudium, si pia quæris citius invenis. Talibus inquirendis admodum intendamus, et super has septem columnas septem dies feliciter impleamus.

Ecce pro septem precibus, pro septem donis, pro septem beatitudinibus vere beata es mater Ecclesia, sacramentis plenissime divinis uberrima in te solvuntur peccata, præstatur venia, donatur gratia. Tua quidem sunt omnia, tuus est enim qui fecit omnia. Te summa sapientia semper inhabitat, et bonis omnibus locupletat. Bona tua benevolentia præparat charitas dispensat. Ministri tui sunt episcopi provisores strenui, tutores fortissimi. Ex te tibi generant filios fortes et ingenuos ; ex his quos approbant, eligunt et exaltant; ex his creant septem gradus honoris, septem columnas fortitudinis, quas septem precibus Dominicis consecrant, septem donis sancti Spiritus illustrant, septem beatitudinibus glorificant. Hæ septem columnæ et Ecclesiam Dei sustentant, et perpetuo splendore clarificant.

Columnas tales per episcopos ordinari Dominus Jesus Christus instituit, et septem gradibus designavit. Ipse etiam in seipso tenens gradus istos proposuit auctoritate sua tenendos.

CAPUT X.

Magnus iste noster ostiarius et semel et iterum de templo Dei vendentes et ementes ejecit; beato latroni in cruce pendenti, sed confitenti, sed misericordiam postulanti, paradisum aperuit (*Luc.* xxiii, 43). *Ego,* inquit, *sum ostium, si quis per me introierit salvabitur* (*Joan.* x, 9). Ipse potenti virtute portas inferi confregit, et suos inde liberos eduxit ; tunc velum templi scissum est medium, et reserata sunt Sancta sanctorum (*Matth.* ii, 51). Eo resurgente apertum est sepulcrum, et terra mota est, et monumenta aperta sunt, et multa corpora sanctorum, qui dormierant, surrexerunt. Eo ascendente apertum est cœlum nunc et in æternum.

Magnus quoque lector noster Dominus Jesus semper fuit, qui Verbum Dei Deus apud Deum simul omnia loquitur, et scripsit in libro vitæ vero charactere qui legem decreti primo homini in paradiso dictavit. De lectore isto Apostolus ita dicit : *Multifarie, multisque modis olim Deus loquens patribus in prophetis, novissime diebus istis locutus est nobis in Filio, quem constituit hæredem universorum, per quem fecit et sæcula* (*Hebr.* i, 1, 2). Lector iste pro muliere in adulterio deprehensa digito in terra scribebat, et dicebat : *Qui sine peccato est vestrum, primus in eam lapidem mittat* (*Joan.* viii, 7). Ibi digito suo in terra scribebat, qui olim duas tabulas lapideas, digito suo scriptas, semel et iterum Moysi dederat (*Luc.* iv, 17). Huic lectori tandem in medio synagogæ datus est ad legendum liber Isaiæ prophetæ, in eo legit, et, libro reddito, quod legerat exposuit, et capitulum prophetiæ manifeste in seipso, et de seipso vere dictum, et vere completum docebat.

Magnus quoque noster exorcista Jesus Christus exstitit, qui Satanam tumentem, et super aquilonem regnare volentem, solo respicientis imperio virtutis tunditus obruit, qui patres nostros transgressores a paradiso deposuit. Imperator iste noster ductus in montem excelsum, Satanam illum tentatorem vetustum. Idololatram primum prodidit, et dixit : *Vade retro, Satana, scriptum est enim : Dominum Deum tuum adorabis, et illi soli servies* (*Matth.* iv, 10). Dæmones etiam illos, quibus nomen erat legio, et in porcos misit. Opera quidem hujusmodi quam multa invenis, cum Evangelia perlegis.

Magnus vero noster acolythus erat Jesus Christus ubi ait ; *Fiat lux, et factam lucem devisit a tenebris (Gen.* 1, 3) ; et de seipso dicit : *Ego sum lux mundi (Joan.* VIII, 12). Lux ista lux est vera, de qua sic ait Evangelista : *Erat lux vera, quæ illuminat omnem homiuem venientem in hunc mundum (Jaon.* 1, 9), Acolythus iste in columna ignis Israel ab Ægypto usque in terram promissionis mirifice perduxit. His etiam quos in carne veniens illuminabat, ita dicit : *Ambulate dum lucem habetis (Joan.* XII, 25). Et : *Sic luceat lux vestra coram hominibus, ut videant opera vestra bona, et glorificent Patrem vestrum qui in cœlis est (Matth.* v, 16). Super hoc noster acolythus ita præcipit : *Sint lumbi vestri præcincti, et lucerus ardentes in mauibus vestris (Luc.* XII, 35).

Magnus insuper subdiaconus noster Jesus Christus, omnium potentissimus ; filiis Israel in deserto per quadraginta annos manna de cœlo præsentavit *(Deut.* II, 7). In torrente Carith pavit Eliam multo tempore pane et carne, corvo ministrante *(III Reg.* XVII, 3, 15). In Cana Galilææ, aquis in vinum versis, convivas lætificavit *(Joan.* II, 1). In cœna paschali aquam misit in pelvim, et pedes discipulorum subdiaconus humiliter lavit, et linteo quo erat præcinctus extersit *(ibid,* 13).

Magnus idem diaconus noster Jesus Christus, qui *attingit a fine usque ad finem fortiter, et disponit omnia suaviter (Sap.* VIII, 1). Ipse disposuit per manum Moysi et ritus sacrorum, et officia ministrorum. Qui sub moribus naturæ, sub legis moderamine, sub remedio gratiæ, ab initio mundi usque ad finem sæculi, Ecclesiam suam mira dispensatioue producit. Ipse Levita mirificus in cœna paschali, ut de veteri novum faceret, ut ex figuris veritas appareret, semper vivam proposuit escam. Ipse quidem in cruce positus matrem suam, et discipulum quem diligebat, sub charitatis cura pie disponebat, dicens : *Mulier, ecce filius tuus.* Ad discipulum autem : *Ecce mater tua. Et ex illa hora accepit eam discipulus in suam (Joan.* XIX, 26, 27). Filius in matrem a Levita summo sibi delegatam. De hoc discipulo respondit Dominus Petro, dicens post resurrectionem suam : *Sic eum volo manere donec veniam (Joan.* XXI, 23).

Magnus presbyter noster Jesus Christus, qui corpus et sanguinem suum propriis manibus suis, de pane et calice, in illo sacro convivio fecit, et discipulis suis sumenda tradidit, absque omni ambiguitate, simplici veritate. *Hoc est,* inquit, *corpus meum, quod pro vobis tradetur (Matth.* XXVI, 26). *Hic est sanguis meus qui pro vobis fundetur (Marc.* XIV, 23), *Hoc facite in meam commemorationem (Luc.* XXII, 19. De hoc sacramento corporis et sanguinis sui, et de omnibus Ecclesiæ sacramentis, eorumque ministris discipulos suos plene perdocuit : discipuli sicut a Domino susceperunt, sic et suis tenenda dederunt et posteris pari forma jugiter observanda mandaverunt.

Magnus iste pontifex et episcopus noster, passus in cruce pro mundi salute, seipsum pro nobis obtulit Deo Patri hostiam sanctam, vivam, plenam et perfectam ; afligens cruci nostræ chirographum damnationis, delens in ea nostra omnium peccata, tam ex origine traducta, quam propria voluntate superposita : ejus sacerdotium ab æterno permanet in æternum. Hic ab initio mundi, simul creatis omnibus et completis, præsulatu supereminenti benedictionem dedit, et sanctificavit diem suæ quietis, in quo semper apud semetipsum ab omni opere quod fecit, ineffabili perpetuitate quiescit. Ad hanc suæ quietis beatitudinem, novem illos supernorum civium ordines, Satana cum suis ejecto, pontifex pius charitatis manibus elevavit ; et nos miseros peccatis sordidos, criminibus fœdos, ineffabili miseratione respexit. Ipse quidem ad nostras tenebras lux vera descendit, missus a Patre Deus homo factus de virgine, semen Abrahæ datus ex promissione, in quo benedicuntur omnes gentes in plenitudine sine fine.

Summus iute sacerdos omnia peccata nostra tulit in corpore suo. Super hoc Isaias : *Vulneratus est propter iniquitates nostras ; attritus est propter scelera nostra (Isai.* LIII, 6). Unde et per eumdem prophetam Pater Deus de Filio suo sic attestatur : *Propter scelus populi mei percussi eum (ibid.,* 8). Et propheta ; *Dominus pesuit in eo iniquitatem omnium nostrum (ibid.,* 7). *Disciplina pacis nostræ super eum, et livore ejus sanati sumus (ibid.,* 5). Et ipse Pastor bonus in Evangelio dicit : *Ego pono animam meam pro ovibus meis (Joan.* x, 15). De hoc alibi : *Potestatem,* inquit, *habeo ponendi animam meam, et iterum sumendi eam (ibid.,* 18). Posuit eam non pro se, sed pro nobis in cruce moriens ; iterum eam sumpsit a morte resurgens : prout voluit ita fecit. *Cum enim in forma Dei esset, non raptnam arbitratus est,* ut ait Apostolus, *esse se æqualem Deo, sed semetipsum exinanivit formam servi accipiens, in similitudinem hominum factus, et habitu inventus ut homo. Humiliavit semetipsum factus obediens usque ad mortem, mortem autem crucis ; propter quod et Deus exaltavit illum, et donavit illi nomen ; quod est super omne nomen : ut in nomine Jesu omne genu flectatur, cœlestium, terrestrium et infernorum ; et omnis lingua confiteatur, quia Dominus Jesus Christus in gloria est Dei Patris (Philip.* II, 6-10).

Ex hoc cernimus adimpletum quod ei dicitur in Canticis canticorum : *Unguentum effusum nomen tuum (Cant.* I, 2). Salomon autem dicit : *Muscæ morientes perdunt suavitatem unguenti (Eccle.* x, 1). Ab ortu solis usque ad occasum, a summis cœlorum usque ad ultimas tenebras inferorum, nomen Christi ubique est effusum in odorem vitæ omnibus qui salvi fiunt. De hoc Psalmista canit : *Exsultavit ut gigas ad currendam viam a summo cœlo egressio ejus ; et occursus ejus usque ad summam ejus : neq est qui se abscondat a calore ejus (Psal.* xviii, 6, 7). Calor iste vivificat sanctos, exurit impios, necat hæreticos.

Itaque triumphator excelsus, et pontifex gloriosus, a sede majestatis copiosa benedictione Spiritum sanctum effundit, et muscis morientibus, hæreticis scilicet curiosa improbitate vana quæque sectantibus, cum errorum tenebris longe lateque dispersis et perditis, super humiles et quietos descendit unctio cœlestis, ad laudem et gloriam ejusdem Domini nostri Jesu Christi, cujus regnum et imperium, summumque sacerdotium permanet in æternum, et in omnia sæcula sæculorum.

LIBER TERTIUS.

CAPUT PRIMUM.

Suavis Dominus universis ; et miserationes ejus super omnia opera ejus (Psal. cxliv. 9). Suavis est Dominus, *attingens a fine usque ad finem fortiter, et disponens omnia suaviter* (*Sap.* viii, 1). Dixit, fiat, et factum est (*Gen.* i). Vidit factum, et bonum est. Dixit fiat, verbum est in æternitate, et factum est, processit creatura cum tempore. Vidit factum, respectus est benevolentiæ conditoris : et bonum est, ecce magnificentia divini muneris. A summis usque ad infirma, si bene perspicis, vides omnia beneficiis ditata supernis. Suavis est Dominus iste, et misereri non desinit. *Quia facit solem suum oriri super bonos et malos ; et pluit super justos et injustos* (*Matth.* v, 45) ; *Sed miserationes ejus sunt super omnia opera ejus (Psal.* cxliv, 9)· Opera quidem ejus dum attendis, si sapiens es. non obstupescis. Omnipotens Deus *omnia quæcunque voluit fecit : et non est qui possit ejus resistere voluntati (Psal.* xiii, 11).

Pacificum tenet regnum suum, regnum omnium sæculorum (*Psal.* cxliv, 13). Deponit potentes, exaltat humiles (*Luc.* i, 32). Prævaricatores angelos nutu solo propulit e cœlo ; inobedientes primos parentes nostros deposuit a paradiso. In Ecclesia præsentis exsilii perdit a cœtu fideli vasa mendacii, auctores sceleris, defensores hæresis. In omnibus istis et super omnia ista miserationes ejus aspice præeminentissimas, et pie considera, quia, ut homines fiant dii, Deus homo fieri voluit. Miro quidem modo facit de immundis mundos, de fœdis pulchros, de indignis dignos, de peccatoribus justos, de malis bonos, de pessimis sanctos, de miseris beatos : hæ sunt miserationes ejus super omnia opera ejus. Sub isto omnium miseratore pacifico rege, præcellenti pontifice, in cœlis novem ordines angelorum pro humilitate sua charitatis implent officia, a Deo quidem mittuntur, nec ab eo separantur. Semper ei assistunt, quem semper diligunt.

In terris sub eo, et per eum, pontificalis auctoritas septiformis gratia sancti Spiritus perornata, septem gradus ministrorum promovet in Ecclesia sub clericali corona, cum obedientiæ disciplina, ad peragenda divina mysteria. Principes quoque et potestates manus Altissimi benigne dispensat. De hoc Apostolus dicit : *Qui potestati resistit, Dei ordinationi resistit (Rom.* xiii, 2). Et Petrus : *Subjecti*, inquit, *estote omni humanæ creaturæ propter Deum ; sive regi quasi præcellenti ; sive ducibus tanquam ab eo missis ad vindictam malefactorum, laudem vero bonorum (I Petr.* ii, 13). Et sicut Daniel attestatur : *Altissimus dominatur in regno hominum, et cui voluerit dabit illud (Dan.* iv, 14). Inter omnia autem regna mundi corona clericalis clarius elucescit, quorum vita cæteros illuminat ; quorum doctrina alios ad vitam vocat, ut transitoria deserant, et æterna bona concupiscant, ut errores caveant, et Christi bono odore vivant.

CAPUT II.

De hac corona clericali, de hac forma regali, de hoc signo Jesu Christi hæretici quæstionem faciunt, maxime illi qui a clero deciderunt, et ad hæresim transierunt. Unde, inquiunt, unde corona hæc accepit initium ? Quid nobis et coronæ huic ?

Ad hoc non eis, quia impacatis, sed catholicis respondemus. Redemptor sane noster et Salvator, nos miseros peccati servitute depressos, morti addictos, Satanæ vinculis astrictos, misericordia motus noster Samaritanus qui sine peccato est, pro nobis peccatum factus est, hostia pro peccato Redemptor noster oblatus est, pro nobis pœnam peccati suscepit, et crucem pertulit in corpore suo, mortem moriendo destruxit magnificus triumphator portans spineam coronam in capite suo. Ex hac Domini Jesu corona pro peccatis nostris, a Redemptore nostro suscepta, toto mundo regnare cœpit mater nostra præsens Ecclesia, sponsa crucifixi, sub spinea corona potestates aereas debellantis. Sub hac Redemptoris nostri corona triumphat Apostolus, et clamat : *Nos autem gloriari oportet in cruce Domini nostri Jesu Christi, per quem mundus mihi crucifixus est, et ego mundo (Galat.* vi, 14). De hoc regno crucifixi nostri Domini Jesu responsum in Evangelio legitur : *Nonne hæc oportuit pati Christum et ita intrare in gloriam suam? (Luc.* xxiv, 29). Et alibi : *Empti*, inquit, *estis pretio magno, glorificate, et portate Deum in corpore vestro.(I Cor.* vi, 20).

Antiqui quam sæpe referunt historiographia victoribus superatos et captos sub corona fuisse venditos. Venditio talis manifestum erat indicium servilis opprobrii. Ita et noster Christus pro peccatis nostris venditus, et captus, in cruce sub spinea passus est corona. Hæc indebita a Domino suscepta, debitam nobis coronam damnationis potenter effregit, et coronam victoriæ suæ, coronam libertatis nostræ, coronam gloriæ sempiternæ, nobis redemptis suis, et sanctificatis, triumphator egregius superapposuit.

Propterea Catholica mater Ecclesia quosdam inter se de suis fideles elegit, quibus fidei pro firmitate, pro vitæ honestate, pro splendore scientiæ, gratanter imponit similitudinem coronæ Christi, raso desuper capite, capillis in rotundum servatis, ex æquo tonsoratis. Hoc coronæ signum ad memoriam Christianæ libertatis assumptum, non passim, sed electione quæsitum, pontificali benedictione signatum, ab apostolis sumpsit exordium, et toto orbe sub apostolica auctoritate stat in Ecclesia conservatum. Corona hæc tonsuræ clericalis servatur in habitu religionis absque macula criminis.

Omnes hujusmodi pro signo cœlesti, et gratia benedictionis, communi nomine vocantur clerici, quia Dominus pars eorum est, et ipsi pars Domini prærogativa speciali pro signo sanctitatis. Ex his aliqui proprietate rejecta sua simul habent communia in unitate canonica, tam regulares clerici, quam cœnobitæ monachi. Aliqui vero singulares nuncupati, servitio Ecclesiæ deputantur, et quia canonicas simul in Ecclesiis, horis statutis, laudes Dei persolvunt, etiam canonici nominantur : præbendas tamen suas dividendo partiuntur: et hi si bene viverint merito collaudantur, et honoribus ecclesiasticis pro vita et scientia rite sublimatur.

Omnes denique clericali corona signatos, in quocunque habitu, si tamen religioso, si bona conversatione decorato, episcopalis auctoritas cum opportunum viderit, et utile fore cognoverit, ordinat in gradibus ecclesiasticis, et animarum curam eis imponit quandiu in seipsis coronam Domini et moribus exaltant, et vita glorificant.

CAPUT III.

Hæc ita diximus, quia quosdam videmus portare coronam Christi non Christo, sed sibi, et in habitu religionis non virtutes quærere, sed quæstus facere: non contenti suis, inhiant alienis, simulantes se non habere propria nimia ambitione sua rapiunt inconcessa. Quidam etiam, rejecta verecundia, pervadunt jura episcopalia, freti falsis inductionibus et perversis consuetudinibus. Insanis istis veritas contradicit: *Ne transgrediaris*, inquit, *terminos, quos posuerunt patres tui (Prov.* XXII, 28). Econtra sæviunt et terminos sibi a patribus præfixos rapido pede transiliunt, oculos a cœlo deponunt, resurrectionem futuram etsi fateantur, nullatenus credunt; *Confitentur se nosse Deum, factis autem negant (Tit.* I, 16); post concupiscentias suas eunt et sibi vivunt (*Eccli.* XVIII, 20).

Epicureos tales, seu vanos simulatores, ab erroribus suis revocare nemo hominum potest, qui potest omnia, solus potest. Talibus inclamabat Psalmista, et dicebat: *Filii hominum usquequo gravi corde; ut quid diligitis vanitatem, et quæritis mendacium? (Psal.* IV, 3.) Statimque proponit eis cui credere, et quem debeant sequi, dicens: *Scitote quoniam mirificavit Dominus sanctum suum; Dominus exaudiet me cum clamavero ad eum (ibid.,* 4). Sanctum istum mirificavit Dominus patriarchis per oracula præsignatum, prophetis præostensum in plenitudine temporum, ex Spiritu sancto de virgine natum, Deum et hominem unum Jesum Christum. Hunc angeli pastoribus ; hunc stella dixit regibus; hunc in monte sancto glorificatum ut summi Patris unigenitum, Petrus, Jacobus et Joannes videre meruerunt. Iste victor ab inferis, vivens a mortuis mirifice surrexit, in seipso gloriam veræ resurrectionis præmonstravit.

De hac gloria resurrectionis nostræ, de vita beatitudinis æternæ quam multi, sed infideles, dubitant, et dubitando quæritant pro vanitate sua, quod idem Psalmista pro eis clamat, et dicit ita : *Quis ostendit bonis bona? (Psal.* IV, 6). Scimus, inquiunt, ista bona præsentia, hæc bona temporalia. Nescimus ea, quæ dicitis æterna, quæ dicitis bona, fine carentia.

Respondit econtra Psaltes ille propheta, exsultat ad Deum, dicens ita: *Signatus est super nos lumen vultus tui, Domine; dedisti lætitiam in corde meo (ibid.,* 7). Secundum lumen vultus sui Deus hominem ad imaginem et similitudinem suam fecit. Habet homo pro imagine Dei æternitatem, pro similitudine Dei beatitudinem. Hoc utrumque bonum æternitatis et beatitudinis dedit Deus homini, quem ad imaginem et similitudinem suam fecit *(Gen.* I, 26). Hoc hominis bonum insigne et præcipuum fecit Deus, qui est lumen verum, quod *illuminat omnem hominem venientem in hunc mundum (Joan.* I, 9). Unde bene concinit Psaltes ille dicens : *Signatum est super nos lumen vultus tui, Domine (Psal.* IV, 7).

Pro imagine quidem Dei, quam nec in malis homo perdidit, necessario resurget in fine mundi, in resurrectione generali, ut imago respondeat suo plasmatori, et appareat utrum ejus similitudinem, ad quam factus est, bene vivendo servavit. Ibi miser homo, qui, amissa similitudine Dei, peccati fœditatem incurrit, si resurrexerit absque peccati remedio, tanquam dissimilis recedet a Deo, æterno damnatus elogio. Miser iste inventus non in veste nuptiali, absque indumento similitudinis Dei, hoc est absque gratia charitatis, cadet a lumine vultus Domini, datus exterioribus tenebris. Miser iste dum tempus habuit, non quæsivit illum quem mirificavit Dominus sanctum suum, qui est misericordia nostra et refugium. *Exaudiet*, inquit, *me cum clamavero ad eum (ibid.,* 4) : sanctus itaque mirificatus noster iste, qui exaudit clamantes ad se, eosque a peccatis absolvit, a morte redimit, et per gratiam sancti Spiritus similitudinem suam reparat in eis, et resurrectionis suæ participes facit. Unde Psalmista ita concludit: *In pace in idipsum dormiam et requiescam (Psal.* IV, 9). Hoc exspectabat beatus Job, et dicebat: *Scio quod Redemptor meus vivit et in novissimo die de terra surrecturus sum, et rursum circumdabor pelle mea, et in carne mea videbo Deum Salvatorem meum. Quem visurus sum ego ipse et oculi mei conspecturi sunt, et non alius. Reposita est hæc spes mea in sinu meo (Job.* XIX, 25-27). Hinc Veritas in Evangelio: *Venit hora in qua omnes qui in monumentis sunt, audient vocem Filii Dei; et procedent qui bona fecerunt in resurrectionem vitæ, qui vero mala egerunt in resurrectioaem judicii (Joan.* V, 28, 29). Et alibi : *Hæc est,* inquit, *voluntas Patris mei, ut omnis qui videt Filium, et credit in eum, habeat vitam æternam : et ego resuscitabo eum in novissimo die (Joan.* VI, 29).

Si Evangelia perlegis, si apostolos, si prophetas inquiris, de resurrectione beata sanctorum, de resurrectione communi omnium qui fide vivis, dubitare non poteris. Fide vivis, si tenes justitiam fidei: scriptum est enim : *Justus ex fide vivit* (*Rom.* I, 17) ; ex fide namque est justitia, et ex justitia vita. Ut igitur vivere possis, offer Deo, qui vita est, justitiam fidei. Hæc oblatio, hoc sacrificium placet ei, qui vita est, et vitam tribuit. Admonet hoc Psalmista qui dicit : *Sacrificate sucrificium justitiæ (Psal.* IV, 6). Hoc autem sacrificium justitiæ, quia est ex fide, sequitur spes vitæ æternæ. Unde cum dixisset : *Sacrificate sacrificium justitiæ,* adjecit continuo, *et sperate in Domino.* Spes ista non est inanis, non est vacua, sed completa, quia plena in Deum charitas ei omnia conservat, et eam copiosa manu remunerat. Pro spe ista exultabat in gaudio dicens : *Dedisti lætitiam in corde meo* (*ibid.,* 7), non in temporalibus, sed in Deo. Alii, inquit, *a fructu frumenti, vini et olei sui multiplicati sunt* (*ibid.,* 8). In his sperantes lætantur, et pereunt. Ego autem ista prætereo, et in Deum spero. Sed quo fructu, quo præmio ? Ait : *In pace in idipsum dormiam et requiescam* (*ibid.,* 9). Sancta dormitio in pace, quæ semper est beata, quiescit in charitate plena quæ Deus est. Extra Deum non invenies idipsum, si non habes idipsum, tendis in nihilum, a bono deficis, et cadis in malum.

Eapropter tu qui ad imaginem et similitudinem Dei conditus es, attende teipsum, clama ad Deum. Per fidem accede, offer sacrificium justitiæ ; renovare per sacramenta, ut his emundatus, bis purificatus offeras digne sacrificium justitiæ. Sic in Deo poteris sperare, poteris mutabilia transire, poteris in pace in idipsum dormire, in resurrectione beata quiescere Ibi, tu homo, qui ad imaginem et similitudinem Dei conditus es, eris Deo similis, quia videbis eum sicuti est. Testatur hoc evangelista Joannes : *Similes,* inquit, *ei erimus, quia videbimus eum sicuti est* (I *Joan.,* III, 2). Tunc similitudo Dei erit integra in hominibus sanctis, quos ad imaginem et similitudinem suam Deus fecit.

Hæc erit gloria resurrectionis eorum omnium qui membra sunt Christi, qui dicit : *Ego sum resurrectio et vita, qui credit in me, etiamsi mortuus fuerit ; vivet ; et omnis qui vivit, et credit in me, non morietur in æternum (Joun.* II, 25, 26).

Proinde quia resurrectionem nullatenus diffiteri debent qui rationales sunt, et Deo credunt, quæstionem tamen super hoc faciunt, et ita proponunt. Videmus hominum corpora aliquando scissa, et distracta, vel a bestiis, et avibus asportata, et devorata, insuper et in pulverem redacta, quandoque et in aerem exsufflata, nullatenus ista recolligi possunt, ideoque recompaginari nequeunt, et ipsa eadem mortuorum corpora minime resurrectura sunt. Respondemus et incunctanter dicimus : Si resurrectio humanorum corporum fieret hominis opere, vel cujuslibet creaturæ, possent ista, et his similia, patenter opponi, nec facile solvi ; sed recte credimus, et vere fatemur quia manus Domini, manus omnipotens, omnia colligit et nulla perdit, omnia continet, et extra se nihil quærit. Humana itaque corpora quantumcunque dispersa tenet simul omnia, novit singula, et ea in momento, in ictu oculi, prout vult, reparat universa. Non est ergo quærendum quare, vel quando humana corpora condidit, nec qualiter, vel ubi ea in resurrectione reparabit, quia omnia simul et singula, pro omnipotentia, pro plena scientia, pro voluntate quieta disponit, ordinat, producit, et nutu suo tenet universa.

CAPUT IV.

In ejus manu tenentur omnia cœlestia et terrena, spiritualia et corporalia, bona pariter et mala : bona pro conditore, pro natura, pro gratia. Mala pro defectu, pro negligentia, pro nequitia. Et miro modo ipsa quæ dicimus mala, bene sunt disposita, sibi pessima, bonis utilia, summa dictante sapientia, quæ Ecclesiam suam posuit inter mala, provehit inter scandala, levat inter adversa : *Super maria fundavit eam, et super flumina præparavit eam (Psal.* XXIII, 2). Ut arcam in diluvio, ut Israel in mari Rubro, ut tres pueros in igne Babylonico : ita quoque sunt in Ecclesia Dei virgines, sunt continentes, sunt et conjuges. Virgines pro integritatis gratia gloriantur ; continentes pro certamine victorioso lætantur ; conjuges pro sacri connubii remedio consolantur ; conjugalis quippe castitas sub benedictione sacerdotis, remedium est contra incentiva carnis, contra libidinem fornicationis. Est autem in conjugio fides, quæ thalamum servat, ne isto cum alia, nec cum alio illa. Inde proles honesta suspicitur, decora servatur, hæreditaria benedictione ditatur.

Est etiam in conjugio sacramentum, si singulare manserit, quod est unum. Sacramentum hoc, dicit Apostolus, quia *magnum est in Christo et in Ecclesia (Ephes.* V, 32), unitate singulari atque perpetua. Conjugium namque Christi et Ecclesiæ unum et singulare, cœpit quidem ex tempore, sed permanet in æternitate. Ab exordio rerum, ab origine temporum, formata legitur mulier de viri costa; unde virago est appellata. *Hoc nunc*, inquit, *os de ossibus meis, et caro de carne mea. Propter hoc relinquet homo patrem, et matrem suam, et adhærebit uxori suæ, et erunt duo in carne una* (*Gen.* II, 23, 24). Data est in paradiso lex ista conjugii, quæ extra paradisum etiam post peccatum rata permansit. Pro lege ista tempore diluvii bina et bina, masculum et feminam de animantibus Dominus in arca servavit. Justus Noe rex arcæ, ibi cum uxore sua fuit, et tres ejus filii cum singulis uxoribus suis. Simplex conjugium in paradiso statutum est, simplex conjugium in arca diluvii servatum est.

Lex ista conjugii, tam justa, tam sancta est, ut etiam ipse mundi conditor, ipse humani generis redemptor, cum caro fieret de carne virginis, non ex virgine simplici, sed ex sponsata concipi et nasci voluerit. Idem ipse in Cana Galilææ miraculo facto de aquis in vina conversis, nuptias consecravit (*Joan.* II, 1). De hoc sacro conjugii vinculo postmodum ipse præcipit, dicens: *Quod Deus conjunxit, homo non separet* (*Matth.* XIX, 6). Hujus sanctorum conjugii divinitus instituti in paradiso, servati in diluvio tenet Ecclesia sub Christo.

Quoties vero decedente altero, more debito conjugium fuerit iteratum, semper quidem est bonum si fuerit unum. Sed pro iteratione jam non est singulare, nec habet sacramentum cœlestis conjugii unius et singularis, quo Christus junctus est Ecclesiæ perpetua stabilitate. Quisquis itaque iterando conjugium de unitate transit ad numerum, de singulari ad plurimum, jam non in se repræsentat sacrosanctum Christi et Ecclesiæ conjugium, quod singulare permanet in æternum. Eapropter homo iterati conjugii exinde non habet promoveri in gradibus ecclesiasticis, nec episcopus consecrari. Attamen ejus conjugium quotiescunque compari decedente fuerit iteratum, si legitime contractum, reputatur bonum, tenetur honestum. Istam conjugii honestatem illi siquidem non tenent, qui mulieres absque lege conjugii suo consociant lateri. Super hoc Ecclesia eos arguit, et auctoritate qua præeminet, indicit, quatenus aut fornicarias tales amoveant, aut easdem si licuerit, vel alias, legitima traductione conjugii Christiano more, suscipiant. Ecclesia Christi fornicarios abjicit, impudicos percutit, incestuosos evertit; honorat conjuges, amat continentes, exaltat virgines.

Econtra stant hæretici, resistunt Ecclesiæ, nolunt audire, nolunt acquiescere, tenent secum mulierculas undecunque conductas, non sub lege conjugii, non sub debito consanguinitatis, sed sub contubernio privatæ libidinis. Dicunt se communem in domiciliis suis vitam ducere, et more apostolico secum mulieres habere. Proponunt quia Paulus ait: *Nunquid non habeo potestatem circumducendi mulieres, sicut Cephas et alii apostoli* (*I Cor.* IV, 5). Igitur et nos formam apostolicæ vitæ servamus, qui mulieres non abjicimus, qui in eodem domicilio, in eadem mensa eas nobiscum licite colligimus.

Sed his taliter obloquentibus, et suæ latebras incontinentiæ falsitatis umbra tegentibus, respondent Catholici, protestantur episcopi, dicentes: Apostoli Domini nostri Jesu Christi, ejusque discipuli sanctas mulieres illas quas ante conversionem suam legitime susceperant, et sub conjugali vinculo decenter habuerunt, eas quoque postquam discipuli Domini facti sunt, debita procuratione servabant; ita ut de uxoribus sorores fierent, et religiosa devotione non carni, sed Domino deservirent; et illas nimirum quæ eorum matres, aut filiæ, vel hujusmodi fuerant, justa deliberatione retinebant, et sanctæ illæ, quæ de Galilæa venerant, Domino de suis aliquando ministrabant. Vos itaque si, ut prætenditis, apostolos et in hoc sequi, et sanctos cujuscunque temporis imitari satagitis, amodo mulieres illæ, quas vobiscum facitis habitare, sint sponsæ vestræ sub sacerdotali benedictione, publica attestatione; sin etiam vobiscum, si placet, et illæ, quas pro sanguinitatis linea debetis honorare, et irreprehensibili cura protegere, absque fornicationis dedecore, vel incestuosa fœditate. Sic itaque pro Christiana consuetudine mulieres vobiscum, si libet, habetote, aut legitime desponsatas, aut consanguinitate proxima, in conversione sancta, ut, si quando mater Ecclesia aliquos ex vobis elegerit, quos levitas, vel presbyteros, sive pontifices sublimandos adjudicaverit, hos absque reprehensione fieri possit, et tunc quas legitimas habetis uxores, toro separato, manebunt vestræ sub castitatis honore sorores. Taliter agentes manebitis irreprehensibiles, honesti et utiles. Morem hunc tenendum in Ecclesia Patrum sancivit auctoritas, et sancitum servare suscepit eorum sancta posteritas.

Conjugalis sane castitas in principio legitur instituta. Opera vero conjugii post peccatum, et extra paradisum novimus insecuta. Ejectis namque de paradiso primis parentibus nostris, legimus quia Adam cognovit uxorem suam; factique sunt duo in carne una (*Gen.* IV, 1). Copula siquidem ista duorum in carne una, si absque conjugii remedio fuerit usurpata, fœditas esse reputatur, et fornicatio communi nomine nuncupatur. Hoc Apostolus abhorrebat, et a tali contagio Christianum quemque revocabat, dicens: *Tollens ergo membra Christi, faciam membra meretricis? Absit!* (*I Cor.* VI, 15). Legitima sane fœdera nuptiarum si ad unitatem carnis usque perveniunt, exinde vir, cum in cæteris dominetur, non habet potestatem corporis sui, sed mulier. Et in invicem vir et mulier lege pari dominantur in suæ debito carnis. Porro judicatur vir adulter si fuerit cum alia, et mulier si cum alio fuerit judicatur adultera: hac de causa potest dimittere vir uxorem, et uxor virum si non teneant conjugii torum, nec tamen ideo solutus est vir a lege uxoris, nec uxor a lege viri, quandiu alter eorum vivit: unde oportet aut viro reconciliari eam, aut manere innuptam, et virum aut reconciliari suæ, aut continere,

Altero eorum defuncto, qui supervixerint, nubat cui voluerit, tantum in Domino.

Proinde si fuerit accusatum, et ordine judiciario comprobatum quod in linea consanguinitatis septimo gradu, vel infra, fuerint combinati, oportet eos auctoritate apostolicæ sedis ab invicem separari; sicut pro consanguinitate generis, sic et pro affinitate consanguinitatis. Nec enim illa viri sui defuncti consanguineum potest accipere, nec ille uxoris suæ consanguineam sibi sociare.

CAPUT V.

Sciendum autem quia neque monachi, neque canonici, nec aliqui coram Ecclesia publice castitatem professi, conjuges possunt fieri. Quod si secus agere tentaverint, incubones reputautur et fornicarii. Hujusmodi lapsos pro voto fracto mater Ecclesia condemnat, pontificalis auctoritas communione privat. Ex his impudenter aliqui proruunt, et hæreticos pro se litigantes asciscunt, qui nobis Apostolum tumultuosa loquacitate proferunt, ubi ait: *Propter fornicationem autem unusquisque suam uxorem habeat, et unaquæque virum suum habeat. Uxori vir debitum reddat, similiter et uxor viro* (*I Cor.* VII, 2, 3). Et paulo post: *Dico autem non nuptis, et viduis: bonum est illis si sic maneant sicut et ego; quod si se non continent, nubant; melius est enim nubere, quam uri* (*ibid.*, 8, 9). Ecce, inquiunt, ecce Apostolum, audite illum. Sic autem ab initio novimus homines creatos a Deo, quod masculum et feminam fecit eos, et benedicens ait: *Crescite et multiplicamini* (*Gen.* I, 28). Quod utique fit ex copula carnis. Habeat ergo propter naturæ debitum, et juxta Apostolum unusquisque suam, et unaquæque suum.

Talibus occurrunt Catholici, respondent episcopi, ipsum Apostolum ita loquentem adducunt: *Qui*, inquit, *adhæret Domino, unus Spiritus est* (*I Cor.* VI, 17). Ac deinceps: *Volo autem vos sine sollicitudine esse: qui sine uxore est, sollicitus est quæ Domini sunt, quomodo placeat Deo. Qui autem cum uxore est, sollicitus est quæ sunt hujus mundi, quomodo placeat uxori, et divisus est. Et mulier innupta, et virgo cogitat quæ Domini sunt, ut sit sancta corpore et spiritu: quæ autem nupta est, cogitat quæ sunt mundi, quomodo placeat viro. Porro hoc ad utilitatem vestram dico, non ut laqueum vobis injiciam, sed ad id quod honestum est, et quod facultatem præbeat sine impedimento Domino obsequendi* (*I Cor.* VII, 32-35). Ex his Apostoli verbis respondemus potissimum nostris sane fidei non contentiosis, sed his qui exercitatos habent sensus ad capessenda quæ veritatis sunt, ad exsequenda pariter omnia, quæ a Deo mandata sunt.

Doctor gentium in fide et veritate Paulus apostolus habet filios, quibus lacte opus est, non solido cibo, quos et in aquis vivere facit in fluctibus mundanæ conversationis, quos modificat in operibus carnis sub lege conjugii propulsata voragine fornicationis, cum immoderatæ naufragio libidinis. His dicitur ut sua omnia cum justitia teneant, suis contenti aliena non rapiant, de mammona iniquitatis, de transitorio et fallaci faciant amicos sibi pauperes Christi. *Præterit enim figura hujus mundi* (*I Cor.* VII, 51). *Transit mundus, et concupiscentia ejus* (*I Joan.* II, 17). Hi nondum pro Deo sua relinquentes, nondum voluntatem suam Domino devoventes, audiunt ab Apostolo, ut contra fornicationum immunditias, si se non continent, unusquisque uxorem suam habeat, et unaquæque virum suum habeat, ut opus eorum non imputetur ipsis in peccatum, propter conjugii sub benedictione contracti remedium; et reliqua opera sua condiat eleemosyna, regat obedientia, promoveat pietas: proinde Apostolus Christi habet filios ex aquis mundanæ voluptatis ad superiora levatos.

Hi non solum sua reliquerunt, sed etiam seipsos Domino voverunt, et cum Propheta dicunt: *Quoniam tu, Domine, singulariter in spe constituisti me* (*Psal.* IV, 10). Et: *Unam petii a Domino, hanc requiram, ut inhabitem in domo Domini omnibus diebus vitæ meæ* (*Psal.* XXIV, 4). *Ut videam voluntatem Domini, et visitem templum ejus* (*ibid.*, 5). Pro hujusmodi a Paulo dictum est: *Qui adhæret Domino unus Spiritus est* (*I Cor.* VI, 17): unus est utique non divisus. *Volo*, inquit, *vos sine sollicitudine esse;* non quidem sine illa quæ ad Deum est, sed sine illa quæ ad carnem est. *Qui sine uxore*, inquit, *sollicitus est quæ Domini sunt, quomodo placeat Deo. Qui autem cum uxore est, sollicitus est quæ sunt hujus mundi: quomodo placeat uxori, et divisus est* (*I Cor.* VII, 32-33). Divisus est iste, non unus, non singulariter in spe ad Dominum erigitur, sed sub carnis opere religatur. Non centesimo honore cum virginibus gloriatur, non sexagesima continentiæ palma lætatur; sed tricesimo conjugii labore fatigatur; et, quia legitime conjunctus est, pro honestate conjugii laudatur.

CAPUT VI.

Tres istos ordines virginum, continentium, et conjugatorum, Ecclesia Christi suscipit, honorat et diligit. Alios autem sine virgineo decore, sine gratia continentiæ, sine conjugali venustate, notoria propalatione manifestos, seu publice confessos, vel ordine judiciario convictos, tandem censura pontificali anathematizat, Ecclesiæ virtus eliminat. Istis pereuntibus, soli Noe, et Daniel, et Job liberantur.

Noe siquidem, præcipiente Domino, centum annis arcam fabricavit, et super undas diluvii gubernavit, in qua de omni genere animantium in terra, seu volatilium per aera, masculum et feminam, Domino adducente, suscepit. In hac autem ædificatione diurna, in hac gubernatione tam innumera, tam multifaria; insuper etiam post diluvium trecentis quinquaginta annis genuisse non legitur, sed continens mansisse perhibetur.

Daniel autem de filiis Juda in aula regis Babyloniorum immaculatus, et sanctus corpore et spiritu stabat coram Domino Deo suo; immensa præ cæteris ornatus gratia, visionum mysteria et revelationum sacramenta cognoscebat, semper coram Domino quiescens in cœlibatu suo.

Job magnus inter omnes orientales, de quo Dominus ad Satanam : *Nunquid considerasti servum meum Job, quod non sit ei similis in terra, homo simplex, et rectus, et timens Deum; et recedens a malo* (*Job.* I, 8). Hunc Dominus ut probaret in manu Satanæ dedit, qui ei omnem substantiam suam abstulit, et filios et filias ejus interfecit : quem etiam a planta pedis usque ad verticem ulcere pessimo percussit. Super hæc omnia Domino benedicebat Job, et exprobranti uxori respondebat : *Si bona suscepimus de manu Domini, mala autem quare non sustineamus?* (*Job.* II, 10.) *Dominus autem conversus est ad pœnitentiam Job, cum oraret pro amicis suis.* Addidit quoque Job Dominus omnia duplicia (*Job.* XLII, 10), quæcunque ei antea fuerant, et benedixit novissimis Job, magis quam principio ejus in substantia rerum suarum cum restitutione filiorum et filiarum.

Igitur Noe justus cum universis suæ providentiæ commissis in arca salvatur pro obedientia sua; Daniel sanctus in medio leonum esurientium vivit pro innocentia sua; Job simplex et rectus timens Deum, et recedens a mlo eripitur a Satana, et quæ perdiderat plenius habet omnia pro pœnitentia sua. De istis tribus, per quos in Ecclesia Dei tres ordines designantur, virginum, continentium, conjugatorum coram Domino pie viventium ad Ezechielem prophetam, Dominum ita loquitur : *Fili hominis, terra cum peccaverit mihi, ut prævaricetur prævaricans, extendam manum meam super eam, et conteram virgam panis ejus, et immittam in eam famem, et interficiam de ea hominem et jumentum : et si fuerint tres viri isti in medio ejus Noe, Daniel et Job : ipsi in justitia liberabunt animas suas, ait Dominus exercituum. Quod si et bestias pessimus induxero super terram, ut vastem eam, et fuerit invia, eo quod non sit pertransiens propter bestias : et tres viri isti fuerint in ea, vivo ego, dicit Dominus Deus, quia nec filios, nec filias liberabunt, sed ipsi soli liberabuntur; terra autem desolabitur. Vel si gladium induxero super terram illam, et dixero gladio : Transi per terram illam, et interfice de ea hominem et jumentum, et tres viri isti fuerint in medio ejus. Vivo ego, dicit Dominus Deus, non liberabunt filios; sed ipsi soli liberabuntur. Si autem et pestilentiam immisero super terram illam, et effudero indignationem meam super eam in sanguinem; ut auferam ex ea hominem et jumentum, et Noe, et Daniel, et Job fuerint in medio ejus : vivo ego, dicit Dominus Deus, quia filium et filiam non liberabunt, sed ipsis in justitia sua liberabunt animas suas (Ezech.* XIV, 13-20).

Omnes ergo qui per istos tres designantur, per Danielem virgines, per Noe continentes, et per Job conjuges, pro sua justitia salvantur. Cæteri hominum qui de aliquo istorum trium ordine nullatenus sunt, vel ab eis apostatando recidunt, mala imminentia atque promerita non evadunt.

CAPUT VII.

Recidentes isti quia vota sua prævaricando deserunt, quia primam fidem irritam faciunt, transgressores deputantur; et si admoniti emendare contemnunt, infames fiunt : Si vero errorem defenderint sibi nomen hæreseos asciscunt. Occurrunt eis Ecclesiæ filii, sanam doctrinam opponunt eis, corripiunt insipientes, revocant errantes, frangunt hæreticos, perdunt desperatos. Sequuntur Apostolum dicentem : *Hæreticum hominem post primam et secundam correctionem devita, sciens quia subversus est, qui ejusmodi est, et delinquit cum sit proprio judicio condemnatus* (*Tit.* III, 10). Pestes hujusmodi hæretici subversi desperati quanto validius curuunt) tanto profundius cadunt; quem enim non tenet veritas, erroneum protrahit falsitas. Unum, qui Deus est, perdit, et ad infinita descendit. Pro varietate diversorum ei nulla sufficiunt, sed concurrentibus variis, singula perdit. Hujusmodi præcipitia perhorrens Propheta Dominum exorabat, dicens : *Non me demergat tempestas aquæ, neque absorbeat me profundum, neque urgeat super me puteus os suum* (*Psal.* LXVIII, 16). Aquarum tempestate demergitur quisquis ignorantiæ nebulis hebetatur: profundo siquidem absorbetur quisquis errorum funibus implicatur. Obturato desuper puteo, mola desperationis protegitur, quisquis hæresum colluvione suffocatur. Verumtamen et hi nequissimi, tam perniciosi quam pessimi, omnipotentis manu disponuntur opificis; comprimuntur ne faciant quanta nituntur, sed quanta facere permittuntur. Tenent suum hoc maligno tempore locum, per eos enim Ecclesia præsens crebrius excitatur, anxiata probatur, probata firmatur, firmata dominatur. Tandem vero malis penitus exclusis stabit Ecclesiæ Catholicæ regnum solidum, et pacatum toto orbe terrarum, usque ad summa cœlorum, eritque Deus omnia in omnibus (*I Cor.* XV, 39). Omnia in omnibus sanctorum voluntatibus, omnia in virtutibus, omnia in bonis omnibus, æternitate continua, beatitudine divina.

Ista non attendunt homines fere mentis intelligentiam non habentes, rebus corporeis plenius intendentes, vere sopita ratione bestiales. Talibus cum nihil de fide, et sacramentis Ecclesiæ valeat, quis ut oportuit intimare pro consilio dicitur, ut non suos sensus, sed Ecclesiam Dei obediendo sequantur. Respondent illi, et quasi irridentes aiunt nostris : vos qui Ecclesiam Dei sequendam proponitis, dicite nobis, quid est et ubi est, et quare est Ecclesia Dei? Volumus, inquiunt, eam agnoscere, et agnitam invenire, et inventam pro utilitate, si qua est, eam conservare, visibilia quærimus et approbamus; invisibilia quoniam ignoramus, ignorata reprobamus.

Tales Christianos non fide viventes, sed quasi mortuos abhorret mater Ecclesia, et de eis jam fere desperat, quæ adhuc gentiles et Judæos ut convertantur ad Dominum, patienter exspectat. Quia vero scriptum est : *Non respondeas stulto, ne similis ei esse videaris (Prov.* xxvi, 4); præterimus istos, ne margaritas ponamus ante porcos; sed nostris pie quærentibus respondere compellimur. Loquatur igitur ille qui dixit : *Dabitur enim vobis in illa hora, quid loquamini; non enim vos estis qui loquimini, sed Spiritus Patris vestri qui loquitur in vobis (Matth.* x, 19, 20). Aperiat Spiritus sanctus suorum corda fidelium, et obstruat ora perfidorum; descendat unctio cœlestis, audiatur verbum veritatis.

CAPUT VIII.

Est sane Ecclesia vera atque Catholica in unum collecta, caput et membra plena et perfecta : summa Trinitas Deus unus; Deus et homo Christus unus : unitas fidelium in uno Spiritu, una cum Deo per unum Jesum Chritum Deum et Dominum nostrum. Hujus unitatis ineffabile mysterium, mirabile sacramentum, cum a nobis nequeat explicari, non tamen potest ignorari. Summa quidem Trinitas, Deus Pater, et Filius, et Spiritus sanctus, et tres personæ, sed unus ita Catholice pensatur, ut et Trinitas minime confundatur, et unitas indivisa sentiatur. Trinitas in unitate permanet inconfusa; unitas in Trinitate semper est indivisa. Pater quippe solus Filii Pater est; Filius solius Patris Filius; et Spiritus sanctus nec solius Patris, nec solius Filii, sed amborum unus est. In hoc uno Spiritu essentialiter unus est Pater et Filius, unde idem Filius : *Ego et Pater unum sumus.* In hoc uno Spiritus manet Christus Deus et homo personaliter unus, temporaliter de Virgine natus.

In hoc uno Spiritu una est cum Deo unitas fidelium, unice collecto ex Judæis et gentibus, sociata sanctorum cœtibus angelorum per unum mediatorem Jesum Christum : hoc e multis collecta, e pluribus una, uni viro Jesu Christo, unice desponsata generat filios in uno Spiritu sancto. Eo namque Spiritu, quo natus est de virgine Jesus Christus, eo ipso in baptismate sacra singuli renascuntur facti filii Dei : *Quia Verbum caro factum est, et habitavit in nobis (Joan.* I, 14). De his in Spiritu sancto renatis filiis Dei Filius unigenitus ad Patrem ait: *Sicut tu, Pater, in me, et ego in te, et ipsi in nobis unum sint;* et : *Ego charitatem quam dedisti mihi, dedi eis, ut sint unum, sicut et nos unum sumus. Ego, in eis, et tu in me, ut sint consummati in unum (Joan.* XVII, 21-23). O unum singulare et summum, intra te sunt bona omnia, extra te nulla! Unum omni studio quærendum, totis viribus tenendum, plena charitate diligendum, quisquis per gratiam scire te potuit, ipse quid sit Ecclesia Dei certissime novit.

Quicunque igitur hanc unitatem nescit, vel ab ea apostatando recessit, Ecclesiam fidelium, quæ una est, non habendo, bona omnia perdidit, peccato subditus, malis implicitus, miseriis cumulatus, nisi eum misericordia Dei respiciat, nisi eum mediator Dei et hominum gratanter eruat, nisi eum Ecclesiæ unitas pie recolligat. Postmodum autem ubi sit Ecclesia Dei non contentiose quærunt, quod equidem scire possunt, si caput Ecclesiæ, qui Deus est, pura fide præsentiunt, qui est lumen fidelium : *Quotquot enim receperunt eum, dedit eis potestatem filios Dei fieri, his qui credunt in nomine ejus, qui non ex sanguinibus, neque ex voluntate carnis, sed ex Deo nati sunt (Joan.* I, 12, 13). Facti sunt isti per gratiam filii Dei in ipso summo angulari lapide Christo Jesu, in quo omnis ædificatio constructa crescit in templum sanctum in Domino; in habitaculum Dei, in Spiritu sancto (*Eph.* II, 21, 22). Ut autem plenius agnoscas, et agnitam quæras, audi veritatem super hoc ad Patrem ita loquentem : *Pater, quos dedisti mihi volo ut ubi ego sum, et illi sint mecum* (*Joan.* XVII, 24). O ineffabilis gratia, benedictio copiosa, beatitudo plenissima! Hoc intuens Propheta Ecclesiam Dei taliter admonebat : *Audi, filia, et vide, et inclina aurem tuam; et obliviscere populum tuum, et domum patris tui : et concupiscet rex decorem tuum, quoniam ipse est Dominus Deus tuus* (*Psal.* XLIV, 11, 12) : decorem tuum, non quem ab origine populi tui, a vetusta domo patris tui, sed quem apud Deum facta filia per gratiam invenisti quæ sacramentis dealbata, quæ septiformi Spiritus sancti lumine decorata, quæ pane vitæ satiata videre Deum deorum in Sion sine fine festinas. Ad hanc Apostolus intendebat, dicens : *Nostra conversatio in cœlis est* (*Philip.* III, 20), illuc usque filia regis jam fide pergit, spe conscendit, charitate quiescit.

Ecclesia igitur cum Deo in uno Spiritu sociatur, pennis virtutum universa transgreditur, aura charitatis elevata Patrem in Filio, Filium in Patre, Spiritum sanctum in utroque quiescendo diligit, diligendo quiescit. Quies ista ibi est, unde Filius ait : *Pater, quos dedisti mihi, volo ut ubi sum ego, et illi sint mecum* (*Joan.* XVII, 24). Ubi es tu, Fili Dei Patris, Verbum Dei, Deus Verbum apud Deum, vita omnium, lux hominum, Verbum caro factum, nostra redemptio, salus et beatitudo? *Ego,* inquit, *in Patre, et Pater in me est* (*Joan.* XIV, 11). Quod utique essentialiter est; unus enim amborum Spiritus coæternus et coessentialiter est. Testatur enim sacra Scriptura, quia, peractis omnibus in principio simul, requievit Deus in die non habente vespere et mane, in die septima benedicta et sanctificata, quia *requievit* in ea *ab omni opere suo quod patrarat* (*Gen.* II, 2). Operator iste mirificus nec labore fatigatus, nec requie relevatus, prout voluit omnia fecit, et ab omnibus quorum nullo eguit in se ipso quievit. Manet hic immotus, nullo sustentatus, nullo adjutus quiescens agit, agendo quiescit. Nihil debet alicui, sed omnia debent ei per quem sunt omnia, et subsistunt universa. Ad hanc Domini requiem festinat Ecclesia sanctorum, ut a tempestate malorum, a potestate tenebrarum, ad suum possit redire principium, et ibi requiescere, ubi Christus est in gloria Dei Patris, in Sabbato requietionis, in æternitate beatitudinis.

CAPUT IX.

Postremo quærunt nostri non cum litigio sicut hæretici, sed pio studio tanquam Catholici, quærunt de Ecclesia Dei, quare ipsa sit. Sed hoc scire nemo potuit, nisi is qui intra unitatem Ecclesiæ Spiritum sanctum accepit, et intrare in sanctuarium Dei, Christo Jesu aperiente, promeruit et voluntatem ejus in mandatis agnovit. O quam magnus est iste, quam sublimis charitate, qui rerum origines et causas immutabiles apud Deum persistentes intueri prævalet ! Qui æternum Dei consilium stabile sentit et immotum, quo de nihilo creata sunt simul omnia in exordio rerum sine intervallo temporis. Statim enim ex motu conditoris tempora cucurrerunt, et corporum partes, locorum spatia tenderunt. Non sunt itaque res aliquæ in principio post tempora seu loca conditæ; ex motu namque rerum tempora prodierunt, et ex spatio corporum loca divisa sunt. Deus autem prout voluit, et simul omnia condidit, et singula formavit.

Prodeunt igitur omnia fluntque singula pariter ex voluntate divina, ut effectus ex causa. Non est ergo quærendum quare, vel unde, aut quando Deus creavit mundum, ubive posuit creatum, qui pro voluntate sua de nihilo simul omnia edidit, de motu quorum profluunt tempora, et partes corporum spatia debere locorum, quinimo quærendum fuit, quis de omnibus creatis Creatorem suum scire potuit ? Quis voluntatem ejus in mandatis tenuit ? Quis ejus similitudinem in virtutibus conservavit ?

Ad hæc invenis solos inter omnia conditos angelum in cœlis, hominem in terris, rationali intelligentia præditos, qui unum verum, et summum Deum, et Dominum pro ratione quærerent, pro intelligentia scirent, pro similitudine singulariter amarent : homo enim conditus est ad imaginem et similitudinem Dei; angelus vero habuit in se signaculum similitudinis Dei, ut utraque tam natura rationali, quam similitudine Dei, quam unitate charitatis Domino Deo pariter obedirent, ipsum solum diligerent, et in ipso beati permanerent. Agnoscat igitur angelus Deo conformatus, felix et beatus ; agnoscat homo per gratiam reparatus quia charitas Dei supereminens et ineffabilis ad hoc ipsos ambos facere voluit, ut pro invicem geminata charitas in eis constituat Ecclesiam Dei, quæ Deum ex toto diligat, quæ seipsam in alterutrum diligendo mutua charitate ad Deum referat.

Ad hoc itaque facta est Ecclesisia Dei, ut ipsa in Deo, et Deus in ea sit per unum Jesum Christum mediatorem nostrum, qui et angelum Deo confirmavit, et hominem Deo reconciliavit; ut ex utroque fieret Ecclesia Dei una, et singularis in unitate Spiritus sancti, in quo Deum sicuti est; facie au faciem plene et perfecte videbit. Istam divinæ charitatis magnificentiam Propheta intuens aiebat : *Quam magna multitudo dulcedinis tuæ, Domine, quam abscondisti timentibus te? (Psal.* xxx, 20). In tempore quidem est abscondita, in æternitate erit manifesta. De hoc abscondito audi Filium in Evangelio : *Confiteor tibi, Pater Domine cœli et terræ, quia abscondisti hæc a sapientibus, et revelasti ea parvulis. Ita Pater, quia sic placitum fuit ante te (Matth.* xi, 25, 26). Et Apostolus : Nunc *abscondita est vita nostra cum Christo in Deo. Cum autem Christus apparuerit, vita nostra, tunc et nos apparebimus. cum ipso in gloria (Coloss.* iii, 4). Igitur de Ecclesia Dei quid, et ubi, et quare ipsa sit, videmur potius non tacuisse, quam aliquid digne, sicut oportuit respondisse.

Tria ista ex Deo esse, in Deo manere, cum Deo in unitate persistere, si pie quæris, invenire poteris. Extra Deum nihil est eorum. In his tribus fidem, spem, charitatem pariter intuere. Ex Deo namque fides oritur ; in Deo spes elevatur ; cum Deo charitas operatur. In præsenti siquidem tempore frustra credis, si non speras, si non diligis. Frustra speras nisi credas et diligas ; frustra diligis qui non speras, qui non credis. In hac temporali vita sic ista tria simul esse considera, ut eorum quid primum, quid secundum, quid tertium sit, temere non assumas, sed interminabilis auspicia Trinitatis in eisdem aspicias. Ex tribus istis colligatur textura mirabili, ille, de quo Salomon attestatur ; quia *funiculis triplex difficile rumpitur (Eccle..* iv, 12). Funiculum tu complicas istum unum et trinodum ; si eo levaris ad Deum, a Deo descendis ad proximum, a proximo et te cum ipso revehis ad Deum. Hæc est in Ecclesia Dei scala Jacob a terris erecta in cœlum, qua angeli ascendunt et descendunt, et redeunt ad Deum scalæ desuper innixum. Hoc in visione patriarcha Jacob vidit, et evigilans ait : *Terribilis est locus iste ; hic domus Dei est, et porta cœli : vere Dominus est in loco isto (Genes.* xxviii, 17). Iste si quidem locus in quo Dominus est non sicut ubique, sed sicut in loco gratiæ, in quo pie quæritur, invenitur et amatur. Terribilis domus Dei, porta cœli esse dignoscitur ; terribilis omnibus impiis, schismaticis, hæreticis. Domus Dei omnibus per sacramenta renatis, septiformi gratia sancti Spiritus perornatis, uno pane cœlesti satiatis. Porta cœli omnibus cum Deo ambulantibus, sicut Henoch, et sublevatis cum Elia in curru igneo, et ascendentibus in cœlum cum Domino Deo Jesu Christo. Cum Deo fides pergit, spes procedit, charitas ascendit : cum Deo fides superat, spes triumphat, charitas regnat : charitas autem in fine temporum cum Deo tenebit imperium singulariter unum : in eo et fidei meritum, et spei bravium, et cæterarum debita virtutum completa charitas complebit in unum, cujus participatio ejus in idipsum, qui est unum, et omne bonum omnium, per infinita sæcula sæculorum. Amen.

HUGONIS
ARCHIEPISCOPI ROTHOMAGENSIS
TRACTATUS DE MEMORIA
COMPLECTENS TRES LIBROS IN LAUDEM MEMORIÆ.

(Ex manuscripto cadice reginæ Sueciæ eruit Mabillonius ; edidit MARTEN. *Ampl. collect*, tom. IX, pag. 1186.)

OBSERVATIO PRÆVIA.

De Hugone Rothomagensi archiepiscopo jam plura disseruimus in observatione prævia ad septem ejus Dialogorum seu Quæstionum theologicarum libros. Quantæ autem fuerit eruditionis Hugo noster, probant varia ab eo edita opuscula, theologica fere omnia, ex quibus prodierunt jam in lucem in appendice ad Guiberti opera ab Acherio vulgata tres de hæresibus libri, Alberico Ostiensi episcopo nuncupati ; Dialogorum seu Quæstionum theologicarum libri VII, quos una cum Vita S. Adjutoris ab eo composita, et fragmento operis ejus in Genesim inseruimus tomo V Thesauri nostri Anecdotorum. Utinam lucubrationem ejus in Genesim, quam olim tribus libris distinctam vidimus in bibliotheca Clarevallensi, hic subjicere possemus ! Ejus defectu duo non spernenda Hugonis nostri opuscula, tenebris hactenus obvoluta, in lucem proferimus. Tractatum scilicet De memoria, qui totus theologicus est, constatque libris omnino tribus ; et Expositionem in Symbolum apostolorum orationemque Dominicam. Primum opus, quod jam senex Hugo composuit, eruit Mabilonius ex manuscripto reginæ Sueciæ ; secundum ex pervetusto codice bibliothecæ regiæ descripsimus, cui epistolam ad Innocentium papam de Stephani regis obitu, inter schedas Mabilonii repertam, adjicere visum est. Utinam aliam ejusdem Hugonis epistolam ad Theodericum episcopum Ambianensem haberemus, de constructione ecclesiæ Beatæ Mariæ Carnotensis, cujus meminit Robertus de Monte ad annum 1144.

EPISTOLA HUGONIS ROTHOMAGENSIS EPISCOPI CHARISSIMO SUO PHILIPPO

Scripturis sacris, Philippe, libenter intendis, totus in illis ; quia vero non statim omnia simul quæ requiris invenis in eis, exturbaris, et aliquo te nostro relevari solatio suppliciter quæris. Ego quidem æstate præsenti caloribus admodum teneor anxiatus, senio fessus, pede collisus, morbo gravatus, sollicitudinem tuam nolo offendere, quam proposui semper honorare. Arcta quidem sunt et brevia quæ tibi mandamus, et stilo contracta porrigimus ; sed permaxima, sed cœlesti dogmate sublimia, quæ A charitate debita tibi præsentamus. Ea quidem fide Catholica non ratione humana pie perquirenda cognovimus : hæc itaque studiosus attendas, gratanter relegas, præ memoria teneas. Fidelia sunt ista, sancta, divina, Spiritu sancto revelante tibi proposita ; memoranda sunt ista, quia *memoriam fecit mirabilium suorum misericors et miserator Dominus* (Psal. cx; 4) : super memoria loqui proponimus, quam in nobis sanam efficiat Deus.

PRÆFATIO HUGONIS ROTHOMAGENSIS ARCHIEPISCOPI IN LIBRO SANÆ MEMORIÆ DEDICATO.

Omne quod intellectus invenit, quod studium attingit, quod pius amor appetit, totum simul sapiens memoria colligit, prudenter attendit, provide custodit. Talibus inveniendis et percipiendis atque retinendis quisquis ire festinas, non præsumptione vana, sed humilitate subdita, mentem puram et expeditam, propitiante divina gratia, solerter tibi præpara, et tuæ vasa memoriæ ad suscipiendam Dei sapientiam pie præsenta. Quomodo autem eam obtinere valeas Jacobus apostolus ostendit, dicens ita : *Si quis vestrum indiget sapientia, postulet a* B *Deo, qui dat omnibus affluenter, et non improperat, et dabitur ei* (Jac. I, 5). Hac suscepta, scientiam quoque tenet memoria. Est, inquit, clavis scientiæ memoria, hæc scalam Jacob a terris ad cœlum elevat, quia viator optimus valenter incedit, et certo gressu proficit, Deum ex toto corde seque et proximum in Deo diligit. Funiculus triplex difficile rumpitur, textura charitatis firma religatur. Nexu tertiario qui Deum diligit, a Deo ad seipsum, a seipso descendit ad proximum, ne funis abrumpatur, a proximo secum assumpto recurrit ad Deum.

Hæc via perpetuo trita assiduam in se Trinitatem manifestat, quam præfata charitas ubique præsentat, fidelis memoria hic invigilat, ista tenet, et hæc amat summam Trinitatem, Patrem, Filium, Spiritum sanctum, essentialiter unum Deum, assignat dilectionem Dei, et sui ipsius qui diligit, et proximi quem secum ad amandum Deum pertrahit, Trinitati summæ referre satagit. In hujus sanctæ commendatione memoriæ intendimus aliqua dicere, pro gloria Dei, charitatis unitate, et nostra omnium utilitate.

LIBER PRIMUS.

1. Inter omnis rationis humanæ valetudines, memoriæ virtus viget uberius : sola hæc præterita reddit præsentia, instantia ligat, sapientia reportat, futura prospectat; hæc prudentiam ornat, justitiam firmat, fortitudinem roborat, temperantiam illustrat ; hæc fidem astruit, spem erigit, charitatem producit ; hæc fide citata, spe levata, charitate corusca miratur Deum in Trinitate unum, in unitate trinum, non Trinitate divisum, non unitate collectum, non inchoatum, non novum, non ab aliquo præscitum, sed provisiorem omnium ; non de omnibus unum, sed singulariter bonum, perfecte beatum; non qualem, non quantum, non per tempora motum, non per loca paratum, non gradibus alteratum, non plures, sed unum, semper eumdem, semper idipsum.

2. Tres equidem sunt personæ, Pater et Filius et Spiritus sanctus, una deitatis essentia permanente, inseparata voluntate, eadem potestate. Sed dicis : si tres personæ sunt in deitate, tria sunt individua divinæ essentiæ, dum igitur tres personas deitatis asseris, tres deos esse necessario fateris. Qui hoc dicis, personam quæ Deus est, ineruditus attendis, ea enim nomina seu quælibet vocalia, ut Deum significet assumpta, non morem nostrum, sed divinum significando proponunt. Non substantiam cum qualitate, non verbum cum actione vel passione, non aliquid cum aliqua varietate Patrem et Filium et Spiritum sanctum tres personas dicimus, nec Deum dividimus, nec determinamus, nec definimus, qui veritatem fidei, non regulas vel argumenta sapientiæ hujus mundi contuemur. Trinitas summa quæ Deus est, nec potest augeri nec minui, sed inseparabiliter habet adorari. Igitur persona quæ more nostro individuum rationale nominat, Deum non significat.

3. Si quæris quid Pater et Filius et Spiritus sanctus, respondet tibi catholicus Christianus, non ut vaniloquus, non ut philosophus qui, ne videatur inscius, verbosa loquacitate vagatur. Respondetur cum humilitate dicens, pro fidei unitate Pater et Filius et Spiritus sanctus est Deus, ex se Trinitas in unitate adoranda proponitur.

4. Item si quæris quid Deus ? Non evagaris, non effunderis, sed ut catholicus, vere fateris Deus est Pater et Filius et Spiritus sanctus. Ecce unitas in Trinitate veneranda semper adoratur, mirabile dictu, incomprehensibile nostro sensu, quod ignorare non possumus, et manifestare nequimus. Simplex unitas Deus in Trinitate est. Simplex Trinitas Deus in unitate est, unitas in Trinitate non inchoat numerum, Trinitas in unitate non præsentat numerum. Unitas Trinitatem non augmentat, Trinitas unitatem non separat, non adoratur unitas sine Trinitate, nec Trinitas sine unitate. Profundum hoc et ineffabile deitatis mysterium non attingitur ab his, qui in oculis suis alta sapiunt, qui sapientiam suam non Deo, sed sibi referunt. Hi, teste Apostolo : *Dicentes se esse sapientes, stulti facti sunt et evanuerunt* (*Rom.* i, 21). Super hoc Veritas in Evangelio dicit : *Confiteor tibi, Domine, Pater cœli et terræ, qui abscondisti hæc a sapientibus et prudentibus, et revelasti ea parvulis. Ita, Pater. quia sic placitum fuit ante te* (*Matth.* xi, 25, 26).

5. Lætatur memoria humilis, quia hæc a Deo sibi revelata suscipit : attendit Deum creatorem summum et singularem, quia scit universa, babet singula, potest omnia, nihil ejus scientiam evadit, ejus abundantiam nemo supplebit, ejus omnipotentiam nullus adjuvat, creavit omnia simul et singula pro voluntate sua. Nullus eum docuit ut faceret, a nullo suscepit ut facta compleret, nusquam et nunquam invenit unde crearet. Operator mirabilis qui operatus est, et operari non cœpit, non inchoavit facere, et simul omnia fecit, quia unde crearet, unde inciperet nihil exstitit. Fecit ergo qui facere non cœpit, quia unde inciperet non fuit. Initium habent quæ facta sunt, quia nisi cœpissent non fierent, et motu inceptionis suæ mutabilia sunt, et mutabilitate sua sub accidentali varietate delitescunt.

6. Auctor iste immobilis movet mobilia per temporum intervalla, per locorum spatia ; mobilia ista mutabilitate sua labendo defluunt, sed virtute Creatoris ubique per essentiam existente subsistunt. In nihilum redire non possunt : *Statuit ea enim in sæculum et in sæculum sæculi, præceptum posuit et non præteribit* (*Psal.* cxlviii, 11).

7. Creator Deus ubique totus est, contineas non contentus, nullo fine clauditur, quæ vero creata sunt debito fine suo certoque tenentur. Tenet, regit, conservat ea Deus, qui attingit a fine usque ad

finem fortiter, et disponit omnia suaviter (*Sap.* viii, 1). Fortiter quia omnipotens; suaviter, quia clemens.

8. Omnipotens deponit potentes, clemens exaltat humiles; Satanam illum tumentem ab initio suæ actionis mendacem illico præcipitem ruere fecit. *Videbam Satanam quasi fulgur de coelo cadentem* (*Luc..* x, 18), cadentes cum eo angeli Deum humiliter videre neglexerunt, diligere noluerunt, et miseri remanserunt. Stantes vero angeli pro humilitate sua Deum jugiter aspiciunt, ardenter diligunt, et beati persistunt : *Superbis Deus resistit, humilibus autem dat gratiam* (*I Petr.* v, 5). Curre per singulas mundi ætates, et ita eum facere semper invenies : a loco voluptatis patres nostros inobedientes et culpam suam defendentes ejecit, et a ligno vitæ separavit. Sed Abel pro humilitatis gratia cum muneribus suis quæ devotus obtulit acceptavit, et pereuntibus cæteris, Noe et quos ejus arca tenuit, in diluvio servavit. Ægyptiis multa clade percussis, cæde nimia peremptis, Israel evasit, sub columna nubis per diem et ignis per noctem. Beata columna nubis Spiritus sancti obumbrantis contra incentiva libidinis, contra æstus concupiscentiæ mundi in maligno positi. Beata columna ignis Spiritus sancti contra tenebras mendaciorum, contra turbines scandalorum, contra tempestates hæresum. Israel itaque protectus columna virtutis, mare sicco vestigio transmeavit, vastas cremi solitudines peragravit, Jordane transmisso, terram promissionis meliorem, cæteris hostibus triumphatis, possidendam intravit. In ea judices, reges seu duces super quammultos habuit, in ea Deum persæpe graviter offendit et sub ira Dei creberrime mala sustinuit; sed pœnitendo quandoque sub Dei misericordia respiravit.

9. Non est ablatum sceptrum de Juda et dux de femore ejus, donec advenit qui mittendus erat. Ipse est exspectatio gentium, singulare et summum contra omnia mala remedium, vera salus et vita omnium : *Quem Deus Pater constituit hæredem universorum per quam fecit et sæcula* (*Hebr.* i, 2). Hic Dei Patris Filius, patriarcharum oraculis præsignatus prophetarum præconiis nuntiatus, evangelica manifestatione præsentatus. Ipse et illa sapientia, quæ ædificavit sibi domum, excidit columnas septem, superborumque et sublimium colla propria virtute calcavit. Ejecit enim Satanam qui dicitur princeps mundi hujus, mundi scelerati et caliginosi. Elatus corruit, et insipiens remansit. Econtra ædificavit Sapientia domum suam sanctam Ecclesiam, septem sancti Spiritus columnis exaltatam, in ea ovis centesima et drachma decima quæ perierant pie quæruntur, et cum gaudio reparantur. In ea enim pœnitentes admittuntur, sacramentis innovantur, virtute ex alto perornantur. In ea panem vitæ comedunt, et Christi vita vivunt ; vita non terrena, sed cœlesti vita quæ est verbum Dei.

10. Deus est Verbum, Deus apud Deum. Apud Patrem Filius unus cum Patre semper. Deus ipse est, lux hominum, Verbum caro factum, factum caro, factum homo ex Adam, ex Abraham, ex David, et cæteris patribus processit de virgine sine viri semine, Spiritu sancto cooperante. Filius Dei, Deus pro nobis homo factus, non hominis personam, sed hominis naturam veram et perfectam suscepit, sine concupiscentia carnis, absque radice peccati. Novus homo, non novus Deus; homo Deus, non duo, sed unus; non duæ personæ, sed una ; una non nova, sed Deo Patri coæterna. *Ego*, inquit, *et Pater unum sumus* (*Joan.* x, 30). Unum vero quia Pater in Filio, Filius in Patre una est essentia, sed non una persona ; una essentia in unitate sancti Spiritus, qui est Patris et Filii essentialiter unus. Pater quidem Deus solius Filii Pater est, Filius Deus solius Patris Filius est ; Spiritus vero sanctus non solius Patris, non solius Filii Spiritus est, sed amborum unus est, licet alius in persona, sed idem prorsus cum utroque in essentia.

11. Super hæc ineffabili summæ Trinitatis unitate, quam proferimus, sed disserere non valemus. tibi, Pater Deus, orantes ut tribuas quæ petimus, complendo dicimus : *Per Dominum nostrum Jesum Christum Filium tuum, qui tecum vivit et regnat in unitate Spiritus sancti Deus*. Pater per Filium bona distribuit. Filius nos a malis liberat et reconciliat Patri in unitate Spiritus sancti : hic est Agnus Dei, qui tollit peccata mundi, occisus ab origine mundi. Dicit hoc Joannes apostolus in Apocalypsi. Ab origine mundi signatum est mysterium Dominicæ passionis in morte Abel justi, qui est membrum Christi, cujus sanguis de terra ad Deum clamavit. Hunc Cain occidit, quia Deus non ad Cain, sed ad Abel et ad ejus munera respexit ; typum quoque passionis Christi Isaac oblatus expressit, ubi non filius a patre immolatus est, sed agnus occisus est. Hic immolatus in morte fuit, sed mors eum non attigit. Consimili more et ille paschalis agnus. Domino mandante, per domos et familias Israel oblatus est, in utroque poste, et in superliminari sanguis ejus propositus est. Ejus sanguine defensi sunt Hebræi, angelo percutiente primogenita Ægypti. Hic mysterium veri Agni nostri Jesu Christi fuit, quo fideles qui in Ecclesia Catholica redempti salvantur, et cæteris sub morte remanentibus, vita quæ Christus est perfruuntur. De hac vita quæ veritas est ita testatur: *Sicut*, inquit, *Pater habet vitam in semetipso, sic dedit et Filio habere vitam in semetipso* (*Joan.* v, 26) ; in semetipso, ut essentialem, ut divinam, non extra quæsitam, non mutuatam, una et eadem est Patris et Filii vita, quia Patris et Filii una est essentia.

12. Est ergo Filius Patri coæternus æternitati Filii Dei et Domini nostri Jesu Christi non præjudicat tempus assumptæ humanitatis, non passio carnis, non susceptio mortis. Profecto in morte Christi anima a corpore, corpus ab anima habuere sejungi, ut mors esse potuerit ; sed persona Dei et

hominis, quæ nec incœpit et finem nescit, integer permansit; procul dubio in morte Christi anima ejus in inferno descendit, et suos inde liberos eduxit. Interim corpus ejus in sepulcro jacuit, et latronem sanctum, confessorem suum, sicut ei promiserat, paradisi gloria donavit. Ista pro tempore sunt divisa, indivisa permanente Dei et hominis Jesu Christi persona. Ne mireris pro integritatis hujus mysterio. Prædixerat ipse Nicodemo: *Nemo ascendit in cælum, nisi qui de cælo descendit Filius hominis, qui est in cœlo (Joan.* III, 13). Vide quia, dum præsens præsentibus in terra loquitur, in cœlo se esse testatur, ut persona Dei et hominis una cognoscatur. Nec tamen Trinitas quæ Deus est, ut multa, ut convulsa cogitatur, sed simplex, sed immota fideliter adoratur, psalmo concludens omnia, tribus digitis portans universa, Attende quia in psalmo deitatis unitas, in tribus digitis pensatur Trinitas. Palmo et digitis constat manus una. In Trinitate quæ Deus ent, Filius Dei Patris Christus; tertia persona, non tertius Deus ante sæcula permanens, non est Deus recens, sed perfectus. sed omnipotens, temporum tenet perfluida, locorum prætendit spatia, continet universa.

13. Igitur ab æterno Christus est, ubique Christus est super omnia Christus est. *Omnia,* inquit, *per ipsum facta sunt (Joan.* I, 3), sine illo nulla esse possunt. Bona distribuit, distributa custodit; nisi dixisset, ea non fierent; nisi teneret facta, desinerent: bonus bona omnia fecit, nos boni facti fecimus nos malos. Ipse misertus nostri gratuito descendit ad nos, mala nostra tulit, et liberavit nos pro sua bonitate: bonos restituit nos: *Propter quod et Deus exaltavit illum. et donavit illi nomen, quod est supar omne nomen, ut in nomine Jesu omne genu flectatur cælestium, terrestrium et infernorum, et omnis lingua confiteatur, quia Dominus Jesus Christus in gloria est Dei Patris (Philip.* II, 9-11). Gloriam hanc ex Patre et cum Patre tenet in essentia. Suscepit eam ex assumptæ humanitaiis obedientia.

14. In hac sua obedientia, qui peccato nihil omnino debebat, tulit omnium nostrum omnia peccata, dedit nobis sacramentorum remedia, dedit nobis mirifica Spiritus sancti charismata. Dedit nobis supercœleste convivium, corpus et sanguinem suum. Donat in tempore præsenti sicut ipse fecit in cœna paschali, et fieri mandavit uque in finem sæculi, hoc est verum sacrificium, quod dat nobis ex officio ministri ad hoc consecrati. Sed extra Ecclesiam Catholicam non est locus veri sacrificii: *Non efferetis,* inquit, *de carnibus ejus extra (Exod.* XII, 46). Totum se donat in ore et corde fideliter accedenti\$, qui totus permanet in dextera Dei Patris. Esca hæc redemptionis est et salutis, esca vitæ et pacis, esca æternitatis et beatitudinis. In præsenti detur nobis sub veritate fidei, nondum sub luce manifestæ visionis. Interim pro modo sumendi imperfectioni nostræ convenienti, datur sub specie panis et vini, cum tamen neque panis neque vinum ibi sit, sed corpus et sanguis Domini nortri Jesu Christi, idipsum quod de virgine natum est, quod in cruce passum est, quod a morte surrexit, ascendit, sedet ad dexteram Dei Patris, unum Spiritum sanctum copiose diffudit. Semper adest suis: *Ecce,* inquit, *ego vobiscum sum usque ad consummationem sæculi (Matth.* XXVIII, 20.: qui ubique est per essentiam et suis adest per gratiam: per gratiam benedictionis, per gratiam ineffabilis illius unitatis, de qua ad Patrem super electis suis ita dicit: *Ego claritatem quam dedisti mihi, dedi eis, ut sint unum, sicut et nos unum sumus. Ego in eis et tu in me, ut sint consummati in unum (Joan.* XVII, 22, 23). O beata unitas, qua Pater et Filius unum sunt, qua claritatem quam Pater dedit Filio absque inchoatione sine termino isti suscipiunt munere gratuito, non natura, non merito. Isti renascuntur Deo in uno Spiritu sancto, Apostolus testis est: *Quoniam qui adhæret Deo, unus spiritus est (I Cor.* VI, 17).

15. Itaque Spiritus sanctus Patris et Filii et istorum est. In hac unitate sancti Spiritus quicunque renascitur, fit de veteri novus, de servo filius, de peccatore sanctus. In hac unitate sancti Spiritus, unitas fidelium uni viro desponsatur, Christo sponso consecratur, una uni Deo in unum consummatur; una ex Judæis et gentilibus; una ex angelis et hominibus. *Dedit eis potestatem filios Dei fieri (Joan.* I, 12), qui factus est hominis Filius, uniens seipsum nobis, uniens et nos sibi. Hæc admiranda unitas tenet bona omnia, nulla penitus mala; unitatem hanc, unitatem perfectam pater mendacii mendax ille Satanas non attigit; sed suo cum suis mendacio defluxit. At vero humiles et Deo subditi spiritus angelici unitatem charitatis æternæ cum Deo tenuerunt, et malis cadentibus boni permanserunt. Beata societas illa quæ peccatum non habuit, culpam non incurrit, sed statim conditori suo inhærere constanter assumpsit. Aene ei convenit quod scriptum est; *Mihi autem adhærere Deo bonum est ponere in Domino Deo spem meam (Psal.* LXXII, 28), spem confusione carentem, spem charitate perfecta completam. Isti sunt spiritus boni, spiritus administratorii, qui jussa Dei ubique peragunt, missi decurrunt, et ei semper assistunt, quem semper diligunt; hi manifeste vident Patrem et Filium, et ex utroque procedentem Spiritum sanctum, Patris et Filii donum. Donum hoc ab utroque diffunditur, nec ab utroque separatur; palam proponitur, bonæ voluntati commodatur; qui vult accipiat, nemo se avertat, nullus excusetur, nemo refugiat, currat unusquisque, ut tamen teneat. *Spiritus enim Domini replevit orbem terrarum (Sap.* I, 7); et: *Misericordia Domini plena est terra (Psal.* XXXII, 5). Misericordia igitur peccatores vocat, pænitentibus veniam præstat, intra sinum Ecclesiæ matris eos aggregat, in unitate sancti Spiritus eos sanctificat. Hanc unitatem sanctam Adam primus tenere noluit; sed per inobecientiam ab ea cecidit, quia peccatum suum excusando sibi retinuit; hanc quoque Cain ille pri-

mus ex hominibus natus minime tenuit, qui Dominum audire noluit, sed primus homicidio sese cruentavit : hic fratris sanguine de terra clamante convictus, nec tunc misericordiam Domini quæsivit, dixit verbum contra Dpiritum sanctum : *Major est,* inquit, *iniquitas mea, quam ut veniam merear* (*Gen.* IV, 13), quasi dicat: misericordia Dei minor est et invalida, non est qui peccatum tollat; hic sibi suum retinuit peccatum, non a Spiritu sancto quæsivit remedium; hoc remedium tanto est largifluum, quod etiam hominibus est commissum. Remittunt homines peccata, quibus hoc datum est ex gratia; hanc potestatem dedit Jesus suis ex officio consecratis : *Accipite,* inquit, *Spiritum sanctum, quorum remiseritis peccata, remittuntur eis, et quorum retinueritis, retenta sunt* (*Joan.* XX, 22).

16. Datus est ergo Spiritus sanctus ad remissionem peccatorum, et ad retentionem eorum; ad remissionem, his qui pœnitendo redeunt, et intra unitatem Ecclesiæ sanari deposcunt; ad retentionem peccatorum, his qui peccare semper appetunt, et in peccatis perseverare volunt. Hi claves Petro commissas minime requirunt, hi Ecclesiam Dei quæ peccata solvit ex dono Spiritus sancti negligendo comtemnunt; hi peccant in Spiritum sanctum, quod non remittitur neque in hoc sæculo, neque in futuro. Ad remittenda peccata suscepit Spiritum sanctum mater Ecclesia; pertinaces in peccatis, obdurati, desperati contemnunt Ecclesiam Dei, volunt se perpetuare in peccatis suis. *Est,* inquit *peccatum ad mortem, pro quo non dico ut roget quis* (*I Joan.* v, 16). Super hoc Spiritus sanctus *arguet mundum de peccato,* cum debuerat remitti male tento ; *de justitia* proposita, sed comtempta ; *de judicio* non evitato (*Joan.* XVI, 8), et ideo super eis et Satana jam facto, arguentem Spiritum sanctum contemnit, qui intra unitatem Spiritus sancti vitam non suscipit. Non suscipit vitam, qui contemnit Ecclesiam ; Ecclesiam contemnit, qui Spiritum sanctum eam habere non credit; non credit eam habere Spiritum sanctum, qui dicit eam non posse dimittere peccatum. Hæc est blasphemia, hoc est verbum contra Spiritum sanctum : blasphemi, schismatici, hæretici contra Ecclesiam Dei sæviunt, nulla esse peccatorum remedia dicunt, unitatem Ecclesiæ pro posse suo scindunt. *Hæc est,* inquit, *hora eorum et potestas tenebrarum* (*Luc.* XXII, 53). Inter hujusmodi, Ecclesia Dei in Spiritu sancto convalescit. Sicut arca Noe superferebatur in diluvio, sic Ecclesia Dei in hujus sæculi labentis exsilio insurgentes aquæ arcam elevare poterant, sed mergere non valebant : sic insurgentes malorum tempestates Ecclesiam possunt exaltare, non valent destruere. De malis eorum Ecclesia proficit, de bonis Ecclesiæ malitia cadit ; tandem malis exclusis, Ecclesia universa possidebit, una cum Patre et Filio et Spiritu sancto. His intuendis sela faciamus, ut, resumpto Spiritus sancti pneumate, loqui fideliter valeamus.

LIBER SECUNDUS.

1. Igitur pia memoria profitetur, quia Pater et Filius in unitate Spiritus sancti Deus est unus, quia Christus Jesus in eodem Spiritu Deus et homo verus permanet unus ; quia fidelium unitas in eodem Spiritu cum Deo permanet una. Propter hujus unitatis plenum et perfectum gaudium in suis omnimo complendum, dicit ille qui nobis redimendis dedit seipsum : *Cum exaltatus fuero, omnia traham ad meipsum* (*Joan.* X, I, 32). Omnia in hac singulari unitate, in charitate Spiritus sancti, quæ est una Patris et Filii, et omnium quos Ecclesiæ unitas in unum collegit. Intra hanc unitatem omnes feliciter vivunt : extra hanc omnes sub morte pereunt.

2. Interim autem dum in præsenti versamur, quosdam, de quorum periculo timebamus, persæpe videmus supernæ respectu gratiæ ad unitatem Ecclesiæ redire, sanari et convalescere. Rex propheta David peccavit adulterio, peccavit homicidio, perditionis astu peracto; sed Dominus per prophetam eum commonuit, quem rex humiliter audivit, et ad unitatem sancti Spiritus rediit, et pœnitendo dixit : *Miserere mei, Deus, secundum magnam misericordiam tuam, et secundum multitudinem miserationum tuarum dele iniquitatem meam,* etc. (*Psal.* L, 3). Post modum orando dixit : *Cor mundum crea in me, Deus, et spiritum rectum innova in visceribus meis : ne projicias me a facie tua, et Spiritum sanctum tuum ne auferas a me. Redde mihi lætitiam salutaris tui, et spiritu principali confirma me* (*ibid.,* 12-14). Audis in oratione pœnitentis spiritum rectum, spiritum sanctum, spiritum principalem nominari. Rectus est spiritus in condemnatione peccati ; sanctus est spiritus in effusione divini muneris, principalis est spiritus in perceptione beatitudinis perfectæ cum Deo simplicis unitatis. Ecce peccator humilis sententiam judicis antecedit, quam pœnitendo mutat, avertit ; quem extimuerat judicem, pœnitentia et humilitate nimia facit sibi patrem, prævalente pœnitentia mutatur sententia, peccato depulso intrat justitia, quæ spiritu recto, spiritu sancto, spiritu principali pœnitentem exaltat. *Qui exaltas,* inquit, *me de portis mortis, ut annuntiem omnes laudatio-*

nes tuas in portis filiæ Sion (Psal. ix, 14). Quisquis vero spiritum rectum, spiritum sanctum, spiritum principalem induit, mandata Dei suscipit, et suscepta custodit, et custodita diligit. Super hoc Veritas ipsa dicit : *Si quis diligit me, sermonem meum servabit (Joan.* viii, 52). Et quod gloriosius est, superapponit dicens : *Et Pater meus diliget eum, et ad eum veniemus, et mansionem apud eum faciemus (Joan.. xiv, 23).* Itaque ad David de pœnitentia rectum, de percepta venia sanctum, de unitate sancti Spiritus principalem factum, eo maxime principalem, quia Jesu Christi Patrem pie respicimus, per eum a Filio suo Domino nostro veniam, gratiam, benedictionem, dari nobis obnixe precamur : his taliter inspectis utique lætamur.

3. E contra Judas ille fur, proditor Domini sui et magistri, imo nostri, cupidus venditor, conscientia accusante, ratione judicante, veritate damnante, se peccasse cognovit, et peccatum suum celare non potuit, qui dixit : *Peccavi tradens sanguinem justum (Matth.* xxxvii, 4); sed Spiritum sanctum minime requisivit, imo desperatus laqueo se peremit. Judas iste unus ex duodecim, unus numero non gaudet merito; avaritia, furto, proditione periit, et celsitudinem apostolici culminis amisit. De hoc pessimo Dominus prædixerat eis : *Nonne ego vos duodecim elegi, et unus ex vobis diabolus est? (Joan.* vi, 70. (Quid est hoc? teste Veritate, et malus iste cum bonis a Deo pariter electus est, sortem nominis apostolici a Domino suscepit, sed malitia sua cecidit.

4. Sciendum itaque quia bonos et malos Deus omnipotens elegit. Omnipotenter agit, quia nec bonis bonorum adjuvatur, nec malis malorum præpeditur; sed de bonis et malis bene semper operatur. Ipse quidem Satanas et malorum omnium impietas serviunt Ecclesiæ Dei, quæ ex eorum malitia criminibus exercitata, assidue proficit, augmentatur, crescit. Mali isti serviunt Deo, sed fracti, sed subditi; Dei enim magnificentia per eos nobis mirabilior innotescit; dum enim sua nequitia semper nituntur obesse, coguntur divina virtute prodesse; mala quæ faciunt eis utique mala sunt, sed Dei magnificentia ea ipsa mala habent fieri bona, quia bonis utilia. Sic et iste Judas, per quem sanguis Redemptoris nostri venditus est, et pro nobis in cruce fusus est; malus sibi pro nequitia sua, utilis nobis factus est, operante superna gratia, tradidit eum in mortem suam, quem et Pater tradidit in vitam nostram. Ecce malum Judæ factum est bonum sanctæ Ecclesiæ; factus est iste diabolus, sicut et illi quibus et Veritas dixit : *Vos ex patre diabolo estis (Joan.* viii, 54); ex patre diabolo, non natura, sed malitia filii, dum istos et hujusmodi peccatores et unitate Spiritus sancti refugas et extorres, et in malis suis et criminibus pertinaces respicimus, Petrum peccatorem vere, sed nostrum ipse Dominum tantum negavit, sed anxie pœnitendo, sed amare flendo Spiritus sancti gratiam quæsivit. Hic est Petrus, qui antea, Domino interrogante : *Vos autem quem me esse dicitis?* unus pro omnibus respondit : *Tu es Christus Filius Dei vivi (Matth.*xvi, 15, 16). Cui Dominus ait : *Et ego dico tibi, quia tu es Petrus, et super hanc petram ædificabo Ecclesiam meam (ibid.,* 18).

Ibi Petrus petra factus superenituit, sed in passione Domini negando fractus corruit mox vero, respiciente Domino, pœnituit, et Petrus fieri iterum reformatus lacrymando promeruit, et in Spiritu sancto surrexit, qui ter negaverat, tertio est interrogatus, Domino dicente : *Petre, amas me? Domine,* inquit, *tu scis quia amo te,* et amoris merito qui est ex Spiritu sancto, dixit ei cujus sunt omnia : *Pasce agnos meos, pasce oves meas:(Joan.* xxi, 15). Ecce iterum Petrus Ecclesiæ Christi præficitur. In uno Petro præsens Ecclesia tota colligitur. Ea propter Petri successores Romani pontifices potestate præeminenti ex virtute Christi in unitate Spiritus sancti Catholicam tenent Ecclesiam, docent et ordinant : tenent sub obedientiæ disciplina, docent sub unitate evangelica, ordinant sub officiorum providentia, fiunt ista sub Petri firma fide. Super quo dixit ei Veritas : *Petre, ego rogavi pro te ut non deficiat fides tua, et tu aliquando conversus confirma fratres tuos (Luc.* xxii, 32). Ex hoc fides Petri firmamentum est Ecclesiæ præsentis.

5. Igitur Ecclesia ei, Christo mandante, Petro est unita, Petrum sequitur, super mare graditur dum ad Christum tendit, intus fluctus sæculi super undas procellosi mundi fideliter vadit. Interim occurrit ei ventus validus malitia plenus, et timore labitur, lapsu timoris incipit mergi, sed imitando Petrum clamat ad Christum, clamanti Christus manum extendit, et apprehensam ad stabilitatem pacis et beatitudinis perducit ; ibi nullum veritas exagitat, nulla malorum tempestas aliquem inquietat, hoc significavit navicula Petri in qua de mari Christo ingrediente cessavit ventus, *et facta est tranquillitas magna (Mat.* viii, 26) : per hanc pax plena illa præfigurabatur, quia Deus erit omnia in omnibus. Ecce quam læto, ecce quam beato fine clauditur labor Ecclesiæ, in præsenti gravis, et nisi vincenti Christo totus intolerabilis. Sed sequuntur Christum, qui dicit suis : *Confidite ego vici mundum (Joan.* xvi, 33). Per eum itaque una in Spiritu sancto matur Ecclesia mala vincit omnia, tempestates maris, hoc est malorum omnium cum Petro superat. Manens itaque Ecclesia Christi una cum Christo unita Petro, in unitate Spiritus sancti intrat pacem æternæ beatitudinis. Videt Deum deorum in Sion, quod credidit patenter aspicit, quod speravit idipsum invenit, quod dilexit in plenitudine totum apprehendit : charitas omnia colligit. Cæteris enim evacuatis, prætereuntibus, expletis, charitas nunquam excidet, so-

lus charitatis oculus Deum videbit, cæterarum merita virtutum intra se sola complebit.

6. Hæc est : *Charitas Dei diffusa est in cordibus nostris per Spiritum sanctum qui datus est nobis* (*Rom.* v, 5), hic est Spiritus sanctus qui per omnes ætates præsentis sæculi salvandis hominibus sacramenta vitæ proposuit, nulli unquam defuit, nisi ei qui nunquam a peccatis exire nec pœnitere voluit : proposita sunt vitæ sacramenta, diversa quidem pro diversis temporibus, sed eisdem non diversis effectibus, eisdem pro fide Jesu Christi, eisdem in unitate Spiritus sancti, siquidem in paradiso terrestri datum erat primis parentibus nostris sacramentum vitæ, quæ Christus est, arbor scilicet quæ lignum vitæ dicta est; sed primi nostri transierunt a ligno vitæ ad lignum concupiscentiæ, ad lignum scientiæ boni et mali, a quo ne illud tangerent erant prohibiti. At illi nec ignorantia præpediti, nec debilitatis necessitate coacti, imo mandatum scientes et servare valentes, tracti sua concupiscentia, facti transgressores, inconcessum tenuerunt, et ex eo comederunt; statimque sub mole peccati, sub lege mortis ceciderunt, et scientiam boni et mali oculis antea sanis modo male apertis susceperunt. Cum ligno vitæ bonum simpliciter noverant et tenebant, cum ligno concupiscentiæ noverunt mala, adjectionem et malum. Senserunt se bonum innocentiæ transgrediendo perdidisse. Senserunt se vestem justitiæ per inebedientiam amisisse; nuditatem suam cognoverunt erubescentes et confusi in oculis suis, non ad Deum pænitendo confugerunt, sed ad ficum transierunt, et foliis ficus sua membra tegere præsumpserunt, hypocritarum morem tenuerunt, dum non culpam suam humiliter confiteri, sed excusare e falsa insimulatione contegere voluerunt. Denuo convicti, damnati, expulsi sunt, et per similitudinem deorum quam male affectaverant, Satana dicente : *Eritis sicut dii* (*Gen.* III, 5), facti sunt similes pecorum, contacti veste pullium. Ejectis illis, cherubim et flammeus gladius obstiterunt, ne redire possent ad lignum vitæ, quod superbiendo perdiderunt. Gravis est ista jactura, sed justo judicio eis imposita. Damnum mirabile perdere lignum vitæ. Lignum vitæ præstabat alimentum, præsentabat sacramentum; alimentum vitæ perennis conservandæ; præstitum sacramentum, quo per obedientiæ meritum de terreno transirent ad divisum, victuri postmodum feliciter in æternum. Non per lignum vitæ terrenum, sed per vitam quæ Christus est, qui est vita cœlestis, vita perennis omnium vere viventium. Hoc alimentum vitæ terrenæ pro evitanda corporis morte; hoc sacramentum vitæ supercœlestis et divinæ cum Deo permansuræ : utrumque per inobedientiam perditum est, utroque amisso, peccati necessitas pervagata est, peccati, stipendium mors ingressa est.

7, Sed miserator qui misereri non desinit, misertus nostri, pro amisso sacramento visibili ligni vitæ paradisi, etiam in hoc nostro exsilio peccati et mortis, sacramentum fidei præparavit. Fides hæc sana et vera per Spiritum sanctum inspirata reducitur ad Christum, qui essentialiter veritas est, in quem credimus fideliter, ut fidei merito tandem uniti ei in Spiritu sancto, perenni passu vivamus. Fides hæc in Abel justo primum nobis apparuit, qui fide succensus Deo de suis humiliter obtulit, et pro fide sua Deus eum respexit, et oblata suscepit; pro hac fide invidia contra eum exarsit, et primus omnium martyrii coronam a Deo promeruit. In hac ejusdem fidei unitate Enos cœpit invocare nomen Domini : nomen Domini invocare, est et se et omnia Deo assignare : hæc assignatio vere nominis Domini est invocatio, quæ semper benedicit Domino; hæc benedictio fide inchoatur, spe sublimatur, charitate consummatur. In hac unitate fidei, quæ prima procedit, septimus ab Adam Henoch cum Deo ambulavit, et non apparuit, deambulatio talis fideliter credendo, firmiter sperando, singulariter amando, semper Deo assistit. In hac unitate fidei Noe reparator mundi arcam in diluvio gubernavit, omnia intra eam suscepta salvavit, quidquid extra unitatem arcæ remansit, vasta diluvii innundatio peremit. Denique represso diluvio, libere cum suis egressus, orbem terræ in sua potestate, probatus fide, possessurus accepit, et Deo sacrificium obtulit in odorem suavitatis perfectæ fidei. Obtulit de volatilibus et pecoribus omnibus, de mundis non de communibus. In hac fide, Spiritu sancto illuminante, audivit Abraham Dominum dicentem sibi : *Exi de terra tua et de cognatione tua*, etc. (*Gen.* XII, 1.) Credidit, inquit, *Abraham Deo, et reputatum est ei ad justitiam* (*Gen.* xv, 6). Hic accepit signum circumcisionis signaculum fidei in se et in posteris suis. Adjectum est itaque fidei Abrahæ sacramentum visibile, circumcisio in carne, ut et in carne sanctus appareat, qui in Spiritu sancto suo per fidem Domino placebat : hæc Abrahæ fides accepit promissiones. *In semine*, inquit, *tuo benedicentur omnes gentes* (*Gen.* XXII, 18). Primo Abraham a Deo dictus est, quia pater multaruum gentium propter fidem factus est. Hic, Domino præcipiente, dilectum filium suum Isaac indubitanter immolandum obtulit, sed fide probatus, et filium suum illæsum recepit, et benedictiones magnificas et præcellentes a Domino jurante, in se et in semine suo complendas audivit. In hac fide Isaac filio suo Jacob benedictionem dedit de rore cœli et de pinguedine terræ, et super fratres suos dominatione, et super inimicos potestate, sublimem eum statuit : hæc benedictio a patre licet caligante data, per fidem rata permansit : hanc Esau primogenitus coram patre flens et ejulans, evacuare non potuit. Esau stultitia sua eam perdidit, quam Jacob simplicitate sua credens matri suæ devotus tenuit, læta super his memoria fidem in Abraham, spem in Isaac, charitatem in Jacob speciali prærogativa miratur. Tria ista in tribur patriarchis istis gratiosa videntur. Qui enim

Deus est omnium, Deus dici voluit horum trium: *Ego*, inquit, *ego sum Deus Abraham, Deus Isaac, et Deus Jacob (Matth. xxii, 32)*. Deus eorum, quia in tribus eis fides, spes, charitas, suis temporibus clariora fuerunt: *Non est*, inquit, *Deus mortuorum sed viventium*, viventes isti sunt, quia in eum qui vita est crediderunt, speraverunt, dilexerunt. Tria ista fides, spes, charitas, in præsenti vita simul sunt habenda. Servus Dei Abraham, dilectus Dei Isaac, sanctus Dei Jacob simul habuerunt ea, licet distincta signentur in singulis eorum, præcellenti quorumdam operum efficacia.

8. Igitur antiquorum et istorum fides, spes et charitas, in uno Spiritu sancto simul habita. Deinde in carne eorum circumcisio manifesta, et postmodum lex per Moysen data, sacra quoque prophetarum eloquia, et præcedentia quoque sancta mysteria, in Christo Jesu Domino nostro integra et vera in unum pariter sunt impleta, ut sua persona Apostolus dicit: *Quia in Christo inhabitat omnis plenitudo divinitatis corporaliter (Col. ii, 9)*, hoc est non sub umbra, non sub figura, sed essentialiter. Ipse est corpus umbrarum, veritas figurarum præcedentium, simul in se qui dat vitam mundo convenientium. Ipse est qui novam creaturam, novum creat mundum. Usque ad Christum omnes homines ex carne carnaliter geniti, omnes Adæ filii veteres, Christus novus de carne, sed non carnaliter, de Spiritu sancto et virgine natus est, novus homo, nova hominis conditio. Ipse est qui respondit Nicodemo: *Amen, amen dico tibi, nisi quis natus fuerit denuo, non potest videre regnum Dei*. Et iterum: *Nisi quis renatus fuerit ex aqua et Spiritu, non potest introire in regnum Dei (Joan. iii, 2-5)* Audis Spiritum cum aqua. Unde scriptum est: *Spiritus Domini ferebatur super aquas (Gen. i, 2)*. Ex aqua et Spiritu sancto renascuntur homines et novi sunt: ex aqua visibili, ex Spiritu sancto invisibili. Utrumque in baptismate renascitur, anima scilicet et corpus, corpus visibile, anima invisibilis, utrumque purificatur, in utroque fides operatur, in utroque peccata solvuntur. Antiqui patres nostri fideles et sancti regenerationem istam actualiter minime susceperunt, sed in Christo per fidem et sacramenta ea quæsierunt. Ad infernum descendebant, quia renati non fuerant, Christus ad eos descendit, et quos in sacramento fidei manifeste cognovit, secum eduxit, et ad cœlestia levavit; hi vero qui in præsenti unum facti sunt cum Christo, renati in Spiritu sancto, si perseveraverint in hoc uno, ad inferna minime descendunt, sed obeuntes non morte gravantur, imo eam prætereunt, et ad cœlestia libere conscenduat: *Sic*, inquit, *Deus dilexit mundum, ut Filium suum unigenitum daret, ut omnis qui credit in illum, non pereat, sed habeat vitam æternam (Joan. iii, 16)*. Ecce novus mundus, nova creatura ejus. *Deus*, ait Jacobus apostolus, *voluntarie genuit nos verbo veritatis, ut simus initium aliquod creaturæ ejus (Jac. i, 18)*, mira et ineffabilis virtus Spiritus sancti, quo vetustas mundi veteris aboletur, quo novus in Christo mundus vere creatur et aqua perenni sanctificatur.

9. Ab origine peccati tenebræ erant super faciem abyssi; ab insurgente gratia Spiritus Domini ferebatur super aquas. *Quod natum est*, inquit, *ex carne, caro est; et quod natum est ex spiritu, spiritus est; spiritus ubi vult spirat, et nescis unde veniat aut quo vadat; sic est omnis qui natus est ex spiritu (Joan. iii, 6, 8)*. Carnalis homo non renatus in Spiritu qui Deus est, totus caro est; tenebræ super faciem ejus sunt, abyssus est; nescit eum qui renatus est ex Spiritu, quia Spiritus est. Ille tenebrosus est, ille illuminatus est. Dicit Apostolus: *Spiritualis omnia judicat, et a nemine judicatur; animalis homo non percipit ea quæ sunt Spiritus Dei (I Cor. ii, 15)*. Homines itaque renati, cœlestes sunt, non terreni. Talibus loquitur Christus, et dicit: *Ego sum via, veritas et vita (Joan. xiv, 6)*. Via quæ, depulsis tenebris et erroribus universis, ad veritatem ducit; veritas, super sole clarior, omni virtute corusca ad vitam perducit, vitam beatitudine plenam, fine carentem, in Deo consummatam et perfectam. Hic est, Deus et Dei Filius, a Patre missus, in Patre totus, venit ad nos homo factus, virginis filius, personaliter unus, totus homo, totus Deus, inseparabilis, integer, indivisus; hic baptismum sanctificaturus, quo salvatur omnis mundus, fide et gratia renovatus, venit ad Joannem, descendit in Jordanem, Joannes prohibuit, et ait: *Ego a te debeo baptizari, et tu venis ad me?* et Dominus ei: *Sine modo, sic enim decet nos implere omnem justitiam (Matth. iii, 14, 15)*.

10. Igitur Christo baptizato et orante, apertum est ei cœlum, et *Descendit Spiritus sanctus sicut columba in Jesum, mansitque super eum, et vox Patris audita est: Hic est Filius meus dilectus, in quo mihi complacui (ibid., 16, 17)*. Ecce notitia summæ Trinitatis quæ Deus est, oculata fide nobis manifestata est. Pater, delapsa voce, Filio attestatur, oranti Filio cœli aperiuntur, super Filium Spiritus sanctus in columba requiescens aspicitur; hæc est summa Trinitatis notitia, implet omnem justitiam, omnium virtutum magnificentiam. Intra hanc Trinitatem medius assistit, qui renatus fonte salutari, eam assidue meditatur, adorat, diligit. Qui hanc Trinitatem scire negligit, manifestam contemnit, omni justitia vacuus, reus et iniquus remanet in peccatis; qui vero in Spiritu sancto renascitur in baptismo, Filius Dei est cum Domino nostro Jesu Christo, ei oranti desuper aperiuntur cœli, vox paterna ad eum loquitur: *Tu es Filius meus dilectus (Marc. i, 11)*. Super eum apparet Spiritus sanctus, hic omni justitia supervestitur, factus est nova creatura in unitate, sacrata cum Deo in gloria.

11. Lætatur itaque sancta memoria, videns emanantem fluvium in præsenti Ecclesia spiritali efficacia, sicut scriptum est: *Egrediebatur fluvius de loco*

voluptatis ad irrigandum paradisum (Gen. II, 10). Super hoc Zacharias propheta : *In die illa erit fons patens domui David et habitantibus Jerusalem, in ablutione peccatorum et menstruatæ (Zach.* XIII, 1). Attestatur et propheta Ezechiel, per quem Dominus ejus quos educit ita loquitur : *Effundam super vos aquam mundam, et mundabimini ab omnibus inquinamentis vestris, et ab universis idolis vestris mundabo vos (Ezech.* XXXVI, 25). Hæc est aqua munda, quam præfiguravit aqua expiationis data per Moysen, jubente Domino, filiis Israel in deserto. Ecce nova gratia baptismi, abluenda omnium omnia peccata. Ex ista nova surgit creatura, adoptio filiorum Dei copiosa. Vocant isti Deum patrem suum, persequuntur Jesum Christum fratrem suum, tenent sibi Spiritum sanctum perenniter datum. Ecce regnum Dei intra vos est, et assidue perficit; antiquus ille thesaurus in agro præcedentium patrum absconditus, figuris et ænigmatibus mysticis involutus, palam exponitur; pretiosa margarita emptori manifesta proponitur; hanc humilis charitas quantulacunque suo comparat, hanc elata cupiditas nullis suis magnificentiis comparare potuit, nec etiam contingere valuit amodo sagena in mari missa, omni genere piscium adimpleta, Ecclesia scilicet, quæ neminem aspernatur, sed omnia congregat, ad littus applicanda perducitur. Ibi moliforas ejicientur, boni vero in vasa cœlestia recipientur : vasa bonis omnibus exuberantia, vasa plena Dei præsentia, dicit Apostolus hanc consummationem Ecclesiæ præsentis intuitus, quod principaliter et ex Christo omnium sanctorum resurgendo ad vitam primus ascensione.... in gloria Deo Patri coæternus, in unitate sancti Spiritus cum eodem Patre Deo, cum ipso Spiritu Deo semper unus Deus, dicit quia, expletis omnibus novæ creationis effectibus, peractis obedientiæ Christi cunctis operibus, deinde finis, finis præsentium operum, emolumenti terreni finis, consummans bona in bonum omnia finis, cum tradidit Deo Patri regnum, sed quod ipse creavit novum. Deus a Deo Patre missus, factus homo novus, cum tradiderit regnum, non dicimus regnum creationis antiquæ, rerum omnium universale, quod ex peccato corruit, quod sub morte remansit; sed regnum mundi novi, creaturæ novæ, regenerationis sanctæ, adoptionis divinæ. Regnum hoc Spiritus sanctus qui super aquas ferebatur, emundavit, sanctificavit, inhabitavit. Regnum hoc Deus Dei Filius, homo factus, præsentabit Deo Patri, ut sit consummatum, in uno Spiritu sancto perenniter unum, claritate divina perspicuum, cum Deo sine fine beatum. Ibi non hujus vitæ præsentis erunt opera, bonorum operum merita, sed meritorum præmia, sed præmiorum gloria : merita, gratia cooperante; præmia, Domino largiente; gloria, fruendo Dei visione. Dies visionis Dei felix et beata persistit. *In illa,* inquit, *die cognoscetis, quia ego sum in Patre, et vos in me, et ego in vobis (Joan.* XIV, 20). Sum in Patre una essentia, vos in me suscepti gratia; ego in vobis salus et vita. Die illa requiescent isti, in die septima sine mane et absque vespera, qui omnia fecit et facere non incœpit, quia unde inciperet utique non fuit, nec quare quies esset causam habuit, non assumpsit unde inciperet, non laboravit unde quiesceret, agendo quiescit, quiescendo facit. Igitur operator ille quietus, quiescens operarius admonet nos, ut ex ipso, et per ipsum, et in ipso opera nostra faciamus, nihil extra quæramus; nec in nobis, nec in operibus nostris quiescere velimus, sed ex ipso, et per ipsum, et in ipso læti quiescamus, quem non in opere suo, sed ab opere in seipso, hoc est in die septima, sine initio, sine fine, sine vespera, absque mane quiescere novimus. Intra hanc inæstimabilem quietis beatitudinem assumpti, quiescentes Dei filii benedicunt summæ Trinitati in unitate persistenti, voce jucunda, laude continua, concinentes alleluia, hosanna amen, notum cœlicolis carmen.

LIBER TERTIUS.

1. Laudabilis et prædicanda fidelis memoria per omnia currit, omnia conspicit, hæc humiliter ad Deum usque videndum sublimata, videt Deum actorem omnium spiritualium et corporalium; videt ea in mente divina, in ipsa sapientia, quæ æternaliter deposita sunt, videt ea in actu proprio quæ facta subsistunt, non eam præterita fugiunt, non eam præsentia deserunt, non eam futura suspendunt : videt Deum per omnia præsentem, in omnibus existentem, non contentum, sed continentem; non aliquo indigentem, sed omnia locupletantem. Hæc a superna sapientia semper illustrata in agendis omnibus rectum profert eloquium, sanum præstat consilium, verum promittit judicium, videt Deum essentialiter bonum, videt ejus opera, pro conditione, pro natura indifferenter bona, videt quædam inter cætera rationali intelligentia prædita, multimoda virtutum differentia peronata. Pro divinitus collata gratia bonus est qui condidit ea, ea bona sunt a bono bene condita, feliciter cum Deo et sub Deo currentia.

2. His taliter inspectis lætatur sancta memoria; sed ex adverso respiciens, subito turbatur, et admiratur insolita non naturalia, non a Deo condita, quæ in Deo nulla noverat nisi bona, quam cito contuetur mala ex insperato præcedentia, tumultuoso strepitu pervagantia, fere per omnia cum furore, cum pertinacia, cum blasphemia. Quæ sunt ista?

nec ex Deo, nec per Deum, nec in Deo novimus esse talia : nec ex Deo, quia nec condita ; nec per Deum, quia nec informia : nec in Deo, quia nociva. Quid igitur ea? ea esse substantiam si quæro non invenio, ea esse rem aliquam quo magis intueor, minus agnosco ; sed ut verum fatear, sentio ea unitati contraria, pacem evertentia, pro nequitia sua confundunt omnia, turbant universos, et quod valde dolendum est, fere per ubique sunt ea in toto mundo, sine eis vix invenio aliqua. Qui ad hæc dicimus ? fecit ea vel non fecit Deus, siquidem Deus fecit universa, unus omnia, bonus bona : quare si ista sunt quæ bona sunt, non omnia creavit, qui bonus bona omnia fecit ; quod si mala creavit, non sunt omnia bona quæ condidit ; sed Deus omnia bene fecit, sed bonus mala nulla condidit. Si pie quæris apud Deum, omnia invenis, absque Deo nulla invenire poteris. Eapropter ista quæ mala dicuntur, cum inter omnia quæ sunt subsistere non inveniuntur, deprehensa sunt et cognita, decernente sana memoria, a privatione boni, a defectu virtutis utcunque nominari. Defectus quippe virtutis et privatio boni conferunt eis nomina, quæ dicuntur pessima, nociva, damnabilia : quæ sic dicuntur, non quia sunt, sed quia bona non sunt, inhonestant corpora, maculant animas, inficiunt mores, hebetant mentes. Si ut sunt investigare niteris, invenire ea poteris in mente rationali angeli et hominis a veritate labentis, a Deo cadentis.

3. Spiritus quidem illi qui dicuntur signaculum similitudinis Dei, et homines ad imaginem et similitudinem Dei conditi, debuerunt et potuerunt eum, a quo boni facti sunt, et gratiam perceperunt, super omnia videre, sequi et diligere, sicque merito charitatis supra se ad Deum elevari, poterant pro virtutibus supra naturam bonam meliores esse, feliciter vivere, boni permanere : sed abusi libertate rationalis arbitrii, prolapsi sunt ab uno ad infinita, ab immutabili ad mutabilia, a stabili ad inania, cupiditate perversi, ambitione sua profusi, prætulerunt creaturam Creatori, mendacium veritati ; tenuerunt pro justitia iniquitatem ; incurrerunt pro vita mortem ; creatura mendax, prævaricatione non natura, talia tam pessima concepit, tam enormia, tam exsecrabilia in mundo propinavit.

4. Super illo leviathan tortuoso deceptore a Deo sententia data est : *Quia hæc fecisti, maledictus es inter omnia animantia et bestias terræ, super pectus tuum gradieris, et terram comedes cunctis diebus vitæ tuæ* (Gen. II, 14). Dixit omnibus diebus vitæ suæ, omnibus pro mala sua æternitate, vitæ suæ semper infelicis, miseræ sine fine. Super hoc dixit et mulieri male viro suo suadenti : *In dolore paries et subjecta eris* (Gen. III, 16). Viro quoque pro inobedientia sententiam dedit, dicens : *Quia audisti vocem uxoris tuæ, et comedisti de ligno ex quo præceperam tibi ne comederes, maledicta terra in opere tuo* (ibid., 17). Vide ergo quid invenerit defectus a Deo, quid inobedientiæ prævaricatio. Defecit Satan a Deo, maledictus remanet, vescens terræ edulio qui debuerat frui Deo. Inobediens primus homo, maledicta terra in opere suo, datus est in cibum ei qui terram comedit. Ipse enim terra remansit, cum ei prævaricatori dictum est : *Terra es, et in terram ibis* (ibid., 19). Hic primus homo dignitatem perdidit quam acceperat, factus ad imaginem et similitudinem Dei ; transgressus mandatum, maledictionem accepit ; comedens inconcessum, mortem incurrit.

5. Ecce quid aversio a Deo, quid mandati transgressio in suis omnibus efficit, palam intueris. Vides qualiter creatura rationalis, quæ a Deo recedit, et se et omnia sua maledictioni subjicit, et mortis legibus intolerabilibus sese supponit ; his malis obruti, his compedibus colligati, nullatenus possunt exire, nec ad pristinam libertrtem redire, nec bona perdita recuperare. Habent quidem rationis arbitrium, sed minime liberum, quia bona quæ cum Deo agere poterant, sine Deo non possunt, quem transgrediendo reliquerunt. Non habent libertatem arbitrii, quia non sunt liberi, servi facti sub lege peccati. Ab hac misera servitute solus potest eos liberare, qui solus libere potest omnia Filius ex Deo Patre ; de hoc ipse dicit : *Si Filius vos liberaverit, vere liberi eritis* (Joan. VIII, 36) ; siquidem non possunt esse liberi nisi filii ; nec possunt esse filii, nisi per Deum Filium in unitate Spiritus sancti summo Patri pariter assignati. Extra hanc unitatem matris Ecclesiæ nemo potuit bona facere, per gratiam potest quis operari bonum, sine gratia nihil nisi malum. Apostolus ait : *Non est volentis neque currentis, sed miserentis Dei* (Rom. IX, 16) ; quantumcunque velis, quantumcunque currere intendis, sine Deo, bene agere non poteris. Igitur liberum arbitrium angeli vel hominis, nisi cum Deo steterit, evitare mala, operari bona minime poterit. Isaias ait: *Ecce Virgo concipiet et pariet filium, et vocabitur nomen ejus Emmanuel ; butyrum et mel comedet, ut sciat reprobare malum et eligere bonum* (Isai. VII, 14, 15). Butyrum de lacte animalis manus industria conficit, mel de rore cœlesti apis argumentosa sine fetu integra colligit. In his duobus animales et spiritales solent intelligi, hos utrosque virginis filius *Nobiscum Deus* in Ecclesia præsenti comedit, hoc est incorporat sibi, ut sciat, scire faciat reprobare malum et eligere bonum. Hoc est opus liberi arbitrii cum Deo judicandi justitiam conservantis. Recte ergo judicat qui in se et in aliis malum reprobat, et bonum eligit. Si aliter judicat, seipsum condemnat. Super hujusmodi Apostolus ait : *Volentes suam constituere justitiam, justitiæ Dei non sunt subjecti* (Rom. X, 3). Sic deperit libertas arbitrii rationalis, sic gratiam perdidit, et amissa virtute summi boni, cum Satanas, delitescit in lateribus aquilonis, in his regnat Satanas, de cœlesti factus abyssus, de luminoso tenebrosus.

6. Ejus regnum virtutibus vacuum, vitiis sordidum, immunditia fœdat, intemperantia dissipat, destruit discordia, mors obruit, *Mors*, inquit, *pec-*

catorum pessima (Psal. xxxiii, 22), quia in resurrectione tenebuntur sub morte perpetua ; sed *pretiosa in conspectu Domini, mors sanctorum ejus* (*Psal.* cxv, 15), quia resurgent a morte viventes cum Deo in æternitate. Ibi absorpta erit mors in victoria Christi, quia Christus, qui nihil morti debuit, mortem nobis debitam, sibi indebitam suscepit, et vitam quæ ipse est, quam non meruimus, nobis gratuito dedit. O admiranda Dei clementia ! o infinita misericordia ! singulari virtute regnum Satanæ potuit in nobis destruere, qui descendens a sede Patris, contra superbiam humilis advenit, et peccata destruens, Satanæ regnum evertit. *Nunc*, inquit, *judicium est mundi, nunc princeps mundi hujus ejicietur foras* (*Joan.* xii, 31); ejicitur a cœtu fidelium, a sorte bonorum, et remanent super eum peccata sanctorum : qui peccatorum inventor ipse primus existit, qui peccatorum incentor idem usque permansit : ipse est profundum maris, in quo omnia flumina descendunt, in quo omnium omnia mala confluunt. *Et projicet*, inquit, *omnia peccata nostra in profundum maris* (*Mich.* vii, 19). Mulier conteret caput ipsius, et ipse insidiatur calcaneo ejus, mordet ungulas equi, ut cadat ascensor ejus retro ; calcaneo ejus insidiatur, qui finem boni operis elatione quantula inficere conatur ; mordet ungulas eqni qui principium boni operis elidit, et ascensorem retro redire facit. Pars stellarum eum sequitur et, expectat quod influat Jordanis in os ejus : tanquam leo rugiens circuit quærens quem devoret, circuit terram et perambulat eam, nec ipsum Dominum dimisit intentatum, apostolos cribravit ut triticum, et absorbuit Judam furem suum ; sed Deo gratias latronem in cruce perdidit, et in inferno, triumphante Christo, victus cecidit. Ibi prædam bonorum, quam violenter tulerat, deprædatus amisit, fractusque remansit. Ibi apparente Domino fidelibus suis tunc habitantibus in regione umbræ mortis, lux orta est eis. Ibi Dominus fortis et potens in prælio, diabolum fecit debilem, stravit impotentem. Ibi Dominus virtutum ipse est rex gloriæ, leviathan vetustum dominum vitiorum, regem miseriæ, posuit sub æterna calamitate, solus in brachio virtutis suæ descendit et triumphavit, innumeros fidelium suorum a captivitate solvit, et liberos secum eduxit. Egrediente Domino et a mortuis, resurgente, *Monumenta aperta sunt, et multa corpora sanctorum qui dormierant surrexerunt (Matth.* xxvii, 52) ; scissum est velum templi, revelata sunt sacramenta temporis antiqui, apparuerunt sancta sanctorum, aperti sunt cœli cœlorum, ascendit triumphator cum innumero cœtu fidelium, et admirando miraculo homines puros ab inferis eductos, et de terris undecunque collectos, sua gratia perornatos, fecit in cœlestibus incolas novos, supernorum civium consortes et socios.

7. Ecce novum regnum, nova gloria firmatur in cœlis. Intrantibus nemo resistit, intrant meretrices, intrant publicani ea via, eo transitu quo et camelus, deposito gibbo, intrat per foramen acus. Hic deponenda est superbia, hic assumenda pœnitentia cum humilitate ferenda. Acus vera Christus propter scelera nostra vulneratus, omnia penetrat, omnia scutatur, *attingit a fine usque ad finem fortiter, et disponit omnia suaviter* (*Sap.* viii, 1). Hic est via sine quo nemo venit ad Patrem, hæc via filios perditionis, hæc et vasa iræ facit filios Dei, et vasa reconciliationis, et ad regnum, quod in cœlestibus ædificat novum, violenta manu misericordiæ perducit. In Evangelio legis *regnum cœlorum vim patitur, et violenti rapiunt illud* (*Matth.* ii, 12). Idem ipse triumphator mirificus in hoc vitæ præsentis exsilio facit quotidie de veteribus novos, de peccatoribus sanctos, solvit eos de compedibus Ægypti, educit eos de captivitate Babylonis, ex istis in Spiritu sancto regeneratis, novis et sanctificatis, novum regnum facit in terris, uniendum novo illi regno, quod ipse novus ascendens super alta cœlorum felicitate perpetua sublimavit. De regno autem novo in terris Petrus apostolus ita sanctos alloquitur, dicens eis : *Vobis igitur honor credentibus* (*I Petr.* ii, 7). Et in sequenti : *Vos autem genus electum, regale sacerdotium, gens sancta, populus acquisitionis, ut virtutes annuntietis ejus, qui de tenebris vos vocavit in admirabile lumen suum* (*I Petr.* ii, 9). Et prophetam induxit dicentem sic : *Qui aliquando non populus, nunc autem populus Dei, qui non consecuti misericordiam, nunc autem misericordiam consecuti* (*ibid.,* 10). Ecce novum regnum, novam Ecclesiam ædificavit Christus, novus homo. non novus Deus, semper idem, semper totus : non duo, sed unus, unus in unitate personæ, salva utriusque naturæ proprietate : semper vere unus, Catholice semper adorandus. Super maria eam fundavit, super flumina præparavit super maria, super varietates et defectus nostræ mutabilitatis, super flumina, super æstus humanæ cupiditatis, super impetus hæreticæ pravitatis. Sed miserationes ejus super omnia opera ejus. Omnipotentis est simul omnia creare, ejus est et creata formare, ejus est et formata servare semper et ubique. Divinum est hoc et singulare, sed admiranda ejus misericordia, magna est super omnia ipsius opera. *Sic enim Deus dilexit mundum, ut Filium suum unigenitum daret* (*Joan.* iii, 16) pro nobis redimendis hominem factum, redemit nos de laqueis tenebrarum, eduxit nos de Ur Chaldæorum, traxit nos de luteo opere Ægyptiorum, quæsivit sceleratos, facinorosos, criminosos, quibuslibet sordibus involutos, nullos invenit nisi malos, lavit eos in sanguine suo, et dealbavit eos, nova regeneratione fecit eos novos in Spiritu sancto, in Jericho respexit Zachæum, in teloneo residentem vidit Matthæum, utrumque vocavit, ad eos intravit ipse et discipuli ejus in talium domibus ; manducavit cum publicanis et peccatoribus, murmurant Pharisæi, et Jesus respondet eis, *quia non est opus valentibus medicus, sed male habentibus. Euntes autem discite quid est : Misericordiam volo, et non*

sacrificium; non enim veni vocare justos, sed peccatores in pœnitentiam (Matth. IX, 2, 13). Qui se justos faciunt, eum non inveniunt. Si te peccatorem vere pœnitendo fateris, mox eum invenis: quæ erat in civitate peccatrix quæsivit eum in domo Simonis, festinavit ejus pedes osculari, lacrymis rigavit. capillis tersit, unguento unxit; dimissa sunt ei peccata multa, quoniam multum dilexit, et ait illi: *Fides tua te salvam fecit, vade in pace (Luc.* VII, 50). Hæc ab intemperantia peccandi transivit ad pacem Spiritus sancti, et in ea permansit, quia charitatem Christi tenuit.

8. Assurgant igitur peccatores cum pœnitentia venientes, quærant sibi peccata dimitti ab eo qui sine peccato venit, et solus peccata dimittit, qui modo ineffabili, teste Apostolo, *peccatum se fecit*, ubi seipsum pro peccato hostiam dedit; mortem suscepit qui vita est; qui morte teneri non poterat, mortuus est, redemit nos a morte quam meruimus, dedit nobis vitam quam non merito, sed gratia suscepimus. O præcelsa sanctorum memoria, quæ talia recolis, quæ tam alta perpendis. Vides Deum hominem non permistionem passum, sed persona unum. Ecce magnificentia salutaris, mala destruxit, et bona contulit, opus inæstimabile fecit, qui hominem eousque provexit, ut homo Deus fieret, in unitate Spiritus sancti, quo unus est Pater Filio, et Filius Patri.

9. Igitur Deus homo Christus permanet unus ea majestate qua facta sunt omnia, qua permanent facta, qua videntur bona, sed opere supereminenti *dedit Deus hominibus potestatem filios Dei fieri (Joan.* I, 12), non quia ex carne nati sunt, sed quia ex Deo in opere Spiritus sancti per Christum Jesum renati sunt, et nova creatura, novus mundus, novum Christi regnum facti sunt. Ecce vides quia super omnia sublimantur homines; qui eos sublimavit, eis ita dixit: *Ego dixi: Dii estis, et filii Excelsi omnes (Psal.* LXXXI, 6). Hæc tanta, hæc præeminentissima Deus Dei Filius homo factus contulit hominibus. Ipse est sapientia, *cujus deliciæ sunt esse cum filiis hominum (Prov.* VIII, 31) humilium et sanctorum, *et cum simplicibus sermocinatio ejus (Prov.* III, 32). Hæc sapientia pro septiformi gratia in principio septem dies primarios assignavit, secundum quos in tempore septem dies currere facit, et septem planetis harmoniam cœli decoravit; hæc in Ecclesia præsenti septem columnas erigit, quæ sunt septem gradus honoris, per manum pontificis in promotione clericali. Hi sunt ostiarii, lectores, exorcistæ, acolythi, subdiaconi, levitæ, presbyteri. Hoc episcopus Christi sapientia plenus, Christi vicarius, canonice consecrat manus impositione, cum oratione septiformem Spiritum sanctum donat; his septem columnis Ecclesiam sanctam valenter exaltat. In ea datæ sunt fidelibus septem preces, quæ Dominicæ dicuntur, quibus ad Patrem humiliter missis, septem dona sancti Spiritus acquirunt; quibus donis copiose diffusis, septem beatitudines conferuntur: in precibus humilitas Deo loquitur, in donis magnificentia Dei humilibus prorogatur, in beatitudinibus pax hominibus bonæ voluntatis cum Deo perpetua firmatur.

10. His ita progredientibus, memoria Deum aspiciendo lætatur, septiformis sancti Spiritus oculum in uno angulari lapide Christo Jesu contemplatur, videt quia opus sancti Spiritus est, quod Ecclesiæ catholicæ hortus conclusus est, quod in horto concluso fons signatus est. Hortus conclusus est, ne serpens, qui in antiquo paradiso prævaluerat, in horto novo virtute sancti Spiritus concluso, ingredi valeat; fons signatus est, ut omnis in eo renatus vitam æternam semper obtineat. Ecce sapientiæ thesauri reserantur, inæstimabiles deliciæ proponuntur, in horto sapientiæ concluso herbæ salubres oriuntur, innocentiæ fures egrediuntur, arbores gratia proeminentes multiplicato fructu maturescunt, balsama charitate pereffluentia, odore salutari universa perfundunt, perit qui bono odore moritur, vivit qui bono odore jucundatur, odor vitæ in vitam diligentibus, inseparabilem sanctæ Trinitatis unitatem profitentibus Jesum Christum, Deum et hominem semper unum benedicentibus, Ecclesiam catholicam in unitate sancti Spiritus cum Deo unam, perpetuam, beatam, omnia possidentem, pace fruentem.

11. Ecce terra viventium, patria beatorum; in ea contuetur præcelsa memoria hominum corpora ex resurrectione procedentia, a malorum consortio sublimata: corpora sane, quibus singulis singulæ rationales animæ concreatæ fuerunt in unitate personæ; sed quæ non in Christo resurgent, non immutabuntur, quia sub peccato remanent: hinc ait Apostolus: *Omnes quidem resurgemus, sed non omnes immutabimur. Deinde mortui resurgent incorrupti, et nos immutabimur (I Cor.* XV, 51). Resurgent corpora humana, suis quorum fuerant spiritibus reparanda, in ea quantitate, in ea qualitate, quas absque vitio corruptionis debuerant accepisse processu naturali secundum mensuram ætatis plenitudinis Christi. Omnes quidem resurgent, homines integri corpore generati resurrectione. Hanc profecto resurrectionem vocat Dominus ipse regenerationem cum dicit: *Vos qui secuti estis me, in regeneratione, cum sederit Filius hominis in sede majestatis suæ, sedebitis et vos judicantes (Matth.* XIX, 28). Sunt equidem ad imaginem et similitudinem Dei homines facti, ut pro imagine cum Deo teneant æternitatem, pro similitudine Deo præsentent charitatem, quæ semper aspicit Trinitatem indivisam et simplicem: habent ideo resuscitari et astare suo plasmatori, omnium dominatori, ut palam appareat utrum similitudinem summæ Trinitatis tenuerint in exhibitione charitatis.

12. Ibi libri aperti erunt, conscientiæ singulorum revelatæ patebunt, manifesta erunt abscondita tenebrarum et occulta cordium, conscientiis accusan-

tibus vel defendentibus coram omnibus cunctis videntibus. Ibi judicium erit, ibi finis. Tunc *angeli separabunt malos de medio justorum* (*Matth.* XIII, 49); mali namque quam multi in cœtu fidelium, sed occulti aliquando vixerant in communione sacramentorum, in participatione beneficiorum exteriorum. His exclusis et ad sinistram positis, dicetur: Tollatur impius ne videat gloriam Dei : justis vero ad dexteram collocatis, de morte ad vitam, de ignominia ad gloriam, de miseria ab beatitudinem sublimatis, dabitur stola divinæ claritatis: hinc Apostolus dum in præsenti laborabat, consolatus dicebat : *Salvatorem exspectamus Dominum nostrum Jesum Christum qui reformabit corpus humilitatis nostræ, configuratum corpori claritatis suæ* (*Philipp.* III, 20. Et alibi : *Non sunt condignæ passiones hujus temporis ad superventuram gloriam quæ revelabitur in nobis* (*Rom.* VIII, 18): talibus non intendunt, sed contradicunt, qui sola quæ carnis sunt sapiunt, qui eloquia divina non suscipiunt. Viderunt hominum corpora modis variis scissa et perdita, ventis propellentibus, aquis et aeri pereffusa. Dicunt non posse recompaginari ea. Non est, inquiunt, resurrectio mortuorum; amant vitam temporaneam, non quærunt æternam. Non attendunt Evangelia, non prophetias, non legem, non agiographa ; non considerant summi manu martificis, quæ, sicut fecit omnia, sic tenet singula, sic colligit universa : manus illa in omnibus et potentissima, in reparatione corporum efficacissima : *In momento, in ictu oculi, in novissima tuba* (*I Cor.* XV, 52): undecunque revocat ea, revocata reformat ea, reformata et ab impiis separata glorificat ea : *Nunc* inquit Apostolus, *abscondita est vita vestra cum Christo in Deo. Cum autem apparuerit vita vestra Christus, tunc et nos apparebimus cum ipso in gloria* (*Col.* III, 4). Ibi veritatem corporis non evacuabit gloria claritatis, sicut in Christo Jesu Domino nostro naturam hominis assumpti non depressit deitas assumentis, sed perfectus Deus perfectus homo divina majestate consistit, qui potestatem dedit hominibus ex Deo renatis filios Dei fieri : ut, quod ipse Filius Dei obtinet, cum Deo Patre per essentiam habeant, et isti cum Deo Filio facti filii per gratiam in unitate Spiritus sancti, qua unitas universalis Ecclesiæ semper una consistit beatitudine supereminenti per infinita sine labe temporum sæcula sæculorum feliciter. Amen.

HUGO ROTHOMAGENSIS ARCHIEPISCOPUS

SUPER

FIDE CATHOLICA, ET ORATIONE DOMINICA

(Ex manuscripto codice bibliothecæ Regiæ edidit Marten., *Ampl. co.l.*, IX, 1212.)

Clarissime fili, Egidi, archidiaconus appellaris, utinam esse merearis ! Gavisus sum gaudio magno, quia divinos codices inquiris, passim agiographa colligis. Si pie quæris, Deum in eis invenis. Quod si Deum in eis quærere negligis, legere poteris, perficere non valebis. Sic itaque in eis quæratur Deus, ut inveniatur. Invenies quidem Deum, si credideris in eum. Qui credit et profitetur, et dicit: *Credo in Deum*, etc., attende quia credere Deum rationis est, credere Deo industriæ, credere in Deum vita est. Scire debes quia credere fides est. Quia vero Deus invisibilis est, fide quærendus est. Fides eum quærit, spes invenit, charitas apprehendit. Itaque in præsenti fides in Deum tenenda est. Qui vere Deum quærit, et se et omnia refert ad eum, non quærit aliquid extra Deum : *Quid, inquit, mihi est in cœlo, et a te quid volui super terram ?* (*Psal.* LXXII, 25). Et paulo post : *Mihi autem alhærere Deo bonum est, ponere in Domino Deo spem meam* (*ibid.*, 28). Iste fide vivit, qui nihil alicubi, sed solum Deum quærit, dicens : *Credo in Deum Patrem*, etc. Credo in Deum Patrem. Ecce per fidem meretur Deum habere Patrem, non qualemcunque, sed omnipotentem. Probat omnipotentem esse, qui eum confitetur creatorem cœli et terræ. Intellige cœli et terræ, cum omnibus quæ ex eis et cum eis *creata* novimus esse. *Et in Jesum Christum Filium ejus.* Conjunge superiori et: credo in Deum Patrem omnipotentem, credo et in Jesum Christum Filium ejus. Dicit ipse Jesus : *Creditis in Deum ? Et in me credite* (*Joan.* XIV, 1). Hoc vere consequitur, quia Christus est Deus. Filium, inquit, ejus, non quomodocunque Filium, sed unicum Dominum nostrum. Iste Patris omnipotentis Filius, noster est Dominus, non ut illi qui positive dicuntur domini, sed unicus naturaliter Dominus, quia unus omnipotentis Patris essentialiter omnipotens Filius. Hic autem qui ex Patre Deus et Dominus est, nobis datus est, nobis homo factus est. *Qui conceptus est de Spiritu sancto, natus ex Maria Virgine.* Pro hoc adorando miraculo memorandum censeo, quia Deus Adam primum de terra Virgine plasmavit, idem Iose Adam secundum de virgine creavit. De hoc angelus Virgini respondit : *Spiri-*

tus sanctus superveniet in te, et virtus Altissimi obumbrabit tibi, ideoque et quod nascetur ex te sanctum, vocabitur Filius Dei (Luc. I, 35). Attende, sicut terra nescivit quando Adam primus ex ea factus est; sic nec sensit caro Virginis, quando Christum, operante Spiritu sancto, concepit. Vide superexcellentissimam divini operis magnificentiam. Qui Deus de Patre est, Deus homo de Virgine una persona natus est. Homo factus *sub Pontio Pilato passus est,* judex omnium sub judice homine damnatus est. Sed qui nihil habuerat culpæ, nihil debuit pœnæ. Quid igitur pœnam suscepit, qui peccatum non fecit? Propter injuriam hanc, *Quæ non rapui,* inquit, *tunc exsolvebam (Psal.* LXVIII, 5). Ecce mysterium redemptionis nostræ : impassibilis passus est indebite, ut a nobis auferat debitum prævaricationis antiquæ. Crucifixus suspensus est in ligno, ut nos liberet a gustu mortifero in ligno scientiæ boni et mali olim usurpato. Mortuus, qui vita est, pro nobis in cruce moritur, ut in nobis mors nostra moriatur, et vita quæ Christus est, absorpta morte, vivamus. *Et sepultus.* Sepulcro conditus est, qui nullo clauditur loco, ut eruat nos ab angusto carcere nostræ damnationis, et elevet in libertatem gloriæ filiorum Dei : descendit ad inferna reis et captivis debita, ut inde suos eruat; et ne ibi descendant qui sui sunt, perpetuo claudat. *Ero,* inquit, *mors tua, o mors, morsus tuus ero, inferne (Osee* XIII, 14). Pensa ergo quia in morte Christi separata sunt anima ejus a corpore, corpus ejus ab anima; ut mors esse potuerit, ab invicem fuere separata. Attamen persona Dei et hominis ab utroque disjuncto inseparata fuit. Persona enim Verbi Dei naturam hominis, non personam assumpsit. Non est persona facta nova, dum unitus est Deus homini; duæ namque personæ non possunt una fieri, duæ naturæ una persona utique solent uniri. Si persona Verbi assumpsisset personam hominis, Christus non posset unus, sed duo prædicari. At vero unus est Christus, non permistione naturæ confusus, sed unitate personæ perpetualiter indivisus. *Omnibus,* ait, *qui solverit Dominum Jesum, anathema sit (I Joan.* IV, 3). Nec in morte est solutus, qui semper est unus. Homo quidem assumptus est a Verbo Dei sub tempore, sed persona Dei et hominis manet in æternitate, nec præjudicat tempus æternitati, sed æternitas præeminet tempori. Actus sane nullus imputatur naturæ, sed solummodo personæ. Igitur Christus non est recens Deus, sed ab æterno plenus et perfectus. Æternitate sua disponit universa, dispositione sua creat et ordiuat. Inter ista valde bona Satanas impius et homo devius sua sibi pessima inseruere mala; his Satanas involutus malis miser remansit et perditus; sed miseratione motus noster Samaritanus, hominem qui ab Jerusalem descendebat in Jericho, et incidit in latrones, quem plagis impositis semivivum reliquerunt, sua liberare descendit gratia, curam ejus egit, pro quo pati, crucifigi, mori, sepeliri voluit, quem ab inferno liberavit. His igitur pro nobis in seipso perpessis, sua magnificentia superapposuit. Inde sequitur : *Tertia die resurrexit ab inferis.* Ex nostra pro nobis assumpta passus est infirmitate; ex sua, quam divinitus habet, resurrexit potestate. *Potestatem,* inquit, *habeo ponendi animam meam, et iterum sumendi eam (Joan.* X, 18). *Tertia die resurrexit,* tertia quidem pro tempore. Possumus et attendere hic quia, dum homo a tenebris peccatorum eruitur, et in baptismo renovatur fidei lumine, in diem agnitionis divinæ levatur. A prima ista die in secundam promovetur dum auctoritate pontificali virtute ex alto superinduitur, et septiformi gratia confirmatur. Ad tertiam usque conscendit, quando ab omnibus iniquitatibus et ab omnibus infirmitatibus in resurrectione Jesu Christi liberatur, et vita æterna donatur. De hac liberatione hominis in resurrectione Christi liberato illi Propheta de Christo dicit : *Qui propitiatur omnibus iniquitatibus tuis, qui sanat omnes infirmitates tuas (Psal.* CII, 3). Primo iniquitates remittuntur, postea infirmitates ex iniquitatibus contractæ sanantur, non quandocunque, sed in resurrectione beata, qua filii ab omnibus debitis absolvuntur, qua ab omni malo nostro, qua et a Satana malo per omnia nobis infesto liberabimur, informati precibus Dominicis, pleni virtutibus Spiritus sancti, beatitudine Christi cum Christo glorificandi in dies æternitatis quietis Domini, qui non alicubi, sed in seipso semper quiescit, et consortes resurrectionis Christi secum quiescere facit. *Resurrexit a mortuis.* Mortuis sub lege peccati, sub debito mortis : quæ Christus Dei Filius, qui peccatum non habuit, qui stipendium peccati mortem solvit indebite, in seipso et in suis omnibus victor fortissimus, et triumphator ementissimus, omnino destruit. *Ascendit ad cœlos,* a quibus nunquam recedit, sed ad nos humanitatem nostram descendit suscipiendo, et peracta obedientia nostræ salvationis, ad confessionem dexteræ Dei Patris ascendit, et nomen quod est super omne nomen, et nomen cui omne genu flectitur, gloriam scilicet quam semper habuit, secundum humanitatem nostram exaltatus accepit. *Inde venturus est judicare vivos et mortuos,* qui pro nobis judicari venit in humilitate, venturus est judicare omnes in majestate. Vivos, tunc corpore viventes inventes; mortuos, ante corporis vita solutos; vel vivos in bonis aliquos nondum manifestos, mortuos in malis, sed adhuc occultos. *Credo in Spiritum sanctum.* Recollige, simul totum tene. Diu : Credo in Deum Patrem omnipotentem. Credo in Deum Jesum Christum Filium ejus. Credo in Deum Spiritum sanctum. Ecce fides tua Trinitatem confitetur, dum in professione tua Pater et Filius et Spiritus sanctus nominatur; quia vero Patrem et Filium et Spiritum sanctum non deos, sed Deum prædicas, Trinitatem in unitate, unitatem in Trinitate nobis adorandam pie præsentas. Siquidem Pater et Filius et Spiritus sanctus tres dicuntur personæ non temporis emolumento discretæ, non locorum spatiis ab invicem semotæ, sed inseparabiliter persistentes in una et eadem Dei et Domini majestate. Non accidit Deo ut Pater fieret, non accessit Verbo ut Filius esset, non assumpsit Spiritus sanctus ut ex utroque unus procederet. Etenim absque motu temporis, absque dimensionis termino, sine omni variatione vicissitudinis, dum principium non habet et fine caret, vera professio est. Deus est Pater, et Pater est Deus. Deus est Filius, et Filius est Deus. Deus est Spiritus sanctus, et Spiritus sanctus est Deus. In hac beata et immutabili veritate nec Trinitas dividit unitatem, nec unitas abigit Trinitstem. Nosse debes quia homini facto ad imaginem et similitudinem Dei, hoc ineffabile mysterium catholicæ fidei Dominus Deus revelavit. Unde ait : *Nemo novit Filium nisi Pater, et nemo novit Patrem nisi Filius, et cui voluerit Filius revelare* (Matth. XI, 27). Revelatio hæc ex Spiritu sancto est. Sapientia donat hunc Spiritum sanctum, cujus deliciæ sunt esse cum filiis hominum. Ausus est quidam aliquando dicere : Hanc propositionem non concedo : Deus est Pater, Deus est Filius, Deus est Spiritus sanctus. Hanc, inquit, rejicio, sed istam suscipio : Pater est Deus, Filius est Deus, Spiritus sanctus est Deus. Iste ponit in prædicato Deus, non vult poni in subjecto Deus. Dementatus iste ex sua prædicamentali constitutione, et more partium sæcularis doctrinæ nostræ; nescit quia Deus est Pater et Filius et Spiritus sanctus, et e converso Pater et Filius et Spiritus sanctus Deus semper est. Veritas ista non est humanæ rationi subdita, nec temporalis potest intelligentia videre divina; non enim sunt ei circumscripta, unde nec definiri, nec determinari ea possunt. Nomina et verba et dictiones quælibet inventionis humanæ non possunt vobis ea incomprehensibilia sicut sunt assignare. Deus quidem, si more nostro dixeris, significat substantiam cum qualitate, sic Pater et Filius et Spiritus sanctus pro nostra consuetudine. Hoc modo proposita aliena sunt a significatione divina. Deus enim non est substantia cum qualitate; non dicit, non agit aliquid apud se cum actione vel passione; nihil est ibi dissonum, nihil varium. Eapropter ratum tenet fides catholica, quia Pater et Filius et Spiritus sanctus non significant cum accidentali differentia seu contingenti proprietate. Deus non potest non esse Pater et Filius et Spiritus sanctus. Pater et Filius et Spiritus sanctus non possunt non esse Deus. Ista dicimus quia plures esse deos omnino negamus. Si enim essent plures, essent utique differentes; si essent differentes, alius alio plus minus haberet, sic et imperfecti remanerent et insufficientes. Audemus itaque, et contra leges disputationis philosophicæ, cum de Deo loquimur, hoc inferimus : si plures, et nullus. Idipsum Deus est simplex, et perfectum donum essentialiter est : nihil ibi ex prædicato refunditur in subjecto, nihil in subjecto crescit in prædicato. Divina quidem essentia non est susceptibilis contrariorum. Nihil ibi simile nostrorum prædicamentorum. Tandem ad apostolicum fidei symbolum redeamus. Ibi fides in Deum Patrem et Filium et Spiritum sanctum, tantæ confessionis jugiter intuendum proponit effectum. Hæc Trinitatis quæ Deus est indivisa confessio ædificat in nobis sanctam Ecclesiam catholicam. Intra istam catholicam suscipimus et amamus sanctorum communionem. In ea percipimus peccatorum remissionem. Ex remissione peccatorum speramus cum sanctis carnis nostræ resurrectionem in vitam æternam sine fine beatam. Amen. Deo propitio suscepimus fidem catholicam. A fide videamus orationem Dominicam. Ab oratione septiformem suscepimus gratiam : a gratia surgamus ad beatitudines complendas in die æternitatis, in præsentia summæ Trinitatis quæ Deus est, quia omnia novit, et potest, et habet.

Misericordias Domini in æternum cantabo (Psal. LXXXVIII, 2). Psalmista propheticus miseros homines nos inspexit, et misericordem Deum desuper attendit. Videt misericordias, et gratias agit. Lætatur et cantat, qui prius dolebat et flebat. Solerter intuebatur quia quotquot sub motu temporalium, sub casu mutabilium nascimur, temporali vertigine rapimur, mutabilitatis voragine concludimur. His impliciti, cuncta quæ trahimus, et perdendo colligimus, et colligendo perdimus. Hæc autem dum anxie toleramus, altiori dolore concutimur, quia hæc tam gravia, tam importabilia jure debito sustinemus, tum pro culpis nostris originalibus, tum pro voluntariis et actualibus; pro susceptis ex traduce, pro completis ex opere; ex delicto propaginis, ex superfluo criminis. Duo ista, originalia scilicet et actualia, reos non damnationi addicunt, morti subjiciunt. Sed, proh dolor! nec viribus nostris, nec opibus propriis nostra potest aboleri culpa, vel amoveri pœna; dum ista patimur, persæpe dolendo quærimus et dicimus : mala ista nostra unde proveniunt? Summus et solus Deus creavit singula omnipotenter omnia, et ea bona pro bonitate sua, intra quæ nulla mala sunt condita, nec extra sunt aliqua. Nihil igitur sunt quæ dicimur mala. Attamen ista malitia, qua dicimur mali, quam non ponendo, sed removendo appellamus malum, sic dicitur non quia est, sed quia bonum non est. Nihil est itaque malum, qui non est a Deo conditum, qui conditor est universorum. Non invenis malum quid sit, sed mirum in modum, contra omnem rationis intuitum, in mente rationali angeli et hominis frequenter invenis ipsum; præter in illis, malum nusquam et nunquam reperire poteris. Quid igitur est? Scito tum investigatione subtili, quia malum hoc dicitur, a defectu boni seu privatione charitatis. Charitatem sane tam homo, quam angelus erga Deum habere debuit, ut eum, a quo bonus factus est, pie cognosceret, sequeretur, amaret, et amoris merito se ipsum supra se humiliter elevans, et libero arbitrio, universa transgrediens, Deum invisibilem, summum et omnipotentem oculo charitatis aspiceret; et sic, exuta omni mutabilitate sua, ex ipso, et per ipsum et in ipso sine fine beatus maneret. De hoc tanto ac præcellenti bono theologus ille locutus est, dicens : *Similes ei erimus, quia videbimus cum sicuti est (I Joan.* 1, 2). Ab hoc intuitu tam sancto, tam supereminenti vetustus ille Satanas statim defecit, qui nec bonum aliquod unquam agere cœpit. *Ille,* inquit Dominus, *ab initio mendax (Joan.* VIII, 44) : mendax ab initio, non suæ conditionis, quia eum bonus Conditor bonum sicut cætera omnia fecit; sed ab initio sui mendacii, quo statim cecidit, ubi ait : *Ponam sedem meam ad aquilonem, et ero similis Altissimo (Isai.* XIV, 13). *Ponam sedem meam* elatio superbiæ est. *Ad aquilonem* præsumptio rapinæ est. *Ero similis Altissimo* idololatriæ prodigium est. Satanas elatus, præoccupator avarus, posuit in cœlum os suum, falso se efferens tanquam Deum. Iste non Dominum sibi, sed seipsum superbiendo prætulit Domino. Suo mendacio sedem sibi ponere voluit aquilonem; quem non creaverat occupare præsumpsit; quod non erat, Deum se facere invalidus et insipiens assumpsit. Econtra Dominus dicit: *Ego sum Deus et non est alter, et præter me non est alius (Gen.* XLI, 13). Igitur Satanas origo schismatis, fons avaritiæ, puteus hæresis, contra liberum arbitrium stans, quod habuisse debuerat, sed nusquam habuit, recte cecidit suo mendacio collisus, cum suis sequacibus a cœtu beatorum penitus est exclusus. Hic ejus a Deo defectus, hic ejus a debitæ charitatis arbitrio recessus, hic a naturali intelligentia casus : malum est ipsi, malum exsecrabile, malum inexpiabile, malum Satanæ proprium. Sic enim de eo Dominus in Evangelio dicit : *Cum loquitur mendacium, de propriis loquitur, mendax enim est et pater ejus (Joan.* VIII, 44), mendacii scilicet quod invenit. Ecce malum Satanæ quo occidit. Vide tandem malum hominis, quo a Deo recessit. Adam maximus nostræ prævaricationis auctor primus, et iste rationali intelligentia claruit, qua liberi viribus arbitrii, quod ei contulit Deus, tantorum largitorem munerum benedicere semper et amare debuit : sed beneficiis ingratus, a ligno vitæ, quod ei Deus edere concesserat, prævaricando recessit, et ad lignum scientiæ boni et mali, quod ei Deus interdixerat, inobedienter accessit, falso audiente : *Eritis sicut dii, scientes bonum et malum (Gen.* III, 5). Mandato Dei transgresso, primi illi masculus et femina, qui Adam vocati sunt, ambo ceciderunt. Similitudinem deorum male quidem affectaverant, et similes fieri pecorum meruerunt, et animales facti, animalium pellibus induti sunt. Qui ad imaginem Dei facti fuerant, Dei similitudinem amiserunt, a loco voluptatis expulsi sunt, et ad loca dolorum in vallem miseriæ corruerunt. Ecce malum hominis qui a Deo recessit, qui a charitate defecit, qui libertatem arbitrii rationalis obduxit, et cupiditatibus suis colligatus, in manu Satanæ, cui male credidit, miser et indigus remansit. Ecce casus hominis, ecce ruina generis humani, ecce perditio universæ carnis; sed miseratio divina incomprehensibili et ineffabili bonitate sua miserum istum respexit; qui licet peccator fuerit, peccatum tamen non invenit, sed ab inventore, Satana scilicet, perniciose suscepit. Ad hunc de manu Satanæ misericorditer eruendum, missus a Deo Patre Dei Filius, Patri coomnipotens et coæternus, contra superbiam humilis descendit. Qui Deus est, homo fieri voluit : idem quod fuerat persistens, assumpsit hominem, utraque essentia Dei et hominis permanente in unitate personæ. Misericordiam et miserationem induit, peccata nostra in corpore suo tulit, regnum Satanæ in nobis destruxit, et regnum humilitatis, everso regno superbiæ, in nobis virtutibus ex alto collatis, Sapientia qui Christus est ædificavit. Super hoc Propheta confortatus psallebat in Spiritu sancto : *Misericordias Domini in æternum cantabo* (Psal. LXXXVIII, 2). Nunc itaque in regno Christi renascuntur homines in Spiritu sancto, et novi sunt; induuntur virtute ex alto, et sancti sunt. Regnum hoc non est de facultatibus terrenis, fallacibus et caducis; sed ex virtutibus septiformis gratiæ Spiritus sancti, æternis et beatis. Stat Apostoli sententia, quæ clamat : *Ubi abundavit delictum, superabundavit et gratia* (Rom. v, 10). Septem quidem sunt Spiritus sancti charismata, intra quæ sunt omnia bona, extra quæ nulla penitus nisi mala. Sunt igitur ista charismata requirenda, et per Jesum Christum obtinenda precibus : *Ego,* inquit, *mittam Spiritum Patris mei in vos. Cum autem venerit Spiritus ille veritatis, docebit vos omnem veritatem* (Joan. XVI, 13). Hunc Spiritum veritatis mendax ab initio Satanas non attigit; hunc Adam parens noster prævaricando perdidit; sed in regno humili, pacifico, spirituali, in Ecclesia Catholica, de qua princeps vi ejectus est, dantur septiformis Spiritus sancti dona mirifica. Ad hæc impetranda Jesus Christus septem vobis preces instituit, ut dona precibus impetrentur, et donis septem beatitudines acquirantur, et intra septem dies visionis divinæ perenniter habeantur.

1. Sic, inquit, orabitis : *Pater noster,* etc. Preces istas renati in baptismo, sanctificati in Spiritu sancto, sancti filii Dei cum Christo orantes dicunt, audiuntur, et dona percipiunt. Preces istas mandavit Filius Dei dicendas Patri, ut ex nomine ejus sanctificentur filii, ut regno ejus adveniat in sanctificatis, ut in regno ejus fiat voluntas ipsius in filiis obedientibus, ut voluntati ejus obsequentibus panis vitæ detur quotidianus, ut filiis summi Patris mensæ participantibus, adhuc sub ignorantia et debilitate versantibus, debita dimittantur. *Scimus,* inquit, *quia in multis offendimus omnes (Jac.* III, 2); et his dimissis, in tentationibus non inducantur, quibus in præsenti etiam sancti vexantur; unde bene precantur, ut a malo quantocius liberentur. Sed verba ista vel quælibet alia cur dicantur

ei qui omnia novit? Scit quidem ipse omnia quæ nobis sunt necessaria, et ipsi cura est de nobis. *Si*, inquit, *vos cum sitis mali, nostis bona data dare filiis vestris, quanto magis Pater vester de cœlo dabit Spiritum bonum petentibus se? (Luc.* xi, 16). Petamus igitur, et audiamus Patrem dicentem nobis : *Petite et accipietis, quærite et invenietis, pulsate et aperietur vobis. Omnis enim qui petit accipit, et qui quærit invenit, et pulsanti aperietur (ibid.*, 9). Nobis itaque utilia sunt verba quæ Patri dicimus, qui debilitate premimur, qui ignorantia retardamur, dum in præsenti sub mutabilitate versamur. Verbis quidem sanctis edocemur, et ad petendum excitamur, et orantes ab Omnipotente dona suscipimus. Dicamus itaque confidenter, dicamus *Pater noster*. Qui filii non sunt, hoc dicere non possunt. Humilis filius, qui Deum suum patrem fideliter orat, omnia se impetraturum certissime sperat. *Pater noster*, inquit : bene *noster* apponit, qui charitate trahitur, et ad tanti Patris bonitatem undecunque filios adventare lætatur. Sic Filius, essentialiter in sinu Patris genitus, noluit esse solus, sed humilis descendit, et humiles quosque filios summi Patris fieri voluit. *Quotquot*, inquit, *receperunt eum, dedit eis potestatem Filios Dei fieri, his qui credunt in nomine ejus (Joan.* i, 12).

2. *Pater noster qui es in cœlis.* Quid est quod dicitur In cœlis, cum ubique idem ipse omnipotens gloriosus habet persistere? Apostolus ait : *Ex ipso et per ipsum et in ipso sunt omnia.* Attende quia cum ubique est Deus, non tamen ubique cognoscitur. Sed et ubi agnoscitur, non tamen ab omnibus amatur. At vero in cœlis, in quibus cum Deo feliciter vivitur, in quibus malum penitus non invenitur in quibus sola charitas collætatur, in illis specialiter Deus est, Deus agnoscitur, Deus amatur.

3. *Sanctificetur nomen tuum.* Nomine summi Patris nihil sanctius, nihil beatius. Sanctificatio ejus nec incipit, nec desinit; nec augeri potest, nec minui. Sanctificatio siquidem nominis Patris magis pensatur in filiis. In lamina aurea nomen tetragrammaton sanctum Domino scriptum ferebat. Aaron in fronte sua, et sic coram filiis Israel sanctificatus apparebat. Ibi sanctificatio filiorum præfigurabatur, quæ per Spiritum sanctum in nobis edita præsentabatur. E contra filii qui similitudinem patris sui nec vita tenent, nec moribus, nomen patris sui non sanctificant in semetipsis, sed dissimiles facti cadunt a nomine tanto, et jure filiorum privantur hæreditario. *Quia*, inquit, *non sanctificastis me coram filiis Israel, non introducetis populum istum in terram, quam repromisi patribus vestris (Deut.* xxxii, 51). Deinde filii qui nomen patris sanctificant in semetipsis humiliter ei dicunt.

4. *Adveniat regnum tuum.* Super hoc Propheta dicit : *Regnum tuum, Domine, regnum omnium sæculorum (Psal.* cxliv, 13). Regnum ejus manet indissolubile, perseverat immotum et stabile. Vide igitur quia regnum Dei quod in præsenti Ecclesia jam charitas facit, unde dicit regnum Dei intra vos est, in nobis quam multis deficit, et iniquitas nostra Spiritui sancto sæpissime resistit. Econtra filius humilis precatur et orat, ut in se et in quibuslibet debilibus filiis regnum Dei veniat, confortetur et proficiat. Regnum Dei ædificat Christus, non incrementis corporalibus, sed virtutum profectibus. Regnum hoc humilitas custodit, ne superbia irrepere possit. Unde bene sequitur :

5. *Fiat voluntas tua.* Quid petit? Nonne ipse est qui omnia quæcunque voluit fecit? Non est certe qui ejus resistere possit voluntati. Sciendum autem quia in nobis, in nostris scilicet affectibus spontaneis, tam cogitationum quam locutionum simul et actuum eam fieri deposcit, ut quæramus quæ sunt ea quæ nobis imperat, et servemus quæ fieri mandat. *Sicut in cœlo et in terra.* Dicit Psalmista : *Cœlum cœli Domino, terram autem dedit filiis hominum (Psal.* cxiii, 16). In illo cœlo cœli Dominum et agnoscunt et diligunt. Sic et in terra fieri peroptat, ut eum ei hic agnoscamus, et agnitum diligamus. Vide quia ista tria quæ præmissa sunt, nomen, regnum, voluntas, Trinitatis summæ nobis notitiam faciunt. Recte enim nomen Patris prænotatur, adoratur, cujus paternitas in cœlis est in terra nominatur. Regnum Patris est Filius, qui vetusti diaboli regnum destruxit in nobis, et novum de novitate Spiritus sancti de nobis effecit; regnum non hujus terrenæ mutabilitatis et caducæ volubilitatis, sed regnum virtutibus consitum in cœlestibus permansurum. *Non est*, inquit Dominus Pilato, *regnum meum de hoc mundo (Joan.* xviii, 36). De his autem quod Dominus sibi regnum fecit, Petrus apostolus dicit : *Vos estis genus electum, regale sacerdotium, gens sancta, populus acquisitionis, ut virtutes annuntietis ejus, qui de tenebris vocavit vos in admirabile lumen suum (I Petr.* ii, 9). Sunt itaque regnum summi Patris isti in Christo, et Christus in istis. De hoc novo rege novi regni fundatore patriarcha prædixit : *Veniet qui mittendus est, et ipse erit exspectatio gentium, in ipso gentes sperabunt (Gen.* xlvii, 10). Sperantes in eo regnum ejus erunt. Quod proposuimus prosequamur. Voluntas Dei Patris et Filii est Spiritus sanctus, qui est summa charitas, quo Deus omnia fieri voluit et facta sunt : quæ Deus facta vidit ut maneant, et bona sunt : bona quidem pro auctore, pro natura, pro conditione, licet quædam mala dicantur pro defectu boni, pro abusione liberi arbitrii, pro privatione charitatis. His omissis, fidelis anima, venerare semper et adora ineffabile nomen Patris tetragrammaton, sanctum Domino, præmonstratum in fronte summi pontificis. Adora omnipotentiam regni, quo ascribuntur Filii perpetuo regnaturi. Adora unitatem voluntatis, quæ nomen Patris et regnum filii stabilitate persistunt indissolubili : *Ego*, inquit Filius, *ego et Pater unum sumus (Joan.* x, 30) : unum, quia Spiritus sanctus semper est Patris et Filii essentialiter unus. Summa vero Tri-

nitas Pater et Filius et Spiritus sanctus, non tres dii, sed unus singulariter adorandus, non pro Trinitate divisus, sed pro unitate collectus, non intervallis temporum effusus, non locorum partitione distractus, non graduum promotione sejunctus, regnat et imperat per infinita sæcula sæculorum.

6. Adorato Domino, jam nunc sequentia videamus, et in præsenti, quia necessaria, requiramus nobis. *Panem nostrum quotidianum da nobis hodie.* Quis iste panis? Dominus ita dicit : *Ego sum panis vivus qui de cœlo descendi (Joan.* VI, 34 ;) et : *Panis quem ego dabo, caro mea est pro sæculi vita (Joan.* V, 52). Qui hoc pane vivit, cuncta bona proveniunt ei. *Panem,* inquit, *nostrum* audet dicere fides filiorum *quotidianum,* hunc Matthæus evangelista *substantialem* appellat. Super morem namque nostri panis terreni, vivus est et cœlestis panis quotidianus et supersubstantialis. Noster namque panis dum comeditur ipse consumitur. At ille supersubstantialis et quotidianus assidue comeditur, sed non consumitur, totus et integer vivus et verus permanet. Totus est in ore singulorum qui eo pascuntur, totum sumunt et non minuitur. *Da nobis.* Noster est, sed non a nobis. Habere non possumus, nisi dederit ; datum non tenebimus, nisi servaverit. *Da nobis hodie.* Hodie continua largitione. Audi requirentem : Domine, semper da nobis panem hunc. Panis iste datur filiis et vivificantur. Isto vivunt et deificantur. Ipsum vere jam tenemus per fidem, vivificati postmodum non in ænigmate, sed per speciem. Ipsum vero jam in præsenti comedimus, et ipsi qui vita est conformamur, et in futuro cum angelis et omnibus sanctis, nec fructu ligni vitæ in paradiso terrestri, sed vita ipsa perquam subsistunt omnia perfruemur in paradiso cœlesti.

7. Interim autem ut quietius panem supersubstantialem comedamus, supplicamus Patri : *Dimitte nobis debita nostra* ; qui pascimur de mensa Dominica, ne, debitis astricti, retardemur a tanti jucunditate convivii : *Sicut et nos dimittimus debitoribus nostris.* Qui immunem se esse desiderat, debitores suos immunes tanquam seipsum faciat.

8. *Et ne nos inducas in tentationem.* Videtur quia debuerat dixisse rectius defende nos, ne inducamur in tentationem. Deus enim neminem ad malum trahit, neminem tentat, ut ad malum inducat. Ipse est enim qui vult omnes homines salvos facere. Nostris nos potius malitiis tentamur, et ad malum trahimur ; sed si forte consideras, recte petiit *ne nos inducas.* Non est enim cujuscunque diaboli vel hominis posse aliquod malum facere, nisi Domino faciente. Extra Deum mali mala facere semper intendunt ; sed sine Deo, qui per eos mala bene jugiter operatur operari non possunt. Super hoc propheta dicit : *Non est malum in civitate quod Dominus non fecerit (Amos.* III, 6). Induravit, inquit, *Dominus cor Pharaonis (Exod.* X, 1). Et ad Pharaonem Dominus ipse: *In hoc ipsum excitavi te (Rom.* IX, 17). Et propheta, super maledicente sibi, respondit : *Dominus præcepit ei, ut malediceret David (II Reg.* XVI, 10). Idem quoque Domino dicit : *Cum sancto sanctus eris, et cum viro innocente innocens eris, et cum electo electus eris, et cum perverso perverteris (Psal.* XVII, 26). Pervertitur Dominus, quotiescunque malis cooperatur. Pervertitur Dominus, ubi ad Satan super Job ita loquitur : *Tu autem commovisti me, ut affligerem eum frustra (Job.* II, 3). Et adjecit tradens eum in manu Satan: *Ecce in manu tua est, verumtamen animam illius serva (Job.* II, 6). Denique mendax spiritu a Deo mittitur, ut rex Achab decipiatur. *Decipies,* ait Dominus, *et prævalebis. Egredere et fac ita (III Reg.* XXIX, 22). Et ad proditorem suum : *Quod facis,* inquit, *fac citius (Joan.* XIII, 27). Summa quidem dictante justitia, licet nobis occulta, Dominus inducit malos ad agenda mala, quæ nunquam in aliis aliquis agere potuit, nisi cum eum Dominus induxit. Ecce impotentia malorum tantum patitur omnino defectum, ut mala quæ eorum sunt, ipsi nequeunt facere, donec a Domino agendi potestatem accipiant.

9. *Ne nos inducas in tentationem.* Hic est summopere timendum, et humili deprecatione dicendum : *Pater misericordiarum et Deus totius consolationis (II Cor.* I, 3), qui consolaris et misereri non desinis, ne peccatis nostris exigentibus, nobis male perversis, ipse nobiscum juste contra nos pervertaris. Si in tentationem videris perducendus, da pœnitentiam, muta judicium, da cum tentatione provectum. Non abjicias nos, sed audi supplicantes filios, audi pœnitentes reos, miserere nostri. Libera nos a malo, nostro pariter et a Satana malo, malorum inventore malo, et omnium malorum suggestore pessimo.

10. Auditis a Domino septem precibus, audiamus et septem dona Spiritus sancti, quæ septem precibus habent promereri. Ipse qui septem preces docuit, ipse idem septem dona Spiritus sancti nobis in se ipso quærenda simul et invenienda proposuit, teste Isaia qui ait : *Egredietur virga de radice Jesse, et flos de radice ejus ascendet, et requiescet super eum spiritus Domini ; spiritus sapientiæ et intellectus, spiritus consilii et fortitudinis, spiritus scientiæ et pietatis, et replebit eum spiritus timoris Domini (Isai.* XI, 1-3). Ecce dona in ipso inventa, ab ipso requirenda, Patre largiente suscipienda. Septem dona septiformia sancti Spiritus sunt gratia. Audis eum septiformem, ne sentias esse multiplicem. *Divisiones,* inquit, *gratiarum sunt, idem autem spiritus (I Cor.* XII, 4). Adoramus quidem Spiritum sanctum cum Patre et Filio essentialiter unum, sed effundit nobis largitione gratuita septem dona charismatum. Spiritus sanctus in precibus ipso aspirante quæritur, in donis suscipitur, in effectu cognoscitur. Igitur, Domino mandante, prætaxatas preces humiliter offeramus, ut a summo largitore, a clementissimo Patre charismatum dona capiamus. Oremus igitur ut in nobis nomen Dei sanctificetur, quo sanctificati spiritum sapientiæ suscipiemus in nobis, quo sapi-

entes facti agnoscemus Patrem essentialiter sapientem, adorabimus omnipotentem, diligemus omnia filiis largientem. Eapropter regnum Patris omnipotentis omnia largientis supplices in nobis advenire quæramus. Ibi datur spiritus intellectus, quo filios in Patre, et Patrem in filiis conregnare in præsenti credimus, in futuro videbimus. *Nunc abscondita est*, inquit, *vita vestra cum Christo in Deo, cum autem Christus apparuerit vita vestra, tunc et nos apparebimus cum ipso in gloria* (Colos. III, 3). Ad hoc consequendum voluntatem Patris in nobis fieri deposcimus, et spiritum consilii a Patre suscipimus. Præcipuum namque consilium a Filio Patris unigenito nos supplices adoptati audivimus. *Non veni*, inquit, *voluntatem meam facere, verum ejus qui misit me Patris* (Joan. V, 30). Noluit Satanas voluntatem Dei sequi, sed suam tenuit : unde et dignitatem gloriæ cœlestis perdidit, quia spiritum consilii nunquam attigit. Sic et primi parentes nostri lignum vitæ perdiderunt, quia spiritum consilii non tenuerunt. Proinde filii tenentes voluntatem patris, panem quotidianum et supersubstantialem, panem qui de cœlo descendit orant sibi dari. Hunc ut comedant necesse est eos habere spiritum fortitudinis, ne Satanas ille panem vivum in præsenti tempore eis valeat auferre, qui parentes nostros olim separavit a ligno vitæ, qui etiam discipulos Christi ab esca Dominica separavit. Ubi enim Dominus dixit : *Nisi manducaveritis carnem Filii hominis, et biberitis ejus sanguinem, non habebitis vitam in vobis* (Joan. VI, 53), quidam dixerunt : *Durus est hic sermo, et quis potest eum audire?* (Ibid., 60.) Et multi nequitia spiritus obcæcati abierunt retrorsum, et jam non cum Jesu ambulabant. Reliquis autem ait: nunquid et vos vultis abire ? At Petrus, spiritu fortitudinis indutus, ait : *Domine, ad quem ibimus? Verba vitæ æternæ habes* (ibid., 68). Sumendus est itaque cibus iste in spiritu fortitudinis, quem non habuit qui ad cœnam hanc vocatus excusavit, qui villam elatus emit, qui juga bonum quinque probare avarus intendit, qui uxorem duxit, carnis illecebris deserviens ; his exclusis illi fortes convivæ filii fiunt summi Patris.

11. Sed quia dum in præsenti vivimus, ad multa debiles et ignorantes sumus, orandum est ut debita dimittantur nobis, dum caro repugnat spiritui, et spiritus carni. Ad hoc datur nobis spiritus scientiæ a Patre bonorum omnium largitore, ut sciamus dimittere, sicut dimitti desposcimus nobis. *Dimittite*, inquit, *et dimittetur vobis ; et : Si non dimiseritis, nec Pater vester cœlestis dimittet vobis* (Matth. VI, 15.) Propter hoc recurrimus ad Patrem, supplicantes ei ne nos inducat in tentationem, sed præbeat Spiritum sanctum pietatis. Hic habemus intelligere pietatem, non ad quoslibet fusam misericordiam, sed assiduam divini obsequii singulariter debitam servitutem. *Qui adhæret Deo*, inquit, *unus spiritus est cum ipso* (I Cor. VI, 17). Non potest igitur tentatione dejici, qui ad Deum spiritu pietatis jugiter intendit. *Orate*, inquit, *ne intretis in tentationem* (Matth. XXVI, 41), quam nemo invadit, nisi cum Domino tenuerit pietatem. Antiquus tentator, teste Domino, expetivit apostolos ut cribraret, scilicet tentatione, et tentati sunt ita quod relicto Domino fugerunt. Petrus autem non solum fugit, sed et negavit : Judam vero proditorem factum furem pessimum ab apostolatu prolapsum absorbuit totum. Nemo itaque præsumat, nemo de se confidat. Qui stat videat ne cadat, sed in spiritu timoris deprecetur Dominum, et dicat : *Libera nos a malo*. Non potest homo omnino liberari, ni maneat in spiritu timoris Domini, et protegatur a sanguine Agni paschali, angelo percutiente omnia primogenita Ægypti. Sub hoc timore spiritus Domini, esis agni paschalis carnibus cum azymis, cum lactucis, angelus transivit, Israel profunda Rubri maris, vastam eremum pertransiit, Domini mandata suscepit, hostes superavit, terram promissionis præcellentem in bonis possidendam intravit, et ubique triumphator exstitit, quandiu sub timore Domini militavit. Timor iste non est peccati, sed Domini ; non timor, quem foras charitas mittit, sed quem charitas elevat. Timor est filialis, qui semper timet offendere Deum Patrem, semper intendit evitare peccatum. Timor iste initium est sapientiæ, timor est qui permanet in sæculum sæculi. Permanet in Domino Jesu et in omnibus Ecclesiæ catholicæ filiis. *Replebit*, inquit, *eum spiritu timoris Domini* (Isai. XI, 3). Ipse Deus ex Deo et cum Deo Patre unus spiritum timoris sicut et cætera charismata donat et infundit. Factus homo nobiscum ea suscepit : similis nobis pro conditione nostræ naturæ ; dissimilis nobis pro libertate justitiæ suæ. Ad hunc suspirabat, qui olim clamabat : *Rorate cœli desuper et nubes pluant justum, aperiatur terra et germinet salvatorem, et justitia oriatur simul* (Isai. XLV, 8). Nos miseri cum peccatis nascimur, iste sine peccato natus nostra peccata tulit non sua, quia, nulla habuit. Cum justitia exortus est, quia de Spiritu sancto ex Maria virgine natus est. Ego, inquit Dominus, creavi eum sine carnis concupiscentia ex virginea integritate. *Verbum enim caro factum est et habitavit in nobis, et vidimus gloriam ejus, gloriam quasi Unigeniti a Patre, plenum gratiæ et veritatis* (Joan. I, 14).

12. Iste ad imaginem et similitudinem Dei secundum hominem factus est, perfectus Deus, perfectus homo ; non duo, sed unus in unitate personæ nobis redimendis est datus. In eo non repugnavit caro spiritui, nec spiritus carni ; sed sanctus et sanctificans semper est: A peccatis nos redemit, et redemptis gratiam præstitit. Septem precibus nos informavit. Septem donis sancti Spiritus nos ditavit, septem beatitudinum gloriam præparavit percipiendam in dies plenos visionis Dei, perfectos in æternitate similitudinis beatæ Trinitatis, quæ in singulis oculo charitatis tota cognoscitur, et una in omnibus adoratur. Igitur qui preces, eo docente, cognovimus, qui ipso largiente, dona suscepimus beatitudines quas nobis præparatæ,

quiramus, et ad dies visionis Dei suspiremus : *Melior est*, inquit, *dies unus in atriis super millia* (Psal LXXXIII, 11). Dies Domini in atriis Ecclesiæ præsentis melior est cæteris; sed dies Domini in æternitate beatitudinis indeficientibus exuberat bonis. Ipse in Evangelio nobis beatitudines proposuit dicens : *Beati pauperes spiritu, quoniam ipsorum est regnum cœlorum. Beati mites, quoniam ipsi possidebunt terram. Beati qui lugent, quoniam ipsi consolabuntur. Beati qui esuriunt et sitiunt justitiam, quoniam ipsi saturabuntur. Beati misericordes, quoniam ipsi misericordiam coasequentur. Beati mundo corde, quoniam ipsi Deum videbunt. Beati pacifici, quoniam filii Dei vocabuntur* (Matth. v, 3, 9).

13. His ex ore Domini auditis, pensare debemus, et septem preces Dominicas, et septem sancti Spiritus dona, et septem beatitudines superappositas pia consideratione recolendas, et dies Domini sole justitiæ præclaras. Scimus enim quia fides in precibus operatur, quia in donis spes certa levatur, quia in beatitudinibus charitas gloriatur, quia in diebus Domini sancta Trinitas omnia in omnibus operatur. His quatuor intenti, quicunque filii nullo tentationum turbine superantur. Hostes enim suos orationibus repellunt, armis charismatum conterunt, beatitudinibus transcendunt, in diebus Domini perenni gaudio conquiescunt. Felix est iste progressus, qui ab humilitate precum scandit ad honorem donorum, sublimandus ad gloriam beatitudinum, permansurus intra dies æternæ felicitatis in præsentia divinæ majestatis. In his agnoscitur noster dux ille mirificus, qui via, veritas et vita nominatur, adoratur, amatur, qui dies æternitatis tenet in dextra Dei Patris. Ipse quidem via nobis est in precibus, veritas in donis, vita in beatitudinibus, gloria in diebus septem permanentibus. De eo Psalmista dicit : *Scitote quoniam mirificavit Dominus sanctum suum, Dominus exaudiet me cum clamavero ad enm* (Psal. IV, 4). Ipse quidem dicit : *Cum exaltatus fuero a terra, omnia traham ad meipsum* (Joan. XII, 32). Trahit dum sanctificat nomen Patris in nos, et sapientiæ spiritum nobis infundit, et pacificos facit et beatos, quia vocabuntur filii Dei in dies æternæ visionis Dei. Ipse quoque qui omnia trahit ad seipsum in vobis sanctificatis ex nomine Patris regnum constituit, et spiritum intellectus infundit, quo mundicordes facit visione beatos Dei, intra dies divinæ contemplationis. Sed et in quibus regnum ædificat, his voluntatem Patris tenendam mandat, et spiritu consilii perornat, ut misericordes facti, pro misericordia beati permaneant in claritate dierum Domini. His voluntatem Patris servantibus pro misericordiæ sancti operibus panem præparat, et spiritu fortitudinis eos roborat, ut esuriendo justitiam, eos tandem plena saturitate beatos efficiat, ad dies refectionis æternæ perducat. Hic absolutos a debitis, sicut ipsi dimiserunt debitoribus suis, per spiritum scientiæ ab omni luctu consolatos efficiet beatos in æterno dierum Domini gaudio. Iste ne inducantur in tentationem, labentibus filiis præstat auxilium, largitur in tentatione provectum, quibus dicit : *Confidite, quia ego vici mundum* (Joan. XVI, 33). Hos in spiritu pietatis mites facit, ut in terram beatitudinis æternæ possessores beatos ascribat in diebus pacis plenitudinis Dei. Postremo mirificatus iste filios liberat a malo, sub spiritu timoris eductos, facitque beatos, dans eis pro paupertate præsentium, regnum cœlorum in sæcula dierum æternorum.

14. Agnosce igitur quia petitiones orationum, et merita donorum spiritualium, acquirunt præmia beatitudinis et gloriam dierum fine carentium. Quia vero quosque bonos in præsenti vita degentes, insequuntur persecutiones, odia, maledictiones, et his similia, recte superapposuit post septem præcedentia, dicens : *Beati qui persecutionem patiuntur propter justitiam*, etc. (Matth. v, 10. Dicit Apostolus : *Omnes qui volunt in Christo pie vivere, persecutionem patientur* (II Tim. III, 12). Caro siquidem quam de Adam trahimus, contra spiritum movet concupiscentiam, concupiscentia oculorum vanam suggerit gloriam, ambitio sæculi fert avaritiam. Vetustus Satanas effundit nebulas errorum, ut præpediat iter electorum, sæva manus principum pie viventes persæpe tormentis afficit. Sed audiunt isti eum qui dicit *Christus passus est pro vobis, vobis relinquens exemplum, ut sequamini vestigium ejus, qui peccatum non fecit, nec inventus est dolus in vita ejus* (I Petr. II, 21). Confortat Apostolus eos qui in Christo patiuntur. *Si*, inquit, *compatimur, et conregnabimus* (II Tim. II, 12). Et ne quis desperet in tribulationibus, proclamat Apostolus dicens ; *Gloriamur in tribulationibus, scientes quod tribulatio patientiam operatur, patientia autem probationem, probatio vero spem, spes autem non confundit : quia charitas Dei diffusa est in cordibus nostris per Spiritum sanctum qui datus est nobis* (Rom. v, 3-5).

15. Sed nec præterire debemus quin humiliter attendamus, quia Jesus Christus descendens a sede majestatis, nos miseros et abjectos quæsivit, et septem precum remedia nobis contulit, quæ ab altitudine sua usque ad infima nostra septem gradus proposuit. Etenim a sanctificatione nominis summi Patris incipiens, usque ad malum nostræ confusionis, a quo nos liberat, ordine septenario descendit. Sic et forma pari septem dona Spiritus sancti a primo usque ad ultimum septempliciter nobis dignatus est impertiri. Qui a Spiritu sapientiæ usque ad spiritum timoris Domini septem charismata digessit. Beatitudines vero quas præparat in futuros, ab infimo usque ad summum ordinat, sicut nos ab inferiori nostro usque ad superiora sua divina et beata clementer elevat, qui Deus essentialiter permanens, homo fieri voluit, et homines sibi per gratiam adoptavit, et participatione gratuita deos facit. Hi per gratiam deificati, jam non intelligent invisibilia Dei per ea quæ creavit, per ea quæ fecit,

sed in ipso Creatore cognoscent omnia stabilia et immota, ut in arte ipsa.*Quod factum est in ipso vita erat (Joan.* i, 4). Ibi cognoscuntur omnium mutabilium rationes immutabiles, et causæ mutabilium immutabiliter persistentes.Omnipotentia consilium manet immotum super universa multipliciter fluida et labentia, super bona pariter et mala; operatur enim Deus per bonos pariter et malos, per bonos bonis in bonum; per malos malis in malum. Sapientia quidem ludit in orbe terrarum: hanc sancti vident et diligunt, et diligentes persistunt beati in die Domini,quæ clara et manifesta perenniter est. *In die illa*, inquit, *cognoscetis quia ego in Patre, et Pater in me est (Joan.* xiv, 20). Hæc est illa septima dies, in qua Dei requies ab omni opere suo commendata est. Moyse narrante didicimus quod creator Deus sex diebus omnia opera sua fecit formavit, complevit; simul fecit, distincte formavit, perfecte complevit. Simul pro substantia, distincte pro forma, perfecte pro natura. Ista pro tempore seriatim dicimus,quia Deum sine tempore in principio pariter edidisse sentimus. Super his Moyses scripsit, nobisque mandavit :

16. *Dixit Dnminus : Fiat lux,et facta est lux (Gen.* i, 3), et sic de cæteris omnibus senaria narratione prosequitur, quibus ea quæ in Ecclesia Dei fieri condiximus,attente coaptanda referimus, ait : Preces et dona et beatitudines diebus primariis assignemus. Videamus,itaque quia dixit Deus : *Fiat lux.* Hoc verbum in mente divina manet æternum. *Et facta est lux*,siquidem est facta cum accepit esse suum cum proprietate sua. *Et vidit Deus lucem quia bona est.* Ecce respectus divinæ clementiæ super id quod conditum est.*Et divisit Deus lucem a tenebris (ibid.*, 4), dum rationalis intelligentia, veri luminis amore succensa, ruinæ superborum minime consensit,quæ nox tenebrosa remansit. *Et tenebræ*, inquit, *erant super faciem abyssi (ibid.*, 2). Sed quæ cum Deo stetit perfecta charitate in diem formari, diesque vocari meruit,et cum Deo beata perenniter vivit. Huic luci confirmantur, qui sub homine Patris sanctificantur,et lux bona videntur,qui spiritu sapientiæ perlustrantur, et a refugis qui non sanctificant in se nomen Patris,tenebrosis et cæcis separantur,pacifici et beati,quia filii facti dies in gloria summi Patris.

17. In Moyse quoque legimus : *Dixit Dominus : Fiat firmamentum in medio aquarum, et dividat aquas ab aquis (Gen.* i, 6). Hoc verbum stat in mente divina perpetuum,manet immotum. *Et fecit Dominus firmamentum (ibid.*, 7). Prout disposuit factum in actu processit. *Vocavitque Deus firmamentum cætum (Gen.* i, 8). Attende firmamentum, quia significat regnum, quod filii advenire deposcunt. Regnum hoc dicitur firmamentum, recte spiritu intellectus præmunitum,quod mundicordes custodiunt, beati videndo Deum, et aquas ab aquis dividunt, aquas scilicet quæ super cœlos sunt,laudant nomen Domini,ab aquis sub firmamento cœli; quæ comprimuntur et maria appellantur pro infidelitatis amaritudine et iniquitatum colluvione. Et benedicitur firmamentum, cœlum, quia regnum Christi in manu summi Patris et virtute Spiritus sancti a terrenis et mutabilibus exaltatum, factum est cœlum. De hoc cœlo Dominus dicit : *In domo Patris mei mansiones multæ sunt (Joan.* xiv, 2 ; multæ pro diversis meritis charitatis unione conjunctis. Domus ita regnum est summi Patris, regnum vitæ et pacis.In die secunda; secunda non sub elogio temporis, sed sub gratia iteratæ considerationis.

18. *Dixitque Deus : Congregentur aquæ quæ sub cœlo suut in unum locum,et appareat arida (Gen.* i, 9). Et in consequenti ait : *Germinet terra herbam viventem et facientem semen, et lignum pomiferum faciens fructum (ibid.,* 11). Dicta sunt hæc in æternitate, *Et factum est ita,* apparuerunt facta cum tempore. Hæc terra mater est Ecclesia. Deus fundavit eam super maria, præparavit super flumina, super maria,super instabilia mutabilium,super flumina malorum impugnantium.Inter ista filii, quia suis viribus nequeunt expediri,petunt in seipsis voluntatem Patris fieri. Unde et datur eis a Patre spiritus consilii, fiuntque misericordes aliis,qui misericordiam volunt sibi a Patre præstari, ut producant herbas sementinas, bonorum operum fructibus excrescendas, et ligna ponifera virtutum promotione proferenda. Ista sine voluntate Patris, sine ope Filii, sine consilio Spiritus sancti non valent in Ecclesia præsenti crescere seu multiplicari.Ista sub obtentu summæ Trinitatis faciunt filii, nomen Patris sanctificantes, regnum ejus ædificantes, voluntatem ejus prosequentes, in libertate arbitrii, fidei, spei et charitatis, præsentantes in semetipsis notitiam Trinitatis, et misericordiæ fructibus insigniti, manebunt beati in diem tertiam;tertiam non sub tempore colligatam, sed in præsentia Trinitatis, quæ Deus est, præstantissimam.

19. *Dixit autem Deus:Fiant luminaria in firmamento cœli, ut dividant diem ac noctem, ut sint in signa et tempora, et dies et annos, ut luceant et illuminent terram (Gen.* i, 14, 15). Ista et quæcunque facta sunt universa,antequam fiant,manent in mente divina. *Et factum est ita.*Prodeunt cum temporibus et locis exhibita.Vide mundum positum sub consideratione trium dierum, uno pro luce primaria in diem formatam; duobus,pro cœlo et terra aptata et posita. Deinde tribus qui sequuntur diebus ornatur mundus. Primo cœlum sole, luna, stellis, Dehinc aquæ piscibus et volatilibus suis, cum omni aquatico reptili. Postremo terra cum animalibus et quibusque suis motabilibus, cum homine inter ea quæ facta sunt præcellente. Itaque consideremus ornatum cœli,ejus scilicet luminalia mundum illuminantia,ordine suo currentia; signa temporalibus judicantia, non necessitate fatali, sed obsequio contingenti. Vident filii quia non est vita in varietatibus istis.Petunt ideo a summo Patre

panem de cœlo qui dat vitam mundo ; ad hoc suscipiunt spiritum fortitudinis, quo esuriunt justitiam, quæ contra, ut dicunt, mendacia fatalia, et contra quælibet adversantia præstat victoriam. Hi stant in Ecclesia facientes signa, virtutes scilicet et miracula. Vera sunt enim luminaria cœli. Isti in æterna vita saturati justitia plena et perfecta, erunt beati claritate luminariorum cœlestium in splendoribus sanctorum. Die quarta non sub tempore posita, sed virtutum splendore perenni corusca, apud nos quater considerationis ordine repetita.

20. *Dixitque Deus: Producant aquæ reptile animæ viventis super terram, sub firmamento cœli* (Gen. I, 20). Pensatur et hic auctoris potestas prævidens omnia. *Et produxerunt aquæ*, etc. Sicut erant prævisa, sic apparuerunt exhibita. His itaque cognitis, attendunt filii adhuc commorantes in aquis hujus vitæ fluctuantis, se inoffense omnino non posse progredi. Orant ergo sibi debita dimitti, et hoc jure quasi debito, quia dimittunt aliis : unde dicunt, *sicut dimittimus debitoribus nostris*. Hoc quia dimittitur eis, ex debito superappositæ conditionis accipiunt spiritum scientiæ, ut quod sibi petunt fieri, faciant aliis. Hoc faciunt qui se a debitis absolvi volunt, tam illi qui in mundanæ conversationis fluctibus remorantur, piis viventes moribus et sanctis operibus, ne absorbeantur, quam etiam illi qui pennis virtutum ab aquis elevati, relictis omnibus, in cœlestibus conversantur. De hujusmodi est Apostolus dicens : *Conversatio nostra in cœlis est* (Philip. III, 20). Conversatione degebat in terra, desiderio charitatis vivebat in cœlo. Utrique tandem egressi de aquis malitiæ et iniquitatis hujus temporaneæ conversationis, evadunt luctum sæcularis commemorationis, beati in die æternæ consolationis, quam hic quintam nominamus. Quintam pro numero repetitionis absque varietate beatitudinis.

21. *Dixit quoque Deus; Producat terra animam viventem,* (Gen. I, 14). Adjecit : *Faciamus hominem ad imaginem et similitudinem nostram (ibid.*, 26). Nota ista et singula quæque æternitatis verbo prævisa, dicta, prædestinata, immutabili stabilitate præfixa, sed cum facta sunt operi temporaneo mancipata, sed locali distinctione semota, inter ista intervalla temporum disparata, spatiis locorum ordinata, fecit Deus hominem præ cæteris elegantem. Et dixit: *Faciamus hominem ad imaginem et similitudinem nostram.* Vide et considera quia hic non dixit Deus *Fiat*, sed *Faciamus*; et *nostram imaginem*, ad imaginem suam et similitudinem exprimendam. Cæteris quæ aquæ produxerunt, quæ terra produxit, quia ratione carentibus, non dixit *fiat*, nec *faciamus*; sed dixit: *Congregentur aquæ, appareat arida, producant aquæ, producat terra animam viventem,* etc. Etiam primariæ luci et cœlo pariter instituendis, *Fiat* solummodo, non *faciamus* dixit :

facturus vero hominem, non *Fiat*, sed *faciamus* dicere voluit, quia rationali, non irrationali mysterium Trinitatis revelare signavit. Produxerunt aquæ, produxit terra animam viventem, viribus animalis industriæ præditam ; sed rationali intelligentia carentem, terrena solummodo non divina quærentem : hominem vero quem rationalem fecit, quem ad cognoscendam ineffabilem suæ majestatis Trinitatem instituit, plurali voce faciendum, Scriptura revelante, nobis Deus innotuit, dicens : *Faciamus hominem ad imaginem et similitudinem nostram,* ut pro imagine ad quam factus est, et pro similitudine quam ei integram servare debet, a quo est, Trinitatem creatricem diligat, et in omnibus eam esse, non solum fide, sed et intuitu rationis ostendat. Super quo manifeste videndo in septimo dialogi (1) nostri libro egimus, quem venerabili Matthæo Albanensi episcopo destinavimus. Itaque filii ad imaginem et similitudinem Dei, sicut Adam primus, conformati, orant Patrem ne inducantur in tentationem, sicut ille qui tentatus cecidit, et similitudine Dei privari meruit. Orant et accipiunt spiritum pietatis, quo mites et humiles facti, evadunt laqueos tentationis, quos nullus evadit, nisi plus erga Deum, mitis et humilis fuerit. Omnis enim coram Deo pius et mitis, terram beatitudinis possidebit. Die sexta : sexta vero pro tempore fluida, sed pro senarii perfectione quieta. Senarius namque numerus perfectus est et completus, nec diminutus, nec superfluus, qui partibus suis, quæ quotæ sunt, intra senarium dici possunt, recollectis, perfectionem sui, cujus partes sunt, reportant senarii. Partes quippe senarii, quibus habet ipse metiri, sunt ista, unum, duo, tria, cum operibus sex dierum distributa : unum cum luce primaria creata et formata: duo, quibus mundus conditus est, cœlum scilicet et terra : tria, pro ornatu mundi ; cœli primo, aquarum secundo, terræ tertio. Aspice trigonum, tria, duo, unum : collige in unum, comples senarium. Perfecit siquidem Deus omnia opera sua, scilicet ratione senaria apud se permanente rata atque perpetua : unde cognoscimus universa ejus opera non posse non esse perfecta. Sequitur :

22, *Et requievit Deus die septimo ab omni opere suo quod patrarat, et benedixit diei septimo, et sanctificavit illum, quia in ipso cessaverat ab omni opere suo* (Gen. II, 2, 3). Ad hanc Domini quietem, nisi extra se quæsitam, non aliunde susceptam, aspirant filii, ut possint eam assequi, orant a malo liberari; id est spiritu timoris Domini, qui permanet in sæculum sæculi. Hoc suscepto, fiunt pauperes spiritu ; et sic abjectis omnibus, beati sunt, quia ipsorum est regnum cœlorum, videntes quiescentem Dominum. Vident eum non pro opere suo fatigatum, non in opere completo delectatum. Nemo vidit eum operantem, sed novit operatum tam dies operum,

---

(1) Hos dialogorum libros habes in tomo quinto nostrorum Anecdotorum.

quam opera dierum. Non a requie descendit ad laborem, nec a labore surrexit ad requiem. Quiescens agit, et agens quiescit. Nulla quies extra Deum, in illo quies est omnium. Quies ista completur in die septima, septem beatitudinum plena, septiformi virtute sancti Spiritus impetrata, septem Dominicis precibus perquisita. Septima, non ut sex præfatis diebus numerando, superapposita; sed pro rationali intelligentia illis qui facti sunt, quæ facta non est prorogata. Illi namque qui facti sunt, vespera et mane concluduntur, finibus suis astringuntur. Ista sine vespera et mane, sine initio et absque fine præsentatur, in mente divina cognoscitur, in sinu sapientiæ inseparata versatur, in pace in idipsum Deo essentialiter coaptatur. Hæc est dies quietis Domini, qua in seipso requiescit, in qua requiescunt filii benedicti, sanctificati, beati. Igitur senario super sex opera dierum, super sex dies operum, inspecto, procedimus, et ad septenarium usque conscendimus, quo Deum in die septima ab omni opere suo requievisse, Scriptura sacra narrante didicimus. Senarius infra decem solus est perfectus numerus, inter perfectos primus; sed in die septima consummatur, dum quidquid intra ipsum agitur, tam dies quam opera, institutione primaria completur in septima. Hinc Moyses ait: *Complevitque Deus die septimo opus suum quod patrarat* (*Gen.* I, 2). Quia vero senarium usque ad septenarium, quo completus est, elevari conspicimus, ipsum etiam septenarium usque ad perfectum numerum, qui intra centum secundus perfectus invenitur, incunctanter elevemus. Siquidem septenario quater recepto, dum summam colligimus, numerum, qui viginti octo dicitur, invenimus. Eo proposito, ejus perfectionem exquiramus. Partes ejus quæ infra ipsum quotæ dicuntur, cumque arithmetica ratione metiuntur, divisas et recollectas strenue videamus. Unum procul dubio ipsum viginti octo, sicut cæteros numeros, prima sui positione metitur, et quatuordecim bis acceptus, idem operatur. Septem quoque quater assumptus, ad hoc idem progreditur. Recollige itaque partes istas, quatuordecim sunt, septem, quatuor, duo, unum, congesta simul viginti octo reponunt integrum et totum. Videndum insuper, quia septenarius infra decem positus, numerum generat nullum ab unitate usque ad denarium. Unitas quippe totius numeri limes est, primus decem, secundus centum, tertius mille, quartus... Sed ne computando superefluas, pone tibi modum ne rapiaris, et corruas infra immensum interminatum : multitudo enim, si numerando non deficit, crescit in infinitum: magnitudo vero decrescit distracta per numerum. His occupandis curiosus aptet ingenium. Redeamus ad septenarium : non habet sui metientem, nisi solam unitatem, unitas hæc sola eum constituit, sola metiendo custodit. His de causis septenarius, unice simplex, et simpliciter unus, speciali prærogativa virgo numerus appellatur, recteque septenario virgini monas integra jungitur, dum eum quem sola genuit, sola metitur. Senex David manu fortis, visu desiderabilis, in gremio virginis refovetur. Felix quies intra sacrarium virginitatis septenarii Spiritus sancti. Interea spiritualis oculus gratia Dei sublimiter exaltatur : videt, quia senarius prætaxatus terreni mundi hujus præsentat opera Deo dicente condita, Deo agente formata, Deo servante integra. At vero septenarius virgo jure nuncupatus, regni cœlestis, Ecclesiæ spiritualis jure permanentis pandit insignia : assignat nobis intuendos rationalis intelligentiæ septem dies, filiorum summi Patris septem beatitudines, collata filiis septem dona sancti Spiritus, quærenda septem precibus Dominicis, filii cum necdum meritis valeant, precibus exquirunt gratiam, adjuti gratia, sumunt charismata spiritualia divina. His perornati quærunt beatitudines, quas inveniunt apud dies intra quietis Domini beatitudinem permanentes. In his quadrifariæ numeratis septenariis virgo numerus quater invenitur, et quater invento septenario, simulque collecto, ratione perfectus, numero secundus, numerus XXVIII præsentatur. Ista pro septuagenarii commendatione collegimus, qui quator, hoc est omni tempore semper est, adorandus, nec multiplex, sed unus cum Patre et Filio Deus. In hac fide, gratia cooperante, spe certa levati, charitate ad similitudinem Dei reformati, offeramus sanctificatas Patri nostro preces, impetremus a Patre nostro virtutes, teneamus virtutibus cum Patre nostro beatitudines, faciamus apud Patrem nostrum felicitatis dies, non temporaneos, sed æternales; dies visionis divinæ, qua Pater in Filio, Filius in Patre, Spiritus sanctus in utroque semper, aspicitur, feliciter amatur, perpetua laude glorificatur, non plures dii, sed essentialiter unus, plenus et perfectus. Hæc ineffabilia fide quærenda, spe contingenda, charitate possidenda, diebus Domini plena et perfecta videmus aliquando tempore præsenti mirando signaculo, mystico mysterio, Ecclesiæ catholicæ proposita. Facta est enim in monte sancto hujus septenarii sancti, sancta denuntiatio, ubi attestatur Filio vox Patris de nube, ubi Filius apparet glorificata facie, ubi Moyses et Elias visi sunt in majestate, ubi Petrus et Jacobus et Joannes insolita lætantur admiratione. Tres isti pro Trinitatis mysterio, duo illi pro legis et prophetiæ documento assistunt Christo gloria et ho ore decorato. Suscipiunt Patris mandatum de Filio semper audiendo: *Hic est Filius meus dilectus, in quo mihi bene complacui, ipsum audite* (*Luc.* VI, 35). Ecce vides sancti Spiritus septenarium præcipue commendatum. In hac manifestatione Patris et Filii pensatur æqualitas, in Moyse et Elia præsto sunt lex et prophetia, in Petro et Jacobo et Joanne signatur Trinitas semper adoranda, in omnibus essentialiter una, in diebus æternitatis manifesta.

23. Tandem in calce operis, aspirante Domino, terminandi, recolamus Ecclesiæ præsentis exordium

orientis, provectum provectæ, complementum perenni gloria consummandum. Exorta est siquidem per fidem præsens Ecclesia, patriarcharum et antiquorum fide progenita, legis censura, et prophetarum doctrinis educata, apostolorum et evangelistarum atque doctorum ubique terrarum virtutibus dilatata, cum Christo Jesu universorum Deo et Domino sponso tuo, stola beatitudinis perornanda. Nos denique tantæ matris filii ab Ægyptia servitute, digito, signis et prodigiis liberati, dum sub augustia temporis agno paschali pascimur, septem dies azymorum observare jubemur, qui cum Apostolo protestamur, quia *Pascha nostrum immolatus est Christus*, unde idem sequitur, dicens : *Itaque epulemur, non in fermento veteri, neque in fermento malitiæ et nequitiæ* (*I Cor.* v, 7, 8) : malitiæ, in perpetratione peccatorum ; nequitiæ, in pertinaci defensione malorum ; *sed in azymis sinceritatis et veritatis* ; sinceritatis, pro concupiscentia carnali semota ; et veritatis, pro perseverantia in fide catholica. Ea propter Deo Patri septemplici precum devotione suppleamus, et impetrata precibus gratia, septem donis sancti Spiritus superinduamur, et ad septem beatitudines suspiremus, quas intra septem dies beata visione summæ et individuæ Trinitatis, unius et simplicis Deitatis, adipisci deposcimus in unitate sanctorum omnium, per infinita sæcula sæculorum. Amen.

VITA SANCTI ADJUTORIS

MONACHI TIRONENSIS

Auctore Hugone archiepiscopo Rothomagensi, hujus nominic tertio, ipsi Adjutori coævo.

(Ex ms. codice Tironensi edidit Marten. *Anecdot.* t. V, col. 1012.)

In nomine sanctæ et individuæ Trinitatis. Amen.

Dilectissimis et meritis venerandis totoque sinu pectoris amplectendis in Christo fratribus cœnobitis monasterii Tironensis in Pertico, Hugo sanctæ Rotomagensis Ecclesiæ indignus archiepiscopus, salutem et sinceræ dilectionis affectum.

Magnæ charitatis atque dulcedinis vim protulistis, et voto sollicito ut nascentiam et originem loci vestri beatæ Mariæ Magdalenes super Secanam magnis prodigiis et quamplurimis admirandis fulgentis miraculis, simulque mira-ula ipsa in laudem Ecclesiæ certificationemque fidei catholicæ monimentis perpetuis traderemus. Et quidem precibus vestris, quin ob sui merita dignis non ausim jussibus non obaudire ; nihil etiam dignius litterarum apicibus commendari putans quam gloriosissimorum sanctorum gesta, eorum præcipue qui tam digni fuerunt, ut Dominum nostrum Jesum Christum videre, palpare, cum ipso conservari, salubria ejus monita audire meruerunt. Quis putet aliquem in impetrandis precibus tam promptum tamque audiendum esse, quam eum qui Domino tam proximus, ut actum est, fuerit ? Igitur ad promissum veniamus.

In illo tempore quo fulgens in rota sæculi catholica fides Normannica diffundebatur in tellure, gloriosus vir et dignissimus Adjutor re et nomine hanc sæculi profectus est in lucem, cujus glorioso vita et vigorem sui nominis exprimit et gratiam magnæ salutis, quia dum Adjutor diversa superavit, vitæ hujus pericula, meritis mundana vicit cuncta impedimenta. Sicut enim in apostolico fundamento constat Ecclesia, ut a Christo firma petra Petrus actor insuperabilis statutus est, ita triumphatoris æterni Adjutor duplici militia miles efficitur. Eum autem martyrum et confessorum gemina dote resplenduisse non parva documenta produnt, cujus nimirum gesta vel partim necessario describuntur, ne fama tanti viri quandoque dubietatis nebula fuscaretur. Et quidem satis est ad ejus gloriam quod Christum, cui placere quæsivit, unicum habet in excelso. Fuit autem natus in urbe quæ Vernonum dicitur, patre Joanne ipsius loci temporali domino, matre vero Rosimunda *de Blarru* ipsius Joannis consorte, certe, ut novimus cum in minoribus essemus, Deo devotissimis et sanctissimis personis : nobilis quidem genere, sed nobilior fide ; sæculi dignitate inter suos clarus, sed divinorum munerum gratia præcipuus. Hujus infantia viri quantus in futurum esse deberet, satis prætendebat : ita enim vigiliis, jejuniis et orationibus assiduis eo tempore, quo assolet hujus sæculi ætas lascivire, corpus suum macerabat, ut jam carnibus consumptis, pellis ossibus pene adhærere videretur. Crescente vero ætate, gratiæ divinæ providentia erga illum omnium bonorum affectus crescebat. Erat enim forma speciosus, corpore castus, mente devotus. affabilis eloquio, amabilis aspectu.

Ea tempestate passagio terræ sanctæ pene omnes christicolæ vacabant : in cujus expeditione, etiam ipse gloriosus vir Adjutor una cum ferme ducentis armatis cruce signatus erat, unde contigit ut quadam die, cum parvulo loco quodam in territorio Antiocheno, qui *Jambuit* dicitur, abiret, ipse et comitatus suus prædictus in insidiis Ismaelitarum plusquam mille et quingentorum incideret. Circumvallatus igitur ab eis, cum videret suos fugam petere, quam tamen habere non poterunt, videns tantæ multitudini tam paucos subsistere non valere, ad quæ illius erant assueta arma humo prostratus, orationem simul et votum fudit, dicens : Voveo tibi, beatissima Maria Magdalena, quod si mihi victoriam instantis belli contuleris, domum meam de Monte cum ejus appenditiis ad tibi deserviendum in monasterio Tironensi in Pertico, et in ipso loco monachis ipsis Tironensibus dabo capellam quam in tui honorem quam cito ad partes regressus fuero in ipso loco construi faciam, et de meis facultatibus condotabo. Et repente tarde quidem, nihil tamen nostris agentibus, sed de salute desperantibus, in fidei hostes irrupit, ita ut omnes hinc atque illinc utcunque poterant diffugerent. Adjutor vero ajutorium sibi cernens desuper advenisse, sumptis cum suis viribus, non gnaviter super hostes exeruit gladium : mille enim et eo amplius non nostrorum dextris, sed beatæ Mariæ Magdalenæ juvamine, in eo certamine cæsi fuerunt, cæteri autem fuga evaserunt.

Peracta igitur victoria, in triumpho vir sanctus Adjutor lætabatur in Christo, eo quod in tantæ calamitatis periculo nullus ex suis cecidisset. Poterat hoc ille agere, qui Pharaone submerso in gurgite, Israeliticum salvavit pouulum, nemine pereunte. Prostrata igitur acerba barbarie, gloriosus vir Adjutor gratias agens Altissimo canere cœpit : O Deo devotissimi fratres mei monachi Tironenses, qui assidue Deum pro me exoratis. O beatissima Maria Magdalenes, quem etiam apud Deum commendatum haberes ! O altissime Deus, in cujus manu cuncta sunt posita, quas tibi gratias ego miser pro tantis beneficiis referre valebo ? Quas tibi laudes peccator ego depromam ? Dextera tua, Domine, magnificata est in fortitudine, dextera tua percussit inimicos, et in multitudine gloriæ tuæ deposuisti adversarios nostros. Hæc autem scivimus per inclytos milites Heliodorum *de Blarru*, Odonem de Porco-mortuo, Joannem *de Breheval*, Anselmum de Cantamerula, Widonem de Calvomonte, Petrum de Curtiniaco, Richardum de Haricuria, Henricum de Pratellis, et quamplurimos alios, qui ipsi negotio et certamini interfuerunt.

Sed famosissimum illud et admirandissimum miraculum quomodo ab hostibus nostræ fidei captus et dirissimis carceribus mancipatus, et strictissimis loricis et catenis ferreis vinctus liberatus exstitit, dignum non ducimus ut omittamus. In expeditione siquidem prædicta Jerosolymitana, cum jam annis decem et septem, quod pauci fecerant, ipse vacasset. Contigit bellorum insperatis fortunis et secreto Dei arbitrio, et forsan quod votum suum, quod supra præmisimus, nimis differebat adimplere, ut ipse gloriosus vir Adjutor a sæpedictis inimicis crucis Christi captus fuerit : cumque ab ipsis perfidis Saracenis loris compeditus fuisset, et catenis dirissimis, et aliis exquisitis omnibus pœnis durissime attritus, et immanissimis tormentis, ut Christum et ejus fidem abnegaret, afflictus fuisset; et in fide perseverans cum Salvatoris nostri clementiæ, et piæ matris ejus, ac beatæ Mariæ Magdalenes, almi gloriosique et Deo devotissimi Bernardi olim vestrum et vestri monasterii Tironensis Patris precibus sedulus orator se commendaret, et eorum adjutorium jugiter flagitaret ; tandem subactis plurimis temporum curriculis, cum suum athletam Deum fortissimum conspexisset, ejus miseriis misericors compassus est. Nocte enim quadam cum aliquantulæ requiei se dedisset, vidit in somnis, imo potius vivifice beatam Mariam Magdalenam a dextra, et gloriosum Bernardum a læva eum tenentes et levantes, ac cursu præpropero eum ducentes; qui eum vinculis quibus vinculatus erat, solutum tamen ab eis reliquerunt. O mira res, et partibus his inauditum, sed percelebre miraculum, et ut diligentissimis per nos factis informationibus cum Petro de Curtiniaco, Henrico de Pratellis, Andrea de Feritate, Rofredo de Puteaco, Odone de Porcomortuo, et pluribus aliis qui eum die ipsam noctem præcedente viderant, et cum ipso comederant, et locuti fuerant, reperimus certissimum !

Excitatur igitur a somno, ut vidit se a vinculis absolutum, et a perfidis Ismaelitis liberatum in eo quo præmisimus loco esse, altissimas mente et ore altissimo depromens voces, ad vos Willelmum venerabilem abbatem monasterii vestri Tironensis celerrime mittens, et vices vestras deposcens, veterem hominem cum sæculari militia se exuens, novum hominem, habitum videlicet sacræ vestræ religionis Tironensis in eodem assumpsit : se et locum ipsum cum ejus terris vineis, pratis, pascuis, nemoribus, decimis et redditibus, et pertinentiis universis, et sua ubilibet consistentia bona ipsi vestro Tironensi ad opus victualium et necessitatum per abbatem Tironensem ordinandos et ordinanda, distribuendos et distribuendo tribuens et donans, gratias agens Deo et dicens : *A finibus terræ ad te clamavi, dum anxiaretnr cor meum in petra exaltasti me. Deduxisti me quia factus es spes mea, turris fortitudinis a facie inimici : inhabitabo in tabernaculo tuo in sæcula, protegar in velamento alarum tuarum; quoniam tu, Deus, exaudisti orationem meam, dedisti hæreditatem timentibus nomen tuum* (Psal. LX, 3-6).

Ædificata est ergo capella, quam nos demum cum tribus altaribus dedicavimus, et altaria consecravimus : majus altare in honorem Domini nostri Jesu Christi et beatæ Mariæ Magdalenes ejus apostolæ consecrantes.

Postquam vero sæculum relinquens, religionem vestram monachus factus ingressus est, adeo tam sanctam vitam et arduam, ut novimus, duxit, ut præter panem et aquam vel oleum, sale condita nulla sumeret cibaria, nisi forte festivi diei amor, seu solemnitas, vel magnorum supervenientium virorum hospitalitas eum amplius sumere coegerint.

Aspectus autem non solum feminarum, sed etiam virorum a sua præsentia removebat, ut ab hominibus summotus solum spectaret adventus angelicos, et cresceret in divinitate quod deerat in homine. Lectulum a monachatu nunquam habuit, lectaria nescivit,in pluma caput nunquam reclinavit; sed veste tantummodo qua die usus erat,nocte contentus est. Pro molli autem lana hirsuto cilicio induebatur, ut inter horas soporis non esset requies corporis, et mutato ordine adhuc post peractum diem nox succederet in labore. Vestis superior tam vilis erat et despicabilis, ut cuculla quæ habitualis erat et modici seu nullius pretii vestis, alterius comparatione pannus aureus esset.Eratque diurnalis oratio et nocturnalis quies in locello parvo retro altare capellæ, quam, ut prædiximus,ipsius precibus dedicavimus. Ibi continui singultus et lacrymæ, ibi assiduæ vigiliæ et orationes, ibi quotidianum jejunium : nescires eum alibi quærere,nullum alibi recipere corporis refocillationem. Heu me miserum peccatorem ? Interrogatus persæpius a nobis cur tam se vilesceret, et non aliquantulum secundum sui sanguinis statum se gereret, aut saltem alio in loco quam in illo corpus recrearet, cito respondit : Nimis olim fuit recreatum corpus meum ad sæculi statum, nunc instat ut reddat quæ sumpsit nimis. Sed cum de loco illo nulla responsa dederit, aliquid in eodem divini esse certe speramus; et hac de re quandiu in hac fragili vita degemus,locellum ipsum summe veneramur, et quoties ad ipsum accedimus,et orationes ac preces in eo fundimus,aliquid divinæ inspirationis, et multum devotionis erga Deum nobis plus evenisse seu accrevisse perspicimus.Humus in ipso locello lectum ministrabat,et ubi caput reclinabat, terra aliquantulum proeminens pulvinar concedebat.

Vidimus plures febricitantes et alios infirmos ad ipsum stratum suum venire,et in ipso dormientes sanos et incolumes ad propria remeare : alios autem si non statim, saltem paulo post tempore sanitatem recuperasse. Lectum tamen in camera sua satis honorificum habebat, qui non,nisi ut mundanus sicut cæteri videretur,sibi serviebat. Inter quæ tempora, reddidit surdis auditum, aliquandoque multimodis languentibus reddita sanitate,ut de cæteris,tanquam ad plenum de eis non certiorati taceamus : imo quod sub obtentu beatæ Mariæ Magdalenes in ipsa capella actum est, quodque plurium fide dignorum testimonio novimus referemus.

Quadam enim die dum cum matre sua Rosimunda prædicta, et aliis qnam plurimis hominibus in capella ipsa existeret, supervenit dæmoniacus quidam [Hilgoldus Ruffi nominabatur] gladium evaginatum tenens, quique ex eo multos in ipsis temporibus viros et mulieres vulneraverat : cumque ipse dæmoniacus hac et illac vagaretur, divertit ad ipsam capellam,ubi Adjutor sæpenominatus et Rosimunda mater ejus ac dicti homines consistebant;

et eam ingrediens,homines retro altare fugere præ timore coegit; sed ei occurrens Adjutor venerabundus ait : O Domina mi beata Maria Magdalene, et hic licet per dæmonem adductus,ad hanc tamen capellam tuam adveniens,non sentiet aliquid de beficiis tuis? Illico autem ut hæc Adjutor verba personuit, dæmon ab ipse Hilgodo cum magno rugitu recessit; ipse Hilgodus genua humo flectens, omnipotenti Deo et beatæ Mariæ Magdalenes reddita incolumitate gratias egit.Quæ nos ab ipso Hilgodo et aliis qui præsentes erant, per debitam informationem certissima novimus.

Nec prætereundum est aliud item famosissimum et multis stupendum miraculum,quod nobis præsentibus sub oculis multorum hominum,beata,ut tenemus, instante Maria Magdalene,peractum est. Erat prope locum ipsum beatæ Magdalenes prædictum in flumine Sequanæ ,vorago quædam aquarum,quæ transeuntes nautas voraginem ipsam ignorantes ita dehiscebat, ut nec mercium vel aliorum suppellectilium, nec hominum, imo nec navium ipsarum quidquam ullo unquam tempore vel rediret; et ita retroactis ab ævo temporibus plures homines periclitati fuerant, ac naves, et alia bona submersa. Quod dum semel,postquam in ipso loco sumpto vestræ religionis habitu resedit, accidisset, accersiri nos dignam duxit,ut tantæ calamitati ope vel consilio succurreremus. Celebrata igitur per nos in ipso loco missa de Spiritu sancto, ad ipsam voraginem,non sine magna lachrymis et lamentis, nos et venerandus Adjutor naviculam ascendentes, properavimus. Nos vero, quem, quod absorberemur a voragine,timor tenebat pavidum, ipsi Adjutori suggerebamus ne huic nos subjiceremus discrimini et fortunæ,cum ille : Potens est Dominus meritis beatæ Mariæ Magdalene liberare nos in præsenti et pro in futurum populum,et hac die coram omnibus exercere virtutes. Sub confidentia igitur Dei et beatæ Mariæ Magdalenes et securitate beati viri pariter ad locum voraginis protendentes; cum jum nos ad voraginem fluminis impetus attraheret: Benedic, domine præsul, ait nobis, et signum crucis ede, aspersoriumque aquæ benedictæ in locum projice voraginis : quæ illico complevimus.

Ipse aliquando de feriis a quibus beatæ Mariæ Magdalenes et sancti Bernardi precibus liberatus fuerat,in ipsum locum projecit, dicens sic : Potest Dominus meritis beatæ Mariæ Magdalenes et beatissimi Bernardi liberare populum suum, sicut me eorum precibus liberavit. His dictis et factis, subito vorago illa quæ abyssi profunda petebat, facta est aquarum grata planities, euntesque desuper huc et illuc nos et cæteri qui a remotis steterant, nautæ, stupore mentis attoniti, gratulabundi tamen et gaudentes ad propria remeavimus, nullusque ex post suffragante gratia divina et beata Maria Magdalene,ibi periclitatus est, nec vorago amplius visa.

Possemus si vellemus alia multimoda in ipso loco,

ut a quamplurimis fide dignis audivimus, meritis et precibus beatæ Mariæ Magdalenes tam vivente pso venerabili Adjutore, quam post ejus decessum patrata miracula narrare; sed ea tantum inserimus, quæ vel nos ipsi vidimus, vel plurimorum fide dignorum attestatione certissima novimus. Et quia in laudem et exaltationem beatæ Mariæ Magdalenes multi tam evangelistarum quam aliorum sanctorum prodiere libri, ideoque nec ad ipsius exaltationem dignus est sermo noster. Ideo venerabili nostro Adjutori, cui in majori parte principia hujus paginæ dedimus et media, et de quo ut plurimum per vos et alios requisiti sumus, finis paginæ dabitur.

Laudent alii expulsorem dæmonum, curatorem cadaverum, cæterisque miraculis pollentem : non Adjutoris nostri præmia patientiæ laudabimus, virtutem Dei, contemptum rerum, post hæc animarum lucrum, restaurationem cœnobiorum; vestitum cibumque monachorum, pacem Ecclesiarum, concordiam regum et principum, custodiam viarum, omnium instantiam mandatorum, perseverantiam vigiliarum et orationum, respectus pauperum, correptionem juvenum, honorem senum, emendationem morum, amorem virginum, consolationem continentium misericordiam miserorum, intemeratam observantiam regularum et mandatorum, ac postrenum specimen omnium virtutum.

Appropinquante demum vitæ suæ fine, cum resolutionem sui corporis imminere cognosceret, nos et Willemum abbatem suum Tironensem ad se duxit evocandos : ad quem nos prædicti cum pluribus aliis flentes et gementes convenimus : cujus auditis de suo fine verbis, interrogavimus eum : Frater Adjutor, ubi sepulturam corporis tui prædestinatam habes? Ad hæc vir Dei respondit : In hac capellula, si placuerit domino abbati meo. Erat autem vir ipse venerandum humi decubans in lectulo illo, de quo supra scripsimus, retro beatæ Mariæ Magdalenes altare, in quo divinis sacramentis munitus, indutus ut semper erat, secundo Kalendas Maii migravit ad Dominum. Et licet naturali dolore contristati sumus, gaudebamus tamen, quia tantum ac talem apud Deum pro nobis præmiserimus patronum et adjutorem. Triumphet spirituali tripudio pontifex, sacerdotes stolas splendentes exaltent justitiæ, monachi beatorum lætentur operum fortitudine, ac cincti virtutum decore, omnisque ordo ecclesiasticus omnipotenti Deo pia reboet carmina, laica turba cum sexu femineo alternatim, et provocent juvenes et virgines, senes cum junioribus dicamus omnes prece supplici sanctissima Maria Magdalenes, et tu, sancte vir Adjutor, succurrite nobis.

INDICES AD OPERA PETRI LOMBARDI

I.

AD EXPOSITIONEM IN PSALMOS.

Revocatur Lector ad numerales notas crassiori charactere textui insertas.

A

Abel primitiæ Ecclesiæ, 272.
Absalon pax patris recte dicitur, 5.
Adam sicut terra pinguis spinas germinavit, quando lignum vetitum usurpavit, 302. Adam et superbi homines increpantur, 256.
Adolescentiæ tempore maxime via corrigenda, 254.
Adoratio duliæ debetur tantum carni Christi, 215.
Adventus septem antiphonæ *O sapientia*, etc., 263. Adventus duo Christi sunt misericordia et veritas, 50.
Adversitatibus et pressuris dignoscuntur boni a malis ut torcularis pressura vinum ab acinis, 182.
Adversitatis et prosperitatis ordo, 137. Adversitatis tempore maxime Deo adhærendum est, 260.
Adversariorum quatuor genera, 123.
Adversarii nominis Christiani, 186.
Adversæ fortunæ nihil perturbant illuminatum fide et charitate, 71.
Ægyptiorum spoliatio figurat philosophorum scientiam mutuandam esse Christiano, 230. Ægyptiorum cæcitas, initium plagarum, 230. Ægypti plagæ et mirabilia illic facta ad Christianos pertinent, 172. Ægyptiorum spoliatio quibus furtum fuit, 230.
Ærumnæ mortalium superborum increpatio est hæreditaria, 256.
Ætas matura juventus bonis moribus instituta, 272.
Affligens Deus et ulciscens etiam propitius est, 215.
Alleluia quare non canitur a Septuagesima usque ad Pascha, 134.
Altaria quare concava olim et quadrangula fuerint 171.
Amare et odisse eumdem hominem quis potest, 267.
Amor dicitur tartareus et æthereus, 301.
Angeli etiam gratia egent, 153. Angeli quare ante Christum adorari sinunt se, nunc non permittunt, 49. Angeli sive boni sive mali quænam mala inferant hominibus, 175.
Animæ tres affectiones, 118. Anima corpus regit non contra, 310. Anima, licet peccatrix, tamen corpore melior, 2. Animæ pes, 20.
Animalia munda quæ ruminant, 303.
Antichristi vox, exaltatio et odium in Christianos, 186 et deinceps. Antichristi vita, crudelitas, dominatio et ejusdem destructio, 21. Antichristi et membrorum ejus increpatio et comminatio, 113 et deinceps. Antichristi descriptio, delectio, et irrisio, 111 et 112.

I. AD EXPOSITIONEM IN PSALMOS.

Apostoli quomodo cœli sunt et firmamentum, 38. Apostoli quomodo dicuntur excussi, 282. Apostoli et prophetæ sunt brachia Christi, 27. Apostoli in toto orbe prædicaverunt, 224. Apostoli celeriter totum orbem sagittarum more pertransierunt, 282. Apostoli et prædicatores dicuntur arietes, 57. Apostoli duodecim fontes elim erant, 247.
Araneæ proprietas, 85.
Ascendendi ad perfectionem ratio et gradus, 275.
Ascensionis spiritualis descriptio, 100.
Avaritia impedit purum Dei cultum, 257.
Avarorum definitio, 166. Avari lucrum invocant non Deum, 63.
Auris Dei est ejus præsentia, 9.
Auxilium Dei quare sæpe differtur, 12. Auxilium Dei necessarium præceptis servandis, 254.

B

Baptismatis suscipiendi ratio, 91.
Beatitudinis percipiendæ ratio, 69.
Benedictionis distinctio, ratio, ordo et finis, 138.
Beneficiorum Dei veteribus et evangelicis patribus collatorum differentia, 93. Beneficia Dei numerantur, 169.
Beneficiis Dei indignum genus humanum, 307.
Benignitas Dei summa, et clementia, 118.
Blasphemorum pœna describitur, 24.
Bonis qui adversantur, 186.

C

Cæcitas Ægyptiorum initium plagarum, 230.
Cæcus est quisquis extra Ecclesiam est, 102.
Cain offerendo male distinxit, 157.
Calumnias omnes vincit qui crucifixum respicit, 268.
Canes optimi quinam sunt, 142.
Canticum, psalmus, canticum psalmi, psalmus cantici quomodo differunt, et quid significant, 6. Canticum vetus ac novum, 86.
Cantores David instituit, 83.
Cantus et tædium et labores levat, 259.
Carcer mundus et corpus hominis, 304.
Carnalis, homo dicitur, spiritualis, Filius hominis 17.
Caro Christi adoranda, 215. Caro Eva est virum seducens, 103.
Cervus Christus fuit, 37. Cervus fidelem multis rationibus significat, 90.
Charitas psalterium decem chordarum est, 38. Charitas et bona voluntas æquat donum majus et minus, 281. Charitas nos unum facit cum Christo, 304. Charitas radix fidelium, 111. Charitas omnia scit, 180. Charitas Christi simillima naturæ gallinæ, 124.
Christiani stellæ, Judæi arena sterilis, 297. Christiani falsi ficus valde malæ, 63.
Christus derelictus clamat, 43. Christi charitas et amor in corpus suum mysticum, 61. Christi virtutes et gloria describuntur vigesimo psalmo, 41, Christi corpus tabernaculum abscondendorum hominum, 54. Christus parentis utriusque præstat officia, 55. Christus cervo comparatur, 37. Christum genitum a Deo et doctum idem, 265. Christus quatenus homo nihil sibi tribuit, 29. Christus incarnatus nobis lac efficitur, 285. Christus utilis multis modis, 1. Christus verus Deus et homo describitur vigesimo psalmo, 1. Christus lumen et lucerna varia ratione dicitur, 266. Christus non exauditur pro se orans, et exauditur, 44. Christus liber hominum semper legendus, 87. Christi corpus vestis et odoramentorum plena, 57. Christus quomodo conveniunt virtutum effecta, 29. Christi triumphus, 302. Christus quare vermis, 44. Christus fidelium pascua, 266. Christus quare rex dictus, 10. Christus quatenus orat, aut exaudit, 74. Christus caput nostrum loquitur aliquando in persona membrorum sicut lingua et caput pro corpore aut membris, 101. Christum in morte detinere putaverunt Judæi 305. Christus misericordia et veritas pulchre dicitur, 120.
Civitas Christi amplificatur et crescit, 101, Civitas Dei et diaboli, 292. Civitas diaboli quæ, 19.
Clamor cordis, 271.
Cœli an omnes perituri, 220. Cœli inclinati quando Deus inclinata Deitate homo factus est, 307.
Colendi Dei intentio, 74.
Columba ex arca emissa, Christus ad Judæos missus est, 115.
Comæ detonsæ in veteribus causa, 87.
Comprehendere Deum non possumus, participare, possumus, 312.
Concionatores missi, et angeli sunt Dei habitaculum, 69. Concionatori etiam nihil petenti rependendum est, 225. Concionatores reprehenduntur, 38.
Concordia fraterna Christus vestitur, 288.
Confessio et accusatio peccati, judicis et accusatoris Dei vocem excludit, 256. Confessio peccatoris necessa-

ria, 66. Confessio divini judicii quantum mereatur, 270.
Confessionis utilitas, 21.
Confidentia misericordiæ divinæ, 109.
Consilia meliora post meditationem, 254.
Consolatio triplex, 270.
Contemplatio desideratur, 114.
Cordis dilatatio quid, 257. Cor pravum et tortum frangitur, ut post a Deo fiat rectum, 312. Cor hominum abyssus profunda, 290. Cordis gravitas peccati pondus est, 7. Cordis humani rectificandi exemplum et ratio, 208.
Cornua novam vitam significant, 149.
Corporis molestia, 256. Corpore Christi absconduntur fideles, 54. Corpus hominis carcer animæ, 304.
Crucifixus Christus calumnias iniquorum et persequentium suos frangit, 268.
Crux Christi lumen vultus Dei, 8. Crux Christi legem dulcem fecit, 214.
Cura in Domino constituenda, 116.

D

Dæmones præpositi sunt morbis et pœnis quos Deus infligit, 229. Dæmonis cibus conversatio peccatoris, 14.
Damnatorum infelicitas, 104.
Damnationis ordo, 42.
David vincens Goliam Christum significat, 306. David ter unctus fuit, 53. David beneficia a Deo collata, 206. David varia significatio, 56.
Defectus bonus et malus, 263.
Defunctus est cura charorum suorum, 239.
Desiderium malum esca laquei diaboli, 300.
Deus Dei quærendi circumstantiæ, 168. Deo serviendi intentio, 94. Deus minatur et blanditur, 369. Deus dicitur tribus modis, 106. Deus allevat corruentes multipliciter, 310. Dei cognoscendi ratio et gradus, 97. Deus continue laudandus, 309. Deus auctor malorum non est, 229. Deus gratis colendus, 257. Deo appropinquare quid, 74. Deus ex malis etiam bona educit, 229.
Dextera et sinistra Dei quid, 277. Dextera Dei sinistra æternam et temporalem salutem significant, 296.
Diabolus maxime noctis tempore tentat, 260. Diaboli civitas, 19. Diabolo utitur, 175.
Dicere patris multiplex, 3.
Dies Christus et lux, 292. Dies alta Christus est, 120.
Dierum varia appellatio, et ratio ejus, 48. Dierum diversa appellatio, 48.
Digiti divisiones sunt gratiarum Spiritus sancti, 307.
Disciplinæ humaniores Christiano mutuandæ sunt a philosophis et sæcularibus litteris, 230.
Disputationes quæ utiles, 255.
Divinæ essentiæ declaratio, 146.
Divitiæ sunt lectus quietis, 89. Divitiæ cur vel dantur vel auferuntur, aut bonis aut malis, 138. Divitiæ hujus sæculi, mendacia quare dicuntur, 7. Divitiis et rebus sæcularibus devoti, nomen Dei proprium intelligere nequeunt, 19.
Divitis et pauperis differentia, 45. Divitium et sæcularium hominum flos, 113. Divites egeni sunt, 71.
Docetur duobus modis quispiam in rebus divinis, 208.
Doctrina solidior mensa dicitur, 47. Doctrina Christi omnes alias devorat, 99. Doctrinæ Christianæ ordo pulcher, 285. Doctrina vivendi traditur centesimo decimo octavo psalmo, 253.
Doctor noster Deus, quia nos fecit, 306. Doctoris ecclesiastici regula, 42. Doctores vani, 253.
Dolor duplex, 85.
Dona Dei quare dicuntur esse Spiritus sancti, 35. Donorum Spiritus sancti varia distributio, 57, Dona Dei pulchre distincta, 58.
Dormit Deus nobis dormientibus, 73. Dormire Deus quando dicitur, 176.
Dormitiones variæ, 131.
Draco quare portatur diebus rogationum, 89.

E

Ecclesiæ unitas et charitas tunica Christi est, 45. Ecclesiam veram rari homines intrant, 48. Ecclesia nunquam desitura, 154. Ecclesiæ pars altera in terris, altera in cœlis, 311. Ecclesia mater carnali parenti comparatur, 122. Ecclesiæ membra in animalibus figurata, 107. Ecclesiæ tribulatio unde, 127. Ecclesiæ ætatum computatio et ratio, 79. Ecclesiæ consummandæ ordo, 234. Ecclesia duos oculos habet, 263. Ecclesiæ fundamentum, et laudatoria descriptio, 101. Ecclesia crescit adversis, 283. Ecclesia fidei tabernaculum dicitur ob militiam, 64. Ecclesiæ odorifica ornamenta, 97. Ecclesiæ quatuor ætates, 152. Ecclesiæ constitutio per duos Dei gradum vigesimo octavo, 57. Ecclesiam veteres homines non intrant, 220. Ecclesiæ perficiendæ ordo, 154. Ecclesiæ primitiæ fuit Abel, 272. Ecclesia torcular et area cur dicitur 16. Ecclesia quo-

modo facta sine macula et ruga, 223. Ecclesia circumacta tentationibus, insula dicitur, 212. Ecclesia lunæ comparatur, 23. Ecclesia morte sanctorum fecundata, ut ager fimo, 302. Ecclesia gentium advena; imitatione sanctorum filia, 311. Ecclesiæ filiæ, 20.
Educatio spiritualis ordinem habet et gradus, perinde atque curnalis, 122.
Elias et Enoch Israel convertent, 146.
Equus sæculi fallax securitas, 69.
Eruditur in divinis dupliciter aliquis, 208.
Escam dat Deus quando convenit ut medicus, 310.
Evangelicæ prædicationis præconium, 38. Evangelica vex omnium audacissima non erubescit, 259. Evangelici homines soli canunt cantica, 68. Evangelica vita cornua defensionis habet, 149. Evangelica lex in veteri absconditur, 165. Evangelium apostoli in totum orbem portant, 224.
Excitatur Deus peccatis, 176.
Excusantes peccata, 66.
Exstasis duplex, 61.

F

Famis dies hæc vita est, 79. Fami angelus malus præpositus, 229.
Felicitas iniquorum fovea est, 208. Felicitas temporalis sinistra est, æterna dextera, 308.
Fidelis stabilis est, 207. Fideles populi Christi, 311.
Fidens suis viribus non redimitur a fratre Christo, 104.
Fides Christi necessaria, sive ante incarnationem, sive post, 229. Fides vera non est sine operibus, 174. Fide sine præcedentibus operibus justificatur homo, 143.
Finis in titulis psalmorum varie sumitur, 86.
Fortuna non accusanda in peccatoribus, 8.
Fuga corporalis permissa a Christo, spiritualis vituperata, 304.

G

Gaudere quare debemus, 312.
Generatio duplex filiorum Dei, 309. Generatio æterna, 96.
Gentes in fine recedent a fide, 14.
Gladius benignus et malignus, 307.
Gloria duplex beatis, 198. Gloria futura non servis, sed filiis datur, 229.
Goliæ et David certamen Christi et Ecclesiæ adversus diabolum pugnam significat, 306.
Gratiarum dona arma sunt corporis Christi, quibus pugnat adversus diabolum, 307. Gratiæ effectus, 131. Gratia evangelicæ legis, 188. Gratia Dei non solum remittit peccata, sed operari facit, 172. Gratiæ decem, quibus a Christo pastore pascitur anima, 47. Gratiæ duplex adjutorium, 155.

H

Hæretici montes sæculi sunt, 77. Hæreticorum tabernacula, 312. Hæreticorum vita, 312. Hæreticorum prædicationes, filiæ compositæ, 312. Hæretici sunt vasa mortis, et sagittæ quas parat Deus, 15. Hæretici mutuo dissidentes victoriam Ecclesiæ faciunt, 130. Hæretici vulpes igne segetes vastant, 183. Hæretici doctrinæ ordinem perturbant, 285. Hæreticorum levitas et inconstantia, 43. Hæretici novellæ plantationes, 308.
Hierusalem restituta Judæis, signat fideles hic captivos, aliquando reddendos Hierusalem supercœlesti, 313. Hierusalem trinomia Ecclesiam significat, 129. Hierusalem trinomia, 126. Hierusalem in summa solemnitate paschæ destructa, 161.
Hominis infelicitas, infirmitas, necessitas, 62. Hominis exterioris studia, 169. Homo seriose creatus est, 262. Homo araneæ comparatur, 145. Homo peccando desiit esse quod erat, 262. Homo vanitati similis per peccatum, 307. Hominem quanti æstimat Deus, 307 Hominis dignitas, 262.
Humanum genus virgæ Moysi comparatur, 160. Humanum genus egenum, 73.
Humiliatio præcedit exaltationem, 282.
Humilitas contra superbiam medicina, 65. Humilitas nihil sibi, omnia Deo tribuit, 275. Humilitas David post beneficia Dei, 37. Humilitatem sequitur elevatio, 296.
Hypocrisis paries dealbatus, 211.
Hypocrita sepulcris similis, 194.

I

Ignis est malitia, 73. Ignis materialis præveniens judicium, 106.
Imago triplex, 201. Imago triplex, 87.
Impii obducuntur caligo, 34.
Incarnatus Dominus nobis alendis lac efficitur, 285.
Inferna duo, 191. Infernus hic mundus est, 191.
Infirmitates humanas quare assumpsit Christus, 194. Infirmitates sive imbecillitates humanæ, 62.

Inimici corporum non timendi, 54. Inimici sapientiæ qui vere dicantur, 117.
Insipientes qui sint, 205.
Interior homo ubi versetur, 169.
Invidi libenter suspicantur, 258.
Invisibilium rerum investigandarum ratio et gradus, 91.
Invocare Deum qui digni sunt, 164. Invocandi Dei ratio, 63.
Ira duplex, 162. Ira Dei quæ, 178. Ira vitanda, 78. Ira et furor quid, 12. Ira Dei motus in anima sancta, 3, 5. Ira Dei duplex, 13. Ira Dei maxime malis parcit, 201.
Irrisio Dei quæ, 3, 4.

J

Jejunium diei sancti Parasceves quare tam religiose observatur, 74. Jejunium eleemosynæ conjungendum, 93.
Joannes mortuus non pro nomine Christi, sed pro justitia, 303.
Job patientia, 214.
Jubilus quid sit, 101.
Judæi fæces sunt vivi Dei, 165. Judæi arena sterilis, Christiani stellæ 297. Judæi Cain conferuntur, 87. Judæi signum retinent ne occidantur, 87. Judæi per Eliam et Enoch convertendi, 146. Judæi olim filii, nunc degeneres claudicantes, 37. Judæi confutantur, 165, 166. Judæorum obcæcatio et dejectio, 42. Judæorum exterminium et dispersio, 33. Judæorum vastatio septuagesima tertio psalmo deploratur, 160.
Judaicæ Synagogæ finis, 161.
Judas electus a Christo, 118. Judas uxorem et filios habuit, 239. Judas alter Absalon, 5.
Judex irrevocabilis Deus, 109.
Judicabit Christus juxta utramque naturam, 164. Judicabunt qui sua reliquerunt, 278. Judicari vult Deus cum homine, 108.
Judicia duo justum perturbant, 91. Judicia Dei quæ sunt, 35. Judicia Dei omnes pompas sæculi superant, 39. Judicia Dei quot, et quænam sint, 18. Judicii dies æstas est, 78. Judicii futuri modus, 106, Judicii magni quatuor ordines, 1. Judiciorum Dei confessor quid mereatur, 270. Judicium quando futurum, 12. Judicium sequitur misericordiam, 272. Judicium quomodo nescit filius, 12 Judicium intrare cum Domino quid sit, 305. Judicium quo plus extenditur ut arcus, eo ferit vehementius, 126. Judicium Dei non timet justus, 273.
Juramentum permittit David, 48.
Jurare quomodo licet, 266.
Justitia hominis, 62. Justitia Dei, 205.
Justorum comparatio, 206.
Justum negantes Deum, Deum ipsum esse negant, 112.
Juventus formandis moribus accommodatissima, 254.

L

Lapis Christus exponitur, 171.
Lateris Dei nomine sancti intelliguntur, 204.
Laudare Deum docet Scriptura et ipse Deus, 308. Laudandi Dei multiplex ratio, 316. Laudando se Deus misericordem ostendit et amabilem, 308. Laudandus Deus ex creaturis, non creaturæ Deum obliviscendo, 309.
Laus Dei bona et decora, 311. Laudis divinæ novem modi, 309. Laudis divinæ locos continet psal. 92, 207.
Lectus quietis et doloris, 89.
Legis novæ suscipiendæ hortatio, 38. Legis antiquæ in evangelicam permutatio, 86. Legis mandati et testimonii discrimen, 254. Lex vetus initium novæ, 171. Lex vetus cruce dulcescit, 214. Lex Dei remedium contra mala, 259. Lex Moysi multis exemplis carnalis et mortua, 152. Lex dicitur multis modis, 1. Lex vetus Evangelio dulcescit 12. Lex vetus novam absconditam continet, 165. Lex vetus dicitur tempus loquendi, 269. Lex Moysi quomodo bona et mala, 171.
Liberationes duæ sunt, 148.
Lignum scientiæ boni et mali quare sic dictum, 153.
Lingua gladius malignus, 307, Linguæ detrectatio primus insultus novo militi Christiano, 276.
Linguosus vir serpens, 300.
Loculos quare Christus habeat, 225.
Loquacitatis detestatio, 301.
Loqui Dei quid sit, 130.
Lumen et lucerna Christus est ratione diversa, 266.
Luna Ecclesia est, 23.

M

Mala bonis non nocent, sed malis, 301. Mali cum bonis quare permittuntur, 114.
Mandatorum Dei via quomodo lata, 265.
Mane quid, 306.

I. AD EXPOSITIONEM IN PSALMOS.

Mariæ virginis uterus vellus Gedeonis, 154.
Martyres timore Dei velut ligantur compedibus, 219.
Martyrum præconium, 273. Martyrum in oratione et tormentis perseverantia, 95.
Matutinum resurrectionem plenam lætitia significat, 60.
Medicina suavis infirmo danda est, 261. Medicinæ duo officia, 15.
Memoria duplex, 150.
Mendacium labor appellatur, 301. Mendacii genera, 10. Mendacio impiorum augetur credentium merces, 137.
Mens animam hortatur ad laudem Dei, 310. Mentis excessus duplex, 61.
Mensæ tres in sacris, 47.
Mentiri et mendacium quid differant, 10.
Miles Christi hostibus multis patet, 183.
Mirabilia Dei in convertendis peccatoribus, 196.
Misericordia super veritatem comitatur, 272. Misericordia Dei cognosci solet in adversis, 91. Misericordia Dei in conversione peccatorum, 196. Misericordia an in malos exercenda, 221. Misericordia Dei flumen est, 135. Misericordiæ exsecutores et fructus, 221. Misericordiæ et judicii ordo, 272. Misericordia maxime vincitur diabolus, 307. Misericordiæ commendatio, 307. Misericordia consistit in dando et dimittendo, 307.
Missæ tres die natalis Domini quare celebrantur, 297.
Monachi et religiosi vani, 288. Monachi mente et corpore habitare debent, 288.
Mortem nemo passus est pro confessione Christi ante Christum, 303. Mortem non timent mali, 103. Mortis detinitio, 174. Mortem timet Christus, 43.
Moses non fidelis, 230.
Mundus iste via peccatorum dicitur, 1. Mundus carcer, ubi omnia vana, 304. Mundi hujus civitas caduca, 155. Mundi hujus flumina qui facile pertranseunt, 137. Mundi amator non videt Deum, 10.
Mundana habitatio infernus est, 191.
Murmurantes fratres, 288.

N

Natalis Dominici in missarum ordine mysterium, 87.
Natalis Domini trium missarum ratio, causa et ordo, 297.
Nocere nihil potest sine Deo, 69.
Noctis silentio infestior diabolus solet esse tentator, 260.
Nomen Dei proprium intelligunt tantum, qui mundum non diligunt, 19.
Nova, vetera et vetustissima, 297.
Nuptiarum Dei et hominis carnem et epithalamium, 96.
Nutritio spiritualis ut carnalis quinque tempora habet, 285.

O

Oblivio Dei quid, 159.
Obscuritas mysteriorum sacræ Scripturæ ex peccato primi parentis, 266.
Obstinati sive indurati dormiunt ab increpatione Dei, 166.
Obstinatio a malis angelis fit, 175.
Oculus justitiæ, 268. Oculis justi magna inest virtus, 162.
Oculorum tentatio, 290. Oculos duos habet Ecclesia, 163.
Odium bonum, 298.
Odorum plena vestis corpus Christi dicitur, 97.
Offerentium Deo circumstantiæ psal. 28, 57.
Oleum adulatio falsa, 302.
Opera extra nidum Ecclesiæ non prosunt, 188. Opera quomodo facienda, 152. Opera necessaria ad ingressum cœlestis terræ, 220. Opera bona judicia fidei et gratiæ acceptæ, 244. Opera Dei justum consolantur, et spem veniæ dant, 305. Operum bonorum agendorum ratio, 203. Operum merces speranda, 255. Operum bonorum retributor Deus, 35.
Orandi modus, 164. Orandum est potissimum noctis tempore, 260. Orandum manibus elevatis in figuram crucis, 131.
Oratio quotidie offerenda Deo mane, ut primitiæ vocis et cordis, 272. Oratio Christi multis modis fit, 190. Oratio pro impiis non fit, 72. Orationis ratio et gradus, 191.
Ori custodia ponenda, 302.
Originale peccatum post baptismum pœna est, 66.

P

Paganorum filii, corvorum filii dicuntur, 312.
Papa omnia ex charitate et zelo facere debet, 271 Papa cur pallio rubro utatur, 271.
Pascha, Pentecoste, et xenophegia, quid Judæis significabant, 234.
Pascua fidelium, 266.
Passio Christi laudandi Dei maxima ratio, 71. Passio Christi commutat homines, 145. Passio Christi fuit Judæis opprobrium sempiternum, 176. Passio Christi tractatur, 5. Passio Christi tenebras legis evacuavit. 270, Passio Christi vigesimo primo psalmo apte tractatur, 42. Passionis fructus, 45.
Passus Christus apposite comparatur aquæ effusæ, 45.
Pastoris Christi decem officia, per decem gratiarum genera toto psalmo vigesimo secundo describuntur, 47.
Patiens Deus, 309.
Patientia purgat ac perficit cæteras beatitudines, 25.
Patientia Job tuta est laudi divinæ accommoda, 214. Patientiam docet totus nonagesimus tertius psalmus, 207.
Patris ac matris loco Dominus est psalmo vigesimo sexto, 55.
Paulus doctrinæ guttas plus aliis stillavit, 140.
Pauperes Christi imperatores et reges ligant, 315.
Pax metitur voluntate bona, 281.
Peccans in cœlum et peccans in terram quis, 268.
Peccata comparata vinculis, 121. Peccata funes, 300. Peccata omnia faciunt timor et amor, 182. Peccati remittendi septuplex modus, 12. Peccati vitandi ratio duplex, 72. Peccatum quod irremissibile, 124. Peccatum quare mortis aculeus dicitur, 12.
Peccator in lacum descendit, cum licentiam peccandi sibi assumit, sine spe veniæ, 306. Peccator est omnis homo et angelus Deo comparati, 305. Peccator omnis sibi ipsi et aliis nocet, 300. Peccatores fimus, 79. Peccatoris vita cibus diaboli, 14.
Pecuniam et loculos quare habebat Christus, 125.
Pentecoste et cæteri Judæorum festi dies, quid significabant, 234.
Perfectionis status describit centesimo decimo psalmo, 116.
Persecutio laqueus, in quo vitæ hujus amor est, tanquam æstas, 303.
Persecutorum duo sunt genera, 150.
Perseverantiæ impotes et desides, 172.
Pes animæ, 20.
Pœnitendi et peccata delendi septem modi, 12.
Pœnitentes diversi generis, diversis avibus comparantur, 218.
Pœnitentia Dei quidnam est, 242.
Portæ vitæ et mortis, 20.
Potentia Dei toto psalmo centesimo quadragesimo septimo prædicatur, 313. Potentia humana fallit sibi devotos. 69.
Potestas omnis a Deo est, cupiditas autem mala hominis est, 69.
Præcepta homo sine gratia Dei non servat, 254. Præcepta Dei quomodo implenda, 205. Preceptum de ligno paradisi quare factum, 153.
Prædestinati lanæ comparantur, 313.
Prædicare indignis vitium est, 254. Prædicare qui debeant, 107. Prædicandi finis multiplex, 154.
Prædicatores nubibus comparantur, 77. Prædicatores aquis comparantur, 35. Prædicatores lucernæ sunt aliis. 36. Prædicatores nubes et cœli dicuntur, 34. Prædicatores varie pascunt, 173. Prædicatoribus corporalia danda, 183. Prædicatoribus temporalia Dominus ordinavit, 225. Prædicatorum officium in prædicando, 290.
Prælatus negligens ejicitur ore Dei, 154. Prælati qui debeant esse, 142. Prælati mali devorant plebem Dei, 27.
Præsumptores operum suorum, 152.
Precantis vocem nihil prohibet, quin ad aures Dei ascendat, 284.
Precatione interdicuntur qui manent in peccato, 298.
Promissa Dei chirographo scripta, 310.
Proximus tribus modis dicitur, 25.
Psallendi modus apud Judæos, 7.
Psalmus 118 inter cæteros psalmos est ut sol inter stellas, 253. Psalmus, canticum, psalmus cantici, canticum psalmi, quid differant et quid significent, 6. Psalmus operationem bonam significat, 3. Psalmus est laus Dei in voce et organis, opera voci concordia significantibus, 311.
Psalmi septem pœnitentiales, et totidem laudis, 308.
Psalmorum claves et intelligentia tituli sunt, 3.
Psalterium ecclesiasticum ex Græco versum est, 260.
Puniens Deus etiam propitius est, 215.
Purgandi quinam sunt, 12.

Q

Quietis humanæ hostes tres, 77.

R

Recti quinam sint, 68.
Redimi non potest qui suis viribus fidit, 104.
Reges et sacerdotes, quare olim uncti, 53.
Regni Dei gloria, potentia, decor, 309.
Religionis Christianæ tres status, 134.

Repetitio, confirmandæ sententiæ indicium, 164.
Resistere Deo quid sit, 152.
Resurrectio quare fuit mane et vesperi sepultura, 60.
Resurrectio spem confirmat, 192. Resurrectio Christi tractatur, 5.
Retributiones quatuor, 255.
Rogationum diebus quare draco portatur, 80.

S

Sabbatum triplex, 205. Sabbati nomine quilibet dies Judæis erat, 48.
Sacramenta Ecclesiæ latibulum Dei dicuntur, 34.
Sacrificium justitiæ, 7.
Sæculum relinquere primus gradus cœlestis ascensionis, 275.
Salus temporalis per sinistram Dei, salus æterna per dexteram significantur, 296.
Salvat nos Christus et quando, 115.
Samuel non fuit sacerdos, 215.
Sapientiam etiam vane gloriosi quærunt, 271.
Saul quid, 34.
Scientia summa ubi consistit, 205. Scientia Evangelii reprobat alias, 99. Scientia unica est quæ accedit ad Deum, 66. Scientia non contemnenda, superbiæ fugiendæ causa, 285. Scientia Dei dicitur ab exsecutione mandatorum, 266.
Scriptura sacra per orbem totum extensa, 223. Scriptura sancta lucerna est, 266. Scriptura divina mensa referta est, 148. Scriptura quare operta, 312. Scriptura eadem sæpius commemorat, quia cogit ea mundus oblivisci, 301. Scripturæ intellectus cui aperitur, 312. Scripturæ mysteria abscondita ne vilescant, et ut exquirant, 301. Scripturæ difficultas, justo non est scandalo, 274. Scripturæ obscuritas utilis non reprehendenda, 312.
Seditiosi primi Dathan et Abiron, 115.
Septenario numero veteres, octonario patres gratiæ serviunt, 275.
Septuagesimæ tres sunt, 134.
Silentium adversus calumniatores optimum remedium, 84.
Similis Deo quis esse potest duobus modis, 153.
Sinapis granum Christus in montem crescit, 146.
Solis officia, 38.
Sors est prædestinatio, 63.
Sperandum in Domino, 63. Sperandum in Filio hominis, non quia filius hominis, sed Filius Dei, 311.
Spes timori jungenda, 313. Spes et timor in via connecti debent, 191. Spei solamen contra sæculares justitias et incommoda mundi, 90.
Spiritus humilium deficit, ut vivat in eis Spiritus Dei, 305. Spiritus hominis quomodo vadat et non redeat, 177.
Spiritualis filius hominis, carnalis homo dicitur, 17.
Sponsi Christi et sponsæ præconia, 96.
Stellas in Ecclesia numerat Deus, id est veros sanctos, 312.
Studia et affectiones hominis exterioris, 169.
Superbi volucres sunt, 18. Superbi a divina laude arcentur, 246. Superbi definitio, 208. Superborum spes, fundamenta montium, 34.
Superbia comparatur equo, 69. Superbia ab injuria Dei increpat, 159. Superbia omne peccatum est, 64. Superbia humani delicti origo, 259. Superbiæ curatio, 165. Superbiam sola lex Dei vitat, 259. Superbiam cedrus significat, 57.
Suspicio fere invidorum est, 208. Suspicio maximum vitium, 258,
Synagogæ et Ecclesiæ differentia, 160. Synagogæ finis, 161.

T

Tabernaculum militans militans Ecclesia, 64.
Taciturnitatis commendatio, 301.
Talio fit multis modis, 239.
Temporalia rependenda Evangelium prædicantibus, etiam non petentibus, 225. Temporalia non amanda, 311. Temporalia rependenda spiritualibus, 278.
Temporis ac dierum ratio in conversatione hominum, 117.

Tenebræ passione Christi evacuatæ, 270. Tenebræ mali homines sunt, 114.
Tentatio appetitur, 15. Tentatio fit duobus modis, 203. Tentatio oculorum, 290. Tentatio vento simillima, 187. Tentatio utilis, 128. Tentationis duas portas habet diabolus, 62. Tentationum quatuor genera. 205.
Tentatores, quot et quinam, 52.
Testamentum Vetus et Novum, gladius bis acutus, 307. Testamenti Veteris in Novum translatio, 86. Testamenti utriusque necessaria connexio, 221. Testamentorum Novi et Veteris similitudo, 269.
Testimonii et præcepti discrimen, 215. Testimoniorum, mandatorum et legis differentia, 254.
Timenda peccatori quæ sint, 270. Timendi non sunt hostes corporum, 54. Timenti Deum nec necessaria temporalia desunt, 71.
Timor Dei ligat martyres, 219. Timor Dei basis est verbi Dei, 257. Timor et spes in via connecti debent, 192. Timor aut omne bonum, aut omne malum facit, 182. Timoris divisio ac diffinitio, 39. Timores quatuor præter naturalem, 283.
Tituli psalmorum ab Esdra additi, 2.
Torcular Ecclesia est, 16. Torcular tribulationum separat bonos a malis, 182.
Tortum rredici frangunt, ut post rectum faciant: sic cor pravum frangitur ut dirigatur, 312.
Transfigurati Christi vestes albæ sanctos significant, 109. Transfiguratio Domini, 263.
Tribulatio Ecclesiæ oritur a vita impiorum, 127. Tribulatio ignis et nox dicitur, 31. Tribulationem sustinens justus quare non liberatur, 44. Tribulationem ferentibus verbum Dei esca est, 259.
Trinitas divina ostenditur, 110. Trinitas ostenditur, 39

U

Unctionis triplicis varia significatio, 53.
Usura spiritualis in Christo laudatur, 29.

V

Verbum bonum quare Christus dictus est, 96. Verbum Dei dulcis esca tribulatis, 259. Verbum Dei septem donis splendet in præconibus veritatis, 25. Verbum prædicationis, 169. Verbum Dei ante Christum latebat, 35. Verbum Dei quare comparatur argento, 25. Verbum Dei duo efficit, 47. Verbum Dei sagitta dicitur, 82. Verbi divini auditores discriminati, 162. Verbi divini prudens dispensatio, 38. Verbi divini velocitas, 313.
Veniam debet homo homini dare, 270.
Veritas et misericordia quare Christus dicitur, 120.
Vespasianus, aper Synagogam exterminans, 181.
Vetera, vetustissima et nova, quæ, 297.
Via peccatorum mundus est, et prava operatio, 1. Via paranda Domino quomodo est, 190. Via munda venit ad nos Deus, 36. Via Christus, juxta quam laqueus ponitur a malis, 304. Via charitas, 304. Viæ Domini justæ sunt voluntates ejus, 310. Viæ Domini apostoli et prophetæ, 253.
Vindicta divina sagittæ similis, 81. Vindicta homini non appetenda, 207. Vindictæ ordo, 175.
Virga Mosi Judæos et genus humanum significat, 160.
Virtutem omnem faciunt timor et amor, 182. Virtutum effectus decem, 28.
Vita hominis sine Christo amara, 170. Vita hominis triplex annuntianda Deo, 118. Vita hominis vesper dicitur, 60.
Voluntatis torrens quid, 77.
Voluptas et vitia hujus vitæ aqua sine substantia dicuntur, 279. Voluptas Dei regula justi viri, 68.
Vota quædam communia, quædam propria, 167. Voti reddendi ordo, 137.
Vulpes hæretici cauda religati, 183.

Z

Zelus amoris, 271. Zelus Dei qui, 178. Zelus in pastoribus necessarius, 271.

II.
AD EXPOSITIONEM IN EPISTOLAS D. PAULI

Revocatur Lector ad numerales notas crassiori charactere textui insertas.

A

Abba Pater cur conjungi soleant, et quid significent, 39, 153.
Abraham quomodo justificatus ex fide, 18. Abraham cur nondum circumciso facta est promissio, 19. Abraham pater omnium gentium, 21. Abraham an angelos hospitio receptos homines putavit, 264. Abrahæ volentis occidere filium laudatur pietas, 260.
Abstinentia vera, qua abstinetur a peccato, 265.
Acceditur ad Deum non locorum intervallo, sed similitudine, 95.
Accidentium nobis differentiæ, 180.
Actiones hominis quatuor, 39. Actiones nostræ quales exigantur, 39.
Adam forma Christi, sed ab effectibus disparibus, 26. Adam se prior, et per hoc omne semen ei subjectum vendidit, 34. Adam rectus et sine culpa creatus, 34. Adam cur cadere permisit Deus, 34. Adam non propter pomum, sed inobedientiam et cupiditatem mortem invenit, 62. Adam et Eva typus Christi et Ecclesiæ, 175. Adam quia seductus non est, sed Eva, 212. Adam mulieri obsecutus est, non victus concupiscentia carnali, sed benevolentia amicabili, 212. Adam typus rationis, 213. Adæ duo, 24. Adæ peccatum non longe ab idololatria abest, 25. Adæ cur exstasis data, 175.
Adoptio quid, 41. Adoptionem recepimus per Christum, 153. Adoptione filii nos quomodo dicamur, et quando, 3. Adoptione sancti dii vocantur, 87.
Adventus carnalis Christi exitus vocatur et introitus, 233. Adventum Domini signa quæ præcedent, 205
Ædificare aurum argentum lapides pretiosos, fenum stipulam super fundamentum quid sit, 75.
Ægyptiorum mors in mari Rubro peccatorum ablationem significat, 91.
Æmulari Domino quid, 94.
Æmulatio quid, et quod duplex est, 133.
Ænigma quid, 165.
Ætate 30 annorum omnes resurgemus, 171.
Æternus Deus solus proprie dicitur, 66. Æterna tempora quæ intelligenda, 66.
Æternitas sine mensura est, 111.
Agi plus esse quam geri, 39.
Agricola Deus est, nos ejus agricultura, 73.
Alieni qui, 22.
Alimonia quando sumenda, 69.
Allegoria quæ dicitur, 155.
Altioribus abstinendum coram imperitis, 242.
Altitudo crucis, 169.
Amaritudo quæ, 173.
Ambulare secundum carnem, 38. Ambulare secundum spiritum, 38.
Amen vocabulum Hebraicum, 107.
Amicus sponsi non sibi, sed sponso zelat, 133.
Amor hujus sæculi, 209. Amoris humanæ gloriæ vires, 197.
Anathema quid, 44, 141.
Angelica perfectio quæ, 93.
Angelus mediator esse non potuit, 212. Angelus officii nomen, 87. Angelus officii nomen, 234. Angeli an doleant, 41. Angeli cur in Scripturis, ut homines non vocentur 81, 87. Angeli nobis tunc potissimum adsunt, cum divinis vacamus, 95. Angeli quid Deo annuntient, cum omnia sciat, 185. Angeli mali quodammodo medii sunt, 212. Angeli non solum ex Deo, sed ex effectu cognoscunt, 513. Angeli Christum hominem adorare jubentur, 234. Angeli in salutem nostram quam sint incumbentes, 295. Angeli hospitio excepti, an cogniti, 264. Angelis pares futuri sumus, 43. Angelis æquales nos fore per Filium suum certificavit Deus, 264. Angelorum tres ordines, 437. Angelos judicabunt

sancti, 79. Angelos multis apparuisse credendum est. 234
Anima simul et corpus per spiritum vivificatur, 39. Anima pro homine, a parte superiore, 62. Anima in corpore vivit, sed non vivificat, 217. Animæ corporisque differentia, 39. Animam non contaminat corpus, 194.
Animalis homo quis, 72. Animalis vita et sensus, 72.
Annuntiatio quæ Deo fit, qualis sit, 186.
Antichristus præcedet adventum Domini, 205. Antichristus ubi nascetur, 205. Antichristus refuga, 205. Antichristus unde dictus, 205. Antichristi qui, 227. De Antichristi adventu, 202.
Aporos quid, 122.
Apostolus luctans non subjugabatur, 36. Apostolus quomodo se Christum secundum carnem neget cognoscere 125. Apostolus quid nescivit, dicens : Nescio, Deus scit, 136. Apostoli officium, 4. Apostoli unde dicti, 11. Apostoli cur omnium linguis locuti sunt, 40. Apostoli veri non sunt, nisi missi, 50.
Apostolicæ potestatis debitum, onus est, 198.
Apprehensio beatorum quam Apostolus nondum habuit, 184.
Aqua de petra quid, 91.
Aquila, 65.
Arbiter, 212.
Arguendi auctoritatem violentia tollit, 174.
Arguentes alios nihil magis quam violentia dedecet, 174
Aristobolus, 65.
Arrhæ promissionis Dei, 23. Arrha et pignus, 163.
Artifex ex attentione operum quæritur, 8.
Ascendere et descendere quid, 125.
Astutia quæ, 172.
Attributa homini convenientia, Deo quomodo attribuuntur super locutionis, 72.
Augusti et Hieronymi dissensio de reprehensione Pauli adversus Petrum, 135.
Auxilium divinum nemo debet exspectare in eo quod ipse per se facere possit, 136. Auxilii tempus et gratiæ est in hac vita, 141.
Avaritia idololatriæ æquatur, 173. Avaritia radix omnium malorum, 194. Avaritia et idololatria par malitia, 194. Avaritia, 10. Avaritia quid, et quod sit radix omnium malorum, 218.
Avarus quis, 265.
Azyma, 78.

B

Balthasar regis visio, 136.
Baptismus. In baptismo omnes omni peccato moriuntur, 30. Baptismus in Christo admittit. 30. Baptismus quomodo perficit verbum, 49. Baptismus solam fidem requirit 54. Baptismus tantum valet per hominem contemptibilem, quantum per apostolum datus, 68. Baptismus Joannis, 68. Baptismus iterari non potest, 154. Baptismus triplex et tamen unum confitemur, 243. Baptismi potestas quæ, 68.
Baptizare minoris est officii quam evangelizare, 68. Baptizandi potestatem sibi cur retinuit Dominus, servis autem ministerium concessit, 68.
Beatus nemo est Dei donis, qui donanti existit ingratus, 72. Beati qui habent quod volunt, et recte volunt, 19. Beati an doleant, 41.
Bellum carnis, 158. Bella duo nobis, alterum adversus dæmones, alterum in seipsum, 176.
Benedictiones a Deo petendæ, sine quo nihil boni possumus, 140.
Benignitas Domini fecit corpora nostra membra sua, ac templum Spiritus sancti, 81.
Binomines et trinomines, 1.
Blasphemia sive peccatum in Spiritum sanctum est impœnitentia, 11. Blasphemia quæ, 173. Blasphemia, 194. Blasphemiæ in Deum interdum sunt mala opera, 94.

Bonus et justus differunt, 23. Bonus solus Deus, 66. Bo 1a voluntas et operatio non est ex libero arbitrio, sed misericordia Dei, 45. Bona temporalia cur tam bonis quam malis dantur, 85. Bona facere coram hominibus, quomodo debeamus, 121. Bonum agere et perficere quomodo differant, 36. Boni ex afflictionibus malorum proficiunt, 44. Bonis ex fide viventibus qui imperant serviunt eis, etsi contra videtur, 198.

Bravium quid, 91. Bravium quomodo non unus, sed omnes in cursu perseverantes accipiunt, 91.

Brian quid, 59.

C

Cæcitas cordis est pœna peccati, unde in gravia peccata cadimus, 8.

Cæcum nascitur genus humanum quod ex primo parente traxit, 165.

Cæremonias non observasse, veteribus peccatum fuit, nobis non item et quare, 193.

Caius, 65.

Calceamenta, 176.

Calciari sandaliis, 176.

Calix benedictionis et communicationis, 93.

Canes in Ecclesia, 183. Canum natura in allatrando, 183.

Canticum quid, 174.

Captivam captivitatem duxit Christus, 170. Captivare captivitatem, 171.

Caput mulieris quomodo vir, 95. Caput omnium sensuum corporalium receptaculum, 95. Caput Christi Deus quomodo, 95. Caput Ecclesiæ Christus, pro magno dono datur, 164. Caput corporis principatum tenet, 189.

Carbones ignis quid, 57.

Cardinalium virtutum opera, 237.

Carnalis idem qui animalis, 73.

Caro Christi similitudinem peccati in quo habuit, 38. Caro omnis hominum præter quam Christi peccatrix, 38. Caro Christi duplex, 99. Caro nostra incorrupta erit post resurrectionem, 113. Caro Christi, caro Mariæ, 246. Caro Christi sola sine vitio, 252. Caro concupiscens quid, 158. Carnis voluptates, etsi delectant, passiones sunt tamen naturæ, 9. Carnis suæ rebellionem cur nobis proposuit Apostolus, 36. Carnis prudentia quid, 38. Carnis filii qui, 156. Carnis nomine totus homo intelligitur secundum se vivens, 159. Carnis nomine mortalitas interdum significatur, 193. Carnem non esse malam, eique necessaria ministranda, 9. Carnem Christi, hoc est humanitatem Deitati unitam adoramus, unum eumdemque Deum inseparabiliter, 153. Carnem suam quomodo nemo odio habuit, 175. In carne esse, 30. De carne et ossibus esse quid, 175. Carne orare, 177. Carne servire Deo, 183.

Castitas non solum continentium, sed etiam conjugatorum Dei donum est, 82.

Cataphrygarum hæresis de nuptiis secundis, 86.

Causas quorumdam occulit Deus, 168.

Charitas Dei mira erga nos, 4. Charitas omnium virtutum forma, 6. Charitas donum maximum, 22. Charitas auget cognitionem et perficit eam, 22. Charitas una eadem que in Deum et proximum, 22. Charitas proprium donum Spiritus sancti et fons singularis, 22. Charitas quomodo diffunditur in cordibus nostris, 39. Charitas impensa multiplicatur, 58. Charitas etiam reddita debitorem detinet, 58. Charitas mater omnium bonorum, 87. Charitas fons bonorum, 104. Charitas ubi adest, omnia frustra haberi, 104. Charitas an evacuabitur, 104. Charitas in patria augmentabitur, 105. Charitas quomodo fide et spe major, 105. Charitas faciet ut in regno, quod singulis proprium, commune sit omnibus, 112. Charitas quomodo violenta. 223. Charitas perfecta. 138. Charitas non per affectum carnis sed spiritus habenda, 158. Charitas fructus spiritus, 159. Charitas omnium virtutum radix et fundamentum, 159. Charitas cur toties tantopere commendetur, 159. Charitas supereminens, 169. Charitas est actio recti itineris, 169. Charitas timorem servilem foras mittit, 177. Charitas humilitatis est præmium, 181. Charitas tunica inconsutilis, 195. Charitas perfectionis vinculum, 195. Charitas eminentior virtus et via omnibus præceptis et scientiæ, 195. Charitas, præcepti finis, 209. Charitas quid, 209. Charitatis præcepta duo unum sunt, 58. Charitatis magnitudo et commendatio, 104. Charitatis longitudo, latitudo, sublimitas, profunditas, 168. Charitatis filius Christus, 189. Charitatem habens quomodo omnes virtutes habeat, 59. Charitate Dei nullum bonum certius, 43.

Cherubin mysterium, 250.

Chirographum peccati delevit Christus 192. Chirographa peccatorum per fusionem sanguinis deleta, 193.

Chordæ præceptorum decem, 59.

Chrisma et Christus, 534.

Christus unctus non oleo visibili, sed plenitudine gratiæ spiritualis, 1. Christus quomodo factus dicitur, 2. Christus quid erat, et quid factus est, 2. Christus quomodo seipso minor factus est, 2. Christus an dicendus sit creatura, 2. Christus ex semine quomodo factus dicitur, 2. Christus prædestinationis et gratiæ lumen, 11. Christus prædestinationis caput, et fidei principium et perfectio, 111. Christus quomodo assumptus intelligatur a Filio Dei, 3. Christus cur Dominus noster vocatur, 4. Christus est hæreditas suorum, et sui hæreditas ejus, 40. Christus quotidie interpellat pro nobis ad Patrem, 43. Christus finis noster, et quare quomodo, 49. Christus lapis offensionis, et petra scandali, 48. Christus finis legis, 49. Christus Jesus quomodo ostium et pastor, 67. Christus quomodo sapientia Dei, 70. Christus quomodo nobis factus est sapientia, 70. Christus caput nostrum, cujus corpus Ecclesia, et membra corpora nostra, 81. Christus an sit nobis dicendus Pater, ut Deum patrem dicimus, 87. Christus una persona est geminæ substantiæ, 87. Christus loculos habuit, quos Judæ commendavit, 88. Christus quomodo petra erat, 91. Christus panis in altari, 82. Christus ab omnibus semper sequendus, 95. Christus post resurrectionem an Cephæ primum apparuit, 109. Christus quare vir aliter, quam vir caput mulieris, 95. Christus quare Adam, et novissimus dictus, 113. Christus resurgens jam non ultra moritur quomodo, 115. Christus quomodo se amodo videndum discipulis negavit, 125. Christus rex et sacerdos, 254. Christus Deus natura est, 153. Christus Filius Dei per naturam, nos per adoptionem, 153. Christus cur palam despectus mori voluit, 260. Christus crucem suam portans, 161. Christus lapis est angularis, etc., 166, 197. Christus fundamentum fundamentorum ut apostolorum, etc., 166. Christus dedit et accepit dona, 170. Christus dedit secundum Deitatem non humanitatem, 170. Christus quomodo novus homo, 172. Christus noster sol justitiæ et veritatis, 172. Christus unctus, 172. Christus hostia in odorem suavitatis, 173. Christus quomodo Patrem deseruit, 175. Christus et Ecclesia, una caro sunt, 175. Christus moritur ut fiat Ecclesia, 175. Christus semper æqualis Patri, 188. Christus quomodo se exinanivit, 180. Christus Deus et homo, Creator et creatus, 180. Christus seipso minor factus est, 180. Christus homo minor Patre, Deus æqualis Patri, 180. Christus homo et Deus una persona, 180. Christus quomodo genitus, 189. Christus Patri coomnipotens, 189. Christus quomodo primogenitus, 189. Christus imago Patris, 189. Christus caput Ecclesiæ secundum divinitatem et humanitatem, 189. Christus quomodo primogenitus ex mortuis, 189. Christus adhuc patitur in membris suis, 190. Christus sapientia et scientia nostra, 191. Christus quomodo umbrarum et figurarum corpus, 193. Christus mediator est noster et solus, 212. Christus ut propheta et prophetarum Dominus, sic et angelus et angelorum Dominus, 232. Christus quomodo hæres, 232. Christus splendor quomodo, 232. Christus angelis confertur, et eis præfertur, 233. Christus in quo paulo minoratus ab angelis, 236. Christus Filius per naturam, nos per adoptionem, 236. Christus non fuit in lumbis Abrahæ, neque decimatus ut Levi, 246. Christus sacerdos et non sacerdos, 242. Christus rex justitiæ et pacis, 245. Christus rex semper fuit, sacerdos post carnem assumptam factus, 248. Christus terrena contempsit, et mala susiinuit nos erudiens, 261. Christus immolandus significabatur per immolationem animalium veteris sacrificii, 276. Christi etymon, 1. Christi duplex natura et ortus, 1. Christi gemina substantia, 2. Christi exinanitio quæ, 2. Christi et Adæ dispares causarum effectus, 26. Christi vita, et nostra et morum est disciplina, 63. Christi adventus causa peccatorum salus, 210. Christi omnis actio preces fuerunt pro hominibus, 242. Christo gratia data sine mensura, 160. Christum qui vere prædicat, 70. Christum quomodo peccatum fecit Pater, 125. Christum mortuum fatentur omnes, Christiani soli, resurrexisse, 222.

Christianus cur in fronte signetur, 50. Christianus si malus non salvabitur, 159. Christiani plures quam Judæi, 156. Christiani, ut nunc conversatione sunt dissimiles, ita et in futura retributione, 157.

Cibos qui discernit peccat, 52.

Circumcisio cordis quæ, 14. Circumcisio quid et ejus dignitas, 19. Circumcisio quomodo fiebat, 20. Circumcisio cur in baptismum mutata, et utriusque differentia, 20. Circumcisio cur data, et cur octavo die fiebat, 20. Circumcisio cur in carne præputii jussa fieri, 20. Circumcisio antiqua quod nobis baptismus, 20. Circumcisio quid significat, 156. Circumcisio cur 8 die, 157. Circumcisio quomodo nos sumus, 233. Circumcisio et hujusmodi cur veteribus data, 246. Circumcisione etiam facta peccatorum remissio, 20. Circumcisionis significatio, 183.

Circumcisus si nihil prodest Christus, cur: et Timotheum circumcidit Paulus, 157.
Civitas superna, 156. Civitates duas in toto mundo faciunt duo amores Hierusalem et Babylonia, 156.
Clamare nostrum quale esse debet, 29.
Clamor in Scripturis quid designat, 153.
Clarificatio Christi post resurrectionem, 131.
Coæternum non est in creatura, 232. Coæternum et coævum differunt, 242.
Cœlum tertium quid, 136. Cœli tres, 136. Cœli perierunt per diluvium, et peribunt, 234.
Cogitatio quemque aut nocentem aut innocentem facit, 13. Cogitationes invicem patebunt in judicio 76. Cogitatio proprii periculi maxime ad misericordiam inclinat, 190.
Cognati omnes spiritu sumus, 65.
Cognitio Dei, qua nos cognoscere dicitur, 154. Cognitio perfecta hic non est in hac vita, 185.
Cognoscere Deum, et cognosci a Deo quid, 42. Cognoscere facere quiescere Dei quomodo intelligantur, 154.
Coitus in conjugatis quando excusabilis, et quando peccatum, 82. Quantum ad coitum conjugalem, eadem auctoritas in muliere et viro, 82.
Colendus est Deus gratis et caste amandus, 67. Colimus Deum, et Deus colit nos, 73.
Coma judicium velaminis unde comata mulier, 97.
Communicatio passionum; Christi est nostra, virtus, 184.
Commutare gloriam Dei, 8. Commutare gloriam Dei quid, 9.
Compunctionis spiritus quid, 51.
Compedes nostræ quæ, 179.
Comprehendisse nondum se Paulus quid dicat, 184.
Concaptivi omnes sumus, 65.
Concordia vera, 95.
Concubitus. Ex uno concubitu cur natos dicit non eamdem gratiam habuisse, 44.
Concupiscentia quid denotet, 30. Concupiscentia generale peccatum, qua omnia peccata continentur, 33. Concupiscentiam prohibente lege, omnia peccata prohiberi, 33. Concupiscentia quid, 33. Concupiscentia quomodo aucta per legem, 35. Concupiscentia radix omnium malorum, 34. Concupiscentia omnia peccata oriri, 36. Concupiscentia lex est peccato, 37. Concupiscentia in hac vita finiri non potest, sed minui, 37. Concupiscentiæ suæ consentiens operatur peccatum, 36.
Concupiscere. Non concupiscere perfecti est, non post eas ire, luctantis et laborantis, 36. Non concupisces, hoc præcepto omnia peccata prohiberi, 33.
Condelectari legi Dei, 35.
Condemnationis nihil quibus, 37.
Confessio oris fit ad salutem, 49. Confessio etiam laudis est, 63. Confessio laudis est, 63.
Confiteri quid est, 49.
Configurari morti Christi quid, 184.
Confundi quis dicatur, 22.
Conjugium efficit non coitus, sed solus consensus sive voluntas, 82. Conjugium quid, 82. Conjugium unum de sacramentis Ecclesiæ, 92. Conjugium contrahit sola prolis procreatio, 82. Conjugium a quibus personis legitime illegitimeque contrahitur, 82. Conjugium quare sacramentum, et an sit sacramentum, 82. Conjugii bona tria: fides, proles, sacramentum, 82. Conjugii separatio gemina spiritalis et corporalis, 82.
Conscientia hominis abyssus, 76. Conscientia et bona fama quomodo diversimode sint, nobis necessaria, 130. Conscientiæ malæ trepidatio, 127.
Consentire facientibus quid, 10. Consentire legi Dei, 36.
Conspersio quid, 78.
Contentio, 10. Contentio et æmulatio unde, et quomodo iis resistatur, 59. De contentione in judicio pro sæcularibus rebus, 79. Contentio quæ, 173.
Contristare Spiritum sanctum, 172, 173.
Conversatio hominum notanda cum quibus conversemur, 185.
Conversio sine Dei adjutorio non fit, 48. Conversio panis et vini in corpus et sanguinem qualis, 99.
Cor quid in Scripturis, 8. Cor passeri, caro turturi comparatur, 213.
Corinthii, 66.
Coronam justus judex non redderet, nisi dedisset ante gratiam pius Pater, 225.
Coronatur nemo antequam vincat, 44.
Corpus per peccatum mortuum factum, 38. Corpus et sanguinem Christi revera spiritaliter manducare quid sit, 81. Corpus suum et sanguinem Christus dedit post typi et agni sumptionem. 98. Corpus Christi verum esse in altari, 99. Corpus spiritale non est spiritus, 42. Corpus unum efficimur cum Christo per Spiritum consociatum, 170. Corpus carnis quid, 172. Corpus Christi Ecclesia est, 190. Corpus carnis, id est caro, 192.

Corpus multarum rerum nomen, 192. Corpus non contaminat animam, 194. Corpus cur tabernaculum dicitur, 265, 266. Corpus Christi a quibus edendum, 265. Corpora nostra quomodo membra Christi, 81. Corpora nostra templum Spiritus sancti, 81. Corpori an accedet magnitudo au diminutio fiet ulla in resurrectione, 171. Corporis et sanguinis Christi participem fieri, quid sit, 93. Corporis sub onere ingemiscens non vult eo spoliari, sed supervestiri, 123. Corporis propria sunt hujus vitæ omnia opera, 124. Corporis dolores plerumque immittunt angeli Satanæ, sed nisi permissi, 137.
Corporaliter quomodo in Christo habitat omnis divinitatis plenitudo, 192.
Correctio non potest contingere, nisi superno juvante medico, 222. Correctio quid, 362. Correctioni nec defueris, nec studueris certamini, 222.
Correptio in occulto, an palam fieri debet, 217.
Creata omnia eademque esse a Patre, sed per Filium, 87. Creata omnia per Christum, 189. Creati in Christo quomodo sumus, 166.
Creationem suam homo non promeruit, 21.
Creatura quid sit, 40. Creatura et filii nos dicimur, sed distincte, 40. Creatura omnis homo dicitur, et in homine est, 41. Creaturas bonas esse creatas a bono Deo, 214.
Creavit Deus cœlum et terram, 257.
Credere Deo et in Deum differunt, 18. Credere non potest nisi volens, 49. Credere quid, 119. Credere nunquam possemus, nisi virtus Dei in nobis hoc operaretur, 155. Credere in nobis operatur Deus, 193. Credenda quæ, 185. Non credens neque in patria est, neque in via, 124. Non credere hi dicti qui noluerunt, 221. Credituri non omnes sunt, etsi præordinati in vitam æternam, prædestinati in adoptionem filiorum, 207.
Credita et fides differunt, 170.
Crimen est peccatum grave, 226. Criminibus criminibus vindicantur, 9. Criminum quorumdam vindicta est eorum augmentum, 9. Sine crimine multi, sine peccato nemo vivit, 226.
Cruciatus carnis, 169.
Crucifigere concupiscentias quid, 159.
Crux Christi figuratur per virgam qua percussa est petra, 92. Crux Christi cur in frontibus nostris fixa, 161. Crux quando tollitur, 169. Crux Salvatoris non mors, sed peccati 193. Crucis prædicatio Judæis erat scandalum, et quare, 158. Crucis Christi altitudo, longitudo, profunditas latitudo, 169. Crucis latitudo, longitudo, altitudo, profundum, 169. Crucis inimici qui, 185. Crucis turpior mors, 189.
Culpam nostram præsentem, præteritam et futuram Christus delevit, 29.
Cultus Judæorum ab adventu Christi impietas est, 54.
Cupiditas et timor portæ duæ quibus diabolus intrat, 712. Cupiditas omnium malorum radix, 218.
Cura de bona fama et nomine habenda, 142. Curis sæcularibus non occupandus animus militantis Christo, 221.
Currere in incertum quid, 91.
Cursum bravii amor facit, 91. Cursum quomodo consummasse se dicit Apostolus cui passionis certamen restabat, 225.

D

Dæmones non cognovisse Christum natum, 71. Dæmones a scientia dicti, 86. Dæmones et idola nuncupative dii quoque vocantur, 87 Dæmonibus insita malitia nobis nocendi, 94. Cum dæmonibus pacta, consultationes et quidquid hujusmodi superstitiosa sunt, 94.
Damnatio multorum justa, imo omnium, 17.
Damnati nunquam liberabuntur, 159. Damnatur nullus antequam peccet sicut, nullus coronatur antequam vincat, 44.
Dati et fructus discretio, 187.
David cur nominetur, in generatione Christi potissimum cum Abrahæ sit facta promissio, 2.
Decalogi divisio, 59.
Decimatus non fuit Christus ut Levi, 246.
Declinare a Deo quid, 16.
Defendere a crimine non est laudare, 33.
Deformitas Christi pulchritudo nostra, 161.
Defunctis quomodo prosunt quæ facit Ecclesia, 154. Defunctis quid, et qualiter prosit defunctis, 201.
Delibatio quid, 52.
Delictum, peccatum, 159. Delicta quæ, 192. Delictorum gradus tres, 19.
Deserit quomodo nos Deus, 9.
Desperandum non esse de non credentibus, 40.
Desperationis peccatum, 11.
Detrectatores, 10.
Deus meus a quo recte dicatur, 4. Deus Abraham, Isaac et Jacob, quomodo et cur dicatur, 4. Deus quomodo a nobis videatur, 8. Deus ex administratione totius mundi in

INDICES AD OPERA PETRI LOMBARDI.

telligitur, sicut anima ex meliore et administratione corporis, 8. Deus operatur in cordibus hominum inclinando sive ad bona sive mala, 9. Deus in sermonibus suis quomodo justificatur,14.Deus ultor rei est, cujus auctor non est, 15. Deus cur et quomodo mortuus, 23. Deus diligebat nos et aderat ante reconciliationem, 23.Deus simul aderat et diligebat nos ante reconciliationem, 23. Deus cur hunc liberet, non illum, non esse scrutandum. 46. Deus solus proprie æternus, bonus, sapiens, immortalis, etc., 66. Deus proprie eorum, qui eum diligunt, 67. Deus agricola vere est, nos agricultura ejus, 73. Deus licet sit totus ubique, non tamen in omnibus habitat, 75. Deus in nobis quomodo habitat, 75. Deus sumus peculiariter per redemptionem, 82. Deus non potest esse pars alicujus, 87. Deus non est pars personæ quæ Christus est, 87. Deus tribus modis dicitur, 87. Deus substantive Trinitas dicitur, 87. Deus deorum rex magnus super omnes deos quomodo intelligendum, 87. Deus quomodo rebus omnibus adest, 102. Deus omnia in omnibus quomodo erit, 111. Deus in specie qua est quomodo videatur, 137. Deus agit ut sanet omnia, sed suo ordine, 137. Deus pauper quomodo pro nobis factus, 129. Deus quomodo magnificandus ex conversione Pauli, 143. Deus bonus quomodo excæcet, 121. Deus verus quis, 153. Deus Pater, Deus et Pater est, 164. Deus hominis vita est, 172. Deus qui fecit te sine te, justificat te sine te, 182. Deus quia melior in rebus omnibus, plus omnibus colendus et diligendus, 185 Deus ubique præsens. et ubique totus, non ubique habitat, 192. Deus quomodo patribus visibilis exhibitus est, 210. Deus contra naturam nihil facit, et quomodo interdum sic facere dicatur, 53. Deus omnibus utitur ex sententiæ voluntate, 234. Deus omnia novit antequam fierent, 258. Deus Abraham, Isaac et Jacob cur dicitur, 259.Deus in Novo Testamento alia quam in Vetere promittit, 260. Deo auctore, quid, 30. Deo soli Spiritus ad mensuram non datur, 56. Deo quomodo est gloria per Jesum Christum, 66. Deum videre peccata, est punire peccata, 19. Deum qui casti sequantur in Ecclesia, 178. Deum secundum naturam vidit nemo, 219. Deum cur alio quam Judæi ritu colamus, 249. In Deo sunt omnia, et Deus est super omnia, 223.

Deuterosis Judæorum quid, 209.
Devotatio quid, 141.
Dextera Patris quid, 43. Ad dexteram Patris quomodo Filius sedeat, 164.
Diabolus per mortem Christi prius justitia superatus est, non potentia : utroque tamen modo victus, 23. Diabolus potentiæ est amator, et justitiæ desertæ oppugnator acerrimus,24. Diabolus Judæos induxit ad Christi occisionem, 24. Diabolus injuste hominem detinebat,etsi homo juste detinebatur, 24. Diabolus post legem homini magis institit, 34. Diabolus nullam potestatem habet nisi datam desuper, 63. Diabolus victus quando se vicisse credebat, 189. Diabolus in cruce victus, 252. Diabolus Job tentandum petens exauditus a Deo, Paulus vero non, 138. Diaboli bonos oppugnant, non expugnant, 189.
Diaconi evangelistæ sunt, 171.
Dies iræ judicii tempus, 11. Dies pro tempore, 11. Dies domini quis, 73. Dies hominis quis, 73. Dies humanus quis, 76. Dies malos faciunt malitia et miseria, 174.
Digitus Dei, 119.
Dignitatem amisisse pejus esse quam non habuisse. 44.
Dii etiam sancti appellantur in Scripturis, 87
Dilectio Dei et proximi in quibus probetur, 59. Dilectio Dei et proximi connectuntur, 59. Dilectio perfecta non frustra præcipitur, 175. Dilectionis mutuæ commendatio, 68. Dilectionem ordinatam habere debemus,209
Dilexit prior nos Deus ut eum diligeremus, 4.Dilexit nos Deus quantum, et quales, 23. Diligenda ut duo Deus et proximus ita duo diligendi modi, 105.
Discernimur solum a malis, per Christi gratiam, 76.
Discessio quando fiet, 206.
Disciplina quid, 262.
Discipulorum Christi perfectio gaudium et corona magistrorum, 129.
Dispensatio mysteriorum fit tam per bonos quam malos, 75.
Dispensator quomodo quis dicitur, 89.
Dissensio charitatis pestis, 158. Dissensio primum malum, unde cætera oriuntur, 97.
Divinitas ut maxime humiliata est, sic humanitas exaltata, et hoc ipsum prædestinatum est, 4. Divinitatis plenitudo omnis quomodo corporaliter in Christo habitet, 192.
Divites sunt intus omnes fideles, 129.
Divitiæ abundantis gratiæ quæ, 163. Divitiæ non timendæ, sed morbus earum, 219.
Doctores gloriæ incrementum præter illud omnibus commune habebunt, 164. Doctores cur pastores dicuntur, 171. Doctorum sive prædicantium ordo quadruplex, 178.

Doctrina Evangelii, 31. Doctrina pravorum quasi ventus et tempestas, 172.
Dolus, 10.
Dominus. Cum Domino quomodo semper erimus, 202.
Donec particulæ usus, 110.
Donum Dei Spiritus sanctus, 170. Dona Dei sunt merita nostra, 23. Donis Dei beatus esse nemo potest, qui est donanti ingratus, 72.
Dorsum curvum habere, 52.
Dulia, 183.

E

Ebrietas unde dicta, 59.
Ecclesia super petram non Petrum fundata, 68. In ecclesia gradus majores et minores, 95. Ecclesia quomodo regnum Dei, 110. Ecclesia sponsa Christi, 133. Ecclesia tota una est virgo, 133. Ecclesia vestis dealbata super nivem,174.Ecclesia ex morte Christi facta,175. Ecclesia cum Christo una caro, 175. Ecclesia congregata, operante Deo Patre, 197. Ecclesia cum ab Abel cœperit, quomodo Christus caput eorum, 203. Ecclesia hic magna domus intelligenda, 223. Ecclesiæ typus cum sponso Christo est Adam cum Eva, 175. Ecclesiam continet et vegetat. Spiritus sanctus, 170.
Ecclesiastici judicii forma describitur, 79.
Efficientia quomodo quædam dicuntur, et tamen ipsa non efficiant, 21.
Egregius quis, 183.
Elati, 10.
Electi quomodo qui non erant, 162.
Elegit nos Deus dum non eramus, 21.
Electio est nullis præcedentibus meritis, 41. Electio gratiæ est, non meritorum, 51.
Eleemosyna utilior facienti quam recipienti, 130. Eleemosyna odor suavitatis, et incensum Dei, 187. Eleemosynæ etiam malis peccatoribusque tradendæ, 161.
Elementa cur infirma vocat Paulus et egena, 154.
Ephesii qui, 162.
Epimenides Cretensis cur ab Apostolo non nominetur, 227.
Episcopi verbo et exemplo docere debent,171. Episcopi presbyterorum nomine, 177. Episcopi interpretatio, 213.
Episcopatum desiderans bonum desiderat, 213.
Epistola ad Hebræos cur eleganti us scripta, 231. Epistolæ Pauli generales sunt instructiones, 196. Epistolam ad Hebræos Pauli esse, 231.
Erubescere. Non erubescendum est de Christo, 50.
Esau odium unde, 45. Esau quam longe a religione fuit, 263. Esau quomodo pœnitentiam non invenit, 263.
Esse Dei quid. 7. Esse qui dicantur, qui non esse, 21.
Esse in carne quid, 38.
Eva typus carnis, 212.
Evangelistæ qui, 171.
Evangelium non subitum, sed longe ante annuntiatum, 1. Ad Evangelium sola gratia Christi pervenimus, 4. Quantum servus a Domino, tantum distat Evangelium a lege,5. Evangelium virtus Dei quomodo, 6. Evangelium Dei non esse erubescendum, 6. Evangelium justitiæ Dei quomodo revelat, 6. Evangelium non innititur terrenis,176. Evangelium non vendere licet, sed ex eo vivere, 221. Evangelii etymon, 1. Evangelii fructus quantus, 6.
Evangelizare minus est quam baptizare, 68. Evangelizandum non ut manducemus sed manducandum ut evangelizemus, 89. Evangelizantes bene qui, 50. In evangelizantes propter lucrum, 89.
Eucharistia cur panis angelorum,91.Eucharistiæ sacramentum in duabus speciebus datum, 99. De Eucharistiæ manducatione multa, 99 et seq.
Exaltatio Christi secundum quod homo, 181.
Exaudit Deus alios ad voluntatem, ad sanitatem alios, 138. Non exaudimur misericorditer interdum, 138.
Excæcatio meritorum est, 51. Excæcatio mentis quomodo ad Deum pertinet, 121.
Exceptus a passione flagellorum exceptus est a numero filiorum, 261.
Excessus mentis, 121.
Exclusores qui, 7.
Excommunicatio non debet fieri, nisi in confesso, aut aliquo judicio nominato atque convicto,79. Excommunicationis sententia non temere ferenda, 79.
Exemplar et exemplum, 248.
Exemplasse quomodo in se dicitur Christus potestates et principatus diaboli, 193.
Exinanitio Christi quæ, 2.
Exire ab homine, 127.
Expedire nihil posse quod non liceat, 80. Qui non expedit quod licitum est, 83.
Exsequiarum pompæ quatenus ferendæ, 204 et seq.

Extasis quod, 124.
Extensio est tota vita nostra, 184.
Extollendi non sumus de dono Dei. 204.
Exuere veterem hominem, 172.

F

Fabulas quid vocet Apostolus, 209.
Facie ad faciem videre, 105. In faciem, 135.
Faciens quod non vult, quomodo consentit legi, 35.
Factores legis quomodo justificare dicantur, 12.
Fallax dulcedo, 33.
Falsa doctrina veri semper aliquid intermiscet, 143.
Falsi aliquid de Deo dicere perhorrendum est, etiamsi ad laudem ejus pertinere videatur, 109.
Falsitas non minore scelere laudatur in Deo quam veritas vituperatur, 109.
Fama bona quam necessaria, 130.
Fato Christus non est subjectus neque sub eo natus, sed ejus hora et tempus est ejus voluntas, 152.
Fermentum quid in Script, 157.
Fervere spiritu quomodo dictum, 36.
Fiat et hujusmodi quibus imprecari videtur, non optantis sunt, sed prophetantis, 52.
Fidelis cum infideli manere vel non manere potest, 83. Fidelis discedens ab infideli cohabitare volenti an potest alteram ducere, 84. Fidelis infidelem odio fidei discedentem sequi non debet, sed aliam ducere potest 84. Fideles omnes per apostolos credunt, 143. Fideles qui, 162.
Fides verborum, 6. Fides quid sit et quando, 212. Fides rerum quid, 6. Fides cum charitate fundamenium omnium virtutum et bonorum, 6. Fides dæmonum quæ. 6. Fides tribus modis accipitur, 6. Fides merces vita æterna, 7. Fides et justitia Christi quomodo dicantur, 17. In fide et per fidem indifferenter dicit Apostolus, 18. Fides qualis a nobis exigitur, 18. Fides differentiam non admittit, 58. Fides nostra de Trinitate habenda, 54. Fides vera fundamentum est, et Christus, 73. Fides sola sine charitate et bonis operibus non sufficit, 73. Fides Dei nummus, 102. Fides patrum per nostra eadem aquæ utrosque salvavit, 122. Fides in nullo fuit ante gratiam, 151. Fides sine operibus, 157. Fides per dilectionem Christianos facit, 157. Fides dæmonum quæ, 157. Fides in nobis, est Christus in nobis, 168. Fides integra non est in solo Patre, nec in solo Filio, 169. Fides et credita differunt, 170. Fides catholica unde, 170. Fides scutum est justitiæ, 176. Fides certa cognitione utrumque inchoat, 185. Fidei principium et perfectio Christus, 3. Fidei laus et merces, 49. Fidei lux, similis est paradiso, 133. Fidei opus, dilectio sine qua inanis est, 157, Fidei commendatio, 184. Fidem habere posse sicut charitatem est natura hominum; habere autem fidem sicut charitatem est gratia fidelium, 207.
Fieri non potest, quod juste non fit, 155. Fieri aliud, aliud nasci, 2.
Figulus est Deus, 47.
Figuræ ipsæ quomodo umbræ dicantur, 192.
Figurata magis movere debent quam figuræ, 92.
Filius a Patre et Spiritu sancto missus, 152. Filius et Spiritus sanctus per subjectam creaturam visi immutabiles sunt ut Pater, 254. Filius omnis hominis homo, sed non omnis homo filius hominis potest intelligi, 236. Filius Dei unicus ut sine flagello non esset, carne indutus est, 261. Filius Dei sine peccato, non tamen sine flagello fuit, 262. Filii ejus nascimur, 165. Filii charitatis Dei Patris Christus, 189. Filii sunt opera, 213. Filii nomen proprietatem ostendit, non adoptionem, 233. Filii Dei nascimur si sumus pacifici, 262. Filium Christum Deo Patre minorem non esse, 162.
Finis legis Christus, 49. Finis noster Christus, 49. Fides sæculorum qui, 13. Finis consummationis et consumptionis, 111. Finis sine fine, 245.
Flere tanquam non flentem, 85.
Flagella patris toleranda, 262.
Flammam ignis facit Deus ministros suos, 234.
Fluimus et effluimus quomodo, 235.
Formari Christum in nobis quid, 155.
Fornicantis hominis cor fit servum corporis 81.
Fornicatio, 10. Fornicatio sola fuga vincitur, 81. Fornicatio maximum potentissimumque flagitium, 81. Fornicatio generalis qua non adhærens quis Deo, adhæret mundo, 81. Fornicatio sola divortium potest, 83. Fornicatio est etiam idolatria et quilibet prima superstitio, 83. Fornicatio mentis eodem quo carnis divortium facit, 83. Fornicatione sola quomodo quis in corpus proprium peccat, secus tamen in aliis fornicariis, 81. Fornicatione generali quomodo quisque in corpus proprium peccat, 81.
Fractio panis quomodo fit in sacramento altaris, 99.
Fratres quos vocet Paulus, 5. Fratres Christi, qui, 42. Fratres quatuor modis in Scripturis dicuntur, 142. Fratres

Christi quomodo sumus, 237.
Frons Christiani cur signetur, 50.
Fruendum quibus, quibus utendum, 219.
Fugere quibus liceat Christianis, 136.
Fundamentum Christus est et fides quæ per dilectionem operatur, 73. Fundamentum spiritalis fabricæ in summo, 84.
Fur et latro quis, 178. Fures si vitare non possumus in Ecclesia, exemplo Christi erga Judam tolerare discamus, 88. Fures et latrones in Ecclesia cavendi, 181.
Futura non sunt in natura sed in præsentia Dei, 21. Futurum tempus quomodo per præteritum servetur in Scripturis, 50.

G

Galatæ qui, 140.
Galea salutis, 176.
Gemere spiritus quomodo intelligitur, 11.
Gemitus columbæ, 42.
Geneseos II verba de Adam et Eva ad Christum pertinere, 175.
Genethliaci, 94.
Gentes quæ legis sunt quomodo facere dicantur, 12. Gentes cur potius quam Israelitæ justitiam apprehenderunt 48.
Gentilis quomodo Deum cognoscere potuit, 7. Gentiles quomodo dicebantur non gens, 51.
Genus non salvat, 44.
Gloria Mosi quomodo evacuata, 120. Gloria Dei est fidelium incrementum, 163. In gloria Dei Patris esse quid, 181. Gloria Christi est implere desideria suorum, 187. Gloria Dei quid, et cur nominata, 17. Gloriæ humanæ vires, 197.
Gloriari sapienter quomodo potuit Apostolus, 137. Gloriari in semetipso quid, 160.
Gloriatio laudabilis, 17.
Gratia quid est, 4. Gratia quando dicitur, 4. Gratia est specialiter remissio peccatorum; pax vero reconciliatio, 4. Gratia sub meritum non cadit, 17. Gratia Dei quid, et quod sola justificat, 17. Gratia gratis datur, 17. Gratia, quia gratis datur, 19. Gratia Christi efficacior ad salutem, quam Adæ peccatum ad damnationem 26, 27. Gratia Christi multiplex, 26. Gratia meretur augeri, 22. Gratia Christi, virtutum perfectio quæ in Christo homine fuit, 27. Gratia Christi abundans, 26. Gratia quomodo superabundavit ubi abundavit delictum, 28. Gratia merita nostra bona facit 31. Gratia pro gratia redditur salvatis, 31. Gratia pro gratia quid, 32. Gratia justificationis et glorificationis, 32. Gratia vocatur vita æterna, et quare, 82. Gratia liberat si inserit, 36. Gratia sola redemptos discernit a damnatis, 46. Gratia gratis data quæ, 46. Gratia virtus est sacramentorum, 92. Gratia non tollit liberum arbitrium, 109. Gratia non secundum merita datur, 109. Gratia Dei sola liberamur a malo, 140. Gratia meritum præcessit, non contra, 165. Gratia est prædestinationis effectus, 166. Gratia Christo non ad mensuram data, 170. Gratiæ deo necessariæ habendæ, 17. Gratiæ divinæ augmentandæ modus, 184. Gratiam reddit Deus pro gratia præmians ob merita, 225. Gratias Deo agere quid, 4.

H

Habere et non habere quid dicatur, 72.
Habitare in nobis quomodo Christus dicatur, 192.
Habitu quomodo inventus homo Christus, 181.
Hæredes Dei quomodo sumus non defuncti, 40.
Hæreditas æterna sors dicitur, 188.
Hæresis nonnullorum de animarum creatione, quodque non peccaverint in cœlo priusquam infundantur corporibus, 46. Hæresis non in scriptura et sermone, sed in sensu et intelligentia, 96.
Hæreticus quis, 97. Hæretici quomodo exercent Ecclesiam, 97. Hæreticis Deus bene utitur ad utilitatem catholicorum, 97. Hæreticos diabolus quando et cur excitavit, 97. Hæretici suo malo quomodo prosint, 97. Hæretici perdici comparantur, 223. Hæreticorum perversitas in corrumpendis Scripturis, 26. Hæreticorum error, serpens, 33. Hæreticorum ex inquietudine quanta sequitur utilitas, 97. Hæreticorum animositas semper inquieta, 223.
Hebræi unde dicti, 183.
Hierusalem superna, 156. Hierusalem terrena, 156.
Hilariter dandum, 131.
Hodie genui te, quomodo intelligendum, 233.
Homicidia, 10.
Homo creatura mundi dicitur per excellentiam, 7. Homo quomodo in potestate diaboli traditus intelligatur 25. Homo juste tenebatur a diabolo, tametsi injuste eum diabolus teneret, 24. Homo duplex, 33. Homo interior, 35. Homo adversario quando possit resistere, 35. Homo nolens omnia sacramenta accipere potest, credere non

nisi volens, 49. Homo optimus quis, 59. Homo animalis quis, 72. Homo dicitur factus ad imaginem Dei propter imparem similitudinem, 95. Homo sibimet abyssus, 76. Homo interior et exterior unus homo, 123. Homo tam exterior quam interior percipiet post resurrectionem habitationis cœlestis dignitatem, 125. Homo quatenus ad imaginem Dei creatus, 123. Homo exterior corpus, interior anima, 172. Homo in quo est imago Dei, 172. Homo quo irrationabilibus antecellat, 172. Homo nummus Dei, 189. Homo imago Dei imitando, 189. Homo vetus, vita vetus, 194. Homo in quo creatus est ad imaginem Dei, 194. Homo ad imaginem Dei factus secundum rationalem animam, 195. Hominem veterem exuere quid, 172. Homines sunt electi ut Christus glorificatus, 3. Homines nihil fiunt cum peccant, 87. Homines quod dii appellati sunt et non angeli, 87. Homines nos spe angeli sumus, et quare, 93. Hominibus Spiritus ad mensuram datur, 56. Hominibus datum ad mensuram; Deus non ad mensuram accipit, 171.

Honorare patrem quid, 175.

Hortus conclusus quibus constet, 222.

Hostia quomodo nulla relinquitur pro peccatis nostris 254.

Humanitas Christi, pes ejus est, 164.

Humanus homo et sermo, 210. Humana omnia dubia, 230.

Humilitas dispositio ad purgationem mentis et contemplationem, 8. Humilitas vera, 57. Humilitas custodit in omni tentatione, 93. Humilitas Christi usque ad quid extendatur, 181. Humilitas superbiæ medicamentum, 181. Humilitas Christi maxime in passione apparuit, 181. Humilitas charitatis meritum, 181.

Hyacinthus quid, 85.

Hymnus quid, 174.

I

Idololatria lusui puerorum similis, 92. Idololatrium zelo invidiæ Satan iuvenit, 94.

Idolum quid, 87. Idolum nihil esse in mundo quomodo intelligendum, 87. Idola per se nihil esse, 94.

Ignis tentationis et tribulationis, 74. Ignis inferni æternus, non tamen ut Deus æternus, 66. Ignis non est sine splendore, nec Pater sine Filio, 232. De igne purgatorio, 74. Ignem quem misit Deus in terram, 57. Ignes duo futuri, 74.

Ignominia et ignominiosus quid, 9.

Ignorantia Dei peccatum est, et pœna peccati, 10. Ignorantia fidelis melior, quam temeraria scientia, 14. Ignorantia fidei neminem excusat a toto, licet bene excuset a tanto, 12. Ignorans ignorabitur quomodo, 108.

Ignorat quis quod non approbat, 36.

Ignotum Dei quid, 7.

Illicitis qui abstinet, laudem habet; qui vero ab licitis se temperat, præmium et laudem, 195.

Illuminet Deus quomodo omnem hominem, 212.

Imago Dei in anima humana non omnino detrita est, 212. Imago, æqualitas, et similitudo differunt, 121. Imago Patris Christus, 189. Imago quomodo est aliter in nummo quam in Filio, 189. Imago quæ coli debet, 189.

Immunditia, 194.

Immundum non tangere, 127.

Impietas in Deum, 7.

Implebimur quomodo in omnem plenitudinem Dei, 169. Impœnitentia est blasphemia sive peccatum in Spiritum sanctum, 11. Impœnitentia in nullo vivente certe cognoscitur, 11.

Impostura tenebras quærit, 107.

Incarnatio Christi et omnis exinanitio occultum est mysterium, 190. Incarnationem Christi ad purum non intellexisse angelos, ante completam passionem, 167.

Incompositi, 10.

Increpantes ut plurimum verbo dubitationis utuntur, 86.

Indignatio quid, 194. Indignatio quæ, 173.

Induere Christum quid, 172. Induentes Christum, 151.

Indurati quomodo credere non possunt, 50.

Inexcusabiles quos vocet Scriptura, 8.

Infantes etiam Christus salvat, 210.

Infidelitas malignam vitam facit, 239.

Infirmitatem nostram nosse melius est quam naturam rerum, 86.

Inhabitat Deus in nobis aliter quam homo in domo, 75.

Inimico familiari nulla pestis major, 128.

Iniquitas, in homines, 7. Iniquitatis partes, 9. Iniquitatis mysterium quod, 206.

Iniquus et prævaricator differunt, 20.

Innocentia a Deo commendata, 195.

Inseminavit Deus omni animæ principia intellectualia, 232.

Insipientes, 10.

Instauratio omnium, 163.

Intelligenda quæ, 185.

Intelligibilia quæ, 7.

Intentio bonum opus facit, intentionem dirigit fides, 18.

Interior homo, 37.

Inveniendum quomodo sit et quærendum, 185.

Invidia, 10. Invidiæ zelus in diabolo quantus, 159.

Invisibilia Dei per ea quæ facta sunt cognosci, 7.

Invocare nemo vere potest sine fide, 50.

Invocatio quid possit, 50.

Ira Dei pro pœna et vindicta, 27. Ira Dei pro pœna in Scripturis, 7. Ira quæ, cum qua omnes nascimur, 165. Ira durans, diabolo orationem dat, 172. Ira quæ, 173. Ira res inconsiderata, 195.

Irasci et non peccare, 172. Irasci nobismetipsis quid, 172.

Isaac non sine magnæ rei figura contra naturam generationis fuit promissus, 21. Isaac et Ismaelis generatio, et quid uterque nobis significent, 155. Isaac filios gratiæ significat, 156.

Ismaelis sunt omnes qui in Ecclesia terrenam felicitatem quærunt, 156.

Israel quomodo audisse et cognovisse dicatur adventum Dei et Evangelii doctrinam, 51. Israel duplex carnalis et spiritalis, 93.

Israelitæ quare jussi sunt mulieres alienigenas dimittere, et quo pacto viros inducebant ad idola, 83.

J

Jacobus minor quomodo frater Domini, 142.

Jesus proprium est nomen, Christus sacramenti, 1. Jesus Salvator omnium, 210. Jesu etymon, 1.

Joannis baptismus, 68.

Judam cur Christus non abjecit, 78. Judas quomodo Christum tradidit, et Christus se, 113.

Judæus Græco præponitur ordine et causa Patrum non gratia, 6. Judæus qui plus disciplinæ suscipit, plus puniendus est, 13. Judæus vere quis, 13. Judæi quomodo gentibus digniores, 13. Judæus unde? 13. Judæorum jactantia, 13. Judæi etsi ordine priores quam gentiles, gratia tamen æquales, 15. Judæos, quo consilio lex data esset, nescisse, 28. Judæi capsarii nostri, 44. Judæi quomodo credere non poterant, 50. Judæi et audivisse et cognovisse quæ de Deo dicta, 50, 51. Judæorum casus et tribulatio nobis profuit, 53. Judæorum casus non incomparabilis, 52. Judæos Elias convertet, 53. Judæorum pars aliqua cur excæcata, pars non, 53.

Judaizandum nunc non est, 145 et seq.

Judex justus judicatus injuste, 14. Judicis non est sine accusatore damnare, 78.

Judicabitur talis qualis quisque moritur, 205. Judicandus homo quomodo ab homine, non ex arbitrio suspicionis, nec usurpato judicio extraordinario, sed ex lege Dei secundum ordinem Ecclesiæ, 79.

Judicium habere contra aliquem, est peccatum, 80. Judicium Dei verum et infallibile, contra humanum, 10. Judicium et misericordiam Deo specialiter inesse, 56. Judicium occultum quod merito unius peccati cadit in aliud, 207. Judicii diem quomodo Filius nescire dicatur, 42. Judicii dies non quando futurus, sed quomodo futurus sit scire expedit, 202.

Jugum Christi quomodo suave, 126.

Jurare verum non est peccatum, 111. Jurat Apostolus, 5. Juratar etiam non dicendo per, etc. 5.

Jusjurandum nisi necessarium nobis indultum, 5. Jusjurandum a malo illius, propter quem juratur, 5. Jusjurandum exigens, etiamsi nescit juraturum falsum an peccet, 5.

Justitia Dei quomodo et quare sic dicta, 6. Justitia Dei sine lege est, sed non sine lege manifestata, 17. Justitia quomodo per legem et prophetas testificata, 16. Justitia Dei quid, 16. Justitia non ex operibus, sed opera ex justitia, 18. Justitia Dei in morte, potentia in resurrectione, 24. Justitia plena plus exigit quam peccatum, 31 Justitia Dei, 49. Justitia legis quid, 49. Justitia fidei, 49. Justitia legis quæ, 182. Justitia ex Christo, non ex lege, 49. Justitia duplex, divina et humana, 49. Justitia nostra temperanda in corrigendo, 172. Justitia ex fide Christi, 182. Justitia vera, 185. Justitia stipendium quare non vita dicitur, sicut peccati stipendium mors, 31. Justitia spes, Christus, 157. Justitiam Dei quomodo iniquitas nostra commendat, 15. Justitiam cum iniquitate appendit, 31. Justitiam Dei vituperare non possent, etiamsi omnes damnarentur, 46. De justitia non præscientia judicat Deus, 47. Justitiam legis quomodo sectabatur Paulus, et an damnum sit in ea fuisse, 182.

Justificare impium, gravius esse quam justos salvare, 23. Justificari hominem sine operibus legis quomodo intelligatur, 18. Justificari non plures per Christum quam

per Adam condemnantur, 25. Justificatur quis sine operibus præcedentibus, non sine sequentibus susceptionem fidei, 18. Justificat te sine te, qui fecit te sine te, 182. Justificati gratis sumus quamvis ex fide, 22.
Justificationes duæ, 18.
Justus hic nemo sine peccato, 226. Justus, quique injustus dicendus venit, 6. Justus quomodo ex fide vivat, 6. Justi qui Christi adventum præcesserunt, in inferno detinebantur usque ad ejus passionem, 17. Justi veteres non solius verbi fide liberati, sed fide incarnationis Christi venturi, 27. Justus si patitur, quid injusto continget? 204. Justo quomodo lex non est posita, 210. Justum esse melius est quam hominem esse, 182.
Juvencæ rufæ mystica ratio; 252.

L

Labores et omnia hujus sæculi mala quæ procedunt de peccato originali, cur remaneant remisso peccato, 52.
Lac gregis est quidquid distribuitur præpositis, 88.
Lapis offensionis Christus, 48.
Latitudo charitatis et crucis, 159.
Latria soli Deo debita, 55. Latria, 183.
Laus gloriæ Dei est, cum multi ad fidem veniunt, 173.
Laudandus Deus non solum voce, sed operibus et vita, 94.
Legalia quibus permissa, quibus non, 157. Legalia quæ dicantur, 28. Legalia an post Christum sine peccato servari poterant, 90. Legalia cur Christianis legendæ sint, 246.
Lepra quid sit, 143.
Lex Dei quæ sit et qui sine ea peccant, sine ea peribunt, 12. Lex quæ quantaque significet, 16. Lex sibi quomodo quis esse potest, 12. Lex quid ostendit, 16. Lex operum et fidei quid differant, 18. Lex impletur per gratiam fidei, 18. Lex sine gratia non modo non aufert peccatum, imo auget, 21. Lex peccatum auferre non potuit, 25. Lex naturalis, et scripta, 25. Lex Mosi non adjuvare poterat, sed tantum præcipere, 85. Lex naturalis, 25. Lex quomodo in naturæ adjutorium data, 28. Lex data, ut homo infirmitatem suam agnosceret, 28. Lex mediocri pædagogus: perfecto signum, duro flagellum, 28. Lex quid, quibusque modis accipiatur, 28. Lex cur Judæis tantum data, 28. Lex data omnibus, sed non pro omnibus et pro quibus, 28. Lex carnis quid, 30. Lex spiritus cur, 32. Lex mortis cur, 32. Lex ad quid data, 33. Lex sancta et bona, 4. Lex Evangelii, lex spiritus, 34. Lex Mosi sancta et spiritualis, 34. Lex, peccati fomes cur, 35. Lex peccati cur, 85. Lex presbyterorum carnis quæ, 37. Lex carnis. peccati et mortis, 37. Lex spiritualis, et lex spiritus differunt, 37. Lex spiritus, lex gratiæ, 38. Lex quomodo infirmata per carnem, 58. Lex data, ut ejus infirmitate ad gratiam accelerarent, 171. Lex instar pædagogi, 151. Lex cur dicitur elementa mundi, 152. Lex infirma, 154. Lex post Christum nunc non distat ab antiqua idolatria, 154. Lex Synagogæ vir, 156. Lex omnis completur dilectione, 159. Sub lege esse quid, 159. Lex quomodo bona si non est justo posita, 500. Lex quando impletur, 261. Legem non esse malam probatur, 22. Legem non esse peccatum, sed peccati indicem. 32. Legem tantum gratiam habentibus prodesse, 34. Legem concupiscentiam nolle quomodo dicatur, 36. Legem adimplens timore pœnæ an justus, 182. Leges quatuor, 35. Leges scriptæ in cordibus nostris, 249. In lege non permanserunt Judæi vitio suo, 249. Legis Dei ignorantia inexcusabilis, 12. Legis factores quomodo justificentur, 12. Legis quæ sunt quæ gentes facere dicantur, 12. Legis opera quæ, 16. Legis opera non justificant, quando faciens ea sibi tribuit, 16. Legis status per quæ firmatur, 18. Legis datæ utilitas, et ad quid data, 27. Legis infirmitas, 27. Legis finis Christus, 49.
Liber et liberatus differunt, 31. Libera et Agar quid significent, 155. Liberum arbitrium in peccatore non omnino præilisse, et qui per ipsum maxime peccent, 31. Liberum arcitrium a nobis non aufertur, 35. Liberum arbitrium non tollit gratia, 109. De libero arbitrio nullo modo præsumendum, 165. Liberum arbitrium bonam voluntatem facere non potest, 182.
Liberantur cur non omnes, 47.
Libertas vera servum Christi facit, 158. Libertas vera quæ, 31. Libertas Christiana non est frangtanda Judæorum more, 248. Libertate nostra non abutendum nobis, 158.
Libido, 194. Libidinis usus naturalis, 9.
Licere potest aliquid, et non expedire, et non contra, 80.
Licita quæ dicuntur, 80. Licita sola charitate tractanda, 80.
Linguarum diversitas humani generis societates in Christo, 170.
Litteræ vetustas, 32.

Locum dare diabolo, 172.
Longanimitas et patientia differunt, 10.
Loquendi modus per præteritum de futuro in Scripturis, 50. Loquendi modus, cum quod semper fieri dicitur in aliquo, cum ab eo cognosci cœperit, 110.
Lorica justitiæ, 176.
Lotio pedum discipulorum quod nobis est exemplum, 115.
Loth uxor in statuam salis conversa quid designet, 216.
Lusus Ismaelis Paulus persecutionem vocat, 156.
Lux interior, 171. Lux interior quæ, 171.

M

Magistri fructus, discipuli obedientia, 199.
Magnus non est qui a nobis visus explicari potest, 157.
Majores et minores qui, 150.
Male vivere, de nostro est, 47. Male agentibus compendium, cita mors, 78.
Maledictum quomodo Christus pro nobis factus, 9.
Malus duobus modis non maculat, 173. Mala non esse facienda, ut veniant bona, 15. Mala nostra ad quid prosint, 42. Malis quomodo utatur ad profectum nostrum Deus, 53. Mali tolerandi quando per judicium averti non possunt, 79. Malis etiam benefaciendum, 161. A malis quomodo separandi sumus in hac vita, 173. Malum si persequeris, malum te facis, 57. Malum pro malo reddere quid, 203.
Malignitas, 10.
Malitia, 10, 78, 194.
Mandatum quomodo ad mortem, 33.
Manducare ex fide quid, 62. Manducare corpus et sanguinem revera spiritaliter quid sit, 81. Manducare Christum vita est, 93. Manducans et bibens modeste, frugaliter et temperanter laudat Dominum, 94. Contra per immoderate sumptum cibum blasphematur Deus, 94.
Manducatio. De manducatione corporis et sanguinis Christi, 93.
Manichæorum hæresis, 32. Manichæorum error de anima et corpore hominum, 37. Manichæorum error, 38.
Manifestus. De manifestis judicare licet, 217.
Manna unde parabatur, 91. Manna quid figurabat, 91, 92.
Mansiones multæ in patria, 111, 112.
Manus expandere quid, 51.
Maranatha quid, 115.
Maria quomodo concepit, 2. Mariarum trium historia, 142. Maria mater Domini filia Annæ et Joachim, 142.
Maris Rubri transitus, baptismi figura, 91.
Martyres differenter pro Christo patiuntur, et Christus pro ipsis, 43. Martyrem non facit pœna, sed causa, 43. Martyres quomodo vindictam a Domino petant, 57. Martyres adversus peccata usque ad sanguinem certant, 57. Martyrum dilectio perfectissima est, 261.
Mater Christi virgo fabro nupta nobilitatis exstinxit typum, 261.
Mathematici, 94.
Matrimonii tripertitum bonum, 83. Matrimonii indissolubile vinculum utraque parte vivente, 84. Matrimonium ratum non est, quod sine Dei devotione est, 84. Matrimonium plura quære in conjugium.
Mediator noster esse debuit Deus et homo, 24, 212. Mediator noster Christus, et unde nomen sumptum, 150. Mediator et Deos et homo esse debuit, 212.
Medicus summus ægros omnes invenit, 38. Medico comparatur Deus, Paulus saucio, 138. Medici ut famam acquirant, desperatos ægros sanandos eligunt, 210.
Melchisedech, 245.
Memor et oblitus quomodo capiatur, 5.
Mendacium fidem corrumpit, 133.
Mendax quisnam judicandus, 117. Mendax est omnis homo, 14.
Mens superior vis animæ, 105.
Mensa quid, 51.
Mentiendum in doctrina religionis omnino non esse, 146. Mentiendum nunquam, 194.
Mercatoris modum explevit Christus, 237.
Mercenarius, 178. Mércenarii in Ecclesia tolerandi, 179.
Meretrici adhærens quomodo unum corpus est cum ea, 81.
Merita hominis bona, etiam esse Dei munera, 31. Merita nostra bona ut sint efficit gratia, 31. Merita nostra cum coronat Deus, sua merita coronat, 32. Meritorum præsumptio non sinit credere in Christum, 50. Merita fiunt bona post gratiam, 109.
Miseria hominis communis, 184.
Miseri qui, 19.
Misericordia Dei non sufficit, nisi adsit voluntas, 45.

Misericordia et judicium Deo specialis, inesse, 56. Misericordia medicina quotidiana, 56. Misericordia quomodo fieri debeat, 56. Misericordiam Dei consequuntur et scienter peccantes, et facilius qui ignoranter, 210.

Missæ ordo ostenditur, 211.

Mori peccato quid, 28. Mori cur homines Deus voluit, 201. Mori cur Christus voluit, 237. Morituri an sint qui adveniente Christo vivent, 202.

Mors Christi tam peccata tulit quam resurrectio et utraque justificant, etsi utriusque sit differentia, 21. Mors Filii Dei quomodo facta est nostra reconciliatio, 23. Mortis regnum quid, 25. Mortis regnum sola Christi gratia destruit, 25. Mors et resurrectio Christi, non tantum res, sed etiam sacramenta sunt, 29. Mors victa non penitus interempta, 29. Mortem Deus non fecit, sed homo sibi per peccatum accersivit, 30. Mors a Deo esse quomodo dicitur, et non esse, 30. Mors non sub lege legs, sed hominum vitio, 34. Mors etsi de peccato carnis martyribus tamen utilis fuit, 42. Mortem Christus quomodo sensit, 71. Mors Christi si Deo odor suavis, quomodo qui eum occiderunt peccaverunt? 173. Mors cita male agentibus compendium, 78. Mors Christi magna polliceri debuit, 253. Mortis Christi et Adæ comparatio, 110. Mors nostra est pœna peccati ; mors Christi hostia pro peccato, 110. Mortis auctor diabolus, 237.

Mortuus peccato Christus quomodo, 30. Mortua lex quando dicitur, 32. Mortuum et mortale differunt, 39. Mortuum tangere, 243.

Moses idololatras paucos quomodo gladio vindicavit, 78. Moses mare Rubrum transiens Christum figurat, 91. Moses quomodo Deum videre concupivit, 137.

Mulier a viro et legitime discedens, vivente viro, nubere non potest, similiter et vir aliam ducere, 83. Mulieres sanctæ Christum, et post apostolos secuti ad præparanda victui necessaria, et quare, 86. Mulier facta in adjutorium viri non ad concupiscentiam carnis, 96. Mulier sensualitas est, 86. Mulier quid in Scriptura, 152.

Munda mundis omnia quomodo intelligantur, 227.

Mundus, universum genus hominum, 24. Mundus cur factus, 7. Mundum nobis crucifigere debemus, et nos mundo, 161. Mundi rectores, 176.

Murmurantes in Deum reprobat, 46.

Muscipulam diabolo Christus tetendit, 37.

Mysteria antiqui non plene intellexerunt, 66. Mysteria omnis sacramenti Dei in Christo sunt, 191.

N

Nati secundum carnem persequuntur filios spiritus, 156. Natum quod de Deo est, Deus est, 232.

Natura communis omnibus est, sed non gratia est, 21. Natura bona a Deo creata, 32. Natura humana sola fide et sanguine Christi justificatur, 49. Contra naturam nihil facit Deus, 53. Contra naturam quid fieri quomodo intelligatur, 53. Natura humana in Christo solus Deus major est, 226.

Naufrago idem est quibus aquis operiatur, 139.

Negatio fit factis quoque, 227.

Nequitia, 10, 78.

Neronem quomodo quidam Antichristum suspicati, 206.

Nitimur in vetitum, 33.

Nobilitas Judæorum quæ, 182.

Nocendi potestas bonis et malis prodest, 58.

Nolens omnia potest, credere nonnisi volens, 49.

Nomen Dei inter gentes quomodo blasphemetur, 13. Nominis mutatio unde in sacris, 1.

Nominatio quid Paulo, 79.

Nostra quomodo omnia sint, 75.

Notum Dei quid, 7.

Novatianorum hæresis de secundis nuptiis, 86.

Novus homo quis, 172. Nova quomodo omnia facta sunt, 125. Nova creatura, nova vita est, 161. Novum Testamentum in lege vix usque nominatum et expressum, 249. Novi Testamenti promissiones, 149.

Nubere esse melius quam uri quomodo intelligatur, 83.

Nubes in mari Rub. Spiritus sancti figura, 91.

Numero toti quandoque attribuitur quod majori parti convenit, 109.

Nuntios habet Deus propter nos, 178.

Nuptiæ quid concesso, 82. et quod bonæ et laudabiles, 83. Nuptias probandas docet, 82. Nuptiis quomodo secundum veniam coitus concedi intelligatur, 83. Nuptiæ invitæ proventus malos solent habere, 86. Nuptiæ primæ tantum a Domino institutæ et benedictione sublimes secundæ vero permissæ, et in præsenti, gloria carentes, 86. Nuptiæ secundæ etiam beatæ sunt, sed viduitas beatior, 86. Nuptiæ nec tertiæ nec quartæ damnandæ, quanquam non sint sine verecundia, 86.

Nutrix mater ex amore, aliena pro mercede nutrit, 193.

O

Obdurat Deus quomodo 46.

Obduratio quomodo justa, et quid sit, 46. Obduratio temporalis tantum, 46.

Obedientia quali modo adhibenda, 58. Obedientia quali modo adhibenda potestatibus, 8 Obedientiæ laus, 27.

Obsecratio quid, 5, 211.

Observantiæ omnes Vet. Test. futurorum umbræ, 192.

Observare dies, menses, annos et tempora quid, 154.

Obsonii immunditia non timenda, sed cupiditatis, 62.

Obstinatio quid, 2.

Obtemperari sibi velle a minoribus et nolle obtemperare mjoribus iniquissimum est, 97.

Odibiles Deo, 10.

Odor bonus qui, 119.

Offensio Dei in Israelitas cur tanta, 62. Offensionis lapis Christus, 48.

Olea in oleastrum inseri solet non contra, 53. Oleæ insertio, 52. Oleum exsultationis est Spiritus sanctus, 234. Oleo spiritali unctus Christus, 234.

Omnes homines, pro omni genere hominum, 212. Omnibus per omnia placere, 94.

Onera diversa, 160.

Onus suum quisque portabit, et alter alterius portare jubemur, 160.

Opus bonum intentio facit, intentionem dirigit fides, 18. Opus nullum ex debito remunerationem a Deo reposcit, 19. Opera justificatum sequuntur, non præcedunt justificandum, 18. Opera sunt ut magnæ vires et cursus celerrimus præter viam, 18. Opera sola bona quæ sunt ex dilectione, 18. Opera quædam bona videntur et non sunt, 49. Opera mala blasphemiæ in Deum, 94. Opera ex gratia, non contra, 165. Opera bona non ex quantitate sui, sed ex charitate plus vel minus prosunt, 104. Opera bona et pia non frustrabuntur sua remuneratione, 165. Operis remuneratio etiam ex gratia Dei retribuentis, 19.

Operari pro accipere, 88. Operatur in nobis Deus inclinando sive ad bona sive ad mala, 9. Operatur in nobis Deus et velle et operari, 182. Operante et cooperante Deo, et bona volumus et facimus, 177.

Opportunitas est omni medicamento necessaria, 224.

Oppugnant non expugnant bonos diaboli, 189.

Orare nemo vere potest, nisi prius credat, 50. Orare spiritu et mente, 106. Orandum quid sit nescimus, 41. Orandum spiritu et carne, 167. Orat semper, qui bene semper agit, 203.

Oratio nostra infirma a Spiritu juvatur, 41. Oratio etiam gratiæ donum est quidquid impetrat, 41. Oratio necessaria est, 50. Oratio quare necessaria, 57. Orationes quæ, 311.

Origenis error, 44.

Originale peccatum quibus nominibus vocetur, et quid sit, 19. Originale peccatum quomodo per Baptismum dimittitur, et tamen in posteritate remanet, 19. Originalis peccati generalitas, 23. Originale peccatum etiam solum ad damnationem sufficit, 26. Originale peccatum ut cætera ex voluntate esse, 37.

Oris confessio fit ad salutem, 49.

Osculum sanctum, 65.

Ostium claudere diabolo, 173.

Otium sanctum quærit charitas, 213. Otium et actuositas temperanda sunt, 213.

P

Pædagogus quid, 151.

Pædia quid, 262.

Panes occulti, sunt hæreticorum errores, 224.

Paradisus quomodo hic accipiatur, 197.

Participes Christi qui 234.

Parentum merita non esse differentia in generatis, 44. Parentum curam filius habere debet, 246.

Pascendis ovibus non quæ nostra, sed quæ Christi quæ renda, 223.

Pascha Hebraicum nomen, 25. Paschæ ritus, 78. Pascha immolatum est, 78. Paschæ diversæ celebratio, et celebrationi significatio, 263.

Passio per passionis sacramentum, quid Christus a nobis exigat, 29. Passionibus mori quid, 32. Passiones Christi vere noscit qui per eam ad salutem pervenire credit, 184. Passionibus Christi defuisse creditur, quidquid membrum ejus hic patitur, 199.

Pastor quis, 178. Pastoris officia, 223. Pastores cur dicuntur doctores et episcopi 171.

Pater cœlestis moritur nobis in ænigmate, 4. Pater in divinis non habet Patrem ut sit sicut Filius, 55. Pater non solus sapiens, 66. Pater operatus est cum Filio non passus, nec natus, nec resurgens, etc., 152. Pater cur dicitur dedisse quod divinitas Filii dare poterat, 181. Pater quomodo solus Deus et invisibilis dicatur, 210. Pater non vocandus qui ex adulterio genuerit, 262. Patris et Filii inseparabilis operatio, 87. Patris et Filii æqualis potentia, 219. Patres antiqui per mortem Christi servati, 192.

Patienter viventes, 179. Patienter morientes, 179.

Patientia et longanimitas differunt, 10. Patientiæ exempla in patribus quoque mira fuisse, 261.

Paulus unde nomen assumpsit, 1. Paulus omnibus debitor, 6. Paulus cur alio exordio Corinthiis scribat quam al is 67. Paulus mavult negotia Christianorum per contemptibiles judicari, quam in forum deferri, 79. Paulo ad vitandam elationem stimulus carnis datus, 86. Paulus cur nihil a Corinthiis accipere noluit, 189. Paulus quod Judæus Judæis factus est, etc. Denique omnibus omnia non per mendacium, sed compassionem, 90. Paulus tanquam ægrotus ægrotis ministrabat, 90. Paulus libertate prudenti congruebat consuetudini Judæorum, 90. Paulus in quo plus laboravit, 109. Paulus quomodo nuditatem passus, quærens primo regnum Dei, 135. Paulo etiam fugienti cura gregis fuit, 136. Paulus quomodo arcana vidit, 136 et seq. Paulus non ex Evangelio datum, sed fructum quærebat, 138. Paulus per Christum ut Deum non ut hominem mortalem factus est apostolus, 141. Pauli auctoritas unde acquisita, 143. Pauli tædium, 179. Paulus cur Petrum arguit, 145. Paulus quomodo in lege sine querela conversatus sit, 182. Paulus primus peccator, 210.

Pax quid, 4. Pax mundi quæ, 22. Pax vinculum est unitatis, 169. Pax Dei an superet humanum intellectum et non angelicum, 186. Pax necessaria ad mysterium unitatis, 93. Pax Christi quid, 195. Pacem habere cum Deo facit fides, ut qui eam cum Deo habeant, 22. Pacem evangelizare quid, 50. Pacem charitas facit et tuetur, 195.

Peccator gravius sonat quam peccans, sicut irrisor quam irridens, 148. Peccatori quia homo est, non quia peccator, subveniendum, 164. Peccatores quomodo Christi dicantur esse, 3. Peccatores non nosse se quomodo Christus dicat, 36. Peccatores in peccatis præscitos esse, non præparatos, licet pœna præparata sit secundum quod præsciti, 42. Peccatoram remissio est in Spiritu sancto, 170. Peccatoribus viscera misericordiæ non esse claudenda, 161.

Peccatum omne, quod citius pœnitendo non tegitur, et causa est et pœna peccati, et quare quomodo, 8. Peccatum vitari non potest, nisi adsit gratia, 16. Peccatum in Spiritum sanctum, quod, et quod dupliciter committitur, 11. Peccatum quomodo per virum et non per feminam intravit, 24. Peccatum in omnes transiens quid, 25. Peccatum non imputari quid, 25. Peccatum ante legem quomodo ignotum, 25. Peccatum per legem abundavit, 28. Peccatum non post legem accessit et non ante, 33. Peccatum per legem revixit, 33. Peccatum quomodo ante legem mortuum intelligitur, 33. Peccatum omne mortale concupiscendo committitur, 35. Peccatum quomodo in carne habitat, 35. Peccatum quomodo in nobis habitat, 36. Peccatum de peccato quomodo damnatum in corpore, 38. Peccatum et judicium habere contra aliquem, 80. Peccatum nihil est, 87. Peccatum stimulus mortis, 114. Peccatum veluti scorpius, 114. Peccatum quomodo Christus factus, 125. Peccatum quid in Scripturis interdum significet, 125. Peccatum, delictum, 159. Sine peccato nisi unigenitus Dei esse nemo potuit, 203. Peccati cogniti, quomodo ex lege, 16. Peccati prohibitio, nisi adsit gratia, auget ejus desiderium, 32. Peccati natura cui similis, 74. Peccata videre Deum, punire est peccata, 19. Peccata quomodo tecta sunt, 19. Peccata universa baptismo solvuntur, 37. Peccata aliqua per sanctos viros quare morte nonnunquam punita sunt, 78. Peccata parva sed crebra, collecta aggravant et opprimunt, 139.

Peccare in similitudinem Adæ, 25. Peccare est in potestate malorum, sed non hoc vel hoc genere, 53. in Christo et in Christum diverse dicitur, 88. Peccare. Non peccare quibus est datum, non naturæ, id est sed gratiæ, 219. Peccans contra mandatum, supra nondum peccat, 34. Peccantem corripere quando privatim, quando publice decet, 217. Peccasse omnes, quomodo intelligatur, 17.

Pedes. Sub pedibus Christi quomodo omnia subject Pater, 164.

Pelagianorum error de peccato originali, 24.

Per præpositionis insolentia, 7.

Peregrinari quid, 124. Peregrinamur in corpore, 124.

Perfectionis quid adhuc Apostolo defuit, 184.

Perfectum quod in spe est dicitur, 165. Perfectus nemo in præsenti vita, 184. Perfecti quomodo hic sint in cursu, non in affectu, 185.

Peripsema quid, 77.

Permittere aliud quam præcipere, 83.

Perscrutandum non esse cur Deus hunc, non illum liberet, 46.

Persecutio Christianorum quæ, 224.

Persona nostra, persona est Ecclesiæ corporis Christi, 190. Personæ in Evangelio tres, pastores, mercenarii et fures, 178. Personarum nulla est acceptio apud Deum, 195.

Perturbatio multorum correctorum profuit postea ad salutem, 224.

Petra scandali Christus, 48. Petra non Petrus fundamentum Ecclesiæ, 68. Petra quomodo Christus erat, 91.

Petrus ore non corde Christum negavit, 49. Petrus a petra, non petra a Petro, 68.

Pharao. In Pharaone lingua erat, in Joseph prophetia, 105.

Pharisæi qui, 183.

Philippi urbs, 177.

Philosophi cognoverunt Deum non esse corporeum, nec mutabilem, nec ab alio, sed cuncta ab eo esse producta, 7. Philosophi utrum Trinitatis notitiam habuerint, 8 Philosophorum gentilium vanitas, 8.

Phœbe in Cenchris, 65.

Pie vivere volentes semper patientur persecutionem, 324. Pie vivens torquetur vitiis alienis, 224.

Pignus et arrha, 163.

Pigri in conversatione divina sine spe sunt, 56.

Placere hominibus propter veritatem bonum est, 94. Placere omnibus per omnia quid, 94. Placere et non placere, sed differenter debemus hominibus, 142. Placet ille Deo qui fidem rectam exsecutione virtutum et perfectæ operationis decorat, 200.

Platonici libri Augustino allati, 90.

Plenitudo. Quomodo implebimur in omnem plenitudinem Dei, 149. Plenitudo omnis quomodo in Christo et esse et habitare dicatur, 89.

Plures non comparative semper, sed absolute interdum pro multis dici, 26.

Pœna duplex, quam Christus utramque delevit, 29. Pœnæ peccantium ad hoc relatæ, ut corrigamur, 92.

Pœnitentia. Ad pœnitentiam agendam non sufficit mores in melius mutare, sed de præteritis satisfacere Domino per pœnitentiæ dolorem, etc., 139. Pœnitentia bonorum pene quotidiana, 139. Pœnitentiæ agendæ opus est pœnitentia, 226. Pœnitentiæ semper locus, 254.

Pontifices unde nomina mutent, 1.

Populus transiens mare Rubrum, fidelium figura, 91.

Portare Deum in corpore quid, 82.

Portæ duæ per quas diabolus intrat cupiditas et timor, 172.

Postulationes quæ, 211.

Potentia Dei in resurrectione, justitia autem in morte, 24. Potentia sola Deus hominem liberare poterat, sed humilitate maluit, 34. Potentia sola Deus hominem liberare poterat, 24.

Potestas omnis a Deo, 58. Potestas omnis a Deo, 65. Potestas nocendi bon s et malis prodest, 63. Potestas sive potentia Dei quid, 68. Potestas interior diaboli occisa, 192. Potestas tenebrarum, 165. Potestas tenebrarum, 169. Pro potestatibus quomodo orandum et cur, 211. Potestatis nomine quid designetur, 58. Potestatis nomine quid significetur, 58. Potestatem omnem et principatum quomodo evacuabit Christus, 111. Potestatibus quomodo obediendum, 58.

Præcepta duo de dilectione buam invicem cohærentia, 158. Præcepta duo charitatis unum sunt, 58. Præceptorum Decalogi divisio, 59.

Prædestinatio quid, 42. Prædestinatio quid, 2. Prædestinatio utrum de eo quod semper fuerit, an de eo quod non semper sit, 3. Prædestinatio gratiæ est præparatio, gratia ipsa donatio et prædestinationis effectus, 166. Prædestinationis caput Christus sancti membra, 3.

Prædestinatus est Christus secundum humanitatem non divinitatem, 3.

Prædicatio Christiana cultu orationis non indiget, 69.

Prædicatores malos malis cur mittit Deus aliquando, 50.

Prædicatorum labor ingens, 155.

Prædico. Quia prædicit Deus, ideo non facit, 50.

Prælatio etsi dignitas major, administratoria tamen, 174.

Prælatus bonus, nutritor est; malus tentator, 62.

Præoccupari in delicto quid, 159.

Præputium quid, 13.

Præscire pro prædestinare interdum ponitur, 51.

Præscitos malos Deus non crearet nisi bonorum usibus accomodare sciretur, 47.

Præscientia quid, 42. Prescientia quid, 47. Præscientia Dei non cogit ad peccantum, 50. Præscientia Dei, 166.
Præsumere. Contra præsumentes et gloriantes in seipsis, 76.
Præsumptio diabolica, 93. Præsumptio meritorum non sinit credere in Christum, 50.
Præter et præterquam pro contra accepta, 141.
Præterita postponenda, 18.
Præcationes quæ, 211.
Presbyteri qui episcopi, 177.
Primitiæ Spiritus, 41.
Primogenitus quomodo Christus, 189. Primogenitos inter multos fratres Christus quid, 42.
Prisca sive Priscilla, 65.
Probati Deo qui dicuntur, 97.
Processio Spiritus, sicut generatio Filii inscrutabilis, 39.
Profundum crucis, 169.
Prohiberi quæ dicantur, et quæ permitti, 6.
Prohibitione mali, nisi adsit gratia, desiderium mali crescit, 33.
Promissionum tempus, 231.
Promittere plus esse quam prædicare et præscire, 21.
Propagationis non imitationis peccatum in omnes transiit, 24.
Propheta tripliciter dicit, 105. Prophetæ in Novo Testamento Scripturarum interpretes, 171.
Prophetia cur in enumeratione gratiarum primum est donum, 56.
Propitiatorium, 150.
Propositum Dei quid, 42. Propositi fraudatio damnabilis, 216.
Proprium nomen ponendi pro pronomine modus, 3.
Proximus quis, 59. Proximus quis dicatur, 172. Proximi dilectio qualis esse debeat, 59. Proximi nomine, omnis homo intelligitur, 59.
Prudentia carnis et spiritus, 38.
Psallere quid, 106.
Psalmus quid, 174.
Pucidita virginalis conjugali præstantior, 86
Puer nascitur quam miseriæ propheta, 174. Pueri etiam non secundum quod gesturi erant sɪ diutius viverent, sed secundum quod per alios gesserint judicabuntur, 124.
Pugna adulti baptizati, 29. Pugna nobis continua in corpore mortis hujus, 37.
Puto, non dubitantis sed increpantis apud Paulum, Puto quod Spiritum Dei habeo, 1 ad Corinth. vii, fo, 86.

R

Rami oleastri inserti sunt patriarchæ, 53. Rami fracti, 52.
Ratio cur in viro significata, 96.
Recedere a nobis, 127.
Reconciliare nos Deus alio modo quam per mortem Filii sui potuit : sed nullus sanandæ miseriæ nostræ convenientior, 23.
Reconciliatio per mortem Filii Dei quonam intelligenda, 23. Reconciliationis nostræ pretium, 24. Reconciliationis vis quanta, 34.
Redimere tempus quid, 174. Redemit nos Christus, non emit, 17.
Redemptio nobis data est in sanguine Christi fuso, 189. Per redemptionem peculiariter Dei sumus, 81. Redemptionis nostræ pretium, 189. Redemptio nostra in sanguine Christi, 253.
Refectio. De refectione corporis et sanguinis Domini, 93.
Reformare se mens humana non potest sicut deformare, 172. Reformatio vera, 55.
Regeneratis Christus plus præstat quam Adam generatis nocuit, 26.
Regnum Dei quid, 61. Regnum Dei, electi, 110. Regnum Deo quomodo tradit Christus, 110. Regnum Dei est hic. id est in mundo, sed non hinc, id est de mundo, 189. Regnum Dei qui sunt, 189.
Remissionis effectus duplex, 17. Remissio peccatorum cur Spiritui attribuitur, 49. Remissio peccatorum est in Spiritu sancto, 176.
Remunerationi operis etiam ex gratia Dei retribuentis, 19. Remunerationem non accipiet de eo quod invitus quis fecit, 89.
Renovari secundum Deum et secundum imaginem Dei, 194. Renovamur de die in diem, 123.
Repetere sua quoad perfectis imperfectisque liceat, 77.
Reprobato temporalis et æterna, 46.
Requies nostra per Sabbatum figurata, 240.
Res significans nomine rei quam significat nominari interdum solet, 91.
Resipere quid, 223.
Resurrectio duplex, 3. Resurrectio Christi omnem ambiguitatem et diffidentiam abstulit et compressit, 4. Resurrectio Christi, generalis nostra resurrectio, 4. Resurrectionis commendatio, 110. Resurrectionem futuram qualiter Judæi credebant, 113. Resurrectio fieri non potest, nisi præcedente morte, 113. Resurrectiones duæ, 222. Resurrectionis credulitas sola nos a paganis distinguit, 222. Resurrectio sanctorum erit sine ullo vitio, 171. Resurrectio Christi ad quid nobis profuit, 184. Resurrectio sanctorum et impiorum differet, 184. Resurrectio Christi, nostra est justificatio, 184.
Resurgemus ea ælate qua Christus mortuus est et resurrexit, 171. Resurgemus omnes in virum perfectum quomodo, 171. Gloria resurgentium diversa erit, 112.
Retributio quid, 52. Retributio æqualis peccato erit, 235.
Revelatio quid, 106.
Rumor. Non auscultandum falsis rumoribus de adventu Domini, 205.

S

Sacerdotes omnes præterquam Christus necessitatem habent quotidie, 248. Sacerdotes ante Aaron omnes primogeniti erant, 263. Sacerdos omnis purgatione eget præter Christum, 248. Sacerdotum dignitas, 246.
Sacerdotium Judæorum figura fuit nostri, 143. Sacerdotium leviticum, 246.
Sacramentum aliud, aliud sacramenti virtus, 92. Sacramenta omnibus communia, sed non sacramentorum virtus id est gratia, 92. Sacramentum et rem sacramenti quomodo bonus accipere, malus vero sacramentum tantum dicitur 99. Sacramenti omnis Dei mysterium in Christo, 191.
Sacrificium verum, 55. Sacrificium quatuor respiciunt, 243. Sacrificium quod Deo gratum, 248.
Sæcularia judicia an habenda, 79.
Sæculum præsens nequam, cur dicitur, 141.
Salomon et Daniel et alii cur tam sapientes, 191.
Salus Domini, 126.
Salvos omnes fieri quomodo vult Deus, cum non omnes salvabuntur, 212.
Samaritanorum origo, 90.
Sancti qui vocentur, 4. Sancti quomodo Christum imitentur ad assequendam ejus justitiam, 24. Sancti viri quomodo spectaculum sunt angelis et hominibus, 77. Sancti qui vere, 162. Sancti luminaribus comparantur, 182.
Sanctificatio quædam in matrimonio fidelium, 84. Sanctificatio spiritus non potest non esse corpus sanctum, 85.
Sanguinis Christi efficacia, 24.
Sapientes et insipientes qui vocentur Paulo, 6. Sapientes in locis consistentes examinatores negotiorum esse voluit, non prædicatores, 79. Sapientes aliter Christus, aliter homines, 189.
Sapientia Verbi quæ, 69. Sapientia aliquando pro astutia ponitur in Script., 75. Sapientia Dei multiformis, 167. Sapientia et scientia differunt, 191. Sapientia et scientia nostra Christus, 191. Sapientiæ divitiæ Christus, 91.
Satanas in angelum lucis transfiguratus, sensus tantum corporis corrumpens, nullum est in religione periculum, 134. Satanas in angelum lucis cur se transfigurat, 134. Satanæ tradere in interitum carnis, 78. Satanæ angelus datus Paulo a Deo non a diabolo, 137. Satanæ technas solo Dei adjutorio cavere possumus, 234.
Saulus a Saule dictus, 182.
Scandalum patientes frixorium sunt habentium charitatem, 135.
Schema usitatius quam figura, 105.
Scientia inutilis per se, adjuncta charitate utilis, 89. Scientiam suam qui addit, addit dolorem peregrinationis ex desiderio patriæ, 86. Scientia in futuro evacuabitur, 185. Scientia gloriæ Dei quæ, 122. Scientia, et sapientia inter se distant, 181. Scientiæ Dei nihil decedit aut succedit, 55.
Scriptura bonis refectio est, malis autem laqueus, 51. Scripturæ sanctæ cur dicantur, 53. Scripturis sacris resistitur vitiis, 59.
Scire Dei, 173.
Scutum fidei, 176.
Secreta doctrinæ nulla parvulis esse tacenda, 72.
Secundum quomodo in Scriptura usurpetur, 3.
Seducitur nemo ex his quos Deus in vitam æternam elegit, 222.
Semen. In semine duo sunt, 246.
Seminandi tempus quod, 161.
Sensibilia quæ, 7.
Sensualitas in muliere cur signata, 96.
Sepulcrum, 21.
Sermo humanus quis, 210.
Serpens a Mose exaltata quid significet, 29. Serpens virginitatem mentis corrumpere prætendit, 134. Serpens quærit nos ut Evam de paradiso Ecclesiæ dejicere, 133.
Servi libertas quæ, 21. Servi Dei an corporaliter operari debeant ut vivant, 208. Servos quilibet emere potest,

sed Christus etiam creare, 237.
Servitus Christi omni libertate nobilior, 1. Servitus libera, 176. Servitus duplex, 177. Servitus duplex, 1. Servituti corpus subjicit quid, 91.
Signum in alto et profundo petere quid, 45.
Silentium triplex, 150.
Similitudo quid, 87. Similitudines multas etiam de rebus non laudandis trahi, 91. Similitudine non locorum intervallo acceditur ad Deum, 95. Similitudinum diversa genera applicanda sunt ad Patris Filiique æqualitatem significandam, 232.
Simon quare vocatur Petrus, 68.
Sine corpore esse non est optandum, 175.
Sobrietas templi ministrorum, 213.
Sol justitiæ et veritatis Christus noster, 172.
Somnus quid significet, 59.
Sorte vocati quando sumus, 163.
Sosthenes, 67.
Sperare quis vere dicitur, 219. Sperando et desperando periclitantur homines, 11.
Spes quid, 22. Spes non est nisi de non apparentibus. 41. Spes in tribulatione patientem facit, 57. Spes in homine non ponenda, 68. Spes quod futurum est, certum et perfectum facit, 165. Spes nostra in cœlo, 185. Spes anchora animæ, 245.
Spiritalia sursum sunt, 194. Spiritalis homo et vita, 72. Spiritalis omnia judicat, 72.
Spiritus sancti nomen ut Patris et Filii in salutatione epistolæ curPaulus non apposuerit, 4. Spiritus sanctus cur bis datus 22. Spiritum sanctum mali accipere non possunt licet tamen cætera sacramenta, 22. Spiritus Dei, qui et Christi, 38. Spiritu Dei agi, quid, 39. Spiritus sanctus a Patre Filioque procedens, 39. Spiritus servitutis et timoris, 39. Spiritus adoptionis, 39. Spiritus Idem, sed propter diversa opera, dissimiliter accipitur, 39. Spiritus sanctus, Spiritus Patris, et Filii, 39. Spiritus sanctus quo testificatur, et quando, quod sumus filii Dei, 41. Spiritus sanctus pro nobis interpellat, 41. Spiritus sanctus aliter juvat inhabitans, aliter non inhabitans, 42. Spiritus sanctus corda nostra scrutari, quomodo intelligatur, 42. Spiritus sanctus ad mensuram hominibus datur, 56. Spiritus sanctus a quibusdam plus, a quibusdam minus percipitur, 56. Spiritus sanctus ignis fer.ens, 56. Spiritus Dei spiritus charitatis, spiritus mundi spiritus elationis, 72. Spiritus sanctus cum solus dicitur scire quæ Dei sunt, non excluditur Pater nec Filius, 72. Spiritus sanctus noster dicitur, et salus nostra Dei quomodo, 72. Spiritus hominis, est anima ipsa, vel potentia animæ rationalis, 72 Spiritus hominis subjectus Deo intelligit quæ spiritaliter dicuntur, 72. Spiritus sanctus Deus est, 75. Spiritus sanctus quomodo in cœlestibus sedens in cordibus sanctorum inhabitet,75.Spiritus sanctus quod quosdam inhabitat nondum cognoscentes Deum, non tamen non cognoscentes, 75. Spiritus sanctus quomodo locum in nobis occupare intelligatur, 75. Spiritus sanctus connexio Patris et Filii, 75. Spiritus sancti cur aliquando non fit commemoratio in euumeratione personarum et quando, 75. Spiritus hominis Deo adhærentis quomodo unus cum Spiritu Dei, 81. Spiritus Dei et hominis diversitas, 81. Spiritus sanctus an dici debeat etiam Pater, ut Deum Patrem dicimus, 87. Spiritus hominis quasi animæ maritus animalem affectionem tanquam conjugem regit, 95. Spiritus sanctus cooperator Patris et Filii, 102. Spiritus sanctus donum Dei quomodo. 102, 104. Spiritus sanctus totam animam vegetat, 102. Spiritus vis animæ quædam est mente inferior, 105, 106. Spiritu et mente orare quid, 106. Spiritus facit intus diligi quod extra timetur, 120. Spiritus gratiæ facit ut habeamus fidem, qua facere possimus quæ jubemur, 122. Spiritus sanctus pignus nobis, 124. Spiritui sancto qui contumeliam facit, 154. Spiritus Filii, 166. Spiritus sanctus efficit nos unum corpus cum Christo, 170. Spiritus sanctus continet et vegetat Ecclesiam, 170. Spiritus sanctus cur varia linguis apparuit, 170. Spiritus sanctus donum Dei, 170. Spiritus mentis quid, 172. Spiritum sanctum contristare quid, 172. Spiritus sanctus est Deus, et latria adorandus,183. Spiritu orare, 177. Spiritus sanctus tam Patris quam Filii, 153. Spiritus sanctus cur sic dictus, 153. Spiritus sanctus virtus Dei est, 153. Spiritum sanctum extinguere quid, 103. Spiritus timoris Dei, 220.
Splendor est ab igne, 235.
Stabilitas in æternitate, varietas in tempore, 232.
Stellarum appellatione sancti vocantur, 182.
Stimulus carnis Paulo ad vitandam elationem datus,86.
Stipendium unde,31. Stipendia antiquitus pendebantur militibus, non numerabantur, 31. Stipendium justitiæ quare non sit ficta, sicut peccati stipendium mors,31.
Subjecti Deo quomodo nos sumus, et Christus Patri,75
Subsistentiæ omnis creaturæ causa est Creatoris omnipotentia, 223.
Substantia malum non est, sed defectus, 242.
Sufficit, nemini dicendum est, 184.
Suffragium Dei non ante necessarium quam deficit humanum, 156.
Superbi, 10.
Superbia fecit philosophos insipientes et obcæcatos, 8. Superbia non solum peccatum, sed et supplicium, 8. Superbia peccati caput, 8. Superbia vitiorum omnium causa, 190. Superbia sola vitiorum omnium in recte factis cavenda, 137. Superbia omnium malorum radix 218. Superbiæ causa divitiæ, 219.
Sustentatio Dei quid, 17.
Susurrones, 10.
Synagoga habuit virum legem, 156.

T

Tabernaculum Domini supremum operimentum cur ex pellibus hyacinthinis, 85. Tabernaculi descriptio, 150.
Tegere, non imputare, et remittere unius rationis sunt, 19.
Templum. Ad templum Dei qui pertinent, 75.
Tempus redimere quid. 17. Temporum observatio quam damnosa et quatenus sequenda,154. Temporum volumina per elementa superiora administrari, 154. Tempus amatorum mundi semper paratum ; Christi autem et suorum nondum, 194.
Tenebræ æternæ non fuerunt, 122. Tenebræ in se, lux in Domino, 173.
Tentatio humana quousque procedere debet, et quando est venialis, 76. Tentatio humana, 93. Tentatio carnis, si ei non consentiatur, peccatum est veniale, 137. Tentatio cui non datur consensus non est peccatum, sed materia exercendæ virtutis, 137.
Tertullianus Novatianorum astipulator, 86.
Testamentum Novum Veteri melius, 249. Testamentum Novum cur dictum, 249. Testamenti utriusque non eadem promissa sacramenta. et præcepta, 249. Testamenti Veteris auctoritatem cur teneamus, cujus ritum non observamus, 249.
Thesaurus quid, 122. Thesaurus omnis sapientiæ et scientiæ Christus, 191.
Timor sapientiæ initium. 16. Timores duo ex eodem spiritu, 39. Timores quatuor, 39. Timor castus, 92. Timor servitus, custos malorum, 85. Cum timore et tremore operandum, 82. Timor duplex, et servitus duplex, 177. Timoris Dei spiritus, 220. Timorre pœnæ non peccans fidem habet, sed justus non est, 262.
Timotheum solum pastorem inter mercenarios habuit Paulus, 182.
Tolerandi mali pro pace, 127.
Tota die quomodo dicatur, 51.
Tradere quid in Script., 8. Tradendo Filium Pater, et seipsum Filius bene fecerunt : Judas autem male, 43.
Transitus noster ad bona etiam amarus est, 122.
Tribulatio non tollit patientiam, sed auget, 22. Tribulatio index est fixæ spei, et præmii augmentum, 22. Tribulationes urunt homines bonos, 135. Tribulationibus itur ad cœlum, 22.
Tributum, 58.
Trinitas nobis credenda, 55. Trinitas substantive Trinitas dicitur, 87.
Tristis non facit, sed de ipso fit, 131.
Tristitia justorum habet quasi gaudium non habet,127.
Tropus usitatius est nomen quam modus, 105.
Tuba novissima quæ, 113. Tubæ sonus quid, 263.
Tunica inconsutilis charitas, 195.

U

Ultor est rei Deus, cujus auctor non est, 15.
Unctus Deus a Deo Christus est, 122.
Unitas quam amplectenda, 40. Unitatis mysterio necessaria pax est, 93.
Unus est in Scripturis quomodo de diversa et eadem substantia dici potest, 81. Unum utraque factum, 166. Unum quod defuit Apostolo,184. Unum et una quid, 184.
Uri quid est, 83, 135.
Usque quomodo usurpatur, 25. Usque adhuc quid dicatur, 14.
Ut particulæ vis, 14.
Uxor tristis, amaritudo magna, 85. Uxoris propriæ omnis vehemens amator, adulter est, 84.

V

Vanitas philosophorum gentilium, 8. Vanitati subjecta in hoc mundo omnis creatura, 40.
Vectigal, 58.
Velamen captis quale, 85. Velamen capiti mulieris ad-

hibendum, non ori, et quare, 95.
Velle triplex, 34. Velle bonum sine Dei auxilio homo non potest, 44. Velle adjacere nobis quomodo intelligatur, 35.
Venditio nostra per Adam, redemptio per sanguinem Christi, 34.
Venter Deus quibus est, 185.
Verbum perficit baptismum, 49. Verbum Dei excidere quid, 44. Verbum Dei gladius bis acutus, 176.
Veritas et justitia idem, 15. Veritas Dei quis, 7, 212. Veritatis cognitio in gentibus esse potuit, 7. Veritas Dei, gloria est Dei, 9. Veritas cordis et oris exigitur, 49. Veritas ab omnibus annuntianda, 178. Veritatem melius est non agnovisse, quam post agnitam retroire, 190. Veritati qui vita contradicunt, 227. Veritatem Dei in injustitia quomodo detinent philosophi, 7.
Veteres boni per fidem etiam ut nos salvabantur, non ex operibus legis, 16. Vetus homo noster cum Christo crucifixus, 29. Vetus homo, quis, 172. Veteris et Novi Testamenti appellatio, 177. Vetus Testamentum quanta cura nobis et legendum et intelligendum, 92. Vetus Testamentum unde dictum, 249. Vetus Testamentum cur in Sina Arabiæ datum, 156.
Vetustas nostra duplex pœnæ et culpæ per Christum destructa, 29. Vetustas litteræ, 32.
Vigilantia nobis adversus draconem necessaria, sicut patribus adversus leonem patientia, 133.
Vindicandi finis, correctio, 88.
Vindicta quorumdam criminum est eorum augmentum, 9. Vindictam quomodo sancti petant, 57.
Vino inest luxuria, 174.
Violentia arguendi auctoritatem tollit, 174.
Vir si dimittat uxorem suam etiam legitime, aliam ducere non potest, 83. Vir pro salvanda uxore mori debet, exemplo Christi qui se pro Ecclesia in cruce extendit, 175. Vir uxorem instruere debet verbo vitæ, 175. Viri appellantur, id est mariti dicuntur naturales sensus, qui primam ætatem regunt, 95. Viri caput quomodo Christus, 95. Viri cur non caput velent, 95. Vir quomodo imago et gloria Dei, et non mulier, 95. Vir caput mulieris quomodo, 95. Virum unius uxoris esse, 213.

Virginitas humanæ naturæ conditionem supergreditur, 85. Virginitas quod excellentior conjugio, et quomodo, 86. Virginitatem voventibus vel viduitatem non solum nubere, sed etiam velle damnabile est, 116. Virginitas cordis quid, 133. Virginitas carnis quid, 133. Virginitatis commendatio, 85.
Virginum victoria major quam angelorum, 85.
Virtutem hic cur sine labore amplectimur, 137.
Visionum præstantia, 137. Visionum tria genera, 136. Visionum ordo, 146.
Vita hominis Christiani quomodo configuretur ex dictis gestisque Christi, 29. Vita bona tunc et prodest, si fides est in Christo, 162. Vitæ duæ, animæ et corporis, 171. Vita hominis Deus, 172. Vita nostra tota desiderium est boni, 184.
Vitia ex corporis sensibus nasci, 39. Vitia cætera tantum in malefacto valent, superbia vero in recte factis sola cavenda, 137. Vitia omnia non contingere animæ ex carne, 159. Vitia diabolo attributa, 159.
Viva vox quæ possit, 155.
Vivere Christi quid, 30.
Vocare quid, 42. Vocati qui dicuntur, 4. Vocati secundum propositum sancti qui, 42.
Vocatio duplex, exterior et interior, 42. Vocatione in qua quisque vocatus est, permanere jubetur, 84.
Volumus, sed Deus in nobis operatur velle, 182.
Voluntas. Ex mala voluntate, opera omnia mala esse, 27. Voluntas nostra a Deo paratur, 45. Voluntates malas Deus in melius convertere potest, 46. Voluntas bona sine gratia non sufficit ad credendum, 48. Voluntas Dei quid, 55. Voluntas nostra nihil non agit, sed asia non sufficit, 140. Voluntas bona sine gratia Dei in homine esse potest, 182. Voluntas Dei sors est, 188.
Voluptas omnis carnalis a diabolo est, 78. Voluptas se necessitati immiscet, 59.
Vox verborum quid, 263.

Z

Zelare Dominum quid, 94.
Zelum Dei habere non secundum scientiam quid, 46.

ORDO RERUM

QUÆ IN HOC TOMO CONTINENTUR.

PETRUS LOMBARDUS MAGISTER SENTENTIARUM, PARISIENSIS EPISCOPUS.

COLLECTANEORUM IN PAULUM CONTINUATIO.
In Epistolam II ad Corinthios. 9
In Epistolam ad Galatas. 93
In Epistolam ad Ephesios. 169
In Epistolam ad Philippenses. 221
In Epistolam ad Colossenses. 257
In Epistolam I ad Thessalonicenses. 287
In Epistolam II ad Thessalonicenses. 311
In Epistolam I ad Timothæum. 325
In Epistolam II ad Timothæum. 363
In Epistolam ad Titum. 383
In Epistolam ad Philemonem. 393
In Epistolam ad Hebræos. 399
SENTENTIARUM LIBRI QUATUOR.
Monitum. 519
Prologus in libros Sententiarum. 521
LIBER PRIMUS. — De mysterio Trinitatis.
Distinctio prima. 521
Dist. II. — De mysterio Trinitatis et unitatis. 525
Dist. III. — Ostendit quomodo per creaturam potuerit cognosci Creator. 529
Dist. IV. — Quæritur utrum concedendum sit quod Deus se genuerit. 533
Dist. V. — Quæritur an Pater genuit divinam essentiam, vel ipsa Filium, an essentia genuit essentiam, vel ipse nec genuit, nec genita est. 535
Dist. VI. — Utrum Pater voluntate genuit Filium, an necessitate: et an volens vel nolens sit Deus. 539
Dist. VII. — Quæritur an Pater potuerit vel voluerit gignere Filium. 541
Dist. VIII. — De veritate et proprietate, et incommutabilitate, et simplicitate essentiæ Dei 542
Dist. IX. — De distinctione trium personarum. 546
Dist. X. — De Spiritu sancto agitur, et prius quod sit amor Patris et Filii. 549
Dist. XI. — Quod Spiritus sanctus procedit a Patre et Filio. 551
Dist. XII. — Utrum Spiritus sanctus prius vel plenius procedat a Patre quam a Filio. 553
Dist. XIII. — Quare Spiritus sanctus, cum sit de substantia Patris, non dicatur genitus vel filius, sed tantum procedens. 555
Dist. XIV. — Quod gemina est processio Spiritus sancti. 557
Dist. XV. — Utrum Spiritus sanctus a seipso detur. 559
Dist. XVI. — De missione Spiritus sancti, quæ fit duobus modis, visibiliter et invisibiliter. 562
Dist. XVII. — De missione Spiritus sancti, qua invisibiliter mittitur. 564
Dist. XVIII. — Utrum eadem ratione Spiritus sanctus dicatur donum et datum sive donatum. 569
Dist. XIX. — De æqualitate trium personarum. 573
Dist. XX. — Ostenso quod aliqua personarum aliam non superat magnitudine, nunc ostendit quod alia non excellit aliam potentia. 579
Dist. XXI. — Quæritur quomodo possit dici solus Pater, vel solus Spiritus sanctus, cum sint inseparabiles. 580
Dist. XXII. — De nominum differentia quibus utimur loquentes de Deo. 581
Dist. XXIII. — De hoc nomine quod est persona, quod cum secundum substantiam dicitur, tamen pluraliter, non singulariter, in summa accipitur. 583
Dist. XXIV. — Quid significetur his nominibus unus vel una, duo vel duæ, tres vel tria, trinus vel trinitas, plures vel pluritas, distinctio vel distinctæ, cum his uti-

mur de Deo loquentes. 586
Dist. XXV. — Quid significatur cum dicitur pluraliter, tres personæ, vel duæ personæ. 587
Dist. XXVI. — De proprietatibus personarum, sed prius de hoc nomine *Hypostosis*. 591
Dist. XXVII. — An easdem proprietates assignent Augustinus et Hilarius; et an ista sint quæ dicuntur paternitas, filiatio, et processio. 594
Dist. XXVIII. — Quod non tantum tres prædictæ proprietates sunt in personis, sed etiam aliæ quæ aliis significantur nominibus, ut unigenitus. 597
Dist. XXIX. — De principio; quod relative dicitur, et multiplicem notat relationem. 600
Dist. XXX. — De his quæ temporaliter de Deo dicuntur et relative secundum accidens, quod non Deo, sed creaturis accidit. 602
Dist. XXXI. — Quomodo dicatur Filius æqualis Patri: an secundum substantiam, an secundum relationem; ita et similis. 603
Dist. XXXII. — Utrum Pater vel Filius per Spiritum sanctum diligat, cum diligere idem Deo sit quod esse. 607
Dist. XXXIII. — Utrum proprietates personarum sint ipsæ personæ vel Deus, id est divina essentia. 610
Dist. XXXIV. — Opinio quorumdam non idem esse personam et essentiam vel naturam dicentium, et eamdem essentiam non posse esse Patrem, et Filium, et Spiritum sanctum. 613
Dist. XXXV. — De quibusdam quæ secundum substantiam de Deo dicuntur, quæ specialem efflagitant tractatum, scilicet de scientia, et de præscientia, et providentia, et dispositione, prædestinatione, voluntate et potentia. 617
Dist. XXXVI. — Utrum concedendum sit omnia esse in Dei essentia, vel in eo per essentiam, ut omnia dicuntur esse in Dei cognitione vel præscientia. 619
Dist. XXXVII. — Quibus modis dicatur Deus esse in rebus. 621
Disi. XXXVIII. — Redit ad propositum, repetens superius dicta, ut addat alia. 626
Dist. XXXIX. — Utrum scientia Dei possit augeri vel minui, vel aliquo modo mutari; utrumque enim videtur posse probari. 629
Dist. XL. — Quid sit prædestinatio, et in quo differat a præscientia. 631
Dist. XLI. — Utrum aliquod sit meritum obdurationis et misericordiæ. 633
Dist. XLII. — De omnipotentia Dei, ubi prius consideratur quare dicatur omnipotens. 635
Dist. XLIII. — Opinio quorumdam dicentium Deum nil posse nisi quod facit. 637
Dist. XLIV. — An Deus possit facere aliquid melius quam facit. 640
Dist. XLV. — De voluntate Dei, quæ essentia Dei est una et æterna, et de signis ejus. 641
Dist. XLVI. — Illi sententiæ qua dictum est Dei voluntatem non posse cassari, quæ ipse est, quædam videntur obviare. 644
Dist. XLVII. — Quod voluntas Dei semper impletur de homine, quocunque se vertat. 648
Dist. XLVIII. — Quod aliquando homo bona voluntate aliud vult quam Deus; et aliquando mala id quod Deus bona voluntate vult. 650

LIBER SECUNDUS. — De rerum corporalium et spiritalium creatione et formatione, aliisque pluribus eis pertinentibus.
Distinctio prima. — Unum esse rerum principium ostendit, non plura, ut quidam putaverunt. 653
Dist. II. — Quæ consideranda sunt de angelica natura. 655
Dist. III. — Quales facti fuerint angeli, et quod quatuor eis attributa sunt in ipso initio suæ conditionis. 657
Dist. IV. — An perfectos et beatos creavit Deus angelos, an miseros et imperfectos. 660
Dist. V. — De conversione et confirmatione stantium, et aversione et lapsu cadentium. 661
Dist. VI. — Quod de majoribus et minoribus quidam ceciderunt, inter quos unus fuit celsior, scilicet Lucifer. 662
Dist. VII. — Quod boni angeli a Deo sunt confirmati per gratiam ut peccare non possint; et mali ita obdurati, ut bene vivere nequeant. 664
Dist. VIII. — Utrum angeli omnes corporei sint, quod quibusdam visum est, quibus Augustinus consentire videtur, dicens angelos omnes ante casum habuisse corpora tenuia et spiritualia; sed in casu mutata in deterius malorum corpora, in eis possent pati. 667
Dist. IX. — De ordinum distinctione, qui et quot sint. 669

Dist. X. — An omnes spiritus cœlestes mittantur; et ponit duas opiniones, et auctoritates quibus innituntur. 672
Dist. XI. — Quod quæque anima habet angelum bonum ad sui custodiam delegatum, et malum ad exercitium. 673
Dist. XII. — Post considerationem de angelis habitam, agitur de aliarum rerum creatione, et præcipue de operum sex dierum distinctione. 675
Dist. XIII. — Quæ fuerit prima distinctionis operatio. 677
Dist. XIV. — De opere secundæ diei, in qua factum est firmamentum. 680
Dist. XV. — De opere quintæ diei, quando creavit Deus ex aquis volatilia et natatilia. 681
Dist. XVI. — De hominis creatione, ubi considerandum est quare creatus homo, et qualiter sit institutus, quæ duo supra tractata sunt; et qualis factus et qualiter lapsus, postremo quomodo sit reparatus; quæ discutienda sunt. 683
Dist. XVII. — De creatione animæ, utrum de aliquo facta sit, vel non, et quando facta, et quam gratiam habuerit in creatione. 685
Dist. XVIII. — De formatione mulieris. 687
Dist. XIX. — De primo hominis statu ante peccatum, scilicet qualis fuerit secundum corpus et secundum animam. 689
Dist. XX. — De modo procreationis filiorum si non peccassent primi parentes, et quales nascerentur filii. 692
Dist. XXI. — De invidia diaboli qua ad hominem tentandum accessit. 694
Dist. XXII. — De origine illius peccati. 697
Dist. XXIII. — Quare Deus permiserit hominem tentari, sciens eum esse casurum. 700
Dist. XXIV. — De gratia hominis, et de potentia ante casum. 701
Dist. XXV. — Redit ad liberi arbitrii considerationem. 706
Dist. XXVI. — De gratia operante et cooperante. 709
Dist. XXVII. — De virtute quid sit, et quid sit actus ejus. 714
Dist. XXVIII. — Prædicta repetit ut alia addat, definitam assignationem ponens de gratia et libero arbitrio contra Pelagianos. 715
Dist. XXIX. — Utrum homo ante peccatum eguerit gratia operante et cooperante. 719
Dist. XXX. — Quod per Adam peccatum et pœna transit in posteros. 720
Dist. XXXI. — Quomodo peccatum originale a patribus transeat in filios; an secundum animam, an secundum carnem. 724
Dist. XXXII. — Quomodo originale peccatum dimittatur in baptismo, cum et post sit illa concupiscentia quæ dicitur originale peccatum. 726
Dist. XXXIII. An peccata omnium præcedentium Patrum parvuli originaliter trahant ut peccatum Adæ. 729
Dist. XXXIV. — Quæ de peccato animadvertenda sint. 732
Dist. XXXV. — Quid sit peccatum. 734
Dist. XXXVI. — Quod quædam simul sunt peccata et pœna peccati; quædam peccata et causa peccati; alia vero peccata, et causa et pœna peceati. 738
Dist. XXXVII. — Aliorum ponit sententiam qui dicunt malos actus nullo modo esse a Deo, nec esse bonos sive in eo quod sunt, sive alio modo. 741
Dist. XXXVIII. — De voluntate et ejus fine, ex quo et ipsa judicatur. 743
Dist. XXXIX. — Cum voluntas sit de his quæ homo naturaliter facit, quare peccatum fore dicatur, cum nullum aliud naturale peccatum sit. 745
Dist. XL. — An ex fine omnes actus pensari debeant, ut simpliciter boni vel mali dicantur. 747
Dist. XLI. — An omnis intentio vel actio eorum qui carent fide sit mala. 749
Dist. XLII. — An voluntas et actio in eodem homine et circa eamdem rem sint unum peccatum, an plura. 751
Dist. XLIII. — De peccato in Spiritum sanctum, quod dicitur etiam peccatum ad mortem. 754
Dist. XLIV. — De potentia peccandi; an sit homini vel a se, vel a diabolo, vel a Deo. 756

LIBER TERTIUS. — De Incarnatione Verbi.
Distinctio prima. — De Incarnatione Verbi, aliisque ad hoc spectantibus. 757
Dist. II. — Quare totam humanam naturam accepit, et quid nomine humanitatis vel humanæ naturæ intelligendum sit. 759
Dist. III. — De carne quam Verbum assumpsit, qualis ante fuerit, et qualis assumpta sit. 760

Dist. IV. — Quare in Scriptura sæpius tribuatur incarnatio, quæ opus est Trinitatis, Spiritui sancto, et de ipso Christus etiam conceptus et natus dicatur. 763
Dist. V. — Si persona vel natura personam vel naturam assumpsit, et si natura Dei incarnata sit. 764
Dist. VI. — De intelligentia harum locutionum : Deus factus est homo, Deus est homo; an his locutionibus dicatur Deus factus esse aliquid, vel esse aliquid, vel non esse aliquid. 767
Dist. VII. — Positis sententiis prolatisque testimoniis, intelligentias propositorum locutionum exsequitur secundum singulas sententias, et prius secundum primam. 772
Dist. VIII. — An divina natura debeat dici nata de Virgine. 775
Dist. IX. — De adoratione humanitatis Christi ; an eadem sit adoratio humanitati et divinitati exhibenda. 775
Dist. X. — An Christus, secundum quod homo, sit persona vel aliquid. 777
Dist. XI. — Utrum Christus sit creatura, vel creatus, vel factus. 778
Dist. XII. — An homo ille semper fuerit vel cœperit esse. 780
Dist. XIII. — Si Christus secundum naturam hominis in sapientia et gratia proficere potuit, et profecit. 781
Dist. XIV. — Si anima Christi habuerit sapientiam parem cum Deo ; et si omnia scit qua Deus. 783
Dist. XV. — De hominis defectibus quos assumpsit Christus in humana natura. 785
Dist. XVI. — An in Christo fuerit necessitas patiendi et moriendi, quæ est defectus generalis. 789
Dist. XVII. — Si omnis Christi oratio vel voluntas expleta sit. 790
Dist. XVIII. — Si Christus meruit sibi et nobis ; quid sibi et quid nobis. 792
Dist. XIX. — Qualiter a diabolo et a peccato nos redemit per mortem. 795
Dist. XX. — Quod alio modo potuit liberare hominem, et quare potius isto. 798
Dist. XXI. — Si in Christo divisio in morte fuit animæ vel carnis a Verbo. 800
Dist. XXII. — Si Christus in morte fuit homo. 802
Dist. XXIII. — An Christus habuerit fidem et spem ut charitatem. 805
Dist. XXIV. — Quomodo intelligitur quod scriptum est: *Ut cum factum fuerit, credatis.* 807
Dist. XXV. — De fide antiquorum. 809
Dist. XXVI. — De spe, quid sit. 811
Dist. XXVII. — De charitate qua Deus diligitur et proximus, quæ in Christo et in nobis est. 812
Dist. XXVIII. — Si illo præcepto jubemur diligere totum proximum et nos totos. 814
Dist. XXIX. — De ordine diligendi, quid prius, quid posterius. 816
Dist. XXX. — Si melius est diligere amicos quam inimicos, vel e converso. 818
Dist. XXXI. — Si charitas semel habita amittatur. 819
Dist. XXXII. — De charitate. 821
Dist. XXXIII. De quatuor virtutibus principalibus. 822
Dist. XXXIV. — De septem donis Spiritus sancti. 823
Dist. XXXV. — Quomodo differant sapientia et scientia. 827
Dist. XXXVI. — De connexione virtutum quæ non separantur. 829
Dist. XXXVII. — De decem præceptis, quomodo contineantur in duobus mandatis charitatis. 830
Dist. XXXVIII. — De triplici genere mendacii. 833
Dist. XXXIX. — De perjurio. 835
Dist. XL. — De sexto et septimo præcepto secundæ tabulæ. 838

LIBER QUARTUS.
Distinctio prima. — De sacramentis et signis sacramentalibus. 839
Dist. II. — De sacramentis novæ legis. 841
Dist. III. — Quid sit baptismus. 843
Dist. IV. — Quod alii suscipiunt sacramentum et rem, alii sacramentum et non rem, alii rem et non sacramentum. 846
Dist. V. Quod baptismus æque sanctus est a bono et a malo datur bono vel malo. 850
Dist. VI. — Quibus liceat baptizare. 852
Dist. VII. — De confirmatione. 855
Dist. VIII. — De sacramento altaris et eucharistiæ. 856
Dist. IX. — De duobus modis manducandi. 858
Dist. X. — De hæresi aliorum qui dicunt corpus Christi non esse in altari nisi in signo. 859
Dist. XI. — De modis conversionis. 861
Dist. XII. — Ubi illa accidentia fundantur. 864
Dist. XIII. — Si hæretici et excommunicati hoc sacramentum conficiant. 867
Dist. XIV. — De pœnitentia. 868
Dist. XV. — Quod pluribus irretitus peccatis non potest pœnitere de uno vere, nisi de omnibus pœniteat. 872
Dist. XVI. — De tribus quæ in pœnitentia consideranda sunt. 877
Dist. XVII. — Tria proponuntur quærenda, primum an sine confessione dimittatur peccatum. 880
Dist. XVIII. — De remissione sacerdotis. 885
Dist. XIX. — Quando hæ claves dantur et quibus. 889
Dist. XX. — De his qui in fine pœnitent. 892
Dist. XXI. — De peccatis quæ post hanc vitam dimittuntur. 895
Dist. XXII. — Si peccata dimissa redeunt. 897
Dist. XXIII. — De sacramento unctionis extremæ. 899
Dist. XXIV. — De ordinibus ecclesiasticis. 900
Dist. XXV. — De ordinatis ab hæreticis. 905
Dist. XXVI. — De sacramento conjugii, cujus institutio et causa ostenditur. 908
Dist. XXVII. — Quæ sunt consideranda in conjugio. 910
Dist. XXVIII. — Si consensus de futuro cum juramento faciat conjugium. 914
Dist. XXIX. — Coactio excludit consensum conjugalem. 916
Dist. XXX. — De errore qui evacuat consensum. 916
Dist. XXXI. — De tribus bonis conjugii. 918
Dist. XXXII. — De solutione carnalis debiti. 922
Dist. XXXIII. — De diversis conjugii legibus. 924
Dist. XXXIV. — De personis legitimis. 926
Dist. XXXV. — Eodem jure utitur vir et mulier. 928
Dist. XXXVI. — Si pro extrema conditione valeat uxor separari a viro, et e converso. 930
Dist. XXXVII. — In quo ordine nequeat fieri conjugium. 931
Dist. XXXVIII. — De voto. 932
Dist. XXXIX. — De dispari cultu. 934
Dist. XL. — De cognatione carnali et spirituali. 937
Dist. XLI. — De gradibus affinitatis. 938
Dist. XLII. — De cognatione spirituali. 940
Dist. XLIII. — De resurrectionis et judicii conditione 943
Dist. XLIV. — De ætate, et statura resurgentium. 945
Dist. XLV. — De diversis animarum receptaculis. 948
Dist. XLVI. — Si valde malis detur mitigatio pœnæ. 951
Dist. XLVII. — De sententia judicii. 955
Dist. XLVIII. — De forma judicis 953
Dist. XLIX. — De differentia mansionum in cœlo et in inferno. 957
Dist. L. — Si mali in inferno peccabunt. 960
Articuli quibus Magister sententiarum non tenetur communiter ab omnibus. 961

MAGISTER BANDINUS THEOLOGUS

SENTENTIARUM LIBRI QUATUOR. 965
Petrus Colonæus lectori benevolo. 965
Epistola dedicatoria. 965
Epistola ejusdem ad Sigismundum abbatem. 967
Verba D. Joannis Eckii de magistro Bandino 969
LIBER PRIMUS. — DE TRINITATE.
Distinctio prima. —Generalis Scripturæ totius materia ; res et signa. Quid res, quid signum. 971
Dist. II. — De sacro-sancta Trinitate. 972
Dist. III. — Tribus modis per creaturam Creator nosci potuit. 975
Dist. IV. An Deus recte dicatur genitus. 977
Dist. V. — An essentia divina recte dicatur genita aut genuisse. 978
Dist. VI. — Pater volensne an nolens genuerit. Pater genuit natura. 980
Dist. VII. — Patri et Filio eadem essentia eademque potentia. 980
Dist. VIII. — De veritate divinæ essentiæ. 983
Dist. IX. — De proprietatibus personalibus Trinitatis et unitatis. 985
Dist. X. — De personali processione Spiritus sancti. 987
Dist. XI. — Spiritum sanctum a Patre Filioque procedere. 987
Dist. XII. — An Spiritus sanctus prius vel plenius procedat a Patre quam a Filio. 989
Dist. XIII. — Cur Spiritus sanctus non dicatur genitus vel filius. 989
Dist. XIV. — De gemino processu Spiritus sancti. 990
Dist. XV. — Quod Spiritus sanctus a seipso detur. 991
Dist. XVI. — Filius, quatenus est homo, Patre, et Spiritu sancto et seipso est minor. 992
Dist. XVII. — De invisibili Spiritus sancti missione. 993
Dist. XVIII. — An eadem ratione Spiritus sanctus di

catur donum et datum. 996
Dist. XIX. — De æqualitate trium personarum. 997
Dist. XX. — Quod una persona aliam non superat potentia. 998
Dist. XXI. — De nominum differentia, quibus de Deo loquimur. 999
Dist. XXII. — Quot modis nomina de Deo dicantur. 999
Dist. XXIII. — De substantialibus nominibus divinis in speciali. 999
Dist. XXIV. — Quid significetur per nomen numerale in divinis. 1002
Dist. XXV. — Quid significetur per hoc nomen *Persona*. 1003
Dist. XXVI. — De personarum proprietatibus. 1004
Dist. XXVII. — An easdem proprietates Augustinus et Hilarius assignet. 1005
Dist. XXVIII. — De hoc nomine *Imago*. 1006
Dist. XXIX. — De hoc nomine *Principium*. Quid esse principium ad creaturas. 1007
Dist. XXX. — De his quæ proprie temporaliter de Deo dicuntur. 1008
Dist. XXXI. — De significatione relativorum *similis* et *æqualis*. 1009
Dist. XXXII. — Utrum Pater vel Filius per Spiritum sanctum diligat. 1010
Dist. XXXIII. — An proprietates personarum sint ipsæ personæ vel Deus. 1011
Dist. XXXIV. — Quare distincte dicatur Pater potens, Filius sapiens, Spiritus sanctus benignus. 1012
Dist. XXXV. — De scientia Dei ingenerati secundum se. 1013
Dist. XXXVI. — Quomodo res sint in Deo. 1014
Dist. XXXVII. — Quomodo Deus est in rebus et locis corporalibus. 1015
Dist. XXXVIII. — An præscientia Dei causa sit futurorum. 1016
Dist. XXXIX. — An Dei scientia possit augeri vel minui. 1017
Dist. XL. — De prædestinatione et reprobatione. 1018
Dist. XLI. — An prædestinatio et reprobatio sint ex meritis nostris. 1019
Dist XLII. — De omnipotentia Dei. 1021
Dist. XLIII. — Quid plura possit Deus quam velit. 1021
Dist. XLIV. — An possit Deus facere meliora quam facit. 1023
Dist. XLV. — De voluntate Dei. 1024
Dist. XLVI. — De permissione Dei et operatione. 1025
Dist. XLVII. — Quod Dei voluntas semper de nobis vel a nobis impletur. 1026
Dist. XLVIII. — Aliquando homo bona voluntate aliud vult quam Deus. 1027

LIBER SECUNDUS. — DE MUNDI CREATIONE ET HOMINIS LAPSU.

Distinctio prima. — Unum esse rerum principium, non plura. 1027
Dist. II. — De natura angelica in speciali. Tempus angelicæ creationis. 1030
Dist. III. — Quales fuerint facti angeli. Angelos æquales creatos non esse. 1031
Dist. IV. — An angeli facti sunt beati. 1033
Dist. V. — De confirmatione stantium et lapsu cadentium. 1033
Dist. VI. — Cadentium angelorum Lucifer fuit celsior. 1034
Dist. VII. — Neque boni angeli male, neque mali bene velle possunt. 1035
Dist. VIII. — An angeli habent corpora. 1036
Dist. IX. — De ordinibus angelorum. — Novem angelorum ordines. 1037
Dist. X. — Ex singulis ordinibus angeli mittuntur. 1038
Dist. XI. — Cuique homini a nativitate angelus in custodiam deputatur. 1039
Dist. XII. — De distinctione operum sex dierum. 1040
Dist. XIII. — Distinctio primæ diei. 1041
Dist. XIV. — Distinctio secundæ diei qua factum fuit firmamentum. 1042
Dist. XV. — De ornatu quintæ diei. 1043
Dist. XVI. — De creatione hominis. Quomodo homo sit factus. 1044
Dist. XVII. — De creatione animæ Adæ. 1044
Dist. XVIII. — De formatione mulieris. 1046
Dist. XIX. De statu hominis ante et post lapsum. 1046

Dist. XX. — Quare in paradiso non coierint primi parentes. 1047
Dist. XXI. — De invida tentatione diaboli. 1048
Dist. XXII. — De peccato hominis. 1049
Dist. XXIII. — Quare non fecit Deus hominem meliorem, ut quærunt homines. 1051
Dist. XXIV. — De gratia hominis et de potentia ante casum. 1052
Dist. XXV. — De libero arbitrio. Quid liberum arbitrium? 1052
Dist. XXVI. — Quid sit voluntas. De gratia operante et cooperante. 1054
Dist. XXVII. — De virtute et ejus merito: Fides non ex homine sed ex Deo est. 1056
Dist. XXVIII. — De hæresi Pelagianorum. 1057
Dist. XXIX. — An homo ante peccatum eguerit gratia operante. 1058
Dist. XXX. — Quod omnes reos fecerit peccatum Adæ. 1059
Dist. XXXI. — Quid per concupiscentiam intelligatur. 1060
Dist. XXXII. — Quomodo peccatum originale dicatur voluntarium. 1061
Dist. XXXIII. — Quod non aliorum parentum, sed Adæ peccatum filius imputatur. 1062
Dist. XXXIV. — De peccato actuali secundum ejus causalitatem. 1064
Dist. XXXV. — Quid sit peccatum. 1065
Dist. XXXVI. — De varietate peccatorum. 1065
Dist. XXXVII. — Quod Deus non est auctor peccatorum 1066
Dist. XXXVIII. — De voluntate et fine ex quo ipsa judicatur. 1067
Dist. XXXIX. — Quomodo voluntas intelligatur esse mala. 1067
Dist. XL. — De operibus quando sint bona et mala. 1067
Dist. XLI. — Opera generaliter ex fine judicantur. 1068
Dist. XLII. — An voluntas et ejus opus idem sit. 1068
Dist. XLIII. — De peccato in Spiritum sanctum. 1069
Dist. XLIV. — Quod potentia peccandi sit a Deo. 1070

LIBER TERTIUS. — DE VERBO INCARNATO ET HOMINIS RESTAURATIONE.

Distinctio prima. — De Verbo incarnato. 1071
Dist. II. — Cur Filius humanitatem assumpserit, et quid nomine humanitatis intelligatur. 1071
Dist. III. — De Christi conceptione. 1072
Dist. IV. — Quomodo Christi incarnatio tribuatur Spiritui sancto. 1073
Dist. V. — Quis assumpsit, et quid assumptum fuerit. 1073
Dist. VI. — Quis sit sensus istius: *Deus est homo*. 1074
Dist. VII. — De prædestinatione Christi. 1075
Dist. VIII. — Quod Christus non est aliquid secundum quod homo. 1075
Dist. IX. — De adoratione humanitatis Christi. 1076
Dist. X et XI. — Utrum Christus sit creatura vel factus 1076
Dist. XII. — An Christus peccare potuit. 1076
Dist. XIII. — Qualiter Christus sapientia profecit. 1077
Dist. XIV. — Quod anima Christi scit omnia quæ Deus. 1077
Dist. XV. — Quod defectus nostros Christus suscepit. 1078
Dist. XVI. — An in Christo fuerit necessitas patiendi et moriendi. 1078
Dist. XVII. — An Christi voluntas semper impleta sit. 1079
Dist. XVIII. — De merito Christi et quid sibi meruerit 1079
Dist. XIX. — De modo nostræ redemptionis, et quid Christus meruerit nobis. 1080
Dist. XX. — Quod Deus aliter nos liberare potuerit. Quare potius isto modo Christus voluit nos liberare. 1081
Dist. XXI. — An Verbum ex quo fuit homo, unquam desierit esse homo. 1081
Dist. XXII. — Qua ratione dicatur passus Deus. 1082
Dist. XXIII. — An Christus fidem et spem habuerit sicut charitatem. 1082
Dist. XXIV. — De fide antiquorum. 1082
Dist. XXV. — De spe. Differentia inter fidem et spem. 1082
Dist. XXVI. — Quod sancti non dicantur modo credere vel sperare. 1083
Dist. XXVII. — De charitate Christi. Duo præcepta cha-

ORDO RERUM QUÆ IN HOC TOMO CONTINENTUR.

ritatis. 1083
Dist. XXVIII. et XXIX. — Angeli præcepto charitatis obligantur. 1083
Dist. XXX. — An melius sit diligere amicos quam inimicos, an e converso. 1084
Dist. XXXI. — An charitas semel habita amittatur. 1085
Dist. XXXII. — Quomodo Christus dilexit. 1085
Dist. XXXIII. — De virtutibus principalibus quas cardinales appellant. 1085
Dist. XXXIV. — De septem donis Spiritus sancti. 1086
Dist. XXXV. — Distinctio inter scientiam, intelligentiam, et sapientiam. 1087
Dist. XXXVI. — De virtutum connexione et æqualitate. 1087
Dist. XXXVII. - De decem mandatis Decalogi, et eorum reductione ad duo charitatis mandata. 1087
Dist. XXXVIII. — De mendacio. 1088
Dist. XXXIX. — De perjurio. 1088
Dist. XL. — De septimo et nono præcepto secundæ tabulæ. 1088
LIBER QUARTUS. — DE SACRAMENTIS ECCLESIASTICIS.
Distinctio prima. — De sacramentis in genere. Quid sit sacramentum. 1089
Dist. II. — De baptismo. 1091
Dist. III. — Quid sit baptismus. 1092
Dist. IV. — De triplici effectu baptismatis. Quorumdam error. 1093
Dist. V. — Æque efficax est baptismus sive a bono sive a malo. 1094
Dist. VI et VII. — Quibus liceat baptizare. 1094
Dist. VIII. — De sacramento Eucharistiæ. Eucharistia unde dicatur. 1094
Dist. IX. — De duobus modis manducandi. 1095
Dist. X. — Corpus Christi in omni esse altari. 1095
Dist. XI. — De conversione panis in carnem Christi, et vini in sanguinem. 1096
Dist. XII. — Ubi illa accidentia fundentur. De fractione et partibus. 1096
Dist. XIII. — Qui conficiat hoc sacramentum. 1097
Dist. XIV. — De pœnitentia. Unde dicatur. Quid sit pœnitere. 1097
Dist. XV. — An confessio de uno peccato valeat, cæteris manentibus. 1098
Dist. XVI. — De tribus quæ in pœnitentia considerentur. 1099
Dist. XVII. — Cui confessio facienda est. 1099
Dist. XVIII. — Quanto et quid Deus dimittat et sacerdos. 1100
Dist. XIX. — Quando hæ claves dantur et quibus. 1101
Dist. XX. — De his qui in fine pœnitent. 1101
Dist. XXI. — An peccata dimissa redeant. 1102
Dist. XXII. — De unctionibus. 1102
Dist. XXIII. — De ecclesiasticis ordinibus. 1103
Dist. XXIV. — De ordinatis ab hæreticis. 1105
Dist. XXV. — De conjugio. 1105
Dist. XXVI. — Quid sit conjugium. 1106
Dist. XXVII. — Coactio excludit consensum. 1107
Dist. XXVIII. — Quod error matrimonium impediat. 1107
Dist. XXIX. — De triplici bono conjugii. 1107
Dist. XXX. — De his quæ matrimonium impediunt. 1108
Dist. XXXI. — De differentia votorum. Divisio voti singularis. 1108
Dist. XXXII. — De dispari cultu. 1108
Dist. XXXIII. — De cognatione carnis. 1109
Dist. XXXIV. De gradibus affinitatis. 1109
Dist. XXXV. — De cognatione spirituali. 1109
Dist. XXXVI. — De resurrectione. Quid sit tuba extremi judicii. 1110
Dist. XXXVII. — De ætate et statura resurgentium. 1110

Dist. XXXVIII. — De suffragiis defunctorum. 1110
Dist. XXXIX. — De ordine eorum qui judicandi sunt. 1111
Dist. XL. — De loco judicii et sententia. 1111
Dist. XLI. De differentia mansionum in cœlo et in inferno. 1112
Dist. XLII. — De visione bonorum et malorum. 1112

HUGO AMBIANENSIS ARCHIEPISCOPUS ROTHOMAGENSIS.

Notitia. 1112
Notitia altera. 1117
EPISTOLÆ HUGONIS.
Epist. I. — Ad Ludovicum Francorum regem. — De mercato constituendo apud Gozengres. 1131
Epist. II. — Ad eumdem. 1131
Epist. III. — Ad eumdem. — Pro libertate ecclesiæ S. Martini de Pontisara. 1131
Epist. — IV.-VI. — Ad Sugerium abbatem S. Dionysii. 1132
Epist. VII. — Ad Innocentium II papam. — De morte Henrici I Angelorum regis. 1132
Epist. VIII. — Ad eumdem. — De gestis a se super ecclesia de Beciano. 1132
Epist. IX. — Ad clerum et populum Romanensem. — De absolutione Guigonis Delphini. 1132
Epist. X. — Ad Theodoricum Ambianensem episcopum — De hominibus qui vice jumentorum trahebant carpenta ad ædificandas ecclesias. 1133
Epist. XI. — Ad Alphonsum comitem Tolosanum. 1134
Epist. XII. — Ad Rainardum abbatem Cisterciensem. — Ecclesiam Mortuimaris Cisterciensibus concedit. 1134
Epist. XIII. — Ad Ademarum S. Tyberii abbatem. 1134
Epist. XIV. — Ad Eugenium III papam. — Ut Vizeliacense cœnobium sub Romanæ sedis protectione suscipiat. 1136
Epist. XV. — Ad universos fideles. — De cappa inconsutili. 1136

DIALOGORUM LIBRI SEPTEM.
Monitum prævium. 1137
Epistola Hugonis ad Matthæum Albanensem episcopum. 1141
Liber primus. — De summo bono. 1141
Liber secundus. 1153
Liber tertius. 1165
Liber quartus. 1177
Liber quintus. 1191
Liber sextus. 1215
Epistola Hugonis Radingensis abbatis ad Matthæum. 1227
Liber septimus. 1229

TRACTATUS IN HEXAMERON.
Epistola Hugonis ad Arnulfum Lexoviensem episcopum. 1247
Liber primus. 1249

CONTRA HÆRETICOS LIBRI TRES,
Epistola Hugonis ad Albericum Ostiensem episcopum. 1255
Præfatio Hugonis. 1255
Liber primus. 1257
Liber secundus. 1273
Liber tertius. 1283

TRACTATUS DE MEMORIA.
Observatio prævia. 1299
Epistola Hugonis charissimo suo Philippo. 1299
Præfatio ejusdem Hugonis. 1299
Liber primus. 1301
Liber secundus. 1307
Liber tertius. 1315
De fide catholica, et Oratione dominica. 1323
Vita Sancti Adjutoris. 1345
Indices ad Opera Petri Lombardi. 1351

FINIS TOMI CENTESIMI NONAGESIMI SECUNDI.

Imprimé par les Usines Brepols S.A. — Turnhout (Belgique)
Printed in Belgium

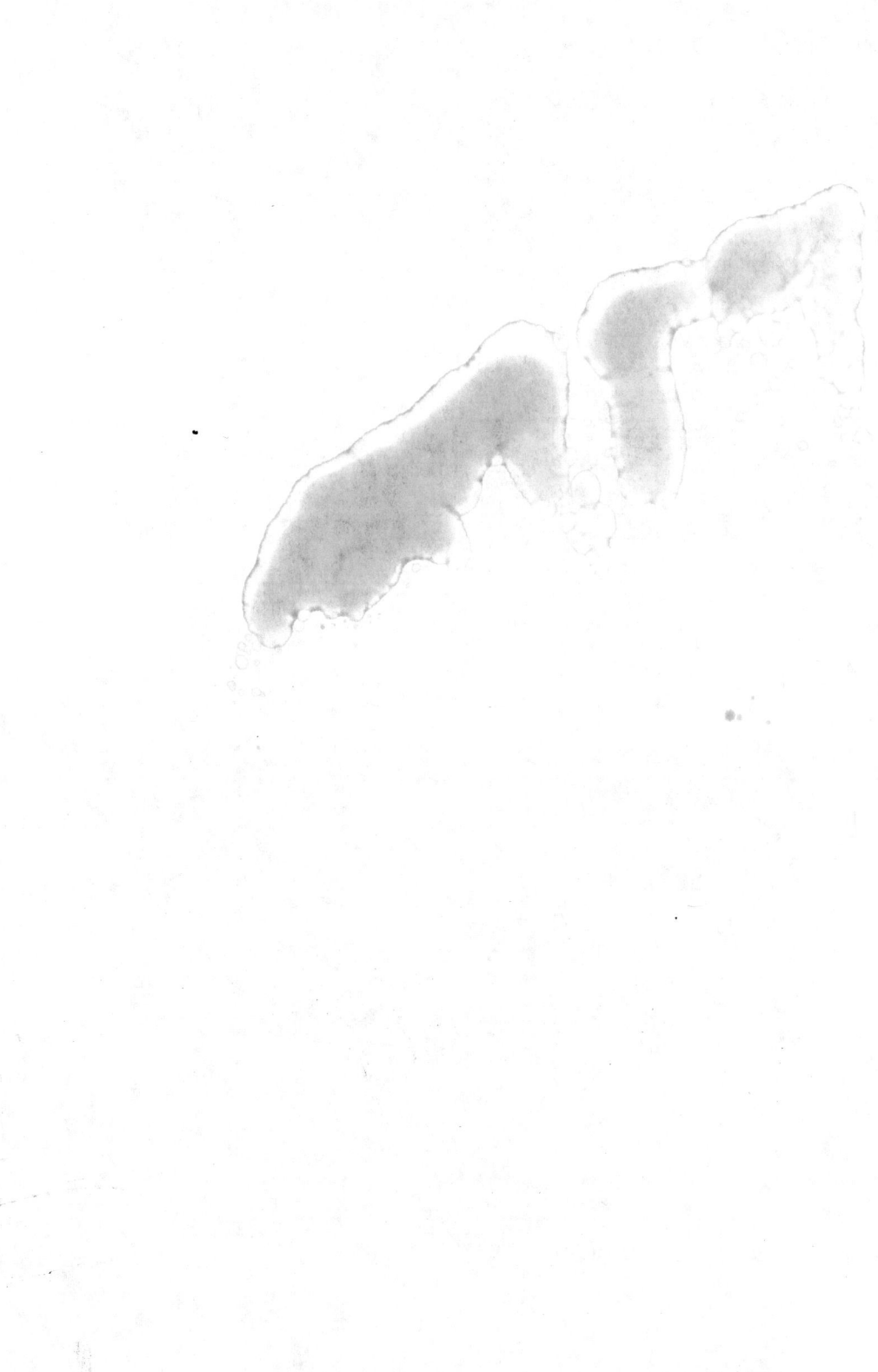

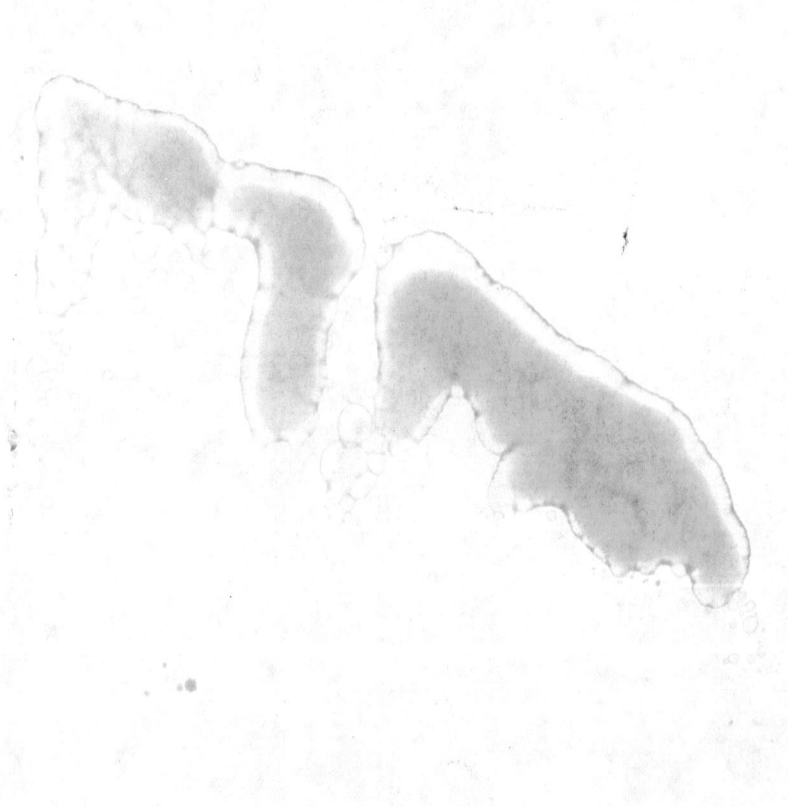